부사사전

손 남 익

역락

서문

20여 년 전에 국어부사에 관한 연구로 박사학위를 받았다. 그 때부터 마음에 빚을 가지고 있던 것이 이 사전이다. 국어 부사의 의미를 정밀하게 보여주고 이와 공기하는 단어들을 보여주는 사전을 만들고 싶었다. 막상 작업을 시작하니 의미를 보여주는 것도 그리 쉬운 일이 아니고, 공기하는 주어나 서술어를 보이는 것이 불가능한 경우도 상당히 있었다.

2013년에 연구년을 영국에서 보내면서 이 작업을 할 수 있었다. 오랜 준비를 거쳐 작업을 하는 데 1년 반이 걸렸다. 작년 1년 동안 런던대학 SOAS에 가 있는 동안 이 작업을 하였다. 런던대학에 계신 연재훈 교수님의 도움이 없었다면 이 책은 없었을 것이다. 마음속으로 감사드린다.

대학 학부시절부터 지금까지 늘 정신적인 기둥이신 은사 성광수 선생님의 가르침에 늘 머리 숙여 감사함을 표한다. 선생님의 가르침이 오늘의 나를 만들었다는 마음으로 제자들을 대하려 하지만 그것이 그리 쉬운 일은 아니다. 처음 가졌던 그 마음으로 다시 돌아가려 한다.

같은 과에서 20년 가까이 같이 근무한 교수님들께도 감사한 마음을 전하고 싶다. 아울러 같이 공부하는 제자들에게도 감사함을 표한다. 진정으로 좋은 선생이 되고 싶지만 원하는 대로 되지 않는 것도 많다. 제자들에게 본받을 스승은 못될지언정 인생에 도움을 주는 선생으로 남고 싶다.

1년 영국에 가 있는 동안 아버님께서 돌아가셨다. 아직도 아버님이 곁에 없다는 것이 실감이 나지 않는다. 아버님은 평생 동안 내게 싫은 말씀 한번 하신 적 없는 분이셨다. 돌아가신 아버님을 위해 고생하신 어머님과 동생들에게도 감사한 마음을 전할 길이 없다. 아버님께 이 책을 바친다. 지난 1년 동안 이 일을 하느라 가족들에게도 소홀한 점이 있었다. 가족들에게도 감사함을 표한다.

인연의 소중함을 늘 가슴 속에 가지고 살고 있으며 나에게 베풀어준 모든 사람들의 은혜에 진심으로 감사한다. 늘 친형처럼 나를 돌봐 주신 분께 그 감사함을 한 번도 표시해 본적이 없다. 마음속으로는 모든 분들께 감사함을 가지고 있으나 이를 표현하지 못하는 것도 작은 잘못일 것이다.

20여 년 동안 가지고 있던 마음의 빚을 갚는 책을 정리하고 나니 홀가분함과 함께 아쉬움이 함께 한다. 오래 전에 만난 역락출판사의 이대현 사장의 후의와 직원들의 도움에 감사드린다.

2014년 가을이 점점 깊어가는 날
손 남 익 씀

일러두기

본문에서 사용된 기호를 설명하면 다음과 같다.

1) v는 두 개 중에 하나를 선택함을 보여준다.

    [A]v[B] : 의미자질 [A]와 [B] 중에 하나를 선택함을 보여준다.

2) [A],[B],[C],[D] : 개별 의미자질을 보여주는 것이다.

3) [A][B]v[C][D] : [A]와 [B]의 의미자질이 결합하고, [C]와 [D]의 의미자질이 결합함을 보인다.

    예 : [+신체][+불편]v[+마음][+불만]

4) / : 두 개의 자질이 대등함을 보이는 것이다. 두 개의 자질이 대등하게 선택될 수 있음을 보인다.

    예 : [+정도]/[+차이]

5) { }-{ } : 앞의 { }은 주어, 뒤의 { }은 서술어를 보여준다.

    예 : {까마귀}-{울다}

6) ⇒ : 관련된 어휘를 보여준다. (관련된 동사, 형용사, 명사 등)

7) ¶ : 예문을 나타내는 부호

8) = : 동의어   ≒ : 유의어

ㄱ

가가문전

　의미 [＋집],[＋개별],[＋전부]

　제약

　집집마다의 문 앞.

　¶거지 하나가 **가가문전**을 찾아다니며 구걸을 했다.

가가호호

　의미 [＋집],[＋개별],[＋전부]

　제약

　한 집 한 집마다. '집집마다', '집집이'로 순화.

　¶반장은 **가가호호** 찾아다니며 반상회 참여를 권유했다.

가각-히

　의미 [＋잔인],[－인정]

　제약

　모질고 인정 없이.

가강-히

　의미 [＋강력],[＋완강],[＋증가]

　제약

　더욱 강력하고 완강하게.

가공스레

　의미 [＋공포]

　제약

　보기에 두려움을 주는 데가 있게.

가관스레

　의미 [＋모습],[－긍정],[＋구경]

　제약

　① (비웃는 뜻으로) 꼴이 꽤 볼만하게.

　의미 [＋경치],[＋긍정]

　제약

　② 경치 따위가 꽤 볼만하게.

가급-적

　의미 [＋가능],[＋의지]

　제약

　할 수 있는 대로. 또는 형편이 닿는 대로.

　¶**가급적** 빠른 시일 안에 일을 끝내도록 해라./**가급적** 많이 도와주시기 바랍니다.

가긍스레

　의미 [＋가련]

　제약

　불쌍하고 가여운 데가 있게.

　¶할머니는 부모 없는 아이를 **가긍스레** 여기셨다.

가긍-히

　의미 [＋측은],[＋인정]

　제약 {　}-{여기다}

　불쌍하고 가엾게.

　¶그는 거지를 **가긍히** 여겨 동전 한 닢을 던져 주었다./여북해야 강진읍 동구 밖 가난한 주막의 노파가 보다 못해 그를 **가긍히** 여겨 받아들여 주었을까.≪한무숙, 만남≫

가까스로

　의미 [＋노력],[＋정도]

　제약

　① 애를 써서 매우 힘들게.

　¶**가까스로** 웃음을 참았다./보채던 아이가 **가까스로** 잠이 들었다./그에게 **가까스로** 일자리를 구해 주었다./주만은 어머니의 상심하시는 것이 민망스럽고 죄송스러워서 **가까스로** 꿀꺽꿀꺽 울음을 삼키고 제 처소로 돌아왔다.≪현진건, 무영탑≫

　의미 [＋기준],[＋도달]

　제약

　② 겨우 빠듯하게.

　¶**가까스로** 차 시간에 맞추었다./시험을 **가까스로**

통과했다./방 안에 사람이 너무 많아서 **가까스로** 자리를 잡고 앉았다.

가까이
의미 [＋상태],[＋간격],[＋협소]
제약
① 한 지점에서 거리가 조금 떨어져 있는 상태로.
¶이쪽으로 **가까이** 오너라./그의 곁으로 **가까이** 다가갔다.
의미 [＋상태],[＋시간],[＋기준],[－도달]
제약
② 일정한 때를 기준으로 그때에 약간 못 미치는 상태로.
¶그를 두 시간 **가까이** 기다렸지만 만나지 못했다./그는 우리 집에 보름 **가까이** 머물렀다./그는 마흔 **가까이** 되어서야 철이 들었다./간밤에는 여러 가지 회포로 잠을 설치고 사경(四更) **가까이** 되어서야 간신히 눈을 붙였던 것 같다.《한무숙, 만남》
의미 [＋상태],[＋친밀]
제약
③ 사람과 사람의 사이가 친밀한 상태로.
¶그와 나는 **가까이** 지내는 사이다./그도 동생을 본 뒤로는 서모에게 **가까이** 굴었다.《이기영, 봄》

가꾸로
의미 [＋차례]v[＋방향]v[＋형편],[＋반대]
제약
차례나 방향, 또는 형편 따위가 반대로 되게.
¶그는 일을 항상 **가꾸로** 해서 시간이 많이 걸린다./새신랑을 **가꾸로** 매달아 놓고 발바닥을 때렸다./얼마나 급했던지 옷도 **가꾸로** 입고 나왔어./심장의 고동이 덜컥 그치고, 온몸을 돌던 피가 머리 위로 와짝 **가꾸로** 흐르는 듯, 아뜩해서 대문 기둥을 짚었다.《심훈, 상록수》

가끔
의미 [＋시간],[＋공간],[＋간격]
제약
시간적·공간적 간격이 얼마쯤씩 있게. 늘종종03(種種)·종종히01.
¶김 선생은 요즘도 **가끔** 술을 마신다./이 길을 따라서 가다 보면 낚시할 만한 곳이 **가끔** 있어./

그는 평안도 출신도 아니면서 **가끔** 거기 사투리를 섞어 쓰기를 좋아했고 그럴 땐 말도 막히어졌다.《장용학, 위사가 보이는 풍경》

가끔-가끔
의미 [＋빈도],[＋간격]
제약
이따금씩 가끔. 또는 여러 번 가끔.
¶**가끔가끔** 집에 전화도 좀 하고 그래라./그때의 악몽이 지금도 **가끔가끔** 떠오른다./병실로 옮겨진 뒤 한수는 **가끔가끔** 의식의 혼탁과 시력 장애 증상을 보였다.《황순원, 신들의 주사위》

가끔-가다
의미 [＋빈도],[＋간격]
제약
가끔가다가. 가끔 어쩌다가.
¶말을 잘 듣던 아이도 **가끔가다** 심통을 낼 때가 있다./순경들은 마을로 들어와서 징집영장을 받지 않은 청년들도 마구 붙잡아다 입영을 시키는 수가 있었어요. 그 때문에 마을에서는 **가끔가다** 소동이 한 번씩 일어나곤 했지요.《이청준, 소문의 벽》

가끔-가다가
의미 [＋빈도],[＋간격]
제약
가끔 어쩌다가. 늘가끔가다.
¶원숭이도 **가끔가다가** 나무에서 떨어질 때가 있다./잘하던 일도 **가끔가다가** 실수할 때가 있다./아직까지도 아버지께 **가끔가다가** 꾸지람을 듣곤 한다./산을 올라가다 보면 **가끔가다가** 다람쥐를 보기도 한다.

가나-오나
의미 [＋항상],[－변화]
제약
=오나가나. 어디를 가나 늘 다름없이.
¶저 친구는 **가나오나** 바쁘다./너는 어떻게 **가나오나** 말썽이냐?/그녀는 **가나오나** 집 걱정이다.

가난-히
의미 [＋상태],[＋신체],[＋마음],[＋고통],[＋가난]
제약 { }-{살다, 지내다}
살림살이가 넉넉하지 못하여 몸과 마음이 괴로

운 상태로.

¶끼니도 못 이을 만큼 **가난히** 살던 일이 엊그제 같다./한날한시에 나면 사주팔자가 똑같다고 그러는데, 나는 어떻게 **가난히** 살고 그 사람은 부자로 사는가?

가년스레

의미 [＋모습],[＋가난],[＋궁색]

제약

⇒ 가년스럽다. 보기에 가난하고 어려운 데가 있다.

¶그 가난한 고학생의 옷차림새는 늘 **가년스러** 웠다.

가느스름-히

의미 [－굵기],[－정도]

제약

조금 가늘게.

¶아씨는 눈을 **가느스름히** 뜨고 여기던가 저기던가 텅 빈 들판을 더듬었다.≪박완서, 미망≫

가닐-가닐

의미 [＋느낌],[＋피부],[＋불쾌]

제약

① 벌레가 기어가는 것처럼 살갗이 자꾸 또는 매우 간지럽고 자릿한 느낌.

의미 [＋느낌],[＋마음],[＋불쾌]

제약

② 보기에 매우 위태롭거나 치사하고 더러워 마음이 자꾸 자린 느낌.

가다

의미 [＋일],[＋진행],[＋중간]

제약

'가다가'의 준말. 어떤 일을 계속하는 동안에 어쩌다가 이따금.

¶비는 좍좍 쏟아지고 바람은 미친 듯이 몰아치는데, **가다가** 우르르 쾅쾅 하고 하늘이 울고 번갯불이 제멋대로 쭉쭉 찢겨 나가고 있다.≪강경애, 지하촌≫

가다가

의미 [＋진행],[＋정지],[＋순간]

제약

어떤 일을 계속하는 동안에 어쩌다가 이따금.

¶"어서 올라오세요. **가다가는** 그런 일도 있어야 살 재미가 있지 않아요.".≪염상섭, 젊은 세대≫ "아까 그건 이태원에서 외국인하고 사는 여자한테서 가져온 거예요. **가다가는** 아주 신품이 걸릴 때도 있죠.≪황순원, 움직이는 성≫

가다-가다

의미 [＋빈도],[＋간격]

제약

동안이 뜨게 이따금. '가다가'보다 좀 더 간격이 뜬 것을 이른다.

¶아무리 정직한 사람도 **가다가다** 거짓말을 하게 마련이다./**가다가다** 지나가는 비가 조금 내릴 뿐 가뭄이 계속되었다./상처는 다 아물었지만 **가다가다** 아플 때가 있다./**가다가다** 언덕이 있을 뿐 드넓은 벌판이 펼쳐졌다.

가닥-가닥01

의미 [＋모양],[＋다수],[＋갈래]

제약 { }-{꼬다, 나누다}

여러 가닥으로 갈라진 모양. 늑가닥가닥이.

¶**가닥가닥** 꼰 새끼줄./머리를 **가닥가닥** 나누어 땋아 내리다가 그 끝을 모아 댕기를 드리는 종종머리라는 걸 하고 있었다.≪박완서, 엄마의 말뚝≫

가닥-가닥02

의미 [＋모양],[＋물체],[＋표면],[＋건조],[＋견고]

제약 { }-{마르다}

물기나 풀기가 있는 물체의 거죽이 거의 말라서 빳빳한 상태.

¶비가 내리지 않아서 논바닥이 **가닥가닥** 말라붙었다.

가닥가닥-이

의미 [＋모양],[＋다수],[＋갈래]

제약 { }-{꼬다, 나누다}

=가닥가닥01. 여러 가닥으로 갈라진 모양.

¶**가닥가닥이** 늘어진 머리카락이 보기에 좋았다./아저씨의 텁석부리 수염이 빳빳하게 **가닥가닥이** 일어섰다.

가당찮-이

의미 [－사리]

제약

도무지 사리에 맞지 않게.

가당-히

의미 [+사리],[+적합]

제약

① 대체로 사리에 맞게.

의미 [+정도]v[+수준],[+유사]

제약

② 정도나 수준 따위가 비슷하게.

가동-가동

의미 [+모양],[+아이],[+다리],[±수축],[+반복]

제약

어린아이의 겨드랑이를 치켜들고 올렸다 내렸다 하며 어를 때에, 아이가 자꾸 다리를 오그렸다 폈다 하는 모양.

가둥-가둥

의미 [+모양],[+사람],[+엉덩이],[+요동],[+반복]

제약 {엉덩이}-{흔들다}

몸집이 작은 사람이 엉덩이를 자꾸 흔드는 모양.

가드락-가드락

의미 [+모양],[+거만],[+자만],[-예의],[+반복]

제약

조금 거만스럽게 잘난 체하며 자꾸 버릇없이 구는 모양.

¶그 사람은 자기 집이 부자라고 하도 **가드락가드락** 친구를 대하여 모두가 그를 꺼린다.

가득

의미 [+모양],[+분량]v[+수효],[+범위]v[+한도],[+충만]

제약 { }-{차다}

① 분량이나 수효 따위가 어떤 범위나 한도에 꽉 찬 모양. ≒가득히①.

¶욕조에 물이 **가득** 찼다./술잔이 넘치도록 술을 **가득** 따랐다.

의미 [+모양],[+사람]v[+물건],[+풍부],[-공간]

제약

② 빈 데가 없을 만큼 사람이나 물건 따위가 많은 모양. ≒가득히②.

¶바구니에 과일이 **가득** 담겨져 있다./온 마당을

가득 메운 군중들의 숨소리마저 멎은 듯 고요해졌다.≪김동리, 을화≫/술집 안에는 사람들이 **가득** 차서 와왁 떠들어 대고 있었다.≪최일남, 노새 두 마리≫

의미 [+상태],[+냄새]v[+빛],[+공간],[+확산]

제약 {냄새, 빛}-{퍼지다}

③ 냄새나 빛 따위가 공간에 널리 퍼져 있는 상태. ≒가득히③.

¶나무 타는 냄새와 연기가 방 안에 **가득** 서린다.≪박경리, 시장과 전장≫

의미 [+모양],[+감정]v[+정서]v[+생각],[+다양]v[+강렬]

제약 {감정, 정서, 생각}-{많다, 강하다}

④ 감정이나 정서, 생각 따위가 많거나 강한 모양. ≒가득히④.

¶원한과 복수심에 **가득** 찬 아내는 아닌 게 아니라 정상이 아니었다.≪이청준, 벌레 이야기≫

가득-가득

의미 [+모양],[+분량]v[+수효],[+범위]v[+한도],[+충만],[+정도]

제약 { }-{차다}

① 분량이나 수효 따위가 어떤 범위나 한도에 여럿이 다 또는 매우 꽉 찬 모양. ≒가득가득히①.

¶술잔마다 술을 **가득가득** 채웠다.

의미 [+모양],[+사람]v[+물건],[+풍부],[-공간]

제약

② 여럿이 다 빈 데가 없을 만큼 사람이나 물건 따위가 매우 많은 모양. ≒가득가득히②.

¶나루터에서는 두 척의 나룻배가 사람을 **가득가득** 실어 나르고 있었다.≪송기숙, 녹두 장군≫

의미 [+상태],[+냄새]v[+빛],[+공간],[+확산]

제약 {냄새, 빛}-{퍼지다}

③ 냄새나 빛 따위가 공간에 매우 널리 퍼져 있는 상태. ≒가득가득히③.

의미 [+모양],[+감정]v[+정서]v[+생각],[+다양]v[+강력]

제약 {감정, 정서, 생각}-{많다, 강하다}

④ 감정이나 정서, 생각 따위가 매우 많거나 강한 모양. ≒가득가득히④.

가득가득-히

의미 [＋모양],[＋분량]v[＋수효],[＋범위]v[＋한
도],[＋충만],[＋정도]

제약 { }-{차다}

①=가득가득①. 분량이나 수효 따위가 어떤 범
위나 한도에 여럿이 다 또는 매우 꽉 찬 모양.

¶여러 사람이 마실 수 있게 물병에 물을 **가득가
득히** 담아 와라.

의미 [＋모양],[＋사람]v[＋물건],[＋풍부],[－공
간]

제약 { }-{차다}

②=가득가득②. 여럿이 다 빈 데가 없을 만큼
사람이나 물건 따위가 매우 많은 모양.

¶군인들을 **가득가득히** 실은 군용차가 먼지를 일
으키며 지나가고 있다./객차는 피난민들로 **가득
가득히** 차 있었다.

의미 [＋상태],[＋냄새]v[＋빛],[＋공간],[＋확
산]

제약 {냄새, 빛}-{퍼지다}

③=가득가득③. 냄새나 빛 따위가 공간에 매우
널리 퍼져 있는 상태.

의미 [＋모양],[＋감정]v[＋정서]v[＋생각],[＋다
양]v[＋강력]

제약 {감정, 정서, 생각}-{많다, 강하다}

④=가득가득④. 감정이나 정서, 생각 따위가 매
우 많거나 강한 모양

가득-히

의미 [＋모양],[＋분량]v[＋수효],[＋범위]v[＋
한도],[＋충만]

제약 { }-{차다}

①=가득①. 분량이나 수효 따위가 어떤 범위나
한도에 꽉 찬 모양.

¶지갑에는 돈이 **가득히** 들어 있었다./한 사람이
삽 **가득히** 흙을 파서 가마니때기 위에 쏟으며
혼잣말처럼 중얼거렸다.≪서정인, 가위≫

의미 [＋모양],[＋사람]v[＋물건],[＋풍부],[－공
간]

제약 { }-{차다}

②=가득②. 빈 데가 없을 만큼 사람이나 물건
따위가 많은 모양

¶방문을 열어젖히니 마당 **가득히** 서 있는 맨드
라미꽃들이 보였다.≪황석영, 종노≫

의미 [＋상태],[＋냄새]v[＋빛],[＋공간],[＋확
산]

제약 {냄새, 빛}-{퍼지다}

③=가득③. 냄새나 빛 따위가 공간에 널리 퍼져
있는 상태.

¶버스 안 **가득히** 술 냄새가 풍기고 있기 때문만
도 아니었다.≪김승옥, 야행≫

의미 [＋모양],[＋감정]v[＋정서]v[＋생각],[＋다
양]v[＋강력]

제약 {감정, 정서, 생각}-{많다, 강하다}

④=가득④. 감정이나 정서, 생각 따위가 많거나
강한 모양.

¶그녀의 가슴에는 그에 대한 미움이 **가득히** 차
있었다.

가든-가든

의미 [＋상태],[＋전부]v[＋정도],[＋처리],[＋간
편]v[＋용이]

제약

① 다루기에 여럿이 다 또는 매우 가볍고 간편
하거나 손쉬운 상태. 늑가든가든히①.

¶산 정상까지 갔다 와야 되니까 짐은 필요한 것
만 **가든가든** 꾸려서 가는 게 좋아.

의미 [＋느낌],[＋전부]v[＋정도],[＋마음],[＋경
쾌],[＋상쾌]

제약

② 여럿이 다 또는 매우 마음이 가볍고 상쾌한
느낌. 늑가든가든히②.

¶큰일을 끝내고 나니 마음이 **가든가든** 한결 가
뿐하다.

가든-히

의미 [＋처리],[＋간편],[＋용이],[＋정도]

제약

① 가볍고 간편하여 다루기에 손쉽게.

¶필요한 것만 썼더니 **가든히** 들 수 있다.

의미 [＋마음],[＋경쾌],[＋상쾌],[＋정도]

제약

② 가볍고 상쾌한 마음으로.

¶할 일을 다 했으니 **가든히** 떠날 수 있겠다.

가들-가들

의미 [+모양],[+거만],[−예의],[+반복]

제약 {사람}-{거리다, 대다}

'가드락가드락'의 준말. 조금 거만스럽게 잘난 체하며 자꾸 버릇없이 구는 모양.

¶알지도 못하는 것들이 감히 아버지 앞에서 가들가들 가르치려 든다

가들막-가들막01

의미 [+모양],[+행동],[+거만],[−예의],[+반복]

제약 {사람}-{거리다, 대다}

신이 나서 잘난 체하며 자꾸 얄미울 정도로 버릇없이 행동하는 모양.

가들막-가들막02

의미 [+모양],[+전부],[+범위],[+충만],[+정도]

제약

여럿이 다 일정한 범위 안에 거의 가득하거나 매우 가득한 모양.

¶밤새 내린 빗물이 화분에 가들막가들막 고여 있다.

가들막-이

의미 [+범위],[+충만],[−공간]

제약

일정한 범위 안에 거의 꽉 차게.

가뜩01

의미 [+모양],[+분량]v[+수효],[+범위]v[+한도],[+충만],[+정도]

제약 { }-{차다}

① 분량이나 수요 따위가 어떤 범위나 한도에 꽉 찬 모양. '가득01①'보다 센 느낌을 준다. 늑가뜩이01①.

¶밥을 그릇에 가뜩 담다.

의미 [+모양],[+사람]v[+물건],[+풍부],[−공간]

제약 { }-{차다}

② 빈 데가 없을 만큼 사람이나 물건 따위가 많은 모양. '가득01②'보다 센 느낌을 준다. 늑가뜩이01②.

¶운동장에 사람들이 가뜩 모여 있다.

의미 [+상태],[+냄새]v[+빛],[+공간],[+확산]

제약 {냄새, 빛}-{퍼지다}

③ 냄새나 빛 따위가 공간에 널리 퍼져 있는 상태. '가득01③'보다 센 느낌을 준다. 늑가뜩이01③.

¶방 안은 담배 연기로 가뜩 차 있었다.

의미 [+모양],[+감정]v[+정서]v[+생각],[+다양]v[+강력]

제약 {감정, 정서, 생각}-{많다, 강하다}

④ 감정이나 정서, 생각 따위가 많거나 강한 모양. '가득01④'보다 센 느낌을 준다. 늑가뜩이01④.

가뜩02

의미 [+정도],[+부가]

제약

=가뜩이나. 그러지 않아도 매우.

¶가뜩 어려운 살림인데 그렇게 큰일이 생기다니 걱정이구나.

가뜩-가뜩

의미 [+모양],[+분량]v[+수효],[+범위]v[+한도],[+충만],[+정도]

제약 { }-{차다}

① 분량이나 수효 따위가 어떤 범위나 한도에 여럿이 다 또는 매우 꽉 찬 모양. '가득가득01①'보다 센 느낌을 준다. 늑가뜩가뜩이①.

¶밥을 가뜩가뜩 눌러 담다.

의미 [+모양],[+전부],[+사람]v[+물건],[−공간],[+정도]

제약 { }-{차다}

② 여럿이 다 빈 데가 없을 만큼 사람이나 물건 따위가 매우 많은 모양. '가득가득01②'보다 센 느낌을 준다. 늑가뜩가뜩이②.

¶유원지마다 사람들로 가뜩가뜩 차서 발 디딜 틈조차 없었다.

의미 [+상태],[+냄새]v[+빛],[+공간],[+확산]

제약 {냄새, 빛}-{퍼지다}

③ 냄새나 빛 따위가 공간에 매우 널리 퍼져 있는 상태. '가득가득01③'보다 센 느낌을 준다.

늑가뜩가뜩이③.

의미 [＋모양],[＋감정]v[＋정서]v[＋생각],[＋다
양]v[＋강력]

제약 {감정, 정서, 생각}-{많다, 강하다}

④ 감정이나 정서, 생각 따위가 매우 많거나 강
한 모양. ‘가득가득01④’보다 센 느낌을 준다.
늑가뜩가뜩이④.

가뜩가뜩-이

의미 [＋모양],[＋분량]v[＋수효],[＋범위]v[＋한
도],[＋충만],[＋정도]

제약 { }-{차다}

①=가뜩가뜩①. 분량이나 수효 따위가 어떤 범
위나 한도에 여럿이 다 또는 매우 꽉 찬 모양.
¶바구니에는 봄나물들이 **가뜩가뜩이** 담겨 있었
다.

의미 [＋모양],[＋사람]v[＋물건],[＋다수],[－공
간],[＋정도]

제약

②=가뜩가뜩②. 여럿이 다 빈 데가 없을 만큼
사람이나 물건 따위가 매우 많은 모양.
¶이삿짐이 쪽마루에 **가뜩가뜩이** 쌓여 있었다.

의미 [＋상태],[＋냄새]v[＋빛],[＋공간],[＋확
산]

제약 {냄새, 빛}-{퍼지다}

③=가뜩가뜩③. 냄새나 빛 따위가 공간에 매우
널리 퍼져 있는 상태.

의미 [＋모양],[＋감정]v[＋정서]v[＋생각],[＋다
양]v[＋강력]

제약 {감정, 정서, 생각}-{많다, 강하다}

④=가뜩가뜩④. 감정이나 정서, 생각 따위가 매
우 많거나 강한 모양.

가뜩-에

의미 [＋곤란],[＋부가]

제약

어려운 데다가 그 위에 또.
¶어려운 형편인데 **가뜩**에 몸까지 아프니 정말
큰일이다.

가뜩-이나

의미 [＋정도],[＋부가]

제약 { }-{부정서술어}

그러지 않아도 매우. 늑가뜩02·가뜩이02.
¶**가뜩이나** 말랐는데, 아이 키우느라 더 말랐구
나./시험을 못 봐서 **가뜩이나** 기분이 안 좋은데
너까지 왜 그러니?/그 모진 추위에 온종일을 길
바닥에서 보냈으니 **가뜩이나** 쇠약해진 몸에 병
이 안 날 리가 없었다.≪현기영, 변방에 우짖는 새≫
/시부모님도 자애가 각별한 분이어서 생과부가
되어 **가뜩이나** 안쓰러운 며느리를 아직도 살얼
음판 같은 서울에 남 먼저 들여보내고 싶지 않
아 했다.≪박완서, 도시의 흉년≫

가뜩-한데

의미 [＋현재],[＋상황],[＋곤란],[＋정도],[＋부
가]

제약 { }-{부정서술어}

지금의 사정도 매우 어려운데 그 위에 더.
¶**가뜩한데** 엎치고 덮치더라고 올해는 그나마 흉
작이었다.≪김유정, 만무방≫

가뜬-가뜬

의미 [＋상태],[＋처리],[＋간편],[＋용이],[＋정
도]

제약

① 다루기에 매우 가볍고 간편하거나 손쉬운 상
태. ‘가든가든①’보다 센 느낌을 준다. 늑가뜬가
뜬히①.
¶가벼운 봄옷을 **가뜬가뜬** 차려입고 나섰다.

의미 [＋느낌],[＋마음],[＋경쾌],[＋상쾌],[＋정
도]

제약

② 마음이 가볍고 상쾌한 느낌. ‘가든가든②’보
다 센 느낌을 준다. 늑가뜬가뜬히②.
¶대학 교정에는 신입생들의 발걸음이 **가뜬가뜬**
날아가는 듯 보였다.

가뜬-히

의미 [＋처리],[＋간편],[＋용이],[＋정도]

제약

① 가볍고 간편하여 다루기에 손쉽게. ‘가든히
①’보다 센 느낌을 준다.

의미 [＋마음],[＋경쾌],[＋상쾌],[＋정도]

제약

② 가볍고 상쾌한 마음으로. ‘가든히②’보다 센

느낌을 준다.

¶그런 일쯤은 나 혼자서도 **가뜬히** 해낼 수 있다.

가락-가락

의미 [+개별],[+가락]

제약

한 가락 한 가락씩. 늑가락가락이.

¶나는 분한 마음에 머리카락이 **가락가락** 일어날 지경이었다./허연 수염발을 **가락가락** 날리고 선 석보 영감이…귀덕이를 바라보고 섰다.≪천승세, 낙월도≫

가랄-히

의미 [+악독],[+잔인],[+정도]

제약

몹시 악독하고 잔인하게.

가랑-가랑01

의미 [+모양],[+액체],[+수용]v[+잔류],[+충만],[+정도]

제약 { }-{고이다, 거리다, 대다}

① 액체가 많이 담기거나 괴어서 가장자리까지 찰 듯한 모양.

¶소나기가 지나가자 마당에 널린 화분마다 빗물이 **가랑가랑** 고였다.

의미 [+모양],[+눈물],[+충만]

제약 {눈물}-{고이다, 맺히다, 거리다, 대다}

② 눈에 눈물이 넘칠 듯이 가득 괸 모양.

¶손을 대기만 해도 눈물을 쏟아 낼 듯이 눈물이 **가랑가랑** 맺혔다.

의미 [+모양],[-건더기],[+국물]

제약

③ 건더기는 적고 국물이 많은 모양.

의미 [+느낌],[+배],[+물],[+포만]

제약

④ 물을 많이 마셔서 배 속이 가득 찬 듯한 느낌.

가랑-가랑02

의미 [+소리],[+목구멍],[+가래],[+장애],[+반복]

제약 { }-{숨쉬다, 거리다}

① '가르랑가르랑'의 준말. 목구멍에 가래 따위가 걸려 숨을 쉴 때 자꾸 가치작거리는 소리.

¶할아버지는 숨을 내쉴 때마다 **가랑가랑** 가래 끓는 소리를 내시곤 했다.

의미 [+소리]v[+모양],[+호흡],[+소리],[-크기]

제약

② 숨이 거의 끊어질 듯하면서 가늘게 남아 있는 소리. 또는 그 모양.

¶등으로 따뜻한 온기조차 느껴지지 않았고, 가랑가랑 앓는 숨결만이 귀를 적실 뿐이었다.≪김원일, 불의 제전≫

가랑-가랑03

의미 [+소리],[+쇠붙이],[+견인]v[+회전]

제약 {쇠붙이}-{끌리다, 구르다}

쇠붙이 따위가 끌리거나 구르는 소리.

¶트럭에 싣고 가던 쇠기둥 하나가 땅에 닿기 시작하면서 **가랑가랑** 소리를 내기 시작하였다.

가량가량-히

의미 [+신체],[+수척],[+탄력],[+유연]

제약

얼굴이나 몸이 야윈 듯하면서도 탄력 있고 부드럽게.

가량스레

의미 [-단정],[-조화]

제약

⇒ 가량스럽다. 조촐하지 못하여 격에 조금 어울리지 아니한 데가 있다.

¶옥단이가 대답을 하는데 나비야 부르면 고양이 대답하듯 **가량스러운** 목소리로 "네." 하더니….≪이인직, 치악산≫

가량없-이

의미 [+능력]v[+처지],[-추정]

제약

① 사람이 자기 능력이나 처지 따위에 대한 어림짐작이 없이.

¶일을 **가량없이** 벌여 놓았다간 수습을 못 하게 된다.

의미 [+정도],[-추측],[+과도]

제약

② 어림짐작도 할 수 없을 만큼 심할 정도로.

¶고방에 천정부지로 잔뜩 쌓인 쌀 섬이 **가량없**

이 팍팍 줄어들기 시작했다.≪현기영, 변방에 우짖
는 새≫

가련-히

의미 [＋측은],[＋가련]

제약 {　}-{여기다}

가엾고 불쌍히.

¶중상 선생은 그래서 이 백골을 **가련히** 여겼는
지 모른다.≪이기영, 봄≫/난들 왜 네 어미를 **가련**
히 여기는 측은지심이 없겠느냐?≪박완서, 미망≫

가령

의미 [＋가정]

제약

① 가정하여 말하여. ≒가사(假使)・가약(假若).

¶**가령** 너에게 그런 행운이 온다면 너는 어떻게
하겠니?/**가령** 누가 너한테 그런 소릴 했다고 치
자.≪박태순, 어느 사학도의 젊은 시절≫

의미 [＋가정]

제약

② 예를 들어. '이를테면'으로 순화.

¶사람은 누구나 소망을 가지고 있는데, **가령** 나
는 아주 부자가 되고 싶은 소망이 있어./**가령** 다
음과 같은 문장을 놓고 고찰해 보기로 하겠다.
≪이숭녕, 대학가의 파수병≫

가로

의미 [＋방향],[＋가로](왼쪽→오른쪽)

제약

왼쪽에서 오른쪽의 방향으로. 또는 옆으로 길게.

¶고개를 **가로** 내젓다.

가르랑

의미 [＋소리],[＋목구멍],[＋가래],[＋호흡],[＋장
애]

제약 {　}-{숨쉬다, 거리다}

목구멍에 가래 따위가 걸려 숨을 쉴 때 가치작
거리는 소리.

가르랑-가르랑

의미 [＋소리],[＋목구멍],[＋가래],[＋호흡],[＋장
애],[＋반복]

제약 {　}-{숨쉬다, 거리다}

목구멍에 가래 따위가 걸려 숨을 쉴 때 자꾸 가
치작거리는 소리.

¶기침은 이어지고 목에서는 **가르랑가르랑** 가래
걸린 소리가 났다.≪황순원, 움직이는 성≫

가리-가리

의미 [＋모양],[＋다수],[＋가닥],[＋분리]

제약 {　}-{갈라지다, 찢어지다}

여러 가닥으로 갈라지거나 찢어진 모양.

¶마음이 **가리가리** 찢기다./신문지를 **가리가리** 찢
다./이리같이 덤벼들면 나는 사자와 같이 대항
하여 그놈을 **가리가리** 찢어 버릴 만한 기운은
있었다.≪김남천, 처를 때리고≫

가리산-지리산

의미 [＋이야기]v[＋일],[－질서],[－판단]

제약

이야기나 일이 질서가 없어 갈피를 잡지 못하는
것을 이르는 말. ≒지리산가리산.

¶장군의 귀신이 영검해서 산 사람 마누라 얻는
것을 이야기하여 이야기가 올라가고 내려가고
또 가로새어 **가리산지리산**이 될 때가 많았으나
봉학이는 갈피를 찾아 물어 가며 재미나게 들었
다.≪홍명희, 임꺽정≫

가린스레

의미 [＋인색]

제약

⇒ 가린스럽다. 다랍고 인색하다.

가마득-히

의미 [＋거리],[＋정도],[＋형상]v[＋소리],[－분
명]

제약 {　}-{보이다, 들리다}

① 거리가 매우 멀어 보이는 것이나 들리는 것
이 희미하게.

¶가을 들판에는 **가마득히** 높은 하늘이 펼쳐져
있었다.

의미 [＋시간][＋경과],[＋기억][－분명]

제약

② 시간이 아주 오래 되어 기억이 희미하게.

¶고향에 가 본 지도 **가마득히** 오래되었다.

의미 [＋미래],[－대책]

제약

③ 앞으로 어떻게 해야 할지 막막하게.

의미 [－인지],[－기억],[－분명]

제약

④ 전혀 알지 못하거나 기억이 안 나 막막하게.

가마말쑥-이

의미 [＋검정],[－정도],[＋청결]

제약

조금 희미하게 검으면서 지저분함 없이 말끔하고 깨끗하게.

가마무트름-히

의미 [＋얼굴],[＋검정],[＋비만]

제약

가무스름하고 토실토실한 얼굴로.

가만

의미 [－운동]v[－말]

제약

① 움직이지 않거나 아무 말 없이. 늑가만히①.

¶아픈 몸 자꾸 움직이지 말고 가만 누워 있어라.

의미 [＋상황],[＋방치],[－대책]

제약 { }-{놔두다}

② 어떤 대책을 세우거나 손을 쓰지 않고 그냥 그대로. 늑가만히②.

¶그런 모욕을 받는다면 나도 가만 보고 있지는 않을 거야./제발 나더러 어떻게든 손을 써 보라고, 그대로 가만 놔뒀다간 그 사람 제 명대로 못 살 거라고 은근히 압력을 넣어 오곤 해서….≪윤흥길, 무제≫

의미 [＋마음],[＋정리],[＋정밀]

제약

③ 마음을 가다듬어 곰곰이. 늑가만히③.

¶혼자서 가만 생각해 보니까 기억이 어렴풋이 나더라./가만 돌이켜 보면 내가 너무 심했다는 생각도 들어.

의미 [＋정숙],[＋정밀]

제약

④ 말없이 찬찬히. 늑가만히④.

¶가만 보면 빈틈없어 보이는 그 사람도 어수룩한 데가 있다.

가만-가만

의미 [＋동작],[＋정숙]

제약

움직임 따위가 드러나지 않도록 조용조용. 늑가만가만히.

¶다른 사람이 듣지 않게 가만가만 얘기해./아이들은 촛불을 조심스레 들고 가만가만 걸어 나왔다./우리 편 군사들은 숨을 죽이고 가만가만 적의 진으로 기어들기 시작한다.≪박종화, 임진왜란≫

가만가만-히

의미 [＋동작],[＋정숙]

제약

=가만가만. 움직임 따위가 드러나지 않도록 조용조용.

¶가만가만히 말해. 남들이 듣겠어./주만은 털이를 따라 멈추었던 발을 떼어 놓았으나 땅이나 꺼질 듯이 가만가만히 걸었다.≪현진건, 무영탑≫/문밖에 서서 귀를 기울이고 엿듣다가 저도 가만가만히 흉내를 내 보고 내 보고 하는 것이다.≪김유정, 봄봄≫

가만-사뿐

의미 [－발소리],[＋정숙],[＋정도]

제약

발소리가 나지 않게 아주 조용히.

가만-히

의미 [－운동]v[－말]

제약

①=가만①. 움직이지 않거나 아무 말 없이.

¶그는 지금 몇 시간 동안 아무 말 없이 가만히 앉아만 있다./엄살 부리지 말고 가만히 있어라.

의미 [＋상황],[＋방치],[－대책]

제약 { }-{놔두다}

②=가만②. 어떤 대책을 세우거나 손을 쓰지 않고 그냥 그대로.

¶네가 그렇게 나온다면 나도 가만히 있지만은 않을 거야.

의미 [＋마음],[＋정리],[＋정밀]

제약

③=가만③. 마음을 가다듬어 곰곰이.

¶지난날들을 가만히 돌이켜 보면 어려운 때도 참 많았어./집에 가서 가만히 생각해 보니까 내 잘못도 있었다.

의미 [＋정숙],[＋정밀]

제약

④=가만④. 말없이 찬찬히.

¶가만히 살펴보니 그도 꽤 고집이 세다.

의미 [+동작],[+정숙],[−분명]

제약

⑤ 움직임 따위가 그다지 드러나지 않을 만큼 조용하고 은은하게.

¶그는 주위를 살피며 내 주머니에 쪽지 하나를 가만히 찔러 주었다./그는 무슨 큰 비밀이라도 알려 주듯이 낮은 목소리로 **가만히** 나에게 말해 주었다./영수는 주무시는 어머니가 깨지 않도록 가만히 집을 나섰다.

가무끄름-히

의미 [+암흑],[+검정]

제약

조금 어둡고 가무스름히.

가무숙숙-히

의미 [+검소],[+적당],[+검정]

제약

알맞을 정도로 수수하고 감게.

가무스름-히

의미 [+검정],[−정도]

제약

빛깔이 조금 감은 듯하게.

가무족족-히

의미 [−균일],[−선명],[+검정]

제약

고르지 않게 칙칙하고 가무스름히.

가물-가물

의미 [+모양],[+불빛],[+미약],[±소멸]

제약 { }-{움직이다}

① 작고 약한 불빛 따위가 사라질 듯 말 듯 움직이는 모양.

¶등잔불이 **가물가물** 흔들린다.

의미 [+모양],[+물체],[+거리],[+운동],[−분명],[−선명]

제약 { }-{움직이다}

② 물체가 보일 듯 말 듯 희미하게 움직이는 모양.

¶먼 수평선 위에 **가물가물** 움직이는 고깃배./일행이 **가물가물** 멀리 사라질 때까지 갑례는 발이

시리다는 생각을 하면서도 그 자리에 서 있었다. ≪하근찬, 야호≫

의미 [+모양],[+의식]v[+기억],[−분명],[±정신]

제약

③ 의식이나 기억이 조금 희미해져서 정신이 있는 둥 없는 둥 하는 모양.

¶나는 나비, 나비 하고 입속으로 중얼거리며 어찌할 수 없는 무력감으로 나락에 빠지듯 **가물가물** 잠 속으로 빠져들어 갔다.≪오정희, 미명≫

가뭇

의미 [−시야],[+망각],[−탐색]

제약

보이던 것이 전혀 보이지 않거나 알던 것을 아주 잊어 찾을 길이 감감하게.

¶안 서방네는, 물을 건너 동구 밖으로 **가뭇** 모습을 감추는 강실이한테서 눈을 떼지 못하였다. ≪최명희, 혼불≫/옹이 농탕을 치느라고 **가뭇** 잊은 것 같아서 이벽문은 한 번 더 귀띔을 하였다. ≪이문구, 산 너머 남촌≫

가뭇-가뭇

의미 [+모양],[+검정],[+도처]

제약

군데군데 가무스름한 모양. 늑가뭇가뭇이.

¶기미가 온 얼굴에 **가뭇가뭇** 퍼져 있다.

가뭇없-이

의미 [−시야],[−탐색]

제약

① 보이던 것이 전혀 보이지 않아 찾을 곳이 감감하게.

¶밝고 따스하고 즐거운 봄 입김은 **가뭇없이** 사라지는 듯하다.≪현진건, 적도≫/그가 원하는 대답. 너는 그것을 찾고 있었다. 그렇지 않으면 그가 가뭇없이 사라져버릴 것 같았다. 글쎄요.≪김현영, 창작과비평사≫

의미 [+소멸],[+순간]

제약

② 눈에 띄지 않게 감쪽같이.

¶요 며칠 동안 나에게 보여 주던 그 친절과 미소도 **가뭇없이**, 이때만은 새침한 침묵에 잠겨

있을 뿐이었다.≪김동리, 까치 소리≫/너무도 희미해서, 확실한 실마리를 붙잡고자 추궁해 들어가면 그만 어디론가 **가뭇없이** 사라져 버릴 것만 같았다.≪윤후명, 별보다 멀리≫

가벼이

의미 [+무게],[-기준]

제약

① 무게가 일반적이거나 기준이 되는 대상의 것보다 적게.

¶옷 몇 가지를 빼서 행장을 **가벼이** 했다.

의미 [+담당],[-비중]v[-가치]v[-책임]

제약

② 맡은 일의 비중이나 가치, 책임 따위가 낮거나 적게.

¶네게 주어진 일을 **가벼이** 생각하지 마라.

의미 [+죄]v[+실수]v[+손해],[-정도]

제약

③ 죄과나 실수, 손해 따위에 그다지 심하지 않게.

¶죄인이 적반하장으로 이렇게 관장을 능멸하는데 어찌 볼기 열 대 치는 것으로 **가벼이** 다스린단 말인가.≪현기영, 변방에 우짖는 새≫

의미 [+생각]v[+언어]v[+행동],[-침착]v[-신중]

제약

④ 생각이나 언어, 행동이 침착하지 못하거나 진득하지 못하게.

¶말과 행동을 **가벼이** 했다가는 큰 화를 면치 못할 것이다.

의미 [+신체],[+동작],[+속도]

제약

⑤ 몸이나 손발 따위의 움직임이 날쌔고 재게.

¶비탈진 산길을 평평한 길 걷듯 **가벼이** 올라간다.

의미 [+간단],[-부담]

제약

⑥ 간단하게 하여 부담이 되지 않게.

¶오늘은 **가벼이** 한잔 마시고 나중에 거나하게 하세.

의미 [+정도],[-중요],[+예사]

제약

⑦ 정도가 대수롭지 않고 예사롭게.

¶**가벼이** 보아 넘기다./그녀는 큰일 아니라며 **가벼이** 받아 넘겼다.

의미 [+처리],[+용이]

제약

⑧ 다루기에 힘이 들지 않고 수월하게.

¶영감이 진국으로 대들수록 순제는 새롱대며 손길로 **가벼이** 막아 내는 수작이었다.≪염상섭, 취우≫

의미 [+마음],[-무게],[+경쾌]

제약

⑨ 마음이 홀가분하고 경쾌하게.

의미 [+요동],[-정도]

제약

⑩ 일렁이거나 흔들리는 정도가 약하게.

¶파도가 **가벼이** 일었다가 모래알처럼 부서진다.

의미 [+접촉],[-정도]

제약

⑪ 닿는 정도가 약하게.

의미 [+옷차림]v[+화장],[-요란],[+신선]v[+편안]

제약 {옷차림, 화장}-{ }

⑫ 옷차림이나 화장이 요란하지 않고 산뜻하거나 활동하기에 편하게.

가부-간

의미 [±정당]v[±찬성]

제약

옳거나 그르거나, 찬성거나 반대거나 어쨌든.

¶**가부간** 의논해서 결정합시다./삼촌은 이렇다 저렇다 **가부간**에 말이 없었다.

가분-가분

의미 [+모양],[+이동],[-무게],[+전부]v[+정도]

제약

① 들기 좋을 정도로 여럿이 다 또는 매우 가벼운 모양. 늑가분가분히①.

의미 [+모양],[+언사]v[+행동],[-무게],[+전부]v[+정도]

제약

② 말이나 행동 따위가 여럿이 다 또는 매우 가벼운 모양. ≒가분가분히②.

¶마치 전설 속에 나오는 공주의 걸음걸이와도 같이 **가분가분** 걸어오는 눈이었다.≪정비석, 비석과 금강산의 대화≫

가분-히

의미 [−무게],[+이동],[+용이]

제약

① 들기 좋을 정도라서 어렵지 않게.

의미 [+언사]v[+행동],[−무게]

제약

② 가벼운 말이나 행동 따위로.

의미 [+상태],[+신체],[−무게],[+상쾌]

제약

③ 가볍고 상쾌한 몸의 상태로.

의미 [+마음],[−부담],[−무게],[+편안]

제약

④ 마음에 부담이 없이 가볍고 편안하게.

가불-가불

의미 [+모양],[+요동],[−무게],[+반복]

제약 { }-{움직이다}

가볍게 자꾸 흔들려 움직이는 모양.

¶등불이 **가불가불** 춤을 추다가 꺼져 버렸다.

가붓-가붓

의미 [+느낌],[+전부],[−무게],[−정도]

제약

여럿이 다 조금 가벼운 듯한 느낌. ≒가붓가붓이.

가붓-이

의미 [+느낌],[−무게],[−정도]

제약

조금 가벼운 듯하게.

가뿐-가뿐

의미 [+모양],[+이동],[−무게],[+전부]v[+정도]

제약

① 들기 좋을 정도로 여럿이 다 또는 매우 가벼운 모양. '가분가분①'보다 센 느낌을 준다. ≒가뿐가뿐히①.

¶짐을 **가뿐가뿐** 들다.

의미 [+모양],[+언사]v[+행동],[−무게],[+전부]v[+정도]

제약

② 말이나 행동 따위가 여럿이 다 또는 매우 가벼운 모양. '가분가분②'보다 센 느낌을 준다. ≒가뿐가뿐히②.

¶**가뿐가뿐** 걷다.

가뿐-히

의미 [−무게],[+이동],[+용이]

제약

① 들기 좋을 정도라서 어렵지 않게. '가분히①'보다 센 느낌을 준다.

¶다 큰 설희를 자못 **가뿐히** 업고 등교하는 그녀의 모습을 볼 수 있었다.≪박완서, 세상에서 제일 무거운 틀니≫

의미 [+언사]v[+행동],[−무게]

제약

② 가벼운 말이나 행동 따위로. '가분히②'보다 센 느낌을 준다.

¶이곳에서는 70을 넘긴 노인이 두 다리를 한 一字로 벌리고 머리를 **가뿐히** 마루에 닿게 하는 모습을 흔히 볼 수 있다.≪조선일보≫

의미 [+상태],[+신체],[−무게],[+상쾌]

제약

③ 가볍고 상쾌한 몸의 상태로. '가분히③'보다 센 느낌을 준다.

¶그는 **가뿐히** 일어나 아무 일도 없다는 듯이 하던 일을 계속했다./아버지는 어머니의 극진한 간호 덕분에 **가뿐히** 일어나실 수 있었다.

의미 [+마음],[−부담],[−무게],[+편안]

제약

④ 마음에 부담이 없이 가볍고 편안하게. '가분히④'보다 센 느낌을 준다.

가뿟-가뿟

의미 [+느낌],[+전부],[−무게],[−정도]

제약

여럿이 다 조금 가벼운 듯한 느낌. '가붓가붓'보다 센 느낌을 준다. ≒가뿟가뿟이.

가뿟-이

의미 [−무게],[−정도]

제약

조금 가벼운 듯하게. '가붓이'보다 센 느낌을
준다.

가쁘

의미 [＋호흡],[＋곤란],[＋정도]

제약 { }-{쉬다}

숨이 몹시 차게.

¶숨을 **가쁘** 몰아쉬다./그는 숨을 **가쁘** 몰아쉬다
가 죽었을 갓난애를 상상하는 것만으로도….≪박
태순, 무너지는 산≫

가사

의미 [＋가정]

제약

=가령①. 가정하여 말하여.

¶**가사** 상감께서 천주학에 다소간의 이해가 계시
다 할지라도 타국인까지 숨어들어 와서 퍼뜨리
고 있는데야….≪서기원, 조선백자 마리아상≫

가살스레

의미 [−자격],[＋편협]

제약

보기에 가량맞고 야살스러운 데가 있게.

¶**가살스레** 굴다./**가살스레** 말하다.

가상-히

의미 [＋양순],[＋신통]

제약 { }-{여기다, 생각하다}

착하고 기특하게.

¶정성을 **가상히** 여기다./왕은 신하의 공로를 가
상히 생각하여 옷을 내린다는 분부까지 있었다.

가석-히

의미 [＋서운],[＋정도]

제약 { }-{여기다, 생각하다}

몹시 아깝게.

¶서림이가 상책 안 쓰는 것을 **가석히** 여겨서 한
동안 쓴 입맛을 다시다가 꺽정이와 막봉이를….
≪홍명희, 임꺽정≫

가소로이

의미 [−가치],[−의미],[−비중]

제약 { }-{생각하다, 여기다}

우스운 데가 있어 같잖게.

¶우리는 보잘것없는 그가 그렇게 호언장담하는
것을 **가소로이** 생각했다.

가슬-가슬

의미 [＋모양],[＋살결]v[＋물건],[＋표면],[＋거
침]v[＋견고]

제약

① 살결이나 물건의 거죽이 매끄럽지 않고 가칠
하거나 빳빳한 모양.

¶어느새 아들의 턱 밑에는 수염이 **가슬가슬** 돋
았다./손끝이 야무진 옹구네가 어느 틈에 뜯어
내 탕탕 방망이질하고 빨아서 **가슬가슬** 풀 먹이
어 시친 이불과 요때기는….≪최명희, 혼불≫

의미 [＋모양],[＋성질],[−온순],[＋복잡],[＋정
도]

제약

② 성질이 보드랍지 못하고 매우 까다로운 모
양.

가슴츠레

의미 [＋모양],[＋졸림]v[＋감취],[＋눈],[−의
식],[−기운],[＋졸음]

제약

졸리거나 술에 취하여서 눈이 정기가 풀리고 흐
리멍덩하며 거의 감길 듯한 모양.

¶따뜻한 햇살이 비치는 창가에는 학생 서넛이
눈을 **가슴츠레** 뜨고 졸고 있다.

가없-이

의미 [−제한]

제약

끝이 없이.

¶**가없이** 넓은 바다./밤하늘에 **가없이** 떠 있는 수
많은 별들./**가없이** 넓은 벌판에서는 매일같이 아
롱아롱한 아지랑이가 떠올랐다.≪한설야, 탑≫

가열-히

의미 [＋싸움]v[＋경기],[＋가혹],[＋결렬]

제약

싸움이나 경기 따위가 가혹하고 격렬하게.

가엾-이

의미 [＋마음],[＋고통],[＋가련]

제약

마음이 아플 만큼 딱하고 불쌍하게.

¶불쌍한 사람들을 **가엾이** 여기다./그의 사업이 망한 뒤 그 가족들은 **가엾이** 살고 있다./그녀는 딸 하나를 낳고 **가엾이** 세상을 떠났다.

가위
의미 [＋말],[－길이],[＋사실]
제약
한마디의 말로 이르자면. 또는 그런 뜻에서 참으로.
¶설악산의 설경은 **가위** 일품이다./신성이와 문자는 이번 졸업생 중에 재원으로 **가위** 쌍벽이다.≪염상섭, 모란꽃 필 때≫/하고 본즉 지난 일이 가위 일장춘몽 같더란 말일세.≪이기영, 봄≫

가으-내
의미 [＋시간],[＋가을],[＋지속]
제약
한가을 내내.
¶올해에는 **가으내** 가뭄이 들었다./배 서방이 가으내 긁어다 쟁여 놓은 갈잎나무 더미는 집채만 했다.≪박완서, 미망≫

가-일층
의미 [＋정도],[＋증가]
제약
정도 따위를 한층 더.
¶국력 배양에 **가일층** 매진하다./전쟁이 **가일층** 치열해졌다.

가장
의미 [＋최고],[＋비교]
제약
여럿 가운데 어느 것보다 정도가 높거나 세게.
¶**가장** 높은 산./그 아이가 우리 반에서 **가장** 빠르다./할아버지께서는 형을 **가장** 사랑하셨다./술이란 **가장** 알맞을 때 끊을 줄 알아야 하는 법이다.≪김춘복, 쌈짓골≫/이 싸움에서 **가장** 곤란을 겪은 것은 두 동리 가운데 끼인 샛말 사람들이다.≪이무영, 농민≫

가중-히
의미 [＋부담],[＋과도]
제약
부담이 무겁고 심할 정도로.

가증스레
의미 [＋무례],[＋가증]
제약
⇒ 가증스럽다. 몹시 괘씸하고 얄밉다.
¶자신의 잘못이 거론되지 않자 그는 **가증스레** 얼굴에 미소를 띠고 있었다./나는 자기 책임을 남에게 전가하는 그의 태도가 **가증스럽기** 그지 없었다./적보다 더 **가증스러운** 배신자, 반역자, 한겨레의 뿌리에서 나온 친일파 앞잡이들에 대한 응징도 사람들을 흥분시켰다.≪박경리, 토지≫

가지런-히
의미 [＋정리],[＋균일]
제약 { }-{놓다}
여럿이 층이 나지 않고 고르게.
¶섬돌 밑엔 낯선 구두가 두 켤레 **가지런히** 놓여 있었다.≪최일남, 거룩한 응달≫

가직-이
의미 [＋거리],[＋근접],[＋정도]
제약
거리가 조금 가깝게.
¶그중에 어떤 것은 언덕 위에 **가직이** 날고도 있었지만, 창백한 가오리연은 희고 긴 꼬리를 나울나울 흔들며 동무 것을 넘어 오르고….≪최명희, 혼불≫

가치작-가치작
의미 [＋모양],[＋거북],[＋방해]v[＋접촉],[－일정],[＋반복]
제약 { }-{거치다, 닿다}
① 조금 거추장스럽게 여기저기 자꾸 거치거나 닿는 모양.
의미 [＋모양],[＋거북],[＋불쾌]v[＋방해],[＋반복]
제약
② 조금 거추장스러워서 거슬리거나 자꾸 방해가 되는 모양.

가칠-가칠
의미 [＋모양],[＋피부]v[＋털],[＋건조],[－윤기],[＋거침],[＋정도]
제약
여위거나 메말라 살갗이나 털 등의 여기저기가 매우 윤기가 없고 거친 모양.

¶슬며시 잡아 본 어머니의 손등이 **가칠가칠** 느껴졌다.

가칫-가칫

의미 [+모양],[+피부],[+장애],[+접촉],[−정도],[+반복]

제약

① 살갗 따위에 자꾸 조금씩 닿아 걸리는 모양.

¶손톱 사이에 끼어 자꾸 **가칫가칫** 걸리던 가시를 뽑으니 이렇게 시원할 수가 없구먼.

의미 [+모양],[+방해],[+정도],[+반복]

제약

② 순조롭지 못하게 자꾸 조금 방해가 되는 모양.

가타-부타

의미 [+일],[+판단]

제약 {   }-{말하다}

어떤 일에 대하여 옳다느니 그르다느니 함.

¶그는 이야기를 다 듣고 나서 **가타부타** 말을 하지 않았다./**가타부타** 말이 없으니 어디 속을 알 수가 있나./판철이 나타나서 어떤 생각을 말할 때까지 그는 구민식에게 더 이상의 **가타부타**의 말을 하지 않을 생각이었다.≪한승원, 해일≫

가탈-가탈

의미 [+모양],[+말(馬)],[+걸음],[+불편],[−안정]

제약 {   }-{걷다, 거리다, 대다}

사람이 타거나 싣기 불편할 정도로 말이 비틀거리며 걷는 모양.

¶더위에 지쳐 더운 콧김을 내뿜으며 **가탈가탈** 걷던 말이 결국 쓰러졌다.

가통-히

의미 [+탄식],[+정도]

제약

통탄할 정도로.

가합-히

의미 [+적당],[+충분]

제약

무던히 합당하게.

¶제 오라비나 모친까지도 **가합히** 생각하고 당자만 좋다면 반대를 안 한다고까지 승낙을 하였고

내게 모든 것을 맡긴다 한 터인데.≪염상섭, 모란꽃 필 때≫

가혹-히

의미 [+잔인],[+가혹],[+정도]

제약 {   }-{다루다}

몹시 모질고 혹독하게.

¶어린아이를 **가혹히** 다루지 마라.

가히

의미 [+충분],[+정도]

제약 {   }-{ㄹ만하다, ㄹ수 있다, ㅁ직하다}

① ('-ㄹ만하다', '-ㄹ수 있다', '-ㅁ직하다' 따위와 함께 쓰여) '능히', '넉넉히'의 뜻을 나타낸다.

¶그 모습만 보아도 그 마음을 **가히** 짐작할 만하다./화산이 폭발하는 광경은 **가히** 장관이라 할 수 있다./이 과일은 **가히** 먹음직하다.

의미 [+부정]

제약 {   }-{부정어}

② (부정어와 함께 쓰여) '과연', '전혀', '결코', '마땅히'의 뜻을 나타낸다.

¶이런 잔치에 **가히** 노래와 춤이 없으랴?/부모에게 불효하면서 **가히** 선비라 할 수 있나?

각각

의미 [+사람]v[+물건],[+낱개],[+전부]

제약

사람이나 물건의 하나하나마다. '따로따로01'로 순화.

¶네 사람은 **각각** 자기 의자에 앉았다./사람들은 생각이 **각각** 달랐지만 다수의 의견에 따르기로 합의했다./차바퀴가 지나다닌 곳이 나란히 평행을 이루며 뻗어 있어서 두 사람은 **각각** 바퀴 자국 하나씩을 따라 걷게 되었다.≪한수산, 유민≫

각근-히

의미 [+노력],[+정성],[+지속]

제약

부지런히 힘쓰고 정성을 다하여.

¶자네 선친하고는 참 세의도 있고 해서 마름을 맡겼은즉 남의 집 일이라도 **각근히** 봐야 하겠고….≪이기영, 고향≫

각기

의미 [+다수],[+개별]

제약

각각 저마다.

¶세계의 여러 민족은 **각기** 다른 문화를 가지고 있다./일을 마친 뒤, **각기** 집으로 돌아갔다.

각박-히

의미 [-인정],[+황폐]

제약

① 인정이 없고 삭막하게.

¶남의 부탁을 **각박히** 거절하기 어렵다.

② 돈 따위를 지나치게 아껴 넉넉하지 않게.

각박스레

의미 [-인정],[+야박]

제약

인심이 몹시 모질거나 야박한 데가 있게.

¶**각박스레** 굴다./곧잘 두 눈에 불을 켜기만 일쑤요, 말끝마다 **각박스레** 새겨듣던 편이기도 하였다.≪김동리, 혈거 부족≫

각별-히

의미 [+일],[+마음]v[+자세],[+특별]

제약 { }-{아끼다, 조심하다}

어떤 일에 대하여 유달리 특별한 마음가짐이나 자세로.

¶**각별히** 아끼다./**각별히** 조심하다./오늘은 된장국이 **각별히** 맛있는데./가볍게 움직이지 말고 행동을 **각별히** 조심하게.

각설

의미 [+이야기],[+전환]

제약

주로 글 따위에서, 화제를 돌려 다른 이야기를 꺼낼 때, 앞서 이야기하던 내용을 그만둔다는 뜻으로 다음 이야기의 첫머리에 쓰는 말. ≒차설

각자

의미 [+사람],[+다수],[+개별]

제약

각각의 사람이 따로따로.

¶세면도구는 **각자** 책임지고 준비할 것.

간간

의미 [+시간],[+간격]

제약

①=간간이①. 시간적인 사이를 두고서 가끔씩.

¶그에 관한 소문이 **간간** 들린다./아버지는 감기가 아직 낫지 않은 모양인지 **간간** 기침을 하신다./섬에서 마주 보이는 건너편 오미 마을에서 틀어 놓은 라디오 소리가 개 짖는 소리에 섞여 **간간** 들려왔다.≪전상국, 음지의 눈≫

의미 [+거리],[+간격]

제약

②=간간이②. 공간적인 거리를 두고 듬성듬성.

¶학교 담을 끼고 경찰들이 **간간** 서 있다.

간간-이

의미 [+시간],[+간격]

제약

① 시간적인 사이를 두고서 가끔씩. '이따금'으로 순화. ≒간간①.

¶**간간이** 들려오는 기적 소리./**간간이** 감흥이 이는 대로 글을 써 나갔다.

의미 [+거리],[+간격]

제약

② 공간적인 거리를 두고 듬성듬성. ≒간간②.

¶바다 위에 **간간이** 떠 있는 고깃배들./길거리에는 짝을 이룬 젊은 남녀들이 **간간이** 눈에 띄었다.

간간짭짤-히

의미 [+음식],[+짠맛],[+적당]

제약

음식이 조금 짠 듯하면서도 입에 적당하게.

¶아내가 **간간짭짤히** 담가 놓은 겉절이가 식욕을 돋우었다.

간간-히[01]

의미 [+마음],[+재미]

제약

① 간질간질하고 재미있는 마음으로.

의미 [+위태]

제약

② 아슬아슬하고 위태롭게.

간간-히[02]

의미 [+입맛],[+호감],[+짠맛]

제약

입맛 당기게 약간 짠 듯이.

¶간간히 조리다./음식은 간간히 조리해야 맛이
난다.

간간-히[03]

의미 [+성품]v[+마음],[+강직],[+강건]

제약

꼿꼿하고 굳센 성품이나 마음으로.

간간-히[04]

의미 [+마음],[+기쁨]

제약

① 기쁘고 즐거운 마음으로.

의미 [+강력],[+속도]

제약

② 강하고 재빠르게.

간간-히[05]

의미 [+간절],[+정도]

제약 { }-{바라다}

매우 간절하게.

¶간간히 바라는 부탁의 말씀을 꼭 들어주십시오.

간고스레

의미 [+생활]v[+처지],[+가난],[+고생]

제약

생활이나 처지 따위가 어렵고 고생스러운 데가
있게.

간고-히

의미 [+가난],[+고생]

제약

① 가난하고 고생스럽게.

의미 [+처지]v[+상태],[+곤란]

제약

② 힘들고 어려운 처지나 상태로.

간곡-히[01]

의미 [+간사],[+영리]

제약

간사하고 꾀바르게.

간곡-히[02]

의미 [+태도]v[+자세],[+간절],[+정성]

제약

간절하고 정성스러운 태도나 자세로.

¶간곡히 타이르다./간곡히 말리다./간곡히 도움
을 청하다./그는 친구에게 자기 아들의 취직을

간곡히 부탁하였다.

간곤-히

의미 [+가난],[+정도]

제약

몹시 가난하고 구차하게.

간곳없-이

의미 [+소멸],[+순간]

제약

갑자기 자취를 감추어 온데간데없이.

간교스레

의미 [+모습],[+간사],[+교활]

제약

보기에 간사하고 교활한 데가 있게.

간교-히

의미 [+간사],[+교활]

제약

간사하고 교활하게.

간구-히

의미 [+가난]

제약

가난하고 구차하게.

간권-히

의미 [+모습],[+권고],[+간절]

제약

간절하게 권하는 모습으로.

¶경찰서에 가서 간권히 부탁하다.

간난-히

의미 [+곤란],[+고생],[+정도]

제약

몹시 힘들고 고생스럽게.

¶간난히 지내 온 시절.

간능스레

의미 [+재간],[+능청]

제약

재간 있게 능청스러운 데가 있게.

간닥-간닥

의미 [+모양],[+물체],[+가로],[+요동],[-정
도],[+반복]

제약 { }-{흔들리다}

작은 물체가 가로로 조금씩 자꾸 흔들리는 모양.

¶가지 끝에 매달린 나뭇잎이 **간닥간닥** 흔들린다./아이가 졸린 듯 **간닥간닥** 고갯짓을 한다.

간단간단-히

의미 [+간단],[+정도]

제약

① 매우 간단하게.

¶나는 그들의 질문에 **간단간단히** 응대했다.

의미 [+개별],[+전부],[+간단]

제약

② 각각이 모두 간단하게.

간단명료-히

의미 [+간단],[+분명]

제약

간단하고 분명하게. 늑간명히.

¶그는 자신의 입장을 **간단명료히** 말하였다.

간단스레

의미 [+간단]

제약

간단한 듯하게.

¶힘든 일인데도 **간단스레** 해 버렸다.

간단없-이

의미 [+지속]

제약

=끊임없이. 계속하거나 이어져 있던 것이 끊이지 아니하게.

¶**간단없이** 밀려드는 파도 소리./파노라마처럼 **간단없이** 지나가는 전원 풍경.

간단-히

의미 [+단순],[+간략]

제약

① 단순하고 간략하게.

¶**간단히** 설명하다./묻는 말에만 **간단히** 대답하다./이야기의 내용을 **간단히** 말하다./**간단히** 인사를 주고받다.

의미 [+간편],[+간단]

제약

② 간편하고 단출하게.

¶**간단히** 식사를 끝내다./그녀는 그때 **간단히** 머리를 빗고 종혁을 따라나섰던 것이다.≪이정환, 샛강≫/**간단히** 식이라도 올려야 하겠다는 결심도

드는 것이지마는….≪염상섭, 취우≫

의미 [+단순],[+용이]

제약

③ 단순하고 손쉽게.

¶일이 **간단히** 끝나다./승부가 전반전에 **간단히** 결정 났다.

간당-간당

의미 [+모양],[+물체],[+부착],[+요동],[+반복]

제약 { }-{흔들리다}

① 달려 있는 작은 물체가 자꾸 가볍게 흔들리는 모양.

¶연이 나뭇가지 끝에 **간당간당** 매달려 있다.

의미 [+상태],[+물건],[+소비],[-여유]

제약

② 물건 따위를 거의 다 써서 얼마 남지 않게 된 상태.

의미 [+상태],[+목숨],[-여유]

제약

③ 목숨이 거의 다 되어 얼마 남지 않게 된 상태.

¶숨이 **간당간당** 붙어 있다.

간대로

의미 [+용이]

제약 { }-{부정어}

① (주로 뒤에 '아니다', '않다' 따위의 부정어와 호응하여) 그리 쉽사리.

¶하늘을 보니 **간대로** 비가 그치지는 않겠다./따님을 내게 주실 수는 없겠습니까? 뭐 잘이야 하겠습니까마는 **간대로** 고생은 아니 시킬 작정입니다.≪이광수, 흙≫

간댕-간댕

의미 [+모양],[+물체],[+부착],[-안정],[+요동],[+반복]

제약 { }-{흔들리다}

① 느슨하게 달려 있는 작은 물체가 조금 위태롭게 자꾸 흔들리는 모양.

¶마른 잎이 **간댕간댕** 매달려 있다./한 남자의 상체가 창문 밖으로 반쯤 나와 **간댕간댕** 흔들렸다. ≪강영숙, ㈜창비≫

의미 [＋상태],[＋물건],[＋소비],[－여유]

제약

② 물건 따위를 많이 써서 거의 남지 않게 된 상태.

의미 [＋상태],[＋목숨],['－여유]

제약

③ 목숨이 거의 다 된 상태.

¶의식은 전혀 없고 목숨만 **간댕간댕** 붙어 있다.

간데없-이

의미 [－흔적]

제약

자취를 감추어 어디로 갔는지 알 수 없게.

¶방금까지 뒷주머니에 있던 지갑이 **간데없이** 사라져 버렸다.

간데온데없-이

의미 [－흔적]

제약

＝온데간데없이. 감쪽같이 자취를 감추어 찾을 수가 없다. 늑간데온데없다.

¶그 어머니는 **간데온데없이** 사라진 아기를 찾느라 온 동네를 돌아다녔으나 허사였다.

간데-족족

의미 [＋장소],[＋이동],[＋전부]

제약

가는 곳마다 빼지 않고 모두.

¶**간데족족** 따라다닌다./**간데족족** 사람들로부터 환영을 받았다.

간독-히01

의미 [＋간사],[＋악독]

제약

간사하고 독살스럽게.

간독-히02

의미 [＋정성],[＋인정]

제약

정성스럽고 돈독하게. 늑곤독히.

간동-간동

의미 [＋모양],[＋전부],[＋정리]

제약

하나도 흩어지지 않게 말끔히 잘 가다듬어 수습하는 모양.

¶**간동간동** 짐을 싸다.

간동-히

의미 [＋정돈],[＋간단]

제약

흐트러짐이 없이 잘 정돈되어 단출하게.

간드랑-간드랑

의미 [＋모양],[＋물체],[＋부착],[＋요동],[＋가로],[＋반복]

제약 { }-{흔들리다}

작은 물체가 매달려 조금 가볍고 느리게 옆으로 자꾸 흔들리는 모양.

¶아기 모자 끝에 달린 방울이 **간드랑간드랑** 흔들렸다.

간드작-간드작

의미 [＋모양],[＋물체],[＋부착],[－속도],[＋요동],[＋반복]

제약 { }-{흔들리다}

무엇에 기대어 있거나 붙어 있는 작은 물체가 찬찬히 가볍게 자꾸 흔들리는 모양.

간들-간들

의미 [＋모양],[＋바람],[＋유연],[＋경쾌]

제약 {바람}-{불다}

① 바람이 부드럽고 가볍게 살랑살랑 부는 모양.

¶봄바람이 **간들간들** 분다.

의미 [＋모양],[＋행동],[－예의]

제약 {사람}-{거리다, 대다}

② 사람이 간드러진 태도로 되바라지게 행동하는 모양.

¶전에는 **간들간들** 까불던 애가 요즘은 점잖아졌다.

의미 [＋모양],[＋물체],[＋요동],[－일정],[＋반복]

제약 { }-{흔들리다}

③ 작은 물체가 이리저리 가볍게 자꾸 흔들리는 모양.

¶플라타너스 잔가지가 **간들간들** 흔들린다.≪최인훈, 구운몽≫

의미 [＋모양],[＋졸음],[＋고개],[＋운동],[＋상하]

제약 {사람}-{졸다, 거리다, 대다}

④ 앉아서 졸면서 고개를 가볍게 숙였다 들었다 하는 모양.

¶현호는 어느새 **간들간들** 졸고 있었다.≪오유권. 대지의 학대≫/승선교 위에 어화가 하나 별처럼 **간들간들** 졸고 있다.≪김남천, 대하≫

의미 [＋모양],[＋부착],[－안정]

제약

⑤ 위태롭게 매달려 간신히 붙어 있는 모양.

간략-히

의미 [＋간단],[－길이]

제약

간단하고 짤막하게. 늑간약히.

간린스레

의미 [＋인색]

제약

'가린스레'의 원말. 다랍고 인색하게.

간명-히

의미 [＋간단],[＋분명]

제약

=간단명료히. 간단하고 분명하게.

¶피고가 학문상으로 도달하였다는 새로운 관념에 대해서 **간명히** 대답해 보라.≪김남천, 맥≫

간묵-히

의미 [－말수],[＋태도][＋신중]

제약

말수가 적고 신중한 태도로.

¶그는 **간묵히** 자기 일을 열심히 하는 사람이다.

간박-히

의미 [＋태도],[＋간소],[＋순박]

제약

간소하고 순박한 태도로.

간사스레[01]

의미 [＋태도],[＋이익],[＋추구],[＋계략],[＋거짓]

제약

자기의 이익을 위하여 나쁜 꾀를 부리는 등 바르지 않은 데가 있다.

¶현명한 통치자는 **간사스러운** 사람을 멀리할 줄 안다.

간사스레[02]

의미 [＋태도],[＋계략],[＋거짓],[＋타인][＋기호][＋영합]

제약

① 나쁜 꾀를 부리며 거짓으로 남의 비위를 맞추는 태도로.

의미 [＋친교],[＋아부],[＋정도]

제약

② 지나치게 붙임성이 있고 아양을 떠는 면이 있게.

간사-히[01]

의미 [＋마음],[＋이익],[＋추구],[＋계략],[＋거짓]

제약

① 자기의 이익을 위하여 나쁜 꾀를 부리는 등 바르지 않은 마음으로.

의미 [＋태도],[－원칙],[＋이익],[＋추구]

제약

② 원칙을 따르지 아니하고 자기의 이익에 따라 변하는 태도로.

간사-히[02]

의미 [＋태도],[＋계략],[＋거짓],[＋타인][＋기호][＋영합]

제약

① 나쁜 꾀를 부려 거짓으로 남의 비위를 맞추는 태도로.

의미 [＋태도],[＋친교],[＋아부],[＋과도]

제약

② 지나치게 붙임성이 있고 아양을 떠는 태도로.

간세-히[01]

의미 [＋태도],[＋간사],[－도량]

제약

간사하고 도량이 적은 태도로.

간세-히[02]

의미 [＋간단],[＋세밀]

제약

간략하고 세밀하게.

간소-히

의미 [＋간단],[＋소박]

제약

간략하고 소박하게.

¶약혼식과 결혼식을 되도록 **간소히** 하기로 하였다./아무리 **간소히** 치른다 해도 관은 사야 할 거고 세 어린것게에 상복을 입히고 영구차도 불러야 하겠는데….≪손창섭, 잉여 인간≫

간솔-히

의미 [＋태도],[＋단순],[＋정직]

제약

단순하고 솔직한 태도로.

간신-간신

의미 [＋곤란],[＋고생],[＋정도]

제약

몹시 어렵고 고생스럽게.

¶어멈은 우직하고 어련무던하여 제 새끼 못 먹이는 갖가지 진수를 넘어가지 않는 목구멍에 **간신간신** 넘기며 눈물을….≪한무숙, 생인손≫

간신-히

의미 [＋노력],[－기준]

제약

겨우 또는 가까스로.

¶끼니를 **간신히** 잇다./시험에 **간신히** 통과하다./집에 불이 붙자 우리는 **간신히** 몸만 빠져나왔다./그는 터져 나오려는 노여움을 **간신히** 참았다./그는 입술을 떨며 **간신히** 말을 이었다./노파는 아들의 음성을 알아들었는지 고개를 **간신히** 흔들어 보이는 것 같았다.≪오상원, 모반≫

간실-간실

의미 [＋모양],[＋행동],[＋간사],[＋타인][＋기회][＋영합]

제약 {사람}-{거리다, 대다}

남의 비위를 맞추면서 간사스럽게 행동하는 모양.

간악스레

의미 [＋간사],[＋악독]

제약

간사하고 악독한 데가 있게.

간악-히

의미 [＋태도],[＋간사],[＋악독]

제약

간사하고 악독한 태도로.

간약-히

의미 [＋간단],[－길이]

제약

=간략히. 간단하고 짤막하게.

간요-히[01]

의미 [＋태도],[＋간사],[＋요망]

제약

간사하고 요망한 태도로.

간요-히[02]

의미 [＋중요],[＋정도]

제약

매우 요긴하게.

간요-히[03]

의미 [＋간단],[＋중요]

제약

간단하고 긴요하게.

간잔지런-히

의미 [＋상태],[＋정돈],[＋정도]

제약

① 매우 가지런한 상태로.

¶한길가로 **간잔지런히** 늘어선 건물들./내려다보면…작고 큰 용마루들이 어깨를 겨루며 꼬리를 물고 발아래 **간잔지런히** 깔렸는데….≪최남선, 심춘순례≫

의미 [＋모습],[＋눈시울],[＋접촉],[＋졸림]v[＋감춰]

제약

② 졸리거나 술에 취하여 위아래 두 눈시울이 서로 맞닿을 듯한 모습으로.

간절-히

의미 [＋마음],[＋정성],[＋지극]

제약 { }-{바라다, 원하다}

① 더없이 정성스럽고 지극한 마음으로.

의미 [＋마음],[＋소원],[＋절실],[＋정도]

제약

② 마음속에서 우러나와 바라는 정도가 매우 절실하게.

¶**간절히** 소망하다./**간절히** 바라다./**간절히** 원하다.

간정-히

의미 [＋순수],[＋정도]

제약

① 매우 깨끗하고 순수하게.

의미 [+일],[+처리],[+완벽]

제약

② 일 처리를 잘하여 뒤끝이 깨끗하게.

간종-간종

의미 [+모양],[+일]v[+물건],[+선택],[+정돈]

제약

흐트러진 일이나 물건을 가닥가닥 가리고 골라서 가지런하게 하는 모양.

간질-간질

의미 [+상태],[+느낌],[+간지러움],[+반복]

제약

① 간지러운 느낌이 자꾸 드는 상태.

의미 [+상태],[-인내],[+욕구],[+반복]

제약

② 참기 어려울 정도로 어떤 일을 자꾸 하고 싶어 하는 상태.

의미 [+느낌],[-감각],[+어색]v[+거북]v[+치사]

제약

③ 몹시 어색하거나 거북하거나 더럽고 치사하여 마음이 매우 자리자리한 느낌.

간첩-히

의미 [+간단],[+속도]

제약

간단하고 빠르게.

간측-히

의미 [+상태],[+가련]

제약

① 몹시 딱하고 가엾은 상태로.

의미 [+태도],[+절실],[+정성]

제약

② 간절하고 지성스러운 태도로.

간특스레

의미 [+간사],[+악독]

제약

⇒ 간특스럽다. 보기에 간사하고 악독한 데가 있다.

¶간특스러운 목소리.

간특-히

의미 [+태도],[+간사],[+악독]

제약

간사하고 악독한 태도로.

간편-히

의미 [+간단],[+편리]

제약

간단하고 편리하게.

간핍-히

의미 [+생활],[+가난],[+곤란]

제약 { }-{살다}

살림이 매우 어려워 없는 것이 많은 형편으로.

간혹

의미 [+빈도],[+간격]

제약

어쩌다가 띄엄띄엄. 늑혹05(或)④·혹간(或間).

¶간혹 있는 일./그의 소식이 간혹 들려온다./똑똑한 그도 간혹 실수할 때가 있다./그 병에 걸리면 간혹은 살기도 하지만 대부분은 얼마 살지 못한다.

간혹-가다

의미 [+빈도],[+간격]

제약

=간혹가다가. 간혹 어쩌다가.

¶간혹가다 보이는 문제./간혹가다 한 대목씩 빠지거나 약간 모자란다 싶은 이야기는 어머니가 옆에서 상세히 설명을 보충해 놓았다.≪윤흥길, 장마≫

간혹-가다가

의미 [+간격],[-빈도]

제약

간혹 어쩌다가. 늑간혹가다.

¶길에는 기왓장과 나무토막들은 물론이고 간혹가다가는 시커먼 빗물이 고인 네댓 자 깊이의 포탄 구멍까지 파여 있었다.≪홍성원, 육이오≫/물론 술에 곯아서 못 들을 적도 태반이지만 간혹가다간 듣지 않을 수 없을 만한 그렇게 큰 음성임에도 불구하고 역 못 들은 척하였다.≪김유정, 정조≫

간활-히

의미 [+간사],[+교활]

제약

간사하고 교활하게.

갈-가리

의미 [+모양],[+다수],[+가닥],[+분리]

제약 { }-{갈라지다, 찢어지다}

'가리가리'의 준말. 여러 가닥으로 갈라지거나 찢어진 모양.

¶그는 편지를 다 읽고 나서 갈가리 찢어 휴지통에 넣었다./옷은 개의 발톱으로 갈가리 찢겨 있었고….≪최인호, 지구인≫/밤의 대기가 별안간 쌍방 간의 총성으로 갈가리 찢기기 시작했다.≪조해일, 왕십리≫

갈갈

의미 [+모양],[+음식]v[+재물],[+욕심],[-예의]

제약

음식이나 재물에 욕심을 부려 조금 염치없이 구는 모양.

갈골-히

의미 [+일],[+몰두],[+분주],[+정도]

제약

일에 파묻혀 몹시 바쁘게.

갈그락

의미 [+소리],[+찌꺼기],[+제거]

제약 {찌꺼기}-{긁어내다}

붙어 있는 찌꺼기 따위를 긁어내는 소리.

갈그락-갈그락

의미 [+소리],[+찌꺼기],[+제거],[+반복]

제약 {찌꺼기}-{긁어내다}

붙어 있는 찌꺼기 따위를 자꾸 긁어내는 소리.

¶갈그락갈그락 귀지를 파내다.

갈그랑-갈그랑

의미 [+소리]v[+모양],[+목구멍],[+가래],[+숨소리],[+거침]

제약 { }-{숨쉬다, 거리다}

가래 따위가 목구멍에 걸려 숨 쉴 때마다 조금 거칠게 나는 소리. 또는 그 모양.

¶갈그랑갈그랑 가래 끓는 소리가 나다.

갈근-갈근[01]

의미 [+모양],[+목구멍],[+가래],[+간지럼],[+방해]

제약 { }-{숨쉬다, 거리다}

목구멍에 가래 따위가 걸려 자꾸 간지럽게 가치작거리는 모양.

¶아무리 기침을 하며 가래를 뱉어 내려고 해도 가래는 갈근갈근 간지럽게만 하고 안 떨어졌다.

갈근-갈근[02]

의미 [+모양],[+음식]v[+재물],[+획득],[+수치],[+군색],[+반복]

제약

음식이나 재물 따위를 얻으려고 자꾸 조금 치사하고 구차스럽게 구는 모양.

¶어린것들이 밥 한 덩이 얻으려고 갈근갈근 애쓰는 모양이 보기에 안쓰러웠다.

갈급-히

의미 [+부족],[+소망],[+정도]

제약

부족하여 몹시 바라는 듯이.

갈기-갈기

의미 [+모양],[+가닥],[+다수],[+분리]

제약 { }-{찢어지다}

여러 가닥으로 찢어진 모양.

¶갈기갈기 찢어진 종이./가슴이 갈기갈기 찢어지듯 마음이 아프다./옷은 갈기갈기 찢어지고, 머리는 가닥가닥 흐트러졌다.≪박종화, 임진왜란≫

갈데없-이

의미 [+유일]

제약

오직 그렇게밖에는 달리 될 수 없게.

¶지금 저 일을 저지른다면 갈데없이 자기가 혐의를 뒤집어쓰고 쫓겨 다녀야 할 판이니….≪송기숙, 자랏골의 비가≫/원범 역시 이번 길은 갈데없이 잡혀가서 죽는 길이거니 하고 구슬프게 생각했다.≪박종화, 전야≫

갈래-갈래

의미 [+모양],[+가닥],[+다수],[+분리]

제약 { }-{갈라지다, 찢어지다}

여러 가닥으로 갈라지거나 찢어진 모양.

¶비를 피하려고 뛰어든 원두막은 아무도 쓰지

않는 모양으로 **갈래갈래** 찢긴 지붕으로 비가 새고 있었다./기차는 서서히 철로가 **갈래갈래** 늘어진 역구내로 들어섰다.≪김원일, 어둠의 축제≫/**갈래갈래** 흩어진 상투 머리를, 기둥에 찧었다 땅바닥에 찧었다 하다가 벌렁 나둥그러졌다.≪오유권, 대지의 학대≫

갈수록

의미 [+시간],[+진행],[+증가]

제약

시간이 흐르거나 일이 진행됨에 따라 더욱더.

¶세상인심이 **갈수록** 각박해진다./**갈수록** 환경 오염이 심해진다.

갈쌍

의미 [+모양],[+눈물],[+충만]

제약 {눈물}-{고이다}

눈에 눈물이 넘칠 듯이 가득하게 고이는 모양.

갈쌍-갈쌍

의미 [+모양],[+눈물],[+충만],[+정도],[+반복]

제약 {눈물}-{고이다}

눈에 눈물이 자꾸 넘칠 듯이 가득하게 고이는 모양.

¶눈에 눈물이 **갈쌍갈쌍** 고이다.

갈씬-갈씬

의미 [+모양],[±접촉],[-정도]

제약

겨우 조금 닿을락 말락 하는 모양.

갈쭉-히

의미 [+액체],[-농도],[+정도]

제약

액체가 묽지 아니하고 조금 건 정도로.

¶미음은 너무 묽지 않게 **갈쭉히** 하는 편이 좋다.

갈팡-질팡

의미 [+모양],[-판단],[-일정],[+방황]

제약

갈피를 잡지 못하고 이리저리 헤매는 모양.

¶사병(士兵)들이 요란한 총성에 놀라 **갈팡질팡** 어둠 속을 뛰고 있다.≪홍성원, 육이오≫/아들, 며느리들은 산 사람 돌보랴, 죽어 가는 사람 살려 내랴, 죽은 사람 건져 내랴 **갈팡질팡** 어쩔 줄을

몰랐다.≪박완서, 미망≫

갈피-갈피

의미 [+모양],[+판단],[+다양],[+반복]

제약

여러 갈피가 낱낱이 거듭되는 모양.

¶방 안에 혼자 앉아 있으려니 이런저런 생각이 **갈피갈피** 들었다./진화는 자기 대신에 매를 맞다시피 **갈피갈피** 찢어져 나간 일기장을 집어 들었다.≪김이석, 풍속≫

갉작-갉작

의미 [+모양],[+바닥]v[+표면],[+예리],[+마찰],[+반복]

제약 { }-{긁다, 문지르다}

① 날카롭고 뾰족한 끝으로 바닥이나 거죽을 자꾸 문지르는 모양.

¶눈가를 새끼손가락으로 **갉작갉작** 긁는다.

의미 [+모양],[+글]v[+그림],[-정성],[+반복]

제약 { }-{쓰다, 그리다}

② 되는대로 글이나 그림 따위를 자꾸 쓰거나 그리는 모양.

갉죽-갉죽

의미 [+모양],[+마찰],[-예리],[+반복]

제약 { }-{긁다}

자꾸 무디게 갉는 모양.

¶할머니는 효자손으로 등을 **갉죽갉죽** 긁었다./며칠 안 감았는지 머리를 **갉죽갉죽** 긁어 댄다.

감감

의미 [+모양],[+거리],[-분명]

제약

① 멀어서 아득한 모양. 늑감감히①.

¶산봉우리에 **감감** 도는 구름.

의미 [+모양],[+사실],[-인식]v[+망각]

제약

② 어떤 사실을 전혀 모르거나 잊은 모양. '깜깜②'보다 여린 느낌을 준다. 늑감감히②.

¶친구가 군대에 간 줄은 **감감** 모르고 있었다./아까의 그 검은 그림자는 어디로 갔는지 **감감** 알 수 없다.≪한설야, 탑≫

의미 [+모양],[-소식]v[-연락]

제약

③ 소식이나 연락이 전혀 없는 모양. ≒감감히
③.

¶벌써 한 주일이 다 되어 가는 줄 아는데, 아드
님은 어째서 여태도 소식이 **감감**이지요?≪이청준,
잔인한 도시≫

감감-히

의미 [+모양],[+거리],[−분명]

제약

①=감감①. 멀어서 아득한 모양.

¶도시의 아득한 소음이 두 사람의 이야기 소리
에 무슨 심포니로 반주를 하듯 **감감히** 들려온다.
≪채만식, 탁류≫

의미 [+모양],[+사실],[−인식]v[−기억]

제약

②=감감②. 어떤 사실을 전혀 모르거나 잊은 모
양.

¶그날에는 아들이 바보라는 실망에만 감정이 집
중되어 **감감히** 떠오르지 않았던 자신의 어린 때
의 감자에 대한 기억이….≪안수길, 북간도≫

의미 [+모양],[−소식]v[−연락]

제약

③=감감③. 소식이나 연락이 전혀 없는 모양.

감격스레

의미 [+마음],[+감동],[+정도]

제약

⇒ 감격스럽다. 마음에 깊이 느끼어 크게 감동이
되는 듯하다.

감미로이

의미 [+맛],[+감미]

제약

① 달거나 달콤한 맛으로.

의미 [+느낌],[+감미]

제약

② 느낌이 달콤하게.

감사-히

의미 [+마음],[+감사]

제약

고마운 마음으로.

¶매사를 감사히 여겨라./대감의 후의를 지극히

감사히 생각합니다.≪홍효민, 신라 통일≫

감숭-감숭

의미 [+모양],[+잔털],[+간격],[+검정]

제약 {잔털}−{나다}

잔털 따위가 드물게 나서 가무스름한 모양.

¶감숭감숭 난 수염이 제법 턱을 덮었다.

감숭-히

의미 [+잔털],[+간격],[+검정]

제약 {잔털}−{나다}

잔털 따위가 드물게 나서 가무스름하게.

¶창호는 창호대로 얼굴 모습 이외에 길게 기른
머리라든지 윗수염을 **감숭히** 기른 것이, 딴사람
이 된 것 같다.≪염상섭, 이심≫

감실-감실[01]

의미 [+모양],[+사람]v[+물체]v[+빛],[+거
리],[+운동],[−분명],[+반복]

제약 {사람, 물체, 빛}−{움직이다}

사람이나 물체, 빛 따위가 먼 곳에서 아렴풋이
자꾸 움직이는 모양.

¶줄 끊긴 방패연은 바람에 날려 저 멀리 **감실감
실** 사라져 갔다./푸른 연기가 **감실감실** 피어오른
다./씩씩하고 우렁찬 남창(男唱)이 맺어지고 옥
방울을 굴리는 듯한 여창(女唱)이 **감실감실** 허
공으로 흩어진다.≪박종화, 전야≫

감실-감실[02]

의미 [+모양],[+부분],[+검정]

제약

군데군데 약간 가무스름한 모양.

감연-히[01]

의미 [+태도],[+결단],[+용감]

제약

과감하고 용감한 태도로.

¶감연히 항의하다./백성들은 부정과 불의에 항
거하여 **감연히** 궐기했다./천 리 길에 만산편야한
적병을 헤치고 김천일의 의로운 군사는 **감연히**
경기도 수원 땅으로 육박해 들어간다.≪박종화,
임진왜란≫

감연-히[02]

의미 [+마음],[−기대],[+서운],[+불쾌]

제약

마음에 차지 아니하여 서운하고 언짢게.

감용-히
의미 [+자세],[+결단],[+용맹]
제약
과감하고 용맹한 자세로.

감작-감작
의미 [+모양],[+점]v[+얼룩],[+다수],[-크기],[+삽입]
제약
검은 점이나 얼룩이 자잘하게 여기저기 박혀 있는 모양.

감지덕지
의미 [+모양],[+감사],[+분수],[+정도]
제약
분에 넘치는 듯싶어 매우 고맙게 여기는 모양.
¶돈을 감지덕지 받다./그는 배가 고파 찬밥도 감지덕지 먹었다./그는 뜻밖의 환대를 받자 감지덕지 어쩔 줄을 몰랐다.

감쪽같-이
의미 [-표시],[-흔적],[-인식]
제약
꾸미거나 고친 것이 전혀 알아챌 수 없을 정도로 티가 나지 않게.
¶감쪽같이 사라지다./감쪽같이 속이다./상처가 감쪽같이 아물었다./깨진 유리잔을 감쪽같이 붙여 놓았다./숨겨 둔 비상금이 감쪽같이 없어졌다.

감-히
의미 [+인내],[+공포]v[+미안]
제약
① 두려움이나 송구함을 무릅쓰고.
¶감히 한 말씀 여쭙겠습니다.
의미 [+언사]v[+행동],[+건방]
제약
② 말이나 행동이 주제넘게.
¶그는 감히 임금의 명을 거역했다./뉘 앞이라고 감히 나서느냐?/어린것이 감히 어른에게 대들다니!/어느 존전이라고 감히 거짓 말씀을 아뢰오리까.≪홍명희, 임꺽정≫
의미 [-주의],[+용이]

제약 { }-{못하다}
③ (주로 '못', '못하다'와 함께 쓰여) '함부로', '만만하게'의 뜻을 나타내는 말.
¶그는 선생님이 어려워서 감히 얼굴도 들지 못했다./그는 보통 사람이 감히 엄두도 못 낼 일을 척척 해낸다.

갑갑-히
의미 [-여유],[+밀착]v[+압박],[+불쾌]
제약
① 옷 따위가 여유 없이 달라붙거나 압박하여 유쾌하지 못하게.
의미 [+공간],[-여유],[+폐쇄],[+정도]
제약
② 좁고 닫힌 공간 속에 있어 꽉 막힌 듯이.
의미 [-속도]v[+지루],[-인내],[+싫증]
제약
③ 너무 더디거나 지루하여 견디기에 진력이 나게.
¶말귀를 못 알아듣는다고 그는 나를 갑갑히 여긴다.
의미 [+가슴]v[+뱃속],[+불편]
제약
④ 가슴이나 배 속이 꽉 막힌 듯이 불편하게.
의미 [+일],[-의도],[-진행],[+우울]
제약
⑤ 일이 뜻대로 되지 않아 답답하게.

갑자기
의미 [-생각],[+순간],[+급박]
제약
미처 생각할 겨를도 없이 급히.
¶갑자기 날씨가 추워지다./갑자기 소나기가 쏟아지기 시작했다./그의 표정이 갑자기 굳어졌다./갑자기 브레이크를 밟는 바람에 온몸이 앞으로 쏠렸다.

갑작스레
의미 [-생각],[+순간],[+급박]
제약
미처 생각할 겨를이 없이 급하게.
¶갑작스레 차가 고장 났다./주위가 갑작스레 조용해졌다./평소에 건강하시던 아버님께서 갑작

스레 돌아가셨다.

갑절

　의미 [＋배가]

　제약

　＝배(倍). 어떤 수나 양을 두 번 합한 만큼.

　¶그의 몸무게는 나보다 **갑절**이나 무겁다./이곳 집값은 다른 곳의 **갑절**이다./연휴를 앞둔 토요일이라 서울을 빠져나가기가 **갑절**로 힘들다.

값없-이

　의미 [－보람],[－대가]

　제약

　보람이나 대가 따위가 없이.

　¶그는 도박으로 재산을 모두 탕진하고, 결국은 **값없이** 죽게 되었다.

갓

　의미 [＋시간],[＋현재]

　제약

　이제 막.

　¶**갓** 시집온 새색시./**갓** 스물이 되다.

강강-히

　의미 [＋마음]v[＋기력],[＋견고],[＋정도]

　제약

　① 마음이나 기력이 아주 단단하게.

　의미 [＋날씨],[＋추위]

　제약

　② 날씨가 쌀쌀하게.

　의미 [＋풀기],[＋견고]

　제약

　③ 풀기가 세어 빳빳하게.

　의미 [＋목소리],[＋크기],[＋예리]

　제약

　④ 높고 날카로운 목소리로.

강건-히[01]

　의미 [＋의지]v[＋기상],[＋견고]

　제약

　① 굳세고 건전한 의지나 기상으로.

　¶불의에 **강건히** 맞서다.

　의미 [＋문체],[＋강건]

　제약

　② 강하고 씩씩한 필력(筆力)이나 문세(文勢)로.

강건-히[02]

　의미 [＋태도],[＋견고],[＋충직]

　제약

　굳세고 충직한 태도로.

강건-히[03]

　의미 [＋태도],[＋언사],[＋충직],[＋견고],[－회피]

　제약

　강직하고 바른 말을 하는 데에 거리낌이 없는 태도로.

강건-히[04]

　의미 [＋나이],[＋건강]

　제약

　윗사람이 탈이 없고 튼튼한 기력으로.

강건-히[05]

　의미 [＋신체]v[＋기력],[＋건강]

　제약

　실하고 튼튼한 몸이나 기력으로.

강견-히

　의미 [＋견고]

　제약

　세고 단단하게.

강경-히[01]

　의미 [＋성격]v[＋기질],[＋견고]

　제약

　꿋꿋하고 굳센 성격이나 기질로

강경-히[02]

　의미 [＋태도],[＋인내],[－복종],[＋견고]

　제약

　버티어 굽히지 않게 굳센 태도로.

　¶그는 자신의 실책에 대해 **강경히** 부인했다./아내는 당장에 권 씨 부인에게 달려가 이성을 가진 어른으로서 품위를 지켜 줄 것을 **강경히** 요구했다.≪윤흥길, 아홉 켤레의 구두로 남은 사내≫

강고-히

　의미 [＋견고]

　제약

　굳세고 튼튼하게.

강과-히

　의미 [＋태도],[＋견고],[＋결단]

제약

굳세고 결단력이 있는 태도로.

강녕-히

의미 [+신체][+건강],[+마음][+편안]

제약 {몸, 마음}-{ }

몸이 건강하고 마음이 편안하게.

강대-히

의미 [+국가]v[+조직],[+역량],[+강력],[+크기]

제약 {나라, 조직}-{ }

나라나 조직 따위의 역량이 강하고 크게.

강동

의미 [+모양],[+다리],[+도약],[+경쾌]

제약 { }-{뛰다}

조금 짧은 다리로 가볍게 뛰는 모양.

¶아이는 시냇물을 강동 뛰어넘어 엄마를 향해 달려갔다.

강동-강동

의미 [+모양],[+다리],[+도약],[+경쾌],[+반복]

제약 { }-{뛰다}

① 조금 짧은 다리로 계속해서 가볍게 뛰는 모양.

¶아이가 나뭇가지에 걸린 풍선을 잡으려고 강동강동 뛰어 봤지만 소용없었다.

의미 [+모양],[+행동],[−품위],[−침착]

제약 {사람}-{거리다, 대다}

② 침착하지 못하고 채신없이 가볍게 행동하는 모양.

¶노인은 너무 흥분해서 체면도 없이 강동강동 뛰며 야단이었다.

강력-히

의미 [+힘]v[+영향],[+강력]

제약

강한 힘이나 영향으로.

¶그는 지방 자치제 실시를 강력히 촉구하였다./영업부에서는 신제품에 대한 자료 제공을 강력히 요구했다.

강렬-히

의미 [+강력],[+강렬]

제약

강하고 세차게.

¶그는 원망의 눈빛으로 나를 강렬히 쳐다본다./병원에서 나오자 나는 강렬히 무엇인가 하고 싶은 생각이 들었다.

강명-히

의미 [+성질][+정직],[+두뇌][+명석]

제약

성질이 곧고 두뇌가 명석하게.

강박-히[01]

의미 [−인정],[+정도]

제약

매우 딱딱하고 인정이 없게.

강박-히[02]

의미 [+포악],[−인정]

제약

우악스럽고 야박하게.

강왕-히

의미 [+건강],[+기력]

제약

건강한 몸과 좋은 기력으로.

강의-히

의미 [+의지],[+견고],[+강직],[−복종]

제약

의지가 굳세고 강직하여 굽힘이 없이.

강인-히

의미 [+강인],[+인내]

제약

억세고 질기게.

강잉-히

의미 [+인내],[+무리]

제약

억지로 참으며. 또는 마지못하여 그대로.

¶강잉히 웃다./이날 저녁부터 계월향은 마음에 없는 눈웃음을 사를 듯이 풍기고, 진심에서 우러나오지 않는 교태를 강잉히 지어 부린다.≪박종화, 임진왜란≫

강장

의미 [+모양],[+다리],[+도약],[+경쾌]

제약 { }-{뛰다}

33

짧은 다리를 모으고 가볍게 내뛰는 모양.

강장-강장

의미 [+모양],[+다리],[+도약],[+경쾌],[+반복]

제약 { }-{뛰다}

짧은 다리를 모으고 가볍게 자꾸 내뛰는 모양.

¶그는 지금 딸이 죽어 간다고 하며 **강장강장** 뛰었다.

강중

의미 [+모양],[+다리],[+도약],[+기운]

제약 { }-{뛰다}

짧은 다리를 모으고 힘 있게 솟구쳐 뛰는 모양.

강중-강중

의미 [+모양],[+다리],[+도약],[+기운],[+반복]

제약 { }-{뛰다}

짧은 다리를 모으고 힘 있게 자꾸 솟구쳐 뛰는 모양.

¶그녀는 선물을 보고 너무 좋아서 **강중강중** 뛰었다.

강직-히

의미 [+마음],[+정직]

제약

꼿꼿하고 곧은 마음으로.

강퍅-히

의미 [+성격],[-원만],[+고집]

제약

성격이 까다롭고 고집이 세게.

강포히

의미 [+포악],[+정도]

제약

몹시 우악스럽고 사납게.

¶저들은 **강포히** 우리의 강산을 유린했다.

강한-히

의미 [+성질]v[+마음],[+확고]

제약

굳세고 강한 성질이나 마음으로.

갖추

의미 [+다양],[+전부]

제약

고루 있는 대로.

¶**갖추** 장만하다./학용품을 **갖추** 준비하다.

갖추-갖추

의미 [+다수],[+전부]

제약

여럿이 모두 있는 대로.

¶너희들의 공은 빠짐없이 장계에 **갖추갖추** 적어서 위에 올렸으니 염려할 것 없느니라.≪박종화, 임진왜란≫

같이

의미 [+사람]v[+사물],[+다수],[+동시]

제약

① (주로 격 조사 '과'나 여럿임을 뜻하는 말 뒤에 쓰여) 둘 이상의 사람이나 사물이 함께.

¶친구와 **같이** 사업을 하다./모두 **같이** 갑시다.

의미 [+상황]v[+행동],[+동일]

제약

② (주로 격 조사 '과'나 여럿임을 뜻하는 말 뒤에 쓰여) 어떤 상황이나 행동 따위와 다름이 없이.

¶선생님이 하는 것과 **같이** 하세요./예상한 바와 **같이** 주가가 크게 떨어졌다./세월이 물과 **같이** 흐른다.

같잖-이

의미 [+행동]v[+모습],[-품위],[-만족]

제약 { }-{여기다, 생각하다}

하는 짓이나 꼴이 제격에 맞지 않고 눈꼴사납게.

¶**같잖이** 여기다./그는 나를 **같잖이** 생각한다.

개감스레

의미 [+모습],[+섭취],[+욕심],[-만족]

제약 { }-{먹다, 치우다}

⇒ 개감스럽다. 음식을 욕심껏 먹어 대는 꼴이 보기에 흉하다.

¶밥을 **개감스레** 먹다.

개개

의미 [+개별],[+분리]

제약

각자 따로.

¶아버지가 **개개** 걸신으로 돌아다녔던 관계인지 용룽이는 피골이 상접하도록 말라서….≪한설야,

탑≫/남의 집 드난살이나 행랑 사람들이란 개개
저희끼리 모여 서서….≪채만식, 탁류≫

개결-히

의미 [+성품],[+순수],[+확고]

제약

깨끗하고 굳은 성품으로.

개골-개골

의미 [+소리],[+개구리],[+반복]

제약 {개구리}-{울다}

개구리가 자꾸 우는 소리.

¶밤이 되면 개구리가 개골개골 요란스럽게 울죠.

개굴-개굴

의미 [+소리],[+개구리],[+연속]

제약 {개구리}-{울다}

개구리가 잇따라 우는 소리.

¶개구리가 개굴개굴 운다.

개신-개신

의미 [+모양],[+나태]v[−기운],[+행동],[−기운],[−속도]

제약 {사람}-{거리다, 대다}

① 게으르거나 기운이 없어 자꾸 나릿나릿 힘없이 행동하는 모양.

¶몸을 개신개신 일으키다./황천왕동이 아내는 속으로 골병이 들어서 침을 여러 대 맞고 약을 여러 첩 먹었건만 뒷간 출입도 개신개신 겨우 하였다.≪홍명희, 임꺽정≫/남편이 다시 매를 손에 잡으려 하니 아내는 질겁을 하여 살려 달라고 두 손으로 빌며 개신개신 입을 열었다.≪김유정, 소낙비≫

의미 [+모양],[+잔망],[+눈치],[−환영],[+방문],[+반복]

제약 { }-{다니다, 거리다}

② 좀스럽게 눈치를 보며 반기지 않는 데를 자꾸 찾아다니는 모양.

개연-히[01]

의미 [+단독],[+분리]

제약

① 홀로 떨어져.

의미 [+견고],[−변화]

제약

② 굳게 지켜 변함이 없이.

개연-히[02]

의미 [+억울],[+원통],[+분통],[+정도]

제약

억울하고 원통하여 몹시 분하게.

¶그제야 강우백이 개연히 입 열기를, "사또! 무슨 말씀이오! 우리가 싸우지 않고 물러간다고 이 섬 땅이 온전합니까?"≪현기영, 변방에 우짖는 새≫

개염스레

의미 [+마음],[+질투],[+탐욕]

제약 {사람}-{굴다}

⇒ 개염스럽다. 보기에 부러워하며 샘하여 탐내는 마음이 있다.

개운-히

의미 [+기분]v[+신체],[+상쾌],[+경쾌]

제약

① 기분이나 몸이 상쾌하고 가뜬하게.

의미 [+맛],[+신선],[+시원]

제약 {음식}-{먹다}

② 음식의 맛이 산뜻하고 시원하게.

개웃

의미 [+모양],[+고개]v[+신체],[+경사],[−정도]

제약 {고개, 몸}-{기울이다}

고개나 몸 따위를 한쪽으로 귀엽게 조금 기울이는 모양. 늑개웃이.

¶이 방문, 열어 보고, 저 방문, 열어 보고, 요리 개웃, 조리 개웃, 하던 고 모양이 생각난다.≪이인직, 귀의 성≫

개웃-이

의미 [+모양],[+고개]v[+신체],[+경사],[−정도]

제약 {고개, 몸}-{기울이다}

=개웃. 고개나 몸 따위를 한쪽으로 귀엽게 조금 기울이는 모양.

¶치맛자락 밖으로, 한편은 뉘고 한편은 세워서 예쁜 조그만 발끝이 개웃이 내다보인다.≪염상섭, 취우≫

개을리

의미 [+모양],[+운동]v[+일],[+혐오]

제약

움직이거나 일하기를 싫어하는 모양.

개좆같-이

의미 [+대상]v[+상황],[−만족],[+정도]

제약

(속되게) 어떤 대상이나 상황이 몹시 마음에 들지 않게.

개코같-이

의미 [−가치]

제약

(속되게) 하찮고 보잘것없이.

개코-쥐코

의미 [+모양],[+이야기],[−효용],[+다양]

제약

쓸데없는 이야기로 이러쿵저러쿵하는 모양.

¶기껏 둘이 앉아서 **개코쥐코** 떠들다가 갑자기 일어서니까 꽤 이상한 모양이었다.≪김유정. 만무방≫

개탄스레

의미 [+원통],[+불만]

제약

분하거나 못마땅하게 여길 만한 데가 있게.

¶노인들은 지금의 세태를 **개탄스레** 여긴다.

객설스레

의미 [+모양],[+언사],[+풍부],[−실속],[−중요]

제약

① 보기에 객쩍은 말이 많은 데가 있게.

의미 [+모양],[+언사],[+풍부],[−실속],[−중요]

제약

② 보기에 객쩍은 말과 다름없는 데가 있게.

객스레

의미 [+느낌],[+언사]v[+행동],[−효용],[−실속]

제약

⇒ 객스럽다. 쓸데없고 실없는 느낌이 있다.

¶**객스러운** 농담 한마디로 사태가 이에 이르니 이야말로 농가성진이 되지 않나 나는 생각하였

다.≪변영로, 명정 40년≫

객심스레

의미 [+언사]v[+행동],[−효용],[−실속],[+정도]

제약

⇒ 객심스럽다. 보기에 행동이나 말 따위가 몹시 쓸데없고 실없는 데가 있다.

객쩍-이

의미 [+행동]v[+말]v[+생각],[−효용],[−의미]

제약

행동이나 말, 생각이 쓸데없고 싱겁게.

¶**객쩍이** 말하다./**객쩍이** 행동하다.

갭직-갭직

의미 [+모양],[+전부],[+예상],[−무게],[−정도]

제약

여럿이 다 생각보다 조금 가벼운 듯한 모양. 늑갭직갭직이.

갭직갭직-이

의미 [+모양],[+전부],[+예상],[−무게],[−정도]

제약

=갭직갭직. 여럿이 다 생각보다 조금 가벼운 듯한 모양

갭직-이

의미 [+예상],[−무게],[−정도]

제약

생각보다 조금 가벼운 듯하게.

갱연-히

의미 [+소리],[+쇠붙이]v[+돌],[+충돌]/[+거문고],[+연주],[+크기],[+청아]

제약 {쇠, 돌}-{부딪히다}/{거문고}-{소리나다, 연주하다}

쇠붙이나 돌 따위의 단단한 물체가 부딪치는 소리나 거문고 따위를 타는 소리가 짜랑짜랑하게 맑고 곱게.

갸륵-히⁰¹

의미 [+선],[+위대]

제약 { }-{여기다, 굴다}

착하고 장하게.

¶효성을 갸륵히 여기다.

갸륵-히[02]

의미 [+가련]

제약 { }-{여기다, 보이다}

딱하고 가련하게.

¶이놈이 지은 죄는 용서받을 수 없는 것이나 이놈이 우리 집 종손이오니 갸륵히 여겨 주오.

갸름-갸름

의미 [+모양],[+전부],[-굵기],[+길이],[+호감]

제약

여럿이 다 보기 좋을 정도로 조금 가늘고 긴 듯한 모양.

갸릉-갸릉

의미 [+소리],[+목구멍],[+가래],[+장애]

제약 { }-{숨쉬다, 거리다}

목구멍에 가래가 조금씩 자꾸 걸리는 소리.

¶노인은 갸릉갸릉 하더니 가래침을 탁 뱉었다.

갸우듬-히

의미 [+경사],[-정도]

제약 { }-{기울다}

조금 갸운 듯이.

¶그 애는 방글방글 웃으며 갸우듬히 엄마의 얼굴을 들여다보았다./그녀는 어린애처럼 갸우듬히 그를 돌아본다./딸은 고개를 갸우듬히 하고 아버지의 얼굴을 들여다보는 것이다.≪김말봉. 찔레꽃≫

갸우뚱

의미 [+모양],[+물체],[+경사],[-정도]

제약 { }-{기울다}

물체가 한쪽으로 약간 갸울어지는 모양.

¶고개를 갸우뚱 기울이다./벽에 걸어 둔 그림이 갑자기 갸우뚱 기운다.

갸우뚱-갸우뚱

의미 [+모양],[+물체],[-균형],[+요동],[+반복]

제약 { }-{흔들리다}

물체가 자꾸 이쪽저쪽으로 갸울어지며 흔들리는 모양.

¶수레가 덜컹거릴 때마다 잔뜩 실은 짐 위에 올려놓은 보퉁이가 갸우뚱갸우뚱 모로 기울어지면서도 용케 떨어지지 않고 있다./그는 뭔가 의심스러운지 연방 고개를 갸우뚱갸우뚱 기울인다.

갸우스름-히

의미 [+경사],[-정도]

제약

조금 갸울어진 듯이.

갸웃

의미 [+모양],[+고개]v[+신체],[+경사],[-정도]

제약 {고개, 몸}-{기울이다, 거리다, 대다}

고개나 몸 따위를 한쪽으로 조금 갸울이는 모양. 늑갸웃이.

¶고개를 갸웃 숙이다./머리를 갸웃 기울이다./그녀가 눈알을 굴리고 수상하다는 듯 갸웃 고개를 돌린다./공주는 하얀 고운 얼굴을 갸웃 기울여 가지고 왕기의 해사한 얼굴을 들여다본다.≪박종화. 다정불심≫

갸웃-갸웃

의미 [+모양],[+고개]v[+신체],[+경사],[-정도],[+반복]

제약 {고개, 몸}-{기울이다, 거리다, 대다}

고개나 몸 따위를 이쪽저쪽으로 자꾸 조금씩 갸울이는 모양.

¶갸웃갸웃 살피다./고개를 갸웃갸웃 움직이다./머리를 갸웃갸웃 기울이다./비둘기는 두 손바닥 사이로 조그만 머리를 내밀고는 갸웃갸웃 조심스럽게 살피기 시작했다./꼬마가 길가 가게를 갸웃갸웃 엿보며 엄마를 따라간다.

갸웃-이

의미 [+모양],[+고개]v[+신체],[+경사],[-정도]

제약 {고개, 몸}-{기울이다, 거리다, 대다}

=갸웃. 고개나 몸 따위를 한쪽으로 조금 갸울이는 모양.

¶고개를 갸웃이 기울이다./그녀는 언뜻 이해가 안 가는지 고개를 갸웃이 하고 나를 빤히 쳐다보았다.

갈갈

의미 [+소리],[+암탉]v[+갈매기]

제약 {암탉, 갈매기}-{울다, 거리다, 대다}

암탉이나 갈매기 따위가 내는 소리.

¶우리 집 암탉이 **갈갈** 소리를 내며 알 낳을 자리를 본다.

갈쭉-갈쭉

의미 [+모양],[+전부],[+길이],[+시각],[+호감]

제약

여럿이 다 보기 좋을 정도로 조금 긴 모양.

¶아이들이 다 **갈쭉갈쭉** 곱게 생겼다.

갈쭉-이

의미 [+모양],[+길이],[-정도],[+시각],[+호감]

제약

보기 좋을 정도로 조금 길게.

¶저 애도 제 엄마의 얼굴을 닮아 **갈쭉이** 생겼다.

갈쯤-갈쯤

의미 [+모양],[+전부],[-굵기],[+길이]

제약

여럿이 다 꽤 갸름한 모양.

¶무말랭이를 **갈쯤갈쯤** 썬다.

갈쯤-이

의미 [-굵기],[+길이],[+정도]

제약

꽤 갸름하게.

갈찍-갈찍

의미 [+모양],[+전부],[+길이],[+적당]

제약

여럿이 다 길이가 알맞게 긴 듯한 모양.

¶무를 **갈찍갈찍** 썬다./재래종 오이는 **갈찍갈찍** 생겼다.

갈찍-이

의미 [+모양],[+길이],[+적당]

제약

길이가 알맞게 긴 듯이.

거개

의미 [+대략]

제약

대체로 모두. '거의01'로 순화.

¶풍경은 어딜 가나 **거개** 비슷하다./장안의 일등

미인을 **거개** 보았지만 이와 같은 인물을 보기는 처음이다.

거금

의미 [+시간],[+과거],[+경과]

제약

(시간을 나타내는 말 앞에 쓰여) 지금을 기준으로 지나간 어느 때까지 거슬러 올라가서.

¶**거금** 반만년 전에 우리나라가 생겨났다.

거꾸로

의미 [+차례]v[+방향]v[+형편],[+반대]

제약

차례나 방향, 또는 형편 따위가 반대로 되게.

¶옷을 **거꾸로** 입다./일의 순서가 **거꾸로** 되다./토마토는 **거꾸로** 발음해도 토마토다./시계가 너무 빨라서 시곗바늘을 **거꾸로** 돌렸다./교도소에 보내도 사람이 되긴 힘듭니다. **거꾸로** 못된 짓을 배워 나오는 경우도 많습니다./그 여자는 병을 **거꾸로** 기울여 마지막 방울까지 따라 마셨다. ≪오정희, 어둠의 집≫/우리가 기습하려다가 **거꾸로** 기습을 당한 거지요. ≪이병주, 지리산≫

거나-히

의미 [+상태],[+술],[+감취],[+정도]

제약

술 따위에 어지간히 취한 상태로.

¶그는 술에 **거나히** 취해 노래를 불렀다.

거년스레

의미 [+가난],[+곤란],[+정도]

제약 { }-{보이다}

보기에 몹시 가난하고 어려운 데가 있게.

거덕-거덕

의미 [+상태],[+물체],[+물기]v[+풀기],[+표면],[+건조],[+견고],[-정도]

제약 { }-{마르다}

물기나 풀기가 있는 물체의 거죽이 조금 말라서 뻣뻣한 상태.

¶젖은 옷이 **거덕거덕** 말랐다.

거덜-거덜

의미 [+모양],[+살림]v[+사업],[+파산],[+위태]

제약

살림이나 사업 따위가 흔들리어 **결딴날** 듯이 위태로운 모양.

¶살림이 거덜거덜 끝장이 나기 직전이다.

거듬-거듬

의미 [+모양],[+파지],[+빈도]

제약

손으로 여러 번 거두어 쥐는 모양.

¶공명 선생 학창의를 거듬거듬 흉중에 딱 붙이고 산에 올라가 동남풍을 빌었다.

거드럭-거드럭

의미 [+모양],[-예의],[+거만],[+자만],[+반복]

제약 {사람}-{거리다, 대다}

거만스럽게 잘난 체하며 버릇없이 자꾸 구는 모양.

¶거드럭거드럭 거만을 부리고 다니다./배가 불룩해졌고 거기에다 약주 잔까지 곁들여서, 아주 거나한 기분으로 신 선생은 종로동으로 거드럭거드럭 걸어 나왔다.≪박용구, 점잖은 신 선생≫

거드럭스레

의미 [+행동],[+거만],[+자만]

제약

보기에 잘난 체하며 거만하게 행동하는 데가 있게.

거드름스레

의미 [+태도],[+거만]

제약

⇒ 거드름스럽다. 보기에 거만스러운 데가 있다.

거든-거든

의미 [+모양],[+전부]v[+정도],[+취급],[+간단]v[+용이]

제약

① 다루기에 여럿이 다 또는 매우 거볍고 간편하거나 손쉬운 상태. 늑거든거든히①.

¶짐들을 거든거든 들다.

의미 [+느낌],[+전부]v[+정도],[+마음],[+시원],[+상쾌]

제약 { }-{가볍다}

② 여럿이 다 또는 매우 마음이 후련하고 상쾌한 느낌. 늑거든거든히②.

¶시험이 끝나니 마음이 거든거든 가볍다.

거든거든-히

의미 [+상태],[+전부]v[+정도],[+취급],[+간단]v[+용이]

제약

①=거든거든①. 다루기에 여럿이 다 또는 매우 거볍고 간편하거나 손쉬운 상태.

의미 [+느낌],[+전부]v[+정도],[+마음],[+시원],[+상쾌]

제약 { }-{가볍다}

②=거든거든②. 여럿이 다 또는 매우 마음이 후련하고 상쾌한 느낌.

거든-히

의미 [+취급],[+간단]v[+용이]

제약 { }-{사용하다}

① 다루기에 거볍고 간편하거나 손쉽게.

의미 [+시원],[+상쾌]

제약

② 후련하고 상쾌한 마음으로.

거들-거들

의미 [+모양],[-예의],[+거만],[+자만]

제약

'거드럭거드럭'의 준말. 거만스럽게 잘난 체하며 자꾸 버릇없이 구는 모양.

거들먹-거들먹

의미 [+모양],[+행동],[+신명],[+자만],[+거만],[+반복]

제약 {사람}-{거리다, 대다}

신이 나서 잘난 체하며 자꾸 함부로 거만하게 행동하는 모양.

¶뭐나 되는 것처럼 거들먹거들먹 돌아다니며 큰소릴 친다.

거듬-거듬

의미 [+모양],[+물건],[+취합],[-치밀],[+반복]

제약 { }-{모으다, 줍다}

흩어져 있거나 널려 있는 것들을 자꾸 대강 모으는 모양.

¶큰 휴지들만 거듬거듬 줍다./먹고 난 그릇들을 거듬거듬 치우다./그녀는 끌리는 치맛자락을 거

듬거듭 걷어 안고 개울을 건넜다./백손 어머니가
자기 손으로 흐트러진 머리를 거듭거듭 걷어서
모양 없이 틀어 얹으며⋯.≪홍명희, 임꺽정≫

거듭
의미 [＋일],[＋반복]
제약
어떤 일을 되풀이하여.
¶거듭 부탁하다./거듭 강조하다./거듭 사과하다./
술잔이 거듭 오고 가다./형벌이 거듭 가해졌다./
그는 음식이 맛있다며 거듭 감탄하는 표정을 지
었다./나는 눈앞이 아찔아찔해지는 순간을 몇
번이나 거듭 겪어야 했던지 몰랐다.≪이문구, 관촌
수필≫/결코 대원군 이하응 합하는 끈 떨어진 주
머니가 아니오시다. 거듭 말하거니와 그분을 버
린 것은 천운도 아니요 백성도 아니올시다.≪유
현종, 들불≫

거듭-거듭
의미 [＋일],[＋반복],[＋빈도]
제약
어떤 일을 여러 번 되풀이하여.
¶거듭거듭 당부하다./그는 억울한 듯 같은 말을
거듭거듭 되뇌었다./온기가 오래 유지되도록 밥
그릇을 보자기로 거듭거듭 싸서 이불 속에 두었
다./종종 오겠다는 말을 거듭거듭 하고 가기 싫
은 것을 가는 것처럼 몇 번이나 돌아보면서 순
옥은 돌아갔다.≪한용운, 흑풍≫

거뜬-거뜬
의미 [＋상태],[＋전부]v[＋정도],[＋취급],[＋간
단],[＋용이]
제약
① 다루기에 여럿이 다 또는 매우 거볍고 간편
하거나 손쉬운 상태. '거든거든①'보다 센 느낌
을 준다. ≒거뜬거뜬히①.
¶작은 손가방 하나만 들고 거뜬거뜬 걸었다.
의미 [＋느낌],[＋전부]v[＋정도],[＋마음],[＋시
원],[＋상쾌],[＋정도]
제약
② 여럿이 다 또는 매우 마음이 후련하고 상쾌
한 느낌. '거든거든②'보다 센 느낌을 준다. ≒거
뜬거뜬히②.

거뜬거뜬-히
의미 [＋취급],[＋전부]v[＋정도],[＋간단],[＋용
이],[＋정도]
제약
①=거뜬거뜬①. 다루기에 여럿이 다 또는 매우
거볍고 간편하거나 손쉬운 상태.
¶모두 거뜬거뜬히 차려입고 나섰다.
의미 [＋느낌],[＋전부]v[＋정도],[＋마음],[＋시
원],[＋상쾌],[＋정도]
제약
②=거뜬거뜬②. 여럿이 다 또는 매우 마음이 후
련하고 상쾌한 느낌.

거뜬-히
의미 [＋취급],[＋간단],[＋용이]
제약
① 다루기에 거볍고 간편하거나 손쉽게. '거든히
①'보다 센 느낌을 준다.
¶그는 차림새를 거뜬히 하고 집을 나섰다./몸을
가누지 못하면서도 진지만은 한 사발씩 거뜬히
치우시던 아버지였다.≪서기원, 마록 열전≫/처만
은 심지가 굳고 말수가 적고 뼈마디가 어른처럼
굵어 장정 한몫의 일을 거뜬히 해내는 열두 살
의 소년이었다.≪박완서, 미망≫
의미 [＋마음],[＋시원],[＋상쾌]
제약
② 후련하고 상쾌한 마음으로. '거든히②'보다
센 느낌을 준다.

거령스레
의미 [－단정],[－품위]
제약
조촐하지 못하여 격에 어울리지 아니한 데가 있
게.

거룩-히
의미 [＋뜻],[＋고매],[＋위대],[＋정도]
제약 { }-{여기다}
뜻이 매우 높고 위대하게.
¶안식일을 거룩히 지키다./신을 거룩히 받들다.

거만스레
의미 [＋거만],[＋자만],[＋타인][＋무시]
제약

⇒ 거만스럽다. 보기에 잘난 체하며 남을 업신여기는 데가 있다.

¶노크를 두 번 하고는 문을 열고 들어섰으나, 그는 **거만스레** 담배만 물고 본 체도 않고 있었다./이윽고 본부 막사에서 구대장(區隊長) 박 대위가 **거만스레** 단상으로 나타났다.≪홍성원, 육이오≫

거만-히
의미 [+태도],[+거만],[+자만],[+타인][+무시]
제약
잘난 체하며 남을 업신여기는 태도로.
¶**거만히** 굴다./경애는 고개를 갸우뚱히 비꼬고 의자에 딱 젖히고 **거만히** 비껴 앉아서….≪염상섭, 삼대≫

거머멀쑥-이
의미 [+검정],[-선명],[+청결],[+양명]
제약
조금 희미하게 검으면서 지저분함 없이 훤하고 깨끗하게.
¶그녀는 **거머멀쑥이** 입고 나온 그의 옷차림을 유심히 바라보았다.

거머무트름-히
의미 [+얼굴],[+검정],[+통통]
제약
거무스름하고 투실투실한 얼굴로.

거무끄름-히
의미 [+어두움],[+검정],[-정도]
제약
조금 어둡고 거무스름하게.

거무숙숙-히
의미 [+검소],[+검정],[+적당]
제약
수수하고 걸맞은 정도로 거무스름하게.

거무스름-히
의미 [+검정],[-정도]
제약
조금 검은 듯한 빛깔로.
¶**거무스름히** 그은 얼굴에서 그간 밭일을 열심히 했다는 것을 알 수 있었다.

거무죽죽-히
의미 [+검정],[-선명],[-균일]
제약
칙칙하고 고르지 않게 거무스름히.

거무트름-히
의미 [+얼굴],[+검정],[+통통]
제약
'거머무트름히'의 준말. 거무스름하고 투실투실한 얼굴로.

거무하-에
의미 [+시간],[+경과],[-길이]
제약
시간상으로 있은 지 얼마 안 되어. 늑거미구에.
¶혜순이는 **거무하에** 콜콜 잠이 들었다.≪김정한, 낙일홍≫/대답이 들리며 **거무하에** 건너오는 사람은 뜻밖에도 생각도 못하던 안승학의 딸 갑숙이었다.≪이기영, 고향≫

거물-거물
의미 [+모양],[+불빛],[+미약],[±소멸],[+반복]
제약 { }-{움직이다}
① 약한 불빛 따위가 사라질 듯 말 듯 자꾸 움직이는 모양.
¶가로등만이 **거물거물** 거리를 비추고 있다./등잔불이 **거물거물** 춤을 추었다.≪이범선, 오발탄≫/해가 **거물거물** 넘어가는데 아, 내가 귀신도 모르게 죽는구나 싶었지요.≪박경리, 토지≫
의미 [+모양],[+물체],[+거리],[±시야],[-분명],[+반복]
제약 { }-{움직이다}
② 멀리 있는 물체가 보일 듯 말 듯 자꾸 희미하게 움직이는 모양.
의미 [+모양],[+의식v[+기억],[-분명],[±정신],[+반복]
제약
③ 의식이나 기억이 희미해져서 자꾸 정신이 있는 둥 없는 둥 하는 모양.
¶호된 기침을 하고 난 뒤에는 **거물거물** 그 자리에서 숨이 지는 듯도 하였다.≪현진건, 무영탑≫

거물스레

의미 [+사람],[+중요]

제약

보기에 거물 같은 데가 있게.

거뭇-거뭇

의미 [+모양],[+검정],[+부분],[+다수]

제약

군데군데 거무스름한 모양. 늑거뭇거뭇이.

¶거뭇거뭇 기미가 끼다./경암은 푸른 수풀 속에 거뭇거뭇 보이는 높은 기와집들을 손가락질로 가리키며 자랑스러운 얼굴로 무어라고 중얼거렸다.≪김동리, 등신불≫/그들의 얼굴엔 한결같이 수염이 거뭇거뭇 돋아 있었다.≪최인호, 지구인≫

거뭇거뭇-이

의미 [+모양],[+검정],[+부분],[+다수],

제약

=거뭇거뭇. 군데군데 거무스름한 모양.

거미구-에

의미 [+시간],[+경과],[−길이]

제약

=거무하에. 시간상으로 있은 지 얼마 안 되어.

¶한 자 깊이쯤 들어가서 괭이질하는 사람이 괭이 끝에 맞히는 것이 있다고 말하더니 거미구에 옷이 내다보이고 뒤미처 시체가 드러났다.≪홍명희, 임꺽정≫

거반

의미 [+반(半)],[+기준],[+정도]

제약

=거지반. 거의 절반 가까이.

¶해가 질 무렵 일이 거반 끝났다./벌써 29일이니 이달도 거반 다 갔구나./나는 이 십팔 가구의 젊은 여인네 얼굴들을 거반 다 기억하고 있었다.≪이상, 날개≫

거벼이

의미 [+무게],[−정도]

제약

① 무게가 적게.

¶산에 가려면 짐을 거벼이 꾸려라.

의미 [−비중]v[−가치]

제약 { }-{생각하다, 여기다}

② 비중이나 가치 따위가 낮거나 적게.

¶이번 일은 결코 거벼이 넘겨서는 안 된다.

의미 [+생각]v[+언어]v[+행동],[−예의]v[+경솔]

제약 {사람}-{처신하다, 행동하다, 말하다, 듣다}

③ 생각이나 언어, 행동이 점잖지 못하거나 경솔하게.

¶그는 이번만큼은 너무 거벼이 처신했다.

의미 [+옷차림]v[+마음],[+단순],[+경쾌]

제약 {사람}-{입다}/{마음}-{갖다, 먹다}

④ 옷차림이나 마음이 홀가분하고 경쾌하게.

¶그녀는 반바지 차림으로 거벼이 입고 나왔다.

의미 [−노력],[+용이]

제약

⑤ 힘들이지 않고 수월하게.

¶그는 아무도 들지 못하는 돌덩이를 거벼이 들었다.

거벽스레

의미 [+성품],[+인내],[+신중]

제약 {사람}-{보이다}

⇒ 거벽스럽다. 보기에 사람됨이 억척스럽고 묵직한 데가 있다.

거북살스레

의미 [+마음],[+불편],[+정도]

제약 {사람}-{굴다, 보이다, 생기다}

⇒ 거북살스럽다. 몹시 거북스럽다.

¶술이 거나하게 취해 거북살스레 움직이는 그의 몸동작은 마치 곰과 같았다.

거북스레

의미 [+시각],[+불편],[+정도]

제약 {사람}-{굴다, 보이다, 생기다}

⇒ 거북스럽다. 보기에 거북한 데가 있다.

¶덩치가 큰 아이가 작은 의자에 앉아 있는 모습은 거북스레 보였다.

거분-거분

의미 [+모양],[+전부]v[+정도],[+상승],[+용이],[−무게]

제약 { }-{들다}

① 들기 좋을 정도로 여럿이 다 또는 매우 거분한 모양. 늑거분거분히①.

의미 [+모양],[+전부]v[+정도],[+언사]v[+행

ㄱ

동],[-무게],[+정도]

제약 {말, 행동}-{가볍다}

② 말이나 행동 따위가 여럿이 다 또는 매우 거벼운 모양. 늑거분거분히②.

¶마음을 느긋하게 먹기로 하자, 그들은 발걸음도 거분거분 한결 거벼워짐을 느꼈다.

거분거분-히

의미 [+모양],[+전부]v[+정도],[+상승],[+용이],[-무게]

제약 { }-{들다}

①=거분거분①. 들기 좋을 정도로 여럿이 다 또는 매우 거벼운 모양.

의미 [+모양],[+전부]v[+정도],[+언사]v[+행동],[-무게],[+정도]

제약 {말, 행동}-{가볍다}

②=거분거분②. 말이나 행동 따위가 여럿이 다 또는 매우 거벼운 모양.

¶그는 발걸음도 거분거분히 내게로 다가왔다./토요일인 데다가 숙제도 없어서 우리는 학교가 파하자 거분거분히 공원으로 향했다.

거분-히

의미 [+상승],[+용이]

제약 { }-{들다}

① 들기 좋을 정도라서 그리 어렵지 않게.

의미 [+언사]v[+행동],[-무게]

제약 { }-{말하다}

② 거벼운 말이나 행동 따위로.

의미 [+상태],[+신체],[+경쾌],[+상쾌]

제약

③ 거볍고 상쾌한 몸의 상태로.

의미 [+마음],[-부담],[-무게],[+편안]

제약 {마음}-{먹다}

④ 마음에 부담이 없이 거볍고 편안하게.

거불-거불

의미 [+모양],[+운동],[+요동],[+반복]

제약 { }-{움직이다}

거볍게 자꾸 흔들려 움직이는 모양.

¶방 안에는 촛불이 거불거불 그을음을 내뿜고 있었다./마당 한가운데는 모깃불이 거불거불 타오르고 있었다.

거붓-거붓

의미 [+느낌],[+전부],[-무게],[-정도]

제약

여럿이 다 조금 거벼운 듯한 느낌. 늑거붓거붓이.

거붓거붓-이

의미 [+느낌],[+전부],[-무게],[-정도]

제약 { }-{들다}

=거붓거붓. 여럿이 다 조금 거벼운 듯한 느낌.

¶짐을 거붓거붓이 들 수 있도록 나누어 쌌다.

거붓-이

의미 [+무게],[-정도]

제약

조금 거벼운 듯하게.

¶그녀는 몸무게가 얼마 나가지 않는지 거붓이 들린다.

거뿐거뿐

의미 [+모양],[+전부]v[+정도],[+상승],[+용이],[-무게]

제약 { }-{들다}

① 들기 좋을 정도로 여럿이 다 또는 매우 거벼운 모양. '거분거분①'보다 센 느낌을 준다. 늑거뿐거뿐히①.

의미 [+모양],[+전부]v[+정도],[+말]v[+행동],[+경솔]

제약 { }-{말하다, 듣다}

② 말이나 행동 따위가 여럿이 다 또는 매우 거벼운 모양. '거분거분②'보다 센 느낌을 준다. 늑거뿐거뿐히②.

거뿐거뿐-히

의미 [+모양],[+전부]v[+정도],[+상승],[+용이],[-무게],

제약 { }-{들다}

①=거뿐거뿐①. 들기 좋을 정도로 여럿이 다 또는 매우 거벼운 모양.

의미 [+모양],[+전부]v[+정도],[+언사]v[+행동],[+경솔]

제약 { }-{말하다, 행동하다}

②=거뿐거뿐②. 말이나 행동 따위가 여럿이 다 또는 매우 거벼운 모양.

거뿐-히

의미 [+상승],[+용이],[−노력]

제약 { }−{들다}

① 들기 좋을 정도라서 그리 어렵지 않게. '거분히①'보다 센 느낌을 준다.

의미 [+언사]v[+행동],[−무게]

제약

② 거벼운 말이나 행동으로. '거분히②'보다 센 느낌을 준다.

의미 [+상태],[+신체],[+경쾌],[+상쾌]

제약

③ 거볍고 상쾌한 몸의 상태로. '거분히③'보다 센 느낌을 준다.

의미 [+마음],[−부담],[−무게],[+편안]

제약 {마음}−{먹다}

④ 마음에 부담이 없이 거볍고 편안하게. '거분히④'보다 센 느낌을 준다.

거뿟-거뿟

의미 [+느낌],[+전부],[−무게],[−정도]

제약

여럿이 다 조금 거벼운 듯한 느낌. '거붓거붓'보다 조금 센 느낌을 준다. 늑거뿟거뿟이.

거뿟거뿟-이

의미 [+느낌],[+전부],[−무게],[−정도]

제약

=거뿟거뿟. 여럿이 다 조금 거벼운 듯한 느낌.

거뿟-이

의미 [−무게],[−정도]

제약

조금 거벼운 듯하게. '거붓이'보다 센 느낌을 준다.

거슬-거슬

의미 [+모양],[+피부]v[+물건],[+표면],[+거침]v[+견고]

제약

① 살결이나 물건의 거죽이 매끄럽지 않고 거칠하거나 뻣뻣한 모양.

¶고생 탓인지 젊은 아낙의 얼굴이 **거슬거슬** 윤기가 전혀 없었다.

의미 [+모양],[+성질],[+거침],[+정도]

제약

② 성질이 부드럽지 못하고 매우 거친 모양.

거슴츠레

의미 [+모양],[+눈],[−분명],[+감김],[+졸림]v[+감춰]

제약 {눈}−{뜨다}

졸리거나 술에 취해서 눈이 정기가 풀리고 흐리멍덩하며 거의 감길 듯한 모양. 늑게슴츠레.

¶그는 간밤에 술을 먹었는지 눈을 **거슴츠레** 뜨고 앉아 있었다.

거연

의미 [+상태],[+평안],[+조용]

제약

① 평안하고 조용한 상태.

의미 [+모양],[−동요]

제약

② 동요되지 않거나 꼼짝하지 않는 모양.

의미 [+상태],[−재미]

제약

③ 심심하고 무료한 상태.

의미 [+모양],[+분명]

제약

④ 뚜렷이 나타나는 모양.

거연-히[01]

의미 [+거대],[+당당]

제약

크고 우람하게. 또는 당당하고 의젓하게.

¶주위의 비난에도 불구하고 그는 **거연히** 자기 일에 충실하고자 하였다.

거연-히[02]

의미 [−생각],[−여유],[+조급]

제약

① 생각할 겨를이 없이 급하게.

의미 [−정신],[+조급]

제약 { }−{대다, 거리다}

② 허둥지둥 조급하게.

거오스레

의미 [+시각],[+거만],[+오만]

제약 {사람}−{보이다}

⇒ 거오스럽다. 거만하고 오만해 보이는 데가 있

다.

거우듬-히
의미 [+상태],[+경사],[-정도]
제약 { }-{기울다}
조금 기울어진 듯한 상태로.

거의
의미 [+기준],[+한도],[+접근]
제약
어느 한도에 매우 가까운 정도로. 늑서기07(庶幾).
¶일이 이제 거의 마무리되었다./이 집에 이사 온 지도 거의 3년이 되어 간다./몸살이 된통 걸려 거의 사흘을 앓았다./마침내 자정 넘이 거의 가까워 올 무렵에서야 용술은 겨우 지섭을 자리에서 일으켜 세웠다.≪이청준, 춤추는 사제≫

거의-거의
의미 [+기준],[+한도],[+접근]
제약
어느 한도에 매우 가까운 정도로. '거의01'보다 더 가까운 정도를 이른다.
¶일이 거의거의 다 되었다./거의거의 해가 넘어가려 할 때 백우영은 시계를 쳐다보고….≪나도향, 환희≫/건너편 바위 끝에 거의거의 떨어지듯 굴러 있는 돌맹이였다.≪장용학, 역성 서설≫

거익
의미 [+진행],[+증가]
제약
갈수록 더욱.

거저
의미 [-노력],[-보상]
제약 {사람}-{갖다, 얻다, 받다, 주다}
① 아무런 노력이나 대가 없이.
¶그는 힘들여 만든 물건을 돈도 안 내고 거저 가지려 했다./내가 읽던 책을 거저 줄 테니, 넌 공부나 열심히 해라./땅을 거저 주다니? 세상에 어디 공짜가 있단 말이냐.≪황순원, 카인의 후예≫
의미 [-소유]
제약 { }-{가다}
② 아무것도 가지지 않고 빈손으로.
¶아기 돌잔치에 거저 갈 수야 없는 일이지.

거지반
의미 [+절반],[+접근]
제약
거의 절반 가까이. 늑거반
¶노름으로 집안 재산을 거지반 탕진하였다./부역 나온 인부들은 거지반 도시락을 싸 왔다./어느 틈에 집안 식구가 거지반 다 마당 멍석자리로 모여들었다.≪홍명희, 임꺽정≫/아침 장은 거지반 끝나 가고 있었다.≪이동하, 장난감 도시≫

거짓스레
의미 [+태도],[+허위]
제약
보기에 거짓을 부리는 태도가 있게.

거창스레
의미 [+느낌],[+일],[+규모]v[+형태],[+크기],[+넓이],[+정도]
제약
⇒ 거창스럽다. 보기에 일의 규모나 형태가 매우 크고 넓은 느낌이 있다.
¶별것도 아닌 일을 그리 거창스레 자랑하지 말게나.

거창-히
의미 [+일],[+규모]v[+형태],[+크기],[+넓이],[+정도]
제약
일의 규모나 형태가 매우 크고 넓게.
¶좀 더 거창히 말하면, 모든 인류를 위해서죠, 뭐.

거추없-이
의미 [+행동],[-조화],[-실속]
제약 {사람}-{굴다}
하는 짓이 어울리지 않고 싱겁게.
¶엄격한 부장님께 거추없이 굴지 않는 게 좋다./나가서 같이 덤벙거리면 체면은 설지 모르지만, 그런 인정이나 체면에 얽혀 거추없이 나댈 때가 아니었다.≪송기숙, 녹두 장군≫

거추장스레
의미 [+물건],[+크기]v[+무게],[+취급],[-용이],[+부담]
제약

45

① 물건 따위가 크거나 무겁거나 하여 다루기가 거북하고 주체스럽게.

¶잠깐 다녀올 길인데 **거추장스레** 무거운 짐을 가지고 갈 필요는 없겠지.

의미 [+일],[−편안]

제약

② 일 따위가 성가시고 귀찮게.

거츰-거츰

의미 [+모양],[+일],[+해결],[+대충]

제약 { }-{치우다}

① 일을 대강대강 하는 모양.

¶손님이 갑자기 들이닥쳐 우선 지저분한 방부터 **거츰거츰** 치웠다.

의미 [+모양],[+장소],[+다수],[+통과],[+대충]

제약

② 여기저기 대강대강 거쳐 가는 모양.

¶그는 하루 만에 그 넓은 공장을 **거츰거츰** 둘러보았다.

거충-거충

의미 [+모양],[+일],[−세밀],[+용이],[+속도]

제약 {사람}-{일하다, 행동하다}

일을 세밀하지는 못하여도 쉽고 빠르게 하는 모양.

¶그녀는 무슨 급한 일이라도 있는지 설거지를 **거충거충** 해치우고는 급히 밖으로 나갔다.

거치적-거치적

의미 [+모양],[+거북],[+경유]v[+접촉],[−일정],[+반복]

제약 { }-{거치다, 닿다}

① 거추장스럽게 여기저기 자꾸 거치거나 닿는 모양.

의미 [+모양],[+거북],[+불쾌]v[+방해],[+반복]

제약

② 거추장스러워서 거슬리거나 자꾸 방해가 되는 모양.

거칠-거칠

의미 [+모양],[+살갗]v[+털],[+수척]v[+건조],[−윤기],[+거침],[+정도]

제약

여위거나 메말라 살갗이나 털의 여러 군데가 몹시 윤기가 없고 거친 모양.

¶그 제품은 서툰 제혁공의 견습품처럼 **거칠거칠** 투박했다.

거침없-이

의미 [+일]v[+행동],[+진행],[−장애]

제약

일이나 행동 따위가 중간에 걸리거나 막힘이 없이.

¶**거침없이** 말하다./아이는 묻는 말에 **거침없이** 대답했다./그는 우리 집을 **거침없이** 드나들었다./혼사는 **거침없이** 맺어졌다. 혼약의 절차도 간략하게나마 끝났다.≪안수길, 북간도≫

거칫-거칫

의미 [+모양],[+피부],[+접촉],[+장애]

제약 { }-{걸리다, 닿다, 거리다}

① 살갗 따위에 자꾸 닿아 걸리는 모양.

¶버스에서 의자 밖으로 다리를 내놓으면, 사람들이 다닐 때 **거칫거칫** 자꾸 걸립니다.

의미 [+모양],[+진행],[+방해],[+반복]

제약

② 순조롭지 못하게 자꾸 방해가 되는 모양.

거쿨스레

의미 [+모양],[+시각]v[+청각],[+크기],[+만족]

제약 {사람}-{굴다}

⇒ 거쿨스럽다. 보거나 듣기에 거쿨진 데가 있다.

거폐스레

의미 [+처리],[+곤란],[+반대]v[+과실],[+정도]

제약

⇒ 거폐스럽다. 다루기가 대단히 어려워서 부정적인 것이나 잘못됨이 있다.

거푸

의미 [+연속],[+반복]

제약

잇따라 거듭.

¶상대 팀에게 **거푸** 3점을 내주었다./속상한 일

이 있는지 아버지께서는 담배를 **거푸** 피우셨다./
혼자만 알고 참아 왔던 울분이 막상 말을 하고
나니 터지는지 하명은 술잔을 들어 **거푸** 마셨다.
≪한수산, 부초≫/어머니는 거푸 혀를 차고 **거푸**
한숨을 내쉬었다.≪윤흥길, 무지개는 언제 뜨는가≫

거푸-거푸
의미 [＋연속],[＋반복]
제약
잇따라 거듭거듭.
¶그는 땡볕에서 운동을 해서 목이 말랐는지 냉
수를 **거푸거푸** 마셨다./나는 어린것을 바라보며
내 몸에 채찍질하듯 마음속으로 **거푸거푸** 뇌어
보았다.≪유재용, 성역≫

거푼-거푼
의미 [＋모양],[＋물체][＋부분],[＋바람],[＋운
동],[＋반복]
제약 {물체}-{날리다, 거리다}
물체의 한 부분이 바람에 떠들려 가볍게 자꾸
움직이는 모양.
¶운동장에 내걸린 만국기가 바람에 **거푼거푼** 날
렸다.

거풀-거풀
의미 [＋모양],[＋물체][＋부분],[＋바람],[＋요
동],[＋반복]
제약 { }-{흔들리다}
물체의 한 부분이 바람에 떠들려 자꾸 크게 흔
들리는 모양.
¶빨랫줄에 널린 빨래가 바람에 **거풀거풀** 흔들린
다.

거풋-거풋
의미 [＋모양],[＋물체][＋부분],[＋바람],[＋운
동],[＋속도],[＋반복]
제약 {물체}-{날리다, 거리다}
물체의 한 부분이 바람 따위에 떠들려 가볍고
빠르게 자꾸 움직이는 모양.
¶물이 끓으면서 주전자 뚜껑이 **거풋거풋** 움직인
다.

걱실-걱실
의미 [＋모양],[＋성질],[＋관대],[＋언사]v[＋행
동],[＋시원]

제약
성질이 너그러워 말과 행동을 시원시원하게 하
는 모양. 늑걱실걱실히.
¶동리에 소문이 난 대로 그는 **걱실걱실** 일 잘하
는 사람이었다./상구는 전과는 사람이 변한 것
같이 속도 열리고 말도 **걱실걱실** 잘 받는 것이
분녀에게는 알 수 없이 반갑다.≪이효석, 분녀≫

걱실걱실-히
의미 [＋모양],[＋성질],[＋관대],[＋언사]v[＋행
동],[＋시원]
제약
=걱실걱실. 성질이 너그러워 말과 행동을 시원
스럽게 하는 모양.
¶나도 한때는 **걱실걱실히** 일 잘하고 얼굴 예쁜
계집애인 줄 알았더니 시방 보니까 그 눈깔이
꼭 여우 새끼 같다.≪김유정, 동백꽃≫

걱정스레
의미 [＋걱정],[＋마음],[－편안]
제약 {사람}-{말하다, 생각하다, 보다}
⇒ 걱정스럽다. 걱정이 되어 마음이 편하지 않은
데가 있다.
¶어머니가 열에 들떠 신음하는 아이를 **걱정스레**
들여다본다./찌푸린 이맛살을 보고 알아차렸는
지 배석구가 **걱정스레** 물었다.≪이문열, 변경≫

건강-히
의미 [＋정신]v[＋육체],[－병],[＋건강]
제약
정신적으로나 육체적으로 아무 탈이 없고 튼튼
하게.
¶다시 만날 때까지 **건강히** 잘 지내세요./이 아빠
가 너에게 바라는 것은 그저 몸 **건강히** 잘 자라
주었으면 하는 것뿐이란다.

건건
의미 [＋모양],[＋조심],[＋항상]
제약
항상 조심하고 삼가는 모양.

건건사사
의미 [＋일],[＋개별],[＋전부]
제약
=사사건건. 해당되는 모든 일마다. 또는 매사에.

건건-이

의미 [+사건]v[+일],[+개별],[+전부]

제약

건(件)마다. 또는 일마다.

¶저 사람은 나에게 무슨 나쁜 감정이 있는지, 내가 하는 일은 건건이 방해를 한다.

건건찝찔-히

의미 [+맛],[+짬],[−호감]

제약

① 약간 짜기만 하고 감칠맛이 없게.

의미 [+친분],[−친밀]

제약

② (놀림조로) 촌수가 아주 멀거나 친분은 있으나 가깝지는 않은 사이로.

건건-히

의미 [+맛],[+짬],[−호감]

제약

감칠맛 없이 조금 짜게.

건덩-건덩

의미 [+모양],[+물체],[+부착],[+요동],[+반복]

제약 { }-{흔들리다}

달려 있는 물체가 자꾸 거볍게 흔들리는 모양.

¶깃대 끝에 매달린 자루는 거센 강풍에 좌우로 건덩건덩 흔들거렸다.

건데

의미 [+접속],[+인과],[+전환]

제약

① '그런데①'의 준말. 화제를 앞의 내용과 관련시키면서 다른 방향으로 이끌어 나갈 때 쓰는 접속 부사.

¶아유, 혼났네. 온통 정신이 다 나갔네. 건데 그게 뭐였어요?≪김원우, 짐승의 시간≫

의미 [+접속],[+전환]

제약

② '그런데②'의 준말. 앞의 내용과 상반되는 내용을 이끌 때 쓰는 접속 부사.

건둥-건둥

의미 [+모양],[+전부],[+정리],[−산개]

제약

① 하나도 흩어지지 않게 말끔히 가다듬어 수습하는 모양.

¶물건을 건둥건둥 거두어 담다.

의미 [+모양],[+일],[−철저],[+대충]

제약

② 꼼꼼하게 하지 않고 대충대충 하는 모양.

¶책방에서 친구를 기다리며 새로 나온 책들을 건둥건둥 훑어보았다./그는 늦잠을 자서 건둥건둥 세수를 하고 출근했다./이 찻간에서 저 찻간으로 건둥건둥 더듬어 보며, 바람 맞은 꽃잎처럼, 명화는 재빠르게 떠나갔다.≪현진건, 적도≫

건둥-히

의미 [+모양],[−산만],[+정리],[+시원],[+명백]

제약

흐트러짐이 없이 정돈되어 시원스럽게 훤하게.

건득-건득

의미 [+모양],[+졸음],[+고개],[+굴신],[+반복]

제약 {고개}-{들다}

졸음이 와서 고개를 힘없이 자꾸 앞으로 숙였다 드는 모양.

¶문지기는 문을 열어 놓고 잠에 취하여 건득건득 졸고 있었다.

건들

의미 [+모양],[+바람],[−정도]

제약 {바람}-{불다}

바람이 부드럽게 불어오는 모양.

¶순풍이 건들 부니 배가 미끄러지듯 움직이기 시작한다./마치 옛날 서당 아이들이 훈장의 매를 모면하기 위하여 바람 한 점만 건들 하면 그만 까먹고 말 만치 가까스로 혀끝에 발린 글을 위태로이 외워 바치듯이….≪한설야, 황혼≫

건들-건들

의미 [+모양],[+바람],[+유연]

제약 {바람}-{불다}

① 바람이 부드럽게 살랑살랑 부는 모양.

¶가을이 되니 시원한 바람이 건들건들 불기 시작했다./저녁때가 다 못 되어 동풍이 건들건들 불면서 사면에 검은 구름이 덩이덩이 모이더

니….≪육정수, 송뢰금≫

의미 [＋모양],[＋행동],[－예의]

제약 {사람}-{거리다, 대다}

② 사람이 다소 건방지게 행동하는 모양.

¶건달들이 태평스레 떠들며 **건들건들** 걸어가고 있다./여자는 **건들건들** 놀려 대는 듯한 태도로 말했다.≪박경리, 토지≫

의미 [＋모양],[－일],[－성실],[－근면]

제약 {사람}-{거리다, 대다}

③ 일이 없거나 착실하지 않아 빈둥거리는 모양.

¶걸핏하면 술들이나 퍼마시고 들떠서 **건들건들** 놀기나 일삼으려 드는 마을 젊은 축들이 몹시 못마땅했다.≪하근찬, 야호≫

의미 [＋모양],[＋물체],[＋요동],[－규칙],[＋크기],[＋반복]

제약 { }-{흔들리다}

④ 물체가 이리저리 가볍고 크게 자꾸 흔들리는 모양.

¶가을바람에 **건들건들** 흔들리는 수숫대./바람이 부니 국기 게양대가 **건들건들** 흔들린다./몹시 피로한 듯 다리를 절름거리며 **건들건들** 걸어가는 아저씨의 뒤를 따라….≪김인배, 방울뱀≫

건뜻

의미 [＋모양],[＋일],[＋속도],[＋대충]

제약 { }-{해치우다}

① 일 따위를 빠르게 대강 하는 모양.

¶그의 머릿속에 살아 있는 딸의 모습은, 연곡사 설월 스님한테 맡기고 오면서 **건뜻** 보았던, 노란 누에나방 같았다.≪문순태, 피아골≫

의미 [＋모양],[＋행동]v[＋상황],[＋순간],[＋발생]v[＋변화]

제약 { }-{생기다, 변하다, 달라지다}

② 행동이나 상황 따위가 갑작스럽게 일어나거나 바뀌는 모양.

¶억수같이 내리던 비가 거짓말처럼 **건뜻** 개었다./건방진 수탉처럼 머리를 **건뜻** 처들면서 상대를 노려보았다./아버지가 오는 때마다 상도는 저와 정순의 문제가 혹시 밝은 데 나서지 않을까 하는 저 혼자의 공상이 **건뜻** 도져서 군지럽

고 민망하였다.≪한설야, 탑≫

의미 [＋모양],[＋바람],[＋경쾌],[－정도]

제약 {바람}-{불다}

③ 바람이 가볍게 슬쩍 부는 모양.

의미 [＋모양],[＋바람],[＋요동],[－정도]

제약 { }-{흔들리다}

④ 바람 따위에 슬쩍 흔들리는 모양.

¶가끔 억새풀이 강바람에 **건뜻** 흔들렸다.

건뜻-건뜻

의미 [＋모양],[＋일],[＋속도],[＋대충]

제약 { }-{해치우다}

① 일 따위를 빠르게 대강대강 하는 모양.

의미 [＋모양],[＋행동]v[＋상황],[＋순간],[＋발생]v[＋변화]

제약 { }-{생기다, 변하다, 달라지다}

② 행동이나 상황 따위가 갑작스럽게 일어나거나 바뀌는 모양.

의미 [＋모양],[＋바람],[＋경쾌],[－정도],[＋반복]

제약 {바람}-{불다}

③ 바람이 가볍게 슬쩍슬쩍 부는 모양.

¶강바람이 **건뜻건뜻** 불 때마다 흙먼지가 안개처럼 움직였다.≪문순태, 타오르는 강≫/밥을 짓거나 빨래를 하다가 바싹 마른 나뭇가지인 양 **건뜻건뜻** 흔들리고 있었다. 그 미미한 흔들림 속에서 나는 장님처럼 가까스로 사방의 … ≪조경란, 문학과지성사≫

의미 [＋모양],[＋바람],[＋요동],[－정도],[＋반복]

제약 { }-{흔들리다}

④ 바람 따위에 슬쩍슬쩍 흔들리는 모양.

¶머리칼이 바람에 **건뜻건뜻** 나부끼다.

건뜻

의미 [＋모양],[＋일],[＋속도],[＋대충]

제약 { }-{해치우다}

① 일 따위를 빠르게 대강 하는 모양. '건듯①'보다 센 느낌을 준다.

의미 [＋모양],[＋행동]v[＋상황],[＋순간],[＋발생]v[＋변화]

제약 { }-{생기다, 변하다, 달라지다}

② 행동이나 상황 따위가 갑작스럽게 일어나거나 바뀌는 모양. '건듯②'보다 센 느낌을 준다.

¶휘둘리는 정 주사의 머리에서, 필경 낡은 맥고모자가 건뜻 떨어져….≪채만식, 탁류≫

의미 [+모양],[+바람],[+경쾌],[−정도]

제약 {바람}-{불다}

③ 바람이 가볍게 슬쩍 부는 모양. '건듯③'보다 센 느낌을 준다.

의미 [+모양],[+바람],[+요동],[−정도]

제약 {　}-{흔들리다}

④ 바람 따위에 슬쩍 흔들리는 모양. '건듯④'보다 센 느낌을 준다.

건뜻-건뜻

의미 [+모양],[+일],[+속도],[+대충]

제약 {　}-{해치우다}

① 일 따위를 빠르게 대강대강 하는 모양. '건듯건듯①'보다 센 느낌을 준다.

의미 [+모양],[+행동]v[+상황],[+순간],[+발생]v[+변화]

제약 {　}-{생기다, 변하다, 달라지다}

② 행동이나 상황 따위가 갑작스럽게 일어나거나 바뀌는 모양. '건듯건듯②'보다 센 느낌을 준다.

의미 [+모양],[+바람],[+경쾌],[−정도],[+반복]

제약 {바람}-{불다}

③ 바람이 가볍게 슬쩍슬쩍 부는 모양. '건듯건듯③'보다 센 느낌을 준다.

¶땀을 흘렸더니 건뜻건뜻 스쳐 가는 바람에 목덜미가 시원하다.

의미 [+모양],[+바람],[+요동],[+반복],[−정도]

제약 {　}-{흔들리다}

④ 바람 따위에 슬쩍슬쩍 흔들리는 모양. '건듯건듯④'보다 센 느낌을 준다.

건삽-히

의미 [+건조],[−윤기],[+거침]

제약 {　}-{마르다}

말라서 윤택이 없고 껄껄하게.

건성-건성

의미 [+모양],[+일],[−정성],[+대충]

제약

정성을 들이지 않고 대강대강 일을 하는 모양.

¶어제저녁 밤샘을 한 데다 비를 맞은 단원들은 기운이 빠져서 건성건성 곡예를 해 나갔다.≪한수산, 부초≫/내가 그렇게 딱딱하게 나간 것은 녀석이 전화할 때마다 일에 쫓겨서 건성건성 대답하며 통화를 끝내려 한 때문이었다. 그래서 근래에는 아예 녀석에게 연락도…≪방현석, ㈜창비≫

건성드뭇-이

의미 [+상태],[+다수],[+산개],[+간격]

제약

비교적 많은 수효의 것이 듬성듬성 흩어져 있는 상태로.

¶철문과 철책 너머로 멀리 십자가의 묘표가 건성드뭇이 서 있었다.

건숙-히

의미 [+태도],[+경건],[+엄숙]

제약

경건하고 엄숙한 태도로.

건실-히

의미 [+생각]v[+태도],[+건전],[+성실]

제약 {사람}-{생각하다, 행동하다}

① 건전하고 착실한 생각이나 태도로.

¶건실히 생활하다.

의미 [+신체],[+건강]

제약

② 건강한 몸으로.

¶몸을 건실히 단련하다.

건-으로

의미 [−신뢰],[−근거]

제약

①=터무니없이. 허황하여 전혀 근거가 없이.

¶값을 건으로 비싸게 달란다.

의미 [−이유],[−내용],[−정성]

제약

② 공연히, 실속이 없이 건성으로.

¶건으로 너털웃음 치다./그런 소문은 건으로 날리 없지./나는 건으로 "엉, 엉." 하며 귓등으로

들었다.≪김유정, 봄봄≫

의미 [−준비]

제약

③ 아무 준비 없이 맨손으로.

¶건으로 되는 일이 있더냐./호미라도 들고 가야지 들에 나가면서 건으로 가서야 되겠나.

건장-히

의미 [+신체],[+건강],[+기운]

제약

몸이 튼튼하고 기운이 세게.

¶골목마다 건장히 생긴 사내들이 지키고 있었다.

건전-히

의미 [+상태],[−병]v[−장애],[+건강],[+완전]

제약

① 병이나 탈이 없이 건강하고 온전한 상태로.

의미 [+상태],[+사상]v[+사물],[+균형],[+정상],[+안정]

제약 {사람}-{생각하다, 말하다}

② 사상이나 사물 따위가 한쪽으로 치우치지 않고 정상적이며 위태롭지 않은 상태로.

¶생활을 건전히 해 나가다.

건정

의미 [+듣기],[+내용],[−정밀]

제약

=대강02. 자세하지 않게 기본적인 부분만 들어 보이는 정도로.

¶꺽정이의 내려가야만 할 사정을 황천왕동이가 중언부언 말할 때 꺽정이는 듣는지 마는지 건정으로 들으면서….≪홍명희, 임꺽정≫

건정-건정01

의미 [+모양],[+일],[+처리],[+대충],[+속도]

제약

일을 적당히 빨리빨리 해치우는 모양.

¶감기가 오려는지 몸이 불편해서 설거지를 건정건정 끝내고 일찍 잠자리에 들었다.

건정-건정02

의미 [+모양],[+발걸음],[+기운]

제약

기운차게 발걸음을 옮겨 놓는 모양.

¶건정건정 뛰는 듯한 걸음걸이./이렇게 으름장을 놓은 노인은 건정건정 집으로 돌아왔다./말은 아직도 뛰던 속력이 몸에 남아서 건정건정 신작로를 짓밟으며 돌아간다.≪김남천, 대하≫

건정-히

의미 [+순수],[+청결],[+단아]

제약

①=정결히03. 순수하고 깨끗하며 단아하다. 늑건정하다①.

의미 [+일],[+결말],[+청결]

제약 { }-{해결되다, 정리되다}

② 일의 뒤끝이 깨끗하다.

건조로이

의미 [+느낌],[−재미],[−감동]

제약

무미건조한 느낌으로.

건중-건중

의미 [+모양],[+일]v[+물건],[+구분],[+정리],[+대충]

제약 { }-{정리하다}

흐트러진 일이나 물건을 대강대강 가리고 골라서 가지런하게 하는 모양.

¶앞앞이 다는 못 했지만 건중건중 건너서 그 조상 어르신들 산소에 절은 한 자리씩 올렸소.≪최명희, 혼불≫

건-히01

의미 [+풍부],[+정도]

제약

① 아주 넉넉하게.

의미 [+상태],[+술],[+감취],[+정도]

제약

② '거나히'의 준말. 술 따위에 어지간히 취한 상태로.

의미 [+물],[+다량],[+침수]

제약

③=흥건히. 물 따위가 푹 잠기거나 고일 정도로 많게.

건-히02

의미 [+건조],[−습기]

제약

말라서 습기가 없이.

걸걸⁰¹

의미 [+모양],[+음식]v[+재물],[+욕심],[−염치]

제약

음식이나 재물에 욕심을 부려 염치없이 구는 모양.

걸걸⁰²

의미 [+모양],[+잡초],[+무성]

제약

① 잡초 따위가 널리 뻗어서 퍼져 무성하게 자라 있는 모양.

의미 [+모양],[+교만]

제약

② 교만한 모양.

걸걸-히⁰¹

의미 [+목소리],[+흐림],[+크기],[+기운]

제약 {사람}-{말하다}

① 목소리가 좀 쉰 듯하면서 우렁차고 힘이 있게.

¶걸걸히 말하다.

의미 [+성질]v[+행동],[−주의],[+거침]

제약

② 조심스럽지 못하고 거친 성질이나 행동으로.

걸걸-히⁰²

의미 [+성질][+쾌활],[+외모][+시원]

제약 {사람}-{보이다, 생기다}

쾌활한 성질과 훤칠한 외모로.

¶걸걸히 보이다.

걸근-걸근⁰¹

의미 [+모양],[+목구멍],[+가래],[+장애],[−편안],[+반복]

제약 { }-{숨쉬다, 거리다}

목구멍에 가래 따위가 걸려 자꾸 간지럽게 거치적거리는 모양.

¶목구멍에 가래가 끓는지 숨을 **걸근걸근** 쉬며….

≪박경리, 시장과 전장≫

걸근-걸근⁰²

의미 [+모양],[+음식]v[+재물],[+획득],[+수치],[+거북],[+반복]

제약 {사람}-{거리다, 대다, 보다}

음식이나 재물 따위를 얻으려고 자꾸 치사하고 구차스럽게 구는 모양.

¶냉장고 주위에서 **걸근걸근** 눈치를 보는 모습이 딱하기 그지없었다.

걸대-히

의미 [+체격],[+크기],[+분명]

제약

체격 따위가 두드러지게 크게.

걸신스레

의미 [+음식],[+탐욕],[+정도]

제약

굶주려 음식에 몹시 탐욕스럽게.

걸쌈스레

의미 [+모양],[+태도],[−패배],[+잔인]

제약 {사람}-{굴다, 덤비다, 싸우다}

⇒ 걸쌈스럽다①. 보기에 남에게 지려고 하지 않고 억척스러운 데가 있다.

걸쌍스레

의미 [+솜씨]v[+먹새],[+흡족]

제약 { }-{먹다, 일하다}

보기에 일솜씨가 뛰어나거나 먹음새가 좋아서 탐스러운 데가 있게.

¶걸쌍스레 잘도 먹는구나.

걸씬-걸씬

의미 [+모양],[±접촉],[−정도]

제약 { }-{거리다, 닿다}

겨우 닿을락 말락 하는 모양. '갈씬갈씬'보다 큰 느낌을 준다.

걸오-히

의미 [+성질],[+심성],[+거침],[+포악]

제약

성질과 심성이 거칠고 사납게.

걸음-걸음

의미 [+걸음],[+개별],[+전부]

제약

=걸음걸음이. 걸음을 걸을 적마다.

¶교군은 **걸음걸음** 뒤로 뒤로 돌아가는 듯도 하고 무슨 깊숙한 데로 들어가는 듯도 하였습니다.

≪최서해, 매월≫/귀명 황천 돌아가며 **걸음걸음** 슬

피 운다.≪최명희, 혼불≫

걸음걸음-이

　의미 [+걸음],[+개별],[+전부]

　제약

　걸음을 걸을 적마다. 늑걸음걸음.

　¶걸음걸음이 눈물을 뿌린다.

걸쩍-걸쩍

　의미 [+모양],[+행동],[+생기],[+시원]

　제약 {사람}-{거리다, 대다}

　활달하고 시원스럽게 행동하는 모양.

　¶나는 청소를 **걸쩍걸쩍** 해치우고 빨래를 시작했
다./그는 언제나 **걸쩍걸쩍** 일을 해서 모두들 좋
아한다.

걸쩍지근-히

　의미 [+풍부],[+포만]

　제약

　① 다소 푸짐하고 배부르게.

　의미 [+태도],[+언사],[−주의],[+풍부]

　제약

　② 말 따위가 다소 거리낌이 없고 푸진 태도로.

걸쭉-히

　의미 [+액체],[+농도],[+정도]

　제약

　① 액체가 묽지 아니하고 꽤 건 정도로.

　¶죽을 좀 **걸쭉히** 쑤어라.

　의미 [+언사],[+풍부],[+외설],[+정도]

　제약

　② 말 따위가 매우 푸지고 외설스럽게.

　¶육담을 **걸쭉히** 내뱉다.

　의미 [+음식],[+풍부],[+정도]

　제약

　③ 음식 따위가 매우 푸지게.

　¶**걸쭉히** 차린 음식상.

　의미 [+노래],[+멋],[+분위기],[+적합],[+정
도]

　제약

　④ 노래 따위가 매우 구성지고 분위기에 어울리
게.

　¶장타령을 **걸쭉히** 불러 댄다.

걸핏

　의미 [+일],[+진행],[+기회],[+속도]

　제약

　① 어떤 일이 진행되는 김에 빨리.

　의미 [+모양],[+출현],[+순간]

　제약

　② 무엇이 갑자기 언뜻 나타나는 모양.

　¶저기 날아가는 새 한 마리가 지금 내 눈에 걸
핏 띄기는 하지만….≪김동인, 젊은 그들≫

걸핏걸핏

　의미 [+일],[+진행],[+기회],[+속도]

　제약

　① 어떤 일이 진행되는 김에 빨리빨리.

　의미 [+모양],[±출현],[+순간],[+반복]

　제약

　② 무엇이 갑자기 자꾸 언뜻언뜻 나타났다 사라
지는 모양.

　¶차창 밖으로는 불 밝은 거리며 상점들이 **걸핏
걸핏** 눈앞을 지나갔다./방 안에는 기생과 악공의
그림자가 **걸핏걸핏** 보였다.≪김동인, 젊은 그들≫

걸핏-하면

　의미 [+일],[+발생],[+순간]

　제약

　조금이라도 일이 있기만 하면 곧. 늑제꺽하면.

　¶요즘 그는 신경이 예민한지 **걸핏하면** 성을 낸
다./그들은 **걸핏하면** 그녀를 찾아와서 성가시게
굴었다.

검박-히

　의미 [+태도],[+검소],[+소박]

　제약 {사람}-{말하다, 살다}

　검소하고 소박한 태도로.

검불-덤불

　의미 [+모양],[+혼합],[−요점],[+혼란]

　제약

　한데 뒤섞이고 엉클어져 갈피를 잡을 수 없이
어수선한 모양.

　¶**검불덤불** 엉킨 털실./실타래 엉키듯이 일이 검
불덤불 꼬였다.

검소-히

　의미 [−사치],[−장식],[+검소]

　제약

사치하지 않고 꾸밈없이 수수하게.

검숭-검숭

의미 [+모양],[+잔털],[-빈도],[+검정]

제약 {잔털}-{나다}

잔털 따위가 드물게 나서 거무스름한 모양.

검실-검실01

의미 [+모양],[+사람]v[+물건]v[+빛],[+거리],[-분명],[+운동],[+반복]

제약 {사람, 물건, 빛}-{움직이다}

사람이나 물건, 빛 따위가 먼 곳에서 어렴풋이 자꾸 움직이는 모양.

¶그는 한참이나 걷다가 날씨가 좋아 햇빛 속에 검실검실 자라고 있는 벼 포기들을 보았다.≪문순태, 타오르는 강≫

검실-검실02

의미 [+모양],[+검정],[+부분],[+다수],[-정도]

제약

군데군데 약간 거무스름한 모양.

¶검실검실 나기 시작한 수염./검실검실 어둠이 강을 덮어 오고 있었다.≪문순태, 타오르는 강≫

검적-검적

의미 [+모양],[+점]v[+얼룩],[+크기],[+부분],[+다수],[-균일]

제약

검은 점이나 얼룩이 굵게 여기저기 박혀 있는 모양.

¶검적검적 점이 많은 얼굴./붓글씨를 쓰고 났더니 옷이며 책상이며 바닥에 검적검적 먹물이 묻었다.

검측스레

의미 [+부분],[+검정],[+어두움],[-선명]

제약

① ⇒ 검측스럽다①. 검은빛을 띠며 어둡고 맑지 않은 데가 있다.

의미 [+음흉],[+탐욕],[+정도]

제약 {사람}-{굴다}

② ⇒ 검측스럽다②. 음침하고 욕심이 매우 많은 데가 있다.

검측-이

의미 [+부분],[+검정],[+어두움],[-선명]

제약

① 검은빛을 띠며 어둡고 맑지 않게.

의미 [+태도],[+음흉],[+탐욕],[+정도]

제약

② (비유적으로) 음침하고 욕심이 매우 많은 태도로. ≒검측측이.

검측측-이

의미 [+태도],[+음흉],[+탐욕],[+정도]

제약

=검측이②. (비유적으로) 음침하고 욕심이 매우 많은 태도로.

검특-히

의미 [+마음],[+음흉],[+간사]

제약 {사람}-{굴다, 말하다}

음흉하고 간사한 마음으로.

겁겁-히

의미 [+성질],[-여유],[-인내]

제약 {사람}-{굴다, 말하다}

① 성미가 급하고 참을성이 없게.

¶똥끝이 마르는 듯이 계집은 사내의 손목을 겁겁히 잡아끈다.≪김유정, 산골 나그네≫

의미 [+일]v[+단수],[+집중],[+마음],[-여유]

제약 {사람}-{생각하다, 일하다}

②=급급히02. 한 가지 일에만 정신을 쏟아 다른 일을 할 마음의 여유가 없이

겁나-히

의미 [+소심],[+나약]

제약

겁이 많고 나약하게.

겁약-히

의미 [+마음],[+소심],[+연약]

제약 {사람}-{굴다, 생각하다}

겁이 많고 약한 마음으로.

겅둥

의미 [+모양],[+다리],[+도약],[-품위]

제약 { }-{뛰다}

긴 다리로 채신없이 거볍게 뛰는 모양.

¶골키퍼가 슈팅 각도를 줄이기 위해 앞으로 나가면 대부분의 선수들은 보폭을 크게 잡아 겅둥

걸음을 칩니다.

겅둥-겅둥

의미 [+모양],[+다리],[+도약],[-품위],[+연속]

제약 { }-{뛰다}

① 긴 다리로 계속해서 채신없이 거볍게 뛰는 모양.

¶겅둥겅둥 뛰어가다./미꾸라지 빠지듯 병실을 빠져나가 겅둥겅둥 병원 구내를 달음질쳤다.

의미 [+모양],[+행동],[-품위],[-침착]

제약 {사람}-{거리다, 대다}

② 침착하지 못하고 채신없이 거볍게 행동하는 모양.

¶일을 겅둥겅둥 넘기다.

겅성드뭇

의미 [+모양],[+다수],[+산개],[+간격]

제약 { }-{흩어지다}

많은 수효가 듬성듬성 흩어져 있는 모양. 늑겅성드뭇이.

¶넓죽한 얼굴에 노랑 수염이 겅성드뭇 난 창길이가 안마당으로 성큼 들어서자 마님의 분부다.≪이기영, 봄≫/어느덧 발전이 되어 굵직굵직한 집이 자꾸 들어서서 겅성드뭇 남아 있는 게딱지집은 미구에 도태될 것이 명백한….≪한무숙, 어둠에 갇힌 불꽃들≫

겅성드뭇-이

의미 [+모양],[+다수],[+산개],[+간격]

제약 { }-{흩어지다}

=겅성드뭇. 많은 수효가 듬성듬성 흩어져 있는 모양.

¶눈이 겅성드뭇이 얼어붙은 밤거리는 외투 깃을 올린 채 종종걸음 치는 사람이 몇씩 옆을 지나칠 뿐….≪전상국, 고려장≫

겅정

의미 [+모양],[+다리],[+도약],[+경쾌]

제약 { }-{뛰다}

긴 다리를 모으고 거볍게 내뛰는 모양.

¶문턱을 겅정 넘어가다.

겅정-겅정

의미 [+모양],[+다리],[+도약],[+경쾌],[+반복]

제약 { }-{뛰다}

긴 다리를 모으고 자꾸 거볍게 내뛰는 모양.

¶겅정겅정 뛰다./그만이는 기뻐서 겅정겅정 뛰면서 사랑 모퉁이를 돌다 말고 고개를 갸우뚱한다.≪박완서, 미망≫

겅중

의미 [+모양],[+다리],[+도약],[+기운],[+높이]

제약 { }-{뛰다}

긴 다리를 모으고 힘 있게 높이 솟구쳐 뛰는 모양.

겅중-겅중

의미 [+모양],[+다리],[+도약],[+기운],[+높이],[+연속]

제약 { }-{뛰다}

긴 다리를 모으고 힘 있게 계속 솟구쳐 뛰는 모양.

게걸-게걸

의미 [+모양],[+언사],[-교양],[+소리],[+배출],[+불평],[+반복]

제약 {사람}-{떠들다}

상스러운 말로 소리를 지르며 불평스럽게 자꾸 떠드는 모양.

¶안에서는 여전히 동이 깨지는 소리로 게걸게걸 떠들어 댄다.≪김유정, 두꺼비≫/처음에는 삼수도 굼틀하며 놀랐으나 이내 게걸게걸 소리를 내며 웃는다.≪박경리, 토지≫

게걸스레

의미 [+욕심],[+섭취]v[+실행],[+정도]

제약 {사람}-{굴다, 거리다}

⇒ 게걸스럽다①. 몹시 먹고 싶거나 하고 싶은 욕심에 사로잡힌 듯하다.

¶이것저것 챙겨 주며 먹으라고 할 겨를도 없이 원갑은 게걸스레 밥 한 사발과 술을 비우고 나서야 트림을 하며 숭늉을 찾았다.≪한수산, 유민≫/길에 함께 심문을 받으러 나온 줄 알았던 그가 옆방에서 고기국밥을 게걸스레 퍼먹고 있는 광경을 훔쳐본 적이 있었다.≪이문열, 민음사≫

게검스레

의미 [+모습],[+섭취],[+욕심],[-호감]

제약

⇒ 게검스럽다. 음식을 욕심껏 먹어 대는 꼴이 보기에 매우 흉하다.

게게

의미 [+모양],[+코]v[+침],[+흘림]v[+묻힘],[-호감]

제약

① 코나 침 따위를 보기 흉하게 흘리거나 지저분하게 묻힌 모양.

¶어린아이들이 침을 게게 흘린다./입가에 기름이 게게 묻었다.

의미 [+모양],[+눈]v[+신체],[-기운],[+피곤]

제약

② 눈이나 몸에 기운이 없어 축 늘어진 모양.

¶황은 식곤증 환자같이 게게 풀어져서 땀내 물씬한 시트 속에 담겨 있었다.≪박영한, 머나먼 송바강≫

게다

의미 [+부가]

제약

① '게다가①'의 준말. 그러한 데다가.

¶그 남자는 돈도 없고 게다 인물도 변변치 못하니 어떤 여자가 좋아하겠는가?/나도 친척이란 아무도 없고, 이 집 하나가 재산이지요. 게다 직업이라야 언제 떨려 날지 모르는….≪서기원, 암사 지도≫

의미 [+거기]

제약

② '게다가②'의 준말. '거기에다가'가 줄어든 말.

¶밥상은 게다 놓고 나가라.

게다가

의미 [+부가]

제약

① 그러한 데다가.

¶날씨가 잔뜩 흐렸고 게다가 바람까지 불었다./집집마다 담을 높이 올리고 게다가 쇠창살까지 쳤다./식당은 값이 비싼 편이었고 게다가 음식 맛도 좋지 않았다.

의미 [+거기]

제약

② '거기에다가'가 줄어든 말.

¶책가방이 무거우면 게다가 두고 가거라.

게두덜-게두덜

의미 [+모양],[+목소리],[+불평],[+반복]

제약 {사람}-{거리다, 대다}

굵고 거친 목소리로 자꾸 불평하는 모양.

게슴츠레

의미 [+모양],[+졸림]v[+감취],[+눈],[-생기],[-분명],[±감김]

제약 {눈}-{뜨다}

=거슴츠레. 졸리거나 술에 취해서 눈이 정기가 풀리고 흐리멍덩하며 거의 감길 듯한 모양.

¶게슴츠레 눈을 뜨다./그가 한 되 술을 비워 냈을 때는 눈알이 게슴츠레 풀리고 얼굴색마저 헬쑥해져 있었다.≪김원일, 불의 제전≫

게염스레

의미 [+질투],[+탐욕]

제약 {사람}-{굴다}

⇒ 게염스럽다. 보기에 부러워하며 시샘하여 탐내는 마음이 있다.

게을리

의미 [+모양],[+운동]v[+일],[+기피],[+정도]

제약

움직이거나 일하기를 몹시 싫어하는 모양.

¶게을리 공부하다가는 시험에 떨어진다./지금은 팀에서 원하는 역할을 충실히 하지만, 선발 투수 수업도 게을리 하지 않는다.≪조선일보≫

게저분-히

의미 [+추접],[-청결]

제약

너절하고 지저분하게.

¶나는 변명을 게저분히 늘어놓는 사람은 딱 질색이다.

게적지근-히

의미 [+추접],[-청결],[-정도]

제약

조금 너절하고 지저분하게.

¶방 안에 이것저것 게적지근히 늘어놓아서 정신이 없다.

게접스레
의미 [+불결],[−정도]
제약
⇒ 게접스럽다. 약간 지저분하고 더럽다.
¶상 위에는 먹다 흘린 음식들이 여기저기 게접스레 남아 있었다.

게정-게정
의미 [+모양],[+언사]v[+행동],[+불평],[+반복]
제약 {사람}-{굴다, 말하다}
불평을 품은 말과 행동을 자꾸 하는 모양.

게정스레
의미 [+태도],[+언사]v[+행동],[+불평],[+노출]
제약 {사람}-{굴다, 말하다}
⇒ 게정스럽다. 불평스러운 말과 행동을 드러내는 태도가 있다.

겨우
의미 [+노력],[+곤란]
제약
① 어렵게 힘들여.
¶시험에 겨우 합격하다./며칠 날밤을 새워 오늘에야 겨우 작품을 완성했다./한 때 왜병들이 겨우 강을 건너 대안에 진을 치려 할 때는 벌써 어둠은 강가에 깃들기 시작해서….≪박종화, 임진왜란≫
의미 [+기준],[−만족]
제약 { }-{부정서술어}
② 기껏해야 고작.
¶네 실력이 겨우 이 정도밖에 안 되니?/겨우 돈 몇 푼 얻자고 이 고생을 했단 말인가?

겨우-겨우
의미 [+노력],[+곤란],[+과도]
제약
정도가 지나친 데가 있을 정도로 어렵게 힘들여.
¶밤샘을 해서 겨우겨우 일을 끝마쳤다./중국집 배달원과 구두닦이를 하면서 겨우겨우 고등학교까지는 마쳤는데, 대학은 오를 수 없는 절벽이

었다.≪이상문, 황색인≫

겨우-내
의미 [+기간],[+겨울],[+지속]
제약
한겨울 동안 계속해서.
¶보약을 먹었더니 겨우내 감기 한 번 안 걸렸다./날씨가 춥다고 겨우내 집 밖에 몇 번 나가지도 않았다./봄이 되면서 겨우내 꽁꽁 얼었던 땅이 녹기 시작했다./집집마다 두엄을 내면서 겨우내 쉬던 일손은 봄을 타기 시작했다.≪한수산, 유민≫

격렬-히
의미 [+태도],[+언사]v[+행동],[+맹렬],[+포악]
제약
말이나 행동이 세차고 사나운 태도로.
¶격렬히 반대하다./격렬히 비난하다./더할 나위 없는 모욕을 받은 듯한 느낌으로, 그의 어깨는 격렬히 떨리기 시작하였다.≪김동인, 젊은 그들≫

격심-히
의미 [+과도],[+정도]
제약
매우 심한 정도로.

격원-히
의미 [+거리],[+정도]
제약
동떨어지게 멀게.

격월-히
의미 [+목소리],[+거침],[+높이]
제약 {사람}-{말하다}
목소리 따위가 격하고 높게.

격적-히
의미 [+상태],[+공허],[+고요],[+고독]
제약
아무것도 없이 텅 비어 고요하고 쓸쓸한 상태로.

격조-히
의미 [+상태],[+거리],[−소통]
제약
① 멀리 떨어져 있어 서로 통하지 못한 상태로.
¶형철이가 Y방직에 취직이 된 후로는 이럭저럭

피차 **격조히** 지내 왔다.≪한설야, 황혼≫

의미 [＋상태],[－소식],[＋지속]

제약

② 오랫동안 서로 소식이 막힌 상태로.

격지-격지

의미 [＋층],[＋다수]

제약

① 여러 켜로.

¶격지격지 덧붙이다.

의미 [＋층],[＋다수],[＋전부]

제약

② 각 켜마다.

견강-히

의미 [＋상태],[＋성질],[＋견고]

제약

성질 따위가 매우 굳세고 단단한 상태로.

견결-히

의미 [＋의지]v[＋태도],[＋견고]

제약

굳센 의지나 태도로.

¶우리의 신념을 **견결히** 지키자.

견경-히

의미 [＋견고],[＋강도]

제약

단단하고 강하게.

견고-히

의미 [＋견고]

제약

① 굳고 단단하게.

¶이 성은 원체 **견고히** 쌓은 것이라 웬만한 공격에는 끄떡없다.

의미 [＋생각]v[＋의지],[＋확고],[－동요]

제약

② 사상이나 의지 따위가 동요됨이 없이 확고한 자세로.

¶신념을 **견고히** 굳히다./경제 효율을 높이기 위해서는 단일 연방 국가를 **견고히** 유지해야 한다.

견급-히

의미 [＋마음],[＋편협],[＋성급]

제약

좁고 성급한 마음으로.

견실-히

의미 [＋생각]v[＋태도],[＋신뢰],[＋견고],[＋성실]

제약

믿음직스럽게 굳고 착실한 생각이나 태도로.

¶그의 성공은 계획을 일관성 있게 **견실히** 추진한 결과이다.

견정-히

의미 [＋견고],[＋정당]

제약

꿋꿋하고 바르게.

견확-히

의미 [＋견고],[＋확실]

제약

견고하고 확실하게.

결거니-틀거니

의미 [＋모양],[＋승부],[＋대항]

제약 {사람}-{겨루다, 버티다}

서로 겨루느라고 버티는 모양.

결결-이

의미 [＋일],[＋개별],[＋발생],[＋전부]

제약

① 어떤 일이 일어나는 그때마다.

¶그 어른을 보는 **결결이** 아버님 생각이 난다.

의미 [＋시간],[＋간격]

제약

②＝때때로. 경우에 따라서 가끔.

결결-히

의미 [＋모양],[＋얼굴]v[＋마음],[－빈틈],[＋정당],[＋과도]

제약 {얼굴, 마음}-{곧다}

얼굴 생김새나 마음씨가 지나칠 정도로 빈틈없고 곧게.

결곡-히

의미 [＋모양],[＋얼굴]v[＋마음],[＋순수],[－빈틈]

제약 {얼굴, 마음}-{생기다}

얼굴 생김새나 마음씨가 깨끗하고 여무져서 빈틈이 없이.

결국

의미 [+일],[+도달]v[+결과],[+예상]

제약

일의 마무리에 이르러서. 또는 일의 결과가 그렇게 돌아가게.

¶나는 결국 그의 간청을 뿌리치지 못했다./그는 결국 성공했다./결국 내가 먼저 눈을 감을 수밖에 없었다.

결단-코

의미 [+생각]v[+의지],[+필연]

제약

① 마음먹은 대로 반드시.

¶결단코 그 일을 해내고야 말겠다./헐벗음도 공부의 과정이다. 그 무엇인가를 성취하기 전에는 결단코 포기하지 않을 것이라고 말했다.≪성석제, 문학과지성사≫

의미 [+경우],[−예외]

제약 {사람}-{아니다, 없다, 못하다}

② ('아니다', '없다', '못하다' 따위의 부정어와 함께 쓰여) 어떤 경우에도 절대로.

¶실수는 결단코 없을 겁니다./영감도 결단코 어수룩한 사람은 아니다.≪염상섭, 삼대≫

결백-히

의미 [+순수],[+하양]

제약

① 깨끗하고 희게.

의미 [+행동]v[+마음],[+순수],[+아담],[−과실]

제약

② 깨끗하고 조촐하여 아무런 허물이 없는 행동이나 마음씨로.

결사코

의미 [+마음],[+결심],[+확고]

제약

죽기를 각오한 마음으로.

¶맹세하건대 그 일은 결사코 내가 한 일이 아니다.

결연-히[01]

의미 [+부족],[+서운]v[−만족]

제약

모자라서 서운하거나 불만족스럽게.

결연-히[02]

의미 [+마음]v[+행동],[−변화],[+견고]

제약

움직일 수 없을 만큼 확고한 마음가짐이나 행동으로.

¶조국의 독립을 위하여 결연히 일어서다./모니카가 매달리는 것을 떨쳐 버리는 듯이나 결연히 걸음을 떼어 놓았다.≪이문열, 변경≫

결-코

의미 [+경우],[−예외],[+의지]

제약 { }-{아니다, 없다, 못하다}

('아니다', '없다', '못하다' 따위의 부정어와 함께 쓰여) 어떤 경우에도 절대로.

¶그것은 결코 우연한 일이 아니었다./무릇 무슨 직업이든지, 직업이 다르다고 사람의 귀천이 있는 것은 결코 아니다.≪조명희, 낙동강≫/그보다 결코 나을 것 없는 처지이면서도 그의 말에는 아직 신념과 열정이 남아 있었다.≪이문열, 영웅시대≫/그러나 너는 수천만 명의 사람들이 그리스도를 믿음으로써 얻는 행복을 결코 부정하지 못할 거야.≪서영은, 살과 뼈의 축제≫

겸겸[01]

의미 [+모양],[+부족],[+정도]

제약

① 매우 적은 모양.

의미 [+모양],[+겸손]

제약

② 겸손한 모양.

겸겸[02]

의미 [+모양],[+겸손],[+공경]

제약

겸손하고 공경하는 모양.

겸사-겸사

의미 [+일],[+다수],[+진행],[+동시]

제약

한 번에 여러 가지 일을 하려고, 이 일도 하고 저 일도 할 겸 해서.

¶다음 주에 그쪽에 갈 일이 있으니까 겸사겸사 한번 들를게./아이들 교통비 문제를 해결하고

싶어서 그래요. 그래서 내일이 장날이기도 하고 겸사겸사 해서 같이 교육청엘 가서……《공선옥, 문학과지성사》

겸손스레

의미 [+타인][+존중],[+자신][−주장]

제약 { }−{행동하다, 말하다, 듣다}

남을 존중하고 자기를 내세우지 않는 듯하게.

겸손-히

의미 [+타인][+존중],[+자신][−주장]

제약 { }−{행동하다, 말하다, 듣다}

남을 존중하고 자기를 내세우지 않는 태도로.

¶그는 아랫사람의 말에도 겸손히 귀 기울였다.

겸연스레

의미 [+느낌],[+어색],[+미안]

제약

⇒ 겸연스럽다. 쑥스럽거나 미안하여 어색한 느낌이 있다.

¶괜히 겸연스레 생각하지 말고 어서 들어가자.

겸연쩍-이

의미 [+어색],[+미안]

제약

쑥스럽거나 미안하여 어색하게.

겸연-히

의미 [+미안],[−체면]

제약

① 미안하여 볼 낯이 없게.

의미 [+어색]

제약

② 쑥스럽고 어색하게.

겸허-히

의미 [+태도],[+겸손]

제약

스스로 자신을 낮추고 비우는 태도로.

¶겸허히 스스로를 돌이켜 보라./담당 부서에서는 비판을 겸허히 수용하겠다고 밝혔다.

겹겹-이

의미 [+층],[+다수]

제약

여러 겹으로.

¶겹겹이 둘러 싸다./겹겹이 옷을 껴입다./그 지

역은 겹겹이 산에 가로막혀 있어 교통이 불편하다./날씨가 추운 탓인지 목도리로 얼굴을 겹겹이 감싼 사람이 많이 보인다.

경거-히

의미 [+언사]v[+행동],[−무게]

제약

말이나 행동이 가볍게.

¶경거히 행동하다./경거히 다루다.

경건-히[01]

의미 [+견고]

제약 { }−{밀어붙이다}

① 굳세고 튼튼하게.

의미 [+그림]v[+글씨],[+견고],[+강력]

제약 {그림, 글씨}−{그리다, 쓰다}

② 그림이나 글씨의 필세가 굳세고 힘차게.

경건-히[02]

의미 [+공경],[+조심],[+엄숙]

제약 {사람}−{기도하다}

공경하며 삼가고 엄숙하게.

¶경건히 기도하는 모습.

경경-히[01]

의미 [+빛],[+양명],[−정도]

제약

빛이 조금 환하게.

경경-히[02]

의미 [+정당],[+용감]

제약

올바르고 용감하게.

경경-히[03]

의미 [+고독],[+걱정]

제약

외롭고 걱정스럽게.

경경-히[04]

의미 [+언사]v[+행동],[−무게]

제약

말이나 행동이 가볍게.

¶그러나 그렇다고 남의 말을 경경히 질러 가며 대뜸 온 뜻을 두드려 볼 수도 없고 해서 지루함을 참고 있었다.《한설야, 황혼》

경난-히

의미 [+옷],[-무게],[+온화]

제약

옷이 가볍고 따뜻하게.

경독-히

의미 [-의지],[+고독]

제약

아무도 의지할 곳이 없어 외로이.

경만-히

의미 [+타인],[+무시],[+교만]

제약

남을 하찮게 여기는 교만한 마음으로.

경망스레

의미 [+행동]v[+언사],[+경솔],[-조심]

제약 {사람}-{행동하다, 말하다}

⇒ 경망스럽다. 행동이나 말이 가볍고 조심성 없는 데가 있다.

¶경망스레 지껄이다./경망스레 소리를 높여 말하다.

경망-히

의미 [+행동]v[+언사],[+경솔],[-조심]

제약 {사람}-{행동하다, 말하다}

행동이나 말이 가볍고 조심성이 없게.

¶그는 사람들 앞에서 경망히 행동했다.

경묘-히

의미 [+경쾌],[+절묘]

제약

경쾌하고 묘하게.

경미-히

의미 [-무게],[+부족],[-중요]

제약

가볍고 아주 적어서 대수롭지 아니하게.

¶맨바닥에서 아무렇게나 뒹굴어 자고 깨인 부스스한 얼굴의 백성들이 피로한 기색으로 모두 경미히 떨며 연못을 찾아들고 있었다.≪박상륭, 열명길≫

경박-히

의미 [+언사],[+행동],[-신중],[-무게]

제약

언행이 신중하지 못하고 가볍게.

경부-히

의미 [+언사],[+행동],[-신중],[-무게]

제약

말하고 행동하는 것이 신중하지 못하고 가볍게.

경사로이

의미 [+축하],[+기쁨]

제약

축하하며 기뻐할 만하게.

경사스레

의미 [+경사],[+기쁨],[+유쾌]

제약

⇒ 경사스럽다. 경사로 여겨 기뻐하고 즐거워할 만하다.

¶경사스레 여기다.

경선-히

의미 [+순서],[+추월]

제약

앞질러 가서.

¶그는 벼슬을 사양할 마음이 났지만 경선히 말하기가 어려웠다.

경세-히

의미 [-무게],[-크기]

제약

가볍고 자질구레하게.

경소-히[01]

의미 [-무게],[-크기]

제약

가볍고 보잘것없이 작게.

경소-히[02]

의미 [+빈약]

제약

보잘것없이 적게.

경솔-히

의미 [+언사]v[+행동],[-경솔],[-조심]

제약

조심성 없이 가벼운 말이나 행동으로.

¶경솔히 굴다./일을 경솔히 처리하다./이 문제는 경솔히 떠들어서는 안 되는 문제이다.

경숙-히

의미 [+공경],[+조심],[+엄숙],[+조용]

제약

공경하는 마음으로 삼가서 엄숙하고 조용하게.

경이로이
  의미 [+경악],[+신기]
  제약
  놀랍고 신기하게.

경이-히
  의미 [+일],[-노력],[+용이]
  제약
  ① 일 따위가 힘들지 않고 쉽게.
  의미 [-중요]
  제약
  ② 대수롭지 않게.

경조-히
  의미 [+언사]v[+행동],[-진중],[-무게]
  제약
  말이나 행동이 진중하지 못하고 가볍게.

경쾌-히
  의미 [+운동]v[+모습]v[+기분],[+경쾌],[+상쾌]
  제약
  움직임이나 모습, 기분 따위가 가볍고 상쾌하게.
  ¶문오는 휘파람을 휘이휘이 불며 발걸음도 경쾌히 떼어 놓았다.≪최정희, 인간사≫

경편-히
  의미 [+간단],[+편안],[+용이],[+편리]
  제약
  가볍고 편하거나 손쉽고 편리하게.

경하스레
  의미 [+경사],[+칭찬]
  제약
  경사로워 치하할 만한 데가 있게.

경한-히
  의미 [+험악],[+거침]
  제약
  사납고 거칠게.

경현-히
  의미 [+경향],[+예의],[+아첨],[+정도]
  제약
  까불고 아첨을 많이 하는 경향으로.

경홀-히
  의미 [+언사]v[+행동],[+경솔],[-만족]
  제약
  가볍고 탐탁지 않은 말이나 행동으로.
  ¶문제를 경홀히 여기다./어찌 부녀자의 그림이라 하여 경홀히 여길 것인가?

경황없-이
  의미 [+생각],[-여유]v[-흥미],[+곤란],[+분주]
  제약
  몹시 괴롭거나 바쁘거나 하여 다른 일을 생각할 겨를이나 흥미가 전혀 없이.
  ¶워낙 경황없이 지내다 보니 시간이 어떻게 지나가는지 모르겠다./한참 경황없이 달리다가 앞에서 마주 오는 사람과 하마터면 충돌할 뻔했다.≪윤흥길, 묵시의 바다≫

계계[01]
  의미 [+모양],[+소심],[+가슴][+뜀]
  제약 {가슴, 심장}-{뛰다}
  겁이 나서 가슴이 두근거리는 모양.

계계[02]
  의미 [+모양],[+연속],[-절단]
  제약
  차례로 이어져 끊이지 않는 모양.

계관없-이
  의미 [-관계],[-회피]
  제약
  ① 아무 관계가 없어서 거리낄 것이 없이.
  의미 [-문제],[-관계]
  제약
  ② =관계없이②. (주로 '-어도' 절과 함께 쓰이어) 문제 될 것이 없이.

계면스레
  의미 [+느낌],[+어색],[+미안]
  제약
  '겸연스레'의 변한말. 쑥스럽거나 미안하여 어색한 느낌이 있다.

계면쩍-이
  의미 [+어색],[+미안]
  제약
  '겸연쩍이'의 변한말. 쑥스럽거나 미안하여 어색

하게.

계속

의미 [＋연속],[－절단]

제약

끊이지 않고 잇따라.

¶계속 쏟아지는 폭우./재판은 열흘 동안 계속 열렸다./인구가 계속 감소되는 추세에 있다.

고결-히

의미 [＋성품],[＋고상],[＋순결]

제약

성품이 고상하고 순결하게.

고고-히[01]

의미 [＋고독],[＋가난]

제약

외롭고 가난하게.

고고-히[02]

의미 [＋세상사],[－구속],[＋고상]

제약

세상일에 초연하여 홀로 고상하게.

고고-히[03]

의미 [＋상태],[＋초목],[＋건조],[＋정도]

제약

① 초목이 바짝 마른 상태로.

의미 [＋수척],[＋창백]

제약

② 야위어서 파리하게.

의미 [＋신세],[－가치]

제약

③ (비유적으로) 신세 따위가 형편없게.

고고-히[04]

의미 [＋고상],[＋고풍]

제약

세속을 초월하여 고상하고 고풍스럽게.

고고-히[05]

의미 [＋높이],[＋정도]

제약

매우 높게.

고괴-히

의미 [＋옛날],[＋이상]

제약

예스럽고 괴이하게.

고궁-히[01]

의미 [＋가난],[＋정도]

제약

매우 곤궁하게.

고궁-히[02]

의미 [＋처지],[＋고독],[＋가난]

제약

사람의 처지가 외롭고 곤궁하게.

고귀-히

의미 [＋칭찬],[＋귀중]

제약

① 훌륭하고 귀중하게.

의미 [＋신분],[＋높이],[＋귀중]

제약

② 지체가 높고 귀하게.

의미 [＋물건],[＋귀중],[＋가치]

제약

③ 물건 따위가 귀하고 값이 비싸게.

고극-히

의미 [＋정도],[＋과도]v[＋극심]

제약

너무 심하거나 지독한 정도로.

고기작-고기작

의미 [＋모양],[＋구김],[＋반복]

제약 {종이, 천}-{구기다}

고김살이 생기게 자꾸 고기는 모양.

고깃-고깃

의미 [＋모양],[＋구김],[－주의],[＋반복]

제약 {종이, 천}-{구기다}

고김살이 생기게 함부로 자꾸 고기는 모양.

¶여행 가방에서 꺼낸 바지가 **고깃고깃** 구겨져 있다.

고까이

의미 [＋마음],[＋서운],[＋냉정],[＋불쾌]

제약

섭섭하고 야속하여 마음이 언짢게.

¶너무 **고까이** 여기지 말게.

고-까지로

의미 [＋기준],[－만족]

제약

겨우 고만한 정도로.

¶일을 고까지로 하는 데 사흘이나 걸렸어?

고-나마

의미 [+기준],[−만족],[−기대]

제약

① 좋지 아니하거나 모자라기는 하지만 고것이
나마.

¶고나마 몇 푼이라도 건졌으니 다행이다.

의미 [+기준],[−만족],[−기대]

제약

② 좋지 아니하거나 모자라는데 고것마저도.

¶가뜩이나 불황인데 고나마 농사마저도 대흉작
이다.

고난스레

의미 [+고난],[+정도]

제약

⇒ 고난스럽다. 어지간히 고난이 많다.

고-냥

의미 [+상태],[−변화],[+지속]

제약

① 더 이상의 변화 없이 고 상태 고대로.

¶원래 있던 대로 고냥 놓아두어라.

의미 [+모양],[−변화],[+지속]

제약

② 고러한 모양으로 줄곧.

¶아이는 낯이 설어서 그런지 고냥 앉아 있기만
했다.

고-다지

의미 [+기준],[+과도]

제약

고러한 정도로. 또는 그렇게까지. 늑고리도.

¶널 버리고 도망간 사람이 고다지도 보고 싶으
냐?

고단-히

의미 [+신체],[+피곤],[−기운]

제약

지쳐서 느른한 몸으로.

¶이불도 덮지 않은 채 고단히 자고 있다.

고달피

의미 [+신체]v[+상황],[+피로],[+정도]

제약

몸이나 처지가 몹시 고단하게.

¶여름밤의 무더운 공기가 새벽까지 화덕 같은
방 속에서 고달피 잠든 사람들의 헐떡이는 숨을
더 가쁘게 한다.≪이기영, 대장간≫

고대

의미 [+전(前)],[+지금]

제약

① 이제 막.

¶고대 한 이야기를 또 하란 말이냐./옆방 손님들
도 고대 오셨어요. 아마 손님들보다 한 십 분쯤
빨랐을까요.≪유주현, 하오의 연가≫

의미 [+후(後)],[+지금]

제약

② 바로 곧.

¶학교에서 돌아오자마자 고대 놀러 나갔다./희
미한 달빛 밑이지만 고대 아내란 것을 알 수가
있었다.≪김정한, 슬픈 해후≫/겨울에 밖으로 나오
면, 숨이 고대 안개가 되어 앞을 못 보게 되는
고장이라 하매, 추위의 정도를 짐작할 것이다.
≪최남선, 백두산 근참기≫

고-대로

의미 [+모양],[−변화]

제약

① 변함없이 고 모양으로.

¶움직이지 말고 고대로 있어라./균형이 잡힌 그
몸매였다. 나이 벌써 서른이 넘었는데도 아직도
처녀티가 고대로 남아 몸맵두리가 여간만 싱싱
하고 고와 보이는 게 아니었다.≪윤흥길, 문학사상
사≫

의미 [+일치]

제약

② 고것과 똑같이.

¶엄마가 하는 걸 잘 보고 고대로 따라 해라.

고독-고독

의미 [+상태],[+물건],[+수분],[+건조]v[+동
결],[+견고]

제약 { }-{마르다, 얼다}

물기 있는 물건이 마르거나 얼어서 단단히 굳어

진 상태. ≒고독고독이.

고독고독-이

의미 [＋상태],[＋물건],[＋수분],[＋건조]v[＋동결],[＋견고]

제약 {　}-{마르다, 얼다}

＝고독고독. 물기 있는 물건이 마르거나 얼어서 단단히 굳어진 상태.

고독-히

의미 [＋세상],[＋고립],[＋고독],[＋정도]

제약

세상에 홀로 떨어져 있는 듯이 매우 외롭고 쓸쓸하게.

고들-고들

의미 [＋상태],[＋밥알],[－수분]v[＋건조],[＋내부][－견고],[＋표면][＋견고]

제약

밥알 따위가 물기가 적거나 말라서 속은 무르고 겉은 조금 굳은 상태.

¶밥알이 **고들고들** 풀기가 없다./진눈깨비에 젖고 얽힌 눈이 녹으면서 **고들고들** 얼어 그의 옷은 마치 각장지로 기워 입은 것처럼 몹시 어석거리고 있었다.≪이문구, 오자룡≫

고락간-에

의미 [＋고통]v[＋기쁨],[－선택]

제약

괴로우나 즐거우나 가릴 것 없이.

고래-고래

의미 [＋모양],[＋분노],[＋타인],[＋질책],[＋목소리],[＋크기]

제약 {사람}-{소리지르다, 꾸짖다}

몹시 화가 나서 남을 꾸짖거나 욕을 할 때 목소리를 한껏 높여 시끄럽게 외치거나 지르는 모양.

¶**고래고래** 소리를 지르다./**고래고래** 악을 쓰다./**고래고래** 아우성을 치다./입에 거품까지 물고 **고래고래** 욕설을 퍼부었다./온 절 안이 떠나가도록 **고래고래** 고함을 치는 서슬에 문지기는 아주 기가 눌려 버렸다.≪현진건, 무영탑≫

고래-로

의미 [＋옛날],[＋연속]

제약

＝자고이래로. 예로부터 내려오면서. ≒자고로·자래로.

¶우리나라에는 **고래로** '사촌이 땅을 사면 배 아프다.'는 말이 있다./**고래로** 항복한 사람들에겐 온정이 베풀어지도록 되어 있는 것입니다.≪이병주, 지리산≫

고래-조래

의미 [＋모양]v[＋이유],[＋다양]

제약

고러하고 조러한 모양으로. 또는 고런조런 이유로.

¶**고래조래** 다 빠져나가다./**고래조래** 일이 다 처리되었다.

고런-대로

의미 [－만족],[＋정도]

제약

만족스럽지는 아니하지만 고러한 정도로.

¶**고런대로** 먹을 만하다.

고-로

의미 [＋이유]

제약

① ('-은./는 고로' 구성으로 쓰여) 문어체에서, '까닭에'의 뜻을 나타내는 말.

¶그리운 부모와 가족을 떠나고 정든 고향을 떠나게 되는 **고로** 감정이 엷은 여자로서 울지 않을 수가 없는 것이었다.≪한용운, 흑풍≫/부엌에서 덜컹거리는 **고로** 거기 있나 보다 그는 생각하였다.≪김동인, 약한 자의 슬픔≫

의미 [＋접속],[＋이유]v[＋원인],[＋연결]

제약

②＝그러므로. 앞의 내용이 뒤의 내용의 이유나 원인, 근거가 될 때 쓰는 접속 부사.

¶나는 생각한다. **고로** 존재한다.

고로롱-고로롱

의미 [＋모양],[＋연로]v[＋병],[－기운],[＋투병],[＋반복]

제약 {사람}-{앓다, 아프다, 거리다}

늙거나 오랜 병으로 몸이 약하여져서 자꾸 시름시름 앓는 모양.

¶늘 **고로롱고로롱** 앓고 지내다.

고롱-고롱

　의미 [＋모양],[＋연로]v[＋병],[－기운],[＋투병],[＋반복]

　제약 {사람}-{앓다, 아프다, 거리다}

　'고로롱고로롱'의 준말. 늙거나 오랜 병으로 몸이 약하여져서 자꾸 시름시름 앓는 모양.

고루

　의미 [－차이],[＋유사]v[＋동일]

　제약

　① 차이가 없이 엇비슷하거나 같게.

　¶고루 나누다./전국적으로 비가 고루 내렸다./이 현장에 매달린 인부들은 그녀의 집안 사정에 고루 밝은 편들이었다.≪이문구, 장한몽≫

　의미 [＋전부],[－예외]

　제약

　② 두루 빼놓지 않고.

　¶물건을 고루 갖추다./격식을 고루 갖추다./여러 가지 재능을 고루 갖추다.

고루-고루

　의미 [＋전부],[－차이],[＋유사]v[＋동일]

　제약 { }-{같다, 나누다, 섞다}

　① 여럿이 다 차이가 없이 엇비슷하거나 같게.

　¶고루고루 나누다./말씀하시더라 하고 이렇게 말해라. 엄마, 밥을 풀 때 보리하고 쌀하고 고루고루 섞어요.≪이오덕, 한길사≫

　의미 [＋전부],[－예외]

　제약

　② 두루두루 빼놓지 아니하고.

　¶재능을 고루고루 갖추다./상에 여러 종류의 반찬이 고루고루 갖춰져 있다.

고루-히[01]

　의미 [＋태도],[＋신식][－수용],[＋고집],[＋관념]v[＋습관]

　제약

　낡은 관념이나 습관에 젖어 고집이 세고 새로운 것을 잘 받아들이지 아니하는 태도로.

　¶고루히 옛것을 좇아 따르는 것만이 능사가 아니다.

고루-히[02]

　의미 [－탄력],[－지식]v[－경험]

　제약

　보고 들은 것이 없어 마음가짐이나 하는 짓이 융통성이 없고 견문이 좁게.

고리[01]

　의미 [＋방향]v[＋장소]

　제약 { }-{가다}

　고 곳으로. 또는 고쪽으로.

　¶고리 가면 안 돼요.

고리[02]

　의미 [＋상태]v[＋모양]v[＋성질],[＋유사]

　제약

　상태, 모양, 성질 따위가 고러한 모양.

　¶왜 고리 심술을 부릴까?/고리도 말이 없을까?

고리-도

　의미 [＋기준],[＋정도]

　제약

　=고다지. 고러한 정도로. 또는 고렇게까지.

　¶고리도 애를 쓰더니만 결국은 성공했구나.

고리-로

　의미 [＋방향],[＋그쪽]

　제약 { }-{가다}

　'고리[01]'를 강조하여 이르는 말. 고 곳으로. 또는 고쪽으로.

　¶고리로 가지 마라.

고리-조리[01]

　의미 [＋모양],[＋언사]v[＋행동],[－결정],[－정성]

　제약

　말이나 행동을 뚜렷하게 정함이 없이 고러하고 조러하게 되는대로 하는 모양.

　¶고리조리 말을 하니 알아들을 수가 있어야지.

고리-조리[02]

　의미 [－방향],[－결정]

　제약

　일정한 방향이 없이 고쪽 조쪽으로.

　¶고리조리 가다가 오른편으로 돌아라./고리조리 피하다가 큰코다칠라.

고리타분-히

　의미 [＋냄새],[－신선],[＋부패],[＋혐오]

　제약

① 냄새가 신선하지 못하고 역겹도록 고리게. 늑고타분히①.

의미 [+행위]v[+성미]v[+분위기],[-신선],[+옹졸]

제약

② 하는 짓이나 성미, 분위기 따위가 새롭지 못하고 답답하게. 늑고타분히②.

고리탑탑-히

의미 [+구식],[+정도]

제약

몹시 고리타분히. 늑고탑탑히.

고마이

의미 [+마음],[+만족],[+기쁨],[+타인],[+호의]v[+도움]

제약

남이 베풀어 준 호의나 도움 따위에 대하여 마음이 흐뭇하고 즐겁게.

¶고마이 여기다.

고만

의미 [+정도],[+기준]

제약

① 고 정도까지만.

¶이제 고만 놀고 숙제를 해라.

의미 [+지금],[+순간]

제약

② 고대로 곧.

¶잔소리를 조금 했더니 몇 마디도 듣지 않고 고만 가 버렸다.

의미 [±기준]

제약

③ 고 정도로 하고.

¶이제 고만 그치고 눈물이나 좀 닦아라./고만 식사하러 갑시다.

의미 [-의도]

제약

④ 자신도 모르는 사이에. '그만02④'보다 작은 느낌을 준다.

¶너무나 슬퍼서 고만 울고 말았다./소주 두세 잔을 하고 고만 잠이 들었다.

의미 [-방법]

제약

⑤ 달리 해 볼 도리가 없이. '그만02⑤'보다 작은 느낌을 준다.

¶어떻게든 계약을 성사시키려고 했는데 상대가 계속 무리한 요구를 해서 고만 회담장을 나와 버렸습니다.

의미 [+상황],[+종료]

제약 { }-{이다}

⑥ (서술격 조사 '이다'와 함께 쓰여) 고것으로 끝임을 나타내는 말.

¶서로 조금씩 양보하면 고만인데 굳이 제 주장을 내세우니까 탈이 생긴다.

의미 [+만족],[+최대]

제약 { }-{이다}

⑦ (서술격 조사 '이다'와 함께 쓰여) 더할 나위 없이 좋음을 나타내는 말. '그만02⑦'보다 작은 느낌을 준다.

¶"월색이 그저 고만이구먼." 하고 감탄해 마지않았다.≪윤흥길, 묵시의 바다≫

고만스레

의미 [+자랑],[+교만]

제약

뽐내어 건방진 듯하게.

고만-조만

의미 [±정도]

제약

그저 고만한 정도로.

¶고만조만 살 만해.

고-만치

의미 [±정도]

제약

=고만큼. 고만한 정도로.

¶고만치 했으면 오늘은 일을 그만해도 좋다./나에게서 고만치 떨어져 앉아라.

고-만큼

의미 [±정도]

제약

고만한 정도로. 늑고만치.

¶고만큼 떨어져 앉아라./고만큼 하면 되겠다.

고매-히

의미 [+인격]v[+품성]v[+학식]v[+재질],
[+우수]

제약

인격이나 품성, 학식, 재질 따위가 높고 빼어나
게.

고묘-히

의미 [+수준],[+재주],[+우수]

제약

높은 수준과 뛰어난 솜씨로.

고무락-고무락

의미 [+모양],[+운동],[-속도],[+정도],[+반
복]

제약 { }-{움직이다}

① 매우 조금씩 느리게 자꾸 움직이는 모양.

¶지렁이가 **고무락고무락** 기어간다.

의미 [+모양],[+신체],[+부분],[+운동],[-속
도],[+반복]

제약 {몸}-{움직이다}

② 몸의 일부를 느리게 자꾸 움직이는 모양.

¶발가락을 **고무락고무락** 놀리는 것이 보기 흉하
다.

고물-고물

의미 [+모양],[+운동],[+잔망],[-속도],[+정
도],[+반복]

제약 { }-{움직이다}

① 매우 좀스럽고 느리게 자꾸 움직이는 모양.
'꼬물꼬물①'보다 여린 느낌을 준다.

¶도마 책상 위에 진열된 아이들의 종아리로 붉
고 혹은 푸른 실뱀들이 **고물고물** 기어 다녔다.
≪이동하, 장난감 도시≫/몰라. 세상에, 아빠 작업
실에 생쥐가족이 사는데 하루는 침대 밑에서 생
쥐새끼들이 **고물고물** 기어나오질 않겠니.≪공선
옥, 문학과지성사≫

의미 [+모양],[+행동],[+나태],[-속도]

제약 {사람}-{거리다, 대다}

② 조금 게으르고 굼뜨게 행동하는 모양. '꼬물
꼬물②'보다 여린 느낌을 준다.

의미 [+모양],[+신체],[+부분],[+운동],[-속
도],[+반복]

제약 { }-{움직이다}

③ 신체 일부를 느리게 자꾸 움직이는 모양. '꼬
물꼬물③'보다 여린 느낌을 준다.

고민스레

의미 [+느낌],[+고민],[+정도]

제약

매우 고민하는 느낌이 있게.

고박-히

의미 [+옛날],[+검소]

제약

예스럽고 질박하게.

고부랑-고부랑

의미 [+모양],[+다수],[+부분],[+굴곡]

제약

① 여러 군데가 안으로 휘어들어 곱은 모양.

의미 [+모양],[+등]v[+허리],[+굴곡],[+반
복]

제약 {등, 허리}-{구부리다}

② 등이나 허리를 자꾸 고부리는 모양.

고부스름-히

의미 [+굴곡],[+내부]

제약

안으로 곱은 듯하게.

고부슴-히

의미 [+굴곡],[+내부]

제약

'고부스름히'의 준말. 안으로 곱은 듯하게.

¶정선의 한숨 소리에 눈을 번쩍 떠서 그 맑은
눈으로 정선의 **고부슴히** 숙인 낯을 흘긋 본다.
≪이광수, 흙≫

고부장-고부장

의미 [+모양],[+다수],[+굴곡],[-정도]

제약

여러 군데가 조금 고부라져 있는 모양.

고부장-히

의미 [+상태],[+굴곡],[-정도]

제약

① 조금 고부라진 상태로.

의미 [+마음],[+간격],[-정도]

제약

② 조금 틀어진 마음으로.

고분-고분

의미 [＋모양],[＋언사]v[＋행동],[＋공손],[＋유순]

제약

말이나 행동이 공손하고 부드러운 모양. ≒고분고분히.

¶그 아이는 시키는 대로 **고분고분** 말을 잘 듣는다./오랫동안 군대 밥을 먹어 왔기 때문에 자기는 **고분고분** 말을 못하노라고 스스로 변명하듯 하기도 했다.≪손창섭, 혈서≫/**고분고분** 사정을 말하고 양해를 구해야 할 사람들이 오히려 호통을 쳐 대듯 서슬이 시퍼랬다.≪이청준, 살아 있는 늪≫

고분고분-히

의미 [＋모양],[＋언사]v[＋행동],[＋공손],[＋유순]

제약

=고분고분. 말이나 행동이 공손하고 부드러운 모양.

¶괴롭다는 말 한 마디 없이 **고분고분히** 시중을 드는 것이 신통하고 가상하다.≪염상섭, 삼대≫

고불-고불

의미 [＋모양],[－일정],[＋굴곡]

제약

이리저리 고부라지는 모양.

¶**고불고불** 돌아가는 시골길./정례는 밤색으로 염색해서 **고불고불** 지진 머리 속에 손을 넣고 머리를 긁적거렸다.≪한무숙, 어둠에 갇힌 불꽃들≫

고불탕-고불탕

의미 [＋모양],[＋다수],[＋굴곡],[－긴장]

제약

여러 군데가 느슨하게 고부라져 있는 모양.

고붓-고붓

의미 [＋모양],[＋전부],[＋굴곡],[－정도]

제약

여럿이 다 약간 곱은 듯한 모양. ≒고붓고붓이.

고붓고붓-이

의미 [＋모양],[＋전부],[＋굴곡],[－정도]

제약

=고붓고붓. 여럿이 다 약간 곱은 듯한 모양.

¶**고붓고붓이** 걸린 귀족들의 글씨, 굽이굽이에

서 만나는 취한 손님들과 하얀 얼굴….≪이광수, 흙≫

고붓-이

의미 [＋상태],[＋굴곡],[－정도]

제약

약간 곱은 듯한 상태로.

고비-살살

의미 [＋구석],[＋전부]

제약

구석구석마다 샅샅이.

¶P는 그 여자와 만날 때마다 일부러 눈여겨보지 아니하는 체는 하면서도 실상은 **고비살살** 관찰을 하였고, 그리고 속으로는 연애라도 좀 했으면 하던 터이었다.≪채만식, 레디메이드 인생≫

고사-하고

의미 [＋말],[－필요]v[－이유]

제약

(주로 ‘…은’, ‘-기는’ 뒤에 쓰여) 더 말할 나위도 없이.

¶1등은 **고사하고** 중간도 못 가는 성적이다./배불리 먹기는 **고사하고** 굶어 죽을 판이다.

고삽-히

의미 [＋맛],[＋씀],[＋떫음]

제약

맛이 씁쓸하고 떫게.

고상-고상

의미 [＋모양],[－수면],[＋침와],[＋전환],[＋노력]

제약

잠이 오지 않아 누운 채로 뒤척거리며 애를 쓰는 모양.

고상-히[01]

의미 [＋상태],[＋건조],[＋손상]

제약

마르고 상한 상태로.

고상-히[02]

의미 [＋품위]v[＋품행],[－비속]

제약

속되지 아니하고 훌륭한 품위나 몸가짐으로.

고샅-고샅

의미 [+시골],[+마을],[+골목],[+전부]

제약

① 시골 마을의 좁은 골목길마다.

¶월부 밥솥 들여놓으라고 고샅고샅 외치고 다니던 그 입으로 계속 허풍을 떨어 대고 있었다. ≪윤흥길, 완장≫

의미 [+골짜기],[+사이],[+전부]

제약

② 좁은 골짜기의 사이마다.

고생스레

의미 [+시각],[+일]v[+생활],[+곤란],[+고단]

제약

⇒ 고생스럽다. 보기에 일이나 생활 따위에 어렵고 고된 데가 있다.

¶기범은 가산이 기울자 **고생스레** 고학을 하며 우리 앞에 틈틈이 잊히지 않을 만큼 나타나곤 했다.≪홍성원, 무사와 악사≫/아버지가 '소가'를 정해서 어디로 가 버리고, 어머니 홀로 아이들 넷을 **고생스레** 기른다는 것이다.≪이오덕, 한길사≫

고소-히

의미 [+타인],[+실패],[+만족],[+기쁨]

제약

미운 사람이 잘못되는 것을 보고 속이 시원하고 재미있게.

¶동네에서 행패를 일삼던 놈이 이번에는 어디서 오히려 된통 얻어맞았다는 말을 듣고 동네 사람들은 모두 **고소히** 여겼다.

고스란-히

의미 [+상태],[-접촉],[+완전],[-변화]

제약

건드리지 아니하여 조금도 축이 나거나 변하지 아니하고 그대로 온전한 상태로.

¶그분의 생가에는 생전에 쓰시던 물건들이 **고스란히** 남아 있다./그는 봉급 외의 수입은 **고스란히** 저축했다./그는 억수같이 쏟아지는 비를 **고스란히** 맞고 서 있었다./걸음을 옮길 적마다 두껍게 생고무를 댄 농구화 밑창을 통해서 후끈거리는 지열이 **고스란히** 발바닥에 느껴졌다.≪윤흥길, 제식 훈련 변천 약사≫

고슬-고슬01

의미 [+모양],[+밥],[±수분],[+만족]

제약 {음식, 밥}-{ }

밥 따위가 되지도 질지도 아니하고 알맞은 모양.

¶물을 적당히 맞추었더니 밥이 **고슬고슬** 아주 잘되었다./싸릿개비 채반에 **고슬고슬** 물이 빠진 개고기가 그들먹했다. 저절로 군침이 돌았다.≪송기숙, 녹두 장군≫

고슬-고슬02

의미 [+모양],[+털],[+말림],[-직선],[-정도]

제약 {털}-{ }

털 따위가 조금 고불고불하게 말려 있는 모양.

¶수염이 길게 자라지 못하고 **고슬고슬** 엉겨 붙어서 약간 튀어나온 듯한 턱을 더욱 밥주걱처럼 만들고 있었다.≪박완서, 그 많던 싱아는 누가 다 먹었을까≫

고시랑-고시랑

의미 [+모양],[-만족],[+군소리],[+반복]

제약 {사람}-{말하다, 거리다}

① 못마땅하여 군소리를 좀스럽게 자꾸 하는 모양.

¶단 십 년을 살아도 사는가 싶게 화려하게 살아 보련다. **고시랑고시랑** 백 년을 살면 무얼 하니. 하고 싶은 것은 다 하고, 놀고 싶은 것은 모조리 해 보고야 말 테다.≪박종화, 금삼의 피≫/그날의 놀던 이야기며 본 이야기를 **고시랑고시랑** 물어보기도 한다.≪김사량, 낙조≫

의미 [+모양],[+사람],[+다수],[+소리],[-크기],[+말],[+반복]

제약 {사람}-{말하다}

② 여러 사람이 작은 소리로 자꾸 말을 하는 모양.

고실-고실

의미 [+모양],[+털],[-기름],[+굴곡],[-질서],[+정도]

제약 {털, 머리카락}-{볶다}

털 따위가 기름기가 거의 없이 무질서하고 꽤 잘게 고부라져 있는 모양.

¶머리에 고약한 냄새가 나는 약을 칠하고 돌돌 말아 숯이 든 쇠 집게로 집어 놓더니 **고실고실**

볶아 놨다.《박완서, 부끄러움을 가르칩니다》

고아스레

의미 [+옛날],[+소박],[+멋]

제약

⇒ 고아스럽다. 예스럽고 아담하며 멋이 있다.

고아-히⁰¹

의미 [+옛날],[+소박]

제약

예스럽고 아담하게.

고아-히⁰²

의미 [+뜻]v[+품격],[+고상],[+우아]

제약

뜻이나 품격 따위가 높고 우아하게.

고약스레

의미 [+성질]v[+날씨]v[+냄새],[+유별],[-적당]

제약

⇒ 고약스럽다. 성질, 날씨, 냄새 따위가 괴팍하거나 나쁜 데가 있다.

¶자루 속의 게들은 이미 부스러지고 깨어져 고약스레 상한 냄새를 풍기고 있었다.《이청준, 키작은 자유인》

고약-히

의미 [+맛]v[+냄새],[-기호],[+정도]

제약

① 맛, 냄새 따위가 비위에 거슬리게 나쁜 정도로.

의미 [+얼굴],[+불길],[+험악]

제약

② 얼굴 생김새가 흉하거나 험상궂게.

의미 [+성미]v[+언행],[+험악]

제약

③ 성미, 언행 따위가 사납게.

의미 [+인심]v[+풍습],[-도리]

제약 {인심, 풍습}-{ }

④ 인심, 풍습 따위가 도리에 벗어나게.

의미 [+날씨]v[+바람],[+거침],[+맹렬]

제약 {날씨, 바람}-{ }

⑤ 날씨, 바람 따위가 거칠고 사납게.

의미 [+일],[-해결],[+곤란]

제약

⑥ 일이 꼬여 난처하게.

고연-히

의미 [+본질],[+유사]

제약

본디부터 그러하게.

고요-히

의미 [+조용],[+고요]

제약

① 조용하고 잠잠하게.

¶그의 한마디로 교실 안이 고요히 가라앉았다./신부는 여전히 한 폭 그림같이 고요히 서 있다.《한설야, 탑》

의미 [+상태],[-운동]v[-요동],[+고요]

제약

② 움직임이나 흔들림이 없이 잔잔한 상태로.

의미 [+모습]v[+마음],[+조용],[+평화]

제약

③ 모습이나 마음 따위가 조용하고 평화롭게.

¶눈을 고요히 감았다./단전 호흡으로 마음을 고요히 가라앉혔다.

고이

의미 [+모양],[+시각],[+선명],[+미려]

제약

① 겉모양 따위가 보기에 산뜻하고 아름답게.

¶손수건을 고이 접다./소녀는 머리를 매만져서 고이 빗었다.

의미 [+정성],[+정도]

제약 { }-{키우다}

② 정성을 다하여.

¶고이 기른 딸./고이 간직하다./편조는 왕이 친히 내린 맹세하는 글월을 고이 받들어 문갑 속에 감춘 뒤에 천천히 일어나 왕을 인도한다.《박종화, 다정불심》

의미 [+편안],[-장애]

제약 {몸, 눈}-{눕다, 감다}

③ 편안하고 순탄하게.

¶간호사는 환자를 침상에 고이 눕혔다./아버지는 모든 말씀을 마치시고 고이 눈을 감으셨다./윤택 있는 눈과 꼭 다문 입은, 어디로 보아도 여

염집에서 고이 자라난 처녀지, 노류장화의 티는
조금도 없었다.≪김동인, 젊은 그들≫/오동 잎사귀
가, 창밖 툇마루에 버스럭하고 떨어지는 소리에,
영신은 고이 감았던 눈을 떴다.≪심훈, 상록수≫
의미 [+완전],[−변화]
제약 {사람}−{갖다}
④ 온전하게 고스란히.
¶아내는 돌아가신 선친이 남긴 유산을 고이 지
키며 자식 교육까지 마쳐 놓았다./유괴범들은
아이를 고이 돌려보냈다.
의미 [+성질]v[+태도],[+온순]
제약
⑤ 성질이나 태도가 순순하게.
¶어린아이가 말을 어찌나 고이 잘 듣는지 보기
가 여간 쉽지가 않다.

고이-고이
의미 [+미려],[+정도]
제약
① 매우 곱게.
¶온실에서 고이고이 피어난 꽃은 이 모진 서리
에 그대로 이울었다.≪현진건, 적도≫
의미 [+소중]v[+정성],[+정도]
제약 { }−{키우다}
② 매우 소중하게 또는 정성을 다하여.
¶고이고이 키운 외동딸./그녀의 품에 안겨 죽은
가여운 강아지를 마당 한쪽에 고이고이 묻어 주
었다./가슴에 추억을 고이고이 간직하다.
의미 [+편안],[+고요],[+정도]
제약
③ 아주 편안하고 고요하게.
¶고이고이 잠들다./마지막 가는 길 고이고이 가
시옵소서.

고자누룩-이
의미 [−소란],[+조용]
제약
① 한참 떠들썩하다가 조용하게.
의미 [+상태],[+병세],[+소멸],[−정도]
제약
② 몹시 괴롭고 답답하던 병세가 조금 가라앉은
듯한 상태로.

고작
의미 [+추측],[+평가],[−기대]
제약
기껏 따져 보거나 헤아려 보아야. 아무리 좋고
크게 평가하려 하여도 별것 아니라는 뜻을 나타
낼 때 쓴다. 늑고작해야.
¶오랜만에 만난 친구에게 고작 그게 인사냐?/상
다리가 휘어지게 차린다더니 고작 밥에 김치가
전부냐?/첫 월급에서 하숙비와 외상값을 제하면
고작 담뱃값밖에 남지 않았다./내가 할 수 있는
일이라고는, 형이 원하는 대로, 고작 공부나 열
심히 하는 것밖에 없었다.≪김용성, 도둑 일기≫

고작-해야
의미 [+추측],[+평가],[−기대]
제약
=고작. 기껏 따져 보거나 헤아려 보아야. 아무리
좋고 크게 평가하려 하여도 별것 아니라는 뜻.
¶첫마디에 딱 잘라 거절하기가 예사요, 고작해야
글쎄 한번 알아보지 하고 건성으로 대답해 줄
정도였다.≪손창섭, 치몽≫/그들의 도시락은 고작
해야 삶은 고구마가 아니면 호박버무리였으며
잡곡밥을 싸오는 사람도 없었다.≪문순태, 타오르
는 강≫

고적-히
의미 [+고독],[+고요]
제약
외롭고 쓸쓸하게.
¶객지에서 고적히 살다 보니 고향 이야기만 들
어도 반갑다오.

고절-히
의미 [+특출]
제약
더할 수 없이 높고 뛰어나게.

고정스레
의미 [+마음],[+강직]
제약
마음이 외곬으로 곧은 데가 있게.

고정-히
의미 [+마음],[+강직]
제약

외곬으로 곧은 마음으로.

고졸-히

의미 [−기교],[＋옛날],[＋소박],[＋멋]

제약

기교는 없으나 예스럽고 소박한 멋으로.

고주알-미주알

의미 [＋일],[−중요],[＋전부]

제약

=미주알고주알. 아주 사소한 일까지 속속들이.

¶그 애가 **고주알미주알** 캐묻는 통에 매우 귀찮았다./동생은 내가 숙제를 안 했다고 어머니께 **고주알미주알** 일러바쳤다.

고준-히

의미 [＋높이],[＋험준]

제약

높고 험준하게.

¶**고준히** 솟은 산봉우리들.

고즈넉-이

의미 [＋상태],[＋고요],[＋편안]

제약

① 고요하고 아늑한 상태로.

¶밤이 어지간히 깊어 거리에는 오가는 사람들의 발길이 끊겨 **고즈넉이** 가라앉은 분위기였다.≪문순태, 타오르는 강≫/겉으로 **고즈넉이** 보이는 조선 팔도는 속으로는 여간 어지럽지 않았다.≪김동인, 젊은 그들≫

의미 [−말],[＋정숙]

제약

② 말없이 다소곳하거나 잠잠하게.

¶**고즈넉이** 앉아서 무슨 생각을 하고 있을까?/막사 복판에는 포로 한 명이 무릎을 꿇린 채, 시작될 재판을 **고즈넉이** 기다리고 있다.≪홍성원, 육이오≫/여(余)는 지팡이로써 물을 두어 번 저어 보고 **고즈넉이** 몸을 일으켰다.≪김동인, 광화사≫

고집스레

의미 [＋태도],[＋고집],[＋표출]

제약

⇒ 고집스럽다. 보기에 고집을 부리는 태도가 있다.

¶정말 **고집스레** 말도 안 듣는구나./편평족인 내

게는 사흘 길이 **빡빡**하였는데도 나는 **고집스레** 걸어서 갔다.≪이문열, 그해 겨울≫/타 업소와는 달리 실내에 분수대를 꾸며 놓고 클래식만을 **고집스레** 틀어 대는 이 다실은 오늘도 학생들로 초만원을 이루고 있었다.≪이영치, 흐린 날 황야에서≫/근대화 바람이 거세게 부는데도 이 고장은 오지 탓인지 상당히 **고집스레** 옛 모습들을 지니고 있다.≪홍성원, 무사와 악사≫

고-쯤

의미 [±정도]

제약

고만한 정도로.

¶**고쯤** 사면 되겠다.

고창-히

의미 [＋지대],[＋높이],[＋상쾌]

제약

지대가 높고 시원하게.

고타분-히

의미 [＋냄새],[−신선],[＋부패],[＋혐오]

제약

①=고리타분히①. 냄새가 신선하지 못하고 역겹도록

의미 [＋행위]v[＋성미]v[＋분위기],[−신선],[＋옹졸]

제약

②=고리타분히②. 하는 짓이나 성미, 분위기 따위가 새롭지 못하고 답답하게.

고탑지근-히

의미 [＋구식],[−정도]

제약

조금 고리타분하게.

고탑탑-히

의미 [＋구식],[＋정도]

제약

=고리탑탑히. 몹시 고리타분히.

고태의연-히

의미 [＋모양],[＋과거],[−변화]

제약

옛 모양이 그대로 변함없이.

고통스레

의미 [+느낌],[+신체]v[+마음],[+고통]

제약

⇒ 고통스럽다. 몸이나 마음이 괴롭고 아픈 느낌
이 있다.

¶그는 타향을 **고통스레** 떠돌던 생활을 마감하고
고향으로 돌아왔다./한 단 한 단 **고통스레** 내려
디뎠을 층계를 말없이 밟기 시작했다.≪조해일,
왕십리≫

고풍스레

의미 [+시각],[+옛날]

제약 { }-{보이다}

⇒ 고풍스럽다. 보기에 예스러운 데가 있다.

¶고풍스레 보이는 한옥.

고혈-히

의미 [-가족],[-친척],[+고독]

제약

가족이나 친척이 없어 외롭게.

곡절-히

의미 [+정성],[+정도]

제약

=곡진히①. 매우 정성스럽게.

곡진-히

의미 [+정성],[+정도]

제약

① 매우 정성스럽게. 늑곡절히·절곡히①.

의미 [+세밀],[+간곡],[+정도]

제약

② 매우 자세하고 간곡하게. 늑절곡히②.

곤고-히

의미 [+형편]v[+처지],[+곤란]

제약

형편이나 처지 따위가 딱하고 어렵게.

¶근근이 끼니나 이어 가며 **곤고히** 지내는 처지
이면서도 그는 자신이 양반 출신이라는 자존심
이 대단하였다.

곤곤-히[01]

의미 [+곤란],[+가난],[+정도]

제약 {사람}-{살다}

몹시 곤란하거나 빈곤하게.

¶곤곤히 살아가다.

곤곤-히[02]

의미 [+물],[+크기],[+유동],[±범람]

제약 {물}-{흐르다}

① 흐르는 큰 물이 출렁출렁 넘칠 듯하게.

¶독자가 지금 이 글을 읽는 동안에도 세월은 곤
곤히 강물처럼 흘러간다.≪박종화, 임진왜란≫

의미 [+모양],[+물],[+상승],[+맹렬]

제약 {물}-{솟아오르다}

② 물이 솟아오르는 모양이 세차게.

곤골-히

의미 [+분주],[+정도]

제약

몹시 바쁘게.

곤군-히

의미 [+곤란],[+가난]

제약

어렵고 구차하게.

곤궁스레

의미 [+살림],[+가난]

제약 { }-{살다, 지내다}

가난하여 살림이 구차한 데가 있게.

곤궁-히

의미 [+살림],[+가난],[+구차]

제약 { }-{살다, 지내다}

① 가난하여 살림이 구차하게.

¶그들은 비록 격에 맞는 갈지자걸음을 걸으며
말소리 하나라도 점잖게 하나, 의복은 남루하고
곤궁히 지내는 한 무리였다.≪김동인, 젊은 그들≫

의미 [+상황],[-결정],[+곤란],[+난처]

제약

② 처지가 이러지도 저러지도 못하게 난처하고
딱하게.

곤권-히

의미 [+피곤],[-기운]

제약

고단하여 힘이 없고 나른하게.

곤급-히

의미 [+곤란],[-여유]

제약

곤란하고 급박하게.

곤뇌-히

의미 [＋가난],[＋고난],[＋피곤]

제약

가난 따위에 시달려 고달프게.

곤독-히

의미 [＋정성],[＋인정]

제약

=간독히02. 정성스럽고 돈독하게.

곤돈-히

의미 [－기운],[＋피로],[＋정도]

제약

=곤비히. 아무것도 할 기력이 없을 만큼 지쳐 몹시 고단하게.

곤드레

의미 [＋모양],[－정신],[＋감취]v[＋수면],[＋신체],[－조정]

제약

=곤드레만드레. 술이나 잠에 몹시 취하여 정신을 차리지 못하고 몸을 못 가누는 모양.

¶그날도 어김없이 진한이는 **곤드레**가 되어 들어와서는 욕을 하면서 두들겨 패기 시작했다.≪황석영, 어둠의 자식들≫

곤드레-만드레

의미 [＋모양],[－정신],[＋감취]v[＋수면],[＋신체],[－조정]

제약

술이나 잠에 몹시 취하여 정신을 차리지 못하고 몸을 못 가누는 모양. ≒곤드레.

¶**곤드레만드레** 취하다./안방, 건넌방, 사랑 할 것 없이 모두 **곤드레만드레** 코를 골고 있을 것을 생각하니 딱하기도 하고 분하기도 한 것이다.≪염상섭, 백구≫

곤란스레

의미 [＋사정],[＋곤란],[＋정도]

제약

사정 따위가 몹시 딱하고 어려운 듯하게.

¶이러지도 저러지도 못하고 자네 처지가 여간 **곤란스레** 보이지 않는군.

곤란-히

의미 [＋사정],[＋곤란],[＋정도]

제약

사정이 몹시 딱하고 어렵게.

곤박-히

의미 [＋상황],[＋절박],[＋정도],[－대책]

제약

어찌하여 볼 수 없을 만큼 일의 형세가 몹시 절박하게.

곤색-히

의미 [＋상태],[－운수],[－순조],[＋곤란]

제약

① 운수가 막히어 하는 일이 순탄하지 못하고 지내기가 어려운 상태로.

의미 [＋상태],[＋돈],[＋융통],[＋차단]

제약

② 돈의 융통이 막힌 상태로.

곤핍-히

의미 [－기운],[＋피곤],[＋정도]

제약

=곤비히. 아무것도 할 기력이 없을 만큼 지쳐 몹시 고단하게.

곤혹스레

의미 [＋곤란],[＋당황]

제약

⇒ 곤혹스럽다. 곤혹을 느끼게 하는 점이 있다.

곤-히

의미 [－기운],[＋피로]

제약

① 기운이 없이 나른하게.

¶그는 지쳐서 의자에 **곤히** 앉아 있었다.

의미 [＋상태],[＋피곤],[＋수면],[＋깊이]

제약

② 몹시 고단하여 깊이 잠든 상태로.

¶애들아, **곤히** 자는 아기 깨우지 말고 밖에 나가서 놀아라.

의미 [＋수면]v[＋감취],[－정신]

제약

③ 잠이 오거나 술에 취하여 정신을 가눌 수가 없게

곧

의미 [＋시간],[＋바로]

제약

① 때를 넘기지 아니하고 지체 없이. 늑즉변(卽便)①.

¶전화 끊자마자 곧 그리로 가겠습니다./몇 시간 안 걸릴 거외다. 그대로 곧 가시죠.≪염상섭, 무화과≫/소화, 이 편지를 지금 곧 우리 어머님한테 전하시오. 꼭 어머님한테.≪조정래, 태백산맥≫

의미 [＋시간],[－거리]

제약

② 시간적으로 머지않아. 늑즉변②.

¶조금만 더 기다려보자. 어머니께서 곧 오실 거야./앞으로의 문제를 사장님이 잘 선처하시면 그까짓 작은 물의야 곧 가라앉지 않겠어요?≪박완서, 오만과 몽상≫

의미 [＋말],[＋교체]

제약

③ 바꾸어 말하면. 늑즉변③.

¶사회는 그 의식 표면을 덮고 있는 또 다른 열정, 곧 긍정과 승인 위에 바탕한 열정에 의지해 그 계속성을 유지해 나갔다.≪이문열, 시대와의 불화≫

의미 [＋이것]

제약

④ 다름 아닌 바로.

¶사랑이 있는 곳이 곧 천국이다.

곧-바로

의미 [＋지금]

제약

① 바로 그 즉시에.

¶그는 학교를 졸업하고 곧바로 회사에 취직하였다./그를 가로막고 있던 형사들이 곧바로 덮쳐 찢듯이 입을 벌렸지만 그의 입 안에는 이미 아무것도 남아 있지 않았다.≪이문열, 영웅시대≫

의미 [＋방향],[－굴곡],[－경사],[＋직선]

제약

② 굽거나 기울지 아니하고 곧은 방향으로.

¶이 길을 따라서 곧바로 가면 우체국이 나온다./그들은 올 때처럼 곧바로 공터를 가로질러 갔다.≪조세희, 난쟁이가 쏘아 올린 작은 공≫

의미 [＋장소],[－통과]

제약

③ 다른 곳을 거치거나 들르지 아니하고.

¶학교가 끝나면 곧바로 집으로 와라./오늘은 오락실에 들르지 않고 곧바로 학원으로 갔다.

의미 [－거리]

제약

④ 멀지 아니한 바로 가까이에.

¶미술관 옆에 곧바로 매점이 있다.

곧-이

의미 [＋원형]

제약

바로 그대로.

¶곧이 여기다./그렇게 둘러댄다고 내가 곧이 알아들을 줄 아니?

곧이-곧대로

의미 [＋상태],[＋진실],[－거짓]

제약

조금도 거짓이 없이 나타나거나 있는 그대로.

¶사실을 곧이곧대로 말하다./그는 내 말이라면 팥으로 메주를 쑨다고 해도 곧이곧대로 믿는다./이 군, 친구들이 소탈한 체하고 털어놓는 연애 얘기를, 곧이곧대로 받아들이지 말게.≪최인훈, 광장≫

곧-이어

의미 [＋연속]

제약

바로 뒤따라.

¶곧이어 9시 뉴스가 방송됩니다./하늘이 검은 구름으로 뒤덮이더니 곧이어 빗방울이 떨어지기 시작했다./벼락이 내리치듯 남자의 고함이 울리고 곧이어 또 여자가 비명을 질렀다.≪윤흥길, 묵시의 바다≫/한바탕 무전병의 송수신이 끝나자 곧이어 포 지원 사격이 왔다.≪박영한, 머나먼 송바강≫

곧-잘

의미 [＋능란],[＋정도]

제약

① 제법 잘.

¶저 사람은 운동 신경이 발달한 것 같지도 않은데 운동을 곧잘 한다./어머니는 부엉이가 울

때마다 이런 노래를 청승스럽게도 **곧잘** 불렀다.
≪김춘복, 쌈짓골≫

의미 [＋빈도]

제약

② 가끔가다 잘.

¶집 앞 공원은 우리가 **곧잘** 들르는 곳이다./키가 작은 그는 키가 크고 살결이 창백한 나에게 열등감을 느낀다는 얘기를 **곧잘** 했었다./윤애한테 말하지도 않고, 혼자서 **곧잘** 거리를 걸어 본다. ≪최인훈, 광장≫

곧장

의미 [－예외],[＋직선]

제약

① 옆길로 빠지지 아니하고 곧바로.

¶포탄의 방향을 보니 **곧장** 우리 쪽으로 옵니다. ≪안정효, 하얀 전쟁≫/그 여자는 냇물을 따라서 뻗어 나간 길로 가야 했고, 나는 **곧장** 난 길로 가야 했다.≪김승옥, 무진 기행≫

의미 [＋연속]

제약

② 곧이어 바로.

¶잠자리에 들자마자 **곧장** 잠이 들었다./당연한 순서인 양 그런 기분은 실망을 몰아오곤 한다. 차에서 내리자 **곧장** 손바닥만한 운동장을 가로질러 현관으로 들어서면서 나란히 맞붙은 교실 셋에 감개어린…≪윤흥길, 문학사상사≫

곧추

의미 [－굴곡],[＋직선]

제약

굽히거나 구부리지 아니하고 곧게.

¶땅바닥에 **곧추** 떨어진 햇빛이 번히 열린 눈 속으로 다시 파고들었다.≪이동하, 우울한 귀향≫/종술은 잠시 기다렸다가 놈들의 발소리가 멀어진 다음에야 허리를 **곧추** 폈다.≪윤흥길, 완장≫

골고루

의미 [＋전부],[－차이],[＋유사]v[＋동일]

제약 { }-{같다, 나누다, 섞다}

① '고루고루①'의 준말. 여럿이 다 차이가 없이 엇비슷하거나 같게.

¶아이들에게 간식을 **골고루** 나누어 주었다./대

상에 선정된 기아자동차는 '투하자본대비 기업 가치 향상' 항목과 종합경영효율성 등에서 **골고루** 높은 점수를 받았다.≪동아일보≫

의미 [＋전부],[－예외]

제약

② '고루고루②'의 준말. 두루두루 빼놓지 아니하고.

¶음식을 **골고루** 먹다./그는 인격과 실력을 **골고루** 갖춘 사람이다./우리 팀은 후보 선수까지 **골고루** 기용하면서도 완승을 거두었다./배추를 절일 때는 소금을 **골고루** 뿌려야 한다.

골골01

의미 [＋모양],[＋병][＋지속]v[＋신체][－건강],[＋투병]

제약 {사람}-{거리다, 아프다}

병이 오래되거나 몸이 약하여 시름시름 앓는 모양.

¶그 집은 살림도 넉넉지 않은 형편에 안주인이 병으로 노상 **골골** 앓아서 걱정이다./가고 좀 움직여봐라. 이 세계 최고의 문화도시에서 할망구처럼 맨날 집안에서만 **골골**…… 그게 뭐야! 어학원이 비싸 등록을 못한다 치면, 집에서 테레비 보면서 …≪권지예, 문학과지성사≫

골골02

의미 [＋소리],[＋암탉],[＋알]

제약 {암탉}-{ }

암탉이 알을 배기 위하여 수탉을 부르는 소리.

골골-샅샅

의미 [＋전부],[－예외]

제약

=골골샅샅이. 한 군데도 빼놓지 아니하고 갈 수 있는 곳은 모조리.

¶균형이 잡힌 성숙한 여자의 뒷모습을 **골골샅샅** 살피는 버릇이 생겼다.≪윤흥길, 묵시의 바다≫/냉장고에서 꺼내 온 얼음 냉수를 자기 혼자서만 두 컵이나 마시고 석간신문 한 장을 앞뒤로 **골골샅샅** 죄 훑어 읽고 밖에서 걸려 온 전화를 세 번 받았다.≪윤흥길, 제식 훈련 변천 역사≫

골골샅샅-이

의미 [＋전부],[－예외]

제약

한 군데도 빼놓지 아니하고 갈 수 있는 곳은 모조리. 늑골골샅샅.

¶골골샅샅이 뒤지다./골골샅샅이 돌아다닌다.

골골-이[01]

의미 [+전부],[+골짜기]

제약

골짜기마다.

¶골골이 남아 있던 눈이 한차례 봄비에 모두 녹았다.

골골-이[02]

의미 [+고을],[+개별],[+전부]

제약

고을고을마다.

¶골골이 전기가 들어오다./그는 산간 지방 골골이 안 다녀 본 데가 없다.

골똘-히

의미 [+일][+집중],[+생각][−여유]

제약 { }−{생각하다}

한 가지 일에 온 정신을 쏟아 딴 생각이 없이.

¶골똘히 궁리하다./골똘히 생각하다./사람들 틈에서 구경하던 준은 아까부터 골똘히 다른 생각을 하고 있었다.≪최인훈, 회색인≫

골로

의미 [+방향],[+그쪽]

제약

'고리로'의 준말. 고 곳으로. 또는 고쪽으로.

¶골로 가면 놀이터가 나온다.

골막-골막

의미 [+모양],[+전부],[+부족],[−충분]

제약

담긴 것마다 가득 차지 아니하고 조금 모자란 듯한 모양.

¶죽 늘어놓은 컵에 골막골막 물을 붓는다.

골목골목-이

의미 [+골목],[+전부]

제약

여러 골목마다 모두.

¶차가 골목골목이 주차되어 있다./골목골목이 연탄재로 가득하다.

골몰-히

의미 [+생각],[−여유],[+집중]

제약 { }−{생각하다}

다른 생각을 할 여유도 없이 한 가지 일에만 파묻혀.

골싹-골싹

의미 [+모양],[−충분],[−결핍]

제약

담긴 것마다 가득하지는 아니하나 거의 다 찬 듯한 모양.

¶독마다 쌀을 골싹골싹 담다./장독에는 모두 장이 골싹골싹 들어 있었다.

골타분-히

의미 [+냄새],[−신선],[+부패],[+혐오]

제약

① '고리타분히①'의 준말. 냄새가 신선하지 못하고 역겹도록 고리게.

의미 [+행위]v[+성미]v[+분위기],[−신선],[+옹졸]

제약

② '고리타분히②'의 준말. 하는 짓이나 성미, 분위기 따위가 새롭지 못하고 답답하게.

골탑탑-히

의미 [+구식],[+정도]

제약

'고리탑탑히'의 준말. 몹시 고리타분히.

곰곰

의미 [+모양],[+생각],[+다양],[+깊이]

제약 {사람}−{생각하다}

여러모로 깊이 생각하는 모양. 늑곰곰이.

¶곰곰 따져 보다./곰곰 생각하다./선생님은 머리를 숙이고 곰곰 생각에 잠겼다.

곰곰-이

의미 [+모양],[+생각],[+다양],[+깊이]

제약 {사람}−{생각하다}

=곰곰. 여러모로 깊이 생각하는 모양.

¶곰곰이 생각에 잠기다./그는 당황하지 않고 곰곰이 혼자 대책을 궁리하였다.

곰바지런-히

의미 [+일],[−만족],[+세밀],[+성실]

제약

일하는 것이 시원시원하지는 못하지만 꼼꼼하고 바지런하게.

곰비-임비

의미 [+물건][+누적]v[+일][+발생][+연속]

제약

물건이 거듭 쌓이거나 일이 계속 일어남을 나타내는 말.

¶경사스러운 일이 **곰비임비** 일어난다./병일은 곰비임비 술을 들이켰다.≪현진건, 적도≫

곰상-곰상

의미 [+모양],[+성질]v[+행동],[+온화],[+유순]

제약

① 성질이나 행동이 싹싹하고 부드러운 모양.

¶여보, 아이들한테 무조건 윽박지르지 말고 좀 **곰상곰상** 대해 주세요./그 아가씨는 똑같은 걸 자주 묻는 사람에게도 귀찮은 티 하나 안 내고 **곰상곰상** 대답을 잘해 주곤 했다.

의미 [+모양],[+성질]v[+행동],[+잔망],[+철저]

제약 {사람}-{굴다}

② 성질이나 행동이 잘고 꼼꼼한 모양.

¶일을 **곰상곰상** 처리하다.

곰상스레

의미 [+모양],[+성질]v[+행동],[+온화],[+유순]

제약

① ⇒ 곰상스럽다①. 성질이나 행동이 싹싹하고 부드러운 데가 있다.

¶아버지는 **곰상스레** 구는 딸아이에게 못 이겨 아이스크림을 사 주고 말았다.

의미 [+모양],[+성질]v[+행동],[+잔망],[+철저]

제약 {사람}-{굴다}

② ⇒ 곰상스럽다②. 성질이나 행동이 잘고 꼼꼼한 데가 있다.

¶공연히 이것저것 따지면서 **곰상스레** 굴지 말고 대장부답게 밀고 나가야지./그는 어찌나 **곰상스레** 구는지 답답해서 두고 볼 수가 없다.

곰실-곰실

의미 [+모양],[+벌레],[+밀집],[+운동],[-속도],[+반복]

제약 {벌레}-{움직이다, 기어가다}

작은 벌레 따위가 한데 어우러져 조금씩 굼뜨게 자꾸 움직이는 모양.

¶벌레가 **곰실곰실** 움직인다./가물가물하는 저 앞쪽은 눈높이로 올려다 보였고, 거기서 장구벌레 같은 아지랑이가 **곰실곰실** 나풀대고 있었다.≪김원일, 불의 제전≫

곰작

의미 [+모양],[+신체],[+운동],[+둔감],[-속도],[-정도]

제약 {몸}-{움직이다, 기어가다}

몸을 둔하고 느리게 조금 움직이는 모양.

곰작-곰작

의미 [+모양],[+신체],[+운동],[+둔감],[-속도],[-정도],[+반복]

제약 {몸}-{움직이다, 기어가다}

몸을 둔하고 느리게 조금씩 자꾸 움직이는 모양.

¶달팽이가 나뭇잎 위를 **곰작곰작** 기어간다.

곰지락

의미 [+모양],[+신체],[+운동],[+잔망],[-속도]

제약 {몸}-{움직이다}

몸을 천천히 좀스럽게 움직이는 모양.

¶절대 움직이지 말라고 했는데도 참기 어려운지 이따금씩 한 번 **곰지락** 몸을 뒤틀곤 하였다.

곰지락-곰지락

의미 [+모양],[+신체],[+운동],[+잔망],[-속도],[+연속]

제약 {몸}-{움직이다}

몸을 천천히 좀스럽게 계속 움직이는 모양.

¶어미 품에 **곰지락곰지락** 파고드는 새끼들./**곰지락곰지락** 굴지 말고 빨리 좀 서둘러라.

곰질

의미 [+모양],[+신체],[+운동],[+잔망],[-속도]

제약 {몸}-{움직이다}

'곰지락'의 준말. 몸을 천천히 좀스럽게 움직이

는 모양.

곰질-곰질

의미 [＋모양],[＋신체],[＋운동],[＋잔망],[－속
도],[＋연속]

제약 {몸}-{움직이다}

'곰지락곰지락'의 준말. 몸을 천천히 좀스럽게
계속 움직이는 모양.

곰틀

의미 [＋모양],[＋신체],[＋부분],[＋운동],[＋굴
곡],[＋잔망]

제약 {몸}-{움직이다}

몸의 한 부분을 고부리거나 비틀며 좀스럽게 움
직이는 모양.

곰틀-곰틀

의미 [＋모양],[＋신체],[＋부분],[＋운동],[＋굴
곡],[＋잔망],[＋반복]

제약 {몸}-{움직이다}

몸의 한 부분을 고부리거나 비틀며 자꾸 좀스럽
게 움직이는 모양.

¶곰틀곰틀 움직이는 벌레.

곰팡스레

의미 [＋생각]v[＋행동],[－신선],[＋이상]

제약 {사람}-{굴다}

생각이나 행동이 고리타분하고 괴상한 데가 있
게.

곱다시

의미 [＋미려],[＋정도]

제약

① 무던히 곱게.

¶푸념을 곱다시 듣고만 있다./아이 배태 한 번
못해 보고 청상과부로 곱다시 늙은 복동네….
≪박경리, 토지≫

의미 [－변화]

제약

② 그대로 고스란히.

¶어젯밤 곱다시 뜬눈으로 새웠다./참으로 운명
이란 묘한 거여서, 배 선생이 아니었다면 나는
곱다시 아버지 손에 끌려 북으로 향할 뻔했어.
≪김원일, 노을≫

곱살스레

의미 [＋얼굴]v[＋성미],[＋미려],[＋차분]

제약 { }-{생기다}

⇒ 곱살스럽다. 얼굴이나 성미가 예쁘장하고 얌
전한 데가 있다.

¶우락부락한 형과는 달리 동생은 아주 착하고
곱살스레 생겼다./그 아이는 하도 곱살스레 굴어
서 어딜 가든 사랑을 많이 받을 것이다.

곱슬-곱슬

의미 [＋모양],[＋털]v[＋실],[＋굴곡],[＋말림]

제약 {털, 실, 머리카락}-{거리다, 말다}

털이나 실 따위가 고불고불하게 말려 있는 모양.

¶머리가 곱슬곱슬 엉겨 붙은 전형적인 흑인 혼
혈아치곤 꽤 귀여운 얼굴이라는 교실에서의 느
낌을….≪전상국, 지빠귀 둥지 속의 뻐꾸기≫

곱실

의미 [＋모양],[＋고개]v[＋허리],[±굴신],[＋의
지]

제약 {고개, 허리}-{거리다, 대다}

① 고개나 허리를 가볍게 고푸렸다 펴는 모양.

의미 [＋모양],[＋타인][＋기호][＋영합],[＋행
동][＋비굴]

제약 {사람}-{거리다, 대다}

② 남의 비위를 맞추느라고 좀스럽고 비굴하게
행동하는 모양.

곱실-곱실

의미 [＋모양],[＋고개]v[＋허리],[±굴신],[＋의
지],[＋반복]

제약 {고개, 허리}-{거리다, 대다}

① 고개나 허리를 자꾸 가볍게 고푸렸다 펴는
모양.

¶복도에서 선생님을 보자 아이들은 곱실곱실 인
사를 하고 지나갔다.

의미 [＋모양],[＋타인][＋기호][＋영합],[＋행
동][＋비굴],[＋반복]

제약 {사람}-{거리다, 대다}

② 남의 비위를 맞추느라고 자꾸 좀스럽고 비굴
하게 행동하는 모양.

곱이-곱이

의미 [＋모양],[＋굴곡],[＋다수]

제약 { }-{굽다, 흐르다}

여러 굽이로 고부라지는 모양.

¶개울물이 골짜기를 **곱이곱**이 흐른다.

곱작

의미 [＋모양],[＋머리]v[＋신체],[＋굴신],[＋자의],[－정도]

제약 {머리, 몸}-{굽히다}

머리를 숙이거나 몸을 한 번 가볍게 굽히는 모양.

¶허리를 **곱작** 구부리다.

곱작-곱작

의미 [＋모양],[＋머리]v[＋신체],[＋굴신],[＋자의],[－정도],[＋연속]

제약 {머리, 몸}-{굽히다}

잇따라 머리를 숙이거나 몸을 가볍게 굽히는 모양.

¶**곱작곱작** 허리를 굽히며 애걸하다.

곳곳-이

의미 [＋도처],[＋전부]

제약

곳곳마다.

¶진달래가 남쪽 산자락에 **곳곳**이 피어 있다./동산에 **곳곳**이 아름다운 꽃을 가꾸었다.

공검-히

의미 [＋공손],[＋검소]

제약

공손하고 검소하게.

공겁-히

의미 [＋가공],[＋소심]

제약

두려워하고 겁을 내어.

공경-히

의미 [＋마음],[＋공경]

제약

공손히 받드는 마음으로.

¶**공경히** 모시다./명을 **공경히** 따르겠습니다./너는 훈명(訓名)을 **공경히** 받들어 군심을 격려하고 병기를 정돈한 뒤에….≪박종화, 임진왜란≫

공고-히

의미 [＋견고],[＋강고]

제약 { }-{쌓다, 다지다}

단단하고 튼튼하게.

¶담벼락을 **공고히** 쌓다./정권의 초석을 **공고히** 다지다.

공공연-히

의미 [－은닉],[－회피]

제약

① 숨김이나 거리낌이 없이 그대로 드러나게.

¶그는 **공공연히** 선생님의 지시에 반발해서 말썽을 일으켰다./이날부터 등에 남녀 남 자 써 붙인 화전민패 백여 명은 그동안 비밀에 부쳤던 남학당(南學黨)이란 명칭을 **공공연히** 쓰기 시작했다. ≪이병주, 지리산≫

의미 [＋공평],[＋정당],[＋정도]

제약

② 지극히 공변되고 떳떳하게.

공공적적-히

의미 [＋고요],[＋우주][＋공허],[＋사려][－포착]

제약

① 우주 만상의 실체가 고정성(固定性)이 없이 비어 있어 사려(思慮)로써 포착할 수 없을 만큼 매우 고요하게.

의미 [－번뇌]v[－집착],[＋무아],[＋무심]

제약

② 번뇌나 집착이 없이 무아무심으로.

공교로이

의미 [＋생각]v[＋사실]v[＋사건],[－예상]v[－의도],[＋충돌],[＋이상]

제약

생각지 않았거나 뜻하지 않았던 사실이나 사건과 우연히 마주치게 된 것이 기이하다고 할 만하게.

¶두 사람이 **공교로이** 동시에 상대편에 전화를 걸었다./싸움 상대는 **공교로이**도 형의 친구였다.

공교-히

의미 [＋솜씨]v[＋꾀],[＋재치],[＋교묘]

제약

① 솜씨나 꾀 따위가 재치가 있고 교묘하게.

¶**공교히** 조각한 예술품.

의미 [＋생각]v[＋사실]v[＋사건],[－예상]v[－의

도],[+충돌],[+이상]

제약

② 생각지 않았거나 뜻하지 않았던 사실이나 사건과 우연히 마주치는 것이 매우 기이하게.

¶독일 어떤 장교가 어떤 미인을 사랑하게 되었는데 그 여자는 **공교히** 적국 러시아의 탐정이었다.≪한설야, 황혼≫

공구-히

의미 [+공포],[+정도]

제약

몹시 두렵게.

공극-히

의미 [+가혹],[+정도]

제약

심하고 지독하게.

공근-히⁰¹

의미 [+공손],[+성실]

제약

공손하고 부지런하게.

공근-히⁰²

의미 [+공손],[+주의]

제약

공손하고 조심성이 있게.

공닥-공닥

의미 [+소리],[+방아],[-정도]

제약 {방아}-{찧다}

방아를 가볍게 찧는 소리.

¶복동네는 **공닥공닥** 방아질을 하고 야무네는 딸 옆에 주저앉아 손바닥으로 땀을 닦는다.≪박경리, 토지≫

공명정대-히

의미 [+일]v[+태도],[+정당],[+당당]

제약

하는 일이나 태도가 사사로움이나 그릇됨이 없이 아주 정당하고 떳떳하게.

¶이번 선거는 누가 보더라도 **공명정대히** 치러졌다./부족해도 **공명정대히** 해서 안되는 일에 학생의 의분이 폭발하진 않는다.≪조지훈, 돌의 미학≫

공명-히

의미 [+공정],[+분명]

제약

사사로움이나 한쪽으로 치우침이 없이 공정하고 명백하게.

¶**공명히** 처리된 일이라 아무도 이의를 제기하지 못했다.

공몽-히

의미 [+이슬비]v[+안개],[-분명]

제약 { }-{보이다}

이슬비가 많이 내리거나 안개가 몹시 끼어 뿌옇고 자욱하게.

공변되-이

의미 [+일]v[+행동],[+공평]

제약

행동이나 일 처리가 사사롭거나 한쪽으로 치우치지 않고 공평하게.

공생스레

의미 [+획득],[-노력]

제약

힘들이지 않고 얻은 것 같은 데가 있게.

공손스레

의미 [+언사]v[+행동],[+겸손],[+예의]

제약

보기에 말이나 행동이 겸손하고 예의 바른 데가 있게.

¶**공손스레** 말을 하다./스님은 **공손스레** 두 손을 모아 합장을 하셨다.

공손-히

의미 [+언사]v[+행동],[+겸손],[+예의]

제약

겸손하고 예의 바른 말이나 행동으로.

¶**공손히** 대답하다./주인은 처음에는 퍽 곤혹스러운 기색이더니, 이내 **공손히** 예를 갖추며 두 대감을 안으로 모셔 들였다.≪현기영, 변방에 우짖는 새≫/허여멀걸게 잘생긴 젊은이가 서 있다가 다산의 모습을 보자, 그 자리에 엎드려 **공손히** 절을 올렸다.≪한무숙, 만남≫

공순-히

의미 [+공손],[+온순]

제약

공손하고 온순하게.

¶공순히 인사하다./공순히 여쭙다.

공연스레

의미 [+부분],[−이유]v[−내용]

제약

까닭이나 실속이 없는 데가 있게. 늑팬스레.

¶공연스레 걱정할 필요가 없다./그저 가만히 듣고만 있었다. 끼어들었다가는 자기도 모르게 흥분해서 동료 교사들과 공연스레 승강이를 벌일 것만 같았다.≪선우휘, 사도행전≫

공연-히[01]

의미 [+분명],[+당당]

제약

세상에서 다 알 만큼 뚜렷하고 떳떳하게.

¶그는 자신의 신분을 여러 사람에게 공연히 알렸다.

공연-히[02]

의미 [−이유],[−내용]

제약

아무 까닭이나 실속이 없게.

¶공연히 고집을 부리다./공연히 겁을 주어 손님들을 내쫓았다 해서 부월이 년은 여간 못마땅해 하는 표정이 아니었다.≪윤흥길, 완장≫/공연히 심술스레 지껄이며 여삼은 화로를 뒤적여 불씨를 불 수저 위에 놓았다.≪유현종, 들불≫

공-으로

의미 [−노력]v[−희생]

제약 { }−{얻다}

힘을 들이거나 대가를 치르지 않고 거저.

¶모두 하늘이 낸 것이니 수고 없이 어찌 공으로 먹을 것이냐.≪황석영, 장길산≫/이날 새벽에도 서대응이는 명색 없이 공으로 이 선달 집 일을 해 주었다.≪안회남, 농민의 비애≫

공의로이

의미 [+공평],[+정의]

제약 { }−{행동하다}

공평하고 의로운 데가 있게.

¶공의로이 행동하다.

공정-히

의미 [+공평],[+정당]

제약 { }−{처리하다}

공평하고 올바르게.

¶일을 공정히 처리하다./재판은, 범인 자신이 신청한 증거까지도 공정히 살핌으로써, 법 앞에서의 만민의 평등을 구현한 것입니다.≪최인훈, 구운몽≫

공중-대고

의미 [−이유],[−준비]

제약

=무턱대고. 잘 헤아려 보지도 아니하고 마구.

¶팔삭둥이는 공중대고 형에게 하는 말을 집장사령부터 동헌을 보고 원님에게 하는 말로 짐작하고….≪홍명희, 임꺽정≫

공총-히

의미 [+일],[+다수],[+분주]

제약

이것저것 일이 많아 바쁘게.

공칙스레

의미 [+일],[−예상],[+과실]

제약

⇒ 공칙스럽다. 보기에 일이 공교롭게 잘못된 데가 있다.

공칙-히

의미 [+일],[−예상],[+과실]

제약

일이 공교롭게 잘못된 상태로.

¶옥심의 남은 손을 마저 잡으려 할 때 뜰에서 공칙히 수복이란 놈의 울음소리가 엉엉 들렸다.≪김정한, 옥심이≫

공편-히

의미 [+공평],[+양자],[+편리]

제약

공평하고 서로 편리하게.

¶자기에게 쏠리기는 고사하고 남편을 반반씩 나누어 차지하게 공편히 처사해 주었으면 감지덕지하겠지만….≪염상섭, 동서≫

공평무사-히

의미 [+공평],[−사적]

제약

공평하여 사사로움이 없이.

공평-히

의미 [+공평],[−편파]

제약

어느 쪽으로도 치우치지 않고 고르게.

¶제 죄는 지당히 벌을 받사오리다. 그러나 벌을 주시되 **공평히** 주십시오.≪이기영, 서화≫/비록 남루한 생활, 가난한 살림이라 하더라도 달빛만은 누구에게나 **공평히** 주어지는 것, 돈이 필요 없고 신분이 따로 없다.≪이어령, 문학사상사≫

공-히

의미 [+개별],[+전부]

제약

=모두. 일정한 수효나 양을 빠짐없이 다.

¶두 사람 **공히** 해당되는 일이다./군관민 **공히** 사회 안정을 위해 노력해야 한다.

과감스레

의미 [+결정],[+용기]

제약 { }-{맞서다, 결단하다, 실행하다}

과단성이 있고 용감한 데가 있게.

과감-히⁰¹

의미 [+결정],[+용기]

제약 { }-{맞서다, 결단하다, 실행하다}

과단성이 있고 용감하게.

¶소신을 갖고 불의에 **과감히** 맞서라./결정했으면 주저 말고 **과감히** 실행하라./가족들의 만류를 뿌리치고 **과감히** 낙향해 버린 자신의 처사가 결과적으로 옳았음이 증명되었다.≪윤흥길, 완장≫

과감-히⁰²

의미 [+감사],[+과도]

제약 { }-{느끼다}

지나칠 정도라고 느낄 만큼 고맙게.

과격-히

의미 [+격렬],[+정도]

제약

정도가 지나칠 정도로 격렬하게.

과겸-히

의미 [+겸손],[+과도]

제약

지나칠 정도로 겸손하게.

과경-에

의미 [+과거],[−거리]

제약

=아까. 조금 전에.

과공-히

의미 [+공손],[+과도]

제약

지나칠 정도로 공손하게.

과다-히⁰¹

의미 [+풍부],[+정도]

제약 { }-{쓰다}

너무 많이.

¶경비를 **과다히** 지출하다.

과다-히⁰²

의미 [+풍부],[+정도]

제약 { }-{쓰다}

퍽 많이.

과대-히

의미 [+정도],[+크기],[+과도]

제약

정도가 지나치게 크게.

과도-히

의미 [+정도],[+과도]

제약

정도에 지나치게.

¶**과도히** 염려하지 마라./어서 하루바삐 하던 일을 끝을 내고 남의 신세를 **과도히** 받을 것 없이 빨리 돌아가야 한다.≪현진건, 무영탑≫

과묵-히

의미 [+말],[+부족],[+침착]

제약

말이 적고 침착하게.

과민-히

의미 [+감각]v[+감정],[+예민],[+과도]

제약

감각이나 감정이 지나치게 예민하게.

과분-히

의미 [+분수],[+과도]

제약

분수에 넘치게.

¶내 처지에 **과분히** 대접받고 보니 기분이 좋았다.

과소-히[01]

의미 [+정도],[+부족],[+과도]

제약

정도가 지나칠 정도로 작게.

과소-히[02]

의미 [+정도],[+부족],[+과도]

제약

정도가 지나칠 정도로 적게.

과소-히[03]

의미 [−빈도],[+과도]

제약

너무 성기게.

과소-히[04]

의미 [+부족],[+정도]

제약

아주 적게.

과시

의미 [+생각],[+실제],[+동일],[+확인]

제약

=과연[01]①. 아닌 게 아니라 정말로. 주로 생각과 실제가 같음을 확인할 때에 쓴다.

¶주색잡기에 패가망신 안 하는 놈 없다더니, 과시 옳은 말이다.≪박태원, 골목 안≫

과야

의미 [+야간],[+전부]

제약

밤이면 밤마다.

과약

의미 [+생각],[+실제],[+동일]

제약 { }-{같다, 옳다}

=과연[01]①. 아닌 게 아니라 정말로. 주로 생각과 실제가 같음을 확인할 때에 쓴다.

¶과약 그 집 솟을대문 안마당에는 큰 차일을 치고 사랑방과 마루에는 사람들이 꽉 들어찼는데….≪이기영, 봄≫

과연[01]

의미 [+생각],[+실제],[+동일]

제약 { }-{같다, 옳다}

① 아닌 게 아니라 정말로. 주로 생각과 실제가 같음을 확인할 때에 쓴다. ≒과시[02](果是)·과약(果若)·짐짓[01]②.

¶작품을 보니 소문에 듣던 대로 이 사람은 과연 훌륭한 예술가로구나.

의미 [+결과],[+진실]

제약

② 결과에 있어서도 참으로.

¶그 실력으로 과연 취직 시험에 합격할 수 있을까?/과연 이 일은 앞으로 어떻게 될 것인가?

과연[02]

의미 [+모양],[+풍부],[+정도]

제약

매우 많은 모양.

과월

의미 [+달(月)],[+개별],[+전부]

제약

다달이. 달마다.

과일

의미 [+일(日)],[+개별],[+전부]

제약

=매일. 하루하루마다.

과중-히

의미 [+무게],[+과도],[+정도]

제약

① 지나치게 무거운 정도로.

¶짐을 과중히 지우다.

의미 [+부담],[+능력],[+과도]

제약

② 부담이 지나쳐 힘에 벅찬 정도로.

¶세금을 과중히 징수한 세무 공무원들이 구속되었다.

과즉

의미 [+최대]

제약

'기껏해야'를 예스럽게 이르는 말.

¶이달이 적어서 스무아흐레자 그믐이니 스무엿샛날 회갑 보신 뒤 과즉 이틀만 더 묵으시면 그믐 아닙니까.≪홍명희, 임꺽정≫/올라가는 것은 올라가다가 실수하여 떨어지면 과즉 제자리에 내린다.≪김동인, 광화사≫

과-히

의미 [+정도],[+과도]

제약

정도가 지나치게.

¶일이 쉽게 해결될 테니 과히 걱정 마세요./너희 잘못이 아니니 과히 괴로워하지 마라.

관계없-이

의미 [+상호],[-관련]

제약

① 서로 아무런 관련이 없이.

¶우리 팀은 남은 경기에 관계없이 16강에 올랐다./우리는 결혼과는 관계없이 각자의 일을 얼마든지 계속할 수 있소.≪홍성원, 육이오≫/입선 여부와는 관계없이 공해 문제를 작품으로 환기시킨 공로를 톡톡히 인정받고 있는데….≪이영치, 흐린 날 황야에서≫/재판 진행이나 결과와는 관계없이 내일 첫 재판에 세상 이목이 온통 쏠릴 것이다.≪이호철, 문≫

의미 [-문제]

제약

② 문제 될 것이 없이.

¶출신 지역에 관계없이 능력에 따라 인재를 뽑는 것이 회사의 방침이다.

관곡-히

의미 [+다정],[+친절],[+정도]

제약

매우 정답고 친절하게.

관대-히

의미 [+마음],[+관대]

제약

너그럽고 큰 마음으로.

¶관대히 보아주다./관대히 처분하다./잘못을 관대히 용서하다./그들은 미국에 호감을 갖거나 미국 지향적인 인사에게는 그의 과거가 어떻든 관대히 맞아 주었다.≪최일남, 거룩한 응달≫

관후-히

의미 [+마음],[+관대],[+후덕]

제약

마음이 너그럽고 후덕하게.

괄괄스레

의미 [+성질],[+강렬],[+조급]

제약

보기에 성질이 세고 급한 데가 있게.

괄괄-히

의미 [+성질],[+강렬],[+조급]

제약

① 성질이 세고 급하게.

의미 [+풀],[+강력]

제약

② 풀 따위가 세게.

의미 [+목소리],[+굵음],[+거침]

제약

③ 목소리 따위가 굵고 거세게.

괄연-히

의미 [+무시]

제약

업신여기는 듯하게.

광광

의미 [+소리],[+쇠붙이],[+둔탁],[+공명]

제약 {쇠붙이}-{울리다}

큰 쇠붙이 따위가 둔하게 울려서 나는 소리.

¶망치질하듯 머릿속이 광광 울린다.

광대-히[01]

의미 [+번성],[+정도]

제약

크게 번성한 정도로.

광대-히[02]

의미 [+크기],[+넓이]

제약

크고 넓게.

¶눈앞에 광대히 펼쳐진 평야.

광막-히

의미 [+넓이],[+정도]

제약

아득하게 넓게.

광명정대-히

의미 [+언사]v[+행실],[+당당],[+정당]

제약

말이나 행실이 떳떳하고 정당하게.

¶만약 국사나 정치에 관해서 자기에게 무슨 좋은 의견이 있다 하면 광명정대히 왕이나 혹은

대신에게 진언을 해야 할 것이다.≪김동인, 대수
양≫

광명-히

의미 [+양명],[+분명]

제약

밝고 환하게.

광범-히

의미 [+대상],[+범위],[+넓이]

제약

대상으로 하는 범위가 넓게.

광포-히

의미 [+거침],[+포악],[+정도]

제약

미쳐 날뛰듯이 매우 거칠고 사납게.

¶경찰이 잡으려 하자 깡패들은 굴레 벗은 황소
처럼 광포히 굴었다.

광활-히

의미 [-장애],[+개방],[+넓이]

제약

막힌 데가 없이 트이고 넓게.

¶광활히 펼쳐진 벌판.

광휘로이

의미 [+빛],[+양명],[+정도]

제약

① 눈이 부실 정도로 빛이 밝게.

의미 [+완벽],[+찬란]

제약

② 눈부실 정도로 훌륭하게.

괘꽝스레

의미 [+언사]v[+행동],[+무모],[+이상]

제약

말이나 행동이 엉뚱하고 괴이한 데가 있게.

괘사스레

의미 [+태도],[+변덕],[+익살],[-정당]

제약

⇒ 괘사스럽다. 변덕스럽게 익살을 부리며 엇가
는 듯한 태도가 있다.

괘씸스레

의미 [-예절]v[-신의],[+원통],[+가증]

제약 { }-{여기다, 생각하다, 보이다}

남에게 예절이나 신의에 어긋난 것을 당하여 분
하고 밉살스러운 데가 있게.

¶상전의 세도만 믿고 거드름을 부리는 꼴이 벌
써부터 유 선달의 눈에 **괘씸스레** 보였다.≪이기
영, 봄≫

괘씸-히

의미 [-예절]v[-신의],[+원통],[+가증]

제약 { }-{여기다, 생각하다}

남에게 예절이나 신의에 어긋난 짓을 당하여 분
하고 밉살스럽게.

¶**괘씸히** 여기다./**괘씸히** 생각하다./그들은 또 일
본 사람을 **괘씸히** 여기고, 보기 싫어하고, 원망하
고, 하는 생각도 있을 만치 있기는 하였다.≪채만
식, 소년은 자란다≫

괜스레

의미 [-이유],[-내용]

제약

=공연스레. 까닭이나 실속이 없는 데가 있게.

¶낙엽이 질 때면 **괜스레** 가슴이 울렁거린다./모
르는 체하고 더 엿들을 것을 **괜스레** 겁을 먹고
도망쳐 왔다는 생각이 들었다.≪한승원, 해일≫/영
산댁은 엉거주춤한 영호 태도가 **괜스레** 마음에
걸렸다.≪박경리, 토지≫

괜찮-이

의미 [+보통],[+이상]

제약 { }-{여기다, 생각하다}

① 별로 나쁘지 않고 보통 이상으로.

¶주인은 새로 고용한 일꾼을 **괜찮이** 여기는 기
색이었다./그때 시절에는 그래도 내가 월급도 괜
찮이 받아서 살림살이를 할 만했다.

의미 [-탈]v[-문제]v[-걱정]v[-회피]

제약

② 탈이나 문제, 걱정이 되거나 꺼릴 것이 없이.

괜-히

의미 [-이유],[-내용]

제약

=공연히02. 아무 까닭이나 실속이 없게.

¶**괜히** 폐를 끼치다./**괜히** 내 가슴이 뿌듯하다./
동생이 잘못했는데 **괜히** 나까지 야단을 맞았다./
괜히 쓸데없는 곳에 돈 쓰지 말고 어려울 때를

생각해서 저축해라./함안댁은 괜히 혼자 웃은 일이 멋쩍어 공동묘지 쪽을 내려다보며 금분이를 원망해 본다.《김춘복, 쌈짓골》

괴괴-히[01]

　의미 [＋느낌],[＋고요],[＋고독],[＋정도]

　제약

　아주 고요하여 쓸쓸한 느낌이 들 정도로.

　¶어둠 속에 괴괴히 잠든 마을.

괴괴-히[02]

　의미 [－정상],[＋유별],[＋괴상]

　제약

　=이상야릇이. 정상적이지 않고 별나며 괴상하게.

괴까다로이

　의미 [＋괴상],[＋특별],[＋복잡]

　제약

　괴상하고 별스럽게 까다로운 데가 있게. 늑괴까닭스레.

괴까닭스레

　의미 [＋괴상],[＋특별],[＋복잡]

　제약

　=괴까다로이. 괴상하고 별스럽게 까다로운 데가 있게.

괴덕스레

　의미 [＋언사ⅴ[＋행동],[－내용],[＋수선],[－신뢰]

　제약

　말이나 행동이 실없고 수선스러워 미덥지 못하게.

괴란쩍-이

　의미 [＋느낌],[＋수치],[＋얼굴],[＋빨강]

　제약

　얼굴이 붉어지도록 부끄러운 느낌이 있게.

괴로이

　의미 [＋신체]ⅴ[＋마음],[－편안],[＋고통]

　제약

　몸이나 마음이 편하지 않고 고통스럽게.

　¶의논할 사람이 없어 혼자 괴로이 고민하고 있다./아버지는 비록 힘들고 어려운 일이 생기더라도 그것을 괴로이 여기지 않았다.

괴망스레

괴망스레

　의미 [＋언사]ⅴ[＋행동],[＋괴상],[＋망측]

　제약

　말이나 행동이 괴상하고 망측한 데가 있게.

괴벽스레

　의미 [＋성격],[＋이상],[＋복잡]

　제약

　⇒ 괴벽스럽다. 성격 따위가 이상야릇하고 까다로운 데가 있다.

괴벽-히

　의미 [＋성격],[＋이상],[＋복잡]

　제약

　성격 따위가 이상야릇하고 까다롭게.

괴상스레

　의미 [＋괴이],[＋이상],[＋정도]

　제약

　⇒ 괴상스럽다. 보기에 보통과는 달리 아주 괴이하고 이상한 데가 있다.

　¶마을 사람들은 아무도 살지 않는 폐가에서 인기척이 나는 것을 괴상스레 여겼다.

괴상-히[01]

　의미 [－도리],[－이치]

　제약 { }-{여기다}

　마땅한 도리나 이치에 벗어나 있게.

괴상-히[02]

　의미 [＋괴이],[＋이상]

　제약 { }-{여기다}

　보통과 달리 괴이하고 이상하게.

　¶아무도 없는 방에서 소리가 나는 것을 괴상히 생각하여 문틈으로 들여다보았다.

괴악스레

　의미 [＋괴이],[＋흉악]

　제약 { }-{보이다}

　보기에 괴이하고 흉악한 데가 있게.

괴연

　의미 [＋모양],[＋단독]

　제약

　홀로 있는 모양.

괴이-히

　의미 [－정상],[＋유별],[＋괴상]

　제약

=이상야릇이. 정상적이지 않고 별나며 괴상하게.
¶손을 그냥 가만히 잡히고 있는 데 대하여 이러한 변명이 일어나는 것을 그는 **괴이히** 여기지도 않았다.《김동인, 젊은 그들》

괴팍스레
　의미 [－친교],[＋복잡],[＋유별]
　제약
　붙임성이 없이 까다롭고 별난 데가 있게.

괴-히
　의미 [－정상],[＋유별],[＋괴상]
　제약
　=이상야릇이. 정상적이지 않고 별나며 괴상하게.
　¶괴히 굴다./괴히 여기다.

굉굉-히
　의미 [＋소리],[＋소란],[＋정도]
　제약 { }-{들리다}
　소리가 몹시 요란하게.

굉연-히
　의미 [＋소리],[＋소란],[＋크기],[＋공명],[＋정도]
　제약 { }-{들리다}
　소리가 몹시 크게 울려 요란스럽게.

굉장스레
　의미 [＋칭찬],[＋중요]
　제약
　훌륭하거나 대단한 데가 있게.

굉장-히
　의미 [＋크기],[＋칭찬],[＋정도]
　제약 { }-{나쁘다, 좋다, 작다, 크다}
　① 아주 크고 훌륭하게.
　¶집이 굉장히 좋은데./자신감이 부족했다. 그러나 이번에는 자신 있게 잘해 나가고 있고 조직력도 굉장히 강하다.《동아일보》
　의미 [＋보통],[＋중요],[＋정도]
　제약
　② 보통 이상으로 대단하게.
　¶굉장히 빠른 속도/그녀는 안개 낀 바다를 굉장히 좋아했다./그렇게 될까요? 굉장히 낙관적이시군요.《황순원, 움직이는 성》

굉활-히

의미 [＋크기],[＋넓이],[＋정도]
제약 {땅, 거리}-{펼쳐있다}
몹시 크고 넓게.
¶굉활히 펼쳐 있는 평원.

교결-히
　의미 [＋달빛],[＋양명],[＋청명]
　제약 { }-{빛나다}
　① 달빛이 밝고도 맑게.
　¶교결히 빛나는 달빛.
　의미 [＋마음],[＋순수]
　제약
　② 마음씨가 깨끗하고 맑게.

교교-히[01]
　의미 [＋재주],[＋지혜]
　제약
　재주와 지혜가 있게.

교교-히[02]
　의미 [＋달빛],[＋청명],[＋양명],[＋정도]
　제약 { }-{빛나다}
　① 달이 썩 맑고 밝게.
　¶교교히 밝은 달밤이었다.《김동인, 젊은 그들》/달빛이 언덕길을 내리 걷는 사람들 위로 교교히 내리비추고 있었다.《김원일, 불의 제전》
　의미 [＋흰색],[＋순수],[＋정도]
　제약 { }-{보이다}
　② 썩 희고 깨끗하게.
　의미 [＋조용],[＋정도]
　제약
　③ 매우 조용하게.

교만스레
　의미 [＋교만],[＋자랑],[＋건방]
　제약
　잘난 체하며 뽐내고 건방진 데가 있게. ≒교앙스레.

교만-히
　의미 [＋교만],[＋자랑],[＋건방]
　제약
　잘난 체하며 뽐내고 건방지게.

교묘-히
　의미 [＋솜씨]v[＋재주],[＋재치],[＋기민]

제약 { }-{속이다, 빠져나가다, 굴다}
① 재치 있게 약삭빠르고 묘한 솜씨나 재주 따위로.
¶법망을 **교묘히** 빠져나가다./야밤중에 농지 위원회 사무실의 열쇠고리를 **교묘히** 따고 들어가 관계 서류철을 훔쳐 냈다.≪김원일, 불의 제전≫
의미 [+구조]v[+모양],[+다양],[+절묘]
제약
② 아기자기하게 묘한 짜임새나 생김새 따위로.

교밀-히
의미 [+교묘],[+정밀]
제약
교묘하고 정밀하게.

교사스레
의미 [+교묘],[+기만]
제약 { }-{속이다}
보기에 교묘하게 남을 속이는 데가 있게.

교악-히
의미 [+교활],[+간사]
제약
교활하고 간사하게.
¶교악히 굴다.

교앙스레
의미 [+교만],[+자랑],[+건방]
제약
=교만스레. 잘난 체하며 뽐내고 건방진 데가 있게.

교오-히
의미 [+교만],[+건방]
제약
교만하고 건방지게.

교활-히
의미 [+간사],[+계략],[+다양]
제약
간사하고 꾀가 많게. 늑교힐히.

교힐-히
의미 [+간사],[+계략],[+다양]
제약
=교활히. 간사하고 꾀가 많게.

구간-히

의미 [+구차],[+가난],[+정도]
제약 { }-{살다}
몹시 구차하고 가난하게.

구경스레
의미 [+구경],[+가치]
제약
구경할 만하게.

구구01
의미 [+소리],[+닭]v[+비둘기]
제약 {닭, 비둘기}-{대다, 거리다, 울다}
닭이나 비둘기 따위가 우는 소리.

구구02
의미 [+모양],[-지조]
제약
① 지조가 없는 모양.
의미 [+모양],[+경악],[-방향],[-인식]
제약
② 놀라 허둥대며 잘 못 보는 모양.
의미 [+모양],[+관찰],[+분주]
제약
③ 바삐 두리번거리는 모양.
의미 [+모양],[+관찰],[+직접]
제약
④ 눈을 동그랗게 뜨고 똑바로 보는 모양.
의미 [+모양],[+예절],[+준수]
제약
⑤ 예절을 잘 지키는 모양.

구구스레
의미 [-당당],[+구차]
제약
① 보기에 떳떳하지 못하고 구차스러운 데가 있게.
¶구구스레 변명하지 마라.
의미 [-크기],[+결점],[+졸렬]
제약
② 보기에 잘고 변변하지 못하며 졸렬한 데가 있게.

구구-이
의미 [+구절],[+개별],[+전부]
제약 {글}-{읽다, 보다}

한 구 한 구마다.

¶시구의 절박함을 당하여 인심의 괴패함을 한탄하니 **구구이** 격절하고 절절이 애통하여….≪대한매일신보≫

구구절절

의미 [＋구절],[＋개별],[＋전부]

제약

＝구구절절이. 말 한 마디 한 마디마다.

¶아버님의 훈계는 **구구절절** 내 마음에 와 닿았다./네 말이 **구구절절** 옳다./어머니는 끊임없이 아쉬운 편지를 **구구절절** 애처롭게 보내왔다.

구구절절-이

의미 [＋구절],[＋개별],[＋전부]

제약

말 한 마디 한 마디마다. 늑구구절절·구절구절.

¶그 무슨 적절한 말을 다 들이대어 **구구절절이** 맞는 소리를 한다 해도, 그것은….≪최명희, 혼불≫

구구-히

의미 [＋개별],[＋다수],[＋상이]

제약 { }-{다르다}

① 각각 다르게.

¶소문이 **구구히** 떠돌다.

의미 [－크기],[＋다양],[＋언급],[＋군색]

제약

② 잘고 많아서 일일이 언급하기가 구차스럽게.

¶편지 첫머리에 늘어놓은 편지를 쓰게 된 동기를 **구구히** 변명한 것은….≪박목월, 구름의 서정≫

의미 [－당당],[＋졸렬]

제약

③ 떳떳하지 못하고 졸렬하게.

¶장사가 이 세상에 나서 당당히 싸우다가 죽는 것이지 **구구히** 살기를 바라지 않는다고들 떠듭니다.≪홍효민, 신라 통일≫

구기적-구기적

의미 [＋모양],[＋구김],[＋반복]

제약 {종이 천}-{구기다}

구김살이 생기게 자꾸 구기는 모양.

¶어린 동생이 새로 산 공책을 **구기적구기적** 구기고 있었다.

구깃-구깃

의미 [＋모양],[＋구김],[＋반복]

제약 {종이, 천}-{구기다}

구김살이 생기게 자꾸 구기는 모양.

¶**구깃구깃** 접은 종이./나는 그 사람이 나에게 준 돈을 **구깃구깃** 구겨서 내동댕이쳤다.

구덕-구덕

의미 [＋모양],[＋물체],[＋견고],[＋건조]v[＋결빙],[＋정도]

제약 { }-{마르다, 얼다}

물기 있는 물체의 거죽이 좀 마르거나 얼어서 꽤 굳어진 상태. 늑구덕구덕이.

¶젖은 신발을 난롯가에 두었더니, 얼마 지나지 않아 **구덕구덕** 말라 있었다.

구덕구덕-이

의미 [＋모양],[＋물체],[＋견고],[＋건조]v[＋결빙],[＋정도]

제약 { }-{마르다, 얼다}

＝구덕구덕. 물기 있는 물체의 거죽이 좀 마르거나 얼어서 꽤 굳어진 상태.

구두덜-구두덜

의미 [＋모양],[＋군소리],[＋불만],[＋정도]

제약

못마땅하여 혼자서 몹시 군소리를 하는 모양.

구둑-구둑

의미 [＋모양],[＋물체],[＋견고],[＋건조]v[＋결빙]

제약 { }-{마르다, 얼다}

물기 있는 물건이 거의 마르거나 얼어서 단단히 굳어진 상태. 늑구둑구둑이.

¶풀 먹인 이불 홑청이 **구둑구둑** 말랐을 때 개켜서 다듬이질을 한다.

구둑구둑-이

의미 [＋모양],[＋물체],[＋견고],[＋건조]v[＋결빙]

제약 { }-{마르다, 얼다}

＝구둑구둑. 물기 있는 물건이 거의 마르거나 얼어서 단단히 굳어진 상태.

구들-구들

의미 [＋밥],[－온기]v[＋건조],[＋내용][－견고],[＋표면][＋견고]

제약 {밥}-{식다, 마르다}

밥알 따위가 식거나 말라서 속은 무르고 겉은 굳은 상태.

¶구들구들 말라 버린 밥알들이 방바닥 이리저리 흩어져 있었다.

구리터분-히

의미 [+냄새],[−신선],[+악취]

제약

① 냄새가 신선하지 못하고 역겹도록 구리게. 늑구터분히①.

의미 [+행동]v[+성미],[+치사],[+불결]

제약

② 하는 짓이나 성미가 깔끔하지 못하고 아주 치사하고 더럽게. 늑구터분히②.

구리텁텁-히

의미 [+냄새],[−신선],[+악취],[+정도]

제약

몹시 구리터분히. 늑구텁텁히.

구멍-구멍

의미 [+구멍],[+다수]v[+개별]

제약

여러 구멍. 또는 각각의 구멍.

¶숙이가 구멍구멍 다니면서 동생 아비 생각을 하고 울었지만 찾으리라는 생각은 못했어.≪박경리, 토지≫

구메-구메

의미 [+타인],[−인지],[+간격]

제약

남모르게 틈틈이.

¶상경할 때마다 구메구메 양식이랑 잡곡이랑 먹을 걸 날랐다.≪박완서, 미망≫

구무럭-구무럭

의미 [+모양],[+운동],[−속도],[+정도],[+반복]

제약 { }-{움직이다}

① 매우 천천히 자꾸 움직이는 모양.

의미 [+모양],[+신체],[+부분],[+운동],[−속도],[+반복]

제약 {몸}-{움직이다}

② 몸의 일부를 천천히 자꾸 움직이는 모양.

구물-구물

의미 [+모양],[+운동],[−속도],[+정도],[+반복]

제약 { }-{움직이다}

① 매우 느리게 자꾸 움직이는 모양. '꾸물꾸물①'보다 여린 느낌을 준다.

¶구물구물 기는 벌레.

의미 [+모양],[+행동],[+나태],[−속도]

제약 {사람}-{거리다, 대다}

② 게으르고 굼뜨게 행동하는 모양. '꾸물꾸물②'보다 여린 느낌을 준다.

¶지나가는 기차에 눈길 한 번 주지 않고 구물구물 제 할 일만 하는 허름한 차림의 어른들이….≪이문열, 변경≫

의미 [+모양],[+운동],[+신체],[+부분],[−속도],[+반복]

제약 { }-{움직이다}

③ 신체 일부를 느리게 자꾸 움직이는 모양. '꾸물꾸물③'보다 여린 느낌을 준다.

구부렁-구부렁

의미 [+모양],[+다수],[+내부],[+굴곡]

제약 { }-{굽다}

① 여러 군데가 안으로 휘어들어 굽은 모양.

¶구부렁구부렁 휘감겨 올라가는 칡넝쿨.

의미 [+모양],[+등]v[+허리],[+굴신],[+반복]

제약 {등, 허리}-{구부리다}

② 등이나 허리를 자꾸 구부리는 모양.

구부스름-히

의미 [+내부],[+굴곡]

제약 { }-{굽다}

안으로 굽은 듯하게.

구부슴-히

의미 [+내부],[+굴곡]

제약 { }-{굽다}

'구부스름히'의 준말. 안으로 굽은 듯하게.

구부정-구부정

의미 [+모양],[+부분],[+다수],[+굴곡],[−정도]

제약 { }-{굽다}

여러 군데가 조금 구부러져 있는 모양.

¶**구부정구부정** 굽은 논길./**구부정구부정** 휘어진 허리.

구부정-히

의미 [+굴곡],[-정도]

제약 { }-{굽다}

조금 구부러진 상태로.

¶**구부정히** 굽은 허리./도석은 가로수 밑동에 몸을 기대고 서서 **구부정히** 땅바닥을 내려다보고 있었다.≪최인호, 지구인≫

구불-구불

의미 [+모양],[+굴곡],[-일정]

제약 { }-{굽다}

이리로 저리로 구부러지는 모양.

¶**구불구불** 굽은 오솔길./그 길은 뱀이 기어간 형상으로 **구불구불** 나 있다./나는 **구불구불** 뻗어 나간 교통호를 따라 천천히 기어가기 시작했다. ≪안정효, 하얀 전쟁≫

구불텅-구불텅

의미 [+모양],[+부분],[+다수],[+굴곡],[-긴장]

제약 { }-{굽다}

여러 군데가 느슨하게 구부러져 있는 모양.

¶**구불텅구불텅** 굽은 산길./행렬은 개산을 향해 어둠 속으로 **구불텅구불텅** 올라갔다.≪문순태, 타오르는 강≫

구붓-구붓

의미 [+모양],[+전부],[+굴곡],[-정도]

제약 { }-{굽다}

여럿이 다 약간 굽은 듯한 모양. 늑구붓구붓이.

구붓구붓-이

의미 [+모양],[+전부],[+굴곡],[-정도]

제약 { }-{굽다}

=구붓구붓. 여럿이 다 약간 굽은 듯한 모양.

구붓-이

의미 [+상태],[+굴곡],[-정도]

제약 { }-{굽다}

약간 굽은 듯한 상태로.

¶봇짐을 등에 짊어 메고는 허리를 **구붓이** 빼소니를 놓는다.≪김유정, 만무방≫

구석구석-이

의미 [+구석],[+개별],[+전부]

제약

구석구석마다.

¶하루 종일 젓갈을 끓였더니 냄새가 집 안 **구석구석**이 배어들었다.

구성없-이

의미 [+격],[-조화]

제약

격에 어울리지 않게.

¶두 눈이 **구성없이** 큰 애였다.≪하근찬, 야호≫

구수-히

의미 [+맛]∨[+냄새],[+구미]

제약 { }-{나다, 먹다}

① 맛이나 냄새 따위가 입맛이 당기도록 좋게.

의미 [+말]∨[+이야기],[+호감],[+은근]

제약 { }-{들리다}

② 말이나 이야기 따위가 마음을 잡아끄는 은근한 맛이 있게.

¶**구수히** 들리는 이야기.

의미 [+마음]∨[+인심],[+여유],[+편안]

제약

③ 마음씨나 인심 따위가 넉넉하고 푸근하게.

구순-히

의미 [+사교],[+친밀],[+화목]

제약 { }-{지내다}

서로 사귀거나 지내는 데 사이가 좋아 화목하게.

¶그래도 한집안에서 충돌이 없이 **구순히** 지내시는 게 용하외다.≪염상섭, 삼대≫

구슬-구슬01

의미 [+모양],[+밥],[±수분],[+적당]

제약 {밥}-{ }

밥 따위가 되지도 질지도 않고 딱 알맞은 모양.

¶밥이 **구슬구슬** 딱 먹기 좋게 잘되었다.

구슬-구슬02

의미 [+모양],[+물],[+응집]∨[+산개]

제약 {물, 눈물}-{맺히다, 떨어지다, 흩어지다}

물 따위가 구슬처럼 많이 맺히거나 산산이 흩어지는 모양.

¶이마에 땀이 **구슬구슬** 맺히기 시작한다./**구슬구**

슬 떨어지는 눈물이 그의 옷깃을 적시었다.≪나
도향, 환희≫

구슬피

의미 [＋처량],[＋슬픔]

제약 { }-{울다, 내리다, 들리다}

처량하고 슬프게.

¶**구슬피** 내리는 비./끊이지 않고 **구슬피** 들려오
는 송아지 소리는 몹시 왕의 마음을 흔들었다.
≪박종화, 다정불심≫

구시렁-구시렁

의미 [＋모양],[－만족],[＋군소리],[－호감],
[＋반복]

제약 {사람}-{말하다, 거리다}

못마땅하여 군소리를 듣기 싫도록 자꾸 하는 모
양.

¶나지막한 소리로 **구시렁구시렁** 중얼거리다.

구안-히[01]

의미 [＋평안],[＋기간],[＋정도]

제약

오래도록 평안하게.

구안-히[02]

의미 [＋편안],[－지속]

제약

한때 겨우 편안하게.

구원-히

의미 [＋시간],[＋거리],[＋정도]

제약

① 아득하게 멀고 오래되게.

의미 [＋영원],[＋무궁]

제약

② 영원하고 무궁하게.

구저분-히

의미 [＋불결],[－청결]

제약

더럽고 지저분하게.

¶**구저분히** 먹다./**구저분히** 널린 쓰레기를 깨끗이
치우다.

구절-구절

의미 [＋구절],[＋개별],[＋전부]

제약

＝구구절절이. 말 한 마디 한 마디마다.

¶그의 말에는 이별의 슬픔이 **구절구절** 배어 있
다./그들은 이 글에 조국을 잃고 비통해하는 심
정을 **구절구절** 새겨 놓았다.

구접스레

의미 [＋불결],[－청결],[＋정도]

제약

① 몹시 지저분하고 더럽게.

¶길가에 **구접스레** 널려 있는 쓰레기.

의미 [＋행동],[＋추접],[＋불결]

제약

② 하는 짓이 너절하고 더럽게.

¶**구접스레** 얻어먹다.

구질-구질

의미 [＋모양],[＋상태]v[＋행동],[－청결],[＋불
결]

제약

① 상태나 하는 짓이 깨끗하지 못하고 구저분한
모양.

¶흙탕물이 웅덩이에 **구질구질** 괴다./아닌 게 아
니라, 아내 앞에서 **구질구질** 거짓말을 꾸며 대는
일은 정말 싫었다.≪이병주, 행복어 사전≫

의미 [＋모양],[＋날씨],[＋비]v[＋눈],[＋강하],
[＋불결]

제약 {비, 눈}-{내리다, 계속되다}

② 날씨가 맑게 개지 못하고 비나 눈이 내려서
구저분한 모양.

¶진눈깨비가 **구질구질** 내린다./역시 그날도 장맛
비는 **구질구질** 계속되고 있었다.≪손창섭, 비 오는
날≫

구차스레

의미 [＋살림],[＋가난],[＋정도]

제약 { }-{살다}

① 살림이 몹시 가난한 데가 있게.

¶처자식만 아니라면 이렇게까지 아등바등 **구차
스레** 살고 싶지는 않습니다.

의미 [＋언사]v[＋행동],[－당당],[－정당]

제약

② 말이나 행동이 떳떳하지 못하거나 버젓하지
못한 데가 있게.

¶구차스레 변명하다./자유를 빼앗기고 **구차스레** 살기보다는 차라리 죽음을 택하겠다.

구차-히
의미 [+살림],[+가난],[+정도]
제약 { }-{살다}
① 살림이 몹시 가난하게.
¶십 원 이십 원도 아끼며 **구차히** 살다 보니 고기 한번 제대로 먹어 본 적이 없다.
의미 [+언사]v[+행동],[-당당],[-정당]
제약
② 말이나 행동이 떳떳하거나 버젓하지 못하게.
¶**구차히** 굴다./더러운 몸으로 **구차히** 사는 것은 죽기보다 더 괴롭습니다.

구태
의미 [+의지],[+노력]
제약 { }-{않다, 아니다, 없다}
(부정하는 말과 어울려 쓰여) '구태여'의 준말. 일부러 애써.
¶**구태** 간다면 잡지는 않겠다./그는 너무 유명한 사람이라 구태 소개할 필요가 없다.

구태-여
의미 [+의지],[+노력]
제약 { }-{않다, 아니다, 없다}
(부정하는 말과 어울려 쓰이거나 반문하는 문장에 쓰여) 일부러 애써.
¶**구태여** 가겠다는 이유가 뭐냐?/네가 원한다면 **구태여** 나서지는 않겠다./**구태여** 이름까지 밝힐 필요는 없다./관비가 되어 살게 된 바엔 **구태여** 위험을 무릅쓰고 어려운 일을 할 까닭이 없어서…≪홍명희, 임꺽정≫/편하게 그리고 즐겁게 많이 웃고 오래 살려는 것이 결국은 인간 최후의 생활 철학이 됨을 나는 여기 **구태여** 말하려는 것은 아니다.≪김진섭, 인생 예찬≫

구태의연-히
의미 [-변화],[-발전]
제약
예전 모습 그대로 조금도 변하거나 발전한 데 없이.

구터분-히
의미 [+냄새],[-신선],[+악취]
제약
①=구리터분히①. 냄새가 신선하지 못하고 역겹도록 구리게.
의미 [+행동]v[+성미],[+치사],[+불결]
제약
②=구리터분히②. 하는 짓이나 성미가 깔끔하지 못하고 아주 치사하고 더럽게.

구텁지근-히
의미 [+냄새],[+악취],[-담백],[-정도]
제약
냄새 따위가 조금 구리고 텁텁하게.

구텁텁-히
의미 [+냄새],[+악취],[-담백],[+정도]
제약
=구리텁텁히. 몹시 구리터분히.

구험-히
의미 [+말],[+거침],[+험악]
제약
하는 말이 거칠고 험하게.

국-으로
의미 [-변화]v[+주제]
제약
제 생긴 그대로. 또는 자기 주제에 맞게.
¶**국으로** 가만히 있어라./**국으로** 굿이나 보고 떡이나 먹어라.≪최인훈, 광장≫/욕심이 사람 잡지. 그냥 **국으로** 있었으면 오늘날 저 지경은 안 됐을 텐데 말이야.≪박경리, 토지≫

군간-히
의미 [+살림]v[+형편],[+가난],[+고생]
제약 { }-{살다}
살림이나 형편이 군색하고 고생스럽게.
¶난리를 피하여 깊은 산중에서 **군간히** 생활하다.

군급-히
의미 [+사세],[+차단],[+절박],[+정도]
제약
사세(事勢)가 꽉 막혀서 몹시 급하게.

군데-군데
의미 [+장소]v[+공간],[+개별],[+전부]
제약
여러 군데에. 또는 곳곳마다.

¶화단에 군데군데 채송화가 피어 있다./얼굴은 언제 씻었는지 때투성이이고 어디를 헤매고 왔는지 옷은 갈가리 찢어져 **군데군데** 살이 드러나 보였다.≪한무숙, 만남≫

군박-히
의미 [+가난],[+정도]
제약 { }-{살다, 지내다}
① 몹시 구차하고 군색하게.
¶군박히 지내다.
의미 [+고비],[+곤란],[+형세],[+절박],[+정도]
제약
② 어려운 고비에 부닥쳐 일의 형세가 매우 급하게.
의미 [+공격],[+처지],[+고통],[+정도]
제약
③ 적에게 공격을 당하여 몹시 괴로운 처지로.

군색스레
의미 [+부족],[+가난]
제약 { }-{보이다}
① ⇒ 군색스럽다①. 보기에 모자라고 옹색한 데가 있다.
의미 [-자연],[+수치],[+불편]
제약
② ⇒ 군색스럽다②. 자연스럽거나 떳떳하지 못하고 거북한 데가 있다.

군색-히
의미 [+부족]v[-여유],[+가난]
제약 { }-{살다, 지내다}
① 필요한 것이 없거나 모자라서 딱하고 옹색하게.
의미 [-자연]v[-당당],[+불편]
제약
② 자연스럽거나 떳떳하지 못하고 거북하게.

군실-군실
의미 [+느낌],[+피부],[+벌레],[+부착],[+포복]
제약 { }-{거리다}
벌레 같은 것이 살갗에 붙어 자꾸 기어가는 듯한 느낌.

군졸-히
의미 [+부족]v[-풍부],[+곤란]
제약 { }-{살다, 지내다}
있어야 할 것이 없거나 넉넉하지 못하여 어렵게.

군핍-히
의미 [+부족]v[-풍부],[+가난],[-만족]
제약 { }-{살다, 지내다}
필요한 것이 없거나 모자라 군색하고 아쉽게.

굳건-히
의미 [+의도]v[+의지],[+견고],[+건실]
제약 { }-{다지다}
뜻이나 의지가 굳세고 건실하게.
¶경제적 기반을 **굳건히** 다지다./유행과 소비에 골몰하는 행동에서 자각과 반성의 생활로 돌아가자. 나의 주체성을 **굳건히** 세우기 위해 모든 병든 생활에서 건강한 생활로 되돌아 가자.≪김동길, 유안진 외, 삼성출판사≫

굳-이
의미 [+마음],[+견고]
제약
① 단단한 마음으로 굳게.
¶모든 풀, 온갖 나무가 모조리 눈을 **굳이** 감고 추위에 몸을 떨고 있을 즈음, 어떠한 자도 꽃을 찾을 리 없고….≪김진섭, 인생 예찬≫/평양 성문은 **굳이** 닫혀 있고, 보통문 문루 위에는 왜적들이 파수를 보고 있었다.≪박종화, 임진왜란≫
의미 [+고집],[+고의]
제약
② 고집을 부려 구태여.
¶**굳이** 따라가겠다면 할 수 없지./최 씨가 제법 목소리를 높였으나 **굳이** 따지려고 드는 것 같지는 않았다.≪이문열, 변경≫

굴뚝같-이
의미 [+소원]v[+사모],[+간절],[+정도]
제약
바라거나 그리워하는 마음이 몹시 간절하게.
¶한달음에 좇아가 보고 싶은 마음이 **굴뚝같이** 치솟는다.≪김춘복, 쌈짓골≫

굴먹-굴먹
의미 [+모양],[+부족],[-정도]

제약

담긴 것마다 그득 차지 아니하고 조금 모자란 듯한 모양.

¶장이 끓어올라 넘치지 않게 장 단지들은 **굴먹굴먹** 담아야 한다.

굴썩-굴썩

의미 [+모양],[-풍부],[+충만]

제약

담긴 것마다 그득하지는 아니하나 거의 다 찬 듯한 모양.

굴침스레

의미 [+일],[+해결],[+노력],[+무리]

제약

⇒ 굴침스럽다. 어떤 일을 억지로 하려고 애쓰는 듯하다.

굴터분-히

의미 [+냄새],[-신선],[+악취]

제약

① '구리터분히①'의 준말. 냄새가 신선하지 못하고 역겹도록 구리게.

의미 [+행동]v[+성미],[+치사]v[+불결]

제약

② '구리터분히②'의 준말. 하는 짓이나 성미가 깔끔하지 못하고 아주 치사하고 더럽게.

굴텁텁-히

의미 [+냄새],[-신선],[+악취],[+정도]

제약

'구리텁텁히'의 준말. 몹시 구리터분히.

굵직굵직-이

의미 [+물체],[+길이],[+둘레],[+크기],[-예외]

제약

① 길쭉한 물건들의 둘레가 모두 크게.

¶**굵직굵직이** 자란 무.

의미 [+밤]v[+대추]v[+알],[+전부],[+부피],[+크기]

제약 {밤, 대추, 알}-{ }

② 밤, 대추, 알 따위의 부피가 모두 크게.

¶사과가 **굵직굵직이** 열렸다.

의미 [+글씨],[+전부],[+분명],[+크기]

제약 {글씨}-{쓰다}

③ 모든 글씨의 획이 뚜렷하고 크게.

¶우리들은 테두리만 **굵직굵직이** 그리고 세부적인 것은 아이들이 그리도록 하였다.

의미 [+생각]v[+행동],[+넓이],[+크기]

제약

④ 사람들의 생각, 행동 따위가 폭이 넓고 크게.

¶**굵직굵직이** 행동하다.

의미 [+천],[+바탕],[+거침],[+투박]

제약 {천, 베, 옷감}-{짜다, 만들다}

⑤ 가늘지 아니한 실 따위로 짜서 천들의 바탕이 거칠고 투박하게.

¶베를 **굵직굵직이** 짜다.

굵직-이

의미 [+물건],[+길이],[+둘레],[+크기]

제약

① 길쭉한 물건의 둘레가 꽤 크게.

¶그들은 **굵직이** 꼰 동아줄로 줄사다리를 만들었다.

의미 [+밤]v[+대추]v[+알],[+부피],[+크기]

제약 {밤, 대추, 알}-{ }

② 밤, 대추, 알 따위의 부피가 꽤 크게.

¶사과가 **굵직이** 여물었다.

의미 [+빗방울],[+부피],[+크기],[+정도]

제약

③ 빗방울 따위의 부피가 꽤 크게.

¶**굵직이** 내리는 비를 맞으며 거리를 걸었다.

의미 [+글씨],[+분명],[+크기],[+정도]

제약 {글씨}-{쓰다}

④ 글씨의 획이 꽤 뚜렷하고 크게.

¶이 건물의 정문에 붓글씨로 **굵직이** 쓴 표어가 눈에 띄었다.

의미 [+생각]v[+행동],[+넓이],[+크기],[+정도]

제약 {생각, 행동}-{ }

⑤ 생각, 행동 따위의 폭이 꽤 넓고 크게.

의미 [+목소리],[+저음],[+기운],[+공명],[+크기]

제약

⑥ 저음으로 우렁우렁 울리는 힘이 꽤 큰 목소리로.

¶저 배 속 깊은 곳에서부터 **굵직**이 울려 나오는 저음이 마음을 뒤흔들었다.

의미 [+천],[+바탕],[+거침],[+투박]

제약 {천, 베, 옷감}-{짜다, 만들다}

⑦ 가늘지 아니한 실 따위로 짜서 천의 바탕이 꽤 거칠고 투박하게.

¶**굵직**이 짠 베는 거칠고 투박한 맛이 있다.

굼실-굼실

의미 [+모양],[+벌레],[+밀집],[+운동],[-속도],[+반복]

제약 {벌레}-{움직이다}

① 작은 벌레 따위가 한데 어우러져 굼뜨게 자꾸 움직이는 모양.

¶작은 벌레가 **굼실굼실** 기어 다니는 것과 같은 아주 불쾌한 느낌이 들었다./손이 앞으로 **굼실굼실** 움직여 나가다가 쭈뼛하게 멈추고 이마로 흘러내린 머리카락을 쓸어 올린다.≪이정환, 샛강≫/어둠 속에 몸을 숨기고 있던 한 무리의 병정들이 **굼실굼실** 몸을 일으켰다.≪유주현, 대한 제국≫

의미 [+모양],[+물결],[+굴곡],[+범람],[+반복]

제약 {물결}-{넘실거리다}

② 구불구불 물결을 이루며 자꾸 넘실거리는 모양.

¶**굼실굼실** 춤을 추는 황금빛 들판./그의 눈에는 갈대밭이 **굼실굼실** 벼 포기가 바람에 흔들리는 논으로 보였다.≪문순태, 타오르는 강≫

굼적

의미 [+모양],[+신체],[+운동],[+둔탁],[-속도]

제약 {몸}-{움직이다}

몸을 둔하고 느리게 움직이는 모양.

¶사람이 죽었는지 **굼적**도 하지 않는다.

굼적-굼적

의미 [+모양],[+신체],[+운동],[+둔탁],[-속도],[+반복]

제약 {몸}-{움직이다}

몸을 둔하고 느리게 자꾸 움직이는 모양.

¶그렇게 **굼적굼적** 움직여서 일을 언제 다하나?/웬 늦잠을 그렇게 자는지 해가 중천에 떠서야

굼적굼적 일어난다.

굼지럭

의미 [+모양],[+신체],[+운동],[+둔탁],[-속도]

제약 {몸}-{움직이다}

몸을 천천히 굼뜨게 움직이는 모양.

굼지럭-굼지럭

의미 [+모양],[+신체],[+운동],[+둔탁],[-속도],[+연속]

제약 {몸}-{움직이다}

몸을 천천히 굼뜨게 계속 움직이는 모양.

¶무엇을 그렇게 종일토록 **굼지럭굼지럭** 찾니?

굼질

의미 [+모양],[+신체],[+운동],[+둔탁],[-속도]

제약 {몸}-{움직이다}

'굼지럭'의 준말. 몸을 천천히 굼뜨게 움직이는 모양.

굼질-굼질

의미 [+모양],[+신체],[+운동],[+둔탁],[-속도],[+연속]

제약 {몸}-{움직이다}

'굼지럭굼지럭'의 준말. 몸을 천천히 굼뜨게 계속 움직이는 모양.

굼틀

의미 [+모양],[+신체],[+부분],[+운동],[+굴신]v[+전환]

제약 {몸}-{움직이다}

몸의 한 부분을 구부리거나 비틀며 움직이는 모양.

¶이리 **굼틀** 저리 **굼틀**.

굼틀-굼틀

의미 [+모양],[+신체],[+부분],[+운동],[+굴신]v[+전환],[+반복]

제약 {몸}-{움직이다}

몸의 한 부분을 구부리거나 비틀며 자꾸 움직이는 모양.

¶뱀이 **굼틀굼틀** 기어간다./흰 용의 형국을 가진 구름이 **굼틀굼틀** 날며 구만리장천을 가로질렀다. ≪박종화, 임진왜란≫

굽슬-굽슬
의미 [+모양],[+털]v[+실],[+굴곡],[+말림]
제약 {털, 실, 머리카락}-{거리다, 말다}
털이나 실 따위가 구불구불하게 말려 있는 모양.
¶굽슬굽슬 말린 머리./털실이 **굽슬굽슬** 말려 있다.

굽신-굽신
의미 [+모양],[+고개]v[+허리],[±굴신],[−정도],[+반복]
제약 {고개, 허리}-{거리다, 대다}
① 굽실굽실. 고개나 허리를 자꾸 가볍게 구푸렸다 펴는 모양.
¶일이 끝나면 **굽신굽신** 인사를 했다.≪성석제, 문학과지성사≫
의미 [+모양],[+타인],[+비위],[+영합],[+행동],[+비굴],[+반복]
제약 {사람}-{거리다, 대다}
② 남의 비위를 맞추느라고 자꾸 비굴하게 행동하는 모양.

굽실
의미 [+모양],[+고개]v[+허리],[±굴신],[−정도]
제약 {고개, 허리}-{거리다, 대다}
① 고개나 허리를 가볍게 구푸렸다 펴는 모양.
¶그는 만나는 사람마다 정중하게 **굽실** 절을 하였다./나는 우쭐해지는 어깨를 바로 가누며 그들을 향해 두어 번 **굽실** 허리를 굽혀 보였다.≪전상국, 하늘 아래 그 자리≫
의미 [+모양],[+타인],[+비위],[+영합],[+행동],[+비굴]
제약 {사람}-{거리다, 대다}
② 남의 비위를 맞추느라고 비굴하게 행동하는 모양.

굽실-굽실
의미 [+모양],[+고개]v[+허리],[+굴신],[−정도],[+반복]
제약 {고개, 허리}-{거리다, 대다}
① 고개나 허리를 자꾸 가볍게 구푸렸다 펴는 모양.
¶영감은 한자리에 서서 허리만 **굽실굽실** 바라보

며 웃는다.≪김사랑, 낙조≫
의미 [+모양],[+타인],[+비위],[+영합],[+행동],[+비굴],[+반복]
제약 {사람}-{거리다, 대다}
② 남의 비위를 맞추느라고 자꾸 비굴하게 행동하는 모양.

굽이-굽이
의미 [+모양],[+굽이],[+다수],[+굴곡]
제약 {길, 강, 물}-{구부러지다, 휘다, 흐르다}
여러 굽이로 구부러지는 모양.
¶**굽이굽이** 흘러가는 강물./**굽이굽이** 감도는 길./나는 그들의 끝없는 행렬에 끼어 산등성이를 **굽이굽이** 걸어 피난을 갔다.≪안정효, 하얀 전쟁≫/벌겋게 드러난 황토의 낮은 야산만이 **굽이굽이** 연이어져 길 저쪽 너머까지 계속되어 있었다.≪황석영, 북망, 멀고도 고적한 곳≫

굽적
의미 [+모양],[+머리]v[+신체],[+굴신]
제약 {머리, 몸}-{굽히다}
머리를 숙이거나 몸을 한 번 굽히는 모양.
¶선생님을 보자 그는 **굽적** 인사를 했다.

굽적-굽적
의미 [+모양],[+머리]v[+신체],[+굴신],[+연속]
제약 {머리, 몸}-{굽히다}
잇따라 머리를 숙이거나 몸을 굽히는 모양.
¶그는 **굽적굽적** 허리를 굽히며 감사의 뜻을 나타냈다.

공곤-히
의미 [+생활],[+곤궁],[+가난]
제약 { }-{살다, 지내다}
생활이 궁하고 어렵게.

궁극스레
의미 [+태도],[+목표],[+도달],[+극성]
제약
보기에 끝장을 보겠다는 듯이 극성스러운 태도로.

궁극-히
의미 [+간절],[+최대]
제약

① 더할 나위 없이 간절하게.

¶나는 네가 살아서 돌아오길 **궁극히** 기도했다.

의미 [+생활],[+빈곤],[+최대]

제약 { }-{살다, 지내다}

② 생활이 더할 나위 없이 빈궁하게.

¶어린 시절을 **궁극히** 보낸 그는 근검절약이 몸에 배어 있다.

의미 [+철저],[+최대]

제약

③ 더할 나위 없이 철저하게.

¶그는 맡은 일은 **궁극히** 처리하는 책임감 있는 사람이다.

궁금-히

의미 [+이해],[+마음],[+답답],[+애처]

제약 { }-{여기다, 생각하다}

무엇이 알고 싶어 마음이 몹시 답답하고 안타깝게.

¶나는 그가 그녀와 어떤 인연으로 만나게 되었는지 늘 **궁금히** 생각했다./이쪽의 태도 여하를 저쪽에서 **궁금히** 여기고 있을 건 뻔한 노릇이었다.《황석영, 한 씨연대기》/최근에는 웬일인지 열흘이 훨씬 넘도록 영신의 소식이 끊어져서 여간 **궁금히** 지내지를 않았다.《심훈, 상록수》

궁급-히

의미 [+빈곤],[+정도]

제약 { }-{살다, 지내다}

몹시 궁하게.

¶겉모습만 보아서는 그가 얼마나 **궁급히** 사는지 알 수 없다.

궁박-히

의미 [+가난],[+정도]

제약 { }-{보이다, 굴다}

몹시 가난하여 구차하게.

궁벽스레

의미 [+구석],[+고요],[+정도]

제약 { }-{보이다}

보기에 매우 후미지고 으슥하게.

¶산기슭에 낡은 산장이 **궁벽스레** 서 있다.

궁벽-히

의미 [+구석],[+고요],[+정도]

제약 { }-{보이다}

매우 후미지고 으슥하게.

궁상스레

의미 [+초라]

제약 { }-{보이다, 굴다}

보기에 궁상맞은 데가 있게.

¶그러면 **궁상스레** 삽화 나부랭이나 그리며 독신으로 늙지 않아도 되니 우선 고 선생 자신 좋고….《손창섭, 설중행》

궁색스레

의미 [+가난]

제약 { }-{살다, 지내다}

보기에 궁색한 데가 있게.

궁색-히

의미 [+가난],[+정도]

제약 { }-{살다, 지내다}

① 아주 가난하게.

의미 [+언사]v[+태도]v[+행동],[−이유]v[−근거]

제약

② 말이나 태도, 행동의 이유나 근거 따위가 부족하게.

궁싯-궁싯

의미 [+모양],[−수면],[+침와],[−일정],[+전환]

제약

① 잠이 오지 아니하여 누워서 몸을 이리저리 뒤척거리는 모양.

의미 [+모양],[−결정],[−방법],[+주저]

제약 { }-{거리다}

② 어찌할 바를 몰라 이리저리 머뭇거리는 모양.

궁폐-히

의미 [+가난],[+피폐]

제약 { }-{살다, 지내다}

곤궁하고 피폐하게.

궁핍-히

의미 [+가난],[+정도]

제약 { }-{살다, 지내다}

몹시 가난하게.

¶돈이 없어 **궁핍히** 지내다.

궁흉스레

의미 [+흉악],[+정도]

제약

아주 흉악한 데가 있게.

권권01

의미 [+모양],[+마음],[+진실],[+정성],[+보호]

제약

참된 마음으로 정성스럽게 지키는 모양.

¶자애하심이 **권권** 무궁하시와 잘못을 재롱으로 실수를 재미로 보오시니 일점 자성이 없나이다. ≪한무숙, 이사종의 아내≫

권권02

의미 [+모양],[+측은],[+보호],[+항상]

제약

① 가엾게 여겨 늘 돌보아 주는 모양.

의미 [+모양],[+연모]

제약

② 연모하는 모양.

권권03

의미 [+모양],[+마음],[+힘],[+돈독]

제약

① 마음과 힘을 다하여 두텁게 하는 모양.

의미 [+모양],[+기억],[+회고]

제약

② 못 잊어 뒤를 돌아보는 모양.

권태로이

의미 [+태도],[+싫증],[+피곤],[+나태]

제약

어떤 일에 싫증이 나거나 심신이 나른해져서 게으른 태도로.

¶별 하는 일 없이 **권태로이** 하루를 보내다.

궐연-히

의미 [+기상],[+기운],[+정도]

제약

일어나는 모양이 매우 기운차게.

궐이

의미 [+모양],[+요동]

제약

흔들리는 모양.

귀꿈스레

의미 [-조화],[-세련]

제약

① 어딘가 어울리지 아니하고 촌스럽게.

¶그는 오늘따라 유난히 **귀꿈스레** 행동했다.

의미 [-빈도],[+구석],[+고요]

제약

② 흔하게 보기 어려울 정도로 후미지고 으슥하게.

귀둥-대둥

의미 [+모양],[+언사]v[+행동],[-주의]

제약

말이나 행동 따위를 되는대로 아무렇게나 하는 모양.

¶나는 미친 사람의 모양을 하느라고 **귀둥대둥** 혼자 욕설을 퍼붓다가 잠이 들었다.≪김구, 백범일지≫/그래도 웬일인지 일은 손에 붙지를 않고 그뿐 아니라 등 뒤 개울의 덤불에서는 온갖 잡새가 **귀둥대둥** 멋대로 속삭이고….≪김유정, 산골≫

귀뚤-귀뚤

의미 [+소리],[+귀뚜라미]

제약 {귀뚜라미}-{울다}

귀뚜라미가 우는 소리.

¶**귀뚤귀뚤** 우는 귀뚜라미 소리에 가을의 고적함을 느낀다.

귀살머리스레

의미 [+느낌],[+일]v[+물건],[+복잡],[+정신],[+불안],[+산란]

제약

'귀살스레'를 낮잡아 이르는 말. 일이나 물건 따위가 마구 얼크러져 정신이 뒤숭숭하거나 산란(散亂)한 느낌이 있게.

귀살스레

의미 [+느낌],[+일]v[+물건],[+복잡],[+정신],[+불안],[+산란]

제약

일이나 물건 따위가 마구 얼크러져 정신이 뒤숭숭하거나 산란(散亂)한 느낌이 있게. ≒귀성스레02.

귀성스레[01]

　의미 [+고소],[+정도]

　제약

　제법 엇구수한 데가 있게.

귀성스레[02]

　의미 [+느낌],[+일]v[+물건],[+복잡],[+정신],[+불안],[+산란]

　제약

　=귀살스레. 일이나 물건 따위가 마구 얼크러져 정신이 뒤숭숭하거나 산란(散亂)한 느낌이 있게.

귀신같-이

　의미 [+동작]v[+추측],[+정확],[+재주],[+정도]

　제약

　동작이나 추측이 정확하고 재주가 기막힐 정도로 뛰어나게.

　¶그녀는 남편의 거짓말을 귀신같이 알아챘다.

귀염성스레

　의미 [+사랑],[+정도]

　제약

　꽤 귀여운 데가 있게.

귀인상스레

　의미 [+신분]v[+지위],[+용모],[+귀중]

　제약

　신분이나 지위가 높고 귀하게 될 얼굴 생김새가 있게.

　¶그녀의 반듯한 이마와 오뚝한 코가 귀인상스레 보였다.

귀인성스레

　의미 [+신분]v[+지위],[+본성]v[+성질],[+귀중]

　제약

　신분이나 지위가 높고 귀하게 될 타고난 바탕이나 성질이 있게.

귀접스레

　의미 [-기회],[-청결]

　제약 { }-{보이다}

　① 비위에 거슬리게 지저분한 데가 있게.

　의미 [+인품],[+비천],[-품격]

　제약

② 사람됨이 천하고 비루하여 품격이 없이.

귀중중-히

　의미 [-청결],[+정도]

　제약

　매우 더럽고 지저분하게.

귀중-히

　의미 [+귀중]

　제약 { }-{여기다}

　귀하고 중요하게.

　¶가보로 귀중히 여기다./아버님의 유품을 귀중히 간수하다.

귀축축-히

　의미 [+행동],[-단정],[-차분],[-청결]

　제약

　① 하는 짓이 깔끔하거나 얌전한 맛이 없고 더럽게.

　의미 [-청결],[+습기]

　제약

　② 구질구질하고 축축하게.

귀현-히

　의미 [+존귀],[+벼슬]v[+명성]v[+덕망],[+높이]

　제약

　존귀하고 벼슬이나 명성, 덕망 따위가 높게.

귀-히

　의미 [+신분]v[+지위],[+높이]

　제약 { }-{여기다}

　① 신분, 지위 따위가 높게.

　¶그 사람 겉모습은 귀히 보이지만 사실은 보잘것없는 집안 태생이다.

　의미 [+보배],[+소중],[+정도]

　제약

　② 아주 보배롭고 소중하게.

　¶무남독녀인 기영은 너무 귀히 자라서 버릇이 없다.

　의미 [+입수]v[+획득],[+곤란],[-빈도]

　제약

　③ 구하거나 얻기가 아주 힘들 만큼 드물게.

　¶구하기 힘든 산삼이니 귀히 여기는 것은 당연한 일이지요.

규연-히
의미 [+돌출],[+높이],[+정도]
제약
높이 솟아서 우뚝하게.

균등-히
의미 [+균일],[-차별]
제약
① 고르고 가지런하여 차별이 없이.
의미 [+개념]v[+명제],[+의미][+상이],[+대상]v[+진리치],[+동일]
제약
② 개념이나 명제가 의미는 다르지만 가리키는 대상 또는 진릿값이 똑같이.

균일-히
의미 [+균일],[-변화]
제약
한결같이 고르게.

균정-히
의미 [+균형],[+바름]
제약
균형이 잡혀 바르게.

균평-히
의미 [+균일],[+공평]
제약 { }-{나누다}
① 고루 공평하게.
의미 [-경사],[-요철],[-변화],[+평평]
제약
② 한쪽으로 기울거나 우툴두툴하지 아니하고 고루 평평하게.

그-같이
의미 [+동일]v[+유사]
제약
그 모양으로. 또는 그렇게.
¶어떤 생각으로 그같이 행동했는지 그에게 직접 물어봅시다.

그길-로
의미 [+장소],[+도착],[+순간]
제약
① 어떤 장소에 도착한 그 걸음으로.
¶나는 그를 다방에서 만나자마자 그길로 집으로

데려왔다./잠시 후 전령선은 중위 계급장을 단 해군 장교 한 사람을 부두에 내려놓고, 엔진도 끄지 않은 채 그길로 다시 뱃머리를 선단 쪽으로 되돌려 가 버렸다.≪이청준, 이어도≫
의미 [+다음],[+즉시]
제약
② 어떤 일이 있은 다음 곧.
¶그는 아이가 입원했다는 연락을 받고는 그길로 병원으로 달려갔다./경춘이는 방으로 들어가서 픽 쓰러지더니만 그길로 곯아떨어지고 말았다.≪이기영, 봄≫

그-까지로
의미 [+정도],[+유사]
제약
겨우 그만한 정도로.
¶그까지로 화를 내다니./그까지로 하는 놈의 비위를 누가 고분고분 듣는담.≪이기영, 고향≫

그-끄러께
의미 [+해],[-삼년]
제약
그러께의 바로 전 해에.
¶작년 그끄러께 응암동에서 일로 이장해 모실 때 확인했더랬는데 몰라.≪이문구, 장한몽≫

그-끄저께
의미 [+날],[-삼일]
제약
그저께의 전날에.
¶색시는 그저께인가 그끄저께 왔다가 도로 갔어요.≪염상섭, 삼대≫

그-끄제
의미 [+날],[-삼일]
제약
'그끄저께'의 준말. 그저께의 전날에.
¶시집간 언니가 그끄제 예쁜 아기를 낳았다.

그-나마
의미 [-호감]v[+부족],[+정도],[+유사]
제약 { }-{다행이다}
① 좋지 않거나 모자라기는 하지만 그것이나마.
¶꼭 죽는 줄만 알았는데, 그나마 경과가 좋다니, 천만다행이 아닐 수 없다.≪김춘복, 쌈짓골≫/애당

초 시장의 불안만 키울 현실성 없는 내용이었으니 서둘러 철회한 것이 **그나마** 다행이라면 다행이다.≪동아일보≫

의미 [-호감]v[+부족],[+정도],[-접근]

제약 { }-{없다}

② 좋지 않거나 모자라는데 그것마저도.

¶배때 벗은 수작을 하였다가는, **그나마** 고객이 떨어져서 다시 실업자군에 쓸려 들어갈 거라….≪염상섭, 전업 유래기≫

그나-저나

의미 [+화제],[+전환]

제약

'그러나저러나'의 준말. 그것은 그렇다 치고. 지금까지의 화제를 다른 데로 돌릴 때 쓴다.

¶밥은 먹었니? 굶고 다니지 마라. **그나저나** 네 아버진 어딜 가셨니?/**그나저나** 다행한 일이다. 떠나기 전에 네 얼굴이라도 한 번 더 보게 되었으니.≪최인호, 지구인≫

그날-그날

의미 [+일(日)],[+개별],[+전부]

제약

각각 해당한 그 날짜마다.

¶일기는 **그날그날** 써야 한다./막노동으로 겨우 **그날그날** 벌어먹고 산다.

그-냥

의미 [+상태],[-변화],[+유지]

제약

① 더 이상의 변화 없이 그 상태 그대로.

¶**그냥** 놔두다./설탕을 넣지 않고 **그냥** 먹다./**그냥** 내버려 두다./가게에 들어갔다가 **그냥** 나왔다.

의미 [+모양],[-변화],[+유지]

제약

② 그런 모양으로 줄곧.

¶하루 종일 **그냥** 울고만 있으면 어떻게 하니?/이노우에는 다른 사람이 비판할 여유를 주지 않고 **그냥** 낭독을 해 대고 있었다.≪유주현, 대한 제국≫

의미 [-대가]v[-조건]v[-의미]

제약

③ 아무런 대가나 조건 또는 의미 따위가 없이.

¶**그냥** 주는 거니?/아까 그 말은 **그냥** 해 본 말이 아니야.

그냥-저냥

의미 [+모양],[+정도],[+유사]

제약

그러저러한 모양으로 그저 그렇게.

¶당시 우리 집이 가난하면서도 **그냥저냥** 살아갈 수 있었던 것은 아버지가 상품으로 얻은 소 때문이라고 듣기도 했습니다.≪이병주, 행복어 사전≫/개성 있는 얼굴이 그렇게 쉽나 뭐. 없는 개성도 스스로 찾고, 없어도 그러려니 하고 **그냥저냥** 쳐다보며 사는 거지.≪김원우, 짐승의 시간≫

그닐-그닐

의미 [+느낌],[+벌레],[+포복],[+피부],[-감각]

제약 {벌레, 피부}-{거리다, 대다, 기어가다}

① 벌레가 기어가는 것처럼 살갗이 자꾸 또는 매우 근지럽고 저릿한 느낌.

의미 [+느낌],[+위태]v[+치사],[+추접],[-감각],[+반복]

제약

② 보기에 매우 위태롭거나 치사하고 더러워 마음이 자꾸 저린 느낌.

¶어서어서 물결은 휩쓸려 돈을 모두 거둬 가지고 흘러 버렸으면 하나, 물결은 안타깝게도 **그닐그닐** 한가히 돈을 이끌고 흐를 뿐….≪계용묵, 백치 아다다≫

그-다지

의미 [+기준],[-도달]

제약 { }-{않다, 못하다}

① (뒤에 오는 '않다, 못하다' 따위의 부정어와 호응하여) 그러한 정도로. 또는 그렇게까지는. 늑그리02②.

¶**그다지** 예쁘지는 않다./**그다지** 달갑지 않다./**그다지** 문제가 되지 않는다./자기를 닮아 역시 몸이 **그다지** 건실하지는 못한 딸이, 그 큰일을 어떻게 견디어 날까?≪박태원, 천변 풍경≫

의미 [+정도],[+유사]

제약

② (주로 의문문에 쓰여) 그러한 정도로. 또는 그렇게까지. 늑그리02③·그리도.

¶그 사람은 무슨 걱정이 그다지도 많은가?/차량들은 더러는 비고 더러는 군인을 싣고 있었는데 어디를 그다지도 뻔질나게 왔다 갔다 하는지 나는 알 수가 없었다.《김용성, 도둑 일기》

그-대로

의미 [+모양],[-변화],[+유지]

제약

① 변함없이 그 모양으로.

¶그대로 간직하다./그대로 가만히 있다./그대로 꼼짝 말고 있어라./그대로 보고만 있을 수는 없지./당분간 그 사람을 그대로 내버려 둘 생각입니다.

의미 [+동일]

제약

② 그것과 똑같이.

¶그대로 답습하다./그대로 되풀이하다./내가 말한 그대로 가서 전해라./그 아이는 아버지를 그대로 닮았다.

그득

의미 [+모양],[+분량]v[+수효],[+범위]v[+한도],[+충만]

제약 { }-{차다}

① 분량이나 수효 따위가 어떤 범위나 한도에 아주 꽉 찬 모양. 늑그득히①.

¶그득 담다./그득 차다./봄나물이 바구니에 그득 쌓였다./그는 대접에 막걸리를 철철 넘치도록 그득 따라서 한입에 들이켰다./성천초의 짙은 향기가 코에 스며들면서 입 안에 단침이 그득 고였다.《유주현, 대한 제국》

의미 [+모양],[+사람]v[+물건],[+풍부],[-공간],[+정도]

제약

② 빈 데가 없을 만큼 사람이나 물건 따위가 아주 많은 모양. 늑그득히②.

¶너른 정주로 들어가니 아낙네들이 그득 모여서 지금 굿 놀이가 한창이다.《한설야, 탑》/가지각색 장롱과 세간이 그득 들어 쌓이어 크나큰 방이 좁다랗게 보이었다.《현진건, 무영탑》

의미 [+상태],[+냄새]v[+빛],[+공간],[+확산]

제약 {냄새, 빛}-{퍼지다}

③ 냄새나 빛 따위가 넓은 공간에 널리 퍼져 있는 상태. 늑그득히③.

¶방 안에는 은은한 묵향이 그득 배어 있었다./달빛이 그득 찬 하늘이 문을 열 때 박생의 눈에 언뜻 보였습니다.《최서해, 매월》

의미 [+모양],[+감정]v[+정서]v[+생각],[+다양]v[+강렬]

제약 {감정, 정서, 생각}-{많다, 강하다}

④ 감정이나 정서, 생각 따위가 아주 많거나 강한 모양. 늑그득히④.

¶일껏 익삼 씨한테서 지도받은 취체 요령은 어디론지 부지거처가 돼 버리고 그의 머릿속에는 타고난 성깔만이 그득 남아 있었다.《윤흥길, 완장》/문이 우당탕 열리면서 악의를 그득 담은 할머니의 얼굴이 불쑥 나타났다.《윤흥길, 장마》

그득-그득

의미 [+모양],[+분량]v[+수효],[+범위]v[+한도],[+충만],[+전부]v[+정도]

제약 { }-{차다}

① 분량이나 수효 따위가 어떤 범위나 한도에 여럿이 다 또는 몹시 꽉 찬 모양. 늑그득그득히①.

¶항아리마다 물이 그득그득 담겨 있었다.

의미 [+모양],[+사람]v[+물건],[+전부],[+풍부],[-공간],[+정도]

제약

② 여럿이 다 빈 데가 없을 만큼 사람이나 물건 따위가 몹시 많은 모양. 늑그득그득히②.

¶주말에는 경기가 열리는 운동장마다 사람들이 그득그득 앉아 있었다./이 구석 저 구석에 그득그득 들어찬 손때 묻지 않은 가구들도 빈집 같은 느낌을 한층 더했다.《박완서, 도시의 흉년》

의미 [+상태],[+냄새]v[+빛],[+공간],[+확산],[+정도]

제약 {냄새, 빛}-{퍼지다}

③ 냄새나 빛 따위가 넓은 공간에 매우 널리 퍼져 있는 상태. 늑그득그득히③.

의미 [+모양],[+감정]v[+정서]v[+생각],[+다양]v[+강렬],[+정도]

제약 {감정, 정서, 생각}-{많다, 강하다}

④ 감정이나 정서, 생각 따위가 몹시 많거나 강한 모양. 늑그득그득히④.

그득그득-히

의미 [+모양],[+분량]v[+수효],[+범위]v[+한도],[+충만],[+전부]v[+정도]

제약 { }-{차다}

①=그득그득①. 분량이나 수효 따위가 어떤 범위나 한도에 여럿이 다 또는 몹시 꽉 찬 모양.

의미 [+모양],[+사람]v[+물건],[+전부],[+풍부],[-공간],[+정도]

제약

②=그득그득②. 여럿이 다 빈 데가 없을 만큼 사람이나 물건 따위가 몹시 많은 모양.

의미 [+상태],[+냄새]v[+빛],[+공간],[+확산],[+정도]

제약 {냄새, 빛}-{퍼지다}

③=그득그득③. 냄새나 빛 따위가 넓은 공간에 매우 널리 퍼져 있는 상태.

의미 [+모양],[+감정]v[+정서]v[+생각],[+다양]v[+강렬],[+정도]

제약 {감정, 정서, 생각}-{많다, 강하다}

④=그득그득④. 감정이나 정서, 생각 따위가 몹시 많거나 강한 모양.

그득-히

의미 [+모양],[+분량]v[+수효],[+범위]v[+한도],[+충만],[+정도]

제약 { }-{차다}

①=그득①. 분량이나 수효 따위가 어떤 범위나 한도에 아주 꽉 찬 모양.

¶그녀는 딸기를 한 소쿠리 그득히 담아서 주었다./눈에 그득히 눈물을 머금고 한 마디씩 한 마디씩 똑똑한 어조로 말하는 홍선의 말에는 진실미가 있었다.≪김동인, 운현궁의 봄≫

의미 [+모양],[+사람]v[+물건],[+풍부],[-공간],[+정도]

제약

②=그득②. 빈 데가 없을 만큼 사람이나 물건

따위가 아주 많은 모양.

¶저쪽 성벽 위에도 사람이 보이지 않고 성벽 아래는 시체만 그득히 쌓여 있었다.≪송기숙, 녹두장군≫

의미 [+상태],[+냄새]v[+빛],[+공간],[+확산]

제약 {냄새, 빛}-{퍼지다}

③=그득③. 냄새나 빛 따위가 넓은 공간에 널리 퍼져 있는 상태.

¶밤하늘에는 별빛만이 그득히 빛났다./그는 방 안에 그득히 배어 있는 묵향을 맡으며 사색에 잠겼다.

의미 [+모양],[+감정]v[+정서]v[+생각],[+다양]v[+강렬]

제약 {감정, 정서, 생각}-{많다, 강하다}

④=그득④. 감정이나 정서, 생각 따위가 아주 많거나 강한 모양.

¶왕의 가슴엔 일찍이 경험해 보지 못하던 형용할 수 없는 기이한 정서가 구름 피듯 그득히 피어올랐다.≪박종화, 다정불심≫

그들먹-그들먹

의미 [+모양],[+전부],[+범위],[+충만],[+정도]

제약

여럿이 다 일정한 범위 안에 거의 그득하거나 매우 그득한 모양.

그들먹-이

의미 [+범위],[+충만],[-정도]

제약

일정한 범위 안에 거의 그득하게.

그때-그때

의미 [+일]v[+기회],[+발생],[+개별],[+전부]

제약

일이 벌어지거나 기회가 주어지는 때마다.

¶그때그때 최선을 다하다./그때그때 알맞게 고치다./물건을 받으면 그때그때 연락을 해 주세요.

그때-껏

의미 [+시간],[+지속],[+정지]

제약

앞에서 이미 이야기한 시간상의 어떤 점이나 부분까지 내내.

¶용케 따라 걷고 있던 매아가 돌부리에 걸려 넘어지고 **그때껏** 참고 있던 울음을 터뜨렸다.≪한무숙, 만남≫/흰 얼음판의 반사 때문에 도강(渡江)이 적에게 노출되는 것을 꺼린 김철은 잠시 대안에서 행군을 멈추고 **그때껏** 거의 무시해 왔던 정찰을 내보냈다.≪이문열, 영웅시대≫

그뜩

의미 [＋모양],[＋분량]v[＋수효],[＋범위]v[＋한도],[＋충만],[＋정도]

제약 { }-{차다}

① 분량이나 수효 따위가 어떤 범위나 한도에 아주 꽉 찬 모양. '그득①'보다 센 느낌을 준다. 늑그뜩이①.

¶그의 눈에는 눈물이 **그뜩** 괴었다.≪강경애, 인간문제≫

의미 [＋모양],[＋사람]v[＋물건],[＋풍부],[－공간],[＋정도]

제약

② 빈 데가 없을 만큼 사람이나 물건 따위가 아주 많은 모양. '그득②'보다 센 느낌을 준다. 늑그뜩이②.

¶주인 식구를 합하여 열두세 사람이 이간방에 **그뜩** 늘어앉았다.≪염상섭, 이심≫

의미 [＋상태],[＋냄새]v[＋빛],[＋공간],[＋확산]

제약 {냄새, 빛}-{퍼지다}

③ 냄새나 빛 따위가 넓은 공간에 널리 퍼져 있는 상태. '그득③'보다 센 느낌을 준다. 늑그뜩이③.

의미 [＋모양],[＋감정]v[＋정서]v[＋생각],[＋다양]v[＋강렬],[＋정도]

제약 {감정, 정서, 생각}-{많다, 강하다}

④ 감정이나 정서, 생각 따위가 아주 많거나 강한 모양. '그득④'보다 센 느낌을 준다. 늑그뜩이④.

¶속 빈 강정처럼 허우대만 멀쩡한데, 그 속을 네가 지은 네 정으로 채워라…그렇게 늘 부글부글 부아로 **그뜩** 채우지 말고.≪최명희, 혼불≫

그뜩-그뜩

의미 [＋모양],[＋분량]v[＋수효],[＋범위]v[＋한도],[＋전부],[＋충만],[＋정도]

제약 { }-{차다}

① 분량이나 수효 따위가 어떤 범위나 한도에 여럿이 다 또는 몹시 꽉 찬 모양. '그득그득①'보다 센 느낌을 준다. 늑그뜩그뜩이①.

의미 [＋모양],[＋사람]v[＋물건],[＋다수],[＋풍부],[－공간],[＋정도]

제약

② 빈 데가 없을 만큼 사람이나 물건 따위가 몹시 많은 모양. '그득그득②'보다 센 느낌을 준다. 늑그뜩그뜩이②.

의미 [＋상태],[＋냄새]v[＋빛],[＋공간],[＋확산],[＋정도]

제약 {냄새, 빛}-{퍼지다}

③ 냄새나 빛 따위가 넓은 공간에 매우 널리 퍼져 있는 상태. '그득그득③'보다 센 느낌을 준다. 늑그뜩그뜩이③.

의미 [＋모양],[＋감정]v[＋정서]v[＋생각],[＋다양]v[＋강렬],[＋정도]

제약 {감정, 정서, 생각}-{많다, 강하다}

④ 감정이나 정서, 생각 따위가 몹시 많거나 강한 모양. '그득그득④'보다 센 느낌을 준다. 늑그뜩그뜩이④.

그뜩그뜩-이

의미 [＋모양],[＋분량]v[＋수효],[＋범위]v[＋한도],[＋전부],[＋충만],[＋정도]

제약 { }-{차다}

①=그뜩그뜩①. 분량이나 수효 따위가 어떤 범위나 한도에 여럿이 다 또는 몹시 꽉 찬 모양.

의미 [＋모양],[＋사람]v[＋물건],[＋다수],[＋풍부],[－공간],[＋정도]

제약

②=그뜩그뜩②. 빈 데가 없을 만큼 사람이나 물건 따위가 몹시 많은 모양.

의미 [＋상태],[＋냄새]v[＋빛],[＋공간],[＋확산],[＋정도]

제약 {냄새, 빛}-{퍼지다}

③=그뜩그뜩③. 냄새나 빛 따위가 넓은 공간에

매우 널리 퍼져 있는 상태.

의미 [+모양],[+감정]v[+정서]v[+생각],[+다양]v[+강렬],[+정도]

제약 {감정, 정서, 생각}-{많다, 강하다}

④=그뜩그뜩④. 감정이나 정서, 생각 따위가 몹시 많거나 강한 모양.

그뜩-이

의미 [+모양],[+분량]v[+수효]v[+범위]v[+한도],[+충만],[+정도]

제약 { }-{차다}

①=그뜩①. 분량이나 수효 따위가 어떤 범위나 한도에 아주 꽉 찬 모양.

의미 [+모양],[+사람]v[+물건],[+풍부],[-공간],[+정도]

제약

②=그뜩②. 빈 데가 없을 만큼 사람이나 물건 따위가 아주 많은 모양.

¶운동장에 사람이 그뜩이 모여 있다.

의미 [+상태],[+냄새]v[+빛],[+공간],[+확산]

제약 {냄새, 빛}-{퍼지다}

③=그뜩③. 냄새나 빛 따위가 넓은 공간에 널리 퍼져 있는 상태.

의미 [+모양],[+감정]v[+정서]v[+생각],[+다양]v[+강렬]

제약 {감정, 정서, 생각}-{많다, 강하다}

④=그뜩④. 감정이나 정서, 생각 따위가 아주 많거나 강한 모양.

그래서

의미 [+접속],[+원인]v[+근거]v[+조건]

제약

앞의 내용이 뒤의 내용의 원인이나 근거, 조건 따위가 될 때 쓰는 접속 부사.

¶어제는 많이 아팠어요. 그래서 결석했어요./그 새는 날개를 사용할 생각을 하지 않았다. 그래서 날개가 퇴화했다.≪조세희, 우주여행≫

그래-저래

의미 [+모양]v[+이유],[+다양]

제약

그러하고 저러한 모양으로. 또는 그런저런 이유

로.

¶그는 그래저래 혼자서 고민하고 있었다./그래저래 이사를 수십 번도 넘게 하였다.

그러게

의미 [+말],[+타당],[+주장]

제약

자신의 말이 옳았음을 강조할 때 쓰는 말.

¶그러게 내가 뭐랬어?/그러게 내 말을 듣지 그 랬어./그러게 그곳엔 가지 말랬잖아.

그러-구러

의미 [+모양],[+일],[+진행]

제약

① 그럭저럭 일이 진행되는 모양.

¶오다가다 몇 번 만나면서 그러구러 아는 사이 가 되었다.

의미 [+모양],[+시간],[+경과]

제약 { }-{지나다}

② 그럭저럭 시간이 흐르는 모양.

¶그러구러 며칠이 지난 뒤 족제비같이 생긴 홍 이 또래의 절도범이 유치장에 들어왔다.≪박경리, 토지≫

그러께

의미 [+해],[-이년]

제약

지난해의 바로 전 해에.

¶어디서 보니까 작년엔가 그러껜가, 하여간 일 년 동안에 외국에서 들여다 먹은 뱀이 이만 마 리가 넘고….≪이문구, 산 너머 남촌≫

그러나

의미 [+접속],[+내용],[+연결],[+반대]

제약

앞의 내용과 뒤의 내용이 상반될 때 쓰는 접속 부사.

¶우리는 열심히 손을 흔들었다. 그러나 선수 중 아무도 돌아보는 사람이 없었다./아내는 조용히 그러나 단호하게 말했다./성기는 잠자코 밥숟가 락을 들었다. 그러나 밥은 반도 먹지 않고 상을 물려 버렸다.≪김동리, 역마≫/근심스러운 소식, 듣기 싫은 소식, 그러나 또한 십중팔구는 반드시 나올 소식을 그들은 겁먹은 마음으로 기다리고

있는 것이었다.≪김동인, 운현궁의 봄≫

그러나-저러나

의미 [+화제],[+전환]

제약

그것은 그렇다 치고. 지금까지의 화제를 다른 데로 돌릴 때 쓴다.

¶여기 오래 있진 않을 거요. 그러나저러나 내 걱정일랑 말고 당신 걱정이나 하소.≪이병주, 지리산≫

그러니까

의미 [+접속],[+이유]v[+근거]

제약

앞의 내용이 뒤의 내용의 이유나 근거 따위가 될 때 쓰는 접속 부사.

¶그러니까 내 말대로 하라는 거 아니냐?/오늘도 늦게 일어났구나. 그러니까 늘 지각이지.

그러루

의미 [+모양],[+정도]v[+형편],[+유사]

제약

대개 정도나 형편 따위가 그러한 모양.

¶좀 나갔다 올 테야. 혹 못 오더라도 머리맡에 돈 만 환 내놨으니, 그러루 셈하시게 하고, 하룻밤 편히 쉬시게 해 드려라.≪염상섭, 화관≫

그러-면

의미 [+접속],[+조건]

제약

① 앞의 내용이 뒤의 내용의 조건이 될 때 쓰는 접속 부사.

¶두드려라. 그러면 열릴 것이다./이 길을 따라가라. 그러면 목적지가 나올 거다./여기서 반 마일 떨어진 마을이 종착지라고 대답하게. 그러면 의심을 안 할 테니까.≪황석영, 무기의 그늘≫

의미 [+접속],[+수용]v[+전제],[+주장]

제약

② 앞의 내용을 받아들이거나 그것을 전제로 새로운 주장을 할 때 쓰는 접속 부사.

¶그러면 이제 그 일은 일단락된 거지?/그러면 올바른 교육을 위해서는 어떻게 해야 하지?

그러므로

의미 [+접속],[+이유]v[+원인]v[+근거]

제약

앞의 내용이 뒤의 내용의 이유나 원인, 근거가 될 때 쓰는 접속 부사.

¶나는 생각한다. 그러므로 존재한다./인간은 말을 한다. 그러므로 동물과 구별된다./아무 책임도 지지 않겠다. 그러므로 아무것도 선택하지 않겠다.≪황석영, 무기의 그늘≫/며느리는 시어머니가 걷던 그 길을 다시 되풀이하게 된다. 그러므로 그 며느리가 시어머니가 되면 또 똑같은 시집살이를 시키게 마련이다.≪이어령, 흙 속에 저 바람 속에≫/마을 안 사람들의 소출을 가늠해 보기도 하는 이날은 그러므로 작은 잔치가 되게 마련이었다.≪한수산, 유민≫

그러-저러

의미 [+모양],[+다양]

제약

그러하고 저러한 모양.

¶내가 삼청거사 행세를 한 것도 그러저러 십여 년이 넘었네.≪유주현, 대한 제국≫

그럭-저럭

의미 [-충분],[+정도]

제약

① 충분하지는 않지만 어느 정도로. 늑그렁저렁①.

¶그럭저럭 잘 지내다./신문팔이라도 하면 용돈 문제는 그럭저럭 해결될 것이다./그동안 부사댁 연분으로, 두어 군데 시골 양반가에서 일거리를 맡아 그럭저럭 견디어 온 터이지만….≪서기원, 조선백자 마리아상≫

의미 [+시간],[+경과]

제약

② 그렇게 저렇게 하는 사이에 어느덧. 늑그렁저렁②.

¶그럭저럭 시간을 보내다./청혼을 한사코 거절한 채 그럭저럭 몇 해를 허송세월로 넘겨 그녀를 도타이 여기는 주위 사람들을 안타깝게 했다.≪김원일, 불의 제전≫/그럭저럭 가을도 지나고 초겨울도 지났다.≪최서해, 갈등≫

그런-고로

의미 [+이유]

제약

그러한 까닭으로.

¶맹 순사는 몇만 원은커녕, 한 번에 백 원 이상을 얻어먹어 본 적이 없었다. 그런고로 맹 순사는 스스로 청백하다 하던 것이었었다.≪채만식, 맹 순사≫

그런-대로

의미 [-만족],[+정도]

제약

만족스럽지는 아니하지만 그러한 정도로.

¶그런대로 입에 풀칠은 합니다./그런대로 생활이 유지되고 있다./여름은 그런대로 지낼 만하지만 겨울을 지낼 일이 걱정이다./원두막은 기둥이 기울고 지붕도 갈래갈래 찢어져 있었다. 그런대로 비가 덜 새는 곳을 가려 소녀를 들어서게 했다.≪황순원, 소나기≫

그런데

의미 [+접속],[+인과],[+전환]

제약

① 화제를 앞의 내용과 관련시키면서 다른 방향으로 이끌어 나갈 때 쓰는 접속 부사.

¶아 그렇군요. 그런데 왜 그때는 말씀을 안 하셨습니까?

의미 [+접속],[+전환],[+반대]

제약

② 앞의 내용과 상반되는 내용을 이끌 때 쓰는 접속 부사.

¶동생은 벌써 숙제를 하고 나갔어요. 그런데 저는 아직도 숙제가 많이 남아서 놀 수가 없어요.

그런-즉

의미 [+이유]

제약

'그러한즉'이 줄어든 말.

¶김천에 남성사라는 서원이 있다는 말을 병기는 일찍 들은 일이 없다. 그런즉 남성사라는 것은 그다지 유명하지 못한 서원임에는 틀림이 없다.≪김동인, 운현궁의 봄≫

그럼

의미 [+접속],[+조건]

제약

① '그러면①'의 준말. 앞의 내용이 뒤의 내용의 조건이 될 때 쓰는 접속 부사.

¶그 길로 계속 가. 그럼 그 집이 보일 거야.

의미 [+접속],[+수용]v[+전제],[+주장]

제약

② '그러면②'의 준말. 앞의 내용을 받아들이거나 그것을 전제로 새로운 주장을 할 때 쓰는 접속 부사.

¶그럼 어떻게 하지?/그럼 이제부터 다시 시작하자.

그렁

의미 [+소리],[+목구멍],[+가래],[+장애],[+호흡],[+방해]

제약 { }-{숨쉬다, 거리다}

'그르렁'의 준말. 목구멍에 가래 따위가 걸려 숨을 쉴 때 거치적거리는 소리.

¶가래 소리를 그렁 내다.

그렁-그렁[01]

의미 [+모양],[+액체],[+수용]v[+잔류],[+충만],[+정도]

제약 { }-{고이다, 거리다, 대다}

① 액체가 많이 담기거나 괴어서 가장자리까지 거의 찰 듯한 모양.

¶가뭄으로 메말랐던 옹달샘이 밤새 내린 비로 그렁그렁 차 있다.

의미 [+모양],[+눈물],[+충만]

제약 {눈물}-{고이다, 맺히다, 거리다, 대다}

② 눈에 눈물이 넘칠 듯이 그득 괸 모양.

¶그렁그렁 고이는 눈물 속으로 보이는 바다는 오늘따라 그림처럼 아름다웠다.≪천승세, 낙월도≫/봉순이의 두 손을 감싸 쥐는 월선의 눈에 눈물이 그렁그렁 돌았다.≪박경리, 토지≫

의미 [+모양],[-건더기],[+국물]

제약

③ 건더기는 적고 국물이 아주 많은 모양.

의미 [+느낌],[+복부],[+물],[+충만]

제약

④ 물을 많이 마셔서 배 속이 그득 찬 듯한 느낌.

그렁-그렁[02]

의미 [＋소리],[＋목구멍],[＋가래],[＋장애],[＋호흡],[＋방해],[＋반복]

제약 { }-{숨쉬다, 거리다}

'그르렁그르렁'의 준말. 목구멍에 가래 따위가 걸려 숨을 쉴 때 자꾸 거치적거리는 소리.

¶숨결이 가빠 방 벽에다 등줄을 기대고 앉아 그르렁그르렁 가래만 끓여 댔고….≪천승세, 낙월도≫

그렁성-저렁성

의미 [－짐작]

제약

그런 모양 저런 모양으로 대중없이.

그렁-저렁

의미 [－충분],[＋정도]

제약

①=그럭저럭①. 충분하지는 않지만 어느 정도로.

¶그렁저렁 지내다./남편을 잃거나 부인을 잃는 일은 세상에 허다하다. 늙은 사람들은 그렁저렁 혼자서 살고 아직 늙지 않았으면 또 결혼을 하면 된다.≪유주현, 하오의 연가≫

의미 [＋시간],[＋경과]

제약

②=그럭저럭②. 그렇게 저렇게 하는 사이에 어느덧.

¶그렁저렁 봄이 무르익었다. 산비탈에는 복숭아, 살구꽃이 어지럽게 터지고….≪송기숙, 자랏골의 비가≫/그렁저렁 두어 주일이 지났다.≪법정, 무소유≫

그렇게

의미 [＋유사],[＋정도]

제약

'그러하게'가 줄어든 말.

¶왜 그렇게 성을 내니?/그렇게 얘길 해도 못 알아듣다니./그렇게 돈을 쓰다간 만석꾼도 며칠 못 가겠다./그렇게 큰 문제는 아니다.

그렇듯

의미 [＋비교],[＋유사]

제약

'그러하듯'이 줄어든 말.

¶그렇듯 아름다운 여자가 또 있을까?

그렇듯이

의미 [＋비교],[＋유사]

제약

'그러하듯이'가 줄어든 말.

¶다들 그렇듯이 우리도 산전수전 다 겪으며 살아왔다./이 달은 현재도 그렇듯이 결혼을 가장 많이 하는 달이었다.≪도널 에이 부리스 지음, 박명숙 옮김, 장락≫

그렇지-마는

의미 [＋접속],[＋내용],[＋대립]

제약

'그렇지만'의 본말. 앞의 내용을 인정하면서 앞의 내용과 뒤의 내용이 대립될 때 쓰는 접속 부사.

¶참 사정이 딱하다. 그렇지마는 내가 도와 줄 형편이 못 되는구나.

그렇지-만

의미 [＋접속],[＋내용],[＋인정],[＋대립]

제약

앞의 내용을 인정하면서 앞의 내용과 뒤의 내용이 대립될 때 쓰는 접속 부사.

¶엄마가 어떻게 세상을 떠났는지에 대해서는 난 잘 알지 못합니다. 그렇지만 그것을 아빠에게 꼬치꼬치 캐묻고 싶은 생각은 없습니다.≪곽재구, 국민서관≫/찌꾸가 이렇게 먼 비행을 한 것은 또한 태어나서 처음입니다. 그렇지만 찌꾸는 잠들고 싶지 않습니다.≪곽재구, 국민서관≫

그르렁

의미 [＋소리],[＋목구멍],[＋가래],[＋장애],[＋호흡],[＋방해]

제약 { }-{숨쉬다, 거리다}

목구멍에 가래 따위가 걸려 숨을 쉴 때 거치적거리는 소리.

¶나는 목에서 가래 소리를 그르렁 내면서 나의 비명을 겨우겨우 삼켰다.≪박완서, 도시의 흉년≫

그르렁-그르렁

의미 [＋소리],[＋목구멍],[＋가래],[＋장애],[＋호흡],[＋방해],[＋반복]

제약 { }-{숨쉬다, 거리다}

목구멍에 가래 따위가 걸려 숨을 쉴 때 자꾸 거

치적거리는 소리.

¶청산댁을 알아본 어두지댁의 숨결이 **그르렁그르렁** 거칠어지고 있었다.≪한승원, 해일≫

그릇

의미 [−사리]

제약 { }-{되다}

① 어떤 일이 사리에 맞지 아니하게.

¶여러분 동포가 의리를 잘못 잡고 생각이 **그릇** 들어서 요순 같은 황제 폐하 칙령을 거스르고….≪이인직, 은세계≫

의미 [＋일]v[＋형편],[＋과실]

제약 { }-{되다}

② 어떤 일이나 형편이 잘못되게.

¶저 인부들의 지쳐버린 기력과 피곤해 있을 신경 **그릇** 건드렸다간 엉뚱한 사태가 벌어지지 않는다고 장담하지도 못하겠기….≪이문구, 장한몽≫/계월이는 자기의 눈이 결코 사람을 **그릇** 보지 않았음을 기뻐하였다.≪김동인, 운현궁의 봄≫

의미 [＋상태]v[＋조건],[−만족]

제약 { }-{되다}

③ 어떤 상태나 조건이 좋지 아니하게.

¶그믐산이의 운 역시 그렇게 되려고 그랬었나, 시초부터가 **그릇** 빚어지는 조짐이 없지 않았었다.≪이문구, 오자룡≫/죄 많은 몸이 어려서 부모를 **그릇** 만난 죄인지, 철 모를 제 시집을 잘 가지 못하여….≪나도향, 어머니≫

그리⁰¹

의미 [＋공간]v[＋장소],[＋지시]

제약

그곳으로. 또는 그쪽으로.

¶**그리** 가다./손님께서 주문하신 물건을 즉시 **그리** 보내 드리겠습니다./**그리** 이끌다./**그리** 앉으시오./짐을 **그리** 보내 드리겠습니다.

그리⁰²

의미 [＋모양],[＋상태]v[＋모양]v[＋성질],[＋유사]

제약

① 상태, 모양, 성질 따위가 그러한 모양.

¶자네가 **그리** 생각해 주니 고맙네./오늘은 꼭 밀린 월세를 받으러 갈 테니 **그리** 아십시오./**그리**

서 있지 말고 빨리 들어와 문을 닫으시오.

의미 [＋기준],[−도달]

제약

②=그다지①. 그러한 정도로는. 또는 그렇게까지는.

¶**그리** 넉넉하지 않다./**그리** 놀랄 일이 아니다./**그리** 많지 않다./출근 시간이었으나 지하철은 **그리** 붐비지 않았다./이 일은 **그리** 쉬운 일이 아니다./**그리** 걱정 마세요. 단순한 문제니까 곧들 나오겠지요.≪염상섭, 삼대≫/야산을 내려가니 **그리** 넓지 않은 들판이 나왔다.≪김용성, 도둑 일기≫

의미 [＋기준],[＋도달]

제약

③=그다지②. 그러한 정도로. 또는 그렇게까지.

¶너는 무엇을 **그리** 걱정하고 있니?≪선우휘, 깃발 없는 기수≫/무슨 애가 **그리** 걸음이 빠르니?≪최인호, 지구인≫

그리고

의미 [＋접속],[＋단어]v[＋구]v[＋절]v[＋문장],[＋연결]

제약

단어, 구, 절, 문장 따위를 병렬적으로 연결할 때 쓰는 접속 부사.

¶너 **그리고** 나./초등학교, 중학교, 고등학교, **그리고** 대학교./그는 자리에서 일어났다. **그리고** 창문을 열었다.

그리-도

의미 [＋기준],[＋도달]

제약

=그다지②. (주로 의문문에 쓰여)그러한 정도로. 또는 그렇게까지.

¶놀이동산에 웬 사람이 **그리도** 많은지 모르겠다./부자간의 천륜이 있는데 어찌 **그리도** 냉혹하십니까, 대감!≪유주현, 대한 제국≫

그리-로

의미 [＋공간]v[＋장소],[＋지시]

제약

'그리⁰¹'를 강조하여 이르는 말. 그곳으로. 또는 그쪽으로.

¶**그리로** 가다./**그리로** 보내다./갑작스러운 전화

벨 소리가 주의를 **그리로** 끈 것이었다.≪이문열, 사람의 아들≫

그리-저리⁰¹

의미 [＋모양],[＋언사]v[＋행동],[－분명],[－결정],[－주의]

제약

① 말이나 행동을 뚜렷하게 정함이 없이 그러하고 저러하게 되는대로 하는 모양.

의미 [＋모양],[＋처리],[＋비밀],[－분명]

제약

② 무슨 비밀이 있어 남이 알지 못하게 우물쭈물 처리하는 모양.

¶처녀 총각이 둘이서 배가 맞았다고 소문이 나 버리면 빼도 박도 못하고 결국 **그리저리** 짝을 맞추어 버리는 수가 한두 번이 아니었다.≪한승원, 해일≫

그리-저리⁰²

의미 [－방향],[－목표]

제약 { }-{가다}

일정한 방향이 없이 그쪽 저쪽으로.

¶**그리저리** 가다 보면 길이 나오겠지.

그리-하여

의미 [＋접속],[＋원인],[＋전개]

제약

앞의 내용이 뒤의 내용의 원인이거나 앞의 내용이 발전하여 뒤의 내용이 전개될 때 쓰는 접속 부사.

¶**그리하여** 두 사람은 부부가 되었다./**그리하여** 그들은 마을을 떠나게 되었다.

그-만

의미 [＋정도],[＋한계]

제약

① 그 정도까지만.

¶**그만** 먹어라./눈이 **그만** 왔으면 좋겠다.

의미 [＋지금],[＋순간]

제약

② 그대로 곧.

¶그는 내 말을 듣더니 **그만** 바로 가 버렸다./긴장이 풀리면서 **그만** 그 자리에 쓰러졌다.

의미 [＋정도],[＋한계]

제약

③ 그 정도로 하고.

¶이제 **그만** 갑시다./그 일은 **그만** 단념하십시오./토론은 충분히 했으니 **그만** 끝냅시다.

의미 [＋본인],[－인지],[＋순간]

제약

④ 자신도 모르는 사이에.

¶너무 놀라서 **그만** 소리를 지르고 말았다./그 녀석 생각만 하면 **그만** 눈물이 난다.

의미 [－방법]

제약

⑤ 달리 해 볼 도리가 없이.

¶길이 막혀서 **그만** 늦었습니다./오랜 병 끝에 그만 세상을 뜨고 말았다.

의미 [＋종료]

제약 { }-{이다}

⑥ (서술격 조사 '이다'와 함께 쓰여) 그것으로 끝임을 나타내는 말.

¶널 만나는 것도 이것으로 **그만이다**./평안 감사도 저 싫으면 **그만이다**.

의미 [＋만족],[＋정도]

제약 { }-{이다}

⑦ (서술격 조사 '이다'와 함께 쓰여) 더할 나위 없이 좋음을 나타내는 말.

¶이 집 고기 맛이 **그만이다**./자네 부인 음식 솜씨가 아주 **그만이더군**./그 사람 됨됨이가 아주 **그만이야**.

그만-저만

의미 [＋기준],[±정도]

제약

그저 그만한 정도로.

¶**그만저만** 살 만하다./이제 몸도 피곤하고 시간도 되고 했으니 이쯤에서 **그만저만** 마무리합시다./이 사람아, 결혼이 **그만저만** 중요한 일인가?

그-만치

의미 [＋기준],[＋도달]

제약

=그만큼. 그만한 정도로.

¶지금 셋째 배가 지나가는 **그만치** 가서 기다려 주세요.≪김동인, 운현궁의 봄≫/깊이 후회하시지

않으신다면 **그만치** 고마울 데는 없겠습니다.≪박태원, 적멸≫

그-만큼

의미 [+기준],[+도달]

제약

그만한 정도로. 늑그만치.

¶**그만큼** 공부하면 틀림없이 성공할 것이다./**그만큼** 했으면 이제 좀 쉬어라./그곳은 추억이 많은 곳이기에 **그만큼** 감회가 깊었다./공부를 하면 **그만큼** 더 성적이 오른다./중국은 젓가락이 보통 우리네 것의 두 배쯤이나 길고 굵기도 **그만큼** 굵다.≪조풍연, 청사 수필≫/사실 그 독한 위스키를 물 한 방울 타지 않고 혼자서 다 비워 댔으니 **그만큼** 대화를 끌어 갈 수 있었던 것도 놀라운 일이었다.≪이문열, 영웅시대≫

그물-그물

의미 [+모양],[+날씨],[−청명],[+흐림],[+반복]

제약

① 날씨가 활짝 개지 않고 자꾸 흐려지는 모양.

¶비가 오려는지 날씨가 **그물그물** 영 좋지 않다.

의미 [+모양],[+불빛],[−분명],[+반복]

제약

② 불빛 따위가 밝게 비치지 않고 자꾸 침침해지는 모양.

그-빨로

의미 [+버릇],[+불량],[−포기],[+유지]

제약

나쁜 버릇을 버리지 않고 그대로.

그악스레

의미 [+포악],[+잔인]

제약

① 보기에 사납고 모진 데가 있게.

¶상호에게 잡혔던 머리를 긁어 한 움큼씩 잡히는 머리카락을 들어 올리며 **그악스레** 소리쳤다.≪한수산, 유민≫/그들의 가만한 발자취에도 동리 개들은 **그악스레** 짖었다.≪박태원, 투도≫

의미 [+집요],[+잔인]

제약

② 끈질기고 억척스러운 데가 있게.

¶여러 번 도난을 만나기도 하였지마는, 그대로 **그악스레** 찾아 들여서….≪최남선, 금강 예찬≫/운전수가 그 껌을 아직도 **그악스레** 씹어 대며 말을 이었다.≪전상국, 음지의 눈≫

그악-히

의미 [+장난][+과도]

제약 {장난}-{치다}

① 장난 따위가 지나칠 정도로 심하게.

의미 [+잔인],[+포악]

제약

② 모질고 사납게.

의미 [+집요],[+잔인]

제약

③ 끈질기고 억척스럽게.

의미 [+산세],[+험함],[−순탄]

제약

④ 산세 따위가 험하고 사납게.

그-야

의미 [+말],[+동의]v[+인정]

제약

① 바로 앞서서 한 말을 받아 동의나 인정 따위를 나타내는 말.

¶**그야** 그럴 수밖에./**그야** 그렇지./**그야** 물론이죠./물론 **그야**, 고등 소학이란 따로 고등 소학으로서의 사명이 있는 것이지만….≪박태원, 골목 안≫/어느 건 공든 탑이라고 **그야** 공이야 들지. 그렇지만 너무 오래란 말이야, 너무 오래야.≪현진건, 무영탑≫

의미 [+말],[+이유]

제약

② 앞서 한 말의 이유를 뜻하는 말.

¶내 일이 끝나고 나면 윤 선생을 섭섭하게 대접하진 않으리다. **그야** 나도 그쯤 기분은 살 만한 놈이니까.≪이청준, 자서전들 쓰십시다≫/고양이는 뭣하러 기르느냐고요? **그야** 물론 때로는 살아 움직이는 것이 필요하기도 하니까요.≪오정희, 미명≫

그야-말로

의미 [+사실],[+전달],[+강조]

제약

전달하고자 하는 사실을 강조할 때 쓰는 말.

¶병원의 응급실은 **그야말로** 생사를 다투는 곳이다./함께 살던 주지 스님도 다른 절을 맡아 가 버리고, 그 그늘에서 붙어살던 나는 **그야말로** 개 밥에 도토리가 되고 말았다.≪법정, 무소유≫/이곳의 황폐된 풍경과 저곳의 전원의 풍경은 **그야말로** 기막힌 대비를 이루고 있었다.≪박태순, 무너지는 산≫

그예

의미 [+결과],[+필연]

제약

마지막에 가서는 기어이.

¶밤낮 돌아다니더니 **그예** 몸살이 나고 말았다./운암댁의 눈자위가 질척질척 젖는다 싶더니만 **그예** 눈물방울이 뚝 떨어졌다.≪윤흥길, 완장≫

그윽-이

의미 [+깊이],[+편안],[+고요]

제약

① 깊숙하여 아늑하고 고요하게.

¶가끔 개 짖는 소리만이 들릴 뿐, 시골의 겨울 밤은 **그윽이** 깊어만 갔다.

의미 [+뜻]v[+생각],[+깊이],[+간절]

제약

② 뜻이나 생각 따위가 깊거나 간절하게.

¶하루바삐 찾아오기를 마음 **그윽이** 기다린 그이건마는 정작 오고 보니 가슴은 까닭 없이 두방망이질을 한 것이다.≪현진건, 무영탑≫

의미 [+느낌],[+은근]

제약

③ 은근한 느낌으로.

¶실바람을 따라 고귀한 향기가 **그윽이** 풍겼다.≪현진건, 무영탑≫/필운대의 명물인 만개된 살구꽃은 **그윽이** 그 빛을 자랑하고 있었다.≪김동인, 운현궁의 봄≫

그저

의미 [-변화],[+기간],[+지금]

제약

① 변함없이 이제까지.

¶비가 **그저** 내리고 있다./그는 하루 종일 **그저** 잠만 자고 있다.

의미 [+일],[-별개],[+유지]

제약

② 다른 일은 하지 않고 그냥.

¶그는 **그저** 웃기만 했다./그는 묻는 말에 **그저** "예, 예." 하며 대답하였다.

의미 [-신기]

제약 {　}-{그렇다, 그러하다}

③ ('그렇다', '그러하다' 따위와 함께 쓰여) 별로 신기할 것 없이.

¶요새는 **그저** 그렇습니다./우리들은 모두 **그저** 그런 보통 사람들입니다./문경이 눈에 비친 채 련이는 **그저** 그러하였다.≪염상섭, 무화과≫

의미 [-조건]

제약

④ 어쨌든지 무조건.

¶**그저** 네가 참아라./**그저** 감사할 뿐입니다.

의미 [-목적]v[-이유]

제약

⑤ 특별한 목적이나 이유 없이.

¶**그저** 한번 해 본 말이다.

의미 [+타인],[+책망]v[+비난]

제약

⑥ 아닌 게 아니라 과연. 남을 책망하거나 비난하는 뜻으로 쓴다.

¶내 **그저** 그럴 줄 알았지.

그저께

의미 [+일],[-이일]

제약

어제의 전날에.

¶**그저께** 다친 손목이 아직도 쑤신다.

그제

의미 [+일],[-이일]

제약

'그저께'의 준말. 어제의 전날에.

¶**그제** 길거리에서 들은 음악이 잊히질 않는다.

그제-야

의미 [+언급],[+시간],[+도달]

제약

앞에서 이미 이야기한 바로 그때에 이르러서야 비로소.

¶초인종을 한참이나 누르니까 **그제야** 간호부가 나와서, 분을 하얗게 바른 얼굴을 내밀더니….≪심훈, 상록수≫

그지없-이

의미 [−한도]v[−한정]

제약

① 끝이나 한량이 없이.

¶모든 부모는 자식을 **그지없이** 사랑한다./그토록 따뜻한 관심을 받고 보니, 박미숙 씨는 좀 어색했지만 기분은 **그지없이** 좋았다.≪좋은생각≫

의미 [+정도],[+최대]

제약

② 이루 다 말할 수 없이.

¶대학에 합격한 아들을 보니 **그지없이** 흐뭇하다./문 서방은 목이 잠기며 눈물을 훔쳤다. 그런 문 서방의 **그지없이** 착하고 선량함이 그의 가슴을 뭉클하게 했다.≪조정래, 태백산맥≫

그-쯤

의미 [+기준],[+정도]

제약

그만한 정도로.

¶소금은 **그쯤** 넣으면 됐다.

그-토록

의미 [+기준],[+도달]

제약

그러한 정도로까지. 또는 그렇게까지.

¶**그토록** 말렸으나 소용이 없었다./고 녀석이 그**토록** 부르짖던 자유 상태로 돌아왔는데 전혀 즐거워하지 않는다는 거야.

극곤-히

의미 [+곤궁],[+정도]

제약

매우 곤궁하게.

극구

의미 [+말],[+다양]

제약

온갖 말을 다하여.

¶**극구** 사양하다./**극구** 만류하다./**극구** 부인하다./**극구** 변명하다./나는 아니라고 **극구** 부정하고, 또 사과하고 위로하느라고 한동안 쩔쩔매는 시

늠까지 해야 했다.≪박완서, 도시의 흉년≫/자식을 칭찬하는 말에 흡족한 형수는 아주머니의 음식 솜씨가 좋다고 **극구** 찬양했다.≪이병주, 행복어 사전≫

극난-히

의미 [+곤란],[+정도]

제약

몹시 어렵게.

극렬-히

의미 [+열렬]v[+맹렬],[+정도]

제약

매우 열렬하거나 맹렬하게.

¶**극렬히** 반대하다./의열단은 임시 정부를 눈에 든 가시와 같이 싫어하는 패라, 임시 정부의 해소를 **극렬히** 주장하였고….≪김구, 백범일지≫

극명-히

의미 [+분명],[+정도]

제약 { }−{드러나다}

매우 분명하게.

¶**극명히** 드러난 사실.

극성스레

의미 [+성질]v[+행동],[+거침],[+적극],[+과도]

제약

⇒ 극성스럽다. 성질이나 행동이 몹시 드세거나 지나치게 적극적인 데가 있다.

¶**극성스레** 굴다./아이들은 한 번 떨어졌다가도, 혹시나 제가 빠질까 하고 다시 **극성스레** 달라붙는다.≪심훈, 상록수≫

극성-히

의미 [+왕성],[+정도]

제약

① 몹시 왕성하게.

¶국력이 **극성히** 뻗어 나가다.

의미 [+성질]v[+행동],[+거침],[+적극],[+과도]

제약

② 성질이나 행동이 몹시 드세거나 지나치게 적극적으로.

¶우리 아이는 너무 **극성히** 굴어서 새 옷을 사

주어도 며칠 못 간다.

극심스레

　의미 [＋과도],[＋정도]

　제약

　보기에 매우 심한 데가 있게.

극심-히

　의미 [＋과도],[＋정도]

　제약

　매우 심하게.

　¶자본주의 국가에서는 세계적으로 부가 **극심히** 불균형을 보이고 있다.

극중-히

　의미 [＋무게],[＋과도]

　제약

　① 극히 무겁게.

　의미 [＋병세]v[＋형벌],[＋중대],[＋정도]

　제약

　② 병세나 형벌 따위가 몹시 무겁게.

　¶엄한 형벌을 **극중히** 받다.

극진-히

　의미 [＋마음],[＋힘],[＋노력],[＋정도]

　제약 { }-{보살피다, 대접하다, 사랑하다, 모시다}

　마음과 힘을 다하여 애를 쓰는 것이 매우 지극하게.

　¶**극진히** 보살펴 주다./**극진히** 대접하다./**극진히** 사랑하다./그는 부모님을 **극진히** 모셨다.

극친-히

　의미 [＋친밀],[＋정도]

　제약

　아주 친하게.

　¶어머니께 지극히 효성스러운 듯 오라버니께 **극친히** 공손한 듯 아주 얌전을 빼지마는….≪최찬식, 안의 성≫

극-히

　의미 [＋기준],[＋정도],[＋최대]

　제약

　더할 수 없는 정도로.

　¶**극히** 어려운 일./**극히** 당연한 일./**극히** 우수한 학생./지구가 혜성과 충돌할 확률은 **극히**

드물다.

근가-히

　의미 [＋흡족]v[＋정당],[＋근접]

　제약

　좋거나 옳다고 할 정도에 거의 가깝게.

근간-히

　의미 [＋태도],[＋근면],[＋성실]

　제약

　부지런하고 성실한 태도로.

　¶살던 집과, 농사한 곡식과, **근간히** 장만한 세간을 죄다 버리고서 말이었다.≪채만식, 소년은 자란다≫

근검-히

　의미 [＋태도],[＋근면],[＋검소]

　제약

　부지런하고 검소한 태도로.

　¶**근검히** 살림을 꾸려 나가다.

근근[01]

　의미 [＋미래],[－거리]

　제약

　머지않아. 또는 가까운 장래에.

　¶**근근** 무슨 소식이 오겠지.

근근[02]

　의미 [＋곤란],[＋정도]

　제약

　＝근근이. 어렵사리 겨우.

　¶세월이 없기로는 이름이 나서 **근근** 수년 동안에 여러 차례나 주인이 갈린 '평화' 카페이기는 하였다.≪박태원, 속 천변 풍경≫

근근간간-히

　의미 [＋근면],[＋정성],[＋정도]

　제약

　매우 부지런하고 정성스럽게.

근근-이

　의미 [＋곤란],[＋겨우]

　제약 { }-{살다, 지내다}

　어렵사리 겨우. ≒근근[02]

　¶쥐꼬리만 한 수입으로 **근근이** 살아가다./그는 **근근이** 고학으로 대학을 졸업했다.

근근자자-히

의미 [+근면],[+지속],[+정도]

제약

매우 부지런하고 꾸준하게.

¶그 돈을 다 드린대도 도저히 설계한 대로 지을 수는 없지만, 근근자자히 모은 근로계의 돈을 내놓았기로, 냉큼 송두리째 집어쓸 수는 없었던 것이다.≪심훈, 상록수≫

근덕-근덕

의미 [+모양],[+물체],[+요동],[+가로],[-정도],[+반복]

제약 { }-{흔들리다}

큰 물체가 가로로 조금씩 자꾸 흔들리는 모양.

¶근덕근덕 흔들리는 장막.

근데

의미 [+접속],[+인과],[+전환]

제약

① '그런데①'의 준말. 화제를 앞의 내용과 관련시키면서 다른 방향으로 이끌어 나갈 때 쓰는 접속 부사.

¶근데 아까는 어디 갔었니?

의미 [+접속],[+전환],[+반대]

제약

② '그런데②'의 준말. 앞의 내용과 상반된 내용을 이끌 때 쓰는 접속 부사.

¶형은 빵을 싫어해. 근데 나는 좋아해./아니, 희영인 이번 주일엔 양호했어. 근데 희영이 할아버지가 살아 계시다는 연락이 왔어요.

근뎅-근뎅

의미 [+모양],[+물체],[+부착],[+요동],[+불안],[+반복]

제약 { }-{흔들리다}

느슨하게 달려 있는 물체가 조금 위태롭게 자꾸 흔들리는 모양.

근드렁-근드렁

의미 [+모양],[+물체],[+부착],[+요동],[+크기],[-속도],[+반복]

제약 { }-{흔들리다}

큰 물체가 매달려 조금 거볍고 느리게 큰 진폭으로 자꾸 흔들리는 모양.

근드적-근드적

의미 [+모양],[+물체],[+부착],[+요동],[-속도],[+반복]

제약 { }-{흔들리다}

무엇에 기대어 있거나 붙어 있는 큰 물체가 천천히 거볍게 자꾸 흔들리는 모양.

근들-근들

의미 [+모양],[+물체],[+요동],[-일정],[-정도],[+반복]

제약 { }-{흔들리다}

물체가 이리저리 조금 가볍게 자꾸 흔들리는 모양.

¶병두는 경부선에 흔들리면서 차창에 팔을 기대고 근들근들 졸았다.≪오유권, 대지의 학대≫

근면-히

의미 [+끈기],[+근면]

제약

꾸준하고 부지런하게.

¶정부와 기업, 가계가 모두 힘을 합쳐 근면히 일해서 수출을 늘리고 물가를 안정시켜야 할 때다.

근본

의미 [+시작],[+처음]

제약

처음부터 애당초.

¶홍장식은 근본 눈치가 빠른 사람이나….≪김교제, 치악산≫/그렇지만 비밀이란 게 근본 어려운 거거든.≪김동리, 사반의 십자가≫

근사-히

의미 [+유사],[+정도]

제약

① 거의 같이.

의미 [+충분],[+당당]

제약

② 그럴듯하게 괜찮게.

¶근사히 차린 상.

근실-근실

의미 [+모양],[+느낌],[+가려움],[-정도],[+연속]

제약

잇따라 조금 가려운 느낌이 드는 모양.

¶창섭은 제 뒤통수에 근실근실 기어 다니는 정

애의 시선을 느끼었다.≪현진건, 지새는 안개≫

근실-히

의미 [+근면],[+진실]

제약

부지런하고 진실하게.

¶근실히 회사 일을 연구하고 새 계획을 세우고 하여 이번에 과장이 되고….≪염상섭, 일대의 유업≫

근심스레

의미 [+마음],[-편안],[+근심]

제약 { }-{말하다}

⇒ 근심스럽다. 보기에 마음이 놓이지 않아 속을 태우는 데가 있다.

¶떠날 준비를 마치고 몇 번이나 밖을 내다보던 시어머니가 **근심스레** 말했다.≪이문열, 영웅시대≫/ 양쪽이 서로 가까이 접근되자 이번에는 허 상사가 **근심스레** 입을 연다.≪홍성원, 육이오≫

근엄-히

의미 [+태도],[+진중],[+엄숙]

제약

점잖고 엄숙한 태도로.

¶**근엄히** 앉다./그 사람은 아주 **근엄히** 아들에게 훈계하였다.

근질-근질

의미 [+상태],[+느낌],[+가려움],[+반복]

제약 { }-{가렵다}

① 근지러운 느낌이 자꾸 드는 상태.

¶무좀 때문에 발가락이 **근질근질** 가렵다./목욕을 오랫동안 안 했더니 몸이 **근질근질** 가렵다./지루한 한겨울 동안 꼭 옴츠러졌던 몸뚱이가 이제야 좀 녹고 보니 여기가 **근질근질** 저기가 **근질근질**. ≪김유정, 봄과 따라지≫

의미 [+상태],[-인내],[+실행],[+욕망],[+정도],[+반복]

제약

② 참기 어려울 정도로 어떤 일을 자꾸 몹시 하고 싶어 하는 상태.

글겅-글겅

의미 [+소리]v[+모양],[+가래],[+장애],[+호흡],[+거침],[+반복]

제약 { }-{거리다, 쉬다}

'글그렁글그렁'의 준말. 가래 따위가 목구멍에 걸려 숨 쉴 때마다 자꾸 거칠게 나는 소리. 또는 그 모양.

글그렁-글그렁

의미 [+소리]v[+모양],[+가래],[+장애],[+호흡],[+거침],[+반복]

제약 { }-{거리다, 쉬다}

가래 따위가 목구멍에 걸려 숨 쉴 때마다 자꾸 거칠게 나는 소리. 또는 그 모양.

¶**글그렁글그렁** 숨 가쁜 소리를 내다.

글-로

의미 [+공간]v[+장소],[+지시]

제약

'그리로'의 준말. '그리01'를 강조하여 이르는 말. 그곳으로. 또는 그쪽으로.

¶서울역으로 가려면 **글로** 가시오./**글로** 가면 저수지가 나옵니다.

글리

의미 [+잘못]

제약

그릇되게.

¶**글리** 인도하다./일을 **글리** 처리하다.

글썽

의미 [+모양],[+눈물],[+충만]

제약 {눈물}-{고이다}

눈에 눈물이 넘칠 듯이 그득하게 고이는 모양.

¶그녀의 눈에 눈물이 **글썽** 괴어 있었다.

글썽-글썽

의미 [+모양],[+눈물],[+충만],[+정도],[+반복]

제약 {눈물}-{고이다}

눈에 눈물이 자꾸 넘칠 듯이 그득하게 고이는 모양.

¶현보는 무거운 발길을 옮겨 놓으면서 **글썽글썽** 눈물 괸 눈으로 순이를 돌아다본다.≪정비석, 성황당≫/홍 통사의 눈에 **글썽글썽** 서리었던 눈물은 너무도 기쁜지라 더 한 번 왈칵 쏟아지면서….≪박종화, 임진왜란≫

글컹-글컹

의미 [+모양],[+타인],[+마음],[+불편],[+정

도]

제약

남의 심사를 자꾸 긁어 몹시 상하게 하는 모양.

긁적-긁적

의미 [+모양],[+손톱]v[+물체],[+마찰],[+바닥]v[+표면],[+반복]

제약 { }-{긁다, 문지르다}

① 손톱이나 뾰족한 기구 따위로 바닥이나 거죽을 자꾸 문지르는 모양.

¶머리를 긁적긁적 긁다.

의미 [+모양],[+글]v[+그림],[-주의],[+반복]

제약 { }-{쓰다, 그리다}

② 되는대로 글이나 그림 따위를 자꾸 마구 쓰거나 그리는 모양.

긁죽-긁죽

의미 [+모양],[+마찰],[-주의],[+반복]

제약 { }-{긁다}

자꾸 함부로 긁는 모양.

¶그 팔을 뒤로 제쳐 올리고 또 바른팔로 다른 그 팔꿈치를 들어 올리고 그리고 **긁죽긁죽** 긁어도 좋다.≪김유정, 봄과 따라지≫

금방

의미 [+시점],[+전(前)],[-정도]

제약

①=방금01①. 말하고 있는 시점보다 바로 조금 전에.

¶**금방** 구워 낸 빵./**금방** 밥 먹었는데 또 뭘 먹자고 그러니?/그는 **금방** 두 사람이 나눈 대화를 다시 되뇌어 보았다.

의미 [+지금]

제약

②=방금01②. 말하고 있는 시점과 같은 때에.

¶**금방** 비가 올 것처럼 하늘이 어둡다./그는 동생에게 소리치고 나서 **금방** 후회하였다./그는 우선 세면대에 고무마개를 틀어막은 후 더운물과 찬물을 동시에 틀었다. 물은 **금방** 가득 찼다.≪최인호, 타인의 방≫/저수지에 도착하자 우리는 인솔 선생님의 지시를 기다릴 것도 없이 **금방** 도시락들을 까먹었다.≪최일남, 골방≫

의미 [+시점],[+후(後)],[-정도]

제약

③=방금01③. 말하고 있는 시점부터 바로 조금 후에.

¶걷잡을 수 없는 분노가 그를 사로잡았다. 금방 달려들기라도 할 듯 벌떡 몸을 일으키다가 파편을 꺼낸 자리의 통증 때문에 제풀에 모로 쓰러지면….≪이문열, 영웅 시대≫

금방-금방

의미 [+모양],[+일]v[+행동],[+신속]

제약

일이나 행동 따위를 빨리빨리 하는 모양.

¶볕이 좋아서 빨래가 **금방금방** 마른다./그는 어려운 일도 금방금방 해낸다./담배 연기가 **금방금방** 공중에 흩어져 버리는 것에 주의를 집중시키며 내가 마음의 쓰라림에 어떤 방향을 주려고 애쓰고 있는데….≪김승옥, 환상 수첩≫

금세

의미 [+시간],[+지금]

제약

지금 바로. '금시에'가 줄어든 말로 구어체에서 많이 사용된다.

¶소문이 금세 퍼졌다./약을 먹은 효과가 금세 나타났다./얄팍한 양철 난로는 **금세** 빨갛게 달아오르면서 방 안이 훈훈해졌다.≪최인훈, 구운몽≫

금실-금실

의미 [+모양],[+물결],[+요동],[+크기],[-속도],[+반복]

제약

느리고 폭이 넓게 자꾸 물결치는 모양.

¶하늘은 맑고 바람은 쌀쌀하여 동산에서 가랑잎은 절벽 아래로 날고 대동강 찬 물결이 **금실금실** 일고 있었다.≪김사량, 낙조≫

금연-히

의미 [+상태],[+산],[+돌출],[+거침]

제약 {산}-{솟다}

산이 험하게 솟아 있는 상태로.

금음-히

의미 [+상태],[+산],[+돌출],[+높이]

제약 {산}-{솟다}

산이 우뚝 솟아 있는 상태로.

금재

의미 [+겨우],[+지금]

제약

이제 겨우.

급

의미 [+접속],[+유사]

제약

문장에서 같은 종류의 성분을 연결할 때 쓰는 것으로, '그리고', '그 밖에', '또'의 의미를 나타낸다. '및'으로 순화.

급거

의미 [+모양],[+급박],[+속도],[+정도]

제약

몹시 서둘러 급작스러운 모양. 늑급거히.

¶급거 귀국하다./급거 상경하다./서울에 내처 눌러앉아 고시 공부에 열중하고 있었는데 부친의 급서 전보를 받고야 급거 고향에 내려와 머물고 있던 참이었다.≪김원일, 불의 제전≫

급거-히

의미 [+모양],[+급박],[+속도],[+정도]

제약

=급거. 몹시 서둘러 급작스러운 모양.

¶아내는 무엇에 놀란 사람 모양으로 한참 멀거니 서 있었다. 문득 급거히 대문을 닫는다. 마치 그 열린 사이로 악마나 들어올 것처럼.≪현진건, 술 권하는 사회≫

급격-히

의미 [+변화],[+운동],[+급박],[+격렬]

제약

변화의 움직임 따위가 급하고 격렬하게.

¶사고가 급격히 감소하다./개혁이 급격히 진행되다./눈이 내린 뒤, 산속은 급격히 기온이 떨어져서 나뭇가지에 실린 눈은 설화이기보다 빙화였었다.≪박경리, 토지≫

급급-히[01]

의미 [+산],[+높이],[+경사]

제약

① 산이 높고 가파르게.

의미 [+형세],[+위급],[+정도]

제약

② 형세가 몹시 위급하게.

급급-히[02]

의미 [-여유],[+집중]

제약

한 가지 일에만 정신을 쏟아 다른 일을 할 마음의 여유가 없이. 늑겁겁히②.

급급-히[03]

의미 [+급박],[+정도]

제약

매우 급하게.

¶급급히 서둘러 가다./급급히 떠나다./급급히 도망치다./무엇에 쫓겨 가는 사람처럼 급급히 마시는 것이었다.≪염상섭, 삼대≫

급기

의미 [+최후],[+결국]

제약

=마침내. 드디어 마지막에는.

¶급기 만나다./급기 가서 보니 좌중에는 6, 7인의 선래객(先來客)이 벌써 포진하고 있었는데….≪변영로, 명정 40년≫/글쎄, 뒤섞이고 뒤섞여서 부탁할 말이 태산같이 많을 것 같더니, 급기 당하고 보니 더 부탁할 게 없구려.≪김동인, 젊은 그들≫

급기야

의미 [+최후]

제약

마지막에 가서는.

¶급기야 일이 내가 감당하기 어려운 지경에 이르렀다./그의 간청에 못 이겨 나는 급기야 도움을 약속했다.≪홍성원, 무사와 악사≫

급박-히

의미 [+상황],[+급박],[-여유],[+정도]

제약

사태가 조금도 여유가 없이 매우 급하게.

¶그야 말이 내일모레지 그리 급박히야 할 수가 있겠소.≪김교제, 치악산≫

급속-히

의미 [+급박],[+속도]

제약

급하고 빠르게.

¶급속히 변화하다./양국 간의 교역량이 최근 급속히 증가하고 있다./위아래 좌우로, 혹은 천천히 혹은 **급속히** 흥선의 손에 잡힌 붓이 노는 동안 한 포기의 난초는 명주 위에 그려졌다.≪김동인, 운현궁의 봄≫

급스레

의미 [+급박]

제약

보기에 급한 데가 있게.

급자기

의미 [-생각],[+급박],[+정도]

제약

미처 생각할 겨를도 없이 매우 급히.

¶급자기 비가 왔다./동생이 **급자기** 병원에 입원했다./상황이 **급자기** 달라졌다./차는 **급자기** 정거하려고 애쓰는 격렬한 진동을 하였다.≪이광수, 흙≫

급작스레

의미 [+발생],[-생각],[+급박],[+정도]

제약

미처 생각할 겨를이 없이 매우 급하게 일어난 데가 있게.

¶과속하던 차가 횡단보도 앞에서 **급작스레** 멈춰 섰다./소나기가 **급작스레** 퍼붓더니 금세 날이 개었다./너무 **급작스레** 당한 일이어서 그는 이것이 꿈처럼도 생각되었다.≪홍성원, 육이오≫

급조-히

의미 [+성격],[-인내],[+급박],[+정도]

제약

성미가 참을성 없이 매우 급하게.

¶이렇게 **급조히** 굴지 마시고 내 말을 들으시오. ≪이해조, 빈상설≫

급촉-히

의미 [-여유],[+촉박]

제약

조금의 여유도 없이 촉박하게.

급-히

의미 [+상태],[+사정]v[+형편],[+처리],[+속도],[-지체]

제약

① 사정이나 형편이 조금도 지체할 겨를이 없이 빨리 처리하여야 할 상태로.

¶급히 꼭 할 말이 있다./돈이 **급히** 필요하다./지금 **급히** 쓸 일이 있는데 저금한 돈을 찾아가야 되겠소.≪한용운, 흑풍≫

의미 [-시간],[-여유],[+조급],[+독촉],[+속도],[+정도]

제약

② 시간의 여유가 없어 일을 서두르거나 다그쳐 매우 빠르게.

¶급히 뛰어가다./그렇게 **급히** 먹다가는 체하기 쉽다./그는 갈팡질팡하다가 **급히** 말을 몰아 경복궁으로 직행했다.≪유주현, 대한 제국≫

의미 [+기울기]v[+경사],[+정도]

제약

③ 기울기나 경사가 가파르게.

¶명량 해협은 바닷속이 **급히** 경사지면서 험준해서 조수가 창일해 밀려들면 성난 물결이 하늘을 덮어 부수면서….≪박종화, 임진왜란≫

의미 [+물결],[+흐름]v[+진행],[+속도],[+정도]

제약

④ 물결 따위의 흐름이나 진행 속도가 매우 빠르게.

¶강물이 **급히** 흐르다.

긍긍

의미 [+모양],[+견고]

제약

① 단단하고 굳센 모양.

의미 [+모양],[+조심],[+자제]

제약

② 조심하고 자제하는 모양.

긍련-히

의미 [+가련]

제약

불쌍하고 가엾게. 늑긍민히·긍측히.

¶천주여 우리를 **긍련히** 여기소서.≪한무숙, 만남≫

긍민-히

의미 [+가련]

제약

=긍련히. 불쌍하고 가엾게.

긍측-히

의미 [+측은]

제약 { }-{여기다, 생각하다}

=긍련히. 불쌍하고 가엾게.

¶하늘을 우러러 통곡하는지라 그 고을 부윤이 그 경황을 **긍측히** 여겨 그 세납을 물시케 할 뜻으로….≪대한매일신보≫

긍휼-히

의미 [+측은]

제약 { }-{여기다, 생각하다}

불쌍하고 가엾게.

¶**긍휼히** 여기다./약한 것을 어여삐 알고 가엾은 것을 **긍휼히** 앓는 사람으로서 상하 귀천이 없거늘….≪황석영, 장길산≫

기걸스레

의미 [+모습]v[+행동],[+기이],[+영웅]

제약

⇒ 기걸스럽다. 모습이나 행동이 기이하고 호걸다운 데가 있다.

기구-히

의미 [+산길],[+거침]

제약

① 산길이 험하게.

의미 [+세상살이],[-순탄],[+장애]

제약

② 세상살이가 순탄하지 못하고 가탈이 많게.

기꺼이

의미 [+마음],[+기쁨],[+은근]

제약 { }-{수락하다, 주다}

마음속으로 은근히 기쁘게.

¶**기꺼이** 받아들이다./**기꺼이** 승낙하다./**기꺼이** 해 주다./**기꺼이** 함께 가 주다./선생님께서는 나의 작은 선물을 **기꺼이** 받아 주셨다./병사들이 **기꺼이** 고난을 참으려면, 그들의 고난이 퍽 보람 있고 의의 있는 일이라는 확신을 가진 후라야 가능한 걸세.≪홍성원, 육이오≫

기-껏

의미 [+힘]v[+정도],[+도달]

제약

힘이나 정도가 미치는 데까지.

¶**기껏** 세차를 해 놓았더니 비가 와서 소용이 없게 되었다./**기껏** 위로한다는 소리가 그거니?/**기껏** 서푼짜리 월급쟁이밖에 못 되는 주제에!≪윤흥길, 완장≫

기껏-해야

의미 [+한계]

제약 { }-{부정 서술어}

① 아무리 한다고 해야.

¶네가 하는 일이 **기껏해야** 그 정도겠지./밤새도록 강 위에 떠 있었던 나룻배는 **기껏해야** 노루목 나루터의 턱밑에서 맴돌고 있었다.≪문순태, 타오르는 강≫

의미 [+추정],[+높이]v[+분량],[+최대]

제약

② (수를 나타내는 말 앞에 쓰여)아무리 높거나 많게 잡아도. 또는 최대한도로 하여도.

¶회의에 참석한 인원은 **기껏해야** 다섯 명에 불과하다./군밤을 파는 아이는 **기껏해야** 고등학생 정도의 나이였다.

기다라니

의미 [+길이],[+예상],[+정도]

제약

매우 길거나 생각보다 길게.

¶**기다라니** 늘어서다./사람들이 극장 앞에 기다라니 서 있다.

기럭-기럭

의미 [+소리],[+기러기]

제약 {기러기}-{운다}

기러기가 우는 소리.

기름-기름

의미 [+모양],[+전부],[+길이]

제약

여럿이 다 조금 긴 듯한 모양.

기묘-히

의미 [+생김새],[+이상],[+절묘]

제약

생김새 따위가 이상하고 묘하게.

기민-히

의미 [+눈치],[+동작],[+민첩]

제약

눈치가 빠르고 동작이 날쌔게.

¶급변하는 국내외 정세를 기민히 포착하다.

기세-등등

의미 [+모양],[+기세],[+기운],[+강력]

제약

기세가 매우 높고 힘찬 모양.

¶통일이라면 죽자 살자 수난자 처지를 앞세워 **기세등등** 목소리를 높이고 드느냔 말이다.≪이청준, 가해자의 얼굴≫/그는 한주먹에 당장 지욱을 때려눕힐 듯 **기세등등** 허공을 마구 주먹으로 후려치면서 욕설을 퍼부어 댔다.≪이청준, 자서전들 쓰십시다≫

기승스레

의미 [-복종],[+잔인],[+견고]

제약

① 억척스럽고 굳세어 좀처럼 굽히지 않으려는 데가 있게.

¶주인아주머니가 언성을 버쩍 높여 가지고 더 **기승스레** 펄펄 뛴 것은 말할 나위도 없다.≪손창섭, 층계의 위치≫

의미 [+기운]v[+힘],[+번성],[-감소]

제약

② 기운이나 힘 따위가 성해서 좀처럼 누그러들지 않으려는 데가 있게.

기신-기신

의미 [+모양],[+나태]v[-기운],[+행동],[-속도],[+반복]

제약 {사람}-{거리다, 대다}

① 게으르거나 기운이 없어 자꾸 느릿느릿 힘없이 행동하는 모양.

¶노파는 다시 **기신기신** 일어나 갑자기 바깥쪽으로 달려 나갔다.≪이호철, 소시민≫/조금 전 파출소를 나왔을 때만 해도 폭삭 짜부라진 모습으로 **기신기신** 따라 걷던 이가 어느새 기세등등한 모습으로 바뀌어 있었던 것이다.≪전상국, 외딴길≫

의미 [+모양],[+눈치],[+방문],[-환영]

제약

② 굼뜨게 눈치를 보며 반기지 않는 데를 자꾸 찾아다니는 모양.

¶글쎄 그 망할 놈이 뭣하러 **기신기신** 그리 온담. ≪황순원, 카인의 후예≫/비굴한 웃음을 얼굴에 띠어 가지고 **기신기신** 권문들을 찾아다니던 것은 단지 홍선의 호신책이 아니었던가?≪김동인, 운현궁의 봄≫

기신없-이

의미 [-기운],[+정신][-분명]

제약 { }-{쓰러지다}

기력이 없고 흐린 정신으로.

¶**기신없이** 쓰러지다./그는 피곤에 지쳐 **기신없이** 잠이 들었다./가뜩이나 헐벗고 얻어먹지 못해서 파리한 몸이 **기신없이** 쓰러졌다가도 바스락 소리만 나면 발딱 일어나 "선생님, 왜 그러세요?" 하고 영신의 얼굴을 들여다본다.≪심훈, 상록수≫

기실

의미 [+상황],[+사실]

제약

실제에 있어서.

¶**기실** 알고 보면 그 사람도 나쁜 사람은 아니다./미화하고 과장하려 들 테지만 **기실** 그 진상은 뜻밖에도 단순하고 명백하다.≪이문열, 이 황량한 역에서≫

기어-이

의미 [+필연],[+의지]

제약

①=기어코①. 어떠한 일이 있더라도 반드시.

¶저들의 속셈이 무엇인지 **기어이** 밝혀내고야 말겠어./종혁을 구슬려서라도 **기어이** 구경을 한번 가고 싶은 것이었다.≪이정환, 샛강≫

의미 [+결국]

제약

②=기어코②. 결국에 가서는.

¶하늘이 잔뜩 흐리더니 **기어이** 비가 오는구나./그렇게 말렸는데도 **기어이** 집을 나갔단 말이야?/그 녀석이 **기어이** 일을 저지르고 말았구나./**기어이** 강 포수는 삿대질을 하며 평산에게 대들었다.≪박경리, 토지≫

기어-코

의미 [+필연],[+의지]

제약

① 어떠한 일이 있더라도 반드시. 늑기어이①.

¶기어코 해내고야 말겠다는 결심./부모님의 원수를 기어코 갚고 말겠다./기어코 그렇게 고집을 부려야 되겠니?/나는 다음 말을 기어코 하고 말겠다고 다짐했다.≪이병주, 관부 연락선≫

의미 [＋결국]

제약

② 결국에 가서는. 늑기어이②.

¶어머님이 그렇게 말렸는데도 그는 기어코 뿌리치며 떠났다./울먹이던 아이는 기어코 울음을 터뜨렸다./찌푸렸던 하늘이 기어코 함박눈을 퍼붓는다.

기엄-기엄

의미 [＋모양],[＋운동],[＋포복],[＋반복]

제약 { }-{기다, 움직이다}

자꾸 기어가거나 기는 듯이 움직이는 모양.

¶방 안에서 아이가 기엄기엄 기어 나왔다./기천이는 맨 나중에 단장을 짚고, 기엄기엄 올라왔다.≪심훈, 상록수≫

기엄-둥실

의미 [＋모양],[＋수면],[＋운동]

제약 { }-{헤엄치다, 뜨다}

물 위를 기는 듯이 헤엄치거나 떠 있는 모양.

¶시냇물에서 개구리가 기엄둥실 헤엄치고 있다.

기역

의미 [＋동일]

제약

＝기역시. (문어체로) 그것도 이것과 마찬가지로.

기-역시

의미 [＋동일]

제약

(문어체로) 그것도 이것과 마찬가지로. 늑기역

¶기역시 동일한 문제이다.

기연

의미 [＋필연],[＋의지]

제약

＝기연히. 기필코 꼭 그렇게.

기연가-미연가

의미 [＋모양],[－확신],[－분명]

제약

'긴가민가'의 본말. 그런지 그렇지 않은지 분명하지 않은 모양.

¶주만은 놀라지도 않았다. 아까부터 기연가미연가 생각하던 것이 바로 맞은 줄 알았을 뿐이었다.≪현진건, 무영탑≫

기연-미연

의미 [＋모양],[－확신],[－분명]

제약

＝긴가민가. 그런지 그렇지 않은지 분명하지 않은 모양.

¶사람마다 기연미연 혐의를 걸어 보기란 면난스러운 일이었다.≪이효석, 분녀≫

기연-히

의미 [＋필연],[＋의지]

제약

기필코 꼭 그렇게. 늑기연

¶아무리 만류해도 듣지 않고 기연히 제 고집대로만 하려고 한다./언젠가 내 기연히 그놈 못된 행실을 고쳐 놓고야 말리라.

기왕

의미 [＋상황],[＋수용]

제약

＝기왕에. 이미 그렇게 된 바에.

¶기왕 말이 나왔으니까 하는 얘긴데…./기왕 해 놓은 밥이니 우리끼리라도 먹자./기왕 말이 나온 김에 이 자리에서 흉금을 모두 털어놓는 게 좋겠군.≪윤흥길, 제식 훈련 변천 약사≫

기왕-에

의미 [＋상황],[＋수용]

제약

이미 그렇게 된 바에. 늑기왕

¶기왕에 왔으니까 만나나 볼래?/기왕에 시작한 일이니까 끝까지 해 보자./에이 형님도 원! 기왕에 늦으시겠거든 내일 아침에나 오지, 원.≪문순태, 타오르는 강≫/기왕에 그렇게 된 일을 가지고 와자지껄 떠들기만 하면 무슨 소용이 있나?≪심훈, 상록수≫

기왕-이면

의미 [＋상황],[＋수용]

제약

어차피 그렇게 된 바에는.

¶기왕이면 국수 대신에 밥을 먹자./기왕이면 과 붓집 머슴살이를 한다고 뭐니 뭐니 해도 단장 잘 만나야 해.≪한수산, 부초≫

기우듬-히

의미 [+경사],[-정도]

제약 { }-{기울다}

조금 기운 듯이.

¶왼쪽으로 약간 기우듬히 걸려 있는 벽시계.

기우뚱

의미 [+모양],[+물체],[+경사],[-정도]

제약 { }-{기울어지다, 거리다, 대다}

물체가 한쪽으로 약간 기울어지는 모양.

¶심한 파도로 배가 한쪽으로 기우뚱 기울었다./ 느닷없는 끌어당김에 기우뚱 명훈 쪽으로 몸이 쏠렸던 그녀가 몸서리치듯 어깨를 떨며 명훈의 손을 뿌리쳤다.≪이문열, 변경≫

기우뚱-기우뚱

의미 [+모양],[+물체],[+경사],[-일정],[-정도],[+반복]

제약 { }-{흔들리다}

물체가 자꾸 이쪽저쪽으로 기울어지며 흔들리는 모양.

¶그 조그만 배는 바다의 잔물결에도 기우뚱기우뚱 흔들렸다./기우뚱기우뚱 중심을 못 잡던 여삼 은 그만 한순간에 왼손에 들고 있던 볏섬을 놓 치고 말았다.≪유현종, 들불≫/여자가 따귀라도 얻 어맞은 듯 발끈 상기하더니 수남이를 안고 기우 뚱기우뚱 계단을 오르기 시작했다.≪박완서, 도시 의 흉년≫

기우스름-히

의미 [+경사],[-정도]

제약

조금 기울어진 듯이.

¶석양은 어느덧 기우스름히 뒷산으로 넘어가고 있었다.

기웃

의미 [+모양],[+고개]v[+신체],[+경사],[+관찰]

제약 { }-{기울어지다, 거리다, 대다}

무엇을 보려고 고개나 몸 따위가 한쪽으로 조금 기울어지는 모양. 늑기웃이.

¶찬식이가 부엌을 기웃 들여다보더니 새 자루에 쌀이 부뚜막에 놓인 것을 보고….≪염상섭, 부부≫ /혜관은 이리 기웃 저리 기웃 호기심 많은 아이 처럼 한눈을 팔며 걷고 있다.≪박경리, 토지≫/그 네들은 십여 분 동안이나 이리 기웃 저리 기웃 하며 모친 무덤을 골라 보려 애썼지만….≪이문 구, 장한몽≫

기웃-기웃

의미 [+모양],[+고개]v[+신체],[+경사],[+관찰],[+반복]

제약 { }-{기울이다, 거리다, 대다}

① 무엇을 보려고 고개나 몸 따위를 이쪽저쪽으 로 자꾸 조금씩 기울이는 모양.

¶미군들도 이쪽을 호기심 어린 눈초리로 기웃기웃 넘겨다보았다.≪조해일, 아메리카≫/대문 앞에 서 똑똑히 누구를 찾지도 못하고 대문간을 기웃 기웃 들여다보면서 기침을 몇 번 하였다.≪한용 운, 흑풍≫

의미 [+모양],[+탐욕],[+반복]

제약

② 남의 것을 탐내는 마음으로 자꾸 슬금슬금 넘겨다보는 모양.

기웃드름-히

의미 [+경사],[-정도]

제약

조금 기운 듯이.

기웃-이

의미 [+모양],[+고개]v[+신체],[+경사],[+관찰]

제약 { }-{기울어지다, 거리다, 대다}

=기웃. 무엇을 보려고 고개나 몸 따위가 한쪽으 로 조금 기울어지는 모양.

¶그는 내가 책을 들고 나가면 고개를 기웃이 기 울여 못마땅하다는 듯이 보곤 하였다./문을 열 고 기웃이 들이민 그녀의 동그란 얼굴의 보조개 가 귀여웠다./별안간 웃는 소리에 영감은 또 눈 이 뚱그레서 기웃이 내다본다.≪염상섭, 취우≫/떠

나가 버린 사람들의 빈집 뜰을 내키지 않게 기
웃이 넘겨다보았다.《황석영, 영등포 타령》

기위

의미 [+이미]

제약

=이미. 다 끝나거나 지난 일을 이를 때 쓰는 말.
'벌써', '앞서'의 뜻을 나타낸다.

¶기위 예까지 따라왔은즉 며칠 안 남은 혼인 구
경이라도 좀 하고 가자.《이기영, 봄》/병화는 기
위 내놓은 발길이면야 갈 데까지 가고야 말아야
하겠다고 생각하였다.《염상섭, 삼대》/기위 당한
일은 당한 일이고, 앞으로 살아갈 걱정이나 해
야겠다는 생각이 들었다.《하근찬, 야호》

기이

의미 [+이미]

제약

=이미. 다 끝나거나 지난 일을 이를 때 쓰는 말.
'벌써', '앞서'의 뜻을 나타낸다.

기이-히

의미 [+기묘],[+이상]

제약 { }-{여기다}

기묘하고 이상하게.

¶벙어리 된 자를 예수께 데려오니 귀신이 쫓겨
나고 벙어리가 말하거늘 무리가 기이히 여겨 말
하기를 이스라엘 가운데서 이런 일을 본 적이
없다고 했다.《김동리, 을화》

기탄없-이

의미 [−곤란],[−장애]

제약

어려움이나 거리낌이 없이.

¶기탄없이 비판하다./기탄없이 이야기하다./기탄
없이 의견을 말하다./그럼 가끔 들러서 그림 얘
기도 들으며 기탄없이 폐를 끼치겠습니다.《이영
치, 흐린 날 황야에서》

기특-히

의미 [+언사]v[+행동],[+신통],[+사랑]

제약 { }-{여기다, 생각하다}

말하는 것이나 행동하는 것이 신통하여 귀염성
이 있게.

¶손자의 행동을 기특히 여기다./어머니는 아이

가 이젠 혼자서도 할 수 있다는 말을 듣고 기특
히 생각하였다.

기필-코

의미 [+필연],[+의지]

제약

=반드시. 틀림없이 꼭.

¶이번 계약은 기필코 성사시켜야 한다./날이 밝
기 전에 기필코 결판을 내지 않으면 안 되는 입
장이었다.《윤흥길, 완장》/그는 절대로 죽지 않으
며 기필코 그녀에게 다시 돌아오리라고 굳게 믿
었다.《홍성원, 육이오》

긴가민가

의미 [+모양],[−확신],[−분명]

제약

그런지 그렇지 않은지 분명하지 않은 모양. 늑기
연미연.

¶골짜기에서 물 흐르는 소리란 그냥 꾸며 댄 말
이었으므로 아씨는 되레 놀라면서 긴가민가 귀
를 기울였다.《박완서, 미망》

긴급-히

의미 [+중요],[+급박]

제약

긴요하고 급하게.

¶전보를 받고 긴급히 고향에 내려갔다./이 일은
긴급히 처리해야 한다./멀리 마을 쪽에서 종소리
가 땡땡땡 들려왔다. 돌개의 절대자 배 선생이
개발 위원회 간부들을 긴급히 소집하는 신호일
것이었다.《윤흥길, 묵시의 바다》

긴밀-히

의미 [+관계],[+친밀],[−간격]

제약 { }-{맺다}

서로의 관계가 매우 가까워 빈틈이 없이.

¶관계를 긴밀히 하다./양국이 경제 분야에서 긴
밀히 협조하기로 합의했다./회원 간에 긴밀히 연
락을 취했다.

긴박-히

의미 [+급박],[+절박]

제약

매우 다급하고 절박하게.

¶사태가 긴박히 돌아가자 모두들 긴장하고 있었

다./정세가 일촉즉발로 **긴박히** 전개되고 있다.

긴불긴-간에

의미 [+중요]v[-중요],[-관계]

제약

긴요하든지 긴요하지 않든지 관계없이.

긴실-히

의미 [+중요],[+급박]

제약

긴요하고 절실하게.

긴요-히

의미 [+중요],[+급박],[+정도]

제약 { }-{필요하다}

꼭 필요하고 중요하게. 늑요긴히.

¶**긴요히** 쓸 데가 있으니 십만 원만 빌려 주게./ **긴요히** 할 말이라는 게 뭐야.

긴절-히

의미 [+필요],[+급박],[+정도]

제약 { }-{필요하다}

매우 필요하고 절실하게.

¶소금은 요리에서 **긴절히** 소용되는 것이다.

긴-히

의미 [+필요],[+정도]

제약

① 꼭 필요하게.

¶**긴히** 쓸 데가 있어서 그러니 돈 좀 빌려 주게.

의미 [+간절],[+정도]

제약

② 매우 간절하게.

¶**긴히** 아뢰다./제가 **긴히** 여쭐 말씀이 있습니다./그가 **긴히** 상의드릴 일이 있어 찾아왔답니다.

길길-이

의미 [+모양],[+분노],[+도약]

제약 { }-{뛰다, 지르다, 퍼붓다}

① 성이 나서 펄펄 뛰는 모양.

¶**길길이** 날뛰다./**길길이** 소리를 지르다./화가 난 그는 **길길이** 악담을 퍼부어 댔다.

의미 [+높이],[+키],[+다수]

제약

② 여러 길이 될 만큼의 높이로.

¶타오르는 불길이 **길길이** 치솟았다./광에선 추수해 들인 입쌀과 잡곡이 뒤주에서 독에서 넘치고 가마니째 **길길이** 쌓여 있었다.≪박완서, 미망≫

길래

의미 [+기간],[+정도]

제약

오래도록 길게.

¶**길래** 써 오던 망치./손톱 깨무는 버릇을 **길래** 가져서는 안 된다./앞으로도 **길래** 마음이 평온을 얻기 어렵다는 것일까.≪이문구, 장한몽≫

길-바로

의미 [+방향],[+정상]

제약 { }-{가다}

길을 제대로 잡아들어서.

¶외양간 문이 열려 있어서 나귀는 **길바로** 그리로 달려 들어갔다.≪한설야, 탑≫

길쑴-길쑴

의미 [+모양],[+전부],[+길이],[+상쾌]

제약

여럿이 다 시원스레 조금 기름한 모양.

길쑴-히

의미 [+길이],[+상쾌],[-정도]

제약

시원스러울 정도로 조금 기름하게.

길-이

의미 [+기간],[+경과],[+정도]

제약 { }-{남다, 생각하다, 빛나다}

오랜 세월이 지나도록.

¶**길이** 보전하다./이름을 **길이** 빛내다./그분의 업적은 역사에 **길이** 남을 것이다.

길이-길이

의미 [+기간],[+경과],[+정도]

제약 { }-{남다, 생각하다, 빛나다}

아주 오래도록.

¶**길이길이** 간직하다./**길이길이** 이어지다./후손에 **길이길이** 전하다./**길이길이** 푸르르니, 그대의 꽃다운 혼….≪박종화, 임진왜란≫

길쭉-길쭉

의미 [+모양],[+전부],[+길이],[-정도]

제약

여럿이 다 조금 긴 모양.

¶떡을 **길쭉길쭉** 썰다./마당가에선 참죽나무 서너 그루가 이쪽으로 **길쭉길쭉** 시원스러운 그림자들을 자꾸만 눕혀서 보내곤 세워서 보내곤 하는 듯하다.≪윤흥길, 묵시의 바다≫

길쭉-이
의미 [＋모양],[＋길이],[－정도]
제약
조금 길게.

¶목을 **길쭉이** 빼다./초등학교 교실 건물이 **길쭉이** 늘어서 있다.

길쯤-길쯤
의미 [＋모양],[＋전부],[＋길이],[＋정도]
제약
여럿이 다 꽤 기름한 모양.

¶오이가 **길쯤길쯤** 자라 있다.

길쯤-이
의미 [＋길이],[＋정도]
제약
꽤 기름하게.

¶**길쯤이** 자란 수세미외.

길찍-길찍
의미 [＋모양],[＋전부],[＋길이],[＋정도]
제약
여럿이 다 길이가 꽤 긴 듯한 모양.

¶소나무가 **길찍길찍** 잘 컸다.

길찍-이
의미 [＋길이],[＋정도]
제약
길이가 꽤 긴 듯이.

깊숙-이
의미 [＋방향],[＋위][＋바닥]/[＋거리],[＋고요]
제약
① 위에서 밑바닥까지, 또는 겉에서 속까지의 거리가 멀고 으슥하게.

¶산 **깊숙이** 들어가다./모자를 **깊숙이** 내려 쓰다./마당 **깊숙이** 묻다./고개를 **깊숙이** 숙이다./소파에 **깊숙이** 기대어 앉다./그녀는 그의 말을 마음 **깊숙이** 간직했다./그는 담배 연기를 폐부 **깊숙이** 빨아들였다가….≪윤흥길, 묵시의 바다≫

의미 [＋기준],[＋높이]v[＋정도],[＋과도]
제약
② 유독 수준이 높거나 정도가 심하게.

¶사건에 **깊숙이** 개입하다./아우가 일제에 너무 **깊숙이** 가담한 데서 오는 어떤 부담감도, 그의 행동을 제약하는 작용을 하고 있었다.≪최일남, 거룩한 응달≫

의미 [＋모양],[＋어둠]v[＋안개],[＋자욱],[＋고요]
제약
③ 어둠이나 안개 따위가 자욱하고 으슥하게.

¶김형수는 저녁 어둠이 **깊숙이** 깔린 미루나무 숲에 있었다.≪전상국, 음지의 눈≫

깊-이
의미 [＋방향],[＋겉][＋속],[＋거리],[＋정도]
제약
① 겉에서 속까지의 거리가 멀게.

¶땅속 **깊이** 묻다./구덩이를 **깊이** 파다./어머니는 장롱 **깊이** 돈을 감췄다./모든 것을 지시하고 난 덕보는 털실로 뜬 모자를 **깊이** 눌러쓰며 단원들에게 말했다.≪한수산, 부초≫

의미 [＋생각],[＋무게],[＋신중]
제약
② 생각이 듬쑥하고 신중하게.

¶**깊이** 생각하다.

의미 [＋수준][＋높이]v[＋정도][＋과도]
제약
③ 수준이 높게. 또는 정도가 심하게.

¶**깊이** 감동하다./**깊이** 사랑하다./잘못을 **깊이** 사죄하다./학문을 **깊이** 연구하다./상대를 **깊이** 알기 전에는 속단하지 마라./그는 고향 생각에 **깊이** 사로잡혔다./그 정도의 일을 가슴속에 **깊이** 새겨 두면 안 된다.

깊이-깊이
의미 [＋방향],[＋겉][＋속],[＋거리],[＋정도]
제약
① 겉에서 속까지의 거리가 아주 멀게.

¶**깊이깊이** 가라앉다./**깊이깊이** 감추다./땅속 **깊이깊이** 묻다.

의미 [＋생각],[＋무게],[＋신중],[＋정도]

제약

② 생각이 아주 듬쑥하고 신중하게.

¶깊이깊이 생각하다.

의미 [+수준][+높이]v[+정도][+과도]

제약

③ 수준이 아주 높게. 또는 정도가 아주 심하게.

¶깊이깊이 결심하다./깊이깊이 맹세하다./깊이깊이 잠재우다./깊이깊이 파고들다./마음속 깊이깊이 간직하다./깊이깊이 사랑하다./마음속으로 깊이깊이 슬퍼하다./염상진의 체세포 하나하나, 아니 뼛속 깊이깊이까지 사무친 원한과 증오도 어느 정도는 풀릴 것 같았다.≪조정래, 태백산맥≫/저희는 신부님께서 성수를 이토록 훌륭한 아이로 키워 주신 데 대해 깊이깊이 감사합니다.≪김용성, 도둑 일기≫

까강-까강

의미 [+소리],[+꽹과리]

제약 {꽹과리}-{치다}

꽹과리를 치는 소리.

¶학생들은 까강까강 울리는 꽹과리 소리에 맞추어 춤을 추었다.

까꾸로

의미 [+차례]v[+방향]v[+형편],[+반대]

제약

차례나 방향, 또는 형편 따위가 반대로 되게. '가구로'보다 센 느낌을 준다.

¶까꾸로 서다./화살이 그냥 박힌 채 연당으로 내려가는 도랑창에 까꾸로 박히더니….≪이태준, 까마귀≫/요새는 원, 세상이 까꾸로 가는지 선생 알기를 식은 죽 보듯 하니.≪한수산, 유민≫

까끌-까끌

의미 [+모양],[+털],[+피부],[+접촉],[+통증],[+반복]

제약 { }-{거리다}

=깔끔깔끔. 빳빳한 털 따위가 살에 닿아 자꾸 따끔거리는 모양.

¶운동장의 모래는…무수히 반짝이면서 까끌까끌 유난히도 시선에 밟혔다.≪윤흥길, 제식 훈련 변천 약사≫

까다로이

의미 [+조건],[+복잡]v[+엄격],[+처리],[-순탄]

제약

① 조건 따위가 복잡하거나 엄격하여 다루기에 순탄하지 않게.

¶조건을 까다로이 정하다./까다로이 실험을 마치다.

의미 [+성미]v[+취향],[-원만],[+유별],[+트집]

제약

② 성미나 취향 따위가 원만하지 않고 별스러울 정도로 까탈이 많게.

¶까다로이 먹는 사람./까다로이 구는 사람./까다로이 대하다.

까닥

의미 [+모양],[+고개],[+운동],[+상하]

제약 {고개}-{움직이다}

① 고개 따위를 아래위로 가볍게 한 번 움직이는 모양.

¶턱을 까닥 쳐들다./고개를 까닥 숙이다.

의미 [+모양],[+변동],[+과실]

제약

② 움직이거나 변동되어서는 안 될 것이 조금이라도 움직이거나 잘못 변동되는 모양.

¶까닥 잘못하면 큰일이다.

까닥-까닥[01]

의미 [+모양],[+고개],[+운동],[+상하],[+반복]

제약 {고개}-{움직이다}

고개 따위를 자꾸 아래위로 가볍게 움직이는 모양.

¶그는 손가락을 까닥까닥 움직여 나에게 가까이 오라고 했다./그녀는 대답 대신에 고개를 까닥까닥 끄덕인다./그들은 모두 벽에 기대거나, 마루 평상 위에 걸터앉아 까닥까닥 졸고 있었다.≪최인호, 지구인≫

까닥-까닥[02]

의미 [+모양],[+행동],[-분수],[+자만],[+경망]

제약 {사람}-{거리다, 대다}

자꾸 분수없이 잘난 체하며 경망하게 행동하는 모양.

까닥-까닥03

의미 [+상태],[+물체],[+표면],[+건조],[+견고]

제약

물기나 풀기가 있는 물체의 거죽이 거의 말라서 빳빳한 상태. '가닥가닥02'보다 센 느낌을 준다.

까드락-까드락

의미 [+모양],[+거만],[+자만],[−예의],[+반복]

제약

조금 거만스럽게 잘난 체하며 버릇없이 자꾸 구는 모양.

¶도와주진 못할망정 까드락까드락 화만 돋운다.

까들-까들

의미 [+모양],[+거만],[+자만],[−예의],[+반복]

제약

'까드락까드락'의 준말. 조금 거만스럽게 잘난 체하며 버릇없이 자꾸 구는 모양.

¶까들까들 변죽만 울리다.

까들막-까들막

의미 [+모양],[+자만],[−예의],[+정도],[+반복]

제약 {사람}-{거리다, 대다}

신이 나서 잘난 체하며 얄미울 정도로 자꾸 버릇없이 행동하는 모양.

¶까들막까들막 건방을 피우다.

까딱

의미 [+모양],[+고개],[+운동],[+상하]

제약 {고개}-{움직이다}

① 고개 따위를 아래위로 가볍게 한 번 움직이는 모양. '까닥①'보다 센 느낌을 준다.

¶내 눈에 흙이 들어가기 전엔 돌멩이 하나 까딱 못하게 하겠다./여인은 턱을 무릎 위에 고인 채 그 말에는 대답 대신 고개를 까딱 숙여 보였다. ≪홍성원, 육이오≫/선생님은 손끝 하나 까딱 안 하고 우리에게 가혹한 체벌을 가하는 법을 알고 있었다.≪박완서, 그 많던 싱아는 누가 다 먹었을까≫/

마당에 엎어진 후로는 손발 하나 까딱 못하고 헛소리만 질러 대더니….≪문순태, 타오르는 강≫

의미 [+모양],[+변동],[+과실]

제약

② 움직이거나 변동되어서는 안 될 것이 조금이라도 움직이거나 잘못 변동되는 모양. '까닥②'보다 센 느낌을 준다.

까딱-까딱01

의미 [+모양],[+고개],[+운동],[+상하],[+반복]

제약 {고개}-{움직이다}

① 고개 따위를 아래위로 가볍게 자꾸 움직이는 모양. '까닥까닥01'보다 센 느낌을 준다.

¶그가 멀리서, 오라고 까딱까딱 손짓을 했다./사장은 직원들에게 까딱까딱 인사를 한다.

의미 [+모양],[+물체],[+운동],[+경사],[−일정],[+반복]

제약 { }-{움직이다}

② 작은 물체가 이리저리 조금씩 쏠리어 자꾸 움직이는 모양.

¶통통선이 까딱까딱 움직이다.

까딱-까딱02

의미 [+모양],[+행동],[−분수],[+자만],[+경망]

제약 {사람}-{거리다, 대다}

자꾸 분수없이 잘난 체하며 경망하게 행동하는 모양. '까닥까닥02'보다 센 느낌을 준다.

¶높은 사람은 그냥 까딱까딱 뒷짐 지고 돌아다니기만 한다.

까딱없-이

의미 [+온전],[−변화]v[−고장]

제약 { }-{견디다, 지내다}

아무런 변동이나 탈이 없이 온전하게.

¶지진에도 까딱없이 견뎌 낸 건물./이래 십 년, 대복이는 까딱없이 지내 왔습니다.≪채만식, 태평천하≫

까딱-하면

의미 [+가정],[+실수],[−정도]

제약

조금이라도 실수하면 또는 자칫하면.

¶어머니는 요즘 **까딱하면** 화를 낸다./**까딱하면** 모두가 수포로 돌아갈 지경이다./**까딱하면** 애들 싸움이 어른들 싸움이 되기 쉽겠다.

까뜨락-까뜨락
의미 [+모양],[+거만],[+자만],[-예의],[+반복]

제약 {사람}-{거리다, 대다}

조금 거만스럽게 잘난 체하며 자꾸 버릇없이 구는 모양. '가드락가드락'보다 센 느낌을 준다.

¶도와주진 못할망정 **까드락까드락** 화만 돋운다.

까랑-까랑
의미 [+모양],[+목소리],[+예리],[+기운]

제약

목소리가 날카롭고 힘이 있는 모양.

¶그의 얼굴은 상기되어 있었으나 목소리는 **까랑까랑** 힘찼다.

까르르
의미 [+소리]v[+모양],[+여자]v[+아이],[+웃음],[+동시],[+정도]

제약 {　}-{웃다}

① 주로 여자나 아이들이 한꺼번에 자지러지게 웃는 소리. 또는 그 모양.

¶목중들이 춤을 추며 걸쭉한 음담패설 등을 쏟아 놓을 때마다, 관중들은 **까르르** 웃었다.≪최일남, 흐르는 북≫/아기는 남자의 가슴으로 떨어지면서 믿을 수 없을 만큼 즐거운 소리로 **까르르** 웃었다.≪박완서, 도시의 흉년≫

의미 [+소리]v[+모양],[+아기],[+울음],[+정도],[+순간]

제약 {아기}-{울다}

② 아기가 갑자기 자지러지게 우는 소리. 또는 그 모양.

¶첫닭 소리를 듣자 **까르르** 응아 하는 아가의 첫 울음 소리를 들었다.≪박종화, 전야≫

까르르-까르르
의미 [+소리]v[+모양],[+여자]v[+아이],[+웃음],[+동시],[+정도],[+반복]

제약 {　}-{웃다}

① 주로 여자나 아이들이 한꺼번에 자지러지게 자꾸 웃는 소리. 또는 그 모양.

¶처녀들이 저희들끼리 수군거리다가는 이따금 **까르르까르르** 웃어 대었다./임이네는 자기 좋은 대로 강청댁 흉이거니 생각하고 **까르르까르르** 웃어 댄다.≪박경리, 토지≫

의미 [+소리]v[+모양],[+아기],[+울음],[+정도],[+순간],[+반복]

제약 {아기}-{울다}

② 아기가 갑자기 자지러지게 자꾸 우는 소리. 또는 그 모양.

¶아기는 달래도 자꾸 **까르르까르르** 울기만 한다.

까르륵
의미 [+소리]v[+모양],[+아기],[+울음],[+정도],[+순간]

제약 {아기}-{울다}

① 젖먹이가 몹시 자지러지게 우는 소리. 또는 그 모양.

¶갑자기 아이가 **까르륵** 숨넘어가는 소리로 울기 시작했다./아이는 혼자서 **까르륵** 웃는다.≪공선옥, 문학과지성사≫

의미 [+소리]v[+모양],[+여자]v[+아이],[+웃음],[+정도]

제약 {　}-{웃다}

② 여자나 아이들이 자지러지게 웃는 소리. 또는 그 모양.

¶누가 무슨 말을 했는지 옆방에 한 패가 와글와글 떠들더니, **까르륵**, 여자도 섞인 웃음소리가 터진다.≪최명희, 혼불≫/그 대신 그녀의 입에서도 **까르륵** 소리가 새어나왔다.≪이승우, 문학과지성사≫

까르륵-까르륵
의미 [+소리]v[+모양],[+아기],[+울음],[+정도],[+연속]

제약 {아기}-{울다}

① 젖먹이가 몹시 자지러지게 잇따라 우는 소리. 또는 그 모양.

¶토방으로 떨어진 아이가 **까르륵까르륵** 숨넘어가는 소리로 울기 시작했다.

의미 [+소리]v[+모양],[+여자]v[+아이],[+웃음],[+정도],[+연속]

제약 {　}-{웃다}

② 여자나 아이들이 자지러지게 잇따라 웃는 소리. 또는 그 모양.

¶처녀들은 허리를 붙잡고 **까르륵까르륵** 웃어 댄다./아이는 예쁘다고 어르면 **까르륵까르륵** 웃는다.

까마득-히

의미 [+거리],[+정도],[+형상]v[+소리],[−분명]

제약 { }-{보이다, 들리다}

① 거리가 매우 멀어 보이는 것이나 들리는 것이 희미하게. '가마득히①'보다 센 느낌을 준다.

¶호루라기 소리가 **까마득히** 멀어진다./그 **까마득히** 높은 곳에 그려진 천상의 모습.≪서윤영, 궁리 출판≫

의미 [+시간],[+경과],[+기억],[−분명]

제약}

② 시간이 아주 오래되어 기억이 희미하게. '가마득히②'보다 센 느낌을 준다.

¶그것은 **까마득히** 옛날에 있었던 일처럼 느껴졌다.≪서정인, 벌판≫/정작 우리 주변에서는 **까마득히** 사라져버린 고향 풍경을 만나볼 수 있으니, ≪중앙일보J&P≫

의미 [+미래],[−대책]

제약

③ 앞으로 어떻게 해야 할지 막막하게. '가마득히③'보다 센 느낌을 준다.

의미 [−인지],[−기억],[−분명]

제약

④ 전혀 알지 못하거나 기억이 안 나 막막하게. '가마득히④'보다 센 느낌을 준다.

¶**까마득히** 잊혀진 사람./**까마득히** 모르다./**까마득히** 속다./나는 두 개의 국화빵에 현혹되어 전차 타고 싶은 걸 **까마득히** 잊어버렸다.≪박완서, 엄마의 말뚝≫

까마말쑥-이

의미 [+검정],[+청결],[+단정]

제약

조금 짙게 검으면서 지저분함 없이 말끔하고 깨끗하게. '가마말쑥이'보다 센 느낌을 준다.

¶**까마말쑥이** 정장을 차려입다.

까마무트름-히

의미 [+얼굴],[+검정],[+비만]

제약

까무스름하고 토실토실한 얼굴로. '가마무트름히'보다 센 느낌을 준다.

¶**까마무트름히** 생긴 계집아이.

까마아득-히

의미 [+거리],[+정도],[+형상]v[+소리],[−분명]

제약 { }-{보이다, 들리다}

① '까마득히①'의 본말. 거리가 매우 멀어 보이는 것이나 들리는 것이 희미하게.

¶**까마아득히** 들리는 소리./**까마아득히** 멀어지다.

의미 [+시간],[+경과],[+기억],[−분명]

제약}

② '까마득히②'의 본말. 시간이 아주 오래되어 기억이 희미하게.

¶**까마아득히** 먼 옛날.

의미 [+미래],[−대책]

제약

③ '까마득히③'의 본말. 앞으로 어떻게 해야 할지 막막하게.

¶그는 회사의 미래가 **까마아득히** 느껴졌다.

의미 [−인지],[−기억],[−분명]

제약

④ '까마득히④'의 본말. 전혀 알지 못하거나 기억이 안 나 막막하게.

¶**까마아득히** 잊혀지다.

까막-까막

의미 [+모양],[+불빛],[±소멸],[+반복]

제약

① 작고 희미한 불빛 따위가 자꾸 꺼질 듯 말 듯 한 모양.

¶촛불만 **까막까막** 조는 밤./개똥벌레가 **까막까막** 여름 밤하늘을 날아다닌다.

의미 [+모양],[+눈],[±감음],[+반복]

제약

② 작은 눈을 자꾸 가볍게 감았다 떴다 하는 모양.

¶무슨 일인가 일어나기를 **까막까막** 기다리는 눈

망울들이었다.≪윤흥길, 묵시의 바다≫

까무끄름-히

의미 [＋어둠],[＋검정],[－정도]

제약

조금 어둡고 까무스름히.

까무룩

의미 [＋모양],[＋정신],[－분명],[＋순간]

제약

정신이 갑자기 흐려지는 모양.

¶까무룩 잠이 들었다./멀쩡하던 노인이 **까무룩** 쓰러졌다.

까무숙숙-히

의미 [＋검소],[＋검정],[＋적당]

제약

알맞을 정도로 수수하고 깜게.

까무스름-히

의미 [＋검정],[－정도]

제약

조금 깜게.

¶까무스름히 그을린 피부.

까무족족-히

의미 [－균일],[－선명],[＋검정]

제약

고르지 않게 칙칙하고 까무스름히.

까무트름히

의미 [＋얼굴],[＋검정],[＋비만]

제약

'까마무트름히'의 준말. 까무스름하고 토실토실한 얼굴로.

까물-까물

의미 [＋모양],[＋불빛],[＋미약],[±소멸]

제약 { }-{움직이다}

① 작고 약한 불빛 따위가 사라질 듯 말 듯 움직이는 모양. '가물가물①'보다 센 느낌을 준다.

¶호롱불이 **까물까물** 꺼져 버렸다./샛별은 희미하게 밝아 오는 하늘 뒤편으로 **까물까물** 꺼져 갔다./멀리 어둠 속에서 **까물까물** 다가오는 불빛이 보였다./기름이 다 되어 가는지 불꽃이 약해지면서 **까물까물** 사위어 갔다.

의미 [＋모양],[＋물체],[＋거리],[＋운동],[－분

명],[－선명]

제약 { }-{움직이다}

② 조금 멀리 있는 물체가 보일 듯 말 듯 희미하게 움직이는 모양. '가물가물②'보다 센 느낌을 준다.

¶남편이 탄 기차가 **까물까물** 멀리 사라질 때까지 아내는 그 자리에 서 있었다./멀리 인가가 있는 곳에서는 밥 짓는 연기가 **까물까물** 솟아오르고 있었다./날씨가 쾌청한 날은 아주 작은 섬까지도 **까물까물** 보였다.

의미 [＋모양],[＋의식]v[＋기억],[－분명],[±정신]

제약

③ 의식이나 기억이 조금 희미해져서 정신이 있는 둥 없는 둥 하는 모양. '가물가물③'보다 센 느낌을 준다.

¶아이는 **까물까물** 잠에 빠져들었다./많이 취했는지 지난밤의 일이 **까물까물** 도대체 생각이 나지 않는다./몽롱한 가운데도 **까물까물** 유지되던 정신이 마침내 깜깜해지고 말았던 것이다.≪홍성암, 큰물로 가는 큰 고기≫

까뭇-까뭇

의미 [＋모양],[＋검정],[＋부분]

제약

군데군데 까무스름한 모양. ≒까뭇까뭇이.

¶얼굴에 검댕이 **까뭇까뭇** 묻었다./연광정 앞으로부터 **까뭇까뭇** 널려 있는 마상이와 수상선들….≪이태준, 패강냉≫

까뭇까뭇-이

의미 [＋모양],[＋검정],[＋부분]

제약

=까뭇까뭇. 군데군데 까무스름한 모양.

까불-까불

의미 [＋모양],[＋요동],[－무게],[＋반복]

제약

① 가볍게 자꾸 흔들려 움직이는 모양. '가불가불01'보다 센 느낌을 준다.

¶스카프가 **까불까불** 휘날린다./첫눈이 **까불까불** 내린다.

의미 [＋모양],[＋경솔],[－버릇],[＋반복]

제약

② 경솔하게 자꾸 까부는 모양.

¶앳된 병사는 **까불까불** 그의 뒤를 따랐다.≪유주현, 대한 제국≫

까스스

의미 [＋모양],[＋털],[＋기립],[＋거침],[＋정도]

제약

사람이나 짐승의 짧은 털이 매우 거칠게 일어나 있는 모양.

¶꼬마의 머리칼이 밤송이같이 **까스스** 일어섰다./솜털이 **까스스** 일도록 바싹 마른 바람이어야 최적이야.≪오정희, 불의 강≫

까슬-까슬

의미 [＋모양],[＋피부]v[＋물건],[＋표면],[＋거침],[＋견고]

제약

① 살결이나 물건의 거죽이 매끄럽지 않고 까칠하거나 빳빳한 모양. '가슬가슬①'보다 센 느낌을 준다.

¶맨살로 파고든 보리 까끄라기가 **까슬까슬** 살갗을 찔러 댔다./그의 살갗과 **까슬까슬**한 촉감.

의미 [＋모양],[＋성질],[－온순],[＋복잡],[＋정도]

제약

② 성질이 보드랍지 못하고 매우 까다로운 모양. '가슬가슬②'보다 센 느낌을 준다.

까옥

의미 [＋소리],[＋까마귀]

제약 {까마귀}-{울다}

까마귀가 우는 소리.

¶별안간 까막까치 떼가 백 마린지 천 마린지, 새벽 달빛을 끊고 **까옥** 소리를 지르며 하늘을 가로질러 난다.≪박종화, 임진왜란≫

까옥-까옥

의미 [＋소리],[＋까마귀],[＋연속]

제약 {까마귀}-{울다}

까마귀가 잇따라 우는 소리.

¶뫼 벌 소나무에는 까마귀가 여남은 마리 날아와 **까옥까옥** 울고 있었다.≪송기숙, 녹두 장군≫

까치작-까치작

의미 [＋모양],[＋거북],[＋방해]v[＋접촉],[－일정],[＋반복]

제약 {　}-{거치다, 닿다}

① 조금 거추장스럽게 여기저기 자꾸 거치거나 닿는 모양. '가치작가치작①'보다 센 느낌을 준다.

의미 [＋모양],[＋거북],[＋불쾌]v[＋방해],[＋반복]

제약

② 조금 거추장스러워서 거슬리거나 자꾸 방해가 되는 모양. '가치작가치작②'보다 센 느낌을 준다.

까칠-까칠

의미 [＋모양],[＋피부]v[＋털],[＋건조],[－윤기],[＋거침],[＋정도]

제약

야위거나 메말라 살갗이나 털 등의 여기저기가 매우 윤기가 없고 거친 모양. '가칠가칠'보다 센 느낌을 준다.

¶곰팡이처럼 허연 소금기 속에서 언제나 **까칠까칠** 지저분하게 얼룩져 있는 턱수염은 흔적도 없이 말끔하게 깎여 있었다.≪이청준, 이어도≫

까칫-까칫

의미 [＋모양],[＋피부],[＋장애],[＋접촉],[－정도],[＋반복]

제약

① 살갗 따위에 자꾸 조금씩 닿아 걸리는 모양. '가칫가칫①'보다 센 느낌을 준다.

의미 [＋모양],[＋방해],[＋정도],[＋반복]

제약

② 순조롭지 못하게 자꾸 조금 방해가 되는 모양. '가칫가칫②'보다 센 느낌을 준다.

깍

의미 [＋소리],[＋까마귀]v[＋까치]

제약 {까마귀, 까치}-{울다}

까마귀나 까치 따위가 우는 소리.

깍-깍

의미 [＋소리],[＋까마귀]v[＋까치],[＋연속]

제약 {까마귀, 까치}-{울다}

까마귀나 까치 따위가 자꾸 우는 소리.

¶아침부터 까치들이 깍깍 울어 댄다.

깍둑-깍둑

의미 [+모양],[+물체],[+견고],[+토막],[−기준]

제약 { }-{썰다}

조금 단단한 물건을 대중없이 자꾸 써는 모양.

¶무를 깍둑깍둑 썰다.

깍듯-이

의미 [+태도],[+예의],[+분명]

제약 { }-{대하다, 모시다}

분명하게 예의범절을 갖추는 태도로.

¶손님을 깍듯이 대접하다./그는 평소 상관을 깍듯이 받들어 모셨다.

깐깐-히

의미 [−탄력],[+점성]

제약

① 질기고 차지게.

의미 [+행동]v[+성격],[−실수],[+복잡]

제약

② 행동이나 성격 따위가 까다로울 만큼 빈틈이 없이.

¶깐깐히 살펴보다./아내는 살림을 깐깐히 잘한다.

깐닥-깐닥

의미 [+모양],[+물체],[+가로],[+요동],[−정도],[+반복]

제약 { }-{흔들리다}

작은 물체가 가로로 조금씩 자꾸 흔들리는 모양. '간닥간닥'보다 센 느낌을 준다.

¶아이들은 손가락을 깐닥깐닥 흔들며 놀려 대었다.

깐동-깐동

의미 [+모양],[+전부],[+정리]

제약

하나도 흩어지지 않게 말끔히 잘 가다듬어 수습하는 모양. '간동간동'보다 센 느낌을 준다.

깐동-히

의미 [+정돈],[+간단]

제약

흐트러짐이 없이 잘 정돈되어 단출하게. '간동

히'보다 센 느낌을 준다.

깐딱

의미 [+모양],[+물체][+요동]v[+고갯짓],[+가중]

제약

작은 물체가 얄밉게 흔들리거나 고갯짓을 하는 모양.

깐딱-깐딱

의미 [+모양],[+물체],[+가로],[+요동],[−정도],[+반복]

제약 { }-{흔들리다}

작은 물체가 가로로 조금씩 자꾸 흔들리는 모양. '간딱간딱'보다 센 느낌을 준다.

¶아이들은 손가락을 깐딱깐딱 흔들며 놀려 대었다.

깐실-깐실

의미 [+모양],[+행동],[+간사],[+타인][+기호][+영합]

제약 {사람}-{거리다, 대다}

남의 비위를 맞추면서 간사스럽게 행동하는 모양. '간실간실'보다 센 느낌을 준다.

깐작-깐작

의미 [+모양],[+점성],[+부착],[+반복]

제약 { }-{붙다}

① 끈끈하여 자꾸 착착 달라붙는 모양.

¶껌이 손바닥에 깐작깐작 달라붙다.

의미 [+모양],[+성격],[+꼼꼼],[+고집],[+반복]

제약

② 성질이 깐깐하여 자꾸 검질기게 구는 모양.

¶불필요한 말을 깐작깐작 내뱉다.

깐족-깐족

의미 [+모양],[+말],[−필요],[+심술],[+연속]

제약

쓸데없는 소리를 짓궂고 밉살스럽게 달라붙어 계속 지껄이는 모양.

깐죽-깐죽

의미 [+모양],[+말],[−필요],[+심술],[+연속]

제약

쓸데없는 소리를 짓궂고 밉살스럽게 들러붙어

계속 지껄이는 모양.

¶녀석은 깐죽깐죽 말대답을 하면서 내 화를 돋우었다.

깐질-깐질

의미 [+모양],[+꼼꼼],[+고집]

제약

매우 깐깐하고 검질긴 모양.

깔깔

의미 [+소리],[+웃음],[-예의],[-자제]

제약 {사람}-{웃다}

되바라진 목소리로 못 참을 듯이 웃는 소리.

¶그녀는 빤히 쳐다보더니 깔깔 웃기 시작했다. ≪최인훈, 구운몽≫/엄마는 되묻고 나서 뭐가 재미있는지 깔깔 웃으며 내 볼을 꼬집었다.≪박완서, 도시의 흉년≫

깔깔-히

의미 [+마음],[+청정],[+정당]

제약

맑고 바르고 깨끗한 마음으로.

깔끔-깔끔

의미 [+모양],[+털],[+피부],[+접촉],[+통증],[+반복]

제약 { }-{거리다}

빳빳한 털 따위가 살에 닿아 자꾸 따끔거리는 모양. 늑까끌까끌

깔끔-히

의미 [+모양],[-결점],[+청결]

제약

① 생김새 따위가 매끈하고 깨끗하게.

¶방을 깔끔히 치우다./술과 밥을 깔끔히 차려 손님을 대접했다./5년 전엔 잔디가 깔끔히 다듬어져 있었고 꽃 이외의 잡초는 보이지 않을 만큼 무덤 봉우리와 그 주변이 깨끗했었는데….≪이병주, 지리산≫

의미 [+솜씨],[+단단],[+검소]

제약

② 솜씨가 야물고 알뜰하게.

깔딱

의미 [+소리]v[+모양],[+물],[+삼킴],[-감당]

제약 { }-{삼키다, 넘기다}

① 목구멍으로 물 따위를 힘겹게 조금 삼키는 소리. 또는 그 모양.

의미 [+소리]v[+모양],[+호흡],[±단절]

제약 { }-{쉬다, 대다, 넘어가다, 막히다}

② 약한 숨이 끊어질 듯 말 듯 하는 소리. 또는 그 모양.

¶숨이 깔딱 넘어가다./아기는 목이 쉬어서 차마 들을 수 없는 이상한 소리를 내면서, 울음을 토했다 숨이 깔딱 막혔다 했다.≪박완서, 카메라와 워커≫

의미 [+소리]v[+모양],[+물체],[+전복]v[+꼬임]

제약

③ 얇고 빳빳한 물체의 바닥이 뒤집히거나 뒤틀리는 소리. 또는 그 모양.

¶영감의 입에는 웃음이 어렸으나 보기에도 무서운 깔딱 젖혀진 두 눈은 노염과 의혹의 빛에 잠겼다.≪염상섭, 삼대≫

깔딱-깔딱

의미 [+소리]v[+모양],[+물],[+삼킴],[-감당],[+반복]

제약 { }-{삼키다, 넘기다}

① 목구멍으로 물 따위를 힘겹게 조금씩 자꾸 삼키는 소리. 또는 그 모양.

의미 [+소리]v[+모양],[+호흡],[±단절],[+반복]

제약 { }-{쉬다, 대다, 넘어가다, 막히다}

② 약한 숨이 자꾸 끊어질 듯 말 듯 하는 소리. 또는 그 모양.

¶모진 목숨 깔딱깔딱 붙어 있는 것이 죄스럽구먼.≪문순태, 타오르는 강≫

의미 [+소리]v[+모양],[+물체],[+전복]v[+꼬임],[+반복]

제약

③ 얇고 빳빳한 물체의 바닥이 자꾸 뒤집히거나 뒤틀리는 소리. 또는 그 모양.

깔밋잖-이

의미 [+모양]v[+차림새],[-청결]

제약

모양이나 차림새 따위가 깔끔하지 않게.

깔짝-깔짝⁰¹

의미 [+소리]v[+모양],[+물체],[+전복],[+반복]

제약

매우 얇고 빳빳한 물체의 바닥이 앞뒤로 되풀이하여 가볍게 자꾸 뒤집히는 소리.

깔짝-깔짝⁰²

의미 [+모양],[+분리],[+상처],[+반복]

제약

① 자꾸 갉아서 뜯거나 진집을 내는 모양.

의미 [+모양],[+물건]v[+일],[-진전]

제약 { }-{대다}

② 작은 물건이나 일을 가지고 자꾸 만지작거리기만 하고 좀처럼 진전을 이루지 못하는 모양.

¶밥을 깔짝깔짝 먹다.

깔쭉-깔쭉

의미 [+느낌],[+통증],[+거침]

제약 { }-{거리다}

거칠고 깔끄럽게 따끔거리는 느낌.

깔축없-이

의미 [+전부],[+중요],[-결손]v[-포기]

제약

조금도 축나거나 버릴 것이 없이.

¶소작인들의 잡도리를 철저히 해서 한 톨의 양식도 깔축없이 여뒀다가 경성이나 개성에 흩어져 사는 아들 손자들 양식 걱정 안 시키겠다는 속셈이 뻔했다.≪박완서, 미망≫

깜깜

의미 [+모양],[+암흑],[+정도]

제약

① 아주 까맣게 어두운 모양.

¶잽싸게 달리는 차에서 더욱이 깜깜 어두운 밤에 함부로 뛰어내렸다면, 십상 그런 변을 당하였기가 쉬울 일이었다.≪채만식, 소년은 자란다≫

의미 [+모양],[+사실],[-인식]v[+망각]

제약

② 어떤 사실을 전혀 모르거나 잊은 모양. 늑깜깜히.

¶깜깜 모르다./과거에 무슨 일이 있었던지 장차

어떤 일을 행해야 할지 전혀 **깜깜**이었다.≪김동인, 젊은 그들≫

깜깜-히

의미 [+모양],[+사실],[-인식]v[+망각]

제약

=깜깜② 어떤 사실을 전혀 모르거나 잊은 모양.

깜냥-깜냥

의미 [+노력],[+정도]

제약

자신의 힘을 다하여. 늑깜냥깜냥이.

¶그러나 그를 안쓰럽게 여기고 그래도 **깜냥깜냥** 거두어 먹이는 가장 큰 이유는 그가 불구자인 데다가….≪최일남, 타령≫

깜냥깜냥-이

의미 [+노력],[+정도]

제약

=깜냥깜냥. 자신의 힘을 다하여.

깜박

의미 [+모양],[+불빛]v[+별빛],[+점멸],[+순간]

제약 {불빛, 별빛}-{빛나다}

① 불빛이나 별빛 따위가 잠깐 어두워졌다 밝아지는 모양. 또는 밝아졌다 어두워지는 모양.

의미 [+모양],[+눈],[±감음],[+순간]

제약 {눈}-{ }

② 눈이 잠깐 감겼다 뜨이는 모양.

¶눈을 **깜박** 떴다 감았다.

의미 [+모양],[+기억]v[+의식],[-분명],[+순간]

제약 { }-{잊다}

③ 기억이나 의식 따위가 잠깐 흐려지는 모양.

¶아차 **깜박** 잊었네.

깜박-깜박

의미 [+모양],[+불빛]v[+별빛],[+점멸],[+반복]

제약 {불빛, 별빛}-{빛나다}

① 불빛이나 별빛 따위가 자꾸 어두워졌다 밝아졌다 하는 모양.

¶낮인데도 등대가 **깜박깜박** 불을 밝힌다.≪김원일, 노을≫/어둠속에서 저만치 **깜박깜박**하는 복도

의 전등 스위치가 보였다.

의미 [+모양],[+눈],[±감음],[+반복]

제약 {눈}-{ }

② 눈이 자꾸 감겼다 뜨였다 하는 모양.

의미 [+모양],[+기억]v[+의식],[-분명],[+순간],[+반복]

제약 { }-{잊다}

③ 기억이나 의식 따위가 자꾸 잠깐씩 흐려지는 모양.

¶깜박깜박 졸다./회초리는 그 매운맛이 산모의 진통처럼 순간적으로 **깜박깜박** 정신을 잃게 만들어….≪김원일, 불의 제전≫

깜빡

의미 [+모양],[+불빛]v[+별빛],[+점멸],[+순간]

제약 {불빛, 별빛}-{빛나다}

① 불빛이나 별빛 따위가 잠깐 어두워졌다 밝아지는 모양. 또는 밝아졌다 어두워지는 모양. '깜박①'보다 센 느낌을 준다.

¶퓨즈가 나갔는지 전등이 **깜빡** 켜졌다가 금방 꺼져 버렸다.

의미 [+모양],[+눈],[±감음],[+순간]

제약 {눈}-{ }

② 눈이 잠깐 감겼다 뜨이는 모양. '깜박②'보다 센 느낌을 준다.

¶떠들썩하는 소리에 **깜빡** 눈을 뜨니까 거기는 대전(大田)이었다.≪조풍연, 청사 수필≫

의미 [+모양],[+기억]v[+의식],[-분명],[+순간]

제약 { }-{잊다}

③ 기억이나 의식 따위가 잠깐 흐려지는 모양. '깜박③'보다 센 느낌을 준다.

¶**깜빡** 잊다./나는 그 말을 듣자 그만 **깜빡** 정신을 잃고 말았다.≪김원일, 노을≫

깜빡-깜빡

의미 [+모양],[+불빛]v[+별빛],[+점멸],[+반복]

제약 {불빛, 별빛}-{빛나다}

① 불빛이나 별빛 따위가 자꾸 어두워졌다 밝아졌다 하는 모양. '깜박깜박①'보다 센 느낌을

준다.

의미 [+모양],[+눈],[±감음],[+반복]

제약 {눈}-{ }

② 눈이 자꾸 감겼다 뜨였다 하는 모양. '깜박깜박②'보다 센 느낌을 준다.

의미 [+모양],[+기억]v[+의식],[-분명],[+반복]

제약 { }-{잊다}

③ 기억이나 의식 따위가 자꾸 잠깐씩 흐려지는 모양. '깜박깜박③'보다 센 느낌을 준다.

¶요새는 손자의 이름도 **깜빡깜빡** 잊곤 한다./의자에 앉아 **깜빡깜빡** 졸고 있었다.

깜작

의미 [+모양],[+눈],[±감음],[-정도]

제약 {눈}-{ }

눈이 살짝 감겼다 뜨이는 모양.

깜작-깜작[01]

의미 [+모양],[+눈],[±감음],[-정도],[+반복]

제약 {눈}-{ }

눈이 자꾸 살짝 감겼다 뜨이는 모양.

¶그녀는 들은 척도 않고 두 눈만 깜작깜작 떴다 감았다 한다.

깜작-깜작[02]

의미 [+모양],[+점]v[+얼룩],[+다수],[-크기],[+삽입]

제약

검은 점이나 얼룩이 여기저기 자잘하게 박혀 있는 모양. '감작감작'보다 센 느낌을 준다.

깜짝[01]

의미 [+모양],[+눈],[±감음],[-정도]

제약 {눈}-{ }

눈이 살짝 감겼다 뜨이는 모양. '깜작'보다 센 느낌을 준다.

깜짝[02]

의미 [+모양],[+경악],[+순간]

제약 { }-{놀라다}

갑자기 놀라는 모양.

¶남상이는 스스로도 **깜짝** 놀라게 큰 소리를 지르며 벌떡 일어섰다.≪박완서, 오만과 몽상≫

깜짝-깜짝[01]

의미 [+모양],[+눈],[±감음],[-정도],[+반복]

제약 {눈}-{ }

눈이 자꾸 살짝 감겼다 뜨였다 하는 모양. '깜작깜작[01]'보다 센 느낌을 준다.

깜짝-깜짝[02]

의미 [+모양],[+경악],[+반복]

제약 { }-{놀라다}

자꾸 놀라는 모양.

¶아무렇지도 않은 일에 **깜짝깜짝** 놀라기까지 했다.≪황순원, 카인의 후예≫/거울 속에서 눈길이 그 쪽으로 가다가도 **깜짝깜짝** 겁에 질려서 되돌아오곤 했다.≪이호철, 고여 있는 바닥≫

깜찍스레

의미 [+신체]v[+생김새],[-크기],[+사랑]

제약

① 몸집이나 생김새가 작고 귀여운 느낌이 있게.

의미 [+행동]v[+태도],[-예상],[+영악]

제약

② 생각보다 태도나 행동이 영악한 데가 있게.

깜찍-이

의미 [+신체]v[+생김새],[-크기],[+사랑]

제약

① 몸집이나 생김새가 작고 귀엽게.

의미 [+행동]v[+태도],[-예상],[+영악]

제약

② 생각보다 태도나 행동이 영악하게.

깝신-깝신

의미 [+모양],[+고개]v[+신체],[+숙임],[+방정]

제약 {고개, 몸}-{숙이다}

고개나 몸을 방정맞게 조금 자꾸 숙이는 모양.

¶그는 고개만 **깝신깝신** 숙이며 인사를 한다.

깝작-깝작

의미 [+모양],[+방정],[-버릇],[+자만],[+반복]

제약 { }-{대다}

방정맞게 자꾸 까불거나 잘난 체하는 모양.

깝죽-깝죽

의미 [+모양],[+신체],[+운동],[+방정],[+반복]

복]

제약

① 신이 나서 몸이나 몸의 일부를 방정맞게 자꾸 움직이는 모양.

¶까치들이 모여 앉아 집을 굽어보며 엉덩이를 **깝죽깝죽** 쳐들면서 깍깍거린다.≪심훈, 영원의 미소≫

의미 [+모양],[-분수],[-버릇],[+자만],[+반복]

제약

② 자기 분수에 맞지 않게 자꾸 까불거나 잘난 체하는 모양.

깟-깟

의미 [+소리],[+까치]

제약 {까치}-{울다}

까치가 우는 소리.

깡그리

의미 [-예외]

제약

하나도 남김없이.

¶**깡그리** 없어지다./지질구질한 잡동사니들을 **깡그리** 갈퀴질해 버린 듯 강물도 깊고 맑아졌다.≪문순태, 타오르는 강≫/아내는 벌써 **깡그리** 잊어먹은 척 행동했다.≪윤흥길, 아홉 켤레의 구두로 남은 사내≫

깡깡

의미 [+모양],[+수척],[+정도]

제약

① 몹시 여윈 모양.

¶돌아보니 30을 얼마 넘은 듯한 나이의 팔팔한 승이 한 사람 서 있다. **깡깡** 마른 중키에 먹물 바지저고리만 입었다.≪한무숙, 만남≫

의미 [+모양],[+결빙]v[+견고],[+정도]

제약

② 몹시 단단하게 얼어붙거나 굳은 모양.

¶강물은 **깡깡** 얼어붙은 채 햇살을 받아 번들거렸다.≪이동하, 우울한 귀향≫

깡동

의미 [+모양],[+다리],[+도약],[+경쾌]

제약 { }-{뛰다}

조금 짧은 다리로 가볍게 뛰는 모양. '강동01'보다 센 느낌을 준다.

깡동-깡동

의미 [+모양],[+다리],[+도약],[+경쾌],[+연속]

제약 { }-{뛰다}

① 조금 짧은 다리로 가볍게 계속해서 뛰는 모양. '강동강동①'보다 센 느낌을 준다.

의미 [+모양],[+행동],[-품위],[-침착]

제약 {사람}-{거리다, 대다}

② 침착하지 못하고 가볍게 채신없이 행동하는 모양. '강동강동②'보다 센 느낌을 준다.

깡둥

의미 [+모양],[+사람]v[+동물],[+다리],[+도약],[+경쾌],[+길이]

제약 { }-{뛰다}

사람이나 동물 따위가 짧은 다리로 가볍고 조금 길게 내뛰는 모양.

¶소녀는 낯을 붉히더니 방으로 **깡둥** 뛰어 들어간다.

깡둥-깡둥

의미 [+모양],[+사람]v[+동물],[+다리],[+도약],[+경쾌],[+길이],[+연속]

제약 { }-{뛰다}

사람이나 동물 따위가 짧은 다리로 가볍고 조금 길게 자꾸 내뛰는 모양.

¶강아지도 좋아라 **깡둥깡둥** 뛰어다닌다.

깡똥

의미 [+모양],[+다리],[+도약],[+경쾌]

제약 { }-{뛰다}

조금 짧은 다리로 가볍게 뛰는 모양. '강동'보다 아주 센 느낌을 준다.

깡똥-깡똥

의미 [+모양],[+다리],[+도약],[+경쾌],[+반복]

제약 { }-{뛰다}

① 조금 짧은 다리로 계속해서 가볍게 뛰는 모양. '강동강동①'보다 아주 센 느낌을 준다.

의미 [+모양],[+행동],[-품위],[-침착],[+반복]

제약 {사람}-{거리다, 대다}

② 침착하지 못하고 채신없이 가볍게 행동하는 모양. '강동강동②'보다 아주 센 느낌을 준다.

깡짱

의미 [+모양],[+다리],[+도약],[+경쾌]

제약 { }-{뛰다}

짧은 다리를 모으고 가볍게 내뛰는 모양. '강장'보다 아주 센 느낌을 준다.

깡짱-깡짱

의미 [+모양],[+다리],[+도약],[+경쾌],[+반복]

제약 { }-{뛰다}

짧은 다리를 모으고 가볍게 자꾸 내뛰는 모양. '강장강장'보다 아주 센 느낌을 준다.

깡쭝

의미 [+모양],[+다리],[+도약],[+기운]

제약 { }-{뛰다}

짧은 다리를 모으고 힘 있게 솟구쳐 뛰는 모양. '강중'보다 아주 센 느낌을 준다.

¶**깡쭝** 뛰어오르다.

깡쭝-깡쭝

의미 [+모양],[+다리],[+도약],[+기운],[+반복]

제약 { }-{뛰다}

짧은 다리를 모으고 힘 있게 자꾸 솟구쳐 뛰는 모양. '강중강중'보다 아주 센 느낌을 준다.

¶진흙을 철버덕 튀기고 달아나는 자동차를 향하여 때리는 형용을 하여 가며 **깡쭝깡쭝** 뛰며 논다.≪염상섭, 이심≫

깡창

의미 [+모양],[+다리],[+도약],[+경쾌]

제약 { }-{뛰다}

짧은 다리를 모으고 가볍게 내뛰는 모양. '강장'보다 세고 거센 느낌을 준다.

깡창-깡창

의미 [+모양],[+다리],[+도약],[+경쾌],[+반복]

제약 { }-{뛰다}

짧은 다리를 모으고 가볍게 자꾸 내뛰는 모양. '강장강장'보다 세고 거센 느낌을 준다.

깡충

의미 [+모양],[+다리],[+도약],[+기운]

제약 { }-{뛰다}

짧은 다리를 모으고 힘 있게 솟구쳐 뛰는 모양. '강중'보다 세고 거센 느낌을 준다.

¶우리는 등산화에 밟힐까봐 이리 **깡충** 저리 **깡충** 뛰며 걸었다.≪김영희, 디자인 하우스≫/로로는 화장지를 보자 **깡충** 뛰어 덥석 물고는 쪼르르 탁자 밑으로 들어갔습니다.≪김주현, ㈜문학사상≫

깡충-깡충

의미 [+모양],[+다리],[+도약],[+기운],[+반복]

제약 { }-{뛰다}

짧은 다리를 모으고 힘 있게 자꾸 솟구쳐 뛰는 모양. '강중강중'보다 세고 거센 느낌을 준다.

¶**깡충깡충** 뛰다./강시처럼 **깡충깡충** 뛰며 사람들이 만든 원내(圓內)를 돌며 말하다.≪권지예, 문학과지성사≫

깨개갱

의미 [+소리],[+개],[+통증]v[+공포],[+길이]

제약 {개}-{짖다}

개가 아프거나 무서워서 길게 지르는 소리.

¶개가 무엇에 맞았는지 갑자기 **깨개갱** 소리를 내며 뛰기 시작하였다.

깨갱

의미 [+소리],[+개],[+통증]v[+공포]

제약 {개}-{짖다}

개가 아프거나 무서워서 지르는 소리.

¶미친 듯이 짖어 대며 날뛰던 개가 별안간 **깨갱** 소리를 마지막으로 조용해졌다.

깨갱-깨갱

의미 [+소리],[+개],[+통증]v[+공포],[+반복]

제약 {개}-{짖다}

개가 아프거나 무서워서 자꾸 지르는 소리.

깨깨[01]

의미 [+모양],[+수척],[+정도]

제약 { }-{마르다}

몹시 여위어 마른 모양.

¶며칠을 굶었는지 **깨깨** 마른 몸으로 나타난 그를 보니 참 안되었다는 생각이 들었다./샛바람과 비에 벼는 **깨깨** 배틀렸다.≪김유정, 만무방≫

깨깨[02]

의미 [+소리],[+아이],[+울음],[-호감],[+반복]

제약 {아이}-{울다}

어린아이가 듣기 싫게 자꾸 우는 소리.

¶아이가 밥도 먹지 않고 아까부터 **깨깨** 우는 것을 보니 어디가 아파도 몹시 아픈가 보다.

깨끔스레

의미 [+청결],[+소박]

제약

보기에 깨끗하고 아담하게.

깨끔-히

의미 [+청결],[+소박]

제약

깨끗하고 아담하게.

깨끗-이

의미 [+사물],[+청결]

제약

① 사물이 더럽지 않게.

¶**깨끗이** 빤 걸레./몸을 **깨끗이** 씻다.

의미 [+빛깔],[+선명]

제약

② 빛깔 따위가 흐리지 않고 맑게.

¶하늘이 **깨끗이** 개었다.

의미 [+정리],[+정돈],[+청결]

제약

③ 가지런히 잘 정돈되어 말끔하게.

¶방을 **깨끗이** 치웠구나./너는 공책 정리를 참 깨끗이 잘하는구나.

의미 [+맛],[+상쾌]

제약

④ 맛이 개운하게.

¶입맛을 **깨끗이** 해 주는 음식.

의미 [-잔존],[-흔적]

제약

⑤ 남은 것이나 자취가 전혀 없이.

¶빚을 **깨끗이** 청산하다.

의미 [+마음],[-미련]

제약

⑥ 마음에 구구함이나 연연함이 없이.

¶우리의 호의를 그들은 깨끗이 거절해 버렸다./ 과거는 깨끗이 과거 속으로 묻어 버리자.≪홍성원, 육이오≫

의미 [+회복],[-이상]

제약 { }-{낫다}

⑦ 후유증이 없이 말짱하게.

¶병이 깨끗이 나았다.

의미 [+마음]v[+행동],[-허물],[+당당],[+정당]

제약

⑧ 마음씨나 행동 따위가 허물이 없이 떳떳하고 올바르게.

의미 [+마음]v[+표정],[-걱정]

제약

⑨ 마음이나 표정 따위에 구김살이 없이.

¶맑고 깨끗이 웃는 아가 얼굴에 내 마음도 환해진다.

깨나른-히

의미 [+신체],[+피곤],[-운동]

제약

몸을 움직이고 싶지 않을 만큼 나른하게.

깨드득

의미 [+소리],[+물체],[+견고],[+압력],[+파손]

제약

단단한 물체가 외부의 강한 힘에 눌리어 깨지는 소리.

깨웃

의미 [+모양],[+고개]v[+신체],[+경사],[-정도]

제약 {고개, 몸}-{기울이다}

고개나 몸 따위를 한쪽으로 매우 귀엽게 조금 기울이는 모양.

¶고개를 깨웃, '……대관절 어떻게 생겼더라?' ≪채만식, 냉동어≫

깨웃-깨웃

의미 [+모양],[+고개]v[+신체],[+경사],[-정

도],[+사방],[+반복]

제약 {고개, 몸}-{기울이다}

고개나 몸 따위를 이쪽저쪽으로 매우 귀엽게 조금씩 자꾸 기울이는 모양.

¶그는 짐짓 무얼 알아맞히겠다는 듯이 고개를 깨웃깨웃, 한참이나 앉았다가….≪채만식, 탁류≫

깨작-깨작[01]

의미 [+모양],[+글씨]v[+그림],[-주의],[+반복]

제약 {글씨, 그림}-{쓰다, 그리다}

글씨나 그림 따위를 아무렇게나 잘게 자꾸 쓰거나 그리는 모양.

¶깨작깨작 쓰지 말고 좀 정성 들여 또박또박 써보아라.

깨작-깨작[02]

의미 [+모양],[+음식],[+섭취],[-만족],[+강제],[-속도]

제약 { }-{먹다}

① '깨지락깨지락①'의 준말. 조금 달갑지 않은 음식을 자꾸 억지로 굼뜨게 먹는 모양.

의미 [+행동],[-만족],[+나태],[-속도]

제약 {사람}-{거리다, 대다}

② '깨지락깨지락②'의 준말. 조금 달갑지 않은 듯이 자꾸 게으르고 굼뜨게 행동하는 모양.

¶그렇게 깨작깨작 어느 세월에 하나?

깨죽-깨죽

의미 [+모양],[+말],[+불만],[+반복]

제약

① 불평스럽게 자꾸 종알거리는 모양.

의미 [+모양],[+음식],[+씹음],[-만족],[+반복]

제약 { }-{씹다}

② 음식을 먹기 싫은 듯이 자꾸 되씹는 모양.

깨지락-깨지락

의미 [+모양],[+음식],[+섭취],[-만족],[+강제],[-속도]

제약 { }-{먹다}

① 조금 달갑지 않은 음식을 자꾸 억지로 굼뜨게 먹는 모양.

의미 [+행동],[-만족],[+나태],[-속도]

제약 {사람}-{거리다, 대다}

② 조금 달갑지 않은 듯이 자꾸 게으르고 굼뜨게 행동하는 모양.

깨질-깨질

의미 [+모양],[+음식],[+섭취],[−만족],[+강제],[−속도]

제약 { }-{먹다}

① '깨지락깨지락①'의 준말. 조금 달갑지 않은 음식을 자꾸 억지로 굼뜨게 먹는 모양.

의미 [+행동],[−만족],[+나태],[−속도]

제약 {사람}-{거리다, 대다}

② '깨지락깨지락②'의 준말. 조금 달갑지 않은 듯이 자꾸 게으르고 굼뜨게 행동하는 모양.

깩

의미 [+소리],[+경악]v[+충격],[+높이],[+예리]

제약 { }-{지르다}

몹시 놀라거나 충격을 받아 한껏 새되게 외마디로 지르는 소리.

¶갑자기 무슨 소리가 나기에 도둑인 줄 알고 소리를 깩 질렀다.

깩-깩

의미 [+소리],[+경악]v[+충격],[+높이],[+예리],[+반복]

제약 { }-{지르다}

몹시 놀라거나 충격을 받아 한껏 새되게 외마디로 자꾸 지르는 소리.

¶원숭이들이 놀란 듯 소리를 깩깩 지른다.

깰깰-깰깰

의미 [+소리]v[+모양],[+호흡],[+부담],[+반복]

제약

숨이 차서 목구멍이 조금 벅찼다가 자꾸 터져 나오는 소리. 또는 그 모양.

깰깰

의미 [+소리]v[+모양],[+웃음],[+억제],[+높이],[+예리]

제약 {사람}-{웃다}

웃음을 억지로 참으면서 입 속으로 조금 새되게 웃는 소리. 또는 그 모양.

¶깰깰 소리를 내며 웃고 있다./자다 깬 듯한 그의 우스꽝스러운 모습을 보고 여기저기서 깰깰 웃는 소리가 새어 나왔다.

깽

의미 [+소리],[+고통]v[+부담]

제약

① 몹시 아프거나 힘에 겨워 조금 괴롭게 내는 소리.

의미 [+소리],[+강아지],[+경악]v[+고통]

제약 {강아지}-{짖다}

② 강아지 따위가 놀라거나 아파서 애달프게 짖는 소리.

¶꼬마의 발에 차인 강아지가 갑자기 깽 비명을 지르며 달아난다.

깽-깽

의미 [+소리],[+고통]v[+부담],[+정도],[+반복]

제약

① 몹시 아프거나 힘에 겨워 조금 괴롭게 자꾸 내는 소리.

의미 [+소리],[+강아지],[+경악]v[+고통],[+반복]

제약 {강아지}-{짖다}

② 강아지 따위가 놀라거나 아파서 애달프게 자꾸 짖는 소리.

¶강아지가 깽깽 짖어 대며 자꾸 주인을 따라가려 한다.

까룩

의미 [+모양],[+목],[+돌출],[+길이],[−정도]

제약

무엇을 내다보거나 목구멍에 걸린 것을 삼키려고 목을 조금 길게 빼어 앞으로 내미는 모양.

까룩-까룩

의미 [+모양],[+목],[+돌출],[+길이],[−정도],[+반복]

제약

무엇을 내다보거나 목구멍에 걸린 것을 삼키려고 목을 조금 길게 빼어 앞으로 자꾸 내미는 모양.

까우듬-히

의미 [+경사],[-정도]

제약 { }-{기울다}

조금 갸운 듯이. '갸우듬히'보다 센 느낌을 준다.

갸우뚱

의미 [+모양],[+물체],[+경사],[-정도]

제약 { }-{기울다}

물체가 한쪽으로 약간 갸울어지는 모양. '갸우뚱'보다 센 느낌을 준다.

¶고개를 갸우뚱 기울이다./벽에 걸어 둔 그림이 갑자기 갸우뚱 기운다.

갸우뚱-갸우뚱

의미 [+모양],[+물체],[-균형],[+요동],[+반복]

제약 { }-{흔들리다}

물체가 자꾸 이쪽저쪽으로 갸울어지며 흔들리는 모양. '갸우뚱갸우뚱'보다 센 느낌을 준다.

갸우스름-히

의미 [+경사],[-정도]

제약 { }-{기울이다}

조금 갸울어진 듯이. '갸우스름히'보다 센 느낌을 준다.

갸웃

의미 [+모양],[+고개]v[+신체],[+경사],[-정도]

제약 {고개, 몸}-{기울이다, 거리다, 대다}

고개나 몸 따위를 한쪽으로 조금 갸울이는 모양. '갸웃'보다 센 느낌을 준다. 늑갸웃이.

갸웃-갸웃

의미 [+모양],[+고개]v[+신체],[+경사],[-정도],[+반복]

제약 {고개, 몸}-{기울이다, 거리다, 대다}

고개나 몸 따위를 이쪽저쪽으로 자꾸 조금씩 갸울이는 모양. '갸웃갸웃'보다 센 느낌을 준다.

갸웃-이

의미 [+모양],[+고개]v[+신체],[+경사],[-정도]

제약 {고개, 몸}-{기울이다, 거리다, 대다}

=갸웃. 고개나 몸 따위를 한쪽으로 조금 갸울이는 모양.

계집아이가 대문 안으로 고개를 갸웃이 하며 들

여다보았다./정님은 목을 갸웃이 기울이고 잠시 무엇을 생각하는 체하다가….≪한설야, 황혼≫

꺅01

의미 [+모양],[+음식],[+섭취],[+충만]

제약 { }-{차다}

먹은 음식이 목까지 찬 모양.

꺅02

의미 [+소리],[+사람]v[+짐승],[+경악]v[+죽음]

제약 { }-{소리치다}

사람이나 짐승 따위가 몹시 놀라거나 죽게 될 때 내는 소리.

꺅-꺅

의미 [+소리],[+사람]v[+짐승],[+경악]v[+죽음],[+연속]

제약 { }-{지르다}

사람이나 짐승 따위가 몹시 놀라거나 죽게 될 때 잇따라 지르는 소리.

꺌꺌

의미 [+소리],[+암탉]v[+갈매기]

제약 {암탉, 갈매기}-{울다, 거리다, 대다}

암탉이나 갈매기 따위가 내는 소리. '걀걀'보다 센 느낌을 준다.

꺼귀-꺼귀

의미 [+모양],[+음식물],[+충분],[+씹음],[-속도]

제약 { }-{씹다}

음식물을 입에 잔뜩 넣고 천천히 씹는 모양.

¶총각이 남은 술을 들이켜고 홍합 서너 개를 한꺼번에 입에 넣고 꺼귀꺼귀 먹는데….≪홍명희, 임꺽정≫/어린애들은 송편을 들고 꺼귀꺼귀 먹으며 다닌다.≪이기영, 봄≫

꺼끌-꺼끌

의미 [+모양],[+표면],[+거침],[+정도]

제약 { }-{거리다}

표면이 매우 거칠고 껄끄러운 모양.

¶혀끝에 꺼끌꺼끌한 감촉이 느껴졌다.≪김태환, 문학과지성사≫/손을 움직여 쓸어보았다. 꺼끌꺼끌한 겉은 그 따뜻한 기운만큼은 정답지 못했으나, 손바닥을 맞아들이는 부피에는 닿음새만이

≪최인훈, 문학과지성사≫

꺼덕-꺼덕01

의미 [+모양],[+행동],[−분수],[+자만],[+경
망],[+정도],[+반복]

제약 {사람}-{거리다, 대다}

분수없이 잘난 체하며 매우 경망하게 자꾸 행동
하는 모양.

¶건달들처럼 꺼덕꺼덕 마을을 휘저으며 돌아다
니다./문득 앞길에 한 사나이가 견마까지 잡힌
채 꺼덕꺼덕 당나귀를 타고 가고 있다.≪홍성원,
육이오≫

꺼덕-꺼덕02

의미 [+상태],[+물체],[+물기]v[+풀기],[+표
면],[+건조],[+견고],[−정도]

제약 { }-{마르다}

물기나 풀기가 있는 물체의 거죽이 조금 말라서
뻣뻣한 상태. '거덕거덕'보다 센 느낌을 준다.

¶꺼덕꺼덕 눌어붙은 딱지를 가장자리로부터 조
금씩 살살 뜯어내 보기로 했다.≪하근찬, 야호≫/
밖은 한나절 녹인 땅이 벌써 꺼덕꺼덕 얼어 간
다.≪염상섭, 삼대≫

꺼드럭-꺼드럭

의미 [+모양],[−예의],[+거만],[+자만],[+반
복]

제약 {사람}-{거리다, 대다}

거만스럽게 잘난 체하며 자꾸 버릇없이 구는 모
양. '거드럭거드럭'보다 센 느낌을 준다.

꺼들-꺼들

의미 [+모양],[−예의],[+거만],[+자만],[+반
복]

제약 {사람}-{거리다, 대다}

'꺼드럭꺼드럭'의 준말. 거만스럽게 잘난 체하며
버릇없이 자꾸 구는 모양.

¶꺼들꺼들 일없이 돌아다니다.

꺼들먹-꺼들먹

의미 [+모양],[+행동],[+신명],[+자만],[+거
만],[+반복]

제약 {사람}-{거리다, 대다}

신이 나서 잘난 체하며 자꾸 함부로 거만하게
행동하는 모양. '거들먹거들먹'보다 센 느낌을

준다.

꺼떡-꺼떡

의미 [+모양],[+행동],[−분수],[+자만],[+경
망],[+정도],[+반복]

제약 { }-{거리다, 대다}

분수없이 잘난 체하며 자꾸 매우 경망하게 행동
하는 모양. '꺼덕꺼덕01'보다 센 느낌을 준다.

꺼뜨럭-꺼뜨럭

의미 [+모양],[−예의],[+거만],[+자만],[+반
복]

제약 {사람}-{거리다, 대다}

거만스럽게 잘난 체하며 자꾸 버릇없이 구는 모
양. '거드럭거드럭'보다 센 느낌을 준다.

꺼림칙-이

의미 [+회피],[+정도]

제약

매우 꺼림하게.

¶그는 주인 없는 집에 들어간다는 게 꺼림칙이
생각되었다.

꺼머멀쑥-이

의미 [+검정],[−선명],[+청결],[+양명]

제약

조금 짙게 검으면서 지저분함 없이 훤하고 깨끗
하게. '거머멀쑥이'보다 센 느낌을 준다.

꺼머무트름-히

의미 [+얼굴],[+검정],[+통통]

제약

얼굴이 거무스름하고 투실투실하게. '거머무트름
히'보다 센 느낌을 준다.

꺼무끄름-히

의미 [+상태],[+어둠],[+검정],[−정도]

제약

조금 어둡게 꺼무스름한 상태로.

꺼무숙숙-히

의미 [+검소],[+검정],[+적당]

제약

수수하고 걸맞은 정도로 꺼무스름하게.

꺼무스름-히

의미 [+검정],[−정도]

제약

조금 껌은 듯한 빛깔로.

꺼무죽죽-히

　의미 [+검정],[+조밀],[−균일]

　제약

　칙칙하고 고르지 않게 꺼무스름하게.

꺼무트름-히

　의미 [+얼굴],[+검정],[+통통]

　제약

　'꺼머무트름히'의 준말. 얼굴이 거무스름하고 투실투실하게.

꺼물-꺼물

　의미 [+모양],[+불빛],[+미약],[±소멸],[+반복]

　제약 { }-{움직이다}

　① 약한 불빛 따위가 사라질 듯 말 듯 움직이는 모양. '거물거물①'보다 센 느낌을 준다.

　의미 [+모양],[+물체],[+거리],[±시야],[−분명]

　제약 { }-{움직이다}

　② 멀리 있는 물체가 보일 듯 말 듯 희미하게 움직이는 모양. '거물거물②'보다 센 느낌을 준다.

　의미 [+모양],[+의식]v[+기억],[−분명],[±정신],[+반복]

　제약

　③ 의식이나 기억이 희미해져서 정신이 있는 둥 없는 둥 하는 모양. '거물거물③'보다 센 느낌을 준다.

꺼뭇-꺼뭇

　의미 [+모양],[+검정],[+부분]

　제약

　군데군데 꺼무스름한 모양. ≒꺼뭇꺼뭇이.

　¶손잡이에 **꺼뭇꺼뭇** 손때가 묻어 있다./**꺼뭇꺼뭇** 깎지 않고 버려 둔 수염 옆으로 입가에 주름을 잡으며….≪한수산, 유민≫

꺼뭇꺼뭇-이

　의미 [+모양],[+검정],[+부분]

　제약

　=꺼뭇꺼뭇. 군데군데 꺼무스름한 모양.

꺼벅

　의미 [+모양],[+머리]v[+신체],[+굴신],[+거북]

　제약 {머리, 몸}-{ }

　머리나 몸을 멋쩍게 한 번 숙였다 드는 모양.

꺼벅-꺼벅

　의미 [+모양],[+머리]v[+신체],[+굴신],[+거북],[+반복]

　제약 {머리, 몸}-{ }

　머리나 몸을 멋쩍게 자꾸 숙였다 들었다 하는 모양.

꺼불-꺼불

　의미 [+모양],[+운동],[+요동],[+반복]

　제약 { }-{흔들리다, 움직이다}

　① 거볍게 자꾸 흔들려 움직이는 모양. '거불거불01'보다 센 느낌을 준다.

　¶침실에는 쌍가락 대황 촛불이 놋쇠 와룡 촛대에서 **꺼불꺼불** 춤을 추고 있었다.≪유주현, 대한제국≫

　의미 [+모양],[+경솔],[−예의],[+정도],[+반복]

　제약

　② 경솔하게 자꾸 몹시 꺼부는 모양.

　¶이튿날 아침 일의 경위가 드러났다. 순사 부장이 **꺼불꺼불** 찾아온 것이다.≪유재용, 누님의 초상≫

꺼슬-꺼슬

　의미 [+모양],[+피부]v[+물건],[+표면],[+거침]v[+견고]

　제약

　① 살결이나 물건의 거죽이 매끄럽지 않고 꺼칠하거나 뻣뻣한 모양. '거슬거슬①'보다 센 느낌을 준다.

　의미 [+모양],[+성질],[+거침],[+정도]

　제약

　② 성질이 부드럽지 못하고 매우 거친 모양. '거슬거슬②'보다 센 느낌을 준다.

꺼시시

　의미 [+모양],[+털],[+기립],[+거침],[+정도]

　제약

　사람이나 짐승의 털 따위가 꽤 거칠게 일어나 있는 모양.

¶인철은 멀거니 천장을 바라본다. 꺼시시 일어선 눈썹 아래 치켜뜬 눈자위에는 두어 금의 핏줄이 비끼어 있다.≪이태준, 화관≫

꺼이-꺼이

의미 [+모양],[+울음],[+목소리],[+크기],[+요란]

제약 { }-{울다}

큰 목소리로 목이 멜 만큼 요란하게 우는 모양. ¶꺼이꺼이 울다./장성댁은 혼 나간 사람처럼 염치 불고하고 꺼이꺼이 목을 놓을 뿐이다.≪천승세, 낙월도≫/유치장 쪽에선 또 고장 난 라디오처럼 바람난 여자의 울음소리가 꺼이꺼이 들려오고 있었다.≪김성일, 무차원 근처≫/봉추댁의 목소리가 설워지더니 쉰 목청으로 꺼이꺼이 오열을 쏟았다.≪김원일, 불의 제전≫

꺼치적-꺼치적

의미 [+모양],[+거북],[+경유]v[+접촉],[-일정],[+반복]

제약 { }-{거치다, 닿다}

① 거추장스럽게 여기저기 자꾸 거치거나 닿는 모양. '거치적거치적①'보다 센 느낌을 준다.

의미 [+모양],[+거북],[+불쾌]v[+방해],[+반복]

제약

② 거추장스러워서 거슬리거나 자꾸 방해가 되는 모양. '거치적거치적②'보다 센 느낌을 준다.

꺼칠-꺼칠

의미 [+모양],[+살갗]v[+털],[+수척]v[+건조],[-윤기],[+거침],[+정도]

제약

여위거나 메말라 살갗이나 털의 여러 군데가 몹시 윤기가 없고 거친 모양. '거칠거칠'보다 센 느낌을 준다.

¶그녀의 손을 맞잡았다. 꺼칠꺼칠 했으나 따뜻한 그 손에서 나비 날개가 떨리는 것 같은 미약한 힘이…≪최인석, 문학과지성사≫

꺼칫-꺼칫

의미 [+모양],[+피부],[+접촉],[+장애]

제약 { }-{걸리다, 닿다, 거리다}

① 살갗 따위에 자꾸 닿아 걸리는 모양. '거칫거

칫①'보다 센 느낌을 준다.

의미 [+모양],[+진행],[+방해],[+반복]

제약

② 순조롭지 못하게 자꾸 방해가 되는 모양. '거칫거칫②'보다 센 느낌을 준다.

꺽01

의미 [+소리],[+음식],[+섭취],[+트림]

제약 { }-{끓다, 거리다}

음식 따위를 먹은 뒤에 트림하는 소리.

¶"개똥이네 집에나 가 볼까?" 하고 벌컥 일어날 때, 생각지 않은 트림이 꺽 하고 올라온다.≪강경애, 인간 문제≫

꺽02

의미 [+소리]v[+모양],[+숨]v[+말],[+목구멍],[+폐쇄]

제약 { }-{막히다}

숨이나 말이 목구멍 쪽에서 갑자기 막히는 소리. 또는 그 모양.

¶이젠 저도 직성이 풀릴 때가 되었으려니 하고 고개를 숙이는데 숨이 꺽 막혔다.≪한승원, 해일≫

꺽-꺽01

의미 [+소리],[+꿩],[+수컷]

제약 {장끼}-{울다}

장끼가 우는 소리.

꺽-꺽02

의미 [+소리]v[+모양],[+숨]v[+말],[+목구멍],[+폐쇄],[+반복]

제약 { }-{막히다}

① 숨이나 말이 목구멍 쪽에서 자꾸 막히는 소리. 또는 그 모양.

¶숨이 꺽꺽 막히다./이미 시위 떠난 화살이라는 절망감이 숨을 꺽꺽 막아 왔다.≪송기숙, 암태도≫

의미 [+소리]v[+모양],[+울음],[+호흡],[+정지],[+정도]

제약 { }-{울다}

② 숨이 막힐 정도로 우는 소리. 또는 그 모양.

¶문집은 물기가 눈가를 도는 것을 느끼며 그만 소리를 내어 꺽꺽 울어 버렸다.≪신상웅, 히포크라테스의 흉상≫

꺽꺽-푸드덕

의미 [+소리],[+꿩],[+수컷],[+날개]

제약 {장끼}-{울다}

장끼가 울며 홰치는 소리.

꺽둑-꺽둑

의미 [+모양],[+물건],[+견고],[+절단],[−기준]

제약 { }-{썰다}

단단한 물건을 대중없이 크게 자꾸 써는 모양.

¶무를 꺽둑꺽둑 썰다./수영은 무거리 고춧가루며 꺽둑꺽둑 썰어 놓은 파 양념을 듬뿍 타 가지고 밥 덩이를 두어 번 비비더니….≪심훈, 영원의 미소≫

꺽죽-꺽죽

의미 [+모양],[+말],[+소란],[+거만],[+신체],[+요동],[+반복]

제약 { }-{대다}

혼자 잘난 듯이 몸을 흔들며 자꾸 떠드는 모양.

¶둘은 같이 어깨와 고개를 들썩거리면서 이상스럽게 꺽죽꺽죽 웃고는….≪이호철, 적막강산≫/팔다리에 줄을 매고 그 줄을 당길 때마다 꺽죽꺽죽 춤을 추는 망석중이가 분명한 것이었다.≪문순태, 타오르는 강≫

껀둥-껀둥

의미 [+모양],[+전부],[+정리],[−산개]

제약

하나도 흩어지지 않게 말끔히 가다듬어 수습하는 모양. '건둥건둥①'보다 센 느낌을 준다.

껀둥-히

의미 [+모양],[−산만],[+정리],[+시원],[+명백]

제약

흐트러짐이 없이 정돈되어 시원스럽게 훤하게.
'건둥히'보다 센 느낌을 준다.

껄껄

의미 [+소리],[+웃음],[+경쾌],[+크기],[−자제],[+정도]

제약 {사람}-{웃다}

매우 시원스럽고 우렁찬 목소리로 못 참을 듯이 웃는 소리.

¶큰 소리로 껄껄 웃다./댓 잔 술에 얼굴이 벌게진 K는 껄껄 명랑한 웃음을 또 터뜨리고 나서….≪염상섭, 이십 대에 들어서≫

껄끔-껄끔

의미 [+모양],[+통증],[+피부],[+털],[+마찰]

제약 { }-{거리다}

뻣뻣한 털 따위가 살에 닿아 자꾸 뜨끔거리는 모양.

껄떡

의미 [+소리]v[+모양],[+물],[+삼킴],[+곤란]

제약 { }-{삼키다}

① 목구멍으로 물 따위를 힘겹게 삼키는 소리.
또는 그 모양.

¶약물을 껄떡 삼키다.

의미 [+소리]v[+모양],[+호흡],[±중단]

제약

② 숨이 끊어질 듯 말 듯 하는 소리. 또는 그 모양.

¶숨이 껄떡 넘어가다.

의미 [+소리]v[+모양],[+물체],[+전복]v[+꼬임]

제약

③ 얇고 뻣뻣한 물체의 바닥이 뒤집히거나 뒤틀리는 소리. 또는 그 모양.

껄떡-껄떡

의미 [+소리]v[+모양],[+물],[+삼킴],[+곤란],[+반복]

제약 { }-{넘기다}

① 목구멍으로 물 따위를 힘겹게 자꾸 삼키는 소리. 또는 그 모양.

¶밥을 먹고는 태연히 막걸리 한 사발을 껄떡껄떡 들이켜자….≪김유정, 만무방≫

의미 [+소리]v[+모양],[+호흡],[±중단],[+연속]

제약 { }-{쉬다, 대다, 넘어가다, 막히다}

② 숨이 자꾸 끊어질 듯 말 듯 하는 소리. 또는 그 모양.

¶김 선장은 아무리 생각해도 기분이 너무 상쾌해서, 껄떡껄떡 숨을 들이켜듯이 그렇게 목구멍 안에서만 끼들끼들 웃었다.≪천금성, 허무의 바다≫

의미 [+소리]v[+모양],[+물체],[+전복]v[+꼬임]

제약

③ 엷고 빳빳한 물체의 바닥이 자꾸 뒤집히거나 뒤틀리는 소리. 또는 그 모양.

의미 [+모양],[+표현],[+욕심],[+입맛]v[+안달],[+정도]

제약

④ 매우 먹고 싶거나 갖고 싶어 연방 입맛을 다시거나 안달하는 모양.

껄렁

의미 [+모양],[+언사]v[+행동],[-신뢰],[+거짓]

제약

① 말이나 행동이 들떠 미덥지 아니하고 허황된 모양.

의미 [+모양],[+불길],[-청결]

제약

② 사물이 꼴사납고 너절한 모양.

껄렁-껄렁

의미 [+모양],[+언사]v[+행동],[+전부],[-신뢰],[+거짓]

제약

① 말이나 행동이 들떠 모두 미덥지 아니하고 허황된 모양.

의미 [+모양],[+전부],[+불길],[-청결]

제약

② 여럿이 다 꼴사납고 너절한 모양.

껄쭉-껄쭉

의미 [+느낌],[+거침],[+통증]

제약 { }-{거리다}

거칠고 껄끄럽게 뜨끔거리는 느낌.

껄쭉-히

의미 [+액체],[+농도],[+정도]

제약

액체가 묽지 아니하고 꽤 건 정도로, '걸쭉히①'보다 센 느낌을 준다.

껌벅

의미 [+모양],[+불빛]v[+별빛],[±점멸],[+순간]

제약 {불, 별}-{빛나다}

① 큰 불빛이나 별빛 따위가 잠깐 어두워졌다 밝아지는 모양. 또는 밝아졌다 어두워지는 모양.

의미 [+모양],[+눈],[±감음],[+순간]

제약 {눈}-{ }

② 큰 눈이 잠깐 감겼다 뜨이는 모양.

껌벅-껌벅

의미 [+모양],[+불빛]v[+별빛],[±점멸],[+순간],[+반복]

제약 {불, 별}-{빛나다}

① 큰 불빛이나 별빛 따위가 자꾸 어두워졌다 밝아졌다 하는 모양.

¶누군가 문을 열어젖혔다. 동시에 **껌벅껌벅** 형광 불빛이 켜졌다.≪최인호, 지구인≫

의미 [+모양],[+눈],[±감음],[+순간],[+반복]

제약 {눈}-{ }

② 큰 눈이 자꾸 감겼다 뜨였다 하는 모양.

¶효중의 눈이 안경 속에서 잠시 **껌벅껌벅** 눈물 방울을 밀어내고 있었다.≪홍성원, 육이오≫/아이들도 무슨 일인가 싶어 뛰어와 커다란 눈을 **껌벅껌벅해** 보이는데 눈 주변에 진을 치고 있는 날파리들이 마치 진드기처럼 눌러…

껌뻑

의미 [+모양],[+불빛]v[+별빛],[±점멸],[+순간]

제약 {불, 별}-{빛나다}

① 큰 불빛이나 별빛 따위가 잠깐 어두워졌다 밝아지는 모양. 또는 밝아졌다 어두워지는 모양. '껌벅①'보다 센 느낌을 준다.

의미 [+모양],[+눈],[±감음],[+순간]

제약 {눈}-{ }

② 큰 눈이 잠깐 감겼다 뜨이는 모양. '껌벅②'보다 센 느낌을 준다.

¶어떤 수모를 받을지라도 눈 한 번 **껌뻑** 감았다가 뜨면 스러져 버리던 홍선이로되 지금 이 자리에서는 등으로 땀을 뻘뻘 흘렸다.≪김동인, 운현궁의 봄≫

껌뻑-껌뻑

의미 [+모양],[+불빛]v[+별빛],[±점멸],[+순간],[+반복]

제약 {불, 별}-{빛나다}

① 큰 불빛이나 별빛 따위가 자꾸 어두워졌다 밝아졌다 하는 모양. '껌벅껌벅①'보다 센 느낌을 준다.

¶아무것도 모른다는 사실이 형광등처럼 **껌뻑껌뻑** 명멸하더니 얇고 네모진 심연 앞에 쭈그리고 앉은 나를 환하게 밝혀왔다.

의미 [+모양],[+눈],[±감음],[+순간],[+반복]

제약 {눈}-{ }

② 큰 눈이 자꾸 감겼다 뜨였다 하는 모양. '껌벅껌벅②'보다 센 느낌을 준다.

껌적-껌적

의미 [+모양],[+점]v[+얼룩],[+크기],[+부분],[+다수],[-균일]

제약

검은 점이나 얼룩이 굵게 여기저기 박혀 있는 모양. '검적검적'보다 센 느낌을 준다.

껍신-껍신

의미 [+모양],[+고개]v[+신체],[-예의],[+숙임],[+정도],[+반복]

제약 {고개, 몸}-{숙이다}

고개나 몸을 방정맞게 자꾸 많이 숙이는 모양.

¶점심을 그렇게 잘 얻어먹은 것은 잊은 사람처럼 점등이 아버지의 대꾸도 들을 것 없이 지고 일어선 채 **껍신껍신** 가 버리는 것이었다.≪이태준, 농토≫

껍적-껍적

의미 [+모양],[-버릇],[+자만],[+경망],[-주의],[+반복]

제약 { }-{대다}

방정맞게 함부로 자꾸 까불거나 잘난 체하는 모양.

¶우리도 인젠 팔자를 고치누나! 그는 **껍적껍적** 엉덩춤이 절로 난다.≪김유정, 노다지≫

껍죽-껍죽

의미 [+모양],[+신체],[+운동],[+경망],[-주의],[+반복]

제약

① 신이 나서 몸이나 몸의 일부를 자꾸 방정맞게 함부로 움직이는 모양.

¶우리 집 단 하나뿐인 그 낡은 우산을 받쳐 들고 골목을 **껍죽껍죽** 걸어 나가는 양 선생의 뒷모습을 바라보면서….≪전상국, 늪에서 바람이≫

의미 [+모양],[-분수],[+경망],[-주의],[+자만],[+반복]

제약

② 자기 분수에 맞지 않게 자꾸 함부로 까불거나 잘난 체하는 모양.

껑껑

의미 [+소리],[+개],[+정도]

제약 {개}-{짖다}

개가 몹시 짖는 소리.

¶발소리를 죽인다고 죽였는데도 김재호네 개가 **껑껑** 짖어 댔다.≪한승원, 해일≫

껑둥

의미 [+모양],[+다리],[+도약],[-품위]

제약 { }-{뛰다}

긴 다리로 채신없이 거볍게 뛰는 모양.

껑둥-껑둥

의미 [+모양],[+다리],[+도약],[-품위],[+반복]

제약 { }-{뛰다}

① 조금 긴 다리로 거볍게 계속해서 뛰는 모양. '경둥경둥①'보다 센 느낌을 준다.

의미 [+모양],[+행동],[-품위],[-침착]

제약 {사람}-{거리다, 대다}

② 침착하지 못하고 거볍게 채신없이 행동하는 모양. '경둥경둥②'보다 센 느낌을 준다.

껑뚱

의미 [+모양],[+다리],[+도약],[-품위]

제약 { }-{뛰다}

긴 다리로 채신없이 거볍게 뛰는 모양. '경둥'보다 아주 센 느낌을 준다.

껑뚱-껑뚱

의미 [+모양],[+다리],[+도약],[-품위],[+연속]

제약 { }-{뛰다}

① 긴 다리로 계속해서 채신없이 거볍게 뛰는 모양. '경둥경둥①'보다 아주 센 느낌을 준다.

의미 [+모양],[+행동],[-품위],[-침착]

제약 {사람}-{거리다, 대다}
② 침착하지 못하고 채신없이 거볍게 행동하는 모양. '경둥경둥②'보다 아주 센 느낌을 준다.

껑쩡
의미 [+모양],[+다리],[+도약],[+경쾌]
제약 { }-{뛰다}
긴 다리를 모으고 거볍게 내뛰는 모양. '경정'보다 아주 센 느낌을 준다.

껑쩡-껑쩡
의미 [+모양],[+다리],[+도약],[+경쾌],[+반복]
제약 { }-{뛰다}
긴 다리를 모으고 거볍게 자꾸 내뛰는 모양. '경정경정'보다 아주 센 느낌을 준다.

껑쭝
의미 [+모양],[+다리],[+도약],[+기운],[+높이]
제약 { }-{뛰다}
긴 다리를 모으고 힘 있게 높이 솟구쳐 뛰는 모양. '경중'보다 아주 센 느낌을 준다.

껑쭝-껑쭝
의미 [+모양],[+다리],[+도약],[+기운],[+높이],[+연속]
제약 { }-{뛰다}
긴 다리를 모으고 힘 있게 자꾸 솟구쳐 뛰는 모양. '경중경중'보다 아주 센 느낌을 준다.

껑청[01]
의미 [+모양],[+다리],[+도약],[+상쾌]
제약 { }-{뛰다}
긴 다리를 모으고 거볍게 내뛰는 모양. '경정'보다 세고 거센 느낌을 준다.
¶껑청 뛰다./그 사람은 말 위에서 그대로 껑청 몸을 날려 훨훨 타오르는 불길 속으로 뛰어드는 다음 순간엔….≪현진건, 무영탑≫

껑청[02]
의미 [+모양],[+길이],[+다리],[−멋],[+정도]
제약
키가 크면서 다리가 멋없이 긴 모양.
¶껑청 큰 소년.

껑청-껑청

의미 [+모양],[+다리],[+도약],[+경쾌],[+반복]
제약 { }-{뛰다}
긴 다리를 모으고 거볍게 자꾸 내뛰는 모양. '경정경정'보다 세고 거센 느낌을 준다.
¶어둠 속에서 입이 딱 벌어지면서 껑청껑청 골목 안으로 뛰어나왔다.≪박종화, 임진왜란≫

껑충
의미 [+모양],[+다리],[+도약],[+기운],[+높이]
제약 { }-{뛰다}
① 긴 다리를 모으고 힘 있게 높이 솟구쳐 뛰는 모양. '경중'보다 세고 거센 느낌을 준다.
¶도랑을 껑충 건너뛰다./그는 도움닫기를 한 후 껑충 뛰었다./그 순간 옆에 있던 개가 껑충 도약하여 괭이를 추켜든 팔을 물어뜯고….≪윤흥길, 묵시의 바다≫
의미 [+모양],[+단계]v[+순서],[+단번],[+생략]
제약 { }-{뛰다}
② 어떠한 단계나 순서를 단번에 많이 건너뛰는 모양.
¶물가가 껑충 뛰어오르다./순위가 껑충 뛰다./우리 중수는 내년에 검정고시를 치르고 후년 봄쯤엔 껑충 뛰어 고등학교에 입학할 거야.≪김용성, 도둑 일기≫

껑충-껑충
의미 [+모양],[+다리],[+도약],[+기운],[+반복]
제약 { }-{뛰다}
① 긴 다리를 모으고 힘 있게 자꾸 솟구쳐 뛰는 모양. '경중경중'보다 세고 거센 느낌을 준다.
¶토끼가 껑충껑충 뛰어간다./술이 지나치게 취한 젊은 사람들은 신이 오른 사람처럼 껑충껑충 뛰면서 마당을 다졌다.≪심훈, 영원의 미소≫/상대편의 허리를 걷어차 버리고는, 껑충껑충 곤두박질치며 달아난다.≪최인훈, 구운몽≫
의미 [+모양],[+단계]v[+순서],[+생략],[+연속]
제약 { }-{뛰다}

② 어떠한 단계나 순서를 잇따라 건너뛰는 모양.

¶새해 들어 물가가 **껑충껑충** 뛰어올랐다.

께끄름-히

의미 [+마음],[+회피],[+불만]

제약

께적지근하고 꺼림하여 내키지 않는 마음으로.

께끔-히

의미 [+마음],[+회피],[+불만]

제약

'께끄름히'의 준말. 께적지근하고 꺼림하여 내키지 않는 마음으로.

께느른-히

의미 [+신체],[−운동],[+피곤]

제약

몸을 움직이고 싶지 않을 만큼 느른하게.

께저분-히

의미 [−청결]

제약

너절하고 지저분하게. '게저분히'보다 센 느낌을 준다.

께적-께적

의미 [+모양],[+섭취],[−의지],[−호감],[−속도],[+정도],[+반복]

제약 { }−{먹다}

① '께지럭께지럭①'의 준말. 달갑지 않은 음식을 자꾸 억지로 굼뜨게 먹는 모양.

의미 [+모양],[+행동],[+나태],[−속도],[−호감],[+반복]

제약 {사람}−{거리다, 대다}

② '께지럭께지럭②'의 준말. 달갑지 않은 듯이 자꾸 게으르고 굼뜨게 행동하는 모양.

께적지근-히

의미 [+추접],[−청결],[−정도]

제약

조금 너절하고 지저분하게. '게적지근히'보다 센 느낌을 준다.

께죽-께죽

의미 [+모양],[+말],[+불만],[+반복]

제약

① 불평스럽게 자꾸 중얼거리는 모양.

의미 [+모양],[+씹음],[−호감],[+반복]

제약 { }−{씹다}

② 음식을 몹시 먹기 싫은 듯이 자꾸 되씹는 모양.

께지럭-께지럭

의미 [+모양],[+섭취],[−의지],[−호감],[−속도],[+정도],[+반복]

제약 { }−{먹다}

① 달갑지 않은 음식을 자꾸 억지로 굼뜨게 먹는 모양.

의미 [+모양],[+행동],[+나태],[−속도],[−호감],[+반복]

제약 {사람}−{거리다, 대다}

② 달갑지 않은 듯이 자꾸 게으르고 굼뜨게 행동하는 모양.

께질-께질

의미 [+모양],[+섭취],[−의지],[−호감],[−속도],[+정도],[+반복]

제약 { }−{먹다}

① '께지럭께지럭①'의 준말. 달갑지 않은 음식을 자꾸 억지로 굼뜨게 먹는 모양.

의미 [+모양],[+행동],[+나태],[−속도],[−호감],[+반복]

제약 {사람}−{거리다, 대다}

② '께지럭께지럭②'의 준말. 달갑지 않은 듯이 자꾸 게으르고 굼뜨게 행동하는 모양.

꼬기작-꼬기작

의미 [+모양],[+구김],[+반복]

제약 {종이, 천}−{구기다}

고김살이 생기게 자꾸 고기는 모양. '고기작고기작'보다 센 느낌을 준다.

¶누나는 남자 친구의 편지를 **꼬기작꼬기작** 구겨서 내버렸다./할머니는 허리춤에서 **꼬기작꼬기작** 구겨진 천 원짜리 한 장을 꺼내 주셨다.

꼬깃-꼬깃

의미 [+모양],[+구김],[−주의],[+반복]

제약

고김살이 생기게 함부로 자꾸 고기는 모양. '고깃고깃'보다 센 느낌을 준다.

¶**꼬깃꼬깃** 접은 돈./종이를 **꼬깃꼬깃** 접어 휴지 통에 넣었다./심부름꾼은 소맷부리 실밥을 뜯어 내 **꼬깃꼬깃** 접힌 서찰을 내밀었는데, 펼쳐 본 즉….≪현기영, 변방에 우짖는 새≫

꼬꼬

의미 [+소리],[+암탉]

제약 {암탉}-{울다}

암탉이 우는 소리.

꼬꼬댁

의미 [+소리],[+닭],[+경악]v[+알]

제약 {닭}-{울다}

닭이 놀랐거나 알을 낳은 뒤에 우는 소리.

¶그 속에서 닭이 마지막 **꼬꼬댁** 소리를 지르고 털이 뽑히고….≪박완서, 도시의 흉년≫

꼬꼬댁-꼬꼬댁

의미 [+소리],[+닭],[+경악]v[+알],[+반복]

제약 {닭}-{울다}

닭이 놀랐거나 알을 낳은 뒤에 자꾸 우는 소리.

¶닭장에서 **꼬꼬댁꼬꼬댁** 소리가 나서 가 보니 알이 있었다.

꼬꼬

의미 [+소리],[+수탉]

제약 {수탉}-{울다}

'꼬끼오'의 준말. 수탉의 우는 소리.

¶새벽이 되자 수탉이 **꼬꼬** 운다.

꼬끼오

의미 [+소리],[+수탉]

제약 {수탉}-{울다}

수탉의 우는 소리.

¶**꼬끼오** 닭이 우는 소리에 새벽잠을 깼다.

꼬다케

의미 [+모양],[+불],[+연소],[+지속],[-변화]

제약 {불}-{타다}

불이 너무 세지도 않고 꺼지지도 않은 채 고스란히 붙어 있는 모양.

꼬당-꼬당

의미 [+모양],[+수척],[+정도]

제약

바싹 말라서 몹시 야윈 모양.

¶그는 **꼬당꼬당** 말랐어도 감기도 걸리지 않고

몇 해를 거뜬히 넘긴다.

꼬독-꼬독

의미 [+상태],[+물건][+수분],[+건조]v[+동결],[+견고]

제약 { }-{마르다, 얼다}

물기 있는 물건이 마르거나 얼어서 단단히 굳어진 상태. '고독고독'보다 센 느낌을 준다. 늑꼬독꼬독이.

¶옷이 **꼬독꼬독** 말랐다./호박이며 무를 썰어 가을볕에 널면 **꼬독꼬독** 잘 마른다.

꼬들-꼬들

의미 [+상태],[+밥알],[-수분]v[+건조],[+내부][-견고],[+표면][+견고]

제약

밥알 따위가 물기가 적거나 말라서 속은 무르고 겉은 조금 굳은 상태. '고들고들'보다 센 느낌을 준다.

¶밥이 **꼬들꼬들** 말라 버렸다.

꼬르륵

의미 [+소리],[+복부]v[+대통][+진],[+비등]

제약

① 배 속이나 대통의 진 따위가 끓는 소리.

¶배에서 **꼬르륵** 소리가 나다./달착지근한 냄새가 빈 배 속의 창자를 자극해서 **꼬르륵** 소리가 났다.≪박완서, 미망≫

의미 [+소리],[+닭],[+경악]

제약 {닭}-{지르다}

② 닭이 놀라서 지르는 소리.

의미 [+소리],[+액체],[+구멍][-크기],[+누출]

제약 { }-{따르다, 흐르다}

③ 액체가 비좁은 구멍으로 가까스로 빠져나가는 소리.

¶주전자를 기울여 컵에 물을 **꼬르륵** 따랐다.

의미 [+소리],[+목구멍],[+장애],[+가래],[+거침]

제약

④ 가래가 목구멍에 걸리어 숨을 쉴 때 거칠게 나는 소리.

의미 [+소리],[+물],[+기체],[+물방울],[+상

승]

제약

⑤ 물속에서 기체의 작은 방울이 물 위로 떠오
를 때 나는 소리.

¶허우적거리던 아이는 **꼬르륵** 물속으로 가라앉
았다.

꼬르륵-꼬르륵

의미 [+소리],[+복부]v[+대통][+진],[+비
등],[+반복]

제약

① 배 속이나 대통의 진 따위가 잇따라 끓는 소
리.

¶배가 고픈지 **꼬르륵꼬르륵** 소리가 난다.

의미 [+소리],[+닭],[+경악],[+연속]

제약 {닭}-{지르다}

② 닭이 놀라서 잇따라 지르는 소리.

의미 [+소리],[+액체],[+구멍][-크기],[+누
출],[+연속]

제약 { }-{따르다, 흐르다}

③ 액체가 비좁은 구멍으로 가까스로 잇따라 빠
져나가는 소리.

¶물이 **꼬르륵꼬르륵** 소리를 내며 하수관으로 빠
져나갔다.

의미 [+소리],[+목구멍],[+장애],[+가래],[+거
침],[+연속]

제약

④ 가래가 목구멍에 걸리어 숨을 쉴 때 잇따라
거칠게 나는 소리.

의미 [+소리],[+물],[+기체],[+물방울],[+상
승],[+연속]

제약

⑤ 물속에서 기체의 작은 방울이 물 위로 잇따
라 떠오를 때 나는 소리.

꼬무락-꼬무락

의미 [+모양],[+운동],[-속도],[+정도],[+반
복]

제약 { }-{움직이다}

① 매우 조금씩 느리게 자꾸 움직이는 모양. '고
무락고무락①'보다 센 느낌을 준다.

¶굼벵이가 **꼬무락꼬무락** 기어간다.

의미 [+모양],[+신체],[+부분],[+운동],[-속
도],[+반복]

제약 {몸}-{움직이다}

② 몸의 일부를 조금씩 느리게 자꾸 움직이는
모양. '고무락고무락②'보다 센 느낌을 준다.

¶손가락을 **꼬무락꼬무락** 움직였다.

꼬물-꼬물

의미 [+모양],[+운동],[+잔망],[-속도],[+정
도],[+반복]

제약 { }-{움직이다}

① 매우 좀스럽고 느리게 자꾸 움직이는 모양.

¶송충이가 **꼬물꼬물** 기어간다./산 중턱에서 병사
오륙 명이 **꼬물꼬물** 작업을 하고 있다.≪홍성원.
육이오≫

의미 [+모양],[+행동],[+나태],[-속도]

제약 {사람}-{거리다, 대다}

② 조금 게으르고 굼뜨게 행동하는 모양.

의미 [+모양],[+신체],[+부분],[+운동],[-속
도],[+반복]

제약 { }-{움직이다}

③ 신체 일부를 좀스럽고 느리게 자꾸 움직이는
모양.

¶배 속에 어린애가 **꼬물꼬물** 놀 때에 정선은 어
머니의 본능으로 어떤 기쁨을 깨닫지마는….≪이
광수, 흙≫

꼬박01

의미 [+상태],[+유지],[-변화]

제약

어떤 상태를 고스란히 그대로. ≒꼬박이.

¶날을 **꼬박** 새웠다./**꼬박** 사흘이 걸렸다./두 사
람은 **꼬박** 1주일 동안을 그 자리에 꼼짝 않고
엎드려서 보냈다.≪조해일, 왕십리≫/중간 중간 말
을 얻어 타면 사흘이고, **꼬박** 걸으면 엿새도 걸
리고, 대중이 없습니다.≪유주현, 대한 제국≫

꼬박02

의미 [+모양],[+머리]v[+신체],[±굴신],[-정
도]

제약 {머리, 몸}-{ }

① 머리나 몸을 앞으로 조금 숙였다가 드는 모
양.

¶꼬박 절을 하다.

의미 [+모양],[+수면],[−의지],[+순간]

제약 {잠}-{들다, 졸다}

② 모르는 사이에 순간적으로 잠이 드는 모양.

¶책을 보다가 꼬박 잠이 들었다./불을 때다가 아궁이 앞에서 꼬박 졸았다.≪심훈, 영원의 미소≫

꼬박-꼬박01

의미 [+모양],[+머리]v[+신체],[±굴신],[−정도],[+반복]

제약 {머리, 몸}-{ }

머리나 몸을 자꾸 앞으로 조금씩 숙였다가 드는 모양.

¶일본 사람들이 꼬박꼬박 인사하는 모습이 인상적이다.

꼬박-꼬박02

의미 [+모양],[+유지],[+확실]

제약

① 조금도 어김없이 고대로 계속하는 모양.

¶세금을 꼬박꼬박 내다./내 친구는 일주일에 한 번씩 꼬박꼬박 아버지께 편지를 쓴다./밤에 일하느라 힘들 텐데도 숙제를 꼬박꼬박 잘해 오는 걸 보면 신통하다./태임이는 조금도 잘못한 기색 없이 꼬박꼬박 말대답을 하고도 오히려 못다한 말을 가까스로 참는 것처럼 어깨로 숨을 쉬며 새근댔다.≪박완서, 미망≫/양반들은 농사 첫해부터 소작료를 꼬박꼬박 받아 가기 일쑤였다.≪문순태, 타오르는 강≫

의미 [+모양],[+명령],[+추종]

제약

② 남이 시키는 대로 따르는 모양.

꼬박-이

의미 [−변화],[+유지]

제약

=꼬박02. 어떤 상태를 고스란히 그대로

¶이 작품을 완성하는 데 꼬박이 한 달이 걸렸다./이날 밤도 명련이는 자리 속에서 혼자 엎치락뒤치락하며 꼬박이 새고 말았다.≪염상섭, 늙는 것도 서러운데≫

꼬부랑-꼬부랑

의미 [+모양],[+다수],[+부분],[+굴곡]

제약

① 여러 군데가 안으로 휘어들어 곱은 모양. '고부랑고부랑①'보다 센 느낌을 준다.

¶꼬부랑꼬부랑 꼬부라진 파마머리./나무가 바닷바람에 꼬부랑꼬부랑 휘어 자라고 있었다.

의미 [+모양],[+등]v[+허리],[+굴곡],[+반복]

제약 {등, 허리}-{구부리다}

② 등이나 허리를 자꾸 고부리는 모양. '고부랑고부랑②'보다 센 느낌을 준다.

의미 [+모양],[+영어],[+비속]

제약

③ (속되게) 영어 따위로 말하는 모양.

¶요즘은 초등학생들도 꼬부랑꼬부랑 영어를 잘한다.

꼬부스름-히

의미 [+내부],[+굴곡]

제약

안으로 곱은 듯하게. '고부스름히'보다 센 느낌을 준다.

꼬부슴-히

의미 [+내부],[+굴곡]

제약

'꼬부스름히'의 준말. 안으로 곱은 듯하게.

꼬부장-꼬부장

의미 [+모양],[+다수],[+굴곡]

제약

여러 군데가 고부라져 있는 모양. '고부장고부장'보다 센 느낌을 준다.

¶꼬부장꼬부장 꼬부라진 길.

꼬부장-히

의미 [+상태],[+굴곡],[+정도]

제약

① 매우 고부라진 상태로. '고부장히①'보다 센 느낌을 준다.

¶어깨를 꼬부장히 움츠리고 다니지 마라./또출이 할머니는…댓돌로 내려서더니 꼬부장히 굽은 허리로 부엌으로 들어갔다.≪김원일, 노을≫

의미 [+마음],[−일치],[−정도]

제약

② 조금 틀어진 마음으로. '고부장히②'보다 센 느낌을 준다.

꼬불-꼬불

의미 [+모양],[−일정],[+굴곡]

제약

이리저리 고부라지는 모양. '고불고불'보다 센 느낌을 준다.

¶꼬불꼬불 굽이진 길./꼬불꼬불 길이 나 있다./ 호숫가를 끼고 꼬불꼬불 여러 고팽이를 돌아서 달마산으로 가는 길은 멀기도 했다.≪윤흥길, 완장≫/매어 놓은 줄을 따라 덩굴 꽃이 꼬불꼬불 기어오르고 있었다.≪최인호, 지구인≫

꼬불탕-꼬불탕

의미 [+모양],[+다수],[+굴곡],[−긴장]

제약

여러 군데가 느슨하게 고부라져 있는 모양. '고 불탕고불탕'보다 센 느낌을 준다.

¶꼬불탕꼬불탕 꼬부라진 골목길./고개가 꼬불탕 꼬불탕 굽어 있다.

꼬붓-꼬붓

의미 [+모양],[+전부],[+굴곡],[−정도]

제약

여럿이 다 약간 곱은 듯한 모양. '고붓고붓'보다 센 느낌을 준다. 늑꼬붓꼬붓이.

꼬붓꼬붓-이

의미 [+모양],[+전부],[+굴곡],[−정도]

제약

=꼬붓꼬붓. 여럿이 다 약간 곱은 듯한 모양.

꼬붓-이

의미 [+모양],[+굴곡],[−정도]

제약

약간 곱은 듯한 상태로. '고붓이'보다 센 느낌을 준다.

꼬빡[01]

의미 [+상태],[+유지],[−변화]

제약

'꼬박[02]'의 센말. 어떤 상태를 고스란히 그대로

¶그곳에 가려면 비행기를 타도 꼬빡 반나절이 걸린다./그날 밤 중서는 정연이 생각에 꼬빡 밤 을 새우다시피 하였다.≪오상원, 백지의 기록≫

꼬빡[02]

의미 [+모양],[+머리]v[+신체],[±굴신],[−정도]

제약 {머리, 몸}-{ }

① 머리나 몸을 앞으로 조금 숙였다가 드는 모 양. '꼬박[02]①'보다 센 느낌을 준다.

¶동네 어른을 보고 그는 꼬빡 절을 하였다.

의미 [+모양],[+수면],[−의지],[+순간]

제약 {잠}-{들다, 졸다}

② 모르는 사이에 순간적으로 잠이 드는 모양. '꼬박[02]②'보다 센 느낌을 준다.

¶버스에서 꼬빡 잠이 들어 목적지를 지나쳤다./ 할머니의 옛날이야기를 듣다가 꼬빡 졸고 말았 다.

꼬빡-꼬빡[01]

의미 [+모양],[+머리]v[+신체],[±굴신],[−정도],[+반복]

제약 {머리, 몸}-{ }

머리나 몸을 자꾸 앞으로 조금씩 숙였다가 드는 모양. '꼬박꼬박[01]'보다 센 느낌을 준다.

꼬빡-꼬빡[02]

의미 [+모양],[+유지],[+확실]

제약

① 조금도 어김없이 고대로 계속하는 모양. '꼬 박꼬박[02]①'보다 센 느낌을 준다.

¶아들 내외가 매달 꼬빡꼬빡 용돈을 부쳐 준다.

의미 [+모양],[+명령],[+추종]

제약

② 남이 시키는 대로 따르는 모양. '꼬박꼬박[02] ②'보다 센 느낌을 준다.

꼬약-꼬약

의미 [+모양],[+음식],[+다량],[+동시],[+씹 음],[+연속]

제약 { }-{씹다}

① 음식 따위를 한꺼번에 입에 많이 넣고 조금 씩 잇따라 씹는 모양.

¶밥알이 모래알 같아서 꼬약꼬약 겨우 한 숟가 락 뜨는 둥 마는 둥 했다.

의미 [+모양],[+협소],[+사람]v[+사물],[+무 리]v[+입장],[+연속]

제약

② 좁은 데로 잇따라 많은 사람이나 사물이 몰려가거나 들어오는 모양.

¶귀성길에 나선 승객들이 대합실로 **꼬약꼬약** 모여든다.

의미 [+모양],[+연기]v[+김],[+발생],[+반복]

제약 {연기, 김}-{피어오르다}

③ 연기나 김 따위가 자꾸 나오거나 생기는 모양.

의미 [+모양],[+마음],[+발생],[+반복]

제약

④ 어떤 마음이 자꾸 생기거나 치미는 모양.

꼬장-꼬장

의미 [+모양],[+물건],[−굵기],[+길이],[−굴곡],[+직선]

제약

① 가늘고 긴 물건이 굽지 아니하고 쪽 곧은 모양.

의미 [+모양],[+노인],[+허리],[+직선],[+건강]

제약

② 늙은이의 허리가 굽지 아니하고 꼿꼿하며 건장한 모양.

¶보나 마나 김 훈장 그 양반도 **꼬장꼬장** 말라죽는 날을 기다리고 있을 거야.≪박경리, 토지≫

의미 [+모양],[+성격],[+정직],[+결백],[−수용][+타인][+의견]

제약

③ 성미가 곧고 결백하여 남의 말을 좀처럼 듣지 않는 모양.

¶**꼬장꼬장** 깨끗하게 살아온 것이 그분의 자랑거리이다./서 형은 어째서 그처럼 **꼬장꼬장** 융통성이 없소.≪이병주, 행복어 사전≫

꼬지-꼬지

의미 [+모양],[+밀집],[−간격]

제약

빈틈이 없이 빽빽한 모양.

꼬질-꼬질

의미 [+모양],[+꼬임],[+곡선],[+정도]

제약 { }-{틀어지다}

① 몹시 뒤틀리고 꼬불꼬불한 모양.

¶**꼬질꼬질** 뒤틀어지고 외틀어지고 한 야산 나무밖에 보지 못한 눈에는….≪정비석, 비석과 금강산의 대화≫

의미 [+모양],[+옷]v[+신체],[−청결],[+정도]

제약 { }-{더럽다}

② 옷이나 몸에 때가 많아 매우 지저분한 모양.

¶**꼬질꼬질** 때가 묻은 도포 자락을 걷으며 나그네는 앉음새를 고쳤다.≪박경리, 토지≫/언뜻 보면 **꼬질꼬질**한 차림새의 코흘리개 아이로 보이지만, 한참을 같이 놀다보면 어이쿠, 이놈이 바로…≪송하춘, 고려대학교 출판부≫

꼬치-꼬치[01]

의미 [+모양],[+신체],[+수척],[+정도]

제약 { }-{마르다}

몸이 몹시 여위고 마른 모양.

¶그는 **꼬치꼬치** 말라 갔다./그는 방바닥에 늘어져 **꼬치꼬치** 마른 반송장을 조심히 일으키어 등에 업었다.≪김유정, 만무방≫

꼬치-꼬치[02]

의미 [+모양],[+추궁],[+질문],[+개별],[+전부]

제약 { }-{따지다, 캐어묻다}

낱낱이 따지고 캐어묻는 모양.

¶**꼬치꼬치** 따지다./**꼬치꼬치** 캐묻다./다른 바쁜 일도 많으실 텐데 뭐 거기에까지 **꼬치꼬치** 신경을 쓰시고 그래요.≪김원일, 불의 제전≫/뭘 그리 **꼬치꼬치** 알고 싶은 게 많은가.≪최일남, 거룩한 응답≫/속으로 **꼬치꼬치** 캐고 따져 가며 혼자 생각하고 분해하는 것이었다.≪염상섭, 동서≫

꼭[01]

의미 [+모양],[+압박]v[+조임],[+힘],[+정도]

제약 { }-{누르다, 조이다}

① 야무지게 힘을 주어 누르거나 죄는 모양.

¶**꼭** 다문 입술./항아리에 김치를 **꼭** 눌러 담다./어머니는 아들을 **꼭** 껴안았다./무서워서 눈을 **꼭** 감았다./내 손을 **꼭** 잡아라.

의미 [+모양],[+인내],[+노력]

제약 { }-{참다, 견디다}

② 힘들여 참거나 견디는 모양.

¶눈물을 꼭 참다.

의미 [+모양],[+피신]v[+은둔],[+정도]

제약 { }-{숨다, 감추다}

③ 드러나지 않게 단단히 숨거나 들어박히는 모양.

¶방에 꼭 들어박혀 있다.

꼭02

의미 [+필연],[+의지]

제약

① 어떤 일이 있어도 틀림없이.

¶죽기 전에 고향에 꼭 가고 싶다./약속을 꼭 지킵시다./난 꼭 대답을 들어야겠소/그는 우리 회사에 꼭 필요한 사람이다./그녀가 꼭 기다리라고 한 말을 새삼 되새겨 보았다.≪이문희, 흑맥≫

의미 [+사실],[+정도]

제약

② 조금도 어김없이.

¶비가 오는 날이면 꼭 찾아오는 사람./그의 의견도 나의 의견과 꼭 같았다./내가 꼭 군소리를 해야만 알아듣겠니?/그 서점은 일요일엔 꼭 문을 닫는다.

의미 [+만족],[+정도]

제약

③ 아주 잘.

¶옷이 몸에 꼭 맞는다./신발이 꼭 맞는다.

의미 [+흡족],[+정도]

제약

④ 매우 흡족하게.

¶그 선물, 정말 내 마음에 꼭 들어.

의미 [+유사],[+정도]

제약

⑤ 아주 비슷하게.

¶제사도 못 지내는 주제에 한 끼도 안 거르고 내 목구멍엔 밥을 넘기는 게 꼭 가시 같더라니….≪박완서, 부처님 근처≫/그럼 어서 자리를 옮겨 보지. 난 꼭 가시방석에 앉아 있는 것 같아서……≪김원일, 불의 제전≫

꼭-꼭01

의미 [+모양],[+압박]v[+조임],[+힘],[+정도],[+연속]

제약 { }-{누르다, 조이다}

① 잇따라 또는 매우 야무지게 힘을 주어 누르거나 죄는 모양.

¶음식을 꼭꼭 씹어 먹다./글씨를 꼭꼭 눌러 쓰다./방문을 꼭꼭 걸어 잠그다./다리를 꼭꼭 주물러라./어찌나 큰 소리로 악을 쓰는지 솜방망이로 귓구멍을 꼭꼭 틀어막지 않으면 귀청이 떨어져 나가 당장 귀머거리가 된다는 거였다.≪박완서, 도시의 흉년≫

의미 [+모양],[+인내],[+노력],[+정도],[+연속]

제약 { }-{참다, 견디다}

② 잇따라 또는 매우 힘들여 참거나 견디는 모양.

¶꼭꼭 참아라.

의미 [+모양],[+피신]v[+은둔],[+정도]

제약 { }-{숨다, 감추다}

③ 드러나지 않게 아주 단단히 숨거나 들어박히는 모양.

¶꼭꼭 숨다./언니는 주머니 속에 꼭꼭 감춰 두었던 꼬깃꼬깃한 지폐를 꺼내 주었다./노인은 평생을 가슴속에 꼭꼭 담아 두었던 이야기를 시작했다.

꼭-꼭02

의미 [+항상],[+확실]

제약

① 어떤 일이 있어도 언제나 틀림없이.

¶집에 돌아오면 꼭꼭 손을 씻어라.

의미 [+규칙],[+분명]

제약

② 아주 조금도 어김없이.

¶김 중사는 외출 때면 꼭꼭 바지 뒷주머니에 권총을 지니고 다녔다.≪이상문, 황색인≫

꼭꼭03

의미 [+소리],[+암탉],[+알],[+포옹]

제약 {암탉}-{ }

암탉이 알을 안는 소리.

꼰질-꼰질

의미 [+모양],[+잔망],[+치밀],[+과도]

제약

지나치게 좀스럽고 꼼꼼한 모양.

꼴까닥

의미 [+소리]v[+모양],[+액체]v[+음식물],
[+목구멍]v[+구멍],[+통과],[+단번]

제약 { }-{넘기다, 먹다}

① '꼴깍①'의 본말. 적은 양의 액체나 음식물
따위가 목구멍이나 좁은 구멍으로 한꺼번에 넘
어가는 소리. 또는 그 모양.

¶맛있는 음식을 보자 아이는 침을 꼴까닥 삼킨
다.

의미 [+모양],[+마음],[+분노],[+인내]

제약 { }-{참다, 견디다}

② '꼴깍②'의 본말. 분한 마음 따위를 간신히
참는 모양.

의미 [+모양],[+소멸]v[+사망],[+순간]

제약 { }-{넘어가다}

③ '꼴깍③'의 본말. 잠깐 사이에 없어지거나 죽
는 모양.

¶해가 어느새 꼴까닥 뒷산으로 넘어갔다./다들
하는 일본 놈 심부름 좀 해 줬다고 당장에 꼴까
닥 죽어?≪최일남, 거룩한 응답≫

꼴까닥-꼴까닥

의미 [+소리]v[+모양],[+액체]v[+음식물],
[+목]v[+구멍],[+통과],[+단번],[+반복]

제약 { }-{넘기다, 먹다}

① '꼴깍꼴깍①'의 본말. 적은 양의 액체나 음식
물 따위가 목구멍이나 좁은 구멍으로 한꺼번에
자꾸 넘어가는 소리. 또는 그 모양.

의미 [+모양],[+마음],[+분노],[+인내],[+반
복]

제약 { }-{참다, 견디다}

② '꼴깍꼴깍②'의 본말. 분한 마음이나 할 말,
터져 나오려는 울음 따위를 간신히 자꾸 참는
모양.

의미 [+모양],[+소멸]v[+사망],[+순간],[+반
복]

제약 { }-{넘어가다}

③ '꼴깍꼴깍③'의 본말. 잠깐 사이에 자꾸 없어
지거나 죽으려고 하는 모양.

꼴깍

의미 [+소리]v[+모양],[+액체]v[+음식물],
[+목구멍]v[+구멍],[+통과],[+동시]

제약 { }-{넘기다, 먹다}

① 적은 양의 액체나 음식물 따위가 목구멍이나
좁은 구멍으로 한꺼번에 넘어가는 소리. 또는
그 모양.

¶침을 목구멍으로 꼴깍 넘기다./술잔을 꼴깍 비
우다./정 주사는 도미찜 소리에 침이 꼴깍 넘어
가고 시장기가 새로 드는 것 같았다.≪채만식, 탁
류≫

의미 [+모양],[+마음],[+분노],[+인내]

제약 { }-{참다, 견디다}

② 분한 마음 따위를 간신히 참는 모양.

¶그는 분한 마음을 꼴깍 참았다.

의미 [+모양],[+소멸]v[+사망],[+순간]

제약 { }-{넘어가다}

③ 잠깐 사이에 없어지거나 죽는 모양.

¶숨이 꼴깍 넘어가다.

꼴깍-꼴깍

의미 [+소리]v[+모양],[+액체]v[+음식물],
[+목]v[+구멍],[+통과],[+동시],[+반복]

제약 { }-{넘기다, 먹다}

① 적은 양의 액체나 음식물 따위가 목구멍이나
좁은 구멍으로 한꺼번에 자꾸 넘어가는 소리.
또는 그 모양.

¶알약을 꼴깍꼴깍 삼키다./그는 소주 한 병을 사
다가 방구석에 놓아두고 방에 들어올 때면 몇
모금씩 꼴깍꼴깍 마셨다.≪한수산, 부초≫

의미 [+모양],[+마음],[+분노],[+인내],[+반
복]

제약 { }-{참다, 견디다}

② 분한 마음이나 할 말, 터져 나오려는 울음
따위를 간신히 자꾸 참는 모양.

의미 [+모양],[+소멸]v[+사망],[+순간],[+반
복]

제약 { }-{넘어가다}

③ 잠깐 사이에 자꾸 없어지거나 죽으려고 하는

모양.

¶강아지 숨이 꼴깍꼴깍 넘어가려고 한다.

꼴꼴01

의미 [+소리],[+유동],[+액체],[-굵기],[+밀집]

제약 {물}-{흐르다}

물 따위의 액체가 가는 줄기로 몰리어 흐르는 소리.

¶돌 틈 사이로 꼴꼴 흐르는 물줄기.

꼴꼴02

의미 [+소리],[+돼지새끼]

제약 {돼지새끼}-{울다}

새끼 돼지가 내는 소리.

꼴딱

의미 [+소리]v[+모양],[+음식물],[+목구멍],[+통과],[+단번]

제약 { }-{넘기다, 먹다}

① 적은 양의 음식물 따위를 목구멍으로 한꺼번에 삼키는 소리. 또는 그 모양.

¶떡을 꼴딱 삼키다.

의미 [+모양],[+충만],[+정도]

제약 { }-{차다}

② 넘칠 만큼 아주 꽉 들어찬 모양.

¶목구멍이 꼴딱 찰 만큼 실컷 먹었다.

의미 [+모양],[+시간],[+기준],[+초과]

제약

③ 일정한 시간을 완전히 넘긴 모양.

¶밤을 꼴딱 새우다./하루를 꼴딱 굶었다.

의미 [+모양],[+해],[+일몰]

제약 { }-{넘어가다, 지다}

④ 해가 완전히 지는 모양.

¶해가 서산으로 꼴딱 넘어갈 무렵./밤을 꼴딱 새웠어.

꼴딱-꼴딱

의미 [+소리]v[+모양],[+음식물],[+목구멍],[+통과],[+단번]

제약 { }-{넘기다, 먹다}

① 적은 양의 음식물 따위를 자꾸 목구멍으로 한꺼번에 삼키는 소리.

¶그는 버릇처럼 꼴딱꼴딱 침을 삼키며 말했다./

아이는 엄마가 먹여 주는 죽을 꼴딱꼴딱 잘 받아먹었다.

의미 [+모양],[+전부],[+충만],[+정도]

제약 { }-{차다}

② 여럿이 다 넘칠 만큼 아주 꽉 들어찬 모양.

¶병마다 물이 꼴딱꼴딱 찼다.

의미 [+모양],[+시간],[+기준],[+초과],[+반복]

제약

③ 거듭하여서 일정한 시간을 완전히 넘긴 모양.

¶그렇게 며칠씩 꼴딱꼴딱 밤을 새우면 건강에 해롭다.

의미 [+모양],[+물],[+범람],[-정도],[+반복]

제약 { }-{넘치다}

④ 그릇의 물이 조금씩 자꾸 넘치는 모양.

꼴랑

의미 [+소리],[+병]v[+통],[+액체],[+요동],[-충만]

제약 {액체}-{거리다}

① 작은 병이나 통 속에 다 차지 아니한 액체가 흔들리는 소리.

의미 [+모양],[-밀착],[+부피],[+간격],[+운동]

제약

② 착 달라붙지 아니하고 들떠서 부풀어 달싹거리는 모양.

꼴랑-꼴랑

의미 [+소리],[+병]v[+통],[+액체],[+요동],[-충만],[+반복]

제약 {액체}-{거리다}

① 작은 병이나 통 속에 다 차지 아니한 액체가 자꾸 흔들리는 소리.

의미 [+모양],[-밀착],[+부피],[+간격],[+운동],[+반복]

제약

② 착 달라붙지 아니하고 들떠서 부풀어 자꾸 달싹거리는 모양.

꼴짝

의미 [+소리]v[+모양],[+물건],[+점성],[+압

력]

제약 { }-{주무르다, 누르다}

① 적은 양의 질거나 끈기 있는 물건을 주무르거나 누르는 소리. 또는 그 모양.

의미 [+모양],[+눈물],[+배출],[-정도]

제약 { }-{나다, 흘리다}

② 눈물을 조금씩 짜내듯이 흘리는 모양.

꼴짝-꼴짝

의미 [+소리]v[+모양],[+물건],[+점성],[+압력],[+반복]

제약 { }-{주무르다, 누르다}

① 적은 양의 질거나 끈기 있는 물건을 자꾸 주무르거나 누르는 소리. 또는 그 모양.

의미 [+모양],[+눈물],[+배출],[-정도],[+반복]

제약 { }-{나다, 흘리다}

② 눈물을 조금씩 짜내듯이 자꾸 흘리는 모양.

¶그녀는 아무 말도 없이 **꼴짝꼴짝** 울기만 했다./그는 딸을 앞에 앉혀 놓고 때 없이 **꼴짝꼴짝** 눈물로 위로합니다.≪김유정, 아기≫

꼴찌락

의미 [+소리]v[+모양],[+물건],[+점성],[+수분],[+압력]

제약 { }-{주무르다, 누르다}

① 적은 양의 질고 물기가 많은 물건을 주무르거나 누르는 소리. 또는 그 모양.

의미 [+소리],[+병]v[+통],[+요동],[+액체],[+정도]

제약 {액체}-{거리다}

② 작은 병이나 통에 들어 있는 액체가 세게 흔들릴 때 나는 소리.

꼴찌락-꼴찌락

의미 [+소리]v[+모양],[+물건],[+점성],[+수분],[+압력],[+반복]

제약 { }-{주무르다, 누르다}

① 적은 양의 질고 물기가 많은 물건을 자꾸 주무르거나 누르는 소리. 또는 그 모양.

의미 [+소리],[+병]v[+통],[+요동],[+액체],[+정도],[+반복]

제약 {액체}-{거리다}

② 작은 병이나 통에 들어 있는 액체가 자꾸 세게 흔들릴 때 나는 소리.

꼴칵

의미 [+소리]v[+모양],[+액체]v[+음식물],[+목구멍]v[+구멍],[+통과],[+동시]

제약 { }-{넘기다, 먹다}

적은 양의 액체나 음식물 따위가 목구멍이나 좁은 구멍으로 한꺼번에 넘어가는 소리. 또는 그 모양. '꼴깍①'보다 거센 느낌을 준다.

¶쓴 물약을 **꼴칵** 삼키다.

꼴칵-꼴칵

의미 [+소리]v[+모양],[+액체]v[+음식물],[+목]v[+구멍],[+통과],[+동시],[+반복]

제약 { }-{넘기다, 먹다}

적은 양의 액체나 음식물 따위가 목구멍이나 좁은 구멍으로 한꺼번에 자꾸 넘어가는 소리. 또는 그 모양. '꼴깍꼴깍①'보다 거센 느낌을 준다.

¶아이는 침을 **꼴칵꼴칵** 삼키다가 호떡을 집어 베어 문다.≪박경리, 토지≫

꼼꼼

의미 [+모양],[-헛점],[+차분],[+조심]

제약

빈틈이 없이 차분하고 조심스러운 모양. ≒꼼꼼히.

¶문제를 **꼼꼼** 생각하다.

꼼꼼-히

의미 [+모양],[-헛점],[+차분],[+조심]

제약

=꼼꼼. 빈틈이 없이 차분하고 조심스러운 모양.

¶**꼼꼼히** 살피다./신문을 **꼼꼼히** 읽다./그녀는 수업 계획안을 **꼼꼼히** 작성하였다./방세주는 자기 동생 방학주와는 달리 매사를 **꼼꼼히** 따지는 꽁생원이었고….≪송기숙, 녹두 장군≫

꼼실-꼼실

의미 [+모양],[+벌레],[+밀집],[+운동],[-속도],[+반복]

제약 {벌레}-{움직이다, 기어가다}

작은 벌레 따위가 한데 어우러져 조금씩 굼뜨게 자꾸 움직이는 모양. '곰실곰실01'보다 센 느낌을 준다.

꼼작

의미 [+모양],[+신체],[+운동],[+둔감],[−속
도],[−정도]

제약 { }-{움직이다, 기어가다}

몸을 둔하고 느리게 조금 움직이는 모양. '곰작'
보다 센 느낌을 준다.

꼼작-꼼작

의미 [+모양],[+신체],[+운동],[+둔감],[−속
도],[−정도],[+반복]

제약 { }-{움직이다, 기어가다}

몸을 둔하고 느리게 조금씩 자꾸 움직이는 모양.
'곰작곰작'보다 센 느낌을 준다.

¶애벌레가 나뭇잎 위로 **꼼작꼼작** 기어간다.

꼼지락

의미 [+모양],[+신체],[+운동],[+잔망],[−속
도]

제약 { }-{거리다, 기다}

몸을 천천히 좀스럽게 움직이는 모양. '곰지락'
보다 센 느낌을 준다.

¶나는 **꼼지락** 한 번 하는 데도 조심을 하며 누
워 있다.≪김승옥, 확인해 본 열다섯 개의 고정 관념≫

꼼지락-꼼지락

의미 [+모양],[+신체],[+운동],[+잔망],[−속
도],[+연속]

제약 { }-{거리다, 기다}

몸을 천천히 좀스럽게 계속 움직이는 모양. '곰
지락곰지락'보다 센 느낌을 준다.

¶어린 아기가 **꼼지락꼼지락** 손을 움직이는 모양
이 여간 귀엽지 않다./방에다 대고 소리를 치며
마루로 **꼼지락꼼지락** 올라간다.≪염상섭, 부부≫

꼼질

의미 [+모양],[+신체],[+운동],[+잔망],[−속
도]

제약 { }-{거리다, 기다}

'꼼지락'의 준말. 몸을 천천히 좀스럽게 움직이
는 모양. '곰지락'보다 센 느낌을 준다.

꼼질-꼼질

의미 [+모양],[+신체],[+운동],[+잔망],[−속
도],[+연속]

제약 { }-{거리다, 기다}

'꼼지락꼼지락'의 준말. 몸을 천천히 좀스럽게
계속 움직이는 모양. '곰지락곰지락'보다 센 느
낌을 준다.

¶방바닥을 **꼼질꼼질** 기어가는 아주 작은 곤충
한 마리가 우연히 눈에 띄었다.≪윤흥길, 묵시의
바다≫/방바닥을 **꼼질꼼질** 기어가는 아주 작은
곤충 한 마리가 우연히 눈에 띄었다.

꼼짝

의미 [+모양],[+신체],[+운동],[+둔감],[−속
도],[−정도]

제약 { }-{움직이다, 기어가다}

몸을 둔하고 느리게 조금 움직이는 모양. '곰작'
보다 아주 센 느낌을 준다.

¶내가 갈 때까지 **꼼짝** 말고 거기 그대로 있어
라./손도 발도 **꼼짝** 놀릴 수 없고 이제 오직 목
구멍 한 군데만 조금 트여 있는 모양이었다.≪한
설야, 탑≫

꼼짝-꼼짝

의미 [+모양],[+신체],[+운동],[+둔감],[−속
도],[−정도],[+반복]

제약 { }-{움직이다, 기어가다}

몸을 둔하고 느리게 조금씩 자꾸 움직이는 모양.
'곰작곰작'보다 아주 센 느낌을 준다.

¶아기가 손을 **꼼짝꼼짝** 움직인다.

꼼짝-달싹

의미 [+모양],[+신체],[+운동],[−크기],[−정
도]

제약 { }-{못하다, 않다, 말다}

(주로 '못하다', '않다', '말다' 따위의 부정어와
함께 쓰여) 몸이 아주 조금 움직이거나 들리는
모양.

¶사로잡은 포로를 밧줄로 **꼼짝달싹**도 못하게 묶
었다./상매는 조용히 눈을 감은 채 지쳐서 몸을
꼼짝달싹 못하는 병자처럼 늘어져 있었다.≪유주
현, 대한 제국≫/우리 둘은 뱃머리에 나란히 앉은
채 첫 포구인 방구미리에 닿을 때까지 **꼼짝달싹**
움직이질 않았습니다.≪이호철, 문≫

꼼짝없-이

의미 [−방법],[−가능]

제약

현재의 상태를 벗어날 방법이나 여지가 전혀 없이.

¶꼼짝없이 당하다./가진 돈이 다 떨어져 꼼짝없이 굶을 판이었다./그는 꼼짝없이 범인으로 몰렸다.

꼼트락-꼼트락
의미 [+모양],[+신체],[+운동],[+굴곡],[-속도],[-일정],[+반복]
제약 {몸}-{움직이다}
몸의 일부를 굼뜨게 자꾸 이리저리 고부리거나 비틀며 움직이는 모양.

꼼틀
의미 [+모양],[+신체],[+부분],[+운동],[+굴곡],[+잔망]
제약 { }-{거리다, 기다}
몸의 한 부분을 고부리거나 비틀며 좀스럽게 움직이는 모양. '곰틀'보다 센 느낌을 준다.

꼼틀-꼼틀
의미 [+모양],[+신체],[+부분],[+운동],[+굴곡],[+잔망],[+반복]
제약 { }-{거리다, 기다}
몸의 한 부분을 고부리거나 비틀며 자꾸 좀스럽게 움직이는 모양. '곰틀곰틀'보다 센 느낌을 준다.

¶접시에 담긴 낙지 다리들이 꼼틀꼼틀 움직인다./개펄 복판을 율모기처럼 꼼틀꼼틀 흐르다가 큰바다 조금 못미처에서 갑자기 살모사의 대가리마냥 확 퍼지는 개어귀의…

꼽슬-꼽슬
의미 [+모양],[+털]v[+실],[+굴곡],[+말림]
제약 {털, 실, 머리카락}-{거리다, 말다}
털이나 실 따위가 고불고불하게 말려 있는 모양. '곱슬곱슬'보다 센 느낌을 준다.

꼽실
의미 [+모양],[+고개]v[+허리],[±굴신],[+의지]
제약 {고개, 허리}-{거리다, 대다}
① 고개나 허리를 가볍게 고푸렸다 펴는 모양. '곱실①'보다 센 느낌을 준다.

¶윗사람을 보자마자 꼽실 인사를 한다.

의미 [+모양],[+타인][+기호][+영합],[+행동][+비굴]
제약 {사람}-{거리다, 대다}
② 남의 비위를 맞추느라고 좀스럽고 비굴하게 행동하는 모양. '곱실②'보다 센 느낌을 준다.

꼽실-꼽실
의미 [+모양],[+고개]v[+허리],[±굴신],[+의지],[+반복]
제약 {고개, 허리}-{거리다, 대다}
① 고개나 허리를 자꾸 가볍게 고푸렸다 펴는 모양. '곱실곱실①'보다 센 느낌을 준다.

의미 [+모양],[+타인][+기호][+영합],[+행동][+비굴],[+반복]
제약
② 남의 비위를 맞추느라고 자꾸 좀스럽고 비굴하게 행동하는모양. '곱실곱실②'보다 센 느낌을 준다.

꼽작
의미 [+모양],[+머리]v[+신체],[+굴곡],[+자의],[-정도]
제약 {머리, 몸}-{굽히다}
머리를 숙이거나 몸을 한 번 가볍게 굽히는 모양. '곱작'보다 센 느낌을 준다.

꼽작-꼽작
의미 [+모양],[+머리]v[+신체],[+굴신],[+자의],[-정도],[+연속]
제약 {머리, 몸}-{굽히다}
잇따라 머리를 숙이거나 몸을 가볍게 굽히는 모양. '곱작곱작'보다 센 느낌을 준다.

꼿꼿이
의미 [+물건],[+견고],[-굴곡]
제약
① 물건이 휘거나 구부러지지 아니하고 단단하게.

¶고개를 꼿꼿이 들다./몸을 꼿꼿이 펴다./허리를 꼿꼿이 세우다./그녀는 다시 원래의 자세로 돌아가 앞만을 꼿꼿이 응시하고 있었다.≪이문열. 영웅시대≫/누구나 멋있는 옷을 입으면 꼿꼿이 걸어가게 되는 법이다.≪김승옥, 확인해 본 열다섯 개의 고정 관념≫

의미 [+기개]v[+의지]v[+태도]v[+마음],
[+견고]
제약
② 사람의 기개, 의지, 태도나 마음가짐 따위가
굳세게.
¶남편이 살아 있다는 소식만 있었더라도 여하한
일이 있어도 마음을 **꿋꿋이** 다져 먹고 흔들리지
않았을 텐데 말이다.≪하근찬, 야호≫
의미 [+일],[+곤란],[-변경]
제약
③ 어려운 일을 당하여 꼼짝할 수가 없이.

꽁
의미 [+소리],[+물건],[+낙하]v[+충돌],[+바
닥]v[+물체]
제약 {물건}-{떨어지다, 부딪히다}
작고 가벼운 물건이 바닥이나 물체 위에 떨어지
거나 부딪쳐 나는 소리.

꽁꽁01
의미 [+모양],[+물체],[+결빙],[+견고],[+정
도]
제약 { }-{얼다, 차다}
① 물체가 매우 단단히 언 모양.
¶물이 **꽁꽁** 얼다./사지를 만져 보니 **꽁꽁** 얼음장
같이 차다.≪박종화, 전야≫/찬장을 열고 행주를
꺼내 보니 쥐어짠 그대로가 **꽁꽁** 얼어 있다.≪이
문희, 흑맥≫
의미 [+모양],[+매듭],[+견고],[-간격],[+힘]
제약 { }-{묶다, 꾸리다}
② 힘주어 단단하게 죄어 묶거나 꾸리는 모양.
¶풀리지 않게 손을 **꽁꽁** 묶다./여신이 잠들자 펠
레우스는 여신을 밧줄로 **꽁꽁** 묶어버렸다.≪이은
희, 궁리출판≫
의미 [+모양],[+압박]v[+조임],[+정도],[+연
속]
제약 { }-{누르다, 조이다}
③ 꼭꼭01. 잇따라 또는 매우 야무지게 힘을 주
어 누르거나 죄는 모양.

꽁꽁02
의미 [+소리],[+고통],[-인내]
제약

① 아프거나 괴로울 때 견디지 못하여 내는 앓
는 소리.
¶아내는 아직도 화가 풀리지 않는지 **꽁꽁** 앓는
소리만 하고 일어나지도 않는다./잘 먹이지도
못하는 데다가 심화로 혼자 **꽁꽁** 속을 썩이면서
배슬배슬하는 것이 가엾고 보기에 딱하지만 모
른 척하는 수밖에 없었다.≪염상섭, 택일하던 날≫
의미 [+소리],[+강아지]
제약 {강아지}-{짖다, 울다}
② 강아지가 짖는 소리.

꽁-꽁03
의미 [+소리],[+물건],[+낙하]v[+충돌],[+바
닥]v[+물체],[+연속]
제약 {물건}-{떨어지다, 부딪히다}
작고 가벼운 물건이 잇따라 바닥이나 물체 위에
떨어지거나 부딪쳐 나는 소리.
¶아이가 그 작은 손으로 문을 **꽁꽁** 두드리고 있
다.

꽁알-꽁알
의미 [+소리]v[+모양],[+혼잣말],[+불만],
[+잔망],[+반복]
제약
남이 잘 알아듣지 못하게 자꾸 좀스럽게 혼잣말
로 불만스럽게 말하는 소리. 또는 그 모양.
¶동생은 무슨 불만이 있는지 아까부터 자꾸 **꽁
알꽁알** 불평을 해 댄다.

꽝당
의미 [+소리]v[+모양],[+물체]v[+발],[+바
닥],[+충돌]
제약
무거운 물체가 떨어지거나 발로 굴러 단단한 바
닥에 부딪치는 소리. 또는 그 모양.
¶나무가 **꽝당** 넘어지다./**꽝당** 기둥이 무너졌다.

꽝당-꽝당
의미 [+소리]v[+모양],[+물체]v[+발],[+바
닥],[+충돌],[+연속]
제약
무거운 물체가 떨어지거나 발로 굴러 단단한 바
닥에 잇따라 부딪치는 소리. 또는 그 모양.
¶포구를 비스듬히 북쪽으로 향한 채 포들이 하

늘을 무너뜨릴 듯 꽈당꽈당 포탄을 쏘아 댄다.
≪홍성원, 육이오≫

꽈르르

의미 [+소리]v[+모양],[+구멍],[+액체],[+배
출],[+목]v[+구멍],[+급박],[+정도]

제약 {액체}-{쏟아지다}

많은 양의 액체가 좁은 목이나 구멍에서 조금
급하고 세차게 쏟아지는 소리. 또는 그 모양.

꽈르릉

의미 [+소리],[+폭발]v[+천둥],[+소란],[+정
도]

제약

폭발물 따위가 터지거나 천둥이 치며 요란하게
울리는 소리.

¶비가 뿌리고 꽈르릉 벼락이 떨어졌다.≪이정환,
샛강≫

꽈르릉-꽈르릉

의미 [+소리],[+폭발]v[+천둥],[+소란],[+정
도],[+연속]

제약

폭발물 따위가 터지거나 천둥이 치며 요란하게
잇따라 울리는 소리.

¶사방으로 돌멩이가 튀었고 여기저기 산에서 메
아리가 꽈르릉꽈르릉 울렸다.≪안정효, 하얀 전쟁≫

꽉

의미 [+모양],[+압력]v[+파지]v[+포박],[+기
운]

제약 { }-{누르다, 잡다, 묶다}

① 힘을 주어 누르거나 잡거나 묶는 모양.

¶꽉 누르다./꽉 묶다./꽉 붙들다./꽉 안다./꽉 죄
다./눈을 꽉 감다./이를 꽉 깨물다./꽉 잡다.

의미 [+모양],[+충만]v[+폐쇄],[+정도]

제약 { }-{차다, 막히다}

② 가득 차거나 막힌 모양.

¶사방이 꽉 막혔다./갑자기 숨이 꽉 막히고 눈앞
이 캄캄해졌다./방 안은 불길과 연기와 바람으
로 꽉 찼다.≪장용학, 역성 서설≫/엉성한 공연장이
지만 이백여 명이 넘는 관중들이 꽉 들어찼다.
≪황석영, 어둠의 자식들≫

의미 [+모양],[+슬픔]v[+고통],[-표현],[+인

내]

제약 { }-{참다, 견디다}

③ 슬픔이나 괴로움 따위의 감정을 드러내지 아
니하려고 애써 참거나 견디는 모양.

¶슬픔을 꽉 누르다./아픔을 꽉 참다./그 구닥다
리 시계를 잡히느라 갈팡질팡하던 생각이 나서,
터져 나오려는 웃음을 꽉 깨물었다.≪심훈, 영원의
미소≫

꽉-꽉

의미 [+모양],[+압력]v[+파지]v[+포박],[+기
운],[+반복]

제약 { }-{누르다, 잡다, 묶다}

① 자꾸 힘을 주어 누르거나 잡거나 묶는 모양.

¶꽉꽉 누르다./공기에 밥을 꽉꽉 눌러 담았다./보
자기를 꽉꽉 묶어라./괴로울 때의 버릇으로 어금
니를 꽉꽉 씹고 있는 것이었다.≪이범선, 오발탄≫

의미 [+모양],[+충만]v[+폐쇄],[-여유]

제약 { }-{차다, 막히다}

② 빈틈없이 가득 차거나 막힌 모양.

¶숨을 쉬려면 숨통이 꽉꽉 막히는 것 같고, 가
슴이 짓눌리는 듯이 갑갑해서 견딜 수가 없었
다.≪심훈, 영원의 미소≫/이 상자는 꽉꽉 차 있어
물건을 더 넣을 수 없다./보관소에는 벌이를 못
나간 리어카들로 꽉꽉 차 있고 보관소 주인은 보
관료가 들어오지 않아 낑낑거렸다.≪이정환, 샛강≫

꽐꽐

의미 [+소리],[+액체],[+배출],[+속도]

제약 {액체}-{쏟다, 흐르다}

많은 양의 액체가 급히 쏟아져 흐르는 소리.

¶수돗물이 꽐꽐 흐르다./보름째 계속되는 가뭄
에도 불구하고, 그러나 개천의 물은 시원스럽게
돌들 사이로 꽐꽐 흐른다.≪홍성원, 육이오≫

꽛꽛-이

의미 [+상태],[+물건],[+거침],[+견고]

제약

물건 따위가 굳어져서 거칠고 단단한 상태로.

¶꽛꽛이 얼다.

꽝

의미 [+소리],[+물체],[+낙하]v[+충돌],[+바
닥],[+공명]

제약 {물체}-{떨어지다, 부딪히다}

① 무겁고 단단한 물체가 바닥에 떨어지거나 다른 물체와 부딪쳐 울리는 소리.

¶문을 꽝 닫다./이 말에 채 군수는 상방 마루를 발로 꽝 차며 벌떡 일어났다.≪현기영, 변방에 우짖는 새≫

의미 [+소리],[+총]v[+대포],[+발사]v[+폭발]

제약 {총, 대포}-{터지다}

② 총이나 대포를 쏘거나 폭발물이 터져서 울리는 소리.

¶콰르르 꽝!/꽝 소리와 함께 공사장의 발파 음이 천지를 진동했다.

꽝-꽝

의미 [+소리],[+물체],[+낙하]v[+충돌],[+바닥],[+공명],[+연속]

제약 {물체}-{떨어지다, 부딪히다}

① 무겁고 단단한 물체가 잇따라 바닥에 떨어지거나 다른 물체와 부딪쳐 울리는 소리.

¶포정문 종소리가 미친 듯이 뗑겅뗑겅 울면서, 사문(四門)이 차례로 닫히는 소리가 꽝꽝 요란하게 들렸다.≪현기영, 변방에 우짖는 새≫

의미 [+소리],[+총]v[+대포],[+발사]v[+폭발],[+연속]

제약 {총, 대포}-{터지다}

② 잇따라 총이나 대포를 쏘거나 폭발물이 터져서 울리는 소리.

의미 [+모양],[+진행],[+기세],[+정도]

제약

③ 기세 좋게 일이 진행되는 모양.

¶일들을 꽝꽝 다그치다.

의미 [+모양],[+견고],[+경화],[+정도]

제약

④ 매우 단단하게 굳어지는 모양.

¶강물이 꽝꽝 얼어붙다./시멘트를 발라 놓은 바닥은 이미 꽝꽝 굳어 있었다.

꽤

의미 [+보통],[+추가],[+정도]

제약

① 보통보다 조금 더한 정도로.

¶그곳까지는 꽤 멀다./같이 근무를 하지는 않았으나 그와는 꽤 가까웠던 사이였다.≪한수산, 유민≫/혼자서 그는 술을 꽤 많이 마신 모양이다.≪유주현, 하오의 연가≫/그의 배 속에서 꾸르륵하는 소리가 꽤 길게 났다.≪김승옥, 차나 한잔≫

의미 [+무방],[+정도]

제약

② 제법 괜찮을 정도로.

¶이장이 굳이 점심 대접을 하겠다고 본인이 몇 번씩 찾아와 어쩔 수 없이 그 집엘 따라갔다. 시골집치곤 꽤 갖추어 사는 살림이었다.≪전상국, 하늘 아래 그 자리≫

꽥

의미 [+소리]v[+모양],[+목청],[+높이],[+순간],[+정도]

제약 { }-{거리다, 소리치다}

갑자기 목청을 높여 지르는 소리. 또는 그 모양.

¶꽥 악을 쓰다./갑자기 소리를 꽥 지르다./내가 도끼눈을 뜨고 다시 꽥 호령을 하니까 그제야 울타리께로 쪼르르 오더니 울 밖에 섰는 나의 머리를 겨누고 닭을 내팽개친다.≪김유정, 동백꽃≫

꽥-꽥

의미 [+소리]v[+모양],[+목청],[+높이],[+순간],[+정도],[+반복]

제약 { }-{거리다, 소리치다}

갑자기 목청을 높여 자꾸 지르는 소리. 또는 그 모양.

¶꽥꽥 소리를 지르다./초저녁부터 곤드레가 된 일단의 뱃사람들이 어깨동무를 하고 꽥꽥 고함을 지르며 혹은 유행가를 소리 높여 부르며 거리를 쓸고 지나갔다.≪윤흥길, 묵시의 바다≫

꽹

의미 [+소리],[+꽹과리]v[+징]

제약 {꽹과리, 징}-{치다}

꽹과리나 징 따위를 치는 소리.

¶그들은 약속된 시간에 꽹 하는 징 소리가 들려오자 행동을 개시했다.

꽹그랑

의미 [+소리],[+꽹과리]v[+징],[+연주]

제약 {꽹과리, 징}-{치다}

꽹과리나 징 따위를 가락에 맞추어 치는 소리.
¶꽹그랑 소리에 맞추어 춤을 추다.

꽹그랑-꽹그랑

의미 [+소리],[+꽹과리]v[+징],[+연주],[+연속]

제약 {꽹과리, 징}-{치다}

꽹과리나 징 따위를 가락에 맞추어 잇따라 치는 소리.

꽹-꽹

의미 [+소리],[+꽹과리]v[+징],[+연속]

제약 {꽹과리, 징}-{치다}

꽹과리나 징 따위를 잇따라 치는 소리.

¶둥둥둥 북소리가 터지고 꽹꽹 징이 울어 댔다.《유주현. 대한 제국》/꽹꽹꽹…… 꽹꽹…… 꽹꽹 꽹꽹꽹……. 꽹과리 소리가 소극장의 공기를 찢어 놓을 듯 달려들며 수혜의 귓전을…

꾀까다로이

의미 [+괴상],[+특별],[+복잡]

제약

괴상하고 별스럽게 까다로운 데가 있게. '괴까다로이'보다 센 느낌을 준다.

¶꾀까다로이 굴다

꾀꼴

의미 [+소리],[+꾀꼬리]

제약 {꾀꼬리}-{지저귀다, 울다}

꾀꼬리가 우는 소리.

꾀꼴-꾀꼴

의미 [+소리],[+꾀꼬리],[+연속]

제약 {꾀꼬리}-{지저귀다, 울다}

꾀꼬리가 잇따라 우는 소리.

¶꾀꼴꾀꼴 우는 소리가 마치 임 그리워 우는 소리 같구나.

꾀꾀

의미 [+모양],[+얼굴],[+수척],[+정도]

제약 {얼굴}-{마르다}

얼굴이 바싹 마른 모양.

¶힘이 들었는지 그의 얼굴은 장작개비처럼 꾀꾀 말랐다.

꾀꾀-로

의미 [+빈도],[+은밀]

제약

가끔가끔 틈을 타서 살그머니.

¶꾀꾀로 놀러 다니다./그는 멀리 떨어진 그녀에게 꾀꾀로 편지를 썼다.

꾀음-꾀음

의미 [+모양],[+감미],[+교묘],[+유혹],[+반복]

제약

달콤한 말이나 교묘한 말로 남을 자꾸 꾀는 모양.

꾸기적-꾸기적

의미 [+모양],[+구김],[+반복]

제약 {종이 천}-{구기다}

구김살이 생기게 자꾸 구기는 모양. '구기적구기적'보다 센 느낌을 준다.

꾸김없-이

의미 [+태도],[+당당],[-기만]

제약

숨기거나 속이는 데가 없이 정정당당한 태도로.

꾸깃-꾸깃

의미 [+모양],[+구김],[-주의],[+반복]

제약 {종이, 천}-{구기다}

구김살이 생기게 함부로 자꾸 구기는 모양. '구깃구깃'보다 센 느낌을 준다.

¶신문지를 꾸깃꾸깃 구기다./김팔용은 차용 증서를 발기발기 찢어 꾸깃꾸깃 뭉쳐 가지고 내던져 버렸다.《유재용. 성역》

꾸꾸

의미 [+소리],[+닭]v[+비둘기]

제약 {닭, 비둘기}-{울다}

닭이나 비둘기 따위가 우는 소리. '구구[01]'보다 센 느낌을 준다.

꾸덕-꾸덕

의미 [+모양],[+물체],[+견고],[+건조]v[+결빙],[+정도]

제약 {   }-{마르다, 얼다}

물기 있는 물체의 거죽이 조금 마르거나 얼어서 꽤 굳어진 상태. '구덕구덕'보다 센 느낌을 준다. 늑꾸덕꾸덕이.

¶떡이 꾸덕꾸덕 마르다./도환이 건져 낸 색지가

바람을 받아 **꾸덕꾸덕** 마르기를 기다렸다가….
≪최명희, 혼불≫

꾸덕꾸덕-이

의미 [＋모양],[＋물체],[＋견고],[＋건조]v[＋결
빙],[＋정도]

제약 { }-{마르다, 얼다}

=꾸덕꾸덕. 물기 있는 물체의 거죽이 조금 마르
거나 얼어서 꽤 굳어진 상태

꾸둑-꾸둑

의미 [＋모양],[＋물건],[＋견고],[＋건조]v[＋결
빙]

제약 { }-{마르다, 얼다}

물기 있는 물건이 거의 마르거나 얼어서 단단히
굳어진 상태. '구둑구둑'보다 센 느낌을 준다. 늑
꾸둑꾸둑이.

¶덕장에 걸어 둔 오징어가 **꾸둑꾸둑** 말라 있었
다./뺨과 손발은 **꾸둑꾸둑** 얼어붙는데도 목덜미
와 등줄기로는 척척하게 땀이 내배었다.≪홍성원,
육이오≫

꾸둑꾸둑-이

의미 [＋모양],[＋물건],[＋견고],[＋건조]v[＋결
빙]

제약 { }-{마르다, 얼다}

=꾸둑꾸둑. 물기 있는 물건이 거의 마르거나 얼
어서 단단히 굳어진 상태.

꾸들-꾸들

의미 [＋밥],[－온기]v[＋건조],[＋내용][－견
고],[＋표면][＋견고]

제약 {밥}-{식다, 마르다}

밥알 따위가 식거나 말라서 속은 무르고 겉은
굳은 상태. '구들구들'보다 센 느낌을 준다.

꾸르륵

의미 [＋소리],[＋복부]v[＋대통][＋진],[＋비
등],[＋정도]

제약

① 배 속이나 대통의 진 따위가 몹시 끓는 소리.

¶배에서 **꾸르륵** 소리가 났다.

의미 [＋소리],[＋닭],[＋경악],[＋급박]

제약 {닭}-{지르다}

② 닭이 놀라서 매우 급하게 지르는 소리.

¶개를 보자 닭이 **꾸르륵** 소리를 지르며 도망갔
다.

의미 [＋소리],[＋액체],[＋구멍],[＋배출],[＋곤
란]

제약 { }-{따르다, 흐르다}

③ 액체가 비좁은 구멍으로 가까스로 빠져나가
는 큰 소리.

¶어디가 막혔는지 수도꼭지에서 물이 **꾸르륵** 소
리를 내며 나온다./물은 조금 흐르다가 비눗칠
을 끝냈는데 **꾸르륵** 소리를 내더니 그쳐버린다.

의미 [＋소리],[＋가래],[＋목구멍],[＋장애],[＋거
침]

제약

④ 가래가 목구멍에 걸리어 숨을 쉴 때 거칠게
나는 소리.

의미 [＋소리],[＋물속],[＋기체],[＋방울],[＋부
상]

제약

⑤ 물속에서 기체의 큰 방울이 물 위로 떠오를
때 나는 소리.

꾸르륵-꾸르륵

의미 [＋소리],[＋복부]v[＋대통][＋진],[＋비
등],[＋정도],[＋반복]

제약

① 배 속이나 대통의 진 따위가 잇따라 몹시 끓
는 소리.

의미 [＋소리],[＋닭],[＋경악],[＋급박],[＋연속]

제약 {닭}-{지르다}

② 닭이 놀라서 매우 급하게 잇따라 지르는
소리.

의미 [＋소리],[＋액체],[＋구멍],[＋배출],[＋곤
란],[＋연속]

제약 { }-{따르다, 흐르다}

③ 액체가 비좁은 구멍으로 가까스로 잇따라 빠
져나가는 큰 소리.

¶욕조를 반도 못 채웠을 때 물은 끊겼다. **꾸르륵
꾸르륵** 소리를 내며 물은 끊겨 갔다.≪조세희, 칼
날≫

의미 [＋소리],[＋가래],[＋목구멍],[＋장애],[＋거
침],[＋연속]

제약

④ 가래가 목구멍에 걸리어 숨을 쉴 때 잇따라 거칠게 나는 소리.

의미 [+소리],[+물속],[+기체],[+방울],[+부상],[+연속]

제약

⑤ 물속에서 기체의 큰 방울이 물 위로 잇따라 떠오를 때 나는 소리.

꾸무럭-꾸무럭

의미 [+모양],[+운동],[-속도],[+정도],[+반복]

제약 { }-{움직이다}

① 매우 천천히 자꾸 움직이는 모양. '구무럭구무럭①'보다 센 느낌을 준다.

¶거북이들이 **꾸무럭꾸무럭** 움직이고 있다./그리고 똑같은 대답이 부칠의 입에서 지렁이처럼 **꾸무럭꾸무럭** 기어나왔다.≪공선옥, 문학과지성사≫

의미 [+모양],[+신체],[+부분],[+운동],[-속도],[+반복]

제약 {몸}-{움직이다}

② 몸의 일부를 천천히 자꾸 움직이는 모양. '구무럭구무럭②'보다 센 느낌을 준다.

꾸물-꾸물

의미 [+모양],[+운동],[-속도],[+정도],[+반복]

제약 { }-{움직이다}

① 매우 느리게 자꾸 움직이는 모양.

¶**꾸물꾸물** 기어 다니다./백색의 질펀한 눈밭 속으로 중대 병력들이 **꾸물꾸물** 일렬종대로 올라오고 있다.≪홍성원, 육이오≫

의미 [+모양],[+행동],[+나태],[-속도]

제약 {사람}-{거리다, 대다}

② 게으르고 굼뜨게 행동하는 모양.

¶그러자 꼭 죽은 줄만 알았던 그것이 **꾸물꾸물** 움직이기 시작했다.

의미 [+모양],[+신체],[+운동],[-속도],[+반복]

제약 { }-{움직이다}

③ 신체 일부를 느리게 자꾸 움직이는 모양.

꾸밈없-이

의미 [-가식],[+진실],[+순수]

제약

가식이 없이 참되고 순수하게.

¶**꾸밈없이** 쓴 글./그는 **꾸밈없이** 자신의 감정을 말했다.

꾸벅

의미 [+모양],[+머리]v[+신체],[+굴신],[+정도]

제약 {머리, 몸}-{ }

① 머리나 몸을 앞으로 많이 숙였다가 드는 모양.

¶**꾸벅** 인사를 하다./나도 얼떨결에 이름을 대며 **꾸벅** 고개를 숙여 보였다.≪전상국, 하늘 아래 그 자리≫

의미 [+모양],[+수면],[-인식],[+순간]

제약 { }-{잠들다}

② 모르는 사이에 순간적으로 잠이 드는 모양.

¶옛날이야기를 듣다가 **꾸벅** 잠이 들다.

꾸벅-꾸벅01

의미 [+모양],[+머리]v[+신체],[+굴신],[+정도],[+반복]

제약 {머리, 몸}-{ }

머리나 몸을 자꾸 앞으로 많이 숙였다가 드는 모양.

¶나른한 오후에 식곤증이 몰려와 **꾸벅꾸벅** 졸았다./하루에도 대여섯 번씩 주인과 마주칠 때마다 이렇게 **꾸벅꾸벅** 절을 하고는 하였다.≪이호철, 소시민≫

꾸벅-꾸벅02

의미 [+모양],[+진행],[+항상],[+유지]

제약

① 조금도 어김없이 그대로 계속하는 모양.

¶지금까지 너 오기만을 **꾸벅꾸벅** 기다렸다./집세를 밀리지 않고 **꾸벅꾸벅** 잘 내 왔으나, 저번 달부터 밀리기 시작했다./흉년 땐 타관에서 입벌이를 하다가 이듬해 농사철이 되면 **꾸벅꾸벅** 찾아와서 지난 배고픔의 설움이 뼈에 맺혀 모 한 포기라도 정성 들여 심고 가꾸었다.≪문순태, 타오르는 강≫

의미 [+모양],[+추종],[-의지]

제약

② 남이 시키는 대로 그저 따르는 모양.

¶아무 소리 없이 **꾸벅꾸벅** 성실하게 일을 하다./때가 되면 장인님이 어련하랴 싶어서 군소리 없이 **꾸벅꾸벅** 일만 해 왔다.≪김유정, 봄봄≫

꾸부렁-꾸부렁

의미 [+모양],[+다수],[+내부],[+굴곡]

제약 { }-{굽다}

① 여러 군데가 안으로 휘어들어 굽은 모양. '구부렁구부렁①'보다 센 느낌을 준다.

의미 [+모양],[+등]v[+허리],[+굴신],[+반복]

제약 {등, 허리}-{구부리다}

② 등이나 허리를 자꾸 구부리는 모양. '구부렁구부렁②'보다 센 느낌을 준다.

꾸부스름-히

의미 [+상태],[+내부],[+굴곡]

제약 { }-{굽다}

안으로 굽은 듯한 상태로. '구부스름히'보다 센 느낌을 준다.

꾸부슴-히

의미 [+상태],[+내부],[+굴곡]

제약 { }-{굽다}

'꾸부스름히'의 준말. 안으로 굽은 듯한 상태로.

꾸부정-꾸부정

의미 [+모양],[+부분],[+다수],[+굴곡]

제약 { }-{굽다}

여러 군데가 구부러져 있는 모양. '구부정구부정'보다 센 느낌을 준다.

꾸부정-히

의미 [+상태],[+굴곡],[+정도]

제약 { }-{굽다}

매우 구부러져 있는 상태로. '구부정히'보다 센 느낌을 준다.

¶그는 허리를 **꾸부정히** 굽힌 채 개집 내부를 들여다보았다./혼잣말로 중얼거리며 그는 허리를 **꾸부정히** 하고 터널형의 출입구 속으로 상체를 욱여넣었다.≪윤흥길, 완장≫

꾸불-꾸불

의미 [+모양],[+굴곡],[-일정]

제약 { }-{굽다}

이리저리 구부러진 모양. '구불구불'보다 센 느낌을 준다.

¶**꾸불꾸불** 굽이지다./나지막하게 엎드려 있는 산모퉁이를 돌아 **꾸불꾸불** 뻗쳐 나간 그 좁다란 황톳길.≪이동하, 우울한 귀향≫/나는 잠시 그리로 눈길을 주었다가 **꾸불꾸불** 휘돌아 간 내리막길로 발걸음을 내디뎠다.≪유재용, 성역≫

꾸불텅-꾸불텅

의미 [+모양],[+부분],[+다수],[+굴곡],[-긴장]

제약 { }-{굽다}

여러 군데가 느슨하게 구부러져 있는 모양. '구불텅구불텅'보다 센 느낌을 준다.

¶길이 **꾸불텅꾸불텅** 이어져 있다./그가 걸어가는 옆으로는 아직 수많은 이주민들의 행렬이 **꾸불텅꾸불텅** 뻗어 있었는데, 해는 이미 산 위에 걸려 마지막 숨을 내쉬고 있었다.≪김민숙, 이민선≫

꾸붓-꾸붓

의미 [+모양],[+전부],[+굴곡],[-정도]

제약 { }-{굽다}

여럿이 다 약간 굽은 듯한 모양. '구붓구붓'보다 센 느낌을 준다. 늑꾸붓꾸붓이.

꾸붓꾸붓-이

의미 [+모양],[+전부],[+굴곡],[-정도]

제약 { }-{굽다}

=꾸붓꾸붓. 여럿이 다 약간 굽은 듯한 모양.

꾸붓-이

의미 [+상태],[+굴곡],[-정도]

제약 { }-{굽다}

약간 굽은 듯한 상태로. '구붓이'보다 센 느낌을 준다.

¶허리를 **꾸붓이** 하고 앉아 있는 사람.

꾸뻑

의미 [+모양],[+머리]v[+신체],[+굴신],[+정도]

제약 {머리, 몸}-{ }

① 머리나 몸을 앞으로 많이 숙였다가 드는 모양. '꾸벅①'보다 센 느낌을 준다.

의미 [+모양],[+수면],[-인식],[+순간]

제약 { }-{잠들다}

② 모르는 사이에 순간적으로 잠이 드는 모양. '꾸벅②'보다 센 느낌을 준다.

꾸뻑-꾸뻑01

의미 [+모양],[+머리]v[+신체],[+굴신],[+정도],[+반복]

제약 {머리, 몸}-{ }

머리나 몸을 자꾸 앞으로 많이 숙였다가 드는 모양. '꾸벅꾸벅01'보다 센 느낌을 준다.

¶자기를 길러 준 은혜를 잊지 않겠다는 듯이 연방 **꾸뻑꾸뻑** 절을 한다.

꾸뻑-꾸뻑02

의미 [+모양],[+진행],[+항상],[+유지]

제약

① 조금도 어김없이 그대로 계속하는 모양. '꾸벅꾸벅02①'보다 센 느낌을 준다.

¶그 아이는 아저씨가 오실 때까지 **꾸뻑꾸뻑** 기다리고 있었다.

의미 [+모양],[+추종],[-의지]

제약

② 남이 시키는 대로 그저 따르는 모양. '꾸벅꾸벅02②'보다 센 느낌을 준다.

꾸역-꾸역

의미 [+모양],[+음식],[+다량],[+씹음],[+동시],[+연속]

제약 { }-{먹다}

① 음식 따위를 한꺼번에 입에 많이 넣고 잇따라 씹는 모양.

¶배가 고팠던 것은 아니었으며 먹고 싶은 생각도 없었던 우동을 명회는 **꾸역꾸역** 먹는다.《박경리, 토지》/오렌지 껍질을 손으로 까며 **꾸역꾸역** 입에 처넣는다.

의미 [+모양],[+사람]v[+사물],[+집단],[+출입],[+연속]

제약 { }-{모이다, 붐비다, 가다}

② 한군데로 많은 사람이나 사물이 잇따라 몰려가거나 들어오는 모양.

¶동네 사람들이 사립으로 **꾸역꾸역** 몰려들고 있어 더 기세가 올랐다.《송기숙, 암태도》/기차를 내린 승객들이 **꾸역꾸역** 집찰구를 향해 나가고

있는 사이에 단원들은 한옆으로 모여 섰다.《한수산, 부초》

의미 [+모양],[+연기]v[+김],[+배출]v[+발생],[+연속]

제약 {연기, 김}-{피어오르다}

③ 연기나 김 따위가 계속 많이 나오거나 생기는 모양.

¶논바닥과 고무나무 숲 입구에다 빨간 빛깔과 초록빛의 연막탄을 터뜨려 연기가 **꾸역꾸역** 피어올랐다.《안정효, 하얀 전쟁》/수렵장 끝에서 강을 지나고 갈대밭을 거쳐 **꾸역꾸역** 안개가 밀려들고 있었다.

의미 [+모양],[+마음],[+발생],[+연속]

제약

④ 어떤 마음이 계속 생기거나 치미는 모양.

¶분수에 맞지 않는 욕심이 **꾸역꾸역** 생긴다.

꾸정-꾸정

의미 [+모양],[+물건],[+곧음]

제약

① 가늘고 긴 물건이 굽지 아니하고 쭉 곧은 모양.

¶**꾸정꾸정** 곧게 자라다.

의미 [+모양],[+허리],[+노인],[+곧음],[+건장]

제약

② 늙은이의 허리가 굽지 아니하고 꼿꼿하며 건장한 모양.

¶**꾸정꾸정** 다부진 늙은이.

의미 [+모양],[+성미],[+곧음],[+결백],[+고집]

제약

③ 성미가 곧고 결백하여 남의 말을 좀처럼 듣지 않는 모양.

¶항상 **꾸정꾸정** 자기 의견을 내세우다.

의미 [+모양],[+외모],[+초라],[-청결]

제약

④ 겉모습 따위가 볼품이 없거나 더러운 모양.

꾸준-히

의미 [+태도],[+일정],[+근면],[+인내]

제약

한결같이 부지런하고 끈기가 있는 태도로.
¶**꾸준히** 준비하다./줄기찬 연구로 새로운 것을 **꾸준히** 개척할 능력을 지니고 있는 한에서 교수다운 교수가 될 수 있는 것이다.≪이숭녕, 대학가의 파수병≫

꾹

의미 [+모양],[+압박]v[+조임],[+정도]
제약 { }-{누르다, 조이다}
① 여무지게 힘을 주어 누르거나 죄는 모양.
¶모자를 **꾹** 눌러 쓰다./옆구리를 **꾹** 찌르다./소녀는 입을 열려다 곧 울음이 북받치는 듯 입술을 **꾹** 깨물었다.≪오상원, 모반≫/승객들 대부분은 눈을 **꾹** 감고 잠들을 청하고 있었다.≪홍성암, 큰물로 가는 큰 고기≫
의미 [+모양],[+인내],[+정도]
제약 { }-{참다, 견디다}
② 아주 힘들여 참거나 견디는 모양.
¶치미는 분노를 **꾹** 참다.
의미 [+모양],[+잠적],[+은둔],[+정도]
제약
③ 조금도 드러나지 않게 단단히 숨거나 들어박히는 모양.
¶절간에 **꾹** 박혀 지내다./두 달이면 새사람이 돼 가지고 나올 테니까 도 닦는 셈치고 **꾹** 틀어박혀 있겠어.≪유재용, 성역≫

꾹-꾹01

의미 [+모양],[+압박]v[+조임],[+정도],[+연속]
제약 { }-{누르다, 조이다}
① 잇따라 또는 매우 여무지게 힘을 주어 누르거나 죄는 모양.
¶모자를 **꾹꾹** 눌러 쓰다./밥을 **꾹꾹** 눌러 담다./꽁보리밥이라도 바가지 속에 **꾹꾹** 눌러 담아 주니 다행이다.≪유현종, 들불≫
의미 [+모양],[+인내],[+연속]v[+정도]
제약 { }-{참다, 견디다}
② 잇따라 또는 몹시 힘들여 참거나 견디는 모양.
¶모욕을 **꾹꾹** 참고 견디다./나는 정말 여러 해 동안 **꾹꾹** 참고 살아왔다.≪황석영, 어둠의 자식들≫

/감정을 목구멍 속으로 **꾹꾹** 밀어 넣으며 그래도 비트는 말을 했다.≪박경리, 토지≫
의미 [+모양],[+잠적]v[+은둔],[+정도]
제약
③ 조금도 드러나지 아니하게 아주 단단히 숨거나 들어박히는 모양.
¶장롱 깊이 **꾹꾹** 박아 놓았던 보석을 꺼내다.

꾹꾹02

의미 [+소리],[+비둘기],[+반복]
제약 {비둘기}-{울다}
비둘기가 자꾸 우는 소리.
¶비둘기가 **꾹꾹** 울면 꾀꼬리도 따라서 꾀꼴꾀꼴 울었다.

꿀꺼덕

의미 [+소리]v[+모양],[+액체]v[+음식물],[+목구멍]v[+구멍],[+동시],[+통과]
제약 { }-{넘기다, 먹다}
① '꿀꺽①'의 본말. 액체나 음식물 따위가 목구멍이나 좁은 구멍으로 한꺼번에 많이 넘어가는 소리. 또는 그 모양.
¶알약을 **꿀꺼덕** 삼키다.
의미 [+모양],[+분노]v[+말]v[+울음],[+인내],[+무리]
제약 { }-{참다, 견디다}
② '꿀꺽②'의 본말. 분한 마음이나 할 말, 터져 나오려는 울음 따위를 억지로 참는 모양.
의미 [+모양],[+재산],[+부당],[+취득]
제약
③ '꿀꺽③'의 본말. 옳지 못한 방법으로 남의 재물 따위를 제 것으로 만드는 모양.

꿀꺼덕-꿀꺼덕

의미 [+소리]v[+모양],[+액체]v[+음식물],[+목구멍]v[+구멍],[+통과],[+반복]
제약 { }-{넘기다, 먹다}
① '꿀꺽꿀꺽①'의 본말. 액체나 음식물 따위가 목구멍이나 좁은 구멍으로 한꺼번에 많이 자꾸 넘어가는 소리. 또는 그 모양.
¶**꿀꺼덕꿀꺼덕** 소리를 내며 물을 마시다.
의미 [+모양],[+분노]v[+말]v[+울음],[+인내],[+무리],[+반복]

제약 { }-{참다, 견디다}

② ‘꿀꺽꿀꺽②’의 본말. 분한 마음이나 할 말, 터져 나오려는 울음 따위를 억지로 자꾸 참는 모양.

의미 [+모양],[+재산],[+부당],[+취득],[+반복]

제약

③ ‘꿀꺽꿀꺽③’의 본말. 옳지 못한 방법으로 남의 재물 따위를 자꾸 제 것으로 만드는 모양.

꿀꺽

의미 [+소리]v[+모양],[+액체]v[+음식물],[+목구멍]v[+구멍],[+동시],[+통과]

제약 { }-{넘기다, 먹다}

① 액체나 음식물 따위가 목구멍이나 좁은 구멍으로 한꺼번에 많이 넘어가는 소리. 또는 그 모양.

¶침을 꿀꺽 삼키다./하나 남은 빵 조각을 꿀꺽 먹어 버렸다./그는 여태껏 고스란히 눈앞에 놔두었던 잔을 들어 한숨에 꿀꺽 마셔 버렸다.≪유진오, 가을≫/나는 오랜만에 식욕을 느끼며 나도 모르게 소리가 나도록 침을 꿀꺽 삼켰다.≪김용성, 도둑 일기≫

의미 [+모양],[+분노]v[+말]v[+울음],[+인내],[+무리]

제약 { }-{참다, 견디다}

② 분한 마음이나 할 말, 터져 나오려는 울음 따위를 억지로 참는 모양.

¶분노를 꿀꺽 삼키다./초봉이는 울음을 꿀꺽 삼키면서 반사적으로 일어서기는 했으나….≪채만식, 탁류≫/큰놈은 말을 하다가 엄마의 눈치를 보고 꿀꺽 말을 삼켰던 것이다.≪이정환, 샛강≫

의미 [+모양],[+재산],[+부당],[+취득]

제약 { }-{삼키다}

③ 옳지 못한 방법으로 남의 재물 따위를 제 것으로 만드는 모양.

¶남의 돈 몇십만 냥을 한꺼번에 꿀꺽 삼켜도 아무 탈이 없는데 제 돈 겨우 엽전 한 푼 먹은 게 무슨 탈이 나…….≪박종화, 전야≫

꿀꺽-꿀꺽

의미 [+소리]v[+모양],[+액체]v[+음식물],[+목구멍]v[+구멍],[+통과],[+반복]

제약 { }-{넘기다, 먹다}

① 액체나 음식물 따위가 목구멍이나 좁은 구멍으로 한꺼번에 많이 자꾸 넘어가는 소리. 또는 그 모양.

¶꿀꺽꿀꺽 소리를 내며 물을 마시다./두 놈은 병나발을 불어 꿀꺽꿀꺽 술을 몇 모금씩 더 들이켠 다음 옷소매로 입을 문지르며 급히 자리를 떴다.≪송기숙, 녹두 장군≫

의미 [+모양],[+분노]v[+말]v[+울음],[+인내],[+무리],[+반복]

제약 { }-{참다, 견디다}

② 분한 마음이나 할 말, 터져 나오려는 울음 따위를 억지로 자꾸 참는 모양.

¶이제 잘못 걸리면 옆의 놈팡이한테 얻어맞을까 하여 그저 꿀꺽꿀꺽 참으려니 기가 찰 일이다.≪이숭녕, 대학가의 파수병≫/군소리를 하거나 안색 한 번 바꾸지 않고 이것이 내 팔자거니, 온갖 고통 꿀꺽꿀꺽 삼키며 살아온 어머니였던 것이다.≪문순태, 타오르는 강≫/그 부인은 얼마만에야 꿀꺽꿀꺽 울음을 멈추려고 애를 쓴다.≪현진건, 적도≫

의미 [+모양],[+재산],[+부당],[+취득],[+반복]

제약

③ 옳지 못한 방법으로 남의 재물 따위를 자꾸 제 것으로 만드는 모양.

¶그 회사 사장은 뇌물을 꿀꺽꿀꺽 받아먹더니 결국 쇠고랑을 찼다.

꿀꿀[01]

의미 [+소리],[+액체],[+흐름],[+집합]

제약 { }-{흐르다}

물 따위의 액체가 굵은 줄기로 몰리어 흐르는 소리.

¶얼음 밑으로 깔려 내리는 산골물이 꿀꿀 소리를 내며 흐른다.≪이기영, 서화≫/여러 아이들은 부러워서 침을 꿀꿀 넘긴다.≪한설야, 과도기≫

꿀꿀[02]

의미 [+소리],[+돼지]

제약 {돼지}-{울다}

돼지가 내는 소리.

¶다시 집 뒤의 돼지가 **꿀꿀** 울었어요.≪최인호,
무서운 복수≫

꿀떡

의미 [+소리]v[+모양],[+음식],[+목구멍],[+
삼킴],[+동시]

제약 { }-{삼키다, 넘기다}

① 음식물 따위를 목구멍으로 한꺼번에 삼키는
소리. 또는 그 모양.

¶**꿀떡** 삼키다./제육을 김치에 싸서 **꿀떡** 삼키려
다가 체면이라는 말이 생각나면서 반사적으로
손이 오므라들었다.≪박완서, 그 가을의 사흘 동안≫

의미 [+모양],[+분통],[+인내],[+정도]

제약 { }-{참다, 견디다}

② 분한 마음을 겨우 삭이는 모양.

¶새빨갛게 상혈이 되었던 서기는 그저 **꿀떡** 참
는 모양으로 좀 진정을 하더니….≪송영, 군중 정
류≫

의미 [+모양],[+재산],[+부당],[+취득]

제약

③ 남의 것을 부당하게 제 것으로 만드는 모양.

¶그게 네 백 원 **꿀떡** 삼킨 동화의 주인공이다.
≪이상, 지주회시≫

꿀떡-꿀떡

의미 [+소리]v[+모양],[+음식],[+목구멍],
[+삼킴],[+동시],[+반복]

제약 { }-{삼키다, 넘기다}

① 음식물 따위를 목구멍으로 한꺼번에 자꾸 삼
키는 소리. 또는 그 모양.

¶그는 침만 **꿀떡꿀떡** 넘기고 있다./길가에 집만
있으면, 덮어놓고 들어가 물을 달래 **꿀떡꿀떡** 들
이켰다.≪유진오, 구름 위의 만상≫/침식을 전폐하
고 애통해하던 교하댁이 어느 날 된밥을 **꿀떡꿀
떡** 삼키고 기운을 차리더니….≪박완서, 가≫

의미 [+모양],[+분통],[+인내],[+정도],[+반복]

제약 { }-{참다, 견디다}

② 분한 마음 따위를 겨우 자꾸 참는 모양.

¶여관집 아들, 그 성미도 예사 성미가 아닌데 꿀
떡꿀떡 삼키느라 애썼을 거다.≪박경리, 토지≫

의미 [+모양],[+재산],[+부당],[+취득],[+반
복]

제약

③ 남의 것을 부당하게 자꾸 제 것으로 만드는
모양.

¶그는 청탁의 대가로 뇌물을 **꿀떡꿀떡** 잘도 삼
켰다.

꿀렁

의미 [+소리],[+병]v[+통],[+액체],[+요동]

제약 {액체}-{거리다}

① 큰 병이나 통 속에 다 차지 않은 액체가 흔
들리는 소리.

¶차가 심하게 흔들려 뒤에 실은 물통이 **꿀렁** 소
리를 낸다.

의미 [+모양],[-밀착],[+팽창],[+요동],[+정
도]

제약

② 척 들러붙지 않고 들떠서 크게 부풀어 들썩
거리는 모양.

꿀렁-꿀렁

의미 [+소리],[+병]v[+통],[+액체],[+요동],
[+반복]

제약 {액체}-{거리다}

① 큰 병이나 통 속에 다 차지 않은 액체가 자
꾸 흔들리는 소리.

¶물통이 흔들릴 때마다 **꿀렁꿀렁** 소리가 났다.

의미 [+모양],[-밀착],[+팽창],[+요동],[+정
도],[+반복]

제약

② 척 들러붙지 않고 들떠서 크게 부풀어 자꾸
들썩거리는 모양.

¶살이 빠져서 치마 허리가 **꿀렁꿀렁** 돌아간다.

꿀쩍

의미 [+소리]v[+모양],[+물건],[+점성],[+압
력]

제약 { }-{주무르다, 누르다}

① 질거나 끈기 있는 물건을 주무르거나 누르는
소리. 또는 그 모양.

의미 [+모양],[+눈물],[-정도]

제약 { }-{나다, 흘리다}

② 눈물을 짜내듯이 흘리는 모양.

꿀쩍-꿀쩍

의미 [+소리]v[+모양],[+물건],[+점성],[+압력],[+반복]

제약 { }-{주무르다, 누르다}

① 질거나 끈기 있는 물건을 자꾸 주무르거나 누르는 소리. 또는 그 모양.

¶미스터 방은 그러고는 냉수 그릇을 집어 한 모금 물고 꿀쩍꿀쩍 양치를 한다.≪채만식, 미스터 방≫

의미 [+모양],[+눈물],[-정도],[+반복]

제약 { }-{나다, 흘리다}

② 눈물을 짜내듯이 자꾸 흘리는 모양.

꿀찌럭

의미 [+모양]v[+소리],[+물건],[+수분],[+압력],[+정도]

제약 { }-{주무르다, 누르다}

① 질고 물기가 많은 물건을 주무르거나 누르는 소리. 또는 그 모양.

¶진흙탕에 발이 정강이까지 빠지면서 꿀찌럭 소리가 났다.

의미 [+소리],[+병]v[+통],[+액체],[+요동],[+정도]

제약 { }-{흔들리다, 소리나다}

② 병이나 통에 들어 있는 액체가 세게 흔들릴 때 나는 소리.

¶물통이 흔들리면서 꿀찌럭 소리를 냈다.

꿀찌럭-꿀찌럭

의미 [+모양]v[+소리],[+물건],[+수분],[+압력],[+정도],[+반복]

제약 { }-{주무르다, 누르다}

① 질고 물기가 많은 물건을 자꾸 주무르거나 누르는 소리. 또는 그 모양.

¶찰떡 반죽을 꿀찌럭꿀찌럭 소리를 내며 주무르고 있다.

의미 [+소리],[+병]v[+통],[+액체],[+요동],[+정도],[+반복]

제약 { }-{흔들리다, 소리나다}

② 병이나 통에 들어 있는 액체가 자꾸 세게 흔들릴 때 나는 소리.

꿀컥

의미 [+소리]v[+모양],[+액체]v[+음식물],[+목구멍]v[+구멍],[+동시],[+통과]

제약 { }-{넘기다, 먹다}

① 액체나 음식물 따위가 목구멍이나 좁은 구멍으로 한꺼번에 많이 넘어가는 소리. 또는 그 모양. '꿀꺽①'보다 거센 느낌을 준다.

¶약을 꿀컥 삼키다./술을 꿀컥 마시다.

의미 [+모양],[+분노]v[+말]v[+울음],[+인내],[+무리]

제약 { }-{참다, 견디다}

② 분한 마음이나 할 말, 터져 나오려는 울음 따위를 억지로 참는 모양. '꿀꺽②'보다 거센 느낌을 준다.

¶영팔이 역시 작은 목소리로 뇌며 분노를 꿀컥 삼킨다.≪박경리, 토지≫/윤 생원은 속에서 불끈 무엇이 올라오는 것 같아 한마디 할까 했다. 그러나 꿀컥 삼켜버렸다.≪하근찬, 야호≫/이 노래를 읊조리면 얼굴 모습조차 기억 속에 더듬기 어려운 어머니의 옛이야기처럼 서러움이 꿀컥 치밀었다.≪전광용, 흑산도≫

의미 [+모양],[+재산],[+부당],[+취득]

제약 { }-{삼키다}

③ 남의 재물 따위를 옳지 못한 방법을 써서 감쪽같이 제 것으로 만들어 버리는 모양. '꿀꺽③'보다 거센 느낌을 준다.

¶그 나라는 남의 나라를 통째로 꿀컥 삼켜 버렸다.

꿀컥-꿀컥

의미 [+소리]v[+모양],[+액체]v[+음식물],[+목구멍]v[+구멍],[+통과],[+반복]

제약 { }-{넘기다, 먹다}

① 액체나 음식물 따위가 목구멍이나 좁은 구멍으로 한꺼번에 많이 자꾸 넘어가는 소리. 또는 그 모양. '꿀꺽꿀꺽①'보다 거센 느낌을 준다.

¶꿀컥꿀컥 침을 삼키다./그는 술병을 들고 꿀컥꿀컥 술을 마셔 댄다.

의미 [+모양],[+분노]v[+말]v[+울음],[+인내],[+무리]

제약 { }-{참다, 견디다}

② 분한 마음이나 할 말, 터져 나오려는 울음 따위를 억지로 참는 모양. '꿀꺽꿀꺽②'보다 거센 느낌을 준다.

¶그는 얼굴을 일그러뜨리고 노여움을 꿀컥꿀컥

삼켰다./하원이는 울음을 **꿀컥꿀컥** 삼키면서 광석이 엉덩이를 받들고 뒤따라 섰다.≪이호철, 탈향≫

꿈같-이

의미 [＋세월],[＋무상],[＋속도]

제약

① 세월이 덧없이 빠르게.

¶지난 이십 년 세월이 **꿈같이** 흘러가 버렸다.

의미 [＋무상],[＋허무]

제약

② 덧없고 허무하게.

¶그건 **꿈같이** 허무한 얘기일 뿐이다.

꿈실-꿈실

의미 [＋모양],[＋벌레],[＋밀집],[＋운동],[－속도],[＋반복]

제약 {벌레}-{움직이다}

① 작은 벌레 따위가 한데 어우러져 굼뜨게 자꾸 움직이는 모양. '굼실굼실①'보다 센 느낌을 준다.

의미 [＋모양],[＋물결],[＋굴곡],[＋범람],[＋반복]

제약 {물결}-{넘실거리다}

② 구불구불 물결을 이루며 자꾸 넘실거리는 모양. '굼실굼실②'보다 센 느낌을 준다.

¶**꿈실꿈실** 일렁이는 물결.

꿈적

의미 [＋모양],[＋신체],[＋운동],[＋둔탁],[－속도]

제약 {몸}-{움직이다}

몸을 둔하고 느리게 움직이는 모양. '굼적'보다 센 느낌을 준다.

꿈적-꿈적

의미 [＋모양],[＋신체],[＋운동],[＋둔탁],[－속도],[＋반복]

제약 {몸}-{움직이다}

몸을 둔하고 느리게 자꾸 움직이는 모양. '굼적굼적'보다 센 느낌을 준다.

¶**꿈적꿈적** 그저 움직이는 시늉만 해도 먹을 걱정 입을 걱정을 안 해도 되는데.≪박완서, 미망≫

꿈지럭

의미 [＋모양],[＋신체],[＋운동],[＋둔탁],[－속

도]

제약 { }-{움직이다}

매우 둔하고 느린 몸짓으로 한 번 움직이는 모양. '굼지럭'보다 센 느낌을 준다.

꿈지럭-꿈지럭

의미 [＋모양],[＋신체],[＋운동],[＋둔탁],[－속도],[＋연속]

제약 {몸}-{움직이다}

몸을 천천히 굼뜨게 계속 움직이는 모양. '굼지럭굼지럭'보다 센 느낌을 준다.

¶잠자리에서 눈을 비비며 **꿈지럭꿈지럭** 일어났다.

꿈질

의미 [＋모양],[＋신체],[＋운동],[＋둔탁],[－속도]

제약 { }-{움직이다}

'꿈지럭'의 준말. 매우 둔하고 느린 몸짓으로 한 번 움직이는 모양.

꿈질-꿈질

의미 [＋모양],[＋신체],[＋운동],[＋둔탁],[－속도],[＋연속]

제약 {몸}-{움직이다}

'꿈지럭꿈지럭'의 준말. 몸을 천천히 굼뜨게 계속 움직이는 모양.

¶어렸을 때부터 오미자를 좋아하던 그는 이불속에서 **꿈질꿈질** 먹을 준비를 시작하였다.≪김동인, 약한 자의 슬픔≫

꿈쩍

의미 [＋모양],[＋신체],[＋운동],[＋둔탁],[－속도]

제약 {몸}-{움직이다}

몸을 둔하고 느리게 움직이는 모양. '굼적'보다 아주 센 느낌을 준다.

꿈쩍-꿈쩍

의미 [＋모양],[＋신체],[＋운동],[＋둔탁],[－속도],[＋반복]

제약 {몸}-{움직이다}

몸을 둔하고 느리게 자꾸 움직이는 모양. '굼적굼적'보다 아주 센 느낌을 준다.

꿈쩍없-이

의미 [＋기색],[－운동]

제약

움직이는 기색이 전혀 없이.

꿈트럭-꿈트럭

의미 [+모양],[+신체],[+운동],[-일정],[+굴신]v[+전환],[-속도],[+반복]

제약 {몸}-{움직이다}

몸의 일부를 굼뜨게 이리저리 구부리거나 비틀며 자꾸 움직이는 모양.

꿈틀

의미 [+모양],[+신체],[+부분],[+운동],[+굴신]v[+전환]

제약 {몸}-{움직이다}

① 몸의 한 부분을 구부리거나 비틀며 움직이는 모양. '굼틀'보다 센 느낌을 준다.

¶아이는 고함 소리에 놀라며 몸을 꿈틀 움츠렸다./끌려 일어서던 노 상사가 꿈틀 몸을 떤 것은 그때였다. 그는 몸을 수그리며 먹은 것을 토해 내기 시작했다.≪한수산, 유민≫

의미 [+모양],[+생각]v[+감정],[+발생],[+순간]

제약

② 생각이나 감정 따위가 갑자기 이는 모양.

¶전 영감은 그게 반갑다기보다는 죽자꾸나 억제하고 있던 고통스러운 어떤 의혹이 꿈틀 고개를 드는 걸 느꼈다.≪박완서, 미망≫/그 붉은 입술에 박힌 반쯤 드러난 하얀 이빨 두 개가 그의 관능을 꿈틀 자극했다.≪조정래, 태백산맥≫

꿈틀-꿈틀

의미 [+모양],[+신체],[+부분],[+운동],[+굴신]v[+전환],[+반복]

제약 {몸}-{움직이다}

① 몸의 한 부분을 구부리거나 비틀며 자꾸 움직이는 모양. '굼틀굼틀'보다 센 느낌을 준다.

¶지렁이가 꿈틀꿈틀 기어 다닌다./애벌레가 꿈틀꿈틀 나무에 오르다.

의미 [+모양],[+생각]v[+감정],[+발생],[+순간]

제약

② 생각이나 감정 따위가 자꾸 이는 모양.

¶바싹 마른 나무에 다시 물이 오르듯이, 이런 생각 저런 생각이 꿈틀꿈틀 되살아나는 것이었다.≪하근찬, 야호≫/발가락에서부터 머리끝까지

원망과 분함이 꿈틀꿈틀 훑어 올라가는 것만 같았다.≪송기숙, 자랏골의 비가≫

꼽슬-꼽슬

의미 [+모양],[+털]v[+실],[+굴곡],[+말림]

제약 {털, 실, 머리카락}-{거리다, 말다}

털이나 실 따위가 구불구불하게 말려 있는 모양. '굽슬굽슬01'보다 센 느낌을 준다.

¶털이 아주 꼽슬꼽슬 말린 스웨터를 하나 샀다.

꼽실

의미 [+모양],[+고개]v[+허리],[±굴신],[-정도]

제약 {고개, 허리}-{거리다, 대다}

① 고개나 허리를 가볍게 구푸렸다 펴는 모양. '굽실①'보다 센 느낌을 준다.

¶꼽실 절을 하다.

의미 [+모양],[+타인],[+비위],[+영합],[+행동],[+비굴]

제약 {사람}-{거리다, 대다}

② 남의 비위를 맞추느라고 비굴하게 행동하는 모양. '굽실②'보다 센 느낌을 준다.

꼽실-꼽실01

의미 [+모양],[+고개]v[+허리],[+굴신],[-정도],[+반복]

제약 {고개, 허리}-{거리다, 대다}

① 고개나 허리를 자꾸 가볍게 구푸렸다 펴는 모양. '굽실굽실①'보다 센 느낌을 준다.

의미 [+모양],[+타인],[+비위],[+영합],[+행동],[+비굴],[+반복]

제약 {사람}-{거리다, 대다}

② 남의 비위를 맞추느라고 자꾸 비굴하게 행동하는 모양. '굽실굽실②'보다 센 느낌을 준다.

¶그 사람은 윗사람에게는 꼽실꼽실 저자세이다.

꼽실-꼽실02

의미 [+모양],[+털]v[+실],[+굴곡],[+말림]

제약 {털, 실, 머리카락}-{거리다, 말다}

꼽슬꼽슬. 털이나 실 따위가 구불구불하게 말려 있는 모양. '굽슬굽슬'보다 센 느낌을 준다.

꼽적

의미 [+모양],[+머리]v[+신체],[+굴신]

제약 {머리, 몸}-{굽히다}

머리를 숙이거나 몸을 한 번 굽히는 모양. '굽적'
보다 센 느낌을 준다.

¶꿉적 절하다.

꿉적-꿉적

의미 [+모양],[+머리]v[+신체],[+굴신],[+연
속]

제약 {머리, 몸}-{굽히다}

잇따라 머리를 숙이거나 몸을 굽히는 모양. '굽
적굽적'보다 센 느낌을 준다.

¶아무리 선거가 중하기로 점잖은 딸자식까지 데
리고 다니면서, 체모 사납게 **꿉적꿉적** 절을 하니
까!≪염상섭, 대를 물려서≫

꿋꿋-이

의미 [+상태],[+물건],[+견고],[-굴곡]

제약

① 물건이 휘거나 구부러지지 아니하고 썩 단단
한 상태로.

¶**꿋꿋이** 뻗어 가는 나뭇가지.

의미 [+기개]v[+의지]v[+태도],[+견고],
[+정도]

제약 {기개, 의지, 태도, 마음}-{ }

② 사람의 기개, 의지, 태도나 마음가짐 따위가
매우 굳센 태도로.

¶**꿋꿋이** 버티다./**꿋꿋이** 견디다./그는 어려움 속
에서도 희망을 잃지 않고 **꿋꿋이** 살아간다.

의미 [+건조]v[+결빙],[+견고],[+정도]

제약 { }-{마르다, 얼다}

③ 마르거나 얼어서 어느 정도 굳은 상태로.

¶**꿋꿋이** 언 생선을 녹이다./식탁 위에 놓아둔 떡
이 **꿋꿋이** 말라 버렸다.

꿍

의미 [+소리],[+물건],[+낙하]v[+충돌],[+바
닥]v[+물체]

제약 {물건}-{떨어지다, 부딪히다}

① 크고 무거운 물건이 바닥이나 물체 위에 떨
어지거나 부딪쳐 나는 소리.

¶화분이 바닥에 **꿍** 떨어졌다./박 첨지는 지게를
진 채 앞으로 고목처럼 **꿍** 나가떨어지고 마는
것이었다.≪하근찬, 왕릉과 주둔군≫

의미 [+소리],[+포탄],[+폭발],[+거리]

제약 {포탄}-{터지다, 울리다}

② 멀리서 포탄 따위가 터지는 소리.

¶대포 소리가 **꿍** 나다.

의미 [+소리],[+큰북]v[+장구],[+깊이],[+정도]

제약 {북, 장구}-{울리다, 연주하다}

③ 큰북이나 장구 따위의 매우 깊은 소리.

꿍-꽝

의미 [+소리],[+폭발물]v[+북소리],[±크기],
[+소란]

제약 {폭발물, 북}-{울리다, 치다, 터지다}

① 폭발물이나 북소리 따위가 크고 작게 엇바뀌
어 요란하게 울리어 나는 소리.

의미 [+소리],[+물건],[+견고],[+크기],[+충돌]

제약 { }-{부딪히다}

② 단단하고 큰 물건이 서로 부딪칠 때 나는 소
리.

의미 [+소리],[+발],[+마룻바닥],[+충격]

제약 { }-{뛰다, 구르다}

③ 발로 마룻바닥을 구를 때 나는 소리.

꿍꽝-꿍꽝

의미 [+소리],[+폭발물]v[+북소리],[±크기],
[+소란],[+연속]

제약 {폭발물, 북}-{울리다, 치다, 터지다}

① 폭발물이나 북소리 따위가 크고 작게 엇바뀌
어 잇따라 요란하게 울리어 나는 소리.

¶진압군은 **꿍꽝꿍꽝** 북과 징을 울리며 앞으로
나아갔다./대포 소리가 **꿍꽝꿍꽝** 들려왔다.

의미 [+소리],[+물건],[+견고],[+크기],[+충
돌],[+연속]

제약 { }-{부딪히다}

② 단단하고 큰 물건이 서로 잇따라 부딪쳐 나
는 소리.

의미 [+소리],[+발],[+마룻바닥],[+충격],
[+연속]

제약 { }-{뛰다, 구르다}

③ 발로 마룻바닥을 잇따라 굴러 나는 소리.

꿍-꿍[01]

의미 [+소리],[+물건],[+낙하]v[+충돌],[+바
닥]v[+물체],[+연속]

제약 {물건}-{떨어지다, 부딪히다}

① 크고 무거운 물건이 잇따라 바닥이나 물체 위에 떨어지거나 부딪쳐 나는 소리.

¶방아를 **꿍꿍** 찧다.

의미 [+소리],[+포탄],[+폭발],[+거리],[+연속]

제약 {포탄}-{터지다, 울리다}

② 멀리서 포탄 따위가 잇따라 터져 나는 소리.

¶검고 육중한 괴물들은 봄날 화창하게 갠 하늘을 향해 **꿍꿍** 포를 쏘아 댔다.≪문순태, 타오르는 강≫

의미 [+소리],[+큰북]v[+장구],[+공명],[+정도],[+연속]

제약 {북, 장구}-{울리다, 연주하다}

③ 큰북이나 장구 따위가 잇따라 울리는 매우 깊은 소리.

꿍꿍02

의미 [+소리],[+고통],[-인내]

제약 {　}-{앓다, 힘들다}

몹시 아프거나 괴로울 때에 견디지 못하여 내는 앓는 소리.

¶이불을 뒤집어쓰고 **꿍꿍** 앓다./얼마 후 그 여자는, 천성이 소같이 뜸직해서 **꿍꿍** 힘겨운 농사일이나 하던 오빠가 그놈의 의용군을 탈출해서 숨어 지내다 남하한 사실이 생각나서….≪이정환, 샛강≫

꿍얼-꿍얼

의미 [+소리]v[+모양],[+불만],[+혼잣소리],[+반복]

제약

남이 잘 알아듣지 못하게 혼잣소리로 자꾸 불만스럽게 말하는 소리. 또는 그 모양.

¶**꿍얼꿍얼** 화를 내다./노파는 부엌의 수돗물이 안 나온다고 **꿍얼꿍얼** 푸념을 하면서 물초롱을 일방 수도 앞에 갖다 놓고 꼭지를 틀었다.≪이호철, 소시민≫

꿔르르

의미 [+소리]v[+모양],[+액체],[+목]v[+구멍],[+분출],[+급박],[+강력]

제약 {액체}-{쏟아지다}

많은 양의 액체가 좁은 목이나 구멍에서 급하고 힘차게 쏟아지는 소리. 또는 그 모양.

꿜꿜

의미 [+소리],[+액체],[+배출],[+속도]

제약 {액체}-{흐르다}

많은 양의 액체가 급히 쏟아져 세차게 흐르는 소리.

꿩

의미 [+소리],[+물체],[+낙하]v[+충돌],[+바닥]

제약 {　}-{부딪히다, 충돌하다, 떨어지다}

① 무겁고 단단한 물체가 바닥에 떨어지거나 다른 물체와 부딪쳐 크게 울리는 소리.

¶마루에 돌이 **꿩** 떨어졌다.

의미 [+소리],[+총]v[+대포]v[+폭발물],[+폭발],[+크기]

제약 {총, 대포, 폭발물}-{터지다, 울리다}

② 총이나 대포를 쏘거나 폭발물이 터져서 크게 울리는 소리.

¶화약 터지는 소리가 **꿩** 들렸다.

꿩-꿩

의미 [+소리],[+물체],[+낙하]v[+충돌],[+바닥],[+연속]

제약 {　}-{부딪히다, 충돌하다, 떨어지다}

① 무겁고 단단한 물체가 잇따라 바닥에 떨어지거나 다른 물체와 부딪쳐 크게 울리는 소리.

의미 [+소리],[+총]v[+대포]v[+폭발물],[+폭발],[+크기],[+연속]

제약 {총, 대포}-{터지다, 울리다}

② 잇따라 총이나 대포를 쏘거나 폭발물이 터져서 크게 울리는 소리.

꿱

의미 [+소리]v[+모양],[+목청],[+크기],[+순간]

제약 {　}-{거리다, 소리치다}

① 갑자기 목청을 높여 크게 지르는 소리. 또는 그 모양.

¶뒤따라 오던 순경 중의 하나가 거치적거리는 아이들에게 **꿱** 소리를 질렀다.≪이문희, 흑맥≫

의미 [+소리]v[+모양],[+구토]

제약 {　}-{올리다, 게우다, 토하다}

② 구역질이 나서 무엇을 토하는 소리. 또는 그 모양.

꿱-꿱

　의미 [+소리]v[+모양],[+목청],[+크기],[+순간],[+반복]

　제약 { }-{거리다, 소리치다}

　① 갑자기 목청을 높여 자꾸 세게 지르는 소리. 또는 그 모양.

　¶그는 지전 뭉치를 한 움큼 손에다 높이 들고 서서 소리를 꿱꿱 지르는 것이었다.《주요섭, 미완성》

　의미 [+소리]v[+모양],[+구토],[+반복]

　제약 { }-{올리다, 게우다, 토하다}

　② 구역질이 나서 무엇을 자꾸 토하는 소리. 또는 그 모양.

끄느름-히

　의미 [+날씨],[+흐림],[+어둠]

　제약 { }-{흐리다}

　① 날이 흐리어 어둠침침하게.

　의미 [+햇볕]v[+장작불],[-크기]

　제약 {햇볕, 장작불}-{약하다}

　② 햇볕, 장작불 따위가 약하게.

끄덕

　의미 [+모양],[+고개],[+운동],[+상하]

　제약 {고개}-{움직이다}

　고개 따위를 아래위로 거볍게 한 번 움직이는 모양.

　¶끄덕 인사하다./대답 대신에 고개를 끄덕 움직이다.

끄덕-끄덕

　의미 [+모양],[+고개],[+운동],[+상하],[+반복]

　제약 {고개}-{움직이다}

　① 고개 따위를 아래위로 거볍게 자꾸 움직이는 모양.

　¶끄덕끄덕 졸다./로이는 여인을 멀뚱히 바라본 채 자신도 모르는 사이에 고개를 한없이 끄덕끄덕 끄떡였다.《홍성원, 육이오》

　의미 [+모양],[+물체],[-균형],[-일정],[+운동],[+반복]

　제약 { }-{움직이다}

　② 물체가 이리저리 조금씩 쏠리어 자꾸 움직이는 모양.

끄떡

　의미 [+모양],[+고개],[+운동],[+상하]

　제약 {고개}-{움직이다}

　고개 따위를 아래위로 거볍게 한 번 움직이는 모양. '끄덕'보다 센 느낌을 준다.

끄떡-끄떡

　의미 [+모양],[+고개],[+운동],[+상하],[+반복]

　제약 {고개}-{움직이다}

　① 고개 따위를 아래위로 거볍게 자꾸 움직이는 모양. '끄덕끄덕①'보다 센 느낌을 준다.

　¶의견을 모아놓기라도 한 것처럼 고개를 끄떡끄떡했다.

　의미 [+모양],[+물체],[-균형],[-일정],[+운동],[+반복]

　제약 { }-{움직이다}

　② 물체가 이리저리 조금씩 쏠리어 자꾸 움직이는 모양. '끄덕끄덕②'보다 센 느낌을 준다.

끄떡없-이

　의미 [-변화]v[-장애],[+온전],[+정도]

　제약 { }-{견디다, 지내다}

　아무런 변동이나 탈이 없이 매우 온전하게.

　¶그는 사고로 한쪽 다리를 잃었지만 끄떡없이 살아가고 있다./게섬이는 머리에 함지박을 이고 등에 우길이를 업고도 끄떡없이 걸어 다녔다.《한설야, 탑》

끄르륵

　의미 [+소리],[+비등]v[+트림]

　제약 { }-{끓다, 거리다}

　무엇이 끓거나 트림하는 소리.

　¶끄르륵 트림을 하다./마을 앞 큰 팽나무에 움쭉달싹 못하게 묶여 있는 아들을 붙들고…끄르륵 가래 끓는 목소리로 울부짖었다.《문순태, 타오르는 강》

끄르륵-끄르륵

　의미 [+소리],[+비등]v[+트림],[+반복]

　제약 { }-{끓다, 거리다}

　무엇이 자꾸 끓거나 심하게 트림하는 소리.

　¶끄르륵끄르륵 가래 끓는 소리가 들려왔다.

끄먹-끄먹

　의미 [+모양],[+불빛],[-분명],[±소멸],[+반

복]
제약
① 희미한 불빛 따위가 자꾸 꺼질 듯 말 듯 한 모양.
¶등잔불이 바람에 **끄먹끄먹** 불안하게 빛을 발하고 있다.
의미 [+모양],[+눈],[±감음],[+반복]
제약 {눈}-{ }
② 눈을 가볍게 자꾸 감았다 떴다 하는 모양.
¶두 눈을 **끄먹끄먹** 움직이다.

끄물-끄물
의미 [+모양],[+날씨],[−청명],[+흐림],[+반복]
제약
① 날씨가 활짝 개지 않고 자꾸 흐려지는 모양. '그물그물①'보다 센 느낌을 준다.
¶하늘이 갑자기 **끄물끄물** 흐려지다.
의미 [+모양],[+불빛],[−분명],[+반복]
제약
② 불빛 따위가 밝게 비치지 않고 자꾸 침침해지는 모양. '그물그물②'보다 센 느낌을 준다.
¶불빛이 **끄물끄물** 희미해져 가다.

끄적-끄적
의미 [+모양],[+글씨]v[+그림],[−정성],[−주의]
제약 {글씨, 그림}-{쓰다, 그리다}
글씨나 그림 따위를 자꾸 아무렇게나 막 쓰거나 그리는 모양.

끅
의미 [+소리],[+트림],[+거침]
제약
트림 따위를 거칠게 하는 소리.

끅-끅
의미 [+소리],[+트림],[+거침],[+반복]
제약
① 트림 따위를 자꾸 거칠게 하는 소리.
¶**끅끅** 딸꾹질을 삼키다./커피색으로 갈라진 목덜미에 강물을 적셔 짠 수건을 걸쳐 놓고 **끅끅** 트림을 하고 있었다.≪최인호, 미개인≫
의미 [+소리],[+울음]v[+웃음],[+목],[+장

애],[+연속]
제약
② 흐느껴 울거나, 억제하며 웃을 때 잇따라 목이 메어 나는 소리.
¶그 여자가 얼마나 서러웠으면 **끅끅** 소리를 내며 흐느꼈을 것인가./노 하사는 요철이 심한 안면에 주름살을 가득 잡고 개고기에 시선을 준 채 **끅끅** 웃었다.≪홍성원, 기관차와 송아지≫

끈끈-히
의미 [+상태],[+점성],[+정도]
제약
① 끈기가 많아 끈적끈적한 상태로.
¶소나무에서 송진이 **끈끈히** 흘러내린다.
의미 [+상태],[+신체],[+땀]v[+때],[−상쾌]
제약
② 몸에 땀이 배거나 때가 끼어 기분이 산뜻하지 못한 상태로.
¶땀과 습기에 **끈끈히** 젖어 있어 가슴에 파스는 밀착되지 않았다.≪최인호, 지구인≫
의미 [+상태],[+습기],[−상쾌]
제약
③ 습기가 어느 정도 있어서 산뜻하지 못한 상태로.
¶땀내와 지린내와 습기가 구석구석마다 **끈끈히** 배어 있었다.≪이동하, 장난감 도시≫
의미 [+성질],[+질김],[−상냥]
제약
④ 성질이 검질겨서 싹싹한 맛이 없이.
¶밤에 홍선은 그 소녀의 일신상에 대하여 부대부인에게 **끈끈히** 물었다.≪김동인, 운현궁의 봄≫/이런 종류에 속하는 인간은 흔히 진드기처럼 **끈끈히** 달라붙어서 떨어질 줄을 모르는 것이다.≪한설야, 황혼≫
의미 [+관계],[+친밀],[+정도]
제약
⑤ 관계가 매우 친밀하게.
¶가족 간의 정을 **끈끈히** 느끼다.

끈덕-끈덕
의미 [+모양],[+물체],[+요동],[+가로],[−정도],[+반복]

제약 { }-{흔들리다}

큰 물체가 가로로 조금씩 자꾸 흔들리는 모양. '근덕근덕'보다 센 느낌을 준다.

끈떡-끈떡

의미 [+모양],[+물체],[+요동],[+가로],[−정도],[+반복]

제약 { }-{흔들리다}

큰 물체가 둔하게 가로로 조금씩 자꾸 흔들리는 모양. '근덕근덕'보다 아주 센 느낌을 준다.

끈적-끈적

의미 [+모양],[+점성],[+부착],[+반복]

제약 { }-{붙다}

① 끈끈하여 자꾸 척척 들러붙는 모양.

¶엿이 녹아 손에 **끈적끈적** 달라붙는다./횡횡 내지르는 갯바람 속에 오늘따라 써늘한 간기가 **끈적끈적** 배었다.≪천승세, 낙월도≫

의미 [+모양],[+성질],[+인내],[+고집],[+반복]

제약

② 성질이 끈끈하여 자꾸 검질기게 구는 모양.

¶기생은 할망정 **끈적끈적** 눌어붙기에는 자존심이 너무 강하여, 그의 정분은 언제나 선명한 막이 내리듯 끝났다.≪한무숙, 유수암≫

끈질-끈질

의미 [+모양],[+끈기],[+질김],[+정도]

제약

매우 끈기 있게 검질긴 모양.

끈-히

의미 [+끈기],[+질김]

제약

질기도록 끈기 있게.

¶끈히 버티어 나가다./이방이 소견이 좁지 아니하여 첩이 부정한 짓 한 것쯤 용서하고 덮어둘 만도 하건만 분하고 패씸한 생각이 **끈히** 속에 있어서 첩을 대할 때 자연 눈치가 좋지 못하였다.≪홍명희, 임꺽정≫

끊임없-이

의미 [+연속],[+지속],[−절단]

제약

계속하거나 이어져 있던 것이 끊이지 아니하게.

¶목표 달성을 위해 **끊임없이** 노력하다./계절은 **끊임없이** 되풀이된다./아내는 하루 종일 **끊임없이** 잔소리를 했다./밤새도록 공사장의 망치 소리가 **끊임없이** 들려 왔다./작은 사고가 **끊임없이** 일어났다./문제점이 **끊임없이** 제기되었다.

끌

의미 [+소리],[+비등]v[+트림]

제약 { }-{끓다, 거리다}

'끄르륵'의 준말. 무엇이 끓거나 트림하는 소리.

끌꺽

의미 [+소리],[−소화],[+트림]

제약

먹은 것이 잘 내리지 아니하여 트림이 나오는 소리.

¶점심으로 먹은 국수가 소화가 잘 안 되는지 트림하는 소리가 **끌꺽** 난다.

끌꺽-끌꺽

의미 [+소리],[−소화],[+트림],[+연속]

제약

먹은 것이 잘 내리지 아니하여 트림이 잇따라 나오는 소리.

끌끌01

의미 [+소리],[+혀],[+불만]

제약 {혀}-{차다, 거리다}

마음에 마땅찮아 혀를 차는 소리.

¶기가 막혀 혀를 **끌끌** 차다./남편의 말을 들으며 신 여사가 어이없다는 듯 혀를 **끌끌** 찼다.≪유기성, 삼신각≫

끌끌02

의미 [+소리],[+비등]v[+트림],[+반복]

제약 { }-{끓다, 거리다}

'끄르륵끄르륵'의 준말. 무엇이 자꾸 끓거나 심하게 트림하는 소리.

끌끌-히

의미 [+마음],[+정당],[+청결]

제약

맑고 바르고 깨끗한 마음으로.

끌끔-히

의미 [+모양]v[+생김새],[−결점],[+청결]

제약

① 모양이나 생김새 따위가 미끈하고 끌밋하게.

의미 [+솜씨],[+단단],[+정성]

제약

② 솜씨가 여물고 알뜰하게.

끌쩍-끌쩍

의미 [+모양],[+진집],[+마찰],[+반복]

제약 { }-{긁다}

자꾸 긁어서 뜯거나 진집을 내는 모양.

¶고기비늘을 칼로 끌쩍끌쩍 긁다.

끔벅

의미 [+모양],[+불빛]v[+별빛],[+점멸],[+순간]

제약 {불빛, 별빛}-{빛나다}

① 큰 불빛이나 별빛 따위가 갑자기 어두워졌다 밝아지는 모양. 또는 밝아졌다 어두워지는 모양.

의미 [+모양],[+눈],[±감음],[+순간]

제약 {눈}-{ }

② 큰 눈이 갑자기 잠깐 감겼다 뜨이는 모양.

¶어머니를 향하여 눈물 글썽한 눈을 끔벅 한 번 감아 보이고, 그리고 북쪽을 손가락질하여….≪계용묵, 백치 아다다≫

끔벅-끔벅

의미 [+모양],[+불빛]v[+별빛],[+점멸],[+순간],[+반복]

제약 {불빛, 별빛}-{빛나다}

① 큰 불빛이나 별빛 따위가 자꾸 갑자기 어두워졌다 밝아졌다 하는 모양.

¶촛불이 바람에 끔벅끔벅 춤을 춘다.

의미 [+모양],[+눈],[±감음],[+순간],[+반복]

제약 {눈}-{ }

② 큰 눈이 자꾸 잠깐씩 감겼다 뜨였다 하는 모양.

¶끔벅끔벅 움직이는 눈에 겁이 잔뜩 실려 있다.

≪박경리, 토지≫

끔뻑

의미 [+모양],[+불빛]v[+별빛],[+점멸],[+순간]

제약 {불빛, 별빛}-{빛나다}

① 큰 불빛이나 별빛 따위가 갑자기 어두워졌다 밝아지는 모양. 또는 밝아졌다 어두워지는 모양. '끔벅①'보다 센 느낌을 준다.

의미 [+모양],[+눈],[±감음],[+순간]

제약 {눈}-{ }

② 큰 눈이 갑자기 잠깐 감겼다 뜨이는 모양. '끔벅②'보다 센 느낌을 준다.

끔뻑-끔뻑

의미 [+모양],[+불빛]v[+별빛],[+점멸],[+순간],[+반복]

제약 {불빛, 별빛}-{빛나다}

① 큰 불빛이나 별빛 따위가 자꾸 갑자기 어두워졌다 밝아졌다 하는 모양. '끔벅끔벅①'보다 센 느낌을 준다.

의미 [+모양],[+눈],[±감음],[+순간],[+반복]

제약 {눈}-{ }

② 큰 눈이 자꾸 잠깐씩 감겼다 뜨였다 하는 모양. '끔벅끔벅②'보다 센 느낌을 준다.

끔적

의미 [+모양],[+눈],[±감음],[-정도]

제약 {눈}-{ }

큰 눈이 슬쩍 감겼다 뜨이는 모양.

¶눈짓으로 끔적 신호를 보내다.

끔적-끔적

의미 [+모양],[+눈],[±감음],[-정도],[+반복]

제약 {눈}-{ }

큰 눈이 자꾸 슬쩍 감겼다 뜨였다 하는 모양.

끔쩍01

의미 [+모양],[+눈],[±감음],[-정도]

제약 {눈}-{ }

큰 눈이 슬쩍 감겼다 뜨이는 모양. '끔적'보다 센 느낌을 준다.

끔쩍02

의미 [+모양],[+경악],[+순간]

제약 { }-{놀라다}

급자기 놀라는 모양.

끔쩍-끔쩍01

의미 [+모양],[+눈],[±감음],[-정도],[+반복]

제약 {눈}-{ }

큰 눈이 자꾸 슬쩍 감겼다 뜨였다 하는 모양. '끔적끔적'보다 센 느낌을 준다.

끔쩍-끔쩍02

의미 [+모양],[+경악],[+순간],[+반복]

제약 { }-{놀라다}

급자기 자꾸 놀라는 모양.

끔찍끔찍-이

의미 [+경악],[+참혹],[+소름],[+정도]

제약

몹시 참혹함을 느끼어 소름이 끼칠 정도로 놀랄
만하게.

끔찍스레

의미 [+경악],[+정도],[+과도]

제약

① ⇒ 끔찍스럽다①. 보기에 정도가 지나쳐 놀
랄 만한 데가 있다.

¶어머, 선생님도 원. **끔찍스레** 그렇게까지 할 게
뭐예요!≪손창섭, 잉여 인간≫

의미 [+전율],[+참혹],[+정도]

제약

② ⇒ 끔찍스럽다②. 보기에 진저리가 날 정도
로 참혹한 데가 있다.

¶속과 겉이 판이하게 행세할 수 있는 것도 양반
네들의 특권이란 말인가. 말인즉 상전을 **끔찍스**
레 섬기는 은돌이의 귀띔이 옳다.≪서기원, 조선백
자 마리아상≫/돌연 그것이 **끔찍스레** 더럽고 추악
해 보였다.

의미 [+정성]v[+성의],[+대단],[+극진],[+정도]

제약

③ ⇒ 끔찍스럽다③. 보기에 정성이나 성의가
몹시 대단하고 극진한 데가 있다.

끔찍-이

의미 [+정도],[+과도],[+경악]

제약

① 정도가 지나쳐 놀랍게.

¶그는 아내 제니를 **끔찍이** 사랑했지만…

의미 [+전율],[+참혹],[+정도]

제약

② 진저리가 날 정도로 참혹하게.

¶흐느적흐느적 살기에도 **끔찍이** 외로운 세상이
야.

의미 [+정성]v[+성의],[+대단],[+극진],[+정
도]

제약

③ 정성이나 성의가 몹시 대단하고 극진하게.

¶선생님은 나를 **끔찍이** 귀여워하셨다./가족을
끔직이 사랑하면서, 그러나 항상 자신이 하는
일 편에 서서 가족이 남의 눈에 두드러지는 것
을 싫어했고….≪박경리, 토지≫

끙

의미 [+소리],[+투병]v[-감당],[+정도]

제약 { }-{앓다}

몹시 앓거나 힘에 겨운 일에 부대껴서 내는 소리.

¶**끙**, 앓는 소리를 하며 윤 생원은 벌렁 다시 자
리에 드러누웠다.≪하근찬, 야호≫/나는 두세 번
끙끙댄 뒤에야 **끙** 하고 간신히 몸을 일으켜 앉
았다.

끙-끙

의미 [+소리],[+투병]v[-감당],[+정도],[+반
복]

제약 { }-{앓다}

몹시 앓거나 힘에 겨운 일에 부대껴서 자꾸 내
는 소리.

¶**끙끙** 앓다./그냥 **끙끙** 신음만 내며 참고 있다./
그녀는 여태껏 한집에 살면서 불편한 게 한두
가지가 아니었지만 차마 내색은 못하고 마음만
끙끙 앓아 왔던 터였다.≪문순태, 타오르는 강≫

끝끝-내

의미 [+한도],[+지속]

제약

① (주로 부정을 나타내는 말과 함께 쓰여) '끝
내①'를 강조하여 이르는 말. 끝까지 내내.

¶**끝끝내** 대꾸가 없다./**끝끝내** 듣지 않다./**끝끝내**
반대하다./그녀는 아버지가 주는 돈을 **끝끝내** 사
양했다./그는 돈을 빌려 달라는 나의 간곡한 부
탁을 **끝끝내** 거절했다./욕지거리를 하는 것이 적
이 마음에 불쾌는 하였지만 그렇지 않다고 **끝끝**
내 고집을 세워서 그의 비위를 거스를 수도 없
었다.≪현진건, 무영탑≫

의미 [+결과]

제약

② '끝내②'를 강조하여 이르는 말. 끝에 가서
드디어.

¶감옥이냐, 베트남이냐 두 길밖에 없었다. 나는
여길 선택했어. **끝끝내** 감옥으로 가 버린 친구들

도 있다.≪황석영, 무기의 그늘≫

끝-내

의미 [＋한도],[＋지속]

제약

① (주로 부정을 나타내는 말과 함께 쓰여) 끝까지 내내. ≒종내①·종시02①.

¶끝내 거부하다./범인은 끝내 입을 열지 않았다./그는 자기를 도와준 사람이 누군지 끝내 알 수 없었다./경찰은 사건의 실마리를 끝내 찾지 못했다.

의미 [＋결과]

제약

② 끝에 가서 드디어. ≒종내②·종시02②.

¶소망을 끝내 이루다./우승하려던 우리의 꿈은 끝내 무산되고 말았다./그는 중상을 입어 수술을 받았으나 끝내는 숨지고 말았다./여러분이 아무리 짓밟고 때려부숴도 이 일은 몇 번이고 다시 시작합니다. 그리고 끝내는 일을 이루어 내고 맙니다.≪이청준, 당신들의 천국≫

끝없-이

의미 [－종료],[－제한]

제약

끝나는 데가 없거나 제한이 없이.

¶같은 말을 끝없이 되풀이하다./산맥이 끝없이 이어지다./우주는 끝없이 넓다./뒷산에 오르자 숲에 가리어 횃불도 정든 집도 보이지 않고 어둠과 험한 산길만이 끝없이 계속되었던 것이다. ≪한무숙, 만남≫

끼깅

의미 [＋소리],[＋개],[＋고통]v[＋공포],[＋겨우]

제약 {개}-{짖다}

개가 아프거나 무서워서 간신히 지르는 소리.

끼깅-끼깅

의미 [＋소리],[＋개],[＋고통]v[＋공포],[＋겨우],[＋반복]

제약 {개}-{짖다}

개가 아프거나 무서워서 간신히 자꾸 지르는 소리.

끼끗-이

의미 [＋생기],[＋청결]

제약

① 생기가 있고 깨끗하게.

¶밋밋하게 끼끗이 차리고 떡 버티고 나가는 종일이가 부럽다는 것인지?≪염상섭, 흑백≫

의미 [＋생기],[＋길이]

제약

② 싱싱하고 길차게.

끼루룩

의미 [＋소리],[＋기러기]v[＋갈매기],[＋길이]

제약 {기러기, 갈매기}-{울다}

기러기나 갈매기 따위의 새가 길게 우는 소리.

끼루룩-끼루룩

의미 [＋소리],[＋기러기]v[＋갈매기],[＋길이],[＋반복]

제약 {기러기, 갈매기}-{울다}

기러기나 갈매기 따위의 새가 길게 자꾸 우는 소리.

끼룩01

의미 [＋소리],[＋기러기]v[＋갈매기]

제약 {기러기, 갈매기}-{울다}

기러기나 갈매기 따위의 새가 우는 소리.

¶"끼룩 끼룩." 웬일인지 바다 위로 갈매기들이 하얗게 모여들고 있었다.

끼룩02

의미 [＋모양],[＋목],[＋돌출],[＋관찰]v[＋삼킴]

제약

무엇을 내다보거나 목구멍에 걸린 것을 삼키려고 목을 길게 빼어 앞으로 내미는 모양.

끼룩-끼루룩

의미 [＋소리],[＋기러기]v[＋갈매기],[－길이],[＋길이]

제약 {기러기, 갈매기}-{울다}

기러기나 갈매기 따위의 새가 짧게 한 번 울고 이어서 길게 또 한 번 우는 소리.

¶어두운 하늘에 끼룩끼루룩 갈매기 소리가 우울하게 들렸다.

끼룩-끼룩01

의미 [＋소리],[＋기러기]v[＋갈매기],[＋반복]

제약 {기러기, 갈매기}-{울다}

기러기나 갈매기 따위의 새가 자꾸 우는 소리.

¶"끼룩끼룩." 갈매기 한 마리가 손에 잡힐 듯이 낮게 내려와

끼룩-끼룩⁰²

의미 [+모양],[+목],[+돌출],[+관찰]v[+삼킴],[+반복]

제약

무엇을 내다보거나 목구멍에 걸린 것을 삼키려고 목을 길게 빼어 앞으로 자꾸 내미는 모양.

끼리-끼리

의미 [+다수],[+무리],[+분리]

제약

여럿이 무리를 지어 따로따로.

¶끼리끼리 모이다./끼리끼리 어울려 다니다./끼리끼리 만나다./끼리끼리 통하는 아이들이 노는 데 끼었다가 그만 소외당하고 말았다./개중에는 내 쪽을 힐끔힐끔 쳐다보며 경계심 비슷한 눈초리를 보내는 축도 있었으나 대부분은 서로 끼리끼리 모여 무슨 이야기에 몰두하고 있는 모습들이었다.≪윤후명, 별보다 멀리≫

끼우듬-히

의미 [+경사],[-정도]

제약 { }-{기울다}

조금 기운 듯하게. '기우듬히'보다 센 느낌을 준다.

끼우뚱

의미 [+모양],[+물체],[+경사],[-정도]

제약 { }-{기울어지다, 거리다, 대다}

물체가 한쪽으로 약간 기울어지는 모양. '기우뚱'보다 센 느낌을 준다.

끼우뚱-끼우뚱

의미 [+모양],[+물체],[+경사],[+운동],[+반복]

제약 { }-{흔들리다}

물체가 자꾸 이쪽저쪽으로 기울어지며 흔들리는 모양.

¶그 조그만 배는 바다의 잔물결에도 기우뚱기우뚱 흔들렸다./기우뚱기우뚱 중심을 못 잡던 여삼은 그만 한순간에 왼손에 들고 있던 볏섬을 놓치고 말았다.≪유현종, 들불≫/여자가 따귀라도 얻어맞은 듯 발끈 상기하더니 수남이를 안고 기우뚱기우뚱 계단을 오르기 시작했다.≪박완서, 도시의 흉년≫

끼우스름-히

의미 [+경사],[-정도]

제약

조금 기울어진 듯이. '기우스름히'보다 센 느낌을 준다.

끼웃

의미 [+모양],[+고개]v[+신체],[+경사],[+관찰]

제약 { }-{기울어지다, 거리다, 대다}

무엇을 보려고 고개나 몸 따위가 한쪽으로 조금 기울어지는 모양. '기웃'보다 센 느낌을 준다. ≒끼웃이

끼웃-끼웃

의미 [+모양],[+고개]v[+신체],[+경사],[+관찰],[+반복]

제약 { }-{기울어지다, 거리다, 대다}

① 무엇을 보려고 고개나 몸 따위가 이쪽저쪽으로 자꾸 조금씩 기울어지는 모양. '기웃기웃①'보다 센 느낌을 준다.

¶아이들은 처음 보는 베틀이 신기한 듯 끼웃끼웃 들여다보았다.

의미 [+모양],[+탐욕],[+반복]

제약

② 남의 것을 탐내는 마음으로 자꾸 슬금슬금 넘겨보는 모양. '기웃기웃②'보다 센 느낌을 준다.

끼웃-이

의미 [+모양],[+고개]v[+신체],[+경사],[+관찰]

제약 { }-{기울어지다, 거리다, 대다}

=끼웃. 무엇을 보려고 고개나 몸 따위가 한쪽으로 조금 기울어지는 모양.

¶윤섭이는 방문 앞을 끼웃이 들여다보다가 윤수의 신발이 없는 것을 발견하고 밖으로 뛰어나간다.≪이기영, 신개지≫

끼익

의미 [+소리],[+차량],[+정지],[+순간]

제약 {차량}-{ }

차량 따위가 갑자기 멈출 때 나는 브레이크 소리.

¶자동차가 끼익 멈추다.

끼적-끼적⁰¹

의미 [+모양],[+글씨]v[+그림],[−주의],[+반복]

제약 {글씨, 그림}−{쓰다, 그리다}

글씨나 그림 따위를 아무렇게나 자꾸 쓰거나 그리는 모양.

¶연습장에 끼적끼적 낙서를 하다.

끼적-끼적⁰²

의미 [+모양],[+음식],[+섭취],[−호감],[+정도]

제약 { }−{먹다}

매우 달갑지 않은 음식을 자꾸 마지못해 굼뜨게 먹는 모양.

끽⁰¹

의미 [+소리],[+경악]v[+충격],[+높이],[+예리]

제약 { }−{지르다}

몹시 놀라거나 충격을 받아 한껏 새되게 외마디로 지르는 소리.

끽⁰²

의미 [+겨우]

제약

'고작'을 속되게 이르는 말. 기껏 따져 보거나 헤아려 보아야. 아무리 좋고 크게 평가하려 하여도 별것 아니라는 뜻을 나타낼 때 쓴다.

¶가는 뼈 굵어 가지고 끽 남의 집 종노릇을 해?≪이무영, 농민≫/거관질로 벌어야 하루에 끽 사십 전 될까 말까 합니다.≪김유정, 아기≫

끽-끽

의미 [+소리],[+경악]v[+충격],[+높이],[+예리],[+반복]

제약 { }−{지르다}

몹시 놀라거나 충격을 받아 한껏 새되게 외마디로 자꾸 지르는 소리.

¶가끔 철망 무너진 구멍에 무작정하고 목을 틀어박았다가 잘 나오지 않아서 눈을 감고 끽끽 소리를 지르다가 가까스로 빠져나가는….≪이상, 공포의 기록≫

낄-끼리

의미 [+다수],[+무리],[+분리]

제약

'끼리끼리'의 준말. 여럿이 무리를 지어 따로따로.

낄끽-낄끽

의미 [+소리]v[+모양],[+호흡],[−인내],[+배출],[+반복]

제약

숨이 차서 목구멍이 벅찼다가 자꾸 터져 나오는 소리. 또는 그 모양.

낄낄

의미 [+소리]v[+모양],[+웃음],[+인내],[−배출]

제약 {사람}−{웃다}

웃음을 억지로 참으면서 입 속으로 웃는 소리. 또는 그 모양.

¶얼굴을 가리고 낄낄 웃다./우리는 실소하고 함께 낄낄 웃고 말았다.

낑

의미 [+소리],[+고통],[+인내],[+정도]

제약 { }−{앓다, 거리다}

몹시 아프거나 힘에 겨워 괴롭게 내는 소리.

낑낑

의미 [+소리],[+고통],[+인내],[+정도],[+반복]

제약 { }−{앓다, 거리다}

① 몹시 아프거나 힘에 겨워 괴롭게 자꾸 내는 소리.

¶낑낑 앓다./쌀가마니를 낑낑 짊어지고 가다.

의미 [+소리],[+아이],[+응석],[+요구]v[+억지]

제약 { }−{거리다}

② 어린아이가 어리광을 부리며 자꾸 조르거나 보채는 소리.

¶아기는 그에게로 오지 않으려고 벌써부터 낑낑거렸다. 그가 안자, 아기는 사지를 버둥거리면서, 제 엄마를 보고 울기 시작했다.≪한승원, 포구의 달≫

ㄴ

나겁-히

의미 [+마음],[+유약],[+소심]

제약

마음이 약하고 겁이 많게.

나근-나근

의미 [+모양],[+물건],[+운동],[+유연],[+탄력],[+반복]

제약 { }-{움직이다, 흔들리다}

가늘고 긴 물건이 보드랍고 탄력 있게 자꾸 움직이는 모양.

¶실버들 가지가 **나근나근** 바람에 흔들린다.

나굿-나굿

의미 [+모양],[+유연],[-견고],[+정도]

제약

① 매우 보드랍고 연한 모양. 늑나굿나굿이①.

의미 [+태도],[+온화],[+유연],[+정도]

제약

② 사람을 대하는 태도가 매우 상냥하고 부드러운 모양. 늑나굿나굿이②.

¶그녀는 **나굿나굿** 미소를 지으며 다가왔다./저녁에 남편이 돌아오자 새댁은 **나굿나굿** 아양을 떨면서 남편을 반겼다./이런저런 일들이 나를 끌어들이려고 **나굿나굿** 손짓하고 있었다.≪유재용, 성역≫/초례청에서부터 남편 눈에 난 시집에서 그 무슨 즐거움이 있을까만 언제나 **나굿나굿** 웃는 낯

의미 [+느낌],[+글],[+이해],[+멋]

제약 {글}-{ }

③ 글이 알기 쉽고 멋이 있는 느낌.

나굿나굿-이

의미 [+모양],[+유연],[-견고],[+정도]

제약

①=나굿나굿①. 매우 보드랍고 연한 모양.

의미 [+태도],[+온화],[+유연],[+정도]

제약

②=나굿나굿②. 사람을 대하는 태도가 매우 상냥하고 부드러운 모양.

¶사람이 **나굿나굿이** 굴어야 사랑을 받는 거야.

나굿-이

의미 [+유연],[+연함]

제약

① 보드랍고 연하게.

의미 [+태도],[+온화],[+유연]

제약

② 사람을 대하는 태도가 상냥하고 부드럽게.

¶그 소녀는 제법 어른 같은 소리를 **나굿이** 하면서 내 뒤를 따라오곤 했었다.

의미 [+소리],[+은근],[+친근]

제약

③ 소리가 은근하고 친근감이 있게.

¶**나굿이** 들려오는 피리 소리.

나날-이

의미 [+시간],[+일(日)],[+반복]

제약

① 매일매일.

¶**나날이** 라면만 먹고 살 수는 없는 일이다./의젓하고 아름다운 부인께서 댁에서 아사달님 돌아오시기를 **나날이** 기다리시는 줄 나도 알아요.≪현진건, 무영탑≫

의미 [+시간],[+일(日)],[+소량],[+반복]

제약

② 매일매일 조금씩.

¶오늘날의 세계정세는 **나날이** 변화하고 있다./
생활 환경이 **나날이** 개선되고 있다./그의 병세가
나날이 좋아졌다./사실 **나날이** 쌀값은 올라가고
물가는 고등해서 사람들은 살 수가 없었다.《안
회남, 농민의 비애》

나다분-히
의미 [+물건],[-중요],[-정리],[-판단]
제약
① 자질구레한 물건들이 어수선하게 마구 널려
있어 갈피를 잡을 수 없게.
¶아이들이 놀다 간 자리에는 물건들이 여기저기
나다분히 어질러져 있었다.
의미 [+말],[-흥미],[+소란],[+길이],[-조리]
제약
② 말이 따분하게 수다스럽고 길고 조리가 서지
아니하게.

나닥-나닥
의미 [+모양],[+조각],[-크기],[-균일],[+부
착]
제약 {천, 종이}-{꿰매다, 붙이다}
① 작은 조각으로 여기저기 고르지 아니하게 깁
거나 덧붙인 모양.
¶**나닥나닥** 기운 옷일망정 깨끗이 빨아 입어라./
산매댁은 애를 업었으나 **나닥나닥** 기운 저고리
밑으로 살이 허옇게 드러나 있었다.《송기숙, 녹두
장군》
의미 [+모양],[+물건],[-간격],[+부착]
제약 { }-{붙어 있다}
② 작은 물건 따위가 촘촘히 붙어 있는 모양.
¶우리 동네의 집들은 **나닥나닥** 붙어 있어 처음
온 사람들은 길을 헤매기 일쑤이다./남문 밖에도
가난한 사람들 집이 역시 천여 채나 바로 성채
밑에 **나닥나닥** 붙어 있었다.《송기숙, 녹두 장군》

나달-나달
의미 [+모양],[+가닥],[+다수],[-정리],[+요
동],[+반복]
제약 { }-{흔들리다}
① 여러 가닥이 조금 어지럽게 늘어져 자꾸 흔
들리는 모양.
¶남산골 샌님은 **나달나달** 낡은 갓을 쓰고도 태

연한 모습이었다.
의미 [+모양],[+말],[+건방],[-주의],[+반복]
제약 { }-{까불다, 거리다, 대다}
② 주제넘게 입을 나불거리며 자꾸 까부는 모
양.

나란-히
의미 [+상태],[+줄],[+다수],[+정리]
제약
① 여럿이 줄지어 늘어선 모양이 가지런한 상태
로.
¶줄지어 **나란히** 행진하다./둘이 **나란히** 앉았다.
의미 [+상태],[+줄],[+다수],[+평행]
제약
② 여러 줄이 평행한 상태로.
¶기찻길이 **나란히** 뻗었다./그는 싱글거리며 방
에서 나와 욕실로 들어갔다. 그리고 **나란히** 놓여
있는 자신의 비누와 경지의 멜론향 비누를 쳐다
보았다.
의미 [+다수],[+동시]
제약
③ 둘 이상이 함께.
¶달리기에서 형제가 **나란히** 1, 2위를 차지했다./
컴비와는 거꾸로다. 눈부신 국내 활약상이 무색
하게 후지쓰, LG배서 **나란히** 연속 중도 탈락해
버린 것이다.

나루-히
의미 [+말],[+수다],[+정도]
제약
말수가 많고 수다스럽게.

나른-히
의미 [-기운],[+피곤],
제약
① 맥이 풀리거나 고단하여 기운이 없이.
¶손끝도 발끝도 저리듯 **나른히** 맥이 풀려 왔다.
《오정희, 중국인 거리》
의미 [-기운],[+유연]
제약
② 힘이 없이 보드랍게.

나릿-나릿
의미 [+모양],[+동작],[-속도]

제약

① 동작이 재지 못하고 좀 느린 모양.

¶뒷집 양근댁은 금점 덕택에 남편이 사다 준 흰 고무신을 신고 **나릿나릿** 걷는 것이 무척 부러웠다.《김유정, 금 따는 콩밭》

의미 [+모양],[+구성]v[+꼬임],[+간격]

제약

② 짜임새나 꼬임새가 느슨하거나 성긴 모양.

나박-나박

의미 [+모양],[+야채],[+절단],[-두께],[+네모]

제약 { }-{썰다}

야채 따위를 납작납작 얇고 네모지게 써는 모양.

¶무를 **나박나박** 썰다.

나뱃뱃-이

의미 [+얼굴],[-크기],[+넓이],[+덕망]

제약

작은 얼굴이 나부죽하고 덕성스럽게.

¶그녀의 **나뱃뱃이** 생긴 얼굴은 보기만 해도 친근감이 든다.

나볏-이

의미 [+태도],[+몸가짐]v[+행동],[+예의],[+품위]

제약

몸가짐이나 행동이 반듯하고 의젓한 태도로.

¶**나볏이** 인사하다./**나볏이** 앉다.

나부랑납작-이

의미 [+평평],[+넓이],[-두께]

제약

평평하게 퍼진 듯이 납작하게.

나부시

의미 [+모양],[+사람],[+공손],[+인사],[+정도]

제약 {사람}-{인사하다}

① 작은 사람이 매우 공손하게 머리를 숙여 절하는 모양.

¶그녀는 손님이 오자 서늘한 대청으로 술상을 차려 내고 술상 옆에 따라 나와서 **나부시** 인사를 드렸다.

의미 [+모양],[+사람]v[+물체],[+하강]v[+착

석],[+침착]

제약

② 작은 사람이나 물체가 천천히 땅 쪽으로 내리거나 차분하게 앉는 모양.

¶깃털 하나가 바닥에 **나부시** 내려앉았다.

나부죽

의미 [+모양],[+포복],[-속도],[+정도]

제약 { }-{엎드리다}

납작하게 찬찬히 엎드리는 모양. 늑나부죽이02.

¶**나부죽** 절을 하다.

나부죽-이01

의미 [-크기],[+넓이],[+평평]

제약

작은 것이 좀 넓고 평평한 듯하게.

¶**나부죽이** 생긴 얼굴.

나부죽-이02

의미 [+모양],[+포복],[-속도],[+정도]

제약 { }-{엎드리다}

=나부죽01①. 납작하게 찬찬히 엎드리는 모양.

¶바닥에 **나부죽이** 엎드리다.

나불-나불01

의미 [+모양],[+물체],[+바람],[+날림],[+반복]

제약 { }-{움직이다, 흔들리다}

얇은 물체가 바람에 날리어 가볍게 자꾸 움직이는 모양.

¶촛불이 바람에 **나불나불** 흔들린다./깃발이 바람에 **나불나불** 나부낀다.

나불-나불02

의미 [+모양],[+망발],[-주의],[+반복]

제약 { }-{놀리다}

입을 가볍게 함부로 자꾸 놀리는 모양.

¶철부지 아이가 **나불나불** 입을 놀렸다./저 친구는 내 이야기라면 아무에게나 **나불나불** 다 이야기한다.

나붓-나붓

의미 [+모양],[+천]v[+종이],[+날림],[+요동],[+반복]

제약 {천, 종이}-{흔들리다, 움직이다, 거리다, 대다}

얇은 천이나 종이 따위가 자꾸 나부끼어 흔들리는 모양. 늑나붓나붓이.

¶바람에 깃발이 **나붓나붓** 움직인다.

나붓나붓-이

의미 [+모양],[+천]v[+종이],[+날림],[+요동],[+반복]

제약 {천, 종이}-{흔들리다, 움직이다, 거리다, 대다}

=나붓나붓. 얇은 천이나 종이 따위가 자꾸 나부끼어 흔들리는 모양.

나붓-이

의미 [+넓이],[-정도]

제약

조금 나부죽하게.

나삐

의미 [-불량]

제약 {사람}-{생각하다, 여기다}

좋지 않게.

¶내가 모르고 한 말이니 과히 **나삐** 듣지 마라./그렇다고 그가 태수를 **나삐** 여기느냐 하면, 그런 것도 아니다.≪채만식, 탁류≫

나스르르

의미 [+모양],[+털]v[+풀],[-길이],[+간격]

제약 {털, 풀}-{ }

가늘고 보드라운 털이나 풀 따위가 짧고 성기게 나 있는 모양.

¶백일이 지나자 아기의 머리에 가는 털이 **나스르르** 돋았다.

나슨-히

의미 [+상태],[+끈]v[+줄],[+이완]

제약 {끈, 줄}-{매다, 늘어지다}

① 잡아맨 끈이나 줄 따위가 늘어져 좀 헐거운 상태로.

¶팽팽하던 밧줄이 **나슨히** 늘어져 있었다.

의미 [+상태],[+나사],[+이완]

제약 {나사}-{ }

② 나사 따위가 좀 헐겁게 죄어진 상태로.

의미 [+마음],[-긴장],[+이완]

제약

③ 마음이 좀 풀어져 긴장됨이 없이.

¶그들은 너무 졸려 침대에 **나슨히** 드러누웠다.

나슬-나슬

의미 [+모양],[+털]v[+풀],[+유연],[+간격]

제약 {털, 풀}-{ }

가늘고 짧은 털이나 풀 따위가 보드랍고 성긴 모양. 늑나슬나슬히.

¶떨어진 씨앗에서 생겨난 전나무 어린 묘목들이 **나슬나슬** 자라나고 있다.≪유치환, 나는 고독하지 않다≫

나슬나슬-히

의미 [+모양],[+털]v[+풀],[+유연],[+간격]

제약 {털, 풀}-{ }

=나슬나슬. 가늘고 짧은 털이나 풀 따위가 보드랍고 성긴 모양.

나아-가서

의미 [+진행],[+확장]

제약

거기에만 머무르지 아니하고, 앞에서 이야기한 사실보다 정도가 더하여지거나 범위가 더 넓어짐을 나타낸다.

¶자기 향토를 잘 아는 것은 이웃 향토와, 나아가서 국토와 세계에 대한 이해를 높이는 데 바탕이 된다./하나님의 뜻대로 사는 일은 진심으로 하나님을 사랑하고, 인간을 사랑하고 더 나아가서는 원수까지라도 사랑하는 일이라 했다.≪손창섭, 육체추≫

나약-히

의미 [+의지],[+나약]

제약

굳세지 못한 의지로.

나우

의미 [+다량],[+정도]

제약

① 조금 많이.

¶그들이 이리에서 일 차로 걸치고 온 막걸리 때문에 이 차에 입도 대기 전에 벌써 **나우** 취해 있었다.≪윤흥길, 완장≫/경후보다는 품값을 돈 십 전이나 **나우** 더 받았다.≪이기영, 신개지≫

의미 [+정도],[-높이]

제약

② 정도가 조금 낮게.

¶나우 접대하다.

나울-나울

의미 [+모양],[+물결]v[+천]v[+나뭇잎],[+운동],[+유연],[−속도],[+반복]

제약 {물결, 천, 나뭇잎}−{움직이다, 흔들리다}

① 물결이나 늘어진 천, 나뭇잎 따위가 보드랍고 느릿하게 자꾸 굽이져 움직이는 모양.

¶커튼이 바람에 나울나울 흔들린다./창백한 가오리연은 희고 긴 꼬리를 나울나울 흔들며….≪최명희, 혼불≫

의미 [+모양],[+팔]v[+날개],[+상하],[+운동],[+유연],[+반복]

제약 {팔, 날개}−{움직이다, 흔들리다, 춤추다}

② 팔이나 날개 따위를 활짝 펴고 위아래로 보드랍게 자꾸 움직이는 모양.

¶할아버지, 할머니들이 흥에 겨워 나울나울 어깨춤을 추셨다.

나중-판

의미 [+시간],[+경과]

제약

얼마의 시간이 지난 뒤.

¶나중판에 예전 소학교 졸업생이라는 아이를 만난 것이 생각할수록 분하고 꺼림하였다.≪염상섭, 삼대≫/조 영감네는 모의를 하여 처음에는 돈을 조금 꺼내 감추었고, 나중판에 가서는 빈 트렁크만 불에 태워 없애 버렸다.≪강신재, 그들의 행진≫

나지리

의미 [+품격]v[+능력],[+비교],[+미흡]

제약 { }−{보다, 여기다}

(주로 '보다', '여기다' 따위와 함께 쓰여) 자기보다 능력이나 품격이 못하게.

¶나지리 보다./나지리 여기다./처음부터 주눅이 들거나 주춤대어 나지리 보이거나 얕잡힐 순 없는 일이었으므로….≪이문구, 오자룡≫

나지막-이

의미 [+위치],[−높이]

제약

① 위치가 꽤 나직하게.

¶낯익은 소읍이 이상스러운 정적에 싸인 채 벌써 어둠살이 끼기 시작하는 겨울 하늘 아래 나지막이 웅크리고 있었다.≪이문열, 영웅시대≫/나지막이 떠서 논바닥 위로 날아오던 세 대의 헬리콥터들이 능선을 타고 기어오르기 시작하더니….≪안정효, 하얀 전쟁≫

의미 [+소리],[−높이]

제약

② 소리가 꽤 나직하게.

¶나지막이 중얼거리다./나지막이 이야기하다./남이 듣지 못할 만큼 나지막이, 천천히 휘파람을 분다.≪안정효, 하얀 전쟁≫

나직-나직

의미 [+위치],[+전부],[−높이],[+정도]

제약

① 위치가 다 꽤 낮은 모양. 늑나직나직이①.

¶골목에 집들이 나직나직 들어서 있다.

의미 [+소리],[+전부],[−높이],[+정도]

제약

② 소리가 다 꽤 낮은 모양. 늑나직나직이②.

¶형과 친구들은 무슨 일을 꾸미는지 방 안에선 뜻을 알 수 없는 소리만 나직나직 들린다./서림이가 나직나직 말하는데 말소리는 약하나 말하는 것은 똑똑하였다.≪홍명희, 임꺽정≫

나직나직-이

의미 [+위치],[+전부],[−높이],[+정도]

제약

①=나직나직①. 위치가 다 꽤 낮은 모양.

¶나직나직이 드리운 커튼.

의미 [+소리],[+전부],[−높이],[+정도]

제약

②=나직나직②. 소리가 다 꽤 낮은 모양.

¶옆방에서 나직나직이 오가는 이야기에 귀를 곤두세웠다

나직-이

의미 [+위치],[−높이],[+정도]

제약

① 위치가 꽤 낮게.

¶새가 나직이 날아가다./초아흐레 쪽달이 명주올로 겨우 잡아맨 듯 기우뚱 나직이 걸렸다.≪천승세, 낙월도≫

의미 [+소리],[-높이],[+정도]

제약

② 소리가 꽤 낮게.

¶나직이 속삭이다./그의 한숨 소리가 나직이 새어 나왔다./어디선가 한 시를 알리는 시계 소리가 나직이 들려왔다.≪김승옥, 무진 기행≫

나탈-나탈

의미 [+모양],[+가닥],[+다수],[-정리],[+요동],[+반복]

제약 { }-{흔들리다}

① 여러 가닥이 좀 어지럽게 늘어져 자꾸 흔들리는 모양. '나달나달①'보다 거센 느낌을 준다.

¶널어놓은 기저귀가 나탈나탈 흔들리는 게 꼭 흰 깃발이 펄럭이는 모습 같다.

의미 [+모양],[+말],[+건방],[-주의],[+반복]

제약 { }-{까불다, 거리다, 대다}

② 주제넘게 입을 나불거리며 자꾸 까부는 모양. '나달나달②'보다 거센 느낌을 준다.

¶술에 취해서 나탈나탈 소란스럽게 군다.

나팔-나팔

의미 [+모양],[+천]v[+종이],[+날림],[+속도],[+경쾌],[+반복]

제약 {천, 종이}-{흔들리다, 거리다, 대다}

작은 천 조각이나 종이 따위가 빠르고 가볍게 자꾸 나부끼는 모양.

¶바람에 국기가 나팔나팔 흔들린다.

나푼

의미 [+물건],[+날림],[+요동],[+경쾌]

제약 {천, 종이}-{흔들리다, 거리다, 대다}

① 얇고 넓은 물건이 가볍게 한 번 날리어 흔들리는 모양.

의미 [+모양],[+운동],[+하강],[+경쾌]

제약 { }-{움직이다}

② 가볍게 나부시 움직이는 모양.

나푼-나푼

의미 [+물건],[+날림],[+요동],[+경쾌],[+반복]

제약 {천, 종이}-{흔들리다, 거리다, 대다}

① 얇고 넓은 물건이 가볍게 자꾸 날리어 흔들리는 모양. 늑나푼나푼히①.

의미 [+모양],[+운동],[+하강],[+경쾌],[+반복]

제약 { }-{움직이다}

② 가볍게 나부시 자꾸 움직이는 모양. 늑나푼나푼히②.

¶발레리나가 나비처럼 나푼나푼 춤을 춘다.

나푼나푼-히

의미 [+물건],[+날림],[+요동],[+경쾌],[+반복]

제약 {천, 종이}-{흔들리다, 거리다, 대다}

①=나푼나푼①. 얇고 넓은 물건이 가볍게 자꾸 날리어 흔들리는 모양.

의미 [+모양],[+운동],[+하강],[+경쾌],[+반복]

제약 { }-{움직이다}

②=나푼나푼②. 가볍게 나부시 자꾸 움직이는 모양.

나풀-나풀

의미 [+물체],[+날림],[+경쾌],[+반복]

제약 {천, 종이}-{흔들리다}

얇은 물체가 바람에 날리어 자꾸 가볍게 움직이는 모양. '나불나불01'보다 거센 느낌을 준다.

¶나풀나풀 까만 머리칼을 날리며 어린아이들이 놀고 있었다./황금빛 은행잎이 나풀나풀 못물 위에 떨어지고 있다.≪김사량, 낙조≫

나풋-나풋

의미 [+모양],[-크기],[+운동],[+경쾌],[+민첩],[+반복]

제약 { }-{움직이다}

작은 것이 자꾸 가볍고 날렵하게 움직이는 모양.

낙낙-히

의미 [+크기]v[+수효]v[+부피],[+크기]v[+여유]

제약

크기, 수효, 부피 따위가 조금 크거나 남음이 있는 정도로.

¶손님이 많이 오실 것 같으니 음식을 좀 낙낙히 준비해라.

낙락-히

의미 [+상태],[+소나무],[+가지],[+낙락]

제약 {가지}-{늘어지다}

① 큰 소나무의 가지 따위가 아래로 축축 늘어진 상태로.

¶봄비 맞은 버들가지 낙락히도 늘어졌다!

의미 [+상태],[+간격]

제약

② 여기저기 떨어진 상태로.

의미 [+사람],[-조화]

제약

③ 남과 서로 어울리지 않게.

의미 [+대범],[-구속]

제약

④ 작은 일에 얽매이지 않고 대범하게.

낙역부절-히

의미 [+왕래],[+소식],[+유지]

제약

왕래가 잦아 소식이 끊임이 없이.

난감-히

의미 [+처지],[+곤란],[+정도]

제약

① 이렇게 하기도 저렇게 하기도 어려워 매우 딱한 처지로.

의미 [+해결],[+곤란]

제약

② 맞부딪쳐 견디어 내거나 해결하기가 어렵게.

난데없-이

의미 [+출현],[+순간],[-예상]

제약 { }-{나타나다, 모여들다}

갑자기 불쑥 나타나 어디서 왔는지 알 수 없게.

¶난데없이 나타나다./난데없이 모여들다./싸움에서 제삼자가 난데없이 끼어들 때는 까닭 없는 울화가 치미는 법이다./다리를 지날 때 후끈한 바람결에 난데없이 노랫소리가 흘러왔다.≪하근찬, 흰 종이 수염≫

난딱

의미 [+순간],[+속도]

제약

냉큼 딱.

¶난딱 일어서다./난딱 들어서 던지다./울음을 난딱 그치다./어른들이 말씀하시는데 난딱 나서서

참견하면 안 된다.

난만-히

의미 [+꽃],[+개화],[+화려]

제약 {꽃}-{피다}

① 꽃이 활짝 많이 피어 화려하게.

¶봄꽃이 난만히 피어 있다.

의미 [+광채],[+강렬],[+선명]

제약 {빛}-{쏟아지다, 비치다}

② 광채가 강하고 선명하게.

¶난만히 쏟아지는 찬란한 빛.

의미 [+의견],[+교류],[+충분]

제약 {의견}-{논하다, 의논하다}

③ 주고받는 의견이 충분히 많게.

¶열흘 동안 기다리자니 급한 일이 생겨도 그동안 까맣게 모르고 있을 모양이라 난만히 서로 의논들 한 끝에 막봉이네 집과 연사간인 작은손가를 보내 보자고 작정하여서….≪홍명희, 임꺽정≫

난분분-히

의미 [+눈]v[+꽃잎],[+난비],[+혼란]

제약 {눈, 꽃}-{흩날리다}

눈이나 꽃잎 따위가 흩날리어 어지럽게.

난삽-히

의미 [+글]v[+말],[-원활],[+난해]

제약 {글, 말}-{쓰이다}

글이나 말이 매끄럽지 못하면서 어렵고 까다롭게.

¶난삽히 쓰인 글.

난-생

의미 [+탄생],[+지금]

제약

세상에 태어나서 이제까지.

¶남편이 떠나면서 잠마저 가져간 듯, 난생 겪어 보지 못한 잠 안 오는 밤이 이따금 그를 찾게 되었다.≪현진건, 무영탑≫/그 노인 특유의 어눌한 음성에서 한복은 난생 본 일이 없는 조부를 생각한다.≪박경리, 토지≫

난생-처음

의미 [+경험],[+처음]

제약

세상에 태어나서 첫 번째.

¶난생처음으로 보고 들은 일./박물관에 난생처음
와 보다./이처럼 희한한 구경은 난생처음입니
다./금이야 옥이야 자라난 그는 난생처음으로 그
뜻대로 안되는 일도 있는 줄 알았다.≪현진건, 무
영탑≫

난안-히

의미 [+마음],[+곤란],[-안정]

제약

마음 놓기가 어렵게.

난연-히01

의미 [+얼굴],[+수치],[+빨강]

제약

수줍어서 붉은 낯빛으로.

난연-히02

의미 [+상태],[+빛],[+밝음]

제약 { }-{빛나다}

① 밝게 빛나는 상태로.

의미 [+미려],[+정도]

제약

② 눈부시게 아름답게.

난작-난작

의미 [+모양],[+물체],[-힘],[-탄력]v[-견
고],[+반복]

제약 { }-{처지다, 물러지다}

물체가 자꾸 힘없이 축 처지거나 조금 물러지는
모양.

¶시집올 때 해 가지고 온 이불 홑청이 난작난작
칼로 그어 놓은 듯 찢어진 모양을 보니 세월이
참 빠르다는 것을 알겠다.

난잡-히

의미 [+행동],[-예의],[-질서]

제약 {사람}-{행동하다}

① 행동이 막되고 문란하게.

¶너한테 난잡히 구는 녀석들은 내가 가만두지
않겠다.

의미 [+사물][+배치]v[+사람][+차림새],[+복
잡],[-질서]

제약

② 사물의 배치나 사람의 차림새 따위가 어수선

하고 너저분하게.

¶장독 사이에서 왔다 갔다 하며 뭘 주워 먹는
생쥐가 있을 뿐 신발짝 하나 난잡히 놓이지 않
았다.≪김유정, 따라지≫

난중스레

의미 [+곤란],[+중요],[+정도]

제약

매우 어렵고 중대한 듯하게.

난중-히

의미 [+곤란],[+중요],[+정도]

제약

매우 어렵고 중대하게.

난지락-난지락

의미 [+모양],[+물체],[-힘],[-탄력]v[-견
고],[+반복]

제약 { }-{처지다, 물러지다}

① 물체가 심하게 물크러질 정도로 자꾸 힘없이
축 처지거나 조금 물러지는 모양.

¶난지락난지락 삶은 호박에 찹쌀을 갈아 붓고
콩과 팥을 넣으면 호박죽이 된다.

의미 [+모양],[+말]v[+행동],[-속도]

제약

② 말이나 행동 따위를 매우 굼뜨고 느리게 하
는 모양.

난질-난질

의미 [+모양],[+물체],[-힘],[-탄력]v[-견
고],[+반복]

제약 { }-{처지다, 물러지다}

물체가 물크러질 정도로 자꾸 힘없이 축 처지거
나 조금 물러지는 모양

난처-히

의미 [+처신],[+곤란]

제약

이럴 수도 없고 저럴 수도 없어 처신하기 곤란
하게.

난폭-히

의미 [+행동],[+거침],[+포악]

제약 { }-{굴다}

몹시 거칠고 사나운 행동으로.

날렵-히

의미 [+속도],[+민첩]

제약 { }-{움직이다}

① 재빠르고 날래게.

¶장익의 통쾌한 주먹이 오르기 직전 그 사내의 오버 호주머니 속에 있던 고양이가 맹수같이 날렵히 몸을 날려 장익의 얼굴에 엉켜 붙었고, 뒤이어 장익의 비명이 터졌다.≪김원일, 어둠의 축제≫

의미 [+유연],[+자태]

제약

② 매끈하고 맵시가 있게.

날-로⁰¹

의미 [+시간],[+경과]

제약

날이 갈수록.

¶날로 심해지는 교통난./사업이 날로 번창하다./대기 오염 상태가 날로 악화되고 있다.

날-로⁰²

의미 [-익힘]v[-건조]v[-조리]

제약 { }-{먹다}

=생으로①. 익거나 마르거나 삶지 아니한 날것 그대로.

¶생선을 날로 먹다./배가 출출해지면 무엇이든지 갯물에 헹구어 날로 먹어 치우곤 했었지.≪이문구, 해벽≫

날로-달로

의미 [+날],[+달],[+진행]

제약

날이 가고 달이 갈수록.

¶날로달로 늘고 쌓이는 마음의 고민은 참으로 억제할 길 없었다.≪변영로, 명정 40년≫

날름

의미 [+모양],[+혀]v[+손],[+운동],[±돌출],[+속도]

제약 {혀, 손}-{내밀다}

① 혀, 손 따위를 날쌔게 내밀었다 들이는 모양.

¶그녀는 쑥스러울 때면 혀를 날름 내미는 버릇이 있다./분홍색 혀를 내밀더니 솜사탕 한 가닥을 입속으로 날름 거두어들였다.≪김주영, 이장 동화≫

의미 [+모양],[+수령],[+속도]

제약

② 무엇을 날쌔게 받아 가지는 모양.

¶거지는 내 손에 든 돈을 날름 가져갔다./가게 주인 몰래 사탕 한 알을 주머니에 날름 집어넣었다.

의미 [+모양],[+불길],[±돌출],[+속도]

제약 {불길}-{ }

③ 불길이 밖으로 날쌔게 나왔다 들어가는 모양.

의미 [+모양],[+운동],[+속도]

제약 { }-{움직이다}

④ 날쌔게 움직이는 모양.

¶무슨 일이냐 물어볼 새도 없게 날름 달아나 버린다.≪이태준, 농토≫/여자는 침대 위에 날름 올라가서 일본 여자처럼 두 무릎을 꿇고….≪박경리, 시장과 전장≫

날름-날름

의미 [+모양],[+혀]v[+손],[+운동],[±돌출],[+속도],[+반복]

제약 {혀, 손}-{내밀다}

① 혀, 손 따위를 날쌔게 자꾸 내밀었다 들였다 하는 모양.

¶염소란 놈은 또 뱅뱅 돌아가며, 날름날름 이파리는 물론 햇순마저도 잘도 먹어 치운다.≪김춘복, 쌈짓골≫

의미 [+모양],[+수령],[+속도],[+반복]

제약

② 무엇을 자꾸 날쌔게 받아 가지는 모양.

의미 [+모양],[+불길],[±돌출],[+속도],[+반복]

제약 {불길}-{ }

③ 불길이 밖으로 날쌔게 자꾸 나왔다 들어갔다 하는 모양.

¶뱀의 혀 같은 빨간 불길이 난로 문틈으로 날름날름 내다보인다.≪염상섭, 만세전≫

의미 [+모양],[+욕심],[+고개],[+돌출],[+규견]

제약 { }-{엿보다}

④ 남의 것을 탐내어 고개를 조금 내밀고 자꾸 엿보는 모양.

날쌍-날쌍

의미 [+모양],[+짜임새]v[+엮음새],[+전부]v
[+정도],[+간격]

제약 {천, 대나무 그릇}-{짜다}

천, 대나무 그릇 따위의 짜임새나 엮음새가 여
럿이 다 또는 매우 살핏한 모양. 늑날쌍날쌍히.
¶날쌍날쌍 짠 스웨터.

날쌍날쌍-히

의미 [+모양],[+짜임새]v[+엮음새],[+전부]v
[+정도],[+간격]

제약 {천, 대나무 그릇}-{짜다}

=날쌍날쌍. 천, 대나무 그릇 따위의 짜임새나 엮
음새가 여럿이 다 또는 매우 살핏한 모양.

날쌍-히

의미 [+짜임새]v[+엮음새],[+간격]

제약 {천, 대나무 그릇}-{짜다}

천, 대나무 그릇 따위의 짜임새나 엮음새가 살
핏하게.

날씬-날씬

의미 [+모양],[+전부]v[+정도],[+몸],[-굵
기],[+길이],[+자태]

제약

① 여럿이 다 또는 매우 몸이 가늘고 키가 좀
커서 맵시가 있는 모양.

의미 [+모양],[+전부]v[+정도],[+길이],[+유
연]

제약

② 여럿이 다 또는 매우 매끈하게 긴 모양.

날씬-히

의미 [+몸],[-굵기],[+길이],[+자태]

제약

① 몸이 가늘고 키가 좀 커서 맵시가 있게.

¶키가 날씬히 큰 열서너 살 난 소년과, 흰 얼굴
에 눈이 유난히 까만 열 살쯤 나 보이는 소녀가
나란히 앉아….≪이범선, 피해자≫

의미 [+유연],[+길이]

제약

② 매끈하고 길게.

날연-히

의미 [+피곤],[-기운]

제약

피곤하여 기운이 없게.

날짱-날짱01

의미 [+모양],[+행동],[+피곤],[+휴식],[-속
도]

제약 { }-{거리다, 대다}

나른한 태도로 쉬엄쉬엄 느리게 행동하는 모양.

날짱-날짱02

의미 [+모양],[+성질]v[+외모],[-속도],[-견
고]

제약

성질이나 됨됨이가 조금 느리고 야무지지 못한
모양.

날카로이

의미 [+선단],[+예리]

제약

① 끝이 뾰족하거나 날이 서 있게.

¶흑운모 검은 갈색 번뜩이는 편암들이 천 장 만
장 방패처럼 날카로이 둘러선, 이 승암산에다,
견훤은 동고진을 두고 동고산성을 쌓았다.≪최명
희, 혼불≫

의미 [+생각],[+속도],[+정확]

제약

② 생각하는 힘이 빠르고 정확하게.

의미 [+모양]v[+형세],[+악독]

제약

③ 매서운 모양이나 형세로.

¶세모진 얼굴의 눈매는 더욱 날카로이 독기를
뿜고 있었다.≪오상원, 모반≫

의미 [+소리]v[+냄새],[+불쾌],[+정도]

제약

④ 소리나 냄새 따위가 감각에 거슬릴 만큼 강
하게.

의미 [+반응],[+민감],[+정도]

제약

⑤ 자극에 대한 반응이 지나치게 민감하게.

¶나는 대수롭지 않은 일에도 곧 신경을 날카로
이 하였고….≪박태원, 투도≫

의미 [+선],[-굵기],[+기운]

제약

⑥ 선이 가늘고 힘 있게.

날캉-날캉

의미 [+모양],[-견고],[+이완],[-정도],[+반복]

제약 { }-{늘어지다, 거리다, 대다}

너무 물러서 조금씩 자꾸 늘어지는 모양.

날큰-날큰

의미 [+모양],[-견고],[+이완],[-정도],[+반복]

제약 { }-{늘어지다, 거리다, 대다}

물러서 자꾸 조금씩 늘어지는 모양.

날큰-히

의미 [-견고],[+이완],[-정도]

제약 { }-{늘어지다, 거리다, 대다}

① 물러서 조금씩 늘어질 듯하게.

날파람스레

의미 [+행동],[+속도],[+민첩],[+정도]

제약

날파람이 일 정도로 행동이 매우 빠르고 민첩하게.

남김-없이

의미 [+전부],[-예외]

제약

하나도 빼지 아니하고 모두 다.

¶적을 남김없이 무찌르다./배가 고팠던지 그는 있는 밥을 남김없이 먹어 치웠다.

남남-히

의미 [+소리],[+소란],[+속도],[-이해]

제약

혀를 빠르게 놀려 무슨 말인지 알아들을 수 없을 정도로 재잘거리는 소리가 요란하게.

¶제비들이…남남히 지저귀고 강남 소식을 전하면서 박씨를 떨어트린다….≪이인직, 은세계≫

남-달리

의미 [+사람],[-보통],[+상이]

제약

보통의 사람과 다르게.

¶남달리 부지런하다./남달리 총명하다./열아홉 살의 신 서방은 남달리 기골이 탄탄하면서 색시같이 살뜰하고 마음이 고왔다.≪한무숙, 만남≫

남-대되

의미 [+타인],[+전부]

제약

① 남들은 죄다.

의미 [+타인],[+동일]

제약

② 남과 같이.

남루-히

의미 [+옷],[+노후],[+차림],[-청결]

제약

옷 따위가 낡아 해지고 차림새가 너저분하게.

남-몰래

의미 [+모양],[+행위],[+은밀]

제약

어떤 행위를 남이 모르게 하는 모양.

¶남몰래 흘리는 눈물./남몰래 일을 꾸미다./남몰래 지켜보다.

남부끄러이

의미 [+수치]

제약

창피하여 남을 대하기가 부끄럽게.

남상-남상

의미 [+모양],[+가증],[+경시],[+반복]

제약 { }-{거리다, 대다}

① 좀 얄밉게 자꾸 넘어다보는 모양.

의미 [+모양],[+욕심],[+기회],[+규견],[+잔망],[+반복]

제약 {기회}-{엿보다}

② 남의 것을 탐내어 가지려고 자꾸 좀스럽게 기회를 엿보는 모양.

의미 [+모양],[+액체],[+과잉]

제약 {액체}-{담다, 거리다, 대다}

③ 액체가 그릇에 가득 차서 넘칠 듯한 모양.

¶인심 좋은 밥집 아주머니는 큰 대접에 국을 남상남상 담았다.

남세스레

의미 [+타인],[+조롱],[+비웃음]

제약

=남우세스레. 남에게 놀림과 비웃음을 받을 듯하게.

남실-남실

의미 [+모양],[+물결],[+유연],[+운동],[+반복]

제약 {물결}-{거리다, 대다}

① 물결 따위가 자꾸 보드랍게 굽이쳐 움직이는 모양.

의미 [+모양],[+유연],[+경쾌],[+운동],[+반복]

제약 { }-{춤추다, 거리다, 대다}

② 자꾸 보드랍고 가볍게 움직이는 모양.

¶트레머리는 몇 올이 풀려 번듯한 이마 위에 나부끼다가 그 호박색으로 빛나는 두어 가락은 코까지 내려와 **남실남실** 춤을 춘다.≪현진건, 적도≫

의미 [+모양],[+해],[+부상]

제약 {해}-{떠오르다, 뜨다}

③ 해 따위가 떠오르는 모양.

의미 [+모양],[+액체],[+과잉],[+정도]

제약 {액체}-{담다, 거리다, 대다}

④ 액체가 가득 차서 자꾸 넘칠 듯 말 듯 한 모양.

¶금잔에 가득히 부은 술이 **남실남실** 잔대 위로 넘쳤다.≪박종화, 다정불심≫

의미 [+모양],[+기운],[+충만],[+정도]

제약 {사람}-{거리다, 대다}

⑤ 어떤 기운이 넘쳐날 듯이 가득 어린 모양.

의미 [+모양],[+욕심],[+규견],[+은밀],[+반복]

제약 {사람}-{거리다, 대다}

⑥ 남의 것을 탐내어 자꾸 살그머니 넘겨다보는 모양.

남우세스레

의미 [+타인],[+조롱],[+비웃음]

제약

남에게 놀림과 비웃음을 받을 듯하게. 늑남세스레

남짓-이

의미 [+크기]v[+수효]v[+부피],[+과잉],[-정도]

제약

(수량을 나타내는 말 뒤에 쓰여) 크기, 수효, 부피 따위가 어느 한도에 차고 조금 남는 정도로.

¶그는 집안 사정 때문에 십 년 **남짓**이 대학을 다녔다./사회단체 등 각계각층을 망라해 50명의 대표단과 공연단 지원요원 등 100명 **남짓**이 될 것으로 보인다.≪한겨레신문≫

납신

의미 [+모양],[+상체],[+굴신],[+경쾌],[+속도]

제약 {사람}-{굽히다, 숙이다}

① 윗몸을 가볍고 빠르게 구부리는 모양.

¶방그레 웃으며 **납신** 허리를 굽힌 정순의 둥그스름한 두 뺨이 봉선화처럼 붉어졌다.≪김말봉, 찔레꽃≫

의미 [+모양],[+말],[+속도],[+경망]

제약 {사람}-{대답하다, 거리다, 대다, 놀리다}

② 입을 빠르고 경망스럽게 놀려 말하는 모양.

납신-납신

의미 [+모양],[+상체],[+굴신],[+경쾌],[+속도],[+반복]

제약 {사람}-{굽히다, 숙이다}

① 윗몸을 자꾸 가볍고 빠르게 구부리는 모양.

¶그는 어른들께 머리를 **납신납신** 숙이면서 절을 하였다.

의미 [+모양],[+말],[+속도],[+경망],[+반복]

제약 {사람}-{대답하다, 거리다, 대다}

② 입을 자꾸 빠르고 경망스럽게 놀려 말하는 모양.

¶어른들 앞에서 그렇게 **납신납신** 말대답하면 못쓴다.

납작

의미 [+모양],[+대답]v[+섭취],[+입],[+개폐],[+속도]

제약

① 말대답을 하거나 무엇을 받아먹을 때 입을 냉큼 벌렸다가 닫는 모양. 늑납작이[02]①.

¶떡을 **납작** 받아먹다.

의미 [+모양],[+신체],[+바닥],[+접촉],[+포복],[+속도]

제약 { }-{엎드리다}

② 몸을 바닥에 바짝 대고 냉큼 엎드리는 모양.

늑납작이[02]②.

¶납작 엎드리다./같이 가는 것을 나란히 세워 놓고 보면 하나는 키가 커서 우뚝하고 하나는 키가 작아서 납작 붙어 가는 것 같다.≪채만식, 레디메이드 인생≫/최두술이 섬뜩 놀라며 장총을 거머쥔 채 바위에 납작 몸을 웅크렸다.≪김원일, 불의 제전≫/우리는 철조망 이편에서 납작 엎드려 기다리고 있다.≪김승옥, 생명 연습≫

납작-납작[01]

의미 [＋모양],[＋대답]v[＋섭취],[＋입],[＋개폐],[＋속도],[＋반복]

제약

① 말대답을 하거나 무엇을 받아먹을 때 입을 냉큼냉큼 벌렸다 닫았다 하는 모양.

¶어린 녀석이 할아버지 말꼬리를 받아 채 가며 납작납작 주둥이를 놀려 댔다./강아지는 아이가 던져 주는 밥을 납작납작 맛있게 받아먹고 있다.

의미 [＋모양],[＋신체],[＋바닥],[＋접촉],[＋포복],[＋속도],[＋반복]

제약 { }-{엎드리다}

② 몸을 바닥에 바짝 대고 냉큼냉큼 엎드리는 모양.

¶앵앵앵 하고 공습경보가 나면 일을 하던 손을 놓고 모두 굴 바닥에 납작납작 엎드려 있어야 했다.≪하근찬, 수난 이대≫/그놈들이 벌써 돌팔매가 무서운 줄을 알아서 납작납작 풀 속에 엎드렸다.≪홍명희, 임꺽정≫

납작-납작[02]

의미 [＋모양],[＋전부],[＋평평],[－두께],[＋넓이]

제약

여럿이 다 판판하고 얇으면서 좀 넓은 모양. 늑납작납작이.

¶밀가루 반죽을 납작납작 밀다./어머니는 고기를 납작납작 저미며 전을 만드셨다.

납작납작-이

의미 [＋모양],[＋전부],[＋평평],[－두께],[＋넓이]

제약

=납작납작[02]. 여럿이 다 판판하고 얇으면서 좀 넓은 모양.

납작스름-히

의미 [＋평평],[－두께],[＋넓이]

제약

약간 판판하고 얇으면서 좀 넓게.

¶예쁘지는 않지만 납작스름히 생긴 얼굴이 귀엽다.

납작-이[01]

의미 [＋평평],[－두께],[＋넓이]

제약

판판하고 얇으면서 좀 넓게.

납작-이[02]

의미 [＋모양],[＋대답]v[＋섭취],[＋입],[＋개폐],[＋속도]

제약

①=납작①. 말대답을 하거나 무엇을 받아먹을 때 입을 냉큼 벌렸다가 닫는 모양.

의미 [＋모양],[＋신체],[＋바닥],[＋접촉],[＋포복],[＋속도]

제약 { }-{엎드리다}

②=납작[01]②. 몸을 바닥에 바짝 대고 냉큼 엎드리는 모양.

¶북촌 일대는 기와집 초가집 할 것 없이 새하얀 눈에 덮여 땅바닥에 납작이 얼어붙은 듯하다.≪심훈, 영원의 미소≫

납죽

의미 [＋모양],[＋대답]v[＋섭취],[＋입],[＋개폐],[＋속도]

제약

① 말대답을 하거나 무엇을 받아먹을 때 입을 나부죽하게 냉큼 벌렸다가 닫는 모양. 늑납죽이[02]①.

¶음식을 납죽 받아먹다./옆에서 얼씬거리던 개는 접시에 남은 음식을 납죽 물어 가기도 했다.

의미 [＋모양],[＋신체],[＋바닥],[＋접촉],[＋포복],[＋속도]

제약 { }-{엎드리다}

② 몸을 바닥에 나부죽하게 대고 냉큼 엎드리는 모양. 늑납죽이[02]②.

¶납죽 절을 올리다./세 놈은 정원 여기저기에 납

죽 엎드려 숨도 돌릴 겸 집 안팎의 동정을 살폈다.≪이문희, 흑맥≫

납죽-납죽[01]

의미 [+모양],[+대답]v[+섭취],[+입],[+개폐],[+속도],[+반복]

제약

① 말대답을 하거나 무엇을 받아먹을 때 입을 나부죽하게 냉큼냉큼 벌렸다 닫았다 하는 모양.

¶아기가 밥을 **납죽납죽** 잘 받아먹는다.

의미 [+모양],[+신체],[+바닥],[+접촉],[+포복],[+속도],[+반복]

제약 { }-{엎드리다}

② 몸을 바닥에 나부죽하게 대고 냉큼냉큼 엎드리는 모양.

¶엄청난 굉음에 모두 **납죽납죽** 그 자리에 엎드려 꼼짝도 하지 않았다./아이가 **납죽납죽** 절도 잘한다.

납죽-납죽[02]

의미 [+모양],[+전부],[+길이],[+넓이]

제약

여럿이 다 갈쭉하고 넓은 모양. 늑납죽납죽이.

¶무를 **납죽납죽** 썰었다./죽순이 땅속에서 **납죽납죽** 머리를 내밀고 올라왔다.

납죽납죽-이

의미 [+모양],[+전부],[+길이],[+넓이]

제약

=납죽납죽[02]. 여럿이 다 갈쭉하고 넓은 모양.

¶무를 **납죽납죽이** 썬다.

납죽스름-히

의미 [+길이],[+넓이],[−정도]

제약

약간 갈쭉하고 넓게.

납죽-이[01]

의미 [+길이],[+넓이]

제약

갈쭉하고 넓게.

납죽-이[02]

의미 [+모양],[+대답]v[+섭취],[+입],[+개폐],[+속도]

제약

① =납죽①. 말대답을 하거나 무엇을 받아먹을 때 입을 나부죽하게 냉큼 벌렸다가 닫는 모양.

의미 [+모양],[+신체],[+바닥],[+접촉],[+속도],[+포복]

제약 { }-{엎드리다}

② =납죽②. 몸을 바닥에 바짝 대고 냉큼 엎드리는 모양.

¶문오가 반 이상 담긴 맥주병을 집어 던졌기 때문에 오경배는 식탁 밑에 **납죽이** 엎드려 버린 것이다.≪최정희, 인간사≫

낫낫-이

의미 [+유연],[−견고],[+정도]

제약

① 꽤 보드랍고 무르게.

의미 [+성격],[+온화],[+정도]

제약

② 성격이 꽤 상냥하게.

낭당-히

의미 [+감당],[+곤란]

제약

당해 내기 어렵게.

낭랑-히[01]

의미 [+소리],[+청아],[+분명]

제약

① 소리가 맑고 또랑또랑하게.

¶노인은 할멈의 기뻐하던 표정과 목소리가 지금도 귀에 **낭랑히** 감도는 것 같았다.≪오유권, 대지의 학대≫/이순신 장군은 **낭랑히** 시를 읊고 다시 넓고 넓은 망망한 밤바다를 바라본다.≪박종화, 임진왜란≫

의미 [+빛],[+밝음],[+정도]

제약

② 빛이 매우 밝게.

낭랑-히[02]

의미 [+소리],[+옥],[+충돌],[+청아]

제약 {옥}-{ }

옥이 서로 부딪쳐 울리는 소리가 아주 맑게.

낭창-낭창

의미 [+모양],[+막대기]v[+줄],[+탄력],[+요동],[+반복]

제약 {막대기, 줄}-{흔들리다}

가늘고 긴 막대기나 줄 따위가 조금 탄력 있게 자꾸 흔들리는 모양.

¶대나무는 끝이 **낭창낭창** 탄력이 좋아 낚싯대로는 안성맞춤이다./장지이와의 대숲 싸움은 참으로 멋져 보였다. 쉽게 끊어지지 않고 끝까지 **낭창낭창** 휘어지는 대나무의 성질을 이용한 리무바이와 용의 야하기까지 한 '사랑놀이'는 이…≪좋은생각≫

낭패스레

의미 [+상태],[+계획],[+실패]

제약

계획한 일이 실패하거나 잘못될 듯한 상태로.

낮추

의미 [+높이],[-기준]v[-길이]

제약

① 아래에서 위까지의 높이가 기준이나 보통보다 짧게.

¶갈매기들은 떼를 지어 끼룩끼룩 울며 **낮추** 날고 있었다.≪이호철, 문≫/온 하늘을 덮은 검은 구름은 마치 머리를 누를 듯이 차차 **낮추** 내려오는 것을 어찌하랴.≪김동인, 운현궁의 봄≫

의미 [+정도]v[+지위]v[+수준],[+저급]

제약

② 정도, 지위, 수준 따위가 어떤 기준이나 상대보다 아래로.

¶스스로도 **낮추** 보이는 자신으로서는 거연히 염을 내지 못하고….≪계용묵, 백치 아다다≫

의미 [+소리]v[+압력]v[+강도],[+취약]

제약 {소리, 압력}-{ }

③ 소리나 압력, 강도 따위가 약하게.

의미 [+불량]v[-만족]

제약

④ 나쁘거나 좋지 못하게.

낮없-이

의미 [+미안],[+수치],[-당당]

제약

마음에 너무 미안하고 부끄러워 남을 대하기에 떳떳하지 않게.

낱낱-이

의미 [+전부],[+개별],[-예외]

제약

하나하나 빠짐없이 모두.

¶**낱낱이** 훑다./잘못된 것을 **낱낱이** 밝히다./자기의 죄를 **낱낱이** 고백하다./그의 죄과가 **낱낱이** 드러나다./경찰은 용의자의 일거수일투족을 **낱낱이** 감시하고 있었다./음식 종류가 하도 많아서 **낱낱이** 열거할 수가 없다./수업 내용을 하나도 빠짐없이 **낱낱이** 기록해 두어라./반성 시간에 녀석은 급우들의 잘못을 **낱낱이** 담임에게 고해바쳤다.≪박영한, 머나먼 송바 강≫

내

의미 [+시종],[+지속]

제약

=내내. 처음부터 끝까지 계속해서.

¶그 가게는 일 년 **내** 쉬는 날이 없다.

내광-쓰광

의미 [+모양],[+관계],[-화목],[+냉정]

제약

서로 사이가 좋지 아니하여 만나도 모르는 체하며 냉정하게 대하는 모양.

내나

의미 [+결말]

제약

결국에 가서는.

¶그렇게도 강하게 반대하더니 그도 **내나** 동의하고 말았다.

내남-없이

의미 [+사람],[+전부],[+동일]

제약

나와 다른 사람이나 모두 마찬가지로. 늑내남직없이.

¶재난을 맞아 **내남없이** 서로 위로하며 도왔다./설이라고…제사상에 떡국이라도 얹기 위해 **내남없이** 요긴하게 갈무리했던 쌀 됫박이나마 풀어 놓은 것이다.≪김원일, 불의 제전≫

내남직-없이

의미 [+사람],[+전부],[+동일]

제약

=내남없이. 나와 다른 사람이나 모두 마찬가

지로.

¶시험이 끝나자 내남직없이 모두들 거리로 쏟아져 나왔다./버리기는 밤중에 몰래 버렸지만 버리면 안 된다는 여론은 대낮에 들끓었고, 내남직없이 자기네는 안 버린 것처럼 시침을 떼었다. ≪박완서, 오만과 몽상≫

내-내

의미 [＋시종],[＋지속]

제약

처음부터 끝까지 계속해서. 늘내.

¶따뜻한 지역에서는 일 년 내내 농사를 지을 수 있다./하루 내내 아무것도 입에 대지 않았다./돌아오는 동안 거기서 본 아이의 모습이 내내 잊혀지지 않았다./내내 건강하시기를 빕니다.

내리

의미 [＋방향],[－위],[＋아래]

제약

① 위에서 아래로.

의미 [＋연속],[＋지속]

제약

② 잇따라 계속.

¶내리 세 시간을 기다리다./내리 삼 연승을 거두다./내리 십 년째 1위 자리를 지키고 있다./사 대를 내리 살아온 고향을 두고 어떻게 떠날 수 있겠느냐?/그들은 딸만 내리 셋을 낳았다./수갑을 차고 고개를 수그린 태식은, 며칠 내리 받은 고문 때문에 코의 테두리가 허물어져 있었다.≪최인훈, 광장≫

의미 [－배려],[－신중]

제약

③ 사정없이 마구.

¶내리 짓밟다./내리 짓누르다./상황이 위기일발 직전까지 내리 닥쳤다.

내리-내리

의미 [＋연속],[＋지속]

제약

잇따라 계속.

¶내리내리 이어 온 가문의 전통./근래에 와서는 매년 내리내리 풍년이 들었다./이 땅은 박가네가 오백 년을 내리내리 누려 내려오는 은혜로운 낙

토다.≪한설야, 탑≫

내밀-히

의미 [＋은밀]

제약

어떤 일이 겉으로 드러나지 아니하게.

¶내밀히 처리하다./그들은 한 후보에게 내밀히 지지를 약속했다./대문간의 봉쇄를 겉으로는 그 모양대로 두고 내밀히 자유로 여닫을 수 있도록 가공하고, 기름까지 쳐서 소리가 안 나도록 할 것이었다.≪김동인, 젊은 그들≫

내숭스레

의미 [＋내면],[＋음흉]

제약

겉으로는 순해 보이나 속으로는 엉큼한 데가 있게.

내일

의미 [＋내일]

제약

오늘의 바로 다음 날에.

¶오늘은 이만하고 내일 다시 시작합시다.

내지

의미 [＋범위],[＋수량]

제약

① (수량을 나타내는 말들 사이에 쓰여) ‘얼마에서 얼마까지’의 뜻을 나타내는 말.

¶열 명 내지 스무 명./천 원 내지 이천 원./백 평 내지 이백 평./비가 올 확률은 50% 내지 60%이다./하루 내지 이틀만 기다려 보아라.

의미 [＋선택]

제약

②＝또는. 그렇지 않으면.

¶이것은 산 내지 들에서만 자라는 식물이다./잉여 농산물을 중심으로 한 미국의 원조가 우리 농업의 기본 구조를 파괴시키고 경제 전반을 미국에 예속 내지 의존하게 만들었다.≪이문열, 변경≫

내처

의미 [＋상황],[＋결과],[＋정도]

제약

① 어떤 일 끝에 더 나아가. 늘내처서.

¶가는 김에 내처 집까지 바래다주었다./박복영

은 그길로 내처 서태석이한테로 갔다.≪송기숙,
암태도≫/그녀는 해가 진 지금까지 저녁은 고사
하고 점심까지 내처 굶었다.≪홍성원, 육이오≫

의미 [−변화],[＋유지]

제약

② 줄곧 한결같이.

¶같은 증세가 내처 계속되다./한 달 내처 가물
다./끙끙 앓는 소리를 내며 이틀 밤낮을 내처 잠
만 잤다.≪현기영, 변방에 우짖는 새≫

내처-서

의미 [＋상황],[＋결과],[＋정도]

제약

=내처①. 어떤 일 끝에 더 나아가.

¶본 김에 내처서 약속을 잡았다./요기를 좀 할까
하다가 형주는 그냥 내처서 차부까지 왔다.≪한
수산, 유민≫

내치락-들이치락

의미 [＋모양],[＋마음],[＋변덕]

제약

① 마음이 내켰다 내키지 않았다 하는 변덕스러
운 모양. 늑들이치락내치락①.

의미 [＋모양],[＋병세],[＋변화]

제약

② 병세가 심해졌다 수그러 들었다 하는 모양.
늑들이치락내치락②.

내치락-들치락

의미 [＋모양],[＋마음],[＋변덕]

제약

① ‘내치락들이치락①’의 준말. 마음이 내켰다
내키지 않았다 하는 변덕스러운 모양.

의미 [＋모양],[＋병세],[＋변화]

제약

② ‘내치락들이치락②’의 준말. 병세가 심해졌다
수그러 들었다 하는 모양.

내풀로

의미 [＋임의]

제약

내 마음대로.

낼

의미 [＋내일]

제약

‘내일’의 준말. 오늘의 바로 다음 날에.

¶잘 가요. 낼 봐요./낼 만나서 얘기하자.

낼-모레

의미 [＋내일],[＋다음]

제약

‘내일모레’의 준말. 내일의 다음 날에.

¶다 늙어서 낼모레 황천객이 될 이 나를 끌어다
놓고 닦달질을 해야 하겠나!≪박경리, 토지≫

냅다

의미 [＋모양],[＋속도],[＋맹렬]

제약

몹시 빠르고 세찬 모양.

¶냅다 갈기다./냅다 걷어차다./냅다 달려들다./냅
다 뛰다./냅다 집어 던지다./자초지종은 듣지도
않고 상대편을 냅다 후려쳤다./그는 산에 올라가
냅다 고함을 지른다./서광호가 악을 쓰며 책상을
홀렁 들어 그대로 계장한테 냅다 뒤집어엎어 버
렸다.≪송기숙, 암태도≫

냉담-히

의미 [＋태도]v[＋마음],[−동정],[＋냉정]

제약

① 동정심 없이 차가운 태도나 마음씨로.

¶냉담히 거절하다./나의 간절한 기대를 저버린
채 냉담히 돌아섰다.

의미 [＋태도],[−흥미]v[−관심]

제약

② 어떤 대상에 흥미나 관심을 보이지 않는 태
도로.

¶그는 그동안 정치 문제를 냉담히 대해 왔기 때
문에 토론에 참여할 수 없었다.

냉랭-히

의미 [＋온도],[＋추위],[＋정도]

제약

① 온도가 몹시 낮아서 찬 정도로.

¶갑자기 냉랭히 변한 날씨./냉랭히 식은 국을 떠
먹다.

의미 [＋태도],[＋냉정],[＋정도]

제약

② 정답지 않고 매우 찬 태도로.

¶그는 눈을 치뜨고 나를 흘어보더니 **냉랭히** 대꾸했다./요즈음 아내가 나를 **냉랭히** 대하는 이유를 모르겠다.

냉수스레
의미 [+사람]v[+일],[-흥미],[-재미]
제약
사람이나 일이 싱겁고 아무 재미가 없는 듯하게.

냉엄-히
의미 [+태도]v[+행동],[+냉정],[+엄중]
제약
① 태도나 행동이 냉정하고 엄하게.
¶**냉엄히** 타이르다.
의미 [+일]v[+상황],[-헛점],[+엄격]
제약
② 일이나 상황이 조금도 빈틈없이 엄격하게.

냉연-히
의미 [+태도],[+냉정]
제약 {사람}-{거절하다, 대하다}
① 태도 따위가 쌀쌀하게.
¶**냉연히** 거절하다./**냉연히** 대하다./동필은 드솟는 흥분을 누르고 그만 일소에 부쳐 버리듯이 **냉연히** 조롱하는 얼굴로 봉구를 내려다본다.《한설야, 황혼》
의미 [+모습],[+단정]
제약 {사람}-{보이다}
② 모습 따위가 깨끗하게.
¶**냉연히** 늙어 가다.

냉정스레
의미 [+매정],[+냉정]
제약
매정하고 쌀쌀한 데가 있게.
¶**냉정스레** 돌아서다./**냉정스레** 갈라서다./남의 호의를 **냉정스레** 뿌리치다.

냉정-히⁰¹
의미 [+태도],[+냉정]
제약 {사람}-{대하다, 거절하다}
정다운 맛이 없고 차가운 태도로.
¶**냉정히** 대하다./**냉정히** 말하다./**냉정히** 돌아서다./그는 도와 달라는 동생의 간절한 부탁을 **냉정히** 거절했다.

냉정-히⁰²
의미 [+생각]v[+행동],[-감정],[+침착]
제약
생각이나 행동이 감정에 좌우되지 않고 침착하게.
¶**냉정히** 심사하다./자기 자신을 **냉정히** 돌아보다./그는 감정에 치우치지 않고 옳고 그름을 **냉정히** 따졌다./조금만 **냉정히** 따져 보면 그것은 동정심이나 외경감일 수는 있어도 사랑은 분명히 아닙니다.《윤흥길, 묵시의 바다》

냉철히
의미 [+생각]v[+판단],[-감정],[+침착],[+사리]
제약
생각이나 판단 따위가 감정에 치우치지 않고 침착하며 사리에 밝게.
¶상황 변화를 **냉철히** 분석하다.

냉큼
의미 [-주저],[+경쾌],[+속도]
제약
머뭇거리지 않고 가볍게 빨리.
¶**냉큼** 다녀오다./**냉큼** 달아나다./**냉큼** 받다./**냉큼** 일어서다./**냉큼** 먹어 치우다./**냉큼** 대답해라./**냉큼** 들어오지 못해!/부월이는 남자 못잖은 힘으로 남자의 손에서 노를 **냉큼** 빼앗아 버렸다.《윤흥길, 완장》

냉큼-냉큼
의미 [-주저],[+경쾌],[+속도],[+연속]
제약
머뭇거리지 않고 잇따라 가볍게 빨리.
¶**냉큼냉큼** 주워 먹다./잔을 **냉큼냉큼** 비우다./징검다리를 **냉큼냉큼** 건너뛰다./**냉큼냉큼** 걸어라./서희는 나뭇잎에 담은 산딸기를 **냉큼냉큼** 먹고 있었다.《박경리, 토지》

냉혹-히
의미 [+냉정],[+혹독]
제약
차갑고 혹독하게.
¶그는 자신의 도움을 바라는 불쌍한 사람들의 부탁을 **냉혹히** 거절했다./현재 영업이익으로 지

급이자를 감당하지 못하는 상장기업들이 상당수에 달합니다. 냉혹히 말하면 이러한 기업은 존재 의의가 없기 때문에 구조조정 과정에서 퇴출돼야…≪중앙일보 J&P≫

냠냠

의미 [+소리]v[+모양],[+어린이],[+섭취],[+맛]

제약 {어린이}-{먹다}

어린아이 등이 음식을 맛있게 먹는 소리. 또는 그 모양.

¶아이들이 과자를 **냠냠** 먹는다./그 아이는 혼자서만 떡을 **냠냠** 먹었다.

너그러이

의미 [+마음],[+넓이],[+관용]

제약

마음이 넓고 아량이 있게.

¶너그러이 용서하다./너그러이 대우하다./그는 동생의 버릇없는 행동을 **너그러이** 받아 주었다./그런 저녁 한때의 여흥을 배 구장은 별 개의치 않고 **너그러이** 묵인해 주었다.≪김원일, 불의 제전≫

너글-너글

의미 [+모양],[+관대],[+상쾌],[+정도]

제약

매우 너그럽고 시원스러운 모양.

¶신돈은 빙글빙글 웃으며 **너글너글** 대답한다.
≪박종화, 다정불심≫

너끈-히

의미 [-부족],[+충분]

제약

무엇을 하는 데에 모자람이 없이 넉넉하게.

¶우리 삼촌은 힘이 아주 세서 웬만큼 큰 바위는 **너끈히** 들어 올린다./씨름반 학생들은 불고기 10인분을 혼자서 **너끈히** 먹어 치운다.

너나없-이

의미 [+사람],[+다수],[+전부],[+동일]

제약

너나 나나 가릴 것 없이 다 마찬가지로. ≒네오내오없이.

¶너나없이 생활이 바쁘다./누가 시킨 것도 아닌데 사람들은 **너나없이** 와 하고 고함을 지르면서

여전히 불길이 솟구치는 격납고를 향해 일제히 돌입해 들어갔다.≪윤흥길, 묵시의 바다≫

너누룩-이

의미 [+상태],[+날씨]v[+상황],[+호전],[+고요]

제약 {날씨, 상황}-{잠잠해지다}

① 요란하고 사납던 날씨나 떠들썩하던 상황이 좀 수그러져 잠잠한 상태로.

¶바깥이 한참 시끄럽더니 **너누룩이** 잠잠해졌다.

의미 [+상태],[+병세],[+진정]

제약

② 심하던 병세가 잠시 가라앉은 상태로.

의미 [+상태],[+감정]v[+심리],[+여유]

제약

③ 감정이나 심리가 좀 느긋한 상태로.

¶분하고 원통한 마음이 **너누룩이** 가라앉았다./향미는 얼마 전에 첫사랑을 잃고 참 정말 약이라도 먹을 듯이 애절하고 뒤볶이다가 요새 좀 **너누룩이** 마음을 잡게 된 판이었다.≪염상섭, 동서≫

너눅-이

의미 [+상태],[+날씨]v[+상황],[+호전],[+고요]

제약 {날씨, 상황}-{잠잠해지다}

① '너누룩이①'의 준말. 요란하고 사납던 날씨나 떠들썩하던 상황이 좀 수그러져 잠잠한 상태로.

의미 [+상태],[+병세],[+진정],[+잠시]

제약

② '너누룩이②'의 준말. 심하던 병세가 잠시 가라앉은 상태로.

¶고통에 시달리던 환자도 어느새 **너눅이** 잠이 들었다.

의미 [+상태],[+감정]v[+심리],[+여유]

제약

③ '너누룩이③'의 준말. 감정이나 심리가 좀 느긋한 상태로.

너더분-히

의미 [+다수],[+혼합],[+혼란]

제약

① 여럿이 뒤섞여 널려 있어 어지럽게.

¶방마다 빨랫감이 너더분히 널려 있다.

의미 [+말],[+혼란],[+복잡],[+길이]

제약

② 말이 어수선하고 복잡하여 필요 이상으로 길게.

¶옆집 아주머니는 이야기를 너더분히 늘어놓았다.

너덕-너덕

의미 [+모양],[+다수],[+보철]v[+부착],[-균일]

제약 {천, 종이}-{꿰매다, 붙이다}

여기저기 고르지 않게 깁거나 덧붙인 모양.

¶너덕너덕 꿰맨 옷./영화 포스터가 너덕너덕 붙어 있다.

너덜-너덜

의미 [+모양],[+가닥],[+다수],[+요동],[+혼란],[+반복]

제약 { }-{흔들리다, 거리다, 대다}

① 여러 가닥이 어지럽게 늘어져 자꾸 흔들리는 모양.

¶너덜너덜 해지다./솔가지엔 천 조각이 너덜너덜 걸려 있다./병실은 흰 회칠이 너덜너덜 떨어졌고 베드가 병실 양쪽에 대각으로 놓여 있다.≪홍성원, 육이오≫

의미 [+모양],[+말],[-분수],[-버릇],[+반복]

제약 { }-{까불다, 거리다, 대다}

② 주제넘게 입을 너불거리며 자꾸 까부는 모양.

¶그는 너덜너덜 지껄이며 돌아다닌다.

너도-나도

의미 [+다수],[+전부],[-예외]

제약

서로 뒤지거나 빠지지 않으려고 모두.

¶너도나도 도움의 손길을 보냈다./많은 사람이 너도나도 주워 가는 통에 남은 밤은 얼마 되지 않았다./돈이 생기는 일이라고 하니 너도나도 하겠다고 난리들이다./동네 부잣집에서 방아를 찧거나 보리밭에 김매는 날이면 너도나도 앞다퉈 삯꾼으로 나섰다.≪현기영, 변방에 우짖는 새≫

너무

의미 [+정도]v[+한계],[+과도]

제약

일정한 정도나 한계에 지나치게.

¶너무 크다./너무 늦다./너무 먹다./너무 어렵다./너무 위험하다./너무 조용하다./너무 멀다./너무 가깝다./너무 많다./너무 걱정하지 마세요./내가 너를 그동안 너무 몰라라 한 것도 사실이다.≪최일남, 거룩한 응답≫

너무-나

의미 [+정도]v[+한계],[+과도]

제약

'너무'를 강조하여 이르는 말. 일정한 정도나 한계에 지나치게.

¶너무나 힘들다./너무나 밉다./부자 소리 듣는 그도 한때 너무나 가난해서 밥을 굶던 시절이 있었다./물에 흠씬 젖어 있는 그의 몸은 너무나 가냘파 보였다.≪이동하, 우울한 귀향≫/나는 내 운명을 너무나 간단하게 선택해 버렸다.≪이병주, 지리산≫

너무-너무

의미 [+정도]v[+한계],[+과도]

제약

'너무'를 강조하여 이르는 말. 일정한 정도나 한계에 지나치게.

¶너무너무 귀찮다./너무너무 싫다./너무너무 크다./너무너무 많다./밤을 새웠더니 지금 너무너무 피곤하다./혼자 객지 생활을 하는 것은 너무너무 힘들다.

너벳벳-이

의미 [+얼굴],[+넓이],[+덕성]

제약

큰 얼굴이 너부죽하고 덕성스럽게.

¶너벳벳이 생긴 큰누이는 영락없는 맏며느릿감이다.

너볏-이

의미 [+태도],[+몸가짐]v[+행동],[+바름],[+무게]

제약

몸가짐이나 행동이 번듯하고 의젓한 태도로.

¶너볏이 말하다./너볏이 행세하다.

너부렁넓적-이

의미 [+평평],[+넓이]

제약

평평하게 퍼진 듯이 넓적하게.

너부시

의미 [+모양],[+사람],[+인사],[+예의],[+정도]

제약 {사람}-{절하다}

① 큰 사람이 매우 공손하게 머리를 숙여 절하는 모양.

¶그는 맨땅에 무릎을 꿇고 **너부시** 절을 했다.

의미 [+모양],[+사람]v[+물체],[+하강]v[+착석],[+침착]

제약

② 큰 사람이나 물체가 천천히 땅 쪽으로 내리거나 차분하게 앉는 모양.

¶방바닥에 **너부시** 주저앉았다./호랑나비가 꽃송이 위에 **너부시** 내려앉았다.

너부죽

의미 [+모양],[+포복],[+평평],[-속도]

제약 { }-{엎드리다}

넓적하게 천천히 엎드리는 모양. 늑너부죽이02.

¶참판이니 판서니 하는 것들이 공량이 높은데 **너부죽** 절을 하고 문안을 드렸다대.≪박종화, 임진왜란≫

너부죽-이01

의미 [+넓이],[+평평],[-정도]

제약

조금 넓고 평평한 듯하게.

¶얼굴이 **너부죽이** 생겼다.

너부죽-이02

의미 [+모양],[+포복],[+평평],[-속도]

제약 { }-{엎드리다}

=너부죽. 넓적하게 천천히 엎드리는 모양.

¶**너부죽이** 고개를 숙이다./그제야 뒤로 돌아서면서 종술은 **너부죽이** 땅바닥에 엎드리는 시늉을 했다.≪윤흥길, 완장≫

너불-너불01

의미 [+모양],[+물체],[+운동],[+바람],[+날림],[+반복]

제약 { }-{움직이다}

엷은 물체가 바람에 날리어 거볍게 자꾸 움직이는 모양.

¶바람이 부는 대로 파란 벼 포기가 **너불너불** 춤을 춘다./다시 베어 낸 나무 밑동에 움이 돋아 여름내 자라서 **너불너불** 이파리가 벌어진 오리나무를 손가락질해 보였다.≪박경리, 토지≫

너불-너불02

의미 [+모양],[+말],[-주의],[+반복]

제약

입을 함부로 자꾸 놀리는 모양.

¶**너불너불** 말도 잘한다./아무에게나 **너불너불** 지껄인다.

너붓-너붓

의미 [+모양],[+천]v[+종이],[+날림],[+요동],[+반복]

제약 {천, 종이}-{흔들리다, 움직이다, 거리다, 대다}

엷은 천이나 종이 따위가 자꾸 나부끼어 흔들리는 모양. 늑너붓너붓이.

¶바람에 커다란 나뭇잎이 **너붓너붓** 춤을 춘다.

너붓너붓-이

의미 [+모양],[+천]v[+종이],[+날림],[+요동],[+반복]

제약 {천, 종이}-{흔들리다, 움직이다, 거리다, 대다}

=너붓너붓. 엷은 천이나 종이 따위가 자꾸 나부끼어 흔들리는 모양.

¶오동 잎이 **너붓너붓이** 내려앉았다./치맛자락이 너붓너붓이 날렸다.

너붓-이

의미 [+평평],[-정도]

제약

① 조금 너부죽하게.

¶접힌 발이 마치 토끼 귀 모양으로 **너붓이** 방바닥에 널린 것이 또 눈에 띄고 말았다.≪현진건, 적도≫

의미 [+모양],[+사람],[+인사],[+예의],[+정도]

제약 {사람}-{절하다}

② 너부시.

너스르르

의미 [+모양],[+털]v[+풀],[+길이],[+간격]

제약

굵고 부드러운 털이나 풀 따위가 길고 성기게
나 있는 모양.

¶가슴에 털이 너스르르 덮여 있다./텃밭에 삼씨
를 뿌렸더니 보름이 지나서야 너스르르 싹이 돋
았다.

너슬-너슬

의미 [+모양],[+털]v[+풀],[+유연],[+간격]

제약

굵고 긴 털이나 풀 따위가 부드럽고 성긴 모양.

늑너슬너슬히

¶풀이 너슬너슬 자라다./수염이 너슬너슬 돋아
있다.

너슬너슬-히

의미 [+모양],[+털]v[+풀],[+유연],[+간격]

제약

=너슬너슬. 굵고 긴 털이나 풀 따위가 부드럽고
성긴 모양.

너울-너울

의미 [+모양],[+물결]v[+천]v[+나뭇잎],[+운
동],[+유연],[-속도],[+반복]

제약 {물결, 천, 나뭇잎}-{움직이다, 흔들리다,
춤추다}

① 물결이나 늘어진 천, 나뭇잎 따위가 부드럽
고 느릿하게 자꾸 굽이져 움직이는 모양.

¶동굴 아가리를 덮고 있는 여름풀이, 푸른 하늘
을 바탕 삼아 바다풀처럼 너울너울 떠 있다.≪최
인훈, 광장≫

의미 [+모양],[+팔]v[+날개],[+운동],[+상
하],[+유연],[+반복]

제약 {팔, 날개}-{움직이다, 움직이다, 춤추다}

② 팔이나 날개 따위를 활짝 펴고 위아래로 부
드럽게 자꾸 움직이는 모양.

¶그 새는 힘차게 날개를 펄럭이며 하늘 높이 솟
구쳐 오르더니, 너울너울 구만리장천을 날아가는
게 아닌가.≪김성동, 잔월≫

너저분-히

의미 [+상태],[-질서],[+혼란],[-청결]

제약

① 질서가 없이 마구 널려 있어 어지럽고 깨끗
하지 않은 상태로.

¶비에 젖은 채 너저분히 깔려 있는 낙엽./어린
놈들이 와르르 달려들어 전단을 주울 뿐, 흐트
러진 종이쪽은 길가에 그냥 너저분히 널려질 뿐
이었다.≪이호철, 소시민≫

의미 [+말],[-효용],[+복잡],[+길이]

제약 {말, 변명}-{늘어놓다}

② 말이 쓸데없이 복잡하고 길게.

¶그는 변명을 너저분히 늘어놓았다.

너절-너절

의미 [+모양],[+천]v[+옷],[+팽창],[+마모],
[+혼란],[-청결],[+정도]

제약 {천, 옷}-{해지다, 찢어지다}

천이나 옷 따위가 늘어지거나 해져서 몹시 어지
럽고 지저분한 모양.

¶너절너절 찢어진 청바지가 유행이다./누더기들
만이 너절너절 빨랫줄에 걸려있다.

너절-히

의미 [+헐후],[+난잡]

제약 { }-{늘어서다, 늘어놓다}

허름하고 지저분하게.

¶너절히 늘어선 판잣집./쓸데없는 물건들을 너절
히 늘어놓다.

너털-너털

의미 [+모양],[+가닥],[+다수],[+요동],[+혼
란],[+반복]

제약 { }-{흔들리다, 거리다, 대다}

① 여러 가닥이 어지럽게 늘어져 자꾸 흔들리는
모양. '너덜너덜①'보다 거센 느낌을 준다.

¶나는 소매에 실밥이 너털너털 나 있는 외투를
걸치고 바깥으로 나왔다.≪이병주, 행복어 사전≫

의미 [+모양],[+말],[-분수],[-버릇],[+반복]

제약 { }-{까불다, 거리다, 대다}

② 주제넘게 입을 너불거리며 자꾸 까부는 모
양. '너덜너덜②'보다 거센 느낌을 준다.

의미 [+모양],[+웃음],[+호기],[+반복]

제약 {사람}-{웃다}

③ 너털웃음을 자꾸 웃는 모양.

¶그는 너털너털 웃으며 재미있어 했다./내가 아직도 시치밀 떼는 얼굴을 하고 있으니까 팔기는 또 한 번 나를 툭 치면서 **너털너털** 웃어 댔다.《이청준, 조율사》

너펄-너펄

의미 [+모양],[+천]v[+종이],[+요동],[+속도],[+힘],[+반복]

제약 {천, 종이}-{흔들리다, 거리다, 대다}

큰 천 조각이나 종이 따위가 빠르고 힘 있게 자꾸 나부끼는 모양.

¶바람에 깃발이 **너펄너펄** 흔들린다.

너푼

의미 [+모양],[+물건],[+비상],[+요동],[+한번]

제약 { }-{흔들리다}

① 엷고 넓은 물건이 가볍게 한 번 날리어 흔들리는 모양.

의미 [+모양],[+운동],[+차분]

제약 { }-{움직이다}

② 가볍게 너부시 움직이는 모양.

¶그녀가 **너푼** 절하였다.

너푼-너푼

의미 [+모양],[+물건],[+비상],[+요동],[+반복]

제약 { }-{흔들리다}

① 엷고 넓은 물건이 가볍게 자꾸 날리어 흔들리는 모양. 늑너푼너푼히①.

¶가을바람에 플라타너스 잎이 **너푼너푼** 떨어지고 있다.

의미 [+모양],[+운동],[+차분],[+반복]

제약 { }-{움직이다}

② 가볍게 너부시 자꾸 움직이는 모양. 늑너푼너푼히②.

¶무당이 **너푼너푼** 절을 하는 모양이니 가망 청배가 시작된 줄 짐작하였다.《홍명희, 임꺽정》

너푼너푼-히

의미 [+모양],[+물건],[+비상],[+요동],[+반복]

제약 { }-{흔들리다}

①=너푼너푼①. 엷고 넓은 물건이 가볍게 자꾸 날리어 흔들리는 모양.

¶오동잎이 **너푼너푼히** 떨어진다.

의미 [+모양],[+운동],[+차분],[+반복]

제약 { }-{움직이다}

②=너푼너푼②. 가볍게 너부시 자꾸 움직이는 모양.

¶**너푼너푼히** 절하다.

너풀-너풀

의미 [+모양],[+물체],[+운동],[+바람],[+날림],[+반복]

제약 { }-{움직이다, 거리다, 대다}

엷은 물체가 바람에 날리어 거볍게 자꾸 움직이는 모양.

¶**너풀너풀** 휘날리는 만국기./흰 종이 수염이 가슴 앞에 매달려 **너풀너풀** 춤을 춘다.《하근찬, 흰 종이 수염》

넉넉-히

의미 [+크기]v[+수량],[+기준],[+여유]

제약 { }-{되다, 주다}

① 크기나 수량 따위가 기준에 차고도 남음이 있게.

¶학비를 **넉넉히** 보태 주다./어머니는 항상 용돈을 **넉넉히** 주셨다./손님이 올 것 같아서 밥을 넉넉히 했다./가며 가며 네 사람이 뜯은 나물이 한 끼 반찬은 **넉넉히** 되었다.《이광수, 흙》/이 흉년에 쌀 말깨나 **넉넉히** 장만해 둔 집이 어디 그리 흔할까.《현기영, 변방에 우짖는 새》

의미 [+형편],[+여유]

제약 {사람}-{자라다, 생활하다}

② 살림살이가 모자라지 않고 여유가 있게.

¶그는 경제적으로 **넉넉히** 자랐다./남편의 월급만으로는 **넉넉히** 생활할 수가 없다.

의미 [+가능성],[+충분]

제약

③ 가능성 따위가 충분하게.

¶그것만으로도 그들의 생활 정도를 **넉넉히** 짐작할 일이 아니겠는가.《정비석, 비석과 금강산의 대화》/아버지가 손만 뻗으면 **넉넉히** 잡을 만한 거리에 목침이 있고 등잔걸이가 있었다.《윤흥

길, 장마≫

넉살스레

의미 [−수치],[+인내],[+지속]

제약

부끄러움이 없이 비위가 좋고 질긴 데가 있게.

넌덕스레

의미 [+말],[+재주],[+재치],[+웃음]

제약

너털웃음을 치며 재치 있는 말을 늘어놓는 재주로.

넌들-넌들

의미 [+모양],[+천]v[+옷],[+혼란],[−청결],

제약 {천, 옷}-{해지다, 찢어지다}

천이나 옷 따위가 어지럽고 지저분하게 늘어져 있는 모양.

¶그 집 마당에는 갓난애 기저귀가 넌들넌들 걸려 있었다.

넌떡

의미 [+즉시]

제약

닁큼 떡.

¶그는 첫 타석에서 넌떡 3루타를 쳐 내었다.

넌지시

의미 [−노출],[+은밀]

제약

드러나지 않게 가만히.

¶넌지시 떠보다./넌지시 말하다./넌지시 묻다./그러니까 빨리 가 보는 게 좋을 거라고 넌지시 권했다.≪윤흥길, 장마≫

넌짓

의미 [−노출],[+은밀]

제약

'넌지시'의 준말. 드러나지 않게 가만히.

¶한 다리에 힘을 주고 한 다리를 넌짓 들었다.

≪박종화, 임진왜란≫

넌짓-넌짓

의미 [−노출],[+은밀]

제약

드러나지 않게 가만가만히.

¶그녀는 아버지 눈치를 넌짓넌짓 보다가 방에서

살짝 빠져나왔다.

널름

의미 [+모양],[+혀]v[+손],[+운동],[±돌출],[+속도]

제약 {혀, 손}-{내밀다}

① 혀, 손 따위를 빠르게 내밀었다 들이는 모양.

¶그는 친구를 약 올리려고 혀를 널름 내밀고 달아났다.

의미 [+모양],[+수령],[+속도]

제약

② 무엇을 빠르게 받아 가지는 모양.

¶아이가 과자를 널름 받아먹다./호랑이는 떡을 한입에 널름 먹어 치웠다./아저씨가 건네주는 담배를 오빠는 주저하지 않고 널름 받아 피웠다./하용빈이 손에 들었던 호떡을 널름 입에 집어넣곤 손을 내밀어 문오의 손을 덥석 잡는 것이었다.≪최정희, 인간사≫

의미 [+모양],[+불길],[±돌출],[+속도]

제약 {불길}-{ }

③ 불길이 밖으로 빠르게 나왔다 들어가는 모양.

¶바람이 불자 불꽃이 널름 창밖으로 나왔다.

널름-널름

의미 [+모양],[+혀]v[+손],[+운동],[±돌출],[+속도],[+반복]

제약 {혀, 손}-{내밀다}

① 혀, 손 따위를 자꾸 빠르게 내밀었다 들였다 하는 모양.

¶널름널름 혀를 내두르다./널름널름 침만 발라 대고 있다.

의미 [+모양],[+수령],[+속도],[+반복]

제약 { }-{받다}

② 무엇을 자꾸 빠르게 받아 가지는 모양.

¶그는 술을 주는 대로 널름널름 받아 마시더니 인사불성이 되었다./언니는 할머니께서 물건을 주는 대로 널름널름 받아서 가방에 챙겨 넣었다.

의미 [+모양],[+불길],[±돌출],[+속도],[+반복]

제약 {불길}-{ }

③ 불길이 밖으로 자꾸 빠르게 나왔다 들어갔다

하는 모양.

¶불길은 연기와 함께 문설주 위로 널름널름 기어올라 처마까지 태우기 시작했다.

의미 [+모양],[+욕심],[+규견],[+반복]

제약 { }-{엿보다}

④ 남의 것을 탐내어 자꾸 고개를 내밀고 엿보는 모양.

널리

의미 [+범위],[+넓이]

제약 { }-{알리다, 퍼지다, 쓰이다}

① 범위가 넓게.

¶세상에 널리 알려진 사실./소문이 널리 퍼지다./화폐가 널리 쓰이다./불교를 널리 보급하다./이 꽃은 세계에 널리 분포하는 꽃이다.

의미 [+관대]

제약 {사람}-{용서하다, 이해하다}

② 너그럽게.

¶널리 용서해 주십시오./널리 이해해 주시기 바랍니다./소자를 널리 굽어살펴 주시옵소서. 널리 알려진 인물./널리 보급하다./널리 인재를 구하다.

널찌감치

의미 [+넓이],[+정도]

제약

=널찍이. 꽤 너르게.

널찍-널찍

의미 [+모양],[+전부],[+넓이],[+정도]

제약

여럿이 다 또는 매우 너른 모양. 늑널찍널찍이.

¶널찍널찍 서서 체조를 하고 있는 사람들./넓은 평지에 널찍널찍 들어서 있는 집들이 시원스럽다.

널찍널찍-이

의미 [+모양],[+전부],[+넓이],[+정도]

제약

=널찍널찍. 여럿이 다 또는 매우 너른 모양.

¶날씨가 더우니 모두들 널찍널찍이 앉아라.

널찍-이

의미 [+넓이],[+정도]

제약

꽤 너르게. 늑널찌감치.

¶집을 널찍이 짓다./할아버지는 당신의 묏자리를 널찍이 잡으셨다./연구소는 인적 드문 교외에 널찍이 자리를 잡고 있다.

넓적-넓적

의미 [+모양],[+전부],[+평평],[-두께],[+넓이],[+정도]

제약

여럿이 다 편편하고 얇으면서 꽤 넓은 모양. 늑넓적넓적이.

¶떡을 넓적넓적 썰다.

넓적넓적-이

의미 [+모양],[+전부],[+평평],[-두께],[+넓이],[+정도]

제약

=넓적넓적. 여럿이 다 편편하고 얇으면서 꽤 넓은 모양.

¶무를 넓적넓적이 썰다.

넓적스름-히

의미 [+평평],[-두께],[+넓이],[+정도]

제약

약간 편편하고 얇으면서 꽤 넓게.

넓적-이

의미 [+평평],[-두께],[+넓이],[+정도]

제약

편편하고 얇으면서 꽤 넓게.

넓죽-넓죽

의미 [+모양],[+전부],[+길이],[+넓이]

제약

여럿이 다 길쭉하고 넓은 모양. 늑넓죽넓죽이.

¶떡을 넓죽넓죽 썰다.

넓죽넓죽-이

의미 [+모양],[+전부],[+길이],[+넓이]

제약

=넓죽넓죽. 여럿이 다 길쭉하고 넓은 모양.

넓죽스름-히

의미 [+길이],[+넓이],[-정도]

제약

약간 길쭉하고 넓게.

넓죽-이

의미 [＋길이],[＋넓이]

제약

길쭉하고 넓게.

넘성-넘성

의미 [＋모양],[＋보기],[＋경계],[＋반복]

제약 {사람}-{거리다, 대다}

① 자꾸 넘어다보는 모양.

¶담 너머로 **넘성넘성** 남의 집을 엿보다.

의미 [＋모양],[＋욕심],[＋규견],[＋반복]

제약 {기회}-{엿보다}

② 남의 것을 탐내어 가지려고 자꾸 기회를 엿보는 모양.

넘실-넘실

의미 [＋모양],[＋물결],[＋운동],[＋유연],[＋반복]

제약 {물결}-{움직이다, 거리다, 대다}

① 물결 따위가 자꾸 부드럽게 굽이쳐 움직이는 모양.

¶파도가 **넘실넘실** 뱃전을 두드리다.

의미 [＋모양],[＋운동],[＋유연],[＋경쾌],[＋반복]

제약 { }-{움직이다, 춤추다, 거리다, 대다}

② 자꾸 부드럽고 가볍게 움직이는 모양.

¶**넘실넘실** 칼춤을 추다.

의미 [＋모양],[＋해],[＋부상]

제약 {해}-{떠오르다, 뜨다}

③ 해 따위가 떠오르는 모양.

¶아침 해가 수평선 위로 **넘실넘실** 떠오른다.

의미 [＋모양],[＋액체],[＋충만],[±범람]

제약 {액체}-{담다, 거리다, 대다}

④ 액체가 그득 차서 넘칠 듯 말 듯 한 모양.

¶정종을 술잔에 **넘실넘실** 부었다./물이 논자리마다 **넘실넘실** 넘친다.

의미 [＋모양],[＋기운],[＋충만],[＋정도]

제약 {사람}-{거리다, 대다}

⑤ 어떤 기운이 넘쳐 날 듯이 그득 어린 모양.

¶얼굴마다 기쁨이 **넘실넘실** 어리다./덕만이의 이야기를 듣고 나서야 비로소 새끼내 사람들의 얼굴에는 영산강 물너울 같은 생기가 **넘실넘실** 되살아난 듯싶었다.≪문순태, 타오르는 강≫

의미 [＋모양],[＋욕심],[＋규견],[＋은밀],[＋반복]

제약 {사람}-{거리다, 대다}

⑥ 남의 것을 탐내어 자꾸 슬그머니 넘겨다보는 모양.

넙신

의미 [＋모양],[＋상체],[＋굴신],[＋속도]

제약 {사람}-{굽히다, 숙이다}

① 윗몸을 가볍고 재빠르게 구부리는 모양.

¶**넙신** 절을 하다./아버지가 들어오시자 그는 자리에서 일어나 **넙신** 인사를 했다.

의미 [＋모양],[＋말],[＋경망],[＋속도]

제약

② 입을 재빠르고 경망스럽게 놀려 말하는 모양.

넙신-넙신

의미 [＋모양],[＋상체],[＋굴신],[＋속도],[＋반복]

제약 {사람}-{굽히다, 숙이다}

① 윗몸을 가볍고 재빠르게 자꾸 구부리는 모양.

¶종업원들이 손님 한 명 한 명에게 **넙신넙신** 인사를 한다./어깨를 우쭐거리면서 **넙신넙신** 춤을 추는 시인이며….≪김소운, 일본의 두 얼굴≫

의미 [＋모양],[＋말],[＋경망],[＋속도],[＋반복]

제약

② 입을 재빠르고 경망스럽게 자꾸 놀려 말하는 모양.

¶**넙신넙신** 말을 잘해 사람들을 웃긴다.

넙적

의미 [＋모양],[＋말]v[＋섭취],[＋입],[＋개폐],[＋속도]

제약

① 말대답을 하거나 무엇을 받아먹을 때 입을 닁큼 벌렸다가 닫는 모양. 늑넙적이①.

¶떡을 **넙적** 받아먹다./강아지가 꼬리를 흔들며 고기를 **넙적** 받아먹는다.

의미 [＋모양],[＋신체],[＋바닥],[＋접촉],[＋포복],[＋속도]

제약 { }-{엎드리다}

② 몸을 바닥에 바짝 대고 닁큼 엎드리는 모양. 늑넙적이②.

¶그는 너무도 고마워서 **넙적** 엎드려 절을 올렸다.

의미 [＋모양],[＋행동],[－주저],[＋속도]

제약

③ 망설이거나 서슴지 않고 선뜻 행동하는 모양. 늑넙적이③.

¶영애는 제 딸이 **넙적** 여해에게 안긴 것을 보고 더욱 고개를 들 수가 없었다.≪현진건, 적도≫

넙적-넙적

의미 [＋모양],[＋말]v[＋섭취],[＋입],[＋개폐],[＋속도],[＋반복]

제약

① 말대답을 하거나 무엇을 받아먹을 때 입을 자꾸 닁큼닁큼 벌렸다 닫았다 하는 모양.

¶사람이 염치도 없이 **넙적넙적** 잘도 받아먹는구나.

의미 [＋모양],[＋신체],[＋바닥],[＋접촉],[＋포복],[＋속도],[＋반복]

제약 { }-{엎드리다}

② 몸을 바닥에 바짝 대고 자꾸 닁큼닁큼 엎드리는 모양.

¶**넙적넙적** 엎드리다.

의미 [＋모양],[＋행동],[－주저],[＋속도],[＋반복]

제약

③ 조금도 망설이거나 서슴지 않고 선뜻 행동하는 모양.

넙적-이

의미 [＋모양],[＋말]v[＋섭취],[＋입],[＋개폐],[＋속도]

제약

①=넙적①. 말대답을 하거나 무엇을 받아먹을 때 입을 닁큼 벌렸다가 닫는 모양.

의미 [＋모양],[＋신체],[＋바닥],[＋접촉],[＋포복],[＋속도]

제약 { }-{엎드리다}

②=넙적②. 몸을 바닥에 바짝 대고 닁큼 엎드리는 모양.

¶**넙적이** 엎드리다.

의미 [＋모양],[＋행동],[－주저],[＋속도]

제약

③=넙적③. 망설이거나 서슴지 않고 선뜻 행동하는 모양.

넙죽

의미 [＋모양],[＋말]v[＋섭취],[＋입],[＋개폐],[＋속도]

제약

① 말대답을 하거나 무엇을 받아먹을 때 입을 너부죽하게 닁큼 벌렸다가 닫는 모양. 늑넙죽이①.

¶술을 주는 대로 **넙죽** 받아 마시다가 금세 취해 버렸다.

의미 [＋모양],[＋신체],[＋바닥],[＋접촉],[＋포복],[＋속도]

제약 { }-{엎드리다}

② 몸을 바닥에 너부죽하게 대고 닁큼 엎드리는 모양. 늑넙죽이②.

¶하인은 용서해 달라고 빌며 바닥에 **넙죽** 엎드렸다./모자를 벗고 그 자리에서 **넙죽** 절을 했다. ≪박완서, 미망≫

의미 [＋모양],[＋행동],[－주저],[＋속도]

제약

③ 망설이거나 주저하지 않고 선뜻 행동하는 모양. 늑넙죽이③.

¶곽 씨는 씨근거리며 어두운 담벼락에 기대어 서더니 제 품으로 들어오는 식모를 **넙죽** 끌어안아 버렸다.≪이호철, 소시민≫

넙죽-넙죽

의미 [＋모양],[＋말]v[＋섭취],[＋입],[＋개폐],[＋속도],[＋반복]

제약

① 말대답을 하거나 무엇을 받아먹을 때 입을 닁큼닁큼 너부죽하게 벌렸다 닫았다 하는 모양.

¶별로 이야기도 하지 않고 술만 **넙죽넙죽** 받아 마셨다.≪이기영, 신개지≫

의미 [＋모양],[＋신체],[＋바닥],[＋접촉],[＋포복],[＋속도],[＋반복]

제약 { }-{엎드리다}

② 바닥에 몸을 너부죽하게 대고 닁큼닁큼 엎드리는 모양.

¶아낙들은 연방 **넙죽넙죽** 절을 해 댄다.≪천승세, 낙월도≫

의미 [+모양],[+행동],[-주저],[+속도]

제약

③ 조금도 망설이거나 주저하지 않고 선뜻 행동하는 모양.

¶그는 목소리는 작았지만 **넙죽넙죽** 할 말은 빠짐없이 했다./그는 예의 그 빈정대는 말솜씨를 넙죽넙죽 흘려 대기 시작했다.≪김원우, 짐승의 시간≫

넙죽-이

의미 [+모양],[+말]v[+섭취],[+입],[+개폐],[+속도],[+반복]

제약

①=넙죽①. 말대답을 하거나 무엇을 받아먹을 때 입을 너부죽하게 닁큼 벌렸다가 닫는 모양.

의미 [+모양],[+신체],[+바닥],[+접촉],[+포복],[+속도]

제약 { }-{엎드리다}

②=넙죽②. 몸을 바닥에 너부죽하게 대고 닁큼 엎드리는 모양.

¶명인이 열어 잡고 있는 문으로 들어서더니 대뜸 그 자리에 무릎을 꿇고 **넙죽이** 절을 하며….≪황순원, 별과 같이 살다≫

의미 [+모양],[+행동],[-주저],[+속도]

제약

③=넙죽③. 망설이거나 주저하지 않고 선뜻 행동하는 모양.

네오내오-없이

의미 [-구분],[+전부],[+동일]

제약

=너나없이. 너나 나나 가릴 것 없이 다 마찬가지로.

네-절로

의미 [+자연]

제약

네 스스로.

노

의미 [-변화],[+지속]

제약

①=노상①. 언제나 변함없이 한 모양으로 줄곧.

¶노 찾아오던 친구.

노곤-히

의미 [+상태],[-기운],[+피로]

제약

나른하고 피로한 상태로.

¶노곤히 피로가 밀려왔다./아내 정선은 어찌 되었는가 하고 생각하는 동안에 숭은 **노곤히** 잠이 들어 버렸다.≪이광수, 흙≫

노그름-히

의미 [+상태],[-농도],[-정도]

제약

약간 노글노글하게 묽은 상태로.

¶떡을 **노그름히** 구워 먹었다.

노글-노글

의미 [+모양],[-견고],[-유연]

제약

① 좀 무르고 보드라운 모양. 늑노글노글히①.

의미 [+모양],[+성질]v[+태도],[-견고],[+유연]

제약

② 성질이나 태도가 좀 무르고 보드라운 모양. 늑노글노글히②.

노글노글-히

의미 [+모양],[-견고],[+유연]

제약

①=노글노글①. 좀 무르고 보드라운 모양.

의미 [+모양],[+성질]v[+태도],[-견고],[+유연]

제약

②=노글노글②. 성질이나 태도가 좀 무르고 보드라운 모양.

노굿-노굿

의미 [+모양],[+전부]v[+정도],[-건조],[+수분]

제약

① 여럿이 다 또는 매우 메마르지 않고 녹녹한 모양. 늑노굿노굿이①.

의미 [+모양],[+성질]v[+태도],[+전부]v[+정도],[+유연],[+온순]

제약

② 성질이나 태도가 여럿이 다 또는 매우 보드랍고 순한 모양. 늑노긋노긋이②.

노긋노긋-이

의미 [+모양],[+전부]v[+정도],[-건조],[+수분]

제약

①=노긋노긋①. 여럿이 다 또는 매우 메마르지 않고 녹녹한 모양.

의미 [+모양],[+성질]v[+태도],[+전부]v[+정도],[+유연],[+온순]

제약

②=노긋노긋②. 성질이나 태도가 여럿이 다 또는 매우 보드랍고 순한 모양.

노긋-이

의미 [-건조],[+수분]

제약

① 메마르지 않고 좀 녹녹하게.

¶노긋이 구운 인절미./계섬이는 뻑뻑하던 사지가 마디마디 노긋이 풀리는 것 같았다.≪한설야, 탑≫

의미 [+성질]v[+태도],[+유연],[+온순]

제약

② 성질이나 태도가 좀 보드랍고 순하게.

의미 [-기운],[+피곤]

제약

③ 힘이 없고 나른하게.

노노-히

의미 [+말],[+군색],[+크기],[+반복]

제약

구차하게 자꾸 지껄이는 말로.

¶애초에 술에 취하기가 잘못이요, 잔말을 하기가 실수지, 노노히 변명을 한들 소용이 없는 노릇이다.≪염상섭, 백구≫

노다지

의미 [+항상]

제약

언제나.

¶젓가락 갈 데 없이 단작스럽게 차려놓기는 했지만 그 뭐라나 텔레비전에서 노다지 보여주는 도시 사람 흉내를 제법 내었다./"그려두 다른 여편네들은 남편허구 노다지 같이 엎드려 김매구 모내구 밭 고르구 허지 않았시유. 이제 생각해 보니…

노닥-노닥01

의미 [+모양],[+말],[-효용],[+재미],[+지속]

제약

조금 수다스럽게 재미있는 말을 자꾸 늘어놓는 모양.

¶그는 친구와 노닥노닥 이야기를 나누었다.

노닥-노닥02

의미 [+모양],[+다수],[+기움]v[+부착]

제약 {천, 종이}-{꿰매다, 붙이다}

해지고 찢어진 곳을 여기저기 깁거나 덧붙인 모양.

¶수영은 노닥노닥 기운 베 보자기를 끌러 보았다.≪심훈, 영원의 미소≫

노둔-히01

의미 [+노쇠],[-속도],[+둔탁]

제약

늙어서 재빠르지 못하고 둔하게.

노둔-히02

의미 [+둔탁],[+우둔],[+미련]

제약

둔하고 어리석어 미련하게.

노-드리듯

의미 [+모양],[+빗발],[+굵음],[+곧음]

제약

노끈을 드리운 듯 빗발이 굵고 곧게 뻗치며 죽죽 내리쏟아지는 모양.

¶창밖에는 굵은 소나기가 노드리듯 퍼붓고 있었다.

노량

의미 [-속도],[+유희]

제약

=노량으로. 어정어정 놀면서 느릿느릿.

노량-으로

의미 [-속도],[+유희]

제약

어정어정 놀면서 느릿느릿. 늑노량

¶땅에 웅숭그리고 시적시적 **노량**으로 땅만 판다. ≪김유정, 금 따는 콩밭≫/꺽정이와 막봉이가 말 뒤를 따르지 아니하려고 한동안 앉아서 웃고 이야기하다가 일어나서 **노량**으로 걸음을 걸었다.≪홍명희, 임꺽정≫/일훈은 금남이와 대화를 하면서 **노량**으로 길을 걸었다.≪이기영, 동천홍≫

노련-히

의미 [+경험],[+익숙],[+능란]

제약

많은 경험으로 익숙하고 능란하게.

노르끄름-히

의미 [+노랑],[+어두움]

제약

조금 어두울 정도로 노르스름하게.

¶명주 수건은 **노르끄름히** 청암 부인의 체취를 머금은 채, 마치 이 서러운 삼백 원을 품에 안아 감싼 듯 돈을 감아 싸고 있었지.≪최명희, 혼불≫

노르스름-히

의미 [+노랑],[-정도]

제약

조금 노르게. 늑노름히.

¶**노르스름히** 물들인 머리./벼가 **노르스름히** 익었다.

노르족족-히

의미 [+노랑],[-균일],[-선명]

제약

칙칙하고 고르지 않게 노르스름하게.

노름-노름

의미 [+모양],[+부분],[+노랑]

제약 { }-{익다, 물들다}

①=노릇노릇①. 군데군데 노르스름한 모양.

의미 [+모양],[+노랑],[+정도]

제약 { }-{익다, 물들다}

②=노릇노릇②. 매우 노르스름한 모양.

노름-히

의미 [+노랑],[-정도]

제약 { }-{익다, 물들다}

=노르스름히. 조금 노르게.

노릇-노릇

의미 [+모양],[+부분],[+노랑]

제약 { }-{익다, 물들다}

① 군데군데 노르스름한 모양. 늑노름노름①·노릇노릇이①.

¶호박전이 **노릇노릇** 익었다./**노릇노릇** 변색한 잔디 위에 가을 햇살은 골고루 내려앉는다.≪조정래, 태백산맥≫/동네 근처에는 개나리꽃도 벌써 **노릇노릇** 봉오리를 벌린다.≪유진오, 화상보≫

의미 [+모양],[+노랑],[+정도]

제약 { }-{익다, 물들다}

② 매우 노르스름한 모양. 늑노름노름②·노릇노릇이②.

¶튀김이 **노릇노릇** 잘 튀겨졌다.

노릇노릇-이

의미 [+모양],[+부분],[+노랑]

제약 { }-{익다, 물들다}

①=노릇노릇①. 군데군데 노르스름한 모양.

¶며칠 전부터 그 개나리가 **노릇노릇이** 봉오리를 맺기 시작할 제 오빠와 누나는 날마다 그 불어가는 누런 점(點)을 헤아리면서….≪현진건, 지새는 안개≫

의미 [+모양],[+노랑],[+정도]

제약 { }-{익다, 물들다}

②=노릇노릇②. 매우 노르스름한 모양.

노리착지근-히

의미 [+냄새],[-호감]

제약

노린 냄새가 조금 나는 듯이.

노리치근-히

의미 [+냄새],[-호감]

제약

'노리착지근히'의 준말. 노린 냄새가 조금 나는 듯이.

노릿-이

의미 [+맛v[+냄새],[-호감]

제약

맛이나 냄새가 약간 노리게.

노박이-로

의미 [+고정]

제약

① 줄곧 한 가지에만 붙박이로.

¶아샤녀도 팽개와 싹불이가 인제 노박이로 와 있다는 말에 마음이 얼마나 든든한지 몰랐다. ≪현진건, 무영탑≫

의미 [+지속]

제약

② 줄곧 계속적으로.

¶그는 겨울을 노박이로 스키장에서 보냈다./왜 구두를 채 신지 못해서 질질 끌고, 비록…양복일망정 노박이로 비를 맞으며 김 첨지를 뒤쫓아 나왔으랴.≪현진건, 운수 좋은 날≫

노상

의미 [-변화],[+지속]

제약

언제나 변함없이 한 모양으로 줄곧. 늑노

¶그는 노상 웃고 다닌다./노상 그날이 그날이다./하는 말이 노상 똑같다니까./젊은 새댁이 노상 굶어서야 몸이 쇳덩어린들 견뎌 나겠소?≪홍성원, 육이오≫/김 장자는 자나깨나 노상 그 아들로 하여 은근히 걱정 중이겠다.≪이기영, 봄≫

노숙-히

의미 [+경험],[+익숙]

제약

오랜 경험으로 익숙하게.

노착지근-히

의미 [+냄새],[-호감]

제약

'노리착지근히'의 준말. 노린 냄새가 조금 나는 듯이.

녹녹-히

의미 [+상태],[+수분],[-정도]

제약

① 촉촉한 기운이 약간 있는 상태로.

의미 [+상태],[+수분]v[+기름],[-견고],[+유연]

제약

② 물기나 기름기가 있어 딱딱하지 않고 좀 무르며 보드라운 상태로.

녹록

의미 [+소리]v[+모양],[+수레],[+진행]

제약 {수레}-{굴러가다}

수레가 굴러가는 소리. 또는 그 모양.

녹록-히

의미 [+평범],[-중요]

제약

① 평범하고 보잘것없이.

의미 [+처리],[+용이]

제약

② 만만하고 상대하기 쉽게.

¶이런 때 녹록히 따라가면 자기의 위신이 떨어진다고 도현은 생각한 것이다.≪손창섭, 낙서족≫/허 노인 역시도 사내를 그저 여느 장사꾼처럼 녹록히 대하고 있지는 못했다.≪이청준, 불을 머금은 항아리≫

녹신-녹신01

의미 [+모양],[+물체],[+점성],[+전부]v[+정도],[-견고],[+유연]

제약

질기거나 차진 물체가 여럿이 다 또는 매우 무르고 보드라운 모양.

녹신-녹신02

의미 [+모양],[-기운],[+피곤],[+정도]

제약

맥이 빠져 몹시 나른한 모양.

녹신-히

의미 [+상태],[+물체],[+점성],[-견고],[+유연]

제약

질기거나 차진 물체가 좀 무르고 보드라운 상태로.

녹실-녹실

의미 [+모양],[+물체],[+점성],[+전부]v[+정도],[-견고],[+유연]

제약

질기거나 차진 물체가 여럿이 다 또는 매우 무르고 말랑말랑한 모양.

녹작지근-히

의미 [-기운],[+피곤],[+정도]

제약

온몸에 힘이 없고 맥이 풀려 몹시 나른하게.

녹진-녹진

의미 [+모양],[+수분],[+점성]

제약

① 물기가 약간 있어 녹녹하면서 끈끈한 모양.

의미 [+모양],[+유연],[+점성]

제약

② 성질이 보드라우면서 끈기가 있는 모양.

녹진-히

의미 [+상태],[+습기],[+점성],[+유연]

제약

① 물기가 약간 있어 녹녹하면서 끈끈한 상태로.

의미 [+상태],[+유연],[+점성]

제약

② 성질이 보드라우면서 끈기가 있는 상태로.

놀놀-히

의미 [+털]v[+풀],[+노랑]

제약

털이나 풀 따위의 빛깔이 노르스름하게.

놀면-히

의미 [+노랑],[+호감]

제약

보기 좋을 만큼 알맞게 노르스름하게.

농탁-히

의미 [+액체],[+농도],[+점성]

제약

액체 따위가 진하고 걸쭉하게.

농후-히

의미 [+맛]v[+빛깔]v[+성분],[+농후]

제약

① 맛, 빛깔, 성분 따위가 매우 짙게.

의미 [+경향]v[+기색],[+분명]

제약

② 어떤 경향이나 기색 따위가 뚜렷하게.

높-높이

의미 [+높이],[+정도]

제약

더욱 높게. 또는 겹쳐 높게.

¶열 명의 구종이 벙거지에 더그레를 입고 높높

이 날뛰고 있었다.≪김동인, 운현궁의 봄≫

높으락-낮으락

의미 [+모양],[+높낮이],[-균일]

제약

높았다 낮았다 하여 높낮이가 고르지 않은 모양.

¶밤새도록 높으락낮으락 다투는 소리가 들려 잠을 설쳤다.

높-이

의미 [+상하],[+길이]

제약

① 아래에서 위까지의 길이가 길게.

¶높이 솟은 빌딩./나무가 높이 자라다./장작을 높이 쌓다.

의미 [+상하],[+간격],[+정도]

제약

② 아래에서부터 위까지 벌어진 사이가 크게.

¶하늘 높이 나는 새./깃발을 높이 세우다./태양이 높이 솟아 있다./그는 가방을 조금 높이 들고 서 있다.

의미 [+온도]v[+습도]v[+압력],[+기준],[+이상]

제약

③ 수치로 나타낼 수 있는 온도, 습도, 압력 따위가 기준치보다 위에 있게.

¶기온이 높이 상승하다./오늘은 올여름 들어 기온이 가장 높이 올랐다.

의미 [+품질]v[+수준]v[+능력]v[+가치],[+기준],[+이상]

제약

④ 품질, 수준, 능력, 가치 따위가 보통보다 위에 있게.

¶작품을 높이 평가하다./그는 성적이 높이 올랐다./모두들 그의 정신력을 높이 칭찬하였다.

의미 [+값]v[+비율],[+기준],[+이상]

제약

⑤ 값이나 비율 따위가 보통보다 위에 있게.

¶금리가 높이 오르다./주가가 높이 뛰다./가격이 높이 책정되다.

의미 [+지위]v[+신분],[+기준],[+이상]

제약

⑥ 지위나 신분 따위가 보통보다 위에 있게.
¶높이 대우하다./높이 모시다./그는 이번에 직급이 가장 높이 오른 사람이다.
의미 [+소리],[+음계]v[+진동수],[+기준],[+이상]
제약
⑦ 소리가 음계에서 위쪽에 있거나 진동수가 큰 상태에 있게.
¶그 여가수의 목소리는 매우 높이 올라간다./그녀는 우리 합창단에서 목소리를 가장 높이 낼 수 있는 사람이다.
의미 [+이름]v[+명성],[+인지],[+확산]
제약
⑧ 이름이나 명성 따위가 널리 알려지게.
¶명성이 높이 알려진 작가.
의미 [+기세],[+힘],[+대단]
제약
⑨ 기세 따위가 힘차고 대단하게.
¶사기가 높이 오르다.
의미 [+의견],[+우세]
제약
⑩ 어떠한 의견이 다른 의견보다 많고 우세하게.
¶시민의 의견을 높이 수렴하다./이번 정책에 비판의 여론이 높이 제기되고 있다.
의미 [+꿈]v[+이상],[+크기],[+원대]
제약
⑪ 꿈이나 이상 따위가 크고 원대하게.
¶꿈을 높이 갖다.

높이-높이
의미 [+높이],[+증가]
제약
① 갈수록 높이.
¶연이 하늘에 높이높이 떠올랐다./날벌레는 높이높이 비상하여 가버렸다.≪박경리, 토지≫
의미 [+높이],[+정도]
제약
② 매우 높이.
¶전신주에 전등 하나가 높이높이 달려 있었다.

높지거니

의미 [+모양],[+위치],[+높이],[+정도]
제약
위치가 꽤 높은 모양.
¶등을 높지거니 매달다./벌써 해가 높지거니 떠 있다./동네 사람들은 대보름달을 보려고 미리 언덕 높지거니 자리를 잡았다.

높지막-이
의미 [+위치],[+높이],[+정도]
제약
위치가 꽤 높직하게.
¶높지막이 연을 띄우다./노인은 꿀단지를 선반 위에 높지막이 올려 두었다.

높직-높직
의미 [+모양],[+위치],[+전부],[+높이],[+정도]
제약
위치가 다 꽤 높은 모양. 늑높직높직이.
¶공장 굴뚝들이 모두 높직높직 솟아 있다.

높직높직-이
의미 [+모양],[+위치],[+전부],[+높이],[+정도]
제약
=높직높직. 위치가 다 꽤 높은 모양.
¶공장 굴뚝들이 모두 높직높직 솟아 있다.

높직-이
의미 [+위치],[+높이],[+정도]
제약
위치가 꽤 높게.
¶사진을 높직이 걸다./손을 높직이 쳐들다./아이들이 축대 위에 높직이 올라섰다./까치들은 가까운 산의 소나무 위에 높직이 둥지를 틀고 살고 있었다.≪이정환, 샛강≫

뇌꼴스레
의미 [+불쾌],[+미움],[-만족]
제약
보기에 아니꼽고 얄미우며 못마땅하게.
¶외국에 갔다 온 그는 뇌꼴스레 혀를 굴렸다.

뇌락-히[01]
의미 [+마음],[+관대],[+비범]
제약

① 마음이 넓고 비범하게.

의미 [+간격],[+정도]

제약

② 드문드문 성기게.

의미 [+고독]

제약

③ 적적하고 쓸쓸하게.

뇌락-히[02]

의미 [+마음],[+관대],[−구속]

제약

마음이 너그럽고 작은 일에 얽매이지 않게.

뇌확-히

의미 [+견고],[+확실]

제약

견고하고 확실하게.

누그름-히

의미 [+상태],[+유연],[−농도]

제약

약간 누글누글하게 묽은 상태로.

누글-누글

의미 [+모양],[−견고],[+유연],[+정도]

제약

① 꽤 무르고 부드러운 모양. 늑누글누글히①.

¶누글누글 이긴 반죽.

의미 [+모양],[+성질]v[+태도],[−견고],[+유연],[+정도]

제약

② 성질이나 태도가 꽤 무르고 부드러운 모양. 늑누글누글히②.

¶그는 성격이 너무 **누글누글** 누그러져서 맺고 끊는 맛이 없을 때가 있다.

누글누글-히

의미 [+모양],[−견고],[+유연],[+정도]

제약

①=누글누글①. 꽤 무르고 부드러운 모양.

의미 [+모양],[+성질]v[+태도],[−견고],[+유연],[+정도]

제약

②=누글누글②. 성질이나 태도가 꽤 무르고 부드러운 모양.

누굿-누굿

의미 [+모양],[+전부]v[+정도],[−건조],[+습기],[+정도]

제약

① 여럿이 다 또는 매우 메마르지 않고 눅눅한 모양. 늑누굿누굿이①.

¶반죽이 **누굿누굿** 알맞게 되었다.

의미 [+모양],[+성질]v[+태도],[+전부]v[+정도],[+유연],[+온순]

제약

② 성질이나 태도가 여럿이 다 또는 매우 부드럽고 순한 모양. 늑누굿누굿이②.

누굿누굿-이

의미 [+모양],[+전부]v[+정도],[−건조],[+습기]

제약

①=누굿누굿①. 여럿이 다 또는 매우 메마르지 않고 눅눅한 모양.

의미 [+모양],[+성질]v[+태도],[+다수],[+전부]v[+정도],[+유연],[+온순]

제약

②=누굿누굿②. 성질이나 태도가 여럿이 다 또는 매우 부드럽고 순한 모양.

누굿-이

의미 [−건조],[+습기]

제약

① 메마르지 않고 좀 눅눅하게.

의미 [+성질]v[+태도],[+유연],[+온순]

제약

② 성질이나 태도가 좀 부드럽고 순하게

의미 [+추위],[+완화]

제약

③ 추위가 약간 풀린 정도로.

누꿈-히

의미 [+전염병]v[+해충],[+기세],[+완화]

제약

전염병이나 해충 따위의 퍼지는 기세가 매우 심하다가 조금 누그러져 약해진 정도로.

¶차도를 보이지 않던 병세가 어제부터 **누꿈히** 가라앉기 시작했다.

누년

의미 [+해],[+다수]

제약

여러 해 동안.

¶누년 위령제를 지내 오다.

누누-이[01]

의미 [+다수],[+반복]

제약 {사람}-{말하다, 당부하다, 타이르다}

여러 번 자꾸.

¶누누이 당부하다./누누이 말하다./누누이 타이르다./배 선생 앞에서 경화가 꼭 그렇게 해야만 하는 이유를 교장은 누누이 강조했다.≪윤흥길, 묵시의 바다≫

누누-이[02]

의미 [+다수],[+층],[+누적],[+높이],[+정도]

제약

여러 겹으로 상당한 높이까지 쌓이게.

¶전쟁터에 시체가 누누이 널려 있다.

누덕-누덕

의미 [+모양],[+다수],[+기움]v[+부착],[-질서]

제약 {천, 종이}-{꿰매다, 붙이다}

해지고 찢어진 곳을 여기저기 너저분하게 깁거나 덧붙인 모양.

¶무릎을 누덕누덕 기운 바지./장판이라기보다 그것은 종이를 누덕누덕 발라 놓은 것에 지나지 않았다.≪신상웅, 심야의 정담≫

누렁-누렁

의미 [+모양],[+노랑]

제약 { }-{익다}

누런 빛깔이 도는 모양.

¶콩이 누렁누렁 익으면 아이들은 콩 서리를 해 먹었다.

누르끄름-히

의미 [+노랑],[+어두움]

제약

조금 어두울 정도로 누르스름하게.

누르락-붉으락

의미 [+모양],[+화],[+얼굴],[+변화],[+노랑]v[+빨강]

제약

몹시 화가 나서 얼굴빛이 누르렀다 붉었다 하는 모양.

¶할아버지께서는 아버지의 말이 채 끝나기도 전에 별안간 얼굴빛이 누르락붉으락 변하셨다.

누르락-푸르락

의미 [+모양],[+화],[+얼굴],[+변화],[+노랑]v[+파랑]

제약

몹시 화가 나서 얼굴빛이 누르렀다 푸르렀다 하는 모양.

¶그는 얼굴빛이 갑자기 누르락푸르락 변하더니 들었던 술잔을 집어 던졌다.

누르스름-히

의미 [+노랑],[-정도]

제약 { }-{익다}

조금 누르게. 늑누름히.

¶장작불에서 누르스름히 잘 익은 닭고기.

누르죽죽-히

의미 [+노랑],[-균일],[-선명]

제약

칙칙하고 고르지 않게 누르스름하게.

누름누름

의미 [+모양],[+노랑],[+부분]

제약 { }-{익다, 물들다}

=누릇누릇①. 군데군데 누르스름한 모양.

누름-히

의미 [+노랑],[-정도]

제약

=누르스름히. 조금 누르게.

¶색깔이 누름히 바래 버린 낡은 책.

누릇-누릇

의미 [+모양],[+노랑],[+부분]

제약 { }-{익다, 물들다}

① 군데군데 누르스름한 모양. 늑누름누름·누릇누릇이①.

¶들판에는 벼들이 누릇누릇 익어 가고 있었다./겨울 설한풍 속에서도 청청한 잎을 지키는 대나무지만 아래쪽 잎들은 시월 하순의 냉기에 누릇누릇 변색해 가고 있었다.≪조정래, 태백산맥≫

의미 [+모양],[+노랑],[+정도]

제약 { }-{익다, 물들다}

② 매우 누르스름한 모양. 늑누릇누릇이②.

누릇누릇-이

의미 [+모양],[+노랑],[+부분]

제약 { }-{익다, 물들다}

①=누릇누릇①. 군데군데 누르스름한 모양.

의미 [+모양],[+노랑],[+정도]

제약 { }-{익다, 물들다}

②=누릇누릇②. 매우 누르스름한 모양.

누리척지근-히

의미 [+냄새],[-호감]

제약

누린 냄새가 조금 나는 듯이.

누리치근-히

의미 [+냄새],[-호감]

제약

'누리척지근히'의 준말. 누린 냄새가 조금 나는 듯이.

누지근-히

의미 [+습기],[-정도]

제약

좀 축축한 기운이 있는 듯하게.

¶아침 이슬에 신발이 누지근히 젖어 있었다.

누차

의미 [+다수]

제약

여러 차례에 걸쳐.

¶누차 강조하다./누차 생각하다./누차 찾아오다.

누척지근-히

의미 [+냄새],[-호감]

제약

'누리척지근히'의 준말. 누린 냄새가 조금 나는 듯이.

¶겨우내 입던 양모 외투에서 누척지근히 냄새가 풍긴다.

누회

의미 [+다수]

제약

=누차. 여러 차례에 걸쳐.

눅눅-히

의미 [+상태],[+수분],[-정도]

제약

① 축축한 기운이 약간 있는 상태로.

¶습기가 눅눅히 배다./비에 눅눅히 젖다./강바람이 눅눅히 불다.

의미 [+상태],[+수분]v[+기름],[-견고],[+유연]

제약

② 물기나 기름기가 있어 딱딱하지 않고 무르며 부드러운 상태로.

¶버터를 넣어 눅눅히 만든 과자.

눅신-눅신

의미 [+모양],[+수분]v[+점성],[+전부]v[+정도],[-견고],[+유연]

제약

질기거나 차진 물체가 여럿이 다 또는 매우 무르고 부드러운 모양.

¶눅신눅신 녹은 엿./눅신눅신 차진 밥./떡이 눅신눅신 물렀다.

눅신-히

의미 [+상태],[+수분]v[+점성],[-견고],[+유연]

제약

질기거나 차진 물체가 무르고 부드러운 상태로.

눅실-눅실

의미 [+모양],[+수분]v[+점성],[+전부]v[+정도],[-견고],[+유연]

제약

질기거나 차진 물체가 여럿이 다 또는 매우 무르고 물렁물렁한 모양.

¶떡이 눅실눅실 물러 있다.

눅진-눅진

의미 [+모양],[+습기],[+점성],[+정도]

제약

① 물기가 있어 매우 눅눅하면서 끈끈한 모양.

¶고약이 눅진눅진 들러붙다./엿가락이 눅진눅진 늘어지다./떼로 몰려 갯가에 까맣게 기어 나올 때는 여름 장마 뒤 홍수가 휩쓸고 지나간 후 개펄이 눅진눅진 폭양이 삶고 있을 때이다.≪유현

종, 들불≫
의미 [+모양],[+유연],[+점성]
제약
② 성질이 부드러우면서도 끈기가 있는 모양.
¶그도 이번에는 질 수 없다는 듯 **눅진눅진** 따지
고 늘어진다.

눅진-히
의미 [+모양],[+습기],[+점성],[−정도]
제약
① 물기가 약간 있어 눅눅하면서 끈끈한 상태
로.
¶**눅진히** 땀이 배다.
의미 [+모양],[+유연],[+점성]
제약
② 성질이 부드러우면서 끈기가 있는 상태로.
¶**눅진히** 기다리다.

눈눈-이[01]
의미 [+눈],[+개별],[+전부]
제약
사람의 눈마다 모두.

눈눈-이[02]
의미 [+전부],[+그물],[+구멍]
제약
그물 따위의 구멍마다 모두.

눈-빨리
의미 [+눈],[+속도]
제약
눈으로 재빠르게.
¶**눈빨리** 살펴보다.

눈치-껏
의미 [+눈치],[+간파]
제약
남의 눈치를 잘 알아차려서.
¶**눈치껏** 대답하다./대충대충 **눈치껏** 행동해라./
그 친구는 위기 상황을 맞으면 **눈치껏** 대처했다.

눌눌
의미 [+모양],[+말],[+어눌]
제약
말이 잘 나오지 아니하여 더듬는 모양.

눌눌-히

의미 [+털]v[+풀],[+노랑]
제약 {털, 풀}−{　}
털이나 풀 따위의 빛깔이 누르스름하게.

눌면-히
의미 [+노랑],[+적당],[+호감]
제약 {　}−{익다}
보기 좋을 만큼 알맞게 누르스름하게.
¶삼겹살이 **눌면히** 익다.

뉘엿-뉘엿
의미 [+모양],[+해],[+일몰],[+진행],[−속도]
제약
① 해가 곧 지려고 산이나 지평선 너머로 조금
씩 차츰 넘어가는 모양.
¶해가 **뉘엿뉘엿** 넘어가다./**뉘엿뉘엿** 땅거미가 깔
리는가 싶더니 어느 사이에 어둠이 앞을 가렸다.
≪문순태, 타오르는 강≫/마을에 닿았을 때 서편에
해가 **뉘엿뉘엿** 떨어지고 있었다.≪박경리, 토지≫
의미 [+상태],[+구역],[+구토]
제약
② 속이 몹시 메스꺼워 자꾸 토할 듯한 상태.
¶기생 따위란 말이 비위에 거슬리어 **뉘엿뉘엿**
올라올 듯하다.≪현진건, 적도≫

뉘엿-이
의미 [+상태],[+해],[+일몰],[+즉시]
제약
해가 곧 지려고 하는 상태로.
¶저녁을 짓고 나니 어느덧 해가 **뉘엿이** 기울었
다.

뉘지근-히
의미 [+맛]v[+냄새],[−호감]
제약
=뉘척지근히. 맛이나 냄새 따위가 누리게.

뉘척지근-히
의미 [+맛]v[+냄새],[−호감]
제약
맛이나 냄새 따위가 누리게. 늑뉘지근히.

느근-느근[01]
의미 [+모양],[+물건],[+운동],[+유연],[+탄
력],[+반복]
제약 {　}−{움직이다, 흔들리다}

가늘고 긴 물건이 부드럽고 탄력 있게 자꾸 움직이는 모양.

느근-느근02

의미 [+모양],[−소화],[+불편],[+반복]

제약

먹은 것이 내려가지 아니하여 속이 자꾸 느끼해지는 모양.

느글-느글

의미 [+모양],[−소화],[+구역],[+불편],[+반복]

제약

먹은 것이 내려가지 아니하여 곧 게울 듯이 속이 자꾸 메스껍고 느끼해지는 모양.

느긋-느긋

의미 [+모양],[−소화],[+불편],[+거품],[+반복]

제약

먹은 것이 내려가지 아니하여 속이 자꾸 부글거리는 모양.

느긋-이

의미 [+태도],[+만족],[+여유],[+충분]

제약 {사람}-{기다리다}

마음에 흡족하여 여유가 있고 넉넉한 태도로.

¶책을 읽으며 느긋이 기다리다./너무 초조해 말고 마음을 느긋이 가져라./그의 입엔 까닭 모를 미소가 느긋이 풍겼다./왕은 사랑하는 노국 공주와 즐거운 새해를 느긋이 맛볼 틈도 없었다.≪박종화, 다정불심≫

느꺼-이

의미 [+느낌],[+상승],[+감동]

제약

어떤 느낌이 마음에 북받쳐서 벅차게.

느닷없-이

의미 [+순간],[−예측]

제약

나타나는 모양이 아주 뜻밖이고 갑작스럽게.

¶느닷없이 죽다./아기는 잘 놀다가 느닷없이 울기 시작했다./그는 우리가 잊을 만하면 느닷없이 찾아오곤 했다./커튼을 내리고 침대 위로 기어오르는 순간에 그는 느닷없이 가슴이 콱 멤을

느꼈다.≪이동하, 도시의 늪≫

느럭-느럭

의미 [+모양],[+말]v[+행동],[−속도],[+정도]

제약

말이나 행동이 퍽 느린 모양.

¶느럭느럭 말하다./느럭느럭 걷다./윤수는 월숙이가 놀랄까 보아서 나직이 느럭느럭 말하였다.≪이기영, 신개지≫

느런-히

의미 [+개별],[+나열]

제약

죽 벌여서.

¶여러 사람이 느런히 모여 앉아 이야기를 나누고 있다./강을 따라 백양나무가 느런히 서 있다./재치 있는 고려 장인의 솜씨로 된 금비녀 열 개가 느런히 꽂혔다.≪박종화, 다정불심≫

느루

의미 [+지속],[−동시]

제약

한꺼번에 몰아치지 아니하고 오래도록.

¶하루라도 느루 쓰는 것이 옳고, 그래서 세 끼먹던 것을 아침과 저녁 두 끼로 줄이었다.≪채만식, 소년은 자란다≫

느른-히

의미 [−생기]v[+피곤],[−기운],[+정도]

제약

① 맥이 풀리거나 고단하여 몹시 기운이 없이.

¶거적을 둘러친 움막 안에서 병든 늙은 내외가 느른히 누워서 앓고 있다.

의미 [−기운],[+유연]

제약

② 힘이 없이 부드럽게.

¶한 대 맞고 나면 가슴이 후련히 푹 터지고 옥 조이던 사지가 느른히 풀리는 그 신통한 맛이란….≪염상섭, 임종≫

느릿-느릿

의미 [+모양],[+동작],[−속도],[+정도]

제약

① 동작이 재지 못하고 매우 느린 모양.

¶느릿느릿 걷다./배가 느릿느릿 가고 있다./몇 번을 물으니까 그는 그제서야 느릿느릿 대답했다./심술궂은 암녹색 파도는 느릿느릿 여물을 씹는 소의 입처럼 율동한다.≪안정효, 하얀 전쟁≫/일행은 느릿느릿 각자 들고 온 짐을 챙겨서 강쇠를 따라간다.≪박경리, 토지≫

의미 [+모양],[+짜임새]v[+꼬임새],[−긴장],[+간격]

제약

② 짜임새나 꼬임새가 매우 느슨하거나 성긴 모양.

¶느릿느릿 짠 옷감.

느물-느물

의미 [+모양],[+말]v[+행동],[+교활],[+반복]

제약 {사람}−{웃다, 말하다, 행동하다}

말이나 행동을 자꾸 능글맞게 하는 모양.

¶느물느물 웃다.

느슨-히

의미 [+상태],[+끈]v[+줄],[+매듭],[+간격],[−긴장]

제약 {끈, 줄}−{매다, 늘어지다}

① 잡아맨 끈이나 줄 따위가 늘어져 헐거운 상태로.

¶그는 느슨히 매었던 안전벨트를 꽉 매었다./긴장이 풀려 넥타이를 느슨히 늘어뜨리고 빈 컵을 검지와 엄지 끝으로 돌리면서 시선이 먼 곳에 향해 있을 때….≪황석영, 섬섬옥수≫

의미 [+상태],[+나사],[+조임],[+간격]

제약 {나사}−{조이다}

② 나사 따위가 헐겁게 죄어져 있는 상태로.

¶나사를 느슨히 조이다.

의미 [+마음],[−긴장]

제약

③ 마음이 풀어져 긴장됨이 없이.

¶아씨는 구들장이 울릴 만큼 요란한 코 고는 소리에 느슨히 마음이 풀어지면서 뜻 모를 웃음을 헤실헤실 흘렸다.≪박완서, 미망≫

느실-느실

의미 [+모양],[+걸음]v[+운동],[−속도]

제약 { }−{움직이다}

① 느릿느릿 걷거나 움직이는 모양.

의미 [+모양],[−기운],[+운동],[+유연,[+반복]

제약 { }−{움직이다, 흔들리다}

② 축 늘어져 자꾸 너울너울 움직이는 모양.

느지감치

의미 [+시간],[+늦음],[+정도]

제약

꽤 늦게. 느느지거니.

¶느지감치 일어나다./느지감치 떠나다./이튿날 아침 느지감치 일어나 국 한술 떠먹는데 라디오에서는 삼엄한 발표가 나오고 있었다.≪이호철, 문≫

느지거니

의미 [+시간],[+늦음],[+정도]

제약

=느지감치. 꽤 늦게.

¶느지거니 출발하다.

느지막-이

의미 [+시간]v[+기한],[+늦음],[+정도]

제약

시간이나 기한이 매우 늦게.

¶느지막이 떠나다./오늘도 그 영감님은 복덕방에서 장기를 두다가 느지막이 집으로 가셨다.

느직-느직

의미 [+모양],[+동작],[−속도]

제약

① 동작이 아주 굼뜬 모양. 느느직느직이①.

¶느직느직 걷다./봇짐 한 귀에 걸린 짚신 한 켤레가 느직느직 걸음을 옮길 적마다 어깨 위에서 조금씩 흔들리고 있다.≪박경리, 토지≫

의미 [+모양],[+전부],[−예외],[−속도]

제약

② 여럿이 다 굼뜬 모양. 느느직느직이②.

느직느직-이

의미 [+모양],[+동작],[−속도],[+정도]

제약

①=느직느직①. 동작이 아주 굼뜬 모양.

의미 [+모양],[+전부],[−예외],[−속도]

②=느직느직②. 여럿이 다 굼뜬 모양.

느직-이

의미 [+시간],[+늦음],[−기준]

제약

① 일정한 때보다 좀 늦게.

¶느직이 일어나다.

의미 [+기한],[+여유]

제약

② 기한이 넉넉하여 여유가 있게.

¶철도는 정면으로 거절은 안 했으나, 여유가 생길 때까지 좀 **느직이** 기다려 달라는 이야기였다. ≪홍성원, 육이오≫

의미 [+줄],[−긴장],[−정도]

제약 {줄}-{ }

③ 줄 따위가 좀 느슨하게.

¶새댁은 아이를 가슴에 **느직이** 안고 있다.

느짓

의미 [+모양],[+운동],[−속도]

제약

① 움직임이 느린 모양. 늑느짓이①.

의미 [+모양],[+줄],[−긴장]

제약 {줄}-{ }

② 줄 따위가 느슨한 모양. 늑느짓이②.

느짓-느짓

의미 [+모양],[+전부]v[+정도],[−속도]

제약

① 움직임이 여럿이 다 또는 매우 느린 모양. 늑느짓느짓이①.

의미 [+모양],[+줄],[+전부]v[+정도],[−긴장]

제약 {줄}-{ }

② 줄 따위가 여럿이 다 또는 매우 느슨한 모양. 늑느짓느짓이②.

느짓느짓-이

의미 [+모양],[+전부]v[+정도],[−속도]

제약

①=느짓느짓①. 움직임이 여럿이 다 또는 매우 느린 모양.

의미 [+모양],[+줄],[+전부]v[+정도],[−긴장]

제약 {줄}-{ }

②=느짓느짓②. 줄 따위가 여럿이 다 또는 매우 느슨한 모양.

¶머리를 **느짓느짓이** 땋다.

느짓-이

의미 [+모양],[+운동],[−속도]

제약

①=느짓①. 움직임이 느린 모양.

의미 [+모양],[+줄],[−긴장]

제약 {줄}-{ }

②=느짓②. 줄 따위가 느슨한 모양.

는실-난실

의미 [+모양],[+충동],[+이상],[+난잡]

제약

성적(性的) 충동으로 인하여 야릇하고 잡스럽게 구는 모양.

¶이뿐이 마음에 잘 들도록 호미를 대신 손에 잡기가 무섭게 **는실난실** 김을 매 주었고….≪김유정, 산골≫

는적-는적

의미 [+모양],[+물체],[−힘],[−평평]v[−견고],[+정도],[+반복]

제약 { }-{처지다, 물러지다}

물체가 힘없이 자꾸 축 처지거나 물러지는 모양.

¶국수를 해도 끈기가 없어 국숫발이 **는적는적** 끊어지지.≪한수산, 부초≫

는지럭-는지럭

의미 [+모양],[+물체],[−힘],[−평평]v[−견고],[+정도],[+반복]

제약 { }-{처지다, 물러지다}

① 물체가 심하게 물크러질 정도로 힘없이 자꾸 축 처지거나 물러지는 모양.

¶반죽이 **는지럭는지럭** 손에 묻는다.

의미 [+모양],[+말]v[+행동],[−속도],[+정도]

제약 {말, 행동}-{ }

② 말이나 행동 따위를 몹시 느리고 굼뜨게 하는 모양.

는질-는질

의미 [+모양],[+물체],[−힘],[−평평]v[−견고],[+정도],[+반복]

제약 { }−{처지다, 물러지다}

① 물체가 물크러질 정도로 자꾸 힘없이 축 처지거나 물러지는 모양.

의미 [+모양],[+말]v[+행동],[+교활],[+정도]

제약

② 말이나 행동이 매우 능글능글한 모양.

¶손칠만이는 능질능질 막음례를 희롱하려 들었다.≪문순태, 타오르는 강≫

늘

의미 [+항상]

제약

계속하여 언제나. ≒장상(長常).

¶그는 아침이면 늘 신문을 본다./다시 뵈올 때까지 늘 건강하십시오/나는 퇴근길에 늘 그 술집에 들르곤 한다.

늘름

의미 [+모양],[+혀]v[+손],[±돌출],[+속도],[+순간]

제약 {혀, 손}−{내밀다}

① 혀, 손 따위를 재빠르게 내밀었다 들이는 모양.

¶아이는 혀를 늘름 내밀고는 도망쳤다./새빨간 혓바닥을 늘름 내밀어 학생과 함께 영감의 불운을 요망스럽게 비웃어도 본 계집이기는 하였으나….≪박태원, 속 천변 풍경≫

의미 [+수령],[+속도],[+순간]

제약

② 무엇을 재빠르게 받아 가지는 모양.

¶그는 아버지께서 주시는 돈을 늘름 받아 속주머니에 집어넣었다.

의미 [+모양],[+불길],[±돌출],[+속도]

제약 {불길}−{ }

③ 불길이 밖으로 재빠르게 나왔다 들어가는 모양.

늘름-늘름

의미 [+모양],[+혀]v[+손],[±돌출],[+속도],[+순간],[+반복]

제약 {혀, 손}−{내밀다}

① 혀, 손 따위를 자꾸 재빠르게 내밀었다 들였다 하는 모양.

¶구렁이가 기어가면서 긴 혀를 늘름늘름 내밀었다./새끼 새가 어미 새가 물어다 준 먹이를 늘름늘름 받아먹는다./얄찍하게 생긴 여자가 집어 주는 안주를 늘름늘름 받아먹고 있었다.≪문순태, 타오르는 강≫

의미 [+수령],[+속도],[+순간],[+반복]

제약

② 무엇을 자꾸 재빠르게 받아 가지는 모양.

¶아이는 어른들이 돈을 주는 대로 늘름늘름 받았다.

의미 [+모양],[+불길],[±돌출],[+속도],[+반복]

제약 {불길}−{ }

③ 불길이 밖으로 자꾸 재빠르게 나왔다 들어갔다 하는 모양.

의미 [+욕심],[+고개],[+돌출],[+반복]

제약

④ 남의 것을 탐을 내어 자꾸 고개를 내밀고 노리는 모양.

늘썽-늘썽

의미 [+모양],[+천]v[+대나무],[+짜임새]v[+엮음새],[+전부]v[+정도],[+간격]

제약 {천, 대나무}−{짜다}

천, 대나무 따위의 짜임새나 엮음새가 여럿이 다 또는 매우 설핏한 모양. ≒늘썽늘썽히.

늘썽늘썽-히

의미 [+모양],[+천]v[+대나무],[+짜임새]v[+엮음새],[+전부]v[+정도],[+간격]

제약 {천, 대나무}−{짜다}

=늘썽늘썽. 천, 대나무 따위의 짜임새나 엮음새가 여럿이 다 또는 매우 설핏한 모양.

늘썽-히

의미 [+상태],[+천]v[+대나무],[+짜임새]v[+엮음새],[+간격]

제약 {천, 대나무}−{짜다}

천, 대나무 따위의 짜임새나 엮음새가 설핏한 상태로.

늘씬

의미 [+신체],[−조절],[+가혹],[+정도]

제약 { }−{때리다, 맞다}

('때리다', '맞다' 따위의 동사와 함께 쓰여) 몸을 가누지 못할 정도로 심하게. 늑늘씬히02

늘씬-늘씬

의미 [+모양],[+전부]v[+정도],[+신체],[+가늠],[+길이],[+자태]

제약

① 여럿이 다 또는 매우 몸이 가늘고 키가 커서 맵시가 있는 모양.

의미 [+모양],[+전부]v[+정도],[−결점],[+길이]

제약

② 여럿이 다 또는 매우 미끈하게 긴 모양.

¶얼른 귀밑머리를 땋아 주고 **늘씬늘씬** 머리채를 땋았다.≪박종화, 다정불심≫

늘씬-히01

의미 [+신체],[+가늠],[+길이],[+자태]

제약

① 몸이 가늘고 키가 커서 맵시가 있게.

의미 [−결점],[+길이]

제약

② 미끈하게 길게.

¶다리가 **늘씬히** 잘빠졌다.

늘씬-히02

의미 [+신체],[−조절],[+가혹],[+정도]

제약 { }−{맞다}

('맞다' 따위의 동사와 함께 쓰여) 몸을 가누지 못할 정도로 심하게.=늘씬.

¶그는 동네 불량배에게 **늘씬히** 얻어맞았다.

늘쩡-늘쩡01

의미 [+모양],[+행동],[−속도],[+여유]

제약 {사람}−{거리다, 대다}

느른한 태도로 쉬엄쉬엄 느리게 행동하는 모양.

¶황천왕동이가 그제는 김가를 앞세우고 **늘쩡늘쩡** 걸어오며 서로 이야기를 하기 시작하였다.≪홍명희, 임꺽정≫

늘쩡-늘쩡02

의미 [+성질]v[+됨됨이],[−속도],[−견고],

의미 [+정도]

제약

성질이나 됨됨이가 꽤 느리고 야무지지 못한 모양.

¶머리를 **늘쩡늘쩡** 땋아 내려 자주 댕기를 드린 머리채가 엉덩이에서 유난히 치렁치렁합니다. ≪채만식, 태평 천하≫

늘컹-늘컹

의미 [+모양],[−견고],[+이완],[+반복]

제약 { }−{늘어지다, 거리다, 대다}

너무 물러서 자꾸 늘어지는 모양.

¶밀가루 반죽을 너무 묽게 했더니 반죽을 들어 올릴 때마다 **늘컹늘컹** 늘어난다.

늘큰-늘큰

의미 [+모양],[−견고],[+이완],[+정도],[+반복]

제약 { }−{늘어지다, 거리다, 대다}

꽤 물러서 자꾸 늘어지는 모양.

늘큰-히

의미 [−견고],[+이완],[+정도]

제약 { }−{늘어지다, 거리다, 대다}

꽤 물러서 늘어질 듯하게.

늙숙-이

의미 [+태도],[+연로],[+예의]

제약

조금 늙고 점잖은 태도로.

늠렬-히

의미 [+추위],[+가혹],[+정도]

제약

추위가 살을 엘 듯이 심하게. 늑늠연히②.

늠름스레

의미 [+생김새]v[+태도],[+예의],[+당당]

제약

보기에 생김새나 태도가 의젓하고 당당한 데가 있게.

늠름-히01

의미 [+생김새]v[+태도],[+예의],[+당당]

제약

생김새나 태도가 의젓하고 당당하게.

¶**늠름히** 행진하는 군인들./**늠름히** 맞서다./정상

에 소나무 한 그루가 **늠름히** 서 있다.

늠름-히[02]

의미 [+위태],[+공포]

제약

위태로워서 두렵게.

늠실-늠실

의미 [+모양],[+물결],[+운동],[+유연],[+반복]

제약 {물결}-{움직이다, 거리다, 대다}

① 물결 따위가 자꾸 부드럽게 움직이는 모양.

¶물만 어서 떨떨 굴러 와 논자리들이 **늠실늠실** 넘치도록 들어가만 준다면….≪이태준, 농군≫/이랑진 이삭이 훈훈한 바람에 **늠실늠실** 물결치고 있다.≪이희승, 벙어리 냉가슴≫

의미 [+모양],[+운동],[+유연],[+경쾌],[-정도]

제약 { }-{움직이다, 춤추다, 거리다, 대다}

② 자꾸 부드럽고 조금 가볍게 움직이는 모양.

의미 [+모양],[+욕심],[+은밀],[+규견],[+반복]

제약 {사람}-{거리다, 대다}

③ 남의 것을 탐내어 자꾸 슬며시 넘겨다보는 모양.

¶짝귀 전치보는 오태수의 **늠실늠실** 눙치는 태도를 보고….≪문순태, 타오르는 강≫

늠연-히

의미 [+위엄],[+당당]

제약

① 위엄이 있고 당당한 태도로. 늠늠호히.

의미 [+추위],[+가혹],[+정도]

제약

②=늠렬히. 추위가 살을 엘 듯이 심하게.

늠철-히

의미 [+호흡],[±단절]

제약

숨이 끊어질 듯 말 듯 하게.

늠호-히

의미 [+위엄],[+당당]

제약

=늠연히①. 위엄이 있고 당당한 태도로.

능글-능글

의미 [+모양],[+음흉],[+교활]

제약 {사람}-{웃다, 거리다, 대다}

음흉하고 능청스러운 모양.

¶그는 나의 하소연에도 불구하고 말없이 **능글능글** 눈웃음만 쳤다./구렁이처럼 **능글능글** 웃으며 알몸이라도 만지듯 험한 상소리를 거침없이 내뱉었다.≪송기숙, 녹두 장군≫

능글스레

의미 [+음흉],[+교활]

제약

보기에 음흉하고 능청스러운 데가 있게.

¶그는 몸이 달았건만 중매쟁이는 **능글스레** 웃으며 더 기다리라고 했다.

능당-히

의미 [+정도],[+감당]

제약

감당할 정도로 능히.

능란-히

의미 [+솜씨],[+익숙]

제약

익숙할 정도로 솜씨가 있게.

¶그는 어떠한 상황에서도 당황하지 않고 일을 **능란히** 처리해 낼 수 있는 능력이 있었다.

능숙-히

의미 [+능숙],[+익숙]

제약 { }-{다루다}

능하고 익숙하게.

¶컴퓨터를 **능숙히** 다루다.

능준-히

의미 [+역량]v[+수량],[+표준],[+여유],[+풍부]

제약

역량이나 수량 따위가 표준에 미치고도 남아서 넉넉하게.

¶저 두 놈은 내가 **능준히** 맡을 수 있으니 너는 나머지 한 놈을 맡아라.

능청-능청[01]

의미 [+모양],[+막대기]v[+줄],[+탄력],[+요동],[+반복]

제약 {막대기, 줄}-{흔들리다}

가늘고 긴 막대기나 줄 따위가 탄력 있게 자꾸 흔들리는 모양.

¶전깃줄이 바람에 **능청능청** 움직인다.

능청-능청02

의미 [＋모양],[＋음흉],[＋자연],[＋반복]

제약

속으로는 엉큼한 마음을 숨기고 겉으로는 자꾸 천연스럽게 행동하는 모양.

능청스레

의미 [＋모양],[＋음흉],[＋자연],[＋반복]

제약

속으로는 엉큼한 마음을 숨기고 겉으로는 천연스럽게 행동하는 데가 있게.

¶**능청스레** 둘러대다./**능청스레** 굴다./그는 어머니에게 눈짓을 보내고는 안심하라는 시늉으로 손을 흔들면서 **능청스레** 다시 이야기를 시작했다.

능활-히

의미 [＋능력],[＋교활]

제약

능력이 있으면서 교활하게.

능-히

의미 [＋능력],[＋용이]

제약

능력이 있어서 쉽게.

¶**능히** 일을 해내다./이 정도 돈이면 두 달은 **능히** 지내겠다./그 사람 실력이면 **능히** 처리하고도 남을 일이다./얼마 전 일본을 통해 사들인 이 양총은 **능히** 천팔백 보 밖의 표적을 명중시킬 수 있었다.≪현기영, 변방에 우짖는 새≫/기대가 허물어진 아버지의 낙망이 얼마나 큰 것인지도 **능히** 헤아릴 수 있었다.≪조정래, 태백산맥≫

늦추

의미 [＋때],[＋늦음]

제약

① 때가 늦게.

¶**늦추** 오다./약속 시간보다 **늦추** 오는 것은 예의가 아니다.

의미 [＋줄]v[＋끈],[－긴장],[＋이완]

제약 {줄, 끈}-{매다}

② 줄이나 끈 따위를 조이지 아니하고 느슨하게.

¶답답해서 넥타이를 **늦추** 매다.

늴리리

의미 [＋소리],[＋입],[＋관악기],[＋흉내]

제약

퉁소, 나발, 저 따위 관악기의 음을 입으로 흉내 낸 소리.

늴리리-쿵더쿵

의미 [＋소리],[＋관악기],[＋타악기],[＋혼합]

제약

퉁소, 나발, 피리 따위의 관악기와 장구, 꽹과리 따위의 타악기가 뒤섞여 내는 소리

닁큼

의미 [－주저],[＋속도],[＋순간]

제약

머뭇거리지 않고 단번에 빨리.

¶**닁큼** 일어나지 못하겠느냐?/"자, 밤이 찬데 **닁큼** 들어가게." 두 노인이 한사코 웅보의 손을 잡아끌었다.≪문순태, 타오르는 강≫

닁큼-닁큼

의미 [－주저],[＋속도],[＋연속]

제약

머뭇거리지 않고 잇따라 빨리.

¶**닁큼닁큼** 받아먹다./원숭이는 먹이를 주는 대로 **닁큼닁큼** 주워 먹었다.

니글니글

의미 [＋모양],[－소화],[＋구역],[＋반복]

제약

먹은 것이 내려가지 아니하여 곧 게울 듯이 자꾸 속이 울렁거리는 모양.

ㄷ

다
의미 [+전부],[−예외]
제약
① 남거나 빠진 것이 없이 모두.
¶올 사람은 다 왔다./줄 것은 다 주고, 받을 것은 다 받아 오너라./남들이 다 가는 고향을 나는 왜 못 가나.《박경리, 토지》
의미 [+행동]v[+상태],[+한계],[+도달]
제약
② 행동이나 상태의 정도가 한도(限度)에 이르렀음을 나타내는 말.
¶신이 다 닳았다./사람이 다 죽게 되었다./시간이 다 되었으니 돈을 내놓아야지요.《염상섭, 윤전기》
의미 [−예상],[−의도]
제약
③ 일이 뜻밖의 지경(地境)에 미침을 나타내는 말. 가벼운 놀람, 감탄, 비꼼 따위의 뜻을 나타낸다.
¶원, 별사람 다 보겠군./네가 선물을 다 사 오다니, 이게 웬일이냐?/그런 일이 다 있었어?/우리 형편에 자가용이 다 무어냐./듣자 듣자 하니 별소리를 다 하네.
의미 [−성취]
제약
④ 실현할 수 없게 된 앞일을 이미 이루어진 것처럼 반어적으로 나타내는 말.
¶숙제를 하자면 잠은 다 잤다./비가 오니 소풍은 다 갔다./몸이 이렇게 아프니 오늘 장사는 다 했다.

다각도-로
의미 [+방향],[+다수]
제약
=여러모로. 여러 방면으로.
¶다각도로 분석하다./문제의 해결 방안을 다각도로 모색하다./쓰레기 재활용 방안이 다각도로 강구되어야 한다./문제를 다각도로 검토하여 해결책을 찾다.

다급스레
의미 [+긴급],[+정도]
제약
⇒ 다급스럽다. 보기에 몹시 급한 데가 있다.
¶그는 무슨 큰일이라도 난 듯이 다급스레 뛰어왔다./그렇게 다급스럽게 봐서야 내일 시험을 잘 보겠니?/장터 목 술국집에서 허겁지겁 장국밥을 말다가도, 먼 데서 아이의 이름을 다급스럽게 부르고 있는 여인네의 가녀린 목소리에 그는 까닭 없이 놀라곤 하였다.《김주영, 객주》

다급-히
의미 [+일],[+임박],[+급박],[+정도]
제약
일이 바싹 닥쳐서 매우 급하게. 늑박절히②.
¶부친이 위독하다는 형의 전보를 받은 그는 다급히 대문을 나섰다./싸움 붙은 연이 밑에 있는 적을 보고 갑자기 하강하듯 두 마리의 독수리가 다급히 고개를 숙이며 내려간다.《유현종, 들불》

다년-간
의미 [+해],[+다수]
제약
여러 해가 되도록.
¶선생님은 고대사를 다년간 연구하신 분입니다./지금 이 판국에 군기를 내세워 다년간 우리와

233

심신을 같이하던 동무를 어떻게 죽일 수 있단 말이오.≪이병주, 지리산≫

다다

의미 [+능력],[+도달],[+정도]

제약

① 아무쪼록 힘 미치는 데까지. 또는 될 수 있는 대로.

¶우리나 서울 것들이나 서로 저기 하기는 매일반인 거야. 서로 다다 속여 먹잖으면 못 살게 마련된 세상인데, 촌사람만 독약 쓰지 말라는 법 있담?≪이문구, 으악새 우는 사연≫/장날 장꾼들이 탈미골이나 청석골을 지나갈 사람이면 다다 일찍이들 나가는 까닭에….≪홍명희, 임꺽정≫

의미 [+일],[+중지]

제약

② 다른 일은 그만두고.

¶너는 다다 자기 일만 잘하면 된다.

다다귀-다다귀

의미 [+모양],[-크기],[+집합],[+부착]

제약 { }-{붙어있다}

'다닥다닥①'의 본말. 자그마한 것들이 한곳에 많이 붙어 있는 모양.

¶은행 열매가 다다귀다다귀 붙어 있는 게 가을에는 제법 많이 거두어들일 수 있겠다.

다다닥

의미 [+소리],[+바퀴살],[+회전],[+접촉]

제약 {바퀴살}-{ }

구르는 바퀴의 살 따위에 무엇인가가 닿는 소리.

다다닥-다다닥

의미 [+소리],[+바퀴살],[+회전],[+접촉],[+연속]

제약 {바퀴살}-{ }

구르는 바퀴의 살 따위에 무엇인가가 잇따라 닿는 소리.

다닥-다닥

의미 [+모양],[-크기],[+집합],[+부착]

제약 { }-{붙어있다}

① 자그마한 것들이 한곳에 많이 붙어 있는 모양.

¶바닷가 바위틈에 따개비들이 다닥다닥 붙어 있

다./가시 넝쿨이 잎은 하나도 없이 자줏빛 열매를 다닥다닥 달고 발밑으로 엉클어져 있었다. ≪한수산, 유민≫/산 아래 게딱지 같은 판자촌들이 다닥다닥 붙어 있었다.≪최인호, 지구인≫

의미 [+모양],[+기움],[+다수],[-청결]

제약 { }-{꿰매다}

② 보기 흉할 정도로 지저분하게 여기저기 기운 모양.

¶형편이 얼마나 안 좋은지 양말 여기저기를 다닥다닥 기워 신었다.

다달-다달

의미 [+모양],[+목소리],[-분명],[+어눌],[+반복]

제약 {사람}-{더듬다, 거리다, 대다}

좀 분명하지 아니한 목소리로 말을 자꾸 더듬는 모양.

¶그는 겁에 질려 다달다달 더듬으면서 말을 했다.

다달-이

의미 [+시간],[+매달],[+반복],[+규칙]

제약

달마다. ≒과월(課月)·매달·매삭·매월.

¶월간지를 다달이 구독하다./잡지에서 관심 있는 기사를 다달이 스크랩해 두었다./면에서 다달이 얼마씩의 밀가루가 무상으로 나왔을 때는 그래도 생계에 적잖은 도움을 주는 듯하더니….≪김춘복, 쌈짓골≫/당쟁의 폐는 나날이 다달이 더 심하고 심각하여 갔다.≪김동인, 운현궁의 봄≫

다독-다독

의미 [+모양],[+물건],[+취합],[+타격],[+압력],[+반복]

제약 { }-{두드리다, 누르다}

① 흩어지기 쉬운 물건을 모아 잇따라 가볍게 두드려 누르는 모양.

¶메주를 다독다독 두드려 반듯하게 만들었다.

의미 [+모양],[+신체],[+타격],[-소리],[+반복]

제약 { }-{두드리다}

② 아기를 재우거나 달래거나 귀여워할 때 몸을 가만가만 잇따라 두드리는 모양.

¶어머니는 **다독다독** 아기를 두드리며 재웠다.

의미 [+모양],[+위로],[+보호],[+진정]

제약 { }-{감싸다, 달래다}

③ 남의 약한 점을 거듭 따뜻이 어루만져 감싸고 달래는 모양.

¶게으른 아이를 **다독다독** 훈계하다.

다듬-다듬

의미 [+모양],[+탐색]v[+인식],[+접촉],[+다양],[+반복]

제약 {사람}-{만지다, 거리다, 대다}

① 무엇을 찾거나 알아보려고 손으로 자꾸 이리저리 좀 만지는 모양.

의미 [+모양],[+방법],[-인지],[+탐색],[+추측]

제약

② 잘 알지 못하는 길을 이리저리 짐작하여 찾는 모양.

의미 [+모양],[+기억][-분명],[+생각][+다양]

제약

③ 기억이 뚜렷하지 아니한 일을 이리저리 좀 생각해 보는 모양.

의미 [+모양],[+말]v[+글],[-순탄],[+장애],[+반복]

제약 { }-{말하다, 읽다}

④ 말을 하거나 글을 읽을 때 자꾸 순조롭게 하지 못하고 좀 막히는 모양.

다듬작-다듬작

의미 [+모양],[+탐색]v[+인식],[+접촉],[-속도],[+다양],[+반복]

제약 {사람}-{만지다, 거리다, 대다}

① 무엇을 찾거나 알아보려고 나릿나릿하게 손으로 자꾸 이리저리 만지는 모양.

의미 [+모양],[+말]v[+글],[+장애],[-속도],[-정도]

제약 {말, 글}-{더듬다}

② 말을 하거나 글을 읽을 때 자꾸 나릿나릿하게 더듬는 모양.

다따가

의미 [+순간],[-예상]

제약

난데없이 갑자기.

¶제 궁리에 잠겨 있던 판에 **다따가** 먼 곳에서 찾아온 동무의 자태는 퍽도 신선한 인상을 주었다.《이효석, 해바라기》

다락같-이

의미 [+가격],[+고가],[+정도]

제약

① 물건 값이 매우 비싸게.

¶지금 **다락같이** 물가 뛰는 거 봐라.《김원일, 불의 제전》

의미 [+덩치]v[+규모],[+크기],[+정도]

제약

② 덩치나 규모 정도가 매우 크고 심하게.

¶입맛이 **다락같이** 까다로운 마님들을 삼시 먹여야 하는 수고는 또 오죽하겠소《박완서, 미망》/ 날씨가 **다락같이** 추워지니까 밤에 잠이 안 옵니다.《박경리, 토지》

다락-다락

의미 [+모양],[+요구],[-호감],[+정도],[+반복]

제약 {사람}-{조르다}

① 자꾸 대들어 귀찮게 조르는 모양.

¶아이가 장난감을 사 달라고 **다락다락** 조른다.

의미 [+모양],[+접근],[-호감],[+염려]

제약 {사람}-{다가오다}

② 귀찮거나 두려울 정도로 바득바득 다가오는 모양.

¶세 들어 살고 있는 집의 기한이 **다락다락** 닥쳐왔으나 다시 계약할 엄두를 내지 못했다.

의미 [+모양],[+물방울],[+부착],[+다수]

제약 {물방울}-{매달리다}

③ 물방울 따위가 많이 매달려 있는 모양.

다래-다래

의미 [+모양],[+물건],[+부착],[+정도]

제약 { }-{매달리다, 늘어지다}

작은 물건이 많이 매달려 있거나 늘어져 있는 모양.

¶**다래다래** 매달린 포도가 검붉게 익어 가고 있다.

다르랑

의미 [+소리],[+소란],[+공명],[-정도]

제약 { }-{울리다, 거리다, 대다}

① 조금 요란하게 울리는 소리.

¶그는 헐레벌떡 뛰어 들어와 방문을 **다르랑** 열어젖혔다.

의미 [+소리],[+코],[+소란],[-정도]

제약 {코}-{골다}

② 조금 요란하게 코를 고는 소리.

¶아기는 **다르랑** 소리를 내며 곤히 잠자고 있다.

다르랑-다르랑

의미 [+소리],[+소란],[+공명],[+-정도],[+반복]

제약 { }-{울리다, 거리다, 대다}

① 조금 요란하게 자꾸 울리는 소리.

의미 [+소리],[+코],[+소란],[-정도],[+반복]

제약 {코}-{골다}

② 조금 요란하게 코를 자꾸 고는 소리.

¶사방에서 **다르랑다르랑** 코 고는 소리가 들린다.

다르르01

의미 [+모양],[+소리],[+물건],[+바닥],[+회전]

제약 {물건}-{구르다}

① 작은 물건이 단단한 바닥 위를 구르는 소리. 또는 그 모양.

¶구슬이 **다르르** 마룻바닥으로 굴렀다.

의미 [+소리]v[+모양],[+물건],[+요동],[+진동]

제약 { }-{흔들리다, 떨리다}

② 작은 물건이 흔들려 떨리는 소리. 또는 그 모양.

¶문풍지가 **다르르** 떨린다./인력거 방울 소리가 **다르르** 나며 자기 옆으로 기생 태운 인력거 하나가 획 지나갔다.≪나도향, 환희≫

의미 [+소리]v[+모양],[+천],[+재봉틀],[+바느질]

제약 {재봉틀}-{거리다, 대다}

③ 재봉틀로 얇은 천을 박는 소리. 또는 그 모양.

¶**다르르**, 연하게 구르는 재봉틀 소리가 달콤하게….≪채만식, 탁류≫

다르르02

의미 [+모양],[+능통],[-장애],[+능란]

제약

어떤 일에 능통하여 막힘이 없이 잘하는 모양.

¶어린 소년이 천자문을 **다르르** 읊어 댔다./그는 은행 관계의 일에는 **다르르** 통하는 사람이니까 돈 걱정은 하지 않을 거야.

다르륵

의미 [+소리],[+물건],[+회전],[+정지]

제약 { }-{멈추다}

① 작은 물건이 구르다가 딱 멎는 소리.

¶바닥을 구르던 구슬이 **다르륵** 소리를 내며 멈추었다.

의미 [+소리],[+물건],[+활주]

제약 { }-{미끄러지다}

② 작은 물건이 미끄러지는 소리.

¶쌍창 미닫이가 **다르륵** 열리면서 마님이 앉은 자세로 얼굴을 내밀었다.≪문순태, 타오르는 강≫

다르륵-다르륵

의미 [+소리],[+물건],[+회전],[+다수],[+정지]

제약 { }-{멈추다}

① 작은 물건이 하나 또는 여럿이 다 여러 번 구르다가 멎는 소리.

의미 [+소리],[+물건],[+활주],[+연속]

제약 { }-{미끄러지다}

② 작은 물건이 잇따라 미끄러지는 소리.

다름없-이

의미 [+비교],[+동일]v[+유사]

제약

견주어 보아 같거나 비슷하게.

¶그는 예전과 **다름없이** 쾌활한 모습이었다./이날 아침에도 석림이는 어제나 **다름없이** 글방으로 갔다.≪이기영, 봄≫

다만

의미 [+유일]

제약

① 다른 것이 아니라 오로지. 늑단지①.

¶내게 있는 것은 **다만** 동전 한 닢뿐이다./석이네

는 **다만** 고개를 저을 뿐 아무 말이 없었다.《한수산, 부초》

의미 [+기준],[−초과],[+도달]

제약

② (조사 '라도'가 붙은 명사 앞에 쓰여) 그 이상은 아니지만 그 정도는.

¶공부를 잘하려면 **다만** 책이라도 충분히 볼 수 있어야 할 것이 아닌가?/의사를 청하여 오려면 **다만** 얼마라도 돈이 있어야겠다는 생각이 들었다.

의미 [+제약]

제약

③ 앞의 말을 받아 예외적인 사항이나 조건을 덧붙일 때 그 말머리에 쓰는 말. 늦단지②.

¶헛기침 소리 이외에는 아무의 입에서도 말이 없다. **다만** 몸들의 움직임이 있을 뿐이다.《전광용, 사수》/배 선생이 하는 일에 처음부터 상관하고 싶은 생각은 전혀 없었다. **다만** 궁금할 뿐이었다.《윤흥길, 묵시의 바다》

다문-다문

의미 [+모양],[+시간],[−빈도]

제약

① 시간적으로 잦지 아니하고 좀 드문 모양.

¶서울 사는 아들도 어쩌다 한 번씩 **다문다문** 집을 찾아왔다./**다문다문** 나다니던 바깥출입조차 달포 넘게 끊은 채 집 안에서만 박혀 지냈다.《김원일, 불의 제전》

의미 [+모양],[+공간],[+간격]

제약

② 공간적으로 배지 아니하고 사이가 좀 드문 모양.

¶차가 산길에 접어들자 집들이 어쩌다 하나씩 **다문다문** 보일 뿐이었다.

다물-다물

의미 [+모양],[+물건],[+더미],[+누적]

제약 {물건}-{쌓다}

물건이 무더기무더기 쌓인 모양.

¶가을 들판에는 볏단이 **다물다물** 쌓여 있었다.

다박-다박

의미 [+모양],[+걸음],[−속도],[−기운],[−정도]

제약 {사람}-{걷다}

조금 느릿느릿 힘없는 걸음으로 걸어가는 모양. '타박타박'보다 여린 느낌을 준다.

다보록-다보록

의미 [+모양],[+식물],[+전부],[+소담],[+소복]

제약 {풀, 나무}-{ }

① 풀이나 작은 나무 따위가 여럿이 다 탐스럽게 소복한 모양.

의미 [+모양],[+수염]v[+머리털],[−길이],[+조밀],[+소담],[+정도]

제약 {수염, 머리털}-{ }

② 수염이나 머리털 따위가 짧고 촘촘하게 많이 나서 소담한 모양.

¶갓 입대한 신병들은 머릿결도 **다보록다보록** 한결같은 모습이었다.

다보록-이

의미 [+모양],[+풀]v[+나무],[+소담],[+소복]

제약 {풀, 나무}-{ }

① 풀이나 작은 나무 따위가 탐스러울 정도로 소복하게.

¶연두색 잎들이 **다보록이** 피어난 소나무 숲./날씨는 차가운 겨울이건만 보리만은 **다보록이** 푸른빛을 보이고 있었다.

의미 [+모양],[+수염]v[+머리털],[−길이],[+조밀],[+소담],[+정도]

제약 {수염, 머리털}-{ }

② 수염이나 머리털 따위가 짧고 촘촘하게 많이 나서 소담하게.

다복-다복

의미 [+모양],[+풀]v[+나무],[+다수],[+소담],[+소복],[+정도]

제약 {풀, 나무}-{ }

풀이나 나무 따위가 여기저기 아주 탐스럽게 소복한 모양.

¶**다복다복** 돋은 풀은 안 남산 밖 남산 군데군데 푸르렀는데….《육정수, 송뢰금》

다복스레

의미 [+복],[+정도]

제약

보기에 복이 좀 많게.

¶저 집은 삼대가 **다복스레** 살고 있다.

다복-이

의미 [+모양],[+풀]v[+나무],[+소담],[+소복],[+정도]

제약 {풀, 나무}-{ }

풀이나 나무 따위가 아주 탐스러울 정도로 소복하게.

다분-히

의미 [+비율],[+풍부],[+정도]

제약

그 비율이 어느 정도 많게.

¶이곳은 지뢰 폭발의 위험성이 **다분히** 있는 지역이다./그는 **다분히** 정치성을 띤 연설을 했다./사내는 유창히 지껄여 댔으나 그 표현은 **다분히** 문학적 취기에 젖어 설익은 느낌을 어쩔 수 없었다.≪김원일, 어둠의 축제≫

다불과

의미 [+겨우]

제약

많다고 해야 고작.

¶낮이라서 그런지 다방에는 손님이 **다불과** 서넛밖에 없었다.

다불-다불

의미 [+모양],[+머리털],[+길이]

제약 {어린아이}-{ }

어린아이의 머리털이 늘어져 있는 모양.

¶아기의 솜털 같은 머리가 **다불다불** 바람에 날린다.

다붓-다붓

의미 [+모양],[+전부],[+근접],[+정도]

제약

여럿이 다 매우 가깝게 붙어 있는 모양.

¶아이들은 아랫목에 **다붓다붓** 모여서 놀이에 빠져 있었다./스물네 글자를 명정 한복판에 **다붓다붓** 써 나갔다.≪박종화, 다정불심≫

다붓-이

의미 [+근접],[+정도]

제약 { }-{모이다, 붙어있다}

붙어 있는 정도가 매우 가깝게.

다빡

의미 [+모양],[+행동],[-요량],[-예고]

제약

앞뒤를 헤아리지 아니하고 가볍게 불쑥 행동하는 모양.

¶제가 무슨 정신에서인지 그 거짓말쟁이의 말만 듣고 그만 **다빡** 약속을 해 버렸습니다.

다빡-다빡

의미 [+모양],[+행동],[-요량],[-예고],[+반복]

제약

앞뒤를 헤아리지 아니하고 자꾸 가볍게 불쑥 행동하는 모양.

¶아녀자가 어찌 그리 행동이 **다빡다빡** 경솔하단 말이냐?

다뿍

의미 [+모양],[+분량],[+과도]

제약 { }-{담다}

분량이 다소 넘치게 많은 모양.

¶그는 사발에 **다뿍** 담은 밥을 깨끗이 먹어 치웠다./시장할 테니 밥을 **다뿍** 퍼 주어라.

다뿍-다뿍

의미 [+모양],[+다수],[+분량],[+과도]

제약 { }-{담다}

여럿이 분량이 다소 넘치게 많은 모양.

¶밥을 그릇에 **다뿍다뿍** 담았다.

다사로이[01]

의미 [+기운],[+온기],[-정도]

제약

따뜻한 기운이 조금 있게.

¶아이들은 햇살이 **다사로이** 비치는 양지 녘에 옹기종기 모여 있었다./햇볕을 가득 머리에 이고 **다사로이** 나부끼는 꽃잎들….≪이영치, 흐린 날 황야에서≫

다사로이[02]

의미 [+일],[+풍부],[-정도]

제약

보기에 일이 좀 많은 듯하게.

다사분주-히

의미 [+일],[+풍부],[+분주],[+정도]

제약

여러 가지로 일이 많아 몹시 바쁘게.

다사스레

의미 [+분주]

제약

① 보기에 바쁜 데가 있게.

의미 [+일],[+간섭],[+정도]

제약

② 보기에 쓸데없는 일에 간섭을 잘하는 데가 있게.

다소

의미 [+정도]

제약

어느 정도로.

¶그는 다소 과장된 목소리로 말했다./그는 다소 야위었다./그 극장은 주로 다소 생소한 외국 영화를 상영한다./무거운 기분이, 택시의 창을 스치는 거리를 보고 있는 동안에 다소 가벼워졌다. ≪이병주, 행복어 사전≫

다소-간

의미 [±다소]

제약

많든 적든 얼마간에.

¶쌀 생산량이 다소간 기대에 못 미치지만 평년 작은 된다./수석을 못했다니 다소간 실망스럽다./짐의 일부를 뚝 떼어 남에게 떠맡긴 쪽에서는 그것으로 다소간 홀가분해졌을지 몰라도…. ≪윤흥길, 묵시의 바다≫

다소곳-이

의미 [+태도],[+온순],[-말]

제약

① 고개를 조금 숙이고 온순한 태도로 말이 없이.

¶나는 좀 부산히 지껄였고, 그 여자는 다소곳이 듣고 있었다.≪김원일, 어둠의 축제≫/윗목에 한쪽 무릎을 세우고, 그 위에 두 손을 얹고 다소곳이 앉아 있는 어제 시집온 새색시도 놀란 듯 눈이 휘둥그레진다.≪하근찬, 야호≫

의미 [+태도],[+온순],[+추종]

제약

② 온순한 마음으로 따르는 태도가 있게.

¶그는 옥자의 어깨에 가볍게 손을 얹었고, 그녀 역시 다소곳이 그의 말을 따랐다.≪김주영, 이장 동화≫

의미 [+한적],[+차분]

제약

③ 한적하고도 얌전하게.

¶중앙에는 그들의 혼을 달래고 뜻을 기리는 향로가 다소곳이 놓여 있었다.≪이영치, 흐린 날 황야에서≫

다수-히

의미 [+수요],[+풍부]

제약

수효가 많게.

¶격전이 끝난 계곡에는 시체가 다수히 널려 있었다./상금이 많이 걸리자 응모자가 다수히 몰려들었다.

다시

의미 [+반복]

제약

① 하던 것을 되풀이해서.

¶다시 보아도 틀린 곳을 못 찾겠어./다리를 건너고 고개를 넘을 때마다 강물 소리는 가까워졌다간 멀어져 가고 다시 가까워지곤 했다.≪한수산, 유민≫

의미 [+방법]v[+방향],[+수리],[+참신]

제약

② 방법이나 방향을 고쳐서 새로이.

¶작품을 다시 만들다./다른 방법으로 다시 한번 해 봐.

의미 [-중지],[+지속]

제약

③ 하다가 그친 것을 계속하여.

¶한참을 쉬다가 다시 길을 걷기 시작했다./웬만큼 쉬었으면 다시 일을 시작합시다./회사를 다시 일으킬 수 있을까?/또 한참 뜸을 들였다가 종엽이는 다시 말을 붙인다.≪염상섭, 무화과≫

의미 [+반복]

제약

④ 다음에 또.

¶다시 그런 소릴 하면 그냥 두지 않겠다./오늘
은 그만하고 내일 다시 만나 이야기하세./한 번
대접이 시원찮으면 그 집에는 두 번 다시 가기
를 꺼리기 마련이고, 설령 간다고 해도 능률 면
에서 현저한 차이가 생기기 십상이다.≪김춘복,
쌈짓골≫

의미 [+회복]

제약

⑤ 이전 상태로 또.

¶다시 건강이 좋아져야지./우리는 다시 힘을 합
하기로 했다./다시 봄이 오니 온 산과 들에 파릇
파릇 새 생명이 넘쳐 난다./지금 가져온 쌀은 소
작료를 너무 짜게 받았다고 지주가 다시 돌려준
것이라고 했다.≪송기숙, 녹두 장군≫

다시-금

의미 [+반복],[+강조]

제약

'다시'를 강조하여 이르는 말.

¶월숙은 노파의 음험한 수단에 다시금 간담이
서늘하였다.≪이기영, 신개지≫/나는 더 버틸 재간
이 없어 다시금 고모님 댁의 신세를 지게 되었
다.≪김용성, 도둑 일기≫

다시없-이

의미 [+비교],[+우월]

제약

그보다 더 나은 것이 없게.

¶부잣집 맏며느리, 이것이 다시없이 호화로운 공
상이었다.≪안회남, 황금과 장미≫/어머니 아버님이
3·1 운동 때 학살당하셨다는 걸 다시없이 자랑
으로 여기세요.≪손창섭, 낙서족≫

다심스레

의미 [+생각],[+다양]

제약

보기에 조그만 일에도 생각을 많이 하는 데가
있게.

¶어머니는 길 떠나는 아들에게 이것저것을 다심
스레 당부했다.

다심-히

의미 [+근심]v[+생각],[+다양]

제약

조그만 일에도 마음이 안 놓여 여러 가지로 생
각하거나 걱정하는 게 많게.

¶다심히 굴다.

다양스레

의미 [+모양]v[+빛깔]v[+형태]v[+양식],
[+다양]

제약

보기에 모양, 빛깔, 형태, 양식 따위가 여러 가
지로 많은 데가 있게.

다음-다음

의미 [+순서]

제약

차례차례로.

¶학생들은 줄을 서서 다음다음 배식을 받았다./
좌중의 화제는 조선 사람의 문화와 생활을 중심
으로 해 다음다음 끊임없이 연달아 나왔다.≪유
진오, 화상보≫

다정다감-히

의미 [+정],[+감정],[+풍부]

제약

정이 많고 감정이 풍부하게.

다정스레

의미 [+다정]v[+정]

제약

보기에 다정하거나 정다운 데가 있게.

¶다정스레 웃다./다정스레 굴다./나는 미소를 지
으며 다정스레 친구에게로 다가갔다./귀 익은 음
성으로 누군가가 퍽 다정스레 자기를 부르고 있
는 것을 독수리는 문득 깨달았다.≪이문희, 흑맥≫

다정-히

의미 [+정]v[+정분],[+돈독]

제약

정이 많게. 또는 정분이 두텁게.

¶우리는 강변에 다정히 앉아서 이야기를 나누었
다./치모가 물금댁의 여윈 어깨를 다정히 감싸
안으며 말했다.≪김원일, 노을≫

다직

의미 [+겨우]

제약

'기껏'의 뜻을 나타내는 말.

¶내가 앞으로 오십 년을 더 살겠느냐, 백 년을 더 살겠느냐 **다직** 한 십 년 더 살다가 죽을걸.≪채만식, 태평천하≫/저주를 해도 시원할 것 같잖던 분노와 원한이건만, **다직** 몇 마디를 못 해서 부질없이 설움이 복받쳐 올라….≪채만식, 탁류≫

다짜-고짜

의미 [−상황]v[−사정],[−신중],[+순간]

제약

=다짜고짜로. 일의 앞뒤 상황이나 사정 따위를 미리 알아보지 아니하고 단박에 들이덤벼서.

¶불량배들은 그들보다 나이가 많은 수위 아저씨에게 **다짜고짜** 반말을 하면서 건물 안으로 들어섰다./만득이는 **다짜고짜** 행랑아범 어깨를 낚아채고 유월례 어디 있느냐고 욱대겼다.≪송기숙, 녹두 장군≫/종술은 발자국 소리를 호주머니 안에다 깊숙이 감춘 채로 살금살금 감시소까지 다가가서 **다짜고짜** 문을 열어젖혔다.≪윤흥길, 완장≫

다짜고짜-로

의미 [−상황]v[−사정],[−신중],[+순간]

제약

일의 앞뒤 상황이나 사정 따위를 미리 알아보지 아니하고 단박에 들이덤벼서. 늑다짜고짜. ¶그는 전후 사정은 듣지도 않고 **다짜고짜로** 불호령을 내렸다./영달이는 잔을 집어 들고는 **다짜고짜로** 팔기의 입으로 가져간다.≪김춘복, 쌈짓골≫/나는 **다짜고짜로** 그 녀석의 멱살을 쥐었다.≪최인호, 잠자는 신화≫

다채로이

의미 [+색채],[+형태],[+종류],[+다양],[+조화],[+호화]

제약

여러 가지 색채나 형태, 종류 따위가 한데 어울리어 호화스럽게.

¶그녀는 매일의 식단을 **다채로이** 마련하기 위하여 자주 시장에 들러야 했다./우리는 여러 사람의 지혜를 모은 덕에 행사를 보다 **다채로이** 진행할 수 있었다.

다팔-다팔

의미 [+모양],[+물건],[+길이],[+요감],[+바람],[+정도]

제약 { }−{흔들리다}

① 다보록한 물건 따위가 조금 길게 늘어져 자꾸 바람에 흔들리는 모양.

¶소녀는 머리털을 **다팔다팔** 바람에 날리며 건너편으로 달려갔다.

의미 [+모양],[+행동],[−침착],[+경솔],[+반복]

제약 { }−{행동하다, 거리다, 대다}

② 들떠서 침착하지 못하고 자꾸 경솔하게 행동하는 모양.

¶다 큰 녀석이 왜 그리 **다팔다팔** 신중하지 못하게 구느냐?

다함없-이

의미 [−제한],[+크기]v[+풍부]

제약

그지없이 크거나 많게.

¶오랜 세월이 흐른 지금도 태양은 **다함없이** 온 누리를 밝게 비추고 있다./어떤 시련이 와도 그의 작품에 대한 정열은 **다함없이** 계속될 것이다.

다행스레

의미 [−기대],[+운]

제약 { }−{여기다, 생각하다}

뜻밖에 일이 잘되어 운이 좋은 듯하게.

¶다행스레 여기다./그래도 이만하게 끝난 걸 **다행스레** 생각해라.

다행-히

의미 [−기대],[+운]

제약 { }−{여기다, 생각하다}

뜻밖에 일이 잘되어 운이 좋게.

¶**다행히** 우리는 그의 집을 쉽게 찾을 수 있었다./불이 났으나 **다행히도** 사람은 다치지 않았다.

닥

의미 [+소리]v[+모양],[+금]v[+줄]

제약 {금, 줄}−{긋다}

① 가볍게 금이나 줄을 그을 때 나는 소리. 또는 그 모양.

¶영이는 돌을 주워 **닥** 소리가 나게 마루에 금을

그었다.

의미 [＋소리]v[＋모양],[＋물건],[＋마찰]

제약 { }-{긁다}

② 작고 단단한 물건을 긁을 때 나는 소리. 또는 그 모양.

¶그는 대접 밑바닥을 닥 긁었다.

의미 [＋소리]v[＋모양],[＋물],[＋결빙],[＋순간]

제약 { }-{얼다}

③ 적은 양의 물이 갑자기 얼 때 나는 소리. 또는 그 모양.

닥다그르르

의미 [＋소리]v[＋모양],[＋물건],[＋충돌],[＋회전],[＋연속]

제약 {물건}-{구르다}

① 작고 단단한 물건이 잇따라 다른 단단한 물체에 부딪치며 굴러가는 소리. 또는 그 모양.

¶구슬은 **닥다그르르** 소리를 내며 유리 상자 안에서 굴렀다.

의미 [＋소리],[＋천둥],[－거리],[＋순간]

제약 {천둥}-{울리다}

② 천둥이 가까운 데서 갑자기 울리는 소리.

닥다글-닥다글

의미 [＋소리]v[＋모양],[＋물건],[＋충돌],[＋회전],[＋연속]

제약 {물건}-{구르다}

① 작고 단단한 물건이 다른 단단한 물체에 잇따라 부딪치면서 굴러가는 소리. 또는 그 모양.

의미 [＋소리],[＋천둥],[－거리],[＋순간],[＋연속]

제약 {천둥}-{울리다}

② 천둥이 가까운 데서 갑자기 잇따라 울리는 소리.

닥-닥

의미 [＋소리]v[＋모양],[＋금]v[＋줄],[＋반복]

제약 {금, 줄}-{긋다}

① 금이나 줄을 자꾸 그을 때 나는 소리. 또는 그 모양.

¶아이는 유리 조각으로 마루판을 **닥닥** 긁으면서 하늘을 쳐다보았다.

의미 [＋소리]v[＋모양],[＋물건],[＋마찰],[＋반복]

제약 { }-{긁다}

② 작고 단단한 물건을 자꾸 긁을 때 나는 소리. 또는 그 모양.

¶"따이한이 쳐들어온다고 해서 마을 사람들이 벌벌 떨었어요." 내가 먹다 준 콩을 플라스틱 숟가락으로 **닥닥** 긁어 비우면서 짜우가 말했다. ≪안정효, 하얀 전쟁≫/고모님은 우리를 더 이상 상대하지 않으려는 듯이 몸을 돌려 밥솥의 누룽지를 **닥닥** 긁었다.≪김용성, 도둑 일기≫

의미 [＋소리]v[＋모양],[＋물],[＋결빙],[＋순간],[＋반복]

제약 { }-{얼다}

③ 적은 양의 물이 자꾸 갑자기 얼 때 나는 소리. 또는 그 모양.

닥작-닥작

의미 [＋모양],[＋먼지]v[＋때],[＋두께]

제약 {먼지}-{앉다}

먼지나 때 따위가 좀 두껍게 끼어 있는 모양.

¶우리는 먼지가 **닥작닥작** 앉은 교실 유리창을 닦았다.

닥지-닥지

의미 [＋모양],[＋때]v[＋먼지],[＋풍부]

제약 {때, 먼지}-{끼다, 앉다}

① 때나 먼지 따위가 많이 끼어 있는 모양.

¶창틀에 먼지가 **닥지닥지** 끼다./그는 때가 **닥지닥지** 앉은 누더기를 걸치고 나타났다.

의미 [＋모양],[－크기],[－간격]

제약

② 작은 것들이 빽빽이 있는 모양.

¶여기서도 벽돌 공장의 굴뚝이 보입니다. 그 밑으로 번호를 크게 써 붙인 집들이 **닥지닥지** 붙어 있어요.≪조세희, 칼날≫/마침 느릅나무 가지에는 참새 떼가 열매처럼 **닥지닥지** 붙어 앉아 날개를 털며 쩍쩍거리고 있었다.≪김원일, 불의 제전≫

단

의미 [＋조건],[＋접속]

제약

① 앞의 말을 받아 예외적인 사항이나 조건을

덧붙일 때, 그 말머리에 쓰는 접속 부사.

¶근무 시간은 오후 6시까지로 한다. 단, 토요일은 12시까지로 한다./투수진과 마해영·양준혁·브리또 등을 앞세운 타격이 제 몫을 다해준다. 단 이승엽(타율0.182·3홈런)이 2홈런을 몰아친 개막전 이후 주춤거리고 있는 점이 부담스럽다…≪조선일보사≫

의미 [＋조건],[＋제한]

제약

② 영수증·인수증 따위에서, 앞에 적은 금액이나 물품 따위의 명세를 밝힐 때, '다른 것이 아니라 바로 그것만의'이라는 뜻을 나타내는 말.

¶일금 삼만 원정. 단, 사전 1권 대금으로 영수함.

단걸음-에

의미 [＋순간],[－휴식]

제약

=단숨에. 쉬지 아니하고 곧장.

¶단걸음에 달려가다./그는 10리 길이나 되는 거리를 단걸음에 다녀왔다.

단결-에

의미 [＋순간],[－지연]

제약

①=단김에①. 열기가 아직 식지 아니하였을 적에.

¶이런 일은 시간을 끌 것이 아니라 단결에 마무리 짓는 것이 좋다.

의미 [＋순간],[＋기회]

제약

②=단김에②. 좋은 기회가 지나기 전에.

단김-에

의미 [＋순간],[－지연]

제약

① 열기가 아직 식지 아니하였을 적에. 늑단결에①.

¶단김에 결판을 내다./가만히 있었다. 사실이니까. 그는 고개를 주억거렸다. 오랜 세월 지녀왔던 의심을 단김에 확인한 사람이 그럴까. 그의 얼굴은 한순간 환해지기까지 했다. 끊어지기 직전…

의미 [＋순간],[＋기회]

제약

② 좋은 기회가 지나기 전에. 늑단결에②.

단단-히

의미 [＋상태],[＋모양],[＋유지],[－파손]

제약

① 어떤 힘을 받아도 쉽게 그 모양이 변하거나 부서지지 아니하는 상태로.

¶그는 눈을 단단히 뭉쳐서 힘껏 던졌다.

의미 [＋견고],[＋단단]

제약

② 연하거나 무르지 않고 야무지고 튼튼하게.

¶이제 운동을 열심히 해서 몸을 좀 단단히 만들어야겠다.

의미 [＋속],[＋단단],[＋실속]

제약

③ 속이 차서 야무지고 실속이 있게.

¶단단히 속 찬 배추.

의미 [＋긴밀],[＋견고]

제약

④ 헐겁거나 느슨하지 아니하고 튼튼하게.

¶짐을 단단히 싸다./산에 오르기 전에 신발을 단단히 매어야 한다./피가 나는 상처 부위를 단단히 처맸다.

의미 [＋뜻]ｖ[＋생각],[＋견고]

제약

⑤ 뜻이나 생각이 흔들림 없이 강하게.

¶단단히 결심하다./어떤 일이 벌어질지 모르니 마음을 단단히 먹어라.

의미 [＋확실],[＋신뢰]

제약

⑥ 틀림이 없고 미덥게.

¶단단히 다짐을 받다./문단속을 단단히 하다./우리 중에 밀고자가 있으니 단단히 감시하라.

의미 [＋정도]

제약

⑦ 보통보다 심할 정도로.

¶꾸지람을 단단히 듣다./그 사람 미쳐도 단단히 미쳤더군./그때 나는 수업 시간에 장난친 값을 단단히 치러야 했다.

의미 [+학문]v[+사업],[+바탕],[+견고]

제약 { }-{다지다}

⑧ 학문이나 사업 따위의 기반이 튼튼하게.

¶공부란 기초를 단단히 다지면서 해야 한다./그는 자신의 사업에 기반이 단단히 잡힐 때까지 다른 생각을 할 틈이 없었다.

단란-히

의미 [+가족],[+생활],[+원만],[+기쁨]

제약

① 한 가족의 생활이 원만하고 즐겁게.

¶가족과 단란히 지내다.

의미 [+다수],[+기쁨],[+화목]

제약

② 여럿이 함께 즐겁고 화목하게.

¶친구들과 단란히 이야기하다.

단번-에

의미 [+순간]

제약 { }-{거절하다, 결정하다}

단 한 번에.

¶일을 단번에 해치우다./부탁을 단번에 거절하다./계획을 단번에 결정하다./그가 거짓말을 하고 있다는 것을 떨리는 목소리에서 단번에 알 수 있었다./부장이 웃으면, 정 차장의 신경질도 얼어 버린 듯한 교정부의 분위기도 단번에 누그러진다.≪이병주, 행복어 사전≫

단숙-히

의미 [+단정],[+엄숙]

제약

단정하고 엄숙하게.

단순-히

의미 [-복잡],[+간단]

제약 { }-{생각하다}

① 복잡하지 않고 간단하게.

¶이 문제는 단순히 생각하면 안 된다./경찰은 그의 사인을 규명치 못했고 후에는 귀찮아하며 단순히 이유 모를 실의와 생활고로 목숨을 끊었다고 단정했다.≪최인호, 모범 동화≫

의미 [-단순],[+순진],[+우둔]

제약

② 외곬으로 순진하고 어수룩하게.

¶그는 단순히 살아온 자신의 삶을 후회해 본 적이 없었다.

단숨-에

의미 [+순간],[-정지]

제약

쉬지 아니하고 곧장. 늑단걸음에.

¶단숨에 마시다./단숨에 올라가다./일을 단숨에 해치우다./그는 목이 말라서 물을 단숨에 들이켰다./형은 마지막 잔을 단숨에 비웠다.

단연

의미 [+확실],[+단정]

제약

확실히 단정할 만하게. 늑단연코·단연히.

단연-코

의미 [+확실],[+단정]

제약

=단연. 확실히 단정할 만하게.

¶단연코 그런 일은 없다./타 지역 사람들을 이유 없이 차별을 하는 데 대해 단연코 반대합니다./내일 새벽에는 우수영 배가 오건 말건 단연코 출동할 테니 만반 준비를 다 차려라!≪박종화, 임진왜란≫

단연-히[01]

의미 [+태도],[+확고]

제약 {사람}-{거절하다}

결연한 태도로.

¶아무리 부모의 명령이라 한들 피차간 일생을 그르치는 중대한 일이라면 그런 혼인은 단연히 거절해야 할 것이다.≪이기영, 신개지≫

단연-히[02]

의미 [+확실],[+단정]

제약

=단연. 확실히 단정할 만하게.

¶그의 미술적 재능은 단연히 뛰어나다.

단작스레

의미 [+치사],[+불결]

제약

하는 짓이 보기에 치사하고 다라운 데가 있게.

단정-코

의미 [+말],[+확정]

제약

딱 잘라서 말하여.

¶내 장담하건대 그는 단정코 우리를 배신할 사람이 아니다./그의 성실한 태도를 보니 앞으로 몇 년 안에 단정코 크게 성공할 것이다.

단정-히

의미 [＋옷차림]v[＋몸가짐],[＋차분],[＋바름]

제약 {옷차림, 몸가짐}-{   }

옷차림새나 몸가짐 따위가 얌전하고 바르게.

¶몸가짐을 단정히 하다./불빛은 경상 옆에 켜져 있고 그 앞에 테레사가 단정히 앉아 무엇인가를 열심히 쓰고 있었다.≪한무숙, 만남≫

단조로이

의미 [＋단순],[－변화],[－신선]

제약

단순하고 변화가 없어 새로운 느낌이 없이.

단중-히

의미 [＋단정],[＋정중]

제약

단정하고 정중하게.

단지

의미 [＋유일]

제약

①=다만①. 다른 것이 아니라 오로지.

¶형의 지갑에는 단지 차비만 들어 있을 뿐이었다./우리는 단지 집이 가깝다는 이유 하나만으로 친구가 되었다./구두 통은 단지 구두 통일 뿐 결코 세계를 여행할 수 있는 가방은 못 되었다.≪이동하, 장난감 도시≫

의미 [＋유일],[＋조건]

제약

②=다만③. 앞의 말을 받아 예외적인 사항이나 조건을 덧붙일 때 그 말머리에 쓰는 말.

¶때가 되면 솔직히 털어놓을 작정이었어. 단지 아직은 적당한 때가 아니기 때문에, 그리고….≪윤흥길, 비늘≫

단출-히

의미 [＋식구]v[＋구성원],[＋소수],[＋간단]

제약

① 식구나 구성원이 많지 않아서 홀가분하게.

¶자식들은 다 출가하고 두 내외만 단출히 산다.

의미 [＋일]v[＋차림],[＋간편]

제약

② 일이나 차림차림이 간편하게.

¶동생은 손가방 하나만 들고 단출히 여행을 떠났다.

단-통

의미 [＋즉시]

제약

그 자리에서 대번에 곧장.

¶아버지는 설명을 듣기 전에 단통 화부터 냈다./당국에서나 동지 간에 기밀비가 아니면 밖에서 들어온 돈이라고 단통 떠들 것이니 그러고 보면 남의 일까지 방해될 것이다.≪염상섭, 삼대≫

단-판

의미 [＋즉시]

제약

곧이어 바로.

¶단판 들이대다./이번엔 안 된다 하고 대뜸 구장님한테로 단판 가자고 소맷자락을 내끌었다.≪김유정, 봄봄≫

단평-히

의미 [＋바름],[＋공평]

제약

올바르고 공평하게.

단호-히

의미 [＋결심]v[＋태도]v[＋입장],[＋결정],[＋엄격]

제약 {사람}-{거절하다, 반대하다}

결심이나 태도, 입장 따위가 과단성 있고 엄격하게.

¶단호히 거절하다./단호히 반대하다./나는 단호히 내 소신대로 행동한다./그들은 단호히 항전할 것을 결의하였다.

단화-히

의미 [＋단정],[＋미려]

제약

단정하고 아름답게.

달가닥

의미 [＋소리],[＋물건],[＋충돌]

제약 { }-{부딪치다, 거리다, 대다}

작고 단단한 물건이 맞부딪치는 소리.

¶부엌에서 달가닥 소리가 났는데 쥐라도 있는지 가 보세요.

달가닥-달가닥

의미 [+소리],[+물건],[+충돌],[+반복]

제약 { }-{부딪치다, 거리다, 대다}

작고 단단한 물건이 자꾸 맞부딪치는 소리.

¶물이 끓자 주전자 뚜껑이 달가닥달가닥 소리를 냈다./의사는 달가닥달가닥 소리를 내며 이것저 것 여러 가지 쇠 꼬치를 그의 입에 넣었다 꺼냈 다 하였다.≪이범선, 오발탄≫

달가당

의미 [+소리],[+물건],[+충돌],[+공명]

제약 { }-{울리다, 거리다, 대다}

작고 단단한 물건이 부딪쳐 울리는 소리.

달가당-달가당

의미 [+소리],[+물건],[+충돌],[+공명],[+반 복]

제약 { }-{울리다, 거리다, 대다}

작고 단단한 물건이 자꾸 부딪쳐 울리는 소리.

달가이

의미 [+마음],[-방해],[-불만],[+흡족]

제약

거리낌이나 불만이 없어 마음이 흡족하게.

달각

의미 [+소리],[+물건],[+충돌]

제약 { }-{부딪치다, 거리다, 대다}

'달가닥'의 준말. 작고 단단한 물건이 맞부딪치 는 소리.

¶밥상에 젓가락을 고르는 소리가 달각 났다.

달각-달각

의미 [+소리],[+물건],[+충돌],[+반복]

제약 { }-{부딪치다, 거리다, 대다}

'달가닥달가닥'의 준말. 작고 단단한 물건이 자 꾸 맞부딪치는 소리.

¶제트기의 폭음이 탁자 위의 빈 유리컵을 달각 달각 흔들어 댄다.≪홍성원, 육이오≫

달강

의미 [+소리],[+물건],[+충돌],[+공명]

제약 { }-{울리다, 거리다, 대다}

'달가당'의 준말. 작고 단단한 물건이 부딪쳐 울 리는 소리.

¶냄비 뚜껑이 달강 떨어졌다.

달강-달강

의미 [+소리],[+물건],[+충돌],[+공명],[+반 복]

제약 { }-{울리다, 거리다, 대다}

'달가당달가당'의 준말. 작고 단단한 물건이 자 꾸 부딪쳐 울리는 소리.

달곰-히

의미 [+맛],[+호감],[+감미]

제약

감칠맛이 있을 정도로 달게. '달콤히①'보다 여 린 느낌을 준다.

달그락

의미 [+소리],[+물건],[+충돌],[+요동],[+접 촉]

제약 { }-{거리다, 대다}

작고 단단한 물건이 부딪쳐 흔들리면서 맞닿는 소리.

¶쇠로 된 부젓가락이 서로 부딪쳐 달그락 소리 를 냈다.

달그락-달그락

의미 [+소리],[+물건],[+충돌],[+요동],[+접 촉],[+반복]

제약 { }-{거리다, 대다}

작고 단단한 물건이 자꾸 부딪쳐 흔들리면서 맞 닿는 소리.

¶필통 속의 연필들이 부딪쳐 달그락달그락 소리 가 났다.

달그랑

의미 [+소리],[+쇠붙이],[+충돌]v[+마찰], [+공명]

제약 {쇠붙이}-{부딪치다, 스치다, 울리다}

얇고 작은 쇠붙이 따위가 맞부딪치거나 스쳐 울 리는 소리.

¶손에서 종을 내려놓자 달그랑 소리가 났다.

달그랑-달그랑

의미 [+소리],[+쇠붙이],[+충돌]v[+마찰],

[＋공명],[＋반복]

제약 {쇠붙이}-{부딪치다, 스치다, 울리다}

얇고 작은 쇠붙이 따위가 자꾸 맞부딪치거나 스쳐 울리는 소리.

달근달근-히

의미 [＋재미],[＋만족]

제약

재미가 있고 마음에 들게.

¶달근달근히 말을 하다.

달금-히

의미 [＋맛],[＋호감],[＋감미],[＋정도]

제약

감칠맛이 있을 정도로 꽤 달게. '달큼히'보다 여린 느낌을 준다.

달까닥

의미 [＋소리],[＋물건],[＋충돌]

제약 { }-{부딪치다, 거리다, 대다}

작고 단단한 물건이 맞부딪치는 소리. '달가닥'보다 조금 센 느낌을 준다.

¶아버님께서는 숟가락을 상 위에 달까닥 내려놓으면서 말씀을 시작하셨다.

달까닥-달까닥

의미 [＋소리],[＋물건],[＋충돌],[＋반복]

제약 { }-{부딪치다, 거리다, 대다}

작고 단단한 물건이 자꾸 맞부딪치는 소리. '달가닥달가닥'보다 조금 센 느낌을 준다.

¶그는 새로 복사한 열쇠가 열쇠 구멍에 잘 맞는지 달까닥달까닥 자꾸 돌려 보았다.

달까당

의미 [＋소리],[＋물건],[＋충돌],[＋공명]

제약 { }-{울리다, 거리다, 대다}

작고 단단한 물건이 부딪쳐 울리는 소리. '달가당'보다 조금 센 느낌을 준다.

¶손을 놓자 열쇠가 달까당 소리를 내며 바닥에 떨어졌다.

달까당-달까당

의미 [＋소리],[＋물건],[＋충돌],[＋공명],[＋반복]

제약 { }-{울리다, 거리다, 대다}

작고 단단한 물건이 자꾸 부딪쳐 울리는 소리.

'달가당달가당'보다 조금 센 느낌을 준다.

¶손에서 떨어진 깡통이 달까당달까당 계단으로 굴러떨어졌다.

달깍

의미 [＋소리],[＋물건],[＋충돌]

제약 { }-{부딪치다, 거리다, 대다}

'달까닥'의 준말. 작고 단단한 물건이 맞부딪치는 소리.

¶문이 달깍 열렸다.

달깍-달깍

의미 [＋소리],[＋물건],[＋충돌],[＋반복]

제약 { }-{부딪치다, 거리다, 대다}

'딸까닥딸까닥'의 준말. 작고 단단한 물건이 자꾸 맞부딪치는 소리.

¶굽 높은 구두를 신은 여자가 딸깍딸깍 계단을 내려왔다./부엌으로 들어서는데, 딸깍딸깍 현관문에 열쇠 돌리는 소리가 난다.

달깡

의미 [＋소리],[＋물건],[＋충돌],[＋공명]

제약 { }-{울리다, 거리다, 대다}

'달까당'의 준말. 작고 단단한 물건이 부딪쳐 울리는 소리.

¶쇠망치가 달깡 소리를 내며 바닥에 떨어졌다.

달깡-달깡

의미 [＋소리],[＋물건],[＋충돌],[＋공명],[＋반복]

제약 { }-{울리다, 거리다, 대다}

'달까당달까당'의 준말. 작고 단단한 물건이 자꾸 부딪쳐 울리는 소리.

¶그는 달깡달깡 쇠붙이를 두들겼다.

달달[01]

의미 [＋모양],[＋추위]v[＋공포],[＋신체],[＋전율]

제약 { }-{떨다}

① 춥거나 무서워서 몸을 떠는 모양.

¶추워서 몸을 달달 떨다./무서운 이야기에 모두들 달달 떨었다.

의미 [＋소리]v[＋모양],[＋바퀴],[＋회전],[＋요동],[＋바닥]

제약 {바퀴}-{구르다, 흔들리다}

② 작은 바퀴가 단단한 바닥을 구르며 흔들리는 소리. 또는 그 모양.

¶세발자전거가 달달 굴러간다.

의미 [+모양],[+글],[+암기],[-장애]

제약

③ 글 따위를 막힘이 없이 시원시원하게 외는 모양.

¶"뭐 그런 시시한 걸 다 기억하고 있다가 달달 외고 있어요? 누가 칭찬할까 봐?" 성혜가 비로소 조금 웃으면서 눈을 흘겼다.≪박완서, 오만과 몽상≫/병석이는 영화에서 나오는 좋은 대사들을 달달 외워 두었다가 가끔 인용하는 버릇이 있었고,….≪안정효, 할리우드 키드의 생애≫

달달02

의미 [+모양],[+콩]v[+깨],[+볶음]v[+분쇄]

제약 {콩, 깨}-{볶다, 갈다}

① 콩이나 깨 따위를 휘저으며 볶거나 맷돌에 가는 모양.

¶콩을 달달 볶다.

의미 [+모양],[+타인],[+고통]

제약 { }-{들볶다}

② 남을 몹시 못살게 구는 모양.

¶식구들을 달달 들볶다./"너같이 창창한 녀석이 답답한 일이 도대체 뭐야? 집에서 빨리 시집가라고 달달 볶기라도 하는 거냐?" 경지는 엉겹결에 그를 올려다보았다…

의미 [+모양],[+물건],[+수색],[+정도]

제약 { }-{뒤지다}

③ 물건을 마구 들쑤시며 뒤지는 모양.

¶도둑이 집 안을 달달 뒤져 놓았다.

달라당01

의미 [+소리],[+물건],[+요동],[+충돌],[+공명]

제약

작고 단단한 물건들이 조금 느리게 흔들리면서 서로 닿아 울리는 소리.

¶바람에 문고리가 달라당 소리를 낸다.

달라당02

의미 [+모양],[+사람],[+활주],[+도괴],[+순간]

제약 {사람}-{넘어지다}

작은 사람이 갑자기 미끄러져 넘어지는 모양.

¶눈길에 달라당 넘어지다.

달라당-달라당

의미 [+소리],[+물건],[+요동],[+충돌],[-속도],[+공명],[+연속]

제약

작고 단단한 물건들이 조금 느리게 흔들리면서 서로 닿아 잇따라 울리는 소리.

¶압력솥의 압력 추가 달라당달라당 소리를 내며 끓기 시작한다.

달랑01

의미 [+소리]v[+모양],[+방울]v[+물체],[+요동]

제약 { }-{흔들리다, 움직이다}

① 작은 방울이나 매달린 물체 따위가 한 번 흔들리는 소리. 또는 그 모양.

¶방울이 달랑 울렸다./바람이 불어 귀걸이가 달랑 움직인다.

의미 [+모양],[+행동],[-침착],[+경솔]

제약 { }-{행동하다, 거리다, 대다}

② 침착하지 못하고 가볍게 행동하는 모양.

¶한 달 용돈을 이틀 만에 달랑 다 썼다./떡을 달랑 집어 먹고 도망쳤다.

의미 [+모양],[+마음],[+경악]v[+공포],[+순간]

제약

③ 갑자기 놀라거나 겁이 나서 가슴이 따끔하게 울리는 모양.

달랑02

의미 [+모양],[+유일]

제약

딸린 것이 적거나 하나만 있는 모양.

¶방에는 달랑 전구만 걸려 있다./사무실에 책상 하나만 달랑 놓여 있다./술상에는 막걸리와 김치만 달랑 놓였다./나는 배낭 하나 달랑 메고 여행을 떠났다./그는 딸만 하나 달랑 낳았다./그는 방에 혼자 달랑 남게 되었다./그들만이 달랑 남아서 싸웠다./소매 짧은 남방셔츠를 걸치고 있는 것은 달랑 나 하나뿐이었다.≪유재용, 성역≫

달랑-달랑[01]

의미 [+소리]v[+모양],[+방울]v[+물체],[+요동],[+반복]

제약 { }-{흔들리다, 움직이다}

① 작은 방울이나 매달린 물체 따위가 자꾸 흔들리는 소리. 또는 그 모양.

¶고양이가 움직일 때마다 방울이 **달랑달랑** 소리를 낸다./귀고리가 **달랑달랑** 흔들린다.

의미 [+모양],[+행동],[-침착],[+경솔],[+반복]

제약 { }-{행동하다, 거리다, 대다}

② 침착하지 못하고 자꾸 가볍게 행동하는 모양.

¶그는 항상 **달랑달랑** 믿음직스럽지 못하게 행동한다.

의미 [+모양],[+마음],[+경악]v[+공포],[+순간],[+반복]

제약 { }-{놀라다}

③ 갑자기 놀라거나 겁이 나서 가슴이 자꾸 따끔하게 울리는 모양.

¶요즈음은 마음이 약해져서 조그만 일에도 가슴이 **달랑달랑** 놀란다.

달랑-달랑[02]

의미 [+모양],[+물건],[+소비],[-여분]

제약

물품 따위가 거의 다 소비되어 얼마 남아 있지 않은 모양.

달래-달래

의미 [+모양],[+행동]v[+걸음],[+간편],[+요동]

제약 {사람}-{걷다}

단출한 몸으로 간들간들 걷거나 행동하는 모양.

달리

의미 [+사정]v[+조건],[-동일]

제약

사정이나 조건 따위가 서로 같지 않게.

¶**달리** 생각하다./지난번과 **달리** 말하다./머리 모양을 바꾸니 사람이 **달리** 보인다./영희의 목소리는 아침과는 **달리** 밝고 들떠 있었다.≪이문열, 변경≫

달막-달막

의미 [+모양],[+물체],[+상하],[+왕복],[+반복]

제약 { }-{거리다, 대다}

① 가벼운 물체 따위가 자꾸 들렸다 내려앉았다 하는 모양.

의미 [+모양],[+어깨]v[+엉덩이],[+상하],[+왕복],[+반복]

제약 {어깨, 엉덩이}-{거리다, 대다}

② 어깨나 엉덩이 따위가 자꾸 가볍게 들렸다 놓였다 하는 모양.

의미 [+모양],[+마음],[+불안],[+반복]

제약 { }-{거리다, 대다}

③ 마음이 자꾸 조금 설레는 모양.

의미 [+모양],[+입술],[+개폐],[+반복]

제약 {입술}-{거리다, 대다}

④ 말할 듯이 입술이 자꾸 가볍게 열렸다 닫혔다 하는 모양.

¶끊일 듯 말 듯 **달막달막** 숨 가쁘게 이어 가는 그 소리를 듣노라면 도무지 심란하여 눈을 붙일 수가 없었다.≪현기영, 변방에 우짖는 새≫

의미 [+모양],[+타인],[+공개],[+말],[+반복]

제약 { }-{거리다, 대다}

⑤ 자꾸 남에 대하여 들추어 말하는 모양.

의미 [+모양],[+가격],[+상승],[-정도],[+빈도]

제약 { }-{거리다, 대다}

⑥ 가격이 조금 오르려는 기세를 자꾸 보이는 모양.

의미 [+모양],[+화농],[+통증],[-정도],[+빈도]

제약 { }-{거리다, 대다}

⑦ 다친 데나 헌데가 곪느라고 자꾸 조금 쑤시는 모양.

달망-달망

의미 [+모양],[+손]v[+어깨]v[+엉덩이],[+상하],[+왕복],[-속도],[+반복]

제약 {손, 어깨, 엉덩이}-{거리다, 대다}

손이나 어깨, 엉덩이 따위가 자꾸 천천히 가볍게 들렸다 놓였다 하는 모양.

달싹

의미 [+모양],[+물건],[+부착],[+분리]

제약

① 붙어 있던 가벼운 물건이 쉽게 떠들리는 모양.

의미 [+모양],[+어깨]v[+엉덩이]v[+입술],[+상승]

제약 {어깨, 엉덩이, 입술}-{ }

② 어깨나 엉덩이, 입술 따위가 가볍게 한 번 들리는 모양.

¶아무리 악을 저지르고 부정을 하더라도 상대가 강한 자일 때는 입도 **달싹** 못 하는 주제에, 약한 자에 대해서는….≪김정한, 인간 단지≫

의미 [+모양],[+마음],[+흥분]

제약

③ 마음이 좀 들떠서 움직이는 모양.

달싹-달싹

의미 [+모양],[+물건],[+상하],[+반복]

제약 { }-{거리다, 대다}

① 가벼운 물건이 자꾸 떠들렸다 가라앉았다 하는 모양.

의미 [+모양],[+어깨]v[+엉덩이]v[+입술],[+상하],[+왕복],[+반복]

제약 {어깨, 엉덩이, 입술}-{거리다, 대다}

② 어깨나 엉덩이, 입술 따위가 가볍게 자꾸 들렸다 놓였다 하는 모양.

¶그 입술은 **달싹달싹** 속살거리는 것 같다. 아사달은 정을 쥔 채로 머리를 털고 눈을 감았다.≪현진건, 무영탑≫

의미 [+모양],[+마음],[+흥분],[+반복]

제약 { }-{거리다, 대다}

③ 마음이 자꾸 좀 들떠서 움직이는 모양.

달짝지근-히

의미 [+맛],[+감미],[−정도]

제약

① 약간 달콤한 맛이 있게.

¶녹차를 마시면 **달짝지근히** 입 안에 감도는 맛을 느낄 수 있다.

의미 [+흡족],[+기분]

제약

② 흡족하여 기분이 좋은 데가 있게.

¶그 여자는 누구에게나 **달짝지근히** 군다.

달착지근-히

의미 [+맛],[+감미],[−정도]

제약

약간 달콤한 맛이 있게. '달짝지근히①'보다 거센 느낌을 준다.

¶삶은 양배추 맛이 **달착지근히** 입 안에 남는다.

달카닥

의미 [+소리],[+물건],[+충돌]

제약 { }-{부딪치다, 거리다, 대다}

작고 단단한 물건이 맞부딪치는 소리. '달가닥'보다 조금 거센 느낌을 준다.

¶겹쳐서 엎어 놓은 그릇이 **달카닥** 소리를 내며 쓰러졌다.

달카닥-달카닥

의미 [+소리],[+물건],[+충돌],[+반복]

제약 { }-{부딪치다, 거리다, 대다}

작고 단단한 물건이 자꾸 맞부딪치는 소리. '달가닥달가닥'보다 조금 거센 느낌을 준다.

¶집사람이 그릇을 찾느라고 **달카닥달카닥** 소리를 내며 찬장을 뒤진다.

달카당

의미 [+소리],[+물건],[+충돌],[+공명]

제약 { }-{울리다, 거리다, 대다}

작고 단단한 물건이 부딪쳐 울리는 소리. '달가당'보다 조금 거센 느낌을 준다.

¶주전자 뚜껑이 바닥에 떨어지면서 **달카당** 소리를 냈다.

달카당-달카당

의미 [+소리],[+물건],[+충돌],[+공명],[+반복]

제약 { }-{부딪치다, 거리다, 대다}

작고 단단한 물건이 자꾸 부딪쳐 울리는 소리. '달가당달가당'보다 조금 거센 느낌을 준다.

¶**달카당달카당** 소리를 내며 빈 수레를 끌고 가다.

달칵

의미 [+소리],[+물건],[+충돌]

제약 { }-{부딪치다, 거리다, 대다}

'달카닥'의 준말. 작고 단단한 물건이 맞부딪치는 소리.

¶달칵 문이 잠기다./가진 여자는 기억하지 못한다. 그는 가벼운 목례를 하고 현관문을 나선다. 달칵. 현관문이 잠기자마자 여자는 시디플레이어의 재생 버튼을 누른다. 헤비메탈 음악이 여자의…

달칵-달칵

의미 [+소리],[+물건],[+충돌],[+반복]

제약 { }-{부딪치다, 거리다, 대다}

'달카닥달카닥'의 준말. 작고 단단한 물건이 자꾸 맞부딪치는 소리.

¶바람이 부는지 창문이 **달칵달칵** 움직인다.

달캉

의미 [+소리],[+물건],[+충돌],[+공명]

제약 { }-{울리다, 거리다, 대다}

'달카당'의 준말. 작고 단단한 물건이 부딪쳐 울리는 소리.

¶솥뚜껑이 바닥에 **달캉** 소리를 내며 떨어졌다.

달캉-달캉

의미 [+소리],[+물건],[+충돌],[+공명],[+반복]

제약 { }-{부딪치다, 거리다, 대다}

'달카당달카당'의 준말. 작고 단단한 물건이 자꾸 부딪쳐 울리는 소리.

¶부엌에서 **달캉달캉** 소리가 난다.

달콤-히

의미 [+맛],[+감미],[+호감]

제약

① 감칠맛이 있을 정도로 달게.

¶다 익은 사과의 향기가 **달콤히** 느껴졌다.

의미 [+느낌],[+흥미],[+조화]v[+유연]

제약

② 흥미가 나게 아기자기하거나 간드러진 느낌이 있게.

¶**달콤히** 속삭이는 그의 목소리에 모든 것을 잊어버렸다.

의미 [+편안],[+포근]

제약

③ 편안하고 포근하게.

¶낮잠을 **달콤히** 자다.

달큼-히

의미 [+맛],[+호감],[+감미],[+정도]

제약

감칠맛이 있을 정도로 꽤 달게.

¶식빵에 잼을 발라 **달큼히** 맛을 내니까 아이들이 좋아한다.

담담-히

의미 [+차분],[+평온]

제약 {사람}-{받아들이다}

① 차분하고 평온하게.

¶나는 내가 해고되었다는 사실을 **담담히** 받아들였다./"못 버티셨나 봐." "안됐구나……" "알은 꽤 **담담히** 그 사실을 받아들었어. 버려진 게 아니라는 걸 알았으니 그걸로 족하대…"

의미 [+공무],[+객관]

제약

② 사사롭지 않고 객관적으로.

의미 [+물],[+흐름],[+고요],[+평온]

제약

③ 물의 흐름 따위가 그윽하고 평온하게.

¶강물이 **담담히** 흐른다.

의미 [-맛],[-짬]

제약

④ 아무 맛이 없이 싱겁게.

¶국을 너무 **담담히** 끓였는지 간을 더 해야겠다.

의미 [+음식],[-기름],[+신선]

제약

⑤ 음식이 느끼하지 않고 산뜻하게.

¶건강을 위해서 너무 기름지게 먹는 것보다는 **담담히** 먹는 편이 낫다.

의미 [-간직],[-관심]

제약

⑥ 어떤 느낌이나 무엇에 마음을 두지 않고 무관심하게.

¶그 시인은 세상을 등지고 **담담히** 지내고 있다.

담대-히

의미 [-겁],[+배짱]

제약 { }-{처리하다}

겁이 없고 배짱이 두둑하게.

¶우리는 어떤 위협에도 굴하지 않고 이 일에 담대히 대처할 것이다.

담바당

의미 [+소리],[+물건],[+물],[+낙하],[+침수]

제약 { }-{빠지다}

① '담방01①'의 본말. 작고 가벼운 물건이 물에 떨어져 잠기는 소리.

의미 [+모양],[+물건],[+물],[±침수],[−정도]

제약 { }-{뜨다}

② '담방01②'의 본말. 작고 가벼운 물건이 물에 약간 잠겼다가 뜨는 모양.

담바당-담바당

의미 [+소리],[+물건],[+물],[+낙하],[+침수],[+연속]

제약 { }-{빠지다}

① '담방담방01①'의 본말. 작고 가벼운 물건이 잇따라 물에 떨어져 잠기는 소리.

의미 [+모양],[+물건],[+전부],[+물],[±침수],[−정도]

제약 { }-{뜨다}

② '담방담방01②'의 본말. 작고 가벼운 물건이 여럿이 다 물에 약간 잠겼다가 뜨는 모양.

담방01

의미 [+소리],[+물건],[+물],[+낙하],[+침수]

제약 { }-{빠지다}

① 작고 가벼운 물건이 물에 떨어져 잠기는 소리.

¶차돌이 담방 소리를 내며 물속으로 빠져 들어갔다.

의미 [+모양],[+물건],[+물],[±침수],[−정도]

제약 { }-{뜨다}

② 작고 가벼운 물건이 물에 약간 잠겼다가 뜨는 모양.

¶컵이 물에 담방 떠올랐다.

담방02

의미 [+모양],[+행동],[+흥분],[−신중],[+간섭]

제약

달뜬 행동으로 아무 일에나 함부로 서둘러 뛰어드는 모양.

¶신중하지 못하게 남의 일에 담방 끼어들지 마세요.

담방-담방01

의미 [+소리],[+물건],[+물],[+낙하],[+침수],[+연속]

제약 { }-{빠지다}

① 작고 가벼운 물건이 잇따라 물에 떨어져 잠기는 소리.

¶아이들이 연못에 돌을 던지자, 물소리가 담방담방 나며 작은 동그라미들이 수면에 그려졌다.

의미 [+모양],[+물건],[+전부],[+물],[±침수],[−정도]

제약 { }-{뜨다}

② 작고 가벼운 물건이 여럿이 다 물에 약간 잠겼다가 뜨는 모양.

¶바가지에 물을 떠서 앵두를 넣으니 모두 담방담방 떠올랐다.

담방-담방02

의미 [+모양],[+행동],[+흥분],[−신중],[+간섭],[+반복]

제약

달뜬 행동으로 아무 일에나 자꾸 함부로 서둘러 뛰어드는 모양.

¶남의 일에 담방담방 끼어들다.

담빡

의미 [+모양],[+행동],[+경솔]

제약 {사람}-{나서다, 행동하다}

깊은 생각이 없이 가볍게 행동하는 모양.

¶목욕물에 담빡 들어갔다가 뜨거워서 혼이 났다./그 장사꾼의 말을 담빡 믿었다가 크게 손해를 봤다.

담뿍

의미 [+모양],[+충만],[+소복]

제약

① 넘칠 정도로 가득하거나 소복한 모양. 늑담뿍이①.

¶사랑이 담뿍 담긴 편지./진실이 담뿍 담긴 이야기./이슬을 담뿍 머금은 꽃./정이 담뿍 들다./저녁 햇살을 담뿍 받으며 걷다.

의미 [+모양],[+풍부],[+여유]

제약

② 많거나 넉넉한 모양. 늑담뿍이②.

¶그릇에 밥을 **담뿍** 퍼 담다./큰 잔에 술을 **담뿍** 따르다.

담뿍-담뿍

의미 [+모양],[+전부]v[+정도],[+풍부],[+소복]

제약

① 여럿이 다 또는 매우 넘칠 정도로 가득하거나 소복한 모양.

¶정이 **담뿍담뿍** 담긴 선물들.

의미 [+모양],[+전부]v[+정도],[+풍부],[+여유]

제약

② 여럿이 다 또는 매우 많거나 넉넉한 모양.

¶밥을 그릇마다 **담뿍담뿍** 푸다.

의미 [+모양],[+먹]v[+칠],[+전부]v[+정도],[+부착],[+충분]

제약

③ 먹이나 칠 따위를 여럿이 다 또는 매우 충분히 묻힌 모양.

담뿍-이

의미 [+모양],[+충만],[+소복],[+정도]

제약

①=담뿍①. 넘칠 정도로 가득하거나 소복한 모양.

¶입가에 **담뿍이** 미소를 짓다.

의미 [+모양],[+풍부],[+여유]

제약

②=담뿍②. 많거나 넉넉한 모양.

¶밥을 **담뿍이** 퍼 주다./그릇에 쌀을 **담뿍이** 담다.

담상-담상

의미 [+모양],[+간격]

제약

드물고 성긴 모양.

¶턱에 **담상담상** 수염이 돋았다./언덕에 **담상담상** 푸른 풀이 돋았다.

담숭-담숭

의미 [+모양],[+간격],[−밀도]

제약

간격이 촘촘하지 못하고 조금 드문드문한 모양.

¶수염이 **담숭담숭** 나다.

담쏙

의미 [+모양],[+파지]v[+포옹],[+다정],[−정도]

제약 {손, 팔}-{쥐다, 안다}

손으로 조금 탐스럽게 쥐거나 팔로 정답게 안는 모양.

¶**담쏙** 껴안다./꽃다발을 **담쏙** 받아 들다.

담쏙-담쏙

의미 [+모양],[+파지]v[+포옹],[+다정],[−정도],[+반복]

제약 {손, 팔}-{쥐다, 안다}

자꾸 손으로 조금 탐스럽게 쥐거나 팔로 정답게 안는 모양.

¶아이가 삶은 밤을 **담쏙담쏙** 집어 들었다.

담연-히

의미 [−욕심],[+정직]

제약

욕심이 없고 깨끗하게.

답답-히

의미 [+지루]

제약

① 숨이 막힐 듯이 갑갑하게. 늑울연히02.

의미 [+애통],[+지루]

제약

② 애가 타고 갑갑하게.

¶왜적의 출몰은 더 한층 심한데, 군사 없는 조병장은 **답답히** 손을 묶어 앉아 있으니….≪박종화, 임진왜란≫

의미 [−융통],[+우직]

제약

③ 융통성이 없이 고지식하게.

답삭

의미 [+모양],[+긺]v[+장악],[+순간]

제약 { }-{물다, 잡다}

왈칵 달려들어 냉큼 물거나 움켜잡는 모양.

¶고양이가 생선을 **답삭** 물고 도망갔다./그는 나를 보자마자 내 손을 **답삭** 잡으며 반가워했다.

답삭-답삭

의미 [+모양],[+묾]v[+장악],[+순간],[+반복]

제약 { }-{물다, 잡다}

자꾸 왈칵 달려들어 냉큼 물거나 움켜잡는 모양.

¶우리 집 강아지는 내가 먹이를 던져 줄 때마다 **답삭답삭** 받아먹는다./꼬마들이 **답삭답삭** 사탕을 집어 간다.

답작-답작

의미 [+모양],[+참견],[-신중],[+반복]

제약

① 무슨 일에나 조금 가리지 않고 자꾸 참견하는 모양.

¶우리 동네 이장은 **답작답작** 나서기를 좋아한다.

의미 [+모양],[+친밀],[-정도],[+연속]

제약

② 잇따라 남에게 조금 붙임성 있게 구는 모양.

¶책 외판원이 **답작답작** 접근하는데 책을 안 살 수 없었다.

당각

의미 [+즉시]

제약

그 시각에 곧바로.

¶주인은 그 소리를 듣고 **당각** 사람을 불러오라고 했다./그는 좋은 수가 있다며 **당각** 방에서 무언가를 들고나왔다.

당글-당글

의미 [+모양],[+원형],[+단단],[+탄력]

제약

작고 둥근 것이 단단하고 탄력 있는 모양.

¶호박이 **당글당글** 잘 여물었다.

당금

의미 [+현재],[+순간]

제약

바로 이제.

¶그는 어디를 다쳤는지 숨이 **당금** 끊어질 듯 소리를 질렀다./나는 일이 매우 시급했지만 **당금** 죽어 가는 사람을 보고 그저 지나칠 수 없었다.

당당01

의미 [+모습]v[+태도],[+당당]

제약

남 앞에서 내세울 만큼 떳떳한 모습이나 태도.

¶**당당** 1위에 입상하다.

당당02

의미 [+소리],[+북]v[+징]

제약 {북, 징}-{치다}

① 북이나 징 따위를 치는 소리.

¶북소리가 **당당** 울리다.

의미 [+소리],[+공명],[+크기]

제약

② 울림이 크게 나는 소리.

당당-히

의미 [+모습]v[+태도],[+당당]

제약

① 남 앞에서 내세울 만큼 떳떳한 모습이나 태도로.

¶**당당히** 말하다./**당당히** 걷다./**당당히** 겨루다./**당당히** 고시에 합격하다./조금도 굽히지 않고 **당당히** 맞서다./그는 자신의 권리를 **당당히** 행사했다.

의미 [+힘]v[+세력],[+크기]

제약

② 힘이나 세력이 크게.

¶위세를 **당당히** 떨치다.

당돌-히

의미 [+마음],[-회피]v[-곤란],[+기운],[+과단]

제약

① 꺼리거나 어려워하는 마음이 조금도 없이 올차고 다부지게.

¶**당돌히** 말하다./**당돌히** 맞서다./**당돌히** 생각하다.

의미 [-버릇],[+건방]

제약

② 윗사람에게 대하는 것이 버릇이 없고 주제넘게.

¶**당돌히** 대들다./어린것이 **당돌히** 어른에게 대꾸하면 못써.

당래

의미 [+만약]

제약

혹은. 또는 만약에.

당분-간

의미 [+시간],[+지속],[−길이]

제약

앞으로 얼마간의 시간에. 또는 잠시 동안에.

¶당분간 휴식하다./그 문제는 당분간 보류되었다./불경기가 당분간 계속될 것이다./그들은 사태를 당분간 두고 보기로 했다.

당실

의미 [+모양],[+동작],[+팔]v[+다리],[+신명],[+춤]

제약 {춤}-{추다}

신이 나서 팔다리를 흥겹고 귀엽게 놀리며 춤을 추는 모양.

당실-당실

의미 [+모양],[+동작],[+팔]v[+다리],[+신명],[+춤],[+반복]

제약 {춤}-{추다}

신이 나서 팔다리를 흥겹고 귀엽게 자꾸 놀리며 춤을 추는 모양.

¶장구 소리에 맞추어 당실당실 춤춘다.

당싯-당싯

의미 [+모양],[+어린아이],[+팔다리],[+운동],[+사랑],[+연속]

제약 {어린아이}-{움직이다, 거리다, 대다}

어린아이가 누워서 팔다리를 춤추듯이 잇따라 귀엽게 움직이는 모양.

¶아이가 오랜만에 제 아빠를 보자 춤이라도 출 듯이 당싯당싯 움직인다.

당연

의미 [+모양],[+실망],[−의욕]

제약

실망하여 의욕을 잃은 모양.

당연-히[01]

의미 [+정당],[+수용]

제약

일의 앞뒤 사정을 놓고 볼 때 마땅히 그러하게.

¶일이 다르면 당연히 몫도 달라야 한다./그 정도로 귀띔을 했으면 당연히 무슨 말이 있어야지.

당연-히[02]

의미 [+경악],[+이상]

제약

눈을 휘둥그렇게 뜨고 볼 정도로 놀랍거나 괴이쩍게.

당최

의미 [+부정]

제약

(부정의 뜻이 있는 말과 함께 쓰여) '도무지', '영'의 뜻을 나타내는 말.

¶무슨 말인지 당최 모르겠다./어찌 된 일인지 당최 알 수가 없어.

당황-히

의미 [+경악]v[+급박],[−대책]

제약

놀라거나 다급하여 어찌할 바를 모르게. 늑창황히[02].

¶재모는 자기의 눈물을 남에게 보이지 않으려고 당황히 경호를 치켜 안으면서 밖으로 나와 버렸다.≪김정한, 낙일홍≫/그는 너무 넓게 열렸던 문을 당황히 닫아 버리고 다시 조그만 틈으로 내다보았다.≪이태준, 까마귀≫

대각

의미 [+소리],[+물건],[+충돌]v[+절단]

제약 { }-{부딪치다, 부러지다}

작고 단단한 물건이 가볍게 부딪치거나 부러지는 소리.

¶연필심이 대각 부러지다.

대각-대각

의미 [+소리],[+물건],[+충돌]v[+절단],[+반복]

제약 { }-{부딪치다, 부러지다}

작고 단단한 물건이 잇따라 가볍게 부딪치거나 부러지는 소리.

¶솥 바닥에 눌어붙은 누룽지를 주걱으로 대각대각 긁다.

대강

의미 [−자세],[+기본]

제약

자세하지 않게 기본적인 부분만 들어 보이는 정

도로. 늑건정.

¶일을 대강 마무리하다./불국사를 대강 둘러보다./일의 자초지종은 대강 다음과 같다.

대강-대강

의미 [-자세],[+적당],[+간단]

제약

자세하지 않고 적당히 간단하게.

¶시간이 없으니까 대강대강 급한 일부터 끝내자./중요한 결재 사항인데도 불구하고 대강대강 훑어보고 서류에 서명했다.

대개[01]

의미 [+일],[+원칙]

제약

일의 큰 원칙으로 말하건대.

¶대개 사내대장부란 그릇이 커야 한다.

대개[02]

의미 [+경우],[+보통]

제약

일반적인 경우에. 늑대부분.

¶씨앗은 대개 이른 봄에 뿌린다./담배 수납은 대개, 가을걷이가 끝난 동짓달 하순에 시작되어 섣달 중순에 끝나곤 하였다.≪김주영, 칼과 뿌리≫

대거

의미 [+다량],[+순간]

제약

한꺼번에 많이.

¶유명 인사가 대거 참석한 기념식./군인이 대거 투입된 작전./이번 야구 경기에서는 4회에 대거 6점을 추가하여 우리 팀이 이겼다.

대견스레

의미 [+만족],[+자랑]

제약 { }-{여기다, 생각하다}

보기에 흐뭇하고 자랑스러운 데가 있게.

¶아버지는 사법 시험에 합격한 아들을 대견스레 바라보고 있다./그녀는 새끼손가락만 한 꼬리를 단 돼지 새끼의 엉덩이를 톡톡 두드리며 대견스레 말했다.≪한수산, 유민≫

대견-히

의미 [+만족],[+자랑]

제약 { }-{여기다, 생각하다}

흐뭇하고 자랑스럽게.

¶대견히 여기다./대견히 바라보다.

대고

의미 [+무리],[+반복]v[+연속]

제약

무리하게 자꾸. 또는 계속하여 자꾸.

¶판수는 입맛만 쩝쩝 다시며 뒤도 돌아보지 않고 대고 걸음을 옮겼다.≪하근찬, 홍소≫/나는 그 미물들의 반응이 어찌나 신기한지, 대고 고개를 끄덕거리며 감탄했다.≪하근찬, 삼각의 집≫

대-관절

의미 [+요점],[+요약]

제약

(주로 의문을 나타내는 말과 함께 쓰여) 여러 말 할 것 없이 요점만 말하건대.

¶대관절 어떻게 된 일입니까?/그는 고사하고 대관절 경애가 왜 저렇게 술을 먹는 것인가?≪염상섭, 삼대≫

대구루루

의미 [+모양],[+소리],[+물건],[+바닥],[+회전]

제약 {물건}-{구르다}

작고 단단한 물건이 단단한 바닥에서 구르는 소리. 또는 그 모양.

대굴-대굴

의미 [+모양],[+물건],[+회전],[+연속]

제약 {물건}-{구르다}

작은 물건이 잇따라 구르는 모양.

¶공이 대굴대굴 굴러가다./눈알을 대굴대굴 굴리다.

대그락

의미 [+소리]v[+모양],[+물건],[+접촉]

제약 { }-{거리다, 대다}

단단하고 작은 물건이 서로 맞닿는 소리.

대그락-대그락

의미 [+소리]v[+모양],[+물건],[+접촉],[+연속]

제약 { }-{거리다, 대다}

작고 단단한 물건들이 잇따라 서로 맞닿는 소리.

¶꼬마는 주머니 속에 든 구슬을 대그락대그락

만져 댔다.

대그르르

의미 [+모양],[+물건],[+중앙],[+두께]v[+크기]

제약

① 가늘거나 작은 물건들 가운데서 조금 굵거나 큰 모양.

의미 [+모양],[+과일],[-크기],[+균일],[+단단]

제약

② 과일 따위가 그리 크지는 않으나 고르고 야무진 모양.

의미 [+모양],[+밥알],[-점성],[+단단]

제약

③ 밥이 설익어서 밥알이 끈기가 없이 오돌오돌한 모양.

대글-대글

의미 [+모양],[+물건],[+다수],[+중앙],[+두께]v[+크기]

제약

① 가늘거나 작은 물건들 가운데서 몇 개가 드러나게 조금 굵거나 큰 모양.

의미 [+모양],[+밥알],[-익음],[+건조],[+단단]

제약

② 밥알이 설익었거나 너무 되거나 말라서 꼬들꼬들한 모양.

대깍

의미 [+소리]v[+모양],[+물건],[+충돌]v[+절단]

제약 { }-{부딪치다, 부러지다}

작고 단단한 물건이 가볍게 부딪치거나 부러지는 소리. '대각'보다 조금 센 느낌을 준다.

¶숫제 들고 있던 펜대를 **대깍** 테이블 위에 놓는 사람도 있었다.≪유주현, 하오의 연가≫

대깍-대깍

의미 [+소리]v[+모양],[+물건],[+충돌]v[+절단],[+반복]

제약 { }-{부딪치다, 부러지다}

작고 단단한 물건이 잇따라 가볍게 부딪치거나

부러지는 소리. '대각대각'보다 조금 센 느낌을 준다.

대꾼-대꾼

의미 [+모양],[+눈],[+전부],[+오목],[-생기]

제약

눈들이 모두 쏙 들어가고 생기가 없는 모양. '때꾼때꾼'보다 여린 느낌을 준다.

대꾼-히

의미 [+눈],[+오목],[-생기]

제약

눈이 쏙 들어가고 생기가 없이. '때꾼히'보다 여린 느낌을 준다.

대-놓고

의미 [-회피],[-주의]

제약

사람을 앞에 놓고 거리낌 없이 함부로.

¶이젠 사람이 있는 데서도 **대놓고** 욕을 하는구나./사람들은 그의 단점을 차마 **대놓고** 말을 못하고 뒤에 가서 험담을 했다./속으로야 새끼를 꼬고 앉아 있을망정, **대놓고** 맞설 만한 처지는 못 되었다.≪최일남, 거룩한 응달≫/둘째 아들 집인 이 집에서는 눈치가 보여 **대놓고** 걱정도 못하고 일꾼 방으로만 연방 들랑날랑하였다.≪이호철, 소시민≫

대단-히

의미 [+정도],[+과도]

제약

① 매우 심한 정도로.

¶**대단히** 춥다./고집이 **대단히** 세다./이번 일에 대해서는 대단히 유감스럽게 생각한다.

의미 [+크기]v[+다량],[+정도]

제약

② 몹시 크거나 많은 정도로.

¶물건이 **대단히** 많다./저 소는 **대단히** 크다./내일도 변함없이 본 단을 찾아 주시면 **대단히** 감사하겠습니다.≪한수산, 부초≫

의미 [+출중],[+우수]

제약

③ 출중하게 뛰어나게.

¶공부를 **대단히** 잘한다.

의미 [+중요],[+정도]

제약

④ 아주 중요하게.

¶그 일이 대단히 의미 있는 것은 아니다.

대담스레

의미 [+대담]

제약

보기에 대담한 데가 있게.

¶도둑은 담을 넘지 않고 대담스레 대문으로 들어왔다.

대담-히

의미 [+담력],[+용감]

제약

담력이 크고 용감하게.

¶그녀는 중문 안으로 대담히 들어섰다./그처럼 친절히 해 주는 이 사람을 속이는 것은 의리가 아니라고 다시 생각하고 그 큰 비밀을 대담히 말하는 것이다.≪염상섭, 삼대≫/남술이가 유독 대담히 반대했다.≪이기영, 봄≫

대대

의미 [+세대],[+연속]

제약

=대대로02. 여러 대를 이어서 계속하여

¶왜 쫓겨 가? 아무리 법이 없는 양반 세상이라곤 하지만 그놈 무서워 대대 살던 고향을….≪이무영, 농민≫/그는 거의 해마다 동지사 일행으로 연경에 갑니다. 대대 역관 하는 중인이지요.≪한무숙, 만남≫

대-대로01

의미 [+형편]

제약

형편에 따라 되는대로.

¶걱정하지 말고 대대로 합시다.

대대-로02

의미 [+세대],[+연속]

제약

여러 대를 이어서 계속하여. 늘대대

¶고조할아버지 때부터 대대로 살아온 고향./그 이야기는 우리 마을에 대대로 전해 오는 아름다운 전설이다./이 백자를 우리집 대대로 가보로

삼고 있다./그의 집안은 이 바닥에서 대대로 권세깨나 누려 온 세족이었다.≪김원일, 불의 제전≫

대뜸

의미 [-주저],[+순간]

제약

이것저것 생각할 것 없이 그 자리에서 곧.

¶그는 이야기를 듣자마자 대뜸 화부터 내는 것이었다./아이의 목소리가 흘러나오자 사내의 표정이 대뜸 밝아졌다.≪송기원, 월행≫/멍한 눈에 글썽거리는 눈물을 발견하는 순간 그는 모든 사정을 대뜸 다 알아차릴 수 있었다.≪윤흥길, 묵시의 바다≫/나더러 대뜸 묻는 말이 돈은 얼마나 받았냐는 거야.≪홍성원, 무사와 악사≫

대략

의미 [+대충],[+요약]

제약

① 대충 줄거리만 추려서.

¶그날의 사연을 대략 이야기할 동안에 연연이는 스스로 감동하여 목소리를 떨며 눈물을 흘렸다.≪김동인, 젊은 그들≫

의미 [+대충],[+짐작]

제약

② 대충 어림잡아서.

¶오늘 집회에 참가한 인원은 대략 1천 명으로 추산된다./화재의 피해액이 대략 1억이 넘는다.

대롱

의미 [+모양],[+물건],[+부착]

제약 { }-{매달리다}

작은 물건이 깜찍하게 매달려 있는 모양.

¶바위 위에 대롱 매달린 일각 대문 앞에 와서 딱 서게 되었다.≪염상섭, 삼대≫

대롱-대롱

의미 [+모양],[+물건],[+부착],[+요동],[+연속]

제약 { }-{매달리다, 흔들리다}

작은 물건이 매달려 잇따라 가볍게 흔들리는 모양.

¶감나무에 감이 대롱대롱 달려 있다./까마득히 높은 벼랑의 밧줄에 대롱대롱 매달려 특수 훈련을 받기 석 달.≪안정효, 하얀 전쟁≫/30촉 전구만

이 긴 전깃줄에 목을 매단 것처럼 벽에 **대롱대
롱** 내려져 있었다.≪문순태, 피아골≫

대문-대문

의미 [+단락],[+전부]

제약

=대문대문이. 글 따위의 대문마다.

¶그의 얼굴은 담배 연기 속에서 한껏 숙연했고
말소리에는 **대문대문** 애조가 배어 있었다.≪송기
숙, 녹두 장군≫

대문대문-이

의미 [+단락],[+전부]

제약

글 따위의 대문마다. 늑대문대문.

¶그는 아침마다 신문을 읽으면서 **대문대문이** 중
요한 곳에 밑줄을 그었다.

대번

의미 [+순간]

제약

=대번에. 서슴지 않고 단숨에. 또는 그 자리에서
당장.

¶어릴 때 보고 처음인데도 그는 **대번** 나를 알아
봤다./어머니는 식구들 발소리만 들어도 **대번** 누
구인지 아셨다./말이나 들어 보고 시비를 해야
지 말도 안 들어 보고 **대번** 손찌검한 것이 잘못
아니냐.≪홍명희, 임꺽정≫

대번-에

의미 [−주저],[+순간]

제약

서슴지 않고 단숨에. 또는 그 자리에서 당장. 늑
대번.

¶그는 대번에 내 목소리를 알아들었다./세 사람
은 총성에 놀라 안색이 **대번에** 백지장처럼 창백
해졌다.≪홍성원, 육이오≫/장달과 웃보가 싸웠다
는 소문은 **대번에** 쫙 하고 퍼졌다.≪현진건, 무영
탑≫

대범

의미 [+보편],[+예상],[+생각]

제약

=무릇. 대체로 헤아려 생각하건대.

¶친구가 경심론 일편을 지어 신문사에 보냈기에

좌에 기재하노라 **대범** 지와 인과 용을 이루되
덕을 세운다 하는 것인데….≪독립신문≫

대범스레

의미 [+인자],[−구속]

제약

보기에 사소한 것에 얽매이지 않으며 너그러운
데가 있게.

¶그는 많은 사람 앞이라 화도 못 내고 **대범스레**
행동했다.

대범-히

의미 [+성격]v[+태도],[+인자],[−구속]

제약

사소한 것에 얽매이지 않으며 너그러운 성격이
나 태도로.

¶그 꽁생원이 **대범히** 눈감아 줄까?/대장부라면
대범히 용서할 줄도 알아야지.

대-부분

의미 [+경우],[+일반]

제약

=대개02. 일반적인 경우에.

¶그의 말은 **대부분** 거짓말이었다./낮이 짧은 음
력 동지섣달엔 늦은 아침밥을 먹은 뒤 **대부분**
점심 끼니를 건너뛰었다.≪김원일, 불의 제전≫

대빵

의미 [+최대]

제약

은어로, '크게 또는 할 수 있는 데까지 한껏'이
라는 뜻을 나타내는 말.

대수로이

의미 [+중요],[+정도]

제약

중요하게 여길 만한 정도로.

¶**대수로이** 여기지 않다./그 사건은 **대수로이** 생
각할 일도 아닌데 웬 법석이냐.

대저

의미 [+보편],[+일반]

제약

대체로 보아서. 늑대컨.

¶**대저** 효는 인류의 근본이다./**대저** 지나치게 승
리를 탐하면 오히려 지게 된다./**대저** 모든 일에

는 순서가 있는 법이다./대저 가고 싶어도 못 가고, 가지 말자고 해도 안 되는 곳이 제주섬이라 하였다.《현기영, 변방에 우짖는 새》

대정-코
의미 [+필연]
제약
단연코 꼭.

대중없-이
의미 [-예상],[-추측]
제약
① 짐작을 할 수가 없을 정도로.
¶그 건달은 대중없이 지껄이며 설쳤다./꽹과리는 짬만 나면 대중없이 꽝꽝거렸고….《송기숙, 녹두 장군》
의미 [-표준]
제약
② 어떤 표준을 잡을 수가 없을 정도로.
¶술을 대중없이 마시다./집에서 닭을 몇 마리 치고 있는데, 사실 대중없이 운다.《이희승, 소경의 잠꼬대》

대체
의미 [+추정]
제약
=도대체①. (주로 의문을 나타내는 말과 함께 쓰여) 다른 말은 그만두고 요점만 말하자면.
¶대체 어찌 된 일이냐?/너는 대체 누구냐?/잃은 돈이 대체 얼마나 되느냐고 물었다.

대체-로
의미 [+요점]
제약
① 요점만 말해서.
¶그 소설이 대체로 어떠한 내용인가 이야기해 보시오.
의미 [+전체]v[+보편]
제약
② 전체로 보아서. 또는 일반적으로.
¶소설의 구성은 대체로 시작, 중간, 끝의 세 부분으로 짜인다./요즘 아이들은 10년 전의 아이들과 비교해서 대체로 키가 크다.

대충
의미 [+대강],[+정리]
제약
'대충01'의 원말. 대강을 추리는 정도로.

대충
의미 [+대강],[+정리]
제약
대강을 추리는 정도로.
¶일이 대충 정리되다./일을 대충 끝내다./범인의 윤곽을 대충 파악하다./이번 사태는 대충 넘어갈 일이 아니다./회의에서 나온 의견들은 대충 이렇습니다./무슨 일이 벌어질지 대충 짐작이 간다./저도 그 이야기를 대충은 들었습니다.

대충-대충
의미 [+모양],[+일]v[+행동],[+적당]
제약
일이나 행동을 적당히 하는 모양.
¶대충대충 넘어가다./일을 대충대충 끝내다./남자 순경이 여자들의 검색은 대충대충 넘겨 버리곤 했으므로 아무래도 여인들 사이에 끼어드는 편이 유리할 것 같았기 때문이다.《최인호, 지구인》

대컨
의미 [+보편],[+일반]
제약
=대저. 대체로 보아서.
¶대컨 치민하는 관리가 되어 이런 행위는 차마 못 할 일이다.

대판
의미 [+행사]v[+싸움],[+크기]
제약 { }-{싸우다, 벌이다}
행사나 싸움 따위를 크게 한 판.
¶그는 화풀이로 아내와 대판 싸웠다./마을 사람들이 모두 모여 대판 굿을 벌였다.

대폭
의미 [+정도]
제약
썩 많이. '넓게', '많이', '크게'로 순화.
¶내용을 대폭 수정하다./소비자 가격을 대폭 인상하다./가을을 맞아 각 방송사가 프로그램을 대폭 개편할 예정이다.

댁대구루루

의미 [+소리]v[+모양],[+물건],[+충돌],[+회전],[+속도]

제약 {물건}-{구르다}

작고 단단한 물건이 다른 물건에 부딪치면서 빨리 굴러가는 소리. 또는 그 모양.

¶콩알 하나가 **댁대구루루** 방바닥에서 구르다.

댁대굴

의미 [+소리]v[+모양],[+물건],[+충돌],[+회전]

제약 {물건}-{구르다}

작고 단단한 물건이 다른 물건에 부딪치면서 굴러가는 소리. 또는 그 모양.

¶장독 위에 얹어 놓은 밤알들이 바람에 **댁대굴** 굴러떨어졌다./빨랫감을 날려 마당귀에 처박고 장독 위에 얹어 놓은 바가지까지 **댁대굴** 굴려 떨어뜨렸다.≪김원일, 불의 제전≫

댁대굴-댁대굴

의미 [+소리]v[+모양],[+물건],[+충돌],[+회전],[+연속]

제약 {물건}-{구르다}

작고 단단한 물건이 다른 물건에 잇따라 부딪치면서 굴러가는 소리. 또는 그 모양.

¶지붕으로 올라간 공이 **댁대굴댁대굴** 굴러 마당으로 떨어졌다.

댕

의미 [+소리],[+종]v[+그릇],[+타격]

제약 {종, 그릇}-{두드리다, 울리다}

작은 종이나 그릇 따위의 쇠붙이를 두드리는 소리.

¶시계 종소리가 **댕** 울리다.

댕가당

의미 [+소리],[+쇠붙이],[+절단]v[+낙하]

제약 {쇠붙이}-{부러지다, 떨어지다}

① 작은 쇠붙이 따위가 부러지거나 떨어지는 소리.

¶칼이 **댕가당** 부러지다.

의미 [+소리],[+물방울],[+낙하],[+쇠붙이]

제약 {물방울}-{떨어지다}

② 작은 물방울이 쇠붙이 따위에 떨어지는 소

리.

댕가당-댕가당

의미 [+소리],[+쇠붙이],[+절단]v[+낙하],[+연속]

제약 {쇠붙이}-{부러지다, 떨어지다}

① 작은 쇠붙이 따위가 잇따라 부러지거나 떨어지는 소리.

¶칼이 **댕가당댕가당** 부딪친다.

의미 [+소리],[+물방울],[+낙하],[+쇠붙이],[+연속]

제약 {물방울}-{떨어지다}

② 작은 물방울이 쇠붙이 따위에 잇따라 떨어지는 소리.

댕갈

의미 [+소리]v[+모양],[+거리],[+청아],[+높이]

제약

조금 떨어진 곳에서 나는 맑고 높은 소리. 또는 그 모양.

댕갈-댕갈

의미 [+소리]v[+모양],[+거리],[+청아],[+높이],[+연속]

제약

조금 떨어진 곳에서 잇따라 나는 맑고 높은 소리. 또는 그 모양.

¶옆방에서 아이들이 떠드는 소리가 **댕갈댕갈** 들려온다.

댕강01

의미 [+소리],[+쇠붙이],[+절단]v[+낙하]

제약 {쇠붙이}-{부러지다, 떨어지다}

① '댕가당①'의 준말. 작은 쇠붙이 따위가 부러지거나 떨어지는 소리.

¶칼이 바닥에 떨어져 **댕강** 부러지다.

의미 [+소리],[+물방울],[+낙하],[+쇠붙이]

제약 {물방울}-{떨어지다}

② '댕가당②'의 준말. 작은 물방울이 쇠붙이 따위에 떨어지는 소리.

댕강02

의미 [+모양],[+물체],[+절단]v[+낙하],[+순간]

제약 { }-{자르다, 떨어지다}

① 작은 물체가 단번에 잘려 나가거나 가볍게 떨어지는 모양.

¶적의 머리가 **댕강** 잘려 나가다.

의미 [+모양],[+유일],[+잔존]

제약

② 하나만 외따로 남아 있는 모양.

¶넓은 방에 의자만 **댕강** 놓여 있다.

의미 [+모양],[+상승]v[+부착]

제약

③ 가볍게 들어 올리는 모양. 또는 그렇게 매달린 모양.

¶채균의 가느다란 눈꼬리가 **댕강** 들려 올라갔다.《최정희, 인간사》/내가 알지 알아. 그걸 모른다면 내가 네놈 목을 **댕강** 달아매 놓고 가지 그냥 두나?《박경리, 토지》

의미 [+모양],[+옷],[-길이],[+정도]

제약

④ 옷 따위가 아주 짧은 모양.

¶바지 위로 **댕강** 올라간 검정 동강치마가 방아질하는 데 따라 우쭐우쭐 흔들린다.《박경리, 토지》

댕강-댕강

의미 [+소리],[+쇠붙이],[+절단]v[+낙하],[+연속]

제약 {쇠붙이}-{부러지다, 떨어지다}

① '댕가당댕가당①'의 준말. 작은 쇠붙이 따위가 잇따라 부러지거나 떨어지는 소리.

의미 [+소리],[+물방울],[+낙하],[+쇠붙이],[+연속]

제약 {물방울}-{떨어지다}

② '댕가당댕가당②'의 준말. 작은 물방울이 쇠붙이 따위에 잇따라 떨어지는 소리.

댕그랑

의미 [+소리],[+쇠붙이]v[+방울]v[+종]v[+풍경]v[+워낭],[+요동]v[+충돌]

제약 {쇠붙이, 방울, 종, 풍경, 워낭}-{흔들리다, 부딪치다}

작은 쇠붙이, 방울, 종, 풍경, 워낭 따위가 흔들리거나 부딪칠 때 나는 소리.

¶종소리가 **댕그랑** 나다./숟가락이 솥뚜껑 위에 **댕그랑** 떨어졌다./비녀는 또다시 **댕그랑** 소리를 내어 떨어지고 머리 쪽은 서리서리 풀어진다.《박종화, 다정불심》

댕그랑-댕그랑

의미 [+소리],[+쇠붙이]v[+방울]v[+종]v[+풍경]v[+워낭],[+요동]v[+충돌],[+연속]

제약 {쇠붙이, 방울, 종, 풍경, 워낭}-{흔들리다, 부딪치다}

작은 쇠붙이, 방울, 종, 풍경, 워낭 따위가 잇따라 흔들리거나 부딪칠 때 나는 소리.

¶풍경이 **댕그랑댕그랑** 울리다.

댕글-댕글

의미 [+소리]v[+모양],[+책],[+낭독],[-장애]

제약 { }-{읽다}

책을 막힘없이 줄줄 잘 읽는 소리. 또는 그 모양.

댕-댕01

의미 [+소리],[+종]v[+그릇],[+타격],[+연속]

제약 {종, 그릇}-{두드리다, 울리다}

작은 종이나 그릇 따위의 쇠붙이를 잇따라 두드리는 소리.

¶종소리가 **댕댕** 울리다./징을 **댕댕** 두드리다./대장간에서는 **댕댕** 쇠붙이 때리는 소리가 하루 종일 그치지 않는다.

댕댕02

의미 [+모양],[+살],[+팽팽],[+비만]v[+팽창]

제약 {사람}-{붓다}

① 살이 몹시 찌거나 붓거나 하여 팽팽한 모양.

¶환자의 얼굴은 이미 **댕댕** 부어올라 원래 모습을 찾기가 어려웠다.

의미 [+모양],[+견고],[-압박]

제약 { }-{얼다, 굳다}

② 누를 수 없을 정도로 굳고 단단한 모양.

의미 [+모양],[+힘]v[+세도],[+크기],[+견고]

제약

③ 힘이나 세도 따위가 크고 단단한 모양.

댕돌같-이

의미 [＋물체]v[＋신체],[＋견고]

제약 {사람}-{단단하다}

① 물체나 몸이 돌과 같이 야무지고 단단하게.

¶진 중사는 어깨가 옆으로 딱 벌어진 운동선수 체격으로 가슴팍과 팔뚝의 근육이 **댕돌같이** 단단했다.≪김원일, 불의 제전≫

의미 [＋기세],[＋정도]

제약

② 기세 따위가 아주 강하게.

¶대불이가 고물 쪽에 가서 **댕돌같이** 앉으며 눈이 왕방울 같은 늙은 사공을 재촉했다.≪송기숙, 자랏골의 비가≫

더

의미 [＋지속]v[＋추가]

제약

① 계속하여. 또는 그 위에 보태어.

¶더 먹다./얼굴을 한 번 더 살펴보다./조금 더 기다리자./더는 주지 못하겠다./물론 너를 데리고 도망칠 궁리를 골백번도 더 했지.≪박완서, 오만과 몽상≫

의미 [＋기준],[＋이상],[＋정도]

제약

② 어떤 기준보다 정도가 심하게. 또는 그 이상으로.

¶더 높이./날씨가 어제보다 더 춥다./배가 점점 더 아프다.

더구나

의미 [＋사실],[＋추가]

제약

이미 있는 사실에 더하여.

¶비가 오는데 **더구나** 정전까지 되어 추운 밤을 보냈다./한마을에 사는 처지에 **더구나** 한때는 함께 술을 즐기며 어깨동무까지 하고 비틀거리고 다니던 처지에 그럴 수가 있는가 싶었다.≪하근찬, 야호≫

더군다나

의미 [＋사실],[＋추가]v[＋부연]

제약

'더구나'를 강조하여 이르는 말. 이미 있는 사실에 더하여.

¶그 사람은 아내도 잃고 **더군다나** 병까지 얻어 딱하기 그지없는 신세가 되었다./나이도 많은데 **더군다나** 아이까지 딸렸다./추운 겨울에 눈 쌓인 험한 고개를 **더군다나** 큰 짐을 짊어지고 넘는 고통은 이루 말할 수 없었다.

더금-더금

의미 [＋모양],[＋추가],[＋반복]

제약

어떤 것에 조금씩 자꾸 더하는 모양.

¶더금더금 모아 둔 동전./해 놓은 일 없이 나이만 **더금더금** 먹어 간다./계집애는 집안의 비밀과 맞바꾼 차진 송편을 걸신들린 듯 **더금더금** 집어 먹고 있었다.≪윤흥길, 황혼의 집≫

더께-더께

의미 [＋모양],[＋누적],[＋다수]

제약

여러 겹으로 쌓여 붙은 모양.

¶손등에 때가 **더께더께** 엉겨 있다./알처럼 둥글둥글하던 얼굴은 메주처럼 길어지기만 했고, 메주에 곰팡이 쓸 듯, 허연 버짐이 **더께더께** 번져 있는 것이었다.≪김승옥, 동두천≫

더끔-더끔

의미 [＋모양],[＋추가],[＋반복]

제약

어떤 것에 조금씩 자꾸 더하는 모양. '더금더금'보다 센 느낌을 준다.

¶나이만 **더끔더끔** 먹다./더끔더끔 모으다./빚을 **더끔더끔** 지다./술잔을 **더끔더끔** 비우다.

더넘스레

의미 [＋취급],[＋곤란]

제약

다루기에 버거운 데가 있게.

더-더구나

의미 [＋추가],[＋부연]

제약

'더구나'를 강조하여 이르는 말. 이미 있는 사실에 더하여.

¶불이 났는데 경보음이나 안내 방송도 없었다.

더더구나 소화전은 눈에 띄지도 않았다./집에 돌아가서 이런 소리 저런 소리 하면 모두 꽹장히 웃을 거다. 더더구나 어머닌 허리가 끊어지게 웃을 거다.≪이호철, 나상≫

더-더군다나

의미 [+추가]v[+부연],[+강조]

제약

'더군다나'를 강조하여 이르는 말. 이미 있는 사실에 더하여.

¶아무한테도 얘기하지 마. 더더군다나 삼촌한테는 절대로 안 돼.

더더귀-더더귀

의미 [+모양],[-크기],[+부착],[+다수]

제약 { }-{붙어있다}

'더덕더덕①'의 본말. 자그마한 것들이 곳곳에 많이 붙어 있는 모양.

¶버찌가 가지마다 더더귀더더귀 달려 있다.

더-더욱

의미 [+정도],[+수준],[+강화]

제약

'더욱'을 강조하여 이르는 말. 정도나 수준 따위가 한층 심하거나 높게.

¶날이 갈수록 그의 술주정은 더더욱 심해졌다.

더덕-더덕

의미 [+모양],[-크기],[+부착],[+다수]

제약 { }-{붙어있다}

① 자그마한 것들이 곳곳에 많이 붙어 있는 모양.

¶얼굴에 밥풀이 더덕더덕 붙어 있다./팔소매에 코딱지가 더덕더덕 엉겨 있다./입술이 부르터서 딱지가 더덕더덕 앉았고….≪황석영, 장길산≫

의미 [+모양],[+기움],[+사방],[+불결],[+정도]

제약 { }-{꿰매다}

② 보기 흉할 정도로 몹시 지저분하게 여기저기 기운 모양.

¶옷을 기운 자국이 더덕더덕 나 있다./베 형겊으로 깨진 데를 더덕더덕 덧붙인 질화롯가에 온 가족이 둘러앉아 도란도란 얘기하며….≪안수길, 북간도≫

의미 [+모양],[+화장],[+농후],[+정도]

제약

③ 화장 따위를 아주 짙게 한 모양.

¶잔주름투성이 얼굴에 더덕더덕 분칠을 했다.≪서기원, 조선백자 마리아상≫/아이섀도를 더덕더덕 칠하지 않아도 속눈썹이 긴 눈은 대개 새카맣다.≪유주현, 하오의 연가≫

의미 [+모양],[+태도]v[+기색],[+노출]

제약

④ 어떤 태도나 기색이 많이 나타난 모양.

¶한눈에 장사꾼티가 더덕더덕 나는 그들이 주고받는 얘기란 이악스러운 상담이리라.≪박완서, 도시의 흉년≫/날짜마다 힘주어 그어 댄 그 가새표에는 절절한 욕심이 더덕더덕 묻어나고 있었다.≪이호철, 문≫

더덜-더덜

의미 [+모양],[+목소리],[-분명],[+어눌],[+반복]

제약 {사람}-{더듬다, 거리다, 대다}

분명하지 않은 목소리로 말을 자꾸 더듬는 모양.

¶말을 더덜더덜 더듬다.

더덜못-이

의미 [-결단],[-완벽]

제약

결단성이나 다잡는 힘이 모자라게.

¶그는 이번 일에도 더덜못이 대응하고 있다.

더덜-없이

의미 [-증가]v[-감소]

제약

더하거나 덜함이 없이.

¶더덜없이 꼭 맞아떨어지다.

더덩실

의미 [+모양],[+동작],[+팔]v[+다리],[+요동],[+춤]

제약 {춤}-{추다}

① 팔이나 다리 따위를 가볍게 흔들며 춤을 추는 모양.

¶더덩실 춤을 추다.

의미 [+모양],[+상승]

제약 { }-{떠오르다}

② 가볍게 위로 떠오르는 모양.

¶달이 더덩실 떠오르다.

더덩실-더덩실

의미 [+모양],[+동작],[+팔]v[+다리],[+요동],[+춤],[+연속]

제약 {춤}-{추다}

① 팔이나 다리 따위를 가볍게 흔들며 잇따라 춤을 추는 모양.

¶모두들 흥에 겨워 **더덩실더덩실** 춤을 춘다.

의미 [+모양],[+상승],[+연속]

제약 { }-{떠오르다}

② 잇따라 가볍게 위로 떠오르는 모양.

¶바다 위로 해가 **더덩실더덩실** 떠오른다.

더듬-더듬

의미 [+모양],[+탐색]v[+인식],[+접촉],[-속도],[+다양],[+반복]

제약 {사람}-{만지다, 거리다, 대다}

① 무엇을 찾거나 알아보려고 손으로 이리저리 자꾸 만지는 모양.

¶그는 어둠 속에서 **더듬더듬** 성냥을 찾았다.

의미 [+모양],[+길],[+탐색],[-인지],[+추측],[-규칙]

제약

② 잘 알지 못하는 길을 이리저리 짐작하여 찾는 모양.

¶처음 가는 길이라 이 골목 저 골목을 **더듬더듬** 헤매고 다녔다.

의미 [+모양],[+기억],[-분명],[+생각],[+다양]

제약

③ 기억이 뚜렷하지 않은 일을 이리저리 생각해 보는 모양.

의미 [+모양],[+말]v[+글],[-순탄],[+장애],[+반복]

제약 { }-{말하다, 읽다}

④ 말을 하거나 글을 읽을 때 순조롭게 하지 못하고 자꾸 막히는 모양.

¶그냥 책을 **더듬더듬** 읽어 내려갔다.

의미 [+모양],[++사정],[-인식],[+행동],[-민첩]

제약

⑤ 사정을 밝히 알지 못하여 행동을 민첩하게 하지 못하는 모양.

¶그는 신입 사원이라 업무 처리가 **더듬더듬** 느릴 수밖에 없다.

더듬적-더듬적

의미 [+모양],[+탐색]v[+인식],[+접촉],[-속도],[+다양],[+반복]

제약 {사람}-{만지다, 거리다, 대다}

① 무엇을 찾거나 알아보려고 느릿느릿하게 손으로 이리저리 자꾸 만지는 모양.

¶그는 지갑을 **더듬적더듬적** 뒤지더니 서류 봉투를 꺼냈다.

의미 [+모양],[+말]v[+글],[-속도],[+어눌],[+반복]

제약 {사람}-{더듬다, 거리다, 대다}

② 말을 하거나 글을 읽을 때 느릿느릿하게 자꾸 더듬는 모양.

¶그는 여러 사람 앞에서 말을 **더듬적더듬적** 더듬었다.

더디

의미 [+모양],[+동작],[-속도],[+지체]

제약

움직임이 느리고 시간이 걸리는 모양.

¶불이 약한지 물이 **더디** 끓는다./혼자 있으려니까 시간이 너무 **더디** 간다.

더디-더디

의미 [+모양],[+동작],[-속도],[+지체],[+정도]

제약

몹시 움직임이 느리고 시간이 걸리는 모양.

¶할 일이 없으니까 세월이 **더디더디** 가는 것처럼 느껴진다./말 없는 한순간이 또 **더디더디** 지나갔다.

더러

의미 [+부분]

제약

① 전체 가운데 얼마쯤.

¶방과 후 학생들이 **더러** 남아 공부하고 있다./이때 나주에 집강소를 설치했다는 소문을 들은 새

끼내 사람들이 **더러** 고향에 돌아오기도 했었다.
≪문순태, 타오르는 강≫
의미 [＋간격],[－빈도]
제약
② 이따금 드물게.
¶그의 아버지는 **더러** 보았지만 어머니는 전혀
만나지 못했다./전에는 **더러** 갔지마는 요새는 그
애 혼사 때문에 어디 몸 **뺄** 틈이나 있어야지요.
≪현진건, 무영탑≫

더러-더러
의미 [＋부분]
제약
① '더러①'를 강조하여 이르는 말. 전체 가운데
얼마쯤.
¶우리 때만 해도 **더러더러** 사랑에 속고 돈에 우
는 순정파도 있었건만….≪박완서, 도시의 흉년≫
의미 [＋간격],[－빈도]
제약
② '더러②'를 강조하여 이르는 말. 이따금 드물
게.
¶**더러더러** 만나는 친구./지금도 **더러더러** 어릴
적 고향 마을이 생각난다.

더럭
의미 [＋모양],[＋생각]v[＋감정],[＋발생],[＋순
간]
제약
어떤 생각이나 감정 따위가 갑자기 생기는 모양.
또는 어떤 행위를 갑자기 하는 모양.
¶겁이 **더럭** 나다./의심이 **더럭** 생기다./가슴이
더럭 내려앉다./화를 **더럭** 내다./신경질을 **더럭**
내다./1951년 가을, 제각기 북의 포로로 잡혀 북
쪽 후방으로 인계돼 가다가 둘은 **더럭** 만났다.
≪이호철, 나상≫/그 칼은 모두 도로 거두어서 혁
낭에 넣은 뒤에 아랫목으로 돌아서서 **더럭** 주저
앉은 때는, 재영이의 마음은 공포로써 산란하게
되었다.≪김동인, 젊은 그들≫

더럭-더럭
의미 [＋모양],[＋요구],[－호감],[＋정도],[＋반
복]
제약 {사람}-{조르다}

① 자꾸 대들어 매우 귀찮게 조르는 모양.
¶**더럭더럭** 우겨 대다./**더럭더럭** 떼를 쓰다.
의미 [＋모양],[＋행동],[＋연속],[＋지속]
제약
② 어떤 행동을 잇따라 계속하는 모양.
¶돈을 **더럭더럭** 벌어 오다./밥만 **더럭더럭** 축내
다.

더르르
의미 [＋모양],[＋추위],[＋신체],[＋전율]
제약 { }-{떨다}
추위 따위로 몸을 한 번 크게 떠는 모양.
¶돌연히 풍세는 심하여진다. 산골짜기로 몰아드
는 억센 놈이 가끔 발광이다. 다시금 **더르르** 몸
을 떨었다.≪김유정, 만무방≫

더벅-더벅
의미 [＋모양],[＋걸음],[－기운],[－속도]
제약 {사람}-{걷다}
느릿느릿 힘없는 걸음으로 걸어가는 모양. '터벅
터벅'보다 여린 느낌을 준다.
¶**더벅더벅** 걸어가다./숙생들은, 한마디의 이야기
를 할 기운조차 없이 **더벅더벅** 스승의 뒤를 쫓
았다.≪김동인, 젊은 그들≫

더부룩-더부룩[01]
의미 [＋모양],[＋풀]v[＋나무],[＋전부],[＋수
북],[＋거침]
제약 {풀, 나무}-{ }
① 풀이나 나무 따위가 여럿이 다 거칠게 수북
한 모양.
의미 [＋모양],[＋수염]v[＋머리털],[＋길이],
[＋조밀],[＋혼란],[＋정도]
제약 {수염, 머리털}-{ }
② 수염이나 머리털 따위가 좀 길고 촘촘하게
많이 나서 어지러운 모양.

더부룩-더부룩[02]
의미 [＋모양],[－소화],[＋불편],[＋반복]
제약
소화가 잘 안되어 배 속이 자꾸 거북한 모양.

더부룩-이[01]
의미 [＋상태],[＋풀]v[＋나무],[＋수북],[＋거
침]

제약 {풀, 나무}-{ }

① 풀이나 나무 따위가 거칠게 수북한 상태로.
¶잡풀들이 **더부룩이** 나 있는 언덕 아래에는 곱게 머리를 빗은 두 소녀가 서 있었다.
의미 [+상태],[+수염]v[+머리털],[+길이],
[+조밀],[+혼란],
제약 {수염, 머리털}-{ }
② 수염이나 머리털 따위가 좀 길고 촘촘하게 많이 나서 어지러운 상태로.
¶수염이 **더부룩이** 나다.

더부룩-이 02
의미 [+상태],[-소화],[+불편]
제약
소화가 잘 안되어 배 속이 거북한 상태로.

더북-더북
의미 [+상태],[+풀]v[+나무],[+다수],[+수북],[+거침],[+정도]
제약 {풀, 나무}-{ }
① 풀이나 나무 따위가 여기저기 아주 거칠게 수북한 모양.
¶잡초가 **더북더북** 나다./키 작은 관목들이 **더북더북** 우거졌다.
의미 [+모양],[+먼지],[+다수],[+발생]
제약
② 먼지 따위가 일어 여기저기 자욱한 모양.

더북-이
의미 [+상태],[+풀]v[+나무],[+수북],[+거침],[+정도]
제약 {풀, 나무}-{ }
① 풀이나 나무 따위가 아주 거칠게 수북한 정도로.
¶마당 한구석에 마른 볏짚이 **더북이** 쌓여 있다.
의미 [+상태],[+먼지],[+발생],[+흐림]
제약
② 먼지 따위가 일어 자욱한 상태로.
¶먼지가 **더북이** 일어나다.

더뻑
의미 [+모양],[+행동],[-신중]
제약
앞뒤를 헤아리지 않고 불쑥 행동하는 모양.

¶일을 **더뻑** 저지르다./모르는 사람의 손을 **더뻑** 잡다./문을 **더뻑** 열어젖히다.

더뻑-더뻑
의미 [+모양],[+행동],[-신중],[+반복]
제약
앞뒤를 헤아리지 않고 자꾸 불쑥불쑥 행동하는 모양.
¶그는 항상 **더뻑더뻑** 일을 저질러 놓고 뒤처리는 나한테 떠넘긴다.

더-아니
의미 [+정도],[+추가]
제약
(설의법(設疑法) 문장에 쓰여) 얼마나 더.
¶**더아니** 기쁜가?/**더아니** 좋은가?/**더아니** 슬픈가?

더없-이
의미 [+정도],[+비교]
제약
더할 나위가 없이.
¶**더없이** 좋은 사람./**더없이** 기쁜 날.

더욱
의미 [+정도]v[+수준],[+강화]
제약
정도나 수준 따위가 한층 심하거나 높게. 늑우극01(尤極).
¶**더욱** 붉어지는 노을./**더욱** 세차게 내리는 비./아이들은 **더욱** 신명이 나서 떠들어 댄다./영희는…무릎을 꿇고 올케의 손을 **더욱** 힘주어 잡았다.≪이호철, 닳아지는 살들≫

더욱-더
의미 [+정도]v[+수준],[+강화]
제약
'더욱'을 강조하여 이르는 말. 정도나 수준 따위가 한층 심하거나 높게.
¶**더욱더** 풍성해진 가을걷이./건강이 **더욱더** 나빠지다./서로를 **더욱더** 사랑하자./시간이 지날수록 **더욱더** 신록은 푸르러만 갔다.

더욱-더욱
의미 [+정도]v[+수준],[+강화]
제약

갈수록 더욱.

¶전세(戰勢)가 **더욱더욱** 불리해지다./그 아이는 **더욱더욱** 강하게 자랐다./비파 소리는 **더욱더욱** 맑고 맑게 들려온다.≪박종화, 다정불심≫

더욱-이

의미 [+추가]

제약

그러한 데다가 더.

¶그 아이는 이 일을 하기에는 나이가 너무 어리고, **더욱이** 몸도 너무 약하다./이 집에는 문이 하나밖에 없는 데다 **더욱이** 매우 좁다./다행히 주위는 비교적 조용한 편이고, **더욱이** 내 곁에 앉아 있는 남녀는 말 한 마디 없어….≪서영은, 살과 뼈의 축제≫

더펄-더펄

의미 [+모양],[+물건],[+길이],[+바람],[+요동],[+반복]

제약 { }-{흔들리다}

① 더부룩한 물건 따위가 조금 길게 늘어져 자꾸 바람에 흔들리는 모양.

¶머리가 걸을 때마다 **더펄더펄** 흔들린다.

의미 [+모양],[+행동],[-침착],[+경솔],[+반복]

제약 { }-{행동하다, 거리다, 대다}

② 들떠서 침착하지 못하고 자꾸 경솔하게 행동하는 모양.

¶내가 편한지 그 애는 **더펄더펄** 선머슴처럼 흉허물 없이 굴었다.

더-한층

의미 [+상태]v[+정도],[+강화]

제약

이전보다 상태나 정도가 더하게.

¶그는 상황이 어려우면 어려울수록 **더한층** 열심히 일하는 사람이다./꽃들은 으스름 황혼 속에 **더한층** 강렬한 향내를 풍긴다.≪박종화, 임진왜란≫/가랑가랑한 목소리가 오늘 저녁에는 **더한층** 부드럽고 은근한 맛이 있다.≪심훈, 영원의 미소≫

덕더그르르

의미 [+소리]v[+모양],[+물건],[+충돌],[+회전],[+연속]

제약 {물건}-{구르다}

① 크고 단단한 물건이 잇따라 다른 단단한 물체에 부딪치며 굴러가는 소리. 또는 그 모양.

¶바위가 **덕더그르르** 굴러 내려온다.

의미 [+소리],[+천둥],[+거리],[+순간]

제약 {천둥}-{울리다}

② 천둥이 좀 먼 데서 갑자기 울리는 소리.

덕더글-덕더글

의미 [+소리]v[+모양],[+물건],[+충돌],[+회전],[+연속]

제약 {물건}-{구르다}

① 크고 단단한 물건이 다른 단단한 물체에 잇따라 부딪치면서 굴러가는 소리. 또는 그 모양.

의미 [+소리],[+천둥],[+거리],[+순간],[+연속]

제약 {천둥}-{울리다}

② 천둥이 좀 먼 데서 갑자기 잇따라 울리는 소리.

덕성스레

의미 [+성질],[+인자],[+관대]

제약

성질이 어질고 너그러운 데가 있게.

덕스레

의미 [+인자],[+관대]

제약

보기에 어질고 너그러운 데가 있게.

덕적-덕적

의미 [+모양],[+먼지]v[+때],[+부착],[+두께]

제약 {먼지, 때}-{끼다, 앉다}

먼지나 때 따위가 좀 두껍게 붙어 있는 모양.

¶오랫동안 비워 둔 집이라 먼지가 창틀에 **덕적덕적** 붙어 있다./계집애의 얼굴에는 심술이 **덕적덕적** 붙어 있었다.

덕지-덕지

의미 [+모양],[+때]v[+먼지],[+부착],[+두께],[+정도]

제약 {때, 먼지}-{끼다, 앉다}

① 때나 먼지 따위가 아주 많이 끼어 있는 모양.

¶흰 운동화가 검어 보일 정도로 때가 **덕지덕지**

끼어 있다./대로변에 너무 가까이 인접해 있어서 비신(碑身)들은 왕래하는 차들에 의해 암회색 흙덩이들을 덕지덕지 덮어쓰고 있다.≪홍성원, 무사와 악사≫

의미 [+모양],[+부착],[+혼란]

제약

② 어지럽게 덧붙거나 겹쳐 있는 모양.

¶광고 전단이 어지럽게 덕지덕지 붙어 있는 전봇대./그는 머리에 기름을 덕지덕지 발랐다./위생병이 손등에 덕지덕지 붙여 두었던 반창고 조각을 떼어 바늘을 고정시켰다.≪신상웅, 히포크라테스의 흉상≫

던적스레

의미 [+행동],[+치사],[+야비],[+정도]

제약

하는 짓이 보기에 매우 치사하고 더러운 데가 있게.

¶던적스레 굴다.

덜

의미 [-기준],[-정도]

제약

어떤 기준이나 정도가 약하게. 또는 그 이하로.

¶고구마가 덜 익다./잠이 덜 깨다./책을 덜 읽었다./고생을 더 하고 덜 함은 내 팔자이다./이 사탕이 저 사탕보다 덜 달다./자전거가 자동차보다 덜 빠르다.

덜거덕

의미 [+소리],[+물건],[+충돌]

제약 { }-{부딪치다, 거리다, 대다}

크고 단단한 물건이 맞부딪치는 소리.

¶문이 덜거덕 열린다.

덜거덕-덜거덕

의미 [+소리],[+물건],[+충돌],[+반복]

제약 { }-{부딪치다, 거리다, 대다}

크고 단단한 물건이 자꾸 맞부딪치는 소리.

¶부엌에서 덜거덕덜거덕 그릇 씻는 소리가 났다./바닥이 고르지 못했던지 사기는 심하게 흔들리면서 덜거덕덜거덕 소리를 내었다.≪박경리, 토지≫

덜거덩

의미 [+소리],[+물건],[+충돌],[+공명]

제약 { }-{울리다, 거리다, 대다}

크고 단단한 물건이 부딪쳐 울리는 소리.

¶철문이 덜거덩 열렸다.

덜거덩-덜거덩

의미 [+소리],[+물건],[+충돌],[+공명],[+반복]

제약 { }-{울리다, 거리다, 대다}

크고 단단한 물건이 자꾸 부딪쳐 울리는 소리.

¶커다란 트럭이 시골 길을 덜거덩덜거덩 달려간다.

덜걱

의미 [+소리],[+물건],[+충돌]

제약 { }-{부딪치다, 거리다, 대다}

'덜거덕'의 준말. 크고 단단한 물건이 맞부딪치는 소리.

¶덜걱 문이 닫히다.

덜걱-덜걱

의미 [+소리],[+물건],[+충돌],[+반복]

제약 { }-{부딪치다, 거리다, 대다}

'덜거덕덜거덕'의 준말. 크고 단단한 물건이 자꾸 맞부딪치는 소리.

¶덜걱덜걱 그릇 부딪치는 소리.

덜겅

의미 [+소리],[+물건],[+충돌],[+공명]

제약 { }-{울리다, 거리다, 대다}

'덜거덩'의 준말. 크고 단단한 물건이 부딪쳐 울리는 소리.

¶솥뚜껑을 덜겅 열다.

덜겅-덜겅

의미 [+소리],[+물건],[+충돌],[+공명],[+반복]

제약 { }-{울리다, 거리다, 대다}

'덜거덩덜거덩'의 준말. 크고 단단한 물건이 자꾸 부딪쳐 울리는 소리.

덜그럭

의미 [+소리],[+물건],[+충돌],[+요동],[+접촉]

제약 { }-{거리다, 대다}

크고 단단한 물건이 부딪쳐 흔들리면서 맞닿는

소리.

¶문을 덜그럭 열다.

덜그럭-덜그럭

의미 [＋소리],[＋물건],[＋충돌],[＋요동],[＋접촉],[＋반복]

제약 { }-{거리다, 대다}

크고 단단한 물건이 자꾸 부딪쳐 흔들리면서 맞닿는 소리.

¶아이들의 가방 안에서는 **덜그럭덜그럭** 필통이며 빈 도시락이 흔들리는 소리가 났다./나는…국수 오라기 뽑아내는 손기계도 자청해서 **덜그럭덜그럭** 있는 힘을 다 내어 돌려 보곤 하였다. ≪이호철, 소시민≫

덜그렁

의미 [＋소리],[＋쇠붙이],[＋충돌]v[＋마찰],[＋공명]

제약 {쇠붙이}-{부딪치다, 스치다, 울리다}

얇고 큰 쇠붙이 따위가 맞부딪치거나 스쳐 울리는 소리.

¶체력 단련실에 들어서자 각종 운동 기구가 움직이는 **덜그렁** 소리가 요란스레 들려왔다.

덜그렁-덜그렁

의미 [＋소리],[＋쇠붙이],[＋충돌]v[＋마찰],[＋공명],[＋반복]

제약 {쇠붙이}-{부딪치다, 스치다, 울리다}

얇고 큰 쇠붙이 따위가 자꾸 맞부딪치거나 스쳐 울리는 소리.

덜꺼덕

의미 [＋소리],[＋물건],[＋충돌]

제약 { }-{부딪치다, 거리다, 대다}

크고 단단한 물건이 맞부딪치는 소리. '덜거덕'보다 조금 센 느낌을 준다.

¶문이 덜꺼덕 닫혔다.

덜꺼덕-덜꺼덕

의미 [＋소리],[＋물건],[＋충돌],[＋반복]

제약 { }-{부딪치다, 거리다, 대다}

크고 단단한 물건이 자꾸 맞부딪치는 소리. '덜거덕덜거덕'보다 조금 센 느낌을 준다.

¶창문이 덜꺼덕덜꺼덕 흔들린다.

덜꺼덩

의미 [＋소리],[＋물건],[＋충돌],[＋공명]

제약 { }-{울리다, 거리다, 대다}

크고 단단한 물건이 부딪쳐 울리는 소리. '덜거덩'보다 조금 센 느낌을 준다.

¶가마솥 뚜껑이 덜꺼덩 바닥으로 떨어졌다.

덜꺼덩-덜꺼덩

의미 [＋소리],[＋물건],[＋충돌],[＋공명],[＋반복]

제약 { }-{울리다, 거리다, 대다}

크고 단단한 물건이 자꾸 부딪쳐 울리는 소리. '덜거덩덜거덩'보다 조금 센 느낌을 준다.

덜꺽

의미 [＋소리],[＋물건],[＋충돌]

제약 { }-{부딪치다, 거리다, 대다}

'덜꺼덕'의 준말. 크고 단단한 물건이 맞부딪치는 소리.

¶문을 쾅 닫고 들어가 문고리를 덜꺽 채워 버렸다.

덜꺽-덜꺽

의미 [＋소리],[＋물건],[＋충돌],[＋반복]

제약 { }-{부딪치다, 거리다, 대다}

'덜꺼덕덜꺼덕'의 준말. 크고 단단한 물건이 자꾸 맞부딪치는 소리.

덜껑

의미 [＋소리],[＋물건],[＋충돌],[＋공명]

제약 { }-{울리다, 거리다, 대다}

'덜꺼덩'의 준말. 크고 단단한 물건이 부딪쳐 울리는 소리.

덜껑-덜껑

의미 [＋소리],[＋물건],[＋충돌],[＋공명],[＋반복]

제약 { }-{울리다, 거리다, 대다}

'덜꺼덩덜꺼덩'의 준말. 크고 단단한 물건이 자꾸 부딪쳐 울리는 소리.

¶먼 데서부터 구두 소리가 뚜벅뚜벅 났다가 멎고 덜껑덜껑 옥문 여는 소리가 들렸다.≪전영택, 운명≫

덜덜[01]

의미 [＋모양],[＋추위]v[＋공포],[＋신체],[＋전율],[＋정도]

제약 { }-{떨다}

① 춥거나 무서워서 몸을 몹시 떠는 모양.

¶사람들은 추운 날씨에 턱을 덜덜 떨었다./무서움에 손이 덜덜 떨려서 밥도 제대로 못 먹는다.

의미 [+소리]v[+모양],[+바퀴],[+회전],[+요동],[+바닥]

제약 {바퀴}-{구르다, 흔들리다}

② 큰 바퀴 따위가 단단한 바닥을 구르며 흔들리는 소리. 또는 그 모양.

¶노면이 고르지 못해 차가 덜덜 흔들린다.

덜덜02

의미 [+모양],[+행동],[-침착],[-주의],[+거침]

제약

사람이 침착하지 못하여 함부로 떠들며 거칠게 행동하는 모양.

¶김 서방은 한시도 가만히 못 있고 덜덜 돌아치기만 한다.

덜러덩01

의미 [+소리],[+물건],[-속도],[+요동],[+접촉],[+공명]

제약 { }-{울리다, 거리다, 대다}

크고 단단한 물건들이 느리게 흔들리면서 서로 닿아 울리는 소리.

덜러덩02

의미 [+모양],[+사람],[+활주],[+도괴],[+순간]

제약 {사람}-{넘어지다}

덩치가 큰 사람이 갑자기 미끄러지며 넘어지는 모양.

¶덜러덩 나자빠지다./덜러덩 나동그라지다.

덜러덩-덜러덩

의미 [+소리],[+물건],[-속도],[+요동],[+접촉],[+공명],[+반복]

제약 { }-{울리다, 거리다, 대다}

크고 단단한 물건들이 느리게 흔들리면서 서로 닿아 자꾸 울리는 소리.

덜렁01

의미 [+소리]v[+모양],[+방울]v[+물체],[+요동]

제약 { }-{흔들리다, 움직이다}

① 큰 방울이나 매달린 물체 따위가 한 번 흔들리는 소리. 또는 그 모양.

의미 [+모양],[+행동],[-침착],[+경솔]

제약 { }-{행동하다, 거리다, 대다}

② 침착하지 못하고 거볍게 행동하는 모양.

¶헐레벌떡 뛰어온 박 서방은 옥이의 팔을 덜렁 잡았다.≪김정한, 수라도≫/아무리 제 물건이지만, 살고 있는 사람에게는 한마디 연락도 없이 집을 덜렁 팔고 말았을까?≪김춘복, 쌈짓골≫

의미 [+모양],[+경악]v[+공포],[+순간],[+가슴],[+진동]

제약

③ 갑자기 놀라거나 겁이 나서 가슴이 뜨끔하게 울리는 모양.

¶가슴이 덜렁 내려앉다./나는 덜렁 겁을 먹었다. 호주머니에 있는 돈이 모자라면 어떻게 하나 싶어서였다.≪이병주, 행복어 사전≫

덜렁02

의미 [+모양],[+유일]

제약

딸린 것이 아주 적거나 단 하나만 있는 모양.

¶다른 사람은 모두 가고 혼자만 덜렁 남았다./허허벌판 가운데에 그저 약간의 조경이 되어 있고 저만큼 이 층짜리 건물이 하나 덜렁 서 있을 뿐이니 말이다.≪하근찬, 임진강 오리 떼≫

덜렁-덜렁

의미 [+소리]v[+모양],[+방울]v[+물체],[+요동],[+반복]

제약 { }-{흔들리다, 움직이다}

① 큰 방울이나 매달린 물체 따위가 자꾸 흔들리는 소리. 또는 그 모양.

¶자갈길을 굴러가는 마차 바퀴의 진동이 그를 덜렁덜렁 사정없이 좌우로 흔들었다.≪홍성원, 육이오≫/쿵 하고 벽 구석의 기둥을 두들기는 소리가 들렸고 낡은 가옥의 기둥들이 연쇄 반응으로 덜렁덜렁 울림 소리를 냈다.≪송영, 투계≫

의미 [+모양],[+행동],[-침착],[+경솔],[+반복]

제약 { }-{행동하다, 거리다, 대다}

271

② 침착하지 못하고 자꾸 거볍게 행동하는 모양.

¶그는 두 주머니에다 손을 찌르고 **덜렁덜렁** 옆으로 따라왔다.≪강신재, 절벽≫

의미 [+모양],[+경악]v[+공포],[+순간],[+가슴],[+진동],[+반복]

제약

③ 갑자기 놀라거나 겁이 나서 가슴이 자꾸 뜨끔하게 울리는 모양.

덜레-덜레

의미 [+모양],[+걸음]v[+행동],[+간편]

제약 {사람}-{걷다}

단출한 몸으로 건들건들 걷거나 행동하는 모양.

¶**덜레덜레** 골목길을 걸어가다.

덜커덕

의미 [+소리],[+물건],[+충돌]

제약 { }-{부딪치다, 거리다, 대다}

크고 단단한 물건이 맞부딪치는 소리. '덜거덕'보다 조금 거센 느낌을 준다.

¶문이 **덜커덕** 열리다./와르르, **덜커덕**, 광석 부수는 소리인가 기계 돌아가는 소리인가, 둔중하면서 부산한 소리가 들렸다.≪안수길, 북간도≫

덜커덕-덜커덕

의미 [+소리],[+물건],[+충돌],[+반복]

제약 { }-{부딪치다, 거리다, 대다}

크고 단단한 물건이 자꾸 맞부딪치는 소리. '덜거덕덜거덕'보다 조금 거센 느낌을 준다.

¶차가 국도를 벗어나 두툴두툴한 자갈길을 **덜커덕덜커덕** 달린다.

덜커덩

의미 [+소리],[+물건],[+충돌],[+공명]

제약 { }-{울리다, 거리다, 대다}

크고 단단한 물건이 부딪쳐 울리는 소리. '덜거덩'보다 조금 거센 느낌을 준다.

¶**덜커덩** 대문을 닫아 잠가 버렸다./열차가 **덜커덩** 굉음을 울리며 자그마한 간이역으로 요란하게 들어선다.≪홍성원, 육이오≫/우르룩, 우르룩, **덜커덩** 엔진 움직이는 소리가 어딘가 시원칠 못한 것 같았다.≪이청준, 살아 있는 늪≫

덜커덩-덜커덩

의미 [+소리],[+물건],[+충돌],[+공명],[+반복]

제약 { }-{울리다, 거리다, 대다}

크고 단단한 물건이 자꾸 부딪쳐 울리는 소리. '덜거덩덜거덩'보다 조금 거센 느낌을 준다.

¶덩치 큰 버스는 별반 미련도 없이 **덜커덩덜커덩** 달빛 속을 무작정 달리고 있었다.≪이청준, 살아 있는 늪≫

덜컥[01]

의미 [+모양],[+경악]v[+공포],[+가슴],[+붕괴],[+순간]

제약

① 갑자기 놀라거나 겁에 질려 가슴이 내려앉는 모양.

¶겁이 **덜컥** 나다./가슴이 **덜컥** 내려앉았다.

의미 [+모양],[+사건],[+진행],[+순간],[+정도]

제약

② 어떤 일이 매우 갑작스럽게 진행되는 모양.

¶집안 사정이 어려운 중에 어머니마저 **덜컥** 돌아가셨다./앞뒤 사정도 보지 않고 빚을 얻어 **덜컥** 가게를 얻어 버렸다./상대방은 외진 밤길에서 강도라도 **덜컥** 만난 듯이 몹시 당황한 기색을 감추지 못했다.≪윤흥길, 완장≫

덜컥[02]

의미 [+소리],[+물건],[+충돌]

제약 { }-{부딪치다, 거리다, 대다}

'덜커덕'의 준말. 크고 단단한 물건이 맞부딪치는 소리.

¶문이 **덜컥** 닫히다.

덜컥-덜컥[01]

의미 [+모양],[+경악]v[+공포],[+가슴],[+붕괴],[+순간],[+맥박],[+반복]

제약

① 갑자기 놀라거나 겁에 질려 가슴이 내려앉듯이 자꾸 두근거리는 모양.

¶밤에 공원을 지나다 보니 **덜컥덜컥** 겁이 났다.

의미 [+모양],[+전부],[+진행],[+순간],[+정도]

제약

② 여럿이 다 매우 갑작스럽게 진행되는 모양.

¶아들 두 녀석이 모두 **덜컥덜컥** 입대해 버려 집 안이 허전하다.

덜컥-덜컥⁰²

의미 [+소리],[+물건],[+충돌],[+반복]

제약 { }-{부딪치다, 거리다, 대다}

'덜커덕덜커덕'의 준말. 크고 단단한 물건이 자 꾸 맞부딪치는 소리.

덜컹⁰¹

의미 [+모양],[+경악]v[+공포],[+순간],[+맥 박],[+정도]

제약

갑자기 놀라거나 겁에 질려서 가슴이 몹시 울렁 거리는 모양.

¶겁이 **덜컹** 나다./응보는 만석이가 자기를 도와 주기 위해 온 것이 아님을 알고 가슴이 **덜컹** 내 려앉았다.≪문순태, 타오르는 강≫

덜컹⁰²

의미 [+소리],[+물건],[+충돌],[+공명]

제약 { }-{울리다, 거리다, 대다}

'덜커덩'의 준말. 크고 단단한 물건이 부딪쳐 울 리는 소리.

¶바람에 창문이 **덜컹** 닫히다./문이 **덜컹** 열리다.

덜컹-덜컹⁰¹

의미 [+모양],[+경악]v[+공포],[+순간],[+맥 박],[+정도]

제약

갑자기 놀라거나 겁에 질려서 몹시 가슴이 울렁 거리는 모양.

¶한동안은 전화벨 소리만 들어도 가슴이 **덜컹덜 컹** 내려앉았다.

덜컹-덜컹⁰²

의미 [+소리],[+물건],[+충돌],[+공명],[+반 복]

제약 { }-{울리다, 거리다, 대다}

'덜커덩덜커덩'의 준말. 크고 단단한 물건이 자 꾸 부딪쳐 울리는 소리.

¶방문이 **덜컹덜컹** 울린다./불 꺼진 신문사 지하 실에서 **덜컹덜컹** 윤전기가 돌아가고 있었다.≪최 인호, 지구인≫

덜퍼덕

의미 [+모양],[-기운],[+착석]v[+침와]

제약 { }-{주저앉다, 눕다}

힘없이 주저앉거나 눕는 모양.

¶아들이 전사했다는 소식을 듣자마자 어머니는 그 자리에 **덜퍼덕** 주저앉고 말았다.

덜퍽스레

의미 [+풍부],[+소담]

제약

푸지고 탐스러운 데가 있게.

덤덤-히

의미 [-감정],[-동요],[+예사]

제약

① 특별한 감정의 동요 없이 그저 예사롭게.

¶그는 실패를 **덤덤히** 받아들였다./시간이 태엽 이 풀어진 시계추처럼 **덤덤히** 흘러간다.

의미 [+태도],[-말]v[-반응],[+고요],[-표 정]

제약

② 말할 자리에서 어떤 말이나 반응이 없이 조 용하고 무표정한 태도로.

¶나는 그 이상 파고 물을 수도 없어 **덤덤히** 앉 아 술잔을 비웠다.≪이병주, 행복어 사전≫

덤버덩

의미 [+소리],[+물건],[+물],[+낙하],[+침수]

제약 { }-{빠지다}

'덤벙⁰¹'의 본말. 크고 무거운 물건이 물에 떨어 져 잠기는 소리.

덤버덩-덤버덩

의미 [+소리],[+물건],[+물],[+낙하],[+침 수],[+연속]

제약 { }-{빠지다}

'덤벙덤벙⁰¹'의 본말. 크고 무거운 물건이 잇따라 물에 떨어져 잠기는 소리.

¶아이들은 옷을 벗자마자 물속으로 **덤버덩덤버 덩** 뛰어들었다.

덤벙⁰¹

의미 [+소리],[+물건],[+물],[+낙하],[+침수]

제약 { }-{빠지다}

크고 무거운 물건이 물에 떨어져 잠기는 소리.

¶물속으로 덤벙 뛰어들다.

덤벙[02]

의미 [+모양],[+행동],[+흥분],[-신중],[+간섭]

제약

들뜬 행동으로 아무 일에나 함부로 서둘러 뛰어드는 모양.

¶아무 일에나 덤벙 뛰어들었다가는 낭패를 보기 십상이다.

덤벙-덤벙[01]

의미 [+소리],[+물건],[+물],[+낙하],[+침수],[+연속]

제약 {　}-{빠지다}

크고 무거운 물건이 잇따라 물에 떨어져 잠기는 소리.

¶바지까지 벗어 버린 동칠이 속옷 바람으로 덤벙덤벙 물로 걸어 들어갔다.≪한수산, 유민≫

덤벙-덤벙[02]

의미 [+모양],[+행동],[+흥분],[-신중],[+간섭],[+반복]

제약

들뜬 행동으로 아무 일에나 자꾸 함부로 서둘러 뛰어드는 모양.

¶아무렇게나 덤벙덤벙 말하지 말게.

덤부렁-듬쑥

의미 [+모양],[+수풀],[+울창],[+고요]

제약

수풀이 우거져 그윽한 모양.

덤뻑

의미 [+모양],[+행동],[+경솔]

제약 {사람}-{나서다, 행동하다}

① 깊은 생각이 없이 무턱대고 행동하는 모양.

¶덤뻑 나서다./그녀는 생각 없이 덤뻑 일을 저질렀다.

의미 [+모양],[+행동],[+순간],[-주저]

제약

② 서슴지 않고 단숨에 하는 모양.

¶물건을 덤뻑 들어 올리다./석휘(夕暉)에 더욱 고색이 드러나는 일주문으로 하여 오래 그리워하던 송광사를 이제서야 덤뻑 껴안았다.≪최남선,

심춘순례≫

덤턱-스레

의미 [+모양],[+단단],[+크기],[+풍부]

제약

매우 투박스럽게 크고 푸진 데가 있게.

덥석

의미 [+모양],[+묾]v[+장악],[+순간]

제약 {　}-{물다, 잡다}

왈칵 달려들어 닝큼 물거나 움켜잡는 모양.

¶손을 덥석 잡다./떡을 덥석 베어 물었다./보따리를 덥석 받아 들었다./어머니는 아기를 덥석 받아 안으셨다./그는 허락도 없이 골치 아픈 일을 덥석 맡아 왔다.

덥석-덥석

의미 [+모양],[+묾]v[+장악],[+순간],[+반복]

제약 {　}-{물다, 잡다}

자꾸 왈칵 달려들어 닝큼 물거나 움켜잡는 모양.

¶주는 대로 덥석덥석 잘도 받아먹는다./그는 기운이 나는지 상자를 몇 개씩 덥석덥석 받아 날랐다./그들은 어느 틈에 담장 밑에서 몸을 일으켜 만세라도 부를 듯이 부하들의 손을 덥석덥석 부여잡았다.≪홍성원, 육이오≫

덥수룩-이

의미 [+상태],[+수염]v[+머리털],[+혼란],[+덮음]

제약 {수염, 머리털}-{　}

더부룩하게 많이 난 수염이나 머리털이 어수선하게 덮여 있는 상태로.

¶빡빡 깎았던 머리가 덥수룩이 돋아나 있었다.≪황순원, 카인의 후예≫

덥적-덥적

의미 [+모양],[+참견],[-신중],[+반복]

제약

① 무슨 일에나 가리지 않고 자꾸 참견하는 모양.

의미 [+모양],[+친밀],[+반복]

제약

② 자꾸 남에게 붙임성 있게 구는 모양.

¶그는 처음 보는 사람과도 덥적덥적 잘 사귀어

금세 친해진다.

덧없-이

의미 [-인식],[+시간],[+경과],[+속도]

제약

① 알지 못하는 가운데 지나가는 시간이 매우 빠르게.

¶세월이 덧없이 흘러가다.

의미 [-보람]v[-가치],[+공허]

제약

② 보람이나 쓸모가 없어 헛되고 허전하게.

¶오늘 하루도 덧없이 지나갔다고 생각하니 무척 속이 상한다.

의미 [-요점],[-근거]

제약

③ 갈피를 잡을 수 없거나 근거가 없이.

¶덧없이 떠도는 상념./장군은 어머니를 생각하여 눈물이 덧없이 흘렀다.≪박종화, 임진왜란≫

덩그러니

의미 [+모양],[+하나],[+돌출]

제약

① 홀로 우뚝 드러난 모양.

¶나의 하숙방에는 팔걸이도 없는 소파 두 짝만 덩그러니 놓여 있을 뿐이었다.≪김원우, 짐승의 시간≫/방 안에는 아무도 없고 방 한가운데 술상만 하나 덩그러니 놓여 있었다.≪송기숙, 녹두 장군≫

의미 [+모양],[+공간],[+공허],[+고독]

제약

② 넓은 공간이 텅 비어 쓸쓸한 모양.

¶일어서서 벽장문을 열어 본다. 역시 덩그러니 비어 있고 둥그런 수예 틀이 하나 놓여 있다.≪최인훈, 회색인≫

덩그렁

의미 [+모양],[+유일],[+노출],[+높이]

제약

① 홀로 우뚝 드러나 있는 모양.

¶텅 빈 겨울 들판에 송신탑만 덩그렁 서 있다.

의미 [+모양],[+공허]

제약

② 텅 비어 있는 모양.

¶공연이 끝나고 관객들도 다 가 버린 극장 안은 덩그렁 비어 있다.

덩더-꿍

의미 [+소리],[+북]v[+장구],[+신명]

제약 {북, 장구}-{두드리다, 울리다}

① 북이나 장구 따위를 흥겹게 두드리는 소리.

¶북소리 장단이 덩더꿍 울린다.

의미 [+모양],[+대항],[+추종]

제약

② 덩달아 덤비는 모양.

덩더꿍-덩더꿍

의미 [+소리],[+북]v[+장구],[+신명],[+반복]

제약 {북, 장구}-{두드리다, 울리다}

북이나 장구 따위를 자꾸 흥겹게 두드리는 소리.

¶밤이 깊도록 덩더꿍덩더꿍 굿 장단이 계속되었다.

덩-더러꿍

의미 [+소리],[+북]v[+장구],[+조화]

제약 {북, 장구}-{두드리다, 울리다}

북이나 장구 따위를 어울러서 두드리는 소리.

덩-더럭

의미 [+소리],[+장구],[+공명]

제약 {장구}-{울리다}

장구를 울리는 소리.

덩덩

의미 [+소리],[+북]v[+장구]v[+소고]

제약 {북, 장구, 소고}-{두드리다, 치다, 울리다}

북이나 장구, 소고 따위를 치는 소리.

¶북소리가 덩덩 나다.

덩둘-히

의미 [+태도],[+우둔],[+정도]

제약

① 매우 둔하고 어리석은 태도로.

의미 [-정신]

제약

② 어리둥절하여 멍한 정신으로.

덩드럭-덩드럭

의미 [+모양],[+자만],[-예의],[+반복]

제약

① 잘난 체하며 자꾸 함부로 구는 모양.

의미 [+모양],[+소란],[+유희],[+반복]

제약

② 신이 나서 자꾸 떠들썩하게 노는 모양.

덩실

의미 [+모양],[+동작],[+팔]v[+다리],[+신명],[+춤]

제약 {춤}-{추다}

신이 나서 팔다리를 흥겹게 놀리며 춤을 추는 모양.

¶춤을 덩실 추다.

덩실-덩실

의미 [+모양],[+동작],[+팔]v[+다리],[+신명],[+춤],[+연속]

제약 {춤}-{추다}

신이 나서 팔다리를 계속 흥겹게 놀리며 춤을 추는 모양.

¶덩실덩실 춤을 추다./소음은 신바람 나는 어떤 리듬을 갖고 있는 것처럼 느꼈고, 나 역시 그 리듬을 타고 있는 것처럼 온몸에 덩실덩실 신바람이 났다.≪박완서, 도시의 흉년≫/그도 그런 것이, 붉은 고사(庫紗) 댕기 할 감과 흰 고무신 한 켤레를 가져 볼 생각을 하면 금방도 어깨춤이 덩실덩실 나왔고….≪정비석, 성황당≫

덩싯-덩싯

의미 [+모양],[+운동],[+춤],[+연속]

제약

팔다리를 춤추듯이 잇따라 가볍게 움직이는 모양.

¶눈 감고 누워 있는 그가 벌떡 몸을 일으키어 그들을 부둥켜안고 덩싯덩싯 춤이라도 출 것만 같았다.≪문순태, 타오르는 강≫

덩이-덩이

의미 [+모양],[+덩어리],[+다수],[−규칙]

제약

작게 뭉쳐진 것들이 여기저기 있는 모양.

¶처마 밑에 메주를 덩이덩이 매달아 놓았다./그들은 군데군데 불을 피우고 수십 명씩 덩이덩이 모여 있었다.≪문순태, 타오르는 강≫

데걱

의미 [+소리],[+물건],[+충돌]v[+절단]

제약 { }-{부딪치다, 부러지다}

크고 단단한 물건이 가볍게 부딪치거나 부러지는 소리.

데걱-데걱

의미 [+소리],[+물건],[+충돌]v[+절단],[+연속]

제약 { }-{부딪치다, 부러지다}

크고 단단한 물건이 잇따라 가볍게 부딪치거나 부러지는 소리.

데구루루

의미 [+모양],[+소리],[+물건],[+바닥],[+회전]

제약 {물건}-{구르다}

약간 크고 단단한 물건이 단단한 바닥에서 구르는 소리. 또는 그 모양.

¶밤톨이 데구루루 굴러떨어진다./자존심이 상했지만 나는 장판을 데구루루 구르는 은전을 손바닥으로 덮쳐서 꼭 쥐고 "고맙습니다."라고 인사를 올렸다.≪박완서, 그 많던 싱아는 누가 다 먹었을까≫

데굴

의미 [+모양],[+물건],[−맵시],[+회전]

제약 {물건}-{구르다}

큰 물건이 모양 없이 짧게 구르는 모양.

데굴-데굴

의미 [+모양],[+물건],[+회전],[+연속]

제약 {물건}-{구르다}

큰 물건이 잇따라 구르는 모양.

¶높이 떴던 야구공이 데굴데굴 굴러갔다.

데그럭

의미 [+소리],[+물건],[+충돌]

제약 { }-{부딪치다, 거리다, 대다}

단단한 물건이 서로 부딪쳐 나는 소리.

데그럭-데그럭

의미 [+소리],[+물건],[+접촉],[+연속]

제약 { }-{거리다, 대다}

크고 단단한 물건들이 잇따라 서로 맞닿는 소리.

데꺽[01]

의미 [+소리],[+물건],[+충돌]v[+절단]

제약 { }-{부딪치다, 부러지다}

크고 단단한 물건이 가볍게 부딪치거나 부러지

는 소리. '데걱'보다 조금 센 느낌을 준다.

데꺽02

의미 [+모양],[+일],[−주저]v[+용이]

제약

일 따위를 서슴지 않고 하거나 쉽게 하는 모양.
¶그리고 그녀도 내 청혼을 데꺽 받아들였거
든….≪주요섭, 열 줌의 흙≫/왕후 민씨와 그네의
추종자들을 방심시켜 놓고, 그러고는 계획한 일
을 데꺽 저질러 버릴 속셈이었다.≪유주현, 대한
제국≫

데꺽-데꺽01

의미 [+소리],[+물건],[+충돌]v[+절단],[+반
복]

제약 { }-{부딪치다, 부러지다}

크고 단단한 물건이 잇따라 가볍게 부딪치거나
부러지는 소리. '데걱데걱'보다 조금 센 느낌을
준다.

데꺽-데꺽02

의미 [+모양],[+일],[−주저]v[+용이],[+반
복]

제약

일 따위를 자꾸 서슴지 않고 하거나 쉽게 하는
모양.
¶일을 데꺽데꺽 해치우다./그 비서는 필요한 서
류를 데꺽데꺽 가져왔다.

데꾼-데꾼

의미 [+모양],[+눈],[+전부],[+오목],[−생기]

제약

눈들이 모두 쑥 들어가고 생기가 없는 모양. '떼
꾼떼꾼'보다 여린 느낌을 준다.

데꾼-히

의미 [+눈],[+오목],[−생기]

제약

눈이 쑥 들어가고 생기가 없이. '떼꾼히'보다 여
린 느낌을 준다.

데룽

의미 [+모양],[+물건],[+부착],[−외모]

제약 { }-{매달리다}

큼직한 물건이 볼썽사납게 매달려 있는 모양.
¶그 기계에는 혹 같기도 하고 종 같기도 한 물

건이 데룽 달려 있었다.

데룽-데룽

의미 [+모양],[+물건],[+부착],[−외모],[+요
동],[+연속]

제약 { }-{흔들리다}

큼직한 물건이 볼썽사납게 매달려 가볍고 크게
잇따라 흔들리는 모양.
¶약봉지를 데룽데룽 달아 놓다./가방이 벽에 데
룽데룽 매달려 있다.

데면-데면

의미 [+모양],[+태도],[−친밀],[+예사]

제약

① 사람을 대하는 태도가 친밀감이 없이 예사로
운 모양. 늑데면데면히①.
¶그는 누구를 만나도 데면데면 대한다.

의미 [+모양],[+성질],[−치밀],[+행동],[−신
중],[−조심]

제약

② 성질이 꼼꼼하지 않아 행동이 신중하거나 조
심스럽지 않은 모양. 늑데면데면히②.
¶그는 책장을 데면데면 넘긴다./데면데면 일을
하면 꼭 탈이 생기게 마련이다.

데면데면-히

의미 [+모양],[+태도],[−친밀],[+예사]

제약

①=데면데면①. 사람을 대하는 태도가 친밀감이
없이 예사로운 모양.
¶데면데면히 지내면서도, 한집안 사람이나 같으
니 체면 차려서 인사를 해 본 일이 없다.≪염상
섭, 지평선≫

의미 [+모양],[+성질],[−치밀],[+행동],[−신
중],[−조심]

제약

②=데면데면②. 성질이 꼼꼼하지 않아 행동이
신중하거나 조심스럽지 않은 모양.
¶그는 일처리를 데면데면히 하기에 실수가 많다.

데면스레

의미 [+모양],[+태도],[−친밀],[+예사]

제약

① 보기에 사람을 대하는 태도가 친밀감이 없이

예사로운 데가 있게.

의미 [+모양],[+성질],[+거침],[−치밀],[+행동],[−신중],[−조심]

제약

② 보기에 성질이 거칠고 꼼꼼하지 않아 행동이 신중하거나 조심스럽지 않은 데가 있게.

데바삐

의미 [+분주],[+정도]

제약

몹시 바쁘게.

¶하루를 데바삐 보내다./학교에 지각할 것 같아 데바삐 걸어갔다.

데설-데설

의미 [+모양],[+성질],[+소탈],[−치밀]

제약

성질이 털털하여 꼼꼼하지 못한 모양.

¶꼼꼼한 김 서방과는 달리 김 서방댁은 무엇이든 데설데설 넘어가 버리니 그 집은 안팎이 바뀌어도 단단히 바뀌었다.

데통스레

의미 [+언사]v[+행동],[+거침],[+미련]

제약

말과 행동이 거칠고 미련한 데가 있게.

¶데통스레 말하다.

덱데구루루

의미 [+소리]v[+모양],[+물건],[+충돌],[+회전],[+속도]

제약 {물건}-{구르다}

크고 단단한 물건이 다른 물건에 부딪치면서 빨리 굴러가는 소리. 또는 그 모양.

¶당구공이 마루 위로 덱데구루루 굴러떨어졌다.

덱데굴

의미 [+소리]v[+모양],[+물건],[+충돌],[+회전]

제약 {물건}-{구르다}

크고 단단한 물건이 다른 물건에 부딪치면서 굴러가는 소리. 또는 그 모양.

¶담장 위에 열렸던 호박이 덱데굴 굴러떨어졌다.

덱데굴-덱데굴

의미 [+소리]v[+모양],[+물건],[+충돌],[+회

전],[+연속]

제약 {물건}-{구르다}

크고 단단한 물건이 다른 물건에 잇따라 부딪치면서 굴러가는 소리. 또는 그 모양.

덴덕스레

의미 [+느낌],[−선명],[−개운],[+불결]

제약

산뜻하고 개운한 맛이 없고 좀 더러운 느낌이 있게.

뎅

의미 [+소리],[+종]v[+그릇],[+타격]

제약 {종, 그릇}-{두드리다, 울리다}

큰 종(鐘)이나 그릇 따위의 쇠붙이를 두드리는 소리.

¶뎅 하는 소리에 시계를 보니 어느새 새벽 한 시였다.

뎅강

의미 [+모양],[+물체],[+절단],[+단번]

제약 { }-{자르다}

① 큰 물체가 단번에 잘려 나가는 모양.

¶목이 뎅강 잘리다./화가 나서 미용실에 가서 긴 머리를 뎅강 잘랐다.

의미 [+모양],[+낙하],[+단번]

제약 { }-{떨어지다}

② 무엇이 단번에 조금 가볍게 떨어지는 모양.

뎅강-뎅강

의미 [+모양],[+물체],[+절단],[+연속]

제약 { }-{자르다}

① 큰 물체가 잇따라 잘려 나가는 모양.

¶장군이 칼을 휘두를 때마다 곁의 대나무들이 뎅강뎅강 잘려 나갔다.

의미 [+모양],[+낙하],[+연속]

제약 { }-{떨어지다}

② 무엇이 잇따라 조금 가볍게 떨어지는 모양.

뎅거덩

의미 [+소리],[+쇠붙이],[+절단]v[+낙하]

제약 {쇠붙이}-{부러지다, 떨어지다}

① 큰 쇠붙이 따위가 부러지거나 떨어지는 소리.

의미 [+소리],[+물방울],[+낙하],[+쇠붙이]

제약 {물방울}-{떨어지다}
② 큰 물방울이 쇠붙이 따위에 떨어지는 소리.

뎅거덩-뎅거덩
의미 [+소리],[+쇠붙이],[+절단]v[+낙하],
[+연속]
제약 {쇠붙이}-{부러지다, 떨어지다}
① 큰 쇠붙이 따위가 잇따라 부러지거나 떨어지는 소리.
의미 [+소리],[+물방울],[+낙하],[+쇠붙이],
[+반복]
제약 {물방울}-{떨어지다}
② 큰 물방울이 쇠붙이 따위에 잇따라 떨어지는 소리.

뎅걸-뎅걸
의미 [+소리]v[+모양],[+다수],[+소란],
[+벽]v[+문],[+사이]
제약
벽이나 문을 사이에 두고 들리는 여러 사람의 떠드는 소리. 또는 그 모양.
¶잠결에도 건넌방에서 어른들이 **뎅걸뎅걸** 이야기하는 소리가 들렸다.

뎅겅01
의미 [+소리],[+쇠붙이],[+절단]v[+낙하]
제약 {쇠붙이}-{부러지다, 떨어지다}
① '뎅거덩①'의 준말. 큰 쇠붙이 따위가 부러지거나 떨어지는 소리.
의미 [+소리],[+물방울],[+낙하],[+쇠붙이]
제약 {물방울}-{떨어지다}
② '뎅거덩②'의 준말. 큰 물방울이 쇠붙이 따위에 떨어지는 소리.

뎅겅02
의미 [+모양],[+물체],[+절단]v[+낙하],[+단번]
제약 { }-{자르다, 떨어지다}
큰 물체가 단번에 잘려 나가거나 무겁게 떨어지는 모양.
¶장수는, 잘못하다간 목이 **뎅겅** 날아가는 수도 있다며 엄포를 놓았다.

뎅겅-뎅겅
의미 [+소리],[+쇠붙이],[+절단]v[+낙하],

[+연속]
제약 {쇠붙이}-{부러지다, 떨어지다}
① '뎅거덩뎅거덩①'의 준말. 큰 쇠붙이 따위가 잇따라 부러지거나 떨어지는 소리.
의미 [+소리],[+물방울],[+낙하],[+쇠붙이],
[+연속]
제약 {물방울}-{떨어지다}
② '뎅거덩뎅거덩②'의 준말. 큰 물방울이 쇠붙이 따위에 잇따라 떨어지는 소리.

뎅그렁
의미 [+소리],[+쇠붙이]v[+방울]v[+종]v[+풍경]v[+워낭],[+요동]v[+충돌]
제약 {쇠붙이, 방울, 종, 풍경, 워낭}-{흔들리다, 부딪치다}
큰 쇠붙이, 방울, 종, 풍경, 워낭 따위가 흔들리거나 부딪칠 때 나는 소리.
¶**뎅그렁** 울리는 풍경 소리./겨누고 들어오는 명나라 군인을 막아 대며 팔을 휘두르니 어느덧 명나라 군인들의 칼은 낙엽 떨어지듯 **뎅그렁** 소리를 내며 땅으로 떨어져 버린다.≪박종화, 임진왜란≫

뎅그렁-뎅그렁
의미 [+소리],[+쇠붙이]v[+방울]v[+종]v[+풍경]v[+워낭],[+요동]v[+충돌],[+연속]
제약 {쇠붙이, 방울, 종, 풍경, 워낭}-{흔들리다, 부딪치다}
큰 쇠붙이, 방울, 종, 풍경, 워낭 따위가 잇따라 흔들리거나 부딪칠 때 나는 소리.
¶처마 끝에 달린 풍경이 가을 미풍에 **뎅그렁뎅그렁** 흔들린다./이윽고 종소리는 **뎅그렁뎅그렁** 울려온다.≪강경애, 인간 문제≫

뎅글-뎅글
의미 [+소리]v[+모양],[+책],[+낭독],[-장애]
제약 { }-{읽다}
책을 막힘 없이 죽죽 잘 읽는 소리. 또는 그 모양.
¶아이가 어찌나 **뎅글뎅글** 글을 잘도 읽는지!

뎅-뎅
의미 [+소리],[+종]v[+그릇],[+타격],[+연

속]

제약 {종, 그릇}-{두드리다, 울리다}

큰 종(鐘)이나 그릇 따위의 쇠붙이를 잇따라 두드리는 소리.

¶오전 아홉 시가 되자 수업 시작을 알리는 종소리가 뎅뎅 울려 퍼진다./3시가 되자 마루에 걸린 괘종시계가 뎅뎅 울렸다.

도고-히

의미 [+도덕],[+수양],[+높이]

제약

① 도덕적 수양이 높은 정도로.

의미 [+태도],[+자만],[+교만]

제약

② 스스로 높은 체하여 교만한 태도로.

¶모든 지질한 목숨들이 제 앞에 와서 꼼짝도 못하고 항복하는 것 같고 저는 그 위에…높게 앉아서 도고히 내려다보는 것 같았다.≪한설야, 탑≫

도그르르

의미 [+모양],[+물건],[+회전]

제약 {물건}-{구르다}

작고 무거운 물건이 가볍게 구르는 모양.

¶도토리가 도그르르 굴러떨어진다./유리구슬이 도그르르 굴러간다.

도근-도근

의미 [+모양],[+경악]v[+불안],[+맥박],[+지속]

제약 { }-{뛰다, 거리다, 대다}

놀라거나 불안하여 가슴이 자꾸 뛰는 모양.

¶어둑어둑한 골목에 들어서자 가슴이 도근도근 뛰었다./이웃집 유리창을 깬 아이는 가슴이 도근도근 뛰었다.

도글-도글

의미 [+모양],[+물건],[+회전],[+반복]

제약 {물건}-{구르다}

작고 무거운 물건이 자꾸 구르는 모양.

¶도토리가 도글도글 굴러갔다.

도나-캐나

의미 [-상관]

제약

하찮은 아무나. 또는 무엇이나.

¶도나캐나 마구 지껄여 대다./옷 장사가 잘된다고 하니 도나캐나 나선다.

도닥-도닥

의미 [+소리]v[+모양],[+물체],[+타격],[+연속]

제약 { }-{두드리다}

잘 울리지 않는 물체를 잇따라 가볍게 두드리는 소리. 또는 그 모양.

¶저도 모르게 이동진은 아내 등을 도닥도닥 두드리고 있었다.≪박경리, 토지≫

도담-도담

의미 [+모양],[+어린아이],[-사고],[+성장]

제약

어린아이가 탈 없이 잘 놀며 자라는 모양.

¶우리 아이는 별로 큰 병도 없고 탈도 없이 도담도담 잘 장성하여 벌써 이십 세에 이르렀다.

도담스레

의미 [+견고],[+소담]

제약

보기에 야무지고 탐스러운 데가 있게.

도담-히

의미 [+견고],[+소담]

제약

야무지고 탐스럽게.

도-대체

의미 [+요점]

제약

① (주로 의문을 나타내는 말과 함께 쓰여) 다른 말은 그만두고 요점만 말하자면. ≒대체

¶도대체 그는 누구였을까?/그러니까, 도대체 네가 하고 싶은 말이 무엇이냐?

의미 [+부정],[+유감]

제약

② (주로 부정을 나타내는 말과 함께 쓰여) 유감스럽게도 전혀.

¶우리 아이는 도대체 공부를 안 해 걱정이다./그 사람은 도대체 이해할 수가 없다.

의미 [+질문],[-인지]v[+궁금],[+정도]

제약

③ 전혀 알지 못하거나 아주 궁금하여 묻는 것

인데.

¶**도대체**, 이 저자는 무슨 생각을 하고 이렇게도 쓸데없는 소리를 이렇게 기다랗게 늘어놓은 것 일까.≪유진오, 구름 위의 만상≫/**도대체** 그 마을에 는 왜 갔어요?≪이문열, 영웅시대≫/그러나 정반대 의 행동이란 **도대체** 어떤 것인가?≪김승옥, 환상 수첩≫

도도록-도도록

의미 [+모양],[+전부],[+중앙],[+볼록],[-정 도]

제약

여럿이 모두 가운데가 조금 솟아서 볼록한 모양.

도도록-이

의미 [+중앙],[+볼록],[-정도]

제약

가운데가 조금 솟아서 볼록하게.

¶**도도록이** 부어오른 상처./**도도록이** 나온 이마와 움푹 들어가 거멓게 죽은 눈자위….≪최명희, 혼 불≫

도도-히[01]

의미 [+태도],[+자만],[+거만]

제약

잘난 체하여 주제넘게 거만한 태도로.

¶조무래기들까지도 자기들의 왕년을 부끄러워하 기는커녕 **도도히** 그들의 행적을 코에 걸고 다녔 다.≪최일남, 거룩한 응달≫

도도-히[02]

의미 [+화평],[+기쁨],[+정도]

제약

매우 화평하고 즐겁게.

도도-히[03]

의미 [+물],[+흐름],[-장애],[+기운]

제약

① 물이 그득 퍼져 흐르는 모양이 막힘이 없고 기운차게.

¶집 앞 개울에는 장마 진 뒤끝이라 흙탕물이 **도 도히** 흘렀다.≪홍성암, 큰물로 가는 큰 고기≫

의미 [+모양],[+말],[-장애]

제약

② 말하는 모양이 거침이 없이.

의미 [+유행]v[+사조]v[+세력],[+성행],[-조 절]

제약

③ 유행이나 사조, 세력 따위가 바짝 성행하여 걷잡을 수가 없이.

¶**도도히** 흐르는 민주주의의 물결./한과 원이 맺 힌 백성들의 혼불은 바로 방방곡곡에서 일어났 고, 지금 십수만의 불덩이가 하나가 되어 **도도히** 움직이고 있었던 것이다.≪유현종, 들불≫

의미 [+감정]v[+주흥],[-억제]

제약

④ 벅찬 감정이나 주흥 따위를 막을 길이 없이.

도독-도독

의미 [+모양],[+전부],[+중앙],[+볼록],[-정 도]

제약

'도도록도도록'의 준말. 여럿이 모두 가운데가 조금 솟아서 볼록한 모양.

도독-이

의미 [+두께],[+정도]

제약

① 조금 두껍게.

의미 [+중앙],[+볼록],[-정도]

제약

② '도도록이'의 준말. 가운데가 조금 솟아서 볼 록하게.

도돌-도돌

의미 [+모양],[+물체],[+표면],[+돌출]v[+부 착],[-균일]

제약 { }-{솟다, 붙다}

물체의 겉에 볼록한 작은 것들이 솟아 나오거나 붙어 있어 고르지 아니한 모양.

도동실

의미 [+모양],[+물건],[+부유],[+물]v[+공 중]

제약 { }-{떠오르다, 떠있다}

작은 물건이 물 위나 공중으로 가볍게 떠오르거 나 떠 있는 모양.

도두

의미 [+위],[+정도]

제약

위로 높게.

¶보름달처럼 도두 부른 임산부의 배./담을 도두 쌓다./모종을 도두 심다./키는 크고 몸은 가늘고 한 팔은 도두 붙고 한 팔은 축 처져 붙었는데, 옥련이를 붙들고 두 팔을 휘젓고 쫓아오는 것 같은지라.≪이인직, 모란봉≫

도란-도란

의미 [+소리]v[+모양],[+사람],[+다수],[+이야기],[-크기],[+다정]

제약 {사람}-{나누다, 거리다, 대다}

① 여럿이 나직한 목소리로 정답게 서로 이야기하는 소리. 또는 그 모양.

¶단칸방에서 살망정 식구끼리 도란도란 재미있게 이야기를 나누며 사는 집이 나는 부럽다.

의미 [+소리]v[+모양],[+개울물],[+흐름],[+연속]

제약 {개울물}-{흐르다}

② 개울물 따위가 잇따라 흘러가는 소리. 또는 그 모양.

¶도란도란 계곡물 흐르는 소리와 나뭇가지 사이를 분주하게 들락거리는 가벼운 바람 소리….≪문순태, 피아골≫

도래-도래

의미 [+모양],[+사람]v[+물건],[+주위],[+원형],

제약

여러 사람이나 물건이 주위에 동그랗게 둘러 있는 모양.

¶나직나직한 동산들로 이어지던 능선의 풍경이 문득 출렁 높아지는가 싶은 무산 봉우리 아래 자리 잡은 거명굴은, 소쿠리 하나 안에 들 만치 도래도래 모여 앉은 납작한 초가집들의 마을이다.≪최명희, 혼불≫

도량스레

의미 [+태도],[-버릇]

제약

보기에 함부로 날뛰어 버릇이 없는 태도가 있게.

도렷-도렷

의미 [+모양],[+전부],[-혼란]v[-희미],[+분

명]

제약 { }-{떠오르다, 기억하다}

① 여럿이 다 엉클어지거나 흐리지 않고 분명한 모양. '또렷또렷①'보다 여린 느낌을 준다.

의미 [+모양],[-혼란]v[-희미],[+분명],[+정도]

제약 { }-{떠오르다, 기억하다}

② 엉클어지거나 흐리지 않고 매우 분명한 모양. '또렷또렷②'보다 여린 느낌을 준다.

¶도렷도렷 빛나는 눈동자.

도렷-이

의미 [-혼란]v[-희미],[+분명]

제약 { }-{떠오르다, 기억하다}

엉클어지거나 흐리지 않고 분명하게. '또렷이'보다 여린 느낌을 준다.

¶그녀는 옛 기억이 도렷이 떠올랐다.

도로

의미 [+방향],[+근원]

제약

① 향하던 쪽에서 되돌아서.

¶학교에 가다가 도로 집으로 왔다./우스꽝스러운 앞잡이의 곁을 따라, 오던 길을 도로 가는 아이들도 있었다.≪하근찬, 야호≫

의미 [+상태],[+처음]v[+본래]

제약

② 먼저와 다름없이. 또는 본래의 상태대로.

¶책을 보고 도로 갔다 놓았다./빌린 돈을 도로 돌려주었다./중년 사내는 불쾌하지만 참아 준다는 듯 철을 흘겨보던 눈을 도로 감으며 객석 등받이에 머리를 기댔다.≪이문열, 변경≫

도르르01

의미 [+모양],[+종이],[+탄력],[+말림]

제약 {종이}-{말리다}

폭이 좁은 종이 따위가 탄력 있게 말리는 모양.

¶리본이 도르르 말리다./아이는 종이를 도르르 말아서 가방에 넣었다.

도르르02

의미 [+소리]v[+모양],[+원형],[+회전]

제약 {물건}-{구르다}

작고 동그스름한 것이 가볍게 구르는 소리. 또

는 그 모양.

¶동전이 **도르르** 구른다./물방울이 **도르르** 흘러내렸다./표면 장력으로 동그랗게 오므라든 한 방울의 수은을 연상시켜 그 자체의 중량으로 **도르르** 미끄러져 내리지나 않을까 하는….≪오정희, 불의 강≫

도리반-도리반

의미 [＋모양],[＋관찰],[－목표],[＋반복]

제약 { }-{둘러보다}

눈을 크게 뜨고 요기조기를 자꾸 휘둘러 살펴보는 모양.

¶그는 이곳저곳을 도리반도리반 둘러보았다.

도리어

의미 [＋예상]v[＋기대]v[＋생각],[＋반대]

제약

예상이나 기대 또는 일반적인 생각과는 반대되거나 다르게.

¶이익을 주기보다는 **도리어** 해만 주었다./잘못한 사람이 **도리어** 큰소리를 친다./가지 말라는 말을 들으니 현은 가지 않기가 **도리어** 겁이 났다.≪이태준, 해방 전후≫

도막-도막

의미 [＋모양],[＋다수],[＋도막],[＋절단]

제약 { }-{썰다, 끊다, 자르다}

여러 도막으로 끊어지거나 잘린 모양.

¶무를 **도막도막** 썰다./고등어를 **도막도막** 자르다./사내의 말소리는 가쁘게 몰아쉬는 숨 때문에 **도막도막** 끊겨 나왔다.≪윤흥길, 묵시의 바다≫

도무지

의미 [－예측],[－기대]

제약 { }-{부정서술어}

① (주로 부정을 나타내는 말과 함께 쓰여) 아무리 해도. 늑도시(都是)①·도통(都統)①.

¶왜 그런 일을 했는지 **도무지** 속셈을 모르겠다./그녀를 어디서 만났는지 **도무지** 생각이 안 난다./그 사람과는 **도무지** 말이 안 통한다./아침마다 매번 처럼 온 의식이면서도 **도무지** 태연할 수 없는 자신이 부끄럽게 느껴졌다.≪이동하, 도시의 늪≫

의미 [＋전연]

제약 { }-{부정서술어}

② (주로 부정을 나타내는 말과 함께 쓰여) 이러니저러니 할 것 없이 아주. 늑도시②·도통②.

¶그는 **도무지** 예의라곤 없는 사람이다./이 음식은 **도무지** 맛이 없어서 먹을 수가 없다.

도섭스레

의미 [＋태도],[－주관],[＋능청],[＋변덕]

제약

주책없이 능청맞고 수선스럽게 변덕을 부리는 태도가 있게.

도손-도손

의미 [＋소리]v[＋모양],[＋이야기],[－크기],[＋다정]

제약

겨우 알아들을 수 있는 낮은 목소리로 말을 정답게 주고받는 소리. 또는 그 모양.

도시

의미 [－예측],[－기대]

제약 { }-{부정서술어}

① (주로 부정을 나타내는 말과 함께 쓰여)=도무지①. 아무리 해도.

¶**도시** 모르다./그가 어떤 생각을 하는지 **도시** 알 수 없다./**도시** 뭐라 답변을 해야 할지 막막하다./이런 밤중에 어린애 울음소리라니 그는 **도시** 믿을 수가 없다.≪홍성원, 육이오≫

의미 [＋전연]

제약 { }-{부정서술어}

② (주로 부정을 나타내는 말과 함께 쓰여)=도무지②. 이러니저러니 할 것 없이 아주.

¶정란은 **도시** 말이 없었다. 주로 주는 대로 술잔만 받아 마셨다.≪이병주, 지리산≫/중공군이 밀려온다는 바람에 무턱대고 배 위에 올라타긴 했으나, **도시** 막막하던 것이어서 바다 위에서 우리 넷이 만났을 땐 사실 미칠 것처럼 반가웠다.≪이호철, 탈향≫

도연-히[01]

의미 [－재미]

제약

아무 일 없이 있어서 심심하게.

도연-히[02]

의미 [+음주],[+과도]

제약

① 술이 취하여 거나하게.

¶도연히 술기운을 띤 연산은 임숭재를 시켜 장
녹수 이하 모든 궁녀와 광한선의 삼백여 명 홍
청이며….≪박종화, 금삼의 피≫/김 선생은 그저
불그스레한 얼굴을 한 채 **도연히** 앉아 있었다.
≪선우휘, 오리와 계급장≫

② 감흥 따위가 북받쳐 누를 길이 없게.

¶도연히 마음 취하는 대로 눈을 들어 우러러볼
양이면….≪유치환, 나는 고독하지 않다≫

도저-히

의미 [+부정],[+강조]

제약 { }-{부정서술어}

(부정하는 말과 함께 쓰여) 아무리 하여도.

¶도저히 용서하지 못한다./도저히 참을 수가 없
다./그러나 지금의 섭의 수입으로서는 경이의
낭비에 가까운 생활의 사치를 **도저히** 감당해 낼
수 없었다.≪오영수, 비오리≫/그들은 다리가 폭파
되었다는 사실을 자기들 눈으로 보기 전에는 **도
저히** 믿을 수 없다는 듯한 얼굴들이었다.≪홍성
원, 육이오≫

도타이

의미 [+사랑]v[+인정],[+풍부],[+깊이]

제약

서로의 관계에 사랑이나 인정이 많고 깊게.

¶붕우의 정을 **도타이** 하다.

도톨-도톨

의미 [+모양],[+물건],[+표면],[+돌출]v[+부
착],[−균일]

제약 { }-{솟다, 붙다}

물체의 겉에 볼록한 작은 것들이 솟아 나오거나
붙어 있어 고르지 않은 모양. '도돌도돌'보다 거
센 느낌을 준다.

¶팔등에 좁쌀 같은 것이 **도톨도톨** 났다.

도톰-히

의미 [+적당],[+두께]

제약

보기 좋은 정도로 알맞게 두껍게.

¶솜을 **도톰히** 두어 만든 바지.

도통

의미 [−예측],[−기대]

제약 { }-{부정서술어}

① (주로 부정을 나타내는 말과 함께 쓰여)=도
무지①. 아무리 해도.

¶그의 말을 **도통** 알아들을 수가 없다.

의미 [+전연]

제약 { }-{부정서술어}

② (주로 부정을 나타내는 말과 함께 쓰여)=도
무지②. 이러니저러니 할 것 없이 아주.

¶그 사람은 **도통** 말이 없다.

도틀어

의미 [+전부]

제약

=도파니. 이러니저러니 여러 말 할 것 없이 죄
다 몰아서.

¶내가 바쁘지만 않으면, **도틀어** 맡아 가지고 훨
씬 확장을 하여 놓으면 이 꼴은 안 되겠지만, 어
디 내가 틈이 있는 몸이어야지….≪염상섭, 두 파
산≫

도파니

의미 [+전부]

제약

이러니저러니 여러 말 할 것 없이 죄다 몰아서.
≒도틀어.

¶모든 학생이 **도파니** 벌을 섰다.

독살스레

의미 [+성품]v[+행동],[+살기],[+악독]

제약

성품이나 행동이 살기가 있고 악독한 데가 있게.
≒살스레·악스레②.

¶그녀는 **독살스레** 남자를 쏘아보았다.

독-이

의미 [+단독]

제약

혼자서.

독특-히

의미 [+상이],[+정도]

제약

① 특별히 다르게.

의미 [- 비교],[+ 탁월]

제약

② 다른 것과 견줄 수 없을 정도로 뛰어나게.

돈

의미 [+ 소리],[+ 부호],[+ 모스],[- 길이]

제약

모스 부호 가운데 짧은 부호를 송신하는 소리.

돈독-히

의미 [+ 인정],[+ 성실]

제약

도탑고 성실하게.

¶우정을 돈독히 하다./두 집단은 오랜 세월을 돈독히 지내왔다./양국은 관계를 돈독히 하기로 합의했다./일손은 느리지만 심덕이 좋고 부지런하여 배 구장의 신임을 돈독히 얻고 있었다.≪김원일, 불의 제전≫

돈돈-히[01]

의미 [+ 인정],[+ 정도]

제약

매우 도탑게.

돈돈-히[02]

의미 [+ 햇빛]v[+ 달빛]v[+ 불빛],[+ 주위],[+ 양명]

제약 {햇빛, 달빛, 불빛}-{ }

햇빛이나 달빛, 불빛 따위로 주위가 밝고 환하게.

돈목-히

의미 [+ 인정],[+ 화목]

제약

① 정이 두텁고 화목하게.

의미 [+ 친척],[+ 다정],[+ 화목]

제약

② 일가친척이 사이가 좋고 화목하게.

돈-쓰

의미 [+ 소리],[+ 부호],[+ 모스],[+ 송신]

제약

전신기로 모스 부호를 송신하는 소리.

돈연-히

의미 [- 회상]

제약

① 조금도 돌아봄이 없게.

의미 [- 소식]

제약

② 소식 따위가 끊어져 감감하게.

¶그 후 며칠 동안이나 영식이도 아니 들여다보고, 이편에서 가기도 싫고 하여 그 뒤 소식은 돈연히 모르고 지냈다.≪염상섭, 취우≫

의미 [- 대비],[+ 급박]

제약

③ 어찌할 겨를도 없이 급하게.

¶조용히 듣고만 있던 형이 돈연히 큰 소리로 외치기 시작하였다.

돈후-히

의미 [+ 인정],[+ 돈후]

제약

인정이 두텁고 후하게.

돌돌[01]

의미 [+ 소리]v[+ 모양],[+ 물건],[+ 회전],[+ 속도]

제약 { }-{구르다, 돌다}

① 작고 둥근 물건이 가볍고 빠르게 구르거나 돌아가는 소리. 또는 그 모양.

¶구슬이 마룻바닥을 돌돌 굴러간다.

의미 [+ 모양],[+ 물건],[+ 원형],[+ 말림],[+ 층]

제약 { }-{말리다}

② 작은 물건이 여러 겹으로 동글게 말리는 모양.

¶종이를 돌돌 말다./치맛자락을 손끝으로 돌돌 감아 눈물을 찍어 내고 그냥저냥 바다 쪽을 내다보았다.≪이호철, 소시민≫

의미 [+ 소리]v[+ 모양],[+ 도랑물]v[+ 시냇물],[+ 흐름],[+ 충돌]

제약 {도랑물, 시냇물}-{흐르다}

③ 많지 아니한 도랑물이나 시냇물이 좁은 목으로 부딪치며 흐르는 소리. 또는 그 모양.

¶맑은 시냇물이 돌돌 흘러내리고 있다./울울한 녹음 밑을 돌돌 굴러 내린 골짜기 물이 강바닥 돌이끼까지 선명히 드러내 보이는 해맑은 강물에 허리를 질러 합류하고 있었다.≪전상국, 하늘

아래 그 자리≫

돌돌02

의미 [+소리],[+사건],[+의외]

제약

뜻밖의 일에 놀라 지르는 소리.

돌돌-히

의미 [+영리]

제약

똑똑하고 영리하게. '똘똘히①'보다 여린 느낌을
준다.

돌레-돌레

의미 [+모양],[+관찰],[+사방]

제약

사방을 요리조리 살피는 모양.

돌연

의미 [-예상],[+급박]

제약

예기치 못한 사이에 급히. 늑돌연히.

¶그때 나는 예상 못했던 일과 돌연 마주치게 되
었다./얼마쯤 솔 숲을 헤치며 올라갔을까 돌연
가마가 멈췄다.≪유주현, 대한 제국≫/그 얘기 때문
이 아니라 태영도 돌연 가슴속에 슬픔이 조수처
럼 밀려오는 것을 느꼈다.≪이병주, 지리산≫

돌연-히

의미 [-예상],[+순간]

제약

=돌연. 예기치 못한 사이에 급히.

¶돌연히 기차가 멈춰 섰다./너무도 돌연히 나타
난 사태여서 여삼은 어안이 벙벙할 뿐이다.≪유
현종, 들불≫

동

의미 [+소리],[+작은북]

제약 {작은북}-{두드리다, 울리다}

작은북 따위를 두드리는 소리.

동강

의미 [+모양],[+물체],[+절단]v[+분리],[+토
막]

제약 { }-{부러지다, 끊어지다}

어떤 긴 물체가 작은 토막으로 잘라지거나 끊어
지는 모양.

¶선생님께서 교단을 발로 구르자 교탁 위의 분
필이 떨어져 동강 부러졌다.

동강-동강

의미 [+모양],[+물체],[+절단]v[+분리],[+토
막],[+연속]

제약 { }-{부러지다, 끊어지다}

긴 물체가 여러 작은 토막으로 잇따라 잘라지거
나 끊어지는 모양.

¶생선을 동강동강 토막을 치다./초에 물감을 섞
어 만든 크레용은 잘 칠해지지 않았다. 자꾸 동
강동강 부러져 나갔다.≪오정희, 유년의 뜰≫

동그마니

의미 [+모양],[+사람]v[+사물],[+고립],[+돌
출]

제약

사람이나 사물이 외따로 오뚝하게 있는 모양.

¶이 씨가 다리 날개 꽁지를 싹둑 잘라버리자 새
는 몸통만이 동그마니 남고 말았다.≪김원일, 도요
새에 관한 명상≫/묘하게 질투 같은 감정, 자기 혼
자만 동그마니 남는 것 같은 외로움, 사돈댁 그
늘에 덮여서 사는 비굴감, 그의 입에서 다시 한
숨이 새어나온다.≪박경리, 토지≫

동그스름-히

의미 [+원형],[-정도]

제약

약간 동글게.

¶동그스름히 부친 빈대떡.

동글납작-이

의미 [+생김새],[+원형],[-두께],[+넓이]

제약

생김새가 동글면서 납작하게.

동글-동글

의미 [+모양],[+전부]v[+정도],[+원형]

제약

여럿이 다 또는 매우 동근 모양.

¶동글동글 맺힌 눈물이 금방이라도 떨어질 듯하
다./잔디 위에 계집애들이 여기저기 동글동글 모
여 있다.≪박완서, 도시의 흉년≫/나는 의혹과 불안
에 눈알을 동글동글 굴리면서도 얌전하게 그를
따라서 고양이 걸음을 하고 있었다.≪김승옥, 역

사≫/수미산 산악같이 떡 벌어진 어깨를 적갈색으로 덮은 어깨 갑옷에는 구슬 같은 쇠 징이 동글동글 조밀하게 박혀 있고….≪최명희, 혼불≫

동글반반-히

의미 [+생김새],[+원형],[+미려]

제약 { }-{생기다}

생김새가 동그스름하고 반반하게.

동긋-이

의미 [+원형],[+유사]

제약

동근 듯하게.

동기-동기

의미 [+소리],[+가야금]v[+비파]

제약 {가야금, 비파}-{타다, 뜯다}

가야금이나 비파 따위를 타는 소리.

¶섬섬한 가는 손으로 **동기동기** 비파를 뜯는 시비 하나, 나이는 푸른 봄을 흠뻑 껴안은 이십을 막 넘어선 흐무러진 때다.≪박종화, 금삼의 피≫

동당

의미 [+소리],[+작은북]v[+장구]v[+가야금]

제약 {작은북, 장구, 가야금}-{두드리다, 울리다}

작은북, 장구, 가야금 따위를 두드리는 소리.

동당-동당

의미 [+소리],[+작은북]v[+장구]v[+가야금],[+연속]

제약 {작은북, 장구, 가야금}-{두드리다, 울리다}

작은북, 장구, 가야금 따위를 잇따라 두드리는 소리.

¶담 너머에서 들리는 장구와 가야금의 **동당동당** 소리가 자꾸만 마음을 끌었다.

동동01

의미 [+소리],[+작은북],[+연속]

제약 {작은북}-{두드리다, 울리다}

작은북 따위를 잇따라 두드리는 소리.

¶병화가 이번에는 찢어진 외투를 벗어 붙이려니까 문간에서 **동동** 두들기는 소리가 난다.≪염상섭, 삼대≫

동동02

의미 [+모양],[+애처]v[+추위],[+발],[+구름],[+반복]

제약 {발}-{구르다}

매우 안타깝거나 추워서 발을 가볍게 자꾸 구르는 모양.

¶사람들이 언 발을 **동동** 구르며 버스를 기다리고 있다.

동동03

의미 [+모양],[+동작],[+물체],[+부유]

제약 { }-{뜨다}

작은 물체가 떠서 움직이는 모양.

¶밥알이 **동동** 뜨다./노국 공주는 은수저에 수정과 국물을 담뿍 떠서 실백 두어 알을 **동동** 띄워 공자 왕기의 입속에 흘려 넣는다.≪박종화, 다정불심≫

동부동

의미 [+필연]

제약

꼼짝할 수 없이 꼭.

¶간다고 했으니 **동부동** 지금 가야만 한다.

동실01

의미 [+모양],[+물체],[+공중]v[+물],[+부유]

제약 { }-{뜨다}

작은 물체가 공중이나 물 위에 가볍게 떠 있는 모양.

¶맑은 하늘에 **동실** 떠오르는 풍선./시냇물에 작은 종이배가 **동실** 떠간다.

동실02

의미 [+모양],[+원형]

제약

동그스름한 모양.

¶그 아이는 눈을 **동실** 뜨고 쳐다보았다.

동실-동실01

의미 [+모양],[+물체],[+공중]v[+물],[+부유],[+반복]

제약 { }-{뜨다}

작은 물체가 공중이나 물 위에 가볍게 떠서 자꾸 움직이는 모양.

¶종이배가 동실동실 떠내려간다.

동실-동실02

의미 [+모양],[+원형],[+살]

제약 {사람, 동물}-{생기다}

동그스름하고 토실토실한 모양.

¶아이가 **동실동실** 곱게도 생겼다.

동연-히

의미 [+동일]

제약

똑같이 그러하게.

돠르르

의미 [+소리],[+액체],[+배출],[+속도]

제약 { }-{쏟아지다}

액체가 좁은 목으로 빨리 쏟아지는 소리.

¶병 속에 든 물이 빙글빙글 돌면서 **돠르르** 소리를 내며 쏟아진다.

돨돨

의미 [+소리],[-소화],[+복부],[+불편]

제약 { }-{끓다}

먹은 것이 잘 삭지 아니하여 배 속이 끓는 소리.

¶속이 답답하고 배 속에서 계속 **돨돨** 소리가 난다.

되-게

의미 [+정도]

제약

아주 몹시. 늑되우·된통.

¶사람이 **되게** 좋다./**되게** 잘난 척하네./저 집은 **되게** 잘산다./몸살로 며칠간 **되게** 앓았다.

되-곱쳐

의미 [+반복]

제약

도로. 또는 다시.

¶그렇다고 한번 물었던 것을 **되곱쳐** 물어볼 수도 없는 일이다./마침 궐내에서 퇴출하는 재상 행차를 구경시키고 황토 마루로 **되곱쳐** 나오는 중에….≪홍명희, 임꺽정≫

되는-대로

의미 [-신중],[-생각]

제약

① 아무렇게나 함부로.

¶**되는대로** 일을 하다가는 큰코다친다./옷가지들을 옷장에 **되는대로** 쑤셔 박았다./그 흔한 쌀밥 한 그릇도 주지 않고 보리밥을 일부러 지어서

주고 반찬도 **되는대로** 해서 주는 그들보다는 몇 곱절 마음이 어질고 착하다고 생각할 수밖에 없었다.≪박화성, 한귀≫

의미 [+고려],[+사정]v[+형편]

제약

② 사정이나 형편에 따라.

¶아무 종이로나 **되는대로** 바른 방문./반찬 투정은 그만하고 **되는대로** 먹어.

의미 [+형편],[+급박]

제약

③ 가능한 한 최대로.

¶**되는대로** 빨리 오시오./이왕 젊어서 **되는대로** 자꾸 자식이나 쌓아 두자 하는 것이지.≪김유정, 아내≫

되-도록

의미 [+형편],[+가능]

제약

될 수 있는 대로.

¶**되도록** 빨리 일을 시작합시다./준비는 **되도록** 간단히 해야 합니다./동영은 **되도록** 그가 긴말 늘어놓지 않고 돌아가 주기를 바라며 담담한 어조로 그의 사과를 받아들였다.≪이문열, 영웅시대≫

되되-이

의미 [+단위],[+되],[+개별]

제약

한 되 한 되씩. 또는 되마다.

¶쌀을 **되되이** 팔아서 먹다.

되똑[01]

의미 [+모양],[+물체]v[+신체],[-균형],[+경사]

제약

작은 물체나 몸이 중심을 잃고 한쪽으로 기울어지는 모양.

되똑[02]

의미 [+모양],[+코],[+돌출],[+높이]

제약

① 코 따위가 오뚝 솟은 모양.

¶너부데데한 낯바닥에 **되똑** 얹힌 뭉뚝한 코와 벌리면 주먹도 들어가는 큰 입과….≪윤흥길, 완장≫

의미 [+모양],[+올림]

제약 { }-{쳐들다}

② 오똑 쳐든 모양.

¶그녀는 고개를 **되똑** 쳐들고 걷는다.

되똑-되똑

의미 [+모양],[+물체]v[+신체],[−균형],[+경사],[+반복]

제약

작은 물체나 몸이 중심을 잃고 자꾸 이리저리 기울어지는 모양.

¶처음으로 뾰족구두를 신고 **되똑되똑** 걸음을 떼 보았다.

되똥

의미 [+모양],[+물체]v[+신체],[−균형],[+경사]

제약

작고 묵직한 물체나 몸이 중심을 잃고 한쪽으로 기울어지는 모양.

되똥-되똥

의미 [+모양],[+물체]v[+신체],[−균형],[+경사],[+요동],[+반복]

제약 { }-{기울어지다, 흔들리다}

작고 묵직한 물체나 몸이 중심을 잃고 이리저리 가볍게 기울어지며 자꾸 흔들리는 모양.

¶나무토막이 냇물 위로 **되똥되똥** 떠내려간다.

되레

의미 [−예상]v[−기대],[+생각],[+반대]

제약

'도리어'의 준말. 예상이나 기대 또는 일반적인 생각과는 반대되거나 다르게.

¶도와주려고 한 일이 **되레** 폐만 끼쳤다./잘못은 네가 해 놓고 **되레** 나한테 화를 내면 어떡해?

되록

의미 [+모양],[+눈알],[+운동],[+기운]

제약 {눈알}-{ }

크고 동그란 눈알이 힘 있게 움직이는 모양.

¶깜짝 놀라 눈알을 **되록** 굴리다.

되록-되록[01]

의미 [+모양],[+눈알],[+운동],[+기운],[+반복]

제약 {눈알}-{ }

크고 동그란 눈알이 힘 있게 자꾸 움직이는 모양.

¶**되록되록** 눈알을 굴리다.

되록-되록[02]

의미 [+모양],[+살],[+비만]

제약 { }-{살찌다}

군살이 처지도록 살이 쪄서 뚱뚱한 모양.

¶**되록되록** 살이 찐 모습.

되롱-되롱

의미 [+모양],[+물건],[+부착],[−속도],[+요동]

제약 { }-{매달리다, 흔들리다}

가벼운 물건이 매달려 잇따라 느리게 흔들리는 모양.

¶처마 끝에 길게 **되롱되롱** 매달린 풍경이 스르렁스르렁 소리를 낸다.

되룽-되룽

의미 [+모양],[+자만],[+거만],[+반복]

제약 { }-{거리다, 대다}

잘난 체하며 자꾸 거만을 떠는 모양.

되우

의미 [+정도]

제약

=되게. 아주 몹시.

¶**되우** 앓다./**되우** 빠르다./그 자식 의심은 **되우** 많네./기운이 푹 꺼진 걸 보면 아마 **되우** 괴로운 모양 같다.≪김유정, 금≫

되작-되작

의미 [+모양],[+물건],[+수색],[+사방],[+반복]

제약 { }-{뒤지다}

물건들을 요리조리 들추며 자꾸 뒤지는 모양.

¶**되작되작** 잡지나 들추어 보고 있다.

되직-이

의미 [+죽]v[+풀],[+점성],[−정도]

제약 {죽, 풀}-{쑤다}

죽이나 풀 따위가 묽지 않고 조금 된 정도로.

¶반죽을 좀 **되직이** 해라.

되착-되착

의미 [+모양],[+물건],[+수색],[+사방],[+반
복]

제약 { }-{뒤지다}

물건들을 요리조리 들추며 자꾸 뒤지는 모양.
'되작되작'보다 거센 느낌을 준다.

되처

의미 [+반복]

제약

거듭하여 다시.

¶되처 물어보다./적의 침공을 되처 물리치다./강
진 지나 해남까지 갔다가 되처 올 작정하고 강
진으로 향하였다.≪홍명희, 임꺽정≫

되통스레

의미 [-철저],[+미련],[+잘못]

제약

찬찬하지 못하거나 미련하여 일을 잘 저지를 듯
하게.

¶되통스레 굴지 말고 얌전히 앉아 있어라.

된-통

의미 [+정도]

제약

=되게. 아주 몹시.

¶된통 혼나다./된통 걸리다./갑자기 들이닥친 손
님 때문에 땀을 된통 흘렸다.

두고-두고

의미 [+빈도],[+지속],[+반복]

제약

여러 번에 걸쳐 오랫동안.

¶두고두고 후회하다./두고두고 간직하다./두고두
고 음미하다./그들과 두고두고 원수가 되었다./
그날의 치욕은 두고두고 잊지 못할 것이다.

두그르르

의미 [+모양],[+물건],[+회전]

제약 {물건}-{구르다}

크고 무거운 물건이 구르는 모양.

¶바윗덩이가 두그르르 굴러 내려갔다.

두근-두근

의미 [+모양],[+경악]v[+불안],[+맥박],[+반
복]

제약 { }-{뛰다, 거리다, 대다}

몹시 놀라거나 불안하여 가슴이 자꾸 뛰는 모양.

¶가슴이 두근두근 뛰다./가슴이 두근두근 떨리
다.

두글-두글

의미 [+모양],[+물건],[+회전],[+반복]

제약 {물건}-{구르다}

크고 무거운 물건이 자꾸 구르는 모양.

¶바윗덩이들이 비탈길을 두글두글 굴러내렸다.

두덕-두덕

의미 [+소리]v[+모양],[+물체],[+타격],[+정
도],[+연속]

제약 { }-{두드리다}

잘 울리지 아니하는 물체를 잇따라 조금 세게
두드리는 소리. 또는 그 모양.

¶그는 그것을 깔고 덮어 준 후 발 아래를 잘 여
미고 두덕두덕 매만져 주었다.≪나도향, 꿈≫

두덜-두덜

의미 [+모양],[+목소리],[-크기],[+불평],
[+반복]

제약 { }-{거리다, 대다}

남이 알아듣기 어려울 정도의 낮은 목소리로 자
꾸 불평을 하는 모양.

¶뭐가 자꾸 못마땅한지 두덜두덜 입속으로 중얼
거리다가 혀를 끌끌 차기도 한다.

두두룩-두두룩

의미 [+모양],[+전부],[+중앙],[+볼록]

제약

여럿이 모두 가운데가 솟아서 불룩한 모양.

¶경주에 가면 낮은 산과 같이 두두룩두두룩 늘
어선 고분들을 어디서든 볼 수 있다.

두두룩-이

의미 [+상태],[+중앙],[+볼록]

제약

가운데가 솟아서 불룩한 상태로.

¶두두룩이 늘어선 봉분들.

두둑-두둑

의미 [+모양],[+전부],[+중앙],[+볼록]

제약

'두두룩두두룩'의 준말. 여럿이 모두 가운데가
솟아서 불룩한 모양.

두둑-이

의미 [+두께],[+정도]

제약

① 매우 두껍게.

¶날씨가 추우니 옷을 두둑이 입고 나가거라.

의미 [+충분],[+풍부]

제약

② 넉넉하거나 풍부하게.

¶전쟁도 하고 훈장도 두 개나 탔고 거기다 월급까지 두둑이 받으니 얼마나 좋아?≪안정효, 하얀 전쟁≫

의미 [+상태],[+중앙],[+볼록]

제약

③ '두두룩이①'의 준말. 가운데가 솟아서 불룩한 상태로.

¶솟구친 눈썹에도 도도록한 힘이 들어 있고, 눈자위 또한 두덩은 쑤욱 패었는데 뚜껑은 두둑이 부은 듯 튀어나와 마치 잠 못 이룬 사람의 번민 어린 얼굴처럼 보이기도 했다.≪최명희, 혼불≫

두둘-두둘

의미 [+모양],[+물체],[+표면],[+볼록],[+돌출]v[+부착],[-균일]

제약 { }-{솟다, 붙다}

물체의 겉에 불룩한 것들이 솟아 나오거나 붙어 있어 고르지 아니한 모양.

¶얼굴에 여드름이 두둘두둘 났다.

두둥게-둥실

의미 [+모양],[+운동],[+부유],[+정도]

제약 { }-{떠가다}

아주 가볍게 떠오르거나 떠가는 모양. 늑두둥둥실.

¶연이 하늘에 두둥게둥실 높이 솟았다.

두-둥둥

의미 [+소리],[+북]v[+장구],[+연속]

제약 {북, 장구}-{두드리다}

북이나 장구 따위를 잇따라 가볍게 두드릴 때 나는 소리.

¶장구 소리가 두둥둥 울려 나온다./북소리가 두둥둥 울려 퍼진다.

두둥-둥실

의미 [+모양],[+운동],[+부유],[+정도]

제약 { }-{떠오르다, 떠가다}

=두둥게둥실. 아주 가볍게 떠오르거나 떠가는 모양.

¶바가지가 물 위를 두둥둥실 떠내려간다.

두-둥실

의미 [+모양],[+물]v[+공중],[+부유]

제약 { }-{떠오르다, 떠있다}

물 위나 공중으로 가볍게 떠오르거나 떠 있는 모양.

¶하늘에 두둥실 떠가는 구름./수평선 멀리 두둥실 떠나가는 배./애드벌룬이 바람에 살랑거리며 두둥실 떠 있다./높은 산봉우리는 운무에 가려져 천상에 두둥실 떠 있다.≪박경리, 토지≫

두둥실-두둥실

의미 [+모양],[+물]v[+공중],[+부유],[+연속]

제약 { }-{떠오르다, 떠있다}

물 위나 공중으로 잇따라 가볍게 떠오르거나 떠 있는 모양.

¶종이배가 두둥실두둥실 떠내려간다.

두런-두런

의미 [+소리]v[+모양],[+다수],[+이야기],[+목소리],[-크기]

제약

여럿이 나지막한 목소리로 서로 조용히 이야기하는 소리. 또는 그 모양.

¶인부들은 이곳저곳에 모닥불을 중심으로 모여 앉아 두런두런 얘기를 주고받았다.≪황석영, 객지≫

두렷-두렷[01]

의미 [+모양],[+전부],[+정돈],[+분명],[+정도]

제약

① 여럿이 다 엉클어지거나 흐리지 아니하고 아주 분명한 모양. '뚜렷뚜렷[01]①'보다 여린 느낌을 준다.

의미 [+모양],[+정돈],[+분명],[+정도]

제약

② 엉클어지거나 흐리지 아니하고 몹시 분명한 모양. '뚜렷뚜렷[01]②'보다 여린 느낌을 준다.

두렷-두렷[02]

의미 [+모양],[+눈],[+관찰],[+사방]

제약 { }-{살피다}

눈을 굴리며 여기저기 살피는 모양.

¶후유 한숨을 몰아쉬며 방 안을 **두렷두렷** 살폈다.≪문순태, 타오르는 강≫

두렷-이

의미 [+모양],[+정돈],[+분명],[+정도]

제약

엉클어지거나 흐리지 아니하고 아주 분명하게. '뚜렷이'보다 여린 느낌을 준다.

¶**두렷이** 드러나 보이는 무늬./어릴 적 기억이 두렷이 떠오른다.

두루

의미 [+전부],[+균일]

제약

빠짐없이 골고루.

¶나라 안을 **두루** 돌아다니다./그는 여러 가지 조건을 **두루** 갖춘 신랑감이다./그는 고위 관직을 **두루** 거쳤다./고등학교 중학교 국민학교 **두루** 다니고 있는 아이들에게 정례의 막된 행동은 해가 되었다.≪한무숙, 어둠에 갇힌 불꽃들≫

두루-두루

의미 [+전부],[+사방],[+균일]

제약

① 여기저기 빠짐없이 골고루.

¶여행자는 사찰을 **두루두루** 돌아보았다./자네는 마당 한중간에서 **두루두루** 살펴보다가 앞뒤 담 넘어 오는 놈이 있거든 주먹으로 때려누이겠나? ≪홍명희, 임꺽정≫

의미 [+다수],[+다양]

제약

② 이것저것 여러 가지로.

¶**두루두루** 생각하여 결정하다./제가 잠결에 잘못 보지나 않았는가 하고 **두루두루** 의심하여 봅니다.≪김유정, 두포전≫

의미 [+사람],[+전부],[+균일]

제약

③ 이 사람 저 사람 빠짐없이 골고루.

¶**두루두루** 인사하다./**두루두루** 안부를 묻다./가

내는 **두루두루** 편안하신가?

의미 [+모양],[+태도],[+원만]

제약

④ 모든 사람에게 대하여 모나지 아니하고 원만하게 대하는 모양.

¶**두루두루** 좋게 지내다./좋아도 그만, 싫어도 그만, 저 사람은 그저 **두루두루** 지내려는 사람이다.

두루-딱딱이

의미 [+모양],[+다양],[+적당]

제약

여러모로 알맞은 모양.

두룩-두룩

의미 [+모양],[+눈알],[+회전],[−속도],[+반복]

제약

크고 둥그런 눈알을 자꾸 조금 천천히 굴리는 모양.

¶먹이를 찾아다니던 장끼가 콩알을 보고 막 쪼아 먹을 자세이다가 사면을 **두룩두룩** 둘러보고는 그 언저리를 빙 돈다.≪황순원, 신들의 주사위≫

두르르[01]

의미 [+모양],[+종이],[+탄력],[+말림]

제약 {종이}-{말리다}

폭이 넓은 종이 따위가 탄력 있게 말리는 모양.

¶**두루마리를 두르르** 말다./그는…편지를 **두르르** 말아서는 미처 생각할 여유도 주지 않고 촛불 끝에다 버쩍 들이대었다.≪이무영, 농민≫

두르르[02]

의미 [+소리]v[+모양],[+원형],[+크기],[+회전]

제약 {물건}-{구르다}

크고 둥그스름한 것이 구르는 소리. 또는 그 모양.

¶재봉틀이 **두르르** 돌아가고 있다./놀랍게도 그 공이 큐 대를 타고 **두르르** 굴러 왔다.≪이외수, 고수≫

두리넓적-히

의미 [+모양],[+원형],[+넓이]

제약

모양이 둥그스름하고 넓적하게.

¶두리넓적히 생긴 얼굴.

두리-두리

의미 [＋모양],[＋원형],[＋크기],[＋만족],[＋멋]

제약

둥글고 커서 시원하고 보기 좋은 모양.

¶두리두리 잘생긴 청년.

두리-둥둥

의미 [＋소리],[＋북],[＋공명],[＋신명]

제약 {북}-{울리다}

북 따위가 흥겹게 울리는 소리.

¶또다시 북소리는 **두리둥둥** 울린다.≪박종화, 임진 왜란≫/**두리둥둥** 법고가 운다.≪현진건, 무영탑≫

두리-둥실

의미 [＋모양],[＋물]v[＋공중],[＋운동],[＋부 유]

제약 { }-{떠간다}

물 위나 공중에 가볍게 떠서 움직이는 모양.

¶배가 **두리둥실** 잘도 떠간다.

두리번-두리번

의미 [＋모양],[＋관찰],[＋사방],[＋반복]

제약 { }-{둘러보다}

눈을 크게 뜨고 여기저기를 자꾸 휘둘러 살펴보 는 모양.

¶아기가 **두리번두리번** 엄마를 찾는다./그녀는 누 군가를 찾는 듯 도서관 구석구석을 **두리번두리 번** 둘러보고 있었다./고두쇠는 눈알을 **두리번두 리번** 굴리며 주만의 가는 곳을 물었다.≪현진건, 무영탑≫

두말없-이

의미 [－불평],[－부언]

제약

① 이러니저러니 불평을 하거나 덧붙이는 말이 없이.

¶그는 어른의 말씀이면 **두말없이** 따랐다./그는 상혁이 언제쯤부터 군대에의 입대를 결심했는지 알 수가 없었다. 만일 그의 결심이 오래된 것이 라면, 희규로서는 **두말없이** 그의 결심에 동조할 작정이었다.≪홍성원, 육이오≫

의미 [＋확실],[－언급]

제약

② 이러니저러니 말할 필요도 없이 확실하게.

¶이것은 **두말없이** 선생님의 필체이다.

두미없-이

의미 [－일치],[－조리]

제약

앞뒤가 맞지 아니하고 조리가 없이.

¶손칠만은 갑자기 다급해진 목소리로 **두미없이** 지껄여 댔다.≪문순태, 타오르는 강≫

두서없-이

의미 [＋순서],[－판단]

제약

일의 차례나 갈피를 잡을 수 없이.

¶**두서없이** 이야기하다./**두서없이** 생각하다./생각 나는 대로 친구에게 **두서없이** 편지를 썼다./그는 갑작스러운 질문을 받고 당황한 나머지 **두서없 이** 답변을 하였다./너무 **두서없이** 한꺼번에 뒤죽 박죽 흩뜨려 놓는 바람에 듣는 사람은 그저 어 안이 벙벙해질 따름이었다.≪윤흥길, 묵시의 바다≫

두선-두선

의미 [＋소리]v[＋모양],[＋이야기],[－크기], [＋연속]

제약

겨우 알아들을 수 있는 낮은 목소리로 계속 말 을 주고받는 소리. 또는 그 모양.

¶그들은 두세 사람씩 한 패거리가 되어 **두선두 선** 이야기를 나누고 있었다./봄과 여름을 지나서 초가을쯤은 꽤 **두선두선** 유언비어가 돌아갔다. ≪김동인, 대수양≫

두순-두순

의미 [＋소리]v[＋모양],[＋이야기],[＋크기], [－정도],[＋연속]

제약 { }-{이야기하다}

겨우 알아들을 수 있는 낮은 목소리로 말을 조 금 크게 주고받는 소리. 또는 그 모양.

두연

의미 [＋모양],[＋생각]v[＋느낌],[＋연상],[＋순 간]

제약 { }-{떠오르다}

=문득①. 생각이나 느낌 따위가 갑자기 떠오르

는 모양.

두연-히
의미 [+상태],[+돌출],[+정도]
제약
우뚝 솟아 있는 상태로.

두터이
의미 [+신의]v[+믿음]v[+관계]v[+인정],
[+확고],[+돈독]
제약
신의, 믿음, 관계, 인정 따위가 굳고 깊게.
¶우정을 두터이 하다./다른 나라와의 관계를 두
터이 하다./그런 점에 있어서 그는 윗사람에게
신임을, 동료들 사이에 우의를 두터이 하고 있는
지도 모른다.≪유주현, 대한 제국≫

두툴-두툴
의미 [+모양],[+물체],[+표면],[+돌출]v[+부
착],[-균일]
제약
물체의 겉에 불룩한 것들이 솟아 나오거나 붙어
있어 고르지 않은 모양. '두둘두둘'보다 거센 느
낌을 준다.
¶여드름이 두툴두툴 난 얼굴./길이 두툴두툴 험
하다.

두툼-히
의미 [+두께],[+정도]
제약
① 꽤 두껍게.
¶이불을 두툼히 덮다./추우니 옷을 두툼히 입어
라.
의미 [+경제],[+여유]
제약
② 경제적으로 넉넉하게.
¶용돈을 두툼히 받다.

둔박히
의미 [+순박],[+우둔]
제약
좀 어리석은 듯한 데가 있으나 순박하게.

둔스레
의미 [+느낌],[+우둔],[-정도]
제약

보기에 둔한 느낌이 있게.

둘둘
의미 [+소리]v[+모양],[+물건],[+회전],[+속
도]
제약 { }-{구르다, 돌다}
① 크고 둥근 물건이 가볍고 빠르게 구르거나
돌아가는 소리. 또는 그 모양.
¶둘둘 돌아가는 물레방아./재봉틀이 둘둘 소리를
내면서 돌아간다.
의미 [+모양],[+물건],[+말림],[+원형],[+층]
제약 { }-{말리다}
② 큰 물건이 여러 겹으로 둥글게 말리는 모양.
¶담요로 몸을 둘둘 감다./둘둘 걷어 올린 팔소매
사이로 내뻗은 구릿빛 팔뚝을 보니….≪유현종,
들불≫/아버지는 둘둘 만 헌 신문지 묶음을 팔에
끼고 있었다.≪김원일, 노을≫

둘레-둘레[01]
의미 [+모양],[+관찰],[+사방]
제약
사방을 이리저리 살피는 모양.
¶이 집 저 집 둘레둘레 돌아다닌다./소리가 어디
서 나나 하고 둘레둘레 돌아보니 커다란 굴속에
갓난아이 하나가 누워 있었다.≪홍명희, 임꺽정≫/
장수는 사방을 둘레둘레 훑어보더니 공중을 향
하여 쏜살같이 없어졌습니다.≪김유정, 두포전≫/
석림은 부친의 뒤를 따라가며 처음 보는 읍내
일경을 둘레둘레 보고 길을 걸었다.≪이기영, 봄≫

둘레-둘레[02]
의미 [+모양],[+사람]v[+물건],[+원형]
제약
여러 사람이나 물건이 주위에 둥그렇게 둘러 있
는 모양.
¶영감의 눈빛은 벌써 당신 주위에 둘레둘레 서
있는 사람들이 제 새끼라도 되는 양 자비로웠다.
≪김원우, 짐승의 시간≫

둥[01]
의미 [+소리],[+큰북]
제약 {큰북}-{두드리다, 울리다}
큰북 따위를 두드리는 소리.

둥[02]

의미 [+모양],[+기구]v[+풍선],[+공중],[+부양]

제약 {기구, 풍선}-{떠오르다}

① 기구나 풍선 따위가 공중에 가볍게 떠오른 모양.

¶어느 옥상에 매달려 있던 풍선의 줄이 끊어져서 허공에 둥 떠 버렸다고나 할까.≪박경리, 토지≫

의미 [+모양],[+물체],[+물],[+부유]

제약 { }-{떠다니다}

② 가벼운 물체가 물 위에 떠다니는 모양.

¶바위를 들고 보면 고기가 흰 배를 드러내고 둥 떠오르기도 한다.≪이동하, 우울한 귀향≫

둥그스름-히

의미 [+원형],[-정도]

제약

약간 둥글게.

¶손으로 둥그스름히 원을 그린다.

둥글넓적-이

의미 [+생김새],[+원형],[+넓이]

제약

생김새가 둥글면서 넓적하게.

¶둥글넓적이 내려온 하관에 멋없이 쑥 내민 것이 입이다.≪김유정, 아내≫

둥글-둥글

의미 [+모양],[+전부]v[+정도],[+원형]

제약

① 여럿이 다 또는 매우 둥근 모양.

¶눈을 둥글둥글 굴리다./얼굴이 둥글둥글 귀엽다./주인을 잃고 콩은 무거운 열매를 둥글둥글 흙에 굴린다.≪김유정, 금 따는 콩밭≫

의미 [+모양],[+성격],[+원만],[+정도]

제약

② 성격이 모가 나지 않고 매우 원만한 모양.

¶세상을 둥글둥글 살다./사람들과 둥글둥글 잘 지내다.

둥글번번-히

의미 [+생김새],[+원형],[+평평]

제약

생김새가 둥그스름하고 번번하게.

둥긋-이

의미 [+원형],[-정도]

제약

둥근 듯하게.

¶흐릿한 봄 달이 동산 저쪽에서 둥긋이 떠오른다.

둥당

의미 [+소리],[+북]v[+장구]v[+가야금]

제약 {북, 장구, 가야금}-{두드리다, 타다}

북, 장구, 가야금 따위를 두드리거나 타는 소리.

¶둥당……. 가야금 소리는 숫제 사람의 울음이었다.≪한무숙, 유수암≫

둥당-둥당

의미 [+소리],[+북]v[+장구]v[+가야금],[+연속]

제약 {북, 장구, 가야금}-{두드리다, 타다}

북, 장구, 가야금 따위를 잇따라 두드리거나 타는 소리.

¶둥당둥당 들리는 북소리./둥당둥당 흥이 오른 장구 소리.

둥덩

의미 [+소리],[+큰북]v[+장구]v[+가야금]

제약 {큰북, 장구, 가야금}-{두드리다, 타다}

큰북, 장구, 가야금 따위를 두드리거나 타는 소리.

¶북이 둥덩 울린다./장구를 둥덩 친다./고수가 북을 둥덩 치자 창이 시작되었다.

둥덩-둥덩

의미 [+소리],[+큰북]v[+장구]v[+가야금],[+연속]

제약 {큰북, 장구, 가야금}-{두드리다, 타다}

큰북, 장구, 가야금 따위를 잇따라 두드리거나 타는 소리.

¶가야금이 둥덩둥덩 소리가 난다.

둥-덩실

의미 [+모양],[+물]v[+공중],[+부유]

제약 { }-{뜨다}

물 위나 공중에 가볍게 떠 있는 모양.

¶둥덩실 떠가는 조각배 하나./파란 가을 하늘에 구름 한 점이 둥덩실 떠 있다.

둥-둥[01]

의미 [+소리],[+큰북],[+연속]

제약 {큰북}-{두드리다, 울리다}

큰북 따위를 잇따라 두드리는 소리.

¶북소리가 **둥둥** 울린다.

둥둥⁰²

의미 [+모양],[+동작],[+물체],[+부양]

제약 { }-{뜨다}

① 물체가 떠서 움직이는 모양.

¶종이배가 개울에서 **둥둥** 떠내려간다./풍선이 하늘로 **둥둥** 날아갔다./어 시원하다, 하면서 파가 **둥둥** 뜬 된장국을 후룩후룩 들이마셨다.《박완서, 도시의 흉년》

의미 [+모양],[+마음],[+흥분],[+반복]

제약 { }-{거리다, 대다}

② 마음이 자꾸 들뜨는 모양.

둥실⁰¹

의미 [+모양],[+물체],[+공중]v[+물],[+부유]

제약 { }-{뜨다}

물체가 공중이나 물 위에 가볍게 떠 있는 모양.

¶하늘에 **둥실** 뜬 애드벌룬./스티로폼 가루가 물 위에 **둥실** 떠 있다./사방에 어둠이 밀려오는가 했더니 어느새 둥근 달이 강물 위로 **둥실** 떠오른다.《박경리, 토지》/탱자나무 울타리 위로 솜사탕이 구름송이처럼 **둥실** 떠올랐다.《오정희, 유년의 뜰》

둥실⁰²

의미 [+모양],[+원형]

제약

둥그스름한 모양.

¶배가 **둥실** 불러 어디로 보나 임산부 티가 난다./초가지붕 위에 보름달이 **둥실** 떠 있다.

둥실-둥실⁰¹

의미 [+모양],[+물체],[+동작],[+공중]v[+물],[+부유],[+반복]

제약 { }-{뜨다}

물체가 공중이나 물 위에 가볍게 떠서 자꾸 움직이는 모양.

¶**둥실둥실** 뜬 뭉게구름./냇물 위에 종이배 하나가 **둥실둥실** 떠가고 있다./자기의 몸이 공중으로

구름을 타고 **둥실둥실** 올라가는 듯했다.《김원일, 노을》

둥실-둥실⁰²

의미 [+모양],[+원형],[+살]

제약

둥그스름하고 투실투실한 모양.

¶**둥실둥실** 복스러운 얼굴.

둥싯-둥싯

의미 [+모양],[+동작],[-속도],[+곤란],[+연속]

제약

굼뜨고 거추장스럽게 잇따라 움직이는 모양.

¶모이를 잔뜩 먹은 수탉이 **둥싯둥싯** 뒤뚱거리며 걸어 다닌다.

뒤넘스레

의미 [+행동],[-분수],[+건방]

제약

주제넘게 행동하여 건방진 데가 있게.

뒤뚝

의미 [+모양],[+물건]v[+몸],[-균형],[+경사]

제약

큰 물체나 몸이 중심을 잃고 한쪽으로 기울어지는 모양.

¶실수를 하여 손을 내린다든가, **뒤뚝** 쓰러진다든가, 나도 모르게 공포에 떨며 정신없이 몸을 약간이라도 돌린다면 나는 죽는 것이다.《오상원, 죽어살이》

뒤뚝-뒤뚝

의미 [+모양],[+물건]v[+몸],[-균형],[+경사],[+반복]

제약

큰 물체나 몸이 중심을 잃고 자꾸 이리저리 기울어지는 모양.

¶짐을 지고 **뒤뚝뒤뚝** 걷다./바닥이 고르지 않아서 의자가 **뒤뚝뒤뚝** 흔들린다./밭둑 찔레꽃 덤불 밑으로 미련스러운 두꺼비 한 마리가 **뒤뚝뒤뚝** 기어간다.《박경리, 토지》

뒤뚱

의미 [+모양],[+물건]v[+몸],[-균형],[+경

사]

제약

크고 묵직한 물체나 몸이 중심을 잃고 한쪽으로 기울어지는 모양.

¶교탁이 앞으로 **뒤뚱** 무너지면서 내 몸이 거꾸로 곤두박질쳤다.≪박완서, 도시의 흉년≫

뒤뚱-뒤뚱

의미 [+모양],[+물건]v[+몸],[-균형],[+경사],[+요동],[+반복]

제약

크고 묵직한 물체나 몸이 중심을 잃고 가볍게 이리저리 기울어지며 자꾸 흔들리는 모양.

¶협궤 열차가 **뒤뚱뒤뚱** 철길을 가고 있다./강풍으로 배가 **뒤뚱뒤뚱** 흔들린다./부인은 대꾸하지 않고 짧은 편족 걸음으로 조금씩 **뒤뚱뒤뚱** 걸어가 버렸다.≪박영한, 머나먼 송바 강≫

뒤룩

의미 [+모양],[+눈알],[+운동],[+기운]

제약 {눈알}-{ }

크고 둥그런 눈알이 힘 있게 움직이는 모양.

¶눈을 무섭게 뜨면서 **뒤룩** 굴리다.

뒤룩-뒤룩[01]

의미 [+모양],[+눈알],[+운동],[+기운],[+반복]

제약 {눈알}-{ }

크고 둥그런 눈알이 힘 있게 자꾸 움직이는 모양.

¶그는 눈동자를 **뒤룩뒤룩** 굴리며 열변을 토한다.

뒤룩-뒤룩[02]

의미 [+모양],[+살],[+비만],[+정도]

제약

군살이 처지도록 살이 몹시 쪄서 뚱뚱한 모양.

¶얼굴에 개기름이 반지르르하고 목덜미가 **뒤룩뒤룩** 살찐 뱃사람들이 키들거리고 소리치며 떠들어 댔다.≪문순태, 타오르는 강≫

뒤룽-뒤룽

의미 [+모양],[+물건],[+부착],[-속도],[+요동],[+연속]

제약 { }-{매달리다, 흔들리다}

조금 묵직한 물건이 매달려 잇따라 느리게 흔들

리는 모양.

¶겨울이면 골목 아이들은 대개 코를 **뒤룽뒤룽** 달고 다녔다.

뒤-미처

의미 [+연속]

제약 { }-{따라가다}

그 뒤에 곧 잇따라.

¶**뒤미처** 쫓아가다./비가 오고 **뒤미처** 바람도 불기 시작하였다./김 군이 **뒤미처** 따라 나와 아래 층까지 배웅을 하여 주었다.≪채만식, 민족의 죄인≫/총각이 벽장 속에 숨기 바쁘게 **뒤미처** 민병들이 아우성치며 들이닥쳤다.≪현기영, 변방에 우짖는 새≫

뒤변덕스레

의미 [+성질]v[+태도],[+변덕],[+정도]

제약

이랬다저랬다 하며 변하기를 매우 잘하는 성질이나 태도가 있게.

뒤숭숭

의미 [+모양],[+느낌]v[+마음],[+복잡],[+불안]

제약

① 느낌이나 마음이 어수선하고 불안한 모양.

¶마음이 **뒤숭숭** 설레어서 일이 제대로 안된다./밤이 깊어서 모두들 헤어진 뒤에 혼곤히 잠이 드니 꿈자리가 **뒤숭숭** 산란하다.≪박종화, 임진왜란≫

의미 [+모양],[+일]v[+물건],[+복잡],[+혼합],[+산개]

제약

② 일이나 물건이 어수선하게 뒤섞이거나 흩어진 모양.

¶주인 없는 방 안에 옷가지만 **뒤숭숭** 널려 있다.

뒤숭숭-히

의미 [+느낌]v[+마음],[+복잡]v[+불안]

제약

① 느낌이나 마음이 어수선하고 불안하게.

의미 [+느낌]v[+마음],[+복잡]v[+불안]

제약

② 일이나 물건이 뒤섞이거나 흩어져 어수선

하게.

뒤스럭-뒤스럭

의미 [+모양],[+사방],[+분주],[+탐색],[+반복]

제약 { }-{뒤적이다}

① 부산하게 이리저리 자꾸 뒤적이는 모양.

의미 [+모양],[+변덕],[+분주]

제약

② 변덕을 부리며 부산하게 구는 모양.

뒤스럭스레

의미 [+언사]v[+행동],[+소란],[+분주]

제약

말과 행동이 수선스럽고 부산한 데가 있게.

뒤슬-뒤슬

의미 [+모양],[+행동],[+태도],[+교만]

제약

되지못하게 건방진 태도로 행동하는 모양.

¶한마디 불어 대고 싶은 듯도 한 눈치로 뜰 안에 나서며 간밤에 부랴부랴 걸어 가지고 떠났다는 소식을 첫 마디에 이르고는 **뒤슬뒤슬** 속 있는 웃음을 띠었다.≪이효석, 장미 병들다≫

뒤웅스레

의미 [+형태],[+뒤웅박],[+미련]

제약

생긴 꼴이 뒤웅박처럼 미련한 데가 있게.

뒤적-뒤적

의미 [+모양],[+물건],[+수색],[+사방],[+반복]

제약 { }-{뒤지다}

① 물건들을 이리저리 들추며 자꾸 뒤지는 모양.

¶책장을 **뒤적뒤적** 넘기다./화롯불을 **뒤적뒤적** 헤치더니 군밤을 꺼낸다./나는 낙서장을 펼쳐 그 부분을 **뒤적뒤적** 찾았다.≪윤후명, 별보다 멀리≫

의미 [+모양],[+물건]v[+신체],[+전환],[+반복]

제약

② 물건이나 몸을 자꾸 이리저리 뒤집는 모양.

¶걱정 때문에 밤새 **뒤적뒤적** 잠을 이룰 수 없었다.

뒤척-뒤척

의미 [+모양],[+물건],[+수색],[+사방],[+반복]

제약 { }-{뒤지다}

① 물건들을 이리저리 들추며 자꾸 뒤지는 모양. '뒤적뒤적①'보다 거센 느낌을 준다.

¶그는 공연히 서류만 **뒤척뒤척** 찾으면서 시간을 끌었다.

의미 [+모양],[+물건]v[+신체],[+전환],[+반복]

제약

② 물건이나 몸을 자꾸 이리저리 뒤집는 모양. '뒤적뒤적②'보다 거센 느낌을 준다.

¶밤새도록 **뒤척뒤척** 잠을 못 이루는 눈치이다.

뒤치락-엎치락

의미 [+모양],[+전환],[+연속]

제약

=엎치락뒤치락. 연방 엎치었다가 뒤치었다가 하는 모양.

¶세상이 **뒤치락엎치락** 엇바뀌는 속에서 삼십 년쯤 쉬엄쉬엄 관리 길을 유지해 오는 동안…≪이호철, 고여 있는 바닥≫

뒤퉁스레

의미 [+미련],[-침착],[+잘못]

제약

미련하거나 찬찬하지 못하여 일을 잘 저지를 듯하게.

뒹굴-뒹굴

의미 [+모양],[+침와],[+회전],[-일정],[+반복]

제약

① 누워서 자꾸 이리저리 구르는 모양.

¶수박이 버스의 앞쪽까지 **뒹굴뒹굴** 굴러갔다.

의미 [+모양],[-일],[+유희]

제약

② 하는 일 없이 빈둥빈둥 노는 모양.

¶직장도 없이 올겨울을 **뒹굴뒹굴** 그냥 보낼 생각이냐?

드나-나나

의미 [±출입],[+지속]

제약

들어가거나 나오거나 늘.

¶**드나나나** 부지런한 사람./저 아이는 **드나나나** 말썽을 부리고 다닌다./나는 일시 공연히 마음이 들떠서 공부도 아니하며, **드나나나** 툭하면 트집을 잡고 심술을 부리었다.≪이희승, 벙어리 냉가슴≫

드높-이

의미 [＋높이],[＋정도]

제약

① 아래에서 위까지의 길이가 길게.

¶**드높이** 솟은 산.

의미 [＋높이],[＋간격],[＋정도]

제약

② 아래에서부터 위까지 벌어진 사이가 크게.

¶매표소 앞에서 여자 둘이 휘장 **드높이** 걸려 있는 그림을 쳐다보며 킥킥 웃었다.≪한수산, 부초≫

드디어

의미 [＋과정],[＋결과]

제약

무엇으로 말미암아 그 결과로.

¶**드디어** 시험이 끝났다./꿈에 그리던 내 집을 **드디어** 마련했다./무언가를 마음속으로 망설이다가 **드디어** 결심이 선 듯 다시 입을 여는 그의 목소리도 한결 정감 어린 것이었다.≪이문열, 영웅시대≫/처음으로 남편은 눈물을 흘렸고 **드디어** 그것은 통곡으로 변했다.≪박경리, 토지≫/좌중은 킥킥거리며 웃음을 참는 듯한 소리가 나더니 **드디어** 와 웃음보가 터졌다.≪김용성, 리빠똥 장군≫

드렁-드렁

의미 [＋소리],[＋소란],[＋공명],[＋반복]

제약 {　}-{울리다, 거리다, 대다}

① 요란하게 자꾸 울리는 소리.

¶기계가 **드렁드렁** 돌아간다./터널에서는 자동차 엔진 소리가 **드렁드렁** 울린다./흥선이 소리를 높여서 웃을 때에, 이 건축한 이래로 문소리 한 번 요란히 여닫겨 본 적이 없는 방을 **드렁드렁** 울렸다.≪김동인, 운현궁의 봄≫

의미 [＋소리],[＋코],[＋소란],[＋반복]

제약 {코}-{골다}

② 짧고 요란하게 코를 자꾸 고는 소리.

¶옆에서 **드렁드렁** 코 고는 소리에 잠이 다 깨었다./어떤 사병은 잠깐 사이에 정신없이 잠이 들어 코까지 **드렁드렁** 골고 있었다.≪홍성원, 육이오≫

드레-드레

의미 [＋모양],[＋물건],[＋다수],[＋부착]

제약 {　}-{매달리다, 늘어지다}

① 물건이 많이 매달려 있거나 늘어져 있는 모양.

¶이 무렵의 고향은 청포도가 **드레드레** 늘어져 익어 간다./마루 반자엔 쥐 오줌 자국이 구석구석으로 얼룩져 있고, 처마 밑 서까래와 도리 안의 제비집 터에도 거미줄이 **드레드레** 늘어져 주인 잃은 지 오래임을 스스로 말하고 있었다.≪이문구, 관촌 수필≫

의미 [＋모양],[＋욕심]v[＋심술],[＋정도]

제약

② 욕심이나 심술 따위가 많은 모양.

¶양 볼에는 욕심이 **드레드레** 달려 있는 듯하다.

드르렁

의미 [＋소란],[＋공명],[＋정도]

제약 {　}-{울리다, 거리다, 대다}

① 매우 요란하게 울리는 소리.

¶창문을 **드르렁** 열어젖히다./놀라운 음성이었다. 산천이 **드르렁** 울리었다. 작다란 몸집의 어디서 그런 우렁찬 소리가 나왔나?≪김동인, 운현궁의 봄≫

의미 [＋소리],[＋코],[＋소란],[＋정도]

제약 {코}-{골다}

② 매우 요란하게 코를 고는 소리.

¶어디선가 **드르렁** 코 고는 소리가 들렸다.

드르렁-드르렁

의미 [＋소리],[＋소란],[＋공명],[＋정도],[＋반복]

제약 {　}-{울리다, 거리다, 대다}

① 매우 요란하게 자꾸 울리는 소리.

¶**드르렁드르렁** 문 여닫는 소리.

의미 [＋소리],[＋코],[＋소란],[＋정도],[＋반복]

제약 {코}-{골다}

② 매우 요란하게 코를 자꾸 고는 소리.

¶아버지는 술을 얼마나 많이 마셨는지 구두도

벗기 전에 현관에 쓰러져 코를 **드르렁드르렁** 골 았다.≪박완서, 도시의 흉년≫/홀아비 사내는 심히 못마땅한 듯 강아지 얼음 먹는 소리로 웅얼웅얼 하더니 이내 **드르렁드르렁** 코를 골았다.≪문순태, 타오르는 강≫

드르르⁰¹

의미 [+모양],[+소리],[+물건],[+바닥],[+회 전]

제약 {물건}-{구르다}

① 큰 물건이 단단한 바닥 위를 구르는 소리. 또는 그 모양.

¶문을 **드르르** 열다./바퀴 달린 의자를 **드르르** 끌 다.

의미 [+소리],[+물건],[+요동],[+진동]

제약 { }-{흔들리다, 떨리다}

② 큰 물건이 흔들려 떨리는 소리.

¶정월 그믐 한창 고비로 설치는 모진 바람이 싸 구려로 지은 나무 집을 **드르르** 흔들었다.≪최인 훈, 구운몽≫

의미 [+소리]v[+모양],[+재봉틀],[+천],[+바 느질]

제약 {재봉틀}-{거리다, 대다}

③ 재봉틀로 조금 두꺼운 천을 박는 소리. 또는 그 모양.

¶**드르르** 재봉틀 돌아가는 소리.

드르르⁰²

의미 [+모양],[+일],[+능통],[-장애]

제약

어떤 일에 능통하여 전혀 막힘이 없이 잘하는 모양.

¶긴 시를 **드르르** 외다./책 한 권을 단숨에 **드르 르** 읽어 나가다./교감 선생님은 학교 돌아가는 일을 **드르르** 꿰고 앉아 있다.

드르륵⁰¹

의미 [+소리],[+물건],[+회전],[+정지],[+순 간]

제약 { }-{멈추다}

① 큰 물건이 구르다가 뚝 멎는 소리.

의미 [+소리],[+물건],[+활주]

제약 { }-{미끄러지다}

② 큰 물건이 미끄러지는 소리.

¶기계가 **드르륵** 돌아가다./방문이 **드르륵** 열리 다./출입문이 한쪽으로 **드르륵** 밀리면서 안으로 성큼 들어서는 거구의 김 대장으로 말미암아….≪윤흥길, 비늘≫

드르륵⁰²

의미 [+소리]v[+모양],[+총],[+발사],[+연 속]

제약 {총}-{쏘다}

총 따위를 잇따라 쏘는 소리. 또는 그 모양.

¶언덕 너머에서 기관총을 **드르륵** 쏘는 소리가 들린다./이번에는 다시 아군 측에서 연속 총성 이 **드르륵** 울린다.≪홍성원, 육이오≫

드르륵-드르륵⁰¹

의미 [+소리],[+물건],[+회전],[+정지]

제약 { }-{멈추다}

① 큰 물건이 여럿이 다 또는 하나가 여러 번 구르다가 멎는 소리.

의미 [+소리],[+물건],[+활주],[+연속]

제약 { }-{미끄러지다}

② 큰 물건이 잇따라 미끄러지는 소리.

¶달구지가 **드르륵드르륵** 소리를 내며 움직인다. ≪박경리, 토지≫

드르륵-드르륵⁰²

의미 [+소리]v[+모양],[+총],[+발사],[+연 속]

제약 {총}-{쏘다}

총 따위를 잇따라 계속 쏘는 소리. 또는 그 모 양.

¶밤새도록 조명탄이 올라 들판을 밝혔고 멀리 서 가끔 위협 사격이 **드르륵드르륵** 트림을 했 다.≪안정효, 하얀 전쟁≫

드르릉

의미 [+소리],[+소란],[+공명],[+정도]

제약 { }-{울리다, 거리다, 대다}

① 크고 요란하게 울리는 소리.

¶유치장 문이 **드르릉** 열리며 내무서원 한 사람 이 냅다 소리를 질렀다.≪한근찬, 야호≫

의미 [+소리],[+코],[+소란],[+정도]

제약 {코}-{골다}

300

② 크고 요란하게 코를 고는 소리.

¶유치장을 자기 집 안방처럼 알고 앉은 채로 또는 새우처럼 구부린 채로 **드르릉** 코를 고는 상습 출입자들 틈에서….《유주현, 하오의 연가》

드르릉-드르릉

의미 [+소리],[+소란],[+공명],[+반복]

제약 { }-{울리다, 거리다, 대다}

① 크고 요란하게 자꾸 울리는 소리.

¶그리고 문풍지가 **드르릉드르릉** 울리며 눈보라가 방안으로 스르르 몰려들었다.《강경애, 인간 문제》

의미 [+소리],[+코],[+소란],[+반복]

제약 {코}-{골다}

② 크고 요란하게 코를 자꾸 고는 소리.

¶아버지는 코를 **드르릉드르릉** 골며 세상모르게 주무신다.

드릉-드릉

의미 [+소리],[+공명],[+정도],[+반복]

제약 { }-{울리다, 거리다, 대다}

① 크게 자꾸 울리는 소리.

의미 [+소리],[+코],[+반복]

제약 {코}-{골다}

② 짧게 코를 자꾸 고는 소리.

¶정 면장은 방 윗목에 목침을 베고 누워서 한참 **드릉드릉** 코를 골고 있었다.《하근찬, 야호》

드리없-이

의미 [+상황],[-일정]

제약

경우에 따라 변하여 일정하지 아니하게.

¶근처 장꾼에게는 대개 십일조를 받고 여느 행인에게는 **드리없이** 받는답니다.《홍명희, 임꺽정》/우길에게는 을남이가 그저 **드리없이** 좋은 아저씨와 같았을 뿐이다.《한설야, 탑》

드문-드문

의미 [+모양],[+시간],[+간격]

제약

① 시간적으로 잦지 않고 드문 모양.

¶**드문드문** 찾아드는 손님./**드문드문** 구경하는 세상이어서 그런지 그동안 세상은 정신을 차릴 수 없이 변하고 있었다.《조정래, 태백산맥》/그들이

다 내려오고 나자 객석에서 **드문드문** 박수가 새어 나왔다.《한수산, 부초》

의미 [+모양],[+공간],[+간격]

제약

② 공간적으로 배지 않고 사이가 드문 모양.

¶**드문드문** 서 있는 나무./등성이를 넘어가니 **드문드문** 인가가 보이기 시작했다./달 없는 어두운 하늘에 별만이 **드문드문** 빛나고 있었다.《황순원, 일월》

드바삐

의미 [+급박],[+정도]

제약

몹시 바쁘게.

¶**드바삐** 뛰어다니다.

드뿍

의미 [+모양],[+분량],[+풍부]

제약 { }-{담다}

분량이 꽤 넘치게 많은 모양.

¶쌀을 **드뿍** 퍼 주다./비빔밥에 고추장을 **드뿍** 넣어 먹다.

드뿍-드뿍

의미 [+모양],[+전부],[+분량],[+풍부]

제약 { }-{담다}

여럿이 다 분량이 꽤 넘치게 많은 모양.

¶쌀을 **드뿍드뿍** 푸다./시장할 테니 밥을 **드뿍드뿍** 그릇에 담아라.

드팀없-이

의미 [-간격]v[-잘못]v[-요동]

제약

틈이 생기거나 틀리는 일이 없이. 또는 조금도 흔들림이 없이.

¶일을 **드팀없이** 처리하다.

득

의미 [+소리]v[+모양],[+금]v[+줄]

제약 {금, 줄}-{긋다}

① 세게 금이나 줄을 그을 때 나는 소리. 또는 그 모양.

¶자를 대고 줄을 **득** 긋다./성냥을 **득** 긋다./마치 참새 새끼라도 잡은 듯 한 손으로 성냥갑을 잔뜩 움켜잡고 개비를 뽑아 **득** 그어 댔다.《최인훈,

구운몽≫

의미 [+소리]v[+모양],[+물건],[+마찰]

제약 { }-{긁다}

② 작고 단단한 물건을 세게 긁을 때 나는 소리. 또는 그 모양.

¶칼로 벽을 득 긁다./호미로 굳은 땅을 득 긁다.

의미 [+소리]v[+모양],[+물],[+결빙],[+순간]

제약 { }-{얼다}

③ 많은 양의 물이 갑자기 얼 때 나는 소리. 또는 그 모양.

득달같-이

의미 [-지연],[+즉시]

제약

잠시도 늦추지 아니하게.

¶득달같이 달려가다./맡은 일을 득달같이 해치웠다./사고 소식을 들은 가족들은 병원으로 득달같이 달려왔다./우리 어머니한테 연락만 하면 울고 불고 하면서 득달같이 데리러 올 겁니다.≪황석영, 어둠의 자식들≫

득돌같-이

의미 [+의도],[+일치]

제약

① 뜻에 꼭꼭 잘 맞게.

의미 [-지연],[+즉시]

제약

② 조금도 지체함이 없이.

¶득돌같이 달려오다./숙모가 또 내려오라고 전보를 득돌같이 쳐 대서 아마 곧 내려올걸요.≪김원일, 불의 제전≫

득-득

의미 [+소리]v[+모양],[+금]v[+줄],[+반복]

제약 {금, 줄}-{긋다}

① 세게 금이나 줄을 자꾸 그을 때 나는 소리. 또는 그 모양.

¶땅 위에 금을 득득 긋다.

의미 [+소리]v[+모양],[+물건],[+마찰],[+정도],[+반복]

제약 { }-{긁다}

② 작고 단단한 물건을 세게 자꾸 긁을 때 나는

소리. 또는 그 모양.

¶누룽지를 득득 긁다./풋옥수수라도 득득 갈아서 올챙이묵이라도 해서 먹으면 입맛이 들 것도 같다만.≪한수산, 유민≫/양념을 듬뿍 타 가지고 밥덩이를 두어 번 비비더니 어느 틈에 뚝배기 밑바닥까지 득득 긁는다.≪심훈, 영원의 미소≫

의미 [+소리]v[+모양],[+물],[+결빙],[+순간],[+반복]

제약 { }-{얼다}

③ 많은 양의 물이 자꾸 갑자기 얼 때 나는 소리. 또는 그 모양.

득시글-득시글

의미 [+모양],[+사람]v[+동물],[+밀집],[+소란],[+반복]

제약 { }-{들끓다, 거리다, 대다}

사람이나 동물 따위가 떼로 모여 자꾸 어수선하게 들끓는 모양.

¶곳간에는 생쥐들이 득시글득시글 들끓었다./그 상념들은 나의 두개골을 깨고 밖으로 도망치려고 미쳐 나고 있는 것처럼 득시글득시글 뇌수를 다쳤다.≪이청준, 조율사≫

득실-득실

의미 [+모양],[+사람]v[+동물],[+밀집],[+소란],[+반복]

제약 { }-{들끓다, 거리다, 대다}

'득시글득시글'의 준말. 사람이나 동물 따위가 떼로 모여 자꾸 어수선하게 들끓는 모양.

¶물 위로 올라온 팽나무 가지들마다에 뱀들이 득실득실 열려 있었다.≪문순태, 타오르는 강≫

든든-히

의미 [+신뢰],[+마음],[-허전],[-공포],[+견고]

제약

① 어떤 것에 대한 믿음으로 마음이 허전하거나 두렵지 않고 굳세게.

의미 [+물건]v[+신체],[+충실],[+견고]

제약

② 물건이나 몸이 실하고 야무지게.

¶든든히 생긴 다리./차에 짐을 싣고 밧줄로 든든히 묶어라.

의미 [＋신뢰],[＋충실]

제약

③ 믿음직할 정도로 알차고 실하게.

¶그는 새로운 도시에서 **든든히** 자리를 잡았다.

의미 [＋뜻]v[＋생각],[＋확고],[－요동]

제약

④ 뜻이나 생각이 흔들림 없이 강하고 야무지게.

¶마음을 **든든히** 먹고 열심히 살아라./시작부터 마음을 **든든히** 다지지 못해서 어떻게 하겠니.

의미 [＋느낌],[＋충분],[－부족]

제약

⑤ 먹은 것이나 입은 것이 충분해서 허전한 느낌이 없이.

¶옷을 **든든히** 입다./아저씨는 아침을 **든든히** 먹고 길을 떠났다.

든직-히

의미 [＋태도],[－경솔],[＋신중]

제약

① 사람됨이 경솔하지 않고 무게가 있는 태도로.

¶경거망동하지 말고 **든직히** 앉아 있어라./어젯밤부터 제발 채신없이 까불지 말고 좀 **든직히** 하라는 아버지의 부탁을 아직 잊지 않습니다.≪김유정, 아기≫

의미 [＋물건],[－결점],[＋정도]

제약

② 물건이 제법 번듯하고 그럴듯하게.

듣다-못해

의미 [＋말],[－인내]

제약

어떠한 말을 듣고 있다가 더 이상 참을 수가 없어서.

¶남편은 아내의 잔소리를 **듣다못해** 밖으로 나가 버렸다./군불을 때고 앉았던 동칠이가 옆에서 푸념을 늘어놓는 것을 **듣다못해** 한마디 한 게 화근이었다.≪한수산, 유민≫

들까불-들까불

의미 [＋모양],[＋상하],[＋요동],[＋정도],[＋반복]

제약 { }-{혼들다, 거리다, 대다}

자꾸 위아래로 심하게 흔드는 모양.

들들01

의미 [＋모양],[＋콩]v[＋깨],[＋볶음]v[＋분쇄]

제약 {콩, 깨}-{볶다, 갈다}

① 콩이나 깨 따위를 휘저으며 볶거나 맷돌에 거칠게 가는 모양.

¶콩을 맷돌에 **들들** 갈다./감자와 당근을 **들들** 볶아 반찬을 만들었다.

의미 [＋모양],[＋타인],[＋고통]

제약 { }-{들볶다}

② 남을 몹시 못살게 구는 모양.

¶사람을 **들들** 못살게 굴지 좀 마라./안대청에서 보이는 데만 온종일 아랫것들을 **들들** 볶으니까 눈앞에서만 살살 기는 척하고는 뒷구멍으로 무슨 짓을 하는지 알게 뭐요.≪박완서, 미망≫

의미 [＋모양],[＋물건],[＋수색],[－주의],[＋정도]

제약 { }-{뒤지다}

③ 물건을 마구 들쑤시며 뒤지는 모양.

¶어젯밤에 도둑이 들어와 장롱을 **들들** 뒤지고 갔다./쌀은 지하실에서 두 가마니를 끌어내 놓고도 **들들** 뒤져서 독에 남은 것까지 두어 끼 거리쯤 남기고 싹싹 쓸어 갔고….≪염상섭, 취우≫

들들02

의미 [＋소리]v[＋모양],[＋바퀴],[＋회전],[＋바닥]

제약 { }-{굴러가다}

① 바퀴 따위가 단단한 바닥을 굴러가는 소리. 또는 그 모양.

¶**들들** 굴러가는 마차.

의미 [＋모양],[＋전율],[＋정도]

제약 { }-{떨다}

② 몸을 몹시 떠는 모양.

¶무서움에 온몸을 **들들** 떨다./배 밑창에서 쉴 새 없이 울려오는 기계 소리에 턱살이 **들들** 떨리고 귀가 먹먹하였다.≪현기영, 변방에 우짖는 새≫

의미 [＋모양],[＋눈동자],[＋운동],[＋사방]

제약 {눈동자}-{ }

③ 눈을 크게 부라리며 눈동자를 이리저리 움직

이는 모양.

¶눈이 커다란 한 직공이 눈알을 **들들** 굴려 가며 서투른 어조로, "에……우리 회사가 여러분 의……여러분의 덕택으로……."≪한설야, 황혼≫

들떼-놓고

의미 [+말],[-직접]

제약

꼭 집어 바로 말하지 않고.

¶그는 할 말이 있는 표정이더니 **들떼놓고** 얼버 무린다./어떤 사람들은 성질을 주체하지 못해 들 떼놓고 버럭버럭 욕설을 퍼부었다.≪송기숙, 녹두 장군≫

들락-날락

의미 [+모양],[+왕복],[+반복]

제약 { }-{거리다, 대다}

① 자꾸 들어왔다 나갔다 하는 모양. 늘들랑날 랑①.

¶계집애가 차분히 붙어 있지 못하고 왜 그리 **들 락날락** 방정이냐?≪홍성암, 큰물로 가는 큰 고기≫/ 안방에도 또 어떤 귀빈이 있는지 여러 여편네가 **들락날락** 시중을 하였다.≪홍명희, 임꺽정≫

의미 [+모양],[+사람],[±정신]

제약

② 정신 따위가 있다가 없다가 하는 모양. 늘들 랑날랑②.

들랑-날랑

의미 [+모양],[+왕복],[+반복]

제약 { }-{거리다, 대다}

①=들락날락①. 자꾸 들어왔다 나갔다 하는 모 양.

¶뭘 하기에 그렇게 **들랑날랑** 분주하냐.

의미 [+모양],[+사람],[±정신]

제약

②=들락날락②. 정신 따위가 있다가 없다가 하 는 모양.

들먹-들먹

의미 [+모양],[+물체],[+상하],[+왕복],[+반 복]

제약 { }-{거리다, 대다}

① 무거운 물체 따위가 자꾸 들렸다 내려앉았다

하는 모양.

¶우리 편 군사들의 함성은 **들먹들먹** 산천을 흔 들어 놓는다.≪박종화, 임진왜란≫

의미 [+모양],[+어깨]v[+엉덩이],[+상하], [+왕복],[+반복]

제약 {어깨, 엉덩이}-{거리다, 대다}

② 어깨나 엉덩이 따위가 자꾸 들렸다 놓였다 하는 모양.

의미 [+모양],[+마음],[+불안],[+반복]

제약 { }-{거리다, 대다}

③ 마음이 자꾸 설레는 모양.

¶결혼을 앞두고 마음이 **들먹들먹** 들뜬다.

의미 [+모양],[+입술],[+개폐],[+반복]

제약 {입술}-{거리다, 대다}

④ 말할 듯이 입술이 자꾸 열렸다 닫혔다 하는 모양.

¶그는 아직 결심이 서지 않은 듯 입술만 **들먹들 먹** 움직였다.

의미 [+모양],[+타인],[+공개],[+반복]

제약 { }-{거리다, 대다}

⑤ 자꾸 남에 대하여 들추어 말하는 모양.

의미 [+모양],[+가격],[+상승],[+빈도]

제약 { }-{거리다, 대다}

⑥ 가격이 오르려는 기세를 자꾸 보이는 모양.

¶공공요금이 **들먹들먹** 오르려 하고 있다.

의미 [+모양],[+상처],[+화농],[+통증],[+빈 도]

제약 { }-{거리다, 대다}

⑦ 다친 데나 헌데가 곪느라고 자꾸 쑤시는 모 양.

¶얼마 전 넘어진 데가 **들먹들먹** 쑤신다.

들멍-들멍

의미 [+모양],[+손]v[+어깨]v[+엉덩이],[+상 하],[+왕복],[-속도]

제약 {손, 어깨, 엉덩이}-{거리다, 대다}

손이나 어깨, 엉덩이 따위가 잇따라 천천히 들 렸다 놓였다 하는 모양.

¶별안간 천둥 번개가 치더니 굵은 빗줄기가 산 속 오두막을 **들멍들멍** 뒤흔들었다.

들썩

의미 [+모양],[+물건],[+부착],[+분리]

제약

① 붙어 있던 물건이 쉽게 떠들리는 모양.

의미 [+모양],[+어깨v[+엉덩이]],[+상승]

제약 {어깨, 엉덩이}-{ }

② 어깨나 엉덩이 따위가 한 번 들리는 모양.

¶궁둥이를 **들썩** 쳐들다./그는 잘 모르겠다는 듯 어깨를 **들썩** 올려 보였다./김 첨지는 그제야 제 정신으로 돌아온 듯 엉덩이를 **들썩** 들어 두어 뼘 물러앉았더니 아치골 댁의 손을 덥석 잡았다. ≪김원일, 불의 제전≫

의미 [+모양],[+마음],[+흥분]

제약

③ 마음이 들떠서 움직이는 모양.

의미 [+모양],[+행동],[+소란],[+분주]

제약

④ 시끄럽고 부산하게 움직이는 모양.

¶며느리가 아들을 낳았다는 소리에 온 집안이 **들썩** 떠나도록 야단이다.

들썩-들썩

의미 [+모양],[+물건],[+상하],[+왕복],[+반복]

제약 { }-{거리다, 대다}

① 묵직한 물건이 자꾸 떠들렸다 가라앉았다 하는 모양.

¶아이들이 이리저리 뛰어다닐 때마다 구들바닥이 **들썩들썩** 움직였다./울음을 그치지 않는 영식이를 **들썩들썩** 추스르면서 복희는 자갈길을 오르내렸다.≪황석영, 영등포 타령≫

의미 [+모양],[+어깨v[+엉덩이]],[+상하],[+왕복],[+반복]

제약 {어깨, 엉덩이}-{거리다, 대다}

② 어깨나 엉덩이 따위가 자꾸 들렸다 놓였다 하는 모양.

¶차가 덜컹덜컹할 때마다 승객들은 **들썩들썩** 엉덩방아를 찧었다./청백이의 어깨가 **들썩들썩** 들먹이기 시작하면서 꽹과리 소리가 기척을 시작했다.≪천승세, 낙월도≫

의미 [+모양],[+마음],[+흥분],[+반복]

제약

③ 마음이 자꾸 들떠서 움직이는 모양.

¶새로 태어날 손자를 기다리는 할머니는 마음이 **들썩들썩** 울렁이는 모양이었다.

의미 [+모양],[+운동],[+소란],[+분주]

제약

④ 시끄럽고 부산하게 움직이는 모양.

¶괴괴하게 가라앉았던 집에 **들썩들썩** 활기가 넘쳤다.≪박완서, 오만과 몽상≫

들썽-들썽

의미 [+모양],[+마음],[+흥분],[+복잡],[+빈도]

제약

마음이 가라앉지 않고 어수선하게 자꾸 들뜨는 모양.

들쑥-날쑥

의미 [+모양],[-균일],[-정돈]

제약

들어가기도 하고 나오기도 하여 가지런하지 않은 모양. 늑들쭉날쭉.

¶냇가에는 크고 작은 돌들이 **들쑥날쑥** 널려 있다./맥주홀에 나오는 아가씨들은 고정되어 있지는 않았지만 스무 명에서 스물댓 명 정도가 **들쑥날쑥** 나오고 있었다.≪황석영, 어둠의 자식들≫/산등성이는 일곱 개의 혹을 가진 낙타 등인 양 수많은 봉우리로 **들쑥날쑥** 이어져 있었다.≪유재용, 성역≫

들어-번쩍

의미 [+모양],[+물건],[+소멸],[+순간]

제약

물건이 나오기가 무섭게 금세 없어지는 모양을 속되게 이르는 말.

들음-들음

의미 [+모양],[+돈v[+물건]],[+소요],[+빈도]

제약

돈이나 물건 따위가 조금씩 자꾸 드는 모양.

들이

의미 [+힘],[+정도]

제약

=들입다. 세차게 마구.

들이치락-내치락

의미 [+모양],[+마음],[+변덕]

제약

①=내치락들이치락①. 마음이 내켰다 내키지 않았다 하는 변덕스러운 모양.

의미 [+모양],[+병세],[+변화]

제약

②=내치락들이치락②. 병세가 심해졌다 수그러들었다 하는 모양.

들입다

의미 [+힘],[+정도]

제약

세차게 마구. 늑들이.

¶들입다 뛰다./이번 일은 들입다 고생만 했지 보람이 없다./그는 목이 탔는지 물을 입에 들입다 부었다./미처 이야기가 끝나기도 전에 그는 들입다 화부터 냈다./방 첨지 마누라는 별안간 국실이 모친의 어깨를 탁 치며 들입다 깔깔대고 웃는다.≪이기영, 봄≫/가슴에서 무슨 불덩이 같은 뜨거운 게 불끈 치솟으면서 들입다 눈물이 쏟아지는데….≪박완서, 흑과부≫

들쩍지근-히

의미 [+맛],[+감미]

제약

약간 들큼한 맛이 있게.

들쭉-날쭉

의미 [+모양],[-규칙],[-정돈]

제약

=들쑥날쑥. 들어가기도 하고 나오기도 하여 가지런하지 않은 모양.

¶들쭉날쭉 솟은 봉우리./아이들이 줄을 선다고 선 것이 들쭉날쭉 제멋대로이다./엉망진창이었다. 들쭉날쭉 올이 늘어나 있는가 하면 부드러운 비단이 쭈그러들어 수를 놓는지 구멍을 내었는지….≪박경리, 토지≫

들척-들척

의미 [+모양],[+수색],[+사방],[+반복]

제약 { }-{뒤지다}

자꾸 이리저리 들추어 뒤지는 모양.

¶관리들은 국경을 넘는 사람들의 짐을 들척들척 뒤졌다.

들척지근-히

의미 [+맛],[+감미]

제약

약간 들큼한 맛이 있게. '들쩍지근히'보다 거센 느낌을 준다.

들큰-들큰

의미 [+모양],[+타인],[+분노],[+말],[+불쾌],[+반복]

제약

언짢거나 불쾌한 말로 남의 비위를 자꾸 건드리는 모양.

들큼-히

의미 [+맛],[+감미],[-만족]

제약

맛깔스럽지 아니할 정도로 조금 달게.

듬뿍

의미 [+모양],[+충만]v[+수북],[+정도]

제약

① 넘칠 정도로 매우 가득하거나 수북한 모양. 늑듬뿍이①.

¶밥그릇에 밥을 듬뿍 담다./술잔이 넘칠 정도로 술을 듬뿍 부었다./입에 국수를 듬뿍 문 채 야단스럽게 고갯짓, 눈짓, 손짓을 갖추 하며 아버지를 가로막으면서….≪채만식, 낙조≫

의미 [+모양],[+풍부]v[+여유]

제약

② 매우 많거나 넉넉한 모양. 늑듬뿍이②.

¶정이 듬뿍 담긴 위로의 말./사랑을 듬뿍 받다./양념을 듬뿍 넣어야 음식 맛이 좋다./붓에 먹을 듬뿍 묻혀 글씨를 썼다./차라리 듬뿍 사례금을 얹어서 다른 누구로 하여금 나 대신 그를 사랑하도록 만드는 편이 훨씬 나았다.≪윤흥길, 아홉 켤레의 구두로 남은 사내≫/그의 신연(新延) 때에도 거마비를 듬뿍 내었고, 관에 행사가 있을 적마다 적지 않은 전곡을 내었으니….≪황석영, 장길산≫

듬뿍-듬뿍

의미 [+모양],[+전부]v[+정도],[+충만]v[+수북]

제약

① 여럿이 다 또는 몹시 넘칠 정도로 가득하거
나 수북한 모양.

¶밥그릇에 밥을 **듬뿍듬뿍** 담다./할머니께서는 아
이들의 손에 과자를 **듬뿍듬뿍** 쥐어 주셨다./술이
나 주소. 김 생원 잔에도 **듬뿍듬뿍** 술 부어 놓고
거기 문어회도 한 접시 내어놓소!≪박경리, 토지≫

의미 [+모양],[+전부]v[+정도],[+풍부]v[+
여유]

제약

② 여럿이 다 또는 몹시 많거나 넉넉한 모양.

¶사랑을 **듬뿍듬뿍** 받고 자란 아이들./김 사장은
불우 이웃 성금을 **듬뿍듬뿍** 냈다./봄에 퇴비를
듬뿍듬뿍 주어서 나무들은 싱싱한 것 같았지만
헤치고 보니 가지 사이사이에 수많은 벌레들이
달라붙어….≪박경리, 원주 통신≫

듬뿍-이

의미 [+모양],[+충만]v[+수북],[+정도]

제약

①=듬뿍①. 넘칠 정도로 매우 가득하거나 수북
한 모양.

¶어머니께서는 휴가 나온 동생의 밥그릇에 밥을
듬뿍이 퍼 주셨다.

의미 [+모양],[+풍부]v[+여유]

제약

②=듬뿍②. 매우 많거나 넉넉한 모양.

¶북데기나마 **듬뿍이** 지펴 구들장이 뜨듯이 달아
오르는 방 속에, 저녁 마을꾼이 짚 토매 하나씩
을 끼고 와서….≪이희승, 벙어리 냉가슴≫

듬성-듬성

의미 [+모양],[+간격],[+정도]

제약

매우 드물고 성긴 모양.

¶바위가 **듬성듬성** 박힌 산./나무를 **듬성듬성** 심
다./야구장에는 사람들이 **듬성듬성** 앉아 있었
다./어느새 그도 눌러쓴 모자 밑으로 **듬성듬성**
흰 머리카락이 보이는 나이가 되었다./누런 물
이 그득히 괴어 있는 못자리엔 퍼런 모가 **듬성
듬성** 꽂혀 있었다.≪이동하, 우울한 귀향≫

듬쑥

의미 [+모양],[+파지]v[+포옹],[+다정]

제약 {손, 팔}-{쥐다, 안다}

손으로 탐스럽게 쥐거나 팔로 정답게 안는 모양.

¶인형을 **듬쑥** 끌어안다./고향에 돌아온 그는 흙
을 한 움큼 **듬쑥** 쥐며 기뻐하였다.

듬쑥-듬쑥

의미 [+모양],[+파지]v[+포옹],[+다정],[+반
복]

제약 {손, 팔}-{쥐다, 안다}

자꾸 손으로 탐스럽게 쥐거나 팔로 정답게 안는
모양.

¶마음씨 좋은 할머니가 아이들에게 과자를 **듬쑥
듬쑥** 쥐어 주었다.

듬직-이

의미 [+사람],[+신뢰],[+무게]

제약

① 사람됨이 믿음성 있게 묵직하게.

¶그는 언제 보아도 **듬직이** 자기 일을 잘해 나간
다.

의미 [+사람],[+나이],[+정도]

제약

② 나이가 제법 많게.

¶그도 어느덧 **듬직이** 나이가 들었다.

의미 [+사물],[+크기],[+무게],[+강건]

제약

③ 사물이 크고 묵직하여 굳건하게.

¶어떤 때는 돌아올 때 인력거나 자동차를 태워
주고 겸하여 커다란 과자 상자 같은 것까지 **듬
직이** 안겨 주기도 하였다.≪한설야, 탑≫

등한-히

의미 [+태도],[-관심],[+소홀]

제약

무엇에 관심이 없거나 소홀한 태도로.

¶집안일을 **등한히** 하다./그는 돈 버는 일에만 급
급해 자식들 교육은 **등한히** 하였다.

디그르르

의미 [+모양],[+물건],[+노출],[+굵기]v[+크
기]

제약

① 가늘거나 작은 물건들 가운데서 조금 드러나
게 굵거나 큰 모양.

의미 [+모양],[+과일],[+크기],[+균일],[+단
단]

제약

② 과일 따위가 굵직하며 고르고 여무진 모양.

¶디그르르 굵은 감자.

의미 [+모양],[+밥알],[+단단]

제약

③ 밥이 설익어서 밥알이 우둘우둘한 모양.

¶밥이 디그르르 덜 퍼졌다.

디글-디글

의미 [+모양],[+물건],[+노출],[+굵기]v[+크
기]

제약

① 가늘거나 작은 물건들 가운데서 몇 개가 드
러나게 굵거나 큰 모양.

의미 [+모양],[+밥알],[-익음]v[+건조],[+단
단]

제약

② 밥알이 설익었거나 너무 되거나 말라서 꾸들
꾸들한 모양.

디룽

의미 [+모양],[+물건],[+부착]

제약 { }-{달려있다}

큼직한 물건이 달려 있는 모양.

디룽-디룽

의미 [+모양],[+물건],[+부착],[+요동],[+연
속]

제약 { }-{매달리다, 흔들리다}

큼직한 물건이 매달려 가볍게 잇따라 흔들리는
모양.

¶아이들은 동아줄에 디룽디룽 매달려 하늘로 올
라갔다./상대편의 얼굴이 금세 붉어지더니 앞줄
에 디룽디룽 달린 나팔을 쑥 잡아 빼어다가 문
오 앞에 던지듯 내놓았다.≪최정희, 인간사≫

딥다

의미 [+힘],[+정도]

제약

'들입다'의 준말. 세차게 마구.

¶고향에 쉬러 내려갔다가 딥다 고생만 했다.

딩딩

의미 [+모양],[+살],[+비만]v[+팽창],[+탄
력],[+정도]

제약 { }-{붓다}

① 살이 몹시 찌거나 붓거나 하여 아주 팽팽한
모양.

¶몸이 딩딩 부어오르다./살이 딩딩 쪄서 움직이
기도 힘들다.

의미 [+모양],[-압박],[+견고],[+정도]

제약

② 누를 수 없을 정도로 몹시 굳고 단단한 모양.

의미 [+모양],[+힘]v[+세도],[+크기],[+견
고]

제약

③ 힘이나 세도 따위가 크고 든든한 모양.

의미 [+모양],[+화],[+정도]

제약

④ 몹시 화가 난 모양.

의미 [+소리],[+줄],[+탄력],[+공명]

제약 { }-{울리다, 거리다, 대다}

⑤ 가늘고 팽팽한 줄 따위를 퉁겨 울리는 소리.

¶기타 줄을 딩딩 울리다.

따끈-따끈

의미 [+느낌],[+온난],[+정도]

제약

매우 따뜻하고 더운 느낌. 늑따끈따끈히.

¶나리가 오시기 전에 방이 따끈따끈 끓어야지.
≪박경리, 토지≫

따끈따끈-히

의미 [+느낌],[+온난],[+정도]

제약 { }-{데우다}

=따끈따끈. 매우 따뜻하고 더운 느낌.

¶난로 위에 올려 두었던 도시락이 따끈따끈히
데워졌다.

따끈-히

의미 [+느낌],[+온난],[+정도]

제약 { }-{데우다}

꽤 따뜻하고 더운 느낌으로.

¶국을 따끈히 데우다./따끈히 데운 보리차를 마
시다.

따끔

의미 [+느낌],[+더위],[+과도]

제약

① 따가울 정도로 매우 더운 느낌. 늑따끔히①.

의미 [+느낌],[+마음],[+자극],[+고통]

제약 { }-{거리다, 대다}

② 마음에 큰 자극을 받아 따가운 느낌. 늑따끔히②.

의미 [+느낌],[+통증]

제약

③ 찔리거나 꼬집히는 것처럼 아픈 느낌. 늑따끔히③.

¶모기가 **따끔** 무는 통에 잠을 깨고 말았다.

따끔-따끔

의미 [+느낌],[+더위],[+과도]

제약

① 따가울 정도로 몹시 더운 느낌. 늑따끔따끔히①.

¶6월의 햇살은 머리 위에 **따끔따끔** 내리쬐었다.

의미 [+느낌],[+마음],[+자극],[+고통],[+연속]

제약 { }-{거리다, 대다}

② 마음에 큰 자극을 받아 잇따라 따가운 느낌. 늑따끔따끔히②.

의미 [+느낌],[+통증],[+반복]

제약

③ 찔리거나 꼬집히는 것처럼 자꾸 아픈 느낌. 늑따끔따끔히③.

¶벌레 물린 곳이 **따끔따끔** 아프다./그는 숨을 내쉴 때마다 가슴에 **따끔따끔** 통증이 왔다.

따끔따끔-히

의미 [+느낌],[+더위],[+과도]

제약

①=따끔따끔①. 따가울 정도로 몹시 더운 느낌.

의미 [+느낌],[+마음],[+자극],[+고통],[+연속]

제약 { }-{거리다, 대다}

②=따끔따끔②. 마음에 큰 자극을 받아 잇따라 따가운 느낌.

의미 [+느낌],[+통증],[+반복]

제약

③=따끔따끔③. 찔리거나 꼬집히는 것처럼 자꾸 아픈 느낌.

따끔-히

의미 [+느낌],[+더위],[+과도]

제약

①=따끔①. 따가울 정도로 매우 더운 느낌.

의미 [+느낌],[+마음],[+자극],[+고통],[+연속]

제약 { }-{거리다, 대다}

②=따끔②. 마음에 큰 자극을 받아 따가운 느낌.

¶**따끔히** 야단쳐서 다시는 이런 짓을 못 하게 하여라.

의미 [+느낌],[+통증],[+반복]

제약

③=따끔③. 찔리거나 꼬집히는 것처럼 아픈 느낌.

따다닥

의미 [+소리],[+바퀴살],[+회전],[+접촉]

제약 {바퀴살}-{ }

구르는 바퀴의 살 따위에 무엇인가가 닿는 소리. '다다닥'보다 센 느낌을 준다.

따다닥-따다닥

의미 [+소리],[+바퀴살],[+회전],[+접촉],[+연속]

제약 {바퀴살}-{ }

구르는 바퀴의 살 따위에 무엇인가가 자꾸 닿는 소리. '다다닥다다닥'보다 센 느낌을 준다.

따닥-따닥

의미 [+모양],[-크기],[+집합],[+부착]

제약 { }-{붙어있다}

① 자그마한 것들이 한곳에 많이 붙어 있는 모양. '다닥다닥①'보다 센 느낌을 준다.

¶돌에 굴 껍데기가 **따닥따닥** 붙어 있다./산동네에는 판잣집들이 **따닥따닥** 들어서 있다.

의미 [+모양],[+기움],[+다수],[-청결]

제약 { }-{꿰매다}

② 보기 흉할 정도로 지저분하게 여기저기 기운 모양. '다닥다닥②'보다 센 느낌을 준다.

¶아이는 **따닥따닥** 기운 옷을 입고 동냥질을 하였다.

따독-따독

의미 [+모양],[+물건],[+취합],[+타격],[+압력],[+반복]

제약 { }-{두드리다, 누르다}

① 흩어지기 쉬운 물건을 모아 자꾸 가볍게 두드려 누르는 모양. '다독다독①'보다 센 느낌을 준다.

¶어머니는 독 속의 보리쌀을 **따독따독** 두드리고 뚜껑을 덮었다.

의미 [+모양],[+신체],[+타격],[-소리],[+반복]

제약 { }-{두드리다}

② 아기를 재우거나 달래거나 귀여워할 때 몸을 가만가만 자꾸 두드리는 모양. '다독다독②'보다 센 느낌을 준다.

¶아이의 등을 **따독따독** 두드려 재우다.

의미 [+모양],[+위로],[+보호],[+진정]

제약 { }-{감싸다, 달래다}

③ 남의 약한 점을 따뜻이 어루만져 거듭 감싸고 달래는 모양. '다독다독③'보다 센 느낌을 준다.

¶용기를 잃은 아들을 **따독따독** 감싸 주다.

따듬-따듬

의미 [+모양],[+말]v[+글],[-순탄],[+장애],[+반복]

제약 { }-{말하다, 읽다}

말을 하거나 글을 읽을 때 순조롭게 하지 못하고 자꾸 조금 막히는 모양. '다듬다듬④'보다 센 느낌을 준다.

따듬작-따듬작

의미 [+모양],[+말]v[+글],[+장애],[-정도],[+반복]

제약 {사람}-{더듬다, 거리다, 대다}

말을 하거나 글을 읽을 때 나릿나릿하게 자꾸 더듬는 모양. '다듬작다듬작②'보다 센 느낌을 준다.

¶처음 글을 배울 때는 문장 하나도 **따듬작따듬작** 겨우 읽더니 이젠 제법 술술 읽어 내려간다.

따듯-이

의미 [+온난],[+적당],[-더위]

제약 { }-{데우다}

① 덥지 않을 만큼 알맞게 높은 온도로. '따뜻이①'보다 여린 느낌을 준다.

¶**따듯이** 데운 물을 마시다.

의미 [+감정]v[+태도]v[+분위기],[+다정],[+편안]

제약

② 감정, 태도, 분위기 따위가 정답고 포근하게. '따뜻이②'보다 여린 느낌을 준다.

¶그는 미소를 지으며 손님을 **따듯이** 맞이했다.

따따따

의미 [+소리],[+나팔]

제약 {나팔}-{불다}

나팔을 부는 소리.

¶**따따따 따따따** 주먹손으로 **따따따 따따따** 나팔 붑니다.

따따부따

의미 [+소리]v[+모양],[+말씨],[+추궁],[+분쟁]

제약

딱딱한 말씨로 따지고 다투는 소리. 또는 그 모양.

¶네가 왜 **따따부따** 남의 일에 참견이냐?

따뜻-이

의미 [+온난],[+적당],[-더위]

제약

① 덥지 않을 만큼 알맞게 높은 온도로.

¶옷을 **따뜻이** 입다./햇볕이 방 안을 **따뜻이** 비추었다.

의미 [+감정]v[+태도]v[+분위기],[+다정],[+편안]

제약

② 감정, 태도, 분위기 따위가 정답고 포근하게.

¶손님을 가족처럼 **따뜻이** 대하다./아버지는 나의 잘못을 **따뜻이** 감싸 주셨다.

따라서

의미 [+접속],[+원인],[+이유],[+근거]

제약

앞에서 말한 일이 뒤에서 말할 일의 원인, 이유, 근거가 됨을 나타내는 접속 부사.

¶원윳값이 많이 올랐다. **따라서** 국내 기름값도 조만간 오를 것이다./가족에게라도 알릴 겨를이 없었고, **따라서** 가족이나 가까운 친구 한 사람 맞이하는 일 없이, 혼자 호젓이 마을로 향하였다.≪채만식, 처자≫

따로

의미 [+단독]

제약

① 한데 섞이거나 함께 있지 아니하고 혼자 떨어져서.

¶**따로** 나가 살다./남녀를 **따로** 갈라 앉히다./건더기를 국물에서 **따로** 건져 두다./이론과 실제가 **따로** 떨어져 있다./손잡이가 **따로** 노는 걸 보니 고장이 난 것 같다.

의미 [+단독],[+구별]

제약

② 예사의 것과 다르게 특별히.

¶나도 **따로** 계획이 있다./우리만 **따로** 한번 만납시다./농담할 일이 **따로** 있지, 그런 걸 가지고 농담하면 어떻게 하나?

따로-따로

의미 [+단독],[+개별]

제약

한데 섞이거나 함께 있지 않고 여럿이 다 각각 떨어져서.

¶여섯 종류의 꽃씨를 봉지에 **따로따로** 넣어 두었다./식구들이 방을 **따로따로** 쓴다./그들은 **따로따로** 떠났지만 가는 길에 합류했다고 한다.

따르르[01]

의미 [+모양],[+소리],[+물건],[+바닥],[+회전]

제약 {물건}-{구르다}

① 작은 물건이 단단한 바닥 위를 구르는 소리. 또는 그 모양. '다르르[01]①'보다 센 느낌을 준다.

¶동전이 바닥에 떨어져 **따르르** 굴러갔다.

의미 [+소리]v[+모양],[+물건],[+요동],[+진동]

제약 { }-{흔들리다, 떨리다}

② 작은 물건이 흔들려 떨리는 소리. 또는 그 모양. '다르르[01]②'보다 센 느낌을 준다.

¶바람에 문풍지가 **따르르** 떨렸다.

의미 [+소리]v[+모양],[+천],[+재봉틀],[+바느질]

제약 {재봉틀}-{거리다, 대다}

③ 재봉틀로 얇은 천을 박는 소리. 또는 그 모양. '다르르[01]③'보다 센 느낌을 준다.

의미 [+소리],[+전화벨]v[+자명종]

제약 {전화벨, 자명종}-{울리다}

④ 전화벨이나 자명종 따위가 한 번 내는 소리.

¶Y 선생이 웃으면서 이렇게 말하는데, 전화 신호가 **따르르** 운다. C 총무는 얼른 일어나서 수화기를 들었다.≪전영택, 김탄실과 그 아들≫

의미 [+모양],[+실]v[+띠],[±감음],[+동시]

제약 {실, 띠}-{풀다, 감다}

⑤ 실이나 띠 따위를, 그것을 돌돌 감아 두는 데에서 한꺼번에 많이 풀거나 감는 모양.

¶**따르르** 태엽을 감다./현호가 얼레를 **따르르** 풀어 주자 지연은 바람을 타고 더욱 높이 아득히 솟았다.≪오유권, 대지의 학대≫

따르르[02]

의미 [+모양],[+능통],[−장애],[+능란]

제약

어떤 일에 능통하여 막힘이 없이 잘하는 모양. '다르르[02]'보다 센 느낌을 준다.

¶구구단을 **따르르** 외우다./어린아이가 천자문을 **따르르** 왼다.

따르륵

의미 [+소리],[+물건],[+회전],[+정지]

제약 { }-{멈추다}

① 작은 물건이 구르다가 딱 멎는 소리. '다르륵①'보다 센 느낌을 준다.

¶그는 발밑으로 **따르륵** 굴러온 탁구공을 집어 들었다.

의미 [+소리],[+물건],[+활주]

제약 { }-{미끄러지다}

② 작은 물건이 미끄러지는 소리. '다르륵②'보다 센 느낌을 준다.

따르륵-따르륵

의미 [+소리],[+물건],[+회전],[+다수],[+정지]

제약 {   }-{멈추다}

① 작은 물건이 하나가 또는 여럿이 다 여러 번 구르다가 멎는 소리. '다르륵다르륵①'보다 센 느낌을 준다.

의미 [+소리],[+물건],[+활주],[+반복]

제약 {   }-{미끄러지다}

② 작은 물건이 자꾸 미끄러지는 소리. '다르륵다르륵②'보다 센 느낌을 준다.

따르릉

의미 [+소리],[+전화벨]v[+자명종]

제약 {전화벨, 자명종}-{울리다}

전화벨이나 자명종 따위가 한 번 울리는 소리.

¶전화가 따르릉 울렸다./따르릉 하는 소리가 나자마자 이모는 기다렸다는 듯이 뛰어가 전화를 받는다.

따르릉-따르릉

의미 [+소리],[+전화벨]v[+자명종],[+반복]

제약 {전화벨, 자명종}-{울리다}

전화벨이나 자명종 따위가 자꾸 울리는 소리.

¶자명종이 따르릉따르릉 울리는데도 동생은 잠만 자고 있다.

따분-히

의미 [-재미],[+지루],[+답답]

제약

① 재미가 없어 지루하고 답답하게.

의미 [-힘],[-기운]

제약

② 착 까부라져서 맥이 없이.

의미 [+곤란],[-자연],[+정도]

제약

③ 몹시 난처하거나 어색하게.

따사로이

의미 [+온기],[-정도]

제약

따뜻한 기운이 조금 있게. '다사로이01'보다 센 느낌을 준다.

¶햇살이 따사로이 비치다./들녘에는 어느덧 봄기운이 따사로이 감돌고 있었다.

따옥-따옥

의미 [+소리],[+따오기]

제약 {따오기}-{울다}

따오기가 우는 소리.

따짝-따짝

의미 [+모양],[+분리]v[+상처],[+반복]

제약

손톱이나 칼끝 따위로 조금씩 자꾸 뜯거나 진집을 내는 모양.

¶조신은 아무쪼록 처마 그늘에 몸을 감추면서 호미 끝으로 벽장 바깥벽을 따짝따짝 긁어 보았다. 의외에 소리가 컸다.≪이광수, 꿈≫

딱01

의미 [+소리]v[+모양],[+물건],[+절단]v[+충돌]

제약 {   }-{부러지다, 부딪치다}

단단한 물건이 부러지거나 서로 부딪치는 소리. 또는 그 모양.

¶작은 돌멩이가 날아들어 벽에 딱 부딪쳤다.

딱02

의미 [+모양],[+정지]

제약 {   }-{그치다, 멈추다}

① 계속되던 것이 그치거나 멎는 모양.

¶웃음소리가 딱 그치다.

의미 [+모양],[+행동],[+중단]v[+결정]

제약

② 아주 단호하게 끊거나 과단성 있게 행동하는 모양.

¶담배를 딱 끊다./동생은 그 일에 대해 전혀 아는 바가 없다고 딱 잡아뗐다./사내자식답게 양단간 딱 결단을 내게.≪염상섭, 택일하던 날≫/딱 모른 체하고 돌아섰으면 좋겠지만 달랑 빠질 수도 없었다.≪천승세, 낙월도≫

의미 [+모양],[+불쾌],[+정도]

제약

③ 몹시 싫거나 언짢은 모양.

¶그런 여자는 딱 질색이다.

딱03

의미 [+모양],[+간격]

제약 {   }-{바라지다, 벌어지다}

① 활짝 바라지거나 벌어진 모양.

¶어깨가 딱 바라지다./입을 딱 벌리다./그는 눈

을 딱 부릅뜨고 말했다.

의미 [+모양],[−간격],[+적합]

제약 { }-{맞다}

② 빈틈없이 맞닿거나 들어맞는 모양.

¶그 말이 딱 맞다./옷이 딱 맞다./술은 딱 한 잔만 마셨다./딱 일주일만 더 기다려 주십시오./모두 합치면 딱 일만 원이 된다./오늘은 소풍 가기에 딱 좋은 날씨이다./이렇게 멍하니 있다가는 딱 굶어 죽기 알맞겠다.

의미 [+모양],[+충돌],[+순간]

제약 { }-{마주치다}

③ 갑자기 마주치는 모양.

¶시선이 딱 마주치다./막상 그녀 앞에 딱 마주 서면 나는 아무 말도 할 수 없었다.

의미 [+모양],[+지구],[+정도]

제약 { }-{버티다}

④ 굳세게 버티는 모양.

¶그는 산처럼 앞을 딱 가로막고 서 있다./딱 버티고 서서 비켜 주지 않는다.

의미 [+모양],[+부착],[+정도]

제약 { }-{붙다}

⑤ 단단히 달라붙은 모양.

¶몸에 딱 붙는 셔츠/포스터를 게시판에 딱 붙였다./아이는 처음에 도망치려 했지만 두 발이 제자리에 딱 붙어 버린 듯 움직여지지 않았다.《최인호, 지구인》

의미 [+모양],[+태도],[+여유],[+무게]

제약

⑥ 태도가 여유 있고 의젓한 모양.

¶어린아이가 어른처럼 딱 앉아서 기다리고 있다.

딱따그르르

의미 [+소리]v[+모양],[+물건],[+충돌],[+회전],[+연속]

제약 {물건}-{구르다}

① 작고 단단한 물건이 잇따라 다른 단단한 물체에 부딪치며 굴러가는 소리. 또는 그 모양. '닥다그르르①'보다 센 느낌을 준다.

¶바람 소리가 드세진 듯 마당 한가운데의 앵두며 살구나무, 감나무의 이파리들이 딱따그르르 떨리는 소리가 크게 들려왔다.《문순태, 피아골》

의미 [+소리],[+천둥],[−거리],[+순간]

제약 {천둥}-{울리다}

② 천둥이 가까운 데서 갑자기 울리는 소리. '닥다그르르②'보다 센 느낌을 준다.

의미 [+소리],[+사람],[+다수],[+웃음],[+동시]

제약 {사람}-{웃다}

③ 여러 사람이 한꺼번에 자지러지게 웃는 소리.

¶이 말에 길남이 어머니도 함안댁도 딱따그르르 웃고 만다.《김춘복, 쌈짓골》

딱따글-딱따글

의미 [+소리]v[+모양],[+물건],[+충돌],[+회전],[+연속]

제약 {물건}-{구르다}

① 작고 단단한 물건이 다른 물체에 잇따라 부딪치면서 굴러가는 소리. 또는 그 모양. '닥다글닥다글①'보다 센 느낌을 준다.

의미 [+소리],[+천둥],[−거리],[+순간],[+연속]

제약 {천둥}-{울리다}

② 천둥이 가까운 데서 갑자기 잇따라 울리는 소리. '닥다글닥다글②'보다 센 느낌을 준다.

딱-딱01

의미 [+소리]v[+모양],[+물건],[+절단]v[+충돌],[+반복]

제약 { }-{부러지다, 부딪치다}

단단한 물건이 자꾸 부러지거나 서로 부딪치는 소리. 또는 그 모양.

¶나뭇가지가 딱딱 부러지다./이가 딱딱 부딪치다./딱딱 목탁 소리의 리듬은 단조롭지만 경건했다.《유주현, 대한 제국》

딱-딱02

의미 [+모양],[+전부]v[+연속],[+정지]

제약 { }-{그치다, 멈추다}

① 계속되던 것이 여럿이 다 또는 잇따라 그치거나 멎는 모양.

¶딱딱 멈추다./그 밖에도 기억 속을 헤집어 보면 기가 딱딱 질리는 일들이 숱하게 캐내어질 것이다.《서영은, 술래야 술래야》

의미 [+모양],[+행동],[+중단]v[+결정],[+연속],[+정도]

제약

② 잇따라 아주 단호하게 끊거나 과단성 있게 행동하는 모양.

¶딱딱 잘라 말하다./신문사 일도 해 보시겠거든 철저하게 덤벼들어서 **딱딱** 결단을 내려야 하지 않습니까?≪염상섭, 무화과≫

딱-딱03

의미 [+모양],[+전부]v[+연속],[+간격]

제약 { }-{바라지다, 벌어지다}

① 여럿이 다 또는 잇따라 활짝 바라지거나 벌어진 모양.

¶혼례에 참석한 사람들은 그 굉장한 규모에 모두 입이 **딱딱** 벌어졌다.

의미 [+모양],[+전부],[-간격],[+적합]

제약 { }-{맞다}

② 여럿이 다 빈틈없이 맞닿거나 들어맞는 모양.

¶줄을 **딱딱** 맞추다./그에게는 어느 옷이나 **딱딱** 맞는다./그와 나는 서로의 눈빛만 봐도 알 수 있을 정도로 호흡이 **딱딱** 맞는다.

의미 [+모양],[+전부],[+충돌],[+순간]

제약 { }-{마주치다}

③ 여럿이 다 갑자기 마주치는 모양.

¶시선이 **딱딱** 마주치다.

의미 [+모양],[+전부]v[+연속],[+지구],[+정도]

제약 { }-{버티다}

④ 여럿이 다 또는 잇따라 굳세게 버티는 모양.

¶그 패거리는 우리가 가는 길마다 **딱딱** 가로막으며 못 가게 했다.

의미 [+모양],[+전부]v[+연속],[+부착],[+정도]

제약 { }-{붙다}

⑤ 여럿이 다 또는 잇따라 단단히 달라붙은 모양.

¶못이 자석에 **딱딱** 붙는다./포스터를 담벼락마다 **딱딱** 붙여 놓았다.

의미 [+모양],[+전부],[+태도],[+여유],[+무

게]

제약

⑥ 여럿이 다 태도가 여유 있고 의젓한 모양.

딱콩

의미 [+소리],[+장총]

제약 {장총}-{쏘다}

소련식 장총을 쏘는 소리.

딱콩-딱콩

의미 [+소리],[+장총],[+연속]

제약 {장총}-{쏘다}

소련식 장총을 잇따라 쏘는 소리.

딱-히01

의미 [+사정]v[+처지],[+애절],[+측은]

제약

① 사정이나 처지가 애처롭고 가엾게.

¶처지를 **딱히** 여기다.

의미 [+일],[+처리],[+곤란]

제약

② 일을 처리하기가 난처하게.

딱-히02

의미 [+정확],[+분명]

제약

정확하게 꼭 집어서.

¶**딱히** 갈 곳도 없다./**딱히** 뭐라 표현하기 어렵지만 싫은 느낌은 아니었다.

딴딴-히

의미 [+상태],[+모양],[+유지],[-파손]

제약

① 어떤 힘을 받아도 쉽게 그 모양이 변하거나 부서지지 아니하는 상태로. '단단히①'보다 센 느낌을 준다.

의미 [+견고],[+단단]

제약

② 연하거나 무르지 않고 야무지고 튼튼하게. '단단히②'보다 센 느낌을 준다.

의미 [+속],[+단단],[+실속]

제약

③ 속이 차서 야무지고 실속이 있게. '단단히③'보다 센 느낌을 준다.

의미 [+긴밀],[+견고]

④ 헐겁거나 느슨하지 아니하고 튼튼하게. '단단히④'보다 센 느낌을 준다.

딴은

의미 [＋말],[＋긍정]

제약

남의 행위나 말을 긍정하여 그럴 듯도 하다는 뜻을 나타내는 말.

¶딴은 그렇다./딴은 맞는 말이다./딴은 그럴 법한 소리다./그의 말을 듣고 보니 딴은 그럴 듯도 하다.

딴통-같이

의미 [－사리],[＋정도]

제약

전혀 엉뚱하게.

¶놈이 거기 관하여는 일절 말이 없고 **딴통같이** 앨범 하나를 꺼내어 여러 기생의 사진을 보여 주며 객쩍은 소리를 한참 지껄이더니….≪김유정, 두꺼비≫

딸가닥

의미 [＋소리],[＋물건],[＋충돌]

제약 { }-{부딪치다, 거리다, 대다}

작고 단단한 물건이 맞부딪치는 소리. '달가닥'보다 센 느낌을 준다.

¶구슬끼리 **딸가닥** 부딪치다./나막신을 신고 첫걸음을 내딛자 **딸가닥** 소리가 났다.

딸가닥-딸가닥

의미 [＋소리],[＋물건],[＋충돌],[＋반복]

제약 { }-{부딪치다, 거리다, 대다}

작고 단단한 물건이 자꾸 맞부딪치는 소리. '달가닥달가닥'보다 센 느낌을 준다.

¶부엌에서 **딸가닥딸가닥** 설거지를 하는 소리가 들린다.

딸가당

의미 [＋소리],[＋물건],[＋충돌],[＋공명]

제약 { }-{울리다, 거리다, 대다}

작고 단단한 물건이 부딪쳐 울리는 소리. '달가당'보다 센 느낌을 준다.

¶손에서 미끄러져 나간 밥그릇이 바닥에 **딸가당** 소리를 내며 떨어졌다.

딸가당-딸가당

의미 [＋소리],[＋물건],[＋충돌],[＋공명],[＋반복]

제약 { }-{울리다, 거리다, 대다}

작고 단단한 물건이 자꾸 부딪쳐 울리는 소리. '달가당달가당'보다 센 느낌을 준다.

¶이른 아침부터 부엌에서 **딸가당딸가당** 그릇 부딪치는 소리가 났다.

딸각

의미 [＋소리],[＋물건],[＋충돌]

제약 { }-{부딪치다, 거리다, 대다}

'딸가닥'의 준말. 작고 단단한 물건이 맞부딪치는 소리.

¶주전자 뚜껑을 닫는 소리가 **딸각** 났다.

딸각-딸각

의미 [＋소리],[＋물건],[＋충돌],[＋반복]

제약 { }-{부딪치다, 거리다, 대다}

'딸가닥딸가닥'의 준말. 작고 단단한 물건이 자꾸 맞부딪치는 소리.

¶부엌에서 설거지를 하는지 **딸각딸각** 소리가 난다.

딸강

의미 [＋소리],[＋물건],[＋충돌],[＋공명]

제약 { }-{울리다, 거리다, 대다}

'딸가당'의 준말. 작고 단단한 물건이 부딪쳐 울리는 소리.

¶젓가락을 양철통에 부딪쳐 **딸강** 소리를 내다.

딸강-딸강

의미 [＋소리],[＋물건],[＋충돌],[＋공명],[＋반복]

제약 { }-{울리다, 거리다, 대다}

'딸가당딸가당'의 준말. 작고 단단한 물건이 자꾸 부딪쳐 울리는 소리.

¶속에 뭐가 들었는지 깡통을 흔드니까 **딸강딸강** 울린다./허리에 동여맨 책보에서는 **딸강딸강** 몽당연필 흔들리는 소리가 났다.≪하근찬, 야호≫

딸그락

의미 [＋소리],[＋물건],[＋충돌],[＋요동],[＋접촉]

제약 { }-{거리다, 대다}

작고 단단한 물건이 부딪쳐 흔들리면서 맞닿는 소리. '달그락'보다 센 느낌을 준다.

¶굳게 잠겼던 금고가 **딸그락** 소리를 내며 열렸다.

딸그락-딸그락

의미 [+소리],[+물건],[+충돌],[+요동],[+접촉],[+반복]

제약 { }-{거리다, 대다}

작고 단단한 물건이 자꾸 부딪쳐 흔들리면서 맞닿는 소리. '달그락달그락'보다 센 느낌을 준다.

¶허리춤에 걸린 열쇠 꾸러미가 걸을 때마다 **딸그락딸그락** 소리를 낸다.

딸그랑

의미 [+소리],[+쇠붙이],[+충돌]v[+마찰],[+공명]

제약 {쇠붙이}-{부딪치다, 스치다, 울리다}

얇고 작은 쇠붙이 따위가 맞부딪치거나 스쳐 울리는 소리. '달그랑'보다 센 느낌을 준다.

¶작은 방울들이 **딸그랑** 부딪치며 흔들렸다.

딸그랑-딸그랑

의미 [+소리],[+쇠붙이],[+충돌]v[+마찰],[+공명],[+반복]

제약 {쇠붙이}-{부딪치다, 스치다, 울리다}

얇고 작은 쇠붙이 따위가 자꾸 맞부딪치거나 스쳐 울리는 소리. '달그랑달그랑'보다 센 느낌을 준다.

¶종소리가 **딸그랑딸그랑** 들린다.

딸까닥

의미 [+소리],[+물건],[+충돌]

제약 { }-{부딪치다, 거리다, 대다}

작고 단단한 물건이 맞부딪치는 소리. '달가닥'보다 아주 센 느낌을 준다.

¶전화 수화기를 **딸까닥** 놓다./문을 **딸까닥** 열다.

딸까닥-딸까닥

의미 [+소리],[+물건],[+충돌],[+반복]

제약 { }-{부딪치다, 거리다, 대다}

작고 단단한 물건이 자꾸 맞부딪치는 소리. '달가닥달가닥'보다 아주 센 느낌을 준다.

¶이 카세트는 낡아서 테이프가 다 돌아가도 꺼지지 않고 **딸까닥딸까닥** 소리가 난다.

딸까당

의미 [+소리],[+물건],[+충돌],[+공명]

제약 { }-{울리다, 거리다, 대다}

작고 단단한 물건이 부딪쳐 울리는 소리. '달가당'보다 아주 센 느낌을 준다.

¶쇠붙이가 **딸까당** 바닥에 떨어졌다.

딸까당-딸까당

의미 [+소리],[+물건],[+충돌],[+공명],[+반복]

제약 { }-{울리다, 거리다, 대다}

작고 단단한 물건이 자꾸 부딪쳐 울리는 소리. '달가당달가당'보다 아주 센 느낌을 준다.

¶망치로 쇠를 **딸까당딸까당** 두드리다.

딸깍

의미 [+소리],[+물건],[+충돌]

제약 { }-{부딪치다, 거리다, 대다}

'딸까닥'의 준말. 작고 단단한 물건이 맞부딪치는 소리.

¶전화를 **딸깍** 끊었다./형광등 스위치를 **딸깍** 올렸다.

딸깍-딸깍

의미 [+소리],[+물건],[+충돌],[+반복]

제약 { }-{부딪치다, 거리다, 대다}

'딸까닥딸까닥'의 준말. 작고 단단한 물건이 자꾸 맞부딪치는 소리.

¶굽 높은 구두를 신은 여자가 **딸깍딸깍** 계단을 내려왔다./부엌으로 들어서는데, **딸깍딸깍** 현관문에 열쇠 돌리는 소리가 난다.

딸깡

의미 [+소리],[+물건],[+충돌],[+공명]

제약 { }-{울리다, 거리다, 대다}

'딸까당'의 준말. 작고 단단한 물건이 부딪쳐 울리는 소리.

¶빈 깡통이 **딸깡** 바닥에 떨어졌다.

딸깡-딸깡

의미 [+소리],[+물건],[+충돌],[+공명],[+반복]

제약 { }-{울리다, 거리다, 대다}

'딸까당딸까당'의 준말. 작고 단단한 물건이 자꾸 부딪쳐 울리는 소리.

¶두부 장수의 종소리가 **딸깡딸깡** 울렸다.

딸꾹

　의미 [+소리],[+딸꾹질]

　제약 { }-{거리다, 대다}

　딸꾹질하는 소리.

딸꾹-딸꾹

　의미 [+소리],[+딸꾹질],[+연속]

　제약 { }-{거리다, 대다}

　잇따라 딸꾹질하는 소리.

¶**딸꾹딸꾹** 딸꾹질을 하다.

딸딸

　의미 [+소리],[+바퀴],[+회전],[+요동],[+바닥]

　제약 {바퀴}-{구르다, 흔들리다}

　작은 바퀴 따위가 단단한 바닥을 구르며 흔들리는 소리. '달달01②'보다 센 느낌을 준다.

딸랑01

　의미 [+소리]v[+모양],[+방울]v[+물체],[+요동]

　제약 { }-{흔들리다, 움직이다}

　① 작은 방울이나 매달린 물체 따위가 한 번 흔들리는 소리. 또는 그 모양. '달랑01①'보다 센 느낌을 준다.

¶종이 딸랑 울렸다.

　의미 [+모양],[+행동],[-침착],[+경솔]

　제약 { }-{행동하다, 거리다, 대다}

　② 침착하지 못하고 가볍게 행동하는 모양. '달랑01②'보다 센 느낌을 준다.

¶나한테 상의 한 마디 없이 **딸랑** 계약을 해 버렸다.

　의미 [+모양],[+마음],[+경악]v[+공포],[+순간]

　제약

　③ 갑자기 놀라거나 겁이 나서 가슴이 따끔하게 울리는 모양. '달랑01③'보다 센 느낌을 준다.

딸랑02

　의미 [+모양],[+유일]

　제약

　딸린 것이 적거나 단 하나만 있는 모양. '달랑02'보다 센 느낌을 준다.

¶방 안에 혼자 **딸랑** 남아 있었다./빨랫줄엔 수건 하나가 딸랑 걸려 있다.

딸랑-딸랑

　의미 [+소리]v[+모양],[+방울]v[+물체],[+요동],[+반복]

　제약 { }-{흔들리다, 움직이다}

　① 작은 방울이나 매달린 물체 따위가 자꾸 흔들리는 소리. 또는 그 모양. '달랑달랑01①'보다 센 느낌을 준다.

¶그는 계단을 올라 전당포 문을 열었다. **딸랑딸랑** 문 위에 걸린 종이 신경질적으로 울렸다.≪최인호, 잠자는 신화≫/달라붙는 파리를 쫓느라 머리를 흔들어 요령을 몇 번 **딸랑딸랑** 움직일 뿐 소는 종일 묵묵했다.≪한수산, 유민≫

　의미 [+모양],[+행동],[-침착],[+경솔],[+반복]

　제약 { }-{행동하다, 거리다, 대다}

　② 침착하지 못하고 자꾸 가볍게 행동하는 모양. '달랑달랑01②'보다 센 느낌을 준다.

　의미 [+모양],[+마음],[+경악]v[+공포],[+순간],[+반복]

　제약

　③ 갑자기 놀라거나 겁이 나서 가슴이 자꾸 따끔하게 울리는 모양. '달랑달랑01③'보다 센 느낌을 준다.

딸막-딸막

　의미 [+모양],[+물체],[+상하],[+왕복],[+반복]

　제약 { }-{거리다, 대다}

　① 가벼운 물체 따위가 자꾸 들렸다 내려앉았다 하는 모양. '달막달막①'보다 센 느낌을 준다.

　의미 [+모양],[+어깨]v[+엉덩이],[+상하],[+왕복],[+반복]

　제약 {어깨, 엉덩이}-{거리다, 대다}

　② 어깨나 엉덩이 따위가 자꾸 가볍게 들렸다 놓였다 하는 모양. '달막달막②'보다 센 느낌을 준다.

　의미 [+모양],[+마음],[+불안],[+반복]

　제약 { }-{거리다, 대다}

　③ 마음이 자꾸 조금 설레는 모양. '달막달막③'

보다 센 느낌을 준다.

의미 [+모양],[+입술],[+개폐],[+반복]

제약 {입술}-{거리다, 대다}

④ 말할 듯이 입술이 자꾸 가볍게 열렸다 닫혔다 하는 모양. '달막달막④'보다 센 느낌을 준다.

의미 [+모양],[+가격],[+상승],[-정도],[+빈도]

제약 { }-{거리다, 대다}

⑤ 가격이 조금 오르려는 기세를 자꾸 보이는 모양. '달막달막⑥'보다 센 느낌을 준다.

의미 [+모양],[+화농],[+통증],[-정도],[+빈도]

제약 { }-{거리다, 대다}

⑥ 다친 데나 헌데가 곪느라고 자꾸 조금 쑤시는 모양. '달막달막⑦'보다 센 느낌을 준다.

딸싹

의미 [+모양],[+물건],[+부착],[+분리]

제약

① 붙어 있던 가벼운 물건이 쉽게 떠들리는 모양. '달싹①'보다 센 느낌을 준다.

의미 [+모양],[+어깨]v[+엉덩이]v[+입술],[+상승]

제약 {어깨, 엉덩이, 입술}-{ }

② 어깨나 엉덩이, 입술 따위가 가볍게 들리는 모양. '달싹②'보다 센 느낌을 준다.

¶입학식 때, 선생님이 아이들 이름을 부르는데 부끄럼 많은 우리 딸은 겨우 입만 **딸싹**, 아무 대답도 못 하더라고.

의미 [+모양],[+마음],[+흥분]

제약

③ 마음이 조금 들떠서 움직이는 모양. '달싹③'보다 센 느낌을 준다.

딸싹-딸싹

의미 [+모양],[+물건],[+상하],[+반복]

제약 { }-{거리다, 대다}

① 가벼운 물건이 자꾸 떠들렸다 가라앉았다 하는 모양. '달싹달싹①'보다 센 느낌을 준다.

의미 [+모양],[+어깨]v[+엉덩이]v[+입술],[+상하],[+왕복],[+반복]

제약 {어깨, 엉덩이, 입술}-{거리다, 대다}

② 어깨나 엉덩이, 입술 따위가 가볍게 자꾸 들렸다 놓였다 하는 모양. '달싹달싹②'보다 센 느낌을 준다.

의미 [+모양],[+마음],[+흥분],[+반복]

제약 { }-{거리다, 대다}

③ 마음이 자꾸 조금 들떠서 움직이는 모양. '달싹달싹③'보다 센 느낌을 준다.

딸카닥

의미 [+소리],[+물건],[+충돌],[+정도]

제약 { }-{부딪치다, 거리다, 대다}

작고 단단한 물건이 세게 맞부딪치는 소리. '달가닥'보다 세고 거센 느낌을 준다.

¶**딸카닥** 소리와 함께 기계가 멈추었다.

딸카닥-딸카닥

의미 [+소리],[+물건],[+충돌],[+반복]

제약 { }-{부딪치다, 거리다, 대다}

작고 단단한 물건이 자꾸 맞부딪치는 소리. '달가닥달가닥'보다 세고 거센 느낌을 준다.

¶기계에서 **딸카닥딸카닥** 소리가 난다.

딸카당

의미 [+소리],[+물건],[+충돌],[+공명]

제약 { }-{울리다, 거리다, 대다}

작고 단단한 물건이 부딪쳐 울리는 소리. '달가당'보다 세고 거센 느낌을 준다.

¶밥그릇이 **딸카당** 바닥으로 떨어지다.

딸카당-거리다

의미 [+소리],[+물건],[+충돌],[+공명],[+반복]

제약 { }-{울리다, 거리다, 대다}

작고 단단한 물건이 부딪쳐 울리는 소리가 자꾸 나다. 또는 그런 소리를 자꾸 내다. '달가당거리다'보다 세고 거센 느낌을 준다. ≒딸카당대다.

딸카당-딸카당

의미 [+소리],[+물건],[+충돌],[+공명],[+반복]

제약 { }-{울리다, 거리다, 대다}

작고 단단한 물건이 자꾸 부딪쳐 울리는 소리. '달가당달가당'보다 세고 거센 느낌을 준다.

¶**딸카당딸카당** 굴러가는 손수레.

딸칵

의미 [+소리],[+물건],[+충돌],[+정도]

제약 { }-{부딪치다, 거리다, 대다}

'딸카닥'의 준말. 작고 단단한 물건이 세게 맞부딪치는 소리.

딸칵-딸칵

의미 [+소리],[+물건],[+충돌],[+반복]

제약 { }-{부딪치다, 거리다, 대다}

'딸카닥딸카닥'의 준말. 작고 단단한 물건이 자꾸 맞부딪치는 소리.

딸캉

의미 [+소리],[+물건],[+충돌],[+공명]

제약 { }-{울리다, 거리다, 대다}

'딸카당'의 준말. 작고 단단한 물건이 부딪쳐 울리는 소리.

딸캉-딸캉

의미 [+소리],[+물건],[+충돌],[+공명],[+반복]

제약 { }-{울리다, 거리다, 대다}

'딸카당딸카당'의 준말. 작고 단단한 물건이 자꾸 부딪쳐 울리는 소리.

땀땀-이

의미 [+전부],[+자국],[+바느질]

제약

실을 꿴 바늘로 한 번 뜬 자국마다.

¶어머님이 손수 만들어 보내신 이 옷은 어머님의 정성이 **땀땀**이 서려 있다.

땀직-땀직

의미 [+모양],[+언사]v[+행동],[+깊이],[+무게]

제약

말이나 행동이 한결같이 매우 속이 깊고 무게가 있는 모양.

¶웅보는 놀란 눈으로 **땀직땀직** 말하는 김치근의 입을 멀거니 바라보았다.≪문순태, 타오르는 강≫

땀직-이

의미 [+말]v[+행동],[+깊이],[+무게]

제약

말이나 행동이 속이 깊고 무게가 있게.

땅

의미 [+소리],[+쇠붙이]v[+물건],[+충돌],

[+공명],[+정도]

제약 { }-{부딪히다, 울리다}

① 작은 쇠붙이나 단단한 물건이 세게 부딪쳐 울리는 소리.

¶대장장이가 내리치는 망치가 쇠붙이에 닿는 순간 **땅** 소리가 울렸다.

의미 [+소리],[+총]

제약 {총}-{쏘다}

② 총을 쏘는 소리.

¶포수가 날아가는 새를 향해 총을 **땅** 쏘았다.

땅땅01

의미 [+모양],[+호언],[+과장]

제약

① 헛된 장담을 쉽게 하는 모양.

¶큰소리를 **땅땅** 치다.

의미 [+모양],[+위협],[+위세],[+기세]

제약

② 위세를 부리며 기세 좋게 으르대는 모양.

¶이번에도 사공이 그를 태워 주지 않으면 배를 뒤집어엎어 버리겠다고 **땅땅** 을렀다.≪문순태, 타오르는 강≫

땅-땅02

의미 [+소리],[+쇠붙이]v[+물건],[+충돌],

[+공명],[+정도],[+연속]

제약 { }-{부딪히다, 울리다}

① 작은 쇠붙이나 단단한 물건이 잇따라 세게 부딪쳐 울리는 소리.

¶도장을 **땅땅** 찍다.

의미 [+소리],[+총],[+연속]

제약 {총}-{쏘다}

② 총을 잇따라 쏘는 소리.

¶총을 **땅땅** 쏘다.

땅땅03

의미 [+상태],[+결빙]v[+건조]v[+견고]

제약 { }-{얼다, 마르다, 굳다}

단단하게 얼어붙거나 말라붙거나 굳어진 상태.

¶물이 **땅땅** 얼다./작년에는 홍수로 쌀알 하나 못 거두고 금년에는 이렇게 **땅땅** 가물어서 초복이 내일모렌데도 모를 못 내고 있으니….≪박화성, 한귀≫

때각

의미 [+소리],[+물건],[+충돌]v[+절단]

제약 { }-{부딪치다, 부러지다}

작고 단단한 물건이 가볍게 부딪치거나 부러지는 소리. '대각'보다 센 느낌을 준다.

때각-때각

의미 [+소리],[+물건],[+충돌]v[+절단],[+반복]

제약 { }-{부딪치다, 부러지다}

작고 단단한 물건이 잇따라 가볍게 부딪치거나 부러지는 소리. '대각대각'보다 센 느낌을 준다.

¶그녀는 때각때각 구두 소리를 내며 복도를 걸어 나갔다.

때구루루

의미 [+모양],[+소리],[+물건],[+바닥],[+회전]

제약 {물건}-{구르다}

작고 단단한 물건이 단단한 바닥에서 구르는 소리. 또는 그 모양. '대구루루'보다 센 느낌을 준다.

¶돌멩이가 때구루루 굴러간다.

때군-때군

의미 [+모양],[+말소리],[+분명],[+크기]

제약

말소리 따위가 또렷또렷하고 센 모양.

¶때군때군 대답하다.

때굴-때굴

의미 [+모양],[+물건],[+회전],[+연속]

제약 {물건}-{구르다}

작은 물건이 잇따라 구르는 모양. '대굴대굴①'보다 센 느낌을 준다.

¶구슬이 때굴때굴 구른다./꼬마는 갑자기 배탈이 났는지 배를 움켜잡고 때굴때굴 구르기 시작했다.

때그락

의미 [+소리]v[+모양],[+물건],[+접촉]

제약 { }-{거리다, 대다}

작고 단단한 물건들이 서로 맞닿는 소리. '대그락'보다 센 느낌을 준다.

¶냄비 뚜껑이 때그락 소리를 냈다.

때그락-때그락

의미 [+소리]v[+모양],[+물건],[+접촉],[+연속]

제약 { }-{거리다, 대다}

작고 단단한 물건들이 잇따라 서로 맞닿는 소리. '대그락대그락'보다 센 느낌을 준다.

때그르르

의미 [+모양],[+물건],[+중앙],[+두께]v[+크기]

제약

① 가늘거나 작은 물건들 가운데서 조금 굵거나 큰 모양. '대그르르①'보다 센 느낌을 준다.

의미 [+모양],[+과일],[-크기],[+균일],[+단단]

제약

② 과일 따위가 그리 크지는 않으나 고르고 야무진 모양. '대그르르②'보다 센 느낌을 준다.

의미 [+모양],[+밥알],[-점성],[+단단]

제약

③ 밥이 설익어서 밥알이 끈기가 없이 오돌오돌한 모양. '대그르르③'보다 센 느낌을 준다.

때글-때글

의미 [+모양],[+물건],[+다수],[+중앙],[+두께]v[+크기]

제약

① 가늘거나 작은 물건들 가운데서 몇 개가 드러나게 조금 굵거나 큰 모양. '대글대글①'보다 센 느낌을 준다.

¶알밤이 때글때글 달려 있다.

의미 [+모양],[+밥알],[-익음],[+건조],[+단단]

제약

② 밥알이 설익었거나 너무 되거나 말라서 꼬들꼬들한 모양. '대글대글②'보다 센 느낌을 준다.

때깍

의미 [+소리]v[+모양],[+물건],[+충돌],[+절단]

제약 { }-{부딪치다, 부러지다}

작고 단단한 물건이 가볍게 부딪치거나 부러지는 소리. '대각[01]'보다 아주 센 느낌을 준다.

때깍-때깍

의미 [+소리]v[+모양],[+물건],[+충돌],[+절단],[+반복]

제약 { }-{부딪치다, 부러지다}

작고 단단한 물건이 잇따라 가볍게 부딪치거나 부러지는 소리. '대각대각'보다 아주 센 느낌을 준다.

때꾼-때꾼

의미 [+모양],[+눈],[+전부],[+오목],[−생기]

제약

눈들이 모두 쏙 들어가고 생기가 없는 모양.

때꾼-히

의미 [+눈],[+오목],[−생기]

제약

눈이 쏙 들어가고 생기가 없이.

때때-로

의미 [+상황],[+간격]

제약

경우에 따라서 가끔. 늑결결이②·시시로.

¶때때로 바람이 분다./그는 때때로 나를 실망시키곤 했다.

때-로

의미 [+상황]

제약

① 경우에 따라서.

¶아무나 붙들고 이야기할 수 있고, 때로는 함께 술도 한잔할 수 있었으면 좋겠다./한없이 크고 당당해 보이는 체구에도 불구하고 오빠는 때로 내게 어린애처럼 연약해 보이고 불투명하고 애매해 보이기도 했다.≪오정희, 유년의 뜰≫/소설가나 극작가는 때로 여러 가지 성격을 가져 보아야 된다.≪피천득, 수필≫

의미 [−빈도],[+간격]

제약

② 잦지 아니하게 이따금.

¶때로 지각을 하다./효중은 때로 이 친구의 다리가 정말 불구인가 의심이 들 때도 적지 않았다. ≪홍성원, 육이오≫

때-마침

의미 [+상황],[+적합]

제약

제때에 알맞게. 또는 바로 때맞춰.

¶외출을 하려는데 때마침 비가 멎었다./홍 박사와 헤어져 집으로 돌아와 보니 때마침 서울의 민 경위가 주문한 의상들을 찾아 싣고 지섭의 집을 찾아오던 참이었다.≪이청준, 춤추는 사제≫

땍대구루루

의미 [+소리]v[+모양],[+물건],[+충돌],[+회전],[+속도]

제약 {물건}-{구르다}

작고 단단한 물건이 다른 물건에 부딪치면서 빨리 굴러가는 소리. 또는 그 모양. '댁대구루루'보다 센 느낌을 준다.

땍때구루루

의미 [+소리]v[+모양],[+물건],[+충돌],[+회전],[+속도]

제약 {물건}-{구르다}

작고 단단한 물건이 다른 물건에 부딪치면서 빨리 굴러가는 소리. 또는 그 모양. '댁대구루루'보다 아주 센 느낌을 준다.

땍때굴

의미 [+소리]v[+모양],[+물건],[+충돌],[+회전]

제약 {물건}-{구르다}

작고 단단한 물건이 다른 물건에 부딪치면서 굴러가는 소리. 또는 그 모양. '댁대굴'보다 센 느낌을 준다.

땍때굴-땍때굴

의미 [+소리]v[+모양],[+물건],[+충돌],[+회전],[+연속]

제약 {물건}-{구르다}

작고 단단한 물건이 다른 물건에 잇따라 부딪치면서 굴러가는 소리. 또는 그 모양. '댁대굴댁대굴'보다 센 느낌을 준다.

¶구슬이 땍때굴땍때굴 굴러다닌다.

땍땍

의미 [+모양],[+말]v[+행동],[+고집],[+거만],[+정도]

제약

콧대를 세우고 으스대며 거만하게 큰 소리로 말

하거나 행동하는 모양.

땅

의미 [+소리],[+종]v[+그릇],[+타격]

제약 {종, 그릇}-{두드리다, 울리다}

작은 종이나 그릇 따위의 쇠붙이를 두드리는 소리. '댕'보다 센 느낌을 준다.

땅가당

의미 [+소리],[+쇠붙이],[+절단]v[+낙하]

제약 {쇠붙이}-{부러지다, 떨어지다}

① 작은 쇠붙이 따위가 부러지거나 떨어지는 소리. '댕가당①'보다 센 느낌을 준다.

¶숟가락이 **땅가당** 소리를 내며 떨어졌다.

의미 [+소리],[+물방울],[+낙하],[+쇠붙이]

제약 {물방울}-{떨어지다}

② 작은 물방울이 쇠붙이 따위에 떨어지는 소리. '댕가당②'보다 센 느낌을 준다.

땅가당-땅가당

의미 [+소리],[+쇠붙이],[+절단]v[+낙하], [+연속]

제약 {쇠붙이}-{부러지다, 떨어지다}

① 작은 쇠붙이 따위가 잇따라 부러지거나 떨어지는 소리. '댕가당댕가당①'보다 센 느낌을 준다.

의미 [+소리],[+물방울],[+낙하],[+쇠붙이], [+연속]

제약 {물방울}-{떨어지다}

② 작은 물방울이 쇠붙이 따위에 잇따라 떨어지는 소리. '댕가당댕가당②'보다 센 느낌을 준다.

땅강

의미 [+소리],[+쇠붙이],[+절단]v[+낙하]

제약 {쇠붙이}-{부러지다, 떨어지다}

① '땅가당①'의 준말. 작은 쇠붙이 따위가 부러지거나 떨어지는 소리.

¶동전이 **땅강** 접시 속에 떨어지자 점원이 맥주 깡통 한 개를 니켈 판 위로 로이에게 밀어 준다. ≪홍성원, 육이오≫

의미 [+소리],[+물방울],[+낙하],[+쇠붙이]

제약 {물방울}-{떨어지다}

② '땅가당②'의 준말. 작은 물방울이 쇠붙이 따위에 떨어지는 소리.

땅강-땅강

의미 [+소리],[+쇠붙이],[+절단]v[+낙하], [+연속]

제약 {쇠붙이}-{부러지다, 떨어지다}

① '땅가당땅가당①'의 준말. 작은 쇠붙이 따위가 잇따라 부러지거나 떨어지는 소리

의미 [+소리],[+물방울],[+낙하],[+쇠붙이], [+연속]

제약 {물방울}-{떨어지다}

② '땅가당땅가당②'의 준말. 작은 물방울이 쇠붙이 따위에 잇따라 떨어지는 소리.

땅그랑

의미 [+소리],[+쇠붙이]v[+방울]v[+종]v [+풍경]v[+워낭],[+요동]v[+충돌]

제약 {쇠붙이, 방울, 종, 풍경, 워낭}-{흔들리다, 부딪치다}

작은 쇠붙이, 방울, 종, 풍경, 워낭 따위가 흔들리거나 부딪칠 때 나는 소리. '댕그랑'보다 센 느낌을 준다.

땅그랑-땅그랑

의미 [+소리],[+쇠붙이]v[+방울]v[+종]v[+풍경]v[+워낭],[+요동]v[+충돌],[+연속]

제약 {쇠붙이, 방울, 종, 풍경, 워낭}-{흔들리다, 부딪치다}

작은 쇠붙이, 방울, 종, 풍경, 워낭 따위가 잇따라 흔들리거나 부딪칠 때 나는 소리. '댕그랑댕그랑'보다 센 느낌을 준다.

¶**땅그랑땅그랑** 요령 소리와 함께 길을 재촉하는 소몰이꾼들이 한 무리 지나갔다.

땅글-땅글

의미 [+모양],[+전부],[+견고],[+단단],[+원형]

제약

여럿이 다 누를 수 없을 정도로 굳고 단단하며 둥글둥글한 모양.

¶오렌지가 여기저기 **땅글땅글** 익어 간다.

땅-땅[01]

의미 [+소리],[+종]v[+그릇],[+타격]

제약 {종, 그릇}-{두드리다, 울리다}

작은 종이나 그릇 따위의 쇠붙이를 두드리는 소

리. '댕댕01'보다 센 느낌을 준다.

¶**땡땡** 종을 치다./전차는 귀에 익은 **땡땡** 소리를 연방 내며 종로 네거리를 지나고, 조선은행 앞을 지나고, 경성역을 지났다.≪현진건, 적도≫

땡땡02

의미 [+모양],[+살],[+팽팽],[+비만]v[+팽창]

제약 {사람}-{붓다}

① 살이 몹시 찌거나 붓거나 하여 팽팽한 모양. '댕댕02①'보다 센 느낌을 준다.

의미 [+모양],[+견고],[-압박]

제약

② 누를 수 없을 정도로 굳고 단단한 모양. '댕댕02②'보다 센 느낌을 준다.

의미 [+모양],[+힘]v[+세도],[+크기],[+견고]

제약

③ 힘이나 세도 따위가 크고 단단한 모양. '댕댕02③'보다 센 느낌을 준다.

떠덕-떠덕

의미 [+모양],[-크기],[+부착],[+다수]

제약 { }-{붙어있다}

① 자그마한 것들이 곳곳에 많이 붙어 있는 모양. '더덕더덕①'보다 센 느낌을 준다.

¶바위에 조개들이 **떠덕떠덕** 붙어 있다.

의미 [+모양],[+기움],[+사방],[+불결],[+정도]

제약 { }-{꿰매다}

② 보기 흉할 정도로 몹시 지저분하게 여기저기 기운 모양. '더덕더덕②'보다 센 느낌을 준다.

¶버선을 **떠덕떠덕** 깁다.

떠들썩-떠들썩

의미 [+모양],[+다수],[+소란],[+크기],[+반복]

제약

여러 사람이 큰 소리로 자꾸 시끄럽게 떠드는 모양.

떠듬-떠듬

의미 [+모양],[+말]v[+글],[-순탄],[+장애],[+반복]

제약 { }-{말하다, 읽다}

말을 하거나 글을 읽을 때 순조롭게 하지 못하고 자꾸 막히는 모양. '더듬더듬④'보다 센 느낌을 준다.

¶**떠듬떠듬** 말하다./책을 **떠듬떠듬** 읽다./자신이 소도둑이 되기까지의 얘기를 **떠듬떠듬** 털어놓기 시작했다.≪이정환, 샛강≫

떠듬적-떠듬적

의미 [+모양],[+말]v[+글],[-속도],[+어눌],[+반복]

제약 {사람}-{더듬다, 거리다, 대다}

말을 하거나 글을 읽을 때 느릿느릿하게 자꾸 더듬는 모양. '더듬적더듬적②'보다 센 느낌을 준다.

¶노파는 지금까지의 사정을 **떠듬적떠듬적** 털어놓기 시작했다.

떠름-히

의미 [+느낌],[-정신],[+이상]

제약

① 좀 얼떨떨한 느낌이 있게.

¶그녀는 그의 돌발적인 행동을 **떠름히** 보고 있을 뿐이다.

의미 [-호감]

제약

② 마음이 썩 내키지 아니하게.

¶노인은 젊은이의 경솔한 행동을 **떠름히** 생각하고 있었다.

떠죽-떠죽

의미 [+모양],[+말],[+자만],[+미달]

제약

① 잘난 체하고 되지못한 소리로 자꾸 지껄이는 모양.

¶한 번 일 등을 했다고 **떠죽떠죽** 잘난 체하는 꼴이 여간 얄미운 게 아니다.

의미 [+모양],[+사양],[+허위],[+반복]

제약

② 싫은 체하며 자꾸 사양하는 모양.

떡

의미 [+모양],[+간격],[+정도]

제약 { }-{바라지다, 벌어지다}

① 훨쩍 바라지거나 벌어진 모양.
¶떡 벌어진 밤송이./떡 벌어진 어깨./잔칫상을 떡 벌어지게 차리다./아들 잘 두었다는 칭찬에 모친은 입이 떡 벌어졌다.
의미 [+모양],[-간격],[+적합],[+정도]
제약 { }-{맞다}
② 매우 빈틈없이 맞닿거나 들어맞는 모양.
¶어쩌면 그렇게 내 생각과 떡 들어맞는지.
의미 [+모양],[+충돌],[+순간]
제약 { }-{마주치다}
③ 갑자기 마주치는 모양.
¶눈길이 떡 마주치다.
의미 [+모양],[+지구],[+정도]
제약 { }-{버티다}
④ 매우 굳세게 버티는 모양.
¶떡 버티고 서서 누굴 기다리니?
의미 [+모양],[+부착],[+견고]
제약 { }-{붙다}
⑤ 단단히 들러붙은 모양.
¶진흙 덩이가 담에 떡 들러붙었다.
의미 [+모양],[+태도],[+여유],[+무게]
제약
⑥ 태도가 매우 여유 있고 의젓한 모양.
¶그가 상석에 떡 앉으니 역시 격에 맞는 것 같다.

떡떠그르르
의미 [+소리]v[+모양],[+물건],[+충돌],[+회전],[+연속]
제약 {물건}-{구르다}
① 크고 단단한 물건이 잇따라 다른 단단한 물체에 부딪치며 굴러가는 소리. 또는 그 모양. '덕더그르르①'보다 센 느낌을 준다.
의미 [+소리],[+천둥],[+거리],[+순간]
제약 {천둥}-{울리다}
② 천둥이 좀 먼 데서 갑자기 울리는 소리. '덕더그르르②'보다 센 느낌을 준다.

떡떠글-떡떠글
의미 [+소리],[+물건],[+충돌],[+회전],[+연속]
제약 {물건}-{구르다}

① 크고 단단한 물건이 다른 단단한 물체에 잇따라 부딪치면서 굴러가는 소리. '덕더글덕더글①'보다 센 느낌을 준다.
의미 [+소리],[+천둥],[+거리],[+순간],[+연속]
제약 {천둥}-{울리다}
② 천둥이 좀 먼 데서 갑자기 잇따라 울리는 소리. '덕더글덕더글②'보다 센 느낌을 준다.

떡-떡⁰¹
의미 [+소리]v[+모양],[+물건],[+절단]v[+충돌],[+반복]
제약 {물건}-{부러지다, 부딪치다}
든든한 물건이 자꾸 부러지거나 서로 부딪치는 소리. 또는 그 모양.
¶너무나 추운 나머지 나도 모르게 떡떡 이 부딪치는 소리를 냈다.

떡-떡⁰²
의미 [+모양],[+전부]v[+연속],[+간격],[+정도]
제약 { }-{바라지다, 벌어지다}
① 여럿이 다 또는 잇따라 훨쩍 바라지거나 벌어진 모양.
¶건물 벽이 떡떡 갈라지다./봄이 무르익자 꽃망울이 떡떡 벌어지기 시작한다.
의미 [+모양],[+전부],[-간격],[+적합]
제약 { }-{맞다}
② 여럿이 다 매우 빈틈없이 맞닿거나 들어맞는 모양.
¶일이 돌아가는 모양이 내 계획과 떡떡 들어맞는다.
의미 [+모양],[+전부],[+충돌],[+순간]
제약 { }-{마주치다}
③ 여럿이 다 갑자기 마주치는 모양.
의미 [+모양],[+전부]v[+연속],[+지구],[+정도]
제약 { }-{버티다}
④ 여럿이 다 또는 잇따라 매우 굳세게 버티는 모양.
¶떡떡 버티고 서 있는 학생의 무리./덩치가 큰 네 명의 아들이 떡떡 버티고 있는데 누가 감히

함부로 굴겠습니까?

의미 [+모양],[+전부]v[+연속],[+부착],[+견고]

제약 { }-{붙다}

⑤ 여럿이 다 또는 잇따라 단단히 들러붙은 모양.

¶엿이 입천장에 **떡떡** 붙는다.

의미 [+모양],[+전부]v[+연속],[+태도],[+여유],[+무게],[+정도]

제약

⑥ 여럿이 다 또는 잇따라 태도가 매우 여유 있고 의젓한 모양.

떡-하니

의미 [+무게],[+여유]

제약

보란 듯이 의젓하거나 여유가 있게.

¶일을 **떡하니** 저지르다./트럭 한 대가 **떡하니** 길을 막고 서 있었다./동생은 문 앞에 **떡하니** 버티고 서서 돈을 줄 때까지 물러서지 않을 기세였다.

떨거덕

의미 [+소리],[+물건],[+충돌]

제약 { }-{부딪치다, 거리다, 대다}

크고 단단한 물건이 맞부딪치는 소리. '덜거덕'보다 센 느낌을 준다.

떨거덕-떨거덕

의미 [+소리],[+물건],[+충돌],[+반복]

제약 { }-{부딪치다, 거리다, 대다}

크고 단단한 물건이 자꾸 맞부딪치는 소리. '덜거덕덜거덕'보다 센 느낌을 준다.

¶김 씨는 오늘도 여전히 베틀에 앉아 **떨거덕떨거덕** 베를 짜고 있었다.

떨거덩

의미 [+소리],[+물건],[+충돌],[+공명]

제약 { }-{울리다, 거리다, 대다}

크고 단단한 물건이 부딪쳐 울리는 소리. '덜거덩'보다 센 느낌을 준다.

떨거덩-떨거덩

의미 [+소리],[+물건],[+충돌],[+공명],[+반복]

제약 { }-{울리다, 거리다, 대다}

크고 단단한 물건이 자꾸 부딪쳐 울리는 소리. '덜거덩덜거덩'보다 센 느낌을 준다.

떨걱

의미 [+소리],[+물건],[+충돌]

제약 { }-{부딪치다, 거리다, 대다}

'떨거덕'의 준말. 크고 단단한 물건이 맞부딪치는 소리.

떨걱-떨걱

의미 [+소리],[+물건],[+충돌],[+반복]

제약 { }-{부딪치다, 거리다, 대다}

'떨거덕떨거덕'의 준말. 크고 단단한 물건이 자꾸 맞부딪치는 소리.

떨겅

의미 [+소리],[+물건],[+충돌],[+공명]

제약 { }-{울리다, 거리다, 대다}

'떨거덩'의 준말. 크고 단단한 물건이 부딪쳐 울리는 소리.

떨겅-떨겅

의미 [+소리],[+물건],[+충돌],[+공명],[+반복]

제약 { }-{울리다, 거리다, 대다}

'떨거덩떨거덩'의 준말. 크고 단단한 물건이 자꾸 부딪쳐 울리는 소리.

떨그럭

의미 [+소리],[+물건],[+충돌],[+요동],[+접촉]

제약 { }-{거리다, 대다}

크고 단단한 물건이 부딪쳐 흔들리면서 맞닿는 소리. '덜그럭'보다 센 느낌을 준다.

떨그럭-떨그럭

의미 [+소리],[+물건],[+충돌],[+요동],[+접촉],[+반복]

제약 { }-{거리다, 대다}

크고 단단한 물건이 자꾸 부딪쳐 흔들리면서 맞닿는 소리. '덜그럭덜그럭'보다 센 느낌을 준다.

떨그렁

의미 [+소리],[+쇠붙이],[+충돌]v[+마찰],[+공명]

제약 {쇠붙이}-{부딪치다, 스치다, 울리다}

얇고 큰 쇠붙이 따위가 맞부딪치거나 스쳐 울리는 소리. '덜그렁'보다 센 느낌을 준다.

떨그렁-떨그렁

의미 [+소리],[+쇠붙이],[+충돌]v[+마찰],[+공명],[+반복]

제약 {쇠붙이}-{부딪치다, 스치다, 울리다}

얇고 큰 쇠붙이 따위가 자꾸 맞부딪치거나 스쳐 울리는 소리. '덜그렁덜그렁'보다 센 느낌을 준다.

떨기-떨기

의미 [+식물],[+줄기],[+전부]

제약

무더기로 있는 떨기마다.

¶노리끼리한 꽃술을 머금어 어수선하게 떨어지는 향기 높은 백매화 송이는 **떨기떨기** 그대로 노국 공주의 운명을 이야기하는 것 같았다.≪박종화, 다정불심≫

떨꺼덕

의미 [+소리],[+물건],[+충돌]

제약 { }-{부딪치다, 거리다, 대다}

크고 단단한 물건이 맞부딪치는 소리. '덜거덕'보다 센 느낌을 준다.

떨꺼덕-떨꺼덕

의미 [+소리],[+물건],[+충돌],[+반복]

제약 { }-{부딪치다, 거리다, 대다}

크고 단단한 물건이 자꾸 맞부딪치는 소리. '덜거덕덜거덕'보다 센 느낌을 준다.

¶김 씨는 오늘도 여전히 베틀에 앉아 **떨꺼덕떨꺼덕** 베를 짜고 있었다.

떨꺼덩

의미 [+소리],[+물건],[+충돌],[+공명]

제약 { }-{울리다, 거리다, 대다}

크고 단단한 물건이 부딪쳐 울리는 소리. '덜거덩'보다 센 느낌을 준다.

떨꺼덩-떨꺼덩

의미 [+소리],[+물건],[+충돌],[+공명],[+반복]

제약 { }-{울리다, 거리다, 대다}

크고 단단한 물건이 자꾸 부딪쳐 울리는 소리. '덜거덩덜거덩'보다 아주 센 느낌을 준다.

떨꺽

의미 [+소리],[+물건],[+충돌]

제약 { }-{부딪치다, 거리다, 대다}

'떨꺼덕'의 준말. 크고 단단한 물건이 맞부딪치는 소리.

¶수레에 실린 자배기가 **떨꺽** 소리 내며 벽에 부딪쳤다.

떨꺽-떨꺽

의미 [+소리],[+물건],[+충돌],[+반복]

제약 { }-{부딪치다, 거리다, 대다}

'떨꺼덕떨꺼덕'의 준말. 크고 단단한 물건이 자꾸 맞부딪치는 소리.

¶낡은 버스 한 대가 시골길을 **떨꺽떨꺽** 달린다.

떨껑

의미 [+소리],[+물건],[+충돌],[+공명]

제약 { }-{울리다, 거리다, 대다}

'떨꺼덩'의 준말. 크고 단단한 물건이 부딪쳐 울리는 소리.

떨껑-떨껑

의미 [+소리],[+물건],[+충돌],[+공명],[+반복]

제약 { }-{울리다, 거리다, 대다}

'떨꺼덩떨꺼덩'의 준말. 크고 단단한 물건이 자꾸 부딪쳐 울리는 소리.

떨떠름-히

의미 [+마음],[-수용]

제약

마음이 내키지 않는 데가 있게.

¶그는 내 말을 **떨떠름히** 받았다.

떨떨

의미 [+소리],[+바퀴],[+회전],[+요동],[+바닥]

제약 {바퀴}-{구르다, 흔들리다}

큰 바퀴 따위가 단단한 바닥을 구르며 흔들리는 소리. '덜덜01②'보다 센 느낌을 준다.

떨떨-히

의미 [+상태],[+머리],[+진동],[+현기],[+정도]

제약

머리가 몹시 울리고 어지러운 상태로.

¶하기 전엔 몰라도 일단 일을 시작하면 내가 하는 일에 대해선 그렇게 **떨떨**히 생각하진 않는다.

떨렁[01]

의미 [+소리]v[+모양],[+방울]v[+물체],[+요동]

제약 { }-{흔들리다, 움직이다}

① 큰 방울이나 매달린 물체 따위가 한 번 흔들리는 소리. 또는 그 모양. '덜렁[01]①'보다 센 느낌을 준다.

¶방울이 **떨렁** 흔들린다.

의미 [+모양],[+행동],[−침착],[+경솔]

제약 { }-{행동하다, 거리다, 대다}

② 침착하지 못하고 거볍게 행동하는 모양. '덜렁[01]②'보다 센 느낌을 준다.

의미 [+모양],[+경악]v[+공포],[+순간],[+가슴],[+진동]

제약

③ 갑자기 놀라거나 겁이 나서 가슴이 뜨끔하게 울리는 모양. '덜렁[01]③'보다 센 느낌을 준다.

¶그는 옛날 애인을 보자마자 가슴이 **떨렁** 내려앉았다.

떨렁[02]

의미 [+모양],[+유일]

제약

딸린 것이 아주 적거나 단 하나만 있는 모양. '덜렁[02]'보다 센 느낌을 준다.

¶나무에는 감 하나가 **떨렁** 매달려 있다./이 세상에 나만 **떨렁** 남은 것 같다.

떨렁-떨렁

의미 [+소리]v[+모양],[+방울]v[+물체],[+요동],[+반복]

제약 { }-{흔들리다, 움직이다}

① 큰 방울이나 매달린 물체 따위가 자꾸 흔들리는 소리. '덜렁덜렁①'보다 센 느낌을 준다.

¶걸음을 옮길 때마다 **떨렁떨렁** 울리는 종을 들고 모랫길을 걸어 내려가며 달평은 혼자 중얼거렸다.≪한수산, 유민≫/별안간 방울 소리가 **떨렁떨렁** 요란스럽게 나서 소리 나는 곳을 쳐다보니 천장 한구석에 설렁줄이 매여 있었다.≪홍명희, 임꺽정≫

의미 [+모양],[+행동],[−침착],[+경솔],[+반복]

제약 { }-{행동하다, 거리다, 대다}

② 침착하지 못하고 자꾸 거볍게 행동하는 모양. '덜렁덜렁②'보다 센 느낌을 준다.

의미 [+모양],[+경악]v[+공포],[+순간],[+가슴],[+진동],[+반복]

제약

③ 갑자기 놀라거나 겁이 나서 가슴이 자꾸 뜨끔하게 울리는 모양. '덜렁덜렁③'보다 센 느낌을 준다.

떨커덕

의미 [+소리],[+물건],[+충돌]

제약 { }-{부딪치다, 거리다, 대다}

크고 단단한 물건이 맞부딪치는 소리. '덜거덕'보다 세고 거센 느낌을 준다.

¶적재함이 **떨커덕** 떨어지다.

떨커덕-떨커덕

의미 [+소리],[+물건],[+충돌],[+반복]

제약 { }-{부딪치다, 거리다, 대다}

크고 단단한 물건이 자꾸 맞부딪치는 소리. '덜거덕덜거덕'보다 세고 거센 느낌을 준다.

떨커덩

의미 [+소리],[+물건],[+충돌],[+공명]

제약 { }-{울리다, 거리다, 대다}

크고 단단한 물건이 부딪쳐 울리는 소리. '덜거덩'보다 세고 거센 느낌을 준다.

떨커덩-떨커덩

의미 [+소리],[+물건],[+충돌],[+공명],[+반복]

제약 { }-{울리다, 거리다, 대다}

크고 단단한 물건이 부딪쳐 울리는 소리. '덜거덩덜거덩'보다 세고 거센 느낌을 준다.

떨컥

의미 [+소리],[+물건],[+충돌]

제약 { }-{부딪치다, 거리다, 대다}

'떨커덕'의 준말. 크고 단단한 물건이 맞부딪치는 소리.

떨컥-떨컥

의미 [+소리],[+물건],[+충돌],[+반복]

제약 { }-{부딪치다, 거리다, 대다}

'떨커덕떨커덕'의 준말. 크고 단단한 물건이 자꾸 맞부딪치는 소리.

떨컹

의미 [+소리],[+물건],[+충돌],[+공명]

제약 { }-{울리다, 거리다, 대다}

'떨커덩'의 준말. 크고 단단한 물건이 부딪쳐 울리는 소리.

떨컹-떨컹

의미 [+소리],[+물건],[+충돌],[+공명],[+반복]

제약 { }-{울리다, 거리다, 대다}

'떨커덩떨커덩'의 준말. 크고 단단한 물건이 부딪쳐 울리는 소리.

떳떳스레

의미 [+정당]

제약

보기에 떳떳하게.

떳떳-이

의미 [-복종],[+당당]

제약 { }-{행동하다}

굽힐 것이 없이 당당하게.

¶언제 어디서든 떳떳이 행동해라./줘야 할 것과 요구해야 할 것을 떳떳이 서로 얘기하고 필요하다면 소리를 높여 다투기라도 해야 했을 게 아닌가?《김승옥, 차나 한잔》

떵

의미 [+소리],[+쇠붙이]v[+물건],[+충돌],[+공명],[+정도]

제약 { }-{부딪히다, 울리다}

① 큰 쇠붙이나 단단한 물건이 세게 부딪쳐 울리는 소리.

의미 [+소리],[+총]v[+대포],[+발사]

제약 {총, 대포}-{쏘다}

② 총이나 대포 따위를 쏘는 소리.

떵기-떵기

의미 [+소리],[+장구]v[+북]

제약 {장구, 북}-{치다}

장구나 북을 잇따라 칠 때 나는 소리.

떵떵01

의미 [+모양],[+장담],[+경향]

제약

① 헛된 장담을 아주 쉽게 하는 모양.

¶그는 아내에게 큰소리를 떵떵 치며 지키지도 못할 약속을 했다./생각해 보면 인생이 불쌍하지마는 개뿔도 없는 것이 큰소리만 떵떵 치고 그러니까 저 나이 해 가지고 부평초 같은 신세 못 면하지.《박경리, 토지》

의미 [+모양],[+위협],[+위세],[+기세],[+정도]

제약

② 위세를 부리며 기세 좋게 몹시 으르대는 모양.

¶그놈들이 떵떵 을러메는 것이 암태도 사람들씨를 말리겠다는 서슬이더래.《송기숙, 암태도》/마을 부랑자, 소악패치고 한바탕 떵떵 위세 부리고 신명 나게 놀아 볼 이 좋은 기회를 왜 놓치겠는가.《현기영, 변방에 우짖는 새》

떵-떵02

의미 [+소리],[+쇠붙이]v[+물건],[+충돌],[+공명],[+정도],[+연속]

제약 { }-{부딪히다, 울리다}

① 큰 쇠붙이나 단단한 물건이 잇따라 세게 부딪쳐 울리는 소리.

의미 [+소리],[+총]v[+대포],[+연속]

제약 {총, 대포}-{쏘다}

② 총이나 대포 따위를 잇따라 쏘는 소리.

떵떵03

의미 [+상태],[+결빙]v[-건조]v[+견고],[+정도]

제약 { }-{얼다, 마르다, 굳다}

몹시 단단하게 얼어붙거나 말라붙거나 굳어진 상태.

¶첫물이 떵떵 굳다./동태가 떵떵 얼어붙다.

떼걱

의미 [+소리],[+물건],[+충돌]v[+절단]

제약 { }-{부딪치다, 부러지다}

크고 단단한 물건이 가볍게 부딪치거나 부러지는 소리. '데걱'보다 센 느낌을 준다.

떼걱-떼걱

의미 [+소리],[+물건],[+충돌]v[+절단],[+연속]

제약 { }-{부딪치다, 부러지다}

크고 단단한 물건이 잇따라 가볍게 부딪치거나 부러지는 소리. '데걱데걱'보다 센 느낌을 준다.

¶들짐승이 싸리나무 덤불을 떼걱떼걱 헤치며 돌아다닌다.

떼구루루

의미 [+모양],[+소리],[+물건],[+바닥],[+회전]

제약 {물건}-{구르다}

약간 크고 단단한 물건이 단단한 바닥에서 구르는 소리. 또는 그 모양. '데구루루'보다 센 느낌을 준다.

떼굴-떼굴

의미 [+모양],[+물건],[+회전],[+연속]

제약 {물건}-{구르다}

큰 물건이 잇따라 구르는 모양. '데굴데굴'보다 센 느낌을 준다.

¶축구공이 떼굴떼굴 굴러간다./아이는 갑자기 배를 움켜쥐고 떼굴떼굴 구르기 시작했다.

떼그럭

의미 [+소리],[+물건],[+충돌]

제약 { }-{거리다, 대다}

크고 단단한 물건들이 서로 맞닿는 소리. '데그럭'보다 센 느낌을 준다.

떼그럭-떼그럭

의미 [+소리],[+물건],[+충돌],[+연속]

제약 { }-{거리다, 대다}

크고 단단한 물건들이 잇따라 서로 맞닿는 소리. '데그럭데그럭'보다 센 느낌을 준다.

떼꺽01

의미 [+소리],[+물건],[+충돌]v[+절단]

제약 { }-{부딪치다, 부러지다}

크고 단단한 물건이 가볍게 부딪치거나 부러지는 소리. '데꺽'보다 아주 센 느낌을 준다.

떼꺽02

의미 [+모양],[+일],[-주저]v[+용이]

제약

일 따위를 서슴지 않고 하거나 쉽게 하는 모양.

'데꺽02'보다 센 느낌을 준다.

¶종혁 부친은 떼꺽 알아차리고 준비했던 봉투를 쓰윽 꺼내며….≪이정환, 샛강≫

떼꺽-떼꺽01

의미 [+소리],[+물건],[+충돌]v[+절단]

제약 { }-{부딪치다, 부러지다}

크고 단단한 물건이 가볍게 부딪치거나 부러지는 소리. '데꺽데꺽'보다 아주 센 느낌을 준다.

떼꺽-떼꺽02

의미 [+모양],[+일],[-주저]v[+용이],[+반복]

제약

일 따위를 자꾸 서슴지 않고 하거나 쉽게 하는 모양. '데꺽데꺽02'보다 센 느낌을 준다.

¶늦었으니 좀 떼꺽떼꺽 움직여.

떼꾼-떼꾼

의미 [+모양],[+눈],[+전부],[+오목],[-생기]

제약

눈들이 모두 쑥 들어가고 생기가 없는 모양.

떼꾼-히

의미 [+눈],[+오목],[-생기]

제약

눈이 쑥 들어가고 생기가 없이.

¶피곤하여 떼꾼히 팬 눈.

떼떼-이

의미 [+무리],[+전부]

제약

떼를 지어 모두.

¶오리가 떼떼이 물가로 몰려간다./그 밑으로 유하(流下)하는 맑은 시내에는 사람 무서운 줄을 모르는 고기가 떼떼이 꼬리를 치고 자맥질을 하니….≪최남선, 심춘순례≫

떽데구루루

의미 [+소리]v[+모양],[+물건],[+충돌],[+회전],[+속도]

제약 {물건}-{구르다}

크고 단단한 물건이 다른 물건에 부딪치면서 빨리 굴러가는 소리. 또는 그 모양. '떽데구루루'보다 센 느낌을 준다.

¶산사태로 바위들이 떽데구루루 굴러떨어졌다.

떽떼구루루

의미 [+소리]v[+모양],[+물건],[+충돌],[+회전],[+속도]

제약 {물건}-{구르다}

크고 단단한 물건이 다른 물건에 부딪치면서 빨리 굴러가는 소리. 또는 그 모양. '덱데구루루'보다 아주 센 느낌을 준다.

떽떼굴

의미 [+소리]v[+모양],[+물건],[+충돌],[+회전]

제약 {물건}-{구르다}

크고 단단한 물건이 다른 물건에 부딪치며 굴러가는 소리. 또는 그 모양. '덱데굴'보다 센 느낌을 준다.

떽떼굴-떽떼굴

의미 [+소리]v[+모양],[+물건],[+충돌],[+회전],[+연속]

제약 {물건}-{구르다}

크고 단단한 물건이 다른 물건에 잇따라 부딪치면서 굴러가는 소리. 또는 그 모양. '덱데굴덱데굴'보다 센 느낌을 준다.

떽떼

의미 [+모양],[+말]v[+행동],[+고집],[+거만],[+정도]

제약

콧대를 세우고 으스대며 매우 거만하게 큰 소리로 말하거나 행동하는 모양.

뗑

의미 [+소리],[+종]v[+그릇],[+타격]

제약 {종, 그릇}-{두드리다, 울리다}

큰 종이나 그릇 따위의 쇠붙이를 두드리는 소리. '뎅'보다 센 느낌을 준다.

뗑거덩

의미 [+소리],[+쇠붙이],[+절단]v[+낙하]

제약 {쇠붙이}-{부러지다, 떨어지다}

① 큰 쇠붙이 따위가 부러지거나 떨어지는 소리. '뎅거덩①'보다 센 느낌을 준다.

의미 [+소리],[+물방울],[+낙하],[+쇠붙이]

제약 {물방울}-{떨어지다}

② 큰 물방울이 쇠붙이 따위에 떨어지는 소리.

'뎅거덩②'보다 센 느낌을 준다.

뗑거덩-뗑거덩

의미 [+소리],[+쇠붙이],[+절단]v[+낙하],[+연속]

제약 {쇠붙이}-{부러지다, 떨어지다}

① 큰 쇠붙이 따위가 잇따라 부러지거나 떨어지는 소리. '뎅거덩뎅거덩①'보다 센 느낌을 준다.

의미 [+소리],[+물방울],[+낙하],[+쇠붙이],[+연속]

제약 {물방울}-{떨어지다}

② 큰 물방울이 쇠붙이 따위에 잇따라 떨어지는 소리. '뎅거덩뎅거덩②'보다 센 느낌을 준다.

뗑겅

의미 [+소리],[+쇠붙이],[+절단]v[+낙하]

제약 {쇠붙이}-{부러지다, 떨어지다}

① '뗑거덩①'의 준말. 큰 쇠붙이 따위가 부러지거나 떨어지는 소리.

의미 [+소리],[+물방울],[+낙하],[+쇠붙이]

제약 {물방울}-{떨어지다}

② '뗑거덩②'의 준말. 큰 물방울이 쇠붙이 따위에 떨어지는 소리.

뗑겅-뗑겅

의미 [+소리],[+쇠붙이],[+절단]v[+낙하],[+연속]

제약 {쇠붙이}-{부러지다, 떨어지다}

① '뗑거덩뗑거덩①'의 준말. 큰 쇠붙이 따위가 잇따라 부러지거나 떨어지는 소리.

의미 [+소리],[+물방울],[+낙하],[+쇠붙이],[+연속]

제약 {물방울}-{떨어지다}

② '뗑거덩뗑거덩②'의 준말. 큰 물방울이 쇠붙이 따위에 잇따라 떨어지는 소리.

뗑그렁

의미 [+소리],[+쇠붙이]v[+방울]v[+종]v[+풍경]v[+워낭],[+요동]v[+충돌]

제약 {쇠붙이, 방울, 종, 풍경, 워낭}-{흔들리다, 부딪치다}

큰 쇠붙이, 방울, 종, 풍경, 워낭 따위가 흔들리거나 부딪칠 때 나는 소리. '뎅그렁'보다 센 느낌을 준다.

¶뗑그렁 교회 종소리를 들은 신도들은 하나둘 교회로 몰려들기 시작했다.

뗑그렁-뗑그렁

의미 [+소리],[+쇠붙이]v[+방울]v[+종]v[+풍경]v[+워낭],[+요동]v[+충돌],[+연속]

제약 {쇠붙이, 방울, 종, 풍경, 워낭}-{흔들리다, 부딪치다}

큰 쇠붙이, 방울, 종, 풍경, 워낭 따위가 잇따라 흔들리거나 부딪칠 때 나는 소리. '뎅그렁뎅그렁'보다 센 느낌을 준다.

¶뗑그렁뗑그렁 식사 시간을 알리는 종소리가 들려온다.

뗑-뗑

의미 [+소리],[+종]v[+그릇],[+타격],[+연속]

제약 {종, 그릇}-{두드리다, 울리다}

큰 종이나 그릇 따위의 쇠붙이를 잇따라 두드리는 소리. '뎅뎅01'보다 센 느낌을 준다.

¶교회에서 종이 뗑뗑 울린다.

또

의미 [+반복]

제약

① 어떤 일이 거듭하여.

¶또 일이 생기다./또 이기다./이번에도 똑같은 사고가 또 났다./또 그놈의 큰소리./이런 일이 또 일어나서는 안 된다./온갖 수모에도 나는 참고 또 참았다.

의미 [+추가],[+다수]

제약

② 그 밖에 더.

¶무엇이 또 필요한가?/어제 먹은 오이소박이가 참 맛있던데 또 없어?

의미 [+제한],[+추가]

제약

③ 그럼에도 불구하고.

¶듣던 대로 그의 눈은 안개가 낀 듯 희부옜고 쉰 듯한 목소리였으나 그런 목소리가 또 그렇게 맑게 들릴 수가 없었다.≪송기숙, 녹두 장군≫

의미 [+만약]

제약

④ (주로 '-으면' 뒤에 쓰이거나 일정한 뜻을 가지는 의문문에 쓰여) 그래도 혹시.

¶어른은 그 구멍으로 들어갈 수 없겠지만 어린애라면 또 모르겠다./누가 또 알아? 그 사람이 다시 올지.

의미 [+추가]

제약

⑤ 그뿐만 아니라 다시 더.

¶그는 변호사이며 또 국회의원이다.

의미 [+연결],[+단어]

제약

⑥ 단어를 이어 줄 때 쓰는 말.

¶하루 또 하루가 흐른다./그녀의 눈은 맑고 또 그렇게 깨끗할 수가 없었다.

의미 [+말],[+경악]v[+안도]

제약

⑦ (의문 대명사 앞에 쓰여) (구어체로) 놀람이나 안도의 뜻을 나타내는 말.

¶난 또 무슨 일이라고./이건 또 뭐야?

의미 [+내용],[+부정]v[+의심]

제약 { }-{무슨}

⑧ (같은 말이 나란히 쓰일 때 그 사이에서 관형사 '무슨'과 함께 쓰여) 앞에 있는 말이 뜻하는 내용을 부정하거나 의아하게 여길 때 쓰는 말.

¶일은 또 무슨 일.

또각-또각

의미 [+소리]v[+모양],[+걸음],[+구둣발],[+바닥],[+속도],[+연속]

제약

구둣발로 단단한 바닥을 잇따라 급히 걸어가는 소리. 또는 그 모양.

¶구두 소리가 또각또각 경쾌하게 들려온다./나는…또각또각 걸어 나가 두 손으로 허리를 짚고 문께에 서서 말했다.≪오정희, 중국인 거리≫

또그르르

의미 [+모양],[+물건],[+회전]

제약 {물건}-{구르다}

작고 무거운 물건이 가볍게 구르는 모양. '도그르르'보다 센 느낌을 준다.

¶주머니에서 빠진 구슬이 **또그르르** 굴러간다.

또글-또글

의미 [+모양],[+물건],[+회전],[+반복]

제약 {물건}-{구르다}

작고 무거운 물건이 자꾸 구르는 모양. '도글도글'보다 센 느낌을 준다.

¶쇠구슬이 한참 동안 **또글또글** 구르다가 멎었다.

또깡-또깡

의미 [+모양],[+말]v[+행동],[+분명],[+정도]

제약

말이나 행동 따위가 똑똑 자른 듯이 매우 분명한 모양.

또는

의미 [+선택]

제약

그렇지 않으면. 늑내지②.

¶월요일 **또는** 수요일./집에 있든지 **또는** 시장에 가든지 네 마음대로 해라./마을의 골목길에나 강가나 **또는** 들녘 같은 데도 그녀는 좀처럼 나타나지 않았기 때문이었다.≪이동하, 우울한 귀향≫

또-다시

의미 [+반복]

제약

① 거듭하여 다시. 늑재도(再度)·재차(再次).

¶전에도 여러 번 말했지만 **또다시** 당부하겠습니다.

의미 [+반복],[+강조]

제약

② '다시'를 강조하여 이르는 말.

¶저번 열차 사고에 이어 어제 오후 **또다시** 열차가 전복되는 사고가 발생하였다.

또닥-또닥

의미 [+소리]v[+모양],[+물체],[+타격],[+연속]

제약 { }-{두드리다}

잘 울리지 않는 물체를 잇따라 가볍게 두드리는 소리. 또는 그 모양. '도닥도닥'보다 센 느낌을 준다.

¶우는 아이의 등을 **또닥또닥** 두드리다.

또드락-또드락

의미 [+소리]v[+모양],[+물건],[+타격],[+박자],[+반복]

제약 { }-{두드리다}

작고 단단한 물건을 가락에 맞추어 가볍게 자꾸 두드리는 소리. 또는 그 모양.

¶할머니가 마루에서 **또드락또드락** 다듬이질하는 소리가 난다.

또랑-또랑

의미 [+모양],[-혼탁],[+선명],[+정도]

제약

조금도 흐리지 않고 아주 밝고 똑똑한 모양. '도랑도랑'보다 센 느낌을 준다.

¶**또랑또랑** 빛나는 눈./목소리가 **또랑또랑** 울리다.

또렷-또렷

의미 [+모양],[+전부],[-혼란]v[-희미],[+분명]

제약

① 여럿이 다 엉클어지거나 흐리지 않고 분명한 모양.

의미 [+모양],[-혼란]v[-희미],[+분명],[+정도]

제약

② 엉클어지거나 흐리지 않고 매우 분명한 모양.

¶범인의 얼굴을 **또렷또렷** 기억한다.

또렷-이

의미 [-혼란]v[-희미],[+분명]

제약

엉클어지거나 흐리지 않고 분명하게.

¶옛일이 **또렷이** 떠오르다./그의 목소리가 **또렷이** 들린다./그 소녀의 눈동자가 **또렷이** 빛났다.

또록-또록

의미 [+모양],[+분명],[+정도]

제약

매우 또렷한 모양.

¶**또록또록** 발음하다./차 도령의 귀에 냄이의 그 말이 **또록또록** 새겨졌다.≪이병주, 지리산≫

또르르01

의미 [+모양],[+종이],[+탄력],[+말림]

제약 {종이}-{말리다}

폭이 좁은 종이 따위가 탄력 있게 말리는 모양.
'도르르01'보다 센 느낌을 준다.

¶달력이 다시 **또르르** 말린다.

또르르02

의미 [+소리]v[+모양],[+원형],[+회전]

제약 {물건}-{구르다}

작고 동그스름한 것이 가볍게 구르는 소리. 또
는 그 모양. '도르르02'보다 센 느낌을 준다.

¶동전이 **또르르** 구르다./송골송골 맺혀있던 땀
방울이 볼을 타고 **또르르** 흘러내렸다.

또바기

의미 [+항상],[+일정]

제약

언제나 한결같이 꼭 그렇게. ≒또박.

¶그 아이는 **또바기** 인사를 잘한다./그는 아침마
다 **또바기** 동네 골목길을 청소한다.

또박

의미 [+항상],[+일정]

제약

또바기. 언제나 한결같이 꼭 그렇게.

¶그는 **또박** 학교에 간다.

또박-또박01

의미 [+모양],[+말]v[+글씨],[+조리],[+분
명]

제약 { }-{말하다, 쓰다}

① 말이나 글씨 따위가 흐리터분하지 않고 조리
있고 또렷한 모양.

¶**또박또박** 말하다./**또박또박** 대답하다./**또박또박**
글을 쓰다./웅보는 목울대를 세워 용기를 내 **또
박또박** 떨지 않고 말했다.≪문순태, 타오르는 강≫/
연필로 **또박또박** 쓰고 있었으나 내용은 어머니
가 불러 준 것 같은 편지였다.≪이문열, 변경≫

의미 [+모양],[+차례]v[+규칙],[+준수]

제약

② 차례나 규칙 따위를 한 번도 거르거나 어기
지 않고 그대로 따르는 모양.

¶세금을 **또박또박** 잘 내다./매일 **또박또박** 복습
을 한다./규홍이가 법률 공부를 하고 있는 줄로

만 믿고 있는 그의 부친은 매달 **또박또박** 하숙
비를 보내오는 것이었다.≪손창섭, 혈서≫

또박-또박02

의미 [+소리]v[+모양],[+걸음],[+발자국],
[+분명],[+연속]

제약 {사람}-{걷다}

발자국 소리를 또렷이 내며 잇따라 걸어가는 소
리. 또는 그 모양.

¶**또박또박** 걷다./**또박또박** 울려오는 담임 선생님
의 구두 굽 소리에 학생들은 모두 긴장하고 있
었다.

또한

의미 [+전제],[+동일]

제약

① 어떤 것을 전제로 하고 그것과 같게. ≒역
(亦)·역시(亦是)①.

¶나 **또한** 그렇다./주위 환경이 좋으면 마을의 살
림살이 **또한** 풍족할 것이다.

의미 [+추가]

제약

② 그 위에 더. 또는 거기에다 더.

¶그녀는 마음도 착하고 **또한** 건강하다.

똑01

의미 [+소리]v[+모양],[+물체]v[+물방울],
[+낙하]

제약 {물체, 물방울}-{떨어지다}

① 작은 물체나 물방울 따위가 가볍게 아래로
떨어지는 소리. 또는 그 모양.

¶물방울이 **똑** 떨어지다.

의미 [+소리]v[+모양],[+물체],[+절단]v[+분
리]

제약 { }-{부러지다, 끊어지다}

② 작고 단단한 물체가 부러지거나 끊어지는 소
리. 또는 그 모양.

¶아까 손목 관절에서 뼈가 **똑** 부러지는 소리가
들렸다./연필이 **똑** 부러지다.

의미 [+소리],[+물체],[+타격]

제약 { }-{치다, 두드리다}

③ 단단한 물체를 가볍게 한 번 치는 소리.

¶**똑**, **똑**, **똑**, 문을 두드리는 소리./대문을 **똑** 하

는 소리가 나다.

의미 [+모양],[−주저],[+분리]

제약 { }-{따다, 떼다}

④ 거침없이 따거나 떼는 모양.

¶감을 똑 따다./꽃 한 송이를 똑 따 들고 한 번 느긋하도록 맡아 본다.≪김유정, 야앵≫

똑02

의미 [+모양],[+정지],[+순간]

제약

① 계속되던 것이 갑자기 그치는 모양.

¶소식이 똑 끊기다./친구가 전화를 똑 끊어 버렸다./이제 그만 울고 똑 그쳐.

의미 [+모양],[+말v[+행동],[+단호]

제약

② 말이나 행동 따위를 단호하게 하는 모양.

의미 [+모양],[+소진]

제약

③ 다 쓰고 없는 모양.

¶쌀이 똑 떨어지다.

똑03

의미 [+정확]

제약

조금도 틀림없이.

¶아버지를 똑 닮다./정답을 똑 맞추다./똑 알맞다./김 선생님은 무섭기가 똑 호랑이 같다.

똑같-이

의미 [+모양]v[+성질]v[+분량],[−차이]

제약

① 모양, 성질, 분량 따위가 조금도 다른 데가 없이.

¶똑같이 생긴 옷./두 아이는 과자를 똑같이 나눴다./우리는 똑같이 졸업반이다.

의미 [+모양]v[+태도]v[+행동],[+유사]

제약 { }-{생기다}

② 모양, 태도, 행동 따위가 닮아 아주 비슷하게.

¶두 사람이 똑같이 생겼다./신사는, 눈 깜짝할 사이에 참말 눈 깜짝할 사이에 그렇게도 똑같이 그려진 자기 얼굴에…말도 안 나오는 모양이다. ≪박태원, 성군≫

의미 [−신선],[−특별]

제약

③ 새롭거나 특별한 것이 없이.

¶똑같이 반복되는 일과./나는 어제와 똑같이 이 서울의 변두리에서 잠이 깨었다.≪최상규, 포인트≫

의미 [+동시]

제약

④ 거의 같은 시간에.

¶그들은 약속 장소에 똑같이 도착했다./옥상에 이르러 짐을 부리고 나자 두 사나이는 똑같이 휘이 하고 휘파람 같은 한숨을 뿜었다.≪유주현, 하오의 연가≫

똑딱

의미 [+소리],[+물건],[+타격]

제약 { }-{두드리다}

① 단단한 물건을 가볍게 두드리는 소리.

의미 [+소리],[+시계]v[+발동기]v[+기관], [+작동]

제약 {시계, 발동기, 기관}-{돌다}

② 시계나 작은 발동기, 똑딱선의 기관 따위가 돌아가는 소리.

의미 [+소리],[+단추],[+채움]

제약 {단추}-{채우다}

③ 수단추와 암단추를 눌러 맞추어 채우는 소리.

똑딱-똑딱

의미 [+소리]v[+모양],[+물건],[+타격],[+연속]

제약 { }-{두드리다}

① 단단한 물건을 잇따라 가볍게 두드리는 소리.

¶그가 똑딱똑딱 못을 박는다.

의미 [+소리],[+시계]v[+발동기]v[+기관], [+작동],[+연속]

제약 {시계, 발동기, 기관}-{돌다}

② 시계나 작은 발동기, 똑딱선의 기관 따위가 잇따라 돌아가는 소리.

¶시계가 똑딱똑딱 잘도 간다.

똑-똑

의미 [+소리]v[+모양],[+물체]v[+물방울], [+낙하],[+연속]

제약 {   }-{떨어지다}

① 작은 물체나 물방울 따위가 잇따라 가볍게 아래로 떨어지는 소리. 또는 그 모양.

¶빗방울이 **똑똑** 떨어지다./눈물이 **똑똑** 떨어지다.

의미 [+소리]v[+모양],[+물체],[+절단]v[+분리],[+연속]

제약 {   }-{부러지다, 끊어지다}

② 작고 단단한 물체가 잇따라 부러지거나 끊어지는 소리. 또는 그 모양.

의미 [+소리],[+물체],[+타격],[+연속]

제약 {   }-{두드리다}

③ 단단한 물체를 가볍게 잇따라 두드리는 소리.

¶문을 **똑똑** 두드리다.

의미 [+모양],[-주저],[+분리]

제약 {   }-{따다, 떼다}

④ 거침없이 잇따라 따거나 떼는 모양.

똑똑-히

의미 [+선명],[+분명]

제약

① 또렷하고 분명하게.

¶**똑똑히** 보이다./그때 일은 **똑똑히** 기억한다./얼버무리지 말고 알아들을 수 있게 **똑똑히** 말해라.

의미 [+사리],[+총명]

제약

② 사리에 밝고 총명하게.

¶**똑똑히** 굴다가 화를 보느니 못나게 굴어서 목숨을 보전하려는 심경을 알았다.≪김동인, 운현궁의 봄≫

의미 [+계산],[+정확]

제약

③ 셈 따위가 정확하게.

¶계산이 틀리니 다시 **똑똑히** 세어 봐.

똑-바로

의미 [-경사],[+곧음]

제약

① 어느 쪽으로도 기울지 않고 곧게.

¶**똑바로** 가다./**똑바로** 처신해라./끔찍한 꼴을 볼 만큼 본 그였지만, 일그러지고 찢긴 인간의 육

신이 모여 이룬 그 처참한 광경만은 차마 **똑바**로 볼 수가 없었다.≪이문열, 변경≫

의미 [+사실],[-거짓]

제약

② 틀리거나 거짓 없이 사실대로.

¶**똑바로** 말하다./사인(死因)을 **똑바로** 밝히다.

똘똘

의미 [+소리]v[+모양],[+물건],[+회전],[+속도]

제약 {   }-{구르다, 돌다}

① 작고 둥근 물건이 가볍고 빠르게 구르거나 돌아가는 소리. 또는 그 모양. '돌돌01①'보다 센 느낌을 준다.

¶구슬이 **똘똘** 굴러갔다.

의미 [+모양],[+물건],[+원형],[+말림],[+층]

제약 {   }-{말리다}

② 작은 물건이 여러 겹으로 동글게 말리는 모양. '돌돌01②'보다 센 느낌을 준다.

똘똘-히

의미 [+영리],[+정도]

제약

① 매우 똑똑하고 영리하게.

¶사람은 못돼 먹었어도 문자만은 **똘똘히** 익혔다는 둘째 할아버지였다.≪전상국, 외딴길≫

의미 [+단단],[+충실]

제약

② 단단하고 실하게.

똥그스름-히

의미 [+원형],[-정도]

제약

약간 동글게. '동그스름히'보다 센 느낌을 준다.

똥글-똥글

의미 [+모양],[+원형],[+전부]v[+정도]

제약

여럿이 다 또는 매우 동근 모양. '동글동글'보다 센 느낌을 준다.

똥땅

의미 [+소리],[+악기]v[+물건],[+타격],[+공명],[+정도]

제약 {   }-{울리다, 거리다, 대다}

여러 가지 악기나 단단한 물건 따위를 조금 세게 쳐서 울리는 소리.

똥땅-똥땅

의미 [+소리],[+악기]v[+물건],[+타격],[+공명],[+정도],[+연속]

제약 { }-{울리다, 거리다, 대다}

여러 가지 악기나 단단한 물건 따위를 잇따라 조금 세게 쳐서 울리는 소리.

똥또도롬

의미 [+모양],[+돌출],[+원형]

제약

똥그스름하게 솟아난 모양.

¶책상 모서리에 부딪친 데가 **똥또도롬** 부어올랐다.

똥똥

의미 [+모양],[+단신],[+비만],[+가로]

제약

① 키가 작고 살이 쪄 몸이 옆으로 퍼진 모양. 늑똥똥히①.

¶살이 **똥똥** 찌다.

의미 [+모양],[+물체],[+부분],[+팽창]v[+돌출]

제약 { }-{붓다, 튀어나오다}

② 물체의 한 부분이 붓거나 부풀어서 도드라져 있는 모양. 늑똥똥히②.

¶**똥똥** 부어오른 상처.

똥똥-히

의미 [+모양],[+단신],[+비만],[+가로]

제약

①=똥똥①. 키가 작고 살이 쪄 몸이 옆으로 퍼진 모양.

¶살이 **똥똥히** 쪘다.

의미 [+모양],[+물체],[+부분],[+팽창]v[+돌출]

제약 { }-{붓다, 튀어나오다}

②=똥똥②. 물체의 한 부분이 붓거나 부풀어서 도드라져 있는 모양.

¶옆이 **똥똥히** 나온 김치 단지./배가 **똥똥히** 튀어나온 대령은 사병이 쟁반을 밀어 주자 재빠르게 찻잔을 집어 든다.≪홍성원, 육이오≫

똬르르

의미 [+소리],[+액체],[+배출],[+속도]

제약 {액체}-{쏟아지다}

액체가 좁은 목으로 빨리 쏟아지는 소리. '돠르르'보다 센 느낌을 준다.

똴똴

의미 [+소리],[-소화],[+복부],[+불편]

제약 { }-{끓다}

먹은 것이 잘 삭지 않아 배 속이 끓는 소리. '돨돨'보다 센 느낌을 준다.

뙤뙤

의미 [+소리],[+말],[+어눌]

제약 { }-{거리다, 대다}

말 더듬는 소리.

뙤록

의미 [+모양],[+눈알],[+운동],[+기운]

제약 {눈알}-{ }

크고 동그란 눈알이 힘 있게 움직이는 모양. '되록'보다 센 느낌을 준다.

뙤록-뙤록[01]

의미 [+모양],[+눈알],[+운동],[+기운],[+반복]

제약 {눈알}-{ }

크고 동그란 눈알이 힘 있게 자꾸 움직이는 모양. '되록되록[01]'보다 센 느낌을 준다.

뙤록-뙤록[02]

의미 [+모양],[+살],[+비만]

제약 { }-{살찌다}

군살이 처지도록 살이 쪄서 똥똥한 모양. '되록되록[02]'보다 센 느낌을 준다.

뚜

의미 [+소리],[+고동]v[+기적]v[+나팔]

제약 {고동, 기적, 나팔}-{울리다, 거리다, 대다}

고동이나 기적, 나팔 따위가 울리는 소리.

¶**뚜** 뱃고동 소리가 들린다.

뚜그르르

의미 [+모양],[+물건],[+회전]

제약 {물건}-{구르다}

크고 무거운 물건이 구르는 모양. '두그르르'보다 센 느낌을 준다.

뚜글-뚜글

의미 [+모양],[+물건],[+회전],[+반복]

제약 {물건}-{구르다}

크고 무거운 물건이 자꾸 구르는 모양. '두글두글'보다 센 느낌을 준다.

뚜덕-뚜덕

의미 [+소리]v[+모양],[+물체],[+타격],[+정도],[+연속]

제약 { }-{두드리다}

잘 울리지 않는 물체를 잇따라 조금 세게 두드리는 소리. 또는 그 모양. '두덕두덕'보다 센 느낌을 준다.

¶무슨 공사를 하는지 **뚜덕뚜덕** 소리가 연이어 들려왔다./노밤이가 초립둥이의 등을 **뚜덕뚜덕** 두들기며 "이 사람 울지 말게. 울면 어머니 죽네."≪홍명희, 임꺽정≫/잠결에도 봉이는 봉현이를 **뚜덕뚜덕** 치면서 "자자. 자자." 소리를 하였다. ≪박화성, 한귀≫

뚜덜-뚜덜

의미 [+모양],[+목소리],[-크기],[+불평],[+반복]

제약 { }-{거리다, 대다}

남이 알아듣기 어려울 정도의 낮은 목소리로 자꾸 불평을 하는 모양. '두덜두덜'보다 센 느낌을 준다.

¶**뚜덜뚜덜** 불평을 늘어놓다.

뚜두두둑

의미 [+소리],[+소나기]v[+우박],[+낙하],[+정도],[+연속]

제약 {소나기, 우박}-{쏟아지다}

① 소나기나 우박 따위가 잇따라 세게 떨어지는 소리.

¶우박이 **뚜두두둑** 쏟아졌다.

의미 [+소리],[+나뭇가지],[+절단],[-속도]

제약 {나뭇가지}-{부러지다}

② 나뭇가지 따위가 서서히 부러지는 소리.

¶아이가 매달리자 나뭇가지가 **뚜두두둑** 부러졌다.

뚜두둑

의미 [+소리],[+소나기]v[+우박],[+낙하],[+정도],[+연속]

제약 {소나기, 우박}-{쏟아지다}

① '뚜두두둑①'의 준말. 소나기나 우박 따위가 잇따라 세게 떨어지는 소리.

¶생각하니 분하고 억울해서 **뚜두둑** 굵은 눈물이 떨어진다.

의미 [+소리],[+나뭇가지],[+절단],[-속도]

제약 {나뭇가지}-{부러지다}

② '뚜두두둑②'의 준말. 나뭇가지 따위가 서서히 부러지는 소리.

뚜드럭-뚜드럭

의미 [+소리]v[+모양],[+물건],[+타격],[+박자],[+반복]

제약 { }-{두드리다}

크고 단단한 물건을 가락에 맞추어 두드리는 소리. 또는 그런 모양.

¶**뚜드럭뚜드럭** 망치질하는 소리.

뚜-뚜

의미 [+소리],[+고동]v[+기적]v[+나팔],[+연속]

제약 {고동, 기적, 나팔}-{울리다, 거리다, 대다}

고동이나 기적, 나팔 따위가 잇따라 울리는 소리.

¶출발을 알리는 기적 소리가 **뚜뚜** 울리자 사람들이 모여들었다.

뚜렛-뚜렛

의미 [+모양],[+눈],[+회전],[+사방]

제약 {눈}-{굴리다}

어리둥절하여 눈을 이리저리 굴리는 모양.

¶꽁지를 개새끼처럼 땅속에 처박고는 동서 남방을 **뚜렛뚜렛** 살피면서….≪이문희, 흑맥≫

뚜렷-뚜렷[01]

의미 [+모양],[+전부],[+정돈],[+분명],[+정도]

제약

① 여럿이 다 엉클어지거나 흐리지 않고 아주 분명한 모양. '두렷두렷[01]'보다 센 느낌을 준다.

¶찬란한 금 글자가 왕의 혼신의 힘을 받아 **뚜렷뚜렷** 화옥단 붉은 비단 위에 장중하게 나타났다. ≪박종화, 다정불심≫/살결이 조금 가무잡잡할 뿐

이목구비는 좀스럽지 않고 **뚜렷뚜렷** 예쁘고 고
왔다.《한승원, 해일》

의미 [+모양],[+정돈],[+분명],[+정도]

제약

② 엉클어지거나 흐리지 않고 몹시 분명한 모
양.

뚜렷-뚜렷02

의미 [+모양],[+눈],[+관찰],[+사방]

제약 { }-{살피다}

눈을 굴리며 여기저기 살피는 모양. '두렷두렷02'
보다 센 느낌을 준다.

¶방 안을 **뚜렷뚜렷** 살피다.

뚜렷-이

의미 [+모양],[+정돈],[+분명],[+정도]

제약

엉클어지거나 흐리지 않고 아주 분명하게.

¶**뚜렷이** 구별되다./특색을 **뚜렷이** 드러내다./한
달 전에 있었던 일을 **뚜렷이** 기억하다./어릴 때
모습이 **뚜렷이** 남아 있다./먼 거리였지만 어머니
의 목소리는 **뚜렷이** 들려왔다./그는 그렇게 여러
달을 **뚜렷이** 하는 일 없이 놀고먹으며 지냈다./
정치적 동향이 보수적인 것과 진보적인 것이 뚜
렷이 갈리면서부터는, 말 한두 마디에 벌써 딴
사람처럼 서로 경원이 생기고 그것이 대뜸 우정
에까지 거리감을 자아내는 것을 이미 누차 맛보
는 것이었다.《이태준, 해방 전후》

뚜르르01

의미 [+모양],[+종이],[+탄력],[+말림]

제약 {종이}-{말리다}

폭이 넓은 종이 따위가 탄력 있게 말리는 모양.
'두르르01'보다 센 느낌을 준다.

¶신문지를 **뚜르르** 말다.

뚜르르02

의미 [+소리]v[+모양],[+원형],[+크기],[+회
전]

제약 {물건}-{구르다}

크고 둥그스름한 것이 구르는 소리. 또는 그 모
양. '두르르02'보다 센 느낌을 준다.

¶차바퀴가 **뚜르르** 굴러가다./산 위에서 바위가
뚜르르 굴러떨어졌다.《염상섭, 삼대》/내 손길이

좀 난폭했던지 그 진동으로 장 안의 선반 위에
서 뭔가 **뚜르르** 굴러떨어진다.《서영은, 살과 뼈의
축제》

뚜벅

의미 [+모양],[+말],[+순간]

제약

갑자기 말 따위를 꺼내는 모양.

¶잠시 후에 웅보 어머니가 무심결에 막음례 이
야기를 **뚜벅** 꺼냈다.《문순태, 타오르는 강》

뚜벅-뚜벅

의미 [+소리],[+걸음],[+발자국],[+분명],[+연
속]

제약 {사람}-{걷다}

발자국 소리를 뚜렷이 내며 잇따라 걸어가는 소
리. 또는 그 모양.

¶**뚜벅뚜벅** 걷다./어디선가 구둣발 소리가 **뚜벅뚜
벅** 들린다./집 뒤의 비탈길을 **뚜벅뚜벅** 내려오는
발자국 소리가 여느 사람의 그것과는 사뭇 달랐
다.《김춘복, 쌈짓골》/통역관이 곧 미군들을 따라
복도 저쪽으로 **뚜벅뚜벅** 사라진다.《홍성원, 육이
오》

뚜벙

의미 [-예고]

제약

난데없이 불쑥.

뚝01

의미 [+소리]v[+모양],[+물체]v[+물방울],
[+낙하]

제약 { }-{떨어지다}

① 큰 물체나 물방울 따위가 아래로 떨어지는
소리. 또는 그 모양.

¶호박이 지붕에서 **뚝** 떨어졌다./굵은 물방울이
뚝 떨어졌다./그는 급히 손을 코로 가져갔다. **뚝**
그의 손잔등에 한 방울의 피가 떨어져 내렸다.
《이인성, 그 세월의 무덤》/그 애는 아비 없이 하
늘에서 **뚝** 떨어진 애란다.《박완서, 미망》

의미 [+소리]v[+모양],[+물건],[+절단]v[+분
리]

제약 { }-{부러지다, 끊어지다}

② 크고 단단한 물체가 부러지거나 끊어지는 소

리. 또는 그 모양.

¶나무가 뚝 부러지다./뼈가 뚝 부러지다./그는 성냥불을 그어 담뱃불을 붙이고는 꺼진 성냥개비를 절반 뚝 끊고는 이빨을 쑤시면서 말을 건다.≪황석영, 어둠의 자식들≫

의미 [＋소리]v[＋모양],[＋물체],[＋타격]

제약 { }-{치다, 두드리다}

③ 단단한 물체를 한 번 치는 소리. 또는 그 모양.

¶그는 친구의 어깨를 뚝 쳤다.

의미 [＋모양],[－주저],[＋분리]

제약 { }-{따다, 떼다}

④ 아주 거침없이 따거나 떼는 모양.

¶떡을 뚝 떼어 주다./나무에 매달린 사과를 뚝 따다./매달 월급의 절반 이상을 뚝 떼어 내어 저축을 해도 집 장만하기는 쉽지 않았다./짐의 일부를 뚝 떼어 남에게 떠맡긴 쪽에서는 그것으로 다소간 홀가분해졌을지 몰라도….≪윤흥길, 묵시의 바다≫

뚝02

의미 [＋모양],[＋정지],[＋순간]

제약 { }-{그치다}

① 계속되던 것이 아주 갑자기 그치는 모양.

¶울음을 뚝 그치다./소식이 뚝 끊어지다./집에서도 쟁쟁하게 들리던 그녀의 목소리가 뚝 그치고 지금은 온통 침묵뿐이었다.≪홍성암, 큰물로 가는 큰 고기≫

의미 [＋모양],[＋말]v[＋행동],[＋결단],[＋정도]

제약

② 말이나 행동 따위를 매우 단호하게 하는 모양.

¶뚝 잘라 말하다./시치미를 뚝 떼다./뚝 부러지게 행동해라.

의미 [＋모양],[＋소진]

제약 { }-{떨어지다}

③ 다 쓰고 아주 없는 모양.

¶월말이 되니 돈이 뚝 떨어졌다.

의미 [모양],[＋성적]v[＋순위],[＋하강],[＋정도]

제약 {성적, 순위}-{떨어지다}

④ 성적이나 순위 따위가 두드러지게 떨어지는 모양.

¶성적이 뚝 떨어지다./마산면 싸움에서 한 번 크게 패하자 갑자기 사기가 뚝 떨어지고 말았다.≪문순태, 피아골≫

의미 [＋모양],[＋거리],[＋간격]

제약 { }-{떨어지다}

⑤ 거리가 많이 떨어져 있는 모양.

¶학교는 우리 집에서 뚝 떨어져 있다./아버지는 어머니와 뚝 떨어져 걸어가셨다./어쩐지 자기만은 어려서부터 세상 처녀들과 뚝 떨어진 딴 세상에서 자란 것 같다.≪염상섭, 삼대≫

뚝-딱01

의미 [＋소리],[＋물건],[＋타격]

제약 { }-{두드리다}

단단한 물건을 조금 가볍게 두드리는 소리.

뚝-딱02

의미 [＋모양],[＋일],[＋처리],[＋용이]

제약 { }-{해치우다}

일을 거침없이 손쉽게 해치우는 모양.

¶밥 한 그릇을 뚝딱 해치우다./일을 뚝딱 해치우다./개화파들이 새 제도, 새 법안이랍시고 내놓으면 군국기무처는 즉각 회의를 소집하고 만장일치로 뚝딱 의결해 버린다.≪유주현, 대한 제국≫

뚝딱-뚝딱01

의미 [＋모양],[＋경악]v[＋불안],[＋맥박],[＋연속]

제약 { }-{뛰다, 거리다, 대다}

① 갑자기 놀라거나 겁이 나서 가슴이 계속 뛰는 모양.

¶창밖이 어느새 어두워져 내 마음은 뚝딱뚝딱 정신없이 허둥거리는데 그이는 나를 거들지 않고 딴 일로 바쁘다.

의미 [＋소리]v[＋모양],[＋물건],[＋타격],[＋연속]

제약 { }-{두드리다}

② 단단한 물건을 잇따라 조금 가볍게 두드리는 소리.

¶뚝딱뚝딱 못질하다.

뚝딱-뚝딱02

의미 [+모양],[+일],[+해결],[-장애],[+용이],[+연속]

제약 { }-{해치우다}

일을 잇따라 거침없이 손쉽게 해치우는 모양.

¶김치볶음밥은 별 재료 없이도 **뚝딱뚝딱** 만들 수 있는 음식이다./허발을 한 아이들은 한 그릇 씩 **뚝딱뚝딱** 비우더니, 어지간히 배들이 불러 오는지 모두들 만석이를 따라 밖으로 몰려나간다. ≪김춘복, 쌈짓골≫

뚝-뚝01

의미 [+소리]v[+모양],[+물체]v[+물방울],[+낙하],[+연속]

제약 {물체, 물방울}-{떨어지다}

① 큰 물체나 물방울 따위가 잇따라 아래로 떨어지는 소리. 또는 그 모양.

¶사과가 **뚝뚝** 떨어지다./굵은 빗방울이 **뚝뚝** 떨어지다./밤새 맺힌 고드름이 **뚝뚝** 낙숫물 떨어지는 소리를 내면서 녹아내리고 있었다.≪박완서, 미망≫/갈색으로 변한 커다란 목련 잎이 **뚝뚝** 떨어지고 있다.≪박경리, 토지≫

의미 [+소리]v[+모양],[+물건],[+절단]v[+분리],[+연속]

제약 { }-{부러지다, 끊어지다}

② 크고 단단한 물체가 잇따라 부러지거나 끊어지는 소리. 또는 그 모양.

¶나무가 **뚝뚝** 부러지다.

의미 [+소리],[+물체],[+타격],[+연속]

제약 { }-{두드리다}

③ 단단한 물체를 잇따라 두드리는 소리.

¶오택부는 마침내 돌멩이 같은 것으로 창살을 **뚝뚝** 두드린 것입니다.≪장용학, 원형의 전설≫

의미 [+모양],[-주저],[+분리],[+연속]

제약 { }-{따다, 떼다}

④ 아주 거침없이 잇따라 따거나 떼는 모양.

¶나뭇잎을 **뚝뚝** 따다./어머니께서는 자반을 **뚝뚝** 떼어 수저 위에 올려 주셨다./용배는 평지 걷듯 이 가지 저 가지 옮겨 다니며 마치 제 것 따듯 감을 거침없이 **뚝뚝** 따서 봇짐에 쑤셔 넣었다. ≪송기숙, 녹두 장군≫

뚝-뚝02

의미 [+모양],[+성적]v[+순위],[+하강],[+정도]

제약 {성적, 순위}-{떨어지다}

① 성적이나 순위 따위가 몹시 두드러지게 떨어지는 모양.

¶성적이 **뚝뚝** 떨어지다./아파트값이 **뚝뚝** 떨어졌다.

의미 [+모양],[+전부],[+간격],[+정도]

제약

② 여럿이 다 거리가 많이 떨어져 있는 모양.

¶집들이 **뚝뚝** 떨어져 있다./사이를 **뚝뚝** 떼어 놓다.

뚝뚝-이

의미 [+사람],[+행동]v[+말]v[+표정],[-다정]

제약

=무뚝뚝이. 말이나 행동, 표정 따위가 부드럽고 상냥스러운 면이 없어 정답지가 않게.

¶**뚝뚝이** 대꾸하다./**뚝뚝이** 굴다./그녀가 사람들을 **뚝뚝이** 대하는 것은 이미 잘 알려진 사실이다.

뚤뚤

의미 [+소리]v[+모양],[+물건],[+회전],[+속도]

제약 { }-{구르다, 돌다}

① 크고 둥근 물건이 가볍고 빠르게 구르거나 돌아가는 소리. 또는 그 모양. '둘둘①'보다 센 느낌을 준다.

의미 [+모양],[+물건],[+말림],[+원형],[+층]

제약 { }-{말리다}

② 큰 물건이 여러 겹으로 둥글게 말리는 모양. '둘둘②'보다 센 느낌을 준다.

¶신문지를 **뚤뚤** 말다./두 마리가 한꺼번에 낚싯줄에 **뚤뚤** 감겨서 걸려 온 것을 본 일이 있었던 것이다.≪천금성, 허무의 바다≫/동렬은 자기 가운을 내려다본 뒤 곧 그것을 벗어 손에 **뚤뚤** 말아 들었다.≪홍성원, 육이오≫

뚱그스름-히

의미 [+원형],[-정도]

제약

약간 둥글게. '둥그스름히'보다 센 느낌을 준다.

뚱글-뚱글

의미 [+모양],[+원형],[+전부]v[+정도]

제약

여럿이 다 또는 매우 둥근 모양. '둥글둥글①'보다 센 느낌을 준다.

¶수박밭에는 수박이 **뚱글뚱글** 잘 익었다.

뚱딴지같-이

의미 [+행동]v[+사고],[+무모]

제약

행동이나 사고방식 따위가 너무나 엉뚱하게.

¶한겨울에 해수욕을 하자니, **뚱딴지같이** 그게 무슨 소리니?

뚱땅

의미 [+소리],[+악기]v[+물건],[+타격],[+공명],[+정도]

제약 { }-{울리다, 거리다, 대다}

여러 가지 악기나 단단한 물건 따위를 세게 쳐서 울리는 소리.

¶장구채를 뽑아 잡고 저쪽 손으로 먼저 장구 전두리를 **뚱땅** 울려 보더니….≪이태준, 패강냉≫

뚱땅-뚱땅

의미 [+소리],[+악기]v[+물건],[+타격],[+공명],[+정도],[+연속]

제약 { }-{울리다, 거리다, 대다}

여러 가지 악기나 단단한 물건 따위를 잇따라 세게 쳐서 울리는 소리.

¶**뚱땅뚱땅** 장구 소리가 들렸다.

뚱뚱01

의미 [+모양],[+단신],[+비만],[+가로]

제약

① 살이 쪄서 몸이 옆으로 퍼진 모양. 늑뚱뚱히①.

¶그렇게 먹으니 살만 **뚱뚱** 찔 수밖에!

의미 [+모양],[+물체],[+부분],[+팽창]v[+돌출]

제약 { }-{붓다, 튀어나오다}

② 물체의 한 부분이 붓거나 부풀어서 두드러져 있는 모양. 늑뚱뚱히②.

¶뱀한테 물린 다리가 **뚱뚱** 부어오르기 시작했

다./잠도 잘 못 자고 이튿날 낮이 **뚱뚱** 부어서 제시간에 재판소에 들어왔다.≪김동인, 악한 자의 슬픔≫

뚱뚱02

의미 [+소리]v[+모양],[+물체],[+충돌]

제약 { }-{부딪치다}

단단한 물체에 부딪치는 소리. 또는 그 모양.

¶밖에서는 나비, 혹은 풍뎅이인지가 한 마리 방안으로 날아 들어오려고 문창을 **뚱뚱** 두드리고 있었다.≪김동인, 운현궁의 봄≫

뚱뚱-히

의미 [+모양],[+단신],[+비만],[+가로]

제약

①=뚱뚱01①. 살이 쪄서 몸이 옆으로 퍼진 모양.

¶**뚱뚱히** 살찐 돼지를 잡아 큰 잔치를 벌였다.

의미 [+모양],[+물체],[+부분],[+팽창]v[+돌출]

제약 { }-{붓다, 튀어나오다}

②=뚱뚱01②. 물체의 한 부분이 붓거나 부풀어서 두드러져 있는 모양.

¶잠을 너무 많이 잤더니 눈이 **뚱뚱히** 부어올라 외출할 수가 없다.

뚱싯-뚱싯

의미 [+모양],[+동작],[-속도],[+곤란],[+연속]

제약

굼뜨고 거추장스럽게 잇따라 움직이는 모양. '둥싯둥싯'보다 센 느낌을 준다.

¶덕순이는 시선을 외면하여 **뚱싯뚱싯** 아내를 업고 나왔다.≪김유정, 땡볕≫

뛰

의미 [+소리],[+나팔]

제약 {나팔}-{불다}

① 나팔을 부는 소리.

의미 [+소리],[+자동차]v[+배],[+경적]

제약 {자동차, 배}-{울리다}

② 자동차나 배 따위의 경적이 울리는 소리.

¶화통차가 검은 연기를 솟구치며 **뛰** 소리를 귀청이 떨어지게 지르고 남산 모퉁이로 순식간에 들이닥쳤다.≪이기영, 봄≫

뚜뚜

의미 [+소리],[+나팔],[+연속]

제약 {나팔}-{불다}

① 나팔을 잇따라 부는 소리.

¶다른 데 학교와 같이 목총을 메고 북을 떵떵 울리며 나팔을 **뚜뚜** 불었으면 얼마나 생기가 날 것이랴 싶었다.≪한설야, 탑≫

의미 [+소리],[+자동차v[+배],[+경적],[+연속]

제약 {자동차, 배}-{울리다}

② 자동차나 배 따위의 경적이 잇따라 울리는 소리.

¶**뚜뚜** 소리를 내며 옆으로 차가 한 대 스치듯 지나갔다.

뚜뚜-빵빵

의미 [+소리],[+자동차],[+경적],[+연속]

제약 {자동차}-{울리다}

자동차가 잇따라 경적을 울리는 소리.

¶무슨 사고가 일어났는지 도로에 가득 찬 차들이 **뚜뚜빵빵** 경적을 울려 댔다.

뚜룩

의미 [+모양],[+눈알],[+운동],[+기운]

제약 {눈알}-{ }

크고 둥그런 눈알이 힘 있게 움직이는 모양. '뒤룩'보다 센 느낌을 준다.

¶외양간의 어미 소가 눈을 **뚜룩** 굴리며 나를 바라보았다.

뚜룩-뚜룩01

의미 [+모양],[+눈알],[+운동],[+기운],[+반복]

제약 {눈알}-{ }

크고 둥그런 눈알이 힘 있게 자꾸 움직이는 모양. '뒤룩뒤룩01'보다 센 느낌을 준다.

¶송아지가 눈을 자꾸 **뚜룩뚜룩** 굴린다.

뚜룩-뚜룩02

의미 [+모양],[+살],[+비만],[+정도]

제약

군살이 처지도록 살이 몹시 쪄서 뚱뚱한 모양. '뒤룩뒤룩02'보다 센 느낌을 준다.

¶그 사람은 요즘 과식하더니 **뚜룩뚜룩** 살이 쪘

어.

뜨끈-뜨끈

의미 [+느낌],[+더위],[+정도]

제약

매우 뜨뜻하고 더운 느낌. 늑뜨끈뜨끈히.

¶탕약을 **뜨끈뜨끈** 달여 마시다./머리에는 수건을 쓰고 있었으나 정수리가 **뜨끈뜨끈** 익는 듯했다.≪하근찬, 야호≫

뜨끈뜨끈-히

의미 [+느낌],[+온기],[+더위],[+정도]

제약 { }-{데우다}

=뜨끈뜨끈. 매우 뜨뜻하고 더운 느낌.

¶나는 미지근한 국보다는 **뜨끈뜨끈히** 데운 국이 좋다.

뜨끈-히

의미 [+느낌],[+온기],[+더위],[+정도]

제약 { }-{데우다}

꽤 뜨뜻하고 더운 느낌이 있게.

¶방을 **뜨끈히** 데우다./술을 먹은 다음 날 아침마다 **뜨끈히** 술국을 끓여 내는 아내에게 나는 늘 고마움을 느끼고 있었다./친구들 앞에 서자 거짓말을 했다는 생각에 얼굴이 **뜨끈히** 달아올랐다.

뜨끔

의미 [+느낌],[+불],[+접촉],[+순간]

제약

① 갑자기 불에 닿은 것처럼 뜨거운 느낌. 늑뜨끔히①.

의미 [+느낌],[+마음],[+자극],[+더위]

제약

② 마음에 큰 자극을 받아 뜨거운 느낌. 늑뜨끔히②.

의미 [+느낌],[+고통]

제약

③ 찔리거나 얻어맞은 것처럼 아픈 느낌. 늑뜨끔히③.

¶복부와 앙버틴 다리에 한 줄기 불끈 힘이 뻗자, 또 오른쪽 갈비뼈 아래가 **뜨끔** 쑤셨다.≪김원일, 불의 제전≫

뜨끔-따끔

의미 [+느낌],[+바늘]v[+침],[+충격]v[+고통],[+순간],[+반복]

제약

바늘이나 침 따위로 인하여 순간적인 충격이나 아픔이 반복되는 느낌.

¶벌레들한테 물린 데가 한두 군데가 아니라 여기저기 **뜨끔따끔** 정신이 없다.

뜨끔-뜨끔

의미 [+느낌],[+불],[+접촉],[+순간],[+정도]

제약

① 갑자기 불에 닿은 것처럼 몹시 뜨거운 느낌. 늑뜨끔뜨끔히①.

의미 [+느낌],[+마음],[+자극],[+더위],[+연속]

제약

② 마음에 큰 자극을 받아 잇따라 뜨거운 느낌. 늑뜨끔뜨끔히②.

¶울음소리가 들릴 때마다…분노 때문에 한동안 잊고 있던 부끄러움을 통증처럼 **뜨끔뜨끔** 느껴야만 했다.≪윤흥길, 완장≫

의미 [+느낌],[+고통],[+반복]

제약

③ 찔리거나 얻어맞은 것처럼 자꾸 아픈 느낌. 늑뜨끔뜨끔히③.

¶허리 삔 데가 **뜨끔뜨끔** 결려 왔다./**뜨끔뜨끔** 통증이 심해지기 시작했다./감기에 걸렸는지 저녁나절 내내 목이 **뜨끔뜨끔** 아팠다.

뜨끔뜨끔-히

의미 [+느낌],[+불],[+접촉],[+순간]

제약

①=뜨끔뜨끔①. 갑자기 불에 닿은 것처럼 몹시 뜨거운 느낌.

의미 [+느낌],[+마음],[+자극],[+더위],[+연속]

제약

②=뜨끔뜨끔②. 마음에 큰 자극을 받아 잇따라 뜨거운 느낌.

의미 [+느낌],[+고통],[+반복]

제약

③=뜨끔뜨끔③. 찔리거나 얻어맞은 것처럼 자꾸

아픈 느낌.

뜨끔-히

의미 [+느낌],[+불],[+접촉],[+순간]

제약

①=뜨끔①. 갑자기 불에 닿은 것처럼 뜨거운 느낌.

의미 [+느낌],[+마음],[+자극],[+더위]

제약

②=뜨끔②. 마음에 큰 자극을 받아 뜨거운 느낌.

¶**뜨끔히** 혼난 그는 다시는 그런 일을 하지 않았다.

의미 [+느낌],[+고통],[+반복]

제약

③=뜨끔③. 찔리거나 얻어맞은 것처럼 아픈 느낌.

¶날카로운 송곳이 찌르는 듯 머리 속이 **뜨끔히** 쑤셨다.

뜨덤-뜨덤

의미 [+모양],[+낭독],[+미숙]

제약 { }-{읽다}

① 글을 자꾸 서투르게 읽는 모양.

¶글을 배우기 시작한 아이가 **뜨덤뜨덤** 책을 읽고 있다.

의미 [+모양],[+말],[+어눌],[+반복]

제약

② 말을 느리게 한 마디씩 던지거나 자꾸 더듬거리며 말하는 모양.

¶그 노인은 **뜨덤뜨덤** 옆에서 위로하려 했다./네가 **뜨덤뜨덤** 말을 하니 답답하다./마이크를 통해 연설을 해 본 경험이 전혀 없던 그로서는 얼굴이 술 취한 듯 붉어져 시종 시선은 천장에 두고 **뜨덤뜨덤** 말을 이어 나갔다.≪김원일, 불의 제전≫

뜨듯-이

의미 [+온도],[+적당],[-더위]

제약

① 온도가 알맞게 높아 뜨겁지 않을 정도로, '뜨뜻이①'보다 여린 느낌을 준다.

¶날씨가 추우니 옷을 **뜨듯이** 입고 나가라./난방 시설이 잘된 집에서는 겨울을 **뜨듯이** 지낼 수 있다.

의미 [+수치]v[+무안],[+얼굴]v[+귀],[+열기]

제약

② 부끄럽거나 무안하여 얼굴이나 귀에 열이 오를 정도로. '뜨뜻이②'보다 여린 느낌을 준다.

뜨뜻-이

의미 [+온도],[+적당],[-더위]

제약

① 온도가 알맞게 높아 뜨겁지 않을 정도로.

¶뜨뜻이 데운 물./요새 며칠은 불도 뜨뜻이 때고 마음 놓고 밥도 먹으니까 심신이 편해 그런지 잠이 많아졌다.≪염상섭, 삼대≫

의미 [+수치]v[+무안],[+얼굴]v[+귀],[+열기]

제약

② 부끄럽거나 무안하여 얼굴이나 귀에 열이 오를 정도로.

뜨르르01

의미 [+모양],[+소리],[+물건],[+바닥],[+회전]

제약 {물건}-{구르다}

① 큰 물건이 단단한 바닥 위를 구르는 소리. 또는 그 모양. '드르르01①'보다 센 느낌을 준다.

¶'낙석 주의'라는 말이 무색하게 포장도로 위로 바윗돌이 뜨르르 굴러다녔다./뜨르르 쓸어 모아 놓은 벽돌과 흙무더기가 미끄러져 내리는 소리가 났다.≪선우휘, 테러리스트≫

의미 [+소리]v[+모양],[+물건],[+요동],[+진동]

제약 { }-{흔들리다, 떨리다}

② 큰 물건이 흔들려 떨리는 소리. 또는 그 모양. '드르르01②'보다 센 느낌을 준다.

¶기계 진동 때문에 마루가 뜨르르 떨렸다.

의미 [+소리]v[+모양],[+재봉틀],[+천],[+바느질]

제약 {재봉틀}-{거리다, 대다}

③ 재봉틀로 조금 두꺼운 천을 박는 소리. 또는 그 모양. '드르르01③'보다 센 느낌을 준다.

뜨르르02

의미 [+모양],[+일],[+능통],[-장애]

제약

① 어떤 일에 능통하여 전혀 막힘이 없이 잘하는 모양. '드르르02'보다 센 느낌을 준다.

¶그는 무슨 일이든 뜨르르 해치운다./형은 어려운 영어 책도 뜨르르 읽어 버렸다.

의미 [+모양],[+사실]v[+소문],[+확산],[+속도],[+정도]

제약 {소식, 소문}-{퍼지다}

② 어떤 사실이나 소문이 급속히 널리 퍼져 나가는 모양.

¶그 소식은 삽시간에 뜨르르 퍼져 나갔다.

의미 [+모양],[+규모],[+요란],[+정도]

제약

③ 아주 으리으리하고 요란한 모양.

뜨르륵01

의미 [+소리],[+물건],[+회전],[+정지],[+순간]

제약 { }-{멈추다}

① 큰 물건이 구르다가 뚝 멎는 소리. '드르륵01①'보다 센 느낌을 준다.

의미 [+소리],[+물건],[+활주]

제약 { }-{미끄러지다}

② 큰 물건이 미끄러지는 소리. '드르륵01②'보다 센 느낌을 준다.

뜨르륵02

의미 [+소리]v[+모양],[+총],[+발사],[+연속]

제약 {총}-{쏘다}

총 따위를 잇따라 쏘는 소리. 또는 그 모양. '드르륵02'보다 센 느낌을 준다.

뜨르륵-뜨르륵01

의미 [+소리],[+물건],[+회전],[+정지]

제약 { }-{멈추다}

① 큰 물건이 하나 또는 여럿이 여러 번 구르다가 멎는 소리. '드르륵드르륵01①'보다 센 느낌을 준다.

의미 [+소리],[+물건],[+활주],[+연속]

제약 { }-{미끄러지다}

② 큰 물건이 잇따라 미끄러지는 소리. '드르륵드르륵01②'보다 센 느낌을 준다.

뜨르륵-뜨르륵02

의미 [+소리],[+총],[+발사],[+연속]

제약 {총}-{쏘다}

총 따위를 계속 잇따라 쏘는 소리. '드르륵드르륵02'보다 센 느낌을 준다.

뜨문-뜨문

의미 [+모양],[+시간],[+간격]

제약

① 시간적으로 잦지 않고 드문 모양. '드문드문①'보다 센 느낌을 준다.

¶영희는 겨우 말문이 열린 듯 **뜨문뜨문** 이야기를 시작하였다.《유진오, 화상보》/공사 관저에 모여 있던 일본인들은 육군 중장 미우라 고로가 **뜨문뜨문** 지껄이고 있는 말 속에 숨겨진 뜻을 어렵지 않게 가려낼 수 있었다.《유주현, 대한 제국》

의미 [+모양],[+공간],[+간격]

제약

② 공간적으로 배지 않고 사이가 드문 모양. '드문드문②'보다 센 느낌을 준다.

¶산속에는 몇 채의 집이 **뜨문뜨문** 자리하고 있었다./비 오는 날 **뜨문뜨문** 고추 모를 심어 나가던 언년의 하얀 종아리….《박경리, 토지》

뜬금없-이

의미 [+돌연],[−사리]

제약

갑작스럽고도 엉뚱하게.

¶그녀는 일을 하다가 **뜬금없이** 여행을 가고 싶다고 말했다./그는 도깨비처럼 **뜬금없이** 나타났다./뜬금없이 무슨 소리요./강 씨네 찰벼 논을 지나는데 **뜬금없이** 개구리 한 마리가 소리를 높여 울었다.《한수산, 유민》

뜬뜬-히

의미 [+신뢰],[+마음],[−허전],[−공포],[+견고]

제약

① 어떤 것에 대한 믿음으로 마음이 허전하거나 두렵지 않고 굳세게. '든든히①'보다 센 느낌을 준다.

의미 [+물건]v[+신체],[+충실],[+견고]

제약

② 물건이나 몸이 실하고 야무지게. '든든히②'보다 센 느낌을 준다.

의미 [+신뢰],[+충실]

제약

③ 믿음직할 정도로 알차고 실하게. '든든히③'보다 센 느낌을 준다.

의미 [+뜻]v[+생각],[+확고],[−요동]

제약

④ 뜻이나 생각이 흔들림 없이 강하고 야무지게. '든든히④'보다 센 느낌을 준다.

의미 [+느낌],[+충분],[−부족]

제약

⑤ 먹은 것이나 입은 것이 충분해서 허전한 느낌이 없이. '든든히⑤'보다 센 느낌을 준다.

뜯적-뜯적

의미 [+모양],[+분리]v[+상처],[+반복]

제약

① 손톱이나 칼끝 따위로 자꾸 뜯거나 진집을 내는 모양.

¶아이는 마루 끝에 앉아서 무릎의 상처를 **뜯적뜯적** 뜯고 있다.

의미 [+모양],[+트집],[+간섭],[+반복]

제약

② 괜히 트집을 잡아 짓궂게 자꾸 건드리는 모양.

¶주인은 별것도 아닌 일에도 하인을 **뜯적뜯적** 못살게 굴었다.

뜰뜰

의미 [+소리]v[+모양],[+바퀴],[+회전],[+바닥]

제약 {   }-{굴러가다}

① 바퀴 따위가 단단한 바닥을 굴러가는 소리. 또는 그 모양. '들들02①'보다 센 느낌을 준다.

¶언덕길에서 **뜰뜰** 내려오는 저 쓰레기차가 어딘지 위태로워 보인다.

의미 [+모양],[+위력]v[+명령],[+시행],[+만족]

제약

② 위력이나 명령이 썩 잘 시행되는 모양.

¶그 정도 일이야 어르신 말씀 한마디면 **뜰뜰** 해 치울 겁니다.

뜰먹-뜰먹

의미 [+모양],[+물체],[+상하],[+왕복],[+반복]

제약 { }-{거리다, 대다}

① 무거운 물체 따위가 자꾸 들렸다 내려앉았다 하는 모양. '들먹들먹①'보다 센 느낌을 준다.

의미 [+모양],[+어깨]v[+엉덩이],[+상하], [+왕복],[+반복]

제약 {어깨, 엉덩이}-{거리다, 대다}

② 어깨나 엉덩이 따위가 자꾸 들렸다 놓였다 하는 모양. '들먹들먹②'보다 센느낌을 준다.

의미 [+모양],[+마음],[+불안],[+반복]

제약 { }-{거리다, 대다}

③ 마음이 자꾸 설레는 모양. '들먹들먹③'보다 센 느낌을 준다.

의미 [+모양],[+입술],[+개폐],[+반복]

제약 {입술}-{거리다, 대다}

④ 말할 듯이 입술이 자꾸 열렸다 닫혔다 하는 모양. '들먹들먹④'보다 센 느낌을 준다.

의미 [+모양],[+가격],[+상승],[+빈도]

제약 { }-{거리다, 대다}

⑤ 가격이 오르려는 기세를 자꾸 보이는 모양. '들먹들먹⑥'보다 센 느낌을 준다.

의미 [+모양],[+상처],[+화농],[+통증],[+빈도]

제약 { }-{거리다, 대다}

⑥ 다친 데나 헌데가 곪느라고 자꾸 쑤시는 모양. '들먹들먹⑦'보다 센 느낌을 준다.

뜰썩

의미 [+모양],[+물건],[+부착],[+분리]

제약

① 붙어 있던 물건이 쉽게 떠들리는 모양. '들썩①'보다 센 느낌을 준다.

의미 [+모양],[+어깨]v[+엉덩이],[+상승]

제약 {어깨, 엉덩이}-{ }

② 어깨나 엉덩이 따위가 한 번 들리는 모양. '들썩②'보다 센 느낌을 준다.

의미 [+모양],[+마음],[+흥분]

제약

③ 마음이 들떠서 움직이는 모양. '들썩③'보다 센 느낌을 준다.

의미 [+모양],[+행동],[+소란],[+분주]

제약

④ 시끄럽고 부산하게 움직이는 모양. '들썩④'보다 센 느낌을 준다.

뜰썩-뜰썩

의미 [+모양],[+물건],[+상하],[+왕복],[+반복]

제약 { }-{거리다, 대다}

① 묵직한 물건이 자꾸 떠들렸다 가라앉았다 하는 모양. '들썩들썩①'보다 센 느낌을 준다.

의미 [+모양],[+어깨]v[+엉덩이],[+상하], [+왕복],[+반복]

제약 {어깨, 엉덩이}-{거리다, 대다}

② 어깨나 엉덩이 따위가 자꾸 들렸다 놓였다 하는 모양. '들썩들썩②'보다 센 느낌을 준다.

의미 [+모양],[+마음],[+흥분],[+반복]

제약

③ 마음이 자꾸 들떠서 움직이는 모양. '들썩들썩③'보다 센 느낌을 준다.

의미 [+모양],[+운동],[+소란],[+분주]

제약

④ 시끄럽고 부산하게 움직이는 모양. '들썩들썩④'보다 센 느낌을 준다.

뜸북-뜸북

의미 [+소리],[+뜸부기]

제약 {뜸부기}-{울다}

뜸부기가 우는 소리.

뜸직-뜸직

의미 [+모양],[+말]v[+행동],[-변화],[+깊이],[+무게]

제약

말이나 행동이 한결같이 아주 속이 깊고 무게가 있는 모양.

¶그 사람은 여간해서 웃는 법이 없고 말도 어쩌다 **뜸직뜸직** 한 마디씩 하는 사람이다.

뜸직-이

의미 [+말]v[+행동],[+깊이],[+무게]

제약

말이나 행동이 매우 속이 깊고 무게가 있게.
¶그는 내가 실수를 해도 **뜸직이** 기다려 주는 아량이 있다.

뜻-대로

의미 [+의도],[+실행]

제약

① 마음먹은 대로.
¶계획이 **뜻대로** 이루어지다./모든 일이 **뜻대로** 되면 얼마나 좋겠니./중학생인 규는 자기의 장래를 외삼촌의 **뜻대로** 정할 생각은 없었다.≪이병주, 지리산≫

의미 [+의미],[+동일]

제약

② 의미와 같이.
¶이 글의 **뜻대로** 이해한다면 그런 결론이 나올 수 없다.

뜻밖-에

의미 [-생각]v[-기대]v[-예상]

제약

생각이나 기대 또는 예상과 달리. ≒의외로.
¶아버지께 여행을 가겠다고 조심스럽게 말씀드렸는데 **뜻밖에도** 흔쾌히 허락하셨다./사내의 눈이 갑자기 가늘어지는가 했더니 **뜻밖에도** 첫인상과는 전혀 다른 상냥한 웃음이 얼굴 가득히 만들어졌다.≪윤흥길, 장마≫

띄엄-띄엄

의미 [+모양],[+간격]

제약

① 붙어 있거나 가까이 있지 않고 조금 떨어져 있는 모양.
¶글씨를 **띄엄띄엄** 쓰다./**띄엄띄엄** 선 가로등을 빼면 골목길은 어둡고 괴괴하기 짝이 없었다. ≪이문열, 변경≫/경주 고분이 솟아오른 듯 평퍼짐한 야산들이 **띄엄띄엄** 평지에 솟아 있었다. ≪현기영, 변방에 우짖는 새≫

의미 [+모양],[+행동],[-지속],[+간격]

제약

② 계속하여서 하지 아니하고 어느 정도 일정한 사이를 두고 하는 모양.

¶**띄엄띄엄** 말하다./창밖에서는 가을을 알리는 벌레 울음소리가 **띄엄띄엄** 들려왔다./**띄엄띄엄** 사정을 털어놓고 있는 여인의 목소리는 그날처럼 여전히 냉랭했다.≪이청준, 소문의 벽≫

의미 [+모양],[+행동],[-속도]

제약

③ 느릿느릿한 모양.
¶**띄엄띄엄** 걷다.

띠그르르

의미 [+모양],[+물건],[+노출],[+굵기]v[+크기]

제약

① 가늘거나 작은 물건들 가운데서 드러나게 굵거나 큰 모양. '디그르르①'보다 센 느낌을 준다.
¶**띠그르르** 굵은 감자.

의미 [+모양],[+과일],[+크기],[+균일],[+단단]

제약

② 과일 따위가 굵직하며 고르고 여무진 모양. '디그르르②'보다 센 느낌을 준다.

의미 [+모양],[+밥알],[+단단]

제약

③ 밥이 설익어서 밥알이 우둘우둘한 모양. '디그르르③'보다 센 느낌을 준다.

띠글-띠글

의미 [+모양],[+물건],[+노출],[+굵기]v[+크기]

제약

① 가늘거나 작은 물건들 가운데서 몇 개가 드러나게 굵거나 큰 모양. '디글디글①'보다 센 느낌을 준다.
¶**띠글띠글** 잘 여문 고구마들.

의미 [+모양],[+밥알],[-익음]v[+건조],[+단단]

제약

② 밥알이 설익었거나 너무 되거나 말라서 꾸들꾸들한 모양. '디글디글②'보다 센 느낌을 준다.

띵

의미 [+느낌],[+통증],[+정신],[-분명]

제약

울리듯 아프고 정신이 흐릿한 느낌.

¶머릿골이 띵 울리다.

띵까-띵까

의미 [+소리],[+악기],[+연주],[+소란],[+신명]

제약

요란하고 신나게 악기를 연주해 대는 소리.

¶옆집에서 밤새도록 **띵까띵까** 노는 소리에 잠을 한숨도 못 잤다.

띵띵

의미 [+모양],[+살],[+비만]v[+팽창],[+탄력],[+정도]

제약 {사람}-{붓다}

① 살이 몹시 찌거나 붓거나 하여 아주 팽팽한 모양. '딩딩①'보다 센 느낌을 준다.

¶얼굴이 **띵띵** 붓다./물에 담가 둔 쌀이 **띵띵** 불었다.

의미 [+모양],[-압박],[+견고],[+정도]

제약

② 누를 수 없을 정도로 몹시 굳고 단단한 모양. '딩딩②'보다 센 느낌을 준다.

의미 [+모양],[+힘]v[+세도],[+크기],[+견고]

제약

③ 힘이나 세도 따위가 크고 든든한 모양. '딩딩③'보다 센 느낌을 준다.

의미 [+모양],[+화],[+정도]

제약

④ 몹시 화가 난 모양. '딩딩④'보다 센 느낌을 준다.

ㅁ

마구

의미 [+맹렬]v[+가혹],[+정도]

제약

① 몹시 세차게. 또는 아주 심하게.

¶마구 때리다./마구 달리다./눈물이 마구 쏟아진
다./외마디 소리를 지르면서 뒤로 자빠지다가
의자에 걸려 모로 뒹군다. 끈적끈적한 코 밑에
손을 댄다. 마구 코피가 흐른다.≪최인훈, 광장≫

의미 [-생각],[-주의]

제약

② 아무렇게나 함부로.

¶마구 만든 옷./아무것이나 마구 사지 말고 필요
한 것만 사라./글씨를 마구 써서 알아보기 힘들
다./쓰레기를 아무 데나 마구 버려 주위가 지저
분하다.

마구-대고

의미 [+무리],[+주의],[+반복]

제약

마구 무리하게 자꾸.

¶마구대고 소리 지르다./그는 벌떡 일어서면서
눈앞에 보이는 대로 칼 하나를 채어 가지고는
마구대고 휘저었습니다.≪채만식, 태평천하≫

마구-마구

의미 [+맹렬],[+정도]

제약

① 정도가 지나친 데가 있을 정도로 몹시 세차
게. 또는 아주 심하게.

¶비가 마구마구 쏟아진다.

의미 [-신중],[+정도]

제약

② 정도가 지나친 데가 있을 정도로 아무렇게나

함부로.

¶아이들에게 먹을 것을 마구마구 사 주었다.

마기-말로

의미 [+가정],[+사실]

제약

실제라고 가정하고 하는 말로. 늑막상말로.

¶마기말로 내가 그런 일을 당했다면 가만있지
않았을 거야./그만한 술기운이라면 무슨 일이라
도, 마기말로 살인이라도 능히 저지를 것만 같은
기분이었다.≪윤흥길, 완장≫

마냥

의미 [+지속]

제약

① 언제까지나 줄곧.

¶그들은 아무 말 없이 마냥 걷기만 하였다./그가
올 때까지 마냥 기다렸다./이렇게 마냥 걷다간
해가 지기 전에 그곳에 도착하지 못할 것이다.

의미 [-부족],[+흡족]

제약

② 부족함이 없이 실컷.

¶마냥 먹어 대다./모처럼 친구들을 만나 마냥 웃
고 떠들었다.

의미 [+기준],[+초과],[+정도]

제약

③ 보통의 정도를 넘어 몹시.

¶그 사람은 성격이 마냥 좋기만 하다./분홍 스웨
터 소매를 걷어 올린 팔과 목덜미가 마냥 희었
다.≪황순원, 소나기≫

마땅-히

의미 [+행동]v[+대상],[+조건],[+부합],[+정
도]

제약

① 행동이나 대상 따위가 일정한 조건에 어울릴 정도로 알맞게.

¶그 일에 맞는 사람이 **마땅히** 없다./요즘에는 부업으로 **마땅히** 할 일이 없다.

의미 [+만족],[+정도]

제약

② 흡족하게 마음에 들 정도로.

¶변화를 주자 '데이트' 하면 식사를 하거나 영화를 보는 것 외에 **마땅히** 떠오르는 것이 없다면 그 연인들의 사랑은 지루해지기 쉽다. 군이 기념일이…≪좋은생각≫/누군가 올 줄 알았다면 미리 장을 봐놨을 텐데. 냉장고를 뒤져보았지만 **마땅히** 요리할 만한 재료가 보이지 않았다. 얼마 전에 수산시장에 가 생선과…

의미 [+이치],[+정당],[+당연]

제약

③ 그렇게 하거나 되는 것이 이치로 보아 옳게.

¶사람으로서 **마땅히** 지켜야 할 도리./자식이라면 **마땅히** 부모에게 효도해야 한다./죄를 지었으면 **마땅히** 벌을 받아야 한다.

마뜩-이

의미 [+만족],[+정도]

제약

제법 마음에 들 만하다.

마수-없이

의미 [+순간]v[-예상]

제약

갑자기 또는 난데없이.

¶넋을 놓고 한길 가운데 우두커니 섰는데 누가 **마수없이** 어깨를 짚으면서 공중에서 부른다.≪채만식, 탁류≫

마음-껏

의미 [+마음],[+흡족]

제약

마음에 흡족하도록.

¶**마음껏** 마시다./먹고 싶은 만큼 **마음껏** 먹어라./요 며칠 합격의 기쁨을 **마음껏** 누리고 있다./아이들은 **마음껏** 뛰고 놀 수 있게 해 주어야 한다./선수들 각자의 기량을 **마음껏** 발휘하도록 환

경을 마련해 주어야 한다./들고 갈 수 있는 대로 **마음껏** 퍼 담아 갔다.≪유현종, 들불≫

마음-대로

의미 [+임의],[+자유]

제약

하고 싶은 대로.

¶**마음대로** 행동하다./뭘 하시든지 **마음대로** 하세요./순제가 팔을 꼭 끼고 매달려서 몸을 **마음대로** 가눌 수가 없다.≪염상섭, 취우≫

마장스레

의미 [+장애],[+반복]

제약

보기에 어떤 일에 자꾸 마가 끼어드는 데가 있게.

마저

의미 [+전부],[-예외]

제약

남김없이 모두.

¶컵에 물을 **마저** 따르다./식은 차를 **마저** 마시다./내 말을 **마저** 들어라./하던 일이나 **마저** 끝내라.

마주

의미 [+방향],[+대립]

제약

서로 똑바로 향하여.

¶둘이 **마주** 서다./**마주** 향하다./그들은 시선이 **마주** 닿았다./책상을 사이에 두고 그들은 **마주** 건너다보이는 자리에 앉았다./정신을 놓고 걷다가 몇 번이나 **마주** 오는 사람과 부딪쳤다./나는 사자처럼 눈을 부라리며 **마주** 노려보았다.≪유재용, 성역≫

마치

의미 [+비교],[+유사]

제약 { }-{같다, 양하다}

(흔히 '처럼', '듯', '듯이' 따위가 붙은 단어나 '같다', '양하다' 따위와 함께 쓰여) 거의 비슷하게.

¶**마치** 선녀처럼 고운 얼굴./반장은 **마치** 자기가 담임 선생님인 듯이 아이들에게 이래라저래라 했다./그녀의 목소리는 **마치** 천상에서 울리는 음

악 소리 같다./전방에는 **마치** 사원 비슷한 높은 누각이 당당하게 막아서 있었다.≪홍성원, 육이오≫/창선은 마치 사막에 고개만 파묻은 타조 모양으로 혼자 눈을 감고 아무것도 보지 않았다.≪나도향, 뉘우치려 할 때≫

마침
의미 [+경우]v[+기회],[+적당]
제약
어떤 경우나 기회에 알맞게. 또는 공교롭게.
¶오늘 내가 찾아가려던 참이었는데 **마침** 잘 왔다./강을 건너야 하는데 **마침** 배가 있었다./지금 **마침** 가진 돈이 없으니 내일 은행에서 찾아다 주겠소./내가 역에 도착하니 그때 **마침** 기차가 출발하려 했다.

마침-내
의미 [+시간],[+인과],[+필연]
제약
드디어 마지막에는. 늑급기(及其).
¶오랜 항해 끝에 **마침내** 육지에 도달하였다./상처가 **마침내** 곪아 터졌다./**마침내** 그 두 사람은 헤어지게 되었다.

마침-몰라
의미 [+상황],[−대책]
제약
그때를 당하면 어찌 될지 모르나.

막01
의미 [+진행],[+현재],[+완료]
제약
① 바로 지금.
¶**막** 출발하다./**막** 끝냈다.
의미 [+시간],[+순간]
제약
② 바로 그때.
¶내가 역에 도착했을 때, 기차가 **막** 떠나고 있었다./이제부터 자신을 무섭게 다그치고 혹사하기 위해서였다. 그가 전나무숲을 **막** 빠져나왔을 때 멀리 해변 쪽에서 난데없는 조명탄이 올랐다. 자세히 살펴보니…

막02
의미 [+맹렬]v[+가혹],[+정도]

제약
① ‘마구01①’의 준말. 몹시 세차게. 또는 아주 심하게.
¶슬퍼서 **막** 울었다./이야기를 지금도 기억한다. 큰불이 났는데 내가 도련님을 업고 **막** 도망쳤지 뭐니. 그래서 살아났거든! 영주 부인에게 얼마나 칭찬을 받았는지 몰라…
의미 [−생각],[−조심]
제약
② ‘마구01②’의 준말. 아무렇게나 함부로.
¶**막** 지껄이다./**막** 짓밟았다.

막03
의미 [+일],[+실제]
제약
막상01. 어떤 일에 실지로 이르러.

막대-히
의미 [+정도],[+과도]
제약
더할 수 없을 만큼 많거나 크게.

막막-히01
의미 [+고독],[+고요]
제약
① 쓸쓸하고 고요하게.
의미 [−의탁],[+고독],[+고립]
제약
② 의지할 데 없이 외롭고 답답하게.
¶그는 십여 년을 타국에서 **막막히** 지냈다.
의미 [+고립]
제약
③ 꽉 막힌 듯이 답답하게.
¶물에 발을 담그고 앉아 **막막히** 막아 선 산을 쳐다보며 하염없이 울고 있었는지도 모른다.≪전상국, 지빠귀 둥지 속의 뻐꾸기≫

막막-히02
의미 [+거리]v[+넓이],[−분명]
제약
① 아주 넓거나 멀어 아득하게.
¶**막막히** 펼쳐진 바다.
의미 [−분명],[−확실]
제약

② 아득하고 막연하게.

¶황주 아주머니는 거의 맨손이다시피, 올망졸망 동서불변의 사남매를 데리고 **막막히** 서울로 올라와….≪채만식, 낙조≫

막부득이

의미 [−의지],[+진행]

제약

=만부득이. '부득이'를 강조하여 이르는 말. 마지못하여 하는 수 없이.

막비

의미 [+부정],[+부정]

제약

'아닌 게 아니라'를 한문 투로 이르는 말.

¶백주에 행길에서 이런 망신을 시키다니 그놈이 사람이 아닙니다. 그러나 **막비** 일수 불길한 탓이니 이러니저러니 할 것 있습니까.≪홍명희, 임꺽정≫

막상

의미 [+일],[+실제],[+도달]

제약

어떤 일에 실지로 이르러.

¶그는 집을 떠나려고 나서긴 했지만 **막상** 갈 곳이 없었다./우리는 서로 많이 싸웠지만 **막상** 헤어지려 하니 눈물이 났다.

막상-말로

의미 [+가정],[+실제]

제약

=마기말로. 실제라고 가정하고 하는 말로.

막심-히

의미 [+극심],[−비교]

제약

더할 나위 없이 심하게.

막엄-히

의미 [+엄숙],[−비교]

제약

더할 바 없이 엄숙하게.

막역-히

의미 [+친밀],[+정도]

제약

허물이 없이 아주 친하게.

¶그와는 **막역히** 지낸다.

막연-히

의미 [−판단],[−분명]

제약

① 갈피를 잡을 수 없을 정도로 아득하게.

의미 [−분명],[−확실]

제약

② 뚜렷하지 못하고 어렴풋하게.

¶**막연히** 묻다./**막연히** 기다리다.

막중-히

의미 [+중요],[+최대]

제약

더할 수 없이 중대하게.

¶그는 시간을 **막중히** 여긴다.

막-해야

의미 [+불량],[+정도],[+최대]

제약

아무리 나쁘다 하여도.

¶**막해야** 본전밖에 더 날리겠어?

막힘없-이

의미 [+일],[+진행],[−장애]

제약

일이 순조롭게 진행되어 방해받는 것이 없이.

¶일이 **막힘없이** 진행된다./그는 이야기를 **막힘없이** 이어 갔다.

만-날

의미 [+매일],[+지속]

제약

매일같이 계속하여서. 늘맨날.

¶**만날** 그 모양이다./너는 시험이 코앞인데 **만날** 놀기만 하니?

만만

의미 [+상태],[+기준],[+과도]

제약

①=아주①. (형용사 또는 상태의 뜻을 나타내는 일부 동사나 명사, 부사 앞에 쓰여) 보통 정도보다 훨씬 더 넘어선 상태로.

의미 [+전혀]

제약

②=전혀01. (주로 부정하는 뜻을 나타내는 낱말과 함께 쓰여) '도무지', '아주', '완전히'의 뜻을

나타낸다.

¶영양위 소질이 영특하고 명민하와 사절로 군명을 더럽힐 염려는 **만만** 없사오나….≪김동인, 대수양≫

만만다행-히

의미 [+다행],[+정도]

제약

아주 다행히.

¶전쟁에서 **만만다행히** 돌아오다.

만만-히[01]

의미 [+연함],[+유연]

제약

① 연하고 보드랍게.

의미 [−부담]v[−공포],[+취급],[+용이]

제약

② 부담스럽거나 무서울 것이 없어 쉽게 다루거나 대할 만하게.

¶**만만히** 다루다./상대가 무작정 **만만히**만 볼 수도 없는 놈이라서 다소간 초조하기도 한 모양이다.≪이문희, 흑맥≫

만만-히[02]

의미 [−부족],[+여유]

제약

부족함이 없이 넉넉하게.

만만-히[03]

의미 [+싫증],[+지속]

제약

끝없이 지루하게.

만-부득이

의미 [−회피]

제약

'부득이'를 강조하여 이르는 말. 늑막부득이.

¶다리를 다쳐서 **만부득이** 학교에 결석하였다./우리의 욕심으로선 **만부득이** 그런 상황을 긍정하더라도 회사가 고민하는 태도만이라도 보여 주었으면 해.≪이병주, 행복어 사전≫

만분

의미 [+충분],[+완전]

제약

'백분'을 과장하여 이르는 말.

¶집안에 **만분** 시급한 일이 있어도 경거망동하지 마라./네 심정 **만분** 이해한다./"내려와야죠. 내려오시길 **만분** 잘했습니다!"≪오영수, 메아리≫/"아무튼지 **만분** 다행입니다."≪박경리, 토지≫

만분다행-히

의미 [+일],[+완수],[+의외],[+다행],[+정도]

제약

뜻밖에 일이 잘되어 아주 다행히.

¶김 참서가 **만분다행히** 여겨 오냐, 인제는 내가 있으니 아무 걱정 말고 약도 먹고 미음도 마시어 네 몸이나….≪이해조, 홍도화≫

만손

의미 [−인정]

제약

비록. ('-ㄹ지라도', '-지마는'과 같은 어미가 붙는 용언과 함께 쓰여) 아무리 그러하더라도.

만연-히

의미 [+태도],[−목적],[−의도],[+방임]

제약

① 어떤 목적이 없이 되는대로 하는 태도가 있게.

¶**만연히** 고장이라 생각하고 그 기계를 버렸다.

의미 [−응어리]

제약

② 맺힌 데가 없게.

의미 [+길이],[+거리],[+막연]

제약

③ 길고 멀어 막연하게.

만유루없-이

의미 [+준비],[+다양],[−결여]

제약

여러모로 갖추어져 빈틈이 없게.

만작-만작

의미 [+모양],[+접촉],[+반복]

제약 { }-{만지다, 거리다, 대다}

'만지작만지작'의 준말. 자꾸 가볍게 주무르듯이 만지는 모양.

만족스레

의미 [+만족],[+정도]

제약 { }-{여기다}

매우 만족할 만한 데가 있게.

¶그는 현재의 일을 **만족스레** 여긴다.

만족-히
의미 [+마음],[+흡족]
제약
마음에 흡족하게.

¶자기에게 경멸하는 눈초리를 던지던 굵직굵직한 학생이 오늘은 자기에게 경의를 표하던 것을 대단히 **만족히** 생각하는 눈치다.≪염상섭, 그 초기≫

만지작-만지작
의미 [+모양],[+접촉],[+반복]
제약 { }-{만지다, 거리다, 대다}
자꾸 가볍게 주무르듯이 만지는 모양.

¶비취옥 가락지 한 짝을 꺼내어 **만지작만지작** 만져 본다.≪박종화, 다정불심≫

만판
의미 [+충분],[+만족]
제약
① 마음껏 넉넉하고 흐뭇하게.

¶**만판** 먹고 마시다./그는 부모를 잘 만나 **만판** 호강하며 살았다.
의미 [+유일]
제약
② 다른 것은 없이 온통 한가지로.

¶공부는 안 하고 **만판** 놀기만 하니 걱정이다./행운의 여신을 끼지 않고는 해 본다는 일이 **만판** 허탕으로만 끝났다.≪이청준, 퇴원≫

만혹
의미 [+가정]
제약
만에 하나 어떤 일이 일어나는 경우에.

만홀-히
의미 [+한가],[-중요]
제약
한만하고 소홀하게.

¶자기의 책임을 **만홀히** 여기다.

많-이
의미 [+수효]v[+분량],[+정도],[+기준],[+초과]
제약

수효나 분량, 정도 따위가 일정한 기준보다 넘게.

¶밥을 너무 **많이** 먹어서 배가 부르다./병원으로 경찰서로 뛰어다니느라 형태도 그동안 **많이** 수척해져서 튀어나온 광대뼈 옆으로 눈 밑이 거무스름했다.≪한수산, 유민≫

말그스름-히
의미 [+맑음],[-정도]
제약
조금 맑은 듯하게.

말긋-말긋01
의미 [+모양],[+액체],[+덩어리],[+혼합]
제약
액체 속에 덩어리가 섞여 있는 모양.

말긋-말긋02
의미 [+모양],[+생기],[+청아],[+환함]
제약
① 생기 있게 맑고 환한 모양.
의미 [+모양],[+눈],[+시선],[+생기]
제약 { }-{쳐다보다}
② 생기 있는 눈으로 말똥말똥 쳐다보는 모양.

¶아이가 엄마를 **말긋말긋** 올려다본다./올챙이는 무어라고 위로를 해야겠어서 **말긋말긋** 윤 직원 영감의 눈치를 살핍니다.≪채만식, 태평천하≫

말끄러미
의미 [+모양],[+시선],[+초점],[-의도]
제약 { }-{바라보다}
눈을 똑바로 뜨고 오도카니 한곳만 바라보는 모양.

¶**말끄러미** 쳐다보다./규는 어이가 없어 진숙의 수선 떠는 양을 **말끄러미** 바라보고 있을 수밖에 없었다.≪이병주, 지리산≫

말끔
의미 [+전부],[-예외]
제약
조금도 남김없이 모두 다.

¶점심 뒤에는 신문지를 **말끔** 몰아 가지고, 집에서 한 삼 마장이나 되는 바닷가로 나왔다.≪심훈, 상록수≫/저놈을 **말끔** 한꺼번에 불을 땠으면 꽤 뜨뜻하렷다 싶었다.≪채만식, 남행기≫

말끔-히

의미 [＋상태],[＋청결],[－먼지]

제약

티 없이 맑고 환할 정도로 깨끗하게.

¶말끔히 갠 하늘./옷을 말끔히 차려입다./고모도 나오고 이모까지 합세해서 모두들 바빠 움직인 보람이 있어 장마로 어지럽혀진 집 안이 말끔히 청소되었다.≪윤흥길, 장마≫

말똥-말똥

의미 [＋모양],[＋눈빛]v[＋정신],[＋청아]v[＋생기]

제약

① 눈빛이나 정신 따위가 맑고 생기가 있는 모양.

¶여자는 금세 자세를 정면으로 잡으며 이번에는 아주 눈을 말똥말똥 떠 버렸다.≪이청준, 조율사≫

의미 [＋모양],[＋시선],[－생각],[－초점]

제약 { }-{쳐다보다}

② 눈만 동그랗게 뜨고 다른 생각이 없이 말끄러미 쳐다보는 모양.

¶박 씨는 누워서 말똥말똥 천장을 쳐다보고 있다.≪서정인, 강≫

말똥-히

의미 [＋태도],[＋시선],[＋생기],[－초점],[＋반복]

제약 { }-{쳐다보다}

생기 있고 또랑또랑한 눈알을 자꾸 굴리며 말끄러미 쳐다보는 태도로.

¶아이는 영문도 모른 채 눈만 말똥히 뜨고 앉아 있었다.

말랑-말랑

의미 [＋느낌],[＋정도]v[＋다수],[＋유연],[－견고]

제약

① 매우 또는 여기저기가 야들야들하게 보드랍고 무른 느낌.

¶말랑말랑 젤리가 입에서 살살 녹는다./에어컨 바람 때문에 여자의 손은 차갑고 말랑말랑 상쾌했다.≪박영한, 머나먼 송바 강≫

의미 [＋신체]v[＋성향],[－견고],[＋빈틈],[＋연약]

제약

② 사람의 몸이나 기질이 야무지지 못하고 맺힌 데가 없어 약한 모양.

말말-이

의미 [＋말],[＋다양],[＋전부]

제약

이런저런 말마다.

¶유복이의 말소리는 나직나직하지마는 그 말은 말말이 힘차게 들렸다.≪홍명희, 임꺽정≫/"자네 말이야, 말말이 공자 왈이지."≪송기숙, 녹두 장군≫/누구에게 뭣이 고맙다는지는 알 수 없으나 박 노인은 말말이 고맙다고만 한다.≪오영수, 메아리≫

말쌀스레

의미 [＋잔인],[＋냉정]

제약

보기에 모질고 쌀쌀한 데가 있게.

말썽스레

의미 [＋트집]v[＋시비],[＋곤란],[－만족]

제약

보기에 자주 트집이나 시비를 일으킬 만하여 딱하고 귀찮은 데가 있게.

말쑥-이

의미 [＋청결]

제약

① 지저분함이 없이 말끔하고 깨끗하게.

¶집 안을 말쑥이 치우다.

의미 [＋세련],[＋아담]

제약 {의상}-{입다}

② 세련되고 아담하게.

¶그렇게 말쑥이 차려입고 어디를 가십니까?

말씬

의미 [＋느낌],[＋연약],[＋유연]

제약

잘 익거나 물러서 연하고 말랑한 느낌. 늑말씬히.

말씬-말씬

의미 [＋느낌],[＋연약],[＋유연],[＋정도]v[＋다수]

제약

잘 익거나 물러서 매우 또는 여기저기가 연하고
말랑말랑한 느낌.

¶홍시가 잘 익어 **말씬말씬** 먹음직스럽다.

말씬-히

의미 [+느낌],[+연약],[+유연]

제약

잘 익거나 물러서 연하고 말랑한 느낌.

말-없이

의미 [−말]

제약

① 아무런 말도 아니하고.

¶**말없**이 결근하다./**말없**이 사라지다./그는 **말없**이 담배만 피워 댔다./한동안 **말없**이 가다가 엄마가 불쑥 말했다.≪박완서, 도시의 흉년≫

의미 [−사고]v[−문제]

제약

② 아무 사고나 말썽이 없이.

¶어머니는 자식이 **말없**이 건강하게 자라 주는 것이 그저 기쁠 따름이었다.

말짱

의미 [+전부]

제약 { }−{부정서술어}

(부정의 뜻을 나타내는 서술어와 함께 쓰여) 속속들이 모두.

¶저 친구 술 끊었다더니 **말짱** 거짓말이었군./피를 부르지 않게끔 미리 어떻게든 조처해 달라는 화순네의 하소연에 운암댁은 **말짱** 소용없는 일이라며 도리질만 했다.≪윤흥길, 완장≫

말짱-히[01]

의미 [+상태],[−결점],[+완전]

제약

① 흠이 없고 온전한 상태로.

¶새것을 **말짱**히 그대로 들고 왔다.

의미 [+상태],[+정신],[+분명]

제약

② 정신이 맑고 또렷한 상태로.

¶아무리 취했어도 **말짱**히 집으로 돌아갔다.

의미 [+상태],[+청결]

제약

③ 지저분한 것이 없고 깨끗한 상태로.

¶내가 외출한 사이 아이들이 집 안을 **말짱**히 정리해 두었다.

의미 [+속셈],[+민첩]

제약

④ 속셈이 있고 약삭빠르게.

¶아이는 어른들이 하는 이야기를 **말짱**히 눈치채고 있었다.

의미 [+태도],[+잘못],[+보통],[−수치]

제약

⑤ 그른 짓을 하는 태도가 예사롭거나 뻔뻔하게.

¶어쩌면 그렇게 **말짱**히 거짓말을 할 수가 있니?

말짱-히[02]

의미 [+성미],[+심약],[+정도]

제약

사람의 성미가 무르고 만만한 정도로.

말캉-말캉

의미 [+느낌],[+유연],[+정도]v[+다수]

제약 { }−{거리다, 대다}

너무 익거나 곯아서 물크러질 정도로 매우 또는 여기저기가 말랑한 느낌.

맘-껏

의미 [+마음],[+흡족]

제약

'마음껏'의 준말. 마음에 흡족하도록.

¶내일부터 휴가니 **맘껏** 자고 놀 수 있다./대처에 나가 **맘껏** 네 의지를 펼쳐 보아라.

맘-대로

의미 [+임의],[+자유]

제약

'마음대로'의 준말. 하고 싶은 대로.

¶어디든지 가고 싶으면 그 즉석에서 **맘대로** 갈 수가 있다.≪정비석, 비석과 금강산의 대화≫/나는 수술 전보다 훨씬 더 비참함을 느꼈다. 왼쪽 몸이 내 **맘대로** 움직여지지 않아 무슨 일이든 다른 이의 도움을 받아야 했기 때문이다…≪좋은 생각≫

맛깔스레

의미 [+미각],[+호감]

제약

입에 당길 만큼 음식의 맛이 있게.

¶나물을 맛깔스레 무치다.

맛맛-으로

의미 [+맛],[+다양],[+음식],[+교체]

제약 { }-{먹다}

① 입맛을 새롭게 하기 위하여 여러 가지 음식을 조금씩 바꾸어 가며 색다른 맛으로.

¶좋은 음식도 맛맛으로 먹어야지 계속 먹으면 금방 물린다./맛맛으로 몇 개 따가는 것이 아니라 이것은 숫제 훑어 가 버리는 것이다.≪이무영, 농민≫

의미 [+미각],[+호감]

제약 { }-{먹다}

② 맛있는 대로.

¶맛맛으로 연방 먹어 댄다.

맛스레

의미 [+맛],[+호감]

제약

보기에 맛이 있을 듯하게.

맛없-이

의미 [+음식],[−맛],[−호감]

제약 { }-{먹다}

① 음식의 맛이 나지 아니하거나 좋지 아니하게.

¶그는 식은 홍차를 맛없이 마시고 있는 성호를 건너다보며 생각했다.≪황순원, 움직이는 성≫

의미 [−재미],[−흥미]

제약

② 재미나 흥미가 없이.

¶모두 맛없이 웃는 가운데 황 혼자만 얼굴을 다지더니 어디서 흔히 들어 본 듯한 말투로 나왔다.≪이문구, 으악새 우는 사연≫

의미 [+행동],[+거북]

제약

③ 하는 짓이 싱겁게.

망령되-이

의미 [+상태],[+노화]v[−정신],[+말]v[+행동],[−정상]

제약

늙거나 정신이 흐려서 말이나 행동이 정상을 벗어난 상태로.

¶너 이놈, 감히 어느 안전이라고 망령되이 혀를 놀리느냐?≪이문열, 황제를 위하여≫

망령스레

의미 [+노화]v[−정신],[+말]v[+행동],[−주관]

제약

늙거나 정신이 흐려 말과 행동이 주책없는 듯하게.

망망연-히

의미 [+시각],[+거리],[+정도]

제약

① 아득히 먼 곳을 바라보는 듯하게.

의미 [+기색],[+무안],[+눈치]

제약

② 수줍어서 얼굴을 들지 못하고 흘끗흘끗 바라보는 기색으로.

망망-히[01]

의미 [+분주],[+정도]

제약

매우 바쁘게.

¶갑자기 소나기가 내려 망망히 소를 몰아들였다.

망망-히[02]

의미 [+넓이],[+거리]

제약

① 넓고 멀게.

¶망망히 펼쳐진 바다./우편으로 지평선 끝까지 망망히 바라보이는 면이 황활!≪정비석, 비석과 금강산의 대화≫

의미 [−분명],[+거리]

제약

② 어렴풋하고 아득하게.

망상스레

의미 [+요망],[+영악]

제약

요망하고 깜찍한 데가 있게.

망설-망설

의미 [+모양],[+태도],[−결정]

제약

이리저리 생각만 자꾸 하고 태도를 결정하지 못

하는 모양.

¶서로 잘 알지 못하는 그들은 길에서 마주치자 **망설망설** 눈인사를 하였다.

망솔-히

의미 [+태도],[−판단],[+경솔]

제약 { }−{행동하다}

앞뒤를 헤아리지 못하고 경솔한 태도로.

망신스레

의미 [+느낌],[+망신]

제약

망신을 당하는 느낌이 있게.

망연스레

의미 [+넓이],[+거리],[−분명],[+정도]

제약

① 매우 넓고 멀어서 아득한 데가 있게.

의미 [−생각],[−정신]

제약

② 아무 생각이 없이 멍한 데가 있게.

¶그는 멍하니 앉아서 **망연스레** 하늘만 바라보았다.

망연-히

의미 [+넓이],[+거리],[−분명],[+정도]

제약

① 매우 넓고 멀어서 아득한 정도로.

의미 [−생각],[−정신]

제약

② 아무 생각이 없이 멍한 태도로.

¶사무실로 돌아온 그는 제자리에 털썩 주저앉아 **망연히** 담배를 피워 물었다. 아무 일도 손에 잡히지 않았다.≪이동하, 도시의 늪≫

망울-망울

의미 [+모양],[+망울],[+다수],[−크기],[+원형]

제약 {우유, 풀}−{ }

① 우유나 풀 따위 속에 망울이 여기저기 잘고 동글게 엉겨 있는 모양.

의미 [+망울],[+개별],[+전부]

제약 {꽃}−{ }

② 하나하나의 망울마다.

¶개나리의 **망울망울**에 봄빛이 깃들어 있다.

망창-히

의미 [+사건],[+경험],[−대책]

제약

갑자기 큰일을 당하여 앞이 아득하게.

망측스레

의미 [+상태],[+손상],[+경악],[+곤란]

제약

정상적인 상태에서 어그러져 어이가 없거나 차마 보기가 어려운 데가 있게.

망측-히

의미 [+상태],[+손상],[+경악],[+곤란]

제약

정상적인 상태에서 어그러져 어이가 없거나 차마 보기가 어렵게.

망탕

의미 [−주의]

제약

되는대로 마구.

¶돈을 그렇게 **망탕** 없애 버려서는 안 돼요.

망패로이

의미 [+말]v[+행동],[−도리],[−주관],[−예의]

제약

보기에 말이나 행동이 도리에 어긋나 주책없고 막되게.

망패-히

의미 [+말]v[+행동],[−도리],[−주관],[−예의]

제약

말이나 행동이 도리에 어긋나 주책없고 막되게.

맞-바로

의미 [+정면],[+대립]

제약

마주 정면으로.

¶뙤약볕이 **맞바로** 쏟아지는 한낮./**맞바로** 쳐다보다./사람들은 대개 기표의 그 찌르는 듯 차가운 시선을 **맞바로** 못 보고 우물쭈물 피하거나 두려워하였다.≪최명희, 혼불≫

맞춤-히

의미 [+정도],[+유사],[+적합]

제약

비슷한 정도로 알맞게.

매⁰¹

의미 [+노력],[+정도]

제약

보통 정도보다 훨씬 심하게. 또는 보통 정도보다 더 공을 들여.

¶벼를 매 찧어서 곱게 쓿었다.

매⁰²

의미 [+소리],[+양]v[+염소]

제약 {양, 염소}-{울다}

양이나 염소 따위의 울음소리.

매가

의미 [+집],[+개별],[+전부]

제약

집집마다.

매개

의미 [+개별],[+전부]

제약

하나하나마다. 또는 낱낱이.

매기

의미 [+기간],[+구분],[+전부]

제약

일정하게 구분하여 정해진 기간마다.

¶배당금은 매기 지급한다.

매끄당-매끄당

의미 [+모양],[+윤활],[+전진],[+정도],[+반복]

제약

몹시 매끄러워서 넘어질 듯 넘어질 듯 자꾸 밀리어 나가는 모양.

매끈둥-매끈둥

의미 [+모양],[+유연],[+윤활],[+전진],[+정도],[+반복]

제약

① 부드럽고 매끄러워서 자꾸 밀리어 나가는 모양.

의미 [+모양],[+유연],[+윤활],[+정도]

제약

② 매우 부드럽고 매끄러운 모양.

매끈-매끈

의미 [+모양],[+윤활],[+윤기],[+전진],[+반복]

제약

① 매끄럽고 반드러워서 자꾸 밀리어 나가는 모양.

의미 [+모양],[+윤기],[+전진],[+정도]

제약

② 흠이나 거친 데가 없어 밀리어 나갈 정도로 몹시 반드러운 모양.

¶피부가 매끈매끈 아주 윤기가 있다.

매끈-히

의미 [+모양],[-흠]v[-거침],[+유연],[+윤기]

제약

① 흠이나 거친 데가 없이 부드럽고 반드럽게.

¶바닥을 아주 매끈히 칠을 잘했다.

의미 [+차림]v[+꾸밈],[+환함],[+청결]

제약

② 차림이나 꾸밈새가 환하고 깨끗하게.

¶언제나 매끈히 세련되고 신수가 훤한 김 사장만은 종로 신사답게 깨끗하고 버젓하다.≪염상섭, 화관≫

의미 [+생김],[+단정],[+시원]

제약

③ 생김새가 말쑥하고 훤칠하게.

매끌-매끌

의미 [+모양],[+윤활],[+정도]

제약

몹시 매끄러운 모양.

매-끼

의미 [+끼니],[+개별],[+전부]

제약

한 끼니 한 끼니마다.

¶매끼 죽으로 배를 채우다.

매-년

의미 [+년(해)],[+개별],[+전부]

제약

=매해. 해마다.

¶매년 돌아오는 생일./지구의 기온이 매년 조금

씩 상승하고 있다./매년 두 번씩 장학금을 주고
있다.

매-달
의미 [+달],[+개별],[+전부]
제약
=다달이.
¶매달 기부금을 고아원에 보내다./매달 첫 일요
일에 쉰다.

매련스레
의미 [+고집],[+우둔],[+정도]
제약 {사람}-{행동하다}
터무니없는 고집을 부릴 정도로 어리석고 둔한
데가 있게.
¶그는 그 큰 몸집에 매련스레 행동한다.

매련-히
의미 [+고집],[+우둔],[+정도]
제약 {사람}-{행동하다}
터무니없는 고집을 부릴 정도로 어리석고 둔하
게.

매-매01
의미 [+과도],[+정도]
제약
지나칠 정도로 몹시 심하게.
¶볏단을 매매 묶다./비 온 뒤에 운동장을 매매
다졌다./이 과일은 농약을 뿌렸기 때문에 매매
씻어야 한다.

매-매02
의미 [+소리],[+염소]v[+양],[+연속]
제약 {염소, 양}-{울다}
염소나 양 따위가 잇따라 우는 소리.
¶염소가 매매 울다.

매매03
의미 [+시간],[+개별],[+전부]
제약
=번번이. 매 때마다.

매매-히01
의미 [-지식]
제약
세상일에 어두워 아는 것이 없이.

매매-히02

의미 [+태도],[+거절],[+냉정],[+망신]
제약
① 창피를 줄 정도로 거절하는 태도가 쌀쌀맞
게.
의미 [+물],[+흐름],[+물기],[+넓이]
제약 {물}-{흐르다}
② 물의 흐름이 질펀한 정도로.

매명
의미 [+사람],[+개별],[+전부]
제약
=매인. 한 사람 한 사람마다.

매몰스레
의미 [-인정],[-온화],[+냉정]
제약
보기에 인정이나 싹싹한 맛이 없고 쌀쌀맞은 데
가 있게.
¶부탁을 매몰스레 거절하다.

매방
의미 [+총]v[+대포],[+발사],[+전부]
제약 {총, 대포}-{쏘다}
총이나 대포를 쏠 때마다.

매번
의미 [+시간],[+개별],[+전부]
제약
=번번이. 매 때마다
¶그녀는 약속 시간보다 매번 늦게 왔다./삼촌은
올 때마다 매번 무언가를 사 왔다.

매보
의미 [+걸음],[+개별],[+전부]
제약
한 걸음 한 걸음마다.
¶훈련병들은 매보 힘차게 발을 내디뎠다.

매분
의미 [+일분],[+개별],[+전부]
제약
일 분마다.
¶과자가 매분 20봉지씩 포장되어 나온다.

매사
의미 [+일],[+개별],[+전부]
제약

하나하나의 일마다.

¶그 사람 일 처리하는 것이 매사 다 그렇지 뭐./매사 적당주의인 아버지라도 형의 광기가 한번 나타나면 속수무책으로 절절맸다.≪전상국, 침묵의 눈≫

매삭

의미 [+달],[+개별],[+전부]

제약

=다달이.

¶후일 형편 보아서는 매삭 단돈 십 원씩이라도 일정하게 보내 주려는 결심이다.≪염상섭, 모란꽃 필 때≫

매상

의미 [+평소],[+항상]

제약

평상시에 언제나.

매석

의미 [+저녁],[+개별],[+전부]

제약

매일 저녁마다.

매슥-매슥

의미 [+모양],[+구역],[+반복]

제약

먹은 것이 되넘어 올 것같이 속이 자꾸 울렁거리는 모양.

¶아침에 먹은 음식이 안 좋았는지 자꾸 매슥매슥 올라왔다.

매시

의미 [+시간],[+개별],[+전부]

제약

=매시간.

매-시간

의미 [+한시간],[+개별],[+전부]

제약

한 시간 한 시간마다. 늑매시

¶그 의사는 매시간 나의 맥박과 혈압을 쟀다./그런 세상이, 그런 법이 그에게 사형을 선고했다. 그는 매일 매시간 당장이라도 끌려 나가 처형당할지도 모르는 감옥살이를, 그러니까 두겹 세겹의 감옥살이를 했다.

매시근-히

의미 [+상태],[-기운],[+피곤]

제약

기운이 없고 나른한 상태로.

매실매실-히

의미 [+사람],[+편협],[+가증]

제약

사람이 되바라지고 반드러워 얄밉게.

매암-매암

의미 [+소리],[+매미]

제약 {매미}-{울다}

'맴맴'의 본말. 매미가 우는 소리.

¶마당가의 배나무 위에서 매암매암 하고 매미 우는 소리가 난다.

매야

의미 [+밤],[+개별],[+전부]

제약

매일 밤마다. 늑야야

매양

의미 [+기회],[+개별],[+전부]

제약

=번번이. 매 때마다

¶어른들의 얼굴에 매양 근심하는 빛이 있으니 아이들의 얼굴에도 화기가 없었다.≪이광수, 꿈≫/콜난은 상당한 미인으로 말하는 재주가 있어서 학생들의 모임이 있는 때에는 매양 여학생들을 대표하여 말을 하게 되었다.≪한용운, 흑풍≫

매우

의미 [+기준],[+정도]

제약

보통 정도보다 훨씬 더.

¶그는 매우 착하다./그녀는 매우 아름답다./그는 해외로 출장을 매우 자주 다닌다./한글은 매우 독창적이고 과학적으로 만들어졌다.

매욱스레

의미 [+우둔]

제약

어리석고 둔한 데가 있게.

매월

의미 [+달],[+개별],[+전부]

제약

=다달이.

¶학교에서는 매월 환경 보호에 관련된 주제를 하나 선정하여 함께 토론하고 있다.

매인

의미 [+사람],[+개별],[+전부]

제약

한 사람 한 사람마다. 늑매명

매인-당

의미 [+사람],[+몫],[+개별]

제약

한 사람마다의 몫으로.

¶이번 식목일에는 매인당 나무 다섯 그루씩 심도록 하였다./행사에 참석한 사람들에게는 매인당 차비 명목으로 삼만 원씩을 지급하였다.

매일

의미 [+하루],[+개별],[+전부]

제약

하루하루마다. 늑과일(課日)·식일(式日)·일일.

¶그는 매일 밤잠을 설쳤다.

매일-매일

의미 [+하루],[+개별],[+전부]

제약

① '매일'을 강조하여 이르는 말. 하루하루마다.

¶식구가 하나 늘었으니 사냥도 매일매일 가야겠군.≪장용학, 원형의 전설≫

의미 [+하루],[+경과],[+전부]

제약

②=하루하루. 하루가 지날 때마다.

¶아이들은 매일매일 자라난다.

매일-없이

의미 [+하루],[+개별],[+전부]

제약

날마다. 또는 거의 날마다.

¶막봉이는 부모가 말리는 것도 듣지 않고 집에서 도로 나와서 매일없이 떠돌아다니다가 오가의 권으로 청석골 와서 같이 있게 되었다.≪홍명희, 임꺽정≫

매작지근-히

의미 [+냉기]v[+온기],[-정도]

제약

찬기가 가시지 아니한 채 더운 기운이 있는 듯만 듯이.

매장

의미 [+장날],[+개별],[+전부]

제약

① 장날마다.

의미 [+시장],[+개별],[+전부]

제약

② 시장마다.

매절

의미 [+글],[+마디],[+개별],[+전부]

제약

① 한 구절 한 구절마다.

¶애절한 심정이 매절 스며 있다.

의미 [+계절],[+개별],[+전부]

제약

② 한 절기 한 절기마다.

¶그는 봄, 여름, 가을, 겨울, 매절 반드시 여행을 했다.

의미 [+음절],[+개별],[+전부]

제약

③ 한 음절 한 음절마다.

¶그는 매절 강세를 두었다.

매정스레

의미 [-냉정],[-인정]

제약

얄미울 정도로 쌀쌀맞고 인정이 없는 듯하게.

¶부탁을 매정스레 거절하다.

매정-히

의미 [-냉정],[-인정]

제약

얄미울 정도로 쌀쌀맞고 인정이 없이.

¶몇 번을 부탁하는데도 그는 매정히 거절했다./남편은 울며불며 매달리는 처자식들을 뿌리치고 매정히 떠나 버렸다.

매조

의미 [+아침],[+개별],[+전부]

제약

매일 아침마다.

매주

의미 [+주(週)],[+개별],[+전부]

제약

각각의 주마다.

¶그는 매주 이 회 강의를 한다./오늘이 일요일이구나 하고 감격해 하는 일이 그렇게 해서 매주 이어졌다. 그러나 일요일이면 이 조롱 속의 새들은 빨래에 에워싸일 수밖에

매지근-히

의미 [+온기],[-정도]

제약

더운 기운이 조금 있게.

매지-매지

의미 [+모양],[+물건],[+다수],[+분할]

제약 {물건}-{나누다}

조금 작은 물건을 여럿으로 나누는 모양.

¶하늘을 향해 오장육부를 매지매지 끄집어 내보이며 억울함을 호소하고 싶었다.≪문순태, 타오르는 강≫

매차

의미 [+순서],[+개별],[+전부]

제약

한 차례 한 차례마다.

매초

의미 [+시간],[+초],[+개별],[+전부]

제약

일 초 일 초마다.

¶어군 탐지기에서 내보내는 초음파는 해수 속에서 매초 1,500미터의 속도로 전파된다.

매초롬-히

의미 [+모양],[+젊음],[+건강],[+미려]

제약

젊고 건강하여 아름다운 태가 있게.

매-해

의미 [+년(해)],[+개별],[+전부]

제약

해마다. 늦매년 · 빈년 · 연년.

¶우리 학교는 매해 12월에 송년 음악회를 연다.

매호[01]

의미 [+신문]v[+잡지],[+개별],[+전부]

제약

신문, 잡지 따위의 각 호마다.

¶매주 20면씩 매호 15만 부를 찍었다.

매호[02]

의미 [+집],[+개별],[+전부]

제약

한 집 한 집마다.

¶다리 복구 공사는 한 동네에서 매호 한 명씩만 나와도 충분할 겁니다.

매회

의미 [+회],[+개별],[+전부]

제약

한 회 한 회마다.

¶올림픽에 매회 출전하다./그 잡지는 매회 알찬 기사로 가득하다.

맥맥-이

의미 [-중단],[+지속]

제약

끊임없이 줄기차게.

¶맥맥이 이어 온 선비 정신.

맥맥-히

의미 [+코],[+폐쇄],[+호흡],[+곤란]

제약

① 코가 막혀 숨쉬기가 갑갑하게.

의미 [-생각],[+곤란]

제약

② 생각이 잘 돌지 아니하여 답답하게.

의미 [+기운],[+차단]

제약

③ 기운이 막혀 감감하게.

¶맥맥히 바라보다.

맥없-이[01]

의미 [-기운]

제약

기운이 없이.

¶맥없이 주저앉다./맥없이 쓰러지다./어깨를 축 늘어뜨린 채 맥없이 걷는 그들에게는 비를 맞으며 걷는다는 낭만이 전연 엿보이지 않았다.≪이동하, 우울한 귀향≫/불의에 공격을 받은 엄마가 맥없이 나동그라졌다.≪박완서, 도시의 흉년≫

맥-없이[02]

의미 [-이유],[-원인]

제약

아무 까닭도 없이.

¶맥없이 화를 내다./맥없이 웃고 있다.

맥연-히

의미 [+모양],[+출현],[+순간]

제약

=언뜻. 지나는 결에 잠깐 나타나는 모양.

맨

의미 [+순수],[-혼합]

제약

다른 것은 섞이지 아니하고 온통.

¶이 산에는 맨 소나무뿐이다./이곳에는 맨 책뿐이다./그들은 맨 놀기만 하고 일은 하지 않는다./아이는 맨 흙투성이로 집에 들어왔다.

맨둥-맨둥

의미 [+모양],[+산],[-나무],[+반반]

제약 {산}-{　}

산에 나무가 없어 반반한 모양. 늑맨둥맨둥히

맨둥맨둥-히

의미 [+모양],[+산],[-나무],[+반반]

제약 {산}-{　}

=맨둥맨둥. 산에 나무가 없어 반반한 모양.

맨망스레

의미 [+요망],[-버릇]

제약 {　}-{보이다}

보기에 요망스럽게 까부는 데가 있게.

맨망-히

의미 [+태도],[+요망],[-버릇]

제약 {사람}-{행동하다}

요망스럽게 까부는 태도로.

맨송-맨송

의미 [+모양],[+신체],[-털],[+반반]

제약

① 몸에 털이 있어야 할 곳에 털이 없어 반반한 모양. 늑맨송맨송히①.

¶나이가 들어 머리털이 맨송맨송 다 빠지다./흰 무명 수건을 질끈 동인, 언제나 칼로 맨송맨송 민 머리.≪황순원, 카인의 후예≫

의미 [+모양],[+산],[-초목],[+반반]

제약 {산}-{　}

② 산 따위에 나무나 풀이 우거지지 아니하여 반반한 모양. 늑맨송맨송히②.

¶맨송맨송 나무가 없는 민둥산.

의미 [+모양],[+음주],[+정신],[+온전]

제약

③ 술을 마시고도 취하지 아니하여 정신이 말짱한 모양. 늑맨송맨송히③.

¶술은 많이 마셨지만 정신은 맨송맨송 뚜렷했다.

의미 [+모양],[-일]v[-이익],[-재미],[+거북]

제약

④ 일거리가 없거나 아무것도 생기는 것이 없어 심심하고 멋쩍은 모양. 늑맨송맨송히④.

¶나는 지난 일 년 동안 하는 일 없이 맨송맨송 세월을 보냈다.

맨송맨송-히

의미 [+모양],[+신체],[-털],[+반반]

제약

①=맨송맨송①. 몸에 털이 있어야 할 곳에 털이 없어 반반한 모양.

의미 [+모양],[+산],[-초목],[+반반]

제약 {산}-{　}

②=맨송맨송②. 산 따위에 나무나 풀이 우거지지 아니하여 반반한 모양

의미 [+모양],[+음주],[+정신],[+온전]

제약

③=맨송맨송③. 술을 마시고도 취하지 아니하여 정신이 말짱한 모양.

의미 [+모양],[-일]v[-이익],[-재미],[+거북]

제약

④=맨송맨송④. 일거리가 없거나 아무것도 생기는 것이 없어 심심하고 멋쩍은 모양.

¶영문을 몰라 맨송맨송히 앉아 있던 계장과 김 주임은 담배만 서로 피워 대고 있었다.

맨숭-맨숭

의미 [+모양],[+신체],[-털],[+반반]

제약

① 몸에 털이 있어야 할 곳에 털이 없어 반반한 모양. '맨송맨송①'보다 큰 느낌을 준다.

¶수염을 깎고 **맨숭맨숭** 깔끔해진 턱을 쓰다듬었다.

의미 [+모양],[+산],[-초목],[+반반]

제약 {산}-{ }

② 산 따위에 나무나 풀이 우거지지 아니하여 반반한 모양. '맨송맨송②'보다 큰 느낌을 준다.

¶큰불이 일어나 그 울창하던 산이 **맨숭맨숭** 벌거숭이산이 되었다.

의미 [+모양],[+음주],[+정신],[+온전]

제약

③ 술을 마시고도 취하지 아니하여 정신이 말짱한 모양. '맨송맨송③'보다 큰 느낌을 준다.

¶소주 두 병을 마시고도 **맨숭맨숭** 정신이 멀쩡했다.

의미 [+모양],[-일]v[-이익],[-재미],[+거북]

제약

④ 일거리가 없거나 아무것도 생기는 것이 없어 심심하고 멋쩍은 모양. '맨송맨송④'보다 큰 느낌을 준다.

¶군 입대를 앞두고 며칠을 집에서 **맨숭맨숭** 할 일 없이 지냈다.

맴

의미 [+소리],[+매미],[+울음],[+정지]

제약 {매미}-{ }

매미가 울음을 그칠 때 내는 소리.

¶매미가 요란스럽게 울더니 **맴** 하는 소리와 함께 조용해졌다.

맴-맴01

의미 [+소리]v[+모양],[+아이],[+다수],[+원형],[+회전]

제약

아이들이 맴을 돌 때에 부르는 소리. 또는 그 모양.

¶어렸을 때 눈을 감고 돌면서 고추 먹고 **맴맴**, 담배 먹고 **맴맴** 하던 것이 되살아난다.≪이숭녕. 대학가의 파수병≫

맴-맴02

의미 [+소리],[+매미],[+울음]

제약 {매미}-{울다}

매미가 우는 소리.

맵살스레

의미 [+언사]v[+행동],[+미움]

제약 {사람}-{행동하다, 말하다}

말이나 행동이 남에게 미움을 받을 만한 데가 있게.

맷맷-이

의미 [+모양],[-결점],[+곧음],[+길이]

제약

매끈하게 곧고 긴 생김새로.

¶나무가 **맷맷이** 자랐다.

맹근-히

의미 [+온도],[+온기],[-정도]

제약

약간 매지근한 정도로.

¶물이 **맹근히** 식었다.

맹꽁

의미 [+소리],[+맹꽁이]

제약 {맹꽁이}-{울다}

맹꽁이가 우는 소리.

맹꽁-맹꽁

의미 [+소리],[+맹꽁이],[+연속]

제약 {맹꽁이}-{울다}

맹꽁이가 잇따라 우는 소리. 늑맹꽁징꽁①.

¶장마철에는 하루 온종일 맹꽁이가 **맹꽁맹꽁** 울어댔다.

맹꽁-징꽁

의미 [+소리],[+맹꽁이],[+연속]

제약 {맹꽁이}-{울다}

①=맹꽁맹꽁. 맹꽁이가 잇따라 우는 소리.

의미 [+모양],[+타인],[-이해],[+말],[+소란]

제약

② 남이 알아듣지 못할 말로 요란스럽게 지껄이는 모양.

맹랑스레

의미 [-예상],[-생각],[+허망]

제약

① 보기에 생각하던 바와 달리 허망한 데가

있게.

의미 [+행동],[+영리]

제약 {사람}-{행동하다}

② 보기에 하는 짓이 만만히 볼 수 없을 만큼 똑똑하고 깜찍한 데가 있게.

의미 [+처리],[+곤란],[+이상],[+정도]

제약

③ 보기에 처리하기가 매우 어렵고 묘한 데가 있게.

맹랑-히

의미 [-예상],[-생각],[+허망]

제약

① 생각하던 바와 달리 허망하게.

¶일이 맹랑히 되다.

의미 [+행동],[+영리]

제약 {사람}-{행동하다}

② 하는 짓이 만만히 볼 수 없을 만큼 똑똑하고 깜찍하게.

의미 [+처리],[+곤란],[+이상],[+정도]

제약

③ 처리하기가 매우 어렵고 묘하게.

맹렬-히

의미 [+기세],[+포악],[+맹렬],[+정도]

제약

기세가 몹시 사납고 세찬 정도로.

¶적을 맹렬히 공격하다./규탄 운동을 맹렬히 전개하다./불길이 맹렬히 타오르다./경주 차들이 맹렬히 질주했다./그는 맹렬히 고개를 저으며 부인했다./허수아비의 머리와 팔에 당겨진 불이 타오르면서 아래쪽으로 맹렬히 번져 내렸다.≪전상국, 침묵의 눈≫

맹맹-히

의미 [+음식],[-맛]

제약

① 음식 따위가 제맛이 나지 아니하고 싱겁게.

의미 [+술]v[+담배],[+유연]

제약

② 술이나 담배 맛이 독하지 아니하게.

의미 [+마음],[+허전],[-내용]

제약

③ 마음이 허전하고 싱겁게.

맹세-코

의미 [+맹세]

제약

다짐한 대로 꼭.

¶맹세코 거짓말은 하지 않겠습니다./맹세코 비밀을 지키겠습니다./나는 맹세코 그 물건을 훔치지 않았다./맹세코 그 여자는 그런 일과는 무관합니다.≪이문열, 변경≫

맹숭-맹숭

의미 [+모양],[+신체],[-털],[+반반]

제약

① 몸에 털이 있어야 할 곳이 벗어져 반반한 모양.

¶맹숭맹숭 민머리가 된 그의 모습이 어색하다.

의미 [+모양],[+산],[-수풀],[+반반]

제약

② 산 따위에 수풀이 우거지지 아니하여 반반한 모양.

¶개발이 진행되면서 맹숭맹숭 벗어진 산이 많아졌다.

의미 [+모양],[+음주],[+정신],[+온전]

제약

③ 술 따위에 취한 기분이 전혀 없이 정신이 멀쩡한 모양.

¶오랜만에 만났는데 맹숭맹숭 있지 말고 소주라도 한잔하자./그는 술을 많이 마셔도 맹숭맹숭 또렷한 정신을 유지할 수 있었다.

의미 [+모양],[+일]v[+태도],[+미안],[-내용]

제약

④ 하는 일이나 태도가 겸연쩍고 싱거운 모양.

¶"이렇게 맹숭맹숭 쳐다보고 있으니 하는 말일세." 도통 김두수 얘기엔 신경을 쓰고 있질 않는 것 같다.≪박경리, 토지≫

맹-탕

의미 [-이유],[-원인],[-내용]

제약

무턱대고 그냥.

¶공부는 하지 않고 맹탕 놀기만 한다./관골이 튀

어나오고 뒤통수가 두꺼운 게 **맹탕** 천한 골상은 아닙디다.≪김성일, 무차원 근처≫

먀얄-먀얄
의미 [＋모양],[＋성질]v[＋태도],[＋냉정],[＋경직]
제약
성질이나 태도가 쌀쌀하고 뻣뻣한 모양.

말쑥-히
의미 [＋상태],[＋모양],[＋청결],[＋특별]
제약
모양이 지저분하지 않고 유난히 깨끗한 상태로.

머무적-머무적
의미 [＋모양],[＋말]v[＋행동],[－결정],[＋주저],[＋반복]
제약 { }-{망설이다}
'머뭇머뭇'의 본말. 말이나 행동 따위를 선뜻 결정하여 행하지 못하고 자꾸 망설이는 모양.

머뭇-머뭇
의미 [＋모양],[＋말]v[＋행동],[－결정],[＋주저],[＋반복]
제약 { }-{망설이다}
말이나 행동 따위를 선뜻 결정하여 행하지 못하고 자꾸 망설이는 모양.
¶무슨 말을 해야 좋을지 모르고 **머뭇머뭇** 망설이고 서 있었다./그녀는 한동안 멍하게 있더니 **머뭇머뭇** 말했다./그때 아들의 말을 이어 중년의 집주인이 **머뭇머뭇** 덧붙였다.≪이문열, 사람의 아들≫

머슬머슬-히
의미 [－만족],[－조화],[＋어색]
제약
탐탁스럽게 잘 어울리지 못하여 어색하게.

머쓱-히
의미 [＋신장],[＋길이],[－조화]
제약
① 어울리지 않게 큰 키로.
의미 [＋무안]v[－신명],[＋어색],[＋수치]
제약
② 무안을 당하거나 흥이 꺾여 어색하고 열없이.

먹먹-히
의미 [－청취],[＋귀],[＋폐쇄],[＋순간]
제약
① 갑자기 귀가 막힌 듯이 소리가 잘 들리지 아니하게.
의미 [＋가슴],[＋곤란]
제약
② 체한 것같이 가슴이 답답하게.
¶아들을 잃은 어머니는 슬픔으로 한동안 먹먹히 앉아 계셨다./인호의 마음에 박혀 있는 태공께 대한 오해를 풀려고 노력하는 재영이를 인호는 먹먹히 바라보고 있었다.≪김동인, 젊은 그들≫

먹음직스레
의미 [＋시각],[＋음식],[＋호감]
제약 {음식}-{보이다}
보기에 먹음직하게.
¶감이 먹음직스레 익었다.

먼저
의미 [＋시간]v[＋순서],[＋앞]
제약
시간적으로나 순서상으로 앞서서.
¶나 먼저 나갈게./씻기 전에 밥 먼저 먹어라./도착하면 제일 먼저 전화부터 해라.

멀거니
의미 [＋모양],[－정신],[＋응시],[－초점]
제약 {사람}-{보다}
정신없이 물끄러미 보고 있는 모양.
¶혼자 멀거니 앉아 있다./이마를 짚고 책상 위를 멀거니 내려다보니 백지에 갈겨쓴 낙서가 눈에 어릿어릿 들어왔다.≪김원일, 불의 제전≫/수영은 누구에게인지 어깨를 흔들리어 응응 소리를 하며 몽유병 환자처럼 눈을 멀거니 떴다.≪심훈, 영원의 미소≫

멀그스름-히
의미 [－농도],[－정도]
제약
조금 묽은 듯하게.

멀끔-히
의미 [＋청결],[＋분명]
제약

지저분하지 않고 훤하게 깨끗하게.

¶오늘은 **멀끔히** 단장을 했구나./**멀끔히** 치워 놓은 자기 방은 역시 전과 같이 엘리자베드에게 큰 적막을 주었다.≪김동인, 약한 자의 슬픔≫

멀뚱-멀뚱01

의미 [+모양],[+눈빛]v[+정신],[+우둔],[−생기]

제약

① 눈빛이나 정신 따위가 멍청하고 생기가 없는 모양.

¶그는 하루 종일 **멀뚱멀뚱** 앉아 있기만 했다./문오는 대꾸를 못하고 **멀뚱멀뚱** 엉벌린 채로 서 있었다.≪최정희, 인간사≫

의미 [+모양],[−생각],[+응시],[−초점],[−관심]

제약 { }-{쳐다보다}

② 눈만 둥그렇게 뜨고 다른 생각이 없이 물끄러미 쳐다보는 모양.

¶그는 상처가 심한지 병상에 누워 천장만 **멀뚱멀뚱** 쳐다보고 있었다.

멀뚱-멀뚱02

의미 [+모양],[+국물],[−농도],[−정도]

제약

국물 같은 것이 건더기가 적거나 덜 끓어서 멀건 모양.

¶팥죽에 물이 많아 **멀뚱멀뚱** 묽다.

멀뚱-히

의미 [+눈빛]v[+정신],[−생기],[−분명]

제약

눈빛이나 정신 따위가 생기가 없고 멀겋게.

¶그는 모든 것을 포기한 채 먼 산만 **멀뚱히** 쳐다보고 있었다./윤 생원은 잠시 담뱃대를 입에서 떼고 **멀뚱히** 갑례를 바라보았다.≪하근찬, 야호≫

멀리

의미 [+상태],[+기준],[+거리],[+정도]

제약

한 지점에서 거리가 몹시 떨어져 있는 상태로. ≒외우.

¶앞일을 **멀리** 내다보다./그는 **멀리** 도망갔다./우리 가족은 서울과 **멀리** 떨어진 시골로 이사를 했다./개동은 되도록이면 집에서 **멀리** 가 버리고 싶었다.≪문순태, 타오르는 강≫/앞이 툭 트이고 **멀리** 강이 보였다.≪박완서, 오만과 몽상≫

멀리-멀리

의미 [+거리],[+정도]

제약

매우 멀리.

¶노랫소리가 **멀리멀리** 울려 퍼지다./그때는 이미 그가 **멀리멀리** 가 버린 후였다./종세는 발돋움하고 **멀리멀리** 사라져 가는 네 개의 혼을 바라보았다.≪최인호, 지구인≫

멀쑥-이

의미 [+청결],[+분명]

제약

① 지저분함이 없이 훤하고 깨끗하게.

¶**멀쑥이** 차려입은 신사가 사무실 안으로 들어왔다.

의미 [+키],[+길이],[−농도]

제약

② 멋없이 키가 크고 생김새가 묽게.

¶마당을 둘러보면 대문 옆 수챗가에 석류나무 한 그루가 **멀쑥이** 섰을 뿐 오십 평 남짓한 앞뜰에는 화단조차 없이 **멀쑥게** 비어 있었다.≪김원일, 불의 제전≫

멀쩡-히

의미 [+상태],[−결점],[+완전]

제약

① 흠이 없고 아주 온전한 상태로.

¶두 눈 **멀쩡히** 뜨고도 하늘조차 알아보지 못하니 네놈들은 이제 죽어도 빌 곳이 없겠구나.≪이문열, 황제를 위하여≫

의미 [+상태],[+정신],[+분명],[+정도]

제약

② 정신이 아주 맑고 또렷한 상태로.

¶저렇게 **멀쩡히** 잘 사는 사람에게 미쳤다고 하다니.

의미 [+상태],[−불결],[+청결],[+정도]

제약

③ 지저분한 것이 없고 아주 깨끗한 상태로.

의미 [+흉계],[+영리],[+정도]

제약

④ 속셈이 있고 아주 약삭빠르게.

의미 [+태도],[+잘못],[+예사],[−수치]

제약

⑤ 그릇된 짓을 하는 태도가 아주 예사롭거나 뻔뻔하게.

¶남이 덜어 주는 사식 덩이를 **멀쩡히** 얻어먹다니 염치가 아니요….≪채만식, 민족의 죄인≫

멀찌감치

의미 [+간격],[+정도]

제약

사이가 꽤 떨어지게. 늑멀찌가니·멀찍이.

¶**멀찌감치** 도망가다./그는 여자에게 자리를 양보하고 **멀찌감치** 물러앉았다./여인이 나타나자 아이들은 **멀찌감치** 물러서서 두 사람을 엿보고 있었다.≪최인호, 지구인≫/두 내외는 피차에 얼굴을 마주 보기가 싫어서 외면들을 하고 **멀찌감치** 떨어져서 걸었다.≪염상섭, 댄스≫

멀찌막-이

의미 [+거리],[+정도]

제약

꽤 멀찍하게.

¶장교는 농투성이들을 경계하는 눈빛으로 굽어보며 **멀찌막이** 떨어져서 큰 소리로 말했다.≪문순태, 타오르는 강≫/섭이가 말없이 걸이의 뒤를 따르고 그 뒤를 **멀찌막이** 떨어져 있던 평이가 따른다.≪황순원, 움직이는 성≫

멀찍-멀찍

의미 [+모양],[+전부],[+간격],[+정도]

제약

여러 개의 사이가 다 꽤 떨어져 있는 모양. 늑멀찍멀찍이.

¶체조할 순서가 되자 학생들은 **멀찍멀찍** 떨어져 섰다.

멀찍멀찍-이

의미 [+모양],[+전부],[+간격],[+정도]

제약

=멀찍멀찍. 여러 개의 사이가 다 꽤 떨어져 있는 모양.

¶**멀찍멀찍이** 서 있던 사람들이 하나둘 모여들기 시작했다.

멀찍-이

의미 [+간격],[+정도]

제약

=멀찌감치. 사이가 꽤 떨어지게.

¶어머니는 아버지의 뒤를 **멀찍이** 따라오셨다./방에서 나온 길상은 **멀찍이** 공 노인을 끌고 갔다.≪박경리, 토지≫

멈칫

의미 [+모양],[+일]v[+동작],[+정지],[+순간]

제약 { }−{멈추다}

하던 일이나 동작을 갑자기 멈추는 모양.

¶그는 **멈칫** 서서 하늘을 바라보았다./손 중위는 **멈칫** 걸음을 멈추며 옆에 선 변 상사를 잡아 삼킬 듯이 돌아보았다.≪홍성원, 육이오≫

멈칫-멈칫

의미 [+모양],[+일]v[+동작],[+전부]v[+빈도],[+정지],[+순간],[+반복]

제약 { }−{멈추다}

① 하던 일이나 동작을 여럿이 다 갑자기 멈추거나 자꾸 멈추는 모양.

의미 [+모양],[+일],[−결정],[+반복]

제약 { }−{망설이다}

② 자꾸 어떤 일을 망설이는 모양.

¶무슨 잘못을 했는지 한 학생이 교무실로 **멈칫멈칫** 들어왔다.

멋-대로

의미 [+의지],[+만족],[+자유]

제약

아무렇게나 하고 싶은 대로. 또는 제 마음대로.

¶**멋대로** 생각하다./만화 영화가 끝나자 아이는 **멋대로** 이리저리 채널을 돌렸다.≪오정희, 적요≫

멋없-이

의미 [−조화],[−내용]

제약

격에 어울리지 않아 싱겁게.

¶길가에 **멋없이** 줄기만 자라 버린 코스모스가 드문드문 피어 있었다.≪황석영, 섬섬옥수≫/키 큰

활엽수들의 앙상한 가지 사이로 붉은 벽돌 강당과 멋없이 기다란 시멘트 본관이 보였다.≪이문열, 영웅시대≫

멍멍
의미 [+소리],[+개]
제약 {개}-{짖다}
개가 짖는 소리.
¶집에 손님이 들어오자 개가 **멍멍** 짖어 댔다.

멍멍-히
의미 [-정신],[-갈피]
제약
정신이 빠진 것같이 어리벙벙하게.
¶그는 예기치 못한 충격으로 **멍멍히** 서 있기만 했다./20년 만에 만난 혈육을 눈앞에 두고 아버지는 **멍멍히** 바라보고만 계셨다.

멍울-멍울
의미 [+모양],[+우유]v[+풀],[+멍울],[+다수],[+응결]
제약 {우유, 풀}-{ }
① 우유나 풀 따위 속에 멍울이 여기저기 잘고 둥글게 엉겨 있는 모양.
¶노인은 의식을 잃고 있었다. 황갈색 저고리 앞섶과 입언저리에 뱀딸기를 으깨 놓은 듯 붉은 피가 **멍울멍울** 덩이져 묻어 있었다.≪문순태, 타오르는 강≫
의미 [+멍울],[+개별],[+전부]
제약
② 하나하나의 멍울마다.

멍청스레
의미 [+우둔]
제약
보기에 멍청한 데가 있게.
¶가겟집 젊은이도 이제 일이 그렇게 되고 보니 더 이상 할 말이 없는 듯 **멍청스레** 허공만 바라보고 있었다.≪이청준, 잔인한 도시≫

멍청-히
의미 [+우둔],[-갈피]
제약
① 자극에 대한 반응이 무디고 어리벙벙하게.
¶그는 잠시 맥빠진 낯으로 **멍청히** 앉아 있었다./

나는 무슨 말인지 몰라서 **멍청히** 서 있었다.
의미 [+우둔],[-판단],[-능력]
제약
② 어리석고 정신이 흐릿하여, 일을 제대로 판단하고 처리하는 능력이 없이.

멍털-멍털
의미 [+모양],[+멍울],[+다수],[+거침],[+정도]
제약
멍울이 엉겨 여기저기 뭉쳐진 것이 매우 거친 모양.
¶칼자국이 난 목에서는 **멍털멍털** 피가 멍울졌으며….≪문순태, 타오르는 강≫

멍-하니
의미 [-정신]
제약
정신이 나간 것처럼 얼떨떨하게.
¶**멍하니** 바라보다./뜻밖의 말에 그는 **멍하니** 있기만 했다./텅 빈 사무실에서 나는 해가 질 때까지 **멍하니** 남산을 쳐다보고 앉아 있었다.≪안정효, 하얀 전쟁≫

멍히
의미 [-정신],[+자극],[-반응]
제약
① 정신이 나간 것처럼 자극에 대한 반응이 없이.
¶그들은 말목을 내던진 채 **멍히** 서 있었다.≪한승원, 해일≫
의미 [+상태],[-정신],[+경악]v[+급박]
제약
② 몹시 놀라거나 갑작스러운 일을 당하여 정신을 차리지 못하게 얼떨떨한 상태로.
¶나는 산사태로 무너진 집을 **멍히** 바라볼 수밖에 없었다.

메부수수-히
의미 [+말]v[+행동],[-세련]
제약
말이나 행동이 메떨어지고 시골티가 나게.

메슥-메슥
의미 [+모양],[+구토],[+속],[+요동],[+반복]

제약

먹은 것이 되넘어 올 것같이 속이 자꾸 심하게 울렁거리는 모양.

¶술에 취했다가 깨고 보니 머리가 지끈거리고 속이 메슥메슥 뒤집혀 견딜 수가 없다.

메지-메지

의미 [+모양],[+물건],[+다수],[+분할]

제약 {물건}-{나누다}

물건을 여럿으로 따로따로 나누는 모양.

¶서울 갈 선물을 메지메지 나눠서 싸 놓으라고 감사의 분부가 내렸다.≪홍명희, 임꺽정≫/부피를 대중하여 다섯 몫에다 차례대로 메지메지 골고루 나눴던 것이다.≪김유정, 노다지≫

면괴스레

의미 [+수치],[+민망]

제약

=면구스레. 낯을 들고 대하기에 부끄러운 데가 있게.

면구스레

의미 [+수치],[+민망]

제약

낯을 들고 대하기에 부끄러운 데가 있게. 늑면 괴스레·민망스레.

면난스레

의미 [+무안],[+수치]

제약

무안하거나 부끄러운 느낌이 있게.

면련-히

의미 [+상태],[+연결],[+길이]

제약

① 길게 이어져 있는 상태로.

의미 [+상태],[+길이],[+진행]

제약

② 줄기차게 뻗어 나가고 있는 상태로.

면면-이

의미 [+분야],[+다수]

제약

저마다 따로따로. 또는 여러 면에 있어서.

¶그는 모인 사람 모두에게 면면이 찾아다니며 인사를 하였다./아무리 나이 어려 음양을 모르

고 부부의 도리에 서툴다 하나, 그것만으로 보아 넘기기 섭섭한 면면이 남의 눈에도 드러났으니.≪최명희, 혼불≫

면면-히

의미 [-절단],[+연결],[+지속]

제약

끊어지지 않고 죽 잇따라.

¶신라에서 고려로 이조 오백 년을 우리 단일 민족은 면면히 이어 왔습니다.≪박경리, 토지≫

면밀-히

의미 [+자세],[+완벽]

제약

자세하고 빈틈이 없이.

¶면밀히 관찰하다./면밀히 검토하다./경찰은 실종 직전의 그의 행적을 면밀히 조사하였다./계획은 무려 보름에 걸쳐 세부 행동에 이르기까지 면밀히 계획되고 준비되었다.≪홍성원, 육이오≫

면-바로

의미 [+정면]

제약

① 바로 정면으로.

¶면바로 쳐다보다.

의미 [+목표]v[+판단],[+정확]

제약

② 어떤 겨냥이나 판단이 어김없이 똑바로.

¶화살이 표적에 면바로 꽂혔다./그는 이렇게 정면에 서서 비가 면바로 섰는가 어쨌는가를 몇 번이나 겨냥해 본 것이었다.≪황순원, 카인의 후예≫

면언-히

의미 [+태도],[+근면]

제약

부지런히 힘쓰는 태도로.

명랑스레

의미 [+성격],[+유쾌],[+명랑]

제약

성격이 유쾌하고 밝은 듯하게.

¶명랑스레 웃다.

명랑-히

의미 [+밝음],[+환함]

제약

① 흐린 데 없이 밝고 환하게.

¶태양이 **명랑히** 비치는 오월의 아침./밤이라 할 것 없이 어찌 **명랑히** 밝던지 길바닥에 개미 기어가는 것도 알아볼 만하더라.≪이해조, 빈상설≫

의미 [+유쾌],[+활발]

제약

② 유쾌하고 활발하게.

¶종달새가 **명랑히** 지저귄다./그녀는 **명랑히** 웃으며 아침 인사를 한다./순재는 술잔을 마주 들며 **명랑히** 대꾸를 하였으나….≪염상섭, 지평선≫

명료-히

의미 [+선명],[+분명]

제약

뚜렷하고 분명하게.

¶사건의 윤곽이 **명료히** 드러나다./이해하기 쉽게 좀 더 **명료히** 말해 봐라./섭정의 지위에 올라가서 태공의 눈에 제일 먼저 **명료히** 비친 것은 외국 세력의 과도한 침입이었다.≪김동인, 젊은 그들≫

명명백백-히

의미 [−의심],[+확실]

제약

의심할 여지가 없이 아주 뚜렷하게.

¶이 문제를 하나도 남김없이 **명명백백히** 밝히자./재판을 벌여 봐야 모든 것이 백일하에 **명명백백히** 드러날 터이니까.≪이호철, 문≫

명명-히[01]

의미 [+환함],[+밝음]

제약

① 아주 환하게 밝게.

의미 [+분명],[−의심]

제약

② 너무나 분명하여 의심할 바가 없이.

¶그 음모는 결국 **명명히** 드러나고 말았다.

명명-히[02]

의미 [+거리],[−고요]

제약

겉으로 나타남이 없이 아득하고 그윽하게.

명백-히

의미 [+분명],[−의심]

제약

의심할 바 없이 아주 뚜렷하게.

¶잘못은 모든 사람 앞에 **명백히** 밝혀야 합니다./각자의 능력에 따라 수도에만 전념할 승려와, 행정과 교화를 담당할 승려로 **명백히** 구분하자는 것이다.≪김성동, 만다라≫

명세-히

의미 [+분명],[+면밀]

제약

분명하고 자세하게.

¶그 비밀 수첩에는 그동안 만난 사람과 쓴 돈이 **명세히** 기록되어 있다.

명실-공히

의미 [+표면],[+실제],[+동일]

제약

겉으로나 실제에서나 다 같이.

¶**명실공히** 승리는 우리의 것이다./그 교수는 **명실공히** 한국 최고의 물리학자로 인정받게 되었다./우리나라의 반도체 산업은 **명실공히** 세계 1위라 할 만하다.

명예로이

의미 [+명예],[+간주]

제약

명예로 여길 만하게.

¶전장에서 **명예로이** 죽다.

명예스레

의미 [+명예],[+간주]

제약

명예로 여길 만한 데가 있게.

명창-히

의미 [+목소리],[+청아],[+화창]

제약

① 목소리가 밝고 화창하게.

의미 [+논지],[+분명],[+조리]

제약

② 논지가 분명하고 조리가 있게.

명철-히[01]

의미 [+총명],[+이치]

제약

총명하고 사리에 밝게.

¶어려운 문제일수록 냉정히 생각하여 **명철히** 판단해야 한다.

명철-히[02]
의미 [+사리],[+분명],[+투철]
제약
사리가 분명하고 투철하게.

명쾌-히
의미 [+말]v[+글],[+내용],[+분명],[+상쾌]
제약 {말, 글}-{ }
① 말이나 글 따위의 내용이 명백하여 시원하게.
¶종친부며 도총부가 설치된 이래, 홍선이 재임했을 때만치 일이 민첩히 신속히 **명쾌히** 처리된 적이 없었다.《김동인, 운현궁의 봄》
의미 [+명랑],[+쾌활]
제약
② 명랑하고 쾌활하게.

명확-히
의미 [+분명],[+확실]
제약
명백하고 확실하게.
¶당신의 의사를 **명확히** 밝히십시오.

모개-모개
의미 [+모개],[+다수],[+전부]
제약
여러 몫으로 나눈 모개마다. 여러 모개로.
¶**모개모개** 나누다.

모다기-모다기
의미 [+모양],[+무더기],[+다수],[-크기]
제약 {짐, 덩어리, 더미}-{쌓이다}
자잘한 무더기가 여기저기 있는 모양.

모닥-모닥
의미 [+모양],[+무더기],[+다수],[-크기]
제약 {짐, 덩어리, 더미}-{쌓이다}
'모다기모다기'의 준말. 자잘한 무더기가 여기저기 있는 모양.
¶구릉 꼭대기와 이맛전에는 다복솔들이, 혹은 상투같이 **모닥모닥** 모여 서 있고….《한설야, 홍수》

모도록
의미 [+모양],[+채소]v[+풀],[+싹],[-간격]

제약 {채소, 풀}-{ }
채소나 풀 따위의 싹이 빽빽하게 난 모양. 늑모도록이.

모도록-이
의미 [+모양],[+채소]v[+풀],[+싹],[-간격]
제약 {채소, 풀}-{ }
=모도록. 채소나 풀 따위의 싹이 빽빽하게 난 모양.
¶뜰에 풀이 **모도록이** 났다.

모두
의미 [+수효]v[+양],[+전부]
제약
일정한 수효나 양을 빠짐없이 다. 늑공히.
¶모인 인원을 **모두** 합하여도 백 명이 안 된다./그릇에 담긴 소금을 **모두** 쏟았다./채소 장수 할머니는 평생 모은 돈을 **모두** 고아원에 기부했다.

모락-모락
의미 [+모양],[+성장],[+미려],[+순조]
제약 { }-{자라다}
① 곱고 순조롭게 잘 자라는 모양.
¶강아지가 **모락모락** 크다./새싹이 **모락모락** 잘 자란다.
의미 [+모양],[+연기]v[+냄새]v[+김],[+발생],[+소량],[+연속]
제약 {연기, 냄새, 김}-{피어오르다, 나다}
② 연기나 냄새, 김 따위가 계속 조금씩 피어오르는 모양.
¶저 멀리 지평선에 아지랑이가 **모락모락** 피어오른다./손님 노파는 쟁반에 김이 **모락모락** 오르는 대접을 받쳐 들고 있었다.《박완서, 도시의 흉년》/조개껍질 고여 놓은 것 같은 초가집 처마 끝에서는 담배 연기처럼 연기가 **모락모락** 솟아올랐다.《조해암, 파종》
의미 [+모양],[+느낌]v[+생각],[+발생],[+연속]
제약 {느낌, 생각}-{일어나다}
③ 느낌이나 생각 따위가 마음속에서 계속 조금씩 일어나는 모양.
¶순제도…한참동안 잊었던 영식에 대한 애욕이 **모락모락** 가슴에 따뜻이 피어오르면서 다시는

말이 없이 입을 다물어 버렸다.≪염상섭, 취우≫/
아들의 긴 푸념과 부대끼는 감정을 목격하고 난
민 노인이 이 대목에서 감당하기 힘든, **모락모락**
피어오르는 분노와 허망함을 가까스로 다스리
며….≪최일남, 흐르는 북≫

의미 [+비유],[+풍문]v[+조짐],[+출현]

제약

④ 어떤 풍문이 들리거나 조짐 따위가 보이는
것을 비유적으로 이르는 말.

¶근래 정계에서는 특정 야당 후보에 대한 지지
설이 **모락모락** 피어오르고 있다.

모람-모람

의미 [+빈도],[+집약]

제약

이따금씩 한데 몰아서.

¶우리들이 겁쟁이는 아닐세. **모람모람** 가다가
한번 톡톡히 혼을 낼 작정일세.≪한용운, 흑풍≫

모레

의미 [+모레]

제약

내일의 다음 날에. 늑내일모레.

¶그럼 **모레** 오시지요.

모로

의미 [+경사]v[+대각선]

제약

① 비껴서. 또는 대각선으로.

¶**모로** 자르다./눈이 **모로** 향하다.

의미 [+방향],[+측면]

제약

② 옆쪽으로.

¶**모로** 눕다./게가 **모로** 기어간다./중선 두 척이
산맥처럼 밀려오는 파도에 옆구리를 얻어맞고
네발짐승처럼
모로 넘어져 버렸다.≪한승원, 해일≫

모름지기

의미 [+사리],[+당연]

제약

사리를 따져 보건대 마땅히. 또는 반드시.

¶**모름지기** 학생은 공부를 열심히 해야 한다./청
년은 **모름지기** 진취적이어야 한다./자연 현상의

연구는 **모름지기** 실험에 의하여야 한다.≪안병욱,
사색인의 향연≫

모모-이

의미 [+모습],[+부분],[+전부]

제약

이런 면 저런 면마다.

¶이 사람 **모모이** 뜯어보아야, 한 곳 별로 취할
것이 없네.≪이희승, 먹추의 말참견≫

모숨-모숨

의미 [+모양],[+모숨],[+다수]

제약

여러 모숨으로 된 모양.

¶베를 짤 때에는 삼실을 **모숨모숨** 쌓아 놓고 일
을 한다.

모야간-에

의미 [+시간],[+밤],[+깊이]

제약

이슥한 밤중에.

모조리

의미 [+전부],[-예외]

제약

하나도 빠짐없이 모두.

¶죄인을 **모조리** 잡아들여라./집 안에 있는 시계
가 **모조리** 고장 났다./그는 부하들에게 김 도사
의 재물과 곡식을 마당으로 **모조리** 꺼내다 놓
라고 일렀다.≪유현종, 들불≫

모지락-스레

의미 [+모습],[+강인],[+잔인]

제약

보기에 억세고 모질게.

¶걸인은 며칠을 굶었는지 먹을 것을 보자 **모지
락스레** 움켜쥐고 정신없이 먹기 시작했다.

모짝

의미 [+전부],[+집약],[+동시]

제약

한 번에 있는 대로 다 몰아서.

¶능금을 먹다가 위아래 이가 **모짝** 빠져서 앞으
떨어지는데….≪이인직, 혈의 누≫

모짝-모짝

의미 [+기준],[+방향],[+질서],[+규칙],[+전

부]

제약

① 한쪽에서부터 차례로 모조리.

¶농부는 모내기를 하려고 못자리에서 모를 **모짝
모짝** 뽑았다.

의미 [＋모양],[＋마모],[＋소멸],[＋진행]

제약

② 차차 조금씩 개먹어 들어가는 모양.

모쪼록

의미 [＋가능],[＋정도]

제약

될 수 있는 대로. 늑아무쪼록.

¶**모쪼록** 몸조심하여라.

모-처럼

의미 [＋결심],[＋처음]

제약

① 벼르고 별러서 처음으로.

¶**모처럼** 마음먹은 일이 잘돼야 할 텐데./나는 그
녀에게 **모처럼** 용기를 내어 말을 걸었다./선우
중위가 **모처럼** 한마디 끼어드는 소리에 천남석
은 느닷없이 발칵 화를 내기까지 했다.≪이청준,
이어도≫

의미 [－빈도]

제약

② 일껏 오래간만에.

¶**모처럼** 맑게 갠 하늘./**모처럼** 한가한 시간을 갖
다./우리 가족은 **모처럼** 교외로 나갔다./수송반
쪽에는 **모처럼** 따스한 날을 맞아 차를 정비하느
라고….≪김용성, 리빠똥 장군≫

목금

의미 [＋시간],[＋지금]

제약

이제 곧.

목목-이

의미 [＋길목],[＋중요],[＋전부]

제약

중요한 길목마다.

¶경찰이 **목목이** 지키고 서서 검문을 하고 있다./
통로란 통로는 **목목이** 아니 지키는 데가 없으
니….≪염상섭, 삼팔선≫

목석같-이

의미 [＋감정],[＋둔감],[－인정]

제약

감정이 무디고 무뚝뚝하게.

목석연-히

의미 [－감정],[－반응]

제약

나무나 돌처럼 아무 감정이나 반응이 없이.

목직-이

의미 [＋무게],[＋정도]

제약

작은 물건이 보기보다 제법 무겁게.

목청-껏

의미 [＋소리],[＋기운],[＋정도]

제약

있는 힘을 다하여 소리를 질러.

¶**목청껏** 노래하다./**목청껏** 소리 지르다.

목하

의미 [＋지금]

제약

바로 지금.

¶**목하** 휴업 중./영희는 **목하** 열애 중이다./어느
편이 시작했던 **목하** 전쟁 중에 있다는 건 사실
이 아닌가.≪이병주, 지리산≫

몫몫-이

의미 [＋몫],[＋개별]

제약 { }-{나누다}

한 몫 한 몫으로.

¶교자상이 **몫몫이** 나와서 주전자를 든 아이들
은 손님 사이를 간신히 비비고 다닌다.≪심훈,
상록수≫/있는 재산 **몫몫이** 나눠서 저울에 달아
도 안 틀리게 갈라 줘도 뭣한 마당에….≪한수
산, 유민≫

몬닥

의미 [＋모양],[＋덩어리],[＋분리]v[＋절단]

제약 { }-{끊어지다, 잘라지다}

작은 덩이로 뚝 끊어지거나 잘라지는 모양.

몬닥-몬닥

의미 [＋모양],[＋덩어리],[＋분리],[＋절단],[＋반
복]

제약 { }-{끊어지다, 잘라지다}

작은 덩이로 자꾸 똑똑 끊어지거나 잘라지는 모양.

몬탁

의미 [+모양],[+덩어리],[+분리]v[+절단]

제약 { }-{끊어지다, 잘라지다}

작은 덩이로 똑 끊어지거나 잘라지는 모양. '몬닥'보다 거센 느낌을 준다.

몬탁-몬탁

의미 [+모양],[+덩어리],[+분리],[+절단],[+반복]

제약 { }-{끊어지다, 잘라지다}

작은 덩이로 자꾸 똑똑 끊어지거나 잘라지는 모양. '몬닥몬닥'보다 거센 느낌을 준다.

몰강스레

의미 [-인정],[+강인],[+끈기],[+잔인]

제약

인정이 없이 억세며 성질이 악착같고 모질게.

몰골스레

의미 [+외모],[+험악]

제약

모양새가 볼품이 없이 사납게.

몰랑-몰랑

의미 [+느낌],[+다수]v[+정도],[+유연]

제약 { }-{거리다, 대다}

① 매우 또는 여기저기가 야들야들하게 보드랍고 조금 무른 듯한 느낌.

¶감이 몰랑몰랑 먹기 좋다.

의미 [+모양],[+신체]v[+기질],[+유연],[+연약]

제약

② 사람의 몸이나 기질 따위가 야무지지 못하여 무르고 약한 모양.

몰래

의미 [+은밀],[-인식]

제약

남이 모르게 살짝. 또는 가만히.

¶몰래 감추다./몰래 도망가다./몰래 엿듣는다./몰래 훔치다.

몰래-몰래

의미 [+개별],[+전부],[+은밀]

제약

① 그때마다 모르게.

¶그는 돈이 떨어질 때마다 몰래몰래 쌀을 퍼 날랐다.

의미 [-인식],[+정도]

제약

② 아주 모르게.

몰몰

의미 [+모양],[+냄새]v[+연기],[+발생],[-정도]

제약 {냄새, 연기}-{ }

냄새나 연기 따위가 조금씩 약하게 피어오르는 모양.

¶기관차 연통에서는 연기가 몰몰 기차 뒤꽁무니 쪽으로 흘러가고 있었다./금방 이발소에라도 다녀 나오는 듯이 향수 냄새를 몰몰 풍겼다.≪이호철, 문≫

몰수-이

의미 [+전부],[+수효]

제약

있는 수효대로 모두 다.

몰씬01

의미 [+냄새],[+악취],[+확산]

제약 {냄새}-{나다, 풍기다}

① 코를 폭 찌르도록 심한 냄새가 풍기는 모양.

¶청국장 냄새가 몰씬 풍겼다./하수구에서 악취가 몰씬 났다.

의미 [+모양],[+김]v[+연기]v[+먼지],[+발생]

제약 {김, 연기, 먼지}-{일어나다, 피다, 오르다, 나다}

② 김이나 연기, 먼지 따위가 모락모락 피어오르는 모양.

¶황톳길에는 뽀얀 흙먼지가 몰씬 일었다.

몰씬02

의미 [+느낌],[+유연]

제약 {열매}-{익다}

잘 익거나 물러서 연하고 몰랑한 느낌. 늑몰씬히.

¶몰씬 익은 감.

몰씬-몰씬⁰¹

의미 [+냄새],[+악취],[+확산],[+반복]

제약 {냄새}-{나다, 풍기다}

① 코를 폭 찌르도록 심한 냄새가 자꾸 나는 모양.

¶시골 길에는 두엄 냄새가 **몰씬몰씬** 났다.

의미 [+모양],[+김]v[+연기]v[+먼지],[+발생],[+반복]

제약 {김, 연기, 먼지}-{일어나다, 피다, 오르다, 나다}

② 김이나 연기, 먼지 따위가 자꾸 모락모락 피어오르는 모양.

¶**몰씬몰씬** 김이 오르는 수제비 죽…동길이는 목젖이 튀어나오는 것 같았다.≪하근찬, 흰 종이 수염≫

몰씬-몰씬⁰²

의미 [+느낌],[+유연],[+다수]v[+정도]

제약 {열매}-{익다}

잘 익거나 물러서 매우 또는 여기저기가 연하고 몰랑몰랑한 느낌.

¶잘 익은 홍시는 **몰씬몰씬** 물러서 터지기 쉽다.

몰씬-히

의미 [+느낌],[+유연]

제약 {열매}-{익다}

=몰씬⁰². 잘 익거나 물러서 연하고 몰랑한 느낌.

¶토마토가 **몰씬히** 익었다.

몰칵

의미 [+모양],[+냄새],[+악취],[+발생],[+순간]

제약 {냄새}-{나다, 풍기다}

코를 찌를 듯이 심한 냄새가 갑자기 나는 모양.

¶병원에 들어서자마자 소독약 냄새가 **몰칵** 풍겨 왔다.

몰칵-몰칵

의미 [+모양],[+냄새],[+악취],[+확산],[+반복]

제약 {냄새}-{나다, 풍기다}

코를 찌를 듯이 심한 냄새가 자꾸 나는 모양.

¶**몰칵몰칵** 젖내를 풍기면서 동생 영희가 머리맡에 기어 와서 가만히 피리 소리를 듣고 있는 것

같기도 했다.≪이주홍, 피리부는 소년≫

몰캉-몰캉

의미 [+느낌],[+유연],[+다수]v[+정도]

제약 {　　}-{거리다 대다}

너무 익거나 곯아서 물크러질 정도로 매우 또는 여기저기가 몰랑한 느낌.

몰큰

의미 [+모양],[+냄새],[+확산],[+순간]

제약 {냄새}-{나다, 풍기다}

냄새 따위가 갑자기 풍기는 모양.

¶어물전에서 비린내가 **몰큰** 풍겨왔다.

몰큰-몰큰

의미 [+후각],[+냄새],[+확산],[+순간],[+반복]

제약 {냄새}-{나다, 풍기다}

냄새 따위가 자꾸 풍기는 모양.

¶음식 냄새가 **몰큰몰큰** 풍겨 허기진 배를 자극한다.

몰풍스레

의미 [+성격]v[+태도],[-인정],[+냉정],[+불쾌]

제약

성격이나 태도가 정이 없고 냉랭하며 퉁명스러운 데가 있게.

몸-성히

의미 [+신체],[-병],[+건강]

제약

몸에 탈이 없고 건강하게.

¶**몸성히** 지내다.

몸-소

의미 [+직접]

제약

① 직접 제 몸으로. 늑친히.

¶**몸소** 실천하다./채소를 **몸소** 기르다./남의 이목이 두려워 몸을 사리느라고 **몸소** 찾아오지 못하고 사람을 보낸 모양이었다.≪현기영, 변방에 우짖는 새≫

의미 [+편지],[+개봉],[+직접]

제약

② '편지를 받는 사람이 직접 뜯어보라'는 뜻으

로 편지 겉봉에 쓰는 말.

몹시

의미 [+과도]

제약

더할 수 없이 심하게.

¶몹시 추운 날씨./몹시 힘든 일./기분이 몹시 상하다./몹시 가난하다.

못

의미 [+부정]

제약

(주로 동사 앞에 쓰여) 동사가 나타내는 동작을 할 수 없다거나 상태가 이루어지지 않았다는 부정의 뜻을 나타내는 말.

¶술을 못 마시다./초등학교도 못 마치다./잠을 통 못 자다./그는 아무도 못 말린다./금구에서 전주까지는 사십 리가 좀 못 되었다.≪유현종, 들불≫

못내

의미 [+모양],[+마음],[+관심]v[+기억],[+반복]

제약

① 자꾸 마음에 두거나 잊지 못하는 모양.

¶못내 그리워하다./못내 아쉽다./못내 눈물짓다./외할머니는 못내 섭섭하다는 표정을 지어 보였다.≪윤흥길, 장마≫

의미 [+말],[-전달],[-표현]

제약

② 이루 다 말할 수 없이.

¶꽃다발을 받고 못내 감격하였다./합격 소식에 못내 기뻐하다./우길이는 못내 기분이 좋아졌다.≪한설야, 탑≫

못-다

의미 [-완성]

제약

(동사 앞에 쓰여) '다하지 못함'을 나타내는 말.

¶못다 이룬 꿈./못다 읽은 책./못다 한 사랑./못다 한 이야기.

못마땅-히

의미 [-만족],[+정도]

제약

썩 마음에 들지 않게.

¶연세가 연세인지라 자기가 못마땅히 생각하여도 남의 앞에서 그런 것을 경솔히 지껄이지는 않는 성미였다.≪김남천, 맥≫/그는 내가 서홍수네를 못마땅히 여기는 것도 눈치채고 있었고 또 목수 영감 아들의 뜻도 알아볼 수가 있었던 것이다.≪최정희, 풍류 잡히는 마을≫

몽개-몽개

의미 [+모양],[+연기]v[+구름],[+발생],[+원형],[-크기],[+연속]

제약 {연기, 구름}-{피다}

연기나 구름 따위가 작게 둥근 모양을 이루면서 잇따라 나오는 모양.

¶구름이 몽개몽개 피어난다.

몽그작-몽그작

의미 [+모양],[+행동],[-진행],[+나태]

제약

① 나아가지 못하고 제자리에서 조금 작은 동작으로 게으르게 행동하는 모양.

¶다른 사람들처럼 활기차지 못하고 몽그작몽그작 움직이는 아들이 한심스럽기만 하다.

의미 [+모양],[+동작],[-진행],[+마찰],[-속도],[+반복]

제약

② 나아가지 못하고 제자리에서 몸이나 몸의 일부를 조금 작은 동작으로 자꾸 느리게 비비대는 모양.

¶그는 발가락만 몽그작몽그작 움직일 뿐 꼼짝도 못했다./구르고 있는 독의 불룩한 배의 위쪽에서 여자아이는 거북처럼 엉금엉금 기면서 재주를 부렸다. 몽그작몽그작 앉은걸음을 치기도 하고, 뒹굴기도 했다.≪한승원, 굴≫

의미 [+모양],[+일],[-처리],[+주저]

제약

③ 오물쪼물하면서 일을 제때에 처리하지 못하고 뭉개는 모양.

¶답이 생각나지 않아 몽그작몽그작 비비대다가 끝내 포기하고 시험지를 제출하였다.

몽글

의미 [+느낌],[+음식],[-소화],[+덩이]

제약

① 먹은 음식이 잘 삭지 않아 가슴에 뭉치어 있는 듯한 느낌.

의미 [+느낌],[+슬픔]v[+분노],[+가슴],[+충만],[+순간]

제약

② 슬픔이나 노여움 따위의 감정이 복받치어 가슴이 갑자기 꽉 차는 듯한 느낌.

의미 [+느낌],[+물건],[+표면],[+유연],[+윤활]

제약

③ 덩이진 물건이 겉으로 무르고 매끄러운 느낌.

몽글-몽글

의미 [+느낌],[+물건],[+유연],[+윤활],[+정도]

제약

덩이진 물건이 말랑말랑하고 몹시 매끄러운 느낌.

¶몽글몽글 덩이진 떡.

몽긋-몽긋

의미 [+모양],[+착석],[+주저],[−진행]

제약

① 나아가는 시늉만 하면서 앉은 자리에서 머뭇거리는 모양.

의미 [+모양],[+착석],[+주저],[−진행],[+신체],[+마찰],[+반복]

제약

② 나아가는 시늉만 하면서 앉은 자리에서 몸이나 몸의 일부를 자꾸 비비대는 모양.

몽땅01

의미 [+전부],[−예외]

제약

있는 대로 죄다.

¶재산을 **몽땅** 날리다./돈을 **몽땅** 쓰다./이가 몽땅 빠지다./경찰은 폐강도를 **몽땅** 검거했다.

몽땅02

의미 [+모양],[+부분],[+절단]v[+분리],[−크기],[+순간]

제약 { }-{자르다, 끊다}

한 부분이 대번에 작게 잘리거나 끊어지는 모양.

¶그녀는 긴 머리를 **몽땅** 잘랐다.

몽땅-몽땅

의미 [+모양],[+부분],[+절단]v[+분리],[−크기],[+연속]

제약 { }-{자르다 끊다}

잇따라 작게 잘리거나 끊어지는 모양.

¶파를 **몽땅몽땅** 썰다.

몽똑

의미 [+모양],[+사물],[+선단],[−길이],[−예리],[+정도]

제약

가는 사물의 끝이 아주 짧고 무딘 모양.

¶**몽똑** 닳은 연필.

몽똑-몽똑

의미 [+모양],[+사물],[+다수],[+선단],[−길이],[−예리],[+정도]

제약

여러 개의 가는 사물의 끝이 아주 짧고 무딘 모양.

¶**몽똑몽똑** 잘린 나무토막.

몽실

의미 [+모양],[+살],[+느낌],[+유연]

제약

통통하게 살이 쪄서 보드랍고 야들야들한 느낌이 있는 모양.

몽실-몽실

의미 [+모양],[+살],[+느낌],[+유연],[+정도]

제약

① 통통하게 살이 쪄서 매우 보드랍고 야들야들한 느낌이 있는 모양. 늑몽실몽실히①

¶아기가 **몽실몽실** 살이 쪘다.

의미 [+모양],[+구름]v[+연기],[+부유],[+원형],[+덩이]

제약 {구름, 연기}-{뜨다, 솟다}

② 구름이나 연기 따위가 동글동글하게 뭉쳐서 가볍게 떠 있거나 떠오르는 듯한 모양. 늑몽실몽실히②.

¶사람이 사는 곳은 다 달집을 만든 듯 **몽실몽실** 피어오르는 연기가 참으로 장관을 이루고 있었

다.≪김원일, 불의 제전≫

몽실몽실-히

의미 [+모양],[+살],[+느낌],[+유연],[+정도]

제약

①=몽실몽실①. 통통하게 살이 쪄서 매우 보드랍고 야들야들한 느낌을 주는 모양.

의미 [+모양],[+구름]v[+연기],[+부유],[+원형],[+덩이]

제약 {구름, 연기}-{뜨다, 솟다}

②=몽실몽실②. 구름이나 연기 따위가 동글동글하게 뭉쳐서 가볍게 떠 있거나 떠오르는 모양.

몽짜스레

의미 [+태도],[+음흉],[+심술]

제약 {사람}-{행동하다}

⇒ 몽짜스럽다. 몽짜를 부리는 태도가 있다.

¶몽짜스레 행동하는 사람을 보면 도와주고 싶은 마음이 들지 않는다.

몽클

의미 [+느낌],[+음식],[-소화],[+덩이]

제약

① 먹은 음식이 잘 삭지 않아 가슴에 뭉치어 있는 듯한 느낌. '몽글①'보다 거센 느낌을 준다.

의미 [+느낌],[+슬픔]v[+분노],[+가슴],[+충만],[+순간]

제약

② 슬픔이나 노여움 따위의 감정이 복받치어 가슴이 갑자기 꽉 차는 듯한 느낌. '몽글②'보다 거센 느낌을 준다.

¶그 연설을 듣고 나니 가슴속에 **몽클** 애국심이 치솟았다.

의미 [+느낌],[+물건],[+표면],[+유연],[+윤활]

제약

③ 덩이진 물건이 겉으로 무르고 매끄러운 느낌. '몽글③'보다 거센 느낌을 준다.

¶**몽클** 만져지는 젖가슴./차가운 도토리묵이 몽클 만져졌다.

몽클-몽클

의미 [+느낌],[+물건],[+유연],[+윤활],[+정도]

제약

덩이진 물건이 말랑말랑하고 몹시 매끄러운 모양. '몽글몽글①'보다 거센 느낌을 준다.

¶젖가슴이 **몽클몽클** 만져진다.

몽탕

의미 [+모양],[+부분],[+절단]v[+분리],[-크기],[+순간]

제약 { }-{자르다, 끊다}

한 부분이 대번에 작게 잘리거나 끊어지는 모양. '몽땅02'보다 거센 느낌을 준다.

¶상투를 **몽탕** 자르다./허리까지 길렀던 머리를 **몽탕** 자르다.

몽탕-몽탕

의미 [+모양],[+부분],[+절단]v[+분리],[-크기],[+순간],[+연속]

제약 { }-{자르다, 끊다}

잇따라 작게 잘리거나 끊어지는 모양. '몽땅몽땅'보다 거센 느낌을 준다.

몽톡

의미 [+모양],[+사물],[+선단],[-길이],[-예리],[+정도]

제약

가는 사물의 끝이 아주 짧고 무딘 모양. '몽똑'보다 거센 느낌을 준다.

몽톡-몽톡

의미 [+모양],[+사물],[+다수],[+선단],[-길이],[-예리],[+정도]

제약

여러 개의 가는 사물의 끝이 아주 짧고 무딘 모양. '몽똑몽똑'보다 거센 느낌을 준다.

¶나무 기둥을 **몽톡몽톡** 잘랐다.

묘묘-히01

의미 [+거리],[-분명]

제약

멀어서 아득하게.

묘묘-히02

의미 [+바다],[+넓이],[-한도],[-분명]

제약

바다 따위가 넓고 끝이 없어 아득하게.

묘연-히

의미 [+고요],[+거리],[-분명]

제약

① 그윽하고 멀어서 눈에 아물아물하게.

¶예의 건조한 바람이 일찍이 신(神)의 이름을 빌려 만들어 놓은 사막 속으로 그 강은 **묘연히** 사라져 버리는 것이었다.≪윤후명, 파랑새≫

의미 [+기억],[+시간],[+경과],[-분명]

제약

② 오래되어 기억이 흐리게.

의미 [+소식]v[+행방],[-인지],[-방법]

제약

③ 소식이나 행방 따위를 알 길이 없게.

¶**묘연히** 행방을 감추다./계월향은 연광정 누마루 안엔 **묘연히** 자취가 없다.≪박종화, 임진왜란≫

묘원-히

의미 [+거리],[+정도]

제약

까마득하게 멀리.

무간-히

의미 [+친밀],[+정도]

제약 {사람}-{지내다}

서로 허물없이 가깝게. ≒무관히.

¶그는 입학해서 친구들과 **무간히** 잘 지내고 있다.

무고-히[01]

의미 [-이유]

제약

① 아무런 까닭이 없이.

의미 [-사고],[+평안]

제약 {사람}-{지내다}

② 사고 없이 평안하게.

¶그동안 **무고히** 잘 지냈는가?

무고-히[02]

의미 [-잘못],[-허물]

제약

아무런 잘못이나 허물이 없이.

¶많은 사람이 **무고히** 죽임을 당하였다.

무관-히

의미 [-관계]v[-상관]

제약

① 관계나 상관이 없이.

의미 [+친밀],[+정도]

제약 {사람}-{지내다}

②=무간히. 서로 허물없이 가깝게.

¶**무관히** 생각하고 친하게 굴다./어엿한 남편이 있는 몸으로, 적어도 서넛은 젊은 자기에게, 담배까지 먹자고 **무관히** 구는 것은, 반가우면서도 여자가 가까이 온다는 것을 분명히 깨닫게 하는 듯 싶었다.≪염상섭, 고독≫

무괴-히

의미 [-이상]

제약

괴이할 것이 없게.

¶알 수 없는 비명 소리를 **무괴히** 여기다.

무구-히

의미 [+맑음],[+청결]

제약

① 때가 묻지 않고 맑고 깨끗하게.

¶**무구히** 바라보는 눈빛.

의미 [-장식],[+순박]

제약

② 꾸밈없이 자연 그대로 순박하게.

무궁무진-히

의미 [-한도],[-고갈]

제약

끝이 없고 다함이 없게.

¶인간은 누구나 **무궁무진히** 복락을 누리고 싶어 한다.

무궁-히

의미 [+공간]v[+시간],[-한계]

제약

공간이나 시간 따위가 끝이 없이.

¶세세토록 **무궁히** 영광받으소서./나의 생명이 누리고 있는 저 **무궁히** 푸른 하늘….≪유치환, 나는 고독하지 않다≫

무난스레

의미 [-단점]v[-결점]

제약

① 이렇다 할 단점이나 흠잡을 만한 데가 없이.

¶이 신발은 어느 옷에나 **무난스레** 어울린다.

의미 [+성격],[-복잡],[+적당]

제약

② 성격 따위가 까다롭지 않고 무던하게.

¶무난스레 살아오다.

무난-히

의미 [-곤란]

제약

① 별로 어려움이 없게.

¶목표를 무난히 달성하다./무난히 결승에 오르다./문제를 무난히 해결하다./형은 성적이 좋아서 무난히 대학에 합격했다.

의미 [-단점]v[-결점]

제약

② 이렇다 할 단점이나 흠잡을 만한 것이 없게.

¶난해한 작품을 무난히 연주해 내다.

의미 [+성격],[-복잡],[+적당]

제약

③ 성격 따위가 까다롭지 않고 무던하게.

무단-히

의미 [-허락]v[-이유]

제약

사전에 허락이 없이. 또는 아무 사유가 없이.

¶사람을 무단히 괴롭히다./남의 물건에 무단히 손을 대다./형사는 그러고 나서 만약 무단히 거처를 옮기는 경우에는 용서 없이 구속해 버리고 말겠노라고 위협했다.≪손창섭, 낙서족≫/무단히 미워하고, 하찮은 일에도 트집을 잡아 구박을 하고 하였다.≪채만식, 돼지≫

무더기-무더기

의미 [+모양],[+무더기],[+다수]

제약

무더기가 여기저기 많이 있는 모양.

¶무더기무더기 핀 진달래꽃./볏단을 무더기무더기 쌓아 놓다./왜적의 시체는 무더기무더기 쌓아져서 시체로 산을 이루었다.≪박종화, 임진왜란≫

무덕-무덕

의미 [+모양],[+무더기],[+다수]

제약

'무더기무더기'의 준말. 무더기가 여기저기 많이 있는 모양.

¶무덕무덕 쌓인 거름 더미.

무던

의미 [+유사],[+정도]

제약

정도가 어지간하게. 늑무던히.

¶신철은 어려서 어머니를 여의고 어느 절에 맡겨져 무던 고생을 하다가 자란 후 환속하여 막일 궂은일을 하며 여전히 고생으로 살았는데….≪한무숙, 만남≫/머리통을 바로 굳히려고, 누일 때 무던 애를 썼건만, 잠시만 보아 주지 않으면 어느새 고개를 왼쪽으로 돌리고 있었더란 것이다.≪한무숙, 감정이 있는 심연≫

무던-히

의미 [+유사],[+정도]

제약

=무던. 정도가 어지간하게

¶무던히 고생하다./무던히 애를 쓰다./약도 무던히 썼으나 별 소용이 없다./쉰 살 가까운 나이임에도 아직도 노모나 형님이나 누님들의 속을 무던히도 썩이고 있을 것이 뻔하였다.≪이호철, 문≫

무도-히

의미 [+말]v[+행동],[-도리]

제약

말이나 행동이 인간으로서 지켜야 할 도리에 어긋나서 막되게.

무드기

의미 [+누적],[+두께],[+정도]

제약 { }-{쌓이다}

수북하게 쌓일 정도로 상당히 많이.

¶그의 책상 위엔 언제나 원고지 더미가 무드기 쌓여 있다.

무등

의미 [+최대],[+정도]

제약

그 이상 더할 수 없을 정도로.

¶10년 만에 아이를 낳으니 애 아버지가 무등 좋아하더군요./실로 서울에는 신기한 것이 무등 많다는 것이었다.≪이기영, 봄≫

무뚝뚝-이

의미 [+말]v[+행동]v[+표정],[-유연],[-온

화],[-다정]

제약

말이나 행동, 표정 따위가 부드럽고 상냥스러운 면이 없어 정답지가 않게. 늑뚝뚝이.

¶그 사람은 내가 인사하는데 웃지도 않고 그저 **무뚝뚝**이 바라만 보고 지나갈 뿐이었다./노인은 사람들의 질문이 귀찮은 듯 **무뚝뚝**이 몇 마디 짧은 대답만 하고 자리를 떠났다.

무뚝-무뚝

의미 [+모양],[+음식],[+덩어리],[+크기],[+절단],[+섭취]

제약 {음식}-{베어 먹다}

① 덩어리로 된 음식을 큼직큼직하게 이로 베어 먹는 모양.

¶그는 참외 하나를 옷에 쓱쓱 문지르더니 **무뚝무뚝** 베어 먹기 시작했다.

의미 [+모양],[+말],[+조리],[+여유],[+정확]

제약

② 말을 이따금 조리 있게 여유를 두고 또박또박하게 하는 모양.

¶그가 **무뚝무뚝** 말하는 것을 듣고 있으면 그럴 법하다는 생각이 절로 든다.

무뜩

의미 [+모양],[+생각]v[+느낌],[+발생],[+순간]

제약 {생각, 느낌}-{떠오르다}

①=문뜩①. 생각이나 느낌 따위가 갑자기 떠오르는 모양.

¶참혹하게 죽어 간 상궁 장 씨가 **무뜩** 머리에 떠올랐는지 모를 일이었다.≪유주현, 대한 제국≫/ 길막봉이가 온천서 들은 이야기가 **무뜩** 생각이 나서….≪홍명희, 임꺽정≫

의미 [+모양],[+행위],[+달성],[+순간]

제약

②=문뜩②. 어떤 행위가 갑자기 이루어지는 모양.

¶나는 으레 이혼을 왜 하느냐는 질문이 나올 줄 알고 잔뜩 준비를 해 놓고 있었는데 **무뜩** 이런 말을 물으므로 이상하다 생각은 하면서도….≪최정희, 인맥≫/송죽에 있는 그일 길에서 **무뜩** 만나

서 말말 끝에 걱정을 했더니, 그렇다면 썩 좋은 사람이 있다면서….≪채만식, 냉동어≫

무뜩-무뜩

의미 [+모양],[+생각]v[+느낌],[+발생],[+순간],[+반복]

제약 {생각, 느낌}-{떠오르다}

=문뜩문뜩①. 생각이나 느낌 따위가 갑자기 자꾸 떠오르는 모양.

¶**무뜩무뜩** 생각이 나면 분할 때가 없지도 않지마는 얼마 못 갈 듯싶어서 그 이가 되레 가엾어요…….≪염상섭, 모란꽃 필 때≫/아주 갈리다시피 하고 나니까 새삼스레 그리운 생각이 **무뜩무뜩** 치밀어 올라오고는 한다.≪유진오, 화상보≫

무람없-이

의미 [-예의],[-조심]

제약 {사람}-{행동하다}

예의를 지키지 않으며 삼가고 조심하는 것이 없게.

¶어른에게 **무람없이** 굴지 마라./담배를 피워도 너무 **무람없이** 되바라지게 빨지만 않으면 어른들이 그냥 외면을 해 준다.≪송기숙, 자랏골의 비가≫

무럭-무럭

의미 [+모양],[+성장],[+순조],[+기운],[+정도]

제약

① 순조롭고 힘차게 잘 자라는 모양.

¶**무럭무럭** 크는 아이들./아이는 하루가 다르게 **무럭무럭** 자랐다./칠월의 찌는 듯한 폭염 밑에서 녹음은 **무럭무럭** 가지를 뻗고 새잎을 틔우고 있다.≪홍성원, 육이오≫

의미 [+모양],[+연기]v[+냄새]v[+김],[+발생],[+연속]

제약 {연기, 냄새, 김}-{피어오르다, 나다}

② 연기나 냄새, 김 따위가 계속 많이 피어오르는 모양.

¶들에서는 아지랑이가 **무럭무럭** 피어오른다./큰 가마솥에서는 김이 **무럭무럭** 났다.

의미 [+모양],[+느낌]v[+생각],[+발생],[+연속]

제약 {느낌, 생각}-{일어나다}

③ 느낌이나 생각 따위가 마음속에서 계속 일어
나는 모양.

¶방향 없는 반발이 **무럭무럭** 솟아나기 시작하는
것이었다.≪김승옥, 환상 수첩≫

무럭-이

의미 [+모양],[+누적],[+두께],[+정도]

제약

제법 많이 수북한 모양.

¶들판에는 보리가 **무럭이** 자라고 산에는 진달래
가 흐드러지게 피었다.≪송기숙, 녹두 장군≫

무려

의미 [+수효],[+예상],[+다량],[+정도]

제약

(수량을 나타내는 말 앞에 쓰여) 그 수가 예상
보다 상당히 많음을 나타내는 말.

¶며칠 사이에 물가가 **무려** 갑절이나 올랐다./그
녀는 **무려** 열두 살 위인 사람과 결혼했다./사상
자가 **무려** 백만 명이 넘어서야 그 전쟁은 끝이
났다.

무렴-히

의미 [−염치]

제약

① 염치가 없게.

의미 [−염치],[+수치],[−불편]

제약

② 염치가 없음을 느껴 마음이 부끄럽고 거북하
게.

무례-히

의미 [+태도]v[+말],[−예의]

제약 {사람}-{대하다, 굴다}

태도나 말에 예의가 없음.

¶손님을 **무례히** 대하다./어른에게 **무례히** 굴지
말고 얌전히 있어라./아까 노형한테 **무례히** 대든
놈은 내 아우 놈이었소.≪유현종, 들불≫

무론

의미 [+말],[−필요]

제약

=물론. 말할 것도 없이.

¶**무론** 형님께서도 바쁘신 줄 압니다만 시간을
내서 와 주셨으면 합니다./병국은 학생 중에도

극히 도덕적 인물이었다. 술도 아니 먹고 계집
은 **무론** 곁에도 가지 아니했다.≪이광수, 무정≫

무료-히

의미 [−흥미],[−재미],[+지루]

제약

① ⇒ 무료하다①. 흥미 있는 일이 없어 심심하
고 지루함.

¶그는 종일 **무료히** 집에 있었다./양복 입은 손님
이 손끝으로 방바닥을 톡톡 치며 **무료히** 앉아
있었다.≪최일남, 거룩한 응달≫

의미 [+수치],[+소심]

제약

② ⇒ 무료하다②. 부끄럽고 열없음.

¶뇌물 받아먹은 게 가슴에 찔려서 풀이 죽어 꼼
짝도 못하고 무안에 취해 **무료히** 돌아간다.≪박
종화, 임진왜란≫

무릇

의미 [+생각],[+짐작],[+전체]

제약

대체로 헤아려 생각하건대. 늑대범(大凡).

¶**무릇** 법도란 지키기 위해 존재하는 것이다./무
릇 실패는 성공의 어머니이니 너무 실망하지 마
라./**무릇** 나라는 백성이 있어 있는 것이요….
≪유현종, 들불≫/부모가 물려주는 거만의 유산은
무릇 불행을 낳기 쉽다.≪김유정, 생의 반려≫

무리-무리

의미 [+무리],[+다수],[+시기]

제약

적당한 시기를 따라 여러 차례에 걸쳐 무리를
지어.

¶호박과 오이가 **무리무리** 열렸다./닫힌 문들이
열리고 아이들이 **무리무리** 몰려들 것이었다.≪이
동하, 우울한 귀향≫

무모-히

의미 [+판단],[−신중]v[−계략]

제약 {사람}-{행동하다}

앞뒤를 잘 헤아려 깊이 생각하는 신중성이나 꾀
가 없이.

¶**무모히** 행동하다./그런 일에 **무모히** 뛰어들었다
간 낭패를 보기 쉽다.

무무-히

의미 [＋언사],[＋행동],[－교양],[＋미숙],[＋무식]

제약 {사람}-{행동하다}

교양이 없어 말과 행동이 서투르고 무식하게.

무미스레

의미 [－맛],[－정도]

제약

① 맛이 없는 듯하게.

의미 [－재미],[－정도]

제약

② 재미가 없는 듯하게.

무방-히

의미 [－회피],[＋무방]

제약

거리낄 것이 없이 괜찮게.

¶나는 속으로 그의 제안도 **무방히** 여겼으나 불긍하였다.

무비

의미 [＋전부],[－예외]

제약

그러하지 않은 것이 없이 모두.

¶누님 너무 서러워 마시고 그것이 **무비** 제 팔자이지 그리된 일을 지금 와서 생각을 하면 무엇이 능하겠소.≪김교제, 치악산≫

무사분주-히

의미 [－일],[＋분주]

제약

하는 일 없이 공연히 바쁘게.

¶아까 주인더러 전에 다니던 회사에 그저 다니는 것처럼 떠들었으니 이래저래 낮에는 하는 수 없이 **무사분주히** 돌아다니게만 되었다.≪염상섭, 고독≫

무사-히[01]

의미 [＋공정]

제약

사사로움이 없이 공정하게.

무사-히[02]

의미 [－사고]

제약

① 아무런 일이 없이.

의미 [－사고],[＋편안]

제약

② 아무 탈 없이 편안하게.

¶**무사히** 검문을 통과하다./전쟁터에서 **무사히** 돌아오다./기사가 손님들을 목적지까지 **무사히** 안내할 것입니다./심한 폭우로 **무사히** 도착하기 어려울 것이다./행사는 아무 불상사 없이 **무사히** 끝났다.

무성-히

의미 [＋상태],[＋풀]v[＋나무],[＋무성]

제약 {풀, 나무}-{ }

① 풀이나 나무 따위가 자라서 우거져 있는 상태로.

¶나무가 **무성히** 자랐다./장마철에 잡초들이 **무성히** 돋아났다./정원에는 굵직한 등나무를 비롯하여 각종 정원수가 달빛을 가릴 만큼 **무성히** 자라 있었다.≪홍성원, 육이오≫

의미 [＋상태],[＋털]v[＋뿌리],[＋무성],[＋엉킴]

제약 {털, 뿌리}-{ }

② 털이나 뿌리 따위가 엉킬 정도로 마구 자라 있는 상태로.

¶그의 손등에는 시커먼 털이 **무성히** 돋았다./짧게 깎았던 머리칼이 며칠 사이 **무성히** 자랐다.

의미 [＋생각]v[＋말]v[＋소문],[＋혼합]v[＋유포]

제약 {생각, 말, 소문}-{ }

③ 생각이나 말, 소문 따위가 마구 뒤섞이거나 퍼져서 많이.

¶전쟁에 나간 그가 죽었다는 소문이 **무성히** 나돌았다.

무수-히

의미 [＋수효],[＋다량],[－짐작]

제약

헤아릴 수 없이.

¶하늘에 별이 **무수히** 반짝인다./나는 지금껏 살아오면서 죽을 고비를 **무수히** 넘겼다.

무시로

의미 [＋시간],[－미정],[＋빈도]

제약

특별히 정한 때가 없이 아무 때나.

¶손님이 **무시로** 찾아오다./부엌을 **무시로** 드나들다./아버지는 **무시로** 입버릇처럼 아들 자랑을 했다./그 누구에게도 표를 내지 않은 채 그는 **무시로** 아내 생각에 빠져들고는 했다.≪조정래, 태백산맥≫/그 뒤로도 물론 경찰의 눈은 **무시로** 도현을 에워싸고 있었다.≪손창섭, 낙서족≫

무시무시

의미 [＋느낌],[＋공포],[＋정도]

제약

몹시 무서운 느낌.

¶은주는 춘성을 **무시무시** 여기는 듯이 가만가만 흔들면서 "일어나세요."….≪나도향, 춘성≫

무식스레

의미 [－지식]

제약 {사람}-{행동하다, 보이다}

① ⇒ 무식스럽다①. 보기에 배우지 못하여 아는 것이 없는 데가 있다.

의미 [－미련],[＋포악]

제약 {사람}-{행동하다, 보이다}

② ⇒ 무식스럽다②. 보기에 하는 짓이 미련하고 우악스러운 데가 있다.

무심-코

의미 [－의도]v[－생각]

제약

아무런 뜻이나 생각이 없이.

¶**무심코** 던진 말이 그의 마음을 상하게 했다./**무심코** 방 안을 휘둘러보던 명훈은 하마터면 터져 나올 뻔한 비명을 참으며 한 발이나 물러섰다.≪이문열, 변경≫/남자의 자존심 한가운데 도막을 어쩌다 **무심코** 잘못 건드린 자신의 섣부른 짓을 후회하는 순간이었다.≪윤흥길, 완장≫

무심-히

의미 [－생각],[－감정]

제약

① ⇒ 무심하다①. 아무런 생각이나 감정 따위가 없다.

¶초저녁이나 한밤중에 **무심히** 마당에 내려서거나 고샅길을 가다가 문득 올려다보면….≪최명희,

혼불≫/영숙이 **무심히** 대꾸했다.≪유기성, 삼신각≫

의미 [＋타인],[－걱정]v[－관심]

제약

② ⇒ 무심하다②. 남의 일에 걱정하거나 관심을 두지 않다.

¶대부분의 사람들은 길가에 쓰러진 사람을 보고도 **무심히** 지나간다./나도 새 아니면 나비일 테지 하고 **무심히** 지나갔다.

무쌍-히

의미 [－비교],[＋과도]

제약

서로 견줄 만한 것이 없을 정도로 뛰어나거나 심하게.

¶이튿날 아침 후에 부윤이 감사를 와서 보고, 비장 이봉학이가 관정에 돌입하여 행패를 **무쌍히** 하였다고 말하고 나서….≪홍명희, 임꺽정≫

무안스레

의미 [＋수치]

제약

무안한 데가 있게.

¶주모는 윤보 입에서 각방자리 한다는 말이 나오자 허튼소리 한다고 용이 노할까 봐 **무안스레** 앉아 있다가 권했다.≪박경리, 토지≫

무안-히

의미 [－면목],[＋수치]v[＋창피]

제약

수줍거나 창피하여 볼 낯이 없이.

¶자기의 행위가 공정하면 신문상 논박이 없으리라 하는 고로 민대식 씨가 **무안히** 돌아갔다더라.

≪대한매일신보≫

무양무양-히

의미 [＋성격],[＋우직],[－유연]

제약

성격이 너무 고지식하여 융통성이 없이.

무양-히

의미 [－병]v[－탈],[＋건강]

제약

몸에 병이나 탈이 없이.

¶밤새 **무양히** 지내셨습니까?

무엄스레

의미 [−조심]v[−경외],[+무례],[+정도]

제약

보기에 삼가거나 어려워함이 없이 아주 무례한
데가 있게.

무엄-히

의미 [−조심]v[−경외],[+무례],[+정도]

제약

삼가거나 어려워함이 없이 아주 무례하게.

¶무엄히 굴다./죄인인 주제에 감히 누구 앞이라
고 무엄히 지껄이느냐./오직 고구려만이 대당의
두려움과 고마움을 모르고 현장과 같은 사신을
무엄히도 조롱해 돌려보내니 이런 나라는 그대
로 둘 수 없어 치고자 하니 경들의 의향은 어떠
하오?≪홍효민, 신라 통일≫

무연-히⁰¹

의미 [+상태],[+넓이],[+정도]

제약

아득하게 너른 상태로.

무연-히⁰²

의미 [−인연]v[−관계]

제약

아무 인연이나 연고가 없이.

¶무슨 그럴 만한 이유도 없이 그저 무연히 맘
이 떠지는 것을 저도 어찌할 수 없었다.≪한설
야, 탑≫

무연-히⁰³

의미 [+실망],[−정신]

제약

크게 낙심하여 허탈해하거나 멍하게.

¶갯마을에는 늙은이들이 어린 손자나 데리고 배
그늘이나 바위 옆에 앉아 무연히 바다를 바라보
거나, 아낙네들이 썰물 조개나 캘 뿐 한가하다.
≪오영수, 갯마을≫/싹도 없이 끊어 말하매 노파는
다시 말 못 하고 무연히 돌아갔는데….≪최찬식,
추월색≫

무음-히

의미 [+거짓],[+음란]

제약

거짓되고 음란하게.

무이

의미 [+동일]

제약

조금도 다를 것이 없이.

¶선생님 명령 없이 서울로들 온다는 것도 부하
로서 대장을 무이 여기는 일이니까 안 될 말이
지만….≪홍명희, 임꺽정≫

무작스레

의미 [+무지],[+포악]

제약

보기에 무지하고 우악한 데가 있게.

¶형님을 무작스레 다스리는 아우도 있나요?

무-작정

의미 [−기준],[−결정],[−준비],[−예측]

제약

얼마라든지 혹은 어떻게 하리라고 미리 정한 것
이 없이.

¶계획도 없이 무작정 발 가는 대로 서울로 올라
온 영애와 춘복이는 당장 잠잘 곳도 없었다.≪황
석영, 어둠의 자식들≫

무잡-히

의미 [+사물],[+혼합],[+혼란]

제약

사물이 뒤섞여서 어지럽고 어수선하게.

무장

의미 [+진행],[+정도]

제약

갈수록 더.

¶날씨가 무장 더워만 간다./미운 일곱 살이라더
니, 하지 말라는 일은 무장 한다.

무정스레

의미 [+냉정],[−인정]

제약

따뜻한 정이 없이 쌀쌀맞고 인정이 없는 듯하게.

무정-히

의미 [+냉정],[−인정]

제약

① 따뜻한 정이 없이 쌀쌀맞고 인정이 없이.

¶믿게 해 놓고는, 소리도 소문도 없이, 남 버리
듯 무정히 이렇게 버리고 가실 줄을 나는 몰랐
다.≪최명희, 혼불≫

의미 [-배려],[-관용]

제약

② 남의 사정에 아랑곳없이.

무-조건

의미 [-사정],[-형편]

제약

이리저리 살피지 아니하고 덮어놓고.

¶그는 이유를 듣지도 않고 **무조건** 화부터 냈다./
그는 형님의 말이라면 **무조건** 따랐다./선생을 붙
잡고 꾸벅 인사부터 한 뒤에 **무조건** 찾아온 용
건을 말하였다.《박태순, 어느 사학도의 젊은 시절》

무종

의미 [+가능]

제약

될 수 있는 대로.

무죄-히

의미 [-잘못]v[-죄]

제약

아무 잘못이나 죄가 없이.

¶그 동네에서 최병도가 **무죄히** 잡혀간 것은 사람
마다 불쌍히 여기는 터이라….《이인직, 은세계》

무지

의미 [+정도],[+과도]

제약

보통보다 훨씬 정도에 지나치게.

¶돈을 **무지** 벌다./날씨가 **무지** 춥다.

무지근-히

의미 [+기분],[+우울],[-배변]

제약

① ⇒ 무지근하다①. 뒤가 잘 안 나와서 기분이
무겁다.

의미 [+느낌],[+머리]v[+가슴]v[+팔다리],
[+무게],[+우울]

제약

② ⇒ 무지근하다②. 머리가 떵하고 무겁거나
가슴, 팔다리 따위가 무엇에 눌리는 듯이 무겁
다.

무지막지스레

의미 [+무식],[+저속],[+포악]

제약

① ⇒ 무지막지스럽다①. 보기에 몹시 무지하고
상스러우며 포악한 데가 있다.

의미 [+물건],[+크기],[+과도],[+정도]

제약

② ⇒ 무지막지스럽다②. 물건 따위가 지나치게
큰 듯하다.

무지-무지

의미 [+경악],[+중요],[+정도]

제약

① 몹시 놀랄 만큼 대단히.

¶**무지무지** 아프다./영화관은 **무지무지** 더웠으며
땀내와 지린내 때문에 기수는 토할 뻔하였다.
《박영한, 머나먼 송바 강》

의미 [+거침],[+포악],[+정도]

제약

② 몹시 거칠고 우악스럽게.

무지스레

의미 [+모습],[-지식]

제약 {사람}-{보이다}

① ⇒ 무지스럽다①. 보기에 아는 것이 없는 듯
하다.

의미 [+미련],[+포악]

제약 {사람}-{보이다}

② ⇒ 무지스럽다②. 보기에 미련하고 우악스러
운 데가 있다.

¶싯붉은 생명을 **무지스레** 꺾어 버리려는 무서운
죽음의 손.《유진오, 봄》

무진

의미 [+전부],[+정도]

제약

다함이 없을 만큼 매우. 늑무진히.

¶**무진** 고생을 하다./**무진** 정열을 쏟다./그를 설
득하느라 **무진** 애를 먹었다.

무진-히

의미 [+전부],[+정도]

제약

=무진(無盡). 다함이 없을 만큼 매우.

¶그는 집 한 칸을 마련하기 위해 **무진히** 애를
썼다./적막한 산중에 길을 잃고 방황하는 것이
무진히 처량하다 할 만하나….《이해조, 빈상설》

무쩍

의미 [+동시],[+전부]

제약

한 번에 있는 대로 다 몰아서.

무쩍-무쩍

의미 [+기준],[+방향],[+질서],[+규칙],[+전부],[−예외]

제약

① 한쪽에서부터 차례로 남김없이.

¶밭에서 무를 **무쩍무쩍** 뽑다.

의미 [+모양],[+기준],[+방향],[+질서],[+규칙],[+절단],[+섭취]

제약

② 한쪽에서부터 조금씩 차례로 잘라 먹는 모양.

¶꼬마는 초콜릿을 오른쪽 위에서부터 **무쩍무쩍** 먹었다.

무쩍같-이

의미 [+사람],[+생김],[+추악],[+정도]

제약

① (속되게) 사람의 생김새가 몹시 못나게.

¶얼굴은 **무쩍같이** 길고 못생겼으나 영팔의 체격은 탄탄하고 장대하여….≪박경리, 토지≫

의미 [+행동],[+결점]

제약

② 하는 행동이 변변치 못하게.

무참스레01

의미 [+지독],[+참혹],[+정도]

제약

보기에 몹시 끔찍하고 참혹한 데가 있게.

무참스레02

의미 [+수치],[+정도]

제약

보기에 매우 부끄러운 데가 있게.

무참-히01

의미 [+지독],[+참혹],[+정도]

제약

몹시 끔찍하고 참혹하게.

¶**무참히** 살해하다./**무참히** 짓밟히다./그의 애정 고백은 **무참히** 거절당했다./스물두엇 난 그 청년

은 도망간 아비 대신 애매하게 붙잡혀 와 노한 군중 한가운데 내던져져 **무참히** 밟혀 죽은 것이었다.≪현기영, 변방에 우짖는 새≫

무참-히02

의미 [+수치],[+정도]

제약

매우 부끄럽게.

¶안이 오면 **무참히** 고개를 돌리기를 몇 번이나 하였는지 어떤 때는 벌떡 일어서려다가 다른 곳을 보고서….≪나도향, 청춘≫

무척

의미 [+기준],[−비교],[+정도]

제약

다른 것과 견줄 수 없이.

¶이 소식을 듣고 어머니는 **무척** 기뻐하셨다./그들은 **무척** 가난하였다./요즘 주인아주머니는 내게 방을 빌려 준 것을 **무척** 후회하고 있을 거다.≪김승옥, 확인해 본 열다섯 개의 고정 관념≫

무춤

의미 [+모양],[+경악]v[+어색],[+정지],[+순간]

제약

놀라거나 어색한 느낌이 들어 하던 짓을 갑자기 멈추는 모양.

¶그는 문을 들어서다 말고 **무춤** 발을 멈췄다./무얼 쑥 뽑았다. 칼이었다. 시퍼런 칼날이 번득였다. 모두 **무춤** 뒤로 물러섰다.≪송기숙, 녹두 장군≫

무춤-무춤

의미 [+모양],[+경악]v[+어색],[+정지],[+순간],[+반복]

제약

놀라거나 어색한 느낌이 들어 하던 짓을 갑자기 자꾸 멈추는 모양.

¶적병들은 장군의 위세에 잔뜩 겁을 먹고 **무춤무춤** 뒤로 물러섰다.

무턱-대고

의미 [−이해],[−계산]

제약

잘 헤아려 보지도 아니하고 마구. 늑공중대고.

¶동생은 무슨 일만 생기면 **무턱대고** 그에게 달

려갔다./그는 전후 사정을 듣지도 않고 **무턱대고** 큰소리를 쳤다./잘 생각해 봐! **무턱대고** 덤비지 말고.≪서기원, 암사 지도≫

무트로
의미 [+동시],[+다수]
제약
한꺼번에 많이.

무한-히
의미 [+수]v[+양]v[+공간]v[+시간],[−제한]v[−한계]
제약
수(數), 양(量), 공간, 시간 따위에 제한이나 한계가 없이.
¶**무한히** 긴 시간./**무한히** 뻗쳐 있는 갱도 사이를 미친 바람이 마음 놓고 굴러간다.≪최인호, 지구인≫/병식의 말과 표정이 과도히 흥분된 것으로 보아 병식이도 속으로는 계숙이를 **무한히** 사랑하고 있었다는 것만은 짐작이 되었다.≪심훈, 영원의 미소≫

묵묵-히
의미 [−말],[+고요]
제약
말없이 잠잠하게.
¶**묵묵히** 짐을 꾸리다./**묵묵히** 걷다./세상이 아무리 뭐라 해도 난 내 일만 **묵묵히** 하련다.≪강원봉 선생은 그저 **묵묵히** 학생들을 가르치는 것으로 학교 생활을 해 나갔다.≪조정래, 태백산맥≫

묵연양구-에
의미 [+고요],[+지속]
제약
한동안 잠잠히 있다가.

묵연-히
의미 [−말],[+고요]
제약
잠잠히 말이 없이.
¶소설을 읽고 있는 병기의 곁에 흥선도 **묵연히** 앉아서 허리만 좌우로 젓고 있었다.≪김동인, 운현궁의 봄≫/만기는 한동안 **묵연히** 생각에 잠겨 있다가 대합실 소파로 가서 봉우 옆에 바싹 다가 앉았다.≪손창섭, 잉여 인간≫

묵중-히
의미 [+언사],[+행동],[+신중]
제약
적은 말과 신중한 몸가짐으로.
¶이제까지 점잖은 촌 노인처럼 그저 **묵중히**만 서 있던 산이 갑자기 연기와 불길을 내뿜는 것부터가 장난 같았다.≪윤흥길, 장마≫

묵직-묵직
의미 [+상태],[+물건],[+크기],[+다수],[+개별],[+예상],[+무게]
제약
다소 큰 여러 개의 물건 하나하나가 보기보다 제법 무거운 상태. 늑묵직묵직이.

묵직묵직-이
의미 [+상태],[+물건],[+크기],[+다수],[+개별],[+예상],[+무게]
제약
=묵직묵직. 다소 큰 여러 개의 물건 하나하나가 보기보다 제법 무거운 상태.

묵직-이
의미 [+물건],[+크기],[+예상],[+무게]
제약
① 다소 큰 물건이 보기보다 제법 무겁게.
¶밤이 깊을수록 한층 더 구슬퍼만 가는 소쩍새 울음소리가 날카로운 끌로 변해서 **묵직이** 가라앉은 거대한 밤의 덩저리 여기저기에다 오목오목한 홈들을 무수히 파 놓고 있었다.≪윤흥길, 완장≫
의미 [+사람],[+진중],[+위엄]
제약
② 사람이 점잖고 무게가 있게.
¶이현상은 **묵직이** 한마디 해 놓고 좌중을 매서운 눈으로 돌아보았다.≪이병주, 지리산≫

문덕
의미 [+모양],[+덩이],[+분리]v[+절단]
제약 { }-{끊어지다, 잘라지다}
제법 큰 덩이로 뚝 끊어지거나 잘라지는 모양.
¶**문덕** 자르다./살점을 **문덕** 베어 내다.

문덕-문덕
의미 [+모양],[+덩이],[+분리]v[+절단],[+반

복]

제약 { }-{끊어지다, 잘라지다}

제법 큰 덩이로 자꾸 뚝뚝 끊어지거나 잘라지는 모양.

문득

의미 [+모양],[+생각]v[+느낌],[+발생],[+순간]

제약 {생각, 느낌}-{떠오르다}

① 생각이나 느낌 따위가 갑자기 떠오르는 모양. 늑두연(斗然).

¶문득 깨닫다./문득 떠오르다./그렇게 말끝을 흐리던 시어머니는 **문득** 가족들 안부를 잊었다는 생각이 들었던지 어조를 바꾸어 물었다.≪이문열, 영웅시대≫

의미 [+모양],[+행위],[+순간]

제약

② 어떤 행위가 갑자기 이루어지는 모양.

¶**문득** 고개를 들어 하늘을 올려다보았다./그는 쓴웃음을 짓더니 **문득** 말머리를 돌렸다./묵묵히 발길을 내딛다 말고 그는 **문득** 걸음을 멈추었다./시선은 아득히 하늘을 향한 채 효진이 **문득** 입을 연다.≪홍성원, 육이오≫

문득-문득

의미 [+모양],[+생각]v[+느낌],[+발생],[+순간],[+반복]

제약 {생각, 느낌}-{떠오르다}

① 생각이나 느낌 따위가 갑자기 자꾸 떠오르는 모양.

¶고향 생각이 **문득문득** 떠오르다./그녀가 문득문득 생각이 난다.

의미 [+모양],[+행위],[+순간],[+반복]

제약

② 어떤 행위가 갑자기 자꾸 이루어지는 모양.

¶그는 길을 걷다 말고 **문득문득** 멈춰 서서 무언가를 중얼거렸다./할머니가 음식을 권하다 말고 **문득문득** 뒤로 물러나 나란히 앉은 두 사람을 감상하듯이 바라보며 천생연분 소리를 되풀이했다.≪박완서, 도시의 흉년≫

문뜩

의미 [+모양],[+생각]v[+느낌],[+발생],[+순

간]

제약 {생각, 느낌}-{떠오르다}

① 생각이나 느낌 따위가 갑자기 떠오르는 모양. '문득①'보다 센 느낌을 준다. 늑무뜩①.

¶**문뜩** 불쾌한 느낌이 들다./고개를 푹 수그리고 한 걸음 한 걸음 힘없이 걸어 나가는 뒷모양을 보고 있노라니 보순은 **문뜩** 가슴에 뜨거운 뭉치가 치밀어 올라왔다.≪유진오, 화상보≫

의미 [+모양],[+행위],[+순간]

제약

② 어떤 행위가 갑자기 이루어지는 모양. '문득②'보다 센 느낌을 준다. 늑무뜩②.

¶배 생원은 **문뜩** 발을 멈추며 하늘의 해를 쳐다보았다.≪유주현, 태양의 유산≫

문뜩-문뜩

의미 [+모양],[+생각]v[+느낌],[+발생],[+순간],[+반복]

제약 {생각, 느낌}-{떠오르다}

① 생각이나 느낌 따위가 갑자기 자꾸 떠오르는 모양. '문득문득①'보다 센 느낌을 준다. 늑무뜩무뜩.

¶돌아가신 어머니 생각이 **문뜩문뜩** 난다.

의미 [+모양],[+행위],[+순간],[+반복]

제약

② 어떤 행위가 갑자기 자꾸 이루어지는 모양. '문득문득②'보다 센 느낌을 준다.

¶**문뜩문뜩** 고개를 들곤 저를 뚫어지게 응시했습니다.

문란-히

의미 [+도덕]v[+질서]v[+규범],[+혼란]

제약

도덕, 질서, 규범 따위가 어지럽게.

¶안으로 홍범의 정하신 법을 **문란히** 하고 밖으로 이웃 나라의 깊이 업신여김을 불렀으니….≪독립신문≫

문문-히

의미 [-견고],[+유연]

제약

① 무르고 부드럽게.

¶고구마를 **문문히** 찌다.

의미 [+처리],[-곤란],[+용이]

제약

② 어려움 없이 쉽게 다루거나 대할 만하게.

¶이 일은 문문히 물러날 수 없는 일이다./말하는 꼴이 문문히 자리를 내놓을 것 같지 않더니….≪홍명희, 임꺽정≫

문실-문실

의미 [+모양],[+식물],[+성장],[-장애]

제약 {나무}-{자라다}

나무 따위가 거침없이 잘 자라는 모양.

¶청운의 뜻을 품고 하늘을 향하여 문실문실 자란 나무들이었다.≪정비석, 비석과 금강산의 대화≫

문적

의미 [+모양],[+물건],[+접촉],[+분리]v[+절단]

제약 { }-{끊어지다, 잘라지다}

무르고 연한 물건 따위가 조금만 건드려도 뚝 끊어지거나 잘라지는 모양.

문적-문적

의미 [+모양],[+물건],[+접촉],[+분리]v[+절단],[+반복]

제약 { }-{끊어지다, 잘라지다}

무르고 연한 물건 따위가 조금만 건드려도 자꾸 뚝뚝 끊어지거나 잘라지는 모양.

¶썩은 솔가지가 발밑에서 문적문적 부서졌다./지난 가을, 아니 그 전의 가을에도 이엉을 갈아 씌우지 않았던 용마름의 짚이 썩어서 문적문적 무너지고….≪박경리, 토지≫

문제없-이

의미 [-문제]

제약

문제가 될 만한 점이 없이. 또는 어긋나는 일이 없이.

¶내일은 문제없이 우리가 이긴다./오빠 문제없이 잘해 낼 거야. 엄마도 좀 그렇게 믿어 봐.≪박완서, 도시의 흉년≫

문척

의미 [+모양],[+물건],[+접촉],[+분리]v[+절단]

제약 { }-{끊어지다, 잘라지다}

무르고 연한 물건 따위가 조금만 건드려도 뚝 끊어지거나 잘라지는 모양. '문적'보다 거센 느낌을 준다.

¶새끼줄이 문척 끊어지다.

문척-문척

의미 [+모양],[+물건],[+접촉],[+분리]v[+절단],[+반복]

제약 { }-{끊어지다, 잘라지다}

무르고 연한 물건 따위가 조금만 건드려도 자꾸 뚝뚝 끊어지거나 잘라지는 모양. '문적문적'보다 거센 느낌을 준다.

¶시금치를 너무 데쳐서 문척문척 끊어진다.

문치적-문치적

의미 [+모양],[-결단],[+지속],[+반복]

제약

일을 결단성 있게 하지 못하고 자꾸 어물어물 끌어가기만 하는 모양.

¶박 선생은 방을 나가려다 말고 문치적문치적 도로 자리에 앉았다.

문칫-문칫

의미 [+모양],[-결단],[+지속],[+반복]

제약

'문치적문치적'의 준말. 일을 결단성 있게 하지 못하고 자꾸 어물어물 끌어가기만 하는 모양.

¶박 초시는 문칫문칫 말을 하면서도 그때의 분을 참지 못하겠다는 듯 몇 번이고 치를 떨었다.≪문순태, 타오르는 강≫

문턱

의미 [+모양],[+덩이],[+분리]v[+절단]

제약 { }-{끊어지다, 잘라지다}

제법 큰 덩이로 뚝 끊어지거나 잘라지는 모양. '문덕'보다 거센 느낌을 준다.

문턱-문턱

의미 [+모양],[+모양],[+덩이],[+분리]v[+절단],[+반복]

제약 { }-{끊어지다, 잘라지다}

제법 큰 덩이로 자꾸 뚝뚝 끊어지거나 잘라지는 모양. '문덕문덕'보다 거센 느낌을 준다.

¶머리카락을 문턱문턱 자르다.

물겅

의미 [+미래],[−경악]

제약

'놀라지 마라' 또는 '놀랍게도'의 뜻으로 엄청난 것을 말할 때에 미리 내세우는 말.

¶그는 하룻밤에 물경 수천만 원이나 도박으로 날렸다./혼자 멍하니 공상에 잠기는 버릇만 늘더니 물경 십 등이나 석차가 떨어지고 만 것이다.≪김원일, 노을≫

물그스름-히

의미 [−농도],[−정도]

제약

조금 묽은 정도로.

물긋-물긋

의미 [+모양],[+죽]v[+풀],[−농도],[+정도]

제약 {죽, 풀}-{ }

죽이나 풀 따위가 매우 묽은 듯한 모양.

¶문종이는 풀을 물긋물긋 쑤어서 붙여야 마른 뒤가 매끈하다.

물끄러미

의미 [+모양],[+시선],[+초점],[−의도]

제약 { }-{바라보다}

우두커니 한곳만 바라보는 모양.

¶물끄러미 바라보다./아버지는 우리들의 얼굴을 물끄러미 쳐다보더니 자리를 털고 일어났다.≪조세희, 난쟁이가 쏘아 올린 작은 공≫/성식은 그냥 말이 없이 물끄러미 천장을 올려다보았다.≪이호철, 닳아지는 살들≫

물끄럼-말끄럼

의미 [+모양],[−말],[+응시],[+반복]

제약 { }-{바라보다}

말없이 서로 물끄러미 보다가 말끄러미 보다가 하는 모양.

¶날마다 아침저녁으로 물끄럼말끄럼 바라보고 앉았는 사람이건마는, 그래도 나갔다가 들어와서 없을 때에는 왜 아니 돌아오나 하고 공연히 애가 쓰인다.≪염상섭, 유서≫

물끄럼-물끄럼

의미 [+모양],[−말],[+응시],[+반복]

제약 { }-{쳐다보다}

자꾸 물끄러미 쳐다보는 모양.

¶그들은 시든 얼굴을 서로 쳐들고 물끄럼물끄럼 마주 건너다보기도 하고 곁의 사람을 기웃이 들여다보기도 하고 앉았다.≪염상섭, 만세전≫

물덤벙-술덤벙

의미 [+모양],[+행동],[−짐작],[−대책]

제약

아무 일에나 대중없이 날뛰는 모양.

¶그놈들은 제 주제들을 알아. 우리처럼 물덤벙술덤벙이 아니지.≪김원우, 짐승의 시간≫

물렁-물렁

의미 [+느낌],[+정도]v[+다수],[+유연],[+정도]

제약 { }-{거리다, 대다}

① 매우 또는 여기저기가 이들이들하게 부드럽고 무른 느낌.

¶담배는 시금털털했고, 껌은 물렁물렁 들쩍지근할 뿐이었다.≪박영한, 머나먼 송바 강≫

의미 [+모양],[+신체]v[+기질]v[+규율],[+유약]

제약

② 사람의 몸이나 기질, 또는 규율 따위가 무르고 썩 약한 모양.

물론

의미 [−필요],[+말]

제약

말할 것도 없이. 늑무론.

¶물론 월급은 현금으로 지급될 것이다./박 의사는 재산과 명성을 물론 원했었다.≪박경리, 토지≫

물물

의미 [+모양],[+냄새]v[+연기],[+발생],[+다량],[−속도]

제약 {냄새, 연기}-{피어오르다}

냄새나 연기 따위가 천천히 많이 피어오르는 모양.

¶주인아줌마가 김이 물물 오르는 꼬치안주를 우묵한 접시에 담아 가져다 놓는다.≪황순원, 신들의 주사위≫

물물-이

의미 [+시기],[+묶음]

제약

때를 따라 한목씩 묶어서.

¶물물이 나오다./이 상점에 물물이 들어오는 채소는 신선하다.

물색없-이

의미 [+말]v[+행동],[−상황]v[−조리]

제약

말이나 행동이 형편에 맞거나 조리에 닿지 아니하게.

¶죄인을 잡는다고 물색없이 설치다간 자칫 민폐가 되기 십상이오.≪현기영, 변방에 우짖는 새≫/글쎄 그런 것을 나 혼자서만 건성 김칫국을 마시듯이 물색없이 좋아하다니!≪채만식, 탁류≫

물샐틈없-이

의미 [−빈틈],[+정도]

제약

(비유적으로) 조금도 빈틈이 없이. 물을 부어도 샐 틈이 없다는 뜻에서 나온 말이다.

¶노숙한 장물아비답게 물샐틈없이 정확한 거래를 할 모양이었다.≪박완서, 도시의 흉년≫

물씬[01]

의미 [+모양],[+냄새],[+악취],[+확산],[+정도]

제약 { }−{풍기다, 나다}

① 코를 푹 찌르도록 매우 심한 냄새가 풍기는 모양.

¶술 냄새가 물씬 풍겨 오다./젖비린내가 물씬 나다./지린내와 오물 냄새에 섞여서 오뎅이며 떡볶이 냄새와 돼지비계 지지는 냄새가 코를 물씬 찔러 왔다.≪황석영, 어둠의 자식들≫

의미 [+모양],[+김]v[+연기]v[+먼지],[+발생],[+순간]

제약 {김, 연기, 먼지}−{일어나다, 피다, 오르다, 나다}

② 김이나 연기, 먼지 따위가 갑자기 무럭무럭 피어오르는 모양.

¶귀남이네는 그릇들을 부뚜막에 옮겨 놓고 마른 행주로 닦은 뒤 솥뚜껑을 연다. 김이 물씬 찔러 왔다.≪박경리, 토지≫/물씬 푸른 연기를 한 움큼 내뿜으며 솔가리가 타닥타닥 튀었다.≪김원일, 불의 제전≫/한가운데 피워 놓은 화톳불에서 연기

가 물씬 피어올라 눈물을 질금거리는 단원들도 있었다.≪한무숙, 부초≫

물씬[02]

의미 [+느낌],[−견고],[+유연]

제약

잘 익거나 물러서 연하고 물렁한 느낌. 늑물씬히.

¶상자 안에 손을 넣었더니 홍시가 물씬 잡혔다.

물씬-물씬[01]

의미 [+모양],[+냄새],[+악취],[+확산],[+정도],[+반복]

제약 { }−{풍기다, 나다}

① 코를 푹 찌르도록 매우 심한 냄새가 자꾸 나는 모양.

¶생선 비린내가 물씬물씬 난다./술내가 물씬물씬 풍기는 것으로 보아 로이는 이미 상당히 취한 것 같다.≪홍성원, 육이오≫

의미 [+모양],[+김]v[+연기]v[+먼지],[+발생],[+순간],[+반복]

제약 {김, 연기, 먼지}−{일어나다, 피다, 오르다, 나다}

② 김이나 연기, 먼지 따위가 자꾸 무럭무럭 피어오르는 모양.

¶화통에서 검은 연기가 물씬물씬 피어오른다./식은 떡을 데우느라 김이 물씬물씬 오르는 떡시루의 시룻방석을 들쳐 보았다.≪김원일, 불의 제전≫

물씬-물씬[02]

의미 [+느낌],[+정도]v[+다수],[−견고],[+유연]

제약

잘 익거나 물러서 매우 또는 여기저기가 연하고 물렁물렁한 느낌.

¶다져 놓은 흙이 완전히 굳지 않아 물씬물씬 발에 밟힌다.

물씬-히

의미 [+느낌],[−견고],[+유연]

제약

=물씬[02]. 잘 익거나 물러서 연하고 물렁한 느낌.

¶감자를 물씬히 삶다.

물어-물어

의미 [+질문],[+빈도],[+과정]

제약

낯선 길이나 잘 알지 못하는 곳을 찾아갈 때, 가는 도중에 여기저기 이 사람 저 사람에게 묻고 또 물어서.

¶집을 물어물어 찾아가다./홍제동 뒷산 꼭대기까지 물어물어 갔더니 그분은 없고 부인과 두 아이들만이 있었어요.≪김용성, 도둑 일기≫

물이-못나게

의미 [+모양],[+요구],[+고집]

제약 {사람}-{조르다}

부득부득 조르는 모양.

물쩍지근-히

의미 [+태도],[+지루],[-속도]

제약 {사람}-{일하다}

일을 하는 태도가 지루할 정도로 느리게.

물쩡-히

의미 [+성미],[-속도],[+용이]

제약

① 사람의 성미가 느리고 만만하게.

의미 [+반죽]v[+떡],[+물기],[+점성]

제약 {반죽, 떡}-{ }

② 반죽이나 떡 따위가 물기가 많아 질척하게.

물컥

의미 [+모양],[+냄새],[+악취],[+확산],[+정도],[+순간]

제약

코를 찌를 듯이 매우 심한 냄새가 급자기 나는 모양.

¶꽃향기가 물컥 나다./자네에게도 송도냄새가 물컥 풍기네그랴. 자네 속내가 딱히 그러하다면 딴 방도가 없지.

물컥-물컥

의미 [+모양],[+냄새],[+악취],[+확산],[+정도],[+반복]

제약

코를 찌를 듯이 매우 심한 냄새가 자꾸 나는 모양.

¶야릇한 꽃 내가 물컥물컥 코를 찌르고 머리 위에서 벌들은 가끔 붕, 붕, 소리를 친다.≪김유정, 봄봄≫

물컹-물컹

의미 [+느낌],[+형태],[-유지],[+유약],[+다수]v[+정도]

제약 { }-{거리다, 대다}

너무 익거나 곯아서 물크러질 정도로 매우 또는 여기저기가 물렁한 느낌.

¶우리는 물컹물컹 늪지처럼 발이 빠지는 붉은 스펀지 바닥 위로 건너갔다.≪이인성, 낯선 시간 속으로≫

물큰

의미 [+모양],[+냄새],[+확산],[+동시]

제약 { }-{풍기다, 나다}

냄새 따위가 한꺼번에 확 풍기는 모양.

¶뚜껑을 여는 순간 고약한 냄새가 물큰 코를 찔렀다.

물큰-물큰

의미 [+모양],[+냄새],[+확산],[+정도],[+반복]

제약 { }-{풍기다, 나다}

냄새 따위가 자꾸 심하게 풍기는 모양.

¶입에서 단내가 물큰물큰 났다./온 방 안에 물큰물큰 땀내가 스며들었다./옥사 안은 썩은 생선 냄새가 가득 차서 코를 막아도 물큰물큰 스며들었다.≪유현종, 들불≫

뭉게-뭉게

의미 [+모양],[+연기]v[+구름],[+발생],[+원형],[+크기],[+연속]

제약 {연기, 구름}-{피다}

① 연기나 구름 따위가 크게 둥근 모양을 이루면서 잇따라 나오는 모양.

¶구름이 뭉게뭉게 피어 감돌다./연기가 뭉게뭉게 피어오르다./산등성 머리 위에는 뭉게뭉게 눈같이 흰 구름이 눈이 부시게 피어올라 올 뿐이다.≪나도향, 환희≫

의미 [+모양],[+생각]v[+느낌],[+발생],[+연속]

제약 {생각, 느낌}-{일어나다}

② 생각이나 느낌이 잇따라 일어나는 모양.

¶미움이 뭉게뭉게 치밀었다./평양이 아군에게 점

령되었다는 소식을 듣자 묘한 불안감이 **뭉게뭉게** 피어올랐다.≪홍성원, 육이오≫

뭉그적-뭉그적

의미 [+모양],[+행동],[-진행],[+동작],[+나태]

제약

① 나아가지 못하고 제자리에서 조금 큰 동작으로 게으르게 행동하는 모양.

의미 [+모양],[+행동],[-진행],[+신체],[+동작],[+나태],[+마찰],[+반복]

제약

② 나아가지 못하고 제자리에서 몸이나 몸의 일부를 조금 큰 동작으로 자꾸 느리게 비비대는 모양.

뭉근-히

의미 [+불기운],[+약함],[+지속],[-중지]

제약

세지 않은 불기운이 끊이지 않고 꾸준하게.

¶그녀는 방에 불을 **뭉근히** 때었다.

뭉글

의미 [+느낌],[+음식],[-소화],[+덩이]

제약

① 먹은 음식이 잘 삭지 않아 가슴에 뭉치어 있는 듯한 느낌.

의미 [+느낌],[+슬픔]v[+분노],[+가슴],[+충만],[+순간]

제약

② 슬픔이나 노여움 따위의 감정이 복받치어 가슴이 갑자기 꽉 차는 듯한 느낌.

의미 [+느낌],[+물건],[+표면],[+유연],[+윤활]

제약

③ 덩이진 물건이 겉으로 무르고 매끄러운 느낌.

뭉글-뭉글

의미 [+느낌],[+물건],[+유연],[+윤활],[+정도]

제약 { }-{미끄럽다}

덩이진 물건이 물렁물렁하고 몹시 미끄러운 느낌.

¶해삼은 **뭉글뭉글** 미끄러워서 집어 먹기가 힘들다.

뭉긋-뭉긋

의미 [+모양],[+행동],[-진행],[+착석],[+주저],[+나태]

제약

① 나아가는 시늉만 하면서 앉은 자리에서 게으르게 행동하는 모양.

의미 [+모양],[-진행],[+착석],[+신체],[+마찰],[+반복]

제약

② 나아가는 시늉만 하면서 앉은 자리에서 몸이나 몸의 일부를 자꾸 비비대는 모양.

뭉떵

의미 [+모양],[+부분],[+크기],[+분리]v[+절단]

제약 { }-{자르다, 끊다}

한 부분이 대번에 제법 크게 잘리거나 끊어지는 모양.

¶그의 눈이 큰아들의 왼팔을 의식적으로 피하는데도 상완근 상단이 **뭉떵** 잘려 나가고 없는 흉한 꼴이 눈앞에 떠올랐다.≪김원일, 불의 제전≫

뭉떵-뭉떵

의미 [+모양],[+부분],[+크기],[+분리]v[+절단],[+연속]

제약 { }-{자르다, 끊다}

잇따라 제법 크게 잘리거나 끊어지는 모양.

¶**뭉떵뭉떵** 잘려 나가는 나무들./아이는 출출했는지 떡을 **뭉떵뭉떵** 베어 먹는다.

뭉뚝

의미 [+모양],[+사물],[+선단],[-길이],[-예리],[+정도]

제약

굵은 사물의 끝이 아주 짧고 무딘 모양.

뭉뚝-뭉뚝

의미 [+모양],[+사물],[+다수],[+선단],[-길이],[-예리],[+정도]

제약

여러 개의 굵은 사물의 끝이 아주 짧고 무딘 모양.

¶빗자루가 **뭉뚝뭉뚝** 닳아서 바닥이 잘 쓸리지 않는다.

뭉실

의미 [+모양],[+살],[+느낌],[+유연]

제약

통통하게 살이 쪄서 부드럽고 이들이들한 느낌이 있는 모양.

¶그는 제대한 뒤에 살이 **뭉실** 올랐다.

뭉실-뭉실

의미 [+모양],[+살],[+느낌],[+유연],[+정도]

제약

① 통통하게 살이 쪄서 매우 부드럽고 이들이들한 느낌이 있는 모양. 늑뭉실뭉실히①.

¶**뭉실뭉실** 살진 돼지.

의미 [+모양],[+구름]v[+연기],[+부유],[+원형],[+덩이]

제약 {구름, 연기}-{뜨다, 솟다}

② 구름이나 연기 따위가 둥글둥글하게 뭉쳐서 떠 있거나 떠오르는 듯한 모양. 늑뭉실뭉실히②.

¶하늘에 솜구름이 **뭉실뭉실** 떠다닌다.

뭉실뭉실-히

의미 [+모양],[+살],[+느낌],[+유연],[+정도]

제약

①=뭉실뭉실①. 통통하게 살이 쪄서 매우 부드럽고 이들이들한 느낌이 있는 모양.

¶**뭉실뭉실히** 살이 오른 아기.

의미 [+모양],[+구름]v[+연기],[+부유],[+원형],[+덩이]

제약 {구름, 연기}-{뜨다, 솟다}

②=뭉실뭉실②. 구름이나 연기 따위가 둥글둥글하게 뭉쳐서 떠 있거나 떠오르는 듯한 모양.

¶**뭉실뭉실히** 떠가는 흰 구름.

뭉클

의미 [+느낌],[+음식],[−소화],[+덩이]

제약

① 먹은 음식이 잘 삭지 않아 가슴에 뭉치어 있는 듯한 느낌. ‘뭉글①’보다 거센 느낌을 준다.

¶좀 전에 먹은 떡이 **뭉클** 걸려서 다른 음식을 먹고 싶은 생각이 없다.

의미 [+느낌],[+슬픔]v[+분노],[+가슴],[+충

만],[+순간]

제약

② 슬픔이나 노여움 따위의 감정이 북받치어 가슴이 갑자기 꽉 차는 듯한 느낌. ‘뭉글②’보다 거센 느낌을 준다.

¶슬픈 허망감이 **뭉클** 솟는 걸 느끼며 김범우는 쓸쓸히 웃었다.≪조정래, 태백산맥≫/그녀의 가슴에 맺힌 한 같은 게 내 가슴에도 **뭉클** 와 닿았다.≪박완서, 세상에서 제일 무거운 틀니≫

의미 [+느낌],[+물건],[+표면],[+유연],[+윤활]

제약

③ 덩이진 물건이 겉으로 무르고 미끄러운 느낌. ‘뭉글③’보다 거센 느낌을 준다.

¶침을 뱉었다. 핏덩이가 **뭉클** 땅바닥에 떨어졌다.≪김원일, 노을≫

뭉클-뭉클

의미 [+느낌],[+음식],[−소화],[+덩이],[+정도]

제약

덩이진 물건이 물렁물렁하고 몹시 미끄러운 모양. ‘뭉글뭉글①’보다 거센 느낌을 준다.

뭉텅

의미 [+모양],[+부분],[+크기],[+절단]v[+분리],[+순간]

제약 { }-{자르다, 끊다}

한 부분이 대번에 제법 크게 잘리거나 끊어지는 모양. ‘뭉떵’보다 거센 느낌을 준다.

¶푸줏간에 매달아 놓은 소의 큼직한 뒷다리를 반달형의 섬뜩한 칼로 **뭉텅** 도려내고 있는 처녀의 매끈한 얼굴과….≪하근찬, 삼각의 집≫/군대에 가기 싫어서 작두로 자기 손가락을 바로 그 손가락 말입니다 **뭉텅** 자른 적도 있습니다.≪윤흥길, 문학사상사≫

뭉텅-뭉텅

의미 [+모양],[+부분],[+크기],[+절단]v[+분리],[+순간],[+연속]

제약 { }-{자르다, 끊다}

잇따라 제법 크게 잘리거나 끊어지는 모양. ‘뭉떵뭉떵’보다 거센 느낌을 준다.

¶소리 지를 겨를도 없이 그놈은 내 머리채를 날이 시퍼런 군도로 **뭉텅뭉텅** 베는 것이었어요. ≪최명희, 혼불≫/나는 내 육신의 어느 한 부분이 절단되어 **뭉텅뭉텅** 잘려나간 것 같은 육체적인 아픔을 느꼈다.≪김성희, 문학사상사≫

뭉툭

의미 [+모양],[+사물],[+선단],[-길이],[-예리],[+정도]

제약

굵은 사물의 끝이 아주 짧고 무딘 모양. '뭉뚝'보다 거센 느낌을 준다.

¶그는 약손가락과 새끼손가락이 **뭉툭** 잘려진 왼손을 바른손으로 눌러 가렸다.≪조세희, 클라인 씨의 병≫/코의 생김새부터가 유별났다. 무엇에 밟히기라도 한 듯 허리는 푹 꺼져 들어가고, 끝만 **뭉툭** 위로 쳐들려 있었다.≪하근찬, 족제비≫

뭉툭-뭉툭

의미 [+모양],[+사물],[+다수],[+선단],[-길이],[-예리],[+정도]

제약

여러 개의 굵은 사물의 끝이 아주 짧고 무딘 모양. '뭉뚝뭉뚝'보다 거센 느낌을 준다.

¶떡을 **뭉툭뭉툭** 썬다.

미끄덩-미끄덩

의미 [+모양],[+윤활],[+전진],[+반복]

제약

몹시 미끄러워 넘어질 듯 넘어질 듯 자꾸 밀리어 나가는 모양.

¶마룻바닥에 기름칠을 해 지나다니는 사람마다 **미끄덩미끄덩** 넘어지려 한다.

미끈둥-미끈둥

의미 [+모양],[+전진],[+유연],[+윤활],[+반복]

제약

① 부드럽고 미끄러워서 자꾸 밀리어 나가는 모양.

¶손에 들어왔던 미꾸라지가 **미끈둥미끈둥** 빠져나가 잡을 수가 없다.

의미 [+모양],[+유연],[+윤활],[+정도]

제약

② 매우 부드럽고 미끄러운 모양.

미끈-미끈

의미 [+모양],[+표면],[+윤활],[+밀림],[+반복]

제약

① 미끄럽고 번드러워서 자꾸 밀리어 나가는 모양.

의미 [+모양],[-흠집]v[-거침],[+윤활],[+밀림],[+정도]

제약

② 흠이나 거친 데가 없어 밀리어 나갈 정도로 몹시 번드러운 모양.

미끈-히

의미 [+표면],[-흠집]v[-거침],[+유연],[+윤활]

제약

① 흠이나 거친 데가 없이 부드럽고 번드럽게.

¶**미끈히** 잘 다듬어진 강변도로에는 자동차들만이 활개를 친다.

의미 [+차림]v[+꾸밈새],[+단정],[+청결]

제약

② 차림이나 꾸밈새가 훤하고 깨끗하게.

¶새로 이사 간 집을 **미끈히** 꾸미기로 마음먹었다.

의미 [+생김새],[+키],[+시원]

제약

③ 생김새가 멀쑥하고 훤칠하게.

¶방송국이라 그런지 **미끈히** 생긴 청년들이 자주 눈에 띈다.

미끌-미끌

의미 [+모양],[+윤활],[+정도]

제약

몹시 미끄러운 모양.

미려-히

의미 [+미려]

제약

아름답고 곱게.

미련스레

의미 [-이치],[+고집],[+우둔],[+정도]

제약

터무니없는 고집을 부릴 정도로 매우 어리석고 둔한 데가 있게.

¶아내는 흥미를 잃어버린 일을 **미련스레** 붙들고 있을 사람이 아니다./사람 수를 생각지도 않고 이렇게 **미련스레** 음식을 많이 차리면 뒷감당을 어떻게 하니?

미련-히

의미 [-이치],[+고집],[+우둔],[+정도]

제약

터무니없는 고집을 부릴 정도로 매우 어리석고 둔하게.

미루적-미루적

의미 [+모양],[+일]v[+날짜],[+지연],[+반복]

제약

해야 할 일이나 날짜 따위를 미루어 자꾸 시간을 끄는 모양. 늑미적미적

미룸-미룸

의미 [+모양],[+일],[+지연],[+반복]

제약

일을 자꾸 미루어 시간을 끌어가는 모양.

¶약을 알아내고 이어 사다 놓기까지 하고서도 그러나 매일같이 벼르기만 하고 벌써 십여 일이나 **미룸미룸** 미뤄 나왔다.≪채만식, 탁류≫

미리

의미 [+준비],[+예상]

제약

어떤 일이 생기기 전에. 또는 어떤 일을 하기에 앞서.

¶내 이것만은 선우 중위에게 **미리** 일러두겠는데, 당신이 이따 거기서 만날 사람은 천 기자가 꽤 걱정을 많이 하던 여자라는 걸 알아 두십시오.≪이청준, 이어도≫/훈련이 잘된 시민들은 공습에 대비해 **미리** 지하도나 대피소로 피신해 인명 피해는 없었다.≪오정희, 어둠의 집≫/인부들이 미리 눈치채고 엄포를 놓는 게 아닙니까?≪황석영, 객지≫

미리-감치

의미 [+준비],[+예상]

제약

어떤 일이 생기기 훨씬 전에. 또는 어떤 일을 하기에 훨씬 앞서.

¶나는 그가 올 것을 **미리감치** 알고 있었다./그가 눈치채지 못하도록 나름대로 **미리감치** 손을 써둔 가늠이 있기 때문에 종술로서는 서두를 필요가 조금도 없었다.≪윤흥길, 완장≫

미리-미리

의미 [+여유],[+정도],[+우선]

제약

충분한 여유가 있게 먼저.

¶**미리미리** 준비하다./최익현은 언젠가는 실시하게 될 농지 개혁에 대비해서 **미리미리** 농토를 처분해 다른 사업을 벌일 계획을 세워 왔었다.≪조정래, 태백산맥≫/그들은 50명이 넘는 대가족이었으므로 움직일 때는 일찌감치 준비를 끝내고 **미리미리** 나와 있을 것이다.≪최인호, 지구인≫

미묘-히[01]

의미 [+미려],[+미묘]

제약

아름답고 묘하게.

미묘-히[02]

의미 [-분명],[+이상],[+미묘]

제약

뚜렷하지 않고 야릇하고 묘하게.

¶낙관했던 형세가 **미묘히** 바뀌면서 우리의 처지가 곤란해졌다.

미미-히[01]

의미 [-크기],[+정도]

제약

보잘것없이 아주 작게.

미미-히[02]

의미 [+근면],[+정도]

제약

힘써 부지런히.

미상불

의미 [+필연],[+당연]

제약

아닌 게 아니라 과연. 늑미상비.

¶대령 계급장을 달고서 장군이라는 말을 들으니 **미상불** 기분이 좋은 것 같았다.≪김용성, 리빠똥 장

군≫/유 선달이 어떻게 나올는지 몰라서 은근히 궁금히 여기고 있었는데 하인을 시켜서 잡으러 왔다는 데는 **미상불** 가슴이 뜨끔하기도 하였다. ≪이기영, 봄≫

미상비
의미 [+필연],[+당연]
제약
=미상불. 아닌 게 아니라 과연.

미식-미식
의미 [+모양],[+연결],[+반복],[−절단]
제약
끊어질 듯이 자꾸 이어지는 모양.
¶송희는 미식미식 울음을 그치고 형보를 말긋말긋 올려다보다가 손에 쥔 빗솔을 슬며시 입으로 가지고 간다.≪채만식, 탁류≫/삼 년이 모자란 백 년이나 되는 그 디근 자형의 기와집은 서까래도 썩고 기둥도 기울어서 바람만 불면 **미식미식** 주저앉을 듯싶은 소리를 내었다.≪선우휘, 망향≫

미심쩍-이
의미 [−분명],[+마음],[−편안]
제약
분명하지 못하여 마음이 놓이지 않게.
¶나는 그의 대답이 **미심쩍이** 생각되어 다시 한 번 다짐을 받아 두었다.

미심-히
의미 [+일],[−분명],[+마음],[−편안]
제약
일이 확실하지 아니하여 늘 마음을 놓을 수 없이.
¶그가 일이 진행되는 상황을 **미심히** 생각하는 것은 있을 수 있는 일이다.

미안쩍-이
의미 [+느낌],[+마음],[+불편],[+수치]
제약 { }-{여기다, 느끼다}
남에게 대하여 마음이 편치 못하고 부끄러운 느낌이 있게.
¶별것도 아닌 것을 가지고 그렇게 **미안쩍이** 여기고 계시니 오히려 몸 둘 바를 모르겠습니다.

미안-히
의미 [+마음],[+불편],[+수치]

제약 { }-{여기다, 느끼다}
남에게 대하여 마음이 편치 못하고 부끄럽게.
¶저희 때문에 칠성이가 죄를 짓고 도망을 갔대서 미안히 여기던 판이었는데, 뜻밖에 만나니 참말 반가웠던 것이다.≪정비석, 성황당≫/창순은 왕한의 들어오라는 대답을 듣기 전에 들어온 것을 미안히 생각하면서 다시 왕한의 태도를 살핀다. ≪한용운, 흑풍≫

미욱스레
의미 [+우둔],[+미련],[+정도]
제약
매우 어리석고 미련한 데가 있게.

미적-미적
의미 [+모양],[+무게],[+돌출],[−속도],[+반복]
제약
① 무거운 것을 조금씩 앞으로 자꾸 내미는 모양.
¶농부가 달구지를 미적미적 밀고 간다.
의미 [+모양],[+일]v[+날짜],[+지연],[+반복]
제약
②=미루적미루적. 해야 할 일이나 날짜 따위를 자꾸 미루어 시간을 끄는 모양
¶미적미적 미루다가 하루는 마음을 크게 먹고 신문에 자주 나오는 안과를 찾아갔다.≪법정, 무소유≫/미적미적 자리에 앉아 있다가 국밥집을 나왔다.≪우애령, 문학과지성사≫
의미 [+모양],[−속도]v[+주저],[+반복]
제약
③ 자꾸 꾸물대거나 망설이는 모양.
¶김범우는 다방에 앉아 차를 마시고 있을 계제가 아닌데도 그를 뿌리칠 수가 없어 미적미적 끌려가고 있었다.≪조정래, 태백산맥≫

미적지근-히
의미 [+온기],[−정도]
제약
① 더운 기운이 약간 있는 듯하게.
¶미적지근히 데운 물에 목욕을 해서 감기가 걸렸다.

의미 [＋성격]v[＋행동]v[＋태도],[－결정],[－분명]

제약

② 성격이나 행동, 태도 따위가 맺고 끊는 데가 없이 흐리멍덩하게.

¶그는 좋아한다 싫어한다 드러내지 않고 미적지근히 그녀를 대했다.

미주알-고주알

의미 [＋전부],[－중요]

제약

아주 사소한 일까지 속속들이. ≒고주알미주알.

¶털이가 안 된다는 까닭을 미주알고주알 캐내서 수다 늘어놓는데 주만은 참다못하여 소리를 빽 질렀다.≪현진건, 무영탑≫/그러나 노파는 더욱 바싹 다가들며 요모조모 살피듯이 미주알고주알 캐어물었다.≪이호철, 소시민≫

미지근-히

의미 [＋온기],[－정도]

제약

① 더운 기운이 조금 있는 듯하게.

¶햇볕이 미지근히 데워 놓은 물은 달빛에 의해 이미 싸늘하게 식어 있었다.≪윤흥길, 완장≫

의미 [＋행동]v[＋태도],[－분명],[－완벽]

제약

② 행동이나 태도가 분명하거나 철저하지 못하게.

¶일이 어렵게 진행되고 있는데도 책임자들은 미지근히 대처하였다.

미처

의미 [－기준],[－도달]

제약 {　}-{못하다, 않다, 없다}

(흔히 '못하다', '않다', '없다' 따위와 함께 쓰여) 아직 거기까지 미치도록.

¶그가 오기 전에 미처 일을 끝내지 못했다./어머니는 미처 거기까지는 생각하지 못하셨다./음식이 미처 준비도 되지 않았는데 손님들이 몰려왔다./남편이 그런 사람인 줄 예전에 미처 몰랐다./미처 말려 볼 틈도 없이 김철은 방아쇠를 당겨 버렸다.≪이문열, 영웅시대≫/벤치에 미처 앉기도 전이어서 엉거주춤 굳어 버린 묘한 자세

로 그는 나를 멀거니 쳐다보았다.≪안정효, 하얀전쟁≫

미추룸-히

의미 [＋젊음],[＋건강],[＋기름기],[＋미려]

제약

매우 젊고 건강하여 기름기가 돌고 아름다운 태가 있게.

미타-미타

의미 [＋모양],[＋의심]

제약

아무래도 미심쩍은 모양.

미타스레

의미 [－온당]

제약

보기에 온당하지 않은 데가 있게.

미타-히

의미 [－온당]

제약

① 온당하지 아니하게.

¶아기 어머니가 그의 걸터앉는 것을 미타히 생각하여 잠깐 눈살을 찡그리고….≪홍명희, 임꺽정≫

의미 [＋의심],[－견고]

제약

② 든든하지 못하고 미심쩍은 데가 있게.

민감-히

의미 [＋자극],[＋반응]v[＋영향],[＋속도]

제약 {사람}-{반응하다}

자극에 빠르게 반응을 보이거나 쉽게 영향을 받는 듯이.

¶그는 유행에 민감히 반응했다.

민답-히

의미 [＋애처],[＋고립]

제약

=민울히. 안타깝고 답답하게.

민둥-민둥

의미 [＋모양],[＋산],[－나무],[＋반반]

제약

산에 나무가 없어 번번한 모양. ≒민둥민둥히.

¶벌목으로 산이 민둥민둥 벌거숭이가 되었다.

민둥민둥-히

의미 [+모양],[+산],[-나무],[+반반]

제약 {산}-{ }

=민둥민둥. 산에 나무가 없어 번번한 모양.

민련-히

의미 [+곤란],[+애처]

제약

딱하고 가엾게.

민만-히

의미 [+마음],[+복잡],[+고립],[+고통]

제약

마음이 번거롭고 답답하여 괴롭게.

민망스레

의미 [+대면],[+수치]

제약

=면구스레. 낯을 들고 대하기에 부끄러운 데가 있게.

민망-히

의미 [+고립],[+애처]

제약

답답하고 딱하여 안타깝게. 늑민연히02.

¶그는 그 일이 잘못된 것을 몹시 **민망히** 여기고 있다./번거로운 제례와 의식으로 시간과 재물을 낭비하는 너희를 우리는 오히려 **민망히** 여기리라.≪이문열, 사람의 아들≫

민민-히

의미 [+애처],[+정도]

제약

매우 딱하게.

민속-히

의미 [+행동]v[+일],[+처리],[+민첩]

제약

행동이나 일의 처리 따위가 날쌔고 빠르게.

민숭-민숭

의미 [+모양],[+몸],[-털],[+반반]

제약

① 몸에 털이 있어야 할 곳에 털이 없어 번번한 모양. 늑민숭민숭히①.

¶**민숭민숭** 벗어진 대머리.

의미 [+모양],[+산],[-초목],[+반반]

제약

② 산에 나무나 풀이 우거지지 않아 번번한 모양. 늑민숭민숭히②.

¶저 들판에는 **민숭민숭** 나무도 하나 없이 너무 황량하다.

의미 [+모양],[+음주],[+정신],[+온전]

제약

③ 술을 마시고도 취하지 않아 정신이 멀쩡한 모양. 늑민숭민숭히③.

¶매일 독한 양주만 마시다 맥주를 마셨더니 **민숭민숭** 별 느낌이 없다.

민숭민숭-히

의미 [+모양],[+몸],[-털],[+반반]

제약

①=민숭민숭①. 몸에 털이 있어야 할 곳에 털이 없어 번번한 모양

의미 [+모양],[+산],[-초목],[+반반]

제약

②=민숭민숭②. 산에 나무나 풀이 우거지지 않아 번번한 모양.

의미 [+모양],[+음주],[+정신],[+온전]

제약

③=민숭민숭③. 술을 마시고도 취하지 않아 정신이 멀쩡한 모양

민연-히01

의미 [-흔적]

제약

자취가 없이.

민연-히02

의미 [+곤란],[+애처]

제약

=민망히. 답답하고 딱하여 안타깝게.

민울-히

의미 [+애처],[+곤란]

제약

안타깝고 답답하게. 늑민답히.

민조스레

의미 [+초조],[+걱정]

제약

보기에 초조하고 걱정스러운 데가 있게.

민첩-히

의미 [+속도],[+민첩]

제약

재빠르고 날쌔게.

¶날아오는 공을 **민첩히** 피하다.

민틋-이

의미 [+표면],[+평평],[+경사]

제약

울퉁불퉁한 곳이 없이 평평하고 비스듬하게.

¶**민틋이** 펼쳐진 갯벌./통남동으로부터 길이 **민틋**이 오르기 비롯하고….≪최남선, 백두산 근참기≫

민활-히

의미 [+속도],[+활발]

제약

날쌔고 활발하게.

¶근육으로 뭉쳐진 탄탄한 육체, 두꺼운 입술, 좁은 이마, 튀어나온 광대뼈, **민활히** 움직이는 작은 눈동자.≪김원일, 어둠의 축제≫

믿음성스레

의미 [+성질],[+신뢰]

제약

믿음직한 성질이 있게.

믿음직스레

의미 [+신뢰]

제약

믿음직한 데가 있게.

밀룽

의미 [+모양],[+돌출]

제약

불룩하게 두드러져 있는 모양.

¶어미 염소의 배가 **밀룽** 불렀더니 새끼 세 마리를 낳았다.

밀룽-밀룽

의미 [+모양],[+전부],[+돌출]

제약

여럿이 다 불룩하게 두드러져 있는 모양.

¶온종일 산판을 돌아다니며 풀을 뜯어 먹은 소들은 배들이 **밀룽밀룽** 불러서 내려왔다./뺨 언저리엔 덴 자국이 **밀룽밀룽** 부풀어 오르고….≪현진건, 무영탑≫

밀밀-히

의미 [-간격],[+정도]

제약

아주 빽빽하게.

¶**밀밀히** 들어찬 나무들.

밀어

의미 [+전부],[+평균]

제약

=통밀어. 이것저것 가릴 것 없이 전부 평균으로 쳐서.

밀접-히

의미 [+밀착],[+관계]

제약

맞닿아 아주 가깝게. 또는 그런 관계로.

¶두 사건이 **밀접히** 관련되어 있어서 한 사건을 해결하면 다른 사건도 쉽게 해결할 수 있을 것이다./인간의 사상과 감정은 서로 **밀접히** 연관되어 있으며 항상 상호 작용을 한다.

밀치락-달치락

의미 [+모양],[+밀기],[+당김],[+반복]

제약

자꾸 밀고 잡아당기고 하는 모양.

¶순경들과 청년들은 **밀치락달치락** 실랑이질을 했다.

밉광스레

의미 [+미움],[+정도]

제약

보기에 매우 밉살스러운 데가 있게.

밉살머리스레

의미 [+말]v[+행동],[+미움],[+정도]

제약 {사람}-{행동하다}

'밉살스레'를 속되게 이르는 말. 보기에 말이나 행동이 남에게 몹시 미움을 받을 만한 데가 있게.

¶그가 요즘 사고만 치면서 **밉살머리스레** 군다.

밉살스레

의미 [+말]v[+행동],[+미움],[+정도]

제약 {사람}-{행동하다}

보기에 말이나 행동이 남에게 몹시 미움을 받을 만한 데가 있게.

¶그녀가 너무 **밉살스레** 군다.

밉상스레

의미 [＋미움],[＋정도]

제약 {사람}-{행동하다}

보기에 밉살스러운 데가 있게.

¶업어 달라고 보채던 아이가 **밉상스레** 엄마를 쳐다본다.

밋밋-이

의미 [＋생김새],[－결점],[＋곧음],[＋길이]

제약

① 생김새가 미끈하게 곧고 길게.

¶밭둑에 **밋밋이** 서 있는 나무 한 그루.

의미 [＋경사]v[＋굴곡],[－정도],[＋평평],[＋경사]

제약

② 경사나 굴곡이 심하지 않고 평평하고 비스듬하게.

¶산막골 뒤에 **밋밋이** 뻗은 산줄기가 있었다.《황순원, 카인의 후예》

의미 [＋모양],[－특징],[＋평범]

제약

③ 생긴 모양 따위가 두드러진 특징이 없이 평범하게.

¶얼굴이 **밋밋이** 생긴 그는 하는 짓도 싱겁다.

밍근-히[01]

의미 [＋온기],[－정도]

제약

약간 미지근하게.

밍근-히[02]

의미 [＋느낌],[＋허전],[＋식욕],[－정도]

제약

은근히 허전하고 헛헛한 느낌이 있게.

밍밍-히

의미 [＋음식],[－맛],[＋정도]

제약

① 음식 따위가 제맛이 나지 않고 몹시 싱겁게.

의미 [＋술]v[＋담배],[＋맛],[－강함],[＋정도]

제약

② 술이나 담배의 맛이 독하지 않고 몹시 싱겁게.

의미 [＋마음],[＋허전],[＋정도]

제약

③ 마음이 몹시 허전하고 싱겁게.

및

의미 [＋연결],[＋추가]

제약

'그리고', '그 밖에', '또'의 뜻으로, 문장에서 같은 종류의 성분을 연결할 때 쓰는 말.

¶원서 교부 **및** 접수./올바른 환경관과 자원 절약 정신을 학교, 가정 **및** 지역 사회에 뿌리내리게 하여야 한다.

ㅂ

바가닥

의미 [+소리],[+물건],[+마찰],[+정지]

제약

작고 단단한 물건이 맞닿아 문질리다가 그칠 때 나는 소리.

¶손안에 든 호두를 문지르니 **바가닥** 소리가 난다.

바가닥-바가닥

의미 [+소리],[+물건],[+마찰],[+정지],[+연속]

제약

작고 단단한 물건이 자꾸 맞닿아 문질리다가 그칠 때 잇따라 나는 소리.

바각

의미 [+소리],[+물건],[+접촉]

제약

작고 단단한 물건이나 질기고 빳빳한 물건이 맞닿을 때 나는 소리.

¶생쥐가 벽을 **바각** 긁는다.

바각-바각

의미 [+소리],[+물건],[+접촉],[+반복]

제약

작고 단단한 물건이나 질기고 빳빳한 물건이 자꾸 맞닿을 때 나는 소리.

¶주머니 속의 새 지폐에서 **바각바각** 소리가 난다./마루에서는 아까부터 쥐 몇 마리가 무언가를 날카로운 이빨로 **바각바각** 갈고 있었다.≪홍성원, 육이오≫

바그르르

의미 [+소리]v[+모양],[+액체],[+비등],[+넓이],[+소란],[−정도]

제약 {액체}-{퍼지다, 끓다}

① 적은 양의 액체가 조금 넓게 퍼지면서 야단스럽게 끓어오르는 소리. 또는 그 모양.

¶찌개가 **바그르르** 끓기 시작한다.

의미 [+소리]v[+모양],[+거품],[+넓이],[+발생],[+동시]

제약 {거품}-{퍼지다, 일어나다}

② 잔거품이 넓게 퍼지면서 한꺼번에 많이 일어나는 소리. 또는 그 모양.

¶사이다를 잔에 따르자마자 **바그르르** 거품이 일었다./수없는 별들이 뭉치뭉치 덩이덩이 뛰는 양 넘노는 양 춤추는 양 **바그르르** 헤어지는가 하면 출렁출렁 모여든다.≪현진건, 무영탑≫

의미 [+모양],[+일],[−인내],[+흥분],[+빈도]

제약 {사람}-{화내다, 성내다}

③ 참을성이 없어 조그만 일에도 곧잘 흥분하는 모양.

¶그는 속이 좁아서 사소한 일에 **바그르르** 성질을 부린다.

바글-바글

의미 [+소리]v[+모양],[+액체],[+넓이],[+비등]v[+상승],[+반복]

제약 {액체}-{끓다, 솟아오르다}

① 적은 양의 액체가 넓게 퍼지며 자꾸 끓거나 솟아오르는 소리. 또는 그 모양.

¶찌개가 **바글바글** 끓는다.

의미 [+소리]v[+모양],[+거품],[+발생],[+넓이],[+확산],[+반복]

제약 {거품}-{퍼지다, 일어나다}

② 잔거품이 넓게 퍼지며 자꾸 많이 일어나는 소리. 또는 그 모양.

¶빨래 삶는 솥에서 비누 거품이 **바글바글** 일어 난다.

의미 [＋모양],[＋벌레]v[＋짐승]v[＋사람],[＋다 수],[＋밀집],[＋운동],[＋반복]

제약 {벌레, 짐승, 사람}-{모이다, 끓다, 들끓다}

③ 작은 벌레나 짐승 또는 사람 따위가 한곳에 많이 모여 자꾸 움직이는 모양

¶온 논에 흩어져 살던 메뚜기 새끼들이 **바글바 글** 몰려와 더 도망갈 데가 없어지자 한사코 바 동댄다.≪김춘복, 쌈짓골≫/구경꾼들만 물문 근처 에 몰려 **바글바글** 들끓었다.≪윤흥길, 완장≫

의미 [＋모양],[＋마음],[－편안],[＋근심]

제약 {속}-{태우다, 끓이다}

④ 마음이 쓰여 속을 태우는 모양.

¶배 속이 빈 데다가 화가 치밀어 오르고 오장육 부가 **바글바글** 끓고 있기 때문에 건구역질이 틀 어 오르는 것이었다.≪문순태, 타오르는 강≫

바끄러이

의미 [＋잘못]v[＋양심],[＋불편],[－면목],[－당 당]

제약

① 일을 잘못하거나 양심에 거리끼어, 남을 대 할 면목이 없거나 떳떳하지 못하게.

의미 [－친분],[＋수줍음]

제약

② 스스러움을 느끼어 수줍게.

바닥없-이

의미 [－밑]v[－끝]/[＋하강],[＋지속]v[＋깊이]

제약

밑이나 끝이 없이. 또는 하향세가 지속적이거나 깊이가 깊게.

바동-바동

의미 [＋모양],[－크기],[＋팔다리],[＋운동], [＋반복]

제약 { }-{거리다, 대다}

① 덩치가 작은 것이 매달리거나 자빠지거나 주 저앉아서 팔다리를 내저으며 자꾸 움직이는 모 양.

¶어린아이가 땅바닥에 털썩 주저앉아 떼를 쓰며 **바동바동** 발버둥을 친다.

의미 [＋모양],[＋상황],[＋과중],[＋탈출],[＋노 력]

제약 { }-{애쓰다, 힘쓰다}

② 힘에 겨운 처지에서 벗어나려고 바득바득 애 를 쓰는 모양.

¶가난에서 벗어나 보려고 **바동바동** 몸부림쳐 봤 지만 모두 허사였다./쌈짓골의 가난한 농민들이, 두더지처럼 흙 속에 묻혀 사는 이웃이, 수박밭 에 매달려 **바동바동** 애써 온 자신이 말할 수 없 이 초라하게 느껴질 때가 많다.≪김춘복, 쌈짓골≫

바둥-바둥

의미 [＋모양],[－크기],[＋팔다리],[＋운동], [＋반복]

제약 { }-{거리다, 대다}

① 덩치가 작은 것이 매달리거나 자빠지거나 주 저앉아서 자꾸 팔다리를 내저으며 움직이는 모 양. ‘바동바동①’보다 큰 느낌을 준다.

¶중심을 잃고 팔을 **바둥바둥** 내젓다.

의미 [＋모양],[＋상황],[＋과중],[＋탈출],[＋노 력]

제약 { }-{애쓰다, 힘쓰다}

② 힘에 겨운 처지에서 벗어나려고 애를 바득바 득 쓰는 모양. ‘바동바동②’보다 큰 느낌을 준다.

¶정임이는 그래도 어린 마음에 첫정이라, 큰댁 의 구박이나 일이 고된 것도 이겨내 가며 **바둥 바둥** 살려고 애를 썼던 거지.≪염상섭, 자취≫

바드득

의미 [＋소리],[＋물건],[＋마찰],[－예의]

제약 { }-{문지르다}

① 단단하고 질기거나 반드러운 물건을 되게 문 지를 때 되바라지게 나는 소리.

¶폐비가 다시 이를 **바드득** 가시며 울부짖으셨다. ≪박종화, 금삼의 피≫/여편네가 꺽정이의 웃는 것 을 보고는 곧 이를 **바드득** 갈고서….≪홍명희, 임 꺽정≫/그네는 마치 자기가 백단이라도 되는 양 어금니까지 맞물어 **바드득** 간다.≪최명희, 혼불≫

의미 [＋소리],[＋배설],[－견고],[－예의]

제약 {똥}-{누다}

② 무른 똥을 눌 때에 되바라지게 나는 소리.

바드득-바드득

의미 [＋소리]v[＋모양],[＋물건],[＋마찰],[－예의],[＋연속]

제약 { }-{문지르다}

① 단단하고 질기거나 반드러운 물건을 자꾸 되게 문지를 때 잇따라 되바라지게 나는 소리. 또는 그 모양.

¶그는 어제 겪은 수모를 생각하고 **바드득바드득** 이를 갈았다./인간 최대의 고통을 참느라고 이를 **바드득바드득** 갈며….≪유주현, 언덕을 향하여≫

의미 [＋소리]v[＋모양],[＋배설],[－견고],[＋노력],[－예의],[＋연속]

제약 {똥}-{누다}

② 무른 똥을 힘들여 자꾸 눌 때 잇따라 되바라지게 나는 소리. 또는 그 모양.

바드등

의미 [＋소리],[＋물건],[＋마찰],[＋공명]

제약 { }-{문지르다}

① 단단하고 질기거나 반드러운 물건을 세게 문지를 때 되알지게 울리며 나는 소리.

의미 [＋소리],[＋물건],[＋절단]v[＋파열],[＋공명]

제약 { }-{찢어지다, 터지다}

② 질긴 물건이 찢어지거나 터질 때 되알지게 울리며 나는 소리.

바드등-바드등

의미 [＋소리],[＋물건],[＋마찰],[＋공명],[＋연속]

제약 { }-{문지르다}

단단하고 질기거나 반드러운 물건을 자꾸 세게 문지를 때 잇따라 되알지게 울리며 나는 소리.

바드름-히

의미 [＋물체],[＋외부],[＋돌출]

제약 { }-{벋다}

작은 물체 따위가 밖으로 약간 벋은 듯하게.

¶**바드름히** 내민 덧니.

바득

의미 [＋소리],[＋물건],[＋마찰],[－예의]

제약 { }-{문지르다}

① '바드득①'의 준말. 단단하고 질기거나 반드러운 물건을 되게 문지를 때 되바라지게 나는 소리.

의미 [＋소리],[＋배설],[－견고],[－예의]

제약 {똥}-{누다}

② '바드득②'의 준말. 무른 똥을 눌 때에 되바라지게 나는 소리.

바득-바득[01]

의미 [＋모양],[＋억지],[＋고집],[＋요구],[＋반복]

제약 {사람}-{우기다, 조르다}

① 억지를 부려 자꾸 우기거나 조르는 모양.

¶**바득바득** 떨어지지 않으려는 아이를 옆집에 맡겼다./혼자만 **바득바득** 우기지 마라./식구들 생각이 모두 그러한데 옹보 혼자만이 **바득바득** 고집을 세울 수도 없는 일이어서, 그는 하는 수 없이 식구들 뜻에 따르기로 하였다.≪문순태, 타오르는 강≫/글쎄 지금은 돈이 없다는데 **바득바득** 내라니, 그래 소 팔고 논 팔아서 기부금을 내란 말요?≪심훈, 상록수≫

의미 [＋모양],[＋노력],[＋정도]

제약

② 악착스럽게 애쓰는 모양.

¶고려장은 그만두고라도 늙어 가면서 **바득바득** 오래 살겠다고 보약만 보면 눈이 벌게 가지고 덤비지들이나 말았으면 좋겠구먼.≪황순원, 신들의 주사위≫/게다가 또 내겐 **바득바득** 재산을 지켜 나갈 용기도 건강도 없다.≪이병주, 지리산≫

바득-바득[02]

의미 [＋소리]v[＋모양],[＋물건],[＋마찰],[－예의],[＋연속]

제약 { }-{문지르다}

① '바드득바드득①'의 준말. 단단하고 질기거나 반드러운 물건을 자꾸 되게 문지를 때 잇따라 되바라지게 나는 소리. 또는 그 모양.

의미 [＋소리]v[＋모양],[＋배설],[－견고],[＋노력],[－예의],[＋연속]

제약 {똥}-{누다}

② '바드득바드득②'의 준말. 무른 똥을 힘들여 자꾸 눌 때 잇따라 되바라지게 나는 소리. 또는 그 모양.

바들-바들

의미 [+모양],[+신체],[+요동],[−정도],[+반복]

제약 {몸}−{떨다}

자꾸 몸을 작게 바르르 떠는 모양.

¶추위에 몸을 **바들바들** 떨었다./그를 보자 그녀는 얼굴이 새파랗게 질리며 **바들바들** 떨기 시작했다./성 위의 교인들은 바람 센 날 높은 가지에 앉은 어린 새들처럼 **바들바들** 떨고 있었다.≪현기영, 변방에 우짖는 새≫/소년은 좁은 어깨를 움츠리고 홑바지 주머니 앞에 두 손을 모아 쥔 채 **바들바들** 떨고 있었다.≪김원일, 불의 제전≫

바듬-히

의미 [+물체],[+외부],[+돌출]

제약 { }−{벋다}

'바드름히'의 준말. 작은 물체 따위가 밖으로 약간 벋은 듯하게.

바듯-이

의미 [+한도],[+일치],[−빈틈]

제약

① 어떤 한도에 차거나 꼭 맞아서 빈틈이 없게.

¶동전 하나 **바듯이** 들어갈 만한 틈.

의미 [+기준],[+도달],[+겨우]

제약

② 어떤 정도에 겨우 미칠 만하게.

¶박봉으로 **바듯이** 살아 나가다.

바락

의미 [+모양],[+분노],[+기운]v[+소리],[+순간]

제약 { }−{내다, 지르다}

성이 나서 갑자기 기를 쓰거나 소리를 지르는 모양.

¶**바락** 성을 내다./**바락** 소리를 지르다./명련이는 화를 **바락** 내며 자리를 걷어차고 일어섰다.≪염상섭, 늙는 것도 서러운데≫

바락-바락

의미 [+모양],[+분노],[+기운]v[+소리],[+순간],[+반복]

제약 { }−{내다, 지르다}

① 성이 나서 자꾸 기를 쓰거나 소리를 지르는 모양.

¶**바락바락** 대들다./**바락바락** 악을 쓰다./백손 어머니가 다시 일어나며 곧 격정이에게로 **바락바락** 달려들어서 격정이는 치고 차고 백손 어머니는 물고 뜯고 쌈을 하는데….≪홍명희, 임꺽정≫/영란은 종세의 목쉰 소리 때문에 자신의 연기가 좀먹어 들어간다고 **바락바락** 신경질을 내곤 했었는데….≪최인호, 지구인≫

의미 [+모양],[+빨래],[+주무름],[−정도]

제약 {빨래}−{주무르다}

② 빨래 따위를 가볍게 조금씩 주무르는 모양.

¶영산댁은 건져 낸 시래기를 곱게 다지고 국 솥에다 된장과 함께 **바락바락** 주무르고 숙이가 받아 놓은 뜨물을 붓는다.≪박경리, 토지≫

바람만-바람만

의미 [+모양],[+추종],[+거리],[+시야]

제약 { }−{따라가다}

바라보일 만한 정도로 뒤에 멀리 떨어져 따라가는 모양.

¶**바람만바람만** 뒤따라가다./한참 달려가자 병거지들 꽁무니가 보였다. **바람만바람만** 뒤를 밟았다.≪송기숙, 녹두 장군≫

바람직스레

의미 [+가치],[+소원]

제약

바랄 만한 가치가 있게.

바로

의미 [−경사],[−굴곡],[+곧음]

제약

① 비뚤어지거나 굽은 데가 없이 곧게.

¶선을 **바로** 긋다./이 나무는 **바로** 자란다./담을 **바로** 쌓아라./**바로** 앉아서 수업에 임해라./모자를 **바로** 쓰고 옷매무새를 단정히 한 학생들이 교문을 들어선다.

의미 [−거짓],[−장식],[+원형]

제약 { }−{말하다}

② 거짓이나 꾸밈없이 있는 그대로.

¶숨길 생각 말고 **바로** 말해라./돈이 어디서 났는지 **바로** 대라./네가 **바로** 말하면 용서해 주겠다.

의미 [+사리]v[+원리]v[+원칙],[+일치]

제약

③ 사리나 원리, 원칙 등에 어긋나지 아니하게.
¶마음을 **바로** 써야 복을 받는다./문제를 **바로** 맞혔다./악법을 **바로** 고치라는 요구가 드높다./**바로** 알지 못할 바에야 차라리 모르는 게 더 낫다.
의미 [+도리]v[+법식]v[+규정]v[+규격], [-상충]
제약
④ 도리, 법식, 규정, 규격 따위에 어긋나지 아니하게.
¶국기를 **바로** 달다./한복을 **바로** 입다./정해진 답안지에 **바로** 쓰지 않으면 무효가 된다.
의미 [+시간],[-간격],[+순간]
제약
⑤ 시간적인 간격을 두지 아니하고 곧.
¶도착하면 **바로** 전화해라./그는 눕자마자 **바로** 코를 골기 시작했다./오자마자 **바로** 떠난다니?/학교가 끝나는 대로 **바로** 집으로 오너라.
의미 [+말],[+지시],[+직접]
제약
⑥ 다른 것이나 다른 데에 있는 것이 아니라는 뜻으로 특정의 대상을 집어서 가리키는 말.
¶**바로** 뒤에 앉다./**바로** 눈앞에 있는 것도 못 찾니?/친구네 집은 우리 집 **바로** 뒤야./갈매기가 **바로** 비행기 옆을 날고 있다./**바로** 옆집에서 불이 난 줄도 몰랐어.
의미 [+동일]
제약
⑦ 다름이 아니라 곧.
¶그건 **바로** 너다./**바로** 오늘이 내 생일이다./청소년의 미래가 **바로** 나라의 미래다./국어 선생님은 **바로** 우리 담임 선생님이시다./네가 말했던 게 **바로** 저거야.

바로-바로
의미 [+시간],[+순간]
제약
그때그때 곧.
¶무슨 일 있으면 **바로바로** 소식을 전해라./그는 할 일은 미루지 않고 **바로바로** 해치운다.

바르르
의미 [+소리]v[+모양],[+액체],[+비등],[-정도]
제약 {액체}-{끓다}
① 적은 양의 액체가 가볍게 끓어오를 때 나는 소리. 또는 그 모양.
¶물이 **바르르** 끓다./된장찌개가 **바르르** 끓는다.
의미 [+모양],[+분노],[-중요],[+순간]
제약 {성}-{내다}
② 대수롭지 않은 일에 발칵 성을 내는 모양.
¶**바르르** 성을 내다./별일도 아닌데 그는 **바르르** 화를 내며 나가 버렸다./주먹으로 턱주가리라도 치받치고 싶은 분심이 **바르르** 치밀어 올랐다.≪염상섭, 대목 동티≫
의미 [+모양],[+나뭇잎]v[+종이],[+연소], [-정도]
제약 {나뭇잎, 종이}-{타다}
③ 마른 나뭇잎이나 얇은 종이 따위에 불이 붙어 가볍게 타오르는 모양.
¶불 붙인 편지가 **바르르** 타들어 간다.
의미 [+소리]v[+모양],[+요동],[-정도]
제약 { }-{떨다}
④ 가볍게 조금 떠는 소리. 또는 그 모양.
¶손을 **바르르** 떨다./문풍지가 바람에 **바르르** 떤다./양쪽으로 트인 창으로 바람이 달려 들어와서, 바늘로 꽂아 놓은 해도의 가장자리를 **바르르** 떨게 한다.≪최인훈, 광장≫/노파는 이제껏 명랑하던 기색이 별안간 흙빛같이 질리면서 입술을 **바르르** 떤다.≪이기영, 신개지≫

바르작-바르작
의미 [+모양],[+고통]v[+고비],[+모면],[+신체],[+운동],[+반복]
제약 { }-{거리다, 대다}
고통스러운 일이나 어려운 고비를 벗어나려고 팔다리를 내저으며 작은 몸을 자꾸 움직이는 모양.
¶아이가 몸이 불편한지 몸을 **바르작바르작** 뒤척인다.

바른-대로
의미 [+사실],[+동일]
제약 {사람}-{말하다}
사실과 다름없이.

¶**바른대로** 말하다./거짓말하지 말고 네가 한 짓
을 **바른대로** 이야기해라./숨길 생각 말고 당신이
저지른 일을 **바른대로** 대시오.

바릇-바릇

의미 [+모양],[+고통]v[+고비],[+모면],[+신
체],[+운동],[+반복]

제약 { }-{거리다, 대다}

‘바르작바르작’의 준말. 고통스러운 일이나 어려
운 고비를 벗어나려고 팔다리를 내저으며 작은
몸을 자꾸 움직이는 모양.

바리-바리

의미 [+모양],[+짐],[+다수],[+준비]

제약 { }-{싸다}

짐 따위를 잔뜩 꾸려 놓은 모양.

¶**바리바리** 짐을 싸다/신부가 **바리바리** 실어 온
혼수를 더한 세간을 막상 그의 소유로서 바라보
게 되니….《박완서, 미망》/이른 아침부터 세곡을
실은 마바리가 **바리바리** 줄을 지어 늘어서 있었
으며 마방집 앞에도 빈 마바리와 마바리꾼들이
떼 지어 웅성거렸다.《문순태, 타오르는 강》

바삐

의미 [+일],[+다수]v[+급박],[-여유]

제약

① 일이 많거나 또는 서둘러서 하여야 할 일로
인하여 겨를이 없이.

¶**바삐** 일손을 놀리다./영월은 기웃거리면서 찾
곤 했다. 숨바꼭질하는 기분이었다. 저녁약속이
있어서 **바삐** 나가던 어느 날, 문을 닫으려고 보
니 방바닥에 그 찌짝이 가만히 엎드려…

의미 [+급박],[+정도]

제약

② 몹시 급하게.

¶**바삐** 움직이다./**바삐** 걷다.

바사삭

의미 [+소리]v[+모양],[+가랑잎]v[+검불],
[+건조],[+밟음],[-정도]

제약 {가랑잎, 검불}-{밟다}

① ‘바삭①’의 본말. 가랑잎이나 마른 검불 따위
의 잘 마른 물건을 가볍게 밟는 소리. 또는 그
모양.

의미 [+소리]v[+모양],[+물건],[+파손],[-정
도]

제약 { }-{바스러지다, 깨지다}

② ‘바삭②’의 본말. 보송보송한 물건이 가볍게
바스러지거나 깨지는 소리. 또는 그 모양.

의미 [+소리]v[+모양],[+물건],[+깨묾]

제약 { }-{깨물다}

③ ‘바삭③’의 본말. 단단하고 부스러지기 쉬운
물건을 깨무는 소리. 또는 그 모양.

바사삭-바사삭

의미 [+소리]v[+모양],[+가랑잎]v[+검불],
[+건조],[+밟음],[-정도],[+연속]

제약 {가랑잎, 검불}-{밟다}

① ‘바삭바삭①’의 본말. 가랑잎이나 마른 검불
따위의 잘 마른 물건을 잇따라 가볍게 밟는 소
리. 또는 그 모양.

¶낙엽이 쌓인 오솔길 위를 걸어가자 **바사삭바사
삭** 소리가 났다.

의미 [+소리]v[+모양],[+물건],[+파손],[-정
도],[+연속]

제약 { }-{바스러지다, 깨지다}

② ‘바삭바삭②’의 본말. 보송보송한 물건이 잇
따라 가볍게 바스러지거나 깨지는 소리. 또는
그 모양.

의미 [+소리]v[+모양],[+물건],[+깨묾],[+연
속]

제약 { }-{깨물다}

③ ‘바삭바삭③’의 본말. 단단하고 부스러지기
쉬운 물건을 잇따라 깨무는 소리. 또는 그 모양.

¶아이는 **바사삭바사삭** 소리를 내며 사탕을 깨물
어 먹었다.

바삭

의미 [+소리]v[+모양],[+가랑잎]v[+검불],
[+건조],[+밟음],[-정도]

제약 {가랑잎, 검불}-{밟다}

① 가랑잎이나 마른 검불 따위의 잘 마른 물건
을 가볍게 밟는 소리. 또는 그 모양.

¶**바삭** 낙엽 밟는 소리가 듣기 좋다./나뭇단 속에
서 쥐가 **바삭** 소리를 내자 고양이가 귀를 쫑긋
했다.

의미 [+소리]v[+모양],[+물건],[+파손],[−정도]

제약 { }-{바스러지다, 깨지다}

② 보송보송한 물건이 가볍게 바스러지거나 깨지는 소리. 또는 그 모양.

의미 [+소리]v[+모양],[+물건],[+깨묾]

제약 { }-{깨물다}

③ 단단하고 부스러지기 쉬운 물건을 깨무는 소리. 또는 그 모양.

¶바삭 소리를 내며 알사탕을 깨물다.

바삭-바삭

의미 [+소리]v[+모양],[+가랑잎]v[+검불],[+건조],[+밟음],[−정도],[+연속]

제약 {가랑잎, 검불}-{밟다}

① 가랑잎이나 마른 검불 따위의 잘 마른 물건을 잇따라 가볍게 밟는 소리. 또는 그 모양.

¶발밑에 나뒹구는 낙엽을 밟으며 걷노라니 바삭바삭 소리만 들린다./할머니가 바삭바삭 기름종이 소리를 내며 어머니의 말을 잘랐다.

의미 [+소리]v[+모양],[+물건],[+파손],[−정도],[+연속]

제약 { }-{바스러지다, 깨지다}

② 보송보송한 물건이 잇따라 가볍게 바스러지거나 깨지는 소리. 또는 그 모양.

의미 [+소리]v[+모양],[+물건],[+깨묾],[+연속]

제약 { }-{깨물다}

③ 단단하고 부스러지기 쉬운 물건을 잇따라 깨무는 소리. 또는 그 모양.

¶웅보는 그대로 앉아 있기가 객쩍어 내키지는 않았으나 술을 사발 가득히 따라 단숨에 좌악 비우고 바삭바삭 엿을 깨물었다.≪문순태, 타오르는 강≫

바스락

의미 [+소리]v[+모양],[+잎]v[+검불]v[+종이],[+밟음]v[+수색],[−정도]

제약 {잎, 검불, 종이}-{밟다, 뒤적이다}

마른 잎이나 검불, 종이 따위를 가볍게 밟거나 뒤적일 때 나는 소리.

¶너무 어두워 발을 헛디디기도 했으나 무서워서

견딜 수가 없었다. 어디서 바스락 소리만 나도 등줄기에 장대 같은 소름이 죽죽 그어졌다.≪송기숙, 암태도≫/바스락 소리라도 냈다가는 아기와 남자 사이의 힘의 균형이 깨지면서 끔찍한 일이 생길 것 같았다.≪박완서, 도시의 흉년≫

바스락-바스락

의미 [+소리]v[+모양],[+잎]v[+검불]v[+종이],[+밟음]v[+수색],[−정도],[+반복]

제약 {잎, 검불, 종이}-{밟다, 뒤적이다}

마른 잎이나 검불, 종이 따위를 자꾸 가볍게 밟거나 뒤적일 때 나는 소리.

바스스

의미 [+모양],[+머리카락]v[+털],[+기립]v[−정리]

제약 {머리카락, 털}-{ }

① 머리카락이나 털 따위가 어지럽게 일어나거나 흐트러진 모양.

의미 [+모양],[+기립],[+조용]

제약 {사람}-{일어나다}

② 눕거나 앉았다가 조용히 가볍게 일어나는 모양.

¶아침 햇살이 눈부셔서 바스스 일어났다.

의미 [+소리]v[+모양],[+바스라기],[−정리],[+산개]

제약 {바스라기}-{ }

③ 바스라기 따위가 어지럽게 흩어지는 소리. 또는 그 모양.

의미 [+소리]v[+모양],[+미닫이]v[+장지문],[±개폐]

제약 {미닫이, 장지문}-{여닫다}

④ 미닫이나 장지문 따위를 조용히 가볍게 여닫는 소리. 또는 그 모양.

¶내 올 때를 손꼽아 기다리며 바스스 사립문을 열고 서울 길을 바라보는지 모르리라.≪현진건, 무영탑≫

의미 [+모양],[+물건],[+연결],[+간격]

제약

⑤ 물건의 사개가 가볍게 물러나는 모양.

바슬-바슬

의미 [+모양],[+덩이],[+가루],[−물기],[+파

손],[+용이]]

제약 { }-{바스러지다}

덩이진 가루 따위가 물기가 말라 쉽게 바스러지는 모양.

¶굳어진 떡가루 덩이가 **바슬바슬** 바스러진다.

바시랑-바시랑

의미 [+모양],[+운동],[-정지],[+계속]

제약

가만히 있지 못하고 좀스럽게 계속 움직이는 모양.

바싹01

의미 [+모양],[+건조]v[+연소]

제약 { }-{마르다, 타다}

① 물기가 다 말라 버리거나 타들어 가는 모양.

¶아버지는 **바싹** 마른 장작에 불을 붙였다./**바싹** 메마른 땅을 디딜 적마다 그의 발부리에서는 누런 흙먼지가 풀썩풀썩 일었다.≪윤흥길, 완장≫

의미 [+모양],[+밀착]v[+조임],[+정도]

제약 { }-{달라붙다, 죄다}

② 아주 가까이 달라붙거나 죄는 모양.

¶하대치는 판석 영감의 말을 제지하며 문 쪽으로 **바싹** 다가앉았다.≪조정래, 태백산맥≫

의미 [+모양],[±확장],[+순간]

제약 { }-{늘다, 줄다}

③ 갑자기 늘거나 주는 모양.

¶둘이 터무니없이 차지해 나의 몫은 **바싹** 줄어들 것이 분명했다.≪조세희, 내 그물로 오는 가시고기≫

의미 [+모양],[+고집],[+정도]

제약 { }-{우기다}

④ 몹시 우기는 모양.

¶고집을 세우며 **바싹** 우기다.

의미 [+모양],[+긴장]v[+힘],[+정도]

제약

⑤ 아주 긴장하거나 힘을 주는 모양.

¶정신을 **바싹** 차리다./동헌 울타리 밖에는 사람들이 모여들어 **바싹** 귀를 기울이고 있었는데 그중에 상무사 유생들이 다수 끼어 있었다.≪현기영, 변방에 우짖는 새≫/이런 일이 계기가 되어 벼슬자리라도 하나 굴러떨어지는 것이 아닌가 바

싹 몸이 단 모양이었다.≪송기숙, 녹두 장군≫

의미 [+모양],[+신체],[+수척],[+정도]

제약 { }-{마르다}

⑥ 몸이 매우 마른 모양.

¶그는 며칠을 굶었는지 **바싹** 야위었더라./주근깨가 가뭇가뭇한 **바싹** 마른 여자였다.≪한수산, 부초≫

의미 [+모양],[+일],[+해결],[+속도],[+정도]

제약

⑦ 무슨 일을 거침새 없이 빨리 마무르는 모양.

¶**바싹** 서둘러서 일을 빨리 끝냅시다.

바싹02

의미 [+소리]v[+모양],[+가랑잎]v[+검불],[+건조],[+밟음],[-정도]

제약 {가랑잎, 검불}-{밟다}

① 가랑잎이나 마른 검불 따위의 잘 마른 물건을 가볍게 밟는 소리. 또는 그 모양. '바삭①'보다 조금 센 느낌을 준다.

의미 [+소리]v[+모양],[+물건],[+파손],[-정도]

제약 { }-{바스러지다, 깨지다}

② 보송보송한 물건이 가볍게 바스러지거나 깨지는 소리. 또는 그 모양. '바삭②'보다 조금 센 느낌을 준다.

의미 [+소리]v[+모양],[+물건],[+깨묾]

제약 { }-{깨물다}

③ 단단하고 부스러지기 쉬운 물건을 깨무는 소리. 또는 그 모양. '바삭③'보다 조금 센 느낌을 준다.

바싹-바싹01

의미 [+모양],[+건조]v[+연소],[+반복]

제약 { }-{마르다, 타다}

① 물기가 아주 없어지도록 자꾸 마르거나 타들어 가는 모양.

¶초조와 긴장으로 입 안이 **바싹바싹** 마른다./가뭄으로 논밭이 **바싹바싹** 타들어 간다.

의미 [+모양],[+전부],[+밀착]v[+조임],[+정도],[+반복]

제약 { }-{달라붙다, 죄다}

② 여럿이 다 아주 가까이 달라붙거나 자꾸 죄

는 모양.

¶바싹바싹 당겨 앉다./나사를 모두 바싹바싹 죄다./할머니는 엄마 무릎에 자기 무릎을 바싹바싹 갖다 대며 거의 애원하다시피 누누이 타일렀다. ≪박완서, 도시의 흉년≫

의미 [＋모양],[＋전진]v[±확장],[＋순간],[＋반복]

제약 {　}-{나아가다, 늘다, 줄다}

③ 갑자기 자꾸 앞으로 나아가거나 늘거나 주는 모양.

¶국물이 바싹바싹 졸아든다.

의미 [＋모양],[＋고집],[＋정도],[＋반복]

제약 {　}-{우기다}

④ 자꾸 몹시 우기는 모양.

¶고집을 꺾지 않고 자기가 옳다고 바싹바싹 우겨 댄다.

의미 [＋모양],[＋전부],[＋긴장]v[＋힘],[＋정도]

제약

⑤ 여럿이 다 아주 긴장하거나 힘을 주는 모양.

¶모두들 정신을 바싹바싹 차리시오.

의미 [＋모양],[＋신체],[＋수척],[＋정도],[＋반복]

제약 {　}-{마르다}

⑥ 몸이 자꾸 매우 마르는 모양.

¶속병으로 먹지를 못하니 몸만 바싹바싹 마른다.

의미 [＋모양],[＋일],[＋해결],[＋속도],[＋정도]

제약

⑦ 무슨 일을 거침새 없이 아주 빨리 마무르는 모양.

¶모두 달려들어서 일을 바싹바싹 해치웁시다.

바싹-바싹02

의미 [＋소리]v[＋모양],[＋가랑잎]v[＋검불],[＋건조],[＋밟음],[－정도],[＋연속]

제약 {가랑잎, 검불}-{밟다}

① 가랑잎이나 마른 검불 따위의 잘 마른 물건을 잇따라 가볍게 밟는 소리. 또는 그 모양. '바삭바삭①'보다 조금 센 느낌을 준다.

의미 [＋소리]v[＋모양],[＋물건],[＋파손],[－정도],[＋연속]

제약 {　}-{바스러지다, 깨지다}

② 보송보송한 물건이 잇따라 가볍게 바스러지거나 깨지는 소리. 또는 그 모양. '바삭바삭②'보다 조금 센 느낌을 준다.

의미 [＋소리]v[＋모양],[＋물건],[＋깨묾],[＋연속]

제약 {　}-{깨물다}

③ 단단하고 부스러지기 쉬운 물건을 잇따라 깨무는 소리. 또는 그 모양. '바삭바삭③'보다 조금 센 느낌을 준다.

바야흐로

의미 [＋현재]

제약

이제 한창. 또는 지금 바로.

바이

의미 [＋부정]

제약 {　}-{아니다, 못하다}

(주로 '아니다', '못하다' 따위의 부정하는 말과 함께 쓰여) 아주 전혀.

¶부모님의 크나큰 사랑은 바이 견줄 데 없다./당신의 딱한 처지를 바이 모르는 바 아니나 나 역시 아직 남을 도울 형편은 못 되오./고향에 돌아갈 생각을 바이 못한다./소수의 의견이라고 바이 무시할 것은 아니다./이런 데 음식은 조선 호텔만 바이 못하지요?≪염상섭, 무화과≫

바이없-이

의미 [－도리]v[－방법]

제약

어찌할 도리나 방법이 전혀 없다.

¶좋은 수가 있을 리 없었다.…문정이 바이없이 망연자실하고 있자 사돈 쪽에서 먼저 더듬적거리며 말했다.≪이문구, 산 너머 남촌≫

바작-바작

의미 [＋소리]v[＋모양],[＋물건],[＋씹음]v[＋빻음],[＋연속]

제약 {　}-{씹다, 빻다}

① 물기가 적은 물건을 잇따라 씹거나 빻는 소리. 또는 그 모양.

¶과자 부스러기를 바작바작 소리를 내며 먹다.

의미 [＋소리]v[＋모양],[＋물건],[＋연소]

제약 { }-{타다}

② 물기가 적은 물건이 타들어 가는 소리. 또는 그 모양.

¶볏짚이 **바작바작** 탄다.

의미 [+모양],[+진땀],[+발생]

제약 {진땀}-{나다}

③ 진땀이 나는 모양.

¶땀을 **바작바작** 흘리다.

의미 [+모양],[+마음],[+애처],[+초조]

제약

④ 마음이 매우 안타깝게 죄어드는 모양.

¶**바작바작** 마음을 졸이며 합격 통지를 기다리고 있다./깨우는 이는 **바작바작** 애가 마르는 듯, 자는 이는 꿈적꿈적 몸을 움직이는 듯하다가도 이내 쌕쌕 코 고는 소리를 낸다.≪현진건, 무영탑≫

의미 [+모양],[+입안]v[+입술],[+건조],[+열]v[+초조]

제약 {입안, 입술}-{마르다}

⑤ 열이 심하거나 몹시 초조하여 입 안이나 입술이 자꾸 마르는 모양.

¶심한 고열 증세로 입술이 **바작바작** 말라 들어간다.

바지런스레

의미 [+일],[+성실],[+끈기]

제약

놀지 아니하고 하는 일에 꾸준한 데가 있다.

바지런-히

의미 [+일],[+성실],[+끈기]

제약

놀지 아니하고 하는 일에 꾸준하게.

¶지금부터라도 **바지런히** 일하면 내일 끝낼 수 있겠다./우리 골목의 최 반장이 집으로 찾아왔다. 작달막한 키에, 동네일 **바지런히** 보고 다니는 걸로 평판이 나 있는 사내였다.≪이동하, 장난감 도시≫

바지지

의미 [+소리],[+물건],[+가열],[+연소]v[+감소]

제약 { }-{타다, 졸다}

① 물기 있는 물건이 뜨거운 열에 닿아 가볍게

타거나 졸아드는 소리.

¶찌개가 **바지지** 졸아붙다./**바지지** 소리가 나며 촛불은 뾰족한 실백 끝에 불을 보냈다.≪박종화, 다정불심≫

의미 [+소리],[+쇠붙이],[+열기],[+물기],[+접촉]

제약 {쇠붙이}-{ }

② 뜨거운 쇠붙이 따위에 적은 물기가 닿을 때 나는 소리.

¶뜨거운 냄비 바닥에 물방울이 떨어지자 **바지지** 소리를 낸다.

바지직

의미 [+소리],[+물건],[+가열],[+연소]v[+감소],[+순간]

제약 { }-{타다, 졸다}

① 물기 있는 물건이 뜨거운 열에 조금씩 닿아서 급히 타거나 졸아붙는 소리.

¶대장장이가 달군 쇠에 물을 뿌리자 **바지직** 소리를 내며 흰 연기가 났다./숯불 위에 번철을 놓고 쇠고기를 놓자 **바지직** 소리를 낸다.

의미 [+소리],[+배설],[-견고],[-예의],[+순간]

제약 {똥}-{싸다}

② 무른 똥을 급히 쌀 때 조금 되바라지게 나는 소리.

의미 [+소리],[+물건],[+파열],[+순간]

제약 { }-{째지다, 갈라지다}

③ 질기고 빳빳한 물건이 갑자기 조금씩 째지거나 갈라지는 소리.

¶몸이 불어서 바짓가랑이가 **바지직** 소리를 내며 째졌다.

의미 [+모양],[+진땀],[+배출]

제약 {진땀}-{나다}

④ 진땀 따위가 조금씩 살갗으로 배어 나오는 모양.

바지직-바지직

의미 [+소리],[+물건],[+가열],[+연소]v[+감소],[+순간],[+반복]

제약 { }-{타다, 졸다}

① 물기 있는 물건이 뜨거운 열에 조금씩 닿아

서 자꾸 급히 타거나 졸아붙는 소리.

¶아주까리 등잔불이 바람에 할랑거리며 **바지직 바지직** 타고 있었다.≪송기숙, 암태도≫

의미 [+소리],[+배설],[-견고],[-예의],[+순간],[+반복]

제약 {똥}-{싸다}

② 무른 똥을 급히 쌀 때에 조금 되바라지게 자꾸 나는 소리.

의미 [+소리],[+물건],[+파열],[+순간],[+반복]

제약 { }-{째지다, 갈라지다}

③ 질기고 빳빳한 물건이 갑자기 조금씩 자꾸 째지거나 갈라지는 소리.

의미 [+모양],[+진땀],[+배출],[+반복]

제약 {진땀}-{나다}

④ 진땀 따위가 조금씩 살갗으로 자꾸 배어 나오는 모양

바직

의미 [+소리],[+물건],[+가열],[+연소]v[+감소],[+순간]

제약 { }-{타다, 졸다}

① '바지직①'의 준말. 물기 있는 물건이 뜨거운 열에 조금씩 닿아서 급히 타거나 졸아붙는 소리.

의미 [+소리],[+배설],[-견고],[-예의],[+순간]

제약 {똥}-{싸다}

② '바지직②'의 준말. 무른 똥을 급히 쌀 때 조금 되바라지게 나는 소리.

의미 [+소리],[+물건],[+파열],[+순간]

제약 { }-{째지다, 갈라지다}

③ '바지직③'의 준말. 질기고 빳빳한 물건이 갑자기 조금씩 째지거나 갈라지는 소리.

¶옥양목을 결대로 찢었더니 **바직** 소리가 났다.

의미 [+모양],[+진땀],[+배출]

제약 {진땀}-{나다}

④ '바지직④'의 준말. 진땀 따위가 조금씩 살갗으로 배어 나오는 모양.

바직-바직

의미 [+소리],[+물건],[+가열],[+연소]v[+감소],[+순간],[+반복]

제약 { }-{타다, 졸다}

① '바지직바지직①'의 준말. 물기 있는 물건이 뜨거운 열에 조금씩 닿아서 자꾸 급히 타거나 졸아붙는 소리.

의미 [+소리],[+배설],[-견고],[-예의],[+순간],[+반복]

제약 {똥}-{싸다}

② '바지직바지직②'의 준말. 무른 똥을 급히 쌀 때에 조금 되바라지게 자꾸 나는 소리.

의미 [+소리],[+물건],[+파열],[+순간],[+반복]

제약 { }-{째지다, 갈라지다}

③ '바지직바지직③'의 준말. 질기고 빳빳한 물건이 갑자기 조금씩 자꾸 째지거나 갈라지는 소리.

의미 [+모양],[+진땀],[+배출],[+반복]

제약 {진땀}-{나다}

④ '바지직바지직④'의 준말. 진땀 따위가 조금씩 자꾸 살갗으로 배어 나오는 모양.

바질-바질

의미 [+모양],[+근심],[+반복]

제약

속이 상하거나 안타까워서 애가 자꾸 타는 모양.

¶남편이 집을 떠난 지 며칠이 되도록 연락이 없자 아내의 속은 **바질바질** 타기 시작했다./그는 마음을 **바질바질** 태우며 아이의 수술이 무사히 끝나기만을 기다렸다.

바짝

의미 [+모양],[+건조]v[+감소]v[+연소]

제약 { }-{마르다, 졸다, 타다}

① 물기가 매우 마르거나 졸아붙거나 타 버리는 모양.

¶빨래가 **바짝** 말랐다./국물이 **바짝** 졸았다./너무 구워서 생선이 **바짝** 타 버렸다./그는 깨어진 철판을 불 위에 놓고 콩을 까 넣었다. **바짝** 마른 나무는 연기 한 줄기 내지 않고 잘 탔다.≪조세희, 뫼비우스의 띠≫

의미 [+모양],[+밀착]v[+조임],[+정도]

제약 { }-{달라붙다, 죄다}

② 매우 가까이 달라붙거나 세게 죄는 모양.

¶**바짝** 다가앉다./허리를 **바짝** 졸라매다./머리를 **바짝** 깎다./수곡리에 가까워지자 두 영감은 행여나 놓칠세라 **바짝** 따라붙었다.≪송기숙, 암태도≫

의미 [+모양],[±수축],[−장애],[+순간],[+정도]

제약 { }-{늘다, 줄다}

③ 매우 거침새 없이 갑자기 늘거나 주는 모양.
¶계속되는 가뭄에 냇물이 **바짝** 줄어들었다.

의미 [+모양],[+긴장]v[+힘],[+정도]

제약

④ 매우 긴장하거나 힘주는 모양.
¶고개를 **바짝** 들고 쳐다보다./실수하지 않도록 정신 **바짝** 차려라./사람이 온 게 아닐까 하는 의심이 나 잠이 확 깬 데다 뒤이어 알아듣게 된 어머니의 말이 다시 철을 **바짝** 긴장시킨 탓이었다.≪이문열, 변경≫/놈에게마저 내가 어린애로 대접을 받는 것은 참 너무도 슬픈 일이었다. 나중에는 약이 **바짝** 올라서 어깨로 그 손을 뿌리치며….≪김유정, 슬픈 이야기≫

의미 [+모양],[+신체],[+수척],[+정도]

제약 { }-{마르다}

⑤ 몸이 매우 마른 모양.
¶**바짝** 마른 체구는 허약해 보이는 것이 아니라 오히려 얼굴의 느낌과 함께 날쌔고 강인해 보였다.≪조정래, 태백산맥≫

의미 [+모양],[+일],[+종료],[−장애],[+속도],[+정도]

제약

⑥ 무슨 일을 매우 거침새 없이 빨리 마무르는 모양.
¶**바짝** 서둘러서 끝내다.

의미 [+모양],[+고집],[+정도]

제약 { }-{우기다}

⑦ 매우 세차게 우기는 모양.
¶그렇게 **바짝** 고집 세워도 소용없어.

바짝-바짝

의미 [+모양],[+건조]v[+감소]v[+연소],[+반복]

제약 { }-{마르다, 졸다, 타다}

① 물기가 자꾸 매우 마르거나 졸아붙거나 타

버리는 모양.
¶입이 **바짝바짝** 타다./손전등의 불빛이 얼굴로 쏟아지는 순간 피가 **바짝바짝** 타들고 숨이 딱 멎는 그 환장할 것 같은 기분에 비하면….≪조정래, 태백산맥≫

의미 [+모양],[+밀착]v[+조임],[+정도],[+반복]

제약 { }-{달라붙다, 죄다}

② 자꾸 매우 가까이 달라붙거나 세게 죄는 모양.
¶나사를 **바짝바짝** 죄다./그녀의 몸을 친친 감고 통에 테를 매듯 **바짝바짝** 죄어 오던, 두 발도 더 될 것 같은 기다란 구렁이….≪문순태, 타오르는 강≫

의미 [+모양],[±수축],[−장애],[+정도],[+반복]

제약 { }-{늘다, 줄다}

③ 매우 거침새 없이 자꾸 늘거나 주는 모양.
¶가뭄으로 강물이 **바짝바짝** 줄어든다.

의미 [+모양],[+긴장]v[+힘],[+정도],[+반복]

제약

④ 자꾸 매우 긴장하거나 힘주는 모양.
¶시험이 며칠 안 남았으니 **바짝바짝** 정신들 차리고 공부해라./무슨 일이 있어도 구월 안으로 한양으로 돌아가야 했다. 김 프란치스코의 가슴은 **바짝바짝** 탔다.≪한무숙, 만남≫/구슬픈 곡조가 흐르고 붉고 푸른 조명이 박수를 받으며 빙글빙글 돌아가면 예쁜 아가씨가 나와서 식은땀이 **바짝바짝** 솟는 그네타기를 하고….≪김승옥, 환상 수첩≫

의미 [+모양],[+신체],[+수척],[+반복]

제약 { }-{마르다}

⑤ 몸이 자꾸 매우 마르는 모양.
¶속을 끓이어 날로 몸이 **바짝바짝** 마른다.

의미 [+모양],[+일],[+종료],[−장애],[+속도],[+정도],[+반복]

제약

⑥ 무슨 일을 자꾸 매우 거침새 없이 빨리 마무르는 모양.

¶**바짝바짝** 서둘러서 끝내다.
의미 [+모양],[+고집],[+정도],[+반복]
제약 { }-{우기다}
⑦ 매우 세차게 자꾸 우기는 모양.
¶자기가 옳다고 기승을 부리며 **바짝바짝** 우긴다./그는 부모에게 **바짝바짝** 대들며 기어이 고집을 부렸다.

바투
의미 [+간격],[+접근]
제약
① 두 대상이나 물체의 사이가 썩 가깝게.
¶**바투** 다가앉다./어머니는 아들에게 **바투** 다가가 두 손을 움켜쥐었다./그는 농구화의 코끝을 적실 듯이 찰랑대는 물가에 **바투** 붙어 섰다.≪윤흥길, 완장≫
의미 [+시간]v[+길이],[-길이],[+정도]
제약
② 시간이나 길이가 아주 짧게.
¶머리를 **바투** 깎다./날짜를 **바투** 잡다.

바투-바투
의미 [+간격],[+접근],[+정도]
제약
① 두 대상이나 물체의 사이가 아주 썩 가깝게. 또는 모두 다 사이가 썩 가깝게.
¶장소가 좁으니 모두들 **바투바투** 앉으세요.
의미 [+시간]v[+길이],[-길이],[+정도]
제약
② 시간이나 길이가 아주 짧게. 또는 모두 다 시간이나 길이가 아주 짧게.
의미 [+물],[+부족],[+정도]
제약
③ 물이 많지 아니하고 매우 적게. 또는 모두 다 물이 많지 아니하고 적게.

바특-이
의미 [+대상]v[+물체],[+간격],[+접근],[-정도]
제약
① 두 대상이나 물체 사이가 조금 가깝다.
의미 [+시간]v[+길이],[-길이],[-정도]
제약
② 시간이나 길이가 조금 짧다.
의미 [-국물],[+농도]
제약
③ 국물이 적어 묽지 아니하다.

박
의미 [+소리]v[+모양],[+마찰],[+정도]
제약 { }-{긁다, 문대다}
① 야무지게 긁거나 문대는 소리. 또는 그 모양.
¶솥 바닥에서 누룽지를 박 긁다.
의미 [+소리]v[+모양],[+종이]v[+천],[+절단],[+순간]
제약 {종이, 천}-{찢다}
② 얇고 질긴 종이나 천 따위를 대번에 찢는 소리. 또는 그 모양.
¶종이를 박 찢다.

박략-히
의미 [+간단],[+정도]
제약
① 얼마 안 되어 매우 간략하게.
의미 [-여유],[+약소]
제약
② 후하지 못하고 약소하게.

박박[01]
의미 [+소리]v[+모양],[+마찰],[+정도],[+반복]
제약 { }-{긁다, 문대다}
① 야무지게 자꾸 긁거나 문대는 소리. 또는 그 모양.
¶바가지를 **박박** 긁다./등을 **박박** 긁어 다오./낙엽이 너무 많아 갈퀴로 **박박** 긁었다./화장지로 **박박** 문질러서 크림을 닦아 내고 나니까 그제야 사람 꼴이 갖추어지면서 본래의 제 얼굴에 제법 가까워졌다.≪윤흥길, 완장≫
의미 [+소리]v[+모양],[+종이]v[+천],[+절단],[+반복]
제약 {종이, 천}-{찢다}
② 얇고 질긴 종이나 천 따위를 자꾸 찢는 소리. 또는 그 모양.
¶서류를 **박박** 찢다./나는 머리를 몇 번 벽에다 맞부딪치고는 내의를 벗다가 손으로 **박박** 찢었

다.《황석영, 어둠의 자식들》

의미 [+모양],[+윤기],[+광택]v[+절삭],[+반복]

제약 { }-{닦다, 깎다}

③ 반들반들해지도록 자꾸 닦거나 깎는 모양.

¶마룻바닥을 **박박** 문대다./거울을 **박박** 닦다./**박박** 대패질하다./그는 배지를 소매에 **박박** 문질러 윤을 냈다.

의미 [+모양],[+머리털]v[+수염],[+절단],[−길이],[+정도]

제약 {머리털, 수염}-{깎다}

④ 머리털이나 수염 따위를 아주 짧게 깎은 모양.

¶머리를 **박박** 깎은 열일곱의 고보 이년생인 그가 웅크리고 있다.《이문열, 영웅시대》/안채 쪽에서 고래고래 왜말을 지껄이면서 나오는 사내가 있었다. 여삼이 바라보니 머리통을 **박박** 깎고 군복을 입은 키 작은 왜병이었다.《유현종, 들불》

의미 [+모양],[+흥분],[+고집],[+반복]

제약 {사람}-{대들다, 우기다}

⑤ 상기되어 자꾸 기를 쓰거나 우기는 모양.

¶**박박** 대들다./동생은 울면서 **박박** 악을 썼다.

의미 [+소리]v[+모양],[+치아],[+마찰],[+정도],[+반복]

제약 {이}-{갈다}

⑥ 이 따위를 야무지게 자꾸 가는 소리. 또는 그 모양.

박박⁰²

의미 [+모양],[+얼굴],[+마마],[+정도]

제약

얼굴 따위가 몹시 얽은 모양.

¶그는 어렸을 때 마마를 심하게 앓아 얼굴이 **박박** 얽었다.

박박⁰³

의미 [+모양],[+넓이],[+정도]

제약

① 광대한 모양.

의미 [+소리],[+수레],[+질주],[+속도]

제약 {수레}-{달리다}

② 수레가 빨리 달리는 소리.

의미 [+모양],[+엷음]

제약

③ 엷은 모양.

박박-이

의미 [+예상],[+확실]

제약

그러하리라고 미루어 짐작건대 틀림없이.

¶그 사람의 형편을 살피건대 오늘은 **박박이** 올 것이다.

박부득이

의미 [+일],[+임박],[+순간],[−방법]

제약

일이 매우 급하게 닥쳐와서 어찌할 수 없이. 늑박어부득.

¶자기 딴은 **박부득이** 그 청을 거절하지 못한 연유를 설명하고자 샅샅이 이야기한 것이 나….《염상섭, 백구》

박속같-이

의미 [+피부]v[+치아],[+미려],[+하양]

제약

피부나 치아 따위가 곱고 하얗게.

박신-박신

의미 [+모양],[+사람]v[+동물],[+협소],[+활동]

제약

사람이나 동물이 좁은 곳에 많이 모여 활발히 움직이는 모양.

박어부득

의미 [+일],[+임박],[+순간],[−방법]

제약

=박부득이. 일이 매우 급하게 닥쳐와서 어찌할 수 없이.

박작

의미 [+소리]v[+모양],[+다수],[+소란]v[+운동]

제약

많은 사람이 어수선하게 높은 소리로 떠들거나 움직이는 모양.

¶동네가 **박작** 들끓어 나왔고 샛말은 말할 것도 없지만 탑골에서까지도 초롱불을 들고 모여들었

다.≪이무영, 농민≫

박작-박작

의미 [+소리]v[+모양],[+다수],[+소란]v[+운동],[+반복]

제약

많은 사람이 좁은 곳에 모여 매우 어수선하게 자꾸 움직이는 모양.

박절-히

의미 [-인정],[+냉정]

제약 { }-{대하다, 굴다}

① 인정이 없고 쌀쌀하게.

¶박절히 대하다/저것들도 사람이면 이렇게 쌀꾸어다 밥 대접하는 늙은이에게 **박절히** 굴지는 않을 테죠.≪현기영, 변방에 우짖는 새≫

의미 [+일],[+임박],[+급박],[+정도]

제약

②=다급히. 일이 바싹 닥쳐서 매우 급하게.

박정스레

의미 [-인정],[+정도]

제약

인정이 매우 적은 듯하다.

박정-히

의미 [-인정],[+인색]

제약

인정이 박하다.

박흡-히

의미 [+지식],[-장애]

제약

아는 것이 많아 막힐 데가 없이.

반가이

의미 [+기쁨],[+상봉]v[+성취]

제약

그리워하던 사람을 만나거나 원하는 일이 이루어져서 즐겁고 기쁘게.

반-나마

의미 [+반],[+초과],[-정도]

제약

반 조금 지나게.

¶책을 **반나마** 읽다./하늘에는 구름 한 점 없었고 서쪽으로 **반나마** 기운 해가 따가운 햇살을 쏟아

붓고 있었다.≪한승원, 해일≫/솔가지로 둘러친 울타리는 **반나마** 쓰러졌고 집 앞에 평상이 놓였는데 사람은 아무도 보이지 않았다.≪북망, 멀고도 고적한 곳≫

반둥-건둥

의미 [+모양],[+일],[+중단],[-완료]

제약

일을 끝내지 못하고 중도에서 그만 두는 모양.

반둥-반둥

의미 [+모양],[-노동],[+유희],[-수치],[+지속]

제약 {사람}-{놀다}

아무 일도 하지 아니하고 빤빤스럽게 놀기만 하는 모양.

¶그는 학교도 그만두고 **반둥반둥** 놀기만 한다.

반드르르

의미 [+모양],[+윤기],[+윤활]

제약 { }-{돌다}

윤기가 있고 매끄러운 모양.

¶윤기가 **반드르르** 돌다./책상을 **반드르르** 윤이 나게 닦았다.

반드시

의미 [+필연]

제약

틀림없이 꼭. 늑기필코 · 필위(必爲).

¶**반드시** 시간에 맞추어 오너라./언행은 **반드시** 일치해야 한다./인간은 **반드시** 죽는다./비가 오는 날이면 **반드시** 허리가 쑤신다./지진이 일어난 뒤에는 **반드시** 해일이 일어난다.

반득

의미 [+모양],[+물체],[+반사],[+빛],[+순간]

제약 { }-{빛나다}

물체 따위에 반사된 작은 빛이 잠깐 나타나는 모양.

¶아기의 눈이 **반득** 빛난다.

반득-반득

의미 [+모양],[+물체],[+반사],[+빛],[+순간],[+반복]

제약 { }-{빛나다}

물체 따위에 반사된 작은 빛이 잠깐씩 자꾸 나

타나는 모양.

¶그녀의 목에 걸린 다이아몬드 목걸이가 **반득반
득** 빛난다.

반들-반들01

의미 [+모양],[+표면],[+윤기],[+윤활],[+정
도]

제약

① 거죽이 아주 매끄럽고 윤이 나는 모양.

¶**반들반들** 윤기가 흐르다./구두를 **반들반들** 윤이
나게 닦았다./초롱을 든 학명은 성큼성큼 목도
꾼들에 의해 **반들반들** 길이 난 산을 올라갔다.
≪한수산, 유민≫/그 이파리들은 금방 들기름으로
먼지를 닦아 낸 것처럼 **반들반들** 윤기가 돌았다.
≪최일남, 거룩한 응달≫

의미 [+모양],[+행동],[-우둔],[+영리]

제약 {사람}-{굴다}

② 어수룩한 데가 없이 약게 구는 모양.

¶그는 **반들반들** 요령만 피운다.

반들-반들02

의미 [+모양],[-노동],[+유희],[-수치],[+지
속]

제약 {사람}-{놀다}

별로 하는 일 없이 게으름을 피우며 얄밉고 빤
빤스럽게 놀기만 하는 모양.

반듯-반듯

의미 [+모양],[+물체],[+전부],[-경사]v[-굴
곡],[+곧음]

제약

① 작은 물체가 여럿이 다 비뚤거나 기울거나
굽지 아니하고 바른 모양.

¶아파트들이 **반듯반듯** 줄지어 있다.

의미 [+모양],[+생김새],[+아담],[+순수],[+정
도]

제약

② 생김새가 매우 아담하고 말끔한 모양.

¶얼굴도 **반듯반듯**, 옷차림도 **반듯반듯**.

반듯-이

의미 [+물체]v[+생각]v[+행동],[-경사]v[-굴
곡],[+곧음]

제약

① 작은 물체, 또는 생각이나 행동 따위가 비뚤
어지거나 기울거나 굽지 아니하고 바르게.

¶원주댁은 **반듯이** 몸을 누이고 천장을 향해 누
워 있었다.≪한수산, 유민≫/머리단장을 곱게 하여
옥비녀를 **반듯이** 찌르고 새 옷으로 치레한 화계
댁이….≪김원일, 불의 제전≫

의미 [+생김새],[+아담],[+순수]

제약

② 생김새가 아담하고 말끔하게.

반뚝

의미 [+모양],[+물체],[+반사],[+빛],[+순간]

제약 { }-{빛나다}

물체 따위에 반사된 작은 빛이 잠깐 나타나는
모양. '반득'보다 조금 센 느낌을 준다.

반뚝-반뚝

의미 [+모양],[+물체],[+반사],[+빛],[+순
간],[+반복]

제약 { }-{빛나다}

물체 따위에 반사된 작은 빛이 잠깐씩 자꾸 나
타나는 모양. '반득반득'보다 조금 센 느낌을 준
다.

¶젖은 도로 위로 비친 자동차 전조등이 **반뚝반
뚝** 빠르게 지나간다./그 여자는 **반뚝반뚝** 눈에
빛을 내며 남자를 바라보았다.

반뜻

의미 [+모양],[+빛],[±출현],[+순간]

제약 { }-{빛나다}

작은 빛이 갑자기 나타났다 없어지는 모양.

¶어둠 속에서 칼날이 **반뜻** 빛났다.

반뜻-반뜻01

의미 [+모양],[+빛],[±출현],[+순간],[+연속]

제약 { }-{빛나다}

작은 빛이 잇따라 갑자기 나타났다 없어졌다 하
는 모양.

반뜻-반뜻02

의미 [+모양],[+물체],[+전부],[-경사]v[-굴
곡],[+곧음]

제약

① 작은 물체가 여럿이 다 비뚤거나 기울거나
굽지 아니하고 바른 모양. '반듯반듯①'보다 센

느낌을 준다.

의미 [+모양],[+생김새],[+아담],[+순수],[+정도]

제약

② 생김새가 매우 아담하고 말끔한 모양. '반듯반듯②'보다 센 느낌을 준다.

반뜻-이

의미 [+모양],[+물체]v[+생각]v[+행동],[−경사]v[−굴곡],[+곧음]

제약

① 작은 물체, 또는 생각이나 행동 따위가 비뚤어지거나 기울거나 굽지 아니하고 바르게. '반듯이①'보다 센 느낌을 준다.

¶목침을 베고 **반뜻이** 누워서 들뜬 마음을 가라앉혔다.

의미 [+모양],[+생김새],[+아담],[+순수]

제약

② 생김새가 아담하고 말끔하게. '반듯이②'보다 센 느낌을 준다

반반

의미 [+전부],[−예외]

제약

남김없이 모두.

반반-이

의미 [+반(班)],[+개별],[+전부]

제약

각 반마다.

¶소풍을 가면 **반반이** 모여서 점심을 먹는다.

반반-히

의미 [−주름]v[−요철],[+평평],[+바름]

제약

① 구김살이나 울퉁불퉁한 데가 없이 고르고 반듯하게.

¶울퉁불퉁한 신작로를 **반반히** 닦아 놓았다./바닥을 **반반히** 고른 다음 텐트를 치자.

의미 [+생김새],[+단정],[+예쁨]

제약

② 생김새가 얌전하고 예쁘장하게.

¶난리통에 **반반히** 생긴 여자들만 수난을 당했다.

의미 [+물건],[+청결],[+양호]

제약

③ 물건 따위가 말끔하여 보기도 괜찮고 쓸 만하게.

¶밑천이 뭐 드는 것도 아니고 소리나 몇 마디 **반반히** 가르쳐서 데리고 나서면 그만이니까.≪김유정, 아내≫

의미 [+지위],[+대단]

제약

④ 지체 따위가 상당하게.

의미 [+일],[+단정],[+청결]

제약

⑤ 일하는 것이 지저분하거나 말썽 될 것이 없이 깔끔하게.

¶그는 숙련공인지라 모든 일을 **반반히** 잘 마무리했다./그 일을 **반반히** 마무리한 걸 보니 성격이 깔끔한 모양이다.

의미 [−잠],[+눈],[+선명]

제약

⑥ 잠이 오지 아니하여 눈이 말똥말똥하게.

¶간밤엔 잠이 오지 않아 **반반히** 천장만 보며 지새웠다.

반송-반송

의미 [+모양],[−잠],[+정신],[+분명]

제약

잠은 오지 아니하면서 정신만 말똥말똥한 모양.

반작

의미 [+모양],[+빛],[±출현],[+순간]

제약 { }-{빛나다}

작은 빛이 잠깐 나타났다가 사라지는 모양.

반작-반작

의미 [+모양],[+빛],[±출현],[+순간],[+연속]

제약 { }-{빛나다}

작은 빛이 잠깐 잇따라 나타났다가 사라지는 모양. '반짝반짝01①'보다 여린 느낌을 준다.

¶별이 **반작반작** 빛난다./반딧불이가 **반작반작** 빛을 내며 날아간다.

반지레

의미 [+모양],[+표면],[+윤기],[+윤활]

제약

거죽이 얼마간 윤이 나고 매끄러운 모양.

¶머리카락이 반지레 윤기가 흐른다.

반지르르

의미 [+모양],[+표면],[+기름]v[+물기],[+윤기],[+윤활]

제약

① 거죽에 기름이나 물기 따위가 묻어서 윤이 나고 매끄러운 모양.

¶반지르르 윤이 나다./얼굴에 기름기가 반지르르 돌다.

의미 [+모양],[+말]v[+행동],[-실속],[+표면],[+근사]

제약 { }-{꾸미다}

② 말이나 행동 따위가 실속은 없이 겉만 그럴 듯한 모양.

¶말을 반지르르 꾸미다.

반질-반질

의미 [+모양],[+표면],[+윤기],[+윤활],[+정도]

제약 { }-{빛나다, 윤나다}

① 거죽이 윤기가 흐르고 매우 매끄러운 모양.

¶우리도 김장을 하려고 독을 반질반질 윤이 나게 닦아 놓았다./구두가 반질반질 빛난다.

의미 [+모양],[+성품],[-수치],[+정도]

제약

② 성품이 매우 빤빤스럽고 유들유들한 모양.

¶엽전처럼 반질반질 닳아빠진 약은 놈들 때문에 종혁이 심적 타격을 받은 건 한두 번이 아니었다.≪이정환, 샛강≫

의미 [+모양],[+나태],[-성실],[+정도]

제약 {사람}-{놀다}

③ 몹시 개으름을 피우며 맡은 일을 잘 하지 않는 모양.

¶동생은 일도 않고 반질반질 놀기만 했다.

반짝[01]

의미 [+모양],[+빛],[±출현],[+순간]

제약 { }-{빛나다}

① 작은 빛이 잠깐 나타났다가 사라지는 모양.

¶칼날이 반짝 빛났다./어둠 속에서 불빛이 반짝 빛났다.

의미 [+모양],[+정신],[+분명],[+순간]

제약

② 정신이 갑자기 맑아지는 모양.

¶정신이 반짝 들다./잠이 반짝 깨다./술이 반짝 깨다./머리가 아찔하면서도 정신은 반짝 났다.≪염상섭, 삼대≫/별안간 댕댕 소리와 함께 발등에 물을 뿌리고 물차가 지나가니 그는 비로소 산 듯이 정신기가 반짝 난다.≪김유정, 땡볕≫

의미 [+모양],[+생각],[+발생],[+순간]

제약 { }-{떠오르다}

③ 어떤 생각이 갑자기 머리에 떠오르는 모양.

¶해결책이 반짝 떠오르다./고향 생각이 반짝 머리를 스치고 지나갔다.

의미 [+모양],[+물건]v[+사람]v[+일],[+소멸]v[+종료]

제약 {물건, 사람, 일}-{ }

④ 물건이나 사람, 일 따위가 빨리 없어지거나 끝나는 모양.

¶날이 반짝 개었다가 이내 다시 비가 흩뿌렸다.

의미 [+모양],[+마음],[+각성],[+순간]

제약

⑤ 마음이 끌려 귀가 갑자기 뜨이는 모양.

¶귀가 반짝 뜨이다.

의미 [+모양],[+형상],[+분명],[+순간]

제약

⑥ 무엇이 순간적으로 분명하게 보이는 모양.

의미 [+모양],[-잠],[+철야]

제약 {밤}-{새우다}

⑦ 잠을 자지 않고 밤을 지내는 모양.

¶삼경에 들어온 해적이 날 샐 때에 비로소 물러가서 성안에서 군사나 백성 할 것 없이 하룻밤을 반짝 새우게 되었다.≪홍명희, 임꺽정≫

반짝[02]

의미 [+모양],[+물건],[+상승],[+용이],[-정도]

제약 { }-{들다, 올리다}

① 물건을 아주 가볍게 들어 올리는 모양.

¶그는 어린애를 반짝 안아서 차에 태웠다./그 노인은 무거운 쌀가마니를 반짝 들어 올렸다.

의미 [+모양],[+물건],[+선단],[+상승],[+높이],[+순간]

제약

② 물건의 끝이 갑자기 높이 들리는 모양.

의미 [+모양],[+신체],[+부분],[+상승],[+순간]

제약 { }-{들다, 올리다}

③ 몸의 한 부분을 갑자기 위로 들어 올리는 모양.

¶손을 반짝 들다./아이들은 고개를 반짝 들고 칠판을 쳐다보았다.

의미 [+모양],[+개안],[+크기],[+순간]

제약 {눈}-{뜨다}

④ 눈을 갑자기 크게 뜨는 모양.

¶그는 처음 듣는 소리라는 듯이 반짝 눈을 뜨며 나를 쳐다보았다.

반짝-반짝[01]

의미 [+모양],[+빛],[±출현],[+순간],[+연속]

제약 { }-{빛나다}

① 작은 빛이 잇따라 잠깐 나타났다가 사라지는 모양.

¶반짝반짝 빛나는 눈./반짝반짝 윤이 나다./풀잎 위의 이슬이 햇볕에 반짝반짝 빛난다.

의미 [+모양],[+정신],[+분명],[+순간],[+연속]

제약

② 정신이 잇따라 갑자기 맑아지는 모양.

¶조그만 소년의 당돌한 말에 사람들은 정신이 반짝반짝 들었다./자백해 주는 수밖에 없구나, 하는 생각이 들면 반짝반짝 긴장이 되살아나다가도 이내 될 대로 되라는 심경이 되며 아무 데서나 쓰러져 자고만 싶었다.≪이문열, 변경≫

의미 [+모양],[+생각],[+발생],[+순간],[+연속]

제약 { }-{떠오르다}

③ 어떤 생각이 잇따라 갑자기 머리에 떠오르는 모양.

¶좋은 구상이 머리에 반짝반짝 떠오르는 때도 있으나 이내 잊어버리고 만다.

의미 [+모양],[+물건]v[+사람]v[+일],[+소멸]v[+종료],[+반복]

제약 {물건, 사람, 일}-{ }

④ 물건이나 사람, 일 따위가 자꾸 빨리 없어지거나 끝나는 모양.

¶장마철이라 날이 반짝반짝 개었다가 금방 궂어질 뿐, 오래 햇빛이 나는 일이 없다.

의미 [+모양],[+형상],[+분명],[+순간],[+연속]

제약

⑤ 무엇이 잇따라 순간적으로 분명하게 보이는 모양.

의미 [+모양],[+다수]v[+연속],[−잠],[+철야]

제약 {밤}-{새우다}

⑥ 여럿이 또는 잇따라 잠을 자지 아니하고 밤을 지내는 모양.

¶손님들을 기다리느라 집안 사람들은 모두 밤을 반짝반짝 새웠다./직원들 모두 밀린 일을 하느라 며칠을 반짝반짝 새웠다

반짝-반짝[02]

의미 [+모양],[+물건],[+상승],[+용이],[−정도],[+연속]

제약 { }-{들다, 올리다}

① 물건을 아주 가볍게 잇따라 들어 올리는 모양.

¶무거운 짐들을 반짝반짝 들어서 옆으로 옮겼다.

의미 [+모양],[+물건],[+선단],[+상승],[+높이],[+순간],[+연속]

제약

② 물건의 끝이 갑자기 잇따라 높이 들리는 모양.

의미 [+모양],[+신체],[+부분],[+상승],[+순간],[+반복]

제약 { }-{들다, 올리다}

③ 몸의 한 부분을 갑자기 위로 자꾸 들어 올리는 모양.

¶동생은 그런 말을 들을 때마다 고개를 반짝반짝 들어서 불만을 나타냈다.

의미 [+모양],[+다수],[+개안],[+크기],[+순간]

제약 {눈}-{뜨다}

④ 여럿이 눈을 갑자기 크게 뜨는 모양.

423

¶선생님의 말씀에 아이들은 모두 눈을 **반짝반짝** 떴다.

반편스레

의미 [＋모습]v[＋행동],[＋지능],[＋미달]

제약

모습이나 행동거지를 보아 지능이 모자란 사람인 듯하다.

반-히

의미 [＋빛],[＋밝음]

제약

① 어두운 가운데 밝은 빛이 비치어 조금 환하다.

의미 [＋일],[＋결과]v[＋상태],[＋분명]

제약

② 어떤 일의 결과나 상태 따위가 환하게 들여다보이듯이 분명하다.

의미 [＋응시],[＋눈매],[＋분명]

제약

③ 바라보는 눈매가 또렷하다.

발그레

의미 [＋모양],[＋빨강],[－정도]

제약

엷게 발그스름한 모양.

¶그는 고개를 돌려 **발그레** 물들기 시작한 저녁 하늘을 바라보았다./언니는 좀처럼 웃질 않지만 어쩌다 웃을 때면 그 맑은 이마와 창백한 볼이 **발그레** 물이 든다.≪이동하, 우울한 귀향≫

발그름-히

의미 [＋빨강],[－정도]

제약

＝발그스름히. 조금 발갛다.

¶**발그름히** 피어 있는 들꽃이 아침 인사를 하는 듯하다.

발그속속-히

의미 [＋검소],[＋빨강],[＋적당]

제약

수수하고 걸맞을 정도로 발갛게.

발그스름-히

의미 [＋빨강],[－정도]

제약

조금 발갛게. 늑발그름히.

¶잘 익은 복숭아처럼 **발그스름히** 물든 서쪽 하늘./수줍어 어쩔 줄 몰라 하던 그녀가 **발그스름히** 상기된 얼굴로 웃었다.

발그족족-히

의미 [－선명],[－균일],[＋빨강]

제약

칙칙하고 고르지 아니할 정도로 발그스름하게.

발긋-발긋

의미 [＋모양],[＋빨강],[＋부분]

제약

① 군데군데 발그스름한 모양. 늑발긋발긋이①.

¶홍역에 걸린 아기 몸에 **발긋발긋** 열꽃이 돋았다.

의미 [＋모양],[＋빨강],[＋정도]

제약

② 매우 발그스름한 모양. 늑발긋발긋이②.

발긋발긋-이

의미 [＋모양],[＋빨강],[＋부분]

제약

①＝발긋발긋①. 군데군데 발그스름한 모양.

의미 [＋모양],[＋빨강],[＋정도]

제약

②＝발긋발긋②. 매우 발그스름한 모양.

발기-발기

의미 [＋모양],[＋다수],[＋조각],[＋분리],[－주의]

제약 ｛ ｝-｛찢다｝

여러 조각으로 마구 찢는 모양.

¶**발기발기** 찢다./민욱은 쓰던 편지를 확 움켜쥐고는 **발기발기** 찢어 내버렸다.≪신상웅, 심야의 정담≫

발깍

의미 [＋모양],[＋분노]v[＋기운],[＋순간]

제약

① 갑작스럽게 화를 내거나 기운을 쓰는 모양.

¶화를 **발깍** 내다./처녀의 숫저운 생각보다도 아무래도 신성이에게 대한 시기심이 덜 삭아서 또 **발깍** 반발을 하여 손길을 떼밀고 물러섰던 것이기도 하다.≪염상섭, 대를 물려서≫

의미 [+모양],[+전부],[+소란],[+순간]

제약 { }-{뒤집다, 뒤집히다}

② ('뒤집다', '뒤집히다' 따위와 함께 쓰여) 갑작스럽게 온통 소란해지거나 야단스러워지는 모양.

¶그에게 사형이 선고되자 장내는 **발깍** 뒤집혔다./파랗게 질리어서 두 발을 버둥거리고 배를 발딱발딱 쳐들어 가며 방 안을 **발깍** 뒤집어 놓는다.≪염상섭, 만세전≫

의미 [+모양],[+개방],[+순간]

제약 { }-{열다}

③ 닫혀 있는 것을 갑자기 여는 모양.

의미 [+모양],[-잠],[+철야]

제약 {밤}-{새우다}

④ 한숨도 자지 아니하고 밤을 새우는 모양.

¶과제가 밀려 있어서 어젯밤도 **발깍** 새우다시피 일을 해야 했다.

발깍-발깍01

의미 [+모양],[+분노]v[+기운],[+순간],[+반복]

제약

① 자꾸 갑작스럽게 화를 내거나 기운을 쓰는 모양.

의미 [+모양],[+전부],[+소란],[+순간],[+반복]

제약 { }-{뒤집다, 뒤집히다}

② ('뒤집다', '뒤집히다' 따위와 함께 쓰여) 자꾸 갑작스럽게 온통 소란해지거나 야단스러워지는 모양.

의미 [+모양],[+개방],[+순간],[+반복]

제약 { }-{열다}

③ 닫혀 있던 것을 자꾸 갑자기 여는 모양.

발깍-발깍02

의미 [+소리]v[+모양],[+술],[+발효],[+반복]

제약

① 빚어 놓은 술이 자꾸 보각보각 괴어오르는 소리. 또는 그 모양.

의미 [+소리]v[+모양],[+빨래],[+비등],[+팽창],[+반복]

제약

② 빨래를 삶을 때 빨래가 끓어서 자꾸 부풀어 오르는 소리. 또는 그 모양.

의미 [+소리]v[+모양],[+진흙]v[+밀가루],[+반죽],[+반복]

제약 {진흙, 밀가루}-{주무르다, 밟다}

③ 진흙이나 밀가루 따위의 반죽을 자꾸 주무르거나 밟는 소리. 또는 그 모양.

의미 [+소리]v[+모양],[+음료]v[+술],[+흡입],[+시원],[+반복]

제약 {음료, 술}-{마시다}

④ 음료나 술 따위를 시원스럽게 자꾸 들이켜는 소리. 또는 그 모양

발끈

의미 [+모양],[+일],[+분노],[-이유]

제약 {성}-{내다}

① 사소한 일에 걸핏하면 왈칵 성을 내는 모양.

¶악을 **발끈** 올리다./성이 **발끈** 나다./그 애는 성질이 급해서 어떤 일에 **발끈** 달아올랐다가도 이내 식어 버리는 수가 많다./분기가 **발끈** 치밀어 올랐다.≪현기영, 변방에 우짖는 새≫/희끄무레한 달빛 속에서 그 큰 눈을 뒤룩거리며 **발끈** 성깔을 부렸다.≪문순태, 타오르는 강≫

의미 [+모양],[+소란],[+정도]

제약

② 뒤집어엎을 듯이 시끄러운 모양.

¶소문이 삽시간에 돌아서 경천 역말이 아닌 밤중에 **발끈** 뒤집혔다.≪홍명희, 임꺽정≫

의미 [+모양],[+사람],[+기상],[+순간]

제약 {사람}-{일어나다}

③ 사람이 앉거나 누워 있다가 갑자기 오뚝 일어나는 모양.

¶사내는 **발끈** 일어나서 창문 쪽으로 성큼성큼 걸어갔다.

의미 [+모양],[+물체],[+상승]v[+노출],[+순간]

제약 { }-{솟다, 나오다}

④ 물체 따위가 갑자기 솟아오르거나 가려져 있다가 나타나는 모양.

¶찬란한 아침 해가 물 위로 **발끈** 솟았다./엷은

구름 사이로 해가 **발끈** 나왔다.

발끈-발끈

의미 [+모양],[+일],[−이유],[+분노],[+반복]

제약

① 사소한 일에 걸핏하면 왈칵 성을 자꾸 내는 모양.

¶저마다 다들 **발끈발끈** 화를 내었다./그는 조그만 일에도 참지 못하고 화를 **발끈발끈** 내는 성미라서 같이 지내기가 힘들다.

의미 [+모양],[+소란],[+정도]

제약

② 뒤집어엎을 듯이 시끌시끌한 모양.

¶사감 선생님께서 점검을 나오신다는 바람에 기숙사의 각 방이 모두 **발끈발끈** 뒤집혀서 정리를 하느라 야단법석들이었다.

의미 [+모양],[+행동],[+전부]v[+빈도],[+기상],[+순간]

제약 {사람}-{일어나다}

③ 여럿이 다 또는 하나가 여러 번 앉거나 누워 있다가 갑자기 오뚝 일어나는 모양.

¶이쪽저쪽에서 다들 **발끈발끈** 일어나는 꼴이 비온 뒤에 죽순이 돋아나는 것보다 더 난리였다.

의미 [+모양],[+물체],[+상승]v[+노출],[+순간],[+반복]

제약 {　}-{솟다, 나오다}

④ 물체 따위가 자꾸 갑자기 솟아오르거나 가려져 있다가 나타나는 모양.

¶아침마다 **발끈발끈** 솟아오르는 태양을 보면서 새로운 의욕을 느끼곤 했다.

발딱

의미 [+모양],[+동작],[+기상],[+순간]

제약 {사람}-{일어나다}

① 눕거나 앉아 있다가 날랜 동작으로 갑자기 일어나는 모양.

¶**발딱** 몸을 일으키다./갑자기 그녀가 새파란 얼굴로 **발딱** 자리에서 일어나며 날카롭고도 싸늘한 목소리로 외쳤다.≪이문열, 영웅시대≫

의미 [+모양],[+신체],[+도괴]v[+젖힘],[+순간]

제약

② 갑자기 뒤로 반듯하게 자빠지거나, 몸이나 몸의 일부를 잦히는 모양.

¶그는 두 손을 **발딱** 뒤로 젖혀 뒷짐을 하고 묻는다./칠룡이 고개를 **발딱** 젖혀 그를 노려보았다.≪한수산, 부초≫/종덕이가 다시 산수 문제를 풀어 보이려 하자, 윤이는 연필을 내던지고 **발딱** 누워 버리며….≪하근찬, 산울림≫

발딱-발딱

의미 [+모양],[+전부],[+기상],[+속도],[+순간]

제약 {사람}-{일어나다}

① 여럿이 눕거나 앉아 있다가 날랜 동작으로 갑자기 모두 일어나는 모양.

¶여기저기 걸레처럼 늘어져 있던 소작인들은 그 처참한 몰골에 그래도 눈에 광채를 띠며 오뚝이처럼 **발딱발딱** 일어나 앉았다.≪송기숙, 암태도≫

의미 [+모양],[+전부],[+도괴]v[+젖힘],[+순간]

제약

② 여럿이 다 갑자기 뒤로 반듯하게 자빠지거나, 몸이나 몸의 일부를 잦히는 모양.

의미 [+모양],[+맥박]v[+심장],[+운동],[+격렬],[+크기],[+반복]

제약 {맥박, 심장}-{뛰다}

③ 맥박이나 심장이 거칠고 빠르게 자꾸 뛰는 모양.

¶그가 정말로 화를 못 참을 정도일 때는 관자놀이의 핏줄이 신경질적으로 **발딱발딱** 뛴다./놀란 비둘기의 심장처럼, 그의 가슴은 **발딱발딱** 뛴다.≪김남천, 대하≫

의미 [+모양],[+사람]v[+동물],[+힘]v[+행동],[+노력],[+반복]

제약 {　}-{애쓰다, 힘쓰다}

④ 작은 몸집의 사람이나 동물 따위가 힘을 쓰거나 어떤 행동을 하고 싶어서 안타깝게 자꾸 애를 쓰는 모양.

의미 [+모양],[+액체],[+흡입],[+속도],[+순간],[+연속]

제약 {액체}-{마시다}

⑤ 액체를 급하고 빠르게 잇따라 들이켜는 모

양.

¶그는 이가 시리지도 않은지 그렇게 차가운 물을 숨도 쉬지 않고 **발딱발딱** 다 마셔 버렸다.

발라당

의미 [＋모양],[＋도괴]v[＋누움],[－기운],[－정도]

제약 { }-{자빠지다, 눕다}

① 발이나 팔을 활짝 벌린 상태로 맥없이 뒤로 가볍게 자빠지거나 눕는 모양.

¶너무 피곤하여 침대에 **발라당** 누워 버렸다./눈길에 미끄러져서 **발라당** 넘어졌다.

의미 [＋모양],[－소박],[－순진],[＋민첩],[＋영리]

제약 { }-{까지다}

② (주로 '까지다'와 함께 쓰여) 순박하거나 순진한 맛이 없이 약삭빠르고 똘똘한 모양.

¶이제 초등학생인 녀석이 **발라당** 까져서 닳고 닳은 장사꾼 같다.

발라당-발라당

의미 [＋모양],[＋도괴]v[＋누움],[－기운],[－정도],[＋반복]

제약 { }-{자빠지다, 눕다}

① 발이나 팔을 활짝 벌린 상태로 맥없이 자꾸 뒤로 자빠지거나 눕는 모양.

¶엄마에게 투정을 부릴 때마다 뒤로 **발라당발라당** 누워서 떼를 쓰기 때문에 무슨 청이든 안 들어줄 수가 없었다./세차장 앞 빙판길은 너나없이 모두가 **발라당발라당** 넘어지게 되어 있으니 무슨 조치가 필요하다.

의미 [＋모양],[＋전부],[－소박],[－순진],[＋민첩],[＋영리]

제약 { }-{까지다}

② (주로 '까지다'와 함께 쓰여) 여럿이 다 순박하거나 순진한 맛이 없이 약삭빠르고 똘똘한 모양.

¶요즘 어린애들은 하나같이 **발라당발라당** 까져서 어른 뺨친다.

발랑

의미 [＋모양],[＋도괴]v[＋누움],[－기운],[－정도]

제약 { }-{자빠지다, 눕다}

① '발라당①'의 준말. 발이나 팔을 활짝 벌린 상태로 맥없이 뒤로 가볍게 자빠지거나 눕는 모양.

¶침대에 **발랑** 누워 버리다./뒤로 **발랑** 자빠지다./임군한은 주먹으로 진사 턱을 으깨져라 쥐어박았다. 진사는 억 하며 뒤로 **발랑** 나가떨어졌다.≪송기숙, 녹두 장군≫

의미 [＋모양],[－소박],[－순진],[＋민첩],[＋영리]

제약 { }-{까지다}

② '발라당②'의 준말. (주로 '까지다'와 함께 쓰여) 순박하거나 순진한 맛이 없이 약삭빠르고 똘똘한 모양.

¶나는 **발랑** 까진 후진 동네의 꼬마라 도동 꼬마들에게 금방 받아들여졌다.≪황석영, 어둠의 자식들≫

의미 [＋모양],[＋전복]

제약 { }-{뒤집히다}

③ 안과 밖이 훌쩍 뒤집히는 모양.

¶주머니를 **발랑** 뒤집다./고장 난 밀차 두 대가 **발랑** 뒤집힌 채 가지런히 놓여 있다.≪홍성원, 육이오≫

발랑-발랑[01]

의미 [＋모양],[＋도괴]v[＋누움],[－기운],[－정도],[＋반복]

제약 { }-{자빠지다, 눕다}

① '발라당발라당①'의 준말. 발이나 팔을 활짝 벌린 상태로 맥없이 자꾸 뒤로 자빠지거나 눕는 모양.

¶목적지에 도착하자마자 다들 **발랑발랑** 드러누워 버렸다./한 대 맞을 때마다 **발랑발랑** 넘어지는 사람이 무슨 권투를 한다고 그러나?

의미 [＋모양],[＋전부],[－소박],[－순진],[＋민첩],[＋영리]

제약 { }-{까지다}

② '발라당발라당②'의 준말. (주로 '까지다'와 함께 쓰여) 여럿이 다 순박하거나 순진한 맛이 없이 약삭빠르고 똘똘한 모양.

¶도시 사람들은 하나같이 **발랑발랑** 까져서 도대체 훈훈한 인간미를 느끼지 못하겠다.

의미 [+모양],[+전복],[+반복]

제약 { }-{뒤집히다}

③ 안과 밖이 자꾸 훌쩍 뒤집히는 모양.

¶안주머니까지도 모두 **발랑발랑** 뒤집어 보았으나 나오는 것은 먼지밖에 없었다./샛바람이라도 불면 토끼풀들은 **발랑발랑** 까뒤집히기 일쑤이다.

발랑-발랑02

의미 [+모양],[+행동],[+경쾌],[+속도],[+연속]

제약

① 아주 가볍고도 재빠르게 잇따라 행동하는 모양.

의미 [+모양],[+운동],[+경쾌],[+속도],[+연속]

제약

② 아주 가볍고도 재빠르게 잇따라 움직이는 모양.

¶볼록해 보이는 술의 표면이 **발랑발랑** 떨리기 시작했다.≪최상규, 악령의 늪≫

발록

의미 [+모양],[+물체],[+틈]v[+구멍],[±수축]

제약

탄력 있는 조그만 물체의 틈이나 구멍이 작게 벌어졌다 오므라졌다 하는 모양.

¶병아리 한 마리가 쪼르르 달려와 뒷구멍을 발록 벌리더니 똥을 찍 하고 갈겼다.

발록-발록01

의미 [+모양],[+물체],[+틈]v[+구멍],[±수축],[+연속]

제약

탄력 있는 조그만 물체의 틈이나 구멍이 작게 잇따라 벌어졌다 오므라졌다 하는 모양.

¶아기가 고사리 같은 손을 **발록발록** 쥐었다 폈다 하는 모습이 귀엽기 그지없다./연분홍 꽃망울들이 봄비에 **발록발록** 꽃잎을 폈다.

발록-발록02

의미 [+모양],[-노동],[+유희],[+방황]

제약 { }-{돌아다니다}

하는 일이 없이 놀면서 여기저기 돌아다니는 모양.

¶막내는 공부도 않고 **발록발록** 쏘다니기만 한다.

발롱-발롱01

의미 [+모양],[+물체],[±수축],[+반복]

제약

탄력 있는 물체가 자꾸 벌어졌다 오므라들었다 하는 모양.

¶꽃망울이 **발롱발롱** 피어나다/콧구멍을 **발롱발롱** 움직이다.

발롱-발롱02

의미 [+모양],[+국물],[±비등],[+혼합],[-속도]

제약

적은 양의 국물 따위가 약한 불에서 끓을락 말락 하는 상태로 천천히 뒤섞이는 모양.

¶이제 **발롱발롱** 움직이고 있으니 금방 펄펄 끓겠다.

발룽-발룽01

의미 [+모양],[+물체],[+틈]v[+구멍],[±수축],[+연속]

제약

탄력 있는 큰 물체가 자꾸 약간 벌어졌다 오므라들었다 하는 모양.

¶송아지가 코를 **발룽발룽** 어미젖을 찾는다.

발룽-발룽02

의미 [+모양],[+국물],[±비등],[+혼합],[-속도]

제약

약한 불에서 조금 많은 양의 국물 따위가 끓을락 말락 하는 상태로 천천히 뒤섞이는 모양.

¶고깃국이 **발룽발룽** 끓어 가는 모습이 보기만 해도 군침이 돈다.

발름

의미 [+모양],[+물체],[±수축],[+유연],[+넓이]

제약

탄력 있는 물체가 부드럽고 조금 넓게 바라졌다 오므라졌다 하는 모양. 늑발름히.

¶멧돼지 한 마리가 콧구멍을 **발름** 벌리고서 킁킁 냄새를 맡더니 덤불 속을 헤집기 시작했다.

발름-발름

의미 [+모양],[+물체],[±수축],[+유연],[+넓이],[+연속]

제약

탄력 있는 물체가 부드럽고 조금 넓게 자꾸 바라졌다 오므라졌다 하는 모양.

¶숨이 차는지 콧구멍을 **발름발름** 움직인다./코를 꽃 속으로 묻고 **발름발름** 향기를 맡듯 하다가….≪김남천, 경영≫

발름-히

의미 [+모양],[+물체],[±수축],[+유연],[+넓이]

제약

=발름. 탄력 있는 물체가 부드럽고 조금 넓게 바라졌다 오므라졌다 하는 모양.

발맘-발맘

의미 [+모양],[+걸음],[+거리],[+추측]

제약 {사람}-{걷다}

① 한 발씩 또는 한 걸음씩 길이나 거리를 가늠하며 걷는 모양.

¶아까 **발맘발맘** 간 감으로는 조금 어찌어찌 걸으면 호텔로 돌아올 수도 있었을 텐데.

의미 [+모양],[+자국],[+추적],[-속도]

제약

② 자국을 살펴 가며 천천히 쫓아가는 모양.

¶우리는 골짜기를 내려와 목탁 소리를 따라 **발맘발맘** 걸었다.

발-바투

의미 [+모양],[-거리],[+접근]

제약

① 발 앞에 바짝 닥치는 모양.

¶그는 그 얘기에 화가 나서 **발바투** 다가서더니 곧 때리기라도 할 기세였다.

의미 [+기회],[-상실],[+속도]

제약

② 때를 놓치지 않고 재빠르게.

¶그 집의 주인은 돈이 될 만한 일이라면 염치도 없이 **발바투** 찾아다니는 장사꾼이다./일에는 때가 있는 법이다. 때를 맞추어 **발바투** 덤빈다면 성과가 있을 것이다./어머니는 말할 것도 없지마는 삼열이 역시 영화에 그리 **발바투** 대어 드

는 축이 아니라, 무심하였었는데….≪염상섭, 대를 물려서≫

발발[01]

의미 [+모양],[+추위]v[+두려움]v[+흥분],[+신체]v[+부분],[+전율],[-정도],[+반복]

제약 {몸}-{떨다}

① (주로 '떨다'와 함께 쓰여) 추위, 두려움, 흥분 따위로 몸이나 몸의 일부분을 가늘게 자꾸 떠는 모양.

¶비를 쫄딱 맞은 개가 처마 밑에서 **발발** 떨고 있었다./아들의 편지를 받은 어머니는 흥분으로 편지를 든 손이 **발발** 떨렸다./그들은 모두 두려움으로 새파랗게 질려 **발발** 떤다./식구들끼리 뒤얽혀 살을 에는 추위에 **발발** 떨고만 있었다.≪송기숙, 녹두 장군≫/장쇠는 코가 땅에 닿게 고개를 주억거리고 무슨 죽을죄를 지은 사람처럼 **발발** 떨며 가까스로 목소리를 쥐어짰다.≪문순태, 타오르는 강≫

의미 [+모양],[+소중]v[+중요],[+생각],[+걱정]

제약 { }-{떨다}

② (주로 '떨다'와 함께 쓰여) 무엇을 아주 아끼거나 중요하게 생각하여 노심초사하는 모양.

¶나는 네가 시험 점수나 가지고 **발발** 떠는 그런 학생이기를 바라지 않는다./그깟 돈 몇 푼에 **발발** 떨어서야 어디 큰 장사꾼이 되겠니?/젊은 아내의 두 끼 먹는 밥도 아까워 **발발** 떨었다.≪박경리, 토지≫

발발[02]

의미 [+모양],[+동작],[+신체],[+포복],[-정도]

제약 { }-{기다}

① (주로 '기다'와 함께 쓰여) 몸을 바닥 가까이 대고 작은 동작으로 기는 모양.

¶어린애가 방바닥을 **발발** 기어 다닌다./개미를 붙잡아 손바닥에 놓았다. 개미는 어쩔 줄을 몰라 **발발** 기어 달아난다.≪강경애, 인간 문제≫

의미 [+말],[+자신],[+행동],[+비겁],[+비유]

제약 { }-{기다}

② (주로 '기다'와 함께 쓰여) 자신을 낮추어 비

굴하게 행동하는 모양을 비유적으로 이르는 말.
¶왜놈한텐 **발발** 기면서 동족에게는 거만스럽게, 정말이지 테러라도 하고 싶은 심정 알겠나?≪박경리, 토지≫

발발03
의미 [+모양],[+분주],[+사방],[+이동]
제약 { }-{돌아다니다}
바쁘게 여기저기 돌아다니는 모양.
¶파리는 죽었는지 거미줄의 흔들림은 멎고 거미혼자서 **발발** 파리를 두고 돌아다닌다.≪김동인, 약한 자의 슬픔≫

발발04
의미 [+모양],[+종이]v[+헝겊],[+노후],[-내구],[+분리]
제약 {종이, 헝겊}-{째지다}
종이나 헝겊 따위가 몹시 삭아서 쉽게 째지는모양.
¶장훈이는 입은 채 조끼 안을 쭉 찢었다. 미어지도록 닳아 빠진 헝겊 조각은 손을 대기가 무섭게 **발발** 나갔다.≪염상섭, 삼대≫

발밤-발밤
의미 [+모양],[+걸음],[-속도]
제약 {사람}-{걷다}
한 걸음 한 걸음 천천히 걷는 모양.
¶공터에 구경거리가 생겼다고 해서 바람도 쐴겸 **발밤발밤** 나가 보았다./아무 말씀 없이 나오셔서 늦도록 아니 오시기에 **발밤발밤** 나오는 것이 여기까지 나왔지요.≪한용운, 흑풍≫

발씬
의미 [+모양],[+웃음],[+개구],[-소리],[-수치]
제약 {사람}-{웃다}
숫기 좋게 입을 벌려 소리 없이 방긋 웃는 모양.
¶그녀는 주위 사람들의 이야기에 **발씬** 웃고는 다시 책으로 눈길을 돌렸다.

발씬-발씬
의미 [+모양],[+웃음],[+개구],[-소리],[-수치],[+반복]
제약 {사람}-{웃다}
숫기 좋게 입을 벌려 소리 없이 자꾸 방긋방긋

웃는 모양.

발악스레
의미 [+행위],[+다양],[+악],[+기운],[-주의],[+정도]
제약
① 온갖 짓을 다 하며 마구 악을 쓰는 데가 있다.
의미 [+고난],[+극복],[+견고]
제약
② 어려운 일을 배겨 내는 힘이 다부진 데가 있다.
¶덩치가 저보다 훨씬 큰 놈과 싸우면서도 **발악스레** 덤비는 꼴이 호락호락한 녀석은 아닌 듯했다.

발연-히
의미 [+분노]v[+기상],[+맹렬],[+돌연]
제약
왈칵 성을 내는 태도나 일어나는 모양이 세차고 갑작스럽다.
¶처녀는 그의 짓궂은 농담에 **발연히** 성을 내며 쏘아붙였다./왕의 얼굴빛은 **발연히** 변해졌다.≪박종화, 다정불심≫

발짝-발짝
의미 [+모양],[+신체],[+기상],[+팔다리],[+동작],[+반복]
제약 {팔다리}-{놀리다, 움직이다}
① 누워 있거나 자빠져 있는 몸을 일으키려고 팔다리를 자꾸 움직이는 모양.
¶아기가 백일이 지나자 몸을 뒤치려는지 팔다리를 **발짝발짝** 놀린다.
의미 [+모양],[+빨래],[+손]
제약 {빨래}-{빨다}
② 빨래 따위를 적은 물에 담가 두 손으로 비벼 빠는 모양.
¶새댁도 시어머니 곁에서 양말이며 손수건을 **발짝발짝** 주물러 댄다.

발쪽
의미 [+모양],[+내부],[+노출],[+간격],[+정도]
제약

430

① 속의 것이 드러나 보일 듯 말 듯 조금 바라져 있는 모양. ≒발쪽이①.

¶귀가 **발쪽** 바라진 것이 서로 닮았다.

의미 [+모양],[+웃음],[+개구],[−소리],[−정도]

제약 {사람}-{웃다}

② 이가 드러나 보일 듯 말 듯 입을 작게 벌려 소리 없이 가볍게 웃는 모양. ≒발쪽이②.

¶남들이 하하거릴 때도 그녀는 **발쪽** 웃기만 했다.

의미 [+모양],[+선단],[+돌출]

제약

③ 끝이 뾰족이 조금 내민 모양. ≒발쪽이③.

¶귓바퀴가 **발쪽** 올라가 있다.

발쪽-발쪽

의미 [+모양],[+내부],[+노출],[±수축],[+정도],[+반복]

제약

① 속의 것이 드러나 보일 듯 말 듯 자꾸 조금 바라졌다 오므라졌다 하는 모양.

의미 [+모양],[+웃음],[+개구],[−소리],[+반복]

제약 {사람}-{웃다}

② 입을 작게 벌려 자꾸 소리 없이 웃는 모양.

의미 [+모양],[+선단],[±돌출],[+반복]

제약

③ 끝이 뾰족이 조금 자꾸 나왔다 들어갔다 하는 모양.

발쪽이

의미 [+모양],[+내부],[+노출],[+간격],[+정도]

제약

①=발쪽①. 속의 것이 드러나 보일 듯 말 듯 조금 바라져 있는 모양.

의미 [+모양],[+웃음],[+개구],[−소리],[−정도]

제약 {사람}-{웃다}

②=발쪽②. 이가 드러나 보일 듯 말 듯 입을 작게 벌려 소리 없이 가볍게 웃는 모양.

의미 [+모양],[+선단],[+돌출]

제약

③=발쪽③. 끝이 뾰족이 조금 내민 모양.

발칙스레

의미 [+행동]v[+말],[−예의],[+무례]

제약

하는 짓이나 말이 버릇없고 막되어 괘씸한 데가 있다.

¶감히 여기가 어디라고 **발칙스레** 말대꾸냐.

발칵

의미 [+모양],[+분노]v[+기운],[+순간]

제약

① 갑작스럽게 화를 내거나 기운을 쓰는 모양. '발깍①'보다 거센 느낌을 준다.

¶화를 **발칵** 내다./참자면서도 그만 성을 **발칵** 내어 버렸다.≪이무영, 농민≫/동길이는 대꾸를 하지 않았다. 입을 꼭 다물고 양쪽 볼에 **발칵** 힘을 주었다.≪하근찬, 흰 종이 수염≫

의미 [+모양],[+전부],[+소란],[+순간]

제약 { }-{뒤집다, 뒤집히다}

② ('뒤집다', '뒤집히다' 따위와 함께 쓰여) 갑작스럽게 온통 소란해지거나 야단스러워지는 모양. '발깍②'보다 거센 느낌을 준다.

¶비행장 창고가 터져 그 앞이 온통 원근 사람들로 아우성이라는 소문은 불시에 온 마을을 **발칵** 뒤집어 놓았던 것이다.≪이호철, 문≫/대금이 결제되지 않은 태남이의 장부도 압수돼, 경우까지 연행돼 곤욕을 치르게 되니 한때 집안이 **발칵** 뒤집혔다.≪박완서, 미망≫

의미 [+모양],[+개방],[+순간]

제약 { }-{열다}

③ 닫혀 있던 것을 갑자기 여는 모양. '발깍③'보다 거센 느낌을 준다.

¶문이 **발칵** 열리다./작자들은 키들거리며 큰방 마루로 올라가 방문을 **발칵** 열었다.≪송기숙, 녹두 장군≫

의미 [+모양],[−잠],[+철야]

제약 {밤}-{새우다}

④ 한숨도 자지 않고 밤을 새우는 모양. '발깍④'보다 거센 느낌을 준다.

발칵-발칵[01]

의미 [+모양],[+분노]v[+기운],[+순간],[+반복]

제약

① 자꾸 갑작스럽게 화를 내거나 기운을 쓰는 모양. '발깍발깍01①'보다 거센 느낌을 준다.

의미 [+모양],[+전부],[+소란],[+순간],[+반복]

제약 { }-{뒤집다, 뒤집히다}

② ('뒤집다', '뒤집히다' 따위와 함께 쓰여) 자꾸 갑작스럽게 온통 소란해지거나 야단스러워지는 모양. '발깍발깍01②'보다 거센 느낌을 준다.

의미 [+모양],[+개방],[+순간],[+반복]

제약 { }-{열다}

③ 닫혀 있던 것을 자꾸 갑자기 여는 모양. '발깍발깍01③'보다 거센 느낌을 준다.

발칵-발칵02

의미 [+소리]v[+모양],[+술],[+발효],[+반복]

제약

① 빚어 놓은 술이 자꾸 보각보각 괴어오르는 소리. 또는 그 모양. '발깍발깍02①'보다 거센 느낌을 준다.

의미 [+소리]v[+모양],[+빨래],[+비등],[+팽창],[+반복]

제약

② 빨래를 삶을 때 빨래가 끓어서 자꾸 부풀어 오르는 소리. 또는 그 모양. '발깍발깍02②'보다 거센 느낌을 준다.

의미 [+소리]v[+모양],[+진흙]v[+밀가루],[+반죽],[+반복]

제약 {진흙, 밀가루}-{주무르다, 밟다}

③ 진흙이나 밀가루 따위의 반죽을 자꾸 주무르거나 밟는 소리. 또는 그 모양. '발깍발깍02③'보다 거센 느낌을 준다.

의미 [+소리]v[+모양],[+음료]v[+술],[+흡입],[+시원],[+반복]

제약 {음료, 술}-{마시다}

④ 음료나 술 따위를 시원스럽게 자꾸 들이켜는 소리. 또는 그 모양. '발깍발깍02④'보다 거센 느낌을 준다.

밝-히

의미 [+불빛],[+밝음]

제약

① 불빛 따위가 환하게.

¶등불을 밝히 켜 놓다./촛불이 밝히 빛나다./가로등이 거리를 밝히 비추고 있다.

의미 [+일],[+분명]

제약

② 일정한 일에 대하여 똑똑하고 분명하게.

¶사리를 밝히 깨닫다./엎드려 생각하옵건대 성상께서는 밝히 살피옵소서.≪박종화, 임진왜란≫/그들은 한결같이 나의 생각과 나의 행적을 밝히 알고 있었던 듯한 거동들이었다.≪이청준, 조율사≫

밤-낮

의미 [+주야],[+항상]

제약

밤과 낮을 가리지 않고 늘.

¶밤낮 놀기만 하다./밤낮 일만 해도 먹고살기가 힘들다./그는 밤낮 술타령이다.

밤낮-없이

의미 [+항상]

제약

언제나 늘.

¶밤낮없이 술타령이더니 결국 몸을 망쳤구나./그는 밤낮없이 돈을 모으고 아끼더니 결국 남들보다 일찍 집을 사게 되었다.

밤-돌이로

의미 [+야간],[+전부]

제약

밤마다.

밤새-껏

의미 [+야간],[+동안],[+지속]

제약

밤이 지나는 동안 꼬박.

¶밤새껏 공부하다./밤새껏 먼 길을 걸어왔다./우리는 오랜만에 만나 밤새껏 떠들었다./연장자가 어쩌다가 신혼 당시의 감미로운 도취의 심정을 회상하여 이야기하면 젊은 축들은 밤새껏 몸을 뒤채며 잠을 이루지 못하는 것이었다.≪손창섭, 육체추≫

밥맛없-이

의미 [＋불쾌],[－어이],[－애정],[－대면]

제약

아니꼽고 기가 차서 정이 떨어지거나 상대하기
가 싫게.

방가위

의미 [＋기대],[＋만족]

제약

=방가위지. 과연 그렇다고 이를 만하게.

¶인물이나 키만 보아서가 아니라, 제반 범절이
방가위 의관의 집 맏며느릿감이지!≪김정한, 수라
도≫

방가위지

의미 [＋기대],[＋만족]

제약

과연 그렇다고 이를 만하게. 늑방가위.

¶주인은 은근히, 노인 대접을 먼저 해 주고 반
상을 타파하려는 유 선달의 태도에 만족하였다.
과연 그래야만 **방가위지** 양반이다.≪이기영, 봄≫

방그레

의미 [＋모양],[＋웃음],[＋개구],[－소리],[＋유
연]

제약 {사람}-{웃다}

입만 예쁘게 조금 벌리고 소리 없이 보드랍게
웃는 모양.

¶**방그레** 미소를 짓다./아기가 엄마와 눈이 마주
치자 방그레 웃는다./여인이 홍조 띤 얼굴로 방
그레 웃으며 인사한다.

방글

의미 [＋모양],[＋웃음],[＋개구],[－소리],[＋유
연]

제약 {사람}-{웃다}

입을 조금 벌리고 소리 없이 귀엽고 보드랍게
한 번 웃는 모양.

¶물색 셔츠로 상의를 바꾼 후경이가 카운터 뒤
에서 **방글** 웃으며 인사말을 던지자, 장익의 시선
이 내 쪽으로 돌아왔다.≪김원일, 어둠의 축제≫

방글-방글

의미 [＋모양],[＋웃음],[＋개구],[－소리],[＋유
연],[＋반복]

제약 {사람}-{웃다}

입을 조금 벌리고 소리 없이 귀엽고 보드랍게
자꾸 웃는 모양.

¶아기가 살포시 잠을 깨더니 **방글방글** 웃는다./
손에 땀이 쥐어지는 판인데, 계집애는 하얀 이
를 드러내 보이며 **방글방글** 웃기까지 했다.≪하
근찬, 야호≫

방금

의미 [＋시점],[＋과거],[－거리]

제약

① 말하고 있는 시점보다 바로 조금 전에. 늑금
방①·방재①.

¶**방금** 떠나다./**방금** 마치다./그는 **방금** 잠에서
깨어났다./그가 회의에 못 나온 까닭을 **방금** 알
았다./그는 **방금** 읽고 있던 잡지를 우리에게 보
여 주었다./**방금** 선생은 오백 년이 걸려 지은 집
을 헐어 버렸습니다.≪조세희, 난쟁이가 쏘아 올린
작은 공≫

의미 [＋시점],[＋동시]

제약

② 말하고 있는 시점과 같은 때에. 늑금방②·
방재②.

의미 [＋시점],[＋미래],[－거리]

제약

③ 말하고 있는 시점부터 바로 조금 후에. 늑금
방③·방장.

¶**방금** 주먹질을 할 듯이 코앞에다 삿대질을 해
댄다.≪김춘복, 쌈짓골≫

방긋[01]

의미 [＋모양],[＋웃음],[＋개구],[－소리],[－정
도]

제약 {사람}-{웃다}

입을 예쁘게 약간 벌리며 소리 없이 가볍게 한
번 웃는 모양. 늑방긋이[01].

¶**방긋** 미소를 짓다./소녀는 나와 눈이 마주치자
방긋 웃으면서 고개를 살짝 돌린다.

방긋[02]

의미 [＋모양],[＋입]v[＋문],[＋개방],[－소리]

제약 {입, 문}-{열리다}

닫혀 있던 입이나 문 따위가 소리 없이 살그머

니 열리는 모양. 늑방긋이[02].

¶동생은 조심스럽게 문을 **방긋** 열며 들어왔다.

방긋-방긋

의미 [＋모양],[＋웃음],[＋개구],[－소리],[－정도],[＋반복]

제약 {사람}-{웃다}

입을 예쁘게 약간 벌리며 소리 없이 가볍게 자꾸 웃는 모양.

¶아이가 **방긋방긋** 웃는다.

방긋-이[01]

의미 [＋모양],[＋웃음],[＋개구],[－소리],[－정도]

제약 {사람}-{웃다}

=방긋[01]. 입을 예쁘게 약간 벌리며 소리 없이 가볍게 한 번 웃는 모양.

¶여인은 손을 흔들며 **방긋이** 웃었다./**방긋이** 미소를 풍기고 고요히 서 있는 두 볼엔 오목한 보조개가 엷게 파져서….≪박종화, 임진왜란≫

방긋-이[02]

의미 [＋모양],[＋입]v[＋문],[＋개방],[－소리]

제약 {입, 문}-{열리다}

=방긋[02]. 닫혀 있던 입이나 문 따위가 소리 없이 살그머니 열리는 모양.

¶**방긋이** 열린 입가./숨결이 이상스러워지는 것을 듣고, 마루에 있던 희숙이가 **방긋이** 문을 열고 들여다보았다.≪염상섭, 수절내기≫

방끗[01]

의미 [＋모양],[＋웃음],[＋개구],[－소리],[－정도]

제약 {사람}-{웃다}

입을 예쁘게 약간 벌리며 소리 없이 가볍게 한 번 웃는 모양. '방긋[01]'보다 조금 센 느낌을 준다. 늑방끗이[01].

¶사진기를 들이대자 아이가 **방끗** 웃는다.

방끗[02]

의미 [＋모양],[＋문]v[＋입],[＋개방],[－소리]

제약 {입, 문}-{열다}

닫혀 있던 입이나 문 따위가 소리 없이 살그머니 열리는 모양. '방긋[02]'보다 조금 센 느낌을 준다. 늑방끗이[02].

¶남술의 처는 또 한 번 웃기 잘하는 그의 입술을 **방끗** 벌리었다.≪이기영, 봄≫

방끗-방끗

의미 [＋모양],[＋웃음],[＋개구],[－소리],[－정도],[＋반복]

제약 {사람}-{웃다}

입을 예쁘게 약간 벌리며 소리 없이 가볍게 자꾸 웃는 모양. '방긋방긋'보다 조금 센 느낌을 준다.

방끗-이[01]

의미 [＋모양],[＋웃음],[＋개구],[－소리],[－정도]

제약 {사람}-{웃다}

=방끗[01]. 입을 예쁘게 약간 벌리며 소리 없이 가볍게 한 번 웃는 모양.

¶**방끗이** 웃고 있는 아이의 모습이 행복해 보인다.

방끗-이[02]

의미 [＋모양],[＋입]v[＋문],[＋개방],[－소리]

제약 {입, 문}-{열리다}

=방끗[02]. 닫혀 있던 입이나 문 따위가 소리 없이 살그머니 열리는 모양.

방대-히

의미 [＋규모]v[＋양],[＋크기]v[＋풍부],[＋정도]

제약

규모나 양이 매우 크거나 많다.

방만-히

의미 [－완성],[－중단],[＋방임]

제약

맺고 끊는 데가 없이 제멋대로 풀어져 있다.

¶공식 석상에서 그렇게 **방만히** 굴다니./그는 돈 푼이나 있다고 **방만히** 처신하더니 무일푼이 되고 말았다.

방방

의미 [＋모양],[＋도약],[＋공중],[＋연속]

제약

잇달아 공중으로 뛰는 모양.

¶**방방** 뜨다/나만 혼자서 **방방** 뛰고 다니는 것이 보기에 안되었던지 엄 보살 부부가 차를 가지고

와 주었다.≪김성동, 연꽃과 진흙≫

방방곡곡-이

의미 [+장소],[+전부],[+개별],[−예외]

제약

한 군데도 빼놓지 아니하고 갈 수 있는 곳은 모조리.

¶고국은 지금 을사 5조약이 체결된 직후의 의분으로 **방방곡곡**이 뒤끓고 있는 때였다.≪안수길, 북간도≫/이 땅의 지식 분자인 우리들이 이러한 기회에 전 조선의 농촌, 어촌, 산촌으로 **방방곡곡**이 파고 들어가서⋯.≪심훈, 상록수≫

방방-이

의미 [+방],[+전부],[+개별]

제약

모든 방마다.

¶손님이 **방방**이 가득 차 있다./나는 **방방**이 다니면서 인사를 했다./밤이 되자 어머니는 **방방**이 간식을 들여보냈다./가마솥에 설설 고아서 **방방**이 한 대접씩 돌리지그래.≪박완서, 오만과 몽상≫

방불-히

의미 [+유사]

제약

① 거의 비슷하게.

의미 [+혼탁],[−분명]

제약

② 흐릿하거나 어렴풋하다.

¶바로 눈앞에 상제를 보는 듯 그 그림자가 **방불**히 눈에 밟혀서 견딜 수가 없었다.≪한설야, 탑≫

의미 [+느낌],[+동일]

제약

③ (주로 '⋯을 방불케 하다' 구성으로 쓰여) 무엇과 같다고 느끼게 하다.

방시레

의미 [+모양],[+웃음],[+개구],[−소리],[+유연]

제약 {사람}-{웃다}

소리 없이 입을 예쁘게 벌리고 밝고 보드랍게 살그머니 웃는 모양.

¶여인이 눈을 내리깔고 **방시레** 웃는다.

방실

의미 [+모양],[+웃음],[+개구],[−소리],[+유연]

제약 {사람}-{웃다}

입을 예쁘게 살짝 벌리고 소리 없이 밝고 보드랍게 한 번 웃는 모양.

¶아기가 **방실** 웃는다.

방실-방실

의미 [+모양],[+웃음],[+개구],[−소리],[+유연],[+반복]

제약 {사람}-{웃다}

입을 예쁘게 살짝 벌리고 소리 없이 밝고 보드랍게 자꾸 웃는 모양.

¶아기가 귀엽고 사랑스럽게 **방실방실** 웃는다./활짝 핀 봉선화처럼 경애의 입술에는 **방실방실** 미소가 넘쳐흐르는 것이다.≪김말봉, 찔레꽃≫/까닭 없이 웃음이 **방실방실** 보조개를 지어 입가에 넘쳐흐르곤 했다.≪박종화, 임진왜란≫

방싯

의미 [+모양],[+웃음],[+개구],[−소리],[−정도],[+유연]

제약 {사람}-{웃다}

① 입을 예쁘게 벌리며 소리 없이 가볍고 보드랍게 살짝 한 번 웃는 모양. 늑방싯이①.

¶아기가 **방싯** 웃으며 손을 내민다./계집이 남자의 얼굴을 갸우뚱 교태를 지어 들여다보면서 **방싯** 눈웃음을 머금었다.≪박종화, 임진왜란≫

의미 [+모양],[+문],[+개방],[−소리]

제약 {문}-{열리다}

② 문 따위가 소리 없이 살짝 열리는 모양. 늑방싯이②.

¶부엌문이 **방싯** 열리더니 누이가 나온다./누군가 방문을 **방싯** 연다./당손이가 잠긴 대문을 **방싯** 열고 밖으로 나왔다.≪황순원, 카인의 후예≫

방싯-방싯

의미 [+모양],[+웃음],[+개구],[−소리],[−정도],[+유연],[+반복]

제약 {사람}-{웃다}

입을 예쁘게 벌리며 소리 없이 가볍고 보드랍게 자꾸 살짝살짝 웃는 모양.

¶아기와 엄마가 서로 마주 보고 **방싯방싯** 웃는

다./저절로 벌어지는 입아귀에는 웃음이 **방싯방싯** 터져 나왔다.≪현진건, 적도≫

방싯-이

의미 [＋모양],[＋웃음],[＋개구],[－소리],[－정도],[＋유연]

제약 {사람}-{웃다}

①=방싯①. 입을 예쁘게 벌리며 소리 없이 가볍고 보드랍게 살짝 한 번 웃는 모양.

의미 [＋모양],[＋문],[＋개방],[－소리]

제약 {문}-{열리다}

②=방싯②. 문 따위가 소리 없이 살짝 열리는 모양.

¶인기척이 나서 문을 **방싯이** 열고 내다보았다./안방 미닫이가 **방싯이** 열리더니 그 미닫이는 이내 닫히고….≪이태준, 화관≫

방연-히

의미 [＋두께],[＋크기]

제약

두툼하고 크게.

방울-방울

의미 [＋모양],[＋액체],[＋원형]v[＋낙하]

제약 {액체}-{맺히다, 떨어지다}

액체 따위가 둥글게 맺히거나 떨어지는 모양.

¶나의 목소리를 듣고 형기는 자리에서 일어나며 눈물을 **방울방울** 흘렸다.≪김승옥, 환상 수첩≫/바구니 가득 물건을 사 들고 온 소향의 이마엔 방울방울 땀이 솟아 있었다.≪이병주, 행복어 사전≫/복도의 콘크리트 바닥에 영신의 눈물이 **방울방울** 떨어져서 돈짝만큼씩 번졌다.≪심훈, 상록수≫

방자스레

의미 [＋언행]v[＋태도],[＋무례]

제약

언행, 태도 따위에 방자한 데가 있게.

¶그는 할아버지 앞에서 **방자스레** 웃어 젖혔다.

방자-히

의미 [＋태도],[－곤란],[－조심],[＋무례],[＋교만]

제약

① 어려워하거나 조심스러워하는 태도가 없이 무례하고 건방지게.

¶마땅히 두문불출하고 죄를 뉘우치며 근신해야 할 적객 몸으로 **방자히** 학도를 모아 일어를 교습했을뿐더러 양반 노인을 구타하는 패악질을 저질렀으니….≪현기영, 변방에 우짖는 새≫

의미 [＋태도],[－구애],[＋방탕]

제약

② 제멋대로 거리낌 없이 노는 태도로.

¶남의 아내와 첩을 빼앗아 음욕을 **방자히** 하고, 백성의 집과 집을 뭉기어 동산을 넓혀 버렸다.≪박종화, 금삼의 피≫

방장

의미 [＋시점],[＋과거],[－거리]

제약

=방금. 말하고 있는 시점보다 바로 조금 전에.

¶**방장** 죽을 지경인데 의사는 계속 기다리라고만 한다.

방재

의미 [＋시점],[＋과거],[－거리]

제약

①=방금①. 말하고 있는 시점보다 바로 조금 전에.

의미 [＋시점],[＋동시]

제약

②=방금②. 말하고 있는 시점과 같은 때에.

방정스레

의미 [＋말]v[＋행동],[－주의],[＋경망],[－진중]

제약

① 말이나 행동이 찬찬하지 못하고 몹시 까불어서 가볍고 점잖지 못한 데가 있게.

¶**방정스레** 굴지 말고 좀 진중해라.

의미 [＋요망],[＋불길],[－상서],[＋정도]

제약

② 몹시 요망스럽게 보여서 불길하거나 상서롭지 못한 데가 있게.

방정-히

의미 [＋언사]v[＋행동],[＋바름],[＋예의]

제약

① 말이나 행동이 바르고 점잖게.

의미 [＋모양],[＋네모],[－결점]

제약

② 모양이 네모지고 반듯하게.

방탕-히

의미 [＋행실],[＋불량],[＋주색잡기]

제약

① 주색잡기에 빠져 행실이 좋지 못함.

의미 [＋마음],[－안정],[－판단]

제약

② 마음이 들떠 갈피를 잡을 수 없음.

배가닥

의미 [＋소리],[＋물건],[＋접촉],[＋마모]

제약

작고 단단한 물건이 서로 닿아서 갈릴 때 나는

소리.

배가닥-배가닥

의미 [＋소리],[＋물건],[＋접촉],[＋마모],[＋반
복]

제약

작고 단단한 물건이 자꾸 서로 닿아서 갈릴 때

나는 소리.

배각

의미 [＋소리],[＋물건],[＋마모]

제약

‘배가닥’의 준말. 작고 단단한 물건이 자꾸 서로

닿아서 갈릴 때 나는 소리.

배각-배각

의미 [＋소리],[＋물건],[＋마모],[＋반복]

제약

‘배가닥배가닥’의 준말. 작고 단단한 물건이 자
꾸 서로 닿아서 갈릴 때 나는 소리.

¶트럭이 흔들릴 때마다 짐칸에서는 짐들이 배각

배각 흔들렸다.

배-껏

의미 [＋복부],[＋충만]

제약

배의 양이 찰 만큼.

¶배껏 먹었다./내일은 갈비를 떠 올 터이니…….

배껏 먹어! 응?《강경애, 인간 문제》

배꿋

의미 [＋모양],[＋물건],[＋결합],[－일치],[－정

도]

제약

① 맞추어 끼일 물건이 꼭 들어맞지 않고 조금

어긋나는 모양.

¶벽에 못이 박히지 않고 자꾸 이리 배꿋 저리

배꿋 어긋나 있다.

의미 [＋모양],[＋일],[＋과실],[＋상충],[－정도]

제약

② 잘못하여 일이 조금 어긋나는 모양.

¶일이 자꾸 이리 배꿋 저리 배꿋 뒤틀리며 말썽

만 생긴다.

배꿋-배꿋

의미 [＋모양],[＋물건],[＋결합],[－일치],[－정

도],[＋반복]

제약

① 맞추어 끼일 물건이 꼭 들어맞지 않고 자꾸

조금 어긋나는 모양.

¶걸상이 배꿋배꿋 어그러지며 흔들렸다.

의미 [＋모양],[＋일],[＋과실],[＋상충],[－정

도],[＋반복]

제약

② 잘못하여 일이 자꾸 조금 어긋나는 모양.

¶될 듯한 일이 배꿋배꿋 자꾸 뒤틀려 예상에서

크게 벗어났다.

배듬-히

의미 [－수직],[－수평],[－균형],[＋경사],[－정

도]

제약

‘배스듬히’의 준말. 수평이나 수직이 되지 아니

하고 한쪽으로 조금 기운 듯하게.

배딱-배딱

의미 [＋모양],[＋물체],[＋경사],[＋반복]

제약

① 물체가 배스듬하게 이쪽저쪽으로 자꾸 기울

어지는 모양.

의미 [＋모양],[＋물체],[＋전부],[＋경사]

제약

② 물체가 여럿이 다 배스듬하게 기울어져 있는

모양.

배딱-이

의미 [+물체],[+경사],[−균형]

제약

물체가 한쪽으로 배스듬하게 기울어져 있게.

배뚜로

의미 [−바름],[+경사],[−정도]

제약

① 바르지 아니하고 한쪽으로 조금 기울어지거
나 쏠리게.

¶줄을 배뚜로 맞추었다.

의미 [+분노],[−일치]

제약

② 성이 나서 조금 틀어지게.

¶매사에 배뚜로 생각하면 안 된다./그는 항상 배
뚜로 말을 한다.

배뚜름-히

의미 [+경사],[−정도]

제약

조금 배뚤게.

¶그는 글씨를 배뚜름히 뉘어 쓴다.

배뚝-배뚝

의미 [+모양],[+물체],[+경사],[−균형],[+요
동],[+반복]

제약 { }-{흔들리다}

① 물체가 배스듬히 한쪽으로 기울어서 자꾸 흔
들리는 모양.

의미 [+모양],[+표면][−균일]v[+다리][+길
이][−일치],[+걸음],[+요동]

제약 {사람}-{걷다}

② 바닥이 고르지 못하거나 한쪽 다리가 짧아서
조금 흔들거리며 걷는 모양.

¶나귀는 등에 진 짐이 힘에 겨운지 배뚝배뚝 애
처롭게 걷는다./한 아낙네가 물동이를 머리에
이고 배뚝배뚝 걸어간다.

배뚤-배뚤

의미 [+모양],[+물체],[−균형],[+요동],[+반
복]

제약 { }-{흔들리다}

① 물체가 요리조리 기울어지며 자꾸 흔들리는
모양.

¶굴렁쇠가 배뚤배뚤 굴러간다.

의미 [+모양],[+물체],[+굴절],[+반복]

제약

② 물체가 곧지 못하고 요리조리 자꾸 고부라지
는 모양.

¶골목길을 배뚤배뚤 돌아 나오니 큰길이 나 있
었다./세 살배기 아이가 겨우 배뚤배뚤 걷는다.

배리-배리

의미 [+모양],[+신체],[+수척]v[+연약],[+정
도]

제약 { }-{마르다}

배틀어질 정도로 야위고 연약한 모양.

¶살집도 없이 배리배리 마른 몸./그동안 몹시 앓
아서 다리는 배리배리 뒤틀린 모습이었다./쌍현
이는 나이 열다섯 이쪽저쪽이라 하나 생김새만
으로 보아서는 열두엇 되었다 하기도 미심쩍으
리만큼, 배리배리 가녀린 소년이었다.≪최명희, 혼
불≫

배릿-배릿

의미 [+느낌],[+냄새]v[+맛],[+비림],[+정
도]

제약

① 냄새나 맛이 매우 배린 듯한 느낌.

의미 [+모양],[+잔망],[+구차],[+마음],[+인
색],[+불쾌]

제약

② 좀스럽거나 구차스러운 것이 마음에 다랍고
아니꼬운 모양.

배릿-이

의미 [+느낌],[+냄새]v[+맛],[+비림],[−정
도]

제약

냄새나 맛이 조금 배린 듯하게.

배배

의미 [+모양],[+다수],[−크기],[+꼬임]v[+뒤
틀림]

제약 { }-{꼬이다, 뒤틀리다}

여러 번 작게 꼬이거나 뒤틀린 모양.

¶배배 틀린 운명./실을 배배 꼬다./몸이 배배 꼬
이다./심사가 배배 꼬여 있다./그 사람이 일을
배배 틀어 어렵게 만들었다./명희는 눈살을 찌푸

렸다. 배배 꼬아 대는 선혜의 말투가 싫었고….
≪박경리, 토지≫/내빈들은 물론 동천이도 동혁의
입에서 무슨 말이 떨어질지 몰라서 노랑 수염
을 배배 꼬아 올리며 눈만 깜박깜박하고 앉았
다.≪심훈, 상록수≫

배-뱅글
의미 [+모양],[+회전],[+연속]
제약 { }-{돌다}
잇따라 뱅그르르 도는 모양.
¶곡예사는 젓가락 위에 접시를 여러 개 놓고 동
시에 배뱅글 열심히 돌리고 있다.

배불리
의미 [+음식],[+섭취],[+최대]
제약 {음식}-{먹다}
더 먹을 수 없이 양이 차게.
¶예전에는 쌀밥 한번 배불리 먹는 게 소원이었
다./그 허연 쌀밥을 한번 배불리 먹을 수 있다면
그녀 자신도 무엇이든 내줄 것 같았다.≪이문열,
영웅시대≫/유복이가 여러 날 변변히 먹지 못하
고 굶주린 끝에 배불리 먹고 음식에 감기어서
길 갈 기운이 없어졌다.≪홍명희, 임꺽정≫

배스듬-히
의미 [-수직],[-수평],[-균형],[+경사],[-정
도]
제약
수평이나 수직이 되지 아니하고 한쪽으로 조금
기운 듯하다.
¶고개를 배스듬히 젖히다./모자를 배스듬히 쓰
다.

배스름-히
의미 [+유사]
제약
거의 비슷한 듯하게.

배슥-배슥
의미 [+모양],[+일],[-만족],[+행동],[+거
리],[+반복]
제약
어떠한 일에 대하여 탐탁히 여기지 아니하고 자
꾸 조금 동떨어져 행동하는 모양.
배슥-이

의미 [+경사],[-정도]
제약
한쪽으로 조금 기울어진 정도로.
¶책꽂이에 배슥이 꽂아 둔 책./짚고 다니던 지팡
이를 마루 끝에 배슥이 세워 두고 그는 사랑으
로 들었다.

배슬-배슬[01]
의미 [+모양],[+일],[-즉시],[-진행],[+행
동],[+거리],[+반복]
제약
어떠한 일에 대하여 바로 대들어 하지 아니하고
자꾸 살그머니 동떨어져 행동하는 모양.
¶할 일 미루어 놓고 배슬배슬 돌아다니는 형의
꼴이 얄밉기 짝이 없다./아들은 배슬배슬 꽁무니
를 빼기만 한다./어디에 가든 일을 배슬배슬 피
하면 좋아하지 않는 법이란다.

배슬-배슬[02]
의미 [+모양],[-기운],[-균형],[+반복]
제약
힘없이 자꾸 배틀거리는 모양.
¶기운이 빠져 배슬배슬 걷는 모습이 처량하다./
보릿고개 때만 해도 죽도 제대로 못 얻어먹고
야윈 다리를 배슬배슬 끌고 산으로 나물을 뜯으
러 헤매는 사람이 많았단다.

배슷-이
의미 [+모습],[+기립],[-균형],[+경사],[-정
도]
제약
서 있거나 세워진 모습이 바르지 아니하고 한쪽
으로 조금 기울어져 있다.
¶아기가 고개를 배슷이 기울이다./낚싯대를 벽
에다가 배슷이 기대어 놓았다.

배시시
의미 [+모양],[+웃음],[+개구],[-소리],[-정
도]
제약 {사람}-{웃다}
입을 조금 벌리고 소리 없이 가볍게 웃는 모양.
¶젖먹이가 배시시 웃는다./소녀는 부끄러운 듯
배시시 미소를 지으며 고개를 돌렸다./춘보는
곰방대를 물고 배시시 웃고 있었다.≪송기숙, 암

태도≫/모니카가 황급히 머릿수건을 쓰며 영희를 보고 배시시 웃었다. 모든 것을 다 알고 있다는 듯한 웃음이었다.≪이문열, 변경≫

배식-배식

의미 [+모양],[+웃음],[+개구],[-소리]

제약 {사람}-{웃다}

입을 조금 벌리면서 소리 없이 웃는 모양.

¶두 아이는 서로 얼굴을 마주 보며 배식배식 웃기만 한다.

배싹

의미 [+모양],[+수척],[+정도]

제약 { }-{마르다}

살가죽이 쪼그라질 정도로 야윈 모양.

¶아이는 배싹 말라서 몰골이 흉하였다./그 양색시는 이미 서른 살이 넘어 보이는 배싹 여윈 여자인데, 늘 지쳐 있는 모습이고, 무슨 일에나 상관을 할 기력도 없는 듯이 보였다.≪이호철, 적막강산≫

배싹-배싹

의미 [+모양],[+피부],[+위축],[+수척],[+정도]

제약 { }-{마르다}

살가죽이 아주 쪼그라질 정도로 심하게 야윈 모양.

¶어찌 된 셈인지 요사이엔 배싹배싹 야위는 것 같다.

배쏙

의미 [+모양],[-중요],[+거리],[+배신]

제약

① 대수롭지 아니한 일에 틀어져서 돌아서는 모양.

¶그만한 말에도 배쏙 토라지는 사람은 정말 상대하기 힘들다./자기를 따돌렸다는 핑계로 배쏙 돌아선 친구를 달래어서 다시 데리고 왔다.

의미 [+모양],[+경솔],[+배신]

제약

② 경솔하게 돌아서는 모양.

배쏙-배쏙

의미 [+모양],[+걸음],[-균형],[-일관],[+반복]

제약

쓰러질 듯이 요리조리 자꾸 비틀거리는 모양.

¶남편은 술에 취한 듯 배쏙배쏙 걷다가 결국 고꾸라지고 말았다./배쏙배쏙 한 걸음 두 걸음 옮기는 아이를 쳐다보며 모두 대견스러워했다.

배주룩

의미 [+모양],[+물체],[+선단],[+돌출]

제약

'배죽01'의 본말. 물체의 끝이 조금 내밀려 있는 모양. 늑배주룩이.

배주룩-배주룩

의미 [+모양],[+전부],[+선단],[+돌출]

제약

'배죽배죽01'의 본말. 여럿이 다 끝이 조금씩 내밀려 있는 모양.

¶비 온 뒤에 배주룩배주룩 솟아오르는 죽순./떡갈나무의 새순들이 배주룩배주룩 돋는다.

배주룩-이

의미 [+모양],[+물체],[+선단],[+돌출]

제약

=배주룩. 물체의 끝이 조금 내밀려 있는 모양.

¶아이가 배주룩이 고개를 들었다./심심할 때면 배주룩 올라온 나물을 뜯으러 들판에 다녔다.

배죽01

의미 [+모양],[+물체],[+선단],[+돌출]

제약

물체의 끝이 조금 내밀려 있는 모양. 늑배죽이01.

¶할머니 댁은 앞으로는 시냇물이 흐르고 뒤로는 낮게 배죽 솟은 야산들이 둘러쳐져 있었다./비가 촉촉이 내리자 콩밭에 뿌려 둔 씨앗들이 머리를 배죽 내밀었다.

배죽02

의미 [+모양],[+입],[+돌출],[-소리],[+불쾌]v[+조소]v[+울음]

제약 {입}-{내밀다}

① 비웃거나 언짢거나 울려고 할 때 소리 없이 입을 내미는 모양. 늑배죽이02①.

¶딸은 불만스러운 표정을 지으며 입술을 배죽 내밀었다./자기 몫이 남보다 적다고 입을 배죽

내밀고 있는 동생의 모습이 한편으로 귀엽기까
지 하였다.

의미 [＋모양],[＋얼굴]v[＋물체],[＋돌출]v[＋출
현]

제약

② 얼굴이나 물체의 모습만 한 번 살짝 내밀거
나 나타내는 모양. 늑배죽이02②.

배죽-배죽01

의미 [＋모양],[＋전부],[＋선단],[＋돌출]

제약

여럿이 다 끝이 조금씩 내밀려 있는 모양.

¶싹들이 배죽배죽 돋아났다./마을 앞에는 내가
흐르고 뒤로는 배죽배죽 솟은 야산들이 둘러쳐
져 있었다.

배죽-배죽02

의미 [＋모양],[＋입],[＋돌출],[－소리],[＋불
쾌]v[＋조소]v[＋울음]

제약 {입}-{내밀다, 샐룩거리다}

언짢거나 비웃거나 울려고 할 때 소리 없이 입
을 내밀고 샐룩거리는 모양.

¶계집애처럼 왜 자꾸 배죽배죽 울고 다니느냐./
입술을 배죽배죽 실룩거리더니 기어코 울음을
터뜨렸다.

배죽-이01

의미 [＋모양],[＋물체],[＋선단],[＋돌출],

제약

＝배죽01. 물체의 끝이 조금 내밀려 있는 모양.

¶하현달이 배죽이 동산에서 솟아오른다./아이들
은 배죽이 솟은 뒷산에 올라 토끼 사냥을 하곤
하였다.

배죽-이02

의미 [＋모양],[＋입],[＋돌출],[－소리],[＋불
쾌]v[＋조소]v[＋울음]

제약 {입}-{내밀다}

①＝배죽02①. 비웃거나 언짢거나 울려고 할 때
소리 없이 입을 내미는 모양.

의미 [＋모양],[＋얼굴]v[＋물체],[＋돌출]v[＋출
현]

제약

②＝배죽02②. 얼굴이나 물체의 모습만 한 번 살

짝 내밀거나 나타내는 모양.

배짝

의미 [＋모양],[＋피부],[＋위축],[＋수척]

제약 { }-{마르다}

살가죽이 쪼그라질 정도로 마르거나 야윈 모양.

배짝-배짝

의미 [＋모양],[＋피부],[＋위축],[＋수척],[＋정
도]

제약 { }-{마르다}

살가죽이 쪼그라질 정도로 아주 심하게 마르거
나 야위어 가는 모양.

배쫑-배쫑

의미 [＋소리],[＋산새]

제약 {산새}-{울다}

산새가 잇따라 우는 소리.

배쭈룩

의미 [＋모양],[＋물체],[＋선단],[＋돌출]

제약

‘배쭉01’의 본말. 물체의 끝이 조금 내밀려 있는
모양. 늑배쭈룩이.

배쭈룩-배쭈룩

의미 [＋모양],[＋전부],[＋선단],[＋돌출]

제약

‘배쭉배쭉01’의 본말. 여럿이 다 끝이 조금씩 내
밀려 있는 모양.

¶장마 뒤끝에 대밭에 나가 보니 죽순들이 이곳
저곳에서 배쭈룩배쭈룩 머리를 내밀고 있었다.

배쭈룩-이

의미 [＋모양],[＋물체],[＋선단],[＋돌출]

제약

＝배쭈룩. 물체의 끝이 조금 내밀려 있는 모양.

¶배쭈룩이 내민 죽순을 밟지 않도록 조심해라./
흙을 뚫고 배쭈룩이 쳐들고 있는 송이버섯을 찾
아내기란 쉬운 일이 아니다.

배쭉01

의미 [＋모양],[＋물체],[＋선단],[＋돌출]

제약

물체의 끝이 조금 내밀려 있는 모양. ‘배죽01’보
다 조금 센 느낌을 준다. 늑배쭉이01.

배쭉02

의미 [+모양],[+입],[+돌출],[-소리],[+불
쾌]v[+조소]v[+울음]

제약 {입}-{내밀다}

① 비웃거나 언짢거나 울려고 할 때 소리 없이
입을 내미는 모양. '배죽02①'보다 조금 센 느낌
을 준다. 늑배쭉이02①.

의미 [+모양],[+얼굴]v[+물체],[+돌출]v[+출
현]

제약

② 얼굴이나 물체의 모습만 한 번 살짝 내밀거
나 나타내는 모양. '배죽02②'보다 조금 센 느낌
을 준다. 늑배쭉이02②.

배쭉-배쭉01

의미 [+모양],[+전부],[+선단],[+돌출]

제약

여럿이 다 끝이 조금씩 내밀려 있는 모양. '배죽
배죽01'보다 조금 센 느낌을 준다.

¶배쭉배쭉 고개를 내민 새싹./싹들이 배쭉배쭉
돋아났다.

배쭉-배쭉02

의미 [+모양],[+입],[+돌출],[-소리],[+불
쾌]v[+조소]v[+울음]

제약 {입}-{내밀다, 샐룩거리다}

언짢거나 비웃거나 울려고 할 때 소리 없이 입
을 내밀고 샐룩거리는 모양. '배죽배죽02'보다
조금 센 느낌을 준다.

¶꼬마는 입술을 배쭉배쭉 실룩거리더니 기어코
울음을 터뜨리고 말았다.

배쭉-이01

의미 [+모양],[+물체],[+선단],[+돌출]

제약

=배쭉01. 물체의 끝이 조금 내밀려 있는 모양.

배쭉-이02

의미 [+모양],[+입],[+돌출],[-소리],[+불
쾌]v[+조소]v[+울음]

제약 {입}-{내밀다}

①=배쭉02①. 비웃거나 언짢거나 울려고 할 때
소리 없이 입을 내미는 모양.

의미 [+모양],[+얼굴]v[+물체],[+돌출]v[+출
현]

제약

②=배쭉02②. 얼굴이나 물체의 모습만 한 번 살
짝 내밀거나 나타내는 모양.

배착-배착

의미 [+모양],[+걸음],[-균형],[-정도]

제약 {사람}-{걷다}

'배치작배치작'의 준말. 몸을 한쪽으로 조금 배
틀거리거나 가볍게 잘록거리며 걷는 모양.

배치작-배치작

의미 [+모양],[+걸음],[-균형],[-정도]

제약 {사람}-{걷다}

몸을 한쪽으로 약간 배틀거리거나 가볍게 잘록
거리며 걷는 모양.

¶아들이 무거운 책가방을 들고 배치작배치작 현
관으로 들어온다.

배칠-배칠

의미 [+모양],[+몸],[-조정],[-균형],[+반복]

제약

몸을 바로 가누지 못하고 이리저리 어지럽게 자
꾸 배틀거리는 모양.

¶포로가 된 그가 손목을 잡힌 채 배칠배칠 끌려
왔다.

배트작-배트작

의미 [+모양],[+걸음],[-균형],[-정도]

제약 {사람}-{걷다}

몸을 제대로 가누지 못하고 약간 배틀거리며 걷
는 모양.

¶갓 걸음마를 배운 아기가 배트작배트작 걷는
모습을 할머니는 대견해하셨다.

배틀

의미 [+모양],[+걸음],[-균형],[-기운]v[+현
기]

제약 {사람}-{걷다}

힘이 없거나 어지러워서 몸을 잘 가누지 못하고
요리조리 쓰러질 듯이 걷는 모양.

배틀-배틀

의미 [+모양],[+걸음],[-균형],[-기운]v[+현
기],[+반복]

제약 {사람}-{걷다}

힘이 없거나 어지러워서 몸을 잘 가누지 못하고

요리조리 쓰러질 듯이 계속 걷는 모양.

¶아기가 넘어질 듯이 **배틀배틀** 걷는다./나이 어린 소년이 무거운 짐을 지고 **배틀배틀** 걷고 있었다.

백-날

의미 [+기간],[+지속],[+정도]

제약 { }-{부정서술어}

① (부정의 의미를 가진 말과 함께 쓰여) 아주 오랜 날 동안.

¶그런 책은 **백날** 봐야 도움이 안 된다./죽은 사람에게 **백날** 말해 봤자 아무 소용 없다.

의미 [+기간],[+지속]

제약

② 늘 또는 언제나.

¶**백날** 말로만 떠든다.

백배

의미 [+다수],[+정도]

제약

백 곱절이라는 뜻으로, 비교할 수 없을 만큼 아주.

¶**백배** 천배 감사하다./비굴하게 사느니 의를 위해 죽는 게 **백배** 낫다./적의 선봉대가 일시에 몰살을 당하니, 아군의 기세는 용기가 **백배**나 솟구친다.≪박종화, 임진왜란≫

백백

의미 [+다양],[+전부]

제약

어느 모로 보나. 또는 전적으로.

백번

의미 [+횟수],[+다수]

제약

① 여러 번 거듭.

¶**백번** 말해도 소용없다./**백번** 죽어 마땅하다./이 불운한 늙은이가 또 난리 와중에 휘말릴까 봐 곁에 있어 주려는 자네의 충정이야 **백번** 고맙네만, 어디 내 편한 생각만 해서야 되겠는가.≪현기영, 변방에 우짖는 새≫

의미 [+전부]

제약

② 전적으로 다.

¶복잡한 도시보다는 한적한 시골에서 사는 게 **백번** 낫지요./선생님 말씀이 **백번** 맞지요./**백번** 옳은 소리다./**백번** 지당하신 말씀입니다./이렇게 일을 한 것이 **백번** 잘한 일이었다는 생각이 들었다.≪송기숙, 암태도≫

백분

의미 [+전부],[+정도]

제약

'십분'을 과장하여 이르는 말.

¶**백분** 활용하다./충성심을 **백분** 발휘하다./그는 이번 일에 능력을 **백분** 발휘하였다.

백주-에

의미 [+노출],[+무리]

제약

드러내 놓고 터무니없게 억지로.

백줴

의미 [+노출],[+무리]

제약

'백주에'의 준말. 드러내 놓고 터무니없게 억지로.

¶소문대로 그가 천여 석 추수를 하는 과부의 외아들이기만 하다면야 모면할 도리가 없지도 않다. 그러나 그것은 **백줴** 낭설이다.≪채만식, 탁류≫/그놈의 수매가라는 게 **백줴** 거저 뺏는 것과 다름없으니….≪박완서, 미망≫

백지

의미 [-이유],[-원인]

제약

아무 턱도 없이.

¶**백지** 죄 없는 나보고만 성을 내네.≪박경리, 토지≫/**백지** 모르는 남남끼리 내외라고 정해 놓고 시집을 살러 왔다는 것이 무슨 뜻인지 모를 일이다.≪이기영, 봄≫

백판

의미 [-익숙]

제약

전혀 생소하게.

¶**백판** 모르는 일을 안다고 할 수는 없소.≪심훈, 상록수≫

밴덕스레

의미 [+태도]v[+성질],[+변덕]

제약

요랬다조랬다 변하기를 잘하는 태도나 성질이 있다.

밴둥-밴둥

의미 [+모양],[-노동],[+나태],[+유희]

제약 {사람}-{놀다}

아무 일도 하지 않고 게으름을 피우며 놀기만 하는 모양.

밴들-밴들

의미 [+모양],[-노동],[-수치],[+나태],[+유희]

제약 {사람}-{놀다}

부끄러운 줄 모르고 게으름을 피우며 빤빤스럽게 놀기만 하는 모양.

¶다 큰 녀석이 저렇게 만날 집에서 **밴들밴들** 놀기만 하니, 저도 많이 속상하답니다.

뱅

의미 [+모양],[+범위],[+확정],[+순회]

제약 { }-{돌다}

① 일정한 좁은 범위를 한 바퀴 도는 모양.

¶동네를 한 바퀴 **뱅** 돌다./자전거 바퀴를 **뱅** 돌리다.

의미 [+모양],[+정신],[+혼미],[+순간]

제약 {정신}-{돌다}

② 갑자기 정신이 아찔해지는 모양.

¶몇 끼를 굶었더니 땅이 **뱅** 돌았다./앉았다 일어나려고 하니 머리가 **뱅** 돌았다.

의미 [+모양],[+둘레],[+포위]

제약 { }-{에워싸다, 둘러싸다}

③ 일정한 둘레를 좁게 둘러싸는 모양.

¶싸리나무로 **뱅** 돌려 친 담./사람들이 **뱅** 에워싸다./조그만 만(灣)을 이루고 **뱅** 돌아 있는 조그만 산에 안긴 바다는 호수처럼 고요하나 물굽이 한끝에 불쑥 나선 검은 바위는 몹시 험상스럽고 바다도 거기서부터는 한결 거칠다.≪이양하, 이양하 수필선≫

뱅그레

의미 [+모양],[+웃음],[+개구],[-소리],[+유연]

제약 {사람}-{웃다}

입을 살며시 벌릴 듯하면서 소리 없이 보드랍게 웃는 모양.

뱅그르르

의미 [+모양],[+몸]v[+물건],[+회전],[+한번]

제약 {사람, 물건}-{돌다}

① 몸이나 물건 따위가 좁게 한 바퀴 도는 모양.

¶떨어진 동전이 바닥에서 **뱅그르르** 돈다./그 말이 떨어지기 바쁘게 신복 씨는 의자를 **뱅그르르** 돌리며 내려서더니 원고지와 펜을 갖다 놓는다. ≪이태준, 장마≫

의미 [+모양],[+눈물],[+발생],[+순간]

제약 {눈물}-{맺히다}

② 갑자기 눈가에 눈물이 맺히는 모양.

뱅글

의미 [+모양],[+웃음],[+개구],[-소리],[+유연]

제약 {사람}-{웃다}

입을 살며시 벌릴 듯하면서 소리 없이 보드랍게 한 번 웃는 모양.

뱅글-뱅글01

의미 [+모양],[+웃음],[+개구],[-소리],[+유연],[+반복]

제약 {사람}-{웃다}

입을 살며시 벌릴 듯하면서 자꾸 소리 없이 보드랍게 웃는 모양.

뱅글-뱅글02

의미 [+모양],[-크기],[+회전],[+윤활],[+연속]

제약 { }-{돌다}

작은 것이 잇따라 매끄럽게 도는 모양.

¶**뱅글뱅글** 도는 팽이./바람이 부니 바람개비가 **뱅글뱅글** 돌아간다./파리란 놈들이 잘난 체하며 낮은 천장을 **뱅글뱅글** 맴돌고 있다.≪박태순, 정든 땅 언덕 위≫

뱅긋

의미 [+모양],[+웃음],[+개구],[-소리],[-정도]

제약 {사람}-{웃다}

입을 살짝 벌릴 듯하면서 소리 없이 가볍게 한 번 웃는 모양. 늑뱅긋이.

뱅긋-뱅긋

의미 [+모양],[+웃음],[+개구],[-소리],[-정도],[+반복]

제약 {사람}-{웃다}

입을 살짝 벌릴 듯하면서 소리 없이 가볍게 자꾸 웃는 모양.

뱅긋-이

의미 [+모양],[+웃음],[+개구],[-소리],[-정도]

제약 {사람}-{웃다}

=뱅긋. 입을 살짝 벌릴 듯하면서 소리 없이 가볍게 한 번 웃는 모양.

뱅끗

의미 [+모양],[+웃음],[+개구],[-소리],[-정도]

제약 {사람}-{웃다}

입을 살짝 벌릴 듯하면서 소리 없이 가볍게 한 번 웃는 모양. '뱅긋'보다 조금 센 느낌을 준다. 늑뱅끗이.

뱅끗-뱅끗

의미 [+모양],[+웃음],[+개구],[-소리],[-정도],[+반복]

제약 {사람}-{웃다}

입을 살짝 벌릴 듯하면서 소리 없이 자꾸 가볍게 웃는 모양. '뱅긋뱅긋'보다 조금 센 느낌을 준다.

뱅끗-이

의미 [+모양],[+웃음],[+개구],[-소리],[-정도]

제약 {사람}-{웃다}

=뱅끗. 입을 살짝 벌릴 듯하면서 소리 없이 가볍게 한 번 웃는 모양.

뱅-뱅

의미 [+모양],[+범위],[+확정],[+순회],[+반복]

제약 { }-{돌다}

① 일정한 좁은 범위를 자꾸 도는 모양.

¶동네 조무래기들이 주위를 **뱅뱅** 돌면서 장난을

쳤다.≪윤흥길, 황혼의 집≫

의미 [+모양],[+순회],[-일정],[+반복]

제약 { }-{돌아다니다}

② 요리조리 자꾸 돌아다니는 모양.

¶방으로 들어오지 않고 마당에서만 **뱅뱅** 돌았다. ≪한승원, 해일≫/씨암탉처럼 집 안에서만 **뱅뱅** 돌고 있다.≪이기영, 고향≫

의미 [+모양],[+정신],[+혼미],[+순간],[+반복]

제약 {정신}-{돌다}

③ 갑자기 정신이 자꾸 아찔해지는 모양.

뱅시레

의미 [+모양],[+웃음],[+개구],[-소리],[+미려],[-정도],[+유연]

제약 {사람}-{웃다}

살며시 입을 벌리는 듯하면서 소리 없이 아름다운 태도로 가볍고 보드랍게 웃는 모양.

뱅실

의미 [+모양],[+웃음],[+개구],[-소리],[+유연],[+온화]

제약 {사람}-{웃다}

살며시 입을 벌릴 듯하면서 소리 없이 보드랍고 온화하게 한 번 웃는 모양.

¶앞서 가던 그녀는 갑자기 뒤를 돌아보더니 **뱅실** 웃고는 앞을 향해 달리기 시작했다.

뱅실-뱅실

의미 [+모양],[+웃음],[+개구],[-소리],[+유연],[+온화],[+반복]

제약 {사람}-{웃다}

살며시 입을 벌릴 듯하면서 소리 없이 보드랍고 온화하게 자꾸 웃는 모양.

뱅싯

의미 [+모양],[+웃음],[+개구],[-소리],[-정도],[+온화]

제약 {사람}-{웃다}

입을 살며시 벌릴 듯하면서 소리 없이 가볍고 온화하게 한 번 웃는 모양. 늑뱅싯이.

뱅싯-뱅싯

의미 [+모양],[+웃음],[+개구],[-소리],[-정도],[+온화],[+반복]

제약 {사람}-{웃다}

입을 살며시 벌릴 듯하면서 소리 없이 가볍고 온화하게 자꾸 웃는 모양.

뱅싯-이

의미 [+모양],[+웃음],[+개구],[-소리],[+온화],[-정도]

제약 {사람}-{웃다}

=뱅싯. 입을 살며시 벌릴 듯하면서 소리 없이 가볍고 온화하게 한 번 웃는 모양.

뱌비작-뱌비작

의미 [+모양],[+접촉],[+마찰],[-정도]

제약 { }-{문지르다}

① 두 물체를 맞대어 잇따라 가볍게 문지르는 모양.

의미 [+모양],[+구멍],[+천공],[+연장],[+회전],[+연속]

제약 { }-{돌리다}

② 구멍을 뚫기 위하여 송곳 같은 연장으로 잇따라 가볍게 이리저리 돌리는 모양.

의미 [+모양],[+물건],[+원형]v[+길이],[+손],[+마찰],[+연속]

제약 { }-{문지르다}

③ 손바닥이나 손가락 사이의 물건을 둥글게 하거나 긴 가락이 지게 잇따라 가볍게 문지르는 모양.

의미 [+모양],[+틈],[+간격],[+연속]

제약 { }-{헤집다, 비집다}

④ 좁은 틈을 잇따라 헤집거나 비집는 모양.

의미 [+모양],[+상황],[-만족],[+극복],[+노력],[+인내]

제약

⑤ 좋지 않은 상황을 이겨내기 위하여 끈질기게 버티는 모양.

뱌빗뱌빗

의미 [+모양],[+접촉],[+마찰],[+연속]

제약 { }-{문지르다}

① '뱌비작뱌비작①'의 준말. 두 물체를 맞대어 가볍게 잇따라 문지르는 모양.

의미 [+모양],[+구멍],[+천공],[+연장],[+회전],[+연속]

제약 { }-{돌리다}

② '뱌비작뱌비작②'의 준말. 구멍을 뚫기 위하여 송곳 같은 연장으로 가볍게 잇따라 이리저리 돌리는 모양.

의미 [+모양],[+물건],[+원형]v[+길이],[+손],[+마찰],[+연속]

제약 { }-{문지르다}

③ '뱌비작뱌비작③'의 준말. 손바닥이나 손가락 사이의 물건을 둥글게 하거나 긴 가락이 지게 가볍게 잇따라 문지르는 모양.

의미 [+모양],[+틈],[+간격],[+연속]

제약 { }-{헤집다, 비집다}

④ '뱌비작뱌비작④'의 준말. 좁은 틈을 자꾸 헤집거나 비집는 모양.

의미 [+모양],[+상황],[-만족],[+극복],[+노력],[+인내]

제약

⑤ '뱌비작뱌비작⑤'의 준말. 좋지 않은 상황을 이겨내려고 끈질기게 버티는 모양.

뱌슬-뱌슬

의미 [+모양],[+회피],[-대항],[+지속]

제약

착 덤벼들지 않고 계속 슬슬 피하는 모양.

뱍

의미 [+소리],[+병아리]

제약 {병아리}-{울다}

'비악'의 준말. '빡'보다 여린 느낌을 준다.

뱍-뱍

의미 [+소리],[+병아리],[+연속]

제약 {병아리}-{울다}

'비악비악'의 준말. '빡빡'보다 여린 느낌을 준다.

반덕스레

의미 [+태도]v[+성질],[+변덕],[+용이]

제약

요랬다조랬다 하는 변하기 쉬운 태도나 성질이 있게.

반미주룩

의미 [+모양],[+물체],[+선단],[+돌출]

제약

어떤 물체의 밋밋한 끝이 조금 내밀어져 있는

모양. 늑반미주룩이.

반미주룩-이

의미 [+모양],[+물체],[+선단],[+돌출]

제약

=반미주룩. 어떤 물체의 밋밋한 끝이 조금 내밀어져 있는 모양.

반반-히

의미 [+인품]v[+외모],[+원만],[-결점]

제약

① 됨됨이나 생김새 따위가 별로 흠이 없고 웬만하게.

의미 [+준비],[+양호],[+정도]

제약

② 어지간히 갖추어져 쓸 만하게.

의미 [+지체]v[+살림살이],[+기대],[+평균]

제약

③ 지체나 살림살이가 남보다 크게 떨어지지 않고 어지간하게.

반죽-반죽

의미 [+모양],[+사람],[+외모],[-결점],[+교활],[+반복]

제약

반반하게 생긴 사람이 자꾸 이죽이죽하면서 느물거리는 모양.

버거덕

의미 [+소리],[+물건],[+마찰],[+정지]

제약

크고 단단한 물건이 맞닿아 문질리다가 그칠 때 나는 소리.

버거덕-버거덕

의미 [+소리],[+물건],[+마찰],[+정지],[+반복]

제약

크고 단단한 물건이 자꾸 맞닿아 문질리다가 그칠 때 나는 소리.

버걱

의미 [+소리],[+물건],[+접촉]

제약

크고 단단한 물건이나 질기고 뻣뻣한 물건이 맞닿을 때 나는 소리.

버걱-버걱

의미 [+소리],[+물건],[+접촉],[+반복]

제약

크고 단단한 물건이나 질기고 뻣뻣한 물건이 자꾸 맞닿을 때 나는 소리.

버그르르

의미 [+소리]v[+모양],[+액체],[+확산],[+비등],[+정도]

제약 {액체}-{퍼지다, 끓다}

① 많은 양의 액체가 좀 넓게 퍼지면서 야단스럽게 끓어오르는 소리. 또는 그 모양.

¶물이 버그르르 끓다.

의미 [+소리]v[+모양],[+거품],[+확산],[+발생],[+반복]

제약 {거품}-{일어나다}

② 크고 많은 거품이 넓게 퍼지면서 한꺼번에 많이 일어나는 소리. 또는 그 모양.

¶물이 좋아서인지 비누 거품이 버그르르 인다.

버근-버근

의미 [+모양],[+물건],[+연결],[+간격],[+요동],[+반복]

제약 { }-{흔들리다}

물건의 사개가 버그러져 자꾸 흔들거리는 모양.

버근-히

의미 [+접착],[+간극]

제약

맞붙인 것이 벌어져 틈이 있는 정도로.

버글-버글

의미 [+소리]v[+모양],[+액체],[+확산],[+비등]v[+상승],[+정도],[+반복]

제약 {액체}-{끓다, 솟아오르다}

① 많은 양의 액체가 넓게 퍼지며 자꾸 끓거나 솟아오르는 소리. 또는 그 모양.

¶주전자 물이 버글버글 끓는다.

의미 [+소리]v[+모양],[+거품],[+확산],[+발생],[+반복]

제약 {거품}-{퍼지다, 일어나다}

② 큰 거품이 넓게 퍼지며 자꾸 많이 일어나는 소리. 또는 그 모양.

¶물거품이 버글버글 인다.

의미 [+모양],[+벌레]v[+짐승]v[+사람],[+밀집],[+운동],[+반복]

제약 {벌레, 짐승, 사람}-{모이다, 끓다, 들끓다}

③ 작은 벌레나 짐승, 또는 사람 따위가 한곳에 많이 모여 자꾸 움직이는 모양.

¶재래식 화장실에 구더기가 **버글버글** 끓었다./송 노인은 살아생전에 덕을 많이 쌓은지라 조문객 이 **버글버글** 끓었다.

의미 [+모양],[+마음],[+근심],[+정도]

제약 {속}-{태우다}

④ 마음이 쓰여 속을 몹시 태우는 모양.

¶자식 걱정에 속이 **버글버글** 끓다.

버긋-이

의미 [+접착],[+간격],[-정도]

제약 { }-{갈라지다, 벌어지다}

맞붙은 곳에 틈이 조금 벌어진 정도로.

¶**버긋이** 갈라진 시멘트 담./**버긋이** 벌어진 지붕 틈으로 빗물이 스며들고 있다.

버둥-버둥

의미 [+모양],[+크기],[+팔다리],[+운동],[+반복]

제약 { }-{거리다, 대다}

① 덩치가 큰 것이 매달리거나 자빠지거나 주저 앉아서 팔다리를 내저으며 자꾸 움직이는 모양.

¶조난자가 구조용 밧줄을 움켜쥐고 **버둥버둥** 애 를 썼다.

의미 [+모양],[+곤란],[+상황],[+탈출],[+노력]

제약 { }-{애쓰다, 힘쓰다}

② 힘에 겨운 처지에서 벗어나려고 부득부득 애 를 쓰는 모양.

버드름-히

의미 [+물체],[+외부],[+돌출],[-정도]

제약 { }-{벋다}

조금 큰 물체 따위가 밖으로 약간 벋은 듯하게.

버들-버들

의미 [+모양],[+신체],[+요동],[+정도],[+반복]

제약 {몸}-{떨다}

몸을 자꾸 크게 **버르르** 떠는 모양.

버듬-히

의미 [+물체],[+외부],[+돌출],[-정도]

제약 { }-{벋다}

'버드름히'의 준말. 조금 큰 물체 따위가 밖으로 약간 벋은 듯하게.

버럭

의미 [+모양],[+분노],[+기운]v[+소리],[+순간]

제약 { }-{내다, 지르다}

성이 나서 갑자기 기를 쓰거나 소리를 냅다 지 르는 모양.

¶소리를 **버럭** 지르다./아무래도 미심쩍어 계속 추궁하자 아들은 전에 없이 **버럭** 화를 냈다.≪최 일남, 그때 말이 있었네≫

버럭-버럭

의미 [+모양],[+분노],[+기운]v[+소리],[+순간],[+반복]

제약 { }-{내다, 지르다}

① 성이 나서 자꾸 기를 쓰거나 소리를 냅다 지 르는 모양.

¶**버럭버럭** 화를 내다./**버럭버럭** 소리만 지른다./ 악을 **버럭버럭** 쓸 일이 아니다.

의미 [+모양],[+빨래],[+주무름],[+정도]

제약 {빨래}-{주무르다}

② 빨래 따위를 세게 마구 주무르는 모양.

버르르

의미 [+소리]v[+모양],[+액체],[+비등],[-정도]

제약 {액체}-{끓다}

① 많은 양의 액체가 거볍게 끓어오를 때 나는 소리. 또는 그 모양.

¶냄비 물이 **버르르** 끓었다./국수 물 가마가 **버르르** 끓기 시작하자 어머니는 급히 국수를 가마에 집어넣었다.

의미 [+모양],[+분노],[+순간],[-중요]

제약 {성}-{내다}

② 대수롭지 않은 일에 벌컥 성을 내는 모양.

¶화를 낼 일도 아닌데, 그는 내 말에 **버르르** 화 를 내며 밖으로 나가 버렸다./좀처럼 성을 낼 줄 모르던 아버지가 **버르르** 성을 내시는 것이 이상

했다.

의미 [+모양],[+나뭇잎]v[+종이],[+연소],[-정도]

제약 {나뭇잎, 종이}-{타다}

③ 마른 나뭇잎이나 얇은 종이 따위에 불이 붙어 거볍게 타오르는 모양.

¶가랑잎에 불이 **버르르** 붙었다.

의미 [+모양],[+요동],[-정도]

제약 {　}-{떨다}

④ 거볍게 떠는 모양.

¶분노하여 입술을 **버르르** 떨다./그는 뭐가 불안한지 내 앞에서 늘 손을 **버르르** 떤다./그때의 고통을 생각하면 지금도 **버르르** 치가 떨린다.

버르적-버르적

의미 [+모양],[+고통]v[+고비],[+탈출],[+신체],[+운동],[+반복]

제약

고통스러운 일이나 어려운 고비를 벗어나려고 팔다리를 내저으며 자꾸 큰 몸을 움직이는 모양.

¶싸움에 진 병사들이 **버르적버르적** 팔다리를 저을 뿐 일어날 줄 몰랐다.

버름-버름

의미 [+모양],[+물건],[-밀착],[+간격],[-정도]

제약

물건의 여러 틈이 다 꼭 맞지 않고 조금 벌어져 있는 모양.

버름-히

의미 [+물건],[+틈],[+간격]

제약

① 물건의 틈이 꼭 맞지 않고 조금 벌어져 있다.

의미 [+마음],[-일치],[+간격]

제약

② 마음이 서로 맞지 않아 사이가 뜨다.

버릇없-이

의미 [-예의]

제약 {사람}-{굴다}

어른이나 남 앞에서 마땅히 지켜야 할 예의가 없다.

¶어른들에게 **버릇없이** 굴다./상전 말을 어디로

듣고 **버릇없이** 제멋대로 나가 버린단 말이냐. ≪최명희, 혼불≫

버릇-버릇

의미 [+모양],[+고통]v[+고비],[+탈출],[+신체],[+운동],[+반복]

제약

'버르적버르적'의 준말. 고통스러운 일이나 어려운 고비를 벗어나려고 팔다리를 내저으며 큰 몸을 자꾸 움직이는 모양.

¶싸움에 진 병사들이 **버르적버르적** 팔다리를 저을 뿐 일어날 줄 몰랐다.

버서석

의미 [+소리]v[+모양],[+가랑잎]v[+검불],[+건조],[+밟음]

제약 {가랑잎, 검불}-{밟다}

① '버석①'의 본말. 가랑잎이나 마른 검불 따위의 잘 마른 물건을 밟는 소리. 또는 그 모양.

¶낙엽을 밟으니 **버서석** 소리가 난다.

의미 [+소리]v[+모양],[+물건],[+건조],[+파손],[-정도]

제약 {　}-{부스러지다, 깨지다}

② '버석②'의 본말. 부숭부숭한 물건이 가볍게 부스러지거나 깨지는 소리. 또는 그 모양.

¶과자가 **버서석** 부서졌다.

버서석-버서석

의미 [+소리]v[+모양],[+가랑잎]v[+검불],[+건조],[+밟음],[+연속]

제약 {가랑잎, 검불}-{밟다}

① '버석버석①'의 본말. 가랑잎이나 마른 검불 따위의 잘 마른 물건을 잇따라 밟는 소리. 또는 그 모양.

의미 [+소리]v[+모양],[+물건],[+건조],[+파손],[-정도],[+연속]

제약 {　}-{부스러지다, 깨지다}

② '버석버석②'의 본말. 부숭부숭한 물건이 잇따라 가볍게 부스러지거나 깨지는 소리. 또는 그 모양.

버석

의미 [+소리]v[+모양],[+가랑잎]v[+검불],[+건조],[+밟음]

제약 {가랑잎, 검불}-{밟다}

① 가랑잎이나 마른 검불 따위의 잘 마른 물건을 밟는 소리. 또는 그 모양.

¶숲 속이 너무 어두워 어디서 버석 소리만 나도 가슴이 덜컥 내려앉을 정도로 무서웠다.

의미 [+소리]v[+모양],[+물건],[+건조],[+파손],[-정도]

제약 { }-{부스러지다, 깨지다}

② 부숭부숭한 물건이 가볍게 부스러지거나 깨지는 소리. 또는 그 모양.

¶그녀는 오래되어 바람이 다 든 사과를 버석 깨물었다.

버석-버석

의미 [+소리]v[+모양],[+가랑잎]v[+검불],[+건조],[+밟음],[+연속]

제약 {가랑잎, 검불}-{밟다}

① 가랑잎이나 마른 검불 따위의 잘 마른 물건을 잇따라 밟는 소리. 또는 그 모양.

¶나그네는 낙엽을 버석버석 밟아 가며 고개를 오르고 있었다./배나무 숲 속에서 무엇인가 버석버석 소리가 난 것 같았다.≪김사량, 낙조≫

의미 [+소리]v[+모양],[+물건],[+건조],[+파손],[-정도],[+연속]

제약 { }-{부스러지다, 깨지다}

② 부숭부숭한 물건이 잇따라 가볍게 부스러지거나 깨지는 소리. 또는 그 모양.

버스럭

의미 [+소리]v[+모양],[+잎]v[+검불]v[+종이],[+건조],[+밟음]v[+수색]

제약 {잎, 검불, 종이}-{밟다, 뒤적이다}

마른 잎이나 검불, 종이 따위를 밟거나 뒤적이는 소리.

¶낙엽 밟는 소리가 버스럭 나다./방 뒤에서 별안간 버스럭 소리가 났다.≪홍명희, 임꺽정≫

버스럭-버스럭

의미 [+소리]v[+모양],[+잎]v[+검불]v[+종이],[+건조],[+밟음]v[+수색],[+반복]

제약 {잎, 검불, 종이}-{밟다, 뒤적이다}

마른 잎이나 검불, 종이 따위를 자꾸 밟거나 뒤적일 때 나는 소리.

¶그는 쌓아 놓은 벼 더미를 버스럭버스럭 뒤적이며 무엇인가를 찾고 있었다.

버스름-히

의미 [+파손],[+간격]

제약

버스러져 사이가 버름하게.

¶버스름히 돼 있는 마룻바닥을 고치다.

버슬-버슬

의미 [+모양],[+덩이],[+가루],[-물기],[+건조],[+파손],[+용이]

제약 { }-{부스러지다}

덩이진 가루 따위가 물기가 말라 쉽게 부스러지는 모양.

¶밀가루 반죽에 물이 모자라서 가루가 버슬버슬 떨어진다.

버썩[01]

의미 [+모양],[+물기],[+건조],[+진행]

제약

① 물기가 아주 다 말라 버리거나 타 들어가는 모양.

¶오랜 가뭄으로 논이 버썩 말라 버렸다.

의미 [+모양],[+접촉]v[+조임],[+정도]

제약

② 아주 가까이 들러붙거나 죄는 모양.

¶소 곁에서 소가 꼴을 먹는 것을 망연히 바라보거나, 소의 등을 쓸어 주는 등 요사이는 버썩 소한테만 가까이했다.≪송기숙, 암태도≫

의미 [+모양],[+전진]v[±확장],[+순간],[+정도]

제약 { }-{나아가다, 늘다, 줄다}

③ 아주 갑자기 앞으로 나아가거나 늘거나 주는 모양.

¶적장 하나가 버썩 앞으로 나가서 들어 보니, 무게가 백이십 근가량이나 되는 어마어마한 물건이었다.≪박종화, 임진왜란≫

의미 [+모양],[+고집],[+정도]

제약 { }-{우기다}

④ 몹시 우기는 모양.

의미 [+모양],[+심리],[+긴장]v[+힘],[+정도]

제약

⑤ 몹시 긴장하거나 힘을 주는 모양.

의미 [+모양],[+생각]v[+기운],[+발생],[+순간]

제약

⑥ 생각이나 기운 따위가 급작스럽게 일어나는 모양.

¶신바람이 **버쩍** 일어나다./**버쩍** 겁이 나다./모든 장수들의 마음속에는 호기심이 **버쩍** 일어난다. ≪박종화, 임진왜란≫

버쩍⁰²

의미 [+소리]v[+모양],[+가랑잎]v[+검불],[+건조],[+밟음]

제약 {가랑잎, 검불}-{밟다}

① 가랑잎이나 마른 검불 따위의 잘 마른 물건을 밟는 소리. '버석①'보다 조금 센 느낌을 준다.

의미 [+소리]v[+모양],[+물건],[+건조],[+파손],[-정도]

제약 { }-{부스러지다, 깨지다}

② 부숭부숭한 물건이 가볍게 부스러지거나 깨지는 소리. 또는 그 모양. '버석②'보다 조금 센 느낌을 준다.

버쩍-버쩍⁰¹

의미 [+모양],[-물기],[+건조],[+진행],[+반복]

제약

① 물기가 아주 다 없어지도록 자꾸 마르거나 타 들어가는 모양.

¶뜨거운 여름 햇볕에 땅이 **버쩍버쩍** 말라 간다.

의미 [+모양],[+접촉]v[+조임],[+정도],[+전부]v[+반복]

제약

② 여럿이 다 아주 가까이 들러붙거나 자꾸 죄는 모양.

¶자리는 비좁고 사람은 많아 다들 **버쩍버쩍** 다가앉았다.

의미 [+모양],[+전진]v[±확장],[+순간],[+정도]

제약 { }-{나아가다, 늘다, 줄다}

③ 아주 갑자기 자꾸 앞으로 나아가거나 늘거나 주는 모양.

의미 [+모양],[+고집],[+정도],[+반복]

제약 { }-{우기다}

④ 자꾸 몹시 우기는 모양.

의미 [+모양],[+전부],[+긴장]v[+힘],[+정도]

제약

⑤ 여럿이 다 몹시 긴장하거나 힘을 주는 모양.

의미 [+모양],[+생각]v[+기운],[+발생],[+순간],[+연속]

제약

⑥ 생각이나 기운 따위가 잇따라 급작스럽게 일어나는 모양.

¶점심을 잘 먹었더니 힘이 **버쩍버쩍** 난다.

버쩍-버쩍⁰²

의미 [+소리]v[+모양],[+가랑잎]v[+검불],[+건조],[+밟음],[+연속]

제약 {가랑잎, 검불}-{밟다}

① 가랑잎이나 마른 검불 따위의 잘 마른 물건을 잇따라 밟는 소리. 또는 그 모양. '버석버석①'보다 조금 센 느낌을 준다.

의미 [+소리]v[+모양],[+물건],[+건조],[+파손],[-정도],[+연속]

제약 { }-{부스러지다, 깨지다}

② 부숭부숭한 물건이 잇따라 가볍게 부스러지거나 깨지는 소리. 또는 그 모양. '버석버석②'보다 조금 센 느낌을 준다.

버적-버적

의미 [+소리]v[+모양],[+물건],[-물기],[+씹음]v[+빪음],[+연속]

제약 { }-{씹다, 빻다}

① 물기가 아주 적은 물건을 잇따라 씹거나 빻는 소리. 또는 그 모양.

¶땅콩을 **버적버적** 씹어 먹다.

의미 [+소리]v[+모양],[+물건],[-물기],[+연소],[+연속]

제약 { }-{타다}

② 물기가 아주 적은 물건이 잇따라 타들어 가는 소리. 또는 그 모양.

¶벽난로에서는 나무들이 **버적버적** 타고 있다./산불에는 생나무도 **버적버적** 탄다.
의미 [＋모양],[＋진땀],[＋발생],[＋정도]
제약 {진땀}-{나다}
③ 진땀이 몹시 나는 모양.
¶발표를 앞두고 몹시 긴장되어 땀이 **버적버적** 솟는다.
의미 [＋모양],[＋마음],[＋애처],[＋조임],[＋정도]
제약
④ 마음이 몹시 안타깝게 죄어드는 모양.
¶꾸지람을 들을까 봐 속이 **버적버적** 달았다./해야 할 일은 산더미 같은데 날짜는 쏜살같이 지나가서 애만 **버적버적** 탔다.
의미 [＋모양],[＋입안]v[＋입술],[＋건조],[＋열]v[＋초조]
제약 {입안, 입술}-{마르다}
⑤ 열이 나거나 안타까워 입 안이나 입술이 자꾸 마르는 모양.

버젓-이

의미 [＋타인],[＋의식],[－조심]v[－복종]
제약
① 남의 시선을 의식하여 조심하거나 굽히는 데가 없이.
¶큰 죄를 짓고도 그는 백주(白晝)에 **버젓이** 대중 앞에 나섰다.
의미 [＋당당],[＋정도]
제약
② 남의 축에 빠지지 않을 정도로 번듯하게.
¶**버젓이** 개업한 의사가 월급쟁이 앞에서 엄살을 떨다니.

버쩍

의미 [＋모양],[＋물기],[＋건조]v[＋감소]v[＋연소]
제약 { }-{마르다, 졸다, 타다}
① 물기가 몹시 마르거나 졸아붙거나 타 버리는 모양.
¶가뭄이 연일 계속되자 저수지 물이 **버쩍** 줄었다./불 조절을 잘못하여 찌개가 **버쩍** 졸아 버렸다.

의미 [＋모양],[＋밀착]v[＋조임],[＋정도]
제약 { }-{달라붙다, 죄다}
② 몹시 가까이 달라붙거나 세게 죄는 모양.
¶**버쩍** 다가앉다./일 좀 하려고 하면 왜 이렇게 **버쩍** 달라붙어서 귀찮게 하니?
의미 [＋모양],[±수축],[－장애],[＋순간],[＋정도]
제약 { }-{늘다, 줄다}
③ 몹시 거침새 없이 갑자기 늘거나 주는 모양.
¶이번 큰비로 강물이 **버쩍** 늘었다./태업으로 말미암아 생산량이 **버쩍** 줄었다.
의미 [＋모양],[＋긴장]v[＋힘],[＋정도]
제약
④ 몹시 긴장하거나 힘주는 모양.
¶겁이 **버쩍** 나다./정신이 **버쩍** 들다.
의미 [＋모양],[＋신체],[＋수척],[＋정도]
제약 { }-{마르다}
⑤ 몸이 몹시 마른 모양.
¶윤 생원은 그 **버쩍** 마른 용모와 마찬가지로 생각하는 것도 그렇게 빳빳하기만 한 노인이었다. ≪하근찬, 야호≫
의미 [＋모양],[＋일],[＋종료],[－장애],[＋속도],[＋정도]
제약
⑥ 무슨 일을 몹시 거침새 없이 빨리 마무르는 모양.
의미 [＋모양],[＋고집],[＋정도]
제약 { }-{우기다}
⑦ 몹시 세차게 우기는 모양.
¶어서 시집을 보내고 싶었으나 어디 마땅한 데도 없을 뿐 아니라 제가 아직 시집은 안 가겠다고 해서 **버쩍** 우기지는 못했다.≪이기영, 고향≫

버쩍-버쩍

의미 [＋모양],[＋물기],[＋건조]v[＋감소]v[＋연소],[＋반복]
제약 { }-{마르다, 졸다, 타다}
① 물기가 자꾸 몹시 마르거나 졸아붙거나 타 버리는 모양.
¶하도 더워서 속이 **버쩍버쩍** 탄다./가뭄으로 우물이 **버쩍버쩍** 말라 간다./나무들이 **버쩍버쩍** 말

라비틀어져 간다.

의미 [+모양],[+밀착]v[+조임],[+정도],[+반복]

제약 { }-{달라붙다, 죄다}

② 몹시 가까이 자꾸 달라붙거나 세게 죄는 모양.

의미 [+모양],[±수축],[−장애],[+정도],[+반복]

제약 { }-{늘다, 줄다}

③ 몹시 거침새 없이 자꾸 늘거나 주는 모양.

¶삼월에 들어서자 서울로 집중된 왜적들은 **버쩍 버쩍** 식량이 줄어들기 시작했다.≪박종화, 임진왜란≫

의미 [+모양],[+긴장]v[+힘],[+정도],[+반복]

제약

④ 자꾸 몹시 긴장하거나 힘주는 모양.

의미 [+모양],[+신체],[+수척],[+정도],[+반복]

제약 { }-{마르다}

⑤ 몸이 자꾸 몹시 마르는 모양.

의미 [+모양],[+일],[+종료],[−장애],[+속도],[+정도],[+반복]

제약

⑥ 무슨 일을 자꾸 몹시 거침새 없이 빨리 마무르는 모양.

의미 [+모양],[+고집],[+정도],[+반복]

제약 { }-{우기다}

⑦ 몹시 세차게 자꾸 우기는 모양.

벅

의미 [+소리]v[+모양],[+마찰],[+정도]

제약 { }-{긁다, 문대다}

① 여무지게 긁거나 문대는 소리. 또는 그 모양.

¶가려운 데를 한 번 **벅** 긁어 주다.

의미 [+소리]v[+모양],[+종이]v[+천],[+절단],[+순간]

제약 {종이, 천}-{찢다}

② 엷고 질긴 종이나 천 따위를 대번에 찢는 소리. 또는 그 모양.

¶김 화백은 작품이 마음에 들지 않은 듯, 화폭

을 **벅** 찢어 버렸다./판매원은 가위도 쓰지 않고 갑사(甲紗) 한 마를 **벅** 끊어 준다.

벅-벅[01]

의미 [+소리]v[+모양],[+마찰],[+정도],[+반복]

제약 { }-{긁다, 문대다}

① 여무지게 자꾸 긁거나 문대는 소리. 또는 그 모양.

¶틀린 답을 지우개로 **벅벅** 지우다./빨래를 **벅벅** 문질러 빨다./누룽지를 **벅벅** 긁다./탄 냄비 바닥을 **벅벅** 긁다.

의미 [+소리]v[+모양],[+종이]v[+천],[+절단],[+반복]

제약 {종이, 천}-{찢다}

② 엷고 질긴 종이나 천 따위를 자꾸 찢는 소리. 또는 그 모양.

¶스케치북을 **벅벅** 찢다./사진을 **벅벅** 찢어 버리다.

의미 [+모양],[+광택],[+반복]

제약

③ 번들번들해지도록 자꾸 닦는 모양.

¶파라핀을 바른 마룻바닥을 마른걸레로 **벅벅** 문지르니 윤이 난다.

의미 [+모양],[+머리털]v[+수염],[+절단],[−길이],[+정도]

제약 {머리털, 수염}-{깎다}

④ 머리털이나 수염 따위를 아주 짧게 깎는 모양.

¶머리를 **벅벅** 깎다.

의미 [+모양],[+억지],[+노력]v[+고집],[+반복]

제약 { }-{대들다, 우기다}

⑤ 억지를 부리며 자꾸 기를 쓰거나 우기는 모양.

¶잘못했으면서도 잘했다고 **벅벅** 우기다.

벅벅[02]

의미 [+모양],[+얼굴],[+마마],[+정도]

제약

얼굴 따위가 몹시 심하게 얽은 모양.

벅벅-이

의미 [+추측],[+예상],[+확실]

제약

그러하리라고 미루어 헤아려 보건대 틀림없이.

¶무슨 일이 있어도 내일은 그분이 벅벅이 올 것이다.

벅신-벅신

의미 [+모양],[+사람]v[+동물],[+다수],[+활동],[+넓이],[+정도]

제약

사람이나 동물이 제법 넓은 곳에 많이 모여 활발히 움직이는 모양.

¶장꾼들이 벅신벅신 많이도 나왔다.

벅적

의미 [+모양],[+사람],[+다수],[+소란]v[+운동],[+정도]

제약

많은 사람이 매우 어수선하게 큰 소리로 떠들거나 움직이는 모양.

¶노무자 합숙소에는 벅적 떠드는 사람이 늘 있기 마련이다./관청은 우물쭈물 넘기려 하였으나 이것이 곧 사회적 물의를 일으켜 한동안 여론이 벅적 끓었다.

벅적-벅적

의미 [+모양],[+사람],[+다수],[+운동],[+넓이],[+혼란],[+정도],[+연속]

제약

많은 사람이 넓은 곳에 모여 매우 어수선하게 잇따라 움직이는 모양.

¶사방에서 벅적벅적 모여든 사람들./명절이면 귀향하려는 사람들로 서울역이 벅적벅적 들끓는다.

번거로이

의미 [+판단],[+혼란],[+복잡]

제약

일의 갈피가 어수선하고 복잡하게.

¶번거로이 왔다 갔다 할 게 아니라 전화나 편지를 드리는 것이 좋을 듯합니다.

번거-히

의미 [-조용],[+혼란]

제약

조용하지 못하고 자리가 어수선하게.

¶이 일은 내가 알아서 할 테니 괜히 번거히 굴지 마라.

번뇌스레

의미 [+고난],[+고통]

제약

마음이 시달려서 괴로운 데가 있게.

번다스레

의미 [+복잡],[+다양]

제약

번거롭게 다양한 데가 있게.

¶책상 위에는 쓸데 없는 책들만 번다스레 놓여 있다.

번다-히

의미 [+복잡],[+다수]

제약

번거로울 정도로 많이.

¶장식물이 이것저것 너무 번다히 보인다.

번둥-번둥

의미 [+모양],[-노동],[+유희],[-수치]

제약 {사람}-{놀다}

아무 일도 하지 않고 뻔뻔스럽게 놀기만 하는 모양.

¶번둥번둥 놀다./사지 멀쩡한 사람이 번둥번둥 놀고만 있다.

번드르르

의미 [+모양],[+윤기],[+윤활]

제약

윤기가 있고 미끄러운 모양.

¶기름을 번드르르 바른 머리 모양이 단정하게 보인다.

번득

의미 [+모양],[+물체],[+빛],[+반사],[+출현],[+순간]

제약 { }-{빛나다}

물체 따위에 반사된 큰 빛이 잠깐 나타나는 모양.

¶유리창에 손전등 불빛이 번득 스치고 지나갔다.

번득-번득

의미 [+모양],[+물체],[+빛],[+반사],[+출현],[+순간],[+반복]

제약 { }-{빛나다}

물체 따위에 반사된 큰 빛이 잠깐씩 자꾸 나타나는 모양.

¶그의 왼쪽 가슴 위에는 새로 받은 훈장이 **번득번득** 빛나며 달려 있었다.

번들-번들⁰¹

의미 [+모양],[+표면],[+윤활],[+윤기],[+정도]

제약

① 거죽이 아주 미끄럽고 윤이 나는 모양.

¶새로 사서 윤을 낸 승용차인지라 **번들번들** 광이 난다./그녀는 얼굴에 마사지 크림을 **번들번들** 발랐다.

의미 [+모양],[+영악]

제약 {사람}-{굴다}

② 어수룩한 데가 조금도 없이 약게 구는 모양.

¶그는 나의 제안에 빈정대는 말투로 대답했지만, 사실상 계산속 빠른 그의 표정은 **번들번들** 만족해하는 것이었다.

번들-번들⁰²

의미 [+모양],[-노동],[+나태],[+유희],[-수치],[+지속]

제약 {사람}-{놀다}

별로 하는 일 없이 게으름을 피우며 얄밉고 뻔뻔스럽게 놀기만 하는 모양.

번듯-번듯

의미 [+모양],[+물체],[+전부],[-경사]v[-굴곡],[+바름]

제약

① 큰 물체가 여럿이 다 비뚤어지거나 기울거나 굽지 않고 바른 모양.

¶돼지고기 **번듯번듯** 저며서 목판 위에 수북이 쌓아 놓고….≪문순태, 타오르는 강≫

의미 [+모양],[+생김],[+청결],[+정도]

제약

② 생김새가 매우 훤하고 멀끔한 모양.

¶신혼살림이라 그런지 찬장에는 그릇이 **번듯번듯** 놓여 있다./모두가 미추룸한 게 **번듯번듯**한 총각들이다.≪방영웅, 분례기≫

번듯-이

의미 [+물체],[-경사]v[-굴곡],[+바름]

제약

① 큰 물체가 비뚤어지거나 기울거나 굽지 아니하고 바르게.

¶**번듯이** 누워서 꿈쩍도 않다./큼직한 액자가 **번듯이** 걸려 있다.

의미 [+생김],[+청결]

제약 {사람}-{생기다}

② 생김새가 훤하고 멀끔하게.

¶그 녀석 참 **번듯이**도 생겼다.

의미 [+형편]v[+위세],[+위엄],[+당당]

제약

③ 형편이나 위세 따위가 버젓하고 당당하게.

¶살림을 **번듯이** 꾸리다./나는 어머니께 지금까지 옷가지 하나 **번듯이** 해 입혀 드리지 못하였다.

번뜩

의미 [+모양],[+물체],[+빛],[+반사],[+출현],[+순간]

제약 { }-{빛나다}

① 물체 따위에 반사된 큰 빛이 잠깐 나타나는 모양. '번득'보다 조금 센 느낌을 준다.

¶골목 저쪽에서 불빛이 **번뜩** 비쳐 왔다./쥐를 본 순간 고양이의 눈이 **번뜩** 빛났다.

의미 [+모양],[+생각],[+발생],[+순간]

제약 { }-{떠오르다}

② 생각 따위가 갑자기 머릿속에 떠오르는 모양.

¶그를 기쁘게 해 줄 방법이 **번뜩** 떠올랐다./쉽게 만나게 되었다고 해서 쉽게 대할 수 없다는 생각이 **번뜩** 들었다.≪이상문, 황색인≫

번뜩-번뜩

의미 [+모양],[+물체],[+빛],[+반사],[+출현],[+순간],[+반복]

제약 { }-{빛나다}

① 물체 따위에 반사된 큰 빛이 잠깐씩 자꾸 나타나는 모양. '번득번득'보다 조금 센 느낌을 준다.

¶장거리포가 발사되는 아득한 북쪽은 전기 스파크가 일어날 때처럼 연보랏빛 불빛이 **번뜩번뜩**

하늘을 밝힌다.《홍성원, 육이오》/그의 손에는 아직도 몇 개의 나이프가 **번뜩번뜩** 빛나고 있었다.《이외수, 고수》

의미 [+모양],[+생각],[+발생],[+순간],[+연속]

제약 { }-{떠오르다}

② 생각 따위가 갑자기 잇따라 머릿속에 떠오르는 모양.

¶구양수는 겉으로 번갯불처럼 **번뜩번뜩** 잘 돌아가는 머리 가졌음을 최봉일에게 애써 드러내 보이면서…《한승원, 해일》/수렁 같은 데로구나 하는 생각이 깨달음처럼 **번뜩번뜩** 불을 켜며 가슴속에 두려움을 끼얹어 놓곤 했다.《유재용, 성역》

번뜻

의미 [+모양],[+빛],[+점멸],[+순간]

제약

빛이 갑자기 나타났다 없어지는 모양.

¶불량품이 섞여 있는지 자꾸 성냥불이 **번뜻** 켜졌다가 꺼진다.

번뜻-번뜻01

의미 [+모양],[+빛],[+점멸],[+순간],[+반복]

제약

빛이 잇따라 갑자기 나타났다 없어졌다 하는 모양.

¶손전등으로 **번뜻번뜻** 신호하다.

번뜻-번뜻02

의미 [+모양],[+물체],[+전부],[-경사]v[-굴곡],[+바름]

제약

① 큰 물체가 여럿이 다 비뚤어지거나 기울거나 굽지 아니하고 바른 모양. '번듯번듯①'보다 센 느낌을 준다.

의미 [+모양],[+생김],[+청결],[+정도]

제약

② 생김새가 매우 흰하고 멀끔한 모양. '번듯번듯②'보다 센 느낌을 준다.

번뜻-이

의미 [+물체],[-경사]v[-굴곡],[+바름]

제약

① 큰 물체가 비뚤어지거나 기울거나 굽지 아니

하고 바르게. '번듯이①'보다 센 느낌을 준다.

의미 [+생김],[+청결]

제약 {사람}-{생기다}

② 생김새가 흰하고 멀끔하게. '번듯이②'보다 센 느낌을 준다.

의미 [+형편]v[+위세],[+위엄],[+당당]

제약

③ 형편이나 위세 따위가 버젓하고 당당하게. '번듯이③'보다 센 느낌을 준다.

번로-히

의미 [+일],[+복잡],[+고통],[+고단]

제약

일이 번거로워 괴롭고 고되게.

번번-이

의미 [+매번]

제약

매 때마다. ≒매매03(每每)·매번·매양·연차(連次)②.

¶약속을 **번번이** 어기다./시험에 **번번이** 낙방하다./좋은 기회를 **번번이** 놓치다.

번번-히

의미 [-주름]v[-요철],[+평평],[+바름]

제약

① 구김살이나 울퉁불퉁한 데가 없이 편편하고 번듯하게.

¶농지 정리를 하여 논 전체를 **번번히** 골랐다.

의미 [+외형],[+진중],[-결점]

제약

② 생김새가 음전하고 미끈하게.

의미 [+물건],[+원만],[+효용],[+정도]

제약

③ 물건 따위가 멀끔하여 보기도 괜찮고 제법 쓸 만하게.

의미 [+지체],[+높이],[+정도]

제약

④ 지체가 제법 높게.

번연-히01

의미 [+일],[+결과]v[+상태],[+분명]

제약

번히② 의 본말. 어떤 일의 결과나 상태 따위가

훤하게 들여다보이듯이 분명하게.

¶번연히 잘못된 일인 줄을 알면서 그것을 그대로 보고 있는 것은 자기의 양심을 속이는 것과 다름없다.≪이기영, 신개지≫/신문을 주워다가 다시 보고 또 보고 하는 동안에, 번연히 거짓말인 줄 알면서도, 어쩐지 그 신문이 믿어지는구려. ≪현진건, 적도≫

번연-히⁰²

의미 [＋깨달음],[＋순간],[－예고]

제약

깨달음이 갑작스럽게.

¶나는 비로소 나의 잘못된 생각을 번연히 깨달았다./처음에는 미혹해서 깨닫지 못하여 재앙을 스스로 거두었더라도 마침내 번연히 생각을 고치면 착한 사람이 되는 것이니….≪번역 중종실록≫

번잡스레

의미 [＋복잡],[＋혼란]

제약

번거롭게 뒤섞여 어수선한 데가 있게.

¶방 안을 번잡스레 어지럽히다.

번적

의미 [＋모양],[＋빛],[±출현],[＋순간]

제약

큰 빛이 잠깐 나타났다가 사라지는 모양. ‘번쩍⁰¹①’보다 여린 느낌을 준다.

번적-번적

의미 [＋모양],[＋빛],[±출현],[＋순간],[＋연속]

제약

큰 빛이 잇따라 잠깐 나타났다가 사라지는 모양. ‘번쩍번쩍⁰¹①’보다 여린 느낌을 준다.

¶깜깜한 밤하늘에 이따금 번적번적 번개가 쳤다./햇살이 강물 위에 부서져 물비늘이 번적번적 되쏘여 왔다.

번죽-번죽

의미 [＋모양],[＋사람],[＋미움],[＋빈정],[＋능글],[＋정도],[＋반복]

제약

번번하게 생긴 사람이 자꾸 매우 얄밉게 이죽이죽하면서 느물거리는 모양.

번지레

의미 [＋모양],[＋표면],[＋윤기],[＋윤활],[＋정도]

제약

거죽이 얼마간 윤이 나고 미끄러운 모양.

¶개기름이 번지레 흐르는 얼굴.

번지르르

의미 [＋모양],[＋표면],[＋윤기],[＋윤활],[＋정도]

제약

① 거죽에 기름기나 물기 따위가 묻어서 윤이 나고 미끄러운 모양.

¶얼굴에 기름기가 번지르르 흐른다./그의 이마에 번지르르 땀이 배어 나오고 있다.≪전상국, 우상의 눈물≫

의미 [＋모양],[＋말]v[＋행동],[－실속],[＋정도]

제약

② 말이나 행동 따위가 실속은 전혀 없이 겉만 그럴듯한 모양.

¶말은 번지르르 잘하는구먼./가게라도 번지르르 가지고 있을 때는 세상의 돈은 혼자 다 번 것같이 폼을 잡던 그였다.≪이정환, 샛강≫

번질-번질

의미 [＋모양],[＋표면],[＋윤기],[＋윤활],[＋정도]

제약

① 거죽이 윤기가 흐르고 매우 미끄러운 모양.

¶그의 살찐 얼굴에는 번질번질 개기름이 흘렀다./세간들이 번질번질 윤이 난다./눈물이 앞을 가려 바라보이는 풍경은 모두 번질번질 물기가 흐르고 있었다.≪최인호, 지구인≫

의미 [＋모양],[＋성품],[－수치],[＋정도]

제약

② 성품이 매우 뻔뻔스럽고 유들유들한 모양.

의미 [＋모양],[－노동],[＋나태],[＋정도]

제약 {사람}-{놀다}

③ 몹시 게으름을 피우며 맡은 일을 제대로 하지 않는 모양.

번쩍⁰¹

의미 [＋모양],[＋빛],[±출현],[＋순간]

제약

① 큰 빛이 잠깐 나타났다가 사라지는 모양.

¶섬광이 **번쩍** 빛나다./먹이를 본 맹수처럼 순간적으로 그의 눈빛이 **번쩍** 빛났다./번갯불이 **번쩍** 하늘을 가른다.

의미 [＋모양],[＋정신],[＋선명],[＋순간],[＋정도]

제약

② 정신이 갑자기 아주 맑아지는 모양.

¶정신을 **번쩍** 차리다./정신이 **번쩍** 들다./선생님의 고함 소리에 졸고 있던 학생이 잠을 **번쩍** 깼다.

의미 [＋모양],[＋생각],[＋발생],[＋순간]

제약 { }-{떠오르다}

③ 어떤 생각이 갑자기 머리에 떠오르는 모양.

¶좋은 생각이 **번쩍** 떠오르다./칼을 찬 순사가 난데없이 대문을 밀고 철거덕거리며 들이닥치다니, 이게 무슨 일인가 싶었다. **번쩍** 갑례의 머리에 떠오르는 것이 있었다.≪하근찬, 야호≫

의미 [＋모양],[＋물건]v[＋사람]v[＋일],[＋소멸]v[＋종료],[＋속도],[＋정도]

제약

④ 물건이나 사람, 일 따위가 매우 빨리 없어지거나 끝나는 모양.

¶일을 **번쩍** 해치우다./저 집은 아이들이 많아 귤한 상자를 사 들여도 **번쩍** 없어지고 만다.

의미 [＋모양],[＋호감],[＋청취],[＋순간]

제약

⑤ 마음이 몹시 끌려 귀가 갑자기 뜨이는 모양.

¶그는 바깥에서 자기 이야기를 하는 듯하여 순간 귀가 **번쩍** 띄었다.

의미 [＋모양],[＋시야],[＋분명],[＋순간]

제약

⑥ 무엇이 순간적으로 분명하게 보이는 모양.

¶그의 눈에 '종업원 모집'이라는 글씨가 **번쩍** 띄었다.

번쩍02

의미 [＋모양],[＋물건],[＋상승],[＋용이]

제약 { }-{들다, 올리다}

① 물건을 매우 가볍게 들어 올리는 모양.

¶그는 꽉 찬 석유통을 **번쩍** 들고 날랐다.

의미 [＋모양],[＋물건],[＋선단],[＋상승],[＋높이],[＋순간]

제약

② 물건의 끝이 갑자기 아주 높이 들리는 모양.

¶꼼짝도 안 하던 바위가 지렛대를 이용하니 번쩍 들렸다.

의미 [＋모양],[＋신체],[＋부분],[＋상승],[＋높이],[＋순간]

제약 { }-{들다, 올리다}

③ 몸의 한 부분을 갑자기 위로 높이 들어 올리는 모양.

¶손을 **번쩍** 들다./고개를 **번쩍** 치켜들다.

의미 [＋모양],[＋개안],[＋크기],[＋순간],[＋정도]

제약 {눈}-{뜨다}

④ 눈을 갑자기 아주 크게 뜨는 모양.

¶눈을 **번쩍** 뜨고 노려보다./그는 갑자기 무슨 생각이 났는지 감았던 눈을 **번쩍** 뜨며 자리에서 일어났다.

번쩍-번쩍01

의미 [＋모양],[＋빛],[±출현],[＋순간],[＋연속]

제약

① 큰 빛이 잇따라 잠깐 나타났다가 사라지는 모양.

¶구두가 **번쩍번쩍** 광이 났다./적병들은 큰 칼들을 어깨에 둘러메었는데, 햇빛에 반사가 되어 **번쩍번쩍** 검광이 찬란하다.≪박종화, 임진왜란≫

의미 [＋모양],[＋정신],[＋분명],[＋순간],[＋연속],[＋정도]

제약

② 정신이 잇따라 갑자기 아주 맑아지는 모양.

¶오랜만에 냉수욕을 했더니 정신이 **번쩍번쩍** 난다.

의미 [＋모양],[＋생각],[＋발생],[＋순간],[＋연속]

제약 { }-{떠오르다}

③ 어떤 생각이 잇따라 갑자기 머리에 떠오르는 모양.

의미 [＋모양],[＋물건]v[＋사람]v[＋일],[＋소

멸]v[＋종료],[＋속도],[＋정도],[＋반복]

제약

④ 물건이나 사람, 일 따위가 자꾸 매우 빨리 없어지거나 끝나는 모양.

의미 [＋모양],[＋시야],[＋분명],[＋순간],[＋연속]

제약

⑤ 무엇이 잇따라 순간적으로 분명하게 보이는 모양.

번쩍-번쩍02

의미 [＋모양],[＋물건],[＋상승],[＋용이],[＋연속]

제약 { }-{들다, 올리다}

① 물건을 매우 가볍게 잇따라 들어 올리는 모양.

¶젊은이들이라 무거운 짐짝들을 **번쩍번쩍** 잘도 들어 날랐다.

의미 [＋모양],[＋물건],[＋선단],[＋상승],[＋높이],[＋순간],[＋연속]

제약

② 물건의 끝이 갑자기 잇따라 아주 높이 들리는 모양.

의미 [＋모양],[＋신체],[＋부분],[＋상승],[＋높이],[＋순간],[＋반복]

제약 { }-{들다, 올리다}

③ 몸의 한 부분을 갑자기 위로 자꾸 높이 들어 올리는 모양.

의미 [＋모양],[＋다수],[＋개안],[＋크기],[＋순간],[＋정도]

제약 {눈}-{뜨다}

④ 여럿이 눈을 갑자기 아주 크게 뜨는 모양.

¶학생들은 호기심이 생기는지 눈을 **번쩍번쩍** 뜨며 관심을 보였다.

번폐스레

의미 [＋복잡],[＋신세]

제약

보기에 번거롭고 폐가 되는 데가 있게.

번화스레

의미 [＋번성],[＋화려]

제약

① 보기에 번성하고 화려한 데가 있게.

의미 [＋얼굴],[＋활달],[＋화려]

제약

② 보기에 얼굴에 달기(達氣)가 있고 화려한 데가 있게.

번-히

의미 [＋빛],[＋밝음],[－정도]

제약

① 어두운 가운데 밝은 빛이 비치어 조금 훤하게.

¶날이 **번히** 새다.

의미 [＋일],[＋결과]v[＋상태],[＋분명]

제약

② 어떤 일의 결과나 상태 따위가 훤하게 들여다보이듯이 분명하게.

¶**번히** 혼날 줄 알면서 또 군것질이야?/그의 말이 농담인 줄 **번히** 알면서도 화가 났다.

의미 [＋여유],[＋한가]

제약

③ 잠깐 짬이 나서 한가하게.

¶그는 일을 하다가 **번히** 쉴 때에는 주머니에서 작은 책을 꺼내 읽었다.

의미 [＋장마],[＋정지],[＋햇빛]

제약

④ 장마가 잠시 멎고 해가 나서 밝게.

¶구름 사이로 햇빛이 **번히** 비치다.

의미 [＋병세],[＋진정],[－정도]

제약

⑤ 병세가 조금 가라앉은 정도로.

의미 [＋시선],[＋눈매],[＋분명]

제약

⑥ 바라보는 눈매가 뚜렷하게.

¶이렇듯 온갖 주접을 다 떨던 지왓골댁은 하늘같이 믿었던 남편이 급사하는 꼴을 눈 **번히** 뜨고 본 다음에야 비로소 그 버릇을 놓을 수가 있었다.≪윤흥길, 묵시의 바다≫/두 놈이 한 놈을 못 당해서 **번히** 눈 뜨고 그 많은 돈을 홀랑 뺏겨?≪홍성원, 육이오≫

의미 [＋걱정],[＋간격]

제약

⑦ 걱정거리가 어지간히 뜨음하게.

의미 [-거리],[+분명],[+정도]

제약

⑧ 거리가 가까울 정도로 뚜렷하게.

¶전망대에 올라서니 시내가 **번히** 내려다보였다.

벌그레

의미 [+모양],[+빨강],[-정도]

제약

엷게 벌그스름한 모양.

¶술기운이 얼굴에 **벌그레** 올랐다./**벌그레** 부어오른 두 눈을 무겁게 내리감을 따름, 할아버지 역시 아무런 대꾸가 없다.≪하근찬, 나룻배 이야기≫

벌그름-히

의미 [+빨강],[-정도]

제약

=벌그스름히. 조금 벌겋게.

벌그숙숙-히

의미 [+빨강],[+수수],[+적당]

제약

수수하고 걸맞을 정도로 벌겋게.

벌그스름-히

의미 [+빨강],[-정도]

제약

조금 벌겋게. 늑벌그름히.

벌그죽죽-히

의미 [+빨강],[-선명],[-균일]

제약

칙칙하고 고르지 않을 정도로 벌그스름하게.

¶코피가 번져 세숫대야에 담긴 물이 **벌그죽죽히** 물들어 간다.

벌긋-벌긋

의미 [+모양],[+빨강],[+부분]

제약

① 군데군데 벌그스름한 모양. 늑벌긋벌긋이①.

의미 [+모양],[+빨강],[+정도]

제약

② 매우 벌그스름한 모양. 늑벌긋벌긋이②.

벌긋벌긋-이

의미 [+모양],[+빨강],[+부분]

제약

①=벌긋벌긋①. 군데군데 벌그스름한 모양.

의미 [+모양],[+빨강],[+정도]

제약

②=벌긋벌긋②. 매우 벌그스름한 모양.

벌꺽

의미 [+모양],[+분노]v[+기운],[+순간]

제약

① 급작스럽게 화를 내거나 기운을 쓰는 모양.

¶**벌꺽** 화를 내다./**벌꺽** 용을 써 보았으나 바위는 조금도 움직이지 않았다.

의미 [+모양],[+전부],[+소란],[+순간]

제약 { }-{뒤집다, 뒤집히다}

② ('뒤집다', '뒤집히다' 따위와 함께 쓰여) 급작스럽게 온통 소란해지거나 야단스러워지는 모양.

¶세상이 **벌꺽** 뒤집히다./모자가 도둑질을 했다는 언론 보도에 온 나라가 **벌꺽** 뒤집혔다.

의미 [+모양],[+개방],[+순간],[+정도]

제약 { }-{열다}

③ 닫혀 있던 것을 갑자기 세게 여는 모양.

¶문을 **벌꺽** 열다.

의미 [+모양],[+생각],[+발상],[+순간]

제약 { }-{떠오르다}

④ 급작스럽게 생각이 떠오르는 모양.

¶어머니 생각이 **벌꺽** 떠오르다.

벌꺽-벌꺽⁰¹

의미 [+모양],[+분노]v[+기운],[+순간],[+반복]

제약

① 자꾸 급작스럽게 화를 내거나 기운을 쓰는 모양.

¶기분 나쁜 일이 있는지 그는 질문을 받을 때마다 **벌꺽벌꺽** 신경질을 냈다.

의미 [+모양],[+전부],[+소란],[+순간],[+반복]

제약 { }-{뒤집다, 뒤집히다}

② ('뒤집다', '뒤집히다' 따위와 함께 쓰여) 자꾸 급작스럽게 온통 소란해지거나 야단스러워지는 모양.

¶잔치가 있을 때마다 온 집안이 **벌꺽벌꺽** 뒤집

히며 야단법석이다.

의미 [+모양],[+개방],[+순간],[+정도],[+반복]

제약 { }-{열다}

③ 닫혀 있던 것을 자꾸 갑자기 세게 여는 모양.

¶손님이 계실 때는 문을 **벌꺽벌꺽** 열면 못쓴다.

의미 [+모양],[+생각],[+발생],[+순간],[+반복]

제약 { }-{떠오르다}

④ 자꾸 급작스럽게 생각이 떠오르는 모양.

¶지난 십여 년의 날짜의 기억이 **벌꺽벌꺽** 그의 머리를 스치고 지나갔다.《김동인, 운현궁의 봄》

벌꺽-벌꺽02

의미 [+모양]v[+소리],[+술],[+발효],[+반복]

제약

① 빚어 놓은 술이 자꾸 부걱부걱 괴어오르는 소리. 또는 그 모양.

의미 [+소리]v[+모양],[+빨래],[+비등],[+팽창],[+반복]

제약

② 빨래를 삶을 때 빨래가 몹시 끓어서 자꾸 부풀어 오르는 소리. 또는 그 모양.

의미 [+소리]v[+모양],[+진흙]v[+밀가루],[+반죽],[+반복]

제약 {진흙, 밀가루}-{주무르다, 밟다}

③ 진흙이나 밀가루 따위의 반죽을 자꾸 세게 주무르거나 밟는 소리. 또는 그 모양.

의미 [+소리]v[+모양],[+음료]v[+술],[+흡입],[+시원],[+반복]

제약 {음료, 술}-{마시다}

④ 음료나 술 따위를 거침없이 자꾸 들이켜는 소리. 또는 그 모양.

¶윤은 혼자 술을 청해서 **벌꺽벌꺽** 들이마셨다.《선우휘, 깃발 없는 기수》

벌끈

의미 [+모양],[+일],[-중요],[-이유],[+분노]

제약 {성}-{내다}

① 사소한 일에 걸핏하면 월컥 성을 내는 모양.

¶벌끈 성을 내다.

의미 [+모양],[+소란],[+정도]

제약

② 뒤집어엎을 듯이 몹시 시끄러운 모양.

¶시위로 온 거리가 **벌끈** 뒤집혔다.

의미 [+모양],[+사람],[+기상],[+순간]

제약 {사람}-{일어나다}

③ 사람이 앉거나 누워 있다가 갑자기 우뚝 일어나는 모양.

¶그는 **벌끈** 몸을 일으켰다.

의미 [+모양],[+물체],[+상승]v[+노출],[+순간]

제약 { }-{솟다, 나오다}

④ 물체 따위가 갑자기 솟아오르거나 가려져 있다가 갑자기 나타나는 모양.

벌끈-벌끈

의미 [+모양],[+일],[-중요],[-이유],[+분노],[+반복]

제약 {성}-{내다}

① 사소한 일에 걸핏하면 월컥 성을 자꾸 내는 모양.

의미 [+모양],[+소란],[+정도]

제약

② 뒤집어엎을 듯이 몹시 시끌시끌한 모양.

의미 [+모양],[+행동],[+전부]v[+빈도],[+기상],[+순간]

제약 {사람}-{일어나다}

③ 여럿이 다 또는 하나가 여러 번 앉거나 누워 있다가 갑자기 우뚝 일어나는 모양.

의미 [+모양],[+물체],[+상승]v[+노출],[+순간],[+반복]

제약 { }-{솟다, 나오다}

④ 물체 따위가 자꾸 갑자기 솟아오르거나 가려져 있다가 나타나는 모양.

벌떠덕

의미 [+모양],[+문],[+열림],[+순간]

제약

문 따위가 갑자기 젖혀지는 모양.

벌떡

의미 [+모양],[+동작],[+기상],[+순간]

제약 {사람}-{일어나다}

① 눕거나 앉아 있다가 조금 큰 동작으로 갑자기 일어나는 모양.

¶자리에서 **벌떡** 일어서다./최 씨가 다시 통증이 시작되는지 침대에서 **벌떡** 일어나 앉았다.《홍성원, 육이오》

의미 [+모양],[+신체],[+도괴]v[+젖힘],[+순간]

제약

② 갑자기 뒤로 번듯하게 자빠지거나, 몸이나 몸의 일부를 젖히는 모양.

¶**벌떡** 드러눕다./윤 생원은 마룻바닥에 **벌떡** 뒤로 나가떨어져 버렸다.《하근찬, 야호》

벌떡-벌떡

의미 [+모양],[+전부],[+기상],[+속도],[+순간]

제약 {사람}-{일어나다}

① 여럿이 눕거나 앉아 있다가 조금 큰 동작으로 갑자기 모두 일어나는 모양.

¶자리에서 **벌떡벌떡** 일어서다.

의미 [+모양],[+전부],[+도괴]v[+젖힘],[+순간]

제약

② 여럿이 다 갑자기 뒤로 번듯하게 자빠지거나, 몸이나 몸의 일부를 젖히는 모양.

¶자리에 **벌떡벌떡** 드러눕다.

의미 [+모양],[+맥박]v[+심장],[+운동],[+격렬],[+크기],[+반복]

제약 {맥박, 심장}-{뛰다}

③ 맥박이나 심장이 조금 거칠고 크게 자꾸 뛰는 모양.

¶심장이 **벌떡벌떡** 뛰다./가슴이 **벌떡벌떡** 뛰다.

의미 [+모양],[+힘]v[+행동],[+심리],[+노력],[+반복]

제약 { }-{애쓰다, 힘쓰다}

④ 힘을 쓰거나 어떤 행동을 하고 싶어서 안타깝게 자꾸 애를 쓰는 모양.

¶언뜻 생각이 떠오르지 않는, 다른 무슨 이유 때문에 자꾸만 몸뚱이가 **벌떡벌떡** 요동을 쳐 대는 것이다.《천금성, 허무의 바다》

의미 [+모양],[+액체],[+흡입],[+속도],[+순간],[+연속]

제약 {액체}-{마시다}

⑤ 액체를 거침없이 빠르게 잇따라 들이켜는 모양.

¶왕비는 속이 타서 꿀물을 **벌떡벌떡** 마시고 있었다.《유주현, 대한 제국》

벌러덩

의미 [+모양],[+누움],[-기운],[-속도]

제약 { }-{자빠지다, 눕다}

발이나 팔을 활짝 벌린 상태로 맥없이 굼뜨게 뒤로 자빠지거나 눕는 모양.

¶빙판에서 **벌러덩** 자빠지다./침대에 **벌러덩** 눕다./그녀는 너무 놀라 비명을 지르며 **벌러덩** 까무러쳤다./길바닥에 **벌러덩** 자빠진 그는 정통으로 총알이 가슴을 관통해서 등으로 뚫고 나갔고….《안정효, 하얀 전쟁》

벌러덩-벌러덩

의미 [+모양],[+누움],[-기운],[-속도],[+반복]

제약 { }-{자빠지다, 눕다}

발이나 팔을 활짝 벌린 상태로 맥없이 자꾸 굼뜨게 뒤로 벌떡 자빠지거나 눕는 모양.

¶사람들이 **벌러덩벌러덩** 넘어져 뒹굴다./간밤에 내린 폭설로 여기저기서 출근하는 사람들이 **벌러덩벌러덩** 자빠졌다.

벌렁

의미 [+모양],[+누움],[-기운],[-속도]

제약 { }-{자빠지다, 눕다}

'벌러덩'의 준말. 발이나 팔을 활짝 벌린 상태로 맥없이 굼뜨게 뒤로 자빠지거나 눕는 모양.

¶**벌렁** 드러눕다./**벌렁** 나가떨어지다./뒤로 **벌렁** 나자빠지다./얼음판에 미끄러져 길바닥에 큰대자로 **벌렁** 넘어졌다./그는 햇살이 흠뻑 쏟아지는 풀밭에 **벌렁** 자빠져 끓인 타르 막처럼 찐득찐득하고 검은 피를 흘렸다.《안정효, 하얀 전쟁》

벌렁-벌렁[01]

의미 [+모양],[+누움],[-기운],[-속도],[+반복]

제약 { }-{자빠지다, 눕다}

'벌러덩벌러덩'의 준말. 발이나 팔을 활짝 벌린

상태로 맥없이 자꾸 굼뜨게 뒤로 벌떡 자빠지거
나 눕는 모양.

¶예의 없이 아무 데나 **벌렁벌렁** 눕다./킬킬 웃으
며 모여든 아이들이, 피곤과 타성, 게으름이 되
살아나자, 하나둘 하품을 물고 **벌렁벌렁** 자빠지
기 시작한 것이다.≪홍성원, 흔들리는 땅≫

벌렁-벌렁⁰²

의미 [+모양],[+행동],[+경쾌],[+속도],[+크
기],[+연속]

제약

① 아주 가볍고도 재빠르고 크게 잇따라 행동하
는 모양.

의미 [+모양],[+신체],[+행동],[+속도],[+크
기],[+연속]

제약

② 몸의 일부가 아주 가볍고도 재빠르고 크게
잇따라 움직이는 모양.

¶순간적인 일이긴 했어도 현호는 마구 몸이 떨
렸다. 자기도 모르게 얼굴이 달아오르고 가슴이
벌렁벌렁 뛰는 걸 의식했다.≪최일남, 거룩한 응달≫

벌룩

의미 [+모양],[+물체],[+틈]v[+구멍],[+신
축],[+크기]

제약

탄력 있는 큰 물체의 틈이나 구멍이 크게 벌어
졌다 우므러졌다 하는 모양.

¶귀가 **벌룩** 벌어졌다.

벌룩-벌룩⁰¹

의미 [+모양],[+물체],[+틈]v[+구멍],[+신
축],[+크기],[+연속]

제약

탄력 있는 큰 물체의 틈이나 구멍이 크게 잇따
라 벌어졌다 우므러졌다 하는 모양

벌룩-벌룩⁰²

의미 [+모양],[-노동],[+유희],[+방황]

제약 { }-{돌아다니다}

하는 일이 없이 공연히 놀며 여기저기 돌아다니
는 모양.

벌룽-벌룽⁰¹

의미 [+모양],[+물체],[±수축],[+반복]

제약

탄력 있는 물체가 자꾸 벌어졌다 우므러졌다 하
는 모양.

¶물고기가 아가미를 **벌룽벌룽** 움직인다./벌룽벌
룽 웃더니 옆에 있는 고사부를 돌아보았다.≪박
용구, 한강 유역≫

벌룽-벌룽⁰²

의미 [+모양],[+국물],[±비등],[+혼합],[-속
도]

제약 { }-{끓다}

① 센 불에서 많은 양의 국물 따위가 끓을락 말
락 하는 상태로 천천히 뒤섞이는 모양.

의미 [+모양],[-노동],[+나태],[+유희],[+방
황]

제약 { }-{돌아다니다}

② 하는 일 없이 게으르게 놀며 돌아다니는 모
양.

의미 [+모양],[+불]v[+불꽃],[+요동]

제약 {불, 불꽃}-{흔들리다}

③ 불이나 불꽃 따위가 이리저리 흔들리는 모
양.

¶참으로 고요하다. 방 안에 다만 촛불이 **벌룽벌
룽** 춤출 뿐이다.≪박종화, 금삼의 피≫

벌름

의미 [+모양],[+물체],[±수축],[+유연],[+넓
이]

제약

탄력 있는 물체가 부드럽고 넓게 벌어졌다 우므
러졌다 하는 모양. 늑벌름히.

벌름-벌름

의미 [+모양],[+물체],[±수축],[+유연],[+넓
이],[+반복]

제약

탄력 있는 물체가 부드럽고 넓게 자꾸 벌어졌다
우므러졌다 하는 모양.

¶영팔이 **벌름벌름** 입을 헤벌리며 연방 웃는다.
≪박경리, 토지≫

벌름-히

의미 [+모양],[+물체],[±수축],[+유연],[+넓
이]

제약

=벌름. 탄력 있는 물체가 부드럽고 넓게 벌어졌
다 우므러졌다 하는 모양.

벌벌01

의미 [+모양],[+추위]v[+두려움]v[+흥분],
[+신체]v[+부분],[+요동],[+반복]

제약 {몸}-{떨다, 떨리다}

① (주로 '떨다', '떨리다' 따위와 함께 쓰여) 추
위, 두려움, 흥분 따위로 몸이나 몸의 일부분을
크게 자꾸 떠는 모양.

¶추위에 **벌벌** 떨다./귀신 이야기에 아이들은 모
두 **벌벌** 떨고 있었다./아버지 손에 회초리가 들
린 것을 보자 동생은 **벌벌** 떨며 잘못을 빌었다./
영감은 이 넓은 천지에 몸 둘 데가 없다는 듯이
벌벌 떤다.≪염상섭, 취우≫

의미 [+모양],[+생각],[+재물],[+소중],[+정
도]

제약 { }-{떨다, 떨리다}

② (주로 '떨다', '떨리다' 따위와 함께 쓰여) 재
물 따위를 몹시 아끼거나 매우 중요하게 생각하
는 모양.

¶노랑이 황 영감은 돈 몇 푼에 **벌벌** 떤다./밀양
에서 올라와 지내는 동안 옷은커녕 내의를 사도
벌벌 떨며 샀는데….≪황석영, 어둠의 자식들≫

벌벌02

의미 [+모양],[+동작],[+신체],[+포복],[+크
기]

제약 { }-{기다, 기어가다}

(주로 '기다', '기어가다' 따위와 함께 쓰여) 몸을
바닥 가까이 대고 조금 큰 동작으로 기는 모양.

¶**벌벌** 기다./윤가 마누라는 농 쪽으로 **벌벌** 기어
가며 숨이 잦아들고 있었다.≪조정래, 태백산맥≫

벌벌03

의미 [+모양],[+분주],[+사방],[+이동],[+정
도]

제약 { }-{돌아다니다}

몹시 바쁘게 여기저기 돌아다니는 모양.

벌써

의미 [+예상],[+신속]

제약

① 예상보다 빠르게 어느새.

¶**벌써** 일어서려고?/**벌써** 10년의 세월이 흘렀다./
창밖에는 **벌써** 봄기운이 완연했다.

의미 [+과거],[+정도]

제약

② 이미 오래전에.

¶나는 그 일을 **벌써**부터 알고 있었다.

벌씬

의미 [+모양],[+웃음],[+개구],[-소리],[-수
치]

제약 {사람}-{웃다}

숫기 좋게 입을 벌려 소리 없이 벙긋 웃는 모양.

¶몇 시간이 지나서 낯이 벌게 가지고 돌아온 행
준은 멋쩍게 **벌씬** 웃어 보이고는 이런 소릴 했
다.≪손창섭, 낙서족≫

벌씬-벌씬

의미 [+모양],[+웃음],[+개구],[-소리],[+반
복]

제약 {사람}-{웃다}

① 숫기 좋게 입을 벌려 소리 없이 자꾸 벙긋벙
긋 웃는 모양.

¶그의 남편은 이것이 결국 좋은 일이라는 듯이
아랫목에 누워서 **벌씬벌씬** 웃고 있었다.≪김동인,
감자≫/제가 이제 무슨 낯짝으로 동네에 더는 얼
굴을 내놓으랴 했었는데, 언제 그런 일이 있었
냐는 듯 변죽 좋게 **벌씬벌씬** 웃으며 손을 잡아
흔들지 않는가?≪송기숙, 자랏골의 비가≫

의미 [+모양],[+울음],[-소리],[+정숙]

제약

② 소리 없이 조용히 우는 모양.

¶살아 돌아온 아들을 보자 아버지는 아무 말 없
이 **벌씬벌씬** 눈물을 흘리셨다.

벌씸-벌씸

의미 [+모양],[+물체],[+신축],[+크기],[+반
복]

제약

코 따위 탄력 있는 물체가 자꾸 크게 벌어졌다
우므러졌다 하는 모양.

벌쩍-벌쩍

의미 [+모양],[+신체],[+기상],[+운동],[+팔

다리],[+반복]

제약 {팔다리}-{놀리다, 움직이다}

① 누워 있거나 자빠져 있는 몸을 일으키려고 팔다리를 자꾸 힘껏 움직이는 모양.

의미 [+모양],[+빨래],[+손]

제약 {빨래}-{빨다}

② 빨래 따위를 많은 물에 담가 두 손으로 비벼 빠는 모양.

벌쪽

의미 [+모양],[+내부],[+노출],[+간격]

제약

① 속의 것이 드러나 보일 듯 말 듯 크게 벌어진 모양. 늑벌쭉이①.

의미 [+모양],[+웃음],[+개구],[−소리],[+시원]

제약 {사람}-{웃다}

② 이가 드러나 보일 듯 말 듯 입을 조금 크게 벌려 소리 없이 시원스럽게 웃는 모양. 늑벌쭉이②.

¶사내아이가 **벌쭉** 웃었다./강 별감이 이렇게 농을 하며 파안대소하자, 재수는 마맛자국에 고인 눈물을 손바닥으로 닦으며 수줍게 **벌쭉** 웃었다. ≪현기영, 변방에 우짖는 새≫

의미 [+모양],[+선단],[+돌출],[+정도]

제약

③ 끝이 뾰죽이 조금 크게 내민 모양. 늑벌쭉이③.

벌쭉-벌쭉01

의미 [+모양],[+내부],[+노출],[+신축],[+반복]

제약

① 속의 것이 드러나 보일 듯 말 듯 자꾸 크게 벌어졌다 우므러졌다 하는 모양.

의미 [+모양],[+웃음],[+개구],[−소리],[+반복]

제약 {사람}-{웃다}

② 입을 조금 크게 벌려 자꾸 소리 없이 웃는 모양.

¶괜히 흡족하고 즐거워서 **벌쭉벌쭉** 웃으며 이 사람 저 사람 얼굴을 바라본다.≪유현종, 들불≫

의미 [+모양],[+선단],[±돌출],[+반복]

제약

③ 끝이 뾰죽이 조금 크게 자꾸 나왔다 들어갔다 하는 모양.

벌쭉-벌쭉02

의미 [+소리],[+진흙],[+혼합],[+반복]

제약 {진흙}-{밟다, 이기다}

진흙을 자꾸 밟거나 이길 때 나는 소리.

¶풀밭이 죽은 삼베 중의를 무릎 위까지 걷어올리고 진흙을 **벌쭉벌쭉** 밟으며….≪박경리, 토지≫

벌쭉-이

의미 [+모양],[+내부],[+노출],[+간격]

제약

=벌쭉①. 속의 것이 드러나 보일 듯 말 듯 크게 벌어진 모양.

의미 [+모양],[+웃음],[−소리],[+시원]

제약 {사람}-{웃다}

=벌쭉②. 이가 드러나 보일 듯 말 듯 입을 조금 크게 벌려 소리 없이 시원스럽게 웃는 모양.

¶그도 **벌쭉이** 한 번 웃었을 뿐 별말을 하지 않았고 여자 쪽도 별말을 하지 않았다.≪백도기, 청동의 뱀≫

의미 [+모양],[+선단],[+돌출],[+정도]

제약

=벌쭉③. 끝이 뾰죽이 조금 크게 내민 모양

벌컥

의미 [+모양],[+분노]v[+기운],[+순간]

제약

① 급작스럽게 화를 내거나 기운을 쓰는 모양. '벌걱①'보다 거센 느낌을 준다.

¶화를 **벌컥** 내다./일어서는 최 소령의 몸을 허 상사가 사정없이 차 위로 **벌컥** 떠밀어 버린다. ≪홍성원, 육이오≫

의미 [+모양],[+전부],[+소란],[+순간]

제약 { }-{뒤집다, 뒤집히다}

② ('뒤집다', '뒤집히다' 따위와 함께 쓰여) 급작스럽게 온통 소란해지거나 야단스러워지는 모양. '벌걱②'보다 거센 느낌을 준다.

¶세상이 **벌컥** 뒤집히다./속이 **벌컥** 뒤집히다./누군가 소리 높이 외쳤다. 그 바람에 마을이 **벌컥**

뒤집히고 수런수런했다.《오유권, 대지의 학대》

의미 [+모양],[+개방],[+순간],[+정도]

제약 {　}-{열다}

③ 닫혀 있던 것을 갑자기 세게 여는 모양. '벌걱③'보다 거센 느낌을 준다.

¶문을 벌컥 열다./사람들이 아직 웅성거리고 있을 때, 누군가가 벌컥 방문을 열어젖혔다.《송기원, 월문리에서》

벌컥-벌컥01

의미 [+모양],[+분노]v[+기운],[+순간],[+반복]

제약

① 자꾸 급작스럽게 화를 내거나 기운을 쓰는 모양. '벌걱벌걱01①'보다 거센 느낌을 준다.

¶임이네는 베틀에 앉았다가도 화를 벌컥벌컥 내곤 한다.《박경리, 토지》

의미 [+모양],[+전부],[+소란],[+순간],[+반복]

제약 {　}-{뒤집다, 뒤집히다}

② ('뒤집다', '뒤집히다' 따위와 함께 쓰여) 자꾸 급작스럽게 온통 소란해지거나 야단스러워지는 모양. '벌걱벌걱01②'보다 거센 느낌을 준다.

¶총각 선생님이 결혼할 때마다 여학생 반은 벌컥벌컥 뒤집히며 야단법석이었다.

의미 [+모양],[+개방],[+순간],[+정도],[+반복]

제약 {　}-{열다}

③ 닫혀 있던 것을 자꾸 갑자기 세게 여는 모양. '벌걱벌걱01③'보다 거센 느낌을 준다.

벌컥-벌컥02

의미 [+모양]v[+소리],[+술],[+발효],[+반복]

제약

① 빚어 놓은 술이 자꾸 부걱부걱 괴어오르는 소리. 또는 그 모양. '벌걱벌걱02①'보다 거센 느낌을 준다.

의미 [+모양]v[+소리],[+빨래],[+비등],[+팽창],[+반복],[+정도]

제약

② 빨래를 삶을 때 빨래가 몹시 끓어서 자꾸 부

풀어 오르는 소리. 또는 그 모양. '벌걱벌걱02②'보다 거센 느낌을 준다.

의미 [+모양]v[+소리],[+반죽],[+정도],[+반복]

제약 {진흙, 밀가루}-{주무르다, 밟다}

③ 진흙이나 밀가루 따위의 반죽을 자꾸 세게 주무르거나 밟는 소리. 또는 그 모양. '벌걱벌걱02③'보다 거센 느낌을 준다.

의미 [+소리]v[+모양],[+음료]v[+술],[+흡입],[+시원],[+반복]

제약 {음료, 술}-{마시다}

④ 음료나 술 따위를 거침없이 자꾸 들이켜는 소리. 또는 그 모양. '벌걱벌걱02④'보다 거센 느낌을 준다.

¶그는 갈증이 나는지 물을 벌컥벌컥 들이마셨다./일찌감치 술에 취해 버리자 소주를 벌컥벌컥 단숨에 들이켰다.《최인호, 무서운 복수》

벌큼-벌큼

의미 [+모양],[+웃음],[+입],[±수축]

제약 {사람}-{웃다}

입을 벌쭉거리며 벌름벌름 웃는 모양.

범범-히

의미 [-철저],[-조심]

제약

꼼꼼하지 아니하고 데면데면히.

범상-히

의미 [-중요],[+예사]

제약

중요하게 여길 만하지 아니하고 예사롭게.

¶그의 얼굴은 범상히 생기지 않았다.

범연-히

의미 [-조리],[-조심]

제약

차근차근한 맛이 없이 데면데면하게.

¶봉숙은 본래부터 생각이 있는 여자로 특별한 경우를 당하는 때에는 범연히 지나지 않고, 두세 번이나 익히 생각하는 것이 통례였다.《홍성원, 흔들리는 땅》

범홀-히

의미 [-조심],[-만족]

제약

데면데면하여 탐탁하지 아니하게.

법석-법석

의미 [+모양],[+소란],[+반복]

제약

소란스럽게 자꾸 떠드는 모양.

¶**법석법석** 지껄이지 말고 조신하게 행동하여라.

벙그레

의미 [+모양],[+웃음],[+개구],[-소리],[+유연]

제약 {사람}-{웃다}

입을 조금 크게 벌리고 소리 없이 부드럽게 웃는 모양.

¶**벙그레** 웃다./그의 얼굴에는 항상 **벙그레** 웃음이 감돈다./외손이긴 하지만 고추 달린 놈을 하나 보게 되었으니…절로 입이 **벙그레** 벌어지는 것이었다.≪하근찬, 야호≫

벙글

의미 [+모양],[+웃음],[+개구],[-소리],[+유연]

제약 {사람}-{웃다}

입을 조금 크게 벌리고 소리 없이 부드럽게 한 번 웃는 모양.

¶그만 저도 모르게 갑례도 **벙글** 웃었다.≪하근찬, 야호≫

벙글-벙글

의미 [+모양],[+웃음],[+개구],[-소리],[+유연],[+반복]

제약 {사람}-{웃다}

입을 조금 크게 벌리고 소리 없이 부드럽게 자꾸 웃는 모양.

¶천왕동이는 일이 소원대로 되어서 **벙글벙글** 웃는 웃음을 금치 못하였다.≪홍명희, 임꺽정≫/권율 장군의 입은 또다시 **벙글벙글** 벌어진다.≪박종화, 임진왜란≫

벙긋01

의미 [+모양],[+웃음],[+개구],[-소리],[-정도]

제약 {사람}-{웃다}

입을 조금 크게 벌리며 소리 없이 거볍게 한 번

웃는 모양. 늑벙긋이01.

¶백 원 한 닢 집어 주면 **벙긋** 웃고 받아 간다.≪이정환, 샛강≫

벙긋02

의미 [+모양],[+입]v[+문],[+개방],[-소리]

제약 {입, 문}-{열리다}

닫혀 있던 입이나 문 따위가 소리 없이 슬그머니 열리는 모양. 늑벙긋이02.

¶며칠 전에 영감님이 방문 잠그는 걸 잊었던 모양이지요. **벙긋** 열려 있기에 잠깐 들여다봤지.≪황석영, 한 씨 연대기≫/주인은 덕창이에게는 입을 **벙긋**도 못 하게 하고 기가 나서 제 말만 퍼붓고 섰다.≪염상섭, 실직≫

벙긋-벙긋01

의미 [+모양],[+웃음],[+개구],[-소리],[-정도],[+반복]

제약 {사람}-{웃다}

입을 조금 크게 벌리고 소리 없이 거볍게 자꾸 웃는 모양.

¶**벙긋벙긋** 웃는 얼굴./**벙긋벙긋** 웃는 아이의 얼굴이 시야에 가득히 들어온다.≪박경리, 토지≫

벙긋-벙긋02

의미 [+모양],[+입]v[+문],[±개방],[-소리],[+반복]

제약 {입, 문}-{열다, 닫다}

닫혀 있던 입이나 문 따위를 소리 없이 슬그머니 자꾸 열었다 닫았다 하는 모양.

벙긋-이01

의미 [+모양],[+웃음],[+개구],[-소리],[-정도]

제약 {사람}-{웃다}

=벙긋01. 입을 조금 크게 벌리며 소리 없이 거볍게 한 번 웃는 모양.

¶선생도 이렇게 말하고 **벙긋이** 웃었다.≪김동인, 젊은 그들≫

벙긋-이02

의미 [+모양],[+입]v[+문],[+개방],[-소리]

제약 {입, 문}-{열리다}

=벙긋02. 닫혀 있던 입이나 문 따위가 소리 없이 슬그머니 열리는 모양.

벙끗[01]

의미 [+모양],[+웃음],[+개구],[−소리],[−정도]

제약 {사람}-{웃다}

입을 조금 크게 벌리며 소리 없이 거볍게 한 번 웃는 모양. '벙긋[01]'보다 조금 센 느낌을 준다. 늑벙끗이[01].

벙끗[02]

의미 [+모양],[+입]v[+문],[+개방],[−소리]

제약 {입, 문}-{열리다}

닫혀 있던 입이나 문 따위가 소리 없이 슬그머니 열리는 모양. '벙긋[02]'보다 조금 센 느낌을 준다. 늑벙끗이[02].

벙끗-벙끗[01]

의미 [+모양],[+웃음],[+개구],[−소리],[−정도],[+반복]

제약 {사람}-{웃다}

입을 조금 크게 벌리며 소리 없이 거볍게 자꾸 웃는 모양. '벙긋벙긋[01]'보다 조금 센 느낌을 준다.

벙끗-벙끗[02]

의미 [+모양],[+입]v[+문],[±개방],[−소리],[+반복]

제약 {입, 문}-{열다, 닫다}

닫혀 있던 입이나 문 따위를 소리 없이 슬그머니 자꾸 열었다 닫았다 하는 모양. '벙긋벙긋[02]'보다 조금 센 느낌을 준다.

벙끗-이[01]

의미 [+모양],[+웃음],[+개구],[−소리],[−정도]

제약 {사람}-{웃다}

=벙끗[01]. 입을 조금 크게 벌리며 소리 없이 거볍게 한 번 웃는 모양.

벙끗-이[02]

의미 [+모양],[+입]v[+문],[+개방],[−소리],[+반복]

제약 {입, 문}-{열리다}

=벙끗[02]. 닫혀 있던 입이나 문 따위가 소리 없이 슬그머니 열리는 모양.

벙벙-히[01]

의미 [+사람],[−정신]

제약

어리둥절하여 얼빠진 사람처럼 멍하게.

¶영리한 예쁜 애라고 덕기는 생각하며 **벙벙히** 앉았기가 안되어서….≪염상섭, 삼대≫/박일우는 주위 사람들에게 등을 떠밀려 앞으로 나갔으나 너무 갑자기 당한 일이라서 **벙벙히** 서 있었다. ≪이상문, 황색인≫

벙벙-히[02]

의미 [+물],[±범람],[+충만]

제약

물이 넘칠 듯이 그득하게 괼 정도로.

¶그 안에 한두 차례만 비가 내려 준다면 저수지는 그간에 빼앗긴 물을 벌충하고도 만수위까지 **벙벙히** 차오를 것이었다.≪윤흥길, 완장≫

벙시레

의미 [+모양],[+웃음],[+개구],[−소리],[+유연]

제약 {사람}-{웃다}

소리 없이 입을 조금 크게 벌리고 밝고 부드럽게 슬그머니 웃는 모양.

벙실

의미 [+모양],[+웃음],[+개구],[−소리],[+유연]

제약 {사람}-{웃다}

입을 조금 크게 벌리고 소리 없이 환하고 부드럽게 한 번 웃는 모양.

¶삼바우는 좋아서 **벙실** 웃는다.≪하근찬, 나룻배 이야기≫

벙실-벙실

의미 [+모양],[+웃음],[+개구],[−소리],[+유연],[+반복]

제약 {사람}-{웃다}

입을 조금 크게 벌리고 소리 없이 환하고 부드럽게 자꾸 웃는 모양.

¶말을 마친 할머니의 비뚤어진 입이야말로 함박꽃처럼 **벙실벙실** 다물 줄을 몰랐다.≪박완서, 도시의 흉년≫

벙싯

의미 [+모양],[+웃음],[+개구],[−소리],[−정

도],[+유연]

제약 {사람}-{웃다}

① 입을 조금 크게 벌리며 소리 없이 거볍고 부드럽게 슬쩍 한 번 웃는 모양. 늑벙싯이①.

¶그는 구릿빛으로 탄 얼굴에 흰 이를 드러내 보이면서 벙싯 웃는다.

의미 [+모양],[+입]v[+문],[+개방],[-소리]

제약 {입, 문}-{열리다}

② 닫혀 있던 입이나 문 따위가 소리 없이 슬쩍 열리는 모양. 늑벙싯이②.

¶아랫방 문이 벙싯 열리며 키가 큰 마누라의 주름 잡힌 얼굴이 내밀어진다.≪황순원, 신들의 주사위≫

벙싯-벙싯

의미 [+모양],[+웃음],[+개구],[-소리],[-정도],[+유연],[+반복]

제약 {사람}-{웃다}

입을 조금 크게 벌리며 소리 없이 거볍고 부드럽게 슬쩍슬쩍 자꾸 웃는 모양.

¶좋아서 입이 벙싯벙싯 벌어지다./사주의 교환이 끝나고 집에 돌아온 신랑 창덕이는 벙싯벙싯 기뻐 어쩔 바를 몰라 했다.≪안수길, 북간도≫

벙싯-이

의미 [+모양],[+웃음],[+개구],[-소리],[-정도],[+유연]

제약 {사람}-{웃다}

①=벙싯①. 입을 조금 크게 벌리며 소리 없이 거볍고 부드럽게 슬쩍 한 번 웃는 모양.

의미 [+모양],[+입]v[+문],[+개방],[-소리]

제약 {입, 문}-{열리다}

②=벙싯②. 닫혀 있던 입이나 문 따위가 소리 없이 슬쩍 열리는 모양.

벙-히

의미 [-정신],[-반응]

제약

얼빠진 사람처럼 멍하게.

베슥-베슥

의미 [+모양],[+행동],[-호감],[+거리],[+반복]

제약

어떠한 일에 대하여 탐탁히 여기지 않고 자꾸 동떨어져 행동하는 모양.

¶그 역시 자기가 유 선달 집 사람이 되었다고 베슥베슥 겉돌지 않느냐.≪이기영, 봄≫

베슥-이

의미 [+상태],[+경사],[-기운]

제약

힘없이 한쪽으로 약간 기울어진 상태로.

베슬-베슬

의미 [+모양],[+행동],[-호감],[+거리],[+반복]

제약

어떠한 일에 대하여 바로 대들어 하지 않고 자꾸 슬그머니 동떨어져 행동하는 모양.

베짱-베짱

의미 [+소리],[+베짱이]

제약 {베짱이}-{울다}

베짱이가 잇따라 우는 소리.

벼락같-이

의미 [+행동],[+속도],[+정도]

제약

① 일어난 행동이 몹시 빠르게.

¶혼자 집을 지키던 그는 밖에서 소리가 나자 벼락같이 달려 나갔다./한번 사면을 살핀 뒤에 벼락같이 그 돈을 쥐고 달아났습니다.≪김동인, 광염 소나타≫

의미 [+소리],[+크기],[+요란]

제약

② 소리가 크고 요란하게.

벼름-벼름

의미 [+모양],[+일],[+성취],[+준비],[+기회]

제약

마음먹은 일을 이루려고 자꾸 마음속으로 준비를 단단히 하고 기회를 엿보는 모양.

벽력같-이

의미 [+목소리],[+크기],[+기운]

제약

목소리가 매우 크고 우렁차게.

¶그는 발성 연습으로 두어 차례 목청을 가다듬는 시늉을 했다. 그런 다음 벽력같이 고함을 지

르기 시작했다.≪윤흥길, 비늘≫/마룻대가 우렁우렁 울리도록 큰 소리로 **벽력같이** 꾸짖어 호령을 하면, 종들은 등골에 식은땀이 흘렀다.≪최명희, 혼불≫

변덕스레
의미 [＋태도]v[＋성질],[＋변화],[＋용이]
제약
이랬다저랬다 하는, 변하기 쉬운 태도나 성질이 있게.

변모없-이
의미 [＋태도],[＋언사]v[＋행동],[－주저],[－예의]
제약
① 남의 체면을 돌보지 아니하고 말이나 행동을 거리낌 없이 함부로 하는 태도로.
¶오기창이는 유배걸이 이름까지 내발기며 **변모없이** 토파하고 나오자 대번에 비위짱이 상한 것 같았다.≪송기숙, 녹두 장군≫
의미 [－융통],[－인정]
제약
② 융통성이 없고 무뚝뚝하게.

변변-히
의미 [＋외모]v[＋생김],[－결점],[＋원만]
제약
① 됨됨이나 생김새 따위가 흠이 없고 어지간하게.
¶인물 하나 **변변히** 생긴 것 빼고는 도대체 쓸데가 없다.
의미 [＋준비],[＋충분]
제약
② 제대로 갖추어져 충분하게.
¶**변변히** 인사도 못하고 급히 떠나다./이 돈으로는 **변변히** 사 먹을 것이 없다./겁에 질린 나머지 **변변히** 싸워 보지도 못하고 도망을 쳤다.≪유주현, 대한 제국≫/하지만 제게 딸린 처자식조차 **변변히** 건사 못하는 한 얼간이 사내한테까지….≪윤흥길, 아홉 켤레의 구두로 남은 사내≫/이번엔 꽤 여러 날 앓는 걸 약도 **변변히** 못 써 봤다더군.≪황순원, 소나기≫
의미 [＋신분]v[＋경제],[＋평균],[＋기준]

제약
③ 지체나 살림살이가 남보다 떨어지지 아니하게.

변사스레
의미 [＋변덕],[＋용이]
제약
① 변덕스럽게 이랬다저랬다 하는 데가 있게.
의미 [＋기만],[＋다양]
제약
② 이리저리 속이는 듯하게.
의미 [＋병세],[＋변화],[＋순간]
제약
③ 병세가 갑자기 달라지는 듯하게.

변시
의미 [＋동일]
제약
다른 것이 아니라 곧.

변함없-이
의미 [－변화],[＋일정]
제약
달라지지 않고 항상 같이.
¶**변함없이** 이어져 내려온 전통./새해에도 **변함없이** 열심히 일하겠습니다./세월이 흘렀는데도 강물은 **변함없이** 깨끗하구나./푸른 송백이 **변함없이** 푸르러 낙엽 질 줄 모르는 것 같되, 실상은 쉼 없는 가운데 묵은 잎은 떨어져 없어지고….≪유치환, 나는 고독하지 않다≫/모습은 달라졌어도 주갑의 한 맺힌 목소리는 **변함없이** 청아하고 보잘것없는 한 인간이 홀연 고귀한 모습으로 주변을 압도한다.≪박경리, 토지≫

별단
의미 [－동일],[＋상이]
제약
＝별반. 따로 별다르게.
¶이 신제품은 예전 것과 **별단** 다를 게 없다.

별-달리
의미 [＋상이],[＋유별]
제약
다른 것과 특별히 다르게.
¶오랜만에 만났지만 **별달리** 할 말이 없다./미술

에 **별달리** 흥미가 없다./그의 고향은 20년이 지난 후에도 **별달리** 변하지 않았다./촌이라 **별달리** 대접할 것이 없어서 닭 한 마리를 고았습니다. ≪김원일, 불의 제전≫/언젠가 그런 의혹을 그에게 털어놓자 그는 씁쓸하게 웃을 뿐 **별달리** 시원한 대답은 하지 않았다.≪윤후명, 별보다 멀리≫

별-로

의미 [＋부정],[＋상이],[＋정도]

제약 {　}-{부정서술어}

(부정을 뜻하는 말과 함께 쓰여) 이렇다 하게 따로. 또는 그다지 다르게.

¶**별로** 기분이 내키지 않는다./할 말이 **별로** 없다./그의 병세는 예전에 비해 **별로** 나아진 것이 없었다./그 사람은 외모는 몰라도 성격은 **별로** 변한 것 같지 않다./사업은 **별로** 생각해 본 적이 없습니다./**별로** 추운 줄 모르겠다./술기가 있어서 **별로** 겁나는 게 없었다.≪하근찬, 야호≫/나는 그녀가 말하는 것을 **별로** 귀담아듣지 않았다.≪김인배, 방울뱀≫

별반

의미 [－동일],[＋상이]

제약

따로 별다르게. 늑별단·별양.

¶진상은 소문과 **별반** 다르지 않다./이번 여름에도 **별반** 더운 줄 몰랐다./잠자는 일 이외에 **별반** 할 일이 없었다./그는 인물은 **별반** 내세울 게 없지만 마음 하나는 비단결 같다./나는 그 소문에 대해 **별반** 신경을 쓰지 않았다.

별스레

의미 [＋상이],[＋특별]

제약

보기에 보통과는 다른 데가 있게.

¶올가을은 **별스레** 서리가 빨리 내렸다.

별양

의미 [－동일],[＋상이]

제약

=별반. 따로 별다르게.

¶그녀는 오십이 넘었는데도 얼굴에 **별양** 주름살이 없어 십 년은 젊어 보인다.

별쭝스레

의미 [＋언사]v[＋행동],[＋특이],[＋정도]

제약

말이나 하는 짓이 아주 별스러운 데가 있게.

보각

의미 [＋소리],[＋술],[＋발효],[＋거품]

제약 {거품}-{일어나다}

술 따위가 발효하여 거품이 생기면서 나는 소리.

보각-보각

의미 [＋소리],[＋술],[＋발효],[＋거품],[＋반복]

제약 {거품}-{일어나다}

술 따위가 발효하여 거품이 생기면서 잇따라 나는 소리.

보그르르

의미 [＋소리]v[＋모양],[＋액체],[＋비등],[＋순간],[＋연속]

제약 {액체}-{끓다}

① 적은 양의 액체가 비교적 좁은 범위에서 잇따라 갑자기 끓어오를 때 나는 소리. 또는 그 모양.

¶찌개가 **보그르르** 끓는다.

의미 [＋소리]v[＋모양],[＋거품],[＋속도],[＋순간],[＋연속]

제약 {거품}-{일어나다}

② 작은 거품이 잇따라 갑자기 빠르게 일어날 때 나는 소리. 또는 그 모양.

¶열대어를 기르는 어항 속에서는 **보그르르** 거품이 올라왔다.

보글-보글

의미 [＋소리]v[＋모양],[＋액체],[＋비등],[＋소란],[＋연속]

제약 {액체}-{끓다}

① 적은 양의 액체가 잇따라 야단스럽게 끓는 소리. 또는 그 모양.

¶냄비에서는 뭔가 **보글보글** 끓는 소리가 났다.

의미 [＋소리]v[＋모양],[＋거품],[＋발생],[＋연속]

제약 {거품}-{일어나다}

② 작은 거품이 잇따라 일어나는 소리. 또는 그 모양.

¶마셔 뒀던 숨을 조금씩 내뱉을 때마다 입가에

서 물방울이 **보글보글** 튕겨 나왔다.≪최인호, 지구
인≫

의미 [＋모양],[＋머리칼],[－길이],[＋굴곡],[＋덩
이],[＋연속]

제약

③ 머리카락 따위가 잇따라 짧게 꼬부라져 뭉쳐
있는 모양.

¶그녀는 항상 머리카락을 **보글보글** 볶고 다닌다.

보다

의미 [＋수준],[＋기준],[＋우월]

제약

어떤 수준에 비하여 한층 더.

¶**보다** 높게./**보다** 빠르게 뛰다./그것은 서로 **보
다** 나아지려는 연인이 아니고는 있을 수 없는
보살핌이었다.≪최인훈, 광장≫

보도독

의미 [＋소리],[＋물건],[＋견고]v[＋질김]v[＋윤
기],[＋마찰]

제약 { }-{비비다, 문지르다}

① 단단하고 질기거나 반드러운 물건을 야무지
게 비비거나 문지르는 소리.

¶이를 **보도독** 갈다.

의미 [＋소리],[＋배설],[－견고],[＋노력]

제약 {똥}-{누다}

② 무른 똥을 조금 힘들여 누는 소리.

보도독-보도독

의미 [＋소리],[＋물건],[＋견고]v[＋질김]v[＋윤
기],[＋마찰],[＋반복]

제약 { }-{비비다, 문지르다}

① 단단하고 질기거나 반드러운 물건을 자꾸 야
무지게 비비거나 문지르는 소리.

¶사탕을 **보도독보도독** 깨물어 먹는다.

의미 [＋소리],[＋배설],[－견고],[＋노력],[＋반
복]

제약 {똥}-{누다}

② 무른 똥을 조금 힘들여 자꾸 누는 소리.

보독-보독

의미 [＋모양],[＋물건],[＋표면],[＋건조],[＋견
고]

제약

물기가 있는 물건의 거죽이 거의 말라 약간 빳
빳하게 굳어진 모양.

¶그는 술잔을 들어 입으로 가져갔다. 그제야 자
기 입 안이 **보독보독** 말라 있다는 걸 깨달았다.
≪황순원, 나무들 비탈에 서다≫

보동-보동

의미 [＋모양],[＋살],[＋유연],[＋정도]

제약 {사람, 동물}-{살찌다}

통통하게 살이 찌고 보드라운 모양.

¶그 아이는 살이 **보동보동** 쪘다.

보드득

의미 [＋소리],[＋물건],[＋견고]v[＋질김]v[＋윤
기],[＋마찰]

제약 { }-{문지르다, 비비다}

① 단단하고 질기거나 반드러운 물건을 야무지
게 문지르거나 비빌 때 나는 소리.

¶걸레로 **보드득** 유리창을 닦았다./계월향은 몸
을 더럽히고 난 뒤에 이를 **보드득** 갈아 맹세했
던 한 달 전 일이 생각난다.≪박종화, 임진왜란≫

의미 [＋소리],[＋배설],[－견고],[＋노력]

제약 {똥}-{누다}

② 무른 똥을 조금 힘들여 눌 때 나는 소리.

의미 [＋소리],[＋눈],[＋밟음],[＋정도]

제약 {눈}-{밟다}

③ 쌓인 눈 따위를 약간 세게 밟을 때 야무지게
나는 소리

보드득-보드득

의미 [＋소리]v[＋모양],[＋물건],[＋견고]v[＋질
김]v[＋윤기],[＋마찰],[＋반복]

제약 { }-{문지르다, 비비다}

① 단단하고 질기거나 반드러운 물건을 자꾸 야
무지게 문지르거나 비빌 때 잇따라 나는 소리.
또는 그 모양.

¶손발을 **보드득보드득** 문질러 때를 벗겨라.

의미 [＋소리]v[＋모양],[＋배설],[－견고],[＋노
력],[＋반복]

제약 {똥}-{누다}

② 무른 똥을 조금 힘들여 자꾸 눌 때 나는 소
리. 또는 그 모양.

의미 [＋소리]v[＋모양],[＋눈],[＋밟음],[＋정

도],[+반복]

제약 {눈}-{밟다}

③ 쌓인 눈 따위를 약간 세게 여러 번 밟을 때 자꾸 야무지게 나는 소리. 또는 그 모양.

보드등

의미 [+소리],[+물체],[+견고]v[+윤활]v[+윤기],[+마찰]

제약 { }-{문지르다}

① 단단하고 매끄럽거나 반드러운 작은 물건을 세게 문지를 때 가볍게 울리며 나는 소리.

¶그가 구슬을 문지르자 **보드등** 소리가 났다.

의미 [+소리],[+피륙],[+절단]v[+파열],[+공명]

제약 {피륙}-{찢어지다, 터지다}

② 피륙 따위의 질긴 물건이 찢어지거나 터질 때 가볍게 울리며 나는 소리.

¶**보드등** 소리가 나며 천막 한 끝이 찢어졌다.

보드등-보드등

의미 [+소리],[+물체],[+견고]v[+윤활]v[+윤기],[+마찰],[+반복]

제약 { }-{문지르다}

단단하고 매끄럽거나 반드러운 작은 물건을 자꾸 세게 문지를 때 잇따라 가볍게 울리며 나는 소리.

보득

의미 [+소리],[+물건],[+견고]v[+질김]v[+윤기],[+마찰]

제약 { }-{문지르다, 비비다}

① '보득①'의 준말. 단단하고 질기거나 반드러운 물건을 야무지게 문지르거나 비빌 때 나는 소리.

¶타월로 유리창을 **보득** 닦았다.

의미 [+소리],[+배설],[-견고],[+노력]

제약 {똥}-{누다}

② '보득②'의 준말. 무른 똥을 조금 힘들여 눌 때 나는 소리.

의미 [+소리]v[+모양],[+눈],[+밟음],[+정도]

제약 {눈}-{밟다}

③ '보득③'의 준말. 쌓인 눈 따위를 약간 세

게 밟을 때 야무지게 나는 소리.

보득-보득

의미 [+소리]v[+모양],[+물건],[+견고]v[+질김]v[+윤기],[+마찰],[+반복]

제약 { }-{문지르다, 비비다}

① '보드득보드득①'의 준말. 단단하고 질기거나 반드러운 물건을 자꾸 야무지게 문지르거나 비빌 때 잇따라 나는 소리. 또는 그 모양.

의미 [+소리]v[+모양],[+배설],[-견고],[+노력],[+반복]

제약 {똥}-{누다}

② '보드득보드득②'의 준말. 자꾸 무른 똥을 조금 힘들여 눌 때 나는 소리. 또는 그 모양.

의미 [+소리]v[+모양],[+눈],[+밟음],[+정도],[+반복]

제약 {눈}-{밟다}

③ '보드득보드득③'의 준말. 쌓인 눈 따위를 약간 세게 여러 번 밟을 때 자꾸 야무지게 나는 소리. 또는 그 모양.

보들-보들

의미 [+모양],[+느낌],[+유연],[+정도]

제약

살갗에 닿는 느낌이 매우 보드라운 모양.

¶**보들보들** 잘 다듬어진 살결./요게 뭘까? 요 보들보들 따스한 게?≪최정희, 천맥≫

보로통-히

의미 [+팽창],[+볼록]

제약

① 붓거나 부풀어 올라서 볼록하다.

의미 [+불만],[-만족],[+분노]

제약

② 불만스럽거나 못마땅하여 성난 빛이 얼굴에 조금 나타나 있다.

보르르

의미 [+모양],[+요동],[-크기],[-정도]

제약 { }-{떨다}

① 작고 가볍게 떠는 모양.

¶꼭 무슨 복슬강아지들처럼 털을 **보르르** 떨면서 달리는 것이었다.≪황순원, 카인의 후예≫

의미 [+모양],[+종이]v[+털],[+연소],[-정

도]

제약 {종이, 털}-{타다}

② 얇은 종이나 털 따위에 불이 붙어 가볍게 타오르는 모양.

¶보르르 타오르는 축문을 공중으로 높이 올렸다.

의미 [+소리]v[+모양],[+액체],[+비등],[-정도]

제약 {액체}-{끓다}

③ 적은 양의 액체가 가볍게 끓을 때 나는 소리. 또는 그 모양.

¶약탕관의 약이 **보르르** 끓고 있다.

의미 [+모양],[+분노],[+순간],[-정도]

제약 {성}-{내다}

④ 갑자기 가볍게 성을 내는 모양.

¶잠깐 화가 **보르르** 끓어올랐지만 곧 진정을 했다.

보매

의미 [+표면],[+추측]

제약

겉으로 보기에. 또는 짐작으로 보기에.

¶**보매** 그는 까다로운 사람인 것 같다./조 바위를 보아라, 보매 보기로도 똑 북두칠성 형상 아니겠느냐.≪이문구, 관촌 수필≫/지게벌이는, 지게도 없으려니와, 보매 신통한 벌이도 없는 것 같았다. ≪채만식, 소년은 자란다.≫

보무당당-히

의미 [+걸음],[+용감],[+위엄]

제약

걸음걸이가 씩씩하고 위엄이 있게.

¶죽은 줄 알았던 병사가 오히려 포로들을 이끌고 **보무당당히** 돌아왔다.

보배로이

의미 [+귀중],[+소중],[+가치]

제약

귀하고 소중한 가치가 있게.

¶나는 할아버지로부터 평생 **보배로이** 쓸 지혜를 배웠다.

보배스레

의미 [+귀중],[+소중]

제약

보기에 귀하고 소중한 데가 있게.

보사삭

의미 [+소리]v[+모양],[+물건],[+파손],[-정도]

제약 { }-{바스러지다}

'보삭'의 본말. 마른 물건이 가볍게 바스러지는 소리. 또는 그 모양.

¶마른 잎을 밟자 보사삭 소리가 났다.

보사삭-보사삭

의미 [+소리]v[+모양],[+물건],[+파손],[-정도],[+연속]

제약 { }-{바스러지다}

'보삭보삭01'의 본말. 마른 물건이 잇따라 가볍게 바스러지는 소리. 또는 그 모양.

¶낙엽을 밟으면 **보사삭보사삭** 소리가 난다.

보삭

의미 [+소리]v[+모양],[+물건],[-정도],[+파손]

제약 { }-{바스러지다}

마른 물건이 가볍게 바스러지는 소리. 또는 그 모양.

보삭-보삭01

의미 [+소리]v[+모양],[+물건],[+파손],[-정도],[+연속]

제약 { }-{바스러지다}

마른 물건이 잇따라 가볍게 바스러지는 소리. 또는 그 모양.

¶**보삭보삭** 과자 먹는 소리에 잠이 깨었다.

보삭-보삭02

의미 [+모양],[+피부],[-핏기],[+팽창]

제약

살이 핏기가 없이 조금 부어오른 모양.

보송-보송

의미 [+모양],[+건조],[-물기],[+유연]

제약

① 잘 말라서 물기가 없고 보드라운 모양.

¶**보송보송** 마른 수건의 감촉이 썩 좋았다.

의미 [+모양],[+살결]v[+얼굴],[+미려],[+유연]

제약

② 살결이나 얼굴이 곱고 보드라운 모양.

¶**보송보송** 막 피어나는 작은 소녀들./복숭아처럼 **보송보송** 어린애 티를 채 못 벗었던 아들이 눈 밑이 거무스름하게 겉늙어서 돌아온 것을 보니….≪서정인, 벌판≫

의미 [＋모양],[＋땀방울],[＋배출]

제약 {땀방울}-{솟다}

③ 땀방울이 조금씩 솟아난 모양.

¶땀방울이 **보송보송** 맺히다./얼굴에 땀방울이 보**송보송** 솟아나다./누나가 콧등에 **보송보송** 돋아난 땀을 훔치며 내게 말했다.≪이동하, 장난감 도시≫

의미 [＋모양],[＋솜털],[－크기],[＋유연],[＋융기]

제약

④ 솜털과 같이 매우 작고 부드러운 것이 돋아 있는 모양.

¶소년의 뽀얀 얼굴에는 **보송보송** 잔털이 나 있다.

보스락

의미 [＋소리]v[＋잎]v[＋검불]v[＋종이],[＋밟음]v[＋접촉],[－정도]

제약 {잎, 검불, 종이}-{밟다, 건드리다}

마른 잎이나 검불, 종이 따위를 가볍게 밟거나 건드릴 때 나는 소리.

¶**보스락** 소리에 놀라 잠을 깨다.

보스락-보스락

의미 [＋소리],[＋잎]v[＋검불]v[＋종이],[＋밟음]v[＋접촉],[－정도],[＋반복]

제약 {잎, 검불, 종이}-{밟다, 건드리다}

마른 잎이나 검불, 종이 따위를 자꾸 가볍게 밟거나 건드릴 때 나는 소리.

보스스

의미 [＋모양],[＋털]v[＋솜털],[＋융기]v[－단정]

제약

가는 털이나 솜털 따위가 짧고 보드랍게 나오거나 조금 흐트러져 있는 모양.

¶이마에 뽀얀 솜털이 **보스스** 난 어린이.

보슬-보슬01

의미 [＋모양],[＋덩이],[＋가루],[－물기],[－응결],[＋파손],[＋용이]

제약 { }-{바스러지다}

덩이진 가루 따위가 물기가 적어 엉기지 못하고 바스러지기 쉬운 모양.

¶시멘트 벽돌도 오래되니까 **보슬보슬** 부서지더라.

보슬-보슬02

의미 [＋모양],[＋눈]v[＋비],[＋간격],[＋조용]

제약 {눈, 비}-{내리다}

눈이나 비가 가늘고 성기게 조용히 내리는 모양.

¶봄비가 **보슬보슬** 내린다.

보시시

의미 [＋포근],[＋조용]

제약

=살포시①. 포근하게 살며시.

¶**보시시** 눈웃음을 짓다./고개를 **보시시** 들다./보**시시** 문을 열다./색시가 **보시시** 일어난다.

보싹

의미 [＋소리]v[＋모양],[＋물건],[＋파손],[－정도]

제약 { }-{바스러지다}

마른 물건이 가볍게 바스러지는 소리. 또는 그 모양. '보삭'보다 조금 센 느낌을 준다.

보싹-보싹

의미 [＋소리]v[＋모양],[＋물건],[＋파손],[－정도],[＋연속]

제약 { }-{바스러지다}

마른 물건이 잇따라 가볍게 바스러지는 소리. 또는 그 모양. '보삭보삭01'보다 조금 센 느낌을 준다.

보아-하니

의미 [＋관찰],[＋추측]

제약

겉으로 보아서 짐작하건대.

¶행색이 초라한 게 **보아하니** 시골 양반 같다./보**아하니** 귀한 물건인 것 같은데 그렇게 함부로 굴려도 괜찮겠는가?/내 자네의 생각을 뜯어고칠 의사는 없고, 또 **보아하니** 내 힘으로 될 일도 아니야.≪서기원, 조선백자 마리아상≫/**보아하니** 권 씨의 구두 닦기 실력은 보통에서 훨씬 벗어나 있

었다.≪윤흥길, 아홉 켤레의 구두로 남은 사내≫

보아-한들

의미 [+관찰],[−방법],[−도리],[−예상]

제약

살펴본다고 한들. 이치에 어긋난 것을 뜻밖으로 여길 때 쓰는 말이다.

¶그 일은 보아한들 뭐 뚜렷한 해결책이 생각날 것 같지도 않은데.

보유스름-히

의미 [−선명],[−분명]

제약

선명하지 않고 약간 보얗게.

보윰-히

의미 [+빛],[−분명]

제약

빛이 조금 보얗게.

보-일보

의미 [+걸음],[+개별]

제약

한 걸음 한 걸음.

¶보일보 나아가다./비틀비틀 보일보 비각(碑閣)을 지나서 종로 네거리로 나와서 전동(典洞)으로 꺾이어….≪변영로, 명정 40년≫

보잇-이

의미 [+빛],[−분명]

제약

빛이 조금 보얀 듯하게.

보잘것없-이

의미 [−가치],[−중요]

제약

볼만한 가치가 없을 정도로 하찮게.

¶보잘것없이 느껴지다./보잘것없이 비치다.

보통

의미 [+보통]

제약

일반적으로. 또는 흔히.

¶그는 보통 일곱 시에는 일어난다./보통 몇 시에 퇴근하십니까?/이 마을 사람들은 보통 소 한 마리씩은 기른다./사모님도 아시다시피 요새 김장철이라 내가 보통 바빠요?≪박완서, 흑과부≫/월남

에서 우리들은 베트콩의 저격을 피하려고 지프차를 타면 보통 시속 110마일로 달렸다.≪안정효, 하얀 전쟁≫

보풀-보풀

의미 [+모양],[+보푸라기],[+다수],[+발생]

제약 {보푸라기}-{일어나다}

보푸라기가 여기저기에 잘게 일어나 있는 모양.

¶옷이 닳아 보푸라기가 보풀보풀 일어났다.

복

의미 [+소리]v[+모양],[+물건],[+표면],[+마찰],[+정도]

제약 { }-{갈다, 긁다}

① 보드랍고 무른 물건의 거죽을 세게 갈거나 긁는 소리. 또는 그 모양.

의미 [+소리]v[+모양],[+물건]v[+종이]v[+천],[+절단],[+정도]

제약 {물건, 종이, 천}-{찢다}

② 두툼한 물건이나 조금 질기고 얇은 종이, 천 따위를 세게 찢는 소리. 또는 그 모양.

¶못 쓰는 종이를 복 찢다.

복닥-복닥

의미 [+모양],[+사람],[+다수],[+장소],[−넓이],[+소란]

제약

많은 사람이 좁은 곳에 모여 수선스럽게 뒤끓는 모양.

¶15일 만에 열린 장터에는 많은 사람들이 복닥복닥 붐비고 있다.

복-복[01]

의미 [+소리],[+물건],[+표면],[+마찰],[+정도],[+반복]

제약 { }-{갈다, 긁다}

① 보드랍고 무른 물건의 거죽을 자꾸 세게 갈거나 긁는 소리.

¶아이가 모기 물린 데를 복복 긁는다.

의미 [+소리]v[+모양],[+물건]v[+종이]v[+천],[+절단],[+정도],[+반복]

제약 {물건, 종이, 천}-{찢다}

② 두툼한 물건이나 조금 질기고 얇은 종이, 천 따위를 자꾸 세게 찢는 소리. 또는 그 모양.

¶가지를 삶아 세로로 복복 찢은 다음 나물을 무친다.

복복02

의미 [+복잡]

제약

귀찮을 만큼 번거로이.

¶아이가 기를 복복 쓰며 보챈다./내가 괜찮다고 해도 그는 복복 사죄한다.

복성스레

의미 [+외형],[+원형],[+두께],[+호감]

제약

생김새가 모난 데가 없이 둥그스름하고 도톰하여 복이 있을 듯하게.

복스레

의미 [+원만],[+호감]

제약

모난 데가 없이 복이 있어 보이는 데가 있게.

¶함박꽃처럼 복스레 생긴 얼굴.

복슬-복슬

의미 [+모양],[+살],[+털],[+사랑],[+소담]

제약

살이 찌고 털이 많아서 귀엽고 탐스러운 모양.

복유

의미 [+생각],[+조심],[+굴신]

제약

삼가 엎드려 생각하옵건대.

복작

의미 [+모양],[+사람],[+다수],[+장소],[-넓이],[+소란]

제약

많은 사람이 좁은 곳에 모여 수선스럽게 들끓는 모양.

복작-복작

의미 [+모양],[+사람],[+다수],[+장소],[-넓이],[+소란],[+반복]

제약

① 많은 사람이 좁은 곳에 모여 수선스럽게 자꾸 들끓는 모양.

¶공연히 사람만 많이 모여서 복작복작 들끓는다는 그런 곳에 가서….≪정비석, 성황당≫/집을 빌

려 줘서 그 집에서 삼 년 동안 아이들과 복작복작 지내다가….≪최정희, 천맥≫

의미 [+모양],[+액체],[+거품],[+반복]

제약 {거품}-{일어나다}

② 액체 상태의 것에서 자꾸 거품이 보글보글 이는 모양.

복잡스레

의미 [-판단],[+혼란]

제약

갈피를 잡기 어려울 만큼 여러 가지가 얽혀 있거나 어수선한 데가 있게.

본데없-이

의미 [-교육],[-예의]

제약

보고 배운 것이 없이. 또는 행동이 예의범절에 어긋나게.

¶본데없이 자란 놈이기 때문에 행동이 그 모양이지./빨리 한술 뜨고 그 자리를 면하는 게 수다 싶어 본데없이 보이건 말건 어른이 수저도 들기 전에 밥을 먹기 시작했다.≪박완서, 미망≫

본디

의미 [+처음]v[+근본]

제약

처음부터 또는 근본부터. 늑본래·본시·원래·원시.

¶이 일은 본디 내가 맡으려고 했었다./우리는 본디 가난하게 자랐던 터라 그 정도 쌀이면 한 달 식량으로 충분했다.

본래

의미 [+처음]v[+근본]

제약

=본디. 처음부터 또는 근본부터.

¶본래 이곳은 아무도 살지 않았다./남편의 성품이 본래 그렇기도 했지만, 서울로 이사를 오자 한층 의욕이 왕성해져 단박에 떼돈을 벌듯이 설쳐 댔다.≪박완서, 부끄러움을 가르칩니다≫

본숭-만숭

의미 [+모양],[-주의],[-관심]

제약

건성으로 보는 체만 하고 주의 깊게 보지 않는

모양.

¶사람들이 보는 곳에서 연인과 함께 있을 땐 남인 양 **본숭만숭** 시치미를 떼기도 한다.

본시

의미 [＋처음]v[＋근본]

제약

=본디. 처음부터 또는 근본부터.

¶그는 본시 고집이 센 사람이다./두 사람은 여관이 있는 쪽으로 가지 않고 **본시** 가던 방향대로 해안을 따라 걷는다.≪박경리, 토지≫

본연-히

의미 [＋특성]v[＋성질],[＋근본]

제약

어떤 특성이나 성질 따위가 본디부터 그러하게.

¶내가 갇혀 있으니 **본연히** 병을 알면서도 임금의 딸을 고쳐 드릴 수가 없습니다.

본척-만척

의미 [＋무시]

제약

=본체만체. 보고도 아니 본 듯이.

¶어른이 들어오시는데도 **본척만척** 제 일만 하는 버릇은 어디서 배웠니?/모두 낯선 식구들 중에서 안면이 있는 것은 귀녀뿐인데 어쩌다가 마주치면 **본척만척** 피해 다니는 귀녀의 태도는 여간 얄미운 게 아니었다.≪박경리, 토지≫

본체-만체

의미 [＋무시]

제약

보고도 아니 본 듯이. 늑본척만척.

¶그는 사람을 보고도 **본체만체** 지나간다./자동차는 그대로 속도를 멈추지 않고 **본체만체** 스쳐 가 버렸다.≪선우휘, 깃발 없는 기수≫

볼각-볼각

의미 [＋모양],[＋물건],[＋씹음],[＋연속]

제약 { }-{씹다}

① 조금 질긴 물건을 입에 가득 물고 잇따라 씹는 모양.

의미 [＋모양],[＋빨래],[＋반복]

제약 {빨래}-{빨다}

② 빨래 따위를 자꾸 힘주어 주물러 빠는 모양.

볼강-볼강

의미 [＋모양],[＋물건],[＋씹음],[＋곤란],[＋반복]

제약

질기고 단단한 물건이 잘 씹히지 아니하고 입안에서 자꾸 요리조리 볼가지는 모양.

볼강스레

의미 [＋태도],[－예의],[－공손]

제약

어른 앞에서 버릇없고 공손하지 못한 태도로.

볼그레

의미 [＋모양],[＋빨강],[－정도]

제약

엷게 볼그스름한 모양.

¶계월향은 **볼그레** 물든 한산 세모시 적삼 깃을 굽어본다.≪박종화, 임진왜란≫/**볼그레** 상기가 되었던 얼굴이, 금시로 해쓱히 질렸다.≪염상섭, 입하의 절≫

볼그름-히

의미 [＋빨강],[＋선명],[－정도]

제약

=볼그스름히. 산뜻할 정도로 조금 붉게.

볼그속속-히

의미 [＋빨강],[＋수수],[＋적당]

제약

수수하고 걸맞을 정도로 볼그스름하게.

볼그스레

의미 [＋빨강],[＋선명],[－정도]

제약

산뜻하게 조금 붉은 모양.

볼그스름-히

의미 [＋빨강],[＋선명],[－정도]

제약

산뜻할 정도로 조금 붉게. 늑볼그름히.

볼그족족-히

의미 [＋빨강],[－선명],[－균일]

제약

칙칙하고 고르지 아니할 정도로 볼그스름하게.

¶그 여자의 눈시울이 **볼그족족히** 물들었다.

볼근-볼근

의미 [+모양],[+물건],[+씹음],[+반복]

제약 { }-{씹다}

조금 질기고 단단한 물건이 입 안에서 자꾸 씹히는 모양.

볼긋-볼긋

의미 [+모양],[+빨강],[+부분]

제약

① 군데군데 볼그스름한 모양. 늑볼긋볼긋이①.

¶밤사이에 **볼긋볼긋** 솟아난 꽃망울이 싱그럽다.

의미 [+모양],[+빨강],[+정도]

제약

② 매우 볼그스름한 모양. 늑볼긋볼긋이②.

볼긋볼긋-이

의미 [+모양],[+빨강],[+부분]

제약

①=볼긋볼긋①. 군데군데 볼그스름한 모양.

의미 [+모양],[+빨강],[+정도]

제약

②=볼긋볼긋②. 매우 볼그스름한 모양.

볼끈

의미 [+모양],[+물체],[+융기]v[+상승]

제약 { }-{솟아오르다, 떠오르다}

① 작은 물체 따위가 도드라지게 치밀거나 솟아오르거나 떠오르는 모양.

¶의자 바닥에 못이 **볼끈** 솟아 있다.

의미 [+모양],[+흥분],[+분노]

제약 {성}-{내다}

② 흥분하여 성을 왈칵 내는 모양.

¶**볼끈** 화를 내다.

의미 [+모양],[+주먹],[+장악],[+힘]

제약 {주먹}-{쥐다}

③ 작은 주먹에 힘을 주어 꽉 쥐는 모양.

¶두 주먹을 **볼끈** 쥔 어린 소년의 모습이 야무져 보인다./곰보가 기가 막혀서 중의 먹살을 **볼끈** 졸라 쥘 때 그 근방에 있던 중들이 개떼같이 와 몰려왔다.≪김정한, 사하촌≫

볼끈-볼끈

의미 [+모양],[+물체],[+융기]v[+상승],[+반복]

제약 { }-{솟아오르다, 떠오르다}

① 작은 물체 따위가 도드라지게 자꾸 치밀거나 솟아오르거나 떠오르는 모양.

의미 [+모양],[+흥분],[+분노],[+반복]

제약 {성}-{내다}

② 흥분하여 자꾸 성을 왈칵 내는 모양.

¶**볼끈볼끈** 화를 내서는 될 일도 안 된다.

의미 [+모양],[+주먹],[+장악],[+힘],[+반복]

제약 {주먹}-{쥐다}

③ 작은 주먹에 힘을 주어 자꾸 꽉 쥐는 모양.

¶소년은 두 주먹을 **볼끈볼끈** 쥐면서 덤벼들 듯이 상대를 노려보았다.

볼똑

의미 [+모양],[+분노],[+경망],[+순간]

제약 {성}-{내다}

① 경망스럽게 갑자기 성을 내는 모양.

¶**볼똑** 성을 내다.

의미 [+모양],[+융기],[+순간]

제약

② 갑자기 볼록하게 솟아오른 모양.

¶시간이 지나서야 찐빵이 **볼똑** 부풀어 올랐다.

볼똑-볼똑

의미 [+모양],[+분노],[+경망],[+순간],[+반복]

제약 {성}-{내다}

① 경망스럽게 갑자기 잇따라 성을 내는 모양.

¶아무 때나 참지 못하고 **볼똑볼똑** 성을 내면 누가 너를 가까이하려 하겠느냐?

의미 [+모양],[+다수],[+융기],[+순간],[+연속]

제약

② 여기저기서 갑자기 잇따라 볼록볼록하게 솟아오른 모양.

¶장독대에 배가 **볼똑볼똑** 볼가진 독이 가지런히 놓여 있다.

볼똥-볼똥

의미 [+모양],[+말],[+분노],[-예의]

제약

걸핏하면 얼굴이 볼록해지면서 성을 내며 함부로 말하는 모양.

¶그는 제 분을 이기지 못하고 아무에게나 **볼똥**

볼똥 성을 냈다.

볼록

　의미 [+모양],[+표면],[+융기]v[+돌출]

　제약 { }-{도드라지다, 내밀다}

　물체의 거죽이 조금 도드라지거나 쏙 내밀린 모양. 늑볼록이.

　¶볼록 튀어나오다./윗면과 바닥면은 편편히 깎이고 배는 **볼록** 나왔다가 다시 아래로…빨려 들어간 팔각형이었다.≪최명희, 혼불≫

볼록-볼록

　의미 [+모양],[+다수],[+표면],[+융기]v[+돌출]

　제약 { }-{도드라지다, 내밀다}

　물체의 거죽 여러 군데가 조금 도드라지거나 쏙 내밀린 모양.

　¶포장도로가 끝나고 자갈이 **볼록볼록** 튀어나온 비포장도로가 나왔다./두 볼을 **볼록볼록** 움직이며, 동공을 고정시키고 있는 꼴이 풀섶에서 비를 맞는 개구리를 연상시켰다.≪유주현, 언덕을 향하여≫

볼록-이

　의미 [+모양],[+표면],[+융기]v[+돌출]

　제약 { }-{도드라지다, 내밀다}

　=볼록. 물체의 거죽이 조금 도드라지거나 쏙 내밀린 모양.

　¶아기가 배를 **볼록이** 내밀었다.

볼만-장만

　의미 [+모양],[+관찰],[-간섭]

　제약

　보기만 하고 간섭하지 아니하는 모양.

　¶아들의 투덜대는 소리를 **볼만장만** 듣고만 계시던 아버지가 마침내 입을 여셨다.

볼썽없-이

　의미 [+모습],[+사물],[+혐오],[+미미]

　제약

　어떤 사물의 모습이 보기에 역겹고 보잘것없이.

　¶비에 흠뻑 젖은 개가 **볼썽없이** 돌아다닌다./이젠 하도 늙어 몇 아름 되는 줄기 한구석에는 동혈(洞穴)이 생겨 **볼썽없이** 시멘트로 메워져 있지만….≪이양하, 이양하 수필선≫

볼쏙

　의미 [+모양],[+돌출],[+순간]

　제약 { }-{나오다, 내밀다}

　① 갑자기 볼록하게 쏙 나오거나 내미는 모양. 늑볼쏙이①.

　¶며칠 전까지만 해도 꽁꽁 얼었던 땅이었는데 어느새 파란 싹이 **볼쏙** 고개를 내밀었다.

　의미 [+모양],[+말],[-고려],[-분별]

　제약

　② 앞뒤 생각 없이 대뜸 말을 하는 모양. 늑볼쏙이②.

　¶엉뚱한 말을 **볼쏙** 꺼냈다.

볼쏙-볼쏙

　의미 [+모양],[+돌출],[+다수],[+순간],[+연속]

　제약 { }-{나오다, 내밀다}

　① 갑자기 여기저기 볼록하게 잇따라 쏙 나오거나 내미는 모양.

　¶봄이 되니 새싹들이 땅에서 **볼쏙볼쏙** 고개를 내민다./마루로 올라서며 서성구가 무심코 뒤쪽을 살피니 토담 위에도 박 열리듯 여러 얼굴들이 **볼쏙볼쏙** 올라와 있었다.≪김원일, 불의 제전≫

　의미 [+모양],[+말],[-고려],[-예의]

　제약

　② 자꾸 앞뒤 생각 없이 말을 함부로 하는 모양.

　¶어른들 말씀 나누시는데 어린 녀석이 그렇게 **볼쏙볼쏙** 끼어드는 법이 아니란다.

볼쏙-이

　의미 [+모양],[+돌출],[+순간]

　제약 { }-{나오다, 내밀다}

　①=볼쏙①. 갑자기 볼록하게 쏙 나오거나 내미는 모양.

　의미 [+모양],[+말],[-고려],[-분별]

　제약

　②=볼쏙②. 앞뒤 생각 없이 대뜸 말을 하는 모양.

볼칵

　의미 [+소리]v[+모양],[+반죽]v[+진흙],[+압력]v[+밟음]

　제약 {반죽, 진흙}-{주무르다, 밟다}

지직한 반죽이나 진흙 따위를 조금 쑤시거나 주무르거나 밟을 때 나는 소리. 또는 그 모양.

¶밀가루 반죽에서 **볼칵** 소리가 나더니 곧 볼록한 구멍이 생겨났다.

볼칵-볼칵

의미 [+소리]v[+모양],[+반죽]v[+진흙],[+압력]v[+밟음],[+반복]

제약 {반죽, 진흙}-{주무르다, 밟다}

지직한 반죽이나 진흙 따위를 자꾸 조금 쑤시거나 주무르거나 밟을 때 나는 소리. 또는 그 모양.

볼퉁-볼퉁01

의미 [+모양],[+말],[+분노],[−예의]

제약

걸핏하면 얼굴이 볼록해지면서 성을 내며 함부로 말하는 모양. '볼똥볼똥'보다 거센 느낌을 준다.

¶자주 **볼퉁볼퉁** 화를 내다.

볼퉁-볼퉁02

의미 [+모양],[+다수],[+돌출]

제약

여기저기 톡톡 볼가져 있는 모양.

볼퉁스레

의미 [+태도],[+퉁명],[+냉정]

제약

퉁명스럽고 야멸친 태도로.

¶영이는 **볼퉁스레** 대꾸하고는 휙 돌아섰다.

볼퉁-히

의미 [+모양],[+돌출]

제약

① 톡 볼가진 모양으로.

¶사탕을 물어 아이의 볼이 **볼퉁히** 볼가졌다.

의미 [+퉁명],[+냉정]

제약

② 퉁명스럽고 야멸치게.

볼품없-이

의미 [+모습],[+표면],[+초라]

제약

겉으로 드러나 보이는 모습이 초라하게.

¶바람 때문에 쓰러진 꽃들은 **볼품없이** 시들어

갔다./병들고 지친 몸으로 의기소침하여 그 큰 체구를 **볼품없이** 오그라뜨리고 누워….≪전상국, 외딴길≫

봄-내

의미 [+계절],[+봄],[+지속]

제약

봄철 동안 내내.

¶올해는 **봄내** 가물다가 여름에 들어서면서 장마가 시작되었다./속병으로 **봄내** 음식을 못 먹어서 봄 타는 사람같이 저렇게 말랐다네.≪홍명희, 임꺽정≫/지난 겨우내 **봄내** 앓는 아이를 업고 개울 아래로 지친 그림자를 떨어뜨리며 피난민 가족들은 물처럼 흘러 들어왔다.≪오정희, 유년의 뜰≫

봉

의미 [+소리]v[+모양],[+문풍지],[+파손]

제약 {문풍지}-{뚫리다}

① 문풍지 따위가 뚫어질 때 나는 가벼운 소리. 또는 그 모양.

의미 [+소리],[+곤충],[−크기],[+비행]

제약 {곤충}-{날다}

② 벌과 같은 작은 곤충 따위가 날 때 나는 소리.

¶벌이 봉 날개를 떨며 날아간다.

의미 [+소리],[+공기]v[+가스],[+구멍],[+누출]

제약 {공기, 가스}-{빠지다}

③ 막혀 있던 공기나 가스가 좁은 구멍으로 터져 빠질 때 나는 소리.

¶방귀를 봉 뀌다.

봉곳

의미 [+모양],[+융기]v[+돌출]

제약

① 조금 도도록하게 나오거나 약간 높직이 솟아 있는 모양. 늑봉곳이①.

¶주발에 담긴 밥이 **봉곳** 솟아올라 있다.

의미 [+모양],[+물건][+밀착],[+분리]

제약

② 맞붙여 놓은 물건이 약간 들떠 있는 모양. 늑봉곳이②.

¶치마폭이 **봉곳** 뜨다./새로 도배한 벽지가 **봉곳**

들떠 있다.

봉곳-봉곳

의미 [+모양],[+다수],[+융기]v[+돌출]

제약

① 군데군데 여러 곳이 다 조금 도도록하게 나
오거나 높직이 솟아 있는 모양.

¶봉곳봉곳 부풀어 오른 꽃망울들.

의미 [+모양],[+물건][+밀착],[+다수],[+분
리]

제약

② 맞붙여 놓은 물건이 군데군데 여러 곳이 약
간씩 들떠 있는 모양.

봉곳-이

의미 [+모양],[+융기]v[+돌출]

제약

①=봉곳①. 조금 도도록하게 나오거나 약간 높
직이 솟아 있는 모양.

¶이제 가슴이 봉곳이 부풀어 오르는 여학생./썩
은 솔잎에 덮이어 흙이 봉곳이 돋아 올랐다.≪김
유정, 만무방≫

의미 [+모양],[+물건][+밀착],[+분리]

제약

②=봉곳②. 맞붙여 놓은 물건이 약간 들떠 있는
모양.

봉긋

의미 [+모양],[+융기]v[+돌출],[+정도]

제약

① 꽤 도도록하게 나오거나 소복하게 솟아 있는
모양. 늑봉긋이①.

¶교사 왼쪽에는 봉긋 솟은 왕릉골의 동산이 왕소
나무 숲에 덮여 있었는데….≪김원일, 불의 제전≫

의미 [+모양],[+물건][+밀착],[+분리]

제약

② 맞붙여 놓은 물건이 조금 들떠 있는 모양.
늑봉긋이②.

봉긋-봉긋

의미 [+모양],[+다수],[+융기]v[+돌출],[+정
도]

제약

① 군데군데 여러 곳이 다 꽤 도도록하게 나오

거나 소복하게 솟아 있는 모양.

¶무덤이 봉긋봉긋 솟아 있다./봄이 되자 꽃망울
이 봉긋봉긋 돋아났다.

의미 [+모양],[+물건][+밀착],[+다수],[+분
리]

제약

② 맞붙여 놓은 물건이 군데군데 여러 곳이 조
금씩 들떠 있는 모양.

봉긋-이

의미 [+모양],[+융기]v[+돌출],[+정도]

제약

①=봉긋①. 꽤 도도록하게 나오거나 소복하게
솟아 있는 모양.

¶어깨가 넓고 가슴을 봉긋이 내민 모습이 책상
물림 같지는 않다.

의미 [+모양],[+물건][+밀착],[+분리]

제약

②=봉긋②. 맞붙여 놓은 물건이 조금 들떠 있는
모양.

봉-봉

의미 [+소리]v[+모양],[+문풍지],[+파손],
[−정도],[+연속]

제약 {문풍지}-{뚫리다}

① 문풍지 따위가 뚫어질 때 잇따라 나는 가벼
운 소리. 또는 그 모양.

의미 [+소리],[+곤충],[−크기],[+비행],[+연
속]

제약 {곤충}-{날다}

② 벌과 같은 작은 곤충 따위가 날 때 잇따라
나는 소리.

의미 [+소리],[+공기]v[+가스],[+구멍],[+누
출],[+연속]

제약 {공기, 가스}-{빠지다}

③ 막혀 있던 공기나 가스가 좁은 구멍으로 터
져 빠질 때 잇따라 나는 소리.

의미 [+소리],[+자동차]v[+배],[+경적],[−정
도],[+연속]

제약 {자동차, 배}-{울리다}

④ 자동차, 배 따위에서 경적이 잇따라 가볍게
울리는 소리.

봉실

의미 [＋모양],[＋웃음],[－소리],[＋개구],[＋미려]

제약 {사람}-{웃다}

소리 없이 조금 입을 벌리고 예쁘장하게 한 번 웃는 모양.

봉실-봉실

의미 [＋모양],[＋웃음],[－소리],[＋개구],[＋미려],[＋반복]

제약 {사람}-{웃다}

소리 없이 조금 입을 벌리고 자꾸 예쁘장하게 웃는 모양.

봉싯

의미 [＋모양],[＋웃음],[－소리],[＋미려],[＋개구],[－정도]

제약 {사람}-{웃다}

소리 없이 예쁘장하게 조금 입을 벌리고 가볍게 웃는 모양.

봉싯-봉싯

의미 [＋모양],[＋웃음],[－소리],[＋미려],[＋개구],[－정도],[＋반복]

제약 {사람}-{웃다}

소리 없이 예쁘장하게 조금 입을 벌리고 가볍게 자꾸 웃는 모양.

봐-하니

의미 [＋관찰],[＋추측]

제약

'보아하니'의 준말. 겉으로 보아서 짐작하건대.
¶사람을 **봐하니** 술을 잘 먹게 생겼다./**봐하니** 젊은 아주머니가 우리 밥 지어 주느라고 고생하시네.≪홍명희, 임꺽정≫/**봐하니** 일가도 변변치 않고 장사 지내기도 퍽 어려운 모양인뎁쇼.≪염상섭, 삼대≫

부

의미 [＋소리],[＋공장]v[＋기선]

제약

공장이나 기선 따위에서 내는 굵고 낮은 소리.
¶**부** 하는 뱃고동 소리.

부걱

의미 [＋소리],[＋술],[＋발효],[＋거품]

제약 {거품}-{일어나다}

술 따위가 발효하여 큰 거품이 생기면서 나는 소리.

부걱-부걱

의미 [＋소리],[＋술],[＋발효],[＋거품],[＋반복]

제약 {거품}-{일어나다}

술 따위가 발효하여 큰 거품이 생기면서 잇따라 나는 소리.
¶술이 **부걱부걱** 끓는다.

부그르르

의미 [＋소리]v[＋모양],[＋액체],[＋비등],[＋속도],[＋순간],[＋연속]

제약 {액체}-{끓다}

① 많은 양의 액체가 넓은 범위에서 잇따라 갑자기 빠르게 끓어오를 때 나는 소리. 또는 그 모양.
¶죽이 **부그르르** 끓어 넘친다.

의미 [＋소리]v[＋모양],[＋거품],[＋발생],[＋속도],[＋순간],[＋연속]

제약 {거품}-{일어나다}

② 큰 거품이 잇따라 갑자기 빠르게 일어날 때 나는 소리. 또는 그 모양.
¶물에 발포제가 들어 있는 알약을 넣으니까 거품이 **부그르르** 올라온다./옥란이 따르는 맥주 거품이 **부그르르** 넘쳐 흐르는 잔을 탐하듯이 들이켰다.≪김말봉, 찔레꽃≫

부글-부글

의미 [＋소리]v[＋모양],[＋액체],[＋비등],[＋소란],[＋연속]

제약 {액체}-{끓다}

① 많은 양의 액체가 잇따라 야단스럽게 끓는 소리. 또는 그 모양.
¶양철통 화덕에 냄비를 걸어 놓고, 우거지나 김치 줄거리를 숭숭 썰어 넣은 비지를 **부글부글** 끓이면서….≪이희승, 소경의 잠꼬대≫

의미 [＋소리]v[＋모양],[＋거품],[＋발생],[＋연속]

제약 {거품}-{일어나다}

② 큰 거품이 잇따라 일어나는 소리. 또는 그 모양.

¶밀물에 잠기고 있는 갯벌 밭에는 **부글부글** 거품이 일어나고 있었다.≪한승원, 해일≫

의미 [＋모양],[＋생각],[＋복잡]v[＋불쾌],[＋고통],[＋반복]

제약

③ 착잡하거나 언짢은 생각이 뒤섞여 마음이 자꾸 들볶이는 모양.

¶**부글부글** 울화가 끓어오르다./태영의 가슴속에 **부글부글** 괴고 있는 상념의 소용돌이 같은 걸 규는 이해할 수가 있었다.≪이병주, 지리산≫/괜한 짜증만 목구멍 속에서 **부글부글** 끓어오르고 있었다.≪김승옥, 동두천≫

의미 [＋모양],[＋사람]v[＋짐승]v[＋벌레],[＋다수],[＋밀집],[＋복잡]

제약 {사람, 짐승, 벌레}-{모이다, 끓다, 들끓다}
④ 사람이나 짐승, 벌레 따위가 많이 모여 복잡하게 움직이는 모양.

¶거리는 인파로 **부글부글** 들끓었다.

부끄러이

의미 [＋심리],[＋수치]v[－당당],[＋정도]

제약 {　}-{여기다}

① 일을 잘 못하거나 양심에 거리끼어 볼 낯이 없거나 매우 떳떳하지 못하게.

¶그는 아버지의 직업을 **부끄러이** 여겼다./옷이 없다든가 무엇이 부족하다가 하는 것을 입 밖에 내기는커녕 생각하기조차 **부끄러이** 여기는 대궐 안에서….≪김동인, 운현궁의 봄≫

의미 [＋심리],[＋조심],[＋수줍음],[＋정도]

제약

② 스스러움을 느끼어 매우 수줍게.

¶**부끄러이** 고개를 숙인 할미꽃이 무덤가에 피어 있다.

부다듯-이

의미 [＋몸],[＋열]

제약 {사람}-{뜨겁다}

몸에 열이 나서 불이 달듯 할 정도로 몹시 뜨겁게.

¶아이가 몸이 **부다듯이** 뜨겁다.

부단-히

의미 [＋지속],[＋연속]

제약

꾸준하게 잇대어 끊임이 없이.

¶성공하려면 **부단히** 노력해야 한다./차츰 종술이한테 끌리는 자신을 그녀는 **부단히** 경계하지 않으면 안 되었다.≪윤흥길, 완장≫/난로에 불이 꺼지게 하지 않으려고 옆에 젊은 사람 하나가 **부단히** 장작을 지피는 것이었다.≪변영로, 명정 40년≫

부담스레

의미 [＋느낌],[＋의무]v[＋책임]

제약

어떠한 의무나 책임을 져야 할 듯한 느낌이 있게.

¶가연은 때로 이 응어리가 못 견딜 정도로 **부담스레** 느껴질 때가 있다.≪홍성원, 육이오≫

부당-히

의미 [－이치]

제약

이치에 맞지 아니하게.

¶세무 조사 결과 몇몇 기업들은 세금을 **부당히** 내지 않은 것으로 밝혀졌다./변호사가 되어 **부당히** 투옥되고 학살당하는 애국지사들을 위해 법정 투쟁을 하는 일이….≪손창섭, 낙서족≫

부두둑

의미 [＋소리],[＋물건],[＋견고]v[＋질김]v[＋윤기],[＋마찰]

제약 {　}-{비비다, 문지르다}

① 단단하고 질기거나 번드러운 큰 물건을 되게 비비거나 문지르는 소리.

의미 [＋소리],[＋배설],[－견고],[＋노력]

제약 {똥}-{누다}

② 무른 똥을 힘들여 누는 소리.

부두둑-부두둑

의미 [＋소리],[＋물건],[＋견고]v[＋질김]v[＋윤기],[＋마찰],[＋반복]

제약 {　}-{비비다, 문지르다}

① 단단하고 질기거나 번드러운 큰 물건을 자꾸 되게 비비거나 문지르는 소리.

¶방바닥을 **부두둑부두둑** 소리가 나도록 깨끗이 닦았다.

의미 [+소리],[+배설],[−견고],[+노력],[+반복]

제약 {똥}−{누다}

② 무른 똥을 힘들여 자꾸 누는 소리.

부둑-부둑

의미 [+모양],[+물건],[+표면],[+건조],[+견고]

제약

물기가 있는 물건의 거죽이 거의 말라 약간 뻣뻣하게 굳어진 모양.

¶비에 젖었던 구두가 **부둑부둑** 말라 있어서 신기가 불편했다.

부둥-부둥

의미 [+모양],[+살],[+증가],[+유연]

제약 {사람, 동물}−{살찌다}

퉁퉁하게 살이 찌고 부드러운 모양.

¶돼지가 **부둥부둥** 살이 올랐다.

부드득

의미 [+소리],[+물건],[+견고]v[+질김]v[+윤기],[+마찰]v[+연마]

제약 { }−{문지르다, 갈다}

① 든든하고 질기거나 번드러운 물건을 되게 문지르거나 마주 갈 때에 나는 소리.

¶**부드득** 이를 갈다./흥선은 **부드득** 상을 미는 시늉을 한다.≪박종화, 전야≫

의미 [+소리],[+배설],[−견고],[+노력]

제약 {똥}−{누다}

② 무른 똥을 힘들여 눌 때에 나는 소리.

¶**부드득** 소리를 내며 아이가 똥을 누고 있다.

부드득-부드득

의미 [+소리]v[+모양],[+물건],[+견고]v[+질김]v[+윤기],[+마찰]v[+연마],[+반복]

제약 { }−{문지르다, 갈다}

① 든든하고 질기거나 번드러운 물건을 자꾸 되게 문지르거나 마주 갈 때에 잇따라 나는 소리. 또는 그 모양.

¶만득이 이 녀석부터 죽여 버리고 말겠다고 이를 **부드득부드득** 갈았다.≪송기숙, 녹두 장군≫

의미 [+소리]v[+모양],[+배설],[−견고],[+노력],[+연속]

제약 {똥}−{누다}

② 무른 똥을 힘들여 자꾸 눌 때에 잇따라 나는 소리. 또는 그 모양.

¶아이가 **부드득부드득** 똥을 눈다.

부드등

의미 [+소리],[+물건],[+견고]v[+질김]v[+윤기],[+마찰]

제약 { }−{문지르다}

① 든든하고 미끄럽거나 번드러운 물건을 세게 문지를 때 거볍게 울리며 나는 소리.

¶기타 줄을 당기니 **부드등** 소리가 났다.

의미 [+소리],[+피륙],[+절단]v[+파열],[+공명]

제약 {피륙}−{찢어지다, 터지다}

② 피륙 따위의 질긴 물건이 찢어지거나 터질 때 거볍게 울리며 나는 소리.

¶장구가 **부드등** 터져 버렸다.

부드등-부드등

의미 [+소리],[+물건],[+견고]v[+질김]v[+윤기],[+마찰],[+반복]

제약 { }−{문지르다}

든든하고 미끄럽거나 번드러운 물건을 자꾸 세게 문지를 때 잇따라 거볍게 울리며 나는 소리.

부드러이

의미 [+느낌],[+접촉],[−거침]

제약

① 닿거나 스치는 느낌이 거칠거나 뻣뻣하지 아니하게.

¶하늘하늘한 치맛자락이 다리를 **부드러이** 감싸고 있다.

의미 [+성질]v[+태도],[+온화],[+정도]

제약

② 성질이나 태도가 억세지 아니하고 매우 따뜻하게.

¶그는 나에게 **부드러이** 웃으며 말하였다.

의미 [+가루],[−크기],[+고움]

제약

③ 가루 따위가 매우 잘고 곱게.

의미 [+일],[+상황]v[+행동],[+용이]

제약

485

④ 일의 형편이나 동작이 뻑뻑하지 아니하게.

¶행사가 부드러이 잘 진행되고 있다.

의미 [+술],[+순함],[+섭취],[+용이]

제약

⑤ 술이 독하지 아니하여 목으로 넘기기 좋게.

¶그 과실주는 순하여 마실 때 **부드러이** 넘어간다.

부득

의미 [+소리],[+물건],[+견고]v[+질김]v[+윤기],[+마찰]v[+연마]

제약 { }-{문지르다, 갈다}

① '부드득①'의 준말. 든든하고 질기거나 번드러운 물건을 되게 문지르거나 마주 갈 때에 나는 소리.

¶그는 분에 못 이겨 이를 **부득** 갈았다.

의미 [+소리],[+배설],[-견고],[+노력]

제약 {똥}-{누다}

② '부드득②'의 준말. 무른 똥을 힘들여 눌 때에 나는 소리.

부득-부득01

의미 [+모양],[+억지],[+고집],[+요구],[+반복]

제약 {사람}-{우기다, 조르다}

억지를 부려 제 생각대로만 하려고 자꾸 우기거나 조르는 모양.

¶두 대감은 안채로 모시겠다고 **부득부득** 우기는 주인의 호의를 군이 사양하고 바깥채에 들었다. ≪현기영, 변방에 우짖는 새≫/본가에 눌러 있으라고 그렇게나 말리는 것도 **부득부득** 뿌리치고 떠나더니….≪윤흥길, 무지개는 언제 뜨는가≫/명화가 기생 하나는 심심하니 기어이 초월을 부르자고 **부득부득** 졸랐으되 석호는 끝까지 거절하였다. ≪현진건, 적도≫

부득-부득02

의미 [+소리]v[+모양],[+물건],[+견고]v[+질김]v[+윤기],[+마찰]v[+연마],[+반복]

제약 { }-{문지르다, 갈다}

① '부드득부드득①'의 준말. 든든하고 질기거나 번드러운 물건을 자꾸 되게 문지르거나 마주 갈

때에 잇따라 나는 소리. 또는 그 모양.

¶텁석부리는 **부득부득** 이를 갈며 숲 속을 향해 악을 써 놓고 제자리로 돌아섰다.≪송기숙, 녹두장군≫/평촌댁이는 혀를 끌끌 차면서 머리부터 발까지 **부득부득** 문질러 댄다.≪하근찬, 야호≫

의미 [+소리]v[+모양],[+배설],[-견고],[+노력],[+연속]

제약 {똥}-{누다}

② '부드득부드득②'의 준말. 무른 똥을 힘들여 자꾸 눌 때에 잇따라 나는 소리. 또는 그 모양.

부득불

의미 [+강제],[-의도]

제약

하지 아니할 수 없어. 또는 마음이 내키지 아니하나 마지못하여. ≒불가불.

¶저들이 기어이 성문을 열기로 든다면 **부득불** 총질을 안 할 수 없소.≪현기영, 변방에 우짖는 새≫/외출비를 따로 마련하기 위해서는 그들은 **부득불** 비상수단을 강구해야 되는 것이다.≪홍성원, 육이오≫

부득이

의미 [+강제],[-의도]

제약

마지못하여 하는 수 없이. ≒불가부득.

¶집안 사정으로 **부득이** 학업을 중단하였다./**부득이** 교사는 우선 관사를 빌려서 쓰게 하고 선생은 임시로 아무든지 대용할 수밖에 없었는데…. ≪이기영, 봄≫/**부득이** 들어와서 할 말이면 밝은 날 와서 하시지요.≪한용운, 흑풍≫

부들-부들01

의미 [+상태],[+신체],[+요동],[+정도],[+반복]

제약 {몸}-{떨다}

자꾸 몸을 크게 부르르 떠는 모양.

¶손끝이 **부들부들** 떨린다./몸이 **부들부들** 떨리도록 춥다./화가 나다 못해 가슴이 **부들부들** 떨린다./비를 맞아서 온몸이 후줄근해 가지고 **부들부들** 떨고 있는 허연 물건은 틀림없는 계월향이다. ≪박종화, 임진왜란≫/공포와 추위에 잔뜩 짓눌려서 그들은 끊임없이 몸을 **부들부들** 떨고 있는

것이다.≪홍성원, 육이오≫

부들-부들02

의미 [+느낌],[+피부],[+접촉],[+유연],[+정도]

제약

살갗에 닿는 느낌이 매우 부드러운 모양.

¶비단 이불이 **부들부들** 아주 촉감이 좋다.

부듯-이

의미 [+과도],[+볼록]

제약

① 집어넣거나 채우는 것이 한도보다 조금 더하여 불룩하게.

¶품 안으로 들어온 아내를 **부듯이** 안으며 태석이는 저도 모르게 한숨을 쉬었다.≪하근찬, 야호≫

의미 [+기쁨]v[+감격],[+충만],[+감동]

제약

② 기쁨이나 감격이 마음에 가득 차서 벅차게.

¶가슴에 **부듯이** 느껴지는 이야기.

부등-부등

의미 [+모양],[+고집],[+억지]

제약 { }-{우기다}

억지를 쓰며 자꾸 우기는 모양.

¶싫은 것을 **부등부등** 우겨 대니 더 한층 싫어진다.≪유진오, 화상보≫

부디

의미 [+요청],[+진심],[+간절]

제약

'바라건대', '꼭', '아무쪼록'의 뜻으로, 남에게 청하거나 부탁할 때 바라는 마음이 간절함을 나타내는 말.

¶부디 건강하시기 바랍니다./이번 모임에 **부디** 참석하여 주시기 바랍니다./어머님, **부디** 몸조심하십시오./이번 일에 대하여 **부디** 오해 없기를 바라오./말 한 마디만 빗나가도 어느 귀신이 잡아갈지 모르게 덜미를 쳐 가는 세상인데 **부디** 말조심해라.≪이무영, 농민≫/여러분은 **부디** 살아서 귀국을 하셔서 기다리는 이들에게 실망을 주지 마셔야 해요.≪안정효, 하얀 전쟁≫

부디-부디

의미 [+요청],[+진심],[+간절],[+정도]

제약

'부디'를 더 간곡하게 이르는 말. '바라건대', '꼭', '아무쪼록'의 뜻

¶**부디부디** 잘 가시오./애야, **부디부디** 잘 살아라./어머니, **부디부디** 건강하게 오래 사십시오./**부디부디** 이 편지 받으시는 대로 내려오시기 바랍니다.≪이광수, 흙≫

부랴-부랴

의미 [+모양],[+조급],[+정도]

제약

매우 급하게 서두르는 모양.

¶**부랴부랴** 달려갔지만 기차는 이미 떠난 뒤였다./**부랴부랴** 길을 재촉했지만 금방 해가 지고 말았다./그는 아버님이 위중하다는 소식을 듣고 **부랴부랴** 고향으로 돌아오는 길이었다./겨울 초입에서는 이른 추위가 닥쳐서 **부랴부랴** 김장들을 재촉하고 쌓아 놓은 배추를 얼리더니….≪한수산, 부초≫

부랴-사랴

의미 [+모양],[+조급],[+분주],[+정도]

제약

매우 부산하고 급하게 서두르는 모양.

¶어머니는 아들이 파출소에 있다는 말을 듣고 **부랴사랴** 파출소로 달려가셨다./아버님께서 한시 바삐 자리를 뜨셔야 하겠기 때문에 **부랴사랴** 떠났던 것인데….≪염상섭, 택일하던 날≫/**부랴사랴** 외부 대신 집으로 달려가는 교자가 있었다.≪유주현, 대한 제국≫

부러

의미 [-실속],[+거짓]

제약

실없이 거짓으로.

¶**부러** 없는 체하다./동네 사람들이 악을 쓰며 쫓아가고 있을 때 만재는 **부러** 뒤로 처졌다.≪송기숙, 암태도≫/일을 다 짐작하고도 **부러** 딴청을 부리는 것 같아 더 못 견딜 일이었다.≪천승세, 낙월도≫/나도 그런 짓은 안 하고, 할 줄 알아도 **부러** 않는 사람이야….≪이문구, 장한몽≫

부러이

의미 [+마음],[+소원]

제약

남의 좋은 일이나 물건을 보고 자기도 그런 것을 바라는 마음으로.

¶그녀는 노래 잘하는 사람을 늘 **부러이** 여겨 왔다.

부루

의미 [+상태],[+지속],[−소진]

제약

한꺼번에 없애지 아니하고 오래가도록 늘여서.

¶하루 두 끼만으로 양식을 **부루** 먹었다.

부루퉁-히

의미 [+팽창],[+볼록]

제약

① 붓거나 부풀어 올라서 불룩하게.

¶벌에 쏘여 볼이 **부루퉁히** 부었다.

의미 [+얼굴],[+분노],[+불만],[−만족]

제약

② 불만스럽거나 못마땅하여 성난 빛이 얼굴에 나타나게.

¶왜 공부는 안 하고 **부루퉁히** 앉아 있니?

부르르

의미 [+모양],[+요동],[+크기],[−정도]

제약 { }-{떨다}

① 크고 거볍게 떠는 모양.

¶몸이 **부르르** 떨린다./아버지는 6·25 전쟁이라면 **부르르** 몸서리를 칠 만큼 고생을 하셨다./그 생각만 하면 **부르르** 치가 떨린다./추운지 **부르르** 입술을 떨고 있다./그는 입술을 깨물며 두 주먹을 **부르르** 떨었다.

의미 [+모양],[+종이]v[+털],[+연소]

제약 {종이, 털}-{타다}

② 얇은 종이나 털 따위에 불이 붙어 거볍게 타오르는 모양.

¶담뱃불을 던지자 가랑잎이 **부르르** 타올랐다.

의미 [소리]v[+모양],[+액체],[+비등]

제약 {액체}-{끓다}

③ 많은 양의 액체가 거볍게 끓을 때 나는 소리. 또는 그 모양.

¶**부르르** 밥이 끓었다./주전자에서 **부르르** 물이 끓어 넘쳤다.

의미 [+모양],[+분노],[+순간],[−정도]

제약 {성}-{내다}

④ 갑자기 거볍게 성을 내는 모양.

¶그는 내 말을 듣고는 **부르르** 화를 내며 자리를 박차고 나갔다.

부르릉

의미 [+소리],[+자동차]v[+비행기],[+작동],[+시작]

제약 {자동차, 비행기}-{ }

자동차나 비행기 따위가 발동할 때 나는 소리.

¶차가 **부르릉** 시동을 건다./사람들이 타자 차는 **부르릉** 소리를 내며 출발했다.

부르릉-부르릉

의미 [+소리],[+자동차]v[+비행기],[+작동],[+시작],[+연속]

제약 {자동차, 비행기}-{ }

자동차나 비행기 따위가 발동할 때 잇따라 나는 소리.

¶페달을 밟자 **부르릉부르릉** 소리만 났고 차는 움직이지 않았다./자동차는 **부르릉부르릉** 시동이 가볍게 걸렸다.

부릉

의미 [+소리],[+자동차]v[+비행기],[+작동],[+시작]

제약 {자동차, 비행기}-{ }

'부르릉'의 준말. 자동차나 비행기 따위가 발동할 때 나는 소리.

¶차는 **부릉** 출발했다./이번엔 엔진 소리만 **부릉** 났다.≪박영한, 머나먼 송바 강≫

부릉-부릉

의미 [+소리],[+자동차]v[+비행기],[+작동],[+시작],[+연속]

제약 {자동차, 비행기}-{ }

'부르릉부르릉'의 준말. 자동차나 비행기 따위가 발동할 때 잇따라 나는 소리.

¶트럭 한 대가 **부릉부릉** 엔진 소리를 내고 있었다./사나이가 그쪽을 향해 손을 흔들며 다가가자 당장 **부릉부릉** 시동을 걸며 헤드라이트를 켰다.≪박완서, 도시의 흉년≫

부리나케

의미 [+급박],[+속도]

제약

서둘러서 아주 급하게.

¶부리나케 뛰어나가다./아이는 학교에 늦을까 봐 **부리나케** 뛰어갔다./그는 **부리나케** 달려가서 약을 사 왔다./빗방울이 떨어져서 **부리나케** 산을 내려왔다./나의 떨리는 목소리에 놀란 종형이 큰 부엌으로부터 **부리나케** 방으로 뛰어 들어왔다.≪송영, 투계≫

부리-부리

의미 [+모양],[+눈망울],[+크기],[+열기]

제약

눈망울이 억실억실하게 크고 열기가 있는 모양.

¶그는 눈을 **부리부리** 뜬 채로 이쪽만 노려보고 있었다./그 두툼하고 둥글넓적한 얼굴에서 웃음기가 사라지고 눈이 **부리부리** 번쩍이며 범치 못할 무서운 기세가 엿보였다.≪염상섭, 인플루엔자≫

부-부01

의미 [+소리],[+기선],[+기적],[+연속]

제약 {기선}-{ }

기선(汽船) 따위에서 연이어 나는 기적 소리.

부부02

의미 [+모양],[+눈]v[+비],[+낙하],[+정도]

제약 {눈, 비}-{쏟아지다}

① 눈이나 비가 한창 쏟아지는 모양.

의미 [+모양],[+다수],[+견고]

제약

② 많고 굳센 모양.

의미 [+모양],[+기운],[+상승]

제약

③ 기(氣)가 무럭무럭 올라가는 모양.

부산스레

의미 [+혼란],[+급박],[+소란]

제약

보기에 급하게 서두르거나 시끄럽게 떠들어 어수선한 데가 있게.

¶잔치는 지금부터가 시작인 듯 어둠 속으로 아낙네와 손님들이 **부산스레** 들락거렸다.≪홍성원, 육이오≫

부산-히

의미 [+혼란],[+급박],[+소란]

제약

급하게 서두르거나 시끄러울 정도로 떠들어 어수선하게.

¶식구들은 공원에서 잃어버린 동생을 찾기 위해 **부산히** 돌아다녔다.

부서석

의미 [+소리]v[+모양],[+물건],[+파손],[-정도]

제약 { }-{부스러지다}

'부석'의 본말. 마른 물건이 가볍게 부스러지는 소리. 또는 그 모양.

¶낙엽을 밟자 부서석 소리가 났다.

부서석-부서석

의미 [+소리]v[+모양],[+물건],[+파손],[-정도],[+연속]

제약 { }-{부스러지다}

'부석부석01'의 본말. 마른 물건이 잇따라 가볍게 부스러지는 소리. 또는 그 모양.

¶부서석부서석 낙엽 밟는 소리가 멀리서 들렸다./뒷마당에서 계속 부서석부서석 소리가 났다.

부석

의미 [+소리]v[+모양],[+물건],[+파손],[-정도]

제약 { }-{부스러지다}

마른 물건이 가볍게 부스러지는 소리. 또는 그 모양.

¶흙덩이가 발아래에서 부석 내려앉았다.

부석-부석01

의미 [+소리]v[+모양],[+물건],[+파손],[-정도],[+연속]

제약 { }-{부스러지다}

마른 물건이 잇따라 가볍게 부스러지는 소리. 또는 그 모양.

¶얼었던 흙덩이가 부석부석 내려앉았다.

부석-부석02

의미 [+모양],[+살],[+팽창]

제약 { }-{부어오르다}

살이 핏기가 없이 부어오른 모양.

¶그녀는 눈두덩이 부석부석 솟아 있었다./그의

얼굴은 **부석부석** 부어오르고 눈에는 핏발이 서
있었다.

부숭-부숭

의미 [+모양],[+건조],[-물기],[+유연]

제약

① 잘 말라서 물기가 없고 부드러운 모양.

¶빨래가 **부숭부숭** 잘 말랐다.

의미 [+모양],[+살결]v[+얼굴],[+미려],[+유연]

제약

② 살결이나 얼굴이 깨끗하여 아름답고 부드러운 모양.

¶목욕탕에서 나온 순이의 얼굴은 **부숭부숭** 아름다웠다.

의미 [+모양],[-핏기],[+피부],[+팽창]

제약 { }-{부어오르다}

③ 핏기 없이 조금 부은 듯한 모양.

¶**부숭부숭** 부어오른 얼굴, 눈꺼풀이 아래로 처져
있다.≪박경리, 토지≫

부스럭

의미 [+소리],[+잎]v[+검불]v[+종이],[+밟음]v[+접촉]

제약 {잎, 검불, 종이}-{밟다, 건드리다}

마른 잎이나 검불, 종이 따위를 밟거나 건드릴
때 나는 소리.

¶**부스럭** 소리만 나도 할머니는 문을 열고 밖을
내다보셨다.

부스럭-부스럭

의미 [+소리],[+잎]v[+검불]v[+종이],[+밟음]v[+접촉],[+반복]

제약 {잎, 검불, 종이}-{밟다, 건드리다}

마른 잎이나 검불, 종이 따위를 자꾸 밟거나 건드릴 때 나는 소리.

¶그는 호주머니에서 **부스럭부스럭** 담배를 꺼내
피웠다./이따금 **부스럭부스럭** 소리만 들릴 뿐 아무도 보이지 않았다.

부스스

의미 [+모양],[+머리카락]v[+털],[+기립]v[-정리],[+정도]

제약 {머리카락, 털}-{ }

① 머리카락이나 털 따위가 몹시 어지럽게 일어나거나 흐트러져 있는 모양. 늑푸시시02①.

¶자다 말고 일어난 아이가 **부스스** 흩어진 머리를 하고 잠옷을 입은 채로 나왔다./강아지는 털을 **부스스** 일으키더니 몸을 크게 떨었다.

의미 [+모양],[+기립],[-속도],[+은밀]

제약 {사람}-{일어나다}

② 누웠거나 앉았다가 느리게 슬그머니 일어나는 모양. 늑푸시시02②.

¶잠자리에서 **부스스** 일어나다./잠들었던 아이가
부스스 눈을 떴다./서태석의 채근을 받고서야
마치 잠에서 깨난 사람들처럼 **부스스** 일어섰다.
≪송기숙, 암태도≫

의미 [+소리]v[+모양],[+부스러기],[+혼란],[+산개]

제약 {부스러기}-{ }

③ 부스러기 따위가 어지럽게 흩어지는 소리. 또는 그 모양. 늑푸시시02③.

¶흙더미가 **부스스** 무너져 내렸다./아이들 호주머니를 뒤집었더니, 모래가 **부스스** 떨어졌다.

의미 [+소리]v[+모양],[+미닫이]v[+장지문],[+개폐],[-속도],[+은밀]

제약 {문}-{열다}

④ 미닫이나 장지문 따위를 느리게 슬그머니 여닫는 소리. 또는 그 모양. 늑푸시시02④.

¶방문이 **부스스** 열리다./어둠 속에서 **부스스** 문을 여는 소리가 나더니 한 사람이 들어왔다.

의미 [+모양],[+물건],[+연결],[+간격]

제약

⑤ 물건의 사개가 힘없이 물러나는 모양.

부슬-부슬01

의미 [+모양],[+덩이],[+가루],[-물기],[-응결],[+파손],[+용이]

제약 { }-{부스러지다}

덩이진 가루 따위가 물기가 적어 잘 엉기지 못하고 부스러지기 쉬운 모양.

¶떡이 **부슬부슬** 부스러지다./토담에서 **부슬부슬**
흙이 떨어졌다.

부슬-부슬02

의미 [+모양],[+눈]v[+비],[+낙하],[+간격],

[+조용]

제약 {눈, 비}-{오다, 내리다}

눈이나 비가 성기게 조용히 내리는 모양.

¶봄비가 **부슬부슬** 내리다./눈이 **부슬부슬** 오다.

부썩⁰¹

의미 [소리]v[+모양],[+물건],[+파손],[−정도]

제약 { }-{부스러지다}

마른 물건이 가볍게 부스러지는 소리. 또는 그 모양. '부석'보다 조금 센 느낌을 준다.

¶갑자기 등 뒤에서 **부썩** 소리가 났다.

부썩⁰²

의미 [+모양],[+고집]v[+행동],[+방법],[+유일]

제약 { }-{우기다}

① 외곬으로 세차게 우기거나 행동하는 모양.

¶그때 딸애가 대학을 안 가고 유학을 가겠다고 **부썩** 우겼다./그는 수학에 **부썩** 매달렸다.

의미 [+모양],[+전진]v[±확장],[−장애],[+순간]

제약 { }-{나아가다, 늘다, 줄다}

② 거침새 없이 갑자기 나아가거나 늘거나 주는 모양.

¶요즈음 할머니의 잔소리가 **부썩** 늘었다./아이가 올해 한 해 동안에 **부썩** 자랐다./중학교에 들어가면서 아이의 말수가 **부썩** 줄었다./아프고 나더니 몸무게가 **부썩** 줄었다.

부썩-부썩⁰¹

의미 [+소리],[+물건],[+건조],[+파손],[+연속],[−정도]

제약 { }-{부스러지다}

마른 물건이 잇따라 가볍게 부스러지는 소리. '부석부석'보다 조금 센 느낌을 준다.

¶사람은 보이지 않고 숲 속 여기저기서 **부썩부썩** 소리만 났다.

부썩-부썩⁰²

의미 [+모양],[+고집]v[+행동],[+방법],[+유일],[+반복]

제약 { }-{우기다}

① 외곬으로 세차게 자꾸 우기거나 행동하는 모양.

¶아이가 할머니를 따라가겠다고 **부썩부썩** 우기고 있다./주위에서 말려도 **부썩부썩** 취직 시험 준비를 하더니 그는 결국 큰 회사에 취직을 했다.

의미 [+모양],[+전진]v[±확장],[−장애],[+순간]

제약 { }-{나아가다, 늘다, 줄다}

② 거침새 없이 갑자기 자꾸 나아가거나 늘거나 주는 모양.

¶한번 소문이 나니까 회원 수가 **부썩부썩** 늘어났다./크는 아이들이라 차려 놓은 음식이 **부썩부썩** 줄었다.

부얼-부얼

의미 [+모양],[+살]v[+털],[+소담]

제약

살이 찌거나 털이 복슬복슬하여 탐스럽고 복스러운 모양.

¶강아지가 **부얼부얼** 살이 쪘다./그 사람은 스타킹을 벗었다. **부얼부얼** 솟은 털이 정강이까지 무성히 자라 있었다.≪최인호, 지구인≫

부엉

의미 [+소리],[+부엉이]

제약 {부엉이}-{울다}

부엉이가 우는 소리.

부엉-부엉

의미 [+소리],[+부엉이],[+반복]

제약 {부엉이}-{울다}

부엉이가 잇따라 우는 소리.

¶**부엉부엉** 부엉새가 우는 밤.

부웅-부웅

의미 [+소리],[+뱃고동]v[+문풍지],[+공명]

제약 {뱃고동, 문풍지}-{ }

뱃고동이나 문풍지 따위가 울리는 소리.

¶창밖에서 몰아치는 바람 소리에 문풍지가 **부웅부웅** 하고 울 뿐……≪심훈, 영원의 미소≫/**부웅부웅** 하는 고동 소리가 잦게 울렸다.≪김동리, 밀다원 시대≫

부유스름-히

의미 [−선명],[−분명]

제약

선명하지 않고 약간 부옇게.

¶방조제의 긴긴 둑이 눈앞에 **부유스름히** 떠올랐다.《윤흥길, 묵시의 바다》

부윰-히

의미 [+빛],[-분명]

제약

빛이 조금 부옇게.

부잇-이

의미 [+빛],[-분명]

제약

빛이 조금 부연 듯하게.

부자연스레

의미 [-자연],[+어색]

제약

익숙하지 못하거나 억지로 꾸민 듯하여 어색한 데가 있게.

¶부자연스레 웃다.

부자유스레

의미 [+행동],[-자유],[+상황]v[+조건]

제약

어떤 외적 상황이나 조건 때문에 행동하는 것이 자유롭지 못하게.

¶그의 태도가 오늘따라 부자유스레 느껴진다.

부잡스레

의미 [-성실],[+경망],[+추잡]

제약

사람됨이 성실하지 못하고 경망스러우며 추잡한 데가 있게.

부전-부전

의미 [+모양],[-고려],[+욕구],[+조급]

제약

남의 사정은 돌보지 아니하고 자기가 하고 싶은 일에만 서두르는 모양.

¶아들이라면 신통해서 인사라도 가겠지마는 아기 어머니부터 신신치 않아 하는데 **부전부전** 쫓아 들어갈 것까지 없다 하고 내버려 두었더니….《염상섭, 우주 시대 전후의 아들딸》

부절-히

의미 [-단절],[+계속]

제약

끊이지 아니하고 계속.

¶사람이 산다는 건 부절히 손을 더럽히는 일이고 그러니까 자꾸 손을 씻어야 하는 것이다.《이병주, 행복어 사전》/그래도 늘 보다 더 잘하고 싶은, 보다 좋게 하고 싶은 욕심과 애착으로 **부절히** 거기에 주의가 끌리고 애가 쓰이고 함은 도대체 무슨 까닭인지….《채만식, 냉동어》

부정-히

의미 [-청결]

제약

깨끗하지 못하게.

부지런스레

의미 [-유희],[+근면],[+지속],[+정도]

제약

놀지 아니하고 하는 일에 매우 꾸준한 데가 있게.

부지런-히

의미 [+태도],[+근면],[+지속],[+정도]

제약

어떤 일을 꾸물거리거나 미루지 않고 꾸준하게 열심히 하는 태도로.

¶부지런히 공부하다./손을 부지런히 놀리다.

부지지

의미 [+소리],[+물건],[+가열],[+연소]v[-부피]

제약 { }-{타다, 졸다}

① 물기 있는 물건이 뜨거운 열에 닿아 타거나 졸아드는 소리.

¶심지가 부지지 소리를 내며 타들어 간다.

의미 [+소리],[+쇠붙이],[+열기],[+접촉],[+물]

제약 {쇠붙이}-{ }

② 뜨거운 쇠붙이 따위가 물에 닿을 때 나는 소리.

¶빨갛게 달군 쇳덩이를 물에 담그자 부지지 소리를 내며 김이 피어올랐다.

부지직

의미 [+소리],[+물건],[+가열],[+연소]v[+감소],[+순간]

제약 { }-{타다, 졸다}

① 물기 있는 물건이 뜨거운 열에 닿아서 급히

492

타거나 졸아붙는 소리.

¶담배를 **부지직** 비벼 끄다./종세는 바짝 촛불을 자신의 얼굴에 갖다 대었다. 머리칼이 몇 올 **부지직** 타올랐다.≪최인호, 지구인≫

의미 [＋소리],[＋배설],[－견고],[－예의],[＋순간]

제약 {똥}-{싸다}

② 무른 똥을 급히 쌀 때 되바라지게 나는 소리.

의미 [＋소리],[＋물건],[＋파열],[＋순간]

제약 { }-{째지다, 갈라지다}

③ 질기고 뻣뻣한 물건이 갑자기 조금씩 째지거나 갈라지는 소리.

의미 [＋모양],[＋진땀],[＋배출]

제약 {진땀}-{나다}

④ 진땀 따위가 살갗으로 배어 나오는 모양.

¶진땀이 **부지직** 솟다.

부지직-부지직

의미 [＋소리],[＋물건],[＋가열],[＋연소]v[＋감소],[＋순간],[＋반복]

제약 { }-{타다, 졸다}

① 물기 있는 물건이 뜨거운 열에 닿아서 자꾸 급히 타거나 졸아붙는 소리.

¶밝은 오정이 넘으니까 정원의 나뭇잎까지 **부지직부지직** 탈 듯싶이 끓는 햇발이 무시무시하게 내리쪼인다.≪염상섭, 모란꽃 필 때≫

의미 [＋소리],[＋배설],[－견고],[＋순간],[－예의],[＋반복]

제약 {똥}-{싸다}

② 무른 똥을 급히 쌀 때에 되바라지게 자꾸 나는 소리

의미 [＋소리],[＋물건],[＋파열],[＋순간],[＋반복]

제약 { }-{째지다, 갈라지다}

③ 질기고 뻣뻣한 물건이 갑자기 조금씩 자꾸 째지거나 갈라지는 소리.

의미 [＋모양],[＋진땀],[＋배출],[＋반복]

제약 {진땀}-{나다}

④ 진땀 따위가 살갗으로 자꾸 배어 나오는 모양.

¶진땀이 **부지직부지직** 나오다.

부직

의미 [＋소리],[＋물건],[＋가열],[＋연소]v[＋감소],[＋순간]

제약 { }-{타다, 졸다}

① ‘부지직①’의 준말. 물기 있는 물건이 뜨거운 열에 닿아서 급히 타거나 졸아붙는 소리.

의미 [＋소리],[＋배설],[－견고],[＋순간],[－예의]

제약 {똥}-{싸다}

② ‘부지직②’의 준말. 무른 똥을 급히 쌀 때 되바라지게 나는 소리.

의미 [＋소리],[＋물건],[＋파열],[＋순간]

제약 { }-{째지다, 갈라지다}

③ ‘부지직③’의 준말. 질기고 뻣뻣한 물건이 갑자기 조금씩 째지거나 갈라지는 소리.

의미 [＋모양],[＋진땀],[＋배출]

제약 {진땀}-{나다}

④ ‘부지직④’의 준말. 진땀 따위가 살갗으로 배어 나오는 모양.

부직-부직

의미 [＋소리],[＋물건],[＋가열],[＋연소]v[＋감소],[＋순간]

제약 { }-{타다, 졸다}

① ‘부지직부지직①’의 준말. 물기 있는 물건이 뜨거운 열에 닿아서 자꾸 급히 타거나 졸아붙는 소리.

의미 [＋소리],[＋배설],[－견고],[＋순간],[－예의],[＋반복]

제약 {똥}-{싸다}

② ‘부지직부지직②’의 준말. 무른 똥을 급히 쌀 때에 되바라지게 자꾸 나는 소리.

의미 [＋소리],[＋물건],[＋파열],[＋순간],[＋반복]

제약 { }-{째지다, 갈라지다}

③ ‘부지직부지직③’의 준말. 질기고 뻣뻣한 물건이 갑자기 조금씩 자꾸 째지거나 갈라지는 소리.

의미 [＋모양],[＋진땀],[＋배출],[＋반복]

제약 {진땀}-{나다}

④ ‘부지직부지직④’의 준말. 진땀 따위가 자꾸

살갗으로 배어 나오는 모양.

부질-부질

의미 [+모양],[+마음],[+애처],[+애통],[+반복]

제약

매우 속이 상하거나 안타까워서 애가 자꾸 타는 모양.

부질없-이

의미 [-중요],[-효용]

제약

대수롭지 아니하거나 쓸모가 없이.

¶부질없이 눈물만 흘리다./아무 말도 하지 말고 덮어놓고 빌거나 할걸, **부질없이** 말을 해서 그이를 노엽게 하였다.≪한용운, 흑풍≫

부쩍

의미 [+모양],[+행동],[+고집],[+유일]

제약 { }-{우기다}

① 외곬으로 빡빡하게 우기는 모양.

¶아내가 **부쩍** 우겨 그도 그 일에 찬성을 하게 되었다.

의미 [+모양],[+상태]v[+빈도]v[+양],[±확장],[-장애],[+순간]

제약 { }-{늘다, 줄다}

② 어떤 사물이나 현상의 상태, 빈도, 양 따위가 매우 거침새 없이 갑자기 늘거나 주는 모양.

¶손님이 **부쩍** 늘다./사무실이 **부쩍** 붐빈다./물가가 **부쩍** 오르다./조바심이 **부쩍** 난다./영화 산업에 **부쩍** 관심이 쏠린다./못 본 사이에 아이는 **부쩍** 자라 있었다./할머니는 요즘 들어 **부쩍** 돌아가신 아버지 말씀을 많이 하신다./언제부턴가 남편의 외박이 **부쩍** 잦아지기 시작했다.≪윤흥길, 완장≫

의미 [+모양],[+접촉],[-간격]

제약 { }-{달라붙다}

③ 매우 가까이 달라붙는 모양.

¶약속한 날짜가 **부쩍** 다가왔다.

의미 [+모양],[+긴장],[+정도]

제약

④ 몹시 힘을 주거나 긴장하는 모양.

¶**부쩍** 긴장하다.

부쩍-부쩍

의미 [+모양],[+행동],[+고집],[+유일],[+반복]

제약 { }-{우기다}

① 외곬으로 빡빡하게 자꾸 우기는 모양.

의미 [+모양],[+상태]v[+빈도]v[+양],[±확장],[-장애],[+반복]

제약 { }-{늘다, 줄다}

② 어떤 사물이나 현상의 상태, 빈도, 양 따위가 매우 거침새 없이 자꾸 늘거나 주는 모양.

¶영양 상태가 좋아지자 아이들은 **부쩍부쩍** 자랐다./그동안 하나둘 흩어져 있던 아이들이, 영신이가 돌아온 뒤에, 신입생이 열씩 스물씩 **부쩍부쩍** 늘었다.≪심훈, 상록수≫/빗줄기가 어찌나 퍼붓던지 물이 **부쩍부쩍** 불어나는 것이 눈에 보일 정도였다.≪홍성암, 큰물로 가는 큰 고기≫

의미 [+모양],[+접촉],[-간격],[+반복]

제약 { }-{달라붙다}

③ 자꾸 매우 가까이 달라붙는 모양.

의미 [+모양],[+긴장],[+정도],[+반복]

제약

④ 자꾸 몹시 힘을 주거나 긴장하는 모양.

부풀-부풀

의미 [+모양],[+부푸러기],[+다수],[+발생]

제약 {부푸러기}-{일다}

① 부푸러기가 여기저기에 많이 일어나 있는 모양.

¶부푸러기가 **부풀부풀** 일어난다.

의미 [+모양],[+물체],[+팽창],[+부피],[+증가]

제약

② 물체가 매우 늘어나 부피가 큰 모양.

부풋-부풋

의미 [+모양],[-무게],[+부피]

제약

① 무게는 나가지 아니하지만 부피가 매우 큰 듯한 모양.

의미 [+모양],[-실속],[+크기],[-치밀],[+정도]

제약

② 실속은 없이 매우 엉성하게 큰 모양.

북

의미 [+소리]v[+모양],[+물건],[+표면],[+마찰],[+정도]

제약 { }-{갈다, 긁다}

① 부드럽고 무른 물건의 거죽을 세게 갈거나 긁는 소리. 또는 그 모양.

¶아이는 소파에 앉아 손잡이의 가죽을 북 긁었다.

의미 [+소리]v[+모양],[+물건]v[+종이]v[+천],[+절단],[+정도]

제약 {물건, 종이, 천}-{찢다}

② 두툼한 물건이나 질기고 얇은 종이, 천 따위를 세게 찢는 소리. 또는 그 모양.

¶치마가 못에 걸려 북 찢어졌다./여자가 이불 홑청을 북 뜯어내서 산모의 하체를 둘둘 말았다.≪박완서, 오만과 몽상≫/복영이 공책을 북 찢어 가지고 뭉뚝한 연필에 연방 침을 묻혀 가면서 편지를 썼다.≪심훈, 영원의 미소≫

북덕-북덕

의미 [+모양],[+사람],[+다수],[+소란],[+혼잡],[+정도]

제약

한곳에 많은 사람이 모여 매우 수선스럽게 뒤끓는 모양.

북-북

의미 [+소리]v[+모양],[+물건],[+표면],[+마찰],[+정도],[+반복]

제약 { }-{갈다, 긁다}

① 부드럽고 무른 물건의 거죽을 자꾸 세게 갈거나 긁는 소리. 또는 그 모양.

¶등을 북북 긁다./푸수수하게 일어난 머리를 북북 긁으며, 한참이나 무엇을 생각한다.≪심훈, 상록수≫/파란 크레용으로 백지를 빈자리 없이 북북 문질러 댔다.≪박기동, 아버지의 바다에 은빛 고기 떼≫/배 북북 긁으며 잠이나 한숨 푹 잤으면, 세상에 더 부러울 것이 없겠소.≪서정인, 가위≫

의미 [+소리]v[+모양],[+물건]v[+종이]v[+천],[+절단],[+정도],[+반복]

제약 {물건, 종이, 천}-{찢다}

② 두툼한 물건이나 질기고 얇은 종이, 천 따위를 자꾸 세게 찢는 소리. 또는 그 모양.

¶종이를 북북 찢다./어머니는 흰 천을 일정한 크기로 북북 찢어서 이불보를 여러 장 만드셨다./대소가 사람들은 방바닥을 파 젖히는 것만으로도 부족해서 문종이를 북북 찢고, 부엌 문짝을 떼어 팽개쳤다.≪한승원, 해일≫

북슬-북슬

의미 [+모양],[+살],[+털],[+사랑],[+소담]

제약

살이 찌고 털이 많아서 매우 탐스러운 모양.

북실-북실

의미 [+모양],[+살],[+털],[+사랑],[+소담]

제약

살이 찌거나 털이 많아서 복스럽고 탐스러운 모양.

북적

의미 [+모양],[+사람],[+다수],[+소란],[+혼잡],[+정도]

제약

많은 사람이 한곳에 모여 매우 수선스럽게 들끓는 모양.

¶북적 떠들어 대다.

북적-북적

의미 [+모양],[+사람],[+다수],[+소란],[+혼잡],[+정도],[+반복]

제약

① 많은 사람이 한곳에 모여 매우 수선스럽게 자꾸 들끓는 모양.

¶손님 맞는 공관인 용성관은 공무를 띤 관원들로 날마다 **북적북적** 붐비었으며….≪최명희, 혼불≫/먼 길을 가야 하는 관리들이, 말과 마부를 이용하고 또 숙박도 하는 곳이 역인지라, 여기는 늘 사람들이 **북적북적** 넘치었다.≪최명희, 혼불≫

의미 [+모양],[+액체],[+거품],[+발생],[+반복]

제약 {거품}-{일어나다}

② 액체 상태의 것에서 자꾸 거품이 부글부글 이는 모양.

¶국이 솥에서 **북적북적** 끓고 있다.

의미 [+소리],[+술]v[+식혜],[+발효],[+반복]

제약 {술, 식혜}-{ }

③ 술이나 식혜 따위가 괴어 자꾸 끓어오르는 모양.

분개없-이

의미 [+사리],[-분별],[-슬기]

제약

사리를 분별할 만한 슬기가 없이.

분망-히

의미 [+분주],[+정도]

제약

매우 바쁘게.

¶바쁜 일정 때문에 **분망히** 움직이다.

분명

의미 [+정확],[+확실]

제약

틀림없이 확실하게.

¶전구에는 **분명** 불이 들어와 있지 않은데, 분장실 안은 점점 훤해지고 있었던 것이다.≪한수산, 부초≫/만일 그녀가 기회를 놓쳐 아직도 서울에 머물러 있다면 그녀는 **분명** 국군의 가족이라 놈들의 손에 죽을 것이 뻔했기 때문이었다.≪홍성원, 육이오≫

분명-코

의미 [+정확],[+확실],[+정도]

제약

틀림없이 아주 확실하게.

¶쌀분이네가 여태껏 몸이 성한 것은 **분명코**…우리 할아버지 혼령이 너를 지켜 줬기 때문일 거야.≪문순태, 타오르는 강≫/하얀 침의를 입고 짤막한 머리를 어깨 위에 드리운 여자, 그는 **분명코** 정순이었다.≪김말봉, 찔레꽃≫

분명-히

의미 [+모습]v[+소리],[+선명],[+확실]

제약

① 모습이나 소리 따위가 흐릿함이 없이 똑똑하고 뚜렷하게.

¶**분명히** 발음하다./날이 맑아서인지 멀리 있는 산이 **분명히** 보인다.

의미 [+태도]v[+목표],[+분명],[+확실]

제약

② 태도나 목표 따위가 흐릿하지 않고 확실하게.

¶찬성과 반대를 **분명히** 하다.

의미 [+사실],[+확실]

제약

③ 어떤 사실이 틀림이 없이 확실하게.

¶저기 있는 사람은 **분명히** 언니이다.

분별없-이

의미 [-능력],[-판단]

제약

① 세상 물정에 대하여 옳고 그른 것을 판단할 만한 능력이 없이.

¶이 협판에게야 무슨 죄가 있겠소. **분별없이** 경거망동한 소인배들이 나쁘지.≪유주현, 대한 제국≫

의미 [-버릇],[-분별]

제약

② 막되고 가림이 없이.

¶**분별없이** 행동하다./부모나 스승에게 최소한의 예의도 갖추지 않고 **분별없이** 대하는 것이 마치 민주적인 가정이고 학교인 것처럼 착각하는 사람들도 있다./어쩌다 드문드문 찾아 드는 낮 손님들을 상대하는 사이에 그녀는 소주고 막걸리고를 가리지 않고 **분별없이** 짬뽕을 했다.≪윤흥길, 완장≫

분분-히

의미 [+소란],[+불안]

제약

① 떠들썩하고 뒤숭숭하게.

¶오가의 마누라와 유복이의 아내가 **분분히** 오주를 향하여 치하 인사들을 마친 뒤에 여러 사람이 모두 안방으로 들어왔다.≪홍명희, 임꺽정≫

의미 [+다수],[+혼합],[+혼란]

제약

② 여럿이 한데 뒤섞여 어수선하게.

¶낙엽이 스산한 바람에 **분분히** 날린다./그 바람에 그 여자의 머리며 오버 자락에 쌓여 있던 눈송이가 **분분히** 떨어져 내렸어.≪김성동, 만다라≫

의미 [+소문]v[+의견],[+다수],[-판단]

제약

③ 소문, 의견 따위가 많아 갈피를 잡을 수 없이.

¶세상 돌아가는 일은 혼자 생각하고 짐작할 일이지 구태여 **분분히** 의견을 나누고 떠벌리는 자체를 나는 좋아하지 않았다.《김원일, 노을》

분수없-이
의미 [−분별],[−지혜]
제약
① 사물을 분별할 만한 지혜가 없이.
¶그렇게 **분수없이** 굴다가 일을 망칠 수도 있으니 얌전히 있어라./일에는 순서가 있는 법인데 **분수없이** 서두르기만 해서 될 일이 아니다.
의미 [−분수],[−분별]
제약
② 자기 신분에 맞지 아니하게.
¶**분수없이** 남의 일에 끼어들다./여자라고 대접을 해 주니까 이 여편네가 **분수없이** 설치네.《송기숙, 녹두 장군》

분연
의미 [＋모양],[＋기운],[＋강인]
제약
떨쳐 일어서는 기운이 세차고 꿋꿋한 모양. 늑분연히[04].

분연-히[01]
의미 [＋덩굴],[＋혼란],[＋무성]
제약 {덩굴}-{ }
덩굴 따위가 어지럽고 무성하게.

분연-히[02]
의미 [＋혼합],[＋혼란]
제약
뒤섞여서 어지럽게.

분연-히[03]
의미 [＋기색],[＋분노]
제약
성을 벌컥 내며 분해하는 기색으로.
¶**분연히** 꾸짖다./**분연히** 소리치다./그는 문을 박차듯 하고 **분연히** 뛰쳐나왔다./대왕대비는 **분연**히 역정이 나셨다.《박종화, 금삼의 피》

분연-히[04]
의미 [＋모양],[＋기운],[＋강인]
제약
=분연. 떨쳐 일어서는 기운이 세차고 꿋꿋한 모양.
¶**분연히** 떨치고 일어나다./임진왜란이 일어나자 그들은 붓 대신 칼로 바꿔 잡고 나라를 구하고자 **분연히** 일어섰다./천장을 들이받을 듯한 기세로 종술은 **분연히** 몸을 일으켰다.《윤흥길, 완장》

분잡스레
의미 [＋사람],[＋다수],[＋소란],[＋혼란]
제약
많은 사람이 북적거려 보기에 시끄럽고 어수선한 데가 있게

분잡-히
의미 [＋사람],[＋다수],[＋소란],[＋혼란]
제약
많은 사람이 북적거려 시끄럽고 어수선하게.
¶터미널은 아침부터 **분잡히** 오고 가는 사람들로 북적거렸다.

분주스레
의미 [＋분주]
제약
분주한 데가 있게.
¶연말이 되니 거리마다 **분주스레** 오가는 사람들로 넘친다.

분주-히
의미 [＋분주],[＋혼란]
제약
이리저리 바쁘고 수선스럽게.
¶**분주히** 출근하는 사람./참새가 볏단 위를 **분주히** 날아다닌다./그녀는 아침마다 **분주히** 식사 준비를 한다./군인들과 차량들이 진화 작업이라도 하듯 **분주히** 오가는 길거리를 지나서 우리들은 시내로 들어갔다.《안정효, 하얀 전쟁》

분통같-이
의미 [＋방],[＋도배],[＋청결]
제약
(비유적으로) 도배를 새로 하여 방이 아주 깨끗하게.

분-히

의미 [+분노],[+억울]

제약

① 억울한 일을 당하여 화나고 원통하게.

¶그는 자기 잘못은 생각하지 않고 벌 받은 것만 분히 여겼다.

의미 [+서운],[+소중]

제약

② 될 듯한 일이 되지 않아 섭섭하고 아깝게.

¶시험에 불합격한 것을 분히 여기는 네 심정을 이해한다.

불가부득

의미 [+강제],[-의도]

제약

=부득이. 마지못하여 하는 수 없이.

¶녀석을 달래려면 불가부득 술이 있어야 할 텐데./홍수로 도로가 유실되어 우리는 불가부득 차를 버리고 걸어야만 했다.

불가불

의미 [+강제],[-의도]

제약

=부득불. 하지 아니할 수 없어. 또는 마음이 내키지 아니하나 마지못하여.

¶그 일은 시작한 내가 불가불 끝을 내야 했다./방만 빌리고 있기 때문에 불가불 끼니마다 외식하게 마련이었다.≪서기원, 이 성숙한 밤의 포옹≫/사흘만 그럭저럭 넘기면 두 사람은 불가불 떨어져 있게 된다.≪박완서, 도시의 흉년≫

불같-이

의미 [+정열]v[+신념]v[+감정],[+강렬]

제약

① 정열이나 신념, 감정 따위가 뜨겁고 강렬하게.

¶불같이 타오르는 투지./불같이 타는 정열.

의미 [+성격],[+조급],[+격렬],[+정도]

제약

② 성격이 매우 급하고 격렬하게.

¶절친한 벗이 전사한 이후로는 성정이 불같이 사나워진 이재수는 교인이라면 병든 노인까지 가차 없이 돛대에 목매달아 죽였다.≪현기영, 변방에 우짖는 새≫/정작 김준환의 입에서 아들이란

말이 나오기 무섭게 종술은 불같이 화가 났다.≪윤흥길, 완장≫

의미 [+기세],[+독촉],[+거침],[+지독]

제약

③ 다그치는 기세가 드세거나 무섭게.

¶전국에서 의병이 불같이 일어나다.

불걱-불걱

의미 [+모양],[+물건],[+다량],[+씹음],[+연속]

제약 { }-{씹다}

① 질긴 물건을 입에 그득 물고 잇따라 씹는 모양.

의미 [+모양],[+빨래],[+주무름],[+반복]

제약 {빨래}-{빨다}

② 빨래 따위를 자꾸 거칠게 주물러 빠는 모양.

불겅-불겅

의미 [+모양],[+물건],[+씹음],[+돌출],[+반복]

제약

질기고 단단한 물건이 잘 씹히지 아니하고 입 안에서 자꾸 이리저리 불거지는 모양.

¶문어 다리를 불겅불겅 씹다.

불결-히

의미 [+사물]v[+장소],[-청결]

제약

① 어떤 사물이나 장소가 깨끗하지 아니하고 더럽게.

¶먹고 남은 음식물 찌꺼기를 불결히 방치하다.

의미 [+생각]v[+행위],[-정당]

제약

② 어떤 생각이나 행위가 도덕적으로 떳떳하지 못하게.

¶그와 나 사이를 불결히 생각하지 마라.

불경스레

의미 [+무례]

제약

경의를 표해야 할 자리에서 좀 무례하게.

¶어른을 불경스레 노려보다.

불공스레

의미 [-공손]

제약

공손하지 아니하게.

¶백정의 피를 씻지 못해 자기에게 **불공스레** 군 것 아니겠느냐는 게 자기 나름껏 풀이한 뒷맛인 모양이었다.≪이문구, 장한몽≫

불과

의미 [＋분량],[－초과]

제약

(주로 수량을 나타내는 말 앞에 쓰여) 그 수량에 지나지 아니함을 이르는 말.

¶그 사실을 아는 사람은 **불과** 몇 명뿐이었다./실은 그 모든 게 **불과** 몇 초 사이에 일어난 일이었다./일생을 통해서 사람에게 찾아오는 기회는 **불과** 한두 번밖에 안 된다.≪윤흥길, 완장≫/송아지 몰고 온 때가 **불과** 엊그제만 같은데, 어느덧 외양간이 꽉 차 버린 느낌이다.≪김춘복, 쌈짓골≫

불과시

의미 [－기준],[－정도]

제약

기껏해서 이 정도로.

¶무슨 큰 죄가 있소. **불과시** 말다툼한 죄로 죽인단 말이오?≪홍명희, 임꺽정≫/언제나 죄인이 되고 안 되는 사이는 **불과시** 백지 한 장과 같이 얇은 것이다.≪이기영, 신개지≫

불그레

의미 [＋모양],[＋빨강],[－정도]

제약

엷게 불그스름한 모양.

불그름-히

의미 [＋빨강],[－정도]

제약

＝불그스름히. 조금 붉게.

¶저녁노을에 **불그름히** 물든 바다.

불그숙숙-히

의미 [＋빨강],[＋검소],[＋적합]

제약

수수하고 걸맞을 정도로 불그스름하게.

불그스레

의미 [＋모양],[＋빨강],[＋선명],[－정도]

제약

선뜻하게 조금 붉은 모양.

불그스름-히

의미 [＋빨강],[－정도]

제약

조금 붉게. 늑불그름히.

¶**불그스름히** 물드는 저녁 하늘./신유년(辛酉年) 정월 초하룻날 아침 해가 **불그스름히** 동녘 하늘에 솟아올랐다.≪김동인, 운현궁의 봄≫

불그죽죽-히

의미 [＋빨강],[－선명],[－균일]

제약

칙칙하고 고르지 아니할 정도로 불그스름하게.

불근-불근

의미 [＋모양],[＋물건],[＋씹음],[＋반복]

제약 { }-{씹다}

질기고 단단한 물건이 입 안에서 자꾸 씹히는 모양.

¶북어포가 입 안에서 **불근불근** 씹힌다.

불긋-불긋

의미 [＋모양],[＋빨강],[＋부분],

제약

① 군데군데 불그스름한 모양. 늑불긋불긋이①.

¶**불긋불긋** 물들기 시작하는 단풍./앵두나무에만은 콩알만큼씩 한 앵두가 **불긋불긋** 달려 있었다. ≪한설야, 탑≫

의미 [＋모양],[＋빨강],[＋정도]

제약

② 매우 불그스름한 모양. 늑불긋불긋이②.

불긋불긋-이

의미 [＋모양],[＋빨강],[＋부분]

제약

①＝불긋불긋①. 군데군데 불그스름한 모양.

의미 [＋모양],[＋빨강],[＋정도]

제약

②＝불긋불긋②. 매우 불그스름한 모양.

불긴-히

의미 [－필요]

제약

꼭 필요하지 아니하게.

¶행여나 서방님이 시키지 않은 짓 한다고 속으

로라도 **불긴히** 생각하고 나무랄까 싶어서 연해 변명을 해 가며 온 뜻을 말하는 것이다.≪염상섭, 삼대≫/그들도 유 선달이 금점을 착수한다 할 때 **불긴히** 알고 만류하였던 것이다.≪이기영, 봄≫

불꽃같-이
의미 [+사물],[+발생],[+형세],[+왕성]
제약
사물의 일어나는 형세가 왕성하게.

불끈
의미 [+모양],[+물체],[+융기]v[+상승],[+정도]
제약 { }-{솟아오르다, 떠오르다}
① 물체 따위가 두드러지게 치밀거나 솟아오르거나 떠오르는 모양.
¶근육이 **불끈** 솟다./하늘이 서서히 파랗게 벗겨지며 시뻘건 엿 덩이 같은 아침 해가 바닷물에서 **불끈** 솟아올라 녹물처럼 벌건 빛깔을 뿌렸다.≪안정효, 하얀 전쟁≫/관자놀이에서 뻗은 굵은 핏줄이 **불끈** 솟고, 그것이 가끔 지렁이처럼 꿈틀거렸다.≪한무숙, 만남≫
의미 [+모양],[+분노],[+흥분]
제약 {성}-{내다}
② 흥분하여 성을 월컥 내는 모양.
¶화가 **불끈** 솟다./화를 **불끈** 내다./뜻 아니한 그 공격에 앞뒤 없이 **불끈** 화가 났다.≪이문열, 변경≫
의미 [+모양],[+주먹],[+장악],[+힘]
제약 {주먹}-{쥐다}
③ 주먹에 힘을 주어 꽉 쥐는 모양.

불끈-불끈
의미 [+모양],[+물체],[+융기]v[+상승],[+정도],[+반복]
제약 { }-{솟아오르다, 떠오르다}
① 물체 따위가 두드러지게 자꾸 치밀거나 솟아오르거나 떠오르는 모양.
¶주성 하늘에 **불끈불끈** 치솟아 오른 검은 구름 봉우리들은 흡사 저마다 분기탱천 질끈 주먹 쥔 거대한 팔뚝처럼 보였다.≪현기영, 변방에 우짖는 새≫
의미 [+모양],[+흥분],[+분노],[+반복]
제약 {성}-{내다}

② 흥분하여 자꾸 성을 월컥 내는 모양.
¶억울한 일을 생각하니 화가 **불끈불끈** 치밀어 오른다./화만 **불끈불끈** 내지 말고 차근차근 따져 보자.
의미 [+모양],[+주먹],[+장악],[+힘],[+반복]
제약 {주먹}-{쥐다}
③ 주먹에 힘을 주어 자꾸 꽉 쥐는 모양.
¶주먹을 **불끈불끈** 쥐며 복수를 다짐했다.

불뚝
의미 [+모양],[-인정],[+분노],[+순간]
제약 {성}-{내다}
① 무뚝뚝한 성미로 갑자기 성을 내는 모양.
¶화를 **불뚝** 내다.
의미 [+모양],[+상승],[+돌출],[+순간]
제약
② 갑자기 불룩하게 솟아오른 모양.
¶근육이 **불뚝** 나오다./관자놀이에 핏줄이 **불뚝** 솟다.

불뚝-불뚝
의미 [+모양],[-인정],[+분노],[+순간],[+반복]
제약 {성}-{내다}
① 무뚝뚝한 성미로 갑자기 자꾸 성을 내는 모양.
¶때를 가리지 않고 **불뚝불뚝** 화를 내다./걸핏하면 성을 **불뚝불뚝** 내니 이거 불안해서 같이 지내겠나?
의미 [+모양],[+다수],[+상승],[+돌출],[+순간],[+연속]
제약
② 여기저기서 잇따라 갑자기 불룩불룩하게 솟아오른 모양.
¶벌에 쏘인 자리가 **불뚝불뚝** 부어오르다./운동을 오래 한 그의 팔에는 근육이 **불뚝불뚝** 튀어나와 있다.

불뚱-불뚱
의미 [+모양],[+말],[+분노],[-예의],[-이유]
제약 {사람}-{말하다}
걸핏하면 얼굴이 불룩해지면서 성을 내며 함부로 말하는 모양.

¶그는 일이 조금만 어려우면 **불뚱불뚱** 화부터 낸다.

불량스레

의미 [+행실]v[+성품],[+불량]

제약

보기에 행실이나 성품이 나쁜 데가 있게.

불룩

의미 [+모양],[+물체],[+표면],[+돌출],[+정도]

제약

물체의 거죽이 크게 두드러지거나 쑥 내밀려 있는 모양. 늑불룩이.

¶배가 **불룩** 나오다./옷이 바람에 **불룩** 부풀었다./이어진 산맥도 없이 평지에 **불룩** 솟아오른 이 야산들을 섬 사람은 '산'이라 하지 않고….≪현기영, 변방에 우짖는 새≫

불룩-불룩

의미 [+모양],[+물체],[+표면],[+다수],[+돌출]

제약

물체의 거죽 여러 군데가 크게 두드러지거나 쑥 내밀린 모양.

¶**불룩불룩** 솟아 있는 산봉우리./바람을 안고 내려가는 나룻배는 더디게 가는 성싶고 젊은 사공의 양미간 군살이 솟아 **불룩불룩** 움직이는 것을 보아 힘이 드는 모양이다.≪박경리, 토지≫

불룩-이

의미 [+모양],[+물체],[+표면],[+돌출],[+정도]

제약

=불룩. 물체의 거죽이 크게 두드러지거나 쑥 내밀려 있는 모양.

¶만삭이 된 아내의 배가 **불룩이** 나왔다./한참 필 대로 핀 모습이 모과 덩이 같기도 하였거니와 블라우스 밑으로 **불룩이** 솟아오른 가슴이며….≪박용구, 점잖은 신 선생≫

불만스레

의미 [+느낌],[-만족]

제약

=불만족스레. 보기에 마음에 차지 않아 언짢은

느낌이 있게.

불만족스레

의미 [+느낌],[-만족]

제약

보기에 마음에 차지 않아 언짢은 느낌이 있게. 늑불만스레.

불만-히

의미 [-만족]

제약

마음에 흡족하지 아니하게.

¶부하들이 대장의 말을 **불만히** 생각하는 눈치가 역력했다./가슴을 벌어지게 하는 시원한 바람이 없는 것을 **불만히** 생각할는지 모르겠다.≪이양하, 이양하 수필선≫

불명예스레

의미 [-명예]

제약

보기에 명예스럽지 못한 데가 있게.

¶부하들의 잘못으로 **불명예스레** 퇴진하는 장성(將星)이 적지 않다.

불미스레

의미 [-미려],[+추잡]

제약

아름답지 못하고 추잡한 데가 있게.

불불불

의미 [+모양],[+신체],[+요동],[+정도]

제약 {몸}-{떨다}

몸을 매우 크게 떠는 모양.

¶"영감, 내 아들 살려 주시오." 하고 전신을 **불불불** 떨었다.≪홍명희, 임꺽정≫

불손-히

의미 [+말]v[+행동],[-예의],[-겸손]

제약

말이나 행동 따위가 버릇없거나 겸손하지 못하게.

¶**불손히** 대하다./그는 손님들을 **불손히** 맞이했다.

불순-히[01]

의미 [+물질],[-순수]

제약

① 물질 따위가 순수하지 아니하게.

의미 [＋속셈],[－진실]

제약

② 딴 속셈이 있어 참되지 못하게.

불순-히[02]

의미 [－예의]

제약

① 공손하지 아니하게.

¶손님은 **불순히** 나오는 주인의 태도가 몹시 거슬리는지 얼굴을 찡그렸다.

의미 [－순탄]

제약

② 순조롭지 못하게.

불쌍-히

의미 [＋애처]

제약

처지가 안되고 애처롭게.

¶부자의 첩살이하는 여자를 흔히 무슨 참지 못할 일을 어쩔 수 없는 곡절로 참아 가는 심청이처럼 **불쌍히** 여기는 축이 있지만, 실상 본인들은 그렇지도 않은 것이 안속인지 모른다.≪최인훈, 광장≫/입에 풀칠도 제 끼니마다 마음대로 못하는 형편이라, 두 내외는 서로서로 **불쌍히** 여기면서 의탁하여 살아가지 않을 수 없었다.≪박종화, 금삼의 피≫

불쑥

의미 [＋모양],[＋돌출],[＋순간]

제약 { }-{나오다, 내밀다}

① 갑자기 불룩하게 쑥 나오거나 내미는 모양. 늑불쑥이①.

¶손을 **불쑥** 내밀다./어설픈 상투가 역시 그림자같이 빛을 잃은 채 **불쑥** 솟아 있다.≪한무숙, 만남≫/명희는 상체를 흔들면서 주둥이를 **불쑥** 내밀고 돌아서서 투덜댄다.≪황석영, 영등포 타령≫

의미 [＋모양],[＋출현]v[＋발생],[＋순간]

제약 { }-{나타나다, 생기다, 솟다, 올라오다}

② 갑자기 쑥 나타나거나 생기거나 하는 모양. 늑불쑥이②.

¶충분히 원기를 회복한 내가 막 그 묘역을 벗어나려고 할 때 건너편 잡목 숲 사이에서 누군가가 **불쑥** 나타났다.≪이문열, 황제를 위하여≫/그에게 맞고 나서 이틀 정도 집에 누워 있는 것 같더니 늘 밖으로만 나돌았다. 그러다가 **불쑥** 가게에 들르게 되면 얼굴을 보는 것이 고작이었다.≪이상문, 황색인≫

의미 [＋모양],[＋마음]v[＋생각],[＋발생],[＋순간]

제약 { }-{떠오르다}

③ 갑자기 마음이 생기거나 생각이 떠오르는 모양. 늑불쑥이③.

¶나는 **불쑥** 아내가 병원을 갔다 오지 않았을까 하는 생각이 들었다.≪안정효, 하얀 전쟁≫/윤은 뜨거운 덩어리가 **불쑥** 가슴에 치솟는 것을 느끼자 자기도 모르게 휙 몸을 돌려 뛰어나갔다.≪선우휘, 깃발 없는 기수≫

의미 [＋모양],[＋말],[－생각],[－예의]

제약 { }-{말하다}

④ 앞뒤 생각 없이 대뜸 말을 함부로 하는 모양. 늑불쑥이④.

¶사내는 김범우의 눈길을 견뎌 내기가 곤혹스러웠던지 **불쑥** 말했다.≪조정래, 태백산맥≫/술집에서 한 대포 마시면서 광부들끼리 주고받은 얘기를 다음 날 아직 술이 덜 깬 상태에서 **불쑥** 갱장에게 건의한 것이고….≪홍성암, 큰물로 가는 큰 고기≫

불쑥-불쑥

의미 [＋모양],[＋다수],[＋돌출],[＋순간],[＋연속]

제약 { }-{나오다, 내밀다}

① 갑자기 여기저기 불룩하게 잇따라 쑥 나오거나 내미는 모양.

¶**불쑥불쑥** 솟아오른 산봉우리들./군의관은 너무 애를 쓰고 있었기 때문에 시뻘게진 얼굴에 핏대가 **불쑥불쑥** 솟아올랐다.≪신상웅, 히포크라테스의 흉상≫

의미 [＋모양],[＋출현]v[＋발생],[＋순간],[＋연속]

제약 { }-{나타나다, 생기다, 솟다, 올라오다}

② 갑자기 잇따라 쑥 나타나거나 생기거나 하는 모양.

¶그는 생각나는 대로 나에게 **불쑥불쑥** 술잔을 내밀었다./이 아파트의 위세가 설 자리를 가리지 않고 어디나 **불쑥불쑥** 고개를 디밀려는 데에….≪법정, 무소유≫

의미 [+모양],[+마음]v[+생각],[+발생],[+순간],[+연속]

제약 { }-{떠오르다}

③ 갑자기 마음이 자꾸 생기거나 생각이 잇따라 떠오르는 모양.

¶인가가 그친 데까지 온 평이는 잠시 걸음을 멈춘다. 발길을 돌리고 싶은 생각이 **불쑥불쑥** 난다.≪황순원, 움직이는 성≫/어떤 때는 한번 더럽혀진 몸으로 어떻게 감히 결혼을 생각할 수 있느냐는 생각이 **불쑥불쑥** 앞을 가로막기도 했습니다.≪최일남, 춘자의 사계≫

의미 [+모양],[+말],[-생각],[-예의],[+연속]

제약 { }-{말하다}

④ 자꾸 앞뒤 생각 없이 잇따라 말을 함부로 하는 모양.

¶밑도 끝도 없이 **불쑥불쑥** 내뱉는 그의 말을 어떻게 받아들여야 할지 참으로 난감하기 짝이 없었다./그는 언제나의 모임에서나 **불쑥불쑥** 딴소리를 잘했다.≪윤후명, 별보다 멀리≫

불쑥-이

의미 [+모양],[+돌출],[+순간]

제약 { }-{나오다, 내밀다}

①=불쑥①. 갑자기 불룩하게 쑥 나오거나 내미는 모양.

¶땅거죽을 뚫고 콩이 **불쑥이** 고개를 내밀었다.

의미 [+모양],[+발생],[+순간]

제약 { }-{나타나다, 생기다, 솟다, 올라오다}

②=불쑥②. 갑자기 쑥 나타나거나 생기거나 하는 모양.

의미 [+모양],[+마음]v[+생각],[+발생],[+순간]

제약 { }-{떠오르다}

③=불쑥③. 갑자기 마음이 생기거나 생각이 떠오르는 모양.

의미 [+모양],[+말],[-생각],[-예의]

제약 { }-{말하다}

④=불쑥④. 앞뒤 생각 없이 대뜸 말을 함부로 하는 모양.

불안스레

의미 [+느낌],[+마음],[-편안],[+염려]

제약

① 마음이 편하지 아니하고 조마조마한 느낌으로.

¶눈발이 비껴 날고 거멓게 죽은 바다에 물결이 **불안스레** 뛰놀기 시작했다.≪현기영, 변방에 우짖는 새≫/지혜는 눈을 감고 누운 그를 **불안스레** 바라보다가 하늘을 쳐다보았다.≪홍성암, 큰물로 가는 큰 고기≫

의미 [+느낌],[+분위기],[+소란],[+혼란]

제약

② 분위기 따위가 술렁거리어 뒤숭숭한 느낌으로.

불안-히

의미 [+마음],[-편안],[+염려]

제약

① 마음이 편하지 아니하고 조마조마하게.

¶김문에서는 정혼은 해 놓고도 홍선군께 불만을 느끼고, 홍선군도 역시 너무 승한 사돈을 좀 **불안히** 생각하시는 모양입니다.≪김동인, 운현궁의 봄≫

의미 [+몸],[-편안]

제약

② 몸이 편안하지 아니하게.

의미 [+마음],[+미안]

제약

③ 마음에 미안하게.

의미 [+분위기],[+소란],[+혼란]

제약

④ 분위기 따위가 술렁거리어 뒤숭숭하게.

불연

의미 [+모양],[+분노],[+순간]

제약

갑자기 불끈 성내는 모양을 나타내는 말. 늑불연히.

불연즉

의미 [+가정],[+부정]

제약

그렇지 않으면.

불연-히

의미 [+모양],[+분노],[+순간]

제약

=불연. 갑자기 불끈 성내는 모양을 나타내는 말.

¶내 말이 끝나기도 전에 그는 **불연히** 자리를 박차고 나가 버렸다.

불원

의미 [+시간],[−거리]

제약

오래지 않아서. '머지않아'로 순화.

¶**불원** 끝장이 날 것이다./상대가 누구든 서희 정혼은 불원 결정될 것이다.≪박경리, 토지≫

불쩍-불쩍

의미 [+모양],[+빨래],[+손],[+시원]

제약 {빨래}-{빨다}

빨래 따위를 많은 물에 담가 두 손으로 시원스럽게 비벼 빠는 모양.

¶세제를 푼 물에 이불을 넣고 **불쩍불쩍** 빨아 널다.

불충스레

의미 [−충분]

제약

보기에 불충한 데가 있게.

불측스레

의미 [−짐작]

제약

① 미루어 헤아릴 수 없이.

의미 [+생각]v[+행동],[+무례],[+교활]

제약

② 생각이나 행동 따위가 괘씸하고 엉큼하게.

불컥

의미 [+소리]v[+모양],[+반죽]v[+진흙],[+압력]v[+밟음]

제약 {반죽, 진흙}-{주무르다, 밟다}

지직한 반죽이나 진흙 따위를 깊이 쑤시거나 주무르거나 밟을 때 나는 소리. 또는 그 모양.

불컥-불컥

의미 [+소리]v[+모양],[+반죽]v[+진흙],[+압력]v[+밟음],[+반복]

제약 {반죽, 진흙}-{주무르다, 밟다}

지직한 반죽이나 진흙 따위를 자꾸 깊이 쑤시거나 주무르거나 밟을 때 나는 소리. 또는 그 모양.

불쾌스레

의미 [+마음],[−만족],[+기분],[+불쾌]

제약

보기에 마음이 언짢고 기분이 좋지 못한 데가 있게.

¶나는 이내 그이가 **불쾌스레** 반문하는 음성이 정답게 들려지며 온갖 설움이 한데 복받쳐 오는 것이었습니다.≪최정희, 인맥≫

불쾌-히

의미 [+불만],[−유쾌]

제약

못마땅하여 기분이 좋지 아니하게.

¶**불쾌히** 여기다./피가 끓어올랐으나 경관이니만큼 어찌하는 수도 없고, 말이라도 **불쾌히** 하였다가 다른 트집을 잡아서 성가시게 하면 자기만 곯을 것이라고 생각하였다.≪한용운, 흑풍≫

불퉁-불퉁01

의미 [+모양],[+말],[+분노],[−예의],[−이유]

제약 {사람}-{말하다}

걸핏하면 얼굴이 불룩해지면서 성을 내며 함부로 말하는 모양. '불뚱불뚱'보다 거센 느낌을 준다.

¶아무 앞에서나 **불퉁불퉁** 화를 내서는 안 된다.

불퉁-불퉁02

의미 [+모양],[+다수],[+돌출]

제약

저기 툭툭 불거져 있는 모양.

불퉁스레

의미 [+태도],[+불쾌],[−인정]

제약

퉁명스럽고 무뚝뚝한 태도로.

불퉁-히

의미 [+모양],[+돌출],[+정도]

제약

① 툭 불거진 모양으로.

의미 [+불쾌],[−인정]

제약

② 퉁명스럽고 무뚝뚝하게.

불티같-이

의미 [+상태],[+물건],[+소진],[+속도],[+정도]

제약

불티가 이리저리 흩어져 없어지는 것처럼 팔리거나 나누어 주는 물건이 내놓기가 무섭게 없어지는 상태로.

¶여름이라 아이스크림이 **불티같이** 팔린다.

불편스레

의미 [+사용]v[+이용],[-편리]

제약

① 보기에 어떤 것을 사용하거나 이용하는 것이 편리하지 않은 데가 있게.

의미 [+몸]v[+마음],[-편안]

제약

② 보기에 몸이나 마음이 편하지 못한 데가 있게.

¶그는 어른들이 많이 모인 자리를 **불편스레** 생각했다.

불평스레

의미 [+불만]

제약

마음에 불만이 있어 못마땅하게 여기는 데가 있게.

¶**불평스레** 말하다./꽃 가게를 찾는 손님들 중에는 꽃이 겨우 하루밖에 못 간다고 **불평스레** 말을 늘어놓는 사람들이 종종 있었다.

불풍-나게

의미 [+모양],[±출입],[+빈도],[+급박],[+정도]

제약 { }-{드나들다}

매우 잦고도 바쁘게 드나드는 모양.

불행-히

의미 [-행복]

제약

행복하지 아니하게.

¶우리가 기억할 수 있는 많은 명기들이 아편으로 늘그막을 **불행히** 보냈다고 한다./**불행히** 내

작품은 신춘문예에 당선되지 못했다./불쌍한 아내는 **불행히도** 산후 조리가 잘못되어 자리에 누웠다./성종의 비 한씨는 **불행히** 성종이 즉위한 지 얼마 지나지 않아 하세하였다.≪김동인, 운현궁의 봄≫

불현-듯

의미 [+모양],[+생각],[+발생],[+순간],[-의지]

제약

①=불현듯이①. 불을 켜서 불이 일어나는 것과 같다는 뜻으로, 갑자기 어떠한 생각이 걷잡을 수 없이 일어나는 모양.

¶**불현듯** 뇌리를 스치는 상념./**불현듯** 어린 시절이 떠오르다./나는 **불현듯** 그가 정신병 환자일지도 모른다고 생각했다./추위는 **불현듯** 집 생각을 간절하게 했다./그는 **불현듯** 용기를 되찾았는지 걸음을 옮기기 시작했다./지난 세월의 덧없음이 **불현듯** 그의 가슴을 때렸다./심찬수는 **불현듯**, 괴어 있는 웅덩이 물 같은 이 읍내를 잠시나마 떠나고 싶은 충동을 느꼈다.≪김원일, 불의 제전≫

의미 [+모양],[+행동],[+순간]

제약

②=불현듯이②. 어떤 행동을 갑작스럽게 하는 모양.

¶**불현듯** 낯모를 놈들이 뛰어들다./아버지는 노기충천하여 **불현듯** 문지방을 떠다밀며 벌떡 일어섰다./나는 **불현듯** 자리를 박차고 일어나 아파트를 총총 빠져나왔다./나는 **불현듯** 다방에서 뛰어나와 택시를 잡으려고 했다.≪이병주, 행복어 사전≫

불현-듯이

의미 [+모양],[+생각],[+발생],[+순간],[-의지]

제약

① 불을 켜서 불이 일어나는 것과 같다는 뜻으로, 갑자기 어떠한 생각이 걷잡을 수 없이 일어나는 모양. 늑불현듯①.

¶**불현듯이** 고향 생각이 나다./**불현듯이** 집에 가고 싶은 생각이 나다./나는 **불현듯이** 옛 친구 생각이 나서 펜을 잡았다./병식은 **불현듯이** 계숙이

가 보고 싶었다.≪심훈, 영원의 미소≫/비록 상황이 급박해서 말 몇 마디 제대로 못 나눠 본 처지지만 수익의 처참한 몸꼴을 보자 그는 **불현듯이** 고향 소식이 궁금했다.≪홍성원, 육이오≫

의미 [+모양],[+행동],[+순간]

제약

② 어떤 행동을 갑작스럽게 하는 모양. 늑불현듯②.

¶그는 얘기를 하다 말고 **불현듯이** 메모지를 꺼내더니 무언가를 막 적기 시작했다./옥이는 **불현듯이** 일어나, 낮에 주워다 둔 헌 담배설대를 그 툇마루 밑에서 꺼냈다.≪김정한, 수라도≫

붉으락-푸르락

의미 [+모양],[+분노]v[+흥분],[+얼굴],[+색깔],[+변화],[+정도]

제약

몹시 화가 나거나 흥분하여 얼굴빛 따위가 붉게 또는 푸르게 변하는 모양.

¶아버지는 몹시 화가 나신 듯 얼굴이 **붉으락푸르락** 달아올랐다./달착지근한 사연을 보는 족족 그는 더할 수 없이 흥분되어서 얼굴이 **붉으락푸르락**, 편지 든 손이 발발 떨리도록 성을 낸다.≪현진건, B 사감과 러브레터≫

붐빠-붐빠

의미 [+소리],[+나팔],[+다수],[+조화],[+동시]

제약 {나팔}-{ }

여러 나팔 소리가 한꺼번에 어울려 나는 소리.

¶군악대의 **붐빠붐빠** 소리가 나더니 육사 생도의 시가행진이 있었다./술 취한 놈들 앞에서 밤낮 **붐빠붐빠** 나발이나 불어 봤자 폐 상해 피 토하기 딱 좋지요.≪최인호, 지구인≫

붐-히

의미 [+빛],[-분명],[+밝음],[-정도]

제약

=희붐히. 날이 새려고 빛이 희미하게 돌아 약간 밝은 듯하게.

붕

의미 [+소리]v[+모양],[+문풍지],[+파손],[+둔탁]

제약 {문풍지}-{뚫리다}

① 문풍지 따위가 뚫어질 때 나는 다소 둔탁한 소리. 또는 그 모양.

의미 [+소리],[+곤충],[+비상]

제약 {곤충}-{날다}

② 벌 같은 큰 곤충 따위가 날 때 나는 소리.

¶벌이 **붕** 소리를 내며 이 꽃에서 저 꽃으로 옮겨 다니고 있다.

의미 [+소리],[+공기]v[+가스],[+구멍],[+누출]

제약 {공기, 가스}-{빠지다}

③ 막혀 있던 공기나 가스가 약간 큰 구멍으로 터져 빠질 때 나는 소리.

¶차는 **붕** 연기를 내뿜고 앞으로 달려 나갔다.

의미 [+소리],[+자동차]v[+배],[+경적],[+한번]

제약 {자동차, 배}-{울리다}

④ 자동차, 배 따위에서 경적이 한 번 울리는 소리.

의미 [+모양]v[+느낌],[+공중],[+상승]

제약

⑤ 공중에 들리는 모양. 또는 그 느낌.

¶차에 치이는 순간 몸이 **붕** 떠올랐다.

의미 [+모양],[+소멸],[+허망]

제약

⑥ 무엇이 허망하게 없어져 버린 모양.

¶노름으로 순식간에 많은 돈이 **붕** 떠 버렸다.

붕긋

의미 [+모양],[+돌출],[+높이],[+정도]

제약

① 꽤 두두룩하게 나오거나 높직이 솟아 있는 모양. 늑붕긋이①.

¶마을 어귀에 들어서면 **붕긋** 솟아오른 동산이 제일 먼저 눈에 들어온다./치마가 **붕긋** 솟구치면서 물살에 휩쓸리고 말았다.≪홍성암, 큰물로 가는 큰 고기≫

의미 [+모양],[+물건],[+간격]

제약

② 맞붙여 놓은 물건이 들떠 있는 모양. 늑붕긋이②.

붕긋-붕긋

의미 [＋모양],[＋돌출],[＋높이],[＋정도],[＋다수]

제약

① 군데군데 여러 곳이 다 꽤 두두룩하게 나오거나 높직이 솟아 있는 모양.

¶제주도에는 곳곳에 산봉우리가 **붕긋붕긋** 솟아 있다.

의미 [＋모양],[＋물건],[＋간격],[＋다수]

제약

② 맞붙여 놓은 물건이 군데군데 여러 곳이 들떠 있는 모양.

붕긋-이

의미 [＋모양],[＋돌출],[＋높이],[＋정도]

제약

①=붕긋①. 꽤 두두룩하게 나오거나 높직이 솟아 있는 모양.

¶며칠 전까지도 제법 **붕긋이** 쌓여 있던 눈 더미가 이제 다 녹았다./이른 아침 물속에서 닦아 나온 듯이 선명한 태양이, 바다 저편에 **붕긋이** 솟아오를 때, 동리 한복판의 두 아름이나 되는 은행나무가 선 언덕 위에서, 나팔 소리가 들린다. ≪심훈, 상록수≫

의미 [＋모양],[＋물건],[＋간격]

제약

②=붕긋②. 맞붙여 놓은 물건이 들떠 있는 모양.

¶**붕긋이** 벌어진 틈 사이로 회벽이 드러나 보인다.

붕-붕

의미 [＋소리]v[＋모양],[＋문풍지],[＋파손],[＋둔탁],[＋연속]

제약 {문풍지}-{뚫리다}

① 문풍지 따위가 뚫어질 때 잇따라 나는 다소 둔탁한 소리. 또는 그 모양.

¶문풍지가 **붕붕** 소리를 내는 것을 보니 바람이 많이 부는가 보다.

의미 [＋소리],[＋곤충],[＋비상],[＋연속]

제약 {곤충}-{날다}

② 벌 같은 큰 곤충 따위가 날 때 잇따라 나는 소리.

¶풍뎅이 한 마리가 방으로 들어와 **붕붕** 소리를 내며 천장을 맴돈다./꽃을 찾아 꿀벌들이 **붕붕** 날아든다.

의미 [＋소리],[＋공기]v[＋가스],[＋구멍],[＋누출],[＋연속]

제약 {공기, 가스}-{빠지다}

③ 막혀 있던 공기나 가스가 약간 큰 구멍으로 터져 빠질 때 잇따라 나는 소리.

¶방귀를 **붕붕** 뀌다./자동차를 시운전하니 배기통에서 **붕붕** 소리가 났다.

의미 [＋소리],[＋자동차]v[＋배],[＋경적],[＋연속]

제약 {자동차, 배}-{울리다}

④ 자동차, 배 따위에서 경적이 잇따라 울리는 소리.

¶배는 고동을 **붕붕** 울리며 출발했다.

의미 [＋모양]v[＋느낌],[＋공중],[＋상승],[＋연속]

제약

⑤ 잇따라 공중에 들리는 모양. 또는 그 느낌.

¶몸뚱이가 풍선처럼 **붕붕** 뜨는 것 같다./난 이 자리에 가만있지 않고 어딘가로 **붕붕** 떠다니는 느낌인걸요.≪박영한, 인간의 새벽≫

붙임-붙임

의미 [＋모양],[＋교제],[＋정도]

제약

다른 사람과 붙임성 있게 잘 사귀는 모양.

¶그는 **붙임붙임** 사귀는 벗이 많다.

비감-히

의미 [＋느낌],[＋슬픔]

제약

슬픈 느낌이 있게.

비거걱

의미 [＋소리],[＋물건],[＋마찰],[＋거침],[－속도]

제약

나무나 딱딱한 물건이 서로 닿으면서 쓸릴 때 거칠고 조금 느리게 나는 소리.

¶문이 **비거걱** 열린다.

비거덕

의미 [+소리],[+물건],[+접촉],[+마모]

제약

크고 단단한 물건이 서로 닿아서 갈릴 때 나는
소리.

비거덕-비거덕

의미 [+소리],[+물건],[+접촉],[+마모],[+반
복]

제약

크고 단단한 물건이 자꾸 서로 닿아서 갈릴 때
나는 소리.

¶의자가 낡아서 앉을 때마다 비거덕비거덕 소리
가 난다.

비걱

의미 [+소리],[+물건],[+접촉],[+마모]

제약

'비거덕'의 준말. 크고 단단한 물건이 서로 닿아
서 갈릴 때 나는 소리.

¶비걱 소리와 함께 의자는 그의 체중에 눌려 부
서지고 말았다.

비걱-배각

의미 [+소리],[+물건],[+접촉],[+마모],[+반
복]

제약

단단한 물건이 자꾸 서로 닿아서 갈릴 때 나는
소리.

비걱-비걱

의미 [+소리],[+물건],[+접촉],[+마모],[+반
복]

제약

'비거덕비거덕'의 준말. 크고 단단한 물건이 자
꾸 서로 닿아서 갈릴 때 나는 소리.

¶비걱비걱 나무 층계를 밟다./바람이 불어닥칠
적마다 소나무 가지끼리 부딪치는 소리가 비거
비걱 났다.

비교-적

의미 [+수준],[+정도]

제약

일정한 수준이나 보통 정도보다 꽤.

¶비교적 쉬운 문제/우리 사무실은 도심에 위치
하고 있어 비교적 교통이 편리하다.

비굴스레

의미 [−용기]v[−중심],[+복종]

제약

용기나 줏대가 없이 남에게 굽히는 데가 있게.

¶그는 비굴스레 웃음을 지으며 머리를 긁적거렸
다.

비굴-히

의미 [−용기]v[−중심],[+복종]

제약

용기나 줏대가 없이 남에게 굽히기 쉽게.

비근-비근

의미 [+모양],[+물건],[+연결],[+간격],[+요
동],[+반복]

제약

물건의 사개가 느즈러져 이리저리 자꾸 흔들거
리는 모양.

¶이사를 얼마나 많이 다녔는지, 시집올 때 해
온 장롱이 다 비근비근 버그러졌다.

비근-히

의미 [+생활],[+근접],[+풍부],[+용이]

제약

흔히 주위에서 보고 들을 수 있을 만큼 알기 쉽
고 실생활에 가깝게.

비금-비금

의미 [+모양],[+비교],[+유사]

제약

견주어 보아서 서로 비슷한 모양.

¶비금비금 맞먹을 정도의 실력파./우리 집에서
학교까지의 거리와 그 사람 집까지의 거리는 비
금비금 맞먹는다.

비끗

의미 [+모양],[+물건],[−일치],[+상충]

제약

① 맞추어 끼울 물건이 꼭 들어맞지 않고 어긋
나는 모양.

의미 [+모양],[+팔]v[+다리],[+탈구]

제약 {팔, 다리}-{삐다, 접질리다}

② 팔이나 다리 따위가 접질리는 모양.

¶어두운 밤에 한 발을 비끗 헛짚어서 발목이 시
근거렸다./달빛이 좋긴 해도 하이힐을 신은 발

로는 **비끗** 잘못 내딛는 날이면 망신당하기 딱 좋은 길이었다.≪윤흥길, 묵시의 바다≫

의미 [+모양],[+일],[+잘못],[+상충]

제약

③ 잘못하여 일이 어긋나는 모양.

¶비끗 잘못하면 중대한 문제가 생기니 조심하렴.

비끗-비끗

의미 [+모양],[+물건],[-일치],[+상충],[+반복]

제약

① 맞추어 끼울 물건이 꼭 들어맞지 않고 자꾸 어긋나는 모양.

의미 [+모양],[+팔]v[+다리],[+탈구],[+반복]

제약 {팔, 다리}-{삐다, 접질리다}

② 팔이나 다리 따위가 접질리어 시큰하도록 자꾸 어긋 물리는 모양.

의미 [+모양],[+일],[+잘못],[+상충],[+반복]

제약

③ 잘못하여 일이 자꾸 어긋나는 모양.

비단

의미 [+유일]

제약 { }-{부정서술어}

부정하는 말 앞에서 '다만', '오직'의 뜻으로 쓰이는 말. ≒비독(非獨).

¶이런 일은 **비단** 어제오늘의 일이 아니다./비단 동물뿐 아니라 사람도 본능의 지배를 받는다./잠을 깬 사람은 **비단** 나만이 아니었다.≪이동하, 장난감 도시≫/원장의 광기가 어린 예술 작품은 **비단** 그 나무뿌리 한 가지만은 아니었다.≪이청준, 당신들의 천국≫/영칠이를 못마땅하게 여기는 것은 **비단** 그가 술을 마신다고 해서만은 아니었다.≪하근찬, 야호≫

비독

의미 [+유일]

제약 { }-{부정서술어}

=비단. 부정하는 말 앞에서 '다만', '오직'의 뜻으로 쓰이는 말.

비듬-히

의미 [-수직]v[-수평],[+경사],[-정도]

제약

'비스듬히'의 준말. 수평이나 수직이 되지 아니하고 한쪽으로 기운 듯하게.

비등-비등

의미 [+다수],[+유사]

제약

여럿이 서로 엇비슷하게.

¶이쪽과 저쪽은 힘이나 수가 **비등비등** 맞먹어서 승부가 잘 나지 않는다.

비딱-비딱

의미 [+모양],[+물체],[+경사],[+반복]

제약

① 물체가 비스듬하게 이쪽저쪽으로 자꾸 기울어지는 모양.

¶게는 자긴 **비딱비딱** 옆 걸음질을 하면서도 아이들에겐 바로 걸으라고 교육을 한답니다.≪이병주, 행복어 사전≫

의미 [+모양],[+물체],[+전부],[+경사]

제약

② 물체가 여럿이 다 비스듬하게 기울어져 있는 모양.

비딱-이

의미 [+물체],[+경사]

제약

물체가 한쪽으로 비스듬하게 기울어져 있게.

¶모자가 바람에 **비딱이** 젖혀졌다.

비뚜로

의미 [-바름],[+경사]

제약

① 바르지 아니하고 한쪽으로 기울어지거나 쏠리게.

¶줄을 **비뚜로** 서다.

의미 [+분노],[-일치]

제약

② 성이 나서 틀어지게.

¶심하게 야단치면 **비뚜로** 나가기 십상이다./그들은 웅보와 막음례의 처지를 이해하고 있었으므로 악의를 가지고 **비뚜로** 말하는 친구는 없었다.≪문순태, 타오르는 강≫

비뚜름-히

의미 [+경사],[−정도]

제약

조금 비뚤다.

¶허리에 **비뚜름히** 내려 찬 권총의 손잡이에 아침 햇살이 튀겼다.≪문순태, 피아골≫/방축 길엔 이 도읍을 다스리던 방백들의 공덕비가 혹은 서 있고 혹은 **비뚜름히** 기울어 있고 더러는 균열이 진 채 누워 있었다.≪홍성암, 큰물로 가는 큰 고기≫

비뚝-비뚝

의미 [+모양],[+물체],[+경사],[+요동],[+반복]

제약 { }-{흔들리다}

① 물체가 비스듬히 한쪽으로 기울어서 자꾸 흔들리는 모양.

의미 [+모양],[+표면][−균일]v[+다리][−일치],[+걸음],[+요동]

제약 {사람}-{걷다}

② 바닥이 고르지 못하거나 한쪽 다리가 짧아서 흔들거리며 걷는 모양.

비뚤-배뚤

의미 [+모양],[+물체],[+경사],[+요동],[+반복]

제약 { }-{흔들리다}

① 물체가 이쪽저쪽으로 기울어지며 자꾸 흔들리는 모양.

의미 [+모양],[+물체],[+굴곡],[+반복]

제약 { }-{구부러지다}

② 물체가 곧지 못하고 이쪽저쪽으로 자꾸 구부러지는 모양.

비뚤-비뚤

의미 [+모양],[+물체],[+경사],[+요동],[+반복]

제약 { }-{흔들리다}

① 물체가 이리저리 기울어지며 자꾸 흔들리는 모양.

의미 [+모양],[+물체],[+굴곡],[+반복]

제약 { }-{구부러지다}

② 물체가 곧지 못하고 이리저리 자꾸 구부러지는 모양.

¶글씨가 **비뚤비뚤** 엉망이다.

비로소

의미 [+시점],[+기준],[+사건]v[+사태],[+변화],[+시작]

제약

어느 한 시점을 기준으로 그 전까지 이루어지지 아니하였던 사건이나 사태가 이루어지거나 변화하기 시작함을 나타내는 말.

¶아들이 무사하다는 소식이 전해지자 **비로소** 어머니의 굳은 얼굴이 환해졌다./지팡이 소리가 등 뒤에서 멎는 순간에야 **비로소** 그는 상대방이 누군지를 알아차릴 수가 있었다.≪윤흥길, 완장≫/마시고 나야 **비로소** 그 맛을 알 수 있으며, 따라 놓고 봐야 그 빛깔을 볼 수가 있다.≪이어령, 흙 속에 저 바람 속에≫

비록

의미 [+인식],[+부정]

제약

('-ㄹ지라도', '-지마는'과 같은 어미가 붙는 용언과 함께 쓰여) 아무리 그러하더라도. 늑만손.

¶**비록** 사소한 것일지라도 아버지와 의논해야지./**비록** 가난하지만, 행복하다./**비록** 내가 저지른 일이기는 해도 나로서는 너무도 견디기 어려운 고문이었고….≪안정효, 하얀 전쟁≫/한 사람은 **비록** 넥타이가 뒤틀리고 중절모가 찌그러졌지만 그래도 정장이었고….≪이문열, 변경≫/나라 걱정하는 말이 **비록** 사리에 맞고 간절하다 하나 행함이 없으면 역시 공리공담일 뿐.≪현기영, 변방에 우짖는 새≫

비리-비리

의미 [+모양],[+신체],[+연약],[+정도]

제약

비틀어질 정도로 여위고 연약한 모양.

¶아이가 입이 짧아서 **비리비리** 약하다./못 얻어 먹어 **비리비리** 말라 가는 어린것들이 불쌍해서도 많이 참았다.≪이정환, 샛강≫

비릿-비릿

의미 [+느낌],[+냄새]v[+맛],[+비림],[+정도]

제약

① 냄새나 맛이 매우 비린 듯한 느낌.

¶생선 냄새가 비릿비릿 풍겨 왔다.

의미 [+모양],[+마음],[+추잡],[+불쾌]

제약

② 좀스럽거나 구차스러운 짓이 마음에 더럽고 아니꼬운 모양.

비릿-이

의미 [+냄새]v[+맛],[+비림],[-정도]

제약

냄새나 맛이 조금 비린 듯하게.

비밀스레

의미 [+기색],[+은닉]

제약

무엇인가를 숨기고 감추려는 기색이 있게.

¶변소에 같이 가자는 이야기는 무언가 비밀스레 할 말이 있다는 뜻이었다.≪홍성원, 육이오≫

비밀-히

의미 [+태도],[+은닉]

제약

남에게 알려서는 안 되거나 드러내서는 안 되는 태도가 있게.

¶적들에게 들키지 않게 비밀히 행동해라./영감은 무슨 비밀히 할 얘기가 있다는 얼굴로 그의 한 팔을 붙잡고 그를 복덕방 안으로 데리고 들어갔다.≪김승옥, 차나 한잔≫

비범-히

의미 [+수준],[+우수],[+정도]

제약

보통 수준보다 훨씬 뛰어나게.

비비⁰¹

의미 [+모양],[+꼬임],[+빈도]

제약 { }-{꼬이다, 뒤틀리다}

여러 번 꼬이거나 뒤틀린 모양.

¶몸을 비비 꼬다./좀이 쑤셔서 몸이 비비 틀린다./줄을 비비 꼬지 말고 똑바로 해 봐./너는 생각하는 것이 긍정적이지 못하고 왜 그렇게 비비 틀렸니?/꽈배기를 먹었나 왜 그렇게 말을 비비 꼬고 그래?/일이 자꾸 비비 꼬여서 큰 걱정이다./노파는 얼른 입을 못 열고 사뭇 초조하게 두 손을 맞비비고 비비 틀고 하더니….≪현기영, 변방에 우짖는 새≫

비비⁰²

의미 [+전부],[-예외]

제약

① 어느 것이나 다.

의미 [+모양],[+풍성],[+빈도]

제약

② 흔하거나 자주 있는 모양.

비비배배

의미 [+소리],[+종달새]

제약 {종달새}-{울다}

종달새 따위가 지저귀는 소리.

¶종달새가 하늘을 날아오르며 비비배배 노래한다.

비비적-비비적

의미 [+모양],[+물체],[+마찰],[+연속]

제약 { }-{문지르다}

① 두 물체를 맞대어 잇따라 문지르는 모양.

의미 [+모양],[+연장],[+회전],[+구멍],[+연속]

제약

② 구멍을 뚫기 위하여 송곳 같은 연장으로 잇따라 세게 이리저리 돌리는 모양.

의미 [+모양],[+물건],[+원형]v[+길이],[+손],[+마찰],[+연속]

제약 { }-{문지르다}

③ 손바닥이나 손가락 사이의 물건을 둥글게 하거나 긴 가락이 지게 잇따라 세게 문지르는 모양.

의미 [+모양],[+틈],[+간격],[+연속]

제약 { }-{헤집다, 비집다}

④ 좁은 틈을 잇따라 헤집거나 비집는 모양.

의미 [+모양],[+상황],[-만족],[+극복],[+노력],[+인내]

제약

⑤ 좋지 않은 상황을 이겨 내기 위하여 끈질기게 버티는 모양.

비빗-비빗

의미 [+모양],[+물체],[+마찰],[+연속]

제약 { }-{문지르다}

① '비비적비비적①'의 준말. 두 물체를 잇따라

맞대어 문지르는 모양.

의미 [+모양],[+연장],[+회전],[+구멍],[+연속]

제약

② '비비적비비적②'의 준말. 구멍을 뚫기 위하여 송곳 같은 연장으로 세게 잇따라 이리저리 돌리는 모양.

의미 [+모양],[+물건],[+원형]v[+길이],[+손],[+마찰],[+연속]

제약 { }-{문지르다}

③ '비비적비비적③'의 준말. 손바닥이나 손가락 사이의 물건을 둥글게 하거나 긴 가락이 지게 세게 잇따라 문지르는 모양.

의미 [+모양],[+틈],[+간격],[+연속]

제약 { }-{헤집다, 비집다}

④ '비비적비비적④'의 준말. 좁은 틈 사이를 자꾸 헤집거나 비집는 모양.

의미 [+모양],[+상황],[-만족],[+극복],[+노력],[+인내]

제약

⑤ '비비적비비적⑤'의 준말. 안 좋은 상황을 이겨 내려고 끈질기게 버티는 모양.

비상-히[01]

의미 [+유별]

제약

① 예사롭지 아니하게.

¶정진의 모친은 가만히 생각한즉 비상히 곤란한 문제가 또 생겼는 고로 어찌할 줄 모르고 어름어름 대답하여 보냈는데….≪최찬식, 금강문≫

의미 [-평범],[+우월]

제약

② 평범하지 아니하고 뛰어나게.

¶그 양복 입은 남자와 조선 복색한 부인은 악기가 참새 굴레를 씌울 듯하고 꾀는 비상히 많은 사람이라.≪이인직, 모란봉≫/그 행동이 민첩해 보이고 비상히 영리하게 생겼다.≪김동인, 젊은 그들≫

비상-히[02]

의미 [+심리],[+슬픔],[+고통]

제약

마음이 슬프고 쓰라리게.

비스듬-히

의미 [-수직],[-수평],[+경사],[-정도]

제약

수평이나 수직이 되지 아니하고 한쪽으로 기운 듯하게.

¶의자에 비스듬히 앉아 차를 마셨다./짐들이 비스듬히 놓여 쓰러질 것 같다./그녀는 고개를 비스듬히 둔 채 그림을 감상했다./하늘에는 배를 불려 가는 열하루 달이 노송의 휘어진 가지 사이에 비스듬히 걸려 있었다.≪김원일, 불의 제전≫

비스름-히

의미 [+유사]

제약

거의 비슷하게.

¶비스름히 답은 했지만 정답은 아니다./방금 농담 비스름히 슬쩍 비쳤던, 냉장고를 사 달라고 했다던 말도 사실일 터이었다.≪이문구, 으악새 우는 사연≫

비슥-비슥

의미 [+모양],[+행동],[-호감],[+거리],[+반복]

제약

어떠한 일에 대하여 탐탁히 여기지 아니하고 자꾸 따로 떨어져 행동하는 모양.

¶다른 친구들이 같이 가자는 것도 비슥비슥 사양하고 있었는데….≪이기영, 신개지≫

비슥-이

의미 [+경사],[-정도]

제약

한쪽으로 약간 기울어진 정도로.

비슬-비슬

의미 [+모양],[+걸음],[-기운],[-균형],[+반복]

제약

힘없이 자꾸 비틀거리는 모양.

¶속이 거북하다 핑계하고 비슬비슬 술상에서 떨어져 난간에 기대는 사람도 있고….≪박종화, 금삼의 피≫/사람들은 지독한 냄새에 비슬비슬 물러나며 고개를 돌려 댄다.≪김춘복, 쌈짓골≫

비슷-비슷

의미 [+모양],[+전부],[+유사]

제약

여럿이 다 거의 같은 모양.

¶피차 비슷비슷 닮은 사람들끼리 쌀이라도 한 줌씩 걷자고 했다.≪이정환, 샛강≫

비슷-이[01]

의미 [+경사]

제약

서 있거나 세워진 모습이 바르지 아니하고 한쪽으로 약간 기울어진 정도로.

비슷-이[02]

의미 [+비교],[+일치],[+부족]

제약

비교가 되는 대상과 어느 정도 일치되지만 다소 미흡한 면이 있게.

¶아내는 많은 돈이나 준 듯이 다소 자랑 비슷이 말하였다.≪최서해, 갈등≫/변명 비슷이 그러한 말을 한마디 하였으나….≪박태원, 천변 풍경≫

비시시

의미 [+모습],[+웃음],[+개구],[-소리]

제약 {사람}-{웃다}

입을 조금 벌리고 소리 없이 웃는 모습.

¶문찬숙의 익살에 만수는 비시시 웃었다.≪송기숙, 암태도≫/차츰 비시시 비어져 나오던 웃음은 기괴한 폭소로 변하였다.≪이호철, 소시민≫

비식-비식

의미 [+모양],[+조소],[+야유],[+연속]

제약 {사람}-{거리다, 대다}

잇따라 빈정거리며 비웃는 모양.

¶곁에 앉아 있던 깡마른 사내가 비식비식 웃으며 그렇게 빈정댔다.≪이문열, 영웅시대≫/앉아 있던 사람들도 모두 비식비식 웃으며 수군거렸다.≪하근찬, 야호≫

비실-비실

의미 [+모양],[-기운],[+걸음],[-균형],[+반복]

제약

① 힘없이 흐느적흐느적 자꾸 비틀거리는 모양.

¶병일은 눈을 홉뜨고 팔을 부르걷고 뽐내며 허장성세를 하다가 술기운에 밀리어 비실비실 뒷걸음을 친다.≪현진건, 적도≫/오 씨는 벽에 등을 기댄 채 비실비실 모로 쓰러졌다.≪한수산, 유민≫

의미 [+모양],[+행동],[+비굴],[+눈치]

제약

② 눈치를 보며 비굴하게 행동하는 모양.

¶정근은 영신의 집 방향으로 돌아서며 무슨 죄나 지은 사람처럼 비실비실 걷기를 시작한다.≪심훈, 상록수≫/정옥이는 잔뜩 겁부터 집어먹고는 비실비실 눈길을 피하려 했다.≪윤흥길, 완장≫/사태가 불리하자 나졸들은 비실비실 도망쳤다.≪유현종, 들불≫

비썩

의미 [+모양],[+수척],[+정도]

제약 { }-{마르다}

살가죽이 쭈그러질 정도로 여윈 모양.

¶감기를 앓았더니 몸이 비썩 말랐다./작은 키에 비썩 마른 엉덩이 하며 어디로 보나 장 씨 마누라는 몇은커녕 아이 하나도 낳지 못할 여자 같았다.≪한수산, 유민≫

비썩-비썩

의미 [+모양],[+수척],[+정도]

제약 { }-{마르다}

살가죽이 아주 쭈그러질 정도로 심하게 여윈 모양.

¶어머니는 자식 걱정으로 몸이 비썩비썩 말라 간다.

비쏙-비쏙

의미 [+모양],[+걸음],[-균형],[+반복]

제약

쓰러질 듯이 이리저리 자꾸 비틀거리는 모양.

비쏠-비쏠

의미 [+모양],[+걸음],[-기운],[-균형],[+반복]

제약

자꾸 힘없이 비틀거리는 모양. '비슬비슬'보다 조금 센 느낌을 준다.

¶그때의 진하의 꼴은…어깨를 처뜨리고 비쏠비쏠 걷는 초상집 개나 다름없었다.≪염상섭, 김 의관 숙질≫

비아냥스레

의미 [+태도],[+조소],[-호감]

제약

얄밉게 빈정거리며 놀리는 태도로.

¶그녀는 비아냥스레 곁눈질을 했다.

비악

의미 [+소리],[+병아리]

제약 {병아리}-{울다}

병아리가 한 번 약하게 우는 소리. '삐악'보다 여린 느낌을 준다.

비악-비악

의미 [+소리],[+병아리],[+연속]

제약 {병아리}-{울다}

병아리가 계속 약하게 우는 소리. '삐악삐악'보다 여린 느낌을 준다.

비연-히

의미 [+정도],[+빛],[+정도]

제약

환히 빛날 정도로.

비영-비영

의미 [+모양],[+몸],[+수척],[-조정]

제약

병으로 몸이 야위어 제대로 가누지 못하는 모양.

¶고령의 나이에 비영비영 돌아다니지만 아직도 할 일은 모두 한다.

비오

의미 [+소리],[+솔개]

제약 {솔개}-{울다}

솔개가 우는 소리.

비오-비오

의미 [+소리],[+솔개],[+연속]

제약 {솔개}-{울다}

솔개가 잇따라 우는 소리.

비장-히

의미 [+위엄],[+훌륭]

제약

슬프면서도 그 감정을 억눌러 씩씩하고 장하게.

¶눈물을 머금고 비장히 돌아서는 아들의 모습을 보니 마음이 아팠다.

비적-비적

의미 [+모양],[+물건],[+다수],[+구멍]v

[+틈],[+돌출]

제약

싸 놓은 물건이 좁은 구멍이나 틈새로 여기저기 밖으로 비어져 나오는 모양.

¶내용물이 너무 많은지 보따리 안의 물건들이 비적비적 비어져 나왔다.

비주룩

의미 [+모양],[+물체],[+선단],[+돌출],[+길이]

제약

'비죽01'의 본말. 물체의 끝이 조금 길게 내밀려 있는 모양. 늑비주룩이.

비주룩-비주룩

의미 [+모양],[+전부],[+선단],[+돌출],[+길이]

제약

'비죽비죽01'의 본말. 여럿이 다 끝이 조금 길게 내밀려 있는 모양.

¶아버지는 수염 끝이 비주룩비주룩 솟은 턱으로 아이의 얼굴을 비벼 댔다.

비주룩-이

의미 [+모양],[+물체],[+선단],[+돌출],[+길이]

제약

=비주룩. 물체의 끝이 조금 길게 내밀려 있는 모양.

비죽01

의미 [+모양],[+물체],[+선단],[+돌출],[+길이]

제약

물체의 끝이 조금 길게 내밀려 있는 모양. 늑비죽이01.

¶주머니에 넣은 연필이 비죽 나오다./비죽 튀어 나온 못에 옷이 걸려 찢어졌다.

비죽02

의미 [+모양],[+입],[+돌출],[-소리],[+조소]v[+불쾌]v[+울음]

제약 {입}-{내밀다}

① 비웃거나 언짢거나 울려고 할 때 소리 없이 입을 내미는 모양. 늑비죽이02①.

의미 [＋모양],[＋얼굴]v[＋물건],[＋출현]

제약

② 얼굴이나 물건의 모습만 한 번 슬쩍 내밀거나 나타내는 모양. 늑비죽이02②.

¶그 사람은 회의 때 마다 얼굴만 **비죽** 내밀고 가 버린다.

비죽-배죽01

의미 [＋모양],[＋전부],[＋돌출],[－균일]

제약

여럿이 다 끝이 고르지 아니하게 조금씩 내밀려 있는 모양.

¶가뭄 끝에 단비가 내리니 새싹들이 **비죽배죽** 고개를 내밀고 나온다.

비죽-배죽02

의미 [＋모양],[＋입],[＋돌출],[－소리],[＋조소]v[＋불쾌]v[＋울음]

제약 {입}-{내밀다, 실룩샐룩하다}

비웃거나 언짢거나 울려고 할 때 소리 없이 입을 내밀고 실룩샐룩하는 모양.

¶사람을 놀리기라도 하듯이 **비죽배죽** 웃으면서 도망갔다.

비죽-비죽01

의미 [＋모양],[＋전부],[＋돌출],[－균일]

제약

여럿이 다 끝이 조금 길게 내밀려 있는 모양.

¶봄이 되자 흙덩이 사이로 새싹이 **비죽비죽** 돋아났다.

비죽-비죽02

의미 [＋모양],[＋입],[＋돌출],[－소리],[＋조소]v[＋불쾌]v[＋울음]

제약 {입}-{내밀다, 실룩샐룩하다}

언짢거나 비웃거나 울려고 할 때 소리 없이 입을 내밀고 실룩거리는 모양.

¶익삼 씨가 **비죽비죽** 웃으면서 하는 말이었다. ≪윤흥길, 완장≫/순자는 쥐어짜도 물기 하나 안 남았을 텐데 어이없게도 **비죽비죽** 울었다.≪황석영, 어둠의 자식들≫

비죽-이01

의미 [＋모양],[＋물체],[＋선단],[＋돌출],[＋길이]]

제약

=비죽01. 물체의 끝이 조금 길게 내밀려 있는 모양.

¶윤재는 모서리마다 철사가 **비죽이** 튀어나온 낡은 가방을 탁자 위에 올려놓았다.≪한수산, 부초≫

비죽-이02

의미 [＋모양],[＋입],[＋돌출],[－소리],[＋조소]v[＋불쾌]v[＋울음]

제약 {입}-{내밀다}

①=비죽02①. 비웃거나 언짢거나 울려고 할 때 소리 없이 입을 내미는 모양.

¶그가 창피하다는 듯이 혼자 **비죽이** 웃더니 금방 집으로 돌아가 버렸다./요강의 겉몸에 그려진 무늬를 손가락으로 살살 건드려 보며 태석이는 **비죽이** 웃었다.≪하근찬, 야호≫

의미 [＋모양],[＋얼굴]v[＋물건],[＋출현]

제약

②=비죽02②. 얼굴이나 물건의 모습만 한 번 슬쩍 내밀거나 나타내는 모양.

¶대문 밑으로 **비죽이** 그의 그림자가 고개를 내밀고 있었다.

비쩍

의미 [＋모양],[＋수척],[＋정도]

제약 { }-{마르다}

살가죽이 쭈그러질 정도로 마르거나 여윈 모양.

¶그는 키가 작았고 북어처럼 **비쩍** 마른 사내였다.≪김원일, 불의 제전≫

비쩍-비쩍

의미 [＋모양],[＋수척],[＋정도],[＋진행]

제약 { }-{마르다}

살가죽이 쭈그러질 정도로 아주 심하게 마르거나 여위어 가는 모양.

¶불치의 병으로 **비쩍비쩍** 말라 가는 동생의 얼굴을 보니 눈물이 앞을 가렸다.

비쭈룩

의미 [＋모양],[＋물체],[＋선단],[＋돌출],[＋길이]]

제약

'비쭉01'의 본말. 물체의 끝이 조금 길게 내밀려 있는 모양. 늑비쭈룩이.

비쭈룩-비쭈룩

의미 [+모양],[+전부],[+선단],[+돌출],[+길이]

제약

'비쭉비쭉01'의 본말. 여럿이 다 끝이 조금 길게 내밀려 있는 모양.

비쭈룩-이

의미 [+모양],[+물체],[+선단],[+돌출],[+길이]

제약

=비쭈룩. 물체의 끝이 조금 길게 내밀려 있는 모양.

¶비쭈룩이 내민 돌부리들이 기이한 형상을 하고 있다.

비쭉01

의미 [+모양],[+물체],[+선단],[+돌출],[+길이]

제약

물체의 끝이 조금 길게 내밀려 있는 모양. '비죽01'보다 조금 센 느낌을 준다. 늑비쭉이01.

비쭉02

의미 [+모양],[+입],[+돌출],[-소리],[+조소]v[+불쾌]v[+울음]

제약 {입}-{내밀다}

① 비웃거나 언짢거나 울려고 할 때 소리 없이 입을 내미는 모양. '비죽02①'보다 조금 센 느낌을 준다. 늑비쭉이02①.

¶계영은 냉소하듯이 입을 비쭉 내밀었다.≪이호철, 파열구≫

의미 [+모양],[+얼굴]v[+물건],[+출현]

제약

② 얼굴이나 물건의 모습만 한 번 슬쩍 내밀거나 나타내는 모양. '비죽02②'보다 조금 센 느낌을 준다. 늑비쭉이02②.

비쭉-배쭉01

의미 [+모양],[+전부],[+선단],[+돌출],[-균일]

제약

여럿이 다 끝이 고르지 아니하게 조금씩 내밀려 있는 모양. '비죽배죽01'보다 조금 센 느낌을 준

다.

¶어린 새싹들이 여기저기 비쭉배쭉 돋아나기 시작했다.

비쭉-배쭉02

의미 [+모양],[+입],[+돌출],[-소리],[+조소]v[+불쾌]v[+울음]

제약 {입}-{내밀다, 실룩샐룩하다}

비웃거나 언짢거나 울려고 할 때 소리 없이 입을 내밀고 실룩샐룩하는 모양. '비죽배죽02'보다 조금 센 느낌을 준다.

¶내가 말만 하면 순희는 입을 비쭉배쭉 놀리면서 달려든다.

비쭉-비쭉01

의미 [+모양],[+전부],[+선단],[+돌출],[+길이]

제약

여럿이 다 끝이 조금 길게 내밀려 있는 모양. '비죽비죽01'보다 조금 센 느낌을 준다.

¶둑 옆으로 비쭉비쭉 솟아난 바위들이 보였고 그 위로 부딪치는 파도의 포말이 캄캄한 시야를 덮었다.≪최인호, 지구인≫

비쭉-비쭉02

의미 [+모양],[+입],[+돌출],[-소리],[+조소]v[+불쾌]v[+울음]

제약 {입}-{내밀다, 실룩거리다}

언짢거나 비웃거나 울려고 할 때 소리 없이 입을 내밀고 실룩거리는 모양. '비죽비죽02'보다 조금 센 느낌을 준다.

¶그들은 신분증을 내보이고 비쭉비쭉 웃기까지 하며, 대한민국 일개 시민임을 밝혔다.≪이호철, 고여 있는 바닥≫

비쭉-이01

의미 [+모양],[+물체],[+선단],[+돌출],[+길이]

제약

=비쭉01. 물체의 끝이 조금 길게 내밀려 있는 모양.

비쭉-이02

의미 [+모양],[+입],[+돌출],[-소리],[+조소]v[+불쾌]v[+울음]

제약 {입}-{내밀다}

①=비쭉02①. 비웃거나 언짢거나 울리고 할 때 소리 없이 입을 내미는 모양.

¶박씨 과부는 영문을 모르면서도 경순의 말에 불안해져서 입을 **비쭉이** 내밀었다.≪황석영, 장길산≫

의미 [＋모양],[＋얼굴]v[＋물건],[＋출현]

제약

②=비쭉02②. 얼굴이나 물건의 모습만 한 번 슬쩍 내밀거나 나타내는 모양.

비참-히

의미 [＋슬픔],[＋경악],[＋정도]

제약

더할 수 없이 슬프고 끔찍하게.

¶그는 혹한의 산속에서 홀로 **비참히** 숨을 거두었다.

비척-비척

의미 [＋모양],[＋걸음],[－균형]

제약 {사람}-{걷다}

‘비치적비치적’의 준말. 몸을 한쪽으로 약간 비틀거리거나 가볍게 절룩거리며 걷는 모양.

¶목발을 짚은 걸인 한 사람이 **비척비척** 지나가면서….≪유주현, 대한 제국≫

비치적-비치적

의미 [＋모양],[＋걸음],[－균형]

제약 {사람}-{걷다}

몸을 한쪽으로 약간 비틀거리거나 가볍게 절룩거리며 걷는 모양.

¶상한 다리로 **비치적비치적** 걸어가다.

비칠-비칠

의미 [＋모양],[＋걸음],[－균형],[＋반복]

제약 {사람}-{걷다}

몸을 바로 가누지 못하고 쓰러질 듯이 이리저리 어지럽게 자꾸 비틀거리는 모양.

¶어둠이 짙어 오는 아카시아 울 사이의 오솔길로 한 사내가 **비칠비칠** 걸어오고 있었다.≪김원일, 어둠의 축제≫/아까 모양으로 한 손으로 난간을 짚고, 눈은 거의 감고 **비칠비칠** 걸었다.≪현진건, 적도≫

비-컨대

의미 [＋비교]v[＋비유]

제약

비교하여 보건대. 또는 비유하자면.

¶**비컨대** 인생은 나그넷길이라고 한다.

비통-히

의미 [＋슬픔],[＋고통]

제약

몹시 슬퍼서 마음이 아프게.

¶아들을 잃고 **비통히** 앉아 있는 외숙모의 모습을 차마 바로 볼 수가 없다.

비트적-비트적

의미 [＋모양],[＋걸음],[－균형],[－정도]

제약 {사람}-{걷다}

몸을 제대로 가누지 못하고 약간 비틀거리며 걷는 모양.

¶술 취한 사람처럼 **비트적비트적** 걸어간다./오동나무 집 주파의 말로는 꼭두새벽에 광주댁이 미친 사람처럼 머리를 산발하고 **비트적비트적** 혼자 조운창 쪽으로 내려가더라고 하였고….≪문순태, 타오르는 강≫

비틀

의미 [＋모양],[＋걸음],[－균형],[－기운]v[＋현기]

제약 {사람}-{걷다}

힘이 없거나 어지러워서 몸을 바로 가누지 못하고 이리저리 쓰러질 듯이 걷는 모양.

¶며칠 앓고 나더니 이리 **비틀** 저리 **비틀** 걷지를 못한다.

비틀-비틀

의미 [＋모양],[＋걸음],[－균형],[－기운]v[＋현기],[＋계속]

제약 {사람}-{걷다}

힘이 없거나 어지러워서 몸을 바로 가누지 못하고 이리저리 쓰러질 듯이 계속 걷는 모양.

¶굶주림에 지칠 대로 지친 군중들이 추위에 떨며 **비틀비틀** 시가지를 걸어가고 있었다.≪송기숙, 암태도≫/할머니가 방 안에 숨어 있는 나를 부르셨다. 나는 무서움에 질려서 **비틀비틀** 마루로 나갔다.≪김승옥, 염소는 힘이 세다≫

비틈-히

의미 [+말],[+의미],[+유사]

제약

말뜻이 그럴듯할 정도로 어느 정도 비슷하게.

비호같-이

의미 [+용맹],[+민첩],[+정도]

제약

매우 용맹스럽고 날쌔게.

¶순옥이는 맨발로 **비호같이** 뛰어내려 달려갔다.
≪염상섭, 동서≫/마당을 가득 메운 민병들이…아
우성치는 가운데 두 명이 **비호같이** 방 안으로
뛰어들었다.≪현기영, 변방에 우짖는 새≫

빈곤-히

의미 [+가난],[+생활],[+곤란]

제약

① 가난하여 살기가 어려울 정도로.

의미 [+상태],[+공허],[+내용],[-충실],[+부
족]

제약

② 내용 따위가 충실하지 못하거나 모자라서 텅
빈 상태로.

빈궁-히

의미 [+가난],[+정도]

제약

가난하고 궁색하게.

빈년

의미 [+해],[+개별],[+전부]

제약

=매해. 해마다.

¶우리 학교는 **빈년** 12월에 송년 음악회를 연다.

빈둥-빈둥

의미 [+모양],[-노동],[+나태],[+유희]

제약 {사람}-{놀다}

아무 일도 하지 아니하고 게으름을 피우며 놀기
만 하는 모양.

빈들-빈들

의미 [+모양],[-노동],[+나태],[+유희],[-수
치],[+연속]

제약 {사람}-{놀다}

부끄러운 줄 모르고 게으름을 피우며 뻔뻔스럽
게 놀기만 하는 모양.

¶**빈들빈들** 놀기만 하다./그는 하는 일 없이 교외
를 **빈들빈들** 돌아다니었다.≪이무영, 제일 과 제일
장≫/남들은 국가 재건에 종사해서 고생들 하고
있는데, **빈들빈들** 놀면서 편안하게 얻어먹는 행
위는 국가에서 용납할 수 없어요.≪황석영, 어둠의
자식들≫

빈미주룩

의미 [+모양],[+물체],[+선단],[+돌출],[+길
이]

제약

어떤 물체의 밋밋한 끝이 조금 길게 내밀어져
있는 모양. 늑빈미주룩이.

빈미주룩-이

의미 [+모양],[+물체],[+선단],[+돌출],[+길
이]

제약

=빈미주룩. 어떤 물체의 밋밋한 끝이 조금 길게
내밀어져 있는 모양.

빈번-히

의미 [+빈도],[+복잡]

제약

번거로울 정도로 도수(度數)가 잦게.

¶**빈번히** 사용되는 용어./대화를 **빈번히** 하다./행
사를 **빈번히** 치르다./건조한 날씨 때문에 화재가
빈번히 발생하고 있다.

빈빈-히

의미 [+빈도],[+정도]

제약

도수(度數)가 몹시 많거나 잦게.

¶외교 사절을 **빈빈히** 파견하다.

빈삭-히

의미 [+빈도],[+정도]

제약

도수(度數)가 매우 잦게.

빈정-빈정

의미 [+모양],[+태도],[+조롱],[+반복]

제약 {사람}-{거리다, 대다}

남을 은근히 비웃는 태도로 자꾸 놀리는 모양.

¶그러지 않아도 공연히 화가 나서 못 견디겠는
데 어제는 회계를 보는 최 서기가 나를 **빈정빈**

정 놀리겠지.≪이기영, 수석≫.

빈천-히

의미 [+가난],[+비천]

제약

가난하고 천하게.

빈틈없-이

의미 [+공간],[−간격]

제약

① 비어 있는 사이가 없이.

¶빈틈없이 꽉 들어차다./책장을 책으로 **빈틈없이** 채우다./마당가에는 각 동에서 모여 온 구경꾼들이 남녀노소 섞이어 **빈틈없이** 들어섰다.≪홍명희, 임꺽정≫

의미 [−허점],[−부족]

제약

② 허술하거나 부족한 점이 없이.

¶계획을 **빈틈없이** 세우다./**빈틈없이** 해치우다./최삼봉의 계획은 **빈틈없이** 들어맞았다.≪안수길, 북간도≫/이현웅은 비록 은밀하고 **빈틈없이** 일을 진행하였지만, 그에게도 빈틈은 있었다.≪이문열, 황제를 위하여≫

빈한-히

의미 [+가난],[+적적]

제약

살림이 가난하여 집안이 쓸쓸하게.

빌빌

의미 [+모양],[+운동],[−속도]

제약

① 느릿느릿하게 움직이는 모양.

¶빌빌 움직이다./낡은 기계가 **빌빌** 돌아간다.

의미 [+모양],[+행동],[−기운]

제약

② 기운 없이 행동하는 모양.

¶빌빌 눈치나 보고 살다./시험을 치르고 온 아이가 풀이 죽어 **빌빌** 집 안으로 들어섰다.

빙

의미 [+모양],[+범위],[+확정],[+넓이],[+순회]

제약 { }-{돌다}

① 약간 넓은 일정한 범위를 한 바퀴 도는 모양.

¶한 바퀴 빙 돌다./방 안을 한 번 빙 둘러보다./그들이 탄 차는 주차장을 빙 돌아 나왔다./이 길은 남산을 빙 돌아 남대문 쪽으로 빠지는 길이다./솔개 한 마리가 동생의 머리 위를 빙 돈다./언니는 새 옷을 입고 빙 돌아 보이며 동생에게 어떠냐고 물었다.

의미 [+모양],[+정신],[+현기],[+순간]

제약

② 갑자기 정신이 어찔하여지는 모양.

¶머리가 빙 돌다./갑자기 눈앞이 빙 도는 것같이 현기증을 느낀다./규는 천장이 빙 도는 느낌으로 한동안 눈을 딱 감고 숨을 죽여야만 했다.≪이병주, 지리산≫

의미 [+모양],[+둘레],[+확정],[+포위]

제약 { }-{에워싸다, 둘러싸다}

③ 일정한 둘레를 넓게 둘러싸는 모양.

¶빙 둘러서다./마을에 굿판이 벌어지자 마을 사람들이 모두 나와 빙 둘러싸고 구경을 했다./이 도시는 산으로 빙 둘러싸인 분지에 있다./혹시 그 자가 읍내에 숨어 있을지도 모르니 읍내도 빙 둘러 매복을 시킵시다.≪송기숙, 녹두 장군≫

의미 [+모양],[+눈물],[+충만],[+순간]

제약

④ 갑자기 눈물이 글썽하여지는 모양.

¶눈물이 빙 돌다.

빙그레

의미 [+모양],[+웃음],[+개구],[−소리],[+유연]

제약 {사람}-{웃다}

입을 약간 벌리고 소리 없이 부드럽게 웃는 모양.

¶빙그레 웃다./남편은 빙그레 미소를 지으며 아내의 얼굴을 쳐다보고 있었다./이방이 말하는 소식을 듣고 꺽정이는 빙그레 웃고 눙통이는 입을 막고 웃으나 막봉이는 너털웃음을 웃어서….≪홍명희, 임꺽정≫

빙그르

의미 [+모양],[+몸]v[+물건],[+회전],[+한 번]

제약 {사람, 물건}-{돌다}

몸이나 물건 따위가 넓게 한 바퀴만 도는 모양.
¶빙그르 몸을 돌리다./그는 가던 걸음을 멈추고 빙그르 돌아 그녀를 말없이 쳐다본다./내 곁을 지나치며 노파는 한 번 빙그르 돌아서는 것이었다.≪천승세, 황구의 비명≫/새끼가 끊어지고 기둥이 부러져 버린 천막은 왼쪽으로 빙그르 몸을 틀면서 타오르는 무대의 불길 위에 주저앉았다.≪한수산, 부초≫

빙그르르

의미 [＋모양],[＋몸]v[＋물건],[＋회전],[＋한번]

제약 {사람, 물건}-{돌다}

몸이나 물건 따위가 넓게 한 바퀴 도는 모양.
¶회전의자를 빙그르르 돌리다./그는 객석 맨 앞에 있는 기둥을 잡고 빙그르르 돌면서 바닥에 내려섰다.≪한수산, 부초≫/잎 몇 개가 떨어지며 약간한 바람에 빙그르르 돈다.≪황순원, 신들의 주사위≫

빙글

의미 [＋모양],[＋웃음],[＋개구],[－소리],[＋유연]

제약 {사람}-{웃다}

입을 슬며시 벌릴 듯 말 듯 하면서 소리 없이 부드럽게 한 번 웃는 모양.
¶빙글 웃다./사또가 말하자 책방이 빙글 웃으며 말한다.≪유현종, 들불≫

빙글-빙글01

의미 [＋모양],[＋웃음],[＋개구],[－소리],[＋유연],[＋반복]

제약 {사람}-{웃다}

입을 슬며시 벌릴 듯 말 듯 하면서 소리 없이 부드럽게 자꾸 웃는 모양.
¶빙글빙글 웃다./취기가 오르자 기분이 나아졌는지 빙글빙글 웃는다./그에게 몰려든 구경꾼은 대부분 빙글빙글 웃으며 재미있다는 표정들이다.≪홍성원, 육이오≫

빙글-빙글02

의미 [＋모양],[＋크기],[＋회전],[＋윤활],[＋연속]

제약 { }-{돌다}

큰 것이 잇따라 미끄럽게 도는 모양.
¶빙글빙글 돌다./회전의자를 빙글빙글 돌리다./빙글빙글 원을 그리며 춤을 추다./달은 지구 주위를 빙글빙글 돈다./우리는 밤새 모닥불을 빙글빙글 돌면서 노래를 불렀다./철이 그쪽을 보니 길 저쪽에는 두 녀석이 종이우산을 빙글빙글 돌리며 킬킬거리고 있었다.≪이문열, 변경≫

빙긋

의미 [＋모양],[＋웃음],[＋개구],[－소리],[－정도]

제약 {사람}-{웃다}

입을 슬쩍 벌릴 듯하면서 소리 없이 거볍게 한 번 웃는 모양. 늑빙긋이.
¶빙긋 웃다./빙긋 미소를 띠다./아가씨는 아직 농담인 줄 아는 모양인지 한 번 빙긋 웃고 만다.≪이청준, 조율사≫/영희를 안심시키려는 듯 박 원장이 빙긋 웃음까지 지어 보이며 말했다.≪이문열, 변경≫

빙긋-빙긋

의미 [＋모양],[＋웃음],[＋개구],[－소리],[－정도],[＋반복]

제약 {사람}-{웃다}

입을 슬쩍 벌릴 듯하면서 소리 없이 거볍게 자꾸 웃는 모양. 늑빙긋빙긋.
¶혼자서도 빙긋빙긋 웃으니 무척 좋은 일이 있는가 보군./선물이란 말을 듣는 순간 아이들은 기대와 호기심으로 서로 바라보고 빙긋빙긋 웃는다.≪김말봉, 찔레꽃≫/이젠 그 상욱을 향해 빙긋빙긋 장난기 어린 미소까지 지어 보이고 있었다.≪이청준, 당신들의 천국≫

빙긋-이

의미 [＋모양],[＋웃음],[＋개구],[－소리],[－정도]

제약 {사람}-{웃다}

=빙긋. 입을 슬쩍 벌릴 듯하면서 소리 없이 거볍게 한 번 웃는 모양.
¶빙긋이 웃다./빙긋이 미소를 띠다./삼촌은 그 난리 통에도 여유만만하게 빙긋이 미소를 지어 보였다./이렇게 진귀한 노리개를 자기에게 아낌없이 보내 주는 그 심정이 고마웠다. 녹수의 얼

굴에는 **빙긋이** 소리 없는 웃음이 떠돌았다.≪박종화, 금삼의 피≫

빙긋-빙긋
의미 [＋모양],[＋웃음],[＋개구],[－소리],[－정도],[＋반복]

제약 {사람}-{웃다}

=빙긋빙긋. 입을 슬쩍 벌릴 듯하면서 소리 없이 거볍게 자꾸 웃는 모양.

빙끗
의미 [＋모양],[＋웃음],[＋개구],[－소리],[－정도]

제약 {사람}-{웃다}

입을 슬쩍 벌릴 듯하면서 소리 없이 거볍게 한 번 웃는 모양. '빙긋'보다 조금 센 느낌을 준다. ≒빙끗이.

¶아이는 그저 **빙끗** 웃고는 가 버렸다./남편의 투정에 아내는 **빙끗** 웃으며 비상금을 챙겨 주었다.

빙끗-빙끗
의미 [＋모양],[＋웃음],[＋개구],[－소리],[－정도],[＋반복]

제약 {사람}-{웃다}

입을 슬쩍 벌릴 듯하면서 소리 없이 자꾸 거볍게 웃는 모양. '빙긋빙긋'보다 조금 센 느낌을 준다.

¶**빙끗빙끗** 웃다./젖을 다 먹은 아기는 만족한 듯 **빙끗빙끗** 웃는다.

빙끗-이
의미 [＋모양],[＋웃음],[＋개구],[－소리],[－정도],[＋반복]

제약 {사람}-{웃다}

=빙끗. 입을 슬쩍 벌릴 듯하면서 소리 없이 거볍게 한 번 웃는 모양.

¶**빙끗이** 웃다./아이가 그 어미를 흉내 내자 나는 나도 모르게 **빙끗이** 웃음이 나왔다.

빙-빙
의미 [＋모양],[＋범위],[＋확정],[＋넓이],[＋순회],[＋반복]

제약 { }-{돌다}

① 약간 넓은 일정한 범위를 자꾸 도는 모양.

¶가을 하늘을 **빙빙** 맴도는 고추잠자리./물레를

빙빙 돌리다./탑 주위를 **빙빙** 돌다./회전목마를 타고 **빙빙** 돌아가다.

의미 [＋모양],[＋왕복],[－방향],[－일정],[＋반복]

제약 { }-{돌아다니다}

② 이리저리 자꾸 돌아다니는 모양.

¶할 일 없이 거리를 **빙빙** 돌아다니다./아이 엄마는 잃어버린 아이를 찾아온 동네를 **빙빙** 돌아다녔다.

의미 [＋모양],[＋정신],[＋현기],[＋순간],[＋반복]

제약

③ 갑자기 정신이 자꾸 어찔하여지는 모양.

¶눈앞이 **빙빙** 돌다./하늘이 **빙빙** 도는 듯한 현기증./머릿속이 **빙빙** 돌다.

빙시레
의미 [＋모양],[＋웃음],[＋개구],[－소리],[－정도],[＋유연]

제약 {사람}-{웃다}

슬며시 입을 벌리는 듯하면서 소리 없이 거볍고 부드럽게 웃는 모양.

¶남편은 뭐가 그리 좋은지 **빙시레** 웃고만 있다.

빙실
의미 [＋모양],[＋웃음],[＋개구],[－소리],[＋유연],[＋온화]

제약 {사람}-{웃다}

슬며시 입을 벌릴 듯하면서 소리 없이 부드럽고 온화하게 한 번 웃는 모양.

빙실-빙실
의미 [＋모양],[＋웃음],[＋개구],[－소리],[＋유연],[＋온화],[＋반복]

제약 {사람}-{웃다}

슬며시 입을 벌릴 듯하면서 소리 없이 부드럽고 온화하게 자꾸 웃는 모양.

빙싯
의미 [＋모양],[＋웃음],[＋개구],[－소리],[－정도],[＋온화]

제약 {사람}-{웃다}

입을 슬며시 벌릴 듯하면서 소리 없이 거볍고 온화하게 한 번 웃는 모양. ≒빙싯이.

¶조금 수줍은 표정으로 그가 또 **빙싯** 미소를 지었다.

빙싯-빙싯

의미 [+모양],[+웃음],[+개구],[−소리],[−정도],[+온화],[+반복]

제약 {사람}-{웃다}

입을 슬며시 벌릴 듯하면서 소리 없이 거볍고 온화하게 자꾸 웃는 모양.

¶웬 청년이 다가오더니 허리를 굽실하고 **빙싯빙싯** 웃으며 친절히 말했다.≪윤흥길, 아홉 컬레의 구두로 남은 사내≫

빙싯-이

의미 [+모양],[+웃음],[+개구],[−소리],[−정도],[+온화]

제약 {사람}-{웃다}

=빙싯. 입을 슬며시 벌릴 듯하면서 소리 없이 거볍고 온화하게 한 번 웃는 모양.

빛없-이

의미 [−생색]v[−면목]

제약

① 생색이나 면목이 없이.

¶세상에는 이름 없이 **빛없이** 묵묵히 자기 일을 하는 사람이 많다.

의미 [−보람]

제약

② 보람이 없이.

빠가닥

의미 [+소리],[+물건],[+마찰],[+정지]

제약

작고 단단한 물건이 맞닿아 문질리다가 그칠 때 나는 소리. '바가닥'보다 센 느낌을 준다.

빠가닥-빠가닥

의미 [+소리],[+물건],[+마찰],[+정지],[+연속]

제약

작고 단단한 물건이 자꾸 맞닿아 문질리다가 그칠 때 잇따라 나는 소리. '바가닥바가닥'보다 센 느낌을 준다.

빠각

의미 [+소리],[+물건],[+견고]v[+질김],[+접촉]

제약

작고 단단한 물건이나 질기고 빳빳한 물건이 맞닿을 때 나는 소리. '바각'보다 센 느낌을 준다.

¶누군가가 방문을 **빠각** 여는 소리가 났다.

빠각-빠각

의미 [+소리],[+물건],[+견고]v[+질김],[+접촉],[+반복]

제약

① 작고 단단한 물건이나 질기고 빳빳한 물건이 자꾸 맞닿을 때 나는 소리. '바각바각①'보다 센 느낌을 준다.

¶방문 손잡이가 **빠각빠각** 잘 돌아가지 않는다./방문 손잡이를 **빠각빠각** 억지로 돌리다 고장을 냈다.

빠그르르

의미 [+소리]v[+모양],[+액체],[+비등],[+넓이],[+소란]

제약 {액체}-{퍼지다, 끓다}

① 적은 양의 액체가 조금 넓게 퍼지면서 야단스럽게 끓어오르는 소리. 또는 그 모양. '바그르르①'보다 센 느낌을 준다.

¶양은 냄비에 밥을 안치니 금방 **빠그르르** 끓기 시작한다.

의미 [+소리]v[+모양],[+거품],[+넓이],[+발생],[+동시]

제약 {거품}-{퍼지다, 일어나다}

② 잔거품이 넓게 퍼지면서 한꺼번에 많이 일어나는 소리. 또는 그 모양. '바그르르②'보다 센 느낌을 준다.

¶술독에서 **빠그르르** 거품이 나면서 본격적으로 발효되기 시작한다.

빠근-히

의미 [+근육],[+피로],[+곤란],[+고통]

제약

① 근육이 몹시 피로하여 몸을 움직이기가 거북스럽고 살이 빠개지는 듯하게.

의미 [+느낌],[+충만],[+가슴],[+고통]

제약

② 어떤 느낌으로 꽉 차서 가슴이 빠개지는 듯

하게.

¶가슴이 빠근히 저리면서 눈물이 난다.

의미 [－감당],[＋정도]

제약

③ 힘에 겨울 정도로 조금 벅차게.

¶회사 택시 운전사들은 사납금만 빠근히 채우는 날도 수두룩하다.

빠글-빠글

의미 [＋소리]v[＋모양],[＋액체],[＋넓이],[＋비등]v[＋상승],[＋반복]

제약 {액체}-{끓다, 솟아오르다}

① 적은 양의 액체가 넓게 퍼지며 자꾸 끓거나 솟아오르는 소리. 또는 그 모양. '바글바글①'보다 센 느낌을 준다.

¶물이 빠글빠글 끓는다.

의미 [＋소리]v[＋모양],[＋거품],[＋발생],[＋넓이],[＋확산],[＋반복]

제약 {거품}-{퍼지다, 일어나다}

② 잔거품이 넓게 퍼지며 자꾸 많이 일어나는 소리. 또는 그 모양. '바글바글②'보다 센 느낌을 준다.

¶시원한 콜라를 잔에 따르자 기포가 빠글빠글 올라왔다.

의미 [＋모양],[＋벌레]v[＋짐승]v[＋사람],[＋다수],[＋밀집],[＋운동],[＋반복]

제약 {벌레, 짐승, 사람}-{모이다, 끓다, 들끓다}

③ 작은 벌레나 짐승 또는 사람 따위가 한곳에 많이 모여 자꾸 움직이는 모양. '바글바글③'보다 센 느낌을 준다.

¶백화점은 사람들로 빠글빠글 붐볐다.

의미 [＋모양],[＋마음],[－편안],[＋근심]

제약 {속}-{태우다, 끓이다}

④ 마음이 쓰여 속을 태우는 모양. '바글바글④'보다 센 느낌을 준다.

¶그는 어머니 속을 빠글빠글 썩였다.

빠금01

의미 [＋모양],[＋구멍]v[＋틈],[＋깊이],[＋분명]

제약

① 작은 구멍이나 틈 따위가 깊고 또렷하게 나

있는 모양. '빠끔01①'보다 여린 느낌을 준다. 늑빠금히①.

의미 [＋모양],[＋문],[＋개방],[－정도]

제약 {문}-{열다}

② 살며시 문 따위를 조금 여는 모양. '빠끔01②'보다 여린 느낌을 준다. 늑빠금히②.

빠금02

의미 [＋모양],[＋흡연],[＋입],[±개방]

제약 {담배}-{피우다, 빨다}

① 입을 벌렸다 오므리며 담배를 빠는 모양. '빠끔02①'보다 여린 느낌을 준다.

의미 [＋모양],[＋물고기],[＋흡입],[＋물]v[＋공기],[＋입],[±개방]

제약 {어류}-{거리다, 들이마시다}

② 물고기 따위가 입을 벌렸다 오므리며 물이나 공기를 들이마시는 모양. '빠끔02②'보다 여린 느낌을 준다.

빠금-빠금01

의미 [＋모양],[＋구멍]v[＋틈],[＋다수],[＋깊이],[＋분명]

제약

작은 구멍이나 틈 따위가 여기저기 깊고 또렷하게 나 있는 모양. '빠끔빠끔01'보다 여린 느낌을 준다. 늑빠금빠금히.

빠금-빠금02

의미 [＋모양],[＋흡연],[＋입],[±개방],[＋반복]

제약 {담배}-{피우다, 빨다}

① 입을 벌렸다 오므리며 담배를 자꾸 빠는 모양. '빠끔빠끔02①'보다 여린 느낌을 준다.

¶그는 불이 꺼진 담배를 빠금빠금 빨고 있다.

의미 [＋모양],[＋물고기],[＋흡입],[＋물]v[＋공기],[＋입],[±개방],[＋반복]

제약 {어류}-{거리다, 들이마시다}

② 물고기 따위가 입을 벌렸다 오므리며 물이나 공기를 자꾸 들이마시는 모양. '빠끔빠끔02②'보다 여린 느낌을 준다.

¶물 위에 올라온 금붕어가 빠금빠금 숨을 쉰다.

빠금빠금-히

의미 [＋모양],[＋구멍]v[＋틈],[＋다수],[＋깊이],[＋분명]

제약

=빠금빠금01. 작은 구멍이나 틈 따위가 여기저기 깊고 또렷하게 나 있는 모양.

빠금-히

의미 [+모양],[+구멍]v[+틈],[+깊이],[+분명]

제약

①=빠금01①. 작은 구멍이나 틈 따위가 깊고 또렷하게 나 있는 모양.

의미 [+모양],[+문],[+개방],[-정도]

제약 {문}-{열다}

②=빠금01②. 살며시 문 따위를 조금 여는 모양.

¶문이 빠금히 열려 있다.

빠까닥

의미 [+소리],[+물건],[+마찰],[+정지]

제약

작고 단단한 물건이 맞닿아 문질리다가 그칠 때 나는 소리. '바가닥'보다 아주 센 느낌을 준다.

¶자동차 바퀴 쪽에서 베어링이 깨졌는지 빠까닥 소리가 난다.

빠까닥-빠까닥

의미 [+소리],[+물건],[+마찰],[+정지],[+연속]

제약

작고 단단한 물건이 자꾸 맞닿아 문질리다가 그칠 때 잇따라 나는 소리. '바가닥바가닥'보다 아주 센 느낌을 준다.

¶장난감 기차가 빠까닥빠까닥 잘도 달린다.

빠깍

의미 [+소리],[+물건],[+견고]v[+질김],[+접촉]

제약

작고 단단한 물건이나 질기고 빳빳한 물건이 맞닿을 때 나는 소리. '바깍'보다 아주 센 느낌을 준다.

¶서랍을 열쇠로 빠깍 잠갔다.

빠깍-빠깍

의미 [+소리],[+물건],[+견고]v[+질김],[+접촉],[+반복]

제약

작고 단단한 물건이나 질기고 빳빳한 물건이 자꾸 맞닿을 때 나는 소리. '바각바각①'보다 아주 센 느낌을 준다.

¶뛸 때마다 빈 도시락이 빠깍빠깍 소리를 낸다.

빠끔01

의미 [+모양],[+구멍]v[+틈],[+깊이],[+분명]

제약

① 작은 구멍이나 틈 따위가 깊고 또렷하게 나 있는 모양. 늑빠끔히①.

¶문창호지에 구멍이 빠끔 나 있다.

의미 [+모양],[+문],[+개방],[-정도]

제약 { }-{열다}

② 살며시 문 따위를 조금 여는 모양. 늑빠끔히②.

¶동생은 문을 빠끔 열고 밖을 내다보았다.

의미 [+모양],[+구멍]v[+틈],[+보임]

제약

③ 작은 구멍이나 틈 사이로 조금만 보이는 모양. 늑빠끔히③.

¶사회자는 분장실에서 얼굴만 빠끔 내밀었다가 사라졌다.≪박영한, 머나먼 송바 강≫

빠끔02

의미 [+모양],[+흡연],[+입],[±개방]

제약 {담배}-{피우다, 빨다}

① 입을 벌렸다 오므리며 담배를 빠는 모양.

¶학생이 대담하게 담배를 빠끔 피워 댄다.

의미 [+모양],[+물고기],[+흡입],[+물]v[+공기],[+입],[±개방]

제약 {어류}-{거리다, 들이마시다}

② 물고기 따위가 입을 벌렸다 오므리며 물이나 공기를 들이마시는 모양.

¶붕어가 먹이를 빠끔 들이마셨다가 이내 뱉는다.

빠끔-빠끔01

의미 [+모양],[+구멍]v[+틈],[+다수],[+깊이],[+분명]

제약

작은 구멍이나 틈 따위가 여기저기 깊고 또렷하게 나 있는 모양. 늑빠끔빠끔히.

¶첫날밤이면 문창호지에 빠끔빠끔 구멍이 나기

마련이었다.

빠끔-빠끔⁰²

의미 [+모양],[+흡연],[+입],[±개방],[+반복]

제약 {담배}-{피우다, 빨다}

① 입을 벌렸다 오므리며 자꾸 담배를 빠는 모양.

¶할머님께서 담배를 **빠끔빠끔** 피우시며 옛이야기를 하신다.

의미 [+모양],[+물고기],[+흡입],[+물]v[+공기],[+입],[±개방],[+반복]

제약 {어류}-{거리다, 들이마시다}

② 물고기 따위가 입을 벌렸다 오므리며 자꾸 물이나 공기를 들이마시는 모양.

¶붕어가 **빠끔빠끔** 물을 들이마실 때마다 아가미도 잇따라 움직인다.

빠끔빠끔-히

의미 [+모양],[+구멍]v[+틈],[+다수],[+깊이],[+분명]

제약

=빠끔빠끔⁰¹. 작은 구멍이나 틈 따위가 여기저기 깊고 또렷하게 나 있는 모양.

빠끔-히

의미 [+모양],[+구멍]v[+틈],[+깊이],[+분명]

제약

①=빠끔⁰¹①. 작은 구멍이나 틈 따위가 깊고 또렷하게 나 있는 모양.

¶손가락들 사이로 **빠끔히** 열린 두 눈은 잔뜩 겁에 질려 있었고….≪윤흥길, 완장≫

의미 [+모양],[+문],[+개방],[-정도]

제약 { }-{열다}

②=빠끔⁰¹②. 살며시 문 따위를 조금 여는 모양.

¶바람에 문이 **빠끔히** 열렸다.

의미 [+모양],[+구멍]v[+틈],[+보임]

제약

③=빠끔⁰¹③. 작은 구멍이나 틈 사이로 조금만 보이는 모양.

¶분합 안에는 초향이가 들고 온 색상자가 보자기 틈으로 **빠끔히** 내다보인다.≪박종화, 임진왜란≫

빠닥-빠닥

의미 [+모양],[-물기],[-윤활]v[-유연]

제약

물기가 적어 매끄럽지 못하거나 보드랍지 못한 모양.

빠드득

의미 [+소리],[+물건],[+마찰],[-예의]

제약 { }-{문지르다}

① 단단하고 질기거나 반드러운 물건을 되게 문지를 때 되바라지게 나는 소리.

¶그는 배신당한 것을 알고는 이를 **빠드득** 갈았다./밥에 섞인 모래알을 씹자 **빠드득** 소리가 났다.

의미 [+소리],[+배설],[-견고],[-예의]

제약 {똥}-{누다}

② 무른 똥을 눌 때에 되바라지게 나는 소리.

빠드득-빠드득

의미 [+소리],[+물건],[+마찰],[-예의],[+반복]

제약 { }-{문지르다}

① 단단하고 질기거나 반드러운 물건을 자꾸 되게 문지를 때 잇따라 되바라지게 나는 소리. 또는 그 모양.

¶그는 입을 다문 채, 이빨만 **빠드득빠드득** 갈아댔다.

의미 [+소리]v[+모양],[+배설],[-견고],[-예의],[+반복]

제약 {똥}-{누다}

② 무른 똥을 자꾸 눌 때 잇따라 되바라지게 나는 소리. 또는 그 모양.

빠드등

의미 [+소리],[+물건],[+마찰],[+공명]

제약 { }-{문지르다}

① 단단하고 질기거나 반드러운 물건을 세게 문지를 때 되알지게 울리며 나는 소리. '바드등①'보다 센 느낌을 준다.

¶백자 항아리에 홈이 있어 손으로 한 번 **빠드등** 문질러 보았다.

의미 [+소리],[+물건],[+절단]v[+파열],[+공명]

제약 { }-{찢어지다, 터지다}

② 질긴 물건이 찢어지거나 터질 때 되알지게
울리며 나는 소리. '바드등②'보다 센 느낌을 준
다.

¶장구가 못에 걸려 가죽이 빠드등 찢어졌다.

빠드등-빠드등

의미 [+소리],[+물건],[+마찰],[+공명],[+연
속]

제약 { }-{문지르다}

단단하고 질기거나 반드러운 물건을 자꾸 세게
문지를 때 잇따라 되알지게 울리며 나는 소리.
'바드등바드등'보다 센 느낌을 준다.

¶백자를 빠드등빠드등 닦다.

빠드름-히

의미 [+물체],[+외부],[+돌출]

제약 { }-{벋다}

작은 물체 따위가 밖으로 약간 벋은 듯하게. '바
드름히'보다 센 느낌을 준다.

빠드득

의미 [+소리],[+물체],[+마찰],[−예의]

제약 { }-{문지르다}

① '빠드득①'의 준말. 단단하고 질기거나 반드
러운 물건을 되게 문지를 때 되바라지게 나는
소리.

의미 [+소리],[+배설],[−견고],[−예의]

제약 {똥}-{누다}

② '빠드득②'의 준말. 무른 똥을 눌 때에 되바
라지게 나는 소리.

빠득-빠득[01]

의미 [+모양],[+억지],[+고집],[+요구],[+반
복]

제약 {사람}-{우기다, 조르다}

① 악지를 부려 자꾸 우기거나 조르는 모양. '바
득바득[01]①'보다 센 느낌을 준다.

¶빠득빠득 대들다./빠득빠득 버티다./주만은 빠
득빠득 조르는 듯한 것이 미안스러워서 말끝을
흐리마리하였다.《현진건, 무영탑》

의미 [+모양],[+노력],[+정도]

제약

② 악착스럽게 애쓰는 모양. '바득바득[01]②'보다
센 느낌을 준다.

¶살기 위해서 빠득빠득 돈을 벌다.

빠득-빠득[02]

의미 [+소리],[+물체],[+마찰],[−예의],[+반
복]

제약 { }-{문지르다}

① '빠드득빠드득①'의 준말. 단단하고 질기거나
반드러운 물건을 자꾸 되게 문지를 때 잇따라
되바라지게 나는 소리. 또는 그 모양.

¶빠득빠득 태엽을 감다./이를 빠득빠득 갈다.

의미 [+소리]v[+모양],[+배설],[−견고],[−예
의],[+반복]

제약 {똥}-{누다}

② '빠드득빠드득②'의 준말. 무른 똥을 자꾸 눌
때 잇따라 되바라지게 나는 소리. 또는 그 모양.

¶아이가 빠득빠득 무른 똥을 눈다.

빠득-빠득[03]

의미 [+모양],[+말]v[+행동],[−순종],[+편
협]

제약

말이나 행동이 고분고분하지 않고 빡빡한 모양.

빠듬-히

의미 [+물체],[+외부],[+돌출]

제약 { }-{벋다}

'빠드름히'의 준말. 작은 물체 따위가 밖으로 약
간 벋은 듯하게.

빠듯-이

의미 [+한도],[+일치],[−빈틈]

제약

① 어떤 한도에 차거나 꼭 맞아서 빈틈이 없게.
'바듯이①'보다 센 느낌을 준다.

¶방이 너무 비좁아 두 명이 빠듯이 잔다./사람
몸뚱이 하나가 빠듯이 드나들 수 있을 정도로만
한쪽으로 지그려 놓은 대문을 지나….《윤흥길,
묵시의 바다》

의미 [+기준],[+도달],[+곤란]

제약

② 어떤 정도에 겨우 미칠 만하게. '바듯이②'보
다 센 느낌을 준다.

¶식량을 빠듯이 마련하다./적은 월급으로 빠듯이
살다.

빠르작-빠르작

의미 [+모양],[+고통]v[+고비],[+모면],[+몸],
[+운동],[+반복]

제약

고통스러운 일이나 어려운 고비를 벗어나려고
팔다리를 내저으며 작은 몸을 자꾸 움직이는 모
양. '바르작바르작'보다 센 느낌을 준다.

¶그는 묶인 밧줄을 풀려고 몸을 빠르작빠르작
움직였지만 소용이 없었다.

빠릇-빠릇

의미 [+모양],[+고통]v[+고비],[+모면],[+몸],
[+운동],[+반복]

제약

'빠르작빠르작'의 준말. 고통스러운 일이나 어려
운 고비를 벗어나려고 팔다리를 내저으며 작은
몸을 자꾸 움직이는 모양.

빠사삭

의미 [+소리]v[+모양],[+가랑잎]v[+검불],
[+건조],[+밟음],[-정도]

제약 {가랑잎, 검불}-{밟다}

① '빠삭①'의 본말. 가랑잎이나 마른 검불 따위
의 잘 마른 물건을 가볍게 밟는 소리. 또는 그
모양.

¶빠사삭 낙엽 밟는 소리.

의미 [+소리]v[+모양],[+물건],[+파손],[-정
도]

제약 {   }-{바스러지다, 깨지다}

② '빠삭②'의 본말. 보송보송한 물건이 가볍게
바스러지거나 깨지는 소리. 또는 그 모양.

의미 [+소리]v[+모양],[+물건],[+깨묾]

제약 {   }-{깨물다}

③ '빠삭③'의 본말. 단단하고 부스러지기 쉬운
물건을 깨무는 소리. 또는 그 모양.

¶비스킷을 입에 넣고 깨물자마자 빠사삭 소리를
내며 이내 부스러졌다.

의미 [+소리]v[+모양],[+눈],[+밟음],[+정
도]

제약 {눈}-{밟다}

④ '빠삭④'의 본말. 눈을 조금 세게 밟는 소리.
또는 그 모양.

¶함박눈 밟는 소리가 빠사삭 났다.

빠사삭-빠사삭

의미 [+소리]v[+모양],[+가랑잎]v[+검불],
[+건조],[+밟음],[-정도],[+연속]

제약 {가랑잎, 검불}-{밟다}

① '빠삭빠삭①'의 본말. 가랑잎이나 마른 검불
따위의 잘 마른 물건을 잇따라 가볍게 밟는 소
리. 또는 그 모양.

¶빠사삭빠사삭 낙엽 밟는 소리.

의미 [+소리]v[+모양],[+물건],[+파손],[-정
도],[+연속]

제약 {   }-{바스러지다, 깨지다}

② '빠삭빠삭②'의 본말. 보송보송한 물건이 잇
따라 가볍게 바스러지거나 깨지는 소리. 또는
그 모양.

의미 [+소리]v[+모양],[+물건],[+깨묾],[+연
속]

제약 {   }-{깨물다}

③ '빠삭빠삭③'의 본말. 단단하고 부스러지기
쉬운 물건을 잇따라 깨무는 소리. 또는 그 모양.

¶도공은 마음에 안 드는 그릇들을 빠사삭빠사삭
깨고 있다.

의미 [+소리]v[+모양],[+눈],[+밟음],[+정
도],[+연속]

제약 {눈}-{밟다}

④ '빠삭빠삭④'의 본말. 눈을 조금 세게 잇따라
밟는 소리. 또는 그 모양.

빠삭

의미 [+소리]v[+모양],[+가랑잎]v[+검불],
[+건조],[+밟음],[-정도]

제약 {가랑잎, 검불}-{밟다}

① 가랑잎이나 마른 검불 따위의 잘 마른 물건
을 가볍게 밟는 소리. 또는 그 모양. '바삭①'보
다 센 느낌을 준다.

¶숲 속 참호 속에서 졸던 병사는 빠삭 소리에
눈을 떴으나 주위에는 아무도 없었다.

의미 [+소리]v[+모양],[+물건],[+파손],[-정
도]

제약 {   }-{바스러지다, 깨지다}

② 보송보송한 물건이 가볍게 바스러지거나 깨

지는 소리. 또는 그 모양. '바삭②'보다 센 느낌을 준다.

의미 [＋소리]v[＋모양],[＋물건],[＋깨묾]

제약 { }-{깨물다}

③ 단단하고 부스러지기 쉬운 물건을 깨무는 소리. 또는 그 모양. '바삭③'보다 센 느낌을 준다.

¶그녀는 비스킷 하나를 집어 빠삭 베어 먹었다.

의미 [＋소리]v[＋모양],[＋눈],[＋밟음],[＋정도]

제약 {눈}-{밟다}

④ 눈을 조금 세게 밟는 소리. 또는 그 모양.

빠삭-히

의미 [＋인지],[＋세밀],[＋명백]

제약 { }-{알다}

어떤 일을 자세히 알고 있어서 그 일에 대하여 환하게.

¶그 집 문제에 대해서는 누구보다도 내가 빠삭히 알고 있어./운전이라면 빠삭히 꿰고 있다네.

빠삭-빠삭

의미 [＋소리]v[＋모양],[＋가랑잎]v[＋검불],[＋건조],[＋밟음],[－정도],[＋연속]

제약 {가랑잎, 검불}-{밟다}

① 가랑잎이나 마른 검불 따위의 잘 마른 물건을 잇따라 가볍게 밟는 소리. 또는 그 모양. '바삭바삭①'보다 센 느낌을 준다.

¶발밑에서 나뭇잎이 빠삭빠삭 부서졌다.

의미 [＋소리]v[＋모양],[＋물건],[＋파손],[－정도],[＋연속]

제약 { }-{바스러지다, 깨지다}

② 보송보송한 물건이 잇따라 가볍게 바스러지거나 깨지는 소리. 또는 그 모양. '바삭바삭②'보다 센 느낌을 준다.

의미 [＋소리]v[＋모양],[＋물건],[＋깨묾],[＋연속]

제약 { }-{깨물다}

③ 단단하고 부스러지기 쉬운 물건을 잇따라 깨무는 소리. 또는 그 모양. '바삭바삭③'보다 센 느낌을 준다.

¶녀석은 과자를 한 움큼 입 안에 넣더니 빠삭빠삭 금세 먹어 치웠다.

의미 [＋소리]v[＋모양],[＋눈],[＋밟음],[＋정도],[＋연속]

제약 {눈}-{밟다}

④ 눈을 조금 세게 잇따라 밟는 소리. 또는 그 모양.

빠스락

의미 [＋소리]v[＋모양],[＋잎]v[＋검불]v[＋종이],[＋밟음]v[＋수색],[－정도]

제약 {잎, 검불, 종이}-{밟다, 뒤적이다}

마른 잎이나 검불, 종이 따위를 가볍게 밟거나 뒤적일 때 나는 소리. '바스락'보다 센 느낌을 준다.

¶어린아이는 빠스락 소리에도 깜짝 놀라 잠을 깬다.

빠스락-빠스락

의미 [＋소리]v[＋모양],[＋잎]v[＋검불]v[＋종이],[＋밟음]v[＋수색],[－정도],[＋연속]

제약 {잎, 검불, 종이}-{밟다, 뒤적이다}

마른 잎이나 검불, 종이 따위를 자꾸 가볍게 밟거나 뒤적일 때 나는 소리. '바스락바스락'보다 센 느낌을 준다.

¶가랑잎을 빠스락빠스락 밟으면서 산길을 걸어 내려왔다.

빠작-빠작

의미 [＋소리]v[＋모양],[＋물건],[＋씹음]v[＋빻음],[＋연속]

제약 { }-{씹다, 빻다}

① 물기가 적은 물건을 잇따라 씹거나 빻는 소리. 또는 그 모양. '바작바작①'보다 센 느낌을 준다.

¶강정이 잘되어 씹을 때마다 빠작빠작 소리가 난다.

의미 [＋소리]v[＋모양],[＋물건],[＋연소]

제약 { }-{타다}

② 물기가 적은 물건이 타들어 가는 소리. 또는 그 모양. '바작바작②'보다 센 느낌을 준다.

¶콩대를 잘 말렸다가 땔감으로 쓰면 빠작빠작 잘 탄다.

의미 [＋모양],[＋진땀],[＋발생]

제약 {진땀}-{나다}

③ 진땀이 나는 모양. '바작바작③'보다 센 느낌을 준다.

¶진땀이 빠작빠작 나다.

의미 [+모양],[+마음],[+애처],[+초조]

제약

④ 마음이 매우 안타깝게 죄어드는 모양. '바작바작④'보다 센 느낌을 준다.

¶시험 결과 발표일이 가까워 오자 속이 빠작빠작 타는 듯했다./긴장해서 목이 빠작빠작 타는 듯하다.

빠지지

의미 [+소리],[+물건],[+가열],[+연소]v[+감소],[-정도]

제약 { }-{타다, 졸다}

① 물기 있는 물건이 뜨거운 열에 닿아 가볍게 타거나 졸아드는 소리. '바지지①'보다 센 느낌을 준다.

¶아궁이 안에서는 장작 타는 소리가 빠지지 난다./등잔의 기름이 다 닳아서 심지에서 빠지지 소리가 날 때….《홍명희, 임꺽정》

의미 [+소리],[+쇠붙이],[+열기],[+물기],[+접촉]

제약 {쇠붙이}-{ }

② 뜨거운 쇠붙이 따위에 적은 물기가 닿을 때 나는 소리. '바지지②'보다 센 느낌을 준다.

빠지직

의미 [+소리],[+물건],[+가열],[+연소]v[+감소],[+순간]

제약 { }-{타다, 졸다}

① 물기 있는 물건이 뜨거운 열에 조금씩 닿아서 급히 타거나 졸아붙는 소리. '바지직①'보다 센 느낌을 준다.

¶생솔가지가 빠지직 소리를 내며 탄다.

의미 [+소리],[+배설],[-견고],[-예의],[+순간]

제약 {똥}-{싸다}

② 무른 똥을 급히 쌀 때 조금 되바라지게 나는 소리. '바지직②'보다 센 느낌을 준다.

¶배가 아프더니 화장실에 가자마자 똥을 빠지직 누었다.

의미 [+소리],[+물건],[+파열],[+순간]

제약 { }-{째지다, 갈라지다}

③ 질기고 빳빳한 물건이 갑자기 조금씩 째지거나 갈라지는 소리. '바지직③'보다 센 느낌을 준다.

¶청바지 밑이 빠지직 뜯어졌다.

의미 [+모양],[+진땀],[+배출]

제약 {진땀}-{나다}

④ 진땀 따위가 조금씩 살갗으로 배어 나오는 모양. '바지직④'보다 센 느낌을 준다.

¶논매고 돌아온 남편의 이마에 굵은 땀방울이 빠지직 맺혀 있다.

빠지직-빠지직

의미 [+소리],[+물건],[+가열],[+연소]v[+감소],[+순간],[+반복]

제약 { }-{타다, 졸다}

① 물기 있는 물건이 뜨거운 열에 조금씩 닿아서 자꾸 급히 타거나 졸아붙는 소리. '바지직바지직①'보다 센 느낌을 준다.

¶달구어진 프라이팬에서 두부가 빠지직빠지직 튀겨진다.

의미 [+소리],[+배설],[-견고],[-예의],[+순간],[+반복]

제약 {똥}-{싸다}

② 무른 똥을 급히 쌀 때 조금 되바라지게 자꾸 나는 소리. '바지직바지직②'보다 센 느낌을 준다.

¶강아지가 아무 데나 똥을 빠지직빠지직 싸고 다닌다.

의미 [+소리],[+물건],[+파열],[+순간],[+반복]

제약 { }-{째지다, 갈라지다}

③ 질기고 빳빳한 물건이 갑자기 조금씩 자꾸 째지거나 갈라지는 소리. '바지직바지직③'보다 센 느낌을 준다.

¶태풍으로 천막이 빠지직빠지직 찢어진다.

의미 [+모양],[+진땀],[+배출],[+반복]

제약 {진땀}-{나다}

④ 진땀 따위가 조금씩 살갗으로 자꾸 배어 나오는 모양. '바지직바지직④'보다 센 느낌을 준

다.

¶아내의 이마에 땀방울이 **빠지직빠지직** 맺히기 시작한다.

빠직

의미 [+소리],[+물건],[+가열],[+연소]v[+감소],[+순간]

제약 { }-{타다, 졸다}

① '**빠지직**①'의 준말. 물기 있는 물건이 뜨거운 열에 조금씩 닿아서 급히 타거나 졸아붙는 소리.

¶냄비에 물을 조금만 붓고 불에 올려놓았더니 **빠직** 소리를 내며 타는구나.

의미 [+소리],[+배설],[-견고],[+순간],[-예의]

제약 {똥}-{싸다}

② '**빠지직**②'의 준말. 무른 똥을 급히 쌀 때 조금 되바라지게 나는 소리.

의미 [+소리],[+물건],[+파열],[+순간]

제약 { }-{째지다, 갈라지다}

③ '**빠지직**③'의 준말. 질기고 빳빳한 물건이 갑자기 조금씩 째지거나 갈라지는 소리.

¶바지를 잡아당기니 **빠직** 소리와 함께 찢어졌다.

의미 [+모양],[+진땀],[+배출]

제약 {진땀}-{나다}

④ '**빠지직**④'의 준말. 진땀 따위가 조금씩 살갗으로 배어 나오는 모양.

¶긴장해서 그런지 팔뚝에는 진땀이 **빠직** 나오고 있었다.

빠직-빠직

의미 [+소리],[+물건],[+가열],[+연소]v[+감소],[+순간],[+반복]

제약 { }-{타다, 졸다}

① '**빠지직빠지직**①'의 준말. 물기 있는 물건이 뜨거운 열에 조금씩 닿아서 자꾸 급히 타거나 졸아붙는 소리.

의미 [+소리],[+배설],[-견고],[+순간],[-예의],[+반복]

제약 {똥}-{싸다}

② '**빠지직빠지직**②'의 준말. 무른 똥을 급히 쌀 때 조금 되바라지게 자꾸 나는 소리.

의미 [+소리],[+물건],[+파열],[+순간]

제약 { }-{째지다, 갈라지다}

③ '**빠지직빠지직**③'의 준말. 질기고 빳빳한 물건이 갑자기 조금씩 자꾸 째지거나 갈라지는 소리.

¶천막이 **빠직빠직** 소리를 내며 계속 찢어졌다.

의미 [+모양],[+진땀],[+배출],[+반복]

제약 {진땀}-{나다}

④ '**빠지직빠지직**④'의 준말. 진땀 따위가 조금씩 살갗으로 자꾸 배어 나오는 모양.

¶**빠직빠직** 배어 나온 땀은 이내 햇빛 아래서 하얗게 소금으로 변했다.

빠질-빠질

의미 [+모양],[+근심],[+반복]

제약

속이 상하거나 안타까워서 자꾸 애가 타는 모양. '바질바질①'보다 센 느낌을 준다.

¶온몸을 비틀며 **빠질빠질** 가슴을 끓이다./속이 **빠질빠질** 타는데도 그녀는 끝내 나타나지 않았다.

빠짐없-이

의미 [+전부],[-예외]

제약

하나도 빠뜨리지 아니하고 모두 다 있게.

¶**빠짐없이** 참석하다./**빠짐없이** 갖추다./여러분은 한 사람도 **빠짐없이** 투표에 참여하시기 바랍니다.

빠짝

의미 [+모양],[+건조]v[+감소],[+연소]

제약 { }-{마르다, 졸다, 타다}

① 물기가 매우 마르거나 졸아붙어서 타버리는 모양. '바짝①'보다 센 느낌을 준다.

¶굴비를 **빠짝** 말리다./찌개가 **빠짝** 졸았다./고기를 **빠짝** 구워라.

의미 [+모양],[+밀착]v[+조임],[+정도]

제약 { }-{달라붙다, 죄다}

② 매우 가까이 달라붙거나 세게 죄는 모양. '바짝②'보다 센 느낌을 준다.

¶허리를 **빠짝** 조이다./**빠짝** 다가앉다.

의미 [+모양],[±수축],[-장애],[+순간],[+정도]

제약 { }-{늘다, 줄다}

③ 매우 거침새 없이 갑자기 늘거나 주는 모양. '바짝③'보다 센 느낌을 준다.

¶어젯밤 비로 강물이 **빠짝** 늘었다./밤새 냇물이 **빠짝** 줄었다.

의미 [+모양],[+긴장]v[+힘],[+정도]

제약

④ 매우 긴장하거나 힘주는 모양. '바짝④'보다 센 느낌을 준다.

¶**빠짝** 긴장하다./**빠짝** 약을 올리다.

의미 [+모양],[+신체],[+수척],[+정도]

제약 { }-{마르다}

⑤ 몸이 매우 마른 모양. '바짝⑤'보다 센 느낌을 준다.

¶**빠짝** 마르다./그는 어디가 아픈지 얼굴이 노랗게 **빠짝** 말랐다.

의미 [+모양],[+일],[+해결],[−장애],[+속도],[+정도]

제약

⑥ 무슨 일을 매우 거침새 없이 빨리 마무르는 모양. '바짝⑥'보다 센 느낌을 준다.

¶그는 무슨 일이든 **빠짝** 끝을 낸다.

의미 [+모양],[+고집],[+정도]

제약 { }-{우기다}

⑦ 매우 세차게 우기는 모양. '바짝⑦'보다 센 느낌을 준다.

¶늙은 장쇠 어미는 몸부림을 더 한 번 치면서 **빠짝** 상전한테 졸라 댄다.≪박종화, 임진왜란≫

빠짝-빠짝

의미 [+모양],[+건조]v[+감소]v[+연소],[+반복]

제약 { }-{마르다, 졸다, 타다}

① 물기가 자꾸 매우 마르거나 졸아붙거나 타 버리는 모양. '바짝바짝①'보다 센 느낌을 준다.

¶**빠짝빠짝** 마른 장작은 금세 불이 붙었다.

의미 [+모양],[+밀착]v[+조임],[+정도],[+반복]

제약 { }-{달라붙다, 죄다}

② 자꾸 매우 가까이 달라붙거나 세게 죄는 모양. '바짝바짝②'보다 센 느낌을 준다.

의미 [+모양],[±수축],[−장애],[+순간],[+정도],[+반복]

제약 { }-{늘다, 줄다}

③ 매우 거침새 없이 자꾸 늘거나 주는 모양. '바짝바짝③'보다 센 느낌을 준다.

의미 [+모양],[+긴장]v[+힘],[+정도],[+반복]

제약

④ 자꾸 매우 긴장하거나 힘주는 모양. '바짝바짝④'보다 센 느낌을 준다.

¶그는 가슴이 **빠짝빠짝** 타들어 갔다.

의미 [+모양],[+신체],[+수척],[+정도],[+반복]

제약 { }-{마르다}

⑤ 몸이 자꾸 매우 마르는 모양. '바짝바짝⑤'보다 센 느낌을 준다.

¶그는 점점 몸이 **빠짝빠짝** 말라 갔다.

의미 [+모양],[+일],[+해결],[−장애],[+속도],[+정도],[+반복]

제약

⑥ 무슨 일을 자꾸 매우 거침새 없이 빨리 마무르는 모양. '바짝바짝⑥'보다 센 느낌을 준다.

의미 [+모양],[+고집],[+정도],[+반복]

제약 { }-{우기다}

⑦ 매우 세차게 자꾸 우기는 모양. '바짝바짝⑦'보다 센 느낌을 준다.

¶그는 끝까지 **빠짝빠짝** 우겼다.

빡

의미 [+소리]v[+모양],[+마찰],[+정도]

제약 { }-{긁다, 문대다}

① 야무지게 긁거나 문대는 소리. 또는 그 모양. '박①'보다 센 느낌을 준다.

¶걸레로 마루를 **빡** 문대다./순이는 그의 얼굴을 손톱으로 **빡** 할퀴었다.

의미 [+소리]v[+모양],[+종이]v[+천],[+절단],[+순간]

제약 {종이, 천}-{찢다}

② 얇고 질긴 종이나 천 따위를 대번에 찢는 소리. 또는 그 모양. '박②'보다 센 느낌을 준다.

¶강풍에 플래카드가 **빡** 하는 소리와 함께 찢어

지고 말았다.

의미 [+소리]v[+모양],[+이],[+마찰]v[+긁음],[+정도]

제약 {이}-{갈다, 물다}

③ 이 따위를 야무지게 갈거나 무는 소리. 또는 그 모양.

¶박돌이는 외마디 소리를 치더니 도끼눈을 뜨면서 이를 **빡** 간다.《최서해, 박돌의 죽음》

빡빡01

의미 [+소리]v[+모양],[+마찰],[+정도],[+반복]

제약 { }-{긁다, 문대다}

① 야무지게 자꾸 긁거나 문대는 소리. 또는 그 모양. '박박01①'보다 센 느낌을 준다.

¶마루를 좀 **빡빡** 문질러서 닦아라./날마다 아침 열 시에는 내무 사열이 있다. 병사들은 배의 층계들까지 **빡빡** 문질러 깨끗하게 닦아야 하고 검열은 미국 해군이 한다.《안정효, 하얀 전쟁》

의미 [+소리]v[+모양],[+종이]v[+천],[+절단],[+반복]

제약 {종이, 천}-{찢다}

② 얇고 질긴 종이나 천 따위를 자꾸 찢는 소리. 또는 그 모양. '박박01②'보다 센 느낌을 준다.

¶그는 편지를 **빡빡** 찢었다.

의미 [+모양],[+윤기],[+광택]v[+절삭],[+반복]

제약 { }-{닦다, 깎다}

③ 반들반들해지도록 자꾸 닦거나 깎는 모양. '박박01③'보다 센 느낌을 준다.

¶아이들은 유리창을 **빡빡** 닦았다.

의미 [+모양],[+머리털]v[+수염],[+절단],[-길이],[+정도]

제약 {머리털, 수염}-{깎다}

④ 머리털이나 수염 따위를 아주 짧게 깎은 모양. '박박01④'보다 센 느낌을 준다.

¶그는 머리를 **빡빡** 깎았다.

의미 [+모양],[+흥분],[+고집],[+반복]

제약 {사람}-{대들다, 우기다}

⑤ 상기되어 자꾸 기를 쓰거나 우기는 모양. '박박01⑤'보다 센 느낌을 준다.

¶그는 자기가 잘못했으면서도 끝까지 **빡빡** 우겼다.

의미 [+소리]v[+모양],[+치아],[+마찰],[+정도],[+반복]

제약 {이}-{갈다, 물다}

⑥ 이 따위를 야무지게 자꾸 갈거나 무는 소리. 또는 그 모양. '박박01⑥'보다 센 느낌을 준다.

¶그는 코를 고는가 하면 이를 **빡빡** 갈기도 하였다.

빡빡02

의미 [+모양],[+얼굴],[+마마],[+정도]

제약

얼굴 따위가 몹시 얽은 모양. '박박02'보다 센 느낌을 준다.

빡빡03

의미 [+소리]v[+모양],[+흡연],[+정도],[+반복]

제약 {담배}-{피우다, 빨다}

담배를 자꾸 세게 빠는 소리. 또는 그 모양.

¶담배를 **빡빡** 피우다./다행히 동생과 동생 친구는 골방에서 다른 아이들이 골치가 아프다고 안 읽는 책도 읽고, 담배를 **빡빡** 빨아 대며 입씨름도 했다.《조세희, 육교 위에서》/꽁기는 반쯤 태운 '아리랑'이 연기가 제대로 들어오질 않아, 두어 모금 **빡빡** 빨다가 신경질적으로 내동댕이친다. 《김춘복, 쌈짓골》

빡빡-이01

의미 [-물기],[-유연]

제약

① 물기가 적어서 보드라운 맛이 없이.

의미 [-국물],[+건더기]

제약

② 국물보다 건더기가 가들막할 정도로 많게.

의미 [-여유]

제약

③ 여유가 없어서 조금 빠듯하게.

의미 [-융통],[+우직]

제약

④ 융통성이 없고 조금 고지식하게.

의미 [+적합],[-간격]

제약

⑤ 꼭 끼거나 맞아서 헐겁지 아니하게.

빡빡-이⁰²

의미 [+예상],[+확실]

제약

그러하리라고 미루어 짐작건대 틀림없이. '박박이'보다 센 느낌을 준다.

빡작지근-히

의미 [+느낌],[+신체],[+통증]

제약

몸의 한 부분이 빠근하게 아픈 느낌이 있게.

¶목이 빡작지근히 저리다./하루 종일 앉아서 글을 썼더니 온몸이 빡작지근히 쑤셔 온다.

빡지근-히

의미 [+느낌],[+신체],[+통증]

제약

'빡작지근히'의 준말. 몸의 한 부분이 빠근하게 아픈 느낌이 있게.

¶팔이 빡지근히 아프다./가볍게 조깅을 했는데도 다리가 빡지근히 저려 온다.

빤둥-빤둥

의미 [+모양],[-노동],[+유희],[-수치],[+지속]

제약 {사람}-{놀다}

아무 일도 하지 아니하고 빤빤스럽게 놀기만 하는 모양. '반둥반둥'보다 센 느낌을 준다.

¶빤둥빤둥 허송세월만 보내다.

빤드르르

의미 [+모양],[+윤기],[+윤활]

제약 { }-{돌다}

윤기가 있고 매끄러운 모양. '반드르르'보다 센 느낌을 준다.

¶빤드르르 윤기 있는 머릿결.

빤득

의미 [+모양],[+물체],[+빛],[+반사],[-크기],[+순간]

제약 { }-{빛나다}

물체 따위에 반사된 작은 빛이 잠깐 나타나는 모양. '반득'보다 센 느낌을 준다.

빤득-빤득

의미 [+모양],[+물체],[+빛],[+반사],[-크기],[+순간],[+반복]

제약 { }-{빛나다}

물체 따위에 반사된 작은 빛이 잠깐씩 자꾸 나타나는 모양. '반득반득'보다 센 느낌을 준다.

빤들-빤들⁰¹

의미 [+모양],[+표면],[+윤활],[+윤기],[+정도]

제약

① 거죽이 아주 매끄럽고 윤이 나는 모양. '반들반들⁰¹①'보다 센 느낌을 준다.

¶빤들빤들 윤이 나다.

의미 [+모양],[+행동],[-우둔],[+영리]

제약 {사람}-{굴다}

② 어수룩한 데가 없이 약게 구는 모양. '반들반들⁰¹②'보다 센 느낌을 준다.

빤들-빤들⁰²

의미 [+모양],[-노동],[+나태],[+유희],[+지속]

제약 {사람}-{놀다}

별로 하는 일 없이 게으름을 피우며 얄밉고 빤빤스럽게 놀기만 하는 모양. '반들반들⁰²'보다 센 느낌을 준다.

빤뜩

의미 [+모양],[+물체],[+빛],[+반사],[-크기],[+순간]

제약 { }-{빛나다}

물체 따위에 반사된 작은 빛이 잠깐 나타나는 모양. '반득'보다 아주 센 느낌을 준다.

¶눈빛이 빤뜩 빛나다.

빤뜩-빤뜩

의미 [+모양],[+물체],[+빛],[+반사],[-크기],[+순간],[+반복]

제약 { }-{빛나다}

물체 따위에 반사된 작은 빛이 잠깐씩 자꾸 나타나는 모양. '반득반득'보다 아주 센 느낌을 준다.

¶여름밤 농촌에서 반딧불이 빤뜩빤뜩 빛을 내며 날아다닌다./한밤중 네거리에는 자동차 신호등만이 빤뜩빤뜩 비치고 있었다./부엉이의 눈에서

빠뜩빠뜩 빛이 나고 있다.

빠빠스레

의미 [+태도],[-수치],[-염치]

제약

보기에 부끄러운 짓을 하고도 얌치없이 태연하게 구는 태도로.

¶빠빠스레 고개를 들고 다니다./그는 자기 잘못은 인정하지 아니하고 **빠빠스레** 거짓말만 하고 다닌다.

빠빠-히⁰¹

의미 [+태도],[-수치],[-염치]

제약

부끄러운 짓을 하고도 얌치없이 태연하게.

빠빠-히⁰²

의미 [-주름]v[-요철],[+평평]

제약

① 구김살이나 울퉁불퉁한 데가 없이 고르고 반듯하게. '반반히①'보다 센 느낌을 준다.

¶울퉁불퉁한 앞마당이 빠빠히 다듬어졌다.

의미 [+상태],[-노동],[+유희]

제약 {사람}-{놀다}

② 아무 일도 하지 아니하고 놀기만 하는 상태로.

¶빠빠히 놀다./빠빠히 게으름만 피우다.

빠작

의미 [+모양],[+빛],[±출현],[+순간]

제약 { }-{빛나다}

작은 빛이 잠깐 나타났다가 사라지는 모양. '반짝⁰¹①'보다 조금 센 느낌을 준다.

빠작-빠작

의미 [+모양],[+빛],[±출현],[+순간],[+연속]

제약 { }-{빛나다}

작은 빛이 잇따라 잠깐 나타났다가 사라지는 모양. '반짝반짝⁰¹①'보다 조금 센 느낌을 준다.

¶등대에서 불빛이 빠작빠작 비친다.

빠지레

의미 [+모양],[+표면],[+윤기],[+윤활]

제약 { }-{빛나다, 윤나다}

거죽이 얼마간 윤이 나고 매끄러운 모양. '반지레'보다 센 느낌을 준다.

빠지르르

의미 [+모양],[+표면],[+기름]v[-물기],[+윤기],[+윤활]

제약 { }-{빛나다, 윤나다}

① 거죽에 기름이나 물기 따위가 묻어서 윤이 나고 매끄러운 모양. '반지르르①'보다 센 느낌을 준다.

¶기름걸레로 닦은 책상이 빠지르르 윤기가 흘렀다.

의미 [모양],[+말]v[+행동],[-실속],[+표면],[+근사]

제약 { }-{꾸미다}

② 말이나 행동 따위가 실속은 없이 겉만 그럴듯한 모양. '반지르르②'보다 센 느낌을 준다.

¶옷만 빠지르르 차려입다.

빠질-빠질

의미 [+모양],[+표면],[+윤기],[+윤활],[+정도]

제약 { }-{빛나다, 윤나다}

① 거죽이 윤기가 흐르고 매우 매끄러운 모양. '반질반질①'보다 센 느낌을 준다.

¶밭의 빠질빠질 윤기 도는 가지가 탐스러웠다.

의미 [+모양],[+성품],[-수치],[+정도]

제약

② 성품이 매우 빠빠스럽고 유들유들한 모양. '반질반질②'보다 센 느낌을 준다.

¶그들은 선생님이 지나가시는데도, 빠질빠질 쳐다보면서 인사조차 하지 않았다.

의미 [+모양],[+나태],[-성실],[+정도]

제약 {사람}-{놀다}

③ 몹시 게으름을 피우며 맡은 일을 잘 하지 아니하는 모양. '반질반질③'보다 센 느낌을 준다.

빠짝⁰¹

의미 [+모양],[+빛],[±출현],[+순간]

제약 { }-{빛나다}

① 작은 빛이 잠깐 나타났다가 사라지는 모양. '반짝⁰¹①'보다 센 느낌을 준다.

의미 [+모양],[+정신],[+분명],[+순간]

제약

② 정신이 갑자기 맑아지는 모양. '반짝⁰¹②'보

다 센 느낌을 준다.

¶정신이 **빤짝** 들다./술이 **빤짝** 깨다./잠이 **빤짝** 깨다.

의미 [+모양],[+생각],[+발생],[+순간]

제약 { }-{떠오르다}

③ 어떤 생각이 갑자기 머리에 떠오르는 모양. '반짝01③'보다 센 느낌을 준다.

¶묘안이 **빤짝** 떠오르다./불현듯 친구 생각이 **빤짝** 머리를 스쳐 갔다.

의미 [+모양],[+물건]v[+사람]v[+일],[+소멸]v[+종료]

제약

④ 물건이나 사람, 일 따위가 빨리 없어지거나 끝나는 모양. '반짝01④'보다 센 느낌을 준다.

¶**빤짝** 가수./**빤짝** 날이 개다.

의미 [+모양],[+마음],[+각성],[+순간]

제약

⑤ 마음이 끌려 귀가 갑자기 뜨이는 모양. '반짝01⑤'보다 센 느낌을 준다.

의미 [+모양],[+형상],[+분명],[+순간]

제약

⑥ 무엇이 순간적으로 분명하게 보이는 모양. '반짝01⑥'보다 센 느낌을 준다.

의미 [+모양],[-잠],[+철야]

제약 {밤}-{새우다}

⑦ 잠을 자지 아니하고 밤을 지내는 모양. '반짝01⑦'보다 센 느낌을 준다.

¶아들 걱정으로 밤을 **빤짝** 새웠다.

빤짝02

의미 [+모양],[+물건],[+상승],[+용이],[-정도]

제약 { }-{들다, 올리다}

① 물건을 아주 가볍게 들어 올리는 모양. '반짝02①'보다 센 느낌을 준다.

의미 [+모양],[+물건],[+선단],[+상승],[+높이],[+순간]

제약

② 물건의 끝이 갑자기 높이 들리는 모양. '반짝02②'보다 센 느낌을 준다.

의미 [+모양],[+신체],[+부분],[+상승],[+순

간]

제약 { }-{들다, 올리다}

③ 몸의 한 부분을 갑자기 위로 들어 올리는 모양. '반짝02③'보다 센 느낌을 준다.

의미 [+모양],[+개안],[+크기],[+순간]

제약 {눈}-{뜨다}

④ 눈을 갑자기 크게 뜨는 모양. '반짝02④'보다 센 느낌을 준다.

빤짝-빤짝01

의미 [+모양],[+빛],[±출현],[+순간],[+연속]

제약 { }-{빛나다}

① 작은 빛이 잇따라 잠깐 나타났다가 사라지는 모양. '반짝반짝01①'보다 센 느낌을 준다.

¶하얀 햇빛이 그늘 사이로 **빤짝빤짝** 내리꽂힌다./햇살이 솟구쳐 오르는 공의 빨간 표면에 부딪쳐 **빤짝빤짝** 빛을 냈다.≪이동하, 우울한 귀향≫

의미 [+모양],[+정신],[+분명],[+순간],[+연속]

제약

② 정신이 잇따라 갑자기 맑아지는 모양. '반짝반짝01②'보다 센 느낌을 준다.

¶그 소식을 듣고 그들은 **빤짝빤짝** 긴장하였다./어려울 때일수록 우리 모두 정신을 **빤짝빤짝** 차려야 한다.

의미 [+모양],[+생각],[+발생],[+순간],[+연속]

제약 { }-{떠오르다}

③ 어떤 생각이 잇따라 갑자기 머리에 떠오르는 모양. '반짝반짝01③'보다 센 느낌을 준다.

¶회의를 하다 보면 모두에게 각기 다른 묘책이 **빤짝빤짝** 떠오를 것이다.

의미 [+모양],[+물건]v[+사람]v[+일],[+소멸]v[+종료],[+반복]

제약

④ 물건이나 사람, 일 따위가 자꾸 빨리 없어지거나 끝나는 모양. '반짝반짝01④'보다 센 느낌을 준다.

¶그의 인기가 **빤짝빤짝** 오르더니 이내 떨어졌다.

의미 [+모양],[+형상],[+분명],[+순간],[+연속]

제약

⑤ 무엇이 잇따라 순간적으로 분명하게 보이는
모양. '반짝반짝01⑤'보다 센 느낌을 준다.

의미 [+모양],[+다수]v[+연속],[+철야]

제약 {밤}-{새우다}

⑥ 여럿이 또는 잇따라 잠을 자지 아니하고 밤
을 지내는 모양. '반짝반짝01⑥'보다 센 느낌을
준다.

¶식구들은 모두 그를 기다리느라고 밤을 **빠짝빠**
짝 새웠다.

빠짝-빠짝02

의미 [+모양],[+물건],[+상승],[+용이],[-정
도]

제약 { }-{들다, 올리다}

① 물건을 아주 가볍게 잇따라 들어 올리는 모
양. '반짝반짝02①'보다 센 느낌을 준다.

¶그는 쌀가마니를 **빠짝빠짝** 들어 올렸다.

의미 [+모양],[+물건],[+선단],[+상승],[+높
이],[+순간],[+연속]

제약

② 물건의 끝이 갑자기 잇따라 높이 들리는 모
양. '반짝반짝02②'보다 센 느낌을 준다.

의미 [+모양],[+신체],[+부분],[+상승],[+순
간],[+반복]

제약 { }-{들다, 올리다}

③ 몸의 한 부분을 갑자기 위로 자꾸 들어 올리
는 모양. '반짝반짝02③'보다 센 느낌을 준다.

의미 [+모양],[+다수],[+개안],[+크기],[+순
간]

제약 {눈}-{뜨다}

④ 여럿이 눈을 갑자기 크게 뜨는 모양. '반짝반
짝02④'보다 센 느낌을 준다.

빠-히

의미 [+빛],[+밝음]

제약

① 어두운 가운데 밝은 빛이 비치어 조금 환하
게. '반히①'보다 센 느낌을 준다.

¶언제나 **빠히** 불이 켜져 있던 그 이 층 창문은
캄캄하다.≪이범선, 갈매기≫/불이 **빠히** 밝은 방을
다시 한번 들여다보았다.≪김남천, 대하≫

의미 [+일],[+결과]v[+상태],[+분명]

제약 { }-{보이다}

② 어떤 일의 결과나 상태 따위가 환하게 들여
다보이듯이 분명하게. '반히②'보다 센 느낌을
준다.

¶저 녀석은 속이 **빠히** 들여다보이는 거짓말을
한다./그 영화가 거짓인 줄을 **빠히** 알면서도 부
상병들은 웃고 떠들며 지팡이로 땅바닥을 두드
리고 박수를 쳤다.≪안정효, 하얀 전쟁≫

의미 [+응시],[+눈매],[+분명]

제약

③ 바라보는 눈매가 또렷하게. '반히③'보다 센
느낌을 준다.

¶어른한테 **빠히** 대들면 못쓴다./서태석도 무슨
영문인가 어리둥절하여 젊은이를 **빠히** 건너다보
고 있을 뿐이었다.≪송기숙, 암태도≫

빨그레

의미 [+모양],[+빨강],[-정도]

제약

엷게 빨그스름한 모양.

빨그름-히

의미 [+빨강],[-정도]

제약

=빨그스름히. 조금 빨갛게.

빨그스름-히

의미 [+빨강],[-정도]

제약

조금 빨갛게. ≒빨그름히.

빨그족족-히

의미 [-선명],[-균일],[+빨강],[-정도]

제약

칙칙하고 고르지 아니할 정도로 빨그스름하게.

¶이 옷감은 물이 아주 **빨그족족히** 들었다.

빨긋-빨긋

의미 [+모양],[+빨강],[+부분]

제약

① 군데군데 빨그스름한 모양. ≒빨긋빨긋이①.

¶밤사이 모기에 물린 자국이 **빨긋빨긋** 부어올랐
다.

의미 [+모양],[+빨강],[+정도]

제약

② 매우 빨그스름한 모양. 늑빨긋빨긋이②.

빨긋빨긋-이

의미 [+모양],[+빨강],[+부분]

제약

①=빨긋빨긋①. 군데군데 빨그스름한 모양.

의미 [+모양],[+빨강],[+정도]

제약

②=빨긋빨긋②. 매우 빨그스름한 모양.

빨깍

의미 [+모양],[+분노]v[+기운],[+순간]

제약

① 갑작스럽게 화를 내거나 기운을 쓰는 모양. '발깍01①'보다 센 느낌을 준다.

¶빨깍 분노가 치민다.

의미 [+모양],[+전부],[+소란],[+순간]

제약 { }-{뒤집다, 뒤집히다}

② ('뒤집다', '뒤집히다' 따위와 함께 쓰여) 갑작스럽게 온통 소란해지거나 야단스러워지는 모양. '발깍01②'보다 센 느낌을 준다.

¶옷을 찾느라고 옷장을 **빨깍** 뒤집었다./감사 때문에 회사가 **빨깍** 뒤집혔다.

의미 [+모양],[+개방],[+순간]

제약 { }-{열다}

③ 닫혀 있던 것을 갑자기 여는 모양. '발깍01③'보다 센 느낌을 준다.

¶창문을 **빨깍** 열었다.

빨깍-빨깍01

의미 [+모양],[+분노]v[+기운],[+순간],[+반복]

제약

① 자꾸 갑작스럽게 화를 내거나 기운을 쓰는 모양. '발깍발깍01①'보다 센 느낌을 준다.

¶그렇게 **빨깍빨깍** 화만 내지 말고 내 말 좀 들어 봐.

의미 [+모양],[+전부],[+소란],[+순간],[+반복]

제약 { }-{뒤집다, 뒤집히다}

② ('뒤집다, 뒤집히다' 따위와 함께 쓰여)자꾸 갑작스럽게 온통 소란해지거나 야단스러워지는

모양. '발깍발깍01②'보다 센 느낌을 준다.

¶자식들이 집안을 **빨깍빨깍** 뒤집어 놓았다./술이 잔뜩 취한 일행 때문에 가게 안이 **빨깍빨깍** 뒤집혔다.

의미 [+모양],[+개방],[+순간],[+반복]

제약 { }-{열다}

③ 닫혀 있던 것을 자꾸 갑자기 여는 모양. '발깍발깍01③'보다 센 느낌을 준다.

빨깍-빨깍02

의미 [+소리]v[+모양],[+술],[+발효],[+반복]

제약 { }-{괴어오르다}

① 빚어 놓은 술이 자꾸 보각보각 괴어오르는 소리. 또는 그 모양. '발깍발깍02①'보다 센 느낌을 준다.

¶막걸리가 **빨깍빨깍** 괴어오른다.

의미 [+소리]v[+모양],[+빨래],[+비등],[+팽창],[+반복]

제약

② 빨래를 삶을 때 빨래가 끓어서 자꾸 부풀어오르는 소리. 또는 그 모양. '발깍발깍02②'보다 센 느낌을 준다.

¶불이 너무 센지 속옷 빨래가 **빨깍빨깍** 끓어올랐다.

의미 [+소리]v[+모양],[+진흙]v[+밀가루],[+반죽],[+반복]

제약 {진흙, 밀가루}-{주무르다, 밟다}

③ 진흙이나 밀가루 따위의 반죽을 자꾸 주무르거나 밟는 소리. 또는 그 모양. '발깍발깍02③'보다 센 느낌을 준다.

의미 [+소리]v[+모양],[+음료]v[+술],[+흡입],[+시원],[+반복]

제약 {음료, 술}-{마시다}

④ 음료나 술 따위를 시원스럽게 자꾸 들이켜는 소리. 또는 그 모양. '발깍발깍02④'보다 센 느낌을 준다.

¶나는 목이 마르고 속도 타서 맥주를 급하게 **빨깍빨깍** 마셨다.

빨끈

의미 [+모양],[+일],[+분노],[+순간]

제약 {성}-{내다}

① 사소한 일에 걸핏하면 왈칵 성을 내는 모양. '발끈①'보다 센 느낌을 준다.

¶자기를 욕하는 말에 **빨끈** 달아오른 그는 물불을 가리지 않고 화풀이를 했다./덕인이가 화를 **빨끈** 내며 퉁명을 준다.≪이기영, 신개지≫

의미 [+모양],[+소란],[+정도]

제약

② 뒤집어엎을 듯이 시끄러운 모양. '발끈②'보다 센 느낌을 준다.

¶온 동네가 **빨끈** 뒤집어졌다./백제를 치러 가는 이상으로 서라벌은 **빨끈** 뒤집혀 수성거리었다. ≪홍효민, 신라 통일≫

의미 [+모양],[+사람],[+기상],[+순간]

제약 {사람}-{일어나다}

③ 사람이 앉거나 누워 있다가 갑자기 오뚝 일어나는 모양. '발끈③'보다 센 느낌을 준다.

¶"불이야!" 하는 소리에 **빨끈** 일어서서 냅다 뛰쳐나갔다./장 첨지가 **빨끈** 따라 일어섰다.≪오유권, 대지의 학대≫

의미 [+모양],[+물체],[+상승]v[+노출],[+순간]

제약 { }-{솟다, 나오다}

④ 물체 따위가 갑자기 솟아오르거나 가려져 있다가 나타나는 모양. '발끈④'보다 센 느낌을 준다.

¶해가 **빨끈** 떠오르자마자 천지가 희망의 빛으로 가득 찬 듯하다.

빨끈-빨끈

의미 [+모양],[+일],[+분노],[+순간],[+반복]

제약 {성}-{내다}

① 사소한 일에 걸핏하면 왈칵 성을 자꾸 내는 모양. '발끈발끈①'보다 센 느낌을 준다.

의미 [+모양],[+소란],[+정도]

제약

② 뒤집어엎을 듯이 시끌시끌한 모양. '발끈발끈②'보다 센 느낌을 준다.

의미 [+모양],[+전부]v[+빈도],[+기상],[+순간]

제약 {사람}-{일어나다}

③ 여럿이 다 또는 하나가 여러 번 앉거나 누워 있다가 갑자기 오뚝 일어나는 모양. '발끈발끈③'보다 센 느낌을 준다.

의미 [+모양],[+물체],[+상승]v[+노출],[+순간],[+반복]

제약 { }-{솟다, 나오다}

④ 물체 따위가 자꾸 갑자기 솟아오르거나 가려져 있다가 나타나는 모양. '발끈발끈④'보다 센 느낌을 준다.

빨딱

의미 [+모양],[+동작],[+기상],[+순간]

제약 {사람}-{일어나다}

① 눕거나 앉아 있다가 날랜 동작으로 갑자기 일어나는 모양. '발딱①'보다 센 느낌을 준다.

¶자리에서 **빨딱** 일어서다./서희는 **빨딱** 일어서며 주먹에 쥔 모래를 봉순이의 얼굴에다 던진다.≪박경리, 토지≫

의미 [+모양],[+신체],[+도괴]v[+젖힘],[+순간]

제약

② 갑자기 뒤로 반듯하게 자빠지거나, 몸이나 몸의 일부를 잦히는 모양. '발딱②'보다 센 느낌을 준다.

¶고개를 **빨딱** 잦히다.

빨딱-빨딱

의미 [+모양],[+전부],[+동작],[+기상],[+순간]

제약 {사람}-{일어나다}

① 여럿이 눕거나 앉아 있다가 날랜 동작으로 갑자기 모두 일어나는 모양. '발딱발딱①'보다 센 느낌을 준다.

¶학생들은 그의 얼굴을 보기 위해서 **빨딱빨딱** 일어났다.

의미 [+모양],[+전부],[+기상],[+속도],[+순간]

제약 {사람}-{일어나다}

② 여럿이 다 갑자기 뒤로 반듯하게 자빠지거나, 몸이나 몸의 일부를 잦히는 모양. '발딱발딱②'보다 센 느낌을 준다.

의미 [+모양],[+맥박]v[+심장],[+운동],[+격

릴],[+크기],[+반복]

제약 {맥박, 심장}-{뛰다}

③ 맥박이나 심장이 거칠고 빠르게 자꾸 뛰는 모양. '발딱발딱③'보다 센 느낌을 준다.

¶맥박이 심하게 **빨딱빨딱** 뛴다./집주인이 방문을 열어 볼 때만 해도 색시는 숨이 **빨딱빨딱** 붙어 있었는데…….≪윤흥길, 비늘≫

의미 [+모양],[+사람]v[+동물],[+힘]v[+행동],[+노력],[+반복]

제약 { }-{애쓰다, 힘쓰다}

④ 작은 몸집의 사람이나 동물 따위가 힘을 쓰거나 어떤 행동을 하고 싶어서 안타깝게 자꾸 애를 쓰는 모양. '발딱발딱④'보다 센 느낌을 준다.

¶넘어진 아이는 일어나려고 **빨딱빨딱** 애를 썼다.

의미 [+모양],[+액체],[+흡입],[+속도],[+순간],[+연속]

제약 {액체}-{마시다}

⑤ 액체를 급하고 빠르게 잇따라 들이켜는 모양. '발딱발딱⑤'보다 센 느낌을 준다.

¶아이들이 **빨딱빨딱** 우유를 마신다.

빨랑-빨랑

의미 [+모양],[+행동],[+경쾌],[+속도],[+정도]

제약

아주 가볍고도 재빠르게 행동하는 모양. '발랑발랑02'보다 센 느낌을 준다.

¶**빨랑빨랑** 움직이다./그는 **빨랑빨랑** 손을 놀려 옷을 입었다.

빨리

의미 [+시간],[+단축]

제약

걸리는 시간이 짧게.

¶**빨리** 걷다./**빨리** 늙다./**빨리** 결정하다./일을 **빨리** 끝내다./일의 정황을 **빨리** 파악하다./목표가 계획보다 **빨리** 달성되었다./예상보다 **빨리** 그날이 왔다./그는 자신의 동료보다 **빨리** 승진하였다.

빨리-빨리

의미 [+시간],[+단축],[+정도]

제약

걸리는 시간이 아주 짧게.

¶**빨리빨리** 걷다./**빨리빨리** 서두르다./**빨리빨리** 시작하자./**빨리빨리** 오너라./환자를 **빨리빨리** 구급차로 옮겨야 한다./범인은 **빨리빨리** 경찰서에 신고해야 한다.

빨빨01

의미 [+모양],[+분주],[+사방],[+이동]

제약 { }-{돌아다니다}

바쁘게 여기저기 돌아다니는 모양. '발발03'보다 센 느낌을 준다.

¶온종일 **빨빨** 쏘다닌다./그 집 아주머니는 **빨빨** 돌아다니며 남의 흉만 보았다.

빨빨02

의미 [+모양],[+땀],[+배출],[+정도]

제약 {땀}-{흘리다}

땀을 많이 흘리는 모양.

¶땀이 **빨빨** 흐른다./이 더운 날씨에 양복 정장을 입었으니 땀을 **빨빨** 흘릴 수밖에 없지.

빨쭉

의미 [+모양],[+내부],[+노출],[+간격],[+정도]

제약

① 속의 것이 드러나 보일 듯 말 듯 조금 바라져 있는 모양. '발쪽①'보다 센 느낌을 준다. ≒빨쭉이①.

의미 [+모양],[+웃음],[+개구],[-소리],[-정도]

제약 {사람}-{웃다}

② 이가 드러나 보일 듯 말 듯 입을 작게 벌려 소리 없이 가볍게 웃는 모양. '발쪽②'보다 센 느낌을 준다. ≒빨쭉이②.

¶아기가 기분이 좋은지 **빨쭉** 웃는다.

의미 [+모양],[+선단],[+돌출]

제약

③ 끝이 뾰족이 조금 내민 모양. '발쪽③'보다 센 느낌을 준다. ≒빨쭉이③.

빨쭉-빨쭉

의미 [+모양],[+내부],[+노출],[+간격],[+정도],[+반복]

제약

① 속의 것이 드러나 보일 듯 말 듯 자꾸 조금 바라졌다 오므라졌다 하는 모양. '발쪽발쪽①'보다 센 느낌을 준다.

의미 [+모양],[+웃음],[+개구],[-소리],[+반복]

제약 {사람}-{웃다}

② 입을 작게 벌려 자꾸 소리 없이 웃는 모양. '발쪽발쪽②'보다 센 느낌을 준다.

¶빨쪽빨쪽 웃다.

의미 [+모양],[+선단],[±돌출],[+반복]

제약

③ 끝이 뾰족이 조금 자꾸 나왔다 들어갔다 하는 모양. '발쪽발쪽③'보다 센 느낌을 준다.

빨쪽-이

의미 [+모양],[+내부],[+노출],[+간격],[+정도]

제약

①=빨쪽①. 속의 것이 드러나 보일 듯 말 듯 조금 바라져 있는 모양.

의미 [+모양],[+웃음],[+개구],[-소리],[-정도]

제약 {사람}-{웃다}

②=빨쪽②. 이가 드러나 보일 듯 말 듯 입을 작게 벌려 소리 없이 가볍게 웃는 모양.

¶그녀는 빨쪽이 웃고 있었다.≪이동하, 우울한 귀향≫

의미 [+모양],[+선단],[+돌출],

제약

③=빨쪽③. 끝이 뾰족이 조금 내민 모양.

빳빳-이

의미 [+물체],[+견고]

제약

① 물체가 굳고 꼿꼿하게.

¶빳빳이 굳은 시체./고개를 빳빳이 들다./명태가 빳빳이 얼었다./나는 목이 타고 혓바닥이 빳빳이 굳어 있었다.≪서기원, 이 성숙한 밤의 포옹≫

의미 [+풀기],[+강함]v[+팽팽]

제약

② 풀기가 세거나 팽팽하게.

¶풀이 빳빳이 서다.

의미 [+태도]v[+성격],[+강인]

제약

③ 태도나 성격이 억세게.

¶그는 온갖 수모를 빳빳이 견뎠다.

빵

의미 [+소리],[+풍선]v[+폭탄],[+폭발],[+순간]

제약 {풍선, 폭탄}-{터지다}

① 풍선이나 폭탄 따위가 갑자기 터지는 소리.

¶풍선이 빵 터졌다./타이어가 갑자기 빵 터졌다.

의미 [+소리]v[+모양],[+구멍],[+천공]

제약 {구멍}-{뚫리다}

② 작은 구멍이 뚫리는 소리. 또는 그 모양.

¶빵 뚫린 구멍 사이로는 쥐들이 들락거리고 있었다./호주머니가 구멍이 빵 뚫어졌다.

의미 [+소리]v[+모양],[+공],[+타격],[+정도]

제약 {공}-{차다}

③ 공 따위를 세게 차는 소리. 또는 그 모양.

¶그는 상대편 선수에게 배구공을 빵 찼다.

의미 [+소리],[+자동차],[+경적]

제약 {자동차}-{울리다}

④ 자동차 따위의 경적이 울리는 소리.

¶문밖에서 빵 울리는 자동차 경적 소리에 놀라 깨었다.

빵그레

의미 [+모양],[+웃음],[+개구],[-소리],[+유연]

제약 {사람}-{웃다}

입만 예쁘게 조금 벌리고 소리 없이 보드랍게 웃는 모양. '방그레'보다 센 느낌을 준다.

¶아기가 빵그레 웃다.

빵글

의미 [+모양],[+웃음],[+개구],[-소리],[+유연]

제약 {사람}-{웃다}

입을 조금 벌리고 소리 없이 귀엽고 보드랍게 한 번 웃는 모양. '방글'보다 센 느낌을 준다.

¶빵글 웃다./갓난아기가 이따금 빵글 웃는 모습이 귀엽다.

빵글-빵글

의미 [+모양],[+웃음],[+개구],[−소리],[+유연],[+반복]

제약 {사람}-{웃다}

입을 조금 벌리고 소리 없이 귀엽고 보드랍게 자꾸 웃는 모양. '방글방글'보다 센 느낌을 준다.

¶빵글빵글 웃으며 잘 뛰어논다./내 동생은 나만 보면 항상 빵글빵글 웃는다.

빵긋01

의미 [+모양],[+웃음],[+개구],[−소리],[−정도]

제약 {사람}-{웃다}

입을 예쁘게 약간 벌리며 소리 없이 가볍게 한 번 웃는 모양. '방긋01'보다 센 느낌을 준다. 늑빵긋이01①.

¶빵긋 웃다./등 뒤에 상냥스러운 목소리가 들려, 고개를 돌리니 빵긋 웃는 낯빛이다.≪이호철, 판문점≫

빵긋02

의미 [+모양],[+입]v[+문],[+개방],[−소리]

제약 {입, 문}-{열리다}

닫혀 있던 입이나 문 따위가 소리 없이 슬그머니 열리는 모양. '방긋02'보다 센 느낌을 준다. 늑빵긋이02.

¶문을 빵긋 열다./입을 빵긋 벌리고 웃다.

빵긋-빵긋

의미 [+모양],[+웃음],[+개구],[−소리],[−정도],[+반복]

제약 {사람}-{웃다}

입을 예쁘게 약간 벌리며 소리 없이 가볍게 자꾸 웃는 모양. '방긋방긋'보다 센 느낌을 준다.

¶빵긋빵긋 웃는 아기.

빵긋-이01

의미 [+모양],[+웃음],[+개구],[−소리],[−정도]

제약 {사람}-{웃다}

=빵긋01. 입을 예쁘게 약간 벌리며 소리 없이 가볍게 한 번 웃는 모양.

¶아사녀는 빵긋이 웃고 물러서는 수밖에 없었다.≪현진건, 무영탑≫/모자도 쓰지 않은 얼굴을 발그

레 붉히며 빵긋이 웃었다.≪김말봉, 찔레꽃≫

빵긋-이02

의미 [+모양],[+입]v[+문],[+개방],[−소리]

제약 {입, 문}-{열리다}

=빵긋02. 닫혀 있던 입이나 문 따위가 소리 없이 슬그머니 열리는 모양.

빵끗01

의미 [+모양],[+웃음],[+개구],[−소리],[−정도]

제약 {사람}-{웃다}

입을 예쁘게 약간 벌리며 소리 없이 가볍게 한 번 웃는 모양. '방긋01'보다 아주 센 느낌을 준다. 늑빵끗이01.

¶빵끗 웃으며 묻다./그녀의 빵끗 짓는 미소에 나는 그만 얼굴이 빨개졌다.

빵끗02

의미 [+모양],[+입]v[+문],[+개방],[−소리]

제약 {입, 문}-{열리다}

닫혀 있던 입이나 문 따위가 소리 없이 살그머니 열리는 모양. '방긋02'보다 아주 센 느낌을 준다. 늑빵끗이02.

¶빵끗 열린 대문 틈으로 강아지 한 마리가 들어왔다.

빵끗-빵끗

의미 [+모양],[+웃음],[+개구],[−소리],[−정도],[+반복]

제약 {사람}-{웃다}

입을 예쁘게 약간 벌리며 소리 없이 가볍게 자꾸 웃는 모양. '방긋방긋'보다 아주 센 느낌을 준다.

¶딸아이는 빵끗빵끗 웃었다.

빵끗-이01

의미 [+모양],[+웃음],[+개구],[−소리],[−정도]

제약 {사람}-{웃다}

=빵끗01. 입을 예쁘게 약간 벌리며 소리 없이 가볍게 한 번 웃는 모양.

¶새로 들어온 사원의 빵끗이 웃는 모습에 반했다.

빵끗-이02

의미 [+모양],[+입]v[+문],[+개방],[−소리]

제약 {입, 문}-{열리다}

=빵끗02. 닫혀 있던 입이나 문 따위가 소리 없이 살그머니 열리는 모양.

빵-빵

의미 [+소리],[+풍선]v[+폭탄],[+폭발],[+순간],[+연속]

제약 {풍선, 폭탄}-{터지다}

① 풍선이나 폭탄 따위가 갑자기 잇따라 터지는 소리.

¶총소리가 빵빵 났다./풍선들이 빵빵 터지는 소리가 무척 시끄럽다.

내려앉는 그들이었다.≪현기영, 순이 삼촌≫

의미 [+소리]v[+모양],[+구멍],[+천공],[+연속]

제약 {구멍}-{뚫리다}

② 작은 구멍이 잇따라 뚫리는 소리. 또는 그 모양.

¶연근은 구멍이 빵빵 뚫려 있다.

의미 [+소리]v[+모양],[+공],[+타격],[+정도],[+연속]

제약 {공}-{차다}

③ 공 따위를 잇따라 세게 차는 소리. 또는 그 모양.

¶축구공을 빵빵 차다.

의미 [+소리],[+자동차],[+경적],[+연속]

제약 {자동차}-{울리다}

④ 자동차 따위의 경적이 잇따라 울리는 소리.

¶차들이 아무 데서나 빵빵 소리를 낸다./새벽이면 빵빵 울려 대는 트럭들의 경적 소리에 잠을 이룰 수가 없다.

빵시레

의미 [+모양],[+웃음],[+개구],[−소리],[+유연]

제약 {사람}-{웃다}

소리 없이 입을 예쁘게 벌리고 밝고 보드랍게 살그머니 웃는 모양. '방시레'보다 센 느낌을 준다.

¶빵시레 미소를 짓다./신생아도 가끔 빵시레 웃을 때가 있다.

빵실

의미 [+모양],[+웃음],[+개구],[−소리],[+유연]

제약 {사람}-{웃다}

입을 예쁘게 살짝 벌리고 소리 없이 밝고 보드랍게 한 번 웃는 모양. '방실01①'보다 센 느낌을 준다.

¶그 처녀의 빵실 웃는 모습에 뭇총각들이 반하겠구나.

빵실-빵실

의미 [+모양],[+웃음],[+개구],[−소리],[+유연],[+반복]

제약 {사람}-{웃다}

입을 예쁘게 살짝 벌리고 소리 없이 밝고 보드랍게 자꾸 웃는 모양. '방실방실①'보다 센 느낌을 준다.

¶할아버지는 빵실빵실 웃으며 누워 있는 손자가 무척 대견스러운 모양이다.

빵싯

의미 [+모양],[+웃음],[+개구],[−소리],[−정도],[+유연]

제약 {사람}-{웃다}

입을 예쁘게 벌리며 소리 없이 가볍고 보드랍게 살짝 한 번 웃는 모양. '방싯①'보다 센 느낌을 준다. 늑빵싯이.

¶그 아이는 제법 컸는지 빵싯 웃기도 한다./우유를 실컷 먹은 아기는 빵싯 웃는 얼굴로 만족한 듯이 엄마를 쳐다본다.

빵싯-빵싯

의미 [+모양],[+웃음],[+개구],[−소리],[−정도],[+유연],[+반복]

제약 {사람}-{웃다}

입을 예쁘게 벌리며 소리없이 가볍고 보드랍게 살짝살짝 자꾸 웃는 모양. '방싯방싯'보다 센 느낌을 준다.

¶아기는 빵싯빵싯 웃다가는 갑자기 딴청을 부린다./빵싯빵싯 웃는다고 누가 봐줄 줄 아니?

빵싯-이

의미 [+모양],[+웃음],[+개구],[−소리],[−정도],[+유연]

제약 {사람}-{웃다}
=빵싯. 입을 예쁘게 벌리며 소리 없이 가볍고
보드랍게 살짝 한 번 웃는 모양.
¶빵싯이 미소 짓다./그녀가 앵두 같은 입술을 열
며 빵싯이 웃었다.

빼

의미 [+소리],[+피리]v[+호드기]
제약 {피리, 호드기}-{불다}
① 피리, 호드기 따위를 불 때 나는 소리.
¶아이들이 빼 불어 대는 호드기 소리가 여간 시
끄러운 것이 아니다.
의미 [+소리],[+어린아이],[+울음],[-호감]
제약 {어린아이}-{울다}
② 어린아이가 듣기 싫게 우는 소리.
¶아무 때나 빼 우는 아이.

빼가닥

의미 [+소리],[+물건],[+접촉],[+마모]
제약
작고 단단한 물건이 서로 닿아서 갈릴 때 나는
소리. '배가닥'보다 센 느낌을 준다.

빼가닥-빼가닥

의미 [+소리],[+물건],[+접촉],[+마모],[+반
복]
제약
작고 단단한 물건이 자꾸 서로 닿아서 갈릴 때
나는 소리. '배가닥배가닥'보다 센 느낌을 준다.
¶빼가닥빼가닥 미닫이 문소리가 신경 쓰이게 한
다./그녀는 굽 높은 구두를 신고 빼가닥빼가닥
소리를 내며 복도를 지나간다.

빼각

의미 [+소리],[+물건],[+접촉],[+마모]
제약
'빼가닥'의 준말. 작고 단단한 물건이 서로 닿아
서 갈릴 때 나는 소리.
¶창문이 빼각 소리와 함께 닫혔다.

빼각-빼각

의미 [+소리],[+물건],[+접촉],[+마모],[+반
복]
제약
'빼가닥빼가닥'의 준말. 작고 단단한 물건이 자

꾸 서로 닿아서 갈릴 때 나는 소리.
¶서랍을 여닫는 소리가 빼각빼각 들린다./식사할
때마다 빼각빼각 소리를 내는 식탁을 이번에는
바꿔야겠다.

빼곡

의미 [+모양],[+사람]v[+물건],[-간격],[+충
만]
제약 {사람, 물건}-{차다}
사람이나 물건이 어떤 공간에 빈틈없이 꽉 찬
모양. 늑빼곡히.
¶냉장고는 온통 과일로 빼곡 찼다./방은 손님들
로 빼곡 들어찼다./넓은 강당에는 관중들이 빼곡
들어섰다./관덕정 마당에 입추의 여지 없이 빼곡
들어찬 회민들은 왕이고 뭐고 빨리 장두를 내보
내 달라고 아우성치면서….≪현기영, 변방에 우짖는
새≫

빼곡-히

의미 [+모양],[+사람]v[+물건],[-간격],[+충
만]
제약 {사람, 물건}-{차다}
=빼곡. 사람이나 물건이 어떤 공간에 빈틈없이
꽉 찬 모양.
¶좁은 방 안에는 마을 사람들이 빼곡히 들어차
있다./강당에는 남녀 학생들이 빼곡히 앉아서 강
연을 듣고 있었다./역 광장을 둘러싸듯 빼곡히
들어선 음식점 앞마다 이런저런 사람들이 나와
서서 내지르는 소리들이었다.≪이문열, 변경≫

빼까닥

의미 [+소리],[+물건],[+접촉],[+마모]
제약
작고 단단한 물건이 서로 닿아서 갈릴 때 나는
소리. '배가닥'보다 아주 센 느낌을 준다.

빼까닥-빼까닥

의미 [+소리],[+물건],[+접촉],[+마모],[+반
복]
제약
작고 단단한 물건이 자꾸 서로 닿아서 갈릴 때
나는 소리. '배가닥배가닥'보다 아주 센 느낌을
준다.
¶낡은 선풍기가 빼까닥빼까닥 소리를 내며 돌고

있다.

빼깍

의미 [＋소리],[＋물건],[＋접촉],[＋마모]

제약

'빼까닥'의 준말. 작고 단단한 물건이 서로 닿아서 갈릴 때 나는 소리.

¶샤프펜슬은 윗부분을 누를 때마다 빼깍 소리가 나면서 심이 조금씩 나온다.

빼깍-빼깍

의미 [＋소리],[＋물건],[＋접촉],[＋마모],[＋반복]

제약

'빼까닥빼까닥'의 준말. 작고 단단한 물건이 자꾸 서로 닿아서 갈릴 때 나는 소리.

¶구두가 낡았는지 굽에서는 빼깍빼깍 소리가 쉴 새 없이 난다.

빼꼭

의미 [＋모양],[＋사람]v[＋물건],[－간격],[＋충만]

제약 {사람, 물건}-{차다}

사람이나 물건이 어떤 공간에 빈틈없이 꽉 찬 모양. '배꼭'보다 센 느낌을 준다. 늑빼꼭히.

¶방 안에 사람이 빼꼭 들어앉았다./학교 강당만 한 뒷자리엔 방청인이 인산인해로 빼꼭 들어차고….≪이호철, 문≫

빼꼭-히

의미 [＋모양],[＋사람]v[＋물건],[－간격],[＋충만]

제약 {사람, 물건}-{차다}

=빼꼭. 사람이나 물건이 어떤 공간에 빈틈없이 꽉 찬 모양.

¶길거리에 빼꼭히 들어선 노점.

빼꼼

의미 [＋모양],[＋구멍]v[＋틈],[＋분명]

제약

① 작은 구멍이나 틈 따위가 도렷하게 나 있는 모양. 늑빼꼼히①.

¶빼꼼 뚫린 들창으로 달빛이 들어온다.

의미 [＋모양],[＋문],[＋개방],[－정도]

제약 {문}-{열다}

② 살며시 문 따위를 아주 조금 여는 모양. 늑빼꼼히②.

¶아이가 방문을 빼꼼 열고 엄마 얼굴을 살핀다.

의미 [＋모양],[＋구멍],[＋틈],[＋보임]

제약

③ 작은 구멍이나 틈 사이로 아주 조금만 보이는 모양. 늑빼꼼히③.

빼꼼-히

의미 [＋모양],[＋구멍]v[＋틈],[＋분명]

제약

①=빼꼼①. 작은 구멍이나 틈 따위가 도렷하게 나 있는 모양.

의미 [＋모양],[＋문],[＋개방],[－정도]

제약 {문}-{열다}

②=빼꼼②. 살며시 문 따위를 아주 조금 여는 모양.

¶방문이 빼꼼히 열리며 정원태의 아내가 얼굴을 내밀었다.≪황석영, 장길산≫

의미 [＋모양],[＋구멍],[＋틈],[＋보임]

제약

③=빼꼼③. 작은 구멍이나 틈 사이로 아주 조금만 보이는 모양.

¶문이 열리며 두식이 어멈이 빼꼼히 얼굴을 내밀었다.≪한수산, 유민≫

빼꿋

의미 [＋모양],[＋물건],[＋결합],[－일치],[－정도]

제약

① 맞추어 끼일 물건이 꼭 들어맞지 아니하고 조금 어긋나는 모양. '배꿋①'보다 센 느낌을 준다.

¶형광등을 끼울 때마다 빼꿋 어긋나서 여간 화가 나는 것이 아니다.

의미 [＋모양],[＋과실],[＋일],[＋상충],[－정도]

제약

② 잘못하여 일이 조금 어긋나는 모양. '배꿋②'보다 센 느낌을 준다.

빼꿋-빼꿋

의미 [＋모양],[＋물건],[＋결합],[－일치],[－정도],[＋반복]

제약

① 맞추어 끼일 물건이 꼭 들어맞지 아니하고 자꾸 조금 어긋나는 모양. '배끗배끗①'보다 센 느낌을 준다.

¶이 병은 뚜껑이 **빼끗빼끗** 닫히지 않는다.

의미 [+모양],[+과실],[+일],[+상충],[-정도],[+반복]

제약

② 잘못하여 일이 자꾸 조금 어긋나는 모양. '배끗배끗②'보다 센 느낌을 준다.

빼딱-빼딱

의미 [+모양],[+물체],[+경사],[+반복]

제약

① 물체가 배스듬하게 이쪽저쪽으로 자꾸 기울어지는 모양. '배딱배딱①'보다 센 느낌을 준다.

의미 [+모양],[+물체],[+전부],[+경사]

제약

② 물체가 여럿이 다 배스듬하게 기울어져 있는 모양. '배딱배딱②'보다 센 느낌을 준다.

빼딱-이

의미 [+물체],[+경사],[-균형]

제약

물체가 한쪽으로 배스듬하게 기울어져 있게. '배딱이'보다 센 느낌을 준다.

빼뚜로

의미 [-바름],[+경사],[-정도]

제약

① 바르지 아니하고 한쪽으로 조금 기울어지거나 쏠리게. '배뚜로①'보다 센 느낌을 준다.

의미 [+분노],[-일치]

제약

② 성이 나서 조금 틀어지게. '배뚜로②'보다 센 느낌을 준다.

빼뚜름-히

의미 [+경사],[-정도]

제약

조금 배뚤게. '배뚜름히'보다 센 느낌을 준다.

¶빼뚜름히 앉다./대문에 빼뚜름히 기대어 서다.

빼뚝-빼뚝

의미 [+모양],[+물체],[+경사],[-균형],[+요동],[+반복]

제약 { }-{흔들리다}

① 물체가 배스듬히 한쪽으로 기울어서 자꾸 흔들리는 모양. '배뚝배뚝①'보다 센 느낌을 준다.

¶쪽배는 바람에 **빼뚝빼뚝** 넘어질 듯하면서도 잘 간다.

의미 [+모양],[+표면][-균일]v[+다리][+길이][-일치],[+걸음],[+요동]

제약 {사람}-{걷다}

② 바닥이 고르지 못하거나 한쪽 다리가 짧아서 조금 흔들거리며 걷는 모양. '배뚝배뚝②'보다 센 느낌을 준다.

¶**빼뚝빼뚝** 걸어가던 나그네가 길가에 쓰러지고 말았다.

빼뚤-빼뚤

의미 [+모양],[+물체],[-균형],[+요동],[+반복]

제약 { }-{흔들리다}

① 물체가 요리조리 기울어지며 자꾸 흔들리는 모양. '배뚤배뚤①'보다 센 느낌을 준다.

¶가위질을 **빼뚤빼뚤** 하다./후진 기어를 넣은 승용차가 이번에는 뒤로 **빼뚤빼뚤** 달리기 시작했다.

의미 [+모양],[+물체],[+굴절],[+반복]

제약

② 물체가 곧지 못하고 요리조리 자꾸 고부라지는 모양. '배뚤배뚤②'보다 센 느낌을 준다.

빼빼[01]

의미 [+모양],[+신체],[+수척],[+정도]

제약 { }-{마르다, 여위다}

(흔히 '마르다', '여위다' 따위와 함께 쓰여) 살가죽이 쪼그라져 붙을 만큼 야윈 모양.

¶**빼빼** 마른 사람./그는 몸이 **빼빼** 여위고 말도 못하였다./노파의 가죽만 **빼빼** 남은 손이 느리나마 쉬지 않고 움직였고 그러고 있는 노파의 눈은 무겁게 감겨져 있었다.≪김승옥, 건≫

빼-빼[02]

의미 [+소리],[+피리]v[+호드기],[+반복]

제약 {피리, 호드기}-{불다}

① 피리, 호드기 따위를 불 때 자꾸 나는 소리.

¶피리를 **빼빼** 불다./**빼빼** 불어 대는 저 호드기 소리가 귀에 너무 거슬린다.

의미 [+소리],[+어린아이],[+울음],[-호감],[+반복]

제약 {어린아이}-{울다}

② 어린아이가 듣기 싫게 자꾸 우는 소리.

¶아기는 우유가 부족한지 **빼빼** 울어 댔다.

빼족-빼족

의미 [+모양],[+전부],[+선단],[+예리]

제약

여럿이 다 끝이 날카로운 모양.

¶탱자나무에 가시가 **빼족빼족** 돋아 있다.

빼족-이

의미 [+물체],[+선단],[+예리]

제약

물체의 끝이 날카롭다.

¶마루에 **빼족이** 나온 못에 발을 다쳤다.

빼주룩

의미 [+모양],[+물체],[+선단],[+돌출]

제약

'빼죽01'의 본말. 물체의 끝이 조금 내밀려 있는 모양. 늑빼주룩이.

빼주룩-빼주룩

의미 [+모양],[+전부],[+선단],[+돌출]

제약

'빼죽빼죽01'의 본말. 여럿이 다 끝이 조금씩 내밀려 있는 모양.

¶죽순이 여기저기서 **빼주룩빼주룩** 돋아 있다.

빼주룩-이

의미 [+모양],[+물체],[+선단],[+돌출]

제약

=빼주룩. 물체의 끝이 조금 내밀려 있는 모양.

¶**빼주룩이** 나오는 싹들/어느새 상추 씨앗들이 **빼주룩이** 싹 트고 있었다./콘크리트 더미 사이로 **빼주룩이** 나온 매몰자의 발이 조금씩 움직이자 구조대원들은 환호성을 지르기 시작했다.

빼주름-히

의미 [+물체],[+선단],[+돌출]

제약

작은 물체의 끝이 **빼주룩한** 느낌이 있다.

빼죽01

의미 [+모양],[+물체],[+선단],[+돌출]

제약

물체의 끝이 조금 내밀려 있는 모양. '배죽01'보다 센 느낌을 준다. 늑빼죽이01

빼죽02

의미 [+모양],[+입],[+돌출],[-소리],[+불쾌]v[+조소]v[+울음]

제약 {입}-{내밀다}

① 비웃거나 언짢거나 울려고 할 때 소리 없이 입을 내미는 모양. '배죽02①'보다 센 느낌을 준다. 늑빼죽이02①.

의미 [+모양],[+얼굴]v[+물체],[+돌출]v[+출현]

제약

② 얼굴이나 물체의 모습만 한 번 살짝 내밀거나 나타내는 모양. '배죽02②'보다 센 느낌을 준다. 늑빼죽이02②.

빼죽-빼죽01

의미 [+모양],[+전부],[+선단],[+돌출]

제약

여럿이 다 끝이 조금씩 내밀려 있는 모양. '배죽배죽01'보다 센 느낌을 준다.

¶담에 깨진 유리가 **빼죽빼죽** 박혔다./고드름이 처마 밑에 **빼죽빼죽** 나와 있다.

빼죽-빼죽02

의미 [+모양],[+입],[+돌출],[-소리],[+불쾌]v[+조소]v[+울음]

제약 {입}-{내밀다, 샐룩거리다}

비웃거나 언짢거나 울려고 할 때 소리 없이 입을 내밀고 샐룩거리는 모양. '배죽배죽02'보다 센 느낌을 준다.

¶아기는 울려고 벌써 입을 **빼죽빼죽** 내밀고 있다.

빼죽-이01

의미 [+모양],[+물체],[+선단],[+돌출]

제약

=빼죽01. 물체의 끝이 조금 내밀려 있는 모양.

¶얼굴을 **빼죽이** 내밀다./강아지가 대문 사이로 **빼죽이** 고개를 내밀고 짖기 시작했다.

빼죽-이02

의미 [+모양],[+입],[+돌출],[−소리],[+불쾌]v[+조소]v[+울음]

제약 {입}-{내밀다}

①=빼죽02①. 비웃거나 언짢거나 울려고 할 때 소리 없이 입을 내미는 모양.

의미 [+모양],[+얼굴]v[+물체],[+돌출]v[+출현]

제약

②=빼죽02②. 얼굴이나 물체의 모습만 한 번 살짝 내밀거나 나타내는 모양.

빼쪽-빼쪽

의미 [+모양],[+전부],[+선단],[+예리]

제약

여럿이 다 끝이 날카로운 모양. '빼족빼족'보다 센 느낌을 준다.

빼쪽-이

의미 [+물체],[+선단],[+예리]

제약

물체의 끝이 날카롭게. '빼족이'보다 센 느낌을 준다.

빼쭈룩

의미 [+모양],[+물체],[+선단],[+돌출]

제약

'빼쭉01'의 본말. 물체의 끝이 조금 내밀려 있는 모양. ≒빼쭈룩이.

빼쭈룩-빼쭈룩

의미 [+모양],[+전부],[+선단],[+돌출]

제약

'빼쭉빼쭉01'의 본말. 여럿이 다 끝이 조금씩 내밀려 있는 모양.

¶화단에는 꽃나무 싹들이 빼쭈룩빼쭈룩 돋아났다.

빼쭈룩-이

의미 [+모양],[+물체],[+선단],[+돌출]

제약

=빼쭈룩. 물체의 끝이 조금 내밀려 있는 모양.

¶처음에는 떡잎이 빼쭈룩이 나오더니 이내 콩의 모습이 나타났다.

빼쭉01

의미 [+모양],[+물체],[+선단],[+돌출]

제약

물체의 끝이 조금 내밀려 있는 모양. '배죽01'보다 아주 센 느낌을 준다. ≒빼쭉이01.

¶입을 빼쭉 내밀다.

빼쭉02

의미 [+모양],[+입],[+돌출],[−소리],[+불쾌]v[+조소]v[+울음]

제약 {입}-{내밀다}

① 비웃거나 언짢거나 울려고 할 때 소리 없이 입을 내미는 모양. '배죽02①'보다 아주 센 느낌을 준다. ≒빼쭉이02①.

¶오늘 일만 해도 대수롭지 않은 일인데 학생 시절처럼 혼자 빼쭉 토라지고 의심을 내고 하는 것이다.≪염상섭, 대를 물려서≫

의미 [+모양],[+얼굴]v[+물체],[+돌출]v[+출현]

제약

② 얼굴이나 물체의 모습만 한 번 살짝 내밀거나 나타내는 모양. '배죽02②'보다 아주 센 느낌을 준다. ≒빼쭉이02②.

빼쭉-빼쭉01

의미 [+모양],[+전부],[+선단],[+돌출]

제약

여럿이 다 끝이 조금씩 내밀려 있는 모양.

빼쭉-이01

의미 [+모양],[+물체],[+선단],[+돌출]

제약

=빼쭉01. 물체의 끝이 조금 내밀려 있는 모양.

¶주둥이를 빼쭉이 내밀다./마루 사이로 빼쭉이 튀어나온 못을 망치로 다시 박았다.

빼쭉-이02

의미 [+모양],[+입],[+돌출],[−소리],[+불쾌]v[+조소]v[+울음]

제약 {입}-{내밀다}

①=빼쭉02①. 비웃거나 언짢거나 울려고 할 때 소리 없이 입을 내미는 모양.

의미 [+모양],[+얼굴]v[+물체],[+돌출]v[+출현]

제약

②=빼쭉02②. 얼굴이나 물체의 모습만 한 번 살짝 내밀거나 나타내는 모양.

빼트작-빼트작
의미 [+모양],[+걸음],[-균형]

제약 {사람}-{걷다}

몸을 제대로 가누지 못하고 약간 배틀거리며 걷는 모양.

¶빼트작빼트작 걷다./빼트작빼트작 기어가다./갓 태어난 강아지가 젖을 빨려고 빼트작빼트작 어미 개 쪽으로 걸어간다.

빼틀-빼틀
의미 [+모양],[+걸음],[-균형],[+계속]

제약 {사람}-{걷다}

힘이 없거나 어지러워서 몸을 잘 가누지 못하고 요리조리 쓰러질 듯이 계속 걷는 모양.

¶넘어질 듯이 빼틀빼틀 걷다.

빽01
의미 [+소리],[+새]v[+사람]v[+기적],[+예리],[+순간]

제약 { }-{지르다, 울리다}

새, 사람, 기적 따위가 갑자기 날카롭게 지르거나 내는 소리.

¶소리를 빽 지르다./기차가 기적을 빽 울리며 쏜살같이 지나갔다.

빽02
의미 [+모양],[+다수],[-간격],[+원형]

제약

여럿이 좁은 곳에 촘촘히 둘러 있는 모양.

¶화롯가에 빽 둘러앉았다./아이들은 귀를 쫑긋 세우고 할아버지 주변에 빽 둘러앉아서 이야기를 듣고 있었다./그 집 근처에는 아름드리 나무가 빽 둘러섰다./호령하니 관속들이 있는 대로 우 모여 와서 계향이와 봉학이의 앞을 빽 둘러막았다.≪홍명희, 임꺽정≫

빽-빽
의미 [+소리],[+새]v[+사람]v[+기적],[+예리],[+순간],[+반복]

제약 { }-{지르다, 울리다}

새, 사람 또는 기적 따위가 갑자기 자꾸 날카롭게 지르거나 내는 소리.

¶아기가 빽빽 울어 대다./소리를 빽빽 지르다./기적 소리가 빽빽 울리다./장사꾼이 메가폰을 입에 대고 뭐라고 빽빽 소리를 질러 댄다.

빽빽-이
의미 [-간격]

제약

사이가 촘촘하게.

¶빽빽이 들어선 건물./빽빽이 늘어선 자동차 행렬./골진 양철로 지어진 그 창고 안의 스무 평 남짓한 흙바닥에는 그네들보다 앞서 온 백 명 가까운 사람들이 빽빽이 들어차 있었다.≪이문열, 영웅시대≫

뺀둥-뺀둥
의미 [+모양],[-노동],[+나태],[+유희]

제약 {사람}-{놀다}

아무 일도 하지 아니하고 게으름을 피우며 놀기만 하는 모양. '밴둥밴둥'보다 센 느낌을 준다.

¶뺀둥뺀둥 놀다./뺀둥뺀둥 요령만 피우다./영수는 방학 내내 누워서 뺀둥뺀둥 비디오만 보았다.

뺀들-뺀들
의미 [+모양],[-노동],[-수치],[+나태],[+유희]

제약 {사람}-{놀다}

부끄러운 줄 모르고 게으름을 피우며 빤빤스럽게 놀기만 하는 모양. '밴들밴들'보다 센 느낌을 준다.

¶온종일 뺀들뺀들 놀기만 하다.

뺀질-뺀질
의미 [+모양],[-노동],[+나태],[+연속]

제약 {사람}-{놀다}

몸을 요리조리 빼면서 계속 일을 열심히 하지 아니하는 모양.

¶그는 상사의 눈치를 보아 가며 틈만 나면 뺀질뺀질 놀려고 든다.

뺑
의미 [+모양],[+범위],[+확정],[+순회]

제약 { }-{돌다}

① 일정한 좁은 범위를 한 바퀴 도는 모양. '뱅①'보다 센 느낌을 준다.

¶동네 한 바퀴를 뺑 돌아보다.

의미 [+모양],[+정신],[+혼미],[+순간]

제약 {정신}-{돌다}

② 갑자기 정신이 아찔해지는 모양. '뱅②'보다 센 느낌을 준다.

의미 [+모양],[+둘레],[+포위]

제약 { }-{에워싸다, 둘러싸다}

③ 일정한 둘레를 좁게 둘러싸는 모양. '뱅③'보다 센 느낌을 준다.

¶우리는 그를 가운데 두고 뺑 둘러앉았다./그동안에 광경은 일변하여 불길은 먼 들 건너 산 밑을 뺑 둘러쌌다.≪이기영, 서화≫

뺑그레

의미 [+모양],[+웃음],[+개구],[−소리],[+유연]

제약 {사람}-{웃다}

입만 살며시 벌릴 듯하면서 소리 없이 보드랍게 웃는 모양. '뱅그레'보다 센 느낌을 준다.

¶뺑그레 미소 짓는 얼굴./뺑그레 웃다./뺑그레 웃어 주던 그녀의 모습을 잊을 수가 없다.

뺑그르르

의미 [+모양],[+몸]v[+물건],[+회전],[+한번]

제약 {사람, 물건}-{돌다}

① 몸이나 물건 따위가 좁게 한 바퀴 도는 모양. '뱅그르르①'보다 센 느낌을 준다.

¶구슬이 뺑그르르 떨어졌다.

의미 [+모양],[+눈물],[+발생],[+순간]

제약 {눈물}-{맺히다}

② 갑자기 눈가에 눈물이 맺히는 모양. '뱅그르르②'보다 센 느낌을 준다.

¶뺑그르르 눈물이 맺히다.

뺑글

의미 [+모양],[+웃음],[+개구],[−소리],[+유연]

제약 {사람}-{웃다}

입을 살며시 벌릴 듯하면서 소리 없이 보드랍게 한 번 웃는 모양. '뱅글'보다 센 느낌을 준다.

¶뺑글 웃다./아빠는 뺑글 웃는 아기의 볼에 뽀뽀를 했다.

뺑글-뺑글01

의미 [+모양],[+웃음],[+개구],[−소리],[+유연],[+반복]

제약 {사람}-{웃다}

입을 살며시 벌릴 듯하면서 소리 없이 보드랍게 자꾸 웃는 모양. '뱅글뱅글01'보다 센 느낌을 준다.

¶뺑글뺑글 웃다.

뺑글뺑글02

의미 [+모양],[−크기],[+회전],[+윤활],[+연속]

제약 { }-{돌다}

작은 것이 잇따라 매끄럽게 도는 모양. '뱅글뱅글02'보다 센 느낌을 준다

뺑긋

의미 [+모양],[+웃음],[+개구],[−소리],[−정도]

제약 {사람}-{웃다}

입을 살짝 벌릴 듯하면서 소리 없이 가볍게 한 번 웃는 모양. '뱅긋'보다 센 느낌을 준다. ≒뺑긋이.

뺑긋-뺑긋

의미 [+모양],[+웃음],[+개구],[−소리],[−정도],[+반복]

제약 {사람}-{웃다}

입을 살짝 벌릴 듯하면서 소리 없이 가볍게 자꾸 웃는 모양. '뱅긋뱅긋'보다 센 느낌을 준다.

¶아기가 뺑긋뺑긋 웃는다./그녀는 뺑긋뺑긋 미소를 지었다.

뺑긋-이

의미 [+모양],[+웃음],[+개구],[−소리],[−정도]

제약 {사람}-{웃다}

=뺑긋. 입을 살짝 벌릴 듯하면서 소리 없이 가볍게 한 번 웃는 모양.

¶갓난아이가 뺑긋이 웃는 모습이 더할 나위 없이 귀엽다.

뺑끗

의미 [+모양],[+웃음],[+개구],[−소리],[−정도]

제약 {사람}-{웃다}

입을 살짝 벌릴 듯하면서 소리 없이 가볍게 한 번 웃는 모양. '뱅긋'보다 아주 센 느낌을 준다. 늑뺑끗이.

¶그녀가 이를 살짝 드러내며 **뺑끗** 웃는다./뜻밖의 칭찬을 받은 그는 **뺑끗** 웃으며 고개를 숙인 채 부끄러워했다.

뺑끗-뺑끗

의미 [+모양],[+웃음],[+개구],[-소리],[-정도],[+반복]

제약 {사람}-{웃다}

입을 살짝 벌릴 듯하면서 소리 없이 가볍게 자꾸 웃는 모양. '뱅긋뱅긋'보다 아주 센 느낌을 준다.

¶**뺑끗뺑끗** 짓는 미소/**뺑끗뺑끗** 웃다./그녀는 백옥 같은 이를 살며시 드러내며 **뺑끗뺑끗** 웃기만 했다.

뺑끗-이

의미 [+모양],[+웃음],[+개구],[-소리],[-정도]

제약 {사람}-{웃다}

=뺑끗. 입을 살짝 벌릴 듯하면서 소리 없이 가볍게 한 번 웃는 모양.

¶**뺑끗이** 웃다./우리 일행이 찾아갔을 때 그녀는 **뺑끗이** 웃었지만, 어느새 눈가에는 이슬이 맺혔다.

뺑-뺑

의미 [+모양],[+범위],[+확정],[+순회],[+반복]

제약 { }-{돌다}

① 일정한 좁은 범위를 자꾸 도는 모양. '뱅뱅①'보다 센 느낌을 준다.

¶물레가 **뺑뺑** 잘 돈다.

의미 [+모양],[+순회],[-일정],[+반복]

제약 { }-{돌아다니다}

② 요리조리 자꾸 돌아다니는 모양. '뱅뱅②'보다 센 느낌을 준다.

¶이 모퉁이 저 골목을 **뺑뺑** 돌고 몇 번이나 막다른 골목을 더듬으며 헛다리만 짚다가 가까스로 명월루를 찾아간 윤수는….≪이기영, 신개지≫/더욱이 이 근처 장을 **뺑뺑** 돌면서 잔뼈가 굵은

그 장돌뱅이가 씨름꾼 원 장군의 얼굴을 잘못 보았다는 게 도시 안 될 말이다.≪이무영, 농민≫

뺑시레

의미 [+모양],[+웃음],[+개구],[-소리],[+미려],[+유연],[-정도]

제약 {사람}-{웃다}

살며시 입을 벌리는 듯하면서 소리 없이 아름다운 태도로 가볍고 보드랍게 웃는 모양. '뱅시레'보다 센 느낌을 준다.

¶**뺑시레** 웃다.

뺑실

의미 [+모양],[+웃음],[+개구],[-소리],[+유연],[+온화]

제약 {사람}-{웃다}

살며시 입을 벌릴 듯하면서 소리 없이 보드랍고 온화하게 한 번 웃는 모양. '뱅실'보다 센 느낌을 준다.

뺑실-뺑실

의미 [+모양],[+웃음],[+개구],[-소리],[+유연],[+온화],[+반복]

제약 {사람}-{웃다}

살며시 입을 벌릴 듯하면서 소리 없이 보드랍고 온화하게 자꾸 웃는 모양. '뱅실뱅실'보다 센 느낌을 준다.

뺑싯

의미 [+모양],[+웃음],[+개구],[-소리],[-정도],[+온화]

제약 {사람}-{웃다}

입을 살며시 벌릴 듯하면서 소리 없이 가볍고 온화하게 한 번 웃는 모양. '뱅싯'보다 센 느낌을 준다. 늑뺑싯이.

뺑싯-뺑싯

의미 [+모양],[+웃음],[+개구],[-소리],[-정도],[+온화],[+반복]

제약 {사람}-{웃다}

입을 살며시 벌릴 듯하면서 소리 없이 가볍고 온화하게 자꾸 웃는 모양. '뱅싯뱅싯'보다 센 느낌을 준다.

뺑싯-이

의미 [+모양],[+웃음],[+개구],[-소리],[+정

도],[+온화],

제약 {사람}-{웃다}

=뺑싯. 입을 살며시 벌릴 듯하면서 소리 없이 가볍고 온화하게 한 번 웃는 모양.

¶신부가 뺑싯이 웃는다.

빠드득

의미 [+소리],[+물건],[−간격],[+마찰],[+정도]

제약 { }-{문질리다}

① 단단한 물건이 빠듯한 틈에 끼여 세게 문질리는 소리.

¶빠드득 대못을 빼내는 소리./현관문은 여닫을 때마다 빠드득 소리를 낸다.

의미 [+소리],[+피리],[+장난감]

제약 {피리}-{불다}

② 장난감 피리 따위를 부는 소리.

¶불 때마다 주둥이가 앞으로 나왔다 들어갔다 하는 이 장난감은 빠드득 소리를 낸다.

빠드득-빠드득

의미 [+소리],[+물건],[−간격],[+마찰],[+정도],[+반복]

제약 { }-{문질리다}

① 단단한 물건이 빠듯한 틈에 끼여 자꾸 세게 문질리는 소리.

¶마룻바닥이 밟을 때마다 빠드득빠드득 소리를 내더니 결국 꺼지고 말았다./오르막을 오르는 손수레 바퀴에서 빠드득빠드득 소리가 난다.

의미 [+소리],[+피리],[+장난감],[+반복]

제약 {피리}-{불다}

② 장난감 피리 따위를 자꾸 부는 소리.

빡

의미 [+소리],[+병아리],[−정도]

제약 {병아리}-{울다}

'삐악'의 준말. 병아리가 한 번 약하게 우는 소리.

빡-빡

의미 [+소리],[+병아리],[−정도],[+계속]

제약 {병아리}-{울다}

'삐악삐악'의 준말. 병아리가 계속 약하게 우는 소리.

빤죽-빤죽

의미 [+모양],[+사람],[+외모],[−결점],[+교활],[+반복]

제약

반반하게 생긴 사람이 자꾸 이죽이죽하면서 느물거리는 모양. '반죽반죽'보다 센 느낌을 준다.

뻐거덕

의미 [+소리],[+물건],[+마찰],[+정지]

제약

크고 단단한 물건이 맞닿아 문질리다가 그칠 때 나는 소리. '버거덕'보다 센 느낌을 준다.

¶앵글 책상이 뻐거덕 넘어졌다.

뻐거덕-뻐거덕

의미 [+소리],[+물건],[+마찰],[+반복],[+정지]

제약

크고 단단한 물건이 자꾸 맞닿아 문질리다가 그칠 때 잇따라 나는 소리. '버거덕버거덕'보다 센 느낌을 준다.

¶달구지가 뻐거덕뻐거덕 시골길을 간다.

뻐걱

의미 [+소리],[+물건],[+접촉]

제약

크고 단단한 물건이나 질기고 뻣뻣한 물건이 맞닿을 때 나는 소리. '버걱'보다 센 느낌을 준다.

뻐걱-뻐걱

의미 [+소리],[+물건],[+접촉],[+반복]

제약

크고 단단한 물건이나 질기고 뻣뻣한 물건이 자꾸 맞닿을 때 나는 소리. '버걱버걱'보다 센 느낌을 준다.

뻐그르르

의미 [+소리]v[+모양],[+액체],[+확산],[+비등],[+정도]

제약 {액체}-{퍼지다, 끓다}

① 많은 양의 액체가 조금 넓게 퍼지면서 야단스럽게 끓어오르는 소리. 또는 그 모양. '버그르르①'보다 센 느낌을 준다.

¶가마솥에 물이 뻐그르르 끓는다.

의미 [+소리]v[+모양],[+거품],[+확산],[+발

생],[+반복]

제약 {거품}-{일어나다}

② 크고 많은 거품이 넓게 퍼지면서 한꺼번에 많이 일어나는 소리. 또는 그 모양. '버그르르②'보다 센 느낌을 준다.

¶거품이 뻐그르르 일다.

뻐근-히

의미 [+근육],[+피로],[+운동],[+곤란],[+불편]

제약

① 근육이 몹시 피로하여 몸을 움직이기가 매우 거북스럽고 살이 뻐개지는 듯하게.

¶팔목이 뻐근히 쑤시다./온종일 컴퓨터 앞에 매달려 있었더니 어깨가 뻐근히 저려 온다./오슬오슬 오한에 떨리는 몸과 뻐근히 저리는 사지(四肢) 속에서….≪김진섭, 인생 예찬≫

의미 [+느낌],[+가슴],[+불편]

제약

② 어떤 느낌으로 꽉 차서 가슴이 뻐개지는 듯하게.

의미 [+곤란],[+정도]

제약

③ 힘에 겨울 정도로 몹시 벅차게.

뻐글-뻐글

의미 [+소리]v[+모양],[+액체],[+확산],[+비등],[+상승],[+반복]

제약 {액체}-{끓다, 솟아오르다}

① 많은 양의 액체가 넓게 퍼지며 자꾸 끓거나 솟아오르는 소리. 또는 그 모양. '버글버글①'보다 센 느낌을 준다.

¶빨래 삶는 냄비에서 물이 뻐글뻐글 끓어올랐다.

의미 [+소리]v[+모양],[+거품],[+확산],[+발생],[+반복]

제약 {거품}-{퍼지다, 일어나다}

② 큰 거품이 넓게 퍼지며 자꾸 많이 일어나는 소리. 또는 그 모양. '버글버글②'보다 센 느낌을 준다.

의미 [+모양],[+벌레]v[+짐승]v[+사람],[+밀집],[+운동],[+반복]

제약 {벌레, 짐승, 사람}-{모이다, 끓다, 들끓다}

③ 작은 벌레나 짐승, 또는 사람 따위가 한곳에 많이 모여 자꾸 움직이는 모양. '버글버글③'보다 센 느낌을 준다.

의미 [+모양],[+마음],[+근심],[+정도]

제약 {속}-{태우다}

④ 마음이 쓰여 속을 몹시 태우는 모양. '버글버글④'보다 센 느낌을 준다.

뻐금[01]

의미 [+모양],[+구멍]v[+틈],[+깊이],[+분명]

제약

① 큰 구멍이나 틈 따위가 깊고 뚜렷하게 나 있는 모양. '뻐끔[01]①'보다 여린 느낌을 준다. 늑뻐금히①.

의미 [+모양],[+문],[+개방],[+정도]

제약 {문}-{열다}

② 살며시 문 따위를 조금 많이 여는 모양. '뻐끔[01]②'보다 여린 느낌을 준다. 늑뻐금히②.

뻐금[02]

의미 [+모양],[+흡연],[+입],[±개방]

제약 {담배}-{피우다, 빨다}

① 입을 크게 벌렸다 우므리며 담배를 빠는 모양. '뻐끔[02]①'보다 여린 느낌을 준다.

의미 [+모양],[+물고기],[+흡입],[+물]v[+공기],[+입],[±개방]

제약 {어류}-{거리다, 들이마시다}

② 물고기 따위가 입을 벌렸다 우므리며 물이나 공기를 들이마시는 모양. '뻐끔[02]②'보다 여린 느낌을 준다.

뻐금-뻐금[01]

의미 [+모양],[+구멍]v[+틈],[+깊이],[+분명],[+다수]

제약

큰 구멍이나 틈 따위가 여기저기 깊고 뚜렷하게 나 있는 모양. '뻐끔뻐끔[01]'보다 여린 느낌을 준다. 늑뻐금뻐금히.

뻐금-뻐금[02]

의미 [+모양],[+흡연],[+입],[±개방],[+반복]

제약 {담배}-{피우다, 빨다}

① 입을 크게 벌렸다 우므리며 자꾸 담배를 빠

는 모양. '뻐끔뻐끔02①'보다 여린 느낌을 준다.

¶마당의 멍석 위에 또출이 할머니만이 혼자 나앉아 어둠 속에서 장죽만 **뻐금뻐금** 빨고 있었다. ≪김원일, 노을≫

의미 [＋모양],[＋물고기],[＋흡입],[＋물]v[＋공기],[＋입],[±개방]

제약 {어류}-{거리다, 들이마시다}

② 물고기 따위가 입을 벌렸다 우므리며 자꾸 물이나 공기를 들이마시는 모양. '뻐끔뻐끔02②' 보다 여린 느낌을 준다.

뻐금뻐금-히

의미 [＋모양],[＋구멍]v[＋틈],[＋깊이],[＋분명],[＋다수]

제약

=뻐금뻐금01. 큰 구멍이나 틈 따위가 여기저기 깊고 뚜렷하게 나 있는 모양.

뻐금-히

의미 [＋모양],[＋구멍]v[＋틈],[＋깊이],[＋분명]

제약

①=뻐금01①. 큰 구멍이나 틈 따위가 깊고 뚜렷하게 나 있는 모양.

의미 [＋모양],[＋문],[＋개방],[＋정도]

제약 {문}-{열다}

②=뻐금01②. 살며시 문 따위를 조금 많이 여는 모양.

뻐꺼덕

의미 [＋소리],[＋물건],[＋마찰],[＋정지]

제약

크고 단단한 물건이 맞닿아 문질리다가 그칠 때 나는 소리. '버꺼덕'보다 아주 센 느낌을 준다.

¶강풍에 흔들리던 가로수가 **뻐꺼덕** 쓰러지고 말았다.

뻐꺼덕-뻐꺼덕

의미 [＋소리],[＋물건],[＋마찰],[＋반복],[＋정지]

제약

크고 단단한 물건이 자꾸 맞닿아 문질리다가 그칠 때 잇따라 나는 소리. '버거덕버거덕'보다 아주 센 느낌을 준다.

¶**뻐꺼덕뻐꺼덕** 소리를 내며 소달구지가 지나갔다.

뻐꺽

의미 [＋소리],[＋물건],[＋접촉]

제약

크고 단단한 물건이나 질기고 뻣뻣한 물건이 맞닿을 때 나는 소리. '버걱'보다 아주 센 느낌을 준다.

¶어깨가 **뻐꺽** 소리를 내는가 싶더니 결리기 시작했다.

뻐꺽-뻐꺽

의미 [＋소리],[＋물건],[＋접촉],[＋반복]

제약

크고 단단한 물건이나 질기고 뻣뻣한 물건이 자꾸 맞닿을 때 나는 소리. '버걱버걱'보다 아주 센 느낌을 준다.

¶스테이플러로 종이를 찍을 때마다 **뻐꺽뻐꺽** 소리가 난다.

뻐꾹

의미 [＋소리],[＋뻐꾸기]

제약 {뻐꾸기}-{울다}

뻐꾸기가 우는 소리.

¶뻐꾸기가 **뻐꾹** 울다./**뻐꾹** 우는 뻐꾸기는 여름 소식을 전해 준다.

뻐꾹-뻐꾹

의미 [＋소리],[＋뻐꾸기],[＋연속]

제약 {뻐꾸기}-{울다}

뻐꾸기가 잇따라 우는 소리.

뻐끔01

의미 [＋모양],[＋구멍]v[＋틈],[＋깊이],[＋분명]

제약

① 큰 구멍이나 틈 따위가 깊고 뚜렷하게 나 있는 모양. 늑뻐끔히①.

¶구멍이 **뻐끔** 난 마룻바닥./**뻐끔** 뚫린 벽 사이로 쥐들이 들락날락한다./**뻐끔** 뚫린 지붕 사이로 햇빛이 쏟아져 들어왔다.

의미 [＋모양],[＋문],[＋개방],[＋정도]

제약 {문}-{열다}

② 살며시 문 따위를 조금 많이 여는 모양.

늑 뻐끔히②.

뻐끔⁰²

의미 [+모양],[+흡연],[+입],[±개방]

제약 {담배}-{피우다, 빨다}

① 입을 크게 벌렸다 우므리며 담배를 빠는 모양.

의미 [+모양],[+물고기],[+흡입],[+물]v[+공기],[+입],[±개방]

제약 {어류}-{거리다, 들이마시다}

② 물고기 따위가 입을 벌렸다 우므리며 물이나 공기를 들이마시는 모양.

뻐끔-뻐끔⁰¹

의미 [+모양],[+구멍]v[+틈],[+깊이],[+분명],[+다수]

제약

큰 구멍이나 틈 따위가 여기저기 깊고 뚜렷하게 나 있는 모양. 늑뻐끔뻐끔히.

¶배의 밑창에는 어느새 구멍이 뻐끔뻐끔 생겼다./그 남자는 뻐끔뻐끔 구멍이 난 속내의를 입고 있었다.

뻐끔-뻐끔⁰²

의미 [+모양],[+흡연],[+입],[±개방],[+반복]

제약 {담배}-{피우다, 빨다}

① 입을 크게 벌렸다 우므리며 자꾸 담배를 빠는 모양.

¶그 청년은 뻐끔뻐끔 피우는 담배가 벌써 세 갑째이다./자경단들은 담배만 뻐끔뻐끔 빨며 말없이 그들을 지켜보고 앉아 있었다.≪송기숙, 암태도≫/나기주가 거의 대낮이 가까워 잠에서 깨어나 보니, 운양 대감은 벌써 일어나 앉아 시름겹게 남초를 뻐끔뻐끔 피워 대고 있었다.≪현기영, 변방에 우짖는 새≫

의미 [+모양],[+물고기],[+흡입],[+물]v[+공기],[+입],[±개방],[+반복]

제약 {어류}-{거리다, 들이마시다}

② 물고기 따위가 입을 벌렸다 우므리며 자꾸 물이나 공기를 들이마시는 모양.

¶잠시도 쉬지 않고 뻐끔뻐끔 물을 들이마시는 어항 속의 금붕어가 예쁘기만 하다.

뻐끔뻐끔-히

의미 [+모양],[+구멍]v[+틈],[+깊이],[+분명],[+다수]

제약

=뻐끔뻐끔01. 큰 구멍이나 틈 따위가 여기저기 깊고 뚜렷하게 나 있는 모양.

뻐끔-히

의미 [+모양],[+구멍]v[+틈],[+깊이],[+분명]

제약

①=뻐끔01①. 큰 구멍이나 틈 따위가 깊고 뚜렷하게 나 있는 모양.

의미 [+모양],[+문],[+개방],[+정도]

제약 {문}-{열다}

②=뻐끔01②. 살며시 문 따위를 조금 많이 여는 모양.

¶바람이 불자 문이 뻐끔히 열렸다.

뻐덕-뻐덕

의미 [+모양],[-물기],[-윤활],[-유연]

제약

물기가 적어 미끄럽지 못하거나 부드럽지 못한 모양.

¶떡이 뻐덕뻐덕 말라비틀어졌다./풀 먹인 무명 적삼이 벌써 뻐덕뻐덕 말라 굳어져서 손질하기가 어렵다.

뻐드름-히

의미 [+물체],[+외부],[+돌출],[-정도]

제약 {　}-{번다}

조금 큰 물체 따위가 밖으로 약간 번은 듯하게. '버드름히'보다 센 느낌을 준다.

뻐득-뻐득

의미 [+모양],[+말]v[+행동],[-순종],[-유연]

제약

말이나 행동이 고분고분하지 아니하고 뻑뻑한 모양.

¶동네 어른한테 뻐득뻐득 말대꾸하다./그녀는 상사의 지시에 따르지 않고 뻐득뻐득 제 주장을 폈다.

뻐듬-히

의미 [+물체],[+외부],[+돌출],[-정도]

제약 { }-{벋다}

'뻐드름히'의 준말. 조금 큰 물체 따위가 밖으로 약간 벋은 듯하게.

뻐르적-뻐르적

의미 [+모양],[+고통]v[+고비],[+탈출],[+신체],[+운동],[+반복]

제약

고통스러운 일이나 어려운 고비를 벗어나려고 팔다리를 내저으며 큰 몸을 자꾸 움직이는 모양. '버르적버르적'보다 센 느낌을 준다.

뻐릇-뻐릇

의미 [+모양],[+고통]v[+고비],[+탈출],[+신체],[+운동],[+반복]

제약

'뻐르적뻐르적'의 준말. 고통스러운 일이나 어려운 고비를 벗어나려고 팔다리를 내저으며 큰 몸을 자꾸 움직이는 모양.

뻐서석

의미 [+소리]v[+모양],[+가랑잎]v[+검불],[+건조],[+밟음]

제약 {가랑잎, 검불}-{밟다}

① '뻐석①'의 본말. 가랑잎이나 마른 검불 따위의 잘 마른 물건을 밟는 소리. 또는 그 모양.

¶발로 낙엽 밟는 소리가 뻐서석 났다.

의미 [+소리]v[+모양],[+물건],[+건조],[+파손],[-정도]

제약 { }-{부스러지다, 깨지다}

② '뻐석②'의 본말. 부숭부숭한 물건이 가볍게 부스러지거나 깨지는 소리. 또는 그 모양.

¶그는 사탕을 뻐서석 깨물어 먹었다.

뻐서석-뻐서석

의미 [+소리]v[+모양],[+가랑잎]v[+검불],[+건조],[+밟음],[+연속]

제약 {가랑잎, 검불}-{밟다}

① '뻐석뻐석①'의 본말. 가랑잎이나 마른 검불 따위의 잘 마른 물건을 잇따라 밟는 소리. 또는 그 모양.

¶막대기로 보릿단을 건드리는 소리가 뻐서석뻐서석 났다.

의미 [+소리]v[+모양],[+물건],[+건조],[+파

손],[-정도],[+연속]

제약 { }-{부스러지다, 깨지다}

② '뻐석뻐석②'의 본말. 부숭부숭한 물건이 잇따라 가볍게 부스러지거나 깨지는 소리. 또는 그 모양.

¶과자를 먹는 소리가 뻐서석뻐서석 크게 났다.

뻐석

의미 [+소리]v[+모양],[+가랑잎]v[+검불],[+건조],[+밟음]

제약 {가랑잎, 검불}-{밟다}

① 가랑잎이나 마른 검불 따위의 잘 마른 물건을 밟는 소리. 또는 그 모양. '버석01①'보다 센 느낌을 준다.

¶낙엽이 뻐석 소리를 내다.

의미 [+소리]v[+모양],[+물건],[+건조],[+파손],[-정도],

제약 { }-{부스러지다, 깨지다}

② 부숭부숭한 물건이 가볍게 부스러지거나 깨지는 소리. 또는 그 모양. '버석01②'보다 센 느낌을 준다.

뻐석-뻐석

의미 [+소리]v[+모양],[+가랑잎]v[+검불],[+건조],[+밟음],[+연속]

제약 {가랑잎, 검불}-{밟다}

① 가랑잎이나 마른 검불 따위의 잘 마른 물건을 잇따라 밟는 소리. 또는 그 모양. '버석버석①'보다 센 느낌을 준다.

의미 [+소리]v[+모양],[+물건],[+건조],[+파손],[-정도],[+연속]

제약 { }-{부스러지다, 깨지다}

② 부숭부숭한 물건이 잇따라 가볍게 부스러지거나 깨지는 소리. 또는 그 모양. '버석버석②'보다 센 느낌을 준다.

¶짚이 뻐석뻐석 잘 마른다./뙤약볕에 마른 풀 먹인 적삼이 뻐석뻐석 소리를 낸다.

뻐스럭

의미 [+소리]v[+모양],[+잎]v[+검불]v[+종이],[+건조],[+밟음]v[+수색]

제약 {잎, 검불, 종이}-{밟다, 뒤적이다}

마른 잎이나 검불, 종이 따위를 밟거나 뒤적일

때 나는 소리. '버스럭'보다 센 느낌을 준다.
¶짚단 묶는 소리가 뻐스럭 난다./뻐스럭 소리를
내며 강아지 한 마리가 달아났다.

뻐스럭-뻐스럭
의미 [+소리]v[+모양],[+잎]v[+검불]v[+종
이],[+건조],[+밟음]v[+수색],[+반복]
제약 {잎, 검불, 종이}-{밟다, 뒤적이다}
마른 잎이나 검불, 종이 따위를 자꾸 밟거나 뒤
적일 때 나는 소리. '버스럭버스럭'보다 센 느낌
을 준다.
¶잠이 오지 않아 뻐스럭뻐스럭 소리만 들려도
신경을 곤두세우고 있었다.

뻐적-뻐적
의미 [+소리]v[+모양],[+물건],[−물기],[+씹
음]v[+빨음],[+연속]
제약 { }-{씹다, 빨다}
① 물기가 아주 적은 물건을 잇따라 씹거나 빠
는 소리. 또는 그 모양. '버적버적①'보다 센 느
낌을 준다.
¶마른 콩이 뻐적뻐적 잘 빨아진다.
의미 [+소리]v[+모양],[+물건],[−물기],[+연
소],[+연속]
제약 { }-{타다}
② 물기가 아주 적은 물건이 잇따라 타들어 가
는 소리. 또는 그 모양. '버적버적②'보다 센 느
낌을 준다.
¶장작이 잘 말라서 뻐적뻐적 잘 탄다.
의미 [+모양],[+진땀],[+발생],[+정도]
제약 {진땀}-{나다}
③ 진땀이 몹시 나는 모양. '버적버적③'보다 센
느낌을 준다.
¶긴장으로 땀이 뻐적뻐적 맺혔다.
의미 [+모양],[+마음],[+애처],[+조임],[+정
도]
제약
④ 마음이 몹시 안타깝게 죄어드는 모양. '버적
버적④'보다 센 느낌을 준다.
¶속이 뻐적뻐적 타다.

뻐젓-이
의미 [+타인],[−의식],[−조심]v[−복종]

제약
① 남의 시선을 의식하여 조심하거나 굽히는 데
가 없이. '버젓이①'보다 센 느낌을 준다.
¶불량 식품을 뻐젓이 판매하다./그는 교통순경
앞에서 뻐젓이 신호를 위반하였다.
의미 [+바름],[+정도]
제약
② 남의 축에 빠지지 않을 정도로 번듯하게. '버
젓이②'보다 센 느낌을 준다.
¶그는 아내가 뻐젓이 살아 있는데도 홀아비 행
세를 하고 다녔다./선대의 유업도 아니요, 공문
서 땅을 거저 주운 것도 아니요, 뻐젓이 값을 내
고 산 것이었다.≪채만식, 논 이야기≫

뻐쩍
의미 [+모양],[+물기],[+건조]v[+감소]v
[+연소]
제약 { }-{마르다, 졸다, 타다}
① 물기가 몹시 마르거나 졸아붙거나 타버리는
모양. '버쩍①'보다 센 느낌을 준다.
의미 [+모양],[+밀착]v[+조임],[+정도]
제약 { }-{달라붙다, 죄다}
② 몹시 가까이 달라붙거나 세게 죄는 모양. '버
쩍②'보다 센 느낌을 준다.
의미 [+모양],[±수축],[−장애],[+순간],[+정
도]
제약 { }-{늘다, 줄다}
③ 몹시 거침새 없이 갑자기 늘거나 주는 모양.
'버쩍③'보다 센 느낌을 준다.
의미 [+모양],[+긴장]v[+힘],[+정도]
제약
④ 몹시 긴장하거나 힘 주는 모양. '버쩍④'보다
센 느낌을 준다.
의미 [+모양],[+신체],[+수척],[+정도]
제약 { }-{마르다}
⑤ 몸이 몹시 마른 모양. '버쩍⑤'보다 센 느낌
을 준다.
의미 [+모양],[+일],[+종료],[−장애],[+속
도],[+정도]
제약
⑥ 무슨 일을 몹시 거침새 없이 빨리 마무르는

모양. '버쩍⑥'보다 센 느낌을 준다.

의미 [+모양],[+고집],[+정도]

제약 { }-{우기다}

⑦ 몹시 세차게 우기는 모양. '버쩍⑦'보다 센 느낌을 준다.

뻐쩍-뻐쩍

의미 [+모양],[+물기],[+건조]v[+감소]v[+연소],[+반복]

제약 { }-{마르다, 졸다, 타다}

① 물기가 자꾸 몹시 마르거나 졸아붙거나 타 버리는 모양. '버쩍버쩍①'보다 센 느낌을 준다.

의미 [+모양],[+밀착]v[+조임],[+정도],[+반복]

제약 { }-{달라붙다, 죄다}

② 자꾸 몹시 가까이 달라붙거나 세게 죄는 모양. '버쩍버쩍②'보다 센 느낌을 준다.

의미 [+모양],[±수축],[−장애],[+순간],[+정도],[+반복]

제약 { }-{늘다, 줄다}

③ 몹시 거침새 없이 자꾸 늘거나 주는 모양. '버쩍버쩍③'보다 센 느낌을 준다.

의미 [+모양],[+긴장]v[+힘],[+정도],[+반복]

제약

④ 자꾸 몹시 긴장하거나 힘주는 모양. '버쩍버쩍④'보다 센 느낌을 준다.

의미 [+모양],[+신체],[+수척],[+정도],[+반복]

제약 { }-{마르다}

⑤ 몸이 자꾸 몹시 마르는 모양. '버쩍버쩍⑤'보다 센 느낌을 준다.

의미 [+모양],[+일],[+종료],[−장애],[+속도],[+정도],[+반복]

제약

⑥ 무슨 일을 자꾸 몹시 거침새 없이 빨리 마무르는 모양. '버쩍버쩍⑥'보다 센 느낌을 준다.

의미 [+모양],[+고집],[+정도],[+반복]

제약 { }-{우기다}

⑦ 몹시 세차게 자꾸 우기는 모양. '버쩍버쩍⑦'보다 센 느낌을 준다.

뻑

의미 [+소리]v[+모양],[+마찰],[+정도]

제약 { }-{긁다, 문대다}

① 여무지게 긁거나 문대는 소리. 또는 그 모양. '벅①'보다 센 느낌을 준다.

¶뻑 문지르다./대패로 송판을 한 번 뻑 밀었다.

의미 [+소리]v[+모양],[+종이]v[+천],[+절단],[+순간]

제약 {종이, 천}-{찢다}

② 얇고 질긴 종이나 천 따위를 대번에 찢는 소리. 또는 그 모양. '벅01②'보다 센 느낌을 준다.

¶지우개가 뻑 소리를 내면서 공책을 찢고 말았다.

뻑-뻑01

의미 [+소리]v[+모양],[+마찰],[+정도],[+반복]

제약 { }-{긁다, 문대다}

① 여무지게 자꾸 긁거나 문대는 소리. 또는 그 모양. '벅벅01①'보다 센 느낌을 준다.

¶뻑뻑 문대다./등을 뻑뻑 긁다./장딴지가 벌게지도록 뻑뻑 긁었다.

의미 [+소리]v[+모양],[+종이]v[+천],[+절단],[+순간],[+반복]

제약 {종이, 천}-{찢다}

② 얇고 질긴 종이나 천 따위를 자꾸 찢는 소리. 또는 그 모양. '벅벅01②'보다 센 느낌을 준다.

¶라면 박스를 뻑뻑 찢다./화가 난 삼촌은 종이를 뻑뻑 찢었다.

의미 [+모양],[+광택],[+반복]

제약

③ 번들번들해지도록 자꾸 닦는 모양. '벅벅01③'보다 센 느낌을 준다.

¶화장실 바닥을 솔로 뻑뻑 문댔다./거실 바닥을 아무리 뻑뻑 밀어도 때는 잘 지워지지 않는다.

의미 [+모양],[+머리털]v[+수염],[+절단],[−길이],[+정도]

제약 {머리털, 수염}-{깎다}

④ 머리털이나 수염 따위를 아주 짧게 깎은 모양. '벅벅01④'보다 센 느낌을 준다.

¶머리를 시원하게 뻑뻑 밀다.

의미 [+모양],[+억지],[+노력]v[+고집],[+반복]

제약 { }-{대들다, 우기다}

⑤ 억지를 부리며 자꾸 기를 쓰거나 우기는 모양. '벅벅01⑤'보다 센 느낌을 준다.

¶뻑뻑 우기다./아무리 애를 뻑뻑 쓰며 차를 밀어도 차는 꿈쩍도 하지 않았다.

뻑뻑02

의미 [+모양],[+얼굴],[+마마],[+정도]

제약

얼굴이 매우 심하게 얽은 모양. '벅벅02'보다 센 느낌을 준다.

뻑뻑03

의미 [+소리]v[+모양],[+흡연],[+정도],[+반복]

제약 {담배}-{피우다, 빨다}

담배를 자꾸 아주 세게 빠는 소리. 또는 그 모양.

¶아저씨는 꺼진 담배에 불을 붙여서 몇 모금 뻑뻑 빨았다.

뻑뻑-이01

의미 [+맛],[-물기],[-유연]

제약

① 물기가 적어서 부드러운 맛이 없이.

¶반죽이 너무 뻑뻑이 되었다.

의미 [-국물],[+건더기]

제약

② 국물보다 건더기가 그들먹하게 많게.

¶건더기라도 뻑뻑이 있어야 먹지.

의미 [-여유]

제약

③ 여유가 없어서 빠듯하게.

의미 [-융통],[+우직]

제약

④ 융통성이 없고 고지식하게.

의미 [+적합],[-여유],[-간격]

제약

⑤ 꼭 끼거나 맞아서 헐겁지 아니하게.

뻑뻑-이02

의미 [+추측],[+예상],[+확실]

제약

그러하리라고 미루어 헤아려 보건대 틀림없이. '벅벅이'보다 센 느낌을 준다.

뻑적지근-히

의미 [+신체],[+부분],[+고통]

제약

몸의 한 부분이 뻐근하게 아픈 기운이 있게.

¶목구멍이 뻑적지근히 아프다./어깨가 뻑적지근히 쑤시고 머리도 좀 띵하다.

뻑지근-히

의미 [+신체],[+부분],[+고통]

제약

'뻑적지근히'의 준말. 몸의 한 부분이 뻐근하게 아픈 기운이 있게.

¶가슴이 뻑지근히 아파 온다.

뻔둥-뻔둥

의미 [+모양],[-노동],[+유희],[-수치]

제약 {사람}-{놀다}

아무 일도 하지 아니하고 뻔뻔스럽게 놀기만 하는 모양. '번둥번둥'보다 센 느낌을 준다.

¶그는 뻔둥뻔둥 놀고먹기만 한다./그는 서울로 공부하러 간다고 올라가더니 그해 안으로 도로 내려와서 뻔둥뻔둥 놀았다.≪이기영, 맥추≫

뻔드르르

의미 [+모양],[+윤기],[+윤활]

제약 { }-{돌다}

윤기가 있고 미끄러운 모양. '번드르르'보다 센 느낌을 준다.

¶뻔드르르 윤이 흐르는 머릿결.

뻔득

의미 [+모양],[+물체],[+빛],[+반사],[+출현],[+순간]

제약 { }-{빛나다}

물체 따위에 반사된 큰 빛이 잠깐 나타나는 모양. '번득'보다 센 느낌을 준다.

¶달빛에 강물이 뻔득 빛나다.

뻔득-뻔득

의미 [+모양],[+물체],[+빛],[+반사],[+출현],[+순간],[+반복]

제약 { }-{빛나다}

물체 따위에 반사된 큰 빛이 잠깐씩 자꾸 나타
나는 모양. '번득번득'보다 센 느낌을 준다.

뻔들-뻔들⁰¹

의미 [+모양],[+표면],[+윤활],[+윤기],[+정
도]

제약

① 거죽이 아주 미끄럽고 윤이 나는 모양. '번들
번들⁰¹①'보다 센 느낌을 준다.

의미 [+행동],[−매매],[+영리]

제약 {사람}−{굴다}

② 어수룩한 데가 조금도 없이 약게 구는 모양.
'번들번들⁰¹②'보다 센 느낌을 준다.

뻔들-뻔들⁰²

의미 [+모양],[−노동],[+나태],[+유희],[−수
치],[+지속]

제약 {사람}−{놀다}

별로 하는 일 없이 게으름을 피우며 얄밉고 뻔
뻔스럽게 놀기만 하는 모양. '번들번들⁰²'보다
센 느낌을 준다.

¶너 정말 뻔들뻔들 놀기만 할래?

뻔뜩

의미 [+모양],[+물체],[+빛],[+반사],[+출
현],[+순간]

제약 { }−{빛나다}

물체 따위에 반사된 큰 빛이 잠깐 나타나는 모
양. '번득'보다 아주 센 느낌을 준다.

¶햇빛을 받아 강물이 뻔뜩 빛났다./그의 눈이 뻔
뜩 빛을 발하는가 싶더니 주먹이 날아왔다.

뻔뜩-뻔뜩

의미 [+모양],[+물체],[+빛],[+반사],[+출
현],[+순간],[+반복]

제약 { }−{빛나다}

물체 따위에 반사된 큰 빛이 잠깐씩 자꾸 나타
나는 모양. '번득번득'보다 아주 센 느낌을 준다.

¶뻔뜩뻔뜩 비치는 자동차의 전조등 불빛이 강렬
하다.

뻔뻔스레

의미 [+태도],[+행동],[−염치],[+태연]

제약

보기에 부끄러운 짓을 하고도 염치없이 태연하

게 구는 태도로.

¶뻔뻔스레 행동하다./뻔뻔스레 거짓말을 하다.

뻔뻔-히⁰¹

의미 [−염치],[+태연]

제약

부끄러운 짓을 하고도 염치없이 태연하게.

¶일은 안 하고 뻔뻔히 앉아 있다./접시를 깨고
서도 뻔뻔히 주인을 쳐다보고 있다./대관절 무
엇이라고 또 뻔뻔히 변명하는가를 들어 보려 하
오.≪염상섭, 무화과≫

뻔뻔-히⁰²

의미 [−주름]v[−요철],[+평평],[+바름]

제약

① 구김살이나 울퉁불퉁한 데가 없이 편편하고
번듯하게. '번번히①'보다 아주 센 느낌을 준다.

의미 [+외형],[+진중],[−결점]

제약

② 생김새가 음전하고 미끈하게. '번번히②'보다
아주 센 느낌을 준다.

뻔적

의미 [+모양],[+빛],[±출현],[+순간]

제약

큰 빛이 잠깐 나타났다가 사라지는 모양. '번쩍
⁰¹①'보다 조금 센 느낌을 준다.

뻔적-뻔적

의미 [+모양],[+빛],[±출현],[+순간],[+연속]

제약

큰 빛이 잇따라 잠깐 나타났다가 사라지는 모양.
'번쩍번쩍⁰¹①'보다 조금 센 느낌을 준다.

뻔죽-뻔죽

의미 [+모양],[+사람],[+미움],[+빈정],[+능
글],[+정도],[+반복]

제약

번번하게 생긴 사람이 자꾸 매우 얄밉게 이죽이
죽하면서 느물거리는 모양. '번죽번죽'보다 센
느낌을 준다.

뻔지레

의미 [+모양],[+표면],[+윤기],[+윤활],[+정
도]

제약

거죽이 얼마간 윤이 나고 미끄러운 모양. '번지레①'보다 센 느낌을 준다.

뻔지르르

의미 [+모양],[+표면],[+윤기],[+윤활],[+정도]

제약

① 거죽에 기름기나 물기 따위가 묻어서 윤이 나고 미끄러운 모양. '번지르르①'보다 센 느낌을 준다.

의미 [+모양],[+말]v[+행동],[-실속],[+정도]

제약

② 말이나 행동 따위가 실속은 전혀 없이 겉만 그럴듯한 모양. '번지르르②'보다 센 느낌을 준다.

뻔질

의미 [+모양],[+행동],[+빈도],[+정도]

제약

어떤 행동이 매우 자주 일어나는 모양.

¶김억석이가 **뻔질** 자주 올 뿐 아니라 억석이 처 되는 무당이 그 바쁜 중에 일부러 와서 보고….

《홍명희, 임꺽정》

뻔질-뻔질

의미 [+모양],[+표면],[+윤기],[+윤활],[+정도]

제약

① 거죽이 윤기가 흐르고 매우 미끄러운 모양. '번질번질①'보다 센 느낌을 준다.

¶**뻔질뻔질** 윤이 나는 상아 도장.

의미 [+모양],[+성품],[-수치],[+정도]

제약

② 성품이 매우 뻔뻔스럽고 유들유들한 모양. '번질번질②'보다 센 느낌을 준다.

¶형은 처음 만난 여자 앞에서도 **뻔질뻔질** 얘기를 잘한다.

의미 [+모양],[-노동],[+나태],[+정도]

제약 {사람}-{놀다}

③ 몹시 게으름을 피우며 맡은 일을 제대로 하지 아니하는 모양. '번질번질③'보다 센 느낌을 준다.

¶동생은 방학 내내 **뻔질뻔질** 놀다가 개학이 다가오니 밀린 숙제로 안절부절못한다.

뻔쩍[01]

의미 [+모양],[+빛],[±출현],[+순간]

제약

① 큰 빛이 잠깐 나타났다가 사라지는 모양. '번쩍[01]①'보다 센 느낌을 준다.

¶어둠 속에서 갑자기 자동차 불빛이 **뻔쩍** 나타났다.

의미 [+모양],[+정신],[+선명],[+순간],[+정도]

제약

② 정신이 갑자기 아주 맑아지는 모양. '번쩍[01]②'보다 센 느낌을 준다.

¶잠이 **뻔쩍** 깨다./정신이 **뻔쩍** 들다.

의미 [+모양],[+생각],[+발생],[+순간]

제약 { }-{떠오르다}

③ 어떤 생각이 갑자기 머리에 떠오르는 모양. '번쩍[01]③'보다 센 느낌을 준다.

¶갑자기 불길한 생각이 **뻔쩍** 머리를 스쳐 갔다.

의미 [+모양],[+물건]v[+사람]v[+일],[+소멸]v[+종료],[+속도],[+정도]

제약

④ 물건이나 사람, 일 따위가 매우 빨리 없어지거나 끝나는 모양. '번쩍[01]④'보다 센 느낌을 준다.

¶힘든 일을 **뻔쩍** 해치운다.

의미 [+모양],[+호감],[+청취],[+순간]

제약

⑤ 마음이 몹시 끌려 귀가 갑자기 뜨이는 모양. '번쩍[01]⑤'보다 센 느낌을 준다.

의미 [+모양],[+시야],[+분명],[+순간]

제약

⑥ 무엇이 순간적으로 분명하게 보이는 모양. '번쩍[01]⑥'보다 센 느낌을 준다.

¶그는 동에서 **뻔쩍**, 서에서 **뻔쩍** 도무지 종잡을 수가 없다.

뻔쩍[02]

의미 [+모양],[+물건],[+상승],[+용이]

제약 { }-{들다, 올리다}

① 물건을 매우 가볍게 들어 올리는 모양. '번쩍
02①'보다 센 느낌을 준다.

의미 [+모양],[+물건],[+선단],[+상승],[+높이],[+순간]

제약

② 물건의 끝이 갑자기 아주 높이 들리는 모양.
'번쩍02②'보다 센 느낌을 준다.

의미 [+모양],[+신체],[+부분],[+상승],[+높이],[+순간]

제약 { }-{들다, 올리다}

③ 몸의 한 부분을 갑자기 위로 높이 들어 올리는 모양. '번쩍02③'보다 센 느낌을 준다.

의미 [+모양],[+개안],[+크기],[+순간],[+정도]

제약 {눈}-{뜨다}

④ 눈을 갑자기 아주 크게 뜨는 모양. '번쩍02④'보다 센 느낌을 준다.

뻔쩍-뻔쩍01

의미 [+모양],[+빛],[±출현],[+순간],[+연속]

제약

① 큰 빛이 잇따라 잠깐 나타났다가 사라지는 모양. '번쩍번쩍01①'보다 센 느낌을 준다.

¶조명에 비친 무대 의상이 유난히 **뻔쩍뻔쩍** 빛난다.

의미 [+모양],[+정신],[+선명],[+순간],[+정도],[+연속]

제약

② 정신이 잇따라 갑자기 아주 맑아지는 모양. '번쩍번쩍01②'보다 센 느낌을 준다.

의미 [+모양],[+생각],[+발생],[+순간],[+연속]

제약 { }-{떠오르다}

③ 어떤 생각이 잇따라 갑자기 머리에 떠오르는 모양. '번쩍번쩍01③'보다 센 느낌을 준다.

의미 [+모양],[+물건]v[+사람]v[+일],[+소멸]v[+종료],[+속도],[+정도],[+반복]

제약

④ 물건이나 사람, 일 따위가 자꾸 매우 빨리 없어지거나 끝나는 모양. '번쩍번쩍01④'보다 센 느낌을 준다.

의미 [+모양],[+시야],[+분명],[+순간],[+연속]

제약

⑤ 무엇이 잇따라 순간적으로 분명하게 보이는 모양. '번쩍번쩍01⑤'보다 센 느낌을 준다.

뻔쩍-뻔쩍02

의미 [+모양],[+물건],[+상승],[+용이],[+연속]

제약 { }-{들다, 올리다}

① 물건을 매우 가볍게 잇따라 들어 올리는 모양. '번쩍번쩍02①'보다 센 느낌을 준다.

의미 [+모양],[+물건],[+선단],[+상승],[+높이],[+순간],[+연속]

제약

② 물건의 끝이 갑자기 잇따라 아주 높이 들리는 모양. '번쩍번쩍02②'보다 센 느낌을 준다.

의미 [+모양],[+신체],[+부분],[+상승],[+높이],[+순간],[+반복]

제약 { }-{들다, 올리다}

③ 몸의 한 부분을 갑자기 위로 자꾸 높이 들어 올리는 모양. '번쩍번쩍02③'보다 센 느낌을 준다.

의미 [+모양],[+다수],[+개안],[+크기],[+순간],[+정도]

제약 {눈}-{뜨다}

④ 여럿이 눈을 갑자기 아주 크게 뜨는 모양. '번쩍번쩍02④'보다 센 느낌을 준다.

뻔쩍-하면

의미 [+즉시]

제약

조금이라도 일이 있기만 하면 곧. 늑쩍하면.

¶그의 상사는 **뻔쩍하면** 화를 낸다./뻔쩍하면 집에 일이 있다며 조퇴를 한다.

뻔-히01

의미 [+빛],[+밝음],[-정도]

제약

① 어두운 가운데 밝은 빛이 비치어 조금 훤하게. '번히①'보다 센 느낌을 준다.

의미 [+결과]v[+상태],[+분명]

제약

② 어떤 일의 결과나 상태 따위가 훤하게 들여다보이듯이 분명하게. '번히②'보다 센 느낌을 준다.

¶뻔히 알고 있다./앞날이 뻔히 보인다./아이는 잘못을 뻔히 알면서도 용서를 빌지 않았다.

의미 [+시선],[+눈매],[+분명]

제약

③ 바라보는 눈매가 뚜렷하게. '번히⑥'보다 센 느낌을 준다.

뻔-히⁰²

의미 [+모양],[+사물],[+연결],[−차단]

제약

사물이 끊이지 아니하고 잇대어 있는 모양.

¶밭에는 옥수수가 뻔히 줄지어 서 있다./길가에는 새로 심은 가로수가 뻔히 서 있다./교통경찰이 길에 뻔히 늘어서 있다.

뻘그레

의미 [+모양],[+빨강],[−정도]

제약

엷게 뻘그스름한 모양.

뻘그름-히

의미 [+빨강],[−정도]

제약

=뻘그스름히. 조금 뻘겋게.

뻘그스름-히

의미 [+빨강],[−정도]

제약

조금 뻘겋게. ≒뻘그름히.

¶하얀 저고리에 딸깃물이 뻘그스름히 들었다.

뻘그죽죽-히

의미 [+빨강],[−선명],[−균일]

제약

칙칙하고 고르지 않을 정도로 뻘그스름하게.

¶뻘그죽죽히 물든 석양의 구름.

뻘긋-뻘긋

의미 [+모양],[+빨강],[+부분]

제약

① 군데군데 뻘그스름한 모양. ≒뻘긋뻘긋이①.

¶뜰에는 장미가 뻘긋뻘긋 피었다./할아버지는 뻘긋뻘긋 핏자국이 생기고, 무클하게 으끄러진 발

바닥과 손가락에 목화씨 연기를 쐬면서….≪문순태, 타오르는 강≫

의미 [+모양],[+빨강],[+정도]

제약

② 매우 뻘그스름한 모양. ≒뻘긋뻘긋이②.

뻘긋뻘긋-이

의미 [+모양],[+빨강],[+부분]

제약

①=뻘긋뻘긋①. 군데군데 뻘그스름한 모양.

의미 [+모양],[+빨강],[+정도]

제약

②=뻘긋뻘긋②. 매우 뻘그스름한 모양.

뻘꺽

의미 [+모양],[+분노]v[+기운],[+순간]

제약

① 급작스럽게 화를 내거나 기운을 쓰는 모양. '벌꺽①'보다 센 느낌을 준다.

의미 [+모양],[+전부],[+소란],[+순간]

제약 { }-{뒤집다, 뒤집히다}

② ('뒤집다', '뒤집히다' 따위와 함께 쓰여) 급작스럽게 온통 소란하여지거나 야단스러워지는 모양. '벌꺽②'보다 센 느낌을 준다.

¶갑자기 들이닥친 본사 사람들이 사무실을 뻘꺽 뒤집었다./해고 명단 발표 이후 회사는 뻘꺽 뒤집혔다.

의미 [+모양],[+개방],[+순간],[+정도]

제약 { }-{열다}

③ 닫혀 있던 것을 갑자기 세게 여는 모양. '벌꺽③'보다 센 느낌을 준다.

¶문을 뻘꺽 열다.

뻘꺽-뻘꺽⁰¹

의미 [+모양],[+분노]v[+기운],[+순간],[+반복]

제약

① 자꾸 급작스럽게 화를 내거나 기운을 쓰는 모양. '벌꺽벌꺽⁰¹①'보다 센 느낌을 준다.

의미 [+모양],[+전부],[+소란],[+순간],[+반복]

제약 { }-{뒤집다, 뒤집히다}

② ('뒤집다', '뒤집히다' 따위와 함께 쓰여) 자꾸

급작스럽게 온통 소란하여지거나 야단스러워지
는 모양. '벌꺽벌꺽01②'보다 센 느낌을 준다.

의미 [＋모양],[＋개방],[＋순간],[＋정도],[＋반
복]

제약 { }-{열다}

③ 닫혀 있던 것을 자꾸 갑자기 세게 여는 모양.
'벌꺽벌꺽01③'보다 센 느낌을 준다.

뻘꺽-뻘꺽02

의미 [＋모양]v[＋소리],[＋술],[＋발효],[＋반
복]

제약

① 빚어 놓은 술이 자꾸 부걱부걱 괴어오르는
소리. 또는 그 모양. '벌꺽벌꺽02①'보다 센 느낌
을 준다.

¶어제 담근 술이 발효되느라 벌써 **뻘꺽뻘꺽** 끓
는다.

의미 [＋모양]v[＋소리],[＋빨래],[＋비등],[＋팽
창],[＋정도],[＋반복]

제약

② 빨래를 삶을 때 빨래가 몹시 끓어서 자꾸 부
풀어 오르는 소리. 또는 그 모양. '벌꺽벌꺽02②'
보다 센 느낌을 준다.

¶삶는 빨래가 **뻘꺽뻘꺽** 끓고 있다.

의미 [＋소리]v[＋모양],[＋진흙]v[＋밀가루],
[＋반죽],[＋반복]

제약 {진흙, 밀가루}-{주무르다, 밟다}

③ 진흙이나 밀가루 따위의 반죽을 자꾸 세게
주무르거나 밟는 소리. 또는 그 모양. '벌꺽벌꺽
02③'보다 센 느낌을 준다.

¶아이들이 흙 인형을 만들려고 진흙을 **뻘꺽뻘꺽**
주무르고 있다.

의미 [＋소리]v[＋모양],[＋음료]v[＋술],[＋흡
입],[＋시원],[＋반복]

제약 {음료, 술}-{마시다}

④ 음료나 술 따위를 거침없이 자꾸 들이켜는
소리. 또는 그 모양. '벌꺽벌꺽02④'보다 센 느낌
을 준다.

¶우리는 농구 시합을 끝내고 시원한 맥주를 **뻘
꺽뻘꺽** 들이켰다.

뻘끈

의미 [＋모양],[＋일],[－중요],[－이유],[＋분노]

제약 {성}-{내다}

① 사소한 일에 걸핏하면 월컥 성을 내는 모양.
'벌끈①'보다 센 느낌을 준다.

의미 [＋모양],[＋소란],[＋정도]

제약

② 뒤집어엎을 듯이 몹시 시끄러운 모양. '벌끈
②'보다 센 느낌을 준다.

¶집안을 **뻘끈** 뒤집다.

의미 [＋모양],[＋사람],[＋기상],[＋순간]

제약 {사람}-{일어나다}

③ 사람이 앉거나 누워 있다가 갑자기 우뚝 일
어나는 모양. '벌끈③'보다 센 느낌을 준다.

의미 [＋모양],[＋물체],[＋상승]v[＋노출],[＋순
간]

제약 { }-{솟다, 나오다}

④ 물체 따위가 갑자기 솟아오르거나 가려져 있
다가 갑자기 나타나는 모양. '벌끈④'보다 센 느
낌을 준다.

뻘끈-뻘끈

의미 [＋모양],[＋일],[－크기],[＋분노],[＋반복]

제약 {성}-{내다}

① 사소한 일에 걸핏하면 월컥 성을 자꾸 내는
모양. '벌끈벌끈①'보다 센 느낌을 준다.

의미 [＋모양],[＋소란],[＋정도]

제약

② 뒤집어엎을 듯이 몹시 시끌시끌한 모양. '벌
끈벌끈②'보다 센 느낌을 준다.

의미 [＋모양],[＋행동],[＋전부]v[＋빈도],[＋기
상],[＋순간]

제약 {사람}-{일어나다}

③ 여럿이 다 또는 하나가 여러 번 앉거나 누워
있다가 갑자기 우뚝 일어나는 모양. '벌끈벌끈
③'보다 센 느낌을 준다.

의미 [＋모양],[＋물체],[＋상승]v[＋노출],[＋순
간],[＋반복]

제약 { }-{솟다, 나오다}

④ 물체 따위가 자꾸 갑자기 솟아오르거나 가려
져 있다가 나타나는 모양. '벌끈벌끈④'보다 센
느낌을 준다.

뻘떡

의미 [+모양],[+동작],[+기상],[+순간]

제약 {사람}-{일어나다}

① 눕거나 앉아 있다가 조금 큰 동작으로 갑자기 일어나는 모양. '벌떡①'보다 센 느낌을 준다.

¶오주가 어린애 울음소리에 놀라 잠이 깨어서 뻘떡 일어나며 곧 방문 열고 밖으로 나갔다.≪홍명희, 임꺽정≫

의미 [+모양],[+신체],[+도괴]v[+젖힘],[+순간]

제약

② 갑자기 뒤로 번듯하게 자빠지거나 몸이나 몸의 일부를 젖히는 모양. '벌떡②'보다 센 느낌을 준다.

뻘떡-뻘떡

의미 [+모양],[+전부],[+기상],[+속도],[+순간]

제약 {사람}-{일어나다}

① 여럿이 눕거나 앉아 있다가 조금 큰 동작으로 갑자기 모두 일어나는 모양. '벌떡벌떡①'보다 센 느낌을 준다.

의미 [+모양],[+전부],[+도괴]v[+젖힘],[+순간]

제약

② 여럿이 다 갑자기 뒤로 번듯하게 자빠지거나, 몸이나 몸의 일부를 젖히는 모양. '벌떡벌떡②'보다 센 느낌을 준다.

의미 [+모양],[+맥박]v[+심장],[+운동],[+격렬],[+크기],[+반복]

제약 {맥박, 심장}-{뛰다}

③ 맥박이나 심장이 조금 거칠고 크게 자꾸 뛰는 모양. '벌떡벌떡③'보다 센 느낌을 준다.

의미 [+모양],[+힘]v[+행동],[+심리],[+노력],[+반복]

제약 { }-{애쓰다, 힘쓰다}

④ 큰 몸집의 사람이나 동물 따위가 힘을 쓰거나 어떤 행동을 하고 싶어서 안타깝게 자꾸 애를 쓰는 모양. '벌떡벌떡④'보다 센 느낌을 준다.

의미 [+모양],[+액체],[+흡입],[+속도],[+순간],[+연속]

제약 {액체}-{마시다}

⑤ 액체를 거침없이 빠르게 잇따라 들이켜는 모양. '벌떡벌떡⑤'보다 센 느낌을 준다.

¶뻘떡뻘떡 물을 들이켜다.

뻘렁-뻘렁

의미 [+모양],[+행동],[+경쾌],[+속도],[+크기],[+연속]

제약

아주 가볍고도 재빠르고 크게 잇따라 행동하는 모양. '벌렁벌렁02①'보다 센 느낌을 준다.

¶몸을 좀 뻘렁뻘렁 움직이면서 일을 해라.

뻘뻘[01]

의미 [+모양],[+분주],[+사방],[+이동],[+정도]

제약 { }-{돌아다니다}

몹시 바쁘게 여기저기 돌아다니는 모양. '벌벌03'보다 센 느낌을 준다.

¶뻘뻘 쏘다니다./뻘뻘 돌아다니다./밤늦은 시간에 그렇게 뻘뻘 쏘다니다가 사고라도 나면 어떡하려고 그러나?

뻘뻘[02]

의미 [+모양],[+땀],[+배출],[+정도]

제약 {땀}-{흘리다}

땀을 매우 많이 흘리는 모양.

¶땀을 뻘뻘 흘리다./뻘뻘 흐르는 땀을 닦으며 김매기에 정신이 없다./흰색 유니폼을 입은 감독은 땀을 뻘뻘 흘리며 열심히 선수들에게 공을 던져 주고 있었다./배수로를 파고, 벙커를 지을 구멍을 파고, 땀을 뻘뻘 흘리며 두더지처럼 땅을 파는 일이 고작이었다.≪안정효, 하얀 전쟁≫

뻘쭉

의미 [+모양],[+내부],[+노출],[+간격]

제약

① 속의 것이 드러나 보일 듯 말 듯 크게 벌어진 모양. '벌쭉①'보다 센 느낌을 준다. 늑뻘쭉이①.

의미 [+모양],[+웃음],[-소리],[+시원]

제약 {사람}-{웃다}

② 이가 드러나 보일 듯 말 듯 입을 조금 크게 벌려 소리 없이 시원스럽게 웃는 모양. '벌쭉②'

보다 센 느낌을 준다. 늑뻘쭉이②.

¶진호는 옆에 섰던 수산이가 좀 계면쩍었던지 힐끗 올려다보며 **뻘쭉** 웃었다.≪최정희, 천맥≫

의미 [+모양],[+선단],[+돌출],[+정도]

제약

③ 끝이 뾰죽이 조금 크게 내민 모양. '벌쭉③'보다 센 느낌을 준다. 늑뻘쭉이③.

뻘쭉-뻘쭉

의미 [+모양],[+내부],[+노출],[+신축],[+반복]

제약

① 속의 것이 드러나 보일 듯 말 듯 자꾸 크게 벌어졌다 우므러졌다 하는 모양. '벌쭉벌쭉01①'보다 센 느낌을 준다.

의미 [+모양],[+웃음],[+개구],[-소리],[+반복]

제약 {사람}-{웃다}

② 입을 조금 크게 벌려 자꾸 소리 없이 웃는 모양. '벌쭉벌쭉01②'보다 센 느낌을 준다.

의미 [+모양],[+선단],[±돌출],[+반복]

제약

③ 끝이 뾰죽이 조금 크게 자꾸 나왔다 들어갔다 하는 모양. '벌쭉벌쭉01③'보다 센 느낌을 준다.

뻘쭉-이

의미 [+모양],[+내부],[+노출],[+간격]

제약

①=뻘쭉①. 속의 것이 드러나 보일 듯 말 듯 크게 벌어진 모양.

¶저 아가씨는 속옷이 **뻘쭉이** 나와도 모르고 마냥 걷는다.

의미 [+모양],[+웃음],[-소리],[+시원]

제약 {사람}-{웃다}

②=뻘쭉②. 이가 드러나 보일 듯 말 듯 입을 조금 크게 벌려 소리 없이 시원스럽게 웃는 모양.

¶입을 벌리고 **뻘쭉이** 미소를 짓다./김 씨가 **뻘쭉이** 웃는 모습은 퍽 선해 보인다.

의미 [+모양],[+선단],[+돌출]

제약

③=뻘쭉③. 끝이 뾰죽이 조금 크게 내민 모양.

뻣뻣-이

의미 [+물체],[+견고]

제약

① 물체가 굳고 꿋꿋하게.

¶**뻣뻣이** 굳다./**뻣뻣이** 서 있지 말고 말 좀 하게./그러고는 금세 그 자리에 **뻣뻣이** 얼어붙어 버렸다. 넋이 달아날 만큼 놀라기는 상대방 역시 그하고 매일반이었다.≪윤흥길, 완장≫/나는 **뻣뻣이** 서서 그의 팔을 뿌리치거나 가슴을 밀어 냈다.≪황석영, 어둠의 자식들≫

의미 [+풀기],[+강함],[+팽팽]

제약

② 풀기가 아주 세거나 팽팽하게.

¶어머니는 아버지의 모시 적삼을 **뻣뻣이** 풀 먹여 곱게 다렸다.

의미 [+태도]v[+성격],[+강인],[+정도]

제약

③ 태도나 성격이 아주 억세게.

¶**뻣뻣이** 굴다./고참한테 **뻣뻣이** 달려들다가는 얻어맞기 딱 좋지./만약의 사태가 벌어질 경우 마을 전체가 가만히 앉아서 당하지는 않겠다는 강 부자의 의지가 마나님을 통해서 **뻣뻣이** 전달되었다.≪윤흥길, 완장≫

뻥

의미 [+소리],[+풍선]v[+폭탄],[+폭발],[+소란],[+순간]

제약 {풍선, 폭탄}-{터지다}

① 풍선이나 폭탄 따위가 갑자기 요란스럽게 터지는 소리.

¶자전거 타이어가 **뻥** 터졌다.

의미 [+소리]v[+모양],[+구멍],[+크기],[+천공]

제약 {구멍}-{뚫리다}

② 큰 구멍이 뚫리는 소리. 또는 그 모양.

¶굴이 **뻥** 뚫려 있다./그 소년은 구멍이 **뻥** 난 바지를 입고 있었다.

의미 [+소리]v[+모양],[+공],[+타격],[+정도]

제약 {공}-{차다}

③ 공 따위를 아주 세게 차는 소리. 또는 그 모

양.

¶엉덩이를 뻥 차다./몹시 화가 난 그 선수는 농구공을 뻥 차 버렸다.

뻥그레

의미 [+모양],[+웃음],[+개구],[−소리],[+유연]

제약 {사람}-{웃다}

입을 조금 크게 벌리고 소리 없이 부드럽게 웃는 모양. '벙그레'보다 센 느낌을 준다.

뻥글

의미 [+모양],[+웃음],[+개구],[−소리],[+유연]

제약 {사람}-{웃다}

입을 조금 크게 벌리고 소리 없이 부드럽게 한 번 웃는 모양. '벙글'보다 센 느낌을 준다.

¶뻥글 미소 짓는 모습이 귀엽다./뻥글 웃는 그이의 표정이 너무나 마음에 들었다./첫 봉급으로 내의를 사 온 아들이 뻥글 웃으며 들어왔다.

뻥글-뻥글

의미 [+모양],[+웃음],[+개구],[−소리],[+유연],[+반복]

제약 {사람}-{웃다}

입을 조금 크게 벌리고 소리 없이 부드럽게 자꾸 웃는 모양. '벙글벙글'보다 센 느낌을 준다.

¶얼마나 기쁜지 뻥글뻥글 웃는다./피아노 경연 대회에서 1등을 했다고 동생은 하루 종일 뻥글뻥글 웃고 다녔다./저녁 내내 뻥글뻥글 웃는 것을 보면 박 과장에게 분명 좋은 일이 있었던 모양이다.

뻥긋[01]

의미 [+모양],[+웃음],[+개구],[−소리],[−정도]

제약 {사람}-{웃다}

입을 조금 크게 벌리며 소리 없이 거볍게 한 번 웃는 모양. '벙긋[01]'보다 센 느낌을 준다. 늑뻥긋이[01].

뻥긋[02]

의미 [+모양],[+입]v[+문],[+개방],[−소리]

제약 {입, 문}-{열리다}

닫혀 있던 입이나 문 따위가 소리 없이 슬그머니 열리는 모양. '벙긋[02]'보다 센 느낌을 준다. 늑뻥긋이[02].

뻥긋-뻥긋[01]

의미 [+모양],[+웃음],[+개구],[−소리],[−정도],[+반복]

제약 {사람}-{웃다}

입을 조금 크게 벌리며 소리 없이 거볍게 자꾸 웃는 모양. '벙긋벙긋[01]'보다 센 느낌을 준다.

뻥긋-뻥긋[02]

의미 [+모양],[+입]v[+문],[±개방],[−소리],[+반복]

제약 {입, 문}-{열다, 닫다}

닫혀 있던 입이나 문 따위를 소리 없이 슬그머니 자꾸 열었다 닫았다 하는 모양. '벙긋벙긋[02]'보다 센 느낌을 준다.

뻥긋-이[01]

의미 [+모양],[+웃음],[+개구],[−소리],[−정도]

제약 {사람}-{웃다}

=뻥긋[01]. 입을 조금 크게 벌리며 소리 없이 거볍게 한 번 웃는 모양.

¶그가 뻥긋이 웃는다.

뻥긋-이[02]

의미 [+모양],[+입]v[+문],[+개방],[−소리]

제약 {입, 문}-{열리다}

=뻥긋[02]. 닫혀 있던 입이나 문 따위가 소리 없이 슬그머니 열리는 모양. '벙긋[02]'보다 센 느낌을 준다.

¶입을 뻥긋이 벌리다.

뻥끗[01]

의미 [+모양],[+웃음],[+개구],[−소리],[−정도]

제약 {사람}-{웃다}

입을 조금 크게 벌리며 소리 없이 거볍게 한 번 웃는 모양. '벙긋[01]'보다 아주 센 느낌을 준다. 늑뻥끗이[01].

뻥끗[02]

의미 [+모양],[+입]v[+문],[+개방],[−소리]

제약 {입, 문}-{열리다}

닫혀 있던 입이나 문 따위가 소리 없이 슬그머

니 열리는 모양. '벙긋02'보다 아주 센 느낌을 준다. 늑뻥끗이02.

뻥끗-뻥끗01

의미 [+모양],[+웃음],[+개구],[−소리],[−정도],[+반복]

제약 {사람}−{웃다}

입을 조금 크게 벌리며 소리 없이 거볍게 자꾸 웃는 모양. '벙긋벙긋01'보다 아주 센 느낌을 준다.

뻥끗-뻥끗02

의미 [+모양],[+입]v[+문],[±개방],[−소리],[+반복]

제약 {입, 문}−{열다, 닫다}

닫혀 있던 입이나 문 따위를 소리 없이 슬그머니 자꾸 열었다 닫았다 하는 모양. '벙긋벙긋02'보다 아주 센 느낌을 준다.

뻥끗-이01

의미 [+모양],[+웃음],[+개구],[−소리],[−정도]

제약 {사람}−{웃다}

=뻥끗01. 입을 조금 크게 벌리며 소리 없이 거볍게 한 번 웃는 모양.

뻥끗-이02

의미 [+모양],[+입]v[+문],[+개방],[−소리]

제약 {입, 문}−{열리다}

=뻥끗02. 닫혀 있던 입이나 문 따위가 소리 없이 슬그머니 열리는 모양.

뻥-뻥

의미 [+소리],[+풍선]v[+폭탄],[+폭발],[+소란],[+순간],[+연속]

제약 {풍선, 폭탄}−{터지다}

① 풍선이나 폭탄 따위가 갑자기 잇따라 요란스럽게 터지는 소리.

¶풍선이 여기저기서 뻥뻥 터졌다.

의미 [+소리]v[+모양],[+구멍],[+크기],[+천공],[+연속]

제약 {구멍}−{뚫리다}

② 큰 구멍이 잇따라 뚫리는 소리. 또는 그 모양.

¶구멍이 뻥뻥 나다./굴착기로 땅을 뻥뻥 뚫고 있

었다.

의미 [+소리]v[+모양],[+공],[+타격],[+정도],[+연속]

제약 {공}−{차다}

③ 공 따위를 아주 세게 잇따라 차는 소리. 또는 그 모양.

¶뻥뻥 공 차는 소리가 교실 안까지 들렸다./그 축구 선수는 공을 자꾸 밖으로 뻥뻥 차 대기만 한다.

의미 [+모양],[+태도],[+당당],[+소리],[+크기],[+연속]

제약

④ 당당한 태도로 잇따라 큰소리를 치는 모양.

¶알지도 못하면서 뻥뻥 큰소리치다./그는 우리나라가 8강에 든다고 큰소리를 뻥뻥 쳤다./기회를 놓칠세라 익삼 씨는 희떠운 소리를 뻥뻥 쳤다.≪윤흥길, 완장≫

뻥시레

의미 [+모양],[+웃음],[+개구],[−소리],[+유연]

제약 {사람}−{웃다}

소리 없이 입을 조금 크게 벌리고 밝고 부드럽게 슬그머니 웃는 모양. '벙시레'보다 센 느낌을 준다.

뻥실

의미 [+모양],[+웃음],[+개구],[−소리],[+유연]

제약 {사람}−{웃다}

입을 조금 크게 벌리고 소리 없이 환하고 부드럽게 한 번 웃는 모양. '벙실①'보다 센 느낌을 준다.

¶뻥실 웃으며 들어오다./그 남자의 뻥실 웃는 모습이 눈에 선하다.

뻥실-뻥실

의미 [+모양],[+웃음],[+개구],[−소리],[+유연],[+반복]

제약 {사람}−{웃다}

입을 조금 크게 벌리고 소리 없이 환하고 부드럽게 자꾸 웃는 모양. '벙실벙실①'보다 센 느낌을 준다.

¶그 소식을 듣고 **뻥실뻥실** 웃으며 들어온다./새 자동차를 산 이 선생은 **뻥실뻥실** 웃으며 하루 종일 입에 침이 마르도록 차 자랑이다.

뻥싯

의미 [＋모양],[＋웃음],[＋개구],[－소리],[－정도],[＋유연]

제약 {사람}-{웃다}

입을 조금 크게 벌리며 소리 없이 거볍고 부드럽게 슬쩍 한 번 웃는 모양. '벙싯①'보다 센 느낌을 준다. 늑뻥싯이.

뻥싯-뻥싯

의미 [＋모양],[＋웃음],[＋개구],[－소리],[－정도],[＋유연],[＋반복]

제약 {사람}-{웃다}

입을 조금 크게 벌리며 소리 없이 거볍고 부드럽게 슬쩍슬쩍 자꾸 웃는 모양. '벙싯벙싯'보다 센 느낌을 준다.

뻥싯-이

의미 [＋모양],[＋웃음],[＋개구],[－소리],[－정도],[＋유연]

제약 {사람}-{웃다}

=뻥싯. 입을 조금 크게 벌리며 소리 없이 거볍고 부드럽게 슬쩍 한 번 웃는 모양.

뻥-히

의미 [－정신],[－반응]

제약

얼빠진 사람처럼 멍하게. '벙히'보다 센 느낌을 준다.

¶뻥히 서 있다./머슴은 넋 잃은 사람처럼 **뻥히** 앉아서 먼 산만 바라보고 있다.

뻠-들이로

의미 [＋연속],[－간격],[＋교대]

제약

동안을 별로 띄지 아니하고 잇따라 서로 번갈아 들어서.

¶뻠들이로 달래다./온 가족이 **뻠들이로** 설득하였지만, 남편은 좀처럼 노름에서 손을 떼지 못하였다.

뼛속-들이

의미 [＋골수],[＋깊이]

제약

골수 깊이까지 온통.

뽀그르르

의미 [＋소리]v[＋모양],[＋액체],[＋비등],[＋순간],[＋연속]

제약 {액체}-{끓다}

① 적은 양의 액체가 비교적 좁은 범위에서 잇따라 갑자기 빠르게 끓어오를 때 나는 소리. 또는 그 모양. '보그르르①'보다 센 느낌을 준다.

의미 [＋소리]v[＋모양],[＋거품],[＋속도],[＋순간],[＋연속]

제약 {거품}-{일어나다}

② 작은 거품이 잇따라 갑자기 빠르게 일어날 때 나는 소리. 또는 그 모양. '보그르르②'보다 센 느낌을 준다.

뽀글-뽀글

의미 [＋소리]v[＋모양],[＋액체],[＋비등],[＋소란],[＋연속]

제약 {액체}-{끓다}

① 적은 양의 액체가 잇따라 야단스럽게 끓는 소리. 또는 그 모양. '보글보글①'보다 센 느낌을 준다.

의미 [＋소리]v[＋모양],[＋거품],[＋발생],[＋연속]

제약 {거품}-{일어나다}

② 작은 거품이 잇따라 일어나는 소리. 또는 그 모양. '보글보글②'보다 센 느낌을 준다.

의미 [＋모양],[＋머리칼],[－길이],[＋굴곡],[＋덩이],[＋연속]

제약

③ 머리카락 따위가 잇따라 짧게 꼬부라져 잔뜩 뭉쳐 있는 모양. '보글보글③'보다 센 느낌을 준다.

¶어머니는 머리 모양이 오래가야 한다면서 **뽀글뽀글** 파마를 하셨다.

뽀도독

의미 [＋소리],[＋물건],[＋견고]v[＋질김]v[＋윤기],[＋마찰]

제약 { }-{비비다, 문지르다}

① 단단하고 질기거나 반드러운 물건을 야무지

게 비비거나 문지르는 소리. '보도독①'보다 센 느낌을 준다.

¶사탕을 **뽀도독** 씹어서 먹다./송애는 두 주먹을 쥐고 부들부들 떨면서 이를 **뽀도독** 갈았다.《박경리, 토지》

의미 [＋소리],[＋배설],[－견고],[＋노력]

제약 {똥}-{누다}

② 무른 똥을 조금 힘들여 누는 소리. '보도독②'보다 센 느낌을 준다.

뽀도독-뽀도독

의미 [＋소리],[＋물건],[＋견고]v[＋질김]v[＋윤기],[＋마찰],[＋반복]

제약 { }-{비비다, 문지르다}

① 단단하고 질기거나 반드러운 물건을 자꾸 야무지게 비비거나 문지르는 소리. '보도독보도독①'보다 센 느낌을 준다.

¶**뽀도독뽀도독** 이를 갈다.

의미 [＋소리],[＋배설],[－견고],[＋노력],[＋반복]

제약 {똥}-{누다}

② 무른 똥을 조금 힘들여 자꾸 누는 소리. '보도독보도독②'보다 센 느낌을 준다.

뽀독-뽀독

의미 [＋모양],[＋물건],[＋표면],[＋건조],[＋견고]

제약

물기가 있는 물건의 거죽이 거의 말라 약간 빳빳하게 굳어진 모양. '보독보독'보다 센 느낌을 준다.

뽀드득

의미 [＋소리],[＋물건],[＋견고]v[＋질김]v[＋윤기],[＋마찰]

제약 { }-{문지르다, 비비다}

① 단단하고 질기거나 반드러운 물건을 야무지게 문지르거나 비빌 때 나는 소리. '보드득①'보다 센 느낌을 준다.

¶석주는 이를 **뽀드득** 갈며 다시 한번 힘껏 뒹굴었다.《한승원, 목선》

의미 [＋소리],[＋배설],[－견고],[＋노력],

제약 {똥}-{누다}

② 무른 똥을 조금 힘들여 눌 때 나는 소리. '보드득②'보다 센 느낌을 준다.

의미 [＋소리]v[＋모양],[＋눈],[＋밟음],[＋정도]

제약 {눈}-{밟다}

③ 쌓인 눈 따위를 약간 세게 밟을 때 야무지게 나는 소리. '보드득③'보다 센 느낌을 준다.

뽀드득-뽀드득

의미 [＋소리]v[＋모양],[＋물건],[＋견고]v[＋질김]v[＋윤기],[＋마찰],[＋반복]

제약 { }-{문지르다, 비비다}

① 단단하고 질기거나 반드러운 물건을 자꾸 야무지게 문지르거나 비빌 때 잇따라 나는 소리. 또는 그 모양. '보드득보드득①'보다 센 느낌을 준다.

¶이가 **뽀드득뽀드득** 갈리다.

의미 [＋소리]v[＋모양],[＋배설],[－견고],[＋노력],[＋연속]

제약 {똥}-{누다}

② 무른 똥을 조금 힘들여 자꾸 눌 때 나는 소리. 또는 그 모양. '보드득보드득②'보다 센 느낌을 준다.

의미 [＋소리]v[＋모양],[＋눈],[＋밟음],[＋정도],[＋반복]

제약 {눈}-{밟다}

③ 쌓인 눈 따위를 약간 세게 여러 번 밟을 때 자꾸 야무지게 나는 소리. 또는 그 모양. '보드득보드득③'보다 센 느낌을 준다.

¶**뽀드득뽀드득** 눈 밟는 소리가 나다.

뽀드등

의미 [＋소리],[＋물체],[＋견고]v[＋윤활]v[＋윤기],[＋마찰]

제약 { }-{문지르다}

① 단단하고 매끄럽거나 반드러운 작은 물건을 세게 문지를 때 가볍게 울리며 나는 소리. '보드등①'보다 센 느낌을 준다.

의미 [＋소리],[＋피륙],[＋절단]v[＋파열],[＋공명]

제약 {피륙}-{찢어지다, 터지다}

② 피륙 따위의 질긴 물건이 찢어지거나 터질

때 가볍게 울리며 나는 소리. '보드등②'보다 센 느낌을 준다.

뽀드등-뽀드등

의미 [+소리],[+물체],[+견고]v[+윤활]v[+윤기],[+마찰],[+반복]

제약 { }-{문지르다}

단단하고 매끄럽거나 반드러운 작은 물건을 자꾸 세게 문지를 때 잇따라 가볍게 울리며 나는 소리. '보드등보드등'보다 센 느낌을 준다.

뽀득

의미 [+소리],[+물건],[+견고]v[+질김]v[+윤기],[+마찰]

제약 { }-{문지르다, 비비다}

① '뽀드득①'의 준말. 단단하고 질기거나 반드러운 물건을 야무지게 문지르거나 비빌 때 나는 소리.

의미 [+소리],[+배설],[-견고],[+노력]

제약 {똥}-{누다}

② '뽀드득②'의 준말. 무른 똥을 조금 힘들여 눌 때 나는 소리.

의미 [+소리]v[+모양],[+눈],[+밟음],[+정도]

제약 {눈}-{밟다}

③ '뽀드득③'의 준말. 쌓인 눈 따위를 약간 세게 밟을 때 야무지게 나는 소리.

뽀득-뽀득

의미 [+소리]v[+모양],[+물건],[+견고]v[+질김]v[+윤기],[+마찰],[+반복]

제약 { }-{문지르다, 비비다}

① '뽀드득뽀드득①'의 준말. 단단하고 질기거나 반드러운 물건을 자꾸 야무지게 문지르거나 비빌 때 잇따라 나는 소리. 또는 그 모양.

¶숫제 지게를 벗어 세워 놓은 아버지가 이빨을 **뽀득뽀득** 갈고 있지 않는가.≪김원일, 노을≫/그날 밤 자면서도 곽 씨는 **뽀득뽀득** 이를 갈고 분을 가누지 못하였다.≪이호철, 소시민≫

의미 [+소리]v[+모양],[+배설],[-견고],[+노력],[+연속]

제약 {똥}-{누다}

② '뽀드득뽀드득②'의 준말. 자꾸 무른 똥을 조

금 힘들여 눌 때 나는 소리. 또는 그 모양.

의미 [+소리]v[+모양],[+눈],[+밟음],[+정도],[+반복]

제약 {눈}-{밟다}

③ '뽀드득뽀드득③'의 준말. 쌓인 눈 따위를 약간 세게 여러 번 밟을 때 자꾸 야무지게 나는 소리. 또는 그 모양.

¶밖에서는 언제부터인지 함박눈이 또 쏟아지고 있었다. **뽀득뽀득** 눈을 밟으며 다가오는 발자국 소리가 들렸다.≪윤흥길, 비늘≫

뽀로통-히

의미 [+팽창],[+볼록]

제약

① 붓거나 부풀어 올라서 볼록하게. '보로통히①'보다 센 느낌을 준다.

의미 [+불만],[-만족],[+분노]

제약

② 불만스럽거나 못마땅하여 성난 빛이 얼굴에 조금 나타나게. '보로통히②'보다 센 느낌을 준다.

뽀르르

의미 [+모양],[+사람]v[+짐승],[+질주]v[+추적],[+속도]

제약 {사람, 짐승}-{달려가다, 쫓아가다}

자그마한 사람이나 짐승이 부리나케 달려가거나 쫓아가는 모양.

¶노랑나비를 쫓고 있던 백식이가 이번에는 자기가 지게를 탈 욕심으로 분이를 내버린 채 **뽀르르** 달려온다.≪김춘복, 쌈짓골≫/김확실이가 어깨를 톡 쳐 주자 놈은 낄낄거리며 제 집으로 **뽀르르** 달려갔다.≪송기숙, 녹두 장군≫/반석 위에 **뽀르르** 다람쥐가 올라온다.≪법정, 무소유≫

뽀사삭

의미 [+소리]v[+모양],[+물건],[+파손],[-정도]

제약 { }-{바스러지다}

'뽀삭'의 본말. 마른 물건이 가볍게 바스러지는 소리. 또는 그 모양.

¶아이가 손으로 과자를 으스러뜨리자 **뽀사삭** 소리가 났다.

뽀사삭-뽀사삭

의미 [＋소리]v[＋모양],[＋물건],[＋파손],[－정도],[＋연속]

제약 { }-{바스러지다}

'뽀삭뽀삭'의 본말. 마른 물건이 잇따라 가볍게 바스러지는 소리. 또는 그 모양.

뽀삭

의미 [＋소리]v[＋모양],[＋물건],[＋파손],[－정도]

제약 { }-{바스러지다}

마른 물건이 가볍게 바스러지는 소리. 또는 그 모양. '보삭01'보다 센 느낌을 준다.

뽀삭-뽀삭

의미 [＋소리]v[＋모양],[＋물건],[＋파손],[－정도],[＋연속]

제약 { }-{바스러지다}

마른 물건이 잇따라 가볍게 바스러지는 소리. 또는 그 모양. '보삭보삭01'보다 센 느낌을 준다.

뽀송-뽀송

의미 [＋모양],[＋건조],[－물기],[＋유연]

제약

① 잘 말라서 물기가 없고 보드라운 모양. '보송보송①'보다 센 느낌을 준다.

¶빨래가 **뽀송뽀송** 마르다./땅이 **뽀송뽀송** 말라 있다./물기가 얼어 눈으로 되었지만 이 눈은 물기는커녕 재 가루처럼 **뽀송뽀송** 건조하다.≪홍성원, 육이오≫

의미 [＋모양],[＋살결]v[＋얼굴],[＋미려],[＋유연]

제약

② 살결이나 얼굴이 곱고 보드라운 모양. '보송보송②'보다 센 느낌을 준다.

의미 [＋모양],[＋땀방울],[＋배출]

제약 {땀방울}-{솟다}

③ 땀방울이 조금씩 솟아난 모양. '보송보송③'보다 센 느낌을 준다.

의미 [＋모양],[＋솜털],[－크기],[＋유연],[＋융기]

제약

④ 솜털과 같이 매우 작고 부드러운 것이 돋아

있는 모양. '보송보송④'보다 센 느낌을 준다.

뽀스락

의미 [＋소리],[＋잎]v[＋검불]v[＋종이],[＋밟음]v[＋접촉],[－정도]

제약 {잎, 검불, 종이}-{밟다, 건드리다}

마른 잎이나 검불, 종이 따위를 가볍게 밟거나 건드릴 때 나는 소리. '보스락'보다 센 느낌을 준다.

¶숲 속에 숨어서 숨죽이고 있던 그들은 **뽀스락** 소리에도 피가 마르는 것 같았다.

뽀스락-뽀스락

의미 [＋소리],[＋잎]v[＋검불]v[＋종이],[＋밟음]v[＋접촉],[－정도],[＋반복]

제약 {잎, 검불, 종이}-{밟다, 건드리다}

마른 잎이나 검불, 종이 따위를 자꾸 가볍게 밟거나 건드릴 때 나는 소리. '보스락보스락'보다 센 느낌을 준다.

뽀유스름-히

의미 [－선명],[－분명]

제약

선명하지 아니하고 약간 보얗게. '보유스름히'보다 센 느낌을 준다.

¶가을 안개가 **뽀유스름히** 깔린 부두.

뽀윰-히

의미 [＋빛],[－분명]

제약

빛이 조금 보얗게. '보윰히'보다 센 느낌을 준다.

뽁

의미 [＋소리]v[＋모양],[＋물건],[＋표면],[＋마찰],[＋정도]

제약 { }-{갈다, 긁다}

① 보드랍고 무른 물건의 거죽을 세게 갈거나 긁는 소리. 또는 그 모양. '복①'보다 센 느낌을 준다.

의미 [＋소리]v[＋모양],[＋물건]v[＋종이]v[＋천],[＋절단],[＋정도]

제약 {물건, 종이, 천}-{찢다}

② 두툼한 물건이나 조금 질기고 얇은 종이, 천 따위를 세게 찢는 소리. 또는 그 모양. '복②'보다 센 느낌을 준다.

¶치맛자락이 문고리에 걸려 **뿍** 찢어졌다.

뿍-뿍

의미 [+소리],[+물건],[+표면],[+마찰],[+정도],[+반복]

제약 { }-{갈다, 긁다}

① 보드랍고 무른 물건의 거죽을 자꾸 세게 갈거나 긁는 소리. '복복01①'보다 센 느낌을 준다. ¶누가 날카로운 물건으로 타이어를 **뿍뿍** 긁어 놓아 속이 무척 상했다.

의미 [+소리]v[+모양],[+물건]v[+종이]v[+천],[+절단],[+정도],[+반복]

제약 {물건, 종이, 천}-{찢다}

② 두툼한 물건이나 조금 질기고 얇은 종이, 천 따위를 자꾸 세게 찢는 소리. 또는 그 모양. '복복01②'보다 센 느낌을 준다.

뿔그름-히

의미 [+빨강],[+선명],[-정도]

제약

=뿔그스름히. 산뜻할 정도로 약간 붉게.

뿔그스름-히

의미 [+빨강],[+선명],[-정도]

제약

산뜻할 정도로 약간 붉게. 늑뿔그름히.

뿔그족족-히

의미 [+빨강],[-선명],[-균일]

제약

칙칙하고 고르지 아니할 정도로 뿔그스름하게.

뿔긋-뿔긋

의미 [+모양],[+빨강],[+부분]

제약

① 군데군데 뿔그스름한 모양. 늑뿔긋뿔긋이①.
¶손톱자국에 **뿔긋뿔긋** 핏방울이 내맺혔다.

의미 [+모양],[+빨강],[+정도]

제약

② 매우 뿔그스름한 모양. 늑뿔긋뿔긋이②.

뿔긋뿔긋-이

의미 [+모양],[+빨강],[+부분]

제약

①=뿔긋뿔긋①. 군데군데 뿔그스름한 모양.

의미 [+모양],[+빨강],[+정도]

제약

②=뿔긋뿔긋②. 매우 뿔그스름한 모양.

뿔끈

의미 [+모양],[+물체],[+융기]v[+상승]

제약 { }-{솟아오르다, 떠오르다}

① 작은 물체 따위가 도드라지게 치밀거나 솟아오르거나 떠오르는 모양. '볼끈①'보다 센 느낌을 준다.

의미 [+모양],[+흥분],[+분노]

제약 {성}-{내다}

② 흥분하여 성을 왈칵 내는 모양. '볼끈②'보다 센 느낌을 준다.

의미 [+모양],[+주먹],[+장악],[+힘]

제약 {주먹}-{쥐다}

③ 작은 주먹에 힘을 주어 꽉 쥐는 모양. '볼끈③'보다 센 느낌을 준다.

뿔끈-뿔끈

의미 [+모양],[+물체],[+융기]v[+상승],[+반복]

제약 { }-{솟아오르다, 떠오르다}

① 작은 물체 따위가 도드라지게 자꾸 치밀거나 솟아오르거나 떠오르는 모양. '볼끈볼끈①'보다 센 느낌을 준다.

의미 [+모양],[+흥분],[+분노],[+반복]

제약 {성}-{내다}

② 흥분하여 자꾸 성을 왈칵 내는 모양. '볼끈볼끈②'보다 센 느낌을 준다.

의미 [+모양],[+주먹],[+장악],[+힘],[+반복]

제약 {주먹}-{쥐다}

③ 작은 주먹에 힘을 주어 자꾸 꽉 쥐는 모양. '볼끈볼끈③'보다 센 느낌을 준다.

뿔똑

의미 [+모양],[+분노],[+경망],[+순간]

제약 {성}-{내다}

① 경망스럽게 갑자기 성을 내는 모양. '볼똑①'보다 센 느낌을 준다.

의미 [+모양],[+융기],[+순간]

제약

② 갑자기 볼록하게 솟아오른 모양. '볼똑②'보다 센 느낌을 준다.

뽈똑-뽈똑

의미 [+모양],[+분노],[+경망],[+순간],[+반복]

제약 {성}-{내다}

① 경망스럽게 갑자기 자꾸 성을 내는 모양. '볼똑볼똑①'보다 센 느낌을 준다.

의미 [+모양],[+다수],[+융기],[+순간],[+연속]

제약

② 여기저기서 잇따라 갑자기 볼록볼록하게 솟아오른 모양. '볼똑볼똑②'보다 센 느낌을 준다.

뽈록

의미 [+모양],[+표면],[+융기]v[+돌출]

제약 { }-{도드라지다, 내밀다}

물체의 거죽이 조금 도드라지거나 쏙 내밀린 모양. '볼록'보다 센 느낌을 준다. ≒뽈록이.

¶그녀는 화가 나서 입을 **뽈록** 내민 채 토라졌다./긴장 때문에 더욱 딱딱해지려는 걸 느끼고 재빨리 이를 악물었다. 그 때문에, 남자다운…턱뼈가 더욱 **뽈록** 튀어나왔다.≪김승옥, 동두천≫

뽈록-뽈록

의미 [+모양],[+다수],[+표면],[+융기]v[+돌출]

제약 { }-{도드라지다, 내밀다}

물체의 거죽 여러 군데가 조금 도드라지거나 쏙 내밀린 모양. '볼록볼록'보다 센 느낌을 준다.

¶이마에 여드름이 몇 개 **뽈록뽈록** 돋아 오른 녀석이 물컵을 갖다 놓으며, 갑례와 태석이를 힐끗힐끗 한 번씩 보고는….≪하근찬, 야호≫

뽈록-이

의미 [+모양],[+표면],[+융기]v[+돌출]

제약 { }-{도드라지다, 내밀다}

=뽈록. 물체의 거죽이 조금 도드라지거나 쏙 내밀린 모양.

뽕

의미 [+소리]v[+모양],[+문풍지],[+파손]

제약 {문풍지}-{뚫리다}

① 문풍지 따위가 뚫어질 때 나는 가벼운 소리. 또는 그 모양. '봉①'보다 센 느낌을 준다.

¶아이들이 창호지에 구멍을 **뽕** 뚫었다.

의미 [+소리],[+공기]v[+가스],[+구멍],[+누출]

제약 {공기, 가스}-{빠지다}

② 막혀 있던 공기나 가스가 좁은 구멍으로 터져 빠질 때 나는 소리. '봉③'보다 센 느낌을 준다.

¶방귀를 **뽕** 뀌다.

뽕-뽕

의미 [+소리]v[+모양],[+문풍지],[+파손],[-정도],[+연속]

제약 {문풍지}-{뚫리다}

① 문풍지 따위가 뚫어질 때 잇따라 나는 가벼운 소리. 또는 그 모양. '봉봉①'보다 센 느낌을 준다.

¶창호지 문에 손가락으로 구멍을 **뽕뽕** 뚫었다.

의미 [+소리],[+공기]v[+가스],[+구멍],[+누출],[+연속]

제약 {공기, 가스}-{빠지다}

② 막혀 있던 공기나 가스가 좁은 구멍으로 터져 빠질 때 잇따라 나는 소리. '봉봉③'보다 센 느낌을 준다.

¶보리밥을 먹고 방귀를 **뽕뽕** 뀌다./방금 샤워를 끝냈는데 샤워한 물이 배수구로 내려가지 않고 다시 욕조로 **뽕뽕** 올라오고 있었다. 욕조뿐만이 아니었다.≪강영숙, ㈜창비≫

뾰롱-뾰롱

의미 [+모양],[+성질],[-유연],[+복잡],[+공박]

제약

성미가 부드럽지 못하여 남을 대하는 것이 몹시 까다롭고 걸핏하면 톡톡 쏘기를 잘하는 모양.

뾰조록

의미 [+모양],[+물체],[+선단],[+예리]

제약

'뾰족'의 본말. 물체의 끝이 점차 가늘어져서 날카로운 모양. ≒뾰조록이.

뾰조록-뾰조록

의미 [+모양],[+전부],[+선단],[+예리]

제약

'뾰족뾰족'의 본말. 여럿이 다 끝이 점차 가늘어

져서 날카로운 모양.

뽀조록-이
의미 [+모양],[+물체],[+선단],[+예리]
제약
=뽀조록. 물체의 끝이 점차 가늘어져서 날카로운 모양.
¶유복이는…얼핏얼핏 고개를 들어 상수리나무의 우듬지 위로 **뽀조록이** 모습을 내민 산정을 올려다보곤 하였다.《문순태, 타오르는 강》

뽀조롬-히
의미 [+선단],[+예리]
제약
끝이 조금 뽀조록한 듯하게.

뽀족
의미 [+모양],[+물체],[+선단],[+예리]
제약
물체의 끝이 점차 가늘어져서 날카로운 모양. ≒뽀족이.
¶**뽀족** 솟아 있는 지붕./지금 칠성이 아버지의 옆 허리춤 새로 **뽀족** 내밀고 있는 게 바로 여자의 고무신 코가 아니냐.《황순원, 카인의 후예》

뽀족-뽀족
의미 [+모양],[+전부],[+선단],[+예리]
제약
여럿이 다 끝이 점차 가늘어져서 날카로운 모양. ≒뽀족뽀족이.
¶봄이 되자 새싹들이 언 땅을 뚫고 **뽀족뽀족** 나오기 시작했다./일전에 씨를 뿌린 원두밭에는 애호박의 싹이 **뽀족뽀족** 돋아났다.《심훈, 영원의 미소》

뽀족뽀족-이
의미 [+모양],[+전부],[+선단],[+예리]
제약
=뽀족뽀족. 여럿이 다 끝이 점차 가늘어져서 날카로운 모양.

뽀족-이
의미 [+모양],[+물체],[+선단],[+예리]
제약
=뽀족. 물체의 끝이 점차 가늘어져서 날카로운 모양.

¶입술을 **뽀족이** 내밀다.

뽀쪽
의미 [+모양],[+물체],[+선단],[+예리]
제약
물체의 끝이 점차 가늘어져서 날카로운 모양. '뽀족'보다 센 느낌을 준다. ≒뽀쪽이.
¶아이의 **뽀쪽** 내민 입술이 귀엽다.

뽀쪽-뽀쪽
의미 [+모양],[+전부],[+선단],[+예리]
제약
여럿이 다 끝이 점차 가늘어져서 날카로운 모양. '뽀족뽀족'보다 센 느낌을 준다. ≒뽀쪽뽀쪽이.

뽀쪽뽀쪽-이
의미 [+모양],[+전부],[+선단],[+예리]
제약
=뽀쪽뽀쪽. 여럿이 다 끝이 점차 가늘어져서 날카로운 모양.

뽀쪽-이
의미 [+모양],[+물체],[+선단],[+예리]
제약
=뽀쪽. 물체의 끝이 점차 가늘어져서 날카로운 모양.
¶마루에 **뽀쪽이** 나온 못에 발이 찔렸다.

뽕
의미 [+소리],[±출현],[+순간]
제약 { }-{나타나다, 사라지다}
① 갑자기 나타나거나 사라지는 소리.
¶그 순간 도깨비가 '**뽕**' 하고 나타났다./나무꾼이 거짓말을 하자 산신령이 **뽕** 사라졌다.
의미 [+모양],[-정신],[+혼미]
제약
② 상대의 어떤 행동이나 외모 따위에 정신이 나가거나 혼미해지는 모양.
¶걔가 네 사진 보고 **뽕** 반하더라고./웨딩드레스를 입은 신부를 보자 신랑은 **뽕** 가 버렸다./팬들은 가수의 열창에 **뽕** 갔다.

뽕-뽕
의미 [+소리],[+병아리]
제약 {병아리}-{울다}
병아리가 잇따라 우는 소리.

¶뺑뺑 울어 대는 병아리들.

뿌그르르

의미 [+소리]v[+모양],[+액체],[+비등],[+속
도],[+순간],[+연속]

제약 {액체}-{끓다}

① 많은 양의 액체가 넓은 범위에서 잇따라 갑
자기 빠르게 끓어오를 때 나는 소리. 또는 그 모
양. '부그르르①'보다 센 느낌을 준다.

의미 [+소리]v[+모양],[+거품],[+발생],[+속
도],[+순간],[+연속]

제약 {거품}-{일어나다}

② 큰 거품이 잇따라 갑자기 빠르게 일어날 때
나는 소리. 또는 그 모양. '부그르르②'보다 센
느낌을 준다.

뿌글-뿌글

의미 [+소리]v[+모양],[+액체],[+비등],[+소
란],[+연속]

제약 {액체}-{끓다}

① 많은 양의 액체가 잇따라 야단스럽게 끓는
소리. 또는 그 모양. '부글부글①'보다 센 느낌을
준다.

¶찌개가 **뿌글뿌글** 끓고 있다.

의미 [+소리]v[+모양],[+거품],[+발생],[+연
속]

제약 {거품}-{일어나다}

② 큰 거품이 잇따라 일어나는 소리. 또는 그
모양. '부글부글②'보다 센 느낌을 준다.

의미 [+모양],[+생각],[+복잡]v[+불쾌],[+고
통],[+반복]

제약

③ 착잡하거나 언짢은 생각이 뒤섞여 마음이 자
꾸 들볶이는 모양. '부글부글③'보다 센 느낌을
준다.

¶화가 나서 속이 **뿌글뿌글** 끓어오른다.

뿌덕뿌덕

의미 [+느낌],[-유연],[+건조]

제약

부드럽지 못하고 조금 뻑뻑한 느낌.

¶다른 날 같으면 을생이 빨아 넌 옷가지가 **뿌덕
뿌덕** 말라 갈 시간이었지만….≪한수산, 유민≫

뿌두둑

의미 [+소리],[+물건],[+견고]v[+질김]v[+윤
기],[+마찰]

제약 {   }-{비비다, 문지르다}

① 단단하고 질기거나 번드러운 큰 물건을 되게
비비거나 문지르는 소리. '부두둑①'보다 센 느
낌을 준다.

의미 [+소리],[+배설],[-견고],[+노력]

제약 {똥}-{누다}

② 무른 똥을 힘들여 누는 소리. '부두둑②'보다
센 느낌을 준다.

뿌두둑-뿌두둑

의미 [+소리],[+물건],[+견고]v[+질김]v[+윤
기],[+마찰],[+반복]

제약 {   }-{비비다, 문지르다}

① 단단하고 질기거나 번드러운 큰 물건을 자꾸
되게 비비거나 문지르는 소리. '부두둑부두둑①'
보다 센 느낌을 준다.

의미 [+소리],[+배설],[-견고],[+노력],[+반
복]

제약 {똥}-{누다}

② 무른 똥을 힘들여 자꾸 누는 소리. '부두둑부
두둑②'보다 센 느낌을 준다.

뿌둑-뿌둑

의미 [+모양],[+물건],[+표면],[+건조],[+견
고]

제약

물기가 있는 물건의 거죽이 거의 말라 약간 뻣
뻣하게 굳어진 모양. '부둑부둑'보다 센 느낌을
준다.

뿌드득

의미 [+소리],[+물건],[+견고]v[+질김]v[+윤
기],[+마찰]v[+연마]

제약 {   }-{문지르다, 갈다}

① 든든하고 질기거나 번드러운 물건을 되게 문
지르거나 마주 갈 때에 나는 소리. '부드득①'보
다 센 느낌을 준다.

¶이를 **뿌드득** 갈다.

의미 [+소리],[+배설],[-견고],[+노력]

제약 {똥}-{누다}

② 무른 똥을 힘들여 눌 때 나는 소리. '부드득
②'보다 센 느낌을 준다.

뿌드득-뿌드득

의미 [+소리]v[+모양],[+물건],[+견고]v[+질
김]v[+윤기],[+마찰]v[+연마],[+반복]

제약 {   }-{문지르다, 갈다}

① 든든하고 질기거나 번드러운 물건을 자꾸 되
게 문지르거나 마주 갈 때 잇따라 나는 소리. 또
는 그 모양. '부드득부드득①'보다 센 느낌을 준
다.

의미 [+소리]v[+모양],[+배설],[−견고],[+노
력],[+연속]

제약 {똥}-{누다}

② 무른 똥을 힘들여 자꾸 눌 때 잇따라 나는
소리. 또는 그 모양. '부드득부드득②'보다 센 느
낌을 준다.

뿌드등

의미 [+소리],[+물건],[+견고]v[+질김]v[+윤
기],[+마찰]

제약 {   }-{문지르다}

① 든든하고 미끄럽거나 번드러운 물건을 세게
문지를 때 거볍게 울리며 나는 소리. '부드등①'
보다 센 느낌을 준다.

의미 [+소리],[+피륙],[+절단]v[+파열],[+공
명]

제약 {피륙}-{찢어지다, 터지다}

② 피륙 따위의 질긴 물건이 찢어지거나 터질
때 거볍게 울리며 나는 소리. '부드등②'보다 센
느낌을 준다.

뿌드등-뿌드등

의미 [+소리],[+물건],[+견고]v[+질김]v[+윤
기],[+마찰],[+반복]

제약 {   }-{문지르다}

든든하고 미끄럽거나 번드러운 물건을 자꾸 세
게 문지를 때 잇따라 거볍게 울리며 나는 소리.
'부드등부드등'보다 센 느낌을 준다.

뿌득

의미 [+소리],[+물건],[+견고]v[+질김]v[+윤
기],[+마찰]v[+연마]

제약 {   }-{문지르다, 갈다}

① '뿌드득①'의 준말. 든든하고 질기거나 번드
러운 물건을 되게 문지르거나 마주 갈 때에 나
는 소리.

의미 [+소리],[+배설],[−견고],[+노력]

제약 {똥}-{누다}

② '뿌드득②'의 준말. 무른 똥을 힘들여 눌 때
나는 소리.

뿌득-뿌득01

의미 [+모양],[+억지],[+고집],[+요구],[+반
복]

제약 {사람}-{우기다, 조르다}

억지를 부려 제 생각대로만 하려고 자꾸 우기거
나 조르는 모양. '부득부득01'보다 센 느낌을 준
다.

¶의사가 쉬어야 한다고 하는데도 그녀는 **뿌득뿌
득** 농사일을 돕겠다고 나섰다.

뿌득-뿌득02

의미 [+소리]v[+모양],[+물건],[+견고]v[+질
김]v[+윤기],[+마찰]v[+연마],[+반복]

제약 {   }-{문지르다, 갈다}

① '뿌드득뿌드득①'의 준말. 든든하고 질기거나
번드러운 물건을 자꾸 되게 문지르거나 마주 갈
때 잇따라 나는 소리. 또는 그 모양.

의미 [+소리]v[+모양],[+배설],[−견고],[+노
력],[+연속]

제약 {똥}-{누다}

② '뿌드득뿌드득②'의 준말. 무른 똥을 힘들여
자꾸 눌 때 잇따라 나는 소리. 또는 그 모양.

뿌듯-이

의미 [+과도],[+볼록]

제약

① 집어넣거나 채우는 것이 한도보다 조금 더하
여 불룩하게. '부듯이①'보다 센 느낌을 준다.

¶지난해 헐렁하던 옷이 올해는 **뿌듯이** 맞을 만
큼 키가 자랐구나.

의미 [+기쁨]v[+감격],[+충만],[+감동]

제약

② 기쁨이나 감격이 마음에 가득 차서 벅차게.
'부듯이②'보다 센 느낌을 준다.

¶벅차오르는 기쁨이 온몸에 **뿌듯이** 차올랐다.

뿌루퉁-히

의미 [+팽창],[+볼록]

제약

① 붓거나 부풀어 올라서 불룩하게. '부루퉁히①'보다 센 느낌을 준다.

의미 [+얼굴],[+분노],[+불만],[−만족]

제약

② 불만스럽거나 못마땅하여 성난 빛이 얼굴에 나타나게. '부루퉁히②'보다 센 느낌을 준다.

¶형은 마지못해 **뿌루퉁히** 대답했다.≪김용성, 도둑 일기≫

뿌르르01

의미 [+모양],[+요동],[+크기],[−정도]

제약 { }-{떨다}

크고 거볍게 떠는 모양. '부르르①'보다 센 느낌을 준다.

뿌르르02

의미 [+모양],[+사람]v[+짐승],[+질주]v[+추격],[+속도]

제약 {사람, 짐승}-{달려가다, 쫓아가다}

사람이나 짐승이 부리나케 달려가거나 쫓아가는 모양.

¶박 씨는 당장 사생결단이라도 낼 듯이 주먹을 불끈 쥐고 **뿌르르** 부엌에서 나왔다.≪박완서, 미망≫

뿌서석

의미 [+소리]v[+모양],[+물건],[+파손],[−정도]

제약 { }-{부스러지다}

'뿌석'의 본말. 마른 물건이 가볍게 부스러지는 소리. 또는 그 모양.

뿌서석-뿌서석

의미 [+소리]v[+모양],[+물건],[+파손],[−정도],[+연속]

제약 { }-{부스러지다}

'뿌석뿌석'의 본말. 마른 물건이 잇따라 가볍게 부스러지는 소리. 또는 그 모양.

뿌석

의미 [+소리]v[+모양],[+물건],[+파손],[−정도]

제약 { }-{부스러지다}

마른 물건이 가볍게 부스러지는 소리. 또는 그 모양. '부석'보다 센 느낌을 준다.

뿌석-뿌석

의미 [+소리]v[+모양],[+물건],[+파손],[−정도],[+연속]

제약 { }-{부스러지다}

마른 물건이 잇따라 가볍게 부스러지는 소리. 또는 그 모양. '부석부석01'보다 센 느낌을 준다.

뿌숭-뿌숭

의미 [+모양],[+건조],[−물기],[+유연]

제약

① 잘 말라서 물기가 없고 부드러운 모양. '부숭부숭①'보다 센 느낌을 준다.

의미 [+모양],[+피부]v[+얼굴],[+미려],[+유연]

제약

② 살결이나 얼굴이 깨끗하여 아름답고 부드러운 모양. '부숭부숭②'보다 센 느낌을 준다.

뿌스럭

의미 [+소리]v[+모양],[+잎]v[+검불]v[+종이],[+밟음]v[+접촉]

제약 {잎, 검불, 종이}-{밟다, 건드리다}

마른 잎이나 검불, 종이 따위를 밟거나 건드릴 때 나는 소리. '부스럭'보다 센 느낌을 준다.

뿌스럭-뿌스럭

의미 [+소리]v[+모양],[+잎]v[+검불]v[+종이],[+밟음]v[+접촉],[+반복]

제약 {잎, 검불, 종이}-{밟다, 건드리다}

마른 잎이나 검불, 종이 따위를 자꾸 밟거나 건드릴 때 나는 소리. '부스럭부스럭'보다 센 느낌을 준다.

뿌유스름-히

의미 [−선명],[−분명]

제약

선명하지 않고 약간 부옇게. '부유스름히'보다 센 느낌을 준다.

뿌윰히

의미 [+빛],[−분명]

제약

빛이 조금 부옇게. '부윰히'보다 센 느낌을 준다.

뿌지지

의미 [＋소리],[＋물건],[＋가열],[＋연소]v[－감소]

제약 { }-{타다, 졸다}

① 물기 있는 물건이 뜨거운 열에 닿아 타거나 졸아드는 소리. ‘부지지①’보다 센 느낌을 준다.

¶찌개가 **뿌지지** 졸아들다.

의미 [＋소리],[＋쇠붙이],[＋열기],[＋접촉],[＋물]

제약 {쇠붙이}-{ }

② 뜨거운 쇠붙이 따위가 물에 닿을 때 나는 소리. ‘부지지②’보다 센 느낌을 준다.

뿌지직

의미 [＋소리],[＋물건],[＋가열],[＋연소]v[＋감소],[＋순간]

제약 { }-{타다, 졸다}

① 물기 있는 물건이 뜨거운 열에 닿아서 급히 타거나 졸아붙는 소리. ‘부지직①’보다 센 느낌을 준다.

¶등잔의 심지가 **뿌지직** 타다.

의미 [＋소리],[＋배설],[－견고],[－예의],[＋순간]

제약 {똥}-{싸다}

② 무른 똥을 급히 쌀 때 되바라지게 나는 소리. ‘부지직②’보다 센 느낌을 준다.

의미 [＋소리],[＋물건],[＋파열],[＋순간]

제약 { }-{째지다, 갈라지다}

③ 질기고 뻣뻣한 물건이 갑자기 조금씩 째지거나 갈라지는 소리. ‘부지직③’보다 센 느낌을 준다.

¶기온이 올라가자 강 한가운데 얼음이 **뿌지직** 갈라졌다./그의 한쪽 발이 **뿌지직** 얼음을 깨뜨렸다.≪전상국, 동행≫

의미 [＋모양],[＋진땀],[＋배출]

제약 {진땀}-{나다}

④ 진땀 따위가 살갗으로 배어 나오는 모양. ‘부지직④’보다 센 느낌을 준다.

¶이마에 땀이 **뿌지직** 배다.

뿌지직-뿌지직

의미 [＋소리],[＋물건],[＋가열],[＋연소]v[＋감소],[＋순간],[＋반복]

제약 { }-{타다, 졸다}

① 물기 있는 물건이 뜨거운 열에 닿아서 자꾸 급히 타거나 졸아붙는 소리. ‘부지직부지직①’보다 센 느낌을 준다.

¶**뿌지직뿌지직** 냄비의 밥이 뜸이 들기 시작했다.

의미 [＋소리],[＋배설],[－견고],[－예의],[＋순간],[＋반복]

제약 {똥}-{싸다}

② 무른 똥을 급히 쌀 때 되바라지게 자꾸 나는 소리. ‘부지직부지직②’보다 센 느낌을 준다.

의미 [＋소리],[＋물건],[＋파열],[＋순간],[＋반복]

제약 { }-{째지다, 갈라지다}

③ 질기고 뻣뻣한 물건이 갑자기 조금씩 자꾸 째지거나 갈라지는 소리. ‘부지직부지직③’보다 센 느낌을 준다.

¶길을 질러가려고 저수지 얼음판 위를 걷다가 한가운데서 얼음이 **뿌지직뿌지직** 갈라지며 내려앉는 바람에 물귀신이 될 뻔도 했다.≪조정래, 태백산맥≫/나사로 된 끝은 손잡이를 돌릴 때마다 **뿌지직뿌지직** 소리를 내며 나무속을 파고들었다.≪현기영, 변방에 우짖는 새≫

의미 [＋모양],[＋진땀],[＋배출],[＋반복]

제약 {진땀}-{나다}

④ 진땀 따위가 살갗으로 자꾸 배어 나오는 모양. ‘부지직부지직④’보다 센 느낌을 준다.

뿌직

의미 [＋소리],[＋물건],[＋가열],[＋연소]v[＋감소],[＋순간]

제약 { }-{타다, 졸다}

① ‘뿌지직①’의 준말. 물기 있는 물건이 뜨거운 열에 닿아서 급히 타거나 졸아붙는 소리.

의미 [＋소리],[＋배설],[－견고],[－예의],[＋순간]

제약 {똥}-{싸다}

② ‘뿌지직②’의 준말. 무른 똥을 급히 쌀 때 되바라지게 나는 소리.

의미 [＋소리],[＋물건],[＋파열],[＋순간]

제약 { }-{째지다, 갈라지다}

③ ‘뿌지직③’의 준말. 질기고 뻣뻣한 물건이 갑

자기 조금씩 째지거나 갈라지는 소리.
의미 [+모양],[+진땀],[+배출]
제약 {진땀}-{나다}
④ '뿌지직④'의 준말. 진땀 따위가 살갗으로 배어 나오는 모양.

뿌직-뿌직
의미 [+소리],[+물건],[+가열],[+연소]v[+감소],[+순간],[+반복]
제약 { }-{타다, 졸다}
① '뿌지직뿌지직①'의 준말. 물기 있는 물건이 뜨거운 열에 닿아서 자꾸 급히 타거나 졸아붙는 소리.
¶등 뒤의 난로에서 장작이 타는 소리가 **뿌직뿌직** 들려올 뿐….≪한수산, 유민≫
의미 [+소리],[+배설],[-견고],[-예의],[+순간],[+반복]
제약 {똥}-{싸다}
② '뿌지직뿌지직②'의 준말. 무른 똥을 급히 쌀 때 되바라지게 자꾸 나는 소리.
의미 [+소리],[+물건],[+파열],[+순간],[+반복]
제약 { }-{째지다, 갈라지다}
③ '뿌지직뿌지직③'의 준말. 질기고 뻣뻣한 물건이 갑자기 조금씩 자꾸 째지거나 갈라지는 소리.
의미 [+모양],[+진땀],[+배출],[+반복]
제약 {진땀}-{나다}
④ '뿌지직뿌지직④'의 준말. 진땀 따위가 살갗으로 자꾸 배어 나오는 모양.

뿌질-뿌질
의미 [+모양],[+마음],[+애처],[+애통],[+반복]
제약
매우 속이 상하거나 안타까워서 자꾸 몹시 애가 타는 모양. '부질부질①'보다 센 느낌을 준다.
¶만석이가 박 초시의 사위가 되었기 때문에 **뿌질뿌질** 울화가 치민 것이었다.≪문순태, 타오르는 강≫

뿍01
의미 [+소리]v[+모양],[+물건],[+표면],[+마

찰],[+정도]
제약 { }-{갈다, 긁다}
① 부드럽고 무른 물건의 거죽을 세게 갈거나 긁는 소리. 또는 그 모양. '북①'보다 센 느낌을 준다.
의미 [+소리]v[+모양],[+물건]v[+종이]v[+천],[+절단],[+정도]
제약 {물건, 종이, 천}-{찢다}
② 두툼한 물건이나 질기고 얇은 종이, 천 따위를 세게 찢는 소리. 또는 그 모양. '북②'보다 센 느낌을 준다.
¶그는 수첩에 적은 것을 **뿍** 찢어 비서에게 내밀었다.

뿍02
의미 [+소리]v[+모양],[+방귀],[+배출],[-길이]
제약 {방귀}-{뀌다}
방귀를 짧게 뀌는 소리. 또는 그 모양.

뿍-뿍
의미 [+소리]v[+모양],[+물건],[+표면],[+마찰],[+정도],[+반복]
제약 { }-{갈다, 긁다}
① 부드럽고 무른 물건의 거죽을 자꾸 세게 갈거나 긁는 소리. 또는 그 모양. '북북①'보다 센 느낌을 준다.
¶임이는 가렵지도 않은 손등을 긁는다. 살가죽이 밀리고 뼈만 앙상한 손등을 **뿍뿍** 긁어 대는 것이었다.≪박경리, 토지≫
의미 [+소리]v[+모양],[+물건]v[+종이]v[+천],[+절단],[+정도]
제약 {물건, 종이, 천}-{찢다}
② 두툼한 물건이나 질기고 얇은 종이, 천 따위를 자꾸 세게 찢는 소리. 또는 그 모양. '북북②'보다 센 느낌을 준다.

뿔그름-히
의미 [+빨강],[-정도]
제약
=뿔그스름히. 약간 붉게.

뿔그스름-히
의미 [+빨강],[-정도]

제약

약간 붉게. 늑뿔그름히.

뿔그죽죽-히

의미 [+빨강],[−선명],[−균일]

제약

칙칙하고 고르지 아니하게 뿔그스름하다.

뿔긋-뿔긋

의미 [+모양],[+빨강],[+부분]

제약

① 군데군데 뿔그스름한 모양. 늑뿔긋뿔긋이①.

의미 [+모양],[+빨강],[+정도]

제약

② 매우 뿔그스름한 모양. 늑뿔긋뿔긋이②.

뿔긋뿔긋-이

의미 [+모양],[+빨강],[+부분]

제약

①=뿔긋뿔긋①. 군데군데 뿔그스름한 모양.

의미 [+모양],[+빨강],[+정도]

제약

②=뿔긋뿔긋②. 매우 뿔그스름한 모양.

뿔끈

의미 [+모양],[+물체],[+융기]v[+상승],[+정도]

제약 {　}-{솟아오르다, 떠오르다}

① 물체 따위가 두드러지게 치밀거나 솟아오르거나 떠오르는 모양. '불끈①'보다 센 느낌을 준다.

의미 [+모양],[+분노],[+흥분]

제약 {성}-{내다}

② 흥분하여 성을 월컥 내는 모양. '불끈②'보다 센 느낌을 준다.

의미 [+모양],[+주먹],[+장악],[+힘]

제약 {주먹}-{쥐다}

③ 주먹에 힘을 주어 꽉 쥐는 모양. '불끈③'보다 센 느낌을 준다.

¶주먹을 뿔끈 쥐다./나는 간신히 힘없는 목소리로 성을 내며 돌아누워 버리니 말라 빠진 주먹이 저절로 뿔끈 쥐어졌다.

뿔끈-뿔끈

의미 [+모양],[+물체],[+융기]v[+상승],[+정도],[+반복]

제약 {　}-{솟아오르다, 떠오르다}

① 물체 따위가 두드러지게 자꾸 치밀거나 솟아오르거나 떠오르는 모양. '불끈불끈①'보다 센 느낌을 준다.

의미 [+모양],[+흥분],[+분노],[+반복]

제약 {성}-{내다}

② 흥분하여 자꾸 성을 월컥 내는 모양. '불끈불끈②'보다 센 느낌을 준다.

의미 [+모양],[+주먹],[+장악],[+힘],[+반복]

제약 {주먹}-{쥐다}

③ 주먹에 힘을 주어 자꾸 꽉 쥐는 모양. '불끈불끈③'보다 센 느낌을 준다.

¶농민들은 주먹을 뿔끈뿔끈 쥐고 불의에 맞서 싸울 것을 다짐했다.

뿔뚝

의미 [+모양],[−인정],[+분노],[+순간]

제약 {성}-{내다}

① 무뚝뚝한 성미로 갑자기 성을 내는 모양. '불뚝①'보다 센 느낌을 준다.

의미 [+모양],[+상승],[+돌출],[+순간]

제약

② 갑자기 불룩하게 솟아오른 모양. '불뚝②'보다 센 느낌을 준다.

뿔뚝-뿔뚝

의미 [+모양],[−인정],[+분노],[+순간],[+반복]

제약 {성}-{내다}

① 무뚝뚝한 성미로 갑자기 자꾸 성을 내는 모양. '불뚝불뚝①'보다 센 느낌을 준다.

의미 [+모양],[+다수],[+상승],[+돌출],[+순간],[+연속]

제약

② 여기저기서 잇따라 갑자기 불룩불룩하게 솟아오른 모양. '불뚝불뚝②'보다 센 느낌을 준다.

¶얼굴에 좁쌀만 한 뾰루지가 뿔뚝뿔뚝 솟아올랐다.

뿔룩

의미 [+모양],[+물체],[+표면],[+돌출]

제약

물체의 거죽이 크게 두드러지거나 쑥 내밀린 모양. '불룩'보다 센 느낌을 준다. 늑뿔룩이.

¶배가 뿔룩 나오다.

뿔룩-뿔룩

의미 [+모양],[+물체],[+다수],[+표면],[+돌출]

제약

물체의 거죽 여러 군데가 크게 두드러지거나 쑥 내밀린 모양. '불룩불룩'보다 센 느낌을 준다. 늑뿔룩뿔룩이.

뿔룩뿔룩-이

의미 [+모양],[+물체],[+다수],[+표면],[+돌출]

제약

=뿔룩뿔룩. 물체의 거죽 여러 군데가 크게 두드러지거나 쑥 내밀린 모양.

뿔룩-이

의미 [+모양],[+물체],[+표면],[+돌출]

제약

=뿔룩. 물체의 거죽이 크게 두드러지거나 쑥 내밀린 모양.

뿔뿔-이

의미 [+모양],[+분리],[+산개]

제약 { }-{흩어지다}

제각기 따로따로 흩어지는 모양.

¶뿔뿔이 헤어진 가족./사방으로 뿔뿔이 흩어져 달아나다./같이 있던 자들이 모두 뿔뿔이 노비로 팔려 가고 마지막으로 두 사람이 남았었다.≪유현종, 들불≫/술병들과 빵 꾸러미를 지킬 녀석 한 놈만 남겨 두고 우리는 뿔뿔이 헤어져서 논을 포위하였다.≪김승옥, 다산성≫

뿜빠-뿜빠

의미 [+소리],[+나팔],[+다수],[+조화],[+동시]

제약 {나팔}-{ }

여러 나팔 소리가 한꺼번에 어울려 나는 소리. '붐빠붐빠'보다 센 느낌을 준다.

뿡

의미 [+소리]v[+모양],[+문풍지],[+파손],[+둔탁]

제약 {문풍지}-{뚫리다}

① 문풍지 따위가 뚫어질 때 나는 다소 둔탁한 소리. 또는 그 모양. '붕①'보다 센 느낌을 준다.

의미 [+소리],[+공기]v[+가스],[+구멍],[+누출],[+통과]

제약 {공기, 가스}-{빠지다}

② 막혀 있던 공기나 가스가 약간 큰 구멍으로 터져 빠질 때 나는 소리. '붕③'보다 센 느낌을 준다.

¶이상하게도 곱사의 궁둥이에서 무슨 허연 가루가 푹 풍겨 나왔다. 그냥 풍겨 나오기만 하는 것이 아니라, 뿡! 소리를 내면서 말이다. 말하자면 방귀인 것이었다.≪하근찬, 야호≫

의미 [+소리],[+자동차]v[+배],[+경적],[+한번]

제약 {자동차, 배}-{울리다}

③ 자동차, 배 따위에서 경적이 한 번 울리는 소리. '붕④'보다 센 느낌을 준다.

뿡-뿡

의미 [+소리]v[+모양],[+문풍지],[+파손],[+둔탁],[+연속]

제약 {문풍지}-{뚫리다}

① 문풍지 따위가 뚫어질 때 잇따라 나는 다소 둔탁한 소리. 또는 그 모양. '붕붕①'보다 센 느낌을 준다.

¶사방팔방에 구멍이 뿡뿡 뚫려서 정신을 못 차리겠네.≪박경리, 토지≫

의미 [+소리],[+공기]v[+가스],[+구멍],[+누출],[+연속]

제약 {공기, 가스}-{빠지다}

② 막혀 있던 공기나 가스가 약간 큰 구멍으로 터져 빠질 때 잇따라 나는 소리. '붕붕③'보다 센 느낌을 준다.

의미 [+소리],[+자동차]v[+배],[+경적],[+연속]

제약 {자동차, 배}-{울리다}

③ 자동차, 배 따위에서 경적이 잇따라 울리는 소리. '붕붕④'보다 센 느낌을 준다.

¶배는 연방 뿡뿡 뱃고동을 울리며 산지포 밖에 바싹 다가오더니 전마선 두 척을 물 위에 내렸

다.≪현기영, 변방에 우짖는 새≫

뾰주룩

의미 [＋모양],[＋물체],[＋선단],[＋예리],[＋정도]

제약

'뾰죽'의 본말. 물체의 끝이 점차 가늘어져서 매우 날카로운 모양. 늑뾰주룩이.

뾰주룩-뾰주룩

의미 [＋모양],[＋전부],[＋선단],[＋예리],[＋정도]

제약

'뾰죽뾰죽'의 본말. 여럿이 다 끝이 점차 가늘어져서 매우 날카로운 모양.

뾰주룩-이

의미 [＋모양],[＋물체],[＋선단],[＋예리],[＋정도]

제약

＝뾰주룩. 물체의 끝이 점차 가늘어져서 매우 날카로운 모양.

뾰죽

의미 [＋모양],[＋물체],[＋선단],[＋예리],[＋정도]

제약

물체의 끝이 점차 가늘어져서 매우 날카로운 모양. 늑뾰죽이.

뾰죽-뾰죽

의미 [＋모양],[＋전부],[＋선단],[＋예리],[＋정도]

제약

여럿이 다 끝이 점차 가늘어져서 매우 날카로운 모양. 늑뾰죽뾰죽이.

¶종유석이 **뾰죽뾰죽** 돋아 있는 성류굴.

뾰죽-이

의미 [＋모양],[＋물체],[＋선단],[＋예리],[＋정도]

제약

＝뾰죽. 물체의 끝이 점차 가늘어져서 매우 날카로운 모양.

뾰쪽

의미 [＋모양],[＋물체],[＋선단],[＋예리],[＋정도]

제약

물체의 끝이 점차 가늘어져서 매우 날카로운 모양. '뾰죽'보다 센 느낌을 준다. 늑뾰쪽이.

뾰쪽-뾰쪽

의미 [＋모양],[＋전부],[＋선단],[＋예리],[＋정도]

제약

여럿이 다 끝이 점차 가늘어져서 매우 날카로운 모양. '뾰죽뾰죽'보다 센 느낌을 준다. 늑뾰쪽뾰쪽이.

뾰쪽뾰쪽-이

의미 [＋모양],[＋전부],[＋선단],[＋예리],[＋정도]

제약

＝뾰쪽뾰쪽. 여럿이 다 끝이 점차 가늘어져서 매우 날카로운 모양.

뾰쪽-이

의미 [＋모양],[＋물체],[＋선단],[＋예리],[＋정도]

제약

＝뾰쪽. 물체의 끝이 점차 가늘어져서 매우 날카로운 모양.

¶입을 **뾰쪽이** 내밀다.

삐

의미 [＋소리],[＋피리]v[＋호드기]

제약 {피리, 호드기}-{불다}

① 피리나 호드기 따위를 불 때 나는 소리.

의미 [＋소리],[＋아이],[＋울음],[－호감],[＋자극]

제약 {어린아이}-{울다}

② 어린아이가 듣기 싫게 찌르듯이 우는 소리.

¶삐 하고 울음을 터뜨리다.

의미 [＋소리],[＋벨]v[＋호출기]

제약 {벨, 호출기}-{울리다}

③ 벨이나 호출기 따위의 신호음이 울리는 소리.

¶문자 메시지 수신음이 삐 하고 났다.

삐거걱

의미 [＋소리],[＋물건],[＋마찰],[＋거침],[－속

도]

제약

나무나 딱딱한 물건이 서로 닿으면서 쓸릴 때 거칠고 조금 느리게 나는 소리. '비거걱'보다 센 느낌을 준다.

¶노를 저을 때마다 작은 나무배는 삐거걱 소리를 내며 검은 물 위로 미끄러져 흘러내렸다.≪김동리, 달≫

삐거덕

의미 [+소리],[+물건],[+접촉],[+마모]

제약

크고 단단한 물건이 서로 닿아서 갈릴 때 나는 소리. '비거덕'보다 센 느낌을 준다.

¶이제 한쪽 바퀴가 완전히 떨어져 나가고 차체가 삐거덕 소리를 내며 기울기 시작하였습니다. ≪김주영, 도둑 견습≫

삐거덕-삐거덕

의미 [+소리],[+물건],[+접촉],[+마모],[+반복]

제약

크고 단단한 물건이 자꾸 서로 닿아서 갈릴 때 나는 소리. '비거덕비거덕'보다 센 느낌을 준다.

¶창문이 바람 때문에 삐거덕삐거덕 소리를 낸다./양식장 여기저기에서 삐거덕삐거덕 노 젓는 소리가 들려오기 시작했다.≪한승원, 목선≫

삐걱

의미 [+소리],[+물건],[+접촉],[+마모]

제약

'삐거덕'의 준말. 크고 단단한 물건이 서로 닿아서 갈릴 때 나는 소리.

¶부하 순경이 삐걱, 잘 열리지 않는 판자문을 힘들게 열고 옆방으로 들어갔다.≪안수길, 북간도≫/남자가 버럭 고함을 치는 바람에 침대 스프링이 삐걱 소리를 냈다.≪신상웅, 히포크라테스의 흉상≫

삐걱-빼각

의미 [+소리],[+물건],[+접촉],[+마모],[+반복]

제약

단단한 물건이 자꾸 서로 닿아서 갈릴 때 나는 소리. '비걱배각'보다 센 느낌을 준다.

삐걱-삐걱

의미 [+소리],[+물건],[+접촉],[+마모],[+반복]

제약

'삐거덕삐거덕'의 준말. 크고 단단한 물건이 자꾸 서로 닿아서 갈릴 때 나는 소리.

¶사립문을 삐걱삐걱 흔드는 소리가 났다./갑자기 침대 밑에서 스프링 소리가 삐걱삐걱 방을 울렸다.≪홍성원, 육이오≫/사무실에서 나온 선혜는 삐걱삐걱 소리가 나는 층계를 밟고 내려오는데 희색이 만면하다.≪박경리, 토지≫

삐국

의미 [+모양],[+사람]∨[+물건],[−간격],[+충만]

제약 {사람, 물건}-{차다}

사람이나 물건이 어떤 공간에 빈틈없이 아주 꽉 찬 모양. 늑삐국이.

삐국-이

의미 [+모양],[+사람]∨[+물건],[−간격],[+충만]

제약 {사람, 물건}-{차다}

=삐국. 사람이나 물건이 어떤 공간에 빈틈없이 아주 꽉 찬 모양.

삐꺼덕

의미 [+소리],[+물건],[+접촉],[+마모]

제약

크고 단단한 물건이 서로 닿아서 갈릴 때 나는 소리. '비거덕'보다 아주 센 느낌을 준다.

삐꺼덕-삐꺼덕

의미 [+소리],[+물건],[+접촉],[+마모],[+반복]

제약

크고 단단한 물건이 자꾸 서로 닿아서 갈릴 때 나는 소리. '비거덕비거덕'보다 아주 센 느낌을 준다.

¶갑성이가 광 한구석에서 과목 소독 펌프를 발견해 가지고 한 번 손잡이를 뽑았다 눌렀다. 삐꺼덕삐꺼덕 녹슨 쇳소리가 났다.≪황순원, 카인의 후예≫

삐꺽

의미 [+소리],[+물건],[+접촉],[+마모]

제약

'삐거덕'의 준말. 크고 단단한 물건이 서로 닿아서 갈릴 때 나는 소리.

¶대문이 삐꺽 열리다/방 안에서 곧 인기척이 들리더니 방문이 삐꺽 밖으로 열렸다.≪홍성원, 육이오≫

삐꺽-빼각

의미 [+소리],[+물건],[+접촉],[+마모],[+반복]

제약

단단한 물건이 자꾸 서로 닿아서 갈릴 때 나는 소리. '비격배각'보다 센 느낌을 준다.

삐꺽-삐꺽

의미 [+소리],[+물건],[+접촉],[+마모],[+반복]

제약

'삐꺼덕삐꺼덕'의 준말. 크고 단단한 물건이 자꾸 서로 닿아서 갈릴 때 나는 소리

¶삐꺽삐꺽 노 젓는 소리/나무로 된 성당 바닥은 사람들이 지나다닐 때마다 삐꺽삐꺽 소리가 나고 군데군데 썩어서 곧 내려앉을 판이었다.

삐끗

의미 [+모양],[+물건],[-일치],[+상충]

제약

① 맞추어 끼일 물건이 꼭 들어맞지 아니하고 어긋나는 모양. '비끗①'보다 센 느낌을 준다.

의미 [+모양],[+팔]v[+다리],[+탈구]

제약 {팔, 다리}-{삐다, 접질리다}

② 팔이나 다리 따위가 접질리는 모양. '비끗②'보다 센 느낌을 준다.

¶발길질에 짓이겨진 옆구리가 뗏장을 옮기느라고 움직거림에 따라 삐끗 결리곤 했다.≪한승원, 해일≫

의미 [+모양],[+일],[+잘못],[+상충]

제약

③ 잘못하여 일이 어긋나는 모양. '비끗③'보다 센 느낌을 준다.

삐끗-삐끗

의미 [+모양],[+물건],[-일치],[+상충],[+반복]

복]

제약

① 맞추어 끼일 물건이 꼭 들어맞지 아니하고 자꾸 어긋나는 모양. '비끗비끗①'보다 센 느낌을 준다.

의미 [+모양],[+팔]v[+다리],[+탈구],[+반복]

제약 {팔, 다리}-{삐다, 접질리다}

② 팔이나 다리 따위가 접질리어 시큰하도록 자꾸 어긋물리는 모양. '비끗비끗②'보다 센 느낌을 준다.

의미 [+모양],[+일],[+잘못],[+상충]

제약

③ 잘못하여 일이 자꾸 어긋나는 모양. '비끗비끗③'보다 센 느낌을 준다.

삐드득

의미 [+소리],[+물건],[+틈],[+마찰],[+정도]

제약

① 단단한 물건이 뿌듯한 틈에 끼여 매우 세게 문질리는 소리.

¶순경이는 돌아온 길로 인사불성이 되어서 앓고 있는데 그날 밤에 대문이 삐드득 열리며 안승학이가 큰기침을 하고 종종걸음을 쳐서 들어온다.≪이기영, 고향≫

의미 [+소리],[+피리],[+정도]

제약 {피리}-{불다}

② 장난감 피리 따위를 세게 부는 소리.

삐드득-삐드득

의미 [+소리],[+물건],[+틈],[+마찰],[+정도],[+반복]

제약

① 단단한 물건이 뿌듯한 틈에 끼여 매우 세게 자꾸 문질리는 소리.

의미 [+소리],[+피리],[+정도],[+반복]

제약 {피리}-{불다}

② 장난감 피리 따위를 자꾸 세게 부는 소리.

삐딱-삐딱

의미 [+모양],[+물체],[+경사],[+반복]

제약

① 물체가 비스듬하게 이쪽저쪽으로 자꾸 기울

어지는 모양. ‘비딱비딱①’보다 센 느낌을 준다.

의미 [＋모양],[＋물체],[＋전부],[＋경사]

제약

② 물체가 여럿이 다 한쪽으로 비스듬하게 기울어져 있는 모양. ‘비딱비딱②’보다 센 느낌을 준다.

삐딱-이

의미 [＋물체],[＋경사]

제약

물체가 한쪽으로 비스듬하게 기울어져 있게. ‘비딱이’보다 센 느낌을 준다.

¶모자를 삐딱이 쓰다.

삐뚜로

의미 [－바름],[＋경사]

제약

① 바르지 아니하고 한쪽으로 기울어지거나 쏠리게. ‘비뚜로①’보다 센 느낌을 준다.

의미 [＋분노],[－일치]

제약

② 성이 나서 틀어지게. ‘비뚜로②’보다 센 느낌을 준다.

삐뚜름-히

의미 [＋경사],[－정도]

제약

조금 비뚤게. ‘비뚜름히’보다 센 느낌을 준다.

¶건너편 잡화상 집 지붕에 삐뚜름히 얹혀 있던 함석 판자가 왈가당 하고 떨어져 자그마한 소동이 벌어졌다.≪이호철, 소시민≫/사람을 보고 타이르는 것처럼 허수아비는 벼 두 섬 나기 어려운 천수답에 삐뚜름히 서서 백사장을 내려다보고 있다.≪박경리, 토지≫

삐뚝-삐뚝

의미 [＋모양],[＋물체],[＋경사],[＋요동],[＋반복]

제약 { }-{흔들리다}

① 물체가 비스듬히 한쪽으로 기울어서 자꾸 흔들리는 모양. ‘비뚝비뚝①’보다 센 느낌을 준다.

의미 [＋모양],[＋표면][－균일]v[＋다리][－일치],[＋걸음],[＋요동]

제약 {사람}-{걷다}

② 바닥이 고르지 못하거나 한쪽 다리가 짧아서 흔들거리며 걷는 모양. ‘비뚝비뚝②’보다 센 느낌을 준다.

삐뚤-빼뚤

의미 [＋모양],[＋물체],[＋경사],[＋요동],[＋반복]

제약 { }-{흔들리다}

① 물체가 이쪽저쪽으로 기울어지며 자꾸 흔들리는 모양. ‘비뚤배뚤①’보다 센 느낌을 준다.

의미 [＋모양],[＋물체],[＋굴곡],[＋반복]

제약 { }-{구부러지다}

② 물체가 곧지 못하고 이쪽저쪽으로 자꾸 구부러지는 모양. ‘비뚤배뚤②’보다 센 느낌을 준다.

¶깃발도 언문으로 풀어 썼고, 글씨도 병신 걸음걸이처럼 삐뚤빼뚤이었다.≪송기숙, 녹두 장군≫

삐뚤-삐뚤

의미 [＋모양],[＋물체],[＋경사],[＋요동],[＋반복]

제약 { }-{흔들리다}

① 물체가 이리저리 기울어지며 자꾸 흔들리는 모양. ‘비뚤비뚤①’보다 센 느낌을 준다.

¶풍랑에 삐뚤삐뚤 위태롭게 떠 있는 배.

의미 [＋모양],[＋물체],[＋굴곡],[＋반복]

제약 { }-{구부러지다}

② 물체가 곧지 못하고 이리저리 자꾸 구부러지는 모양. ‘비뚤비뚤②’보다 센 느낌을 준다.

¶삐뚤삐뚤 꾸부러진 산길.

삐-빼

의미 [＋소리],[＋울음],[＋어린아이],[＋높이],[＋가늘]

제약 {어린아이}-{울다}

① 어린아이의 높고 가느다란 울음소리.

의미 [＋소리],[＋피리]v[＋호드기]

제약 {피리, 호드기}-{불다}

② 피리나 호드기 따위를 불 때 나는 소리.

삐-삐[01]

의미 [＋소리],[＋피리]v[＋호드기],[＋소란]

제약 {피리, 호드기}-{불다}

① 피리나 호드기 따위를 불 때 시끄럽게 나는 소리.

의미 [+소리],[+아이],[+울음],[-호감],[+자극],[+반복]

제약 {어린아이}-{울다}

② 어린아이가 듣기 싫게 찌르듯이 자꾸 우는 소리.

의미 [+소리],[+벨]v[+호출기],[+반복]

제약 {벨, 호출기}-{울리다}

③ 벨이나 호출기 따위의 신호음이 자꾸 울리는 소리.

삐삐⁰²

의미 [+모양],[+수척],[+정도]

제약 { }-{마르다}

(주로 '마르다'와 함께 쓰여) 살가죽이 쭈그러져 붙을 만큼 바짝 여윈 모양.

¶몸이 삐삐 마르다./그는 오랜 병마에 시달려 삐삐 마른 몰골로 누워 있었다.

삐악

의미 [+소리],[+병아리],[-정도]

제약 {병아리}-{울다}

병아리가 한 번 약하게 우는 소리.

삐악-삐악

의미 [+소리],[+병아리],[-정도],[+연속]

제약 {병아리}-{울다}

병아리가 계속 약하게 우는 소리.

¶어미 닭의 구구하는 소리와 병아리들의 삐악삐악 우는 소리가 뒤뜰에서 들려온다.

삐오-삐오

의미 [+소리],[+구급차],[+사이렌]

제약 {사이렌}-{ }

구급차 따위가 지나갈 때 나는 사이렌 소리.

¶삐오삐오 소리를 내며 지나가는 구급차.

삐주룩

의미 [+모양],[+물체],[+선단],[+돌출],[+길이]

제약

'삐죽⁰¹'의 본말. 물체의 끝이 조금 길게 내밀려 있는 모양. ≒삐주룩이.

삐주룩-삐주룩

의미 [+모양],[+전부],[+선단],[+돌출],[+길이]

제약

'삐죽삐죽⁰¹'의 본말. 여럿이 다 끝이 조금 길게 내밀려 있는 모양.

삐주룩-이

의미 [+모양],[+물체],[+선단],[+돌출],[+길이]

제약

=삐주룩. 물체의 끝이 조금 길게 내밀려 있는 모양.

¶입을 삐주룩이 내밀다./과녁 저쪽 잡목 덤불 속에서 뭔가 삐주룩이 나와 있는 물건이 그의 시선을 확 낚아챈 탓이었다.≪윤흥길, 완장≫

삐주름-히

의미 [+느낌],[+물체],[+선단],[+예리]

제약

약간 큰 물체의 끝이 삐주룩한 느낌으로.

¶둔덕 너머로 큰 동백나무 우듬지가 삐주름히 솟아 있었는데….≪문순태, 타오르는 강≫

삐죽⁰¹

의미 [+모양],[+물체],[+선단],[+돌출],[+길이]

제약

물체의 끝이 조금 길게 내밀려 있는 모양. '비죽⁰¹'보다 센 느낌을 준다. ≒삐죽이⁰¹.

¶포탄에 갈가리 찢기고 부러져서 나무들은 하나같이 굵은 밑동들만 눈 속에 삐죽 남아 있다.≪홍성원, 육이오≫/문득 삐죽 나온 코털이 보이고 이마에 보기 흉한 여드름이 하나 눈에 띈다.≪이양하, 이양하 수필선≫

삐죽⁰²

의미 [+모양],[+입],[+돌출],[-소리],[+조소]v[+불쾌]v[+울음]

제약 {입}-{내밀다}

① 비웃거나 언짢거나 울려고 할 때 소리 없이 입을 내미는 모양. '비죽⁰²①'보다 센 느낌을 준다. ≒삐죽이⁰²①.

¶입을 삐죽 내밀다.

의미 [+모양],[+얼굴]v[+물건],[+출현]

제약

② 얼굴이나 물건의 모습만 한 번 슬쩍 내밀거

나 나타내는 모양. '비죽02②'보다 센 느낌을 준다. 늑삐죽이02②.

¶삐죽 고개를 내밀다./주렁주렁 달린 메줏덩이들 사이로 흡사 산사람 같은 외투 차림의 얼굴이 삐죽 내밀고 있었다.≪이호철, 소시민≫/곰배팔이 깡통 사내를 노려보고 그가 작은 팔이라고 팔 대신 가지고 다니는 비수를 삐죽 비치는 것이었다.≪이정환, 샛강≫

삐죽–빼죽01

의미 [+모양],[+전부],[+선단],[+돌출],[−균일]

제약

여럿이 다 끝이 고르지 아니하게 조금씩 내밀려 있는 모양. '비죽배죽01'보다 센 느낌을 준다.

¶깨진 유리를 삐죽빼죽 꽂아 둔 담.

삐죽–빼죽02

의미 [+모양],[+입],[+돌출],[−소리],[+조소]v[+불쾌]v[+울음]

제약 {입}–{내밀다, 실룩샐룩하다}

비웃거나 언짢거나 울려고 할 때 소리 없이 입을 내밀고 실룩샐룩하는 모양. '비죽배죽02'보다 센 느낌을 준다.

삐죽–삐죽01

의미 [+모양],[+전부],[+선단],[+돌출],[−균일]

제약

여럿이 다 끝이 조금 길게 내밀려 있는 모양. '비죽비죽01'보다 아주 센 느낌을 준다.

¶선인장에 삐쭉삐쭉 돋은 가시.

삐죽–삐죽02

의미 [+모양],[+입술],[+돌출],[−소리],[+조소]v[+불쾌]v[+울음]

제약

비웃거나 언짢거나 울려고 할 때 소리 없이 입술을 내밀고 실룩거리는 모양. '비죽비죽02'보다 아주 센 느낌을 준다.

삐죽–이01

의미 [+모양],[+물체],[+선단],[+돌출],[+길이]

제약

=삐죽01. 물체의 끝이 조금 길게 내밀려 있는 모양.

¶낙엽 틈으로 삐죽이 솟아 있는 버섯은 몸 전체가 핏빛인 독버섯이더군.≪김성동, 만다라≫

삐죽–이02

의미 [+모양],[+입],[+돌출],[−소리],[+조소]v[+불쾌]v[+울음]

제약 {입}–{내밀다}

①=삐죽02①. 비웃거나 언짢거나 울려고 할 때 소리 없이 입을 내미는 모양.

¶아이가 연이를 저만큼 떨어져 걸으며 이맛살을 찌푸리고 입을 삐죽이 내밀었다.≪최정희, 천맥≫

의미 [+모양],[+얼굴]v[+물건],[+출현]

제약

②=삐죽02②. 얼굴이나 물건의 모습만 한 번 슬쩍 내밀거나 나타내는 모양.

¶어느새 노영호도 김 소령 어깨 너머로 삐죽이 얼굴을 내어 밀었다.≪이호철, 적막강산≫

삐질–삐질

의미 [+모양],[+땀],[+곤란]

제약 {땀}–{흘리다}

몹시 난처하거나 힘들 때에 땀을 흘리는 모양.

¶선생님께서 나에게 질문을 하셨을 때 너무나 당황해서 진땀이 삐질삐질 났다.

삐쩍

의미 [+모양],[+수척],[−외모]

제약 { }–{마르다}

볼품없이 매우 마른 모양.

¶삐쩍 마른 얼굴.

삐쭈룩

의미 [+모양],[+물체],[+선단],[+돌출],[+길이]

제약

'삐쭉01'의 본말. 물체의 끝이 조금 길게 내밀려 있는 모양. 늑삐쭈룩이.

삐쭈룩–삐쭈룩

의미 [+모양],[+전부],[+선단],[+돌출],[+길이]

제약

'삐쭉삐쭉01'의 본말. 여럿이 다 끝이 조금 길게

내밀려 있는 모양.

삐쭈룩-이

의미 [＋모양],[＋물체],[＋선단],[＋돌출],[＋길이]

제약

=삐쭈룩. 물체의 끝이 조금 길게 내밀려 있는 모양.

삐쭉[01]

의미 [＋모양],[＋물체],[＋선단],[＋돌출],[＋길이]

제약

물체의 끝이 조금 길게 내밀려 있는 모양. '비죽[01]'보다 아주 센 느낌을 준다. 늑삐쭉이[01].

¶자루 밖으로 못이 삐쭉 나와 있다./푸른 침대보 바깥으로 맨발이 삐쭉 솟아 나와 있었다.≪최인호, 지구인≫

삐쭉[02]

의미 [＋모양],[＋입],[＋돌출],[－소리],[＋조소]v[＋불쾌]v[＋울음]

제약 {입}-{내밀다}

① 비웃거나 언짢거나 울려고 할 때 소리 없이 입을 내미는 모양. '비죽[02]①'보다 아주 센 느낌을 준다. 늑삐쭉이[02]①.

¶용현이는 입을 삐쭉 내밀어 핀잔을 주어 놓고 친구들을 데리고 장막을 향해 내달았다.≪송기숙, 녹두 장군≫

의미 [＋모양],[＋얼굴]v[＋물건],[＋출현]

제약

② 얼굴이나 물건의 모습만 한 번 슬쩍 내밀거나 나타내는 모양. '비죽[02]②'보다 아주 센 느낌을 준다. 늑삐쭉이[02]②.

¶모임에 가서는 얼굴만 삐쭉 내밀고 서둘러 왔다.

삐쭉-빼쭉[01]

의미 [＋모양],[＋전부],[＋선단],[＋돌출],[－균일]

제약

여럿이 다 끝이 고르지 않게 조금씩 내밀려 있는 모양. '비죽배죽[01]'보다 아주 센 느낌을 준다.

¶합판 위로 못이 삐쭉빼쭉 나오다.

삐쭉-빼쭉[02]

의미 [＋모양],[＋입],[＋돌출],[－소리],[＋조소]v[＋불쾌]v[＋울음]

제약 {입}-{내밀다, 실룩샐룩하다}

비웃거나 언짢거나 울려고 할 때 소리 없이 입을 내밀고 실룩샐룩하는 모양. '비죽배죽[02]'보다 아주 센 느낌을 준다.

삐쭉-삐쭉[01]

의미 [＋모양],[＋전부],[＋선단],[＋돌출],[＋길이]

제약

여럿이 다 끝이 조금 길게 내밀려 있는 모양. '비죽비죽[01]'보다 아주 센 느낌을 준다.

¶선인장에 삐쭉삐쭉 돋은 가시.

삐쭉-삐쭉[02]

의미 [＋모양],[＋입],[＋돌출],[－소리],[＋조소]v[＋불쾌]v[＋울음]

제약 {입}-{내밀다, 실룩샐룩하다}

비웃거나 언짢거나 울려고 할 때 소리 없이 입을 내밀고 실룩샐룩하는 모양. '비죽배죽[02]'보다 아주 센 느낌을 준다.

삐쭉-이[01]

의미 [＋모양],[＋물체],[＋선단],[＋돌출],[＋길이]

제약

=삐쭉[01]. 물체의 끝이 조금 길게 내밀려 있는 모양.

삐쭉-이[02]

의미 [＋모양],[＋입],[＋돌출],[－소리],[＋조소]v[＋불쾌]v[＋울음]

제약 {입}-{내밀다}

①=삐쭉[02]①. 비웃거나 언짢거나 울려고 할 때 소리 없이 입을 내미는 모양.

¶입을 삐쭉이 내밀다.

의미 [＋모양],[＋얼굴]v[＋물건],[＋출현]

제약

②=삐쭉[02]②. 얼굴이나 물건의 모습만 한 번 슬쩍 내밀거나 나타내는 모양.

¶얼굴을 삐쭉이 내밀다.

삐트적-삐트적

의미 [+모양],[+걸음],[−균형],[−정도]

제약 {사람}−{걷다}

몸을 제대로 가누지 못하고 약간 비틀거리며 걷는 모양. '비트적비트적'보다 센 느낌을 준다.

삐틀-삐틀

의미 [+모양],[+걸음],[−균형],[−기운]v[+현기],[+계속]

제약 {사람}−{걷다}

힘이 없거나 어지러워서 몸을 바로 가누지 못하고 이리저리 쓰러질 듯이 계속 걷는 모양. '비틀비틀'보다 센 느낌을 준다.

삑01

의미 [+소리],[+새]v[+사람]v[+기적],[+순간],[+예리],[+정도]

제약 {새, 사람, 기적}−{ }

새, 사람 또는 기적 따위가 갑자기 매우 날카롭게 지르거나 내는 소리.

¶열차가 **삑** 기적을 울리며 역으로 들어온다./우리의 등 뒤에 지프차가 **삑** 소리를 내면서 멈추어 섰다.≪김용성, 도둑 일기≫

삑02

의미 [+모양],[+다수],[+공간],[+밀집]

제약 { }−{두르다}

여럿이 좁은 곳에 촘촘히 둘러 있는 모양.

¶가시줄 울타리를 **삑** 둘러친 집./약장수를 **삑** 둘러싼 구경꾼./백설을 인 뾰족뾰족한 봉우리를 배경으로 하여 무디게 산마루가 **삑** 둘러 있는 것이 무슨 성안에 들어선 기분이다.≪장용학, 역성 서설≫

삑-삑

의미 [+소리],[+새]v[+사람]v[+기적],[+순간],[+예리],[+정도],[+반복]

제약 {새, 사람, 기적}−{ }

새, 사람 또는 기적 따위가 갑자기 자꾸 매우 날카롭게 지르거나 내는 소리.

¶호루라기 소리가 **삑삑** 들려온다.

삑삑-이

의미 [+공간],[+협소],[−간격]

제약

① 사이가 비좁을 정도로 촘촘하게.

¶**삑삑**이 모여든 구경꾼.

의미 [+농도],[−국물],[+건더기]

제약

② 국물이 적고 건더기가 많아서 퍽 되다.

삔둥-삔둥

의미 [+모양],[−노동],[+나태],[+유희]

제약 {사람}−{놀다}

아무 일도 하지 아니하고 게으름을 피우며 놀기만 하는 모양. '빈둥빈둥'보다 센 느낌을 준다.

¶그는 벌써 몇 년째 일정한 직업 없이 **삔둥삔둥** 놀기만 했다.

삔들-삔들

의미 [+모양],[−노동],[+나태],[+유희],[−수치],[+연속]

제약 {사람}−{놀다}

부끄러운 줄 모르고 게으름을 피우며 삔삔스럽게 놀기만 하는 모양. '빈들빈들'보다 센 느낌을 준다.

¶게으름뱅이처럼 **삔들삔들** 놀지만 말고 마당이라도 치우게나.

삘리리-삘리리

의미 [+소리],[+피리],[+신명]

제약 {피리}−{불다}

피리 따위를 흥겹게 부는 소리.

¶아이들은 들판에서 **삘리리삘리리** 풀피리를 불며 놀고 있다.

삥

의미 [+모양],[+범위],[+확정],[+넓이],[+순회]

제약 { }−{돌다}

① 약간 넓은 일정한 범위를 한 바퀴 도는 모양. '빙①'보다 센 느낌을 준다.

¶소문이 **삥** 돌다./먼 길로 **삥** 돌아서 가다.

의미 [+모양],[+정신],[+현기],[+순간]

제약

② 갑자기 정신이 아찔해지는 모양. '빙②'보다 센 느낌을 준다.

의미 [+모양],[+둘레],[+확정],[+포위]

제약 { }−{에워싸다, 둘러싸다}

③ 일정한 둘레를 넓게 둘러싸는 모양. '빙③'보

589

다 센 느낌을 준다.

¶사람들에게 뻥 둘러싸이다./한편에서는 송편을 빚고, 다른 편에서는 해콩을 까느라고 뜰 아래 위로 뻥 둘러앉았다.≪이기영, 봄≫

의미 [+모양],[+눈물],[+충만],[+순간]

제약

④ 갑자기 눈물이 글썽해지는 모양. '빙④'보다 센 느낌을 준다.

뻥그레

의미 [+모양],[+웃음],[+개구],[−소리],[+유연]

제약 {사람}-{웃다}

입을 약간 벌리고 소리 없이 부드럽게 웃는 모양. '빙그레'보다 센 느낌을 준다.

뻥그르르

의미 [+모양],[+몸]v[+물건],[+회전],[+한번]

제약 {사람, 물건}-{돌다}

몸이나 물건 따위가 넓게 한 바퀴 도는 모양. '빙그르르'보다 센 느낌을 준다.

¶빙판길에 미끄러진 차가 뻥그르르 도는 바람에 사고가 날 뻔하였다.

뻥글

의미 [+모양],[+웃음],[+개구],[−소리],[+유연]

제약 {사람}-{웃다}

입을 슬며시 벌릴 듯 말 듯 하면서 소리 없이 부드럽게 한 번 웃는 모양. '빙글'보다 센 느낌을 준다.

뻥글-뻥글01

의미 [+모양],[+웃음],[+개구],[−소리],[+유연],[+반복]

제약 {사람}-{웃다}

입을 슬며시 벌릴 듯 말 듯 하면서 소리 없이 부드럽게 자꾸 웃는 모양. '빙글빙글01'보다 센 느낌을 준다.

뻥글-뻥글02

의미 [+모양],[+대형],[+회전],[+윤활],[+연속],

제약

큰 것이 잇따라 미끄럽게 도는 모양. '빙글빙글02'보다 센 느낌을 준다.

뻥긋

의미 [+모양],[+웃음],[+개구],[−소리],[−정도]

제약 {사람}-{웃다}

입을 슬쩍 벌릴 듯하면서 소리 없이 거볍게 한 번 웃는 모양. '빙긋'보다 센 느낌을 준다. 늑뻥긋이.

¶살며시 뻥긋 웃다.

뻥긋-뻥긋

의미 [+모양],[+웃음],[+개구],[−소리],[−정도],[+반복]

제약 {사람}-{웃다}

입을 슬쩍 벌릴 듯하면서 소리 없이 거볍게 자꾸 웃는 모양. '빙긋빙긋'보다 센 느낌을 준다.

¶뻥긋뻥긋 웃다./석호의 입술에는 쉴 새 없이 미소가 흘렀다. 까닭 없이 입이 뻥긋뻥긋 벌어지는 것을 걷잡으려 해도 걷잡을 수가 없었다.≪현진건, 적도≫

뻥긋-이

의미 [+모양],[+웃음],[+개구],[−소리],[−정도]

제약 {사람}-{웃다}

=뻥긋. 입을 슬쩍 벌릴 듯하면서 소리 없이 거볍게 한 번 웃는 모양.

¶그는 뻥긋이 웃기만 할 뿐 아무런 말도 없었다.

뻥끗

의미 [+모양],[+웃음],[+개구],[−소리],[−정도]

제약 {사람}-{웃다}

입을 슬쩍 벌릴 듯하면서 소리 없이 거볍게 한 번 웃는 모양. '빙긋'보다 아주 센 느낌을 준다. 늑뻥끗이.

¶묻는 말에 대답은 않고 뻥끗 웃기만 한다.

뻥끗-뻥끗

의미 [+모양],[+웃음],[+개구],[−소리],[−정도],[+반복]

제약 {사람}-{웃다}

입을 슬쩍 벌릴 듯하면서 소리 없이 거볍게 자

꾸 웃는 모양. '빙긋빙긋'보다 아주 센 느낌을 준다.

뻥끗-이

의미 [+모양],[+웃음],[+개구],[−소리],[−정도]

제약 {사람}-{웃다}

=뻥끗. 입을 슬쩍 벌릴 듯하면서 소리 없이 거볍게 한 번 웃는 모양.

¶그는 뻥끗이 웃기만 할 뿐 아무런 말도 없었다.

뻥-뻥

의미 [+모양],[+범위],[+확정],[+넓이],[+순회],[+반복]

제약 { }-{돌다}

① 약간 넓은 일정한 범위를 자꾸 도는 모양. '빙빙①'보다 센 느낌을 준다.

¶뻥뻥 돌다.

의미 [+모양],[+왕복],[−방향],[−일정],[+반복]

제약 { }-{돌아다니다}

② 이리저리 자꾸 돌아다니는 모양. '빙빙②'보다 센 느낌을 준다.

의미 [+모양],[+정신],[+현기],[+순간],[+반복]

제약

③ 갑자기 정신이 자꾸 어찔해지는 모양. '빙빙③'보다 센 느낌을 준다.

뻥시레

의미 [+모양],[+웃음],[+개구],[−소리],[−정도],[+유연]

제약 {사람}-{웃다}

슬며시 입을 벌리는 듯하면서 소리 없이 거볍고 부드럽게 웃는 모양. '빙시레'보다 센 느낌을 준다.

뻥실

의미 [+모양],[+웃음],[+개구],[−소리],[+유연],[+온화]

제약 {사람}-{웃다}

슬며시 입을 벌릴 듯하면서 소리 없이 부드럽고 온화하게 한 번 웃는 모양. '빙실01'보다 센 느낌을 준다.

뻥실-뻥실

의미 [+모양],[+웃음],[+개구],[−소리],[+유연],[+온화],[+반복]

제약 {사람}-{웃다}

슬며시 입을 벌릴 듯하면서 소리 없이 부드럽고 온화하게 자꾸 웃는 모양. '빙실빙실'보다 센 느낌을 준다.

뻥싯

의미 [+모양],[+웃음],[+개구],[−소리],[−정도],[+온화]

제약 {사람}-{웃다}

입을 슬며시 벌릴 듯하면서 소리 없이 거볍고 온화하게 한 번 웃는 모양. '빙싯'보다 센 느낌을 준다. ≒뻥싯이.

뻥싯-뻥싯

의미 [+모양],[+웃음],[+개구],[−소리],[−정도],[+온화],[+반복]

제약 {사람}-{웃다}

입을 슬며시 벌릴 듯하면서 소리 없이 거볍고 온화하게 자꾸 웃는 모양. '빙싯빙싯'보다 센 느낌을 준다.

뻥싯-이

의미 [+모양],[+웃음],[+개구],[−소리],[−정도],[+온화]

제약 {사람}-{웃다}

=뻥싯. 입을 슬며시 벌릴 듯하면서 소리 없이 거볍고 온화하게 한 번 웃는 모양.

ㅅ

사각

　의미 [＋소리],[＋벼]v[＋보리]v[＋밀],[＋절단]

　제약 {벼, 보리, 밀}-{베다}

　① 벼, 보리, 밀 따위를 벨 때 나는 소리.

　의미 [＋소리],[＋눈],[＋밟음]

　제약 {눈}-{밟다}

　② 눈 따위를 밟을 때 나는 소리.

　의미 [＋소리],[＋과자]v[＋배]v[＋사과],[＋씹음]

　제약 {과자, 배, 사과}-{씹다}

　③ 연한 과자나 배, 사과 따위를 씹을 때 나는 소리.

　¶사과를 한 입 베어 물자 사각 소리가 났다.

　의미 [＋소리],[＋갈대]v[＋천],[－두께],[＋견고],[＋마찰]

　제약

　④ 갈대나 풀 먹인 천 따위의 얇고 빳빳한 물체가 스칠 때 나는 소리.

　의미 [＋소리],[＋종이],[＋필기]

　제약 {　}-{쓰다}

　⑤ 종이 위에 글씨를 쓸 때 나는 소리.

사각-사각

　의미 [＋소리],[＋벼]v[＋보리]v[＋밀],[＋절단],[＋연속]

　제약 {벼, 보리, 밀}-{베다}

　① 벼, 보리, 밀 따위를 잇따라 벨 때 나는 소리.

　¶농부들은 수확의 기쁨으로 얼굴에 웃음을 띤 채, 사각사각 소리를 내며 벼를 베고 있었다./면도기로 수염을 밀기 시작하자 사각사각 털이 밀려나는 소리가 들렸다.

　의미 [＋소리],[＋눈],[＋낙하]v[＋밟음],[＋연속]

　제약 {눈}-{내리다, 밟다}

　② 눈이 내리거나 눈 따위를 밟을 때 잇따라 나는 소리.

　¶사각사각 눈을 밟고 그가 오고 있다./사각사각 소리를 내며 싸락눈이 내린다.≪박경리, 토지≫

　의미 [＋소리],[＋과자]v[＋배]v[＋사과],[＋씹음],[＋반복]

　제약 {과자, 배, 사과}-{씹다}

　③ 연한 과자나 배, 사과 따위를 자꾸 씹을 때 나는 소리.

　¶아이는 커다란 사과를 들고 사각사각 소리를 내며 먹고 있었다.

　의미 [＋소리],[＋갈대]v[＋천],[－두께],[＋견고],[＋마찰],[＋반복]

　제약

　④ 갈대나 풀 먹인 천 따위의 얇고 빳빳한 물체가 자꾸 스칠 때 나는 소리.

　¶빳빳하게 풀을 먹인 치마는 걸을 때마다 사각사각 소리를 냈다./보드라운 옷고름의 촉감 밑에는 고려 비단의 비벼지는 소리가 사각사각 일어난다.≪박종화, 다정불심≫/바람은 여전히 마른 갈댓잎을 건조한 종이처럼 사각사각 흔들고 있었다.≪홍성원, 육이오≫

　의미 [＋소리],[＋종이],[＋필기],[＋연속]

　제약 {　}-{쓰다}

　⑤ 종이 위에 글씨를 잇따라 쓸 때 나는 소리.

　¶사각사각 연필 소리.

사그락-사그락

　의미 [＋소리],[＋눈],[＋낙하]v[＋밟음],[＋연속]

제약 {눈}-{내리다, 밟다}

① '사각사각②'의 본말. 눈이 내리거나 눈 따위를 밟을 때 잇따라 나는 소리.

¶잘 닦인 그의 구두가 카펫을 밟을 때마다 사그락사그락, 눈발이 쌓이는 소리가 났다.≪이동하, 도시의 늪≫

의미 [+소리],[+갈대]v[+천],[-두께],[+견고],[+마찰],[+반복]

제약

② '사각사각④'의 본말. 갈대나 풀 먹인 천 따위의 얇고 빳빳한 물체가 자꾸 스칠 때 나는 소리.

¶갈대 스치는 소리가 사그락사그락 울린다.

사근사근-히

의미 [+외형]v[+성품],[+온화],[+시원]

제약 {사람}-{대하다, 모시다}

① 생김새나 성품이 상냥하고 시원스럽게.

¶오시는 손님들을 사근사근히 모시도록 해라./그녀는 모든 사람을 사근사근히 대한다.

의미 [+사과]v[+배],[+씹음],[-유연],[-견고],[+정도]

제약 {사과, 배}-{씹다}

② 사과나 배 따위를 씹는 것과 같이 매우 보드랍고 연하다.

¶사근사근히 씹히는 배.

사날없-이

의미 [-친교],[-인정]

제약

붙임성이 없이 무뚝뚝하게.

사늘-히

의미 [+느낌],[+물체],[+온도]v[+기온],[+냉기]

제약

① 물체의 온도나 기온이 약간 찬 느낌이 있게.

¶사늘히 식은 밥.

의미 [+성격]v[+태도],[+냉정],[-정도]

제약

② 사람의 성격이나 태도 따위가 약간 차갑게.

의미 [+느낌],[+경악]v[+공포],[+순간],[+냉기]

제약

③ 갑자기 놀라거나 무서워 약간 찬 느낌이 있게.

사들-사들

의미 [+모양],[-생기],[-정도]

제약 { }-{시들다, 마르다}

조금씩 시들어 가거나 시든 듯한 모양.

¶폭염에 화초가 사들사들 마르고 있다./그녀의 얼굴이 사들사들 시들어 간다.

사뜻-이

의미 [+청결],[+단정]

제약

깨끗하고 말쑥하게.

사락-사락01

의미 [+소리],[+마찰]v[+접촉],[-정도],[+반복]

제약 { }-{스치다}

무엇이 자꾸 가볍게 쓸리거나 맞닿는 소리.

¶사락사락 옷깃이 스치는 소리가 들린다.

사락-사락02

의미 [+소리],[+눈],[+낙하]

제약 {눈}-{내리다}

눈 따위가 가볍게 내리는 소리.

¶밤새 사락사락 눈 내리는 소리가 들리더니, 아침에는 온 세상이 하얀빛으로 변해 있었다./나란히 걷는 두 똘만이의 어깨 위에 싸락눈이 사락사락 뿌렸다.≪이문희, 흑맥≫/밖에선 어느새 바람이 그치고 굵은 눈발이 사락사락 내리고 있었지만 윤은 그것을 알지 못했다.≪이동하, 우울한 귀향≫

사람사람-이

의미 [+사람],[+개별],[+전부]

제약

사람마다 모두.

¶사람사람이 태극기를 들고 거리로 쏟아져 나왔다.

사랑스레

의미 [+모양]v[+행동],[+사랑],[+호감]

제약

생김새나 행동이 사랑을 느낄 만큼 귀여운 데가

있게.

사르르

의미 [+모양],[+얽힘]v[+뭉침],[+자연],[+해제]

제약 { }-{풀리다}

① 얽히거나 뭉쳤던 것이 저절로 살살 풀리는 모양.

¶옷고름이 나도 모르게 **사르르** 풀렸다./좀 전에 아찔하던 정신이 **사르르** 풀리며 온몸의 맥이 쑥 빠져나갔다.≪이범선, 오발탄≫

의미 [+모양],[+눈]v[+얼음],[+용해],[-속도]

제약 {눈, 얼음}-{녹다}

② 눈이나 얼음 따위가 저절로 살살 녹는 모양.

¶쌓였던 눈이 **사르르** 녹았다./사탕은 미처 씹을 사이도 없이 **사르르** 녹으며 목구멍으로 홀랑 넘어갔다.

의미 [+모양],[+느낌],[+졸음],[-정도]

제약 {졸음}-{오다}

③ 졸음이 살며시 오는 모양.

¶하루의 피곤이 덩어리져 엄습해 오며 **사르르** 졸음이 왔다.≪이호철, 문≫

의미 [+모양],[+눈],[±감음],[-정도]

제약 {눈}-{감다, 뜨다}

④ 눈을 살며시 감거나 뜨는 모양.

¶그는 아무 말 없이 **사르르** 감았던 눈을 떴다./미영은 깜빡거리던 눈을 **사르르** 감고 준구의 가슴에 얼굴을 묻었다.≪이영치, 흐린 날 황야에서≫

의미 [+모양],[+운동],[+활주],[+은밀]

제약

⑤ 미끄러지듯 살며시 움직이는 모양.

¶**사르르** 끌리는 치맛자락./**사르르** 방문을 열다.

의미 [+모양],[+요동],[-정도]

제약 { }-{떨다}

⑥ 가볍게 떨리는 모양.

¶그 찬란한 햇살을 담뿍 받은 주모의 얼굴에 사향제비나비가 **사르르** 날개를 떨듯 경련을 일으키더니 천천히 눈을 떴다.≪문순태, 타오르는 강≫/바람이 플라타너스 잎을 **사르르** 흔들고 지나간다.≪최인훈, 구운몽≫

의미 [+느낌],[+배],[+통증],[-정도]

제약 {배}-{아프다}

⑦ 배 따위에 통증이 조금씩 전하여 오는 느낌.

¶배가 **사르르** 아프다.

사르륵

의미 [+소리]v[+모양],[+물건],[+마찰],[-정도]

제약

물건이 쓸리면서 가볍게 나는 소리. 또는 그 모양.

사르륵-사르륵

의미 [+소리]v[+모양],[+물건],[+마찰],[-정도],[+연속]

제약

물건이 조금씩 쓸리면서 잇따라 가볍게 나는 소리. 또는 그 모양.

¶나뭇잎이 미풍에 **사르륵사르륵** 소리를 냈다./물결이 **사르륵사르륵** 소리를 내며 밀려왔다./갓 나온 떡갈나무 잎이 바람을 맞아 **사르륵사르륵** 소리를 내고 있었다.≪정비석, 성황당≫/바람 소리와 함께 윗목 벽에 나 있는 봉창을 눈발이 **사르륵사르륵** 긁어 대는 소리가 날 뿐, 물속 같은 방이었다.≪이상문, 황색인≫

사륵

의미 [+소리]v[+모양],[+물건],[+마찰],[-정도]

제약

'사르륵'의 준말. 물건이 쓸리면서 가볍게 나는 소리. 또는 그 모양.

사륵-사륵

의미 [+소리]v[+모양],[+물건],[+마찰],[-정도],[+연속]

제약

'사르륵사르륵'의 준말. 물건이 쓸리면서 가볍게 나는 소리. 또는 그 모양.

사리-사리01

의미 [+모양],[+연기],[+상승],[-굵기]

제약 {연기}-{올라가다, 퍼지다}

연기 따위가 가늘게 올라가는 모양.

사리-사리02

의미 [+모양],[+국수]v[+새끼]v[+실],[+누적],[+원형]

제약 {국수, 새끼, 실}-{쌓이다}

① 국수, 새끼, 실 따위를 동그랗게 포개어 감아 놓은 모양.

¶헛간에는 새끼가 **사리사리** 쌓여 있었다.

의미 [+모양],[+감정],[+복잡]

제약 { }-{얽히다}

② 감정 따위가 복잡하게 얽혀 있는 모양.

¶**사리사리** 얽힌 생각.

사리-살짝

의미 [+타인],[-인식],[+속도]

제약

남이 전혀 눈치 못 채는 사이에 아주 잽싸게.

¶나는 어머니가 의자에 앉아 조시는 사이에 **사리살짝** 집을 빠져나왔다./아들은 아버지가 책을 보는 사이 **사리살짝** 동전 몇 개를 아버지 주머니에서 꺼냈다.

사막스레

의미 [+성질]v[+태도],[+흉악],[+정도]

제약 {사람}-{굴다}

성질이나 태도가 매우 악한 데가 있게.

사물-사물01

의미 [+느낌],[+피부],[+벌레],[+포복]

제약 {벌레}-{기다}

살갗에 작은 벌레가 기어가는 것처럼 간질간질한 느낌.

사물-사물02

의미 [+모양],[+시야],[+모호],[-분명],[+반복]

제약

아리송한 것이 눈앞에 떠올라 자꾸 아른거리는 모양.

사뭇

의미 [-방해],[-주의]

제약

① 거리낌 없이 마구.

¶그는 선생님 앞에서 **사뭇** 술을 마셨다./발소리는 **사뭇** 가까워 오고 있었다.≪이무영, 농민≫

의미 [+끝],[+지속]

제약

② 내내 끝까지.

¶이번 겨울 방학은 **사뭇** 바빴다./이제까지 침울하고 한가롭고 **사뭇** 조용하기만 하던 병실 분위기가 갑자기 떠들썩해지며 생기를 되찾은 것 같았다.≪유주현, 하오의 연가≫

의미 [+상이],[+정도]

제약 { }-{다르다}

③ 아주 딴판으로.

¶**사뭇** 다르다./기질도 **사뭇** 달라 남쪽이 숭문에 가깝다면 북쪽에는 상무의 전통이 은연중에 살아 있었고….≪이문열, 영웅시대≫

의미 [+마음],[+새김],[+정도]

제약

④ 마음에 사무치도록 매우.

¶그녀의 마음에는 **사뭇** 슬픔이 밀려왔다./어머니는 3년 만에 귀향한 아들을 보고 **사뭇** 감격하는 표정을 짓는다.

사미-히

의미 [+분수],[+과도],[+정도]

제약

분수에 지나친 듯하게.

사박-사박

의미 [+소리]v[+모양],[+배]v[+사과]v[+무],[+씹음],[+반복]

제약 {배, 사과, 무}-{씹다}

① 배나 사과, 바람이 든 무 따위를 가볍게 자꾸 씹는 소리. 또는 그 모양.

¶사과를 **사박사박** 씹다.

의미 [+소리]v[+모양],[+모래]v[+눈],[+밟음],[-정도],[+연속]

제약 {모래, 눈}-{밟다}

② 모래나 눈을 잇따라 가볍게 밟는 소리. 또는 그 모양.

¶**사박사박** 모래알 밟히는 소리가 나다./**사박사박** 걸음을 옮길 때마다 발밑에 부서지던 눈….≪오상원, 유예≫

사박스레

의미 [+성질],[+표독],[+냉정]

제약

성질이 보기에 독살스럽고 야멸친 데가 있게.
¶눈을 사박스레 치뜨다.

사번스레
의미 [+일],[+다양],[+번잡]
제약 {일}-{많다, 복잡하다}
보기에 일이 많고 번거로운 데가 있게.

사번-히
의미 [+일],[+다양],[+번잡]
제약 {일}-{많다, 복잡하다}
일이 많고 번거롭게.

사부랑-사부랑01
의미 [+모양],[+말],[-주관],[-효용],[+반복]
제약 {사람}-{말하다, 지껄이다, 떠들다}
주책없이 쓸데없는 말을 자꾸 지껄이는 모양.

사부랑-사부랑02
의미 [+모양],[+물건],[+묶음]v[+누적],[+간격]
제약
묶거나 쌓은 물건이 다 바짝바짝 다가붙지 않고 좀 느슨하거나 틈이 벌어져 있는 모양.

사부랑-삽작
의미 [+모양],[-노력],[+횡단],[+탑승]
제약
힘들이지 않고 가볍게 살짝 건너뛰거나 올라서는 모양.

사부자기
의미 [-노력],[+용이]
제약
별로 힘들이지 않고 가볍게.

사부작-사부작
의미 [+모양],[+행동],[-노력],[+용이],[+연속]
제약
별로 힘들이지 않고 계속 가볍게 행동하는 모양.

사분-사분
의미 [+모양],[+소리],[+재미],[+귀찮음],[+반복]
제약
① 살짝살짝 우스운 소리를 해 가면서 자꾸 성가시게 구는 모양.

의미 [+모양],[+행동]v[+말],[-정도],[+수다]
제약
② 가만가만 가볍게 행동하거나 지껄이는 모양.
¶그때 옆에서 사분사분 이야기하는 소리가 들렸다./두 잔째 비운 변 씨가 손끝으로 볼을 사분사분 눌러 보였다.≪황순원, 움직이는 성≫

사분-히
의미 [+물건],[+묶음]v[+누적],[-밀착],[+이완]
제약
묶거나 쌓은 물건이 꼭 붙지 않고 약간 느슨하게.

사붓
의미 [+소리]v[+모양],[+걸음],[-소리],[-크기],[+속도]
제약 { }-{걷다}
소리가 거의 나지 않을 정도로 발을 가볍게 얼른 내디디는 소리. 또는 그 모양. 늑사붓이

사붓-사붓
의미 [+소리]v[+모양],[+걸음],[-소리],[-크기],[+반복]
제약 { }-{걷다}
소리가 거의 나지 아니할 정도로 발걸음을 가볍게 자꾸 옮기는 소리. 또는 그 모양.
¶아이는 발걸음도 가볍게 사붓사붓 걸어오고 있었다.

사붓-이
의미 [+소리]v[+모양],[+걸음],[-소리],[-크기],[+속도]
제약 { }-{걷다}
=사붓. 소리가 거의 나지 않을 정도로 발을 가볍게 얼른 내디디는 소리. 또는 그 모양.
¶논개는 댓돌에 놓인 분홍 운혜 신을 끌고 사붓이 대문간으로 나섰다.≪박종화, 임진왜란≫/사붓이 소리 없이 날아와 앉은 듯한 경쾌한 자태거니와, 마음도 그렇게 홀가분한 여자일 것 같았다.≪염상섭, 그 그룹과 기녀≫

사뿐
의미 [+모양],[+걸음],[-소리],[-크기],[+속

도]

제약 { }-{걷다}

① 소리가 나지 아니할 정도로 가볍게 발을 내디디는 모양. 늑사뿐히02①.

¶아씨는 꿈속처럼 몽롱하고 분별없이 맨발로 거적을 **사뿐** 밟으며 방 안으로 들어섰다.≪박완서, 미망≫

의미 [+모양],[+운동],[-무게],[+정도]

제약

② 매우 가볍게 움직이는 모양. 늑사뿐히02②.

¶옥매는 꾸중을 들을 줄 알았다가 비로소 안심하고 **사뿐** 일어나서 밖으로 나왔다.≪이기영, 봄≫/갈매기들이 털고 간 깃털이 떨어져 내리듯 고요가 **사뿐** 내려앉았다.≪김원일, 도요새에 관한 명상≫

사뿐-사뿐

의미 [+모양],[+걸음],[-소리],[-크기],[+속도],[+연속]

제약 { }-{걷다}

① 소리가 나지 아니할 정도로 잇따라 가볍게 발을 내디디며 걷는 모양.

¶한 소녀가 발걸음도 가볍게 **사뿐사뿐** 걸었다./아름다운 자태의 여인이 대청마루 위를 **사뿐사뿐** 거닌다./서무과장이 당황한 얼굴을 조심스러운 동작에 감추어 가며 급히, 그러나 **사뿐사뿐** 사장실로 걸어 들어왔다.≪한설야, 황혼≫

의미 [+모양],[+운동],[-무게],[+정도],[+연속]

제약

② 매우 가볍게 잇따라 움직이는 모양.

¶두 노인 손등에 **사뿐사뿐** 흰 눈송이가 날아와 앉았다.≪이범선, 학마을 사람들≫

사뿐-히01

의미 [+몸],[+마음],[-무게],[+상쾌],[+정도]

제약

몸과 마음이 아주 가볍고 시원하게.

사뿐-히02

의미 [+소리]v[+모양],[+걸음],[-소리],[-크기],

제약 { }-{걷다}

①=사뿐①. 소리가 나지 아니할 정도로 가볍게

발을 내디디는 모양.

¶**사뿐히** 걸어가다./그네를 바꿔 잡고 허공을 차고 오른 하명의 몸은 건너편 발판 위에 **사뿐히** 내려앉았다.≪한수산, 부초≫

의미 [+모양],[+운동],[-무게],[+정도]

제약

②=사뿐②. 매우 가볍게 움직이는 모양.

¶**사뿐히** 내려앉다./앳된 한국인 시녀가 소리 없이 들어와서 탁자 위에 찻잔을 **사뿐히** 놓고 나갔다.≪유주현, 대한 제국≫/기생들은 문턱을 넘어 방 안으로 들어오는 족족 나비가 날개를 접듯 **사뿐히** 앉아 고개를 나붓거리며 인사를 하였다.≪문순태, 타오르는 강≫

사붓

의미 [+소리]v[+모양],[+걸음],[-소리],[-크기],[+속도]

제약 { }-{걷다}

소리가 거의 나지 아니할 정도로 발을 가볍게 얼른 내디디는 소리. 또는 그 모양. '사붓'보다 센 느낌을 준다. 늑사붓이.

사붓-사붓

의미 [+소리]v[+모양],[+걸음],[-소리],[-크기],[+반복]

제약 { }-{걷다}

소리가 거의 나지 아니할 정도로 발걸음을 가볍게 자꾸 옮기는 소리. 또는 그 모양. '사붓사붓'보다 센 느낌을 준다.

¶푹신한 융단 위를 **사붓사붓** 걷다.

사붓-이

의미 [+소리]v[+모양],[+걸음],[-소리],[+속도]

제약 { }-{걷다}

=사붓. 소리가 거의 나지 아니할 정도로 발을 가볍게 얼른 내디디는 소리. 또는 그 모양.

¶칼을 집으려 다가서는 처녀의 토실토실하고 쪽 고른 다리와 파란 수풀을 **사붓이** 밟는 하얀 조그만 발로 눈이 힐끗 가며, 영준이는 달래듯 웃어 보였다.≪염상섭, 입하의 절≫

사사건건

의미 [+일],[+개별],[+전부]

제약

해당되는 모든 일마다. 또는 매사에.

¶동생은 사사건건 말썽이다./엄마는 내가 하는 일에 사사건건 간섭이다./사사건건 걸고넘어지니 나보고 어쩌란 말이야?/내버려진 춘복이를 거두어 기른 정이 애틋한 공배로서는, 춘복이한테 하찮은 일도 대수롭게 넘기지 못하고 사사건건 토를 달고 나서게 되는 것이었다.≪최명희, 혼불≫

사사로이

의미 [+성질],[-공적],[+사적],[+관계]

제약

공적(公的)이 아닌 개인적인 범위나 관계의 성질이 있게.

¶회사 돈을 사사로이 챙기다.

사사스레

의미 [+행동],[+간사],[-바름]

제약

보기에 하는 짓이 간사하고 바르지 못한 데가 있게.

사삭스레

의미 [+언행],[-크기],[+미움]

제약

보기에 언행이 자잘하고 밉살스러운 데가 있게.

사살-사살

의미 [+모양],[+잔소리],[+반복]

제약

잔소리를 자꾸 늘어놓는 모양.

사설-사설

의미 [+모양],[+잔소리]v[+푸념],[+길이],[+반복]

제약

잔소리나 푸념을 자꾸 길게 늘어놓는 모양.

사세부득이

의미 [+상황],[-의지],[-선택],[+진행]

제약

어쩔 수 없는 상황 때문에 그렇게 할 수밖에 없어. 늑세부득이.

¶상대편이 너무 강하다는 것을 안 그는 사세부득이 피해 도망갔다.

사소-히

의미 [-크기],[+소량],[+미미]

제약

보잘것없이 작거나 적게.

¶집안일을 사소히 여기지 마라.

사속-히

의미 [+속도],[+정도]

제약

아주 빠르게.

사시-장철

의미 [+계절],[-예외]

제약

사철 중 어느 때나 늘.

¶그는 세상과는 담을 쌓고 사시장철 지리산 속에서만 산다./이곳은 사시장철 흘러내리는 에이릿내, 손밭내, 효돈내의 시원한 물소리에 항시 귓속이 맑았다.≪현기영, 변방에 우짖는 새≫

사실

의미 [+사실]

제약

=사실상. 실지에 있어서.

¶말은 안 했지만, 사실 나는 그를 사랑한다./사실 그 사건은 비참한 것이었지만 한편 매우 희극적인 것이기도 했다.≪박경리, 토지≫

사실-상

의미 [+사실]

제약

실지에 있어서. 늑사실.

사오락-사오락

의미 [+소리],[+치마],[+비단],[+마찰],[+반복]

제약 {치맛자락}-{스치다}

비단 치맛자락이 서로 자꾸 스칠 때 나는 소리.

사위스레

의미 [+마음],[+불길],[+회피]

제약

마음에 불길한 느낌이 들고 꺼림칙하게.

사정없-이

의미 [-사정],[-보호],[+냉정]

제약

남의 사정을 헤아려 돌봄이 없이 매몰차게.

¶사정없이 나무라다./구둣발로 **사정없이** 차고 때리는데 맞아 본 사람은 정신이 얼떨떨해진다. ≪황석영, 어둠의 자식들≫/수빈이를 "수빈아!" 하고 부르는 걸 할머니한테 들켰다간 당장 불호령과 함께 뒤통수를 **사정없이** 쥐어박혔다.≪박완서, 도시의 흉년≫

사치스레
의미 [+분수],[+과도],[+낭비]
제약 { }-{쓰다, 생활하다}
필요 이상의 돈이나 물건을 쓰거나 분수에 지나친 생활을 하는 데가 있게.

사푼
의미 [+소리]v[+모양],[+걸음],[-소리],[-크기]
제약 { }-{걷다}
① 소리가 나지 않을 정도로 가볍게 발을 내디디는 모양. '사뿐①'보다 거센 느낌을 준다. 늑사푼히①.
¶발을 **사푼** 내딛다.
의미 [+모양],[+운동],[-무게],[+정도]
제약
② 매우 가볍게 움직이는 모양. '사뿐②'보다 거센 느낌을 준다. 늑사푼히②.
¶전봉준이가 **사푼** 말 위로 올라앉았다.≪송기숙, 녹두 장군≫

사푼-사푼
의미 [+소리]v[+모양],[+걸음],[-소리],[-크기],[+연속]
제약 { }-{걷다}
① 소리가 나지 않을 정도로 잇따라 가볍게 발을 내디디며 걷는 모양. '사뿐사뿐①'보다 거센 느낌을 준다.
의미 [+모양],[+운동],[-무게],[+정도],[+연속]
제약
② 매우 가볍게 잇따라 움직이는 모양. '사뿐사뿐②'보다 거센 느낌을 준다.

사푼-히
의미 [+소리]v[+모양],[+걸음],[-소리],[-크기]

제약 { }-{걷다}
①=사푼①. 소리가 나지 않을 정도로 가볍게 발을 내디디는 모양.
의미 [+모양],[+운동],[-무게],[+정도]
제약
②=사푼②. 매우 가볍게 움직이는 모양.

사풋
의미 [+소리]v[+모양],[+걸음],[-소리],[-크기],[+속도]
제약 { }-{걷다}
소리가 거의 나지 않을 정도로 발을 가볍게 얼른 내디디는 소리. 또는 그 모양. '사붓'보다 거센 느낌을 준다. 늑사풋이.

사풋-사풋
의미 [+소리]v[+모양],[+걸음],[-소리],[-크기],[+속도],[+반복]
제약 { }-{걷다}
소리가 거의 나지 않을 정도로 발걸음을 가볍게 자꾸 옮기는 소리. 또는 그 모양. '사붓사붓'보다 거센 느낌을 준다.

사풋-이
의미 [+소리]v[+모양],[+걸음],[-소리],[-크기],[+속도]
제약 { }-{걷다}
=사풋. 소리가 거의 나지 않을 정도로 발을 가볍게 얼른 내디디는 소리. 또는 그 모양.

사풍스레
의미 [+변덕],[+경망]
제약
보기에 변덕이 많고 경망스러운 데가 있게.
¶**사풍스레** 지껄이다.

삭
의미 [+소리]v[+모양],[+종이]v[+천],[+칼]v[+가위],[+절단],[+순간]
제약 {종이, 천}-{베다, 자르다}
① 종이나 헝겊 따위를 칼이나 가위로 단번에 베는 소리. 또는 그 모양.
¶못 쓰게 된 종이는 모두 **삭** 베었다.
의미 [+소리]v[+모양],[+밀기]v[+쓸기],[-장애]

제약

② 거침없이 밀거나 쓸어 나가는 소리. 또는 그 모양.

¶그는 종이 위에 금을 삭 그으며 말했다.

의미 [+전부],[-예외]

제약

③ 조금도 남기지 않고 전부.

¶음식은 남기지 말고 삭 먹어야 한다.

삭둑

의미 [+소리]v[+모양],[+물건],[+절단],[+순간]

제약 { }-{자르다, 베다}

어떤 물건을 도구나 기계 따위가 해결할 수 있을 만큼의 힘으로 단번에 자르거나 베는 소리. 또는 그 모양.

¶머리카락을 삭둑 자르다.

삭둑-삭둑

의미 [+소리]v[+모양],[+물건],[+절단],[+반복]

제약 { }-{자르다, 베다}

어떤 물건을 도구나 기계 따위가 해결할 수 있을 만큼의 힘으로 자꾸 자르거나 베는 소리. 또는 그 모양.

¶그렇게 종이를 삭둑삭둑 자르면 안 된다.

삭-삭01

의미 [+소리]v[+모양],[+종이]v[+천],[+칼]v[+가위],[+절단],[+반복]

제약 {종이, 천}-{베다, 자르다}

① 종이나 헝겊 따위를 칼이나 가위로 거침없이 자꾸 베는 소리. 또는 그 모양.

¶헝겊을 삭삭 오리다.

의미 [+소리]v[+모양],[+밀기]v[+쓸기]v[+비빔],[-장애],[+반복]

제약

② 거침없이 자꾸 밀거나 쓸거나 비비거나 하는 소리. 또는 그 모양.

¶마당을 삭삭 쓸다.

의미 [+전부],[-예외]

제약

③ 조금도 남기지 않고 전부.

¶남은 밥을 삭삭 긁어 먹어 밥통에 밥이 한 톨도 없다.

삭삭02

의미 [+일],[+동일],[+연속],[+빈도],[+정도]

제약

=자주자주. 같은 일이 잇따라 매우 잦게.

삭연-히

의미 [+고독]

제약

① 외롭고 쓸쓸하게.

¶삭연히 앉아 있는 그녀의 모습이 마음에 걸린다.

의미 [-흥미]

제약

② 흥미가 없이.

산득

의미 [+모양],[+느낌],[+냉기],[+순간]

제약

① 갑자기 사늘한 느낌이 드는 모양.

¶새벽녘에 산득 살갗을 스치는 찬 기운이 오히려 시원스레 느껴졌다.

의미 [+모양],[+느낌],[+경악],[+순간],[+마음],[+냉기]

제약

② 갑자기 놀라서 마음에 사늘한 느낌이 드는 모양.

산득-산득

의미 [+모양],[+느낌],[+냉기],[+순간],[+반복]

제약

① 갑자기 사늘한 느낌이 자꾸 드는 모양.

¶산득산득 이가 시리다.

의미 [+모양],[+느낌],[+경악],[+순간],[+마음],[+냉기],[+반복]

제약

② 갑자기 놀라서 마음에 사늘한 느낌이 자꾸 드는 모양.

산들

의미 [+모양],[+바람],[+냉기],[+상쾌],[+유연]

제약 {바람}-{불다}

사늘한 바람이 가볍고 보드랍게 부는 모양.

¶시원한 바람이 산들 분다.

산들-산들

의미 [+모양],[+바람],[+냉기],[+상쾌],[−유연],[+반복]

제약 {바람}-{불다}

① 사늘한 바람이 가볍고 보드랍게 자꾸 부는 모양.

¶바람이 산들산들 분다.

의미 [+모양],[+바람],[+물건],[+요동],[−무게],[−유연],[+반복]

제약 { }-{흔들다}

② 바람에 물건이 가볍고 보드랍게 자꾸 흔들리는 모양.

¶산들바람에 버드나무 가지가 **산들산들** 흔들렸다./사르르 바람이 와서 어머님 모시 치맛자락을 **산들산들** 흔들어 주었습니다.≪주요섭, 사랑손님과 어머니≫

의미 [+모양],[+행동],[+상쾌],[+경쾌]

제약

③ 시원스러우면서도 가볍게 행동하는 모양.

산뜩

의미 [+모양],[+냉기],[+순간]

제약

① 갑자기 사늘한 느낌이 드는 모양. '산득①'보다 센 느낌을 준다.

의미 [+모양],[+경악],[+순간],[+마음],[+냉기]

제약

② 갑자기 놀라서 마음에 사늘한 느낌이 드는 모양. '산득②'보다 센 느낌을 준다.

산뜩-산뜩

의미 [+모양],[+냉기],[+순간],[+반복]

제약

① 갑자기 사늘한 느낌이 자꾸 드는 모양. '산득산득①'보다 조금 센 느낌을 준다.

의미 [+모양],[+경악],[+순간],[+마음],[+냉기],[+반복]

제약

② 갑자기 놀라서 마음에 사늘한 느낌이 자꾸 드는 모양. '산득산득②'보다 조금 센 느낌을 준다.

¶눈물이 빚어 나와서, 상기된 좌우 뺨으로 흘러내렸다. 찬 바람에 산뜩산뜩 스며 들어가는 것을 나는 씻으려고도 아니 하고 여전히 섰었다.≪염상섭, 만세전≫

산뜻[01]

의미 [+모양],[+동작],[+속도],[+상쾌]

제약

동작이 빠르고 시원스러운 모양. 늑산뜻이[01].

¶우편으로 백호는 엎드렸고 좌편으로 청룡이 감쳐 도니 **산뜻** 생기가 나는 듯하고…≪박종화, 금삼의 피≫

산뜻[02]

의미 [+모양],[+기분]v[+느낌],[+청결],[+상쾌]

제약

① 기분이나 느낌이 깨끗하고 시원한 모양. 늑산뜻이[02]①.

의미 [+모양],[+시각],[+상쾌],[+단정]

제약

② 보기에 시원스럽고 말쑥한 모양. 늑산뜻이[02]②.

산뜻-산뜻

의미 [+모양],[+기분]v[+느낌],[+청결],[+상쾌]

제약

① 기분이나 느낌이 매우 깨끗하고 시원한 모양.

의미 [+모양],[+시각],[+상쾌],[+단정]

제약

② 보기에 매우 시원스럽고 말쑥한 모양.

산뜻-이[01]

의미 [+모양],[+행동],[+속도],[+상쾌]

제약

=산뜻[01]. 동작이 빠르고 시원스러운 모양.

¶진솔 버선에 닦아 놓았던 흰 고무신을 신고 산뜻이 뜰로 내려서는 명회를, 택규는 만족한 듯이 바라보다가…≪염상섭, 젊은 세대≫

산뜻-이02

의미 [+모양],[+기분]v[+느낌],[+청결],[+상쾌]

제약

①=산뜻02①. 기분이나 느낌이 깨끗하고 시원한 모양.

의미 [+모양],[+시각],[+상쾌],[+단정]

제약

②=산뜻02②. 보기에 시원스럽고 말쑥한 모양.

¶산뜻이 차려입다.

산란-히

의미 [+산개],[+혼란]

제약

① 흩어져 어지럽게.

¶산란히 내뿜는 물줄기.

의미 [+혼란],[+심란]

제약

② 어수선하고 뒤숭숭하게.

산망스레

의미 [+언사]v[+행동],[+경망],[+인색]

제약

말이나 행동이 경망하고 좀스러운 데가 있게.

산산-이

의미 [+모양],[+파괴]v[+분산]

제약 { }-{깨지다, 부서지다, 흩어지다}

여지없이 깨어지거나 흩어지는 모양.

¶산산이 깨지다./산산이 부서지다./패잔병들은 산산이 흩어지며 은진 쪽으로 도망치기 시작했다.≪유현종, 들불≫/총탄이 돌 조각을 산산이 깨어 갈대 위로 우수수 소낙비처럼 내려 쏟는다.≪홍성원, 육이오≫

산언

의미 [+모양],[+눈물],[+흐름],[+연속]

제약 {눈물}-{흐르다}

=산연. 눈물이 줄줄 흐르는 모양.

산연

의미 [+모양],[+눈물],[+흐름],[+연속]

제약 {눈물}-{흐르다}

눈물이 줄줄 흐르는 모양. 늑산언

산연-히

의미 [+모양],[+눈물],[+흐름],[+연속]

제약 {눈물}-{흐르다}

눈물이 줄줄 흐를 정도로.

¶노국 공주와 왕사 소리를 듣자 왕의 눈에선 산연히 눈물이 흘렀다. 편조는 주장대로 향안을 치고 다시 소리를 높이어 외친다.≪박종화, 다정불심≫

살강-살강

의미 [+소리]v[+느낌],[+곡식]v[+열매],[+씹음],[-정도],[+반복]

제약 {곡식, 열매}-{씹다}

설익은 곡식이나 열매 따위가 자꾸 가볍게 씹히는 소리. 또는 그 느낌.

¶밥알이 설익어 살강살강 씹힌다.

살-같이

의미 [+속도],[+정도]

제약

=쏜살같이. 쏜 화살과 같이 매우 빠르게.

¶살같이 지나가다./살같이 나타나다./세월이 살같이 흘러간다./장군의 영이 떨어지니 우리 배들은 일제히 노를 저어 살같이 달려 적의 배를 쫓는다.≪박종화, 임진왜란≫

살그니

의미 [+행동],[+은밀]

제약

'살그머니'의 준말. 남이 알아차리지 못하게 살며시.

¶연회에 왔던 계집아이가 혼자 살그니 나가서 나무 밑에 섰기는 웬일이며….≪이인직, 모란봉≫

살그머니

의미 [+행동],[+은밀]

제약

남이 알아차리지 못하게 살며시.

¶살그머니 문을 열다./살그머니 방에서 나오다./살그머니 손을 잡다./김가는 어느 틈에 살그머니 장독대 뒤로 돌아가서 돌석이의 정수리를 뒤에서 내리치려고 몽치를 둘러메었다.≪홍명희, 임꺽정≫/변진수는 봉투를 받아 병아리를 앉히듯 우리 두 사람 사이의 공간 벤치 위에다 살그머니 놓고 자리에 앉았다.≪안정효, 하얀 전쟁≫/기다란 나무 걸상에 앉아 있는 도현의 옆자리에 살그머

니 다가와 앉아서 상희는 보따리를 끌렀다.≪손
창섭, 낙서족≫/금일은 자기 집을 나가건마는 조
심조심 대문께를 와서 빗장을 **살그머니** 빼고 문
을 소리 아니 나게 열었다.≪홍효민, 신라 통일≫

살그미

　의미 [＋행동],[＋은밀]

　제약

　'살그머니'의 준말. 남이 알아차리지 못하게 살
며시.

　¶발을 **살그미** 내디디다./집 구조로 보아 이 방이
갑례 방에 틀림없다고 생각하며, 방 옆에 붙은
조그마한 문 앞에 **살그미** 걸음을 멈추었다.≪하
근찬, 야호≫

살근-살근

　의미 [＋모양],[＋물체],[＋마찰],[－정도],[＋반
복]

　제약 {　}-{문지르다, 비비다}

　① 물체가 서로 맞닿아 매우 가볍게 스치며 자
꾸 비벼지는 모양.

　¶**살근살근** 문지르다./별안간 손끝으로 우길의 엉
덩이를 **살근살근** 간질이다가 와락 거칠게 간질
여 주었다.≪한설야, 탑≫

　의미 [＋모양],[＋행동],[－힘],[＋은밀],[－무게]

　제약 {　}-{움직이다}

　② 힘을 들이지 않고 살그머니 가볍게 행동하는
모양.

　¶**살근살근** 움직이다.

살근-살짝

　의미 [＋은밀],[＋속도]

　제약

　남이 알아차리지 못할 정도로 살며시 재빠르게.

　¶그는 어제 모임에서 **살근살짝** 빠져 나왔다.

살금-살금

　의미 [＋모양],[＋행동],[＋은밀]

　제약 {　}-{기다}

　남이 알아차리지 못하도록 눈치를 살펴 가면서
살며시 행동하는 모양.

　¶**살금살금** 기어가다./발소리를 내지 않고 **살금살
금** 다가가다./그는 도둑고양이의 걸음으로 **살금
살금** 뒤를 밟기 시작했다.≪윤흥길, 완장≫/늙은

김은 맨발에다 팬티 차림이었고 발바닥에 닿는
자갈의 압력을 줄이기 위해 도둑고양이처럼 **살
금살금** 걷고 있었다.≪박영한, 머나먼 송바 강≫/자
기 체중에 눌려 흙더미에 묻힌 조각들도 낱낱이
파내어 있던 자리에 도로 모아 놓곤 **살금살금**
조심해서 물러났다.≪이문구, 장한몽≫

살긋

　의미 [＋모양],[－균형],[＋경사],[－정도]

　제약

　물체가 한쪽으로 약간 배뚤어지거나 기울어지는
모양. ≒살긋이.

살긋-살긋

　의미 [＋모양],[＋물체],[－균형]v[＋경사],[－정
도],[＋반복]

　제약 {　}-{빼뚤어지다, 기울다}

　물체가 자꾸 한쪽으로 약간 배뚤어지거나 기울
어지는 모양.

살긋-이

　의미 [＋모양],[＋물체],[－균형]v[＋경사],[－정
도]

　제약 {　}-{빼뚤어지다, 기울다}

　=살긋. 물체가 한쪽으로 약간 배뚤어지거나 기
울어지는 모양.

살뚱스레

　의미 [＋언사]v[＋행동],[＋악독],[－예의]

　제약 {사람}-{굴다}

　말이나 행동이 독살스럽고 당돌하게.

　¶**살뚱스레** 굴다.

살뜰-히

　의미 [＋일]v[＋살림],[＋정성],[＋모범],[－빈
틈],[＋정도]

　제약 {　}-{살다}

　① 일이나 살림을 매우 정성스럽고 규모 있게
하여 빈틈이 없이.

　¶새댁이 살림을 **살뜰히** 잘도 한다./사람치고서
야 남이 일 년 내 피땀 흘려 지은 농살 이렇게
살뜰히 걷어 갈 사람이 없지!≪이무영, 농민≫

　의미 [＋마음],[＋사랑],[＋자상],[＋정성]

　제약 {사람}-{대하다}

　② 사랑하고 위하는 마음이 자상하고 지극하게.

¶언제나 자상하고 **살뜰히** 대해 준다./노파는 한결같이 자기의 지난날을 생각함에선지 다른 뜰 아랫방이나 건넌방에 있는 사람들보다 연이를 **살뜰히** 생각해 주었다.≪최정희, 천맥≫

살랑⁰¹

의미 [+모양],[+바람],[+냉기],[−정도]

제약 {바람}−{불다}

조금 사늘한 바람이 가볍게 부는 모양.

¶봄바람이 **살랑** 불어온다./바람이 **살랑** 언덕의 풀을 쓰다듬고 지나간 끝을 쫓으면, 저만치 못 가에 서 있는 미루나무가 살짝 하늘을 쓸었다. ≪한무숙, 돌≫

살랑⁰²

의미 [+모양],[+행동],[−소란],[+정숙]

제약

떠들거나 심하게 굴지 않고 가만히 행동하는 모양.

¶장난삼아 영식이의 얼굴을 갸웃 들여다보고 일러 주고 방으로 **살랑** 들어간다.≪염상섭, 취우≫/아버지는…말안장을 차리게 하였다. 우길이 없는 틈에 **살랑** 빠져 갈 참이었다.≪한설야, 탑≫

살랑-살랑⁰¹

의미 [+모양],[+바람],[+냉기],[−정도],[+반복]

제약 {바람}−{불다}

① 조금 사늘한 바람이 가볍게 자꾸 부는 모양.

¶**살랑살랑** 불어오는 미풍에 머리칼이 가볍게 나부꼈다.

의미 [+모양],[+물],[+비등],[+운동],[+반복]

제약 {액체}−{끓다}

② 물이 끓어오르며 이리저리 자꾸 움직이는 모양.

의미 [+모양],[+팔]v[+꼬리],[+요동],[−정도],[+반복]

제약 {팔, 꼬리}−{흔들다}

③ 팔이나 꼬리 따위를 가볍게 자꾸 흔드는 모양.

¶**살랑살랑** 걷다./강아지가 꼬리를 **살랑살랑** 흔든다.

살랑-살랑⁰²

의미 [+모양],[+행동],[−소란],[+정숙]

제약

떠들거나 심하게 굴지 않고 가만가만 행동하는 모양.

¶아이들이 복도에서 **살랑살랑** 걷는다./주모는 몸짓도 **살랑살랑**, 목소리도 나긋나긋하게 말했다.≪조정래, 태백산맥≫/이 말 한마디만 남길 뿐 그는 앞장을 서서 사랫길을 **살랑살랑** 달아난다. ≪김유정, 가을≫

살래-살래

의미 [+모양],[+몸],[+부분],[+요동],[+가로],[+연속]

제약 { }−{흔들다, 가로젓다}

작은 동작으로 몸의 한 부분을 가볍게 잇따라 가로흔드는 모양.

¶그는 부정의 표시로 고개를 **살래살래** 흔들었다./강아지가 꼬리를 **살래살래** 흔든다./웅보는… 생각들을 털어 버리려고 고개를 **살래살래** 가로저었지만 소용이 없었다.≪문순태, 타오르는 강≫

살망-살망

의미 [+모양],[+걸음],[+다리],[+길이]

제약 { }−{걷다}

살망한 다리를 가볍게 들어 옮기면서 걷는 모양.

¶나무꾼이 **살망살망** 다가가 보니까 먼지가 켜켜이 낀 오두막 툇마루에….≪최명희, 혼불≫

살며시

의미 [+은밀]

제약

① 남의 눈에 띄지 않게 가만히.

¶선물을 **살며시** 건네주다./집안 어른 노릇을 하자고 드는 잔소리를 듣곤 하기 때문에 그것이 성가시어 **살며시** 제 방으로 들어가려고 했었다. ≪채만식, 탁류≫

의미 [+행동]v[+사태],[−무게],[+은근],[−속도]

제약

② 행동이나 사태 따위가 가벼우면서도 은근하고 천천히.

¶**살며시** 눈을 감다./**살며시** 손을 잡다./여란은 마침내 숨과 마음이 갑갑한 걸 참지 못하고 안

에서 꼭꼭 여몄던 홑이불 자락을 **살며시** 들추었다.≪박완서, 미망≫

의미 [+감정],[-속도],[+은밀]

제약

③ 감정 따위가 속으로 천천히 은밀하게.

살몃-살몃

의미 [+모양],[+행동],[+은밀],[+연속]

제약

① 남의 눈에 띄지 않게 잇따라 살며시 행동하는 모양.

의미 [+모양],[+행동]v[+사태],[+발생],[+은근],[-속도],[+반복]

제약

② 행동이나 사태 따위가 가벼우면서도 은근하고 천천히 자꾸 일어나는 모양.

¶게섬월은 해죽이 웃고 홍선의 뺨을 다시 **살몃살몃** 문지른다.≪박종화, 전야≫

의미 [+모양],[+감정],[+발생],[+내면],[-속도],[+은밀],[+반복]

제약

③ 감정 따위가 속으로 천천히 은밀하게 자꾸 일어나는 모양.

살살01

의미 [+모양],[+액체],[+비등],[-속도],[+균등]

제약 {액체}-{끓다}

① 넓은 그릇의 물 따위가 천천히 고루 끓는 모양.

¶가마솥의 물이 **살살** 끓는다.

의미 [+모양],[+온돌방],[+온기],[-변화],[+균등]

제약 {아랫목}-{끓는다}

② 온돌방이 뭉근하게 고루 더운 모양.

¶아랫목이 **살살** 끓는다.

의미 [+모양],[+벌레],[+포복]

제약 {벌레}-{기다}

③ 작은 벌레 따위가 가볍게 기어가는 모양.

¶바퀴가 **살살** 기어 다닌다.

의미 [+모양],[+이동],[+주의]

제약 { }-{가다}

④ 조심스럽게 가는 모양.

¶그가 깰까 봐 방문 앞을 **살살** 지나갔다./운전수 양반. 이거 좀 **살살** 갑시다.≪한수산, 유민≫

의미 [+모양],[+머리],[+요동],[-속도]

제약 {머리}-{흔들다}

⑤ 머리를 천천히 살래살래 흔드는 모양.

¶어린애는 약을 먹기 싫다며 고개를 **살살** 흔든다.

살살02

의미 [+모양],[+행동],[+타인],[-인식]

제약

① 남이 모르게 살그머니 행동하는 모양.

¶빚쟁이를 **살살** 피해 다니다.

의미 [+모양],[+눈]v[+설탕],[+용해],[-속도]

제약 {눈, 설탕}-{녹다}

② 눈이나 설탕 따위가 모르는 사이에 사르르 녹아 버리는 모양.

¶사탕이 입 안에서 **살살** 녹는다./서리 맞은 열매가 혀끝에서 **살살** 녹는 맛은 맛보지 않은 사람은 모른다.

의미 [+모양],[+접촉]v[+마찰],[+주의]

제약 { }-{만지다, 문지르다}

③ 심하지 않게 가만가만 가볍게 만지거나 문지르는 모양.

¶**살살** 어루만지다./**살살** 건드리다./**살살** 문지르다./어린애는 엄마의 다리를 **살살** 긁었다.

의미 [+모양],[+타인],[+설득]v[+유혹]

제약 { }-{꾀어내다, 구슬리다, 달래다}

④ 남을 살그머니 달래거나 꾀는 모양.

¶**살살** 꾀어내다./**살살** 구슬리다./**살살** 달래다.

의미 [+모양],[+바람],[+유연]

제약 {바람}-{불다}

⑤ 바람이 보드랍게 살랑살랑 부는 모양.

¶봄이 되니 봄바람이 **살살** 불어온다./가을바람이 **살살** 불더니 어느새 나뭇잎이 다 떨어졌다.

의미 [+모양],[+눈웃음],[-정도]

제약 {눈웃음}-{치다}

⑥ 가볍게 눈웃음을 치는 모양.

¶눈웃음을 **살살** 치다.

의미 [+모양],[+실],[+복잡],[+풀림]

제약 { }-{풀리다}

⑦ 얽힌 실 따위가 순조롭게 잘 풀리는 모양.

¶실 꾸러미가 **살살** 잘 풀린다.

살살03

의미 [+모양],[+복부],[+쓰림],[+고통]

제약 {배}-{아프다}

배가 조금씩 쓰리며 아픈 모양.

¶아랫배가 **살살** 아프다./여태까지는 꾸르륵거리기만 하던 배가 **살살** 아파 오기 시작했다.≪김승옥, 차나 한잔≫

살스레

의미 [+성품]v[+행동],[+살기],[+악독]

제약

=독살스레. 성품이나 행동이 살기가 있고 악독한 데가 있게.

살짝

의미 [+은밀],[+속도]

제약

① 남의 눈을 피하여 재빠르게.

¶그는 모임에서 **살짝** 빠져나갔다.

의미 [+노력],[-정도]

제약

② 힘들이지 아니하고 가볍게.

¶이것 좀 **살짝** 들어 봐라./그녀는 고개를 **살짝** 들고 상대편을 쳐다보았다.

의미 [+기준],[-과도],[-정도]

제약

③ 심하지 아니하게 아주 약간.

¶시금치를 **살짝** 데치다./소녀는 부끄러운지 얼굴을 **살짝** 붉혔다./누가 **살짝** 건드려 주기만 하여도 달아나고 싶은 심정이었던 것이다.≪박경리, 토지≫

의미 [+변화],[-인식]

제약

④ 표 나지 않게 넌지시.

¶그는 그 일을 내게만 **살짝** 알려 주었다.

살짝-궁

의미 [+은밀],[+속도]

제약

'살짝'을 강조하여 이르는 말.

¶나는 반지를 꺼내 보며 **살짝궁** 그녀를 그리워하였다.

살짝-살짝

의미 [+은밀],[+속도],[+연속]

제약

① 남의 눈을 피하여 잇따라 재빠르게.

¶한 명씩 **살짝살짝** 빠져나가다.

의미 [+노력],[-정도],[+연속]

제약

② 힘들이지 않고 잇따라 가볍게.

¶발뒤꿈치를 **살짝살짝** 들고 가다./진짜 비밀 이야기는 **살짝살짝** 피하며 딴청만 피운다.

의미 [+기준],[-과도],[-정도]

제약

③ 심하지 않게 아주 약간씩.

¶못질을 끝낸 윤보는 대패를 손에 들고 날을 들여다보다가 망치로 **살짝살짝** 두드려 맞춘다.≪박경리, 토지≫

의미 [+변화],[-인식],[+연속]

제약

④ 표 나지 않게 잇따라 넌지시.

¶그는 거액을 받고 회사 기밀을 경쟁 회사에 **살짝살짝** 빼돌려 왔다.

살천스레

의미 [+냉정]

제약

쌀쌀하고 매섭게.

¶그녀가 하도 **살천스레** 굴기에 말 한마디도 못 붙여 보았다.

살캉-살캉

의미 [+소리]v[+느낌],[+곡식]v[+열매],[+씹음],[-정도],[+반복]

제약 {곡식, 열매}-{씹다}

설익은 곡식이나 열매 따위가 자꾸 가볍게 씹히는 소리. 또는 그 느낌. '살강살강'보다 거센 느낌을 준다.

¶나는 물고구마보다 차라리 덜 익은 고구마가 **살캉살캉** 씹히는 맛이 있어서 좋다.

살포시

의미 [+편안],[+은밀]

제약

① 포근하게 살며시. 늑보시시.

¶어머니는 아이를 **살포시** 감싸 안았다.

의미 [+은근]

제약

② 드러나지 않게 살며시.

¶그녀는 **살포시** 눈을 감고 지난 일을 회상하였
다.

살풍경스레

의미 [+풍경],[+황량],[+고적]

제약

풍경이 메마르고 스산하게.

살피-살피

의미 [+전부],[+틈],[+표시]

제약

틈의 살피마다 모두.

살핏-살핏

의미 [+모양],[+조직],[+전부],[+거침],[+간
격]

제약

짜거나 엮은 것이 여럿이 다 거칠고 성긴 모양.

¶바구니를 **살핏살핏** 엮었더니 담아 둔 쌀이 솔
솔 새고 있다.

삼가

의미 [+마음],[+겸손],[+주의],[+예의]

제약

겸손하고 조심하는 마음으로 정중하게.

¶**삼가** 명복을 빕니다./소인은 **삼가** 대인을 만나
뵙고 싸우지 않고 화친을 의논하려 하옵니다.

≪박종화, 임진왜란≫

삼동-내

의미 [+겨울],[+추위],[+석달],[+지속]

제약

추운 겨울 석 달 내내.

삼박01

의미 [+소리]v[+모양],[+물건],[+절단],[+용
이]

제약 { }-{잘리다}

작고 연한 물건이 잘 드는 칼에 쉽게 베어지는

소리. 또는 그 모양.

¶두부가 **삼박** 잘리다.

삼박02

의미 [+모양],[+눈],[±감음],[+한번]

제약 {눈}-{감다, 뜨다}

눈까풀을 움직이며 눈을 한 번 감았다 뜨는 모
양.

삼박-삼박01

의미 [+소리]v[+모양],[+물건],[+절단],[+용
이],[+반복]

제약 { }-{잘리다}

작고 연한 물건이 잘 드는 칼에 쉽게 자꾸 베어
지는 소리. 또는 그 모양.

¶무가 **삼박삼박** 잘도 잘린다.

삼박-삼박02

의미 [+모양],[+눈],[±감음],[+반복]

제약 {눈}-{감다, 뜨다}

눈까풀을 움직이며 눈을 자꾸 감았다 떴다 하는
모양.

¶그녀가 눈을 **삼박삼박** 감았다 떴다 한다.

삼빡01

의미 [+소리]v[+모양],[+물건],[+절단],[+용
이]

제약 { }-{잘리다}

작고 연한 물건이 잘 드는 칼에 쉽게 베어지는
소리. 또는 그 모양. '삼박01'보다 조금 센 느낌
을 준다.

삼빡02

의미 [+모양],[+눈],[±감음],[+한번]

제약 {눈}-{감다, 뜨다}

눈까풀을 움직이며 눈을 한 번 감았다 뜨는 모
양. '삼박02'보다 조금 센 느낌을 준다.

삼빡-삼빡01

의미 [+소리]v[+모양],[+물건],[+절단],[+용
이],[+반복]

제약 { }-{잘리다}

작고 연한 물건이 잘 드는 칼에 쉽게 자꾸 베어
지는 소리. 또는 그 모양. '삼박삼박01'보다 조금
센 느낌을 준다.

삼빡-삼빡02

의미 [+모양],[+눈],[±감음],[+반복]

제약 {눈}-{감다, 뜨다}

눈까풀을 움직이며 눈을 자꾸 감았다 떴다 하는 모양. '삼박삼박02'보다 조금 센 느낌을 준다.

삼삼-히01

의미 [+기억],[+분명]

제약 { }-{떠오르다, 생각나다}

잊히지 않고 눈앞에 보이는 듯 또렷하게.

¶죽음까지 같이 나누겠다고 따라나서던 주신례 선생의 길동그란 얼굴이 눈앞에 **삼삼히** 떠올랐다.≪김원일, 노을≫

삼삼-히02

의미 [+맛],[-짬],[+호감]

제약

① 음식 맛이 조금 싱거운 듯하면서 맛이 있게.

¶굴비는 간을 **삼삼히** 해야 맛있다.

의미 [+외모]v[+인품],[+마음],[+호감]

제약

② 사물이나 사람의 생김새나 됨됨이가 마음이 끌리게 그럴듯하게.

¶대문 앞에서 기다리던 아이가 **삼삼히** 웃고 있었다.

삼삼-히03

의미 [+나무],[+울창]

제약 {나무}-{울창하다, 우거지다}

나무가 빽빽이 우거져 무성하게.

삼엄-히

의미 [+질서],[+정당],[+엄숙]

제약

무서우리만큼 질서가 바로 서고 엄숙하게.

삼연-히

의미 [+상태],[+숲],[+울창]

제약 { }-{울창하다, 우거지다}

① 숲이 깊이 우거져 있는 상태로.

의미 [+분위기]v[+의식],[+장엄],[+정숙]

제약

②=엄숙히①. 분위기나 의식 따위가 장엄하고 정숙하게.

의미 [+말]v[+태도],[+위엄],[+정중]

제약

③=엄숙히②. 말이나 태도 따위가 위엄이 있고 정중하게.

삽랄

의미 [+모양],[+기운],[+강건]

제약

힘차고 굳센 모양.

삽삽스레

의미 [+태도]v[+마음],[+유연],[+친절]

제약

태도나 마음 씀씀이가 마음에 들게 부드럽고 사근사근한 데가 있게.

삽연-히

의미 [+바람],[+경쾌],[+상쾌]

제약

바람이 가볍고 시원하게.

상관없-이

의미 [-관계]

제약

①=관계없이①. 서로 아무런 관련이 없이.

¶그는 몹시 피곤한 것 같았고 옷차림하곤 상관없이 초라하고 헐벗은 것처럼 보였다.≪박완서, 도시의 흉년≫

의미 [-문제]

제약

②=관계없이②. 문제 될 것이 없이.

¶사장은 불황에도 **상관없이** 계속 사업을 늘려 갔다.

상그레

의미 [+모양],[+웃음],[-소리],[+눈],[+입], [+운동],[+유연]

제약 {사람}-{웃다}

눈과 입을 귀엽게 움직이며 소리 없이 부드럽게 웃는 모양.

¶소녀는 그저 **상그레** 미소만 지을 뿐이었다.

상글

의미 [+모양],[+웃음],[-소리],[+눈],[+입], [+운동],[+다정]

제약 {사람}-{웃다}

눈과 입을 귀엽게 움직이며 소리 없이 정답게 웃는 모양.

¶상글 웃는 처녀.

상글-방글

의미 [+모양],[+웃음],[−소리],[+눈],[+입],
[+운동],[+다정],[+환함]

제약 {사람}-{웃다}

눈과 입을 귀엽게 움직이며 소리 없이 정답고
환하게 웃는 모양.

상글-상글

의미 [+모양],[+웃음],[−소리],[+눈],[+입],
[+운동],[+다정],[+반복]

제약 {사람}-{웃다}

눈과 입을 귀엽게 움직이며 소리 없이 정답게
자꾸 웃는 모양.

¶손님들의 시중을 드는 것은 자그맣고 바지런한
주인 아주머니였는데 철의 기억에는 언제나 상
글상글 웃고 있었다.≪이문열, 변경≫/아사달은 처
음엔 상글상글 웃는 눈매를 찍어 내려 하였건
만….≪현진건, 무영탑≫

상금

의미 [+현재],[+계속]

제약

지금까지. 또는 아직.

¶어젯밤에 떠난 척후 배는 상금 돌아오지 아니
하였습니다.≪박종화, 임진왜란≫/그 부군은 사변
의 희생자로 납치된 채 상금 생사를 모른다.≪김
소운, 일본의 두 얼굴≫

상긋

의미 [+모양],[+웃음],[−소리],[+눈],[+입],
[+운동],[+경쾌]

제약 {사람}-{웃다}

눈과 입을 귀엽게 움직이며 소리 없이 가볍게
웃는 모양. ≒상긋이.

¶논개의 맑고 맑은 두 눈에 상긋 기쁜 표정이
물결을 짓고 모란꽃 같은 얼굴이 활짝 웃음을
뿜었다.≪박종화, 임진왜란≫

상긋-방긋

의미 [+모양],[+웃음],[−소리],[+눈],[+입],
[+운동],[+경쾌],[+환함]

제약 {사람}-{웃다}

눈과 입을 귀엽게 움직이며 소리 없이 가볍고

환하게 웃는 모양.

상긋-상긋

의미 [+모양],[+웃음],[−소리],[+눈],[+입],
[+운동],[+경쾌],[+반복]

제약 {사람}-{웃다}

눈과 입을 귀엽게 움직이며 소리 없이 가볍게
자꾸 웃는 모양.

¶이마가 옆으로 길고 머리숱이 짙고 눈은 연방
상긋상긋 웃는 것 같지만 바람둥이로는 보이지
않는다.≪박경리, 토지≫/서숙자가 마주 상긋상긋
웃는데, 옥련의 웃음은 천진의 웃음이요, 숙자의
웃음은 의미가 깊은 웃음이라.≪이인직, 모란봉≫

상긋-이

의미 [+모양],[+웃음],[−소리],[+눈],[+입],
[+운동],[+경쾌]

제약 {사람}-{웃다}

=상긋. 눈과 입을 귀엽게 움직이며 소리 없이
가볍게 웃는 모양.

¶거울을 향하여 흰 이를 드러내어 상긋이 웃어
본다.≪박종화, 임진왜란≫

상깃-상깃

의미 [+모양],[+다수],[+부분],[+간격],[−정
도]

제약

여러 군데가 모두 사이나 간격이 조금 뜬 듯한
모양.

¶흰머리가 상깃상깃 나기 시작했다.

상끗

의미 [+모양],[+웃음],[−소리],[+눈],[+입],
[+운동],[+경쾌]

제약 {사람}-{웃다}

눈과 입을 귀엽게 움직이며 소리 없이 가볍게
웃는 모양. '상긋'보다 조금 센 느낌을 준다. ≒
상끗이.

¶그녀는 나를 보고 상끗 웃었다./논개는…불빛
같은 붉은 수건을 질끈 동여 뚝 떨어뜨린 이맛
전 아래 어글어글한 가을 물 같은 그 맑은 눈에
상끗 웃음이 흐르면서 물동이를 옮긴다.≪박종화,
임진왜란≫

상끗-방끗

의미 [+모양],[+웃음],[−소리],[+눈],[+입],
[+운동],[+경쾌],[+환함]

제약 {사람}-{웃다}

눈과 입을 움직이며 소리 없이 가볍고 환하게
웃는 모양. '상긋방긋'보다 조금 센 느낌을 준다.

상꿋-상꿋

의미 [+모양],[+웃음],[−소리],[+눈],[+입],
[+운동],[+경쾌],[+반복]

제약 {사람}-{웃다}

눈과 입을 귀엽게 움직이며 소리 없이 가볍게
자꾸 웃는 모양. '상긋상긋'보다 조금 센 느낌을
준다.

¶아이가 엄마를 보며 상꿋상꿋 웃는다.

상꿋-이

의미 [+모양],[+웃음],[−소리],[+눈],[+입],
[+운동],[+경쾌]

제약 {사람}-{웃다}

=상꿋. 눈과 입을 귀엽게 움직이며 소리 없이
가볍게 웃는 모양.

상냥스레

의미 [+성질],[+상냥],[+유연]

제약 {　}-{굴다, 대하다}

성질이 싹싹하고 부드러운 듯하게.

상냥-히

의미 [+성질],[+상냥],[+유연]

제약 {　}-{굴다, 대하다}

성질이 싹싹하고 부드럽게.

¶그녀는 상냥히 미소를 지었다./서모는 전에 없
이 상냥히 굴며 석림을 친절히 맞아들인다.≪이
기영, 봄≫

상당-히

의미 [+수준]v[+실력],[+높이],[+정도]

제약

① 수준이나 실력이 꽤 높이.

¶중학생에게는 상당히 어려운 수학 문제./사회
가 발전함에 따라 범죄도 상당히 지능화하는 추
세다.

의미 [+다수],[+정도]

제약

② 어지간히 많이. 또는 적지 아니하게.

¶음식이 상당히 남아 있다./이 정도면 상당히 모
인 셈이다.

상동

의미 [+모양],[+물건],[+절단],[+용이]

제약 {물건}-{베다, 자르다}

작고 연한 물건을 단번에 가볍게 베거나 자르는
모양.

¶고구마의 썩은 부분을 상동 잘라 버렸다.

상동-상동

의미 [+모양],[+물건],[+절단],[+용이],[+연
속]

제약 {물건}-{베다, 자르다}

작고 연한 물건을 단번에 잇따라 가볍게 베거나
자르는 모양.

상명-히[01]

의미 [+날씨],[+시원],[+밝음]

제약

날씨가 시원하고 밝게.

상명-히[02]

의미 [+자세],[+분명]

제약

자세하고 분명하게.

상밀-히

의미 [+정성],[+세밀]

제약

자상하고 세밀하게.

상상

의미 [+항상],[−변화]

제약

=항상. 언제나 변함없이.

상서로이

의미 [+징조],[+일],[+복],[+행운]

제약

복되고 길한 일이 일어날 조짐이 있게.

¶상서로이 나부끼는 깃털 화관을 쓴 머리와 악
기를 연주하고 있는 두 팔은 사람의 형상인
데….≪최명희, 혼불≫

상세-히

의미 [+개별],[+자세]

제약

낱낱이 자세하게.

¶영화 장면을 상세히 묘사하다./그는 통역의 보조를 받아 가며 시간과 장소를 정확히 회상하면서 시계를 약탈당한 경위를 상세히 설명했다.≪전광용, 꺼삐딴 리≫

상스레

의미 [＋언사]v[＋행동],[＋비천],[－교양]

제약

말이나 행동이 보기에 천하고 교양이 없이.

상없-이

의미 [－도리],[－예의],[＋비천]

제약

보통의 이치에서 벗어나 막되고 상스럽게.

¶상없이 굴다.

상연-히

의미 [＋시원],[＋상쾌],[＋정도]

제약

매우 시원하고 상쾌하게.

상쾌-히

의미 [＋느낌],[＋시원],[＋상쾌],[＋선명]

제약

느낌이 시원하고 산뜻하게.

상큼

의미 [＋모양],[＋걸음],[＋다리],[＋높이]

제약

다리를 가볍게 높이 들어 떼어 놓은 모양.

¶발을 상큼 내디디다.

상큼-상큼

의미 [＋모양],[＋걸음],[＋다리],[＋높이],[＋연속]

제약

다리를 잇따라 가볍게 높이 들어 떼어 놓는 모양.

¶친구는 우리를 본 체도 않고 앞만 바라보며 상큼상큼 걸어간다.

상패스레

의미 [＋성질],[＋거침],[＋포악],[－버릇]

제약

보기에 성질이 거칠고 사나우며 막된 데가 있게.

상패-히

의미 [＋성질],[＋거침],[＋포악],[－버릇]

제약

성질이 거칠고 사나우며 막되게.

상필

의미 [＋대개],[＋필연]

제약

아마도 반드시.

¶선생의 생각도 상필 저와 비슷하였으리라고 생각합니다.≪한설야, 황혼≫

상호

의미 [＋상대],[＋상호]

제약

상대가 되는 이쪽과 저쪽이 함께.

¶상호 밀접한 영향 관계./남북한의 통일을 위해서는 상호 빈번한 대화와 교류가 필요하다.

상확-히

의미 [＋세밀],[＋확실]

제약

자세하고 확실하게.

샅샅-이

의미 [＋틈],[＋개별],[＋전부]

제약 { }-{뒤지다, 검사하다}

틈이 있는 곳마다 모조리. 또는 빈틈없이 모조리.

¶집 안을 샅샅이 뒤지다./사건의 진상을 샅샅이 알아내다./신문을 샅샅이 읽었지만 그런 기사는 없었다./언제 기회가 있으면 지리산 일대의 동굴을 샅샅이 찾아보았으면 하는 충동이 있었다.≪이병주, 지리산≫

새곰-새곰

의미 [＋모양],[＋전부],[＋맛],[＋초맛],[－정도]

제약

① 여럿이 다 조금 신 맛이 있는 모양.

의미 [＋모양],[＋맛],[＋초맛],[＋정도]

제약

② 맛이 꽤 신 느낌.

새근덕-새근덕

의미 [＋소리]v[＋모양],[＋숨소리],[＋거침],[＋반복]

제약 { }-{숨쉬다, 거리다}

① 숨소리가 매우 거칠게 자꾸 나는 소리. 또는 그 모양.

의미 [+소리]v[+모양],[+어린아이],[+수면], [+숨소리],[+거침],[+반복]

제약 {어린아이}-{숨쉬다, 잠들다}

② 잠든 어린아이의 숨소리가 조금 거칠게 자꾸 나는 소리. 또는 그 모양.

새근-발딱

의미 [+모양],[+숨소리],[-균일],[+곤란], [+급박]

제약 { }-{숨쉬다}

숨이 차서 숨소리가 고르지 아니하고 가쁘고 급하게 나는 모양.

새근발딱-새근발딱

의미 [+모양],[+숨소리],[-균일],[+곤란], [+급박],[+반복]

제약 { }-{숨쉬다}

숨이 차서 숨소리가 고르지 아니하고 가쁘고 급하게 자꾸 나는 모양.

새근-새근01

의미 [+소리]v[+모양],[+숨],[-균일],[+곤란],[+반복]

제약 {숨}-{쉬다}

① 고르지 아니하고 가쁘게 자꾸 숨 쉬는 소리. 또는 그 모양.

¶영애는 대구도 않고 새근새근 어깨로 숨을 쉬었다.≪현진건, 적도≫

의미 [+소리],[+어린아이],[+수면],[+숨],[+조용],[+반복]

제약 {어린아이}-{숨쉬다, 잠들다}

② 어린아이가 곤히 잠들어 조용하게 자꾸 숨 쉬는 소리.

¶아기가 새근새근 잠이 들다./용이는 엄마의 품에 안겨 새근새근 잠이 들어 있었다.≪하근찬, 야호≫

새근-새근02

의미 [+느낌],[+관절],[+시림],[+반복]

제약

관절 따위가 자꾸 조금 신 느낌.

새금-새금

의미 [+느낌],[+전부],[+맛]v[+냄새],[+초맛],[+호감]

제약

① 여럿이 다 맛깔스럽게 조금 신 맛이나 냄새가 있는 느낌.

의미 [+느낌],[+맛]v[+냄새],[+초맛],[+호감],[+정도]

제약

② 맛이나 냄새 따위가 맛깔스럽게 매우 신 느낌.

¶귤이 새금새금 시다.

새금-히

의미 [+맛]v[+냄새],[+초맛],[+만족]

제약

맛이나 냄새 따위가 맛깔스럽게 조금 시게.

새득-새득

의미 [+모양],[+꽃]v[+풀],[-생기],[+건조],[-정도]

제약 {꽃, 풀}-{시들다, 마르다}

꽃이나 풀 따위가 조금 시들고 말라서 생기가 없는 모양.

새들-새들01

의미 [+모양],[-생기],[-힘]

제약 { }-{시들다, 늘어지다}

조금 시들어 힘이 없는 모양.

¶지독한 가뭄에 농작물들이 새들새들 시들고 말았다./아늘아늘 터질 것 같은 뺨은 탄력을 잃고 새들새들 늘어진 듯하였다.≪현진건, 적도≫

새들-새들02

의미 [+모양],[+경솔],[-버릇],[+반복]

제약

마음이 들떠서 경솔하게 자꾸 까부는 모양.

새뜻-이

의미 [+신선],[+선명]

제약

새롭고 산뜻하게.

새로

의미 [+처음],[-경험]

제약

① 지금까지 있은 적이 없이 처음으로.

¶새로 개발한 기술./오늘 점심에는 새로 개업한 식당에 가 보자./그는 테니스 모임에 새로 가입했다./큰 냉장고를 가게에 새로 들여왔다.

의미 [+과거],[-동일],[+신선]

제약

② 전과 달리 새롭게. 또는 새것으로.

¶집을 새로 고치다./깨진 유리창을 새로 갈아 끼웠다./꽃밭에서 새로 잎이 돋아난다./그 집 물동이에 담겨 있는 헌 물을 비우고 그 동이에다가 새로 길어 온 물을 부어 놓은 다음 마당으로 나왔다.≪한승원, 해일≫

의미 [+말],[+시각],[+시작]

제약

③ (12시를 넘긴 시각 앞에 쓰여) 시각이 시작됨을 이르는 말.

¶새로 두 시

새로-이

의미 [+처음]

제약

① 전에 없던 것이 처음으로.

¶누(樓)의 서(西)에는 새로이 사무소로 쓴다는 일우(一宇)를 창건하는데….≪최남선, 심춘순례≫

의미 [+신선],[+반복]

제약

② 새롭게 다시.

¶고향 친구를 만나서 어린 시절 추억을 새로이 떠올렸다.

새록-새록

의미 [+모양],[+물건]v[+일],[+신선],[+발생],[+연속]

제약

① 새로운 물건이나 일이 잇따라 생기는 모양.

¶봄이 되자 새순이 새록새록 돋아난다./텅 빈 벌판이었던 곳에 빌딩들이 새록새록 들어서기 시작하였다.

의미 [+모양],[+생각]v[+느낌],[+신선],[+발생],[+반복]

제약

② 어떤 생각이나 느낌이 거듭하여 새롭게 생기는 모양.

¶아프고 쓰라렸던 지난 일이 새록새록 떠올랐다./그게 갑자기 그렇게 낯설고 신기하고, 재미난 구경거리가 되어서 그를 새록새록 즐겁게 해 주다니 알 수 없는 일이었다.≪박완서, 오만과 몽상≫

의미 [+소리],[+어린아이],[+수면],[+숨]

제약 {어린아이}-{숨쉬다, 잠들다}

③ 잠든 어린아이가 숨쉴 때 나는 소리.

¶아이가 새록새록 잠이 들다.

새롱-새롱

의미 [+모양],[+말],[-신중],[+경망],[-버릇],[+반복]

제약

경솔하고 방정맞게 까불며 자꾸 지껄이는 모양.

¶다 큰 녀석이 가만히 있지 못하고 왜 그렇게 새롱새롱 구니?

새무룩-이

의미 [+마음],[-만족],[-말],[+표정],[+불쾌]

제약

① 마음에 못마땅하여 별로 말이 없고 언짢은 기색으로.

의미 [+상태],[+날씨],[+흐림],[+그늘]

제약

② 날이 흐려 그늘진 상태로.

새물-새물

의미 [+모양],[+웃음],[-소리],[+입술],[+경사],[+반복]

제약 {사람}-{웃다}

① 입술을 약간 샐그러뜨리며 소리 없이 자꾸 웃는 모양.

¶할아버지께서 선물을 받고 어린아이처럼 새물새물 좋아하신다.

의미 [+모양],[-조화],[+교활],[+반복]

제약

② 한데 어울리지 아니하고 자꾸 능청스럽게 구는 모양.

새벽-같이

의미 [+아침],[+이름],[+정도]

제약

아침에 아주 일찍이.

¶그는 새벽같이 일어나서 떠났다./제물포라면 낮

이 짧은 동짓달에는 **새벽같이** 떠나야 겨우 해전에 닿을까 말까 한 먼 거리인데….≪현기영, 변방에 우짖는 새≫

새살-새살

의미 [+모양],[+웃음],[-소리],[+말],[+재미],[+반복]

제약

샐샐 웃으면서 재미있게 자꾸 지껄이는 모양.

새살스레

의미 [+성질],[+성질],[-침착],[+언사]v[+행동],[+부실],[+분주]

제약

성질이 차분하지 못하고 가벼워 말이나 행동이 실없고 부산한 데가 있게.

새삼

의미 [+느낌]v[+감정],[+과거],[-동일],[+신선]

제약

① 이전의 느낌이나 감정이 다시금 새롭게. 늑새삼스레①.

¶지난날들이 **새삼** 그립다./나는 그의 말솜씨에 **새삼** 놀랐다.

의미 [+느낌],[+일],[-경험],[+진행],[+순간]

제약

② 하지 않던 일을 새로 하여 갑작스러운 느낌이 들게. 늑새삼스레②.

¶그 문제를 **새삼** 끄집어내는 이유가 뭐냐?/카드 한 장 안 쓰던 친구가 **새삼** 장문의 편지를 보내왔다.

새삼스레

의미 [+느낌]v[+감정],[+과거],[-동일],[+신선]

제약

①=새삼①. 이전의 느낌이나 감정이 다시금 새롭게.

¶아기를 재우는 아내의 모습이 **새삼스레** 예뻐 보였다./방 안에 **새삼스레** 그의 주의를 끌 만한 것은 없다.≪최인훈, 광장≫

의미 [+느낌],[+일],[-경험],[+진행],[+순간]

제약

②=새삼②. 하지 않던 일을 새로 하여 갑작스러운 느낌이 들게.

¶이제 와서 **새삼스레** 무슨 존댓말을 쓰냐?/이번이 처음도 아닌데 어찌해 **새삼스레** 고소까지 한다는 것인지 이상스럽기도 하다.≪유진오, 화상보≫

새새

의미 [+모양],[+웃음],[-소리],[-실속],[+말],[+반복]

제약

① 실없이 웃으며 가볍게 자꾸 지껄이는 모양.

의미 [+모양],[+웃음],[-소리],[-실속],[-버릇],[+반복]

제약 {사람}-{웃다}

② 실없이 까불며 소리 없이 자꾸 웃는 모양.

¶신성이는 들릴까 말까 한 소리로 한마디 하고는 **새새** 웃는다.≪염상섭, 대를 물려서≫

새새덕-새새덕

의미 [+모양],[+이야기],[+소란],[+웃음]

제약

조금 실없이 웃으면서 계속 떠들썩하게 이야기하는 모양.

새실-새실

의미 [+모양],[+웃음],[-예의],[-버릇],[+반복]

제약 {사람}-{웃다}

① 점잖지 아니하게 자꾸 까불며 웃는 모양.

의미 [+모양],[+웃음],[+말],[+재미],[+반복]

제약 {사람}-{웃다}

② 생글생글 웃으면서 재미있게 자꾸 지껄이는 모양.

¶장수와 몇 마디 **새실새실** 웃으며 농지거리를 주고받고….≪최명희, 혼불≫

새실스레

의미 [+성질],[-침착],[+언사]v[+행동],[-실속],[+분주]

제약

성질이 차분하지 못하고 점잖지 아니하여 말이나 행동이 실없고 부산한 데가 있게.

새척지근-히

의미 [+음식],[+부패],[+맛]v[+냄새],[+초

맛]

제약

음식이 쉬어서 맛이나 냄새 따위가 조금 시게.

새초롬-히

의미 [+태도],[+냉정],[+시치미]

제약

조금 쌀쌀맞게 시치미를 떼는 태도로.

새치근-히

의미 [+음식],[+부패],[+맛]v[+냄새],[+초
맛]

제약

'새척지근히'의 준말. 음식이 쉬어서 맛이나 냄
새 따위가 조금 시게.

새치름-히

의미 [+태도],[+냉정],[+시치미]

제약

조금 쌀쌀맞게 시치미를 떼는 태도로.

¶기골이 장대한 신랑과…새색시가 눈을 **새치름**
히 내리깔고 있는 혼인 사진이 한 장….≪윤흥길,
묵시의 바다≫

새콤-달콤

의미 [+느낌],[+만족],[+신맛],[+단맛]

제약

약간 신 맛이 나면서도 단맛이 나서 맛깔스러운
느낌.

새콤-새콤

의미 [+모양],[+전부],[+맛],[+초맛],[-정도]

제약

① 여럿이 다 조금 신 맛이 있는 느낌. '새곰새
곰①'보다 거센 느낌을 준다.

의미 [+느낌],[+맛],[+초맛],[+정도]

제약

② 맛이 꽤 신 느낌. '새곰새곰②'보다 거센 느
낌을 준다.

¶**새콤새콤** 맛있는 귤.

새큰-새큰

의미 [+느낌],[+관절],[+시림],[+반복]

제약

관절이 자꾸 조금 신 느낌. '새근새근02'보다 거
센 느낌을 준다.

새큼-새큼

의미 [+느낌],[+전부],[+맛]v[+냄새],[+초
맛],[+호감]

제약

① 여럿이 다 맛깔스럽게 조금 신 맛이나 냄새
가 있는 느낌. '새금새금①'보다 거센 느낌을 준
다.

의미 [+느낌],[+맛]v[+냄새],[+초맛],[+호
감],[+정도]

제약

② 맛이나 냄새 따위가 맛깔스럽게 매우 신 느
낌. '새금새금②'보다 거센 느낌을 준다.

새큼새큼-히

의미 [+전부],[+맛]v[+냄새],[+초맛],[+호
감]

제약

① 여럿이 다 맛깔스럽게 조금 신 맛이나 냄새
로.

의미 [+맛]v[+냄새],[+초맛],[+호감]

제약

② 맛이나 냄새 따위가 맛깔스럽게 매우 시게.

새큼-히

의미 [+맛]v[+냄새],[+초맛],[+호감]

제약

맛이나 냄새 따위가 맛깔스럽게 조금 시게. '새
금히'보다 거센 느낌을 준다.

¶덜 익은 사과 맛이 **새큼히** 입 안에 감겨 온다.

새퉁스레

의미 [-예상],[+신선]

제약

어처구니없이 새삼스러운 데가 있게.

새포름-히

의미 [+상쾌],[+파랑]

제약

산뜻하게 파르스름하게.

색

의미 [+소리]v[+모양],[+김]v[+바람],[+틈],
[+누출],[+맹렬]

제약 {김, 바람}-{새어 나오다}

좁은 틈 사이로 김이나 바람이 세차게 새어 나

오는 소리. 또는 그 모양.

¶문틈으로 바람이 색 들어왔다.

색달리

의미 [＋특색],[＋상이]

제약

동일한 종류에 속하는 보통의 것과 다른 특색이
있게.

¶다른 스타일의 옷을 입으니 색달리 보인다.

색색

의미 [＋소리],[＋숨],[＋균일],[＋약함]

제약 {숨}-{쉬다}

① 숨을 고르고 가늘게 쉬는 소리.

¶아기가 색색 잘도 잔다./어린이는 따스한 온돌
방에서 색색 잠들어 있을 것이고….≪이병주, 지리
산≫

의미 [＋소리],[＋숨],[＋속도],[－균일]

제약 {숨}-{쉬다}

② 숨을 조금 빠르고 고르지 아니하게 쉬는 소
리.

색색-이

의미 [＋색],[＋다양]

제약

가지각색의 여러 가지로.

¶색종이로 색색이 꾸민 그림.

색스레

의미 [＋색깔]v[＋모양],[＋무늬],[－균일]

제약

① 보기에 색깔이나 모양이 아롱다롱한 데가 있
게.

의미 [＋느낌],[＋특색]

제약

② 보기에 색다른 느낌을 주는 데가 있게.

샐긋

의미 [＋모양],[＋물체],[－균형]v[＋경사],[－정
도]

제약 { }-{빼뚤어지다, 기울다}

물체가 한쪽으로 조금 배뚤어지거나 기울어지는
모양. 늑샐긋이.

샐긋-샐긋

의미 [＋모양],[＋물체],[－균형]v[＋경사],[－정

도],

제약 { }-{빼뚤어지다, 기울다}

물체가 자꾸 한쪽으로 조금 배뚤어지거나 기울
어지는 모양.

¶샐긋샐긋 고개를 움직이다.

샐긋-이

의미 [＋모양],[＋물체],[－균형]v[＋경사],[－정
도]

제약 { }-{빼뚤어지다, 기울다}

＝샐긋. 물체가 한쪽으로 조금 배뚤어지거나 기
울어지는 모양.

샐기죽

의미 [＋모양],[＋물체],[＋경사]v[－균형],[－속
도]

제약 { }-{기울다, 빼뚤어지다}

물체가 한쪽으로 천천히 조금 기울어지거나 배
뚤어지는 모양. 늑샐기죽이.

샐기죽-샐기죽

의미 [＋모양],[＋물체],[＋경사]v[－균형],[－속
도],[＋반복]

제약 { }-{기울다, 빼뚤어지다}

물체가 자꾸 한쪽으로 천천히 조금 기울어지거
나 배뚤어지는 모양.

샐기죽-이

의미 [＋모양],[＋물체],[＋경사]v[－균형],[－속
도]

제약 { }-{기울다, 빼뚤어지다}

＝샐기죽. 물체가 한쪽으로 천천히 조금 기울어
지거나 배뚤어지는 모양.

샐룩

의미 [＋모양],[＋근육],[＋부분],[＋운동],[＋경
사]

제약

근육의 한 부분이 샐그러지게 움직이는 모양.

¶아내 인숙이가 그 쌍꺼풀진 예쁜 눈을 샐룩 치
뜨며 남편을 나무라듯이 쏘아보는 것이었다.≪염
상섭, 인플루엔자≫

샐룩-샐룩

의미 [＋모양],[＋근육],[＋부분],[＋운동],[＋경
사],[＋반복]

제약

근육의 한 부분이 자꾸 샐그러지게 움직이는 모양.

¶화가 난 윤 씨의 입이 **샐룩샐룩** 경련을 일으켰다.

샐샐

의미 [+모양],[+웃음],[−소리],[−실속]

제약 {사람}-{웃다}

소리 없이 실없게 살며시 웃는 모양.

¶**샐샐** 눈웃음을 치다.

샐쭉

의미 [+모양],[+감정],[+입]v[+눈],[+운동],[+경사]

제약

① 어떤 감정을 나타내면서 입이나 눈이 한쪽으로 약간 샐그러지게 움직이는 모양. 늑샐쭉이①.

¶**샐쭉** 웃는 모습이 귀엽다./아내는 대답 대신 입아귀를 **샐쭉** 올립니다.≪김유정, 아기≫

의미 [+모양],[+태도],[−만족],[+야속]

제약 {사람}-{토라지다}

② 마음에 차지 아니하여서 약간 고까워하는 태도를 드러내는 모양. 늑샐쭉이②.

¶동생은 자기만 선물을 못 받았다고 **샐쭉** 토라졌다.

샐쭉-샐쭉

의미 [+모양],[+감정],[+입]v[+눈],[+운동],[+경사],[+반복]

제약

① 어떤 감정을 나타내면서 입이나 눈이 자꾸 한쪽으로 약간 샐그러지게 움직이는 모양.

¶막내가 **샐쭉샐쭉** 웃으며 성적표를 내밀었다.

의미 [+모양],[+태도],[−만족],[+야속],[+반복]

제약 {사람}-{토라지다}

② 마음에 차지 아니하여서 약간 고까워하는 태도를 자꾸 드러내는 모양.

¶내 동생은 아빠께 조금만 혼나도 **샐쭉샐쭉** 토라져 밥을 안 먹는다.

샐쭉-이

의미 [+모양],[+감정],[+입]v[+눈],[+운동],

[+경사]

제약

①=샐쭉①. 어떤 감정을 나타내면서 입이나 눈이 한쪽으로 약간 샐그러지게 움직이는 모양.

의미 [+모양],[+태도],[−만족],[+야속]

제약 {사람}-{토라지다}

②=샐쭉②. 마음에 차지 아니하여서 약간 고까워하는 태도를 드러내는 모양.

¶약속 시간에 늦게 나타난 친구를 보고 **샐쭉이** 토라져 말을 않는다.

생게-망게

의미 [+모양],[+행동]v[+말],[+돌연],[−근거]

제약

하는 행동이나 말이 갑작스럽고 터무니없는 모양.

생광-스레

의미 [+영광],[+체면],[+유지]

제약

① 영광스러워 체면이 서는 듯하게.

의미 [+보람],[+상황],[+필요],[+중요]

제약

② 아쉬운 때에 요긴하게 쓰게 되어 보람이 있게.

¶아무리 모자란 사람이라도 사귀어 두면 **생광스레** 쓰일 날이 있을 것이다.

생그레

의미 [+모양],[+웃음],[−소리],[+눈],[+입],[+운동],[+유연]

제약 {사람}-{웃다}

눈과 입을 살며시 움직이며 소리 없이 부드럽게 웃는 모양.

¶**생그레** 웃는 가운데도 얼굴빛이 연분홍빛이 되었다 사라진다.≪나도향, 환희≫

생글

의미 [+모양],[+웃음],[−소리],[+눈],[+입],[+운동],[+다정]

제약 {사람}-{웃다}

눈과 입을 살며시 움직이며 소리 없이 정답게 웃는 모양.

¶생글 웃으며 낯 붉히는 아가씨.

생글-방글

의미 [＋모양],[＋웃음],[－소리],[＋눈],[＋입],
[＋운동],[＋다정],[＋환함]

제약 {사람}-{웃다}

눈과 입을 살며시 움직이며 소리 없이 정답고
환하게 웃는 모양.

생글-뱅글

의미 [＋모양],[＋웃음],[－소리],[＋눈],[＋입],
[＋운동],[＋다정],[＋사랑]

제약 {사람}-{웃다}

눈과 입을 살며시 움직이며 소리 없이 정답고
귀엽게 웃는 모양.

생글-생글

의미 [＋모양],[＋웃음],[－소리],[＋눈],[＋입],
[＋운동],[＋다정],[＋사랑],[＋반복]

제약 {사람}-{웃다}

눈과 입을 살며시 움직이며 소리 없이 정답게
자꾸 웃는 모양.

¶여승무원의 생글생글 웃는 얼굴이 매력적이다./
계집아이는 알겠다는 듯 생글생글 웃더니 깡충
거리며 뛰어가 버렸다.≪안정효, 하얀 전쟁≫

생급스레

의미 [＋일]v[＋행동],[－예상],[＋돌연]

제약

① 하는 일이나 행동 따위가 뜻밖이고 갑작스럽
게.

의미 [＋말],[－논리],[＋특이]

제약

② 하는 말이 터무니없고 엉뚱하게.

생긋

의미 [＋모양],[＋웃음],[－소리],[＋눈],[＋입],
[＋운동],[＋경쾌]

제약 {사람}-{웃다}

눈과 입을 살며시 움직이며 소리 없이 가볍게
웃는 모양. 늑생긋이.

¶아내는 생긋 웃으며 일어나서 밖으로 나갔다.
≪김승옥, 차나 한잔≫/계집은 곁눈을 주며 생긋
웃어 보인다.≪김유정, 총각과 맹꽁이≫

생긋-방긋

의미 [＋모양],[＋웃음],[－소리],[＋눈],[＋입],
[＋운동],[＋경쾌],[＋환함]

제약 {사람}-{웃다}

눈과 입을 살며시 움직이며 소리 없이 가볍고
환하게 웃는 모양.

¶아기가 생긋방긋 웃으며 잘 논다.

생긋-뱅긋

의미 [＋모양],[＋웃음],[－소리],[＋눈],[＋입],
[＋운동],[＋경쾌],[＋사랑]

제약 {사람}-{웃다}

눈과 입을 살며시 움직이며 소리 없이 가볍고
귀엽게 웃는 모양.

생긋-생긋

의미 [＋모양],[＋웃음],[－소리],[＋눈],[＋입],
[＋운동],[＋경쾌],[＋반복]

제약 {사람}-{웃다}

눈과 입을 살며시 움직이며 소리 없이 가볍게
자꾸 웃는 모양.

¶아기가 생긋생긋 웃는 모습이 너무나도 귀엽다.

생긋-이

의미 [＋모양],[＋웃음],[－소리],[＋눈],[＋입],
[＋운동],[＋경쾌]

제약 {사람}-{웃다}

＝생긋. 눈과 입을 살며시 움직이며 소리 없이
가볍게 웃는 모양.

¶새로 들어온 여사원이 생긋이 웃으며 경쾌하게
지나간다.

생끗

의미 [＋모양],[＋웃음],[－소리],[＋눈],[＋입],
[＋운동],[＋경쾌]

제약 {사람}-{웃다}

눈과 입을 살며시 움직이며 소리 없이 가볍게 웃
는 모양. '생긋'보다 조금 센 느낌을 준다. 늑생끗
이.

¶아이가 생끗 웃는다.

생끗-방끗

의미 [＋모양],[＋웃음],[－소리],[＋눈],[＋입],
[＋운동],[＋경쾌],[＋환함]

제약 {사람}-{웃다}

눈과 입을 살며시 움직이며 소리 없이 가볍고

환하게 웃는 모양. '생긋방긋'보다 조금 센 느낌을 준다.

¶생끗방끗 웃는 아기를 보면 누구나 순수해진다.

생끗-뱅끗

의미 [+모양],[+웃음],[-소리],[+눈],[+입],[+운동],[+경쾌],[+사랑]

제약 {사람}-{웃다}

눈과 입을 살며시 움직이며 소리 없이 가볍고 귀엽게 웃는 모양. '생긋뱅긋'보다 조금 센 느낌을 준다.

¶여동생은 졸업 선물을 받고 **생끗뱅끗** 웃으며 좋아했다.

생끗-생끗

의미 [+모양],[+웃음],[-소리],[+눈],[+입],[+운동],[+경쾌],[+반복]

제약 {사람}-{웃다}

눈과 입을 살며시 움직이며 소리 없이 가볍게 자꾸 웃는 모양. '생긋생긋'보다 조금 센 느낌을 준다.

¶점원 아가씨가 **생끗생끗** 웃으며 손님을 맞는다.

생끗-이

의미 [+모양],[+웃음],[-소리],[+눈],[+입],[+운동],[+경쾌]

제약 {사람}-{웃다}

=생끗. 눈과 입을 살며시 움직이며 소리 없이 가볍게 웃는 모양.

생동-생동

의미 [+모양],[+기운],[+유지],[+생생]

제약

본디의 기운이 그대로 남아 있어 생생한 모양.

¶그는 한밤중에도 기운이 넘치는 듯 **생동생동** 활기가 느껴졌다.

생뚱스레

의미 [+행동]v[+말],[+상황],[-적합],[-사리]

제약

하는 행동이나 말이 상황에 맞지 아니하고 엉뚱한 데가 있게.

¶양쪽 꼬리가 위로 도르르 말려 올라가는 묘한 입술로 여자는 **생뚱스레** 웃는다.≪이문희, 흑맥≫

생래

의미 [+세상],[+처음]

제약

세상에 태어난 이래로.

¶생래 처음으로 시계를 샀다.

생생-히

의미 [+생기],[-손상]

제약

① 시들거나 상하지 아니하고 생기가 있게.

¶희고 갸름한 목이며 섬세한 살결이 아직도 삼십 이전의 미려를 **생생히** 지니고 있고….≪이영치, 흐린 날 황야에서≫

의미 [+힘]v[+기운],[+왕성]

제약

② 힘이나 기운 따위가 왕성하게.

의미 [+빛깔],[+선명]

제약

③ 빛깔 따위가 맑고 산뜻하게.

의미 [+분명],[+선명]

제약

④ 바로 눈앞에 보는 것처럼 명백하고 또렷하게.

¶**생생히** 기억하다./현장 상황을 **생생히** 보고하다./그 사진은 전쟁의 참혹상을 **생생히** 보여준다./지나간 학창 시절이 바로 엊그제 있었던 일처럼 너무나도 **생생히** 되살아난다.

생심-코

의미 [+임의],[-주제]

제약

감히 마음대로.

¶죽을죄를 지었으면 순순히 벌을 받을 것이지 **생심코** 칼부림을 한단 말이냐?/임금의 앞에서는 자신의 생각을 **생심코** 발설하지 못하였다.

생-으로

의미 [+원형],[-익힘]v[-건조]v[-가열],[-가공]

제약 { }-{먹다}

① 익거나 마르거나 삶지 아니한 날것 그대로. 늑날로02.

¶채소를 **생으로** 먹다./삶지 않고 게장을 담가 먹

는다든지 **생**으로 그냥 먹으면 누구든 병을 얻는다.≪유현종, 들불≫

의미 [＋상황],[－여유],[＋무리]

제약

② 그럴 만한 상황이 되지 않는데도 무리하게.

¶몇 푼 못 타는 월급에서 얼마씩 **생**으로 떼어서 보조해 주는 동무도 있었다.≪송영, 아버지≫

의미 [－처치]v[－도움]

제약

③ 아무런 처치나 도움 없이.

¶서울 아씨는 이를 **생**으로 앓느라 퇴침을 돋우어 베고….≪채만식, 태평천하≫/의사도 사람인데 설마 사람을 **생**으로 죽게야 하겠습니까.≪윤흥길, 아홉 켤레의 구두로 남은 사내≫

생전

의미 [－경험],[＋자신],[＋의도],[＋강조]

제약

일전에 경험한 적이 없음을 나타내거나 자신의 표현 의도를 강조하는 말.

¶이 문제는 **생전** 모르겠다./이렇게 큰 집은 **생전** 처음 본다./그 일이 얼마나 힘든 일인데, **생전** 되는가 봐라.

생청스레

의미 [＋태도],[＋언사],[＋억지],[＋모순]

제약

생청붙이는 태도로.

¶생청스레 굴다.

생판

의미 [＋생소]v[－상관],[＋정도]

제약

① 매우 생소하게. 또는 아무 상관 없게.

¶이 사람은 **생판** 모르는 사람입니다./이 여자가 왕과 함께 있었지만 얼굴이 **생판** 다르죠?≪유주현, 대한 제국≫

의미 [＋무리],[－근거]

제약

② 터무니없이 무리하게.

¶온 동네를 상대로 싸우면 대체 어쩌겠다는 것인지. **생판** 미친 사람이지요.≪이호철, 이단자≫/상상이 **생판** 터무니없는 것만도 아니었다.≪박완서,

오만과 몽상≫

서걱

의미 [＋소리],[＋벼]v[＋보리]v[＋밀],[＋절단]

제약 {벼, 보리, 밀}-{베다}

① 벼, 보리, 밀 따위를 벨 때 나는 소리.

의미 [＋소리],[＋눈],[＋밟음]

제약 {눈}-{밟다}

② 눈 따위를 밟을 때 나는 소리.

의미 [＋소리],[＋과자]v[＋배]v[＋사과],[＋씹음]

제약 {과자, 배, 사과}-{씹다}

③ 연한 과자나 배, 사과 따위를 씹을 때 나는 소리.

의미 [＋소리],[＋갈대]v[＋천],[－두께],[＋견고],[＋마찰]

제약

④ 갈대나 풀 먹인 천 따위의 얇고 뻣뻣한 물체가 스칠 때 나는 소리.

¶방문 앞에 치맛바람이 서걱 소리를 내더니 젊은 여자 하나가 우뚝 와 서는 것이다.≪유주현, 하오의 연가≫

의미 [＋소리],[＋종이],[＋필기]

제약 {　}-{쓰다}

⑤ 종이 위에 글씨를 쓸 때 나는 소리.

서걱-서걱

의미 [＋소리],[＋벼]v[＋보리]v[＋밀],[＋절단],[＋연속]

제약 {벼, 보리, 밀}-{베다}

① 벼, 보리, 밀 따위를 잇따라 벨 때 나는 소리.

의미 [＋소리],[＋눈],[＋낙하]v[＋밟음],[＋연속]

제약 {눈}-{내리다, 밟다}

② 눈이 내리거나 눈 따위를 밟을 때 잇따라 나는 소리.

의미 [＋소리],[＋과자]v[＋배]v[＋사과],[＋씹음],[＋반복]

제약 {과자, 배, 사과}-{씹다}

③ 연한 과자나 배, 사과 따위를 자꾸 씹을 때 나는 소리.

¶그는 사과를 한 입 베어 **서걱서걱** 씹어 먹었다.

의미 [＋소리],[＋갈대]v[＋천],[－두께],[＋견고],[＋마찰],[＋반복]

제약

④ 갈대나 풀 먹인 천 따위의 얇고 뻣뻣한 물체가 자꾸 스칠 때 나는 소리.

¶바람이 불자 서걱서걱 갈대가 부딪치는 소리가 났다.

의미 [＋소리],[＋종이],[＋필기]

제약 { }-{쓰다}

⑤ 종이 위에 글씨를 쓸 때 나는 소리.

¶서걱서걱 소리가 가득한 교실.

서근서근-히

의미 [＋외형]v[＋성품],[＋온화],[＋시원]

제약 {사람}-{대하다, 모시다}

① 생김새나 성품이 상냥하고 시원스럽게.

의미 [＋사과]v[＋배],[＋씹음],[＋유연],[－견고],[＋정도]

제약 {사과, 배}-{씹다}

② 사과나 배 따위를 씹는 것과 같이 매우 부드럽고 연하게.

서글피

의미 [＋슬픔],[＋고독]

제약

① 쓸쓸하고 외로워 슬프게.

¶소쩍새 서글피 우는 밤.

의미 [＋불쾌]

제약

② 섭섭하고 언짢게.

¶그는 이미 늦었다는 말을 듣자 급히 뛰어온 보람이 없이 된 것을 못내 서글피 알았다.≪이기영, 봄≫

서기

의미 [＋정도],[＋한도],[＋접근]

제약

＝거의. 어느 한도에 매우 가까운 정도로.

서낙-히

의미 [＋장난],[＋과격]

제약

장난이 심하고 하는 짓이 극성맞게.

서늘-히

의미 [＋느낌],[＋온도]v[＋기온],[＋추위],[＋정도]

제약

① 물체의 온도나 기온이 꽤 찬 느낌으로.

¶서늘히 부는 바람.

의미 [＋성격]v[＋태도],[＋냉정]

제약

② 사람의 성격이나 태도 따위가 차가운 데가 있게.

의미 [＋느낌],[＋눈],[＋시원]

제약

③ 눈 따위가 시원스러운 느낌으로.

서러이

의미 [＋원통],[＋슬픔]

제약

원통하고 슬프게.

¶무일푼인 자신의 처지를 너무 서러이 생각하지 마라.

서로

의미 [＋상호],[＋대상],[＋사이]

제약

관계를 이루는 둘 이상의 대상 사이에서, 각각 그 상대에 대하여. 또는 쌍방이 번갈아서.

¶서로 친하게 지내다./서로 가깝게 지내다./그 둘은 서로 사랑한다./사고를 낸 두 사람은 서로 상대편 때문에 사고가 났다고 주장했다.

서로-서로

의미 [＋상호],[＋대상],[＋사이]

제약

‘서로’를 강조하여 이르는 말. 관계를 이루는 둘 이상의 대상 사이에서, 각각 그 상대에 대하여. 또는 쌍방이 번갈아서.

¶서로서로 양보하다./어려운 처지에 있는 사람끼리 서로서로 돕고 살아야지.

서리-서리[01]

의미 [＋모양],[＋연기],[＋상승],[＋두께]

제약 {연기}-{올라가다, 퍼지다}

연기 따위가 자욱하게 올라가는 모양.

¶금사자 향로에 향연이 서리서리 고리를 그리어 무르녹았다.≪박종화, 다정불심≫/마루 뒤 편으로

는 놋쇠 촛대에 대초를 박아서 켜 놓았다. 불 그
을음이 서리서리 올라간다.≪이기영, 봄≫

서리-서리02

의미 [+모양],[+국수]v[+새끼]v[+실],[+누
적],[+원형]

제약 {국수, 새끼, 실}-{쌓이다}

① 국수, 새끼, 실 따위를 헝클어지지 아니하도
록 둥그렇게 포개어 감아 놓은 모양.

¶비녀는 또다시 댕그랑 소리를 내어 떨어지고
머리 쪽은 서리서리 풀어진다.≪박종화, 다정불심≫

의미 [+모양],[+뱀],[+원형],[+감음]

제약 {뱀}-{감다}

② 뱀 따위가 몸을 똬리처럼 둥그렇게 감고 있
는 모양.

¶뱀이 몸을 서리서리 감고 있다.

의미 [+모양],[+감정],[+복잡],[+정도]

제약

③ 감정 따위가 매우 복잡하게 얽혀 있는 모양.

¶가슴속에 서리서리 얽힌 한./그 순간 그녀는 마
음에 서리서리 슬픔이 뒤엉켰다./목 타는 그리움
과 슬픔과 분노가 서리서리 맺혀 있는 그 땅을
쉽게 떠날 그가 아니었으나….≪김성동, 풍적≫

서머-히

의미 [+미안],[−면목]

제약

미안하여 볼 낯이 없이.

서물-서물

의미 [+모양],[−분명],[±시야],[+반복]

제약

어리숭한 것이 눈앞에 떠올라 자꾸 어른거리는
모양.

¶그의 눈앞에는 안개가 끼며 무서운 형상을 짓
고 고심하는 어머니의 그림자가 서물서물 보이
는 것 같았다.≪김사량, 낙조≫

서벅-서벅

의미 [+소리]v[+모양],[+배]v[+사과]v[+무],
[+씹음],[+반복]

제약 {배, 사과, 무}-{씹다}

① 배나 사과, 바람이 든 무 따위를 자꾸 씹는
소리. 또는 그 모양.

¶사과를 서벅서벅 씹다./겨우 얼어 빠진 감자 한
자루뿐, 이빨에 서벅서벅 얼음이 마주치는 감자
알맹이를 씹었다.≪오상원, 유예≫

의미 [+소리]v[+모양],[+모래]v[+눈],[+밟
음],[+연속]

제약 {모래, 눈}-{밟다}

② 모래나 눈을 잇따라 밟는 소리. 또는 그 모
양.

¶모래밭을 서벅서벅 걸어가다.

서부렁-서부렁

의미 [+물건],[+다수],[+틈]

제약 {물건}-{놓여있다}

묶거나 쌓은 물건들이 다 버쩍버쩍 다가붙지 않
고 조금 느슨하거나 틈이 벌어져 있는 모양.

¶짐 꾸러미를 서부렁서부렁 묶어 놓았는지 차가
움직일 때마다 조금씩 풀어졌다.

서부렁-섭적

의미 [+모양],[+건너뜀]v[+올라섬],[−노력]

제약 { }-{건너다, 올라서다}

힘들이지 아니하고 가볍게 선뜻 건너뛰거나 올
라서는 모양. 늑섭적.

¶개울을 서부렁섭적 건너./지붕에 서부렁섭적
올라서다.

서분-서분

의미 [+모양],[+성가심],[+반복]

제약

① 슬쩍슬쩍 우스운 소리를 해 가면서 자꾸 성
가시게 구는 모양.

의미 [+모양],[+행동]v[+말],[+조용],[−무
게]

제약

② 가만가만 거볍게 행동하거나 지껄이는 모양.

서분-히

의미 [+상태],[+물건],[−밀착],[−팽팽]

제약

묶거나 쌓은 물건이 꼭 붙지 않고 느슨한 상태
로.

서붓

의미 [+소리]v[+모양],[+발],[+이동],[−소
리],[+속도]

제약

소리가 거의 나지 아니할 정도로 발을 거볍게
얼른 내디디는 소리. 또는 그 모양. 늑서붓이.

¶방 안으로 서붓 걸어 들어오다.

서붓-서붓

의미 [+소리]v[+모양],[+발],[+이동],[-소
리],[+연속]

제약

소리가 거의 나지 아니할 정도로 발걸음을 거볍
게 자꾸 옮기는 소리. 또는 그 모양.

¶서붓서붓 걷다.

서붓-이

의미 [+소리]v[+모양],[+발],[+이동],[-소
리],[+속도]

제약

=서붓. 소리가 거의 나지 아니할 정도로 발을
거볍게 얼른 내디디는 소리. 또는 그 모양.

서뿐

의미 [+모양],[+발],[+이동],[-소리]

제약

① 소리가 나지 아니할 정도로 거볍게 발을 내
디디는 모양. 늑서뿐히①.

의미 [+모양],[+이동],[-무게]

제약

② 매우 거볍게 움직이는 모양. 늑서뿐히②.

서뿐-서뿐

의미 [+모양],[+발],[+이동],[-소리],[+연속]

제약 { }-{걷다}

① 소리가 나지 아니할 정도로 잇따라 거볍게
발을 내디디며 걷는 모양.

¶서뿐서뿐 앞으로 걸어 나가다./그녀는 언제나
발소리를 죽이며 서뿐서뿐 걷는다.

의미 [+모양],[+이동],[-무게],[+연속]

제약

② 매우 거볍게 잇따라 움직이는 모양.

서뿐-히

의미 [+모양],[+발],[+이동],[-소리]

제약

①=서뿐①. 소리가 나지 아니할 정도로 거볍게
발을 내디디는 모양.

의미 [+모양],[+이동],[-무게]

제약

②=서뿐②. 매우 거볍게 움직이는 모양.

서뻣

의미 [+소리]v[+모양],[+발],[+이동],[-소
리],[+속도]

제약

소리가 거의 나지 아니할 정도로 발을 거볍게
얼른 내디디는 소리. 또는 그 모양. '서붓'보다
센 느낌을 준다. 늑서뻣이.

서뻣-서뻣

의미 [+소리]v[+모양],[+발],[+이동],[-소
리],[+속도],[+연속]

제약 { }-{걷다}

소리가 거의 나지 아니할 정도로 발걸음을 거볍
게 자꾸 옮기는 소리. 또는 그 모양. '서붓서붓'
보다 센 느낌을 준다.

¶머리맡 창 밑으로 서뻣서뻣 발자취를 죽여서
은구(隱溝)를 밟고 가는 기척에 책에서 눈을 떼
며 귀를 기울였다.≪염상섭, 짖지 않는 개≫

서뻣-이

의미 [+소리]v[+모양],[+발],[+이동],[-소
리],[+속도]

제약

=서뻣. 소리가 거의 나지 아니할 정도로 발을
거볍게 얼른 내디디는 소리. 또는 그 모양.

서서-히

의미 [+동작]v[+태도],[-속도]

제약

=천천히. 동작이나 태도가 급하지 아니하고 느
리게.

¶서서히 움직이다./서서히 사람들이 모여들다./
서서히 겨울이 다가오다./날씨가 따뜻해지면서
서서히 눈이 녹는다.

서성-서성

의미 [+모양],[+이동],[-정지],[+운동],[+반
복]

제약 { }-{거리다, 대다}

한곳에 서 있지 않고 자꾸 주위를 왔다 갔다 하
는 모양.

¶그는 본부석 주변을 남의 일 구경하듯 서성서성 기웃거리고만 있더니, 발길을 다시 엉뚱한 데로 돌려세워 버리고 말았다.≪이청준, 당신들의 천국≫/안절부절못하고 서성서성 방 속을 거닐었다.≪박종화, 임진왜란≫

서슴-서슴

의미 [+모양],[+언사]v[+행동],[−결정],[+반복]

제약

말이나 행동을 선뜻 결정하지 못하고 자꾸 머뭇거리는 모양.

¶나는 서슴서슴 망설이다 결국은 그냥 돌아왔다./한창 대낮의 그 불볕더위도 산그늘이 마을을 서슴서슴 먹어 들면서부터 서서히 열기를 죽이다가 어둠이 깔리는 저녁이면 제법 썰렁한 느낌까지 몰아왔다.≪전상국, 외등≫

서슴없-이

의미 [+언사]v[+행동],[−망설임],[−정지]

제약

말이나 행동에 망설임이나 거침이 없이.

¶그는 이제껏 그렇게 서슴없이 자기 의견을 시원스럽고 명확하게 말하는 사람을 보지 못했다.≪한무숙, 만남≫/왜 그런 잔인하고 끔찍한 자해 행위를 사람들 앞에서 서슴없이 하는 거죠?≪윤흥길, 묵시의 바다≫

서어-히

의미 [−익숙],[−친숙]

제약

① 익숙하지 아니하여 서름서름하게.

의미 [+뜻],[−일치],[+어색]

제약

② 뜻이 맞지 아니하여 조금 서먹하게.

서운-히

의미 [+느낌],[−충분],[−만족],[+서운]

제약

마음에 모자라 아쉽거나 섭섭한 느낌으로.

¶큰길로 사라지는 동혁의 기다란 그림자를 서운히 바라보다가 돌아섰다.≪심훈, 상록수≫

서털-구털

의미 [+모양],[+언사]v[+행동],[−침착],[−단

정],[+부족],[+미숙]

제약 {사람}−{말하다, 행동하다}

말이나 행동이 침착하고 단정하지 못하며 어설프고 서투른 모양.

¶그 아이는 갈피를 잡을 수 없을 정도로 서털구털 지껄인다.

서푼

의미 [+모양],[+발],[+이동],[−소리]

제약

① 소리가 나지 아니할 정도로 거볍게 발을 내디디는 모양. '서뿐①'보다 거센 느낌을 준다. 늑서푼히①.

의미 [+모양],[+이동],[−무게]

제약

② 매우 거볍게 움직이는 모양. '서뿐②'보다 거센 느낌을 준다. 늑서푼히②.

서푼-서푼

의미 [+모양],[+발],[+이동],[+연속]

제약 { }−{걷다}

① 소리가 나지 아니할 정도로 잇따라 거볍게 발을 내디디며 걷는 모양. '서뿐서뿐①'보다 거센 느낌을 준다.

의미 [+모양],[+이동],[−무게],[+연속]

제약

② 매우 거볍게 잇따라 움직이는 모양. '서뿐서뿐②'보다 거센 느낌을 준다.

서푼-히

의미 [+모양],[+발],[+이동],[−소리]

제약

①=서푼①. 소리가 나지 아니할 정도로 거볍게 발을 내디디는 모양.

의미 [+모양],[+이동],[−무게]

제약

②=서푼②. 매우 거볍게 움직이는 모양.

서풋

의미 [+소리]v[+모양],[+발],[+이동],[−소리],[+속도]

제약

소리가 거의 나지 아니할 정도로 발을 거볍게 얼른 내디디는 소리. 또는 그 모양. '서붓'보다

거센 느낌을 준다. 늑서풋이.

서풋-서풋

의미 [+소리]v[+모양],[+발],[+이동],[−소리],[+연속]

제약

소리가 거의 나지 아니할 정도로 발걸음을 거볍게 자꾸 옮기는 소리. 또는 그 모양. '서붓서붓'보다 거센 느낌을 준다.

서풋-이

의미 [+소리]v[+모양],[+발],[+운동],[−소리],[+속도]

제약

=서풋. 소리가 거의 나지 아니할 정도로 발을 거볍게 얼른 내디디는 소리. 또는 그 모양.

석

의미 [+소리]v[+모양],[+종이]v[+천],[+칼]v[+가위],[+절단],[+순간]

제약 {종이, 천}-{베다, 자르다}

① 종이나 헝겊 따위를 칼이나 가위로 단번에 베는 소리. 또는 그 모양.

¶헝겊을 넉넉하게 석 베었다.

의미 [+소리]v[+모양],[+밀기]v[+쓸기],[−장애]

제약

② 거침없이 밀거나 쓸어 나가는 소리. 또는 그 모양.

¶문을 석 열다.

의미 [+전부],[−예외]

제약

③ 조금도 남기지 않고 전부.

¶석 밀어 버리다.

석둑

의미 [+소리]v[+모양],[+물건],[+절단],[+순간]

제약 { }-{자르다, 베다}

어떤 물건을 도구나 기계 따위가 해결할 수 있을 만큼의 힘으로 단번에 자르거나 베는 소리. 또는 그 모양. '삭둑'보다 큰 느낌을 준다.

¶호박의 썩은 부분을 석둑 잘라 버렸다.

석둑-석둑

의미 [+소리]v[+모양],[+물건],[+절단],[+반복]

제약 { }-{자르다, 베다}

어떤 물건을 도구나 기계 따위가 해결할 수 있을 만큼의 힘으로 자꾸 자르거나 베는 소리. 또는 그 모양. '삭둑삭둑'보다 큰 느낌을 준다.

석석

의미 [+소리]v[+모양],[+종이]v[+천],[+칼]v[+가위],[+절단],[+반복]

제약 {종이, 천}-{베다, 자르다}

① 종이나 헝겊 따위를 칼이나 가위로 거침없이 베는 소리. 또는 그 모양.

¶베를 석석 베다.

의미 [+소리]v[+모양],[+밀기]v[+쓸기]v[+비빔],[−장애],[+반복]

제약

② 거침없이 자꾸 밀거나 쓸거나 비비거나 하는 소리. 또는 그 모양.

¶두 손을 석석 비비다./할아버지는 아침마다 마당을 싸리비로 석석 쓸곤 하셨다.

석연-히

의미 [−의혹],[−불쾌],{+밝음}

제약

의혹이나 꺼림칙한 마음이 없이 환하게.

¶의심스러웠던 점이 석연히 풀렸다.

선득

의미 [+모양],[+느낌],[+냉기],[+순간]

제약

① 갑자기 서늘한 느낌이 드는 모양.

¶선득 찬 기운을 느끼다.

의미 [+모양],[+느낌],[+경악],[+마음],[+냉기],[+순간]

제약

② 갑자기 놀라서 마음에 서늘한 느낌이 드는 모양.

선득-선득

의미 [+모양],[+느낌],[+냉기],[+순간],[+반복]

제약

① 갑자기 서늘한 느낌이 자꾸 드는 모양.

¶추위를 모르는 걱정이는 **선득선득** 시원하게쯤 여기었다.≪홍명희, 임꺽정≫

의미 [+모양],[+느낌],[+경악],[+마음],[+냉기],[+순간],[+반복]

제약

② 갑자기 놀라서 마음에 서늘한 느낌이 자꾸 드는 모양.

¶벌써 저승사자들이 와 있는 분위기가 **선득선득** 감돌거든.≪이호철, 문≫

선들

의미 [+모양],[+바람],[+냉기],[+상쾌],[+유연]

제약 {바람}-{불다}

서늘한 바람이 가볍고 부드럽게 부는 모양.

¶바람이 기분 좋게 **선들** 불어온다.

선들-선들

의미 [+모양],[+바람],[+냉기],[+상쾌],[+유연],[+반복]

제약 {바람}-{불다}

① 서늘한 바람이 가볍고 부드럽게 자꾸 부는 모양.

¶저녁 바람이 **선들선들** 분다.

의미 [+모양],[+바람],[+물건],[+요동],[-무게],[+유연],[+반복]

제약 { }-{흔들다}

② 바람에 물건이 가볍고 부드럽게 자꾸 흔들리는 모양.

¶키 큰 수숫대가 **선들선들** 건성으로 움직이며….≪박경리, 토지≫

의미 [+모양],[+행동],[+상쾌],[+경쾌]

제약

③ 시원스러우면서도 가볍게 행동하는 모양.

¶나갔다 온 뒤론 어딘지 모르게 명랑해 보이고 **선들선들** 싸대는 게 눈치가 이상하였다.≪오유권, 대지의 학대≫

선뜩

의미 [+모양],[+느낌],[+냉기],[+순간]

제약

① 갑자기 서늘한 느낌이 드는 모양. '선득①'보다 조금 센 느낌을 준다.

¶차가운 유리창이 얼음처럼 **선뜩** 볼에 닿았다.

의미 [+모양],[+느낌],[+경악],[+마음],[+냉기],[+순간],[+반복]

제약

② 갑자기 놀라서 마음에 서늘한 느낌이 드는 모양. '선득②'보다 조금 센 느낌을 준다.

¶한밤중, 거울에 비친 내 얼굴에 순간 가슴이 선뜩 놀랐다.

선뜩-선뜩

의미 [+모양],[+느낌],[+냉기],[+순간],[+반복]

제약

① 갑자기 서늘한 느낌이 자꾸 드는 모양. '선득선득①'보다 조금 센 느낌을 준다.

¶눈이 가물거릴 만큼 끝이 먼 제방 너머로는 아직도 **선뜩선뜩** 차가운 느낌을 주는 바닷물이 음흉스럽게 꿈틀대고 있었다.≪이청준, 당신들의 천국≫

의미 [+모양],[+느낌],[+경악],[+마음],[+냉기],[+순간],[+반복]

제약

② 갑자기 놀라서 마음에 서늘한 느낌이 자꾸 드는 모양. '선득선득②'보다 조금 센 느낌을 준다.

¶서슬이 시퍼레서 그 옆만 스쳐도 **선뜩선뜩** 한기가 도는 석보 영감이나 최 부자가 모래톱을 서성이는데도….≪천승세, 낙월도≫

선뜻[01]

의미 [+모양],[+동작],[+속도],[+상쾌]

제약

동작이 빠르고 시원스러운 모양. '산뜻[01]'보다 큰 느낌을 준다. 늑선뜻이[01].

¶**선뜻** 나서다./**선뜻** 대답하다./**선뜻** 응하다./**선뜻** 포기하다./아내는 **선뜻** 가르쳐 주지는 않고 두툼한 책 한 권을 주었다.≪마해송, 아름다운 새벽≫

선뜻[02]

의미 [+모양],[+기분]∨[+느낌],[+청결],[+상쾌]

제약

① 기분이나 느낌이 깨끗하고 시원한 모양. '산뜻[02]①'보다 큰 느낌을 준다. 늑선뜻이[02]①.

의미 [＋모양],[＋시각],[＋상쾌],[＋단정]

제약

② 보기에 시원스럽고 멀쑥한 모양. '산뜻02②' 보다 큰 느낌을 준다. ≒선뜻이02②.

선뜻-선뜻01

의미 [＋모양],[＋전부]v[＋하나],[＋동작],[＋속 도],[＋상쾌]

제약

여럿이 다 또는 하나가 동작이 매우 빠르고 시 원스러운 모양.

¶말을 마치자, 청년은 앞에 서서 **선뜻선뜻** 영문 안으로 걸어 들어간다.≪박종화, 임진왜란≫

선뜻-선뜻02

의미 [＋모양],[＋기분]v[＋느낌],[＋청결],[＋상 쾌]

제약

① 기분이나 느낌이 매우 깨끗하고 시원한 모 양. '산뜻산뜻①'보다 큰 느낌을 준다.

의미 [＋모양],[＋상쾌],[＋청결]

제약

② 보기에 매우 시원스럽고 멀쑥한 모양. '산뜻 산뜻②'보다 큰 느낌을 준다.

선뜻-이01

의미 [＋모양],[＋동작],[＋속도],[＋상쾌]

제약

＝선뜻01. 동작이 빠르고 시원스러운 모양.

¶이왕이면 **선뜻이** 지원을 하고 나서는 것이 상 책이라는 것이었다.≪계용묵, 바람은 그냥 불고≫

선뜻-이02

의미 [＋모양],[＋기분]v[＋느낌],[＋청결],[＋상 쾌]

제약

①＝선뜻02①. 기분이나 느낌이 깨끗하고 시원한 모양.

의미 [＋모양],[＋시각],[＋상쾌],[＋단정]

제약

②＝선뜻02②. 보기에 시원스럽고 멀쑥한 모양.

선명-히

의미 [＋선명],[＋분명],[－혼동]

제약

산뜻하고 뚜렷하여 다른 것과 혼동되지 아니하 게.

¶날이 개자 산세가 **선명히** 드러났다./사건의 진 상이 **선명히** 밝혀졌다.

선묘-히

의미 [＋고움],[＋신기]

제약

곱고 묘하게.

선선-히

의미 [＋느낌],[＋냉기],[＋상쾌]

제약

① 시원한 느낌이 들 정도로 서늘하게.

의미 [＋성질]v[＋태도],[＋쾌활],[＋시원]

제약

② 성질이나 태도가 쾌활하고 시원스럽다.

¶의외로 허락을 **선선히** 받아 냈다./그는 제 할 일만 끝나면 **선선히** 일어서서 사랑으로 나가 버 렸다.≪현진건, 무영탑≫

선연-히01

의미 [＋체형],[＋맵시],[＋아름다움]

제약

몸맵시가 날씬하고 아름답게.

선연-히02

의미 [＋얼굴],[＋고움],[＋아름다움]

제약

얼굴이 곱고 아름답게.

선연-히03

의미 [＋선명],[＋아름다움]

제약

산뜻하고 아름답게.

선연-히04

의미 [＋느낌],[＋과거],[＋실제],[＋생생]

제약 { }-{떠오르다}

실제로 보는 것같이 생생하게.

¶네가 여덟 살쯤에 자주 입었던 하얀 옷은 지금 도 그 모양이 **선연히** 떠오른다./갑작스레 뜨거워 오는 정인의 눈시울에 십오 년 전 처음 시어머 니를 대하던 날이 **선연히** 떠올랐다.≪이문열, 영웅 시대≫

선-히

의미 [+기억],[+생생]

제약

잊히지 않고 눈앞에 생생하게 보이는 듯이.

¶그와 헤어진 지가 아주 오래되었지만 환하게 웃던 모습은 아직도 선히 떠오른다.

섣불리

의미 [+솜씨],[-익숙],[-만족]

제약

솜씨가 설고 어설프게.

¶철저하게 감시하고 있으니까 **섣불리** 달아날 생각은 하지 마라./그가 혼이 나서 갔으니 이제부터는 **섣불리** 대하지는 못할 것이다./나는 월남의 아이들이 얼마나 위험한지를 얘기를 들어 환히 알고 있었지만 그것을 **섣불리** 누구의 탓이라고 못 박을 자신은 없었다.≪안정효, 하얀 전쟁≫

설겅-설겅

의미 [+소리]v[+느낌],[+곡식]v[+열매],[+씹음],[+반복]

제약 {곡식, 열매}-{씹다}

설익은 곡식이나 열매 따위가 자꾸 씹히는 소리. 또는 그 느낌.

¶덜 익은 감자가 **설겅설겅** 씹힌다.

설렁

의미 [+모양],[+바람],[+상쾌]

제약 {바람}-{불다}

바람이 거볍게 부는 모양.

¶저녁 바람이 **설렁** 분다.

설렁-설렁01

의미 [+모양],[+바람],[+냉기],[+상쾌],[+반복]

제약 {바람}-{불다}

① 조금 서늘한 바람이 거볍게 자꾸 부는 모양.

¶나도 다시 이 집엘 오니 바람이 **설렁설렁** 들어오는 게 맘이 춥구나.≪한수산, 부초≫

의미 [+모양],[+물],[+비등],[+운동],[+반복]

제약 {액체}-{끓다}

② 많은 물이 끓어오르며 이리저리 자꾸 움직이는 모양.

¶가마솥의 물이 **설렁설렁** 끓기 시작했으니까 이제는 잡은 돼지를 넣어라.

의미 [+모양],[+팔]v[+꼬리],[+요동],[-무게],[+반복]

제약 {팔, 꼬리}-{흔들다}

③ 팔이나 꼬리 따위를 거볍게 자꾸 흔드는 모양.

¶기분이 좋아서 **설렁설렁** 걸어가는 철수를 보니 내 마음도 흐뭇하다.

설렁-설렁02

의미 [+모양],[+일],[+처리]v[+운동],[+경쾌]

제약

무엇에 얽매이지 아니하고 가벼운 마음으로 일을 처리하거나 움직이는 모양.

¶맡은 일을 **설렁설렁** 해치우다./비로소 그쪽의 헌병들이 우르르 텐트 쪽으로 가고, 장정들은 그 자리에 **설렁설렁** 줄을 지어 앉았다.≪이호철, 소시민≫

설레-설레

의미 [+모양],[+신체],[+부분],[+요동],[+가로],[+연속]

제약

큰 동작으로 몸의 한 부분을 거볍게 잇따라 가로 흔드는 모양.

¶할아버지는 무엇인가 몹시 답답하시다는 듯 고개를 **설레설레** 흔드시다가 담배를 꺼내 무셨다./인민군 병사는 어린애처럼 **설레설레** 머리를 가로저어 도리질을 했다.≪선우휘, 단독 강화≫

설령

의미 [+가정],[+부정]

제약 { }-{부정어}

(뒤에 오는 '-다 하더라도' 따위와 함께 쓰여) 가정해서 말하여. 주로 부정적인 뜻을 가진 문장에 쓴다. 늑설사(設使)·설약(設若)·설혹(設或)·억혹(抑或)·유혹(猶或).

¶저들이 **설령** 우리를 이곳에서 내보내 준다 해도 아주 놓아주지는 않을 것이다./그런 일은 없겠지만 **설령** 이번 일이 안된다고 하더라도 너무 실망은 하지 마라./**설령** 그가 그것을 훔쳤다 할지라도 너는 그를 믿어 주어야 한다.

설마

의미 [+추측],[+부정],[+강조]

제약 { }-{부정서술어}

그럴 리는 없겠지만. 부정적인 추측을 강조할 때 쓴다.

¶그가 아무리 돈이 급하다고 해도 **설마** 도둑질이야 하겠습니까?/**설마** 이 밤중에 나한테 주례를 서 달라고 찾아온 것은 아니겠지?/**설마** 너까지 나를 의심하는 것은 아니겠지?

설마-하니

의미 [+가정],[+부정]

제약

아무리 그러하기로.

¶아무리 깊은 산속이라지만 **설마하니** 굶어 죽기야 하겠습니까?/그가 **설마하니** 절벽을 타 내려가 도망을 치리라고는 아무도 생각하지 못했다.

설마-한들

의미 [+가정],[+부정]

제약

아무리 그러한들.

¶**설마한들** 그런 엄청난 일이 있었을라고./**설마한들** 하룻밤에 수백 리를 갈까.≪박경리, 토지≫

설만-히

의미 [+행동],[+무례],[+거만]

제약

하는 짓이 무례하고 거만하게.

설멍-설멍

의미 [+모양],[+걸음],[+다리],[-길이]

제약 {사람}-{걷다}

설멍한 다리를 가볍게 들어 옮기면서 걷는 모양.

¶마르고 키만 큰 그가 **설멍설멍** 걷는 모습은 왠지 우스워 보였다.

설면설면-히

의미 [-다정],[+어색]

제약

사이가 정답지 아니하고 어색하게.

¶그와 나는 매일 얼굴을 보면서도 **설면설면히** 지내 왔다./"너, 내게 그렇게 **설면설면히** 굴면 좋을 일 없을걸." 하고 비꼬는 소린지 위협인지 알 수 없는 소리를 하기에….≪염상섭, 남자란 것 여자란 것≫

설미지근-히

의미 [+음식],[-익음],[-분명]

제약

① 음식 따위가 충분히 익지 아니하고 미지근하게.

의미 [+태도],[-분명]

제약

② 어떤 일에 임하는 태도가 분명하지 아니하고 흐리멍덩하게.

설사

의미 [+가정],[+부정]

제약 { }-{부정어}

(뒤에 오는 '-다 하더라도' 따위와 함께 쓰여) 가정해서 말하여.=설령.

¶그가 **설사** 돌아오지 않는다 하더라도 우리가 손해 볼 건 없다./그가 너를 야단쳤다는 것도 못 믿겠지만, **설사** 그랬다손 치더라도 네가 그를 원망해서는 안 된다.

설설

의미 [+모양],[+액체],[+비등],[-속도],[+균등]

제약 {액체}-{끓다}

① 넓은 그릇의 물 따위가 천천히 고루 끓는 모양.

¶가마솥에 물이 **설설** 끓다./새해가 되면 쇠솥에서는 엿물이 **설설** 끓곤 했다./보리차 물을 **설설** 끓여 들여가면 윤재는 그 맹물을 후후 불어 가며 마시고는 다시 이불을 뒤집어썼다.≪한수산, 부초≫

의미 [+모양],[+온돌방],[+온기],[-변화],[+균등]

제약 {아랫목}-{끓는다}

② 온돌방이 몹시 더운 모양.

¶날씨가 추워서 불을 많이 땠더니 방이 **설설** 끓는다.

의미 [+모양],[+벌레],[+포복]

제약 {벌레}-{기다}

③ 벌레 따위가 가볍게 기어 다니는 모양.

¶방바닥에는 엄지손가락만 한 송충이가 **설설** 기어 다니고 있었다.

의미 [+모양],[+머리],[+요동],[-속도]

제약 {머리}-{흔들다}

④ 머리를 천천히 설레설레 흔드는 모양.

¶그는 도저히 어떻게 할 수 없다는 듯이 고개를 설설 흔들기만 할 뿐이었다.

설설-히

의미 [+성격],[+활달],[+시원]

제약

활달하고 시원시원하게.

¶누구의 명령이라고 거역하랴. 대통 장수는 본대로를 설설히 아뢰었다.≪이무영, 농민≫

설약

의미 [+가정],[+부정]

제약 { }-{부정어}

=설령. (뒤에 오는 '-다 하더라도' 따위와 함께 쓰여) 가정해서 말하여.

설컹-설컹

의미 [+소리]v[+느낌],[+곡식]v[+열매],[+씹음],[+반복]

제약 {곡식, 열매}-{씹다}

설익은 곡식이나 열매 따위가 자꾸 씹히는 소리. 또는 그런 느낌. '설겅설겅'보다 조금 거센 느낌을 준다.

설핏

의미 [+모양],[+햇빛],[+약함]

제약

① 해의 밝은 빛이 약해진 모양.

¶그들이 밖으로 나온 것은 가을의 짧은 나절의 해가 설핏 기운 때였다.≪한승원, 해일≫

의미 [+모양],[+발생]v[+연상],[+순간]

제약

② 잠깐 나타나거나 떠오르는 모양.

¶머릿속을 설핏 스치는 생각이 하나 있었다./잠결에 비명 비슷한 소리가 설핏 들렸다./자네 모친은 꼭 한 번 설핏 봤을 뿐이라 도무지 기억이 안 나네그려.≪김원일, 노을≫

의미 [+모양],[+수면],[-깊이]

제약 { }-{잠들다}

③ 풋잠이나 얕은 잠에 빠져든 모양.

¶책을 읽다가 설핏 잠이 들었다.

설핏-설핏

의미 [+모양],[+조직],[+전부],[+거침],[+간격]

제약

① 짜거나 엮은 것이 여럿이 다 거칠고 성긴 모양.

의미 [+모양],[+발생]v[+연상],[+순간]

제약

② 잠깐잠깐 나타나거나 떠오르는 모양.

의미 [+모양],[+수면],[-깊이]

제약 { }-{잠들다}

③ 잠깐잠깐 풋잠이나 얕은 잠에 빠져드는 모양.

¶잠을 자도 설핏설핏 노루잠을 자던 이가…오랜만에 잠도 달게 자는 것이었다.≪현기영, 변방에 우짖는 새≫

설혹

의미 [+가정],[+부정]

제약 { }-{부정어}

=설령. (뒤에 오는 '-다 하더라도' 따위와 함께 쓰여) 가정해서 말하여.

¶영순이가 지금 자기를 버리고 친정으로 간다는 것도 있을 수 없는 일이고 또 설혹 간다고 한들 병직이에게 편지 한 장 남겨 놓지 않고 간다는 건 알 수 없는 일이었다.≪주요섭, 미완성≫/그녀를 만나고 싶다는 마음은 설혹 그녀가 있는 곳이 지옥이라 할지라도 종대는 서슴지 않고 따라갔을 것이었다.≪최인호, 지구인≫

섬뜩

의미 [+모양],[+느낌],[+공포],[+참혹],[+순간]

제약

갑자기 소름이 끼치도록 무섭고 끔찍한 느낌이 드는 모양.

¶어둠 속에서 퍼런 서슬의 칼날이 섬뜩 비쳤다./주만이의 가슴에도 '예사가 아니구나.' 하는 불길한 예감이 섬뜩 지나갔다.≪현진건, 무영탑≫

섬뜩-섬뜩

의미 [+모양],[+느낌],[+공포],[+참혹],[+순간],[+반복]

제약

갑자기 소름이 끼치도록 무섭고 끔찍한 느낌이
자꾸 드는 모양.

¶**섬뜩섬뜩** 공포를 느끼다./거리는 한밤중보다 더
깜깜했으며 제법 쌀쌀한 새벽바람이 목덜미 속
으로 **섬뜩섬뜩** 파고들었다.≪문순태, 피아골≫/하
찮은 그림자, 하찮은 인기척에도 **섬뜩섬뜩** 놀라
고 있다.≪최인호, 지구인≫

섬벅

의미 [＋소리]v[＋모양],[＋물건],[＋절단],[＋용
이]

제약 { }-{잘리다}

크고 연한 물건이 잘 드는 칼에 쉽게 베어지는
소리. 또는 그 모양.

¶사과를 반으로 **섬벅** 자르다./수박을 식칼로 섬
벅 베었다./사회부장은 한칼로 **섬벅** 토막을 내듯
이 냉혹하게 그렇게 잘라 말했다.≪선우휘, 사도행
전≫

섬벅-섬벅

의미 [＋소리]v[＋모양],[＋물건],[＋절단],[＋용
이],[＋반복]

제약 { }-{잘리다}

크고 연한 물건이 잘 드는 칼에 쉽게 자꾸 베어
지는 소리. 또는 그 모양.

¶무를 **섬벅섬벅** 썰다.

섬뻑⁰¹

의미 [＋소리]v[＋모양],[＋물건],[＋절단],[＋용
이]

제약 { }-{잘리다}

크고 연한 물건이 잘 드는 칼에 쉽게 베어지는
소리. 또는 그 모양. '섬벅'보다 조금 센 느낌을
준다.

섬뻑⁰²

의미 [＋즉시]

제약

어떤 일이 행하여진 후 곧바로.

¶동생은 아버지 말씀이 떨어지기가 무섭게 **섬뻑**
달려갔다./내가 말을 너무 까다롭게 내기 때문
에 **섬뻑** 대답이 안 나왔거나 그랬겠지요.≪채만
식, 치숙≫

섬뻑-섬뻑

의미 [＋소리]v[＋모양],[＋물건],[＋절단],[＋용
이],[＋반복]

제약 { }-{잘리다}

크고 연한 물건이 잘 드는 칼에 쉽게 자꾸 베어
지는 소리. 또는 그 모양. '섬벅섬벅'보다 조금
센 느낌을 준다.

¶수박을 **섬뻑섬뻑** 자르다.

섬섬

의미 [＋모양],[＋빛],[±출현]

제약

번쩍이는 모양. 늑섬섬히⁰².

섬섬-히⁰¹

의미 [＋연약]

제약

가냘프고 여리게.

섬섬-히⁰²

의미 [＋모양],[＋빛],[±출현]

제약

=섬섬. 번쩍이는 모양.

섬세-히

의미 [＋고움],[－굵기]

제약

① 곱고 가늘게.

¶건드리면 곧 깨어지는, **섬세히** 아름다운 그릇
이거나, 보는 새 팔랑팔랑 지고 마는 고운 꽃을
대하고 있는 것과도 같은….≪강신재, 여정≫

의미 [＋침착],[＋세밀],[＋정도]

제약

② 매우 찬찬하고 세밀하게

섬쩍지근-히

의미 [＋느낌],[＋공포],[＋불쾌]

제약

무섭고 꺼림칙한 느낌이 남아 있게.

섭섭-히

의미 [＋서운]

제약 { }-{여기다, 말하다, 느끼다}

① 서운하고 아쉽게.

¶그들은 이별을 **섭섭히** 여겼다./기백이 너하고
같이 안 온 것을 매우 **섭섭히** 말하더라.≪홍명희,

임꺽정≫

의미 [+소멸],[+슬픔],[+서운]

제약

② 없어지는 것이 애틋하고 아깝게.

의미 [+마음],[+서운]v[+불만]

제약 { }-{여기다}

③ 기대에 어그러져 마음이 서운하거나 불만스
럽게.

¶내가 자네한테 좀 **섭섭히** 대했기로 어디 그게
진심이었겠는가?/정천숙은 당 태종이 자기 말을
안 듣는 것이 매우 안타까웠으나 더 우기지 못
하고 **섭섭히** 물러 나왔다.≪홍효민, 신라 통일≫

섭적

의미 [+모양],[+건너뜀]v[+올라섬],[-노력]

제약 { }-{건너다, 올라서다}

=서부렁섭적. 힘들이지 아니하고 거볍게 선뜻
건너뛰거나 올라서는 모양.

¶김가는 한동안 어리둥절했으나 뭔가 짐작이 가
는 것도 같았다. 그렇다고 **섭적** 들어갈 수도 없
었다.≪오영수, 은냇골 이야기≫

성그레

의미 [+모양],[+웃음],[-소리],[+눈],[+입],
[+운동],[+유연]

제약 {사람}-{웃다}

눈과 입을 천연스럽게 움직이며 소리 없이 부드
럽게 웃는 모양.

¶아이의 재롱을 보며 어머니가 **성그레** 웃는다.

성근-히

의미 [+성실],[+근면]

제약

성실하고 부지런히.

성글

의미 [+모양],[+웃음],[-소리],[+눈],[+입],
[+운동],[+다정]

제약 {사람}-{웃다}

눈과 입을 천연스럽게 움직이며 소리 없이 정답
게 웃는 모양.

성글-벙글

의미 [+모양],[+웃음],[-소리],[+눈],[+입],
[+운동],[+다정],[+환함]

제약 {사람}-{웃다}

눈과 입을 천연스럽게 움직이며 소리 없이 정답
고 환하게 웃는 모양.

성글-성글

의미 [+모양],[+웃음],[-소리],[+눈],[+입],
[+운동],[+다정],[+반복]

제약 {사람}-{웃다}

눈과 입을 천연스럽게 움직이며 소리 없이 정답
게 자꾸 웃는 모양.

성급-히

의미 [+성질],[+조급]

제약

성질이 급하게.

¶술을 **성급히** 들이켜다./그는 붕어가 물 먹듯이
성급히 장죽을 빨아 대는 것이었으나 담배는 이
미 다 타 버리고 재만 남아 연기가 나지 않았다.
≪박경리, 토지≫/문택이는 층계를 한꺼번에 서너
단씩 **성급히도** 건너뛰고 있었다.≪윤흥길, 제식 훈
련 변천 약사≫

성긋

의미 [+모양],[+웃음],[-소리],[+눈],[+입],
[+운동],[+경쾌]

제약 {사람}-{웃다}

눈과 입을 천연스럽게 움직이며 소리 없이 가볍
게 웃는 모양. 늑성긋이.

성긋-벙긋

의미 [+모양],[+웃음],[-소리],[+눈],[+입],
[+운동],[+경쾌],[+환함]

제약 {사람}-{웃다}

눈과 입을 천연스럽게 움직이며 소리 없이 가볍
고 환하게 웃는 모양.

성긋-성긋

의미 [+모양],[+웃음],[-소리],[+눈],[+입],
[+운동],[+경쾌],[+반복]

제약 {사람}-{웃다}

눈과 입을 천연스럽게 움직이며 소리 없이 가볍
게 자꾸 웃는 모양.

성긋-이

의미 [+모양],[+웃음],[-소리],[+눈],[+입],
[+운동],[+경쾌]

제약 {사람}-{웃다}

=성긋. 눈과 입을 천연스럽게 움직이며 소리 없이 가볍게 웃는 모양.

성긋-성긋

의미 [+모양],[+다수],[+간격],[+정도]

제약

여러 군데가 모두 사이나 간격이 꽤 뜬 듯한 모양.

¶넓은 마당에 잔디가 **성긋성긋** 심어졌다./**성긋성긋** 흰 터럭이 서리처럼 수염에 섞였는데, 백수풍신에 기상이 씩씩하다.≪박종화, 임진왜란≫/이상하게도 풀이 잘 자라지 않는 언덕이다. **성긋성긋** 더러 돋아나긴 해도, 그 자리에서 하늘거리다가 시들어질 뿐….≪하근찬, 붉은 언덕≫

성긋

의미 [+모양],[+웃음],[-소리],[+눈],[+입],[+운동],[+경쾌]

제약 {사람}-{웃다}

눈과 입을 천연스럽게 움직이며 소리 없이 가볍게 웃는 모양. '성긋'보다 조금 센 느낌을 준다. 늑성긋이.

성긋-벙긋

의미 [+모양],[+웃음],[-소리],[+눈],[+입],[+운동],[+경쾌],[+환함]   .

제약 {사람}-{웃다}

눈과 입을 천연스럽게 움직이며 소리 없이 가볍고 환하게 웃는 모양. '성긋벙긋'보다 조금 센 느낌을 준다.

성긋-성긋

의미 [+모양],[+웃음],[-소리],[+눈],[+입],[+운동],[+경쾌],[+반복]

제약 {사람}-{웃다}

눈과 입을 천연스럽게 움직이며 소리 없이 가볍게 자꾸 웃는 모양. '성긋성긋'보다 조금 센 느낌을 준다.

성긋-이

의미 [+모양],[+웃음],[-소리],[+눈],[+입],[+운동],[+경쾌]

제약 {사람}-{웃다}

=성긋. 눈과 입을 천연스럽게 움직이며 소리 없

이 가볍게 웃는 모양.

성대-히

의미 [+행사],[+규모],[+풍성],[+크기]

제약 {모임, 행사}-{치르다}

행사의 규모 따위가 풍성하고 크게.

¶장례식을 **성대히** 치르다./보잘것없는 사람을 이렇게 **성대히** 환영을 해 주셔서 감사합니다./자손들은 그의 제사를 정성을 다해 **성대히** 차림으로써 그것을 기리고 아울러 자기들이 그의 후손이라는 것을 남들에게까지 상기시키고자 했다.≪박완서, 미망≫

성둥

의미 [+모양],[+물건],[+절단],[+용이]

제약 {물건}-{베다, 자르다}

크고 연한 물건을 단번에 큼직하고 가볍게 베거나 자르는 모양.

¶무를 **성둥** 자르다.

성둥-성둥

의미 [+모양],[+물건],[+절단],[+용이],[+연속]

제약 {물건}-{베다, 자르다}

크고 연한 물건을 단번에 잇따라 큼직하고 가볍게 베거나 자르는 모양.

¶어머니는 찌개에 파를 **성둥성둥** 썰어 넣으셨다.

성스레

의미 [+고결],[+예의]

제약

함부로 가까이할 수 없을 만큼 고결하게.

성시

의미 [+사실]v[+이치],[+부합]

제약

=참으로. 사실이나 이치에 조금도 어긋남이 없이 과연.

성실-히

의미 [+정성],[+진실]

제약

정성스럽고 참되게.

¶**성실히** 일하다./임무를 **성실히** 수행하다./세금을 **성실히** 납부하다./묻는 말에 **성실히** 답변해 주십시오.

성심-껏

의미 [+마음],[+정성],[+정도]

제약

정성스러운 마음을 다하여.

¶그는 맡겨진 일이라면 무엇이든 **성심껏** 일했다./화약 일은 저한테 맡겨 주시면 **성심껏** 일을 하겠습니다.≪한수산, 유민≫/이 나인은 왕비의 다시없는 심복으로 그야말로 충심을 다하여 기쁜 마음으로 **성심껏** 순종하는 종이니 왕비의 사사로운 정으로야 대하는 마음이 각별하겠지만….≪최명희, 혼불≫

성심성의-껏

의미 [+마음],[+뜻],[+진실],[+성실]

제약

참되고 성실한 마음과 뜻을 다하여.

¶성심성의껏 돕다./선생님은 아이들의 질문에 성심성의껏 대답했다.

성왕-히

의미 [+번성],[+절정]

제약

=왕성히. 한창 성하게.

성의-껏

의미 [+뜻],[+정성],[+정도]

제약

정성스러운 뜻을 다하여.

¶성의껏 도와주다./성의껏 장만하다./앞으로 박 군에게 도움이 되는 일이라면 성의껏 협력할 생각입니다.≪이병주, 지리산≫

성큼

의미 [+모양],[+걸음],[+크기]

제약

① 다리를 높이 들어 크게 떼어 놓는 모양.

¶한 걸음 **성큼** 나서다./마루로 **성큼** 올라서다./문 지주 집 앞에 이르자 실없이 썰렁한 기분이었으나 대문을 **성큼** 들어서서 행랑채 머슴 방으로 다가갔다.≪송기숙, 암태도≫

의미 [+모양],[+동작],[−주저],[+속도]

제약

② 동작이 망설임 없이 매우 시원스럽고 빠른 모양.

¶그녀는 탁자 위에 있는 핸드백을 **성큼** 집어 들고 밖으로 나갔다./그도 우리와 같이 손을 물에 **성큼** 넣고 불쩍불쩍 소리를 내더니 양치를 한 번 하고….≪염상섭, 표본실의 청개구리≫

의미 [+모양],[+때],[+근접],[+순간]

제약

③ 어떤 때가 갑자기 가까워진 모양.

¶봄은 이미 **성큼** 다가와 산골짝에 싱그러운 봄 향기를 전해 주고 있다.≪홍성원, 육이오≫

성큼-성큼

의미 [+모양],[+걸음],[+크기],[+연속]

제약

다리를 잇따라 높이 들어 크게 떼어 놓는 모양.

¶대령이 한 손을 가볍게 흔들더니 **성큼성큼** 대문으로 다가간다.≪홍성원, 육이오≫

성풍-히

의미 [+여유],[+풍부]

제약

=풍성히. 넉넉하고 많이.

성화같-이

의미 [+독촉],[+급박],[+정도]

제약

남에게 해 대는 독촉 따위가 몹시 급하고 심하게.

¶채 군수와 김 군수는 신부에게 사람을 보내, 일각이 급하니 빨리 다섯 교인을 포박하라고 **성화같이** 재촉했다.≪현기영, 변방에 우짖는 새≫

성화-스레

의미 [+느낌],[+일]v[+사물],[−호감]

제약

일이나 사물 따위가 성가실 만큼 귀찮은 느낌이 있게.

¶모기들이 **성화스레** 달려든다.

성-히[01]

의미 [+물건],[+원형],[+유지],[−파손]

제약

① 물건이 본디 모습대로 멀쩡히.

의미 [+몸],[−병]v[−장애]

제약 {몸}-{지내다}

② 몸에 병이나 탈이 없이.

¶나는 여기저기 다니며 물어보았으나 한결같은 얘기는 몸 성히 공부 잘해서 훌륭한 사람이 되라는 말뿐이었다.≪최인훈, 회색인≫

성-히[02]

의미 [＋기운]v[＋세력],[＋왕성]

제약

① 기운이나 세력이 한창 왕성하게.

¶뒷산에서 뻐꾸기가 성히 운다.

의미 [＋상태],[＋수풀],[＋생기],[＋무성]

제약 {나무, 풀}-{울창하다, 우거지다}

② 나무나 풀이 싱싱하게 우거져 있는 상태로.

세로

의미 [＋방향],[＋아래]

제약

위에서 아래의 방향으로. 또는 아래로 길게.

¶봉의 눈이 세로 치켜지면서 콧구멍이 벌룽벌룽 하다가 이내 커다란 호통을 질러 버린다.≪박종화, 임진왜란≫/철창으로 세로 쳐진 높직한 장방형 창에서 햇볕이 비스듬히 병동 감방으로 비쳐 든다.≪홍성원, 육이오≫

세밀-히

의미 [＋자세],[＋철저]

제약 {   }-{관찰하다, 분석하다}

자세하고 꼼꼼하게.

¶세밀히 관찰하다./세밀히 분류하다./세밀히 분석하다./범인의 몽타주를 세밀히 그려서 전국에 배포했다.

세부득이

의미 [＋상황],[－의지],[＋진행]

제약

=사세부득이. 어쩔 수 없는 상황 때문에 그렇게 할 수밖에 없어.

¶세부득이 그 애들이 상국에 들어갔다가 나올 때까지는 속수무책, 그저 가만히 기다려야겠지요.≪김동인, 대수양≫

세상없-이

의미 [－비교],[＋대상]

제약

비할 데 없이.

¶세상없이 아름다운 자연./근데 걔 아주 사람이

달라졌다. 세상없이 사람이 짜졌다고.≪황순원, 신들의 주사위≫

세상-없어도

의미 [＋필연]

제약

무슨 일이 있더라도 꼭. 늑천하없어도.

¶세상없어도 그 일은 해야 한다./올가을에는 세상없어도 장가를 가야 한다./그가 살아 있다면 세상없어도 찾아내야 하고 죽었다면 묻힌 곳이라도 찾아내서 옆에 쓰러져 죽을 각오로 떠났다.≪유주현, 대한 제국≫

세세-히

의미 [＋자세],[＋정도]

제약

매우 자세히.

¶세세히 관찰하다./세세히 캐묻다./범인의 동태를 세세히 살피다./일의 자초지종을 세세히 보고하다./상황을 좀 더 세세히 파악한 후에 결정합시다./그리스 신화, 로마 신화, 성경에도 조예가 깊어 명화에 나타난 이야기를 세세히 들려줄 때면 세상의 모든 이야기가 그 작고 둥근 머리에다 들어 있는 듯이 보였다.≪이영치, 흐린 날 황야에서≫

세심-히

의미 [＋주의],[－실수]

제약

작은 일에도 꼼꼼하게 주의를 기울여 빈틈이 없이.

¶세심히 관찰하다./그는 옆집 고양이를 세심히 보살폈다.

세우

의미 [＋극심]

제약

(일부 속담에 쓰여) '몹시'를 이르는 말.

세월없-이

의미 [－속도]v[＋지속],[＋종료],[－짐작]

제약

언제 끝날지 짐작이 가지 아니할 정도로 일이 더디거나 끊임없이.

¶여름 한철이면 조카 아이와 같이 염소를 끌고

그 둑 위를 거닐면서 세월없이 풀을 먹어요.≪이효석, 장미 병들다≫

소견스레

의미 [+의견]

제약

① 보기에 소견이 있는 듯하게.

의미 [+의견],[+넓이]

제약

② 보기에 제법 소견이 너른 듯하게.

소곤닥-소곤닥

의미 [+소리]v[+모양],[+이야기],[+은밀],[-크기],[+혼란],[+반복]

제약 {사람}-{말하다, 이야기하다, 속삭이다}

남이 알아듣지 못하도록 작은 목소리로 어수선하게 자꾸 이야기하는 소리. 또는 그 모양.

소곤-소곤

의미 [+소리]v[+모양],[+이야기],[+은밀],[-크기],[+반복]

제약 {사람}-{말하다, 이야기하다, 속삭이다}

남이 알아듣지 못하도록 작은 목소리로 자꾸 가만가만 이야기하는 소리. 또는 그 모양.

¶소곤소곤 말하다./소곤소곤 속삭이다./소곤소곤 이야기하다./귀를 끌어다가 소곤소곤 귓속말을 하였다./그들은 머리를 모으고 소곤소곤 상의를 한다./이 안내원 여자는 관광객들 사이를 바느질하듯 누비며 소곤소곤 속삭였다.≪박완서, 부끄러움을 가르칩니다.≫

소곳-소곳

의미 [+모양],[+전부],[+고개],[+숙임]

제약 {고개}-{숙이다}

여럿이 다 고개를 귀엽게 조금 숙인 듯한 모양.

¶비가 온 뒤 풀들이 소곳소곳 고개를 숙였다.

소곳-이

의미 [+모양],[+고개],[+숙임]

제약 {고개}-{숙이다}

① 고개를 귀엽게 조금 숙인 듯이.

¶혜련은 소곳이 고개를 수그리며 가벼운 한숨을 지었다.≪김동리, 윤회설≫

의미 [-흥분],[+진정]

제약

② 흥분이 조금 가라앉은 듯이.

의미 [+고요],[+온순]

제약

③ 조금 다소곳하게.

¶자기 곁에 소곳이 앉아서 자기를 위하여 부드러운 옷을 짓고 있는 연연이를 바라보면, 그는 움직일 수가 없었다.≪김동인, 젊은 그들≫

소담스레

의미 [+외양],[+소담]

제약

생김새가 탐스러운 데가 있게.

¶첫눈이 판자촌을 소담스레 뒤덮고 있었다.≪이동하, 장난감 도시≫

의미 [+음식],[+풍족],[+식욕]

제약

② 음식이 풍족하여 먹음직하게.

¶과일이 소쿠리 하나 가득 소담스레 담겨 있다.

소담-히

의미 [+외양],[+소담]

제약

① 생김새가 탐스럽게.

¶소담히 열린 포도송이.

의미 [+음식],[+풍족],[+식욕]

제약

② 음식이 풍족하여 먹음직하게.

¶밥을 소담히 담다.

소도록-이

의미 [+수량],[+풍부],[+소복],[+정도]

제약 { }-{담다}

수량이 제법 많아서 소복하게.

¶소도록이 담다./행랑채 두엄 발치 옆 접시감나무에서 감또개가 소도록이 빠지고, 나무에 물이 오르느라 산자락이 희부옇게 출렁이는 봄이었다.≪문순태, 타오르는 강≫

소득-소득

의미 [+모양],[+풀]v[+뿌리]v[+열매],[-생기],[+건조],[+거침]

제약 {풀, 뿌리, 열매}-{시들다, 마르다}

풀이나 뿌리, 열매 따위가 시들고 말라서 조금 거친 모양.

¶**소득소득** 마른 상추.

소들-소들

의미 [＋모양],[＋풀]v[＋뿌리]v[＋열매],[－생기],[＋건조]

제약 {풀, 뿌리, 열매}-{시들다, 마르다}

풀이나 뿌리, 열매 따위가 시들고 말라서 생기가 조금 없는 모양.

¶**소들소들** 마른 무말랭이.

소들-히

의미 [＋분량],[＋미달],[－만족]

제약

분량이 생각보다 적어서 마음에 덜 차게.

소락-소락

의미 [＋모양],[＋언사]v[＋행동],[－판단],[＋경솔]

제약

말이나 행동이 요량 없이 경솔한 모양.

¶그는 항상 **소락소락** 함부로 말을 했다.

소란스레

의미 [＋소란],[＋혼란]

제약 {동물, 사람}-{떠들다, 말하다, 행동하다}

시끄럽고 어수선하게.

¶새들이 **소란스레** 지저귄다.

소란-히

의미 [＋소란],[＋혼란]

제약

시끄럽고 어수선하게.

¶갈까마귀 떼가 **소란히** 우짖고 있다.

소략-히

의미 [－철저],[＋간략]

제약 { }-{언급하다, 살펴보다}

꼼꼼하지 못하고 간략하게.

¶**소략히** 언급하다./우리는 주요 인물들의 행적을 **소략히** 살펴보았다.

소록-소록

의미 [＋모양],[＋아기],[＋수면]

제약 {아기}-{자다}

① 아기가 곱게 자는 모양.

¶아기가 **소록소록** 잠이 들었다.

의미 [＋모양],[＋비]v[＋눈],[＋낙하],[＋간격]

제약 {비, 눈}-{내리다}

② 비나 눈 따위가 보슬보슬 내리는 모양.

¶비가 **소록소록** 내린다./밤이슬이 여린 비처럼 **소록소록** 내리는 소리가 들리는 듯했다.≪이동하, 장난감 도시≫

소루-히

의미 [＋생각]v[＋행동],[－철저],[＋거침]

제약

생각이나 행동 따위가 꼼꼼하지 않고 거칠게.

¶임무를 **소루히** 하다.

소르르

의미 [＋모양],[＋물건],[＋풀림]v[＋유동],[＋용이]

제약 { }-{풀리다}

① 뭉치거나 얽히거나 걸린 물건이 쉽게 잘 풀리거나 흘러내리는 모양.

¶매듭이 **소르르** 풀어졌다./얽힌 실이 **소르르** 풀렸다.

의미 [＋모양],[＋바람],[－속도],[＋유연]

제약 {바람}-{불다}

② 바람이 천천히 보드랍게 불어오는 모양.

¶**소르르** 부는 바람./가을바람이 **소르르** 겨드랑 밑으로 스며들었다.≪박종화, 금삼의 피≫

의미 [＋모양],[＋물]v[＋가루]v[＋낟알],[＋누출]

제약 {물, 가루, 낟알}-{새어 나오다}

③ 물이나 가루, 낟알 따위가 조용히 보드랍게 새어 나오는 모양.

¶물이 **소르르** 새어 나왔다.

의미 [＋모양],[＋졸음]v[＋수면],[－인식]

제약 { }-{졸다, 잠들다}

④ 살며시 졸음이 오거나 잠이 드는 모양.

¶눈이 **소르르** 감기다./수업 시간에 **소르르** 졸음이 왔다./책을 읽다가 **소르르** 잠이 들었다./이 책 저 책 뒤적거리고 종잇장을 주물럭대노라니, 의자에 기대어 앉은 채로 졸음이 **소르르** 퍼부어 온다.≪이희승, 벙어리 냉가슴≫

소리-소리

의미 [＋모양],[＋소리],[＋크기],[＋연속]

제약 {사람}-{지르다}

잇따라 크게 소리를 지르는 모양.

¶부당한 판정에 화가 난 선수들은 심판에게 소리소리 지르며 항의했다./얼굴에 코와 눈물이 범벅이 된 아이는 연방 소리소리 지르며 울어 댔다.≪박경리, 토지≫

소마-소마
의미 [+모양],[+마음],[+초조],[+공포]
제약 {사람}-{졸이다}
무섭거나 두려워서 마음이 초조한 모양.
¶소마소마 가슴을 졸이다.

소말-소말
의미 [+모양],[+마맛자국],[+다수],[-정도]
제약
마맛자국이 점점이 얕게 얽어 있는 모양.

소망스레
의미 [+소망]
제약
소망할 만한 데가 있게.

소박-히
의미 [-치장],[-거짓],[+검소]
제약
꾸밈이나 거짓이 없고 수수하게.

소복-소복
의미 [+모양],[+물건],[+전부],[+볼록]
제약 { }-{담다, 쌓이다}
① 쌓이거나 담긴 물건이 여럿이 다 볼록하게 많은 모양.
¶음식이 그릇마다 소복소복 담겨 있다./아침에 일어나 보니 흰 눈이 장독마다 소복소복 쌓여 있었다./돌무더기 속에서 바위가 불끈 솟아오른 것 같은 느낌이었다. 바위의 머리 위나 어깨에 돌멩이가 소복소복 얹혀 있어서 더욱 그런 느낌을 주었다.≪하근찬, 야호≫
의미 [+모양],[+식물]v[+털],[+조밀],[+길이]
제약 { }-{자라다}
② 식물이나 털 따위가 여기저기 촘촘하고 길게 나 있는 모양.
¶새파란 보리가 한 뼘씩이나 소복소복 자라나 있다./논두렁에는 쑥과 소루쟁이가 소복소복 푸

르렀고, 밭가에는 냉이와 말냉이가 한 치가량이나 자랐다.≪한용운, 흑풍≫
의미 [+모양],[+살],[+전부],[+볼록],[+돌출]
제약 {살}-{찌다, 붓다}
③ 살이 찌거나 부어 여럿이 다 볼록하게 도드라져 있는 모양.
¶손발이 모두 소복소복 부었다.

소복-이
의미 [+모양],[+물건],[+다수],[+볼록]
제약 { }-{담다, 쌓이다}
① 쌓이거나 담긴 물건이 볼록하게 많이.
¶길 가장자리에는 벌써 눈이 소복이 덮여 있었다./햇볕도 잘 들어오지 않는 작은 방에는 책들이 소복이 쌓여 있다./조 씨는 대나무 광주리에 풋감을 소복이 담고 따로 집에서 담근 머루주 됫병 하나를 내게 선물로 건네주었다.≪김원일, 노을≫
의미 [+모양],[+식물]v[+털],[+조밀],[+길이]
제약 { }-{자라다}
② 식물이나 털 따위가 촘촘하고 길게 나 있는 상태로.
¶폐가에 잡초가 소복이 자랐다.
의미 [+모양],[+살],[+볼록],[+돌출]
제약 {살}-{찌다, 붓다}
③ 살이 찌거나 부어 볼록하게 도드라져 있는 상태로.
¶아랫배가 소복이 나왔다.

소불하
의미 [+기준],[+최소],[+가정]
제약
적게 잡아도. 늑하불하.
¶전부 모으면 소불하 서른 섬은 될 것이다./특별 할인을 한다더라도 하루에 소불하 십 원쯤은 쳐 주어야 할 테니….≪채만식, 태평천하≫

소사스레
의미 [+행동],[+잔망],[+간사]
제약
보기에 행동이 좀스럽고 간사한 데가 있게.
¶소사스레 굴지 마라.

소상-히[01]

의미 [+분명],[+세밀]

제약 { }-{기록하다, 말하다}

분명하고 자세하게.

¶소상히 기록하다./소상히 말하다./소상히 알다./전후 사정을 소상히 듣다./한 주임은 둘을 서장실로 맞아 공비 소탕 작전을 **소상히** 설명했다. ≪김원일, 불의 제전≫

소상-히[02]

의미 [+검소],[+고상]

제약

검소하고 고상하게.

소소-히[01]

의미 [−크기],[−중요]

제약

작고 대수롭지 아니하게.

소소-히[02]

의미 [+키],[−길이],[+나이],[+연소]

제약

① 키가 작고 나이가 어리게.

의미 [+소량]

제약

② 얼마 되지 아니하게.

소소-히[03]

의미 [+사리],[+밝음],[+분명]

제약

사리가 밝고 또렷이.

¶성쇠의 자취가 소소히 역사에 남았거늘 이런 사실에는 일부러 눈을 감아 버리려는 이손의 뜻이 어디 있는 줄 소신은 알지 못하겠사옵니다.≪현진건, 무영탑≫

소소-히[04]

의미 [+밝음],[+환함]

제약

밝고 환하게.

소소-히[05]

의미 [+간격]

제약

드문드문하고 성기게.

소소-히[06]

의미 [+바람]v[+비],[+음산]

제약

바람이나 빗소리 따위가 쓸쓸하게.

¶어떠함을 개의 않고 초연히 홀로 반월성으로 김유신 장군 무덤으로 백률사 골짜기로 찾아간다. 그리하여 소소히 하늘가를 건너가는 솔바람 소리를 듣기도 하고, 뉘엿뉘엿 넘어가는 낙일을 대하여 서기도 한다.≪유치환, 나는 고독하지 않다≫

소소-히[07]

의미 [+비바람],[+맹렬]

제약

비바람 따위가 세차게.

소소-히[08]

의미 [+분주],[+소음]

제약

부산하고 시끄럽게.

소소리

의미 [+모양],[+돌출],[+높이]

제약

높이 우뚝 솟은 모양.

¶소소리 높은 산봉우리.

소소막막

의미 [+모양],[+고독],[+우울]

제약

쓸쓸하고 답답한 모양.

¶소소막막 가엾은 신세.

소소명명-히

의미 [+밝음],[+명백],[+정도]

제약

아주 밝고 명백하게.

소슬-히

의미 [+냉기]

제약

으스스하고 쓸쓸하게.

¶가을바람이 소슬히 부는 저녁.

소신-껏

의미 [+신념],[+의도]

제약

굳게 믿고 있는 바 또는 생각하는 바가 미치는 데까지.

¶힘들더라도 **소신껏** 해 보게./사람을 위해서 조금이나마 힘이 되고 있다는 걸 느끼면서 **소신껏** 야학 학생들을 지도했다.≪황석영, 어둠의 자식들≫

소심스레

의미 [−도량],[−담력]

제약 {사람}−{굴다}

보기에 소심한 데가 있게.

¶그는 항상 **소심스레** 굴었다.

소심-히

의미 [−대범],[+조심],[+과도]

제약

대담하지 못하고 조심성이 지나치게 많이.

소연-히[01]

의미 [+일]v[+이치],[+분명]

제약 { }−{알다}

일이나 이치 따위가 밝고 선명하게.

¶사실을 **소연히** 알다.

소연-히[02]

의미 [+고적]

제약

호젓하고 쓸쓸히.

¶아낙네는 그의 말을 끝까지 듣지 않고, 혐오와 절망을 얼굴에 나타내고, 구보에게 목례한 다음, **소연히** 그 앞을 떠났다.≪박태원, 소설가 구보 씨의 1일≫

소연-히[03]

의미 [+소음],[+복잡]

제약

떠들썩하게 야단법석으로.

¶감히 밤의 종로 네거리를 **소연히** 하고, 문학적 의견의 적으로서 상대함을 원치는 않으나…≪김진섭, 인생 예찬≫

소왈

의미 [+언사],[+세상],[+보통]

제약

=이른바. 세상에서 말하는 바.

소요스레

의미 [+소란],[+복잡]

제약

보기에 여럿이 떠들썩하게 들고일어나는 데가

있게. 또는 술렁거리고 소란스러운 데가 있게.

소용없-이

의미 [−가치],[−이득]

제약

아무런 쓸모나 득이 될 것이 없이. 늘쓸데없이.

¶밤공기가 찬 마당을 거닐어 보아도 **소용없이** 속은 여전히 답답하였다./핵무기 시대에 있어서는 영웅이 **소용없이** 되었고, 또 있을 수도 없을 것이다.≪이희승, 먹추의 말참견≫

소원-히

의미 [−친밀],[+어색]

제약

지내는 사이가 두텁지 아니하고 거리가 있어서 서먹서먹하게.

¶작은 오해 때문에 오래된 친구와 **소원히** 지낸다.

소위

의미 [+언사],[+세상],[+보통]

제약

=이른바. 세상에서 말하는 바.

소인스레

의미 [+마음],[+편협],[+간사]

제약

보기에 마음 씀씀이가 좁고 간사한 데가 있게.

¶**소인스레** 굴다.

소조-히

의미 [+고요],[+고독]

제약

고요하고 쓸쓸하게.

소중-히

의미 [+귀중],[+정도]

제약

매우 귀중하게.

¶시간을 **소중히** 여기다./물건을 **소중히** 다루다./자신의 생명을 **소중히** 하다./그는 아내를 **소중히** 생각한다./나는 신문의 그 광고를 가위로 오려 내어 수첩 사이에다 **소중히** 간수했다.≪김원일, 도요새에 관한 명상≫/학문을 하여도 책이나 외우고 글이나 잘 짓는 것보다는 실지로 실행하는 것을 **소중히** 여겼다.≪박종홍, 새날의 지성≫

소쩍

의미 [+소리],[+소쩍새]

제약 {소쩍새}-{운다}

소쩍새가 우는 소리.

소쩍-소쩍

의미 [+소리],[+소쩍새],[+반복]

제약 {소쩍새}-{울다}

소쩍새가 잇따라 우는 소리.

소칭

의미 [+언사],[+세상],[+보통]

제약

=이른바. 세상에서 말하는 바.

소폭

의미 [-크기],[-정도]

제약

적은 정도로.

¶환율이 **소폭** 상승하다./주가가 **소폭** 오르는 데 그쳤다./물가가 **소폭** 인상될 전망이다.

소홀-히

의미 [-중요][+보통]v[-만족][-친밀]

제약

대수롭지 아니하고 예사롭게. 또는 탐탁하지 아니하고 데면데면하게.

¶**소홀히** 대하다./**소홀히** 여기다./**소홀히** 보아 넘기다./제상에 올릴 음식을 **소홀히** 다루면 못쓴다.

속닥-속닥

의미 [+소리]v[+모양],[+이야기],[+은밀],[-크기],[+반복]

제약 {사람}-{말하다, 이야기하다, 속삭이다}

남이 알아듣지 못하도록 작은 목소리로 은밀하게 자꾸 이야기하는 소리. 또는 그 모양.

¶남의 흉을 보는지 두 사람은 계속 **속닥속닥** 떠들어 댔다./두 사람의 말소리가 갑자기 작아졌다. 잘 알아들을 수가 없었다. 말수도 적어졌다. 무어라고 **속닥속닥** 몇 마디 했다.《손창섭, 낙서족》

속달-속달

의미 [+소리]v[+모양],[+이야기],[+은밀],[-크기],[+반복]

제약 {사람}-{말하다, 이야기하다, 속삭이다}

남이 알아듣지 못하도록 작은 목소리로 조금 수선스럽게 자꾸 이야기하는 소리. 또는 그 모양.

속삭-속삭

의미 [+소리]v[+모양],[+이야기],[+은밀],[-크기],[+반복]

제약 {사람}-{말하다, 이야기하다, 속삭이다}

① 남이 알아듣지 못하도록 나지막한 목소리로 자꾸 가만가만 이야기하는 소리. 또는 그 모양.

¶우례의 귓바퀴 가까이 입을 대고 **속삭속삭**, 저만치 앉아 있는 꽃니에게도 들리지 않을 만큼 작은 소리로 한참이나 무슨 말인가를 하였다.《최명희, 혼불》

의미 [+소리]v[+모양],[+물건],[+접촉],[-정도],[+반복]

제약

② 물건이 자꾸 가볍게 스치는 소리. 또는 그 모양.

속살-속살

의미 [+소리]v[+모양],[+이야기],[+은밀],[-크기],[+반복]

제약 {사람}-{말하다, 이야기하다, 속삭이다}

남이 알아듣지 못하도록 작은 목소리로 자질구레하게 자꾸 이야기하는 소리. 또는 그 모양.

¶**속살속살** 이야기하는 소리./며느리는 부엌 속에 처박혀 앉아서 밥 지어 주는 여편네와 **속살속살** 뒷공론하고….《홍명희, 임꺽정》

속속01

의미 [+속도],[+정도]

제약

매우 빨리. ≒속속히.

¶일을 마치는 대로 **속속** 돌아와라.

속속02

의미 [+연속],[+반복]

제약

자꾸 잇따라서.

¶응모 엽서가 **속속** 도착하다./불법 사례와 편법 사례가 **속속** 밝혀지고 있다./경찰대의 포위가 증강되고 있다는 정보가 **속속** 날아들었다.《이병주, 지리산》

속속-들이

의미 [+내면],[+전부]

제약

깊은 속까지 샅샅이.

¶속속들이 다 이해하다./속속들이 조사하다./그는 자기가 처한 어려움을 속속들이 늘어놓았다./사실 이것은 그녀의 정체를 속속들이 나타내 보여 주는 대목이나 아닐까.≪이호철, 소시민≫

속속-히

의미 [+속도],[+정도]

제약

=속속01. 매우 빨리.

¶될 수 있으면 속속히 귀가했으면 한다.

속악스레

의미 [-고상],[+고약]

제약

속되고 고약한 데가 있게.

속없-이

의미 [+생각],[-주관]

제약

① 생각에 줏대가 없이.

¶그렇게 속없이 이리저리 끌려다니지만 말고 당신 실속도 좀 차리세요./남편은 아무 일에나 속없이 뛰어드는 아내를 꾸짖었다.

의미 [-악의]

제약

② 악의가 없이.

¶어쩌면 그리도 속없이 착하기만 한지./제 어미 배를 가르고 나온 놈답지 않게 얼굴이 두툼한 것이 속없이 잘도 생겼다.≪윤흥길, 아홉 켤레의 구두로 남은 사내≫

속절없-이

의미 [-수단],[-방법]

제약

단념할 수밖에 달리 어찌할 도리가 없이.

¶일이 산더미같이 쌓였는데 속절없이 시간만 간다./반갑지도 대견치도 않은 나이를 속절없이 또 하나 먹게 되는구나!≪이희승, 소경의 잠꼬대≫/단속반들이 느닷없이 들이닥치면 그렇게 속절없이 당해야 하기 때문에 노점상들은 물건을 팔면서도 눈은 언제나 좌우 앞뒤를 살피고….≪황석영,

어둠의 자식들≫

속-히

의미 [+속도],[+정도]

제약

꽤 빠르게.

¶그대는 속히 대답하시오./일이 끝나는 대로 속히 돌아오겠다./이번 여행에도 약혼한 여자가 속히 결혼을 하자고 졸라 댔는데 그것도 괴롭습니다.≪한용운, 흑풍≫

손부끄러이

의미 [+무안],[+수치]

제약

무엇을 주거나 받으려고 손을 내밀었다가 허탕이 되어 무안하고 부끄럽게.

손색없-이

의미 [+만족],[+비교]

제약

다른 것과 견주어 못한 점이 없이.

¶그는 장군의 아내로서 손색없이 그 일을 마무리지었다.

손수

의미 [+자립],[-의존]

제약

남의 힘을 빌리지 아니하고 제 손으로 직접.

¶신랑 아버지가 손수 쓴 혼서./어머니가 병으로 앓아누우시자 아버지는 손수 밥을 지어 아이들을 먹였다./제 손으로 할 수 있는 일은 제 손으로 한다는 생활신조 아래, 이발관에 가서도 머리만 깎고 면도는 손수 댁에서 하신다는 이야기를 들은 바가 있는데….≪유치환, 나는 고독하지 않다≫

솔기-솔기

의미 [+솔기],[+전부]

제약

매 솔기마다.

솔깃-이

의미 [+심리],[+관심]

제약

그럴듯해 보여 마음이 쏠리는 데가 있게.

¶솔깃이 귀를 기울이다./동리 사람들은 처음에

는 반신반의하여 귓등으로 넘겼습니다마는 열 번 찍어 안 넘어가는 나무가 없다고, 나중에는 솔깃이 듣고 말았습니다.≪김유정, 두포전≫

솔래-솔래
의미 [+모양],[+누출],[+소량],[+은밀]
제약
조금씩 조금씩 가만히 빠져나가는 모양.
¶그것은 민기 옥바라지며 고등학교 아이와 국민학교 아이의 학비며 학용품값으로 **솔래솔래** 다 없어져 버렸다.≪이정환, 샛강≫

솔솔
의미 [+모양],[+물]v[+가루],[+틈]v[+구멍],[+누출],[+소량]
제약 {물, 가루}-{새어 나오다}
① 물이나 가루 따위가 틈이나 구멍으로 조금씩 가볍게 새어 나오는 모양.
¶자루에 구멍이 나서 밀가루가 바닥에 **솔솔** 뿌려졌다./갱장에게 산소 파이프를 맡기고 밑으로 내려와 보니 탄이 **솔솔** 새어 나가는 모양이 보였다.≪홍성암, 큰물로 가는 큰 고기≫
의미 [+모양],[+바람],[+유연]
제약 {바람}-{불다}
② 바람이 보드랍게 부는 모양.
¶봄바람이 **솔솔** 분다./늦은 가을이라 찬 바람이 소매 끝으로 **솔솔** 기어듭니다.≪김유정, 아기≫
의미 [+모양],[+비]v[+눈],[+낙하],[-정도],[+연속]
제약 {비, 눈}-{내리다}
③ 가는 비나 눈이 잇따라 가볍게 내리는 모양.
¶구슬비가 **솔솔** 내리다.
의미 [+모양],[+말]v[+글],[-방해]
제약
④ 말이나 글이 막힘없이 잘 나오거나 써지는 모양.
¶말은 청산유수로 **솔솔** 잘하는구나.
의미 [+모양],[+실]v[+끈],[+풀림],[+정도]
제약 {실타래, 끈}-{풀리다}
⑤ 얽힌 실이나 끈 따위가 쉽게 잘 풀려 나오는 모양.
¶뭉친 실타래를 만져 놓으니 실이 **솔솔** 잘 뽑힌다.

의미 [+모양],[+일],[+해결],[+용이],[+정도]
제약 {일, 사건}-{풀리다}
⑥ 얽히거나 쌓이었던 일들이 쉽게 잘 풀리는 모양.
¶경기가 좋아져 사업이 **솔솔** 잘 풀린다.
의미 [+모양],[+냄새]v[+연기],[+확산]v[+상승],[-정도]
제약 {냄새, 연기}-{풍기다, 피어오르다}
⑦ 냄새나 가는 연기 따위가 가볍게 풍기거나 피어오르는 모양.
¶부엌에서 참기름 냄새가 **솔솔** 난다./시골집의 굴뚝에서 저녁연기가 **솔솔** 피어오른다.
의미 [+모양],[+재미]
제약
⑧ 재미가 은근히 나는 모양.
¶신혼 재미가 **솔솔** 나다.

솔솔-이
의미 [+솔기],[+전부]
제약
솔기마다.

솔이-히
의미 [+생각],[-여가],[+급박]
제약
① 생각할 겨를도 없이 매우 급히.
의미 [+언사]v[+행동],[-신중],[-무게]
제약
② 말이나 행동이 신중하지 못하고 가벼이.

솔직-히
의미 [-거짓],[-비밀],[+정당],[+당당]
제약 { }-{말하다}
거짓이나 숨김이 없이 바르고 곧게.
¶**솔직히** 고백하다./묻는 말에 **솔직히** 대답해라./**솔직히** 말해서 나는 그녀가 정말 부러웠다.

솜솜
의미 [+모양],[+얼굴],[+마마],[+간격]
제약 {얼굴}-{얽다}
얼굴에 잘고 얕게 얽은 자국이 듬성듬성 있는 모양. ≒솜솜이.
¶그는 얼굴이 **솜솜** 얽었다.

솜솜-이

의미 [+모양],[+얼굴],[+마마],[+간격]

제약 {얼굴}-{얽다}

=솜솜. 얼굴에 잘고 얕게 얽은 자국이 듬성듬성 있는 모양.

송골-송골

의미 [+모양],[+땀]v[+소름]v[+물방울],[+피부]v[+표면],[+다수],[+돌출]

제약 {땀, 소름, 물방울}-{돋는다, 맺히다}

땀이나 소름, 물방울 따위가 살갗이나 표면에 잘게 많이 돋아나 있는 모양.

¶뜨거운 음식을 먹으니 코에 땀이 **송골송골** 돋는다./목욕탕의 천장에 물방울이 **송골송골** 맺혔다.

송괴스레

의미 [+느낌],[+죄송],[+수치]

제약 {사람}-{생각하다}

죄송스럽고 부끄러운 느낌이 있게.

송괴-히

의미 [+죄송],[+수치]

제약 {사람}-{생각하다}

죄송스럽고 부끄럽게.

송구스레

의미 [+마음],[+공포],[+불편]

제약 {사람}-{생각하다}

마음에 두렵고 거북한 느낌이 있게.

송구-히

의미 [+마음],[+공포],[+불편]

제약 {사람}-{생각하다}

두려워서 마음이 거북스럽게.

송당

의미 [+모양],[+물건],[+절단],[-크기],[+속도]

제약 { }-{썰다, 자르다}

연한 물건을 조금 작고 거칠게 빨리 한 번 써는 모양.

¶양파를 **송당** 썰어서 찌개에 넣었다.

송당-송당

의미 [+모양],[+물건],[+절단],[-크기],[+속도],[+반복]

제약 { }-{썰다, 자르다}

① 연한 물건을 조금 작고 거칠게 자꾸 빨리 써는 모양.

¶오이를 **송당송당** 썰다.

의미 [+모양],[+재봉],[+간격],[+반복]

제약 { }-{꿰매다, 시치다}

② 바늘땀을 다문다문 거칠게 자꾸 호는 모양.

¶대충 **송당송당** 꿰매다./욧잇을 **송당송당** 시치다.

송두리-째

의미 [+전체],[-예외]

제약 { }-{쓰다, 버리다, 날리다}

있는 전부를 모조리.

¶재산을 **송두리째** 다 써 버리다./노름으로 가산을 **송두리째** 날리다./화재로 집이 **송두리째** 타 버렸다.

송름스레

의미 [+느낌],[+공포],[+불안]

제약

두려워 마음이 불안한 느낌이 있게.

송송

의미 [+모양],[+물건],[+절단],[-크기],[+속도]

제약 { }-{썰다, 자르다}

① 연한 물건을 조금 잘게 빨리 써는 모양. 늑송송히①.

¶파를 **송송** 썰다./밀가루에다 파하고 돼지가죽이라도 **송송** 썰어 넣고 부치면 쫄깃쫄깃 먹을 만하지 않겠소.≪박완서, 미망≫

의미 [+모양],[+구멍]v[+자국],[-크기],[+다수],[+정도]

제약

② 작은 구멍이나 자국이 많이 나 있는 모양. 늑송송히②.

¶옷에 좀이 슬어 구멍이 **송송** 났다.

의미 [+모양],[+피부],[+땀]v[+소름]v[+털],[+돌출],[+정도]

제약 {땀, 소름, 털}-{돋다}

③ 살갗에 아주 작은 땀방울이나 소름 또는 털 따위가 많이 돋아난 모양. 늑송송히③.

¶땀이 **송송** 솟은 이마./코밑에 잔털이 **송송** 돋아

나 있다./콧잔등에 땀방울까지 **송송** 맺혔다.≪윤후명, 별보다 멀리≫

의미 [+모양],[+재봉],[-간격],[+정도]

제약 { }-{꿰매다}

④ 바느질을 매우 촘촘하게 하는 모양. 늑송송히④.

¶송송 호다.

송송-히

의미 [+모양],[+물건],[+절단],[-크기],[+속도]

제약 { }-{썰다, 자르다}

①=송송①. 연한 물건을 조금 잘게 빨리 써는 모양.

¶파를 **송송히** 썰어 양념장에 넣어라.

의미 [+모양],[+구멍]v[+자국],[-크기],[+다수],[+정도]

제약

②=송송②. 작은 구멍이나 자국이 많이 나 있는 모양.

¶신문지에는 구멍이 **송송히** 뚫려 있다.

의미 [+모양],[+피부],[+땀]v[+소름]v[+털],[+돌출],[+정도]

제약 {땀, 소름, 털}-{돋다}

③=송송③. 살갗에 아주 작은 땀방울이나 소름 또는 털 따위가 많이 돋아난 모양.

¶풀잎마다 **송송히** 맺힌 이슬방울들./목덜미에 송송히 돋은 솜털.

의미 [+모양],[+재봉],[-간격],[+정도]

제약 { }-{꿰매다}

④=송송④. 바느질을 매우 촘촘하게 하는 모양.

의미 [+별빛],[+청명],[+분명]

제약

⑤ 별빛이 맑고 또렷하게.

¶밤하늘에 별들이 **송송히** 떠 있다.

송알-송알

의미 [+모양],[+땀방울]v[+물방울]v[+열매],[-크기],[+수량]

제약 {땀방울, 물방울, 열매}-{맺히다}

① 땀방울이나 물방울, 열매 따위가 잘게 많이 맺힌 모양.

¶콧등에 땀방울이 **송알송알** 맺히다./풀잎에 이슬이 **송알송알** 맺혀 있다./아직도 그럴듯한 그림이 나오지 않아서인지 초조한 표정을 짓고 이마에는 땀방울이 **송알송알** 맺힌 김 기자가 무비 카메라를 땅바닥에 놓고 소대장에게로 가서 다시 지시했다.≪안정효, 하얀 전쟁≫

의미 [+모양],[+술]v[+고추장],[+발효],[+거품]

제약

② 술이나 고추장 따위가 괴어서 거품이 이는 모양.

송연-히

의미 [+소름],[+공포],[+몸],[-크기]

제약

두려워 몸을 옹송그릴 정도로 오싹 소름이 끼치는 듯이.

송이-송이

의미 [+송이],[+전부]

제약 {열매}-{맺히다}

여럿 있는 송이마다 모두.

¶포도가 **송이송이** 알차게 영글어 간다./나무에 가려 아무것도 보이지 않았지만 골짜기에는 보랏빛 칡꽃이 흐드러져 피고 짙은 푸른색 머루도 **송이송이** 달려 있다.≪한무숙, 만남≫

쏴

의미 [+소리],[+바람],[+마찰],[+나뭇가지]v[+물건],[+틈새]

제약 {바람}-{불다, 몰아치다}

① 나뭇가지나 물건의 틈 사이로 바람이 스쳐 부는 소리.

¶갈대 사이로 **쏴** 소리와 함께 바람이 지나갔다./소나무 사이로 지나가는 바람은 **쏴** 쌀쌀하게 들리고….≪육정수, 송뢰금≫

의미 [+소리],[+비바람]v[+물결],[+이동],[+접근]

제약 {비바람, 물결}-{치다, 밀려오다}

② 비바람이 치거나 물결이 밀려오는 소리.

¶갑자기 소나기가 **쏴** 쏟아졌다./파도가 **쏴** 밀려왔다 빠져나가곤 하였다.

의미 [+소리],[+물],[+이동],[+속도]

제약 {액체}-{쏟아지다, 흐르다}

③ 물이 급히 내려가거나 나오는 소리.

¶수돗물이 쏴 쏟아져 나왔다./양변기에서 쏴 소리를 내며 물이 흘러 내려갔다.

쏴르르

의미 [+소리]v[+모양],[+물체]v[+액체],[+유출]

제약 { }-{쏟아지다}

조금 잘고 많은 물체나 액체 따위가 쏟아져 내리는 소리. 또는 그 모양.

¶가을 찬 바람에 마른 잎사귀들이 쏴르르 흩어져 내렸다./덤프트럭에서 골재들이 쏴르르 쏟아졌다./어린애처럼 입을 비쭉거리다가 마침내 달수는 눈물을 쏴르르 흘리는 것이었다.≪손창섭, 혈서≫

쏴-쏴

의미 [+소리],[+바람],[+마찰],[+나뭇가지]v[+물건],[+틈새],[+반복]

제약 {바람}-{불다, 몰아치다}

① 나뭇가지나 물건의 틈새로 바람이 자꾸 스쳐 부는 소리.

¶솔숲 사이로 상쾌한 바람이 쏴쏴 불어온다./바닷가 자갈밭에 펼쳐 세운 그물코 사이로는 아직도 그 옛날의 바람 소리가 쏴쏴 소리를 내며 지나가고 있었다.≪이청준, 이어도≫/찬 바람이 쏴쏴 불어 깊은 겨울의 차가움을 더 느끼게 하는 겨울밤은 차차 깊어만 가고 있었다.≪홍효민, 신라통일≫

의미 [+소리],[+비바람]v[+물결],[+이동],[+접근],[+반복]

제약 {비바람, 물결}-{치다, 밀려오다}

② 자꾸 비바람이 치거나 물결이 밀려오는 소리.

의미 [+소리],[+물],[+이동],[+속도],[+연속]

제약 {액체}-{쏟아지다, 흐르다}

③ 물이 잇따라 급히 내려가거나 나오는 소리.

쏼쏼

의미 [+소리]v[+모양],[+물],[+흐름],[-장애],[+반복]

제약

① 물 따위가 거침없이 자꾸 번져 흐르는 소리. 또는 그 모양.

¶수도꼭지에서 물이 쏼쏼 흘러내린다./아침이면 그 집주인 할아버지가 물을 쏼쏼 뿌려 가며 쓰레질을 한다.≪정연희, 갇힌 자유≫

의미 [+소리]v[+모양],[+가루]v[+모래],[+틈]v[+구멍],[+흐름],[+반복]

제약 {가루, 모래}-{쏟아지다}

② 고운 가루나 모래 따위가 좁은 틈이나 구멍으로 거침없이 자꾸 흘러내리는 소리. 또는 그 모양.

¶구멍 난 자루에서 깨가 쏼쏼 쏟아진다.

의미 [+소리]v[+모양],[+머리털]v[+털],[+빗질]v[+손질]

제약 { }-{손질하다}

③ 자꾸 머리털을 빗질하거나 짐승의 털을 손질하는 소리. 또는 그 모양.

¶긴 머리를 큰 빗으로 쏼쏼 빗어 내렸다./말을 솔로 쏼쏼 손질하였다.

쐐

의미 [+소리],[+바람],[+마찰],[+나뭇가지]v[+물건],[+틈새]

제약 {바람}-{불다, 몰아치다}

① 나뭇가지나 물건의 틈새로 바람이 몰아쳐 부는 소리.

의미 [+소리],[+소나기],[+낙하],[+정도]

제약 {소나기}-{내리다}

② 소나기가 몰아쳐 내리는 소리.

의미 [+소리],[+물],[+이동],[+속도]

제약 {액체}-{쏟아지다, 흐르다}

③ 물이 급히 나오거나 내려가는 소리.

쐐쐐

의미 [+소리],[+바람],[+마찰],[+나뭇가지]v[+물건],[+틈새],[+반복]

제약 {바람}-{불다, 몰아치다}

① 나뭇가지나 물건의 틈 사이로 바람이 자꾸 몰아쳐 부는 소리.

의미 [+소리],[+소나기],[+낙하],[+정도],[+반복]

제약 {소나기}-{내리다}

② 소나기가 자꾸 몰아쳐 내리는 소리.

의미 [+소리],[+물],[+이동],[+속도],[+연속]

제약 {액체}-{쏟아지다, 흐르다}

③ 물이 잇따라 급히 나오거나 내려가는 소리.

쇰직-이

의미 [+크기]v[+정도],[+유사]

제약

다른 것보다도 크기나 정도가 조금 더 하거나 비슷하게.

수걱-수걱

의미 [+모양],[-말],[+일],[+순종],[+끈기]

제약

① 말없이 꾸준하게 일하거나 순종하는 모양.

¶수걱수걱 시키는 대로 일만 하다./수걱수걱 비위를 맞추다./내가 수걱수걱 말 들을 줄 알고. 좋아, 나도 내 맘대로 살 테니깐.≪황석영, 영등포 타령≫

의미 [+모양],[+걸음],[-말],[-흥분]

제약 {　}-{걷다}

② 수굿하게 말없이 걷는 모양.

¶대불이는 하야시가 가자는 대로 고삐를 잡힌 부사리처럼 수걱수걱 시키는 대로 걸었다.≪문순태, 타오르는 강≫

수고로이

의미 [+일],[+고통],[+피곤]

제약

일을 처리하기가 괴롭고 고되게.

¶몸도 불편하신데 수고로이 직접 와 주셔서 고맙습니다.

수고스레

의미 [+일],[+고통],[+피곤]

제약

일을 하기에 괴롭고 고됨이 있게.

¶수고스레 다시 오실 필요 없습니다.

수괴스레[01]

의미 [+의심],[+이상]

제약

수상하고 괴이한 데가 있게.

수괴스레[02]

의미 [+느낌],[+수치]

제약

부끄럽고 창피한 느낌이 있게.

수괴-히[01]

의미 [+의심],[+이상]

제약

수상하고 괴이하게.

수괴-히[02]

의미 [+심리],[+수치]

제약

부끄럽고 창피하게.

수군덕-수군덕

의미 [+소리]v[+모양],[+이야기],[-크기],[-분명],[+혼란],[+반복]

제약 {사람}-{말하다, 이야기하다, 속삭이다}

남이 알아듣지 못하도록 낮은 목소리로 어수선하게 자꾸 이야기하는 소리. 또는 그 모양.

수군-수군

의미 [+소리]v[+모양],[+이야기],[-크기],[-분명],[+반복]

제약 {사람}-{말하다, 이야기하다, 속삭이다}

남이 알아듣지 못하도록 낮은 목소리로 자꾸 가만가만 이야기하는 소리. 또는 그 모양.

¶일갓집에서들은 춘광이가 이사를 온 뒤로 수군수군 뒷공론이 많았다.≪이기영, 봄≫/비장이 군관들을 데리고 쑥덕공론을 하는지 수군수군 지껄이는 소리가 한동안 나다가 그치고 문간이 다시 조용해졌다.≪홍명희, 임꺽정≫

수군-숙덕

의미 [+소리]v[+모양],[+이야기],[-크기],[+혼란],[+정도]

제약 {사람}-{말하다, 이야기하다, 속삭이다}

남이 알아듣지 못하도록 낮은 목소리로 몹시 어수선하게 이야기하는 소리. 또는 그 모양.

수굿-수굿

의미 [+모양],[+전부],[+고개],[+숙임]

제약 {고개}-{숙이다}

여럿이 다 고개를 조금 숙인 듯한 모양.

¶선생님께서 야단을 치시자 아이들은 수굿수굿 고개를 숙였다./얼마나 멍청하고 어리석게 수굿수굿 견디어 오기만 했는지…더 이상 어리석어

지려야 어리석어질 도리가 없게 돼 버렸단 말이
오.≪박태순, 무너지는 산≫

수굿-이
의미 [+고개],[+숙임]
제약
① 고개를 조금 숙인 듯이.
¶셔츠 소매를 팔뚝까지 걷어붙인 채 청년은 고
개를 **수굿이** 하고 대패질에 열중하고 있었다.
의미 [-흥분],[+차분]
제약
② 흥분이 꽤 가라앉은 듯이.
의미 [+온순],[+정도]
제약
③ 꽤 다소곳하다.

수다스레
의미 [+말수],[-효용],[+정도]
제약 {사람}-{말하다}
쓸데없이 말수가 많은 데가 있게.
¶기분이 좋아진 친구는 묻지도 않은 얘기를 **수
다스레** 늘어놓았다.

수다-히[01]
의미 [+말수],[-효용],[+정도]
제약 {사람}-{말하다}
쓸데없이 말수가 많게.
¶나는 **수다히** 떠드는 친구의 얘기를 건성으로
들어 넘겼다.

수다-히[02]
의미 [+다수],[+정도]
제약
수효가 많게.
¶여러 가지 의견이 **수다히** 나왔다.

수더분-히
의미 [+성질],[+온순],[+적당]
제약
성질이 까다롭지 아니하여 순하고 무던하게.

수두룩-이
의미 [+다량],[+빈도],[+정도]
제약
매우 많고 흔히.
¶사람들이 던진 동전이 분수대 밑에 **수두룩이**

쌓여 있었다.

수득-수득
의미 [+모양],[+풀]v[+뿌리]v[+열매],[-생
기],[+건조],[+거침]
제약 {풀, 뿌리, 열매}-{시들다, 마르다}
풀이나 뿌리, 열매 따위가 시들고 말라서 거친
모양.
¶보름 전에 옮겨 심은 옥수수는 이파리 끝부터
싯누렇게 변색되기 시작하더니 **수득수득** 줄기가
말랐다.

수들-수들
의미 [+모양],[+풀]v[+뿌리]v[+열매],[-생
기],[+건조]
제약 {풀, 뿌리, 열매}-{시들다, 마르다}
풀이나 뿌리, 열매 따위가 시들고 말라서 생기
가 없는 모양.

수란스레
의미 [+걱정],[+정신],[+혼란]
제약
보기에 시름이 많아서 정신이 어지러운 데가 있
게.

수럭-수럭
의미 [+모양],[+언사]v[+행동],[+용감],[+만
족]
제약
말이나 행동이 씩씩하고 시원시원한 모양.

수럭스레
의미 [+모양],[+언사]v[+행동],[+용감],[+만
족]
제약
보기에 말이나 행동이 씩씩하고 시원시원한 데
가 있게.

수런-수런
의미 [+소리]v[+모양],[+사람],[+다수],[+소
란],[+반복]
제약
여러 사람이 한데 모여 수선스럽게 자꾸 지껄이
는 소리. 또는 그 모양.
¶**수런수런** 이야기하다./제비를 뽑는다는 말에 좌
중은 **수런수런** 흔들렸다.≪하근찬, 야호≫

수련-히

의미 [+몸가짐]v[+마음씨],[+맑음],[+순수]

제약

몸가짐이나 마음씨가 맑고 순수하게.

수르르

의미 [+모양],[+물건],[+풀림]v[+유동],[+용이]

제약 { }-{풀리다}

① 뭉치거나 얽히거나 걸린 물건이 쉽게 잘 풀리거나 흘러내리는 모양.

의미 [+모양],[+바람],[-속도],[+유연]

제약 {바람}-{불다}

② 바람이 천천히 부드럽게 불어오는 모양.

의미 [+모양],[+물]v[+가루]v[+낟알],[+누출]

제약 {물, 가루, 낟알}-{새어 나오다}

③ 물이나 가루, 낟알 따위가 조용히 부드럽게 새어 나오는 모양.

의미 [+모양],[+졸음]v[+수면],[+은근]

제약 { }-{졸다, 잠들다}

④ 슬며시 졸음이 오거나 잠이 드는 모양.

수리-수리

의미 [+모양],[+시각],[-분명]

제약

눈이 흐려 보이는 것이 희미하고 어렴풋한 모양.

수많-이

의미 [+수효],[+정도]

제약

수효가 매우 많이.

¶해마다 새로운 제품이 **수많이** 쏟아져 나온다.

수북-수북

의미 [+모양],[+물건],[+전부],[+볼록]

제약

① 쌓이거나 담긴 물건이 여럿이 다 불룩하게 많은 모양.

¶자고 나니 눈이 **수북수북** 쌓여 있었다.

의미 [+모양],[+식물]v[+털],[+조밀],[+길이]

제약 { }-{자라다}

② 식물이나 털 따위가 여기저기 촘촘하고 길게 나 있는 모양.

¶그 길은 잡초가 **수북수북** 우거져 지나갈 수가 없다.

의미 [+모양],[+살],[+전부],[+볼록],[+돌출]

제약 {살}-{찌다, 붓다}

③ 살이 찌거나 부어 여럿이 다 불룩하게 도드라져 있는 모양.

수북-이

의미 [+물건],[+다량],[+볼록]

제약

① 쌓이거나 담긴 물건 따위가 불룩하게 많이.

¶마당에 **수북이** 쌓인 낙엽./밥을 고봉으로 **수북이** 담다./소쿠리에 **수북이** 담긴 달걀을 안고 나올 때는 번번이 느끼는 어떤 대견스러움에 가슴을 부풀리는 것이다.≪황순원, 나무들 비탈에 서다≫

의미 [+모양],[+식물]v[+털],[+조밀],[+길이]

제약 { }-{자라다}

② 식물이나 털 따위가 촘촘하고 길게 나 있는 상태로.

¶잡초가 **수북이** 자라났다./모자 밑으로 머리털이 **수북이** 삐져나왔다.

의미 [+상태],[+살],[+전부],[+볼록],[+돌출]

제약 {살}-{찌다, 붓다}

③ 살이 찌거나 부어 불룩하게 도드라져 있는 상태로.

수삽스레

의미 [+수치]

제약

수줍고 부끄러운 데가 있게.

수상스레

의미 [+이상],[+의심]

제약 {사람}-{여기다}

보통과는 달리 이상하여 의심스러운 데가 있게.

수상-히

의미 [+이상],[+의심]

제약 {사람}-{여기다}

보통과는 달리 이상하여 의심스럽게.

¶**수상히** 여기다./금향이는 혼자 그대로 서 있기가 남에게 **수상히** 보일까 봐서 손수건을 강물에

빨고 있었다.≪이기영, 신개지≫/누가 **수상히** 여기지도 않겠지만 혹 묻는다면 오류골 사가댁에 다녀오련다고 둘러대지요 뭐.≪최명희, 혼불≫

수선-수선

의미 [+소리]v[+모양],[+말],[+혼란],[+반복]

제약

정신이 어지럽게 자꾸 떠드는 소리. 또는 그 모양.

수선스레

의미 [+말],[+정신],[+혼란]

제약

정신이 어지럽게 떠들어 대는 듯하게.

수수로이

의미 [+심리],[+슬픔],[+산란]

제약

마음이 서글프고 산란한 데가 있게.

수수-히

의미 [+물건]v[+옷차림],[+표준]

제약

① 물건의 품질이나 겉모양, 또는 사람의 옷차림 따위가 그리 좋지도 않고 나쁘지도 않고 제격에 어울리는 품이 어지간하게.

의미 [+성질],[-치장],[-거짓],[+수월],[+적당]

제약

② 사람의 성질이 꾸밈이나 거짓이 없고 까다롭지 않아 수월하고 무던하게.

수슬-수슬

의미 [+모양],[+천연두]v[+상처],[+딱지],[+건조],[-정도]

제약

천연두나 헌데 따위가 딱지가 붙을 정도로 조금 마른 모양.

수시-로

의미 [+항상]

제약

아무 때나 늘.

¶수시로 드나들다./수시로 전화를 걸다./날씨가 수시로 변한다./참관인으로 개표장에 나가 있는

윤달수에게서 **수시로** 중간보고가 들어왔는데….≪최일남, 거룩한 응달≫

수없-이

의미 [+개수],[-짐작],[+다수]

제약

헤아릴 수 없을 만큼 그 수가 많이.

¶피서지에 많은 인파가 **수없이** 몰려들었다./나는 취직 시험을 수없이 치고 **수없이** 떨어진 얘기를 했다.≪박완서, 도시의 흉년≫

수연-히

의미 [+얼굴]v[+마음],[-치장],[+순박]

제약

사람이 얼굴이나 마음이 꾸밈이 없고 순박하게.

수월-수월

의미 [+모양],[+일],[-노력],[+용이]

제약

힘을 들이지 않고 아주 쉽게 하는 모양.

¶일이 생각보다 **수월수월** 풀렸다./그 사람은 어려운 일도 **수월수월** 하는 편이다./나는 진심에서 우러나온 말을 힘도 들이지 않고 **수월수월** 지껄였다.≪김원우, 짐승의 시간≫

수월스레

의미 [+일],[-복잡],[-노력]

제약

까다롭거나 힘들지 않게 하는 듯하게.

¶그처럼 생각이 깊은 곳까지 닿아 있지 않으면서 그런 말을 **수월스레** 지껄일 수 있다는 것은 더욱더 위험스러운 현상이었다.≪이청준, 조율사≫

수월찮-이

의미 [+수량],[+정도]

제약

꽤 많이.

¶그의 몫이자 집안의 경제를 지탱해 주고 있는 유일한 끈은 그런대로 **수월찮이** 남아 있는 전답이었다.≪최일남, 거룩한 응달≫/뻔질나게 국경을 넘나들려면 노자도 **수월찮이** 들 테니 보태 쓰게.≪박완서, 미망≫

수월-히

의미 [+일],[-복잡],[-노력]

제약

① 까다롭거나 힘들지 않아 하기가 쉽게.
¶다 자란 새는 수월히 꽤 멀리까지 날았다./이미 익혀 두었던 길눈이어서 막대는 발목 한 번 접질리지 않고 **수월히** 걸을 수 있었다.≪이문구, 오자룡≫
의미 [+말]v[+태도],[+정상],[+정도]
제약
② 말이나 태도 따위가 아주 예사롭게.
¶마침 교장이 여자 분이어서 나는 하순에 관한 이야기를 **수월히** 물었다.≪최정희, 지맥≫/본시 말이 없는 어머니는 이날따라 더 침울해져서 묻는 말에 **수월히** 대답할 상이 아니다.≪한설야, 탑≫

수치스레
의미 [+느낌],[+수치],[-정당]
제약
다른 사람들을 볼 낯이 없거나 스스로 떳떳하지 못한 느낌이 있게.
¶**수치스레** 지난 과거를 들춰내어서 무엇을 하겠느냐?

수통스레
의미 [+심리],[+수치],[+슬픔]
제약
부끄럽고 가슴 아프게.
¶그는 원통했지만 여러 사람 앞이라 **수통스레** 굴 수도 없었다.

숙덕-숙덕
의미 [+소리]v[+모양],[+이야기],[+은밀],[+반복]
제약 {사람}-{말하다, 이야기하다, 속삭이다}
남이 알아듣지 못하도록 낮은 목소리로 은밀하게 자꾸 이야기하는 소리. 또는 그 모양.
¶선생님의 설명이 끝나자 몇몇 학생은 **숙덕숙덕** 말을 하며 머리를 갸우뚱거린다.

숙덜-숙덜
의미 [+소리]v[+모양],[+이야기],[+은밀],[+반복]
제약 {사람}-{말하다, 이야기하다, 속삭이다}
남이 알아듣지 못하도록 낮은 목소리로 조금 수선스럽게 자꾸 이야기하는 소리. 또는 그 모양.

숙설-숙설

의미 [+소리]v[+모양],[+이야기],[+은밀],[+반복]
제약 {사람}-{말하다, 이야기하다, 속삭이다}
남이 알아듣지 못하도록 낮은 목소리로 자질구레하게 자꾸 이야기하는 소리. 또는 그 모양.
¶국경을 건너간다는 것이 겁도 나서 무엇에 쫓겨 가는 사람처럼 눈이 휘둥그레져 **숙설숙설** 묻는다.≪염상섭, 해방의 아들≫

숙숙-히
의미 [+분위기],[+엄숙]
제약
① 삼가는 마음이 생길 만큼 분위기가 엄숙하게.
의미 [+고요],[+쓸쓸]
제약
② 고요하고 쓸쓸하게.
¶전차 바퀴 소리밖에 귀에 들어오는 소리라곤 없이 잠잠한 속을 **숙숙히** 걸어가는 것이었다.≪염상섭, 취우≫

숙연-히
의미 [+고요],[+엄숙]
제약 { }-{참배하다, 기도하다}
고요하고 엄숙하게.
¶**숙연히** 참배하다./**숙연히** 눈을 감고 기도하다.

순
의미 [+심함],[+정도]
제약
(주로 좋지 않은 성질을 나타내는 말 앞에 쓰여) '몹시' 또는 '아주'의 뜻을 나타내는 말.
¶그 사람은 **순** 도둑놈이다./이런 **순** 거짓말쟁이 같은 놈이 다 있나!/네 녀석은 **순** 몹쓸 놈이구나.

순간-순간
의미 [+순간],[+전부]
제약
매 순간에.
¶**순간순간** 변하다./고통을 **순간순간** 느끼다./그는 **순간순간** 고향을 생각한다./거센 파도에 휩쓸린 배는 **순간순간** 물속으로 가라앉았다./순간순간 변하는 그 몸짓의 유연함은 다음의 변화를

예측할 수 없게 했다.≪조정래, 태백산맥≫

순결-히

의미 [+순수],[+청결]

제약

① 잡된 것이 섞이지 아니하고 깨끗이.

의미 [+마음],[−불결],[+청결]

제약

② 마음에 사욕(私慾), 사념(邪念) 따위와 같은 더러움이 없이 깨끗이.

의미 [−경험],[−관계],[+이성]

제약

③ 이성과의 육체관계가 아직 없이.

순독-히

의미 [+순박],[+인정],[+정도]

제약

순박하고 인정이 두텁게.

순순-히[01]

의미 [+성질]v[+태도],[+공손],[+온순]

제약

① 성질이나 태도가 매우 고분고분하고 온순하게.

¶순순히 응하다./묻는 말에 순순히 대답하다./우리는 그의 의견에 순순히 따르기로 했다./그는 벌벌 떨면서 자신이 가진 것을 순순히 내놓았다. ≪최인호, 지구인≫/두령의 신기한 기술에 압도당한 그들은 그저 겁에 질려 순순히 앞장을 섰다. ≪이병주, 지리산≫

의미 [+음식],[+맛],[+순함]

제약

② 음식 맛이 순하게.

순순-히[02]

의미 [+태도],[+다정],[+친절],[+정도]

제약

타이르는 태도가 아주 다정하고 친절하게.

¶크리톤을 향하여 순순히 자기의 신념을 토로하는 소크라테스….≪안병욱, 사색인의 향연≫/수업 시간 중에 어떤 학생이 잘못하는 일을 발견하시면 온정이 넘치는 언사로 사리를 따져서 순순히 타이르시는 것이었다.≪이희승, 소경의 잠꼬대≫

순연-히

의미 [+순수],[+완전]

제약

다른 것이 조금도 섞이지 아니하고 제대로 온전히.

¶지금 다시 생각해 보면 폐비의 일은 다만 불붙는 데 기름이요, 도화선이 될 뿐, 더 커다란 원인은 순연히 연산의 성격에 있는 것이다.≪박종화, 금삼의 피≫

순전-히

의미 [+순수],[+완전]

제약

순수하고 완전하게.

¶그가 너를 좋아할 거라는 건 순전히 착각이다./그가 실패한 것은 순전히 게으르기 때문이다./공부가 좋아서 공부하는 것이라면 좋겠지만 나는 순전히 시험을 위해 공부하는 것이다.≪유진오, 구름 위의 만상≫

순조로이

의미 [+상태],[+일],[−사고]v[−분쟁],[+예정],[+진행]

제약

일 따위가 아무 탈이나 말썽 없이 예정대로 잘 되어 가는 상태로.

¶만사가 순조로이 이루어지다./문제가 순조로이 해결되다./행사가 순조로이 진행되었다.

순탄-히

의미 [+성질],[−복잡]

제약

① 성질이 까다롭지 아니하게.

의미 [+길],[−곤란],[+평탄]

제약

② 길이 험하지 아니하고 평탄히.

¶순탄히 뻗어 있는 길.

의미 [+삶],[−장애],[+순탄]

제약

③ 삶 따위가 아무 탈 없이 순조로이.

¶일을 순탄히 마치다./병치레 없이 아이는 순탄히 잘 자랐다./일이 순탄히 진행되었다./순탄히 왕위가 제 순서대로 계승되어 본 일이 없었다.≪김동인, 대수양≫

순편-히

의미 [＋심리]v[＋일],[＋진행],[－장애],[＋편안]

제약 { }-{살다, 해결하다}

마음이나 일의 진행 따위가 거침새가 없고 편하게.

¶순편히 살다./일을 순편히 해결했다.

순평-히

의미 [＋성질],[＋온순],[＋화평]

제약

성질이 온순하고 화평하게.

¶변혁이 순평히 되다./그 나라는 이웃 나라와 순평히 지냈다.

순화로이

의미 [＋순탄],[＋평화]

제약

순탄하고 평화로운 데가 있게.

순-히

의미 [＋성질]v[＋태도],[－복잡],[－고집]

제약

① 성질이나 태도가 까다롭거나 고집스럽지 아니하게.

¶순히 타이르다./너 괜히 순히 이르는 것이니 다 그만두어라. 석공 조합 대표가 다 뭐냐.≪송영, 석공 조합 대표≫

의미 [＋기세],[－거침],[－강함]

제약

② 기세가 거칠거나 세지 아니하게.

¶바람도 순히 불고 물결도 잔잔하다.

의미 [＋맛],[－강함]

제약

③ 맛이 독하지 아니하게.

의미 [＋일],[＋진행],[＋순조]

제약

④ 일의 진행이 순조로이.

¶일이 순히 진행되다./공사가 순히 마무리되다.

의미 [＋사물],[＋진행],[＋바람],[＋방향],[＋일치]

제약

⑤ 사물의 진행 방향과 바람이 부는 방향이 같

게.

술덤벙-물덤벙

의미 [＋모양],[＋행동],[＋무모],[＋과도]

제약

술과 물을 가리지 않고 덤벙댄다는 뜻으로, 경거망동하여 함부로 날뛰는 모양을 이르는 말.

¶호의호식하며 자란 놈은 대개가 호박죽처럼 물러 터졌고 처신도 술덤벙물덤벙이고….≪김원우, 짐승의 시간≫/처음부터 작인들이 낯 내놓고 술덤벙물덤벙 설치다가는 김가 술수를 못 당할 것 같다.≪송기숙, 녹두 장군≫

술렁-술렁

의미 [＋모양],[＋소란],[＋혼란],[＋반복]

제약

자꾸 어수선하게 소란이 이는 모양.

¶패전 소식을 들은 병사들은 술렁술렁 동요하기 시작했다./온 대궐 안은 불시에 일어난 야단 때문에 술렁술렁 뒤집히는 듯하다.≪박종화, 금삼의 피≫

술명-히

의미 [＋상태],[＋소박],[＋시원],[＋적당]

제약

수수하고 훤칠하게 걸맞은 상태로.

술술

의미 [＋모양],[＋물]v[＋가루],[＋틈]v[＋구멍],[＋누출],[＋소량]

제약 {물, 가루}-{새어 나오다}

① 물이나 가루 따위가 틈이나 구멍으로 조금씩 거볍게 새어 나오는 모양.

¶자루에서 밀가루가 술술 새어 나온다./배 바닥에서는 물이 술술 스며들어 올라온다.≪박종화, 임진왜란≫

의미 [＋모양],[＋바람],[＋유연]

제약 {바람}-{불다}

② 바람이 부드럽게 부는 모양.

¶나그네는 고갯마루에 올라 술술 부는 바람에 땀을 식힌다./바람이 술술 창문으로 들어오다.

의미 [＋모양],[＋비]v[＋눈],[＋낙하],[－정도],[＋연속]

제약 {비, 눈}-{내리다}

③ 가는 비나 눈이 잇따라 가볍게 내리는 모양.

¶가랑비가 **술술** 내리다./눈은 잠시도 멎지 않고 **술술** 내렸다.≪문순태, 타오르는 강≫

의미 [+모양],[+말]v[+글],[−장애]

제약

④ 말이나 글이 막힘없이 잘 나오거나 써지는 모양.

¶어려운 대답이 **술술** 나오다./까다로운 한문을 **술술** 읽다./거짓말을 **술술** 잘한다./그는 수필을 **술술** 써 내려갔다./이신은 그러한 이야기가 허윤 선생의 입에서 거침없이 **술술** 나왔다는 사실에 놀라지 않을 수 없었다.≪선우휘, 사도행전≫

의미 [+모양],[+실타래]v[+끈],[+풀림],[+정도]

제약 {실타래, 끈}-{풀리다}

⑤ 얽힌 실이나 끈 따위가 쉽게 잘 풀려 나오는 모양.

의미 [+모양],[+일],[+진행],[+용이],[+정도]

제약 {일, 사건}-{풀리다}

⑥ 얽히거나 쌓이었던 일들이 쉽게 잘 풀리는 모양.

¶문제가 **술술** 풀리다./근심, 걱정이 **술술** 풀려 가다./일이 **술술** 풀리다.

숨김없-이

의미 [−비밀]

제약

감추거나 드러내지 않는 일이 없이.

¶**숨김없이** 터놓고 말하다./지금부터 내가 묻는 말에 **숨김없이** 대답해야 해.≪이문열, 변경≫

숨숨

의미 [+모양],[+얼굴],[+마마],[+간격]

제약

얼굴에 굵고 얕게 얽은 자국이 듬성듬성 있는 모양. 늑숨숨이.

¶내가 만난 사람은 어렸을 때 마마를 앓았던지 얼굴이 **숨숨** 얽었다.

숨숨-이

의미 [+모양],[+얼굴],[+마마],[+간격]

제약

=숨숨. 얼굴에 굵고 얕게 얽은 자국이 듬성듬성

있는 모양.

숫스레

의미 [+순진],[+우둔]

제약

순진하고 어수룩한 듯하게.

숫제

의미 [+순박],[+진실]

제약

① 순박하고 진실하게.

¶그도 이제는 **숫제** 착실한 생활을 한다.

의미 [+비교],[+절대]

제약

② 처음부터 차라리. 또는 아예 전적으로.

¶하다가 말 것이라면 **숫제** 안 하는 것이 낫다./ 아이들은 대부분 짚신을 신거나 아니면 **숫제** 맨 발이었다./그는 **숫제** 모르는 척하고 시치미를 떼 고 있었다.

숭굴-숭굴[01]

의미 [+모양],[+얼굴],[+사랑],[+인자]

제약

① 얼굴 생김새가 귀염성이 있고 너그럽게 생긴 듯한 모양.

의미 [+모양],[+성질],[−복잡],[+순박],[+원 만]

제약

② 성질이 까다롭지 않고 수더분하며 원만한 모 양.

¶그의 마음은 **숭굴숭굴** 너그럽다./그녀는 동네에 소문이 날 만큼 **숭굴숭굴** 모가 없이 후덕하다.

숭굴-숭굴[02]

의미 [+모양],[+자국]v[+구멍],[+크기],[+정 도]

제약

얽은 자국이나 구멍 따위가 꽤 큼직큼직한 모양.

¶잘생긴 얼굴이지만 **숭굴숭굴** 얽은 것이 흠이 다./그는 누덕누덕 꿰어 맨 데다 구멍이 **숭굴숭 굴** 뚫린 속옷 바람으로 나왔다.

숭덩

의미 [+모양],[+물건],[+절단],[+크기],[+속 도]

제약 { }-{썰다, 자르다}
연한 물건을 조금 큼직하고 거칠게 빨리 한 번
써는 모양.

숭덩-숭덩
의미 [+모양],[+물건],[+절단],[-크기],[+속
도],[+반복]
제약 { }-{썰다, 자르다}
① 연한 물건을 조금 큼직하고 거칠게 자꾸 빨
리 써는 모양.
¶돼지고기를 **숭덩숭덩** 썰다./**숭덩숭덩** 썰어 넣은
배추김치에 큼직큼직하게 고추를 찢어 넣어 볶
은 꿩고기가 뚝배기에 그들먹했다.≪송기숙, 녹두
장군≫
의미 [+모양],[+재봉],[+간격],[+반복]
제약 { }-{꿰매다, 시치다}
② 바늘땀을 드문드문 거칠게 자꾸 호는 모양.
¶그 아낙은 일손이 빨라서 남편 옷을 **숭덩숭덩**
마르고 지어 냈다.

숭숭[01]
의미 [+모양],[+물건],[+절단],[+크기],[+속
도]
제약 { }-{썰다, 자르다}
① 연한 물건을 조금 굵직하게 빨리 써는 모양.
늑숭숭히①.
¶파를 **숭숭** 썰다.
의미 [+모양],[+구멍]v[+자국],[+다수]
제약
② 조금 큰 구멍이나 자국이 많이 나 있는 모양.
늑숭숭히②.
¶구멍이 **숭숭** 뚫린 창호지./고향의 산하는 바람
빠진 튜브같이 헐렁헐렁하고, **숭숭** 코가 빠져 버
려서 너덜거리는 스웨터 자락같이 잡힌 데가 없
이 허전했다.≪한승원, 해일≫
의미 [+모양],[+땀방울]v[+소름],[+피부],
[+다수]
제약 { }-{돋아나다, 맺히다}
③ 살갗에 큰 땀방울이나 소름 따위가 많이 돋
아나 있는 모양. 늑숭숭히③.
¶땀방울이 **숭숭** 맺히다./여드름이 **숭숭** 나다./털
이 **숭숭** 난 검은 피부의 남자가 의자에 기대 졸

고 있었다.
의미 [+모양],[+바느질],[+거침],[+간격],[-정
성]
제약 { }-{꿰매다}
④ 바느질을 설피게 대강대강 하는 모양. 늑숭
숭히④.
¶구멍이 난 양말을 **숭숭** 꿰맸더니 발가락이 삐
죽이 보였다.

숭숭[02]
의미 [+위용],[+높이],[+정도]
제약
위용 따위가 높디높음.

숭숭-히
의미 [+모양],[+물건],[+절단],[+크기],[+속
도]
제약 { }-{썰다, 자르다}
①=숭숭[01]①. 연한 물건을 조금 굵직하게 빨리
써는 모양.
의미 [+모양],[+구멍]v[+자국],[+다수]
제약
②=숭숭[01]②. 조금 큰 구멍이나 자국이 많이 나
있는 모양.
의미 [+모양],[+땀방울]v[+소름],[+피부],
[+다수]
제약 { }-{돋아나다, 맺히다}
③=숭숭[01]③. 살갗에 큰 땀방울이나 소름 따위
가 많이 돋아나 있는 모양.
의미 [+모양],[+바느질],[+거침],[+간격],
[-정성]
제약 { }-{꿰매다}
④=숭숭[01]④. 바느질을 설피게 대강대강 하는
모양.

숭얼-숭얼
의미 [+모양],[+땀방울]v[+물방울]v[+열매],
[+다수]
제약 {땀방울, 물방울, 열매}-{맺히다}
땀방울이나 물방울, 열매 따위가 많이 맺힌 모
양.
¶이마에 땀방울이 **숭얼숭얼** 맺혀 있다.

숭엄-히

의미 [+고상],[+엄숙],[+정도]

제약

높고 고상하며 범할 수 없을 정도로 엄숙하게.

쉬

의미 [+용이]

제약

① '쉬이①'의 준말. 어렵거나 힘들지 아니하게.

¶잠을 청하려 했으나 쉬 잠이 오지 않았다.

의미 [+가능]

제약

② '쉬이②'의 준말. 가능성이 많게.

¶사람의 목숨이 그리 쉬 끊어지지는 않는 법이라고 혀 꼬부라진 소리로 주절대는 것이었다.
≪황순원, 별과 같이 살다≫

의미 [+미래],[-거리]

제약

③ '쉬이③'의 준말. 멀지 아니한 가까운 장래에.

쉬엄-쉬엄

의미 [+모양],[+행동]v[+일],[-속도]

제약 { }-{가다, 일하다}

① 쉬어 가며 천천히 길을 가거나 일을 하는 모양.

¶쉬엄쉬엄 가다./쉬엄쉬엄 일을 하다.

의미 [+모양],[+진행]v[+정지],[+반복]

제약

② 그쳤다 계속되었다 하는 모양.

¶장마도 기진했다는 듯 몽근 빗방울을 쉬엄쉬엄 떨어뜨리고 있었다.≪윤흥길, 장마≫

쉬이

의미 [+용이]

제약

① 어렵거나 힘들지 아니하게.

¶그 사고를 쉬이 잊을 수가 없다.

의미 [+가능],[+정도]

제약

② 가능성이 많게.

¶유리잔은 쉬이 깨진다./날씨가 따뜻해서인지 김치가 쉬이 쉰다.

의미 [+미래],[-거리]

제약

③ 멀지 아니한 가까운 장래에.

¶엄마는 외출하시면서 쉬이 돌아오마고 말씀하셨다./나는 죄가 없으니 쉬이 나오겠거니 여겼는데 웬걸 형무소까지 기어들어 갔지.≪황석영, 어둠의 자식들≫

쉬지근-히[01]

의미 [+맛]v[+냄새],[+부패]

제약

맛이나 냄새가 좀 쉰 듯이.

쉬지근-히[02]

의미 [+목소리],[+흐림]

제약

목소리가 좀 쉰 듯이.

쉬척지근-히

의미 [+부패],[+정도]

제약

몹시 쉰 듯한 데가 있게.

쉭

의미 [+소리],[+공기]v[+입김],[+구멍],[+유출]

제약 {공기, 입김}-{나오다}

공기나 입김 따위가 좁은 구멍으로 새어 나오는 소리.

¶쉭 김빠지는 소리.

쉭-쉭

의미 [+소리],[+공기]v[+입김],[+구멍],[+유출],[+반복]

제약 {공기, 입김}-{나오다}

① 공기나 입김 따위가 좁은 구멍으로 자꾸 새어 나오는 소리.

¶주전자에서 뜨거운 김이 쉭쉭 나오고 있다./낡은 풍금의 이가 빠진 건반 사이로 쉭쉭 바람이 새는 소리를 들어가며 더욱 세차게 페달을 혹사했다.≪윤흥길, 묵시의 바다≫

의미 [+소리]v[+모양],[+전부],[+통과],[+속도]

제약

② 여럿이 다 빠르게 지나가는 소리. 또는 그 모양.

¶화살이 성안으로 쉭쉭 날아들었다.

쉴-손

의미 [+용이]

제약

흔하게. 또는 그렇게 되기가 쉽게.

¶한눈을 팔다가는 **쉴손** 넘어지지.

쉽-사리

의미 [+용이],[+정도]

제약

아주 쉽게. 또는 순조롭게.

¶그렇게 많은 일이 **쉽사리** 끝날 것 같지 않다.

스르렁

의미 [+소리],[+거문고],[+마찰]

제약

거문고 따위의 현악기 줄을 한 번 가볍게 문지르를 때 나는 소리.

스르르

의미 [+모양],[+얽힘]v[+뭉침],[+자연],[+해제]

제약 { }-{풀리다}

① 얽히거나 뭉쳤던 것이 저절로 슬슬 풀리는 모양.

¶그 말 한마디에 응어리가 **스르르** 사라졌다.

의미 [+모양],[+눈]v[+얼음],[+용해],[-속도]

제약 {눈, 얼음}-{녹다}

② 눈이나 얼음 따위가 저절로 슬슬 녹는 모양.

¶마당에 세워 둔 눈사람이 아침에 보니 **스르르** 녹아 있었다.

의미 [+모양],[+졸음],[-인식]

제약 {졸음}-{오다}

③ 졸음이 슬며시 오는 모양.

¶**스르르** 잠이 오다.

의미 [+모양],[+눈],[±감음],[-정도]

제약 {눈}-{감다, 뜨다}

④ 눈을 슬며시 감거나 뜨는 모양.

¶눈이 **스르르** 감겼다.

의미 [+모양],[+운동],[-인식]

제약

⑤ 미끄러지듯 슬며시 움직이는 모양.

¶무대의 커튼이 **스르르** 위로 말려 올라간다./문

이 **스르르** 열렸다.

스르륵

의미 [+소리]v[+모양],[+물건],[+마찰]

제약

물건이 쓸리면서 시원스럽게 나는 소리. 또는 그 모양.

¶호텔 문 앞에 서자 자동문이 **스르륵** 열렸다.

스르륵-스르륵

의미 [+소리]v[+모양],[+물건],[+마찰],[+연속]

제약

물건이 조금씩 쓸리면서 잇따라 시원스럽게 나는 소리. 또는 그 모양.

¶바람이 **스르륵스르륵** 도시의 건물 사이를 스쳐 갔다.

스륵

의미 [+소리]v[+모양],[+물건],[+마찰]

제약

'스르륵'의 준말. 물건이 쓸리면서 시원스럽게 나는 소리. 또는 그 모양.

¶전동차의 문이 **스륵** 닫혔다.

스륵-스륵

의미 [+소리]v[+모양],[+물건],[+마찰],[+연속]

제약

'스르륵스르륵'의 준말. 물건이 조금씩 쓸리면서 잇따라 시원스럽게 나는 소리. 또는 그 모양.

¶좁은 골목길로 넋대는 **스륵스륵** 소리를 내면서 나아갔다.≪김정한, 수라도≫

스리-슬쩍

의미 [+은밀],[+속도]

제약

남이 모르는 사이에 아주 빠르게.

¶**스리슬쩍** 넘어가다.

스멀-스멀

의미 [+느낌],[+벌레],[+포복],[+반복]

제약 {벌레}-{기다}

살갗에 벌레가 자꾸 기어가는 것처럼 근질근질한 느낌.

¶몸에서 이가 **스멀스멀** 기어가는 듯하다.

스산스레

의미 [+분위기],[+혼란],[+황량]

제약

어수선하고 쓸쓸한 분위기가 있게.

스스럼없-이

의미 [+마음],[-조심],[-수치]

제약

조심스럽거나 부끄러운 마음이 없이.

¶스스럼없이 이야기하다./어른에게 그렇게 **스스럼없이** 굴어서는 안 된다./처음에는 상대가 양반이어서 반말 쓰기에 저항을 느꼈던 홍이도 이제는 **스스럼없이** 동생 대하듯 했다.≪박경리, 토지≫/양 의원의 딸은 두레박질을 하면서 **스스럼없이** 이것저것 물었다.≪문순태, 타오르는 강≫

스스로

의미 [+자력]

제약

① 자신의 힘으로.

¶**스스로** 할 수 있는 일을 남에게 미루지 마라.

의미 [+자의],[+결심],[-타의]

제약

② 남이 시키지 아니하였는데도 자기의 결심에 따라서.

¶그는 **스스로** 입대하였다./그는 남이 싫어하는 일을 **스스로** 나서서 했다.

스적-스적

의미 [+소리]v[+모양],[+물건],[+마찰],[+반복]

제약 { }-{문지르다, 비비다}

① 물건이 서로 맞닿아 자꾸 비벼지는 소리. 또는 그 모양.

¶날아갈 듯한 차림이었다. 두 팔로 깍지를 끼고 휘파람을 불면서 고무신을 **스적스적** 끄는 것이다.≪이호철, 소시민≫

의미 [+모양],[+쓰레질],[-정성]

제약 { }-{쓸다}

② 쓰레질을 대강대강 하는 모양.

슬겅-슬겅

의미 [+모양],[+행동],[-노력],[-속도]

제약

힘들이지 않고 가볍게 느릿느릿 행동하는 모양.

¶박은 머슴의 손에 톱으로 **슬겅슬겅** 잘라진다. ≪박종화, 임진왜란≫

슬그니

'슬그머니'의 준말.

의미 [+은밀],[+타인],[-인식]

제약

① '슬그머니'의 준말. 남이 알아차리지 못하게 슬며시.

의미 [+내심],[+은밀]

제약

② '슬그머니'의 준말. 혼자 마음속으로 은근히.

의미 [-노력],[-속도]

제약

③ '슬그머니'의 준말. 힘을 들이지 않고 천천히.

슬그머니

의미 [+은밀],[+타인],[-인식]

제약

① 남이 알아차리지 못하게 슬며시.

¶슬그머니 달아나다./슬그머니 사라지다./그는 식구들이 깰까 봐 **슬그머니** 집을 나왔다./운암댁은 잠자코 밥상만 들여놓고는 **슬그머니** 방 안을 빠져나왔다.≪윤흥길, 완장≫/내가 **슬그머니** 지나치려 했지만, 그가 본능적으로 느꼈음인지 고개를 번쩍 쳐들었다.≪황석영, 섬섬옥수≫

의미 [+내심],[+은밀]

제약

② 혼자 마음속으로 은근히.

¶슬그머니 겁이 나다./야단을 맞고 나간 아들이 **슬그머니** 걱정이 되었다./약속 시간이 10분이 지나자 **슬그머니** 화가 나기 시작했다./그를 만나게 된다고 생각하니 **슬그머니** 가슴이 울렁거려지고 사뿐사뿐 걸음이 내디뎌지기도 하는 것이었다.≪하근찬, 야호≫

의미 [-노력],[-속도]

제약

③ 힘을 들이지 않고 천천히.

슬그미

의미 [+은밀],[+타인],[-인식]

제약

① '슬그머니'의 준말. 남이 알아차리지 못하게 슬며시.

의미 [+내심],[+은밀]

제약

② '슬그머니'의 준말. 혼자 마음속으로 은근히.

의미 [-노력],[-속도]

제약

③ '슬그머니'의 준말. 힘을 들이지 않고 천천히.

슬근-슬근

의미 [+모양],[+물체],[+마찰],[+반복]

제약 { }-{문지르다, 비비다}

① 물체가 서로 맞닿아 가볍게 스치며 자꾸 비벼지는 모양.

의미 [+모양],[+행동],[-힘],[+은밀]

제약

② 힘을 들이지 않고 슬그머니 가볍게 행동하는 모양.

슬근-슬쩍

의미 [+은밀],[+타인],[-인식],[+속도],[+정도]

제약

남이 알아차리지 못할 정도로 슬며시 재빠르게.

¶그는 나에게 밖으로 나오라는 뜻으로 **슬근슬쩍** 눈짓을 했다.

슬금-슬금

의미 [+모양],[+행동],[+타인],[-인식],[+은밀]

제약

남이 알아차리지 못하도록 눈치를 살펴 가면서 슬며시 행동하는 모양.

¶**슬금슬금** 곁눈질하다./**슬금슬금** 눈치만 보지 말고 어서 나와라./창을 버리고 뿔뿔이 흩어져 도망가던 병사들이 다시 눈치를 보며 **슬금슬금** 모여들고 있었다.≪전상국, 하늘 아래 그 자리≫

슬기로이

의미 [+지혜]

제약

슬기가 있게.

¶어려움을 슬기로이 극복하다.

슬렁-슬렁

의미 [+모양],[+행동],[-속도]

제약

서두르지 않고 느릿느릿 굼뜨게 행동하는 모양.

¶시간이 없는데도 사람들은 **슬렁슬렁** 움직였다./그 청년은 그것을 들고 아무 표정 없이 슬렁슬렁 산을 내려가고 있었다.≪이문구, 장한몽≫

슬며시

의미 [+은밀],[+타인],[-발견]

제약

① 남의 눈에 띄지 않게 넌지시.

¶**슬며시** 자리를 뜨다./**슬며시** 선물을 건네주다./**슬며시** 도망을 치다./그는 어느새 내 옆으로 다가와 슬며시 손목을 잡았다.

의미 [+행동]v[+사태],[+은밀],[-속도]

제약

② 행동이나 사태 따위가 은근하고 천천히.

¶**슬며시** 눈을 감다./**슬며시** 고개를 숙이다./슬며시 대문을 열다./흉흉하던 민심은 슬며시 가라앉고 말았다.≪현기영, 변방에 우짖는 새≫

의미 [+감정],[+은밀],[-속도]

제약

③ 감정 따위가 속으로 천천히 은밀하게.

¶치수는 성업이한테 술을 뺏긴 생각을 하면 슬며시 부아가 돋았다.≪이무영, 농민≫

슬멋-슬멋

의미 [+모양],[+행동],[+타인],[-발견],[+은밀],[+연속]

제약

① 남의 눈에 띄지 않게 잇따라 슬며시 행동하는 모양.

¶그는 고개를 딴 데로 돌리고 **슬멋슬멋** 뒤로 물러 나왔다./그들은 **슬멋슬멋** 뭉그적거려 뒷전으로 물러앉고 있었다.≪이문구, 으악새 우는 사연≫

의미 [+모양],[+행동]v[+사태],[+은밀],[-속도]

제약

② 행동이나 사태 따위가 은근하고 천천히 자꾸 일어나는 모양.

¶요새 전쟁 소문이 **슬멋슬멋** 고개를 들고 있다.

의미 [+모양],[+감정],[+은밀],[-속도],[+반

복]

제약

③ 감정 따위가 속으로 천천히 은밀하게 자꾸
일어나는 모양.

¶슬몃슬몃 화가 나다.

슬슬01

의미 [+모양],[+행동],[+타인],[-인식],[+은
밀]

제약

① 남이 모르게 슬그머니 행동하는 모양.

¶슬슬 피하다./슬슬 눈치를 보다.

의미 [+모양],[+눈]v[+설탕],[+용해],[-인
식]

제약 {눈, 설탕}-{녹다}

② 눈이나 설탕 따위가 모르는 사이에 스르르
녹아 버리는 모양.

¶초콜릿이 입 안에서 슬슬 녹는다./산비둘기가
울 때마다 순이의 가슴은 화로 위에 눈덩이처럼
슬슬 녹아내렸다.≪정비석, 성황당≫

의미 [+모양],[+접촉]v[+마찰],[-정도]

제약 { }-{만지다, 문지르다}

③ 심하지 않게 가만가만 거볍게 만지거나 문지
르는 모양.

¶바닥을 슬슬 문지르다./가려운 곳을 슬슬 긁
다./러닝샤쓰 속으로 손을 집어넣어 배를 슬슬
만지면서 침대에서 빠져나온 김 중사가 하는 말
이다.≪이상문, 황색인≫

의미 [+모양],[+타인],[+설득]v[+유혹]

제약 { }-{꾀어내다, 구슬리다, 달래다}

④ 남을 슬그머니 달래거나 꾀는 모양.

¶슬슬 달래다./슬슬 꾀다./슬슬 구슬리다.

의미 [+모양],[+바람],[+유연]

제약 {바람}-{불다}

⑤ 바람이 부드럽게 부는 모양.

¶어디선가 시원한 바람이 슬슬 불어온다.

의미 [+모양],[+눈웃음],[+경박]

제약 {눈웃음}-{치다}

⑥ 거볍게 눈웃음을 치는 모양.

¶눈웃음을 슬슬 치다.

의미 [+모양],[+행동],[-속도]

제약

⑦ 서두르지 않고 천천히 행동하는 모양.

¶이제 슬슬 출발하자./쉬엄쉬엄 슬슬 해라.

의미 [+모양],[-노력],[+평이]

제약

⑧ 힘들이지 않고 쉽게 하는 모양.

¶새끼를 슬슬 꼬다.

슬슬02

의미 [+모양],[+복부],[+쓰림],[+고통]

제약 {배}-{아프다}

배가 조금 쓰리면서 아픈 모양.

¶저녁 먹은 것이 잘못 되었는지 슬슬 배가 아파
오기 시작했다.

슬쩍

의미 [+은밀],[+속도],[+정도]

제약

① 남의 눈을 피하여 재빠르게.

¶남의 물건을 슬쩍 훔쳐 도망가다./그들은 내 주
머니에다 슬쩍 시계를 집어넣고는 일단 파출소
에다 도둑놈이라고 신고를 했다.≪황석영, 어둠의
자식들≫

의미 [-노력]

제약

② 힘들이지 않고 거볍게.

¶슬쩍 건드렸는데도 아프다고 야단이다./달주는
몸을 슬쩍 피하며 날아오는 목침을 손으로 덥석
잡아 버렸다.≪송기숙, 녹두 장군≫

의미 [-정도]

제약

③ 심하지 않게 약간.

¶슬쩍 익히다./봄나물을 슬쩍 데쳐 갖은 양념을
넣어 무쳐 먹었다.

의미 [-표시],[+은밀]

제약

④ 표 나지 않게 넌지시.

¶의중을 슬쩍 떠보다./슬쩍 화제를 돌리다.

의미 [-마음]v[-정성],[+속도]

제약

⑤ 특별히 마음을 쓰거나 정성을 들이지 않고
빠르게.

¶그는 책을 한 번 슬쩍 훑어보더니 재미없다는 듯 곧 팽개쳐 버렸다.

슬쩍-슬쩍

의미 [+은밀],[+속도],[+연속]

제약

① 남의 눈을 피하여 잇따라 재빠르게.

¶상에 놓인 음식을 **슬쩍슬쩍** 집어 먹다.

의미 [-노력],[+연속]

제약

② 힘들이지 않고 잇따라 거볍게.

¶봉구는 물 묻은 손을 바지에 **슬쩍슬쩍** 문지르며 나간다.《박경리, 토지》

의미 [-정도]

제약

③ 심하지 않게 약간씩.

¶나물을 **슬쩍슬쩍** 데치다.

의미 [-표시],[+은밀],[+반복]

제약

④ 표 나지 않게 자꾸 넌지시.

¶**슬쩍슬쩍** 유도 신문을 하다.

의미 [-마음]v[-정성],[+속도],[+연속]

제약

⑤ 특별히 마음을 쓰거나 정성을 들이지 않고 잇따라 빠르게.

¶서류를 **슬쩍슬쩍** 보아 넘기다.

슬피

의미 [+마음],[+고통]

제약 {사람}-{울다}

원통한 일을 겪거나 불쌍한 일을 보고 마음이 아프고 괴롭게.

¶**슬피** 울다./늙은 사내가 이처럼 목 놓아 **슬피** 우는 것을 훈은 그 전에도 그 후에도 본 적이 없었다.《황순원, 카인의 후예》

슴벅

의미 [+모양],[+눈],[±감음],[+한번]

제약 {눈}-{감다, 뜨다}

눈꺼풀을 움직이며 눈을 한 번 감았다 뜨는 모양.

슴벅-슴벅

의미 [+모양],[+눈],[±감음],[+반복]

제약 {눈}-{감다, 뜨다}

① 눈꺼풀을 움직이며 눈을 자꾸 감았다 떴다 하는 모양.

의미 [+모양],[+눈]v[+살],[+시림],[+반복]

제약

② 눈이나 살 속이 찌르듯이 자꾸 시근시근한 모양.

슴뻑

의미 [+모양],[+눈],[±감음],[+한번]

제약 {눈}-{감다, 뜨다}

눈꺼풀을 움직이며 눈을 한 번 감았다 뜨는 모양. '슴벅'보다 조금 센 느낌을 준다.

슴뻑-슴뻑

의미 [+모양],[+눈],[±감음],[+반복]

제약 {눈}-{감다, 뜨다}

① 눈꺼풀을 움직이며 눈을 자꾸 감았다 떴다 하는 모양. '슴벅슴벅①'보다 조금 센 느낌을 준다.

¶나는 눈을 **슴뻑슴뻑** 껌벅이며 그를 쳐다보았다.

의미 [+모양],[+눈]v[+살],[+시림],[+반복]

제약

② 눈이나 살 속이 찌르듯이 자꾸 시근시근한 모양. '슴벅슴벅②'보다 조금 센 느낌을 준다.

습습-히

의미 [+바람],[+유연]

제약 {바람}-{불다}

바람이 산들산들하게.

¶바람이 **습습히** 불어온다.

시거에

의미 [-결과],[+처리],[+속도]

제약

① 다음은 어찌 되었든. 우선 급한 대로.

의미 [-주저],[+즉시]

제약

② 머뭇거리지 말고 곧.

¶앞에 놓인 술잔을 **시거에** 마셔 버렸다. 술기운이 확 올랐다.

시고-로

의미 [+원인],[+근거]

제약

이런 까닭으로.

시굼-시굼

의미 [＋느낌],[＋전부],[＋맛],[＋초맛],[－정도]

제약

① 여럿이 다 깊은 맛이 있게 조금 신 느낌.

¶김치가 시굼시굼 맛이 잘 들었다.

의미 [＋느낌],[＋맛],[＋초맛],[＋정도]

제약

② 깊은 맛이 있게 꽤 신 느낌.

시근덕-시근덕

의미 [＋소리]v[＋모양],[＋숨소리],[＋거침],[＋곤란],[＋정도],[＋반복]

제약

숨소리가 매우 거칠고 가쁘게 자꾸 나는 소리. 또는 그 모양.

¶그는 시근덕시근덕 가쁜 숨을 몰아쉬며 뛰어왔다.

시근-벌떡

의미 [＋모양],[＋숨소리],[＋거침],[＋곤란],[＋속도],[＋정도]

제약

몹시 숨이 차서 숨소리가 고르지 않고 거칠면서 가쁘고 급하게 나는 모양.

시근벌떡-시근벌떡

의미 [＋모양],[＋숨소리],[＋거침],[＋곤란],[＋속도],[＋정도],[＋반복]

제약

몹시 숨이 차서 숨소리가 고르지 않고 거칠면서 가쁘고 급하게 자꾸 나는 모양.

시근-시근[01]

의미 [＋소리]v[＋모양],[＋숨],[＋거침],[＋곤란],[＋정도],[＋반복]

제약 {숨}-{쉬다}

고르지 않고 거칠고 가쁘게 자꾸 숨 쉬는 소리. 또는 그 모양.

¶어떤 사람이 급히 달려와서 시근시근 숨을 몰아쉬며 아버지를 찾았다.

시근-시근[02]

의미 [＋느낌],[＋관절],[＋통증]

제약

관절 따위가 신 느낌.

¶다친 손목이 시근시근 아프더니 이제는 더 이상 움직일 수가 없게 되었다.

시글-시글

의미 [＋모양],[＋사람]v[＋짐승],[＋다수],[＋소란]

제약

사람이나 짐승 따위가 많이 모여 우글우글 들끓어 시끄러운 모양.

¶장에는 사람이 시글시글 많기도 하다.

시금-시금

의미 [＋느낌],[＋전부],[＋맛]v[＋냄새],[＋초맛],[－정도]

제약

① 여럿이 다 깊은 맛이 있게 조금 신 맛이나 냄새가 있는 느낌.

¶우리 집 동치미가 시금시금 알맞게 익었다.

의미 [＋느낌],[＋맛]v[＋냄새],[＋초맛],[＋정도]

제약

② 맛이나 냄새 따위가 깊은 맛이 있게 매우 신 느낌.

시금-히

의미 [＋맛]v[＋냄새],[＋초맛],[＋정도]

제약

맛이나 냄새 따위가 깊은 맛이 있을 정도로 조금 시게.

시급-히

의미 [＋절박],[＋급박],[＋정도]

제약

시각을 다툴 만큼 몹시 절박하고 급하게.

¶시급히 개선책이 마련되어야 한다./실업난 해소 정책이 시급히 요구된다.

시끌-벅적

의미 [＋모양],[＋다수],[＋소란]

제약

많은 사람들이 어수선하게 움직이며 시끄럽게 떠드는 모양.

¶선생님이 나가자 아이들은 시끌벅적 떠들어 대기 시작하였다.

시끌시끌

의미 [＋모양],[＋소란],[＋정도]

제약

몹시 시끄러운 모양.

¶술꾼들만이 주막 안에서 왈왈 **시끌시끌** 다투고 화해하고 웃고 고꾸라지는 판이었는데….≪황석영, 가객≫

시나브로

의미 [＋시간],[＋진행],[＋분할],[－인식]

제약

모르는 사이에 조금씩 조금씩.

¶도저히 가망 없어 보이던 방죽 쌓는 일이 **시나브로** 시나브로 이어져 나가더니 마침내 완성의 날이 온 것이다.≪조정래, 태백산맥≫/바람은 불지 않았으나 낙엽이 **시나브로** 날려 발밑에 쌓이고 있었다.≪김용성, 도둑 일기≫

시난-고난

의미 [＋모양],[＋병],[－과도],[＋지속]

제약

병이 심하지는 않으면서 오래 앓는 모양.

¶할머니가 평생을 **시난고난** 앓아서 어머니의 고생이 말이 아니었다.

시드럭-부드럭

의미 [＋모양],[＋꽃]v[＋풀],[－생기],[＋건조], [－윤기],[＋거침]

제약 {꽃, 풀}-{시들다, 마르다}

꽃이나 풀 따위가 시들고 말라서 윤기가 없고 거친 모양.

시드럭-시드럭

의미 [＋모양],[＋꽃]v[＋풀],[－생기],[＋건조], [－윤기],[＋거침]

제약 {꽃, 풀}-{시들다, 마르다}

꽃이나 풀 따위가 시들고 말라서 생기가 없고 거친 모양.

시득-부득

의미 [＋모양],[＋꽃]v[＋풀],[－생기],[＋건조], [－윤기],[＋거침]

제약 {꽃, 풀}-{시들다, 마르다}

'시부럭부드럭'의 준말. 꽃이나 풀 따위가 시들고 말라서 윤기가 없고 거친 모양.

시득-시득

의미 [＋모양],[＋꽃]v[＋풀],[－생기],[＋건조], [＋거침]

제약 {꽃, 풀}-{시들다, 마르다}

'시드럭시드럭'의 준말. 꽃이나 풀 따위가 시들고 말라서 생기가 없고 거친 모양.

시들-부들

의미 [＋모양],[－생기],[＋유연],[－정도]

제약

① 약간 시들어 생기가 없고 부드러운 모양.

¶불질이 아무래도 심하니까 병실의 온도가 알맞지 못하여 조급한 성미에 이불을 시시로 벗기라고 야단이요, 그러는 대로 방문은 여닫고 하니까 감기 기운도 나을 만하다가는 다시 도지고 도지고 하여 이제는 **시들부들** 쇠하여 버렸다.≪염상섭, 삼대≫

의미 [＋모양],[－신선],[－생기]

제약

② 새로운 맛이나 생기가 없어 시들한 모양.

¶**시들부들** 심심풀이로 두는 바둑이라 굳이 이겨야 하겠다는 마음이 들지도 않았다.

시들-시들

의미 [＋모양],[－생기]

제약 {　}-{시들다, 마르다}

약간 시들어 힘이 없는 모양.

¶**시들시들** 말라만 가는 벼들이 농민들의 마음을 매우 아프게 하고 있습니다.

시뜻-이

의미 [－마음],[－만족]

제약

① 마음이 내키지 아니하여 시들하게.

의미 [＋기색],[＋염증],[＋싫증],[－정도]

제약

② 어떤 일에 물리거나 지루해져서 조금 싫증이 난 기색이 있게.

시룽-새룽

의미 [＋모양],[＋말],[－버릇],[＋반복]

제약

실없이 방정맞게 까불며 자꾸 지껄이는 모양.

¶**시룽새룽** 지껄이는 모습에 도무지 믿음이 가지

않는다.

시룽-시룽

의미 [+모양],[+말],[+경솔],[-버릇],[+반복]

제약 {사람}-{거리다, 굴다}

경솔하고 방정맞게 까불며 자꾸 지껄이는 모양.

¶시룽시룽 접근하는 꼴이 왠지 수상쩍다./좀 덜된 데가 있는 병직이가 또 **시룽시룽** 웃음의 소리를 건넨다.≪염상섭, 의처증≫

시르렁-둥당

의미 [+소리],[+현악기],[+신명]

제약

현악기를 흥겹게 타는 소리.

¶시르렁둥당 울려 퍼지는 거문고 소리가 절로 흥을 돋우었다.

시름-시름

의미 [+모양],[+병세],[-변화],[+지속]

제약

① 병세가 더 심해지지도 않고 나아지지도 않으면서 오래 끄는 모양.

¶시름시름 앓다./가을부터 **시름시름** 불편해는 하셨지만 갑자기 돌아가셨어요.≪장용학, 원형의 전설≫/아내가 어느 날부터인가 **시름시름** 앓더니 마침내 몸져눕고 말았다.≪최일남, 타령≫

의미 [+모양],[+비]v[+눈],[-소리],[+반복]

제약 {비, 눈}-{내리다}

② 비나 눈 따위가 조용히 자꾸 내리는 모양.

¶이튿날도 눈이 **시름시름** 내렸다.≪최정희, 인간사≫

의미 [+모양],[+행동]v[+변화],[-소리],[+정도]

제약

③ 매우 조용히 움직이거나 변하는 모양.

¶무슨 낙망이나 한 듯이 **시름시름** 말을 한다.≪나도향, 환희≫/구경꾼들도 **시름시름** 돌아가고, 비로소 집 안의 방마다 일제히 불이 켜졌다.≪이호철, 소시민≫

시름없-이

의미 [+근심],[+걱정],[-기운]

제약

① 근심과 걱정으로 맥이 없이.

¶그는 병석에 누워 계신 어머니를 생각하며 시름없이 허공만 바라보고 있다.

의미 [-생각]

제약

② 아무 생각이 없이.

¶남이야 욕을 하든 그는 한구석에 **시름없이** 서 있었다./시름없이 공기를 태우고 있는 화염 속에 그는 네 발이 되어 기고 있는 자기의 그림자를 보았다.≪장용학, 비인 탄생≫

시망스레

의미 [+심술],[+정도]

제약

몹시 짓궂은 데가 있게.

시무룩-이

의미 [+기색],[-말],[-만족],[+표정],[+불쾌]

제약

마음에 못마땅하여 말이 없고 얼굴에 언짢은 기색이 있게.

¶군의관은 곧 허 상사를 단념하고 **시무룩이** 앉아 있는 노익에게 입을 연다.≪홍성원, 육이오≫

시물-새물

의미 [+모양],[+웃음],[-소리],[+입술],[+경사]

제약 {사람}-{웃다}

입술을 자꾸 실그러뜨리며 소리 없이 웃는 모양.

시물-시물

의미 [+모양],[+웃음],[-소리],[+입술],[+경사],[+반복]

제약 {사람}-{웃다}

① 입술을 약간 실그러뜨리며 소리 없이 자꾸 웃는 모양.

¶그는 대답은 않고 **시물시물** 웃기만 한다.

의미 [+모양],[-조화],[+교활],[+반복]

제약

② 한데 어울리지 않고 자꾸 능청스럽게 구는 모양.

시방

의미 [+시간],[+현재]

제약

=지금. 말하는 바로 이때에.

¶제군들, 각자의 관향이나 고향, 혹은 시방 살고

있는 주거지의 내력과 설화를 조사해 보도록 하라.≪최명희, 혼불≫

시벌떡

의미 [+모양],[+숨소리],[+거침],[+곤란],[+속도],[+정도]

제약

'시근벌떡'의 준말. 몹시 숨이 차서 숨소리가 고르지 않고 거칠면서 가쁘고 급하게 나는 모양.

시부렁-시부렁

의미 [+모양],[+말],[-필요],[-주의],[+반복]

제약 {사람}-{말하다, 지껄이다, 떠들다}

주책없이 쓸데없는 말을 함부로 자꾸 지껄이는 모양.

¶그들은 만났다 하면 시부렁시부렁 떠드는 것으로 소일거리를 삼았다.

시부저기

의미 [-노력],[+자연]

제약

별로 힘들이지 않고 거의 저절로.

¶시부저기 시작한 일이지만 결과는 참으로 좋았다.

시부적-시부적

의미 [+모양],[+행동],[-노력],[+연속]

제약

별로 힘들이지 않고 계속 거볍게 행동하는 모양.

¶시부적시부적 무엇인가를 하는 듯하더니 멋진 그림이 되어 나왔다.

시쁘둥-히

의미 [+기색],[-만족],[+정도]

제약

마음에 차지 아니하여 아주 시들한 기색으로.

시쁘장스레

의미 [-만족],[+정도]

제약

마음에 차지 아니하여 시들한 데가 있게.

시쁘

의미 [-중요]

제약

별로 대수롭지 않은 듯하게.

¶한편으로는 저도 모르는 사이에 그에게 끌리면

서도 그에게 시쁘 보이기는 죽어도 싫었던 것이다.≪윤흥길, 완장≫

시설스레

의미 [+언사]v[+행동],[+분주],[+정도]

제약

성질이 차분하지 못하여 말이나 행동이 매우 부산한 데가 있게.

시설-시설

의미 [+모양],[+말],[+웃음],[-효용],[+반복]

제약

실실 웃으면서 수다스럽게 자꾸 떠들어 대는 모양.

시시닥-시시닥

의미 [+모양],[+말],[+웃음],[-효용],[-크기],[+반복]

제약

실없이 웃으면서 조금 작은 소리로 계속 이야기하는 모양.

시시덕-시시덕

의미 [+모양],[+말],[+웃음],[-효용],[-크기],[+반복]

제약

실없이 웃으면서 조금 작은 소리로 계속 이야기하는 모양.

시시때때-로

의미 [+상황],[+간격]

제약

'때때로'를 강조하여 이르는 말. 경우에 따라서 가끔.

¶시시때때로 생각이 변하다./의학 공부를 포기할 때도 못 느낀 억울함이 시시때때로 까진 피부에 소금을 비비듯이 생생하게 그를 괴롭혔다.≪박완서, 오만과 몽상≫

시시-로

의미 [+경우],[-빈도]

제약

=때때로. 경우에 따라서 가끔.

¶시시로 바뀌다./시시로 변하다./시시로 퐁퐁하고 떨어지는 수도의 물방울 소리가 쓸쓸하게 들릴 뿐.≪현진건, 술 권하는 사회≫/그는 시시로 뒷

산에 올라 하늘과 강물과 숲과 들판을, 철 따라 다양하게 변모하는 자연을 볼 수 있었고….≪박경리, 토지≫

시시-콜콜

의미 [＋모양],[＋마음씨]v[＋행동],[＋잔망],[＋인색]

제약

① 마음씨나 하는 짓이 좀스럽고 인색한 모양. 늑시시콜콜히①.

의미 [＋모양],[－중요],[＋계산]v[＋처리]

제약

② 자질구레한 것까지 낱낱이 따지거나 다루는 모양. 늑시시콜콜히②.

¶시시콜콜 따지다./과장은 매사에 **시시콜콜** 간섭했다./그는 그녀에 대해서 **시시콜콜** 다 알고 있다./아이는 엄마에게 유치원에서 있었던 일을 시시콜콜 죄다 이야기했다./쌀분이의 대답에 말바우 어머니는 더 이상 **시시콜콜** 캐어묻지를 않고 떠날 차비를 하느라….≪문순태, 타오르는 강≫

시시콜콜-히

의미 [＋모양],[＋마음씨]v[＋행동],[＋잔망],[＋인색]

제약

①=시시콜콜①. 마음씨나 하는 짓이 좀스럽고 인색한 모양.

의미 [＋모양],[－중요],[＋계산]v[＋처리]

제약

②=시시콜콜②. 자질구레한 것까지 낱낱이 따지거나 다루는 모양.

¶시시콜콜히 일러바치다./그에게 곰을 기르는 일은 중요한 일이었다. 그럼에도 불구하고 맥주 마신 일까지 **시시콜콜히** 써 보낸 그가 곰에 대해서 써 보내지 않았다는 것은 믿기 어려운 노릇이었다.≪윤후명, 별보다 멀리≫

시실-시실

의미 [＋모양],[＋웃음],[－예의],[－실속],[＋반복]

제약 {사람}-{웃다}

① 점잖지 아니하게 자꾸 실없이 까불며 웃는 모양.

의미 [＋모양],[＋심술],[＋반복]

제약 { }-{굴다}

② 자꾸 쓸데없이 짓궂게 구는 모양.

시원섭섭-히

의미 [＋만족],[＋서운]

제약

한편으로는 답답한 마음이 풀리어 흐뭇하고 가뿐하나 다른 한편으로는 섭섭히.

시원스레

의미 [－더위]v[－추위],[＋서늘],[＋적당]

제약

① 덥거나 춥지 아니하고 알맞게 서늘하게.

¶바람이 **시원스레** 불어왔다./옷을 **시원스레** 입었다.

의미 [＋심리],[－장애],[＋상쾌]

제약

② 막힌 데가 없이 활짝 트이어 마음이 후련하게.

¶창을 열면 **시원스레** 바다가 펼쳐졌다./소나기가 **시원스레** 쏟아졌다./대문을 밀고 집 안으로 들어서니 우선 눈앞에 넓은 앞뜰이 **시원스레** 펼쳐져 있다.≪홍성원, 무사와 악사≫

의미 [＋언사]v[＋행동],[＋활달],[＋관대]

제약

③ 말이나 행동이 활달하고 서글서글한 데가 있게.

¶시원스레 탁 트인 성격./**시원스레** 대답하다./일을 **시원스레** 잘하다./그에게 대놓고 말 한마디 **시원스레** 못하였다./그 부인은 어느 때고 술을 한번 **시원스레** 주는 일이 없었다.

의미 [＋청결],[＋단정]

제약

④ 지저분하던 것이 깨끗하고 말끔하게.

¶그녀는 방을 **시원스레** 치워 놓았다.

의미 [＋심리],[＋우울][＋해결],[＋만족],[＋상쾌]

제약 {일, 사건}-{해결하다}

⑤ 답답한 마음이 풀리어 흐뭇하고 가뿐하게.

¶걱정하던 일이 **시원스레** 풀렸다.

의미 [＋기분],[＋유쾌],[＋불편],[＋소멸]

제약

⑥ 가렵거나 속이 더부룩하던 것이 말끔히 사라져 기분이 좋을 정도로.

¶그는 가려운 데를 **시원스레** 긁었다.

시원-시원

의미 [+모양],[+언사]v[+행동],[+만족],[−장애]

제약

① 말이나 행동 따위가 흐뭇하고 가뿐한 느낌이 들 정도로 막힘이 없는 모양. 늑시원시원히①.

¶나는 내가 하는 일이 **시원시원** 풀려 주기만을 바란다./그는 안팎의 일을 모두 **시원시원** 잘도 해낸다.

의미 [+모양],[+성격],[+관대],[+친절],[+생기]

제약

② 성격이 너그럽고 상냥하면서 활발한 모양. 늑시원시원히②.

¶그는 성격도 **시원시원** 참 좋다.

의미 [+모양],[+문제],[+해결],[+상쾌]

제약

③ 마음을 무겁게 하던 것이 해결되어 마음이 탁 트이고 매우 후련한 모양. 늑시원시원히③.

¶나는 그에게 **시원시원** 속을 다 털어놓았다.

시원시원-히

의미 [+모양],[+언사]v[+행동],[+만족],[−장애]

제약

①=시원시원①. 말이나 행동 따위가 흐뭇하고 가뿐한 느낌이 들 정도로 막힘이 없는 모양.

의미 [+모양],[+성격],[+관대],[+친절],[+생기]

제약

②=시원시원②. 성격이 너그럽고 상냥하면서 활발한 모양.

의미 [+모양],[+문제],[+해결],[+상쾌]

제약

③=시원시원③. 마음을 무겁게 하던 것이 해결되어 마음이 탁 트이고 매우 후련한 모양.

¶풀리지 않던 일이 **시원시원히** 해결되었다.

시원-히

의미 [−더위]v[−추위],[+서늘],[+적당]

제약

① 덥거나 춥지 아니하고 알맞게 서늘하게.

¶바닷바람이 **시원히** 불어온다.

의미 [+음식],[+맛],[+만족]

제약

② 음식이 차고 산뜻하거나, 뜨거우면서 속을 후련하게 하는 점이 있게.

¶그는 술국을 **시원히** 마셨다.

의미 [+심리],[−장애],[+상쾌]

제약

③ 막힌 데가 없이 활짝 트이어 마음이 후련하게.

¶동생 방에는 밖을 **시원히** 내다볼 수 있는 창문이 있다./그 집은 마당이 **시원히** 트여 있었다.

의미 [+언사]v[+행동],[+활발],[+관대]

제약

④ 말이나 행동이 활발하고 서글서글하게.

¶아저씨는 생선값을 **시원히** 깎아 주셨다./그는 묻는 말에 **시원히** 대답하였다./설성월은 의아해서 주저주저하며 **시원히** 대답을 하지 않았다.《나도향, 어머니》

의미 [+청결],[+단정]

제약

⑤ 지저분하던 것이 깨끗하고 말끔하게.

¶**시원히** 몸을 씻다./일 년에 한 번도 **시원히** 땟국물 한 번 못 씻고 사는 건 문명인이라던가?《박완서, 미망》

의미 [+심리],[+우울],[+해결],[+만족],[+상쾌]

제약

⑥ 답답한 마음이 풀리어 흐뭇하고 가뿐하게.

¶**시원히** 떨쳐 버리다./속 **시원히** 울다./안 좋은 기억은 속 **시원히** 털어 버려라.

의미 [+기분],[+유쾌],[+불편],[+소멸]

제약

⑦ 가렵거나 속이 더부룩하던 것이 말끔히 사라져 기분이 좋게.

¶가려운 곳을 **시원히** 긁다.

시위적-시위적

의미 [+모양],[+일],[-노력],[-속도]

제약

일을 힘들여 하지 아니하고 되는대로 천천히 하는 모양.

시적-시적

의미 [+모양],[+행동]v[+말],[-힘],[-속도]

제약 {사람}-{말하다, 행동하다}

힘들이지 아니하고 느릿느릿 행동하거나 말하는 모양.

¶시적시적 걷다./그는 대답하기 귀찮은 듯 **시적시적** 말한다./노인은 못 들은 체 아무 대꾸도 하지 않고 **시적시적** 발길을 옮겨 놓았다.≪유주현, 대한 제국≫

시종

의미 [+전부]

제약

처음부터 끝까지.

¶경기를 **시종** 관심 있게 지켜보다./시종 굳은 표정으로 이야기하다./시종 침묵으로 일관하다./그녀는 무엇이 그리 좋은지 **시종** 입가에 웃음을 띠었다./그는 아들의 말을 **시종** 묵묵히 듣고만 있다./두 사람은 골목길을 거의 다 나올 동안까지 어깨를 나란히 한 채로 **시종** 아무 말도 하지 않았다.≪홍성원, 육이오≫

시척지근-히

의미 [+맛]v[+냄새],[+초맛],[+음식],[+부패]

제약

음식이 쉬어서 비위에 거슬릴 정도로 맛이나 냄새 따위가 시게.

시치근-히

의미 [+맛]v[+냄새],[+초맛],[+음식],[+부패]

제약

'시척지근히'의 준말. 음식이 쉬어서 비위에 거슬릴 정도로 맛이나 냄새 따위가 시게.

시치름-히

의미 [+기색],[+태연],[+가장],[+정도]

제약

① 짐짓 꽤 태연하게 꾸미는 기색으로.

의미 [+태도],[+시치미],[+태연],[+정도]

제약

② 시치미를 떼고 꽤 태연한 태도로.

시콩-시콩

의미 [+소리],[+발동기],[+시동],[+연속]

제약 {발동기}-{ }

발동기 따위를 처음 움직일 때에 잇따라 나는 소리.

¶**시콩시콩** 기계가 피스톤을 차고 넘어 힘을 얻으면, 벨트를 끼운다.≪송기숙, 자랏골의 비가≫

시쿰-시쿰

의미 [+느낌],[+전부],[+맛],[+초맛],[-정도]

제약

① 여럿이 다 깊은 맛이 있게 조금 신 느낌. '시굼시굼①'보다 거센 느낌을 준다.

의미 [+느낌],[+맛],[+초맛],[+정도]

제약

② 깊은 맛이 있게 꽤 신 느낌. '시굼시굼②'보다 거센 느낌을 준다.

시큰-시큰

의미 [+느낌],[+관절],[+통증]

제약

관절 따위가 자꾸 신 느낌. '시근시근02'보다 거센 느낌을 준다.

¶어깨뼈가 **시큰시큰** 아프기 시작했다./발목이 접질려 **시큰시큰** 아파 왔다.

시큼-시큼

의미 [+느낌],[+전부],[+맛]v[+냄새],[+초맛],[-정도]

제약

① 여럿이 다 깊은 맛이 있게 조금 신 맛이나 냄새가 있는 느낌. '시금시금①'보다 거센 느낌을 준다.

의미 [+느낌],[+맛]v[+냄새],[+초맛],[+정도]

제약

② 맛이나 냄새 따위가 깊은 맛이 있게 매우 신 느낌. '시금시금②'보다 거센 느낌을 준다.

¶김칫국이 흘렀는지 **시큼시큼** 이상한 냄새가 난

다.

시큼-히

의미 [+맛]v[+냄새],[+초맛],[+정도]

제약

맛이나 냄새 따위가 깊은 맛이 있을 정도로 조금 시게. '시금히'보다 거센 느낌을 준다.

시퉁스레

의미 [+행동],[-예의],[+교만]

제약

보기에 하는 짓이 주제넘고 건방진 데가 있게.

시틋-이

의미 [-마음],[-만족]

제약

① 마음이 내키지 아니하여 시들하게. '시뜻이①'보다 거센 느낌을 준다.

의미 [+기색],[+염증],[+싫증],[-정도]

제약

② 어떤 일에 물리거나 지루해져서 조금 싫증이 난 기색이 있게. '시뜻이②'보다 거센 느낌을 준다.

시푸르죽죽-히

의미 [+파랑],[-선명],[+균일],[+정도]

제약

칙칙하고 고르지 아니할 정도로 매우 푸르스름하게.

식

의미 [+소리]v[+모양],[+김]v[+바람],[+틈],[+누출],[+맹렬]

제약 {김, 바람}-{새어 나오다}

좁은 틈 사이로 김이나 바람이 매우 세차게 새어 나오는 소리. 또는 그 모양.

식식

의미 [+소리],[+숨],[+곤란],[+거침]

제약 {숨}-{쉬다}

숨을 매우 가쁘고 거칠게 쉬는 소리.

¶식식 숨을 몰아쉬다./그는 화가 몹시 났는지 식식 소리를 내며 사무실로 들어왔다./상철은 코를 식식 불면서 구덩이를 파고 있었다.≪한승원, 기차굴≫

신고스레

의미 [+노력]v[+고생],[+정도]

제약

보기에 어려운 일을 당하여 몹시 애쓰는 데가 있게. 또는 몹시 고생스러운 데가 있게.

신근-히

의미 [+신뢰],[+조심]

제약

믿음직하며 조심성이 많게.

신기로이[01]

의미 [+느낌],[+신비],[-정상]

제약

신비롭고 기이한 느낌으로.

신기로이[02]

의미 [+느낌],[+신선],[+기이]

제약

새롭고 기이한 느낌으로.

신기-히[01]

의미 [+특색],[+경이]

제약

믿을 수 없을 정도로 색다르고 놀랍게.

신기-히[02]

의미 [+신선],[+기이]

제약

새롭고 기이하게.

신들-신들

의미 [+모양],[+행동],[+건방],[+정도],[+반복]

제약

자꾸 시건방지게 행동하는 모양.

¶신들신들 웃다./신들신들 굴다.

신랄-히

의미 [+분석]v[+비평],[+예리],[+정도]

제약

사물의 분석이나 비평 따위가 매우 날카롭고 예리하게.

¶신랄히 비난하다./이 소설은 정치권의 부정부패를 **신랄히** 풍자하고 있다.

신령스레

의미 [+신기],[+신령],[+기묘]

제약

보기에 신기하고 영묘한 데가 있게.

신명스레

의미 [+신령],[+이치]

제약

보기에 신령스럽고 이치에 밝은 데가 있게.

신비로이

의미 [+느낌],[+신기],[+절묘]

제약

사람의 힘이나 지혜가 미치지 못할 정도로 신기
하고 묘한 느낌으로.

신비스레

의미 [+신기],[+절묘]

제약

보기에 사람의 힘이나 지혜가 미치지 못할 정도
로 신기하고 묘한 데가 있게.

¶일출 장면은 언제나 **신비스레** 느껴진다./흰 구
름에 둘러싸인 봉우리는 태초의 역사를 감추고
있는 듯 **신비스레** 보였다.

신속-히[01]

의미 [+민첩],[+속도],[+정도]

제약

매우 날쌔고 빠르게.

¶일을 **신속히** 처리하다./심심하지 않을 만큼 그
에게도 근심이 생겼지만 그는 아주 **신속히** 그
근심의 해결책을 발견하고는 그 근심이 없었던
때보다 한층 더 행복해졌다.《박완서, 지렁이 울음
소리》/십팔구 세의 청년들이 포함된 민병대는
침투해 온 가상의 적을 발견하고 **신속히** 자체
방어력으로 저지하기 위해 민첩하게 집결했다.
《이원규, 훈장과 굴레》

신속-히[02]

의미 [+속도],[+정도]

제약

신기할 정도로 몹시 빠르게.

신신

의미 [+모양],[+부탁]v[+당부],[+간곡],[+반
복]

제약 { }-{당부하다}

다른 사람에게 부탁이나 당부를 할 때 거듭해서
간곡하게 하는 모양.

신신-히

의미 [+신선],[+정도]

제약

① 아주 신선하게.

의미 [+신선]

제약

② 새로운 데가 있게.

의미 [+시원]

제약

③ 마음에 들게 시원스럽게.

¶의전 병원에 오래간만에 들렀다. 풀려나오는
길로 곧 위문을 가고 싶고 전화라도 걸어 주고
싶었으나 별로 **신신히** 할 말이 없어 이때껏 내
버려 두었던 것이나….《염상섭, 삼대》

신실-히

의미 [+신뢰],[+착실]

제약

믿음직하고 착실히.

¶이번 가정부는 집안일과 아이 돌보는 일을 **신
실히** 잘하는 듯하여 마음이 놓인다./제게다 그
돈을 주시면 제가 **신실히** 전하겠습니다./남의 심
부름을 하면 답장을 맡아다가 **신실히** 전하여 줄
일이지 함부로 뜯어보는 법이 어디 있단 말이
야?《염상섭, 이심》

신중-히

의미 [+조심],[+정도]

제약

매우 조심스럽게. 늑신후히.

¶**신중히** 생각하다./**신중히** 행동하다./**신중히** 검
토하다./**신중히** 처리하다./이 문제에 대하여 **신
중히** 고려해야 한다./숙소를 정함에 있어서는 자
기의 신분이 신분인 만큼 **신중히** 선택하지 않으
면 안 될 것이다.《김동인, 젊은 그들》/사건 자체
가 지극히 중대하기 때문에 특별 재판소를 구성
해서 사건을 **신중히** 처결하려는 것이 내각의 소
신이라고 했다.《유주현, 대한 제국》

신통스레

의미 [+신기],[+기묘]

제약

① 보기에 신기할 정도로 묘한 데가 있게.

¶젊은 점쟁이의 말이 **신통스레** 잘 맞는다.

의미 [+효험],[+칭찬]

제약

② 보기에 효험이 빠르고 훌륭한 데가 있게.

¶약이 **신통스레** 잘 든다.

의미 [+신묘],[+통달]

제약

③ 보기에 신묘하게 아는 것이 깊고 통달한 데가 있게.

의미 [+만족],[+호감]

제약

④ 보기에 별다른 데가 있거나 마음에 들 만큼 마땅하고 좋은 데가 있게.

¶필재는 방 안에만 틀어박혀 있기가 싫었다. 그렇게 힘들게 입학한 학교도 눈길을 핑계 삼아 겨우내 **신통스레** 나가질 못했다.≪정한숙, 고가≫

의미 [+칭찬],[+대견],[+상냥]

제약

⑤ 보기에 칭찬해 줄 만큼 대견하고 싹싹한 데가 있게.

¶아이가 **신통스레** 군다.

신통-히

의미 [+신기],[+기묘]

제약

① 신기할 정도로 묘하게.

¶두 사람이 **신통히도** 같이 생겼다./동갑에 키도 그만하여 똑같은 치수로 지은 옷인데 저고리, 두루마기의 품이며 길이가 둘이 다 **신통히도** 꼭 맞았다.≪염상섭, 복건≫

의미 [+효험],[+칭찬]

제약

② 효험이 빠르고 훌륭하게.

의미 [+신묘],[+통달]

제약

③ 신묘하게 아는 것이 깊고 통달한 데가 있게.

의미 [+만족],[+호감]

제약

④ 별다른 데가 있거나 마음에 들 만큼 마땅하고 좋게.

의미 [+칭찬],[+대견],[+상냥]

제약

⑤ 칭찬해 줄 만큼 대견하고 싹싹하게.

¶아기가 울지도 않고 **신통히** 잘 안겨 있다.

신후-히

의미 [+조심],[+정도]

제약

=신중히. 매우 조심스럽게.

¶**신후히** 검토하다.

실긋

의미 [+모양],[+물체],[-균형],[+경사]

제약

물체가 한쪽으로 비뚤어지거나 기울어지는 모양. 늑실긋이.

¶무거운 가방을 멘 학생이 왼쪽 어깨를 **실긋** 기울이며 걷는다.

실긋-샐긋

의미 [+모양],[+물체],[-균형],[+경사],[+반복]

제약

물체가 자꾸 한쪽으로 비뚤어지거나 쏠리는 모양.

실긋-실긋

의미 [+모양],[+물체],[-균형],[+경사],[+반복]

제약

물체가 자꾸 한쪽으로 비뚤어지거나 기울어지는 모양.

¶소년이 껌을 씹느라 입술을 **실긋실긋** 움직인다.

실긋-이

의미 [+모양],[+물체],[-균형],[+경사]

제약

=실긋. 물체가 한쪽으로 비뚤어지거나 기울어지는 모양.

실기죽

의미 [+모양],[+물체],[-균형],[+경사],[-속도]

제약

물체가 한쪽으로 천천히 조금 기울어지거나 비뚤어지는 모양. 늑실기죽이.

¶입이 **실기죽** 움직이다.

실기죽-샐기죽

의미 [+모양],[+물체],[−균형],[+경사],[+반복]

제약

물체가 자꾸 한쪽으로 천천히 조금 기울어지거나 쏠리는 모양.

실기죽-실기죽

의미 [+모양],[+물체],[−균형],[+경사],[+반복]

제약

물체가 자꾸 한쪽으로 천천히 조금 기울어지거나 비뚤어지는 모양.

실기죽-이

의미 [+모양],[+물체],[−균형],[+경사],[−속도]

제약

=실기죽. 물체가 한쪽으로 천천히 조금 기울어지거나 비뚤어지는 모양.

¶입술을 **실기죽이** 움직이다.

실낱같-이

의미 [−굵기],[+정도]

제약

① 아주 가늘게.

¶**실낱같이** 가는 허리./산죽을 비집고 **실낱같이** 그어진 좁고 희미한 길을 따라 공 노인은 시근덕거리며 급히 걸어 내려가는데….≪박경리, 토지≫

의미 [+목숨]v[+희망],[+소멸]

제약

② 목숨이나 희망 따위가 가는 실같이 미미하여 끊어지거나 사라질 듯하게.

¶노인이 다시 발작을 일으켜 생명을 **실낱같이** 유지하고 있는 동안 집 안은 온통 뒤숭숭한 분위기에 싸여 있었고….≪황석영, 한 씨 연대기≫

실떡-실떡

의미 [+모양],[+웃음],[−실속],[+말],[−효용],[+반복]

제약

실없이 웃으며 쓸데없는 말을 자꾸 하는 모양.

¶괜히 **실떡실떡** 떠들고 다니지 마라.

실뚱머룩-이

의미 [−만족],[−느낌]

제약

마음에 내키지 아니하여 덤덤하게.

실-로

의미 [+사실]v[+이치],[+부합]

제약

=참으로. 사실이나 이치에 조금도 어긋남이 없이 과연.

¶이것은 **실로** 어마어마한 분량이다./생각할수록 여러 가지가 마음에 걸려 **실로** 걱정이 아닐 수 없으나….≪김진섭, 인생 예찬≫

실룩

의미 [+모양],[+근육],[+부분],[+운동],[+경사]

제약

근육의 한 부분이 실그러지게 움직이는 모양.

¶입술을 **실룩** 움직이다./눈썹을 **실룩** 실그러뜨리다.

실룩-샐룩

의미 [+모양],[+근육],[+부분],[+운동],[+경사],[+반복]

제약

근육의 한 부분이 실그러졌다 샐그러졌다 하며 자꾸 움직이는 모양.

¶눈가를 **실룩샐룩** 움직이다.

실룩-실룩

의미 [+모양],[+근육],[+부분],[+운동],[+경사],[+반복]

제약

근육의 한 부분이 자꾸 실그러지게 움직이는 모양.

¶**실룩실룩** 떠는 입술./얼굴이 **실룩실룩** 움직이다./어린이들이 엉덩이를 **실룩실룩** 흔들며 체조를 하고 있다./눈자위를 **실룩실룩** 떠는 아저씨를 정시할 수가 없어 익삼 씨는 슬그머니 외면하면서 뒤통수를 긁적거렸다.≪윤흥길, 완장≫

실미지근-히

의미 [+기운],[+열기],[−정도]

제약

① 더운 기운이 조금 있는 듯 마는 듯이.

의미 [−완전],[−열기]v[−열성]

제약

② 철저하지 못하고 열기나 열성이 없이.

¶어디로 기울든 간에 얼마나 오래갈 것인지는 몰라도 하여간 저대로 내버려 둘 수는 없고, 그런대로 **실미지근히** 물러들 날 것도 같지 않지 않은가?≪염상섭, 그 굴품과 기녀≫

실살스레

의미 [+내용],[+충실]

제약

겉으로 드러나거나 객쩍은 것이 없고 내용이 충실하게.

실상

의미 [−거짓],[−상상],[+현실]

제약

=실제로. 거짓이나 상상이 아니고 현실적으로.

¶**실상** 죄는 제게 있습니다./그는 **실상** 인심만 잃고 만 꼴이 되었다.≪유현종, 들불≫

실실

의미 [+모양],[+웃음],[−소리],[−실속],[+은밀]

제약 {사람}-{웃다}

소리 없이 실없게 슬며시 웃는 모양.

¶괜히 **실실** 웃다./웃음을 **실실** 흘리다./**실실** 눈웃음을 보내다./듣던 대로 권 씨는 대뜸 아무 염려 말라면서 **실실** 웃었다. 마치 곤경에 빠진 나를 극진히 위로해 주는 투였다.≪윤흥길, 아홉 켤레의 구두로 남은 사내≫

실실-이

의미 [+가지],[+전부]

제약

실처럼 가는 가지마다.

¶수양버들의 연두색 실가지는 **실실이** 풀어 늘어져….≪한무숙, 만남≫

실심스레

의미 [+언사]v[+행동],[+근면],[+진실]

제약

말이나 행동이 부지런하고 착실한 데가 있게.

실심-히

의미 [+근심],[+걱정],[−기운],[+마음][−산란]

제약

근심 걱정으로 맥이 빠지고 마음이 산란하게.

실쌈스레

의미 [+언사]v[+행동],[+근면],[+진실]

제약

① 말이나 행실이 부지런하고 착실한 데가 있게.

의미 [+언사]v[+행동],[+분주],[+다언]

제약

② 말이나 행동이 부산하고 수다스러운 데가 있게.

실없-이

의미 [+언사]v[+행동],[−진실],[−신뢰]

제약 { }-{웃다, 굴다, 말하다}

말이나 하는 짓이 실답지 못하게.

¶**실없이** 하는 말./**실없이** 웃다./**실없이** 굴다.

실-은

의미 [+실제],[+사실]

제약

실제로는. 또는 사실대로 말하자면.

¶**실은** 네 말이 옳다./어른들께서는 그 사람이 서울에 있는 줄 알고 있지만 **실은** 그는 한국에 없다.

실제

의미 [−거짓],[−상상],[+현실]

제약

=실제로. 거짓이나 상상이 아니고 현실적으로.

¶그 약은 광고는 거창하나 **실제** 효과를 보았다는 사람은 별로 없다.

실제-로

의미 [−거짓],[−상상],[+현실]

제약

거짓이나 상상이 아니고 현실적으로. 늑실상·실제·실지·실지로.

¶이 글은 **실제로** 일어난 사실에 바탕을 두고 있다./형은 말로만 놀아 준다고 했지 **실제로** 놀아 주는 일은 거의 없었다./농민들 앞에 나서서 지주하고 담판을 하거나 농민들을 끌고 나가는 데는 내가 그들보다 나을 수도 있지만 나는 실제

로 손에 흙을 묻혀 농사지어 본 체험이 없었기 때문에….≪송기숙, 암태도≫

실지

의미 [-거짓],[-상상],[+현실]

제약

=실제로. 거짓이나 상상이 아니고 현실적으로.

¶이것은 꾸며 낸 이야기가 아니라 어머니께서 실지 겪은 이야기이다.

실지-로

의미 [-거짓],[-상상],[+현실]

제약

=실제로. 거짓이나 상상이 아니고 현실적으로.

¶그 집이 어느 집이던가 꿈속에서는 그렇게 똑똑하던 곳이 실지로 가 보니 도저히 찾을 수가 없었다.≪유진오, 창랑정기≫

실쭉

의미 [+모양],[+감정],[+눈]v[+입],[+운동], [+경사]

제약

① 어떤 감정을 나타내면서 입이나 눈이 한쪽으로 약간 실그러지게 움직이는 모양.

¶눈을 실쭉 움직이다./이번에는 용이 쪽에서 놀려 대듯이 실쭉 웃는다.≪박경리, 토지≫

의미 [+모양],[+마음],[-만족],[+태도],[+야속]

제약

② 마음에 차지 아니하여서 약간 고까워하는 태도를 드러내는 모양.

실쭉-샐쭉

의미 [+모양],[+감정],[+눈]v[+입],[+운동], [+경사],[+반복]

제약

① 어떤 감정을 나타내면서 입이나 눈이 자꾸 실그러졌다 샐그러졌다 하며 움직이는 모양.

의미 [+모양],[+마음],[-만족],[+태도],[+야속],[+반복]

제약

② 마음에 차지 아니하여서 좀 고까워하는 태도를 자꾸 나타내는 모양.

¶동생은 실쭉샐쭉 삐치기를 잘해서 함께 놀기가

힘들다.

실쭉-실쭉

의미 [+모양],[+감정],[+눈]v[+입],[+운동], [+경사],[+반복]

제약

① 어떤 감정을 나타내면서 입이나 눈이 자꾸 한쪽으로 약간 실그러지게 움직이는 모양.

의미 [+모양],[+마음],[-만족],[+태도],[+야속],[+반복]

제약

② 마음에 차지 아니하여서 약간 고까워하는 태도를 자꾸 드러내는 모양.

실쭉-이

의미 [+모양],[+감정],[+눈]v[+입],[+운동], [+경사]

제약

①=실쭉①. 어떤 감정을 나타내면서 입이나 눈이 한쪽으로 약간 실그러지게 움직이는 모양.

의미 [+모양],[+마음],[-만족],[+태도],[+야속]

제약

②=실쭉②. 마음에 차지 아니하여서 약간 고까워하는 태도를 드러내는 모양.

실총

의미 [+전부]

제약

=온통. 전부 다.

실컷

의미 [+마음],[+만족],[+정도]

제약

① 마음에 하고 싶은 대로 한껏.

¶놀고 싶을 때 실컷 놀아라./너희 집은 제과점을 하니까 빵은 실컷 먹겠구나.

의미 [+과도],[+정도]

제약

② 아주 심하게.

¶실컷 얻어맞고 들어와서 왜 나한테 화풀이야.

실-히

의미 [-허실],[+단단]

제약

674

허실 없이 옹골차게.

¶실히 10리는 되겠다./실히 한 달은 걸려야 일이 끝나겠다./대강의 눈가늠으로라도 실히 만 권이 넘는 책의 양인 것이다.≪이병주, 지리산≫

싫-이

의미 [+마음],[−만족]

제약

마음에 들지 아니하게.

¶너무 그 사람을 싫이 생각 마라./그렇게 싫이 여기던 친구도 오래 안 보니 그립다.

심각-히

의미 [+태도],[+깊이],[+중대]/[+절박]

제약

매우 깊고 중대한 태도로. 또는 절박함이 있게.

¶심각히 고민하다./이 문제는 심각히 검토해 볼 필요가 있다.

심드렁-히

의미 [+심리],[−만족],[−관심]

제약 { }−{굴다, 행동하다, 말하다}

① 마음에 탐탁하지 아니하여서 관심이 거의 없이.

¶여전히 그와 얘기를 나누는 일이 달갑잖은 동영은 심드렁히 되물었다.≪이문열, 영웅시대≫

의미 [+병],[−정도],[+지속],[−변화]

제약

② 병이 중하지 않고 오래 끌면서 그만저만하게.

심란-히

의미 [+마음],[+혼란]

제약

마음이 어수선하게.

심상-히

의미 [−중요],[+보통]

제약

대수롭지 않고 예사롭게.

¶그렇게 이야기했건만 심상히 여겨 듣지 않더니 또 실수를 하는구나./희준이는 표면으로는 아무렇지 않게 심상히 대답했으나 마음속으로는 궁금한 생각과 아울러 야릇한 감정이 종시 사라지지 않았다.≪이기영, 고향≫

심술스레

의미 [+마음],[+고집],[−정당],[−이유]

제약

① 온당하지 않게 고집을 부리는 마음이 있게.

의미 [+마음],[+타인],[+고생]v[−성과]

제약

② 남을 괴롭히거나 남이 잘못되는 것을 좋아하는 마음보가 있게.

심심-히[01]

의미 [−일],[+싫증],[−재미]

제약

하는 일이 없어 지루하고 재미가 없게.

¶아랫방에 우두커니 갇혀서 심심히 앉았을 학수 영감이 생각나서….≪염상섭, 취우≫

심심-히[02]

의미 [+음식],[+맛],[+싱거움],[−정도]

제약

음식 맛이 조금 싱겁게.

¶동치미를 심심히 담그다.

심심-히[03]

의미 [+마음],[+표현],[+지성],[+절실],[+정도]

제약

마음의 표현 정도가 매우 깊고 간절히.

심심-히[04]

의미 [+깊이],[+정도]

제약

깊고 깊이.

심악스레

의미 [+태도],[+가혹],[+야박]

제약

보기에 가혹하고 야박한 태도가 있게.

심오-히

의미 [+사상]v[+이론],[+깊이],[+오묘]

제약

사상이나 이론 따위가 깊이가 있고 오묘하게.

심중-히

의미 [+생각],[+깊이],[+침착]

제약

① 생각이 깊고 침착하게.

¶이 문제는 좀 더 **심중히** 생각해 보고 처리합시다.

의미 [+심각],[+중요]

제약

② 심각하고 중대하게.

심지어

의미 [+정도],[+부정]

제약

더욱 심하다 못하여 나중에는. 늑지어

¶승부는 하룻밤 단판에 결판이 나는 것이 아니고 닷새나 열흘, **심지어**는 보름 동안 계속되기도 하였다.≪문순태, 타오르는 강≫/누가 그에게 말을 붙여도 말귀를 잘 새겨듣지 못했고 **심지어** 가족이 아닌 이웃 사람은 알아보지 못할 때도 있었다.≪김원일, 불의 제전≫

심통-히

의미 [+마음],[+고통]

제약

마음이 아프게.

심-히

의미 [+정도],[+부정]

제약

정도가 지나치게.

¶네가 하는 일을 보니 **심히** 염려가 된다./자기의 소임이 무사히 끝났음을 **심히** 만족해하는 것처럼 보였다.≪김용성, 리빠똥 장군≫

십분

의미 [+충분],[+정도]

제약

아주 충분히.

¶너의 처지를 **십분** 이해한다./초보자라는 것을 **십분** 감안해도 운전이 너무 서툴다./컴퓨터를 **십분** 활용하면 문서 정리가 훨씬 수월하다./요리사는 솜씨를 **십분** 발휘하여 진수성찬을 만들었다./네 서방 낯을 봐서 내가 **십분** 참고 그만둔다.≪홍명희, 임꺽정≫

십상

의미 [+일치]

제약

꼭 맞게.

¶의자로 쓰기에 **십상** 좋다./키 작은 네게는 **십상** 좋은 구두이다./바람세가 배 놓기에 **십상** 알맞았다.≪현기영, 변방에 우짖는 새≫

십이-분

의미 [+충분],[+초과]

제약

충분한 정도를 훨씬 넘는 정도로.

¶능력을 **십이분** 발휘하다./그 광고는 광고 효과를 **십이분** 이용한 걸작이다./접골사는 나의 초인적인 내력을 **십이분**으로 이용한 다음 우지직하고 어긋났던 어깨뼈는 제자리에 가서 들어맞는 것이었다.≪변영로, 명정 40년≫

싱거이

의미 [+언사]v[+행동],[-적합],[+유별]

제약

① 사람의 말이나 행동이 상황에 어울리지 않고 다소 엉뚱하게.

¶**싱거이** 말하다./그는 나의 질문에 **싱거이** 고개만 끄덕이고 말았다.

의미 [+행동]v[+말]v[+글],[-흥미],[-분명]

제약

② 어떤 행동이나 말, 글 따위가 흥미를 끌지 못하고 흐지부지하게.

¶싸움이 **싱거이** 끝났다./그는 무슨 볼일이나 있는 듯이 오더니 **싱거이** 돌아가 버렸다.

싱그레

의미 [+모양],[+웃음],[-소리],[+눈],[+입],[+운동],[+유연]

제약 {사람}-{웃다}

눈과 입을 슬며시 움직이며 소리 없이 부드럽게 웃는 모양.

¶그들은 마주 보고 **싱그레** 웃었다./영칠이는 무슨 좋은 생각이 떠오르기라도 한 듯 혼자 **싱그레** 웃었다.≪하근찬, 야호≫

싱글

의미 [+모양],[+웃음],[-소리],[+눈]v[+입],[+운동],[+다정]

제약 {사람}-{웃다}

눈과 입을 슬며시 움직이며 소리 없이 정답게 웃는 모양.

¶나는 그이를 보고 반가워서 **싱글** 웃었다./그는 나를 보자 초면이 아님을 상기시키려는 듯 나를 향해 **싱글** 웃어 보였다./인동이는 벌써 그 눈치를 채었던지 **싱글** 웃고 아내를 쳐다보다가…≪이기영, 고향≫

싱글-벙글

의미 [+모양],[+웃음],[−소리],[+눈],[+입], [+운동],[+다정],[+환함]

제약 {사람}-{웃다}

눈과 입을 슬며시 움직이며 소리 없이 정답고 환하게 웃는 모양.

¶새색시가 부끄럼도 타지 않고 **싱글벙글** 웃는다./아들이 시험에 합격하자 어머니는 **싱글벙글** 좋아하신다./덕봉이는 무엇에 신이 나는지 주전자를 들고 돌아다니며 **싱글벙글** 입을 노상 벌려놓고 있다.≪김춘복, 쌈짓골≫

싱글-빙글

의미 [+모양],[+웃음],[−소리],[+눈]v[+입], [+운동],[+다정]

제약 {사람}-{웃다}

눈과 입을 슬며시 움직이며 소리 없이 정답게 슬쩍 웃는 모양.

싱글-싱글

의미 [+모양],[+웃음],[−소리],[+눈]v[+입], [+운동],[+다정],[+반복]

제약 {사람}-{웃다}

눈과 입을 슬며시 움직이며 소리 없이 정답게 자꾸 웃는 모양.

¶아내는 **싱글싱글** 웃으며 나를 반겼다./영감 앞에 앉아서 찬찬히 사단의 자초지종을 들려주는 동안 영감은 그저 **싱글싱글** 웃으며 듣다가…≪염상섭, 대목 동티≫

싱긋

의미 [+모양],[+웃음],[−소리],[+눈]v[+입], [+운동],[+경쾌]

제약 {사람}-{웃다}

눈과 입을 슬며시 움직이며 소리 없이 가볍게 웃는 모양. 늑싱긋이.

¶그는 어색한 듯 **싱긋** 웃고는 무거운 걸음을 떼었다./그는 선물을 사면서, 좋아할 딸의 얼굴을 생각하곤 **싱긋** 웃었다./서랍 바로 앞에 놓인 금시계를 꺼내더니 들여다보며 반가운 사람이나 만난 듯이 **싱긋** 웃는다.≪염상섭, 취우≫

싱긋-벙긋

의미 [+모양],[+웃음],[−소리],[+눈]v[+입], [+운동],[+경쾌],[+환함]

제약 {사람}-{웃다}

눈과 입을 슬며시 움직이며 소리 없이 가볍고 환하게 웃는 모양.

싱긋-빙긋

의미 [+모양],[+웃음],[−소리],[+눈]v[+입], [+운동],[+경쾌]

제약 {사람}-{웃다}

눈과 입을 슬며시 움직이며 소리 없이 가볍게 슬쩍 웃는 모양.

싱긋-싱긋

의미 [+모양],[+웃음],[−소리],[+눈]v[+입], [+운동],[+경쾌],[+반복]

제약 {사람}-{웃다}

눈과 입을 슬며시 움직이며 소리 없이 가볍게 자꾸 웃는 모양.

¶저희들끼리 그 애교를 누구에게 보이려는 듯이 **싱긋싱긋** 웃는다.≪나도향, 환희≫/오동례는 장쇠의 품에 안겨 두 손으로 흰 수염을 쓰다듬으며 **싱긋싱긋** 웃었다.≪문순태, 타오르는 강≫

싱긋-이

의미 [+모양],[+웃음],[−소리],[+눈]v[+입], [+운동],[+경쾌]

제약 {사람}-{웃다}

=싱긋. 눈과 입을 슬며시 움직이며 소리 없이 가볍게 웃는 모양.

¶아버지도 우길이가 자기를 닮았다는 말이 그다지 밉지 않았던지 **싱긋이** 웃고 있었다.≪한설야, 탑≫/치수는 벌써 옛날에 죽은 늙은 종한테서 들었던 이야기를 생각하며 혼자 **싱긋이** 웃는다.≪박경리, 토지≫

싱끗

의미 [+모양],[+웃음],[−소리],[+눈]v[+입], [+운동],[+경쾌]

제약 {사람}-{웃다}

눈과 입을 슬며시 움직이며 소리 없이 가볍게
웃는 모양. '싱긋'보다 조금 센 느낌을 준다.
늑싱끗이.

¶오주가 정 첨지를 보며 한 번 **싱끗** 웃고 두어
번 고개를 끄덕끄덕하고….≪홍명희. 임꺽정≫/사
이 벌어진 앞니를 내어 보이며 **싱끗** 웃는다.≪채
만식. 레디메이드 인생≫

싱끗-벙끗

의미 [+모양],[+웃음],[−소리],[+눈]v[+입],
[+운동],[+경쾌],[+환함]

제약 {사람}-{웃다}

눈과 입을 슬며시 움직이며 소리 없이 가볍고
환하게 웃는 모양. '싱긋벙긋'보다 조금 센 느낌
을 준다.

싱끗-빙끗

의미 [+모양],[+웃음],[−소리],[+눈]v[+입],
[+운동],[+경쾌]

제약 {사람}-{웃다}

눈과 입을 슬며시 움직이며 소리 없이 가볍게
슬쩍 웃는 모양. '싱긋빙긋'보다 조금 센 느낌을
준다.

싱끗-싱끗

의미 [+모양],[+웃음],[−소리],[+눈]v[+입],
[+운동],[+경쾌],[+반복]

제약 {사람}-{웃다}

눈과 입을 슬며시 움직이며 소리 없이 가볍게
자꾸 웃는 모양. '싱긋싱긋'보다 조금 센 느낌을
준다.

싱끗-이

의미 [+모양],[+웃음],[−소리],[+눈]v[+입],
[+운동],[+경쾌]

제약 {사람}-{웃다}

=싱끗. 눈과 입을 슬며시 움직이며 소리 없이
가볍게 웃는 모양.

싱둥-싱둥

의미 [+모양],[+생기],[+기운]

제약

① 본디의 기운이 그대로 남아 있어 싱싱한 모
양.

의미 [+모양],[−수치],[−만족],[+반복]

제약

② 부끄러움을 타지 않고 자꾸 시큰둥한 모양.

싱숭-생숭

의미 [+모양],[+마음],[+흥분],[+혼란],[−목
표]

제약

마음이 들떠서 어수선하고 갈팡질팡하는 모양.

¶봄을 타는지 **싱숭생숭** 마음이 들뜬다.

싱싱-히

의미 [+생기]

제약

① 시들거나 상하지 아니하고 생기가 있게.

¶여름 내내 **싱싱히** 자란 야채를 수확하는 농부
의 얼굴에는 웃음이 만연했다.

의미 [+힘]v[+기운],[+왕성]

제약

② 힘이나 기운 따위가 왕성하게.

¶병화는 인력거꾼에게 부축이 되었는데, 그래도
걸음은 **싱싱히** 걷는다.≪염상섭, 삼대≫

의미 [+빛깔],[+선명]

제약

③ 빛깔 따위가 맑고 산뜻하게.

¶초록빛이 **싱싱히** 도는 나뭇잎.

싸각

의미 [+소리],[+벼]v[+보리]v[+밀],[+절단]

제약 {벼, 보리, 밀}-{베다}

① 벼, 보리, 밀 따위를 벨 때 나는 소리. '사각
①'보다 센 느낌을 준다.

의미 [+소리],[+눈],[+밟음]

제약 {눈}-{밟다}

② 눈 따위를 밟을 때 나는 소리. '사각②'보다
센 느낌을 준다.

의미 [+소리],[+과자]v[+배]v[+사과],[+씹
음]

제약 {과자, 배, 사과}-{씹다}

③ 연한 과자나 배, 사과 따위를 씹을 때 나는
소리. '사각③'보다 센 느낌을 준다.

의미 [+소리],[+갈대]v[+천],[−두께],[+견
고],[+마찰]

제약

④ 갈대나 풀 먹인 천 따위의 얇고 빳빳한 물체가 스칠 때 나는 소리. '사각④'보다 센 느낌을 준다.

싸각-싸각

의미 [+소리],[+벼]v[+보리]v[+밀],[+절단],[+연속]

제약 {벼, 보리, 밀}-{베다}

① 벼, 보리, 밀 따위를 잇따라 벨 때 나는 소리. '사각사각①'보다 센 느낌을 준다.

¶벼 베는 소리가 **싸각싸각** 기분 좋게 들린다.

의미 [+소리],[+눈],[+낙하]v[+밟음],[+연속]

제약 {눈}-{내리다, 밟다}

② 눈이 내리거나 눈 따위를 밟을 때 잇따라 나는 소리. '사각사각②'보다 센 느낌을 준다.

의미 [+소리],[+과자]v[+배]v[+사과],[+씹음],[+반복]

제약 {과자, 배, 사과}-{씹다}

③ 연한 과자나 배, 사과 따위를 자꾸 씹을 때 나는 소리. '사각사각③'보다 센 느낌을 준다.

¶배를 **싸각싸각** 씹어 먹는 소리에 절로 군침이 돌았다.

의미 [+소리],[+갈대]v[+천],[−두께],[+견고],[+마찰]

제약

④ 갈대나 풀 먹인 천 따위의 얇고 빳빳한 물체가 자꾸 스칠 때 나는 소리. '사각사각④'보다 센 느낌을 준다.

¶은행원은 새로 발행된 지폐를 **싸각싸각** 소리를 내며 세고 있다.

싸늘-히

의미 [+느낌],[+물체],[+온도]v[+기온],[+냉기]

제약

① 물체의 온도나 기온이 약간 찬 느낌이 있게. '사늘히①'보다 센 느낌을 준다.

¶간밤에 뜨겁던 방바닥이 아침이 되자 **싸늘히** 식어 있었다./바람이 때때로 문과 창에 **싸늘히** 부딪치고 앞뒤 숲에선 나뭇잎 떨어지는 소리가 요란하게 들렸습니다.≪최정희, 인맥≫

의미 [+성격]v[+태도],[+냉정],[−정도]

제약

② 사람의 성격이나 태도 따위가 약간 차갑게. '사늘히②'보다 센 느낌을 준다.

¶그의 얼굴에는 어두운 그림자가 무겁게 감돌고 입술 언저리가 **싸늘히** 식어 있었다.≪오상원, 백지의 기록≫

의미 [+느낌],[+경악]v[+공포],[+순간],[+냉기]

제약

③ 갑자기 놀라거나 무서워 약간 찬 느낌이 있게. '사늘히③'보다 센 느낌을 준다.

¶산에서 혼자 길을 잃은 나는 너무 무서워 온몸이 **싸늘히** 식었다.

싸락-싸락

의미 [+소리],[+눈],[+낙하]

제약 {눈}-{내리다}

눈 따위가 가볍게 내리는 소리. '사락사락02'보다 센 느낌을 준다.

¶**싸락싸락** 눈이 내리는 밤./**싸락싸락**, 메마르고 건조한 싸락눈발이 새벽빛이 점점 확실해지는 창호지 문을 찌르고 있었다.≪최인호, 지구인≫

싸르락

의미 [+소리],[+곡식],[+선별],[+낟알],[+충돌]

제약

키로 곡식을 까부를 때 낟알끼리 부딪치면서 나는 소리.

싸르락-싸르락

의미 [+소리],[+곡식],[+선별],[+낟알],[+충돌],[+반복]

제약

키로 곡식을 까부를 때 낟알끼리 부딪치면서 자꾸 나는 소리.

싸르륵

의미 [+소리]v[+모양],[+물건],[+마찰]

제약

물건이 쏠리면서 거칠게 나는 소리. 또는 그 모양.

¶흰 달이 마당 복판에 차게 떨고, 바람이 **싸르륵**

울타리 수숫대를 거쳐서 지나갔다.≪최정희, 지맥≫

싸르륵-싸르륵

　의미 [+소리]v[+모양],[+물건],[+마찰],[+연속]

　제약

　물건이 조금씩 쓸리면서 잇따라 거칠게 나는 소리. 또는 그 모양.

　¶춘광이는 시계를 받쳐 들고 한 손으로 태엽을 감아 준다. 그러는 대로 **싸르륵싸르륵** 소리가 정말 신통하게 들리지 않는가.≪이기영, 봄≫/내 우스꽝스럽던 그림자도 없어지고 바람이 **싸르륵싸르륵** 더 매서웠다.≪최정희, 지맥≫

싸륵

　의미 [+소리]v[+모양],[+물건],[+마찰]

　제약

　'싸르륵'의 준말. 물건이 쓸리면서 거칠게 나는 소리. 또는 그 모양.

싸륵-싸륵

　의미 [+소리]v[+모양],[+물건],[+마찰],[+연속]

　제약

　'싸르륵싸르륵'의 준말. 물건이 조금씩 쓸리면서 잇따라 거칠게 나는 소리. 또는 그 모양.

싸부랑-싸부랑

　의미 [+모양],[+말],[-주관],[-효용],[+반복]

　제약 {사람}-{말하다, 지껄이다, 떠들다}

　주책없이 쓸데없는 말을 자꾸 지껄이는 모양. '사부랑사부랑01'보다 센 느낌을 준다.

　¶그 사람은 **싸부랑싸부랑** 말이 많다.

싹

　의미 [+소리]v[+모양],[+종이]v[+천],[+칼]v[+가위],[+절단],[+순간]

　제약 {종이, 천}-{베다, 자르다}

　① 종이나 헝겊 따위를 칼이나 가위로 단번에 베는 소리. 또는 그 모양. '삭①'보다 센 느낌을 준다.

　¶그는 종이 위에 자를 대고 칼로 **싹** 베었다./주머니 아래쪽에 무슨 예리한 면도날 같은 걸로 **싹**, 베어 낸 자국이 있더군.≪조해일, 멘드롱 따또≫

　의미 [+소리]v[+모양],[+밀기]v[+쓸기]v[+

비빔],[-장애]

　제약

　② 거침없이 밀거나 쓸거나 비비거나 하는 소리. 또는 그 모양. '삭②'보다 센 느낌을 준다.

　¶불도저로 **싹** 밀어 버리다./어머니는 다 먹은 밥상을 옆으로 **싹** 밀어 놓고 과자를 내놓았다.

　의미 [+전부],[-예외]

　제약

　③ 조금도 남기지 않고 전부. '삭③'보다 센 느낌을 준다.

　¶입을 **싹** 씻다./빗자루로 마당을 **싹** 쓸다./얼굴에서 핏기가 **싹** 가시다./장맛비가 밭작물을 흔적도 없이 **싹** 쓸어 가 버렸다./그는 마음잡고 공부한다고 머리카락을 **싹** 밀어 버렸다./사람들은 이 사건 이후로 이들을 대하는 태도가 **싹** 달라졌다./방문을 열고 얼굴만 내보인 옥이네는 서희와 눈이 마주치는 순간 안색이 **싹** 변한다.≪박경리, 토지≫

싹둑

　의미 [+소리]v[+모양],[+물건],[+절단],[+순간]

　제약 { }-{자르다, 베다}

　어떤 물건을 도구나 기계 따위가 해결할 수 있을 만큼의 힘으로 단번에 자르거나 베는 소리. 또는 그 모양. '삭둑'보다 센 느낌을 준다.

　¶무를 **싹둑** 자르다./쪽 찐 머리를 가위로 **싹둑** 자르는 순간 그녀는 야릇한 감회가 일면서 코가 아릿하였다.≪오유권, 대지의 학대≫

싹둑-싹둑

　의미 [+소리]v[+모양],[+물건],[+절단],[+반복]

　제약 { }-{자르다, 베다}

　어떤 물건을 도구나 기계 따위가 해결할 수 있을 만큼의 힘으로 자꾸 자르거나 베는 소리. 또는 그 모양. '삭둑삭둑'보다 센 느낌을 준다.

　¶머리를 **싹둑싹둑** 자르다./갓 배달된 저녁 신문이 **싹둑싹둑** 오려져 있었다.≪최인호, 돌의 초상≫

싹수없-이

　의미 [-장래]

　제약

장래성이 없이.

¶워낙 그런 자식이나 그러지 사람 될 것이 그러겠니. 제 아비 자식이 아니랄까 봐 어린 자식이 **싹수없이**….≪이기영, 신개지≫

싹-싹

의미 [+소리]v[+모양],[+종이]v[+천],[+칼]v[+가위],[+절단],[+반복]

제약 {종이, 천}-{베다, 자르다}

① 종이나 헝겊 따위를 칼이나 가위로 거침없이 자꾸 베는 소리. 또는 그 모양. '삭삭①'보다 센 느낌을 준다.

¶종이를 **싹싹** 자르다./그는 능숙한 가위질로 옷감을 **싹싹** 재단해 냈다.

의미 [+소리]v[+모양],[+밀기]v[+쓸기]v[+비빔],[−장애],[+반복]

제약

② 거침없이 자꾸 밀거나 쓸거나 비비거나 하는 소리. 또는 그 모양. '삭삭②'보다 센 느낌을 준다.

¶칼을 **싹싹** 갈다./그는 바닥을 걸레로 **싹싹** 문질러 닦았다./채상철은 별안간 상매의 포동한 손을 덥석 잡고는 그 손등을 **싹싹** 쓸기 시작했다. ≪유주현, 대한 제국≫

의미 [+전부],[−예외]

제약

③ 조금도 남기지 않고 전부. '삭삭③'보다 센 느낌을 준다.

¶그는 배가 몹시 고팠는지 밥그릇 바닥까지 **싹싹** 긁어 먹었다./우리가 뼈 빠지게 농사를 짓는 것은 처자식 먹여 살리고 부모 공양하자는 것인데, 그 소중한 곡식을 **싹싹** 긁어 가고….≪송기숙, 녹두 장군≫

쌀강-쌀강

의미 [+소리]v[+느낌],[+곡식]v[+열매],[+씹음],[−정도],[+반복]

제약 {곡식, 열매}-{씹다}

설익은 곡식이나 열매 따위가 자꾸 가볍게 씹히는 소리. 또는 그 느낌. '살강살강'보다 센 느낌을 준다.

쌀굿

의미 [+모양],[+물체],[−균형]v[+경사],[−정도]

제약 { }-{빼뚤어지다, 기울다}

물체가 한쪽으로 약간 배뚤어지거나 기울어지는 모양. '살긋'보다 센 느낌을 준다. ≒쌀긋이.

쌀긋-쌀긋

의미 [+모양],[+물체],[−균형]v[+경사],[−정도],[+반복]

제약 { }-{빼뚤어지다, 기울다}

물체가 자꾸 한쪽으로 약간 배뚤어지거나 기울어지는 모양. '살긋살긋'보다 센 느낌을 준다.

쌀긋-이

의미 [+모양],[+물체],[−균형]v[+경사],[−정도]

제약 { }-{빼뚤어지다, 기울다}

=쌀긋. 물체가 한쪽으로 약간 배뚤어지거나 기울어지는 모양.

쌀랑-쌀랑

의미 [+모양],[+바람],[+냉기],[−정도],[+반복]

제약 {바람}-{불다}

① 조금 사늘한 바람이 가볍게 자꾸 부는 모양. '살랑살랑01①'보다 센 느낌을 준다.

¶봄이지만 아직까지 찬 바람이 **쌀랑쌀랑** 분다.

의미 [+모양],[+물],[+비등],[+운동],[+반복]

제약 {액체}-{끓다}

② 물이 끓어오르며 이리저리 자꾸 움직이는 모양. '살랑살랑01②'보다 센 느낌을 준다.

의미 [+모양],[+팔]v[+꼬리],[+요동],[−정도],[+반복]

제약 {팔, 꼬리}-{흔들다}

③ 팔이나 꼬리 따위를 가볍게 자꾸 흔드는 모양. '살랑살랑01③'보다 센 느낌을 준다.

쌀래-쌀래

의미 [+모양],[+몸],[+부분],[+요동],[+가로],[+연속]

제약 { }-{흔들다, 가로젓다}

작은 동작으로 몸의 한 부분을 가볍게 잇따라 가로흔드는 모양. '살래살래'보다 센 느낌을 준다.

¶고개를 **쌀래쌀래** 젓다./머리를 **쌀래쌀래** 흔들다./깎아지른 듯한 낭떠러지 앞에 서자 그들은 머리를 **쌀래쌀래** 내저으며 뒤로 물러섰다.

쌀쌀⁰¹

의미 [+모양],[+액체],[+비등],[−속도],[+균등]

제약 {액체}-{끓다}

① 넓은 그릇의 물 따위가 천천히 고루 끓는 모양. '살살⁰¹①'보다 센 느낌을 준다.

¶주전자의 물이 **쌀쌀** 끓는다.

의미 [+모양],[+온돌방],[+온기],[−변화],[+균등]

제약 {아랫목}-{끓는다}

② 온돌방이 뭉근하게 고루 더운 모양. '살살⁰¹②'보다 센 느낌을 준다.

¶방바닥이 **쌀쌀** 끓는다.

의미 [+모양],[+벌레],[+포복]

제약 {벌레}-{기다}

③ 작은 벌레 따위가 가볍게 기어가는 모양. '살살⁰¹③'보다 센 느낌을 준다.

의미 [+모양],[+머리],[+요동],[−속도]

제약 {머리}-{흔들다}

④ 머리를 천천히 살래살래 흔드는 모양. '살살⁰¹⑤'보다 센 느낌을 준다.

¶머리를 **쌀쌀** 흔든다./금향이는 그 잔을 들어 마시고 잔을 떼기도 전에 고개를 **쌀쌀** 내젓는다.≪이기영, 신개지≫

쌀쌀⁰³

의미 [+모양],[+복부],[+쓰림],[+고통]

제약 {배}-{아프다}

배가 조금씩 쓰리며 아픈 모양. '살살⁰³'보다 센 느낌을 준다.

¶난 종일 물을 부었더니만 배탈이 났는지 어째 **쌀쌀** 아랫배가 아파 오네.≪한수산, 유민≫

쌀쌀-히

의미 [+날씨]v[+바람],[+음산],[+한기],[+정도]

제약 {바람}-{불다}

① 날씨나 바람 따위가 음산하고 상당히 차갑게.

¶바람이 제법 **쌀쌀히** 분다.

의미 [+성질]v[+태도],[−친밀],[+냉정]

제약

② 사람의 성질이나 태도가 정다운 맛이 없고 차갑게.

¶갑자기 그렇게 **쌀쌀히** 구는 이유가 무엇이냐?/안경 뒤에서 **쌀쌀히** 반짝이는 눈에는 냉소가 어리었다.≪염상섭, 이심≫

쌀캉-쌀캉

의미 [+소리]v[+느낌],[+곡식]v[+열매],[+씹음],[−정도],[+반복]

제약 {곡식, 열매}-{씹다}

설익은 곡식이나 열매 따위가 자꾸 가볍게 씹히는 소리. 또는 그 느낌. '살강살강'보다 세고 거센 느낌을 준다.

¶설익은 밤알이 **쌀캉쌀캉** 씹힌다.

쌈박⁰¹

의미 [+소리]v[+모양],[+물건],[+절단],[+용이]

제약 { }-{잘리다}

작고 연한 물건이 잘 드는 칼에 쉽게 베어지는 소리. 또는 그 모양. '삼박⁰¹'보다 센 느낌을 준다.

¶사과를 **쌈박** 자르다./아이는 가위로 종이를 **쌈박** 잘랐다.

쌈박⁰²

의미 [+모양],[+눈],[±감음],[+한번]

제약 {눈}-{감다, 뜨다}

눈까풀을 움직이며 눈을 한 번 감았다 뜨는 모양. '삼박⁰²'보다 센 느낌을 준다.

쌈박-쌈박⁰¹

의미 [+소리]v[+모양],[+물건],[+절단],[+용이],[+반복]

제약 { }-{잘리다}

작고 연한 물건이 잘 드는 칼에 쉽게 자꾸 베어지는 소리. 또는 그 모양. '삼박삼박⁰¹'보다 센 느낌을 준다.

¶무를 **쌈박쌈박** 베다./배추를 **쌈박쌈박** 자른다.

쌈박-쌈박⁰²

의미 [+모양],[+눈],[±감음],[+반복]

제약 {눈}-{감다, 뜨다}

눈까풀을 움직이며 눈을 자꾸 감았다 떴다 하는 모양. '삼박삼박02'보다 센 느낌을 준다.

¶분교의 학생들은 새 책이 들어오자 **쌈박쌈박** 눈을 깜박이며 기뻐했다.

쌈빡01

의미 [+소리]v[+모양],[+물건],[+절단],[+용이]

제약 { }-{잘리다}

작고 연한 물건이 잘 드는 칼에 쉽게 베어지는 소리. 또는 그 모양. '삼박01'보다 아주 센 느낌을 준다.

¶배추를 **쌈빡** 자르다.

쌈빡02

의미 [+모양],[+눈],[±감음],[+한번]

제약 {눈}-{감다, 뜨다}

눈까풀을 움직이며 눈을 한 번 감았다 뜨는 모양. '삼박02'보다 아주 센 느낌을 준다.

쌈빡-쌈빡01

의미 [+소리]v[+모양],[+물건],[+절단],[+용이],[+반복]

제약 { }-{잘리다}

작고 연한 물건이 잘 드는 칼에 쉽게 자꾸 베어지는 소리. 또는 그 모양. '삼박삼박01'보다 아주 센 느낌을 준다.

¶낫으로 풀을 **쌈빡쌈빡** 베다.

쌈빡-쌈빡02

의미 [+모양],[+눈],[±감음],[+반복]

제약 {눈}-{감다, 뜨다}

눈까풀을 움직이며 눈을 자꾸 감았다 떴다 하는 모양. '삼박삼박02'보다 아주 센 느낌을 준다.

¶그는 눈에 흙이 들어가자 눈꺼풀을 **쌈빡쌈빡** 움직였다.

쌈쌈-이

의미 [+모양],[+쌈],[+분할],[+다수]

제약 { }-{나누다}

여러 쌈으로 나뉜 모양.

¶북경을 다녀오신 후에 바늘 여러 쌈을 주시거늘, 친정과 원근 일가에게 보내고, 비복들도 **쌈쌈이** 낱낱이 나눠 쓰고….≪이태준, 문장 강화≫

쌍그레

의미 [+모양],[+웃음],[-소리],[+눈],[+입],[+운동],[+유연]

제약 {사람}-{웃다}

눈과 입을 귀엽게 움직이며 소리 없이 부드럽게 웃는 모양. '상그레'보다 센 느낌을 준다.

¶소녀는 수줍은 듯 고개를 숙이고는 **쌍그레** 미소만 지었다.

쌍글

의미 [+모양],[+웃음],[-소리],[+눈],[+입],[+운동],[+다정]

제약 {사람}-{웃다}

눈과 입을 귀엽게 움직이며 소리 없이 정답게 웃는 모양. '상글'보다 센 느낌을 준다.

쌍글-빵글

의미 [+모양],[+웃음],[-소리],[+눈],[+입],[+운동],[+다정],[+환함]

제약 {사람}-{웃다}

눈과 입을 귀엽게 움직이며 소리 없이 정답고 환하게 웃는 모양. '상글방글'보다 센 느낌을 준다.

쌍글-쌍글

의미 [+모양],[+웃음],[-소리],[+눈],[+입],[+운동],[+다정],[+반복]

제약 {사람}-{웃다}

눈과 입을 귀엽게 움직이며 소리 없이 정답게 자꾸 웃는 모양. '상글상글'보다 센 느낌을 준다.

쌍긋

의미 [+모양],[+웃음],[-소리],[+눈],[+입],[+운동],[+경쾌]

제약 {사람}-{웃다}

눈과 입을 귀엽게 움직이며 소리 없이 가볍게 웃는 모양. '상긋'보다 센 느낌을 준다. 늑쌍긋이.

¶논개는 돌을 깨뜨리다가 자기도 모르는 결에 웃음이 **쌍긋** 터졌다.≪박종화, 임진왜란≫

쌍긋-빵긋

의미 [+모양],[+웃음],[-소리],[+눈],[+입],[+운동],[+경쾌],[+환함]

제약 {사람}-{웃다}

눈과 입을 귀엽게 움직이며 소리 없이 가볍고 환하게 웃는 모양. '상긋방긋'보다 센 느낌을 준다.

쌍긋-쌍긋

의미 [+모양],[+웃음],[−소리],[+눈],[+입],[+운동],[+경쾌],[+반복]

제약 {사람}-{웃다}

눈과 입을 귀엽게 움직이며 소리 없이 가볍게 자꾸 웃는 모양. '상긋상긋'보다 센 느낌을 준다.

¶울던 아기는 엄마가 나타나자 갑자기 **쌍긋쌍긋** 웃기 시작했다.

쌍긋-이

의미 [+모양],[+웃음],[−소리],[+눈],[+입],[+운동],[+경쾌]

제약 {사람}-{웃다}

=쌍긋. 눈과 입을 귀엽게 움직이며 소리 없이 가볍게 웃는 모양.

¶그 여인은 묻는 말에 대답은 않고 **쌍긋이** 웃기만 하였다.

쌍끗

의미 [+모양],[+웃음],[−소리],[+눈],[+입],[+운동],[+경쾌]

제약 {사람}-{웃다}

눈과 입을 귀엽게 움직이며 소리 없이 가볍게 웃는 모양. '상긋'보다 아주 센 느낌을 준다. 늑쌍끗이.

¶논개는 소리 없이 **쌍끗** 웃으며 고개를 끄덕한다.《박종화, 임진왜란》

쌍끗-빵끗

의미 [+모양],[+웃음],[−소리],[+눈],[+입],[+운동],[+경쾌],[+환함]

제약 {사람}-{웃다}

눈과 입을 귀엽게 움직이며 소리 없이 가볍고 환하게 웃는 모양. '상긋방긋'보다 아주 센 느낌을 준다.

쌍끗-쌍끗

의미 [+모양],[+웃음],[−소리],[+눈],[+입],[+운동],[+경쾌],[+반복]

제약 {사람}-{웃다}

눈과 입을 귀엽게 움직이며 소리 없이 가볍게

자꾸 웃는 모양. '상긋상긋'보다 아주 센 느낌을 준다.

¶그는 **쌍끗쌍끗** 웃는 딸의 얼굴을 보면 피로가 싹 가시곤 한다.

쌍끗-이

의미 [+모양],[+웃음],[−소리],[+눈],[+입],[+운동],[+경쾌]

제약 {사람}-{웃다}

=쌍끗. 눈과 입을 귀엽게 움직이며 소리 없이 가볍게 웃는 모양.

쌍동

의미 [+모양],[+물건],[+절단],[+용이]

제약 {물건}-{베다, 자르다}

작고 연한 물건을 단번에 가볍게 베거나 자르는 모양. '상동'보다 센 느낌을 준다.

¶무를 **쌍동** 썰다./그녀는 길던 머리를 귀밑까지 **쌍동** 자르고 나타났다.

쌍동-쌍동

의미 [+모양],[+물건],[+절단],[+용이],[+연속]

제약 {물건}-{베다, 자르다}

작고 연한 물건을 단번에 잇따라 가볍게 베거나 자르는 모양. '상동상동'보다 센 느낌을 준다.

¶파를 **쌍동쌍동** 썰다.

쌍스레

의미 [+언사]v[+행동],[+비천],[−교양]

제약

말이나 행동이 보기에 천하고 교양이 없이. '상스레'보다 센 느낌을 준다.

¶두 명의 청년이 대낮부터 술에 취해 비틀거리며 **쌍스레** 큰 소리로 욕을 하고 있었다.

쌍쌍-이

의미 [+모양],[+짝],[+암수]v[+복수]

제약

여럿이 둘씩 둘씩. 또는 암수가 각각 쌍을 지은 모양.

¶**쌍쌍이** 거니는 청춘 남녀./기러기들은 강 위를 **쌍쌍이** 날고 있었다./**쌍쌍이** 몰려나온 연인들은 기회만 있으면 사진을 찍으려 들었다./넓은 방에는 긴 의자를 벽에다 밀어붙이고, 푸른 전등 빛

아래서, 쌍쌍이 춤을 추고 있다.≪최인훈, 광장≫

쌔근덕-쌔근덕

의미 [+소리]v[+모양],[+숨소리],[+거침],
[+반복]

제약 { }-{숨쉬다, 거리다}

① 숨소리가 매우 거칠게 자꾸 나는 소리. 또는
그 모양. '새근덕새근덕①'보다 센 느낌을 준다.

¶그는 달리기를 마친 후 쌔근덕쌔근덕 가쁜 숨
을 몰아쉬었다.

의미 [+소리]v[+모양],[+어린아이],[+수면],
[+숨소리],[+거침],[+반복]

제약 {어린아이}-{숨쉬다, 잠들다}

② 잠든 어린아이의 숨소리가 조금 거칠게 자꾸
나는 소리. 또는 그 모양. '새근덕새근덕②'보다
센 느낌을 준다.

쌔근-발딱

의미 [+모양],[+숨소리],[-균일],[+곤란],[+급
박]

제약 { }-{숨쉬다}

숨이 차서 숨소리가 고르지 아니하고 가쁘고 급
하게 나는 모양. '새근발딱'보다 센 느낌을 준다.

¶그는 급한 전갈을 받고 쌔근발딱 뛰어왔다./마
라톤 선수가 쌔근발딱 거친 숨을 몰아쉬며 계속
달려갔다./명규 내외는 아이들을 데리고 외가에
인사를 가려는 판인데, 할머니가 좀 오란다고
명옥이가 쌔근발딱 달려들었다.≪염상섭, 돌아온
어머니≫

쌔근발딱-쌔근발딱

의미 [+모양],[+숨소리],[-균일],[+곤란],[+급
박],[+반복]

제약 { }-{숨쉬다}

숨이 차서 숨소리가 고르지 아니하고 가쁘고 급
하게 자꾸 나는 모양. '새근발딱새근발딱'보다
센 느낌을 준다.

¶그는 힘이 빠져 쌔근발딱쌔근발딱 숨을 몰아쉬
면서도 멈추지 않고 달렸다.

쌔근-쌔근

의미 [+소리]v[+모양],[+숨],[-균일],[+곤
란],[+반복]

제약 {숨}-{쉬다}

① 고르지 아니하고 가쁘게 자꾸 숨 쉬는 소리.
또는 그 모양. '새근새근01①'보다 센 느낌을 준
다.

¶얼굴이 발갛게 상기된 그는 쌔근쌔근 가쁜 숨
을 쉰다./그는 분을 참느라고 쌔근쌔근 어깨만
들썩이고 있었다.

의미 [+소리]v[+모양],[+어린아이],[+수면],
[+숨],[+조용],[+반복]

제약 {어린아이}-{숨쉬다, 잠들다}

② 어린아이가 곤히 잠들어 조용하게 자꾸 숨
쉬는 소리. 또는 그 모양. '새근새근01②'보다 센
느낌을 준다.

¶쌔근쌔근 자고 있는 어린이의 얼굴은 천사와
같다./아이는 어느새 울음을 그치고, 어머니의
품 안에서 쌔근쌔근 잠이 들어 버렸다.

쌔근-팔딱

의미 [+모양],[+숨소리],[-균일],[+곤란],[+급
박]

제약 { }-{숨쉬다}

숨이 차서 숨소리가 고르지 아니하고 가쁘고 급
하게 나는 모양. '새근발딱'보다 세고 거센 느낌
을 준다.

¶쌔근팔딱 뛰어오다./쌔근팔딱 가쁜 숨을 몰아쉬
다.

쌔근팔딱-쌔근팔딱

의미 [+모양],[+숨소리],[-균일],[+곤란],
[+급박],[+반복]

제약 { }-{숨쉬다}

숨이 차서 숨소리가 고르지 아니하고 가쁘고 급
하게 자꾸 나는 모양. '새근발딱새근발딱'보다
세고 거센 느낌을 준다.

쌔무룩-이

의미 [+마음],[-만족],[-말],[+표정],[+불쾌]

제약

마음에 못마땅하여 별로 말이 없고 얼굴에 언짢
은 기색으로. '새무룩이①'보다 센 느낌을 준다.

쌔물-쌔물

의미 [+모양],[+웃음],[-소리],[+입술],[+경
사],[+반복]

제약 {사람}-{웃다}

① 입술을 약간 샐그러뜨리며 소리 없이 자꾸 웃는 모양. '새물새물①'보다 센 느낌을 준다.

의미 [+모양],[-조화],[+교활],[+반복]

제약

② 한데 어울리지 않고 자꾸 능청스럽게 구는 모양. '새물새물②'보다 센 느낌을 준다.

¶영희는 **쌔물쌔물** 구는 그가 징그럽고 역겨웠다.

쌕

의미 [+모양],[+눈],[+웃음],[-소리],[+속도]

제약 { }-{웃다}

소리 없이 눈으로 얼른 한 번 웃는 모양.

¶소녀는 **쌕** 웃으며 얼굴을 붉혔다./그것을 건네주며 그 여자는 밑도 끝도 없이 **쌕** 웃었다. 그 웃음은 또다시 문자의 가슴을 철렁하게 했다.《서영은, 먼 그대》

쌕-쌕

의미 [+소리],[+숨],[+균일],[+약함]

제약 {숨}-{쉬다}

① 숨을 고르고 가늘게 쉬는 소리. '색색①'보다 센 느낌을 준다.

¶아이는 하루 종일 뛰어놀더니 금방 **쌕쌕** 숨을 쉬며 잠들었다./아내는 **쌕쌕** 잠든 아들을 곁에 두고 밤늦도록 바느질을 했다.

의미 [+소리],[+숨],[+속도],[-균일]

제약 {숨}-{쉬다}

② 숨을 조금 빠르고 고르지 않게 쉬는 소리. '색색②'보다 센 느낌을 준다.

¶누나는 숨을 **쌕쌕** 몰아쉬면서 그것을 내밀었다. 《이동하, 우울한 귀향》

쌜굿

의미 [+모양],[+물체],[-균형]v[+경사],[-정도]

제약 { }-{빼뚤어지다, 기울다}

물체가 한쪽으로 조금 배뚤어지거나 기울어지는 모양. '샐긋'보다 센 느낌을 준다. 늑쌜긋이.

¶눈을 **쌜긋** 찡그리다./빗물이 잘 빠지게 하려면 처마 한편을 조금 더 **쌜긋** 기울여야 하겠다.

쌜긋-쌜긋

의미 [+모양],[+물체],[-균형]v[+경사],[-정도],[+반복]

제약 { }-{빼뚤어지다, 기울다}

물체가 자꾸 한쪽으로 조금 배뚤어지거나 기울어지는 모양. '샐긋샐긋'보다 센 느낌을 준다.

¶지붕이 한쪽으로 **쌜긋쌜긋** 삐뚤어지는 것이 여간 위험해 보이지 않는다.

쌜긋-이

의미 [+모양],[+물체],[-균형]v[+경사],[-정도]

제약 { }-{삐뚤어지다, 기울다}

=쌜긋. 물체가 한쪽으로 조금 배뚤어지거나 기울어지는 모양.

¶옥상 안테나를 한쪽으로 **쌜긋이** 움직이자 텔레비전이 잘 나왔다.

쌜기죽

의미 [+모양],[+물체],[+경사]v[-균형],[-속도],[+반복]

제약 { }-{기울다, 삐뚤어지다}

물체가 한쪽으로 천천히 조금 기울어지거나 배뚤어지는 모양. '샐기죽'보다 센 느낌을 준다. 늑쌜기죽이.

¶핀잔을 들은 아이는 입을 **쌜기죽** 움직이더니 울음을 터뜨리고 말았다.

쌜기죽-쌜기죽

의미 [+모양],[+물체],[+경사]v[-균형],[-속도],[+반복]

제약 { }-{기울다, 삐뚤어지다}

물체가 자꾸 한쪽으로 천천히 조금 기울어지거나 배뚤어지는 모양. '샐기죽샐기죽'보다 센 느낌을 준다.

¶사다리가 **쌜기죽쌜기죽** 왼쪽으로 자꾸만 기울어져 위험하다.

쌜기죽-이

의미 [+모양],[+물체],[+경사]v[-균형],[-속도]

제약 { }-{기울다, 삐뚤어지다}

=쌜기죽. 물체가 한쪽으로 천천히 조금 기울어지거나 배뚤어지는 모양.

¶옥상 바닥을 **쌜기죽이** 기울여 놓았더니 장마 때도 물이 잘 빠진다.

쌜룩

의미 [+모양],[+근육],[+부분],[+운동],[+경사]

제약

근육의 한 부분이 샐그러지게 움직이는 모양. '샐룩'보다 센 느낌을 준다.

¶입술을 쌜룩 움직이다./권 생원은 그만 입 속에서 이를 갈듯 한편 볼이 수염과 함께 쌜룩 주름이 잡히더니 자리를 일어섰다.≪이태준, 농토≫

쌜룩-쌜룩

의미 [+모양],[+근육],[+부분],[+운동],[+경사],[+반복]

제약

근육의 한 부분이 자꾸 샐그러지게 움직이는 모양. '샐룩샐룩'보다 센 느낌을 준다.

¶엉덩이를 쌜룩쌜룩 움직이다.

쌜쭉

의미 [+모양],[+감정],[+입]v[+눈],[+운동],[+경사]

제약

① 어떤 감정을 나타내면서 입이나 눈이 한쪽으로 약간 샐그러지게 움직이는 모양. '샐쭉①'보다 센 느낌을 준다. 늑쌜쭉이①.

¶친구들이 모르는 체하자 그녀는 입을 쌜쭉 내밀어 보였다.

의미 [+모양],[+태도],[−만족],[+야속]

제약 {사람}-{토라지다}

② 마음에 차지 아니하여서 약간 고까워하는 태도를 드러내는 모양. '샐쭉②'보다 센 느낌을 준다. 늑쌜쭉이②.

¶아버지의 잔소리에 딸은 쌜쭉 토라져서 밖으로 나갔다.

쌜쭉-쌜쭉

의미 [+모양],[+감정],[+입]v[+눈],[+운동],[+경사],[+반복]

제약

① 어떤 감정을 나타내면서 입이나 눈이 자꾸 한쪽으로 약간 샐그러지게 움직이는 모양. '샐쭉샐쭉①'보다 센 느낌을 준다.

¶아이는 쌜쭉쌜쭉 입을 내밀며 볼멘소리로 말했다.

의미 [+모양],[+태도],[−만족],[+야속],[+반복]

제약 {사람}-{토라지다}

② 마음에 차지 아니하여서 약간 고까워하는 태도를 자꾸 드러내는 모양. '샐쭉샐쭉②'보다 센 느낌을 준다.

¶그녀는 쌜쭉쌜쭉 토라져서 나를 쳐다보지도 않는다.

쌜쭉-이

의미 [+모양],[+감정],[+입]v[+눈],[+운동],[+경사]

제약

①=쌜쭉①. 어떤 감정을 나타내면서 입이나 눈이 한쪽으로 약간 샐그러지게 움직이는 모양.

의미 [+모양],[+태도],[−만족],[+야속]

제약 {사람}-{토라지다}

②=쌜쭉②. 마음에 차지 아니하여서 약간 고까워하는 태도를 드러내는 모양.

쌩

의미 [+소리]v[+모양],[+바람],[+마찰],[+정도]

제약

① 바람이 세차게 스쳐 지나가는 소리. 또는 그 모양.

¶바람이 쌩 분다./된바람이 처마 끝에서 쌩 소리를 낸다.

의미 [+소리]v[+모양],[+사람]v[+물체],[+운동],[+속도],[+정도]

제약

② 사람이나 물체가 바람을 일으킬 만큼 빠르게 움직일 때 나는 소리. 또는 그 모양.

¶차 한 대가 내 옆을 쌩 지나갔다./머리 위로 총탄이 쌩 지나갔다./달주가 악을 쓰며 또 쌩 돌멩이를 날렸다.≪송기숙, 녹두 장군≫

쌩그레

의미 [+모양],[+웃음],[−소리],[+눈],[+입],[+운동],[+유연]

제약 {사람}-{웃다}

눈과 입을 살며시 움직이며 소리 없이 부드럽게 웃는 모양. '생그레'보다 센 느낌을 준다.

¶아들은 아버지의 주머니에 꼬깃꼬깃 구겨진 편지를 쑥 집어넣고 말없이 쌩그레 웃었다./어머니는 쌩그레 웃으시며 우리 일행을 반겨 주셨다.

쌩글

의미 [+모양],[+웃음],[−소리],[+눈],[+입], [+운동],[+다정]

제약 {사람}-{웃다}

눈과 입을 살며시 움직이며 소리 없이 정답게 웃는 모양. '생글'보다 센 느낌을 준다.

¶남편이 대문에 들어서자 딸은 쌩글 웃으며 아빠의 품에 안겼다.

쌩글-빵글

의미 [+모양],[+웃음],[−소리],[+눈],[+입], [+운동],[+다정],[+환함]

제약 {사람}-{웃다}

눈과 입을 살며시 움직이며 소리 없이 정답고 환하게 웃는 모양. '생글방글'보다 센 느낌을 준다.

¶사무실에 쌩글빵글 웃는 사원이 있으니 분위기가 훨씬 좋아졌다./못난 얼굴도 쌩글빵글 웃어 대니 복스러워 보인다.

쌩글-뺑글

의미 [+모양],[+웃음],[−소리],[+눈],[+입], [+운동],[+다정],[+사랑]

제약 {사람}-{웃다}

눈과 입을 살며시 움직이며 소리 없이 정답고 귀엽게 웃는 모양. '생글뱅글'보다 센 느낌을 준다.

쌩글-쌩글

의미 [+모양],[+웃음],[−소리],[+눈],[+입], [+운동],[+다정],[+반복]

제약 {사람}-{웃다}

눈과 입을 살며시 움직이며 소리 없이 정답게 자꾸 웃는 모양. '생글생글'보다 센 느낌을 준다.

¶뒷짐을 진 채로 자꾸 쌩글쌩글 웃는 속셈이 궁금하다./방 안에 모인 처녀들이 쌩글쌩글 웃으며 이야기를 나누고 있었다.

쌩긋

의미 [+모양],[+웃음],[−소리],[+눈],[+입], [+운동],[+경쾌]

제약 {사람}-{웃다}

눈과 입을 살며시 움직이며 소리 없이 가볍게 웃는 모양. '생긋'보다 센 느낌을 준다. 늑쌩긋이.

¶그를 보자, 그녀는 쌩긋 웃어 보였다.

쌩긋-빵긋

의미 [+모양],[+웃음],[−소리],[+눈],[+입], [+운동],[+경쾌],[+환함]

제약 {사람}-{웃다}

눈과 입을 살며시 움직이며 소리 없이 가볍고 환하게 웃는 모양. '생긋방긋'보다 센 느낌을 준다.

¶막 걸음마를 배운 아기가 엄마에게 쌩긋빵긋 웃으면서 뒤뚱뒤뚱 걸어갔다.

쌩긋-뺑긋

의미 [+모양],[+웃음],[−소리],[+눈],[+입], [+운동],[+상쾌],[+사랑],[+반복]

제약 {사람}-{웃다}

눈과 입을 살며시 움직이며 소리 없이 가볍고 귀엽게 웃는 모양. '생긋뱅긋'보다 센 느낌을 준다.

¶아이는 거울 속에 자기 얼굴이 비치자 새 친구를 만난 듯이 쌩긋뺑긋 웃었다.

쌩긋-쌩긋

의미 [+모양],[+웃음],[−소리],[+눈],[+입], [+운동],[−정도],[+반복]

제약 {사람}-{웃다}

눈과 입을 살며시 움직이며 소리 없이 가볍게 자꾸 웃는 모양. '생긋생긋'보다 센 느낌을 준다.

¶아내는 남편의 승진 소식에 쌩긋쌩긋 웃으며 기뻐했다./추석에 고향에 계신 부모님을 만날 수 있다는 생각만 해도 쌩긋쌩긋 웃음이 나온다./아들은 벙글벙글 웃고, 새 며느리는 덩치 큰 몸집에 어울리지 않게 쌩긋쌩긋 교태를 부려 소리 없이 몸을 꼬아 웃어 댄다.《박종화, 임진왜란》

쌩긋-이

의미 [+모양],[+웃음],[−소리],[+눈],[+입], [+운동],[+경쾌]

제약 {사람}-{웃다}

=쌩긋. 눈과 입을 살며시 움직이며 소리 없이

가볍게 웃는 모양.

¶아내는 아이의 천진난만한 얼굴을 **쌩긋**이 웃으며 바라보았다.

쌩끗

의미 [+모양],[+웃음],[−소리],[+눈],[+입],[+운동],[+경쾌]

제약 {사람}-{웃다}

눈과 입을 살며시 움직이며 소리 없이 가볍게 웃는 모양. '생끗'보다 아주 센 느낌을 준다.

¶그녀는 그 남자에게 **쌩끗** 웃어 보였다.

쌩끗-빵끗

의미 [+모양],[+웃음],[−소리],[+눈],[+입],[+운동],[+경쾌],[+환함]

제약 {사람}-{웃다}

눈과 입을 살며시 움직이며 소리 없이 가볍고 환하게 웃는 모양. '생긋방긋'보다 아주 센 느낌을 준다.

¶텔레비전에 나온 아이들이 **쌩끗빵끗** 잘도 웃는다.

쌩끗-뺑끗

의미 [+모양],[+웃음],[−소리],[+눈],[+입],[+운동],[+경쾌],[+사랑],[+반복]

제약 {사람}-{웃다}

눈과 입을 살며시 움직이며 소리 없이 가볍고 귀엽게 웃는 모양. '생긋뱅긋'보다 아주 센 느낌을 준다.

¶그녀는 그 앞에서 **쌩끗뺑끗** 웃으며 애교를 부렸다.

쌩끗-쌩끗

의미 [+모양],[+웃음],[−소리],[+눈],[+입],[+운동],[+경쾌],[+반복]

제약 {사람}-{웃다}

눈과 입을 살며시 움직이며 소리 없이 가볍게 자꾸 웃는 모양. '생긋생긋'보다 아주 센 느낌을 준다.

¶어린아이가 귀엽게 **쌩끗쌩끗** 웃는다.

쌩끗-이

의미 [+모양],[+웃음],[−소리],[+눈],[+입],[+운동],[+경쾌]

제약 {사람}-{웃다}

=쌩끗. 눈과 입을 살며시 움직이며 소리 없이 가볍게 웃는 모양.

쌩-쌩

의미 [+소리]v[+모양],[+바람],[+마찰],[+정도],[+연속]

제약

① 바람이 잇따라 세차게 스쳐 지나가는 소리. 또는 그 모양.

¶**쌩쌩** 부는 겨울바람./찬 바람이 **쌩쌩** 분다./강의 상류 쪽에서 매서운 바람이 **쌩쌩** 몰아쳐 왔다.≪문순태, 타오르는 강≫

의미 [+소리]v[+모양],[+사람]v[+물체],[+운동],[+속도],[+정도]

제약

② 사람이나 물체가 바람을 일으킬 만큼 잇따라 빠르게 움직일 때 나는 소리. 또는 그 모양.

¶총탄이 머리 위로 **쌩쌩** 나는 전쟁터./차들이 고속 도로를 **쌩쌩** 달린다./노랫소리는 하늘을 찌르는 것 같았고 칼끝은 **쌩쌩** 허공을 갈랐다.≪송기숙, 녹두 장군≫/이글이글 탄 화톳불이 날아가고 끓는 물이 끼얹어지고 돌팔매가 **쌩쌩** 울었다.≪박종화, 임진왜란≫

쌩쌩-히

의미 [+생기],[−손상]

제약

① 시들거나 상하지 아니하고 생기가 있게. '생생히①'보다 센 느낌을 준다.

의미 [+힘]v[+기운],[+왕성]

제약

② 힘이나 기운 따위가 왕성하게. '생생히②'보다 센 느낌을 준다.

¶젊은이들이 가파른 바위를 **쌩쌩히** 오르고 있다.

의미 [+빛깔],[+선명]

제약

③ 빛깔 따위가 맑고 산뜻하게. '생생히③'보다 센 느낌을 준다.

의미 [+분명],[+선명]

제약

④ 바로 눈앞에 보는 것처럼 명백하고 또렷하게. '생생히④'보다 센 느낌을 준다.

¶아주 오래전에 일어난 일이었지만 할머니는 당시의 상황을 **쌩쌩히** 기억하셨다.

써

의미 [+접속],[+참고]v[+이유]

제약

'그것을 가지고', '그것으로 인하여'의 뜻을 지닌 접속 부사. 한문의 '以'에 해당하는 말로 문어체에서 주로 쓴다.

¶재능이 많은 인재를 천거케 하여 **써** 관리의 후보를 삼으라.

써걱

의미 [+소리],[+벼]v[+보리]v[+밀],[+절단]

제약 {벼, 보리, 밀}-{베다}

① 벼, 보리, 밀 따위를 벨 때 나는 소리. '서걱①'보다 센 느낌을 준다.

의미 [+소리],[+눈],[+밟음]

제약 {눈}-{밟다}

② 눈 따위를 밟을 때 나는 소리. '서걱②'보다 센 느낌을 준다.

의미 [+소리],[+과자]v[+배]v[+사과],[+씹음]

제약 {과자, 배, 사과}-{씹다}

③ 연한 과자나 배, 사과 따위를 씹을 때 나는 소리. '서걱③'보다 센 느낌을 준다.

¶배를 **써걱** 한 입 물었다.

의미 [+소리],[+갈대]v[+천],[−두께],[+견고],[+마찰]

제약

④ 갈대나 풀 먹인 천 따위의 얇고 뻣뻣한 물체가 스칠 때 나는 소리. '서걱④'보다 센 느낌을 준다.

써걱-써걱

의미 [+소리],[+벼]v[+보리]v[+밀],[+절단]

제약 {벼, 보리, 밀}-{베다}

① 벼, 보리, 밀 따위를 잇따라 벨 때 나는 소리. '서걱서걱①'보다 센 느낌을 준다.

의미 [+소리],[+눈],[+낙하]v[+밟음],[+연속]

제약 {눈}-{내리다, 밟다}

② 눈이 내리거나 눈 따위를 밟을 때 잇따라 나는 소리. '서걱서걱②'보다 센 느낌을 준다.

의미 [+소리],[+과자]v[+배]v[+사과],[+씹음],[+반복]

제약 {과자, 배, 사과}-{씹다}

③ 연한 과자나 배, 사과 따위를 자꾸 씹을 때 나는 소리. '서걱서걱③'보다 센 느낌을 준다.

¶무를 **써걱써걱** 씹어 먹다.

의미 [+소리],[+갈대]v[+천],[−두께],[+견고],[+마찰],[+반복]

제약

④ 갈대나 풀 먹인 천 따위의 얇고 뻣뻣한 물체가 자꾸 스칠 때 나는 소리. '서걱서걱④'보다 센 느낌을 준다.

¶바람에 휩쓸려 **써걱써걱** 소리를 내는 갈대밭.

써늘-히

의미 [+느낌],[+온도]v[+기온],[+추위],[+정도]

제약

① 물체의 온도나 기온이 꽤 찬 느낌으로. '서늘히①'보다 센 느낌을 준다.

¶**써늘히** 식은 찻잔./바람이 **써늘히** 분다.

의미 [+성격]v[+태도],[+냉정]

제약

② 사람의 성격이나 태도 따위가 차가운 데가 있게. '서늘히②'보다 센 느낌을 준다.

¶**써늘히** 웃는 그의 얼굴에는 증오가 가득했다.

의미 [+느낌],[+냉기],[+경악]v[+공포],[+순간]

제약

③ 갑자기 놀라거나 무서워 찬 느낌으로.

¶그의 화난 모습을 보자 내 가슴은 **써늘히** 굳어졌다.

썩[01]

의미 [+기준],[+우수],[+정도]

제약

① 보통의 정도보다 훨씬 뛰어나게.

¶성적이 **썩** 좋아졌다./김 군은 노래를 **썩** 잘한다./품질이 **썩** 좋아졌다./마음에 **썩** 내키지 않는다./그녀의 설명에 수긍이 가면서도 왠지 마음이 **썩** 개운치만은 못했다./벌겋게 전 김장 배추

겉절이가 **썩** 먹음직스러웠다.≪송기숙, 암태도≫/
제 생각엔 아마 세월이 **썩** 오래 걸릴 것 같군요.
≪이청준, 잔인한 도시≫/점순이는 뭐 그리 **썩** 예
쁜 계집애는 못 된다.≪김유정, 봄봄≫
의미 [＋행동],[＋속도],[＋정도]

제약

② 지체 없이 빨리.

¶뭘 그리 꾸물거리고 있어? **썩** 나오지 못하고./
꼴도 보기 싫다. **썩** 물러가지 못하겠느냐?/왜 **썩**
나서서 덤비지를 않지?≪안정효, 하얀 전쟁≫/한쪽
으로 몰려 서 있던 단원들 중에서 하나가 앞으
로 **썩** 나섰다.≪한수산, 부초≫

썩02

의미 [＋소리]v[＋모양],[＋종이]v[＋천],[＋칼]
v[＋가위],[＋절단],[＋순간]

제약 {종이, 천}-{베다, 자르다}

① 종이나 헝겊 따위를 칼이나 가위로 단번에
베는 소리. 또는 그 모양. '석①'보다 센 느낌을
준다.

¶양복장이는 아버지의 바지 기장에 맞게 윤기
나는 천을 가위로 **썩** 베었다.

의미 [＋소리]v[＋모양],[＋밀기]v[＋쓸기],[－장
애]

제약

② 거침없이 밀거나 쓸어 나가는 소리. 또는 그
모양. '석②'보다 센 느낌을 준다.

¶땀을 **썩** 닦다.

의미 [＋전부],[－예외]

제약

③ 조금도 남기지 않고 전부. '석③'보다 센 느
낌을 준다.

¶형과 나는 뒤뜰의 잡초를 **썩** 잘라 버렸다.

의미 [＋소리]v[＋모양],[＋무]v[＋사과],[＋묾],
[＋순간]

제약 {무, 사과}-{베어 물다}

④ 무나 사과 따위를 한 번 베어 무는 소리. 또
는 그 모양.

¶무를 한 입 **썩** 베어 물었다.

썩둑

의미 [＋소리]v[＋모양],[＋물건],[＋절단],[＋순

간]

제약 {　}-{자르다, 베다}

어떤 물건을 도구나 기계 따위가 해결할 수 있
을 만큼의 힘으로 단번에 자르거나 베는 소리.
또는 그 모양. '싹둑'보다 큰 느낌을 준다.

¶옷감을 **썩둑** 자르다./사과를 **썩둑** 한 입 베어
먹다./간은 방금 잡은 날간을, 김이 모락모락 날
때 **썩둑** 잘라서 소금 찍어 먹어야 제맛이지.≪이
문희, 흑맥≫

썩둑-썩둑

의미 [＋소리]v[＋모양],[＋물건],[＋절단],[＋반
복]

제약 {　}-{자르다, 베다}

어떤 물건을 도구나 기계 따위가 해결할 수 있
을 만큼의 힘으로 자꾸 자르거나 베는 소리. 또
는 그 모양. '싹둑싹둑'보다 큰 느낌을 준다.

¶찌개에 호박을 **썩둑썩둑** 썰어 넣었다./작두로
쇠여물을 **썩둑썩둑** 잘랐다./그는 그 길던 머리칼
을 **썩둑썩둑** 잘라 버리고 산으로 들어갔다.

썩-썩01

의미 [－지체],[＋신속]

제약

지체 없이 빨리빨리.

¶일을 **썩썩** 해치우다./자원할 병사들이 용감하
게 **썩썩** 앞으로 나섰다./마감 시간에 맞춰 원고
를 **썩썩** 해치웠다./**썩썩** 일어나지 않고 무얼 꾸
물거리는 거야?

썩-썩02

의미 [＋소리]v[＋모양],[＋종이]v[＋천],[＋칼]
v[＋가위],[＋절단],[＋반복]

제약 {종이, 천}-{베다, 자르다}

① 종이나 헝겊 따위를 칼이나 가위로 거침없이
자꾸 베는 소리. 또는 그 모양. '석석①'보다 센
느낌을 준다.

¶무를 **썩썩** 썰다./정원사가 나뭇가지를 **썩썩** 자
른다./용이는 낫을 들고 배추 뿌리 몇 개를 **썩썩**
잘랐다.≪박경리, 토지≫

의미 [＋소리]v[＋모양],[＋밀기]v[＋쓸기]v[＋비
빔],[＋반복]

제약

② 거침없이 자꾸 밀거나 쓸거나 비비거나 하는 소리. 또는 그 모양. '석석②'보다 센 느낌을 준다.

¶눈을 **썩썩** 비비다./먹을 **썩썩** 갈다./걸레로 바닥을 **썩썩** 문지르다./그는 밥에 고추장을 **썩썩** 비벼 먹었다./할아버지는 숫돌을 꺼내 칼을 **썩썩** 갈기 시작했다./용서해 달라고 손이 발이 되도록 **썩썩** 빌었지만 소용없었다.

썰겅-썰겅
의미 [+소리]v[+느낌],[+곡식]v[+열매],[+씹음],[+반복]

제약 {곡식, 열매}-{씹다}

설익은 곡식이나 열매 따위가 자꾸 씹히는 소리. 또는 그 느낌. '설겅설겅'보다 센 느낌을 준다.

¶생고구마를 **썰겅썰겅** 씹다./무를 **썰겅썰겅** 씹어 먹다.

썰렁-썰렁
의미 [+모양],[+바람],[+냉기],[+상쾌],[+반복]

제약 {바람}-{불다}

① 조금 서늘한 바람이 거볍게 자꾸 부는 모양. '설렁설렁01①'보다 센 느낌을 준다.

¶가을바람이 **썰렁썰렁** 분다.

의미 [+모양],[+물],[+비등],[+이동],[+반복]

제약

② 많은 물이 끓어오르며 이리저리 자꾸 움직이는 모양. '설렁설렁01②'보다 센 느낌을 준다.

¶주전자의 물이 **썰렁썰렁** 끓는다.

의미 [+모양],[+팔]v[+꼬리],[+요동],[+반복]

제약 {팔, 꼬리}-{흔들다}

③ 팔이나 꼬리 따위를 거볍게 자꾸 흔드는 모양. '설렁설렁01③'보다 센 느낌을 준다.

¶그는 기분이 좋아서 **썰렁썰렁** 걸어갔다.

썰레-썰레
의미 [+모양],[+몸],[+부분],[+요동],[+가로],[+연속]

제약 { }-{흔들다, 가로젓다}

큰 동작으로 몸의 한 부분을 힘 있게 잇따라 가로흔드는 모양. '설레설레'보다 센 느낌을 준다.

¶고개를 **썰레썰레** 흔들다./아이는 하기 싫다며 고개를 **썰레썰레** 내저었다.

썰썰
의미 [+모양],[+물],[+비등],[-속도],[+균일]

제약 {액체}-{끓다}

① 넓은 그릇의 물 따위가 천천히 고루 끓는 모양. '설설①'보다 센 느낌을 준다.

¶**썰썰** 끓는 주전자에 보리차를 집어넣었다./복날 음식으로 먹을 닭 한 마리를 가마솥에 **썰썰** 고았다.

의미 [+모양],[+온돌방],[+더움],[+지속],[+균일]

제약 {아랫목}-{끓는다}

② 온돌방이 뭉근하게 고루 더운 모양. '설설②'보다 센 느낌을 준다.

¶방 안이 **썰썰** 끓는다./**썰썰** 끓는 아랫목에서 한숨 잤더니 몸이 개운하다.

의미 [+모양],[+벌레],[+포복]

제약 {벌레}-{기다}

③ 벌레 따위가 거볍게 기어 다니는 모양. '설설③'보다 센 느낌을 준다.

¶벌레가 **썰썰** 기어 다니는 것처럼 등이 가렵다.

의미 [+모양],[+머리],[+요동],[-속도],[+가로]

제약 {머리}-{흔들다}

④ 머리를 천천히 설레설레 흔드는 모양. '설설④'보다 센 느낌을 준다.

¶고개를 **썰썰** 흔들다./그녀는 손을 **썰썰** 내저으면서 부인했다./어제 전투를 치르고 난 군사들은 모두 머리를 **썰썰** 흔들며 황토치 전투야말로 어린애 싸움이었다고들 했다.≪유현종, 들불≫

썰썰-히
의미 [+느낌],[+시장]

제약

속이 빈 것처럼 시장한 느낌으로.

썰컹-썰컹
의미 [+소리]v[+느낌],[+곡식]v[+열매],[+씹음],[+반복]

제약 {곡식, 열매}-{씹다}

설익은 곡식이나 열매 따위가 자꾸 씹히는 소리.

또는 그 느낌. '설경설경'보다 세고 거센 느낌을
준다.

썽벅

의미 [+소리]v[+모양],[+물건],[+절단],[+용
이]

제약 { }-{잘리다}

크고 연한 물건이 잘 드는 칼에 쉽게 베어지는
소리. 또는 그 모양. '섬벅'보다 센 느낌을 준다.
¶수박을 썽벅 자르다.

썽벅-썽벅

의미 [+소리]v[+모양],[+물건],[+절단],[+용
이],[+반복]

제약 { }-{잘리다}

크고 연한 물건이 잘 드는 칼에 쉽게 자꾸 베어
지는 소리. 또는 그 모양. '섬벅섬벅'보다 센 느
낌을 준다.
¶수박이 단번에 **썽벅썽벅** 잘라진다.

썽뻑

의미 [+소리]v[+모양],[+물건],[+절단],[+용
이]

제약 { }-{잘리다}

크고 연한 물건이 잘 드는 칼에 쉽게 베어지는
소리. 또는 그 모양. '섬벅'보다 아주 센 느낌을
준다.

썽뻑-썽뻑

의미 [+소리]v[+모양],[+물건],[+절단],[+용
이],[+반복]

제약 { }-{잘리다}

크고 연한 물건이 잘 드는 칼에 쉽게 자꾸 베어
지는 소리. 또는 그 모양. '섬벅섬벅'보다 아주
센 느낌을 준다.

썽그레

의미 [+모양],[+웃음],[-소리],[+눈],[+입],
[+운동],[+유연]

제약 {사람}-{웃다}

눈과 입을 천연스럽게 움직이며 소리 없이 부드
럽게 웃는 모양. '성그레'보다 센 느낌을 준다.
¶그녀는 웃는 아이의 얼굴을 보고 **썽그레** 웃었
다.

썽글

의미 [+모양],[+웃음],[-소리],[+눈],[+입],
[+운동],[+다정]

제약 {사람}-{웃다}

눈과 입을 천연스럽게 움직이며 소리 없이 정답
게 웃는 모양. '성글'보다 센 느낌을 준다.

썽글-뺑글

의미 [+모양],[+웃음],[-소리],[+눈],[+입],
[+운동],[+다정],[+환함]

제약 {사람}-{웃다}

눈과 입을 천연스럽게 움직이며 소리 없이 정답
고 환하게 웃는 모양. '성글병글'보다 센 느낌을
준다.

썽글-썽글

의미 [+모양],[+웃음],[-소리],[+눈],[+입],
[+운동],[+다정],[+반복]

제약 {사람}-{웃다}

눈과 입을 천연스럽게 움직이며 소리 없이 정답
게 자꾸 웃는 모양. '성글성글'보다 센 느낌을
준다.
¶성격 좋은 옆집 총각은 항상 **썽글썽글** 웃는 낯
이다.

썽긋

의미 [+모양],[+웃음],[-소리],[+눈],[+입],
[+운동],[+경쾌]

제약 {사람}-{웃다}

눈과 입을 천연스럽게 움직이며 소리 없이 가볍
게 웃는 모양. '성긋'보다 센 느낌을 준다. 늑썽
긋이.

썽긋-뺑긋

의미 [+모양],[+웃음],[-소리],[+눈],[+입],
[+운동],[+경쾌],[+환함]

제약 {사람}-{웃다}

눈과 입을 천연스럽게 움직이며 소리 없이 가볍
고 환하게 웃는 모양. '성긋병긋'보다 센 느낌을
준다.

썽긋-썽긋

의미 [+모양],[+웃음],[-소리],[+눈],[+입],
[+운동],[+경쾌],[+반복]

제약 {사람}-{웃다}

눈과 입을 천연스럽게 움직이며 소리 없이 가볍

게 자꾸 웃는 모양. '성긋성긋'보다 센 느낌을
준다.

썽긋-이
의미 [+모양],[+웃음],[-소리],[+눈],[+입],
[+운동],[+경쾌]
제약 {사람}-{웃다}
=썽긋. 눈과 입을 천연스럽게 움직이며 소리 없
이 가볍게 웃는 모양.

썽끗
의미 [+모양],[+웃음],[-소리],[+눈],[+입],
[+운동],[+경쾌]
제약 {사람}-{웃다}
눈과 입을 천연스럽게 움직이며 소리 없이 가볍
게 웃는 모양. '성긋'보다 아주 센 느낌을 준다.
늑썽끗이.
¶친구가 알은체를 하며 썽끗 웃는다.

썽끗-뻥끗
의미 [+모양],[+웃음],[-소리],[+눈],[+입],
[+운동],[+경쾌],[+환함]
제약 {사람}-{웃다}
눈과 입을 천연스럽게 움직이며 소리 없이 가볍
고 환하게 웃는 모양. '성긋벙긋'보다 아주 센
느낌을 준다.
¶아기가 엄마를 보고 썽끗뻥끗 웃는다.

썽끗-썽끗
의미 [+모양],[+웃음],[-소리],[+눈],[+입],
[+운동],[+경쾌],[+반복]
제약 {사람}-{웃다}
눈과 입을 천연스럽게 움직이며 소리 없이 가볍
게 자꾸 웃는 모양. '성긋성긋'보다 아주 센 느
낌을 준다.

썽끗-이
의미 [+모양],[+웃음],[-소리],[+눈],[+입],
[+운동],[+경쾌]
제약 {사람}-{웃다}
=썽끗. 눈과 입을 천연스럽게 움직이며 소리 없
이 가볍게 웃는 모양.
¶신랑이 신부를 보고 썽끗이 웃는다.

썽둥
의미 [+모양],[+물건],[+절단],[+용이]

제약 {물건}-{베다, 자르다}
크고 연한 물건을 단번에 큼직하고 가볍게 베거
나 자르는 모양. '성둥'보다 센 느낌을 준다.
¶순대를 썽둥 자르다./사람 좋아 보이는 아주머
니는 청하지도 않는 돼지 내장 삶은 것을 썽둥
썰어서 몇 점 앞에 놓아 주는 것이었다.≪하근찬,
야호≫

썽둥-썽둥
의미 [+모양],[+물건],[+절단],[+용이],[+반
복]
제약 {물건}-{베다, 자르다}
크고 연한 물건을 단번에 잇따라 큼직하고 가볍
게 베거나 자르는 모양. '성둥성둥'보다 센 느낌
을 준다.
¶전방에서는 이발이라야 바느질 가위로 머리 밑
동만을 썽둥썽둥 쳐 내는 것이다.≪홍성원, 육이오≫

쏘곤닥-쏘곤닥
의미 [+소리]v[+모양],[+이야기],[+은밀],
[-크기],[+혼란],[+반복]
제약 {사람}-{말하다, 이야기하다, 속삭이다}
남이 알아듣지 못하도록 작은 목소리로 어수선
하게 자꾸 이야기하는 소리. 또는 그 모양. '소
곤닥소곤닥'보다 센 느낌을 준다.

쏘곤-쏘곤
의미 [+소리]v[+모양],[+이야기],[+은밀],[-
크기],[+반복]
제약 {사람}-{말하다, 이야기하다, 속삭이다}
남이 알아듣지 못하도록 작은 목소리로 자꾸 가
만가만 이야기하는 소리. 또는 그 모양. '소곤소
곤'보다 센 느낌을 준다.
¶남녀가 쏘곤쏘곤 말하며 웃는다.

쏘삭-쏘삭
의미 [+모양],[+수색],[+경박],[-주의],[+반
복]
제약 { }-{뒤지다, 쑤시다}
① 경박스럽게 함부로 자꾸 들추거나 뒤지거나
쑤시는 모양.
¶담뱃대를 지푸라기로 쏘삭쏘삭 쑤시다.
의미 [+모양],[+마음],[+요동],[+유혹],[+충
동],[+반복]

제약

② 가만히 있는 사람을 자꾸 꾀거나 추겨서 마음이 움직이게 하는 모양.

¶가만히 있는 사람 바람 들게 **쏘삭쏘삭** 들쑤시지 마.

쑥

의미 [+모양],[+함몰]v[+돌출]

제약 { }-{들어가다, 내밀다}

① 안으로 깊이 들어가거나 밖으로 볼록하게 내미는 모양.

¶보조개가 **쑥** 들어가다./혀를 **쑥** 내밀다./눈이 **쑥** 들어가 어디가 아파 보인다./이불 속에서 머리만 자라 모가지처럼 **쑥** 내밀었다.≪최인훈, 회색인≫

의미 [+모양],[+삽입]v[+추출]

제약

② 쉽게 밀어 넣거나 뽑아내는 모양.

¶김밥에서 햄만 **쑥** 빼 먹었다./밭에서 무 하나를 **쑥** 뽑았다.

의미 [+모양],[+빠짐]v[+터짐],[+순간]

제약 { }-{빠지다, 터지다}

③ 대번에 빠지거나 터지는 모양.

¶눈물이 **쑥** 빠지게 혼내 주어라./콩꼬투리에서 파란 콩들이 **쑥** 빠져 나왔다.

의미 [+모양],[+기운]v[+살],[+감소]

제약 {기운, 살}-{빠진다}

④ 기운이나 살이 줄어든 모양.

¶얼굴 살이 **쑥** 빠졌다./기운이 **쑥** 빠져 앉아 있기도 힘들다./시험에 떨어졌다는 말을 듣는 순간 힘이 **쑥** 빠졌다.

의미 [+모양],[+일],[+제외]v[-참여]

제약 {일, 사건}-{빼다}

⑤ 어떤 일에 제외되거나 참여하지 않는 모양.

¶친구들이 나만 **쑥** 빼고 자기들끼리 놀러 갔다./반장은 시민증 발급 신청 서류를 집집마다 나누어 주면서 우리 집만 **쑥** 빼놓았다.≪박완서, 그 많던 싱아는 누가 다 먹었을까≫/요리랑 시켜다 자기네끼리만 잡수시면서, 저만 **쑥** 빼놓으시면서….≪최정희, 인간사≫

의미 [+모양],[+때],[+정화]

제약 {때}-{빠지다}

⑥ 때가 깨끗이 없어지는 모양.

¶때가 **쑥** 빠져 새 옷 같다.

의미 [+모양],[+간섭],[-주저],[+경솔]

제약 { }-{나서다}

⑦ 거리낌 없이 경솔하게 말하며 나서는 모양.

¶어른들 말씀하시는 데 **쑥** 나서는 게 아니다.

의미 [+모양],[+옷차림]v[+체형],[-결점],[+정도]

제약

⑧ 옷차림이나 몸매가 아주 매끈한 모양.

¶새 옷을 **쑥** 빼입고 어디를 가느냐?/동백기름으로 윤이 나게 함함히 빗겨 놓은 머리는 매끈하게 **쑥** 빠진 몸매 위로 치렁치렁 늘어졌다.≪이기영, 봄≫

의미 [+모양],[+기억]v[+인상],[+선명],[+각인]

제약 { }-{새기다}

⑨ 기억이나 인상이 아주 선명하게 새겨지는 모양.

¶선생님의 말씀이 귀에 **쑥** 들어왔다./한눈에 **쑥** 들어온다.

의미 [+모양],[+정신],[+혼미],[+순간]

제약 {정신}-{나가다}

⑩ 갑자기 정신이 확 나가는 모양.

¶친구는 시끄러운 음악 소리에 정신이 **쑥** 빠져나간 표정으로 서 있었다.

의미 [+모양],[+몰두],[+정도]

제약

⑪ 어떤 것에 매우 탐닉하는 모양.

¶그는 요즘 영화에 **쑥** 빠져 있다./그녀는 그에게 **쑥** 빠져서는 친구도 몰라본다.

의미 [+모양],[+심리],[+만족],[+정도]

제약 { }-{들다}

⑫ 마음에 꼭 드는 모양.

¶그 옷은 내 마음에 **쑥** 든다./어머니는 며느릿감이 마음에 **쑥** 드는 모양이다./어찌나 씩씩하고 명랑하던지 첫눈에 **쑥** 들었었지.≪박완서, 미망≫

의미 [+모양],[+생김새]v[+차림새],[+유사]

제약 { }-{닮다}

⑬ 생김새나 차림새 따위가 꼭 닮은 모양.

¶너는 아버지를 **쏙** 빼어 닮았구나./밥 먹는 것까지 할아버지를 **쏙** 빼다 박았구나.

쏙닥-쏙닥

의미 [＋소리]v[＋모양],[＋이야기],[＋은밀], [－크기],[＋반복]

제약 {사람}-{말하다, 이야기하다, 속삭이다}

남이 알아듣지 못하도록 작은 목소리로 은밀하게 자꾸 이야기하는 소리. 또는 그 모양. '속닥속닥'보다 센 느낌을 준다.

¶그는 그들과 **쏙닥쏙닥** 무슨 얘기를 나누더니 상기된 얼굴로 돌아섰다.

쏙달-쏙달

의미 [＋소리]v[＋모양],[＋이야기],[＋은밀], [－크기],[＋혼란],[＋반복]

제약 {사람}-{말하다, 이야기하다, 속삭이다}

남이 알아듣지 못하도록 작은 목소리로 조금 수선스럽게 자꾸 이야기하는 소리. 또는 그 모양. '속달속달'보다 센 느낌을 준다.

¶아이들이 한데 모여 **쏙달쏙달** 저희끼리 무슨 얘기를 하고 있다.

쏙살-쏙살

의미 [＋소리]v[＋모양],[＋이야기],[＋은밀],[－크기],[＋반복]

제약 {사람}-{말하다, 이야기하다, 속삭이다}

남이 알아듣지 못하도록 작은 목소리로 자질구레하게 자꾸 이야기하는 소리. 또는 그 모양. '속살속살'보다 센 느낌을 준다.

쏙-쏙

의미 [＋모양],[＋다수][＋동시]v[＋하나][＋빈도],[＋함몰]v[＋돌출]

제약 { }-{들어가다, 내밀다}

① 여럿이 한꺼번에 또는 하나가 여러 번 안으로 깊이 들어가거나 밖으로 볼록하게 내미는 모양.

¶씨앗을 뿌린 지 사흘이 지나자 싹이 **쏙쏙** 나기 시작했다./그녀는 입을 다물 때마다 입 꼬리가 **쏙쏙** 들어갔다.

의미 [＋모양],[＋삽입]v[＋추출],[＋반복]

제약 { }-{넣다, 뽑아내다}

② 자꾸 밀어 넣거나 뽑아내는 모양.

¶아이가 화단에서 잡초를 **쏙쏙** 뽑아내고 있었다./고리와 들보며 서까래까지 모조리 관솔로만 **쏙쏙** 뽑아서 지었다는 정자다.≪박종화, 임진왜란≫

의미 [＋모양],[＋빠짐]v[＋터짐],[＋반복]

제약 { }-{빠지다, 터지다}

③ 자꾸 빠지거나 터지는 모양.

¶그의 꾸지람에 사람들은 눈물을 **쏙쏙** 뺐다.

의미 [＋모양],[＋기운]v[＋살],[＋감소],[＋반복]

제약 {기운, 살}-{빠진다}

④ 기운이나 살이 자꾸 줄어드는 모양.

¶요즘은 스트레스 때문에 살이 **쏙쏙** 빠진다.

의미 [＋모양],[＋다수][＋동시]v[＋하나][＋빈도],[＋제외]v[－참여]

제약

⑤ 여럿이 한꺼번에 또는 하나가 여러 번 제외되거나 참여하지 않는 모양.

¶돈 많은 사람들은 이번 검거에서 약삭빠르게 **쏙쏙** 빠져나갔다./그의 제안은 기획안의 채택 때마다 **쏙쏙** 빠졌다.

의미 [＋모양],[＋때],[＋정화]

제약 {때}-{빠지다}

⑥ 때가 깨끗이 없어지는 모양.

¶때를 **쏙쏙** 빼 줍니다.

의미 [＋모양],[＋간섭],[－주저],[＋경솔],[＋반복]

제약

⑦ 거리낌 없이 경솔하게 자꾸 말하며 나서는 모양.

¶어른들이 얘기하는 자리에 자네가 그렇게 **쏙쏙** 끼어드는 게 아니네.

의미 [＋모양],[＋전부],[－결점]

제약

⑧ 여럿이 다 흠잡을 데 없이 매끈한 모양.

의미 [＋모양],[＋고통],[＋반복]

제약 {몸}-{쑤신다}

⑨ 자꾸 쑤시듯이 아픈 모양.

¶뼈끝마다 **쏙쏙** 쑤신다./몸살인지 온몸이 바늘로 **쏙쏙** 찌르듯이 아프다./무섭게 여윈 그 얼굴

을 대할 때에 어린 이 몸의 가슴은 바늘로 **쑥쑥** 찌르는 듯하였나이다.≪이광수, 무정≫

의미 [+모양],[+기억]v[+인상],[+선명],[+각인]

제약

⑩ 기억이나 인상이 아주 선명하게 새겨지는 모양.

¶선생님의 강의는 머리에 **쑥쑥** 들어온다./그녀의 연설은 청중들의 가슴속에 **쑥쑥** 들어와 박혔다.

쏜살같-이

의미 [+속도],[+정도]

제약

쏜 화살과 같이 매우 빠르게. 늑살같이.

¶**쏜살같이** 사라지다./**쏜살같이** 도망치다./순이는 기쁨에 설레는 가슴을 안고 **쏜살같이** 고개를 달음질쳐 내려왔다.≪정비석, 성황당≫/세월은 어딘가를 향해 끊임없이, **쏜살같이** 달려가고 있는데 나는 제자리에서 뜀박질만 하고 있다는 느낌이 지배적이었다.≪김원우, 짐승의 시간≫

쏠라닥-쏠라닥

의미 [+소리]v[+모양],[+쥐],[+분리]v[+절단],[+물건]

제약

① 쥐 따위가 이리저리 쏘다니며 물건을 함부로 자꾸 잘게 물어뜯거나 끊는 소리. 또는 그 모양.

¶쥐가 쌀자루를 **쏠라닥쏠라닥** 쏠고 있다.

의미 [+모양],[+장난],[+은밀],[+잔망],[+반복]

제약

② 남의 눈을 피해 가며 좀스럽게 자꾸 못된 장난을 하는 모양.

의미 [+모양],[+절단],[+가위],[+반복]

제약 { }-{베다, 잘라내다}

③ 가위로 자꾸 조금씩 베거나 잘라 내는 모양.

쏠락-쏠락

의미 [+소리]v[+모양],[+쥐],[+분리]v[+절단],[+물건]

제약

① ‘쏠라닥쏠라닥①’의 준말. 쥐 따위가 이리저

리 쏘다니며 물건을 함부로 자꾸 잘게 물어뜯거나 끊는 소리. 또는 그 모양.

¶생쥐가 창문틀을 **쏠락쏠락** 물어뜯어 놓아서, 겨울이 되면 찬 바람이 많이 들어온다./돈을 상자에 넣어 두는 것을 알고는 그 궤 밑에 조그만 구멍을 뚫어 놓고 곶감 빼 먹듯 **쏠락쏠락** 뽑아 먹고….≪한설야, 탑≫

의미 [+모양],[+장난],[+은밀],[+잔망],[+반복]

제약

② ‘쏠라닥쏠라닥②’의 준말. 남의 눈을 피해 가며 좀스럽게 자꾸 못된 장난을 하는 모양.

의미 [+모양],[+절단],[+가위],[+반복]

제약 { }-{베다, 잘라내다}

③ ‘쏠라닥쏠라닥③’의 준말. 가위로 자꾸 조금씩 베거나 잘라 내는 모양.

¶아이는 가위로 색종이를 **쏠락쏠락** 잘라 내었다.

쏠쏠

의미 [+모양],[+물]v[+가루],[+틈]v[+구멍],[+누출],[+소량]

제약 {물, 가루}-{새어 나오다}

① 물이나 가루 따위가 틈이나 구멍으로 조금씩 가볍게 새어 나오는 모양. ‘솔솔①’보다 센 느낌을 준다.

¶포대의 터진 틈으로 밀가루가 **쏠쏠** 새고 있다.

의미 [+모양],[+바람],[+유연]

제약 {바람}-{불다}

② 바람이 보드랍게 부는 모양. ‘솔솔②’보다 센 느낌을 준다.

¶시원한 산바람이 **쏠쏠** 분다./이때부터 웅보는 여름이면 시원한 영산강 강바람이 **쏠쏠** 들어오고, 겨울에는 솔가리만 좀 넣어도 구들이 뜨끈뜨끈한 방에서 할아버지와 함께 자고 싶었다.≪문순태, 타오르는 강≫

의미 [+모양],[+비]v[+눈],[-정도],[+연속]

제약 {비, 눈}-{내리다}

③ 가는 비나 눈이 잇따라 가볍게 내리는 모양. ‘솔솔③’보다 센 느낌을 준다.

의미 [+모양],[+말]v[+글],[-방해]

제약

④ 말이나 글이 막힘없이 잘 나오거나 써지는 모양. '솔솔④'보다 센 느낌을 준다.

¶그 지원자는 긴장한 듯이 보였지만 답변을 쏠쏠 잘하였다.

의미 [+모양],[+실]v[+끈],[+풀림],[+정도]

제약 {실타래, 끈}-{풀리다}

⑤ 얽힌 실이나 끈 따위가 쉽게 잘 풀려 나오는 모양. '솔솔⑤'보다 센 느낌을 준다.

의미 [+모양],[+말]v[+글],[-방해]

제약

⑥ 얽히거나 쌓였던 일들이 쉽게 잘 풀리는 모양. '솔솔⑥'보다 센 느낌을 준다.

¶웬일인지 고민하고 있던 일이 쏠쏠 풀려 오랜만에 사업이 정상 궤도를 되찾았다.

의미 [+모양],[+냄새]v[+연기],[+확산]v[+상승],[-정도]

제약 {냄새, 연기}-{풍기다, 피어오르다}

⑦ 냄새나 가는 연기 따위가 가볍게 풍기거나 피어오르는 모양. '솔솔⑦'보다 센 느낌을 준다.

¶숨을 내쉴 때마다 담배 연기가 쏠쏠 피어올랐다.

의미 [+모양],[+재미]

제약

⑧ 재미가 은근히 나는 모양. '솔솔⑧'보다 센 느낌을 준다.

쏠쏠-히

의미 [+품질]v[+수준]v[+정도],[+기대],[+만족]

제약

품질이나 수준, 정도 따위가 웬만하여 괜찮거나 기대 이상으로.

¶그는 요즘 장사가 잘 되어서 쏠쏠히 재미를 본다./마침 가을철이라 도배장이 장 씨에게는 일이 쏠쏠히 들어왔다.

쏭당

의미 [+모양],[+물건],[+절단],[-크기],[+속도]

제약 { }-{썰다, 자르다}

연한 물건을 조금 작고 거칠게 빨리 한 번 써는 모양. '송당'보다 센 느낌을 준다.

¶파 뿌리를 쏭당 잘라 내다.

쏭당-쏭당

의미 [+모양],[+물건],[+절단],[-크기],[+속도],[+반복]

제약 { }-{썰다, 자르다}

① 연한 물건을 조금 작고 거칠게 자꾸 빨리 써는 모양. '송당송당①'보다 센 느낌을 준다.

¶파를 쏭당쏭당 썰다.

의미 [+모양],[+재봉],[+간격],[+반복]

제약 { }-{꿰매다, 시치다}

② 바늘땀을 다문다문 거칠게 자꾸 호는 모양. '송당송당②'보다 센 느낌을 준다.

¶타진 밑단을 대충 쏭당쏭당 꿰맸다.

쏴

의미 [+소리],[+바람],[+마찰],[+나뭇가지]v[+물건],[+틈새]

제약 {바람}-{불다, 몰아치다}

① 나뭇가지나 물건의 틈 사이로 바람이 스쳐 부는 소리. '솨①'보다 센 느낌을 준다.

¶바닷가 소나무 숲에 바람이 쏴 분다.

의미 [+소리],[+비바람]v[+물결],[+이동],[+접근]

제약 {비바람, 물결}-{치다, 밀려오다}

② 비바람이 치거나 물결이 밀려오는 소리. '솨②'보다 센 느낌을 준다.

¶소낙비가 갑자기 쏴 쏟아진다./파도가 쏴 밀려와 하얗게 부서진다.

의미 [+소리],[+물],[+이동],[+속도]

제약 {액체}-{쏟아지다, 흐르다}

③ 물이 급히 내려가거나 나오는 소리. '솨③'보다 센 느낌을 준다.

¶화장실에 누가 있는지 쏴 물 내려가는 소리가 들렸다./쓰디쓴 노란 액체가 질척거리는 차체 바닥으로 쏴 쏟아져 내렸다.≪신상웅, 히포크라테스의 흉상≫

쏴르르

의미 [+소리]v[+모양],[+물체]v[+액체],[+유출]

제약

조금 잘고 많은 물체나 액체 따위가 쏟아져 내

리는 소리. 또는 그 모양. '솨르르'보다 센 느낌을 준다.

¶흙이 **쏴르르** 무너지다./나뭇가지에 쌓였던 눈이 **쏴르르** 떨어졌다./오래 막혔던 샘이 터지듯, 눈물이 갑자기 **쏴르르** 쏟아졌다./갑자기 손가락만 한 굵은 빗줄기들이 **쏴르르** 창문을 때리기 시작했다.

쏴-쏴

의미 [+소리],[+바람],[+마찰],[+나뭇가지]v[+물건],[+틈새],[+반복]

제약 {바람}-{불다, 몰아치다}

① 나뭇가지나 물건의 틈 사이로 바람이 자꾸 스쳐 부는 소리. '솨솨①'보다 센 느낌을 준다.

¶바닷바람이 갈대밭 사이로 **쏴쏴** 불어온다./집 안엔 모두 잠들이라도 들었는지 솔바람 소리만 **쏴쏴** 들려올 뿐 쥐죽은 듯 고요하다.≪홍성원, 육이오≫

의미 [+소리],[+비바람]v[+물결],[+이동],[+접근],[+반복]

제약 {비바람, 물결}-{치다, 밀려오다}

② 자꾸 비바람이 치거나 물결이 밀려오는 소리. '솨솨②'보다 센 느낌을 준다.

¶비바람이 **쏴쏴** 몰아친다.

의미 [+소리],[+물],[+이동],[+속도],[+연속]

제약 {액체}-{쏟아지다, 흐르다}

③ 물이 잇따라 급히 내려가거나 나오는 소리. '솨솨③'보다 센 느낌을 준다.

¶폭우로 불어난 시냇물이 **쏴쏴** 소리를 내며 흘러간다.

쐌-쐌

의미 [+소리]v[+모양],[+물],[+흐름],[-장애],[+반복]

제약

① 물 따위가 거침없이 자꾸 번져 흐르는 소리. 또는 그 모양. '쐀쐀①'보다 센 느낌을 준다.

¶터진 수도관에서 수돗물이 **쐌쐌** 쏟아져 나온다./이 계곡은 물이 많아 **쐌쐌** 흘러내린다.

의미 [+소리]v[+모양],[+가루]v[+모래],[+틈]v[+구멍],[+흐름],[+반복]

제약 {가루, 모래}-{쏟아지다}

② 고운 가루나 모래 따위가 좁은 틈이나 구멍으로 거침없이 자꾸 흘러내리는 소리. 또는 그 모양. '쐀쐀②'보다 센 느낌을 준다.

¶걸음을 옮길 때마다 자루의 터진 틈새로 보리쌀이 **쐌쐌** 쏟아져 내렸다.

의미 [+소리]v[+모양],[+머리털]v[+털],[+빗질]v[+손질]

제약

③ 자꾸 머리털을 빗질하거나 짐승의 털을 손질하는 소리. 또는 그 모양. '쐀쐀③'보다 센 느낌을 준다.

쐐

의미 [+소리],[+바람],[+마찰],[+나뭇가지]v[+물건],[+틈새]

제약 {바람}-{불다, 몰아치다}

① 나뭇가지나 물건의 틈 사이로 바람이 몰아쳐 부는 소리. '쇄①'보다 센 느낌을 준다.

¶찬 밤중 바람이 가로수를 **쐐** 스치고 지나간다.≪이태준, 화관≫

의미 [+소리],[+소나기],[+낙하],[+정도]

제약 {소나기}-{내리다}

② 소나기가 몰아쳐 내리는 소리. '쇄②'보다 센 느낌을 준다.

의미 [+소리],[+물],[+이동],[+속도]

제약 {액체}-{쏟아지다, 흐르다}

③ 물이 급히 나오거나 내려가는 소리. '쇄③'보다 센 느낌을 준다.

쐐-쐐

의미 [+소리],[+바람],[+마찰],[+나뭇가지]v[+물건],[+틈새],[+반복]

제약 {바람}-{불다, 몰아치다}

① 나뭇가지나 물건의 틈 사이로 바람이 자꾸 몰아쳐 부는 소리. '쇄쇄①'보다 센 느낌을 준다.

¶돌담 틈새로 **쐐쐐** 세차게 빠져나가는 바람 소리는 우리를 더욱 움츠러들게 했다.

의미 [+소리],[+소나기],[+낙하],[+정도],[+반복]

제약 {소나기}-{내리다}

② 소나기가 자꾸 몰아쳐 내리는 소리. '쇄쇄②'보다 센 느낌을 준다.

의미 [+소리],[+물],[+이동],[+속도],[+연속]
제약 {액체}-{쏟아지다, 흐르다}
③ 물이 잇따라 급히 나오거나 내려가는 소리. '쇄쇄③'보다 센 느낌을 준다.
¶언니나 할머니는 우물가 수채에 쪼그리고 앉아 쐐쐐 오줌을 누었지만….≪오정희, 유년의 뜰≫

쑤걱-쑤걱

의미 [+모양],[-말],[+일],[+순종],[+끈기]
제약
① 말없이 꾸준하게 일하거나 순종하는 모양. '수걱수걱①'보다 센 느낌을 준다.
¶말없이 쑤걱쑤걱 일만 하다.
의미 [+모양],[+걸음],[+말],[-흥분]
제약 { }-{걷다}
② 수긋하게 말없이 걷는 모양. '수걱수걱②'보다 센 느낌을 준다.

쑤군덕-쑤군덕

의미 [+소리]v[+모양],[+이야기],[-크기],[-분명],[+혼란],[+반복]
제약 {사람}-{말하다, 이야기하다, 속삭이다}
남이 알아듣지 못하도록 낮은 목소리로 어수선하게 자꾸 이야기하는 소리. 또는 그 모양. '수군덕수군덕'보다 센 느낌을 준다.
¶동네 사람들 사이에는 새로 이사 온 집을 두고 쑤군덕쑤군덕 말이 많았다.

쑤군-쑤군

의미 [+소리]v[+모양],[+이야기],[-크기],[-분명],[+반복]
제약 {사람}-{말하다, 이야기하다, 속삭이다}
남이 알아듣지 못하도록 낮은 목소리로 자꾸 가만가만 이야기하는 소리. 또는 그 모양. '수군수군'보다 센 느낌을 준다.
¶쑤군쑤군 귀엣말을 나누다./어디선가 쑤군쑤군 말하는 소리가 들려왔다./그들은 밤 늦게까지 술상을 앞에 놓고 쑤군쑤군 얘기했다./사람들은 진종일 집구석에만 틀어박혀 뭔가를 쑤군쑤군 공론하는 눈치였다.≪윤흥길, 묵시의 바다≫

쑤석-쑤석

의미 [+모양],[+탐색],[-주의],[+반복]
제약 { }-{뒤지다, 쑤시다}
① 함부로 자꾸 들추거나 뒤지거나 쑤시는 모양.
¶어머니는 장롱을 쑤석쑤석 뒤지시더니 돈 보따리를 아들에게 내놓으셨다.
의미 [+모양],[+마음],[+요동],[+유혹],[+충동],[+반복]
제약
② 가만히 있는 사람을 자꾸 꾀거나 추겨서 마음이 움직이게 하는 모양.

쑥

의미 [+모양],[+함몰]v[+돌출]
제약 { }-{들어가다, 내밀다}
① 안으로 깊이 들어가거나 밖으로 불룩하게 내미는 모양.
¶엉덩이를 쑥 빼다./그는 항상 배를 쑥 내밀고 걷는다./그 아이는 입이 쑥 나와서는 밥도 안 먹는다./자라처럼 움츠렸던 목을 쑥 빼고 두리번거리는 꼴이 또 가관이었다.≪김정한, 수라도≫
의미 [+모양],[+투입][+깊이]v[+추출][+길이]
제약 { }-{넣다, 뽑아내다}
② 깊이 밀어 넣거나 길게 뽑아내는 모양.
¶김확실이는 단검을 쑥 뽑아 냈다.≪송기숙, 녹두 장군≫/들어가서 가녀린 포기를 쑥 뽑았다. 콩알만 한 풋감자가 몇 알 뿌리에 달려 나왔다.≪유주현, 대한 제국≫
의미 [+모양],[+빠짐]v[+터짐],[+순간]
제약 { }-{빠지다, 터지다}
③ 대번에 빠지거나 터지는 모양.
¶눈물을 쑥 빼다./도랑의 물이 쑥 빠졌다.
의미 [+모양],[+기운]v[+살],[+감소]
제약 {기운, 살}-{빠진다}
④ 기운이나 살이 줄어드는 모양.
¶힘이 쑥 빠지다./기운이 쑥 빠져 밥 먹기도 힘들다./며칠 고생을 하더니 살이 쑥 빠졌구나./아들이 죽었다는 소식에 맥이 쑥 빠져 버렸다.
의미 [+모양],[+일],[+제외]v[-참여]
제약 {일, 사건}-{빼다}
⑤ 어떤 일에 제외되거나 참여하지 않는 모양.
¶뒤로 쑥 빠지다./나만 쑥 빼놓고 자기들만 식사

를 하다니./자기의 비밀까지 말했을 터인데 그
런 말은 일부러 **쑥** 빼놓고 갑숙이와의 관계만을
묻는 것이 야릇하지 않은가.≪이기영, 고향≫
의미 [+모양],[+때],[+정화]
제약 {때}-{빠지다}
⑥ 때가 깨끗이 없어지는 모양.
¶옷을 삶아서 빨았더니 묵은 때가 **쑥** 빠졌다./만
주서 왔다는 것만으로도 신기한데 늘씬하게 잘
생긴 인물에 땟물이 **쑥** 빠진 듯 깨끗한 인상
은…단연 군계일학이었다.≪박경리, 토지≫
의미 [+모양],[+간섭],[-주저],[+경솔]
제약
⑦ 거리낌 없이 경솔하게 말하며 나서는 모양.
¶어른들 말씀하시는 데 **쑥** 나서서 참견을 한다.
의미 [+모양],[+옷차림]v[+몸매],[-결점]
제약
⑧ 옷차림이나 몸매가 아주 미끈한 모양.
¶몸매가 **쑥** 빠지다./그는 옷을 **쑥** 빼입고 맞선
장소로 나갔다.
의미 [+모양],[+정신],[+혼미],[+순간]
제약 {정신}-{나가다}
⑨ 갑자기 정신이 확 나가는 모양.
¶정신이 **쑥** 빠지다./넋이 **쑥** 나가다.
의미 [+모양],[+상승]v[+하강],[+순간]
제약 { }-{올라가다, 내려가다}
⑩ 갑자기 올라가거나 내려가는 모양.
¶성적이 **쑥** 올라 모두들 놀랐다./십 년 묵은 체
증이 **쑥** 내려갔다.
의미 [+모양],[+행진]v[+출현],[+순간]
제약 { }-{나가다, 나타나다}
⑪ 앞으로 나아가거나 앞에 불쑥 나타나는 모
양.
¶그가 갑자기 앞으로 **쑥** 나왔다./큰길로 **쑥** 나가
면 약국이 있습니다.

쑥덕-쑥덕
의미 [+소리]v[+모양],[+이야기],[-크기],
[-분명],[+반복]
제약 {사람}-{말하다, 이야기하다, 속삭이다}
남이 알아듣지 못하도록 낮은 목소리로 은밀하
게 자꾸 이야기하는 소리. 또는 그 모양. '숙덕

숙덕'보다 센 느낌을 준다.
¶동네 사람들은 이번에 이사 간 집에 대해 **쑥덕**
쑥덕 뒷말을 하기 시작했다.

쑥덜-쑥덜
의미 [+소리]v[+모양],[+이야기],[-크기],
[-분명],[+반복]
제약 {사람}-{말하다, 이야기하다, 속삭이다}
남이 알아듣지 못하도록 낮은 목소리로 조금 수
선스럽게 자꾸 이야기하는 소리. 또는 그 모양.
'숙덜숙덜'보다 센 느낌을 준다.
¶부질없이 **쑥덜쑥덜** 수선만 피우지 말고 대책을
세워야 하지 않겠소.

쑥설-쑥설
의미 [+소리]v[+모양],[+이야기],[-크기],[-
분명],[+반복]
제약 {사람}-{말하다, 이야기하다, 속삭이다}
남이 알아듣지 못하도록 낮은 목소리로 자질구
레하게 자꾸 이야기하는 소리. 또는 그 모양.
'숙설숙설'보다 센 느낌을 준다.
¶하찮은 일을 가지고 **쑥설쑥설** 말이 많았다.

쑥스레
의미 [+행동]v[+모양],[-자연],[+가소],[-조
화]
제약
하는 짓이나 모양이 자연스럽지 못하여 우습고
싱거운 데가 있게.
¶아내가 옆에서 가볍게 핀잔을 주자 그는 **쑥스**
레 웃으며 뒷머리를 긁었다.

쑥-쑥
의미 [+모양],[+다수][+동시]v[+하나][+빈
도],[+함몰]v[+돌출]
제약 { }-{들어가다, 내밀다}
① 여럿이 한꺼번에 또는 하나가 여러 번 안으
로 깊이 들어가거나 밖으로 불룩하게 내미는
모양.
¶시험이 있던 날 수험생들은 모두 밤을 새웠는
지 눈이 **쑥쑥** 들어가 있었다./봄볕이 완연해지
자 **쑥쑥** 돋아난 푸른 잎들이 눈에 들어왔다./밖
에서 큰 소리가 나자 반 아이들은 목을 **쑥쑥** 내
밀고 구경하느라 정신이 없다./벌에 쏘인 다리

가 엄지손가락이 쑥쑥 들어갈 정도로 퉁퉁 부어 있었다.
의미 [+모양],[+투입]v[+추출],[+반복]
제약 { }-{넣다, 뽑아내다}
② 자꾸 밀어 넣거나 뽑아내는 모양.
¶잡초를 쑥쑥 뽑다.
의미 [+모양],[+빠짐]v[+터짐],[+반복]
제약 { }-{빠지다, 터지다}
③ 자꾸 빠지거나 터지는 모양.
¶물이 쑥쑥 잘 빠진다.
의미 [+모양],[+기운]v[+살],[+감소],[+반복]
제약 {기운, 살}-{빠진다}
④ 기운이나 살이 자꾸 줄어드는 모양.
¶웬일인지 요즘은 살이 쑥쑥 빠진다./그의 말을 들으니 기운이 쑥쑥 빠진다.
의미 [+모양],[+다수][+동시]v[+하나][+빈도],[+제외]v[-참여]
제약
⑤ 여럿이 한꺼번에 또는 하나가 여러 번 제외되거나 참여하지 않는 모양.
¶그의 자서전에는 부끄러운 과거는 쑥쑥 빠져 있었다./날씨가 좋은 봄날이면 학생들은 수업을 빼먹고 학교를 쑥쑥 빠져나갔다./그는 기부금을 내는 모임에는 쑥쑥 빠졌다.
의미 [+모양],[+때],[+정화]
제약 {때}-{빠지다}
⑥ 때가 깨끗이 없어지는 모양.
¶이 세제를 쓰니 때가 쑥쑥 잘 빠진다.
의미 [+모양],[+간섭],[-주저],[+경솔],[+반복]
제약
⑦ 거리낌 없이 자꾸 경솔하게 말하며 나서는 모양.
¶그는 아무 일에나 쑥쑥 나서길 잘한다.
의미 [+모양],[+전부],[-결점]
제약
⑧ 여럿이 다 흠잡을 데 없이 미끈한 모양.
¶경호원들은 새까만 양복을 쑥쑥 빼입고 근무를 서고 있었다./키가 훤칠하고 몸매가 쑥쑥 빠진

배우들이 무대 위로 올라왔다.
의미 [+모양],[+고통],[+반복]
제약 {몸}-{쑤신다}
⑨ 자꾸 쑤시듯이 아픈 모양.
¶비가 오려는지 다리가 쑥쑥 쑤시는구나./온몸이 쑥쑥 쑤시는 게 아무래도 몸살이 난 것 같다.
의미 [+모양],[+상승]v[+하강],[+순간],[+정도]
제약 { }-{올라가다, 내려가다}
⑩ 갑자기 많이 올라가거나 내려가는 모양.
¶성적이 쑥쑥 오르다./매년 물가는 내릴 줄 모르고 쑥쑥 올라가기만 한다./해열제를 먹자 열이 쑥쑥 내리기 시작했다./하룻밤을 지나면 군사 수효는 열 명, 스무 명, 서른 명씩 쑥쑥 줄어들었다.≪박종화, 다정불심≫
의미 [+모양],[+전부],[+상승]v[+하강],[+순간]
제약 { }-{올라가다, 내려가다}
⑪ 여럿이 다 갑자기 올라가거나 내려가는 모양.
의미 [+모양],[+진행]v[+출현],[+순간],[+반복]
제약 { }-{나가다, 나타나다}
⑫ 앞으로 자꾸 나아가거나 앞에 불쑥불쑥 나타나는 모양.
¶대열은 앞으로 쑥쑥 나갔다./출근 시간이라 길이 막혀서 차가 앞으로 쑥쑥 나가지를 못한다.
의미 [+모양],[+성장],[+순간],[+정도]
제약 { }-{크다, 자라다}
⑬ 갑자기 많이 커지거나 자라는 모양.
¶수염이 쑥쑥 자라다./해가 다르게 아이들은 쑥쑥 자라났다./그는 유능한 사원으로 쑥쑥 커 가고 있다./오랫동안 돌보지 않은 정원에는 온갖 잡풀들이 쑥쑥 자라 있었다.

쑬쑬
의미 [+모양],[+물]v[+가루],[+틈]v[+구멍],[+누출],[+소량]
제약 {물, 가루}-{새어 나오다}
① 물이나 가루 따위가 틈이나 구멍으로 조금씩 거볍게 새어 나오는 모양. '술술①'보다 센 느낌

을 준다.

¶아까부터 터진 자루에서 쌀가루가 **쑬쑬** 빠져나
왔다.

의미 [+모양],[+바람],[+유연]

제약 {바람}-{불다}

② 바람이 부드럽게 부는 모양. '술술②'보다 센
느낌을 준다.

의미 [+모양],[+비]v[+눈],[+낙하],[-정도],
[+연속]

제약 {비, 눈}-{내리다}

③ 가는 비나 눈이 잇따라 거볍게 내리는 모양.
'술술③'보다 센 느낌을 준다.

¶가랑비가 **쑬쑬** 내리다.

의미 [+모양],[+말]v[+글],[-장애]

제약

④ 말이나 글이 막힘없이 잘 나오거나 써지는
모양. '술술④'보다 센 느낌을 준다.

¶뚫어진 입이라 말 하나는 **쑬쑬** 잘 나온다.≪송
기숙, 자랏골의 비가≫

의미 [+모양],[+실타래]v[+끈],[+풀림],[+정
도]

제약 {실타래, 끈}-{풀리다}

⑤ 얽힌 실이나 끈 따위가 쉽게 잘 풀려 나오는
모양. '술술⑤'보다 센 느낌을 준다.

의미 [+모양],[+일],[+진행],[+용이],[+정도]

제약 {일, 사건}-{풀리다}

⑥ 얽히거나 쌓였던 일들이 쉽게 잘 풀리는 모
양. '술술⑥'보다 센 느낌을 준다.

¶일이 **쑬쑬** 잘되어 가다.

쑬쑬-히

의미 [+품질]v[+수준]v[+정도],[+기대],[+초
과]

제약

품질이나 수준, 정도 따위가 웬만하여 기대 이
상으로.

¶다행히 싸전 운영이 **쑬쑬히** 잘되어 먹고사는
데는 어려움이 없었다./응, 신랑도 **쑬쑬히** 잘생
겼구먼.≪염상섭, 화관≫

쑹덩

의미 [+모양],[+물건],[+절단],[+크기],[+속

도]

제약 { }-{썰다, 자르다}

연한 물건을 조금 큼직하고 거칠게 빨리 한 번
써는 모양. '숭덩'보다 센 느낌을 준다.

¶배추를 **쑹덩** 자르다./어머니는 딸의 긴 머리카
락을 **쑹덩** 잘라 버렸다.

쑹덩-쑹덩

의미 [+모양],[+물건],[+절단],[+크기],[+속
도],[+반복]

제약 { }-{썰다, 자르다}

① 연한 물건을 조금 큼직하고 거칠게 자꾸 빨
리 써는 모양. '숭덩숭덩①'보다 센 느낌을 준다.

¶무를 **쑹덩쑹덩** 썰다.

의미 [+모양],[+재봉],[+간격],[+반복]

제약 { }-{꿰매다, 시치다}

② 바늘땀을 드문드문 거칠게 자꾸 호는 모양.
'숭덩숭덩②'보다 센 느낌을 준다.

쓰

의미 [+소리],[+모스부호],[+송신],[+길이]

제약

모스 부호 가운데 긴 부호를 송신할 때 나는 소
리.

쓰렁-쓰렁[01]

의미 [+모양],[+행동],[+은밀]

제약

① 남이 모르게 비밀리 행동하는 모양.

의미 [+모양],[+일],[-정성]

제약

② 일을 건성으로 하는 모양.

¶청소를 시키면 그는 늘 **쓰렁쓰렁** 눈에 보이는
곳만 치우고 만다.

쓰렁-쓰렁[02]

의미 [+모양],[-친밀],[+어색]

제약

사귀는 정이 버성기어 서로의 사이가 소원한 모
양.

¶그들은 사촌 간이지만, 멀리 떨어져 살다 보니
쓰렁쓰렁 남남 사이나 다름없게 되었다.

쓰르륵

의미 [+소리]v[+모양],[+물건],[+마찰],[+경

쾌],[+거침]

제약

물건이 조금씩 쓸리면서 시원스럽고 거칠게 나는 소리. 또는 그 모양.

쓰르륵-쓰르륵

의미 [+소리]v[+모양],[+물건],[+마찰],[+경쾌],[+거침],[+반복]

제약

물건이 조금씩 쓸리면서 시원스럽고 거칠게 잇따라 나는 소리. 또는 그 모양.

쓰륵

의미 [+소리]v[+모양],[+물건],[+마찰],[+경쾌],[+거침]

제약

'쓰르륵'의 준말. 물건이 조금씩 쓸리면서 시원스럽고 거칠게 나는 소리. 또는 그 모양.

쓰륵-쓰륵

의미 [+소리]v[+모양],[+물건],[+마찰],[+경쾌],[+거침],[+반복]

제약

'쓰르륵쓰르륵'의 준말. 물건이 조금씩 쓸리면서 시원스럽고 거칠게 잇따라 나는 소리. 또는 그 모양.

쓰름-쓰름

의미 [+소리],[+쓰름매미],[+울음]

제약 {쓰름매미}-{울다}

쓰름매미가 우는 소리.

¶한여름 냇가 버드나무에서 쓰름매미가 **쓰름쓰름** 울어 댔다.

쓰적-쓰적

의미 [+소리]v[+모양],[+물건],[+마찰],[+반복]

제약 { }-{문지르다, 비비다}

① 물건이 서로 맞닿아 자꾸 비벼지는 소리. 또는 그 모양. '스적스적①'보다 센 느낌을 준다.

¶그는 등이 가려웠던지 기둥에 등을 대고 **쓰적쓰적** 비벼대고 있었다.

의미 [+모양],[+쓰레질],[−정성]

제약 { }-{쓸다}

② 쓰레질을 대강대강 하는 모양. '스적스적②'

보다 센 느낌을 준다.

¶그는 빗자루를 들고 **쓰적쓰적** 눈 쌓인 마당을 쓰레질했다.

쓱

의미 [+모양],[±출입],[+은밀]

제약

① 슬그머니 내밀거나 들어가는 모양.

¶철수가 웃는 얼굴로 **쓱** 들어섰다./빨갱이는 산이 쩡하고 울리도록 큰 기침를 한 번 하고 나서 칼을 **쓱** 뽑아 든다.≪현진건, 무영탑≫

의미 [+모양],[+소멸],[+은밀]

제약

② 슬쩍 사라지는 모양.

¶그는 어느새 **쓱** 없어져 버렸다.

의미 [+모양],[+통과],[+속도]

제약 { }-{지나가다}

③ 빨리 지나가는 모양.

¶그는 빠른 걸음으로 내 앞을 **쓱** 지나갔다.

의미 [+모양],[+마찰],[+은밀]

제약

④ 슬쩍 문지르거나 비비는 모양.

¶콧물을 손등으로 **쓱** 닦다./그는 갈증을 느끼는지 혀로 입술을 **쓱** 핥았다./만재는 손을 바지에다 **쓱** 문지르며 아무렇지도 않다는 시늉을 했다.≪송기숙, 암태도≫

의미 [+모양],[+행동],[+은밀]

제약

⑤ 넌지시 슬쩍 행동하는 모양.

¶아무런 기척도 없이 문을 **쓱** 열었다./금방 주인이 우리를 한 번 **쓱** 쳐다보더니 물건을 살피고는 잠깐만 기다리라는 것이었다.≪황석영, 어둠의 자식들≫/주소, 직업, 학력과 특수 기술이 있는가를 물어 가며 기입하고 체격을 **쓱** 보아서 A, B, C, D의 등급을 매겨 주는 것이었다.≪염상섭, 취우≫

쓱싹

의미 [+소리],[+톱질]v[+줄질]

제약

① 톱질이나 줄질을 할 때 나는 소리.

¶팔뚝만 한 나무를 톱으로 **쓱싹** 잘라 냈다.

의미 [+모양],[+일],[+대충],[+은밀]

제약

② 옳지 아니한 일을 슬쩍 얼버무려 해치우는 모양.

¶쓱싹 해치우다./이 동지 한 사람쯤이야 선장하고 통하는 사이니까, 쓱싹 되는 수도 있겠지.≪최인훈, 광장≫/파티에 사용된 이 풍성한 물자들이 정당한 세관 절차를 밟지 않고 로이 씨의 손아귀에서 쓱싹 빼돌려진 것들이라는 사실을 생각해 보는 손님들은 거의 없었다.≪박영한, 머나먼 송바 강≫

의미 [+모양],[+계산],[+상쇄]

제약

③ 셈하여야 할 것을 하지 아니하고 엇셈을 하여 버리는 모양.

¶그까짓 거 쓱싹 서로 엇셈을 해치우면 돼.

쓱싹-쓱싹

의미 [+소리],[+톱질]v[+줄질],[+반복]

제약

① 톱질이나 줄질을 자꾸 할 때 나는 소리.

¶그는 톱으로 나무 밑동을 쓱싹쓱싹 자르고 있었다.

의미 [+모양],[+밥],[+재료],[+혼합]

제약 { }-{비비다}

② 밥 따위를 다른 재료와 비벼서 섞는 모양.

¶오밤중에 일어나 밥과 나물을 쓱싹쓱싹 비벼서 양푼째 먹었다.

쓱-쓱

의미 [+모양],[+마찰],[+은밀],[+반복]

제약

① 자꾸 슬쩍 문지르거나 비비는 모양.

¶그는 웃으며 수염을 쓱쓱 쓰다듬었다./그는 이마에 흐르는 땀을 수건으로 쓱쓱 하더니 자리에 누웠다./그는 잠이 덜 깬 눈을 쓱쓱 비비며 방에서 나왔다./손등에 묻은 피를 바지에 쓱쓱 문지르며 광표는 아랫배에 힘을 주었다.≪한수산, 부초≫

의미 [+모양],[+일],[+해결],[-장애],[+용이]

제약

② 거침없이 일을 손쉽게 해치우는 모양.

¶그 사람은 어려운 일도 힘을 들이지 않고 쓱쓱 잘해 낸다./그 사람이 일을 쓱쓱 하는 모양은 마치 기계가 움직이는 것 같다./그가 착각했던 사실에 대해서도 미안해할 것 없다는 표정으로 쓱쓱 걸어나왔다.≪정연희, 소리가 짓는 둥지≫

쓸데없-이

의미 [-필요],[-이득]

제약

=소용없이. 아무런 쓸모나 득이 될 것이 없이.

¶쓸데없이 모여서 시간만 낭비하지 말고 하던 일을 계속하자./그는 이미 지나 버린 일로 쓸데없이 괴로워하였다./쓸데없이 남의 일에 끼어들지 말고 네 일이나 열심히 해라.

쓸모없-이

의미 [-가치],[-효용]

제약

쓸 만한 가치가 없이.

¶미처 따 먹지 못한 호박이 돼지우리 지붕 위에서 요강만 하게 커 버려서 쓸모없이 늙어 가고….≪한수산, 유민≫

쓸쓸

의미 [+모양],[+복부],[+쓰림],[+고통]

제약 {배}-{아프다}

배가 조금 쓰리면서 아픈 모양. '슬슬02'보다 센 느낌을 준다.

¶위가 나쁜지 새벽이 되면 배가 쓸쓸 아프다.

쓸쓸-히

의미 [+고독]

제약

외롭고 적적하게.

¶아무도 없는 집을 나 혼자 쓸쓸히 지키고 있었다./개학을 나흘 앞두고 있는 방학 중이라 교정은 쓸쓸히 비어 있었다.

씀벅

의미 [+모양],[+눈],[±감음],[+한번]

제약 {눈}-{감다, 뜨다}

눈꺼풀을 움직이며 눈을 한 번 감았다 뜨는 모양. '슴벅'보다 센 느낌을 준다.

¶잠이 깨는지 눈을 씀벅 감았다 뜬다.

씀벅-씀벅

의미 [+모양],[+눈],[±감음],[+반복]

제약 {눈}-{감다, 뜨다}

① 눈꺼풀을 움직이며 눈을 자꾸 감았다 떴다 하는 모양. '슴벅슴벅①'보다 센 느낌을 준다.

¶눈이 부셔서 눈을 씀뻑씀뻑 감았다 떴다 했다.

의미 [+모양],[+눈]v[+살],[+시림],[+반복]

제약

② 눈이나 살 속이 찌르듯이 자꾸 시근시근한 모양. '슴벅슴벅②'보다 센 느낌을 준다.

씀뻑

의미 [+모양],[+눈],[±감음],[+한번]

제약 {눈}-{감다, 뜨다}

눈꺼풀을 움직이며 눈을 한 번 감았다 뜨는 모양. '슴벅'보다 아주 센 느낌을 준다.

¶갑자기 불을 켜자 그는 눈을 씀뻑 감았다 떴다.

씀뻑-씀뻑

의미 [+모양],[+눈],[±감음],[+반복]

제약 {눈}-{감다, 뜨다}

① 눈꺼풀을 움직이며 눈을 자꾸 감았다 떴다 하는 모양. '슴벅슴벅①'보다 아주 센 느낌을 준다.

¶그는 눈을 씀뻑씀뻑 움직이기만 하고 아무 말도 하지 않았다.

의미 [+모양],[+눈]v[+살],[+시림],[+반복]

제약

② 눈이나 살 속이 찌르듯이 자꾸 시근시근한 모양. '슴벅슴벅②'보다 아주 센 느낌을 준다.

씁쓰레

의미 [+모양],[+기분],[-호감],[+불쾌]

제약

달갑지 아니하여 싫거나 언짢은 기분이 조금 나는 듯한 모양.

¶"다 옛날 얘기야." 하고 심찬수는 씁쓰레 웃고 객실 안으로 들어갔다.≪김원일, 불의 제전≫

씁쓸-히

의미 [+기분],[-호감],[+불쾌]

제약

달갑지 아니하여 싫거나 언짢은 기분으로.

¶그는 허탈감에 바보처럼 혼자 씁쓸히 웃었다./군대 가는 아들 배웅을 마치고 어머니는 씁쓸히 발길을 돌렸다.

씨근덕-씨근덕

의미 [+소리]v[+모양],[+숨소리],[+거침],[+곤란],[+정도],[+반복]

제약

숨소리가 매우 거칠고 가쁘게 자꾸 나는 소리. 또는 그 모양. '시근덕시근덕'보다 센 느낌을 준다.

¶두 눈을 성난 놈처럼 치떠서 아내를 뚫어지게 보면서 씨근덕씨근덕 숨을 괴롭게 쉬었더니….≪최서해, 갈등≫

씨근-벌떡

의미 [+모양],[+숨소리],[+거침],[+곤란],[+속도],[+정도]

제약

몹시 숨이 차서 숨소리가 고르지 아니하고 거칠면서 가쁘고 급하게 나는 모양. '시근벌떡'보다 센 느낌을 준다.

¶종술은 씨근벌떡 가쁜 숨을 몰아쉬면서 마침내 삿대질까지 곁들이기 시작했다.≪윤흥길, 완장≫

씨근벌떡-씨근벌떡

의미 [+모양],[+숨소리],[+거침],[+곤란],[+속도],[+정도],[+반복]

제약

몹시 숨이 차서 숨소리가 고르지 아니하고 거칠면서 가쁘고 급하게 자꾸 나는 모양. '시근벌떡시근벌떡'보다 센 느낌을 준다.

씨근-씨근

의미 [+소리]v[+모양],[+숨],[+거침],[+곤란],[+속도],[+정도],[+반복]

제약 {숨}-{쉬다}

① 고르지 아니하고 거칠고 가쁘게 자꾸 숨 쉬는 소리. 또는 그 모양. '시근시근01'보다 센 느낌을 준다.

¶두 시간 동안이나 달음박질을 한 끝에 그런 소리를 들어서 얼굴은 술에 취한 사람처럼 벌게 가지고 씨근씨근 숨만 가쁘게 쉬고 앉아 있다.≪심훈, 영원의 미소≫/숨결까지 씨근씨근 차오르는 듯함은 식곤증 탓만이 아니리라.≪현진건, 적도≫

의미 [+소리]v[+모양],[+숨],[+어린아이],[+수면],[+조용],[+반복]

제약 {어린아이}-{숨쉬다, 잠들다}

② 어린아이가 곤히 잠들어 매우 조용하게 자꾸 숨 쉬는 소리. 또는 그 모양.

¶아이가 젖을 먹다가 씨근씨근 잠이 들었다.

씨근-펄떡

의미 [+모양],[+숨소리],[+거침],[+곤란],[+속도],[+정도]

제약

몹시 숨이 차서 숨소리가 고르지 아니하고 거칠면서 가쁘고 급하게 나는 모양. '시근벌떡'보다 세고 거센 느낌을 준다.

¶그는 씨근펄떡 달려오더니 큰일이 났다고 야단이다.

씨근펄떡-씨근펄떡

의미 [+모양],[+숨소리],[+거침],[+곤란],[+속도],[+정도],[+반복]

제약

몹시 숨이 차서 숨소리가 고르지 아니하고 거칠면서 가쁘고 급하게 자꾸 나는 모양. '시근벌떡시근벌떡'보다 세고 거센 느낌을 준다.

씨르륵

의미 [+소리],[+여치]v[+풀벌레],[+한번]

제약 {여치, 풀벌레}-{울다}

여치 따위의 풀벌레가 한 번 우는 소리.

씨르륵-씨르륵

의미 [+소리],[+여치]v[+풀벌레],[+반복]

제약 {여치, 풀벌레}-{울다}

여치 따위의 풀벌레가 자꾸 우는 소리.

¶밤이 되자 창가에서 여치가 씨르륵씨르륵 울어 댄다.

씨무룩-이

의미 [+기색],[-말],[-만족],[+표정],[+불쾌]

제약

마음에 못마땅하여 말이 없고 얼굴에 언짢은 기색이 있게. '시무룩이'보다 센 느낌을 준다.

¶동생은 식구들이 자기만 미워한다며 씨무룩이 돌아앉아 버렸다./옆자리에 앉은 오십 줄의 여인이 씨무룩이 앉아 있다가 새삼스레 관심을 보여 온다.≪홍성원, 육이오≫

씨물-쌔물

의미 [+모양],[+웃음],[-소리],[+입술],[+경사],[+반복]

제약 {사람}-{웃다}

입술을 자꾸 실그러뜨리며 소리 없이 웃는 모양. '시물새물'보다 센 느낌을 준다.

씨물-씨물

의미 [+모양],[+웃음],[-소리],[+입술],[+경사],[+반복]

제약 {사람}-{웃다}

① 입술을 약간 실그러뜨리며 소리 없이 자꾸 웃는 모양. '시물시물①'보다 센 느낌을 준다.

의미 [+모양],[-조화],[+교활],[+반복]

제약

② 한데 어울리지 아니하고 자꾸 능청스럽게 구는 모양. '시물시물②'보다 센 느낌을 준다.

씨부렁-씨부렁

의미 [+모양],[+말],[-필요],[-주의],[+반복]

제약 {사람}-{말하다, 지껄이다, 떠들다}

주책없이 쓸데없는 말을 함부로 자꾸 지껄이는 모양. '시부렁시부렁'보다 센 느낌을 준다.

¶그는 술에 취하여 되는대로 씨부렁씨부렁 지껄이더니 잠이 들었다.

씨불-씨불

의미 [+모양],[+말],[-주의],[-실속],[+반복]

제약

주책없이 함부로 자꾸 실없이 말하는 모양.

¶저놈이 뭐라고 씨불씨불 지껄이니?

씨억-씨억

의미 [+모양],[+성질],[+견고],[+활발]

제약

성질이 굳세고 활발한 모양.

¶여러 가지를 각오해 온 바에 따라 말마디나 하더라도 씨억씨억 거굴지게 내내기로 작정했기에 주춤거릴 계제가 아니던 것이다.≪이문구, 오자룡≫/그는 올 때보다도 서슬이 더 퍼레져 가지고는 씨억씨억 저수지를 향해 발길을 돌렸다.≪윤흥길, 완장≫

씨엉-씨엉

의미 [+모양],[+걸음]v[+행동],[+기운],[+활기]

제약

걸음걸이나 행동 따위가 기운차고 활기 있는
모양.

¶서로 약속이나 한 듯이 조손간에 답삭 끌어안
는 걸 보고 종술은 **씨엉씨엉** 집을 나와 버렸다.
≪윤흥길, 완장≫

씨우적-씨우적

의미 [+모양],[+말],[−만족],[+불평],[+반복]

제약 {사람}-{말하다, 지껄이다, 떠들다}

마음에 못마땅하여 입 속으로 자꾸 불평스럽게
말하는 모양.

씩

의미 [+모양],[+웃음],[−소리],[−실속],[+순
간]

제약 {사람}-{웃다}

소리 없이 싱겁게 얼핏 한 번 웃는 모양.

¶그는 머리를 한 손으로 긁으며 **씩** 멋쩍게 웃었
다./나는 대답할 말이 없어 **씩** 웃고 말았다.

씩둑

의미 [+모양],[+말],[−효용],[−예고],

제약

쓸데없는 말을 느닷없이 불쑥 하는 모양.

¶회의 중에 가만히 있던 그가 **씩둑** 한마디 하자
모두 웃음을 터뜨렸다.

씩둑-꺽둑

의미 [+모양],[+말],[+다양],[−효용],[+반복]

제약

이런 말 저런 말로 쓸데없이 자꾸 지껄이는 모
양.

¶배돌석이와 길막봉이는 마주 누워서 이런 소리
저런 소리를 서로 **씩둑꺽둑** 지껄이고….≪홍명희,
임꺽정≫

씩둑-씩둑

의미 [+모양],[+말],[−효용],[+수다],[+반복]

제약 {사람}-{말하다, 지껄이다, 떠들다}

쓸데없는 말을 수다스럽게 자꾸 지껄이는 모양.

¶혼자서 무어라고 계속 **씩둑씩둑** 지껄여 대었지
만, 아무도 그의 말에 관심을 갖지 않았다.

씩씩

의미 [+소리],[+숨],[+곤란],[+거침]

제약 {숨}-{쉬다}

숨을 매우 가쁘고 거칠게 쉬는 소리. '식식'보다
센 느낌을 준다.

¶그는 화가 났는지 **씩씩** 숨을 몰아쉰다./남편은
피곤한지 초저녁부터 **씩씩** 소리를 내며 잠을 자
고 있었다./대불이는 아직도 화가 풀리지 않는
지 **씩씩** 코를 불어 댔다.≪문순태, 타오르는 강≫

씩씩-히

의미 [+태도],[+견고],[+위엄]

제약

굳세고 위엄스러운 태도로.

¶**씩씩히** 걷다.

씰긋

의미 [+모양],[+물체],[−균형],[+경사]

제약

물체가 한쪽으로 비뚤어지거나 기울어지는 모
양. '실긋'보다 센 느낌을 준다.

¶그 선수는 평균대 위에서 몸이 **씰긋** 흔들렸지
만 곧 중심을 잡았다.

씰긋-쌜긋

의미 [+모양],[+물체],[−균형],[+경사],[+반
복]

제약

물체가 자꾸 한쪽으로 비뚤어지거나 쏠리는 모
양. '실긋샐긋'보다 센 느낌을 준다.

씰긋-씰긋

의미 [+모양],[+물체],[−균형],[+경사],[+반
복]

제약

물체가 자꾸 한쪽으로 비뚤어지거나 기울어지는
모양. '실긋실긋'보다 센 느낌을 준다.

¶화가 났는지 입술이 **씰긋씰긋** 움직인다.

씰긋-이

의미 [+모양],[+물체],[−균형],[+경사]

제약

=씰긋. 물체가 한쪽으로 비뚤어지거나 기울어지
는 모양.

씰기죽

의미 [+모양],[+물체],[−균형],[+경사],[−속
도]

제약

물체가 한쪽으로 천천히 조금 기울어지거나 비뚤어지는 모양. '실기죽'보다 센 느낌을 준다.

¶입을 씰기죽 움직이다.

씰기죽-쌜기죽

의미 [+모양],[+물체],[-균형],[+경사],[+반복]

제약

작은 물체가 자꾸 한쪽으로 천천히 조금 기울어지거나 쏠리는 모양. '실기죽쌜기죽'보다 센 느낌을 준다.

씰기죽-씰기죽

의미 [+모양],[+물체],[-균형],[+경사],[+반복]

제약

물체가 자꾸 한쪽으로 천천히 조금 기울어지거나 비뚤어지는 모양. '실기죽실기죽'보다 센 느낌을 준다.

씰기죽-이

의미 [+모양],[+물체],[-균형],[+경사],[-속도]

제약

=씰기죽. 물체가 한쪽으로 천천히 조금 기울어지거나 비뚤어지는 모양.

씰룩

의미 [+모양],[+근육],[+부분],[+경사]

제약

근육의 한 부분이 실그러지게 움직이는 모양. '실룩'보다 센 느낌을 준다.

¶엉덩이를 씰룩 들다./그의 입이 씰룩 벌어졌다./연산의 입술은 엎어진 배처럼 씰룩 비뚤어졌다.≪박종화, 금삼의 피≫

씰룩-쌜룩

의미 [+모양],[+근육],[+부분],[+경사],[+반복]

제약

근육의 한 부분이 실그러졌다 쌜그러졌다 하며 자꾸 움직이는 모양. '실룩쌜룩'보다 센 느낌을 준다.

씰룩-씰룩

의미 [+모양],[+근육],[+부분],[+경사],[+반복]

제약

근육의 한 부분이 자꾸 실그러지게 움직이는 모양. '실룩실룩'보다 센 느낌을 준다.

¶볼이 씰룩씰룩 움직이다./사또의 입술이 암자색이 되더니 하얗게 바래며 씰룩씰룩 뒤틀린다.≪유현종, 들불≫/열대여섯 살쯤 된, 얼굴이 복스럽게 생긴 소년이 입을 헤벌리고 그 놀이를 구경하며 괜히 씰룩씰룩 웃어 댔다.≪김원일, 불의 제전≫

씰쭉

의미 [+모양],[+감정],[+눈]v[+입],[+운동],[+경사]

제약

① 어떤 감정을 나타내면서 입이나 눈이 한쪽으로 약간 실그러지게 움직이는 모양. '실쭉①'보다 센 느낌을 준다.

¶그는 나에게 화가 났는지 눈을 씰쭉 흘겼다.

의미 [+모양],[+마음],[-만족],[+태도],[+야속]

제약

② 마음에 차지 아니하여서 약간 고까워하는 태도를 드러내는 모양. '실쭉②'보다 센 느낌을 준다.

¶그는 내가 얘기하는 것이 못마땅했는지 씰쭉 밖으로 나가 버렸다.

씰쭉-쌜쭉

의미 [+모양],[+감정],[+눈]v[+입],[+운동],[+경사],[+반복]

제약

① 어떤 감정을 나타내면서 입이나 눈이 자꾸 실그러졌다 쌜그러졌다 하며 움직이는 모양. '실쭉쌜쭉①'보다 센 느낌을 준다.

¶계집애가 입을 씰쭉쌜쭉 움직이면서 눈물을 흘렸다.

의미 [+모양],[+마음],[-만족],[+태도],[+야속],[+반복]

제약

② 마음에 차지 아니하여서 조금 고까워하는 태도를 자꾸 나타내는 모양. '실쭉쌜쭉②'보다 센

느낌을 준다.

씰쭉-씰쭉

의미 [+모양],[+감정],[+눈]v[+입],[+운동],
[+경사],[+반복]

제약

① 어떤 감정을 나타내면서 입이나 눈이 자꾸
한쪽으로 약간 실그러지게 움직이는 모양. '실쭉
실쭉①'보다 센 느낌을 준다.

¶입을 씰쭉씰쭉 실그러뜨리며 울다.

의미 [+모양],[+마음],[-만족],[+태도],[+야
속],[+반복]

제약

② 마음에 차지 아니하여서 약간 고까워하는 태
도를 자꾸 드러내는 모양. '실쭉실쭉②'보다 센
느낌을 준다.

씰쭉-이

의미 [+모양],[+감정],[+눈]v[+입],[+운동],
[+경사]

제약

①=씰쭉①. 어떤 감정을 나타내면서 입이나 눈
이 한쪽으로 약간 실그러지게 움직이는 모양.

의미 [+모양],[+마음],[-만족],[+태도],[+야
속]

제약

②=씰쭉②. 마음에 차지 아니하여서 약간 고까
워하는 태도를 드러내는 모양.

씽

의미 [+소리]v[+모양],[+바람],[+마찰],[+정
도]

제약

① 바람이 매우 세차게 스쳐 지나가는 소리. 또
는 그 모양.

¶바람이 귓가를 씽 스치고 지나갔다.

의미 [+소리]v[+모양],[+사람]v[+물체],[+이
동],[+속도],[+정도]

제약

② 사람이나 물체가 바람을 일으킬 만큼 매우
빠르게 움직일 때 나는 소리. 또는 그 모양.

¶비행기가 제비처럼 어느새 씽 머리 위를 지나
간 뒤에야 귀를 째는 듯한 폭음이 쏟아져 왔다.

≪하근찬, 야호≫

씽그레

의미 [+모양],[+웃음],[-소리],[+눈],[+입],
[+운동],[+유연]

제약 {사람}-{웃다}

눈과 입을 슬며시 움직이며 소리 없이 부드럽게
웃는 모양. '싱그레'보다 센 느낌을 준다.

¶아이가 엄마를 보고 씽그레 웃는다.

씽글

의미 [+모양],[+웃음],[-소리],[+눈],[+입],
[+운동],[+다정]

제약 {사람}-{웃다}

눈과 입을 슬며시 움직이며 소리 없이 정답게
웃는 모양. '싱글'보다 센 느낌을 준다.

¶그는 친구를 보고 씽글 웃었다.

씽글-뻥글

의미 [+모양],[+웃음],[-소리],[+눈]v[+입],
[+운동],[+다정],[+환함]

제약 {사람}-{웃다}

눈과 입을 슬며시 움직이며 소리 없이 정답고
환하게 웃는 모양. '싱글벙글'보다 센 느낌을 준
다.

¶무엇이 그리 좋은지, 모두가 씽글뻥글 웃고 있
다.

씽글-뻥긋

의미 [+모양],[+웃음],[-소리],[+눈],[+입],
[+운동],[+다정]

제약 {사람}-{웃다}

눈과 입을 슬며시 움직이며 소리 없이 정답게
슬쩍 웃는 모양. '싱글빙긋'보다 센 느낌을 준다.

¶김 일병은 면회하러 온 애인을 보자 씽글뻥긋
좋아한다.

씽글-씽글

의미 [+모양],[+웃음],[-소리],[+눈]v[+입],
[+운동],[+다정],[+반복]

제약 {사람}-{웃다}

눈과 입을 슬며시 움직이며 소리 없이 정답게
자꾸 웃는 모양. '싱글싱글'보다 센 느낌을 준다.

¶남편은 밖에서 무슨 좋은 일이 있었는지 씽글
씽글 웃으며 방으로 들어온다.

씽긋

의미 [+모양],[+웃음],[-소리],[+눈]v[+입], [+운동],[+경쾌]

제약 {사람}-{웃다}

눈과 입을 슬며시 움직이며 소리 없이 가볍게 웃는 모양. '싱긋'보다 센 느낌을 준다. 늑씽긋이.

¶그가 나를 보며 한 번 **씽긋** 웃었다.

씽긋-뻥긋

의미 [+모양],[+웃음],[-소리],[+눈],[+입], [+운동],[+경쾌],[+환함]

제약 {사람}-{웃다}

눈과 입을 슬며시 움직이며 소리 없이 가볍고 환하게 웃는 모양. '싱긋벙긋'보다 센 느낌을 준다.

¶그는 실성한 사람처럼 혼자서 **씽긋뻥긋** 웃는다.

씽긋-삥긋

의미 [+모양],[+웃음],[-소리],[+눈]v[+입], [+운동],[+경쾌]

제약 {사람}-{웃다}

눈과 입을 슬며시 움직이며 소리 없이 가볍게 슬쩍 웃는 모양. '싱긋빙긋'보다 센 느낌을 준다.

¶그는 늘 **씽긋삥긋** 웃고 다닌다.

씽긋-씽긋

의미 [+모양],[+웃음],[-소리],[+눈]v[+입], [+운동],[+경쾌],[+반복]

제약 {사람}-{웃다}

눈과 입을 슬며시 움직이며 소리 없이 가볍게 자꾸 웃는 모양. '싱긋싱긋'보다 센 느낌을 준다.

¶신랑은 결혼식 내내 **씽긋씽긋** 웃음을 그칠 줄 몰랐다.

씽긋-이

의미 [+모양],[+웃음],[-소리],[+눈]v[+입], [+운동],[+경쾌]

제약 {사람}-{웃다}

=씽긋. 눈과 입을 슬며시 움직이며 소리 없이 가볍게 웃는 모양.

¶질문에 답을 하자 선생님은 **씽긋이** 웃으시며 고개를 끄덕였다.

씽끗

씽끗

의미 [+모양],[+웃음],[-소리],[+눈]v[+입], [+운동],[+경쾌]

제약 {사람}-{웃다}

눈과 입을 슬며시 움직이며 소리 없이 가볍게 웃는 모양. '싱긋'보다 아주 센 느낌을 준다. 늑씽끗이.

¶막봉이는 **씽끗** 웃는 웃음으로 말대답을 대신하였다.≪홍명희, 임꺽정≫

씽끗-뻥끗

의미 [+모양],[+웃음],[-소리],[+눈],[+입], [+운동],[+경쾌],[+환함]

제약 {사람}-{웃다}

눈과 입을 슬며시 움직이며 소리 없이 가볍고 환하게 웃는 모양. '싱긋벙긋'보다 아주 센 느낌을 준다.

씽끗-삥끗

의미 [+모양],[+웃음],[-소리],[+눈],[+입], [+운동],[+경쾌]

제약 {사람}-{웃다}

눈과 입을 슬며시 움직이며 소리 없이 가볍게 슬쩍 웃는 모양. '싱긋빙긋'보다 아주 센 느낌을 준다.

씽끗-씽끗

의미 [+모양],[+웃음],[-소리],[+눈],[+입], [+운동],[+경쾌],[+반복]

제약 {사람}-{웃다}

눈과 입을 슬며시 움직이며 소리 없이 가볍게 자꾸 웃는 모양. '싱긋싱긋'보다 아주 센 느낌을 준다.

¶그는 멀리서 나를 보고 **씽끗씽끗** 웃으며 반가운 체를 한다.

씽끗-이

의미 [+모양],[+웃음],[-소리],[+눈]v[+입], [+운동],[+경쾌]

제약 {사람}-{웃다}

=씽끗. 눈과 입을 슬며시 움직이며 소리 없이 가볍게 웃는 모양.

¶그는 **씽끗이** 웃으며 나를 쳐다보았다.

씽-씽

의미 [+소리]v[+모양],[+바람],[+마찰],[+정

도],[＋연속]

제약 {　}-{분다}

① 바람이 잇따라 매우 세차게 스쳐 지나가는 소리. 또는 그 모양.

¶세찬 겨울바람이 **씽씽** 불어 댄다.

의미 [＋소리]v[＋모양],[＋사람]v[＋물체],[＋운동],[＋속도],[＋정도]

제약

② 사람이나 물체가 바람을 일으킬 만큼 잇따라 매우 빠르게 움직일 때 나는 소리. 또는 그 모양.

¶차가 **씽씽** 달리다.

의미 [＋소리],[＋매미]

제약 {씽씽매미}-{울다}

③ 씽씽매미의 울음소리.

¶무더운 여름날 숲 속에선 씽씽매미가 **씽씽** 울어 댔다.

씽씽-히

의미 [＋생기]

제약

① 시들거나 상하지 아니하고 생기가 있게. '싱싱히①'보다 센 느낌을 준다.

의미 [＋힘]v[＋기운],[＋왕성]

제약

② 힘이나 기운 따위가 왕성하게. '싱싱히②'보다 센 느낌을 준다.

의미 [＋빛깔],[＋선명]

제약

③ 빛깔 따위가 맑고 산뜻하게. '싱싱히③'보다 센 느낌을 준다.

ㅇ

아귀-아귀
의미 [+모양],[+음식],[+섭취],[+욕심],[−주의],[+정도]

제약 { }-{씹다}

음식을 욕심껏 입 안에 넣고 마구 씹어 먹는 모양.

¶그는 밥을 아귀아귀 먹어 대며 내심 화를 삭이고 있었다./그는 이제 더 이상 점잔을 뺄 수 없을 만큼 허기가 져서 닭 다리를 찢어서 아귀아귀 먹기 시작했다.≪박완서, 오만과 몽상≫/교문이 미어져라 몰려 나오는 기백 명의 단발머리 여학생들이 일제히 입들을 벌리고, 고구마튀김들을 아귀아귀 먹고 있다.≪이제하, 유자약전≫

아근-바근
의미 [+모양],[+가구]v[+문틀],[+접합],[−일치]

제약

① 목재 가구나 문틀 따위의 짝 맞춘 자리가 조금씩 벌어져 있는 모양.

¶서랍이 아근바근 맞지 않아 열고 닫기가 힘들어졌다.

의미 [+모양],[+마음],[−일치],[+괴리]

제약

② 서로 마음이 맞지 아니하여 사이가 벌어지는 모양.

¶나이가 같은 옆집 부부는 곧잘 아근바근 싸우지만 또 금방 화를 풀고 사이좋게 지낸다.

아금박스레
의미 [+흡족],[+살뜰]

제약

탐탁하고 살뜰한 데가 있게.

아긋-이
의미 [+물건],[+조각],[−일치]

제약

① 물건의 각 조각이 이가 맞지 않아 끝이 조금씩 어긋나 있게.

의미 [+무게]v[+부피]v[+길이],[+기준],[−일치]

제약

② 무게나 부피, 길이 따위가 어떤 기준에 조금 어그러져 있게.

아긋-아긋
의미 [+모양],[+물건],[+조각],[−일치]

제약

① 물건의 각 조각이 이가 맞지 않아 끝이 조금씩 어긋나 있는 모양.

의미 [+모양],[+무게]v[+부피]v[+길이],[+기준],[−일치]

제약

② 무게나 부피, 길이 따위가 어떤 기준에 조금 어그러져 있는 모양.

아기뚱-아기뚱
의미 [+모양],[+걸음],[+좌우],[−속도]

제약 {사람}-{걷다}

① 작은 몸을 좌우로 둔하게 움직이며 느리게 걷는 모양.

¶아이가 아기뚱아기뚱 걸음마를 시작했다.

의미 [+모양],[+물체],[+요동],[+좌우],[−속도],[+연속]

제약

② 작은 물체가 좌우로 둔하게 흔들리며 잇따라 느리게 움직이는 모양.

713

의미 [＋모양],[＋언사]v[＋행동],[－예의],[＋욕심],[＋반복]

제약

③ 말이나 행동 따위를 매우 거만하고 앙큼하게 자꾸 하는 모양.

아기-자기

의미 [＋모양],[＋다수],[＋세밀],[＋조화]

제약 { }-{아름답다}

① 여러 가지가 오밀조밀 어울려 예쁜 모양.

¶우리 산천은 그 규모는 작지만 얼마나 아기자기 아름다운가!

의미 [＋모양],[＋재미],[＋기쁨]

제약

② 잔재미가 있고 즐거운 모양.

¶동네 사람들의 아기자기 사는 모습이 보기에 좋다./그이는 그동안 새집을 장만하고 살림을 아기자기 꾸미고 또 혜봉에게 어린애까지 가지게 하지 않았는가.≪최정희, 인맥≫

아기작-아기작01

의미 [＋모양],[＋걸음],[＋신체],[＋사지],[＋운동],[－자연],[－속도]

제약 {사람}-{걷다}

작은 몸집으로 팔다리를 부자연스럽게 움직이며 천천히 걷는 모양.

¶고 앙바틈한 다리를 아기작아기작 놀리어 제 아가씨의 본을 떠서 발소리를 죽이느라고 조심조심하였다.≪현진건, 무영탑≫/그녀는 봉놋방으로 들어서려다가, 여전히 앵돌아진 얼굴로 대불이를 쏘아본 후 아기작아기작 걸어 나왔다.≪문순태, 타오르는 강≫

아기작-아기작02

의미 [＋모양],[＋음식],[＋섭취],[＋씹음],[－속도]

제약 { }-{씹다}

음식 따위를 입 안에 넣고 천천히 씹어 먹는 모양.

¶오징어를 아기작아기작 씹다.

아기족-아기족

의미 [＋모양],[＋걸음],[＋사지],[＋운동],[－자연],[－속도]

제약 {사람}-{걷다}

팔다리를 마음대로 잘 놀리지 못하고 천천히 부자연스럽게 조금씩 겨우 걷는 모양.

¶작년에 보던…아기족아기족 돌아다니던 그때의 그 계집애는 보이지 않았다.≪염상섭, 만세전≫

아깃-아깃01

의미 [＋모양],[＋걸음],[＋신체],[＋사지],[＋운동],[－자연],[－속도]

제약 {사람}-{걷다}

'아기작아기작01'의 준말. 작은 몸집으로 팔다리를 부자연스럽게 움직이며 천천히 걷는 모양.

아깃-아깃02

의미 [＋모양],[＋음식],[＋섭취],[＋씹음],[－속도]

제약 { }-{씹다}

'아기작아기작02'의 준말. 음식 따위를 입 안에 넣고 천천히 씹어 먹는 모양.

아까

의미 [＋과거],[－거리]

제약

조금 전에. 늑과경에.

¶아까 내가 너무 경솔했다./동네 사람들 또 한 떼가 한길 복판을 가로질러 아까 가던 사람들의 뒤를 따라가고 있었다.≪유현종, 들불≫

아낌없-이

의미 [＋마음],[＋사용]v[＋수여],[－서운]

제약 { }-{주다, 쓰다}

주거나 쓰는 데 아까워하는 마음이 없이.

¶아낌없이 주다./그는 자식들의 교육을 위해서라면 돈을 아낌없이 썼다./오늘을 위해서 일 년 동안 장만해 두었던 반찬들이 아낌없이 나온다.≪김춘복, 쌈짓골≫

아느작-아느작

의미 [＋모양],[＋나뭇가지]v[＋풀잎],[＋요동],[＋경쾌],[＋연속]

제약 {나뭇가지, 풀잎}-{흔들리다}

부드럽고 가느다란 나뭇가지나 풀잎 따위가 춤추듯이 가볍게 잇따라 흔들리는 모양.

¶바람에 풀잎들이 아느작아느작 춤춘다.

아늑-아늑

의미 [+모양],[+나뭇가지]v[+풀잎],[+요동],
[+경쾌],[+연속]
제약 {나뭇가지, 풀잎}-{흔들리다}
'아느작아느작'의 준말. 부드럽고 가느다란 나뭇
가지나 풀잎 따위가 춤추듯이 가볍게 잇따라 흔
들리는 모양.

아늑-히
의미 [+느낌],[+편안],[+조용]
제약
① 포근하게 감싸 안기듯 편안하고 조용한 느낌
이 있게.
¶남쪽 기슭에 아늑히 자리 잡은 암자.
의미 [+느낌],[+온화],[+편안]
제약
② 따뜻하고 포근한 느낌이 있게.
¶차 향기가 아늑히 방 안을 떠돈다.

아늘-아늘
의미 [+모양],[+요동],[+속도],[+경쾌],[+연
속]
제약 { }-{흔들리다}
① 빠르고 가볍게 춤추듯이 잇따라 흔들리는 모
양.
¶바람이 불자 나뭇잎들이 아늘아늘 춤을 춘다.
의미 [+모양],[+천]v[+살갗],[-두께],[+유
연],[+정도]
제약
② 천이나 살갗 따위가 매우 얇고 부드러운 모
양.
¶아늘아늘 터질 것 같은 뺨은 탄력을 잃고 새들
새들 늘어진 듯하였다.≪현진건, 적도≫

아니
의미 [+부정]v[+반대]
제약
① (용언 앞에 쓰여) 부정이나 반대의 뜻을 나
타내는 말.
¶아니 먹다./아니 슬프다./안방의 영감은, 아랫방
에서 이야기 소리도 아니 들리는 것이 궁금해서
고개를 기웃이 빼고 내다보았다.≪염상섭, 취우≫
의미 [+사실],[+강조]
제약

② (명사와 명사 사이에 쓰이거나, 문장과 문장
사이에 쓰여) 어떤 사실을 더 강조할 때 쓰는
말.
¶나의 양심은 천만금, 아니 억만금을 준다 해도
버릴 수 없다./나는 이것을 할 수가 없다. 아니,
죽어도 안 하겠다./아침까지만 해도, 아니 점심
먹을 때만 해도 아무 일이 없었던 집 안이 눈 깜
짝할 사이에 수라장이 된 것이다.≪박경리, 토지≫/
손이 저리다. 아니, 저리는 정도가 아니고 손뼈
들이 커다란 돌에 짓이겨지듯 무섭게 아프다.
≪홍성원, 육이오≫

아니꼽살스레
의미 [+불쾌],[+정도]
제약
지나치게 아니꼬운 데가 있게.
¶그는 비웃는 듯한 말씨로 아니꼽살스레 말했다.

아닥-치듯
의미 [+모양],[+말다툼],[+정도]
제약 {사람}-{싸우다}
몹시 심하게 말다툼하는 모양.
¶골목길에서 아주머니들이 아닥치듯 싸우고 있
다.

아담스레
의미 [+고상],[+담백]
제약
고상하면서 담백한 데가 있게.
¶방을 아담스레 꾸미다.

아담-히
의미 [+고상],[+담백]
제약
고상하면서 담백하게.
¶언덕 위에 오두막집이 아담히 서 있다.

아드득
의미 [+소리],[+물건],[+깨묾],[+파괴]
제약 {물건}-{깨물다}
① 작고 단단한 물건을 힘껏 깨물어 깨뜨리는
소리.
¶생밤을 아드득 깨물어 먹었다.
의미 [+소리],[+치아],[+마찰],[-간격]
제약 {치아}-{갈다}

② 이를 야무지게 가는 소리.

¶그는 자면서 이를 아드득 갈았다./그가 아드득 이를 갈며 달려들었다.

아드득-아드득

의미 [+소리],[+물건],[+깨묾],[+파괴],[+연속]

제약 {물건}-{깨물다}

① 작고 단단한 물건을 잇따라 힘껏 깨물어 깨뜨리는 소리.

¶아이가 개암을 아드득아드득 씹었다.

의미 [+소리],[+치아],[+마찰],[-간격],[+연속]

제약 {치아}-{갈다}

② 이를 잇따라 야무지게 가는 소리.

¶그는 이를 아드득아드득 갈았다.

아드등-아드등

의미 [+모양],[+분쟁],[+생각],[+고집],[-양보],[+반복]

제약 {사람}-{싸우다}

서로 제 생각만 고집하여 양보하지 않고 자꾸 다투는 모양.

¶회원들이 서로 아드등아드등 싸우는 통에 회의 진행을 할 수가 없었다.

아득

의미 [+소리],[+물건],[+깨묾],[+파괴]

제약 {물건}-{깨물다}

① '아드득①'의 준말. 작고 단단한 물건을 힘껏 깨물어 깨뜨리는 소리.

의미 [+소리],[+치아],[+마찰],[-간격]

제약 {치아}-{갈다}

② '아드득②'의 준말. 이를 야무지게 가는 소리.

아득-바득

의미 [+모양],[+고집]v[+노력],[+정도]

제약

몹시 고집을 부리거나 애를 쓰는 모양.

¶아득바득 살다./아득바득 우기다./그들은 집을 장만하기 위해서 아득바득 돈을 벌었다./아득바득 이를 악물고 해 나가면 될 수 있을 것 같았어요.≪김승옥, 환상 수첩≫

아득-아득⁰¹

의미 [+모양],[+시각]v[+청각],[-분명],[+거리]

제약 { }-{보이다, 들리다}

① 보이거나 들리는 것이 아주 희미하고 먼 모양.

¶항구를 떠난 배가 아득아득 멀어져 갔다.

의미 [+모양],[+정신],[-분명],[+반복]

제약

② 정신이 자꾸 흐려지는 모양.

의미 [+모양],[+정신],[±분명],[+반복]

제약

③ 정신이 흐려졌다 맑아졌다 하는 모양.

¶지칠 대로 지쳐서 아득아득 현기증이 났다.

아득-아득⁰²

의미 [+소리],[+물건],[+깨묾],[+파괴],[+연속]

제약 {물건}-{깨물다}

① '아드득아드득①'의 준말. 작고 단단한 물건을 잇따라 힘껏 깨물어 깨뜨리는 소리.

¶우리는 볶은 콩을 아득아득 깨물어 먹었다.

의미 [+소리],[+치아],[+마찰],[-간격]

제약 {치아}-{갈다}

② '아드득아드득②'의 준말. 이를 잇따라 야무지게 가는 소리.

¶그는 어금니를 아득아득 갈았다.

아득-히

의미 [+시각]v[+청각],[-분명],[+거리]

제약 { }-{보이다, 들리다}

① 보이는 것이나 들리는 것이 희미하고 매우 멀게. 늑요연히⁰³.

¶멀리 산이 아득히 보인다./수평선 아득히 갈매기가 난다./성당에서 찬송가가 아득히 들려온다.

의미 [+상태],[+시간],[+과거],[+정도]

제약

② 까마득히 오래된 상태로.

¶아득히 먼 옛날./아득히 오래된 추억들./어린 시절이 아득히 떠오른다.

의미 [+상태],[+정신],[-분명]

제약

③ 정신이 흐려진 상태로.

¶정신이 아득히 흐려지더니 깊은 잠 속으로 빠져들었다.

의미 [＋방법],[＋답답]

제약

④ 어떻게 하면 좋을지 몰라 막막하게.

¶아내를 잃고 삶이 아득히 여겨지던 때 신앙의 길에 접어들었다./잃어버린 아이의 생사를 한 달 동안이나 아득히 알 길이 없었다.

아등-바등

의미 [＋모양],[＋성취],[＋노력]v[＋억지]

제약

무엇을 이루려고 애를 쓰거나 우겨 대는 모양.

¶그는 변소 쇠창살을 두 손으로 움켜잡은 채, 멀어져 가는 그 소리를 두 귀를 곤두세워 아등바등 쫓아갔다.≪이호철, 문≫/저 수많은 사람들이 '만약에'라는 가능성에 매달려서 제 나름대로 고통과 상처를 안은 채 그래도 아등바등 살아가고 있지 않은가.≪김인배, 방울뱀≫

아등-아등

의미 [＋모양],[＋고집]v[＋노력],[＋정도]

제약

기를 쓰며 고집을 부리거나 애를 쓰는 모양.

¶그녀는 아이들과 살아 보려고 아등아등 무던히도 애를 썼다./꼬마가 철봉대에서 떨어지지 않으려고 아등아등 발버둥 친다.

아뜩-아뜩

의미 [＋모양],[＋머리],[＋현기],[－정신],[＋기절],[＋반복]

제약

머리가 어지러워 자꾸 정신을 잃고 까무러칠 듯한 모양.

¶자꾸만 정신이 아뜩아뜩 희미해지곤 하였다.

아뜩-히

의미 [＋현기],[－정신],[＋기절],[＋순간]

제약

갑자기 어지러워 정신을 잃고 까무러칠 듯이.

아락-바락

의미 [＋모양],[＋분노],[＋반항],[＋정도]

제약 {   }-{대들다}

성이 나서 기를 쓰며 대드는 모양.

¶그는 직장 상사에게 아락바락 대들었다.

아랑곳없-이

의미 [－필요],[＋참견]v[＋관심]

제약

어떤 일에 참견을 하거나 관심을 둘 필요가 없이.

¶들몰댁이 역전에 이르렀을 때는 서늘한 날씨는 아랑곳없이 전신은 땀으로 젖어 있었다.≪조정래, 태백산맥≫/갈증으로 입이 탄 사병들은 죽고 사는 것은 아랑곳없이 서로 미친 듯 물을 찾았다.≪홍성원, 육이오≫

아련-히

의미 [－분간],[－분명]

제약

똑똑히 분간하기 힘들 정도로 아렴풋하게.

¶아련히 들려오는 새벽 종소리./첫사랑의 추억이 아련히 떠오르다./사과 향기가 아련히 풍기다./건넌방에서는 불빛이 아련히 새어 나오고 있었다./이 달빛을 타고 동편 마을에서 큰아기들의 놀이 소리가 아련히 울려왔다.≪오유권, 대지의 학대≫

아렴풋-이

의미 [＋기억]v[＋생각],[－분명]

제약 {   }-{떠오르다, 생각나다}

① 기억이나 생각 따위가 또렷하지 아니하고 흐릿하게.

¶오랜 추억들이 아렴풋이 떠오르다.

의미 [＋물체],[－분명]

제약 {물체}-{보이다}

② 물체가 또렷이 보이지 아니하고 흐릿하게.

¶저 멀리 안개에 싸인 산이 아렴풋이 보였다.

의미 [＋소리],[－분명]

제약 {소리}-{들리다}

③ 소리가 또렷하게 들리지 아니하고 희미하게.

¶새소리가 멀리서 아렴풋이 들린다.

의미 [＋수면][－깊이]v[＋의식][－분명]

제약 {사람}-{들다}

④ 잠이 깊이 들지 아니하고 의식이 있는 듯 만 듯 하게.

아령칙-이

717

의미 [+기억]v[+형상],[−확신],[−분명]

제약

기억이나 형상 따위가 긴가민가하여 또렷하지
아니하게.

아로록-다로록

의미 [+모양],[+색],[+점]v[+줄],[+무늬],
[+간격],[−균일]

제약

조금 연하게 밝은 여러 가지 빛깔의 점이나 줄
따위가 조금 성기고 고르지 않게 무늬를 이룬
모양.

아로록-아로록

의미 [+모양],[+색],[+점]v[+줄],[+무늬],
[+간격],[+균일]

제약

조금 연하게 밝은 여러 가지 빛깔의 점이나 줄
따위가 조금 성기고 고르게 무늬를 이룬 모양.

아로롱-다로롱

의미 [+모양],[+색],[+점]v[+줄],[+무늬],
[+간격],[−균일]

제약

여러 가지 빛깔의 작은 점이나 줄 따위가 고르
지 아니하고 조금 성기게 무늬를 이룬 모양.

아로롱-아로롱

의미 [+모양],[+색],[+점]v[+줄],[+무늬],
[+간격],[+균일]

제약

여러 가지 빛깔의 작은 점이나 줄 따위가 고르
고 조금 성기게 무늬를 이룬 모양.

아록-다록

의미 [+모양],[+색],[+점]v[+줄],[+무늬],
[−균일]

제약

조금 연하게 밝은 여러 가지 빛깔의 점이나 줄
따위가 고르지 아니하게 무늬를 이룬 모양.

아록-아록

의미 [+모양],[+색],[+점]v[+줄],[+무늬],[+
균일]

제약

조금 연하게 밝은 여러 가지 빛깔의 점이나 줄

따위가 고르게 무늬를 이룬 모양.

아롱-다롱

의미 [+모양],[+색],[+점]v[+줄],[+무늬],
[−균일],[−간격]

제약

여러 가지 빛깔의 작은 점이나 줄 따위가 고르
지 아니하고 촘촘하게 무늬를 이룬 모양.

¶살구, 복숭아, 매화, 진달래, 개나리, 장미, 모
란, 모두 **아롱다롱** 울긋불긋 곱고 다채로워….
≪이양하, 이양하 수필선≫

아롱-아롱01

의미 [+모양],[−분명]

제약

또렷하지 아니하고 흐리게 아른거리는 모양.

¶아지랑이가 **아롱아롱** 어린다.

아롱-아롱02

의미 [+모양],[+색],[+점]v[+줄],[+무늬],
[+균일],[−간격]

제약

여러 가지 빛깔의 작은 점이나 줄 따위가 고르
고 촘촘하게 무늬를 이룬 모양.

¶단청 물린 주질 기둥에 **아롱아롱** 휘황한 천장
무늬가….≪최명희, 혼불≫/폐비의 한 많은 피눈물
이 한삼 위에 **아롱아롱** 붉게 물들게 한 이도 이
어른이시다.≪박종화, 금삼의 피≫

아르렁

의미 [+소리]v[+모양],[+짐승],[+분노],[+포
효]

제약 {동물}-{울부짖다}

① 작고 사나운 짐승 따위가 성내어 울부짖는
소리. 또는 그 모양.

의미 [+소리]v[+모양],[+말],[−유연],[+고
함]v[+분쟁]

제약

② 부드럽지 못한 말로 크게 외치거나 다투는
소리. 또는 그 모양.

아르렁-아르렁

의미 [+소리]v[+모양],[+짐승],[+분노],[+포
효],[+반복]

제약 {동물}-{울부짖다}

① 작고 사나운 짐승 따위가 자꾸 성내어 울부 짖는 소리. 또는 그 모양.

의미 [+소리]v[+모양],[+말],[−유연],[+고 함]v[+분쟁],[+반복]

제약

② 부드럽지 못한 말로 자꾸 크게 외치거나 다 투는 소리. 또는 그 모양.

아르르01

의미 [+모양],[+추위]v[+공포],[+신체],[+요 동]

제약

① 추위나 두려움으로 몸이 떨리는 모양.

의미 [+모양],[+연민]v[+애석],[+신체],[+요 동]

제약

② 애처롭거나 아까워서 몸이 떨리는 모양.

¶가슴이 아르르 저며 오다.

아르르02

의미 [+느낌],[+고통],[−정도]

제약 {신체}-{아프다}

조금 알알한 듯한 느낌.

¶고춧물이 든 손톱 밑이 아르르 아파 왔다.

아른스레

의미 [+아이],[+태도],[+성숙]

제약

① 어린 사람이 어른인 체하는 태도로.

의미 [+아이],[+언사]v[+행동],[+성숙]

제약

② 어린아이의 말이나 행동이 어른 같은 데가 있게.

아른-아른

의미 [+모양],[−분명],[±출현]

제약

① 무엇이 희미하게 보이다 말다 하는 모양.

¶안개가 아른아른 피어올랐다.

의미 [+모양],[+잔무늬]v[+그림자],[−분명], [+운동],[+반복]

제약

② 잔무늬나 희미한 그림자 따위가 물결 지어 자꾸 움직이는 모양.

¶장막에 아른아른 그림자가 비쳤다.

의미 [+모양],[+물]v[+거울],[+그림자],[+요 동],[+반복]

제약 { }-{흔들리다}

③ 물이나 거울에 비친 그림자가 자꾸 흔들리는 모양.

¶호수 위에 비친 달빛이 아른아른 흔들리고 있 다.

아름-아름

의미 [+모양],[+언사]v[+행동],[−분명],[+주 저]

제약 {사람}-{망설이다}

① 말이나 행동을 분명히 하지 못하고 우물쭈물 하는 모양.

¶내가 아름아름 망설이고 있는 사이에 스무 살 짜리 젊은이는 슬기롭게 앞서 가고 있는 것 같 았다.≪마해송, 아름다운 새벽≫

의미 [+모양],[+일],[+적당],[+기만]

제약 { }-{넘기다}

② 일을 적당히 하고 눈을 속여 넘기는 모양.

아름작-아름작

의미 [+모양],[+언사]v[+행동],[−분명],[+주 저],[+정도]

제약 {사람}-{망설이다}

① 말이나 행동을 분명히 하지 못하고 몹시 우 물쭈물하는 모양.

의미 [+모양],[+일],[+적당],[+기만]

제약 { }-{넘기다}

② 일을 그럴듯하게 적당히 하고 눈을 속여 넘 기는 모양.

아리송-아리송

의미 [+모양],[+전부],[−분간],[−분명]

제약

여럿이 다 그런 것 같기도 하고 그렇지 않은 것 같기도 하여 또렷하게 분간하기 어려운 모양.

아삭-바삭01

의미 [+모양],[+시야],[−분명],[+반복]

제약

① 아렴풋하게 자꾸 눈앞에 어려 오는 모양.

의미 [+모양],[+언사]v[+행동],[−활발],[−생

기]

제약

② 말과 행동이 좀 활발하지 못하고 생기 없이 움직이는 모양.

아릿-아릿02

의미 [+느낌],[+고통],[+정도]

제약 {신체부위}-{아프다}

몹시 아린 느낌.

¶혓바늘이 돋아 매운 음식을 먹으면 혀끝이 아릿아릿 아팠다.

아릿-자릿

의미 [+느낌],[+고통],[+전기],[+정도]

제약

① 전기가 오른 것처럼 몹시 아리고 자린 느낌.

의미 [+느낌],[+위태],[+정신],[+혼미],[+기절],[+순간]

제약

② 순간적으로 크게 위태로움을 느껴 정신을 잃고 쓰러질 듯한 느낌.

아마

의미 [+가능],[+추측]

제약 { }-{추측성 문장}

(뒤에 오는 추측의 표현과 호응하여) 단정할 수는 없지만 미루어 짐작하거나 생각하여 볼 때 그럴 가능성이 크다는 뜻을 나타내는 말. 개연성이 높을 때 쓰는 말이나, '틀림없이'보다는 확신의 정도가 낮은 말이다.

¶아마 그랬을지도 몰라./아마 아직도 널 기다리고 있을걸./아마 그때가 가을이었지./아마 무슨 좋은 수가 생겼나 봐./그렇게는 아마 안 될걸.

아마-도

의미 [+가능],[+추측],[+강조]

제약 { }-{추측성 문장}

'아마'를 강조하여 이르는 말.

¶아마도 내일쯤이면 일이 모두 끝날 것으로 생각한다./희미해서 잘 분간하기가 어렵지만 꽃잎이 너붓너붓한 것이 아마도 함박꽃으로 짐작된다.≪하근찬, 야호≫

아망스레

의미 [+태도],[+아이],[+오기]

제약

아이가 오기를 부리는 태도로.

¶아이가 하도 아망스레 구니 얄밉구나.

아무래도

의미 [+생각],[+다양]

제약

아무리 생각해 보아도. 또는 아무리 이리저리 하여 보아도.

¶아무래도 수상하다./아무래도 가장 안전할 때는 모두 잠든 밤중일 것이다.≪최인호, 지구인≫/눈발 속에서 염전 벌판은 한없이 넓어져 가고 있는 듯했고 나는 아무래도 그 벌판을 건너가지 못하고 말 것 같았다.≪김승옥, 환상 수첩≫

아무러면

의미 [+경우]v[+상태],[+가정]

제약

(주로 의문문에 쓰여) 있기 어려운 경우나 상태를 가정하는 뜻을 나타내는 말. 어떤 사실에 대한 확신을 반어적인 의문문으로 나타낼 때 쓴다.

¶아무러면 그 애가 정말 그런 말을 했을까? 얼마나 착한 아이인데./내 돈 벌마. 널 생각해서라도 돈 모을 거다. 아무러면 내가 널 못 본 체하겠니?≪한수산, 부초≫/글쎄 가만 계세요. 아무러면 굶어 죽기야 하겠습니까?≪염상섭, 취우≫

아무리

의미 [+정도],[+과도]

제약

① (주로 연결 어미 '-아도./어도'가 붙은 동사와 함께 쓰여) 정도가 매우 심함을 나타내는 말. ≒암만①.

¶공부를 아무리 열심히 해도 성적이 오르지 않는다./그는 아무리 돈이 많아도 쓸 줄을 모른다./네가 아무리 우겨 봐도 어쩔 수가 없다./비명을 지르면서 도망을 치려고 했지만 아무리 다리를 허우적거려도 몸이 마음대로 움직이지를 않았다.≪안정효, 하얀 전쟁≫/벤치에 앉은 자세대로 얼어 버린 몸은, 아무리 구부리려 해도 되지 않아서….≪최인훈, 구운몽≫/아무리 교활한 놈들이라지만 눈 밑으로 굴을 파 가며 접근해 오리라곤 믿어지지 않는다.≪홍성원, 육이오≫

의미 [+사정],[+고려]

제약

② 비록 그렇다 하더라도. 늑암만②.

¶아무리 내가 이런 장사를 하고 있어도 양심을 판 일은 없었다./그가 아무리 집을 팔아먹었다 하더라도 그렇게 박대할 일은 아니었다.

아무-쪼록

의미 [+한계],[+도달]

제약

=모쪼록. 될 수 있는 대로.

¶만일 늦어서 돈 치르지 못하면 다음 일을 알 수가 없으므로 아무쪼록 돈을 속히 받기 위하여 듣기만 하고 있었다.≪한용운, 흑풍≫/그의 눈에는 아무쪼록 잘 보아 달라는 애원하는 표정이 숨어 있다.≪이기영, 고향≫

아무튼

의미 [+의견]v[+성질]v[+형편]v[+상태], [−고려]

제약

의견이나 일의 성질, 형편, 상태 따위가 어떻게 되어 있든. 늑어떻든·어쨌든·여하튼·하여튼.

¶아무튼, 불행 중 다행이다./자네 어렸을 적이던 가, 낳기도 전이던가 아무튼 오래전에 자네 어르신네로부터는 이런 대접을 받으면서….≪박완서, 미망≫/조선의 꾀꼬리, 조선의 프리마 돈나, 문화의 고도에서 초춘을 장식하는 일대 행사가 아닐 수 없다는 등, 동경 음악 학교 졸업이라는 약력 소개의 글자도 대문짝만 하였고 아무튼 요란한 포스터였다.≪박경리, 토지≫

아무튼지

의미 [+무시],[+의견]v[+성질]v[+형편]v[+상태]

제약

의견이나 일의 성질, 형편, 상태 따위가 어떻게 되어 있든지. 늑어떻든지·어쨌든지·여하튼지·하여튼지.

¶아무튼지 그 일은 네가 잘못한 것이니 먼저 사과하여라.

아물-아물

의미 [+모양],[−크기]v[−분명],[±시야],[+운동],[+반복]

제약 {연기}-{피어오르다}

① 작거나 희미한 것이 보일 듯 말 듯 하게 조금씩 자꾸 움직이는 모양.

¶산마을엔 아물아물 저녁연기가 피어올랐다.

의미 [+모양],[+언사]v[+행동],[−분명],[+주저]

제약

② 말이나 행동 따위를 시원스럽게 하지 못하고 꼬물거리는 모양.

¶입속으로만 아물아물 말하지 말고 똑똑하게 말을 해라.

의미 [+모양],[+정신],[−분명],[+반복]

제약 {정신}-{멀어지다, 몽롱하다}

③ 정신이 자꾸 희미해지는 모양.

¶용이는 몸을 심하게 흔들었다. 아물아물 멀어져 가는 의식의 줄을 꽉 잡아당겼다.≪박경리, 토지≫/등골에 진땀이 흐르고 의식이 아물아물 몽롱해질 정도로 지독한 발작이었다.≪이청준, 춤추는 사제≫

아삭

의미 [+소리],[+과일]v[+채소],[+신선],[+유연],[+묾]

제약 {과일, 채소}-{베어 물다}

① 연하고 싱싱한 과일이나 채소 따위를 보드랍게 베어 물 때 나는 소리.

¶그는 사과를 한 입 아삭 베어 물었다.

의미 [+소리],[+물건],[+파손],[−정도]

제약 { }-{부서지다}

② 단단하고 깨지기 쉬운 물건이 가볍게 부서질 때 나는 소리.

의미 [+소리],[+마른풀]v[+가랑잎],[+마찰],[−정도]

제약 {마른풀, 가랑잎}-{스치다}

③ 마른풀이나 가랑잎 따위를 가볍게 스칠 때 나는 소리.

아삭-바삭

의미 [+소리],[+과일]v[+채소],[+신선],[+유연],[+묾]

제약 {과일, 채소}-{베어 물다}

721

① 연하고 싱싱한 과일이나 채소 따위를 보드랍게 베어 물 때 나는 아삭거리며 바삭거리는 소리.

의미 [+소리],[+물건],[+파손],[−정도]

제약 {　}-{부서지다}

② 단단하고 깨지기 쉬운 물건이 가볍게 부서질 때 나는 아삭거리며 바삭거리는 소리.

의미 [+소리],[+마른풀]v[+가랑잎],[+마찰],[−정도]

제약 {마른풀, 가랑잎}-{스치다}

③ 마른풀이나 가랑잎 따위를 가볍게 스칠 때 나는 아삭거리며 바삭거리는 소리.

아삭-아삭

의미 [+소리],[+과일]v[+채소],[+신선],[+유연],[+삶],[+반복]

제약 {과일, 채소}-{베어 물다}

① 연하고 싱싱한 과일이나 채소 따위를 보드랍게 베어 물 때 자꾸 나는 소리.

¶오이를 아삭아삭 베어 먹다.

의미 [+소리],[+물건],[+파손],[−정도],[+반복]

제약 {　}-{부서지다}

② 단단하고 깨지기 쉬운 물건이 가볍게 부서질 때 자꾸 나는 소리.

의미 [+소리],[+마른풀]v[+가랑잎],[+마찰],[−정도],[+반복]

제약 {마른풀, 가랑잎}-{스치다}

③ 마른풀이나 가랑잎 따위를 가볍게 스칠 때 자꾸 나는 소리.

아삼-아삼

의미 [+모양],[−분명],[±출현]

제약

① 무엇이 보일 듯 말 듯 희미한 모양.

¶아내와 아이들을 보고 돌아온 뒤끝이라 아삼아삼 아이들이 밟히는군요./조선 여인의 아리따운 모습이 억센 사내의 눈길에 아삼아삼 들어와 억장을 무너뜨리고 있습니다.

의미 [+모양],[−분명],[±기억]

제약

② 무엇이 기억날 듯 말 듯 희미한 모양.

¶아삼아삼 걸어가는 내 유년의 기억./십 년이 몇 번 지난들 어찌 네 옛 마을 돌아가는 길 아삼아삼 잊혀 갈까.

아스라-이

의미 [+높이]v[+거리],[−분명]

제약 {물체}-{보이다}

① 보기에 아슬아슬할 만큼 높거나 까마득할 정도로 멀게.

¶파란 하늘에 하얀 줄을 끌며 비행기 한 대가 아스라이 선회하고 있었다.≪이문희, 흑맥≫/보리밭은 아스라이 보이는 산기슭까지 넓은 해면같이 출렁이고 있었다.≪김동리, 까치 소리≫

의미 [+기억],[−분명]

제약 {　}-{떠오르다, 생각나다}

② 기억이 분명하게 나지 않고 가물가물하게.

¶가물가물해 가는 의식 속 아스라이 남편의 눈 먼 비참한 얼굴이 어른거렸다.≪한무숙, 어둠에 갇힌 불꽃들≫

의미 [+소리],[+거리],[−분명]

제약 {소리}-{들리다}

③ 먼 곳에서 들려오는 소리가 분명하지 아니하고 희미하게.

¶웬 대낮 행상인의 커다란 목소리가 높은 담벼락 너머에서 아스라이 들려오고 있었다.≪이호철, 문≫

아스스

의미 [+모양],[+신체],[+접촉],[+소름],[+추위]v[+불쾌]

제약 {신체, 소름}-{떨리다, 돋다}

차거나 싫은 것이 몸에 닿았을 때 약간 소름이 돋는 모양.

¶추위에 몸이 아스스 떨린다./송충이가 나무에서 어깨로 떨어지는 순간 아스스 소름이 돋았다.

아슥-아슥

의미 [+모양],[+전부],[+경사],[+일방],[−정도]

제약

여러 개가 모두 한쪽으로 조금 비뚤어져 있는 모양.

아슬랑-아슬랑

의미 [＋모양],[＋걸음],[＋사람]v[＋짐승],[＋요동],[－속도]

제약

몸집이 작은 사람이나 짐승이 몸을 흔들며 계속 찬찬히 걸어 다니는 모양.

¶거미 새끼는 동그스름한 엉덩이를 무거운 듯이 늘어트리고 **아슬랑아슬랑** 느리게 기어올랐다.≪김정한, 낙일홍≫

아슬-아슬

의미 [＋모양],[＋느낌],[＋추위],[＋소름],[＋연속]

제약

① 소름이 끼칠 정도로 약간 차가운 느낌이 잇따라 드는 모양.

¶밖에서 비를 맞고 들어왔더니 몸에 열이 오르면서 오한이 **아슬아슬** 났다./그날 오후부터 계섬이는 얼굴이 차차 붓기 시작하였다. 산후풍이 난 것이다. 땀기는 말짱 거두고 **아슬아슬** 오한이 들고….≪한설야, 탑≫

의미 [＋모양],[－성공],[＋불안],[＋초조]

제약

② 일 따위가 잘 안될까 봐 두려워서 소름이 끼칠 정도로 마음이 약간 위태롭거나 조마조마한 모양.

¶손댈 수 없었던 그 녹슨 파편을 빼내기 위해서 **아슬아슬** 기어오른 택수가 까마득한 절벽을 눈짓하며 혀를 날름 꺼내 보이던 그 기억.≪전상국, 바람난 마을≫/친구의 덕으로 신문에 글줄이나 쓰고 후한 대우를 받아서 식량은 있었다. 6·25도 **아슬아슬** 넘겼다.≪마해송, 아름다운 새벽≫

아슴-아슴

의미 [＋모양],[＋정신],[－분명],[＋몽롱]

제약

정신이 흐릿하고 몽롱한 모양.

¶낙동강의 황토 물에 몸을 던져 버리고 말았다던 외할머니의 얽은 얼굴이 **아슴아슴** 떠올랐다.≪김원일, 노을≫

아슴푸레

의미 [＋모양],[＋빛],[＋연약]v[＋거리],[＋암흑],[－분명]

제약

① 빛이 약하거나 멀어서 조금 어둑하고 희미한 모양.

¶헛간에서 보는 달이…작은 등불처럼 **아슴푸레** 깜박거린다.≪박경리, 시장과 전장≫

의미 [＋모양],[＋시각]v[＋소리],[－분명]

제약 {소리}-{들리다}

② 또렷하게 보이거나 들리지 아니하고 희미하고 흐릿한 모양.

¶새벽 두 시를 알리는 괘종시계 소리가 **아슴푸레** 들려왔다./계곡을 거슬러 오르고 휩쓸고 내려가는 바람 소리, 소리 사이를 타고 날카로운 산짐승의 울음이 **아슴푸레** 들려온다.≪박경리, 토지≫

의미 [＋모양],[＋기억]v[＋의식],[－분명],[－정도]

제약 {기억, 생각}-{떠오르다, 들리다}

③ 기억이나 의식이 분명하지 못하고 조금 희미한 모양.

¶지난날의 행복했던 기억이 **아슴푸레** 떠오른다./읽어 가는 도중 그 저자가 독특한 뉘앙스를 가진 사상가일 것이란 짐작이 **아슴푸레** 들기도 했다.≪이병주, 행복어 사전≫

아싹

의미 [＋소리],[＋과일]v[＋채소],[＋신선],[＋유연],[＋묾]

제약 {과일, 채소}-{베어 물다}

① 연하고 싱싱한 과일이나 채소 따위를 보드랍게 베어 물 때 나는 소리. '아삭①'보다 센 느낌을 준다.

¶사과를 **아싹** 베어 물다.

의미 [＋소리],[＋물건],[＋파손],[－정도]

제약 { }-{부서지다}

② 단단하고 깨지기 쉬운 물건이 가볍게 부서질 때 나는 소리. '아삭②'보다 센 느낌을 준다.

¶유리컵이 바닥에 떨어져 **아싹** 으스러졌다.

의미 [＋소리],[＋마른풀]v[＋가랑잎],[＋마찰],[－정도]

제약 {마른풀, 가랑잎}-{스치다}

③ 마른 풀이나 가랑잎 따위를 가볍게 스칠 때 나는 소리. '아삭③'보다 센 느낌을 준다.

아싹-아싹

의미 [＋소리],[＋과일]v[＋채소],[＋신선],[＋유연],[＋묾],[＋반복]

제약 {과일, 채소}-{베어 물다}

① 연하고 싱싱한 과일이나 채소 따위를 보드랍게 베어 물 때 자꾸 나는 소리. '아삭아삭①'보다 센 느낌을 준다.

의미 [＋소리],[＋물건],[＋파손],[－정도],[＋반복]

제약 { }-{부서지다}

② 단단하고 깨지기 쉬운 물건이 가볍게 부서질 때 자꾸 나는 소리. '아삭아삭②'보다 센 느낌을 준다.

의미 [＋소리],[＋마른풀]v[＋가랑잎],[＋마찰],[－정도],[＋반복]

제약 {마른풀, 가랑잎}-{스치다}

③ 마른 풀이나 가랑잎 따위를 가볍게 스칠 때 자꾸 나는 소리. '아삭아삭③'보다 센 느낌을 준다.

아쓱

의미 [＋모양],[＋신체],[＋위축],[＋공포]v[＋추위],[＋순간]

제약

갑자기 무섭거나 차가움을 느낄 때, 몸이 약간 움츠러드는 모양.

아쓱-아쓱

의미 [＋모양],[＋신체],[＋위축],[＋공포]v[＋추위],[＋순간],[＋반복]

제약

갑자기 무섭거나 차가움을 느낄 때 몸이 자꾸 약간 움츠러드는 모양.

아아-히

의미 [＋모습],[＋산]v[＋바위],[＋돌출],[＋정도]

제약

① 산이나 큰 바위 따위가 험할 정도로 우뚝 솟아 있는 모습으로.

의미 [＋모습],[＋위엄],[＋번성]

제약

② 위엄이 있고 성(盛)한 모습으로.

아아

의미 [＋소리]v[＋모양],[＋까마귀],[＋울음]

제약 {까마귀}-{운다}

① 까마귀가 우는 소리. 또는 그 모양.

의미 [＋소리]v[＋모양],[＋어린아이],[＋말],[＋어눌]

제약

② 어린아이의 더듬거리는 말소리. 또는 그 모양.

아양스레

의미 [＋태도],[＋아부]

제약

귀염을 받으려고 알랑거리는 태도로.

¶인기척을 들은 신부가 미닫이를 열어붙이고 마루까지 나와서 영접을 하는데, "서방님, 이제야 오십니까?" 하고 아양스레 반기는 모양은 차마 눈꼴이 틀려서 못 보겠더라네.≪이기영, 봄≫

아연01

의미 [＋모양],[＋급박]

제약

급작스러운 모양. ≒아연히01.

¶화륜선이 멀리 물마루 위에 나타나자 교당의 마당 안팎에 잔뜩 모여 수심에 차 있던 교인들은 아연 생기가 돌았다.≪현기영, 변방에 우짖는 새≫

아연02

의미 [＋모양],[－말],[＋경악]v[＋기절],[＋개구]

제약

너무 놀라거나 어이가 없어서 또는 기가 막혀서 입을 딱 벌리고 말을 못하는 모양. ≒아연히02.

아연-히01

의미 [＋모양],[＋급박]

제약

=아연01. 급작스러운 모양.

¶아연히 초병이 담을 오르며 함성을 지른다.

아연-히02

의미 [＋모양],[－말],[＋경악]v[＋기절],[＋개구]

제약

=아연02. 너무 놀라거나 어이가 없어서 또는 기

가 막혀서 입을 딱 벌리고 말을 못하는 모양.
¶그는 미처 말을 못하고 동생의 얼굴만 아연히 바라볼 뿐이다./길이 사라졌다는 것을 깨닫는 순간, 우리는 아연히 서로의 눈을 보았다.≪이인성, 낯선 시간 속으로≫

아예
의미 [+전부],[+완전]
제약 { }-{부정문}
일시적이거나 부분적이 아니라 전적으로. 또는 순전하게.
¶말 같지 않은 말은 아예 무시해 버려라./그런 것은 아예 문제가 되지 않는다./나쁜 짓은 아예 할 생각을 마라./조금 쉬라고 했더니 아예 잠을 자는군./이럴 바에는 아예 군복 입고 와서 위병소에서 보초를 서는 게 낫겠다.≪황석영, 무기의 그늘≫

아옹
의미 [+소리],[+고양이]
제약 {고양이}-{울다}
고양이가 우는 소리.

아옹-다옹
의미 [+모양],[+분쟁],[-중요],[+반복]
제약 {사람}-{싸우다}
대수롭지 아니한 일로 서로 자꾸 다투는 모양.
¶동생들은 매일 아옹다옹 싸우다가 어머니께 꾸중을 듣곤 한다./이 말은, 그동안 아옹다옹 지내 온 둘의 관계를 화해했노라고 자랑삼아 떠벌린 영달의 말을 아무래도 믿어지지 않았던지 직접 팔기에게 와서 확인을 해 본 뒷실댁의 말이었다. ≪김춘복, 쌈짓골≫

아옹-아옹01
의미 [+소리],[+고양이],[+반복]
제약 {고양이}-{울다}
고양이가 자꾸 우는 소리.

아옹-아옹02
의미 [+모양],[+불평],[+의도],[-일치]
제약
① 좁은 소견으로 자기 뜻에 맞지 아니한다고 투덜거리는 모양.
의미 [+모양],[+분쟁],[-친밀],[-중요],[+반

복]
제약 {사람}-{싸우다}
② 사이가 좋지 못하여 대수롭지 아니한 일로 자꾸 다투는 모양.

아울러
의미 [+동시],[+전부]
제약
동시에 함께.
¶지혜와 용기를 아울러 갖추다./이 또한 웅장한 절규이었습니다. 아울러, 위대한 선언이었고요. ≪채만식, 태평천하≫/어떤 절도 사건의 내용을 쓰고, 아울러 그 절도 사건을 취급한 경찰의 태도를 쓴 겁니다.≪이병주, 행복어 사전≫/그는 날이 지나가는 데 따라 자신이 고아나 다름이 없는 사실과 아울러 부친의 죽음의 뜻을 알기 시작했다.≪박경리, 토지≫

아울-히
의미 [+의심],[+답답]
제약
의심스러워 답답하게.

아웅-다웅
의미 [+모양],[+분쟁],[-중요],[+반복]
제약 {사람}-{싸우다}
대수롭지 아니한 일로 서로 자꾸 다투는 모양. '아옹다옹'보다 큰 느낌을 준다.
¶본처와 시앗이 아웅다웅 살아가는 이야기./철천지원수도 아닌데 아웅다웅 그만하고 좀 사이좋게 지내./어머니는 아들과 더 아웅다웅 싸울 기력도 쇠진한 상태였다.≪최일남, 그때 말이 있었네≫/"에끼, 이 사람! 그래 놓으니깐, 자네하고 이 양반하고 밤낮 고양이…개 꼴로 아웅다웅이지, 안 그렇소?"≪김춘복, 쌈짓골≫

아작
의미 [+소리],[+물건],[+깨묾],[+파손]
제약 {물건}-{깨물다}
조금 단단한 물건을 깨물어 바스러뜨릴 때 나는 소리.

아작-아작
의미 [+소리],[+물건],[+깨묾],[+파손],[+연속]

제약 {물건}-{깨물다}

조금 단단한 물건을 깨물어 바스러뜨릴 때 잇따라 나는 소리.

¶입 근처를 보세요. 조금 전에 **아작아작** 숯덩일 깨물어 먹었어요.≪홍성원, 육이오≫/보리밥에 물을 말아 오이지 하나를 **아작아작** 씹으며 점심을 때우고….≪한수산, 유민≫

아장

의미 [＋모양],[＋사람]v[＋짐승],[＋걸음],[－속도]

제약 {사람, 짐승}-{걷다}

키가 작은 사람이나 짐승이 찬찬히 걷는 모양.

아장-바장

의미 [＋모양],[＋사람],[－일],[＋걸음],[－일정],[－속도]

제약 { }-{걷다}

① 작은 몸집의 사람이 하는 일 없이 이리저리 찬찬히 걸어가는 모양.

의미 [＋모양],[＋행동],[＋어색],[－자연]

제약

② 좀 어색하고 부자연스럽게 행동하는 모양.

아장-아장

의미 [＋모양],[＋사람]v[＋짐승],[＋걸음],[－일정],[－속도]

제약 {사람, 짐승}-{걷다}

키가 작은 사람이나 짐승이 이리저리 찬찬히 걷는 모양.

¶아기는 벌써 **아장아장** 걸음마를 시작하였다./아장아장 거니는 오리 새끼는 모두 스물일곱 마리였다.≪선우휘, 오리와 계급장≫/초가삼간에서 물동이를 인 새색시가 **아장아장** 걸어 나왔다.≪박완서, 미망≫

아주

의미 [＋상태],[＋보통],[＋과도]

제약

① (형용사 또는 상태의 뜻을 나타내는 일부 동사나 명사, 부사 앞에 쓰여) 보통 정도보다 훨씬 더 넘어선 상태로. 늑만만①.

¶**아주** 오랜 옛날./이번 시험 문제는 **아주** 쉽다./그는 노래를 **아주** 잘 부른다./그 집에서도 아주

골치를 앓고 있답디다.≪한설야, 탑≫/그는 **아주** 안성맞춤의 지휘관일세.≪홍성원, 육이오≫/아주 가끔씩 그는 나에게 사소한 실수를 지적당하고는 했는데….≪안정효, 할리우드 키드의 생애≫

의미 [＋행동]v[＋작용]v[＋상태],[＋완료],[－변경],[－방법]

제약

② (동사 또는 일부의 명사적인 성분 앞에 쓰여) 어떤 행동이나 작용 또는 상태가 이미 완전히 이루어져 달리 변경하거나 더 이상 어찌할 수 없는 상태에 있음을 나타내는 말.

¶나는 그에게 돈을 **아주** 주었다./홍수로 마을이 **아주** 없어졌다./두 사람은 **아주** 남남이 되어 버렸다./이번에 가면 **아주** 가겠나. 또 다시 모일 날이 있겠지.≪심훈, 상록수≫/중매 드는 데도 아주 거절해 버리기는 어렵거든.≪염상섭, 무화과≫

아주-아주

의미 [＋매우],[＋강조]

제약

(형용사 또는 상태의 뜻을 나타내는 일부 동사나 명사 앞에 쓰여) '아주'를 강조하여 이르는 말.

¶인근에 소문이 자자할 만큼 **아주아주** 지독한 구두쇠였더란다.≪박완서, 도시의 흉년≫/장대 끝이 두 가지로 갈라지고 가지 모양의 등이 달렸는데 **아주아주** 밝아.≪한무숙, 생인손≫

아즐-아즐

의미 [＋모양],[＋강아지],[＋걸음],[＋꼬리],[－균형]

제약 {강아지}-{걷다}

강아지 따위가 계속해서 꼬리를 치며 비틀비틀 걷는 모양.

아지작

의미 [＋소리],[＋물건],[＋깨묾],[＋파손]

제약 {물건}-{깨물다}

'아작'의 본말. 조금 단단한 물건을 깨물어 바스러뜨릴 때 나는 소리.

¶아이는 호두를 **아지작** 깨물어 먹었다.

아지작-아지작

의미 [＋소리],[＋물건],[＋깨묾],[＋파손],[＋연

속]

제약 {물체}-{물다}

'아작아작'의 본말. 조금 단단한 물건을 깨물어
바스러뜨릴 때 잇따라 나는 소리.

아지직

의미 [+소리],[+물건],[+파손]v[+주름]

제약 {물체}-{부서지다}

조금 단단한 물건이 바스러져 깨지거나 짜그라
지는 소리.

아지직-아지직

의미 [+소리],[+물건],[+파손]v[+주름],[+연
속]

제약 {물체}-{부서지다}

조금 단단한 물건이 잇따라 바스러져 깨지거나
짜그라지는 소리.

¶서슬 있는 사금파리가 아지직아지직 부서지며
살에 들어가 박힐 때 졸개는 끔뻑끔뻑 죽다가
살아났다.≪홍명희, 임꺽정≫

아직

의미 [+일]v[+상태],[+경과]v[+지속]

제약

어떤 일이나 상태 또는 어떻게 되기까지 시간이
더 지나야 함을 나타내거나, 어떤 일이나 상태
가 끝나지 아니하고 지속되고 있음을 나타내는
말.

¶동생이 아직 잠을 잔다./그는 아직 청춘이다./
봄이 되려면 아직 멀었다./밥이 아직 덜 됐다./
시험은 아직 두 달이나 남았다./배는 고픈데 아
직 3시밖에 안 됐다./누구나 다 아는 사실을 아
직까지 나만 모르고 있었다./그녀는 흥분이 아직
가시지 않은 얼굴이었다./여봐라, 저놈이 아직
정신을 못 차렸구나. 매우 쳐라!≪문순태, 타오르
는 강≫

아직-껏

의미 [+일]v[+상태],[+경과]v[+지속]

제약

'아직'을 강조하여 이르는 말.

¶아직껏 소식이 없다./이런 물건은 아직껏 본 적
이 없다./이런 일은 아직껏 한 번도 경험해 보지
못했다./옆집 아기는 돌이 훨씬 지났는데도 아직

껏 걷지를 못했다./형장에 도착하면서부터는 아
직껏 오던 부슬비가 주먹 같은 소낙비로 변하였
다.≪김동인, 젊은 그들≫

아질-아질

의미 [+느낌],[+정신],[-분명],[+현기],[+반
복]

제약

자꾸 또는 매우 정신이 아득하고 조금 어지러운
느낌. '아찔아찔'보다 여린 느낌을 준다.

아짝

의미 [+소리],[+물건],[+깨묾],[+파손]

제약 {물체}-{씹다}

조금 단단한 물건을 깨물어 바스러뜨릴 때 나는
소리. '아작'보다 센 느낌을 준다.

아짝-아짝

의미 [+소리],[+물건],[+깨묾],[+파손],[+연
속]

제약 {물체}-{씹다}

조금 단단한 물건을 깨물어 바스러뜨릴 때 잇따
라 나는 소리. '아작아작'보다 센 느낌을 준다.

¶신선한 채소를 아짝아짝 씹다.

아찔

의미 [+느낌],[+정신],[-분명],[+현기],[+순
간]

제약

갑자기 정신이 아득하고 조금 어지러운 느낌.

¶일어섰다. 아찔 현기증이 일어났지만 잠깐 뒤
에 밝아졌다.≪황석영, 섬섬옥수≫/핏덩어리가 나
왔다. 흰 거품에 유난히 빨갛다. 아찔 눈앞이 노
랗다.≪이범선, 사망 보류≫

아찔-아찔

의미 [+느낌],[+정신],[-분명],[+현기],[+반
복]

제약

자꾸 또는 매우 정신이 아득하고 조금 어지러운
느낌.

¶아찔아찔 내둘려서 밑을랑 내려다보지도 못하
고, 놀란 참새처럼 가슴만 볼록거렸다.≪김정한,
사하촌≫

아차

의미 [＋모양],[－의도],[＋상치]

제약 { }-{실수하다, 잘못하다}

('아차 실수하다', '아차 잘못하다' 따위의 구성으로 쓰여) 본의 아니게 어떤 일이 어긋나는 모양.

¶사람은 시기를 잘 잡아야 하옵니다. 아차 잘 생각 못하면 그만입지요.≪한무숙, 생인손≫/청춘이란 아차 한 번 놓쳐 버리기만 하면, 영원히 다시 얻을 수 없는 보배다.≪이희승, 먹추의 말참견≫/밤길이 불편은 하지마는, 낮에는 아차 잘못하여 김 주사 눈에 띄면 큰일이기 때문에 일부러 밤을 택하였다.≪정비석, 성황당≫

아창-아창

의미 [＋모양],[＋사람]v[＋짐승],[＋걸음],[－일정],[－속도]

제약 {사람, 짐승}-{걷다}

키가 작은 사람이나 짐승이 이리저리 찬찬히 걷는 모양. '아장아장'보다 거센 느낌을 준다.

¶아기가 아창아창 걷는다./어멈은 어린것을 업고 돌아볼 것도 없는 행랑방을 한번 돌아보면서 아창아창 떠나갔다.≪전영택, 화수분≫

아치랑-아치랑

의미 [＋모양],[＋사람],[＋걸음],[－기운],[＋요동],[－속도],[＋반복]

제약 {사람}-{걷다}

키가 조금 작은 사람이 힘없이 조금 몸을 흔들며 자꾸 찬찬히 걷는 모양.

¶그 뒤에 털이란 년이 아치랑아치랑 따라가는 것도 보았는뎁쇼.≪현진건, 무영탑≫

아치장-아치장

의미 [＋모양],[＋사람],[＋걸음],[－기운],[＋요동],[－속도],[＋반복]

제약 {사람}-{걷다}

키가 조금 작은 사람이 기운이 없이 자꾸 느리게 걷는 모양.

아칠-아칠

의미 [＋모양],[＋사람],[＋걸음],[－기운],[＋요동],[－속도],[＋반복]

제약 {사람}-{걷다}

'아치랑아치랑'의 준말. 키가 조금 작은 사람이 힘없이 조금 몸을 흔들며 자꾸 찬찬히 걷는 모양.

아칫-아칫

의미 [＋모양],[＋어린아이],[＋걸음],[＋위험],[－일정]

제약

어린아이가 이리저리 위태롭게 걸음을 떼어 놓는 모양.

아하하

의미 [＋소리],[＋웃음],[－주저],[＋크기]

제약 {사람}-{웃다}

거리낌 없이 큰 소리로 웃는 소리.

¶아하하, 그 사람 별소리를 다 하는군./우리는 모두 그 광경을 보고 아하하 웃을 수밖에 없었다.

악독스레

의미 [＋마음],[＋흉악],[＋악독]

제약

마음이 흉악하고 독살스러운 데가 있게.

악독-히

의미 [＋마음],[＋흉악],[＋악독]

제약

마음이 흉악하고 독하게.

¶정부의 관인은 자기 나라 사람을 이렇게 악독히 가죽을 벗기니….≪독립신문≫

악랄-히

의미 [＋악독],[＋잔인]

제약

악독하고 잔인하게.

악물스레

의미 [＋악독],

제약

보기에 악독한 데가 있게.

¶주인집 여자가 남편에게 악물스레 달려들었다.

악스레

의미 [＋악독]

제약

① 보기에 악한 데가 있게.

의미 [＋성품]v[＋행동],[＋살기],[＋악독]

제약

②=독살스레. 성품이나 행동이 살기가 있고 악독한 데가 있게.

악연-히
의미 [+경악],[+정신],[+혼미]

제약

몹시 놀라 정신이 아찔하게.

¶원균의 주정하는 소리에 만좌한 사람들은 **악연히** 실색을 하지 않을 수 없었다.≪박종화, 임진왜란≫

악지스레
의미 [+고집]

제약

악지를 부리는 데가 있게.

¶그녀는 **악지스레** 돈을 벌려고 노력했다.

악착같-이
의미 [+잔인],[+끈기],[+정도]

제약 {사람}-{살다, 애쓰다}

매우 모질고 끈덕지게.

¶**악착같이** 살다./**악착같이** 돈을 모으다./작은 아이가 큰 아이에게 **악착같이** 덤빈다./그녀는 나뭇등걸을 휘어잡고 **악착같이** 매달려 발버둥쳤다.≪박완서, 미망≫/내가 그래 **악착같이** 애써야만 이런 걸 살 수 있는 그따위 고리타분한 위인인 줄 아시오?≪김성한, 전회≫

악착스레
의미 [+태도],[+진행],[+잔인],[+끈기],[+정도]

제약

매우 모질고 끈덕지게 일을 해 나가는 태도로.

¶**악착스레** 돈을 벌다./**악착스레** 덤비다.

악착-히
의미 [+태도],[+진행],[+잔인],[+끈기],[+정도]

제약

① 일을 해 나가는 태도가 매우 모질고 끈덕지게.

¶실로 이 계집의 허영으로 인하여, 순사들이 얼마나 더 **악착히** 순사질을 하였음인고.≪채만식, 맹 순사≫

의미 [+도량],[-크기],[+정도]

제약

② 도량이 몹시 좁게.

의미 [+잔인],[+지독]

제약

③ 잔인하고 끔찍스럽게.

¶앙갚음으로 여순의 이 희망을 낚아다가 되레 더 **악착히** 꺾어 버리지 않을까 하는 생각도 있었다.≪한설야, 황혼≫

악-패듯
의미 [-사정],[+극심]

제약

사정없이 매우 심하게.

¶아이가 **악패듯** 울어 댄다./이마동이 어떤 수를 써서 **악패듯** 다루지 않았는데도 황소는 마치 주눅이라도 든 듯 고개를 숙인 채 코에다 코뚜레 꿰기를 허락했다.≪한승원, 해일≫

안
의미 [+부정]

제약

'아니①'의 준말. (용언 앞에 쓰여) 부정이나 반대의 뜻을 나타내는 말.

¶**안** 벌고 **안** 쓴다./**안** 춥다./비가 **안** 온다./이제 다시는 그 사람을 **안** 만나겠다./**안** 먹고는 살 수가 없다./행아는 마치 석고상 모양으로 앉아서 꼼짝을 **안** 했다.≪선우휘, 깃발 없는 기수≫

안강-히
의미 [+평안],[+건강]

제약

평안하고 건강하게.

¶대군주 폐하의 성체가 **안강히** 계실 것을 생각들은 아니하고 그저 가시는 것이 좋단 말만 하니….≪독립신문≫

안녕-히
의미 [+신체][+건강],[+마음][+편안]

제약

몸이 건강하고 마음이 편안하게. 안부를 전하거나 물을 때에 쓴다.

¶**안녕히** 가십시오./**안녕히** 계십시오./**안녕히** 다녀오십시오./**안녕히** 주무셨어요?

안다미-로

의미 [+그릇],[+범람]

제약

담은 것이 그릇에 넘치도록 많이.

¶이야기를 들었으면 그 값으로 술국이나 한 뚝배기 안다미로 퍼 오너라.≪송기숙, 녹두 장군≫

안달-복달

의미 [+모양],[+긴장],[+조급],[+재촉]

제약

몹시 속을 태우며 조급하게 볶아치는 모양.

¶구경을 못해서 안달복달 야단이 났다./안달복달 사정해 보아야 소용없다.

안달스레

의미 [+성격],[+안달]

제약

안달하는 성격이 있게.

안밀-히

의미 [+조용],[+평안]

제약

조용하고 평안하게.

안상-히

의미 [+성질],[+침착],[+자세]

제약

성질이 찬찬하고 자세하게.

¶원애는 안상히 웃어 보인다.≪염상섭, 무화과≫

안연-히

의미 [-불안]v[-초조],[+차분],[+침착]

제약

① 불안해하거나 초조해하지 아니하고 차분하고 침착하게.

¶사직을 근심하지 않고 안연히 눈감을 수 없소이다. 죽음을 무릅쓰고 감히 간하옵는 상소를 올리나이다.≪박종화, 다정불심≫

의미 [+민심],[+평화],[-걱정],[+편안]

제약

② 민심이 평화롭고 걱정 없이 편안하게.

안온-히

의미 [+조용],[+편안]

제약

조용하고 편안하게.

¶안온히 말하다./안온히 웃다./말년을 시골에서 안온히 지내다./외국 유학을 하겠다든지 출세를 해 보겠다는 생각보다는, 어서 시집이나 가서 안온히 가정을 지키고 들어앉고 싶어 하는 삼열이다.≪염상섭, 대를 물려서≫

안일-히

의미 [+편안],[+한가]

제약

① 편안하고 한가롭게. 또는 편안함만을 누리려는 태도로.

의미 [+태도],[+편안],[-관심]

제약

② 무엇을 쉽고 편안하게 생각하여 관심을 적게 두는 태도로.

안전-히

의미 [-염려],[+위험]v[+사고]

제약

위험이 생기거나 사고가 날 염려가 없이.

¶귀중품을 금고에 안전히 보관하다./배가 태풍을 피해 항구에 안전히 정박했다.

안절-부절

의미 [+모양],[+마음],[+초조],[+불안],[-대책]

제약

마음이 초조하고 불안하여 어찌할 바를 모르는 모양.

¶안절부절 어쩔 줄을 모르다./홍선은 정침으로 들어왔지만 마음이 내려앉지 않는 듯이 안절부절 윗목 아랫목으로 거닐고 있었다.≪김동인, 운현궁의 봄≫/전차에 올라타자 조바심은 더욱 심해지고 안절부절 견딜 수가 없었다.≪이호철, 소시민≫

안존-히

의미 [+성품],[+얌전],[+조용]

제약

성품이 얌전하고 조용하게.

¶삼열이의 목소리도 안존히 그야말로 별일 없는 것 같은 침착한 눈치에 늙은 부부는 우선 안심이 된 눈을 마주 쳐다보았다.≪염상섭, 대를 물려서≫

안타까이

의미 [-의도],[+가련],[+고통],[+우울]

제약 {사람}-{여기다, 생각하다, 보다}

뜻대로 되지 아니하거나 보기에 딱하여 가슴 아
프고 답답하게.

¶안타까이 여기다./어머니는 혼자 자취하며 고생
하는 내 친구를 안타까이 생각하셨다./한마을에
있다고 해서 매일같이 보던 얼굴도 아니건만 헤
어지니 안타까이 보고 싶었다.≪황순원, 잃어버린
사람들≫

안한-히
의미 [+평안],[+한가]
제약
평안하고 한가롭게.

¶노인은 안락의자에 안한히 앉아 쉬고 있었다.

알근-달근
의미 [+느낌],[+매움],[+감미],[-정도]
제약
맛이 조금 매우면서 달짝지근한 느낌.

¶떡볶이가 알근달근 참 맛있다.

알근-알근
의미 [+느낌],[+매움],[+고통],[+정도]
제약
① 매워서 입 안이 매우 알알한 느낌.
의미 [+느낌],[+감취],[+정신],[-분명],[+정
도]
제약
② 술에 취하여 정신이 매우 아렴풋한 느낌.

¶술이 알근알근 달아오른다.

알근-히
의미 [+매움],[+입안],[+고통]
제약
① 매워서 입 안이 조금 알알하게.

¶너무 맵지 않게 알근히 해 주세요.
의미 [+감취],[+정신],[-분명]
제약
② 술에 취하여 정신이 조금 아렴풋하게.

¶술이 알근히 오른다.

알금-삼삼
의미 [+모양],[+흔적],[+마마],[-크기],[+간
격]
제약
잘고 얕게 얽은 자국이 드문드문 있는 모양.

≒알금솜솜.

¶얼굴에 알금삼삼 흉터가 있다.

알금-솜솜
의미 [+모양],[+흔적],[+마마],[-크기],[+간
격]
제약
=알금삼삼. 잘고 얕게 얽은 자국이 드문드문 있
는 모양.

알금-알금
의미 [+모양],[+흔적],[+마마],[-크기],[+간
격]
제약
잘고 얕게 얽은 자국이 듬성듬성 있는 모양.

알기-살기
의미 [+모양],[-굵기],[+혼재],[-일정],[+얽
힘]
제약 {물체}-{얽히다}
가는 것이 요리조리 뒤섞여 얽힌 모양.

알끈-히
의미 [+유실]v[-기회],[-망각],[-만족],[+지
속]
제약
무엇을 잃거나 기회를 놓치고서 오랫동안 잊지
못하여 아쉬운 감이 있게.

알뜰-살뜰
의미 [+모양],[+일]v[+살림],[+추진],[+노
력],[+계획]
제약 { }-{살다, 모으다, 꾸리다}
① 일이나 살림을 정성껏 규모 있게 꾸려 가는
모양. ≒알뜰살뜰히①.

¶알뜰살뜰 살아가는 모습./알뜰살뜰 모은 재산./
살림을 알뜰살뜰 꾸려 나가다.
의미 [+모양],[+타인],[+정성],[+노력]
제약
② 다른 사람에게 정성을 쏟는 모양. ≒알뜰살
뜰히②.

¶넌 참 오지랖도 넓다. 아무한테나 언니, 오빠하
기도 어려울 텐데 알뜰살뜰 거둬 먹이기까지 하
려니….≪박완서, 오만과 몽상≫

알뜰살뜰-히

의미 [+모양],[+일]v[+살림],[+추진],[+노력],[+계획]

제약 { }-{살다, 모으다, 꾸리다}

①=알뜰살뜰①. 일이나 살림을 정성껏 규모 있게 꾸려 가는 모양.

¶부디 알뜰살뜰히 잘 살아라./집안 살림을 알뜰살뜰히 한다./알뜰살뜰히 모은 재산을 모두 날렸다.

의미 [+모양],[+타인],[+정성],[+노력]

제약

②=알뜰살뜰②. 다른 사람에게 정성을 쏟는 모양.

¶알뜰살뜰히 두둔하다./알뜰살뜰히 보살피다./그는 아내를 알뜰살뜰히 생각하여 본 일이 없었다.

알뜰-히

의미 [+일]v[+살림],[+정성],[+규모],[-헛점]

제약

① 일이나 살림을 정성스럽고 규모 있게 하여 빈틈이 없이.

¶알뜰히 쓰고 남긴 돈./알뜰히 살림을 꾸리다./폐품을 알뜰히 모아서 재활용하다.

의미 [+타인],[+애중],[+존중],[+진실],[+지극]

제약

② 다른 사람을 아끼고 위하는 마음이 참되고 지극할 정도로.

¶가족을 알뜰히 여기는 마음./어린아이를 알뜰히 거두다./환자를 알뜰히 돌보다./애인을 알뜰히 사랑하다./필재의 어머니가 알뜰히 걷어 주어 길녀는 제법 곱실곱실해진 것 같았다.≪정한숙, 고가≫

알라꿍-달라꿍

의미 [+모양],[+색],[+점]v[+줄],[+무늬],[-균일],[-간격],[+혼란]

제약

여러 가지 밝은 빛깔의 점이나 줄 따위가 고르지 아니하고 촘촘하게 무늬를 이루어 몹시 어수선한 모양.

¶원 세상에 저렇게 알라꿍달라꿍 요란한 옷을 어떻게 입고 다니니?

알락-달락

의미 [+모양],[+색],[+점]v[+줄],[+무늬],[-균일],[-간격]

제약

여러 가지 밝은 빛깔의 점이나 줄 따위 무늬가 고르지 아니하게 촘촘한 모양.

¶알락달락 칠을 한 아이의 자전거.

알락-알락

의미 [+모양],[+색],[+점]v[+줄],[+무늬],[+균일],[-간격]

제약

여러 가지 밝은 빛깔의 점이나 줄 따위 무늬가 고르게 촘촘한 모양.

¶알락알락 꽃무늬가 있는 옷.

알랑-똥땅

의미 [+모양],[+상황],[+전환],[+모면]

제약 { }-{넘기다}

어떤 상황을 얼김에 살짝 넘기는 모양. 또는 남을 엉너리로 살짝 속여 넘기게 되는 모양.

¶내가 알랑똥땅 넘어갈 사람으로 보이니?/그녀는 일을 알랑똥땅 해치웠다./감히 알랑똥땅 나를 속일 생각을 하다니.

알랑-알랑

의미 [+모양],[+아부],[-순수],[+반복]

제약

남의 비위를 맞추거나 환심을 사려고 다랍게 자꾸 아첨을 떠는 모양.

¶저보다 좀 나은 사람한테는 알랑알랑 강아지 새끼처럼 꼬랑지나 흔들고, 저만 못해 뵌 사람은 사람 취급도 않고….≪이문구, 장한몽≫

알량스레

의미 [+시시],[+미미]

제약

보기에 시시하고 보잘것없는 데가 있게.

알로록-달로록

의미 [+모양],[+색],[+점]v[+줄],[+무늬],[+간격],[-균일]

제약

여러 가지 밝은 빛깔의 점이나 줄 따위가 조금 성기고 고르지 아니하게 무늬를 이룬 모양.

732

¶알로록달로록 예쁜 치마.

알로록-알로록

의미 [+모양],[+색],[+점]v[+줄],[+무늬],[+균일]

제약

여러 가지 밝은 빛깔의 점이나 줄 따위가 고르게 무늬를 이룬 모양.

¶무늬가 알로록알로록 있는 옷감.

알로롱-달로롱

의미 [+모양],[+색],[+점]v[+줄],[+무늬],[-균일],[+간격]

제약

여러 가지 빛깔의 작고 또렷한 점이나 줄 따위가 고르지 아니하고 조금 성기게 무늬를 이룬 모양.

¶알로롱달로롱 여러 색깔의 연필.

알로롱-알로롱

의미 [+모양],[+색],[+점]v[+줄],[+무늬],[-균일],[+간격]

제약

여러 가지 빛깔의 작고 또렷한 점이나 줄 따위가 고르고 조금 성기게 무늬를 이룬 모양.

¶알로롱알로롱 예쁜 새./작은 물방울무늬가 여러 색깔로 알로롱알로롱 곱게 찍혀 있다.

알록-달록

의미 [+모양],[+색],[+점]v[+줄],[+무늬],[-균일]

제약

여러 가지 밝은 빛깔의 점이나 줄 따위가 고르지 아니하게 무늬를 이룬 모양.

¶꽃들이 알록달록 저마다의 빛깔을 뽐내고 있다./알록달록 차려입은 기생 넷이 주르르 조기 두름처럼 들어왔다.《문순태, 타오르는 강》

알록-알록

의미 [+모양],[+색],[+점]v[+줄],[+무늬],[+균일]

제약

여러 가지 밝은 빛깔의 점이나 줄 따위가 고르게 무늬를 이룬 모양.

¶알록알록 예쁜 무늬가 있는 옷./알록알록 곱게

수를 놓은 저고리.

알롱-달롱

의미 [+모양],[+색],[+점]v[+줄],[+무늬],[-균일],[-간격]

제약

여러 가지 빛깔의 작고 또렷한 점이나 줄 따위가 고르지 아니하고 촘촘하게 무늬를 이룬 모양.

¶칼라는 희고 넥타이는 알롱달롱 빛깔이 있어서 더럼을 타지 않으니까 더럽지 않다.《김남천, 등불》

알롱-알롱

의미 [+모양],[+색],[+점]v[+줄],[+무늬],[+균일],[-간격]

제약

여러 가지 빛깔의 작고 또렷한 점이나 줄 따위가 고르고 촘촘하게 무늬를 이룬 모양.

¶아기 옷이 알롱알롱 곱다.

알른-알른

의미 [모양],[±시야],[+정도]

제약 {물체}-{보이다}

① 무엇이 조금씩 보이다 말다 하는 모양.

¶물 밑에 깔린 조약돌이 알른알른 보인다.

의미 [+모양],[+잔무늬]v[+그림자],[+운동],[+물결],[+반복]

제약

② 잔무늬나 비치는 그림자 따위가 물결 지어 자꾸 움직이는 모양.

의미 [+모양],[+물]v[+거울],[+그림자],[+요동],[+반복]

제약 { }-{흔들리다}

③ 물이나 거울 따위에 비친 그림자가 조금씩 자꾸 흔들리는 모양.

알-맞추

의미 [+기준],[+조건],[+정도],[+적당]

제약

일정한 기준, 조건, 정도에 적당하게.

¶알맞추 익다./알맞추 간을 하다./알맞추 부는 바람에 연은 소년의 손을 떠나서 둥실둥실 하늘로 올라갔다.《김동인, 운현궁의 봄》

알밋-알밋

의미 [+모양],[+연기],[+주저]

제약 { }-{미루다}

① 오물쪼물하며 미적미적 미루는 모양.

의미 [+모양],[+허물]v[+책임],[+전가]

제약

② 허물이나 책임 따위를 남의 탓으로 아물아물 돌리는 모양.

의미 [+모양],[+운동],[+주저],[-속도]

제약 { }-{움직이다}

③ 엉거주춤 아물거리며 움직이는 모양.

알삽-히

의미 [+정신],[-분간]

제약

① 정신이 아리송하게.

의미 [+문장],[-조리],[-이해]

제약

② 문장의 조리가 잘 통하지 않아 알아보기 힘들게.

알쏭-달쏭

의미 [+모양],[+색],[+점]v[+줄],[+무늬],[-균일]

제약

① 여러 가지 빛깔로 된 점이나 줄이 고르지 않게 뒤섞여 무늬를 이룬 모양.

¶알쏭달쏭 고운 무지개.

의미 [+모양],[±사실],[-구별],[-신속]

제약

② 그런 것 같기도 하고 그렇지 않은 것 같기도 하여 얼른 분간이 안 되는 모양.

¶범인이나 범죄 사건이 알쏭달쏭 꼬리를 감춰 버리는 것을 좋아하신다는 말씀은 아니겠지요? ≪유재용. 성역≫

알쏭-알쏭

의미 [+모양],[+색],[+점]v[+줄],[+무늬],[+균일]

제약

① 여러 가지 빛깔로 된 점이나 줄이 고르게 뒤섞여 무늬를 이룬 모양.

의미 [+모양],[±사실],[-구별],[-용이]

제약

② 그런 것 같기도 하고 그렇지 않은 것 같기도

하여 분간하기 매우 어려운 모양.

의미 [+상태],[+기억]v[+생각],[-발생]

제약

③ 기억이나 생각 따위가 계속 떠오를 듯하면서도 떠오르지 않는 상태.

알씬

의미 [+모양],[+물건],[±출현],[+순간]

제약

① 작은 것이 눈앞에 잠깐 나타났다 없어지는 모양.

의미 [+모양],[+언행],[+교묘],[+타인],[+기호],[+영합]

제약

② 교묘한 말과 행동으로 남의 비위를 딱 맞추는 모양.

알씬-알씬

의미 [+모양],[+물건],[±출현],[+순간],[+반복]

제약

① 작은 것이 잇따라 눈앞에 잠깐씩 나타났다가 없어지는 모양.

¶눈만 감으면 그녀의 모습이 알씬알씬 떠올라 잠을 이루지 못하였다.

의미 [+모양],[+언행],[+교묘],[+타인],[+기호],[+영합],[+연속]

제약

② 교묘한 말과 행동으로 잇따라 남의 비위를 딱 맞추는 모양.

알알[01]

의미 [+소리],[+수레],[+바퀴],[+회전]

제약 {수레바퀴}-{구르다}

① 수레바퀴가 구르는 소리.

의미 [+모양],[+무더기],[+비행]

제약 { }-{날다}

② 어떤 것이 무더기로 나는 모양.

의미 [+소리],[+배],[+노]

제약 {배}-{젓다}

③ 배 젓는 소리.

의미 [+소리],[+베],[+조직]

제약 {베}-{짜다}

④ 베 짜는 소리.

알알02

의미 [+모양],[+상치]

제약

① 서로 어긋나는 모양.

의미 [+소리],[+물체],[+충돌]

제약 {물체}-{부딪치다}

② 단단한 물체가 부딪치는 소리.

알알샅샅-이

의미 [+전부],[-제외],[+구석]

제약

소소한 것이라도 빼놓지 않고 어느 구석이나 모
두 다.

¶그동안 이 책 궤짝은 사오 차 이상이나 **알알샅**
샅이 뒤져 보곤 뒤져 보곤 했다.≪송영, 아버지≫/
금성은 주만의 눈매 하나 몸짓 하나 빼어 놓지
않고 **알알샅샅이** 알고 싶고 듣고 싶은데 제 누이
가 말을 잡아떼려고만 하니….≪현진건, 무영탑≫

알알-이

의미 [+알],[+개별],[+전부]

제약

한 알 한 알마다.

¶**알알이** 잘 여문 탐스러운 벼가 황금물결을 이
루었다./밭에서 캐낸 감자가 **알알이** 실하다./미
련스럽게 움켜 온 강바닥 모래들도 돌아가는 굽
이에서 벌써 **알알이** 흩어진다.≪최인훈, 광장≫

알연-히

의미 [+소리],[+쇠붙이],[+충돌]/[+소리],
[+학],[+청아],[+미려]

제약 {쇠붙이}-{부딪치다}/{학}-{울다}

① 쇠붙이가 부딪치는 소리나 학의 울음소리 따
위가 맑고 아름답게.

¶쨍그랑하는 칼 부딪치는 소리가 등등한 살기를
뿜어 허연 무지개 속에서 **알연히** 떨어진다.≪박
종화, 임진왜란≫

의미 [+노래]v[+악기],[+소리],[+청아],[+은
은]

제약 {노래, 악기}-{들린다}

② 멀리서 들려오는 노래나 악기 소리가 맑고
은은하게.

알짱-알짱

의미 [+모양],[+타인],[+비위],[+영합],[+아
첨],[+사기],[+지속]

제약

① 남의 비위를 맞추려고 아첨을 하며 계속 남
을 속이는 모양.

의미 [+모양],[-일],[+운동]v[+회전],[-일
정],[+반복]

제약

② 하는 일도 없이 자꾸 이리저리 돌아다니거나
뱅뱅 도는 모양.

알쫑-알쫑

의미 [+모양],[+타인],[+비위],[+영합],[+근
접],[+근사],[+아첨],[+지속]

제약

남의 비위를 맞추려고 가까이 붙어서 그럴듯한
말을 하며 계속 아첨하는 모양.

알쭌-히

의미 [-혼합],[+순수],[+순전]

제약

다른 것이 섞이거나 더해지지 않아 순수하거나
순전하게.

알찐-알찐

의미 [+모양],[+타인],[+비위],[+영합],[+근
접],[+아첨],[+지속]

제약

남의 비위를 맞추려고 가까이 붙어서 계속 아첨
하는 모양.

알콩-달콩

의미 [+모양],[+재미],[+친밀]

제약

아기자기하고 사이좋게 사는 모양.

¶**알콩달콩** 사랑하는 이야기./가족들과 **알콩달콩**
살아가다.

알큰-히

의미 [+매움],[+입안],[+고통]

제약

① 매워서 입 안이 조금 알알하게. '알근히①'보
다 거센 느낌을 준다.

의미 [+감취],[+정신],[-분명]

제약

② 술에 취하여 정신이 조금 아렴풋하게. '알근
히②'보다 거센 느낌을 준다

얽둑-얽둑

의미 [+모양],[+얼굴],[+마마],[+크기],[+간
격]

제약

얼굴에 깊게 얽은 자국이 성기게 있는 모양.

¶어릴 때 마마를 앓아 얼굴이 **얽둑얽둑** 얽었다.

얽박-얽박

의미 [+모양],[+얼굴],[+마마],[+크기],[−간
격]

제약

얼굴에 깊게 얽은 자국이 촘촘하게 있는 모양.

얽작-얽작

의미 [+모양],[+얼굴],[+마마],[±크기],[−간
격]

제약

얼굴에 잘고 굵은 것이 섞이어 얕게 얽은 자국
이 촘촘하게 있는 모양.

얽족-얽족

의미 [+모양],[+얼굴],[+마마],[±크기],[+다
수]

제약

얼굴에 잘고 굵은 것이 섞이어 얕게 얽은 자국
이 많은 모양.

¶**얽족얽족** 살짝 얽은 얼굴.

암니-옴니

의미 [+모양],[+일],[+잔망],[+계산]v[+검
토]

제약

=옴니암니. 자질구레한 일에 대하여까지 좀스럽
게 셈하거나 따지는 모양.

¶**암니옴니** 캐묻다.

암만

의미 [+정도],[+극심]

제약

①=아무리①. (주로 연결 어미 '-아도/어도'가
붙은 동사와 함께 쓰여) 정도가 매우 심함을 나
타내는 말.

¶**암만** 공부를 해도 성적이 오르지 않는다./**암만**
후회해도 소용없다./**암만** 기다려도 오지 않는
다./**암만** 찾아도 없다./원칠이는 불경기란 무슨
말인지 **암만** 들어도 모를 말이다.≪이기영, 고향≫
/**암만** 생각해도 귀신이 곡할 노릇이다.≪염상섭,
삼대≫

의미 [+사정],[+고려]

제약

②=아무리②. (주로 연결 어미 '-아도/어도'가
붙은 동사와 함께 쓰여) 비록 그렇다 하더라도.

¶**암만** 잘못을 했다고 해도, 미안하다고 하는데
그렇게 화를 내면 어떡해!

암상스레

의미 [+시기],[+질투]

제약

보기에 남을 시기하고 샘을 잘 내는 데가 있게.

¶**암상스레** 굴다./**암상스레** 노려보다.

암암-히[01]

의미 [+기억],[−분명]

제약

① 기억에 남은 것이 눈앞에 아른거리는 듯하
게.

¶어머니의 모습이 아직도 **암암히** 떠오른다./눈
에는 **암암히** 노국 공주의 웃는 얼굴이 나타났다.
≪박종화, 다정불심≫

의미 [+깊이],[+고요]

제약

② 깊숙하고 고요하게.

암암-히[02]

의미 [+암흑]

제약

① 어둡고 컴컴하게.

의미 [+기분],[+불만]

제약

② 속이 상하여 시무룩하게.

암암-히[03]

의미 [+모습],[+산]v[+바위],[+높이],[+험
함]

제약

산이나 바위가 높고 험하게.

¶암암히 솟은 봉우리./암암히 솟은 기암괴석.

암연-히

의미 [+슬픔],[+침울]

제약

슬프고 침울하게.

¶옴쏙 들어간 두 볼을 오물오물 떨면서 **암연히** 앉아 있는 아버지를 위로하려고 민수는 마지막 용기를 내었다.≪김말봉, 찔레꽃≫

암튼

의미 [+의견]v[+성질]v[+형편]v[+상태], [-고려]

제약

'아무튼'의 준말. 의견이나 일의 성질, 형편, 상태 따위가 어떻게 되어 있든.

¶**암튼** 축하해요./한편이 되었으니 **암튼** 잘해 보자./**암튼** 그 마나님 이 집에 들어올 땐 내가 제일 잘 아는데….≪박완서, 그 가을의 사흘 동안≫

암팡스레

의미 [+신체],[-크기],[+견고]

제약

몸은 작아도 야무지고 다부진 면이 있게.

¶뒤통수를 **암팡스레** 날아든 것은 영애의 주먹이었다.≪김유정, 따라지≫

압닐-히

의미 [+친밀],[+밀접],[+정도]

제약

매우 친하고 가깝게.

압설-히

의미 [+친밀],[+밀접],[-예의]

제약

사이가 너무 가까워서 예의가 없이.

앙⁰¹

의미 [+소리],[+개],[+대항]

제약 {개}-{짖다, 물다}

개 따위가 물려고 덤빌 때 내는 소리. 또는 그 모양.

앙⁰²

의미 [+소리]v[+모양],[+아기],[+울음]

제약 {어린아이}-{울다}

어린아이가 우는 소리. 또는 그 모양.

¶아기가 앙 울기 시작한다./아기의 "앙" 소리에, 부모는 잠이 깼다.

앙가조촘

의미 [+모양],[+신체],[-착석]v[-기립]

제약

① 앉지도 서지도 아니하고 몸을 반쯤 굽히고 있는 모양.

의미 [+모양],[+주저],[-결정]

제약

② 이러지도 저러지도 못하고 조금 망설이는 모양.

앙글-방글

의미 [+모양],[+아기],[+웃음],[-소리],[+사랑]

제약 {아기}-{웃다}

① 어린아이가 소리 없이 탐스럽고 귀엽게 웃는 모양.

¶아기가 **앙글방글** 웃으며 엄마와 놀고 있다.

의미 [+모양],[+웃음],[+가장],[+반복]

제약 {사람}-{웃다}

② 자꾸 꾸며서 웃는 모양.

¶그 여자는 **앙글방글** 웃으면서 마음에도 없는 칭찬을 늘어놓았다.

앙글-앙글

의미 [+모양],[+웃음],[+아기],[-소리],[+사랑],[+반복]

제약 {아기}-{웃다, 거리다}

① 어린아이가 소리 없이 자꾸 귀엽게 웃는 모양.

의미 [+모양],[+웃음],[+가식],[+반복]

제약 { }-{웃다, 거리다}

② 무엇을 속이면서 자꾸 꾸며서 웃는 모양.

앙금-쌀쌀

의미 [+모양],[+포복],[+속도],[+증가]

제약 { }-{기다}

처음에는 굼뜨게 기다가 차차 빠르게 기는 모양.

앙금-앙금

의미 [+모양],[+걸음]v[+포복],[+동작],[-크기],[-속도]

제약 { }-{걷다, 기다}

작은 동작으로 느리게 걷거나 기는 모양.
¶아기가 앙금앙금 기고 있다./앙금앙금 걷지 말고 성큼성큼 걸어라./아이가 엄마에게 앙금앙금 걸어온다./늙은 할미가 어느 틈에 앙금앙금 일어서서 떨리는 손으로 옷자락을 붙들었다.≪홍명희, 임꺽정≫

앙기작-앙기작
의미 [+모양],[+걸음]v[+포복],[−균형],[−속도]
제약 { }-{걷다, 기다}
되뚱거리며 나릿나릿 걷거나 기는 모양.

앙달머리스레
의미 [+태도],[+가장],[+어른],[+교활]
제약
어른 아닌 사람이 어른인 체하며 얄망궂고 능청스러운 짓을 부리는 데가 있게.

앙당그레
의미 [+모양],[+뒤틂],[+건조]v[+감소]v[+응고]
제약
① 마르거나 졸아지거나 굳어지면서 뒤틀리는 모양.
¶앙당그레 뒤틀어진 고사목.
의미 [+모양],[+신체],[+축소],[+추위]v[+공포]
제약
② 춥거나 겁이 나서 몸이 옴츠러지는 모양.
¶앙당그레 졸아드는 자신을 느낄 수 있었다./몸을 파고드는 한기로 어깨를 앙당그레 움츠렸다.

앙바틈-히
의미 [+모양],[−길이],[+퍼짐]
제약
짤막하고 딱 바라져 있게.

앙살스레
의미 [+태도],[+엄살],[+대결]
제약
엄살을 부리며 버티고 겨루는 태도로.

앙상스레
의미 [−규모],[−조화],[+부족]
제약

① 꼭 짜이지 아니하여 어울리지 아니하고 어설프게.
¶개울 바닥은 물이 말라 버려 자갈들만 앙상스레 깔려 있었다.
의미 [+상태],[+수척],[+정도]
제약
② 살이 빠져서 뼈만 남아 바짝 마른 상태로.
¶아저씨는 살가죽과 뼈만 앙상스레 남아 있었는데, 마치 난민처럼 보였다.
의미 [−나뭇잎],[+가지],[+황량]
제약
③ 나뭇잎이 지고 가지만 남아서 스산하게.
¶겨울 들판은 칙칙했고 거리의 활엽수는 앙상스레 가지만 남아 있었다.

앙상-히
의미 [−규모],[−조화],[+부족]
제약
① 꼭 짜이지 아니하여 어울리지 아니하고 어설프게.
¶버스가 겨울 가뭄으로 돌밭만이 앙상히 드러난 계곡을 끼고 내리막길을 한참 빠져나가자….≪김원일, 불의 제전≫
의미 [+수척],[+정도]
제약 {살}-{마르다}
② 살이 빠져서 뼈만 남을 만큼 바짝 마른 듯하게.
¶며칠을 굶었는지 그들은 뼈가 앙상히 드러나 있었다./그 눈은 태어날 때 이미 장님이었고 두 다리는 장작개비같이 앙상히 말라 있었다.≪김원일, 도요새에 관한 명상≫
의미 [−나뭇잎],[+가지],[+황량]
제약
③ 나뭇잎이 지고 가지만 남아서 스산하게.
¶크고 작은 감나무 가지는 허공을 찌르듯 앙상히 뻗어 있다.≪박경리, 토지≫

앙실-방실
의미 [+모양],[+웃음],[+어린아이],[−소리],[+사랑],[+명랑]
제약 {어린아이}-{웃다}
어린아이가 소리 없이 귀엽고 환하게 웃는 모양.

¶아기가 기분이 좋은지 앙실방실 웃고 있다.

앙알-앙알

의미 [＋모양],[＋군소리],[－크기],[＋원망],
[＋반복]

제약 {사람}-{거리다}

윗사람에 대하여 조금 원망스럽게 자꾸 입속말
로 군소리를 하는 모양.

¶앙알앙알 떼를 쓴다./앙알앙알 조르고만 있으니
원하는 게 뭔지 알 수 있어야지.

앙앙

의미 [＋소리]v[＋모양],[＋어린아이],[＋울음],
[＋정도]

제약 {어린아이}-{울다}

① 어린아이가 크게 우는 소리. 또는 그 모양.

¶앙앙 울어 대다./앙앙 울고 있는 딸애를 까불
까불 흔들면서 골목을 빠져 사라져 간 것이었
다.≪이정환, 샛강≫

의미 [＋소리]v[＋모양],[＋앙탈],[＋억지],[＋반
복]

제약 {사람}-{거리다, 보채다}

② 앙탈을 부리며 자꾸 보채는 소리. 또는 그
모양.

¶그 사내애는 제 엄마에게 사탕을 사 달라고 앙
앙 졸라 댔다.

앙앙-히

의미 [－만족]v[＋야속],[＋정도]

제약

매우 마음에 차지 아니하거나 야속하게.

¶앙앙히 여기다./잠깐 이 늦은 시간에 어떤 선량
한 백성이 잠을 잘 못 이루어 앙앙히 지상을 방
황하지 않는가를 탐지하려는….≪김진섭, 인생 예
찬≫

앙연-히

의미 [＋마음],[－만족],[＋야속]

제약

마음에 차지 아니하거나 야속하게.

¶고개를 바짝 들고 앙연히 대답하다./그는 뜻밖
에도 이편을 앙연히 노려보고 있는 말 대가리
윤용규와 눈이 딱 마주쳤습니다.≪채만식, 태평천
하≫

앙잘-앙잘

의미 [＋모양],[＋군소리],[－크기],[＋원망],[＋반
복]

제약

작은 소리로 원망스럽게 종알종알 군소리를 자
꾸 내는 모양.

¶뒤돌아서서 앙잘앙잘 재깔이는 품이 꽤 못마땅
한 듯했다./시어머니는 연방 더 앙잘앙잘 앙알거
린다.≪김정한, 옥심이≫

앙증스레

의미 [＋모양],[－크기],[＋완비],[＋영악]

제약

작으면서도 갖출 것은 다 갖추어 아주 깜찍한
데가 있게.

앙칼스레

의미 [＋행동],[＋시도],[－감당],[＋발악]

제약

① 보기에 제힘에 겨운 일에 악을 쓰고 덤비는
데가 있게.

¶아이가 앙칼스레 덤벼 보았지만 여전히 역부족
이었다.

의미 [＋잔인],[＋예리],[＋정도]

제약

② 매우 모질고 날카로운 데가 있게.

¶그녀도 더 이상 못 참겠다고 앙칼스레 대답했
다.

앙큼-상큼

의미 [＋모양],[＋걸음],[－크기],[＋박력]

제약 {사람}-{걷다}

작은 걸음으로 가볍고 힘차게 걷는 모양.

¶한 아이가 앙큼상큼 걸어간다.

앙큼스레

의미 [＋행동],[＋욕심],[－가능],[＋시도]

제약

보기에 엉뚱한 욕심을 품고 깜찍하게 분수에 넘
치는 짓을 하려는 데가 있게.

앙큼-앙큼

의미 [＋모양],[＋걸음]v[＋포복],[＋동작],[－크
기],[－속도]

제약 { }-{걷다, 기다}

작은 동작으로 느리게 걷거나 기는 모양. '앙금 앙금'보다 거센 느낌을 준다.

앞-서

의미 [+시간],[+기준],[+전(前)]

제약

① 남보다 먼저.

¶그가 나보다 앞서 일을 마쳤다./옹보를 기다리 느라고 그녀는 혼자 앞서 걷다가도 잠깐잠깐 걸 음을 멈추어 기다려 주곤 했다.≪문순태, 타오르는 강≫/사관생도처럼 활달한 걸음걸이로 그녀가 다방을 앞서 나갔다.≪이동하, 도시의 늪≫

의미 [+시간],[+기준],[+과거]

제약

② 지금보다 앞선 때에.

¶앞서 말했듯이./앞서 지적했듯이.

의미 [+시간],[+기준],[+전(前)],[+준비]

제약

③ 아예 미리.

¶앞서 생각해 두다.

앞앞-이

의미 [+위치],[+개별],[+앞]

제약

① 각 사람의 앞에.

¶심진학은 네 사람 앞앞이 놓인 찻잔에 고루 뜨 거운 차를 따른다.≪최명희, 혼불≫

의미 [+사람],[+개별],[+몫]

제약

② 각 사람의 몫으로.

¶제 머리 굵은 애들은 앞앞이 다 통장이 있더라 던데요.≪이문열, 사람의 아들≫

애고-대고

의미 [+모양],[+울음],[+정도]

제약 {사람}-{울다}

소리를 마구 지르며 우는 모양.

¶그 다음 초상 때 집 안에서 애고대고 울던 것 이나 조문객들이 몰려오던 것 따위는 모두 일종 의 경사나 잔치와 같은 인상으로밖에 남아 있지 않았다.≪한설야, 탑≫

애고로이

의미 [+슬픔],[+고통]

제약

슬프고 괴로워할 만하게.

애고-지고

의미 [+모양],[+울음],[+소리],[+슬픔],[+정 도]

제약 {사람}-{울다}

소리 내어 몹시 슬프게 우는 모양.

애긍-히

의미 [+측은],[+간주]

제약 {사람}-{여기다}

불쌍히 여기어.

¶논만 얻으면 그저, 이번에는 들어가서 애긍히 빌기만 하고, 그저 무슨 말을 하든지 조금도 거 역하지 않겠다.≪한용운, 흑풍≫

애꿎-이

의미 [-잘못],[+억울]

제약

아무런 잘못 없이 억울하게.

¶그는 그 자리에 갔다가 애꿎이 봉변만 당하였 다./아무리 분한 일이 있어도 애꿎이 제 입술만 깨물었답니다.≪현진건, 적도≫

애달피

의미 [+마음],[+애처],[+고통]

제약 {사람}-{여기다}

① 마음이 안타깝거나 쓰라리게.

¶애달피 여기다.

의미 [+애처],[+고독]

제약 {사람}-{여기다}

② 애처롭고 쓸쓸하게.

¶애달피 울다.

애련-히[01]

의미 [+애처],[+측은]

제약 {사람}-{여기다}

애처롭고 가엾게 여기어.

애련-히[02]

의미 [+측은],[+사랑]

제약 {사람}-{여기다}

가엾고 사랑스럽게.

애매-히[01]

의미 [-잘못],[+억울],[+훈계]v[+벌]

제약

아무 잘못 없이 꾸중을 듣거나 벌을 받아 억울하게.

¶애매히 매를 맞다./수없이 많은 생명들이 애매히 또 무참히 쓰러져 간 육이오도 그는 무사히 넘겼고….≪손창섭, 혈서≫

애매-히[02]

의미 [-분명]

제약

① 희미하여 분명하지 아니하게.

¶나는 "글쎄……." 하고 애매히 대답하고 말았다.≪채만식, 민족의 죄인≫

의미 [+논리],[+개념],[-분명],[-구별]

제약

② 희미하여 확실하지 못하게. 이것인지 저것인지 명확하지 못하여 한 개념이 다른 개념과 충분히 구별되지 못함을 이른다.

애면-글면

의미 [+모양],[+노력],[-감당],[+정도]

제약

몹시 힘에 겨운 일을 이루려고 갖은 애를 쓰는 모양.

¶애면글면 살다./그는 집에 돌아와 자기가 애면글면 장만해 놓은 그릇을 부수었다.≪김유정, 생의 반려≫/세상에, 이놈의 집구석엔 사람도 없다니까, 애면글면 모은 재산도 애면글면 기른 자식새끼도 다 소용없다니까.≪박완서, 도시의 흉년≫

애바삐

의미 [+절박],[+급박],[+정도]

제약

=시급히. 시각을 다툴 만큼 몹시 절박하고 급하게.

애살스레

의미 [+가난],[+욕심]

제약

보기에 군색하고 애바른 데가 있게.

애상스레

의미 [+슬픔]v[+고통]

제약

보기에 슬퍼하거나 가슴 아파하는 데가 있게.

애석-히[01]

의미 [+슬픔],[+소중]

제약 { }-{여기다, 생각하다}

슬프고 아깝게.

¶어머니는 아들이 몇 점 차이로 시험에서 떨어진 것을 애석히 생각했다./봉순네 부친은 뜻을 펴 보지 못하고 병들어 중도에서 업을 폐한 늙은이의 생애를 애석히 여겨 눈물을 글썽이곤 했었다.≪박경리, 토지≫

애석-히[02]

의미 [+서운],[+소중]

제약

서운하고 아깝게.

애애-히[01]

의미 [+슬픔],[+정도]

제약

매우 슬프게.

애애-히[02]

의미 [+색],[+서리]v[+눈],[+하양],[+정도]

제약

서리나 눈 따위가 내려서 희디 희게.

애애-히[03]

의미 [+초목],[+무성]

제약

① 초목이 무성하게.

의미 [+달빛],[-분명]

제약

② 달빛이 희미하게.

의미 [+유연],[+편안]

제약

③ 부드럽고 포근하게.

애애-히[04]

의미 [+안개]v[+구름]v[+아지랑이],[+농후],[+두께]

제약 {안개, 구름, 아지랑이}-{ }

① 안개나 구름, 아지랑이 따위가 짙게 끼어 자욱하게.

의미 [+분위기],[+유연],[+편안],[+평화]

제약

② 분위기가 부드럽고 포근하여 평화롭게.

애애-히[05]

의미 [+상태],[+구름],[+두께]

제약

① 구름이 많이 낀 상태로.

의미 [+수목],[+울창]

제약

② 수목이 울창하게.

애연-히[01]

의미 [+슬픔]

제약

슬픈 듯하게.

¶애연히 눈물짓다./두 사람의 이별을 애연히 여겨 시를 한 수 지었다.

애연-히[02]

의미 [+암흑],[−분명]

제약

어둠침침하고 희미하게.

애연-히[03]

의미 [+온화]

제약

화기롭고 온화하게.

애연-히[04]

의미 [+상태],[+구름]v[+안개],[+농후]

제약 {구름, 안개}-{ }

구름이나 안개 따위가 짙게 낀 상태로.

애염-히

의미 [+가련],[+미려]

제약

가련하고 어여쁘게.

애오라지

의미 [+기준],[+부족],[+정도]

제약

① '겨우'를 강조하여 이르는 말.

¶주머니엔 애오라지 동전 두 닢뿐이다./우리가 쓸 수 있는 물자가 애오라지 이것밖에 남지 않았단 말이냐?

의미 [+유일],[+정도]

제약

② '오로지'를 강조하여 이르는 말.

¶애오라지 자식을 위하는 부모 마음./그의 핼쑥

한 표정이 애오라지 미순이 자기의 문제 때문만이 아님을 그녀는 또한 알고 있었다.≪이문희, 흑맥≫

애완-히

의미 [+가련],[+미려]

제약

가련하고 어여쁘게.

애울-히

의미 [+상태],[+초목],[+울창],[+정도]

제약

초목이 몹시 우거진 상태로.

애잔-히

의미 [+취약],[+정도]

제약

① 몹시 가냘프고 약하게.

¶가을바람에 코스모스가 애잔히 흔들리고 있다.

의미 [+슬픔],[+애통]

제약 { }-{흐르다, 들리다}

② 애처롭고 애틋하게.

¶슬픈 곡조의 음악이 애잔히 흐르고 있다.

애절-히[01]

의미 [+마음],[+초조],[−지탱]

제약

견디기 어렵도록 애가 타는 마음으로.

¶애절히 호소하다./애절히 기다리다.

애절-히[02]

의미 [+슬픔],[+정도]

제약

몹시 애처롭고 슬프게.

¶죽은 어머니를 애절히 불러 보다./여보, 여보, 당신 왜 그래요……애절히 달래는 흐느낌 같은 여인의 목소리도 들려왔다.≪홍성암, 큰물로 가는 큰 고기≫

애중-히

의미 [+사랑],[+소중]

제약

사랑스럽고 소중하게.

¶유모는 어머니만큼이나 나를 애중히 여겨 아주 정성껏 보살펴 주셨다.

애지중지

의미 [＋모양],[＋사랑],[＋소중],[＋정도]

제약 { }-{키우다, 가꾸다}

매우 사랑하고 소중히 여기는 모양.

¶아이를 애지중지 키우다./꽃을 애지중지 정성을 다하여 가꾸다./태석이는 딸만 여섯이나 되는 집안에 외아들로 태어나 애지중지 고생을 모르고 자랐기 때문에 의지가 그다지 강한 편은 아니었다.≪하근찬, 야호≫

애처로이

의미 [＋심리],[＋측은],[＋슬픔]

제약 {사람}-{여기다}

가엾고 불쌍하여 슬픈 마음으로.

¶애처로이 울부짖다./애처로이 여기다./아이는 길을 떠나는 엄마를 애처로이 불렀다.

애통-히

의미 [＋감정],[＋슬픔],[＋고통]

제약 {사람}-{생각하다, 여기다}

슬프고 가슴 아프게.

¶두고두고 애통히 여기는 마음./애통히 울부짖다.

애틋-이

의미 [＋감정],[＋서운],[＋애통]

제약

① 섭섭하고 안타까워 애가 타는 듯하게.

¶고향 하늘을 애틋이 바라보는 마음./자유란 낱말을 사랑만큼이나 애틋이 불러 봐야 하는 시대를 살아야 했던 우리.≪최인훈, 구운몽≫/벌써 황천길을 밟았을 것을 살아났다는 만강의 감사와, 떠나보낸 뒤의 그립고 아쉬운 정을, 애틋이 적어 보낸 것이었다.≪심훈, 상록수≫

의미 [＋감정],[＋다정],[＋정성]

제약

② 정답고 알뜰한 맛이 있게.

¶애틋이 굴다.

애해해

의미 [＋소리]v[＋모양],[＋웃음],[＋가증]

제약 {사람}-{웃다}

야살스럽게 웃는 소리. 또는 그 모양.

¶애해해 웃으며 눈치를 살피다.

액색-히

의미 [＋생활]v[＋행색],[－운수],[＋가난]

제약

운수가 막히어 생활이나 행색 따위가 군색하게.

¶그 눈앞에는 아무도 없고 다만 액색히 죽어 누운 박돌이가 보일 뿐이다.≪최서해, 박돌의 죽음≫

앵01

의미 [＋소리],[＋모기]v[＋벌],[＋비상],[＋속도]

제약 {모기, 벌}-{날다}

모기나 벌 따위가 빨리 날아갈 때 나는 소리.

¶모기가 앵 날아든다.

앵02

의미 [＋모양],[＋짜증],[＋분노]

제약

① 토라져 짜증을 내는 모양.

의미 [＋모양],[－일치],[＋관계],[＋종료]

제약

② 홱 틀려 돌아가는 모양.

앵-앵

의미 [＋소리],[＋모기]v[＋벌],[＋비상],[＋속도],[＋연속]

제약 {모기, 벌}-{날다}

모기나 벌 따위가 빨리 날아갈 때 잇따라 나는 소리.

¶아버지는 모깃불 곁에 앉아, 앵앵 울면서 모여드는 모기를 쫓고 계셨다.

야경스레

의미 [＋야간],[＋소란]

제약

밤중에 떠들썩한 듯하게.

야금-야금

의미 [＋모양],[＋섭취],[＋조금],[＋연속]

제약 { }-{먹다}

① 무엇을 입 안에 넣고 잇따라 조금씩 먹어 들어가는 모양.

¶형은 꼬리만 먹겠다던 붕어빵을 야금야금 절반을 더 먹었다.

의미 [＋모양],[＋감소]v[＋소진],[＋조금],[＋연속]

제약

② 잇따라 조금씩 축내거나 써 없애는 모양.

¶야금야금 퍼내다 보니 양식도 바닥이 났다./부모가 남긴 유산을 자식들은 야금야금 까먹었다.

의미 [+모양],[+행동],[+은밀],[+조금]

제약

③ 남모르게 조금씩 행동하는 모양.

¶깊은 산골짜기에서 피어나기 시작한 황혼은 나무를 에워싸고 개울을 덮고, 산허리로 해서 야금야금 산마루로 뻗기 시작하였다.≪정비석, 성황당≫/아마도 한밤중에 모두 잠들고 나면 혼자 깨어나 야금야금 속의 것을 되새겨 보거나 할 테지.≪박기동, 아버지의 바다에 은빛 고기 떼≫

야긋-야긋

의미 [+모양],[+높이],[+유사]

제약

톱날처럼 높고 낮은 차이가 적고 어슷비슷한 모양.

¶고기를 야긋야긋 다지다./문태석은 밀가루 뭉치를 두 팔에 힘을 주어 야긋야긋 누르고 앉았는 경체의 옆 볼을 한참이나 말없이 내려다보고 있다가….≪채만식, 돼지≫

야기죽-야기죽

의미 [+모양],[+가증],[+심술],[+조롱],[+연속]

제약 { }-{거리다, 대다}

계속 밉살스럽게 재깔이며 짓궂게 빈정거리는 모양.

야다-하면

의미 [+긴급],[-방법]

제약

어찌할 수 없이 긴급하게 되면.

¶야다하면 뛰쳐나와야지./야다하면 그만두어라.

야단스레

의미 [+행동],[+소란]

제약

보기에 매우 떠들썩하게 일을 벌이거나 부산하게 법석거리는 데가 있게.

¶아주머니 집을 빠져나오려고 애를 썼으나 오래간만에 왔다고 하도 야단스레 붙드는 바람에 저녁까지 아주머니 집에서 먹고 말았어요.≪유진오,

행로≫

야당스레

의미 [+냉정],[+가혹]

제약

① 보기에 매몰하고 사막한 데가 있게.

의미 [+민첩],[+냉정]

제약

② 보기에 약빠르고 매몰찬 데가 있게.

야드르르

의미 [+모양],[+윤기],[+유연]

제약 { }-{보드랍다}

반들반들 윤기가 돌고 보드라운 모양.

¶여우 목도리가 야드르르 보드랍다.

야드를

의미 [+모양],[+윤기],[+유연]

제약

'야드르르'의 준말. 반들반들 윤기가 돌고 보드라운 모양.

¶윤이 야드를 흐르는 붉은 입술이 방싯이 열리며 바르르 떠는 듯싶었다.≪염상섭, 취우≫

야들-야들

의미 [+모양],[+윤기],[+유연]

제약

① 반들반들 윤기가 돌고 보들보들한 모양.

¶거무스레한 피부는 야들야들 윤이 나고 튕기듯이 탄력이 있어 보였다.≪한무숙, 어둠에 갇힌 불꽃들≫/연 삼 일 밤낮으로 내린 비에 흙먼지를 쓰고 이울어 가던 보리들은 당장 야들야들 생기가 돌았다.≪현기영, 변방에 우짖는 새≫

의미 [+모양],[+목소리],[+청아],[+유연]

제약

② 목소리 같은 것이 맑고 보드라운 모양.

¶야들야들 들려오는 노랫소리.

야릇-이

의미 [-표현],[+오묘],[+이상]

제약

무엇이라 표현할 수 없이 묘하고 이상하게.

¶그렇게도 맹랑하게 죽은 자식. 그 자식의 생명을 이어 그렇게도 야릇이 태어난 손자.≪선우휘, 불꽃≫

야리-야리

의미 [+모양],[-견고],[+허약],[+정도]

제약

단단하지 못하고 매우 무른 모양.

야릿-야릿

의미 [+모양],[+빛깔]v[+소리]v[+형체],[-선명],[+취약]

제약

빛깔이나 소리, 형체 따위가 선명하지 못하고 조금 흐리거나 약한 모양.

야만스레

의미 [+미개],[+문화],[+수준],[-높이]

제약

① 미개하여 문화 수준이 낮은 데가 있게.

의미 [-교양],[-예의]

제약

② 교양이 없고 무례한 데가 있게.

¶깊은 잠 속에서 그는 완전히 혼자였고, 그래서 코까지 **야만스레** 골아 대고 있었다.≪이동하, 도시의 늪≫

야멸스레

의미 [+태도],[+냉정]

제약

보기에 야멸친 데가 있게.

야물-야물

의미 [+모양],[+아이]v[+염소]v[+토끼],[+섭취],[+운동],[+사랑],[+연속]

제약 { }-{먹다, 씹다}

① 어린아이나 염소, 토끼 따위가 무엇을 먹느라고 잇따라 입을 귀엽게 움직이는 모양.

¶**야물야물** 풀을 씹는 염소.

의미 [+모양],[+언사],[+경망],[+연속]

제약 { }-{지껄이다, 놀리다}

② 입을 경망스럽게 잇따라 놀리는 모양.

¶달린 입이라고 함부로 **야물야물** 지껄이지 마라.

야박스레

의미 [+행동],[+냉정],[-인정]

제약

보기에 야멸치고 인정이 없는 데가 있게.

¶오늘날 그 이자를 따진다고 들어도 수천 금에

이를 것이야. 하나, 내가 너에게 그렇게 **야박스레** 굴 생각은 없어.≪김남천, 대하≫

야박-히

의미 [+행동],[+냉정],[-인정]

제약

야멸치고 인정이 없게.

야발스레

의미 [+옹졸],[+편협]

제약

보기에 야살스럽고 되바라진 데가 있게.

야불-야불

의미 [+모양],[+언사],[+경망],[+연속]

제약 { }-{지껄이다, 거리다}

입을 자주 놀려 잇따라 말하는 모양.

¶뻔뻔스러운 낯바닥을 반짝 치켜들고…주둥이 **야불야불** 지껄일 때, 내 어찌 그년의 주둥이를 번개같이 후려쳐 납작하게 못 만들었을까.≪최명희, 혼불≫

야쁘장스레

의미 [+미려],[+비속]

제약

'예쁘장스레'를 낮잡는 뜻으로 이르는 말.

야살스레

의미 [+가증],[+옹졸],[+편협]

제약

보기에 얄망궂고 되바라진 데가 있게.

¶**야살스레** 수다를 떨다.

야속스레

의미 [+서운],[+불쾌]

제약

보기에 무정한 행동이나 그런 행동을 한 사람이 섭섭하게 여겨져 언짢은 데가 있게.

야속-히

의미 [+서운],[+불쾌]

제약

무정한 행동이나 그런 행동을 한 사람이 섭섭하게 여겨질 정도로 언짢게.

¶내가 하는 말 너무 **야속히** 여기지 말게./최씨 부인은 남편 문영환이 아들에게 그와 같이 **야속히** 굴고 미워하고 하는 것을 항상 슬퍼하고 불

평하고 항거하고 하였다.≪채만식, 돼지≫

야스락-야스락

의미 [+모양],[+언사],[+솜씨],[+연속]

제약

입담 좋게 잇따라 말을 늘어놓는 모양.

야슬-야슬

의미 [+모양],[+언사],[+솜씨],[+연속]

제약

'야스락야스락'의 준말. 입담 좋게 잇따라 말을 늘어놓는 모양.

야심만만-히

의미 [+욕망],[+소망],[+충만]

제약

무엇을 이루어 보겠다는 욕망이나 소망이 마음속에 가득하게.

야심스레

의미 [+극심],[+정도]

제약

매우 심한 데가 있게.

야심-히

의미 [+극심],[+정도]

제약

매우 심하게.

야야

의미 [+밤],[+개별],[+전부]

제약

=매야. 매일 밤마다.

야옹

의미 [+소리],[+고양이],[+울음]

제약 {고양이}-{울다}

고양이가 우는 소리.

¶고양이가 어둠 속에서 **야옹** 소리를 내며 울었다.

야옹-야옹

의미 [+소리],[+고양이],[+울음],[+반복]

제약 {고양이}-{울다}

고양이가 자꾸 우는 소리.

¶그날 밤 고양이는 새끼를 모조리 잡아먹고 대가리만 남겨 피 칠한 입으로 **야옹야옹** 밤새 울었다.≪오정희, 중국인 거리≫

야울-야울

의미 [+모양],[+불],[+온순],[+연소]

제약 { }-{타다}

불이 순하게 살살 타는 모양.

¶부엌의 아궁이에서는 불길이 **야울야울** 타고 있었다./상엿소리를 따라 부르며 **야울야울** 타고 있는 모닥불로 눈길을 보냈다.≪한승원, 해일≫

야젓-이

의미 [+언사]v[+행동],[-잔망],[+점중],[+무게]

제약

말이나 행동 따위가 좀스럽지 않아 점잖고 무게가 있게.

¶그 아이는 나이에 비해 퍽 **야젓이** 행동하였다.

야젓잖-이

의미 [+언사]v[+행동],[+잔망],[-점중],[-무게]

제약

말이나 행동 따위가 좀스러워 점잖지 못하고 가벼운 데가 있게.

야죽-야죽

의미 [+모양],[+가증],[+심술],[+조롱],[+연속]

제약 { }-{거리다, 대다}

'야기죽야기죽'의 준말. 계속 밉살스럽게 재깔이며 짓궂게 빈정거리는 모양.

¶그녀는 아무 상관이 없는 남의 일에도 **야죽야죽** 입을 놀리지 않고는 못 배기는 성미다./경애는 **야죽야죽** 골만 올리려고 애를 쓴다.≪염상섭, 삼대≫

야지랑스레

의미 [+태도],[+능청],[+가증]

제약

얄밉도록 능청맞고 천연스럽게.

야짓

의미 [+기준],[+전부],[-간격]

제약

한편에서 시작하여 사이를 띄지 않고 모조리.

야트막-이

의미 [+깊이],[-정도]

제약

조금 얕은 듯하게.

¶그 집 둘레에는 담장이 야트막이 둘러쳐져 있었다.

약간

의미 [+조금],[+정도]

제약

얼마 안 되게. 또는 얼마쯤.

¶고개를 약간 수그리다./그는 빵을 약간 베어 물고 자리에서 일어났다./그 사람은 약간 불안한 것 같았다./노을은 약간 붉은빛을 띠고 있었다.

약략스레

의미 [+간략],[+정도]

제약

① 매우 간략한 듯하게.

의미 [+약소],[+정도]

제약

② 매우 약소한 듯하게.

약략-히

의미 [+간략],[+정도]

제약

매우 간략히.

¶원이 동헌에 앉아 천황동이와 여러 통인들을 잡아다가 약략히 치죄한 뒤에 이방을 불러들였다.≪홍명희, 임꺽정≫

약빨리

의미 [+눈치]v[+행동],[+영악],[+민첩]

제약

약아서 눈치나 행동 따위가 재빠르게.

¶동혁은 영신이가 경솔히 대답하지 못하는 속종을, 약빨리 눈치채지 못할 만치 미욱하지 않았다.≪심훈, 상록수≫

약삭빨리

의미 [+눈치]v[+이익],[+민첩]

제약

눈치가 빠르거나, 자기 잇속에 맞게 행동하는 데 재빠르게.

¶평상에서 벌떡 일어나는 두 배달꾼을 휙 둘러보는 그 눈도 좀 다르다고 인숙이는 약삭빨리 눈치채었다.≪염상섭, 의처증≫

약삭스레

의미 [+눈치]v[+이익],[+민첩]

제약

눈치가 빠르거나, 자기 잇속에 맞게 행동하는 데 재빠른 데가 있게.

¶싸움이 시작되기 전에 그는 약삭스레 빠져나갔다.

약스레

의미 [+성질],[+이상],[+우둔]

제약

성질 따위가 야릇하고 못나게.

약여-히

의미 [+모양],[+유희],[+생기]

제약

① 뛰어노는 모양이 생기 있게.

의미 [+모양],[+시야],[+선명]

제약

② 나타나는 모양이 눈앞에 생생하게.

약죽-약죽

의미 [+모양],[+가증],[+심술],[+조롱],[+연속]

제약 { }-{거리다, 대다}

‘야기죽야기죽’의 준말. 계속 밉살스럽게 재깔이며 짓궂게 빈정거리는 모양.

약혹

의미 [+전제],[+조건]

제약

어떤 조건을 전제함을 나타내는 말.

약-히

의미 [+간략],[+정도]

제약

=약략히. 매우 간략히.

얄긋-얄긋

의미 [+모양],[+물건],[+구조],[-일치],[+경사],[+반복]

제약 { }-{틀어지다}

짜인 물건의 사개가 맞지 아니하고 느슨하여 이리저리로 자꾸 배뚤어지는 모양.

얄기죽-얄기죽

의미 [+모양],[+입]v[+허리],[+운동],[-속

도],[+반복]

제약 { }-{움직이다}

입이나 허리 따위를 이리저리 느리게 자꾸 조금씩 움직이는 모양.

얄깃-얄깃

의미 [+모양],[+힘살],[+운동],[+경사],[-정도],[+반복]

제약

힘살이 일그러지게 조금씩 자꾸 움직이는 모양.

얄랑-얄랑

의미 [+모양],[+물건],[+요동],[+반복]

제약 { }-{흔들리다}

작고 긴 물건 따위가 요리조리 자꾸 흔들리는 모양.

¶호수 위에 나뭇잎 하나가 **얄랑얄랑** 바람에 흔들리고 있다.

얄망스레

의미 [+성질]v[+태도],[+괴상],[+복잡],[+가증]

제약

성질이나 태도가 괴상하고 까다로워 얄미운 듯하게.

얄밉상스레

의미 [+언사]v[+행동],[+민첩],[+가증]

제약

말이나 행동이 조금 약빠르고 미운 듯한 데가 있게.

얄브스름-히

의미 [-두께],[-정도]

제약

조금 얇은 듯하게.

얄쭉스름-히

의미 [-두께],[-정도]

제약

조금 얇은 듯하게.

얄쭉-얄쭉

의미 [+모양],[+허리],[+요동],[+좌우],[+반복]

제약 { }-{흔들다}

허리를 가볍게 좌우로 자꾸 흔드는 모양.

¶허리를 **얄쭉얄쭉** 흔들며 노래를 부른다.

얄찍스름-히

의미 [-두께],[+정도]

제약

매우 얇은 듯하게.

얄찍-얄찍

의미 [+모양],[+전부],[-두께]

제약

여럿이 다 얇은 듯한 모양.

얄찍-이

의미 [-두께]

제약

얇은 듯하게.

얄팍-얄팍

의미 [+모양],[+다수],[+전부],[-두께],[-정도]

제약

여러 개가 모두 두께가 조금 얇은 모양.

¶가래떡을 **얄팍얄팍** 썰다.

얄팍-히

의미 [-두께],[-정도]

제약

① 두께가 조금 얇게.

의미 [+생각],[-깊이],[+이면],[+인지]

제약

② 생각이 깊이가 없고 속이 빤히 들여다보이게.

얌전스레

의미 [+성품]v[+태도],[+침착],[+단정]

제약

보기에 성품이나 태도가 매우 침착하고 단정하게.

¶그녀는 밥상을 **얌전스레** 가져다 소리 없이 놓는다.

얌전-히

의미 [+성품]v[+태도],[+침착],[+단정]

제약

① 성품이나 태도가 침착하고 단정하게.

¶**얌전히** 앉아 있다./엄마 올 때까지 여기 **얌전히** 있어라./아버지는 꾸어다 놓은 보릿자루처럼 한

쪽 구석에 **얌전히** 있었다.≪박완서, 도시의 흉년≫

의미 [+모양],[+단정],[+품위]

제약

② 모양이 단정하고 점잖게.

¶한복을 **얌전히** 차려입고 세배를 하러 갔다./긴 머리를 고무줄로 **얌전히** 동여매고 있었다.≪최인호, 지구인≫

의미 [+모양],[+일],[+자세],[+성실]

제약

③ 일하는 모양이 꼼꼼하고 정성을 들인 데가 있게.

¶상을 **얌전히** 차리다./**얌전히** 손질하여 놓은 애첩의 집을 바꾸어 주기는 아까운 생각이 드나….≪염상섭, 굴레≫

양광-스레

의미 [+호강],[+과도]

제약

호강이 분수에 넘친 듯하게.

양구-에

의미 [+시간],[+지속],[+후(後)]

제약

한참 있다가. 또는 얼마 있다가.

양구-히

의미 [+시간],[+지속],[+정도]

제약

시간이 꽤 오래도록.

양-껏

의미 [+실행],[+한도]

제약

할 수 있는 양의 한도까지.

¶음식은 얼마든지 있으니 **양껏** 드세요./**양껏** 젖을 빤 아이는 새근새근 잠을 잔다./술잔이 없어 병째 돌려 가면서 **양껏** 마셨다.

양냥-양냥

의미 [+모양],[−만족],[+역정],[+불평]

제약

만족스럽지 못하여 짜증을 내며 종알거리는 모양.

양명-히

의미 [+양명]

제약

환할 정도로 밝게.

¶그는 남에게 터놓고 자기의 불평을 **양명히** 말하려는 사람은 아니었다.≪김유정, 생의 반려≫

양박-히

의미 [+얼굴],[−살]

제약

① 얼굴에 살이 없이.

의미 [+마음],[+협소],[−후덕]

제약

② 마음이 좁고 후덕하지 못하게.

양선-히

의미 [+인자],[+정선]

제약

어질고 착하게.

양순-히

의미 [+인자],[+온순]

제약

어질고 순하게.

양양

의미 [+모양],[+어린아이],[+울음],[+보챔],[+반복]

제약 {어린아이}-{울다, 보채다}

어린아이가 우는 소리를 내며 자꾸 보채는 모양.

양양-히[01]

의미 [+바다],[+넓이],[+무한]

제약

① 바다가 한없이 넓게.

의미 [+미래],[+발전],[+가능],[+정도]

제약

② 사람의 앞날이 한없이 넓어 발전의 여지가 많게.

양양-히[02]

의미 [+표정],[+목표],[+달성],[+만족]

제약

뜻한 바를 이룬 만족한 빛을 얼굴과 행동에 나타내는 면이 있게.

양직-히

의미 [+마음],[+정선]

제약

마음이 밝고 곧게.

얄추

의미 [-깊이]

제약

너무 깊지 않고 얕게.

¶얄추 보다./모를 얄추 심다.

어구구

의미 [+소리],[+통증]v[+경악],[+정도]

제약

몹시 아프거나 놀랐을 때 지르는 소리.

¶그는 천천히, 그러나 완강하게 그의 손목을 잡아 등 뒤로 비틀어 올렸다. 어구구 소리가 철주 입에서 새어 나왔다.《한수산, 유민》

어귀-어귀

의미 [+모양],[+음식],[+섭취],[+욕심],[-주의]

제약 { }-{씹다}

음식을 욕심껏 입 안에 가득 넣고 마구 씹어 먹는 모양.

¶그는 배가 몹시 고팠는지 찬도 없는 밥을 어귀어귀 먹는다.

어근-버근

의미 [+모양],[+가구]v[+문틀],[+간격],[+정도]

제약

① 목재 가구나 문틀 따위의 짝 맞춘 자리가 약간씩 벌어져 있는 모양.

의미 [+모양],[+마음],[-일치],[+간격],[+정도]

제약

② 서로 마음이 맞지 아니하여 사이가 꽤 벌어지는 모양.

¶저 사람들은 서로 어근버근 지내더니 마침내 등을 돌리고 말았다.

어글-어글

의미 [+모양],[+생김새]v[+성질],[+인자]v[+유연]

제약

① 생김새나 성질 따위가 너그럽고 부드러운 모양.

¶이제 개똥이의 모습도 어글어글 총각 티가 나기 시작했다.《문순태, 타오르는 강》

의미 [+모양],[+얼굴],[+구멍새],[+넓이],[+시원]

제약

② 얼굴의 각 구멍새가 널찍널찍하여 시원스러운 모양.

¶유 씨의 어글어글 잘생긴 눈이 놀라는 듯 커다랗게 밝은 빛을 뿜는다.《박종화, 임진왜란》

어긋-버긋

의미 [+모양],[+다수],[-균일],[-일치]

제약

여럿이 고르지 못하고 서로 어그러지고 버그러진 모양.

어긋-어긋

의미 [+모양],[+물건],[+조각],[-일치]

제약

① 물건의 각 조각이 이가 맞지 아니하여 끝이 약간씩 어긋나 있는 모양.

의미 [+모양],[+기준],[+무게]v[+부피]v[+길이],[-일치]

제약

② 무게나 부피, 길이 따위가 어떤 기준에 어그러져 있는 모양.

어긋-이

의미 [+물건],[+조각],[-일치]

제약

① 물건의 각 조각이 이가 맞지 아니하여 끝이 약간씩 어긋나 있게.

의미 [+기준],[+무게]v[+부피]v[+길이],[-일치]

제약

② 무게나 부피, 길이 따위가 어떤 기준에 어그러져 있게.

어기뚱-어기뚱

의미 [+모양],[+걸음],[+사람],[+요동],[+좌우],[-속도]

제약 {사람}-{걷다}

① 키가 큰 사람이 몸을 좌우로 둔하게 움직이며 느리게 걷는 모양.

¶어기뚱어기뚱 걷다.

의미 [+모양],[+물체],[+요동],[+좌우],[−속도],[+연속]

제약

② 물체가 좌우로 둔하게 흔들리며 잇따라 느리게 움직이는 모양.

의미 [+모양],[+언사]v[+행동],[+교만],[+음흉],[+반복]

제약

③ 말이나 행동 따위를 매우 교만하고 엉큼하게 자꾸 하는 모양.

의미 [+모양],[+언사]v[+행동],[+특이],[+반복]

제약

④ 말이나 행동 따위를 자꾸 엉뚱하게 하는 모양.

어기적-어기적01

의미 [+모양],[+걸음],[+팔다리],[+운동],[−자연],[+크기],[−속도]

제약 {사람}-{걷다}

팔다리를 부자연스럽고 크게 움직이며 천천히 걷는 모양.

¶펭귄처럼 생긴 까마귀가 날개를 접은 채 어기적어기적 걸어왔다.≪홍성암, 큰물로 가는 큰 고기≫/여드름투성이 송 군이 고릴라나 매한가지 본새로 양팔을 축 늘어뜨린 채 어기적어기적 안짱다리 걸음을 치고 있었다.≪윤흥길, 묵시의 바다≫

어기적-어기적02

의미 [+모양],[+음식],[+섭취],[−속도]

제약 { }-{씹다}

음식 따위를 입 안에 가득 넣고 천천히 씹어 먹는 모양.

¶곽 형사는 만두를 입 안에 집어넣고 어기적어기적 씹으며 창문을 통해 여관으로 시선을 보냈다.≪유재용, 성역≫

어기죽-어기죽

의미 [+모양],[+걸음],[+팔다리],[+운동],[−의지],[−자연],[−속도]

제약 {사람}-{걷다}

팔다리를 마음대로 잘 놀리지 못하고 천천히 부

자연스럽게 겨우 걷는 모양.

¶아씨는 눈을 털고 어기죽어기죽 머릿방 모퉁이로 돌아갔다.≪박완서, 미망≫

어김없-이

의미 [−위반]

제약

① 어기는 일이 없이.

¶여섯 시까지는 어김없이 돌아와야 한다./그는 자기가 약속한 것은 어김없이 지킨다./그는 효진이 절간으로 피신한 후 비가 오거나 밤이 깊거나 사흘에 한 번씩은 어김없이 그녀를 찾아왔다. ≪홍성원, 육이오≫

의미 [+사실],[+확신]

제약

② 틀림이 없이.

¶오늘 경기도 어김없이 우리 팀이 이길 것이다.

어깃-어깃01

어기적-어기적01

의미 [+모양],[+걸음],[+팔다리],[+운동],[−자연],[+크기],[−속도]

제약 {사람}-{걷다}

'어기적어기적01'의 준말. 팔다리를 부자연스럽고 크게 움직이며 천천히 걷는 모양.

어깃-어깃02

의미 [+모양],[+음식],[+섭취],[−속도]

제약 { }-{씹다}

'어기적어기적02'의 준말. 음식 따위를 입 안에 가득 넣고 천천히 씹어 먹는 모양.

어느-덧

의미 [+진행],[+동안],[−인지]

제약

어느 사이인지도 모르는 동안에.

¶고향을 떠난 지 어느덧 10년이 넘었다./추운 겨울이 지나고 어느덧 따뜻한 봄이 왔다./이슬 젖은 풀숲을 차며 들판을 질러 광청리에 당도하자 어느덧 새벽녘이 가까웠다.≪현기영, 변방에 우짖는 새≫

어느-새

의미 [+기간],[+진행],[+속도]

제약

어느 틈에 벌써.

¶입학한 지가 어제 같은데 **어느새** 졸업이다./코흘리개 어린애가 **어느새** 자라서 청년이 되었구면./한라산은 비구름에 허리까지 잠뿍 잠겨 있는데 감질나게 찔끔거리던 가랑비는 **어느새** 그쳐 있었다.≪현기영, 변방에 우짖는 새≫

어둥어서-에

의미 [+일],[+해결],[+방법],[+다수]

제약

일을 처리할 때에 이것이나 저것에. 또는 이쪽이나 저쪽에.

어두침침-히

의미 [+암흑],[−분명]

제약

=어둠침침히. 어둡고 침침하게.

어두커니

의미 [+새벽],[+암흑]

제약

새벽 어둑어둑할 때에.

¶이른 새벽 **어두커니** 출발했다./야, 새벽 도둑이냐? 그렇게 **어두커니** 어딜 갔더란 말이야?≪염상섭, 이십 대에 들어서≫

어둑-어둑

의미 [+모양],[+사물],[−인식],[+암흑]

제약

사물을 똑똑히 알아볼 수 없을 만큼 어두운 모양.

¶**어둑어둑** 강물 위로 밤이 내려오고 있었다.≪문순태, 타오르는 강≫/시내를 벗어나서도 한참을 더 달리던 트럭이 처형장에 도착했을 때는 **어둑어둑** 땅거미가 내리고 있었다.≪김성동, 풍적≫

어둑-히

의미 [+암흑],[+정도]

제약

제법 어둡게.

어둠침침-히

의미 [+암흑],[−분명]

제약

어둡고 침침하게. 늑어두침침히.

어득-어득

의미 [+모양],[+시각]v[+청각],[−분명],[+거리],[+정도]

제약 { }-{보이다, 들리다}

① 보이는 것이나 들리는 것이 몹시 희미하고 먼 모양.

의미 [+상태],[+오래],[+정도]

제약

② 까마득히 아주 오래된 상태.

의미 [+상태],[+전도],[+거리],[+정신],[+기절]

제약

③ 앞길이 너무 멀어서 정신이 까무러질 듯한 상태.

어득-히

의미 [+시각]v[+청각],[−분명],[+거리]

제약 { }-{보이다, 들리다}

① 보이는 것이나 들리는 것이 매우 희미하고 멀게.

의미 [+소리],[−분명],[+거리]

제약

② 소리가 들릴 듯 말 듯 멀게.

의미 [+상태],[+오래],[+정도]

제약

③ 까마득히 아주 오래된 상태로.

어떻든

의미 [+의견]v[+성질]v[+형편]v[+상태],[−고려]

제약

①=아무튼. 의견이나 일의 성질, 형편, 상태 따위가 어떻게 되어 있든.

¶**어떻든** 나는 그의 요청을 들어주기로 했다.

의미 [+의견]v[+성질]v[+형편]v[+상태],[−고려]

제약

② '어떠하든'이 줄어든 말.

¶몸집은 **어떻든** 눈시울이 길고 깔끔하게 생긴 얼굴에는 귀티가 있다.≪박경리, 토지≫

어떻든지

의미 [+의견]v[+성질]v[+형편]v[+상태],[−고려]

제약

① =아무튼지. 의견이나 일의 성질, 형편, 상태 따위가 어떻게 되어 있든지.

¶어떻든지 그 일은 네가 양보해라.

의미 [+의견]v[+성질]v[+형편]v[+상태], [−고려]

제약

② '어떠하든지'가 줄어든 말.

¶사실 여부는 어떻든지 꽉 씨는 꼼짝없이 당하고 만 것이다.≪이호철, 소시민≫

어뜩

의미 [−주의],[+우연],[+순간]

제약 { }−{보다, 듣다}

지나치는 결에.

¶나도 그 말을 어뜩 들은 것 같다./어뜩 보았기 때문에 누군지 잘 모르겠다.

어뜩-비뜩

의미 [+모양],[+행동],[−정직]v[−단정]

제약

① 행동이 바르거나 단정하지 못한 모양.

¶남자들 틈에서 일을 하는지라, 남녀 관계로 시달리는 일이 적지 않았다. 어뜩비뜩 건드리는 놈도 있고 마주 대고 눈을 흘기는 놈도 있었다. ≪김유정, 생의 반려≫

의미 [+모양],[−정리],[−정돈]

제약

② 모양이나 자리가 이리저리 어긋나고 비뚤어져 한 줄에 고르게 놓이지 못한 모양.

¶현관에 어뜩비뜩 벗어 놓은 신을 정돈하였다.

어뜩-어뜩01

의미 [+모양],[+그림자],[−분명]

제약 { }−{보이다, 비치다}

그림자가 어른거리는 모양.

¶창밖으로 검은 그림자가 어뜩어뜩 비친다.

어뜩-어뜩02

의미 [+모양],[+현기],[+정신],[+기절],[+반복]

제약

머리가 몹시 어지러워 자꾸 정신을 잃고 까무러칠 듯한 모양.

¶그는 어뜩어뜩 현기증이 나는 것을 간신히 참고 자리에서 일어났다./꿈을 깬 듯 마루에서 벌떡 일어나 계연의 앞으로 당황히 몇 걸음 어뜩어뜩 걸어오다간 돌연히 다시 정신이 나는 듯…. ≪김동리, 역마≫

어런-더런

의미 [+모양],[+다수],[+소란],[+왕복]

제약

여러 사람들이 시끄럽게 오락가락하고 있는 모양.

¶시장에는 새벽부터 사람들이 어런더런 활기에 차 있다.

어려이

의미 [+복잡],[−감당]

제약

① 하기가 까다로워 힘에 겹게.

¶골치를 썩이던 그 문제가 어려이 해결되었다.

의미 [+곤란]v[+시련],[+경험],[+다양]

제약

② 겪게 되는 곤란이나 시련이 많게.

¶공은 허물어진 뒤를 이어 싸울 군사조차 없으므로 어려이도 바다 위를 헤매어 겨우 얼마 패한 군사를 주워 모으고 배 여남은 척을 거두어…. ≪정비석, 비석과 금강산의 대화≫

의미 [+가난],[+고생]

제약

③ 가난하여 살아가기가 고생스럽게.

¶그 시절엔 모두 어려이 겨우 살았지./그는 성공한 후에도 어려이 살던 시절을 잊지 않고 그가 자라난 고아원을 계속 돕고 있다.

어련-히

의미 [−근심],[+성과],[+명백]v[+분명]/[+대상],[+칭찬]

제약

따로 걱정하지 아니하여도 잘될 것이 명백하거나 뚜렷하게. 대상을 긍정적으로 칭찬하는 뜻으로 쓰나, 때로 반어적으로 쓰여 비아냥거리는 뜻을 나타내기도 한다.

¶아들놈 그만큼 키웠으면 이제 밥벌이야 어련히 알아서 안 할까.≪한수산, 유민≫/할머니는 뜨악한

표정으로, 그러나 어련히들 잘 알아서 하겠느냐는 듯 몇 번이고 고개를 주억거렸다.≪오정희, 중국인 거리≫

어련무던-히

의미 [-결점],[+적당]

제약

① 별로 흠잡을 데 없이 무던하게.

의미 [-불쾌]

제약

② 그리 언짢을 것이 없이.

¶그녀는 성미가 까다로운 시누이와도 어련무던히 지내고 있다.

어렴풋-이

의미 [+기억]v[+생각],[-분명]

제약 { }-{떠오르다, 생각나다}

① 기억이나 생각 따위가 뚜렷하지 아니하고 흐릿하게.

¶옛일을 어렴풋이 기억해 내다.

의미 [+물체],[+시야],[-분명]

제약 {사람}-{보이다}

② 물체가 뚜렷하게 보이지 아니하고 흐릿하게.

¶쏟아지는 눈 사이로 어렴풋이 사람의 윤곽이 보였다.

의미 [+소리],[-분명]

제약 {소리}-{들리다}

③ 소리가 뚜렷하게 들리지 아니하고 희미하게.

¶주인 마누라의 목소리가 영창문 밖에서 어렴풋이 들려오자 민수는 자리에서 벌떡 일어났다. ≪김말봉, 찔레꽃≫

의미 [+수면],[-깊이],[±의식]

제약 {잠}-{들다}

④ 잠이 깊이 들지 아니하고 의식이 있는 듯 만 듯 하게.

¶어렴풋이 잠이 들다.

의미 [+빛],[-양명],[-분명]

제약 {빛}-{비추다}

⑤ 빛이 환하지 아니하고 희미하게.

¶달빛이 어렴풋이 마당을 비추고 있다.

어렵사리

의미 [+곤란],[+정도]

제약

매우 어렵게.

¶어렵사리 일자리를 구하다./저 앞의 텃밭은 우리 할아버님께서 어렵사리 마련하신 것입니다.

어령칙-이

의미 [+기억]v[+형상],[-분명]

제약

기억이나 형상 따위가 긴가민가하여 뚜렷하지 아니하게.

¶어령칙이 말하지 말고 똑똑히 대답해 보아라.

어레

의미 [+실행],[+복잡],[-감당]

제약

① '어려이'의 준말. 하기가 까다로워 힘에 겹게.

의미 [+곤란]v[+시련],[+경험],[+다양]

제약

② 겪게 되는 곤란이나 시련이 많게.

의미 [+가난],[+생활],[+고생]

제약

③ 가난하여 살아가기가 고생스럽게.

어루룩-더루룩

의미 [+모양],[+색],[+점]v[+줄],[+무늬],[+간격],[-균일]

제약

조금 연하게 어두운 여러 가지 빛깔의 점이나 줄 따위가 조금 성기고 고르지 아니하게 무늬를 이룬 모양.

어루룩-어루룩

의미 [+모양],[+색],[+점]v[+줄],[+무늬],[+간격],[+균일]

제약

조금 연하게 어두운 여러 가지 빛깔의 점이나 줄 따위가 조금 성기고 고르게 무늬를 이룬 모양.

어루룽-더루룽

의미 [+모양],[+색],[+점]v[+줄],[+무늬],[-균일],[+간격]

제약

여러 가지 빛깔의 큰 점이나 줄 따위가 고르지 아니하고 조금 성기게 무늬를 이룬 모양.

¶두꺼비의 우중충한 비늘이 **어루룽더루룽** 무늬
져 있는 모습은 보기만 해도 징그럽다.

어루룽-어루룽

의미 [+모양],[+색],[+점]v[+줄],[+무늬],
[+균일],[+간격]

제약

여러 가지 빛깔의 큰 점이나 줄 따위가 고르고
조금 성기게 무늬를 이룬 모양.

¶**어루룽어루룽** 검은 줄무늬가 있는 호랑이는 언
제 봐도 위엄이 있다.

어루숭-어루숭

의미 [+모양],[+줄]v[+점],[+산만],[+화려]

제약

줄이나 점이 어지럽고 화려하게 무늬를 이루고
있는 모양.

어룩-더룩

의미 [+모양],[+색],[+점]v[+줄],[+무늬],
[-균일]

제약

조금 연하게 어두운 여러 가지 빛깔의 점이나
줄 따위가 고르지 아니하게 무늬를 이룬 모양.

어룩-어룩

의미 [+모양],[+색],[+점]v[+줄],[+무늬],
[+균일]

제약

조금 연하게 어두운 여러 가지 빛깔의 점이나
줄 따위가 고르게 무늬를 이룬 모양.

어룽-더룽

의미 [+모양],[+색],[+점]v[+줄],[+무늬],[-
균일],[-간격]

제약

여러 가지 빛깔의 큰 점이나 줄 따위가 고르지
아니하고 촘촘하게 무늬를 이룬 모양.

어룽-어룽01

의미 [+모양],[-분명]

제약

뚜렷하지 아니하고 흐리게 어른거리는 모양.

¶그녀의 까만 슈트 위로 **어룽어룽** 갈비뼈가 비
친다.≪최인훈, 구운몽≫/달빛의 은실같이 보이는
물결은 여러 겹의 동그라미를 **어룽어룽** 사면으

로 펴 놓고 싸라기 같은 물방울을 여기저기 휘
두르며 무도를 한다.≪나도향, 환희≫

어룽-어룽02

의미 [+모양],[+색],[+점]v[+줄],[+무늬],
[+균일],[-간격]

제약

여러 가지 빛깔의 큰 점이나 줄 따위가 고르고
촘촘하게 무늬를 이룬 모양.

어룽-어룽03

의미 [+모양],[+눈물],[+충만]

제약 {눈물}-{고이다}

눈물이 그득하여 넘칠 듯한 모양.

¶그는 **어룽어룽** 눈물이 고인 눈으로 하늘을 바
라보았다.

어른스레

의미 [+아이],[+태도],[+성숙]

제약 { }-{보이다, 생각하다}

나이는 어리지만 어른 같은 데가 있게.

¶옷을 그렇게 차려입으니 **어른스레** 보인다./아들
은 제법 **어른스레** 자신의 의견을 말하였다.

어른-어른

의미 [+모양],[±시야]

제약

① 무엇이 보이다 말다 하는 모양.

¶첫눈에 가물거리는 모닥불이 들어오고 이어 지
난해 원두막으로 썼던 것 같은 움막, 그리고 마
지막으로 **어른어른** 사람의 형체가 비쳤다.≪이문
열, 그해 겨울≫

의미 [+모양],[+무늬]v[+그림자],[+운동],
[+반복]

제약

② 큰 무늬나 그림자 따위가 물결 지어 자꾸 움
직이는 모양.

¶마당에서는 아지랑이가 **어른어른** 피어오르고
있다.

의미 [+모양],[+물]v[+거울],[+그림자],[+요
동],[+반복]

제약 { }-{흔들리다}

③ 물이나 거울에 비친 그림자가 자꾸 크게 흔
들리는 모양.

¶물 위에 비친 탑의 그림자가 **어른어른** 흔들리고 있었다.

어름-더듬
의미 [+모양],[+어눌],[+행동],[-분명],[+반복]
제약
말을 자꾸 더듬으며 우물쭈물 행동하는 모양.

어름-어름
의미 [+모양],[+언사]v[+행동],[-분명],[+주저]
제약
① 말이나 행동을 똑똑하게 분명히 하지 못하고 우물쭈물하는 모양.
¶그다음 할 말에 궁색함을 느껴 **어름어름** 뜸을 들였다.≪이문구, 장한몽≫/외팔이는 기어들어가는 소리로 필요 없이 이런 말을 중얼거려 보며 신발을 신은 채 **어름어름** 마루로 올라섰다.≪이문희, 흑맥≫
의미 [+모양],[+일],[+처리],[+적당],[+기만]
제약 { }-{넘기다}
② 일을 대충 적당히 하고 눈을 속여 넘기는 모양.
¶사장 부인이 입원한 여공 밥 해 나르는 것이 가족적이기 때문에 밤일한 시간을 사무적으로 따지지 않고 **어름어름** 넘어가 주는 것 역시 가족적이었다.≪박완서, 오만과 몽상≫

어름적-어름적
의미 [+모양],[+언사]v[+행동],[-분명],[+주저],[+정도]
제약
① 말이나 행동을 똑똑하게 분명히 하지 못하고 몹시 우물쭈물하는 모양.
의미 [+모양],[+일],[+처리],[+적당],[+기만]
제약 { }-{넘기다}
② 일을 그럴듯하게 대충 적당히 하고 눈을 속여 넘기는 모양.

어리광스레
의미 [+태도],[+사람],[-성숙]
제약 { }-{굴다}
어른에게 귀염을 받거나 남의 환심을 사려고 짐

짓 어린아이 같은 태도를 보이는 데가 있게.

어리둥절-히
의미 [+상태],[+이유],[-이해],[+당황]
제약
무슨 영문인지 잘 몰라서 얼떨떨한 상태로.
¶그는 갑자기 웃음을 터뜨리는 나를 **어리둥절히** 바라보았다.

어리-마리
의미 [+모양],[±수면],[+정신],[-분명]
제약
잠이 든 둥 만 둥 하여 정신이 흐릿한 모양.
¶문밖에서 속삭이는 소리가 **어리마리** 잠이 들던 나를 긴장시켰다.

어리-바리
의미 [+모양],[+정신],[-분명]v[-기운],[+신체],[+운동],[-정상]
제약
정신이 또렷하지 못하거나 기운이 없어 몸을 제대로 놀리지 못하고 있는 모양.
¶술에 취한 듯이 **어리바리** 겨우 손을 내밀었다./낮보다도 더 자주 **어리바리** 잠에 빠지곤 했다.≪황순원, 움직이는 성≫

어리벙벙-히
의미 [+상태],[-정신],[+혼란],[-방향]
제약
어리둥절하여 갈피를 잡을 수 없는 상태로.

어리빙빙-히
의미 [+상태],[-정신],[+혼란],[-방향]
제약
정신이 얼떨떨하여 갈피를 잡지 못하는 상태로.

어리뻥뻥-히
의미 [+상태],[-정신],[+혼란],[-방향]
제약
① 정신이 얼떨떨하여 갈피를 잡지 못하는 상태로. '어리빙빙히'보다 센 느낌을 준다.
의미 [+언사]v[+행동],[-현명],[+우둔]
제약
② 말이나 행동이 똑똑하지 못하고 어리석어 보이는 데가 있게.

어리숭-어리숭

의미 [+모양],[+전부],[-분간],[-분명]

제약

여럿이 다 그런 것 같기도 하고 그렇지 않은 것 같기도 하여 뚜렷하게 분간하기 어려운 모양.

어리어리

의미 [+모양],[+수면],[-깊이]

제약

겉잠이나 얕은 잠이 설핏 든 모양.

¶고단해서 권하는 대로 모른 척하고 누워서 어리어리 잠이 들어 버렸다.≪염상섭, 취우≫

어림없-이

의미 [-가망],[-가능]

제약

① 도저히 될 가망이 없이.

의미 [-짐작],[+분량]v[+크기]

제약

② 너무 많거나 커서 대강 짐작조차 할 수 없이.

¶나는 불과 사흘 뒤에 꼭 그 자리에 섰으나 상황은 어림없이 달라져 있었다.≪윤후명, 별보다 멀리≫

의미 [-분수]

제약

③ 분수가 없이.

¶깊고 넓은 개울을 어림없이 건너뛰려고 이미 발을 허공에 솟구친 애 모양으로 그는 불안과 공포를 느끼었다.≪현진건, 적도≫

어릿-어릿⁰¹

의미 [+모양],[+시야],[-분명]

제약

① 어렴풋하게 자꾸 눈앞에 어려 오는 모양.

¶매운 눈물이 삐쭉 배어 나온 눈앞에 어린 대치의 방싯거리는 모습이 어릿어릿 떠올랐다.≪조정래, 태백산맥≫

의미 [+모양],[+언사],[+행동],[-활발],[-생기]

제약

② 말과 행동이 활발하지 못하고 생기 없이 움직이는 모양.

¶그는 금의환향해서 돌아오지 않는다. 몸은 쇠약하고 마음은 비굴하고, 옷은 남루해져서 어릿

어릿 눈치 보며 돌아올 것이다.≪박완서, 도시의 흉년≫

어릿-어릿⁰²

의미 [+느낌],[+쓰림],[+찌름],[+정도]

제약

몹시 쓰리고 따가운 느낌.

¶고추 맛이 어릿어릿 맵다.

어물-어물

의미 [+모양],[+운동],[+미세],[-인식],[+반복]

제약 { }-{움직이다}

① 보일 듯 말 듯 하게 조금씩 자꾸 움직이는 모양.

의미 [+모양],[+언사]v[+행동],[-분명],[+주저],[+정도]

제약

② 말이나 행동 따위를 시원스럽게 하지 못하고 꾸물거리는 모양.

¶어물어물 말꼬리를 흐리다./입장권을 보자고 했더니 그는 어물어물 도망갔다./태석이는 성큼 마당으로 들어서질 못하고, 사립에서 잠시 어물어물 안을 기웃거렸다.≪하근찬, 야호≫/그저 찾는 것도 없이, 머리맡을 어물어물 더듬는다.≪최인훈, 광장≫

어물쩍

의미 [+모양],[+언사]v[+행동],[-분명],[+모면],[+대충]

제약 { }-{넘기다}

말이나 행동을 일부러 분명하게 하지 아니하고 적당히 살짝 넘기는 모양.

¶이번 일은 어물쩍 넘어갈 일이 아니다./"아니, 뭘. 그저 보, 보는 거지." 아버지는 신문에서 눈을 떼지 않고 어물쩍 대답했다.≪김원일, 도요새에 관한 명상≫

어물쩍-어물쩍

의미 [+모양],[+언사]v[+행동],[+계책],[-분명],[+반복]

제약 { }-{넘기다}

꾀를 부리느라고 말이나 행동을 자꾸 일부러 분명하게 하지 아니하는 모양.

¶진상을 조사하지 않고 **어물쩍어물쩍** 넘겨 버리면 안 된다.

어벌쩡

의미 [＋모양],[＋언사]v[＋행동],[＋고의],[＋모호],[＋모면]

제약 { }-{넘기다}

제 말이나 행동을 믿게 하려고 말이나 행동을 일부러 슬쩍 어물거려 넘기는 모양.

¶**어벌쩡** 달래 놓고 봇짐 싸 들고 나간 어머니가 원망스럽다거나 밉다는 것은 고사하고….≪염상섭, 취우≫

어빡-자빡

의미 [＋모양],[＋다수],[－균일],[＋중첩]v[＋이탈]

제약

여럿이 서로 고르지 아니하게 포개져 있거나 자빠져 있는 모양.

어살-버살

의미 [＋모양],[＋말],[＋시비],[＋다양]

제약

이러니저러니 말이 많은 모양.

¶동네에 새로 이사 온 집에 관해 **어살버살** 말이 많다./전같이 배를 빌린다 어쩐다 **어살버살** 떠벌리면 수병 놈들이 금방 출동을 할 거요.≪송기숙, 암태도≫

어색스레

의미 [＋어색]

제약

어색한 데가 있게.

어색-히

의미 [＋상대],[－친밀]v[－호감],[＋어색]

제약

① 잘 모르거나 아니면 별로 만나고 싶지 않았던 사람과 마주 대하여 자연스럽지 못하게.

¶**어색히** 쳐다보다./국실이도 처음에는 **어색히** 굴더니만 차차 낯이 익어지자 정답게 따랐다.≪이기영, 봄≫

의미 [＋말],[＋대답],[＋적부],[＋궁색]

제약

② 대답하는 말 따위가 경위에 몰리어 궁색하게.

의미 [＋격식]v[＋규범]v[＋관습],[－적합],[－자연]

제약

③ 격식이나 규범, 관습 따위에 맞지 아니하여 자연스럽지 아니하게.

어서

의미 [＋말],[＋일]v[＋행동],[＋실행],[＋신속]

제약

① 일이나 행동을 지체 없이 빨리하기를 재촉하는 말.

¶**어서** 대답해라./애야, 그만 일어나라. **어서!**/야단치지 않을 테니 **어서** 말해 봐라.

의미 [＋말],[＋환영]v[＋권유],[＋정도]

제약

② 반갑게 맞아들이거나 간절히 권하는 말.

¶**어서** 오게./**어서** 오십시오./**어서** 드십시오.

의미 [－지연],[＋신속]

제약

③ 지체 없이 빨리.

¶남들은 **어서** 집으로 가야 할 무슨 바쁜 일이라도 있는지 발걸음이 빠른데 나는 하릴없이 터벅터벅 걸었다.≪안정효, 하얀 전쟁≫/모친은 아들의 누더기 탈을 쓴 꼴이 차마 볼 수가 없어 **어서** 옷을 벗기려 하였으나….≪염상섭, 취우≫

어서석

의미 [＋소리],[＋과일]v[＋채소],[＋신선],[＋유연],[＋묾]

제약 {과일, 채소}-{베어 물다}

'어석①'의 본말. 연하고 싱싱한 과일이나 채소 따위를 부드럽게 베어 물 때 나는 소리.

¶사과를 **어서석** 베어 먹었다.

어서석-어서석

의미 [＋소리],[＋과일]v[＋채소],[＋신선],[＋유연],[＋묾],[＋반복]

제약 {과일, 채소}-{베어 물다}

'어석어석①'의 본말. 연하고 싱싱한 과일이나 채소 따위를 부드럽게 베어 물 때 자꾸 나는 소리.

¶아저씨는 밭두둑에 앉아 무를 **어서석어서석** 씹

고 있다.

어서-어서

의미 [+말],[+일]v[+행동],[+재촉],[+신속]

제약

① 일이나 행동을 지체 없이 아주 빨리하기를 재촉하는 말.

¶우리 아기 어서어서 자라서 훌륭한 사람이 되어라./벌써 열한 시가 다 되어 가는데 어서어서 서둘러야지.≪김원일, 불의 제전≫

의미 [+말],[+환영]v[+권유],[+절실],[+정도]

제약

② 매우 반갑게 맞아들이거나 매우 간절히 권하는 말.

¶모두들 어서어서 들어오십시오.

어석

의미 [+소리],[+과일]v[+채소],[+신선],[+유연],[+묾]

제약 {과일, 채소}-{베어 물다}

① 연하고 싱싱한 과일이나 채소 따위를 부드럽게 베어 물 때 나는 소리.

의미 [+소리],[+물건],[+파손],[-정도]

제약 { }-{부서지다}

② 단단하고 깨지기 쉬운 물건이 거볍게 부서질 때 나는 소리.

의미 [+소리],[+마른풀]v[+가랑잎],[+마찰],[-정도]

제약 {마른풀, 가랑잎}-{스치다}

③ 마른 풀이나 가랑잎 따위를 거볍게 스칠 때 나는 소리.

어석-더석

의미 [+모양],[-미려],[+돌출],[+투박]

제약

곱고 매끈하지 못하고 삐죽삐죽 투박한 모양.

¶어석더석 투박하게 생긴 바윗돌.

어석-버석

의미 [+소리],[+과일]v[+채소],[+신선],[+유연],[+묾]

제약 {과일, 채소}-{베어 물다}

① 연하고 싱싱한 과일이나 채소 따위를 부드럽

게 베어 물 때 나는 어석거리며 버석거리는 소리.

의미 [+소리],[+물건],[+파손],[-정도]

제약 { }-{부서지다}

② 단단하고 깨지기 쉬운 물건이 거볍게 부서질 때 나는 어석거리며 버석거리는 소리.

¶빗방울이 풀린 듯하던 발밑은 움직이기만 해도 얼다 어석버석 깨어지는 소리가 들리고 있었다. ≪이문구, 관촌 수필≫

의미 [+소리],[+마른풀]v[+가랑잎],[+마찰],[-정도]

제약 {마른풀, 가랑잎}-{스치다}

③ 마른 풀이나 가랑잎 따위를 거볍게 스칠 때 나는 어석거리며 버석거리는 소리.

¶낙엽 밟는 소리가 어석버석 들린다.

어석-어석

의미 [+소리],[+과일]v[+채소],[+신선],[+유연],[+묾],[+반복]

제약 {과일, 채소}-{베어 물다}

① 연하고 싱싱한 과일이나 채소 따위를 부드럽게 베어 물 때 자꾸 나는 소리.

¶팔뚝 같은 무 밑동을 들고 줄거리째 어석어석 씹는다.≪이기영, 서화≫

의미 [+소리],[+물건],[+파손],[-정도],[+반복]

제약 { }-{부서지다}

② 단단하고 깨지기 쉬운 물건이 거볍게 부서질 때 자꾸 나는 소리.

¶유리 조각들이 발밑에서 어석어석 부서진다.

의미 [+소리],[+마른풀]v[+가랑잎],[+마찰],[-정도],[+반복]

제약 {마른풀, 가랑잎}-{스치다}

③ 마른 풀이나 가랑잎 따위를 거볍게 스칠 때 자꾸 나는 소리.

¶가을에 산길을 걸으면 마른 풀잎들이 어석어석 소리를 낸다.

어설피

의미 [+일],[-익숙],[+소략],[-치밀]

제약 { }-{굴다}

① 하는 일이 몸에 익지 아니하여서 익숙하지

못하고 엉성하고 거친 데가 있게.

¶안에 들어온 쾌남이가 좀 수줍어할 뿐이지 어설피 굴지 않는 데에 안심이 되었다.≪염상섭, 의처증≫

의미 [+조직]v[+지식]v[+행동],[−완벽],[+허술]

제약

② 조직이나 지식, 행동 따위가 완전하게 짜이지 못하고 허술한 데가 있게.

¶그는 어설피 남을 속이려다 들통이 나고 말았다./계집아이가 어설피 목을 매었다가 죽지도 못하고 죽을 의사가 있는 것만 들켜서….≪홍명희, 임꺽정≫

의미 [−준비]v[−신중],[+경박]

제약

③ 철저한 준비나 신중한 생각 없이 가볍게.

의미 [+수면],[−깊이]v[−분명]

제약

④ 잠이 깊지 아니하거나 또렷하지 못하고 희미하게.

¶아이는 어설피 잠이 들었다가 금방 깼다.

의미 [+연기]v[+안개]v[+냄새],[−선명],[−농후]

제약 {연기, 냄새, 안개}−{나다, 끼다}

⑤ 연기, 안개, 냄새 따위가 짙거나 선명하지 아니하고 매우 연하게.

어수룩-이

의미 [+말]v[+행동],[+순진],[+인심],[+정도]

제약

① 말이나 행동이 매우 숫되고 후하게.

의미 [−편협],[+우둔],[+정도]

제약

② 되바라지지 않고 매우 어리석은 데가 있게.

의미 [+제도]v[+규율],[−통제],[−긴장],[+정도]

제약

③ 제도나 규율에 의한 통제가 제대로 되지 않아 매우 느슨하게.

어수선-히

의미 [+상태],[+사물],[+혼재],[−정돈]

제약

사물이 얽히고 뒤섞여 가지런하지 아니하고 마구 헝클어진 상태로.

¶그의 방 귀퉁이에는 등산 장비들이 어수선히 쌓여 있었다./교실 뒤쪽에는 학생들의 붓글씨, 그림, 동시, 포스터가 어수선히 걸려 있었다./침대 위에는 원색 수채화집과 사진 잡지 나부랭이가 어수선히 흩어져 있었고, 벽에는 세계 명소의 관광 사진들이 붙어 있었다.≪김원일, 어둠의 축제≫

어스레-히

의미 [+빛],[+암흑],[−정도]

제약

빛이 조금 어둑하게.

어스름-히

의미 [+상태],[+암흑],[−정도]

제약

조금 어둑한 상태로.

¶밤이면 안방 창으로 어스름히 새어 들어오는 가로등 불빛./낮빛을 분간 못하게 어스름히 짙어지자 골목 어귀에 망보는 기동이가 손짓하는 대로 한 사람씩 집 밖으로 나섰다.≪현기영, 변방에 우짖는 새≫

어슥-어슥

의미 [+모양],[+전부],[+경사],[+일방],[−정도]

제약

여러 개가 모두 한쪽으로 약간 비뚤어져 있는 모양.

어슬렁-어슬렁

의미 [+모양],[+걸음],[+사람]v[+짐승],[+요동],[−속도],[+연속]

제약 {사람, 짐승}−{걷다}

몸집이 큰 사람이나 짐승이 몸을 조금 흔들며 계속 천천히 걸어 다니는 모양.

¶뒷짐 지고 어슬렁어슬렁 걸어 다니다./그는 아무 일도 없었다는 듯 휘파람을 불며 어슬렁어슬렁 골목길을 벗어나고 있었다.≪최인호, 지구인≫/송아지만 한 셰퍼드 한 마리가 어슬렁어슬렁 다가오고 있었다.≪윤흥길, 묵시의 바다≫

어슬-어슬⁰¹

의미 [+모양],[+일몰]v[+일출],[+주위],[+암
흑],[-정도]

제약 { }-{저물다, 해지다}

날이 어두워지거나 밝아질 무렵에 둘레가 조금
어두운 모양.

¶날이 **어슬어슬** 저물어 간다./해가 지면 들녘에
어슬어슬 어둠이 내리기 시작한다./예로부터 이
나라 백성들이 기다리고 반기던 까치 소리건만
어슬어슬 땅거미 질 무렵에 듣는 그 소리는 왠
지 불길했다.≪박완서, 미망≫

어슬-어슬⁰²

의미 [+모양],[+걸음],[+사람]v[+짐승],[+요
동],[-속도],[+연속]

제약 {사람, 짐승}-{걷다}

=어슬렁어슬렁. 몸집이 큰 사람이나 짐승이 몸
을 조금 흔들며 계속 천천히 걸어 다니는 모양.

어슴푸레

의미 [+모양],[+빛],[+연약]v[+거리],[+암
흑],[-분명]

제약

① 빛이 약하거나 멀어서 어둑하고 희미한 모
양.

¶초승달이 **어슴푸레** 창문을 비춘다./마을이 어둠
속에 **어슴푸레** 잠긴다./어둠 속에 삼촌의 얼굴이
어슴푸레 드러났다.≪김원일, 노을≫/멀리 백설을
인 지리 연봉은 잿빛 하늘에 **어슴푸레** 빛나고
있었다.≪이병주, 지리산≫

의미 [+모양],[+시각]v[+소리],[-분명]

제약 {물체}-{보이다}/{소리}-{들리다}

② 뚜렷하게 보이거나 들리지 아니하고 희미하
고 흐릿한 모양.

¶강 건너 마을에서 개 짖는 소리가 **어슴푸레** 들
려온다./멀리, 아마 그쪽이 동녘인 듯 어두운 묵
화의 어깨 너머 하늘 한구석에 미명의 새벽빛이
어슴푸레 보였다.≪이원규, 훈장과 굴레≫/남강 건
너편의 대숲이 아득히 먼 곳에서 **어슴푸레** 떠
보인다.≪박경리, 토지≫

의미 [+모양],[+기억]v[+의식],[-분명]

제약 { }-{떠오르다, 생각나다}

③ 기억이나 의식이 분명하지 못하고 희미한 모
양.

¶고향을 생각하면 산길과 초가집이 **어슴푸레** 떠
오른다./초가지붕을 인 옛 그대로의 모습이 **어슴
푸레** 기억 속에서 되살아났다.≪이청준, 선학동 나
그네≫/친구들의 속삭임 소리가 **어슴푸레** 잠이
든 나를 깨웠다./사내는 그 소리에 **어슴푸레** 잠
결에서 깨어나 머리 위에 뒤집어쓰고 있던 야전
잠바 자락을 밀어 냈다.≪이청준, 잔인한 도시≫

어슷-비슷

의미 [+모양],[-차이],[+유사]

제약

① 큰 차이가 없이 서로 비슷비슷한 모양.

¶그들은 형제도 아닌데 얼굴이 **어슷비슷** 닮았
다./도시와 농촌의 소득 차이가 이제는 많이 좁
혀져서 서로 **어슷비슷** 맞먹게 되었다.

의미 [+모양],[+경사],[-일정],[-정연]

제약

② 이리저리 쏠리어 가지런하지 아니한 모양.

어슷-어슷⁰¹

의미 [+모양],[+걸음],[-기운],[-속도],[+여
유]

제약 { }-{걷다}

힘없이 천천히 거니는 모양.

어슷-어슷⁰²

의미 [+모양],[+전부],[+경사],[+일방],[-정
도]

제약

여럿이 다 한쪽으로 조금 비뚤어진 모양.

¶**어슷어슷** 누빈 옷./**어슷어슷** 썬 풋고추.

어시-에

의미 [+여기]

제약

여기에 있어서.

어시호

의미 [+요즘]v[+여기]

제약

이 즈음. 또는 이에 있어서.

¶할머니는 이 두 아이의 이야기를 듣고 **어시호**
그 족제비가 복 짐승이라고 생각하고는….≪한설

761

야, 탑≫

어썩

의미 [+소리],[+과일]v[+채소],[+신선],[+유연],[+묽]

제약 {과일, 채소}-{베어 물다}

① 연하고 싱싱한 과일이나 채소 따위를 부드럽게 베어 물 때 나는 소리. '어석①'보다 센 느낌을 준다.

¶사과를 어썩 깨물다.

의미 [+소리],[+물건],[+파손],[-정도]

제약 { }-{부서지다}

② 단단하고 깨지기 쉬운 물건이 거볍게 부서질 때 나는 소리. '어석②'보다 센 느낌을 준다.

¶유리가 어썩 깨지다.

의미 [+소리],[+풀]v[+가랑잎],[+마찰],[-정도]

제약 {풀, 가랑잎}-{스치다}

③ 마른 풀이나 가랑잎 따위를 거볍게 스칠 때 나는 소리. '어석③'보다 센 느낌을 준다.

어썩-어썩

의미 [+소리],[+과일]v[+채소],[+신선],[+유연],[+묽]

제약 {과일, 채소}-{베어 물다}

① 연하고 싱싱한 과실이나 채소 따위를 부드럽게 베어 물 때 나는 소리. '어석어석①'보다 센 느낌을 준다.

¶팔뚝만 한 무를 뽑아 흙만 대충 털어 내고는 밑동부터 어썩어썩 씹어 먹기 시작했다.

의미 [+소리],[+물건],[+파손],[-정도],[+반복]

제약 { }-{부서지다}

② 단단하고 깨지기 쉬운 물건이 거볍게 부서질 때 자꾸 나는 소리. '어석어석②'보다 센 느낌을 준다.

¶얼음 조각들이 발밑에서 어썩어썩 부서지자 얼음이 깨지는 것은 아닌가 하여 겁부터 났다.

의미 [+소리],[+풀]v[+가랑잎],[+마찰],[-정도],[+반복]

제약 {풀, 가랑잎}-{스치다}

③ 마른 풀이나 가랑잎 따위를 거볍게 스칠 때

자꾸 나는 소리. '어석어석③'보다 센 느낌을 준다.

¶발밑에서는 바싹 마른 낙엽이 어썩어썩 소리를 낸다.

어언

의미 [+시간],[+경과],[-인식]

제약

=어언간. '어느덧', '어느새'로 순화. 알지 못하는 동안에 어느덧.

¶학교를 졸업한 지도 어언 십 년이 지났다.

어언-간

의미 [+시간],[+경과],[-인식]

제약

알지 못하는 동안에 어느덧. 늑어언.

¶이곳으로 이사 온 지도 어언간 일 년이 지났다./당시는 출륙(出陸) 금지령이 풀린 지 어언간 오십 년이 흘렀고….≪현기영, 변방에 우짖는 새≫

어여삐

의미 [+느낌],[+사랑],[+귀여움]

제약

보기에 사랑스럽고 귀엽게.

¶오늘따라 아내의 얼굴이 더욱 어여삐 보였다./부모는 누구나 제 자식을 어여삐 여긴다.

어연간-히

의미 [+추측],[+표준],[+근접]

제약

'엔간히'의 본말. 대중으로 보아 정도가 표준에 꽤 가깝게.

¶얘가, 졸라도 어연간히 졸라야 참지./어연간히 씹어 넘기는데도 마른 톱밥처럼 목구멍을 콱콱 틀어막는다.≪이무영, 농민≫

어연번듯-이

의미 [+당당],[+정당]

제약

세상에 드러내 보이기에 아주 떳떳하고 번듯하게.

¶늙으신 아버지와 이 어미를 보더라도 어연번듯이 그 사람과 부부가 되어 다오.≪현진건, 무영탑≫

어엿-이

의미 [+행동],[+당당],[+정당],[+정도]

제약

행동이 거리낌 없이 아주 당당하고 떳떳하게.
¶의관을 어엿이 갖추다./그는 어엿이 집도 있고 직장도 있는 사람이다./아무리 최하급 장교들이지만 그들도 어엿이 부하들을 거느린 지휘관의 한 사람들이다.≪홍성원, 육이오≫

어영-부영

의미 [+모양],[+행동],[-의지],[-정성]
제약 { }-{보내다}
뚜렷하거나 적극적인 의지가 없이 되는대로 행동하는 모양.
¶그는 하루 종일 거리에서 어영부영 시간을 보냈다./보상금 몇 푼 받은 것도 어영부영 다 써 버렸다./좋은 청춘 어영부영 다 보냈지요.≪채만식, 치숙≫

어우렁-더우렁

의미 [+모양],[+무리],[+조화],[+흥분]
제약
여러 사람들과 어울려 들떠서 지내는 모양.
¶골짜기 산등성이에 흰 뚜깔꽃이 피는 여름도 어우렁더우렁 지나고….≪문순태, 피아골≫

어이

의미 [+이유],[+방법]
제약
'어찌'를 예스럽게 이르는 말.
¶어이 하리오, 이 일을./선인의 깊은 뜻을 네 어이 알리오?/어이 말을 듣지 않고 속을 태우느냐?

어이없-이

의미 [+상황],[-예상],[-대비]
제약
=어처구니없이. 일이 너무 뜻밖이어서 기가 막히는 듯하게.
¶우리 팀은 결승에서 어이없이 지고 말았다.

어저께

의미 [-하루]
제약
=어제. 오늘의 바로 하루 전에.
¶어저께 해 놓은 밥이 하루 만에 쉬어 버렸다./수업에 필요한 준비물은 어저께 다 마련해 두었

다./오늘은 그와 어저께 본 영화에 대해 얘기를 나누었다.

어적

의미 [+소리],[+물건],[+깨묾],[+파손],[+단번]
제약 {물체}-{씹다}
꽤 단단한 물건을 깨물어 단번에 부스러뜨릴 때 나는 소리.
¶무를 어적 씹다.

어적-어적

의미 [+소리],[+물건],[+깨묾],[+파손],[+단번],[+연속]
제약 {물체}-{씹다, 깨물다}
꽤 단단한 물건을 깨물어 단번에 부스러뜨릴 때 잇따라 나는 소리.
¶그는 사과를 한 입 베어 물고는 어적어적 씹고 있다./동생은 과일 접시에서 배 한 조각을 포크로 푹 찍어 입에 넣고는 어적어적 깨물었다.≪윤흥길, 무지개는 언제 뜨는가≫/그는 그냥 깨엿을 어적어적 씹으면서 여전히 고향에 있을 때나 변함없는 그다운 수다를 늘어놓았다.≪이호철, 소시민≫

어정-버정

의미 [+모양],[-일],[+걸음],[-일정],[-속도]
제약 {사람}-{걷다}
① 하는 일 없이 이리저리 천천히 걷는 모양.
¶담배나 피우면서 시장 거리를 어정버정 돌아다니면 누가 밥 먹여 주니?
의미 [+모양],[+행동],[+어색],[-자연]
제약
② 어색하고 부자연스럽게 행동하는 모양.
¶예의 그 어색스러운 서울 말씨를 열심히 흉내 내면서 종술은 어정버정 방문 앞으로 접근했다.≪윤흥길, 완장≫

어정-어정

의미 [+모양],[+걸음],[+사람]v[+짐승],[-일정],[-속도]
제약 {사람, 짐승}-{걷다}
키가 큰 사람이나 짐승이 이리저리 천천히 걷는 모양.
¶아버지는 뒷짐을 지고 어정어정 거닐며 깊은

생각에 잠겼다./황새 한 마리가 어정어정 걸으면
서 우렁이를 찾고 있는 게….≪유주현, 대한 제국≫

어정쩡

의미 [+태도],[-분명],[+모호],[+중간]

제약

① 분명하지 아니하고 모호하거나 어중간한 태
도. 늑어정쩡히①.

¶남의 큰일을 앞에 놓고 우리 생색내자고 재장
바르게 그런 바투보기로 어정쩡 얕은꾀를 써서
는 안 돼.≪한무숙, 돌≫

의미 [+모양],[+당황],[+난처]

제약

② 얼떨떨하고 난처한 모양. 늑어정쩡히②.

¶나가야 할지 어쩔지 몰라 모두 어정쩡 눈알만
뒤룩거리며 나졸들 동정만 살피고 있었다.≪송기
숙, 녹두 장군≫

의미 [+태도],[+의심],[+기피]

제약

③ 내심 의심스러워 꺼림한 태도. 늑어정쩡히③.

¶송늘남이는 어정쩡 고개를 끄덕였다.≪송기숙,
녹두 장군≫

어정쩡-히

의미 [+태도],[-분명],[+모호],[+중간]

제약

①=어정쩡①. 분명하지 아니하고 모호하거나 어
중간한 태도.

¶그는 반대도 찬성도 하지 않은 채 어정쩡히 대
답했다.

의미 [+모양],[+당황],[+난처]

제약

②=어정쩡②. 얼떨떨하고 난처한 모양.

¶마땅한 앉을 자리를 발견 못 한 채 통로를 어
정쩡히 막아선 꼴들이 딱하게 보였음인지….≪윤
흥길, 제식 훈련 변천 약사≫

의미 [+태도],[+의심],[+기피]

제약

③=어정쩡③. 내심 의심스러워 꺼림한 태도.

어제

의미 [-하루]

제약

오늘의 바로 하루 전에. 늑어저께.

¶그 일은 어제 끝냈어야 했다./몹시 급했던지 그
는 옷도 어제 입었던 그대로였다./그녀는 어제
그와 무슨 일이 있었는지 말하려 하지 않았다./
오래전에 읽어 본 이런 글들이 새삼 어제 읽은
것처럼 되살아 오는 것은 웬일인가.≪이호철, 문≫

어제-오늘

의미 [+최근]

제약

아주 최근이나 요 며칠 사이에.

¶달라진 세상을 어제오늘 겪은 것이 아니다.≪최
명희, 혼불≫/이 소문은 어제오늘 난 소문이 아니
고 꽤나 오래된 것 같습니다.≪송기숙, 녹두 장군≫

어줍살스레

의미 [+태도],[-자연]

제약

보기에 어줍은 태도로.

어중간-히

의미 [+기준],[+중간]

제약

① 거의 중간쯤 되는 곳에 위치한 채로.

의미 [-분명],[-확실]

제약

② 이것도 저것도 아니게 두루뭉술하게.

¶어중간히 설미치는 것보다야 똑똑히 미치는 쪽
이 훨씬 더 편해 보일 수도 있는 거 아니겠습니
까.≪이청준, 당신들의 천국≫

의미 [+시간]v[+시기],[-적합]

제약

③ 시간이나 시기가 이러기에도 덜 맞고 저러기
에도 덜 맞게.

¶약속 시간까지는 시간이 어중간히 남았다.

의미 [+정도]v[+기준],[-일치],[+유사]

제약

④ 어떤 정도나 기준에 꼭 맞지는 아니하나 어
지간히 비슷하게.

어지간-히

의미 [+수준],[+보통]

제약

① 수준이 보통에 가깝거나 그보다 약간 더 하

게.

¶이재학 군과는 당시 같은 문학 소년이라 어지간히 가깝게 지냈다.≪유진오, 구름 위의 만상≫/이제 죽이라면 웬만한 것은 어지간히 가늠할 만큼, 맛에서나 솜씨에서나 남다르게 되었는데.≪최명희, 혼불≫

의미 [+상태],[+정도]v[+형편],[+기준],[+범위]

제약

② 정도나 형편이 기준에 크게 벗어나지 아니한 상태로.

¶이제 어지간히 해라./내가 간밤에 꾼, 꽤 긴 꿈은 그들의 소설과 어지간히 들어맞았다.≪최일남, 꿈길과 말길≫

의미 [+성격],[+기대],[+과도]

제약

③ 성격 따위가 생각보다 심하게.

¶어지간히 끈질기시군, 선생.≪김주영, 이장 동화≫/충분히 납득이 갈 만큼 찬찬히 타일렀는데도 어지간히 검질긴 성격의 그 낚시꾼은 제가 도둑놈인 주제에 계속 비위짱 뒤집는 소리로 깐죽이고 있었다.≪윤흥길, 완장≫

의미 [+보통],[+과도],[+정도]

제약

④ 보통 정도보다 훨씬 더.

¶당신도 어지간히 갈 곳이 없었던 모양이지요?/그동안 고생도 많이 하고 수양도 어지간히 했다./하루 종일 뛰어놀더니 어지간히 고단한 모양이다.

어지러이

의미 [+정신][−분명],[+신체][−조절]

제약

① 몸을 제대로 가눌 수 없을 정도로 정신이 흐리고 얼떨떨하게.

¶구름 너머로 날아오르던 연이, 툭, 줄이 끊어진 채 점으로 떠도는 모습이 떠오르며 어지러이 맴을 돈다.≪최명희, 혼불≫/아버지의 목말을 타면 어찌나 높던지 나 자신 풍선처럼 공중에 둥실 떠오르듯 눈앞이 어지러이 흔들렸다.≪오정희, 유년의 뜰≫

의미 [+전부],[+혼재],[−판단]

제약

② 모든 것이 뒤섞이거나 뒤얽혀 갈피를 잡을 수 없게.

¶온갖 근심 걱정이 내 마음을 어지러이 만든다./음산하고도 기분 나쁜 예감이 정체를 밝히지 않은 채 눈앞에 어지러이 어른대고 있었다.≪이문구, 장한몽≫

의미 [+물건],[−정돈],[+산개],[−질서]

제약

③ 물건들이 제자리에 있지 못하고 널려 있어 너저분하게.

¶갈가리 찢긴 옷들, 깨진 거울, 박살난 화장 도구들, 어지러이 구르는 침구와 깨진 레코드판.≪최인호, 지구인≫/도둑질에 사용할 물건들이 사방에 어지러이 널브러져 있었다.≪윤흥길, 완장≫

의미 [+사회],[+혼란],[−질서]

제약

④ 사회가 혼란스럽고 질서 없이.

어질-어질

의미 [+느낌],[+정신],[+몽롱],[+현기],[+반복]

제약

자꾸 또는 매우 정신이 아득하고 어지러운 느낌. '어찔어찔'보다 여린 느낌을 준다.

¶어질어질 현기증이 나다./빈속에 먹은 감기약 탓인지 현기증이 어질어질 다가오고 식은땀이 배어들고 있었다.≪최인호, 지구인≫

어째

의미 [+이유],[−고려]

제약

'어찌하여'가 줄어든 말.

¶어째 거기까지 갔었소?/자네 신수가 어째 그 모양인가?/권 선생님이 어째 그런 생각을 하셨을까요.≪박경리, 토지≫

어쨌건

의미 [+사태],[−관계]

제약

① 사태가 어떻게 되었는지 관계없이.

¶어쨌건 그렇게 간단한 문제는 아니다./말은 약

간 듣기 거북해도 이 사람은 **어쨌건** 우리들의 손님이오.≪홍성원, 육이오≫/회사의 업무와는 상관없지만 **어쨌건** 사장으로부터 받은 출장 명령이었던 것이다.≪이동하, 도시의 늪≫

의미 [+이유],[−고려]

제약

② '어찌하였건'이 줄어든 말.

¶내가 그 일을 **어쨌건** 너는 상관하지 마.

어쨌든

의미 [+의견]v[+성질]v[+형편]v[+상태],[−고려]

제약

①=아무튼. 의견이나 일의 성질, 형편, 상태 따위가 어떻게 되어 있든.

¶자기 대신 밤을 새워 주는 것을 생각하면 **어쨌든** 고마운 일이다.≪염상섭, 삼대≫/경자가 제 딴에는 대접을 하느라고 하겠지만 **어쨌든** 객지가 돼서 대단히 불편할걸요.≪심훈, 영원의 미소≫

의미 [+이유],[−고려]

제약

② '어찌하였든'이 줄어든 말.

¶너야 **어쨌든** 난 안 가.

어쨌든지

의미 [+무시],[+의견]v[+성질]v[+형편]v[+상태]

제약

①=아무튼지. 의견이나 일의 성질, 형편, 상태 따위가 어떻게 되어 있든지.

¶이러니저러니 말할 것 없이 **어쨌든지** 과일이나 가지고 가 보라는 것이다.≪염상섭, 삼대≫

의미 [+이유],[−고려]

제약

② '어찌하였든지'가 줄어든 말.

¶저번 일이야 **어쨌든지** 이번 일은 안 되네.

어쩌고-저쩌고

의미 [+모양],[+말],[−기준],[−원칙],[+다양]

제약

'이러쿵저러쿵'을 익살스럽게 이르는 말. 이러하다는 둥 저러하다는 둥 말을 늘어놓는 모양.

¶음식이 맛이 있느니 없느니 **어쩌고저쩌고** 말이

많다./군대도 면제받은 그가 후배들 앞에서는 유격 훈련이 **어쩌고저쩌고** 떠들어 댄다./사람들은 **어쩌고저쩌고** 그럴듯한 핑계를 내세워 자리를 피했다.

어쩌다

의미 [−예상],[+우연]

제약

① '어쩌다가①'의 준말. 뜻밖에 우연히.

¶그는 **어쩌다** 길을 잘못 들어 불량 학생으로 낙인이 찍혔다./그녀는 **어쩌다** 그와 눈을 마주치기라도 하면, 기겁을 하는 것이었다.

의미 [±빈도]

제약

② '어쩌다가②'의 준말. 이따금 또는 가끔가다가.

¶퇴근하면 **어쩌다** 친구와 만나기도 한다./결혼 전에는 그래도 **어쩌다** 영화관에 가곤 했다.

의미 [+이유],[−고려]

제약

③ '어찌하다'가 줄어든 말.

¶장난감을 **어쩌다** 망가뜨렸어?

어쩌다가

의미 [−예상],[+우연]

제약

① 뜻밖에 우연히.

¶**어쩌다가** 굴러 들어온 돈을 그는 헌신짝처럼 차 버렸다./이런 허황된 웃음의 소리가 **어쩌다가** 김 승지 귀에 들어갔을 때에 당할 봉변에 그는 진저리를 치고 있었던 것이다.≪이무영, 농민≫

의미 [±빈도]

제약

② 이따금 또는 가끔가다가.

¶그는 말수가 적었을 뿐만 아니라 **어쩌다가** 말을 해도 느릿느릿하고 더듬기까지 했다./**어쩌다가** 간헐적으로 화승총 소리도 들려오는 것으로 보아 공방전이 시작된 듯싶었다.≪문순태, 타오르는 강≫/**어쩌다가** 그 남자는 목구멍 속에서 한두 마디 말을 웅얼거리는 때도 있는 것 같기는 했다.≪이청준, 퇴원≫

의미 [+이유],[−고려]

제약

③ '어찌하다가'가 줄어든 말.

¶이 시계를 어쩌다가 이 모양을 만든 거야?

어쩌면

의미 [＋예상],[－분명]

제약

① 확실하지 아니하지만 짐작하건대.

¶어쩌면 내가 합격할지도 몰라./어쩌면 그가 말한 것이 모두 거짓말일지도 모른다./어쩌면 다시는 못 볼 것만 같은 예감이 들었다.

의미 [－예상],[－이유]

제약

② 도대체 어떻게 하여서.

¶어쩌면 이야기를 그렇게도 재미있게 하는지 몰라.

의미 [＋이유],[－고려]

제약

③ '어찌하면'이 줄어든 말.

¶이 일을 어쩌면 좋을지 모르겠다./내가 어쩌면 나를 용서해 줄래?

어쩍

의미 [＋소리],[＋물건],[＋깨묾],[＋파손],[＋단번]

제약 {물체}-{씹다}

꽤 단단한 물건을 깨물어 단번에 부스러뜨릴 때 나는 소리. '어적'보다 센 느낌을 준다.

어쩍-어쩍

의미 [＋소리],[＋물건],[＋깨묾],[＋파손],[＋단번],[＋연속]

제약 {물체}-{씹다}

꽤 단단한 물건을 깨물어 단번에 부스러뜨릴 때 잇따라 나는 소리. '어적어적'보다 센 느낌을 준다.

¶사탕을 어쩍어쩍 깨물어 먹다.

어쩐지

의미 [＋이유]

제약

어찌 된 까닭인지.

¶그의 충혈된 눈이 어쩐지 마음에 걸렸다./어쩐지 좀 이상하더라니./저런 모친 밑에 자랐을 그가

어쩐지 가련하고 마음 아프게 느껴졌던 것이다.≪홍성원, 무사와 악사≫/내 아침부터 어쩐지 노형의 관심이 깊더라 싶었지요.≪이청준, 소문의 벽≫

어쩜

의미 [＋예상],[－분명]

제약

① '어쩌면①'의 준말. 확실하지 아니하지만 짐작하건대.

¶어쩜 오늘은 집에 못 들어올지도 몰라./장차 어쩜 내 운명을 바꿀지도 모르는 커다란 비밀을 안은 채 너를 만났었어.≪윤흥길, 묵시의 바다≫

의미 [－예상],[－이유]

제약

② '어쩌면②'의 준말. 도대체 어떻게 하여서.

¶손이 어쩜 이렇게 따뜻하지./남은 자살이라도 하고 싶은 심정인데 어쩜 그렇게 태평하세요.≪박경리, 토지≫

어찌

의미 [＋이유]

제약

① 어떠한 이유로.

¶어찌 그런 소문이 났는지 나도 모르겠다./어찌 벌써 가시오?/자식 일인데 어찌 걱정이 안 되겠습니까?/전엔 암만 오래도 잘 안 오더니 어찌 갑자기 왔냐?≪김동인, 약한 자의 슬픔≫

의미 [＋방법]

제약

② 어떠한 방법으로.

¶이래 가지고는 나라가 안 망하고 어찌 견디겠소?≪박경리, 토지≫

의미 [＋관점]

제약

③ 어떠한 관점으로.

¶어찌 보면 이 섬 전체가 거북이같이 보인다./어찌 생각하면 네 말도 일리가 있다./아주 늙은 노인인 것 같기도 했고, 어찌 보면 그렇지 않은 듯도 했다.≪하근찬, 흰 종이 수염≫

의미 [＋동작]v[＋상태],[＋정도]

제약

④ (감탄 표현의 '-ㄴ지', '-는지' 따위와 함께

쓰여) 동작의 강도나 상태의 정도가 대단함을 나타낸다.

¶그 꽃을 보는 순간 어찌 예쁘던지 넋을 잃고 바라보았다.

어찌나

의미 [+방법]

제약

① '어찌②'를 강조하여 이르는 말. 어떠한 방법으로.

¶병이란 돌림이란 것이니 사노라면 어찌나 한번 차례에 올 법하고….《이태준, 농토》/매부는 무색해서 어찌나 알까 보아 주저주저하며 연해 변명이다.《염상섭, 무화과》

의미 [+동작]v[+상태],[+정도]

제약

② '어찌④'를 강조하여 이르는 말. 동작의 강도나 상태의 정도가 대단함을 나타낸다.

¶머리가 어찌나 쑤시던지 앓는 소리가 저절로 나왔다./거긴 산이 어찌나 깊은지 십 리나 백 리를 가도 마을 구경을 못한다고 했다.《이동하, 우울한 귀향》

어찌-어찌

의미 [+이유]

제약

이래저래 어떻게 하여.

¶농사밖에 지을 것이 없는 그의 아버지는, 본인의 억지 열성 하나로 어찌어찌 달수를 학교에 보내기는 했으나….《최일남, 거룩한 응달》/그러다가 어찌어찌 나를 알아보았는지 울음을 터뜨리며 나에게 쓰러졌다.《박완서, 도시의 흉년》/어찌어찌 흘러든 이곡리에 터를 잡아 정착한 다음 운암댁은 어느 날 밤에 남편을 보았다.《윤흥길, 완장》

어찔-어찔

의미 [+느낌],[+정신],[+몽롱],[+현기],[+반복]

제약

자꾸 또는 매우 정신이 아득하고 어지러운 느낌.

¶술병이 바닥났다. 얼굴이 달아오르고 어찔어찔 현기증이 일었다.《김성동, 만다라》

어차간-에

의미 [+말]

제약

말을 하는 김에.

¶애 또복아 정신 차려 잘 모시고 가거라 어차간에라도 무심히 아씨라고 부르지 말고 영락없이 서방님이라 여쭈어라….《이해조, 빈상설》

어차어피

의미 [-고려],[-상황]

제약

=어차피. 이렇게 하든지 저렇게 하든지. 또는 이렇게 되든지 저렇게 되든지.

¶흘리고 쏟고 엎지르는 것은 술이 흔한 탓도 있겠지만 어차어피 남이 대는 술이니 아껴 무엇하랴는 태도로….《변영로, 명정 40년》

어차어피-에

의미 [-고려],[-상황]

제약

=어차피. 이렇게 하든지 저렇게 하든지. 또는 이렇게 되든지 저렇게 되든지.

¶어차어피에 큰일이 났는지라 눈이 캄캄하여 창황망조할 즈음에 헌병이 정진 섰는 걸 한번 치어다보더니…《최찬식, 금강문》

어차-에

의미 [+여기]v[+지금]

제약

여기에서. 또는 이때.

¶어차에 그는 말을 끊었다.

어차피

의미 [-고려],[-상황]

제약

이렇게 하든지 저렇게 하든지. 또는 이렇게 되든지 저렇게 되든지. 늑어차어피·어차어피에.

¶어차피 죽을 바엔 밥이라도 배불리 먹고 싶다./기차 시간은 어차피 늦었으니 다른 교통수단을 알아봐야겠다./어차피 떠나야 할 거라면 황 씨에게 하루라도 덜 부대끼는 게 마음 편한 일이다.《한수산, 유민》/내일이면 은행에서 거저 돈이라도 뿌려 준답디까. 어차피 강도 짓 하긴 마찬가지요.《최인호, 지구인》

어처구니없-이

의미 [+상황],[-예상],[-어이]

제약

일이 너무 뜻밖이어서 기가 막히는 듯하게. 늑어이없이.

¶한 번은 치열한 전투 중에 적에 의해 입은 부상이고 또 한 번은 군의관의 실수로 **어처구니없이** 생으로 당하는 부상인 것이다.≪홍성원, 육이오≫

어청-어청

의미 [+모양],[+걸음],[+사람]v[+짐승],[-일정],[-속도],[+반복]

제약 {사람, 짐승}-{걷다}

키가 큰 사람이나 짐승이 이리저리 천천히 걷는 모양.

¶그는 생각에 골몰하며 **어청어청** 시내로 들어섰다./농군들은…행성집 같은 초막 속에서 유령같이 **어청어청** 걸어 나와서 제각기 물꼬를 보러 논으로 나갔다.≪이기영, 고향≫

어치렁-어치렁

의미 [+모양],[+걸음],[+사람],[-기운],[+요동],[-속도],[+반복]

제약 {사람}-{걷다}

키가 조금 큰 사람이 힘없이 몸을 조금 흔들며 자꾸 천천히 걷는 모양.

어치정-어치정

의미 [+모양],[+걸음],[+사람],[-기운],[-속도],[+반복]

제약 {사람}-{걷다}

키가 조금 큰 사람이 기운이 없이 자꾸 느리게 걷는 모양.

어칠-비칠

의미 [+모양],[+걸음],[-균형],[+반복]

제약

쓰러질 듯이 자꾸 비틀거리는 모양.

¶그는 쓰러질 듯이 **어칠비칠** 걸어오다가는 자리에 주저앉고 말았다./불빛에 흠칫 놀라는가 싶더니만 놈은 어느새 곁에 떨어진 장대를 집어들어 **어칠비칠** 일어서려 했다.≪윤흥길, 완장≫

어칠-어칠

의미 [+모양],[+걸음],[+사람],[-기운],[+요동],[-속도],[+반복]

제약 {사람}-{걷다}

'어치렁어치렁'의 준말. 키가 조금 큰 사람이 힘없이 몸을 조금 흔들며 자꾸 천천히 걷는 모양.

¶몸이 허약해진 노인은 **어칠어칠** 쓰러질 듯이 걸음을 옮겼다.

어푸-어푸

의미 [+소리]v[+모양],[+물],[+빠짐],[+마심],[+고통]

제약

① 물에 빠져서 물을 켜며 괴롭게 내는 소리. 또는 그 모양.

¶심 봉사가 물에 빠져 **어푸어푸** 소리를 내며 허우적거렸다.

의미 [+소리],[+얼굴]v[+신체],[+물],[+살포]

제약

② 얼굴이나 몸에 물을 끼얹으면서 내는 소리.

¶수도를 틀고, 고개를 숙여 **어푸어푸** 물을 얼굴에 적셨다.≪이인성, 그 세월의 무덤≫

어허허

의미 [+소리],[+너털웃음],[+진중]

제약 {너털웃음}-{웃다}

점잖게 너털웃음을 웃는 소리.

¶부장은 우선 **어허허** 웃고, 종혁 부친은 콜록콜록 둬 번 기침을 하는 척 물끄러미 쳐다보는 것이다.≪이정환, 샛강≫/내가 죽어? **어허허.** 아직 좀 더 살걸. 아직 죽을 나이는 아냐.≪유주현, 대한 제국≫

어험스레

의미 [+위엄]

제약

① 짐짓 위엄이 있어 보이는 듯하게.

의미 [+굴]v[+구멍],[+공허],[+흐림]

제약

② 굴이나 구멍 따위가 텅 비고 우중충한 데가 있게.

어흥

의미 [+소리],[+호랑이]

제약 {호랑이}-{울다}

호랑이가 우는 소리.

¶호랑이가 **어흥** 소리를 내며 우리 안을 뛰어다닌다.

억박-적박

의미 [+모양],[−일치],[−질서]

제약

뒤죽박죽 어긋나 있는 모양.

억실-억실

의미 [+모양],[+얼굴],[+모양]v[+생김새],[+분명],[+시원]

제약

얼굴 모양이나 생김새가 선이 굵고 시원시원한 모양.

억울-히

의미 [−잘못],[+훈계]v[+처벌],[+원통],[+답답]

제약

아무 잘못 없이 꾸중을 듣거나 벌을 받거나 하여 분하고 답답하게.

¶내 몸에는 평생 **억울히** 부정한 의심을 받고 낯을 붉히고 돌아서는 것이나….≪이상협, 재봉춘≫/문초하던 소문을 들으니…자기 아버지에게 적지 아니한 죄명을 **억울히** 씌워 장차 어느 지경에 이를는지 측량치 못할지라….≪이해조, 화의 혈≫

억적-박적

의미 [+모양],[+질주],[−일정],[+분주]

제약

이리저리 경중거리며 바쁘게 뛰는 모양.

억지-로

의미 [−이치]v[−조건],[+강제]

제약

이치나 조건에 맞지 아니하게 강제로.

¶**억지로** 참다./**억지로** 울다./**억지로** 빼앗다./밥을 **억지로** 먹다./그는 속마음을 감추고 **억지로** 웃었다./할머니가 민망했던지 나를 **억지로** 당신의 치마꼬리에서 떼어 내어 외삼촌 앞으로 밀어 내려고 했다.≪박완서, 엄마의 말뚝≫

억지스레

의미 [+억지],[+무리]

제약

억지를 부리거나 억지로 하는 데가 있게.

¶일을 그만하라고 해도 그는 **억지스레** 계속하고 있었다./술을 **억지스레** 권하지 마라.

억척같-이

의미 [+잔인],[+끈기],[+정도]

제약

몹시 모질고 끈덕지게.

¶**억척같이** 일을 하여 재산을 모으다./바람은 세차고 물결은 드높아 죽음을 아끼지 않고 **억척같이** 덤벼드는 우리 수군의 용맹을 따를 길이 없었다.≪박종화, 임진왜란≫

억척스레

의미 [+곤란],[+극복],[+잔인],[+끈기],[+정도]

제약

어떤 어려움에도 굴하지 아니하고 몹시 모질고 끈덕지게 일을 해 나가는 태도로.

¶**억척스레** 돈을 모으다./**억척스레** 일하다./어쩌면 금분이만은 **억척스레** 모질게도 꿋꿋이 살아가지 싶었던 것이다.≪김춘복, 쌈짓골≫

억패-듯

의미 [+모양],[+위협],[−이유],[−고려]

제약

① 사정없이 마구 윽박지르는 모양.

의미 [−이유],[+극심]

제약

② 사정없이 몹시 심하게.

언감-히

의미 [−분수],[−주의]

제약

주제넘게 함부로. ‘감히’, ‘어찌 감히’로 순화.

¶우동이 두 그릇이면 싸라기가 두 되도 넘는데 **언감히** 그런 생심을 했을까마는….≪채만식, 탁류≫

언건-히

의미 [+태도],[+거만]

제약

거드름을 피우며 거만하게. 늑언연히.

언구럭스레

의미 [+말],[+교묘],[+농락]

제약

교묘한 말로 떠벌리며 농락하는 듯하게.

언뜻

의미 [＋모양],[±출현],[＋우연],[＋순간]

제약 {　}-{보이다, 스치다}

① 지나는 결에 잠깐 나타나는 모양. 늑얼핏①.

¶언뜻 보이다./희디흰 속살이 **언뜻** 눈을 스쳤다. ≪김성동, 먼 산≫

의미 [＋모양],[＋생각]v[＋기억],[＋순간]

제약 {　}-{떠오르다, 생각나다}

② 생각이나 기억 따위가 문득 떠오르는 모양. 늑얼핏②.

¶언뜻 기억이 나다./생각이 **언뜻** 떠오르다./언뜻 깨닫다./언뜻 경민의 머릿속에 포화로 갈가리 찢긴 최선화의 모습이 떠오른다.≪홍성원, 육이오≫

언뜻-번뜻

의미 [＋모양],[±출현],[＋순간]

제약

갑자기 나타났다가 사라지는 모양.

¶수평선 가까이 배 한 척이 **언뜻번뜻** 보인다.

언뜻-언뜻

의미 [＋모양],[±출현],[＋우연],[＋순간],[＋연속]

제약 {　}-{보이다, 스치다}

① 지나는 결에 잇따라 잠깐씩 나타나는 모양. 늑얼핏얼핏①.

¶어느덧 시가지를 뒤로 한 택시는 오른쪽으로 바다가 **언뜻언뜻** 내다보이는 언덕길을 속력을 내어 달리고 있었다.≪윤후명, 별보다 멀리≫

의미 [＋모양],[＋생각]v[＋기억],[＋순간],[＋연속]

제약 {　}-{떠오르다, 생각나다}

② 생각이나 기억 따위가 잇따라 문득문득 떠오르는 모양. 늑얼핏얼핏②.

¶무언가 각오를 해 놓아야겠다는 생각이 **언뜻언뜻** 머리를 스쳐 갔다.≪한수산, 부초≫

언뜻-하면

의미 [＋시야],[＋출현],[＋순간]

제약

① 무엇이 지나가는 결에 잠깐 나타나기만 하면.

¶때는 놓치지 않아야 쓰는 법이네. **언뜻하면** 지나가 버리는 것이야.≪한승원, 해일≫

의미 [＋생각]v[＋기억],[＋순간]

제약 {　}-{떠오르다, 생각나다}

② 무슨 생각이나 기억 따위가 문득 떠오르기만 하면.

¶녀석은 언제나 동료들을 선동시켜 **언뜻하면** 선생들한테 대들기 일쑤고….≪최정희, 천맥≫

언언-이

의미 [＋말],[＋개별],[＋전부]

제약

말마다.

언연-히

의미 [＋태도],[＋거만]

제약

＝언건히. 거드름을 피우며 거만하게.

¶내가 왔다면 유공불급하여 나와 볼 터이거늘 **언연히** 제 방에 떡 자빠져 있고….≪이해조, 화의혈≫

언제

의미 [＋의문],[＋시간]

제약

① (의문문에 쓰여) 잘 모르는 때를 물을 때 쓰는 말.

¶언제 만날까?/언제 왔니?/언제 가는 것이 좋겠습니까?

의미 [＋시간],[＋미정],[－분명]

제약

② 정해지지 않은 막연한 때를 나타내는 말.

¶언제 한번 만나자./시간이 나면 언제 등산이나 갑시다.

의미 [＋때],[＋미정]

제약

③ 때가 특별히 정해지지 않았음을 나타내는 말.

¶그 노래는 언제 들어도 좋다./설악산은 언제 보아도 아름답다.

언제-나

의미 [＋때],[＋항상]

제약

① 모든 시간 범위에 걸쳐서. 또는 때에 따라 달라짐이 없이 항상.

¶그는 언제나 같은 자리에 앉는다./고향에 계신 어머님이 언제나 그립다./중고라 그런지 매일 시간을 맞춰도 언제나 5분쯤 빨랐다.≪이문열, 변경≫

의미 [+때],[+기한],[-분명]

제약

② 어느 때가 되어야.

¶그리운 고국산천 언제나 볼꼬./분단된 조국, 언제나 통일이 될까?/언제나 견습 면하고 사원 돼 보나.≪황석영, 돼지꿈≫

언젠가

의미 [+시간],[+미래]

제약

① 미래의 어느 때에 가서는.

¶마음에 걸리는 것이 있다면 언젠가 개똥이가 제 아비를 찾아오게 될 것이라는 걱정이었다. ≪문순태, 타오르는 강≫

의미 [+시간],[+과거]

제약

② 이전의 어느 때에.

¶나는 언젠가 누구에게선가 이런 이야기를 들은 일이 있다./언젠가 겨울 그곳을 찾았을 때의 기억이 난다.

언죽-번죽

의미 [+태도],[-수치]

제약

조금도 부끄러워하는 기색이 없고 비위가 좋아 뻔뻔한 모양.

¶탑삭부리는 언죽번죽 얘길 잘하고 꽤나 시원시원하게 선돌을 다루는 것이었다.≪김주영, 객주≫/언죽번죽 둘러다 붙이는 그 뻔뻔스러운 말버릇도 옛날이나 똑같고….≪윤흥길, 완장≫

언중-히

의미 [+언사],[+신중]

제약

입이 무겁고 말이 신중하게.

¶남과 대화할 때는 언제나 언중히 해야 한다./대인 관계에서 언중히 행동하는 사람은 다른 사람에게 신뢰를 주게 된다./그는 언제나 언중히 처

신한다.

언짢-이

의미 [+마음],[-수용]v[-만족]

제약

마음에 들지 아니하거나 좋지 않게.

¶내 충고를 언짢이 생각하지 마라.

언틀-먼틀

의미 [+모양],[+바닥],[-평평],[-균일]

제약

바닥이 고르지 못하여 울퉁불퉁한 모양.

¶길바닥이 언틀먼틀 고르지 못하다./대불이는 언틀먼틀 쌓은 강담 사이 가파른 황톳길 고샅을 추어 올라가기는 하였지만….≪문순태, 타오르는 강≫

언필-칭

의미 [+말],[+매번],[+강조]

제약

말을 할 때마다 이르기를.

¶많은 식자는 언필칭 국제화니 세계화니 열을 올린다./시청 뒤로 이사한 그 이후부터 아내에게 누구하고 현주소에 관한 얘길 나누는 기회마다 언필칭 우리가 은행 주택에 살고 있음을 힘주어 말하는 버릇이 생겼다.≪윤흥길, 아홉 켤레의 구두로 남은 사내≫

얼근-덜근

의미 [+느낌],[+맛],[+매움],[+감미]

제약

맛이 조금 매우면서 들쩍지근한 느낌.

¶쇠고기에 양파 몇 조각을 먹었더니 얼근덜근 맛이 났다.

얼근-얼근

의미 [+느낌],[+매움],[+고통],[+정도]

제약

① 매워서 입 안이 매우 얼얼한 느낌.

¶멋모르고 먹은 고추가 너무 매워서 입 안이 얼근얼근 달아올랐다.

의미 [+모양],[+감취],[+정신],[-분명],[+정도]

제약

② 술에 취하여 정신이 매우 어렴풋한 모양.

¶술이 몇 순배 돌아가자 좌중은 얼근얼근 취기가 돌았다.

얼근-히

의미 [＋맛],[＋매움],[＋고통]

제약

① 매워서 입 안이 조금 얼얼하게.

¶김치찌개의 맛이 **얼근히** 느껴졌다.

의미 [＋감취],[＋정신],[－분명]

제약

② 술에 취하여 정신이 조금 어럼풋하게.

¶**얼근히** 취하다./**얼근히** 취기가 돌다./영감은 종일 강에서 해에 그을려 혼곤한 데다 **얼근히** 술에 취하여 나직하게 코를 골며 자고 있다.≪김남천, 대하≫

얼금-숨숨

의미 [＋모양],[＋얼굴],[＋마마],[－간격]

제약

굵고 얕게 얽은 자국이 촘촘하게 있는 모양.

¶그의 얼굴은 마맛자국이 **얼금숨숨** 나 있었다./얼굴은 **얼금숨숨** 흔적이 보였지만 밉지는 않았다.

얼금-얼금

의미 [＋모양],[＋얼굴],[＋마마],[＋간격]

제약

굵고 얕게 얽은 자국이 듬성듬성 있는 모양.

¶**얼금얼금** 얽은 얼굴.

얼기-설기

의미 [＋모양],[－굵기],[－일정],[＋혼재],[＋얽힘]

제약 {물체}-{얽히다}

① 가는 것이 이리저리 뒤섞이어 얽힌 모양.

¶**얼기설기** 얽다./**얼기설기** 걸치다./그는 지붕을 짚으로 **얼기설기** 엮었다./거리에는 끊어진 전선 줄이 **얼기설기** 늘어지고….≪염상섭, 취우≫/두 눈에는 어느 틈에 실핏줄이 거미줄처럼 **얼기설기** 돋아 있다.≪홍성원, 육이오≫/그는 굵은 새끼로 **얼기설기** 얽어 놓은 말뚝을 타 넘어 질퍽거리는 바닥에다 발을 성큼 디뎠다.≪유주현, 언덕을 향하여≫

의미 [＋모양],[－치밀],[＋조잡]

제약

② 엉성하고 조잡한 모양.

¶선전 포스터가 투박한 물감으로 **얼기설기** 그려져 있다./궁기에 찌든 살림살이를 손 거친 머슴들이 **얼기설기** 꾸려 짊어진 것이라 더 험했다.≪송기숙, 암태도≫

의미 [＋모양],[＋관계]v[＋일]v[＋감정],[＋복잡],[＋얽힘]

제약 {　}-{얽히다}

③ 관계나 일, 감정 따위가 복잡하게 얽힌 모양.

¶저 혼자의 그윽한 정이 **얼기설기** 영식에게로 연방 쏠렸다.≪한설야, 탑≫/여러 가지 이유가 **얼기설기** 얽힌 듯도 하나, 다시 생각하면 아무 이유가 없는 듯도 하다.≪현진건, 적도≫/따지자면 남인 시파치고 **얼기설기** 척분이 닿지 않는 사람이라곤 별로 없는 터였다.≪서기원, 조선백자 마리아상≫

얼락-녹을락

의미 [＋모양],[±결빙]

제약

① 얼었다가 녹았다가 하는 모양. 또는 얼 듯 말 듯 하는 모양.

의미 [＋모양],[＋타인],[＋조롱],[＋감독],[－긴장],[＋칭찬],[＋책망],[＋친밀],[＋소원]

제약

② 남을 형편에 따라 다잡고, 늦추고, 칭찬하고, 책망하고, 가까이하고, 멀리하여 놀리는 모양.

얼락-배락

의미 [＋모양],[±번성]

제약

성했다 망했다 하는 모양.

¶그 사람네 집은 살림살이가 **얼락배락** 요지경이다./그의 사업은 **얼락배락** 굴곡이 심하다.

얼러꿍-덜러꿍

의미 [＋모양],[＋색],[＋점]v[＋줄],[＋무늬],[－균일],[－간격],[＋산란]

제약

여러 가지 어두운 빛깔의 점이나 줄 따위가 고르지 아니하고 촘촘하게 무늬를 이루어 몹시 어수선한 모양.

¶방바닥에 펼쳐진 종이 위에는 물감이 **얼러꿍덜러꿍** 뿌려져 있었다./그녀의 옷차림은 **얼러꿍덜러꿍** 요란하였다.

얼럭-덜럭

의미 [＋모양],[＋색],[＋점]v[＋줄],[＋무늬], [－균일],[－간격]

제약

여러 가지 어두운 빛깔의 점이나 줄 따위의 무늬가 고르지 아니하게 촘촘한 모양.

얼럭-얼럭

의미 [＋모양],[＋색],[＋점]v[＋줄],[＋무늬], [＋균일],[－간격]

제약

여러 가지 어두운 빛깔의 점이나 줄 따위 무늬가 고르게 촘촘한 모양.

얼렁-뚱땅

의미 [＋모양],[＋상황],[＋모면],[＋순간]

제약 {   }-{넘기다}

어떤 상황을 얼김에 슬쩍 넘기는 모양. 또는 남을 엉너리로 슬쩍 속여 넘기게 되는 모양. 늑엄벙떼.

¶**얼렁뚱땅** 둘러대다./**얼렁뚱땅** 넘어가다./번연히 괘가 그른 줄 다 알면서 **얼렁뚱땅** 거짓말이나 해 가면서 처자식 고생이나 시키지 않게 처신하는….≪최인훈, 회색인≫/점심을 **얼렁뚱땅** 걸렀더니 속이 쓰린데….≪박완서, 엄마의 말뚝≫

얼렁-얼렁

의미 [＋모양],[＋아첨],[＋반복]

제약 {비위}-{맞추다}

남의 비위를 맞추거나 환심을 사려고 더럽게 자꾸 아첨을 떠는 모양.

¶그는 윗사람 앞에서 **얼렁얼렁** 비위나 맞추려고 한다./그놈의 속은 누가 안단 말이오 그게 다 **얼렁얼렁** 꼬이는 수작이지.≪최찬식, 금강문≫/만일의 경우를 생각해서 **얼렁얼렁** 이용을 해 볼까? 어쨌든 우선은 달래 놓는 편이 낫겠다고 돌려 생각하고 만난 것인데….≪염상섭, 취우≫

얼루룩-덜루룩

의미 [＋모양],[＋색],[＋점]v[＋줄],[＋무늬], [＋간격],[－균일]

제약

여러 가지 어두운 빛깔의 점이나 줄 따위가 조금 성기고 고르지 아니하게 무늬를 이룬 모양.

¶그 방의 벽지는 **얼루룩덜루룩** 무늬가 져 있다.

얼루룩-얼루룩

의미 [＋모양],[＋색],[＋점]v[＋줄],[＋무늬], [＋간격],[＋균일]

제약

여러 가지 어두운 빛깔의 점이나 줄 따위가 조금 성기고 고르게 무늬를 이룬 모양.

얼루룽-덜루룽

의미 [＋모양],[＋색],[＋점]v[＋줄],[＋무늬], [－균일],[＋간격]

제약

여러 가지 빛깔의 크고 뚜렷한 점이나 줄 따위가 고르지 아니하고 조금 성기게 무늬를 이룬 모양.

얼루룽-얼루룽

의미 [＋모양],[＋색],[＋점]v[＋줄],[＋무늬], [＋균일],[＋간격]

제약

여러 가지 빛깔의 크고 뚜렷한 점이나 줄 따위가 고르고 조금 성기게 무늬를 이룬 모양.

¶꽃밭에는 여러 가지 색깔의 꽃이 **얼루룽얼루룽** 피어 있었다.

얼룩-덜룩

의미 [＋모양],[＋색],[＋점]v[＋줄],[＋무늬], [－균일]

제약

여러 가지 어두운 빛깔의 점이나 줄 따위가 고르지 아니하게 무늬를 이룬 모양.

¶옷이 **얼룩덜룩** 더럽혀져 있었다./화살이 그 가지각색 물감으로 **얼룩덜룩** 그려 놓은 널판에 가서 '쩡' 하고 박힌다.≪한설야, 탑≫

얼룩-얼룩

의미 [＋모양],[＋색],[＋점]v[＋줄],[＋무늬], [＋균일]

제약

여러 가지 어두운 빛깔의 점이나 줄 따위가 고르게 무늬를 이룬 모양.

¶누구에게 맞았는지 그녀의 목덜미에 **얼룩얼룩** 피멍이 잡혔다./분식집 창에는 밀가루가 **얼룩얼룩** 남아 있다./하얀 셔츠에 김칫국이 **얼룩얼룩** 묻어 있다./구름과 하늘과 숲과 건너편 산의 능선이 하나씩 경계를 흩뜨리고 뒤헝클어지면서 모습을 잃고 **얼룩얼룩** 색깔만 남는다.≪유재용, 성역≫

얼룽-덜룽

의미 [+모양],[+색],[+점]v[+줄],[+무늬],[−균일],[−간격]

제약

여러 가지 빛깔의 크고 뚜렷한 점이나 줄 따위가 고르지 아니하고 촘촘하게 무늬를 이룬 모양.

얼룽-얼룽

의미 [+모양],[+색],[+점]v[+줄],[+무늬],[+균일],[−간격]

제약

여러 가지 빛깔의 크고 뚜렷한 점이나 줄 따위가 고르고 촘촘하게 무늬를 이룬 모양.

얼른

의미 [+시간],[+지금],[+순간]

제약

시간을 끌지 아니하고 바로.

¶식기 전에 **얼른** 먹어라./어두워졌으니 **얼른** 가자./선생님이 묻는 말에 나는 **얼른** 대답하였다./그 일이 **얼른** 생각이 나지 않았다./노크 소리에 **얼른** 다가가서 문을 열었다.

얼른-얼른[01]

의미 [+모양],[±시야],[+반복]

제약 {물체}-{보이다}

① 무엇이 자꾸 보이다 말다 하는 모양.

¶구름 속에서 **얼른얼른** 보이던 물체가 이제는 영영 보이지 않는다./황소처럼 **얼른얼른** 보이는 것이 바로 바라크이거나 천막을 고정시켜 만든 움막이었다.≪박태순, 무너지는 산≫

의미 [+모양],[+잔무늬]v[+그림자],[+운동],[+물결],[+반복]

제약 {그림자}-{보이다, 비치다}

② 큰 무늬나 그림자 따위가 물결 지어 자꾸 움직이는 모양.

¶사람의 그림자 하나가 방문에 **얼른얼른** 보이더

니 방 안의 인기척에 사라졌다.

의미 [+모양],[+물]v[+거울],[+그림자],[+요동],[+반복]

제약 {　}-{흔들리다}

③ 물이나 거울 따위에 비친 그림자가 자꾸 흔들리는 모양.

¶흐르는 강물 위로 **얼른얼른** 비치는 산 그림자가 매우 아름답다.

얼른-얼른[02]

의미 [+시간],[+지금],[+순간]

제약

'얼른'을 강조하여 이르는 말. 시간을 끌지 아니하고 바로.

¶꾸물거리지 말고 **얼른얼른** 밖으로 나오너라./별로 어렵지도 않은 일인데 **얼른얼른** 끝내고 집에 가자./그는 일을 **얼른얼른** 해치웠다./횃불을 든 난민 패들이 당장 성문을 열고 뒤쫓아 올 것만 같아 마음이 다급한데 도무지 발걸음을 **얼른얼른** 떼어 놓을 수가 없었다.≪현기영, 변방에 우짖는 새≫

얼마-나

의미 [+동작]v[+상태],[+극심]

제약

동작의 강도나 상태의 정도가 대단함을 나타내는 말.

¶여기를 봐. **얼마나** 깨끗하니?/**얼마나** 많은 사람이 여기에 왔을까?/**얼마나** 추운지 강이 꽁꽁 얼었다./할머니는 손자들이 오자 **얼마나** 반가웠으면 버선발로 뛰어나가셨을까?/새 집으로 이사 가면 **얼마나** 좋을까?/나에게도 천재적인 재능이 있다면 **얼마나** 좋겠니?/네가 아무리 가꿔 봤자 **얼마나** 예쁘겠어?/그가 갑자기 나타나서 **얼마나** 놀랐는지 몰라.

얼멍-덜멍

의미 [+모양],[+죽]v[+풀],[+덩어리],[−용해]

제약 {죽, 풀}-{쑤다, 풀다, 만들다}

① 죽이나 풀 따위가 잘 풀어지지 아니하여서 덩어리가 여기저기 있는 모양.

¶풀을 **얼멍덜멍** 쑤어 놓아서 벽에 풀칠하기가

좋지 않다.

의미 [+모양],[-균일],[-일정],[+자국]

제약

② 고르지 아니하게 여기저기가 얼룩덜룩한 모양.

¶쉰네는 깃도 섶도 뭉툭하게 모진, 얼멍덜멍 얼룩진 것을 저고리랍시고 걸치고….≪한무숙, 생인손≫

얼멍-얼멍01

의미 [+모양],[+죽]v[+풀],[+덩어리],[-용해]

제약 {죽, 풀}-{쑤다, 풀다, 만들다}

죽이나 풀 따위가 잘 풀어지지 아니하여 덩어리가 있는 모양.

¶뜨거운 물에 미숫가루를 타니 얼멍얼멍 잘 풀어지지 않는다.

얼멍-얼멍02

의미 [+모양],[+물건],[+실]v[+털],[+바탕],[-균일],[-거침]

제약 { }-{대다, 만들다}

실이나 털 따위로 짠 물건의 바닥이 존존하지 아니하고 거친 모양.

¶그 아이는 처음 보았을 때 얼멍얼멍 짠 스웨터를 입고 있었다./방문 앞에는 얼멍얼멍 만든 발이 늘어져 있었다.

얼밋-얼밋

의미 [+모양],[+지연],[+주저]

제약 {시간}-{끌다, 보내다}

① 우물쭈물하며 미적미적 미루는 모양.

¶김 씨가 일을 빨리 끝내 주지 않고 얼밋얼밋 시간만 끌려고 한다./시간이 많을 때는 얼밋얼밋 보내다가 꼭 막판에 하려니까 그 고생이지.

의미 [+모양],[+허물]v[+책임],[+전가]

제약 { }-{넘어가다}

② 허물이나 책임 따위를 남의 탓으로 어물어물 돌리는 모양.

¶문제가 생길 때마다 그는 얼밋얼밋 넘어가려고 하였다.

의미 [+모양],[+운동],[+주저],[-속도]

제약 { }-{움직이다}

③ 엉거주춤 어물거리며 움직이는 모양.

얼싸-둥둥

의미 [+행동],[-자의],[-이유]

제약

남의 운에 끌리어 멋모르고 행동하는 모양.

¶얼싸둥둥 잘도 논다./얼싸둥둥 태평이네.

얼싸-절싸

의미 [+모양],[+신명],[+유희]

제약 { }-{놀다}

① 흥이 나서 뛰노는 모양.

¶얼싸절싸 잘 놀아난다./얼싸절싸 춤을 춘다.

의미 [+모양],[+중개],[+상호],[+만족]

제약

② 중간에서 양편이 다 좋도록 주선하는 모양.

¶아무리 난처한 문제도 그가 나서면 얼싸절싸 금방 해결된다.

얼쑹-덜쑹

의미 [+모양],[+점]v[+줄],[+무늬],[-균일],[+혼재]

제약

① 여러 가지 빛깔로 된 큰 점이나 줄이 고르지 아니하게 뒤섞이어 무늬를 이룬 모양.

¶얼쑹덜쑹 무늬가 진 나비였다./그 옷감은 얼쑹덜쑹 너무 어지러웠다.

의미 [+모양],[+판단],[-분명]

제약

② 그런 것 같기도 하고 그렇지 아니한 것 같기도 하여 얼른 분간이 잘 안되는 모양.

¶그 문제에 대해서는 얼쑹덜쑹 잘 모르겠는데./그 일의 내용이 얼쑹덜쑹 잘 정리되지 않는다.

얼쑹-얼쑹

의미 [+모양],[+점]v[+줄],[+무늬],[-균일],[+혼재]

제약

① 여러 가지 빛깔로 된 큰 점이나 줄이 고르게 뒤섞이어 무늬를 이룬 모양.

¶무늬가 얼쑹얼쑹 어지럽게 보인다.

의미 [+모양],[+판단],[-분명],[+정도]

제약

② 그런 것 같기도 하고 그렇지 않은 것 같기도

하여 분간하기 몹시 어려운 모양.

¶A와 헤어질 때는 이삼 간 떨어진 사람의 얼굴이 **얼쑹얼쑹** 보였다.≪염상섭, 표본실의 청개구리≫/잠이 든 대불이는 **얼쑹얼쑹** 잠결에서 답답함을 느끼고 언뜻 눈을 뜬 순간 소스라치게 놀랐다.≪송기숙, 자랏골의 비가≫

얼씬

의미 [+모양],[+크기],[+시야],[±출현],[+순간]

제약

① 조금 큰 것이 눈앞에 잠깐 나타났다 없어지는 모양.

¶겉은 그들이 사라지는 저편 가게 옆에 **얼씬** 길주의 그림자를 본 듯했다.≪선우휘, 테러리스트≫/학무 시찰이 탄 경편차가 저만치 **얼씬** 보이기만 하면 기착하고 기를 내혼들며 창가를 부를 참이었다.≪한설야, 탑≫/방 안의 사람이 일어나는 듯이 문 위에 그림자가 **얼씬** 비치더니 방문이 바스스 열린다.≪강경애, 인간 문제≫/건우의 노르께한 얼굴에는 순간적인 그늘이 **얼씬** 지나가는 것 같았다.≪김정한, 모래톱 이야기≫

의미 [+모양],[+언사]v[+행동],[+교묘],[+아첨]

제약

② 교묘한 말과 행동으로 남의 비위를 똑 맞추는 모양.

얼씬-얼씬

의미 [+모양],[+크기],[+시야],[±출현],[+순간]

제약

① 조금 큰 것이 잇따라 눈앞에 잠깐씩 나타났다 없어지는 모양.

¶유리문이 우르릉 소리를 내며 나뭇잎 떨어지는 그림자가 **얼씬얼씬** 비친다.≪강경애, 인간 문제≫/추적추적 내리고 있는 빗줄기 속에서 사람들이 **얼씬얼씬** 움직이고 있었는데….≪박태순, 무너지는 산≫

의미 [+모양],[+언사],[+행동],[+교묘],[+아첨],[+연속]

제약

② 교묘한 말과 행동으로 잇따라 남의 비위를 똑 맞추는 모양.

¶**얼씬얼씬** 상사에 아첨하다.

얼씬없-이

의미 [+모습],[-출현]

제약

눈앞에 잠깐이라도 나타나는 일이 없이.

얼없-이[01]

의미 [-틀림]

제약

조금도 틀림이 없이.

얼없-이[02]

의미 [-영혼],[-정신]

제약

얼이 빠져 정신이 없이.

¶그는 우두커니 앉아서 하늘만 **얼없이** 쳐다보고 있었다.

얼올-히

의미 [+마음],[+괴리],[+불안]

제약

'얼울히'의 원말. 일 따위가 어그러져서 불안한 마음으로.

얼울-히

의미 [+마음],[+괴리],[+불안]

제약

일 따위가 어그러져서 불안한 마음으로.

얼쩡-얼쩡

의미 [+모양],[+아첨],[+기만],[+반복]

제약

① 남의 비위를 맞추려고 아첨을 하며 능청스럽게 계속 남을 속이는 모양.

¶그 사내는 순진한 아낙네들에게 접근하여 **얼쩡얼쩡** 가짜 보약을 팔아먹었다.

의미 [+모양],[-일],[±왕복]v[+순회],[-일정],[+반복]

제약

② 하는 일도 없이 자꾸 이리저리 돌아다니거나 빙빙 도는 모양.

¶나는 그 시절 **얼쩡얼쩡** 세월만 보내고 있었다./어두워서 근처 한길을 **얼쩡얼쩡** 걷는데 어느새

뒤를 따랐던 모양으로 골목으로 꺾이는 어귀에서 천안 색시가 손짓을 하였다.≪이호철, 소시민≫

얼쯩-얼쯩

의미 [+모양],[+아첨],[+근접],[+근사],[+연속]

제약

남의 비위를 맞추려고 아주 가까이 붙어서 그럴듯한 말을 하며 계속 아첨하는 모양.

얼쯤

의미 [+모양],[+주저]

제약

① 주춤거리는 모양.

¶그는 형의 큰소리에 얼쯤 물러섰다./그녀는 아버지의 화내는 소리를 듣고 얼쯤 몸을 사렸다.

의미 [+모양],[-분명]

제약

② 얼버무리는 모양.

얼쯤-얼쯤

의미 [+모양],[+주저],[+반복]

제약

① 자꾸 주춤거리는 모양.

¶그는 상대의 험악한 얼굴을 보자 얼쯤얼쯤 물러섰다./그 사람이 워낙 당당하게 나서자 우리는 얼쯤얼쯤 비켜섰다.

의미 [+모양],[-분명],[+반복]

제약

② 자꾸 얼버무리는 모양.

¶시원스럽게 말을 안 하는 것이 모두 속임수로 얼쯤얼쯤 묵주머니를 만들려는 것 같다./간호부는 얼쯤얼쯤 대꾸를 하고 창황히 달아나 버렸다. ≪염상섭, 취우≫

얼찐-얼찐

의미 [+모양],[+아첨],[+근접],[+지속]

제약

남의 비위를 맞추려고 아주 가까이 붙어서 계속 아첨하는 모양.

얼추

의미 [+유사],[+대충]

제약

① 어지간한 정도로 대충.

¶얼추 짐작하다./얼추 비슷하다./헤아려 보니 모인 사람이 얼추 500명은 되겠다./그의 비밀스러운 생각을 얼추 알고 있는 것은 이 세상에서 오직 쌀분이뿐이었다.≪문순태, 타오르는 강≫

의미 [+기준],[+근접]

제약

② 어떤 기준에 거의 가깝게.

¶도착할 시간이 얼추 다 되었다./목적지에 얼추 다 왔다./건물 공사가 얼추 마무리되어 간다.

얼큰-히

의미 [+맛],[+매움],[+고통]

제약

① 매워서 입 안이 조금 얼얼하게. '얼근히①'보다 거센 느낌을 준다.

¶그녀는 매운탕을 얼큰히 끓였다.

의미 [+감취],[+정신],[-분명]

제약

② 술에 취하여 정신이 조금 어렴풋하게. '얼근히②'보다 거센 느낌을 준다.

¶얼큰히 취하다./그들은 얼큰히 술이 오르자 노래를 부르기 시작했다.

얼키-설키

의미 [+모양],[-굵기],[-일정],[+혼재],[+얽힘]

제약 {물체}-{얽히다}

① 가는 것이 이리저리 뒤섞이어 얽힌 모양. '얼기설기①'보다 거센 느낌을 준다.

¶얼키설키 얽힌 밧줄./거미줄이 얼키설키 서리다./칡덩굴이 얼키설키 뒤얽혀 있다.

의미 [+모양],[-치밀],[+조잡]

제약

② 엉성하고 조잡한 모양. '얼기설기②'보다 거센 느낌을 준다.

¶그 집의 지붕은 양철과 루핑으로 얼키설키 얹혀 있었다.

의미 [+모양],[+관계]v[+일]v[+감정],[+복잡],[+얽힘]

제약 { }-{얽히다}

③ 관계나 일, 감정 따위가 복잡하게 얽힌 모양. '얼기설기③'보다 거센 느낌을 준다.

¶세상만사가 재미로 **얼키설키** 엉키었지./몇몇 집안이 **얼키설키** 인척 관계를 맺어 권력을 독점하였다.

얼핏

의미 [＋모양],[±출현],[＋우연],[＋순간]

제약 { }-{보이다, 스치다}

①=언뜻①. 지나는 결에 잠깐 나타나는 모양.

¶먼 데서라도 **얼핏** 그림자만 뵈면 그게 자기네 소라는 걸 알 수 있을 것을….≪황순원, 별과 같이 살다≫/저만큼 앞으로 다가오는 네거리 하나가 **얼핏** 눈에 띄었다.≪윤흥길, 제식 훈련 변천 약사≫

의미 [＋모양],[＋생각]v[＋기억],[＋순간]

제약 { }-{떠오르다, 생각나다}

②=언뜻②. 생각이나 기억 따위가 문득 떠오르는 모양.

¶그는 **얼핏** 그의 뇌리를 스치는 어두운 예감을 느꼈다.≪선우휘, 사도행전≫/진급 축하를 받다 보니 자연히 서울에 있는 집사람 생각이 불쑥 나더군. 마누라 생각이 **얼핏** 나기에 자넨 어떤가 하고 물어본 것뿐이야.≪홍성원, 육이오≫

얼핏-얼핏

의미 [＋모양],[±출현],[＋우연],[＋순간],[＋연속]

제약 { }-{보이다, 스치다}

①=언뜻언뜻①. 지나는 결에 잇따라 잠깐씩 나타나는 모양.

¶불꽃이 피어오르면서 부근의 사물들이 **얼핏얼핏** 드러났다.≪이상문, 황색인≫

의미 [＋모양],[＋생각]v[＋기억],[＋순간],[＋연속]

제약 { }-{떠오르다, 생각나다}

②=언뜻언뜻②. 생각이나 기억 따위가 잇따라 문득문득 떠오르는 모양.

¶이따금 서천이가 그에게 따져 물었던 말들이 **얼핏얼핏** 되살아나곤 하는 것이었으나….≪문순태, 타오르는 강≫

얽둑-얽둑

의미 [＋모양],[＋얼굴],[＋마마],[＋간격]

제약

얼굴에 깊게 얽은 자국이 성기게 있는 모양.

¶그는 얼굴이 **얽둑얽둑** 얽었다.

얽벅-얽벅

의미 [＋모양],[＋얼굴],[＋마마],[＋깊이],[－간격]

제약

얼굴에 깊게 얽은 자국이 촘촘하게 있는 모양.

¶얼굴이 **얽벅얽벅** 얽다.

얽적-얽적

의미 [＋모양],[＋얼굴],[＋마마],[＋깊이],[－간격]

제약

얼굴에 잘고 굵은 것이 섞이어 깊게 얽은 자국이 촘촘하게 있는 모양.

얽죽-얽죽

의미 [＋모양],[＋얼굴],[＋마마],[＋다수]

제약

얼굴에 잘고 굵은 것이 섞이어 깊게 얽은 자국이 많은 모양.

¶그의 얼굴은 **얽죽얽죽** 얽어 있었다./얼굴에 얽죽얽죽 곰보 자국이 나 있다.

엄-히

의미 [＋규율]v[＋규칙]v[＋예절],[＋교육],[＋완벽],[＋정당],[＋정도]

제약 { }-{가르치다, 다스리다, 처벌하다}

① 규율이나 규칙을 적용하거나 예절을 가르치는 것이 매우 철저하고 바르게.

¶자식을 **엄히** 가르치다./마을마다 주막의 벽에 붙은 방에는 차후로는 매년 꼬박꼬박 경선궁에 도지를 내야 하며 만일 이에 불복하면 국법으로 **엄히** 다스리겠다고 경고하고 있었다.≪문순태, 타오르는 강≫/아무리 도둑을 잡아 **엄히** 처벌해도 문단속이 허술하면 또 다른 도둑이 들 것이다.≪이문열, 시대와의 불화≫

의미 [＋일]v[＋행동],[－과오],[＋주의],[＋완벽]

제약

② 어떤 일이나 행동이 잘못되지 아니하도록 주의가 철저하게.

¶다시는 도둑질을 하지 말라고 **엄히** 이르다./아침나절은 물론 해 넘어간 후에는 절대로 집 밖

으로 물을 못 길어 가게 엄히 단속했다.≪박완서,
미망≫

엄각-히

의미 [+엄격],[+잔인],[+정도]

제약

=엄혹히. 매우 엄하고 모질게.

엄격-히

의미 [+언사]v[+태도]v[+규칙],[+엄격],[+완
벽]

제약

말, 태도, 규칙 따위가 매우 엄하고 철저하게.

¶엄격히 규정하다./엄격히 규제하다./엄격히 따
지다./엄격히 지키다./우리는 뛰어난 인재를 뽑
기 위해 그 선발 기준을 엄격히 적용합니다.

엄랭-히

의미 [+냉기],[+정도]

제약

① 매우 차게.

의미 [+성질],[+엄격],[+냉정]

제약

② 성질이 엄하고 쌀쌀하게.

엄렬-히

의미 [+엄격],[+격렬]

제약

엄격하고 격렬하게.

엄매

의미 [+소리],[+소]v[+송아지],[+울음]

제약 {소, 송아지}-{울다}

=음매. 소나 송아지의 울음소리를 나타내는 말.

엄매-히

의미 [+사실],[−분별],[+애매]

제약

사실을 분별하기 어려울 만큼 애매하게.

엄명-히

의미 [+엄격],[+명백]

제약

엄격하고 명백하게.

¶규정을 엄명히 정하다./나라의 기강을 세우려
면 법률을 엄명히 정비하여야 한다.

엄밀-히

의미 [+비밀],[+정도]

제약

① 매우 비밀스럽게.

의미 [−헛점]v[−잘못],[+엄격],[+정밀],[+정
도]

제약

② 조그만 빈틈이나 잘못이라도 용납하지 아니
할 만큼 엄격하고 세밀하게.

¶엄밀히 분석하다./엄밀히 따지다./엄밀히 검토
하다./엄밀히 단속하다./풍기를 엄밀히 감독하
다./백정의 딸이라지만 엄밀히 말하면 손녀였습
니다.≪장용학, 원형의 전설≫

엄벙-덤벙

의미 [+모양],[+행동],[−주관],[−정성]

제약

① 주관 없이 되는대로 행동하는 모양.

¶나이 사십에 그렇게 엄벙덤벙 지나 쓰겠나.≪현
진건, 적도≫/광석이는 애당초가 주책이 없다 할
까 주변이 있다 할까 엄벙덤벙 토박이 반원들과
얼려 막걸리 사발이나 얻어 마시곤 했고….≪이
호철, 탈향≫

의미 [+모양],[+행동],[+흥분],[−주의]

제약

② 들떠서 함부로 행동하는 모양.

¶물이든지 불이든지 헤아리지 않고 엄벙덤벙 날
뛰었으면 속이 시원할 것 같다.≪최서해, 박돌의
죽음≫/막막히 지내던 터이니 엄벙덤벙 잠깐이라
도 귀국하게 된 것이 한편으로는 좋은 생각도
없지 않으련마는….≪염상섭, 모란꽃 필 때≫

엄벙-뗑

의미 [+모양],[+상황],[+모면],[+순간]

제약 { }-{넘기다}

=얼렁뚱땅. 어떤 상황을 얼김에 슬쩍 넘기는 모
양. 또는 남을 엉너리로 슬쩍 속여 넘기게 되는
모양.

¶농군들은 우수, 경칩, 춘분, 청명-이렇게 풀풀
날아들어도 봄보리 때가 어느 땐지도 모르고 엄
벙뗑 보내다가 떡 한식이 닥쳐야만 비로소, "어
이쿠!" 하는 것이 보통이다.≪이무영, 농민≫

엄별-히

의미 [＋특별],[＋엄격]

제약

특별히 엄하게.

엄살스레

의미 [＋태도],[＋고통]v[＋어려움],[－사실],
[＋과장]

제약

고통이나 어려움을 거짓으로 꾸미거나 실제보다
보태어서 나타내는 태도로.

엄숙-히

의미 [＋분위기]v[＋의식],[＋장엄],[＋정숙]

제약

① 분위기나 의식 따위가 장엄하고 정숙하게.
≒삼연히②.

¶식은 드디어 국민의례를 **엄숙히** 끝내고 신임
재단 이사장의 인사말 차례로 접어들었다.≪홍성
원, 육이오≫

의미 [＋말]v[＋태도],[＋권위],[＋예의]

제약

② 말이나 태도 따위가 위엄이 있고 정중하게.
≒삼연히③.

¶예수는 무엇 때문인가 다시 망설이다가 이윽고
마음을 정한 사람처럼 **엄숙히** 말했다.≪이문열,
사람의 아들≫

엄엄-히[01]

의미 [＋상태],[＋호흡],[＋정지]v[＋미약]

제약

숨이 곧 끊어지려 하거나 매우 약한 상태로.

엄엄-히[02]

의미 [＋향기],[＋농도],[＋확산]

제약

향기가 짙어 확 풍기는 듯하게.

엄엄-히[03]

의미 [＋암흑],[＋사물],[－분간]

제약

사물을 분간할 수 없을 정도로 어둡게.

엄엄-히[04]

의미 [＋엄격],[＋정도]

제약

① 매우 엄하게.

의미 [＋모양],[＋크기],[＋정도]

제약

② 매우 으리으리하게.

엄연

의미 [＋모양],[＋급박],[＋정도]

제약

매우 급작스러운 모양. 늑엄연히[02].

¶1919년 12월 15일 오전 아홉 시에 고 목사
POO 씨 엄연 별세하시니 이 어이한 일인고.
≪전영택, 생명의 봄≫

엄연-히[01]

의미 [＋모습]v[＋언행],[＋당당],[＋정중]

제약

① 사람의 겉모양이나 언행이 의젓하고 점잖게.

¶왜장 한 명이 문루 정면을 바라보니 남문을 지
키고 **엄연히** 걸터앉아 있는 사람은 동래 부사
송상현이었다.≪박종화, 임진왜란≫

의미 [＋사실]v[＋현상],[－부정],[＋분명]

제약

② 어떠한 사실이나 현상이 부인할 수 없을 만
큼 뚜렷하게.

¶어떠한 조직이든 **엄연히** 위계질서가 있는 법이
다./비록 아버지의 피를 나눠 가졌다고는 하지
만 **엄연히** 다른 배에서 났는데도 두 사람은 완
전히 쌍둥이처럼 닮아 있었다.≪최인호, 지구인≫

엄연-히[02]

의미 [＋모양],[＋급박],[＋정도]

제약

=엄연. 매우 급작스러운 모양.

엄전스레

의미 [＋태도]v[＋행실],[＋정숙],[＋정중]

제약

태도나 행실이 정숙하고 점잖은 데가 있게.

엄절-히

의미 [＋태도],[＋엄격],[＋정도]

제약

태도가 매우 엄격하게.

¶부인은 아들을 끔찍스럽게 사랑했지만 **엄절히**
규모를 세워서 가르쳤다.

엄정-히[01]

의미 [+엄격],[+정당]

제약 { }-{구별하다, 생각하다, 말하다}

① 엄격하고 바르게.

¶박옥주 여사의 호의를 받고 안 받는 것과 신성이와의 교제는 별문제라고 익수는 **엄정히** 구별해 생각하려 한다.≪염상섭, 대를 물려서≫/군신과 상하의 구분을 **엄정히** 해 놓은 점은 고쳐서는 안 될 것이다.≪이문열, 황제를 위하여≫

의미 [+예리],[+공정]

제약

② 날카롭고 공정하게.

¶**엄정히** 중립을 지켜 둘 사이 불화를 조정하여 이 난리를 극복함이 관의 임무일진대….≪현기영, 변방에 우짖는 새≫

엄정-히⁰²

의미 [+엄숙],[+청결]

제약

엄숙하고 깨끗하게.

엄준-히

의미 [+엄격],[+맹렬]

제약

매우 엄하고 세차게.

¶잘잘못을 **엄준히** 가리다.

엄중-히

의미 [+엄격],[+정도]

제약

① 몹시 엄하게.

¶**엄중히** 선별하다./**엄중히** 조사하다./근본이 엄중히 서다.

의미 [+엄격],[+정중]

제약

② 엄격하고 정중하게.

¶이 문제에 대해 조만간 조치를 취해 주실 것을 **엄중히** 부탁드립니다./그는 몹시 흥분하여 자기도 모르게 서울 말씨로 **엄중히** 항의한 뒤 분연히 자리에서 일어나려 하였다.≪김동리, 을화≫

의미 [-보통],[+중대]

제약

③ 예사로 여길 수 없을 정도로 중대하게.

¶만일 이 문제를 풀지 못하면 세상을 우롱한 죄를 **엄중히** 물을 것이다.≪최명희, 혼불≫

엄청

의미 [+상태],[+양]v[+정도],[+과도]

제약

양이나 정도가 아주 지나친 상태.

¶건물이 **엄청** 크다./값이 **엄청** 비싸다./음식이 **엄청** 짜다./힘이 **엄청** 세다./배는 흡사 거대한 새처럼 **엄청** 큰 돛 세 개를 활짝 펴고….≪현기영, 변방에 우짖는 새≫

엄청스레

의미 [+양]v[+정도],[+과도]

제약

보기에 양이나 정도가 아주 지나친 데가 있게.

¶**엄청스레** 멀게만 느껴지던 도시와 농촌은 시간이 지날수록 비슷하게 닮아 가고 있다.

엄펑스레

의미 [+기만]v[+골병],[+교활]

제약

의뭉스럽게 남을 속이거나 곯리는 데가 있게.

엄혹-히

의미 [+엄격],[+잔인],[+정도]

제약

매우 엄하고 모질게. 늑엄각히.

¶교도관이 죄수를 **엄혹히** 다루었다.

엄홀-히

의미 [+급박],[+정도]

제약

매우 급작스럽게.

없-이

의미 [+일]v[+현상]v[+증상],[-발생]

제약

① 어떤 일이나 현상이나 증상 따위가 생겨 나타나지 않게.

¶사고 **없이** 공사를 끝내게 되어 다행이다./특정한 징후도 **없이** 우리 사회가 병들고 있다.

의미 [+상태],[-풍부]

제약

② 어떤 것이 많지 않은 상태로.

¶초대를 해 놓고 찬 **없이** 밥상을 차려 정말 죄송합니다.

의미 [+재물],[-여유],[+가난]

제약

③ 재물이 넉넉하지 못하여 가난하게.

¶없이 사는 설움은 겪어 보지 않으면 모른다.

의미 [+일],[-가능]

제약

④ 어떤 일이 가능하지 않게.

¶그가 살아 있다니 더할 수 없이 기뻤다./설움이 걷잡을 수 없이 밀려왔다./사람들의 행렬이 끝이 없이 계속되고 있었다.

의미 [+사람]v[+사물]v[+사실]v[+현상], [-존재]

제약

⑤ 사람이나 사물 또는 어떤 사실이나 현상 따위가 어떤 곳에 자리나 공간을 차지하고 존재하지 않게.

¶나는 너 없이 못 살겠다./방 안은 먼지 하나 없이 깨끗했다./구름 한 점 없이 파랗던 하늘에 갑자기 먹구름이 끼기 시작했다./눈물 없이는 못 볼 슬픈 영화였다.

의미 [+물체][-소유]v[-자격]v[-능력]

제약

⑥ 어떤 물체를 소유하고 있지 않거나 자격이나 능력 따위를 갖추고 있지 않게.

¶그는 실력도 없이 자기 자랑만 한다./모아 둔 돈도 없이 어떻게 결혼하겠다는 거냐?/처음 보는 사람에게 버릇이 없이 굴면 안 된다.

의미 [+사람],[+관계],[-존재]

제약

⑦ 일정한 관계를 가진 사람이 존재하지 않게.

¶그는 태어난 그 순간부터 부모 없이 자랐다.

의미 [+사람],[+사건],[-발생]

제약

⑧ 어떤 사람에게 아무 일도 생기지 않게.

¶아무 일도 없이 그저 세월만 흘러가고 있었다.

의미 [+이유]v[+근거]v[+구실]v[+가능성], [-성립]

제약

⑨ 이유, 근거, 구실, 가능성 따위가 성립되지 않게.

¶아무 근거도 없이 남을 모함하지 마십시오./그는 아무 이유도 없이 학교에 오지 않았다.

의미 [+상하]v[+좌우]v[+위계],[-구별]

제약

⑩ 상하, 좌우, 위계 따위가 구별되지 않게.

¶그는 위아래도 없이 아무에게나 반말을 한다.

엇비뚜름-히

의미 [+경사],[-정도]

제약

서로 조금 비뚜름하게.

엇비스듬-히

의미 [+경사],[-정도]

제약

조금 비스듬하게.

¶아침 햇살이 새벽안개를 뚫고 엇비스듬히 비쳐 퍼진다./중년 여인이 가래를 끓으며 숨넘어가하고 엇비스듬히 기대어 앉았는데…. ≪이문구, 장한몽≫

엇비슥-이

의미 [+상호],[+일방],[+경사]

제약

서로 한쪽으로 조금 기울어 있게.

¶고운 님의 어깨에 정열에 타는 뺨을 엇비슥이 누이고 꿀 같은 사랑을 속살거리며…. ≪현진건, 지새는 안개≫

엇비슷-이

의미 [+유사],[+정도]

제약

① 어지간히 거의 비슷하게.

¶철수의 답이 엇비슷이 맞다./위아래를 엇비슷이 차려입은 아이들이 한데 몰려들어 누가 누구인지 알아보기 어려웠다.

의미 [+경사],[-정도]

제약

② 약간 비스듬하게.

¶오른쪽 벽에는 액자가 엇비슷이 걸려 있었다./손바닥을 엇비슷이 세움에 따라 선지처럼 짙붉은 즙액이 줄줄이 흘러내린다.≪윤흥길, 묵시의 바다≫/준은 권하는 대로 마루 끝에 노인과 엇비슷이 걸터앉았다.≪최인훈, 회색인≫

엉

의미 [+소리],[+개],[+공격]

제약 {개}-{짖다}

개 따위가 물려고 덤빌 때 내는 소리.

엉거주춤

의미 [+모양],[+신체],[-착석],[-기립]

제약

① 아주 앉지도 서지도 아니하고 몸을 반쯤 굽히고 있는 모양. 늑엉거주춤히①.

¶엉거주춤 서 있다./벤치에 미처 앉기도 전이어서 엉거주춤 굳어 버린 묘한 자세로 그는 나를 멀거니 쳐다보았다.≪안정효, 하얀 전쟁≫

의미 [+모양],[+행동],[-선택],[+주저]

제약

② 이러지도 저러지도 못하고 망설이는 모양. 늑엉거주춤히②.

¶시어머니도 정인과 같은 생각인지 역시 철이를 들쳐 업으려다 말고 엉거주춤 일이 돌아가는 형편을 살피는 눈치였다.≪이문열, 영웅시대≫

엉거주춤-히

의미 [+모양],[+신체],[-착석],[-기립]

제약

①=엉거주춤①. 아주 앉지도 서지도 아니하고 몸을 반쯤 굽히고 있는 모양.

¶노인은 안집 툇마루에 엉거주춤히 걸터앉아 도시락 보자기를 끌렀다.

의미 [+모양],[+행동],[-선택],[+주저]

제약

②=엉거주춤②. 이러지도 저러지도 못하고 망설이는 모양.

엉글-벙글

의미 [+모양],[+웃음],[+어린아이],[-소리]

제약 {어린아이}-{웃다}

어린아이가 소리 없이 탐스럽게 웃는 모양.

¶갓난아이가 벌써 엉글벙글 웃기 시작한다./아이가 엉글벙글 웃으며 제법 말도 하기 시작했다.

엉글-엉글

의미 [+모양],[+웃음],[+어린아이],[-소리],[+반복]

제약 {어린아이}-{웃다}

① 어린아이가 소리 없이 자꾸 웃는 모양.

의미 [+모양],[+웃음],[+기만],[+무리],[+반복]

제약 {사람}-{웃다}

② 무엇을 속이면서 자꾸 억지로 웃는 모양.

엉금-썰썰

의미 [+모양],[+포복],[+속도],[+증가]

제약 { }-{기다}

처음에는 굼뜨게 기다가 차차 재빠르게 기는 모양.

엉금-엉금

의미 [+모양],[+걸음]v[+포복],[+동작],[+크기],[-속도]

제약 { }-{걷다, 기다}

큰 동작으로 느리게 걷거나 기는 모양.

¶거북이가 엉금엉금 기어간다./사내 하나가 두 손을 바닥에 대고 엉금엉금 기기 시작했다./동혁은 온몸을 떨면서 물 밖으로 나와 제방 위로 엉금엉금 기어 올라갔다.≪황석영, 객지≫

엉기-성기

의미 [+모양],[+다수],[+간격]

제약

여기저기가 성긴 모양.

¶나뭇잎이 엉기성기 매달려 있는 늦가을의 나무./하늘에는 별들이 엉기성기 떠 있다./등나무를 여기저기서 얻어다 엉기성기 얽어매 놓았으니 멀지 아니하여 싹이 트고 잎이 자라….≪이양하, 이양하 수필선≫

엉기적-엉기적

의미 [+모양],[+걸음]v[+포복],[-균형],[-속도]

제약 { }-{걷다, 기다}

뒤뚱거리며 느릿느릿 걷거나 기는 모양.

¶늙은 쥐 한 마리가 엉기적엉기적 유유히 공기통으로 나가고 있었다.≪이호철, 문≫

엉기-정기

의미 [+모양],[+나열],[-질서]

제약 { }-{벌여놓다}

질서 없이 여기저기 벌여 놓은 모양.

¶그는 책상 위에 책들을 엉기정기 벌여 놓고 나

가 버렸다./아이가 장난감을 방 안에 엉기정기 흐트려 놓았다./그녀는 옷장의 옷을 죄다 꺼내어 입어 보고는 방 안에 온통 엉기정기 벌여 놓았다.

엉덩뚱

의미 [+시간],[+경과],[-성취],[-주관]

제약

별로 하는 일 없이 엄벙덤벙하는 사이에 시간이 지나감을 이르는 말.

¶해는 어찌 그리 엉덩뚱 지나가는지 어느새 저녁이 되고 말았다.≪현진건, 무영탑≫

엉두덜-엉두덜

의미 [+모양],[+불평],[-분명],[+원망]v[+불만],[+반복]

제약

원망이나 불만이 있어 남이 알아듣기 어려울 정도의 낮은 목소리로 자꾸 불평을 하는 모양.

엉뚱스레

의미 [+상이],[+생각]v[+추측]

제약

① 상식적으로 생각하거나 짐작하였던 것과는 전혀 다르게.

¶화를 낸다는 것이 엉뚱스레 웃고 말았다.

의미 [+언사]v[+행동],[-분수],[+과도]

제약

② 말이나 행동이 분수에 맞지 아니할 정도로 지나치게.

¶어른들 말씀에 아이가 엉뚱스레 끼어들었다.

엉버틈-히

의미 [+모양],[+괴리],[+크기]

제약

커다랗게 떡 벌어져 있게.

엉벙

의미 [+모양],[-필요],[+진열],[+추접]

제약

①=엉정벙정①. 쓸데없는 것들을 너절하게 벌이어 놓은 모양.

의미 [+모양],[+허풍],[-필요],[+추접]

제약

②=엉정벙정②. 쓸데없는 말을 너절하게 지껄이며 허풍을 치는 모양.

엉성-히

의미 [+모양],[-적합],[-조화],[+헛점]

제약

① 꽉 짜이지 아니하여 어울리는 맛이 없고 빈틈이 있게.

¶그 집 대문은 판자를 엉성히 짜 맞춘 것이다.

의미 [+수척],[+과도]

제약

② 살이 빠져서 뼈만 남을 만큼 버쩍 마른 듯하게.

의미 [+간격]

제약

③ 빽빽하지 못하고 성기게.

¶야트막한 토담에는 담쟁이덩굴이 엉성히 뻗어 있다.

의미 [+사물],[+형태]v[+내용],[+부실]

제약

④ 사물의 형태나 내용이 부실하게.

¶물건은 이렇게 엉성히 만들어 놓고 값만 비싸게 붙여 놓았다.

엉야-벙야

의미 [+모양],[+일],[+모면],[+교묘]

제약 { }-{넘기다}

'엉이야벙이야'의 준말. 일을 얼렁뚱땅하여 교묘히 넘기는 모양.

엉얼-엉얼

의미 [+모양],[+군소리],[+원망],[+반복]

제약

윗사람에 대하여 원망스럽게 자꾸 입속말로 군소리를 하는 모양.

엉엉

의미 [+소리]v[+모양],[+울음],[+크기]

제약 {사람}-{울다}

① 목을 놓아 크게 우는 소리. 또는 그 모양.

¶우리는 서로 부둥켜안고 엉엉 소리 내어 울었다./나는 그의 가슴에 안겨 어린아이처럼 서럽게 엉엉 울어 댔다.

의미 [+소리]v[+모양],[+엄살],[+처지],[+호소],[+과장]

제약

② 엄살을 부리며 괴로운 처지를 하소연하는 소리. 또는 그 모양.

엉이야-벙이야

의미 [+모양],[+일],[+모면],[+교묘]

제약 { }-{넘기다}

일을 얼렁뚱땅하여 교묘히 넘기는 모양.

¶자신의 실수를 엉이야벙이야 넘기려는 것은 옳지 못하다.

엉절-엉절

의미 [+모양],[+군소리],[+원망],[-크기],[+반복]

제약

작은 소리로 원망스럽게 중얼중얼 군소리를 자꾸 내는 모양.

¶속이 상한 그녀는 이불을 뒤집어쓰고 엉절엉절 투덜거렸다.

엉정-벙정

의미 [+모양],[-필요],[+진열],[+추접]

제약

① 쓸데없는 것들을 너절하게 벌이어 놓은 모양. 늑엉벙①.

¶아이가 어디서 주워 왔는지 온갖 잡동사니를 방 안 가득 엉정벙정 늘어놓았다./그녀는, 어디서 가져다 놓았는지 아들 녀석의 방에 엉정벙정 흩어져 있는 작은 돌멩이를 손으로 쓸어 담았다.

의미 [+모양],[+허풍],[-필요],[+추접]

제약

② 쓸데없는 말을 너절하게 지껄이며 허풍을 치는 모양. 늑엉벙②.

엉큼-성큼

의미 [+모양],[+걸음],[+경쾌],[+박력]

제약 {사람}-{걷다}

큰 걸음으로 가볍고 힘차게 걷는 모양.

¶길지도 않은 겨울 해에 백 리 길을 해동갑하여 가려면 엉큼성큼 걸어야 한다./말바우 어미가 토마루로 나와 두리번두리번 어둠을 살핀 다음 엉큼성큼 대불이 혼자 불을 끄고 자는 건넌방 쪽으로 가서….≪문순태, 타오르는 강≫

엉큼스레

의미 [+행동],[+욕심],[-분수]

제약

보기에 엉뚱한 욕심을 품고 분수에 넘치는 짓을 하려는 데가 있게.

¶그 사람 아주 엉큼스레 말을 잘하더라./금방 제 입으로 거짓말을 하고도 저렇게 엉큼스레 시치미를 떼다니.

엉큼-엉큼

의미 [+모양],[+걸음]v[+포복],[+동작],[+크기],[-속도]

제약 { }-{걷다, 기다}

큰 동작으로 느리게 걷거나 기는 모양. '엉금엉금'보다 동작이 큰 느낌을 준다.

¶그는 엉큼엉큼 다가가 불량배의 멱살을 틀어잡았다./성문이는 잠깐 머뭇거리듯 하더니 엉큼엉큼 재룡이 쪽으로 기어 나왔다.≪김승옥, 동두천≫

엉터리없-이

의미 [+정도]v[+내용],[-이치]

제약

정도나 내용이 전혀 이치에 맞지 않게.

¶박준의 일이 마지막 판에 가서 또 엉터리없이 빗나가 버리고 있었다.≪이청준, 소문의 벽≫

엊-그저께

의미 [+며칠],[+이전]

제약

바로 며칠 전에.

¶저 사람은 엊그저께 만났던 사람이다./엊그저께 서울에 다녀왔습니다.

엊-그제

의미 [+며칠],[+이전]

제약

'엊그저께'의 준말. 바로 며칠 전에.

¶엊그제 제가 부탁했던 돈은 준비되었나요?/시골집에서는 엊그제 출발하셨다는데 아직까지 소식이 없으시다니요? 혹시 무슨 사고라도 당하셨으면 어떡하죠?

엎치락-덮치락

의미 [+모양],[+전환],[+반복]

제약

자꾸 엎치었다 덮치었다 하는 모양.

엎치락-뒤치락

의미 [＋모양],[＋전환],[＋반복]

제약

연방 엎치었다가 뒤치었다가 하는 모양. 늑뒤치락엎치락.

¶두 당의 세력 싸움은 **엎치락뒤치락** 반전을 거듭하였다.

엎치락-잦히락

의미 [＋모양],[＋전환],[＋반복]

제약

자꾸 엎치었다 잦히었다 하는 모양.

에구-데구

의미 [＋모양],[＋울음],[＋크기]

제약 {사람}-{울다}

소리를 마구 지르며 크게 우는 모양.

에구붓-이

의미 [＋굴곡],[＋정도]

제약

약간 휘우듬할 정도로 구붓하게.

¶**에구붓이** 뻗은 가지 위에 쟁반같이 둥근 달이 떠 있다.

에멜무지-로

의미 [＋모양],[＋매듭],[－견고]

제약

① 단단하게 묶지 아니한 모양.

¶거리가 가까우니 그냥 **에멜무지로** 안고 가도 되오./먼 길을 떠날 것이니 **에멜무지로** 대충 묶지 마시오.

의미 [＋모양],[－결과],[－성과],[＋시험]

제약

② 결과를 바라지 아니하고, 헛일하는 셈 치고 시험 삼아 하는 모양.

¶한번 **에멜무지로** 해 본 일이 그렇게 잘될 줄은 몰랐다./**에멜무지로** 보내 보는 것이니 너무 기대하지 마시오./잔뜩 오갈이 든 물가의 개구리들이 가만가만 **에멜무지로** 맞추던 어설픈 울음소리를 뚝 그쳤다.≪윤흥길, 완장≫/김은 **에멜무지로** 갈았던 김칫거리가 때를 잘 타 이달은 벌이가 괜찮았다.≪이문구, 으악새 우는 사연≫

에부수수

의미 [＋모양],[－정돈],[＋혼란],[＋부실]

제약

① 정돈되지 아니하여 어수선하고 엉성한 모양.

의미 [＋모양],[＋물건],[－충만]

제약

② 물건이 속이 차지 아니한 모양.

에취

의미 [＋소리],[＋재채기]

제약

재채기할 때 나는 소리.

¶**에취**, **에취**, 형이 연거푸 재채기를 하였다./**에취**, 아이고, 왜 이렇게 자꾸 재채기가 나는지 모르겠다.

에푸수수

의미 [＋모양],[－정돈],[＋혼란],[＋부실]

제약

① 정돈되지 아니하여 어수선하고 엉성한 모양. '에부수수①'보다 거센 느낌을 준다.

의미 [＋모양],[＋물건],[－충만]

제약

② 물건이 속이 차지 아니한 모양. '에부수수②'보다 거센 느낌을 준다.

에헤헤

의미 [＋웃음],[＋소리],[＋가소]

제약 {사람}-{웃다}

① 가소롭다는 듯이 웃는 웃음소리.

¶**에헤헤**, 그까짓 걸 가지고 자랑하기는./**에헤헤**, 그것도 춤이라고 추는 거냐?

의미 [＋웃음],[＋소리],[＋비천],[＋비굴]

제약 {사람}-{웃다}

② 천하고 비굴하게 웃는 웃음소리.

¶**에헤헤**, 정말 훌륭하십니다. 저 같은 놈은 발밑에도 미치지 못하겠습니다.

엔간-히

의미 [＋추측],[＋표준],[＋근접]

제약

대중으로 보아 정도가 표준에 꽤 가깝게.

¶늦어도 **엔간히** 늦어야지, 이렇게 한 시간이나 늦게 오면 어떡하니?/두 사람 모두 **엔간히** 술에 취한 듯 걸음걸이가 비틀거렸다./**엔간히** 꼬장꼬

장 물으시네.≪윤흥길, 묵시의 바다≫

여간

의미 [+기준],[+과도]

제약

(주로 부정의 의미를 나타내는 말과 함께 쓰여) 그 상태가 보통으로 보아 넘길 만한 것임을 나타내는 말.

¶여자 혼자서 아이를 키운다는 게 여간 어려운 일이 아니다./뜰에 핀 꽃이 여간 탐스럽지 않았다./키는 작달막하나 가슴팍이 떡 벌어진 게 여간 다부진 몸매가 아니었다.≪현기영, 변방에 우짖는 새≫/구레나룻 사내는 생긴 것과는 달리 말투가 여간 상냥하지가 않다.≪한수산, 유민≫

여간-만

의미 [+기준],[+과도]

제약

'여간'을 강조하여 이르는 말. 그 상태가 보통으로 보아 넘길 만한 것임을 나타내는 말.

¶아이가 깜찍할뿐더러 하는 짓도 여간만 똑똑하지 않다./분수 없이 과한 대접을 받는다는 것도 여간만 고역이 아니다.≪이호철, 문≫/기분 내키는 대로 살 수 있는 이곡리 생활이 여간만 만족스러운 게 아니었다.≪윤흥길, 완장≫/날치들이 물을 박차고 대기 속으로 비행하는 것을 보면 여간만 탐스럽지가 않고….≪천금성, 허무의 바다≫

여구-히

의미 [+모양]v[+상태],[+과거],[+동일]

제약

모양이나 상태가 옛날과 같이.

여낙낙-히

의미 [+성품],[+미려],[+유연],[+온화]

제약

① 성품이 곱고 부드러우며 상냥하게.

의미 [+미닫이],[+개폐],[+윤활],[-장애]

제약 {미닫이}-{열다, 닫다, 밀다}

② 미닫이 따위를 열거나 닫을 때에 미끄럽고 거침이 없이.

여들없-이

의미 [+행동],[-멋],[+우둔]

제약

행동이 멋없고 미련하게.

¶대불이가 화선이를 보며 여들없이 비시시 웃으며 물었다.≪문순태, 타오르는 강≫

여러모-로

의미 [+방향],[+다수]

제약

여러 방면으로. 늑다각도로.

¶그는 이번 일에 여러모로 도움을 주었다./이 물건은 여러모로 쓸모가 많다./10년의 세월이 흐른 뒤 그는 여러모로 달라져 있었다./그 엄마에 그 아들답게 박도선과 그의 모친은 여러모로 닮은 점이 많았다.≪김원일, 불의 제전≫

여름-내

의미 [+계절],[+여름],[+기간],[+지속]

제약

여름 한 철 동안 내내.

¶여름내 가물어서 강이 말랐다./지난여름은 너무 더워 여름내 바닷가에서 지냈다./신작로가 여름내 빗물에 씻겨 울묵줄묵 돌덩이들만 남아 있었다.≪문순태, 피아골≫

여릿-여릿

의미 [+모양],[+빛깔]v[+소리]v[+형체],[-선명],[-분명]

제약

빛깔이나 소리, 형체 따위가 선명하지 못하고 약간 흐리거나 약한 모양.

¶두 번, 세 번, 그의 혼란한 의식이 안개에 젖듯 여릿여릿 혼미하게 흔들렸다.≪조정래, 태백산맥≫

여봐란-듯이

의미 [+자랑]

제약

우쭐대고 자랑하듯이.

¶우리도 이제부터는 여봐란듯이 살아 보자고.

여부없-이

의미 [-의심],[+확신]

제약

조금도 틀림이 없어 의심할 여지가 없이.

¶비록 사소한 것이긴 할망정, 바로 이 대목에도 오늘 남과 북의 핵심적인 차이가 여부없이 녹아들어 있어 보입니다.≪이호철, 문≫

여북

의미 [＋불쾌],[＋애처]

제약

(주로 의문문에 쓰여) ‘얼마나’, ‘오죽’, ‘작히나’의 뜻으로 언짢거나 안타까운 마음을 나타낼 때에 쓰는 말. 늑여북이나.

¶멀쩡했던 남편이 쓰러졌다니 그 부인이 여북 놀랐겠느냐?/남자가 여북 못났으면 처자를 굶길까?

여북-이나

의미 [＋불쾌],[＋애처]

제약

＝여북. (주로 의문문에 쓰여) ‘얼마나’, ‘오죽’, ‘작히나’의 뜻으로 언짢거나 안타까운 마음을 나타낼 때에 쓰는 말.

¶그렇게 넘겨졌으니 여북이나 아프겠느냐?/그렇게만 된다면야 여북이나 좋겠어요?

여사-히

의미 [＋상태]v[＋모양]v[＋성질],[＋유사]

제약

＝이러히. 상태, 모양, 성질 따위가 이와 같게.

여상-히

의미 [＋평소],[＋동일]

제약

평소와 다름이 없이.

¶나는 조상하는 손님이 돌아간 뒤에는 여상히 대학을 읽고 있었다.≪김구, 백범일지≫

여시-히

의미 [＋상태]v[＋모양]v[＋성질],[＋유사]

제약

＝이러히. 상태, 모양, 성질 따위가 이와 같게.

여시여시-히

의미 [＋상황],[＋유사]

제약

이러하고 이러하게.

여실-히

의미 [＋사실],[＋일치]

제약

사실과 꼭 같이.

¶여실히 증명하다./그녀의 표정 속에는 고통스러움이 여실히 드러났다.

여싯-여싯

의미 [＋모양],[＋언사],[＋주저],[＋반복]

제약

무슨 말을 하려고 자꾸 머뭇거리는 모양.

¶유씨 부인은 아들의 물음에 곧 대답을 못해 주고 잠시 여싯여싯 망설였다.≪문순태, 타오르는 강≫

여울-여울

의미 [＋모양],[＋연소],[＋순탄]

제약 { }-{타다}

불이 순하게 설설 타는 모양.

여의-히

의미 [＋일],[＋성취],[＋의도]

제약

일이 마음먹은 대로 되게.

¶경원이는 무슨 일이든지 항상 반대만 하는 사람인 고로 일이 여의히 될까 싶지 않아….≪최찬식, 금강문≫

여일-히

의미 [＋시작],[＋종료],[＋동일]

제약

처음부터 끝까지 한결같이.

여전-히

의미 [＋이전],[＋동일]

제약

전과 같이.

¶그는 여전히 성실하다./날이 밝았으나 안개는 여전히 강을 덮은 채 스멀스멀 강변 갈대숲으로 기어 올라왔다.≪문순태, 타오르는 강≫

여좌-히

의미 [＋좌측],[＋내용],[＋동일]

제약

왼쪽에 적힌 내용과 같이.

여지없-이

의미 [－방법]v[－가능]

제약

더 어찌할 나위가 없을 만큼 가차 없이. 또는 달리 어찌할 방법이나 가능성이 없이.

¶우리 편은 여지없이 지고 말았다./그가 쏜 화살은 여지없이 과녁에 맞았다.

여짓-여짓

의미 [+모양],[+언사],[+주저],[+반복]

제약

무슨 말을 할 듯 할 듯 자꾸 머뭇거리는 모양.

여차여차-히

의미 [+상황],[+유사]

제약

이러하고 이러하게.

여차-히

의미 [+상태]v[+모양]v[+성질],[+유사]

제약

=이러히. 상태, 모양, 성질 따위가 이와 같게.

여태

의미 [+행동]v[+일]v[+상태],[-완성],[-만족]

제약 { }-{부정}

지금까지. 또는 아직까지. 어떤 행동이나 일이 이미 이루어졌어야 함에도 그렇게 되지 않았음을 불만스럽게 여기거나 또는 바람직하지 않은 행동이나 일이 현재까지 계속되어 옴을 나타낼 때 쓰는 말이다. ≒입때.

¶그는 여태 무얼 하고 안 오는 것일까?/여태 그것밖에 못 했니?/해가 중천에 떴는데 여태까지 자고 있으면 어찌겠다는 것이냐?/내가 벽운사에 머문 지가 한 달이 되지만 처음 만났던 날 말고는 여태 단 한 마디도 이야기를 나누지 못했다. ≪김성동, 만다라≫/그 죄악은 30년 동안 여태 한 번도 고발되어 본 적이 없었다.≪현기영, 순이 삼촌≫

여태-껏

의미 [-경험],[+현재]

제약

'여태'를 강조하여 이르는 말. 지금까지. 또는 아직까지. ≒이제껏·입때껏.

¶그는 여태껏 그 일을 모르는 척했다./여태껏 뭐하다 이 밤중에 숙제를 하는 거냐?/없는 땅, 처자식 먹여 살리는 데 턱없이 부족한 땅 때문에 여태껏 얼마나 많은 사람들이 피를 흘리고 눈물을 흘려 왔던가.≪윤흥길, 완장≫

여트막-이

의미 [+엷음],[-정도]

제약

조금 엷은 듯하게.

여하-간

의미 [+무시],[-이유]

제약

=하여간. 어찌하든지 간에.

¶여하간 가고야 말겠다./여하간 이야기나 우선 들어 보도록 하자./저편 숲 속에 희미한 불빛을 발견했다. 우군의 아지트가 있을 까닭도 없고 인가가 있을 곳도 아니었다. 여하간 이편에서 그 불빛을 볼 수 있었다면 저편에서도 우리의 소재를 알았을 것이었다.≪이병주, 지리산≫

여하-튼

의미 [+무시],[+의견]v[+성질]v[+형편]v[+상태]

제약

①=아무튼. 의견이나 일의 성질, 형편, 상태 따위가 어떻게 되어 있든.

¶도망친 무출이가 어디에 숨어 있는지 알 수도 없다. 여하튼 도망치기는 쳐야겠는데 뭔가 허전하고 두렵고 이상하다.≪유현종, 들불≫

의미 [+무시],[+의견]v[+성질]v[+형편]v[+상태]

제약

② '여하하든'이 줄어든 말.

¶사정이야 여하튼 일단 만나서 얘기합시다.

여하-튼지

의미 [+무시],[+의견]v[+성질]v[+형편]v[+상태]

제약

①=아무튼지. 의견이나 일의 성질, 형편, 상태 따위가 어떻게 되어 있든지.

¶여하튼지 혼기가 찼으면 결혼을 해야 한다.

의미 [+무시],[+의견]v[+성질]v[+형편]v[+상태]

제약

② '여하하든지'가 줄어든 말.

¶형편이야 여하튼지 빚을 먼저 갚아야 하네.

여하-히

의미 [+상황],[+의견]v[+성질]v[+형편]v[+상태]

제약

의견, 성질, 형편, 상태 따위가 어찌 되어 있게.

¶남들이 여하히 생각해도 나는 상관하지 않겠다./그들은 한국의 이번 선거에서 민주주의가 여하히 성장, 운영되는가를 보고 싶어 했다.《홍성원, 육이오》

여흘-여흘

의미 [+모양],[+물살],[+속도]

제약

강이나 개울의 물살이 빠르게 좔좔 흐르는 모양.

¶할아버지는 여흘여흘 흘러가는 강물이 보이는 정자에 앉아 계시다.

여-히

의미 [+일체]

제약

서로 다르지 않고 하나로.

역

의미 [+전제],[+동일]

제약

=또한①. 어떤 것을 전제로 하고 그것과 같게.

¶꽃이 피고 사람들의 옷이 화사해진 것, 이 역 누가 보아도 봄의 풍경임에 틀림없다.

역란-히

의미 [+혼란],[-순서]

제약

① 어지러워 순서가 없이.

의미 [+상태],[+개화],[+혼란]

제약

② 꽃이 어지럽게 피어 있는 상태로.

역력-히

의미 [+자취]v[+기미]v[+기억],[+인식],[+분명]

제약

자취나 기미, 기억 따위가 환히 알 수 있을 정도로 또렷하게.

¶얼굴에 홍분의 빛은 역력히 나타나나 아까같이 매섭지는 않았다.《유진오, 화상보》/순보는 아까 올 때에 항주성 안에서 보고 듣던 모든 광경이

역력히 눈앞에 나타났다가 다시 사라진다.《한용운, 흑풍》

역빨리

의미 [+계략],[+눈치]v[+행동],[+민첩]

제약

역어서 눈치나 행동 따위가 재빠르게.

역시

의미 [+전제],[+동일]

제약

①=또한①. 어떤 것을 전제로 하고 그것과 같게.

¶나 역시 마찬가지다./네가 좋다면 나도 역시 좋다./그도 역시 공채를 통해 입사했다.

의미 [+예상],[+일치]

제약

② 생각하였던 대로.

¶역시 그랬었구나.

의미 [+과거],[+현재],[+동일]

제약

③ 예전과 마찬가지로.

¶그 사람은 지금도 역시 가난하다./그날도 역시 그는 7시에 집을 나와 20분쯤에 전철을 탔다.

의미 [+예상],[+생각],[+반복]

제약

④ 아무리 생각하여도.

¶이 일은 역시 이 분야의 전문가가 맡는 게 좋겠다.

역-여시

의미 [+동일]

제약

이것도 또한 마찬가지로.

¶여하한 고통이 나에게 있고 남들이 나에게 무슨 말을 하든지 총불관하고 음주 행각을 수십 년 계속하였다. 그러나 역여시 나의 내심은 늘 불안하였다.《변영로, 명정 40년》

역연-히

의미 [+분명]

제약

① 분명히 알 수 있도록 또렷하게.

¶탱크가 협곡 입구에 나타나자 갑자기 그들의 얼굴에 새로운 공포가 역연히 나타났다.《홍성원,

육이오≫

의미 [+기억],[+분명]

제약

② 기억이 분명하게.

¶20년 만에 고향에 가니 어릴 적 친구들과 놀던 때가 역연히 떠올랐다.

역정스레

의미 [+역정]

제약

역정이 난 듯하게.

¶안에서 은선의 울음소리가 들려왔다. 진수가 빗발을 손으로 가리며 역정스레 내뱉었다.≪한수산, 유민≫

연-거푸

의미 [+반복],[+연속]

제약

잇따라 여러 번 되풀이하여.

¶술을 연거푸 석 잔을 마시다./세 번 연거푸 낙방하다./2년 연거푸 흉작이 들다./담배를 서너 번이나 연거푸 뻐끔거렸다./안주도 없이 술을 연거푸 들이켜고 그는 마지막 남은 한 대의 담배를 피워 물었다.≪최인호, 지구인≫/문 서방은 김 범우의 말뜻을 십분 헤아리며 방아깨비처럼 연거푸 허리를 꾸벅거렸다.≪조정래, 태백산맥≫

연고-로

의미 [+이유],[+원인]

제약

(예스러운 표현으로) 그러한 까닭으로.

¶두 사람은 어떠한 일이 있어도 서로 사랑하며 일생을 함께하기로 하였노라. 연고로 본 주례는 이성지합의 예에 따라 두 사람이 혼인하였음을 선언하노라.

연년

의미 [+매해]

제약

=매해. 해마다.

¶잇따른 수해로 빈농이 연년 증가하고 있다.

연년-이

의미 [+매해]

제약

해마다 거르지 않고.

¶세상 인심이 연년이 변한다./철은 연년이 줄고, 노염은 연년이 는다? 주책없는 인물!≪김동인, 운현궁의 봄≫

연득없-이

의미 [+행동],[+순간]

제약

갑자기 행동하는 면이 있게.

¶연득없이 달려들다./그는 연득없이 이마에 와서 닿는 충격 때문에 화들짝 윗몸을 일으켰다.≪이상문, 황색인≫

연련-히

의미 [+연속]

제약

죽 잇달려 있게.

연면-히

의미 [+혈통]v[+역사]v[+산맥],[+연속]

제약

혈통, 역사, 산맥 따위가 끊어지지 않고 계속 잇닿아 있게.

¶이제는 그 풍속이 사라진 오늘날에까지도, 습관은 연면히 내려와 체화되었을 것인데.≪최명희, 혼불≫

연방

의미 [+연속],[+반복]

제약

연속해서 자꾸.

¶연방 굽실거리다./연방 고개를 끄덕이다./학생이 버스에서 연방 머리를 떨어뜨리며 졸고 있었다./두만네는 통곡하고 영만의 맥네가 연방 눈물을 닦으면서 기성네를 일으켜 부축하여 아랫방으로 데리고 들어간다.≪박경리, 토지≫/영감은 더욱 거북살스러운 표정으로 연방 담배만 빨며 말꼬리를 흐렸다.≪송기숙, 녹두 장군≫/바깥에서는 구호를 외치는 소리가 연방 들렸고 꽹과리와 징 소리가 자지러졌다.≪김원일, 불의 제전≫

연방-연방

의미 [+연속],[+반복]

제약

자꾸 잇따라 계속.

¶마당에는 대충대충 풀을 뽑은 흔적은 있었으나 다른 일 다 제쳐 놓고 풀만 뽑는다 해도 연방연 방 돋아나는 풀을 따라잡기는 거의 불가능했을 것이다.≪박경리, 토지≫

연-부년

의미 [+매해]

제약

=해마다. 그해 그해.

¶물가가 연부년 인상되다.

연비-연비

의미 [+소개],[+간접],[+다수]

제약

여러 겹의 간접적인 소개로.

¶동네에 살고 있는 그 붙박이들이 주축이 되어 연비연비 동네 사람들을 끌어모았던 것이다.≪송 기숙, 녹두 장군≫/마침 규수를 찾던 중이었는데 연비연비로 알게 된 따님이 마음에 들어서 찍은 모양입니다.≪박경리, 토지≫

연신

의미 [+연속],[+반복]

제약

잇따라 자꾸.

¶연신 눈을 깜박이다./종호는 땀인지 눈물인지 연신 얼굴을 훔치며 상석이 놓일 아래쪽에 평토 작업을 하고 있었다.≪김원일, 노을≫/봉순이는 연 신 옷고름으로 눈물을 닦아 낸다.≪박경리, 토지≫ /성은 최씨라고 하는 그 노인은 상투 쪽으로 흐 트러진 머리를 연신 왼손으로 쓰다듬어 올리면 서 박태영의 얼굴을 자세히 보았다.≪이병주, 지리 산≫

연연-히[01]

의미 [+빛],[+유연],[+선명],[+미려]

제약

① 빛이 엷고 산뜻하며 곱게.

¶비 온 뒤에 신록은 더욱 연연히 푸르다.

의미 [+미려]

제약

② 아름답고 어여쁘게.

¶공주는 말을 마치고 연연히 흰 이를 드러내 생 긋 웃는다.≪박종화, 다정불심≫

연연-히[02]

의미 [+시냇물]v[+소리]v[+술]v[+김],[-두께]

제약

시냇물이나 소리, 술, 김 따위의 흐름이 가늘게.

¶연연히 들려오는 노랫소리./달빛이 창가를 물 들이며 연연히 쏟아져 들어왔다.≪오상원, 백지의 기록≫

연연-히[03]

의미 [-두께],[+연약]

제약

가냘프고 약하게.

연연-히[04]

의미 [+물기],[+유연]

제약

물기가 많아서 단단하지 아니하게.

연연-히[05]

의미 [+분명],[+정도]

제약

① 눈에 보이는 것처럼 아주 뚜렷하게.

¶풀빛이 연연히 퍼져 있는 걸 보니 봄이 왔음을 알겠다.

의미 [+모양],[+유사]

제약

② 모양이 서로 비슷하게.

연연-히[06]

의미 [+애통],[+간절]

제약

애틋할 정도로 그립게.

연-이나

의미 [+접속],[+반대]

제약

(예스러운 표현으로) '그러하나', '그러나'의 뜻 을 나타내는 접속 부사.

¶작일(昨日)은 여러 가지로 군(君)에게 실례되 는 점이 많았다고 보네. 연이나 군의 하해 같은 마음으로 두루 용서해 주리라….≪김동리, 까치 소리≫

연일

의미 [+일(日)],[+다수],[+연속]

제약

여러 날을 계속하여.

¶연일 계속해서 내리는 봄비./연일 밤샘을 했더니 몸이 완전히 지쳤다./무더위가 연일 기승을 부린다./이번 사건을 신문에서는 연일 대서특필하고 있다./요즈음 연일 최저치의 기온을 기록하고 있다.

연일-연야

의미 [+밤],[+낮],[+연속]

제약

낮이나 밤이나 계속하여.

¶연일연야 적군의 포격 소리가 들린다.

연줄-연줄

의미 [+인연],[+연속]v[+다양]

제약

계속적으로 또는 여러 가지로 인연이 닿아서.

¶연줄연줄로 아는 사람./언젠가 서울 사는 선비가 연줄연줄로 나한테 돈을 변통해 간 적이 있었느니라.≪박완서, 미망≫

연중-에

의미 [+접속],[+추가]

제약

'그러한 가운데', '그런 데다가'의 뜻을 나타내는 접속 부사.

연즉

의미 [+접속],[+조건]v[+이유]

제약

'그러면', '그런즉'의 뜻을 나타내는 접속 부사.

¶무허가 집들을 철거하려 한다니 연즉 사람들은 다 어디로 가 살란 말인가.

연차

의미 [+반복],[+연속]

제약

① 여러 차례 계속하여.

¶마을에 이상한 일들이 연차 일어나 주민들이 동요하고 있다.

의미 [+빈도]

제약

②=번번이. 매 때마다.

연한-히

의미 [−근심]v[−걱정],[+신체],[+마음],[+여유]

제약

아무런 근심이나 걱정이 없고 몸과 마음이 한가하게.

연해-연방

의미 [−중단],[+연속],[+반복]

제약

끊임없이 잇따라 자꾸.

¶한편에 치우치지 않도록 말을 극진히 조심하고 옥신각신한 말을 옮길 때도 연해연방 길막봉이를 돌아보며 틀림이 없느냐고 물어보았다.≪홍명희, 임꺽정≫

열렁-열렁

의미 [+모양],[+물건],[+요동],[−일정],[+반복]

제약 { }-{흔들리다}

크고 긴 물건 따위가 이리저리 자꾸 흔들리는 모양.

열렬-히

의미 [+애정]v[+태도],[+맹렬],[+정도]

제약

어떤 것에 대한 애정이나 태도가 매우 맹렬하게.

¶열렬히 요구하다./열렬히 환영하다./대통령은 열렬히 환호하는 국민들의 모습에 손을 들어 답례했다.

열브스름-히

의미 [+엷음]

제약

조금 엷은 듯하게.

¶새벽빛이 열브스름히 비쳐, 방 안이 희뿌옇다.

열성-껏

의미 [+정성],[+정도]

제약

열렬한 정성을 다하여.

¶열성껏 일하다./열성껏 공부하다./무엇이든지 열성껏 하는 그의 모습은 보기 좋다./그는 학생들을 열성껏 지도했다.

열성스레

의미 [+정성],[+정도]

제약

보기에 열렬한 정성이 있게.

¶그는 회합에 **열성스레** 참여했다.

열심스레

의미 [＋정성],[＋정도]

제약

보기에 어떤 일에 온 정성을 다하여 골똘하게 힘쓰는 데가 있게.

¶**열심스레** 만들다./**열심스레** 배우다./**열심스레** 살아가다.

열심-히

의미 [＋정성],[＋집중],[＋정도]

제약

어떤 일에 온 정성을 다하여 골똘하게.

¶**열심히** 가르치다./**열심히** 배우다./**열심히** 일하다./**열심히** 살다./흉내를 **열심히** 내다./그는 기관수가 되기 위해서 소학교만 나와 가지고 **열심히** 공부했었다.≪이정환, 샛강≫/그는 한동안 부지런히 물어 대고, **열심히** 관찰하고, 그리고 신중하게 생각을 추리고만 있었다.≪이청준, 당신들의 천국≫

열없-이

의미 [＋미안],[＋수치]

제약

① 좀 겸연쩍고 부끄럽게.

¶그는 어쩔 줄 몰라 하며 **열없이** 서 있다.

의미 [－만족],[－조직]

제약

② 어설프고 짜임새가 없이.

¶급히 문서를 작성했더니 **열없이** 되었다./종상이는 별로 어렵지 않은 수수께끼를 풀고 나서 그것을 낸 상대방에겐 짐짓 어려웠던 척 비위를 맞출 때처럼 **열없이** 무릎을 치며 말했다.≪박완서, 미망≫

염검-히

의미 [＋청렴],[＋검소]

제약

청렴하고 검소하게.

염결-히[01]

의미 [－욕심],[＋순수]

제약

＝염담히. 욕심이 없고 마음이 깨끗하게.

염결-히[02]

의미 [＋청렴],[＋무죄]

제약

청렴하고 결백하게. 늑염백히.

염담-히

의미 [－욕심],[＋순수]

제약

욕심이 없고 마음이 깨끗하게. 늑염결히[01].

¶여러 가지로 생각을 돌려 본 그는 결국 앞으로는 여순에게 대해서 그런 일이 전연 없었던 것 같이 **염담히** 또는 보다 친절히 굴어야 하리라고 생각하였다.≪한설야, 황혼≫

염려스레

의미 [＋걱정],[＋불안]

제약

보기에 걱정이 되어 불안한 데가 있게.

¶“요즘 왜 그리 기운이 없어 뵙니까?” 맹 선생이 **염려스레** 말하며 진희 곁으로 왔다.≪황순원, 신들의 주사위≫

염명-히

의미 [＋청렴],[＋선명]

제약

마음이 청렴하고 밝게.

염백-히

의미 [＋청렴],[＋무죄]

제약

＝염결히[02]. 청렴하고 결백하게.

염연-히

의미 [－욕심],[＋마음],[－요감]

제약

욕심이 없이 마음이 흔들리지 아니하게.

¶외방 나라로서 **염연히** 황제의 명을 받들지 않으면 중국 조정에서 결코 그 이유를 묻지 않을 수 없을 것입니다.≪번역 중종실록≫

염염-히[01]

의미 [＋모양],[＋진행],[－속도]

제약

① 나아가는 꼴이 느릿느릿하게.

의미 [+유연],[−견고]

제약

② 부드럽고 약하게.

염염-히⁰²

의미 [+열기],[+더위],[+정도]

제약

이글이글할 정도로 몹시 뜨겁고 덥게.

¶그 앞에는 통장작에 지핀 불이 **염염히** 하늘을 향하여 붙어 올라가는데….≪최남선, 백두산 근참기≫

염염-히⁰³

의미 [+연소],[+정도]

제약

활활 세차게.

¶**염염히** 불타다.

염의없-이

의미 [−예의],[−수치]

제약

예의를 잊고 부끄러움이 없이.

염정-히⁰¹

의미 [+편안],[+고요]

제약

편안하고 고요하게.

염정-히⁰²

의미 [+마음],[+청렴],[+정당]

제약

마음이 청렴하고 바르게.

염직-히

의미 [+청렴],[+강직]

제약

청렴하고 강직하게.

염치없-이

의미 [+마음],[−체면]v[−수치]

제약

체면을 차릴 줄 알거나 부끄러움을 아는 마음이 없이.

¶그는 일은 안 하면서 **염치없이** 밥만 축냈다.

염평-히

의미 [+청렴],[+공평]

제약

청렴하고 공평하게.

엽렵스레

의미 [+지혜],[+민첩]

제약

슬기롭고 민첩한 데가 있게.

엽렵-히

의미 [+바람],[+경쾌],[+유연]

제약

① 바람이 가볍고 부드럽게.

의미 [+지혜],[+민첩]

제약

② 슬기롭고 민첩하게.

의미 [+분별],[+정중]

제약

③ 분별 있고 의젓하게.

영⁰¹

의미 [+부정]

제약

① (주로 부정하는 말과 함께 쓰여) 전혀 또는 도무지.

¶**영** 가망이 없다./**영** 맥을 못 추다./**영** 자신이 없다./**영** 재미가 없다./**영** 소식이 없다./기계가 **영** 신통치 않다./술은 끊겠는데 담배는 **영** 못 끊겠더군.

의미 [+정도]

제약

② 아주 또는 대단히.

¶기분이 **영** 고약하다./사정이 **영** 다르다./**영** 딴판이다./**영** 죽을 맛이다./고생하라고 귀양 보낸 적객들이 도무지 근신하는 태도는 보이지 않고 기첩을 꿰차고 호강하는 꼴에 **영** 배알이 뒤틀렸던 모양이다.≪현기영, 변방에 우짖는 새≫

영⁰²

의미 [+시간],[−제한]

제약

=영영. 영원히 언제까지나.

¶그 사람은 **영** 마을을 떠나 버렸다./그 후로 나는 그 친구와 **영** 만나지 못했다.

영걸스레

의미 [+현명],[+용기],[+기상],[+탁월]

제약

보기에 영특하고 용기와 기상이 뛰어난 데가 있게.

영걸-히

의미 [+현명],[+용기],[+기상],[+탁월]

제약

영특하고 용기와 기상이 뛰어나게.

영검스레

의미 [+징조],[+소원],[+일치],[+신기]

제약

보기에 사람의 기원대로 되는 신기한 징험이 있는 듯하게.

영광스레

의미 [+느낌],[+영예],[+찬란],[+미려]

제약

빛나고 아름다운 영예를 느낄 듯하게.

영괴-히

의미 [+재능],[+괴이]

제약

영묘하고 괴상하게.

영구-장천

의미 [+항상]

제약

언제까지나 늘.

¶어머니는 영구장천 근심과 걱정을 안고 사신다.

영구-히

의미 [+상태],[+시간],[-제한]

제약

시간상으로 무한히 이어진 상태로.

¶영구히 보존하다./영구히 계속되다./영구히 남다./그의 예술은 그 하나하나가 모두 우리 문화를 영구히 빛낼 보물입니다.≪김동인, 광염 소나타≫

영독-히

의미 [+잔인],[+표독]

제약

모질고 독살스럽게.

영락없-이

의미 [+확신]

제약

조금도 틀리지 아니하고 꼭 들어맞게.

¶영락없이 알아맞히다./영락없이 죽게 되다./그의 형제들은 **영락없이** 닮았다./신경통이 도지면 **영락없이** 비가 온다./화살은 흐르는 별보다 더 빠르게 날아가서 **영락없이** 과녁을 들어맞히고….≪현진건, 무영탑≫/하 감역의 이런 예언은 **영락없이** 들어맞았다.≪이기영, 신개지≫/어머니도 그런 말을 입버릇처럼 말하지 않았는가. 골짜기에 파묻혀 있는 것을 구해 주지 않았더라면 영락없이 무당이 되었을 것이라고 말이다.≪문순태, 피아골≫

영령쇄쇄-히

의미 [-크기],[+정도]

제약

보잘것없이 매우 자질구레하게.

영령-히

의미 [+소리],[+물]v[+바람]v[+거문고]v[+목소리],[+청아],[+만족]

제약 { }-{들리다, 내다, 나다, 부르다}

물소리, 바람 소리, 거문고 소리, 목소리 따위가 맑고 시원하게.

영롱-히

의미 [+광채],[+찬란]

제약 { }-{빛나다}

① 광채가 찬란하게.

¶영롱히 빛나다./갑해는 어둠 속에 침잠해 가면서도 달빛 아래 **영롱히** 드러나는 너른 들녘을 손가락질했다.≪김원일, 불의 제전≫/그는 잉크빛 하늘에 **영롱히** 뜬 별을 보며, 일찍이 그에게서 발견할 수 없었던 차분한 목소리로 말문을 떼었다.≪김원일, 어둠의 축제≫

의미 [+소리],[+구슬],[+청아],[+미려]

제약 { }-{울리다}

② 구슬 따위의 울리는 소리가 맑고 아름답게.

¶영롱히 우짖는 새소리./영롱히 구르는 구슬 소리./그녀의 노래는 강당 안에 **영롱히** 울려 퍼졌다.

영맹스레

의미 [+용맹],[+특출]

제약 { }-{싸우다}

보기에 빼어나게 용맹한 데가 있게.

영맹-히[01]

의미 [+용맹],[+정도]

제약 { }-{싸우다}

빼어날 정도로 용맹하게.

영맹-히[02]

의미 [+잔인],[+포악]

제약 { }-{싸우다}

모질고 사납게.

¶마을 사람 누구도 영맹히 달려드는 도적 떼에 대항하지 못했다.

영묘-히

의미 [+신통],[+영묘]

제약

신령스럽고 기묘하게.

영물스레

의미 [+영리],[+정도]

제약

영물이라고 할 정도로 매우 영리한 데가 있게.

영민-히

의미 [+현명],[+민첩],[+정도]

제약

매우 영특하고 민첩하게.

영별-히

의미 [-보통],[+특별]

제약

보통과 달리 특별하게.

영사-언정

의미 [+선택],[+죽음]

제약

차라리 죽을지언정.

¶영사언정 차마 그 짓은 못하겠나이다.

영성-히

의미 [+수요],[+미미]

제약

수효가 적어서 보잘것없이.

영악스레

의미 [+타산],[+교활]

제약 { }-{굴다}

이해가 밝으며 약은 데가 있게.

¶그렇게 영악스레 몰아붙이던 용기 녀석도 자기가 옳았음을 증명하러 간다기보다는….≪이문열,

변경≫

영악-히

의미 [+잔인],[+포악],[+정도]

제약

매우 모질고 사납게.

영연-히

의미 [+날씨]v[+물소리]v[+바람소리],[+청아],[+시원]

제약

날씨나 물소리, 바람 소리 따위가 맑고 시원하게.

영영

의미 [+시간],[-제한]

제약

영원히 언제까지나. 늑영[02].

¶영영 소식이 없다./영영 가 버리다./영영 잊지 못하다./그는 영영 돌아오지 않았다./그 사람이 영영 잊히지 않는다./오늘 우리 아주 다짐을 받아 놓읍시다. 노인네가 정신이 들었는데 지금 못해 놓으면 영영 기회가 없다고요.≪황석영, 한씨 연대기≫

영영-히[01]

의미 [+물],[+충만]

제약

① 물이 가득 차서 찰랑찰랑하게.

의미 [+용모],[+미려]

제약

② 용모가 곱고 아름답게.

영영-히[02]

의미 [+세력]v[+이익],[+추구],[+분주]

제약

세력이나 이익 따위를 얻기 위하여 몹시 분주하고 바쁘게.

영예로이

의미 [+간주],[+영예]

제약 { }-{여기다, 생각하다}

영예로 여길 만하게.

¶아버지는 아들의 수석 합격을 영예로이 여겼다.

영예스레

의미 [+간주],[+영예]

제약 { }-{여기다, 생각하다}

영예로 여길 만한 데가 있게.

영용-히

의미 [+영특],[+용감]

제약

영특하고 용감하게.

영원-히

의미 [+상태],[+연속],[-변화],[+지속]

제약

끝없이 이어지는 상태로. 또는 시간을 초월하여 변하지 아니하는 상태로.

¶그의 이름은 역사에 **영원**히 기록될 것이다./사람은 누구나 **영원**히 살기를 바란다./그 그림은 **영원**히 고국을 떠나는 한 가족의 비애를 통해서 당시의 비극을 보여 주려는 그림 같아요.≪이영치, 흐린 날 황야에서≫

영절스레

의미 [+근사],[+정도]

제약

아주 그럴듯하게.

영정-히

의미 [+세력]v[+살림],[+미미],[-의지]

제약

세력이나 살림이 보잘것없이 되어서 의지할 곳이 없이.

영특-히

의미 [+탁월],[+칭찬]

제약

남달리 뛰어나고 훌륭하게.

영화로이

의미 [+명예],[+명성],[+영광]

제약

몸이 귀하게 되어 이름이 세상에 빛날 만하게.

영화스레

의미 [+명예],[+명성],[+영광]

제약

몸이 귀하게 되어 이름이 세상에 빛날 만하게.

옆옆-이

의미 [+측면],[+다수]

제약

이 옆 저 옆에.

¶수저를 옆옆이 놓다.

예다-제다

의미 [+장소],[+다수]

제약

여기다가 저기다가.

¶그는 소문을 예다제다 퍼뜨리고 다닌다./종상이는 그런 말도 우스갯소리로 듣지 않고 혹시 땅을 예다제다 사 모을지도 모른다는 짐작을 하곤 했다.≪박완서, 미망≫

예쁘장스레

의미 [+미려],[+정도]

제약 { }-{생기다, 말하다, 행동하다}

제법 예쁜 데가 있게.

예사-로

의미 [+보통],[+항상]

제약

① 보통 일처럼 아무렇지도 아니하게.

¶그는 예사로 약속에 늦는다./그녀는 나와 했던 약속을 예사로 어긴다./그는 상말하는 것쯤은 예사로 안다./그런 말을 예사로 들었던 것은 내 무식의 소치이다.≪박경리, 원주 통신≫

의미 [+보통],[+유사]

제약 { }-{아니다}

② (뒤에 오는 '아니다' 따위의 부정어와 호응하여) 그저 그만하게.

¶자세히 살펴보니 그 서기가 예사로 상서로운 게 아니었다.≪송기숙, 녹두 장군≫

예사로이

의미 [+빈도]

제약

① 흔히 있을 만하게.

¶그는 말썽을 자주 피워 경찰서를 예사로이 드나든다.

의미 [+태도],[+일상],[+동일]

제약

② 늘 가지는 태도와 다른 것이 없이.

¶그는 그녀가 내뱉는 가시 돋친 말을 예사로이 받아넘겼다./이전엔 예사로이 받던 일도 지금은 성을 잘 내는 것이었다.≪김동인, 운현궁의 봄≫/나

는 바람이 스치는 풀잎 하나 돌멩이 하나라도
예사로이 넘기려 하지 않았다.≪전상국. 하늘 아래
그 자리≫

예스레
의미 [+맛]v[+멋],[+과거],[+동일]
제약
옛것과 같은 맛이나 멋이 있게.

예제없-이
의미 [-구별],[+장소]
제약
여기나 저기나 구별이 없이.
¶머리가 눌릴 만치 납작한 갑갑한 굴속이다. 게
다 거미줄은 예제없이 엉키었다.≪김유정. 만무방≫

예컨-대
의미 [+예시]
제약
예를 들자면.
¶잡곡류, 예컨대 보리, 수수, 조, 콩, 팥 등을 많
이 먹는 게 건강에 좋다./사람이 많이 모이는
곳, 예컨대 병원 대기실, 수감자 면회실, 대학생
의 시위가 벌어지는 장소, 선거 유세장….≪김원
우. 짐승의 시간≫

오감스레
의미 [+언행],[+이상],[+경솔]
제약 { }-{행동하다, 굴다, 말하다}
⇒ 오감스럽다. 언행이 괴벽하고 경망한 데가 있
다.

오구-작작
의미 [+모양],[+어린아이],[+집합],[+소란]
제약
어린아이들이 한곳에 모여 떠드는 모양.

오그랑-오그랑
의미 [+모양],[+다수],[+오목],[+주름],[+정
도]
제약
여러 군데가 안쪽으로 오목하게 들어가고 주름
이 많이 잡힌 모양.

오그랑-쪼그랑
의미 [+모양],[+다수],[+오목],[+주름],[+축
소],[+정도]

제약
여러 군데가 안쪽으로 오목하게 들어가고 주름
이 많이 지게 쪼그라진 모양.

오그르르01
의미 [+소리]v[+모양],[+물]v[+찌개],[+비
등],[+소란],[+순간]
제약 {물, 찌개}-{끓다}
좁은 그릇에서 적은 양의 물이나 찌개 따위가
갑자기 요란스럽게 끓어오르는 소리. 또는 그
모양.
¶난로 위에 올려놓은 주전자의 물이 오그르르
끓기 시작했다.

오그르르02
의미 [+모양],[+벌레]v[+짐승]v[+사람],[+밀
집]
제약 { }-{거리다, 움직이다, 대다}
작은 벌레나 짐승, 사람 따위가 한 곳에 빽빽이
많이 모여 있는 모양.
¶식구들이 서로 보듬고 있으면 좀 덜 추워서 꼼
짝도 안 하고 오그르르 붙어 있기만 하기도 했
다.≪최명희. 혼불≫

오글-보글
의미 [+소리]v[+모양],[+물]v[+찌개],[+비
등],[+거품],[+소란],[+반복]
제약 {물, 찌개}-{끓다}
좁은 그릇에서 적은 양의 물이나 찌개 따위가
거품을 일으키며 자꾸 요란스럽게 끓어오르는
소리. 또는 그 모양.

오글-오글01
의미 [+소리]v[+모양],[+물]v[+찌개],[+비
등],[+소란],[+반복]
제약 {물, 찌개}-{끓다}
좁은 그릇에서 적은 양의 물이나 찌개 따위가
자꾸 요란스럽게 끓어오르는 소리. 또는 그 모
양.
¶찌개가 오글오글 끓다.

오글-오글02
의미 [+모양],[+벌레]v[+짐승]v[+사람],[+밀
집]
제약 { }-{거리다, 움직이다, 대다}

작은 벌레나 짐승, 사람 따위가 한곳에 빽빽하
게 많이 모여 자꾸 움직이는 모양.

¶또 몇 달 있으니까 아예 사기그릇은 없이 식탁
위에서 오글오글 기어 다니는 구더기뿐이었고….
≪안정효, 하얀 전쟁≫/변기통 속으로 더러운 똥
덩어리가 보였고, 그 위에 구더기들이 오글오글
모여 있었다.≪최인호, 지구인≫

오글-오글03

의미 [＋모양],[＋다수],[＋오목],[＋주름],[＋정
도]

제약

'오그랑오그랑'의 준말. 여러 군데가 안쪽으로
오목하게 들어가고 주름이 많이 잡힌 모양.

오글-자글

의미 [＋소리]v[＋모양],[＋물]v[＋찌개],[＋비
등],[＋소란],[＋반복]

제약 {물, 찌개}-{끓다}

좁은 그릇에서 적은 양의 물이나 찌개 따위가
자꾸 요란스럽게 소리를 내며 끓는 소리. 또는
그 모양.

¶불 위에 올려 둔 김치찌개가 오글자글 끓기 시
작했다.

오글-쪼글

의미 [＋모양],[＋다수],[＋오목],[＋주름],[＋축
소],[＋정도]

제약

'오그랑쪼그랑'의 준말. 여러 군데가 안쪽으로
오목하게 들어가고 주름이 많이 지게 쪼그라진
모양.

¶불과 닷새쯤 되어 곽 씨는 제 아비라는 오글쪼
글 늙은 시골 노인과 또 한 사람의 떡 짐을 진
일꾼을 앞세우고 돌아왔다.≪이호철, 소시민≫

오굿-오굿

의미 [＋모양],[＋다수],[＋전부],[＋축소],[－정
도]

제약

여럿이 다 안으로 조금 오그라진 듯한 모양.

오굿-이

의미 [＋모양],[＋축소],[－정도]

제약 { }-{줄다}

안으로 조금 오그라진 듯하게.

오나-가나

의미 [＋항상],[－변화]

제약

어디를 가나 늘 다름없이. 늑가나오나.

¶그는 오나가나 말썽만 부리고 다녔다./요즘은
오나가나 사람들 눈치 보느라고 힘들다./오나가
나 자식들 때문에 골머리가 아프다 싶으면서도
그처럼 한바탕 해 대고 나자….≪서기원, 마룩 열
전≫

오늘

의미 [＋날짜],[＋지금]

제약

지금 지나가고 있는 이날에.

¶그가 오늘 왔다./오늘 해야 할 일을 다음 날로
미루어서는 안 된다.

오늘-껏

의미 [＋날짜],[＋지금]

제약

오늘까지.

¶오늘껏 나는 너희들만 바라보며 살아왔다./그
는 오늘껏 성공 하나만을 위해 달려왔다.

오다-가다

의미 [＋빈도],[＋간혹]

제약

어쩌다가 가끔. 또는 지나는 길에 우연히.

¶오다가다 들르는 사람./길에서 오다가다 만난
사람./몸이 한가한 소인들 몇이 오다가다 우연히
모이게 된다.≪유재용, 성역≫/그는 오후가 되면
뒷산 어딘가에서 일을 하고 있었으므로 오다가
다 곧잘 안부를 주고받곤 했던 것이다.≪황석영,
영등포 타령≫

오도깝스레

의미 [＋태도],[＋조급],[＋경망]

제약

경망하게 덤비는 태도로.

오도당

의미 [＋소리]v[＋모양],[＋물건],[＋붕괴],[＋낙
하],[＋소란]

제약 {물건}-{떨어지다}

작고 단단한 물건이 무너져 떨어지며 조금 요란하게 울리는 소리. 또는 그 모양.

오도당-오도당

의미 [+소리]v[+모양],[+물건],[+붕괴],[+낙하],[+소란],[+반복]

제약 {물건}-{떨어지다}

작고 단단한 물건이 무너져 떨어지며 조금 요란하게 잇따라 울리는 소리. 또는 그 모양.

오도독

의미 [+소리]v[+모양],[+물건],[+깨묾]

제약 {물건}-{깨물다}

① 작고 단단한 물건을 깨무는 소리. 또는 그 모양.

¶날밤을 오도독 깨물었다./그녀는 밭에서 갓 캐낸 고구마를 오도독 깨물었다./관수는 병을 물고 술을 마신다. 그리고 땅콩을 입속에 집어넣고 오도독 씹는다.≪박경리, 토지≫

의미 [+소리]v[+모양],[+물체],[+절단]

제약 {물체}-{부러지다}

② 작고 단단한 물체가 꺾이며 부러지는 소리. 또는 그 모양.

¶나뭇가지를 오도독 부러뜨렸다.

오도독-오도독

의미 [+소리]v[+모양],[+물건],[+깨묾],[+연속]

제약 {물건}-{깨물다}

① 작고 단단한 물건을 깨무는 소리. 또는 그 모양.

¶날밤을 오도독 깨물었다./그녀는 밭에서 갓 캐낸 고구마를 오도독 깨물었다./관수는 병을 물고 술을 마신다. 그리고 땅콩을 입속에 집어넣고 오도독 씹는다.≪박경리, 토지≫

의미 [+소리]v[+모양],[+물체],[+절단]

제약 {물체}-{부러지다}

② 작고 단단한 물체가 꺾이며 부러지는 소리. 또는 그 모양.

¶나뭇가지를 오도독 부러뜨렸다.

오도카니

제약 의미 [+모양],[-정신],[+조용],[+정지]

제약 { }-{서있다, 앉다}

작은 사람이 넋이 나간 듯이 가만히 한자리에 서 있거나 앉아 있는 모양.

¶그는 방 안에 혼자 오도카니 앉아 있었다./푸릇푸릇한 보리밭에 오도카니 서 있는 까마귀 한 마리가 눈에 띄었다.≪윤흥길, 완장≫/뭐니 뭐니 해도 사랑마루 가운데 기둥에 오도카니 기대앉아 하염없이 동구 밖을 바라보는 것만큼 마음에 드는 청승 떨기도 없었다.≪박완서, 그 많던 싱아는 누가 다 먹었을까≫

오독

의미 [+소리]v[+모양],[+물건],[+깨묾]

제약 {물건}-{깨물다}

① '오도독①'의 준말. 작고 단단한 물건을 깨무는 소리. 또는 그 모양.

¶아이가 날밤을 오독 깨물었다.

의미 [+소리]v[+모양],[+물체],[+절단]

제약 {물체}-{부러지다}

② '오도독②'의 준말. 작고 단단한 물체가 꺾이며 부러지는 소리. 또는 그 모양.

¶바람에 나뭇가지가 오독 부러졌다.

오독-오독

의미 [+소리]v[+모양],[+물건],[+깨묾],[+연속]

제약 {물건}-{깨물다}

① '오도독오도독①'의 준말. 작고 단단한 물건을 잇따라 깨무는 소리. 또는 그 모양.

¶그는 밤을 오독오독 깨물어 먹었다./생선 가시를 오독오독 깨물어 먹는다./계집아이는 오독오독 콩을 씹으며 입을 비쭉거린다.≪박경리, 토지≫

의미 [+소리]v[+모양],[+물체],[+절단],[+연속]

제약 {물체}-{부러지다}

② '오도독오도독②'의 준말. 작고 단단한 물체가 잇따라 꺾이며 부러지는 소리. 또는 그 모양.

¶그는 싸리비로 엮을 나뭇가지를 오독오독 부러뜨렸다.

오돌-오돌

의미 [+상태],[+뼈]v[+날밤],[+견고],[+깨묾]

제약 { }-{깨물다, 씹다}

① 작고 여린 뼈나 말린 날밤처럼 깨물기에 조
금 단단한 상태.

¶날밤이 **오돌오돌** 잘 씹히지 않는다.

의미 [+모양],[-크기],[±삶음]

제약 { }-{익다, 삶다}

② 작은 것이 잘 삶아지지 아니한 모양.

¶콩이 **오돌오돌** 덜 삶아졌다.

의미 [+모양],[+비만],[+유연]

제약 { }-{살찌다}

③ 오동통하고 보드라운 모양.

¶**오돌오돌** 살진 아기.

오돌-토돌

의미 [+모양],[+표면]v[+바닥],[+다수],[-평
평],[+요철]

제약

거죽이나 바닥이 고르지 아니하게 군데군데 도
드라져 있는 모양.

¶온몸에 **오돌토돌** 소름이 돋았다.

오동-보동

의미 [+모양],[+신체]v[+얼굴],[+비만],[+유
연],[+정도]

제약 { }-{살찌다}

몸이나 얼굴이 살져 통통하고 매우 보드라운 모
양.

¶그 아이는 심하게 앓고 난 후였으나 엄마의 극
진한 보살핌으로 금세 **오동보동** 살이 올랐다.

오동통

의미 [+모양],[+신체],[-크기],[+비만]

제약

몸집이 작고 통통한 모양.

¶**오동통** 살이 오르다.

오동-포동

의미 [+모양],[+신체]v[+얼굴],[+비만],[+유
연],[+정도]

제약 { }-{살찌다}

몸이나 얼굴이 살져 통통하고 매우 보드라운 모
양. '오동보동'보다 거센 느낌을 준다.

¶아이의 얼굴은 **오동포동** 살이 올랐다.

오들-오들

의미 [+모양],[+신체],[+요동],[+추위]v[+공

포],[+정도],[+연속]

제약 {사람, 신체}-{떨다, 떨리다}

춥거나 무서워서 몸을 잇따라 심하게 떠는 모양.

¶**오들오들** 떨다./그는 **오들오들** 떨면서 온몸에
땀이 쪽 배었던 것이다.≪박종화, 임진왜란≫/아버
지는 **오들오들** 떠는 내 등거리 위에다 자기가
쓰고 왔던 접사리를 입혀 주고 머리 덮개까지
씌워 주었다.≪김원일, 노을≫

오똑

의미 [+모양],[+물건],[+돌출],[+높이]

제약 { }-{솟다, 서있다}

① 작은 물건이 도드라지게 높이 솟아 있는 모
양. 늑오뚝이①.

¶"사과 같은 우리 각시 얼굴 예쁘기도 하지요.
눈도 반짝, 코도 **오똑**, 입도 도톰도톰." 진우는
즉석에서 코도 **오똑**, 입도 도톰이라는 말을 지
어내 노래를 불렀다. 수혜는 그것이 진우만이
가지고…≪유기성, 삼신각≫

의미 [+모양],[+기립],[+순간]

제약 { }-{일어나다, 서다}

② 갑자기 발딱 일어서는 모양. 늑오뚝이②.

의미 [+모양],[+높이],[+운동],[+정지],[+순
간]

제약 { }-{멈추다, 서다}

③ 조금 높이가 있는 것이 움직이다가 딱 멎는
모양.

오똘-오똘

의미 [+모양],[+경망]v[+요동],[+반복]

제약 { }-{까불다, 흔들다}

방정맞게 자꾸 까불거나 몸을 흔드는 모양.

¶강아지가 꼬리를 **오똘오똘** 흔든다.

오뚝

의미 [+모양],[+물건],[+돌출],[+높이]

제약 { }-{솟다, 서있다}

① 작은 물건이 도드라지게 높이 솟아 있는 모
양. 늑오뚝이①.

¶**오뚝** 솟은 코/나무 없이 민둥한 야산 줄기를
타고 오 리쯤 가없이 들어가면 멀리로 잿빛의
가실봉이 **오뚝** 서 있었다.≪김원일, 불의 제전≫/만
만찮은 미녀였다. 콧날이 지나치지 않게 **오뚝** 섰

다.《유주현, 대한 제국》

의미 [+모양],[+기립],[+순간]

제약 { }-{일어나다, 서다}

② 갑자기 발딱 일어서는 모양. 늑오뚝이②.

¶고개를 숙이고 일하던 그는 무슨 생각이 났는지 오똑 일어섰다.

의미 [+모양],[+높이],[+운동],[+정지],[+순간]

제약 { }-{멈추다, 서다}

③ 조금 높이가 있는 것이 움직이다가 딱 멎는 모양.

¶여자가 들어오다가 손님이 있는 것을 보고 오똑 서 버린다.《염상섭, 삼대》

오똑-오똑

의미 [+모양],[+다수],[+돌출],[+높이]

제약 { }-{솟다, 서있다}

① 군데군데 아주 도드라지게 높이 솟아 있는 모양.

의미 [+모양],[+기립],[+순간],[+전부]v[+연속]

제약 { }-{일어나다, 서다}

② 여럿이 다 또는 잇따라 발딱발딱 일어서는 모양.

¶오똑이는 아무리 계속해서 쓰러뜨려도 오똑오똑 잘도 일어난다./오똑오똑 서서 총을 쏘는 왜병들의 명치와 복장을 향해서 단검으로 찌르듯이….《박종화, 임진왜란》

오똑-이

의미 [+모양],[+물건],[+돌출],[+높이]

제약 { }-{솟다, 서있다}

①=오똑①. 작은 물건이 도드라지게 높이 솟아 있는 모양.

¶그의 콧날은 오똑이 도드라졌다.

의미 [+모양],[+기립],[+순간]

제약 { }-{일어나다, 서다}

②=오똑②. 갑자기 발딱 일어서는 모양.

오락-가락

의미 [+모양],[±왕복],[+반복]

제약

① 계속해서 왔다 갔다 하는 모양.

¶아이들은 아저씨, 아저씨 하고 오락가락 쿵쾅거리며 법석이었다.《염상섭, 위협》

의미 [+모양],[±생각]v[±정신]

제약

② 생각이나 정신이 있다 없다 하는 모양.

¶중풍이 점점 깊어져 반신불수에서 전신불수로 되고 정신이 오락가락 사경을 헤맨다는 후처 덕산댁….《현기영, 변방에 우짖는 새》

의미 [+모양],[+비]v[+눈],[±낙하]

제약 {비, 눈}-{내리다, 그치다}

③ 비나 눈이 내렸다 그쳤다 하는 모양.

¶오락가락 내리던 비는 멎었고, 그러나 하늘에는 별이 보이지 않았다.《박경리, 토지》

오래

의미 [+시간],[+지속]

제약 {시간}-{걸리다}

시간이 지나가는 동안이 길게.

¶시간이 오래 걸리다./시골에 오래 머물다./사람들은 나라와 민족을 위해 기꺼이 목숨을 바친 그를 오래 기억할 것이다./나는 아내와 꽤 오래 사귀었지만 연애와 결혼은 다른 것이라는 말이 옳았다.《윤후명, 별보다 멀리》

오래-도록

의미 [+시간],[+지속],[+경과],[+정도]

제약

시간이 많이 지나도록.

¶오래도록 잊지 못하다./그녀의 옷깃에서 풍기던 향기가 내 기억 속에 오래도록 남아 있었다./나는 저물어 가는 저녁 하늘을 오래도록 바라보았다.《윤후명, 별보다 멀리》/한적한 시골길을 혼자 걷는 그녀의 모습이 오래도록 눈앞에 어른거렸다.《홍성암, 큰물로 가는 큰 고기》

오래-오래

의미 [+시간],[+지속],[+경과],[+정도]

제약

시간이 지나는 기간이 매우 길게.

¶오래오래 기억하다./할머니, 오래오래 사세요./추운은 새벽안개 속에 폭 덮인 계룡산 높고 낮은 봉들을 오래오래 바라다보고 서 있었다.《주요섭, 미완성》

오련-히

의미 [＋형태],[－분명],[＋정도]

제약 { }-{보이다}

① 형태가 조금 나타나 보일 정도로 희미하게.

의미 [＋빛깔],[－분명],[＋미려]

제약

② 빛깔이 옅고 곱게.

¶비천한 신분 노비의 죽은 몸에 오련히 우러나는 치자 물빛 은은한 수의를 어찌 감을 수 있으랴.≪최명희, 혼불≫

의미 [＋기억],[－분명]

제약 { }-{떠오르다, 생각나다}

③ 기억 따위가 또렷하지 아니하고 희미하게.

오로지

의미 [＋유일]

제약

오직 한 곳으로. 늑전혀02.

¶오로지 너만 믿는다./교통수단이라고는 오로지 나룻배뿐이었다./들몰댁은 풀려나는 그 순간까지 사흘 동안 오로지 살고 싶다는 생각만을 수 없이 되풀이했다.≪조정래, 태백산맥≫

오롯-이01

의미 [－부족],[＋완전]

제약

모자람이 없이 온전하게.

¶이 책에는 옛 성인들의 가르침이 오롯이 담겨 있다./먼 옛날에 이미 잃어버렸던 귀중한 것이 아직 한 점 남아 있다가 오롯이 가슴에서 타오르는 느낌이었다.≪황순원, 카인의 후예≫/그가 없어지고 얼음벽에 그의 무늬가 오롯이 남았다.≪장용학, 비인 탄생≫

오롯-이02

의미 [＋고요],[＋고독]

제약

고요하고 쓸쓸하게.

¶새벽하늘에 작은 별 하나가 오롯이 빛나고 있다./살아갈 기력을 잃은 그들은 오롯이 어둠 속에 묻혀 가고 있었다.≪문순태, 타오르는 강≫

오롱-조롱

의미 [＋모양],[＋물건],[＋집합],[＋상이]

제약 { }-{매달리다, 딸리다}

한데 모여 있는 작은 물건 여럿이 생김새나 크기가 제각기 다른 모양.

¶호박 덩굴에는 작은 애호박들이 오롱조롱 매달려 있었다./학교에 다니는 아이부터 젖먹이까지 오롱조롱 딸린 아이들을 먹여 살릴 일이 큰 걱정이었다.

오르락-내리락

의미 [＋모양],[±상승],[＋반복]

제약

올라갔다 내려갔다 하는 것을 되풀이하는 모양.

¶오르락내리락 정신없이 계단에서 뛰놀던 아이들이 이제는 좀 잠잠해졌다.

오르로

의미 [＋방향],[＋오른쪽]

제약

오른쪽으로 향하여.

오르르01

의미 [＋모양],[＋아이]v[＋동물],[＋다수],[＋운동],[＋분주],[＋동시]

제약 { }-{몰려다니다, 뛰다}

① 조그마한 아이나 동물 따위가 한꺼번에 바쁘게 내닫거나 움직이는 모양.

¶아이들이 오르르 몰려다니며 전쟁놀이를 하고 있다.

의미 [＋소리]v[＋모양],[＋액체],[＋비등]v[＋범람],[＋순간]

제약 {액체}-{끓다, 넘치다}

② 작은 그릇에서 액체가 갑자기 끓어오르거나 넘치는 소리. 또는 그 모양.

¶주전자의 물이 오르르 끓기 시작한다.

의미 [＋소리]v[＋모양],[＋물건],[＋붕괴],[＋순간]

제약 {물건}-{무너지다, 쏟아지다}

③ 쌓여 있던 작은 물건들이 갑자기 무너져 내리거나 쏟아질 때 나는 소리. 또는 그 모양.

¶방 한편에 쌓아 두었던 책이 오르르 무너졌다.

오르르02

의미 [＋모양],[＋신체],[＋추위],[＋요동]

제약 { }-{떨다}

추위에 몸을 떠는 모양.

¶그렇게 **오르르** 떨고 있지 말고 옷을 하나 더 입으렴./지금쯤 쌀쌀한 찬 바람이 도는 구치감의 감방 속 같은 병실에서 **오르르** 떨고 얼어 빠져 앉았을 명례의 모습이….≪염상섭, 신정≫

오르를⁰¹

의미 [+모양],[+아이]v[+동물],[+다수],[+운동],[+분주],[+동시]

제약 { }-{몰려다니다, 뛰다}

① '오르르⁰¹①'를 강조하여 이르는 말. 조그마한 아이나 동물 따위가 한꺼번에 바쁘게 내닫거나 움직이는 모양.

¶길성 어머니는 송사리 새끼 같은 자식들을 오르를 몰아 놓고 앉아서 아까 내가 갖다가 준 오환으로 읍에 가서 난목을 바꿔 왔다나.≪염상섭, 두 출발≫

의미 [+소리]v[+모양],[+액체],[+비등]v[+범람],[+순간]

제약 {액체}-{끓다, 넘치다}

② '오르르⁰¹②'를 강조하여 이르는 말. 작은 그릇에서 액체가 갑자기 끓어오르거나 넘치는 소리. 또는 그 모양.

의미 [+소리]v[+모양],[+물건],[+붕괴],[+순간]

제약 {물건}-{무너지다, 쏟아지다}

③ '오르르⁰¹③'를 강조하여 이르는 말. 쌓여 있던 작은 물건들이 갑자기 무너져 내리거나 쏟아질 때 나는 소리. 또는 그 모양.

오르를⁰²

의미 [+모양],[+신체],[+추위],[+요동]

제약 { }-{떨다}

'오르르⁰²'를 강조하여 이르는 말. 추위에 몸을 떠는 모양.

¶오래간만에 생긴다는 돈이 되어도 얻어 갈 가망도 없을 것을 짐작하건만 밥을 굶고 콧물을 흘리며 **오르를** 떨고 등신같이 앉았는 판이다.≪염상섭, 윤전기≫

오리-가리

의미 [+모양],[+조각]v[+분리],[+다수]

제약 {종이, 천}-{찢다}

여러 가닥의 오리나 갈래로 갈라지거나 째진 모양.

¶그들은 한결같이 그 종이를 가져온 놈들과 아울러 그 종이를 한데 뭉쳐서 **오리가리** 찢어 주고 싶었다.≪한설야, 황혼≫

오막-조막

의미 [+모양],[+덩어리],[-균일],[+나열]

제약

자그마한 덩어리들이 고르지 아니하게 많이 벌여 있는 모양.

¶냇가에는 자갈들이 **오막조막** 널려 있었다.

오만스레

의미 [+태도],[+교만],[+무례]

제약 { }-{굴다}

보기에 잘난 체하여 방자한 태도로.

¶그녀는 맥빠진 걸음걸이와는 달리 얼굴을 **오만스레** 쳐든 채 2층을 돌아 3층 계단으로 밟아 오르기 시작했다.≪이동하, 도시의 늪≫

오망스레

의미 [+행동]v[+태도],[+이상],[+요망]

제약 { }-{굴다}

보기에 하는 짓이나 태도가 괴상하고 요망스러운 데가 있게.

오매-불망

의미 [-망각],[+항상]

제약

자나 깨나 잊지 못하여.

¶**오매불망** 그리워하다./갇혀 있을 때는 **오매불망** 그립던 집이 막상 풀려나오고 보니 태산 같은 짐으로 그의 마음을 허허롭게 했다.≪김원일, 불의 제전≫

오면-가면

의미 [+빈도],[+왕래]

제약

오면서 가면서.

¶**오면가면** 들르다./우리 고3의 처리를 두고는 시 교육 위원회와 시 민청, 그리고 학교 측이 나름대로 **오면가면** 숙의를 거듭한 것 같았고, 급기야는 그런 결론에 이른 듯하였다.≪이호철, 남에서 온 사람들≫

오목

의미 [+모양],[+중앙],[+함몰]

제약

가운데가 동그스름하게 폭 패거나 들어가 있는 모양.

¶오목 팬 데로 물이 괴었다./오목 팬 보조개가 귀엽구나.

오목-오목

의미 [+모양],[+다수],[+함몰]

제약 { }-{파지다}

군데군데 동그스름하게 폭 패거나 들어가 있는 모양.

¶오목오목 팬 눈 자국을 보니 토끼가 지나간 것 같다.

오목-조목

의미 [+모양],[+다수],[+함몰],[-균일]

제약 { }-{파지다}

① 고르지 아니하게 군데군데 동그스름하게 패거나 들어간 모양.

¶비가 와서 오목조목 땅이 패었다.

의미 [+모양],[-크기],[+집합],[+견고]

제약

② 자그마한 것이 모여서 야무진 느낌을 주는 모양.

¶큰 반닫이 위에 개어 얹은 이불을 덮은 이불보가 드물게 고왔다. 예쁘게 오목조목 맞춰 이은 조각보였던 것이다.≪한무숙, 만남≫/이목구비가 별 빠진 데 없이 오목조목 붙어 귀염성스러운 생김이었다.≪김원일, 불의 제전≫

오묘스레

의미 [+심오],[+절묘]

제약

보기에 심오하고 묘한 데가 있게.

오무락-오무락

의미 [+모양],[+벌레],[+운동],[-속도],[+반복]

제약 {벌레}-{움직이다}

작은 벌레 따위가 굼뜨게 자꾸 꼬물거리는 모양.

¶배추벌레가 오무락오무락 움직인다.

오무작-오무작

의미 [+모양],[+벌레],[+운동],[+잔망],[-속도],[+정도],[+반복]

제약 {벌레}-{움직이다}

작은 벌레 따위가 매우 좀스럽고 굼뜨게 자꾸 움직이는 모양.

¶오무작오무작 개미 떼가 줄을 지어 가고 있다.

오물-오물01

의미 [+모양],[+벌레]v[+물고기],[+밀집],[+운동],[-속도],[+반복]

제약 {벌레, 물고기}-{기어가다, 움직이다, 몰려들다}

작은 벌레나 물고기 따위가 한군데에 많이 모여 자꾸 굼뜨게 움직이는 모양.

¶누에들이 오물오물 기어가고 있다./미끼를 던지자 송사리 떼가 오물오물 몰려들었다.

오물-오물02

의미 [+모양],[+언사],[-분명],[+반복]

제약 { }-{말하다, 거리다}

① 말을 조금 시원스럽게 하지 아니하고 입 안에서 자꾸 중얼거리는 모양.

¶큰 소리로 말을 하지는 못하고 오물오물 혼잣말만 한다.

의미 [+모양],[+음식],[+씹음],[-분명],[+반복]

제약 {사람}-{씹다}

② 음식물을 입 안에 넣고 시원스럽지 아니하게 조금씩 자꾸 씹는 모양.

¶할머니는 떡 한 조각을 입에 넣으시더니 오물오물 씹으셨다.

의미 [+모양],[+입술]v[+근육],[+수축],[+반복]

제약 {입술, 근육}-{오므라지다}

③ 입술이나 근육 따위가 자꾸 오므라지는 모양.

¶아이는 입을 오물오물 움직이며 맛있게 밥을 먹었다.

의미 [+모양],[+행동],[-정상],[-분명],[-결단]

제약

④ 행동을 제대로 하지 못하고 흐리멍덩하게 하

거나 조금 머뭇거리는 모양.

오물-쪼물

의미 [+모양],[+행동],[-분명],[+주저],[+반복]

제약

행동 따위를 분명하게 하지 못하고 자꾸 망설이며 흐리멍덩하게 하는 모양.

¶오물쪼물 망설이다가는 기회를 놓치기 쉽다.

오밀-조밀

의미 [+모양],[+솜씨]v[+재간],[+정교],[+정밀],[+정도]

제약 { }-{꾸미다}

① 솜씨나 재간이 매우 정교하고 세밀한 모양.

¶이사 올 때만 해도 텅 비어 있던 거실이 아담한 가구로 오밀조밀 꾸며져 있고….≪박완서, 도시의 흉년≫

의미 [+모양],[+마음],[+철저],[+자상]

제약

② 마음 씀씀이가 매우 꼼꼼하고 자상한 모양.

오보록-이

의미 [+모양],[-크기],[+집합],[+수북]

제약

자그마한 것들이 한데 많이 모여 다보록하게.

¶집으로 돌려보낸 아이들이 언제 왔는지 또 경고 판 옆에 오보록이 모여 서 있는 게 눈에 띄었다.≪윤흥길, 묵시의 바다≫

오복-소복

의미 [+모양],[-크기],[+밀집],[+수북]

제약

자그마한 것들이 한데 많이 모여 다보록하고 소복한 모양.

¶사과들이 좌판 위에 오복소복 쌓여 있다.

오복-이

의미 [+모양],[-크기],[+밀집],[+수북]

제약

'오보록이'의 준말. 자그마한 것들이 한데 많이 모여 다보록하게.

¶접시에 오복이 담은 경단과 시원한 화채로 손님상을 차렸다.

오복-조르듯

의미 [+모양],[+요구],[+정도]

제약 { }-{조르다}

몹시 조르는 모양.

오불-고불

의미 [+모양],[+골곡],[-일정]

제약

요리조리 고르지 아니하게 굽은 모양.

¶오불고불 십 리를 걸어서 읍내에 도착했다.

오불-꼬불

의미 [+모양],[+골곡],[-일정]

제약

요리조리 고르지 아니하게 굽은 모양. '오불고불'보다 센 느낌을 준다.

오불-오불

의미 [+모양],[-크기],[+집합]

제약

자그마한 것들이 한데 모여 있는 모양.

¶금붕어들이 어항 속에서 오불오불 놀고 있다./배를 타고 멀리 나갈 수 있게 되자 마음이 덜컥 내려앉는 것만 같았다. 죽으나 사나 가까이서 얼굴 맞대고 오불오불 있고 싶었다.≪문순태, 타오르는 강≫

오불-조불

의미 [+모양],[+생각]v[+행위],[-도량]

제약

생각이나 하는 짓이 통이 크지 못하고 잔 모양.

오붓-이

의미 [+간단],[+편안],[+다정]

제약

① 홀가분하면서 아늑하고 정답게.

¶우리 삼천리금수강산은 우리 조선 동포끼리만 오붓이 살 수가 있는 땅으로 돌아왔습니다.≪채만식, 소년은 자란다≫

의미 [+살림],[+실속],[+여유]

제약

② 살림 따위가 옹골지고 포실하게.

오비작-오비작

의미 [+모양],[+틈]v[+구멍],[+파냄],[-주의],[+반복]

제약

좁은 틈이나 구멍 속을 자꾸 함부로 파내는 모양.

¶정 주사는…몸뚱이를 좌우로 흔들흔들, 양말 벗어 던진 발샅을 **오비작오비작** 후비고 앉아서….≪채만식, 탁류≫

오빗-오빗

의미 [+모양],[+틈]v[+구멍],[+훼손],[+경쾌],[+속도],[+반복]

제약

좁은 틈이나 구멍 속을 가볍고 빠르게 자꾸 갉아 내는 모양.

오삭-오삭

의미 [+모양],[+공포]v[+추위],[+신체],[+수축]v[+소름],[+반복]

제약

몹시 무섭거나 추워서 자꾸 몸이 움츠러들거나 소름이 끼치는 모양. '오싹오싹'보다 여린 느낌을 준다. 늑오슬오슬.

¶밤의 냉기를 흠씬 머금은 강바람이 **오삭오삭** 살에 스며든다.≪박경리, 토지≫

오소소

의미 [+모양],[+물건],[+누출],[+다량]

제약 {물건}-{쏟아지다}

① 작은 물건이 소복하게 쏟아지는 모양.

¶자루에 담아 두었던 쌀이 한꺼번에 **오소소** 쏟아졌다.

의미 [+소리]v[+모양],[+나뭇잎],[+낙하],[+다량]

제약 {나뭇잎}-{떨어지다}

② 바람에 작은 나뭇잎 따위가 많이 떨어지는 소리. 또는 그 모양.

¶바람이 불자 낙엽이 **오소소** 떨어진다.

오손-도손

의미 [+모양],[+사람],[+친밀],[+다정]

제약 { }-{지내다}

정답게 이야기하거나 의좋게 지내는 모양.

¶오랜만에 만난 친구들과 시간 가는 줄 모르고 **오손도손** 이야기를 나누었다./자네도 이젠 결혼해서 **오손도손** 살아야지./그러나 상녀는 대답하지 않았다. 원래부터 상녀는 말수가 없었다. 게

다가 다른 집 남매들처럼 **오손도손** 얘기 한번 나누며 크지도 않았다.≪유현종, 들불≫/하루빨리 돌둑이 솟아올라 바다가 옥토로 변해 자기들도 그 땅에서 원장의 환자들과 형제처럼 **오손도손** 농사를 짓고 살게 될 날이 오기를 진심으로 빌고 있노라 했다.≪이청준, 당신들의 천국≫

오순-도순

의미 [+모양],[+사람],[+친밀],[+다정]

제약 { }-{지내다}

정답게 이야기하거나 의좋게 지내는 모양. '오손도손'보다 큰 느낌을 준다.

¶오랜만에 만난 형제들끼리 **오순도순** 이야기를 나누었다./단칸 셋방일망정 우리 식구는 **오순도순** 잘 지내고 있다./고향을 떠나 새로운 생활 터전을 잡은 우리는 그런대로 **오순도순** 살림을 일구어 나갔다.≪윤후명, 별보다 멀리≫

오스스

의미 [+모양],[+접촉],[+냉기]v[-호감],[+소름]

제약 {소름, 신체}-{끼치다, 떨리다, 돋다}

차거나 싫은 것이 몸에 닿았을 때 꽤 소름이 돋는 모양.

¶찬 바람이 불자 **오스스** 팔다리에 소름이 끼쳤다./머리칼을 아무렇게나 흩뜨리면서 차가운 바람이 지나가고 있었다. 몸이 **오스스** 떨려 왔다.≪윤흥길, 묵시의 바다≫/등골을 찬물이 타고 내려가는 듯, 갑례는 온몸에 **오스스** 소름이 돋았다.≪하근찬, 야호≫

오슬-오슬

의미 [+모양],[+공포]v[+추위],[+신체],[+수축]v[+소름],[+반복]

제약

=오삭오삭. 몹시 무섭거나 추워서 자꾸 몸이 움츠러들거나 소름이 끼치는 모양.

¶몸살이 났는지 몸이 **오슬오슬** 떨린다./온몸은 식은땀으로 축축이 젖어 **오슬오슬** 한기가 오는데 목구멍은 조갈증으로 타는 듯 따가웠다.≪김원일, 불의 제전≫

오싹

의미 [+모양],[+공포]v[+추위],[+신체],[+수

축]v[＋소름],[＋순간]

제약

몹시 무섭거나 추워서 갑자기 몸이 움츠러들거나 소름이 끼치는 모양.

¶겨울밤의 한기에 **오싹** 소름이 끼쳤다./그 비명 소리는 온몸에 **오싹** 전율이 일게 하는 것이었다./외투를 입었는데도 몸이 **오싹** 움츠러들었다. ≪유재용, 성역≫

오싹-오싹

의미 [＋모양],[＋공포]v[＋추위],[＋신체],[＋수축]v[＋소름],[＋반복]

제약

몹시 무섭거나 추워서 자꾸 몸이 움츠러들거나 소름이 끼치는 모양.

¶소름이 **오싹오싹** 끼치다./길상은 **오싹오싹** 스며드는 한기를 느끼며 몸을 움츠린다.≪박경리, 토지≫

오연-히

의미 [＋태도],[＋거만],[＋평온]

제약

태도가 거만하거나 그렇게 보일 정도로 담담하게.

¶이홍장은 한껏 오만한 자세로 자기를 위한 성전에 **오연히** 군림하고 있었다.≪유주현, 대한 제국≫

오작-오작

의미 [＋모양],[＋전진],[＋반복]

제약

① 조금씩 자꾸 나아가는 모양.

¶아기가 **오작오작** 기어 다닌다.

의미 [＋모양],[±증가],[＋소량]

제약 { }-{불어나다, 줄어들다}

② 조금씩 불어나거나 줄어드는 모양.

오졸-오졸

의미 [＋모양],[＋사람]v[＋동물],[＋운동],[＋박자],[＋반복]

제약 { }-{움직이다}

몸이 작은 사람이나 짐승이 가볍게 율동적으로 자꾸 움직이는 모양.

오종종-히

의미 [＋상태],[＋물건],[－크기],[＋원형],[＋밀

집]

제약

① 잘고 둥근 물건들이 한데 빽빽하게 모여 있는 상태로.

의미 [＋얼굴],[－크기],[＋옹졸]

제약

② 얼굴이 작고 옹졸한 데가 있게.

오죽

의미 [＋강조],[＋정도]

제약

(주로 추측을 나타내는 어미 '-겠-'과 의문형 어미를 가진 서술어, 또는 '-으면' 어미를 가진 서술어와 함께 쓰여) '얼마나'의 뜻을 나타내는 말. 늑오죽이.

¶집 안에 있어도 이렇게 추운데 밖은 **오죽** 춥겠니?/**오죽** 답답했으면 우리에게까지 그런 부탁을 했겠어?/사내 녀석이 **오죽** 못났으면 마누라한테 쥐여살아?

오죽-이

의미 [＋강조],[＋정도]

제약

(주로 추측을 나타내는 어미 '-겠-'과 의문형 어미를 가진 서술어, 또는 '-으면' 어미를 가진 서술어와 함께 쓰여)=오죽.

¶**오죽이** 밥을 먹어 댔으면 사흘쯤 굶은 사람으로 오해했겠습니까./청춘에 끓는 그의 마음이 **오죽이** 괴로웠을까.≪계용묵, 청춘도≫

오죽-이나

의미 [＋강조],[＋정도]

제약

'오죽'을 강조하여 이르는 말. '얼마나'의 뜻을 나타내는 말.

¶**오죽이나** 배가 고팠으면 저렇게 게 눈 감추듯 밥을 먹어 치울까./오늘같이 달이 밝은 날 그녀가 내 곁에 있었으면 **오죽이나** 좋겠습니까?

오죽잖-이

의미 [－보통],[－기준]

제약

예사 정도도 못 될 만큼 변변하지 아니하게.

오지끈

의미 [+소리]v[+모양],[+물건],[+절단]v[+파손]

제약 {물건}-{부러지다, 부서지다}

작고 단단한 물건이 부러지거나 부서지는 소리. 또는 그 모양.

¶그릇이 오지끈 깨어졌다.

오지끈-똑딱

의미 [+소리]v[+모양],[+물건],[+절단]v[+파손],[+충돌]

제약 {물건}-{부러지다, 부서지다, 부딪치다}

작고 단단한 물건이 요란스럽게 부러지거나 부서지며 다른 물체와 부딪치는 소리. 또는 그 모양.

¶음식을 집으려는데 나무젓가락이 **오지끈똑딱** 부러지고 말았다.

오지끈-오지끈

의미 [+소리]v[+모양],[+물건],[+절단]v[+파손],[+반복]

제약 {물건}-{부러지다, 부서지다}

작고 단단한 물건이 자꾸 부러지거나 부서지는 소리. 또는 그 모양.

¶어머니는 마른 나뭇가지를 **오지끈오지끈** 부러뜨려 아궁이 불 속에 넣으셨다.

오지직

의미 [+소리]v[+모양],[+물건],[+절단]v[+분리]v[+파손]

제약 {물건}-{부러지다, 찢어지다, 부서지다}

① 작고 단단한 물건이 부러지거나 찢어지거나 바서지는 소리. 또는 그 모양.

¶화가 난 그는 나무젓가락을 오지직 부러뜨렸다.

의미 [+소리]v[+모양],[+짚]v[+나뭇잎],[+연소]

제약 {짚, 나뭇잎}-{타다}

② 잘 마르지 아니한 짚이나 나뭇잎 따위가 불에 타는 소리. 또는 그 모양.

¶가을 낙엽 태우는 소리가 오지직 들린다.

의미 [+소리]v[+모양],[+국물],[+비등],[-수분]

제약 { }-{졸아붙다}

③ 국물 따위가 바싹 졸아붙을 때 나는 소리.

또는 그 모양.

오지직-오지직

의미 [+소리]v[+모양],[+물건],[+절단]v[+분리]v[+파손],[+반복]

제약 {물건}-{부러지다, 찢어지다, 부서지다}

① 작고 단단한 물건이 자꾸 부러지거나 찢어지거나 바서지는 소리. 또는 그 모양.

의미 [+소리]v[+모양],[+짚]v[+나뭇잎],[+연소],[+반복]

제약 {짚, 나뭇잎}-{타다}

② 잘 마르지 아니한 짚이나 나뭇잎 따위가 자꾸 불에 타는 소리. 또는 그 모양.

¶모닥불 속에서 덜 마른 나뭇잎이 오지직오지직 탄다.

의미 [+소리]v[+모양],[+국물],[+비등],[-수분],[+반복]

제약 { }-{졸아붙다}

③ 국물 따위가 자꾸 바싹 졸아붙을 때 나는 소리. 또는 그 모양.

¶된장찌개를 센 불에 올려놓았더니 오지직오지직 졸아든다.

오직

의미 [+유일],[+정도]

제약

여러 가지 가운데서 다른 것은 있을 수 없고 다만.

¶오직 그녀만을 사랑한다./그는 일 년 동안 오직 공부에만 열중했다./그들이 부지런히 일하는 것은 오직 먹고살기 위한 것일 뿐이다.

오직-오직

의미 [+소리]v[+모양],[+물건],[+절단]v[+분리]v[+파손],[+반복]

제약 {물건}-{부러지다, 찢어지다, 부서지다}

질기고 단단하게 생긴 작은 물건이 자꾸 부러지거나 찢어지거나 부서지는 소리. 또는 그 모양.

¶사탕을 오직오직 깨물다.

오짝-오짝

의미 [+모양],[+전진],[+반복]

제약

① 조금씩 자꾸 나아가는 모양. '오작오작①'보

다 센 느낌을 준다.

의미 [+모양],[±증가],[+소량]

제약 { }-{불어나다, 줄어들다}

② 조금씩 불어나거나 줄어드는 모양. '오작오작②'보다 센 느낌을 준다.

오쫄-오쫄

의미 [+모양],[+사람]v[+동물],[+운동],[+박자],[+반복]

제약 { }-{움직이다}

몸이 작은 사람이나 짐승이 가볍게 율동적으로 자꾸 움직이는 모양. '오졸오졸'보다 센 느낌을 준다.

오톨-도톨

의미 [+모양],[+표면]v[+바닥],[+돌출],[-균일],[+다수]

제약

물건의 거죽이나 바닥이 여기저기 잘게 부풀어 올라 고르지 못한 모양.

¶좁쌀 따위 같은 것이 **오톨도톨** 돋은 살갗.

오호호

의미 [+소리]v[+모양],[+웃음],[+여자],[+유연]

제약 {여자}-{웃다}

간드러지게 웃는 여자의 웃음소리. 또는 그 모양.

¶아이 고소해라, <u>오호호</u>.

오히려

의미 [+기준]v[+예상]v[+짐작]v[+기대],[+반대]

제약

① 일반적인 기준이나 예상, 짐작, 기대와는 전혀 반대가 되거나 다르게.

¶자기가 잘못하고서는 오히려 큰소리친다./우리의 도움이 오히려 그들에게 해가 되지나 않을지 걱정된다./그의 웃음소리는 호탕하기는커녕 오히려 가련하게 들렸다./그런데 우습게도 나는 처음과는 달리 불쾌하지 않았고, 오히려 야릇한 호기심마저 일어나는 것이었다.≪김성동, 만다라≫

의미 [+선택],[+부정]

제약

② 그럴 바에는 차라리.

¶머리를 숙이느니 오히려 죽는 게 나을 것이다.

옥시글-옥시글

의미 [+모양],[+다수],[+집합],[+소란],[+정도]

제약

여럿이 한데 모여 몹시 들끓는 모양.

¶좁은 골목에 아이들이 몰려와 **옥시글옥시글** 떠들어 댄다./하찮은 얘기가 그 으스레하고 격리된 고장에선 호들갑스러운 탄성을 지르게도 하고, **옥시글옥시글** 재미난 상상력을 불러일으키게도 했다.≪박완서, 그 많던 싱아는 누가 다 먹었을까≫

옥신-각신

의미 [+모양],[±정당],[+시비]

제약 {사람}-{다투다}

서로 옳으니 그르니 하며 다투는 모양.

¶상인들이 물건값을 흥정하느라 **옥신각신** 떠들고 있다./밤이 늦도록까지 **옥신각신** 의견이 맞지 않았으나 결국 이쯤 해 두고 돌아가서 형편을 보는 것이 좋겠다는 의견들이었다.≪송기숙, 암태도≫

옥신-옥신

의미 [+모양],[+다수],[+밀집],[+소란],[+정도]

제약

① 여럿이 한데 뒤섞여 매우 수선스럽게 들끓는 모양.

의미 [+느낌],[+머리]v[+상처],[+고통],[+반복]

제약 { }-{거리다, 아프다}

② 머리나 상처 따위가 자꾸 조금씩 쑤시는 듯이 아픈 느낌.

¶감기 몸살인지 온몸이 **옥신옥신** 아프다.

의미 [+모양],[±정당],[+시비],[+반복]

제약 {사람}-{다투다}

③ 서로 옳으니 그르니 하며 계속 다투는 모양.

옥실-옥실

의미 [+모양],[+다수],[+집합],[+소란],[+정도]

제약

① '옥시글옥시글'의 준말. 여럿이 한데 모여 몹시 들끓는 모양.

의미 [+모양],[+재미],[+기쁨],[+정도]

제약

② 아기자기한 재미 따위가 많은 모양.

옥작-복작

의미 [+모양],[+다수],[+집합],[+소란],[+반복]

제약

여럿이 한데 모여 수선스럽게 자꾸 들끓는 모양.

¶상인들이 흥정을 하느라 옥작복작 떠들고 있다.

옥작-옥작

의미 [+모양],[+다수],[+밀집],[+소란]

제약

여럿이 한곳에 모여 조금 수선스럽게 들끓는 모양.

¶모두 한속으로 도적놈들끼리 옥작옥작, 차 치고 포 치고 한 것, 인감도장이 찍혔는지, 땡감 도장이 찍혔는지 뉘 아들놈이 알아?≪송기숙, 자랏골의 비가≫

온건-히

의미 [+생각]v[+행동],[+이치],[+건실]

제약

생각이나 행동 따위가 사리에 맞고 건실하게.

¶우린 온건히 처리할 방침인데 여론이 몹시 나쁜 데다가 당신이 이렇게 완강히 고집을 부리니 하는 수 없소.≪선우휘, 사도행전≫

온공-히

의미 [+성격],[+태도],[+온화],[+공손]

제약

성격, 태도 따위가 온화하고 공손하게.

온당-히

의미 [+판단]v[+행동],[+정당]

제약

판단이나 행동 따위가 사리에 어긋나지 아니하고 알맞게.

¶다만 모자지정을 떼는 것이 애처롭지마는 제대로 갈 길만 온당히 밟아 갈 수만 있다면 난 말리지 않을 작정이오.≪염상섭, 화관≫

온데간데없-이

의미 [-흔적]

제약

감쪽같이 자취를 감추어 찾을 수가 없게. 늑간데온데없이.

¶수위실까지 와서 전화까지 해 놓곤 기다릴 새도 없이 내려갔는데 찾아온 사람이 온데간데없이 사라져 버렸다면 섬뜩한 기분이 안 될 수 없을 것이 아닌가.≪이병주, 행복어 사전≫

온순-히[01]

의미 [+온화],[+단순]

제약

온화하고 단순하게.

온순-히[02]

의미 [+성질]v[+마음],[+온화],[+온순]

제약

성질이나 마음씨가 온화하고 양순하게.

¶학생은 묻는 말에 온순히 대답했다.

온연-히

의미 [+성격],[+온화],[+원만]

제약

성격이 온화하고 원만하게.

온-이

의미 [+전부]

제약

(주로 '온이로' 꼴로 쓰여) 전부 다.

온전-히

의미 [+모양],[+본질],[+유지]

제약

① 본바탕 그대로 고스란히.

¶온전히 보관하다./하루를 온전히 쉬다./명숙의 심신은 온전히 이전 상태로 돌아간 듯싶었다. ≪황순원, 움직이는 성≫

의미 [-과실],[+정당]

제약

② 잘못된 것이 없이 바르거나 옳게.

¶김 대리는 맡은 일을 온전히 수행했다./오장육부를 온전히 갖춘 사람치고 승산 없는 싸움인 줄 알면서 번연히 왜 사지에 뛰어들겠습니까? ≪현기영, 변방에 우짖는 새≫

온-종일

의미 [+기간],[+하루],[+지속]

제약

아침부터 저녁까지 내내. 늑종일·진종일.

¶**온종일** 굶다./아궁이에 불을 넣고 방구석에 숯불을 피우고 나는 **온종일** 책상에서 일을 하고 있다.≪김동리, 화랑의 후예≫

온천-히

의미 [+물건],[-감소],[+완전]v[+다량]

제약

모아 놓은 물건의 양이 축남이 없이 온전하거나 상당히 많게.

온-통

의미 [+전부]

제약

전부 다.

¶차창을 스쳐 가는 풍경이 나를 **온통** 사로잡았다./골짜기는 온통 초록색으로 덮여 있었다./하늘은 **온통** 검은 구름에 휩싸였다.

온편-히

의미 [+사리],[+원만]

제약

① 사리에 맞고 원만하게.

¶복술은 한숨 늦추어 가지고 될 수 있는 대로 감정이 상하지 않을 정도로 **온편히** 말하였다. ≪한설야, 황혼≫

의미 [+편안],[+편리]

제약

② 안온하고 편리하게.

온화스레

의미 [+온화],[+평화]

제약

보기에 따사롭고 평화스러운 데가 있게.

올각

의미 [+소리]v[+모양],[+구토],[+순간]

제약 { }-{게우다, 올리다, 토하다}

① 먹은 것을 갑자기 조금 게울 때 나는 소리. 또는 그 모양.

¶**올각** 게우다./아기가 우유를 급하게 먹다가 올각 올렸다.

의미 [+소리]v[+모양],[+물],[+입],[+간직],

[+볼],[+운동]

제약

② 입 안에 물을 조금 머금고 볼을 움직여 내는 소리. 또는 그 모양.

¶동생이 마당에 양칫물을 **올각** 내뱉는다.

올각-올각

의미 [+소리]v[+모양],[+구토],[+연속]

제약 { }-{게우다, 올리다, 토하다}

① 먹은 것을 조금씩 잇따라 게우는 소리. 또는 그 모양.

의미 [+소리]v[+모양],[+물],[+입],[+간직],

[+볼],[+운동]

제약

② 입 안에 물을 조금 머금고 볼을 움직여 잇따라 내는 소리. 또는 그 모양.

¶그녀는 깨끗한 물로 입 안을 **올각올각** 헹구어 냈다.

올강-볼강

의미 [+모양],[+물건],[+씹음],[-용이],[+활주]v[+돌출],[+반복]

제약

단단하고 오돌오돌한 물건이 잘 씹히지 아니하고 입 안에서 요리조리 자꾸 미끄러지거나 볼가지는 모양.

올강-올강

의미 [+모양],[+물건],[+씹음],[-용이],[+활주],[+반복]

제약

단단하고 오돌오돌한 물건이 잘 씹히지 아니하고 입 안에서 요리조리 자꾸 미끄러지는 모양.

올곧-이

의미 [+타인],[+언사],[+신뢰]

제약

남의 말을 그대로 믿고.

¶여기까지 말을 하니 그는 더 묻지 않았다. 그런대로 **올곧이** 듣고, 우편으로 부친 편지를 후회하는 모양이었다.≪김유정, 생의 반려≫

올공-볼공

의미 [+모양],[+물건],[+씹음],[-용이],[+활주]v[+돌출],[+반복]

제약

단단하고 오돌오돌한 물건이 입 안 깊숙이에서 요리조리 자꾸 미끄러지며 볼가지는 모양.

¶그는 날밤을 **올공볼공** 겨우 먹었다.

올공-올공

의미 [+모양],[+물건],[+씹음],[-용이],[+활주],[+반복]

제약

단단하고 오돌오돌한 물건이 입 안 깊숙이에서 요리조리 자꾸 미끄러지는 모양.

¶보리밥은 입 안에서 **올공올공** 잘 씹히지 않는다.

올근-볼근01

의미 [+모양],[+물건],[+씹음],[+돌출]

제약

질긴 물건을 입에 넣고 볼을 오물거리며 볼가지게 씹는 모양.

¶아버지께서 술안주로 미역 줄기를 **올근볼근** 씹고 계신다.

올근-볼근02

의미 [+모양],[+사람],[+수척],[+정도]

제약 { }-{앙상하다, 야위다}

① 몸이 야위어 갈빗대가 드러나 보이는 모양.

¶얼마나 굶었는지 **올근볼근** 뼈만 앙상하다.

의미 [+모양],[+근육]v[+힘줄],[-균일],[+돌출]

제약 {근육, 힘줄}-{나오다}

② 근육이나 힘줄 따위가 고르지 않게 여기저기 조금씩 볼가져 나온 모양.

¶**올근볼근** 나온 근육.

올근-볼근03

의미 [+관계],[-친밀],[+시비]

제약 {사람}-{다투다}

서로 사이가 틀어져서 맞서서 잘 다투는 모양.

¶두 사람은 앞뒷집에 살면서 원수처럼 툭하면 **올근볼근** 시비가 많다.

올근-올근

의미 [+모양],[+물건],[+씹음],[+반복]

제약 { }-{씹다}

질긴 물건을 입에 넣고 볼을 오물거리며 자꾸

씹는 모양.

올긋-볼긋

의미 [+모양],[+색],[+다수],[+혼재],[+혼란]

제약

좀 짙고 옅은 여러 가지 빛깔이 야단스럽게 한데 뒤섞여 있는 모양.

¶온 산이 단풍으로 **올긋볼긋** 물들어 있다./소풍 나온 유치원생들이 차려입은 옷이 **올긋볼긋** 곱다.

올깍

의미 [+소리]v[+모양],[+구토],[+순간]

제약 { }-{게우다, 올리다, 토하다}

① 먹은 것을 갑자기 조금 게울 때 나는 소리. 또는 그 모양. '올각①'보다 센 느낌을 준다.

¶아기가 젖을 **올깍** 게웠다./아내는 약을 먹자마자 **올깍** 게우고 말았다.

의미 [+소리]v[+모양],[+물],[+입],[+간직],[+볼],[+운동]

제약

② 입 안에 물을 조금 머금고 볼을 움직여 내는 소리. 또는 그 모양. '올각②'보다 센 느낌을 준다.

¶동생은 양칫물로 입을 **올깍** 헹구었다.

올깍-올깍

의미 [+소리]v[+모양],[+구토],[+연속]

제약 { }-{게우다, 올리다, 토하다}

① 먹은 것을 조금씩 잇따라 게우는 소리. 또는 그 모양. '올각올각①'보다 센 느낌을 준다.

의미 [+소리]v[+모양],[+물],[+입],[+간직],[+볼],[+운동],[+연속]

제약

② 입 안에 물을 조금 머금고 볼을 움직여 잇따라 내는 소리. 또는 그 모양. '올각올각②'보다 센 느낌을 준다.

¶물을 한 모금 물고 **올깍올깍** 입 안을 가셔 내었다.

올데갈데없-이

의미 [-체류]v[-의지]

제약

① 사람이 머물러 살 곳이나 의지할 곳이 없이.

¶그인 집밖엔 **올데갈데없이** 외로운 사람이에요.

의미 [− 방법], [− 희망]

제약

② 어찌할 도리가 없이. 또는 다른 여지가 없이.

¶이쪽으로 넘어오기만 하면 **올데갈데없이** 우리 집이야.≪최정희, 정적 일순≫/**올데갈데없이** 양국 군함이 마주쳐 대포 소리가 극동을 진동하고….≪육정수, 송뢰금≫

올딱

의미 [+ 모양], [+ 구토], [+ 전부]

제약 { } − { 게우다, 올리다, 토하다 }

먹은 것을 전부 게워 내는 모양.

¶아이는 그나마 먹어 우유 몇 모금을 **올딱** 게우고 말았다./속이 메스꺼운데 차라리 **올딱** 게우기라도 했으면 좋겠다.

올딱-올딱

의미 [+ 모양], [+ 구토], [+ 연속]

제약 { } − { 게우다, 올리다, 토하다 }

먹은 것을 계속 게워 내는 모양.

¶아이는 차멀미 때문에 아침에 먹은 음식물을 **올딱올딱** 다 토하고 말았다.

올똑-볼똑

의미 [+ 모양], [+ 표면], [− 균일], [+ 다수], [+ 요철]

제약 { } − { 나오다 }

① 물체의 거죽이나 면이 고르지 않게 여기저기 작게 나오고 들어간 모양.

¶자루에 넣은 나무토막들이 **올똑볼똑** 튀어나와 있다.

의미 [+ 모양], [+ 성미], [+ 조급], [+ 변덕], [+ 언사]v[+ 행동], [+ 포악]

제약

② 성미가 급하고 변덕스러워 말이나 행동이 우악스러운 모양.

¶그는 툭하면 **올똑볼똑** 성을 잘 낸다.

올랑-올랑

의미 [+ 모양], [+ 경악]v[+ 공포], [+ 가슴], [+ 요동], [+ 반복]

제약 { 가슴 } − { 두근거리다 }

① 놀라거나 두려워서 가슴이 자꾸 두근거리는 모양.

¶그녀는 남자를 보기만 하여도 가슴이 **올랑올랑** 흔들렸다.

의미 [+ 모양], [+ 구토], [+ 거북], [+ 반복]

제약 { } − { 거리다, 부대끼다 }

② 속이 매슥매슥하여 자꾸 토할 것 같은 모양.

¶낮에 먹은 음식이 체하였는지 속이 **올랑올랑** 부대낀다.

의미 [+ 모양], [+ 물결], [+ 요동], [+ 연속]

제약 { 물결 } − { 흔들리다 }

③ 작은 물결이 잇따라 흔들리는 모양.

¶잔잔한 호수에 바람이 불자 물결이 **올랑올랑** 인다.

올랑-촐랑

의미 [+ 소리]v[+ 모양], [+ 물결], [− 일정], [+ 충돌]

제약 { 물결 } − { 부딪치다 }

① 작은 물결이 여기저기 부딪치는 소리. 또는 그 모양.

¶잔잔한 바람이 불자 잔물결이 **올랑촐랑** 호숫가에 부딪친다.

의미 [+ 소리]v[+ 모양], [+ 물], [+ 요동], [+ 그릇]

제약

② 작은 그릇에 담긴 물이 흔들리는 소리. 또는 그 모양.

올록-볼록

의미 [+ 모양], [+ 표면], [− 균일], [+ 요철]

제약 { } − { 튀어나오다 }

물체의 거죽이나 면이 고르지 않게 높고 낮은 모양.

¶알밤을 넣은 바지 주머니가 **올록볼록** 튀어나왔다.

올막-졸막

의미 [+ 모양], [+ 덩어리], [− 균일], [+ 나열]

제약

작은 덩어리들이 고르지 않게 많이 벌여 있는 모양.

¶초가집들이 **올막졸막** 들어섰다.

올망-졸망

의미 [+모양],[−크기],[+분명],[−균일],[+나열]

제약

① 작고 또렷한 것들이 고르지 않게 많이 벌여 있는 모양.

¶예쁜 인형들이 **올망졸망** 진열되어 있다./설익은 대추가 **올망졸망** 달려 있다./퀴퀴하고 침침한 소례의 방 천장과 시렁에는 한약방 약봉지처럼 올망졸망 주렁주렁 오만 것이 다 매달려 있다.≪최명희, 혼불≫

의미 [+모양],[+아이],[+미려],[+유사],[+밀집],[+다수]

제약

② 귀엽고 엇비슷한 아이들이 많이 있는 모양.

¶아이들이 **올망졸망** 모여 앉아 소꿉놀이를 한다.

올목-졸목

의미 [+모양],[−크기],[+돌출],[−균일],[+밀집],[+나열]

제약

자잘하고 도드라진 것들이 고르지 않고 **빽빽**하게 벌여 있는 모양.

¶차창 밖으로 멀리 보이는 시골집들이 **올목졸목** 모여 있다.

올몽-졸몽

의미 [+모양],[+덩어리],[±크기],[+미려],[−균일],[+밀집],[+나열]

제약

귀엽게 생긴 크고 작은 덩어리들이 고르지 않고 빽빽하게 벌여 있는 모양.

올-바로

의미 [+정당]

제약

곧고 바르게.

¶문제를 **올바로** 파악하다./현상을 **올바로** 인식하다./**올바로** 살려고 노력하다./가치관을 **올바로** 세우다./정신이 **올바로** 박힌 사람이라면 굳이 쉬운 길을 두고 그렇게 어려운 길을 가겠습니까?

올쏙-볼쏙

의미 [+모양],[+모],[−균일],[−일정],[+돌출]

제약

조그마한 모가 고르지 아니하게 여기저기 솟은 모양.

올연

의미 [+모양],[+유일],[+높이]

제약

홀로 우뚝한 모양. ≒올연히.

¶끝끝내 나오는 성향이 다르지만 나의 형님은 그 당시는 독실한 기독교 신자로서 책상 앞에 **올연** 단좌하여….≪변영로, 명정 40년≫

올연-히

의미 [+모양],[+유일],[+높이]

제약

=올연. 홀로 우뚝한 모양.

¶그래도 풍운 우세(雨勢) 속에서 **올연히** 그 형자를 잃지 않고 서 있는 옛 석탑의 그 그리운 모습과 닮은 데가 있다.≪이어령, 흙 속에 저 바람 속에≫

올올01

의미 [+모양],[+추위],[+순간],[+신체],[+축소],[+요동]

제약 { }-{떨다}

갑자기 추워서 몸을 옹그리고 떠는 모양.

¶추워서 하루 종일 **올올** 떨었다./**올올** 떨리는 가슴. 손가락 하나 꼼짝달싹할 수 없이 온몸이 자지러지는 듯한 순간.≪현진건, 적도≫

올올02

의미 [+모양],[+마음],[+집중],[+착석]

제약 { }-{앉다}

① 꼼짝도 하지 않고 마음을 한 곳에 집중하여 똑바로 앉아 있는 모양. ≒올올히①.

의미 [+모양],[+산]v[+바위],[+돌출],[+높이]

제약

② 산이나 바위 따위가 우뚝우뚝 솟아 있는 모양. ≒올올히②.

올올-이

의미 [+가닥],[+개별],[+전부]

제약

올마다.

¶은빛 수염을 **올올이** 세운 시아버지의 얼굴은

노한 사자처럼 무서웠다.≪박완서, 미망≫

올올-히
의미 [+모양],[+마음],[+집중],[+착석]
제약 { }-{앉다}
①=올올02①. 꼼짝도 하지 않고 마음을 한 곳에 집중하여 똑바로 앉아 있는 모양.
¶내가 진저리 처지는 감동과 충격을 받았던 아름다움도 청솔 위에 **올올히** 좌정한 학의 고고함도 보이지 않는다.≪김성동, 만다라≫
의미 [+모양],[+산]v[+바위],[+돌출],[+높이]
제약
②=올올02②. 산이나 바위 따위가 우뚝우뚝 솟아 있는 모양.
¶월악산은 태백산 자락을 뻗어 내려와 **올올히** 솟아 있다.

올칵
의미 [+소리]v[+모양],[+구토],[+순간]
제약 { }-{게우다, 올리다, 토하다}
① 먹은 것을 갑자기 조금 게울 때 나는 소리. 또는 그 모양. '올각①'보다 거센 느낌을 준다.
¶아기가 젖을 **올칵** 올렸다.
의미 [+소리]v[+모양],[+물],[+입],[+간직],[+볼],[+운동]
제약
② 입 안에 물을 조금 머금고 볼을 움직여 내는 소리. 또는 그 모양. '올각②'보다 거센 느낌을 준다.
¶막내는 숭늉을 한 모금 마셨다가 맛이 이상한지 **올칵** 내뱉는다.

올칵-올칵
의미 [+소리]v[+모양],[+구토],[+연속]
제약 { }-{게우다, 올리다, 토하다}
① 먹은 것을 조금씩 잇따라 게우는 소리. 또는 그 모양. '올각올각①'보다 거센 느낌을 준다.
¶무엇을 잘못 먹었는지 **올칵올칵** 구역질이 난다.
의미 [+소리]v[+모양],[+물],[+입],[+간직],[+볼],[+운동],[+연속]
제약
② 입 안에 물을 조금 머금고 볼을 움직여 잇따

라 내는 소리. 또는 그 모양. '올각올각②'보다 거센 느낌을 준다.
¶그는 물을 한 모금 머금고 **올칵올칵** 소리를 내며 입 안을 가셔 내었다.

올톡-볼톡
의미 [+모양],[+표면],[-균일],[+다수],[+요철]
제약 { }-{나오다}
① 물체의 거죽이나 면이 고르지 않게 여기저기 작게 나오고 들어간 모양. '올톡볼톡①'보다 거센 느낌을 준다.
¶노인은 밭에 **올톡볼톡** 박혀 있는 자갈을 다 주워 냈다.
의미 [+모양],[+성미],[+조급],[+변덕],[+언사]v[+행동],[+포악]
제약
② 성미가 급하고 변덕스러워 말이나 행동이 우악스러운 모양. '올톡볼톡②'보다 거센 느낌을 준다.

올통-볼통
의미 [+모양],[+표면],[-균일],[+다수],[+요철]
제약
물체의 거죽이나 면이 고르지 않게 여기저기 나오고 들어간 모양.
¶어제 내린 소나기 때문에 길이 **올통볼통** 패어 있다.

옳-이
의미 [+이치],[+정당]
제약
① 사리에 맞고 바르게.
¶살기가 그토록 어려운 까닭은 나라가 **옳이** 다스려지지 못하는 데 있도다./이 서방이 말인즉 **옳이** 했네그려.≪이문구, 오자룡≫
의미 [+격식],[-잘못]v[-결점]
제약
② 격식에 맞아 탓하거나 흠잡을 데가 없게.
¶한복을 **옳이** 차려입다.

옴나위없-이
의미 [-이동],[-여유]

제약

① 꼼짝할 만큼의 적은 여유도 없이.

¶역 대합실 안은 귀성 인파로 **옴나위없이** 붐볐다.

의미 [-도리],[-방법]

제약

② 어찌할 도리가 없이. 또는 달리 표현할 방법이 없이.

¶**옴나위없이** 당하는가 싶었는데 멀리서 호각 소리가 났다./**옴나위없이** 불난 강변에 덴 소 날뛰듯….≪송기숙, 자랏골의 비가≫

옴니-암니

의미 [+모양],[+일],[+잔망],[+계산]v[+검토]

제약

자질구레한 일에 대하여까지 좀스럽게 셈하거나 따지는 모양. 늑암니옴니.

¶**옴니암니** 생각해 봐도 땅문서보다는 종 문서를 받아야……≪송기숙, 자랏골의 비가≫/반장이 세 시간 동안에 받은 진술을 그들은 **옴니암니** 따져 가며 아홉 시간이나 걸려 확인한 것이었다.≪이문열, 변경≫/들려오는 풍설에는 그동안 **옴니암니** 돈을 모아 영산포에 땅마지기나 샀다고 하였다.≪문순태, 타오르는 강≫

옴실-옴실

의미 [+모양],[+벌레],[+밀집],[+운동],[+반복]

제약 {벌레}-{움직이다}

작은 벌레 따위가 한곳에 많이 모여 자꾸 움직이는 모양.

¶거미의 집에는 수많은 새끼들이 **옴실옴실** 매달려 있었다./알에서 막 깨어난 작은 누에들이 **옴실옴실** 기어 다닌다.

옴쏙01

의미 [+모양],[+물체],[+바닥]v[+면],[+함몰]

제약 { }-{들어가다}

물체의 바닥이나 면이 오목하게 쏙 들어간 모양.

¶그녀는 보조개가 **옴쏙** 들어가 있다./채련이의 **옴쏙** 들어간 오른편 이빨이 하얗게 반짝한다.

≪염상섭, 무화과≫

옴쏙02

의미 [+모양],[+물건],[+씹음],[+맛]

제약 { }-{씹다}

작은 것을 입에 넣고 맛있게 씹는 모양.

옴쏙-옴쏙01

의미 [+모양],[+물체],[+바닥]v[+면],[+함몰],[+다수]

제약 { }-{들어가다}

물체의 바닥이나 면이 여기저기 오목하게 쏙 들어간 모양.

¶달의 표면은 분화구처럼 **옴쏙옴쏙** 들어간 곳이 많다고 한다.

옴쏙-옴쏙02

의미 [+모양],[+물건],[+씹음],[+맛]

제약 { }-{씹다}

작은 것을 입에 넣고 자꾸 맛있게 씹는 모양.

¶그런데 이 각시는 그렇게 **옴쏙옴쏙** 밥 먹는 것까지 예뻤던가 보더라.≪최명희, 혼불≫

옴씰

의미 [+모양],[+경악],[+신체],[+수축]

제약 {몸}-{움츠리다}

깜짝 놀라서 몸을 뒤로 조금 움츠리는 모양.

¶그는 어둠 속에 나타난 이상한 그림자를 보고는 **옴씰** 움츠러들었다.

옴씰-옴씰

의미 [+모양],[+경악],[+신체],[+수축],[+연속]

제약 {몸}-{움츠리다}

깜짝 놀라서 잇따라 몸을 뒤로 조금 움츠리는 모양.

¶여자아이들은 가랑잎이 바스락거리는 소리에도 **옴씰옴씰** 놀라며 무서워하였다.

옴죽

의미 [+모양],[+신체],[+수축]v[+팽창]

제약 {몸}-{못하다, 않다, 말다}

(주로 '못하다', '않다', '말다' 따위의 부정어와 함께 쓰여) 몸의 한 부분을 움츠리거나 펴거나 하여 한 번 움직이는 모양.

¶아이가 다쳐서 몸도 **옴죽** 않고 누워 있으니 부

모가 얼마나 답답할까?

옴죽-옴죽

의미 [+모양],[+신체],[+수축]v[+팽창],[+연속]

제약 {몸}-{움직이다}

몸의 한 부분을 옴츠리거나 펴거나 하며 잇따라 움직이는 모양.

¶그는 꽁꽁 언 발가락을 **옴죽옴죽** 움직여 보았으나 감각이 느껴지지 않았다.

옴지락-옴지락

의미 [+모양],[-크기],[+운동],[-속도],[+반복]

제약 { }-{움직이다}

작은 것이 자꾸 느릿느릿 움직이는 모양.

¶옴지락옴지락 꾸물거리다./고사리 같은 손으로 과자를 **옴지락옴지락** 집어 먹는 아이의 모습이 귀엽다.

옴직-옴직

의미 [+모양],[+신체],[+운동],[-크기],[+반복]

제약 {몸}-{움직이다}

몸이나 몸의 일부를 작게 자꾸 움직이는 모양.

¶신발이 잘 맞는지 발가락을 **옴직옴직** 움직여 봐./개구쟁이가 장난을 치고 싶어서 엉덩이를 옴직옴직 들썩거린다.

옴질-옴질[01]

의미 [+모양],[+신체],[+운동],[-속도],[+반복]

제약 {몸}-{움직이다}

① 작은 몸을 굼뜨게 자꾸 움직이는 모양.

¶병 속에 잡아 넣은 메뚜기들이 **옴질옴질** 움직인다./선희는 손가락 끝을 **옴질옴질** 뒤로 물리면서 무릎 썰었다.≪이광수, 흙≫

의미 [+모양],[+태도],[-결정],[+주저]

제약 { }-{미루다}

② 결단성 없이 약간 망설이며 주저주저하는 모양.

¶그렇게 **옴질옴질** 미루다가 언제 일을 끝내려고 하느냐. 서둘러서 마무리해라.

옴질-옴질[02]

의미 [+모양],[+물건],[+씹음],[+반복]

제약 { }-{씹다}

질긴 것을 입 안에 넣고 오물거리며 자꾸 씹는 모양.

¶할머니는 고기가 질긴지 한참씩 **옴질옴질** 씹으신다.

옴짝

의미 [+모양],[+신체],[+수축]v[+팽창]

제약 {몸}-{못하다, 않다, 말다}

(주로 '못하다', '않다', '말다' 따위의 부정어와 함께 쓰여) 몸의 한 부분을 옴츠리거나 펴거나 하며 작게 한 번 움직이는 모양.

¶닭이 죽은 듯이 **옴짝** 않고 있다./잠시만 여기서 **옴짝** 말고 있어라./어머니의 감시 때문에 나는 책상 앞에 앉아서 **옴짝**도 못하고 있었다./모이를 주면서 은단 몇 알만 뿌려 주면 말이야 이놈이 먹고서는 **옴짝** 못한단 말이야….≪황순원, 그늘≫

옴짝-달싹

의미 [+모양],[+신체],[+운동],[-크기]

제약 {몸}-{못하다, 않다, 말다}

(주로 '못하다', '않다', '말다' 따위의 부정어와 함께 쓰여) 몸을 아주 조금 움직이는 모양.

¶옴짝달싹 못하게 묶다./빗속에 갇혀 **옴짝달싹** 못하게 되다./그는 **옴짝달싹** 않고 공부만 한다.

옴짝-옴짝

의미 [+모양],[+신체],[+수축]v[+팽창],[-크기],[+반복]

제약 {몸}-{움직이다}

몸의 한 부분을 옴츠리거나 펴거나 하며 작게 자꾸 움직이는 모양.

¶사람들은 앉은 자리를 좁히느라고 가운데 쪽으로 **옴짝옴짝** 움직였다./장갑을 끼려고 손가락을 **옴짝옴짝** 움직였으나 잘 들어가지 않는다.

옴쭉

의미 [+모양],[+신체],[+수축]v[+팽창]

제약 {몸}-{못하다, 않다, 말다}

(주로 '못하다', '않다', '말다' 따위의 부정어와 함께 쓰여) 몸의 한 부분을 옴츠리거나 펴거나 하며 한 번 움직이는 모양. '옴죽'보다 센 느낌을 준다.

¶옴쭉 말고 앉아 있어라./차에 손님을 얼마나 태
웠는지 발도 옴쭉 못할 정도였다./험상을 지어
가며 언성을 높이는 일 전혀 없이도 상대방을
옴쭉 못하게 다스릴 줄 아는 배 선생의 수완에
혀를 내두른 적이 한두 번이 아니었다.≪윤흥길,
묵시의 바다≫

옴쭉-옴쭉

　의미 [+모양],[+신체],[+수축]v[+팽창],[+연
속]

　제약 {몸}-{움직이다}

　몸의 한 부분을 옴츠리거나 펴거나 하며 잇따라
움직이는 모양. '옴죽옴죽'보다 센 느낌을 준다.

　¶우리는 선 채로 발을 조금씩 옴쭉옴쭉 움직이
면서 옆으로 이동해 갔다.

옴찍-옴찍

　의미 [+모양],[+신체],[+운동],[-크기],[+반
복]

　제약 {몸}-{움직이다}

　몸이나 몸의 일부를 작게 자꾸 움직이는 모양.
'옴직옴직'보다 센 느낌을 준다.

　¶얼어서 무디어진 발가락을 옴찍옴찍 움직여 보
았다.

옴찔

　의미 [+모양],[+경악],[+신체],[+축소],[+순
간]

　제약 { }-{움츠리다}

　깜짝 놀라 갑자기 몸을 옴츠리는 모양.

　¶그는 바스락하는 소리에 옴찔 놀랐다.

옴찔-옴찔01

　의미 [+모양],[+경악],[+신체],[+축소],[+순
간],[+연속]

　제약 { }-{움츠리다}

　깜짝 놀라 갑자기 몸을 잇따라 옴츠리는 모양.

　¶강도의 칼날 앞에서 나는 옴찔옴찔 물러설 수
밖에 없었다.

옴찔-옴찔02

　의미 [+모양],[+신체],[+운동],[-속도],[+반
복]

　제약 {몸}-{움직이다}

　① 작은 몸을 굼뜨게 자꾸 움직이는 모양. '옴질

옴질01①'보다 센 느낌을 준다.

　¶송충이 한 마리가 옴찔옴찔 기어간다./할아버지
의 말씀이 길어지자 기차 시간에 늦을까 봐 불
안한 마음에 엉덩이를 옴찔옴찔 들썩일 뿐 말을
하지 못하였다.

　의미 [+모양],[+태도],[-결정],[+주저]

　제약 { }-{미루다}

　② 결단성 없이 조금 망설이며 주저주저하는 모
양. '옴질옴질01②'보다 센 느낌을 준다.

옴칠

　의미 [+모양],[+경악],[+신체],[+수축],[+순
간]

　제약 {몸}-{움츠리다}

　깜짝 놀라 갑자기 몸을 옴츠리는 모양. '옴찔'보
다 거센 느낌을 준다.

　¶그는 생각도 못 했던 목격자가 나타나자 옴칠
놀라는 기색이었다.

옴칠-옴칠

　의미 [+모양],[+경악],[+신체],[+수축],[+순
간],[+연속]

　제약 {몸}-{움츠리다}

　깜짝 놀라 갑자기 몸을 잇따라 옴츠리는 모양.
'옴찔옴찔01'보다 거센 느낌을 준다.

　¶우리는 물방울이 떨어질 때마다 옴칠옴칠 놀라
며 한 발자국씩 동굴 안으로 들어갔다.

옴칫

　의미 [+모양],[+경악],[+신체],[+운동],[+순
간]

　제약 {몸}-{움직이다}

　놀라서 갑자기 몸을 가볍게 움직이는 모양.

　¶옴칫 놀라다.

옴칫-옴칫

　의미 [+모양],[+경악],[+신체],[+운동],[+순
간],[+반복]

　제약 {몸}-{움직이다}

　놀라서 갑자기 몸을 가볍게 자꾸 움직이는 모양.

　¶고양이가 다가가자 강아지는 옴칫옴칫 물러선
다./아이가 자다가도 문 여닫는 소리에 옴칫옴칫
놀란다.

옴팍

의미 [+모양],[+중앙],[+오목]

제약

가운데가 오목하게 쏙 들어간 모양.

¶하수구 공사로 마당 한가운데가 **옴팍** 패었다./ 그 얼굴은 처참할 정도로 창백하고 **옴팍** 들어간 눈이 꿈을 꾸는 듯했다.≪최정희, 천맥≫

옴팍-옴팍

의미 [+모양],[+다수],[+오목]

제약

여러 군데가 오목하게 쏙 들어간 모양.

¶눈으로 덮인 산길에는 토끼 발자국이 **옴팍옴팍** 나 있다.

옴포동이같-이

의미 [+모습],[+어린아이],[+비만],[+유연]

제약

① 어린아이가 살이 올라 보드랍고 통통하게.

의미 [+모양],[+한복],[+솜],[+부피]

제약

② 한복 따위에 솜을 두툼하게 두어 옷을 입은 맵시가 통통하게.

옴폭

의미 [+모양],[+중간],[+오목],[+정도]

제약 { }-{파이다}

가운데가 오목하게 폭 들어간 모양. 늑옴폭이

¶땅이 **옴폭** 패다./장성댁은 **옴폭** 팬 볼따구니에 다 시큰둥한 오기를 물고 입이 아프도록 훵한 하품을 해 댄다.≪천승세, 낙월도≫

옴폭-옴폭

의미 [+모양],[+다수],[+오목],[+정도]

제약 { }-{파이다}

여러 군데가 오목하게 폭 들어간 모양.

¶장마가 져서 땅이 여기저기 **옴폭옴폭** 팬 곳이 많다./마당이 질어서 걸을 때마다 발자국이 **옴폭 옴폭** 난다./귀덕이는 마룻장에 주저앉아 빗줄에 **옴폭옴폭** 패는 마당에다 눈길을 떨어뜨린다.≪천 승세, 낙월도≫

옴폭-이

의미 [+모양],[+중간],[+오목],[+정도]

제약 { }-{파이다}

=옴폭. 가운데가 오목하게 폭 들어간 모양.

옹긋-옹긋

의미 [+모양],[+사람]v[+사물],[+유사],[+집 합],[+돌출]

제약

키가 비슷한 사람이나 크기가 비슷한 사물들이 모여 솟아 있거나 볼가져 있는 모양.

¶지나가던 행인들이 **옹긋옹긋** 둘러서서 안을 들 여다보려고 발돋움을 하고 있다./야산에는 작은 소나무들이 **옹긋옹긋** 서 있다.

옹긋-쫑긋

의미 [+모양],[+사람]v[+물체],[−균일],[+돌 출]

제약

작은 사람들이나 물체들이 군데군데 고르지 아 니하게 솟아 있거나 볼가져 있는 모양.

¶바닷가에는 작은 섬들이 **옹긋쫑긋** 늘어서 있다.

옹기-옹기

의미 [+모양],[+크기],[+유사],[+밀집]

제약

비슷한 크기의 작은 것들이 많이 모여 있는 모 양.

¶동네 아이들이 툇마루 위에 **옹기옹기** 모여 앉 아 밥을 먹는다./학생들이 게시판 앞에 **옹기옹기** 몰려 서 있다.

옹기-종기

의미 [+모양],[+크기],[−유사],[−균일],[+밀 집]

제약

크기가 다른 작은 것들이 고르지 아니하게 많이 모여 있는 모양.

¶양지바른 곳에서는 계집아이들이 **옹기종기** 모 여 앉아 공기놀이를 하고 있다./멀리 보이는 섬 들이 **옹기종기**, 큰 것은 구름장만 하고 작은 것 은 달걀만 하게 보였다./개천가 양지쪽 자갈밭 에 사병들이 약 칠팔 명가량 **옹기종기** 늘어서 있다.≪홍성원, 육이오≫

옹색스레

의미 [+형편],[−충분],[+생활],[+부족]

제약

① 형편이 넉넉하지 못하여 생활에 필요한 것이

없거나 부족한 데가 있게.

의미 [+집]v[+방],[+협소],[+답답]

제약

② 집이나 방 따위의 자리가 비좁고 답답한 데
가 있게.

옹성-옹성

의미 [+소리]v[+모양],[+다수],[+집합],[+소
란],[+반복]

제약

여러 사람이 모여 조금 소란스럽게 소곤거리며
자꾸 떠드는 소리. 또는 그런 모양.

옹송망송

의미 [+모양],[-생각],[+혼란],[-기억],[-분
명]

제약

뒤숭숭하게 생각이 잘 떠오르지 않고 흐리멍덩
한 모양.

¶정신이 반하면 생게망게한 옛날 이야기까지 하
다가도, 무어 한 꺼풀 쓰인 듯이 흐려지면 옹송
망송 입속에 넣고 혼잣말처럼 중얼거리다가
는….≪염상섭, 무화과≫

옹알-옹알

의미 [+소리]v[+모양],[+입속말],[-크기],
[-분명],[+반복]

제약

① 나직한 목소리로 똑똑하지 않게 혼자 입속말
을 계속 재깔이는 소리. 또는 그 모양.

¶무슨 일을 시키면 옹알옹알 불평부터 한다.

의미 [+소리]v[+모양],[+어린아이],[+말],
[-분명],[+반복]

제약

② 아직 말을 못하는 어린아이가 똑똑하지 않은
말을 혼자 계속 재깔이는 소리. 또는 그 모양.

옹용-히

의미 [+마음]v[+태도],[+화평],[+조용]

제약

마음이나 태도 따위가 화락하고 조용하게.

¶왁자히 떠들고 보면 남이 부끄러울 터이니까
이러나 저러나 덮어 두었다가 옹용히 처사를 하
려는 의사인즉….≪최찬식, 안의 성≫

옹잘-옹잘

의미 [+소리]v[+모양],[+입속말],[+불평]v
[+원망]v[+탄식],[+반복]

제약

불평이나 원망, 탄식 따위를 입속말로 혼자 계
속 재깔이는 소리. 또는 그 모양.

와

의미 [+모양],[+다수],[+밀집],[+동시],[+운
동]

제약

① 여럿이 한꺼번에 몰려 움직이는 모양.

¶아이들이 아이스크림 가게 앞으로 와 몰려갔
다./형식의 그림자를 보고 그들은 와 달려들어
에워싼다.≪현진건, 연애의 청산≫

의미 [+소리],[+다수],[+동시],[+웃음]v[+소
란]

제약 { }-{웃다, 떠들다}

② 여럿이 한꺼번에 웃거나 떠들거나 지르는 소
리.

와각-와각

의미 [+소리]v[+모양],[+물건],[+다수],[+혼
재],[+충돌],[+반복]

제약 {물건}-{부딪치다}

여러 개의 단단한 물건이 서로 뒤섞여 자꾸 부
딪치는 소리. 또는 그 모양.

와그그

의미 [+모양],[+거품],[+동시],[+발효]

제약

거품 따위가 한꺼번에 마구 괴는 모양.

와그르르

의미 [+소리]v[+모양],[+물건],[+붕괴],[+순
간]

제약 {물건}-{무너지다}

① 쌓여 있던 단단한 물건이 갑자기 무너지는
소리. 또는 그 모양.

¶여자의 화사한 웃음소리에 카운터 너머의 빈
깡통들이 와그르르 쏟아져 내릴 듯 보였다.≪박
영한, 머나먼 송바 강≫

의미 [+소리]v[+모양],[+액체],[+소량],[+비
등],[+소란]

제약 {액체}-{끓다}

② 그릇에 담긴 적은 양의 액체가 넓은 면적으로 야단스럽게 끓어오르는 소리. 또는 그 모양.

의미 [+소리],[+천둥],[-거리],[+소란]

제약 {천둥}-{치다}

③ 아주 가까운 곳에서 천둥이 요란스럽게 치는 소리.

의미 [+모양],[+사람]v[+짐승]v[+벌레],[+밀집],[+혼란]

제약 { }-{몰려있다}

④ 사람, 짐승, 벌레 따위가 한곳에 어지럽게 많이 몰려 있는 모양.

¶꽃게 잡아넣은 망태를 풀어 놓은 것처럼 **와그르르** 달려가는 사람들의 모습이 떠올랐다.≪한승원, 해일≫

의미 [+모양],[+기대]v[+각오],[+붕괴]

제약 { }-{무너지다}

⑤ (비유적으로) 기대나 각오 따위가 무너지는 모양.

¶제대로 된 아들, 제대로 된 아비 노릇을 한번 본때 있게 해 보이겠다던, 실로 오랜만의 가상스러운 각오가 **와그르르** 무너짐과 동시에 그의 입에서는 벽력같은 고함이 뻗어 나오고 말았다. ≪윤흥길, 완장≫

의미 [+소리]v[+모양],[+사람],[+다수],[+웃음],[+동시],[+소란]

제약 {사람}-{웃다}

⑥ 여러 사람이 한꺼번에 떠들썩하게 웃는 소리. 또는 그 모양.

¶성대의 그런 말소리가 들리고 **와그르르** 웃음소리가 방 안에 터졌다.≪이정환, 샛강≫

의미 [+소리]v[+모양],[+사람],[+다수],[+박수],[+소란]

제약 {박수}-{치다}

⑦ 여러 사람이 요란스럽게 박수를 치는 소리. 또는 그 모양.

의미 [+소리]v[+모양],[+물건],[+누출],[+순간]

제약 {물건}-{쏟아지다}

⑧ 담겨 있던 물건들이 갑자기 쏟아지는 소리.

또는 그 모양.

¶인걸이는…자루를 빼앗아 집어던졌다. 말가웃이나 되는 녹두알이 **와그르르** 쏟아져 나오고 있었다.≪이호철, 빈 골짜기≫

와그작-와그작

의미 [+소리]v[+모양],[+사람],[+밀집],[+소음]

제약

① 여럿이 좁은 곳에서 시끄럽게 복작거리는 소리. 또는 그 모양.

¶그들은 떼거리를 지어 말없이 2사 좁은 복도로 **와그작와그작** 들어오고 있었는데….≪이호철, 문≫

의미 [+소리]v[+모양],[+물건],[+탄력],[+견고],[±접촉]

제약 { }-{스치다}

② 질기고 빳빳한 물건이 마구 스치거나 쓸리면서 나는 소리. 또는 그 모양.

와글-와글

의미 [+소리]v[+모양],[+사람]v[+벌레],[+밀집],[+소란]v[+운동],[+반복]

제약

① 사람이나 벌레 따위가 한곳에 많이 모여 잇따라 떠들거나 움직이는 소리. 또는 그 모양.

¶대합실은 한창 손님들이 들이닥쳐 시골 장터처럼 **와글와글** 법석이다.≪홍성원, 흔들리는 땅≫/창밖의 개구리 소리는 더한층 **와글와글** 끓었다. ≪심훈, 영원의 미소≫

의미 [+소리]v[+모양],[+액체],[+비등],[+소란],[+연속]

제약 {액체}-{끓다}

② 많은 양의 액체가 조금 야단스럽게 잇따라 끓어오르는 소리. 또는 그 모양.

의미 [+소리]v[+모양],[+물건],[+붕괴],[+순간],[+연속]

제약 {물건}-{무너지다}

③ 쌓아 놓은 물건들이 잇따라 갑자기 무너지는 소리. 또는 그 모양.

와다닥

의미 [+소리]v[+모양],[+왕복],[+순간]

제약 { }-{뛰어가다, 뛰어오다}

① 갑자기 뛰어가거나 뛰어오는 소리. 또는 그 모양.

¶그는 갑자기 자리에서 벌떡 일어나더니 **와다닥** 밖으로 뛰어나갔다.

의미 [+소리]v[+모양],[+문],[+개폐],[+순간]

제약 { }-{닫다, 열다}

② 문 따위를 갑자기 닫거나 여는 소리. 또는 그 모양.

와다닥-와다닥

의미 [+소리]v[+모양],[+다수],[+왕복],[+순간],[+반복]

제약 { }-{뛰어가다, 뛰어오다}

여럿이 갑자기 자꾸 뛰어가거나 뛰어오는 소리. 또는 그 모양.

와닥닥

의미 [+소리]v[+모양],[+경악],[+왕복],[+순간]

제약 { }-{뛰어가다, 뛰어오다}

① 놀라서 갑자기 뛰어가거나 뛰어오는 소리. 또는 그 모양.

¶복도에서 발자국 소리가 들리자 아이들은 **와닥닥** 책상 위로 달려가 의자에 앉았다.

의미 [+모양],[+일],[+해결],[+속도]

제약 { }-{해치우다}

② 일을 매우 빠르게 해치우는 모양.

¶정말 **와닥닥** 총살해 버릴 테다!≪장용학, 원형의 전설≫

와닥닥-와닥닥

의미 [+소리]v[+모양],[+다수],[+경악],[+왕복],[+순간]

제약 { }-{뛰어가다, 뛰어오다}

① 여럿이 놀라서 갑자기 뛰어가거나 뛰어오는 소리. 또는 그 모양.

의미 [+모양],[+일],[+해결],[+속도],[+반복]

제약 { }-{해치우다}

② 일을 자꾸 매우 빠르게 해치우는 모양.

와당-와당

의미 [+소리],[+함석지붕]v[+슬레이트],[+빗방울],[+낙하],[+반복]

제약 {빗방울}-{떨어지다}

함석지붕이나 슬레이트 지붕 따위에 굵은 빗방울이 자꾸 방울방울 떨어지는 소리.

와당탕

의미 [+소리]v[+모양],[+물체],[+바닥],[+낙하]v[+충돌],[+소란]

제약 { }-{떨어지다, 부딪치다}

잘 울리는 바닥에 무엇이 요란하게 떨어지거나 부딪칠 때 나는 소리. 또는 그 모양.

¶개중에는 **와당탕** 뛰어내려 정자 마루 밑으로… 기어 들어가는 사람도 있었다.≪하근찬, 야호≫

와당탕-와당탕

의미 [+소리]v[+모양],[+물체],[+바닥],[+낙하]v[+충돌],[+소란],[+반복]

제약 { }-{떨어지다, 부딪치다}

잘 울리는 바닥에 무엇이 자꾸 요란하게 떨어지거나 부딪칠 때 나는 소리.

¶장난감 상자가 마룻바닥 위로 **와당탕와당탕** 굴러 떨어진다.

와당탕-퉁탕

의미 [+소리]v[+모양],[+물체],[+바닥],[+낙하]v[+충돌]v[+도약],[+소란]

제약 { }-{떨어지다, 부딪치다, 뛰다}

잘 울리는 바닥에 무엇이 요란스럽게 떨어지거나 부딪치거나 뛰는 소리. 또는 그 모양.

¶빈 주전자가 **와당탕퉁탕** 소리를 내며 마룻바닥으로 굴러 떨어졌다./아이들이 복도에서 **와당탕퉁탕** 요란스럽게 장난치는 소리가 들려왔다.

와드득

의미 [+소리]v[+모양],[+물건][+깨묾]v[+치아][+마찰]

제약 {물체, 치아}-{깨물다, 갈다}

① 단단한 물건을 깨물거나 이를 가는 소리. 또는 그 모양.

¶밤을 **와드득** 깨물다./이빨을 **와드득** 갈다.

의미 [+소리]v[+모양],[+물건],[+절단]v[+분리],[+정도]

제약 {물건}-{부러뜨리다, 뜯다}

② 단단한 물건을 부러뜨리거나 힘껏 잡아 뜯을 때 나는 소리. 또는 그 모양.

¶아내는 답답한 가슴을 **와드득** 쥐어뜯기라도 하려는 듯 두 손을 옷고름에 모으며….≪문순태, 타오르는 강≫

와드득-와드득

의미 [+소리]v[+모양],[+물건][+깨묾]v[+치아][+마찰],[+반복]

제약 {물체, 치아}-{깨물다, 갈다}

① 단단한 물건을 자꾸 깨물거나 이를 가는 소리. 또는 그 모양.

¶얼음 한 조각을 입에 넣고 **와드득와드득** 깨물어 먹는다.

의미 [+소리]v[+모양],[+물건],[+절단]v[+분리],[+정도],[+반복]

제약 {물건}-{부러뜨리다, 뜯다}

② 단단한 물건을 자꾸 부러뜨리거나 힘껏 잡아뜯을 때 나는 소리. 또는 그 모양.

와드등-와드등

의미 [+소리]v[+모양],[+그릇],[+충돌],[+파손],[+소음],[+반복]

제약 {질그릇}-{깨지다}

① 질그릇 따위가 자꾸 서로 부딪쳐 요란스럽게 깨지는 소리. 또는 그 모양.

의미 [+소리]v[+모양],[+바닥],[+밟음],[+소음],[+반복]

제약

② 잘 울리는 마룻바닥을 자꾸 마구 밟을 때 요란스럽게 울리는 소리. 또는 그 모양.

와들-와들

의미 [+모양],[+신체],[+요동],[+추위]v[+공포],[+정도],[+연속]

제약 {사람, 신체}-{떨다, 떨리다}

춥거나 무서워서 몸을 잇따라 아주 심하게 떠는 모양.

¶사람들은 두려움에 **와들와들** 떤다./추워서 온몸이 **와들와들** 떨린다./전신이 **와들와들** 떨리고 정신이 아찔해졌다./그는 한낮인데도 학질 걸린 사람처럼 **와들와들** 떨고 있었다.≪최인호, 지구인≫

와락

의미 [+모양],[+행동],[+순간]

제약

① 갑자기 행동하는 모양.

¶**와락** 껴안다./**와락** 덤벼들다./**와락** 달려들다./방문을 **와락** 열어젖히다./**와락** 고함을 지르다./종이를 **와락** 구기다./그리고 계속 보닛을 치려고 하자 그는 **와락** 나를 떠밀었다.≪이병주, 행복어 사전≫/이 중사는 더 이상 기다릴 수 없어 무전병의 손에서 **와락** 빼앗듯이 무전기를 낚아챘다.≪홍성원, 육이오≫

의미 [+모양],[+감정]v[+생각],[+연상],[+순간]

제약

② 어떤 감정이나 생각 따위가 갑자기 솟구치거나 떠오르는 모양.

¶**와락** 울음을 터뜨리다./뜨거운 눈물이 **와락** 쏟아졌다./**와락** 무서운 기분이 들었다./아까 등덜미를 맞고, 멱살을 잡히고 한 분통이 **와락** 터진다.≪이태준, 농군≫/근옥이 색시는 **와락** 화를 내면서 길자 색시한테 덤벼들었어요.≪조선작, 모범작문≫

와락-와락

의미 [+모양],[+행동],[+순간],[+연속]

제약

① 잇따라 갑자기 행동하는 모양.

¶책장을 **와락와락** 넘기다./대문을 **와락와락** 흔들다./사람들이 **와락와락** 몰려들다./바람이 불기 시작하였는지 빗방울이 간을 두고 **와락와락** 문풍지를 때린다.≪이북명, 칠성암≫/처음에는 나직나직이 깨우다가 나중에는 문을 **와락와락** 잡아당기며 소리를 높이어 크게 불러도….≪이해조, 화의 혈≫

의미 [+모양],[+기운],[+발생],[+순간],[+정도]

제약

② 어떤 기운 따위가 매우 성하게 솟구치는 모양.

¶얼었던 몸이 금세 풀리고 **와락와락** 얼굴은 달아오른다.≪이기영, 신개지≫/이 모든 것이 또 하나의 역겨운 신트림이 되어 **와락와락** 치밀었다.≪박완서, 부처님 근처≫

와르르

의미 [+모양]v[+소리],[+물건],[+붕괴],[+순간],[+소란]

제약 {물건}-{무너지다}

① 쌓여 있던 단단한 물건들이 갑자기 야단스럽게 무너지는 소리. 또는 그 모양.

¶돌무더기가 **와르르** 무너졌다.

의미 [+소리]v[+모양],[+사람],[+다수],[+출입],[+동시],[+소란]

제약 { }-{몰려가다, 몰려오다}

② 많은 사람이 한꺼번에 야단스럽게 몰려가거나 몰려오는 소리. 또는 그 모양.

¶불이 나자 건물 안에 있던 사람들이 출입구 쪽으로 **와르르** 몰려나왔다./학생들이 교문 밖으로 **와르르** 쏟아져 나왔다./지난밤부터 진을 치고 있던 장타령꾼들이, 수십 명이나 **와르르** 달려들어 아귀다툼을 해 가며 음식을 집어 들고 달아났다. ≪심훈, 상록수≫

의미 [+소리]v[+모양],[+액체],[+비등]v[+범람],[+소란],[+순간]

제약 {액체}-{끓다, 넘치다}

③ 물 따위의 액체가 갑자기 야단스럽게 끓어오르거나 넘치는 소리. 또는 그 모양.

의미 [+소리],[+천둥],[-거리],[+소란]

제약 {천둥}-{치다}

④ 가까운 곳에서 천둥이 야단스럽게 치는 소리.

¶이때 **와르르** 쾅쾅! 마른하늘에서 날벼락 떨어지는 소리가 났다.≪박경리, 토지≫

의미 [+소리]v[+모양],[+물건],[+낙하],[+순간]

제약 {물건}-{쏟아지다}

⑤ 담겨 있거나 매달려 있던 물건이 갑자기 쏟아지는 소리. 또는 그 모양.

¶물구나무서기를 하자 주머니 속에 들어 있던 동전이 **와르르** 쏟아진다./노익은 곧 자루 속의 물건을 진열대 위로 **와르르** 쏟아 놓는다.≪홍성원, 육이오≫

의미 [+소리]v[+모양],[+사람],[+전부],[+웃음],[+소란]

제약 {사람}-{웃다}

⑥ 여러 사람이 다 같이 떠들썩하게 웃는 소리. 또는 그 모양.

¶이편에서 간 사람들이 **와르르** 웃음을 터뜨리자, 그 땅딸막한 사람도 조금 쓰게 웃으면서 말했다. ≪이호철, 판문점≫

의미 [+소리]v[+모양],[+사람],[+전부],[+박수],[+동시]

제약 {박수}-{치다}

⑦ 여러 사람이 한꺼번에 박수를 치는 소리. 또는 그 모양.

¶연단 뒷방으로 나오니 내 귀에는 그제야 박수 소리가 **와르르** 들리었다.≪이태준, 문장 강화≫/군인의 말이 끝나자 누가 내놓은 박수인지 그것을 따라 사람들이 **와르르** 박수를 쳤다.≪한승원, 폐촌≫

와르르-와르르

의미 [+소리]v[+모양],[+물건],[-붕괴],[+소란],[+연속]

제약 {물건}-{무너지다}

① 쌓여 있던 단단한 물건들이 잇따라 야단스럽게 무너지는 소리. 또는 그 모양.

¶이 층에 사는 집엔 아이가 셋이나 있어서 그 아이들이 어울려서 극성을 부릴 때면 날림 연립 주택의 천장이 **와르르와르르** 무너져 내리는 소리를 냈다.≪박완서, 오만과 몽상≫

의미 [+소리]v[+모양],[+사람],[+다수],[+출입],[+동시],[+소란],[+연속]

제약 { }-{몰려가다, 몰려오다}

② 많은 사람이 한꺼번에 야단스럽게 잇따라 몰려가거나 몰려오는 모양.

의미 [+소리]v[+모양],[+액체],[+비등]v[+범람],[+소란],[+연속]

제약 {액체}-{끓다, 넘치다}

③ 물 따위의 액체가 야단스럽게 잇따라 끓어오르거나 넘치는 소리. 또는 그 모양.

의미 [+소리],[+천둥],[-거리],[+소란],[+연속]

제약 {천둥}-{치다}

④ 아주 가까운 곳에서 천둥이 잇따라 요란스럽게 치는 소리.

¶금시로 소낙비가 쏟아질 듯하였다. **와르르와르**

르 천둥소리가 연하여 났다.《김동인, 운현궁의 봄》
의미 [+소리]v[+모양],[+물건],[+낙하],[+연속]

제약 {물건}-{쏟아지다}

⑤ 담겨 있거나 매달려 있던 물건이 잇따라 쏟아지는 소리. 또는 그 모양.

¶장대로 은행나무 가지를 칠 때마다 잘 익은 열매가 **와르르와르르** 떨어졌다.

와르릉

의미 [+소리],[+천둥]v[+땅],[+진동],[+소란]

제약 {천둥, 땅}-{ }

① 천둥이 치거나 땅이 요란스럽게 울리는 소리.

¶**와르릉** 번쩍, **와르릉** 번쩍 텐트 속은 전광으로 명멸한다.《이숭녕, 대학가의 파수병》
의미 [+소리]v[+모양],[+붕괴]v[+요동],[+소란],[+진동]

제약

② 무엇이 무너지거나 흔들리면서 요란스럽게 울리어 나는 소리. 또는 그 모양.

¶커다란 바위가 **와르릉** 굴러 떨어졌다.
의미 [+소리],[+기계],[+회전],[+소란]

제약 {기계}-{돌아가다}

③ 큰 기계들이 요란스럽게 돌아가는 소리.

와르릉-와르릉

의미 [+소리]v[+모양],[+천둥]v[+땅],[+진동],[+소란],[+연속]

제약 {천둥, 땅}-{ }

① 천둥이 치거나 땅이 요란스럽게 잇따라 울리는 소리. 또는 그 모양.
의미 [+소리]v[+모양],[+붕괴]v[+요동],[+소란],[+진동],[+연속]

제약

② 무엇이 무너지거나 흔들리면서 잇따라 요란스럽게 울리는 소리. 또는 그 모양.
의미 [+소리],[+기계],[+회전],[+소란],[+연속]

제약 {기계}-{돌아가다}

③ 큰 기계들이 잇따라 요란스럽게 돌아가는 소

리. 또는 그 모양.

¶기차가 속력을 높였다. **와르릉와르릉** 발 아래 레일과 맞부딪치는 기차의 발이 요란하게 울었다.《최인호, 지구인》

와릉-와릉

의미 [+소리],[+물체]v[+우레],[+소란],[+진동],[+연속]

제약

물체나 우레 따위가 잇따라 요란스럽게 울리는 소리.

¶**와릉와릉** 돌아가는 탈곡기 소리가 서까래 끝의 거미줄을 흔들어 놓는 타작 날….《한수산, 유민》

와사삭

의미 [+소리],[+가랑잎]v[+물건],[+건조]v[−두께],[+접촉]v[+조각]

제약

① '와삭①'의 본말. 마른 가랑잎이나 얇고 빳빳한 물건이 서로 스치거나 바스러지는 소리.

¶발밑에서 낙엽이 **와사삭** 부서졌다.
의미 [+소리],[+과자]v[+과일],[+치아],[+분리]

제약 {과일, 과자}-{베어 물다}

② '와삭②'의 본말. 과일이나 과자 따위를 한 입 베어 무는 소리.

와사삭-와사삭

의미 [+소리],[+가랑잎]v[+물건],[+건조]v[−두께],[+접촉]v[+조각],[+반복]

제약

① '와삭와삭①'의 본말. 마른 가랑잎이나 얇고 빳빳한 물건이 자꾸 서로 스치거나 바스러지는 소리.
의미 [+소리],[+과자]v[+과일],[+치아],[+분리],[+반복]

제약 {과일, 과자}-{베어 물다}

② '와삭와삭②'의 본말. 과일이나 과자 따위를 자꾸 베어 무는 소리.

와삭

의미 [+소리],[+가랑잎]v[+물건],[+건조]v[−두께],[+접촉]v[+조각]

제약

① 마른 가랑잎이나 얇고 빳빳한 물건이 서로 스치거나 바스러지는 소리.

¶도토리나무 잎사귀다. 손아귀에 넣어 **와삭** 구겨 본다.≪박경리, 토지≫

의미 [＋소리],[＋과자]v[＋과일],[＋치아],[＋분리]

제약 {과일, 과자}-{베어 물다}

② 과일이나 과자 따위를 한 입 베어 무는 소리.

¶그는 사과를 한 입 **와삭** 베어 물었다.

와삭-바삭

의미 [＋소리]v[＋모양],[＋가랑잎]v[＋물건],[＋건조]v[－두께],[＋접촉]v[＋조각]

제약

① 마른 가랑잎이나 얇고 빳빳한 물건이 바스러지거나 서로 스치는 소리. 또는 그 모양.

의미 [＋소리],[＋과자]v[＋과일],[＋씹음]

제약 {과일, 과자}-{씹다}

② 과일이나 과자 따위를 깨물 때 나는 소리. 또는 그 모양.

와삭-와삭

의미 [＋소리],[＋가랑잎]v[＋물건],[＋건조]v[－두께],[＋접촉]v[＋조각],[＋반복]

제약

① 마른 가랑잎이나 얇고 빳빳한 물건이 자꾸 서로 스치거나 바스러지는 소리.

¶산바람이 끊임없이 마른 갈댓잎을 **와삭와삭** 흔들고 있다.≪홍성원, 육이오≫

의미 [＋소리],[＋과자]v[＋과일],[＋치아],[＋분리],[＋반복]

제약 {과일, 과자}-{베어 물다}

② 과일이나 과자 따위를 자꾸 베어 무는 소리.

¶막걸리 한 잔에 짠 김치 한 조각을 **와삭와삭** 씹어 먹은 뒤 두만 아비는 일어서며 묻는다.≪박경리, 토지≫

와스스

의미 [＋소리]v[＋모양],[＋가랑잎],[＋요동]v[＋하강]

제약 {가랑잎}-{흔들리다, 떨어지다}

① 가랑잎 따위가 요란스럽게 흔들리거나 어수선하게 떨어지는 소리. 또는 그 모양.

¶가지마다 눈을 실은 굽어 뻗은 푸른 솔이 **와스스** 바람을 일으킨다.≪박종화, 다정불심≫

의미 [＋소리]v[＋모양],[＋물건],[＋붕괴]

제약 {물건}-{무너지다}

② 엉성하게 쌓여 있던 물건이 힘없이 무너지며 흩어지는 소리. 또는 그 모양.

의미 [＋모양],[＋물건],[＋구조],[＋간격]

제약 {　}-{빠지다, 벌어지다}

③ 물건의 사개가 한꺼번에 빠지거나 틈이 벌어지는 모양.

와스스-와스스

의미 [＋소리]v[＋모양],[＋가랑잎],[＋요동]v[＋하강]

제약 {가랑잎}-{흔들리다, 떨어지다}

① 가랑잎 따위가 잇따라 요란스럽게 흔들리거나 어수선하게 떨어지는 소리. 또는 그 모양.

의미 [＋소리]v[＋모양],[＋물건],[＋붕괴],[＋연속]

제약 {물건}-{무너지다}

② 엉성하게 쌓여 있던 물건이 잇따라 힘없이 무너지며 흩어지는 소리. 또는 그 모양.

의미 [＋모양],[＋물건],[＋구조],[＋간격],[＋전부]v[＋연속]

제약 {　}-{빠지다, 벌어지다}

③ 물건의 사개가 여럿이 다 또는 잇따라 빠지거나 틈이 벌어지는 모양.

와싹[01]

의미 [＋소리],[＋가랑잎]v[＋물건],[＋건조]v[－두께],[＋접촉]v[＋조각]

제약

① 마른 가랑잎이나 얇고 빳빳한 물건이 서로 스치거나 바스러지는 소리. '와삭①'보다 센 느낌을 준다.

¶육중한 힘에 말뚝이 **와싹** 무지러지면서 그 바람에 밑에 깔렸던 돼지는 말뚝의 테두리로 벗겨져서 뛰어나갔다.≪이효석, 돈≫

의미 [＋소리],[＋과자]v[＋과일],[＋치아],[＋분리]

제약 {과일, 과자}-{베어 물다}

② 과일이나 과자 따위를 한 입 베어 무는 소리.

'와삭②'보다 센 느낌을 준다.

¶윤길이가 동치미 조각 한 개를 입에 넣고 **와싹** 씹으며 쿡쿡 웃었다.《한승원, 겨울 폐사》

와싹⁰²

의미 [+모양],[+진행],[-장애],[+단번]
제약

① 단번에 거침없이 나아가는 모양.

의미 [+모양],[±증가],[-장애],[+단번]
제약 { }-{늘다, 줄다}

② 단번에 거침없이 늘어나거나 줄어드는 모양.

와싹-와싹⁰¹

의미 [+소리],[+가랑잎]v[+물건],[+건조]v[-두께],[+접촉]v[+조각],[+반복]
제약

① 마른 가랑잎이나 얇고 빳빳한 물건이 자꾸 서로 스치거나 바스러지는 소리. '와삭와삭①'보다 센 느낌을 준다.

¶사람들이 걸음을 걸을 때마다 눈에 덮인 낙엽들이 부스럭부스럭, **와싹와싹** 소리를 내었다. 《이광수, 꿈》

의미 [+소리],[+과자]v[+과일],[+치아],[+분리],[+반복]
제약 {과일, 과자}-{베어 물다}

② 과일이나 과자 따위를 자꾸 베어 무는 소리. '와삭와삭②'보다 센 느낌을 준다.

¶삼촌은 바가지만 한 수박 껍질을 하나 주워 들고는 통째로 **와싹와싹** 베어 먹으면서….《김춘복, 쌈짓골》

와싹-와싹⁰²

의미 [+모양],[+진행],[-장애],[+연속]
제약

① 거침없이 계속 나아가는 모양.

의미 [+모양],[±증가],[-장애],[+연속]
제약 { }-{늘다, 줄다}

② 거침없이 계속 늘어나거나 줄어드는 모양.

와-와

의미 [+소리]v[+모양],[+다수],[+웃음]v[+소란],[+동시]v[+연속]
제약 {사람}-{웃다}

① 여러 사람이 한꺼번에 잇따라 웃거나 소리를

지르거나 시끄럽게 떠들어 대는 소리. 또는 그 모양.

¶군중들은…**와와** 구호를 외치거나 플래카드를 흔들어 보일 뿐이다.《홍성원, 육이오》

의미 [+모양],[+다수],[+집합]v[+산개],[+고정],[+반복]
제약 { }-{몰리다, 흩어지다}

② 여럿이 한곳으로 힘차게 자꾸 몰리거나 흩어지는 모양.

와자작

의미 [+소리]v[+모양],[+김치]v[+무],[+씹음],[-주의]
제약 {김치, 무}-{씹다}

① '와작①'의 본말. 김치나 무 따위의 조금 단단한 물체를 마구 깨물어 씹을 때 나는 소리. 또는 그 모양.

¶아이가 사탕 하나를 **와자작** 깨 먹었다.

의미 [+소리]v[+모양],[+물체],[+파손]v[+붕괴]
제약 {물체}-{부서지다, 무너지다}

② '와작②'의 본말. 단단한 물체가 부서지거나 무너질 때 나는 소리. 또는 그 모양.

¶유리창이 **와자작** 깨어져 나갔다.

와자작-와자작

의미 [+소리]v[+모양],[+김치]v[+무],[+씹음],[-주의],[+반복]
제약 {김치, 무}-{씹다}

① '와작와작⁰²①'의 본말. 김치나 무 따위의 조금 단단한 물체를 자꾸 마구 깨물어 씹을 때 나는 소리. 또는 그 모양.

의미 [+소리]v[+모양],[+물체],[+파손]v[+붕괴],[+연속]
제약 {물체}-{부서지다, 무너지다}

② '와작와작⁰²②'의 본말. 단단한 물체가 잇따라 부서지거나 무너질 때 나는 소리. 또는 그 모양.

와작

의미 [+소리]v[+모양],[+김치]v[+무],[+씹음],[-주의]
제약 {김치, 무}-{씹다}

① 김치나 무 따위의 조금 단단한 물체를 마구 깨물어 씹을 때 나는 소리. 또는 그 모양.

¶청년은 술 두 잔을 연거푸 마시고는 노가리를 **와작** 깨물었다.

의미 [+소리]v[+모양],[+물체],[+파손]v[+붕괴]

제약 {물체}-{부서지다, 무너지다}

② 단단한 물체가 부서지거나 무너질 때 나는 소리. 또는 그 모양.

¶여럿이 앉는 순간 벤치가 **와작** 주저앉았다.

와작-와작⁰¹

의미 [+모양],[+일],[+진행],[+무리],[+조급]

제약

일을 무리하고 급하게 해 나가는 모양.

와작-와작⁰²

의미 [+소리]v[+모양],[+김치]v[+무],[+씹음],[-주의],[+반복]

제약 {김치, 무}-{씹다}

① 김치나 무 따위의 조금 단단한 물체를 자꾸 마구 깨물어 씹을 때 나는 소리. 또는 그 모양.

¶무를 **와작와작** 씹다./갈고리 같은 손이 조심스럽게 콩강정 하나를 집는다. 국향은 부지런히 집어 먹는다. **와작와작** 소리를 내면서….≪박경리, 토지≫

의미 [+소리]v[+모양],[+물체],[+파손]v[+붕괴],[+연속]

제약 {물체}-{부서지다, 무너지다}

② 단단한 물체가 잇따라 부서지거나 무너질 때 나는 소리. 또는 그 모양.

¶소가 코뚜레로 뒤집어엎은 낟알들이 흩어지며, 옹기그릇 깨지는 소리가 **와작와작** 발굽 밑에서 들려왔다.≪한수산, 유민≫

와장창

의미 [+소리]v[+모양],[+붕괴]v[+파손],[+순간],[+동시]

제약 { }-{무너지다, 부서지다}

갑자기 한꺼번에 무너지거나 부서지는 소리. 또는 그 모양.

¶건물이 완공되기도 전에 **와장창** 무너졌다./현관 유리창이 **와장창** 깨졌다./점심밥을 나르다가 논둑길에 미끄러져 **와장창** 그릇들을 깨뜨린 때문이었다.≪홍성암, 큰물로 가는 큰 고기≫/돌담 울타리가 와르르 허물어지고 장독대가 **와장창** 박살이 났다.≪현기영, 변방에 우짖는 새≫

와지끈

의미 [+소리]v[+모양],[+물건],[+절단]v[+파손]

제약 {물건}-{부러지다, 부서지다}

단단한 물건이 부러지거나 부서지는 소리. 또는 그 모양.

¶**와지끈** 뭐가 깨지는 소리가 났다.≪박완서, 오만과 몽상≫/돛대가 **와지끈** 부러지면서 삼 층 누각의 큰 배는 뱃머리가 핑그르르 돈다.≪박종화, 임진왜란≫

와지끈-뚝딱

의미 [+소리]v[+모양],[+물건],[+절단]v[+파손],[+충돌]

제약 {물건}-{부러지다, 부서지다, 부딪치다}

단단한 물건이 요란하게 부러지거나 부서지며 여기저기 세게 부딪치는 소리. 또는 그 모양.

¶집 뒤에서 **와지끈뚝딱** 나뭇가지 부러지는 소리가 났다.≪문순태, 타오르는 강≫

와지끈-와지끈

의미 [+소리]v[+모양],[+물건],[+절단]v[+파손],[+반복]

제약 {물건}-{부러지다, 부서지다}

단단한 물건이 자꾸 부러지거나 부서지는 소리. 또는 그 모양.

¶탕! 하는 큰 음향 소리와 **와지끈와지끈** 왜적의 배 부서지는 소리가 요란하게 들려온다.≪박종화, 임진왜란≫

와지끈-자끈

의미 [+소리]v[+모양],[+물건],[+절단]v[+파손],[+다수],[-질서],[+반복]

제약 {물건}-{부러지다, 부서지다}

여러 곳에서 단단한 물건이 매우 무질서하게 부러지거나 부서지는 소리. 또는 그 모양.

¶**와지끈자끈** 벼락은 닥치는 대로 바수어 내는 듯 온 누리가 이 호통의 으름장에 겁을 집어먹고 부들부들 떠는 듯하였다.≪현진건, 무영탑≫

와짝

의미 [+모양],[±증가],[+순간],[+정도]

제약 { }-{늘다, 줄다}

① 갑자기 많이씩 늘어나거나 줄어드는 모양.

¶오랜만에 내린 비로 며칠 사이에 몰라볼 만큼 **와짝** 자란 벼를 보자 마음이 흐뭇했다./고려의 판도는 신돈이 정국에 당면한 뒤에 **와짝** 늘었다. ≪박종화, 다정불심≫

의미 [+모양],[+기운]v[+기세],[+증가],[+순간]

제약 {기운, 기세}-{솟구치다, 세지다, 올라가다}

② 기운이나 기세가 갑자기 커지는 모양.

¶기운 없던 논개의 전신에 새로운 힘이 **와짝** 솟구쳐진다.≪박종화, 임진왜란≫/생의 웃음도 받게 되니 그만 어깨가 **와짝** 올라가는 것 같았습니다. ≪최서해, 전아사≫

의미 [+모양],[+사람],[+다수],[+일],[+해결],[+순간]

제약 { }-{해치우다}

③ 여럿이 달라붙어 일 따위를 단숨에 해치우는 모양.

¶인부를 더 붙여 **와짝** 해치워야지 이러다가 비나 퍼 대든가 하면….≪이문구, 장한몽≫/그때 동리 사람 삼십 명은 한꺼번에 **와짝** 달려들어 두포를 사로잡았습니다.≪김유정, 두포전≫

와짝-와짝01

의미 [+모양],[±증가],[+순간],[+정도],[+반복]

제약 { }-{늘다, 줄다}

① 갑자기 매우 많이씩 자꾸 늘어나거나 줄어드는 모양.

¶식구가 여럿이니까 쌀이 **와짝와짝** 줄어든다.

의미 [+모양],[+기운]v[+기세],[+증가],[+순간],[+반복]

제약 {기운, 기세}-{솟구치다, 세지다, 올라가다}

② 기운이나 기세가 갑자기 자꾸 커지는 모양.

¶**와짝와짝** 기세를 돋우다.

의미 [+모양],[+다수],[+일],[+해결],[+순간],[+반복]

제약 { }-{해치우다}

③ 여럿이 달라붙어 일 따위를 단숨에 자꾸 해치우는 모양.

¶나는 성미가 급해서 그저 **와짝와짝** 일을 해야 속이 시원하다.

와짝-와짝02

의미 [+소리]v[+모양],[+김치]v[+무],[+씹음],[-주의],[+반복]

제약 {김치, 무}-{씹다}

① 김치나 무 따위의 조금 단단한 물체를 자꾸 마구 깨물어 씹을 때 나는 소리. 또는 그 모양. '와작와작02①'보다 센 느낌을 준다.

의미 [+소리]v[+모양],[+물체],[+파손]v[+붕괴],[+연속]

제약 {물체}-{부서지다, 무너지다}

② 단단한 물체가 잇따라 부서지거나 무너질 때 나는 소리. 또는 그 모양. '와작와작02②'보다 센 느낌을 준다.

와하하

의미 [+소리]v[+모양],[+웃음],[-주저],[+크기],[+소란]

제약 {사람}-{웃다}

거리낌 없이 크고 떠들썩하게 웃는 소리. 또는 그 모양.

¶그 자리에 모인 사람들은 모두 **와하하** 웃음을 터뜨렸다./그의 표정을 보자 아이들이 **와하하** 웃었다.

왁

의미 [+모양],[+다수],[+집합],[+순간]

제약

① 여럿이 한곳으로 갑자기 몰리는 모양.

¶소작인들이 김 노인에게 **왁** 달려들었다.

의미 [+모양],[+감정],[+흥분],[+발생],[+순간]

제약

② 갑자기 격한 감정이 치밀어 오르는 모양.

¶피 나는 것을 보자 노파는 별안간 울음을 **왁** 쏟는다.≪이기영, 고향≫/좌석에 **왁** 웃음이 터지고, 오 소령도 하사관들을 따라 큰 소리로 웃음을 터뜨린다.≪홍성원, 육이오≫

왁다그르르

의미 [＋소리]v[＋모양],[＋물건],[＋충돌],[－주
의],[＋회전]

제약 {물건}-{굴러가다}

작고 단단한 물건들이 서로 함부로 부딪치면서
굴러가는 소리. 또는 그 모양.

왁다글-닥다글

의미 [＋소리]v[＋모양],[＋물건],[＋충돌],[＋소
란],[＋회전],[＋연속]

제약 {물건}-{굴러가다}

작고 단단한 물건들이 다른 물건에 야단스럽게
부딪치면서 잇따라 굴러가는 소리. 또는 그 모
양.

왁다글-왁다글

의미 [＋소리]v[＋모양],[＋물건],[＋충돌],[－주
의],[＋회전],[＋연속]

제약 {물건}-{굴러가다}

작고 단단한 물건들이 잇따라 함부로 부딪치면
서 굴러가는 소리. 또는 그 모양.

왁달-박달

의미 [＋모양],[＋성질]v[＋행동],[－자상],[－조
심],[＋소란]

제약

성질이나 행동이 곰살갑지 못하며 조심성 없이
수선스러운 모양.

왁살스레

의미 [＋우둔],[＋포악],[＋정도]

제약

① ‘우악살스레①’의 준말. 보기에 매우 미련하
고 험상궂은 데가 있게.

의미 [＋무지],[＋포악],[＋거침],[＋정도]

제약

② ‘우악살스레②’의 준말. 보기에 대단히 무지
하고 포악하며 드센 데가 있게.

¶권대길은 버럭 고함을 지르며 팔을 붙들고 늘
어진 처를 **왁살스레** 뿌리쳐 버렸다.≪문순태, 타오
르는 강≫

왁시글-덕시글

의미 [＋모양],[＋사람]v[＋동물],[＋다수],[＋혼
란],[＋혼재],[＋혼잡],[＋정도]

제약

많은 사람이나 동물이 어지럽게 뒤섞여 몹시 붐
비는 모양.

왁시글-왁시글

의미 [＋모양],[＋사람]v[＋동물],[＋다수],[＋집
합],[＋혼잡],[＋정도]

제약

많은 사람이나 동물이 한데 모여 몹시 복잡하게
들끓는 모양.

¶야외 공연장 주변은 구경꾼들로 **왁시글왁시글**
들끓었다.

왁실-덕실

의미 [＋모양],[＋사람]v[＋동물],[＋다수],[＋혼
란],[＋혼재],[＋혼잡],[＋정도]

제약

‘왁시글덕시글’의 준말. 많은 사람이나 동물이
어지럽게 뒤섞여 몹시 붐비는 모양.

¶징과 꽹과리 소리로 장바닥은 끓는 밥솥같이
왁실덕실 시끄러웠다.≪김원일, 불의 제전≫

왁실-왁실

의미 [＋모양],[＋사람]v[＋동물],[＋다수],[＋집
합],[＋혼잡],[＋정도]

제약

‘왁시글왁시글’의 준말. 많은 사람이나 동물이
한데 모여 몹시 복잡하게 들끓는 모양.

왁-왁

의미 [＋모양],[＋마찰],[－장애],[＋연속]

제약 { }-{문지르다}

① 거침없이 잇따라 문지르는 모양.

¶비누로 몸을 **왁왁** 문지르다.

의미 [＋모양],[＋일],[＋진행],[＋박력],[＋기세]

제약

② 어떤 일을 힘차고 기세 좋게 하는 모양.

¶시위대는 경찰의 저지선을 **왁왁** 밀고 나아갔다.

의미 [＋모양],[＋사람],[＋집합],[＋맹렬],[－주
의]

제약

③ 사람들이 세차게 한곳으로 마구 몰리는 모
양.

¶새끼들은 그동안 우릴 에워싼 채 사방에서 **왁
왁** 덤벼들어 우릴 어딘가로 잡아가려고 했어요.

≪홍성원, 흔들리는 땅≫

의미 [+모양],[+언사]v[+행동],[-분별],[-주의]

제약

④ 분별없이 마구 떠들거나 행동하는 모양.

¶고함을 왁왁 내지르다.

왁자

의미 [+모양],[+소란],[+정신],[+혼란]

제약

정신이 어지러울 만큼 떠드는 모양.

¶왁자 떠들다./왁자 웃다./왁자 웃음소리가 높아진다.≪현덕, 남생이≫

왁자그르르

의미 [+소리]v[+모양],[+다수],[+집합],[+웃음],[+수다],[+소란]

제약 {사람}-{웃다, 떠들다}

① 여럿이 한데 모여 시끄럽게 웃고 떠드는 소리. 또는 그 모양.

¶왁자그르르 웃고 떠들어 대다./학생들이 왁자그르르 떠들며 운동장으로 몰려나온다.

의미 [+모양],[+소문],[+확산],[+순간],[+소란]

제약 { }-{떠들썩하다, 시끄럽다}

② 소문이 갑자기 널리 퍼져 떠들썩하거나 시끄러운 모양.

¶이상한 소문으로 온 마을이 왁자그르르 시끄러웠다.

왁자글

의미 [+소리]v[+모양],[+다수],[+집합],[+수다],[+소란],[+순간]

제약 {사람}-{떠들다}

여럿이 한데 모여 갑자기 시끄럽게 떠드는 소리. 또는 그 모양.

왁자글-왁자글

의미 [+소리]v[+모양],[+다수],[+집합],[+수다],[+소란],[+연속]

제약 {사람}-{떠들다}

여럿이 한데 모여 잇따라 시끄럽게 떠드는 소리. 또는 그 모양.

왁자지껄

의미 [+소리]v[+모양],[+다수],[+정신],[+혼란],[+수다],[+소란]

제약

여럿이 정신이 어지럽도록 시끄럽게 떠들고 지껄이는 소리. 또는 그 모양.

¶통행금지 사이렌이 울리고 좀 있다가 또 골목길에 왁자지껄 술 취한 소리가 나더니 거칠게 방문이 열렸다.≪이호철, 소시민≫/아가씨들이 왁자지껄 경상도 사투리 흉내를 내기 시작하자….≪이병주, 지리산≫

왁작

의미 [+소리]v[+모양],[+다수],[+수다]v[+웃음],[+혼란],[+정도]

제약 {사람}-{떠들다, 웃다}

여럿이 매우 어수선하게 떠들거나 웃는 소리. 또는 그 모양.

¶갑자기 왁작 떠드는 소리가 들린다./교실 안에서는 왁작 웃음이 터져 나왔다.

왁작-박작

의미 [+모양],[+다수],[+밀집],[+수다]v[+웃음],[+혼란],[+정도]

제약 {사람}-{떠들다, 웃다}

여럿이 좁은 곳에 모여 매우 어수선하게 떠들거나 웃으며 들끓는 모양.

¶왁작박작 아우성으로, 오글오글 구더기 끓듯, 누구나 모두 황금욕에 독이 바짝 올라서….≪이희승, 벙어리 냉가슴≫

왁작-왁작

의미 [+소리]v[+모양],[+다수],[+수다]v[+웃음],[+혼란],[+정도],[+반복]

제약 {사람}-{떠들다, 웃다}

여럿이 매우 어수선하게 자꾸 떠들거나 웃는 소리. 또는 그 모양.

¶교실 안에서 학생들이 왁작왁작 떠들어 대며 장난을 치고 있다./관리실에서 몰려들어 왁작왁작 항의들을 하고 있는데, 어디선가 불쑥 형섭이 나타나서 때려치우라고 꽥 고함을 내지른 것이다.≪홍성원, 흔들리는 땅≫

완강-히

의미 [+태도],[+잔인],[+의지]

제약 { }-{버티다, 거부하다, 물리치다, 뿌리치
다}

① 태도가 모질고 의지가 굳세게.

¶완강히 버티다./완강히 거부하다./유혹을 완강
히 물리치다./동욱은 그의 매달리는 손을 완강히
뿌리치는 심정으로 차갑게 쏘아보았다.≪윤흥길,
묵시의 바다≫

의미 [+체격],[+용기],[+단단]

제약

② 체격 따위가 씩씩하고 다부지게.

완고-히[01]

의미 [+완전],[+견고]

제약

완전하고 튼튼하게.

¶길을 탄평히 닦고 다리를 완고히 쌓으며 개천
을 정결히 치고 문정을 분명히 쓰는 것은 인민
에게 위생이요….≪독립신문≫

완고-히[02]

의미 [-탄력],[+정당],[+고집]

제약

융통성이 없이 올곧고 고집이 세게.

¶그들은 시곗바늘을 거꾸로 돌리려고만 완고히
애쓰는 국수주의자이다.

완고스레

의미 [-탄력],[+정당],[+고집]

제약

보기에 융통성이 없이 올곧고 고집이 센 데가
있게.

¶완고스레 보이다./그가 완고스레 고집을 부리는
데 막을 도리가 없었다.

완곡-히[01]

의미 [+태도],[+유연]

제약

말하는 투가, 듣는 사람의 감정이 상하지 않도
록 모나지 않고 부드럽게.

¶그 사람은 미소를 지으면서 우리의 요구를 완
곡히 거절하였다.

완곡-히[02]

의미 [-속도],[+정성]

제약

느릿느릿하면서도 정성스럽게.

¶그가 완곡히 부탁하자 그녀는 거절할 수가 없
었다./병자와 의사는 이 새로운 구성과 조직을
향하여 가장 신중히 또 가장 완곡히 보조를 맞
추어 걸어가는 것이니….≪김진섭, 인생 예찬≫

완구-히

의미 [+상태],[+완벽],[+내구],[+지속]

제약

어떤 상태가 완전하여 오래 견딜 수 있게. 또는
오래갈 수 있게.

¶차후에는 다시 그런 일이 없도록 네가 공손한
사람이 되어야만 너의 지나간 허물을 완구히 벗
을 수가 있단 말이다.≪이기영, 신개지≫

완만스레

의미 [+성질],[+잔인],[+거만]

제약

성질이 모질고 거만한 데가 있게.

완만-히[01]

의미 [+태도],[+온순],[+유연]

제약

태도가 온순하고 부드럽게.

완만-히[02]

의미 [+성질],[+잔인],[+거만]

제약

성질이 모질고 거만하게.

완만-히[03]

의미 [+일],[+진행],[-속도]

제약

일 따위의 되어 가는 속도가 늦게.

완만-히[04]

의미 [+운동],[-속도]

제약

① 움직임이 느릿느릿하게.

¶시냇물이 완만히 흐른다.

의미 [+경사],[+완만]

제약

② 경사가 급하지 않게.

¶완만히 뻗어 오른 비탈길을 올랐다.

완벽-히

의미 [-결함],[+완전]

제약

결함이 없이 완전하게.

¶계획을 완벽히 짜다./동네 사람들은 마을 축제를 위해 세밀한 부분까지 완벽히 준비했다.

완연-히[01]

의미 [-결점],[+완전]

제약

흠이 없이 완전하게.

완연-히[02]

의미 [+선명],[+정도]

제약

① 눈에 보이는 것처럼 아주 뚜렷하게.

¶병색이 완연히 드러나다./큰아들 상진이를 사범 학교에 진학시키고부터는 그를 대하는 읍내 사람들의 태도가 완연히 달라졌다.≪조정래, 태백산맥≫/상대는 처음의 음침한 표정을 완연히 털어 버리고 활짝 웃으며 마주 쥔 손에 힘을 주었다.≪이문열, 영웅시대≫

의미 [+모양],[+유사]

제약

② 모양이 서로 비슷하게.

¶생김새도 비슷한 두 사람이 옷까지 완연히 걸치고 있어서 구별하기가 썩 쉽지 않다.

완연-히[03]

의미 [+모양],[+벌레],[+길이],[+굴곡]

제약

벌레 따위가 꿈틀거리듯이 길게 뻗어 있는 모양이 구불구불하게.

¶완연히 늘어선 물동이가 가뭄을 짐작하게 한다./사람들은 완연히 줄을 서 있었다.

완완-히

의미 [+동작],[-속도]

제약

① 동작이 느리고 더디게.

¶일을 완완히 처리하다.

의미 [+비탈],[+경사],[+완만]

제약

② 비탈 따위의 기울기가 비스듬하고 민틋하게.

완전-히

의미 [-부족],[-결점]

제약

필요한 것이 모두 갖추어져 모자람이나 흠이 없이.

¶그 일은 완전히 끝냈다./지난번 일로 두 사람은 완전히 갈라섰다./몸을 완전히 드러내 놓는 것도 아니며, 또한 완전히 감추어 버린 것도 아니다.≪이어령, 흙 속에 저 바람 속에≫/그처럼 지독했던 위장병이 썰물 빠지듯 사라지기 시작했다. 일주일이 지나는 사이 나는 완전히 건강을 되찾았다.≪이병주, 지리산≫

왈

의미 [+언사],[+빈도]

제약

① 흔히 말하는 바.

¶많은 장님 속의 눈 뜬 사람의 하나라고나 할까. 왈 꼽추 도령이요 천치 바보요 오줌도 가릴 줄 모른다는 사실과 억측 속에….≪박경리, 토지≫

의미 [+언사],[+경어]

제약

② (한문 투의 말에서 동사적으로 쓰여) '가로되', '가라사대'의 뜻을 나타내는 말.

¶공자 왈./맹자 왈.

왈가닥

의미 [+소리]v[+모양],[+물건],[+충돌],[+난폭]

제약 { }-{부딪치다}

작고 단단한 물건들이 서로 거칠게 부딪치는 소리. 또는 그 모양.

¶공으로 탁 치자 쌓아 놓은 장난감이 왈가닥 무너졌다./신숙은 대답이 없다. 펼쳐지는 과자 봉지의 왈가닥 소리에 못 알아들었음인지 알아듣고도 대답을 하지 않는 것인지 동옥은 알 수가 없다.≪이태준, 화관≫

왈가닥-달가닥

의미 [+소리]v[+모양],[+물건],[+접촉]v[+충돌],[+난폭],[+반복]

제약

작고 단단한 물건들이 자꾸 서로 거칠게 닿거나 부딪치는 소리. 또는 그 모양.

¶주방에서 왈가닥달가닥 그릇을 치우는 소리가

난다.

왈가닥-왈가닥

의미 [＋소리]v[＋모양],[＋물건],[＋충돌],[＋반
복]

제약 { }-{부딪치다}

작고 단단한 물건들이 자꾸 서로 부딪치는 소리.
또는 그 모양.

¶마차가 자갈길을 **왈가닥왈가닥** 지나간다.

왈가당

의미 [＋소리]v[＋모양],[＋물건],[＋충돌],[＋공
명]

제약 { }-{부딪치다}

'왈강'의 본말. 작고 단단한 물건들이 서로 부딪
치면서 울리는 소리. 또는 그 모양.

¶한바탕 푸념이 터져 나오는데, 딸도 대야를 팽
개치는 듯한 **왈가당** 소리를 내며 울음을 터뜨렸
다.≪이호철, 소시민≫

왈가당-왈가당

의미 [＋소리]v[＋모양],[＋물건],[＋충돌],[＋공
명],[＋반복]

제약 { }-{부딪치다}

'왈강왈강'의 본말. 작고 단단한 물건들이 자꾸
서로 부딪치면서 울리는 소리. 또는 그 모양.

왈각

의미 [＋소리]v[＋모양],[＋물건],[＋충돌],[＋난
폭]

제약 { }-{부딪치다}

'왈가닥'의 준말. 작고 단단한 물건들이 서로 거
칠게 부딪치는 소리. 또는 그 모양.

¶쌓아 놓은 목재가 **왈각** 무너졌다.

왈각-달각

의미 [＋소리]v[＋모양],[＋물건],[＋접촉]v[＋충
돌],[＋난폭],[＋반복]

제약

'왈가닥달가닥'의 준말. 작고 단단한 물건들이
자꾸 서로 거칠게 닿거나 부딪치는 소리. 또는
그 모양.

왈각-왈각

의미 [＋소리]v[＋모양],[＋물건],[＋충돌],[＋반
복]

제약 { }-{부딪치다}

'왈가닥왈가닥'의 준말. 작고 단단한 물건들이
자꾸 서로 부딪치는 소리. 또는 그 모양.

왈강

의미 [＋소리]v[＋모양],[＋물건],[＋충돌],[＋공
명]

제약 { }-{부딪치다}

작고 단단한 물건들이 서로 부딪치면서 울리는
소리. 또는 그 모양.

왈강-달강

의미 [＋소리]v[＋모양],[＋물건],[＋혼란],[＋충
돌],[＋반복]

제약 { }-{부딪치다}

작고 단단한 물건들이 어수선하게 자꾸 부딪치
는 소리. 또는 그 모양.

¶부엌에서 설거지를 하는지 아까부터 **왈강달강**
소리가 요란했다.

왈강-왈강

의미 [＋소리]v[＋모양],[＋물건],[＋충돌],[＋공
명],[＋반복]

제약 { }-{부딪치다}

작고 단단한 물건들이 자꾸 서로 부딪치면서 울
리는 소리. 또는 그 모양.

왈그륵-달그륵

의미 [＋소리]v[＋모양],[＋물건],[＋충돌]v[＋접
촉],[－주의],[＋연속]

제약

단단한 물건들이 서로 마구 부딪치거나 스치면
서 잇따라 나는 소리. 또는 그 모양.

¶한번 열자면 **왈그륵달그륵** 온 집안사람이 다
잠을 깰 텐데…….≪현진건, 무영탑≫

왈딱

의미 [＋모양],[＋구토],[＋순간]

제약 { }-{게우다, 올리다, 토하다}

① 먹은 것이 갑자기 다 게워지는 모양.

¶**왈딱** 토하다.

의미 [＋모양],[＋전복]v[＋노출],[＋순간]

제약 { }-{뒤집다, 젖히다}

② 갑자기 뒤집히거나 젖혀지는 모양.

¶갑자기 불어온 거센 바람에 치마가 **왈딱** 뒤집

혔다.

의미 [+모양],[+액체],[+범람],[+순간]

제약 { }-{넘치다}

③ 물 따위가 갑자기 그릇 밖으로 넘쳐흐르는
모양.

왈딱-왈딱

의미 [+모양],[+구토],[+순간],[+연속]

제약 { }-{게우다, 올리다, 토하다}

① 먹은 것이 갑자기 잇따라 게워지는 모양.

¶그는 담장 밑으로 가서 **왈딱왈딱** 토해 내고는
곧 기진맥진한 얼굴로 돌아왔다.

의미 [+모양],[+전복]v[+노출],[+순간],[+전
부]v[+연속]

제약 { }-{뒤집다, 젖히다}

② 여럿이 다 또는 잇따라 갑자기 뒤집히거나
젖혀지는 모양.

의미 [+모양],[+액체],[+범람],[+연속]

제약 { }-{넘치다}

③ 물 따위가 잇따라 그릇 밖으로 넘쳐흐르는
모양.

왈랑-절렁

의미 [+소리],[+방울],[+소란],[+공명]

제약 {방울}-{울리다}

방울 따위가 요란스럽게 울리는 소리.

¶고개 너머에서 **왈랑절렁** 소 방울 소리가 들려
왔다.

왈랑-철렁

의미 [+소리],[+방울],[+소란],[+공명]

제약 {방울}-{울리다}

방울 따위가 요란스럽게 울리는 소리. '왈랑절
렁'보다 거센 느낌을 준다.

왈왈01

의미 [+모양],[+물],[+유동],[+급박],[+다량]

제약 {물}-{흐르다}

물이 급하게 많이 흐르는 모양.

왈왈02

의미 [+모양],[+신체],[+요동],[+추위]v[+공
포],[+정도],[+연속]

제약 {사람, 신체}-{떨다, 떨리다}

'와들와들'의 준말. 춥거나 무서워서 몸을 잇따

라 아주 심하게 떠는 모양.

¶너무 추워서 몸이 **왈왈** 떨릴 지경이었다./다리
에 힘이 없어 **왈왈** 떨면서 병실로 돌아갔다.

왈왈03

의미 [+소리],[+개]

제약 {개}-{짖다}

① 개가 짖는 소리.

¶**왈왈** 짖어 대다.

의미 [+소리],[-이해],[+소란],[+정도]

제약

② 알아들을 수 없을 만큼 크고 소란스럽게 떠
드는 소리.

¶술꾼들만이 주막 안에서 **왈왈** 시끌시끌 다투고
화해하고 웃고 고꾸라지는 판이었는데…≪황석
영, 가객≫

왈카닥

의미 [+모양],[+구토],[+순간]

제약 { }-{게우다, 올리다, 토하다}

① 갑자기 먹은 것을 다 게워 내는 모양.

의미 [+모양],[±견인],[+기운],[+순간]

제약 { }-{당기다, 밀치다}

② 갑자기 힘껏 잡아당기거나 밀치는 모양.

¶대문을 **왈카닥** 삐거덕, 그 다음에는 이내 조용
하고 맙니다.≪채만식, 태평천하≫

의미 [+모양],[+다수],[+누출],[+순간]

제약 { }-{쏟아지다}

③ 갑작스럽게 많이 쏟아지는 모양.

의미 [+모양],[+분노]v[+기운]v[+생각],[+발
생],[+순간],[+동시]

제약 { }-{나다, 떠오르다}

④ 갑자기 격한 감정이나 기운 또는 생각이 한
꺼번에 치밀거나 떠오르는 모양.

의미 [+모양],[+전부],[+역전],[+순간]

제약 { }-{뒤집히다}

⑤ 갑자기 통째로 뒤집히는 모양.

의미 [+소리]v[+모양],[+물건],[+충돌],[+난
폭],[+정도]

제약 { }-{부딪치다}

⑥ 단단한 물건들이 서로 매우 거칠게 부딪치는
소리. 또는 그 모양.

의미 [＋모양],[＋냄새],[＋순간]

제약 {냄새}-{나다, 풍기다}

⑦ 갑자기 냄새 따위가 나는 모양.

의미 [＋모양],[＋행동],[＋순간]

제약

⑧ 갑자기 어떤 행동을 하는 모양.

왈카닥-달카닥

의미 [＋소리]v[＋모양],[＋물건],[＋접촉]v[＋충돌],[＋난폭],[＋정도],[＋반복]

제약

단단한 물건들이 자꾸 서로 매우 거칠게 닿거나 부딪치는 소리. 또는 그 모양.

왈카닥-왈카닥

의미 [＋모양],[＋구토],[＋순간],[＋반복]

제약 { }-{게우다, 올리다, 토하다}

① 갑자기 먹은 것을 자꾸 다 게워 내는 모양.

의미 [＋모양],[±견인],[＋기운],[＋순간],[＋반복]

제약 { }-{당기다, 밀치다}

② 갑자기 자꾸 힘껏 잡아당기거나 밀치는 모양.

의미 [＋모양],[＋다수],[＋누출],[＋순간],[＋반복]

제약 { }-{쏟아지다}

③ 갑작스럽게 자꾸 많이 쏟아지는 모양.

의미 [＋모양],[＋분노]v[＋기운]v[＋생각],[＋발생],[＋순간],[＋동시],[＋반복]

제약 { }-{나다, 떠오르다}

④ 갑자기 격한 감정이나 기운 또는 생각이 자꾸 한꺼번에 치밀거나 떠오르는 모양.

의미 [＋모양],[＋전부],[＋역전],[＋순간],[＋반복]

제약 { }-{뒤집히다}

⑤ 갑자기 자꾸 통째로 뒤집히는 모양.

의미 [＋소리]v[＋모양],[＋물건],[＋충돌],[＋난폭],[＋정도],[＋반복]

제약 { }-{부딪치다}

⑥ 단단한 물건들이 자꾸 서로 매우 거칠게 부딪치는 소리. 또는 그 모양.

의미 [＋모양],[＋냄새],[＋순간],[＋반복]

제약 {냄새}-{나다, 풍기다}

⑦ 갑자기 냄새 따위가 자꾸 나는 모양.

의미 [＋모양],[＋행동],[＋순간],[＋반복]

제약

⑧ 갑자기 어떤 행동을 자꾸 하는 모양.

왈카당-왈카당

의미 [＋소리]v[＋모양],[＋물건],[＋충돌],[＋공명],[＋반복]

제약 { }-{부딪치다}

'왈캉왈캉'의 본말. 작고 단단한 물건들이 자꾸 서로 부딪치면서 울리는 소리. 또는 그 모양.

왈칵

의미 [＋모양],[＋구토],[＋순간]

제약 { }-{게우다, 올리다, 토하다}

① '왈카닥①'의 준말. 갑자기 먹은 것을 다 게워 내는 모양.

¶목구멍이 컥컥하더니 구역질이 **왈칵** 나왔다. ≪박해준, 밀항기≫

의미 [＋모양],[±견인],[＋기운],[＋순간]

제약 { }-{당기다, 밀치다}

② '왈카닥②'의 준말. 갑자기 힘껏 잡아당기거나 밀치는 모양.

¶엄마가 눈물이 글썽한 착잡한 시선으로 나를 바라보더니 **왈칵** 끌어안았다.≪박완서, 도시의 흉년≫/막 잠이 들려는 참에 대문 안에서 쿵 소리가 나더니 **왈칵** 나의 방문이 열어젖혀지며 팔기가 들어섰다.≪이청준, 조율사≫

의미 [＋모양],[＋다수],[＋누출],[＋순간]

제약 { }-{쏟아지다}

③ '왈카닥③'의 준말. 갑작스럽게 많이 쏟아지는 모양.

¶대감 일행이 왔다는 소식에 앞다퉈 달려온 김씨들은 퍽 초췌해진 두 대감의 안색을 대하자 **왈칵** 눈물을 쏟았다.≪현기영, 변방에 우짖는 새≫

의미 [＋모양],[＋분노]v[＋기운]v[＋생각],[＋발생],[＋순간],[＋동시]

제약 { }-{나다, 떠오르다}

④ '왈카닥④'의 준말. 갑자기 격한 감정이나 기운 또는 생각이 한꺼번에 치밀거나 떠오르는 모양.

¶명준은 **왈칵** 겁이 나면서, 저도 모르게 두 손으로 막는 시늉을 한다.≪최인훈, 광장≫/말할 수 없는 그리움이 **왈칵** 고 노인의 가슴에 솟아올랐다.≪선우휘, 불꽃≫

의미 [＋모양],[＋전부],[＋역전],[＋순간]

제약 { }-{뒤집히다}

⑤ '왈카닥⑤'의 준말. 갑자기 통째로 뒤집히는 모양.

¶연못이 **왈칵** 뒤집힐 듯이 물을 뿌리면서 검은 것이 풍덩 빠졌다가 잠시 후에 물에 떴다.≪김성한, 개구리≫

의미 [＋소리]v[＋모양],[＋물건],[＋충돌],[＋난폭],[＋정도]

제약 { }-{부딪치다}

⑥ '왈카닥⑥'의 준말. 단단한 물건들이 서로 매우 거칠게 부딪치는 소리. 또는 그 모양.

의미 [＋모양],[＋냄새],[＋순간]

제약 {냄새}-{나다, 풍기다}

⑦ '왈카닥⑦'의 준말. 갑자기 냄새 따위가 나는 모양.

¶크레졸 냄새가 코 안으로 **왈칵** 스민다.≪강호무, 번지 식물≫/불길과 함께 폭풍이, 폭풍과 함께 연기가, 연기와 함께 화약 냄새가 방 안으로 **왈칵** 쏟아져 들어왔다.≪유주현, 대한 제국≫

의미 [＋모양],[＋행동],[＋순간]

제약

⑧ '왈카닥⑧'의 준말. 갑자기 어떤 행동을 하는 모양.

¶동네 처녀를 건드렸다가 여자 집에서 **왈칵** 들고 나서는 통에 한밤에 도망치듯 떠난 고향이었다.≪한수산, 유민≫

왈칵-달칵

의미 [＋소리]v[＋모양],[＋물건],[＋접촉]v[＋충돌],[＋난폭],[＋정도],[＋반복]

제약 { }-{부딪치다}

'왈카닥달카닥'의 준말. 단단한 물건들이 자꾸 서로 매우 거칠게 닿거나 부딪치는 소리. 또는 그 모양.

왈칵-왈칵

의미 [＋모양],[＋구토],[＋순간],[＋반복]

제약 { }-{게우다, 올리다, 토하다}

① '왈카닥왈카닥①'의 준말. 갑자기 먹은 것을 자꾸 다 게워 내는 모양.

의미 [＋모양],[±견인],[＋기운],[＋순간],[＋반복]

제약 { }-{당기다, 밀치다}

② '왈카닥왈카닥②'의 준말. 갑자기 자꾸 힘껏 잡아당기거나 밀치는 모양.

¶운전병은 **왈칵왈칵** 브레이크를 밟았고 바퀴는…한참씩 미끄러져 내려갔다.≪신상웅, 히포크라테스의 흉상≫

의미 [＋모양],[＋다수],[＋누출],[＋순간],[＋반복]

제약 { }-{쏟아지다}

③ '왈카닥왈카닥③'의 준말. 갑작스럽게 자꾸 많이 쏟아지는 모양.

¶**왈칵왈칵** 눈물이 솟다./하수구로 **왈칵왈칵** 더러운 오물들이 흘러내리고 있었다.≪최인호, 지구인≫

의미 [＋모양],[＋분노]v[＋기운]v[＋생각],[＋발생],[＋순간],[＋동시],[＋반복]

제약 { }-{치밀다, 떠오르다}

④ '왈카닥왈카닥④'의 준말. 갑자기 격한 감정이나 기운 또는 생각이 자꾸 한꺼번에 치밀거나 떠오르는 모양.

¶어제 일은 생각할수록 화가 **왈칵왈칵** 치밀었다.

의미 [＋모양],[＋전부],[＋역전],[＋순간],[＋반복]

제약 { }-{뒤집히다}

⑤ '왈카닥왈카닥⑤'의 준말. 갑자기 자꾸 통째로 뒤집히는 모양.

의미 [＋소리]v[＋모양],[＋물건],[＋충돌],[＋난폭],[＋정도],[＋반복]

제약 { }-{부딪치다}

⑥ '왈카닥왈카닥⑥'의 준말. 단단한 물건들이 자꾸 서로 매우 거칠게 부딪치는 소리. 또는 그 모양.

의미 [＋모양],[＋냄새],[＋순간],[＋반복]

제약 {냄새}-{나다, 풍기다}

⑦ '왈카닥왈카닥⑦'의 준말. 갑자기 냄새 따위

가 자꾸 나는 모양.

¶낙엽을 태우는지 연기가 **왈칵왈칵** 코를 찌른다.

의미 [+모양],[+행동],[+순간],[+반복]

제약

⑧ '왈카닥왈카닥⑧'의 준말. 갑자기 어떤 행동을 자꾸 하는 모양.

왈캉

의미 [+소리]v[+모양],[+물건],[+충돌],[+공명],[+반복]

제약 { }-{부딪치다}

작고 단단한 물건들이 서로 부딪치면서 울리는 소리. 또는 그 모양. '왈강'보다 거센 느낌을 준다.

¶양손에 차돌을 들고 세게 부딪쳤더니 **왈캉** 소리가 나면서 불이 번쩍했다.

왈캉-달캉

의미 [+소리]v[+모양],[+물건],[+혼란],[+충돌],[+반복]

제약 { }-{부딪치다}

작고 단단한 물건들이 어수선하게 자꾸 부딪치는 소리. 또는 그 모양. '왈강달강'보다 거센 느낌을 준다.

왈캉-왈캉

의미 [+소리]v[+모양],[+물건],[+충돌],[+공명],[+반복]

제약 { }-{부딪치다}

작고 단단한 물건들이 자꾸 서로 부딪치면서 울리는 소리. 또는 그 모양. '왈강왈강'보다 거센 느낌을 준다.

왈패스레

의미 [-단정],[+수선]

제약

보기에 왈패인 듯하게.

왕

의미 [+소리],[+소란]v[+울음],[+크기],[+정도]

제약 { }-{떠들다, 울다}

귀가 멍멍하게 울릴 정도로 크고 시끄럽게 떠들거나 우는 소리.

¶원장의 돌연한 이상 행동에 원아들은 드디어

왕 하고 울음들을 터뜨린다.≪홍성원, 육이오≫

왕배-덕배

의미 [+모양],[+시비],[+판단]

제약

이러니저러니 하고 시비를 가리는 모양.

¶사고 난 차를 길 한쪽으로 뺀 채 두 사람은 계속해서 **왕배덕배** 잘잘못을 가렸다.

왕배야-덕배야

의미 [+소리],[+시비],[+판단],[+도처],[+소란]

제약

여기저기서 시끄럽게 시비를 따지는 소리.

¶우리가 정읍으로 이사를 간 것은 사건이 지난 지 이미 오래인데도 많은 사람들이 경주네 집에 얽힌 일과 새로운 소문을 놓고 **왕배야덕배야** 떠들며 한창 열을 올리던 때였다.≪윤흥길, 황혼의 집≫

왕성-히

의미 [+번성],[+절정]

제약

한창 성하게. 늑성왕히.

¶왕성히 활동하다./신진대사가 왕성히 이루어지다.

왕연

의미 [+모양],[+바다]v[+호수],[+깊이],[+넓이]

제약 {바다, 호수}-{ }

① 바다나 호수 따위가 깊고 넓은 모양. 늑왕연히02①.

의미 [+모양],[+눈물],[+충만]

제약

② 눈에 눈물이 쏟아질 듯이 가득한 모양. 늑왕연히02②.

왕연-히01

의미 [+빛],[+미려],[+정도]

제약

① 빛이 매우 아름답게.

¶햇살에 **왕연히** 반짝이는 아침 이슬.

의미 [+사물],[+왕성],[+정도]

제약

② 사물이 매우 왕성하게.

왕연-히[02]

의미 [+모양],[+바다]v[+호수],[+깊이],[+넓이]

제약 {바다, 호수}-{ }

①=왕연①. 바다나 호수 따위가 깊고 넓은 모양.

¶왕연히 펼쳐진 바다.

의미 [+모양],[+눈물],[+충만]

제약

②=왕연②. 눈에 눈물이 쏟아질 듯이 가득한 모양.

¶왕연히 눈물을 흘리다.

왕-왕[01]

의미 [+소리],[+소란]v[+울음],[+크기],[+정도]

제약 { }-{떠들다, 울다}

귀가 먹먹할 정도로 크고 시끄럽게 떠들거나 우는 소리.

¶스피커 소리가 왕왕 울리다./트럭에서는 운전사가 틀어 놓았는지 라디오 음악이 왕왕 울려 나왔다./녹음 속에서 매미들이 왕왕 울어 대며 더위를 토해 냈다.≪홍성암, 큰물로 가는 큰 고기≫/억쇠는 차츰 될 소리 안 될 소리를 마구 지껄였고 왕왕 소리를 질렀으나….≪박경리, 토지≫

왕왕[02]

의미 [+모습],[+눈물],[+충만]

제약

눈에 눈물이 가득한 모양.

왕왕[03]

의미 [+시간],[+간격],[-빈도]

제약

시간의 간격을 두고 이따금.

¶그런 일은 전에도 왕왕 있었던 일이다./우스운 것은 가끔 내겐 글을 쓴다는 이유 하나로 어처구니없는 글 부탁을 받는 수가 왕왕 있다는 것이었다.≪최인호, 무서운 복수≫

왕왕-히

의미 [+물],[+넓이],[+깊이],[-제한]

제약

① 물이 끝없이 넓고 깊게.

의미 [+눈물],[+풍부]

제약

② 눈에 눈물이 가득하게.

왕창

의미 [+규모],[+크기],[+정도]

제약

(속되게) 엄청나게 큰 규모로.

¶돈을 왕창 벌다./악덕 회사들이 담합하여 상품 가격을 왕창 올렸다./이쪽 차만 왕창 부서졌을 뿐 저쪽 차는 한눈으로 보아도 멀쩡한 편이었다.≪최인호, 지구인≫/화숙이가 이튿날 아침부터 술을 마셔 대더니 왕창 취해 가지고 소란을 피웠다.≪황석영, 어둠의 자식들≫

왕창-왕창

의미 [+풍부],[+막대]

제약

(속되게) 매우 엄청나게 많이.

¶왕창왕창 돈을 쓰다./거기 따라온 사장이나 편집국장도 실실 웃고 술들만 왕창왕창 들 뿐이었다.≪이정환, 샛강≫

왕청

의미 [+차이],[+막대]

제약

차이가 엄청나게.

¶거리가 왕청 변해서 어디가 어딘지 알 수 없었다./백만장자와 반찬 장수는 너무 왕청 떨어지기도 하지마는, 장사꾼의 분수를 잊어서야 되겠습니까.≪염상섭, 삼대≫

왕청같-이

의미 [+차이],[+막대]

제약

차이가 엄청나게.

왕청스레

의미 [+차이],[+막대]

제약

차이가 엄청난 듯하게.

왜

의미 [+이유]v[+원인]

제약

무슨 까닭으로. 또는 어째서.

¶왜 그래? 무슨 일이야?/올 시간이 넘었는데 왜 안 올까?/바닷물은 왜 짤까?/아까는 내가 왜 그런 말을 했는지 나도 모르겠어요./죽은 병사들은 그들이 왜 무엇을 위해서 죽는지 모르면서 죽어 갔다.≪안정효, 하얀 전쟁≫

왜각-대각
의미 [+소리]v[+모양],[+그릇],[+충돌]v[+파손],[+소란]
제약 { }-{부딪치다, 깨어지다}
그릇 따위가 부딪치거나 깨어질 때 요란스럽게 나는 소리. 또는 그 모양.

왜그르르
의미 [+모양],[+된밥]v[+물건],[+분산],[+동시]
제약
① 된밥이나 굳은 물건 따위가 흐슬부슬 한꺼번에 헤어지는 모양.
¶장마 끝에 축대가 왜그르르 무너졌다.
의미 [+모양],[+물건],[+낙하]
제약 { }-{떨어지다}
② 단단한 물건이 우수수 떨어지는 모양.

왜글-왜글
의미 [+모양],[+된밥]v[+물건],[+분산],[+동시],[+반복]
제약
된밥이나 굳은 물건 따위가 흐슬부슬 자꾸 흩어지는 모양.
¶토담이 왜글왜글 무너졌다.

왜깍-대깍
의미 [+소리]v[+모양],[+그릇],[+충돌]v[+파손],[+소란],[+정도]
제약 { }-{부딪치다, 깨어지다}
그릇 따위가 부딪치거나 깨어질 때 요란스럽게 나는 소리. 또는 그 모양. '왜각대각'보다 조금 센 느낌을 준다.
¶옆집에서 부부 싸움을 하는지 왜깍대깍 여간 소란스럽지 않다.

왜냐-하면
의미 [+이유]
제약

왜 그러냐 하면.
¶나는 그의 실패를 탓하지 않았는데 왜냐하면 그는 최선을 다했기 때문이다./고운 말을 쓰는 사람은 마음씨와 몸가짐도 곱다. 왜냐하면 고운 말은 고운 마음씨에서 싹트기 때문이다./물론 그 애는 나의 존재를 모르고 있었다. 왜냐하면, 나는 강당 이쪽 구석에 파묻혀 앉아 있었으니까. ≪최인호, 두레박을 올려라≫

왜뚜
의미 [+소리],[+피리]v[+나팔]
제약 {피리, 나팔}-{불다}
피리나 뿔 나팔 따위를 부는 소리.

왜뚤-비뚤
의미 [+모양],[+굴곡],[-일정]
제약
이리저리 비뚤어진 모양. '왜뚤삐뚤'보다 여린 느낌을 준다.

왜뚤-삐뚤
의미 [+모양],[+굴곡],[-일정]
제약
이리저리 비뚤어진 모양.
¶글씨를 왜뚤삐뚤 쓰다./아이가 왜뚤삐뚤 걸어간다.

왜뚤-왜뚤
의미 [+모양],[+굴곡],[-일정],[+정도]
제약
이리저리 몹시 비뚤어진 모양.

왜왜
의미 [+소리],[+바람]v[+호각],[+예리]
제약 { }-{울다, 들리다}
바람이나 호각 따위가 새되게 들려오는 소리.
¶바람에 유리창이 왜왜 울어 댄다.

왜죽-왜죽
의미 [+모양],[+걸음],[+경망],[+속도],[+팔],[+요동],[+지속]
제약 { }-{걷다}
팔을 홰홰 내저으며 경망스럽게 계속 빨리 걸어가는 모양.

왜쭉-비쭉
의미 [+모양],[+분노],[-소리],[+입술],[+수

843

축],[-일정]

제약

성이 나거나 토라져서 소리 없이 입술을 내밀고 이리저리 실룩이는 모양.

왜쭉-왜쭉

의미 [+모양],[+분노],[-이유],[+연속]

제약

걸핏하면 성이 나서 잇따라 토라지는 모양.

왜퉁스레

의미 [+유별],[-예상]

제약

대단히 엉뚱할 만큼 새삼스럽게.

왜틀-비틀

의미 [+모양],[+걸음],[+신체],[+요동],[-균형],[+정도]

제약 { }-{걷다}

몸을 몹시 흔들고 비틀거리며 걸어가는 모양.

¶왜틀비틀 걸어가다./비쩍 마른 소년이 왜틀비틀 힘겹게 걸어가는 모습이 안쓰럽다.

왝

의미 [+소리]v[+모양],[+구토],[+순간]

제약 { }-{게우다, 올리다, 토하다}

① 구역질이 나서 갑자기 토하는 소리. 또는 그 모양.

¶왝, 토하다./왝, 억. 상매는 자꾸 속이 뒤집혀서 걸음을 쉬고 쉬곤 했다.≪유주현, 대한 제국≫

의미 [+소리],[+왜가리]

제약 {왜가리}-{울다}

② 왜가리 따위가 우는 소리.

왝-왝01

의미 [+소리]v[+모양],[+구토],[+순간],[+연속]

제약 { }-{게우다, 올리다, 토하다}

① 구역질이 나서 잇따라 토하는 소리. 또는 그 모양.

¶그는 왝왝 헛구역질을 하였다./과음을 한 탓인지 저녁 내내 먹은 음식을 왝왝 토했다./수빈이는 거의 정신이 없는 채 왝왝 더러운 걸 토했다. ≪박완서, 도시의 흉년≫

의미 [+소리],[+왜가리],[+연속]

제약 {왜가리}-{울다}

② 왜가리 따위가 잇따라 우는 소리.

¶왜가리가 왝왝 울어 댄다.

의미 [+소리]v[+모양],[+고함],[+기운],[+반복]

제약

③ 자꾸 기를 쓰며 고함을 지르는 소리. 또는 그 모양.

¶술 취한 사람이 왝왝 소리를 지른다.

왝왝02

의미 [+소리]v[+모양],[+비밀]v[+사실],[+누설],[-주의]

제약

비밀이나 꺼리는 사실을 함부로 말하거나 떠드는 소리. 또는 그 모양.

왠지

의미 [-이유]

제약

왜 그런지 모르게. 또는 뚜렷한 이유도 없이.

¶그 이야기를 듣자 왠지 불길한 예감이 들었다./아내는 왠지 달갑지 않은 표정이다./매일 만나는 사람인데 오늘따라 왠지 멋있어 보인다./술은 알맞게 취했으나 왠지 기분은 유쾌하지 않았다./경민은 그녀가 울기 시작하자 왠지 그녀의 말이 정말일지도 모른다는 생각이 들었다.≪홍성원, 육이오≫/담임 선생님을 까닭 없이 흉보며 골목길을 내려오던 철은 왠지 가슴이 섬뜩해 걸음을 멈추었다.≪이문열, 변경≫

왱

의미 [+소리],[+곤충]v[+돌팔매],[+비상],[+속도]

제약 { }-{날다}

① 작은 날벌레나 돌팔매 따위가 빠르게 날아가는 소리.

¶파리가 왱 날아다닌다.

의미 [+소리],[+철사]v[+전깃줄],[+바람],[+충돌],[+공명]

제약 {철사, 전깃줄}-{울리다}

② 가는 철사나 전깃줄 따위에 바람이 세차게 부딪쳐 울리는 소리.

¶바람에 전깃줄이 **왱** 운다.

의미 [＋소리],[＋소방차]v[＋구급차],[＋경적]

제약 {경적}-{울리다}

③ 소방차나 구급차 따위가 경적을 울릴 때 나는 소리.

¶구급차가 **왱** 소리를 내며 우리 곁을 지나갔다.

왱강-댕강

의미 [＋소리],[＋방울]v[＋놋그릇],[＋충돌], [－주의],[＋소란],[＋공명]

제약 {　}-{부딪치다}

'왱그랑댕그랑'의 준말. 작은 방울이나 놋그릇 따위가 마구 부딪치며 요란스럽게 울리는 소리.

왱강-왱강

의미 [＋소리],[＋쇠붙이],[＋충돌],[－주의], [＋연속]

제약 {쇠붙이}-{부딪치다}

작은 쇠붙이 따위가 잇따라 마구 부딪치며 나는 소리.

¶**왱강왱강** 열쇠들이 부딪치는 소리가 나더니 잠시 후 찰카닥하고 철문 여는 소리가 들려왔다.

왱강-쟁강

의미 [＋소리]v[＋모양],[＋쇠붙이],[＋충돌], [－주의],[＋공명]

제약

얇은 쇠붙이 따위가 마구 부딪쳐 울리는 가벼운 소리. 또는 그 모양.

¶세차게 몰아치는 비바람에 유리창은 **왱강쟁강** 요란스러웠다.

왱그랑

의미 [＋소리],[＋방울],[＋요동],[＋충돌],[＋소란]

제약 {방울}-{부딪치다}

작은 방울 따위가 흔들리며 요란스럽게 부딪치는 소리.

¶깊은 적막 속에 **왱그랑** 울리는 산사의 풍경 소리.

왱그랑-댕그랑

의미 [＋소리],[＋방울]v[＋놋그릇],[＋충돌],[－주의],[＋소란],[＋공명]

제약 {방울, 놋그릇}-{부딪히다}

작은 방울이나 놋그릇 따위가 마구 부딪치며 요란스럽게 울리는 소리.

¶빈 도시락 속에서 숟가락 젓가락이 **왱그랑댕그랑** 요란스럽다.

왱그랑-왱그랑

의미 [＋소리],[＋방울],[＋요동],[＋충돌],[＋소란],[＋공명],[＋연속]

제약 {방울}-{부딪치다}

작은 방울 따위가 흔들리며 잇따라 요란스럽게 부딪치는 소리.

¶두부 장수가 **왱그랑왱그랑** 종소리를 내면서 집 앞을 지나간다.

왱댕

의미 [＋소리]v[＋모양],[＋소란],[＋정도]

제약 {　}-{떠들다}

요란스럽게 떠드는 소리. 또는 그 모양.

¶놀이터에서는 아이들이 하루 종일 **왱댕** 떠들어 댄다.

왱댕그랑

의미 [＋소리],[＋쇠붙이],[＋충돌],[＋소란], [－주의]

제약 {쇠붙이}-{부딪치다}

얇은 쇠붙이 따위가 요란스럽게 마구 부딪치는 소리.

왱-왱01

의미 [＋소리],[＋곤충]v[＋돌팔매],[＋비상], [＋속도],[＋연속]

제약 {　}-{날다}

① 작은 날벌레나 돌팔매 따위가 잇따라 빠르게 날아가는 소리.

¶모기가 **왱왱** 날아다닌다.

의미 [＋소리],[＋철사]v[＋전깃줄],[＋바람], [＋충돌],[＋연속]

제약 {철사, 전깃줄}-{울리다}

② 가는 철사나 전깃줄 따위에 바람이 잇따라 세차게 부딪쳐 울리는 소리.

¶전깃줄이 **왱왱** 우는 소리가 들리는 것으로 보아 밖에는 바람이 제법 부는 모양이다.

의미 [＋소리],[＋소방차]v[＋구급차],[＋경적], [＋연속]

제약 {경적}-{울리다}

③ 소방차나 구급차 따위가 경적을 잇따라 울릴 때 나는 소리.

¶소방차가 **왱왱** 경적을 울리며 지나간다./어지럽게 치쌓인 자재들 사이로 트럭들이 **왱왱** 내닫고, 그 소리 못지않게 위엄을 부리며 포클레인이 흙을 떠내고 있었다.≪정연희, 소리가 짓는 둥지≫

왱-왱02

의미 [+소리],[+독서],[−장애],[+청아]

제약 {글}-{읽다}

맑고 높은 소리로 막힌 데 없이 글을 읽는 소리.

¶**왱왱** 글 읽는 소리./멍석이 떠내려가는 것도 모르고, 이 선비는 사랑방에서 글만 **왱왱** 읽고 있었다.≪이희승, 먹추의 말참견≫/**왱왱** 외우던 글 소리는 단 2분이 못 되어 다시 사라졌다.≪나도향, 행랑 자식≫

외-따로

의미 [+단독],[+분리]

제약

홀로 따로.

¶자식을 모두 출가시키고 할머니는 **외따로** 살고 계신다./처소라고 해야 조그마한 방 한 칸이 후미진 산기슭에 **외따로** 떨어져 있는 것이었다. ≪현진건, 무영탑≫/산모퉁이 신작로 가에 양철 지붕의 창고가 **외따로** 서 있었다.≪이병주, 지리산≫

외따로이

의미 [+단독]

제약

보기에 홀로 떨어져 있는 듯하게.

¶동욱이가 들어 있는 집은 인가에서 뚝 떨어져 **외따로이** 서 있었다.≪손창섭, 비 오는 날≫

외람되-이

의미 [+행동],[+분수],[+과도]

제약

하는 짓이 분수에 지나치게.

¶선생님께 **외람되이** 한 말씀 올리겠습니다.

외람스레

의미 [+행동],[+분수],[+과도]

제약

하는 짓이 분수에 넘치는 데가 있게.

외람-히

의미 [+행동]v[+생각],[+분수],[+과도]

제약

하는 행동이나 생각이 분수에 지나치게.

¶아무리 술에 취하고 흠이 없다기로서니 홍선의 이름을 **외람히**도 부르는 것을 그저 볼 수가 없었다.≪김동인, 운현궁의 봄≫/점잖은 손님의 농담에 어찌 **외람히** 말대꾸를 하였으며….≪이상, 지주회시≫

외려

의미 [+기준]v[+예상]v[+짐작]v[+기대],[+반대]

제약

'오히려'의 준말. 일반적인 기준이나 예상, 짐작, 기대와는 전혀 반대가 되거나 다르게. 그럴 바에는 차라리.

¶잘못한 놈이 **외려** 큰소리야./불상 파는 수공은 불상 개수로 셈하고 날짜로 셈하지 않습니다. **외려** 날짜가 촉박하면 수공이 더합니다.≪홍명희, 임꺽정≫/화면이 크면 클수록 **외려** 더 눈이 피곤해지는 법입니다.≪윤흥길, 완장≫

외로

의미 [+방향],[+왼쪽]

제약

① 왼쪽 방향으로.

¶다리를 **외로** 꼬다./그는 환자에게서 손을 떼고 한참이나 눈을 딱 감고 앉아서 머리를 **외로** 꼬고 바로 꼬고 하다가, 청진기를 집어넣고는 잠자코 일어서 밖으로 나간다.≪심훈, 상록수≫/지밀에 있는 궁녀와 마찬가지로 침방 수방 궁인들은 사대부 집 부녀들처럼 치마를 **외로** 여며 입었다. ≪한무숙, 만남≫

의미 [−정당],[+경도]v[+도치]

제약

② 바르지 않고 한쪽으로 기울어지거나 뒤바뀌게.

외로이

의미 [+단독]v[+고독]

제약

홀로 되거나 의지할 곳이 없어 쓸쓸하게.

¶**외로이** 지내다./모두 떠나고 그녀만 **외로이** 남겨졌다./으스름한 저녁이 되면 냇가에나 혹은 둑길에 **외로이** 피어나는 한 송이 꽃이 있다.≪이어령, 흙 속에 저 바람 속에≫/20만 대군을 호령하던 동도 대장(東徒大將)도 싸움에 지고 부하를 잃고 나니까 하늘땅 사이에 **외로이** 버려진 처량한 거지와 다름이 없었다.≪유주현, 대한 제국≫

외상없-이
의미 [-틀림]v[-위반]
제약
조금도 틀림이 없거나 어김이 없이.

외수없-이
의미 [-예외]v[-틀림]
제약
예외 없거나 틀림없이.
¶세상에 총만큼 정직한 것은 또 드물 것이었다. 방아쇠를 당기기만 하면 그것은 **외수없이** 탄알을 사출해서 표적을 맞히도록 구조가 되어 있다.≪윤흥길, 묵시의 바다≫

외연-히
의미 [+산],[+높이],[+정도]
제약
=외외히①. 산 따위가 매우 높고 우뚝하게.
¶산 전체가 요원(燎原) 같은 화원이요, 벽공(碧空)에 **외연히** 솟은 봉봉(峯峯)은 그대로가 활짝 피어오른 한 떨기의 꽃송이다.≪정비석, 비석과 금강산의 대화≫

외외-히
의미 [+산],[+높이],[+정도]
제약
① 산 따위가 매우 높고 우뚝하게. ≒외연히.
¶**외외히** 건너다보이는 대각(臺閣)은 엎드러지면 코 닿을 듯하여도 급한 경사는 그리 쉽지 않았다.≪염상섭, 표본실의 청개구리≫
의미 [+인격],[+고매]
제약
② 인격이 높고 뛰어나게.

외우
의미 [+단독],[+분리]
제약

① 외따로 떨어져.
의미 [+상태],[+기준],[+거리],[+정도]
제약
②=멀리. 한 시점이나 지점에서 시간이나 거리가 몹시 떨어져 있는 상태로.

외잡스레
의미 [+음탕],[+난잡]
제약
음탕하고 난잡한 데가 있게.

욍
의미 [+소리],[+벌레]v[+돌팔매],[+비상],[+속도],[+정도]
제약 {벌레, 돌}-{날다}
① 작은 벌레나 돌 따위가 아주 빠르고 세차게 날아가는 소리.
의미 [+소리],[+전선]v[+철사],[+바람],[+충돌],[+속도],[+정도]
제약
② 거센 바람이 가는 전선이나 철사 따위에 매우 빠르고 세차게 부딪치는 소리.
의미 [+소리],[+기계],[+모터]v[+바퀴],[+회전],[+정도]
제약 {모터, 바퀴}-{돌다}
③ 작은 기계의 모터나 바퀴가 세차게 돌아가는 소리.

욍-욍
의미 [+소리],[+벌레]v[+돌],[+비상],[+속도],[+정도],[+연속]
제약 {벌레, 돌}-{날다}
① 작은 벌레나 돌 따위가 아주 빠르고 세차게 잇따라 날아가는 소리.
의미 [+소리],[+전선]v[+철사],[+바람],[+충돌],[+속도],[+정도],[+연속]
제약
② 거센 바람이 가는 전선이나 철사 따위에 매우 빠르고 세차게 잇따라 부딪치는 소리.
의미 [+소리],[+기계],[+모터]v[+바퀴],[+회전],[+정도],[+연속]
제약 {모터, 바퀴}-{돌다}
③ 작은 기계의 모터나 바퀴가 잇따라 돌아가는

소리.

요괴로이

의미 [+요사],[+괴이]

제약

요사스럽고 괴이한 듯하게.

요괴스레

의미 [+요사],[+괴이]

제약

요사스럽고 괴이하게.

요기로이

의미 [+요사],[+기이]

제약

요사스럽고 기이하게.

요기스레

의미 [+기운],[+요사]

제약

요사스러운 기운으로.

요긴-히

의미 [+필요],[+중요]

제약

=긴요히. 꼭 필요하고 중요하게.

¶주님의 뜻에 따라 저희 육신을 요긴히 부려 주시옵소서.≪이청준, 당신들의 천국≫

요까지-로

의미 [+기준],[-도달]

제약

겨우 요만한 정도로.

¶요까지로 하려거든 당장 그만두어라.

요-나마

의미 [+상태],[-적당],[+부족]

제약

① 좋지 아니하거나 모자라기는 하지만 요것이나마.

¶요나마라도 배급을 받을 수 있으니 다행이다.

의미 [+상태],[-적당],[+부족]

제약

② 좋지 아니하거나 모자라는데 요것마저도.

¶어렵게 구했는데 요나마 누가 가져가 버리면 큰일이다.

요-냥

의미 [+모양],[-변화],[+지속]

제약

요러한 모양으로 줄곧.

¶요냥 기다리고만 있을 참인가?

요냥-조냥

의미 [+상태],[+다양],[-만족]

제약

요러조러한 모양으로 그저 그렇게.

¶저는 하루하루 요냥조냥 지냅니다.

요뇨-히

의미 [+바람],[+유연]

제약

① 살랑살랑 부는 바람이 부드럽게.

의미 [+소리],[+길이],[+유연]

제약

② 소리가 길고 간드러지게.

의미 [+나뭇가지],[+길이],[-두께]

제약

③ 나뭇가지가 길고 가늘게.

요-다지

의미 [-기대],[-요구]

제약

요런 정도로. 또는 요렇게까지. 늑요리도.

¶네가 요다지 모질고 야박할 줄은 꿈에도 생각 못했다.

요-대로

의미 [+모양],[-변화],[+유지]

제약

① 변함없이 요 모양으로.

¶설마 요대로 늙어 죽기야 하겠나./요대로 가다가는 금방 굶어 죽겠다.

의미 [+동일],[+일치]

제약

② 요것과 똑같이.

¶요대로 따라 해 보아라./너, 꼭 요대로 배를 하나 지어야겠는데 몇 달이 걸리겠니?≪박종화, 임진왜란≫

요란스레

의미 [+소란],[+정도]

제약

① 시끄럽고 떠들썩하게.

¶누가 요란스레 문을 두드렸다./두 사람의 발자국 소리에 놀랐는지 요란스레 울부짖는 개의 울음소리도 들려왔다.≪최인호, 지구인≫

의미 [＋정도],[＋혼란],[－질서]

제약

② 정도가 지나쳐 어수선하고 어지럽게.

¶그 여자는 엉덩이를 요란스레 흔들고 지나갔다./김포댁이 성큼 부채를 받아 들어 자기 앞가슴을 요란스레 부쳐 댄다.≪홍성원, 육이오≫

요란-히

의미 [＋소란],[＋정도]

제약

① 시끄럽고 떠들썩하게.

¶아래위 동리가 발칵 뒤집혀 난리가 났는데, 여기저기서 징을 두드리는 소리가 요란히 들린다.≪심훈, 영원의 미소≫

의미 [＋혼란],[＋소란]

제약

② 정도가 지나쳐 어수선하고 야단스럽게.

요래-조래

의미 [＋모양]v[＋이유],[＋다양]

제약

요러하고 조러한 모양으로. 또는 요런조런 이유로.

¶요래조래 빚만 졌다./요래조래 말썽만 피운다.

요량-히

의미 [＋소리],[＋청아]

제약

소리가 맑고 낭랑하게.

요러쿵-조러쿵

의미 [＋모양],[＋말],[＋다양],[＋나열]

제약

요러하다는 둥 조러하다는 둥 말을 늘어놓는 모양.

¶요러쿵조러쿵 말이 많다.

요럭-조럭

의미 [＋방법],[－기준],[＋상황]

제약

① 정한 방법이 따로 없이 요렇게 조렇게 되어

가는 대로. 늑요렁조렁①.

¶요럭조럭 겨우 학교를 마쳤다./요럭조럭 입에 풀칠은 하고 산다.

의미 [＋시간],[＋경과],[－기준]

제약

② 요렇게 조렇게 하는 사이에 어느덧. 늑요렁조렁②.

¶내가 이곳에 온 지 요럭조럭 이 년이나 되었다.

요런-대로

의미 [－만족],[－기준]

제약

만족스럽지 아니하지만 요러한 정도로.

¶요런대로 쓸만한 녀석입니다.

요렁-조렁

의미 [＋방법],[－기준],[＋상황]

제약

①＝요럭조럭①. 정한 방법이 따로 없이 요렇게 조렇게 되어 가는 대로.

¶요렁조렁 오리 고을까지 끌고 가서는 이왕 왔으니 오류장 구경이나 하고 가자고 안 했소?≪이광수, 흙≫

의미 [＋시간],[＋경과],[－기준]

제약

②＝요럭조럭②. 요렇게 조렇게 하는 사이에 어느덧.

¶요렁조렁 일주일이 지났다.

요렇-듯

의미 [＋유사]

제약

'요러하듯'이 줄어든 말.

¶요렇듯 아름답게 핀 꽃은 처음일세.

요렇-듯이

의미 [＋유사]

제약

'요러하듯이'가 줄어든 말.

요리01

의미 [＋방향],[＋접근]

제약

요 곳으로. 또는 요쪽으로.

¶요리 오너라./요리 붙을까 조리 붙을까 망설였

다./형은 방금 요리 지나갔다.

요리⁰²

의미 [+모양],[+상태]v[+모양]v[+성질],[+유사]

제약

상태, 모양, 성질 따위가 요러한 모양.

¶무슨 일인데 요리 시끄럽냐?

요리-도

의미 [−기대],[−요구]

제약

=요다지. 요런 정도로. 또는 요렇게까지.

요리-로

의미 [+방향],[+접근]

제약

'요리⁰¹'를 강조하여 이르는 말. 요 곳으로. 또는 요쪽으로.

¶분명히 요리로 오는 걸 봤는데 어디 갔지?

요리-요리⁰¹

의미 [+모양],[+상태]v[+모양]v[+성질],[+유사]

제약

상태, 모양, 성질 따위가 요러하고 요러한 모양.

요리-요리⁰²

의미 [+방향],[+접근]

제약

요쪽으로 요쪽으로.

요리-조리⁰¹

의미 [+모양],[+말]v[+행동],[−기준],[−규칙],[+상황]

제약

말이나 행동을 뚜렷하게 정함이 없이 요러하고 조러하게 되는대로 하는 모양.

¶요리조리 궁리하다./요리조리 따져 보다.

요리-조리⁰²

의미 [+방향],[−기준],[−일정]

제약

일정한 방향이 없이 요쪽 조쪽으로.

¶요리조리 피하다./다도해 여러 섬을 요리조리 빠져나와 추자도를 마지막으로 제주 대양에 들어선다.≪현기영, 변방에 우짖는 새≫/차가 작고 예

쁜 집들이 다닥다닥 붙은 골목길을 요리조리 서행하다가 스스로 멎었다.≪박완서, 도시의 흉년≫

요리쿵-조리쿵

의미 [+모양],[+말],[+다양]

제약

요렇게 하자는 등 조렇게 하자는 등 말이 많은 모양.

요-만

의미 [+기준],[+도달]

제약 { }-{끝내다}

요 정도로 하고.

¶오늘은 요만 끝내고 쉬자.

요만-조만

의미 [+정도],[+기준]

제약 { }-{아니다, 않다}

(주로 뒤에 오는 '아니다', '않다' 따위의 부정어와 호응하여) 요만하고 조만한 정도로.

¶그 여자의 성질이 요만조만 사나운 것이 아니다./물건이 요만조만 비싸지 않다.

요-만치

의미 [+정도],[+기준]

제약

=요만큼. 요만한 정도로.

요-만큼

의미 [+정도],[+기준]

제약

요만한 정도로. 늑요만치.

¶새싹이 요만큼 돋았다.

요망스레

의미 [+태도],[+간사],[+망령]

제약

① 요사스럽고 망령된 태도로.

의미 [+언행],[+방정],[+경솔]

제약

② 언행이 방정맞고 경솔한 데가 있게.

¶마누라는 또 전에 살던 생각을 하고서 툭하면…눈물을 짜내죠. 요망스레 울긴 왜 우느냐고….≪박태원, 골목 안≫

요변스레

의미 [+요망],[+변덕]

제약

요망하고 변덕스러운 데가 있게.

요부-히

의미 [+살림],[+풍족]

제약

살림이 넉넉하게.

요사스레

의미 [+요망],[+간사]

제약

요망하고 간사한 데가 있게.

요악스레

의미 [+요망],[+간사],[+악독]

제약

요망하고 간사스러우며 악독한 데가 있게.

요연-히01

의미 [+분명],[+명백]

제약

분명하고 명백하게. ≒효연히.

요연-히02

의미 [+정신],[−분명]

제약

멍한 정신으로.

요연-히03

의미 [+시각]v[+청각],[−분명],[+거리]

제약 { }-{보이다, 들리다}

=아득히①. 보이는 것이나 들리는 것이 희미하고 매우 멀게.

요요-히01

의미 [+눈치],[+민첩],[+영리]

제약

① 눈치가 빠르고 똑똑하게.

의미 [+선명],[+분명]

제약

② 뚜렷하고 분명하게.

요요-히02

의미 [+연소],[+미려]

제약

① 나이가 젊고 아름답게.

의미 [+생기],[+얼굴],[+명랑],[+유연]

제약 {얼굴}-{환하다}

② 생기가 있고 얼굴빛이 환하고 부드럽게.

의미 [+물건],[+연약],[+미려]

제약

③ 어떤 물건이 가냘프고 아름답게.

요요-히03

의미 [+미려],[+정도]

제약

아주 어여쁘고 아리땁게.

요요-히04

의미 [+자태],[+연약]

제약

① 맵시가 있고 날씬하게.

의미 [+바람],[+요동],[+유연]

제약

② 산들거리는 바람이 부드럽게.

의미 [+소리],[+길이],[+유연]

제약

③ 소리가 길고도 간드러지게.

의미 [+상태],[+나뭇가지],[+굴곡],[+길이]

제약

④ 드리워진 나뭇가지 따위가 길게 휘늘어져 있는 상태로.

요요-히05

의미 [+고요],[+고독]

제약

① 고요하고 쓸쓸하게.

의미 [+부족],[−빈도],[+정도]

제약

② 매우 적고 드물게.

요요-히06

의미 [+거리],[+간격],[+정도]

제약

매우 멀고 아득하게.

요요-히07

의미 [+위태],[+정도]

제약

① 몹시 위태롭게.

의미 [+의지],[+깊이],[+높이]

제약

② 뜻이 깊고 높게.

요요-히[08]

의미 [+물건],[+요동],[+혼란],[+반복]

제약

물건 따위가 자꾸 흔들려 어지럽게.

요요-히[09]

의미 [+상황],[-정리],[+불안]

제약

뒤숭숭하고 어수선하게.

요요-히[10]

의미 [+빛],[+명료]

제약 { }-{빛나다, 비추다}

빛이 비쳐 밝게.

요원-히

의미 [+거리],[+길이],[+정도]

제약

아득히 멀게.

요-쯤

의미 [±기준],[+소량]

제약

요만한 정도로.

¶소금을 요쯤 넣으면 되겠니?

요-컨대

의미 [+언급],[+부분],[+중요]

제약

① 중요한 점을 말하자면.

¶요컨대 내 얘기는 열심히 공부하라는 거다./요컨대 실력이 있어야 성공한다./요컨대, 노파로서는 시국 탓이란 말이 몹시 못마땅했었다.≪김승옥, 동두천≫

의미 [+말],[-필요]

제약

② 여러 말 할 것 없이.

¶요컨대 당신은 언제 떠날 것이오?

요행스레

의미 [+느낌],[-기대],[+형통]

제약

뜻밖에 잘되어 다행한 느낌이 있게.

¶산에서 길을 잃고 헤매다가 **요행스레** 사람을 만나서 무사히 하산했다.

요행-히

의미 [-기대],[+운수]

제약

뜻밖으로 운수가 좋게.

¶요행히 합격하다./요행히 목숨은 건졌다./또 하나의 비상구는 다락 위로 뚫려 있다. 이것도 막혀 있는 줄 알았으나 **요행히**도 쉽사리 앞집 지붕으로 통할 수가 있었다.≪이문희, 흑맥≫

욕되-이

의미 [+수치],[+치욕],[-명예]

제약

부끄럽고 치욕적이고 불명예스럽게.

¶선친의 이름을 욕되이 하지 마라.

욕스레

의미 [-명예]

제약

보기에 욕되는 데가 있게.

욕심-껏

의미 [+욕심],[+한도]

제약

욕심을 다 부리어.

¶동생은 **욕심껏** 과자를 집어 갔지만 결국 다 먹지도 못했다.

욕심스레

의미 [+욕심],[+과도]

제약

보기에 욕심이 많은 데가 있게.

욜랑-욜랑

의미 [+모양],[+신체],[+부분],[+요동]v[+경망],[+연속]

제약 { }-{흔들다}

몸의 일부를 가볍게 흔들며 잇따라 움직이거나 촐싹거리는 모양.

¶멍석 옆으로 와 맴돌던 강아지가…흠칫 뒷걸음을 치며 **욜랑욜랑** 꼬리를 흔든다.≪최명희, 혼불≫

욜로

의미 [+방향],[+접근]

제약

'요리로'의 준말. 요 곳으로. 또는 요쪽으로.

¶욜로 가면 지름길이 나온다.

용감스레

의미 [＋용기],[＋용감],[＋기운]

제약

보기에 용기가 있고 씩씩하고 기운찬 데가 있게.

¶나라를 위하여 **용감스레** 싸우다./취기가 최대의 무기요, 방비라 나는 **용감스레** 시키는 대로 신방으로 진입하였다.≪변영로, 명정 40년≫

용감-히

의미 [＋용기],[＋용감],[＋기운]

제약

용기가 있으며 씩씩하고 기운차게.

¶**용감히** 싸우다./불의에 **용감히** 도전하다./적진을 향해 **용감히** 돌진하다./젊은 객기로는, 당자가 이 혼인을 빠그라트리고, **용감히** 나서서 자기를 주장하였으면 좋겠다 하는 생각도 가끔 나지 않는 것도 아니나…≪염상섭, 백구≫

용렬스레

의미 [＋사람],[＋비천],[＋미숙]

제약

사람이 변변하지 못하고 졸렬한 데가 있게.

¶굴건제복을 입은 몸을 갑갑한 듯이 가끔 굼실거리며 **용렬스레** 고개를 푹 숙이고 앉아 있는 서강 대신의 증손자 종근을 바라보며…≪유진오, 창랑정기≫

용맹스레

의미 [＋용감],[＋포악]

제약

용감하고 사나운 데가 있게.

용연-히⁰¹

의미 [＋마음],[＋침착],[＋여유]

제약

마음이 침착하고 여유가 있게.

용연-히⁰²

의미 [＋모양],[＋돌출],[＋높이]

제약 { }-{솟다}

① 솟은 모양이 우뚝하게.

의미 [＋상태],[＋조심],[＋염려]

제약

② 삼가고 두려워하는 상태로.

용용-히

의미 [＋모양],[＋유동],[＋조용],[＋수분]

제약

① 흐르는 모양이 조용하고 질펀하게.

¶강물이 **용용히** 흐르다./언덕을 격하여 청렬한 상류가 제법 촬촬 소리를 내며 **용용히** 흘러간다.

의미 [＋마음],[＋관대],[＋침착]

제약

② 마음이 넓고 침착하게.

용이-히

의미 [－곤란],[＋용이],[＋정도]

제약

어렵지 아니하고 매우 쉽게.

¶그 생각과 생각이 서로 상치되어 **용이히** 일치점을 발견할 수 없으며…≪한설야, 황혼≫/삼사 시간 뒤에 쫓아간 그의 백부는 유정 유곽산 뒤에서 **용이히** 그를 발견하였다.≪염상섭, 표본실의 청개구리≫

용천스레

의미 [＋느낌],[－호감],[－유익],[＋정도]

제약

꺼림칙한 느낌이 있어 매우 좋지 아니한 데가 있게.

용코-로

의미 [＋확신]

제약

'영락없이'를 속되게 이르는 말. 조금도 틀리지 아니하고 꼭 들어맞게.

¶**용코로** 도둑놈이 걸려들었다./드디어 종혁이 **용코로** 걸리고 만 꼴이었다. 그때처럼 화닥닥 달아날 수도 없었다.≪이정환, 샛강≫

용-히

의미 [＋재주],[＋우수],[＋특이]

제약

① 재주가 뛰어나고 특이하게.

¶그는 내 성격을 **용히** 맞췄다.

의미 [＋대견],[＋위대]

제약

② 기특하고 장하게.

¶아플 텐데도 소녀는 **용히** 참았다.

의미 [＋행운],[＋정도]

제약

③ 매우 다행스럽게.

¶그는 난리에도 용히 책을 잘 간수했다.

우

의미 [+모양],[+다수],[+쇄도],[+동시],[+순간]

제약 { }-{몰리다}

① 여럿이 한꺼번에 한곳으로 몰려드는 모양.

¶문간에 앉았던 사람들이 우 일어나서 불청객을 못 들어오게 막았다./봉당 구석에서 그 사내의 부하 네댓 놈이 우 하고 몰려나와서….≪홍명희, 임꺽정≫

의미 [+소리],[+바람],[+방향],[+동일],[+정도]

제약 { }-{불다}

② 바람이 세차게 한 방향으로 몰아치는 소리.

¶해풍이 바다로부터 들판을 지나 좁은 골짜기로 우 들이닥친다./지난 밤에는 태풍이 우 하는 소리에 잠을 제대로 못 잤다.

우걱-우걱

의미 [+소리],[+마소],[+화물],[+걸음],[+연속]

제약

① 짐을 진 마소가 걸음을 걸을 때마다 잇따라 나는 소리.

¶누렁소는 아까부터 자기 등에 실은 짐들의 우걱우걱 소리가 귀에 거슬리는지 자꾸만 고개를 돌린다.

의미 [+모양],[+음식],[+섭취],[+난폭],[+조급],[+반복]

제약 { }-{먹다}

② 음식 따위를 입 안에 가득 넣으면서 자꾸 거칠고 급하게 먹는 모양.

¶칠성이는 역 광장에서 산 붕어 풀빵을 봉지째 들고 앉아 우걱우걱 먹기 시작했다.≪최인호, 지구인≫

우걱-지걱

의미 [+소리],[+마소]v[+달구지],[+화물],[+경사],[-일정]

제약

짐을 실은 마소나 달구지가 움직일 때마다 짐이 이리저리 쏠리면서 나는 소리.

¶소달구지 바퀴는 찌걱찌걱, 달구지 위의 연장들은 우걱지걱 소리를 냈다.

우그그

의미 [+모양],[+거품],[+다량],[+동시],[+발효]

제약

많은 양의 거품 따위가 한꺼번에 마구 괴는 모양.

¶모주를 담아 놓은 항아리에서 거품이 우그그 괴고 있었다./그는 이제 그의 가슴속에 우그그 끓어오르는 분노를 억제하기 힘이 들었다.≪주요섭, 미완성≫

우그렁-우그렁

의미 [+모양],[+다수],[+오목],[+주름],[+정도]

제약

여러 군데가 안쪽으로 우묵하게 들어가고 주름이 많이 잡힌 모양.

¶내 차는 벌써 열 군데도 넘게 우그렁우그렁 찌그러져 있다.

우그렁-쭈그렁

의미 [+모양],[+다수],[+오목],[+주름],[+정도]

제약

여러 군데가 안쪽으로 우묵하게 들어가고 주름이 많이 지게 쭈그러진 모양.

¶시커멓게 그을린 냄비는 우그렁쭈그렁 쭈그러져 쓸모가 없게 되었다.

우그르르01

의미 [+소리]v[+모양],[+그릇],[+물]v[+찌개],[+비등],[+소란],[+순간]

제약 {물, 찌개}-{끓다}

깊은 그릇에서 물이나 찌개 따위가 갑자기 요란스럽게 끓어오르는 소리. 또는 그 모양.

¶교무실 한구석에서는 커피포트의 물이 우그르르 끓어올랐다가는 다시 가라앉고 했다.

우그르르02

의미 [+모양],[+곤충]v[+동물]v[+사람],[+밀집],[-간격]

제약

벌레나 짐승, 사람 따위가 한곳에 빽빽하게 많이 모여 있는 모양.

¶쓰레기통에는 여름이 되면 언제나 파리가 우그르르 모여서 떠나지를 않는다./날씨가 추워서인지 난로 주위에 아이들이 우그르르 둘러 있다.

우글-부글

의미 [+소리]v[+모양],[+그릇],[+액체],[+비등],[+거품],[+소란],[+반복]

제약 {물, 찌개}-{끓다}

① 그릇에서 물이나 찌개 따위가 거품을 일으키며 자꾸 요란스럽게 끓어오르는 소리. 또는 그 모양.

¶파와 마늘 같은 양념들은 국이 우글부글 끓은 뒤에 넣어야 제맛이 난다.

의미 [+모양],[+마음],[+분노],[+발생],[+반복]

제약 { }-{끓다, 화내다}

② 마음속에서 분이나 화 따위가 자꾸 끓어오르는 모양.

¶김 선생은 속에서 화가 우글부글 끓고 있었지만 차마 교장 선생님께 대들 수는 없었다.

우글-우글01

의미 [+소리]v[+모양],[+물]v[+찌개],[+비등],[+소란],[+반복]

제약 {물, 찌개}-{끓다}

그릇에서 물이나 찌개 따위가 자꾸 요란스럽게 끓어오르는 소리. 또는 그 모양.

¶물이 우글우글 끓고 있으니 면을 넣어야겠다.

우글-우글02

의미 [+모양],[+곤충]v[+동물]v[+사람],[+밀집],[-간격],[+운동],[+반복]

제약

벌레나 짐승, 사람 따위가 한곳에 빽빽하게 많이 모여 자꾸 움직이는 모양.

¶고 녀석들이 그 컴컴한 방에 우글우글 모여 있는 것이 아무래도 수상해./그 나라엔 도둑과 소매치기들이 가는 곳마다 우글우글 끓고 있었다.

우글-우글03

의미 [+모양],[+다수],[+오목],[+주름],[+정도]

도]

제약

'우그렁우그렁'의 준말. 여러 군데가 안쪽으로 우묵하게 들어가고 주름이 많이 잡힌 모양.

우글-지글

의미 [+소리]v[+모양],[+물]v[+찌개],[+비등],[+소란],[+반복]

제약 {물, 찌개}-{끓다}

그릇에서 물이나 찌개 따위가 자꾸 요란스럽게 소리를 내며 끓는 소리. 또는 그 모양.

¶냄비 속에서 딸기잼이 우글지글 끓는 것을 보니 다 되어 가나 보다.

우글-쭈글

의미 [+모양],[+다수],[+오목],[+주름],[+정도]

제약

'우그렁쭈그렁'의 준말. 여러 군데가 안쪽으로 우묵하게 들어가고 주름이 많이 지게 쭈그러진 모양.

¶금방 입고 나온 옷이 소나기에 젖어 우글쭈글 말이 아니다./주름살은 우글쭈글 잡히고 허리는 구부러졌다.≪송영, 석공 조합 대표≫

우금

의미 [+기간],[+과거],[+연속],[+현재]

제약

지금에 이르기까지. '지금까지'로 순화.

¶고향을 떠난 지 우금 20년./그녀는 집 나간 자식을 찾느라고 우금 13년을 전국 방방곡곡을 헤매고 다녔다./신이 듣자오니 폐비하신 지 우금 벌써 사 년이옵는데….≪박종화, 금삼의 피≫

우굿-우굿

의미 [+모양],[+전부],[+오목],[-크기]

제약 { }-{우그러지다}

여럿이 다 안으로 조금 우그러진 듯한 모양.

¶고철 장수가 우굿우굿 우그러진 물건들을 모으고 있다.

우굿-이01

의미 [+오목],[-크기]

제약

안으로 조금 우그러진 듯하게.

¶이 냄비는 한쪽이 **우굿**이 들어가서 반품해야
한다.

우굿-이⁰²

의미 [+상태],[+식물],[+무성]

제약

식물이 무성하여 좀 우거져 있는 상태로.

우꾼-우꾼

의미 [+모양],[+기운],[+동시],[+발생],[+정
도],[+반복]

제약

① 어떤 기운이 일시에 세게 자꾸 일어나는 모
양.

¶그는 갑자기 **우꾼우꾼** 밀려오는 졸음에 눈이
감겼다.

의미 [+모양],[+다수],[+고집]v[+기세],[+동
시]

제약

② 여러 사람이 일시에 자꾸 우겨 대거나 기세
를 올리는 모양.

¶인근 공장에서 폐수를 몰래 내보낸 사실이 밝
혀져 주민들이 **우꾼우꾼** 항의를 했다.

우네-부네

의미 [+모양],[+울음],[+소란],[+정도]

제약 {사람}-{울다}

=울고불고. 소리 내어 야단스럽게 부르짖으며
우는 모양.

우당탕

의미 [+소리]v[+모양],[+물체],[+바닥],[+소
란],[+낙하]v[+충돌],[+소란],[+정도]

제약 { }-{떨어지다, 부딪치다}

잘 울리는 바닥에 무엇이 몹시 요란하게 떨어지
거나 부딪칠 때 나는 소리.

¶자전거가 갑자기 **우당탕** 쓰러졌다./종례가 끝나
기가 무섭게 아이들은 교실 밖으로 **우당탕** 뛰어
나갔다./돌멩이들이 숙소의 함석지붕 위로 우당
탕 소리를 내며 떨어졌다.≪이원규, 훈장과 굴레≫

우당탕-우당탕

의미 [+소리]v[+모양],[+물체],[+바닥],[+낙
하]v[+충돌],[+소란],[+정도],[+반복]

제약 { }-{떨어지다, 부딪치다}

잘 울리는 바닥에 무엇이 자꾸 몹시 요란하게
떨어지거나 부딪칠 때 나는 소리.

¶**우당탕우당탕** 소리가 겹쳐 올라, 무자비한 전투
가 벌어지고 있는 것처럼 보이는가 하면….≪박
태순, 무너진 극장≫

우당탕-퉁탕

의미 [+소리]v[+모양],[+물체],[+바닥],[+낙
하]v[+충돌]v[+도약],[+소란]

제약 { }-{떨어지다, 부딪치다, 뛰다}

잘 울리는 바닥에 무엇이 몹시 요란스럽게 떨어
지거나 부딪치거나 뛰는 소리. 또는 그 모양. 늑
우당퉁탕.

¶계곡물에 발을 담그고 **우당탕퉁탕** 물 떨어지는
소리를 듣고 있노라니 선경(仙境)이 따로 없는
듯하다./옆집 부부가 화해를 하는가 싶었는데
곧 **우당탕퉁탕** 소리와 함께 죽이네 살리네 하는
고함이 들렸다.

우당-퉁탕

의미 [+소리]v[+모양],[+물체],[+바닥],[+낙
하]v[+충돌]v[+도약],[+소란]

제약 { }-{떨어지다, 부딪치다, 뛰다}

=우당탕퉁탕. 잘 울리는 바닥에 무엇이 몹시 요
란스럽게 떨어지거나 부딪치거나 뛰는 소리. 또
는 그 모양.

¶빈 전차 두 대가 시간이 급한 먼지를 휘몰고
우당퉁탕 그들 옆을 지나갔다.≪홍성원, 육이오≫

우두덩

의미 [+소리]v[+모양],[+물건],[+붕괴],[+낙
하],[+소란],[+공명]

제약 {물건}-{떨어지다}

단단한 물건이 무너져 떨어지며 요란하게 울리
는 소리. 또는 그 모양.

¶선반 위에 엎어 놓은 대접들이 **우두덩** 떨어지
는 바람에 모두 화들짝 놀랐다.

우두덩-우두덩

의미 [+소리]v[+모양],[+물건],[+붕괴],[+낙
하],[+소란],[+공명],[+연속]

제약 {물건}-{떨어지다}

단단한 물건이 무너져 떨어지며 요란하게 잇따
라 울리는 소리. 또는 그 모양.

¶진열대에 있던 깡통 음료들이 **우두덩우두덩** 굴러떨어졌다.

우두둑

의미 [+소리]v[+모양],[+물건],[+깨묾]

제약 {물건}-{깨물다}

① 단단한 물건을 깨무는 소리. 또는 그 모양.

¶그는 얼음을 입 안에 넣고 **우두둑** 깨어 먹었다./아이는 날밤을 **우두둑** 소리가 나도록 씹어 먹었다./그녀는 밥을 먹다가 돌이 **우두둑** 씹혀 몹시 당황했다.

의미 [+소리]v[+모양],[+물체],[+절단]

제약 {물체}-{부러지다}

② 단단한 물체가 꺾이며 부러지는 소리. 또는 그 모양.

¶애들이 던진 돌에 나뭇가지가 **우두둑** 부러졌다./그가 머리로 내 가슴을 들이받는 순간 갈비뼈가 **우두둑** 부러지는 느낌이 들었다.

의미 [+소리]v[+모양],[+옷깃],[+분리],[+맹렬]

제약 {옷깃}-{뜯다}

③ 옷깃 따위가 세차게 뜯어지는 소리. 또는 그 모양.

¶공을 차려는데 바짓가랑이가 **우두둑** 뜯어졌다./**우두둑** 소리와 함께 적삼 깃이 뜯어지면서 언뜻 흰 속살이 드러났다.≪김성동, 잔월≫

의미 [+소리]v[+모양],[+뼈마디],[+굴절],[+정도]

제약 {뼈마디}-{꺾다}

④ 뼈마디를 세게 꺾을 때 나는 소리. 또는 그 모양.

¶깡패들이 손마디를 **우두둑** 꺾으며 나타났다./의사가 어긋난 뼈를 **우두둑** 맞추었다.

의미 [+소리]v[+모양],[+빗방울]v[+우박],[+낙하],[+정도]

제약 {빗방울, 우박}-{떨어지다}

⑤ 빗방울이나 우박 따위가 세차게 떨어지는 소리. 또는 그 모양.

¶우박이 한차례 **우두둑** 떨어졌다./굵은 빗방울들이 창문을 **우두둑** 내리쳤다./적군이 쏜 총알들이 아군의 주위로 **우두둑** 떨어졌다.

우두둑-우두둑

의미 [+소리]v[+모양],[+물건],[+깨묾],[+연속]

제약 {물건}-{깨물다}

① 단단한 물건을 잇따라 깨무는 소리. 또는 그 모양.

¶빨아 먹는 것이 싫은지 그 큰 사탕을 **우두둑우두둑** 씹어 먹었다.

의미 [+소리]v[+모양],[+물체],[+절단],[+연속]

제약 {물체}-{부러지다}

② 단단한 물체가 잇따라 꺾이며 부러질 때 나는 소리. 또는 그 모양.

¶팽나무는 태산준령이 무너지듯 요란하게 아래로 쓰러졌다. 돌무더기가 와르르 허물어지고 잡목들이 **우두둑우두둑** 부러졌다.≪현기영, 변방에 우짖는 새≫

의미 [+소리]v[+모양],[+옷깃],[+분리],[+맹렬],[+연속]

제약 {옷깃}-{뜯다}

③ 옷깃 따위가 잇따라 세차게 뜯어지는 소리. 또는 그 모양.

¶너무 꽉 죄는 옷을 입어서인지 움직일 때마다 여기저기서 **우두둑우두둑** 소리가 났다.

의미 [+소리]v[+모양],[+뼈마디],[+굴절],[+정도],[+연속]

제약 {뼈마디}-{꺾다}

④ 뼈마디를 잇따라 세게 꺾을 때 나는 소리. 또는 그 모양.

의미 [+소리]v[+모양],[+빗방울]v[+우박],[+낙하],[+정도],[+연속]

제약 {빗방울, 우박}-{떨어지다}

⑤ 빗방울이나 우박 따위가 잇따라 세차게 떨어지는 소리. 또는 그 모양.

¶공사장에서 날아온 작은 돌멩이들이 **우두둑우두둑** 창문을 때리고 있었다.

우두망절

의미 [+모양],[+정신],[+혼란],[-의도]

제약

=우두망찰. 정신이 얼떨떨하여 어찌할 바를 모

르는 모양.

우두망찰

의미 [+모양],[+정신],[+혼란],[-의도]

제약

정신이 얼떨떨하여 어찌할 바를 모르는 모양. ≒우두망절.

¶관속들은 하릴없이 맥 풀린 다리로 **우두망찰** 서 있었다.≪현기영, 변방에 우짖는 새≫/부엌간에 오그르르 뭉쳐 앉은 사람들은 **우두망찰** 정신들 이 반나마 나가 있었다.≪최명희, 혼불≫

우두커니

의미 [+모양],[-정신],[+조용],[+정지]

제약 { }-{서있다, 앉다}

넋이 나간 듯이 가만히 한 자리에 서 있거나 앉 아 있는 모양.

¶먼 산만 **우두커니** 바라보다./문득 현보 생각이 머리에 떠올라 한참은 **우두커니** 서서 지나간 일 을 회고해 보는 것이었다.≪정비석, 성황당≫/병원 이 휴업을 하는 일요일 아침이면 봉우는 직접 인숙이네 집 대문 앞에 와서 **우두커니** 지키고 섰다는 것이다.≪손창섭, 잉여 인간≫

우둑

의미 [+소리]v[+모양],[+물건],[+깨묾]

제약 {물건}-{깨물다}

① '우두둑①'의 준말. 단단한 물건을 깨무는 소 리. 또는 그 모양.

의미 [+소리]v[+모양],[+물체],[+절단]

제약 {물체}-{부러지다}

② '우두둑②'의 준말. 단단한 물체가 꺾이며 부 러지는 소리. 또는 그 모양.

의미 [+소리]v[+모양],[+옷깃],[+분리],[+맹 렬]

제약 {옷깃}-{뜯다}

③ '우두둑③'의 준말. 옷깃 따위가 세차게 뜯어 지는 소리. 또는 그 모양.

의미 [+소리]v[+모양],[+뼈마디],[+굴절], [+정도]

제약 {뼈마디}-{꺾다}

④ '우두둑④'의 준말. 뼈마디를 세게 꺾을 때 나는 소리. 또는 그 모양.

의미 [+소리]v[+모양],[+빗방울]v[+우박], [+낙하],[+정도]

제약 {빗방울, 우박}-{떨어지다}

⑤ '우두둑⑤'의 준말. 빗방울이나 우박 따위가 세차게 떨어지는 소리. 또는 그 모양.

우둑-우둑

의미 [+소리]v[+모양],[+물건],[+깨묾],[+연 속]

제약 {물건}-{깨물다}

① '우두둑우두둑①'의 준말. 단단한 물건을 잇 따라 깨무는 소리. 또는 그 모양.

¶산밭으로 가서 고구마를 캐다가 고픈 배를 채 웠었다. 잔디에다 흙을 문질러 버리고 **우둑우둑** 베어 먹자….≪한승원, 해일≫/손등으로 입술의 맥 주 거품을 쓱 씻고 손가락으로 라조기 한 점을 집어다 **우둑우둑** 씹는다.≪채만식, 미스터 방≫

의미 [+소리]v[+모양],[+물체],[+절단],[+연 속]

제약 {물체}-{부러지다}

② '우두둑우두둑②'의 준말. 단단한 물체가 잇 따라 꺾이며 부러질 때 나는 소리. 또는 그 모 양.

¶그녀는 솔가지를 **우둑우둑** 분질러 아궁이에 넣 었다.

의미 [+소리]v[+모양],[+옷깃],[+분리],[+맹 렬],[+연속]

제약 {옷깃}-{뜯다}

③ '우두둑우두둑③'의 준말. 옷깃 따위가 잇따 라 세차게 뜯어지는 소리. 또는 그 모양.

¶낫도 댈 것 없이 두 손으로 거머쥐어 **우거진** 잡초를 **우둑우둑** 뜯어내었다.≪최명희, 혼불≫

의미 [+소리]v[+모양],[+뼈마디],[+굴절], [+정도],[+연속]

제약 {뼈마디}-{꺾다}

④ '우두둑우두둑④'의 준말. 뼈마디를 잇따라 세게 꺾을 때 나는 소리. 또는 그 모양.

의미 [+소리]v[+모양],[+빗방울]v[+우박], [+낙하],[+정도],[+연속]

제약 {빗방울, 우박}-{떨어지다}

⑤ '우두둑우두둑⑤'의 준말. 빗방울이나 우박

따위가 잇따라 세차게 떨어지는 소리. 또는 그 모양.

¶다시 두서너 줄기 성긴 빗발이 **우둑우둑** 파초 잎새에 떨어지는 여름비 소리를 내어 마음을 가라앉히고 정을 흩어지게 한다.≪박종화, 금삼의 피≫

우둔-우둔

의미 [＋모양],[＋가슴],[＋박동],[＋정도],[＋반복]

제약 { }-{뛰다}

가슴이 자꾸 세차게 뛰는 모양.

¶저 멀리 고향 집이 보이자 **우둔우둔** 방망이질을 해 댔다.

우둘-우둘

의미 [＋상태],[＋뼈]v[＋날밤],[＋견고]

제약

① 크고 여린 뼈나 말린 날밤처럼 깨물기에 단단한 상태.

¶도가니탕에 있는 고기가 **우둘우둘** 씹히는 것이 독특했다.

의미 [＋모양],[－삶음]

제약 { }-{익다, 삶다}

② 잘 삶아지지 아니한 모양.

의미 [＋모양],[＋비만],[＋유연]

제약

③ 우둥퉁하고 부드러운 모양.

¶그의 팔은 **우둘우둘** 만질 만하다.

우둘-투둘

의미 [＋모양],[＋거죽]v[＋바닥],[－균일],[＋다수],[＋요철]

제약

거죽이나 바닥이 고르지 아니하게 군데군데 두드러져 있는 모양.

¶사춘기가 되면서부터 여드름이 여기저기 **우둘투둘** 돋기 시작했다.

우둥-부둥

의미 [＋모양],[＋신체]v[＋얼굴],[＋비만],[＋유연],[＋정도]

제약

몸이나 얼굴이 살져 퉁퉁하고 매우 부드러운 모

양.

¶그 녀석 **우둥부둥** 살찐 것이 참 복스럽게도 생겼다.

우둥-우둥

의미 [＋모양],[＋사람],[＋다수],[±출입]v[±왕복]

제약

여러 사람이 바쁘게 드나들거나 서성거리는 모양.

¶무슨 일이 났는지 그 집에 사람들이 **우둥우둥** 드나들었다./옥섬의 새된 소리에 수청방에서 청지기들이 **우둥우둥** 나오고 상노들이 하나씩 둘씩 튀어나왔다.≪박종화, 전야≫

우둥퉁

의미 [＋모양],[＋신체],[＋크기],[＋비만]

제약

몸집이 크고 퉁퉁한 모양.

¶남자고 여자고 간에 몸이 마른 것보다는 좀 우둥퉁 살찐 것이 보기에 좋아.

우둥-푸둥

의미 [＋모양],[＋신체]v[＋얼굴],[＋비만],[＋유연],[＋정도]

제약

몸이나 얼굴이 살져 퉁퉁하고 매우 부드러운 모양. '우둥부둥'보다 거센 느낌을 준다.

¶소가 **우둥푸둥** 살이 쪘다.

우들-우들

의미 [＋모양],[＋신체],[＋요동],[＋추위]v[＋공포],[＋정도],[＋연속]

제약 {사람, 신체}-{떨다, 떨리다}

춥거나 무서워서 몸을 잇따라 크고 심하게 떠는 모양.

¶그녀는 분이 나서 온몸을 **우들우들** 떨었다./늦가을의 찬비를 맞고 걸어온지라 내 몸은 그칠 줄 모르고 **우들우들** 떨렸다.

우뚝

의미 [＋모양],[＋높이],[＋돌출]

제약 { }-{솟다, 서다}

① 두드러지게 높이 솟아 있는 모양. 늑우뚝이①.

¶우뚝 솟은 산맥./그의 옆에는 머리가 사자 대가리 같고 코가 **우뚝** 높은 사나이가 가로누웠는데….≪전영택, 독약을 마시는 여인≫

의미 [+모양],[+탁월]

제약

② 남보다 뛰어난 모양. 늑우뚝이②.

¶그는 세계를 제패하고 정상에 **우뚝** 섰다.

의미 [+모양],[+정지],[+순간]

제약 { }-{멈추다, 세우다}

③ 움직이던 것이 갑자기 멈추는 모양. 늑우뚝이③.

¶오르막길을 치달아 오르던 차가 **우뚝** 멎어 있는 게 보인다.≪김춘복, 쌈짓골≫/미친 듯이 내닫던 걸음을 별안간 **우뚝** 세우느라고 나중의 두어 발짝은 펄 바닥을 쭈르르 미끄럼 타는 꼴이 된다.≪윤흥길, 묵시의 바다≫

우뚝-우뚝

의미 [+모양],[+다수],[+높이],[+돌출]

제약 { }-{솟다, 서다}

① 군데군데 아주 두드러지게 높이 솟아 있는 모양.

¶그 자리에는 바야흐로 호텔과 아파트가 **우뚝우뚝** 치솟고 있다.≪법정, 무소유≫/난간을 높이 세운 짐칸에 검은 윤곽으로 **우뚝우뚝** 서 있던 것은 소였다.≪오정희, 중국인 거리≫

의미 [+모양],[+탁월],[+전부]v[+정도]

제약

② 여럿이 다 또는 매우 뛰어난 모양.

의미 [+모양],[+정지],[+순간],[+전부]v[+연속]

제약 { }-{멈추다, 세우다}

③ 움직이던 것이 여럿이 다 또는 잇따라 갑자기 멈추는 모양.

¶정신없이 앞으로 달려 나가던 아이들은 무엇에 놀랐는지 갑자기 뛰다 말고 **우뚝우뚝** 멈췄다./골목에서 나오던 사내들도 그들을 보자 제자리에 **우뚝우뚝** 말뚝이 박혀 버렸다.≪송기숙, 녹두 장군≫

우뚝-이

의미 [+모양],[+돌출],[+높이]

제약 { }-{솟다}

①=우뚝①. 두드러지게 높이 솟아 있는 모양.

¶대지 위에 **우뚝이** 솟은 건물들은 잠잠한 물 위에 뜬 듯이 고요하다.≪최서해, 큰물 진 뒤≫

의미 [+모양],[+탁월]

제약

②=우뚝②. 남보다 뛰어난 모양.

의미 [+모양],[+정지],[+순간]

제약 { }-{멈추다, 세우다}

③=우뚝③. 움직이던 것이 갑자기 멈추는 모양.

우뚤-우뚤

의미 [+모양],[+자만],[+경망],[+반복]

제약

우쭐하여 자꾸 까부는 모양.

우락-부락

의미 [+모양],[+신체],[+크기],[+얼굴],[+험악]

제약

① 몸집이 크고 얼굴이 험상궂게 생긴 모양.

¶다만 **우락부락** 사나이답게 생긴 얼굴이라고 생각해 본 적은 더러 있었다.≪윤흥길, 완장≫

의미 [+모양],[+성질]v[+언행],[+난폭]

제약

② 성질이나 언행이 거칠고 난폭한 모양.

¶그 목소리는 **우락부락** 그늘지게 신경질적이었고, 그 표정은 어찌 보면 울고 있는 듯이도 보였다.≪이호철, 적막강산≫

우람-스레

의미 [+크기],[+웅장],[+정도]

제약

① 매우 크고 웅장한 데가 있게.

의미 [-감소],[+크기]v[+소란]

제약

② 옹글고 우렁차거나 요란스러운 데가 있게.

우람-히

의미 [+기골],[+장대]

제약

① 기골이 장대하게.

¶**우람히** 솟은 개선문.

의미 [-감소],[+크기]v[+소란]

제약

② 옹글고 우렁차거나 요란스럽게.

¶우람히 울리는 만세 소리.

우럭-우럭

의미 [+모양],[+화력],[+발생],[+정도]

제약

① 불기운이 세차게 일어나는 모양.

¶모닥불이 우럭우럭 피어오르다.

의미 [+모양],[+얼굴],[+술기운]

제약

② 술기운이 얼굴에 나타나는 모양.

¶워낙 술을 못하는지라 그는 술이 한 잔만 들어가도 술기운이 얼굴에 **우럭우럭** 나타난다.

의미 [+모양],[+병세],[+진행],[+정도]

제약 {병}-{심해지다, 더해지다}

③ 병세가 점점 더하여 가는 모양.

¶방치하는 사이에 그녀의 병세가 **우럭우럭** 더해졌다.

의미 [+모양],[+심술]v[+화],[+진행],[+정도]

제약

④ 심술이나 화가 점점 치밀어 오르는 모양.

¶정신없이 뛰어왔던 일을 생각하니 트릿한 마음이 **우럭우럭** 뻗질러 올라, 무섭게 박 서방을 노려보았다.≪문순태, 타오르는 강≫

우렁-우렁

의미 [+모양],[+소리],[+크기],[+공명]

제약 {소리}-{울리다}

소리가 매우 크게 울리는 모양.

¶때마침 저녁 손님을 부르는 극장의 스피커 소리가 **우렁우렁** 울려왔다.≪하근찬, 흰 종이 수염≫/웅보는 빳빳하게 고개를 들고 **우렁우렁** 울림이 좋은 목소리로 말했다.≪문순태, 타오르는 강≫/고즈넉한 저수지의 잔잔한 수면을 타고 **우렁우렁** 번지는 자신의 목청이 의외로 마음에 들어 종술은 신 나게 고함을 덧붙였다.≪윤흥길, 완장≫/마룻대가 **우렁우렁** 울리도록 큰소리로 벽력같이 꾸짖어 호령을 하면….≪최명희, 혼불≫

우련-히

의미 [+형태],[-분명]

제약

① 형태가 약간 나타나 보일 정도로 희미하게.

의미 [+빛깔],[+흐림],[-분명]

제약

② 빛깔이 엷고 희미하게.

우르르

의미 [+모양],[+사람]v[+동물],[+운동]v[+밀집],[+순간]

제약 { }-{움직이다, 몰리다}

① 사람이나 동물 따위가 한꺼번에 움직이거나 한곳에 몰리는 모양.

¶몰려섰던 사람들이 **우르르** 달려들며 발길질을 했다.≪송기숙, 암태도≫/명훈과 현수는 몇몇 다른 아이들과 마찬가지로 가만히 앉아서 그 행렬이 다가오기를 기다리지 못하고 **우르르** 그쪽으로 몰려갔다.≪이문열, 변경≫/성 위에 까맣게 올라 있던 사람들이 흡사 성 담 무너지듯 **우르르** 성 안으로 뛰어내렸다.≪현기영, 변방에 우짖는 새≫

의미 [+소리]v[+모양],[+액체],[+비등]v[+범람],[+순간]

제약 {액체}-{끓다, 넘치다}

② 액체가 갑자기 끓어오르거나 넘치는 소리. 또는 그 모양.

¶국이 한 번 **우르르** 끓을 때 양념을 썰어 넣고 불을 약하게 해라.

의미 [+소리]v[+모양],[+물건],[+붕괴]v[+누출],[+순간]

제약 {물건}-{무너지다, 쏟아지다}

③ 쌓여 있던 물건들이 갑자기 무너져 내리거나 쏟아질 때 나는 소리. 또는 그 모양.

¶지난 장마에 흙벽돌 담이 **우르르** 무너져 내리면서 꽃밭을 덮쳐서 꽃들이 흙더미에 쌓여 있다./발에 밟힌 담이 무너지고, 박살이 난 곳간의 산더미 같은 곡식들이 **우르르** 쏟아져 버리는 순간 희재의 울음이 터져 나왔다.≪최명희, 혼불≫

의미 [+소리],[+폭포수]v[+천둥]

제약 {폭포수, 천둥}-{ }

④ 폭포수가 쏟아져 내리거나 천둥이 울리는 소리.

¶거대한 폭포가 **우르르** 쾅쾅 떨어지는 광경을

보니 더위가 싹 가시는 기분이다./번쩍하고 번
갯불이 깜깜한 하늘을 잠시 밝히는가 했더니 곧
이어서 **우르르** 쾅 하는 소리가 들렸다.

우르를

의미 [+모양],[+사람]v[+동물],[+운동]v[+밀
집],[+동시]

제약 { }-{움직이다, 몰리다}

① '우르르①'를 강조하여 이르는 말. 사람이나
동물 따위가 한꺼번에 움직이거나 한곳에 몰리
는 모양.

¶이동재 사령의 뒤를 따라 이리 **우르를** 저리 우
르를 여덟 식구가 몰려다니는 꼴도 볼 만하리라
는 생각을 하며….≪염상섭, 젊은 세대≫

의미 [+소리]v[+모양],[+액체],[+비등]v[+범
람],[+순간]

제약 {액체}-{끓다, 넘치다}

② '우르르②'를 강조하여 이르는 말. 액체가 갑
자기 끓어오르거나 넘치는 소리. 또는 그 모양.

의미 [+소리]v[+모양],[+물건],[+붕괴]v[+누
출],[+순간]

제약 {물건}-{무너지다, 쏟아지다}

③ '우르르③'를 강조하여 이르는 말. 쌓여 있던
물건들이 갑자기 무너져 내리거나 쏟아질 때 나
는 소리. 또는 그 모양.

의미 [+소리],[+폭포수]v[+천둥]

제약 {폭포수, 천둥}-{ }

④ '우르르④'를 강조하여 이르는 말. 폭포수가
쏟아져 내리거나 천둥이 울리는 소리.

우르릉

의미 [+소리]v[+모양],[+천둥],[+둔중],[+공
명]

제약 {천둥}-{울리다}

① 천둥 따위가 무겁고 둔하게 울리는 소리. 또
는 그 모양.

¶먹구름이 몰려들더니 번쩍번쩍하는 불빛과 함
께 천둥소리가 **우르릉** 울린다.

의미 [+소리]v[+모양],[+붕괴]v[+요동],[+
소란],[+공명],[+정도]

제약

② 무엇이 무너지거나 흔들리면서 매우 요란스

럽게 울리어 나는 소리. 또는 그 모양.

¶차는 **우르릉**거리고 철교를 건너간다.≪이태준,
화관≫

우르릉-우르릉

의미 [+소리]v[+모양],[+천둥],[+둔중],[+공
명],[+연속]

제약 {천둥}-{울리다}

① 천둥 따위가 잇따라 무겁고 둔하게 울리는
소리. 또는 그 모양.

¶멀리 북녘 하늘에서 때때로 **우르릉우르릉** 천둥
소리가 들려 왔다.≪이범선, 마을 사람들≫

의미 [+소리]v[+모양],[+붕괴]v[+요동],[+소
란],[+공명],[+정도],[+연속]

제약

② 무엇이 무너지거나 흔들리면서 잇따라 매우
요란스럽게 울리어 나는 소리.

¶지진이 나자 바닥이 **우르릉우르릉** 흔들렸다.

우무럭-우무럭

의미 [+모양],[+벌레],[+운동],[-속도],[+반
복]

제약 {벌레}-{움직이다}

큰 벌레 따위가 굼뜨게 자꾸 꾸물거리는 모양.

¶땅속에서 배추벌레가 **우무럭우무럭** 기어 나왔
다.

우무적-우무적

의미 [+모양],[+벌레],[+운동],[+잔망],[-속
도],[+반복]

제약 {벌레}-{움직이다}

큰 벌레 따위가 매우 좀스럽고 굼뜨게 자꾸 움
직이는 모양.

우묵

의미 [+모양],[+중앙],[+함몰],[+원형]

제약

가운데가 둥그스름하게 푹 패거나 들어가 있는
모양.

¶가운데가 **우묵** 들어가다./볼이 **우묵** 패다./눈자
위는 **우묵** 꺼지고 그 대신 광대뼈만 눈에 띄게
솟아 마치 갓 마름질한 옥양목처럼 희푸른 낯빛
이….≪윤흥길, 장마≫

우묵-우묵

의미 [+모양],[+다수],[+함몰],[+원형]

제약 { }-{파지다}

군데군데 둥그스름하게 푹 패거나 들어가 있는
모양.

¶어머니께서 고이고이 간직하신 것이지만 워낙
오래된 것인지라 여러 군데가 **우묵우묵** 패어 있
다.

우묵-주묵

의미 [+모양],[+다수],[−균일],[+함몰],[+원
형]

제약 { }-{파지다}

고르지 아니하게 군데군데 둥그스름하게 패거나
들어간 모양.

¶학교 운동장이 장맛비에 **우묵주묵** 고르지 않게
패어 있다.

우물-우물01

의미 [+모양],[+벌레]v[+물고기],[+밀집],
[+운동],[−속도],[+반복]

제약 {벌레, 물고기}-{기어가다, 움직이다, 몰려
들다}

큰 벌레나 물고기 따위가 한군데에 많이 모여
자꾸 굼뜨게 움직이는 모양.

¶벌레들이 **우물우물** 기어 다닌다.

우물-우물02

의미 [+모양],[+언사],[−분명],[+반복]

제약 { }-{말하다, 거리다}

① 말을 시원스럽게 하지 아니하고 입 안에서
자꾸 중얼거리는 모양.

¶주인 아저씨가 공연히 겸연쩍어하다가 **우물우
물** 말했다.≪이문열, 변경≫

의미 [+모양],[+음식],[+씹음],[−분명],[+반
복]

제약 {사람}-{씹다}

② 음식물을 입 안에 넣고 시원스럽지 아니하게
자꾸 씹는 모양.

¶이가 없어 **우물우물** 떡을 먹는다./해 도사는 말
해 놓고 **우물우물** 김치 가락을 씹는다.≪박경리,
토지≫

의미 [+모양],[+입술]v[+근육],[+수축],[+반
복]

제약 {입술, 근육}-{우므러지다}

③ 입술이나 근육 따위가 자꾸 우므러지는 모
양.

¶안면 근육이 **우물우물** 오른쪽으로 실그러진다.

의미 [+모양],[+행동],[−정상],[−분명],[−결
단]

제약

④ 행동을 제대로 하지 못하고 흐리멍덩하게 하
거나 머뭇거리는 모양.

¶남한에 독립 정부가 서는 날엔 사태는 달라질
거야. 적어도 지금처럼 자네들을 **우물우물** 놔두
진 않을 걸세.≪이병주, 지리산≫

우물쩍

의미 [+모양],[+말]v[+행동],[−분명],[+모
면]

제약 { }-{넘기다}

말이나 행동을 일부러 분명하게 하지 아니하고
적당히 슬쩍 넘기는 모양.

¶**우물쩍** 넘기다./**우물쩍** 숨기다./**우물쩍** 지나치
다./그는 속으로 아차, 했지만 **우물쩍** 따라 웃을
수밖에 없었다.≪이상문, 황색인≫

우물쩍-우물쩍

의미 [+모양],[+말]v[+행동],[−분명],[+모
면],[+연속]

제약

꾀를 부리느라고 말이나 행동을 계속 일부러 분
명하게 하지 아니하는 모양.

¶학교 당국은 사건이 커지는 것 같자 **우물쩍우
물쩍** 넘어가려 했다.

우물쩍-주물쩍

의미 [+모양],[+말]v[+행동],[−분명],[+주
저],[+정도]

제약

말이나 행동을 몹시 우물거리며 주저주저하는
모양.

¶그는 **우물쩍주물쩍** 망설이기만 할 뿐 어디서부
터 손을 대야 할지 모르고 있었다.

우물-쭈물

의미 [+모양],[+말]v[+행동],[−분명],[+주
저],[+정도],[+반복]

제약

행동 따위를 분명하게 하지 못하고 자꾸 망설이며 몹시 흐리멍덩하게 하는 모양.

¶애, 우물쭈물 망설이지만 말고 좀 속 시원히 말을 해 보렴./효중은 잠시 데스크 앞에서 대답을 잃고 **우물쭈물** 망설였다.≪홍성원, 육이오≫/언니는 도무지 못 알아듣는 시늉을 하며 잠에 취한 소리로 **우물쭈물** 대답했다.≪오정희, 유년의 뜰≫

우부룩-이

의미 [+다수],[+밀집],[+수북]

제약

한데 많이 모여 더부룩하게.

¶숲 속으로 들어서자 **우부룩이** 자란 쑥들이 서로 경쟁이라도 하듯 머리를 바짝 세우고 있었다.

우북-수북

의미 [+모양],[+다수],[+밀집],[+무성]

제약

한데 많이 모여 더부룩하고 수북한 모양.

¶며칠째 쓰레기 청소차가 다녀가지 않은 탓에 동네 골목마다 쓰레기가 **우북수북** 쌓여 있었다.

우북-이

의미 [+다수],[+밀집],[+수북]

제약

'우부룩이'의 준말. 한데 많이 모여 더부룩하게.

우불-구불

의미 [+모양],[+굴곡],[-일정]

제약

이리저리 고르지 아니하게 굽은 모양.

¶하류로 내려갈수록 강줄기는 **우불구불** 휘어져 있었다./**우불구불** 이어진 강줄기가 골짜기로 들어서자 제법 거세게 휘돌아 쳤다.

우불-꾸불

의미 [+모양],[+굴곡],[-일정]

제약

이리저리 고르지 아니하게 굽은 모양. '우불구불'보다 조금 센 느낌을 준다.

¶길이 어찌나 **우불꾸불** 휘어져 있던지 운전하기에 여간 조심스럽지 않았다.

우비적-우비적

의미 [+모양],[+틈]v[+구멍],[+파냄],[-주

의],[+반복]

제약 { }-{파내다}

틈이나 구멍 속을 자꾸 함부로 긁어 파내는 모양.

¶거북은 모래밭을 **우비적우비적** 파내고는 알을 낳는다.

우빗-우빗

의미 [+모양],[+틈]v[+구멍],[+파냄],[+경쾌],[+속도],[+반복]

제약

좀 넓은 틈이나 구멍 속을 가볍고 빠르게 자꾸 긁어내는 모양.

¶그가 논두렁을 **우빗우빗** 파 대자 물꼬가 터져 버렸다.

우선

의미 [+시간],[+기준],[+앞]

제약

① 어떤 일에 앞서서. '먼저'로 순화. 늑위선.

¶그러기 위해서는 다른 무엇보다도 **우선** 완장의 권위부터 확립시켜 둘 필요가 있었다.≪윤흥길, 완장≫/나는 **우선** 형의 방으로 가서 원고부터 조사했다.≪이청준, 병신과 머저리≫

의미 [+부족],[+인내]

제약

② 아쉬운 대로.

¶**우선** 이만하면 떠날 준비는 다 된 셈이다./어둠은 답답했지만 인기척이 없는 게 명훈에게는 **우선** 다행으로 여겨졌다.≪이문열, 변경≫

우수수

의미 [+모양],[+물건],[+누출],[+다량]

제약 {물건}-{쏟아지다}

① 물건이 수북하게 쏟아지는 모양.

¶갑자기 선물이 **우수수** 쏟아져 들어왔다./한 숟갈 잔뜩 퍼서 입으로 옮길 제, 밥알과 국물이 **우수수** 도로 뚝배기로 떨어져 들어간다.≪조풍연, 청사 수필≫/낡은 고가의 흙벽을 **우수수 우수수** 떨어지게 만들던 산모의 비명 소리가 문득 멎으면서, 왈칵 방문이 열렸다.≪김성동, 풍적≫

의미 [+소리]v[+모양],[+나뭇잎],[+바람],[+낙하]

제약 {나뭇잎}-{떨어지다}

② 바람에 나뭇잎 따위가 많이 떨어지는 소리. 또는 그 모양.

¶한차례 바람이 일자 노랗게 물든 나뭇잎들이 **우수수** 떨어졌다./그 순간 붉은 동백꽃들이 선혈을 뿌리듯 **우수수** 땅에 떨어졌다.≪현기영, 변방에 우짖는 새≫

의미 [+모양],[+물건],[+구조],[+변형],[+간격],[-일치]

제약 { }-{빠지다, 벌어지다}

③ 물건의 사개나 묶어 놓은 것이 엉성하게 버성기게 되거나 물러나는 모양.

¶궤짝은 더 이상 모래의 힘을 견디지 못하고 우수수 무너져 버렸다.

우스꽝스레

의미 [+말]v[+행동]v[+모습],[+특이],[+익살]

제약

① 말이나 행동, 모습 따위가 특이하여 우습게.

¶그는 춤을 **우스꽝스레** 잘도 춘다./김 영감은 막걸리라도 한잔 걸치면 아낙네들 앞에서 **우스꽝스레** 굴다가 놀림을 당한다.

의미 [+가소],[+정도]

제약

② 매우 가소롭게.

¶남에게 **우스꽝스레** 보여서는 안 된다.

우심-히

의미 [+과도],[+정도]

제약

더욱 심하게.

¶강도들이 **우심히** 행패를 부리어 결국에는 주민들이 단결하여 자구책을 마련하게 되었다.

우썩

의미 [+모양],[+진행],[-장애],[+단번]

제약

① 단번에 거침없이 많이 나아가는 모양.

의미 [+모양],[±증가],[-장애],[+정도],[+단번]

제약 { }-{늘다, 줄다}

② 단번에 거침없이 많이 늘어나거나 줄어드는

모양.

¶최근 승용차가 **우썩** 늘었다./경찰에서 음주 운전을 집중적으로 단속하면서부터는 음주 운전 사례가 **우썩** 줄어들었다.

우썩-우썩

의미 [+모양],[+진행],[-장애],[+충분],[+연속]

제약

① 거침없이 계속 많이 나아가는 모양.

¶내 동생은 하루가 다르게 **우썩우썩** 자랐다.

의미 [+모양],[±증가],[-장애],[+연속]

제약 { }-{늘다, 줄다}

② 거침없이 계속 많이 늘어나거나 줄어드는 모양.

우아스레

의미 [+고상],[+기품],[+미려]

제약

보기에 고상하고 기품이 있으며 아름다운 데가 있게.

우악살스레

의미 [+우둔],[+포악],[+정도]

제약

① 보기에 매우 미련하고 험상궂은 데가 있게.

의미 [+무지],[+포악],[+거침],[+정도]

제약

② 보기에 대단히 무지하고 포악하며 드센 데가 있게.

우악스레

의미 [+우둔],[+포악]

제약 { }-{굴다}

① 보기에 미련하고 험상궂은 데가 있게.

의미 [+무지],[+포악],[+거침]

제약

② 보기에 무지하고 포악하며 드센 데가 있게.

우애로이

의미 [+형제]v[+친구],[+사랑],[+정분]

제약

형제간 또는 친구 간에 사랑이나 정분이 있게.

우연만-히

의미 [+정도]v[+형편],[+표준],[+근접]v[+우

수]

제약

① '웬만히①'의 본말. 정도나 형편이 표준에 가깝거나 그보다 약간 낫게.

의미 [+상태],[+범위],[+허용],[-이탈]

제약

② '웬만히②'의 본말. 허용되는 범위에서 크게 벗어나지 아니한 상태로.

우연스레

의미 [+결과],[-이유],[-의도]

제약

아무런 인과 관계가 없이 뜻하지 아니하게 일어난 듯하게.

¶우연스레 거래가 연결되다.

우연-히

의미 [+일],[+결과],[-예상],[-노력]

제약

어떤 일이 뜻하지 아니하게 저절로 이루어져 공교롭게.

¶우연히 마주치다./우연히 만나다./그녀의 소식을 친구를 통해서 우연히 듣게 되었다./지나가던 사람이 그 사고를 우연히 목격하였다./남편의 비상금을 우연히 발견하였다.

우왕좌왕

의미 [+모양],[+일]v[+방향],[-판단]

제약

이리저리 왔다 갔다 하며 일이나 나아가는 방향을 종잡지 못하는 모양. 늑좌왕우왕.

¶우왕좌왕 갈피를 못 잡다./우왕좌왕 어찌할 바를 모르다./우왕좌왕 헤매다./강가 인근 동네에서는 대포 소리에 놀란 개들이 여기저기에 삐져나오며 짖어 대고 흰옷 입은 사람들이 우왕좌왕 어쩔 줄을 모르며 고살 달음질을 쳐 대기 시작했다.≪유현종, 들불≫

우-우

의미 [+모양],[+다수],[+동시],[+밀집],[+연속]

제약

① 여럿이 한꺼번에 한곳으로 잇따라 몰려드는 모양.

¶사람들이 우우 둘러서서 차 속을 들여다본다.≪전상국, 하늘 아래 그 자리≫/아이들이 우우 몰리며, 자기 밥그릇들을 용하게도 찾아내어 차고 앉는다.≪김춘복, 쌈짓골≫

의미 [+소리],[+바람],[+일정],[+맹렬],[+연속]

제약

② 바람이 세차게 한 방향으로 잇따라 몰아치는 소리.

¶세찬 바람이 우우 몰아치더니 곧 검은 먹구름이 삽시간에 몰려들었다./우우 아우성치며 바람이 달려가고 있었다.≪김성동, 먼 산≫

우울-히

의미 [-활기],[+걱정]v[+우울]

제약

근심스럽거나 답답하여 활기가 없게.

¶그는 뜻밖의 교통사고로 지난 겨울 방학을 우울히 지냈다./남편의 기일이 되자 김 여사는 가족사진을 우울히 바라보며 눈물을 흘렸다.

우자스레

의미 [+우둔]

제약

보기에 어리석은 데가 있게.

우적

의미 [+소리]v[+모양],[+물체],[+씹음],[-주의]

제약 { }-{씹다}

① 단단하고 질긴 물체를 마구 깨물어 씹을 때 나는 소리. 또는 그 모양.

의미 [+소리]v[+모양],[+물체],[+파손]v[+붕괴],[+순간]

제약 {물체}-{부서지다, 무너지다}

② 매우 단단한 물체가 갑자기 부서지거나 무너질 때 나는 소리. 또는 그 모양.

우적-우적01

의미 [+모양],[+기세][-장애]v[+세력][+왕성],[+정도]

제약

① 거침없이 기세 좋게 나아가거나, 세력 따위가 왕성하게 일어서는 모양.

의미 [＋모양],[＋다량],[±증가],[＋단번],[＋반복]

제약 { }-{늘다, 줄다}

② 단번에 매우 많이씩 자꾸 늘거나 줄어드는 모양.

의미 [＋모양],[＋일],[＋진행],[＋억지],[＋조급]

제약 { }-{밀고나가다, 서둘다}

③ 일을 우격다짐으로 서둘러 해 나가는 모양.

¶우적우적 밀고 나가다./일을 우적우적 너무 서둘지 마라.

우적-우적02

의미 [＋소리]v[＋모양],[＋물체],[＋씹음],[－주의]

제약 { }-{씹다}

① 단단하고 질긴 물체를 마구 깨물어 씹을 때 나는 소리. 또는 그 모양.

¶그는…최 하사가 나눠 준 생고구마를 우적우적 씹어 먹으면서 피로와 허기를 가라앉혔다.≪문순태, 피아골≫

의미 [＋소리]v[＋모양],[＋물체],[＋파손]v[＋붕괴],[＋순간],[＋반복]

제약 {물체}-{부서지다, 무너지다}

② 매우 단단한 물체가 자꾸 갑자기 부서지거나 무너질 때 나는 소리. 또는 그 모양.

우죽-우죽

의미 [＋모양],[＋어깨]v[＋신체],[＋요동],[＋걸음],[＋분주],[＋지속]

제약 { }-{걷다}

① 무슨 일이라도 있는 것처럼 계속 어깨나 몸을 흔들며 바쁜 듯이 걸어가는 모양.

¶우죽우죽 찾아오다./그는 뒤도 안 보고 우죽우죽 걸어갔다./그는 그녀의 뒤를 우죽우죽 따라갔다./공 노인은 굳이 싫다는 것을, 삼 몇 뿌리를 나누어서 억쇠에게 쥐어 주고 말 한 마디라도 더 하려고 우죽우죽 따라오는 그를 뿌리치다시피 떠나는 나룻배에 몸을 실었다.≪박경리, 토지≫

의미 [＋모양],[＋힘],[＋기운],[＋상승],[＋정도]

제약

② 힘이 기운차게 솟구쳐 오르는 모양.

¶청년이 우죽우죽 일어섰다. 그는 형태에게 걸

어와 손을 내밀었다.≪한수산, 유민≫

우줄-우줄

의미 [＋모양],[＋사람]v[＋동물],[＋운동],[＋박자],[＋반복]

제약

① 몸이 큰 사람이나 짐승이 가볍게 율동적으로 자꾸 움직이는 모양.

¶우줄우줄 춤을 추다./임이네가 돌아간 지 얼마 되지 않아 그 길에 괴나리봇짐을 겨드랑이에 낀 사내 하나가 우줄우줄 걸어온다.≪박경리, 토지≫

의미 [＋모양],[＋산맥]v[＋물줄기],[－균일],[＋혼재],[＋연결]

제약

② 산맥이나 물줄기 따위가 고르지 않게 뒤섞여 잇닿아 있는 모양.

¶뒷산은 우줄우줄 병풍 펼치듯 둘러막으니 허할 것이 조금도 없다.≪박종화, 금삼의 피≫

의미 [＋모양],[＋성장]v[＋상승],[＋속도]

제약 { }-{자라다, 솟아오르다}

③ 눈에 보이게 빨리 자라거나 치솟는 모양.

¶겨울새는 그 말을 끝내고 그대로 쓰러졌습니다. 그러자 겨울새의 배 속에서는 활짝 핀 개나리꽃들이 우줄우줄 밖으로 나오는 거였습니다.≪정연희, 겨울새와 개나리≫/잔디는 윤을 풍겨 우거지고 솔은 우줄우줄 푸르렀다.≪박종화, 다정불심≫/마을 뒤 금성산의 큰 산 그림자가 우줄우줄 마을로 기어 내려오고 있었다.≪문순태, 타오르는 강≫

우줅-우줅

의미 [＋모양],[＋걸음],[－자연],[＋반복]

제약 {사람}-{걷다}

자꾸 어기적거리며 걷는 모양.

우중-우중

의미 [＋모양],[＋신체],[＋기립]v[＋걸음]

제약

몸을 일으켜 서거나 걷는 모양.

¶여러 사람이 우중우중 부엌으로 들어서며 불로 덤비는 것을 보고….≪염상섭, 두 출발≫

우중충

의미 [＋모양],[＋날씨]v[＋분위기],[＋암흑],[－분명]

제약

① 날씨나 분위기 따위가 어둡고 침침한 모양.
늑우중충히①.

¶**우중충** 흐린 하늘./아직 두 시밖에 안 되었으므
로 서둘 필요는 없었지만 워낙 깊은 산골이라
하늘도 어둠을 예비하고 있는 듯 **우중충** 찌푸려
있어 초저녁만 같았다.≪최인호, 지구인≫/아침 은
장봉에서 본 하늘은 제법 맑을 듯 햇살까지 부
어내리더니 이제는 어느새 **우중충** 흐려 갈앉은
하늘이었다.≪전상국, 하늘 아래 그 자리≫

의미 [+모양],[+색깔],[-선명]

제약

② 오래되거나 바래서 색깔이 선명하지 못한 모
양. 늑우중충히②.

¶오래되어 **우중충** 얼룩진 대문.

의미 [+모양],[+높이],[-분명],[+산란]

제약

③ 침침하고 어수선하게 우뚝한 모양. 늑우중충
히③.

¶버드나무가 **우중충** 늘실거리는 어두운 밤길은
스산하기 그지없었다.

우중충-히

의미 [+모양],[+날씨]v[+분위기],[+암흑],
[-분명]

제약

①=우중충①. 날씨나 분위기 따위가 어둡고 침
침한 모양.

¶**우중충히** 흐린 하늘./**우중충히** 어두워 가는 집
안에는 찬바람이 도는 것 같고, 사랑채에서는
젊은 부부의 싸우는 소리가 요란하나….≪염상섭,
두 양주≫

의미 [+모양],[+색깔],[-선명]

제약

②=우중충②. 오래되거나 바래서 색깔이 선명하
지 못한 모양.

¶건물이 오래되어 페인트칠한 벽이 **우중충히** 바
래 있다.

의미 [+모양],[+높이],[-분명],[+산란]

제약

③=우중충③. 침침하고 어수선하게 우뚝한 모

양.

우지끈

의미 [+소리]v[+모양],[+물건],[+절단]v[+파
손]

제약 {물건}-{부러지다, 부서지다}

크고 단단한 물건이 부러지거나 부서지는 소리.
또는 그 모양.

¶문짝이 **우지끈** 부서졌다./병이 **우지끈** 깨어졌
다./벼락이 내려 마을 입구의 팽나무 가지 하나
가 **우지끈** 부러졌다.

우지끈-뚝딱

의미 [+소리]v[+모양],[+물건],[+소란],[+절
단]v[+파손],[+충돌]

제약 {물건}-{부러지다, 부서지다, 부딪치다}

크고 단단한 물건이 요란스럽게 부러지거나 부
서지며 다른 물체와 부딪치는 소리. 또는 그 모
양.

¶어머니의 대답 대신에 무서운 불길 속에서 나
무들이 **우지끈뚝딱** 부러지고 넘어지는 소리만이
들려왔다.≪문순태, 타오르는 강≫/그들은 저희들끼
리만 희희낙락 우쭐대면서 **우지끈뚝딱** 우리 집
세간이며 문짝을 때려 부수기 시작했다.≪박완서,
그 많던 싱아는 누가 다 먹었을까≫

우지끈-우지끈

의미 [+소리]v[+모양],[+물건],[+절단]v[+파
손],[+반복]

제약 {물건}-{부러지다, 부서지다}

크고 단단한 물건이 자꾸 부러지거나 부서지는
소리. 또는 그 모양.

¶바람에 나뭇가지들이 **우지끈우지끈** 부러진다./
간간이는 청량리 쪽과 미아리 너머에서도 **우지
끈우지끈** 때려 부수는 소리가 나나, 그대로 서울
하늘을 스쳐 가는 비행기 소리는 밤낮으로 끊일
새가 없다.≪염상섭, 취우≫/늘어진 뽕나무 가지가
소에게 스치어 **우지끈우지끈** 소리를 내며 부러
져 떨어진다.≪이광수, 흙≫

우지직

의미 [+소리]v[+모양],[+물건],[+절단]v[+분
리]v[+파손]

제약 {물건}-{부러지다, 찢어지다, 부서지다}

① 크고 단단한 물건이 부러지거나 찢어지거나 부서지는 소리. 또는 그 모양.

¶얼음장이 우지직 꺼져 들어갔다./우지직 버드나무 가지들이 꺾어지면서, 그들 형제는 이십여 보 남짓 물살에 소쿠라지며 떠내려갔다.≪문순태, 타오르는 강≫

의미 [+소리],[+풋고추]v[+오이],[+씹음]

제약 {풋고추, 오이}-{씹다}

② 풋고추나 오이 따위의 야채를 씹을 때 나는 소리. 또는 그 모양.

¶그는 싱싱한 풋고추를 된장에 쿡 찍어 **우지직** 씹어 먹는다.

의미 [+소리]v[+모양],[+짚]v[+나뭇가지], [+수분],[+연소]

제약 {짚, 나뭇가지}-{타다}

③ 잘 마르지 아니한 짚이나 나뭇가지 따위가 불에 타는 소리. 또는 그 모양.

¶땔감을 가득 넣은 아궁이에서는 **우지직** 소리가 나며 불길이 올랐다.

의미 [+소리]v[+모양],[+국물],[+비등],[-수분]

제약 { }-{졸아붙다}

④ 국물 따위가 버썩 졸아붙을 때 나는 소리. 또는 그 모양.

¶쌀을 씻는 사이에 솥의 물이 다 졸아들어 우지직 바닥을 태우고 있다.

우지직-우지직

의미 [+소리]v[+모양],[+물건],[+절단]v[+분리]v[+파손],[+반복]

제약 {물건}-{부러지다, 찢어지다, 부서지다}

① 크고 단단한 물건이 자꾸 부러지거나 찢어지거나 부서지는 소리. 또는 그 모양.

의미 [+소리],[+풋고추]v[+오이],[+씹음], [+반복]

제약 {풋고추, 오이}-{씹다}

② 풋고추나 오이 따위의 야채를 자꾸 씹을 때 나는 소리. 또는 그 모양.

의미 [+소리]v[+모양],[+짚]v[+나뭇가지], [+수분],[+연소],[+반복]

제약 {짚, 나뭇가지}-{타다}

③ 잘 마르지 아니한 짚이나 나뭇가지 따위가 자꾸 불에 타는 소리. 또는 그 모양.

의미 [+소리]v[+모양],[+국물],[+비등],[-수분],[+반복]

제약 { }-{졸아붙다}

④ 국물 따위가 자꾸 버썩 졸아붙을 때 나는 소리. 또는 그 모양.

우직스레

의미 [+우둔],[+우직]

제약

보기에 어리석고 고지식한 데가 있게.

¶그는 묻는 말에 대답도 하지 않고 **우직스레** 앉아 있었다./그는 그의 상관에게 **우직스레** 충성을 다하였다.

우직-우직

의미 [+소리]v[+모양],[+물건],[+절단]v[+분리]v[+파손],[+반복]

제약 {물건}-{부러지다, 찢어지다, 부서지다}

① 단단하게 생긴 물건이 자꾸 부러지거나 찢어지거나 부서지는 소리. 또는 그 모양.

¶길상은 서슴없이 들어가서 조심성 없게 꽃가지를 **우직우직** 꺾는다.≪박경리, 토지≫

의미 [+소리],[+풋고추]v[+오이],[+씹음], [+반복]

제약 {풋고추, 오이}-{씹다}

② 풋고추나 오이 따위의 야채를 자꾸 세게 씹는 소리. 또는 그 모양.

¶그는 배가 몹시 고팠는지 김치 조각을 **우직우직** 씹으며 밥 한 그릇을 후딱 비워 냈다.

의미 [+소리]v[+모양],[+짚]v[+나뭇가지], [+수분],[+연소],[+반복]

제약 {짚, 나뭇가지}-{타다}

③ 짚이나 나뭇가지 따위가 자꾸 불에 타는 소리. 또는 그 모양.

우질-부질

의미 [+모양],[+성질]v[+행동],[-다정],[-인정],[+포악]

제약

성질이나 행동이 곰살궂지 못하고 좀 뚝뚝하고 사나운 모양.

우쩍

의미 [+모양],[+진행]v[±증가],[−장애],[+단 번]

제약 { }−{늘다, 줄다}

① 단번에 거침없이 나아가거나 갑자기 늘거나 줄어드는 모양.

¶그는 자리에서 **우쩍** 일어서더니 밖으로 나가 버렸다./그는 아주머니의 말을 **우쩍** 반대하고 싶었다.≪김동인, 약한 자의 슬픔≫

의미 [+모양],[+다량],[±증가],[+순간]

제약 { }−{늘다, 줄다}

② 갑자기 많이씩 늘거나 줄어드는 모양.

의미 [+모양],[+힘]v[+기세]v[+기운],[+발 생],[+순간],[+정도]

제약 { }−{솟아나다}

③ 갑자기 힘을 쓰거나 기세나 기운 따위가 갑자기 솟아나는 모양.

¶논개는 별안간 딴 기운이 **우쩍** 솟아 일어나는 듯했다.≪박종화, 임진왜란≫/제 입술을 깨물며 마지막 용을 쓰는 순간, 그 흉한도 대항거리로 **우쩍** 기운을 내어 아사녀를 팔랑개비같이 쓰러뜨렸다.≪현진건, 무영탑≫

우쩍-우쩍01

의미 [+모양],[+기세][−장애]v[+세력][+왕 성],[+정도]

제약

① 거침없이 기세 좋게 나아가거나 세력 따위가 왕성하게 일어서는 모양. '우적우적01①'보다 센 느낌을 준다.

¶삐걱하면 출렁하고 **우쩍우쩍** 나가는 배가 순식간 한 중류에 떴다.≪최남선, 심춘순례≫

의미 [+모양],[+다량],[±증가],[+단번],[+반 복]

제약 { }−{늘다, 줄다}

② 단번에 매우 많이씩 자꾸 늘거나 줄어드는 모양. '우적우적01②'보다 센 느낌을 준다.

¶보기만 해도 든든하고 벅차고 힘이 **우쩍우쩍** 솟구쳐 일어나게 하는 병선 수효다.≪박종화, 임진왜란≫

의미 [+모양],[+일],[+진행],[+억지],[+조급]

제약 { }−{밀고나가다, 서둘다}

③ 일을 우격다짐으로 서둘러 해 나가는 모양. '우적우적01③'보다 센 느낌을 준다.

우쩍-우쩍02

의미 [+소리]v[+모양],[+물체],[+씹음],[−주 의]

제약 { }−{씹다}

① 단단하고 질긴 물체를 마구 깨물어 씹을 때 나는 소리. 또는 그 모양. '우적우적02①'보다 센 느낌을 준다.

¶무를 **우쩍우쩍** 씹다.

의미 [+소리]v[+모양],[+물체],[+파손]v[+붕 괴],[+순간],[+반복]

제약 {물체}−{부서지다, 무너지다}

② 매우 단단한 물체가 자꾸 갑자기 부서지거나 무너질 때 나는 소리. 또는 그 모양. '우적우적02②'보다 센 느낌을 준다.

¶낡은 건물을 **우쩍우쩍** 부수었다.

우쭉-우쭉

의미 [+모양],[+키]v[+몸],[+성장],[+속도]

제약 {키, 몸}−{크다, 자라다}

① 키나 몸이 빠르게 크거나 자라는 모양.

¶어린아이들은 하루가 다르게 키가 **우쭉우쭉** 큰다.

의미 [+모양],[+신체],[+상하],[+요동],[+걸음],[+정도]

제약 { }−{걷다}

② 몸을 위아래로 심하게 흔들며 걸어가는 모양.

우쭐

의미 [+모양],[+운동],[+박자],[+크기],[+한 번]

제약

① 크게 율동적으로 한 번 움직이는 모양.

¶그는 어깨를 **우쭐** 흔들었다./봉구가 두 번째 뺨을 후려치려고 하자, 칠만이가 재빨리 몸을 피했다. 그 바람에 제힘에 쏠린 봉구의 몸이 **우쭐** 앞으로 꺾이더니 그대로 힘없이 꼬꾸라지고 말았다.≪문순태, 타오르는 강≫

의미 [+모양],[+만족],[+자랑]

제약

② 의기양양하여 뽐내는 모양.

우쭐-우쭐

의미 [+모양],[+사람]v[+동물],[+운동],[+박자],[+반복]

제약

① 몸이 큰 사람이나 짐승이 가볍게 율동적으로 자꾸 움직이는 모양. ‘우줄우줄①’보다 센 느낌을 준다.

¶우쭐우쭐 걸어가다./우쭐우쭐 춤을 추다./그는 어깨를 우쭐우쭐 흔들었다./읍내 마을 쪽 여기저기에는 연들이 우쭐우쭐 날고 있었다.≪김원일, 불의 제전≫

의미 [+모양],[+산맥]v[+물줄기],[-균일],[+혼재],[+연결]

제약

② 산맥이나 물줄기 따위가 고르지 않게 뒤섞여 잇닿아 있는 모양. ‘우줄우줄②’보다 센 느낌을 준다.

¶산과 산들이 병풍처럼 사방에 우쭐우쭐 둘러선다.≪정비석, 비석과 금강산의 대화≫

의미 [+모양],[+만족],[+자랑],[+반복]

제약

③ 의기양양하여 자꾸 뽐내는 모양.

¶그는 어둠이 깔리기 시작하는 길을 벌쭉벌쭉 웃으면서, 우쭐우쭐 으스대며 걸었다.≪박완서, 미망≫

우툴-두툴

의미 [+모양],[+물건],[+거죽]v[+바닥],[+다수],[+돌출],[-평평]

제약

물건의 거죽이나 바닥이 여기저기 굵게 부풀어 올라 고르지 못한 모양.

¶운암댁은 남편이 자랑스럽게 내보이는 자위대 완장을 대하는 순간 온몸에 우툴두툴 소름이 끼쳤다.≪윤흥길, 완장≫

우툴-우툴

의미 [+모양],[+거죽],[+다수],[+균일],[+돌출]

제약

거죽이 여기저기 고르게 두드러져 있는 모양.

우환-에

의미 [+불쾌],[+부가]

제약

그렇게 언짢은 위에 또.

¶우환에! 너희들까지 사람을 깔보는구나! 흥!≪염상섭, 이심≫

우황

의미 [+접속],[+사실],[+첨부]

제약

=하물며. 그도 그러한데 더욱이. 앞의 사실이 그러하다면 뒤의 사실은 말할 것도 없다는 뜻의 접속 부사.

¶대대로 산송(山訟)을 하기에 망한 집안이 많다거니와, 우황…두메 속에 사는 토박이 상놈들이 조 의정 집의 위력을 막을 수는 그야말로 당랑거철이었다.≪이기영, 봄≫

우후후

의미 [+소리],[+웃음],[-인내]

제약 {사람}-{웃다}

① 참을 수 없어 터져 나오는 웃음소리.

의미 [+소리],[+한숨]v[+울음],[+깊이]

제약

② 가슴 깊은 곳에서 터져 나오는 한숨이나 울음소리.

¶장군은 귀도를 들어 뱃전을 치며 우후후 하고 길게 한숨을 쉰다.≪박종화, 임진왜란≫

욱

의미 [+모양],[+분노],[-고려],[+발생],[+순간]

제약

① 앞뒤를 헤아림 없이 격한 마음이 불끈 일어나는 모양.

¶내 안에서 무엇이 욱 치밀었지만 참을 수밖에 없었다.≪조세희, 내 그물로 오는 가시고기≫/자네 성미에 욱 치밀 줄을 알았네.≪안수길, 북간도≫

의미 [+소리],[+구역],[+순간],[+정도]

제약

② 갑자기 심하게 구역질이 날 때 토할 듯이 내는 소리.

¶욱! 숟가락을 들던 유월례는 갑자기 헛구역질을 하며 입으로 손이 갔다.≪송기숙, 녹두 장군≫

욱닥-욱닥

　의미 [＋모양],[＋다수],[＋집합],[＋운동],[＋소란],[＋반복]

　제약

　여럿이 한데 모여서 자꾸 수선스럽게 움직이는 모양.

욱시글-득시글

　의미 [＋모양],[＋다수],[＋집합],[＋소란],[＋정도]

　제약

　여럿이 한데 모여 몹시 어지럽게 들끓는 모양.

욱시글-욱시글

　의미 [＋모양],[＋다수],[＋밀집],[＋소란],[＋연속]

　제약

　여럿이 한데 많이 모여 계속 들끓는 모양.

　¶초상집에 손님이 욱시글욱시글 끓고….≪염상섭, 두 출발≫

욱신-덕신

　의미 [＋모양],[＋다수],[＋집합],[＋소란],[＋정도]

　제약

　한데 모여 몹시 뒤끓는 모양.

욱신-욱신

　의미 [＋모양],[＋다수],[＋혼재],[＋소란],[＋정도]

　제약

　① 여럿이 한데 많이 뒤섞여 매우 수선스럽게 들끓는 모양.

　의미 [＋느낌],[＋머리]v[＋상처],[＋고통],[＋반복]

　제약 { }-{거리다, 아프다}

　② 머리나 상처 따위가 자꾸 쑤시는 듯이 아픈 느낌.

　¶몸이 욱신욱신 쑤시다./소매를 바싹 걷어 올린 맨살에 돌을 맞았기 때문에 팔꿈치가 째지고 오랫동안 욱신욱신 아팠다./잘못 온 게 아닌가 싶은 초조함 때문에 초희는 욱신욱신 뒷골이 다

쑤셨다.≪한수산, 유민≫

욱실-득실

　의미 [＋모양],[＋다수],[＋집합],[＋소란],[＋정도]

　제약

　'욱시글득시글'의 준말. 여럿이 한데 모여 몹시 어지럽게 들끓는 모양.

욱실-욱실

　의미 [＋모양],[＋다수],[＋밀집],[＋소란],[＋연속]

　제약

　'욱시글욱시글'의 준말. 여럿이 한데 많이 모여 계속 들끓는 모양.

욱적

　의미 [＋모양],[＋집합],[＋소란],[－정도]

　제약

　한곳에 모여 조금 수선스럽게 들끓는 모양.

　¶날이 밝은 뒤에 집안에서는 아들이 없어졌다고 아침부터 사람들이 모여 욱적 소란을 피우고 있었다.

욱적-북적

　의미 [＋모양],[＋다수],[＋밀집],[＋소란],[＋반복]

　제약

　여럿이 한데 많이 모여 수선스럽게 자꾸 들끓는 모양.

　¶욱적북적 떠들어 대다./그렇게 닷새가량 욱적북적 지나고 나서, 차츰 물 빠지듯 뜸해지며 관할서 사람들의 출입도 줄어들다가 끝내 슬그머니 다 철수하고….≪이호철, 문≫

욱적-욱적

　의미 [＋모양],[＋다수],[＋밀집],[＋소란]

　제약

　여럿이 한곳에 많이 모여 조금 수선스럽게 들끓는 모양.

　¶추석을 앞두고 시장에 사람들이 욱적욱적 들끓는다.

울걱

　의미 [＋모양],[＋분노],[＋발생],[＋순간]

　제약

① 격한 감정이 갑자기 일어나는 모양.

의미 [+소리]v[+모양],[+구토],[+순간]

제약 { }-{게우다, 올리다, 토하다}

② 먹은 것을 갑자기 게울 때 나는 소리. 또는 그 모양.

¶폐병 환자인 그는 몸을 숙이더니 갑자기 울걱 피를 토해 내었다.

의미 [+소리]v[+모양],[+입안],[+물],[+볼], [+운동]

제약

③ 입 안에 물을 머금고 볼을 움직여 내는 소리. 또는 그 모양.

울걱-울걱

의미 [+모양],[+분노],[+발생],[+연속]

제약

① 격한 감정이 잇따라 일어나는 모양.

의미 [+소리]v[+모양],[+구토],[+연속]

제약 { }-{게우다, 올리다, 토하다}

② 먹은 것을 잇따라 게우는 소리. 또는 그 모양.

의미 [+소리]v[+모양],[+입안],[+물],[+볼], [+운동]

제약

③ 입 안에 물을 머금고 볼을 움직여 잇따라 내는 소리. 또는 그 모양.

¶숭늉으로 울걱울걱 입가심을 했다.

울겅-불겅

의미 [+모양],[+물건],[+씹음],[-용이],[+활주]v[+돌출],[+반복]

제약

단단하고 우둘우둘한 물건이 잘 씹히지 않고 입 안에서 이리저리 자꾸 미끄러지거나 불거지는 모양.

¶짝짝 쩝쩝, 울겅불겅, 후루룩 꿀떡! 씹고 마시고 입맛 다시는 소리로 온 방 안의 공기는 어수선하게 흔들리었다.≪현진건, 무영탑≫

울겅-울겅

의미 [+모양],[+물건],[+씹음],[-용이],[+활주],[+반복]

제약

단단하고 우둘우둘한 물건이 잘 씹히지 않고 입 안에서 자꾸 이리저리 미끄러지는 모양.

울고-불고

의미 [+모양],[+울음],[+소란],[+정도]

제약 {사람}-{울다}

소리 내어 야단스럽게 부르짖으며 우는 모양. 늑우네부네.

¶동네 아줌마들이 싸우며 울고불고 야단이다.

울근-불근[01]

의미 [+모양],[+물건],[+씹음],[+돌출],[+반복]

제약

질긴 물건을 입에 넣고 볼을 우물거리며 볼가지게 씹는 모양.

울근-불근[02]

의미 [+모양],[+사람],[+수척]

제약 { }-{앙상하다, 야위다}

① 몸이 여위어 갈빗대가 드러나 보이는 모양.

¶그 통통하던 손등엔 뼈가 울근불근 드러났다. ≪현진건, 적도≫

의미 [+모양],[+근육]v[+힘줄],[-균일],[+다수],[+돌출]

제약 {힘줄, 근육}-{나오다}

② 근육이나 힘줄 따위가 고르지 않게 여기저기 조금씩 불거져 나온 모양.

¶갯고랑 펄 바닥에 상앗대를 찔러 넣을 때마다 소매 아래 탐스러운 근육이 울근불근 굼닐었다. ≪윤흥길, 묵시의 바다≫

울근-불근[03]

의미 [+모양],[+관계],[-일치],[+분쟁]

제약 {사람}-{싸우다}

① 서로 사이가 틀어져서 감정 사납게 맞서서 잘 다투는 모양.

의미 [+모양],[+감정]v[+성격],[-평온],[+분노],[+순간]

제약 { }-{화내다}

② 감정이나 성격 따위가 평온하지 못하고 순간적으로 치미는 모양.

¶고왕만이 다시 울근불근 숨을 씩씩거렸다. "이 봐요들, 도대체 이게 무슨 짓들이오?"≪박태순,

어느 사학도의 젊은 시절≫

울근-울근

의미 [+모양],[+물건],[+씹음],[+지속]

제약 { }-{씹다}

질긴 물건을 입에 넣고 우물거리며 자꾸 씹는
모양.

¶껌을 울근울근 씹어 보다.

울긋-불긋

의미 [+모양],[+빛깔],[+다수],[+혼재],[+혼
란]

제약

짙고 옅은 여러 가지 빛깔들이 야단스럽게 한데
뒤섞여 있는 모양.

¶울긋불긋 단풍으로 물든 산./신작로 아래 개울
건너 마을의 집들도 울긋불긋 꼬까옷을 입은 것
처럼 변했고….≪문순태, 피아골≫

울꺽

의미 [+모양],[+분노],[+발생],[+순간]

제약

① 격한 감정이 갑자기 일어나는 모양. '울걱①'
보다 센 느낌을 준다.

¶그는 울꺽 분노가 치밀어 올랐다.

의미 [+소리]v[+모양],[+구토],[+순간]

제약 { }-{게우다, 올리다, 토하다}

② 먹은 것을 갑자기 게울 때 나는 소리. 또는
그 모양. '울걱②'보다 센 느낌을 준다.

¶그는 비위가 상해 먹은 것을 울꺽 입 밖으로
게워 냈다.

울꺽-울꺽

의미 [+모양],[+분노],[+발생],[+연속]

제약

① 격한 감정이 잇따라 일어나는 모양. '울걱울
걱①'보다 센 느낌을 준다.

의미 [+소리]v[+모양],[+구토],[+연속]

제약 { }-{게우다, 올리다, 토하다}

② 먹은 것을 잇따라 게우는 소리. 또는 그 모
양. '울걱울걱②'보다 센 느낌을 준다.

울뚝

의미 [+모양],[+성격],[-인내],[+말]v[+행
동],[+포악]

제약

성미가 급하여 참지 못하고 말이나 행동이 우악
스러운 모양.

울뚝-불뚝

의미 [+모양],[+물체],[+거죽]v[+표면],[-균
일],[+다수],[+요철],[+정도]

제약

① 물체의 거죽이나 면이 고르지 않게 여기저기
크게 나오고 들어간 모양.

¶준구는 버선 바닥을 슬슬 쓸고 있는 이동진의
큼지막하고 힘줄이 울뚝불뚝 솟은 손을 쳐다본
다.≪박경리, 토지≫

의미 [+모양],[+성격],[-인내],[+변덕],[+말]
v[+행동],[+포악]

제약

② 성미가 급하고 변덕스러워 말이나 행동이 매
우 우악스러운 모양.

울뚝-울뚝

의미 [+모양],[+성격],[-인내],[+변덕],[+말]
v[+행동],[+포악],[+연속]

제약

성미가 급하여 참지 못하고 말이나 행동을 잇따
라 함부로 우악스럽게 하는 모양.

¶울뚝울뚝 성을 내다.

울럭김-에

의미 [+다수],[+분노]

제약

여럿이 욱하는 김에.

울렁-울렁

의미 [+모양],[+경악]v[+공포],[+가슴],[+요
동],[+반복]

제약 {가슴}-{두근거리다}

① 너무 놀라거나 두려워서 가슴이 자꾸 두근거
리는 모양.

¶울렁울렁 울렁대는 처녀 가슴.

의미 [+모양],[+예상],[+구토],[+반복]

제약 { }-{거리다, 부대끼다}

② 속이 메슥메슥하여 자꾸 토할 것 같은 모양.

의미 [+모양],[+물결],[+요동],[+연속]

제약 {물결}-{흔들리다}

③ 물결이 잇따라 흔들리는 모양.

의미 [+모양],[+판],[+요동]

제약

④ 얇은 판 따위가 휘청휘청 움직이는 모양.

울렁-출렁

의미 [+소리]v[+모양],[+물결],[+도처],[+충돌]

제약 { }-{부딪치다}

① 큰 물결이 여기저기 부딪치는 소리. 또는 그 모양.

의미 [+소리]v[+모양],[+물],[+그릇],[+요동]

제약

② 큰 그릇에 담긴 물이 흔들리는 소리. 또는 그 모양.

¶배가 파도에 **울렁출렁** 흔들린다.

울레-줄레

의미 [+모양],[+사람],[+다수],[+도열]

제약

크고 작은 사람들이 앞서거니 뒤서거니 뒤따르거나 늘어선 모양.

¶**울레줄레** 쫓아다니다./이 가뜩이나 어려운 살림, 이 **울레줄레** 매달린 부모처자를 어떻게 내버리고, 그런 길로 들어서느냔 말이었다.≪채만식, 소년은 자란다≫

울룩-불룩

의미 [+모양],[+물체],[+거죽]v[+표면],[-균일],[+요철],[+정도]

제약

물체의 거죽이나 면이 고르지 않게 매우 높고 낮은 모양.

¶큰비에 길이 **울룩불룩** 패었다./주머니에 무엇이 들었는지 여기저기 **울룩불룩** 튀어나와 있었다.

울먹-울먹

의미 [+모양],[+울상],[+예상],[+울음],[+반복]

제약

울상이 되어 자꾸 울음이 터져 나오려고 하는 모양.

¶마침내 소년의 표정은 **울먹울먹** 울음을 터뜨리

기 직전이 되었다.

울먹-줄먹

의미 [+모양],[+덩어리],[+진열],[-균일]

제약

큰 덩어리가 고르지 않게 많이 벌여 있는 모양.

¶**울먹줄먹** 솟아 있는 산봉우리.

울멍-줄멍

의미 [+모양],[+나열],[+선명],[-균일]

제약

① 크고 뚜렷한 것이 고르지 않게 많이 벌여 있는 모양.

¶지붕에 **울멍줄멍** 박이 열려 있다.

의미 [+모양],[+다수],[+유사],[+사람]v[+아이]

제약

② 엇비슷한 사람이나 굵직한 아이가 많이 있는 모양.

¶**울멍줄멍** 모여든 사람들 가운데 한 사람을 가리자니 쉽지 않은 일이다.

울며-불며

의미 [+모양],[+울음],[+소란],[+정도]

제약 {사람}-{울다}

소리 내어 야단스럽게 울기도 하며 부르짖기도 하며 우는 모양.

¶**울며불며** 애원하다./교문 밖에 맞바로 잇닿은 일주 도로에 내몰린 사람들은 모두 한결같이 길바닥에 주저앉아 **울며불며** 살려 달라고 애걸했다.≪현기영, 순이 삼촌≫

울묵-줄묵

의미 [+모양],[+크기],[+돌출],[+나열],[-균일],[+밀집]

제약

큼직큼직하고 두드러진 것들이 고르지 않고 빽빽하게 벌여 있는 모양.

¶신작로가 여름내 빗물에 씻겨 **울묵줄묵** 돌덩이들만 남아 있었다.≪문순태, 피아골≫

울뭉-줄뭉

의미 [+모양],[+덩어리],[+나열],[-균일],[+밀집]

제약

크고 두드러진 덩어리들이 고르지 않고 빽빽하게 벌여 있는 모양.

¶크고 작은 집들이 **울뭉줄뭉** 여기저기 들어섰다.

울쑥-불쑥

의미 [+모양],[+돌출],[+높이],[+다수],[−균일]

제약

고르지 않게 여기저기 높이 솟은 모양.

¶높고 낮은 산봉우리들이 **울쑥불쑥** 솟아 있다./오히려 발이 평지에 서툴러 디딜 적마다 땅이 **울쑥불쑥** 치밀어 오르는 것 같았다.≪유재용, 성역≫

울연-히[01]

의미 [+모양],[+나무],[+무성]

제약

① 나무가 무성할 정도로 우거지게.

의미 [+왕성],[+정도]

제약

② 클 정도로 성하게.

¶장군을 공경하는 생각이 **울연히** 일어났다./같은 나라 사람으로의 자비스러운 인정이 **울연히** 핏줄 속에 일어난다.≪박종화, 임진왜란≫

울연-히[02]

의미 [+지루]

제약

=답답히①. 숨이 막힐 듯이 갑갑하게.

울컥

의미 [+모양],[+분노],[+발생],[+순간]

제약

① 격한 감정이 갑자기 일어나는 모양. '울걱①'보다 거센 느낌을 준다.

¶**울컥** 부아가 치밀었다./나는 **울컥** 가슴에 치미는 뜨거운 무엇을 느꼈다.≪이숭녕, 대학가의 파수병≫/어쩌면 지금쯤 이 세상 사람이 아닐지도 모른다는 생각에, **울컥** 슬픔이 복받쳐 올랐다.≪문순태, 피아골≫

의미 [+소리]v[+모양],[+구토],[+순간]

제약 { }-{게우다, 올리다, 토하다}

② 먹은 것을 갑자기 게울 때 나는 소리. 또는 그 모양. '울걱②'보다 거센 느낌을 준다.

¶음식을 **울컥** 토하다./시뻘건 피가 **울컥** 나왔다./나는 벤치에 앉아 카스텔라를 한 입 베어 물었다. 역한 곰팡이 냄새와 함께 **울컥** 구역질이 솟았다.≪김성동, 만다라≫

울컥-울컥

의미 [+모양],[+분노],[+발생],[+연속]

제약

① 격한 감정이 잇따라 일어나는 모양. '울걱울걱①'보다 거센 느낌을 준다.

¶괜히 다급해져서 덤벙거렸고, 또 덤벙거리고 있는 자신을 돌아보면 **울컥울컥** 화가 치밀었다.

의미 [+소리]v[+모양],[+구토],[+연속]

제약 { }-{게우다, 올리다, 토하다}

② 먹은 것을 잇따라 게우는 소리. 또는 그 모양. '울걱울걱②'보다 거센 느낌을 준다.

¶구토가 목울대 너머로 **울컥울컥** 몰려온다.≪김원우, 짐승의 시간≫

울툭-불툭

의미 [+모양],[+물체],[+거죽]v[+표면],[−균일],[+다수],[+요철],[+정도]

제약

① 물체의 거죽이나 면이 고르지 않게 여기저기 크게 나오고 들어간 모양. '울뚝불뚝①'보다 거센 느낌을 준다.

¶혁은 힘 있게 노를 저었다. 팔뚝의 근육이 **울툭불툭** 꿈틀거렸다.≪홍성암, 큰물로 가는 큰 고기≫/그 파도는 먼바다에서 **울툭불툭** 융기하면서 밀려오고 있었다.≪한승원, 해일≫

의미 [+모양],[+성격],[−인내],[+변덕],[+말]v[+행동],[+포악]

제약

② 성미가 급하고 변덕스러워 말이나 행동이 매우 우악스러운 모양. '울뚝불뚝②'보다 거센 느낌을 준다.

울퉁-불퉁

의미 [+모양],[+물체],[+거죽]v[+표면],[−균일],[+다수],[+요철],[+정도]

제약

물체의 거죽이나 면이 고르지 않게 여기저기 몹시 나오고 들어간 모양.

¶**울퉁불퉁** 파인 비포장도로./형의 가슴팍은 **울퉁불퉁** 근육이 붙어 있었다.≪김용성, 도둑 일기≫

움실-움실

　의미 [+모양],[+곤충],[+밀집],[+운동],[+연속]

　제약

　벌레 따위가 한곳에 많이 모여 잇따라 움직이는 모양.

　¶**구더기**가 **움실움실** 우글거린다.

움쑥01

　의미 [+모양],[+물체],[+바닥]v[+표면],[+함몰],[+정도]

　제약 {　}-{들어가다}

　물체의 바닥이나 면이 우묵하게 쑥 들어간 모양.

　¶**움쑥** 파인 땅바닥./땅이 **움쑥** 꺼지다./하도 굶어서 눈이 **움쑥** 들어갔다./그리고 병자의 **움쑥** 들어간 눈이 원망하는 듯이 자기를 노리는 듯하였다.≪현진건, 운수 좋은 날≫

움쑥02

　의미 [+모양],[+물건],[+씹음],[+맛]

　제약 {　}-{씹다}

　큰 것을 입에 넣고 맛있게 씹는 모양.

　¶상추쌈을 **움쑥** 먹는 모습이 복스러워 보인다.

움쑥-움쑥01

　의미 [+모양],[+물체],[+바닥]v[+표면],[+다수],[+함몰],[+정도]

　제약 {　}-{들어가다}

　물체의 바닥이나 면이 여기저기 우묵하게 쑥 들어간 모양.

　¶운동장 여기저기가 **움쑥움쑥** 꺼져 있다./장맛비로 논바닥이 **움쑥움쑥** 패었다.

움쑥-움쑥02

　의미 [+모양],[+물건],[+씹음],[+맛],[+반복]

　제약 {　}-{씹다}

　큰 것을 입에 넣고 자꾸 맛있게 씹는 모양.

　¶그는 큰 빵을 자르지도 않고 **움쑥움쑥** 먹어 치운다.

움씰

　의미 [+모양],[+경악],[+신체],[+수축]

　제약 {몸}-{움츠리다}

　깜짝 놀라서 몸을 뒤로 움츠리는 모양.

　¶무엇에 놀랐는지 그는 **움씰** 뒤로 물러섰다.

움씰-움씰

　의미 [+모양],[+경악],[+신체],[+수축],[+반복]

　제약 {몸}-{움츠리다}

　깜짝 놀라서 자꾸 몸을 뒤로 움츠리는 모양.

　¶**움씰움씰** 뒷걸음치다.

움죽

　의미 [+모양],[+신체],[+운동],[+수축]v[+확장],[+한번]

　제약 {몸}-{못하다, 않다, 말다}

　(주로 '못하다', '않다', '말다' 따위의 부정어와 함께 쓰여) 몸의 한 부분을 움츠리거나 펴거나 하며 한 번 움직이는 모양.

　¶친척들이 집안의 어려운 문제들을 가지고 아버지께 오면, 우리 형제들은 **움죽** 못하고 우리들 방에 눌러 있거나 밖으로 나가 놀아야 했다.

움죽-움죽

　의미 [+모양],[+신체],[+운동],[+수축]v[+확장],[+반복]

　제약 {몸}-{움직이다}

　몸의 한 부분을 움츠리거나 펴거나 하며 잇따라 움직이는 모양.

　¶일어나기는 했어도 마룻바닥이 폭삭 꺼지고 벽이 **움죽움죽** 물러나고 천장이 내려앉는 것 같아서 머리가 내둘리기는 매일반이었다.≪심훈, 영원의 미소≫

움지럭-움지럭

　의미 [+모양],[+운동],[-속도],[+반복]

　제약 {　}-{움직이다}

　느릿느릿 자꾸 움직이는 모양.

움직-움직

　의미 [+모양],[+신체],[+운동],[+연속]

　제약 {몸}-{움직이다}

　몸이나 몸의 일부를 잇따라 움직이는 모양.

움질-움질01

　의미 [+모양],[+신체],[+운동],[-속도],[+반복]

　제약 {몸}-{움직이다}

① 몸을 굼뜨게 자꾸 움직이는 모양.

¶두포가 그 바위 앞에 이르러 무어라고 진언 한 마디를 외자, 집채 같은 바위가 **움질움질** 놀더니 한가운데가 쩍 열립니다.≪김유정, 두포전≫

의미 [＋모양],[＋태도],[－결정],[＋주저]

제약 { }-{미루다}

② 자꾸 결단성 없이 망설이며 주저주저하는 모양.

움질-움질02

의미 [＋모양],[＋씹음],[－시원],[＋반복]

제약 { }-{씹다, 먹다}

질긴 것을 입 안에 넣고 우물거리며 자꾸 씹는 모양.

¶그는 혼자서 엿을 **움질움질** 씹어 대고 있다.

움쩍

의미 [＋모양],[＋신체],[＋운동],[＋수축]v[＋확장],[＋크기],[＋한번]

제약 {몸}-{못하다, 않다, 말다}

(주로 ‘못하다’, ‘않다’, ‘말다’ 따위의 부정어와 함께 쓰여) 몸의 한 부분을 움츠리거나 펴거나 하며 크게 한 번 움직이는 모양.

¶선생은 날카로운 눈을 재영이의 위에 붓고, 마치 재영이의 마음까지 꿰뚫어 보려는 듯이 **움쩍** 안 하고 있었다.≪김동인, 젊은 그들≫/그는 다짜고짜 문고리를 당겼다. 문은 안으로 잠겨 있어서 **움쩍**도 하지 않았다.≪이상문, 황색인≫/강모는 얼어붙은 듯 **움쩍**도 못한다.≪최명희, 혼불≫

움쩍-달싹

의미 [＋모양],[＋신체],[＋운동],[－크기]

제약 {몸}-{못하다, 않다, 말다}

(주로 ‘못하다’, ‘않다’, ‘말다’ 따위의 부정어와 함께 쓰여) 몸을 극히 조금 움직이는 모양.

¶그는 몹시 아파 **움쩍달싹**도 못하고 누워 있다.

움쩍-들썩

의미 [＋모양],[＋신체],[＋수축]v[＋운동]

제약 {몸}-{못하다, 않다, 말다}

(주로 ‘못하다’, ‘않다’, ‘말다’ 따위의 부정어와 함께 쓰여) 몸을 움츠리거나 움직이는 모양.

¶여기서 **움쩍들썩**도 하지 말고 가만히들 있어라.

움쩍-움쩍

의미 [＋모양],[＋신체],[＋수축]v[＋확장],[＋운동],[＋크기],[＋반복]

제약 {몸}-{움직이다}

몸의 한 부분을 움츠리거나 펴거나 하며 크게 자꾸 움직이는 모양.

¶몽둥이가 몸을 훑칠 때마다 훑친 데만 **움쩍움쩍** 살이 움직일 뿐….≪송기숙, 자랏골의 비가≫

움쭉

의미 [＋모양],[＋신체],[＋수축]v[＋확장],[＋운동],[＋한번]

제약 {몸}-{못하다, 않다, 말다}

(흔히 ‘못하다’, ‘않다’, ‘말다’ 따위의 부정어와 함께 쓰여) 몸의 한 부분을 움츠리거나 펴거나 하며 한 번 움직이는 모양. ‘움죽’보다 센 느낌을 준다.

¶**움쭉** 일어서다./문오가 채희 말대로 엎드렸더니 채희는 **움쭉** 문오 등에 올라타는 것이었다.≪최정희, 인간사≫

움쭉-달싹

의미 [＋모양],[＋신체],[＋운동],[－크기]

제약 {몸}-{못하다, 않다, 말다}

(주로 ‘못하다’, ‘않다’, ‘말다’ 따위의 부정어와 함께 쓰여) 몸을 몹시 조금 움직이는 모양.

¶옹보 어머니는 마을 앞 큰 팽나무에 **움쭉달싹** 못하게 묶여 있는 아들을 붙들고 끄르륵끄르륵 가래 끓는 목소리로 울부짖었다.≪문순태, 타오르는 강≫

움쭉-움쭉

의미 [＋모양],[＋신체],[＋수축]v[＋확장],[＋운동],[＋연속]

제약 {몸}-{움직이다}

몸의 한 부분을 움츠리거나 펴거나 하며 잇따라 움직이는 모양. ‘움죽움죽’보다 센 느낌을 준다.

움찔-움찔

의미 [＋모양],[＋신체],[＋운동],[＋연속]

제약 {몸}-{움직이다}

몸이나 몸의 일부를 잇따라 움직이는 모양. ‘움직움직’보다 센 느낌을 준다.

¶진흙탕에 빠진 차가 **움찔움찔** 움직이기 시작했다.

움찔

의미 [+모양],[+경악],[+신체],[+수축],[+순간]

제약 {몸}-{움츠리다}

깜짝 놀라 갑자기 몸을 움츠리는 모양.

¶팔기는 제 목소리가 너무 커져 버린 것을 의식하고는 **움찔** 놀란다.≪김춘복, 쌈짓골≫/무심코 사진을 받던 그녀의 얼굴 근육이 **움찔** 움직이더니 차츰 딱딱하게 굳어졌다.≪홍성암, 큰물로 가는 큰 고기≫

움찔-움찔01

의미 [+모양],[+경악],[+신체],[+수축],[+순간],[+연속]

제약 {몸}-{움츠리다}

깜짝 놀라 갑자기 몸을 잇따라 움츠리는 모양.

¶아이는 침을 찌를 때마다 **움찔움찔** 놀랐으나 울지는 않았다.≪송기숙, 녹두 장군≫/얼마나 시체를 건드렸는지 모른다. 그러나 여전히 그것을 볼 때마다 **움찔움찔** 몸서리가 쳐졌다.≪하근찬, 야호≫

움찔-움찔02

의미 [+모양],[+신체],[+운동],[−속도],[+반복]

제약 {몸}-{움직이다}

① 몸을 굼뜨게 자꾸 움직이는 모양. '움질움질01①'보다 센 느낌을 준다.

의미 [+모양],[+태도],[−결정],[+주저]

제약 { }-{미루다}

② 자꾸 결단성 없이 망설이며 주저주저하는 모양. '움질움질01②'보다 센 느낌을 준다.

움칠

의미 [+모양],[+경악],[+신체],[+수축],[+순간]

제약 {몸}-{움츠리다}

깜짝 놀라 갑자기 몸을 움츠리는 모양. '움찔01'보다 거센 느낌을 준다.

¶마차가 **움칠** 앞으로 나갔다./그녀는 **움칠** 돌아서려는 몸짓을 해 보이려다 시늉만으로 내쳐 걸어가 버렸다.≪오정희, 적요≫

움칠-움칠

의미 [+모양],[+경악],[+신체],[+수축],[+순간],[+반복]

제약 {몸}-{움츠리다}

깜짝 놀라 갑자기 몸을 잇따라 움츠리는 모양. '움찔움찔01'보다 거센 느낌을 준다.

¶남편의 주먹이 떨어질 적마다 **움칠움칠** 놀라면서도 그냥 몸을 더 웅크릴 뿐이다.≪손창섭, 유실몽≫

움칫

의미 [+모양],[+경악],[+신체],[+운동],[+순간]

제약 {몸}-{움직이다}

놀라서 갑자기 몸을 거볍게 움직이는 모양.

¶원두막에 엉덩이를 붙이고 있던 영달이도 가시에 찔린 듯 **움칫** 놀라 일어난다.≪김춘복, 쌈짓골≫

움칫-움칫

의미 [+모양],[+경악],[+신체],[+운동],[+순간],[+반복]

제약 {몸}-{움직이다}

놀라서 갑자기 몸을 거볍게 자꾸 움직이는 모양.

움퍽

의미 [+모양],[+중앙],[+함몰],[+정도]

제약 { }-{들어가다}

가운데가 우묵하게 쑥 들어간 모양.

¶몇 년간 고생하신 아버지의 몸은 여월대로 여위고 볼은 **움퍽** 들어가 있었다.

움퍽-움퍽

의미 [+모양],[+도처],[+함몰],[+크기],[+넓이]

제약 { }-{들어가다}

군데군데 크고 넓게 들어간 모양.

¶땅이 **움퍽움퍽** 패어 있다.

움푹

의미 [+모양],[+중앙],[+함몰],[+정도]

제약 { }-{들어가다}

가운데가 우묵하게 푹 들어간 모양. 늑움푹이.

¶**움푹** 꺼지다./길이 **움푹** 팬 곳에 물이 괴어 있었다.≪조세희, 뫼비우스의 띠≫/육손이 아버지는 **움푹** 들어간 눈을 껌벅거리며….≪전상국, 하늘 아

래 그 자리≫

움푹-움푹

의미 [+모양],[+다수],[+함몰],[+정도]

제약 { }-{들어가다}

여러 군데가 우묵하게 푹 들어간 모양.

¶사내도 노인의 시선을 따라 민둥산의 곳곳에 **움푹움푹** 패어 있는 포탄 자국들을 보았다.≪송기원, 월행≫

움푹-이

의미 [+모양],[+중앙],[+함몰],[+정도]

제약 { }-{들어가다}

=움푹. 가운데가 우묵하게 푹 들어간 모양.

웅게-웅게

의미 [+모양],[+다수],[+크기],[-질서],[+집합]

제약

① 조금 큰 것들이 무질서하게 많이 모여 있는 모양.

¶비가 금방이라도 쏟아질 듯이 검은 구름이 웅게웅게 모여 온다.

의미 [+모양],[+키],[+유사],[+사람],[+다수],[-질서],[+밀집]

제약

② 키가 비슷한 사람들이 무질서하게 많이 모여 있는 모양.

¶광장에 사람들이 **웅게웅게** 모여 있다.

웅긋-웅긋

의미 [+모양],[+물체],[+돌출]

제약 { }-{솟다, 올라오다}

① 큰 물체들이 솟아 있거나 불거져 있는 모양.

¶저 멀리 산봉우리들이 **웅긋웅긋** 치솟아 있다.

의미 [+모양],[+키],[+크기],[+사람],[+기립],[+집합]

제약

② 키가 큰 사람들이 서서 모여 있는 모양.

웅긋-중긋

의미 [+모양],[+도처],[+돌출]

제약

① 여러 군데 쑥쑥 불거지거나 툭툭 비어져 있는 모양.

¶나무 한 그루 없이 바위들만 **웅긋중긋** 어둠 속에 솟아 있는 산모퉁이를 안고 돌자 불빛이 보였다.≪문순태, 타오르는 강≫

의미 [+모양],[+집합],[+사람],[+키],[-일정]

제약

② 모여 서 있는 사람들의 키가 들쑥날쑥한 모양.

¶이승을 하직하고 저승의 머나먼 길로 영영 가는 청암 부인의 마지막 모습을 보려고 마당에 **웅긋중긋** 서 있는데….≪최명희, 혼불≫

웅긋-쭝긋

의미 [+모양],[+도처],[-균일],[+돌출]

제약

① 여러 군데가 크게 쑥쑥 불거지거나 툭툭 비어져 있는 모양.

¶산소 벌초해 놓은 것처럼 **웅긋쭝긋** 볼썽사납게 머리를 깎은 아이가 무안해서 울음을 터뜨릴 것 같은 얼굴로 상점에서 나와 버렸다.≪문순태, 타오르는 강≫

의미 [+모양],[+사람],[+기립],[+집합]

제약

② 키가 크고 작은 사람들이 서서 모여 있는 모양.

웅기-웅기

의미 [+모양],[+크기],[-질서],[+집합]

제약

① 크기가 큰 것이 무질서하게 모여 있는 모양.

의미 [+모양],[+키],[+크기],[+사람],[-질서],[+집합]v[+운동]

제약

② 키가 큰 사람들이 무질서하게 많이 모여 있거나 움직이는 모양.

¶상암리 사람들은 은장봉 밑에 **웅기웅기** 몰려서서 구경을 할 뿐 단 한 사람도 그 뼈가 자기네 것이라고 나서는 사람이 없었다.≪전상국, 하늘 아래 그 자리≫

웅기-중기

의미 [+모양],[+크기],[-일정],[+집합],[+간격]

제약

① 크기가 크고 고르지 아니한 것들이 듬성듬성 많이 모여 있는 모양.

¶드넓은 바다 저쪽에서 **웅기중기** 밀려온 파도들이 모래톱에서 재주들을 넘고 있었다.≪한승원, 해일≫

의미 [＋모양],[＋사람],[＋다수],[＋집합]v[＋기립]

제약

② 키가 크고 작은 사람들이 여럿이 모여 있거나 일어서는 모양.

¶약장수를 구경하느라 사람들이 **웅기중기** 모여 있다./학생들은 그 앞에서 **웅기중기** 모여 잡담을 나누고 있었다.≪박태순, 무너진 극장≫

웅렬-히

의미 [＋견고],[＋맹렬]

제약

굳세고 맹렬하게.

¶**웅렬히** 싸우다 전사한 병사들.

웅성-웅성

의미 [＋소리]v[＋모양],[＋사람],[＋다수],[＋집합],[＋소란],[＋반복]

제약

여러 사람이 모여 소란스럽게 수군거리며 자꾸 떠드는 소리. 또는 그 모양.

¶마루와 부엌과 뜰과 다른 방에서는 **웅성웅성** 사람들이 들끓는데….≪이호철, 닳아지는 살들≫/잔칫집의 마당처럼 사람들은 제각기들 모여 서서 **웅성웅성** 얘기를 주고받았다.≪홍성암, 큰물로 가는 큰 고기≫

웅숭깊-이

의미 [＋생각]v[＋뜻],[＋크기],[＋넓이]

제약

① 생각이나 뜻이 크고 넓게.

의미 [＋사물],[－편협],[＋깊이]

제약

② 사물이 되바라지지 아니하고 깊숙하게.

¶한반도 남부에 **웅숭깊이** 자리 잡은 지리산.

웅얼-웅얼

의미 [＋소리]v[＋모양],[＋입속말],[－크기],[－분명],[＋반복]

제약

나직한 목소리로 똑똑하지 아니하게 혼자 입속말을 계속 해 대는 소리. 또는 그 모양.

¶덕보는 다리를 절름거리며 **웅얼웅얼** 지껄였다.≪한수산, 부초≫/엄마는 근옥이 색시랑 어깨동무를 하고 이리 비틀 저리 비틀 몸짓까지 하며 **웅얼웅얼** 노래를 부르기 시작했어요.≪조선작, 모범 작문≫

웅장-히

의미 [＋규모],[＋거대],[＋성대]

제약

규모 따위가 거대하고 성대하게.

웅절-웅절

의미 [＋소리]v[＋모양],[＋입속말],[＋불평]v[＋원망]v[＋탄식],[＋연속]

제약

불평이나 원망, 탄식 따위를 입속말로 혼자 계속 해 대는 소리. 또는 그 모양.

워걱-워걱

의미 [＋소리]v[＋모양],[＋물건],[＋다수],[＋충돌],[＋반복]

제약 {　}-{부딪치다}

여러 개의 크고 단단한 물건들이 뒤섞여 자꾸 부딪치면서 나는 소리. 또는 그 모양.

워그르르

의미 [＋소리]v[＋모양],[＋물건],[＋붕괴],[＋순간]

제약 {물건}-{무너지다}

① 쌓여 있던 크고 단단한 물건이 갑자기 무너지는 소리. 또는 그 모양.

의미 [＋소리]v[＋모양],[＋액체],[＋비등],[＋소란]

제약 {액체}-{끓다}

② 그릇에 담긴 많은 양의 액체가 넓은 면적으로 야단스럽게 끓어오르는 소리. 또는 그 모양.

의미 [＋소리],[＋천둥],[－거리],[＋소란]

제약 {천둥}-{치다}

③ 가까운 곳에서 천둥이 요란스럽게 치는 소리.

의미 [＋모양],[＋사람]v[＋짐승]v[＋벌레],[＋밀

집],[＋혼란]

제약 { }-{몰려있다}

④ 사람, 짐승, 벌레 따위가 한곳에 매우 어지럽게 많이 몰려 있는 모양.

워그적-워그적

의미 [＋소리]v[＋모양],[＋다수],[＋넓이],[＋소란],[＋연속]

제약

① 여럿이 너른 곳에서 계속 시끄럽고 수선스럽게 들끓는 소리. 또는 그 모양.

¶시장은 언제나 **워그적워그적** 시끄럽다.

의미 [＋소리]v[＋모양],[＋물건],[＋접촉]v[＋조각],[＋반복]

제약 {물건}-{스치다, 부서지다}

② 질기고 뻣뻣한 물건이 자꾸 크게 스치거나 부서지는 소리. 또는 그 모양.

워글-워글

의미 [＋소리]v[＋모양],[＋사람]v[＋벌레],[＋집합],[＋소란]v[＋운동],[＋연속]

제약

① 사람이나 벌레 따위가 너른 곳에 많이 모여 잇따라 떠들거나 움직이는 소리. 또는 그 모양.

의미 [＋소리]v[＋모양],[＋액체],[＋비등],[＋소란],[＋연속]

제약 {액체}-{끓다}

② 많은 양의 액체가 꽤 야단스럽게 잇따라 끓어오르는 소리. 또는 그 모양.

의미 [＋소리]v[＋모양],[＋물건],[＋붕괴],[＋순간],[＋연속]

제약 {물건}-{무너지다}

③ 쌓아 놓은 큰 물건들이 잇따라 갑자기 무너지는 소리. 또는 그 모양.

워낙

의미 [＋선명],[＋정도]

제약

① 두드러지게 아주. 늑원체①·원판①.

¶**워낙** 급하다./**워낙** 바쁘다./아들놈이 **워낙** 말이 서툴러 걱정입니다./가죽이 **워낙** 두꺼웠던지 바늘이 퉁겨 나왔다.≪김춘복, 쌈짓골≫

의미 [＋본성]

제약

② 본디부터. 늑원체②·원판②.

¶어머니는 **워낙** 조용한 분이셨는데 연세가 드시면서 점점 말이 많아지셨어요./그 누이가 **워낙** 눈이 먼 여자였으니까요.≪이청준, 선학동 나그네≫/내 목소리는 **워낙** 크지만 이날 더 컸었다.≪이숭녕, 대학가의 파수병≫

워럭

의미 [＋모양],[＋대항]v[＋견인],[－주의],[＋순간]

제약

갑자기 함부로 대들거나 잡아당기는 모양.

¶밤중에 무엇인지 모를 큰 물체가 그녀를 뒤에서 **워럭** 덮치려 했다.

워럭-워럭

의미 [＋모양],[＋대항]v[＋견인],[－주의],[＋순간],[＋연속]

제약

① 잇따라 갑자기 함부로 대들거나 잡아당기는 모양.

의미 [＋모양],[＋더위],[＋증가],[＋정도]

제약

② 더운 기운이 몹시 성하게 일어나는 모양.

¶**워럭워럭** 더위가 턱 끝까지 차올랐으며 온몸이 땀벌창이 되어 버렸다.≪문순태, 타오르는 강≫

워르르

의미 [＋소리]v[＋모양],[＋물건],[＋붕괴],[＋소란],[＋순간]

제약 {물건}-{무너지다}

① 높이 쌓여 있던 큰 물건들이 갑자기 야단스럽게 무너지는 소리. 또는 그 모양.

¶쌓여 있던 벽돌이 **워르르** 무너졌다.

의미 [＋소리]v[＋모양],[＋사람],[＋다수],[＋출입],[＋동시],[＋소란]

제약 { }-{몰려가다, 몰려오다}

② 많은 사람이나 동물이 너른 곳으로 한꺼번에 야단스럽게 몰려가거나 몰려오는 소리. 또는 그 모양.

의미 [＋소리]v[＋모양],[＋액체],[＋비등]v[＋범람],[＋소란],[＋순간]

제약 {액체}-{끓다, 넘치다}

③ 많은 액체가 갑자기 야단스럽게 끓어오르거나 넘치는 소리. 또는 그 모양.

의미 [+소리],[+천둥],[+소란]

제약 {천둥}-{치다}

④ 천둥이 야단스럽게 치는 소리.

의미 [+소리]v[+모양],[+물건],[+누출],[+순간]

제약 {물건}-{쏟아지다}

⑤ 담겨 있거나 매달려 있던 큰 물건이 갑자기 쏟아지는 소리. 또는 그 모양.

워석

의미 [+소리],[+옷]v[+물건],[+접촉]v[+파손],[+정도]

제약 { }-{스치다, 부서지다}

풀기가 센 옷이나 얇고 빳빳한 물건이 서로 세게 스치거나 부서지는 소리.

¶모시를 비벼 대면 워석 소리가 난다.

워석-버석

의미 [+소리]v[+모양],[+물건]v[+옷],[+파손]v[+접촉],[+정도]

제약 { }-{부스러지다, 스치다}

얇고 빳빳한 물건이나 풀기가 센 옷 따위가 부스러지거나 서로 크게 스치는 소리. 또는 그 모양.

워석-워석

의미 [+소리],[+옷]v[+물건],[+접촉]v[+파손],[+정도],[+반복]

제약 { }-{스치다, 부서지다}

풀기가 센 옷이나 얇고 빳빳한 물건이 자꾸 서로 세게 스치거나 부서지는 소리.

¶할아버지 앞에 논 가득히 넘실대는 벼가 워석워석 소리를 내고 바른편에는 소남강이 새파랬다.≪오유권, 대지의 학대≫

워썩

의미 [+소리],[+옷]v[+물건],[+접촉]v[+파손],[+정도]

제약 { }-{스치다, 부서지다}

풀기가 센 옷이나 얇고 빳빳한 물건이 서로 세게 스치거나 부서지는 소리. '워석'보다 센 느낌

을 준다.

워썩-워썩

의미 [+소리],[+옷]v[+물건],[+접촉]v[+파손],[+정도],[+반복]

제약 { }-{스치다, 부서지다}

풀기가 센 옷이나 얇고 빳빳한 물건이 자꾸 서로 세게 스치거나 부서지는 소리. '워석워석'보다 센 느낌을 준다.

¶집 뒤를 에워싼 참대 숲이 워썩워썩 울어 댔다.≪김정한, 수라도≫

웍더그르르

의미 [+소리]v[+모양],[+물건],[+충돌],[+회전],[−주의]

제약 { }-{굴러가다}

크고 단단한 물건들이 서로 함부로 부딪치면서 굴러가는 소리. 또는 그 모양.

웍더글-덕더글

의미 [+소리]v[+모양],[+물건],[+충돌],[+회전],[+소란],[+연속]

제약 { }-{굴러가다}

크고 단단한 물건들이 다른 물건에 야단스럽게 부딪치면서 잇따라 굴러가는 소리. 또는 그 모양.

웍더글-웍더글

의미 [+소리]v[+모양],[+물건],[+충돌],[+회전],[−주의],[+연속]

제약 { }-{굴러가다}

크고 단단한 물건들이 잇따라 함부로 부딪치면서 굴러가는 소리. 또는 그 모양.

웍저그르르

의미 [+소리]v[+모양],[+다수],[+집합],[+웃음],[+수다],[+소란]

제약 {사람}-{웃다, 떠들다}

① 여럿이 한데 모여 크고 시끄럽게 웃고 떠드는 소리. 또는 그 모양.

의미 [+모양],[+소문],[+확산],[+순간],[+소란]

제약 { }-{떠들썩하다, 시끄럽다}

② 소문이 갑자기 널리 퍼져 매우 떠들썩하거나 시끄러운 모양.

원대-히

의미 [＋계획]v[＋희망],[＋장래성],[＋규모],
[＋위대]

제약

계획이나 희망 따위의 장래성과 규모가 크게.

¶소년 시절 **원대히** 품었던 꿈이 드디어 실현되
었다.

원래

의미 [＋처음]v[＋근본]

제약

＝본디. 처음부터 또는 근본부터.

¶그는 **원래** 서울 사람이다./**원래** 기술 좋은 장
인은 연장 탓하지 않는 법이다./**원래** 네 물건이
던 것을 저 마네킹이 강제로 빼앗아 갔으므로
그것을 되돌려 받는다고만 생각해라.≪최인호, 지
구인≫

원만스레

의미 [＋성격],[＋원만],[＋유연],[＋관대]

제약

① 성격이 모난 데가 없이 부드럽고 너그러운
듯하게.

의미 [＋일],[＋진행],[＋순탄]

제약

② 일의 진행이 순조로운 듯하게.

¶그는 사람들에게 싫은 소리를 해야만 하는 경
우에도 **원만스레** 일을 처리해 내곤 하였다.

의미 [＋관계],[＋친밀],[＋흡족]

제약 {　}-{좋다}

③ 서로 사이가 좋은 듯하게.

원만-히

의미 [＋성격],[＋원만],[＋유연],[＋관대]

제약

① 성격이 모난 데가 없이 부드럽고 너그럽게.

¶후덕하고 **원만히** 생긴 얼굴에는 인품이 넘쳐흘
렀다.

의미 [＋일],[＋진행],[＋순탄]

제약

② 일의 진행이 순조롭게.

¶사태가 **원만히** 수습되었다./세상의 모든 것은
사랑으로써 **원만히** 해결할 수가 있겠지요.≪나도

향, 어머니≫

의미 [＋관계],[＋친밀]

제약

③ 서로 사이가 좋게.

¶주변 사람들과 **원만히** 지내다.

원망스레

의미 [－만족],[＋비난]v[＋불평],[＋미움]

제약

못마땅하게 여겨 탓하거나 불평을 가지고 미워
하는 마음으로.

¶허 상사는 사정이 통하지 않자 갑자기 몸을 돌
려 박노익의 방을 **원망스레** 바라본다.≪홍성원, 육
이오≫

원숙-히

의미 [＋익숙],[＋정도]

제약

① 매우 익숙하게.

의미 [＋인격]v[＋지식],[＋깊이],[＋원만]

제약 {인격, 지식}-{　}

② 인격이나 지식 따위가 깊고 원만하게.

원시

의미 [＋처음]v[＋근본]

제약

＝본디. 처음부터 또는 근본부터

¶촛불은 타고 또 너울거리며 만지면 뜨거운 화
염을 느낄 수 있는 **원시** 그대로의 불꽃을 가지
고 있다. 인간의 먼 조상들이 동굴 옆에 모여…/
현실 지향적 사고가 법가 사상의 모체가 된 것
입니다. 덥스는 순자를 **원시** 유가를 틀에 구어
낸 사람이라고 평하였습니다. 순자가 예를 강조
하면서 공자의…

원억-히

의미 [＋누명],[＋억울]

제약

원통한 누명을 써서 억울하게.

¶그 **원억히** 죽은 여귀가 덤벼서 따님을 데려가
려고 하는 것이오.≪최찬식, 금강문≫

원원-이

의미 [＋본성]

제약

어떤 사물이 전하여 내려온 그 처음부터. 또는 본디부터.

¶원원이 그가 화라를 싫어하거나 미워하지는 않았었다.≪현진건, 지새는 안개≫

원원-히

의미 [+근원],[+깊이],[+지속]

제약

근원이 깊어서 끊임이 없이.

원체

의미 [+선명],[+정도]

제약

①=워낙①. 두드러지게 아주.

¶원체 일들을 잘해서 그런지, 혹은 신임 국장이 무얼 알려고 넘보고서 가만 내버려 두는 셈인지….≪염상섭, 무화과≫/우리 집은 원체 가난하여 50만 전이라는 속죄금을 도저히 낼 형편이 아니었다.≪이호철, 문≫

의미 [+본성]

제약

②=워낙②. 본디부터.

¶원체 나이가 나인 데다 더욱이 보름 남짓 앓고 난 몸이 그리 쉽게 건강이 회복될 턱이 없어….≪박태원, 속 천변 풍경≫/원체 히스테리증이 있는 줄은 짐작하지마는 창피한 줄도 모르고 기가 나서 대든다.≪염상섭, 두 파산≫

원-컨대

의미 [+소원]

제약

바라건대.

¶원컨대 보수한 전함에 함포를 장전할 수 있도록 윤허해 주시옵소서.≪유현종, 들불≫/원컨대 군사를 거느리시어 적의 예봉을 무찔러 주옵시오.≪박종화, 임진왜란≫

원통-히

의미 [+원통],[+억울]

제약 { }-{여기다, 죽다}

분하고 억울하게.

¶동지의 죽음을 원통히 여기다./죽어도 예사로 죽은 것이 아니라 악한 놈에게 원통히 죽었습니다.≪한용운, 흑풍≫

원판

의미 [+선명],[+정도]

제약

①=워낙①. 두드러지게 아주.

¶늙은이가 코는 빌어먹게 밝네. 그렇지만 그게 원판 좋은 냄새야.≪한설야, 탑≫/사랑 되게 좋아하네. 사랑 농사가 원판 흉작이라서 금년에는 농협에서도 사랑 수매를 중단했다는 소리 못 들었어?≪윤흥길, 완장≫

의미 [+본성]

제약

②=워낙②. 본디부터.

¶아무리 요새 세상이기로 볼 건 봐야지. 우리네 하고야 원판 씨가 다르니까…….≪심훈, 상록수≫

원활-히

의미 [+원만]

제약

① 모난 데가 없고 원만하게.

¶인간관계를 원활히 유지하다.

의미 [+상태],[+진행],[-장애]

제약

② 거침이 없이 잘되어 나가는 상태로.

¶사장은 회사의 경영난 극복을 위해서는 무엇보다도 자금 회전을 원활히 하는 것이 중요하다고 생각하고 있다./업무가 계획대로 원활히 수행되고 있다./일이 원활히 진행되도록 최선을 다하자.

월거덕

의미 [+소리]v[+모양],[+물건],[+충돌],[+난폭],[+정도]

제약 { }-{부딪치다}

크고 단단한 물건들이 서로 거칠게 부딪치는 소리. 또는 그 모양.

월거덕-덜거덕

의미 [+소리]v[+모양],[+물건],[+충돌],[+정도],[+반복]

제약 { }-{부딪치다}

크고 단단한 물건들이 자꾸 서로 거칠게 닿아서 부딪치는 소리. 또는 그 모양.

¶거친 파도에 묶어 놓은 배들이 월거덕덜거덕

흔들린다.

월거덕-월거덕

의미 [＋소리]v[＋모양],[＋물건],[＋충돌],[＋정도],[＋반복]

제약 { }-{부딪치다}

크고 단단한 물건들이 자꾸 서로 거칠게 부딪치는 소리. 또는 그 모양.

월거덩

의미 [＋소리]v[＋모양],[＋물건],[＋충돌],[＋공명]

제약 { }-{부딪치다}

'월겅'의 본말. 크고 든든한 물건들이 서로 부딪치면서 울리는 소리. 또는 그 모양.

¶농기구들을 싣는 월거덩 소리.

월거덩-월거덩

의미 [＋소리]v[＋모양],[＋물건],[＋충돌],[＋공명],[＋반복]

제약 { }-{부딪치다}

'월겅월겅'의 본말. 크고 든든한 물건들이 자꾸 서로 부딪치면서 울리는 소리. 또는 그 모양.

¶월거덩월거덩 굴러가는 차바퀴.

월걱

의미 [＋소리]v[＋모양],[＋물건],[＋충돌],[＋정도]

제약 { }-{부딪치다}

'월거덕'의 준말. 크고 단단한 물건들이 서로 거칠게 부딪치는 소리. 또는 그 모양.

월걱-덜걱

의미 [＋소리]v[＋모양],[＋물건],[＋충돌],[＋정도],[＋반복]

제약 { }-{부딪치다}

'월거덕덜거덕'의 준말. 또는 그 모양. 크고 단단한 물건들이 자꾸 서로 거칠게 닿아서 부딪치는 소리. 또는 그 모양.

월걱-월걱

의미 [＋소리]v[＋모양],[＋물건],[＋충돌],[＋정도],[＋반복]

제약 { }-{부딪치다}

'월거덕월거덕'의 준말. 크고 단단한 물건들이 자꾸 서로 거칠게 부딪치는 소리. 또는 그 모양.

월겅

의미 [＋소리]v[＋모양],[＋물건],[＋충돌],[＋공명]

제약 { }-{부딪치다}

크고 든든한 물건들이 서로 부딪치면서 울리는 소리. 또는 그 모양.

월겅-덜겅

의미 [＋소리]v[＋모양],[＋물건],[＋충돌],[＋혼란],[＋정도],[＋반복]

제약 { }-{부딪치다}

크고 단단한 물건들이 거칠고 어수선하게 자꾸 부딪치는 소리. 또는 그 모양.

월겅-월겅

의미 [＋소리]v[＋모양],[＋물건],[＋충돌],[＋공명],[＋반복]

제약 { }-{부딪치다}

크고 든든한 물건들이 자꾸 서로 부딪치면서 울리는 소리. 또는 그 모양.

월등

의미 [＋수준],[＋탁월]

제약

수준이 정도 이상으로 뛰어나게. 늑월등히.

¶실력이 월등 뛰어나다./옛날보다는 생활 수준이 월등 나아졌다./길소개란 놈은 독하기가 노류장화 수청 기생보다 월등 독한 놈인가 보네.≪김주영, 객주≫/박 의관이 돈으로나 양반으로나 세도로나 또 자식으로나 김 승지보다 월등 떨어진다면 승지는 미워하기는커녕 도리어 일종의 동정을 느끼었을지도 모른다.≪이무영, 농민≫

월등-히

의미 [＋수준],[＋탁월]

제약

=월등. 수준이 정도 이상으로 뛰어나게.

¶그는 성적이 월등히 좋아서 등록금 전액을 면제받았다./아기를 키우는 어머니였지만 그녀는 동료들에 비해 월등히 수입이 좋았다.≪홍성원, 육이오≫/그 연설이라는 것이 여느 회의 때보다 월등히 격한 것이었다.≪하근찬, 야호≫

월떡

의미 [＋모양],[＋구토],[＋전부],[＋순간]

제약 { }-{게우다, 올리다, 토하다}
① 먹은 것을 갑자기 한꺼번에 다 게우는 모양.
¶월떡 토하고 나니, 속이 한결 개운해졌다.
의미 [+모양],[+전부],[+전복]v[+역전],[+순간]
제약 { }-{뒤집히다, 젖혀지다}
② 갑자기 통째로 뒤집히거나 젖혀지는 모양.
¶상대의 강력한 펀치를 얻어맞은 그는 월떡 뒤로 넘겨졌다.
의미 [+모양],[+물],[+범람],[+유동],[+순간]
제약 {물}-{넘치다}
③ 물 따위가 갑자기 그릇 밖으로 많이 넘쳐흐르는 모양.
¶몸이 기우뚱하는 바람에 이고 있던 물동이에서 물이 월떡 넘쳐흘렀다.

월떡-월떡
의미 [+모양],[+구토],[+순간],[-주의],[+연속]
제약 { }-{게우다, 올리다, 토하다}
① 먹은 것이 갑자기 잇따라 마구 게워지는 모양.
¶월떡월떡 토하다가 나중에는 신물까지도 토했다.
의미 [+모양],[+전복]v[+역전],[-주의],[+전부]v[+연속]
제약 { }-{뒤집히다, 젖혀지다}
② 여럿이 다 또는 잇따라 갑자기 마구 뒤집히거나 젖혀지는 모양.
¶아주머니는 부침개를 월떡월떡 뒤집으면서 자기 남편에 대한 불평을 늘어놓았다.
의미 [+모양],[+물],[+범람],[+유동],[-주의],[+연속]
제약 {물}-{넘치다}
③ 물 따위가 잇따라 그릇 밖으로 마구 넘쳐흐르는 모양.
¶트럭이 덜커덩거릴 때마다 뒤에 실린 물통의 물이 월떡월떡 넘치곤 했다.

월수-히
의미 [+수량]v[+정도],[+예상],[+과도]
제약 { }-{다르다, 많다}

수량이나 정도가 미리 생각했던 것보다 훨씬 많거나 더하게.
¶보통 배와는 월수히 다른 것인데 경비 순양함이 아니라는 것이 무슨 소리냐?≪한용운, 흑풍≫/그 사람이 상당한 값 외에 월수히 더 달라 하는지라….≪대한매일신보≫

월커덕
의미 [+모양],[+구토],[+전부],[+순간]
제약 { }-{게우다, 올리다, 토하다}
① 급자기 먹은 것을 다 게워 내는 모양.
¶월커덕 토하고 나자 속이 조금은 편안해졌다.
의미 [+모양],[±견인],[+기운],[+순간]
제약 { }-{당기다, 밀치다}
② 급자기 힘껏 잡아당기거나 밀치는 모양.
¶친구와 방에서 이야기를 하고 있는데 갑자기 문이 월커덕 열렸다.
의미 [+모양],[+다수],[+누출],[+순간]
제약 { }-{쏟아지다}
③ 급작스럽게 많이 쏟아지는 모양.
¶막혔던 수도관이 터지면서 월커덕 물이 쏟아졌다.
의미 [+모양],[+분노]v[+기운]v[+생각],[+발생],[+동시],[+순간]
제약 {감정, 기운, 생각}-{치밀다, 떠오르다}
④ 급자기 격한 감정이나 기운 또는 생각이 한꺼번에 치밀거나 떠오르는 모양.
¶그는 해고되었다는 말을 듣자 월커덕 뭔가 치밀어 올랐다.
의미 [+모양],[+전부],[+역전],[+순간]
제약 { }-{뒤집히다}
⑤ 급자기 통째로 뒤집히는 모양.
의미 [+소리]v[+모양],[+물건],[+충돌],[+정도],[+반복]
제약 { }-{부딪치다}
⑥ 크고 단단한 물건들이 서로 매우 거칠게 부딪치는 소리. 또는 그 모양.

월커덕-덜커덕
의미 [+소리]v[+모양],[+물건],[+접촉],[+충돌],[+정도],[+반복]
제약 { }-{부딪치다}

크고 단단한 물건들이 자꾸 서로 매우 거칠게 닿아서 부딪치는 소리. 또는 그 모양.

¶거친 파도 때문에 단단히 묶어 놓았던 배들이 **월커덕덜커덕** 소리를 내기 시작했다.

월커덕-월커덕

의미 [+모양],[+구토],[+전부],[+순간],[+연속]

제약 { }-{게우다, 올리다, 토하다}

① 급자기 먹은 것을 자꾸 다 게워 내는 모양.

¶그녀는 쭈그리고 앉아 먹은 것을 **월커덕월커덕** 토해 내는 그를 지켜만 보고 있었다.

의미 [+모양],[±견인],[+기운],[+순간],[+반복]

제약 { }-{당기다, 밀치다}

② 급자기 자꾸 힘껏 잡아당기거나 밀치는 모양.

¶**월커덕월커덕** 흔들어 보았지만, 안에서 잠긴 문은 꿈쩍도 하지 않았다.

의미 [+모양],[+다수],[+누출],[+순간],[+반복]

제약 { }-{쏟아지다}

③ 급작스럽게 자꾸 많이 쏟아지는 모양.

¶경운기가 흔들릴 때마다 뒤에 실린 물이 **월커덕월커덕** 쏟아졌다.

의미 [+모양],[+분노]v[+기운]v[+생각],[+발생],[+동시],[+순간],[+반복]

제약 {감정, 기운, 생각}-{치밀다, 떠오르다}

④ 급자기 격한 감정이나 기운 또는 생각이 자꾸 한꺼번에 치밀거나 떠오르는 모양.

¶아무리 애를 써도 **월커덕월커덕** 올라오는 분을 삭일 수가 없었다.

의미 [+모양],[+전부],[+역전],[+순간],[+반복]

제약 { }-{뒤집히다}

⑤ 급자기 자꾸 통째로 뒤집히는 모양.

의미 [+소리]v[+모양],[+물건],[+충돌],[+정도],[+반복]

제약 { }-{부딪치다}

⑥ 크고 단단한 물건들이 자꾸 서로 매우 거칠게 부딪치는 소리. 또는 그 모양.

월컥

의미 [+모양],[+구토],[+전부],[+순간]

제약 { }-{게우다, 올리다, 토하다}

① '월커덕①'의 준말. 급자기 먹은 것을 다 게워 내는 모양.

의미 [+모양],[±견인],[+기운],[+순간]

제약 { }-{당기다, 밀치다}

② '월커덕②'의 준말. 급자기 힘껏 잡아당기거나 밀치는 모양.

의미 [+모양],[+다수],[+누출],[+순간]

제약 { }-{쏟아지다}

③ '월커덕③'의 준말. 급작스럽게 많이 쏟아지는 모양.

의미 [+모양],[+분노]v[+기운]v[+생각],[+발생],[+동시],[+순간]

제약 {감정, 기운, 생각}-{치밀다, 떠오르다}

④ '월커덕④'의 준말. 급자기 격한 감정이나 기운 또는 생각이 한꺼번에 치밀거나 떠오르는 모양.

의미 [+모양],[+전부],[+역전],[+순간]

제약 { }-{뒤집히다}

⑤ '월커덕⑤'의 준말. 급자기 통째로 뒤집히는 모양.

의미 [+소리]v[+모양],[+물건],[+충돌],[+정도],[+반복]

제약 { }-{부딪치다}

⑥ '월커덕⑥'의 준말. 크고 단단한 물건들이 서로 매우 거칠게 부딪치는 소리. 또는 그 모양.

월컥-덜컥

의미 [+소리]v[+모양],[+물건],[+접촉],[+충돌],[+정도],[+반복]

제약 { }-{부딪치다}

'월커덕덜커덕'의 준말. 크고 단단한 물건들이 자꾸 서로 매우 거칠게 닿아서 부딪치는 소리. 또는 그 모양.

¶크레인이 쇠사슬을 **월컥덜컥** 소리를 내며 끌어올렸다.

월컥-월컥

의미 [+모양],[+구토],[+전부],[+순간],[+연속]

제약 { }-{게우다, 올리다, 토하다}

① '월커덕월커덕①'의 준말. 급자기 먹은 것을 자꾸 다 게워 내는 모양.

의미 [+모양],[±견인],[+기운],[+순간],[+반복]

제약 { }-{당기다, 밀치다}

② '월커덕월커덕②'의 준말. 급자기 자꾸 힘껏 잡아당기거나 밀치는 모양.

의미 [+모양],[+다수],[+누출],[+순간],[+반복]

제약 { }-{쏟아지다}

③ '월커덕월커덕③'의 준말. 급작스럽게 자꾸 많이 쏟아지는 모양.

의미 [+모양],[+분노]v[+기운]v[+생각],[+발생],[+동시],[+순간],[+반복]

제약 {감정, 기운, 생각}-{치밀다, 떠오르다}

④ '월커덕월커덕④'의 준말. 급자기 격한 감정이나 기운 또는 생각이 자꾸 한꺼번에 치밀거나 떠오르는 모양.

의미 [+모양],[+전부],[+역전],[+순간],[+반복]

제약 { }-{뒤집히다}

⑤ '월커덕월커덕⑤'의 준말. 급자기 자꾸 통째로 뒤집히는 모양.

의미 [+소리]v[+모양],[+물건],[+충돌],[+정도],[+반복]

제약 { }-{부딪치다}

⑥ '월커덕월커덕⑥'의 준말. 크고 단단한 물건들이 자꾸 서로 매우 거칠게 부딪치는 소리. 또는 그 모양.

월컹

의미 [+소리]v[+모양],[+물건],[+충돌],[+공명]

제약 { }-{부딪치다}

크고 든든한 물건들이 서로 부딪치면서 울리는 소리. 또는 그 모양. '월겅'보다 거센 느낌을 준다.

¶덤프차는 짐받이를 월컹 내리고 천천히 움직이기 시작했다.

월컹-덜컹

의미 [+소리]v[+모양],[+물건],[+충돌],[+혼란],[+정도],[+반복]

제약 { }-{부딪치다}

크고 단단한 물건들이 거칠고 어수선하게 자꾸 부딪치는 소리. 또는 그 모양. '월겅덜겅'보다 거센 느낌을 준다.

¶공사장에서는 트럭들이 월컹덜컹 돌을 쏟아붓는 소리가 끊임없이 계속되고 있었다.

월컹-월컹

의미 [+소리]v[+모양],[+물건],[+충돌],[+공명],[+반복]

제약 { }-{부딪치다}

크고 든든한 물건들이 자꾸 서로 부딪치면서 울리는 소리. 또는 그 모양. '월겅월겅'보다 거센 느낌을 준다.

웨죽-웨죽

의미 [+모양],[+팔],[+운동],[+걸음],[-속도],[+지속]

제약 { }-{걷다}

팔을 훼훼 내저으며 계속 느릿느릿 걸어가는 모양.

웩

의미 [+소리]v[+모양],[+구토],[+순간],[-주의]

제약 { }-{게우다, 올리다, 토하다}

① 구역질이 나서 갑자기 마구 토하는 소리. 또는 그 모양.

¶술을 많이 마시더니 기어이 그는 웩 소리를 내며 토하기 시작했다.

의미 [+소리],[+추방]v[+고함]

제약 { }-{소리치다}

② 무엇을 소리쳐 쫓거나 외치는 소리.

¶밤마다 닭을 물어 가던 그 여우가 또 나타나자 농부는 크게 웩 소리치며 몽둥이를 휘둘러 댔다.

웩-웩[01]

의미 [+소리]v[+모양],[+구토],[-주의],[+연속]

제약 { }-{게우다, 올리다, 토하다}

① 구역질이 나서 잇따라 마구 토하는 소리. 또는 그 모양.

¶남자가 영문을 몰라 뒤쫓아 나가더니 잠시 후에 여자가 전선주 옆에서 **웩웩** 토하는 소리가 났다.≪안정효, 하얀 전쟁≫

의미 [+소리]v[+모양],[+고함],[+기운],[+정도],[+연속]

제약

② 잇따라 기를 쓰며 마구 고함을 지르는 소리. 또는 그 모양.

¶미친 사람처럼 허공에 대고 **웩웩** 소리치는 사람도 있었고, 팔을 휘두르는 사람도 있었다.

웩-웩02

의미 [+소리]v[+모양],[+비밀]v[+사실],[+누설],[-주의]

제약

비밀이나 꺼리는 사실을 함부로 마구 말하거나 떠드는 소리. 또는 그 모양.

웬-만치

의미 [+범위],[+허용],[-이탈]

제약

①=웬만큼①. 허용되는 범위에서 크게 벗어나지 아니할 만큼.

¶상것이라도 **웬만치** 행세를 하면 내외를 깍듯이 하는데….≪이해조, 홍도화≫/나올 때는 비가 다행히 **웬만치** 뜸하였다.≪염상섭, 이심≫

의미 [+기준],[+초과]

제약

②=웬만큼②. 보통은 넘는 정도로.

¶하얼빈에서 **웬만치** 살던 집 딸이지.≪선우휘, 깃발 없는 기수≫/두레 쌀은 작년 동계 때 그 씀씀이를 **웬만치** 정해 놨는데….≪송기숙, 녹두 장군≫

웬-만큼

의미 [+범위],[+허용],[-이탈]

제약

① 허용되는 범위에서 크게 벗어나지 아니할 만큼. 늑웬만치①.

¶몸에 좋다는 약도 **웬만큼** 먹어야지 너무 많이 먹으면 오히려 탈이 난다./땅딸보 패거리들은 웬만큼 거리를 두고 천연스럽게 따라오고 있었다.≪송기숙, 녹두 장군≫

의미 [+기준],[+초과]

제약

② 보통은 넘는 정도로. 늑웬만치②.

¶**웬만큼** 살다./그녀는 영어를 **웬만큼** 한다./예의를 좀 아는 사람이라면 **웬만큼** 긴한 용무가 아니고는 해가 진 뒤에 남의 집을 방문하는 법이 거의 없었다.≪윤흥길, 장마≫

웬만-히

의미 [+정도]v[+형편],[+표준],[+근접]v[+우수]

제약

① 정도나 형편이 표준에 가깝거나 그보다 약간 낫게.

¶**웬만히** 능력만 있으면 한국이란 썩 살 만한 땅이라고 욕설처럼 늘 지껄이던 그였다.≪이청준, 별을 보여 드립니다≫

의미 [+상태],[+범위],[+허용],[-이탈]

제약

② 허용되는 범위에서 크게 벗어나지 아니한 상태로.

¶**웬만히** 추워서는 온돌보다도 다다미가 조석으로 써늘하긴 하지마는, 기거하기에 훨씬 몸이 개운한 것이다.≪유치환, 나는 고독하지 않다≫

웽

의미 [+소리],[+곤충]v[+돌팔매],[+비상],[+속도]

제약 { }-{날다}

① 날벌레나 돌팔매 따위가 빠르게 날아가는 소리.

¶살금살금 다가가서 손으로 덮었으나 매미는 **웽** 날아가 버렸다./그 소녀가 징검다리를 건너가고 있을 때 조약돌 하나가 **웽** 날아왔다.

의미 [+소리],[+철사]v[+전깃줄],[+바람],[+충돌],[+공명],[+정도]

제약 {철사, 전깃줄}-{울리다}

② 굵은 철사나 전깃줄 따위가 바람에 세차게 부딪쳐 울리는 소리.

¶**웽** 전깃줄이 우는 소리가 그날따라 한층 더 크게 들렸다.

웽겅-뎅겅

의미 [+소리],[+방울]v[+놋그릇],[+충돌],

[+소란],[+공명],[−주의]

제약 {방울, 놋그릇}-{부딪치다}

'웽그렁뎅그렁'의 준말. 큰 방울이나 놋그릇 따위가 마구 부딪치며 요란스럽게 울리는 소리.

웽겅-웽겅

의미 [+소리],[+쇠붙이],[+충돌],[−주의],[+연속]

제약 {쇠붙이}-{부딪치다}

쇠붙이 따위가 잇따라 마구 부딪치는 소리.

¶엿장수는 웽겅웽겅 빈 깡통을 함석판에 두들겨 꼬마들을 불러 모았다.

웽겅-젱겅

의미 [+소리]v[+모양],[+쇠붙이],[+충돌],[−주의],[+공명]

제약 {쇠붙이}-{부딪치다}

얇고 큰 쇠붙이 따위가 마구 부딪쳐 울리는 소리. 또는 그 모양.

웽그렁

의미 [+소리],[+방울],[+요동],[+충돌],[+소란]

제약 {방울}-{부딪치다}

큰 방울 따위가 흔들리며 요란스럽게 부딪치는 소리.

웽그렁-뎅그렁

의미 [+소리],[+방울]v[+놋그릇],[+충돌],[−주의],[+소란],[+공명]

제약 {방울, 놋그릇}-{부딪치다}

큰 방울이나 놋그릇 따위가 마구 부딪치며 요란스럽게 울리는 소리.

¶쌓아 놓았던 그릇 상자들이 무너지면서 그릇 깨지는 소리가 웽그렁뎅그렁 요란하게 났다.

웽그렁-웽그렁

의미 [+소리],[+방울]v[+놋그릇],[+요동],[+충돌],[+소란],[+연속]

제약 {방울, 놋그릇}-{부딪치다}

큰 방울 따위가 흔들리며 잇따라 요란스럽게 부딪치는 소리.

¶조용한 밤에 웽그렁웽그렁 풍경 소리가 처량하게 들린다.

웽-웽01

의미 [+소리],[+곤충]v[+돌팔매],[+비상],[+속도],[+연속]

제약 { }-{날다}

① 날벌레나 돌팔매 따위가 잇따라 빠르게 날아가는 소리.

¶대항전이 시작된다는 신호가 울리자 돌멩이들이 웽웽 공중을 날기 시작했다./이미 푸르뎅뎅하게 부풀어 부패하기 시작한 그 주검 주위로 쉬파리가 웽웽 날아들었고….≪전상국, 좁은 길≫

의미 [+소리],[+철사]v[+전깃줄],[+바람],[+충돌],[+연속]

제약 {철사, 전깃줄}-{울리다}

② 굵은 철사나 전깃줄 따위에 바람이 잇따라 세차게 부딪쳐 울리는 소리.

¶바람이 불어오자, 전깃줄들이 웽웽 울기 시작했다.

웽-웽02

의미 [+소리],[+독서],[+높이],[−장애]

제약 { }-{읽다}

크고 높은 목소리로 막힌 데 없이 글을 읽는 소리.

위곡-히

의미 [+치밀],[+자세]

제약

=자상히①. 찬찬하고 자세히.

¶경어는 내용이 독자에게 위곡히 호소할 필요가 있는 회고류 등에 적당하다.

위구스레

의미 [+마음],[+염려],[+근심]

제약

염려하고 두려워하는 마음으로.

위룽-퉤룽

의미 [+모양],[+분위기]v[+형세],[−안정]

제약

분위기나 형세 따위가 불안정한 모양.

¶대관절 그 여자가 나타나기 때문에 모두 위룽퉤룽 법석이구먼.≪염상섭, 젊은 세대≫

위불없-이

의미 [−잘못],[−의심]

제약

=위불위없이. 틀림이나 의심이 없이.

¶그 사람 생긴 모습이나 하는 짓이 위불없이 그 아버지야./상도는 이건 위불없이 서모가 고자질한 것이라고 생각하였다.≪한설야, 탑≫

위불위-간

의미 [±완성]v[±실행]

제약

되든 되지 아니하든. 하든 하지 아니하든.

¶위불위간 통지를 하여 주시면 고맙겠습니다.

위불위없-이

의미 [−잘못],[−의심]

제약

틀림이나 의심이 없이. 늑위불없이.

¶이것은 위불위없이 김 씨의 필적입니다./만일 내가 부호로서 이런 꼴을 당하였다면, 위불위없이 강도나 맞았다고 생각했을 것이다.≪염상섭, 만세전≫

위선

의미 [+먼저]

제약

=우선①. 어떤 일에 앞서서. '먼저'로 순화.

¶자세한 이야기는 뵙고 드리기로 하고 위선 축하의 말씀을 드리고, 이만 붓을 놓습니다.≪박목월, 구름의 서정≫/동혁은 앞으로 해 나갈 일을 궁리하기보다도 위선 저의 신변이 몹시 외로운 것을 느꼈다.≪심훈, 상록수≫

위심-히

의미 [+과도],[+정도]

제약

매우 심하게.

위엄스레

의미 [+태도],[+위세],[+정중],[+엄숙]

제약

보기에 위세가 있어 점잖고 엄숙한 태도로.

위없-이

의미 [+흡족],[+최대]

제약

그 위를 넘는 것이 없을 정도로 가장 높고 좋게.

¶엄마의 얼굴을 바라보며 무슨 말이 나오기를 기다리는 꼴도 위없이 귀여웠다.≪염상섭, 이심≫

위연-히[01]

의미 [+위엄],[+당당]

제약

위엄이 있고 늠름하게.

¶위연히 행진하는 우리의 용사들을 보라!

위연-히[02]

의미 [+모양],[+한숨],[+슬픔]

제약

한숨을 쉬는 모양이 서글프게.

¶선생의 성명을 일차 교섭도 없이 가입한지라, 선생이 이를 들으시고 위연히 탄식하되….≪민태원, 월남 선생의 일화≫

위용스레

의미 [+위엄],[+정도]

제약

매우 위엄이 있게.

위태로이

의미 [+형세],[+불안],[+위험]

제약 { }-{보이다}

어떤 형세가 마음을 놓을 수 없을 만큼 위험하게.

¶술에 취한 사내는 좁은 둑길 위를 위태로이 걷고 있다./철길에서 삼십 미터 위쪽에 연자 맷돌보다 큰 바위 두 개가 곧 굴러떨어질 듯 위태로이 놓여 있었다.≪김원일, 불의 제전≫

위험스레

의미 [+상황],[+위험]

제약

위험성이 있는 듯하게.

¶공사장에는 여러 가지 부서진 자재들이 여기저기 위험스레 널려 있었다.

윙

의미 [+소리],[+벌레]v[+돌],[+비상],[+속도],[+맹렬],[+정도]

제약 {벌레, 돌}-{날다}

① 조금 큰 벌레나 돌 따위가 매우 빠르고 세차게 날아가는 소리.

¶말벌 한 마리가 귓전에서 윙 소리를 내며 맴돌고 있었다.

의미 [+소리],[+전선]v[+철사],[+바람],[+충

돌],[+속도],[+맹렬]

제약

② 거센 바람이 전선이나 철사 따위에 매우 빠르고 세차게 부딪치는 소리.

¶바람은 꼬리를 끌며 지나간다. 아득히 사라졌는가 하면 뒤이어 **윙** 몰아쳐 온다.≪최인훈, 구운몽≫

의미 [+소리],[+기계],[+모터]v[+바퀴],[+회전],[+맹렬]

제약 {모터, 바퀴}-{돌다}

③ 큰 기계의 모터나 바퀴가 세차게 돌아가는 소리.

¶고장 났던 진공청소기가 **윙** 소리를 내며 다시 돌아가기 시작했다.

의미 [+소리],[+귓속],[+공명]

제약 { }-{들리다, 나다}

④ 귓속에서 울리어 나는 소리.

¶그가 죽었다는 소식을 듣자 갑자기 귓속에서 **윙** 소리가 나는 것 같았다.

윙-윙

의미 [+소리],[+벌레]v[+돌],[+속도],[+맹렬],[+정도],[+연속]

제약 {벌레, 돌}-{날다}

① 조금 큰 벌레나 돌 따위가 매우 빠르고 세차게 잇따라 날아가는 소리.

¶말벌이 **윙윙** 날아다닌다./돌팔매가 **윙윙** 날아가다.

의미 [+소리],[+전선]v[+철사],[+바람],[+충돌],[+속도],[+맹렬],[+연속]

제약

② 거센 바람이 전선이나 철사 따위에 빠르고 세차게 잇따라 부딪치는 소리.

¶메마른 가지마다 찬 겨울바람이 **윙윙** 울고 있다./전깃줄이 우는 소리가 **윙윙** 들린다.

의미 [+소리],[+기계],[+모터]v[+바퀴],[+회전],[+맹렬],[+연속]

제약 {모터, 바퀴}-{돌다}

③ 큰 기계의 모터나 바퀴가 잇따라 세차게 돌아가는 소리.

¶기계 소리가 **윙윙** 들린다./밤만 되면 **윙윙** 모터

돌아가는 소리가 더 크게 들린다.

의미 [+소리],[+귓속],[+공명],[+연속]

제약 { }-{들리다, 나다}

④ 귓속에서 잇따라 울리어 나는 소리.

¶무슨 병인지 자꾸만 귀에서 **윙윙** 소리가 난다./밤중이 되자 **윙윙** 귀에 군소리가 들릴 만치 온 병원 안이 고요해진다.≪유진오, 화상보≫

유감스레

의미 [+느낌],[+애석],[+불만]

제약 { }-{생각하다}

마음에 차지 아니하여 섭섭하거나 불만스러운 느낌이 남아 있는 듯하게.

유감없-이

의미 [+마음],[-애석],[+흡족]

제약

섭섭한 마음이 없이 흡족하게.

¶실력을 **유감없이** 발휘하다./그들은 이번 경기에서 자신들의 진가를 **유감없이** 드러냈다.

유구-히

의미 [+시간],[+길이]

제약

아득하게 오래도록.

¶한강은 예나 지금이나 **유구히** 흐르고 있다.

유난스레

의미 [+언행]v[+상태],[-보통],[+특별]

제약

언행이나 상태가 보통과 달리 특별하게.

¶오늘따라 별빛이 **유난스레** 밝다./그는 가족 중에도 키가 **유난스레** 컸다./징 박힌 구둣발 소리가 **유난스레** 귀에 거슬렸다./머리를 뒤로 묶은 그녀의 목덜미가 밝은 옥외에서 **유난스레** 희게 보였다.≪홍성원, 육이오≫

유난-히

의미 [+언행]v[+상태],[-보통]v[-예측]

제약

언행이나 상태가 보통과 아주 다르게. 또는 언행이 두드러지게 남과 달라 예측할 수 없게.

¶그 아이는 눈이 **유난히** 크다./그 옷은 아주 화려해서 **유난히** 눈에 잘 띈다./지난여름은 **유난히** 더웠다./오늘은 **유난히도** 하늘이 맑다./하루의

마지막 햇살의 생명이 붉은 석훈으로 꽃 피기 시작하는 서쪽 하늘이 그날따라 유난히 아름다워 보였다.≪문순태, 타오르는 강≫

유-달리

의미 [+비교],[−유사],[+정도]

제약

여느 것과는 아주 다르게.

¶그는 몸집에 비해서 다리가 유달리 가늘다./그날 저녁은 유달리 노을이 붉었다.≪한무숙, 돌≫

유독

의미 [+혼자],[+선명]

제약

많은 것 가운데 홀로 두드러지게.

¶모두 좋아하는데 왜 유독 너만 싫다고 하니?/오늘따라 바람이 유독 심하게 분다./사방이 산으로 둘러싸인 분지인 탓에 겨울은 유독 춥고 길었다.≪오정희, 유년의 뜰≫/다른 여인들은 양장을 하고 있었는데 유독 그 여인만은 한복을 입고 있어 그렇게 눈에 띄었던 모양이었다.≪최인호, 지구인≫

유들-유들

의미 [+모양],[−수치]

제약

① 부끄러운 줄도 모르고 뻔뻔한 데가 있는 모양.

¶그는 유들유들 웃으며 자꾸 귀찮게 굴었다./현은 짐짓 유들유들 밉상을 떨면서 넌지시 인태의 눈치를 살폈다.≪박완서, 오만과 몽상≫

의미 [+모양],[+비만],[+윤기]

제약

② 살이 많이 찌고 번드르르하게 윤기가 있는 모양.

¶유들유들 기름이 흐르는 얼굴./유들유들 살이 찐 형과는 달리 균형 잡힌 몸집에다 식자깨나 들었을 것 같은 얼굴….≪박경리, 토지≫

유량-히

의미 [+음악],[+소리],[+청아],[+선명]

제약 {음악, 가락}-{들리다}

음악 소리가 맑으며 또렷하게.

유려-히

의미 [+글]v[+말]v[+곡선],[−장애],[−결점],[+미려]

제약 {글, 말, 곡선}-{쓰다, 말하다, 그리다}

글이나 말, 곡선 따위가 거침없이 미끈하고 아름답게.

유례없-이

의미 [+예],[−동일]v[−유사]

제약

① 같거나 비슷한 예가 없이.

의미 [−전례]

제약

② 전례가 없이.

¶사상 유례없이 치솟는 주가./유례없이 지휘권을 연대장 리빠똥 장군에게 바친 대대장 송 중령은 험준한 육백산으로 올라갔다.≪김용성, 리빠똥 장군≫

유별스레

의미 [+보통],[−유사],[+정도]

제약

보기에 보통의 것과 아주 다르게.

¶다들 맛있게 잘 먹는데 왜 너만 유별스레 반찬 투정을 하니?/그런데 왜 너만 유별스레 굴게 뭐란 말이냐.≪서기원, 마록 열전≫

유별-히

의미 [+비교],[+상이],[+분명]

제약

여느 것과 두드러지게 다르게.

¶오늘따라 밥이 유별히 맛있다./그날은 유별히도 집 안에 인기척 하나 없이 쓸쓸하기 그지없었다.≪김사량, 낙조≫

유수-히

의미 [+깊이],[+고요]

제약

깊숙하고 그윽하게.

유순-히

의미 [+성질]v[+태도]v[+표정],[+유연],[+유순]

제약

성질이나 태도, 표정 따위가 부드럽고 순하게.

¶그는 평소에 유순히 행동하지만 화가 나면 무

섭다.

유시호

　의미 [＋경우]

　제약

　어떤 때에는.

　¶그는 유시호 동료끼리 술을 먹으면 상사에 대한 불평을 토하였다.

유심-히

　의미 [＋의도]

　제약

　① 속뜻이 있게.

　의미 [＋주의],[＋정도]

　제약

　② 주의가 깊게.

　¶그 북새통 속에서 어떤 사람이 거액의 돈을 인출해 나가는가 유심히 관찰할 수 있을 것이다. ≪최인호, 지구인≫/백 선생은 엽차를 청해 놓고, 남영의 얼굴을 유심히 들여다보며 이상한 말을 했다.≪손창섭, 소년≫

유여-히[01]

　의미 [＋여유]

　제약

　여유가 있게.

유여-히[02]

　의미 [＋풍부]

　제약

　모자라지 않고 넉넉하게.

유연-히[01]

　의미 [＋상태],[＋구름],[＋두께]

　제약 {구름}-{피다}

　① 구름이 뭉게뭉게 피어나고 있는 상태로.

　¶구름이 유연히 피어나다.

　의미 [＋생각],[＋발생],[＋자연],[＋왕성]

　제약

　② 생각 따위가 저절로 일어나는 형세가 왕성하게.

　¶삶의 의욕이 유연히 솟아난다./한 조각 사람의 올바른 기운이 유연히 마음에 떠오른다.≪박종화, 임진왜란≫

유연-히[02]

　의미 [＋유연]

　제약

　부드럽고 연하게.

　¶체조 선수는 몸을 유연히 비틀면서 고난도의 묘기를 보여 주었다.

유연-히[03]

　의미 [＋침착],[＋여유]

　제약

　침착하고 여유가 있게.

　¶그는 어려운 상황을 유연히 대처해 나가고 있다./일만 이천 봉이 굽어보이는 비로봉에나 선 것처럼 유연히 사방을 둘러본다.≪장용학, 비인 탄생≫

유원-히

　의미 [＋거리],[＋정도]

　제약

　아득히 멀리.

　¶강물이 유원히 흐르다./처녀는 그의 커다란 눈을 들어서 유원히 하늘을 우러러보면서….≪김동인, 광화사≫

유유-히[01]

　의미 [＋깊이],[＋고요]

　제약

　깊고 그윽하게.

유유-히[02]

　의미 [＋운동],[＋한가],[＋여유],[－속도]

　제약

　① 움직임이 한가하고 여유가 있고 느리게.

　¶유유히 흐르는 강물./그는 밑도 끝도 없는 한마디를 뇌이면서 유유히 집으로 들어왔다.≪전광용, 꺼삐딴 리≫/구름 조각은 참으로 자유로운 듯이 맑게 갠 가을 하늘 위로 유유히 피어오른다.≪이기영, 고향≫

　의미 [＋시간],[＋거리]v[＋오래]

　제약

　② 아득하게 멀거나 오래.

　¶세월이 유유히 흘러 지난 일들은 점점 희미해진다.

유장-히

　의미 [＋시간],[＋지속]

제약

① 길고 오래.

¶무심한 세월만 유장히 흘렀다.

의미 [-급박],[-속도]

제약

② 급하지 않고 느릿하게.

¶그는 바쁜 상황에서도 유장히 행동을 한다.

유절쾌절-히

의미 [+유쾌],[+정도]

제약

더없이 유쾌하게.

¶낙천적인 그는 항상 유절쾌절히 인생을 산다.

유정-히

의미 [+인정]v[+연민]

제약

인정이나 동정심이 있게.

유족-히⁰¹

의미 [+형편],[+여유]

제약 { }-{살다, 지내다}

① 형편 따위가 넉넉하게.

¶그는 그동안 유족히 지냈다.

의미 [+충분],[+만족]

제약

② 충분하고 만족스럽게.

유족-히⁰²

의미 [+여유],[+풍요]

제약 { }-{살다, 지내다}

여유 있을 정도로 풍족하게.

¶그는 한때 유족히 살았다.

유착스레

의미 [+견고],[+크기],[+정도]

제약

몹시 투박하고 큰 데가 있게.

유착-히

의미 [+견고],[+크기],[+정도]

제약

몹시 투박하고 크게.

¶가냘픈 몸에 배가 유착히 불러서 굼닐기가 가쁜 까닭에….≪홍명희, 임꺽정≫

유창-히

의미 [+언사]v[+독서],[-장애]

제약

말을 하거나 글을 읽는 것이 물 흐르듯이 거침이 없이.

¶유창히 말하다./옛날과 조금도 변함없는 이 사나이에게 그녀는 어렵지 않게 거짓말들을 유창히 둘러댈 수 있었던 것이다.≪홍성원, 육이오≫

유체스레

의미 [+오만],[-진중],[+언사]v[+행동],[-온화]

제약

젠 체하고 진중한 체하며 말이나 행실 따위가 온화한 데가 없이.

유쾌-히

의미 [+유쾌],[+상쾌]

제약

즐겁고 상쾌하게.

¶유쾌히 대답하다./유쾌히 놀다./장두가 황천의 손을 붙잡고 파안대소하며 유쾌히 담소하는 꼴을 보자 회민들은 눈이 휘둥그레졌다.≪현기영, 변방에 우짖는 새≫

유표-히

의미 [+특징],[+분명],[+정도]

제약

여럿 가운데 두드러진 특징이 있게.

¶남의 눈에 유표히 띄다./이마에 허연 망건 자국이 있는 것이 양복을 입어 볼 때면 더욱이 유표히 눈에 띄어서….≪염상섭, 두 출발≫

유한-히⁰¹

의미 [+수(數)]v[+양(量)]v[+공간]v[+시간],[+한도]v[+한계]

제약

수(數), 양(量), 공간, 시간 따위에 일정한 한도나 한계가 있게.

유한-히⁰²

의미 [+여자],[+성격],[+조용],[+고요]

제약

여자의 인품이 조용하고 그윽하게.

유활-히

의미 [+유연],[-결점]

제약

부드럽고 매끈하게.

유효-히

의미 [+보람]v[+효과]

제약

보람이나 효과가 있게.

육장

의미 [+빈도],[+항상]

제약

한 번도 빼지 않고 늘.

¶불암산 등 뒤에는 범굴이 있다는데, 거기는 해마다 범이 새끼를 쳐서 **육장** 떠나지 않는다는 것이다.≪이기영, 봄≫/주부의 말을 들으면 경애는 요새 이 집에 전같이 **육장** 붙어 있지도 않고 놀러 다니는 눈치다.≪염상섭, 삼대≫/그래 한 달 **육장** 사냥질을 다닌다고 나돌아 다니는 자네가 호랑이를 잡을 만한 사냥꾼 하나 아는 사람이 없단 말인가?≪홍명희, 임꺽정≫

육중스레

의미 [+견고],[+무게]

제약

투박하고 무거운 듯하게.

윤당-히

의미 [+진실],[+당연]

제약

진실로 마땅하게.

윤척없-이

의미 [+글]v[+말],[-기준],[-순서],[-조리]

제약

글이나 말에서 횡설수설하여 순서와 조리가 없이.

윤활-히

의미 [+성질],[+기름]v[+수분],[+유연]

제약

기름기나 물기가 있어 뻑뻑하지 아니하고 매끄럽게.

율렬-히

의미 [+추위],[+극심]

제약

추위가 맵고 심하게.

율연-히

의미 [+상태],[+공포],[+전율]

제약

두려워 떠는 상태로.

융융

의미 [+소리]v[+모양],[+나뭇가지],[+바람],[+충돌]

제약

센 바람이 나뭇가지 따위에 부딪칠 때 나는 소리. 또는 그 모양.

융융-히

의미 [+화목],[+평화]

제약 { }-{지내다}

화목하고 평화스럽게.

으그르르

의미 [+소리]v[+모양],[+트림]

제약

먹은 음식이나 물이 목구멍으로 끓어올라 오는 소리. 또는 그 모양.

¶식사를 방금 마친 아버지는 <u>으그르르</u> 소리를 냈다.

으늑-히

의미 [+느낌],[+편안],[+조용]

제약

① 푸근하게 감싸인 듯 편안하고 조용한 느낌이 있게.

의미 [+조용],[+깊이]

제약

② 조용하고 깊숙하게.

으드득

의미 [+소리],[+물건],[+깨묾],[+기운],[+조각]

제약 { }-{깨뜨리다}

① 매우 단단한 물건을 힘껏 깨물어 깨뜨리는 소리.

¶그 꼬마는 사탕을 입에 넣자마자 <u>으드득</u> 깨물었다.

의미 [+소리],[+치아],[+마찰],[+맹렬]

제약 {이}-{갈다}

② 이를 세게 가는 소리.

¶그는 잠잘 때 이를 으드득 가는 습관이 있다.

으드득-으드득

의미 [+소리],[+물건],[+깨묾],[+기운],[+조각],[+연속]

제약 {　}-{깨뜨리다}

① 매우 단단한 물건을 잇따라 힘껏 깨물어 깨뜨리는 소리.

¶사탕을 으드득으드득 깨물어 먹다.

의미 [+소리],[+치아],[+마찰],[+맹렬],[+연속]

제약 {이}-{갈다}

② 이를 잇따라 세게 가는 소리.

¶그는 이빨을 으드득으드득 갈며 집을 나섰다./대불이는 분하고 억울하고 슬프고 부끄러움을 한꺼번에 맷돌질하듯 이빨을 으드득으드득 갈며 때죽나뭇집으로 향했다.≪문순태, 타오르는 강≫

으드등-으드등

의미 [+모양],[+분쟁],[+말][+거침],[+고집],[-양보],[+반복]

제약 {사람}-{싸우다}

서로 제 생각만 고집하여 양보하지 않고 거친 말을 쓰며 계속 우기고 다투는 모양.

¶동네 꼬마들이 으드등으드등 다투는 모습이 오히려 귀여워 보인다.

으득-으득

의미 [+소리],[+물건],[+깨묾],[+기운],[+조각],[+연속]

제약 {　}-{깨뜨리다}

① '으드득으드득①'의 준말. 매우 단단한 물건을 잇따라 힘껏 깨물어 깨뜨리는 소리.

¶그는 오징어 다리를 으득으득 씹으며 술값을 계산했다.

의미 [+소리],[+치아],[+마찰],[+맹렬],[+연속]

제약 {이}-{갈다}

② '으드득으드득②'의 준말. 이를 잇따라 세게 가는 소리.

¶그는 화가 나서 이를 으득으득 갈았다.

으등-부등

의미 [+모양],[+성취],[+노력]v[+고집],[+정도]

무엇을 이루려고 몹시 애를 쓰거나 우겨 대는 모양.

으등-으등

의미 [+모양],[+기운],[+노력]v[+고집],[+정도]

제약

자꾸 몹시 기를 쓰며 고집을 부리거나 애를 쓰는 모양.

으레

의미 [+당연]

제약

① 두말할 것 없이 당연히.

¶그녀는 선비는 으레 가난하려니 하고 살아왔다./그 면접관의 책상 위에는 으레 놓여 있어야 할 지원자들의 성적 증명서가 보이지 않았다.

의미 [+정확],[+항상]

제약

② 틀림없이 언제나.

¶그는 회사 일을 마치면 으레 동료들과 술 한잔을 한다./오빠와 한자리에 있으면 으레 그렇듯 정애의 아름다운 얼굴엔 우수가 서려 있었다.≪이호철, 닮아지는 살들≫

으르렁

의미 [+소리]v[+모양],[+짐승],[+분노],[+포효]

제약 {동물}-{울부짖다}

① 크고 사나운 짐승 따위가 성내어 크고 세차게 울부짖는 소리. 또는 그 모양.

¶호랑이의 으르렁 소리에 새들이 놀라 날아갔다.

의미 [+소리]v[+모양],[+고함]v[+분쟁],[+거침],[+정도]

제약

② 조금 부드럽지 못한 말로 크고 세차게 외치거나 다투는 소리. 또는 그 모양.

으르렁-으르렁

의미 [+소리]v[+모양],[+짐승],[+분노],[+포효]

제약 {동물}-{울부짖다}

① 크고 사나운 짐승 따위가 잇따라 성내어 크고 세차게 울부짖는 소리. 또는 그 모양.

¶으르렁으르렁 울부짖는 맹수의 울음소리.

의미 [+소리]v[+모양],[+고함]v[+분쟁],[+거침],[+정도],[+연속]

제약

② 조금 부드럽지 못한 말로 잇따라 크고 세차게 외치거나 다투는 소리. 또는 그 모양.

으르르

의미 [+모양],[+신체],[+요동],[+추위]v[+공포],[+정도]

제약 {사람}-{떨다}

① 추위나 두려움으로 몸이 몹시 떨리는 모양.

¶나는 오늘 옷을 얇게 입고 나갔기 때문에 하루 종일 으르르 떨었다.

의미 [+모양],[+신체],[+요동],[+연민]v[+애석],[+정도]

제약

② 애처롭거나 아까워서 몸이 몹시 떨리는 모양.

으밀-아밀

의미 [+모양],[+이야기],[+비밀]

제약

비밀히 이야기하는 모양.

으스름-히

의미 [+빛],[-분명]

제약

빛 따위가 침침하고 흐릿하게.

¶바람이 불 때마다 으스름히 깔린 달빛이 어둠 속에서 오슬오슬 떨고 있는 듯하다.

으스스

의미 [+모양],[+신체],[+소름],[+접촉],[+냉기]v[+불쾌],[+정도]

제약

차거나 싫은 것이 몸에 닿았을 때 크게 소름이 돋는 모양.

¶비에 젖어 으스스 한기를 느끼다./나는 그 일을 생각만 해도 온몸이 으스스 떨린다.

으슬-으슬

의미 [+모양],[+느낌],[+냉기],[+소름],[+정

도],[+연속]

제약

소름이 끼칠 정도로 매우 차가운 느낌이 잇따라 드는 모양.

¶몸이 으슬으슬 추워진다.

으슴푸레

의미 [+모양],[+달빛]v[+불빛],[-분명]

제약 {달빛, 불빛}-{ }

달빛이나 불빛 따위가 침침하고 흐릿한 모양.

¶어둠 속에서 무엇인가가 으슴푸레 보였다.

으썩

의미 [+소리],[+과일]v[+채소],[+삶],[+기운]

제약 {과일, 채소}-{베어 물다}

단단하고 싱싱한 과일이나 채소 따위를 힘껏 베어 물 때 나는 소리.

¶길쭘길쭘하고 싱싱한 놈들이 과연 뜨거운 복중에 하나 벗겨 들고 으썩 깨물어 봄 직한 참외였다.≪김유정, 땡볕≫

으썩-으썩

의미 [+소리],[+과일]v[+채소],[+삶],[+기운],[+연속]

제약 {과일, 채소}-{베어 물다}

단단하고 싱싱한 과일이나 채소 따위를 힘껏 베어 물 때 잇따라 나는 소리.

¶사과를 으썩으썩 씹는 소리.

으쓱[01]

의미 [+모양],[+동작],[+어깨],[±상승],[+순간],[+한번]

제약

① 갑자기 어깨를 한 번 들먹이는 모양.

¶나는 무의식중에 어깨를 으쓱 추어올렸다.≪전상국, 하늘 아래 그 자리≫

의미 [+모양],[+동작],[+어깨],[±상승],[+자랑]

제약

② 어깨를 들먹이며 우쭐하는 모양.

으쓱[02]

의미 [+모양],[+신체],[+위축],[+공포]v[+추위],[+순간]

제약

갑자기 무섭거나 차가움을 느낄 때 몸이 크게 움츠러드는 모양.

¶소름이 으쓱 끼쳤다.

으쓱-으쓱⁰¹

의미 [+동작],[+어깨],[±상승],[+연속]

제약

① 어깨를 잇따라 들먹이는 모양.

¶다리는 비틀댔지만 어깨는 이미 귀 위까지 치솟아 으쓱으쓱 자유자재로 놀아나고 있었다.≪박완서, 도시의 흉년≫

의미 [+모양],[+동작],[+어깨],[±상승],[+자랑],[+연속]

제약

② 어깨를 들먹이며 잇따라 우쭐거리는 모양.

¶그는 상장이 자랑스러운 듯 어깨를 으쓱으쓱 올리며 운동장을 서성거렸다.

으쓱-으쓱⁰²

의미 [+모양],[+신체],[+위축],[+공포]v[+추위],[+순간],[+반복]

제약

갑자기 무섭거나 차가움을 느낄 때 몸이 자꾸 크게 움츠러드는 모양.

¶아까부터 몸이 으쓱으쓱 추워 온다.

으아

의미 [+소리],[+젖먹이],[+울음],[+크기]

제약 {젖먹이}-{울다}

젖먹이가 크게 우는 소리.

¶"으아." 하고 소리를 내어 우는 아이.

으악

의미 [+소리],[+구토],[+순간]

제약 { }-{게우다, 올리다, 토하다}

갑자기 토하는 소리.

¶그는 급하게 술을 마시더니 으악 하고 토했다.

으앙

의미 [+소리],[+젖먹이],[+울음]

제약 {젖먹이}-{울다}

젖먹이가 우는 소리.

¶어린아이가 으앙 울었다.

으앙-으앙

의미 [+소리],[+젖먹이],[+울음],[+반복]

제약 {젖먹이}-{울다}

젖먹이가 자꾸 우는 소리.

¶그 아이는 배가 고픈지 으앙으앙 울어 댄다.

으적

의미 [+소리],[+물건],[+깨묾],[+파손]

제약 {물건}-{부스러뜨리다}

꽤 단단한 물건을 깨물어 부스러뜨릴 때 나는 소리.

¶나는 호두를 으적 소리가 나게 깨물었다.

으적-으적

의미 [+소리],[+물건],[+깨묾],[+파손],[+연속]

제약 {물건}-{부스러뜨리다}

꽤 단단한 물건을 깨물어 부스러뜨릴 때 잇따라 나는 소리.

¶그는 물 묻은 무를 바지에다…훔치고는 으적으적 씹기 시작했다.≪황석영, 영등포 타령≫

으지적

의미 [+소리],[+물건],[+깨묾],[+파손]

제약 {물건}-{부스러뜨리다}

'으적'의 본말. 꽤 단단한 물건을 깨물어 부스러뜨릴 때 나는 소리.

으지적-으지적

의미 [+소리],[+물건],[+깨묾],[+파손],[+연속]

제약 {물건}-{부스러뜨리다}

'으적으적'의 본말. 꽤 단단한 물건을 깨물어 부스러뜨릴 때 잇따라 나는 소리.

으지직

의미 [+소리],[+물건],[+파괴]v[+주름]

제약 {물건}-{깨지다, 찌그러지다}

꽤 단단한 물건이 부스러져 깨지거나 찌그러지는 소리.

¶오래된 기왓장이 으지직 갈라졌다.

으지직-으지직

의미 [+소리],[+물건],[+파괴]v[+주름],[+연속]

제약 {물건}-{깨지다, 찌그러지다}

꽤 단단한 물건이 잇따라 부스러져 깨지거나 찌

그러지는 소리.

¶그의 망치질에 호두가 **으지직으지직** 소리를 내며 깨졌다.

으쩍

의미 [+소리],[+물건],[+깨묾],[+조각]

제약 { }-{부스러뜨리다}

꽤 단단한 물건을 깨물어 부스러뜨릴 때 나는 소리. '으적'보다 센 느낌을 준다.

¶식사 중에 무엇인가 **으쩍** 씹히는 소리가 났다. 밥에 돌이 있었나 보다.

으쩍-으쩍

의미 [+소리],[+물건],[+깨묾],[+파손],[+연속]

제약 {물건}-{부스러뜨리다}

꽤 단단한 물건을 깨물어 부스러뜨릴 때 잇따라 나는 소리. '으적으적'보다 센 느낌을 준다.

¶할머니는 몇 분 만에 그 많은 사탕을 **으쩍으쩍** 다 드셨다.

으하하

의미 [+소리]v[+모양],[+웃음],[+개구],[−주저],[+크기],[+소란]

제약 {사람}-{웃다}

입을 크게 벌리며 거리낌 없이 크게 웃는 소리. 또는 그 모양.

¶**으하하**! 저 녀석 보게.

으허허

의미 [+소리]v[+모양],[+웃음],[+개구],[−주저],[+크기],[+소란]

제약 {사람}-{웃다}

입을 조금 크게 벌리며 거리낌 없이 크게 웃는 소리. 또는 그 모양.

으흐흐

의미 [+소리]v[+모양],[+웃음],[+내숭]

제약 {사람}-{웃다}

① 짐짓 내숭스럽게 웃는 소리. 또는 그 모양.

¶사내는 **으흐흐** 하며 능글맞게 웃어 대었다.

의미 [+소리]v[+모양],[+울음],[+슬픔]

제약 {사람}-{울다}

② 슬퍼서 흐느껴 우는 소리. 또는 그 모양.

¶나는 **으흐흐** 울며 자꾸만 작아져 가는 누나의

뒷모습을 보고 있었다.

으흐흑

의미 [+소리]v[+모양],[+울음],[+경악]v[+슬픔]

제약 {사람}-{울다}

몹시 놀라거나 슬퍼서 흐느껴 우는 소리. 또는 그 모양.

¶을생이 **으흐흑** 울음을 씹으며 볼에 질펀한 원갑의 눈물을 손바닥으로 쓸어내렸다.≪한수산, 유민≫

은근-살짝

의미 [+은근],[+은밀]

제약

은근하게 살짝.

¶그는 **은근살짝** 내 손을 잡았다.

은근-슬쩍

의미 [+은근],[+은밀]

제약

은근하게 슬쩍.

¶그는 **은근슬쩍** 길에다 휴지를 버렸다.

은근-히

의미 [−소란],[+지속]

제약

① 야단스럽지 아니하고 꾸준하게.

의미 [+정취],[+고요]

제약

② 정취가 깊고 그윽하게.

¶새벽 오솔길이 **은근히** 고왔다./그윽한 향기가 **은근히** 풍긴다.

의미 [+행동],[+은밀]

제약

③ 행동 따위가 함부로 드러나지 아니하고 은밀하게.

¶그들이 **은근히** 수작을 걸어 왔다./입는 옷, 가지고 쓰는 일용품, 하나같이 값진 것임을 **은근히** 서로 자랑하는 품이 마치 내기라도 하는 것처럼 느껴졌다.≪박종홍, 새날의 지성≫

의미 [−표현],[+생각],[+깊이],[+간절]

제약

④ 겉으로 나타내지는 아니하지만 속으로 생각

하는 정도가 깊고 간절하게.

¶밤이면 고향 생각이 은근히 난다.

은밀스레

의미 [+은밀]

제약

보기에 은밀한 데가 있게.

은밀-히

의미 [+은둔],[−노출]

제약

숨어 있어서 겉으로 드러나지 아니하게. 늑음밀히.

¶그들은 친목 모임을 빙자해 학교에서 은밀히 비밀 이야기를 나누었다./남편은 내 귓전에 은밀히 속삭였다.

은연-히

의미 [−선명],[−분명]

제약 { }−{드러나다}

①=은은히02①. 겉으로 뚜렷하게 드러나지 아니하고 어슴푸레하며 흐릿하게.

¶왕의 근엄한 얼굴에 한 줄기 즐겁지 못한 표정이 은연히 드러났다.≪박종화, 다정불심≫

의미 [+소리],[+거리],[±청취]

제약 { }−{들리다}

②=은은히02②. 소리가 아득하여 들릴 듯 말 듯 하게.

¶고요한 밤에 풍경 소리만 은연히 들려온다.

은은-히01

의미 [+소리],[+대포]v[+우레]v[+차],[+소란],[+강력]

제약 { }−{들리다}

멀리서 들려오는 대포, 우레, 차 따위의 소리가 요란하고 힘차게.

¶산 너머에서 별안간 천둥소리가 은은히 들려왔다.

은은-히02

의미 [−선명],[−분명]

제약 { }−{드러나다}

① 겉으로 뚜렷하게 드러나지 아니하고 어슴푸레하며 흐릿하게. 늑은연히①.

¶정갈한 별당이 솔밭 사이에 은은히 드러났다.

≪박종화, 다정불심≫

의미 [+소리],[+거리],[±청취]

제약 { }−{들리다}

② 소리가 아득하여 들릴 듯 말 듯 하게. 늑은연히②.

¶목탁 소리가 은은히 들려오기 시작했다.

의미 [+냄새],[−농도],[+고요]

제약 {냄새}−{나다, 풍기다}

③ 냄새가 진하지 않고 그윽하게.

¶시원한 맑은 바람이 활짝 핀 연꽃 향기를 실어 수각 주위로 은은히 풍긴다.≪박종화, 임진왜란≫

은혈-로

의미 [+은밀]

제약

남이 모르도록 몰래.

은혜로이

의미 [+신세]v[+혜택]

제약

고맙게 베풀어 주는 신세나 혜택이 있게.

¶미흡한 저와 보잘것없는 저의 식구를 위해서 그처럼 은혜로이 도움을 주신다니 뭐라고 감사를 드려야 할지 모르겠습니다.

을근-을근

의미 [+모양],[+위협],[+증오]v[+상해],[+반복]

제약

미워하거나 해치려는 마음으로 은근히 자꾸 으르는 모양.

을밋-을밋

의미 [+모양],[+기한]v[+일],[+연기],[+연속]

제약 {기한, 일}−{미루다}

① 기한이나 일 따위를 우물쩍거리며 잇따라 미루는 모양.

의미 [+모양],[+책임]v[+잘못],[+회피]

제약 {책임, 잘못}−{넘기다}

② 자기의 책임이나 잘못을 우물우물하며 넘기려고 하는 모양.

을씨년스레

의미 [+날씨]v[+분위기],[+음산],[+정도]

제약 {날씨, 분위기}-{ }

① 보기에 날씨나 분위기 따위가 몹시 스산하고 쓸쓸한 데가 있게.

¶찬 바람이 을씨년스레 분다.

의미 [+살림],[+가난],[+정도]

제약

② 보기에 살림이 매우 가난한 데가 있게.

음매

의미 [+소리],[+소]v[+송아지],[+울음]

제약 {소, 송아지}-{울다}

소나 송아지의 울음소리를 나타내는 말.

¶어미 소와 떨어진 송아지는 고삐에 묶인 채 음매 소리만 내고 있다.

음밀-히

의미 [+은밀]

제약

=은밀히. 숨어 있어서 겉으로 드러나지 아니하게.

¶잠시 후 남부군은 뱀사골로 뻗어 내린 지능선을 향해 음밀히 빠져나가기 시작했다.≪이병주, 지리산≫

음밀-암밀

의미 [+모양],[+일],[+진행],[+은밀]

제약

겉으로 전혀 드러나지 아니하게 일 따위를 꾸미는 모양.

¶그들이 얼마나 음밀암밀 일을 꾸몄는지 아무도 사전에 눈치를 채지 못했다.

음산-히

의미 [+날씨],[+흐림],[+추위]

제약 {날씨}-{ }

① 날씨가 흐리고 으스스하게.

¶찬 바람이 음산히 분다./구름이 끼고 바람이 음산히 불고 있었다.

의미 [+분위기],[+음산],[+추위]

제약 {분위기}-{ }

② 분위기 따위가 을씨년스럽고 썰렁하게.

¶낡고 오래된 그 집은 괴기가 음산히 서려 있었다.

음충스레

의미 [+태도]v[+느낌],[+마음],[+음흉],[+불량]

제약 {마음}-{ }

마음이 음흉하고 불량한 태도나 느낌이 있게.

¶음충스레 노려보다./음충스레 쳐다보다.

음침스레

의미 [+음흉]

제약

보기에 음침한 데가 있게.

¶지나가는 젊은 여자를 음침스레 흘끔흘끔 넘겨다보았다.

음침-히

의미 [+성질],[-명랑],[+의뭉]

제약

① 성질이 명랑하지 못하고 의뭉스럽게.

의미 [+분위기],[+암흑],[+황량]

제약

② 분위기가 어두컴컴하고 스산하게.

의미 [+날씨],[+흐림]

제약

③ 날씨가 흐리고 컴컴하게.

음탕스레

의미 [+태도],[+음란],[+방탕]

제약

겉으로 보기에 음탕한 태도로.

음흉스레

의미 [+모습],[+표면][+유연],[+내면][+교활][+흉악]

제약

겉으로는 부드러워 보이나 속으로는 엉큼하고 흉악한 데가 있게.

¶음흉스레 웃다.

읍읍-히

의미 [+마음],[+불쾌],[+답답],[+불편]

제약

마음이 매우 불쾌하고 답답하여 편하지 아니하게.

응당

의미 [+행동]v[+대상],[+조건]v[+가치],[+적합]

제약

① 행동이나 대상 따위가 일정한 조건이나 가치에 꼭 알맞게. 늑응당히①.

의미 [＋도리],[＋원칙],[＋정당]

제약

② 그렇게 하거나 되는 것이 이치로 보아 옳게. '마땅히'로 순화. 늑응당히②.

¶응당 그러하다./비난이나 반대는 무슨 일에나 응당 있는 일이다./응당 해야 할 일을 했을 뿐입니다./이런 자리에 응당 있어야 할 몇몇 사람의 모습이 보이지 않았다./그 숱한 교도관들 속에서도 가장 능력 있고 빼어난 사람들로 골라서 배치하는 것이 이 안의 관례였다. 응당 그럴 일이었다.≪이호철, 문≫

응당-히

의미 [＋행동]v[＋대상],[＋조건]v[＋가치],[＋적합]

제약

①=응당①. 행동이나 대상 따위가 일정한 조건이나 가치에 꼭 알맞게.

¶그만한 능력이면 그 정도의 대우는 응당히 받아야 한다.

의미 [＋도리],[＋원칙],[＋정당]

제약

②=응당②. 그렇게 하거나 되는 것이 이치로 보아 옳게.

¶응당히 지켜야 할 도리./응당히 해야 할 일./응당히 그래야 한다.

응석스레

의미 [＋태도],[－버릇]

제약

보기에 어른들이 귀여워해 줄 것을 믿고 버릇없이 구는 태도로.

응아

의미 [＋소리],[＋갓난아이],[＋울음]

제약 {갓난아이}-{울다}

=응애. 갓난아이가 우는 소리.

¶아기가 별안간 조그만 팔로 도지개를 트는 듯하더니 이내 응아 소리를 치며 까르르 울었다.
≪박종화, 다정불심≫

응아-응아

의미 [＋소리],[＋갓난아이],[＋울음],[＋연속]

제약 {갓난아이}-{울다}

=응애응애. 갓난아이가 잇따라 우는 소리.

¶응아응아, 하고 보채는 소리가 분명 갓난아이 소리다.≪한설야, 탑≫

응애

의미 [＋소리],[＋갓난아이],[＋울음]

제약 {갓난아이}-{울다}

갓난아이가 우는 소리. 늑응아.

¶잘 자던 아이가 어느새 눈을 뜨고 "응애." 하고 울기 시작한다.

응애-응애

의미 [＋소리],[＋갓난아이],[＋울음],[＋연속]

제약 {갓난아이}-{울다}

갓난아이가 잇따라 우는 소리. 늑응아응아.

¶장지문을 사이에 둔 윗방에서 "응애응애." 하는 제법 앙칼진 아기의 울음소리가 들렸다.≪박완서, 도시의 흉년≫

응얼-응얼

의미 [＋소리]v[＋모양],[＋글]v[＋노래],[＋입속말],[＋반복]

제약

① 글이나 노래 따위를 자꾸 입속말로 읽거나 읊는 소리. 또는 그 모양.

의미 [＋소리]v[＋모양],[＋말],[－이해],[＋입속말],[＋반복]

제약

② 남이 알아듣지 못할 말을 자꾸 입속으로 지껄이는 소리. 또는 그 모양.

의미 [＋소리]v[＋모양],[＋불평],[＋입속말],[＋반복]

제약

③ 불평 따위를 자꾸 입속말로 중얼거리는 소리. 또는 그 모양.

응연[01]

의미 [＋태도]v[＋행동],[＋단정],[＋진중]

제약

태도나 행동거지가 단정하고 듬직하게. 늑응연히.

응연[02]

의미 [+필연]

제약

마땅히 그러하게.

응연-히[01]

의미 [+태도]v[+행동],[+단정],[+진중]

제약

=응연[01]. 태도나 행동거지가 단정하고 듬직하게.

¶그는 응연히 고개를 숙이고 한 단 한 단 조용히 층대를 올라와 나에게까지 이른다.≪이효석, 성수부≫

응연-히

의미 [+필연]

제약

=응연[02]. 마땅히 그러하게.

응응

의미 [+소리]v[+모양],[+아이],[+응석],[+울음],[+연속]

제약 {어린아이}-{울다}

어린아이가 응석을 부리며 잇따라 우는 소리. 또는 그 모양.

의구-히

의미 [+과거],[-변화]

제약

옛날 그대로 변함이 없이.

¶고향 산천은 의구히 옛 모양을 가지고 자기를 반기건만 누구 하나 마중하는 사람이 없을 것을 생각하니 쓸쓸하기가 그지없었다.≪이기영, 신개지≫

의당

의미 [+이치],[+준수],[+당연]

제약

사물의 이치에 따라 마땅히. 늑의당히.

¶법은 의당 지켜야 한다./법도대로 한다면 강실이는 의당 옹구네한테 말을 놓아야 옳을 것이나….≪최명희, 혼불≫

의당-당

의미 [+이치],[+준수],[+당연]

제약

'의당'을 강조하여 이르는 말. 사물의 이치에 따라 마땅히.

의당-히

의미 [+이치],[+준수],[+당연]

제약

=의당. 사물의 이치에 따라 마땅히.

¶의당히 해야 할 일을 했을 뿐이다./설혹 한익의 초대가 없더라도 그녀로서는 의당히 그의 생일에 축하를 해야 옳은 일이었다.≪홍성원, 육이오≫

의례-히

의미 [+전례],[+의거]

제약

전례에 의하여.

의로이

의미 [+정의],[+의기]

제약

정의를 위한 의기가 있게.

의문스레

의미 [+의심]

제약

보기에 의문 나는 데가 있게.

의뭉스레

의미 [+표면][+우둔],[+내면][+교활]

제약

보기에 겉으로는 어리석어 보이나 속으로는 엉큼한 데가 있게.

¶묘실의 흔적이 사라져 버린 건 둘째 치고 그 용술이 놈마저 한사코 의뭉스레 시치밀 떼고 나서는 것이 이만저만 수상해 보이질 않았다.≪이청준, 춤추는 사제≫

의사스레

의미 [+생각],[+깊이],[+효용]

제약

제법 속생각이 깊고 쓸모 있는 생각을 곧잘 해내는 힘이 있게.

의수-히

의미 [+허위],[+근사]

제약

거짓으로 꾸민 것이 그럴듯하게.

의신간-에

의미 [+정도],[±신뢰]

제약

반은 의심하고 반은 믿는 정도로.

의심스레

의미 [+인지],[−확실],[−신뢰]

제약

확실히 알 수 없어서 믿지 못할 만한 데가 있게.

¶의심스레 살피다./그녀는 문득 심상찮은 느낌이 들었는지 의심스레 물었다.≪이문열, 사람의 아들≫

의아스레

의미 [+의심],[+이상]

제약

의심스럽고 이상한 데가 있게.

¶의아스레 물어보다./밤 열 시에 손님이라니 한 익은 의아스레 방문을 열고 밖으로 나온다.≪홍성원, 육이오≫

의아-히

의미 [+의심],[+이상]

제약

의심스럽고 이상하게.

¶의아히 여기다.

의연-히[01]

의미 [−변화],[+동일]

제약

전과 다름이 없이.

¶전투는 휴전과 동시에 끝났을지 모르나 전쟁은 의연히 계속되고 있음에 틀림없는 것 같았다.≪박태순, 어느 사학도의 젊은 시절≫

의연-히[02]

의미 [+의지],[+확고],[−미동]

제약

의지가 굳세어서 끄떡없이.

¶그들은 박해 속에서도 의연히 자기 신념을 지키다가 목숨을 잃었다./이때 이순신 장군은 유정이 육지에서 패전을 하여 순천으로 진을 물린 뒤에도 의연히 전라 좌수영 앞바다와 노라도(老羅島) 사이로 전함을 띄워….≪박종화, 임진왜란≫

의외-로

의미 [+생각]v[+기대]v[+예상],[−일치]

제약

=뜻밖에. 생각이나 기대 또는 예상과 달리.

¶부대는 커다란 부피에 비해 의외로 가벼웠다./졸체 화라고는 모르는 부친이 의외로 거칠게 큰 소리로 고함을 친다.≪홍성원, 육이오≫

의외로이

의미 [+느낌],[+예상],[−일치]

제약

뜻밖이라고 생각되는 느낌이 있게.

의의-히[01]

의미 [+풀],[+무성],[+생기],[+파랑]

제약

① 풀이 무성하여 싱싱하게 푸르게.

의미 [+기억],[−분명]

제약 { }-{떠오르다, 생각나다}

② 기억이 어렴풋하게.

의미 [+이별],[+애석]

제약

③ 헤어지기가 서운하게.

의미 [+유연],[+연약]

제약

④ 부드럽고 약하게.

의의-히[02]

의미 [+미려],[+번성]

제약

① 아름답고 성하게.

의미 [+소리],[+바람],[+유연]

제약 {바람}-{불다}

② 바람 소리가 부드럽게.

의이스레

의미 [+의심],[+괴이]

제약

의심스럽고 괴이한 데가 있게.

의이-히

의미 [+의심],[+괴이]

제약

의심스럽고 괴이하게.

의젓-이

의미 [+언사]v[+행동],[+정중],[+위엄]

제약

말이나 행동 따위가 점잖고 무게가 있게.

¶평소에 응석을 부리던 아이도 동생들 앞이라고

제법 의젓이 행동했다./늙고 점잖게 생긴 중이
목탁을 뚜드리며 **의젓이** 송경하고….≪마해송, 아
름다운 새벽≫

의젓잖-이

의미 [＋언사]v[＋행동],[－정중],[＋경박]
제약
말이나 행동 따위가 점잖지 못하고 가벼운 데가
있게.

의지가지없-이

의미 [－의지]v[－방도]
제약
의지할 만한 대상이 없이. 또는 다른 방도가 없
이.
¶**의지가지없이** 어려서부터 큰 사람이지만 그래
도 인복은 있었나 보죠.≪한수산, 유민≫/나는 **의
지가지없이** 천애(天涯)를 유랑하는 저들에게
집과 먹을 것을 주고 또 농사지을 땅을 주었다.
≪이문열, 황제를 위하여≫

의초로이

의미 [＋화목],[＋우애],[＋정도]
제약
⇒ 의초롭다. ('…과'가 나타나지 않을 때는 여럿
임을 뜻하는 말이 주어로 온다.) 화목하여 우애
가 두텁다.

의호

의미 [＋적합],[＋당연]
제약
마땅하게.
¶한국의 인구가 도시 일천만가량이라 하다가 지
금 의외에 이처럼 월수히 많은 줄을 알았으니
의호 놀랄 만한 일이로다.≪대한매일신보≫

의희-히

의미 [＋유사]
제약
거의 비슷하게.

이-같이

의미 [＋유사]
제약
이 모양으로. 또는 이렇게.
¶단군왕검에 대하여 삼국유사에 **이같이** 기록되

어 있다./나는 선생님이 일찍이 **이같이** 화를 내
시는 모습을 본 적이 없었다./경제 위기를 슬기
롭게 극복하지 못한다면 우리나라는 후진국이
될 것이다. **이같이** 불행한 일이 또 어디 있겠는
가?/정든 고향을 몇 해 만에 되돌아와 보는 순
간에 **이같이** 기쁜 일이 다시없다 느껴졌으나….
≪이기영, 신개지≫

이글-이글

의미 [＋모양],[＋불꽃],[＋상승],[－분명]
제약
① 불이 발갛게 피어 불꽃이 어른어른 피어오르
는 모양.
¶불꽃이 **이글이글** 타오른다./그날은 밤이 깊도록
화톳불이 **이글이글** 탔다./**이글이글** 끓는 불꽃이
불비 내리듯 적의 장갑차 위로 떨어진다.≪박종
화, 임진왜란≫
의미 [＋모양],[＋정열]v[＋분노]v[＋정기]],[＋발
생],[＋왕성]
제약 {정열, 분노, 정기}-{일어나다}
② 정열이나 분노, 정기 따위가 왕성하게 일어
나는 모양.
¶**이글이글** 끓어오르는 분노/**이글이글** 불타는 눈
빛/유난히도 장군의 눈은 **이글이글** 타오르고 큰
입이 헤벌쭉 벌려져 있었다.≪김용성, 리빠똥 장군≫
의미 [＋모양],[＋얼굴]v[＋살],[＋상기]v[＋더
위],[＋반복]
제약
③ 얼굴이나 살이 벌그레하게 자꾸 상기되거나
뜨거워지는 모양.
¶얼굴은 열기로 온통 **이글이글** 타오르는 듯했
다./"에잇, 씨발년!" 참고 참았다 내지른 욕설이
었던가. 아들 눈에 **이글이글** 핏발까지 서려 보였
다. 손주들은 제 아비 입에서 나온 욕설이 대수
롭잖다는…

이금-에

의미 [＋지금]
제약
이제 와서.

이기죽-이기죽

의미 [＋모양],[＋조롱],[＋야유],[＋정도],[＋반

복]

제약 { }-{거리다, 대다}

자꾸 밉살스럽게 지껄이며 짓궂게 빈정거리는
모양.

¶이기죽이기죽 빈정거리다./아까 그 사람이 농담
조로 이기죽이기죽 그러는 바람에 아이들과 몇
사람은 소리까지 내어 웃었다.≪채만식, 소년은 자
란다≫

이-까지로

의미 [-기준],[-만족]

제약

겨우 이만한 정도로.

¶이까지로 하려거든 아예 집어치워라.

이-나마

의미 [-만족],[-기대]

제약

① 좋지 않거나 모자라기는 하지만 이것이나마.

¶이나마 잘돼야 할 텐데./이나마 없었더라면 어
떻게 되었을까?/굶어 죽지 않고 이나마 목숨 부
지하고 있는 게 다행이라면 다행이지.≪최일남,
거룩한 응달≫/아버지가 돌아가신 뒤 어느덧 반년
이 겨웠는데 이나마도 살아온 것은 온전히 그이
의 덕이 아니냐.≪현진건, 무영탑≫

의미 [-만족],[-기대]

제약

② 좋지 않거나 모자라는 데 이것마저도.

¶쌀이 한 줌밖에 없는데 이나마 저녁 한 끼면
없어지겠다.

이나-저나

의미 [+화제],[+전환]

제약

'이러나저러나'의 준말. 이것은 이렇다 치고. 지
금까지의 화제를 다른 데로 돌릴 때 쓴다.

¶이나저나 이사를 가야겠는데 집을 못 구
해서 큰일이다.

이내

의미 [+바로],[+지금]

제약

① 그때에 곧. 또는 지체함이 없이 바로.

¶이내 냉정을 되찾다./눕자마자 이내 잠이 들었
다./중천에 걸린 해를 이고 재를 넘자 이내 놀이
졌다.≪김성동, 잔월≫/해사한 볼이 해죽이 우물을
파자 열렸던 입술은 꽃판이 이슬을 머금어 오그
라지듯 반짝 흰 이를 보인 채 이내 다시 감긴다.
≪박종화, 다정불심≫

의미 [+기간],[+과거]

제약

② 어느 때부터 내처.

¶그는 간밤 그때부터 이내, 조금도 달라진 것이
없이 같은 그 생각이었다.≪채만식, 냉동어≫

의미 [+거리],[+지근]

제약

③ 멀지 않고 가까이 곧.

¶집 뒤편은 이내 논이었다.≪한수산, 유민≫/있을
것인가. 몸을 던져 평상에 누워 문득 이내 몸 잊
었더니 한낮 베개 위 바람이니 잠이 절로…≪현
대불교신문≫

이-냥

의미 [-변화],[+지속]

제약

이러한 모습으로 줄곧.

¶이냥 살 수는 없다./아마도 만화를 다시 만나게
하려고 부처님께서 여태껏 나를 이냥 이승에 묶
어 두셨는가 보구먼.≪문순태, 피아골≫

이냥-저냥

의미 [-변화],[+지속]

제약

이러저러한 모양으로 그저 그렇게.

¶되는대로 이냥저냥 살고 있다.

이-다지

의미 [-기대],[-만족]

제약

이러한 정도로. 또는 이렇게까지. 늘이리도.

¶왜 이다지 그리울까?/내 마음을 이다지도 몰라
주나?/이놈의 세상, 왜 이다지도 불공평하단 말
인가.≪전상국, 하늘 아래 그 자리≫

이-대로

의미 [+모양],[-변화],[+지속]

제약

① 변함없이 이 모양으로.

¶날 **이대로** 내버려 둬./막상 그 곽 씨네 천막 앞에 다다라 놓고 보니까 그는 그만 **이대로** 돌아가 버리고 싶은 생각이 불현듯 일어났다.≪박태순, 무너지는 산≫

의미 [+일치],[+동일]

제약

② 이것과 똑같이.

¶**이대로** 그려 봐라./자카르타로 돌아와 비행기를 갈아타고 한국으로…… 이게 여행사의 일반적인 코스라서 저도 **이대로** 잡아보았습니다. 족 자카르타에선 제 후배인 강윤지가 안내해드릴 겁니다. 대학원 진학 준비하느라고…

이드거니

의미 [+모양],[+풍부],[+만족]

제약

충분한 분량으로 만족스러운 모양.

¶바쁜 일정 때문에 부족했던 저녁 식사를 모처럼 **이드거니** 먹었다.

이드르르

의미 [+모양],[+윤기],[+유연]

제약

번들번들 윤기가 돌고 부드러운 모양.

이드를

의미 [+모양],[+윤기],[+유연]

제약

'이드르르'의 준말. 번들번들 윤기가 돌고 부드러운 모양.

이들-이들

의미 [+모양],[+윤기],[+유연]

제약

번들번들 윤기가 돌고 부들부들한 모양.

이따

의미 [+시간],[+후(後)],[-정도]

제약

=이따가. 조금 지난 뒤에.

¶너 **이따** 나 좀 보자./자세한 얘기는 **이따** 만나서 합시다./난 먼저 **이따** 오후 세 시 반 배로 떠날 생각이에요.≪안정효, 하얀 전쟁≫

이따가

의미 [+시간],[+후(後)],[-정도]

제약

조금 지난 뒤에. 늑이따.

¶**이따가** 갈게./**이따가** 단둘이 있을 때 얘기하자./동치미는 **이따가** 입가심할 때나 먹고 곰국 물을 먼저 떠먹어야지.≪박완서, 도시의 흉년≫

이따금

의미 [+시간],[+간격]

제약

얼마쯤씩 있다가 가끔.

¶심심할 때면 **이따금** 산에 올라간다./**이따금**씩 네 생각을 한다./먼 곳에선 **이따금** 개 짖는 소리가 들린다.

이때-껏

의미 [+시간],[+과거][+현재],[+지속]

제약

지금에 이르기까지.

¶어머니는 **이때껏** 가슴에 묻어 둔 말을 하나둘쏟아 놓았다./"이거 이러다 영감 잡겠구먼. 돈욕심두 좋지만 그만 때려치워부리라니간유. 이때껏 흙만 파대구 살아온 두더지 겉은 냥반이 시멘트 덩어리 속에 들어가…

이래

의미 [+접속],[+원인]v[+반전]

제약

① '이리하여'가 줄어든 말. 앞 내용이 뒤 내용의 원인임을 나타내거나 앞 내용이 반전하여 뒤 내용이 전개됨을 나타내는 접속 부사. 주로 남에게 이야기를 들려줄 때 쓴다.

¶소라서 콧구멍을 꿰어 몰고 갈 수 없는 일, 자꾸 **이래** 봐야 소용없는 일이라오.≪박경리, 토지≫

의미 [+접속],[+원인]v[+반전]

제약

② '이러하여'가 줄어든 말. 앞 내용이 뒤 내용의 원인임을 나타내거나 앞 내용이 반전하여 뒤 내용이 전개됨을 나타내는 접속 부사. 주로 남에게 이야기를 들려줄 때 쓴다.

¶벌이가 **이래** 가지고 어디 먹고살 수나 있겠나./이빨이 **이래** 가지고 딱딱한 것은 통 못 씹는다./**이래** 봬도 마을의 인물로 손꼽히는 자기인 것이다.≪오유권, 대지의 학대≫

이래-저래

의미 [+모양]v[+이유],[+다양]

제약

이러하고 저러한 모양으로. 또는 이런저런 이유로.

¶이래저래 10년의 세월을 보냈다./이래저래 돈 들어갈 데는 많은데 돈은 없고 걱정이다./앞으로 환자를 다룰 자신이 도대체가 안 서거든요. 그렇다고 도중하차를 생각하기엔 때가 너무 늦고. 이래저래 고민이 많은 거죠.≪박완서, 오만과 몽상≫

이러-구러

의미 [+모양],[+일],[+진행],[-기준],[-원칙]

제약

① 이럭저럭 일이 진행되는 모양.

¶이러구러 그들은 다리를 건너고 산을 넘어, 큰 나무가 있는 마을 어귀에 이르렀다./감 임자가 정옥의 얼굴 한번 쳐다보지 않고 몸을 외로 꼬고는 이러구러, 여차저차, 장광설을 늘어놓는데 정옥이 나름대로 종합해서 내용을 요점정리해보니, 이 영감이…

의미 [+모양],[+시간],[+진행],[-기준],[-원칙]

제약

② 이럭저럭 시간이 흐르는 모양.

¶이러구러 10년이 지나다./그들은 이러구러 몽그작거리다가 밤이 깊어서야 새끼내를 떠났다.≪문순태, 타오르는 강≫

이러나-저러나

의미 [+화제],[+전환]

제약

이것은 이렇다 치고. 지금까지의 화제를 다른 데로 돌릴 때 쓴다.

¶이러나저러나 결과가 좋아야 할 텐데.

의미 [+상황],[+고려]

제약

① '이리하나 저리하나'가 줄어든 말.

¶이왕 죽을 목숨 이러나저러나 매일반이다./이러나저러나 답답하기는 마찬가지다.

의미 [+상황],[+고려]

제약

② '이러하나 저러하나'가 줄어든 말.

¶이러나저러나 먹을 건 먹고 봐야지.

이러쿵-저러쿵

의미 [+모양],[+말],[-기준],[-원칙],[+다양]

제약

이러하다는 둥 저러하다는 둥 말을 늘어놓는 모양.

¶그의 품행에 대해서 이러쿵저러쿵 말이 많다./시빗거리란 별 게 아니옵고 대체로 십 년에 한 번쯤 판에 박은 문제를 놓고 이러쿵저러쿵 입씨름을 벌이기 시작하여 점차 흥분의 도가 오르면 쌍스러운 욕지거리를 퍼붓다가….≪서기원, 마록열전≫

이러-히

의미 [+상태]v[+모양]v[+성질],[+유사]

제약

상태, 모양, 성질 따위가 이와 같게.

¶내 만약 벼슬살이를 하였던들 아름다운 경치를 즐기며 이러히 마음껏 노닐 수 있었으랴.

이럭-저럭

의미 [-기준],[-원칙],[+상황]

제약

① 정한 방법이 따로 없이 이렇게 저렇게 되어 가는 대로. 늑이렁저렁①.

¶이럭저럭 살다./이럭저럭 겨우 졸업을 할 수 있게 되었다./먹는 건 이럭저럭 밀가루와 보리로 적당히 때우기로 하고….≪황석영, 돼지꿈≫

의미 [+시간],[+진행],[-기준],[-원칙]

제약

② 이렇게 저렇게 하는 사이에 어느덧. 늑이렁저렁②.

¶이럭저럭 10년의 세월이 흘렀다./이럭저럭 밤이 꽤 깊어서 마을 어귀에 들어섰다.

이런-고로

의미 [+이유]

제약

이러한 까닭으로.

¶이런고로 우리 집은 멀리 이사를 가게 되었다.

이런-대로

의미 [−만족],[＋유사]

제약

만족스럽지는 않지만 이러한 정도로.

¶이런대로 쓸 만합니다.

이렁성-저렁성

의미 [＋모양],[＋다양],[−표준]

제약

이런 모양 저런 모양으로 대중이 없이.

¶이렁성저렁성 지내는 동안에 즐거운 한 달이
다 지나갔다.

이렁-저렁

의미 [−기준],[−원칙],[＋상황]

제약

①=이럭저럭① 정한 방법이 따로 없이 이렇게
저렇게 되어 가는 대로.

¶이번 사건은 범인에게 벌을 주어 이렁저렁 결
말을 짓기는 지었다./그동안 이렁저렁 폐만 끼쳤
다.

의미 [＋시간],[＋진행],[−기준],[−원칙]

제약

②=이럭저럭② 이렇게 저렇게 하는 사이에 어
느덧.

¶이렁저렁 일주일이 벌써 지나갔다./복녀가 시집
을 간 뒤 한 삼사 년은, 양인의 덕택으로 이렁저
렁 지내 갔으나….≪김동인, 감자≫

의미 [＋언사],[＋다양]

제약 { }-{말하다}

③ 여러 말로 이렇게 저렇게.

이렇-듯

의미 [＋상태]v[＋모양]v[＋성질],[＋대상],[＋유
사]

제약

‘이러하듯’이 줄어든 말.

¶이렇듯 착한 아들이 또 있을까?

이렇-듯이

의미 [＋상태]v[＋모양]v[＋성질],[＋대상],[＋유
사]

제약

‘이러하듯이’가 줄어든 말.

¶이렇듯이 험한 산은 처음이다./제 생명까지 잃

을 뻔하고 얻은 아내! 이렇듯이 고귀하고 중난
한 아내를 어쩌면 그렇게 오래도록 아니 보고
견디었던가.≪현진건, 적도≫

이루

의미 [＋기준],[−가능]

제약 { }-{없다, 어렵다}

① (주로 뒤에 오는 ‘없다’, ‘어렵다’ 따위의 부
정어와 함께 쓰여) 여간하여서는 도저히.

¶이루 다 헤아릴 수 없다./나의 만족은 이루 말
할 수 없다./그의 추태는 이루 입에 담기 어렵
다./새소리는 이루 말할 수 없이 아주 맑았다.

의미 [＋전부]

제약

② 있는 대로 다.

¶갈잖은 세상에 이루 상심을 하면 무엇 해요.
≪현진건, 적도≫/가난한 백성들이 이루 피륙을
바칠 수 없었다.≪박종화, 금삼의 피≫

이른-바

의미 [＋언사],[＋세상],[＋보통]

제약

세상에서 말하는 바. 늑소위・소왈・소칭.

¶어린아이가 탄생한 지 21일이 되어서 이른바
‘삼칠’을 지냈다 하여서 순경 숙소에서 조촐한
잔치가 있었다.≪이병주, 지리산≫

이를-터이면

의미 [＋설명],[＋부연]

제약

‘이를테면’의 본말. 가령 말하자면.

이를-테면

의미 [＋설명],[＋부연]

제약

가령 말하자면.

¶내 친구는 이를테면 걸어 다니는 백과사전이
다./꾸벅꾸벅 절을 하는 것은 이를테면 나의 순
진한 버릇이었다.≪이호철, 소시민≫

이리[01]

의미 [＋방향],[＋접근]

제약

이곳으로. 또는 이쪽으로.

¶이리 가까이 오게./이리 가져오시오./이리 가까

이 앉아라! 떨고 있지 말고.

이리02

의미 [+모양],[+상태]v[+모양]v[+성질],[+대상],[+유사]

제약

상태, 모양, 성질 따위가 이러한 모양.

¶이리 바쁘니 어떻게 하면 좋으냐?/이리 우는 애는 처음 보았다.

이리-도

의미 [−기대],[−만족]

제약

=이다지. 이러한 정도로. 또는 이렇게까지.

¶왜 이리도 나를 괴롭히느냐.

이리-로

의미 [+방향],[+기준],[+접근]

제약 { }-{오다, 가다}

'이리01'을 강조하여 이르는 말. 이곳으로. 또는 이쪽으로.

¶이리로 오너라./그가 이리로 걸어오고 있었다./이리로 곧장 오래요./덕재가 다시 고개를 이리로 돌린다.≪황순원, 학≫

이리-이리01

의미 [+모양],[+상태]v[+모양]v[+성질],[+유사]

제약

상태, 모양, 성질 따위가 이러하고 이러한 모양.

¶이리이리 말하여라.

이리-이리02

의미 [+방향],[+접근]

제약

이쪽으로 이쪽으로.

¶이리이리 오너라./이리이리 가면 우체국이 나올 것이다.

이리-저리01

의미 [+모양],[+언사]v[+행동],[−원칙],[+상황]

제약

말이나 행동을 뚜렷하게 정함이 없이 이러하고 저러하게 되는대로 하는 모양.

¶이리저리 핑계를 대다./집으로 돌아오는 길에서 도 이리저리 기억을 더듬어 보았으나, 도무지 그가 누구라는 것이 떠오르지 않았다.

이리-저리02

의미 [+방향],[−기준],[−일정]

제약

일정한 방향이 없이 이쪽저쪽으로.

¶이리저리 돌아다니다./이리저리 뛰어다니다./가방을 이리저리 아무리 찾아도 보이지 않았다./그는 아침 일찍 이리저리 거닐기 시작했다./까만 날벌레가 방 안을 이리저리 날아다니며 아까부터 소란을 피우고 있었다.≪윤흥길, 장마≫

이리쿵-저리쿵

의미 [+언사],[−기준],[−원칙],[+다양]

제약

이리하자는 둥 저리하자는 둥 말이 많은 모양.

¶이리쿵저리쿵 의견이 분분하다./주책없이 이리쿵저리쿵 마음이 변하는 대로 일을 처리해서는 안 된다.

이리-하여

의미 [+접속],[+원인]v[+반전]

제약

앞 내용이 뒤 내용의 원인임을 나타내거나 앞 내용이 반전하여 뒤 내용이 전개됨을 나타내는 접속 부사. 주로 남에게 이야기를 들려줄 때 쓴다.

¶이리하여 그들은 학교를 떠났다./이리하여 그들도 서로 이름을 알게 되었다./이리하여, 비록 수양이 곁들이는 하였다 하지만, 왕의 신뢰가 없고….≪김동인, 대수양≫

이-만

의미 [+정도],[+도달],[+중지]

제약

이 정도로 하고.

¶이만 끝내다./이만 물러가겠습니다./오늘은 이만 더 이상 거론 맙시다./피곤하실 테니까 오늘은 이만 돌아가서 편히 쉬십시오.≪윤흥길, 묵시의 바다≫

이만-저만

의미 [+정도],[+다양]

제약

이만하고 저만한 정도로.

¶이만저만 고생이 아니다./문제가 이만저만 어렵지 않다./멱살을 잡고 체력을 한번 다투어 보니 결코 그저 이만저만 힘센 놈이나 불량한 놈이 아니란 것을 깨달았다.≪김동리, 황토기≫

이-만치

의미 [+기준],[+도달],[+만족]

제약

=이만큼. 이만한 정도로

¶이만치 들어주신 것만 해도 감사한데 또 무슨 부탁을 하겠소.≪김동인, 젊은 그들≫

이-만큼

의미 [+기준],[+도달],[+만족]

제약

이만한 정도로. ≒이만치

¶이만큼 자라다./사업이 이만큼 된 것은 그저 회장님 덕택입니다./벌써 그들은 이만큼 가까이 따라붙고 있었다./그의 주변을 아무리 뒤져도 이만큼 그를 아는 사람이 없었다./이여송의 인품이 이만큼 격이 있게 된 것은 잘난 아버지 이성량의 힘도 많으려니와….≪박종화, 임진왜란≫

이물스레

의미 [+성질],[+흉악],[-추측]

제약

⇒ 이물스럽다. 성질이 음험하여 속을 헤아리기에 어려움이 있다.

¶눈앞의 사물들이 자꾸만 이물스레 출렁거렸다. ≪이동하, 장난감 도시≫

이미

의미 [+과거],[+일],[+완료]

제약

다 끝나거나 지난 일을 이를 때 쓰는 말. '벌써', '앞서'의 뜻을 나타낸다. ≒기위·기이.

¶이미 지난 일./이미 때가 늦었다./가게 덧문은 이미 닫힌 뒤였다.

이불리-간

의미 [±이익]

제약

이가 되든지 해가 되든지 간에.

¶이불리간 반드시 해야 할 일.

이상스레

의미 [+이상]

제약

보기에 이상한 데가 있게.

¶외국인이라고 이상스레 볼 필요는 없다./방금 식사를 했는데도 이상스레 허기가 진다./젖은 옷이 빗물의 무게 때문에 갑옷처럼 몸에 달라붙어 올 때 그는 이상스레 따뜻함을 느꼈다.≪한수산, 유민≫/그는 집 안으로 한 발 들어서며 대문에 빗장이 뽑힌 것을 이상스레 생각했다.≪홍성원, 육이오≫

이상야릇-이

의미 [-정상],[+유별],[+괴상]

제약

정상적이지 않고 별나며 괴상하게. ≒괴괴히02·괴이히·괴히.

¶이상야릇이 그려진 그림./타격 자세를 이상야릇이 취한 선수/그는 내가 묻는 말에 가타부타 대답 없이 이상야릇이 웃기만 한다.

이상-히

의미 [+상태],[-정상]

제약

① 정상적인 상태와 다르게.

의미 [+경험]v[+지식],[+유별],[+특색]

제약

② 지금까지의 경험이나 지식과는 달리 별나거나 색다르게.

의미 [+의심],[-인식]

제약

③ 의심스럽거나 알 수 없는 데가 있게.

¶이상히 여기다.

이슥-도록

의미 [+밤],[+깊이]

제약

밤이 깊을 때까지.

¶갑례는 밤이 이슥도록 도무지 잠을 이루지 못하고, 남의 집 베갯잇에 수없이 눈물을 흘렸다. ≪하근찬, 야호≫/그날 밤은 남자들은 건넌방으로 몰고 안방에서 삼 모녀가 자며 밤이 이슥도록 재미있게 이야기들을 하였다.≪염상섭, 취우≫

이슥-히

의미 [＋밤],[＋깊이],[＋정도]

제약

① ⇒ 이슥하다①. 밤이 꽤 깊다.

¶밤이 이슥히 깊어 거리에는 지나가는 사람도 없다./즐거운 기분에 빠져 있는 양 보였고요. 산 바람에 실린 콧노래가 밤 이슥히 간헐적으로 들렸지요. 혼자 잠자리에 들기 전에 나는 가까스로 구노에게 몇…

의미 [＋시간],[＋경과],[＋정도]

제약

② ⇒ 이슥하다②. 지난 시간이 얼마간 오래다.

¶서산에 해가 넘어간 지도 이슥히 지났다.

이심스레

의미 [＋정도],[＋과도]

제약

⇒ 이심스럽다. 지나치게 심한 데가 있다.

이심-히

의미 [＋정도],[＋극심]

제약

지나칠 정도로 심하게.

이악스레

의미 [＋밀착],[＋기세],[＋견고],[＋끈기]

제약

① ⇒ 이악스럽다①. 달라붙는 기세가 굳세고 끈덕진 데가 있다.

¶이악스레 따지다./일에 이악스레 달라붙다./어느 편이 하나 물러나는 법 없이 점점 더 다가들면서 내민 입으로 자기의 말소리를 좀 더 이악스레 빠르게들 하고 있는데….≪황순원, 별≫

의미 [＋태도],[＋이익],[＋노력],[＋과도]

제약

② ⇒ 이악스럽다②. 이익을 위하여 지나치게 아득바득하는 태도가 있는 듯하다.

이악-이악

의미 [＋모양],[＋밀착],[＋기세],[＋견고],[＋끈기],[＋정도]

제약

달라붙는 기세가 매우 굳세고 끈덕진 모양.

이야-말로

의미 [＋언급],[＋사실],[＋강조]

제약

바로 앞에서 이야기한 사실을 강조할 때 쓰는 말. 늑차소위.

¶나에게 뜻하지 않게 행운이 찾아왔다. 이야말로 내 인생을 바꿀 절호의 기회였다./이야말로 그들의 속셈을 단적으로 보여 주는 예라 할 수 있다./이 두 집 세도 싸움에 볶여 우리네 상사람들이야 살아 볼 재간이 있나. 이야말로 고래 싸움에 새우 등 터지는 격이지 뭔가.≪이무영, 농민≫

이어

의미 [＋언사]v[＋행동],[＋연속]

제약

앞의 말이나 행동 따위에 잇대어. 또는 계속하여.

¶영화가 시작되는 벨이 울리고, 이어 불이 꺼졌다./"야아." 하고 덕규가 일어서는 듯하며 환성을 질렀다. 이어, "야아." 하는 정희의 환성도 있었다.≪이병주, 행복어 사전≫

이어-서

의미 [＋언사]v[＋행동],[＋연속]

제약

＝이어. '이어'에 보조사 '서'를 덧붙여 어조를 고른 말. 앞의 말이나 행동 따위에 잇대어. 또는 계속하여.

¶옆집 벨 소리가 울리고 이어서 집 안에서 누군가 신발 끌고 나오는 소리가 들렸다./불이 꺼지고 이어서 영화가 시작되었다.

이억-이억

의미 [＋모양],[＋밀착],[＋기세],[＋견고],[＋끈기],[＋정도]

제약

달라붙는 기세가 몹시 굳세고 끈덕진 모양.

이엄-이엄

의미 [＋모양],[＋연속],[－절단]

제약

끊이지 않고 자꾸 이어 가는 모양.

¶아주머니는 잔소리를 그치는가 싶으면 또 말꼬리를 잡고 이엄이엄 계속했다.

이-에

의미 [+이유]

제약

이러하여서 곧. 늑자에.

¶우수한 성적을 올렸으므로 이에 상장을 수여함./조선 말기 열강의 이권 침탈이 심해지자 이에 뜻있는 사람들이 모여 자주 독립운동을 펼쳐 나갔다.

이-에서

의미 [+비교]

제약

이것에 비하여.

¶이에서 더 좋은 일이 어디 있겠는가./미역을 감고 와서 참외나 수박을 깨뜨려 먹고 달빛이 흐르는 모기장 속에서 자는 취미라니 삼방 약수터도 이에서 더 상쾌할 것 같지 않다.≪이기영, 고향≫

이연-히⁰¹

의미 [+기쁨],[+흡족]

제약

기쁘고 좋게.

이연-히⁰²

의미 [+색깔],[+검정]

제약

① 빛이 검게.

의미 [+기색],[+동의]

제약

② 동의하는 기색으로.

의미 [+확실],[−잘못]

제약

③ 틀림없이 확실하게.

이왕

의미 [+상황],[+현재],[+결정]

제약

=이왕에. 이미 정하여진 사실로서 그렇게 된 바에.

¶이왕 시작한 바엔 끝을 봐야겠다./이왕 그렇게 된 일, 후회해 봤자 소용없다./이왕 마음먹고 나선 길이니 떠나되, 어느 정도 세상을 알게 되거든 돌아오도록 해라.≪이문열, 황제를 위하여≫/이왕 왔으니 잠깐이라도 들어왔다 가야지, 내가 미안하지 않아.≪심훈, 영원의 미소≫

이왕-에

의미 [+상황],[+현재],[+결정]

제약

이미 정하여진 사실로서 그렇게 된 바에. 늑이왕.

¶이왕에 할 일이라면 빨리 해 버리자./이왕에 갈 거면 빨리 서두르지./이왕에 터진 일인데, 시끄럽게 이러고저러고 해서 난리를 꾸며 대면 뭣할 것이오.≪한승원, 해일≫

이왕-이면

의미 [+실행],[−자의],[+선택]

제약

어차피 그렇게 할 바에는.

¶해야 할 일이라면 이왕이면 제대로 하자./이왕이면 마음에 드는 것으로 고르십시오./왜 하필 망국사냐? 이왕이면 나라를 일으킨 이야기가 지금의 우리 시국에 합당하련만.≪박완서, 미망≫/이왕이면 내 얼굴 잘 나오게 찍어 주세요.≪안정효, 하얀 전쟁≫

이유

의미 [+소리],[+사슴],[+울음]

제약 {사슴}-{울다}

① 사슴이 우는 소리.

의미 [+소리],[+이야기]

제약

② 이야기하는 소리.

이윽고

의미 [+시간],[+경과]

제약

얼마 있다가. 또는 얼마쯤 시간이 흐른 뒤에.

¶동녘 하늘이 뿌옇게 되더니 이윽고 해가 뜨기 시작했다./하늘에 퍼런 금이 서더니 이윽고, 쿵 우르릉! 세상이 동강이 나는 소리와 함께 주먹 같은 빗방울이 쏟아졌다.≪장용학, 비인 탄생≫/"아이고 영감" 하는 노파의 울부짖음이 터져 나오더니 이윽고 간장을 도려내는 듯한 호곡 소리가 이어졌다.≪문순태, 타오르는 강≫

이이

의미 [+소리],[+벌레],[+울음]

제약 {벌레}-{울다}

벌레가 우는 소리.

이-저리

의미 [+방향],[-기준],[-일정]

제약

'이리저리02'의 준말. 일정한 방향이 없이 이쪽 저쪽으로.

¶놀이가 끝나자 아이들이 이저리 흩어졌다.

이제

의미 [+지금],[+과거][+단절]

제약

바로 이때에. 지나간 때와 단절된 느낌을 준다.

¶이제 며칠 후면 졸업이다./돈도 떨어지고 이제 어떻게 하지?/할머니 이제 그만 우세요./웅보는 이제 농담까지 할 수 있는 여유가 생겼다.≪문순 태, 타오르는 강≫

이제-금

의미 [+과거],[+지속],[+지금]

제약

이제까지. 또는 지금까지.

¶이제금 저 달이 아름다운 줄을 정말 미처 몰랐 어요./이제금 기다렸으니 조금만 더 기다려 보 자.

이제-껏

의미 [-경험],[+현재]

제약

=여태껏. 지금까지. 또는 아직까지.

¶이제껏 한 번도 본 적이 없는 물건입니다./이제 껏 무엇을 하다 지금 들어오니?

이제나-저제나

의미 [+시간],[-분명]

제약

어떤 일이 일어나는 때가 언제일지 알 수 없을 때 쓰는 말. 흔히 어떤 일을 몹시 안타깝게 기다 릴 때 쓴다.

¶이제나저제나 그가 오기를 기다렸지만 끝내 오 지 않았다./이제나저제나 하고 기다리던 그의 아 내가 모든 걸 안 것은 53년 휴전이 되고 서울로 돌아온 뒤였지.≪이문열, 변경≫/이제나저제나 감 옥으로 끌려갈 것이라는 불안과 초조로 그는 미 칠 것 같았었다.≪홍성암, 큰물로 가는 큰 고기≫

이제-야

의미 [+현재],[+순간]

제약

말하고 있는 이때에 이르러서야 비로소.

¶이제야 그것을 깨달았느냐./저놈이 이제야 본 색을 드러내는구나./이제야 좀 운이 트이나 보 다./이제야 그는 김씨 문중 사람들이 그 언덕배 기를 놓고 그처럼 펄펄 뛰는 이유를 알 것 같았 다.≪전상국, 하늘 아래 그 자리≫/오월로 접어든 산골짝의 날씨는 이제야 겨우 봄기운이 느껴진 다.≪홍성원, 육이오≫/오후 두 시 남짓, 장바닥은 이제야 제 시를 만나 물 잦아진 웅덩이에 올챙 이처럼 와시글덕시글하고 있었다.≪김원일, 불의 제전≫

이죽-삐죽

의미 [+모양],[+빈정]

제약

이죽거리며 삐죽거리는 모양.

이죽-야죽

의미 [+모양],[+빈정],[+증오]

제약

이죽거리며 야죽거리는 모양.

¶이죽야죽 약 올리다.

이죽-이죽

의미 [+모양],[+조롱],[+야유],[+정도],[+반 복]

제약 { }-{거리다, 대다}

'이기죽이기죽'의 준말. 자꾸 밉살스럽게 지껄이 며 짓궂게 빈정거리는 모양.

¶그는 기분 나쁘게 이죽이죽 웃음을 흘리며 말 했다./엄마는 평소 사이가 안 좋은 옆집 아줌마 와 이죽이죽 대거리를 하였다.

이지렁-스레

의미 [+능청],[+자연]

제약

능청맞고 천연스럽게.

이-쯤

의미 [+기준],[+도달],[+정도]

제약

이만한 정도로.

¶이쯤 말했으니 너도 이해하겠지?/수다는 이쯤
하고 이제 공부하자.

이차어피-에
의미 [−원칙],[−기준],[+다양]
제약
이렇게 하든지 저렇게 하든지. 늑이차이피에ㆍ
이차피.

이차이피-에
의미 [−원칙],[−기준],[+다양]
제약
=이차어피에. 이렇게 하든지 저렇게 하든지.

이차피
의미 [−원칙],[−기준],[+다양]
제약
=이차어피에. 이렇게 하든지 저렇게 하든지.

이채로이
의미 [+특색]
제약
보기에 색다른 데가 있게.

이-토록
의미 [+기준],[+도달],[+정도]
제약
이러한 정도로까지.
¶이토록 못난 저를 아껴 주시니 몸 둘 바를 모
르겠습니다./그가 나를 **이토록** 사랑하는지 몰랐
다./그들이 살고 있음을 **이토록** 기뻐해 본 적이
이전엔 한 번도 없었던 것 같다.≪김승옥, 햇빛≫

이해-간
의미 [+이익]v[+손해]
제약
이가 되든 해가 되든.

이히히
의미 [+소리],[+웃음],[+빈도],[+크기]
제약 {사람}-{웃다}
① 자지러질 듯이 크게 웃는 소리.
의미 [+소리],[+웃음],[+익살]v[+우둔]
제약 {사람}-{웃다}
② 익살맞게 또는 어리석게 웃는 소리.
¶춘식이 아범이 빠진 앞니를 들썩이며 혼자 이
히히 웃었다.≪한수산, 유민≫

익살스레
의미 [+언사]v[+행동],[+고의],[+익살]
제약
남을 웃기려고 일부러 우스운 말이나 행동을 하
는 데가 있게.
¶꼬마들은 껌을 못 얻어먹는 것이 억울한 것은
아니라는 표정으로 마주 보며 퍽 **익살스레** 웃는
다.≪이문희, 흑맥≫

익숙-히
의미 [+상태],[+능숙]
제약
① ⇒ 익숙하다.①. 어떤 일을 여러 번 하여 서
투르지 않은 상태에 있다.
¶그는 **익숙히** 국을 끓이고 저녁상을 차렸다./"차
례로구나?" 하며 웃었다. 계집도 웃으며 잠자코
내 얼굴을 **익숙히** 치어다 본다. 입귀가 처진 밉
살맞은 계집이 술병을 들고 올라왔다. 나는…
≪염상섭, 창작과비평사≫
의미 [+상태],[+경험],[+익숙]
제약
② ⇒ 익숙하다.②. 어떤 대상을 자주 보거나 겪
어서 처음 대하지 않는 느낌이 드는 상태에 있
다.
¶**익숙히** 다녀 본 길이라서 쉽게 친구네를 찾았
다./한 번 두 번 보고 곧 알려고 그러지 말고 익
숙히 **익숙히** 해서 무르익어서—될 수만 있다면,
이상적으로 말한다면—신ㆍ구약이, 또 신ㆍ구약
만이 아니고, 다른…

익연-히
의미 [+좌우],[+넓이]
제약
새가 날개를 편 것처럼 좌우가 넓게.
¶꽤 넓은 두 연지(蓮池) 틈에 **익연히** 일으킨 작
지 않은 정자니….≪최남선, 심춘순례≫

익-히
의미 [+능숙]
제약
① 어떤 일을 여러 번 해 보아서 서투르지 않게.
¶나의 돈줄은 물론이거니와 그 보수를 받는 날
짜까지도 **익히** 꿰차고 있는 터였다.≪김원우, 짐승

의 시간≫/익히 다닌 길이라 어둠 속에서도 그는 대중으로 더듬어 나갔다.≪유주현, 대한 제국≫

의미 [+익숙]

제약

② 어떤 대상을 자주 보거나 겪어서 처음 대하는 것 같지 않게.

¶우리는 익히 알고 지내는 사이다./그의 천재성은 소문으로 익히 들어 알고 있다.

인색-히

의미 [+태도],[+재물],[+절약],[+과도]

제약

① 재물을 아끼는 태도가 몹시 지나치게.

¶재물에 너무 인색히 굴지 마라.

의미 [+일],[+진행],[+태도],[+야박],[+과도]

제약

② 어떤 일을 하는 데 대하여 지나치게 박하게.

¶신라의 연금술, 낙랑의 벽화가 널리는 알려지지 못하였지마는, 아는 이는 의외란 듯이 당목과 찬가를 인색히 하지 않는다.≪이희승, 벙어리 냉가슴≫

인성-만성

의미 [+모양],[+사람],[+다수],[+집합],[+혼잡],[+소란]

제약

① 많은 사람이 모여 혼잡하고 떠들썩한 모양.

¶인성만성 떠들다.

의미 [+모양],[+정신],[+혼미],[-분명]

제약

② 정신이 어지럽고 흐릿한 모양.

인자스레

의미 [+마음],[+인자],[+자애]

제약

⇒ 인자스럽다. 보기에 마음이 어질고 자애로운 데가 있다.

인정사정없-이

의미 [-인정],[-사정]

제약

무자비할 만큼 몹시 엄격하게. 인정을 베푸는 것도 없고 사정을 봐주는 것도 없다는 뜻에서 나온 말이다.

¶인정사정없이 때리다./인정사정없이 짓밟다./그는 집에 구걸하러 온 거지를 인정사정없이 내쫓았다./칠만이는 주막 주인의 손에서 쇠꼬챙이 붙인 작대기를 빼앗다시피하여 인정사정없이 마구 휘둘러 댔다.≪문순태, 타오르는 강≫

인정스레

의미 [+인정]

제약

⇒ 인정스럽다. 보기에 인정을 베푸는 데가 있다.

¶인정스레 웃다.

인제

의미 [+지금]

제약

이제에 이르러.

¶인제 오니?/인제 막 가려는 참이다./인제 생각하니 후회가 된다./그의 나이가 인제 갓 스물이라니 도무지 믿어지지 않는다.

일간

의미 [+기준],[+일(日)],[+근접]

제약

가까운 며칠 안에.

¶일간 다시 들르겠다./일간 만나서 자세히 상의하세.

일긋-알긋

의미 [+모양],[+물건],[+구조],[-일치],[-견고],[+경사],[-일정],[+반복]

제약 { }-{틀어지다, 맞지 않다}

짜인 물건의 사개가 잘 맞지 아니하고 느슨하여 고르지 아니하게 이리저리 자꾸 비뚤어지는 모양.

¶칠은 다 벗겨지고 낡을 대로 낡은 장롱이 문을 열 때마다 일긋알긋 움직였다.

일긋-일긋

의미 [+모양],[+물건],[+구조],[-일치],[-견고],[+경사],[-일정],[+반복]

제약 { }-{틀어지다, 맞지 않다}

짜인 물건의 사개가 맞지 아니하고 느슨하여 이리저리로 자꾸 비뚤어지는 모양.

¶책 무게에 책꽂이가 일긋일긋 흔들렸다.

일기죽-얄기죽

의미 [＋모양],[＋입]v[＋허리],[＋이동],[－일정],[－속도],[－균일]

제약 { }-{움직이다}

입이나 허리 따위를 이리저리 느리고 고르지 아니하게 움직이는 모양.

¶그녀는 기분이 안 좋아 입을 **일기죽얄기죽** 움직였다.

일기죽-일기죽

의미 [＋모양],[＋입]v[＋허리],[＋이동],[－일정],[－속도],[＋반복]

제약 { }-{움직이다}

입이나 허리 따위를 이리저리 느리게 자꾸 움직이는 모양.

¶그녀는 허리를 **일기죽일기죽** 흔들면서 걷는다.

일-껏

의미 [＋결심],[＋노력]

제약

모처럼 애써서.

¶그는 **일껏** 마련한 좋은 기회를 놓쳤다./**일껏** 음식을 만들어 주었더니 맛이 없다고 불평이다./상관도 없는 사람이 괜한 말을 하여 **일껏** 잘되어 가는 일을 망쳐 놓았다.

일단

의미 [＋우선]

제약

① 우선 먼저.

¶**일단** 그곳에 가 보자./아프면 **일단** 병원부터 가라. 참고 있다가 더 큰 병 된다.

의미 [＋우선],[＋잠시]

제약

② 우선 잠깐.

¶**일단** 자리를 잠시 피하시오./**일단** 생각해 보고 결정하겠습니다.

의미 [＋만약],[＋한번]

제약

③ 만일에 한번.

¶그 남자도 **일단** 사회에 나가면 처자식을 먹여 살리기 위해서는 남성으로서 참기 어려운 굴욕을 당하는 경우도….≪정비석, 비석과 금강산의 대화≫/

단숨에 통일할 것이 아니라 두 국가의 연합체제를 거쳐야 했다고 생각한다. 일단 연합체제 안에서 남한이 경제적 지원을 해준다면, 북한인들은 훗날 어느 정도…

일렁-얄랑

의미 [＋모양],[＋물건],[＋요동],[－균일],[－일정],[＋반복]

제약 { }-{흔들리다}

물건 따위가 고르지 아니하게 자꾸 이리저리 흔들리는 모양.

¶연못 위에 띄워 놓은 종이배가 **일렁얄랑** 좌우로 요동치다가는 물속으로 가라앉았다.

일렁-일렁

의미 [＋모양],[＋물건],[＋요동],[－균일],[－일정],[＋반복]

제약 { }-{흔들리다}

① 크고 긴 물건 따위가 자꾸 이리저리 크게 흔들리는 모양.

¶그녀는 배가 아래위로 **일렁일렁** 움직이자 몹시 어지럽고 멀미가 났다./주는데, 돈이 천 원 들어 있었다. 배가 아래위로 **일렁일렁** 흔들리어 몹시 어지럽고 멀미가 날 것 같았다. 그래도 다행히 약을…

의미 [＋모양],[＋촛불],[＋요동],[－일정],[＋반복]

제약 {촛불}-{흔들리다}

② 촛불 따위가 이리저리 자꾸 흔들리는 모양.

¶남폿불에 비친 자신의 그림자가 불꽃의 흔들림에 따라 **일렁일렁** 벽면에서 춤을 춘다.≪홍성원, 육이오≫

의미 [＋모양],[＋마음],[＋동요],[＋반복]

제약

③ 마음에 동요가 자꾸 생기는 모양.

일로

의미 [＋방향],[＋기준],[＋접근]

제약 { }-{오다, 가다}

'이리로'의 준말. 이곳으로. 또는 이쪽으로.

¶**일로** 와라./**일로** 가면 학교가 있을 거다.

일병

의미 [＋전부],[－예외]

제약

=죄다. 남김없이 모조리.

¶세상을 혹하게 하며 백성을 속이는 것과 서로 거짓말을 지어 선동케 하는 것을 일병 엄히 금하라 하였다더라.≪독립신문≫

일부러

의미 [＋목적]v[＋의도]

제약

① 어떤 목적이나 생각을 가지고. 또는 마음을 내어 굳이.

¶일부러 찾아가다./듣자 하니 요즘 술을 과하게 한다기에 그래서 내 오늘 일부러 건너왔던 거야. ≪한수산, 유민≫

의미 [＋인지],[＋마음],[＋은폐]

제약

② 알면서도 마음을 숨기고.

¶일부러 눈감아 주다./나는 어쩌면 어머니가 알고도 일부러 모르는 체하는지도 모른다는 생각을 지울 수가 없었다.≪오정희, 유년의 뜰≫/나는 일부러 무표정한 얼굴로 안락의자에 앉아서 그들을 관망하기만 했다.≪황석영, 섬섬옥수≫

일부일

의미 [＋일(日)],[＋반복]

제약

하루하루가 계속 반복된다는 뜻으로, '날마다'를 이르는 말.

¶그녀는 행여나 집 떠난 남편이 돌아올까 일부일 기다렸다.

일생-토록

의미 [＋평생]

제약

=평생토록. 살아서 목숨이 다할 때까지

¶그는 일생토록 학문에만 몰두하였다.

일시

의미 [＋시기],[－길이],[＋사이]

제약

어느 한 시기의 짧은 동안에. 늑한때.

¶나는 그녀와 일시 사귄 적이 있다./1956년 1월 3일, 이규는 프랑스에서 일시 귀국했다.≪이병주, 지리산≫/너무 흥분하고 너무 지친 나머지 일시

기절한 것이라 그 회복은 뜻밖에도 빨랐다.≪현진건, 무영탑≫/중대와의 연락이 일시 두절된 채 계속 정글 속을 헤맨 끝에 우리는 이미 지칠 대로 지쳐 있었다.≪김인배, 방울뱀≫

일심불란-히

의미 [＋마음],[＋집중],[－혼란]

제약

한 가지에 마음을 집중하여 혼란스럽지 아니하게.

¶하루는 집에서 조반을 일찍 마치고 식당에 나가서 사무실에서 그날의 식탁표를 일심불란히 꾸미고 있던 중….≪변영로, 명정 40년≫

일쑤

의미 [＋빈도]

제약

드물지 아니하게 흔히.

¶짝은 일쑤 지각을 한다./그들은 일쑤 그믐산이를 찾아와 들볶았다.≪이문구, 오자룡≫/조령모개로 일쑤 바뀌는 것이 조직인지라, 그는 잠시도 마음을 놓을 수 없었다.≪현기영, 변방에 우짖는 새≫/고단한 새벽잠을 깨웠다가 나는 일쑤 경쳤다.≪이동하, 장난감 도시≫

일약

의미 [＋모양],[＋지위]v[＋등급]v[＋가격],[＋상승],[＋단번]

제약 { }-{뛰다, 오르다}

지위, 등급, 가격 따위가 단번에 높이 뛰어오르는 모양.

¶일약 스타가 되다./사실 달내 강변의 좌우 펼이 일약 껑충 뛰어서 옥토가 된다면 그만큼 읍내가 발전할 것만은 틀림없는 일이었다.≪이기영, 신개지≫/형우는 우리들 사이에서 일약 영웅이 돼 버렸다.≪전상국, 우상의 눈물≫

일양

의미 [－변화],[＋지속]

제약

한결같이 그대로. 또는 꼭 그대로.

¶아들은 성적이 오르지도 내리지도 않고 일양 그 수준이다.

일없-이

의미 [－이유]v[－실속]

제약

아무런 까닭이나 실속 없이.

¶일없이 거리를 배회하다./그는 일없이 지나가는 사람을 툭툭 치곤 한다./일없이 아까운 시간만 허비하였다.

일왈

의미 [＋언사],[＋고지]

제약

한편으로 일러 말하기를.

¶조부의 이루지 못한 소원이 남은 땅이고 보매 이 일을 계속하는 것은 **일왈** 조상에 대한 효성 이니 사람의 후손으로서 이에 없는 더 좋은 사 업이 다시 없으리라 싶었다.≪한설야, 탑≫

일익

의미 [＋일(日)],[＋개별],[＋증가]

제약

나날이 더욱.

¶형의 사업이 일익 신장하는 추세다.

일일

의미 [＋매일]

제약

=매일. 하루하루마다.

¶일일 달라지는 농촌의 모습.

일일-시시

의미 [＋매일],[＋매시]

제약

날마다 시간마다.

일일-이[01]

의미 [＋일],[＋개별],[＋전부]

제약

일마다 모두.

¶일일이 트집을 잡다./일일이 제대로 된 것이 없 다.

일일-이[02]

의미 [＋개별],[＋전부]

제약

① 하나씩 하나씩. ≒하나하나①.

¶공책 한 장 한 장을 일일이 넘기다./일일이 무 게를 달다./여러 사연을 일일이 들어보다.

의미 [＋사람],[＋개별],[＋전부]

제약

② 한 사람씩 한 사람씩. ≒하나하나②.

¶친구들을 일일이 만나 보다./인사 올릴 만한 친 척 어른들은 모두 참례하고 있어서 짧은 일정에 일일이 찾아다니는 번거로움을 피할 수 있어 좋 았다.≪현기영, 순이 삼촌≫/그때 형은 일일이 채무 자들을 설득해서 마침내는 오 년 동안 이자 없 이 분할 상환 하기로 결정을 보았어.≪백도기, 청 동의 뱀≫

의미 [＋개별],[＋전부],[＋상세]

제약

③ 이것저것 자세히. 또는 꼬박꼬박 세심한 정 성을 들여. ≒하나하나③.

¶꼭 일일이 말해 줘야 알아듣겠니?/나는 원래 포크질을 할 줄 몰랐으므로 할머님이 일일이 가 르쳐 주셨고….≪최인호, 처세술 개론≫/서울 가면 꼭 지켜야 할 필수 조건을 아내에게 일일이 설 명하지 않을 수도 없었다.≪김유정, 소낙비≫

의미 [＋조건],[＋전부]

제약

④ 여러 가지 조건에 그때그때마다. ≒하나하나 ④.

¶형식에 일일이 구애받지 않다./일일이 사람들의 요구를 다 들어주다 보면 한이 없다.

일절

의미 [＋사물][＋부인]v[＋행위][＋금지]

제약

아주, 전혀, 절대로의 뜻으로, 흔히 사물을 부인 하거나 행위를 금지할 때에 쓰는 말.

¶출입을 일절 금하다./일절 간섭하지 마시오./그 는 고향을 떠난 후로 연락을 일절 끊었다./그는 자기 가족에 관한 이야기를 어느 누구에게도 일 절 하지 않았다./할아버지나 삼촌은 끝내 그 이 상의 말을 일절 입 밖에 내지 않았다.≪김춘복, 쌈 짓골≫

일정-히

의미 [＋상태],[＋크기]v[＋모양]v[＋범위]v [＋시간],[＋기준],[＋결정]

제약 { }-{정하다}

① 어떤 것의 크기, 모양, 범위, 시간 따위가 하나로 정하여져 있는 상태로. ≒정일히[01]①.

¶학교에서는 신어도 되는 신발 종류를 일정히 정해 놓았다.

의미 [+양]v[+성질]v[+상태]v[+계획],[−변화],[+일정]

제약

② 어떤 것의 양, 성질, 상태, 계획 따위가 달라지지 아니하고 한결같이. ≒정일히[01]②.

¶차의 속도를 일정히 유지하다./체중을 일정히 유지하다.

의미 [+흐름]v[+절차],[+규칙]

제약

③ 전체적으로 흐름이나 절차가 규칙적으로. ≒정일히[01]③.

¶등댓불이 바다 위를 일정히 돌며 바다를 비추고 있다.

일제-히

의미 [+다수],[+동시]

제약

여럿이 한꺼번에.

¶수업이 끝나자 아이들이 일제히 교실에서 나온다./사람들의 시선이 일제히 내게로 쏠렸다./어느 때든지 급한 나발로 군호만 하면 관속은 말할 것 없고 읍내 장정들까지 일제히 나서도록 짜 놓았다고….≪홍명희, 임꺽정≫/숨가쁜 장구 소리와 함께 일제히 일어나서 어깨춤을 춘다.≪서기원, 조선백자 마리아상≫

일직

의미 [+항상],[−변화]

제약

=일향. 언제나 한결같이

일쭉-알쭉

의미 [+모양],[+허리],[+운동],[+좌우],[−균일],[+반복]

제약 {허리}-{흔들다}

허리를 좌우로 가볍고 고르지 아니하게 자꾸 흔드는 모양.

¶허리를 일쭉알쭉 움직이며 체조를 한다.

일쭉-일쭉

의미 [+모양],[+허리],[+운동],[+좌우],[−균일],[+반복]

제약 {허리}-{흔들다}

허리를 좌우로 거볍게 자꾸 흔드는 모양.

일찌감치

의미 [+시간],[+기준],[+신속]

제약

① 조금 이르다고 할 정도로 얼른. ≒일찌거니.

¶일찌감치 저녁을 먹고 자리에 들었다./일찌감치 일은 끝냈겠다 이제 무얼 하지?/일찌감치 군불을 지펴 둔 방바닥은 적당히 따뜻했고….≪김성동, 먼 산≫/맛동이는…최 마름 하는 짓에 거들지 않을 수 없고 하니 일찌감치 알아차리고 자청하여 어디로 심부름 나간 것이 분명한 듯했다.≪이문구, 오자룡≫

의미 [+기간],[+가능],[+신속]

제약

② 될 수 있는 한 얼른.

¶안 될 일은 일찌감치 걷어치워라./내일 일찍 나가려면 일찌감치 잠을 자 두는 게 좋아.

일찌거니

의미 [+시간],[+기준],[+신속]

제약

①=일찌감치①. 조금 이르다고 할 정도로 얼른.

일찍

의미 [+시간],[+기준],[+조속]

제약

=일찍이①. 일정한 시간보다 이르게

¶일찍 귀가하다./일찍 일어나다./그는 부모를 일찍 여의었다./그는 조금 더 일찍 서둘러 아버지의 곁으로 돌아오지 못했던 것을 뼈저리게 탄식하였다.≪문순태, 타오르는 강≫

일찍-이

의미 [+시간],[+기준],[+조속]

제약

① 일정한 시간보다 이르게. ≒일찍.

¶일찍이 출근하다./그들은 다음 날 새벽 일찍이 다음 목적지로 출발했다./그녀는 다만 아침 일찍이 끓인 국과 물을 길어다가 슬쩍 놓고 가곤 할 뿐….≪한승원, 해일≫

의미 [+이전]

제약

② 예전에. 또는 전에 한 번.

¶일찍이 없었던 일./일찍이 전해져 오던 책./그런 일은 일찍이 경험하지 못했던 일이다./나는 일찍이 그 같은 사람을 본 적이 없다.

일찍-일찍이

의미 [+조속],[+정도]

제약

매우 일찍이.

¶밤늦게 다니지 말고 **일찍일찍이** 좀 다녀라.

일체

의미 [+완전],[+전부]

제약

① 모든 것을 다.

¶걱정 근심일랑 **일체** 털어 버리고 자, 즐겁게 술이나 마시자./전개과정이다. '잠자는 수련을 응시하는 물'에서처럼 그에게 이 수련은 일체 존재가 본래 지녔을 구체적 성질이기에 수련은 여전히 밤과 같은 무채색이고 물은…

의미 [+사물][+부인]v[+행위][+금지]

제약

② 일절. 아주, 전혀, 절대로의 뜻으로 흔히 사물을 부인하거나 행위를 금지할 때에 쓰는 말.

¶따위 종교가 아니라, 하나님은 영이시니까 영으로 예배하는 것이며, 영으로 예배하니 일체 형식이 없다 그 말이에요. 일체 형식이 없는 그런 때가 오는데…

일층

의미 [+기준],[+증가]

제약

=한층. 일정한 정도에서 한 단계 더.

¶경계를 **일층** 더 강화하다./매일같이 부상병이 밀려들고 있었다. 더욱이 휴전 협정 문제가 제기된 후부터는 적의 공격이 **일층** 가열하여졌으므로 부상병의 수가 격증하였다.≪오상원, 백지의 기록≫

일-테면

의미 [+설명],[+부연]

제약

'이를테면'의 준말. 가령 말하자면.

¶목조 건물은 이따금씩 삐걱대는 소리를 냈다. 아주 기분 나쁜 소리여서 자꾸만 엉뚱한 연상을 떠올리려 했다. 일테면, 언젠가 들은 적이 있는 달걀귀신 같은 것 말이다.≪이동하, 장난감 도시≫/난 세상 재미란 하나도 모르고 지내니까……일테면 고민을 하기 위해서 태어난 인생이야.≪심훈, 영원의 미소≫

일향

의미 [+항상],[-변화]

제약

언제나 한결같이. 늘 일직.

¶**일향** 사양하다./기체후 일향 만강하옵신지요?/이렇게 일향 고집을 부리시면 저는 어찌합니까?/그 멀리 온 임이란 게 뚱딴지로 일향 눈치코치 없이 제 흥에만 겨워하니 가인은 있어도 재자 없는 게 한이로소이다.≪염상섭, 취우≫

임림총총-히

의미 [+상태],[+밀집]

제약

많이 모여 빽빽하게 들어서 있는 상태로.

임의로이

의미 [-기준]v[-원칙],[+자의]

제약

① ⇒ 임의롭다①. 일정한 기준이나 원칙이 없어 하고 싶은 대로 할 수 있다.

의미 [+행동],[+자유],[+관계],[+친밀]

제약 { }-{지내다, 행동하다}

② ⇒ 임의롭다②. ('…과'가 나타나지 않을 때는 여럿임을 뜻하는 말이 주어로 온다) 서로 친하여 거북하지 아니하고 행동에 구애됨이 없다.

¶우리는 나이 차이가 꽤 나지만 서로 친구처럼 **임의로이** 지낸다.

입때

의미 [+행동]v[+일]v[+상태],[-완성],[-만족]

제약 { }-{부정}

=여태. 지금까지. 또는 아직까지.

¶**입때** 안 왔어./"어디! 어제 동경 떠났는데요. 입때 모르셨어요?" 이탁이는 깜짝 놀랐다.≪염상

섭, 무화과≫/참으로 나의 처는 훌륭한 여자이었었네. 그런데 벌써 한 달은 되네. 자기 본가로 간다고 가더니 **입때** 아주 소식이 없네그려.≪송영, 석공 조합 대표≫/"왜 **입때** 자지를 않소." 아사달은 아내의 앞에 주저앉으며 번연히 아는 잠 안 자는 까닭을 물었다.≪현진건, 무영탑≫/**입때**까지 뭐했어?/월이 많이 흘러간 지금에 와서도 그때의 일이 통 잊혀지지가 않는구먼. 하지만 나는 이날 **입때**까지 그때의 내 결정을 한 번도 후회해 본 일이 없었네.≪이청준, 키 작은 자유인≫

입때-껏
의미 [＋행동]v[＋일]v[＋상태],[－완성],[－만족]
제약 { }-{부정}
＝여태껏. 지금까지. 또는 아직까지.
¶비록 귀하고 넉넉지는 못했을지언정 무남독녀 외동딸로 고이고이 자라나서, **입때껏** 외간 남자에게 이런 욕설은 처음 듣기 때문이다.≪현진건, 무영탑≫/아무도 몰래, 처음으로…… 그는 가슴 벅찬 떨림을 느꼈다. 그러고 보니 **입때껏** 다리를 건넌 적이 없었던 듯했다. 누구를 만나기 위해……≪신장현, 문학과지성사≫

입입-이
의미 [＋입],[＋다수],[＋전부]
제약
여러 입마다 모조리.
¶**입입**이 칭찬하다./**입입**이 나무라다.

있-이
의미 [＋경제],[＋여유]
제약
경제적으로 넉넉하게.
¶**있이** 산다고 너무 자랑하지 마라.

잉
의미 [＋소리],[＋곤충],[＋비상],[＋연속]
제약 { }-{날다}
① 날벌레 따위가 잇따라 날아가는 소리.
의미 [＋소리],[＋전선]v[＋철사],[＋바람],[＋충돌],[＋연속]
제약
② 거센 바람이 가늘고 팽팽한 전선이나 철사

따위에 잇따라 부딪치는 소리.

잉잉⁰¹
의미 [＋소리]v[＋모양],[＋아이],[＋울음],[＋가증],[＋연속]
제약 {어린아이}-{울다}
어린아이가 입을 찡그리듯 벌리고 밉살스럽게 잇따라 우는 소리. 또는 그 모양.
¶아이는 낯선 사람을 보자 **잉잉** 울기 시작했다.

잉-잉⁰²
의미 [＋소리],[＋곤충],[＋비상],[＋연속]
제약 { }-{날다}
① 날벌레 따위가 잇따라 날아가는 소리.
¶꽃밭에 벌들이 꿀을 모으느라 **잉잉** 날아다닌다./벌들이 **잉잉** 소리를 내며 날았다.≪조세희, 궤도 회전≫
의미 [＋소리],[＋전선]v[＋철사],[＋바람],[＋충돌],[＋연속]
제약
② 거센 바람이 가늘고 팽팽한 전선이나 철사 따위에 잇따라 부딪치는 소리.
¶한바탕 바람이 불자 동네의 전깃줄들이 **잉잉** 울렸다.

잎잎-이
의미 [＋잎],[＋개별],[＋전부]
제약
각각의 잎마다 모두.
¶**잎잎이** 이슬이 맺히다./단풍나무들이 **잎잎이** 곱게 물들어 있다.

ㅈ

자고-로

의미 [＋과거],[＋지속]

제약

=자고이래로. 예로부터 내려오면서.

¶자고로 죄짓고는 못 사는 법이다./자고로 가난한 백성일수록 종교에 약한 법이야.≪김성동, 만다라≫/개성이야 자고로 상민의 고장 아닌가.≪박완서, 미망≫

자고이래-로

의미 [＋과거],[＋지속]

제약

예로부터 내려오면서. 늑고래로·자고로·자래로.

¶대개 산삼이라 하는 것은 자고이래로 영약이라 일러 왔거니와….≪이문구, 오자룡≫

자그락-자그락⁰¹

의미 [＋모양],[＋사건],[－중요],[＋분쟁]

제약 {사람}-{다투다}

하찮은 일로 옥신각신하며 다투는 모양.

자그락-자그락⁰²

의미 [＋소리],[＋자갈밭],[＋밟음],[＋연속]

제약

잔 자갈밭 따위를 가볍게 밟을 때 잇따라 나는 소리.

¶그들의 걸음은 꽤 석가탑에 가까워 왔는지 자그락자그락 고이고이 돌을 미는 소리가 들렸다. ≪현진건, 무영탑≫

자그르르

의미 [＋소리]v[＋모양],[＋액체]v[＋기름],[＋점성],[＋비등],[＋순간]

제약 {액체, 기름}-{끓다}

적은 양의 걸쭉한 액체나 기름 따위가 갑자기 끓어오르는 소리. 또는 그 모양.

자그마치

의미 [＋예상],[＋풍부]v[－부족]

제약

① 예상보다 훨씬 많이. 또는 적지 않게.

¶저 집은 아이가 자그마치 아홉이래./고향을 떠나온 지 자그마치 십 년이 넘었다./차는 어둠 속에 잠들어 있는 산야를 누비며 자그마치 7시간 이상이나 숨차게 달려왔던 셈이었다.≪이동하, 도시의 늪≫

의미 [－크기],[－정도]

제약

② 조금 작게.

자그시

의미 [＋모양],[＋힘],[－정도]

제약

① 살며시 힘을 주는 모양.

¶입술을 자그시 깨물다./자그시 문을 열다./눈을 자그시 감다./이제 무슨 끝장이 나야 한다고 아랫입술을 자그시 물기도 했다.≪하근찬, 야호≫

의미 [＋모양],[＋인내],[＋조용]

제약 { }-{참다, 견디다}

② 조용히 참고 견디는 모양.

¶흥분을 자그시 억누르다./그는 눈을 감고 분노를 자그시 가라앉혔다.

자근덕-자근덕

의미 [＋모양],[＋불만],[＋끈기],[＋반복]

제약 { }-{대다, 거리다}

조금 성가실 정도로 끈덕지게 자꾸 귀찮게 구는 모양.

자근-자근⁰¹

의미 [＋모양],[＋불만],[＋은근],[＋반복]

제약 { }-{대다, 거리다}

① 조금 성가실 정도로 은근히 자꾸 귀찮게 구는 모양.

¶외판원은 **자근자근** 나를 따라다니며 책을 권했다.

의미 [＋모양],[＋누름]v[＋밟음],[－정도],[＋반복]

제약 {사람}-{누르다, 밟다}

② 가볍게 자꾸 누르거나 밟는 모양.

¶나는 아버지의 다리를 **자근자근** 주물러 드렸다./명화는 손수건을 꺼내어 땀방울을 **자근자근** 누르며 닦아 내었다.《현진건, 적도》

의미 [＋모양],[＋씹음],[＋반복]

제약 { }-{씹다}

③ 가볍게 자꾸 씹는 모양.

¶풀을 **자근자근** 씹다./몇 시간째 말없이 **자근자근** 입술만 깨물고 있다.

자근-자근⁰²

의미 [＋모양],[＋머리],[＋통증],[－정도],[＋반복]

제약 {머리}-{쑤시다, 아프다}

머리가 자꾸 가볍게 쑤시듯 아픈 모양.

¶머리가 **자근자근** 쑤시다.

자글-자글⁰¹

의미 [＋소리]v[＋모양],[＋액체]v[＋기름],[＋점성],[＋건조],[＋비등],[＋반복]

제약 {액체, 기름}-{끓다}

① 적은 양의 액체나 기름 따위가 걸쭉하게 잦아들면서 자꾸 끓는 소리. 또는 그 모양.

¶찌개가 **자글자글** 끓고 있다./보리죽을 끓일 때에 솥 밑구멍에서 죽이 눋느라고 나는 **자글자글** 소리처럼….《한승원, 해일》

의미 [＋모양],[＋마음],[＋근심],[＋걱정]v[＋안달]v[＋만족]

제약

② 걱정스럽거나 조바심이 나거나 못마땅하여 마음을 졸이는 모양.

의미 [＋모양],[＋아이],[＋통증],[＋열],[＋반복]

제약 {아이}-{끓다}

③ 어린아이가 아파서 열이 자꾸 나며 몸이 달아오르는 모양.

¶아이의 이마가 **자글자글** 끓어오르고 있다.

의미 [＋모양],[＋햇빛],[＋열기],[＋정도]

제약 {햇빛}-{끓다, 태우다}

④ 햇볕이 지질 듯이 내리쪼이는 모양.

¶함석을 얹은 지붕에서 햇살이 **자글자글** 끓고 있었다.《한수산, 유민》/서편에서 뻗어 온 햇볕이 오지항아리를 **자글자글** 태우고 있었다.《박경리, 토지》

자글-자글⁰²

의미 [＋모양],[＋물체],[＋축소],[＋주름],[＋정도]

제약

물체가 쪼그라들어 잔주름이 많은 모양.

¶나이 먹고 세월 가면 그 텅 빈 얼굴에 **자글자글** 수세미같이 들끓는 주름을 다 어쩔꼬?《최명희, 혼불》

자금

의미 [＋현재],[＋기준]

제약

지금을 기준으로 하여.

¶**자금** 100년 전.

자금-자금⁰¹

의미 [＋소리]v[＋모양],[＋모래]v[＋흙],[＋씹음],[－정도],[＋반복]

제약 {잔모래, 흙}-{씹히다}

음식에 섞인 잔모래나 흙 따위가 가볍게 자꾸 씹히는 소리. 또는 그 모양.

¶밥에 모래가 **자금자금** 씹힌다.

자금-자금⁰²

의미 [＋모양],[＋전부],[－크기]

제약

여럿이 다 자그마한 모양.

자긋-자긋⁰¹

의미 [＋모양],[＋힘],[＋은근],[＋반복]

제약

① 살며시 가볍게 자꾸 힘을 주는 모양.

¶입술을 **자긋자긋** 깨물다.

의미 [＋모양],[＋인내],[＋조용],[＋지속]

제약 { }-{참다, 견디다}

② 계속해서 조용히 참고 견디는 모양.

자굿-자굿02

의미 [＋모양],[＋혐오],[＋고통],[＋정도]

제약

① 진저리가 나도록 싫고 괴로운 모양. 늑자굿자굿이①

의미 [＋모양],[＋잔인],[＋정도]

제약

② 몸에 소름이 끼치도록 잔인한 모양. 늑자굿자굿이②

자굿자굿-이

의미 [＋모양],[＋혐오],[＋고통],[＋정도]

제약

①＝자굿자굿02①. 진저리가 나도록 싫고 괴로운 모양.

의미 [＋모양],[＋잔인],[＋정도]

제약

②＝자굿자굿02②. 몸에 소름이 끼치도록 잔인한 모양.

자깝스레

의미 [＋아이],[＋행동],[＋모방],[＋어른]

제약

① 어린아이가 마치 어른처럼 행동하거나, 젊은 사람이 지나치게 늙은이의 흉내를 내어 깜찍한 데가 있다.

자꾸

의미 [＋반복],[－중단],[＋지속]

제약

여러 번 반복하거나 끊임없이 계속하여.

¶사레가 들렸는지 **자꾸** 기침을 한다./아이가 장난감을 사 달라고 **자꾸** 조른다./말도 안 되는 일을 **자꾸** 우긴다./어제 밤을 새웠더니 **자꾸** 눈이 감긴다./성적이 **자꾸** 떨어진다./형의 몸무게는 **자꾸** 늘어 간다./땀이 **자꾸** 흘러내려서 아무것도 분명히 볼 수 없었던 것이다.≪김동리, 사반의 십자가≫

자꾸-만

의미 [＋반복],[－중단],[＋지속]

제약

'자꾸'를 조금 강조하여 이르는 말. 여러 번 반복하거나 끊임없이 계속하여.

¶아기가 배가 고픈지 **자꾸만** 칭얼거린다./악몽을 꾸고 나니 나쁜 생각이 **자꾸만** 든다./일이 자꾸만 꼬여 어찌할 줄 모르겠다./그에게 **자꾸만** 귀찮게 굴지 마라./소를 한 마리 사느라고 오십 원을 꾼 것이 **자꾸만** 이자는 늘고 농사는 안되고 해서 그렇게 많아진 거래요.≪이광수, 흙≫/게다가 빛줄기는 이제 사내 쪽으로 **자꾸만** 가까이 거리를 조금씩 좁혀 들고 있었다.≪이청준, 잔인한 도시≫

자꾸-자꾸

의미 [＋반복],[－중단],[＋지속]

제약

잇따라 여러 번 반복하거나 끊임없이 계속하여.

¶고향에 계신 부모님이 **자꾸자꾸** 생각이 난다./**자꾸자꾸** 걸려 오는 전화 때문에 잠을 잘 수가 없었다./물건이 잘 팔리면서 수입도 **자꾸자꾸** 많아졌다./세월은 **자꾸자꾸** 흘러 십 년이 지났다./쌀알이 불어지도록 **자꾸자꾸** 물을 갈아 행구고 있는 영란의 모습이 오래도록 가슴에 남았다.≪한무숙, 돌≫

자끈

의미 [＋소리]v[＋모양],[＋물건],[＋절단]v[＋파괴],[＋순간],[＋정도]

제약 {물건}-{부러지다, 깨지다}

① 작고 단단한 물건이 갑자기 세게 부러지거나 깨지는 소리. 또는 그 모양.

¶한 번 내려치자 막대기가 **자끈** 부러지고 말았다.

의미 [＋소리]v[＋모양],[＋타격],[＋한번],[＋정도]

제약 { }-{때리다}

② 세게 한 번 때리는 소리. 또는 그 모양.

자끈-동

의미 [＋모양],[＋물건],[＋절단]v[＋분리],[＋순간]

제약 {물건}-{부러지다, 깨지다}

작고 단단한 물건이 갑자기 세게 부러져 도막이

나는 모양.

¶옷을 꿰매다가 바늘이 **자끈동** 부러지고 말았다.

자끈-자끈01

의미 [+소리]v[+모양],[+물건],[+절단]v[+파괴],[+순간],[+정도],[+반복]

제약 {물건}-{부러지다, 깨지다}

① 작고 단단한 물건이 갑자기 세게 자꾸 부러지거나 깨지는 소리. 또는 그 모양.

¶나뭇가지를 **자끈자끈** 부러뜨려 아궁이에 넣고 불을 지폈다./논개는 다시 망치를 들었다. 돌이 **자끈자끈** 부서진다.≪박종화, 임진왜란≫

의미 [+소리]v[+모양],[+타격],[+정도],[+반복]

제약 { }-{때리다}

② 세게 자꾸 때리는 소리. 또는 그 모양.

자끈-자끈02

의미 [+모양],[+머리],[+통증],[-정도],[+반복]

제약 {머리}-{쑤시다, 아프다}

머리가 자꾸 가볍게 쑤시듯 아픈 모양. '자근자근02'보다 센 느낌을 준다.

¶머리가 **자끈자끈** 쑤신다.

자끔-자끔

의미 [+소리]v[+모양],[+모래]v[+흙],[+씹음],[-정도],[+반복]

제약 {잔모래, 흙}-{씹히다}

음식에 섞인 잔모래나 흙 따위가 가볍게 자꾸 씹히는 소리. 또는 그 모양. '자금자금01'보다 조금 센 느낌을 준다.

자냥스레

의미 [+이야기],[+소리],[+영리]

제약

재잘거리는 소리가 듣기에 똑똑한 데가 있다.

늑-자늑

의미 [+모양],[+동작],[+조용],[+유연],[+경쾌]

제약

동작이 조용하며 가볍고 진득하게 부드럽고 가벼운 모양.

¶그는 그동안의 사정을 **자늑자늑** 설명하였다.

자닝-스레

의미 [+애처],[+불쌍]

제약

애처롭고 불쌍하여 차마 보기 어려운 데가 있다.

자닝-히

의미 [+애처],[+불쌍]

제약

애처롭고 불쌍하여 차마 보기 어렵게.

¶**자닝히** 여기다.

자드락-자드락

의미 [+모양],[+타인],[+불만],[+반복]

제약

남이 귀찮아하도록 자꾸 성가시게 구는 모양.

자락-자락01

의미 [+모양],[-회피],[+진행],[+지속],[+정도]

제약

갈수록 더욱 거리낌 없이 구는 모양.

자락-자락02

의미 [+소리]v[+모양],[+손뼉],[+연속]

제약 {손뼉}-{치다}

손뼉을 가볍게 여러 번 칠 때 잇따라 나는 소리. 또는 그 모양.

¶누군가 혼자서 손뼉을 **자락자락** 쳤다. 그러나 곧 한 사람이 두 사람이 되고 그것이 일동에게 퍼져서….≪김남천, 공장 신문≫

자란-자란

의미 [+모양],[+액체],[+충만],[±범람]

제약

① 액체가 그릇에 가득 차 가장자리에서 넘칠 듯 말 듯 한 모양.

¶**자란자란** 가득히 따라 놓은 술잔.

의미 [+모양],[+물건],[+선단],[±접촉],[-정도]

제약

② 물건의 한쪽 끝이 다른 물건에 가볍게 스칠 듯 말 듯 한 모양.

¶그녀의 머리채는 어깨까지 **자란자란** 닿았다./부인의 긴 치마가 바람에 **자란자란** 발끝을 스친다.

자랑

의미 [＋소리],[＋쇠붙이],[＋충돌],[＋공명],
[－길이]

제약 {쇠붙이}-{부딪치다, 울리다}

① 얇은 쇠붙이 따위가 서로 가볍게 부딪쳐 짧
게 울리는 소리.

의미 [＋소리]v[＋모양],[＋목소리],[＋높이],
[＋청아]

제약 {목소리}-{울리다}

② 목소리가 높고 맑게 울리는 소리. 또는 그
모양.

자랑스레

의미 [＋자랑]

제약 {　}-{여기다, 말하다}

남에게 드러내어 뽐낼 만한 데가 있게.

¶무용담을 **자랑스레** 늘어놓다./아버지가 그토록
자랑스레 여기던 한국이니 자기 눈으로 한번쯤
보고 싶다는 호기심이 앞섰던 것이었다.≪홍성원,
육이오≫

자랑-자랑

의미 [＋소리],[＋쇠붙이],[＋충돌],[＋공명],
[－길이],[＋반복]

제약 {쇠붙이}-{부딪치다, 울리다}

① 얇은 쇠붙이 따위가 자꾸 서로 가볍게 부딪
쳐 짧게 울리는 소리.

의미 [＋소리]v[＋모양],[＋목소리],[＋높이],
[＋청아],[＋반복]

제약 {목소리}-{울리다}

② 목소리가 자꾸 높고 맑게 울리는 소리. 또는
그 모양.

¶선생님의 음성이 강당 안에 **자랑자랑** 울렸다.

자래-로

의미 [＋과거],[＋지속]

제약

=자고이래로. 예로부터 내려오면서.

¶**자래로** 우리는 예의를 숭상해 왔다./어째서 자
래로 고부간은 개와 고양이처럼 앙숙이라 하였
던가.≪이기영, 고향≫

자르랑

의미 [＋소리],[＋쇠붙이],[＋충돌],[＋공명]

제약 {쇠붙이}-{부딪치다, 울리다}

얇은 쇠붙이 따위가 서로 가볍게 부딪쳐 울리는
소리.

자르랑-자르랑

의미 [＋소리],[＋쇠붙이],[＋충돌],[＋공명]

제약 {쇠붙이}-{부딪치다, 울리다}

얇은 쇠붙이 따위가 서로 가볍게 부딪쳐 울리는
소리.

자르르[01]

의미 [＋모양],[＋물기]v[＋기름기]v[＋윤기],
[＋광택]

제약 {물기, 기름기, 윤기}-{흐르다}

물기나 기름기, 윤기 따위가 많이 흘러서 반지
르르한 모양.

¶윤기가 **자르르** 흐르는 구두./손때가 **자르르** 흐
르는 지팡이./얼굴에 윤기가 **자르르** 흐른다./게
다가 목소리까지도 기름이 **자르르** 흐르고….≪이
호철, 문≫

자르르[02]

의미 [＋느낌],[＋뼈마디]v[＋신체],[＋부분],
[＋마비]

제약 {뼈마디, 몸}-{저리다}

① 뼈마디나 몸의 일부가 조금 저린 느낌.

¶다리가 **자르르** 저린다.

의미 [＋모양],[＋움직임]v[＋열]v[＋전기],[＋확
산],[＋속도]

제약

② 움직임이나 열, 전기 따위가 한 지점에서 주
위로 조금 빠르게 퍼져 나가는 모양.

¶순간적으로 전기가 **자르르** 올랐다./어떤 미열
같은 것이 **자르르** 전신에 퍼지는 것 같았다.≪하
근찬, 야호≫

자르르[03]

의미 [＋소리],[＋물건],[＋다수],[＋산개]

제약

크기가 작은 여러 개의 물건이 쏟아져 흩어지는
소리.

¶구슬이 **자르르** 방바닥으로 쏟아졌다./노름꾼이
자르르 소리를 내면서 투전을 내밀었다.≪오유권,
대지의 학대≫

자리-자리

의미 [+느낌],[+피],[−순환],[+마비],[+반복]

제약 {몸}−{저리다}

피가 돌지 못하여 자꾸 자린 느낌.

¶오래 앉아 있었더니 다리가 자리자리 저리다.

자릿-자릿

의미 [+느낌],[+마비],[+정도]v[+반복]

제약 {몸}−{저리다}

① 매우 또는 자꾸 자린 듯한 느낌.

¶손끝이 자릿자릿 자리다./독한 술은 악마 같은 적장의 털 없는 점막을 스쳐서 자릿자릿 창자 속 모세관으로 스며든 뒤에….≪박종화, 임진왜란≫

의미 [+느낌],[+심리],[+자극],[+흥분],[+요동],[+순간],[+정도]

제약

② 심리적 자극을 받아 마음이 순간적으로 꽤 흥분되고 떨리는 듯한 느낌.

¶온몸에 자릿자릿 배어드는 기쁨을 참을 수 없었다.

자못

의미 [+예측],[+정도]

제약

생각보다 매우.

¶여러분에 대한 기대가 **자못** 큽니다./마을 친척들도 명식의 경솔한 언동이 **자못** 불쾌한 모양이었다.≪황석영, 종노≫/어느 집 추녀의 못이 삭았는지 함석 귀가 들려 널뛰듯 덜컹거리는 소리만 **자못** 바람의 기세를 짐작게 했다.≪서영은, 먼 그대≫

자박

의미 [+소리],[+발],[+걸음],[+정숙]

제약 {발}−{내디디다, 걷다}

발을 가만가만 가볍게 내디디는 소리.

자박-자박

의미 [+소리]v[+모양],[+발],[+걸음],[+정숙],[+반복]

제약 {발}−{내디디다, 걷다}

가볍게 발소리를 내면서 자꾸 가만가만 걷는 소리. 또는 그 모양.

¶자박자박 걷다./찬 바람에 굳어진 땅을 자박자박 밟는 발소리도 들려온다.≪박경리, 토지≫/안에

서 신발 소리가 **자박자박** 나더니 한 여자가 대문 밖으로 갸웃이 내다본다.≪이기영, 신개지≫

자발머리없-이

의미 [+행동],[−인내],[+경박]

제약

'자발없이'를 속되게 이르는 말. 행동이 가볍고 참을성이 없이.

¶뭘 먹고 쓰고 할 게 있다고 **자발머리없이** 자주 되돌아보우?≪이문구, 산 너머 남촌≫

자발없-이

의미 [+행동],[−인내],[+경박]

제약

행동이 가볍고 참을성이 없이.

¶그 작은 몸매로 좌우를 **자발없이** 휘둘러 보고 있는 품이 얼마쯤의 무리를 거느리고 다니는 졸장부 같았다.≪김원우, 짐승의 시간≫/앉은뱅이걸음을 하는 줄 알았더니 **자발없이** 남의 하초 구경은 왜 했느냐?

자밤-자밤

의미 [+모양],[+나물]v[+양념],[+분량],[+파지],[+연속]

제약 {나물, 양념}−{집다}

나물이나 양념 따위를 손가락 끝으로 집을 만한 정도의 분량만큼 잇따라 집는 모양.

¶어머니는 아이의 밥숟갈 위에 얹어 주기 위해서 **자밤자밤** 나물을 집었다.

자별-히

의미 [+친분],[+정도]

제약

남보다 특별한 친분으로.

¶친구에게 **자별히** 대하다./우리 가족은 그와 자별히 지내는 사이이다.

자부락-자부락

의미 [+모양],[+타인],[+도발],[+불만],[+반복]

제약 { }−{대다, 거리다}

가만히 있는 사람을 실없이 자꾸 건드려 귀찮게 하는 모양.

자부룩-이

의미 [+공중],[+높이],[+상승],[+정도]

제약

공중으로 높이 올라가서 까마득히.

자분닥-자분닥

의미 [+모양],[+언사]v[+행동],[+심술],[+타인],[+불만],[+반복]

제약

좀스럽게 짓궂은 말이나 행동으로 자꾸 남을 성가시게 하는 모양.

¶자분닥자분닥 시끄럽게 굴지 말고 저리 비켜라.

자분-자분[01]

의미 [+모양],[+언사]v[+행동],[+심술],[+타인],[+불만],[+반복]

제약

좀스럽게 짓궂은 말이나 행동 따위로 자꾸 남을 귀찮게 하는 모양.

자분-자분[02]

의미 [+모양],[+잔모래],[+씹음],[+반복]

제약 {잔모래}-{씹히다}

음식에 섞인 잔모래 따위가 귀찮게 자꾸 씹히는 모양.

자분-자분[03]

의미 [+모양],[+성질]v[+태도],[+유연],[+조용],[+치밀]

제약

성질이나 태도가 부드럽고 조용하며 찬찬한 모양.

¶자분자분 이야기하다./그는 항상 자분자분 일을 잘한다.

자분-자분[04]

의미 [+모양],[+씹음],[+물건],[+유연]

제약 {물건}-{씹히다}

부드러운 물건이 씹히는 모양.

자분참

의미 [+즉시]

제약

지체 없이 곧.

¶어깨를 나란히 홍천사 경내로 들어갔다. 가서 길을 별안간 잃어버린 것처럼 자분참 산 위로 올라가 버린다.≪이상, 종생기≫

자비로이

의미 [+마음],[+사랑],[+측은]

제약

남을 깊이 사랑하고 가엾게 여기는 마음으로.

자비스레

의미 [+마음],[+사랑],[+측은]

제약

보기에 남을 깊이 사랑하고 가엾게 여기는 마음이 있게.

¶할머니는 오랜만에 찾아온 손자들을 자비스레 웃으며 맞아 주셨다.

자상스레

의미 [+치밀],[+자세]

제약

① 찬찬하고 자세하게.

¶물건 안에 동봉된 편지에는 물건의 사용 방법이 자상스레 씌어 있었다.

의미 [+인정],[+정성]

제약

② 인정이 넘치고 정성이 지극하게.

¶선생님께서는 아이들을 자신의 아들딸처럼 자상스레 돌봐 주셨다.

자상-히

의미 [+치밀],[+자세]

제약

① 찬찬하고 자세히. 늑위곡히.

¶원호소의 사무실 사람에게 자상히 설명은 들었으나….≪채만식, 소년은 자란다≫/집에서 길을 떠나기 전에 조모는 첫날밤 절차를 자상히 일러 주었다.≪이기영, 봄≫

의미 [+인정],[+정성],[+정도]

제약

② 인정이 넘치고 정성이 지극히.

¶어머니께서 자상히 간호해 주신 덕분에 나는 예상보다 빨리 병석에서 일어날 수 있었다.

자세-자세

의미 [+자세],[+정도]

제약

아주 자세히.

¶나중에 자세자세 이야기하겠습니다.≪홍명희, 임꺽정≫/사동에게 부엌일을 자세자세 일러 놓고

931

저 집 일이 급해 허둥지둥 나오면서도….≪염상
섭, 일대의 유업≫

자세-히

의미 [-중요],[+구체],[+분명],[+정도]

제약

사소한 부분까지 아주 구체적이고 분명히.

¶자세히 말하다./자세히 가르쳐 주다./얼굴을 자
세히 들여다보다./이순신 장군은 충청 수사 정걸
을 통하여 서울 형편을 자세히 들었다.≪박종화,
임진왜란≫/해변 쪽에서 난데없는 조명탄이 올랐
다. 자세히 살펴보니 탐조등까지 번쩍거리고 있
었다.≪윤흥길, 묵시의 바다≫

자소-로

의미 [+현재],[+유년],[+진행]

제약

=자소이래로. 젊고 어렸을 때부터 이제까지.

자소시-로

의미 [+현재],[+유년],[+진행]

제약

=자소이래로. 젊고 어렸을 때부터 이제까지.

자소이래-로

의미 [+현재],[+유년],[+진행]

제약

젊고 어렸을 때부터 이제까지. 늑자소로·자소
시로.

자수-로

의미 [+자신]

제약

자기의 손으로.

¶이때껏 자기가 쓴 돈은 자기 부친이 물려준 천
냥에서 범용한 것이 아니라 자수로 더 늘린 속
에서 쓴 것이니까 그리 아깝지도 않고….≪염상
섭, 삼대≫

자신만만-히

의미 [+자신],[+신뢰],[+정도]

제약

매우 자신이 있게.

¶자신만만히 대답하다.

자심-히

의미 [+과도],[+정도]

제약

더욱 심하게.

¶홍섭이란 위인이 사람은 못나고 그저 어련무던
하지만 아내에게는 각별해서 미상불 젖먹이 어
린것보다 더 자심히 치마꼬리에 매달리는 것이
다.≪한설야, 탑≫

자아시-로

의미 [+유년],[+진행]

제약

어릴 때부터.

자애로이

의미 [+자애],[+사랑],[+인정]

제약

자애를 베푸는 사랑과 정이 깊게.

¶어머니는 잘못을 저지르고 용서를 비는 못난
아들을 자애로이 감싸 주었다.

자약-히

의미 [-경악],[+침착]

제약

큰일을 당해서도 놀라지 아니하고 보통 때처럼
침착하게.

¶그는 소란 속에서도 자약히 앉아 있다.

자-에

의미 [+이유]

제약

=이에. 이러하여서 곧.

¶본인이 차후로는 전 버릇을 회개하고 품행을
단정케 하며 공과를 일층 면려하기로 자에 서약
함.≪최찬식, 금강문≫

자연

의미 [-의도],[+자연]

제약

사람의 의도적인 행위 없이 저절로. 늑자연히.

¶불쌍한 생각에 자연 눈물이 흘렀다./그가 어떤
사람인지는 지내다 보면 자연 알게 될 것이오./
그는 자신이 고시에 합격하면 자연 식구들의 형
편도 풀리게 될 것이라고 믿었다./그날의 기억
이 너무나 무겁게 가슴을 내리눌러 자연 발걸음
이 느려졌다.≪이동하, 우울한 귀향≫

자연스레

의미 [-무리],[-장식],[-이상]

제약

① ⇒ 자연스럽다①. 억지로 꾸미지 아니하여 이상함이 없다.

¶관옥이 수돗가에서 쌀을 씻으며 두 사람의 대화 속에 **자연스레** 끼어들었다.≪홍성원, 육이오≫/부드러운 솜털처럼 **자연스레** 흘러 갔습니다.

의미 [+순리],[+당연]

제약

② ⇒ 자연스럽다②. 순리에 맞고 당연하다.

¶가꾸지 않은 텃밭은 **자연스레** 잡초로 뒤덮였다.

의미 [-노력],[+자연]

제약

③ ⇒ 자연스럽다③. 힘들이거나 애쓰지 아니하고 저절로 된 듯하다.

¶두 사람은 함께 공부하면서 **자연스레** 친해졌다.

자연-히

의미 [-의도],[+자연]

제약

=자연. 사람의 의도적인 행위 없이 저절로.

¶그들은 같은 집에 하숙하면서 **자연히** 알게 되었다./친구들과 술자리를 같이하다 보면 **자연히** 12시가 넘었다./남녀의 좌석을 따로 정한 것은 아니지만 **자연히** 남자는 남자끼리 여자는 여자끼리 앉게 되었다.≪한용운, 흑풍≫/이환수 씨와 손님은 한동안 말이 없었다. 주고받은 화제가 **자연히** 그런 분위기를 만든 탓인지도 몰랐다.≪최일남, 거룩한 응답≫

자오록-이

의미 [+느낌],[+연기]v[+안개],[+다량],[-분명],[+고요]

제약 {연기, 안개}-{ }

연기나 안개 따위가 잔뜩 끼어 흐릿하고 고요한 느낌이 있게.

¶강변에 아지랑이가 **자오록이** 피어오르는 영산강의 봄바람은 씨앗에서 갓 나온 솜처럼 부드러웠다.≪문순태, 타오르는 강≫

자옥-이

의미 [+연기]v[+안개],[+다량],[-분명]

제약 {연기, 안개}-{ }

연기나 안개 따위가 잔뜩 끼어 흐릿하게. 늑자욱이.

¶바람이 티끌을 **자옥이** 일으켰다./침묵에 빠져 버린 듯한 무방비 상태의 도시 위로 피와 같은 비가 **자옥이** 내리꽂히고 있었다.≪최인호, 지구인≫

자우룩-이

의미 [+느낌],[+연기]v[+안개],[+다량],[-분명],[+고요]

제약 {연기, 안개}-{ }

⇒ 자우룩하다. 연기나 안개 따위가 잔뜩 끼어 매우 흐리고 고요한 느낌이 있다.

¶마을을 **자우룩이** 감싼 안개.

자욱-이

의미 [+연기]v[+안개],[+다량],[-분명]

제약 {연기, 안개}-{ }

=자옥이. 연기나 안개 따위가 잔뜩 끼어 흐릿하게.

¶안개가 **자욱이** 낀 날./차가 먼지를 **자욱이** 날리며 달린다./그때 형은 아궁이에 불을 지피고 있었던 모양으로 부엌문에는 연기가 **자욱이** 엉겨 붙었다.≪김용성, 도둑 일기≫

자유로이

의미 [-구속]v[-속박],[+의지],[+자유]

제약

구속이나 속박 따위가 없이 제 마음대로.

¶**자유로이** 건물을 드나들다./우리 학교 학생은 누구나 **자유로이** 도서관을 이용할 수 있다./그날로 이 앞뒷집 적객들은 서로 한집처럼 **자유로이** 왕래할 요량으로….≪현기영, 변방에 우짖는 새≫

자유스레

의미 [+상태],[-구속]v[-속박],[+의지],[+자유]

제약

구속이나 속박 따위가 없이 제 마음대로 할 수 있는 상태로.

¶**자유스레** 움직이다./그는 우리 집에서 더부살이를 하면서도 **자유스레** 행동했다.

자자골골

의미 [+모양],[+근면],[+노력],[+노동]

제약

부지런히 힘써 일하는 모양.

자자-이

의미 [+글자],[+개별],[+전부]

제약

글자 하나하나마다.

¶어머니를 그리는 마음이 자자이 맺힌 편지.

자자-히[01]

의미 [+끈기],[+근면],[+지속]

제약

꾸준하게 부지런히.

¶그의 굳은 신념이 음악이라 불리는 그의 길을 자자히 걸어올 수 있게 했다.

자자-히[02]

의미 [+소란],[+정도]

제약

여러 사람의 입에 오르내릴 정도로 떠들썩하게.

¶칭송이 자자히 퍼지다.

자작-자작[01]

의미 [+모양],[+걸음],[−기운],[−속도]

제약 {사람}-{걷다}

① 힘없이 찬찬히 걷는 모양.

의미 [+모양],[+어린아이],[+걸음],[+위태]

제약 {발}-{내디디다, 걷다}

② 어린아이가 처음 걷기 시작할 때처럼 발을 짧게 내디디며 위태롭게 걷는 모양.

자작-자작[02]

의미 [+모양],[+액체],[+건조],[−수분],[+감소]

제약 {액체}-{ }

액체가 점점 잦아들어 적은 모양.

¶냄비에 건더기가 자작자작 잠길 만큼 물을 부었다.

자재로이

의미 [−속박]v[−장애],[+자유]

제약

속박이나 장애가 없이 마음대로.

자주

의미 [+일],[+빈도],[+연속]

제약

같은 일을 잇따라 잦게.

¶자주 일어나는 일./자주 드나드는 곳./머리를 자주 감다./사람들의 입에 자주 오르내리다./차가 자주 고장 난다./자주 찾아뵙지 못해서 죄송합니다./거리에 외국인이 자주 눈에 띈다./자주는 못 오지만 한 달에 한 번은 들를 수 있을 겁니다.

자주-자주

의미 [+일],[+빈도],[+연속]

제약

같은 일이 잇따라 매우 잦게. 늑삭삭[02].

¶자주자주 들러 주십시오./집 안에 남아 있는 이부자리, 옷가지, 누더기 등을 잡히는 대로 모아다가 환자의 진자리를 자주자주 마른자리로 갈아 주기도 했다.≪박완서, 미망≫/간간한 소금물을 끓여 가지고 그곳에 자주자주 상처를 담그도록 하십시오.≪홍성원, 육이오≫

자지리

의미 [−호감],[+정도]

제약

(주로 부정적인 뜻을 나타내는 말과 함께 쓰여) '아주 몹시' 또는 '지긋지긋하게'의 뜻을 나타낸다.

¶자지리도 못난 사람./자지리 복도 없는 사람./그의 아내는 자지리 고생만 하다 죽었다.

자질-자질

의미 [+모양],[+액체],[+건조],[−수분],[+감소]

제약 {액체}-{ }

물기가 말라서 잦아드는 모양.

자차분-히

의미 [−크기],[−흥미],[−중요]

제약

모두가 잘고 시시하여 대수롭지 아니하게.

자축-자축

의미 [+모양],[+걸음],[−기운],[−균형],[−정도]

제약 {사람}-{걷다}

다리에 힘이 없어 가볍게 다리를 절며 걷는 모양.

자춤-자춤

의미 [＋모양],[＋걸음],[－기운],[－균형],[－정도]

제약 {사람}-{걷다}

다리에 힘이 없어 조금 가볍게 다리를 절며 걷는 모양.

자칫

의미 [＋우연],[＋상충],[－빈도]

제약

① 어쩌다가 조금 어긋남을 나타낼 때 쓰는 말.
¶자칫 흐트러지기 쉬운 마음./자칫 잘못하면 큰일 난다./죄인을 잡는다고 물색없이 설치다간 자칫 민폐가 되기 십상이오.≪현기영, 변방에 우짖는 새≫

의미 [＋비교],[＋기준],[－정도]

제약

② 비교적 조금.
¶자칫 큰 듯하다.

자칫-자칫

의미 [＋모양],[＋아기],[＋걸음],[＋미숙],[＋주저],[＋반복]

제약 {아기}-{걷다}

젖먹이가 걸음발 타듯이 서툰 걸음으로 주춤거리며 자꾸 걷는 모양.

자혜로이

의미 [＋태도],[＋인자],[＋은혜]

제약

인자하고 은혜로운 태도로.
¶자혜로운 은혜에 보답하다./이번에는 그처럼 자상하고 자혜로운 할아버지가 어디 있으랴 싶은 그런 얼굴로….≪전상국, 외딴길≫

작01

의미 [＋소리]v[＋모양],[＋줄]v[＋획],[＋한번]

제약 {줄, 획}-{긋다}

① 줄이나 획을 한 번 긋는 소리. 또는 그 모양.
¶펜으로 선을 작 긋다.

의미 [＋소리]v[＋모양],[＋종이]v[＋천],[＋분리],[＋한번]

제약 {종이, 천}-{찢다}

② 종이나 천 따위를 한 번 찢는 소리. 또는 그 모양.

¶아이가 돈을 작 찢었다.

작02

의미 [＋소리]v[＋모양],[＋액체],[＋줄기],[＋뻗침],[＋정도]

제약 { }-{뻗치다}

① 적은 액체가 가는 줄기로 세게 뻗치는 소리. 또는 그 모양.

의미 [＋소리]v[＋모양],[＋물체],[＋활주],[＋마찰],[＋정도]

제약 {물체}-{미끄러지다}

② 작은 물체가 세게 문질리면서 미끄러지는 소리. 또는 그 모양.

작신

의미 [＋소리]v[＋모양],[＋물건],[＋절단]v[＋파괴],[＋순간],[＋정도]

제약 {물건}-{부러지다, 깨지다}

작고 단단한 물건이 갑자기 세게 부러지거나 깨지는 모양.
¶정강이가 작신 부러지고 종지뼈가 으스러져 버렸기 때문에 치료가 다 끝난 후에도 지왓골댁은 여전히 뻗정다리였다.≪윤흥길, 묵시의 바다≫/그날 밤 '월광' 바의 의자 몇 개와 카운터가 작신 부서져 나갔다.≪이문희, 흑맥≫

작신-작신

의미 [＋모양],[＋언사]v[＋행동],[＋불만],[＋반복]

제약 { }-{대다, 거리다}

① 조금 짓궂은 말이나 행동으로 자꾸 귀찮게 구는 모양.

의미 [＋모양],[＋힘],[＋압박],[＋반복]

제약

② 자그시 힘을 주어 자꾸 누르는 모양.
¶보리밭을 작신작신 밟다.

작이

의미 [－만족],[－도달]

제약

아쉽게도 채 이르지 못하게.
¶화살이 거지반 작이 모자라서 오히려 산 밑에 올라온 관군들이 되레 상하기 쉬웠다.≪홍명희, 임꺽정≫

작작[01]

의미 [+타인],[+행동],[+만류],[-과도]

제약

너무 지나치지 아니하게 적당히. 남이 하는 짓을 말릴 때에 쓰는 말이다.

¶거짓말 좀 **작작** 해라./술 좀 **작작** 마셔라./작작 쓸고 닦아라. 그러다 병날라./실없는 소리 **작작** 해라./나이 드신 어머님 속 **작작** 썩이고 이제 정신 좀 차려라.

작-작[02]

의미 [+소리]v[+모양],[+줄]v[+획],[-주의]

제약 {줄, 획}-{긋다}

① 줄이나 획을 함부로 긋는 소리. 또는 그 모양.

¶시험 답안지에는 온통 붉은 줄이 **작작** 그어져 있었다.

의미 [+소리]v[+모양],[+종이]v[+천],[+분리],[-주의]

제약 {종이, 천}-{찢다}

② 종이나 천 따위를 마구 찢는 소리. 또는 그 모양.

¶종이를 **작작** 찢어 휴지통에 던져 버렸다.

의미 [+소리]v[+모양],[+걸음],[+신],[+마찰],[-정도]

제약 {신발}-{끌다}

③ 신 따위를 가볍게 끌며 걷는 소리. 또는 그 모양.

¶신발을 **작작** 끌지 마라.

작작-히[01]

의미 [+모양],[+꽃],[+개화],[+화려],[+찬란]

제약

꽃이 핀 모양이 몹시 화려하고 찬란하게.

작작-히[02]

의미 [+여유]

제약

빠듯하지 아니하고 넉넉하게.

작작-히[03]

의미 [+청결],[+선명]

제약

깨끗하고 산뜻하게.

작히

의미 [+희망],[+추측],[+느낌]v[+질문]

제약

(주로 의문문에 쓰여) '어찌 조금만큼만', '얼마나'의 뜻으로 희망이나 추측을 나타내는 말. 주로 혼자 느끼거나 묻는 말에 쓰인다.

¶그렇게 해 주시면 **작히** 좋겠습니까?/나쁜 놈들이 해코지를 하려 했다니 마님께서 **작히** 놀라셨습니까?

작히-나

의미 [+희망],[+추측]

제약

'작히'를 강조하여 이르는 말. '어찌 조금만큼만', '얼마나'의 뜻으로 희망이나 추측을 나타내는 말.

¶소원이 이루어진다면 **작히나** 좋을까!/그렇게까지 해 주신다면 **작히나** 고맙겠습니까?

잔독-히

의미 [+잔인],[+악독]

제약

잔인하고 독하게.

잔드근-히

의미 [+태도],[+행동],[+침착],[+인내]

제약

① 태도와 행동이 침착하고 참을성이 있다.

의미 [+반죽],[+점성],[+습기],[+끈기]

제약

② 반죽 따위가 잘 끊어지지 아니할 만큼 약간 녹진하고 차지다.

잔득-이

의미 [+성질],[+행동],[+질김],[+끈기]

제약

① 성질이나 행동이 조금 검질기게 끈기가 있다.

¶좀 **잔득이** 앉아서 책을 읽어라.

의미 [+점성],[+습기],[+끈기]

제약

② 잘 끊어지지 아니할 정도로 녹진하고 차지다.

잔득-잔득

의미 [+모양],[+습기],[+점성],[+밀착],[+반복]

제약

① 녹진하고 차져 끈적끈적하게 자꾸 달라붙는 모양.

¶진이 **잔득잔득** 나오는 풀./꿀이 손에 **잔득잔득** 달라붙는다.

의미 [+모양],[+질김],[-절단],[+반복]

제약

② 조금 검질겨서 자꾸 끊으려 해도 잘 끊어지지 아니하는 모양.

의미 [+모양],[+성질]v[+행동],[+질김],[+끈기],[+정도]

제약

③ 성질이나 행동이 꽤 검질기게 끈기가 있는 모양.

잔뜩

의미 [+한도],[+도달],[+정도]

제약

① 한도에 이를 때까지 가득.

¶일이 **잔뜩** 밀리다./해결해야 할 서류가 책상 위에 **잔뜩** 쌓여 있다./승객이 버스에 **잔뜩** 탔다./우리는 잔칫집에서 음식을 **잔뜩** 먹었다./두 대감이 요 위에 앉자, 적객들은 구유같이 큼직하고 투박하게 생긴 돌화로에다 숯을 **잔뜩** 갖다 넣었다.≪현기영, 변방에 우짖는 새≫

의미 [+힘],[+한도],[+정도]

제약

② 힘이 닿는 데까지 한껏.

¶**잔뜩** 벼르다./**잔뜩** 노려보다./아사달은 **잔뜩** 멱살을 추켜 잡힌 채 검다 쓰다 말이 없고 주만의 그림자는 보이지 아니하였다.≪현진건, 무영탑≫/그는 귀를 떼어 낼 듯한 들바람에 얼굴을 찡그리며 모자를 **잔뜩** 누른 뒤 턱을 가슴께로 당겨 붙였다.≪김원일, 불의 제전≫

의미 [+과도],[+정도]

제약

③ 더할 수 없이 심하게.

¶**잔뜩** 겁을 먹다./화가 **잔뜩** 나다./하늘이 **잔뜩** 흐리다./그는 낮에 제가 저지른 일로 **잔뜩** 겁에

질려 있었으며, 어리석게도 김 씨에게 매달려 도움을 청하려 했다.≪윤흥길, 묵시의 바다≫

잔뜩-잔뜩

의미 [+한도],[+도달],[+정도]

제약

① 한도에 이를 때까지 가득가득.

¶시간이 지남에 따라 일이 **잔뜩잔뜩** 쌓여 갔다./수레마다 짐을 **잔뜩잔뜩** 실었다.

의미 [+힘],[+한도],[+정도],[+연속]

제약

② 힘이 닿는 데까지 잇따라 한껏.

¶**잔뜩잔뜩** 벼르다./아이는 **잔뜩잔뜩** 힘을 주어 엄마 손을 꼭 잡았다.

잔망스레

의미 [+모양],[-두께],[+연약]

제약

① 보기에 몹시 약하고 가냘픈 데가 있게.

¶저렇게 **잔망스레** 보여도 강단이 있는 사람입니다.

의미 [+태도]v[+행동],[+옹졸],[+경망]

제약

② 보기에 태도나 행동이 자질구레하고 가벼운 데가 있게.

¶그는 사사건건 **잔망스레** 참견하고 다니면서 욕만 먹는다.

의미 [+가증],[+허망]

제약

③ 얄밉도록 맹랑한 데가 있게.

잔물-잔물

의미 [+모양],[+눈가]v[+살가죽],[+궤란],[+진물]

제약

눈가나 살가죽이 약간 짓무르고 진물이 괴어 있는 모양.

잔생-이

의미 [+모양],[+말],[-효과]

제약

① 지긋지긋하게 말을 듣지 아니하는 모양.

¶그 아이는 말을 **잔생이** 안 듣는다.

의미 [+모양],[+사정],[+부탁]

제약

② 애걸복걸하는 모양.

¶살려 달라고 잔생이 빌었다.

잔악-히

의미 [＋잔인],[＋흉악]

제약

잔인하고 악하게.

잔인스레

의미 [－인정],[＋잔인],[＋정도]

제약

보기에 인정이 없고 아주 모진 데가 있게.

잔잔-히⁰¹

의미 [＋바람]v[＋물결],[＋고요]

제약

① 바람이나 물결 따위가 가라앉아 잠잠하게.

¶강물이 잔잔히 흐른다./한 줄기 미풍이 불고 지나가자, 호수에는 잔잔히 파문이 일었다./느릅나무의 잔가지가 바람에 잔잔히 떨리고 있는 뒷마당은 조용하기 짝이 없다.≪김원일, 어둠의 혼≫

의미 [＋분위기],[＋고요],[＋평화]

제약

② 분위기가 고요하고 평화롭게.

¶창살 너머 잔잔히 깔린 비늘구름에 노을빛이 묻어 불그레하게 빛나고 있다.≪오정희, 불의 강≫

의미 [＋태도],[＋차분],[＋평온]

제약

③ 태도 따위가 차분하고 평온하게.

¶아버지는 입가에 잔잔히 미소를 지으셨다./선생님은 우리의 짓궂은 질문에 잔잔히 웃기만 하셨다.

의미 [＋소리],[＋조용],[－높이]

제약

④ 소리가 조용하고 나지막하게.

¶식장에는 감미로운 선율이 잔잔히 흐르고 있었다./교회에서 자정을 알리는 종소리가 잔잔히 들려왔다.

잔잔-히⁰²

의미 [＋기질],[＋나약],[＋정도]

제약

기질이 몹시 나약하게.

잔잔-히⁰³

의미 [＋물소리],[＋흐름],[－크기],[－높이]

제약

① 흐르는 물소리가 가늘고 나지막히.

¶시냇물 소리가 잔잔히 들린다.

의미 [＋비],[－굵기],[＋조용]

제약 {비}-{오다}

② 내리는 비가 가늘고 조용히.

¶창밖에는 잔잔히 봄비가 오고 있었다.

잘

의미 [＋정당],[＋바름]

제약

① 옳고 바르게.

¶마음을 잘 써야 복을 받는다.

의미 [＋호감],[＋칭찬]

제약

② 좋고 훌륭하게.

¶아들을 잘 두다./그는 자식을 모두 잘 키웠다.

의미 [＋익숙],[＋능란]

제약

③ 익숙하고 능란하게.

¶환자를 잘 치료하다./그는 민요를 아주 잘 부른다.

의미 [＋상세][＋정확]v[＋분명][＋선명]

제약

④ 자세하고 정확하게. 또는 분명하고 또렷이.

¶잘 알다./잘 모르다./잘 듣고 따라 하시오./안경을 끼니 흐릿하게 보이던 글자들도 잘 보인다.

의미 [＋적절],[＋정도]

제약

⑤ 아주 적절하게. 또는 아주 알맞게.

¶잘 익은 수박./옷이 잘 맞다./빵이 잘 구워졌다./너 마침 잘 왔다./이 물건들을 잘 이용하면 재미있는 놀이를 할 수 있다.

의미 [＋안전],[－사고],[＋편안],[＋순탄]

제약

⑥ 아무 탈 없이 편하고 순조롭게.

¶잘 가거라./저는 잘 지내고 있습니다.

의미 [＋버릇],[＋빈도]

제약

⑦ 버릇으로 자주.

¶잘 놀라다./잘 웃다./그는 극장에 잘 간다.

의미 [+만족],[+충분]

제약

⑧ 유감없이 충분하게.

¶이번 일은 잘 생각해서 결정해야 한다.

의미 [+만족],[+정도]

제약

⑨ 아주 만족스럽게.

¶잘 먹었습니다./잘 놀고 갑니다./한숨 잘 잤다.

의미 [-유별],[+용이]

제약

⑩ 예사롭거나 쉽게.

¶아무 데서나 잘 잔다./남에게 잘 속는다./생각이 잘 안 난다./유리는 약해서 잘 깨진다.

의미 [+기능],[+만족],[+정도]

제약

⑪ 기능 면에서 아주 만족스럽게.

¶칼이 잘 든다./소화 불량에 이것만큼 잘 드는 약이 없다.

의미 [+성격],[+친절],[+정성]

제약

⑫ 친절하게 성의껏.

¶잘 대해 주다./잘 봐주다.

의미 [+근사],[+미려],[+정도]

제약

⑬ 아주 멋지게. 또는 아름답고 예쁘게.

¶잘 차려입다./사진이 잘 나왔다.

의미 [+충분],[+여유],[+정도]

제약

⑭ (흔히 수량을 나타내는 말 뒤에 쓰여) 충분하고 넉넉하게.

¶못 되어도 백 냥은 잘 될 것이다.

잘가닥

의미 [+소리]v[+모양],[+물체],[+충돌],[-정도]

제약 {물체}-{부딪치다}

① 작고 단단한 물체가 조금 가볍게 맞부딪치는 소리. 또는 그 모양.

의미 [+소리]v[+모양],[+물건],[+밀착],[+정

도]

제약 {물건}-{붙다}

② 끈기 있는 물건이 세차게 달라붙는 소리. 또는 그 모양.

의미 [+소리]v[+모양],[+자물쇠],[±개폐]

제약 {자물쇠}-{잠기다, 열리다}

③ 작은 자물쇠 따위가 잠기거나 열리는 소리. 또는 그 모양.

¶자물쇠 여는 소리가 잘가닥 나더니 그가 안으로 들어왔다.

의미 [+소리]v[+모양],[+물건],[+충돌],[-정도]

제약 {물건}-{부딪치다}

④ 서로 닿으면 걸리어 붙는 단단한 물건끼리 조금 가볍게 맞부딪치는 소리. 또는 그 모양.

잘가닥-잘가닥

의미 [+소리]v[+모양],[+물체],[+충돌],[-정도],[+반복]

제약 {물체}-{부딪치다}

① 작고 단단한 물체가 조금 가볍게 자꾸 맞부딪치는 소리. 또는 그 모양.

의미 [+소리]v[+모양],[+물건],[+밀착],[+정도],[+반복]

제약 {물건}-{붙다}

② 끈기 있는 물건이 자꾸 세차게 달라붙는 소리. 또는 그 모양.

의미 [+소리]v[+모양],[+자물쇠],[±개폐],[+반복]

제약 {자물쇠}-{잠기다, 열리다}

③ 작은 자물쇠 따위가 자꾸 잠기거나 열리는 소리. 또는 그 모양.

의미 [+소리]v[+모양],[+물건],[+충돌],[-정도],[+반복]

제약 {물건}-{부딪치다}

④ 서로 닿으면 걸리어 붙는 단단한 물건끼리 조금 가볍게 자꾸 맞부딪치는 소리. 또는 그 모양.

잘가당

의미 [+소리],[+쇠붙이],[+충돌],[+공명]

제약 {쇠붙이}-{부딪치다, 울리다}

작고 단단한 쇠붙이 따위가 맞부딪칠 때에 가볍게 울리면서 나는 소리.

잘가당-잘가당

의미 [+소리]v[+모양],[+쇠붙이],[+충돌],[+공명],[+반복]

제약 {쇠붙이}-{부딪치다, 울리다}

작고 단단한 쇠붙이 따위가 조금 가볍게 자꾸 맞부딪쳐 울리는 소리. 또는 그 모양.

잘각

의미 [+소리]v[+모양],[+물체],[+충돌],[-정도]

제약 {물체}-{부딪치다}

① '잘가닥①'의 준말. 작고 단단한 물체가 조금 가볍게 맞부딪치는 소리. 또는 그 모양.

의미 [+소리]v[+모양],[+물건],[+밀착],[+정도]

제약 {물건}-{붙다}

② '잘가닥②'의 준말. 끈기 있는 물건이 세차게 달라붙는 소리. 또는 그 모양.

의미 [+소리]v[+모양],[+자물쇠],[±개폐]

제약 {자물쇠}-{잠기다, 열리다}

③ '잘가닥③'의 준말. 작은 자물쇠 따위가 잠기거나 열리는 소리. 또는 그 모양.

의미 [+소리]v[+모양],[+물건],[+충돌],[-정도]

제약 {물건}-{부딪치다}

④ '잘가닥④'의 준말. 서로 닿으면 걸리어 붙는 단단한 물건끼리 조금 가볍게 맞부딪치는 소리. 또는 그 모양.

잘강

의미 [+소리],[+쇠붙이],[+충돌],[+공명]

제약 {쇠붙이}-{부딪치다, 울리다}

'잘가당'의 준말. 작고 단단한 쇠붙이 따위가 맞부딪칠 때에 가볍게 울리면서 나는 소리.

잘강-잘강01

의미 [+소리]v[+모양],[+쇠붙이],[+충돌],[+공명],[+반복]

제약 {쇠붙이}-{부딪치다, 울리다}

'잘가당잘가당'의 준말. 작고 단단한 쇠붙이 따위가 조금 가볍게 자꾸 맞부딪쳐 울리는 소리.

또는 그 모양.

잘강-잘강02

의미 [+모양],[+물건],[+씹음],[+반복]

제약 { }-{씹다}

질긴 물건을 잘게 자꾸 씹는 모양.

¶고기를 **잘강잘강** 씹다.

잘그락

의미 [+소리]v[+모양],[+쇠붙이],[+낙하]v[+충돌]

제약 {쇠붙이}-{떨어지다, 부딪치다}

얇은 쇠붙이 따위가 조금 가볍게 떨어지거나 맞부딪치는 소리. 또는 그 모양.

¶아가씨는 식사를 마치자 수저를 **잘그락** 내려놓았다.

잘그락-잘그락

의미 [+소리]v[+모양],[+쇠붙이],[+낙하]v[+충돌],[+연속]

제약 {쇠붙이}-{떨어지다, 부딪치다}

얇은 쇠붙이 따위가 잇따라 조금 가볍게 떨어지거나 맞부딪치는 소리. 또는 그 모양.

¶어머님은 제사를 준비하느라 놋수저를 **잘그락잘그락** 닦으신다.

잘그랑

의미 [+소리]v[+모양],[+쇠붙이],[+낙하]v[+충돌],[+공명]

제약 {쇠붙이}-{떨어지다, 부딪치다, 울리다}

작고 얇은 쇠붙이 따위가 조금 가볍게 떨어지거나 맞부딪쳐 울리는 소리. 또는 그 모양.

¶감나무 위에 있던 고양이가 뛰어내리면서 **잘그랑** 방울 소리를 냈다.

잘그랑-잘그랑

의미 [+소리]v[+모양],[+쇠붙이],[+낙하]v[+충돌],[+공명],[+반복]

제약 {쇠붙이}-{떨어지다, 부딪치다, 울리다}

작고 얇은 쇠붙이 따위가 조금 가볍게 자꾸 떨어지거나 맞부딪쳐 울리는 소리. 또는 그 모양.

¶봄바람에 풍경 소리가 **잘그랑잘그랑** 울려 퍼진다.

잘근

의미 [+모양],[+묶음]v[+감음],[+정도]

제약 { }-{매다}

조금 단단히 졸라매거나 동이는 모양.

¶허리띠를 잘근 동여매다.

잘근-잘근01

의미 [+모양],[+물건],[+씹음],[+반복]

제약 { }-{씹다}

질깃한 물건을 가볍게 자꾸 씹는 모양.

¶삘기를 입에 넣고 **잘근잘근** 씹으면 입 안 가득 단물이 괸다.

잘근-잘근02

의미 [+모양],[+묶음]v[+감음],[+정도],[+반복]

제약 { }-{매다}

조금 단단히 자꾸 졸라매거나 동이는 모양.

¶새참을 마친 아낙네들은 허리끈을 **잘근잘근** 매고 다시 밭에 들어섰다.

잘금

의미 [+모양],[+액체],[+흐름]v[+누출],[±정지]

제약

① 적은 양의 액체 따위가 조금 새어 흐르거나 나왔다 그치는 모양.

¶아이가 눈물을 **잘금** 흘리는 것을 보니 안쓰럽다./오줌을 **잘금** 쌀 정도로 무서웠다.

의미 [+모양],[+비],[+낙하],[+정지]

제약 {비}-{오다, 내리다, 그치다}

② 비가 조금 내렸다 그치는 모양.

¶가을비가 **잘금** 온다.

의미 [+모양],[+물건],[+흘림]

제약 {물건}-{흘리다}

③ 작은 물건 따위를 조금씩 흘리는 모양.

의미 [+모양],[+물건]v[+돈],[+사용]v[+지급],[+분할]

제약 {물건, 돈}-{쓰다, 나누다, 주다}

④ 물건이나 돈 따위를 조금씩 쓰거나 나누어서 주는 모양.

잘금-잘금

의미 [+모양],[+액체],[+흐름]v[+누출],[±정지],[+반복]

제약

① 적은 양의 액체 따위가 조금씩 자꾸 새어 흐르거나 나왔다 그쳤다 하는 모양.

¶샘물이 **잘금잘금** 나온다./소리 내어 울지 못하는 그의 눈에는 눈물이 **잘금잘금** 흐른다./오줌을 **잘금잘금** 누니 아랫배가 시원하지 않다.

의미 [+모양],[+비],[+낙하],[+정지],[+반복]

제약 {비}-{오다, 내리다, 그치다}

② 비가 조금씩 자꾸 내렸다 그쳤다 하는 모양.

¶비가 시원스레 내리지 않고 **잘금잘금** 온다.

의미 [+모양],[+물건],[+흘림],[+반복]

제약 {물건}-{흘리다}

③ 작은 물건 따위를 조금씩 자꾸 흘리는 모양.

의미 [+모양],[+물건]v[+돈],[+사용]v[+지급],[+반복]v[+분할]

제약 {물건, 돈}-{나누다, 쓰다, 주다}

④ 물건이나 돈 따위를 조금씩 자꾸 쓰거나 여러 번 나누어서 주는 모양.

¶할머니는 감질나게 과자를 **잘금잘금** 주신다./그는 노름으로 재산을 **잘금잘금** 탕진해 버렸다.

잘기-잘기

의미 [+모양],[+물건],[+씹음],[+반복]

제약 { }-{씹다}

질깃한 물건을 조금씩 자꾸 씹는 모양.

¶입술을 **잘기잘기** 씹다.

잘깃-잘깃

의미 [+느낌],[+질김],[+정도]

제약

① 매우 질긴 듯한 느낌.

¶**잘깃잘깃** 먹기 힘든 고기.

의미 [+모양],[+성질]v[+행동],[+질김],[+끈기],[+정도]

제약

② 성질이나 행동이 매우 검질긴 모양.

¶그는 귀찮을 정도로 **잘깃잘깃** 달라붙어 만나기가 겁난다.

잘까닥

의미 [+소리]v[+모양],[+물체],[+충돌],[-정도]

제약 {물체}-{부딪치다}

① 작고 단단한 물체가 조금 가볍게 맞부딪치는

소리. 또는 그 모양. '잘가닥①'보다 조금 센 느낌을 준다.

의미 [+소리]v[+모양],[+물건],[+밀착],[+정도]

제약 {물건}-{붙다}

② 끈기 있는 물건이 세차게 달라붙는 소리. 또는 그 모양. '잘가닥②'보다 조금 센 느낌을 준다.

¶자석의 서로 다른 극을 마주 대면 **잘까닥** 붙는다.

의미 [+소리]v[+모양],[+자물쇠],[±개폐]

제약 {자물쇠}-{잠기다, 열리다}

③ 작은 자물쇠 따위가 잠기거나 열리는 소리. 또는 그 모양. '잘가닥③'보다 조금 센 느낌을 준다.

의미 [+소리]v[+모양],[+물건],[+충돌],[-정도]

제약 {물건}-{부딪치다}

④ 서로 닿으면 걸리어 붙는 단단한 물건끼리 조금 가볍게 맞부딪치는 소리. 또는 그 모양. '잘가닥④'보다 조금 센 느낌을 준다.

¶**잘까닥** 보석 상자 닫는 소리가 들렸다.

잘까닥-잘까닥

의미 [+소리]v[+모양],[+물체],[+충돌],[-정도],[+반복]

제약 {물체}-{부딪치다}

① 작고 단단한 물체가 조금 가볍게 자꾸 맞부딪치는 소리. 또는 그 모양. '잘가닥잘가닥①'보다 조금 센 느낌을 준다.

의미 [+소리]v[+모양],[+물건],[+밀착],[+정도],[+반복]

제약 {물건}-{붙다}

② 끈기 있는 물건이 자꾸 세차게 달라붙는 소리. 또는 그 모양. '잘가닥잘가닥②'보다 조금 센 느낌을 준다.

의미 [+소리]v[+모양],[+자물쇠],[±개폐],[+반복]

제약 {자물쇠}-{잠기다, 열리다}

③ 작은 자물쇠 따위가 자꾸 잠기거나 열리는 소리. 또는 그 모양. '잘가닥잘가닥③'보다 조금

센 느낌을 준다.

의미 [+소리]v[+모양],[+물건],[+충돌],[-정도],[+반복]

제약 {물건}-{부딪치다}

④ 서로 닿으면 걸리어 붙는 단단한 물건끼리 조금 가볍게 자꾸 맞부딪치는 소리. 또는 그 모양. '잘가닥잘가닥④'보다 조금 센 느낌을 준다.

¶탁상시계 소리가 **잘까닥잘까닥** 들렸다.

잘까당

의미 [+소리]v[+모양],[+쇠붙이],[+충돌],[+공명]

제약 {쇠붙이}-{부딪치다, 울리다}

작고 단단한 쇠붙이 따위가 조금 가볍게 맞부딪쳐 울리는 소리. 또는 그 모양. '잘가당'보다 조금 센 느낌을 준다.

잘까당-잘까당

의미 [+소리]v[+모양],[+쇠붙이],[+충돌],[+공명],[+반복]

제약 {쇠붙이}-{부딪치다, 울리다}

작고 단단한 쇠붙이 따위가 자꾸 부딪쳐 울리는 소리. 또는 그 모양. '잘가당잘가당'보다 조금 센 느낌을 준다.

잘깍

의미 [+소리]v[+모양],[+물체],[+충돌],[-정도]

제약 {물체}-{부딪치다}

① '잘까닥①'의 준말. 작고 단단한 물체가 조금 가볍게 맞부딪치는 소리.

의미 [+소리]v[+모양],[+물건],[+밀착],[+정도]

제약 {물건}-{붙다}

② '잘까닥②'의 준말. 끈기 있는 물건이 세차게 달라붙는 소리. 또는 그 모양.

의미 [+소리]v[+모양],[+자물쇠],[±개폐]

제약 {자물쇠}-{잠기다, 열리다}

③ '잘까닥③'의 준말. 작은 자물쇠 따위가 잠기거나 열리는 소리. 또는 그 모양.

의미 [+소리]v[+모양],[+물건],[+충돌],[-정도]

제약 {물건}-{부딪치다}

④ '잘까닥④'의 준말. 서로 닿으면 걸리어 붙는 단단한 물건끼리 조금 가볍게 맞부딪치는 소리. 또는 그 모양.

잘깍-잘깍

의미 [+소리]v[+모양],[+물체],[+충돌],[−정도],[+반복]

제약 {물체}−{부딪치다}

① '잘까닥잘까닥①'의 준말. 작고 단단한 물체가 조금 가볍게 자꾸 맞부딪치는 소리. 또는 그 모양.

의미 [+소리]v[+모양],[+물건],[+밀착],[+정도],[+반복]

제약 {물건}−{붙다}

② '잘까닥잘까닥②'의 준말. 끈기 있는 물건이 자꾸 세차게 달라붙는 소리. 또는 그 모양.

의미 [+소리]v[+모양],[+자물쇠],[±개폐],[+반복]

제약 {자물쇠}−{잠기다, 열리다}

③ '잘까닥잘까닥③'의 준말. 작은 자물쇠 따위가 자꾸 잠기거나 열리는 소리. 또는 그 모양.

의미 [+소리]v[+모양],[+물건],[+충돌],[−정도],[+반복]

제약 {물건}−{부딪치다}

④ '잘까닥잘까닥④'의 준말. 서로 닿으면 걸리어 붙는 단단한 물건끼리 조금 가볍게 자꾸 맞부딪치는 소리. 또는 그 모양.

¶탁상시계 소리가 **잘까닥잘까닥** 들렸다.

잘깡

의미 [+소리]v[+모양],[+쇠붙이],[+충돌],[+공명]

제약 {쇠붙이}−{부딪치다, 울리다}

'잘까당'의 준말. 작고 단단한 쇠붙이 따위가 조금 가볍게 맞부딪쳐 울리는 소리. 또는 그 모양.

¶쇠붙이가 떨어지는 소리가 **잘깡** 났다.

잘깡-잘깡

의미 [+소리]v[+모양],[+쇠붙이],[+충돌],[+공명],[+반복]

제약 {쇠붙이}−{부딪치다, 울리다}

'잘까당잘까당'의 준말. 작고 단단한 쇠붙이 따위가 자꾸 부딪쳐 울리는 소리. 또는 그 모양.

¶지난밤에는 바람에 쇠붙이 부딪치는 소리가 **잘깡잘깡** 나서 깊은 잠을 잘 수가 없었다.

잘끈⁰¹

의미 [+모양],[+윗니],[+아랫입술],[+묾],[+정도]

제약 { }−{물다}

윗니로 아랫입술을 힘껏 무는 모양.

¶입술을 **잘끈** 물다./오작녀는 입술을 **잘끈** 깨물고 나서….≪황순원, 카인의 후예≫

잘끈⁰²

의미 [+모양],[+묶음]v[+감음],[+정도]

제약 { }−{매다}

조금 단단히 졸라매거나 동이는 모양. '잘근'보다 센 느낌을 준다.

¶허리띠를 **잘끈** 매다./수건을 **잘끈** 머리에 동여매다.

잘끈-잘끈⁰¹

의미 [+모양],[+윗니],[+아랫입술],[+묾],[+정도],[+연속]

제약 { }−{물다}

윗니로 아랫입술을 잇따라 힘껏 무는 모양.

¶입술을 **잘끈잘끈** 무는 것을 보니 아직 분이 풀리지 않은 모양이다.

잘끈-잘끈⁰²

의미 [+모양],[+묶음]v[+감음],[+정도],[+반복]

제약 { }−{매다}

단단히 자꾸 졸라매거나 동이는 모양. '잘근잘근⁰²'보다 센 느낌을 준다.

¶신 끈을 **잘끈잘끈** 조이다./아낙네들이 치마허리를 **잘끈잘끈** 잘라매고 일터로 나선다.

잘똑-이

의미 [+물건],[+부분],[+오목],[+깊이]

제약

기다란 물건의 한 부분이 깊게 패어 오목하게.

잘똑-잘똑⁰¹

의미 [+모양],[+다리],[−대칭]v[+장애],[+걸음],[−균형],[+반복]

제약 {사람, 동물}−{거리다, 절다}

한쪽 다리가 짧거나 탈이 나서 자꾸 되똑되똑

저는 모양.

¶앞발을 다친 고양이가 **잘똑잘똑** 절며 도망갔다./그는 **잘똑잘똑** 절면서 말없이 걸었다.

잘똑-잘똑02

의미 [+모양],[+물건],[+도처],[+오목],[+깊이]

제약

기다란 물건이 군데군데 깊게 패어 오목한 모양.

¶아기의 다리는 젖살이 올라 **잘똑잘똑** 마디가 생겼다.

잘랑

의미 [+소리],[+방울]v[+쇠붙이],[+요동]v[+충돌],[+공명]

제약 {방울, 쇠붙이}-{흔들리다, 부딪치다, 울리다}

작은 방울이나 얇은 쇠붙이 따위가 흔들리거나 부딪쳐 울리는 소리.

¶주머니 속에서 **잘랑** 소리가 나기에 꺼내 보았더니 십 원짜리 동전들이었다.

잘랑-잘랑

의미 [+소리],[+방울]v[+쇠붙이],[+요동]v[+충돌],[+공명],[+반복]

제약 {방울, 쇠붙이}-{흔들리다, 부딪치다, 울리다}

작은 방울이나 얇은 쇠붙이 따위가 자꾸 흔들리거나 부딪쳐 울리는 소리.

¶짐을 등에 가득 실은 나귀가 **잘랑잘랑** 방울 소리를 내며 이리로 온다.

잘래-잘래

의미 [+모양],[+사람],[+머리],[±좌우],[+요동],[+반복]

제약 {머리}-{흔들다}

머리를 좌우로 가볍게 자꾸 흔드는 모양. 늑잘잘01①.

¶그 아이는 **잘래잘래** 고개를 흔들었다.《김성동, 먼 산》

잘록

의미 [+모양],[+물건],[+부분],[+오목]

제약

기다란 물건의 한 군데가 패어 들어가 오목한

모양. 늑잘록이.

¶그녀는 댕기를 오른편 볼을 **잘록** 눌러 입에 물었다.

잘록-이

의미 [+모양],[+물건],[+부분],[+오목]

제약

=잘록. 기다란 물건의 한 군데가 패어 들어가 오목한 모양.

잘록-잘록01

의미 [+모양],[+물건],[+도처],[+오목]

제약

기다란 물건의 여러 군데가 패어 들어가 오목한 모양.

¶오동통하게 살이 오른 아기의 손가락이 **잘록잘록** 예쁘기만 하다.

잘록-잘록02

의미 [+모양],[+걸음],[+요동],[+반복]

제약 { }-{절다}

걸을 때에 다리를 조금씩 자꾸 저는 모양.

¶**잘록잘록** 걷는 모양이 힘들어 보인다.

잘름-잘름01

의미 [+모양],[+액체],[+요동],[+범람],[+반복]

제약 {액체}-{넘치다}

가득 찬 액체가 흔들려서 조금씩 자꾸 넘치는 모양.

¶중심이 제대로 잡히지 않아 걸음을 옮길 때마다 물동이의 물이 **잘름잘름** 넘친다.

잘름-잘름02

의미 [+모양],[+다리],[-대칭]v[+장애],[+걸음],[-균형],[+반복]

제약 {사람, 동물}-{거리다, 절다}

한쪽 다리가 짧거나 다치거나 하여 걷거나 뛸 때 몸이 한쪽으로 자꾸 가볍게 기우뚱하는 모양.

¶다친 다리가 아직 완쾌되지 않은 듯 그는 **잘름잘름** 걷는다.

잘름-잘름03

의미 [+모양],[+분배],[-동시],[+분할]

제약 { }-{나누다, 주다}

한꺼번에 주지 아니하고 여러 번에 걸쳐 조금씩

주는 모양.

¶할머니는 제사상에 놓았던 과자를 감추었다가 손자에게 **잘름잘름** 나누어 준다.

잘못

의미 [＋잘못]v[＋실패]

제약

① 틀리거나 그릇되게.

¶**잘못** 가르치다./**잘못** 결정하다./소년은 길을 **잘못** 들어서 한참 헤맸다./심판은 규칙을 **잘못** 적용하여 비난을 받았다.

의미 [－적당]

제약

② 적당하지 아니하게.

¶소금을 **잘못** 넣어 음식 맛이 짜졌다.

의미 [－생각],[－사리],[－주의]

제약

③ 깊이 생각하지 아니하고 사리에 어긋나게 함부로.

¶그를 **잘못** 건드리면 큰일 난다./웃어른께 **잘못** 행동하면 안 된다.

의미 [＋불행]v[－재수]

제약

④ 불행하게. 또는 재수 없게.

¶공연히 남의 시비에 **잘못** 끼어 봉변만 당했다./삼촌은 사기꾼에게 **잘못** 걸려들어 재산을 다 날렸다.

잘바닥

의미 [＋소리]v[＋모양],[＋물]v[＋진창],[＋밟음]v[＋타격],[＋정도]

제약 {물, 진창}-{밟다, 치다}

얕은 물이나 진창을 거칠게 밟거나 치는 소리. 또는 그 모양.

¶어둠 속에서 진창을 밟는 소리가 **잘바닥** 난다.

잘바닥-잘바닥[01]

의미 [＋소리]v[＋모양],[＋물]v[＋진창],[＋밟음]v[＋타격],[＋정도],[＋반복]

제약 {물, 진창}-{밟다, 치다}

얕은 물이나 진창을 자꾸 거칠게 밟거나 치는 소리. 또는 그 모양.

¶새벽 진창길을 군인들이 **잘바닥잘바닥** 소리를

내며 걸어간다.

잘바닥-잘바닥[02]

의미 [＋느낌],[＋진흙]v[＋반죽],[＋물기],[＋유연],[＋점성],[＋정도]

제약 {진흙, 반죽}-{거리다, 대다}

진흙이나 반죽 따위가 물기가 많아 매우 보드랍게 진 느낌. '잘파닥잘파닥[02]'보다 여린 느낌을 준다.

잘바당

의미 [＋소리]v[＋모양],[＋물체],[＋물],[＋충돌],[＋정도]

제약 {물체}-{부딪치다}

조금 묵직한 물체가 물에 거칠게 부딪치는 소리. 또는 그 모양.

¶큰 돌덩이가 **잘바당** 소리를 내며 물속으로 떨어진다.

잘바당-잘바당

의미 [＋소리]v[＋모양],[＋물체],[＋물],[＋충돌],[＋정도],[＋반복]

제약 {물체}-{부딪치다}

조금 묵직한 물체가 물에 자꾸 거칠게 부딪치는 소리. 또는 그 모양.

¶**잘바당잘바당** 울리는 소리에 강변의 적막이 일시에 깨졌다.

잘박

의미 [＋소리]v[＋모양],[＋물]v[＋진창],[＋밟음]v[＋타격],[＋정도]

제약 {물, 진창}-{밟다, 치다}

'잘바닥'의 준말. 얕은 물이나 진창을 거칠게 밟거나 치는 소리. 또는 그 모양.

¶칠흑 같은 밤에 진창 쪽에서 **잘박** 소리가 났다.

잘박-잘박[01]

의미 [＋소리]v[＋모양],[＋물]v[＋진창],[＋밟음]v[＋타격],[＋정도],[＋반복]

제약 {물, 진창}-{밟다, 치다}

'잘바닥잘바닥[01]'의 준말. 얕은 물이나 진창을 자꾸 거칠게 밟거나 치는 소리. 또는 그 모양.

¶그는 진창길을 **잘박잘박** 걸었다.

잘박-잘박[02]

의미 [＋느낌],[＋진흙]v[＋반죽],[＋물기],[＋유

연],[＋점성],[＋정도]

제약 {진흙, 반죽}-{거리다, 대다}

'잘바닥잘바닥02'의 준말. 진흙이나 반죽 따위가 물기가 많아 매우 보드랍게 진 느낌.

¶형은 진흙을 **잘박잘박** 이겨서 흙 인형을 빚었다.

잘방

의미 [＋소리]v[＋모양],[＋물체],[＋물],[＋충돌],[＋정도]

제약 {물체}-{부딪치다}

'잘바당'의 준말. 조금 묵직한 물체가 물에 거칠게 부딪치는 소리. 또는 그 모양.

¶돌이 수면 위로 **잘방** 떨어진다.

잘방-잘방

의미 [＋소리]v[＋모양],[＋물체],[＋물],[＋충돌],[＋정도],[＋반복]

제약 {물체}-{부딪치다}

'잘바당잘바당'의 준말. 조금 묵직한 물체가 물에 자꾸 거칠게 부딪치는 소리. 또는 그 모양.

¶시냇물에 수박을 **잘방잘방** 떨어뜨렸다가 꺼내 먹었다.

잘싸닥

의미 [＋소리]v[＋모양],[＋액체],[＋물체],[＋충돌],[＋정도]

제약 { }-{부딪치다}

① 액체가 단단한 물체에 마구 부딪치는 소리. 또는 그 모양,

¶세숫물 버리는 소리가 **잘싸닥** 뒤뜰에서 들려온다.

의미 [＋소리]v[＋모양],[＋물체],[＋충돌]v[＋밀착],[＋끈기]

제약 {물체}-{부딪치다, 달라붙다}

② 작은 물체가 매우 끈지게 부딪치거나 달라붙는 소리. 또는 그 모양.

¶거머리가 다리에 **잘싸닥** 들러붙어 피를 빨고 있다.

잘싸닥-잘싸닥

의미 [＋소리]v[＋모양],[＋액체],[＋물체],[＋충돌],[＋정도],[＋반복]

제약 { }-{부딪치다}

① 액체가 자꾸 단단한 물체에 마구 부딪치는 소리. 또는 그 모양.

¶**잘싸닥잘싸닥** 흰 모래사장을 핥는 파도.

의미 [＋소리]v[＋모양],[＋물체],[＋충돌]v[＋밀착],[＋끈기],[＋반복]

제약 {물체}-{부딪치다, 달라붙다}

② 작은 물체가 매우 끈지게 자꾸 부딪치거나 달라붙는 소리. 또는 그 모양,

¶눈 녹은 시골 길을 걷자면 신발에 **잘싸닥잘싸닥** 진흙이 달라붙는다.

잘싹

의미 [＋소리]v[＋모양],[＋액체],[＋물체],[＋충돌],[＋정도]

제약 { }-{부딪치다}

① '잘싸닥①'의 준말. 액체가 단단한 물체에 마구 부딪치는 소리. 또는 그 모양.

¶파도가 절벽에 **잘싹** 부딪치며 하얗게 부서진다.

의미 [＋소리]v[＋모양],[＋물체],[＋충돌]v[＋밀착],[＋끈기]

제약 {물체}-{부딪치다, 달라붙다}

② '잘싸닥②'의 준말. 작은 물체가 매우 끈지게 부딪치거나 달라붙는 소리. 또는 그 모양.

¶앵앵거리는 모기를 **잘싹** 때려잡았다.

잘싹-잘싹

의미 [＋소리]v[＋모양],[＋액체],[＋물체],[＋충돌],[＋정도],[＋반복]

제약 { }-{부딪치다}

① '잘싸닥잘싸닥①'의 준말. 액체가 자꾸 단단한 물체에 마구 부딪치는 소리. 또는 그 모양.

¶파도가 부둣가에 **잘싹잘싹** 밀려온다.

의미 [＋소리]v[＋모양],[＋물체],[＋충돌]v[＋밀착],[＋끈기],[＋반복]

제약 {물체}-{부딪치다, 달라붙다}

② '잘싸닥잘싸닥②'의 준말. 작은 물체가 매우 끈지게 자꾸 부딪치거나 달라붙는 소리. 또는 그 모양.

¶아버지께서 회초리로 내 종아리를 **잘싹잘싹** 때리셨다.

잘쏙-이

의미 [＋상태],[＋물건],[＋부분],[＋오목]

제약

긴 물건의 한 부분이 오목하게 쏙 들어간 상태
로.

¶그 병은 병목이 **잘쏙**이 들어간 것이 아주 아름
답다.

잘쏙-잘쏙⁰¹

의미 [+모양],[+걸음],[-중심],[+균형]

제약 {사람, 동물}-{거리다, 절다}

걸을 때 약간 잘뚝거리는 모양.

¶그는 왼쪽 다리를 **잘쏙잘쏙** 절며 걷는다.

잘쏙-잘쏙⁰²

의미 [+모양],[+물건],[+도처],[+오목]

제약

긴 물건의 여러 군데가 오목하게 들어가 잘록한
모양.

¶아기가 젖살이 올라 목과 팔다리가 **잘쏙잘쏙**
들어갔다.

잘잘⁰¹

의미 [+모양],[+사람],[+머리],[±좌우],[+요
동],[+반복]

제약 {머리}-{흔들다}

①=잘래잘래. 머리를 좌우로 가볍게 자꾸 흔드
는 모양.

¶아기가 머리를 **잘잘** 흔드는 모습이 앙증맞다.

의미 [+모양],[+물건],[+장악],[+요동]

제약 {물건}-{흔들다}

② 물건을 손에 들고 가볍게 흔드는 모양.

¶아기가 저 혼자서 장난감을 **잘잘** 흔들고 논다.

잘잘⁰²

의미 [+모양],[+액체],[+비등],[+고열]

제약 {액체}-{끓다}

① 액체 따위가 높은 열로 끓는 모양.

¶난로 위에 올려놓은 물이 **잘잘** 끓는다.

의미 [+모양],[+더위],[+온도],[+높음],[+정
도]

제약 {온도}-{끓는다, 높다}

② 온도가 매우 높아 더운 모양.

¶**잘잘** 끓는 아랫목.

잘잘⁰³

의미 [+모양],[-주관],[±왕복],[±방향],[+운

동],[+반복]

제약 { }-{싸다니다}

주책없이 자꾸 이리저리 바삐 싸다니는 모양.

¶그는 소득도 없이 온 동네를 **잘잘** 싸다니며 소
문을 전한다.

잘잘⁰⁴

의미 [+소리]v[+모양],[+바닥],[+접촉],[+끌
림],[-정도]

제약 { }-{끌다}

바닥에 늘어지거나 닿아서 가볍게 끌리는 소리.
또는 그 모양.

¶신발을 **잘잘** 끌다./슬리퍼를 **잘잘** 끌며 종종걸
음을 쳐서 문밖까지 쫓아왔다.≪현진건, 적도≫

잘잘⁰⁵

의미 [+모양],[+기름기]v[+윤기],[+광택],
[+정도]

제약 {기름기, 윤기}-{흐르다}

① 기름기나 윤기가 반드르르 흐르는 모양.

¶찰밥에 윤기가 **잘잘** 흐르는 것을 보니 시장기
가 느껴진다./피부에 윤기가 저렇게 **잘잘** 흐르기
도 힘들어.≪김원우, 짐승의 시간≫

의미 [+모양],[+태도]v[+기색],[+충만]

제약

② 어떤 태도나 기색 따위가 넘쳐 흐르는 모양.

¶나도 여대생이 되자마자 홀딱 고등학교 때를
벗고 숙녀가 **잘잘** 흐르게 하고 다녔다.≪박완
서, 도시의 흉년≫

잘잘⁰⁶

의미 [+소리]v[+모양],[+물],[+흐름],[-중
단]

제약 {물}-{흐르다}

① 적은 물이 끊임없이 흐르는 소리. 또는 그
모양.

¶맑은 시냇물이 **잘잘** 흐르고 있다./눈 덮인 산골
밤은 냉랭하고 적연하기만 했다. 다만 개울물
흐르는 소리가 **잘잘** 두 사내의 눈 밟아 나가는
소리에 어우러지곤 할 뿐이었다.≪전상국, 동행≫

의미 [+모양],[+오줌]v[+물],[+배설]v[+흘
림]

제약

② 오줌이나 물 따위를 조금씩 갈기거나 흘리는 모양.

¶아이가 오줌을 조금씩 **잘잘** 싼다.

잘잘못-간에

의미 [＋시비],[－판단]

제약

잘하였거나 못하였거나 따질 것 없이.

¶나의 소설에 관해서는 **잘잘못간에** 한 마디도 언급함이 없었다.《유진오, 구름 위의 만상》/지난 일은 어느 편이 **잘잘못간에**, 따질 것 없이 그래 어떻게 하면 좋겠는지?《염상섭, 대를 물려서》

잘착-잘착

의미 [＋느낌],[＋진흙]v[＋반죽],[＋물기],[＋점성],[＋정도]

제약 {진흙, 반죽}-{거리다, 대다}

진흙이나 반죽 따위가 물기가 많아 꽤 차지고 진 느낌.

¶진흙이 신발에 **잘착잘착** 묻는다.

잘카닥

의미 [＋소리]v[＋모양],[＋물체],[＋충돌],[－정도]

제약 {물체}-{부딪치다}

① 작고 단단한 물체가 조금 가볍게 맞부딪치는 소리. 또는 그 모양. '잘가닥①'보다 조금 거센 느낌을 준다.

의미 [＋소리]v[＋모양],[＋물건],[＋밀착],[＋정도]

제약 {물건}-{붙다}

② 끈기 있는 물건이 세차게 달라붙는 소리. 또는 그 모양. '잘가닥②'보다 조금 거센 느낌을 준다.

의미 [＋소리]v[＋모양],[＋자물쇠],[±개폐]

제약 {자물쇠}-{잠기다, 열리다}

③ 작은 자물쇠 따위가 잠기거나 열리는 소리. 또는 그 모양. '잘가닥③'보다 조금 거센 느낌을 준다.

¶**잘카닥** 자물쇠 잠그는 소리가 들리더니 곧 조용해졌다.

의미 [＋소리]v[＋모양],[＋물건],[＋충돌],[－정도]

제약 {물건}-{부딪치다}

④ 서로 닿으면 걸리어 붙는 단단한 물건끼리 조금 가볍게 맞부딪치는 소리. 또는 그 모양. '잘가닥④'보다 조금 거센 느낌을 준다.

잘카닥-잘카닥⁰¹

의미 [＋소리]v[＋모양],[＋물체],[＋충돌],[－정도],[＋반복]

제약 {물체}-{부딪치다}

① 작고 단단한 물체가 조금 가볍게 자꾸 맞부딪치는 소리. 또는 그 모양. '잘가닥잘가닥①'보다 조금 거센 느낌을 준다.

¶톱니바퀴가 **잘카닥잘카닥** 부지런히 돌아간다.

의미 [＋소리]v[＋모양],[＋물건],[＋밀착],[＋정도],[＋반복]

제약 {물건}-{붙다}

② 끈기 있는 물건이 자꾸 세차게 달라붙는 소리. 또는 그 모양. '잘가닥잘가닥②'보다 조금 거센 느낌을 준다.

의미 [＋소리]v[＋모양],[＋자물쇠],[±개폐],[＋반복]

제약 {자물쇠}-{잠기다, 열리다}

③ 작은 자물쇠 따위가 자꾸 잠기거나 열리는 소리. 또는 그 모양. '잘가닥잘가닥③'보다 조금 거센 느낌을 준다.

의미 [＋소리]v[＋모양],[＋물건],[＋충돌],[－정도],[＋반복]

제약 {물건}-{부딪치다}

④ 서로 닿으면 걸리어 붙는 단단한 물건끼리 조금 가볍게 자꾸 맞부딪치는 소리. 또는 그 모양. '잘가닥잘가닥④'보다 조금 거센 느낌을 준다.

잘카닥-잘카닥⁰²

의미 [＋느낌],[＋진흙]v[＋반죽],[＋물기],[＋점성],[＋정도]

제약 {진흙, 반죽}-{거리다, 대다}

진흙이나 반죽 따위가 물기가 많아 꽤 진 느낌.

잘카당

의미 [＋소리]v[＋모양],[＋쇠붙이],[＋충돌],[＋공명]

제약 {쇠붙이}-{부딪치다, 울리다}

작고 단단한 쇠붙이 따위가 조금 가볍게 맞부딪
쳐 울리는 소리. 또는 그 모양. '잘가당'보다 조
금 거센 느낌을 준다.

잘카당-잘카당
의미 [＋소리]v[＋모양],[＋쇠붙이],[＋충돌],
[＋공명],[＋반복]

제약 {쇠붙이}-{부딪치다, 울리다}
작고 단단한 쇠붙이 따위가 조금 가볍게 자꾸
맞부딪쳐 울리는 소리. 또는 그 모양. '잘가당잘
가당'보다 조금 거센 느낌을 준다.

잘칵
의미 [＋소리]v[＋모양],[＋물체],[＋충돌],[－정
도]

제약 {물체}-{부딪치다}
① '잘카닥①'의 준말. 작고 단단한 물체가 조금
가볍게 맞부딪치는 소리. 또는 그 모양.
의미 [＋소리]v[＋모양],[＋물건],[＋밀착],[＋정
도]

제약 {물건}-{붙다}
② '잘카닥②'의 준말. 끈기 있는 물건이 세차게
달라붙는 소리. 또는 그 모양.
의미 [＋소리]v[＋모양],[＋자물쇠],[±개폐]

제약 {자물쇠}-{잠기다, 열리다}
③ '잘카닥③'의 준말. 작은 자물쇠 따위가 잠기
거나 열리는 소리. 또는 그 모양.
의미 [＋소리]v[＋모양],[＋물건],[＋충돌],[－정
도]

제약 {물건}-{부딪치다}
④ '잘카닥④'의 준말. 서로 닿으면 걸리어 붙는
단단한 물건끼리 조금 가볍게 맞부딪치는 소리.
또는 그 모양.

잘칵-잘칵[01]
의미 [＋소리]v[＋모양],[＋물체],[＋충돌],[－정
도],[＋반복]

제약 {물체}-{부딪치다}
① '잘카닥잘카닥[01]①'의 준말. 작고 단단한 물
체가 조금 가볍게 자꾸 맞부딪치는 소리. 또는
그 모양.
의미 [＋소리]v[＋모양],[＋물건],[＋밀착],[＋정
도],[＋반복]

제약 {물건}-{붙다}
② '잘카닥잘카닥[01]②'의 준말. 끈기 있는 물건
이 자꾸 세차게 달라붙는 소리. 또는 그 모양.
의미 [＋소리]v[＋모양],[＋자물쇠],[±개폐],
[＋반복]

제약 {자물쇠}-{잠기다, 열리다}
③ '잘카닥잘카닥[01]③'의 준말. 작은 자물쇠 따
위가 자꾸 잠기거나 열리는 소리. 또는 그 모양.
의미 [＋소리]v[＋모양],[＋물건],[＋충돌],[－정
도],[＋반복]

제약 {물건}-{부딪치다}
④ '잘카닥잘카닥[01]④'의 준말. 서로 닿으면 걸
리어 붙는 단단한 물건끼리 조금 가볍게 자꾸
맞부딪치는 소리. 또는 그 모양.

잘칵-잘칵[02]
의미 [＋느낌],[＋진흙]v[＋반죽],[＋물기],[＋점
성],[＋정도]

제약 {진흙, 반죽}-{거리다, 대다}
'잘카닥잘카닥[02]'의 준말. 진흙이나 반죽 따위가
물기가 많아 꽤 진 느낌.

잘캉
의미 [＋소리]v[＋모양],[＋쇠붙이],[＋충돌],
[＋공명]

제약 {쇠붙이}-{부딪치다, 울리다}
'잘카당'의 준말. 작고 단단한 쇠붙이 따위가 조
금 가볍게 맞부딪쳐 울리는 소리. 또는 그 모양.

잘캉-잘캉
의미 [＋소리]v[＋모양],[＋쇠붙이],[＋충돌],
[＋공명],[＋반복]

제약 {쇠붙이}-{부딪치다, 울리다}
'잘카당잘카당'의 준말. 작고 단단한 쇠붙이 따
위가 조금 가볍게 자꾸 맞부딪쳐 울리는 소리.
또는 그 모양.

잘파닥
의미 [＋소리]v[＋모양],[＋물]v[＋진창],[＋밟
음]v[＋타격],[＋정도]

제약 {물, 진창}-{밟다, 치다}
① 얕은 물이나 진창을 거칠게 밟거나 치는 소
리. 또는 그 모양. '잘바닥'보다 조금 거센 느낌
을 준다.

¶진창을 밟을 때마다 **잘파닥** 소리가 난다./개울을 건너다 미끄러지는 바람에 **잘파닥** 넘어지고 말았다.

의미 [＋소리]v[＋모양],[－기운],[＋도괴]v[＋준좌]

제약 { }-{넘어지다, 주저앉다}

② 조금 힘없이 넘어지거나 주저앉는 소리. 또는 그 모양.

¶그는 며칠 굶더니 그 자리에서 **잘파닥** 넘어졌다.

잘파닥-잘파닥[01]

의미 [＋소리]v[＋모양],[＋물]v[＋진창],[＋밟음]v[＋타격],[＋정도],[＋반복]

제약 {물, 진창}-{밟다, 치다}

① 얕은 물이나 진창을 자꾸 거칠게 밟거나 치는 소리. 또는 그 모양. '잘바닥잘바닥[01]'보다 조금 거센 느낌을 준다.

¶아이가 도랑물에서 **잘파닥잘파닥** 뛰어다닌다.

의미 [＋소리]v[＋모양],[＋전부],[－기운],[＋도괴]v[＋준좌]

제약 { }-{넘어지다, 주저앉다}

② 여럿이 다 조금 힘없이 넘어지거나 주저앉는 소리. 또는 그 모양.

¶가뭄과 질병으로 사람들이 **잘파닥잘파닥** 넘어졌다.

잘파닥-잘파닥[02]

의미 [＋느낌],[＋진흙]v[＋반죽],[＋물기],[＋유연],[＋점성],[＋정도]

제약 {진흙, 반죽}-{거리다, 대다}

진흙이나 반죽 따위가 물기가 많아 매우 보드랍게 진 느낌.

¶비가 와서 논두렁이 **잘파닥잘파닥** 질어졌다.

잘팍-잘팍

의미 [＋소리]v[＋모양],[＋물]v[＋진창],[＋밟음]v[＋타격],[＋정도],[＋반복]

제약 {물, 진창}-{밟다, 치다}

① '잘파닥잘파닥[01]①'의 준말. 얕은 물이나 진창을 자꾸 거칠게 밟거나 치는 소리. 또는 그 모양.

¶개구리가 논에서 **잘팍잘팍** 뛰어다닌다./시냇가에서 물장구를 치며 노는 아이들이 **잘팍잘팍** 미끄러지는 소리가 들려왔다.

의미 [＋소리]v[＋모양],[＋전부],[－기운],[＋도괴]v[＋준좌]

제약 { }-{넘어지다, 주저앉다}

② '잘파닥잘파닥[01]②'의 준말. 여럿이 다 조금 힘없이 넘어지거나 주저앉는 소리. 또는 그 모양.

잘팍-히

의미 [＋진흙]v[＋반죽],[＋물기],[＋유연],[＋길이]

제약

진흙이나 반죽 따위가 물기가 많아 보드랍도록 길게.

¶반죽을 **잘팍히** 하여 수제비를 떴다.

잘판-히

의미 [＋상태],[＋습기]v[＋침수]

제약

조금 질거나 젖은 상태로.

잘-해야

의미 [＋예측],[－기준],[－충족]

제약

넉넉히 잡아야 고작. 또는 기껏해야.

¶**잘해야** 본전이 될까 말까 하다./고모님 댁에는 **잘해야** 1년에 한두 번 다녀가는 정도의 그녀였다.≪김용성, 도둑 일기≫

잠깐

의미 [＋시간],[－길이],[＋순간]

제약

얼마 되지 않는 매우 짧은 동안에.

¶**잠깐** 기다리다./생각이 **잠깐** 끊기다./**잠깐** 집에 다녀오다./식당으로 가는 도중에 그는 유리문 밖으로 당구장 안을 **잠깐** 기웃거려 보았다.≪조해일, 왕십리≫/나는 어지럼증이 나서 **잠깐** 눈을 감았다 떴다.≪박완서, 도시의 흉년≫

잠깐-잠깐

의미 [＋모양],[＋반복],[＋잠시]

제약

잠깐씩 여러 차례 거듭하는 모양.

¶시집간 누나는 짬이 날 때마다 **잠깐잠깐** 집에

들른다./그녀는 혼자 앞서 걷다가도 **잠깐잠깐** 걸음을 멈추어 기다려 주곤 하였다.≪문순태, 타오르는 강≫

잠방

의미 [+소리]v[+모양],[+물체],[+물],[+충돌]v[+침수]

제약 {물체}-{부딪치다, 잠기다}

작은 물체가 물에 부딪치거나 잠기는 소리. 또는 그 모양.

¶조약돌이 **잠방** 그의 옆으로 떨어졌다./물속에 **잠방** 빠졌다가 나온 것처럼 얼굴에서 양복 자락에서 물이 철철 흘러내리는 꼴을 불빛에 비춰 보며….≪염상섭, 흑백≫

잠방-잠방

의미 [+소리]v[+모양],[+물체],[+물],[+충돌]v[+침수],[+반복]

제약 {물체}-{부딪치다, 잠기다}

작은 물체가 물에 자꾸 부딪치거나 잠기는 소리. 또는 그 모양.

¶오리들이 물고기를 잡느라 고개를 **잠방잠방** 물속에 넣는다./처녀는 치맛자락을 추켜올리고 시내를 **잠방잠방** 건너간다.

잠뿍

의미 [+모양],[+덩지],[+적재],[+정도]

제약

덩지가 크게 실린 모양. 담뿍하게 잔뜩.

¶마치 **잠뿍** 담은 물그릇같이 닫기만 하면 고작 쏟아질 것 같은 경재의 몸을 여순은 자꾸 흔들어 주지 않는가….≪한설야, 황혼≫

잠뿍

의미 [+충만],[+정도]

제약

① 꽉 차도록 가득.

¶그때쯤은 이 골 안에 오랜 나무가 **잠뿍** 들어서서 '덕령'이가 이 속에서 별짓을 다하여도 아는 이가 없었다 한다.≪최남선, 심춘순례≫

의미 [+극심],[+정도]

제약

② 대단히 심하게.

¶피곤이 **잠뿍** 실린 얼굴./한쪽 구석에 회사원인

듯한 젊은 사내 하나가 술이 **잠뿍** 취하여 무어라 혼잣말을 주절거리고 있을 뿐….≪황순원, 나무들 비탈에 서다≫

의미 [+계산],[+정도]

제약

③ 기껏 쳐서.

¶제 집안 식구는 **잠뿍** 둘뿐인데 그나마 하나는 그림쟁입니다.≪홍명희, 임꺽정≫

잠시

의미 [+시간],[-길이]

제약

짧은 시간에. ≒편시.

¶**잠시** 가만히 앉아 있다./**잠시** 걸음을 멈추다./**잠시** 기다리다./**잠시** 머뭇거리다./**잠시** 생각에 잠기다./**잠시** 주춤하다./**잠시** 실례하겠습니다./고함 소리에 **잠시**나마 고막이 얼얼했다./아들은 어머니 곁을 **잠시**도 떠나지 않았다./현실을 **잠시**라도 떠나 있었으면 좋겠다./여보게, **잠시**만 거기 있게./몸에 밴 직업의식으로 매섭게 번쩍이던 눈빛도 **잠시**, 금세 처음의 상냥한 아저씨로 돌아가 미련 없이 화제를 바꾸었다.≪이문열, 변경≫

잠시-간

의미 [+시간],[-길이]

제약

짧은 시간 동안에. ≒편시간.

¶나는 지우개를 **잠시간** 빌렸다./그 뒤에는 **잠시간** 눈물과 한숨의 장면이 계속되지 않으면 안 될 것이었다.≪김동인, 젊은 그들≫

잠연-히

의미 [+분위기]v[+활동],[-소란],[+조용]

제약

①=잠잠히①. 분위기나 활동 따위가 소란하지 않고 조용히.

¶홍선이 **잠연히** 이렇게 말할 때에, 영초는 황공하여 감히 머리를 들지 못하였다.≪김동인, 운현궁의 봄≫

의미 [+침묵],[+조용]

제약

②=잠잠히②. 말없이 가만히.

잠자-코

의미 [+침묵],[+조용]

제약

아무 말 없이 가만히.

¶그는 **잠자코** 있다./아버지의 모처럼의 그 기쁨을 깨뜨리지 않게 하기 위하여 나는 **잠자코** 그 말씀을 명심하여 듣는 것처럼 듣고 있었다.≪박경수, 동토≫/나는 **잠자코** 그의 말에 귀를 기울이면서도 내 자신의 생각을 좇았다.≪이병주, 행복어 사전≫/그는 다소 망설이는 것 같더니 곧 술병을 집어 **잠자코** 따라 주었다.≪이동하, 우울한 귀향≫

잠잠-히

의미 [+분위기]v[+활동],[−소란],[+조용]

제약

① 분위기나 활동 따위가 소란하지 않고 조용히. ≒잠연히①.

¶이 외롭고 쓸쓸한 어느 시인의 머리맡에서 그의 작품을 **잠잠히** 비춰 주는 램프의 불빛……. ≪박목월, 구름의 서정≫

의미 [+침묵],[+조용]

제약

② 말 없이 가만히. ≒잠연히②.

¶이날따라 선뜻 목청을 뺄 엄이 나지 않는지 **잠잠히** 앉았다.≪한무숙, 유수암≫/입을 다문 채 **잠잠히** 그의 말에 귀를 기울이고 있었다.≪이청준, 이어도≫/동욱은 찍소리도 못하고 **잠잠히** 기다렸다.≪윤흥길, 묵시의 바다≫

잠적-히[01]

의미 [+고독],[+적막]

제약

쓸쓸하고 적막하게.

잠적-히[02]

의미 [+고요],[+한적]

제약

고요하고 호젓하게.

잠포록-이

의미 [+날씨],[+흐림],[−바람]

제약

날이 흐리고 바람기가 없이.

잡다-히

의미 [+다수],[−가치],[+혼재],[−질서]

제약

⇒ 잡다하다. 잡스러운 여러 가지가 뒤섞여 너저분하다.

¶집 안팎 세사 자잘한 일을 숙덕이고, 저잣거리 바깥 마을 시정 소문을 **잡다히** 귀담아듣는 것은 천한 일이다.≪최명희, 혼불≫

잡상스레

의미 [−순수],[+비천]

제약

잡되고 상스러운 데가 있게.

잡스레

의미 [−순수],[+비천]

제약

잡되고 상스럽게.

잡연-히

의미 [+혼재],[+혼란]

제약

뒤섞이어 어지럽게.

잡탕스레

의미 [+난잡],[+음탕]

제약

난잡하고 음탕한 데가 있게.

장구-히

의미 [+시간],[+길이],[+정도]

제약

매우 길고 오래.

¶**장구히** 흐르는 강물./이 민족의 역사는 온갖 환난 속에서도 **장구히** 계속되었다.

장근

의미 [+시간],[+근접]

제약

(사물의 수효나 시간을 나타내는 말 따위와 함께 쓰여) '거의'의 뜻을 나타내는 말.

¶현보가 술 먹어 본 지가 한 달……아니 허 좌상네 제사 때 먹은 것이 마지막이었으니, **장근** 두 달이나 되었다.≪정비석, 성황당≫/우길이가 **장근** 두세 시간을 가도 정신을 차리지 못하는 것을 보자….≪한설야, 탑≫

장대-히[01]

의미 [+신체],[+크기],[+건강]

제약

① 허우대가 크고 튼튼하게.

¶기골이 **장대하다**./체격이 **장대하다**./그가 뛰어가고 얼마 안 되어 몸집이 **장대한** 노인 한 사람도 급한 걸음으로 고물상 앞을 지나간다.≪박경리, 토지≫

의미 [+기상],[+용감],[+크기]

제약

② 기상이 씩씩하고 크게.

장대-히⁰²

의미 [+길이],[+크기]

제약

길고 크게.

장렬-히

의미 [+의기],[+용감],[+맹렬]

제약

의기(意氣)가 씩씩하고 열렬하게.

¶**장렬히** 전사하다./단 한 번의 싸움도 없이 내 백성과 군대를 잃으니, 차라리 저들과 **장렬히** 싸워 원통한 뼈를 이국땅에 묻는 편이 옳았다.≪이문열, 황제를 위하여≫

장상

의미 [+항상]

제약

=늘. 계속하여 언제나.

장승같-이

의미 [+키],[-멋],[+길이]

제약

① 키가 멋없이 껑충하게.

¶키가 **장승같이** 크다./그 사람은 보통 사람보다 얼굴이 갑절이나 길다. 마치 **장승같이** 기다란 막대기에 눈과 코와 입을 만들어 붙인 것 같았다.≪한설야, 탑≫

의미 [-정신],[-반응]

제약

② 우두커니 멍하게.

¶다산은 충격으로 입을 열지 못했다. 언제까지나 **장승같이** 서 있는 숙부 앞에 하상은 품에서 꺼낸 하얀 종지 쌈지를 놓았다.≪한무숙, 만남≫/몇 마디 오가는 얘기는 겉돌기만 하였고 **장승같**

이 앉아 입을 떼려 하지 않는 환의 존재도 거북했던지 윤도집은 초저녁에 자리를 떴고….≪박경리, 토지≫

장알-장알

의미 [+소리]v[+모양],[+신체][+불편]v[+마음][+불만],[+역정]v[+불평],[+반복]

제약

몸이 불편하거나 마음에 못마땅하여 자꾸 짜증을 내며 종알거리거나 보채는 소리. 또는 그 모양.

¶어른 앞에서 **장알장알** 말대답하는 것은 버릇없는 행동이다.

장엄-히

의미 [+용감],[+웅장],[+권위],[+엄숙]

제약

씩씩하고 웅장하며 위엄 있고 엄숙하게.

¶산봉우리들이 허리에 구름을 두르고 **장엄히** 서 있었다.

장원-히

의미 [-한계],[+길이]

제약

끝없이 길고 멀게.

장장⁰¹

의미 [+모양],[+청정]v[+분명],[+미려]

제약

① 맑거나 밝으며 아름다운 모양.

의미 [+모양],[+표시],[+분명],[+명백]

제약

② 표가 나게 뚜렷하고 명백한 모양.

장장⁰²

의미 [+소리]v[+모양],[+옥]v[+쇠붙이],[+공명],[+청아]

제약 {옥, 쇠붙이}-{울리다}

옥이나 쇠붙이 따위가 맑게 울리는 소리. 또는 그 모양.

장장⁰³

의미 [+분량]v[+시간],[+풍부]v[+길이],[+예상],[+정도]

제약

분량이나 시간상의 길이 따위가 예상보다 상당

히 많거나 깊을 나타내는 말.

장장이

의미 [+종이],[+개별],[+전부]

제약

하나하나의 낱장마다 빠짐없이.

¶서류를 장장이 훑어보다.

장절히

의미 [+위대],[+우수],[+정도]

제약

아주 장하고 뛰어나게.

장중히

의미 [+장엄],[+무게]

제약

⇒ 장중하다. 장엄하고 무게가 있다.

¶선수들은 애국가가 장중히 흐르는 가운데 태극기를 향해 경례를 하였다.

장차

의미 [+시간],[+미래]

제약

앞으로의 뜻으로, 미래의 어느 때를 나타내는 말.

¶장차 어떻게 살아갈 생각이니?/장차 커서 무엇이 되고 싶니?/이 아이가 장차 우리 집 며느리로 들어올 아이입니다./우환 중에 보리가 흉년이었다. 백성들은 장차 10월까지 이 봄과 여름을 살아 나갈 방도가 막연했다.≪채만식, 민족의 죄인≫/종상이는 장차 공장이나 가게 터로 변화하게 될 것을 내다보고 장만한 땅이었다.≪박완서, 미망≫

장쾌히

의미 [+위대],[+통쾌]

제약

가슴이 벅차도록 장하고 통쾌하게.

장활히

의미 [+거리],[+넓이],[+정도]

제약

아득히 멀고 넓게.

¶가을 하늘이 장활히 펼쳐져 있다.

장황히

의미 [+길이],[+복잡],[+정도]

제약

⇒ 장황하다01. 매우 길고 번거롭다.

¶장황히 설명하다./다 아는 이야기를 장황히 늘어놓다./그것은 더 장황히 말씀드릴 것도 없이 여러분 앞에 돌려드릴 취지서를 읽어 보시면 아실 겁니다.≪이기영, 봄≫

장황스레

의미 [+길이],[+복잡],[+정도]

제약

매우 길고 번거로운 데가 있게.

¶그는 늘 장황스레 이야기한다.

장히

의미 [+기상]v[+인품],[+칭찬]

제약

① 기상이나 인품이 훌륭히.

¶그 뜻을 장히 여긴다.

의미 [+정도]v[+극심]

제약

② 매우 또는 몹시.

¶그렇게 잘해 놓으니 장히 보기가 좋구나./바늘로 찌르는 듯한 아픔은 장히 견디기 어려운 것이었다./시중은 장히 우습다는 듯이 한바탕 웃고 나서 다시 얼굴빛을 바루고….≪현진건, 무영탑≫/비가 오면 쉽사리 소원은 성취되므로 하여간에 심신이 장히 편하다.≪김진섭, 인생 예찬≫

잦바듬히

의미 [−수직],[+경사]

제약

① 뒤로 넘어질 듯이 비스듬히.

¶그 선비는 몹시 취한 듯 갓을 잦바듬히 쓰고 비틀걸음을 걸었다.

의미 [+기색],[+일],[−만족]v[−기쁨]

제약

② 어떤 일에 대하여 탐탁해하거나 즐겨 하는 빛이 없이.

잦추

의미 [+상태],[+빈도],[+속도]

제약

잦거나 잰 상태로.

¶수탉이 잦추 울다./뱃고동이 잦추 울어 대는 항

구의 새벽은 활기에 넘쳤다.

재갈-재갈

의미 [+소리]v[+모양],[+이야기],[-크기],
[+소란],[+반복]

제약

나직한 소리로 조금 떠들썩하게 자꾸 이야기하
는 소리. 또는 그 모양. '재깔재깔'보다 여린 느
낌을 준다.

¶친구들과 함께 재갈재갈 웃음꽃을 피우다가 헤
어졌다./여기에 오니 여고 시절 잔디밭에 모여
앉아 재갈재갈 떠들어 대던 추억이 떠오른다.

재그르르

의미 [+모양],[+웃음],[+다수],[+동시],[+정
도]

제약 {사람}-{웃다}

여러 사람이 한꺼번에 자지러지게 웃는 모양.

¶그걸 보고 초봉이와 식모가 재그르르 웃으면
저도 벙싯하고 웃는다.≪채만식, 탁류≫

재그시

의미 [+모양],[+힘],[-정도]

제약

가볍게 힘을 주는 모양.

¶아이는 소리가 나지 않도록 문을 재그시 열었
다./그는 어머니가 짜 주는 탕약을 마시고 이
불 속으로 들어가서 재그시 눈을 감았다.≪김말
봉, 찔레꽃≫

재까닥[01]

의미 [+모양],[+일],[+해결],[+만족],[+속도]

제약 { }-{해치우다, 처리하다}

어떤 일을 시원스럽게 빨리 해치우는 모양.

¶일을 재까닥 처리하다./그 지가 증권이란 게
손에 쥐고 있으면 아무짝에도 쓸모가 없지마는
은행에다 담보로 넣으면 재까닥 대출이 되거든.
≪김원일, 불의 제전≫

재까닥[02]

의미 [+소리]v[+모양],[+물건],[+충돌]v[+절
단],[+속도]

제약 {물건}-{부딪치다, 부러지다}

작고 단단한 물건이 가볍게 빨리 맞부딪치거나
부러지는 소리. 또는 그 모양.

¶창문을 여는 소리가 재까닥 나더니 그의 모습
이 나타났다.

재까닥-재까닥[01]

의미 [+모양],[+일],[+해결],[+만족],[+속
도],[+연속]

제약 { }-{해치우다, 처리하다}

어떤 일을 잇따라 시원스럽게 빨리 해치우는 모
양.

재까닥-재까닥[02]

의미 [+소리]v[+모양],[+물건],[+충돌]v[+절
단],[+속도],[+반복]

제약 {물건}-{부딪치다, 부러지다}

작고 단단한 물건이 가볍게 빨리 자꾸 맞부딪치
거나 부러지는 소리. 또는 그 모양.

재깍[01]

의미 [+모양],[+일],[+해결],[+만족],[+속도]

제약 { }-{해치우다, 처리하다}

'재까닥[01]'의 준말. 어떤 일을 시원스럽게 빨리
해치우는 모양.

¶어른이 물을 때에는 머뭇거리지 말고 재깍 대
답해야지./그 아이는 일을 시켰다 하면 재깍 해
치워 버린다./시간이 없으니 어서 재깍 다녀오너
라./진영 앞벌 늪지 왼편에 있는 논 이천오백 평
과 오추골에 있는 밭 이천 평을 재깍 팔아 버렸
다.≪김원일, 불의 제전≫

재깍[02]

의미 [+소리]v[+모양],[+물건],[+충돌]v[+절
단],[+속도]

제약 {물건}-{부딪치다, 부러지다}

① '재까닥[02]'의 준말. 작고 단단한 물건이 가볍
게 빨리 맞부딪치거나 부러지는 소리. 또는 그
모양.

의미 [+소리],[+시계],[+톱니바퀴],[+회전],
[+한번]

제약 {시계}-{돌아가다}

② 시계 따위의 톱니바퀴가 한 번 돌아가는 소
리.

재깍-재깍[01]

의미 [+모양],[+일],[+해결],[+만족],[+속
도],[+연속]

제약 { }-{해치우다, 처리하다}

'재까닥재까닥[01]'의 준말. 어떤 일을 잇따라 시원스럽게 빨리 해치우는 모양.

¶저들을 잘 감시하고 있다가 변화가 있으면 재깍재깍 보고하도록 해라./일단 생각이 어느 쪽으로든 굳혀지기만 하면, 이것저것 따지고 요량을 해 보거나 어물어물하지 않고 재깍재깍 실천으로 옮겼다.≪최일남, 거룩한 응답≫

재깍-재깍[02]

의미 [+소리]v[+모양],[+물건],[+충돌]v[+절단],[+속도],[+반복]

제약 {물건}-{부딪치다, 부러지다}

① '재까닥재까닥[02]'의 준말. 작고 단단한 물건이 가볍게 빨리 자꾸 맞부딪치거나 부러지는 소리. 또는 그 모양.

¶재깍재깍, 대문 밖 골목길에서는 엿장수의 가위 소리가 더위를 쥐어짜고 있다.≪유주현, 대한 제국≫

의미 [+소리],[+시계],[+톱니바퀴],[+회전],[+반복]

제약 {시계}-{돌아가다}

② 시계 따위의 톱니바퀴가 자꾸 돌아가는 소리.

¶책상 서랍에 썩혀 두었던 손목시계를 꺼내 주머니에 넣었다. 시간을 맞추고 밥만 제때 주면 재깍재깍 잘 가는 시계였다.≪김원일, 불의 제전≫

재깔-재깔

의미 [+소리]v[+모양],[+이야기],[-크기],[+소란],[+반복]

제약

나직한 소리로 조금 떠들썩하게 자꾸 이야기하는 소리. 또는 그 모양.

¶교실에서는 아이들이 재깔재깔 떠들어 대고 있었다.

재도

의미 [+반복]

제약

=또다시①. 거듭하여 다시.

재롱스레

의미 [+언사]v[+행동],[+재미],[+사랑]

제약

말이나 행동에 재미와 귀여움이 있게.

¶그는 아이들이 재롱스레 놀고 있는 모습을 물끄러미 바라보고 있었다.

재미스레

의미 [+재미],[+유쾌]

제약

아기자기하게 즐겁고 유쾌한 데가 있게.

¶그는 이야기를 매우 재미스레 하여 인기가 높다.

재발리

의미 [+동작],[+속도]

제약

동작 따위가 재고 빠르게. '재빨리'보다 여린 느낌을 준다.

¶깡쇠가 적어 준 메모 쪽지를 꺼내어 재발리 입 안에 넣고 질겅질겅 씹어 삼켰다.≪이문희, 흑맥≫/길을 재촉하여 황천왕동이는 뒤에 가서 다시 김산이의 손목을 잡아 주고 이춘동이는 앞에서 걸음을 재발리 걸었다.≪홍명희, 임꺽정≫

재빨리

의미 [+동작],[+속도]

제약

동작 따위가 재고 빠르게.

¶도둑은 경찰을 피해 재빨리 달아났다./아이는 달려오는 차를 재빨리 피했다./그 아이는 자기 몫의 빵을 재빨리 먹어 치우고 또 하나를 집었다./아드님은 곧 떨어진 수류탄을 재빨리 뒤집어서 적진 쪽으로 던졌습니다.≪홍성원, 육이오≫

재사스레

의미 [+생각],[+재치]

제약

⇒ 재사스럽다. 생각에 재치가 있다.

재삼

의미 [+반복]

제약

두세 번. 또는 몇 번씩. '거듭', '여러 번'으로 순화.

¶재삼 강조하다./재삼 부탁을 하다./어머니는 길 떠나는 아들에게 몸조심하도록 재삼 당부했다./

그믐산이는 부릴 수 있는 포악은 여한 없이 해 버리기로 **재삼** 다짐하고 있었다.≪이문구, 오자룡≫ /소작인들은 정부를 믿고 정부의 지시대로만 따 라 줄 것을 **재삼** 당부하는 바입니다.≪김원일, 불 의 제전≫/지난 정리로 **재삼** 충고하는 바이니, 제 발 지금이라도 망상에서 눈을 뜨시오.≪이문열, 황제를 위하여≫/그걸 한참 들여다보다가 자기 이 름 옆에 붉은 선이 간 본처와의 이혼을 **재삼** 확 인하였다.≪오유권, 대지의 학대≫

재삼-재사

의미 [+반복]

제약

여러 번 되풀이하여.

¶재삼재사 귀를 귀울이다./재삼재사 당부하다./ 재삼재사 강조하다./그래도 안심이 안 되어 **재삼 재사** 다짐을 받아 놓았다./그리하여 새벽에 눈을 뜨자마자 종이에다가 내 기억대로 그동안 익힌 것을 적어 보았거든. 재삼재사 확인을 한 다음에 내가 쓴 것을 원본과 대조해 보았지. 그랬더니 그게 일치하지 않더라.≪박태순, 어느 사학도의 젊은 시절≫

재우

의미 [+속도],[+정도]

제약

매우 재게.

¶발걸음을 재우 놀리다./손발을 재우 움직이다.

재-일차

의미 [+반복]

제약

다시 또 한 번.

재자-재자

의미 [+소리]v[+모양],[+새],[+울음],[+반 복]

제약 {새}-{지저귀다, 울다}

자꾸 가볍게 지저귀는 소리. 또는 그 모양.

¶재자재자 울어 대는 새소리를 들으며 우리는 녹음이 짙은 숲길을 걸었다.

재잘-재잘

의미 [+소리]v[+모양],[+이야기],[+목소리], [-크기],[+속도],[+반복]

제약

① 낮고 빠른 목소리로 자꾸 재깔이는 소리. 또 는 그 모양.

¶방학이 끝나고 학교로 돌아온 아이들은 끼리끼 리 모여 **재잘재잘** 웃음꽃을 피웠다./영희는 학교 에서 있었던 일을 동생에게 **재잘재잘** 이야기했 다./계집아이들의 **재잘재잘** 떠드는 소리가 교실 을 가득 채우고 있었다.

의미 [+소리]v[+모양],[+새],[+울음],[+반 복]

제약 {새}-{지저귀다, 울다}

② 참새 따위의 작은 새들이 서로 어울려 자꾸 지저귀는 소리. 또는 그 모양.

¶온갖 새들이 봄을 맞은 숲 속에서 **재잘재잘** 노 래를 불렀다./어느 하늘에선지 종달새가 **재잘재 잘** 쉴 새 없이 재잘거리고 있었다.≪김정한, 모래 톱 이야기≫

재재

의미 [+소리]v[+모양],[+이야기],[+소란]

제약

조금 수다스럽게 재잘거리는 소리. 또는 그 모 양.

재재-재재

의미 [+소리]v[+모양],[+이야기],[+소란], [+반복]

제약

조금 수다스럽게 자꾸 재잘거리는 소리. 또는 그 모양.

재주-껏

의미 [+재주],[+완수]

제약

있는 재주를 다하여.

¶나는 먼저 갈 테니 **재주껏** 뒤따라 오너라./돈도 도적질도 좋고 빚도 좋고 사기횡령 다 좋다. 재 주껏 끌어대면 그만이다.≪채만식, 탁류≫

재차

의미 [+반복]

제약

=또다시①. 거듭하여 다시.

¶저 친구는 한 번 얘기해서는 기억하지 못해.

그래서 늘 **재차** 얘기해야 한다네./불쌍한 강아지는 저보다 덩치가 작은 적이 **재차** 도약해서 철망에 달라붙는 순간 덩달아 한 차례 저도 폴짝 뛰더니….≪윤흥길, 양≫

잴잴⁰¹

의미 [+모양],[+물건],[−분수],[+분실]v[+누락],[+반복]

제약 {물건}−{흘리다, 빠뜨리다}

① 몸에 지닌 물건들을 주책없이 여기저기 자꾸 흘리거나 빠뜨리는 모양.

¶자꾸 주머니의 물건을 **잴잴** 흘리고 다니면 어떻게 하니?

의미 [+모양],[+물]v[+침]v[+땀]v[+콧물],[+흐름],[+반복]

제약 {물, 침, 땀, 콧물}−{흐르다}

② 물이나 침, 땀, 콧물 따위가 조금씩 자꾸 흐르는 모양.

¶어디선가 물이 **잴잴** 흐르는 소리가 난다./높은 수압에 밀려 닫힌 수도꼭지로부터 **잴잴** 흘러나오는 그 누수 소리는 몹시도 신경을 자극했다.≪이동하, 도시의 늪≫

의미 [+모양],[+울음],[+눈물]v[+콧물],[+흐름],[+반복]

제약 {사람}−{울다}

③ 눈물이나 콧물을 조금씩 흘리면서 자꾸 우는 모양.

¶툭하면 그 아이는 **잴잴** 운다.

잴잴⁰²

의미 [+모양],[+행동],[−주관],[+경박],[+반복]

제약

주책없이 자꾸 가볍게 행동하는 모양.

¶그는 그저 **잴잴** 떠벌리고 있다.

잼처

의미 [+연속],[+반복]

제약

어떤 일에 바로 뒤이어 거듭.

¶여해가 어리둥절하고 미처 대답 못하는 것을 보고 그 여자는 **잼처** 묻는다.≪현진건, 적도≫

쟁강

의미 [+소리],[+쇠붙이]v[+유리],[+낙하]v[+충돌],[+공명]

제약 {쇠붙이, 유리}−{떨어지다, 부딪치다, 울리다}

얇은 쇠붙이나 유리 따위가 가볍게 떨어지거나 부딪쳐 맑게 울리는 소리.

¶유리컵 두 개를 **쟁강** 소리를 내며 부딪쳤다.

쟁강-쟁강

의미 [+소리],[+쇠붙이]v[+유리],[+낙하]v[+충돌],[+공명],[+반복]

제약 {쇠붙이, 유리}−{떨어지다, 부딪치다, 울리다}

얇은 쇠붙이나 유리 따위가 자꾸 가볍게 떨어지거나 부딪쳐 맑게 울리는 소리.

쟁그랑

의미 [+소리],[+쇠붙이]v[+유리],[+낙하]v[+충돌],[+공명]

제약 {쇠붙이, 유리}−{떨어지다, 부딪치다, 울리다}

얇은 쇠붙이나 유리 따위가 떨어지거나 부딪쳐 맑게 울리는 소리.

¶아내가 부엌에 들어간 지 얼마 안 돼서 무언가 **쟁그랑** 깨지는 소리가 들렸다./캄캄한 어둠 속에서…유리창이 **쟁그랑** 하고 깨어지며 떨어진다.≪오상원, 균열≫

쟁그랑-쟁그랑

의미 [+소리],[+쇠붙이]v[+유리],[+낙하]v[+충돌],[+공명],[+반복]

제약 {쇠붙이, 유리}−{떨어지다, 부딪치다, 울리다}

얇은 쇠붙이나 유리 따위가 자꾸 떨어지거나 부딪쳐 맑게 울리는 소리.

¶사방으로 연결된 새끼줄에 매단 비닐 띠가 기폭처럼 날리며 햇살에 반짝였다. 줄을 채면 깡통 종이 **쟁그랑쟁그랑** 울렸다.≪김원일, 도요새에 관한 명상≫

쟁글-쟁글

의미 [+모양],[+불길]v[+참혹],[+정도]

제약

① 보거나 만지기에 소름이 끼칠 정도로 매우

흉하거나 끔찍한 모양.

의미 [+느낌],[+타인],[+실수],[+재미],[+정도]

제약

② 미운 사람의 실수를 보아 아주 고소한 느낌.

쟁연-히

의미 [+소리],[+예리],[+쇠붙이],[+충돌],[+공명]

제약

쇠붙이가 부딪쳐 울리는 것같이 소리가 날카롭게.

쟁쟁01

의미 [+모양],[+불쾌]v[+불만],[+불평]v[+역정],[+반복]

제약

조금 언짢거나 못마땅하여 자꾸 보채거나 짜증을 내는 모양.

쟁쟁02

의미 [+소리],[+옥],[+충돌],[+공명]

제약 {옥}-{울리다}

① 옥이 맞부딪쳐 맑게 울리는 소리. ≒쟁쟁히①.

의미 [+느낌],[+말]v[+소리],[+기억]

제약

② 전에 들었던 말이나 소리가 귀에 울리는 느낌. ≒쟁쟁히②.

¶그날따라 왠지 정답던 아버지의 목소리가 지금도 내 귀에 **쟁쟁** 울려 되살아났다.≪김원일, 노을≫/눈물 머금은 소리를 하던 인화의 말이 귀에 **쟁쟁** 울리는 듯하였다.≪김동인, 젊은 그들≫

의미 [+소리],[+목소리],[+분명],[+청아],[+정도]

제약

③ 목소리가 매우 또렷하고 맑은 소리. ≒쟁쟁히③.

쟁쟁03

의미 [+소리],[+쇠붙이]v[+유리],[+충돌],[+공명],[+청아]

제약 {쇠붙이}-{부딪치다, 울리다}

쇠붙이 따위가 맞부딪쳐 맑게 울리는 소리,

¶귓전에 그 꽹과리 소리와 징 소리가 아직도 남아 **쟁쟁** 기분 나쁘게 울리는 것만 같았다.≪하근찬, 야호≫

쟁쟁-히

의미 [+소리],[+옥],[+충돌],[+공명],[+청아]

제약 {옥}-{울리다}

①=쟁쟁02①. 옥이 맞부딪쳐 맑게 울리는 소리.

의미 [+느낌],[+말]v[+소리],[+기억]

제약

②=쟁쟁02②. 전에 들었던 말이나 소리가 귀에 울리는 느낌.

¶지금도 내 귀에는 어머니의 그 베 짜는 베틀 소리가 **쟁쟁히** 들리는 듯하다.≪박경수, 동토≫

의미 [+소리],[+목소리],[+분명],[+청아],[+정도]

제약

③=쟁쟁02③. 목소리가 매우 또렷하고 맑은 소리.

저-같이

의미 [+모양],[+정도]

제약

저 모양으로. 또는 저렇게.

¶용모만 아니라 몸가짐도 겸손한 게 똑 귀여운 것이다. 그새 아내도 많이 갈아 치우고 외도도 피웠건만 **저같이** 예쁜 여인은 첨이라는 것이었다.≪오유권, 대지의 학대≫

저-까지로

의미 [+모양],[-정도]

제약

겨우 저만한 정도로.

¶저까지로밖에 못 만드니?

저-나마

의미 [-만족],[-부족],[+정도]

제약

① 좋지 아니하거나 모자라기는 하지만 저것이나마.

¶저나마 남아 있는 게 어디냐?

의미 [-만족],[-부족],[+정도]

제약

② 좋지 아니하거나 모자라는데 저것마저도.

¶집이 부서진 것도 큰일인데 **저나마** 내려앉게 생겼다.

저-냥

의미 [+모양],[+지속]

제약

저러한 모양으로 줄곧.

¶저놈을 **저냥** 그대로 둔단 말이오?

저-다지

의미 [+정도],[-기준]

제약

저러한 정도로. 또는 저렇게까지. 늑저리도

¶참, 사람이 어찌 **저다지** 속이 좁을까?/도대체 그는 왜 이처럼 어처구니없고 어려운 일을 **저다지** 열심히 해내는 것일까?≪유주현, 대한 제국≫

저-대로

의미 [+모양],[-변화],[+지속]

제약

① 변함없이 저 모양으로.

¶책상을 **저대로** 그냥 놔두어라./노인은 좀처럼 깨어날 줄을 모른다. **저대로** 가려는 것이나 아닌지.≪최인훈, 회색인≫

의미 [+기준],[+유사]

제약

② 저것과 똑같이.

¶**저대로** 만들면 되겠다.

저런-대로

의미 [-만족],[-정도]

제약

만족스럽지는 아니하지만 저러한 정도로.

¶**저런대로** 살 만합니다.

저렁

의미 [+소리],[+쇠붙이],[+충돌],[+공명],[-길이]

제약 {쇠붙이}-{부딪치다, 울리다}

① 얇은 쇠붙이 따위가 서로 부딪쳐 짧게 울리는 소리.

의미 [+소리]v[+모양],[+목소리],[+크기],[+높이]

제약 {목소리}-{울리다}

② 목소리가 크고 높게 울리는 소리. 또는 그

모양.

저렁-저렁

의미 [+소리],[+쇠붙이],[+충돌],[+공명],[-길이],[+반복]

제약 {쇠붙이}-{부딪치다, 울리다}

① 얇은 쇠붙이 따위가 자꾸 서로 부딪쳐 짧게 울리는 소리,

¶반지만 하여도 패물함으로 **저렁저렁** 소리가 나게 하나 가득이었는데…≪최명희, 혼불≫

의미 [+소리]v[+모양],[+목소리],[+크기],[+높이],[+반복]

제약 {목소리}-{울리다}

② 목소리가 자꾸 크고 높게 울리는 소리. 또는 그 모양.

¶그 교수님의 목소리는 언제나 강의실을 **저렁저렁** 울린다.

저르렁

의미 [+소리],[+쇠붙이],[+충돌],[+공명]

제약 {쇠붙이}-{부딪치다, 울리다}

① 넓고 얇은 쇠붙이 따위가 서로 부딪쳐 울리는 소리.

의미 [+소리]v[+모양],[+목소리],[+크기],[+높이]

제약 {목소리}-{울리다}

② 목소리가 멀리까지 크고 높게 울리는 소리. 또는 그 모양.

저르렁-저르렁

의미 [+소리],[+쇠붙이],[+충돌],[+공명],[+반복]

제약 {쇠붙이}-{부딪치다, 울리다}

① 넓고 얇은 쇠붙이 따위가 자꾸 서로 부딪쳐 울리는 소리.

의미 [+소리],[+목소리],[+크기],[+높이],[+반복]

제약 {목소리}-{울리다}

② 목소리가 멀리까지 크고 높게 자꾸 울리는 소리.

저리[01]

의미 [+방향],[+지시]

제약

저곳으로. 또는 저쪽으로.

¶저리 가 있어라./아직 술이 채 깨지 않은 흥선은 눈을 이리 찡그리고 저리 찡그리며 살펴보았다.≪김동인, 운현궁의 봄≫

저리02

의미 [+상태]v[+모양]v[+성질],[+유사]

제약

상태, 모양, 성질 따위가 저러한 모양.

¶세상에 사나이가 저리 울 수 있을까 싶을 정도로 그는 통곡을 했다./소년의 눈에 그 고장은 온통 은백색으로 빛나 보였다. 사람이 밟고 사는 땅이 어찌 저리 새하얄 수가 있을까.≪박완서, 미망≫

저리-도

의미 [+정도],[-기준]

제약

=저다지. 저러한 정도로. 또는 저렇게까지.

¶무슨 공부를 저리도 열심히 할까?/나는 물끄러미 아이들이 무엇을 저리도 요란스럽게 쫓아다니고 있는가 바라보았다.≪최인호, 돌의 초상≫

저리-로

의미 [+방향],[+지시]

제약

'저리01'를 강조하여 이르는 말. 저곳으로. 또는 저쪽으로.

¶저리로 가 있어./사람들이 아까 저리로 몰려갔다.

저리-저리

의미 [+느낌],[+마비],[+반복]

제약 {몸}-{저리다}

피가 돌지 못하여 자꾸 저린 느낌.

저릿-저릿

의미 [+느낌],[+마비],[+정도]v[+반복]

제약 {몸}-{저리다}

① 매우 또는 자꾸 저린 듯한 느낌.

의미 [+느낌],[+심리],[+자극],[+흥분],[+요동],[+순간],[+정도]

제약

② 심리적 자극을 받아 마음이 순간적으로 매우 흥분되고 떨리는 듯한 느낌.

¶그 사고 생각만 하면 온몸이 저릿저릿 떨리고 식은땀이 난다.

저-마다

의미 [+사람]v[+사물],[+개별],[+전부]

제약

각각의 사람이나 사물마다.

¶봄의 거리에는 저마다 한껏 멋을 낸 아가씨들이 넘친다./이름 모를 숲 속의 벌레도 다 저마다 살아가는 지혜를 가지고 있다./눈을 들어 밤하늘을 쳐다보면 수십억을 헤아리는 무수한 별들이 저마다 제 위치를 지키고, 제 궤도를 돌되 결코 서로 충돌하는 일이 없다.≪안병욱, 사색인의 향연≫

저-만치

의미 [+정도],[+비교]

제약

①=저만큼①. 저만한 정도로.

¶나도 술을 저만치 마실 수 있다./그는 저만치 떨어져서 이쪽을 보고 있었다./저만치 위로 탱자 울이 길게 처져 있었고, 감나무밭 사이로 기와집이 보였다.≪김원일, 불의 제전≫

의미 [+거리],[+비교]

제약

②=저만큼②. 저쯤 떨어진 곳으로.

¶저만치 가 있어라.

저-만큼

의미 [+정도],[+비교]

제약

① 저만한 정도로. 늑저만치①.

¶신입 사원이 저만큼 일을 해 주니 그나마 다행이다.

의미 [+거리],[+비교]

제약

② 저쯤 떨어진 곳으로. 늑저만치②.

¶그들은 춘광이를 파수로 세워 놓고 저만큼 깊은 데로 들어가서 미역을 감고 있었다.≪이기영, 봄≫

저물-도록

의미 [+일몰],[+암흑]

제약

해가 져서 어두워질 때까지.

¶그는 저물도록 일에 몰두했다./그들은 매일 저물도록 밭에 있었다./일이 거의 끝나자 박 노인은 집 둘레를 몇 바퀴나 돌아다니면서 저물도록 잔손질을 했다.≪오영수, 메아리≫

저벽

의미 [＋소리],[＋발],[＋걸음],[＋크기],[＋무게]

제약 {발}-{내디디다, 걷다}

발을 크고 묵직하게 내디디는 소리.

¶저벽, 저벽, 저벽, 그 소리는 막 오류골 댁 사립문을 들어서면서 달빛 교교한 마당을 지나….≪최명희, 혼불≫

저벽-저벽

의미 [＋소리]v[＋모양],[＋발],[＋걸음],[＋크기],[＋무게],[＋연속]

제약 {발}-{내디디다, 걷다}

발을 크고 묵직하게 내디디며 잇따라 걷는 소리. 또는 그 모양.

¶동혁은 빙긋이 웃으며, 저벽저벽 걸어서 여자의 앞에 와 선다.≪심훈, 상록수≫

저분-저분01

의미 [＋모양],[＋성질]v[＋태도],[＋유연],[＋조용],[＋치밀]

제약

성질이나 태도가 아주 부드럽고 조용하며 찬찬한 모양.

저분-저분02

의미 [＋모양],[＋가루],[＋씹음],[＋유연]

제약 {가루}-{씹히다}

가루 따위가 부드럽게 씹히는 모양.

저열-히

의미 [＋저질],[＋초라]

제약

질이 낮고 변변하지 못하게.

저저01

의미 [＋모양],[＋목소리],[－높이],[＋정도]

제약

목소리 따위가 매우 낮은 모양.

저저02

의미 [＋사실],[＋개별],[＋전부]

제약

＝저저이. 있는 사실대로 낱낱이 모두.

¶저저 일러바치다.

저저-마다

의미 [＋사람]v[＋사물],[＋개별],[＋전부]

제약

'저마다'를 강조하여 이르는 말. 각각의 사람이나 사물마다.

¶사람들은 저저마다 각기 한 가지씩의 일을 맡았다.

저저-이

의미 [＋사실],[＋개별],[＋전부]

제약

있는 사실대로 낱낱이 모두. 늑저저02.

¶옳고 그름을 저저이 따지다./그는 아버지께 그녀와의 관계를 저저이 말씀드렸다./초향이가 단천령을 보고 부사와 문답한 말을 저저이 다 옮기고….≪홍명희, 임꺽정≫/한 영감은 대불이한테 고향은 어디며 어떤 연유로 인천에까지 흘러 들어 오게 되었느냐고 저저이 물었다.≪문순태, 타오르는 강≫

저적-에

의미 [＋과거],[＋차례]v[＋시간]

제약

말하는 때 이전의 지나간 차례나 때에.

¶저적에 맡겨 둔 물건을 돌려주세요.

저적-저적

의미 [＋모양],[＋걸음],[－기운],[－속도]

제약 {사람}-{걷다}

① 힘없이 천천히 걷는 모양.

¶어디 갈 데는 없고 날은 저물고 하여 그 집 담 밑에서 저적저적 돌아다녔다.

의미 [＋모양],[＋아이],[＋걸음],[＋위태]

제약 {발}-{내디디다, 걷다}

② 어린아이가 처음 걷기 시작할 때처럼 발을 천천히 내디디며 위태롭게 걷는 모양.

저-절로

의미 [－도움][＋자의]v[－인공][＋자연]

제약

다른 힘을 빌리지 아니하고 제 스스로. 또는 인

공의 힘을 더하지 아니하고 자연적으로,
¶저절로 굴러 들어오다./웃음이 저절로 나오다./
감기가 저절로 나았다./그녀에 대한 그의 의심은
시간이 흘러 저절로 해소가 되었다./초콜릿이야.
씹지 말고 입에 가만히 넣고 있으면 저절로 녹
아.≪최일남, 거룩한 응답≫/발동도 걸지 않았는데
차는 고갯길을 저절로 굴러 내려갔다.≪장용학,
위사가 보이는 풍경≫/쳐다볼수록 괴상한 늙은이라
는 생각이 들어 저절로 긴장이 됐다.≪전상국, 하
늘 아래 그 자리≫

저-제
　의미 [+시간],[+과거]
　제약
　지나간 때에,
　¶그는 저제 한 번 만난 적이 있는 사람이다.

저주로이
　의미 [+저주],[+당연]
　제약
　⇒ 저주롭다. 저주를 하여 마땅할 듯하다.
　¶그는 자신을 이 지경으로 만든 세월을 저주로
　이 되새겨 본다.

저주스레
　의미 [+정도],[+저주]
　제약
　⇒ 저주스럽다. 저주를 할 정도로.
　¶저주스레 바라보는 그의 시선에서 살기가 느껴
　졌다.

저-쯤
　의미 [+정도],[+유사]
　제약
　저만한 정도로.
　¶저쯤 되면 화가 날 만도 하지.

저축-저축
　의미 [+모양],[+걸음],[−기운],[−균형]
　제약 {사람}-{걷다}
　다리에 힘이 없어 다리를 절며 걷는 모양.
　¶할머니의 걸음걸이가 저축저축 위태로웠다.

저춤-저춤
　의미 [+모양],[+걸음],[−기운],[−균형]
　제약 {사람}-{걷다}

다리에 힘이 없어 다리를 조금 절며 걷는 모양.
¶그는 평소에도 다리를 저춤저춤 전다.

저-토록
　의미 [+정도],[+기준]
　제약
　저러한 정도로까지.
　¶서슬이 등등하던 아버지가 며칠 사이 어떻게
　저토록 달라질 수 있을까 싶었다.≪김원일, 노을≫/
　김 중사는 무엇 때문에 저토록 기분이 상했고,
　또 그 일을 서둘러 대는 것일까.≪이상문, 황색인≫
　/그는 아버지가 저토록 못마땅해하는 양을 처음
　보았다.≪윤후명, 파랑새≫

적당-히
　의미 [+정도],[+적당]
　제약
　① 정도에 알맞게.
　¶소금을 적당히 넣어 간을 맞추다./적당히 운동
　을 하는 것이 건강에 좋다.
　의미 [+유사],[+요령]
　제약
　② 엇비슷하게 요령이 있게.
　¶대답을 적당히 얼버무리다.

적막-히
　의미 [+고요],[+고독]
　제약
　① 고요하고 쓸쓸히.
　¶누워 있는 그에게는 온 우주가 적막히 빈 듯하
　였다.≪나도향, 환희≫
　의미 [−의지],[+고독]
　제약
　② 의지할 데 없이 외로이.

적실-히[01]
　의미 [−거짓],[+진실]
　제약
　거짓이 없고 진실하게.
　¶적실히 행동하다./적실히 생활하다./적실히 말
　하다.

전연-히[02]
　의미 [−틀림],[+확실]
　제약

틀림이 없이 확실하게.

¶그 선생이 **적실히** 친일파요, 그런 나쁜 짓을 했다는 건 어떻게 알았어?≪채만식, 민족의 죄인≫

적어도

의미 [＋기준],[＋짐작],[＋초과]

제약

① 아무리 적게 잡아도.

¶그는 **적어도** 사십 세는 되었을 것이다./그 사람은 **적어도** 3년쯤은 사회생활을 해 본 경험이 있어 보였다./어머니가 그 옷을 입을 때는 **적어도** 10년은 젊어 보인다./그곳까지 다녀오자면 **적어도** 1시간가량을 허비하게 될 것이다.

의미 [＋평가],[＋기준],[＋높음]

제약

② 아무리 낮게 평가하여도.

¶그는 **적어도** 소인배는 아니다./그가 허풍을 잘 치기는 하지만 **적어도** 사기꾼은 아니라고 생각한다./나는 **적어도** 너처럼 거짓말하지는 않는다.

의미 [－만족]

제약

③ 마음에 차지 아니하여도 그런대로.

¶부모라면 **적어도** 자기 자식은 책임져야 한다./**적어도** 문화인은 눈으로도 배고플 줄 알고, 귀로도 배고플 줄 알아야 한다.≪이태준, 화관≫

적연[01]

의미 [＋확신]

제약

틀림없이 그러하게. 늑적연히[01].

적연[02]

의미 [＋우연]

제약

마침 공교롭게. 늑적연히[03].

적연-히[01]

의미 [＋확신]

제약

＝적연[01]. 틀림없이 그러하게.

적연-히[02]

의미 [＋조용],[＋고요]

제약

① 조용하고 고요히.

의미 [－소식],[＋정도]

제약

② 매우 감감히.

적연-히[03]

의미 [＋우연]

제약

＝적연[02]. 마침 공교롭게.

적의-히[01]

의미 [＋적당],[＋적합]

제약

무엇을 하기에 알맞고 마땅하게.

적의-히[02]

의미 [＋마음],[＋적합]

제약

마음에 맞게.

적이

의미 [＋정도]

제약

꽤 어지간한 정도로.

¶**적이** 놀라다./**적이** 당황하다./해가 막 떨어진 뒤라 그런지 그녀의 웃음이 **적이** 붉게 보였다.≪김정한, 모래톱 이야기≫/그렇다면 별 큰일도 아니구나 싶어 **적이** 가슴이 가라앉았다.≪박용구, 산울림≫

적이-나

의미 [＋정도]

제약

얼마간이라도.

¶그 일이 잘 마무리되어 **적이나** 다행이다./대불이는 짝귀가 손칠만을 죽이지 않았다는 말에 **적이나** 침통했던 마음이 가벼워지기는 했으나….≪문순태, 타오르는 강≫

적이나-하면

의미 [＋형편],[＋정도]

제약

형편이 다소나마 된다면.

¶사정이 **적이나하면** 도와주겠다./**적이나하면** 쌀 가마라도 보태 주었으면 좋겠는데 나도 살기 어려우니 어쩔 수가 없다.

적잖-이

의미 [+수]v[+양],[−부족],[+정도]

제약

① 적지 않은 수나 양으로.

¶맥주를 세 병째 시켜 마실 즈음에는 **적잖이** 손님들이 들어왔다.≪황순원, 신들의 주사위≫

의미 [+소홀]v[−중요],[+정도]

제약

② 소홀히 하거나 대수롭게 여길 만하지 아니하게.

¶**적잖이** 거북한 이야기.

적적-히

의미 [+조용],[+고독]

제약

① 조용하고 쓸쓸하게.

¶그는 얼마 남지 않은 여생을 시골에서 **적적히** 보냈다.

의미 [+한가],[+심심]

제약

② 하는 일 없이 심심하게.

적절-히

의미 [+적당]

제약

꼭 알맞게.

¶인원을 **적절히** 배치하다./**적절히** 비유하다./그는 비록 신식 회사나 상회를 만들지는 않았지만 능히 그럴 수도 있는 자본을 가지고 있었고 그걸 **적절히** 굴리고 있었다.≪박완서, 미망≫

적중-히

의미 [−과도]v[−부족],[+적합]

제약

지나치거나 부족함이 없이 꼭 알맞게.

¶**적중히** 제시간에 오셨습니다.

적확-히

의미 [+기준],[+정확]

제약

정확하게 맞아 조금도 틀리지 아니하게. ≒확적히

¶사태를 **적확히** 파악하다./누르칙칙한 물속이 **적확히** 보이지 않는다.≪이효석, 들≫

전반같-이

의미 [+모습],[+머리채],[+숱],[+다량],[+길이]

제약

(비유적으로) 머리를 땋아 늘인 여자의 머리채가 숱이 많고 치렁치렁한 모습으로.

¶머리꼬리를 **전반같이** 번지르하게 따 늘인 계집애가….≪이기영, 신개지≫

전부

의미 [−부분],[+전체]

제약

어느 한 부분이 아니라 전체가 다.

¶그 사람 말은 하나부터 열까지가 **전부** 거짓말이다./나는 그 작가의 소설을 **전부** 읽었다./남향으로 앉은 사랑채는 **전부** 유리창으로 둘러져 있었다.≪이병주, 지리산≫

전수-이

의미 [+전부]

제약

모두 다.

¶제가 동의도 한 일이요 승낙도 한 일이건만, 전수이 아내의 탓만 하고 앉았다 일어섰다 하였다. ≪현진건, 적도≫

전연

의미 [+부정]

제약

(주로 부정하는 뜻을 나타내는 낱말과 함께 쓰여)=전혀01. '도무지', '아주', '완전히'의 뜻을 나타낸다.

¶할머니는 그 사실을 **전연** 알지 못했다./그에게는 **전연** 소식이 없다./그녀와는 5년째 연락이 전연 안 된다./희망이니 기대니 하는 것을 **전연** 개의치 않고 어떤 역사의 흐름에 자신을 맡겨 버린다는 것….≪이병주, 지리산≫

전연-히[01]

의미 [+수치],[+무안]

제약

부끄러워서 무안하게.

전연-히[02]

의미 [+부정],[+정도]

제약

(주로 부정하는 뜻을 나타내는 낱말과 함께 쓰여) '도무지', '아주', '완전히'의 뜻을 나타낸다.

¶곁에 있는 자기의 존재를 **전연히** 잊은 듯이 앞을 멀리 내다보고 있는 그의 표정은 몹시 원망스러웠다.

전전-푼푼

의미 [+한푼],[+누적]

제약 {돈}-{벌다, 모으다}

=전전푼푼이. 한 푼씩 한 푼씩.

¶숨지 않으면 안 될 형편이므로 동무들이 **전전푼푼** 갖다 주는 것을 가지고 요새 이렇게 들어앉고만 있었던 것이다.≪강경애, 인간 문제≫

전전푼푼-이

의미 [+한푼],[+누적]

제약 {돈}-{벌다, 모으다}

'푼푼이'를 강조하여 이르는 말. 한 푼씩 한 푼씩. 늑전전푼푼.

¶미리부터 **전전푼푼이** 꿍쳐 두었던 돈은 입학한 지 얼마 못 되어…밑자리가 들리게 되었다.≪한설야, 황혼≫

전중-히

의미 [+언행],[+예법],[+품위]

제약

언행이 법도에 맞고 점잖게.

전지도지

의미 [+모양],[+도망],[+급박],[+정도]

제약 { }-{달아나다}

엎드러지고 곱드러지며 몹시 급히 달아나는 모양.

¶천만뜻밖에 이 기별을 듣고 천지가 아득하여 **전지도지** 쫓아갔다.≪이기영, 농부 정도룡≫

전지-전지

의미 [+전달],[+연속]

제약

전하고 전하여.

전혀⁰¹

의미 [+부정],[+정도]

제약

(주로 부정하는 뜻을 나타내는 낱말과 함께 쓰여) '도무지', '아주', '완전히'의 뜻을 나타낸다.

늑만만② · 전연.

¶**전혀** 다른 사람./**전혀** 생소한 모습./**전혀** 쓸모 없는 물건./**전혀** 새로운 분야./**전혀** 갈피를 잡을 수 없다./**전혀** 관계가 없다./**전혀** 예기치 못한 사건이 발생했다./그는 고기를 **전혀** 입에 대지 않는다./그들의 관계는 **전혀** 진전이 없었다./어둑한 그 길 끝에 무엇이 있는지 **전혀** 짐작은 가지 않지만 어쩐지 두렵고 막막하다.≪이문열, 영웅 시대≫

전혀⁰²

의미 [+유일]

제약

=오로지. 오직 한 곳으로.

¶그 일은 **전혀** 네 소관이다./그가 유명하게 된 것은 **전혀** 그 사람의 어머니 덕이라 한다./그것은 **전혀** 개인적인 사건이었지만 마을 사람들 정열에 찬물을 끼얹은 결과가 되었던 것이다.≪박경리, 토지≫

절거덕

의미 [+소리]v[+모양],[+물체],[+충돌]

제약 {물체}-{부딪치다}

① 크고 단단한 물체가 맞부딪치는 소리. 또는 그 모양.

의미 [+소리]v[+모양],[+물건],[+밀착],[+정도]

제약 {물건}-{붙다}

② 끈기 있는 물건이 세차게 들러붙는 소리. 또는 그 모양.

¶자석에 쇠가 **절거덕** 붙다.

의미 [+소리]v[+모양],[+자물쇠],[±개폐]

제약 {자물쇠}-{잠기다, 열리다}

③ 큰 자물쇠 따위가 잠기거나 열리는 소리. 또는 그 모양.

의미 [+소리]v[+모양],[+물건],[+충돌],[-정도]

제약 {물건}-{부딪치다}

④ 서로 닿으면 걸리어 붙는 단단한 물건끼리 맞부딪치는 소리. 또는 그 모양,

¶철문이 **절거덕** 소리를 내며 열리다.

절거덕-절거덕

의미 [＋소리]v[＋모양],[＋물체],[＋충돌],[＋반복]

제약 {물체}-{부딪치다}

① 크고 단단한 물체가 자꾸 맞부딪치는 소리. 또는 그 모양.

¶내려오는 사람은 절거덕절거덕 칼 소리가 났다. ≪이태준, 해방 전후≫

의미 [＋소리]v[＋모양],[＋물건],[＋밀착],[＋정도],[＋반복]

제약 {물건}-{붙다}

② 끈기 있는 물건이 자꾸 세차게 들러붙는 소리. 또는 그 모양.

의미 [＋소리]v[＋모양],[＋자물쇠],[±개폐],[＋반복]

제약 {자물쇠}-{잠기다, 열리다}

③ 큰 자물쇠 따위가 자꾸 잠기거나 열리는 소리. 또는 그 모양.

의미 [＋소리]v[＋모양],[＋물건],[＋충돌],[＋반복]

제약 {물건}-{부딪치다}

④ 서로 닿으면 걸리어 붙는 단단한 물건끼리 자꾸 맞부딪치는 소리. 또는 그 모양.

절거덩

의미 [＋소리]v[＋모양],[＋쇠붙이],[＋충돌],[＋공명]

제약 {쇠붙이}-{부딪치다, 울리다}

크고 단단한 쇠붙이 따위가 맞부딪쳐 울리는 소리. 또는 그 모양.

절거덩-절거덩

의미 [＋소리]v[＋모양],[＋쇠붙이],[＋충돌],[＋공명],[＋반복]

제약 {쇠붙이}-{부딪치다, 울리다}

크고 단단한 쇠붙이 따위가 자꾸 맞부딪쳐 울리는 소리. 또는 그 모양.

절걱

의미 [＋소리]v[＋모양],[＋물체],[＋충돌]

제약 {물체}-{부딪치다}

① '절거덕①'의 준말. 크고 단단한 물체가 맞부딪치는 소리. 또는 그 모양.

의미 [＋소리]v[＋모양],[＋물건],[＋밀착],[＋정도]

제약 {물건}-{붙다}

② '절거덕②'의 준말. 끈기 있는 물건이 세차게 들러붙는 소리. 또는 그 모양.

¶자석에 쇠붙이가 절걱 들러붙는다.

의미 [＋소리]v[＋모양],[＋자물쇠],[±개폐]

제약 {자물쇠}-{잠기다, 열리다}

③ '절거덕③'의 준말. 큰 자물쇠 따위가 잠기거나 열리는 소리. 또는 그 모양.

의미 [＋소리]v[＋모양],[＋물건],[＋충돌]

제약 {물건}-{부딪치다}

④ '절거덕④'의 준말. 서로 닿으면 걸리어 붙는 단단한 물건끼리 맞부딪치는 소리. 또는 그 모양

¶철문이 절걱 닫힌다.

절걱-절걱

의미 [＋소리]v[＋모양],[＋물체],[＋충돌],[＋반복]

제약 {물체}-{부딪치다}

① '절거덕절거덕①'의 준말. 크고 단단한 물체가 자꾸 맞부딪치는 소리. 또는 그 모양.

의미 [＋소리]v[＋모양],[＋물건],[＋밀착],[＋정도],[＋반복]

제약 {물건}-{붙다}

② '절거덕절거덕②'의 준말. 끈기 있는 물건이 자꾸 세차게 들러붙는 소리. 또는 그 모양.

의미 [＋소리]v[＋모양],[＋자물쇠],[±개폐],[＋반복]

제약 {자물쇠}-{잠기다, 열리다}

③ '절거덕절거덕③'의 준말. 큰 자물쇠 따위가 자꾸 잠기거나 열리는 소리. 또는 그 모양.

의미 [＋소리]v[＋모양],[＋물건],[＋충돌],[＋반복]

제약 {물건}-{부딪치다}

④ '절거덕절거덕④'의 준말. 서로 닿으면 걸리어 붙는 단단한 물건끼리 자꾸 맞부딪치는 소리. 또는 그 모양.

절겅

의미 [＋소리]v[＋모양],[＋쇠붙이],[＋충돌],[＋공명]

제약 {쇠붙이}-{부딪치다, 울리다}

'절거덩'의 준말. 크고 단단한 쇠붙이 따위가 맞부딪쳐 울리는 소리. 또는 그 모양.

¶창고에서 한차례 쇠바퀴 구르는 소리가 절겅 났다./자석에 쇠붙이가 절겅 달라붙다.

절겅-절겅

의미 [+소리]v[+모양],[+쇠붙이],[+충돌],[+공명],[+반복]

제약 {쇠붙이}-{부딪치다, 울리다}

'절거덩절거덩'의 준말. 크고 단단한 쇠붙이 따위가 자꾸 맞부딪쳐 울리는 소리. 또는 그 모양.

¶절겅절겅 족쇄 끄는 소리가 온 건물에 울려 퍼졌다.

절곡-히

의미 [+정성],[+정도]

제약

①=곡진히①. 매우 정성스럽게.

¶환자를 절곡히 간병하다.

의미 [+세밀],[+간곡],[+정도]

제약

②=곡진히②. 매우 자세하고 간곡하게.

¶절곡히 타이르다.

절그럭

의미 [+소리]v[+모양],[+쇠붙이],[+낙하]v[+충돌]

제약 {쇠붙이}-{떨어지다, 부딪치다}

얇은 쇠붙이 따위가 떨어지거나 맞부딪치는 소리. 또는 그 모양.

¶그는 쇠 수저가 든 통을 절그럭 흔들어 대며 걸어갔다.

절그럭-절그럭

의미 [+소리]v[+모양],[+쇠붙이],[+낙하]v[+충돌],[+연속]

제약 {쇠붙이}-{떨어지다, 부딪치다}

얇은 쇠붙이 따위가 잇따라 떨어지거나 맞부딪치는 소리. 또는 그 모양.

절그렁

의미 [+소리]v[+모양],[+쇠붙이],[+낙하]v[+충돌],[+공명]

제약 {쇠붙이}-{떨어지다, 부딪치다, 울리다}

크고 얇은 쇠붙이 따위가 떨어지거나 맞부딪쳐 울리는 소리. 또는 그 모양.

¶감옥 문을 절그렁 열다.

절그렁-절그렁

의미 [+소리]v[+모양],[+쇠붙이],[+낙하]v[+충돌],[+공명],[+반복]

제약 {쇠붙이}-{떨어지다, 부딪치다, 울리다}

크고 얇은 쇠붙이 따위가 자꾸 떨어지거나 맞부딪쳐 울리는 소리. 또는 그 모양.

절꺼덕

의미 [+소리]v[+모양],[+물체],[+충돌]

제약 {물체}-{부딪치다}

① 크고 단단한 물체가 맞부딪치는 소리. 또는 그 모양. '절거덕①'보다 조금 센 느낌을 준다.

¶쇠문이 절꺼덕 소리를 내며 닫히다.

의미 [+소리]v[+모양],[+물건],[+밀착],[+정도]

제약 {물건}-{붙다}

② 끈기 있는 물건이 세차게 들러붙는 소리. 또는 그 모양. '절거덕②'보다 조금 센 느낌을 준다.

의미 [+소리]v[+모양],[+자물쇠],[±개폐]

제약 {자물쇠}-{잠기다, 열리다}

③ 큰 자물쇠 따위가 잠기거나 열리는 소리. 또는 그 모양. '절거덕③'보다 조금 센 느낌을 준다.

¶간수가 자물쇠를 절꺼덕 열자 문이 열렸다.

의미 [+소리]v[+모양],[+물건],[+충돌]

제약 {물건}-{부딪치다}

④ 서로 닿으면 걸리어 붙는 단단한 물건끼리 맞부딪치는 소리. 또는 그 모양. '절거덕④'보다 조금 센 느낌을 준다.

절꺼덕-절꺼덕

의미 [+소리]v[+모양],[+물체],[+충돌],[+반복]

제약 {물체}-{부딪치다}

① 크고 단단한 물체가 자꾸 맞부딪치는 소리. 또는 그 모양. '절거덕절거덕①'보다 조금 센 느낌을 준다.

의미 [+소리]v[+모양],[+물건],[+밀착],[+정

도],[+반복]

제약 {물건}-{붙다}

② 끈기 있는 물건이 자꾸 세차게 들러붙는 소리. 또는 그 모양. '절거덕절거덕②'보다 조금 센 느낌을 준다.

의미 [+소리]v[+모양],[+자물쇠],[±개폐],[+반복]

제약 {자물쇠}-{잠기다, 열리다}

③ 큰 자물쇠 따위가 자꾸 잠기거나 열리는 소리. 또는 그 모양. '절거덕절거덕③'보다 조금 센 느낌을 준다,

¶아버지는 오래된 자물쇠를 **절꺼덕절꺼덕** 만지고 계셨다.

의미 [+소리]v[+모양],[+물건],[+충돌],[+반복]

제약 {물건}-{부딪치다}

④ 서로 닿으면 걸리어 붙는 단단한 물건끼리 자꾸 맞부딪치는 소리. 또는 그 모양. '절거덕절거덕④'보다 조금 센 느낌을 준다.

절꺼덩

의미 [+소리]v[+모양],[+쇠붙이],[+충돌],[+공명]

제약 {쇠붙이}-{부딪치다, 울리다}

큰고 단단한 쇠붙이 따위가 맞부딪쳐 울리는 소리. 또는 그 모양. '절거덩'보다 조금 센 느낌을 준다,

¶쇠붙이가 **절꺼덩** 소리를 내며 철판 위에 떨어진다.

절꺼덩-절꺼덩

의미 [+소리]v[+모양],[+쇠붙이],[+충돌],[+공명],[+반복]

제약 {쇠붙이}-{부딪치다, 울리다}

큰고 단단한 쇠붙이 따위가 자꾸 맞부딪쳐 울리는 소리. 또는 그 모양. '절거덩절거덩'보다 조금 센 느낌을 준다.

절꺽

의미 [+소리]v[+모양],[+물체],[+충돌]

제약 {물체}-{부딪치다}

① '절꺼덕①'의 준말. 크고 단단한 물체가 맞부딪치는 소리. 또는 그 모양. '절거덕①'보다 조금

센 느낌을 준다.

의미 [+소리]v[+모양],[+물건],[+밀착],[+정도]

제약 {물건}-{붙다}

② '절꺼덕②'의 준말. 끈기 있는 물건이 세차게 들러붙는 소리. 또는 그 모양. '절거덕②'보다 조금 센 느낌을 준다.

의미 [+소리]v[+모양],[+자물쇠],[±개폐]

제약 {자물쇠}-{잠기다, 열리다}

③ '절꺼덕③'의 준말. 큰 자물쇠 따위가 잠기거나 열리는 소리. 또는 그 모양. '절거덕③'보다 조금 센 느낌을 준다.

의미 [+소리]v[+모양],[+물건],[+충돌]

제약 {물건}-{부딪치다}

④ '절꺼덕④'의 준말. 서로 닿으면 걸리어 붙는 단단한 물건끼리 맞부딪치는 소리. 또는 그 모양. '절거덕④'보다 조금 센 느낌을 준다.

절꺽-절꺽

의미 [+소리]v[+모양],[+물체],[+충돌]

제약 {물체}-{부딪치다}

① '절꺼덕절꺼덕①'의 준말. 크고 단단한 물체가 맞부딪치는 소리. 또는 그 모양. '절거덕절거덕①'보다 조금 거센 느낌을 준다.

의미 [+소리]v[+모양],[+물건],[+밀착],[+정도],[+반복]

제약 {물건}-{붙다}

② '절꺼덕절꺼덕②'의 준말. 끈기 있는 물건이 세차게 들러붙는 소리. 또는 그 모양. '절거덕절거덕②'보다 조금 거센 느낌을 준다.

의미 [+소리]v[+모양],[+자물쇠],[±개폐],[+반복]

제약 {자물쇠}-{잠기다, 열리다}

③ '절꺼덕절꺼덕③'의 준말. 큰 자물쇠 따위가 잠기거나 열리는 소리. 또는 그 모양. '절거덕절거덕③'보다 조금 거센 느낌을 준다.

¶수천댁은 공출이 무서워서 뒷골방에 이불을 여러 겹 덮어 감추어 둔 뒤주에서 한 끼 식량을 내주고는 **절커덕**, 열쇠를 채운다.≪최명희, 혼불≫

의미 [+소리]v[+모양],[+물건],[+충돌]

제약 {물건}-{부딪치다}

④ '절꺼덕절꺼덕④'의 준말. 서로 닿으면 걸리어 붙는 단단한 물건끼리 맞부딪치는 소리. 또는 그 모양. '절거덕절거덕④'보다 조금 거센 느낌을 준다.

절대

의미 [＋필연]

제약

＝절대로. 어떠한 경우에도 반드시.

¶이 말은 남에게 **절대** 하지 마라./나는 **절대** 만류하지 않겠습니다./물과 공기는 우리에게 **절대** 필요한 것이다./명령에 **절대** 따라야 한다./이 일에 대하여 **절대** 입을 다물어야 한다.

절대-로

의미 [＋필연]

제약

어떠한 경우에도 반드시.

¶세상에 **절대로** 공짜라는 것은 없다./당신의 협조가 **절대로** 필요합니다./**절대로** 나쁜 일을 해서는 안 된다./나는 **절대로** 네 말에 동의할 수 없어./그는 **절대로** 상대해서는 안 될 사람이다.

절뚝-절뚝

의미 [＋모양],[＋다리],[－대칭]v[＋장애],[＋걸음],[－균형],[＋반복]

제약 {사람, 동물}-{거리다, 절다}

한쪽 다리가 짧거나 탈이 나서 자꾸 뒤뚝뒤뚝 저는 모양.

¶개구리처럼 내동댕이쳐진 그도 가까스로 땅을 짚고 일어섰으나 오금을 펴지 못하고 손으로 허리를 짚으며 **절뚝절뚝** 물러섰다.≪문순태, 타오르는 강≫

절렁

의미 [＋소리],[＋방울]v[＋쇠붙이],[＋요동]v[＋충돌],[＋공명]

제약 {방울, 쇠붙이}-{흔들리다, 부딪치다, 울리다}

큰 방울이나 얇은 쇠붙이 따위가 흔들리거나 부딪쳐 울리는 소리.

¶밥을 다 비워 버린 양푼을 **절렁** 든다.≪박경리, 토지≫

절렁-절렁

의미 [＋소리],[＋방울]v[＋쇠붙이],[＋요동]v[＋충돌],[＋공명],[＋반복]

제약 {방울, 쇠붙이}-{흔들리다, 부딪치다, 울리다}

큰 방울이나 얇은 쇠붙이 따위가 자꾸 흔들리거나 부딪쳐 울리는 소리.

절레-절레

의미 [＋모양],[＋사람],[＋머리],[±좌우],[＋요동],[＋반복]

제약 {머리}-{흔든다}

머리를 좌우로 자꾸 흔드는 모양. 늑절절[01]①

¶고개를 **절레절레** 젓다./머리를 **절레절레** 내두르다./그 여자는 짐짓 귀찮고 부질없다는 표정으로 **절레절레** 고개를 흔들었다.≪오정희, 어둠의 집≫

절로[01]

의미 [－도움][＋자의]v[－인공][＋자연]

제약

'저절로'의 준말. 다른 힘을 빌리지 아니하고 제 스스로 또는 인공의 힘을 더하지 아니하고 자연적으로.

¶어깨춤이 **절로** 난다./신바람이 **절로** 난다./한숨이 **절로** 난다./그의 우스꽝스러운 모습을 보자 **절로** 웃음이 터져 나왔다.

절로[02]

의미 [＋방향],[＋지시]

제약

'저리로'의 준말. 저곳으로 또는 저쪽으로.

¶우리는 이쪽으로 갈 테니 너는 **절로** 가라.

절록-절록

의미 [＋모양],[＋걸음],[＋요동],[＋정도],[＋반복]

제약 { }-{절다}

걸을 때에 자꾸 다리를 몹시 저는 모양.

¶**절록절록** 힘겹게 걷다./자칫 정신없이 걷다 보면 몇 발자국 뒤에 처져 안간힘을 쓰며 **절록절록** 따라오는 것이다.≪이호철, 소시민≫

절름-절름

의미 [＋모양],[＋다리],[－대칭]v[＋장애],[＋걸음],[－균형],[＋반복]

제약 {사람, 동물}-{거리다, 절다}

한쪽 다리가 짧거나 다치거나 하여 걷거나 뛸 때 몸이 한쪽으로 자꾸 거볍게 기우뚱하는 모양, ¶다리까지 하나 **절름절름** 저는 반편이. 그러나 그런 처량한 목숨이면서도 끝내 끈질기게 굴러 다니고 있는 것이다.《하근찬, 야호》

절버덕
의미 [＋소리]v[＋모양],[＋물]v[＋진창],[＋밟음]v[＋타격],[＋정도]
제약 {물, 진창}-{밟다, 치다}
얕은 물이나 진창을 거칠게 밟거나 치는 소리. 또는 그 모양.

절버덕-절버덕
의미 [＋소리]v[＋모양],[＋물]v[＋진창],[＋밟음]v[＋타격],[＋정도],[＋반복]
제약 {물, 진창}-{밟다, 치다}
옅은 물이나 진창을 자꾸 거칠게 밟거나 치는 소리. 또는 그 모양.
¶연못에 물이 빠지자 잉어가 **절버덕절버덕** 튀어 오른다./얕은 개울을 **절버덕절버덕** 건넜다.

절버덩
의미 [＋소리]v[＋모양],[＋물체],[＋물],[＋충돌],[＋정도]
제약 {물체}-{부딪치다}
묵직한 물체가 물에 거칠게 부딪치는 소리. 또는 그 모양.
¶물에 **절버덩** 뛰어들다.

절버덩-절버덩
의미 [＋소리]v[＋모양],[＋물체],[＋물],[＋충돌],[＋정도],[＋반복]
제약 {물체}-{부딪치다}
묵직한 물체가 물에 자꾸 거칠게 부딪치는 소리. 또는 그 모양.

절벅
의미 [＋소리]v[＋모양],[＋물]v[＋진창],[＋밟음]v[＋타격],[＋정도]
제약 {물, 진창}-{밟다, 치다}
'절버덕'의 준말. 옅은 물이나 진창을 거칠게 밟거나 치는 소리. 또는 그 모양.

절벅-절벅
의미 [＋소리]v[＋모양],[＋물]v[＋진창],[＋밟

음]v[＋타격],[＋정도],[＋반복]
제약 {물, 진창}-{밟다, 치다}
'절버덕절버덕'의 준말. 옅은 물이나 진창을 자꾸 거칠게 밟거나 치는 소리. 또는 그 모양.
¶욕조 속에 들어앉아 **절벅절벅** 물소리를 내며 몸을 닦았다.

절벙
의미 [＋소리]v[＋모양],[＋물체],[＋물],[＋충돌],[＋정도]
제약 {물체}-{부딪치다}
'절버덩'의 준말. 묵직한 물체가 물에 거칠게 부딪치는 소리. 또는 그 모양.

절벙-절벙
의미 [＋소리]v[＋모양],[＋물체],[＋물],[＋충돌],[＋정도],[＋반복]
제약 {물체}-{부딪치다}
'절버덩절버덩'의 준말. 묵직한 물체가 물에 자꾸 거칠게 부딪치는 소리. 또는 그 모양.
¶개울에서는 아이들이 물을 **절벙절벙** 밟고 있었다.

절분-히
의미 [＋원통],[＋분통]
제약
몹시 원통하고 분하게.

절실-히
의미 [＋상태],[＋느낌]v[＋생각],[＋강렬],[＋정도]
제약
① ⇒ 절실하다① 느낌이나 생각이 뼈저리게 강렬한 상태에 있다.
¶그는 죽은 아내가 **절실히** 그리웠다./결혼 10년째인 그들 부부는 아이를 **절실히** 기다렸다.
의미 [＋상태],[＋시급],[＋중요]
제약
② ⇒ 절실하다② 매우 시급하고도 긴요한 상태에 있다.
¶정치 개혁이 **절실히** 요구된다./인간성의 회복이 **절실히** 필요한 때다.
의미 [＋적절],[＋사실],[＋일치]
제약

③ ⇒ 절실하다③ 적절하여 실제에 꼭 들어맞다.
¶그 소설은 서민들의 생활 감정과 의식을 절실히 그려 낸 작품이다.

절써덕
의미 [+소리]v[+모양],[+액체],[+물체],[+충돌],[+정도]
제약 { }-{부딪치다}
① 아주 많은 양의 액체가 단단한 물체에 마구 부딪치는 소리. 또는 그 모양.
¶큰 파도가 몰려오더니 절써덕 뱃머리를 때렸다.
의미 [+소리]v[+모양],[+물체],[+충돌]v[+밀착],[+끈기]
제약 {물체}-{부딪치다, 달라붙다}
② 큰 물체가 매우 끈지게 부딪치거나 달라붙는 소리. 또는 그 모양.

절써덕-절써덕
의미 [+소리]v[+모양],[+액체],[+물체],[+충돌],[+정도],[+반복]
제약 { }-{부딪치다}
① 아주 많은 양의 액체가 자꾸 단단한 물체에 마구 부딪치는 소리. 또는 그 모양.
의미 [+소리]v[+모양],[+물체],[+충돌]v[+밀착],[+끈기],[+반복]
제약 {물체}-{부딪치다, 달라붙다}
② 큰 물체가 매우 끈지게 자꾸 부딪치거나 달라붙는 소리. 또는 그 모양.

절썩
의미 [+소리]v[+모양],[+액체],[+물체],[+충돌],[+정도]
제약 { }-{부딪치다}
① '절써덕①'의 준말. 아주 많은 양의 액체가 단단한 물체에 마구 부딪치는 소리. 또는 그 모양.
의미 [+소리]v[+모양],[+물체],[+충돌]v[+밀착],[+끈기]
제약 {물체}-{부딪치다, 달라붙다}
② '절써덕②'의 준말. 큰 물체가 매우 끈지게 부딪치거나 달라붙는 소리. 또는 그 모양.

절썩-절썩
의미 [+소리]v[+모양],[+액체],[+물체],[+충

돌],[+정도],[+반복]
제약 { }-{부딪치다}
① '절써덕절써덕①'의 준말. 아주 많은 양의 액체가 자꾸 단단한 물체에 마구 부딪치는 소리. 또는 그 모양.
의미 [+소리]v[+모양],[+물체],[+충돌]v[+밀착],[+끈기],[+반복]
제약 {물체}-{부딪치다, 달라붙다}
② '절써덕절써덕②'의 준말. 큰 물체가 매우 끈지게 자꾸 부딪치거나 달라붙는 소리. 또는 그 모양.

절쑥-절쑥
의미 [+모양],[+걸음],[-균형]
제약 {사람, 동물}-{거리다, 절다}
걸을 때 약간 절뚝거리는 모양.
¶윤이란 사내가 개 짖는 소리를 찾아 절쑥절쑥 돌아 나오며 알은체를 한다.≪이문구, 장한몽≫

절연-히
의미 [+처리],[+분명]
제약
맺고 끊음이 칼로 자르듯이 분명하게.
¶그는 모든 일을 절연히 처리한다.

절절01
의미 [+모양],[+사람],[+머리],[±좌우],[+요동],[+반복]
제약 {머리}-{흔들다}
①=절레절레. 머리를 좌우로 자꾸 흔드는 모양.
¶그는 혀를 차며 고개를 절절 흔들었다.
의미 [+모양],[+손],[+물건],[+요동]
제약 {물건}-{흔들다}
② 물건을 손에 들고 거볍게 흔드는 모양.
¶생선을…창자를 훑어 내고 아가미를 떼어 내고서 물에 절절 흔들어 놓는다.≪염상섭, 입하의 절≫

절절02
의미 [+모양],[+액체],[+비등],[+고열]
제약 {액체}-{끓다}
① 액체 따위가 매우 높은 열로 끓는 모양.
¶주전자의 물이 절절 끓는다.
의미 [+모양],[+더위],[+온도],[+높음],[+정도]

제약 {온도}-{끓는다, 높다}

② 온도가 매우 높아 몹시 더운 모양.

¶아랫목이 **절절** 끓는다./개펄을 허옇게 말리며 그날의 태양의 빛은 거기서도 **절절** 끓어오르고 있었다.≪박영한, 머나먼 송바 강≫

절절⁰³

의미 [+모양],[+배회],[+분주],[-주관],[+반복]

제약 {사람, 동물}-{거리다, 대다, 다니다}

주책없이 자꾸 이리저리 바삐 쏘다니는 모양.

절절⁰⁴

의미 [+소리]v[+모양],[+물],[+흐름],[-중단]

제약 {물}-{흐르다}

① 물이 끊임없이 흐르는 소리. 또는 그 모양.

의미 [+모양],[+오줌]v[+물],[+배설]v[+흘림]

제약

② 오줌이나 물 따위를 조금씩 갈기거나 흘리는 모양.

¶아랫배가 찬 사람들은 일어나서 강물에 **절절** 오줌을 갈겼다.≪한수산, 유민≫

절절-히⁰¹

의미 [+정성],[+중요]

제약

매우 간절히.

¶**절절히** 호소하다./가족의 필요성을 **절절히** 느끼다./개동이는 어머니의 그 말이 자신의 뼛속으로 **절절히** 스며드는 것을 느낄 수가 있었다.≪문순태, 타오르는 강≫

절절-히⁰²

의미 [+말],[+솜씨],[+좋음],[+정도]

제약

말솜씨가 아주 좋게.

절친-히

의미 [+친밀],[+최대]

제약

더할 나위 없이 아주 친하게.

절커덕

의미 [+소리]v[+모양],[+물체],[+충돌]

제약 {물체}-{부딪치다}

① 크고 단단한 물체가 맞부딪치는 소리. 또는 그 모양. '절거덕①'보다 조금 거센 느낌을 준다.

의미 [+소리]v[+모양],[+물건],[+밀착],[+정도]

제약 {물건}-{붙다}

② 끈기 있는 물건이 세차게 들러붙는 소리. 또는 그 모양. '절거덕②'보다 조금 거센 느낌을 준다.

의미 [+소리]v[+모양],[+자물쇠],[±개폐],[+반복]

제약 {자물쇠}-{잠기다, 열리다}

③ 큰 자물쇠 따위가 잠기거나 열리는 소리. 또는 그 모양. '절거덕③'보다 조금 거센 느낌을 준다.

¶수천댁은 공출이 무서워서 뒷골방에 이불을 여러 겹 덮어 감추어 둔 뒤주에서 한 끼 식량을 내주고는 **절커덕**, 열쇠를 채운다.≪최명희, 혼불≫

의미 [+소리]v[+모양],[+물건],[+충돌]

제약 {물체}-{부딪치다}

④ 서로 닿으면 걸리어 붙는 단단한 물건끼리 맞부딪치는 소리. 또는 그 모양. '절거덕④'보다 조금 거센 느낌을 준다.

절커덕-절커덕

의미 [+소리]v[+모양],[+물체],[+충돌],[+반복]

제약 {물체}-{부딪치다}

① 크고 단단한 물체가 자꾸 맞부딪치는 소리. 또는 그 모양. '절거덕절거덕①'보다 조금 거센 느낌을 준다.

¶기차가 선로 위를 **절커덕절커덕** 소리를 내면서 시야에서 사라져 버린다.

의미 [+소리]v[+모양],[+물건],[+밀착],[+정도],[+반복]

제약 {물건}-{붙다}

② 끈기 있는 물건이 자꾸 세차게 들러붙는 소리. 또는 그 모양. '절거덕절거덕②'보다 조금 거센 느낌을 준다.

의미 [+소리]v[+모양],[+자물쇠],[±개폐],[+반복]

제약 {자물쇠}-{잠기다, 열리다}

③ 큰 자물쇠 따위가 자꾸 잠기거나 열리는 소리. 또는 그 모양. '절거덕절거덕③'보다 조금 거센 느낌을 준다.

의미 [+소리]v[+모양],[+물건],[+충돌],[+반복]

제약 {물건}-{부딪치다}

④ 서로 닿으면 걸리어 붙는 단단한 물건끼리 자꾸 맞부딪치는 소리. 또는 그 모양. '절거덕절거덕④'보다 조금 거센 느낌을 준다.

절커덩

의미 [+소리]v[+모양],[+쇠붙이],[+충돌],[+공명]

제약 {쇠붙이}-{부딪치다, 울리다}

크고 단단한 쇠붙이 따위가 맞부딪쳐 울리는 소리. 또는 그 모양. '절거덩'보다 조금 거센 느낌을 준다.

¶공사판 위에서 넓은 철판이 **절커덩** 소리를 내며 떨어졌다.

절커덩-절커덩

의미 [+소리]v[+모양],[+쇠붙이],[+충돌],[+공명],[+반복]

제약 {쇠붙이}-{부딪치다, 울리다}

크고 단단한 쇠붙이 따위가 자꾸 맞부딪쳐 울리는 소리. 또는 그 모양. '절거덩절거덩'보다 조금 거센 느낌을 준다.

절컥

의미 [+소리]v[+모양],[+물체],[+충돌]

제약 {물체}-{부딪치다}

① '절커덕①'의 준말. 크고 단단한 물체가 맞부딪치는 소리. 또는 그 모양.

의미 [+소리]v[+모양],[+물건],[+밀착],[+정도]

제약 {물건}-{붙다}

② '절커덕②'의 준말. 끈기 있는 물건이 세차게 들러붙는 소리. 또는 그 모양.

의미 [+소리]v[+모양],[+자물쇠],[±개폐]

제약 {자물쇠}-{잠기다, 열리다}

③ '절커덕③'의 준말. 큰 자물쇠 따위가 잠기거나 열리는 소리. 또는 그 모양.

¶또 밤도 어둡기 전에 커다란 대문 빗장을 지르고 쇠고리를 **절컥** 거는 소리에 상도는 부지중 몸서리를 쳤다.≪한설야, 탑≫

의미 [+소리]v[+모양],[+물건],[+충돌]

제약 {물건}-{부딪치다}

④ '절커덕④'의 준말. 서로 닿으면 걸리어 붙는 단단한 물건끼리 맞부딪치는 소리. 또는 그 모양.

절컥-절컥

의미 [+소리]v[+모양],[+물체],[+충돌],[+반복]

제약 {물체}-{부딪치다}

① '절커덕절커덕①'의 준말. 크고 단단한 물체가 자꾸 맞부딪치는 소리. 또는 그 모양.

의미 [+소리]v[+모양],[+물건],[+밀착],[+정도],[+반복]

제약 {물건}-{붙다}

② '절커덕절커덕②'의 준말. 끈기 있는 물건이 자꾸 세차게 들러붙는 소리. 또는 그 모양.

의미 [+소리]v[+모양],[+자물쇠],[±개폐],[+반복]

제약 {자물쇠}-{잠기다, 열리다}

③ '절커덕절커덕③'의 준말. 큰 자물쇠 따위가 자꾸 잠기거나 열리는 소리. 또는 그 모양.

의미 [+소리]v[+모양],[+물건],[+충돌],[+반복]

제약 {물건}-{부딪치다}

④ '절커덕절커덕④'의 준말. 서로 닿으면 걸리어 붙는 단단한 물건끼리 자꾸 맞부딪치는 소리. 또는 그 모양.

¶말굽 소리를 **절컥절컥** 내면서 달린다.

절컹

의미 [+소리]v[+모양],[+쇠붙이],[+충돌],[+공명]

제약 {쇠붙이}-{부딪치다, 울리다}

'절커덩'의 준말. 크고 단단한 쇠붙이 따위가 맞부딪쳐 울리는 소리. 또는 그 모양.

절컹-절컹

의미 [+소리]v[+모양],[+쇠붙이],[+충돌],[+공명],[+반복]

제약 {쇠붙이}-{부딪치다, 울리다}

'절커덩절커덩'의 준말. 크고 단단한 쇠붙이 따 위가 자꾸 맞부딪쳐 울리는 소리. 또는 그 모양.

절통-히

의미 [+억울],[+정도]

제약

뼈에 사무치도록 원통하게.

¶자기가 보통학교 졸업밖에 하지 못하고…살림 과 어린것들에게 얽매여 늙어만 가는 것을 분하 고 **절통히** 여겼다.≪심훈, 상록수≫

절퍼덕

의미 [+소리]v[+모양],[+물]v[+진창],[+밟 음]v[+타격],[+정도]

제약 {물, 진창}-{밟다, 치다}

① 옅은 물이나 진창을 거칠게 밟거나 치는 소 리. 또는 그 모양. '절버덕'보다 조금 거센 느낌 을 준다.

의미 [+소리]v[+모양],[-기운],[+도괴]v[+준 좌]

제약 { }-{넘어지다, 주저앉다}

② 힘없이 넘어지거나 주저앉는 소리. 또는 그 모양.

¶다리가 아픈 듯 **절퍼덕** 앉으며 도포짜리가 여 삼을 빤히 바라본다.≪유현종, 들불≫

절퍼덕-절퍼덕

의미 [+소리]v[+모양],[+물]v[+진창],[+밟 음]v[+타격],[+정도],[+반복]

제약 {물, 진창}-{밟다, 치다}

① 옅은 물이나 진창을 자꾸 거칠게 밟거나 치 는 소리. 또는 그 모양. '절버덕절버덕'보다 조금 거센 느낌을 준다.

의미 [+소리]v[+모양],[+전부],[-기운],[+도 괴]v[+준좌]

제약 { }-{넘어지다, 주저앉다}

② 여럿이 다 힘없이 넘어지거나 주저앉는 소 리. 또는 그 모양.

절픽

의미 [+소리]v[+모양],[+물]v[+진창],[+밟 음]v[+타격],[+정도]

제약 {물, 진창}-{밟다, 치다}

① '절퍼덕①'의 준말. 옅은 물이나 진창을 거칠 게 밟거나 치는 소리. 또는 그 모양.

의미 [+소리]v[+모양],[-기운],[+도괴]v[+준 좌]

제약 { }-{넘어지다, 주저앉다}

② '절퍼덕②'의 준말. 힘없이 넘어지거나 주저 앉는 소리. 또는 그 모양.

절픽-절픽

의미 [+소리]v[+모양],[+물]v[+진창],[+밟 음]v[+타격],[+정도],[+반복]

제약 {물, 진창}-{밟다, 치다}

① '절퍼덕절퍼덕①'의 준말. 옅은 물이나 진창 을 자꾸 거칠게 밟거나 치는 소리. 또는 그 모 양.

의미 [+소리]v[+모양],[+전부],[-기운],[+도 괴]v[+준좌]

제약 { }-{넘어지다, 주저앉다}

② '절퍼덕절퍼덕②'의 준말. 여럿이 다 힘없이 넘어지거나 주저앉는 소리. 또는 그 모양.

점벙

의미 [+소리]v[+모양],[+물체],[+물],[+충 돌]v[+침수]

제약 {물체}-{부딪치다, 잠기다}

큰 물체가 물에 부딪치거나 잠기는 소리. 또는 그 모양.

¶빨래를 개울에 **점벙** 넣다./밖으로 쫓아 나와 개 울에 보릿가루를 싼 치마를 **점벙** 적신다.≪박경 리, 토지≫

점벙-점벙

의미 [+소리]v[+모양],[+물체],[+물],[+충 돌]v[+침수],[+반복]

제약 {물체}-{부딪치다, 잠기다}

큰 물체가 물에 자꾸 부딪치거나 잠기는 소리. 또는 그 모양.

¶이병대가 강물 속으로 **점벙점벙** 뛰어 들어가며 큰 소리로 말했다.≪문순태, 피아골≫

점잖-이

의미 [+언행]v[+태도],[+예의],[+신중]

제약

의젓하고 신중한 언행이나 태도로.

¶저렇게 신수가 멀끔한 노인, 저렇게 **점잖이** 앉아서 정중히 이야기를 늘어놓는 저 노인을 정신 병자로 볼 수가 있을까?≪주요섭, 미완성≫

점점

의미 [+모양],[±증가],[+정도]

제약

조금씩 더하거나 덜하여지는 모양. 늑초초.

¶약속 시간이 **점점** 가까워진다./날씨가 **점점** 추워진다./우리는 **점점** 불안해지기 시작했다.

점점-이

의미 [+모습],[+분산],[+도처]

제약

점을 찍은 듯이 여기저기 흩어지는 모습으로.

¶물방울이 **점점이** 떨어지다./눈앞에 수백 마리의 도요새 무리가 바다와 하늘 사이 무공 천지를 가르며 **점점이** 날고 있었다.≪김원일, 도요새에 관한 명상≫/죽포의 기다란 해변에 노천 술집의 붉은 등불이 화로의 남은 불씨처럼 **점점이** 뿌려져 있었고….≪황석영, 영등포 타령≫

점직스레

의미 [−면목],[+미안]

제약

⇒ 점직스럽다. 보기에 부끄럽고 미안한 데가 있다.

점차

의미 [+차례],[±증가],[+정도]

제약

차례를 따라 조금씩.

¶**점차** 감소하다./**점차** 고조되다./경기가 **점차** 회복되고 있다./열심히 공부한 덕에 성적이 **점차** 나아지고 있다.

점차-로

의미 [+차례],[±증가],[+정도]

제약

'점차'의 힘줌말. 차례를 따라 조금씩.

접때

의미 [+시간],[+과거]

제약

오래지 아니한 과거의 어느 때에.

¶그는 **접때** 만난 적이 있는 사람이다./**접때** 그

일은 제가 했어요./**접때** 제가 말씀드린 일, 생각해 보셨어요?

접첨-접첨

의미 [+모양],[+접음],[+누적]

제약

여러 번 접어서 포개는 모양.

¶옷을 **접첨접첨** 개다./**접첨접첨** 접은 편지를 펴 보다.

접첨-접첨

의미 [+모양],[+접음],[+누적]

제약

이리저리 여러 겹으로 접는 모양.

¶그 사람이 휘장 끝을 **접첨접첨** 접어서 줄 위로 걸어 올린 뒤에 단천령이 난간을 의지하고 앉아서 밖을 내다보며….≪홍명희, 임꺽정≫

정

의미 [+모양],[+마음],[+소망]

제약

굳이 그러고자 하는 마음이 일어나는 모양.

¶**정** 가겠다면 가거라./**정** 싫으면 하지 않아도 된다.

정가로이

의미 [+청결],[+정도]

제약

매우 정갈하게.

정갈스레

의미 [+청결],[+정도]

제약

보기에 깨끗하고 깔끔한 데가 있게.

¶**정갈스레** 빚은 술./법당 안을 **정갈스레** 청소하다.

정갈-히

의미 [+청결],[+정도]

제약

깨끗하고 깔끔하게.

¶**정갈히** 차린 제사 음식./매무새를 **정갈히** 하다.

정겨이

의미 [+다정],[+정도]

제약

정이 넘칠 정도로 매우 다정하게.

¶정겨이 바라보다.

정결스레⁰¹

의미 [+청결],[+정도]

제약

보기에 매우 깨끗하고 깔끔한 데가 있게.

정결스레⁰²

의미 [+느낌],[+순수],[+청결],[+단아]

제약

순수하고 깨끗하며 단아한 느낌이 있게.

정결-히⁰¹

의미 [+정조],[+행실],[+순수]

제약

정조가 굳고 행실이 깨끗하게.

¶처신을 정결히 하다.

정결-히⁰²

의미 [+청결],[+정도]

제약

매우 깨끗하고 깔끔하게.

¶정결히 차린 음식./의관을 정결히 갖추다./몸을 정결히 하다./어머니는 정결히 세수하고 머리 감아 빗고 시루떡을 하여….《박경수, 동토》

정결-히⁰³

의미 [+순수],[+청결],[+단아]

제약

순수하고 깨끗하며 단아하게. 늑건정히①.

정교로이

의미 [+정교]

제약

보기에 정교한 데가 있게.

정교-히

의미 [+솜씨]v[+기술],[+정밀],[+교묘]

제약

① 솜씨나 기술 따위가 정밀하고 교묘히.

¶정교히 만들어진 모형 비행기./정교히 그리다./정교히 조각하다.

의미 [+내용]v[+구성],[+정확],[+치밀]

제약

② 내용이나 구성 따위가 정확하고 치밀히.

정긴-히

의미 [+섬세],[+교묘],[+중요]

제약

정묘하고 긴요히. 늑정요히.

정녕

의미 [−잘못]

제약

조금도 틀림없이 꼭. 또는 더 이를 데 없이 정말로. 늑정녕히⁰².

¶이것이 정녕 꿈은 아니겠지요?/정녕 가시겠다면 고이 보내 드리리다./별로 성의가 없어 보이는 그 병원 측의 태도에 정녕 노여움을 느꼈다.《이병주, 행복어 사전》/잘못한 일도 없다, 한밑천 떼어 주길 바란 일도 없다, 그렇다면 너희들이 나한테 바라는 게 정녕 뭐란 말이냐?《박완서, 미망》

정녕-코

의미 [−잘못],[+정도]

제약

'정녕'을 강조하여 이르는 말. 조금도 틀림없이 꼭. 또는 더 이를 데 없이 정말로.

¶그녀와 헤어지는 것이 정녕코 두렵지는 않았다./그래 정녕코 요구 조건을 못 들어 주시겠다는 말씀이지요.《이기영, 고향》/나뭇가지를 휘어잡았다 놓는 소리가 저 뒤에서 들려온 것을 보면 정녕코 이놈이 뒤를 밟는 모양이다.《이무영, 농민》

정녕-히⁰¹

의미 [+태도],[+대접],[+친절]

제약

① 대하는 태도가 친절하게.

의미 [+태도],[+충고]v[+통지],[+간곡],[+정도]

제약

② 충고하거나 알리는 태도가 매우 간곡하게.

정녕-히⁰²

의미 [−잘못]

제약

=정녕. 조금도 틀림없이 꼭. 또는 더 이를 데 없이 정말로.

¶뭐, 주만이가 지나가더란 말이냐? 네가 정녕히 보았더냐?《현진건, 무영탑》

정다이

의미 [+다정]

제약

따뜻한 정이 있게.

¶작별의 인사나마 **정다이** 하러 나온 사람도 두 엇밖에는 눈에 띄지 않았다.≪심훈, 상록수≫/덕기 는 이 소녀의 꾸밈없는 솔직한 말이 고맙고 **정 다이** 들려서 기뻤다.≪염상섭, 삼대≫

정당-히[01]

의미 [+이치],[+바름],[+당연]

제약

이치에 맞아 올바르고 마땅하게.

¶사건을 **정당히** 처리하다./권리를 **정당히** 요구하 다./임금을 **정당히** 지불하다./예산이 **정당히** 지 출되다./보상이 **정당히** 이루어지다.

정당-히[02]

의미 [+사리],[+부합]

제약

사리에 맞게.

정당-히[03]

의미 [+정밀],[+자세],[+당연]

제약

정밀하고 자세하며 당연하게.

정량-히[01]

의미 [+마음],[+정직],[+성실]

제약

마음이 곧고 성실하게.

정량-히[02]

의미 [+정교],[+칭찬],[+정도]

제약

매우 정교하고 훌륭하게.

정-말

의미 [-거짓]

제약

=정말로. 거짓이 없이 말 그대로.

¶너를 **정말** 사랑해./이어도가 **정말** 존재할까?/그 약이 **정말** 그렇게 효과가 있는지는 알 수 없다./ 약속은 **정말** 지켜야 한다./날씨가 **정말** 좋다./키 가 **정말** 크다./이거야말로 **정말** 기막힌 일이 하 나 벌어져 버렸다.≪한승원, 해일≫/그는 우리가

정말 그의 형인지 알아보려는 듯이 한동안 가만 히 서 있었다.≪김용성, 도둑 일기≫/**정말** 훌륭한 솜씹니다. 내가 40여 년을 살아오는 동안 처음 보는 아름다운 솜씹니다.≪조해일, 왕십리≫

정말-로

의미 [-거짓]

제약

거짓이 없이 말 그대로. 늑정말.

¶지구가 **정말로** 둥글까?/당신을 **정말로** 사랑해./ 신용은 **정말로** 잘 지켜야 한다./경치가 **정말로** 아름답다./당신 요즘 **정말로** 머릿속이 좀 어떻게 되어 가고 있는 게 아니오?≪이청준, 춤추는 사제≫ /미소는 입가에서 뺨으로 뺨에서 눈가로 눈가에 서 이마로 차례로 주름을 지어 가며 번졌다. **정 말로** 예쁜 미소였다.≪박완서, 미망≫

정명-히[01]

의미 [+정대],[+공명]

제약

정대하고 공명하게.

정명-히[02]

의미 [+청결],[+밝음]

제약

깨끗하고 밝게.

정묘-히

의미 [+정밀],[+절묘]

제약

정밀하고 묘하게.

정묵-히

의미 [-말],[+조용]

제약

아무 말 없이 조용히.

정미-히[01]

의미 [+정교],[+미려]

제약

① 정교하고 아름답게.

의미 [+순수],[+미려]

제약

② 순수하고 아름답게.

정미-히[02]

의미 [+정밀],[+자세]

제약

정밀하고 자세하게.

정미-히[03]

의미 [+정돈],[+미려]

제약

정돈이 잘되어 아름답게.

정밀-히[01]

의미 [+다정],[+정도]

제약

정이 깊게.

정밀-히[02]

의미 [+정교],[+치밀],[−실수],[+자세]

제약

아주 정교하고 치밀하여 빈틈이 없고 자세하게.

¶정밀히 제작하다./글의 내용을 정밀히 분석하다./논문을 쓰기 위해 그 작가의 작품을 정밀히 연구하고 분석하였다.

정밀-히[03]

의미 [+고요],[+편안]

제약

고요하고 편안하게.

정상-히

의미 [+정밀],[+자상]

제약

정밀하고 자상하게.

정성-껏

의미 [+정성],[+성실]

제약

있는 정성을 다하여. 또는 정성이 미치는 데까지.

¶정성껏 돌보다./정성껏 모시다./정성껏 기도하다./비가 온 뒤나 산에서 돌아온 뒤면 목수는 망태를 내려 대패, 까뀌, 끌, 톱 따위의 연장에 정성껏 기름을 먹인 후 다시 넣어 두고 잠을 잤다. ≪오정희, 유년의 뜰≫

정성-스레

의미 [+정성],[+성실],[+노력]

제약

보기에 온갖 힘을 다하려는 참되고 성실한 마음이 있게.

¶정성스레 마련한 선물./여름철에 벌레가 꾀면 아침저녁으로 정성스레 잡고, 태풍이라도 불어오면 석류가 다 떨어져 버릴까 잠을 설치기도 했다.≪송기숙, 암태도≫

정세-히

의미 [+정밀],[+자세]

제약

정밀하고 자세하게.

정숙-히[01]

의미 [+여자],[+행실][+곧음],[+마음][+청정][+고움]

제약

여자로서 곧은 행실과 맑고 고운 마음씨로.

¶정숙히 처신하다.

정숙-히[02]

의미 [+다정],[+친숙]

제약

정겹고 친숙하게.

정숙-히[03]

의미 [+사물],[+정통],[+능숙]

제약

사물에 정통하고 능숙하게.

정숙-히[04]

의미 [+몸가짐]v[+차림새],[+바름],[+엄숙]

제약

바르고 엄숙한 몸가짐이나 차림새로.

정숙-히[05]

의미 [+여자],[+성품],[+몸가짐],[+조용],[+얌전]

제약

여자의 성품과 몸가짐이 조용하고 얌전하게.

정숙-히[06]

의미 [+조용],[+엄숙]

제약

조용하고 엄숙하다.

¶말을 정숙히 듣다./벌을 받는 아이는 무릎을 꿇고 고개를 숙인 채 정숙히 앉아 있었다./각 도의 수군 장령들이 구름 모이듯 정숙히 모인 속에 삼도 수군통제사 이순신 장군의 등단식은 엄숙히 진행이 되는 것이었다.≪박종화, 임진왜란≫

정신없-이

의미 [＋경악]v[－경황],[－생각]v[－사리],[－분별]

제약

① 무엇에 놀라거나 경황이 없어 앞뒤를 생각하거나 사리를 분별할 여유가 없이.

¶철수는 두 손을 단장 위에 모으고서 정신없이 창밖을 내다보고….≪나도향, 어머니≫/이신은 뒤엉킨 생각의 갈피를 찾으며 정신없이 걷고 있다가 마주 오는 행인과 정면으로 맞부딪칠 뻔했다. ≪선우휘, 사도행전≫

의미 [＋분주],[＋정도]

제약

② 몹시 바쁘게.

¶그는 학비 마련을 위해 여름 방학을 정신없이 보냈다./현대인은…시간에 쫓기고 일에 밀리고 돈에 추격당하면서도 정신없이 산다.≪법정, 무소유≫

정실-히[01]

의미 [＋진실],[＋정직]

제약

참되고 올바르게.

정실-히[02]

의미 [＋정조],[＋독실]

제약

정조가 곧고 독실하게.

정실-히[03]

의미 [＋철저],[＋진실]

제약

① 꼼꼼하고 참되게.

의미 [＋곡식],[＋청정],[＋실속]

제약

② 낟알 따위가 몽글고 옹골차게.

정심-히[01]

의미 [＋인정],[＋돈독],[＋정도]

제약

인정이 매우 두텁게.

정심-히[02]

의미 [＋자세],[＋깊이]

제약

자세하고 깊이가 있게.

정연-히[01]

의미 [＋구성],[＋조리]

제약

짜임새와 조리가 있게.

¶논리를 정연히 전개해 나가다.

정연-히[02]

의미 [＋모양],[＋높이]

제약

솟은 모양이 우뚝하게.

정연-히[03]

의미 [＋사람],[＋탁월],[＋정도]

제약

여러 사람 가운데에서 두드러지도록 뛰어나게.

¶직책을 맡은 자도 소신대로 주선하여 정연히 천하를 자기의 임무로 삼았으므로, 간사하고 참소하는 무리가 있었으나 사귐이 깊어서 이간할 수 없음과….≪번역 중종실록≫

정연-히[04]

의미 [＋정묘],[＋미려]

제약

정묘하고 곱게.

정연-히[05]

의미 [＋정연],[＋질서]

제약

가지런하고 질서가 있게.

¶경상 위에는 같은 간격으로 접어 금을 낸 두루마리와 벼루, 먹, 붓 등이 정연히 놓여 있고 연적에는 새로 같은 먹물이 가득 차 있었다.≪한무숙, 만남≫

정예로이

의미 [＋민첩],[＋용맹]

제약

① 썩 날래고 용맹스러운 데가 있게.

의미 [＋능력],[＋우수],[＋기운]

제약

② 능력이 우수하고 일에 기운차게 앞질러 나설 힘이 있게.

정온-히

의미 [＋고요],[＋평온]

제약

고요하고 평온하게.

정요-히

의미 [＋섬세],[＋교묘],[＋중요]

제약

＝정긴히. 정묘하고 긴요히.

정의로이

의미 [＋정당]

제약

정의에 벗어남이 없이 올바르게.

¶정의로이 살다.

정일-히[01]

의미 [＋상태],[＋크기]v[＋모양]v[＋범위]v[＋시간],[＋기준],[＋결정]

제약

①＝일정히①. 어떤 것의 크기, 모양, 범위, 시간 따위가 하나로 정하여져 있는 상태로.

의미 [＋양]v[＋성질]v[＋상태]v[＋계획],[－변화],[＋일정]

제약

②＝일정히②. 어떤 것의 양, 성질, 상태, 계획 따위가 달라지지 아니하고 한결같이.

의미 [＋흐름]v[＋절차],[＋규칙]

제약

③＝일정히③. 전체적으로 흐름이나 절차가 규칙적으로.

정일-히[02]

의미 [＋정세],[－변화]

제약

정세하고 한결같이.

정일-히[03]

의미 [＋조용],[＋편안]

제약

조용하고 몸과 마음이 편안하게.

정적-히

의미 [＋고요],[＋고독]

제약

고요하여 괴괴하게.

정정

의미 [＋소리],[＋말뚝],[＋삽입]

제약 {말뚝}-{박다}

① 말뚝을 박는 소리.

의미 [＋소리],[＋나무],[＋절단],[＋도끼],[＋연속]

제약 {도끼}-{찍다}

② 나무를 베느라고 도끼로 잇따라 찍는 소리.

의미 [＋소리],[＋바둑],[＋바둑판],[＋연속]

제약 {바둑}-{두다}

③ 바둑판에 바둑을 잇따라 두는 소리.

의미 [＋소리],[＋물시계]

제약

④ 물시계의 소리.

정정당당-히

의미 [＋태도]v[＋수단],[＋정당],[＋당당]

제약

태도나 수단이 정당하고 떳떳하게.

¶정정당당히 싸우다./떳떳이 돈을 지불하고 나가자. 정정당당히 나가잔 말이야.≪김원일, 어둠의 축제≫

정정방방-히

의미 [＋조리],[－혼란]

제약

조리가 발라서 조금도 어지럽지 아니하게.

정정백백-히

의미 [＋의지]v[＋언동],[＋당당],[＋순수],[＋청정]

제약

의지(意志)나 언동이 바르고 당당하며 마음이 순수하고 깨끗하게.

정정제제-히

의미 [＋정돈],[＋균일]

제약

잘 정돈하여 아주 가지런하게.

정정-히[01]

의미 [＋질서]v[＋조리],[＋정연]

제약

① 질서나 조리가 정연하게.

의미 [＋왕래],[＋빈도]

제약

② 왕래가 빈번하게.

정정-히[02]

의미 [+나무],[+높이]

제약

① 나무 따위가 높이 솟아 우뚝하게.

의미 [+몸],[+나이],[+건강]

제약

② 늙은 몸이 굳세고 건강하게.

¶구십 노인이 정정히 앉아 계신다.

정정-히[03]

의미 [+절조],[+정당]

제약

절조(節操)가 있고 마음이 바르게.

¶그녀는 교양 있는 여성답게 정정히 행동하였다.

정정-히[04]

의미 [+여자],[+행실],[+청정],[+조용]

제약

여자의 행실이 곧고 깨끗하며 조용하게.

정정-히[05]

의미 [+청정],[+정도]

제약

아주 맑고 깨끗이.

정제-히

의미 [+정돈],[+균일]

제약

① 정돈하여 가지런하게.

¶어머니는 아이들이 어질러 놓은 것을 정제히 하고 손님을 맞았다.

의미 [+복장],[+격식],[+단정]

제약

② 격식에 맞게 차려입어 매무시가 바르게.

¶의관을 정제히 하다.

정중-히

의미 [+태도]v[+분위기],[+정중],[+엄숙]

제약

태도나 분위기가 점잖고 엄숙하게.

¶정중히 거절하다./정중히 묻다./그는 정중히 자기소개를 했다./나는 말이 통하지 않으므로 노승 앞에 발을 모으고 서서 정중히 합장을 올렸다.≪김동리, 등신불≫

정직-히[01]

의미 [+마음],[-거짓],[-장식],[+정당],[+정직]

제약

마음에 거짓이나 꾸밈이 없이 바르고 곧게.

¶정직히 고백하다./나는 여전히 슬프고 초초한 것도 사실이다. 정직히 말한다면 내 기분은 일분마다 달라진다.≪강신재, 젊은 느티나무≫

정직-히[02]

의미 [+마음],[+정직],[+정당]

제약

마음이 곧고 바르게.

정친-히

의미 [+다정],[+친절]

제약

정답고 친절히.

정한-히[01]

의미 [+민첩],[+용감]

제약

날쌔고 용감히.

정한-히[02]

의미 [+조용],[+한가]

제약

조용하고 한가하게.

정허-히

의미 [+마음],[+조용],[+공허]

제약

마음이 조용하고 공허하게.

정확-히[01]

의미 [+정당],[+확실]

제약

바르고 확실하게.

¶지금이 정확히 몇 시지요?/이름은 정확히 기억이 안 나지만 성이 김씨였다./돈 계산은 항상 정확히 해야 한다.

정확-히[02]

의미 [+정직],[+견고]

제약

곧고 굳게.

정확-히[03]

의미 [+자세],[+확실]

제약

자세하고 확실하게.

¶정확히 분석하다.

정-히⁰¹

의미 [+정확]

제약

① 겉으로 보기에 비뚤어지거나 굽은 데가 없이.

¶일금 일만 원을 **정히** 영수함.

의미 [+진심],[+진정]

제약

② 진정으로 꼭.

¶**정히** 가시려면 가시오./뜻이 **정히** 그렇다면 저도 어쩔 수 없지요.

정-히⁰²

의미 [+청정],[+청결]

제약

① 맑고 깨끗하게.

의미 [+조심],[+청결],[+온전]

제약

② 조심스럽게 다루어 깨끗하고 온전하게.

¶**정히** 차린 제사 음식./조상의 유물을 **정히** 보존하다./책을 **정히** 보다./옷을 **정히** 입고 제사를 지내다.

정-히⁰³

의미 [+정성],[-거침],[+미려]

제약

정성을 들여서 거칠지 아니하고 매우 곱게.

¶글씨를 **정히** 쓰다.

젖버듬-히

의미 [+경사],[-정도]

제약

① 자빠질 듯이 뒤로 조금 기운 듯이.

¶앙상한 가지를 달고 **젖버듬히** 서 있는 정자나무는 까치집을 세 군데나 달고 있었다.≪김원일, 불의 제전≫

의미 [+기색],[-만족]

제약

② 어떤 일에 대하여 탐탁해하는 빛이 없이.

제-가끔

의미 [+개별],[+다수]

제약

=제각기. 저마다 따로따로.

¶**제가끔** 다른 주장을 펴다./실히 백 명은 넘음 직한 손들이 그 포장 아래와 은행나무 밑에 **제가끔** 무리 지어 앉아 있었다.≪김원일, 노을≫

제-각각

의미 [+개별],[+다수]

제약

여럿이 모두 각각.

¶**제각각** 다른 생각을 품다./우리 집 식구는 **제각각** 입맛이 다르다.

제-각기

의미 [+개별],[+다수]

제약

저마다 따로따로. 늑제가끔.

¶**제각기** 한마디씩 하다./**제각기** 도시락을 싸 오기로 하다./단결을 해야 될 일을 **제각기** 마음대로 처리하는 바람에 일이 틀어졌다.

제걱-제걱

의미 [+소리],[+물건],[+씹음],[+파손]

제약 {물건}-{씹히다}

조금 단단한 물건이 부서지듯이 씹히는 소리.

¶**제걱제걱** 얼음 씹히는 그 맛밖에는 아무 맛이 없다.≪김유정, 떡≫

제꺼덕⁰¹

의미 [+모양],[+일],[+해결],[+만족],[+속도],[+정도]

제약 { }-{해치우다, 처리하다}

어떤 일을 아주 시원스럽게 빨리 해치우는 모양.

¶교수의 주문에 응해서 우리는 **제꺼덕** 몸을 놀렸다.≪윤흥길, 제식 훈련 변천 약사≫

제꺼덕⁰²

의미 [+소리]v[+모양],[+물건],[+충돌]v[+절단],[+속도]

제약 {물건}-{부딪치다, 부러지다}

크고 단단한 물건이 가볍게 빨리 맞부딪치거나 부러지는 소리. 또는 그 모양.

제꺼덕-제꺼덕⁰¹

의미 [+모양],[+일],[+해결],[+만족],[+속

도],[＋정도],[＋연속]

제약 { }-{해치우다, 처리하다}

어떤 일을 잇따라 아주 시원스럽게 빨리 해치우는 모양.

¶기술자가 고장 난 곳을 제꺼덕제꺼덕 고친다.

제꺼덕-제꺼덕02

의미 [＋소리]v[＋모양],[＋물건],[＋충돌]v[＋절단],[＋속도],[＋반복]

제약 {물건}-{부딪치다, 부러지다}

크고 단단한 물건이 가볍게 빨리 자꾸 맞부딪치거나 부러지는 소리. 또는 그 모양.

제꺽01

의미 [＋모양],[＋일],[＋해결],[＋만족],[＋속도],[＋정도]

제약 { }-{해치우다, 처리하다}

'제꺼덕01'의 준말. 어떤 일을 아주 시원스럽게 빨리 해치우는 모양.

¶포수는 활에다 살을 제꺽 메워서 사슴을 쏘았다./그는 오오도리가 입을 놀릴 여유를 주지 않고 그 시끄럽고 꽤 까다로운 사건을 자기 의사대로 제꺽 처리해 버리고 말았다.≪유주현, 대한제국≫

제꺽02

의미 [＋소리]v[＋모양],[＋물건],[＋충돌]v[＋절단],[＋속도]

제약 {물건}-{부딪치다, 부러지다}

① '제꺼덕02'의 준말. 작고 단단한 물건이 가볍게 빨리 맞부딪치거나 부러지는 소리. 또는 그 모양.

¶의자 다리가 제꺽 부러지다.

의미 [＋소리],[＋시계],[＋톱니바퀴],[＋회전],[＋한번]

제약 {시계}-{돌아가다}

② 시계 따위의 톱니바퀴가 한 번 돌아가는 소리.

제꺽-제꺽01

의미 [＋모양],[＋일],[＋해결],[＋만족],[＋속도],[＋정도],[＋연속]

제약 { }-{해치우다, 처리하다}

'제꺼덕제꺼덕01'의 준말. 어떤 일을 잇따라 아주

시원스럽게 빨리 해치우는 모양.

¶그는 모든 일을 제꺽제꺽 처리한다./아, 모처럼 알려 주면 제꺽제꺽 알아들어야지.≪이호철, 문≫

제꺽-제꺽02

의미 [＋소리]v[＋모양],[＋물건],[＋충돌]v[＋절단],[＋속도],[＋반복]

제약 {물건}-{부딪치다, 부러지다}

① '제꺼덕제꺼덕02'의 준말. 크고 단단한 물건이 가볍게 빨리 자꾸 맞부딪치거나 부러지는 소리. 또는 그 모양.

¶그는 신명이 나게 이렇게 제꺽제꺽 발을 맞춰 가는 것을 입소리로 흉내를 내가면서 해 보는 것이었다.≪이기영, 봄≫

의미 [＋소리],[＋시계],[＋톱니바퀴],[＋회전],[＋반복]

제약 {시계}-{돌아가다}

② 시계 따위의 톱니바퀴가 자꾸 돌아가는 소리.

제꺽-하면

의미 [＋일],[＋발생],[＋순간]

제약

＝걸핏하면. 조금이라도 일이 있기만 하면 곧.

제-대로

의미 [＋격식]v[＋규격]

제약

① 제 격식이나 규격대로.

¶한눈팔지 말고 일이나 제대로 해라./제대로 지은 건물이라더니 빗물이 샌다./회사 사정으로 월급이 제대로 나오지 않는다./정화 시설을 제대로 가동하지 않은 공장들이 무더기로 적발되었다.

의미 [＋의지]

제약

② 마음먹은 대로.

¶술에 취해 몸을 제대로 가누지 못한다./이번 일만 제대로 되면 한밑천 단단히 잡을 수 있다./흥분해서 제대로 말을 못하고 더듬었다./투수가 던진 공이 제대로 꽂히지 않는다.

의미 [＋정도],[＋적합]

제약

③ 알맞은 정도로.

¶그는 잠을 제대로 못 잤다./치통으로 제대로 먹지도 못한다./그는 딴생각을 하느라 부르는 소리를 제대로 듣지 못했다.

의미 [＋상태],[＋보존]

제약

④ 본래 상태 그대로.

¶물려받은 재산을 제대로 간수하다./네가 망가뜨린 시계를 제대로 고쳐 놓아라.

제때-제때

의미 [＋일],[＋개별]

제약

일이 있는 바로 그때마다.

¶문제가 생기면 제때제때 상부에 보고하시오./우리 아들은 숙제를 제때제때 하지 않고 꼭 몰아서 한다.

제멋-대로

의미 [－구속],[－속박],[＋자유],[－예의]

제약

아무렇게나 마구. 또는 제가 하고 싶은 대로.

¶혼자 제멋대로 생각하지 말고 내 얘기 좀 들어라./그 아이는 버릇없이 제멋대로 행동한다./손녀가 태어났을 때 홍 씨는 손자가 아닌 게 섭섭해 영감에게 이름을 지어 달란 부탁도 안 하고 제멋대로 갓난이라고 불렀다.≪박완서, 미망≫/수염과 머리털은 제멋대로 자라 온 얼굴을 뒤덮고 있고….≪홍성원, 육이오≫

제물-로

의미 [＋자신],[－도움]

제약

그 자체가 스스로.

¶제물로 잠이 들다./제물로 문이 닫히다./제물로 화가 풀어지다./제물로 찾아오다./오늘도 밸을 좀 긁어 놓으면 성이 뻗쳐서 제물로 부르르 나가 버리리라.≪김유정, 정분≫/귀찮기만 한 상투를 없애는 것은 조금도 서운하지가 않았다. 그래서 그는 머리를 잘리지 않고 제물로 먼저 깎을 수 있었다.≪이기영, 봄≫

제물-에

의미 [＋자신],[－도움]

제약

저 혼자 스스로의 바람에.

¶제물에 흥분해서 화를 내고는 나가 버렸다./제발 난리가 제물에 가라앉아 주었으면 좋으련만.≪현기영, 변방에 우짖는 새≫/강쇠네는 제물에 설움이 받쳐 그만 땅바닥에 퍼지르고 앉으며 통곡을 터뜨렸다.≪송기숙, 녹두 장군≫

제발

의미 [＋소망],[＋정도]

제약

① 간절히 바라건대.

¶제발 부탁이야./제발 비가 왔으면 좋겠다./제발 살려 주세요/제발 공부 좀 해라./나는 제발 고모가 우리 세 형제에 대해 부러움이나 은근한 자랑 같은 것을 내보이지 말았으면 하고 빌곤 했다.≪김용성, 도둑 일기≫

의미 [－호감],[＋회피],[＋정도]

제약

② ('제발이다'의 꼴로 쓰여) 몹시 꺼리고 있음을 이르는 말.

¶이젠 술이라면 제발일세./어린애 취급, 이젠 제발이다! 이젠 절대로 사양이다!≪박경리, 토지≫

제법

의미 [＋수준]v[＋솜씨],[＋기준],[＋도달],[＋정도]

제약

수준이나 솜씨가 어느 정도에 이르렀음을 나타내는 말.

¶날씨가 제법 춥다./늘 어린아이 같더니 이제 제법 어른티가 난다./자정이 넘자 빗줄기가 제법 굵어져 큼직한 물방울이 나뭇잎에서 후둑후둑 떨어졌다.≪안정효, 하얀 전쟁≫

제-사날로

의미 [－구속],[－속박],[＋자유],[－예의]

제약

남이 시키지 않은, 저 혼자의 생각으로.

¶그 여자가 제 첩이라는 것은 사실이온데 제가 제사날로 바친 것이 아니라 사또한테 빼앗겼습니다.≪송기숙, 녹두 장군≫

제-아무리

의미 [+타인],[+비하]

제약

(흔히 뒤에 '-어도', '-ㄴ들'과 같이 양보의 뜻을 나타내는 어미와 쓰여) 제 딴에는 세상없이. 남을 낮잡아 보는 뜻으로 쓰는 말이다.

¶제아무리 잘난 체해도 아이는 아이다./제아무리 재주가 좋다 한들 사람인데 실수가 없겠느냐./한양 인심이 제아무리 고약하대도 설마 송도 인심 같을라고.≪박완서, 미망≫/이제는 제아무리 귀신의 눈을 가진 소매치기라 한들 자신의 모습을 찾아내지는 못할 것이다.≪최인호, 지구인≫/이쪽에서 제아무리 노력해 봤자, 아이들 내부에 이미 형성된 공포의 두꺼운 막을 뚫고 들어갈 수는 없을 것 같았다.≪윤흥길, 묵시의 바다≫

제-왈

의미 [+장담],[+자신]

제약

자기랍시고 장담으로.

¶제왈 높다 크다 하는 모든 것들이 이것저것 할 것 없이 모두가 눈 아래 깔리고 발아래 엎드렸다.≪최남선, 심춘순례≫

제일

의미 [+최고]

제약

여럿 가운데 가장.

¶세상에서 제일 무서운 이야기./나는 과일 중에 사과를 제일 좋아한다.

제일-에

의미 [+우선]

제약

(구어체로) 첫째로, 여럿 가운데 가장.

¶그저 미음 두어 숟가락 뜨셨을까 말까……. 병환도 병환이려니와, 제일에 잡숫지를 못하시니 그게 꼭 걱정입니다.≪박태원, 윤 초시의 상경≫/땅부터 사고 봐야죠. 땅이 바로 우리 집 옆이고 제일에 맘이 들어 그래요.≪이태준, 농토≫

제일-히

의미 [+동일],[+균일]

제약

똑같이 가지런히.

¶여러 신문지는 제일히 한 별보를 게재하였는데….≪이상협, 재봉춘≫/한참 제일히 아침밥을 짓는 것이라 하리니….≪최남선, 백두산 근참기≫

제제-히

의미 [+다량],[+번성]

제약

① 많고 성하게.

의미 [+조심],[+엄숙]

제약

② 삼가고 조심하여 엄숙하게.

¶차례를 따라 제제히 군례를 드리다.

제창

의미 [+자연],[+적당]

제약

저절로 알맞게.

¶예쁘장한 학생들에게 유명한 여배우의 이름을 붙여 주어서 그것이 제창 별명이 된 일도 있다.≪한설야, 탑≫

제출물-로

의미 [+능동],[+의지]

제약

① 남의 시킴을 받지 아니하고 제 생각대로.

의미 [+능동],[+자력]

제약

② 남의 힘을 빌리지 않고 제힘으로.

제출물-에

의미 [+능동],[+자의]

제약

저 혼자서 절로.

¶왜적이 제출물에 화친을 하자 하니 천재일우의 좋은 기회라 생각했다.≪박종화, 임진왜란≫/요놈도 속을 차렸는지 됨됨이 저렇고야 하는 듯싶어 저도 좀 노려보더니 제출물에 떨어져 나간다.≪김유정, 심청≫

제풀-로

의미 [-조력],[+자연]

제약

저 혼자 저절로.

¶몸에 묻은 물이 제풀로 다 말랐다./상희는 이런 생각이 들자 제풀로 무안을 타서 점점 얼굴이

빨개졌다.≪이기영, 신개지≫

제풀-에

의미 [-조력],[+자의]

제약

① 내버려 두어도 저 혼자 저절로.

¶처음엔 그저 내버려 두면 울릴 만큼 전화벨이 울리다 제풀에 끊어질 것이라고 나는 생각하고 있었다.≪최인호, 돌의 초상≫/바짝 마른 도로의 먼지가 바람도 없는데 제풀에 날아다녔다.≪이영치, 흐린 날 황야에서≫

의미 [+자신],[+행동],[+영향]

제약

② 제 행동에 의하여 생긴 영향에.

¶강아지 한 마리가 남의 집 대문 기둥에 오줌을 갈기다가 제풀에 놀라서 깽깽거리며 달아난다.≪박경리, 토지≫/무심코 묻고 나서야 그녀는 그만 제풀에 문득 입을 다물어 버리고 있었다.≪이청준, 서편제≫

의미 [-의도],[-인식]

제약

③ 의도하지 않은 상태로 자기도 모르게.

¶한없이 불쾌하여 제풀에 눈살이 찌푸려졌다.≪박태원, 천변 풍경≫

젤

의미 [+최고]

제약

'제일'의 준말. 여럿 가운데 가장.

¶년 세상에서 뭐가 젤 무섭니?/새들이 젤 잘 깃드는 곳을 보여 드리고 싶군요. 날씨가 이런 날은 곤두박질을 치듯 날죠.≪윤후명, 별보다 멀리≫

젱겅

의미 [+소리],[+쇠붙이]v[+유리],[+낙하]v[+충돌],[+공명]

제약 {쇠붙이, 유리}-{떨어지다, 부딪치다, 울리다}

얇고 조금 무거운 쇠붙이나 유리 따위가 떨어지거나 부딪쳐 맑게 울리는 소리.

젱겅-젱겅

의미 [+소리],[+쇠붙이]v[+유리],[+낙하]v[+충돌],[+공명],[+반복]

제약 {쇠붙이, 유리}-{떨어지다, 부딪치다, 울리다}

얇고 조금 무거운 쇠붙이나 유리 따위가 자꾸 떨어지거나 부딪쳐 맑게 울리는 소리.

¶무사들이 칼싸움을 시작하자 젱겅젱겅 칼 부딪치는 소리가 요란하게 났다.

젱그렁

의미 [+소리],[+쇠붙이]v[+유리],[+낙하]v[+충돌],[+공명]

제약 {쇠붙이, 유리}-{떨어지다, 부딪치다, 울리다}

얇은 쇠붙이나 유리 따위가 떨어지거나 부딪쳐 울리는 소리.

¶식탁 위에 불안하게 놓여 있던 접시 하나가 기어이 젱그렁 소리를 내며 바닥으로 떨어졌다.

젱그렁-젱그렁

의미 [+소리],[+쇠붙이]v[+유리],[+낙하]v[+충돌],[+공명],[+반복]

제약 {쇠붙이, 유리}-{떨어지다, 부딪치다, 울리다}

얇은 쇠붙이나 유리 따위가 자꾸 떨어지거나 부딪쳐 울리는 소리.

조각-조각

의미 [+모양],[+다수],[+분리],[+파괴]

제약

여러 조각으로 갈라지거나 깨어진 모양.

¶무를 조각조각 썰다./막대기가 조각조각 부러지다./유리판이 조각조각 금이 갔다./허공을 정확히 정육각형으로 조각조각 가르고 있는 창살 너머 잔잔히 깔린 비늘구름에 노을빛이 묻어 불그레하게 빛나고 있다.≪오정희, 불의 강≫/어젯밤까지도 자기를 즐겁게 하던 여행을 위한 모든 계획이 이 눈길 앞에 조각조각 깨어지는 듯하였다.≪현진건, 적도≫

조결-히

의미 [+지조],[+순수]

제약

지조가 깨끗하게.

조곤-조곤

의미 [+모양],[+성질]v[+태도],[+은근],[+인

내]

제약

성질이나 태도가 조금 은근하고 끈덕진 모양.
≒조곤조곤히.

¶조곤조곤 설명하다./이제야말로 배짱을 내미는
구나. 흐흥! 조곤조곤 따져 볼 모양인데?≪박영
한, 머나먼 송바 강≫

조곤조곤-히

의미 [+모양],[+성질]v[+태도],[+은근],[+인
내]

제약

=조곤조곤. 성질이나 태도가 조금 은근하고 끈
덕진 모양.

¶김 선생은 조곤조곤히 아이들을 타일렀다.

조그만큼

의미 [+부족],[−정도]

제약

매우 적은 정도로.

¶조그만큼 떨어진 곳에 외딴집 한 채가 있다.

조글-조글

의미 [+모양],[+주름],[−균일],[+다수]

제약

쪼그라지거나 구겨져서 고르지 아니하게 주름이
많이 잡힌 모양. '쪼글쪼글'보다 여린 느낌을 준
다.

¶사연은 서글펐으나 조글조글 주름이 진 얼굴의
미소는 종전과 다름없이 앳되고 밝다.≪박경리,
토지≫

조금

의미 [+정도]v[+분량],[+빈약]

제약

① 정도나 분량이 적게.

¶음식에 소금을 조금 넣어 먹어라./잠을 자고 나
니 기분이 조금 좋아졌다./진통제를 있는 대로
가져다 먹고 기다리니 정오가 다 될 무렵에야
통증이 조금 가셨다.≪이청준, 조율사≫

의미 [+시간],[−길이]

제약

② 시간적으로 짧게.

¶조금 있다가 오십시오./조금 기다려 주세요.

조금-씩

의미 [−풍부],[+계속]

제약

많지 않게 계속하여.

¶음식을 조금씩 먹다./건강이 조금씩 회복되고
있다./조금씩만 양보합시다./뒤에서 아버지가 말
할 때마다 나는 조금씩 걸음을 늦추었다가는 다
시 뛰고 하였다.≪박경수, 동토≫/해는 머리 위에
서 조금씩 조금씩 기울고 있었다. 봄날의 휴일은
차츰차츰 저물고 있었다.≪최인호, 돌의 초상≫

조금-조금

의미 [+모양],[+전부],[+조금]

제약

① 여럿이 다 조금인 모양.

¶나물은 한 접시에 조금조금 담아내어라.

의미 [+모양],[+조금],[+빈도],[+연속]

제약

② 조금씩 여러 번 잇따라 하는 모양.

¶물을 조금조금 마시다.

조급스레

의미 [+급박],[+정도]

제약

보기에 매우 급한 데가 있게.

¶조급스레 굴다.

조급-히[01]

의미 [−여유],[+급박],[+정도]

제약

늦거나 느긋하지 아니하고 매우 급하게.

¶춘추 장군은 신라에서 떠나 당나라에 너무 오
래 머물러 있는 것이 아니 되어 조급히 온 것을
후회하였다.≪홍효민, 신라 통일≫

조급-히[02]

의미 [+성격],[−인내],[+조급],[+정도]

제약

참을성이 없이 몹시 급하게.

¶조급히 서두르다./상훈이는 저녁도 안 먹을 지
경이면 어서 가자고 졸라 보았으나 점잖은 양반
이 체통 아깝게 왜 이리 조급히 구느냐고 오히
려 핀잔을 줄 뿐이다.≪염상섭, 삼대≫/조 대비는
온갖 예의와 절차를 잊었다. 그리고 조급히 물었

다.≪김동인, 운현궁의 봄≫

조-까지로

의미 [+정도],[+고작]

제약

겨우 조만한 정도로.

¶조까지로 해 놓고 그냥 가 버렸다.

조끔

의미 [+정도]v[+분량],[+빈약]

제약

① 정도나 분량이 적게. '조금①'보다 센 느낌을 준다,

¶조끔 먹고 나면 기분이 나아질 것이다.

의미 [+시간],[−길이]

제약

② 시간적으로 짧게. '조금②'보다 센 느낌을 준다.

¶여기서 조끔 쉬었다 천천히 갑시다.

조끔-조끔

의미 [+모양],[+전부],[+조금]

제약

① 여럿이 다 조금인 모양. '조금조금①'보다 센 느낌을 준다.

의미 [+모양],[+조금],[+빈도],[+연속]

제약

② 조금씩 여러 번 잇따라 하는 모양. '조금조금②'보다 센 느낌을 준다.

조-나마

의미 [+기준],[−만족],[−부족],[+정도]

제약

① 좋지 아니하거나 모자라기는 하지만 조것이나마.

¶조나마 있는 게 얼마나 다행인지 모른다.

의미 [+기준],[−만족],[−부족],[+정도]

제약

② 좋지 아니하거나 모자라는데 조것마저도.

¶물을 겨우 받아 놓았는데 조나마 금방 없어지겠다.

조냥

의미 [+모양],[+지속]

제약

조러한 모양으로 줄곧.

¶조냥 살게 내버려 두어라.

조닐

의미 [+구원],[+간청]

제약

=조닐로. 남에게 사정할 때에 제발 빈다는 뜻으로 이르는 말.

조닐-로

의미 [+구원],[+간청]

제약

남에게 사정할 때에 제발 빈다는 뜻으로 이르는 말. ≒조닐.

조-다지

의미 [+정도]

제약

조러한 정도로. 또는 조렇게까지. ≒조리도.

¶조다지 예쁜 아기를 멀리 보내고 어찌 살까./어떻게 조다지도 말을 안 들을까.

조-대로

의미 [+모양],[−변화]

제약

① 변함없이 조 모양으로.

¶아이가 조대로 곱게만 크면 좋겠다.

의미 [+동일]

제약

② 조것과 똑같이.

¶조대로 만들면 되겠다.

조랑-조랑[01]

의미 [+모양],[+열매],[+다수],[+부착]

제약 {열매}-{매달리다, 열리다}

① 작은 열매 따위가 많이 매달려 있는 모양. ≒조롱조롱①.

¶머루 덤불에는 까만 머루알이 조랑조랑 수없이 열려 있었다.≪하근찬, 야호≫

의미 [+아이],[+다수],[+소속]

제약

② 아이가 많이 딸려 있는 모양. ≒조롱조롱②.

¶백성들은 허리 굽은 늙은 부모와 나이 어린 자식들을 조랑조랑 손목 잡고 거접할 곳을 몰라 거리로 호곡하고 헤맨다.≪박종화, 금삼의 피≫

조랑-조랑[02]

의미 [+사람],[+글]v[+말],[+분명],[+연속]

제약 {사람}-{외다, 말하다}

어린 사람이 계속하여 똑똑하게 글을 외거나 말을 하는 소리.

¶수진이 앉아 있는 밭둑으로 온 희심은 **조랑조랑** 말을 했다.≪한승원, 해일≫

조런-대로

의미 [−만족],[+정도]

제약

만족스럽지는 않지만 조러한 정도로.

¶**조런대로** 앉을 만하겠다.

조런-히

의미 [+용이],[+정도]

제약

만만할 정도로 헐하거나 쉽게.

조록

의미 [+소리]v[+모양],[+물줄기]v[+빗물],[+흐름],[+속도],[+정지]

제약 {물줄기, 빗물}-{그치다}

가는 물줄기나 빗물 따위가 빠르게 잠깐 흐르다가 그치는 소리. 또는 그 모양,

¶간신히 졸졸 나오던 수돗물이 **조록** 소리를 내더니 완전히 끊어지고 말았다.

조록-조록

의미 [+소리]v[+모양],[+물줄기]v[+빗물],[+흐름]v[+낙하],[+속도],[+반복]

제약 {물줄기, 빗물}-{흐르다, 내리다}

① 가는 물줄기나 빗물 따위가 빠르게 자꾸 흐르거나 내리는 소리. 또는 그 모양,

¶**조록조록** 소리가 나서 창밖을 내다보니 봄비가 내리고 있었다.

의미 [+모양],[+주름],[+다수],[+균일]

제약

② 잔주름이 고르게 많이 잡힌 모양.

조롱-조롱

의미 [+모양],[+열매],[+다수],[+부착]

제약 {열매}-{매달리다, 열리다}

①=조랑조랑[01]①. 작은 열매 따위가 많이 매달려 있는 모양.

¶푸른 줄기에 **조롱조롱** 매달린 흰 꽃송이는 놀랍도록 싱싱했다.≪최인훈, 광장≫/이번에는 빨간 열매가 **조롱조롱** 수놓고 있는 푸른 울타리가 스치고 지나간다.≪이양하, 이양하 수필선≫

의미 [+아이],[+다수],[+소속]

제약

②=조랑조랑[01]②. 아이가 많이 딸려 있는 모양.

¶그는 아이 다섯을 **조롱조롱** 데리고 나타났다.

조르르

의미 [+소리]v[+모양],[+물줄기],[+흐름],[+속도]

제약 {물줄기}-{흘러내리다}

① 가는 물줄기 따위가 빠르게 흘러내리는 소리. 또는 그 모양.

의미 [+모양],[+물건],[+경사],[+활주],[+속도]

제약 {물건}-{미끄러지다}

② 작은 물건 따위가 비탈진 곳에서 빠르게 미끄러져 내리는 모양.

의미 [+모양],[+걸음]v[+추종],[+속도]

제약 {사람, 동물}-{걷다, 따라가다}

③ 작은 발걸음을 재게 움직여 걷거나 따라다니는 모양.

의미 [+모양],[−크기],[+정돈],[+한줄],[+연결]

제약

④ 작은 것들이 한 줄로 고르게 잇따라 있는 모양.

조르륵

의미 [+소리]v[+모양],[+물줄기],[+흐름],[+속도],[+정지]

제약 {물줄기}-{그치다}

① 가는 물줄기 따위가 빠르게 잠깐 흐르다가 그치는 소리. 또는 그 모양.

의미 [+모양],[+물건],[+활주],[+속도],[+정지]

제약

② 작은 물건 따위가 비탈진 곳에서 빠르게 잠깐 미끄러져 내리다가 멎는 모양.

조르륵-조르륵

의미 [＋소리]v[＋모양],[＋물줄기],[＋흐름],
[＋속도],[＋정지],[＋반복]

제약

① 가는 물줄기 따위가 빠르게 자꾸 흘렀다 그
쳤다 하는 소리. 또는 그 모양.

¶젖은 우산에서 빗방울이 **조르륵조르륵** 흘러내
린다.

의미 [＋모양],[＋물건],[＋활주],[＋속도],[＋정
지],[＋반복]

제약

② 작은 물건 따위가 비탈진 곳에서 빠르게 자
꾸 미끄러져 내렸다 멎었다 하는 모양.

조리⁰¹

의미 [＋방향],[＋지시]

제약

조 곳으로. 또는 조쪽으로.

¶**조리** 가면 우체통이 있습니다./높은 구두 굽이
요리 삐끗 **조리** 삐끗해서 발목만 시큰거리는데,
한 이십 리도 못 가서 발이 부르텄다.≪심훈, 영
원의 미소≫

조리⁰²

의미 [＋모양],[＋상태]v[＋모양]v[＋성질]

제약

상태, 모양, 성질 따위가 조런 모양.

¶어쩜 **조리** 말을 안 들을까?

조리-도

의미 [＋정도]

제약

=조다지. 조러한 정도로. 또는 조렇게까지.

¶어찌 **조리도** 입이 가벼울까?

조리-로

의미 [＋방향],[＋지시]

제약

'조리⁰¹'를 강조하여 이르는 말. 조 곳으로 또는
조쪽으로.

¶도둑이 **조리로** 도망갔다.

조릿-조릿

의미 [＋모양],[＋조바심],[＋마음],[＋긴장]

제약

조바심이 나서 마음을 놓을 수 없는 모양.

¶**조릿조릿** 마음을 졸이며 기다리다./남의 것이라
면 지푸라기 하나 탐내지 않고 살아온 그들로서
는 너무도 **조릿조릿** 마음이 탔다.≪문순태, 타오르
는 강≫

조마-조마

의미 [＋모양],[＋염려],[＋초조],[＋불안]

제약

닥쳐올 일에 대하여 염려가 되어 마음이 초조하
고 불안한 모양.

¶그동안에 세 여자는 뜰에 내려와 서서 **조마조
마** 마음을 졸이며 노려보고 섰다.≪염상섭, 취우≫
/노마는 **조마조마** 다음에 일어날 행동을 기다리
며 발발 떤다.≪현덕, 남생이≫

조만-간

의미 [＋미래]

제약

앞으로 곧. '머잖아'로 순화. ≒조만에.

¶**조만간** 찾아뵙겠습니다./아무튼 **조만간** 직접 만
나서 최후의 담판을 할 테니 그런 줄 알아라.≪심
훈, 상록수≫/이런 속도로 안개가 퍼지다가는 조
만간 산허리도 짙은 안개에 묻힐 것이다.≪홍성
원, 육이오≫

조만-에

의미 [＋미래]

제약

=조만간. 앞으로 곧.

조-만치

의미 [＋정도],[＋조금]

제약

=조만큼. 조만한 정도로.

¶밥을 겨우 **조만치** 먹고 무슨 힘이 나겠니?

조-만큼

의미 [＋정도],[＋조금]

제약

조만한 정도로. ≒조만치.

¶**조만큼** 가서 쉬도록 하자.

조만-히

의미 [＋정도],[＋대단]

제약

꽤 또는 상당한 정도로.

¶조만히 책망하다./미친 사람 구실을 해서 우사가 적지 않다고 **조만히** 말합디다.≪홍명희, 임꺽정≫

조목-조목

의미 [+조목],[+개별],[+전부]

제약

=조목조목. 한 조목 한 조목마다 다.

¶법을 아는 사람도 많아서 그를 고소만 하면 형사 입건 돼 구속되고 실형을 선고받을 수 있는 죄목을 **조목조목** 들기도 했다.≪박완서, 오만과 몽상≫

조목조목-이

의미 [+조목],[+개별],[+전부]

제약

한 조목 한 조목마다 다. 늑조목조목·조조이.

¶아내는 그의 잘못을 **조목조목이** 따지고 들었다.

조몰락-조몰락

의미 [+모양],[+동작],[+물건],[+주무름],[+반복]

제약 { }-{주무르다}

작은 동작으로 물건 따위를 자꾸 주무르는 모양.

조물-조물

의미 [+모양],[+손놀림],[+접촉],[+반복]

제약

작은 손놀림으로 자꾸 주물러 만지작거리는 모양.

¶**조물조물** 나물을 무치다.

조민-히

의미 [+마음],[+조급],[+가슴],[+폐쇄],[+고통]

제약

마음이 조급하여 가슴이 답답하고 괴롭게.

조밀-히

의미 [+조밀]

제약

촘촘하고 빽빽하게.

조붓-이

의미 [+협소],[-정도]

제약

조금 좁은 듯이.

¶네 평 남짓한 장방형짜리 한 방을 **조붓이** 자리 잡고 들어앉은, 잡지 춘추사(春秋社)의 마침 신년 호 교정에 골몰한 오후다.≪채만식, 냉동어≫

조뼛

의미 [+모양],[+물건],[+선단],[+예리],[+돌출]

제약

① 물건의 끝이 차차 가늘어지면서 뾰족하게 솟은 모양. 늑조뼛이①.

의미 [+느낌],[+공포]v[+경악],[+머리카락],[+기립]

제약

② 무섭거나 놀라서 머리카락이 조금 꼿꼿하게 일어서는 듯한 느낌. 늑조뼛이②.

의미 [+모양],[-자연]v[+무안],[+주저]

제약

③ 어줍거나 부끄러워 조금 머뭇거리거나 주저하는 모양. 늑조뼛이③.

의미 [+모양],[+입술],[+돌출]

제약 {입술}-{내밀다}

④ 입술 끝을 배죽 내미는 모양. 늑조뼛이④.

조뼛-이

의미 [+모양],[+물건],[+선단],[+예리],[+돌출]

제약

①=조뼛①. 물건의 끝이 차차 가늘어지면서 뾰족하게 솟은 모양.

의미 [+느낌],[+공포]v[+경악],[+머리카락],[+기립]

제약

②=조뼛②. 무섭거나 놀라서 머리카락이 조금 꼿꼿하게 일어서는 듯한 느낌.

의미 [+모양],[-자연]v[+무안],[+주저]

제약

③=조뼛③. 어줍거나 부끄러워 조금 머뭇거리거나 주저하는 모양.

의미 [+모양],[+입술],[+돌출]

제약 {입술}-{내밀다}

④=조뼛④. 입술 끝을 배죽 내미는 모양.

조뼛-조뼛

의미 [+모양],[+물건],[+선단],[+예리],[+돌출]

제약

① 물건의 끝이 다 차차 가늘어지면서 뾰족뾰족하게 솟은 모양.

의미 [+느낌],[+공포]v[+경악],[+머리카락],[+기립],[+반복]

제약

② 무섭거나 놀라서 머리카락이 조금 꼿꼿하게 자꾸 일어서는 듯한 모양.

의미 [+모양],[-자연]v[+무안],[+주저]

제약

③ 어줍거나 부끄러워서 조금 머뭇거리거나 주저주저하는 모양.

의미 [+모양],[+입술],[+돌출],[+반복]

제약 {입술}-{내밀다}

④ 입술 끝을 자꾸 배죽 내미는 모양.

조속-히

의미 [+속도],[+신속]

제약

이르고도 빠르게.

¶이처럼 불평등한 조약은 **조속히** 개정되어야 한다./학교는 새 도서관을 **조속히** 건립하기로 했다./의원들은 사건의 진상을 **조속히** 규명할 것을 정부에 촉구했다.

조속-조속

의미 [+모양],[+졸음],[-기운]

제약 {사람}-{졸다}

기운 없이 꼬박꼬박 조는 모양.

¶미구에, **조속조속** 달콤하게 오는 졸음에 저도 모르게 앞 탁자에 엎드려 잠이 들었다.≪채만식, 탁류≫

조솔-히

의미 [+거침],[+경솔]

제약

거칠고 경솔하게.

조심성스레

의미 [+성질]v[+태도],[-잘못]v[-실수],[+언사]v[+행동],[+조심]

제약

잘못이나 실수가 없도록 말이나 행동에 마음을 쓰는 성질이나 태도가 있게.

조심스레

의미 [+태도],[-잘못]v[-실수],[+언사]v[+행동],[+조심]

제약

잘못이나 실수가 없도록 말이나 행동에 마음을 쓰는 태도로.

¶도자기를 방으로 **조심스레** 옮겼다./손가락에 박힌 가시를 **조심스레** 빼냈다./얼어붙은 비탈길을 **조심스레** 내려왔다.

조심-조심

의미 [+모양],[-잘못]v[-실수],[+언사]v[+행동],[+조심],[+정도]

제약

잘못이나 실수가 없도록 말이나 행동에 매우 마음을 쓰는 모양. ≒조심조심히.

¶어두컴컴한 계단을 **조심조심** 더듬어 내려갔다./그가 눈치채지 못하게 **조심조심** 뒤를 밟았다./오해의 소지가 없도록 **조심조심** 묻기 시작했다./품 안에서 잠든 아이를 **조심조심** 자리에 내려놓았다.

조심조심-히

의미 [+모양],[-잘못]v[-실수],[+언사]v[+행동],[+조심],[+정도]

제약

=조심조심. 잘못이나 실수가 없도록 말이나 행동에 매우 마음을 쓰는 모양.

¶그는 자는 사람들의 기색을 살피며 **조심조심히** 옷을 입고 슬그머니 밖으로 나갔다./양녕은 바람 나지 않게 관복의 소매와 자락을 가다듬고 **조심조심히** 내려가서….≪김동인, 대수양≫

조심-히

의미 [-잘못]v[-실수],[+언사]v[+행동],[+조심]

제약

잘못이나 실수가 없도록 마음을 쓰는 말이나 행동으로.

¶거동이 힘든 할머니를 **조심히** 보살펴 드렸다./그는 주위를 **조심히** 살피고는 나에게 귓속말로

물었다./그녀의 상처를 다치지 않도록 **조심히** 붕대를 풀었다.

조쌀-스레

의미 [+얼굴],[+노화],[+청결],[+단정]

제약

늙었어도 얼굴이 깨끗하고 조촐한 데가 있게.

조연-히

의미 [+소란]

제약

시끄럽고 떠들썩하게.

조열-히

의미 [+건조],[+더위]

제약

① 바싹 마르고 덥게.

의미 [+마음],[+폐쇄],[+몸],[+열기],[+더위]

제약

② 마음이 답답하고 몸에 열이 나서 덥게.

조요-히

의미 [+밝음],[+광명]

제약

밝게 비쳐서 빛나는 데가 있게.

조용-조용

의미 [+모양],[+언사]v[+행동],[-변화],[-소란],[+차분]

제약

말이나 행동이 한결같이 수선스럽지 않고 얌전한 모양. ≒조용조용히.

¶**조용조용** 낮은 소리로 말하다./**조용조용** 귀엣말을 주고받다./나는 잠든 가족들을 깨우지 않으려고 집에 **조용조용** 들어갔다./누님은 아버지 어머니가 방에 안 계신 틈을 타 어디론가 **조용조용** 전화를 하는 것 같았다.≪유재용, 누님의 초상≫

조용조용-히

의미 [+모양],[+언사]v[+행동],[-변화],[-소란],[+차분]

제약

=조용조용. 말이나 행동이 한결같이 수선스럽지 않고 얌전한 모양.

¶흥분하지 말고 **조용조용히** 말해라./그들은 자는 사람이 깨지 않게 **조용조용히** 들어왔다./이 할미

는 아직 귀가 먹지 않았으니까 좀 **조용조용히** 얘기해라.≪최인호, 처세술 개론≫

조용-히

의미 [-소리],[+고요]

제약

① 아무런 소리도 들리지 아니하고 고요히.

¶쉿, 조용히 해라.

의미 [+언사]v[+행동]v[+성격],[-소란],[+차분],[+정도]

제약

② 말이나 행동, 성격 따위가 수선스럽지 않고 매우 얌전히.

¶며느리가 시어머니 방에 **조용히** 들어왔다./그는 다정한 눈길로 어머니를 찬찬히 쳐다보면서 **조용히** 입을 열었다.

의미 [-분쟁],[+평온]

제약

③ 말썽이 없이 평온히.

¶오늘도 하루가 **조용히** 지나갔다.

의미 [+감정],[+진정],[+마음],[+평온]

제약

④ 북받쳤던 감정이 가라앉아 마음이 평온히.

¶한참 울고 나니 마음이 **조용히** 가라앉았다.

의미 [-분주],[+한가]

제약

⑤ 바쁜 일이 없이 한가히.

¶휴일은 청소, 빨래 따위를 하며 **조용히** 보낸다.

의미 [+비밀],[+은밀]

제약

⑥ 공공연하지 아니하고 은밀히.

¶그 사건은 **조용히** 마무리되었다./현재 두 회사의 합병이 **조용히** 진행되고 있다.

조작-조작

의미 [+모양],[+수다],[-주관],[+과장],[+반복]

제약

① 주책없이 잘난 체하며 자꾸 떠드는 모양.

의미 [+모양],[+아이],[+걸음],[-균형],[+미려],[+반복]

제약 {아이}-{걷다}

② 처음 걸음을 걷기 시작하는 어린아이가 자꾸 배틀거리며 귀엽게 걷는 모양.

¶서운이 할미 곁에서 어린 서운이는 **조작조작** 걸어 다니며 놀고….≪최명희, 혼불≫

조잔-조잔

의미 [+모양],[+간식],[−분별],[−품위],[+반복]

제약 { }-{먹다}

때를 가리지 않고 군음식을 점잖지 않게 자꾸 먹는 모양.

조잘-조잘[01]

의미 [+모양],[+말],[+목소리],[−높이],[+속도],[+연속]

제약

① 조금 낮은 목소리로 빠르게 말을 계속하는 모양.

의미 [+모양],[+새],[+울음],[+연속]

제약 {새}-{지저귀다, 울다}

② 참새 따위의 작은 새가 잇따라 지저귀는 모양.

조잘-조잘[02]

의미 [+모양],[+끄나풀],[+부착],[+혼란]

제약 { }-{달리다}

작은 끄나풀 같은 것이 어지럽게 달린 모양.

조잡스레

의미 [+음식],[+욕심],[+추잡]

제약

① 보기에 음식에 대하여 추잡하게 욕심을 부리는 데가 있게.

의미 [+언사]v[+행동]v[+솜씨],[+거침],[−순수],[−품위]

제약

② 보기에 말이나 행동, 솜씨 따위가 거칠고 잡스러워 품위가 없이.

¶메마른 땅에 기승을 부리는 잡풀같이 아이들은 거칠고 **조잡스레** 날뛰며 달아나는 길상의 뒷모습을 향해 기성을 지르고 손뼉을 친다.≪박경리, 토지≫

조조-모모

의미 [+매일],[+아침],[+저녁]

제약

매일 아침저녁으로.

조조-이

의미 [+조목],[+개별],[+전부]

제약

=조목조목이. 한 조목 한 조목마다 다.

조조-히[01]

의미 [+마음],[−편안],[+불안]

제약

마음이 편안하지 못하고 조마조마하게.

조조-히[02]

의미 [+성질],[+조급],[+정도]

제약

성질 따위가 몹시 조급하게.

¶말씀을 좀 과히 하시는 일이 있어도 그때만 지나면 고만이신 걸 번연히 그런 줄 알면서 왜 **조조히** 그리해….≪이상협, 재봉춘≫

조-쯤

의미 [+정도]

제약

조만한 정도로.

¶**조쯤** 자라면 이 나무도 열매를 맺겠지.

조촐-히

의미 [+아담],[+청결]

제약

① 아담하고 깨끗이.

¶아직도 때 묻지 않은 하늘 아래 **조촐히** 자리 잡은 산천이 사람들의 발길을 기다리는 이곳.≪이영치, 흐린 날 황야에서≫

의미 [+행동]v[+행실],[+청결],[+얌전]

제약

② 행동, 행실 따위가 깔끔하고 얌전히.

¶아무리 기생이라 하나 몸이야 **조촐히** 가져야지. ≪박종화, 임진왜란≫

의미 [+외모]v[+모습],[+단정],[+맵시]

제약

③ 외모나 모습 따위가 말쑥하고 맵시가 있게.

의미 [+한적],[+간편]

제약

④ 호젓하고 단출하게.

¶이번 행사는 **조촐히** 치르기로 했다./새알콩이며 차조와 수수를 갈아 **조촐히** 소출을 거두던 거였다.≪이문구, 해벽≫

조촘

의미 [＋모양],[＋주저]v[＋경악],[＋신체],[－크기]

제약

망설이거나 가볍게 놀라서 갑자기 멈칫하거나 몸을 움츠리는 모양.

¶**조촘** 한 무릎 다가앉다.

조촘-조촘

의미 [＋모양],[＋행동]v[＋걸음],[＋주저],[＋반복]

제약

어떤 행동이나 걸음 따위를 망설이며 자꾸 머뭇거리는 모양.

¶**조촘조촘** 다가오다.

조추

의미 [＋미래]

제약

차차 나중에.

조포-히01

의미 [＋행동]v[＋성격],[＋난폭],[＋포악],[＋정도]

제약

매우 거칠고 사나운 행동이나 성격으로.

조포-히02

의미 [＋조급],[＋포악]

제약

조급하고 사납게.

조험-히

의미 [＋길],[＋폐쇄],[＋험난]

제약

길이 막히고 험난하게.

조협-히

의미 [＋성미],[－관대],[＋편협]

제약

너그럽지 못하고 좁은 성미로.

조홀-히

의미 [＋간략],[＋경박],[＋소홀]

제약

간략하고 경홀하게.

조화로이

의미 [＋조화],[－모순],[－상치]

제약

서로 잘 어울려 모순됨이나 어긋남이 없이.

족

의미 [＋모양],[＋줄]v[＋금],[＋직선],[＋그림]

제약 {줄, 금}-{긋다}

① 작은 줄이나 금 따위를 곧게 내긋는 모양.

¶금이 삐뚤어지지 않게 **족** 그어라.

의미 [＋모양],[－크기],[＋정렬]v[＋나열],[＋연속]

제약

② 작은 것들이 고르게 늘어서거나 가지런히 벌여 있는 모양.

¶운동장 옆으로 푸른 잔디가 **족** 깔려 있다.

의미 [＋모양],[＋한줄],[＋연결],[－분리]

제약

③ 한 줄로 끊어지지 아니하고 이어지는 모양.

¶학생들이 일렬로 **족** 늘어서 있다./새 물이 오르기 비롯한 창송이 외줄로 **족** 늘어선 것은….≪최남선, 심춘순례≫

의미 [＋모양],[＋종이]v[＋천],[＋가닥],[＋분리],[＋순간]

제약 {종이, 천}-{찢다, 훑다}

④ 작은 종이나 천 따위를 한 가닥으로 단번에 찢거나 훑는 모양.

의미 [＋모양],[＋액체],[＋흡입],[＋순간]

제약 {액체}-{마시다}

⑤ 적은 양의 액체를 단숨에 들이마시는 모양.

의미 [＋소리]v[＋모양],[＋입],[＋기운],[＋흡입]

제약 {입}-{빨다}

⑥ 입으로 힘차게 빠는 소리. 또는 그 모양.

의미 [＋모양],[＋독서]v[＋암기]v[＋말],[＋능통]

제약 {사람}-{읽다, 외우다, 말하다}

⑦ 거침없이 내리읽거나 외거나 말하는 모양.

의미 [＋모양],[－크기],[＋폄]v[＋벌림]

제약 { }-{펴다, 벌리다}

⑧ 작은 것을 곧게 펴거나 벌리는 모양.

의미 [+모양],[+소름]v[+땀],[+발생]

제약 {소름, 땀}-{ }

⑨ 소름이나 땀이 돋는 모양.

의미 [+모양],[+관찰],[+순간]

제약 { }-{훑어보다}

⑩ 좁은 범위로 눈길을 보내어 한눈에 훑어보는 모양.

¶그는 시험 답안을 족 훑어보고 들어갔다./어머니는 방 안을 족 훑어보셨다.

족-족

의미 [+모양],[+줄]v[+금],[+직선],[+그림],[+연속]

제약 {줄, 금}-{긋다}

① 가는 줄이나 금 따위를 잇따라 곧게 내긋는 모양.

¶영희는 장부를 꺼내 놓고 점검하면서 족족 금을 긋는다.

의미 [+모양],[-크기],[+정렬]v[+나열],[+연속]

제약

② 작은 것들이 잇따라 고르게 늘어서거나 가지런히 벌여 있는 모양.

¶조그마한 조약돌이 족족 깔려 있다.

의미 [+모양],[+다수],[+한줄],[+연결],[-분리]

제약

③ 여럿이 한 줄로 끊어지지 않고 이어지는 모양.

¶햇빛이 숲 속으로 족족 퍼진다.

의미 [+모양],[+종이]v[+천],[+가닥],[+분리],[+순간],[+연속]

제약 {종이, 천}-{찢다, 훑다}

④ 작은 종이나 천 따위를 여러 가닥으로 잇따라 찢거나 훑는 모양.

¶북어를 족족 찢어서 무치다.

의미 [+모양],[+액체],[+흡입],[+순간],[+연속]

제약 {액체}-{마시다}

⑤ 적은 양의 액체를 잇따라 단숨에 들이마시는 모양.

¶숭늉을 족족 들이마시다.

의미 [+소리]v[+모양],[+입],[+기운],[+흡입],[+연속]

제약 {입}-{빨다}

⑥ 잇따라 입으로 힘차게 빠는 소리. 또는 그 모양.

¶젖을 족족 빨다.

의미 [+모양],[+독서]v[+암기]v[+말],[+능통],[+연속]

제약 {사람}-{읽다, 외우다, 말하다}

⑦ 거침없이 잇따라 내리읽거나 외거나 말하는 모양.

¶학교에서 배운 것을 족족 내리읽는다.

의미 [+모양],[-크기],[+폄]v[+벌림],[+연속]

제약 { }-{펴다, 벌리다}

⑧ 작은 것을 잇따라 곧게 펴거나 벌리는 모양.

¶새끼 제비들은 어미가 먹이를 가지고 오면 부리를 족족 벌린다.

의미 [+모양],[+소름]v[+땀],[+발생],[+연속]

제약 {소름, 땀}-{ }

⑨ 소름이나 땀이 잇따라 돋는 모양.

족족-히[01]

의미 [+여유],[+정도]

제약

아주 넉넉히.

족족-히[02]

의미 [+모양],[+조밀]

제약

① 들어선 모양이 빽빽이.

의미 [+다수],[+아래],[+부착]

제약

② 아래로 늘어진 것이 수없이 많이.

족-히

의미 [+수량]v[+정도],[+여유]

제약

① 수량이나 정도 따위가 넉넉하게.

¶내가 겪은 일을 회고록을 쓴다면 서너 권 분량은 족히 될 것입니다./위로 서형 두 사람이 있으나 변변치가 못하니, 족히 집안 살림을 의논할 인물들이 아니었다.≪박종화, 전야≫/그나저나 깃대 꽂은 데까지 파 내려가려면 열흘은 족히 걸릴 테지?≪한수산, 유민≫

의미 [-결핍],[-요구]

제약

② 모자람이 없다고 여겨 더 바라는 바가 없이.

¶몇 년 만에 친구를 만났으면 그로써 족히 좋은 일이지 달리 나쁜 일이 뭐가 있겠소.≪박완서, 미망≫/하고 싶은 말도 있을 성싶지 않지만 말없이도 족히 즐겁다.≪유항림, 구구≫

존득-존득

의미 [+느낌],[+씹음],[+질김],[+점성],[+정도]

제약 { }-{씹히다}

① 음식물 따위가 검질겨서 매우 끈기 있고 졸깃졸깃하게 씹히는 느낌.

¶잘 삶아진 당면이 존득존득 씹힌다.

의미 [+느낌],[+점성],[-분리],[+정도]

제약

② 매우 차져서 잘 끊어지지 않는 느낌.

존엄-히

의미 [+인물]v[+지위],[+높이],[+엄숙],[-위배]

제약

인물이나 지위 따위가 감히 범할 수 없을 정도로 높고 엄숙하게.

존절-히

의미 [+절제],[+적당]

제약

① 알맞게 절제하는 데가 있게.

¶사려를 존절히 못하여 정신이 손상된 병은 혹 하늘께 기도하고 정신을 순일케 하면 혹 본정을 회복할 도리가….≪대한매일신보≫

의미 [+소비],[+절약],[+적당]

제약

② 씀씀이를 알맞게 아끼는 데가 있게.

¶그녀는 가산(家産)을 존절히 여겼다.

존조리

의미 [+설득],[+조리],[+친절]

제약

잘 타이르듯이 조리 있고 친절하게.

¶존조리 당부하다./존조리 나무라다./존조리 타이르다.

존존-히

의미 [+피륙],[+발],[-크기],[+고움]

제약

피륙의 발 따위가 잘고 곱게.

존중-히

의미 [+높이],[+귀중]

제약

높고 귀하게.

¶그 사람은 의협하고 용감하여서 황금이나 권력보다 의리를 존중히 여기는 사람입니다.≪한용운, 흑풍≫

졸금

의미 [+모양],[+눈물],[+누출],[+중지]

제약 {눈물}-{나오다}

① 눈물 따위의 액체가 조금 나오다가 그치는 모양.

¶어찌나 아픈 주사였는지 눈물이 졸금 나왔다.

의미 [+비],[+낙하],[+중지]

제약 {비}-{오다}

② 비가 조금 내리다가 멎는 모양.

¶새벽에 비가 졸금 왔었는지 땅이 젖어 있다.

졸금-졸금

의미 [+모양],[+눈물],[±누출],[+중지],[+반복]

제약 {눈물}-{나오다}

① 눈물 따위의 액체가 조금씩 자꾸 나왔다 그쳤다 하는 모양.

¶그 어린아이가 눈물을 졸금졸금 흘리니 마음이 아프지 않겠어?/산골짜기의 바위틈에서 샘물이 졸금졸금 나온다.

의미 [+모양],[+비],[±낙하],[+중지],[+반복]

제약 {비}-{오다}

② 비가 조금씩 자꾸 내렸다 멎었다 하는 모양.

졸깃-졸깃

의미 [+느낌],[+씹음],[+점성],[+질김],[+정도]

제약 { }-{씹히다}

씹히는 맛이 매우 차지고 질긴 듯한 느낌.

¶싱싱한 조갯살이 씹으면 씹을수록 **졸깃졸깃** 맛이 있다.

졸눌-히

의미 [+재주],[+우둔],[+말],[-자연]

제약

재주가 둔하고 말이 어줍게.

졸딱-졸딱

의미 [+모양],[+분량]v[+규모],[-크기],[+협소],[+정도]

제약

① 분량이나 규모 따위가 매우 작고 옹졸한 모양.

의미 [+모양],[+일],[+처리],[-한번],[+분할]

제약

② 어떤 일을 한 번에 하지 못하고 조금씩 여러 차례에 나누어 하는 모양.

¶화가 난 누나는 마지못해 **졸딱졸딱** 설거지를 하고 있다.

졸랑-졸랑

의미 [+소리]v[+모양],[+물],[+물결],[+요동],[+반복]

제약 {물}-{흔들리다}

① 물 따위가 잔물결을 이루며 자꾸 흔들리는 소리. 또는 그 모양.

¶그는 컵에 냉수를 **졸랑졸랑** 가져왔다.

의미 [+모양],[+행동],[+경박],[+경망],[+반복]

제약

② 가볍고 경망스럽게 자꾸 까부는 모양.

¶**졸랑졸랑** 꼬리를 치며 개도 따르고 있었다.≪하근찬, 야호≫/그중 서너 아이는 무슨 구경거리라도 생긴 듯 장터 마당까지 허정우 옆을 **졸랑졸랑** 따라왔다.≪김원일, 불의 제전≫

졸래-졸래

의미 [+모양],[+행동],[+경망]

제약

① 까불거리며 경망스럽게 행동하는 모양.

¶하학길의 조무래기들 몇은 책가방을 든 채 길거리에서 해찰하다 말고 숫제 완장의 뒤를 **졸래졸래** 따라오면서 저희들끼리 쑤군쑤군 귀엣말을 나누고 있었다.≪윤흥길, 완장≫

의미 [+모양],[+다수],[+추종],[-질서]

제약

② 여럿이 무질서하게 졸졸 뒤따르는 모양.

¶목동이 소를 몰고 들판을 질러가는데 송아지가 어미 소를 **졸래졸래** 따라간다.≪박경리, 토지≫

졸렬-히

의미 [+옹졸],[+비천],[+미숙]

제약

옹졸하고 천하여 서투르게.

졸로

의미 [+방향],[+지시]

제약

'조리로'의 준말. 조 곳으로. 또는 조쪽으로.

¶**졸로** 가면 시청이 나와요.

졸막-졸막

의미 [+모양],[+물건],[+다수],[+혼합],[-균일]

제약

여러 개의 작은 물건이 고르지 않게 뒤섞여 있는 모양.

¶어지럽게 **졸막졸막** 흩어져 있는 돌멩이.

졸망-졸망

의미 [+모양],[+물건],[-균일],[+다수],[-크기],[+혼합],[+호감]

제약

① 고르지 않은 여러 개의 작은 물건이 뒤섞여 있어 보기에 사랑스러운 모양.

¶어린애들이 **졸망졸망** 모여 소꿉놀이를 한다.

의미 [+모양],[+가죽],[+표면],[-균일]

제약

② 가죽이나 표면 따위가 울퉁불퉁하게 생긴 모양.

¶두꺼비 등에는 돌기가 **졸망졸망** 나 있다.

졸망-히

의미 [+옹졸],[+경망]

제약

옹졸하고 잔망하게.

졸속-히

의미 [+부족],[+속도]

제약

어설프고 빠르게.

¶기실 황제가 더 큰 혐의를 가진 것은 질질 끌어오던 그 개혁안을 그 같은 전쟁 통에 졸속히 시행하게 된 것이 북적들의 본을 뜬 게 아닌가 하는 점이었다.≪이문열, 황제를 위하여≫

졸연

의미 [+돌연]

제약

① 갑작스럽게. 늑졸연히①.

¶무심히 웃고 있던 여자의 얼굴에서 졸연 웃음이 지워지며 퍼뜩 눈이 긴장하는 것 같더라니….≪채만식, 냉동어≫

의미 [+용이],[−복잡],[−곤란]

제약

② 까다롭거나 힘들지 않고 쉽게. 늑졸연히②.

졸연-히

의미 [+돌연]

제약

①=졸연①. 갑작스럽게.

¶노인은 말을 마치자 졸연히 가 버리고 잠은 깨었다.≪박종화, 임진왜란≫/폭도 놈들이 졸연히 동리에 들어와 양식을 탈취하고….≪최찬식, 금강문≫/우길이는 졸연히 무엇을 했으면 좋을지 궁리가 나지 않았다.≪한설야, 탑≫

의미 [+용이],[−복잡],[−곤란]

제약

②=졸연②. 까다롭거나 힘들지 않고 쉽게.

¶다른 사람들이 졸연히 가지지 못하는 것을, 저마다 가지기 어려운 것을 내가 가졌다.≪전영택, 운명≫/이제 돌아가면 이후에 졸연히 기회를 얻기도 어려울 것이라….≪박태원, 옆집 색시≫/이 돈은 졸연히 받지 못할 줄 아세요.≪심훈, 상록수≫

졸졸

의미 [+소리]v[+모양],[+물줄기],[+흐름],[+연속]

제약 {물줄기}-{흐르다}

① 가는 물줄기 따위가 잇따라 부드럽게 흐르는 소리. 또는 그 모양.

¶시냇물이 졸졸 흐르다./계곡 옆 바위 밑에 꽤 많은 물이 고였다가 졸졸 흐르는 우물이 있었다.≪유주현, 대한 제국≫

의미 [+모양],[+사람]v[+동물],[+추종],[+반복]

제약 { }-{따라다니다}

② 작은 동물이나 사람이 자꾸 뒤를 따라다니는 모양.

¶강아지가 노인을 졸졸 따라다녔다./우리는 조금 겁먹은 얼굴을 하고 그들의 뒤를 졸졸 따라서 왔다.

의미 [+모양],[+줄]v[+천],[+바닥],[+마찰],[+끌림],[+반복]

제약 {줄, 천}-{끌리다}

③ 가는 줄이나 천 따위가 바닥에 자꾸 끌리는 모양.

의미 [+모양],[+물건],[+흘림],[+도처],[+반복]

제약 {물건}-{흘리다}

④ 작은 물건을 여기저기 자꾸 흘리는 모양.

¶아이가 과자 부스러기를 방바닥에 졸졸 흘리고 다닌다./꼬마가 필통에서 연필과 지우개를 졸졸 흘리고 있었다.

의미 [+모양],[+독서]v[+필기]v[+말],[+능통]

제약 {사람}-{읽다, 쓰다, 말하다}

⑤ 조금도 막힘이 없이 글을 읽거나 쓰거나 말하는 모양.

¶긴장하니까 졸졸 외우던 구절조차 기억나지 않는다./한일 자도 모르는 쌀분이가 삼신할미한테 비는 법을 졸졸 거침없이 다 외고 있음이 신통하기도 하고 놀랍기도 하여….≪문순태, 타오르는 강≫

졸졸졸

의미 [+모양],[+물줄기],[+흐름],[+연속]

제약

잇따라 졸졸거리는 모양.

졸지-에

의미 [−생각],[+순간],[+급박]

제약

=갑자기. 미처 생각할 겨를도 없이 급히.

졸직-이

의미 [+성격],[−융통],[−재주]

제약

성격이 고지식하고 주변이 없이.

좀

의미 [+정도]v[+분량],[+빈약]

제약

① '조금①'의 준말. 정도나 분량이 적게.

¶물건값이 좀 비싸다./어머니가 좀 편찮으신 것 같다.

의미 [+시간],[−길이]

제약

② '조금②'의 준말. 시간적으로 짧게.

¶좀 늦었습니다.

의미 [+말],[+부탁]v[+동의],[+삽입]

제약

③ 부탁이나 동의를 구할 때 말을 부드럽게 하기 위하여 삽입하는 말.

¶손 좀 빌려 주세요./이것 좀 드세요./무엇 좀 물어봅시다./그만 좀 해!/갈 길이 구만리라네, 빨리 좀 가세.≪김성동, 풍적≫

의미 [+상태],[+감당],[+정도]

제약

④ (의문문이나 반어적 문장에 쓰여) 그 상태가 웬만큼 감당할 만한 것임을 나타내는 말.

¶날씨가 좀 추워야 기동을 하지.

의미 [+정도],[+반어]

제약

⑤ (의문문이나 반어적 문장에 쓰여) '얼마나'의 뜻을 나타내는 말.

¶둘이 그렇게 사이좋게 지내니 좀 좋으냐?/공부 잘하고 말 잘 들으니 좀 훌륭해요?≪김사랑, 낙조≫

좀스레

의미 [+사물],[+규모],[−가치],[−크기]

제약

① 사물의 규모가 보잘것없이 작게.

의미 [+도량],[+편협],[+옹졸]

제약

② 도량이 좁고 옹졸하게.

¶좀스레 굴지 마라.

좀-처럼

의미 [+부정],[+보통]

제약

(주로 부정적인 의미를 가진 단어와 호응하여) 여간하여서는. 늑좀체.

¶그의 분노는 좀처럼 가시지 않았다./그는 좀처럼 화를 내지 않는다./싸움은 좀처럼 가라앉을 것 같지 않았다.≪한승원, 해일≫/사내는 좀처럼 돌아갈 생각은 아니하고….≪정비석, 성황당≫

좀-체

의미 [+부정],[+보통]

제약

=좀처럼. (주로 부정적인 의미를 가진 단어와 호응하여) 여간하여서는.

¶일자리가 좀체 구해지지 않는가 봐요.≪강신재, 해방촌 가는 길≫/시장에 나간 모친은 좀체 돌아오지 않았다.≪염상섭, 취우≫

종금

의미 [+현재],[+미래]

제약

지금부터 계속.

종내

의미 [+한도],[+지속]

제약

①=끝내①. (주로 부정을 나타내는 말과 함께 쓰여) 끝까지 내내.

¶아무리 그를 기다려도 종내 나타나지 않았다./이 아니꼽고 치사스러운 한마디가 종내 꺼림칙하여 견딜 수가 없었다.≪이문희, 흑맥≫

의미 [+종료],[+결과]

제약

②=끝내②. 끝에 가서 드디어.

¶종내 목적을 이루다./이리 뒤척 저리 뒤척 하다가 나는 종내 벌떡 일어나고 말았다.≪김성일, 무차원 근처≫/명숙 어머니는 동네 여인들의 권에

못 이겨 **종내** 내림굿을 하게 됐다.≪황순원, 움직이는 성≫/아직껏 바느질만 하고 있던 연연이가 **종내** 나섰다.≪김동인, 젊은 그들≫

종달-종달

의미 [+소리]v[+모양],[+태도],[+불만],[+불평],[+반복]

제약

불만스러운 태도로 자꾸 종알거리는 소리. 또는 그 모양.

¶너는 엄마 앞에서 버릇없이 **종달종달** 무슨 얘기를 하는 거니?

종래

의미 [+과거],[+현재],[+지속]

제약

이전부터 지금까지. 늑종래로.

¶**종래** 잘하다가 그런 실수를 하다니./그놈은 산 속에만 박혀 있는지 **종래** 하산할 기미를 보이지 않는다.≪김원일, 불의 제전≫

종래-로

의미 [+과거],[+현재],[+지속]

제약

=종래. 이전부터 지금까지.

¶**종래로** 내려오는 관습을 따르다.

종속-히

의미 [+시간],[+기간],[-지속],[+속도]

제약

오래 걸리지 아니하고 빠르게.

¶오래 적체한 어업 등 사무와 항로 문제를 **종속히** 결말지을 터이라더라.≪대한매일신보≫

종시

의미 [+한도],[+지속]

제약

①=끝내①. (주로 부정을 나타내는 말과 함께 쓰여) 끝까지 내내.

¶달래었건만 **종시** 들은 척도 아니하고….≪현진건, 무영탑≫/그는 **종시** 그대로 있을 수가 없는 모양이었다.≪이기영, 봄≫/자정이 지나도 **종시** 누이는 돌아오지 않았다.≪손창섭, 유실몽≫

의미 [+종료],[+결과]

제약

②=끝내②. 끝에 가서 드디어.

¶무경이는 **종시** 말썽이 생기나 보다고 내심 걱정이 되면서도….≪김남천, 맥≫

종신-토록

의미 [+시간],[+지속],[+일생]

제약

=평생토록. 살아서 목숨이 다할 때까지.

¶**종신토록** 이 섬 바닥을 벗어나지 못하게 된 자신의 기구한 팔자에 울컥 분이 치밀어….≪현기영, 변방에 우짖는 새≫/사람의 얼굴 형상에 따라 성격이 나타나고, 그 성격은 **종신토록** 운명에 영향을 끼치나니.≪최명희, 혼불≫

종알-종알

의미 [+소리]v[+모양],[+여자]v[+아이],[+혼잣말],[+소리],[-크기],[+반복]

제약

주로 여자나 아이들이 남이 잘 알아듣지 못할 정도의 작은 목소리로 혼잣말을 자꾸 하는 소리. 또는 그 모양.

¶첩이 얼굴을 붉히고 무어라고 입속말로 **종알종알** 지껄이는데….≪홍명희, 임꺽정≫/덕기가 나온 뒤에도 안방에서는 수원집의 흑흑 느끼며 **종알종알** 암상궂은 말소리가 어느 때까지 그치지 않았다.≪염상섭, 삼대≫

종야

의미 [+밤],[+시간],[+지속],[+새벽]

제약

밤이 새도록.

¶나는 **종야**…목차를 전전하여 가며 꾸미었다.≪변영로, 명정 40년≫

종없-이

의미 [+짐작],[+추측]

제약

⇒ 종작없이. 대중으로 헤아려 잡은 짐작.

¶해방 후에 아이들이 **종없이** 날뛰는 꼴이 보기 싫다고 나와 버린 것이다.≪염상섭, 그 초기≫

종요로이

의미 [+긴요],[+필요],[+정도]

제약

없어서는 안 될 정도로 매우 긴요하게.

종용-히

　의미 [+성격]v[+태도],[+차분],[+침착]

　제약

　성격이나 태도가 차분하고 침착하게.

종일

　의미 [+기간],[+하루],[+지속]

　제약

　=온종일. 아침부터 저녁까지 내내.

　¶오늘은 날이 **종일** 흐려서 빨래를 안 했으니 걷어 들여야 할 것은 없으나….≪염상섭, 흑백≫

종일-토록

　의미 [+시간],[+아침],[+저녁],[+지속]

　제약

　아침부터 저녁까지 내내. 늑진일토록.

　¶**종일토록** 굶다./**종일토록** 기다리다./**종일토록** 재봉틀을 돌리다가 집으로 돌아오면 순녀는 죽은 듯 깊이 잠들었다.≪홍성암, 큰물로 가는 큰 고기≫/할아버지를 금성산 골짜기 땅속 깊이 묻던 날은 하늘이 술술 무너져 내리기라도 하는 듯 **종일토록** 눈이 쏟아졌다.≪문순태, 타오르는 강≫/집집마다 지붕의 굴뚝에서 저녁연기가 오를 무렵, **종일토록** 빨랫줄 위에서 바람에 깃발처럼 펄럭거리던 세탁물을 걷어 들이는….≪김인배, 방울뱀≫

종작없-이

　의미 [+말]v[+태도],[+분명],[-예측],[-짐작]

　제약

　말이나 태도가 똑똑하지 못하여 종잡을 수가 없이. 늑종없이.

　¶**종작없이** 굴다./김선여는 한참 동안 이런 객설을 **종작없이** 하다가 다시 훌쩍훌쩍 울더니만 그 길로 쓰러져서 잠이 들었다.≪이기영, 신개지≫

종잘-종잘

　의미 [+소리]v[+모양],[+수다],[+불평]

　제약

　수다스럽게 종알거리는 소리. 또는 그 모양.

　¶어린아이들이 **종잘종잘** 이야기하며 둘러앉아 있다.

종종01

　의미 [+모양],[+걸음],[-보폭],[+속도]

　제약 {사람}-{걷다}

　발걸음을 가까이 자주 떼며 빨리 걷는 모양.

종종02

　의미 [+모양],[+사람]v[+물건],[-간격]

　제약

　사람이나 물건이 배게 서 있거나 놓여 있는 모양.

종종03

　의미 [+시간],[+공간],[+간격]

　제약

　=가끔. 시간적·공간적 간격이 얼마쯤씩 있게.

　¶**종종** 일어나는 일./지나다 **종종** 들르다./돌아가신 어머니가 **종종** 생각이 난다./정말 서운하군요. 앞으로도 **종종** 놀러 오세요.≪이동하, 도시의 늪≫/시국이 어수선한 동안에도 예고 없이 찾아와서 하루나 이틀쯤 묵어간 적이 **종종** 있으므로 고모의 갑작스러운 출현이 그날따라 부자연스럽게 보일 특별한 이유라곤 없었다.≪윤흥길, 장마≫

종종-히

　의미 [+시간],[+공간],[+간격]

　제약

　=가끔. 시간적·공간적 간격이 얼마쯤씩 있게.

　¶**종종히** 만나다.

종차01

　의미 [+미래]

　제약

　이 다음에.

　¶돈이 불가불 필요하다면 그 돈만은 **종차** 추후로 보내 주기로 하더라도….≪이기영, 신개지≫/쌍네는 가슴이 두근거렸다. 필시 적지 않은 사태가 **종차** 벌어질 것 같은 무서운 예감이 가슴속을 구렁이처럼 설레고 돌아간다.≪김남천, 대하≫

종차02

　의미 [+미래]

　제약

　이 뒤. 또는 이로부터.

　¶**종차** 삼십 년이나 사십 년 후에 가서야 백만 원을 상속받을 장손일망정….≪채만식, 태평천하≫/이제 **종차**로야 객줏집도 새 법을 좇아야지….≪김남천, 대하≫

좆같-이

의미 [＋불만]v[－호감],[＋정도]

제약

(비속하게) 사물이 몹시 마음에 안 들거나 보기
에 싫은 정도로.

¶대봉이 형 여편네면 여편네였지 자기가 뭐 큰
형님이라도 되나, **좆같이**.≪최인호, 지구인≫

좋-이

의미 [＋만족],[＋호감]

제약

① 마음에 들게.

¶**좋이** 여기다.

의미 [＋거리]v[＋수량]v[＋시간],[＋도달],[＋한
도]

제약

② 거리, 수량, 시간 따위가 어느 한도에 미칠
만하게.

¶산 밑까지 걸어서 이십 리, 상상봉까지는 칠십
리가 **좋이** 걸린다는 한라산은….≪현기영, 변방에
우짖는 새≫/손에는 거무튀튀한 칡이 네 뿌리 들
렸다. 두 뿌리는 **좋이** 한 발씩 됨 직했다.≪오유
권, 대지의 학대≫/장내가 다시 환해진 건 **좋이** 이
십 분은 지난 뒤였다.≪최일남, 거룩한 응달≫

의미 [－사고]

제약

③ 별 탈 없이 잘.

¶몸조심하고, **좋이** 지내라./손에는 거무튀튀한
칡이 네 뿌리 들렸다. 두 뿌리는 **좋이** 한 발씩
됨 직했다.≪오유권, 대지의 학대≫/장내가 다시 환
해진 건 **좋이** 이십 분은 지난 뒤였다.≪최일남, 거
룩한 응달≫

좌르르

의미 [＋소리]v[＋모양],[＋물줄기],[＋낙하],
[＋맹렬],[＋연속]

제약 {물줄기}-{쏟아지다}

① 물줄기 따위가 잇따라 세차게 쏟아지는 소
리. 또는 그 모양.

¶빗물이 **좌르르** 흐르다./생각지도 않은 눈물이
좌르르 쏟아졌던 것이다.≪이무영, 농민≫

의미 [＋소리]v[＋모양],[＋물체],[＋다수],[＋낙

하],[＋연속]

제약 {물체}-{쏟아지다}

② 여러 개의 작은 물체가 잇따라 쏟아지는 소
리. 또는 그 모양.

¶자루에 담겨 있던 구슬이 끈을 풀자 갑자기 **좌
르르** 쏟아졌다./춘옥이의 양손에 묻었던 하얀 쌀
알들이 맨땅에 **좌르르** 흩뿌려졌다.≪김원일, 불의
제전≫

의미 [＋모양],[＋얼굴]v[＋밥],[＋윤기]

제약

③ 얼굴이나 밥 따위에 윤기가 흐르는 모양.

¶속신(贖身)을 한 뒤로 몇 달 만에야 기름기가
좌르르 흐르는 흰쌀밥을 대하자, 먹기에도 아까
워 한동안 모두들 멀뚱한 눈으로 밥그릇을 들여
다보았다.≪송기숙, 자랏골의 비가≫

의미 [＋소리]v[＋모양],[＋미닫이],[±개폐],
[＋활주]

제약 {미닫이}-{열리다, 닫히다}

④ 미닫이문이 미끄러지듯 가볍게 열리거나 닫
히는 소리. 또는 그 모양.

¶여인이 이윽고 몸을 약간 움직여 등 뒤로 **좌르
르** 큰 유리문을 열어젖혔다.≪홍성원, 육이오≫

좌르륵

의미 [＋소리]v[＋모양],[＋물줄기]v[＋물체],
[＋낙하],[＋맹렬],[＋한번]

제약 {물줄기, 물체}-{쏟아지다}

① 물줄기나 작은 물체 따위가 한 번 세차게 쏟
아지는 소리. 또는 그 모양.

¶눈물을 **좌르륵** 흘렸다.

의미 [＋소리]v[＋모양],[＋물건],[＋산개]v
[＋확산],[＋넓이]

제약 {물건}-{흩어지다, 퍼지다}

② 물건들이 넓게 흩어지거나 퍼지는 소리. 또
는 그 모양.

¶자갈이 **좌르륵** 밀렸다.≪박영한, 머나먼 송바 강≫

좌르륵-좌르륵

의미 [＋소리]v[＋모양],[＋물줄기]v[＋물체],
[＋낙하],[＋맹렬],[＋반복]

제약 {물줄기, 물체}-{쏟아지다}

① 물줄기나 작은 물체 따위가 자꾸 세차게 쏟

아지는 소리. 또는 그 모양.

¶비가 **자르륵자르륵** 쏟아진다.

의미 [+소리]v[+모양],[+물건],[+산개]v[+확산],[+넓이],[+반복]

제약 {물건}-{흩어지다, 퍼지다}

② 물건들이 자꾸 넓게 흩어지거나 퍼지는 소리. 또는 그 모양.

¶콩을 담은 부대가 터지면서 온 마루에 콩이 **좌르륵좌르륵** 쏟아졌다.

좌왕우왕

의미 [+모양],[+일]v[+방향],[-판단]

제약

=우왕좌왕. 이리저리 왔다 갔다 하며 일이나 나아가는 방향을 종잡지 못하는 모양.

¶차창을 통해 밖을 내다보니, 흐릿한 역 플랫폼에 군인들이 에이 백을 둘러메고 **좌왕우왕** 분주하게 뛰고 있다.≪홍성원, 육이오≫

좍

의미 [+모양],[+범위]v[+갈래],[+산개],[+확산]

제약

① 넓은 범위나 여러 갈래로 흩어져 퍼지는 모양.

¶소문이 **좍** 퍼졌다./경찰이 **좍** 깔려 있다./오랜만에 마시는 술이라 **좍** 기분 좋게 술기운이 몸에 번진다.≪이정환, 샛강≫

의미 [+소리]v[+모양],[+비]v[+물],[+낙하],[+순간]

제약 {비, 물}-{쏟아지다, 흐르다}

② 비나 물 따위가 갑자기 쏟아지거나 흘러내리는 소리. 또는 그 모양.

¶소나기가 **좍** 쏟아진다./난데없이 **좍** 물 쏟아지는 소리가 들렸다.≪하근찬, 야호≫

의미 [+모양],[+일]v[+행동],[+성취],[+동시]

제약

③ 어떤 일이나 행동 따위가 한꺼번에 이루어지는 모양.

¶떠날 수가 없다는 사정을 **좍** 쏟아 놓았다.≪심훈, 상록수≫/그녀는 민지욱의 얼굴에서 시선을

떼지 않은 채 단숨에 술잔을 **좍** 비웠다.≪문순태, 피아골≫/방 안에는 백립 쓰고 담뱃대 물고 있는 시골 사람들이 **좍** 하고 둘러앉았다.≪송영, 군중정류≫

좍-좍

의미 [+모양],[+범위]v[+갈래],[+산개],[+확산],[+반복]

제약

① 넓은 범위나 여러 갈래로 자꾸 흩어져 퍼지는 모양.

¶소름이 **좍좍** 끼치는 헬리콥터 소리.

의미 [+소리]v[+모양],[+비]v[+물],[+낙하],[+순간],[+반복]

제약 {비, 물}-{쏟아지다, 흐르다}

② 비나 물 따위가 자꾸 쏟아지는 소리. 또는 그 모양.

¶비는 어느 결에 폭우로 변하여 **좍좍** 쏟아지기 시작하였다.≪현진건, 무영탑≫

의미 [+모양],[+독서]v[+말],[+능통],[+지속]

제약 {사람}-{읽다, 말하다}

③ 거침없이 계속 읽거나 말하는 모양.

¶그는 어려운 한문 책을 **좍좍** 읽어 내려갔다.

좔-좔

의미 [+소리]v[+모양],[+액체],[+흐름],[+맹렬]

제약 {액체}-{흐르다}

① 많은 양의 액체가 세차게 흐르는 소리. 또는 그 모양.

¶코피를 **좔좔** 쏟다./좁은 골목과 검은 아스팔트 위로 흙탕물이 **좔좔** 소리를 내며 흘러가고 있었다.≪이동하, 도시의 늪≫

의미 [+모양],[+독서]v[+암기]v[+말],[+능통]

제약 {사람}-{읽다, 외우다, 말하다}

② 거침없이 읽거나 외거나 말하는 모양.

¶할아버지께서는 족보를 **좔좔** 외우셨다./그는 중학생인데도 원서를 사전의 도움 없이 **좔좔** 읽는다.

죄

의미 [＋전부],[－예외]

제약

＝죄다. 남김없이 모조리.

¶그 통에 그의 조끼 단추가 죄 떨어지고 저고리 고름마저 풀려져….≪김원일, 불의 제전≫/웅보네 식구들이 종에서 풀려나 새끼내에 터를 잡은 이야기를 하나도 빼지 않고 죄 이야기해 주리라 생각했다.≪문순태, 타오르는 강≫

죄-다

의미 [＋전부],[－예외]

제약

남김없이 모조리. ≒일병·죄

¶죄다 이야기하다./날씨가 더워 아이스크림이 죄다 녹았다./우리 판자촌 주민들이라고 하여 죄다 가난뱅이들은 아니어서 그 이발소는 언제나 성업이었다.≪이동하, 장난감 도시≫

죄만스레

의미 [＋느낌],[＋미안],[＋죄송],[＋정도]

제약

매우 죄스럽고 죄송한 느낌이 있게.

죄민스레

의미 [＋미안],[＋민망]

제약

죄스럽고 민망한 데가 있게.

죄송스레

의미 [＋미안],[＋황송]

제약

죄스러울 정도로 황송하게.

죄송-히

의미 [＋미안],[＋황송]

제약

죄스러울 정도로 황송하게.

¶소란스럽게 군 바를 죄송히 생각하며 따라서 여러분께 깊이 사과합니다./어머니는 제수 미약한 것을 늘 죄송히 여기고 한스러워하였다.≪최명희, 혼불≫

죄스레

의미 [＋느낌],[＋미안],[＋마음],[＋불편]

제약

죄지은 듯하여 마음이 편하지 아니하게.

주근-주근

의미 [＋모양],[＋성질]v[＋태도],[＋인내]

제약

성질이나 태도가 검질기고 끈덕진 모양. '추근추근'보다 여린 느낌을 준다. ≒주근주근히.

¶치밀어 오르는 짜증을 참느라고 어금니를 주근주근 씹었다.≪유주현, 대한 제국≫

주근주근-히

의미 [＋모양],[＋성질]v[＋태도],[＋인내]

제약

＝주근주근. 성질이나 태도가 검질기고 끈덕진 모양.

주글-주글

의미 [＋모양],[＋압력]v[＋구김],[＋주름],[＋정도]

제약

쭈그러지거나 구겨져서 고르지 아니하게 주름이 많이 잡힌 모양. '쭈글쭈글'보다 여린 느낌을 준다.

¶얼굴에 주글주글 주름이 잡히다./등은 살피듬이 좋은 편이었으나, 바람 빠진 풍선처럼 주글주글 맥없이 늘어진 두 개의 젖과 그 끝에 까맣게 오그라붙은 젖꼭지가 딱하고 가엾었다.≪박완서, 도시의 흉년≫

주도-히

의미 [＋주의],[－실수],[＋치밀]

제약

주의가 두루 미쳐서 빈틈없이 찬찬히.

주도면밀-히

의미 [＋주의],[＋자세],[－실수]

제약

주의가 두루 미쳐 자세하고 빈틈이 없이.

¶주도면밀히 작전을 검토하다.

주렁-주렁

의미 [＋모양],[＋열매],[＋다수],[＋부착]

제약 {열매}-{매달리다, 열리다}

① 열매 따위가 많이 매달려 있는 모양.

¶열매가 주렁주렁 달리다./아무튼 정신 시끄럽게 큰머리 모양에 꽂으며 천 조각을 주렁주렁 늘어뜨린 여자도 종종 간판에 등장했다.≪박경리, 토지≫

의미 [+모양],[+사람],[+다수],[+부속]

제약

② 사람들이 많이 딸려 있는 모양.

¶윤이 눈길을 입구에 돌리자 이철을 선두로 네 댓 명이 **주렁주렁** 들어서고 있었다.≪선우휘, 깃발 없는 기수≫

주-로

의미 [+기본],[+중심]

제약

기본으로 삼거나 특별히 중심이 되게.

¶가벼운 등산을 하는 시간 말고는 **주로** 방 안에 틀어박혀 지냈다.≪김원일, 불의 제전≫

주룩

의미 [+소리]v[+모양],[+물줄기]v[+빗물], [+흐름],[+속도],[+정지]

제약 {물줄기, 빗물}-{그치다}

굵은 물줄기나 빗물 따위가 빠르게 잠깐 흐르다 가 그치는 소리. 또는 그 모양.

¶한 입 베어 물면 입가로 단물이 **주룩** 흐르는, 아주 맛 좋은 복숭아였다.≪이동하, 우울한 귀향≫

주룩-주룩

의미 [+소리]v[+모양],[+물줄기]v[+빗물], [+흐름]v[+낙하],[+속도],[+반복]

제약 {물줄기, 빗물}-{흐르다, 내리다}

① 굵은 물줄기나 빗물 따위가 빠르게 자꾸 흐 르거나 내리는 소리. 또는 그 모양.

¶늦잠에서 깨었을 때는 비가 **주룩주룩** 내리고 있었다.≪윤흥길, 무지개는 언제 뜨는가≫/기름통을 들고 나뭇더미로 간 그는 **주룩주룩** 기름을 뿌렸 다.≪한수산, 유민≫

의미 [+모양],[+주름],[+다수],[+균일]

제약

② 주름이 고르게 많이 잡힌 모양.

¶저고리에 주름이 **주룩주룩** 잡히다./손에 **주룩주룩** 주름살 간 것이 하도 이상하여 길을 가면서 도 만져 보고 만져 보고 하던 그 큰어머님의 손….≪이양하, 이양하 수필선≫

주르르

의미 [+소리]v[+모양],[+물줄기],[+흐름], [+속도]

제약 {물줄기}-{흘러내리다}

① 굵은 물줄기 따위가 빠르게 흘러내리는 소 리. 또는 그 모양.

¶어머니는 마루 끝에 선 채 **주르르** 눈물을 흘리 고 있었다.≪이문구, 장한몽≫

의미 [+모양],[+물건],[+경사],[+활주],[+속 도]

제약 {물건}-{미끄러지다}

② 물건 따위가 비탈진 곳에서 빠르게 미끄러져 내리는 모양.

¶허리끈이 풀어져 바지가 **주르르** 흘러내렸다.

의미 [+모양],[+걸음]v[+추종],[+속도]

제약 {사람, 동물}-{따라가다}

③ 발걸음을 재게 움직여 걷거나 따라다니는 모 양.

¶동네 아이들이 낯선 객을 구경하겠다고 **주르르** 달려 나왔다.≪김원일, 불의 제전≫

의미 [+모양],[+다수],[+정돈],[+한줄],[+연 결]

제약

④ 여럿이 한 줄로 고르게 잇따라 있는 모양.

¶매표소 앞에 사람들이 **주르르** 서 있다.

주르륵

의미 [+소리]v[+모양],[+물줄기],[+흐름], [+속도],[+정지]

제약

① 굵은 물줄기 따위가 빠르게 잠깐 흐르다가 그치는 소리. 또는 그 모양.

¶거울에 비친 눈에서 눈물이 한 줄기 **주르륵** 흘 러내렸다.≪오유권, 대지의 학대≫

의미 [+모양],[+물건],[+경사],[+활주],[+속 도],[+정지]

제약

② 물건 따위가 비탈진 곳에서 빠르게 잠깐 미 끄러져 내리다가 멎는 모양.

¶높다란 야자나무로부터 새까만 물체가 **주르륵** 타고 내려오는 걸 하사는 보았다.≪박영한, 머나먼 송바 강≫

주르륵-주르륵

의미 [+소리]v[+모양],[+물줄기],[+흐름],

[＋속도],[＋정지],[＋반복]

제약

① 굵은 물줄기 따위가 빠르게 자꾸 흘렀다 그
쳤다 하는 소리. 또는 그 모양.

의미 [＋모양],[＋물건],[＋경사],[＋활주],[＋속
도],[＋정지],[＋반복]

제약

② 물건 따위가 비탈진 곳에서 빠르게 자꾸 미
끄러져 내렸다 멎었다 하는 모양.

주물럭-주물럭

의미 [＋모양],[＋물건],[＋주무름],[＋반복]

제약 { }-{주무르다}

물건 따위를 자꾸 주무르는 모양.

주밀-히

의미 [－허술],[＋세밀]

제약

허술한 구석이 없고 세밀하게.

주뼛

의미 [＋모양],[＋물건],[＋선단],[＋예리],[＋돌
출]

제약

① 물건의 끝이 차차 가늘어지면서 삐죽하게 솟
은 모양. ≒주뼛이①.

의미 [＋느낌],[＋공포]v[＋경악],[＋머리카락],
[＋기립]

제약

② 무섭거나 놀라서 머리카락이 꼿꼿하게 일어
서는 듯한 느낌. ≒주뼛이②.

¶머리가 주뼛 서다.

의미 [＋모양],[－자연]v[＋무안],[＋주저]

제약

③ 어줍거나 부끄러워서 머뭇거리거나 주저하는
모양. ≒주뼛이③.

의미 [＋모양],[＋입술],[＋돌출]

제약 {입술}-{내밀다}

④ 입술 끝을 비죽 내미는 모양. ≒주뼛이④.

주뼛-이

의미 [＋모양],[＋물건],[＋선단],[＋예리],[＋돌
출]

제약

①=주뼛①. 물건의 끝이 차차 가늘어지면서 삐
죽하게 솟은 모양.

의미 [＋느낌],[＋공포]v[＋경악],[＋머리카락],
[＋기립]

제약

②=주뼛②. 무섭거나 놀라서 머리카락이 꼿꼿하
게 일어서는 듯한 느낌.

의미 [＋모양],[－자연]v[＋무안],[＋주저]

제약

③=주뼛③. 어줍거나 부끄러워서 머뭇거리거나
주저하는 모양.

의미 [＋모양],[＋입술],[＋돌출]

제약 {입술}-{내밀다}

④=주뼛④. 입술 끝을 비죽 내미는 모양.

주뼛-주뼛

의미 [＋모양],[＋전부],[＋물건],[＋선단],[＋예
리],[＋돌출]

제약

① 물건의 끝이 다 차차 가늘어지면서 삐죽삐죽
하게 솟은 모양.

의미 [＋느낌],[＋공포]v[＋경악],[＋머리카락],
[＋기립],[＋반복]

제약

② 무섭거나 놀라서 머리카락이 자꾸 꼿꼿하게
일어서는 듯한 느낌.

¶시골 밤길을 혼자 가려니 머리가 **주뼛주뼛** 서
는 듯하다.

의미 [＋모양],[－자연]v[＋무안],[＋주저],[＋반
복]

제약

③ 어줍거나 부끄러워서 자꾸 머뭇거리거나 주
저주저하는 모양.

¶아들의 재촉을 받고서야 운암댁은 허리가 잘린
이야기를 **주뼛주뼛** 되잇기 시작했다.≪윤흥길, 완
장≫

의미 [＋모양],[＋입술],[＋돌출],[＋반복]

제약 {입술}-{내밀다}

④ 입술 끝을 자꾸 비죽 내미는 모양.

주섬-주섬

의미 [＋모양],[＋물건],[－정리],[＋수집]

제약

① 여기저기 널려 있는 물건을 하나하나 주워 거두는 모양.

¶책을 **주섬주섬** 가방에 챙겨 넣다./그녀는 빨래를 **주섬주섬** 걷었다./그는 옷을 **주섬주섬** 챙겨 입고 집을 나섰다./논개는 **주섬주섬** 바느질하던 것을 주워 모아서 고리에 담아 장 밑으로 치워 버린다.≪박종화, 임진왜란≫/문살에 걸려 있는 손바닥만 한 햇살을 바라보며 임 씨는 **주섬주섬** 장갑을 찾아 손에 끼었다.≪한수산, 부초≫

의미 [+모양],[+말],[+다양],[−조리]

제약

② 조리에 맞지 아니하게 이 말 저 말 하는 모양.

¶**주섬주섬** 변명을 늘어놓다./우리들은 가끔 만나 바닷가에서 **주섬주섬** 얘기를 나누었고 버림받은 오누이처럼 서로 무척 의지하는 사이가 되었다. ≪안정효, 하얀 전쟁≫

주야-장천

의미 [+항상],[+지속],[+연속]

제약

밤낮으로 쉬지 아니하고 연달아.

¶부모님들은 **주야장천** 자식 걱정뿐이다./**주야장천** 긴긴 밤에 임의 얼굴 보고 지고.≪박경리, 토지≫

주억

의미 [+모양],[+고개],[+전후],[+운동],[−속도]

제약 {고개}-{끄덕이다}

고개를 앞뒤로 천천히 끄덕이는 모양.

주억-주억

의미 [+모양],[+고개],[+전후],[+운동],[−속도]

제약 {고개}-{끄덕이다}

고개를 앞뒤로 천천히 끄덕거리는 모양.

¶그는 간간이 **주억주억** 고갯짓을 해 가면서 그녀의 말을 듣고 있었다.

주옥같-이

의미 [+미려]v[+귀중],[+정도]

제약

주옥처럼 매우 아름답거나 귀하게.

¶딸을 **주옥같이** 여기다.

주저로이

의미 [−여유],[−충분],[+서운]v[+곤란],[+정도]

제약

넉넉지 못하여 매우 아쉽거나 곤란하게.

주저리-주저리

의미 [+모양],[+물건],[−정돈],[+혼란],[+부착]

제약 {물건}-{매달리다, 달리다}

① 너저분한 물건이 어지럽게 많이 매달려 있는 모양.

¶**주저리주저리** 달리다.

의미 [+모양],[+이야기],[+다양],[−정리], [−중단]

제약

② 너저분하게 이것저것 끊임없이 이야기하는 모양.

¶아이는 신이 나서 **주저리주저리** 떠들어 댔다./평소 말이 없던 그가 술이 들어가니 **주저리주저리** 중얼거리기 시작했다.

주저-주저

의미 [+모양],[+주저],[+정도]

제약

매우 머뭇거리며 망설이는 모양.

¶그가 가고 나서야 그녀는 겨우 **주저주저** 입을 열어 말했다./간호원들은 위생복에 위생 장갑에 마스크를 뒤집어쓰고 그것도 아직 기분이 꺼림칙해서 핀셋 끝으로 **주저주저** 약 알을 손바닥에 놓아 줍니다.≪이청준, 당신들의 천국≫

주적-주적

의미 [+모양],[+수다],[−주관],[+과장],[+반복]

제약

① 주책없이 잘난 체하며 자꾸 떠드는 모양.

의미 [+모양],[+아이],[+걸음],[−균형],[+미려],[+반복]

제약 {아이}-{걷다}

② 처음 걸음을 걷기 시작하는 어린아이가 자꾸 비틀거리며 귀엽게 걷는 모양.

¶울다가 지친 아기는 **주적주적** 걸어서 어머니의 품을 파고든다.

의미 [+모양],[+걸음],[−속도],[−목표],[+반복]

제약 {사람}-{걷다}

③ 자꾸 느리게 어정어정 걷는 모양.

¶녀석은 어느새 나를 알아봤는지 안경알을 번쩍이며 **주적주적** 나의 자리 앞으로 다가왔다.≪이청준, 조율사≫

주전-주전

의미 [+모양],[+간식],[−분별],[−품위],[+반복]

제약 {　}-{먹다}

때를 가리지 아니하고 군음식을 점잖지 아니하게 자꾸 먹는 모양.

¶그는 텔레비전을 보면서 과자를 **주전주전** 먹어 댔다.

주전-히

의미 [−실수],[+온전]

제약

빈틈없이 두루 온전히.

주절-주절⁰¹

의미 [+모양],[+말],[+목소리],[−높이],[+계속]

제약

낮은 목소리로 말을 계속하는 모양.

¶**주절주절** 지걸이다./남상이는 오장이 뒤틀리면서 시작된 토악질을 멈출 수가 없듯이, **주절주절** 쏟아져 나오는 너절한 말들을 멈출 수가 없었다.≪박완서, 오만과 몽상≫/성능 나쁜 마이크에서는 웬 알아듣지 못할 소리가 **주절주절** 흘러나오는데….≪이호철, 문≫

주절-주절⁰²

의미 [+모양],[+끄나풀],[+부착],[−정돈]

제약 {　}-{달리다}

끄나풀 따위가 너저분하게 달린 모양.

¶어디서 굴렀기에 옷에 지푸라기들을 **주절주절** 달고 다니니./전쟁이 가져오는 긴박감은 신문에나 오르내릴 뿐, 거리에 **주절주절** 널려 있는 인파나 어디서 쏟아져 나오는지 모를 물자의 홍수

에서는 그런 냄새를 맡을 수 없었다.≪최일남, 거룩한 응달≫

주접스레

의미 [+태도],[+음식],[+욕심],[+정도]

제약

① 음식 따위에 대하여 지나치게 욕심을 부리는 태도로.

의미 [+모습],[−외모],[+혼란],[+정도]

제약

② 모습이 몹시 볼품이 없거나 어수선한 데가 있게.

주줄-이

의미 [+모양],[+연결],[+줄]

제약

줄지어 죽 늘어선 모양.

¶할머니는 곶감을 만들려고 깎아 둔 감을 꽂이에 꿰어 햇볕에 **주줄이** 널어놓았다.

주책없-이

의미 [−주관],[−기준],[−실속]

제약

일정한 줏대가 없이 이랬다저랬다 하여 몹시 실없이.

¶며느리 앞에서 그렇게 **주책없이** 굴면 시어머니 위신이 어떻게 됩니까?/그 아주머니는 아무에게나 **주책없이** 말을 가리지 않고 수다를 떨었다./그는 아직도 자신의 입장을 결정하지 못하고 **주책없이** 행동했다./아주머니! 제가 잘못했어요. 참 나이 어리고 철이 덜 나서 **주책없이** 입을 놀린 거니 용서해 주세요.≪염상섭, 대목 동티≫

주체스레

의미 [−감당],[+부담],[−호감]

제약

처리하기 어려울 만큼 짐스럽고 귀찮은 데가 있게.

¶그는 깐깐한 부하 직원이 **주체스레** 느껴졌다./그는 내 뒤를 **주체스레** 따라다닌다.

주춤

의미 [+모양],[+주저]v[+경악],[+신체],[−크기],[+순간]

제약

망설이거나 가볍게 놀라서 갑자기 멈칫하거나
몸을 움츠리는 모양.

¶주춤 걸음을 멈추다./상대편이 갑자기 달려드
는 바람에 주춤 뒤로 물러났다./대불이는 흥분하
여 움막 안으로 들어서려 말고 주춤 몸을 사
렸다.≪문순태, 타오르는 강≫/패거리에서 나와 도
치 곁으로 다가오던 두 녀석은 도치의 으름장에
주춤 걸음을 멈추었다.≪이문열, 변경≫

주춤-주춤
의미 [＋모양],[＋행동]v[＋걸음],[＋주저],[＋반
복]
제약
어떤 행동이나 걸음 따위를 망설이며 자꾸 머뭇
거리는 모양.

¶주춤주춤 물러서다./시비를 걸던 깡패들이 경찰
이 나타나자 주춤주춤 뒷걸음치며 달아났다./겁
을 먹은 학생은 주춤주춤 선생님께 다가갔다./행
렬이 이윽고 물꼬가 막히듯 앞으로부터 서서히
주춤주춤 행진을 멈추었다.≪홍성원, 육이오≫

죽
의미 [＋모양],[＋줄]v[＋금],[＋직선],[＋그림]
제약 {줄, 금}-{긋다}
① 줄이나 금 따위를 곧게 내긋는 모양.

¶줄을 죽 내리긋다./잘못된 내용을 연필로 죽
그어 버렸다./나는 중요한 부분에 줄을 죽 그으
면서 책을 읽었다./운동장 한가운데 금을 죽 그
었다.
의미 [＋모양],[＋다수],[＋정열]v[＋나열]
제약
② 여럿이 고르게 늘어서거나 가지런히 벌여 있
는 모양.

¶옷장에 옷들이 죽 걸려 있다./사람들이 버스를
기다리며 죽 서 있다./벽에는 벽보가 죽 걸려 있
다./옛날이야기를 듣기 위해 아이들이 할머니
곁에 죽 둘러앉았다./마당에 고추를 말리기 위해
죽 늘어놓았다.
의미 [＋모양],[＋한줄],[＋연결],[－분리]
제약
③ 한 줄로 끊어지지 아니하고 이어지는 모양.

¶눈물이 죽 흘러내리다./길이 죽 뻗어 있다./전

신에 소름이 죽 끼친다.
의미 [＋모양],[＋종이]v[＋천],[＋가닥],[＋분
리],[＋순간]
제약 {종이, 천}-{찢다, 훑다}
④ 종이나 천 따위를 한 가닥으로 단번에 찢거
나 훑는 모양.

¶종이를 죽 찢다./벼 이삭을 죽 훑다./상인은 생
선의 배를 죽 갈랐다./그는 편지 봉투를 죽 찢
었다.
의미 [＋모양],[＋액체],[＋흡입],[＋순간]
제약 {액체}-{마시다}
⑤ 물 따위를 단숨에 들이마시는 모양.

¶갈증이 나서 사발에 있는 물을 죽 들이켰다./아
버지는 술 한 잔을 단숨에 죽 마셨다.
의미 [＋소리]v[＋모양],[＋입],[＋기운],[＋흡
입]
제약 {입}-{빨다}
⑥ 입으로 아주 힘차게 빠는 소리. 또는 그 모
양.

¶아이는 빨대로 팩 속에 들어 있는 음료수를 죽
빨았다.
의미 [＋모양],[＋독서]v[＋암기]v[＋말],[＋능
통]
제약 {사람}-{읽다, 외우다, 말하다}
⑦ 거침없이 내리읽거나 외거나 말하는 모양.

¶본문을 죽 내리읽다./사정을 죽 늘어놓다./어머
니는 우리에게 집안 내력을 죽 말씀해 주셨다.
의미 [＋모양],[＋폄]v[＋벌림]
제약 { }-{펴다, 벌리다}
⑧ 곧게 펴거나 벌리는 모양.

¶네 활개를 죽 펴다./허리를 죽 펴다./아버지는
내가 꼬깃꼬깃 접어서 숨겨 두었던 시험지를 찾
아내셔서 죽 펴 놓으셨다./어른들이 나가자 그는
다리를 죽 펴고 앉았다.
의미 [＋모양],[＋소름]v[＋땀],[＋발생]
제약 {소름, 땀}-{ }
⑨ 소름이나 땀이 돋는 모양.
의미 [＋모양],[＋관찰],[＋순간]
제약 { }-{훑어보다}
⑩ 넓은 범위로 눈길을 보내어 한눈에 훑어보는

모양.

¶청중을 죽 훑어보다.

의미 [+모양],[+상태],[+유지],[+지속]

제약

⑪ 같은 상태로 계속되는 모양.

¶그는 10년 전부터 죽 그 집에서만 살았다.

죽기-로

의미 [+노력],[+정도]

제약

죽음을 무릅쓰고 있는 힘을 다하여.

¶그들은 끝까지 항복하지 않고 **죽기로** 싸웠다./**죽기로** 싸워 위태로운 종묘사직을 구하고….≪이문열, 황제를 위하여≫/수년 동안 **죽기로** 쌓아 올렸던 물둑이 세 차례나 홍수를 만나 자취도 없이 떠내려가곤 하였는데도….≪문순태, 타오르는 강≫

죽밥-간

의미 [+죽]v[+밥],[+선택]

제약

①=죽식간에①. 죽이든지 밥이든지 무엇이나.

의미 [+일],[-관심]

제약

②=죽식간에②. 일 따위가 어떻게 되든지 간에.

죽밥간-에

의미 [+죽]v[+밥],[+선택]

제약

①=죽식간에①. 죽이든지 밥이든지 무엇이나.

의미 [+일],[-관심]

제약

②=죽식간에②. 일 따위가 어떻게 되든지 간에.

죽식-간

의미 [+죽]v[+밥],[+선택]

제약

①=죽식간에①. 죽이든지 밥이든지 무엇이나.

의미 [+일],[-관심]

제약

②=죽식간에②. 일 따위가 어떻게 되든지 간에.

죽식간-에

의미 [+죽]v[+밥],[+선택]

제약

① 죽이든지 밥이든지 무엇이나. 늑죽밥간①·죽밥간에①·죽식간①.

¶**죽식간에** 요기나 하자./사람 좋은 주모가 술장사하여 부자 되고 싶은 생각 없으니, **죽식간에** 같이 끓여 먹고 살고자 하여….≪문순태, 타오르는 강≫

의미 [+일],[-관심]

제약

② 일 따위가 어떻게 되든지 간에. 늑죽밥간②·죽밥간에②·죽식간②.

¶**죽식간에** 나는 이 일에 상관하고 싶지 않다.

죽-죽

의미 [+모양],[+줄]v[+금],[+직선],[+그림],[+연속]

제약 {줄, 금}-{긋다}

① 줄이나 금 따위를 잇따라 곧게 긋는 모양.

¶빨간 색연필로 중요한 부분에 밑줄을 **죽죽** 긋다./동네 아이들이 아버지의 새 차에 금을 **죽죽** 그어 놓았다./짝은 책상에 금을 **죽죽** 그어 경계선을 표시했다.

의미 [+모양],[+다수],[+정열]v[+나열],[+연속]

제약

② 여럿이 잇따라 고르게 늘어서거나 가지런히 벌여 있는 모양.

¶은행나무가 **죽죽** 늘어선 길./식당에는 줄이 **죽죽** 늘어섰다./빨래가 **죽죽** 널려 있다./새로 돋은 곁가지가 떨기를 이루었으나 그것도 **죽죽** 위로 뻗어 오른 것이 아니라 한두 대가 잎을 달고 드려진 것이 고작이었다.≪김동리, 까치 소리≫

의미 [+모양],[+한줄],[+연결],[-분리]

제약

③ 여럿이 한 줄로 끊기지 않고 이어지는 모양.

¶비가 **죽죽** 내리다./아이가 땀을 **죽죽** 흘리며 왔다./아내는 눈물을 **죽죽** 흘리며 울고 있었다./햇살이 **죽죽** 뻗어 드는 숲에서 산새들이 푸덕푸덕 날아올랐다.≪전상국, 하늘 아래 그 자리≫

의미 [+모양],[+종이]v[+천],[+가닥],[+분리],[+순간],[+연속]

제약 {종이, 천}-{찢다, 훑다}

④ 종이나 천 따위를 여러 가닥으로 잇따라 찢거나 훑는 모양.

¶종이를 **죽죽** 찢다./북어포를 **죽죽** 찢다./그는 화가 나서 편지를 **죽죽** 찢어 버렸다./어머니는 헌 옷을 **죽죽** 찢어서 걸레로 만드셨다.

의미 [＋모양],[＋액체],[＋흡입],[＋순간],[＋연속]

제약 {액체}-{마시다}

⑤ 물 따위를 잇따라 단숨에 마시는 모양.

¶막걸리 몇 사발을 **죽죽** 들이켰다./오가와 유복이도 술을 잘 먹지만 오주는 사발이 돌아오기 무섭게 한숨에 **죽죽** 들이켰다.≪홍명희, 임꺽정≫

의미 [＋소리]v[＋모양],[＋입],[＋기운],[＋흡입],[＋연속]

제약 {입}-{빨다}

⑥ 잇따라 입으로 아주 힘차게 빠는 소리. 또는 그 모양.

¶젖을 **죽죽** 빨다./손가락을 **죽죽** 빨다./아버지는 파이프를 **죽죽** 빨아들이셨다.

의미 [＋모양],[＋독서]v[＋암기]v[＋말],[＋능통],[＋연속]

제약 {사람}-{읽다, 외우다, 말하다}

⑦ 거침없이 잇따라 내리읽거나 외거나 말하는 모양.

¶책을 **죽죽** 읽어 내려가다./그는 머뭇거리지 않고 그 사건에 대해서 **죽죽** 이야기했다./아이가 막힘없이 천자문을 **죽죽** 외웠다./영의정 대감은 글을 읽으면 한꺼번에 열 줄씩 얼러서 **죽죽** 내리읽어 버린다는 재주꾼이다.≪박종화, 임진왜란≫

의미 [＋모양],[＋다수],[＋펌]v[＋벌림],[＋연속]

제약 { }-{펴다, 벌리다}

⑧ 여럿이 잇따라 펴거나 벌리는 모양.

¶아이들이 다리를 **죽죽** 펴고 앉아 있다./웅크리고 있던 사람이 모두 일어나 **죽죽** 활개를 편다.

의미 [＋모양],[＋소름]v[＋땀],[＋발생],[＋연속]

제약 {소름, 땀}-{ }

⑨ 소름이나 땀이 잇따라 돋는 모양.

¶소름이 **죽죽** 끼치다./어디서 바스락 소리만 나도 등줄기에 장대 같은 소름이 **죽죽** 그어졌다.≪송기숙, 암태도≫

의미 [＋모양],[＋관찰],[＋순간],[＋연속]

제약 { }-{훑어보다}

⑩ 넓은 범위로 눈길을 보내어 잇따라 훑어보는 모양.

¶사장은 공장 내부를 **죽죽** 살펴보았다./어머니는 아들의 여자 친구를 **죽죽** 훑어보셨다.

의미 [＋모양],[＋밀림],[＋연속]

제약

⑪ 미끄러운 곳에서 잇따라 밀려 나가는 모양.

¶선생은 급경사 진 비탈을 **죽죽** 미끄러지며 내려가고 있었다.≪이동하, 도시의 늪≫

준걸스레

의미 [＋재주],[＋슬기],[＋우수]

제약

재주와 슬기가 뛰어난 데가 있게.

준급-히

의미 [＋높이],[＋거침],[＋경사],[＋정도]

제약

높고 험하여 몹시 가파르게.

준득-준득

의미 [＋느낌],[＋씹음],[＋질김],[＋점성],[＋정도]

제약 { }-{씹히다}

① 음식물 따위가 검질겨서 매우 끈기 있고 줄깃줄깃하게 씹히는 느낌.

의미 [＋느낌],[＋점성],[－분리],[＋정도]

제약

② 매우 차져서 잘 끊어지지 않는 느낌.

준엄-히

의미 [－타협],[＋엄격],[＋정도]

제약

① 조금도 타협함이 없이 매우 엄격하게. 늑준준히01.

의미 [＋형편],[＋곤란],[＋엄격],[＋정도]

제약

② 형편이 매우 어렵고 엄하게.

준연-히

의미 [＋동작],[－속도],[＋정도]

제약

꿈질거리는 모양이 굼뜨게.

준열-히

의미 [＋엄격],[＋매정],[＋정도]

제약

매우 엄하고 매섭게.

¶그 어리석음, 황당무계함을 준열히 꾸짖어 주
리라.≪이동하, 도시의 늪≫

준절-히

의미 [＋산],[＋높이],[＋거침],[＋정도]

제약 {산}-{ }

① 산이 깎아 세운 듯이 높고 험하게.

의미 [＋위엄],[＋정중],[＋정도]

제약

② 매우 위엄이 있고 정중하게.

¶인화의 우는 양을 잠시 눈이 둥그래서 내려
다보던 선생은 이렇게 준절히 책망하여 보았
다.≪김동인, 젊은 그들≫

준준-히01

의미 [－타협],[＋엄격],[＋정도]

제약

=준엄히①. 조금도 타협함이 없이 매우 엄격하
게.

준준-히02

의미 [＋상태],[＋풀],[－간격]

제약

풀이 모도록이 있는 상태로.

준준-히03

의미 [＋춤],[＋신명],[＋멋]

제약

덩실덩실 춤추는 것이 멋들어지게.

준준-히04

의미 [＋모양],[＋벌레],[＋동작],[－속도]

제약

① 벌레가 꾸물꾸물하게 움직이는 모양으로.

의미 [＋우둔],[＋미련]

제약

② 어리석고 미련하게.

준혹-히

의미 [＋혹독],[－인정],[＋정도]

제약

몹시 혹독하여 인정이 없이.

줄곧

의미 [－중단],[＋연속]

제약

끊임없이 잇따라.

¶여름 방학 동안 줄곧 집에만 있었니?/아침부터
줄곧 너를 기다리고 있었다./평양에서 서울까지
자동차로 줄곧 달려왔다.

줄기-줄기

의미 [＋줄기],[＋전부]v[＋개별]

제약

줄기마다. 또는 여러 줄기로.

¶산맥이 줄기줄기 뻗어 나가다./들에서 돌아오시
는 아버지의 새까만 팔뚝과 종아리는 억센 벼
잎들에 스쳐 마치 칼끝으로 그어 놓은 것처럼
줄기줄기 핏자국이 맺힌다.≪박경수, 동토≫/찬 뺨
에 뜨거운 눈물이 줄기줄기 흘러내렸다.≪김원일,
어둠의 혼≫

줄깃-줄깃

의미 [＋느낌],[＋씹힘],[＋점성],[＋질김],[＋정
도]

제약 { }-{씹히다}

씹히는 맛이 몹시 차지고 질긴 듯한 느낌.

¶이 껌은 줄깃줄깃 씹힌다.

줄느런-히

의미 [＋상태],[＋한줄],[＋나열]

제약

한 줄로 죽 벌여 있는 상태로.

¶당시의 구멍가게는 좌판 위에 줄느런히 늘어놓
은 나무 상자에다 사탕이나 과자를 종류별로 넣
어 놓고 팔고 있었다.≪박완서, 그 많던 싱아는 누가
다 먹었을까≫/그렇게 달이 밝은 안마당에 웬 사
람들이 멍석을 펴 놓고 버릇없이 줄느런히 누워
자고 있지들 않은가!≪김정한, 수라도≫

줄렁-줄렁

의미 [＋소리]v[＋모양],[＋물],[＋물결],[＋요
동],[＋반복]

제약

물 따위가 큰 물결을 이루며 자꾸 흔들리는 소

리. 또는 그 모양.

줄레-줄레⁰¹

의미 [+모양],[+행동],[+경망]

제약

① 꺼불거리며 경망스럽게 행동하는 모양.

¶그녀의 뒤를 **줄레줄레** 따라나선 자신의 행위가 비로소 어리석고 부끄러운 것으로 의식되었다.≪이동하, 도시의 늪≫

의미 [+모양],[+다수],[+추종],[-질서]

제약

② 여럿이 무질서하게 줄줄 뒤따르는 모양.

¶저렇게 자식을 **줄레줄레** 낳아서 어찌 키우려는지 모르겠다./그늘에 묻힌 긴 마을에 차가 나타나자 마을 꼬마들이 **줄레줄레** 길 쪽으로 내려온다.≪홍성원, 무사와 악사≫ (작)졸래졸래.

줄레-줄레⁰²

의미 [+모양],[+연결],[+손상],[-정리]

제약

해지거나 헝클어져 너절하게 잇달려 있는 모양.

줄룩-줄룩

의미 [+모양],[+물체],[+길이],[+부분],[+손상]

제약

기다란 물체가 드문드문 깊이 패어 홀쭉한 모양.

줄먹-줄먹

의미 [+모양],[+물건],[+다수],[-균일],[+혼합]

제약

여러 개의 큰 물건이 고르지 아니하게 뒤섞여 있는 모양.

줄멍-줄멍

의미 [+모양],[+물건],[+다수],[-균일],[+혼합]

제약

① 고르지 아니한 여러 개의 큰 물건이 뒤섞여 있는 모양.

¶소쿠리에 **줄멍줄멍** 담겨 있는 참외.

의미 [+모양],[+거죽]v[+표면],[+요철]

제약

② 거죽이나 표면 따위가 울퉁불퉁하게 생긴 모양.

줄줄

의미 [+소리]v[+모양],[+물줄기],[+흐름],[+유연],[+연속]

제약 {물줄기}-{흐르다}

① 굵은 물줄기 따위가 잇따라 부드럽게 흐르는 소리. 또는 그 모양.

¶눈물이 **줄줄** 흐르다./내 동생은 상급생인데도 아직 코를 **줄줄** 흘리고 다닌다./봉투가 터졌는지 생선 국물이 **줄줄** 샌다.

의미 [+모양],[+사람]v[+동물],[+추종],[+반복]

제약 { }-{뒤따라가다}

② 동물이나 사람이 자꾸 뒤를 따라다니는 모양.

¶강아지처럼 나만 **줄줄** 따라다니지 말고 가서 네 할 일을 해라./그 주책없는 마나님은 젊은것들을 **줄줄** 끌고 다니는 것을 좋아했다.

의미 [+모양],[+줄]v[+천],[+바닥],[+마찰],[+끌림],[+반복]

제약 {줄, 천}-{끌리다}

③ 굵은 줄이나 천 따위가 바닥에 자꾸 끌리는 모양.

¶이 동네 아이들은 바지통을 넓고 길게 만들어 입고는 길바닥을 **줄줄** 쓸고 다닌다.

의미 [+모양],[+물건],[+흘림],[+도처],[+반복]

제약 {물건}-{흘리다}

④ 물건을 여기저기 자꾸 흘리는 모양.

¶그 아이는 칠칠치 못하게 제 물건을 **줄줄** 흘리고 다닌다.

의미 [+모양],[+독서]v[+필기]v[+말],[+능통]

제약 {사람}-{읽다, 쓰다, 말하다}

⑤ 조금도 막힘이 없이 시원시원하게 글을 읽거나 쓰거나 말하는 모양.

¶우리 아이는 벌써 애국가를 4절까지 **줄줄** 왼다./아이들은 시험공부를 열심히 했는지, 답안지를 받자마자 **줄줄** 잘도 써 내려간다./이 아이는

아무도 가르쳐 주지 않은 한국말로 자기소개를 줄줄 한다.
의미 [+모양],[+물건],[+활주]v[+낙하],[+반복]
제약 {물건}-{미끄러지다, 흘러내리다}
⑥ 물건 따위가 자꾸 미끄러지거나 흘러내리는 모양.
¶바지가 줄줄 흘러내리다.

줄줄-이
의미 [+줄],[+전부]
제약 {글}-{ }
① 줄마다 모두.
¶아버지께서 보내신 편지에는 자식 사랑의 정이 줄줄이 배어 있었다.
의미 [+줄],[+다수]
제약
② 여러 줄로.
¶구령이 떨어지자 장정들은 줄줄이 열을 지어 늘어서기 시작하였다./나무들의 촘촘한 잎 사이로 가느다란 빛발이 줄줄이 새어 흐른다.
의미 [+줄],[+연속]
제약
③ 줄지어 잇따라.
¶문병객이 줄줄이 이어지다./호박이 담장을 따라 줄줄이 늘어져 있다.

줌줌-이
의미 [+양],[+주먹],[+연속]
제약
주먹에 쥘 정도의 양으로 잇따라.
¶그녀는 고사리를 줌줌이 꺾어 바구니에 담고 있었다.

중기-중기
의미 [+모양],[+물건],[+유사],[+도처],[+집합]
제약
크기가 비슷한 물건들이 여기저기 모여 있는 모양.

중난-히
의미 [+중요],[+곤란]
제약

① 중대하고도 어렵게.
의미 [+소중],[+정도]
제약
② 매우 소중하게.

중대-히
의미 [+중요],[+정도]
제약
가볍게 여길 수 없을 만큼 매우 중요하고 크게.
¶철칙을 무시는 하지 않았을망정, 첫손가락을 꼽을 만치 중대히 생각을 하지 않던 것만은, 스스로 부인할 수 없었다.≪심훈, 상록수≫

중덜-중덜
의미 [+소리]v[+모양],[+태도],[+불만],[+혼잣말],[+반복]
제약
불만스러운 태도로 자꾸 중얼거리는 소리. 또는 그 모양.

중얼-중얼
의미 [+소리]v[+모양],[+혼잣말],[+소리],[-크기],[+반복]
제약
남이 알아듣지 못할 정도의 작고 낮은 목소리로 혼잣말을 자꾸 하는 소리. 또는 그 모양,
¶그는 구구단을 중얼중얼 외웠다./그는 노래 같은 소리를 내다가는 뭐라고 중얼중얼 혼잣말을 하기도 했다.

중요-히
의미 [+귀중],[+요긴]
제약
귀중하고 요긴하게.

중절-중절
의미 [+소리]v[+모양],[+혼잣말],[+수다],[+연속]
제약
수다스럽게 중얼거리는 소리. 또는 그 모양.

중중-히
의미 [+상태],[+중첩]
제약
겹겹으로 겹쳐져 있는 상태로.

중중첩첩

의미 [+모양],[+누적],[+다수]

제약

=첩첩02①. 여러 겹으로 겹쳐 있는 모양.

¶진도 섬이 어깨를 번쩍 들어 **중중첩첩** 꺾음섬을 호위했다.≪박종화, 임진왜란≫

중중첩첩-히

의미 [+모양],[+누적],[+다수]

제약

=첩첩02①. 여러 겹으로 겹쳐 있는 모양.

중중촉촉

의미 [+모양],[+중첩],[+높이],[+예리]

제약

겹겹이 높이 솟아 뾰죽뾰죽한 모양.

중-히

의미 [+소중],[+정도]

제약

① 매우 소중하게.

¶체면을 **중히** 여기다./부모를 공경하고, 임금에게 충성하고, 웃어른을 존경하고, 예의와 신의를 **중히** 여긴다는 것이 유교의 대강의 골자요.≪홍성원, 육이오≫

의미 [+병]v[+죄],[+극심]

제약

② 병이나 죄 따위가 대단하거나 크게.

¶죄를 **중히** 다스리다.

의미 [+책임]v[+임무],[+중요]

제약

③ 책임이나 임무 따위가 무겁게.

¶지금이라도 천명이 이른 곳을 깨달아 투항한다면 모두 대장군 만호후(萬戶侯)에 봉하여 **중히** 쓰리라.≪이문열, 황제를 위하여≫

쥐락-펴락

의미 [+모양],[+타인],[+조종],[+용이]

제약

남을 자기 손아귀에 넣고 마음대로 부리는 모양.

¶벌써 상투 끝에 앉아서 **쥐락펴락** 최씨 집도 머지않았다고 큰소리 탕탕 치는 판국인데.≪박경리, 토지≫

쥐뿔같-이

의미 [+미미],[+정도]

제약

=쥐좆같이. 아주 보잘것없이.

쥐좆같-이

의미 [+미미],[+정도]

제약

아주 보잘것없이. 늑쥐뿔같이.

즈런-즈런

의미 [+살림],[+여유],[+풍족]

제약

살림살이가 넉넉하여 풍족한 모양.

즉

의미 [+중언]

제약

① 다시 말하여.

¶좀 더 자라면 어둠의 공포를 느끼게 된다. 즉, 빛과 공간을 인식하게 된 데서 오는 두려움이다.≪이동하, 우울한 귀향≫/그는 사 년 전, 즉 1946년 봄 평남 진남포에서 범선을 타고 월남한 사나이였다.≪홍성원, 육이오≫

의미 [+정확]

제약

② 다른 것이 아니라 바로.

¶힘은 즉 옳음이었다. 약함은 즉 죄였다.≪김동인, 젊은 그들≫/나의 임무는 즉 이 집에다 편지를 바치고 그 답장을 맡아 오는 것이다.≪김유정, 생의 반려≫

즉각

의미 [+즉시]

제약

당장에 곧. 늑각즉.

¶내 말을 **즉각** 시행하라./경복궁으로 진입한 대원군은 **즉각** 국왕에게 이번 거사의 진의를 설명하여 그 동의를 얻는다.≪유주현, 대한 제국≫/그 집 근처에서 인기척만 났다 하면 **즉각** 안에서 무서운 셰퍼드 짖는 소리가 날 테니까 조심해야 돼.≪박완서, 꿈을 찍는 사진사≫

즉금

의미 [+즉시]

제약

① 말하는 바로 이때에. 또는 지금 곧.

¶내가 **즉금** 범어사에 가는 길이러니…….≪이인
직, 귀의 성≫

의미 [＋즉시]

제약

② 그 자리에서 곧.

¶일 헌병 사령부에서는 각 궁가와 대신의 집에
와서 유련하는 유생의 거주와 성명을 **즉금** 조사
하는 중이더라.≪대한매일신보≫

즉변

의미 [＋시간],[＋바로]

제약

①＝곧①. 때를 넘기지 아니하고 지체 없이.

의미 [＋시간],[－거리]

제약

②＝곧②. 시간적으로 머지않아.

의미 [＋말],[＋교체]

제약

③＝곧③. 바꾸어 말하면.

즉속

의미 [＋즉시],[＋민첩]

제약

바로 재빨리. 늑즉속히.

¶국가 청년 교육상에는 방해가 태심하니 **즉속**
해산하여 달라고 청원하였다더라.≪대한매일신보≫

즉속-히

의미 [＋즉시],[＋민첩]

제약

＝즉속. 바로 재빨리.

¶총리대신에게 **즉속히** 교섭하기를 힘써 권하니
임동씨는 이로 인하여 곤란함을 면치 못하리로
다….≪대한매일신보≫

즉시-즉시

의미 [＋즉시],[＋당시]

제약

그때마다 바로바로.

¶**즉시즉시** 해결하다./그는 일이 생기면 **즉시즉시**
해 버리는 성격이다./변덕스럽다 할 만큼 희로애
락이 **즉시즉시** 얼굴에 나타난다.≪박경리, 토지≫

즉즉

의미 [＋소리],[＋풀벌레]

제약 {풀벌레}-{울다}

풀벌레가 우는 소리.

즉통

의미 [－간접],[＋직접]

제약

에두르지 않고 곧바로.

¶구차한 변명을 **즉통** 대고 할 수 없어 일단 자
리를 피했다.

즐거이

의미 [＋마음],[－불쾌],[＋만족],[＋기쁨]

제약

마음에 거슬림이 없이 흐뭇하고 기쁘게.

¶아이들은 **즐거이** 노래를 불렀다./저녁 시간에
온 가족이 **즐거이** 담소를 즐겼다./여름밤 맑은
하늘 아래 하룻저녁을 더불어 **즐거이** 지내자고
언제부터 바라고 기다려 왔건만….≪유치환, 나는
고독하지 않다≫

증상스레

의미 [＋생김새]v[＋행동],[＋흉악],[＋가증],
[＋정도]

제약

생김새나 행동이 징그러울 정도로 밉살맞게.

증오스레

의미 [＋증오]

제약

보기에 증오할 만하게.

지각없-이

의미 [＋유치],[－분별]

제약

하는 짓이 어리고 철이 없거나 사물에 대한 분
별력이 없이.

¶그는 나이를 먹어도 **지각없이** 노름판만 쫓아다
녔다.

지국총

의미 [＋소리],[＋노][＋운동],[＋닻][＋감음]

제약

배에서 노를 젓고 닻을 감는 소리. 한자를 빌려
'至匊悤'으로 적기도 한다.

지국총-지국총

의미 [＋소리],[＋노][＋운동],[＋닻][＋감음],

[+연속]

제약

배에서 잇따라 노를 젓고 닻을 감는 소리.

¶"지국총지국총 어사와 이 배야 어서 가자." 우리들은 제가끔 한마디씩 했다.≪윤후명, 별보다 멀리≫

지궁-히

의미 [+곤궁],[+최대]

제약

더할 수 없이 곤궁하게.

¶부모는 **지궁히** 사는 딸자식의 모습을 보고는 가슴이 아팠다.

지그럭-지그럭

의미 [+모양],[+사건],[-중요],[+분쟁]

제약 {사람}-{다투다}

① 대수롭지 아니한 일로 옥신각신하며 다투는 모양.

¶두 형제는 붙어 있기만 하면 **지그럭지그럭** 싸움질이다.

의미 [+모양],[+불평],[-호감],[+반복]

제약

② 남이 듣기 싫도록 자꾸 불평하는 모양.

지그르르

의미 [+소리]v[+모양],[+액체]v[+기름],[+점성],[+비등],[+순간],[+정도]

제약 {액체, 기름}-{끓다}

적은 양의 걸쭉한 액체나 기름 따위가 갑자기 세게 끓어오르는 소리. 또는 그 모양.

지그시

의미 [+모양],[+힘],[+은밀]

제약

① 슬며시 힘을 주는 모양.

¶**지그시** 밟다./**지그시** 누르다./눈을 **지그시** 감다./입술을 **지그시** 깨물다./병수는 생명수를 대하듯 눈을 **지그시** 감고 그러나 깊은 한숨을 내쉬며 술을 마셨다.≪박경리, 토지≫

의미 [+모양],[+인내],[+조용]

제약 { }-{참다, 견디다}

② 조용히 참고 견디는 모양.

¶아픔을 **지그시** 참다./나는 상호의 대답하는 내용이나 태도가 여간 아니꼽지 않았지만 **지그시** 참았다.≪김동리, 까치 소리≫/나는 목구멍을 치받치는 오열을 참는 고통으로 그걸 **지그시** 견디며 최 기사가 깨기를 기다렸다.≪박완서, 도시의 흉년≫

지극-히

의미 [+극진],[+최대]

제약

① 더할 수 없이 극진하게.

¶**지극히** 사랑하다.

의미 [+최대],[+정도]

제약

② 더할 나위 없이 아주.

¶**지극히** 담담한 표현./그 일은 **지극히** 까다롭다./누구나 죽는 건 **지극히** 당연한 일이다./자고 먹는 일은 **지극히** 단순한 일이다./고레티는 이탈리아 로마의 남쪽 조그만 농촌에서 부지런하지만 **지극히** 가난한 농부의 맏딸로 태어났다.≪마해송, 아름다운 새벽≫/편지나마 온 것은 반가웠으나, 사연인즉슨 **지극히** 간단하고 또한 별다른 것도 없었다.≪채만식, 소년은 자란다≫

지근덕-지근덕

의미 [+모양],[+불만],[+끈기],[+반복]

제약 { }-{대다, 거리다}

성가실 정도로 끈덕지게 자꾸 귀찮게 구는 모양.

¶그는 내가 안 가겠다고 했는데도 계속해서 **지근덕지근덕** 조르며 따라다녔다.

지근-이

의미 [+거리]v[+정의],[+근접],[+정도]

제약

거리나 정의(情誼) 따위가 더할 수 없이 가까이.

지근-지근[01]

의미 [+모양],[+불만],[+은근],[+정도],[+반복]

제약 { }-{대다, 거리다}

① 성가실 정도로 은근히 자꾸 귀찮게 구는 모양.

¶이를 갈면서 분해한 뒤에도 이튿날만 되면 또한 여전히 **지근지근** 그들을 찾는 것은, 속이 썩고 또 썩은 인물이 아니면 하지 못할 노릇이었다.≪김동인, 운현궁의 봄≫

의미 [+모양],[+누름]v[+밟음],[-정도],[+반복]

제약 {사람}-{누르다, 밟다}

② 가볍게 자꾸 누르거나 밟는 모양.

¶지근지근 누르다./그는 진흙 발로 꽃밭을 **지근지근** 밟았다./가까스로 목마름병이 가라앉고 나면 전신이 수많은 사람들한테 **지근지근** 짓밟히고 난 것처럼 나른해졌다.≪문순태, 피아골≫

의미 [+모양],[+씹음],[-정도],[+반복]

제약 {　}-{씹다}

③ 가볍게 지그시 자꾸 씹는 모양.

¶그는 칡뿌리를 **지근지근** 씹어 보았다.

지근-지근02

의미 [+모양],[+머리],[+통증],[+반복]

제약 {머리}-{쑤시다, 아프다}

머리가 자꾸 쑤시듯 아픈 모양.

¶감기에 걸렸는지 오한이 나고 골치가 **지근지근** 아파 왔다./꿈도 안 꾼 완전한 단절의 한밤을 보낸 뒤 이신은 **지근지근** 쑤시는 두통과 연이어 치미는 구역증을 얻었다.≪선우휘, 사도행전≫

지글-지글

의미 [+소리]v[+모양],[+액체]v[+기름],[+점성],[+건조],[+비등],[+반복]

제약 {액체, 기름}-{끓다}

① 적은 양의 액체나 기름 따위가 걸쭉하게 잦아들면서 자꾸 세게 끓는 소리. 또는 그 모양.

¶찌개가 **지글지글** 끓는다./석쇠 위에서 갯장어가 **지글지글** 구워지고 마늘이나 양파 같은 걸 푹푹 삶는 냄새들이 문 바깥까지 새어 나와….≪윤흥길, 묵시의 바다≫

의미 [+모양],[+마음],[+근심],[+걱정]v[+안달]v[-만족]

제약

② 걱정스럽거나 조바심이 나거나 못마땅하여 마음을 졸이는 모양.

¶광폭하고 뜨거운 충동이 **지글지글** 끓어오르는 걸 느꼈다.≪박완서, 미망≫/**지글지글** 끓는 심화 속에서도 그간 시시로 호의를 보여 온 윤 이병이 있었다는 것은 상당한 위안이 된다.≪박경리, 토지≫

의미 [+모양],[+통증],[+열],[+반복]

제약 {사람}-{끓다}

③ 아파서 열이 자꾸 나며 몸이 달아오르는 모양.

¶그녀는 갑자기 몸에서 열이 **지글지글** 났다.

의미 [+모양],[+햇볕],[+열기],[+정도]

제약 {햇빛}-{끓다, 태우다}

④ 햇볕이 지질 듯이 내리쪼이는 모양.

¶벵골 벌판의 하늘에는 백금 도가니를 닮은 태양이 **지글지글** 타고 있었다.≪최인훈, 가면고≫

지금01

의미 [+시간],[+현재]

제약

말하는 바로 이때에. 늑시방.

¶나는 **지금** 막 집에 도착했다./그는 **지금** 운동을 하고 있다.

지금02

의미 [+과거],[+현재],[+지속]

제약

=지우금. 예로부터 오늘에 이르기까지.

지금-껏

의미 [+시간],[+과거],[+현재],[-중단]

제약

말하는 바로 이때에 이르기까지 내내.

¶나는 지금 네가 말하는 그곳에 **지금껏** 한 번도 가 본 적이 없다./이런 일은 **지금껏** 듣지도 보지도 못했다./다른 예술 장르는 끊임없는 발전 속에서 변모에 변모를 거듭해 왔지만 연극은 희랍 시대부터 **지금껏** 틀에 박힌 울 안에 감금당해 있다는 것이다.≪김원일, 어둠의 축제≫

지금-지금

의미 [+소리]v[+모양],[+모래]v[+흙],[+씹음],[-정도],[+반복]

제약 {잔모래, 흙}-{씹히다}

음식에 섞인 잔모래나 흙 따위가 거볍게 자꾸 씹히는 소리. 또는 그 모양.

¶국을 먹었는데 미역이 잘 안 씻겨서 **지금지금** 모래가 씹혔다.

지급-히

의미 [+급박],[+정도]

제약

매우 급하게.

¶미국 해군경 소트카푸 씨는 **지급히** 요긴한 일 등 전투함 사 척을 제조하기 위하여 육천구백만 불을 정부에 청구하였다더라.≪대한매일신보≫

지긋-이

의미 [+나이],[+고령],[+신뢰]

제약

① 나이가 비교적 많아 듬직하게.

¶그는 나이가 **지긋이** 들어 보인다.

의미 [+인내],[+끈기]

제약

② 참을성 있게 끈지게.

¶아이는 나이답지 않게 어른들 옆에 **지긋이** 앉아서 이야기가 끝나길 기다렸다./이 세상에 육친이라고 오직 한 분밖에 없는 아버지를 여의는 큰 슬픔을 **지긋이** 견딘 것도, 모래알을 씹는 듯한 길고 긴 삼 년의 날짜를 보낸 것도….≪현진건, 무영탑≫

지긋-지긋01

의미 [+모양],[+힘],[+은밀],[−정도],[+반복]

제약

① 슬며시 거볍게 자꾸 힘을 주는 모양.

¶그 아이는 가끔 그 하얀 바윗돌을 **지긋지긋** 만져 보고는 그러고는 한 바퀴 돌고는 또 **지긋지긋** 바위를 눌러 보고 이러는 것이었다.≪주요섭, 미완성≫/홍선의 서형님 되는 시웅과 최웅은 겁이 나서 벌벌 떨면서 완창군의 소매를 **지긋지긋** 잡아당기고 있고….≪박종화, 전야≫

의미 [+모양],[+인내],[+조용],[+지속]

제약 { }-{참다, 견디다}

② 계속하여 조용히 참고 견디는 모양.

지긋-지긋02

의미 [+모양],[+혐오],[+고통],[+정도]

제약

① 진저리가 나도록 몹시 싫고 괴로운 모양. 늑지긋지긋이①.

¶다른 방향으로 돌아가 보기도 했지만 봉우는 역시 어린애처럼 떨어지지 않고 줄곧 따라다닌다는 것이다. 그렇다고 **지긋지긋** 귀찮게 실없는 수작을 거는 것은 아니다.≪손창섭, 잉여 인간≫/그는 여전히 그 반쯤 맥이 풀린 듯한 웃음기를 입가에 흘리며, 부엌칼을 찾아 들고 **지긋지긋** 심술궂게 색시를 쫓아다녔다.≪이청준, 당신들의 천국≫

의미 [+모양],[+잔인],[+정도]

제약

② 몸에 소름이 끼치도록 몹시 잔인한 모양. 늑지긋지긋이②.

지긋지긋-이

의미 [+모양],[+혐오],[+고통],[+정도]

제약

①=지긋지긋02①. 진저리가 나도록 몹시 싫고 괴로운 모양.

¶입을 봉하고 안팎으로 들락날락하는 남편의 거동이나 기색도, 남의 눈치만 보려는 것 같아서 인숙이는 **지긋지긋이** 싫었다.≪염상섭, 의처증≫

의미 [+모양],[+잔인],[+정도]

제약

②=지긋지긋02②. 몸에 소름이 끼치도록 몹시 잔인한 모양.

지껄-지껄

의미 [+소리]v[+모양],[+이야기],[+크기], [+소란],[+반복]

제약

약간 큰 소리로 떠들썩하게 자꾸 이야기하는 소리. 또는 그 모양.

¶**지껄지껄** 떠드는 병사들의 소음 속에서 군단장의 목소리가 갈라졌다.≪안정효, 하얀 전쟁≫

지끈

의미 [+소리]v[+모양],[+물건],[+절단]v[+파괴],[+순간],[+정도]

제약 {물건}-{부러지다, 깨지다}

① 크고 단단한 물건이 갑자기 세게 부러지거나 깨지는 소리. 또는 그 모양.

¶바람에 나뭇가지가 **지끈** 부러졌다./깃대가 거세게 부는 바람에 지끈 꺾였다.

의미 [+소리]v[+모양],[+타격],[+한번],[+정도]

제약 { }-{때리다}

② 세게 한 번 때리는 소리. 또는 그 모양.

¶**지끈** 한 대 맞았다./도현은 어느새 한 걸음 다
가서며 상혁의 턱을 **지끈** 들이받았다.《손창섭,
낙서족》

지끈둥

의미 [+모양],[+물건],[+절단]v[+분리],[+순
간],[+정도]

제약 {물건}-{부러지다, 깨지다}

크고 단단한 물건이 갑자기 세게 부러져 도막이
나는 모양.

지끈-지끈01

의미 [+소리]v[+모양],[+물건],[+절단]v
[+파괴],[+순간],[+정도],[+반복]

제약 {물건}-{부러지다, 깨지다}

① 크고 단단한 물건이 갑자기 세게 자꾸 부러
지거나 깨지는 소리. 또는 그 모양.

¶그는 나뭇단을 끌러 **지끈지끈** 분질러 아궁이에
밀어 넣고 불을 붙인다.《박경리, 토지》

의미 [+소리]v[+모양],[+타격],[+정도],[+반
복]

제약 { }-{때리다}

② 세게 자꾸 때리는 소리. 또는 그 모양.

지끈-지끈02

의미 [+모양],[+머리],[+통증],[+반복]

제약 {머리}-{쑤시다, 아프다}

머리가 자꾸 쑤시듯 아픈 모양. '지근지근02'보
다 센 느낌을 준다,

¶머리가 **지끈지끈** 아프다./골치가 **지끈지끈** 쑤신
다./걸음을 걸을 때마다 머리가 **지끈지끈** 울리
며, 콧물이 연하여 나오고….《김동인, 젊은 그들》
/침대에서 몸을 일으키려 하자 뒤통수가 빠개
지는 듯이 아프고 **지끈지끈** 쑤셨다.《김인배, 방
울뱀》

지끔-지끔

의미 [+소리]v[+모양],[+모래]v[+흙],[+씹
음],[-정도],[+반복]

제약 {잔모래, 흙}-{씹히다}

음식에 섞인 잔모래나 흙 따위가 거볍게 자꾸
씹히는 소리. 또는 그 모양. '지금지금'보다 조금
센 느낌을 준다.

¶잡곡은 일어서 밥을 하지 않으면 **지끔지끔** 흙

이 씹히기 쉽다.

지나-새나

의미 [+상태],[+지속]

제약

해가 지거나 날이 새거나 밤낮없이.

¶고국에 있는 노모는 **지나새나** 외국에 나간 자
식 걱정뿐이다.

지당-히

의미 [+이치],[+당연],[+정도]

제약

이치에 맞고 지극히 당연하게.

¶제 죄는 **지당히** 벌을 받사오리다. 그러나 벌을
주시되 공평히 주십시오.《이기영, 서화》

지독스레

의미 [+마음],[+잔인],[+정도]

제약

① 마음이 매우 앙칼지고 모진 데가 있게.

의미 [+맛]v[+냄새],[+유해]v[-인내],[+정
도]

제약

② 맛이나 냄새 따위가 해롭거나 참기 어려울
정도로 지독하게 심하게.

의미 [+날씨]v[+기온],[+한계],[+과도]

제약 {날씨, 기온}-{ }

③ 날씨나 기온 따위가 일정한 한계를 넘은 데
가 있게.

의미 [+모양]v[+상태],[+극심]

제약

④ 어떤 모양이나 상태 따위가 극에 달한 데가
있게.

의미 [+병],[+극심]

제약

⑤ 병 따위가 더할 수 없을 정도로 심하게.

지독-히

의미 [+마음],[+잔인],[+정도]

제약

① 마음이 매우 앙칼지고 모질게.

¶그 여자는 전실 소생에게 **지독히** 군다.

의미 [+맛]v[+냄새],[+유해]v[-인내],[+정
도]

제약

② 맛이나 냄새 따위가 해롭거나 참기 어려울 정도로 심하게.

¶그에게는 늘 담배 냄새가 **지독히** 난다.

의미 [+날씨]v[+기온],[+한계],[+과도]

제약 {날씨, 기온}-{　}

③ 날씨나 기온 따위가 일정한 한계를 넘은 정도로.

¶**지독히** 춥다./**지독히** 덥다./날씨가 **지독히**도 고르지 못하던 겨울이 지난 뒤에, 이러한 한가스러운 봄날이 오리라고는….≪김동인, 젊은 그들≫

의미 [+모양]v[+상태],[+극심]

제약

④ 어떤 모양이나 상태 따위가 극에 달한 정도로.

¶**지독히** 멍청하다./**지독히** 괴롭다./**지독히** 느리다./술을 **지독히** 먹다./여자는 동생과 함께 청계천의 값싼 하숙집에서 **지독히** 가난한 삶을 산다고 했다.≪안정효, 하얀 전쟁≫/기차는 **지독히** 느리게 다가오고 있었다.≪이제하, 기차, 기선, 바다, 하늘≫/나는 해 볼 도리 없이 **지독히** 무안을 당해야 했다.≪이호철, 소시민≫

의미 [+병],[+극심]

제약

⑤ 병 따위가 더할 수 없을 정도로 심하게.

¶감기가 **지독히** 걸렸다.

의미 [+의지]v[+마음],[+크기],[+강고]

제약

⑥ 의지나 마음이 매우 크고 강하게.

지드럭-지드럭

의미 [+모양],[+타인],[+불만],[+반복]

제약

남이 몹시 귀찮아하도록 자꾸 성가시게 구는 모양.

¶동생을 **지드럭지드럭** 못살게 굴다.

지딱-지딱

의미 [+모양],[+설거지],[-신중],[+속도]

제약

① 서둘러서 마구 설거지를 하는 모양.

의미 [+모양],[-조심],[+손상],[-용도],[+반복]

제약

② 함부로 자꾸 들부수어 못 쓰게 만드는 모양.

의미 [+모양],[+일],[+속도]

제약

③ 서둘러서 일 따위를 하는 모양.

¶그는 이것저것 따져 보지도 않고 **지딱지딱** 일부터 벌이기 시작했다./광과 부엌을 열불이 나게 드나들면서 손수 할 것과 대강 아는 척이라도 하고 넘어가야 할 것들을 분간해서 **지딱지딱** 처리했다.≪박완서, 미망≫/엊그제는 중공군이 구십 만이나 집결했다고 하더니……**지딱지딱** 처부수지 않고 그걸 왜 두고만 보누?≪이문희, 흑맥≫

지런-지런

의미 [+모양],[+액체],[+충만],[±범람]

제약

① 액체가 그릇에 그득 차 가장자리에서 넘칠 듯 말 듯 한 모양.

의미 [+모양],[+물건],[+선단],[±접촉],[-정도]

제약

② 물건의 한쪽 끝이 다른 물건에 거볍게 스칠 듯 말 듯 한 모양.

지레

의미 [+먼저]

제약

어떤 일이 일어나기 전 또는 어떤 기회나 때가 무르익기 전에 미리.

¶**지레** 겁을 먹다./감독은 시합도 하기 전에 **지레** 포기하려는 선수들을 독려했다./그는 경찰차를 보고 **지레** 놀라 달아났다./어딘가 좀 **지레** 시치미를 떼고 있는 게 분명해 보이는 목소리로 엉뚱하게 의문을 떨어 대고 있었다.≪이청준, 서편제≫

지르르01

의미 [+모양],[+물기]v[+기름기]v[+윤기], [+광택]

제약 {물기, 기름기, 윤기}-{흐르다}

물기나 기름기, 윤기 따위가 많이 흘러서 번지르르한 모양.

¶윤기가 **지르르** 흐르는 머릿결./눈물을 **지르르**

흘리다./입에서 침이 **지르르** 떨어지다./얼마 가지를 않아 그 수레를 끌던 살찐 황소는 그 기름이 **지르르** 흐르는 누른 몸뚱아리를 부르르 한 번 털고 걸음을 멈춘다.≪현진건, 무영탑≫

지르르02

의미 [＋느낌],[＋뼈마디]v[＋신체],[＋부분],[＋마비]

제약 {뼈마디, 몸}-{저리다}

① 뼈마디나 몸의 일부가 조금 저린 느낌.

¶왼쪽 다리가 **지르르** 저린다.

의미 [＋모양],[＋움직임]v[＋열]v[＋전기],[＋확산],[＋속도]

제약 {　}-{퍼지다}

② 움직임이나 열, 전기 따위가 한 지점에서 주위로 빠르게 퍼져 나가는 모양.

¶어떤 미열 같은 것이 **지르르** 전신에 퍼지는 것 같았다

지르르03

의미 [＋모양],[＋연장],[＋견인]

제약 {　}-{끌다}

늘어지어 끌리는 모양.

¶팔을 잡고 **지르르** 끌고 가다./대관은 자비를 놓게 하자 친히 씨름판을 헤치고 들어서서 노한 눈을 부릅뜨고 항복의 멱살을 **지르르** 끌었다. ≪박종화, 임진왜란≫

지르퉁-히

의미 [－말],[－만족],[＋분노],[＋정도]

제약

못마땅하여 잔뜩 성이 나서 말없이.

지리산-가리산

의미 [＋이야기]v[＋일],[－질서],[－판단]

제약

=가리산지리산. 이야기나 일이 질서가 없어 갈피를 잡지 못하는 것을 이르는 말.

¶두 사람이 고개만 **지리산가리산** 갸웃거리고 있는 사이 오거무가 밥을 먹고 나왔다.≪송기숙, 녹두 장군≫

지만-히

의미 [－속도],[＋이완]

제약

더디고 느즈러지게.

지망-지망

의미 [＋모양],[－조심],[＋경솔],[＋방정]

제약 {사람}-{거리다, 대다}

① 조심성이 없고 경박하게 촐랑대는 모양. 늦지망지망히①.

의미 [＋모양],[＋일],[＋우둔],[＋소홀]

제약 {사람}-{거리다, 대다}

② 어리석고 둔하여 무슨 일에나 소홀한 모양. 늦지망지망히②.

¶일을 **지망지망** 처리하다.

지망지망-히

의미 [＋모양],[－조심],[＋경솔],[＋방정]

제약 {사람}-{거리다, 대다}

①=지망지망①. 조심성이 없고 경박하게 촐랑대는 모양.

의미 [＋모양],[＋일],[＋우둔],[＋소홀]

제약

②=지망지망②. 어리석고 둔하여 무슨 일에나 소홀한 모양.

지며리

의미 [＋모양],[＋침착],[＋끈기]

제약

① 차분하고 꾸준한 모양.

¶**지며리** 노력하다./그는 뜻을 세우고 공부를 지며리 했다.

의미 [＋모양],[＋침착],[＋만족]

제약

② 차분하고 탐탁한 모양.

¶밥을 **지며리** 먹다.

지벅-지벅

의미 [＋모양],[＋길][－관찰]v[＋다리][－기운],[＋걸음],[－균형],[＋미숙]

제약 {사람}-{걷다}

길이 험하거나 어두워 잘 보이지 아니하거나, 또는 다리에 힘이 없어서 휘청거리며 서투르게 걷는 모양.

¶그가 한낮의 아스팔트 위를 **지벅지벅** 걸어가는 모습은 꼭 며칠을 굶은 사람같이 보였다.

지범-지범

의미 [+모양],[+섭취],[+다량],[−체면],[+반복]

제약 {사람}−{먹다}

음식물 따위를 체면도 없이 이것저것 자꾸 집어 거두거나 먹는 모양.

¶그는 너무 배가 고파 음식을 **지범지범** 마구 집어 먹었다.

지부럭-지부럭

의미 [+모양],[+타인],[+불만],[+정도],[+반복]

제약 { }−{대다, 거리다}

가만히 있는 사람을 실없이 자꾸 건드려 몹시 귀찮게 하는 모양.

지분덕-지분덕

의미 [+모양],[+언사]v[+행동],[+심술],[+불만],[+반복]

제약

자꾸 짓궂은 말이나 행동으로 남을 성가시게 하는 모양.

¶회사에서 상사가 **지분덕지분덕** 장난치는 것이 그녀는 몹시 싫었다.

지분-지분⁰¹

의미 [+모양],[+언사]v[+행동],[+심술],[+불만],[+반복]

제약

짓궂은 말이나 행동으로 자꾸 남을 귀찮게 하는 모양.

¶**지분지분** 굴다.

지분-지분⁰²

의미 [+모양],[+모래]v[+돌],[+씹음],[+불만],[+반복]

제약 {모래, 돌}−{씹히다}

① 음식에 섞인 모래나 돌 따위가 자꾸 귀찮게 씹히는 모양.

¶조개를 깨끗이 씻지 않았는지 모래가 자꾸 지분지분 씹혔다.

의미 [+모양],[+모래],[+밟음],[+반복]

제약 {모래}−{밟다}

② 모래 따위가 자꾸 발에 밟히는 모양.

¶바닷가 민박 집에 들어서니 방바닥에서 **지분지**분 모래가 밟혔다.

지분-지분⁰³

의미 [+모양],[+날씨],[+눈]v[+비],[−적당],[+반복]

제약

눈이나 비 따위가 오락가락하면서 날씨가 자꾸 궂은 모양.

지뻑-지뻑

의미 [+모양],[+길][−관찰]v[+다리][−기운],[+걸음],[−균형],[+미숙]

제약 {사람}−{걷다}

길이 험하거나 어두워 잘 보이지 않거나, 또는 다리에 힘이 없어서 휘청거리며 서투르게 걷는 모양. '지벅지벅'보다 조금 센 느낌을 준다.

¶여기서도 근 십 분이나 골짜기로 휘돌아서 전등 하나 시원치 못한 데를 **지뻑지뻑** 들어가야 형님 집이다.≪염상섭, 무화과≫

지성-껏

의미 [+정성],[+전부]

제약

온갖 정성을 다하여.

¶부모를 **지성껏** 모시다./하늘이 감동할 만큼 지성껏 기도하다./홍, 어미 아비가 **지성껏** 자식을 길러 놓으면 자식이 어미 아비를 향해 혼자 컸다고 떠벌리는 꼴이구나.≪김용성, 도둑 일기≫

지성스레

의미 [+정성],[+정도]

제약

보기에 지극히 정성스럽게.

¶**지성스레** 돌보다./환자를 **지성스레** 간호하다./그는 틈 있는 대로 **지성스레** 농군들을 따라다니며 노동을 체험했다.≪이기영, 고향≫

지세-히

의미 [+세밀],[+정도]

제약

① 더할 나위 없이 세밀하게.

¶제가 지금 부산을 가는 목적은…그들의 실정을 정탐하려고 하는 것이니, 그 실정을 파악한다면 돌아올 때 **지세히** 진달할 것입니다.≪번역 선조실록≫

의미 [+미세]v[-굵기],[+정도]

제약

② 아주 잘거나 가늘게.

지순-히⁰¹

의미 [+순결],[+정도]

제약

더할 수 없이 순결하게.

지순-히⁰²

의미 [+유순],[+정도]

제약

더할 나위 없이 순하게. 또는 매우 고분고분하게.

지싯-지싯

의미 [+모양],[+타인],[-배려],[+자신],[+요구],[+반복]

제약

남이 싫어하는지는 아랑곳하지 아니하고 제가 좋아하는 것만 짓궂게 자꾸 요구하는 모양.

¶울음이 끝난 뒤에 여러 제자들은 아사녀를 위로하는 척하고 둘러앉아서 **지싯지싯** 실없는 수작도 더러 꺼내었지만….≪현진건, 무영탑≫

지악스레

의미 [+마음],[+잔인],[+정도]

제약

① 보기에 마음씨가 몹시 모진 데가 있게.

의미 [+일],[+끈기]

제약

② 보기에 악착스럽게 일을 하는 데가 있게.

의미 [+악독],[+정도]

제약

③ 보기에 더할 수 없이 악한 데가 있게.

지어

의미 [+정도],[+부정]

제약

=심지어. 더욱 심하다 못하여 나중에는.

지엄-히

의미 [+엄중],[+정도]

제약

매우 엄하게.

지요-히

의미 [+중요],[+정도]

제약

아주 중요하게.

지-우금

의미 [+과거],[+현재],[+지속]

제약

예로부터 오늘에 이르기까지. 늑지금⁰² · 지우금일.

¶하여간 나는 대취하여 술집을 나섰는데, 내가 잡아탔는지 누가 태워들 주었는지 상세사(詳細事)는 **지우금** 알 길이 없는 중….≪변영로, 명정 40년≫

지우금-일

의미 [+과거],[+현재],[+지속]

제약

=지우금. 예로부터 오늘에 이르기까지.

지재지삼

의미 [+빈도]

제약

두 번 세 번이라는 뜻으로, 여러 차례를 이르는 말.

¶주머니 등속을 좋은 것으로 사 오라고 **지재지삼** 당부하였다.≪이기영, 봄≫

지저분-히

의미 [-정돈],[+혼란]

제약

① 정돈이 되어 있지 아니하고 어수선하게.

의미 [+불결]

제약

② 보기 싫을 정도로 더럽게.

의미 [+언사]v[+행동],[+불결]

제약

③ 말이나 행동이 추잡하고 더럽게.

지저-지저

의미 [+소리]v[+모양],[+새],[+울음],[+반복]

제약 {새}-{지저귀다, 울다}

자꾸 지저귀는 소리. 또는 그 모양.

지적-지적⁰¹

의미 [+모양],[+액체],[+건조],[+감소]

제약 {액체}-{　　}

액체가 점점 잦아들어 매우 적은 모양.

지적-지적02

의미 [＋모양],[＋물기],[＋점성],[－정도]

제약

물기가 있어서 진 듯한 모양.

¶드디어 내일이 떠날 날인데 초저녁부터 비가 **지적지적** 내리고 있었다.≪박완서, 세상에서 제일 무거운 틀니≫

지절-지절

의미 [＋소리]v[＋모양],[＋목소리],[－크기], [＋이야기],[＋반복]

제약

① 자꾸 낮은 목소리로 지껄이는 소리. 또는 그 모양.

¶소풍 나온 아이들은 **지절지절** 쉴 새 없이 떠들어 댄다.

의미 [＋소리]v[＋모양],[＋새],[＋울음],[＋반복]

제약 {새}-{지저귀다, 울다}

② 새 따위가 자꾸 서로 어울려 지저귀는 소리. 또는 그 모양.

¶창밖에서 **지절지절** 지저귀는 새소리가 들려온다.

지절-히

의미 [＋간절],[＋정도]

제약

① 더없이 간절하게.

의미 [＋필요],[＋정도]

제약

② 꼭 필요하게.

지정-지정

의미 [＋모양],[＋주저],[＋정도]

제약

곧장 내달아 가지 아니하고 한곳에서 조금 머뭇거리는 모양.

¶그는 뭘 하느라 그랬는지 **지정지정** 머뭇거리다 이제야 나타났다.

지정-히

의미 [＋정밀],[＋최대]

제약

더할 나위 없이 정밀하게.

지중-지중

의미 [＋모양],[＋귀중],[＋최대]

제약

더없이 중하게 여기는 모양.

지중-히

의미 [＋귀중],[＋최대]

제약

① 더할 수 없이 귀중하게.

¶언약을 **지중히** 여기다.

의미 [＋무게],[＋최대]

제약

② 더할 수 없이 무겁게.

지지

의미 [＋소리]v[＋모양],[＋수다],[＋크기]

제약

수다스럽게 지껄이는 소리. 또는 그 모양.

지지리

의미 [－호감],[＋최대]

제약

(주로 부정적인 뜻을 나타내는 말과 함께 쓰여) '아주 몹시' 또는 '지긋지긋하게'의 뜻을 나타내는 말.

¶**지지리** 가난한 사람들./**지지리** 못난 놈./**지지리** 도 못생긴 얼굴./**지지리** 궁상이다./그 사람은 **지지리** 고생을 했다./오늘은 **지지리**도 재수가 없는 날이다.

지지-배배

의미 [＋소리],[＋종다리]v[＋제비],[＋울음]

제약 {종다리, 제비}-{지저귀다, 울다}

종다리나 제비 따위의 새가 지저귀는 소리.

¶봄이면 처마 밑에 제비가 **지지배배** 노래 부른다.

지지-재재

의미 [＋모양],[＋수다],[＋반복]

제약

이러니저러니 하고 자꾸 지껄이는 모양.

지지-지지

의미 [＋소리]v[＋모양],[＋수다],[＋크기],[＋반

복]

제약

자꾸 수다스럽게 지껄이는 소리. 또는 그 모양.

¶아이들이 **지지지지** 떠들어 대는 통에 수업을 할 수가 없다.

지질-지질⁰¹

의미 [+모양],[+물기],[+점성],[−정도]

제약

물기가 많아서 조금 진 듯한 모양.

지질-지질⁰²

의미 [+모양],[+미미],[+초라]

제약

보잘것없고 몹시 변변하지 못한 모양.

¶베를 눈에 대고 보면 저 뒤가 훤히 보일 지경이었고, 무엇보다 큰 결점은 질기지가 않아 한 물 입고 나면 **지질지질** 처져 내릴 지경이었다. ≪송기숙, 녹두 장군≫

지질-히⁰¹

의미 [+미미],[+초라]

제약

보잘것없고 변변하지 못하게.

지질-히⁰²

의미 [+싫증],[+지루]

제약

싫증이 날 만큼 지루하게.

¶그 여자는 **지질히** 말도 많다.

지짐-지짐

의미 [+모양],[+비],[±낙하],[+반복]

제약

조금씩 내리는 비가 자꾸 오다 말다 하는 모양.

¶**지짐지짐** 오는 가을비에도 옷이 젖는다.

지척-지척⁰¹

의미 [+모양],[+걸음],[−기운],[+강제]

제약 {사람}-{걷다}

힘없이 다리를 끌면서 억지로 걷는 모양.

¶몹시 피곤한 듯한 그 괴인은 무거운 다리를 **지척지척** 저편으로 옮겨 갔다.≪김동인, 젊은 그들≫/ 그는 어둠과 습기가 밴 길을 **지척지척** 걸어서 술집을 찾아 나섰다.≪한수산, 유민≫

지척-지척⁰²

의미 [+모양],[+물기],[+점성],[−정도]

제약

물기가 있어서 진 듯한 모양. '지적지적⁰²'보다 거센 느낌을 준다.

지친-히

의미 [+친밀],[+정도]

제약

매우 친하게.

지칫-지칫

의미 [+모양],[+주저],[+반복]

제약

① 당연히 떠나야 할 자리를 훌쩍 떠나지 못하고 자꾸 머뭇거리는 모양.

의미 [+모양],[+걸음],[+미숙],[−속도]

제약 {아기}-{걷다}

② 서투른 걸음으로 느릿느릿 걷는 모양.

지편-히

의미 [+편안],[+최대]

제약

더할 수 없이 편하게.

지혜로이

의미 [+지혜],[+능력]

제약

사물의 이치를 빨리 깨닫고 사물을 정확하게 처리하는 정신적 능력이 있게.

직⁰¹

의미 [+소리]v[+모양],[+줄]v[+획],[+한 번],[+정도]

제약 {줄, 획}-{긋다}

① 줄이나 획을 세게 한 번 긋는 소리. 또는 그 모양.

¶줄을 **직** 긋다.

의미 [+소리]v[+모양],[+종이]v[+천],[+분리],[+정도]

제약 {종이, 천}-{찢다}

② 종이나 천 따위를 세게 찢는 소리. 또는 그 모양.

¶누나는 읽지도 않고 편지를 **직** 찢어 버렸다.

직⁰²

의미 [+소리]v[+모양],[+액체],[+줄기],[+뻗

침],[+정도]

제약 { }-{뻗치다}

① 액체가 가는 줄기로 세게 뻗치는 소리. 또는 그 모양.

¶새가 똥을 **직** 싸다./그는 기분 나쁘다는 듯이 이빨 사이로 침을 **직** 뱉었다.

의미 [+소리]v[+모양],[+물체],[+마찰],[+활주],[+정도]

제약 {물체}-{미끄러지다}

② 작은 물체가 세게 문질리면서 미끄러지는 소리. 또는 그 모양

직량-히

의미 [+신체],[+바름],[+곧음],[+성실]

제약

몸이 바르고 곧으며 성실하게.

직수굿-이

의미 [-저항],[-거역],[+복종]

제약

저항하거나 거역하지 아니하고 하라는 대로 복종하는 듯이.

¶바가지는 얼마고 **직수굿이** 기다리고 앉았다. ≪현덕, 남생이≫

직신-직신

의미 [+모양],[+언사]v[+행동],[+심술],[+불만],[+반복]

제약

① 짓궂은 말이나 행동으로 자꾸 귀찮게 구는 모양.

¶그것은 날 잡수오 하듯이 늘어져 있어서 어머니는 소나무 가지로 **직신직신** 건드려 보면서 소나무 단을 한 단 이편으로 슬며시 당기었다.≪한설야, 탑≫

의미 [+모양],[+힘],[+압력],[-정도],[+지속]

제약

② 지그시 힘을 주어 자꾸 누르는 모양.

¶그들은 와지끈 사립문을 걷어 **직신직신** 밟고 안으로 몰려들었다.≪문순태, 타오르는 강≫

직실-히

의미 [+정직],[+착실]

제약

정직하고 착실하게.

직심스레

의미 [+성질],[+맹세],[+실천]

제약

한번 먹은 마음을 굳게 지켜 나가는 성질이 있게.

직접

의미 [+직접],[-매개]

제약

중간에 아무것도 개재시키지 아니하고 바로.

¶내가 그 사람을 **직접** 만나 보겠다./**직접** 당해 보지 않으면 남의 고통을 느낄 수 없다./그 상황을 **직접** 본 것은 아니고 전해 들었다.

직-직[01]

의미 [+소리]v[+모양],[+줄]v[+획],[-주의],[+정도]

제약 {줄, 획}-{긋다}

① 줄이나 획을 함부로 세게 긋는 소리. 또는 그 모양.

¶글씨를 **직직** 갈겨쓰다./서류에 줄을 **직직** 긋다./**직직** 연필 끝은 어느 틈에 난초를 치고 있다.≪박완서, 미망≫

의미 [+소리],[+종이]v[+천],[+분리],[-주의],[+정도]

제약 {종이, 천}-{찢다}

② 종이나 천 따위를 세게 마구 찢는 소리.

¶종이를 **직직** 찢다./천을 **직직** 찢다.

의미 [+소리]v[+모양],[+걸음],[+신],[+마찰]

제약 {신발}-{끌다}

③ 신 따위를 끌며 걷는 소리. 또는 그 모양.

¶큰 신을 **직직** 끌고 다니다./남자 신발을 **직직** 끌고 와 쪽마루에 앉은 옥심이가 말했다.≪한수산, 유민≫

직-직[02]

의미 [+소리]v[+모양],[+액체],[+줄기],[+뻗침],[+정도],[+반복]

제약 { }-{뻗치다}

① 액체가 가는 줄기로 자꾸 세게 뻗치는 소리. 또는 그 모양.

¶침을 **직직** 뱉다./오줌을 벽에 **직직** 갈기다./참
새가 물똥을 **직직** 갈기면서 날아간다.

의미 [+소리]v[+모양],[+물체],[+마찰],[+활
주],[+정도],[+반복]

제약 {물체}-{미끄러지다}

② 물체가 세게 문질리면서 자꾸 미끄러지는 소
리. 또는 그 모양.

진개

의미 [+정말],[+과연]

제약

과연 참으로.

진교-히

의미 [+진귀],[+교묘]

제약

진귀하고 교묘하게.

진동-한동

의미 [+모양],[+분주]v[+급박],[+조급]

제약

바쁘거나 급해서 몹시 서두르는 모양.

¶주만은 죽었던 사람을 다시 만난 것보다 더 반
가웠다. 그는 **진동한동** 뛰어갔다.≪현진건, 무영탑≫

진둥-한둥

의미 [+모양],[+분주]v[+급박],[+조급],[+정
도]

제약

매우 급하거나 바빠서 몹시 서두르는 모양.

¶불이 나자 주인은 재물을 들고 **진둥한둥** 방에
서 뛰어나왔다./날이 막 밝자 장군은 **진둥한둥**
어머니의 돌아오는 배를 맞이하려 하여 친히 행
정가로 나간다.≪박종화, 임진왜란≫

진드근-히

의미 [+태도],[+행동],[+침착],[+인내],[+정
도]

제약

① 태도와 행동이 매우 침착하고 참을성이 많
게.

¶**진드근히** 꾹 참다./**진드근히** 견뎌 내다./그는 진
드근히 앉아 배길 수가 없어 끙 소리를 토하며
일어서서 이리저리 서성거렸으며….≪이문구, 오
자룡≫

의미 [+반죽],[+밀착],[+점성]

제약

② 반죽 따위가 잘 들러붙을 수 있게 매우 눅진
하고 차지게.

진득-이

의미 [+성질]v[+행동],[+질김],[+끈기]

제약

① 성질이나 행동이 검질기게 끈기가 있게.

¶이리저리 돌아다니지 말고 **진득이** 자리에 좀
앉아 있어라./집구석에 틀어박혀 **진득이** 견디려
니 도무지 좀이 쑤셔서 잠이 오지 않았다.≪윤흥
길, 완장≫

의미 [+성질],[-절단],[+점성]

제약

② 잘 끊어지지 아니할 정도로 눅진하고 차지
게.

¶습기가 **진득이** 배어 나는 목소리였다.≪이동하,
장난감 도시≫/한 번도 느껴 보지 못한 까닭 모를
회열이 **진득이** 밀려와 가슴을 빈틈없이 메웠다.
≪황순원, 움직이는 성≫

진득-진득

의미 [+모양],[+습기],[+점성],[+밀착],[+반
복]

제약

① 눅진하고 차져 끈적끈적하게 자꾸 달라붙는
모양.

¶**진득진득** 발이 빠지는 개펄./누런 들판에 쏟아
지는 햇살에는 **진득진득** 엿 같은 기름기가 흘렀
다.≪송기숙, 암태도≫

의미 [+모양],[+질김],[-절단],[+반복]

제약

② 검질겨서 자꾸 끊으려 하여도 잘 끊어지지
아니하는 모양.

¶그 말을 들었을 때도 묘향산이란 지명은 심장
에 갈고리질을 했다. **진득진득** 심장을 잡아당겼
던 것이다.≪박경리, 토지≫

의미 [+모양],[+성질]v[+행동],[+질김],[+끈
기],[+정도]

제약

③ 성질이나 행동이 매우 검질기게 끈기가 있는

모양.

¶옥심이도 강보리밥 먹기에는 아까울 만한 흰 이빨로써, 술종 끝에 꿰든 장아찌를 **진득진득** 물어 뗀다.≪김정한, 옥심이≫

진물-진물

의미 [+모양],[+눈가]v[+살가죽],[+상처], [+진물],[+고임]

제약

눈가나 살가죽이 짓물러 진물이 꽤 괴어 있는 모양.

¶상처가 아물기는커녕 **진물진물** 악화되어 갔다.

진배없-이

의미 [+기준],[+동일]

제약

그보다 못하거나 다를 것이 없이.

진성

의미 [+참],[-거짓]

제약

=진정. 거짓이 없이 참으로.

진-소위

의미 [+정말],[+최고]

제약

정말 그야말로.

¶자네가 **진소위** 영웅일세./**진소위** 가도 오도 못하는 경위가 되었는걸.≪홍효민, 신라 통일≫/신수가 훤히 트여 가지고 말도 제법 의젓하여진 것 같은 것이며, **진소위** 개천에서 용이 났다고 할 것인지.≪채만식, 미스터 방≫

진솔-히

의미 [+진실],[+솔직]

제약

진실하고 솔직하게.

¶서민의 삶을 **진솔히** 담은 소설.

진시

의미 [+참],[-거짓]

제약

=진실로. 거짓 없이 참되게.

¶**진시** 송구하기 이를 데 없습니다./이는 **진시** 어려운 일이다./그 사람은 **진시** 뛰어난 재주꾼이다./에구, 소승이 눈이 어두워서 **진시** 누구신지

몰랐습니다.≪최찬식, 금강문≫

진실-로

의미 [+참],[-거짓]

제약

거짓 없이 참되게. 늑진시

¶**진실로** 그녀를 사랑한다./**진실로** 나는 너를 이해한다./**진실로** 자기가 사랑했던 것은 가정과 식구들이었다는 것을 그는 뒤늦게 깨달았다.≪김성동, 풍적≫/마음 어진 행랑어멈은 **진실로** 자기 일같이 내 사정과 그 전 주인 여자의 사정을 살펴서 이야기하는 것이었다.≪최정희, 지맥≫

진실-히

의미 [-거짓],[+순수],[+정직]

제약

마음에 거짓이 없이 순수하고 바르게.

¶**진실히** 이야기하다./이 다음날에는 지금 내 말을 **진실히** 믿어 주실 날이 있을 줄 알고….≪이기영, 고향≫

진일-토록

의미 [+시간],[+아침],[+저녁],[+지속]

제약

=종일토록. 아침부터 저녁까지 내내.

¶**진일토록** 일하다가 지금 겨우 쉬고 있다.

진작

의미 [+시간],[+이전],[+후회]

제약

좀 더 일찍이. 주로 기대나 생각대로 잘되지 않은 지나간 사실에 대하여 뉘우침이나 원망의 뜻을 나타내는 문장에 쓴다. 늑진조·진즉.

¶**진작** 올걸./**진작** 그렇게 하지. 이제는 너무 늦었어./**진작** 말할 것이지./**진작** 찾아뵙고 인사를 드렸어야 했는데 인사가 늦었습니다./당신은 새끼내에서 살 수 있는 사람이 아니라는 것을 **진작** 알았어야 하는 것인데….≪문순태, 타오르는 강≫/아내가 벌이도 시원찮은 옷가게를 **진작** 걷어치웠더라면 삼촌이 올라오지 않아도 되었을 텐데.≪현기영, 순이 삼촌≫

진적-히

의미 [+참],[-잘못]

제약

참되고 틀림없이.

진정

의미 [+참],[-거짓]

제약

거짓이 없이 참으로. 늑진성·진정히.

¶선생님을 뵙게 되어 **진정** 기쁩니다./이렇게 와 주셔서 **진정** 감사합니다./지옥을 벗어나 온 지 몇 시간도 못 되어 또다시 그 구석으로 찾아들기는 **진정** 싫었다.≪심훈, 영원의 미소≫/춘추 장군은 만면에 희색이 돌면서 **진정** 즐거워한다.≪홍효민, 신라 통일≫

진정-히

의미 [+참],[-거짓]

제약

=진정. 거짓이 없이 참으로.

진조

의미 [+시간],[+이전],[+후회]

제약

=진작. 좀 더 일찍이. 주로 기대나 생각대로 잘 되지 않은 지나간 사실에 대하여 뉘우침이나 원망의 뜻을 나타내는 문장에 쓴다.

진-종일

의미 [+시간],[+하루],[+지속]

제약

=온종일. 아침부터 저녁까지 내내.

¶어제는 **진종일** 비가 내렸다./아이는 **진종일** 밖에서 뛰어놀더니, 초저녁부터 잠이 들었다./**진종일** 굶은 민은 눈이 폭 꺼지고 울 기력조차 잃고 있었다.≪최정희, 인간사≫/비가 오시는 동안 사람들은 **진종일** 집구석에만 틀어박혀 뭔가를 쑤군쑤군 공론하는 눈치였다.≪윤흥길, 묵시의 바다≫

진중-히[01]

의미 [+진귀],[+소중]

제약

진귀하고 소중하게.

¶진중히 자라나다.

진중-히[02]

의미 [+무게],[+정중]

제약

무게가 있고 점잖게.

¶진중히 말하다./진중히 토의하다./진중히 행동하여라.

진즉

의미 [+시간],[+이전],[+후회]

제약

=진작. 좀 더 일찍이. 주로 기대나 생각대로 잘 되지 않은 지나간 사실에 대하여 뉘우침이나 원망의 뜻을 나타내는 문장에 쓴다.

¶이렇게 심하게 아픈 줄 알았더라면 **진즉** 병원에 가 볼 것을 그랬다./**진즉** 우리가 하자는 대로 할 것을 그랬다고 후회스럽게 말을 하더라.≪한승원, 해일≫

진진-히

의미 [+맛],[+호감],[+정도]

제약

① 입에 착착 달라붙을 정도로 맛이 좋게.

의미 [+물건],[+풍성]

제약

② 물건 따위가 풍성하게 많이.

의미 [+재미],[+정도]

제약

③ 재미 따위가 매우 있게.

진짜

의미 [+참],[-장식]v[-거짓]

제약

=진짜로. 꾸밈이나 거짓이 없이 참으로.

¶영화가 **진짜** 지루하다./너 **진짜** 혼자서 집에 갈 거니?/그러나저러나 장 형사님이 마침 당직이어서 **진짜** 다행이었습니다.≪이문희, 흑맥≫/볼때기를 꼬집어 비트는 건데 **진짜** 무지무지하게 아프다고요.≪조선작, 모범 작문≫

진짜-로

의미 [+참],[-장식]v[-거짓]

제약

꾸밈이나 거짓이 없이 참으로. 늑진짜

¶**진짜로** 따분하다./너 **진짜로** 오늘 집에 오니?/한동안 웃음을 잃었던 그녀는 **진짜로** 웃고 있었다./**진짜로** 미친 사람은 한사코 자기가 미치지 않았다고 고집을 세운다던가.≪이청준, 소문의 벽≫/10년만 살고 죽겠다던 기범은 그러나 지금 진

짜로 죽어 버리고 말았다.≪홍성원, 무사와 악사≫

진탕

의미 [+싫증],[+정도]

제약

싫증이 날 만큼 아주 많이.

¶돈을 **진탕** 써 버리다./술을 **진탕** 마셨다./천안 지방으로 김옥균의 부인 유 씨의 행방을 찾아 나섰다가 동학군에게 붙들려 **진탕** 고생을 한 그였다.≪유주현, 대한 제국≫/아무튼 동네 아이들이랑 강가에서 **진탕** 놀다가 집에 돌아와 보니 글쎄 안방에 우리 선생이 와 있다는 거였어요.≪조선작, 모범 작문≫

진탕-만탕

의미 [+만족],[+여유],[+정도]

제약

양에 다 차고도 남을 만큼 매우 많고 만족스럽게.

¶가을걷이가 끝난 며칠 동안은 **진탕만탕** 놀고 마셨다./돈을 그렇게 **진탕만탕** 쓰다가는 갑부라도 못 당하겠다.

질겅-질겅

의미 [+모양],[+물건],[+씹음],[+반복]

제약 { }-{씹다}

질긴 물건을 거칠게 자꾸 씹는 모양.

¶소년이 손톱을 **질겅질겅** 씹으며 몇 걸음 물러났다.≪박완서, 오만과 몽상≫/소 지감은 마른 명태를 **질겅질겅** 씹으며 메마른 표정으로 최범준을 응시한다.≪박경리, 토지≫/칡뿌리나 옥수수 대궁을 **질겅질겅** 씹으면서 허기를 채우다가 밤나무 밑에 잠이 든 그런 아이의 얼굴도 있었다.≪전상국, 하늘 아래 그 자리≫

질근

의미 [+모양],[+묶음]v[+감음],[+정도]

제약 { }-{매다}

단단히 졸라매거나 동이는 모양.

¶구두끈을 **질근** 졸라매다./밤송이 같은 머리에 왜수건을 **질근** 동여 뒤통수에 슬쩍 질러 맨 머리를 번쩍 들어 안협집을 훑어본다.≪나도향, 뽕≫

질근-질근01

의미 [+모양],[+묶음]v[+감음],[+정도],[+반복]

제약 { }-{매다}

① 단단히 자꾸 졸라매거나 동이는 모양.

¶허리를 **질근질근** 동여맨 소매 기다란 청인들이 왈왈거리며 지나간다.≪한설야, 과도기≫

의미 [+모양],[+새끼]v[+노],[+꼼],[-속도]

제약

② 새끼, 노 따위를 느릿느릿 꼬는 모양.

질근-질근02

의미 [+모양],[+물건],[+씹음],[+반복]

제약 { }-{씹다}

질깃한 물건을 자꾸 씹는 모양.

¶더러는 입에 담배를 물고 있고, 더러는 **질근질근** 껌을 씹고 있다.≪하근찬, 야호≫/조두취는 입에 들어 있는 소고기를 **질근질근** 씹으면서 보이를 불러 계산을 치르고 곧 현관으로 나왔다.≪김말봉, 찔레꽃≫

질근-질근03

의미 [+모양],[+흙],[+물기],[+반죽],[+용이]

제약

물기가 많은 흙이 잘 이겨지는 모양.

질금

의미 [+모양],[+액체],[+흐름]v[+누출],[+정지]

제약

① 액체 따위가 조금 새어 흐르거나 나왔다 그치는 모양.

¶콧물이 **질금** 나왔다./주사를 맞는 순간 눈물이 **질금** 나왔다./순경이 내 따귀를 철썩 때렸다. 불이 번쩍하며 눈앞이 캄캄해졌고 바지에 오줌을 **질금** 싸 버렸다.≪김승옥, 염소는 힘이 세다≫/참담한 외로움에 자신도 모르게 하늘만 쳐다봐도 **질금** 눈물이 솟구쳤다.≪문순태, 타오르는 강≫

의미 [+모양],[+비],[+낙하],[+정지]

제약 {비}-{오다, 내리다, 그치다}

② 비가 아주 조금 내렸다 그치는 모양.

¶비가 **질금** 내리다 그쳤다.

의미 [+모양],[+물건],[+흘림]

제약 {물건}-{흘리다}

③ 물건 따위를 조금씩 흘리는 모양.

¶그 아이는 과자를 **질금** 흘리고 갔다.

의미 [+모양],[+물건]v[+돈],[+사용]v[+지급],[+분할]

제약 {물건, 돈}-{쓰다, 나누다, 주다}

④ 물건이나 돈 따위를 조금씩 쓰거나 나누어서 주는 모양.

질금-질금

의미 [+모양],[+액체],[+흐름]v[+누출],[±정지],[+반복]

제약

① 액체 따위가 조금씩 자꾸 새어 흐르거나 나왔다 그쳤다 하는 모양.

¶물을 마시면서 **질금질금** 흘린 물이 목덜미 쪽으로 흘러내렸다./나는 눈물을 펑펑 쏟으며, 커피를 **질금질금** 마시기도 하고, 더러는 질금질금 쏟기도 했다.≪박완서, 도시의 흉년≫/오랜만에 만난 아들의 손을 붙안고 **질금질금** 눈물을 짰다.≪문순태, 타오르는 강≫/찬 바람만 할퀴고 지나가던 우리 골목이 갑자기 문상객들로 복작대고, 이웃 아낙네들이 그 집을 기웃거리며 **질금질금** 울어 댔다.≪이동하, 장난감 도시≫

의미 [+모양],[+비],[+낙하],[+정지],[+반복]

제약 {비}-{오다, 내리다, 그치다}

② 비가 아주 조금씩 자꾸 내렸다 그쳤다 하는 모양.

¶**질금질금** 비는 오는데 무더위는 또 어쩌면 그렇게 심한지 그저 혓바닥이 밖으로 축 늘어져 나오는 듯했다.≪하근찬, 야호≫/**질금질금** 내리는 늦봄 비가 며칠이 계속되어 남포동 선창가 일대는 엉망으로 질퍽해져 있었다.≪이호철, 소시민≫

의미 [+모양],[+물건],[+흘림],[+반복]

제약 {물건}-{흘리다}

③ 물건 따위를 조금씩 자꾸 흘리는 모양.

¶저 아이는 물건을 종일 **질금질금** 흘리면서 다닌다.

의미 [+모양],[+물건]v[+돈],[+사용]v[+지급],[+분할]

제약 {물건, 돈}-{나누다, 쓰다, 주다}

④ 물건이나 돈 따위를 조금씩 주거나 여러 번 나누어서 주는 모양.

¶용돈을 **질금질금** 주다./이 화초에는 물을 **질금질금** 주지 말고 한 번에 많이 주시오.

질긋-질긋

의미 [+모양],[+인내],[+끈기]

제약 { }-{참다, 견디다}

① 끈덕지게 참고 견디는 모양.

의미 [+모양],[+누름]v[+견인],[+지속]

제약

② 계속해서 누르거나 당기는 모양.

질깃-질깃

의미 [+느낌],[+질김],[+정도]

제약

① 몹시 질긴 듯한 느낌.

의미 [+모양],[+성질]v[+행동],[+질김],[+끈기],[+정도]

제약

② 성질이나 행동이 몹시 검질긴 모양.

¶진절머리 나게 싫다는 걸 **질깃질깃** 쫓아다녔다./더 할 이야기도 없이 **질깃질깃** 앉았기도 안 되어서 일어서려니까….≪염상섭, 자취≫

질끈

의미 [+모양],[+묶음]v[+감음],[+정도]

제약 { }-{매다}

① 단단히 졸라매거나 동이는 모양. '질근'보다 센 느낌을 준다,

¶허리띠를 **질끈** 매다./그녀는 발딱 일어나 행주치마를 **질끈** 동여매고 부엌으로 나갔다.≪박완서, 미망≫/정강이까지 바지를 걷어붙인 맨발에 머리에는 수건을 **질끈** 잡아매고 있었다.≪김원일, 불의 제전≫

의미 [+모양],[+압력],[-간격],[+부착]

제약

② 바짝 힘을 주어 사이를 눌러 붙이는 모양.

¶주먹을 **질끈** 쥐다./언제 터질지 모르는 천식 기침에 대비하느라고 눈을 **질끈** 감아 버렸다.≪윤흥길, 묵시의 바다≫

질끈-질끈

의미 [+모양],[+묶음]v[+감음],[+정도],[+반복]

제약 { }-{매다}

① 단단히 자꾸 졸라 매거나 동이는 모양. '질근질근01①'보다 센 느낌을 준다.

¶여인들은 헌 넥타이로 허리를 **질끈질끈** 동여맨 채 모두 밖으로 나왔다./농민군들이 머리에 수건을 **질끈질끈** 묶은 다음 대창을 메고 섰다.≪송기숙, 녹두 장군≫

의미 [+모양],[+압력],[−간격],[+부착],[+반복]

제약

② 바짝 힘을 주어 자꾸 사이를 눌러 붙이는 모양.

¶삼바우는 아랫입술을 **질끈질끈** 깨물며 있는 힘을 다했다.≪하근찬, 나룻배 이야기≫

질뚝-이

의미 [+물건],[+부분],[+오목],[+깊이]

제약

기다란 물건의 한 부분이 깊게 패어 우묵하게.

질뚝-질뚝01

의미 [+모양],[+다리],[−대칭]v[+장애],[+걸음],[−균형],[+반복]

제약 {사람, 동물}−{거리다, 절다}

한쪽 다리가 짧거나 탈이 나서 몹시 거북스럽게 자꾸 뒤뚝뒤뚝 저는 모양.

질뚝-질뚝02

의미 [+모양],[+물건],[+도처],[+오목],[+깊이]

제약

기다란 물건이 군데군데 깊게 패어 우묵한 모양.

질룩

의미 [+모양],[+물건],[+부분],[+오목]

제약

기다란 물건의 한 군데가 얕게 패어 들어가 우묵한 모양. 늑질룩이.

질룩-이

의미 [+모양],[+물건],[+부분],[+오목]

제약

=질룩. 기다란 물건의 한 군데가 얕게 패어 들어가 우묵한 모양.

질룩-질룩

의미 [+모양],[+물건],[+도처],[+오목]

제약

기다란 물건의 여러 군데가 얕게 패어 우묵하게 들어간 모양.

질름-질름01

의미 [+모양],[+액체],[+요동],[+범람],[+반복]

제약 {액체}−{넘치다}

가득 찬 액체가 흔들려서 조금씩 자꾸 넘치는 모양.

¶양동이에 물을 그렇게 많이 담아 오니 **질름질름** 흘릴 수밖에.

질름-질름02

의미 [+모양],[+분배],[−동시],[+분할]

제약 {   }−{나누다, 주다}

한꺼번에 주지 아니하고 조금씩 여러 번에 걸쳐 주는 모양.

질박-히

의미 [−장식],[+검소]

제약

꾸민 데가 없이 수수하게.

질버덕-질버덕

의미 [+느낌],[+진흙]v[+반죽],[+물기],[+유연],[+점성],[+정도]

제약 {진흙, 반죽}−{거리다, 대다}

진흙이나 반죽 따위가 물기가 많아 매우 부드럽게 진 느낌. '질퍼덕질퍼덕'보다 여린 느낌을 준다.

질벅-질벅

의미 [+느낌],[+진흙]v[+반죽],[+물기],[+유연],[+점성],[+정도]

제약 {진흙, 반죽}−{거리다, 대다}

'질버덕질버덕'의 준말. 진흙이나 반죽 따위가 물기가 많아 매우 부드럽게 진 느낌.

¶서로 잡고 있던 손을 놓을 때는, 비록 겨울의 냉기가 손등을 얼게 하였으나, 손바닥에는 땀이 **질벅질벅** 배어 있었다.≪김동인, 젊은 그들≫

질벅-히

의미 [+느낌],[+진흙]v[+반죽],[+물기],[+유연],[+점성]

제약 {진흙, 반죽}−{거리다, 대다}

진흙이나 반죽 따위가 물기가 많아 부드럽게 진
정도로.

질번질번-히

의미 [+살림],[−부족],[+여유],[+윤택]

제약

겉으로 보기에 살림이 모자람이 없이 넉넉하고
윤택하게.

¶난롯불도 꺼지고 찬바람이 휙 도나 그래도 물
건들은 **질번질번히** 놓여 있고 사람들을 휩쓸어
내간 집 같지는 않다.≪염상섭, 삼대≫

질실-히

의미 [−장식],[+진실]

제약

꾸밈이 없고 진실하게.

질쑥-이

의미 [+상태],[+물건],[+부분],[+오목]

제약

긴 물건의 한 부분이 우묵하게 쑥 들어가 있는
상태로.

질쑥-질쑥

의미 [+모양],[+물건],[+도처],[+오목]

제약

긴 물건의 여러 군데가 우묵하게 들어가 질룩한
모양.

질중-히

의미 [+신체],[+비만],[+무게]

제약

몸이 뚱뚱하고 무겁게.

질직-히

의미 [−장식],[−숨김],[+정직]

제약

꾸미거나 숨김이 없고 정직하게.

질질[01]

의미 [+소리]v[+모양],[+바닥],[+접촉],[+끌
림],[−속도]

제약 { }-{끌다}

① 바닥에 늘어지거나 닿아서 느리게 끌리는 소
리. 또는 그 모양.

¶치맛자락을 **질질** 끌고 다니다./다리를 **질질** 끌
며 가다./어머니는 신을 제대로 신지도 못하시

고 **질질** 끌며 아버지를 따라나섰다./상민·상구
형제는 커다란 몽둥이를 **질질** 끌고 다니며 질서
를 잡느라고 소리쳤다.≪김용성, 도둑 일기≫

의미 [+모양],[+견인],[−의욕],[−기운]

제약 { }-{끌리다}

② 이끄는 대로 힘없이 끌려가는 모양.

¶그는 멱살을 잡힌 채 밖으로 **질질** 끌려 나갔
다./그 사람은 남이 하자는 대로 **질질** 끌려만 다
닌다./역졸들은 그 여인들 머리끄덩이를 틀어쥐
고 **질질** 끌고 나갔다.≪송기숙, 녹두 장군≫/나는
꼼짝 못하고 그에게 **질질** 끌려 탈판을 에워싼
둔덕을 지나 꼬불꼬불한 오솔길을 통해 산을 넘
었다.≪박완서, 도시의 흉년≫

의미 [+모양],[+날짜]v[+기한],[+연기],[+반
복]

제약 {날짜, 기한}-{미루다}

③ 정한 날짜나 기한 따위를 자꾸 뒤로 미루는
모양.

¶사장은 임금 지급을 몇 달 동안 **질질** 끌었다./
이번 농지 개혁은 하도 **질질** 끌다가 시행되는
사업이라 아무래도 말썽이 따를 소지가 많아서
그래.≪김원일, 불의 제전≫/보름 가까이 **질질** 끌던
포로 교환 협상이 오늘 드디어 결실을 보았다.
≪홍성원, 육이오≫

의미 [+모양],[+이야기],[+길이],[−흥미],
[+반복]

제약 {이야기}-{끌다}

④ 이야기 따위를 지루하게 자꾸 늘이는 모양.

¶얘기를 **질질** 끌지 말고 결론만 말해.

질질[02]

의미 [+모양],[+물건],[−분수],[+분실]v[+누
락],[+반복]

제약 {물건}-{흘리다, 빠뜨리다}

① 몸에 지닌 물건들을 주책없이 여기저기 자꾸
흘리거나 빠뜨리는 모양.

¶아이가 과자 부스러기를 **질질** 흘리며 먹고 있
다./성필이 아버지가 관리하고 있는 그 집에 가
서 짚 더미 몇 단을 얻어 그나마 골목길에 지푸
라기를 **질질** 흘리며 무거운 듯이 끌어다 주면서
땔감으로 하라고 한 적이 딱 한 번.≪김승옥, 동두

천》

의미 [+모양],[+물]v[+침]v[+땀]v[+콧물],
[+흐름],[+연속]

제약 {물, 침, 땀, 콧물}-{흐르다}

② 물이나 침, 땀, 콧물 따위가 잇따라 흐르는
모양.

¶숲 바닥은 질척거렸고 여기저기 건수가 터져
물이 **질질** 흐르고 있었다.≪유재용, 성역≫/개똥이
녀석은 침을 **질질** 흘리며 다람쥐를 쫓아 달려가
면서 팔매질을 한다.≪박경리, 토지≫

의미 [+모양],[+울음],[+눈물]v[+콧물],[+흐
름],[+연속]

제약 {사람}-{울다}

③ 눈물이나 콧물을 조금씩 흘리면서 잇따라 우
는 모양.

¶질질 울다.

질질03

의미 [+모양],[+기름기]v[+윤기],[+광택],
[+정도]

제약 {기름기, 윤기}-{흐르다}

기름기나 윤기 따위가 번드르르 흐르는 모양.

¶기름기가 **질질** 흐르는 얼굴./기생 아씨나 기
생이 되다 만 것처럼 난봉기가 **질질** 흐르는 신
여성한테도 허리를 못 펴고 굽실거려야만 했
다.≪박완서, 미망≫

질질04

의미 [+모양],[+행동],[-주관],[+경박],[+반
복]

제약

주책없이 자꾸 가볍게 행동하는 모양.

질척-질척

의미 [+느낌],[+진흙]v[+반죽],[+물기],[+유
연],[+점성],[+정도]

제약 {진흙, 반죽}-{거리다, 대다}

진흙이나 반죽 따위가 물기가 매우 많아 몹시
차지고 진 느낌.

¶햇살이 비치자 거리에 쌓인 눈이 **질척질척** 녹
아내리기 시작했다./산도 들판도 하늘까지도 질
척질척 물속에 젖어 있었다.≪유재용, 성역≫

질커덕-질커덕

의미 [+느낌],[+진흙]v[+반죽],[+물기],[+점
성],[+정도]

제약 {진흙, 반죽}-{거리다, 대다}

진흙이나 반죽 따위가 물기가 매우 많아 몹시
진 느낌.

질컥-질컥

의미 [+느낌],[+진흙]v[+반죽],[+물기],[+점
성],[+정도]

제약 {진흙, 반죽}-{거리다, 대다, 하다}

'질커덕질커덕'의 준말. 진흙이나 반죽 따위가
물기가 매우 많아 몹시 진 느낌.

¶비가 와서 운동장이 **질컥질컥** 진창이 되어 버
렸다.

질탕스레

의미 [+유희],[+신명],[+과도]

제약 {사람}-{놀다}

보기에 신이 나서 정도가 지나치도록 흥겹게 놀
아 대는 데가 있게.

¶그들은 **질탕스레** 먹고 마시며 떠들어 대고 있
었다.

질탕-히

의미 [+유희],[+신명],[+과도]

제약 {사람}-{놀다}

신이 나서 정도가 지나치도록 흥겹게.

¶질탕히 놀다./하상오의 일행이…밤새도록 **질탕
히** 놀고 돌아간 뒤에 금향이는 두 눈이 개개풀
려서….≪이기영, 신개지≫

질퍼덕-질퍼덕

의미 [+느낌],[+진흙]v[+반죽],[+물기],[+유
연],[+점성],[+정도]

제약 {진흙, 반죽}-{거리다, 대다}

진흙이나 반죽 따위가 물기가 많아 매우 부드럽
게 진 느낌.

¶질퍽한 논둑길을 그는 **질퍼덕질퍼덕** 걸어갔다.

질퍽-질퍽

의미 [+느낌],[+진흙]v[+반죽],[+물기],[+유
연],[+점성],[+정도]

제약 {진흙, 반죽}-{거리다, 대다}

'질퍼덕질퍼덕'의 준말. 진흙이나 반죽 따위가
물기가 많아 매우 부드럽게 진 느낌.

ㅈ

¶가로등조차 없는 거대한 공터는 언제나 진흙이 **질펀질펀** 습기에 젖어 있었고 채 베어 내지 못한 미루나무들이 전신주처럼 우뚝 서 있었다. ≪최인호, 돌의 초상≫

질펀-히

의미 [+상태],[+땅],[+넓이],[+평평]

제약 {땅}-{ }

① 땅이 넓고 평평하게 펼쳐진 상태로.

¶눈앞에 **질펀히** 깔린 논과 밭을 내려다보며 모든 복잡한 생각을 흘려보내려고 무진 애를 썼다. ≪심훈, 영원의 미소≫

의미 [-일],[-기운]

제약

② 주저앉아 하는 일 없이 늘어져 있는 모습으로.

¶영규는 차가운 시멘트 바닥에 등을 대고 **질펀히** 누웠다.≪황석영, 무기의 그늘≫

의미 [+상태],[+습기]v[+침수]

제약

③ 질거나 젖은 상태로.

¶애원을 거듭하는 동안에 눈물은 양 볼로 흘러 베개를 **질펀히** 적시었다.≪마해송, 아름다운 새벽≫

의미 [+상태],[+물건],[+다수],[-정돈]

제약

④ 물건 따위가 즐비하게 널린 상태로.

¶장사꾼들이 물건을 땅바닥에 **질펀히** 늘어놓고 팔고 있다.

짐스레

의미 [+의무],[+부담]

제약

짐을 간수하는 것처럼 귀찮고 부담이 되는 데가 있게.

짐짓

의미 [-진심],[+고의]

제약

① 마음으로는 그렇지 않으나 일부러 그렇게.

¶**짐짓** 모른 체하다./**짐짓** 놀라는 척하다./언니는 이미 다 알면서도 동생의 얘기에 **짐짓** 놀라는 표정을 지었다./내심으로는 만화가 무당의 손녀라는 사실에 경악을 하면서도, **짐짓** 그 놀라움은

마음속에 가두어 두고….≪문순태, 피아골≫

의미 [+생각],[+실제],[+동일],[+확인]

제약

②=과연01①. 아닌 게 아니라 정말로.

¶먹어 보니, **짐짓** 기가 막힌 음식이더라.

집고

의미 [+필연]

제약

무엇을 미루어 생각할 때에, 꼭 그러할 것이라는 뜻을 나타내는 말.

집목-히

의미 [+상호],[+의도],[+일치],[+다정]

제약

서로 뜻이 맞고 정답게.

집요-히

의미 [+고집],[+집요],[+정도]

제약

몹시 고집스럽고 끈질기게.

집적-집적

의미 [+모양],[+일][-상관],[+관계]v[+관여],[+반복]

제약

① 아무 일에나 함부로 자꾸 손대거나 참견하는 모양.

¶그는 이 일 저 일 **집적집적** 건드리기만 했지, 이뤄 놓은 게 하나도 없다.

의미 [+모양],[+언사]v[+행동],[+타인],[+도발],[+불만],[+반복]

제약

② 말이나 행동으로 자꾸 남을 건드려 성가시게 하는 모양.

¶그는 자기 회사 물건을 사 달라고 **집적집적** 신경을 건드렸다.

집집-이

의미 [+집],[+전부],[+개별]

제약

모든 집마다.

¶**집집이** 돌아다니며 구걸하다./**집집이** 쌀 한 되씩 추렴하여 노자를 마련해 주었다./내가 어렸을 적엔 집에서 감자만 쪄도 **집집이** 나눠 먹곤

했다./명절이 되어 화려한 고깔에 채복을 두른 농악대가 **집집이** 돌아가면서 지신을 밟아 주면 정성껏 차린 음식과 술이 푸짐하게 나왔었다. ≪김춘복, 쌈짓골≫

짓궂-이

의미 [+타인],[+장난],[+고통],[+불만],[−만족]

제약

장난스럽게 남을 괴롭고 귀찮게 하여 달갑지 아니하게.

¶**짓궂이** 놀리다./어떻게 들으면 말을 만들어 보려고 **짓궂이** 비꼬는 강강한 어투가 또 들린다. ≪염상섭, 삼대≫

짓짓-이

의미 [+행위],[+전부]

제약

하는 짓마다.

¶손자는 **짓짓이** 제 아비를 닮았다.

징

의미 [+모양],[+눈물],[+고임]

제약

눈물이 어리는 모양.

¶눈물이 **징** 솟아오르다.

징검-징검

의미 [+모양],[+바느질],[+간격]

제약 { }-{꿰매다}

① 띄엄띄엄 징거서 꿰매는 모양.

의미 [+모양],[+걸음],[+보폭],[+정도]

제약 {사람}-{걷다}

② 발을 멀찍멀찍 떼어 놓으며 걷는 모양.

¶소년 하나가 물 위에 드러난 돌을 **징검징검** 디디며 개울을 건넌다.

징그러이

의미 [+모양],[+소름],[+불길]v[+참혹],[+정도]

제약

① 보거나 만지기에 소름이 끼칠 정도로 흉하거나 끔찍한 모양.

의미 [+모양],[+행동],[−수치],[+혐오]

제약

② 하는 행동이 유들유들하여 역겨운 모양.

징글-징글

의미 [+모양],[+소름],[+불길]v[+참혹],[+정도]

제약

소름이 끼칠 정도로 몹시 흉하거나 끔찍한 모양.

¶**징글징글** 웃다.

징얼-징얼

의미 [+소리]v[+모양],[+신체][+불편]v[+마음][+불만],[+역정]v[+불평],[+반복]

제약

몸이 불편하거나 마음에 못마땅하여 짜증을 내며 자꾸 중얼거리거나 보채는 소리. 또는 그 모양.

징징

의미 [+모양],[+불쾌]v[+불만],[+불평]v[+역정],[+반복]

제약

언짢거나 못마땅하여 자꾸 보채거나 짜증을 내는 모양.

¶**징징** 짜는 목소리로 떼를 쓰다./아이는 장난감을 사 달라며 **징징** 졸라 댔다./옆집 아이는 걸핏하면 **징징** 울며 떼를 쓴다./순점이는 **징징** 우는 소리를 하며 눈으로는 하소연하듯 월숙이를 쏘아본다.≪이기영, 신개지≫

짜그락-짜그락

의미 [+모양],[+사건],[−중요],[+분쟁],[+반복]

제약 {사람}-{다투다}

하찮은 일로 옥신각신하며 자꾸 다투는 모양. '자그락자그락01'보다 센 느낌을 준다.

짜그르르

의미 [+소리]v[+모양],[+액체]v[+기름],[+점성],[+비등],[+순간]

제약 {액체, 기름}-{끓다}

적은 양의 걸쭉한 액체나 기름 따위가 갑자기 끓어오르는 소리. 또는 그 모양. '자그르르'보다 센 느낌을 준다.

짜근덕-짜근덕

의미 [+모양],[+불만],[+끈기],[+반복]

제약 { }-{대다, 거리다}

조금 성가실 정도로 끈덕지게 자꾸 귀찮게 구는 모양. '자근덕자근덕'보다 센 느낌을 준다.

¶막내는 자기도 데려가 달라며 짜근덕짜근덕 엄마를 졸랐다.

짜근-짜근

의미 [+모양],[+불만],[+은근],[+반복]

제약 { }-{대다, 거리다}

조금 성가실 정도로 은근히 자꾸 귀찮게 구는 모양. '자근자근01①'보다 센 느낌을 준다.

짜글-짜글

의미 [+소리]v[+모양],[+액체]v[+기름], [+점성],[+건조],[+비등],[+반복]

제약 {액체, 기름}-{끓다}

① 적은 양의 액체나 기름 따위가 걸쭉하게 잦아들면서 자꾸 끓는 소리. 또는 그 모양. '자글자글01①'보다 센 느낌을 준다.

¶찌개가 짜글짜글 끓는다.

의미 [+모양],[+마음],[+근심],[+걱정]v[+안달]v[−만족]

제약

② 걱정스럽거나 조바심이 나거나 못마땅하여 마음을 졸이는 모양. '자글자글01②'보다 센 느낌을 준다.

의미 [+모양],[+아이],[+통증],[+열],[+반복]

제약 {아이}-{끓다}

③ 어린아이가 아파서 열이 자꾸 나며 몸이 달아오르는 모양. '자글자글01③'보다 센 느낌을 준다.

¶늦게까지 안 들어오는 딸 걱정에 어머니는 마음을 짜글짜글 졸이고 있다.

의미 [+모양],[+물체],[+축소],[+주름],[+정도]

제약

④ 물체가 쪼그라들어 잔주름이 많은 모양. '자글자글02'보다 센 느낌을 준다.

¶그녀는 그동안 고생을 얼마나 했는지 얼굴에 짜글짜글 주름이 잔뜩이다.

짜금-짜금

의미 [+모양],[+섭취],[+입맛],[+호감],[+반

복]

제약 { }-{먹다}

입맛을 자꾸 짝짝 다시며 맛있게 먹는 모양.

짜긋

의미 [+모양],[+눈까풀],[+접촉],[−정도]

제약

① 눈 따위를 살짝 짜그리는 모양. 늑짜긋이①.

의미 [+모양],[+타인],[+옷자락],[+당김]

제약

② 남의 옷자락을 살며시 잡아당기는 모양. 늑짜긋이②.

¶그는 그냥 가만히 있으라는 듯 일어서는 그녀의 옷자락을 짜긋 잡아당겼다.

짜긋-이

의미 [+모양],[+눈까풀],[+접촉],[−정도]

제약

①=짜긋①. 눈 따위를 살짝 짜그리는 모양.

¶눈을 짜긋이 감다.

의미 [+모양],[+타인],[+옷자락],[+당김]

제약

②=짜긋②. 남의 옷자락을 살며시 잡아당기는 모양.

짜긋-짜긋

의미 [+모양],[+눈까풀],[+접촉],[−정도], [+반복]

제약

① 눈 따위를 살짝살짝 자꾸 짜그리는 모양.

의미 [+모양],[+타인],[+옷자락],[+당김], [+반복]

제약

② 자꾸 남의 옷자락을 살며시 잡아당기는 모양.

짜드락-짜드락

의미 [+모양],[+타인],[+불만],[+반복]

제약 { }-{대다, 거리다}

남이 귀찮아하도록 자꾸 성가시게 구는 모양. '자드락자드락01'보다 센 느낌을 준다.

짜득-짜득

의미 [+모양],[+물건],[+질김],[−절단],[+정도]

제약

물건이 잘 끊어지지 아니할 정도로 검질긴 모양.

¶엿이 짜득짜득 이에 들러붙는다.

짜들름-짜들름

의미 [+모양],[+물건]v[+돈],[+사용]v[+지급],[+분할]

제약 {물건, 돈}-{나누다, 쓰다, 주다}

물건이나 돈 따위를 자주 조금씩 쓰거나 여러 번 나누어 주는 모양.

짜뜰름-짜뜰름

의미 [+모양],[+물건]v[+돈],[+사용]v[+지급],[+분할]

제약 {물건, 돈}-{나누다, 쓰다, 주다}

물건이나 돈 따위를 조금씩 자주 쓰거나 여러 번 나누어 주는 모양. '짜들름짜들름'보다 센 느낌을 준다,

¶할머니는 생각나실 때마다 새 모이를 **짜뜰름짜뜰름** 주신다.

짜락

의미 [+소리]v[+모양],[+소나기],[+낙하],[+다량],[+순간]

제약 {소나기}-{내리다}

빗발이 굵은 소나기가 세차게 한 번 퍼붓는 소리. 또는 그 모양.

¶먹구름이 끼는가 싶더니 어느 순간 **짜락** 빗줄기가 쏟아졌다.

짜락-짜락

의미 [+소리]v[+모양],[+소나기],[+낙하],[+다량],[+연속]

제약 {소나기}-{내리다}

빗발이 굵은 소나기가 잇따라 세차게 퍼붓는 소리. 또는 그 모양.

¶**짜락짜락 짜락짜락**, 비는 계속 그칠 줄을 몰랐다. 마침내 우레와 번개까지 몰고 왔다.≪오유권. 대지의 학대≫

짜랑

의미 [+소리],[+쇠붙이],[+충돌],[+공명],[-길이]

제약 {쇠붙이}-{부딪치다, 울리다}

① 얇은 쇠붙이 따위가 서로 가볍게 부딪쳐 짧

게 울리는 소리. '자랑①'보다 센 느낌을 준다.

¶못이 **짜랑** 소리를 내며 바닥으로 떨어졌다.

의미 [+소리]v[+모양],[+목소리],[+높이],[+청아]

제약 {목소리}-{울리다}

② 목소리가 높고 맑게 울리는 소리. 또는 그 모양. '자랑②'보다 센 느낌을 준다.

짜랑-짜랑

의미 [+소리],[+쇠붙이],[+충돌],[+공명],[-길이],[+반복]

제약 {쇠붙이}-{부딪치다, 울리다}

① 얇은 쇠붙이 따위가 자꾸 서로 가볍게 부딪쳐 짧게 울리는 소리. '자랑자랑①'보다 센 느낌을 준다.

¶**짜랑짜랑** 방울 소리가 요란하게 난다.

의미 [+소리]v[+모양],[+목소리],[+높이],[+청아],[+반복]

제약 {목소리}-{울리다}

② 목소리가 자꾸 높고 맑게 울리는 소리. 또는 그 모양. '자랑자랑②'보다 센 느낌을 준다.

¶그녀의 흥분에 찬 목소리는 극장 안에서 **짜랑짜랑** 울려 퍼졌다.

짜르랑

의미 [+소리],[+쇠붙이],[+충돌],[+공명]

제약 {쇠붙이}-{부딪치다, 울리다}

얇은 쇠붙이 따위가 서로 가볍게 부딪쳐 울리는 소리. '자르랑'보다 센 느낌을 준다.

짜르랑-짜르랑

의미 [+소리],[+쇠붙이],[+충돌],[+공명],[+반복]

제약 {쇠붙이}-{부딪치다, 울리다}

얇은 쇠붙이 따위가 자꾸 서로 가볍게 부딪쳐 울리는 소리. '자르랑자르랑'보다 센 느낌을 준다.

짜르르[01]

의미 [+모양],[+물기]v[+기름기]v[+윤기],[+광택]

제약 {물기, 기름기, 윤기}-{흐르다}

물기나 기름기, 윤기 따위가 많이 흘러서 반지르르한 모양. '자르르[01]①'보다 센 느낌을 준다.

¶새까맣고 윤이 **짜르르** 흐르는 머리카락.

짜르르02

의미 [＋느낌],[＋뼈마디]v[＋신체],[＋부분],
[＋마비]

제약 {뼈마디, 몸}-{저리다}

① 뼈마디나 몸의 일부가 조금 자린 느낌. '자르
르02①'보다 센 느낌을 준다.

¶술이 목을 타고 **짜르르** 흘러내리는 것이 느껴
진다./그녀의 손을 잡는 순간 무엇인지 모를 전
율이 **짜르르** 내 신경을 자극했다.

의미 [＋모양],[＋움직임]v[＋열]v[＋전기],[＋확
산],[＋속도]

제약

② 움직임이나 열, 전기 따위가 한 지점에서 주
위로 조금 빠르게 퍼져 나가는 모양. '자르르02
②'보다 센 느낌을 준다.

¶먹물이 화선지에 떨어지자마자 **짜르르** 번졌다.

짜르륵

의미 [＋소리],[＋대롱],[＋액체],[＋흡입],[－용
이]

제약

대롱 따위로 액체가 간신히 빨려 나오는 소리.

짜르륵-짜르륵

의미 [＋소리],[＋대롱],[＋액체],[＋흡입],[－용
이],[＋연속]

제약

대롱 따위로 액체가 잇따라 간신히 빨려 나오는
소리.

¶우유가 얼마 남지 않았는지 빨대를 빨 때마다
짜르륵짜르륵 소리가 났다.

짜름-히

의미 [＋길이],[＋부족],[－정도]

제약

약간 짧은 듯이.

짜릿-찌릿

의미 [＋느낌],[＋마비],[＋정도]v[＋반복]

제약 {몸}-{저리다}

① 매우 또는 자꾸 자린 듯한 느낌. '자릿자릿
①'보다 센 느낌을 준다.

¶오랫동안 무릎을 꿇고 있었더니 뼈마디가 **짜릿**

짜릿 저렸다.

의미 [＋느낌],[＋심리],[＋자극],[＋흥분],[＋요
동],[＋순간],[＋정도]

제약

② 심리적 자극을 받아 마음이 순간적으로 꽤
흥분되고 떨리는 듯한 느낌. '자릿자릿②'보다
센 느낌을 준다.

¶그는 고향에서 자신을 기다리고 있을 아내를
생각하면 가슴 한 쪽이 **짜릿짜릿** 저려 왔다.

짜박

의미 [＋소리],[＋발],[＋걸음],[＋기운],[－정도]

제약 {발}-{내디디다, 걷다}

발에 힘을 주어 살짝 내디디는 소리.

짜박-짜박

의미 [＋소리]v[＋모양],[＋걸음],[＋기운],[－정
도],[＋연속]

제약 {발}-{내디디다, 걷다}

발에 힘을 주어 살짝 내디디면서 잇따라 걷는
소리. 또는 그 모양.

¶**짜박짜박** 걷다./어둠 속에서 **짜박짜박** 다가오는
발소리를 듣고 달려가서 그녀는 손녀를 덥석 끌
어안았다.≪윤흥길, 완장≫/대열이의 돌잔치가 있
었다. 대열이는 돌상 머리에서 가위를 집어 들
고 **짜박짜박** 걸음마를 했다.≪하근찬, 나룻배 이야
기≫

짜장

의미 [＋사실]

제약

과연 정말로.

¶그는 **짜장** 사실인 것처럼 이야기를 한다./제발
남편이 신발과 댕기를 사 오기를 축수하고 나서,
짜장 댕기와 고무신을 사 오지 않으면 사생결단
으로 싸워 보리라 마음먹었다.≪정비석, 성황당≫/
기를 쓰고 가르쳐 본댔자 소 귀에 경 읽기라는
말이 **짜장** 헛된 이야기만도 아닌 셈이었다.≪박
태순, 어느 사학도의 젊은 시절≫

짜증스레

의미 [＋역정]

제약

보기에 짜증이 나는 데가 있게.

¶묻는 말에 **짜증스레** 대답을 하다./칠성이가⋯ 갈라진 이빨 사이로 재빨리 침을 뱉으면서 **짜증스레** 물었다.≪최인호, 지구인≫

짝⁰¹

의미 [+소리]v[+모양],[+줄]v[+획],[+한번]

제약 {줄, 획}-{긋다}

① 줄이나 획을 한 번 긋는 소리. 또는 그 모양. '작⁰¹①'보다 센 느낌을 준다.

¶색연필로 줄을 **짝** 긋다.

의미 [+소리]v[+모양],[+종이]v[+천],[+분리],[+한번]

제약 {종이, 천}-{찢다}

② 종이나 천 따위를 한 번 찢는 소리. 또는 그 모양. '작⁰¹②'보다 센 느낌을 준다.

¶편지를 **짝** 찢다./사장은 그가 제출한 보고서를 대충 한 번 읽더니 **짝** 찢어서 휴지통에 던졌다.

짝⁰²

의미 [+소리]v[+모양],[+액체],[+줄기],[+뻗침],[+정도]

제약 { }-{뻗치다}

① 적은 액체가 가는 줄기로 세게 뻗치는 소리. 또는 그 모양. '작⁰²①'보다 센 느낌을 준다.

의미 [+소리]v[+모양],[+물체],[+활주],[+마찰],[+정도]

제약 {물체}-{미끄러지다}

② 작은 물체가 세게 문질리면서 미끄러지는 소리. 또는 그 모양. '작⁰²②'보다 센 느낌을 준다.

¶빗길에 발이 **짝** 미끄러져 넘어졌다./과부새는 우물물을 한 두레박 길어 벌컥벌컥 속을 식히고 홧김에 두레박의 물을 남근암에 **짝** 끼얹어 버렸다.≪이정환, 샛강≫

짝⁰³

의미 [+소리]v[+모양],[+입맛],[+혀],[+소리]

제약 {입맛}-{다시다}

① 혀를 차면서 입맛을 한 번 다시는 소리. 또는 그 모양.

¶입맛을 **짝** 다시다.

의미 [+소리]v[+모양],[+균열]v[+간극],[+정도],[+순간]

제약

② 대번에 세게 쪼개지거나 벌어지는 소리. 또는 그 모양.

¶사과가 두 쪽으로 **짝** 갈라지다./두 번째 박이 **짝** 열리자 비단 옷감이 쏟아져 나왔다./의원이 밖으로 나오자 사람들은 좌우로 **짝** 갈라서며 허리를 굽혀 길을 틔웠다.

의미 [+모양],[+입]v[+팔]v[+다리],[+벌림],[+정도]

제약 {사람}-{벌리다}

③ 입이나 팔, 다리 따위를 크게 벌리는 모양.

¶아버지께서 텔레비전의 뉴스를 보시고는 입을 **짝** 벌리셨다./양팔을 **짝** 벌리다.

짝⁰⁴

의미 [+모양],[+물체],[+접근]v[+밀착]

제약

① 물체가 바싹 다가붙거나 끈기 있게 달라붙는 모양.

¶몸에 **짝** 붙는 옷./신발 바닥에 껌이 **짝** 달라붙어 떨어지지 않는다.

의미 [+모양],[+입맛],[+적합]

제약

② 입맛에 딱 맞는 모양.

¶음식이 입에 **짝** 달라붙는다.

짝⁰⁵

의미 [+소리]v[+모양],[+손뼉],[+한번]

제약 {손뼉}-{치다}

손뼉을 한 번 치는 소리. 또는 그 모양.

¶아기는 고사리 같은 손으로 손뼉을 **짝** 쳤다.

짝⁰⁶

의미 [+모양],[+말],[+확산],[+순간]

제약 { }-{퍼지다}

말 따위가 갑자기 널리 퍼지는 모양.

¶소문이 **짝** 퍼지다./이 소문은 선거 뒤의 어수선한 시국 이야기와 함께 삽시간에 근동에 **짝** 퍼져 구경꾼들을 불러들였다.≪송기숙, 자랏골의 비가≫/종하가 규배의 집에서 자고 온 후에 규배의 집안 내력은 학급에 **짝** 알려지게 되었다.≪홍성암, 큰물로 가는 큰 고기≫

짝자그르

의미 [+모양],[+소문],[+확산],[+소란]

제약

① 소문이 널리 퍼져 떠들썩한 모양.

¶소문이 짝자그르 나다.

의미 [+소리]v[+모양],[+다수],[+웃음]v[+소란],[+편협]

제약

② 여럿이 모여 되바라지고 떠들썩하게 웃거나 떠들거나 하는 소리. 또는 그 모양.

¶여름밤의 개구리 울음소리는 멀리까지 짝자그르 들린다.

짝-짝⁰¹

의미 [+소리]v[+모양],[+줄]v[+획],[−주의]

제약 {줄, 획}-{긋다}

① 줄이나 획을 함부로 긋는 소리. 또는 그 모양. '작작⁰²①'보다 센 느낌을 준다.

의미 [+소리]v[+모양],[+종이]v[+천],[+분리],[−주의]

제약 {종이, 천}-{찢다}

② 종이나 천 따위를 마구 찢는 소리. 또는 그 모양. '작작⁰²②'보다 센 느낌을 준다.

¶순이는 그가 보낸 편지를 뜯어보지도 않고 짝짝 찢어 버렸다.

의미 [+소리]v[+모양],[+걸음],[+신],[+마찰],[−정도]

제약 {신발}-{끌다}

③ 신 따위를 가볍게 끌며 걷는 소리. 또는 그 모양. '작작⁰²③'보다 센 느낌을 준다.

¶실내화를 짝짝 끌다.

짝-짝⁰²

의미 [+소리]v[+모양],[+입맛],[+혀],[+소리],[+반복]

제약 {입맛}-{다시다}

① 혀를 차면서 자꾸 입맛을 다시는 소리. 또는 그 모양.

¶고기 굽는 냄새를 맡고 입맛을 짝짝 다시다.

의미 [+소리]v[+모양],[+균열]v[+간극],[+정도],[+반복]

제약

② 자꾸 세게 쪼개지거나 벌어지는 소리. 또는

그 모양.

¶가뭄이 들어 논바닥이 짝짝 갈라졌다.

의미 [+모양],[+입]v[+팔]v[+다리],[+벌림],[+정도],[+반복]

제약 {사람}-{벌리다}

③ 입이나 팔, 다리 따위를 자꾸 크게 벌리는 모양.

¶막내가 입을 짝짝 벌리며 노래를 부르는 모습에 온 식구가 배꼽을 잡았다.

짝-짝⁰³

의미 [+모양],[+물체],[+접근]v[+밀착],[+반복]

제약

① 물체가 자꾸 바싹 다가붙거나 끈기 있게 달라붙는 모양.

¶엿이 손에 짝짝 달라붙는다.

의미 [+모양],[+입맛],[+적합],[+정도]

제약

② 입맛에 아주 딱 맞는 모양.

¶반찬이 입에 짝짝 달라붙는다.

짝-짝⁰⁴

의미 [+소리]v[+모양],[+손뼉],[+반복]

제약 {손뼉}-{치다}

손뼉을 자꾸 치는 소리. 또는 그 모양.

¶박수를 짝짝 치다.

짠득-짠득

의미 [+모양],[+습기],[+점성],[+밀착],[+반복]

제약

① 녹진하고 차져 자꾸 끈적끈적하게 달라붙는 모양. '잔득잔득①'보다 센 느낌을 준다.

¶엿이 녹아 손에 자꾸 짠득짠득 달라붙는다.

의미 [+모양],[+질김],[−절단],[+반복]

제약

② 좀 검질겨서 자꾸 끊으려 하여도 잘 끊어지지 아니하는 모양. '잔득잔득②'보다 센 느낌을 준다.

의미 [+모양],[+성질]v[+행동],[+질김],[+끈기],[+정도]

제약

③ 성질이나 행동이 꽤 검질기게 끈기가 있는 모양. '잔득잔득③'보다 센 느낌을 준다.

¶이제 그만하라고 말리는데도 그는 **짠득짠득** 끝까지 하겠다고 고집이다.

짤가닥

의미 [+소리]v[+모양],[+물체],[+충돌],[-정도]

제약 {물체}-{부딪치다}

① 작고 단단한 물체가 조금 가볍게 맞부딪치는 소리. 또는 그 모양. '잘가닥①'보다 센 느낌을 준다.

의미 [+소리]v[+모양],[+물건],[+밀착],[+정도]

제약 {물건}-{붙다}

② 끈기 있는 물건이 세차게 달라붙는 소리. 또는 그 모양. '잘가닥②'보다 센 느낌을 준다.

¶장식용 병따개를 냉장고 문에 갔다 댔더니 **짤가닥** 달라붙었다.

의미 [+소리]v[+모양],[+자물쇠],[±개폐]

제약 {자물쇠}-{잠기다, 열리다}

③ 작은 자물쇠 따위가 잠기거나 열리는 소리. 또는 그 모양. '잘가닥③'보다 센 느낌을 준다.

¶잠긴 서랍을 열쇠로 **짤가닥** 열었다.

의미 [+소리]v[+모양],[+물건],[+충돌],[-정도]

제약 {물건}-{부딪치다}

④ 서로 닿으면 걸리어 붙는 단단한 물건끼리 조금 가볍게 맞부딪치는 소리. 또는 그 모양. '잘가닥④'보다 센 느낌을 준다.

짤가닥-짤가닥

의미 [+소리]v[+모양],[+물체],[+충돌],[-정도],[+반복]

제약 {물체}-{부딪치다}

① 작고 단단한 물체가 조금 가볍게 자꾸 맞부딪치는 소리. 또는 그 모양. '잘가닥잘가닥①'보다 센 느낌을 준다.

의미 [+소리]v[+모양],[+물건],[+밀착],[+정도],[+반복]

제약 {물건}-{붙다}

② 끈기 있는 물건이 자꾸 세차게 달라붙는 소

리. 또는 그 모양. '잘가닥잘가닥②'보다 센 느낌을 준다.

의미 [+소리]v[+모양],[+자물쇠],[±개폐],[+반복]

제약 {자물쇠}-{잠기다, 열리다}

③ 작은 자물쇠 따위가 자꾸 잠기거나 열리는 소리. 또는 그 모양. '잘가닥잘가닥③'보다 센 느낌을 준다.

의미 [+소리]v[+모양],[+물건],[+충돌],[-정도],[+반복]

제약 {물건}-{부딪치다}

④ 서로 닿으면 걸리어 붙는 단단한 물건끼리 조금 가볍게 자꾸 맞부딪치는 소리. 또는 그 모양. '잘가닥잘가닥④'보다 센 느낌을 준다.

¶문이 잠겼는지 열리지는 않고 손잡이만 **짤가닥짤가닥** 헛돌았다.

짤가당

의미 [+소리]v[+모양],[+쇠붙이],[+충돌],[+공명]

제약 {쇠붙이}-{부딪치다, 울리다}

작고 단단한 쇠붙이 따위가 조금 가볍게 맞부딪쳐 울리는 소리. 또는 그 모양. '잘가당'보다 센 느낌을 준다.

¶못이 유리 위에 **짤가당** 떨어졌다.

짤가당-짤가당

의미 [+소리]v[+모양],[+쇠붙이],[+충돌],[+공명],[+반복]

제약 {쇠붙이}-{부딪치다, 울리다}

작고 단단한 쇠붙이 따위가 조금 가볍게 자꾸 서로 맞부딪쳐 울리는 소리. 또는 그 모양. '잘가당잘가당'보다 센 느낌을 준다.

¶청소부들이 종을 **짤가당짤가당** 울리며 쓰레기차가 왔음을 알린다.

짤각

의미 [+소리]v[+모양],[+물체],[+충돌],[-정도]

제약 {물체}-{부딪치다}

① '짤가닥①'의 준말. 작고 단단한 물체가 조금 가볍게 맞부딪치는 소리. 또는 그 모양.

의미 [+소리]v[+모양],[+물건],[+밀착],[+정

도]

제약 {물건}-{붙다}

② ‘짤가닥②’의 준말. 끈기 있는 물건이 세차게 달라붙는 소리. 또는 그 모양.

의미 [+소리]v[+모양],[+자물쇠],[±개폐]

제약 {자물쇠}-{잠기다, 열리다}

③ ‘짤가닥③’의 준말. 작은 자물쇠 따위가 잠기거나 열리는 소리. 또는 그 모양.

¶자물쇠를 **짤각** 잠그다.

의미 [+소리]v[+모양],[+물건],[+충돌],[-정도]

제약 {물건}-{부딪치다}

④ ‘짤가닥④’의 준말. 서로 닿으면 걸리어 붙는 단단한 물건끼리 조금 가볍게 맞부딪치는 소리. 또는 그 모양.

짤각-짤각

의미 [+소리]v[+모양],[+물체],[+충돌],[-정도],[+반복]

제약 {물체}-{부딪치다}

① ‘짤가닥짤가닥①’의 준말. 작고 단단한 물체가 조금 가볍게 자꾸 맞부딪치는 소리. 또는 그 모양.

¶하사들은 제각기 의용군들의 뒤에 자리 잡으면서 **짤각짤각** 요란스럽게 장전을 다시 하더니 저마다 소리를 지르는 것이었습니다.≪장용학, 원형의 전설≫

의미 [+소리]v[+모양],[+물건],[+밀착],[+정도],[+반복]

제약 {물건}-{붙다}

② ‘짤가닥짤가닥②’의 준말. 끈기 있는 물건이 자꾸 세차게 달라붙는 소리. 또는 그 모양.

의미 [+소리]v[+모양],[+자물쇠],[±개폐],[+반복]

제약 {자물쇠}-{잠기다, 열리다}

③ ‘짤가닥짤가닥③’의 준말. 작은 자물쇠 따위가 자꾸 잠기거나 열리는 소리. 또는 그 모양.

의미 [+소리]v[+모양],[+물건],[+충돌],[-정도],[+반복]

제약 {물건}-{부딪치다}

④ ‘짤가닥짤가닥④’의 준말. 서로 닿으면 걸리

어 붙는 단단한 물건끼리 조금 가볍게 자꾸 맞부딪치는 소리. 또는 그 모양.

짤강

의미 [+소리]v[+모양],[+쇠붙이],[+충돌],[+공명]

제약 {쇠붙이}-{부딪치다, 울리다}

‘짤가당’의 준말. 작고 단단한 쇠붙이 따위가 조금 가볍게 맞부딪쳐 울리는 소리. 또는 그 모양.

짤강-짤강

의미 [+소리]v[+모양],[+쇠붙이],[+충돌],[+공명],[+반복]

제약 {쇠붙이}-{부딪치다, 울리다}

‘짤가당짤가당’의 준말. 작고 단단한 쇠붙이 따위가 조금 가볍게 자꾸 서로 맞부딪쳐 울리는 소리. 또는 그 모양.

짤그락

의미 [+소리]v[+모양],[+쇠붙이],[+낙하]v[+충돌]

제약 {쇠붙이}-{떨어지다, 부딪치다}

얇은 쇠붙이 따위가 조금 가볍게 떨어지거나 맞부딪치는 소리. 또는 그 모양. ‘잘그락’보다 센 느낌을 준다.

¶병사들은 철모를 고쳐 쓰고, 조심스럽게 **짤그락** 실탄을 먹이고, 방탄조끼를 여미고 조용히 전투 준비를 했다.≪안정효, 하얀 전쟁≫

짤그락-짤그락

의미 [+소리]v[+모양],[+쇠붙이],[+낙하]v[+충돌],[+연속]

제약 {쇠붙이}-{떨어지다, 부딪치다}

얇은 쇠붙이 따위가 잇따라 조금 가볍게 떨어지거나 맞부딪치는 소리. 또는 그 모양. ‘잘그락잘그락’보다 센 느낌을 준다.

¶부엌에서 누가 설거지를 하는지 **짤그락짤그락** 그릇 부딪히는 소리가 들린다.

짤그랑

의미 [+소리]v[+모양],[+쇠붙이],[+낙하]v[+충돌],[+공명]

제약 {쇠붙이}-{떨어지다, 부딪치다, 울리다}

작고 얇은 쇠붙이 따위가 조금 가볍게 떨어지거나 맞부딪쳐 울리는 소리. 또는 그 모양. ‘잘그랑'보다 센 느낌을 준다.

¶자동판매기에 동전을 넣자 **짤그랑** 떨어지는 소리가 났다.

짤그랑-짤그랑
의미 [+소리]v[+모양],[+쇠붙이],[+낙하]v[+충돌],[+공명],[+반복]

제약 {쇠붙이}-{떨어지다, 부딪치다, 울리다}

작고 얇은 쇠붙이 따위가 조금 가볍게 자꾸 떨어지거나 맞부딪쳐 울리는 소리. 또는 그 모양. '잘그랑잘그랑'보다 센 느낌을 준다.

짤깃-짤깃
의미 [+느낌],[+질김],[+정도]

제약

① 매우 질긴 듯한 느낌. '잘깃잘깃①'보다 센 느낌을 준다.

의미 [+모양],[+성질]v[+행동],[+질김],[+끈기],[+정도]

제약

② 성질이나 행동이 매우 검질긴 모양. '잘깃잘깃②'보다 센 느낌을 준다.

짤까닥
의미 [+소리]v[+모양],[+물체],[+충돌],[-정도]

제약 {물체}-{부딪치다}

① 작고 단단한 물체가 조금 가볍게 맞부딪치는 소리. 또는 그 모양. '잘가닥①'보다 아주 센 느낌을 준다.

¶**짤까닥**, 전화선을 타고 수화기를 내려놓는 소리가 들려왔다.

의미 [+소리]v[+모양],[+물건],[+밀착],[+정도]

제약 {물건}-{붙다}

② 끈기 있는 물건이 세차게 달라붙는 소리. 또는 그 모양. '잘가닥②'보다 아주 센 느낌을 준다.

의미 [+소리]v[+모양],[+자물쇠],[±개폐]

제약 {자물쇠}-{잠기다, 열리다}

③ 작은 자물쇠 따위가 잠기거나 열리는 소리. 또는 그 모양. '잘가닥③'보다 아주 센 느낌을 준다.

의미 [+소리]v[+모양],[+물건],[+충돌],[-정도]

제약 {물건}-{부딪치다}

④ 서로 닿으면 걸리어 붙는 단단한 물건끼리 조금 가볍게 맞부딪치는 소리. 또는 그 모양. '잘가닥④'보다 아주 센 느낌을 준다.

짤까닥-짤까닥
의미 [+소리]v[+모양],[+물체],[+충돌],[-정도],[+반복]

제약 {물체}-{부딪치다}

① 작고 단단한 물체가 조금 가볍게 자꾸 맞부딪치는 소리. 또는 그 모양. '잘가닥잘가닥①'보다 아주 센 느낌을 준다.

의미 [+소리]v[+모양],[+물건],[+밀착],[+정도],[+반복]

제약 {물건}-{붙다}

② 끈기 있는 물건이 자꾸 세차게 달라붙는 소리. 또는 그 모양. '잘가닥잘가닥②'보다 아주 센 느낌을 준다.

의미 [+소리]v[+모양],[+자물쇠],[±개폐],[+반복]

제약 {자물쇠}-{잠기다, 열리다}

③ 작은 자물쇠 따위가 자꾸 잠기거나 열리는 소리. 또는 그 모양. '잘가닥잘가닥③'보다 아주 센 느낌을 준다.

의미 [+소리]v[+모양],[+물건],[+충돌],[-정도],[+반복]

제약 {물건}-{부딪치다}

④ 서로 닿으면 걸리어 붙는 단단한 물건끼리 조금 가볍게 자꾸 맞부딪치는 소리. 또는 그 모양. '잘가닥잘가닥④'보다 아주 센 느낌을 준다.

짤까당
의미 [+소리]v[+모양],[+쇠붙이],[+충돌],[+공명]

제약 {쇠붙이}-{부딪치다, 울리다}

작고 단단한 쇠붙이 따위가 조금 가볍게 맞부딪쳐 울리는 소리. 또는 그 모양. '잘가당'보다 센 느낌을 준다.

¶못이 유리 위에 **짤가당** 떨어졌다.

짤까당-짤까당

도]

제약 {물건}-{붙다}

② '짤까닥짤까닥②'의 준말. 끈기 있는 물건이 자꾸 세차게 달라붙는 소리. 또는 그 모양.

의미 [+소리]v[+모양],[+자물쇠],[±개폐],[+반복]

제약 {자물쇠}-{잠기다, 열리다}

③ '짤까닥짤까닥③'의 준말. 작은 자물쇠 따위가 자꾸 잠기거나 열리는 소리. 또는 그 모양.

의미 [+소리]v[+모양],[+물건],[+충돌],[-정도],[+반복]

제약 {물건}-{부딪치다}

④ '짤까닥짤까닥④'의 준말. 서로 닿으면 걸리어 붙는 단단한 물건끼리 조금 가볍게 자꾸 맞부딪치는 소리. 또는 그 모양.

짤깡

의미 [+소리]v[+모양],[+쇠붙이],[+충돌],[+공명]

제약 {쇠붙이}-{부딪치다, 울리다}

'짤까당'의 준말. 작고 단단한 쇠붙이 따위가 조금 가볍게 맞부딪쳐 울리는 소리. 또는 그 모양.

짤깡-짤깡

의미 [+소리]v[+모양],[+쇠붙이],[+충돌],[+공명],[+반복]

제약 {쇠붙이}-{부딪치다, 울리다}

'짤까당짤까당'의 준말. 작고 단단한 쇠붙이 따위가 조금 가볍게 자꾸 서로 맞부딪쳐 울리는 소리. 또는 그 모양.

짤끔

의미 [+모양],[+액체],[+흐름]v[+누출],[±정지]

제약

① 적은 양의 액체 따위가 조금 새어 흐르거나 나왔다 그치는 모양. '잘금①'보다 아주 센 느낌을 준다.

의미 [+모양],[+비],[+낙하],[+정지]

제약 {비}-{오다, 내리다, 그치다}

② 비가 조금 내렸다 그치는 모양. '잘금②'보다 아주 센 느낌을 준다.

의미 [+모양],[+물건],[+흘림]

의미 [+소리]v[+모양],[+쇠붙이],[+충돌],[+공명],[+반복]

제약 {쇠붙이}-{부딪치다, 울리다}

작고 단단한 쇠붙이 따위가 조금 가볍게 자꾸 서로 맞부딪쳐 울리는 소리. 또는 그 모양. '잘가당잘가당'보다 센 느낌을 준다.

¶청소부들이 종을 짤가당짤가당 울리며 쓰레기차가 왔음을 알린다.

짤깍

의미 [+소리]v[+모양],[+물체],[+충돌],[-정도]

제약 {물체}-{부딪치다}

① '짤까닥①'의 준말. 작고 단단한 물체가 조금 가볍게 맞부딪치는 소리. 또는 그 모양.

¶매정하게 전화를 짤깍 끊다./컵과 컵이 짤깍 특유한 음향을 발했다.≪최정희, 인간사≫

의미 [+소리]v[+모양],[+물건],[+밀착],[+정도]

제약 {물건}-{붙다}

② '짤까닥②'의 준말. 끈기 있는 물건이 세차게 달라붙는 소리. 또는 그 모양.

의미 [+소리]v[+모양],[+자물쇠],[±개폐]

제약 {자물쇠}-{잠기다, 열리다}

③ '짤까닥③'의 준말. 작은 자물쇠 따위가 잠기거나 열리는 소리. 또는 그 모양.

¶철문이 짤깍 잠겼다.

의미 [+소리]v[+모양],[+물건],[+충돌],[-정도]

제약 {물건}-{부딪치다}

④ '짤까닥④'의 준말. 서로 닿으면 걸리어 붙는 단단한 물건끼리 조금 가볍게 맞부딪치는 소리. 또는 그 모양.

짤깍-짤깍

의미 [+소리]v[+모양],[+물체],[+충돌],[-정도]

제약 {물체}-{부딪치다}

① '짤까닥짤까닥①'의 준말. 작고 단단한 물체가 조금 가볍게 자꾸 맞부딪치는 소리. 또는 그 모양.

의미 [+소리]v[+모양],[+물건],[+밀착],[+정도]

제약 {물건}-{흘리다}

③ 작은 물건 따위를 조금씩 흘리는 모양. '잘금③'보다 아주 센 느낌을 준다.

짤끔-짤끔

의미 [+모양],[+액체],[+흐름]v[+누출],[±정지],[+반복]

제약

① 적은 양의 액체 따위가 조금씩 자꾸 새어 흐르거나 나왔다 그쳤다 하는 모양. '잘금잘금①'보다 아주 센 느낌을 준다.

의미 [+모양],[+비],[+낙하],[+정지],[+반복]

제약 {비}-{오다, 내리다, 그치다}

② 비가 조금씩 자꾸 내렸다 그쳤다 하는 모양. '잘금잘금②'보다 아주 센 느낌을 준다,

¶비가 짤끔짤끔 내리다.

의미 [+모양],[+물건],[+흘림],[+반복]

제약 {물건}-{흘리다}

③ 작은 물건 따위를 조금씩 자꾸 흘리는 모양. '잘금잘금③'보다 아주 센 느낌을 준다.

의미 [+모양],[+물건]v[+돈],[+사용]v[+지급],[+반복]v[+분할]

제약 {물건, 돈}-{나누다, 쓰다, 주다}

④ 물건이나 돈 따위를 조금씩 자꾸 쓰거나 여러 번 나누어서 주는 모양. '잘금잘금④'보다 아주 센 느낌을 준다.

¶돈을 그렇게 짤끔짤끔 쓰니까 특별히 한 것도 없이 돈이 늘 부족한 거야.

짤똑-이

의미 [+물건],[+부분],[+오목],[+깊이]

제약

기다란 물건의 한 부분이 깊게 패어 오목하게. '잘똑이'보다 센 느낌을 준다.

¶그 물건은 가운데가 짤똑이 들어간 것이 이상하게 생겼다.

짤똑-짤똑01

의미 [+모양],[+다리],[-대칭]v[+장애],[+걸음],[-균형],[+반복]

제약 {사람, 동물}-{거리다, 절다}

한쪽 다리가 짧거나 탈이 나서 자꾸 되똑되똑 저는 모양. '잘똑잘똑01'보다 센 느낌을 준다,

¶다리를 짤똑짤똑 절며 걷는다.

짤똑-짤똑02

의미 [+모양],[+물건],[+도처],[+오목],[+깊이]

제약

기다란 물건이 군데군데 깊게 패어 오목한 모양. '잘똑잘똑02'보다 센 느낌을 준다,

¶짤똑짤똑 마디가 생긴 아기의 다리가 매우 귀엽다.

짤랑

의미 [+소리],[+방울]v[+쇠붙이],[+요동]v[+충돌],[+공명]

제약 {방울, 쇠붙이}-{흔들리다, 부딪치다, 울리다}

작은 방울이나 얇은 쇠붙이 따위가 흔들리거나 부딪쳐 울리는 소리. '잘랑'보다 센 느낌을 준다.

¶주머니에서 짤랑 돈 소리가 났다.

짤랑-짤랑

의미 [+소리],[+방울]v[+쇠붙이],[+요동]v[+충돌],[+공명],[+반복]

제약 {방울, 쇠붙이}-{흔들리다, 부딪치다, 울리다}

작은 방울이나 얇은 쇠붙이 따위가 자꾸 흔들리거나 부딪쳐 울리는 소리. '잘랑잘랑'보다 센 느낌을 준다.

¶짤랑짤랑 방울 소리./움직일 때마다 옷에 매달린 장신구가 짤랑짤랑 흔들렸다./말은 투루루투루루 코를 풀고 짤랑짤랑 방울을 울리며, 축축하게 젖은 새벽 바람을 가르고 내달았다.≪문순태, 타오르는 강≫/작은 종을 누군가가 직접 흔들고 다니는 듯 짤랑짤랑 명랑한 종소리가 집 안을 구석구석 휘젓고 지나갔다.≪박완서, 오만과 몽상≫

짤래-짤래

의미 [+모양],[+사람],[+머리],[±좌우],[+요동],[+반복]

제약 {머리}-{흔들다}

머리를 좌우로 가볍게 자꾸 흔드는 모양. '잘래잘래'보다 센 느낌을 준다. ≒짤쨀01①.

¶과자가 싫은지 아이가 고개를 짤래짤래 흔든다.

짤록

의미 [+모양],[+물건],[+부분],[+오목]

제약

기다란 물건의 한 군데가 패어 들어가 오목한 모양. '잘록'보다 센 느낌을 준다. 늑짤록이.

¶그 기둥의 가운데 부분은 마치 사람의 허리처럼 짤록 들어가 있었다.

짤록-이

의미 [+모양],[+물건],[+부분],[+오목]

제약

=짤록. 기다란 물건의 한 군데가 패어 들어가 오목한 모양.

짤록-짤록01

의미 [+모양],[+물건],[+도처],[+오목]

제약

기다란 물건의 여러 군데가 패어 오목하게 들어간 모양. '잘록잘록01'보다 센 느낌을 준다.

짤록-짤록02

의미 [+모양],[+걸음],[+요동],[+반복]

제약 { }-{절다}

걸을 때에 다리를 조금씩 자꾸 저는 모양. '잘록잘록02'보다 센 느낌을 준다.

¶그는 다친 다리가 아직 낫지 않았는지 짤록짤록 걸었다.

짤름-짤름01

의미 [+모양],[+액체],[+요동],[+범람],[+반복]

제약 {액체}-{넘치다}

가득 찬 액체가 흔들려서 조금씩 자꾸 넘치는 모양. '잘름잘름01'보다 센 느낌을 준다.

¶음식 배달을 할 때는 국물이 짤름짤름 흘러 넘칠 수 있으니 항상 조심해야 한다.

짤름-짤름02

의미 [+모양],[+다리],[-대칭]v[+장애],[+걸음],[-균형],[+반복]

제약 {사람, 동물}-{거리다, 절다}

한쪽 다리가 짧거나 다치거나 하여 걷거나 뛸 때 몸이 한쪽으로 자꾸 가볍게 기우뚱하는 모양. '잘름잘름02'보다 센 느낌을 준다.

짤름-짤름03

의미 [+모양],[+분배],[-동시],[+분할]

제약 { }-{나누다, 주다}

한꺼번에 주지 아니하고 여러 번에 걸쳐 조금씩 주는 모양. '잘름잘름03'보다 센 느낌을 준다.

¶그는 몇 푼 안 되는 돈을 짤름짤름 주었다.

짤막-짤막

의미 [+모양],[+전부],[+길이],[+부족]

제약

여럿이 다 조금 짧은 듯한 모양.

¶노끈을 짤막짤막 자르다./뒤에서 여자가 짤막짤막 끊어지는 메마른 소리로 웃었다.≪유재용, 성역≫/짤막짤막 손쉬운 베트남 말이었지만 그는 간신히 알아먹을 수 있었다.≪박영한, 머나먼 송바 강≫

짤쏙-이

의미 [+상태],[+물건],[+부분],[+오목]

제약

긴 물건의 한 부분이 오목하게 쏙 들어간 상태로. '잘쏙이'보다 센 느낌을 준다.

짤쏙-짤쏙01

의미 [+모양],[+걸음],[-중심],[+균형]

제약 {사람, 동물}-{거리다, 절다}

걸을 때 약간 잘뚝거리는 모양. '잘쏙잘쏙01'보다 센 느낌을 준다.

짤쏙-짤쏙02

의미 [+모양],[+물건],[+도처],[+오목]

제약

긴 물건의 여러 군데가 오목하게 들어가 잘록한 모양. '잘쏙잘쏙02'보다 센 느낌을 준다.

짤짤01

의미 [+모양],[+사람],[+머리],[±좌우],[+요동],[+반복]

제약 {머리}-{흔들다}

①=짤래짤래. 머리를 좌우로 가볍게 자꾸 흔드는 모양.

¶머리를 짤짤 흔들어 자신의 의사를 강하게 드러낸다.

의미 [+모양],[+물건],[+장악],[+요동]

제약 {물건}-{흔들다}

② 물건을 손에 들고 가볍게 흔드는 모양. '잘잘01②'보다 센 느낌을 준다.

¶아기가 장난감을 짤짤 흔들어 댔다.

쌀쌀⁰²

의미 [+모양],[+액체],[+비등],[+고열]

제약 {액체}-{끓다}

① 액체 따위가 높은 열로 끓는 모양. '잘잘⁰²①'보다 센 느낌을 준다.

¶난로 위의 주전자 물이 **쌀쌀** 끓는다.

의미 [+모양],[+더위],[+온도],[+높음],[+정도]

제약 {온도}-{끓는다, 높다}

② 온도가 매우 높아 더운 모양. '잘잘⁰²②'보다 센 느낌을 준다.

¶방이 **쌀쌀** 끓다./심한 감기로 몸이 **쌀쌀** 끓다.

쌀쌀⁰³

의미 [+모양],[−주관],[±왕복],[±방향],[+운동],[+반복]

제약 { }-{싸다니다}

주책없이 자꾸 이리저리 바삐 싸다니는 모양. '잘잘⁰³'보다 센 느낌을 준다.

¶동생은 특별한 볼일도 없이 온 동네를 **쌀쌀** 싸다닌다.

쌀쌀⁰⁴

의미 [+소리]v[+모양],[+바닥],[+접촉],[+끌림],[−정도]

제약 { }-{끌다}

바닥에 늘어지거나 닿아서 가볍게 끌리는 소리. 또는 그 모양. '잘잘⁰⁴'보다 센 느낌을 준다.

¶거실에서 긴 치마를 입고 **쌀쌀** 끌며 다닌다./아이는 커다란 고무신을 **쌀쌀** 끌며 집 밖을 돌아다녔다.

쌀쌀⁰⁵

의미 [+모양],[+기름기]v[+윤기],[+광택],[+정도]

제약 {기름기, 윤기}-{흐르다}

① 기름기나 윤기가 반드르르 흐르는 모양. '잘잘⁰⁵①'보다 센 느낌을 준다.

¶머릿결 관리를 어떻게 하기에 늘 그렇게 윤기가 **쌀쌀** 흐르고 찰랑찰랑한 거니?

의미 [+모양],[+태도]v[+기색],[+충만]

제약 { }-{흐르다}

② 어떤 태도나 기색 따위가 넘쳐흐르는 모양.

'잘잘⁰⁵②'보다 센 느낌을 준다.

¶양복에 넥타이까지 하니까 너도 이제 회사원 티가 **쌀쌀** 흐른다.

쌀쌀⁰⁶

의미 [+소리]v[+모양],[+물],[+흐름],[−중단]

제약 {물}-{흐르다}

① 적은 물이 끊임없이 흐르는 소리. 또는 그 모양. '잘잘⁰⁶①'보다 센 느낌을 준다.

¶예전에 고지대에 있는 집들은 수돗물이 밤에만 **쌀쌀** 나와 여간 불편한 게 아니었다./가뭄이 들어 계곡물이 **쌀쌀** 소리 내며 흐르고 있다.

의미 [+모양],[+오줌]v[+물],[+배설]v[+흐름]

제약

② 오줌이나 물 따위를 조금씩 갈기거나 흘리는 모양. '잘잘⁰⁶②'보다 센 느낌을 준다.

쌀카닥

의미 [+소리]v[+모양],[+물체],[+충돌],[−정도]

제약 {물체}-{부딪치다}

① 작고 단단한 물체가 조금 가볍게 맞부딪치는 소리. 또는 그 모양. '잘가닥①'보다 세고 거센 느낌을 준다.

의미 [+소리]v[+모양],[+물건],[+밀착],[+정도]

제약 {물건}-{붙다}

② 끈기 있는 물건이 세차게 달라붙는 소리. 또는 그 모양. '잘가닥②'보다 세고 거센 느낌을 준다.

의미 [+소리]v[+모양],[+자물쇠],[±개폐]

제약 {자물쇠}-{잠기다, 열리다}

③ 작은 자물쇠 따위가 잠기거나 열리는 소리. 또는 그 모양. '잘가닥③'보다 세고 거센 느낌을 준다.

¶열쇠를 넣자 자물쇠가 **쌀카닥** 열렸다.

의미 [+소리]v[+모양],[+물건],[+충돌],[−정도]

제약 {물건}-{부딪치다}

④ 서로 닿으면 걸리어 붙는 단단한 물건끼리

조금 가볍게 맞부딪치는 소리. 또는 그 모양. '잘가닥④'보다 세고 거센 느낌을 준다.

짤카닥-짤카닥

의미 [+소리]v[+모양],[+물체],[+충돌],[-정도],[+반복]

제약 {물체}-{부딪치다}

① 작고 단단한 물체가 조금 가볍게 자꾸 맞부딪치는 소리. 또는 그 모양. '잘가닥잘가닥①'보다 세고 거센 느낌을 준다.

의미 [+소리]v[+모양],[+물건],[+밀착],[+정도],[+반복]

제약 {물건}-{붙다}

② 끈기 있는 물건이 자꾸 세차게 달라붙는 소리. 또는 그 모양. '잘가닥잘가닥②'보다 세고 거센 느낌을 준다.

의미 [+소리]v[+모양],[+자물쇠],[±개폐],[+반복]

제약 {자물쇠}-{잠기다, 열리다}

③ 작은 자물쇠 따위가 자꾸 잠기거나 열리는 소리. 또는 그 모양. '잘가닥잘가닥③'보다 세고 거센 느낌을 준다.

의미 [+소리]v[+모양],[+물건],[+충돌],[-정도],[+반복]

제약 {물건}-{부딪치다}

④ 서로 닿으면 걸리어 붙는 단단한 물건끼리 조금 가볍게 자꾸 맞부딪치는 소리. 또는 그 모양. '잘가닥잘가닥④'보다 세고 거센 느낌을 준다.

짤카당

의미 [+소리]v[+모양],[+쇠붙이],[+충돌],[+공명]

제약 {쇠붙이}-{부딪치다, 울리다}

작고 단단한 쇠붙이 따위가 조금 가볍게 맞부딪쳐 울리는 소리. 또는 그 모양. '잘가당'보다 세고 거센 느낌을 준다.

짤카당-짤카당

의미 [+소리]v[+모양],[+쇠붙이],[+충돌],[+공명],[+반복]

제약 {쇠붙이}-{부딪치다, 울리다}

작고 단단한 쇠붙이 따위가 조금 가볍게 자꾸

맞부딪쳐 울리는 소리. 또는 그 모양. '잘가당잘가당'보다 세고 거센 느낌을 준다.

짤칵

의미 [+소리]v[+모양],[+물체],[+충돌],[-정도]

제약 {물체}-{부딪치다}

① '짤카닥①'의 준말. 작고 단단한 물체가 조금 가볍게 맞부딪치는 소리. 또는 그 모양.

의미 [+소리]v[+모양],[+물건],[+밀착],[+정도]

제약 {물건}-{붙다}

② '짤카닥②'의 준말. 끈기 있는 물건이 세차게 달라붙는 소리. 또는 그 모양.

의미 [+소리]v[+모양],[+자물쇠],[±개폐]

제약 {자물쇠}-{잠기다, 열리다}

③ '짤카닥③'의 준말. 작은 자물쇠 따위가 잠기거나 열리는 소리. 또는 그 모양.

¶바깥에서 문을 잠그는 듯한 자물쇠 소리가 짤칵 났다.

의미 [+소리]v[+모양],[+물건],[+충돌],[-정도]

제약 {물건}-{부딪치다}

④ '짤카닥④'의 준말. 서로 닿으면 걸리어 붙는 단단한 물건끼리 조금 가볍게 맞부딪치는 소리. 또는 그 모양.

짤칵-짤칵

의미 [+소리]v[+모양],[+물체],[+충돌],[-정도],[+반복]

제약 {물체}-{부딪치다}

① '짤카닥짤카닥①'의 준말. 작고 단단한 물체가 조금 가볍게 자꾸 맞부딪치는 소리. 또는 그 모양.

의미 [+소리]v[+모양],[+물건],[+밀착],[+정도]

제약 {물건}-{붙다}

② '짤카닥짤카닥②'의 준말. 끈기 있는 물건이 자꾸 세차게 달라붙는 소리. 또는 그 모양.

의미 [+소리]v[+모양],[+자물쇠],[±개폐],[+반복]

제약 {자물쇠}-{잠기다, 열리다}

③ '짤카닥짤카닥③'의 준말. 작은 자물쇠 따위가 자꾸 잠기거나 열리는 소리. 또는 그 모양.
의미 [+소리]v[+모양],[+물건],[+충돌],[-정도],[+반복]
제약 {물건}-{부딪치다}
④ '짤카닥짤카닥④'의 준말. 서로 닿으면 걸리어 붙는 단단한 물건끼리 조금 가볍게 자꾸 맞부딪치는 소리. 또는 그 모양.

짤캉
의미 [+소리]v[+모양],[+쇠붙이],[+충돌],[+공명]
제약 {쇠붙이}-{부딪치다, 울리다}
'짤카당'의 준말. 작고 단단한 쇠붙이 따위가 조금 가볍게 맞부딪쳐 울리는 소리. 또는 그 모양.

짤캉-짤캉
의미 [+소리]v[+모양],[+쇠붙이],[+충돌],[+공명],[+반복]
제약 {쇠붙이}-{부딪치다, 울리다}
'짤카당짤카당'의 준말. 작고 단단한 쇠붙이 따위가 조금 가볍게 자꾸 맞부딪쳐 울리는 소리. 또는 그 모양.
¶그 공장에는 금속을 절단하는 거대한 기계들이 짤캉짤캉 소리를 내어 신속하게 움직이고 있다.

짬짬-이
의미 [+여가],[+전부]
제약
짬이 나는 대로 그때그때.
¶언니는 직장에 다니면서도 짬짬이 아버지가 하시는 일을 도왔다./나는 원장과 대화를 나누는 짬짬이 귀를 쫑긋거리며 그녀가 냄 직한 무슨 소리를 탐색했었으나 그런 소리는 어디서도 들리지 않았었다.≪윤후명, 별보다 멀리≫

짭조름-히
의미 [+함미],[-정도]
제약
조금 짠맛이 있게.

짭짤-히
의미 [+함미],[+호감]
제약
① 감칠맛이 있게 조금 짠 정도로.

의미 [+일]v[+행동],[+규범],[+견고]
제약
② 일이나 행동이 규모 있고 야무지게.
의미 [+일],[+실속]
제약
③ 일이 잘되어 실속이 있게.
의미 [+물건],[+실속],[+가치]
제약
④ 물건이 실속 있고 값지게.

짭짭
의미 [+소리]v[+모양],[+일],[+불만],[+입맛]
제약
① 어떤 대상이나 일이 못마땅할 때 쑵쓰레하게 입맛을 다시는 소리. 또는 그 모양.
¶경찰은 비행을 저지른 아이들을 보며 아무 말도 하지 않은 채 입만 짭짭 다시고 있다.
의미 [+소리],[+음식],[+입맛],[+호감]
제약 { }-{다시다}
② 어떤 음식의 맛을 보거나 감칠맛이 있을 때 입맛을 다시는 소리.
¶대표 요리사는 내가 만든 소스를 조금 찍어 입맛을 짭짭 다시더니 합격의 표시로 고개를 끄덕였다./한 모금 마시고 입을 짭짭 다시고, 두 모금 마시고 짭짭 다시고는 비위에 맞는 듯이 쭉 들이켠다.≪이광수, 흙≫
의미 [+소리],[+음식],[+섭취],[-주의]
제약
③ 음식을 마구 먹을 때 나는 소리.
¶형은 요란하게 짭짭 소리를 내면서 냉잇국을 맛있게 먹고 있었다.

짯짯-이
의미 [+성미],[+엄숙],[-유연]
제약
① 딱딱하고 깔깔한 성미로.
¶짯짯이 조사하다./얼굴을 짯짯이 되작거려 보다./방석코는 잠시 아무 말도 하지 않고 대불이의 행색을 짯짯이 뜯어보기만 하였다.≪문순태, 타오르는 강≫
의미 [+나무][+결]v[+피륙][+바탕],[+유연]

제약

② 나무의 결이나 피륙의 바탕 따위가 깔깔하고 연하게.

의미 [+빛깔],[+청결]

제약

③ 빛깔이 맑고 깨끗하게.

짱

의미 [+소리]v[+모양],[+얼음]v[+물질],[+분리],[+순간]

제약

얼음장이나 굳은 물질 따위가 갑자기 갈라질 때 나는 소리. 또는 그 모양.

¶갑자기 짱 소리가 나며 커피 잔에 금이 갔다.

짱알-짱알

의미 [+소리]v[+모양],[+신체][+불편]v[+마음][+불만],[+역정]v[+불평],[+반복]

제약

몸이 불편하거나 마음에 못마땅하여 짜증을 내며 자꾸 좋알거리거나 보채는 소리. 또는 그 모양. '장알장알'보다 센 느낌을 준다.

¶자다 깬 아이가 방에 혼자 앉아서 **짱알짱알** 소리 내며 운다.

째긋

의미 [+모양],[+눈까풀],[+접촉]

제약

① 눈 따위를 짜그리는 모양. 늑째긋이①.

¶남편은 아내의 말을 알아들었다는 신호로 눈을 째긋 감았다.

의미 [+모양],[+타인],[+옷자락],[+당김]

제약 { }-{잡아당기다}

② 남의 옷자락을 가만히 잡아당기는 모양. 늑째긋이②.

¶내가 잠시 딴전을 피우자 친구가 내 바지를 째긋 잡아당겼다.

째긋-이

의미 [+모양],[+눈까풀],[+접촉]

제약

①=째긋①. 눈 따위를 짜그리는 모양.

¶처녀는 눈을 째긋이 감고 조용히 앉아 있었다.

의미 [+모양],[+타인],[+옷자락],[+당김]

제약

②=째긋②. 남의 옷자락을 가만히 잡아당기는 모양.

째긋-째긋

의미 [+모양],[+눈까풀],[+접촉],[+반복]

제약

① 눈 따위를 자꾸 짜그리는 모양.

¶삼촌은 눈을 째긋째긋 움직이며 나에게 신호를 보냈다.

의미 [+모양],[+타인],[+옷자락],[+당김],[+반복]

제약 { }-{잡아당기다}

② 남의 옷자락을 자꾸 가만히 잡아당기는 모양.

¶짝은 내 바지를 째긋째긋 잡아당기며 조용하라고 했다

째까닥01

의미 [+모양],[+일],[+해결],[+만족],[+속도]

제약 { }-{해치우다, 처리하다}

어떤 일을 시원스럽게 빨리 해치우는 모양. '재까닥01'보다 센 느낌을 준다.

¶아들은 시킨 일을 째까닥 끝내고 놀러 나갔다./그는 아버지께서 심부름을 시키자마자 째까닥 뛰어나갔다.

째까닥02

의미 [+소리]v[+모양],[+물건],[+충돌]v[+절단],[+속도]

제약 {물건}-{부딪치다, 부러지다}

작고 단단한 물건이 가볍게 빨리 맞부딪치거나 부러지는 소리. 또는 그 모양. '재까닥02'보다 센 느낌을 준다.

째까닥-째까닥01

의미 [+모양],[+일],[+해결],[+만족],[+속도],[+연속]

제약 { }-{해치우다, 처리하다}

어떤 일을 잇따라 시원스럽게 해치우는 모양. '재까닥재까닥01'보다 센 느낌을 준다.

¶김 대리는 무슨 일을 시켜도 째까닥째까닥 끝낸다./일꾼들은 감독이 시키는 대로 째까닥째까닥 움직였다.

째까닥-째까닥02

의미 [+소리]v[+모양],[+물건],[+충돌]v[+절단],[+속도],[+반복]

제약 {물건}-{부딪치다, 부러지다}

작고 단단한 물건이 가볍게 빨리 자꾸 맞부딪치거나 부러지는 소리. 또는 그 모양. '재까닥재까닥02'보다 센 느낌을 준다.

째깍01

의미 [+모양],[+일],[+해결],[+만족],[+속도]

제약 { }-{해치우다, 처리하다}

'째까닥01'의 준말. 어떤 일을 시원스럽게 빨리 해치우는 모양.

¶수리공은 능숙한 손놀림으로 그 일을 **째깍** 해치웠다.

째깍02

의미 [+소리]v[+모양],[+물건],[+충돌]v[+절단],[+속도]

제약 {물건}-{부딪치다, 부러지다}

① '째까닥02'의 준말. 작고 단단한 물건이 가볍게 빨리 맞부딪치거나 부러지는 소리. 또는 그 모양.

의미 [+소리],[+시계],[+톱니바퀴],[+회전],[+한번]

제약 {시계}-{돌아가다}

② 시계 따위의 톱니바퀴가 한 번 돌아가는 소리. '재깍02②'보다 센 느낌을 준다.

째깍-째깍01

의미 [+모양],[+일],[+해결],[+만족],[+속도],[+연속]

제약 { }-{해치우다, 처리하다}

'째까닥째까닥01'의 준말. 어떤 일을 잇따라 시원스럽게 해치우는 모양.

¶밀렸던 작업을 **째깍째깍** 해치우다.

째깍-째깍02

의미 [+소리]v[+모양],[+물건],[+충돌]v[+절단],[+속도],[+반복]

제약 {물건}-{부딪치다, 부러지다}

① '째까닥째까닥02'의 준말. 작고 단단한 물건이 가볍게 빨리 자꾸 맞부딪치거나 부러지는 소리. 또는 그 모양.

의미 [+소리],[+시계],[+톱니바퀴],[+회전],[+반복]

제약 {시계}-{돌아가다}

② 시계 따위의 톱니바퀴가 자꾸 돌아가는 소리. '재깍재깍02②'보다 센 느낌을 준다.

¶건전지를 갈아 끼우자 **째깍째깍** 시계가 움직였다./똑같은 리듬을 가진 말로서 치차(齒車)가 째깍째깍 돌아가는 소리나…≪이양하, 이양하 수필선≫

짹

의미 [+소리],[+참새]

제약 {참새}-{울다}

참새 따위가 우는 소리.

짹-짹

의미 [+소리],[+참새],[+반복]

제약 {참새}-{울다}

참새 따위가 자꾸 우는 소리.

¶전깃줄에 앉은 참새가 **짹짹** 지저귄다.

쨀쨀01

의미 [+모양],[+물건],[-분수],[+분실]v[+누락],[+반복]

제약 {물건}-{흘리다, 빠뜨리다}

① 몸에 지닌 물건들을 주책없이 여기저기 자꾸 흘리거나 빠뜨리는 모양. '잴잴01①'보다 센 느낌을 준다.

¶너는 왜 이렇게 조심성 없이 물건을 **쨀쨀** 흘리고 다니니?

의미 [+모양],[+물]v[+침]v[+땀]v[+콧물],[+흐름],[+반복]

제약 {물, 침, 땀, 콧물}-{흐르다}

② 물이나 침, 땀, 콧물 따위가 조금씩 자꾸 흐르는 모양. '잴잴01②'보다 센 느낌을 준다.

¶물이 **쨀쨀** 흐르다.

의미 [+모양],[+울음],[+눈물]v[+콧물],[+흐름],[+반복]

제약 {사람}-{울다}

③ 눈물이나 콧물을 조금씩 흘리면서 자꾸 우는 모양. '잴잴01③'보다 센 느낌을 준다.

¶눈물을 **쨀쨀** 짜다.

쨀쨀02

의미 [+모양],[+행동],[-주관],[+경박],[+반

복]

제약

주책없이 자꾸 가볍게 행동하는 모양. '잴잴02'보다 센 느낌을 준다.

쨍01

의미 [+소리],[+쇠붙이],[+충돌],[+공명],[+예리],[+높이],[+정도]

제약 {쇠붙이}-{부딪치다, 울리다}

① 쇠붙이 따위가 세게 부딪쳐서 날카롭고 높게 울리는 소리.

¶두 장수의 칼이 쨍 소리를 내며 허공에서 부딪쳤다.

의미 [+소리],[+유리]v[+얼음장],[+충돌]v[+분리]

제약 {유리, 얼음장}-{부딪치다, 갈라지다}

② 유리나 단단한 얼음장이 부딪치거나 갈라질 때 울리는 소리.

¶컵이 쨍 소리를 내며 바닥에 떨어졌다.

의미 [+소리],[+공명],[+높이],[+크기],[+정도]

제약 { }-{울리다}

③ 귀가 먹먹할 정도로 높고 강하게 울리는 소리.

¶총소리가 쨍 사면의 산을 흔들었다.≪이범선, 학마을 사람들≫

쨍02

의미 [+모양],[+햇볕],[+강렬]

제약 {햇볕}-{비치다, 내리쬐다}

햇볕 따위가 강하게 내리쬐는 모양.

¶구름이 걷히고 볕이 쨍 났다./하늘에 볕이 쨍 난 걸 보니 오늘 날씨는 덥겠다.

쨍강

의미 [+소리],[+쇠붙이]v[+유리],[+낙하]v[+충돌],[+공명]

제약 {쇠붙이, 유리}-{떨어지다, 부딪치다, 울리다}

얇은 쇠붙이나 유리 따위가 가볍게 떨어지거나 부딪쳐 맑게 울리는 소리. '쟁강'보다 센 느낌을 준다.

¶등 뒤에서 쨍강 소리가 나서 뒤돌아보니 조카가 깨진 유리컵을 들고 있었다.

쨍강-쨍강

의미 [+소리],[+쇠붙이]v[+유리],[+낙하]v[+충돌],[+공명],[+반복]

제약 {쇠붙이, 유리}-{떨어지다, 부딪치다, 울리다}

얇은 쇠붙이나 유리 따위가 자꾸 가볍게 떨어지거나 부딪쳐 맑게 울리는 소리. '쟁강쟁강'보다 센 느낌을 준다.

¶땅이 크게 진동하면서 건물의 유리창이 쨍강쨍강 깨졌다.

쨍그랑

의미 [+소리],[+쇠붙이]v[+유리],[+낙하]v[+충돌],[+공명]

제약 {쇠붙이, 유리}-{떨어지다, 부딪치다, 울리다}

얇은 쇠붙이나 유리 따위가 떨어지거나 부딪쳐 맑게 울리는 소리. '쟁그랑'보다 센 느낌을 준다.

¶거울이 쨍그랑 깨지다./잔이 쨍그랑 소리를 내며 바닥에 떨어졌다./찌개 냄비가 끓어 넘쳐 뚜껑이 쨍그랑 소리를 내며 부엌 바닥에 나뒹굴었다.

쨍그랑-쨍그랑

의미 [+소리],[+쇠붙이]v[+유리],[+낙하]v[+충돌],[+공명],[+반복]

제약 {쇠붙이, 유리}-{떨어지다, 부딪치다, 울리다}

얇은 쇠붙이나 유리 따위가 자꾸 떨어지거나 부딪쳐 맑게 울리는 소리. '쟁그랑쟁그랑'보다 센 느낌을 준다.

¶송아지 목에는 작은 종이 달려 있어서 움직일 때마다 쨍그랑쨍그랑 소리가 난다.

쨍긋

의미 [+모양],[+눈]v[+코],[+변형]

제약

눈이나 코를 약간 쨍그리는 모양.

¶여자는 하얀 이를 드러내며 그 남자에게 쨍긋 한쪽 눈을 감아 보였다.

쨍긋-쨍긋

의미 [+모양],[+눈]v[+코],[+변형],[+반복]

제약

눈이나 코를 자꾸 약간씩 쩽그리는 모양.

¶소녀는 인사 대신 눈을 **쨍긋쨍긋** 움직이며 손을 흔들었다./아이는 코가 가려운지 코를 **쨍긋쨍긋** 움직인다.

쨍긋

의미 [+모양],[+눈]v[+코],[+변형]

제약

눈이나 코를 몹시 쩽그리는 모양.

¶저 여자는 말이 막히면 눈을 **쨍긋** 움직이는 버릇이 있다./꼬마는 코가 좀 가려운지 코를 **쨍긋** 움직였다.

쨍긋-쨍긋

의미 [+모양],[+눈]v[+코],[+변형],[+반복]

제약

눈이나 코를 몹시 자꾸 쩽그리는 모양.

¶방에 고약한 냄새가 나자 막내는 코를 **쨍긋쨍긋** 움직이며 밖으로 나갔다.

쨍-쨍01

의미 [+소리],[+쇠붙이],[+충돌],[+공명],[+예리],[+높이],[+정도],[+반복]

제약 {쇠붙이}-{부딪치다, 울리다}

① 쇠붙이 따위가 자꾸 세게 부딪쳐서 날카롭고 높게 울리는 소리.

¶대장간에서 쇠를 두들기는 소리가 **쨍쨍** 울려왔다.

의미 [+소리],[+유리]v[+얼음장],[+충돌]v[+분리],[+반복]

제약 {유리, 얼음장}-{부딪치다, 갈라지다}

② 유리나 단단한 얼음장이 자꾸 부딪치거나 갈라지며 울리는 소리.

¶날이 풀리자 강 여기저기서는 얼음장이 갈라지는 소리가 **쨍쨍** 울려 왔다.

의미 [+소리],[+공명],[+높이],[+크기],[+정도],[+반복]

제약 { }-{울리다}

③ 귀가 먹먹할 정도로 높고 강하게 자꾸 울리는 소리.

¶별안간 쌍나팔 소리가 좁은 산골을 **쨍쨍** 울리자 마을 사람들은 웬일이 났는지 모르고 문밖으

로 뛰어나왔다.≪이기영, 봄≫/만날 화약을 뻥뻥 터뜨리고, 그러면 산이 **쨍쨍** 울리고….≪이동하, 우울한 귀향≫

쨍-쨍02

의미 [+모양],[+햇볕],[+강렬]

제약 {햇볕}-{비치다, 내리쬐다}

햇볕 따위가 몹시 내리쬐는 모양. 늑쨍쨍히.

¶햇볕이 **쨍쨍** 내리쬐는 바닷가./비가 오는 날이나 **쨍쨍** 갠 날이나 항상 장화를 신었다.≪이호철, 소시민≫/잡초가 우북한 철공소 부근 빈터에 가을볕이 제법 **쨍쨍** 비치고 있었다.≪윤흥길, 황혼의 집≫

쨍쨍03

의미 [+모양],[+불쾌]v[+불만],[+불평]v[+역정],[+반복]

제약

조금 언짢거나 못마땅하여 자꾸 보채거나 짜증을 내는 모양. '쟁쟁01'보다 센 느낌을 준다,

¶아이가 제 어머니 치맛자락을 잡고 계속 **쨍쨍** 울어 댄다.

쨍쨍-히

의미 [+모양],[+햇볕],[+강렬]

제약 {햇볕}-{비치다, 내리쬐다}

=쨍쨍02. 햇볕 따위가 몹시 내리쬐는 모양.

¶**쨍쨍히** 내리쬐는 햇볕 아래서 농부들은 김을 매느라고 정신이 없었다./하늘은 드높이 푸르고 맑은 가을 햇발이 **쨍쨍히** 비치는 손바닥만 한 마당이라도 상글하니 기분이 좋다.≪염상섭, 의처증≫

쩌

의미 [+소리],[+혀],[+마찰]

제약

혀를 차는 소리.

쩌금-쩌금

의미 [+모양],[+섭취],[+입맛],[+호감],[+반복]

제약 { }-{먹다}

입맛을 자꾸 쩝쩝 다시며 맛있게 먹는 모양.

¶신사가 여러 사람 앞에서 껌을 **쩌금쩌금** 씹는다./남편은 떡 접시를 아주 맡아 놓고, 아이들만

조금씩 집어 준 뒤에 **쩌금쩌금** 먹어 가고 또 쌍둥이 노래를 한다.≪염상섭, 우주 시대 전후의 아들딸≫

쩌렁

의미 [+소리],[+쇠붙이],[+충돌],[+공명],[-길이]

제약 {쇠붙이}-{부딪치다, 울리다}

① 얇은 쇠붙이 따위가 서로 부딪쳐 짧게 울리는 소리. '저렁①'보다 센 느낌을 준다.

의미 [+소리]v[+모양],[+목소리],[+크기],[+높이]

제약 {목소리}-{울리다}

② 목소리가 크고 높게 울리는 소리. 또는 그 모양. '저렁②'보다 센 느낌을 준다.

¶그 소리가 어찌나 크고 우렁찼던지 대들보가 **쩌렁** 울렸고 그 바람에 약질로 보이는 도포짜리 하나는 기겁을 하고 맨땅에 엉덩방아를 찧었다. ≪유현종, 들불≫

쩌렁-쩌렁

의미 [+소리],[+쇠붙이],[+충돌],[+공명],[-길이],[+반복]

제약 {쇠붙이}-{부딪치다, 울리다}

① 얇은 쇠붙이 따위가 자꾸 서로 부딪쳐 짧게 울리는 소리. '저렁저렁①'보다 센 느낌을 준다.

¶숲 사이에서 **쩌렁쩌렁** 요령을 울리며 자전거가 나타났다.≪최인호, 지구인≫

의미 [+소리]v[+모양],[+목소리],[+크기],[+높이],[+반복]

제약 {목소리}-{울리다}

② 목소리가 자꾸 크고 높게 울리는 소리. 또는 그 모양. '저렁저렁②'보다 센 느낌을 준다.

¶그들의 만세 소리는 **쩌렁쩌렁** 울리며 온 세상에 퍼져 나갔다./그들의 목소리에는 분기가 서려 악머구리 끓듯한 그 고함이 안채 용마루를 **쩌렁쩌렁** 울렸다.≪김원일, 불의 제전≫

쩌르렁

의미 [+소리],[+쇠붙이],[+충돌],[+공명]

제약 {쇠붙이}-{부딪치다, 울리다}

① 넓고 얇은 쇠붙이 따위가 서로 부딪쳐 울리는 소리. '저르렁①'보다 센 느낌을 준다.

의미 [+소리]v[+모양],[+목소리],[+크기],[+높이],[+반복]

제약 {목소리}-{울리다}

② 목소리가 멀리까지 크고 높게 울리는 소리. 또는 그 모양. '저르렁②'보다 센 느낌을 준다.

쩌르렁-쩌르렁

의미 [+소리],[+쇠붙이],[+충돌],[+공명],[+반복]

제약 {쇠붙이}-{부딪치다, 울리다}

① 넓고 얇은 쇠붙이 따위가 자꾸 서로 부딪쳐 울리는 소리. '저르렁저르렁①'보다 센 느낌을 준다.

의미 [+소리]v[+모양],[+목소리],[+크기],[+높이],[+반복]

제약 {목소리}-{울리다}

② 목소리가 멀리까지 크고 높게 자꾸 울리는 소리. 또는 그 모양. '저르렁저르렁②'보다 센 느낌을 준다.

¶온 산과 골짜기에 호랑이 소리가 **쩌르렁쩌르렁** 울려 퍼졌다.

쩌릿-쩌릿

의미 [+느낌],[+마비],[+정도]v[+반복]

제약 {몸}-{저리다}

① 매우 또는 자꾸 저린 듯한 느낌. '저릿저릿①'보다 센 느낌을 준다.

¶온몸이 **쩌릿쩌릿** 아프다./물이 너무 차가워서, 발을 오래 담그고 있자니 **쩌릿쩌릿** 찬 기운이 골수에까지 뻗쳐 올라온 듯싶었다.≪문순태, 피아골≫

의미 [+느낌],[+심리],[+자극],[+흥분],[+요동],[+순간],[+정도]

제약

② 심리적 자극을 받아 마음이 순간적으로 매우 흥분되고 떨리는 듯한 느낌. '저릿저릿②'보다 센 느낌을 준다.

쩌벅

의미 [+소리],[+발],[+걸음],[+기운],[+크기],[+무게]

제약 {발}-{내디디다, 걷다}

발에 힘을 주어 크고 묵직하게 내디디는 소리.

쩌벅-쩌벅

의미 [+소리]v[+모양],[+발],[+걸음],[+크기],[+무게],[+연속]

제약 {발}-{내디디다, 걷다}

발에 힘을 주어 크고 묵직하게 내디디면서 잇따라 걷는 소리. 또는 그 모양.

¶밖에서 **쩌벅쩌벅** 군인들의 군홧발 소리가 들려왔다.

쩌쩌

의미 [+소리],[+혀],[+마찰],[+반복]

제약

자꾸 혀를 차는 소리.

¶**쩌쩌** 철없는 놈./**쩌쩌** 그는 정말 안됐어.

쩍⁰¹

의미 [+소리]v[+모양],[+입맛],[+혀],[+소리]

제약 {입맛}-{다시다}

① 혀를 차면서 입맛을 크게 한 번 다시는 소리. 또는 그 모양.

¶돈이 없어서 맛있는 과일을 보고도 입만 **쩍** 다시고 돌아서야 했다.

의미 [+소리]v[+모양],[+균열]v[+간극],[+크기],[+순간]

제약

② 대번에 크게 쪼개지거나 벌어지는 소리. 또는 그 모양.

¶**쩍** 벌어진 어깨./수박이 반으로 **쩍** 쪼개지다./칼을 번쩍 들어 바위를 내려치자 불꽃이 나며 바위가 둘로 **쩍** 갈라졌다.

의미 [+모양],[+입]v[+팔]v[+다리],[+벌림],[+정도]

제약 {사람}-{벌리다}

③ 입이나 팔, 다리 따위를 아주 크게 벌리는 모양.

¶두 팔을 **쩍** 벌리고 서 있는 허수아비./홍선은 입을 **쩍** 벌렸다. 계월이가 젓가락으로 집어 주는 안주를, 혀를 길게 뽑아서 받아먹는 홍선…….≪김동인, 운현궁의 봄≫/두 다리를 **쩍** 벌리고 두 손을 양쪽 허리에 꽉 짚은 의연한 자세로 부둣가에 선 중년 신사는 다시 한 번 뇌까렸다.

≪유주현, 대한 제국≫

쩍⁰²

의미 [+모양],[+물체],[+접근]v[+밀착]

제약

① 물체가 바싹 다가붙거나 끈기 있게 들러붙는 모양.

¶껌이 입천장에 **쩍** 붙었다./식탁 위에 엎질러진 꿀이 손바닥에 **쩍** 들러붙었다.

의미 [+모양],[+입맛],[+적합]

제약

② 입맛에 딱 맞는 모양.

쩍말없-이

의미 [+형통],[+최고]

제약

썩 잘되어 더 말할 나위 없이.

¶걱정하던 일이 **쩍말없이** 처리되었다./경신이야말로 유종의 꿈꾸는 사윗감으로 **쩍말없이** 모든 자격을 갖추었다.≪현진건, 무영탑≫

쩍-쩍⁰¹

의미 [+소리]v[+모양],[+입맛],[+혀],[+소리],[+반복]

제약 {입맛}-{다시다}

① 혀를 차면서 입맛을 자꾸 크게 다시는 소리. 또는 그 모양.

¶아이들이 붕어빵 장사 옆에서 입만 **쩍쩍** 다시고 있다./아무도 대꾸가 없자, 그는 싱거워진 듯 입맛을 **쩍쩍** 다셨다.

의미 [+소리]v[+모양],[+균열]v[+간극],[+크기],[+반복]

제약

② 자꾸 크게 쪼개지거나 벌어지는 소리. 또는 그 모양.

¶밤송이가 **쩍쩍** 벌어지다./가뭄으로 논바닥이 **쩍쩍** 갈라졌다./절벽이 **쩍쩍** 갈라지면서 돌덩이가 굴러떨어진다.

의미 [+모양],[+입]v[+팔]v[+다리],[+벌림],[+정도],[+반복]

제약 {사람}-{벌리다}

③ 입이나 팔, 다리 따위를 아주 크게 자꾸 벌리는 모양.

¶입을 **쩍쩍** 벌리다.

쩍-쩍02

의미 [+모양],[+물체],[+접근]v[+밀착],[+반복]

제약 { }-{붙다}

① 물체가 자꾸 바싹 다가붙거나 끈기 있게 들러붙는 모양.

¶엿이 입천장에 **쩍쩍** 붙는다./아마 영하 십여 도쯤 되는 것 같다. 물기 있는 손으로 쇠붙이를 만지면 손이 **쩍쩍** 쇠붙이에 들러붙는다.≪홍성원, 육이오≫

의미 [+모양],[+입맛],[+적합],[+정도]

제약

② 입맛에 아주 떡 맞는 모양.

¶반찬이 입에 **쩍쩍** 달라붙는다.

쩍-하면

의미 [+즉시]

제약

=뻔쩍하면. 조금이라도 일이 있기만 하면 곧.

¶저 산은 옛날부터 **쩍하면** 불이 일어나곤 했다./그 노인은 이제 너무 쇠해서 **쩍하면** 앓아눕기 일쑤였다.

쩔거덕

의미 [+소리]v[+모양],[+물체],[+충돌]

제약 {물체}-{부딪치다}

① 크고 단단한 물체가 맞부딪치는 소리. 또는 그 모양. '절거덕①'보다 센 느낌을 준다.

¶자전거 페달이 고장이 나서 **쩔거덕** 소리가 난다./발동기에서 **쩔거덕** 소리가 나더니 기계가 멈춰 버렸다.

의미 [+소리]v[+모양],[+물건],[+밀착],[+정도]

제약 {물건}-{붙다}

② 끈기 있는 물건이 세차게 들러붙는 소리. 또는 그 모양. '절거덕②'보다 센 느낌을 준다.

의미 [+소리]v[+모양],[+자물쇠],[±개폐]

제약 {자물쇠}-{잠기다, 열리다}

③ 큰 자물쇠 따위가 잠기거나 열리는 소리. 또는 그 모양. '절거덕③'보다 센 느낌을 준다.

의미 [+소리]v[+모양],[+물건],[+충돌]

제약 {물건}-{부딪치다}

④ 서로 닿으면 걸리어 붙는 단단한 물건끼리 맞부딪치는 소리. 또는 그 모양. '절거덕④'보다 센 느낌을 준다.

¶자동차의 차체에 자석이 **쩔거덕** 소리를 내며 붙었다.

쩔거덕-쩔거덕

의미 [+소리]v[+모양],[+물체],[+충돌],[+반복]

제약 {물체}-{부딪치다}

① 크고 단단한 물체가 자꾸 맞부딪치는 소리. 또는 그 모양. '절거덕절거덕①'보다 센 느낌을 준다.

¶그는 손질하던 총을 허공에 겨누어 보기도 하고 노리쇠를 **쩔거덕쩔거덕** 움직여 보기도 했다.

의미 [+소리]v[+모양],[+물건],[+밀착],[+정도],[+반복]

제약 {물건}-{붙다}

② 끈기 있는 물건이 자꾸 세차게 들러붙는 소리. 또는 그 모양. '절거덕절거덕②'보다 센 느낌을 준다.

의미 [+소리]v[+모양],[+자물쇠],[±개폐],[+반복]

제약 {자물쇠}-{잠기다, 열리다}

③ 큰 자물쇠 따위가 자꾸 잠기거나 열리는 소리. 또는 그 모양. '절거덕절거덕③'보다 센 느낌을 준다.

의미 [+소리]v[+모양],[+물건],[+충돌],[+반복]

제약 {물건}-{부딪치다}

④ 서로 닿으면 걸리어 붙는 단단한 물건끼리 자꾸 맞부딪치는 소리. 또는 그 모양. '절거덕절거덕④'보다 센 느낌을 준다.

쩔거덩

의미 [+소리]v[+모양],[+쇠붙이],[+충돌],[+공명]

제약 {쇠붙이}-{부딪치다, 울리다}

크고 단단한 쇠붙이 따위가 맞부딪쳐 울리는 소리. 또는 그 모양. '절거덩'보다 센 느낌을 준다.

¶농부는 **쩔거덩** 소리를 내며 연장을 챙겼다.

쩔거덩-쩔거덩

의미 [+소리]v[+모양],[+쇠붙이],[+충돌],
[+공명],[+반복]

제약 {쇠붙이}-{부딪치다, 울리다}

크고 단단한 쇠붙이 따위가 자꾸 맞부딪쳐 울리
는 소리. 또는 그 모양. '절거덩절거덩'보다 센
느낌을 준다.

쩔걱

의미 [+소리]v[+모양],[+물체],[+충돌]

제약 {물체}-{부딪치다}

① '쩔거덕①'의 준말. 크고 단단한 물체가 맞부
딪치는 소리. 또는 그 모양.

¶차고의 문을 쩔걱 내린다./죄수에게 쇠고랑을
쩔걱 채우다.

의미 [+소리]v[+모양],[+물건],[+밀착],[+정
도]

제약 {물건}-{붙다}

② '쩔거덕②'의 준말. 끈기 있는 물건이 세차게
들러붙는 소리. 또는 그 모양.

의미 [+소리]v[+모양],[+자물쇠],[±개폐]

제약 {자물쇠}-{잠기다, 열리다}

③ '쩔거덕③'의 준말. 큰 자물쇠 따위가 잠기거
나 열리는 소리. 또는 그 모양.

의미 [+소리]v[+모양],[+물건],[+충돌]

제약 {물건}-{부딪치다}

④ '쩔거덕④'의 준말. 서로 닿으면 걸리어 붙는
단단한 물건끼리 맞부딪치는 소리. 또는 그 모
양.

쩔걱-쩔걱

의미 [+소리]v[+모양],[+물체],[+충돌],[+반
복]

제약 {물체}-{부딪치다}

① '쩔거덕쩔거덕①'의 준말. 크고 단단한 물체
가 자꾸 맞부딪치는 소리. 또는 그 모양.

¶폭격을 맞아 부서진 철교는 차가 지나갈 때마
다 쩔걱쩔걱 움직였다.

의미 [+소리]v[+모양],[+물건],[+밀착],[+정
도],[+반복]

제약 {물건}-{붙다}

② '쩔거덕쩔거덕②'의 준말. 끈기 있는 물건이

자꾸 세차게 들러붙는 소리. 또는 그 모양.

¶밀가루 반죽을 휘저을 때마다 쩔걱쩔걱 소리가
났다.

의미 [+소리]v[+모양],[+자물쇠],[±개폐],[+반
복]

제약 {자물쇠}-{잠기다, 열리다}

③ '쩔거덕쩔거덕③'의 준말. 큰 자물쇠 따위가
자꾸 잠기거나 열리는 소리. 또는 그 모양.

의미 [+소리]v[+모양],[+물건],[+충돌],[+반
복]

제약 {물건}-{부딪치다}

④ '쩔거덕쩔거덕④'의 준말. 서로 닿으면 걸리
어 붙는 단단한 물건끼리 자꾸 맞부딪치는 소리.
또는 그 모양.

쩔겅

의미 [+소리]v[+모양],[+쇠붙이],[+충돌],
[+공명],[+반복]

제약 {쇠붙이}-{부딪치다, 울리다}

'쩔거덩'의 준말. 크고 단단한 쇠붙이 따위가 맞
부딪쳐 울리는 소리. 또는 그 모양.

¶차고 문이 쩔겅 울리며 닫혔다.

쩔겅-쩔겅

의미 [+소리]v[+모양],[+쇠붙이],[+충돌],
[+공명],[+반복]

제약 {쇠붙이}-{부딪치다, 울리다}

'쩔거덩쩔거덩'의 준말. 크고 단단한 쇠붙이 따
위가 자꾸 맞부딪쳐 울리는 소리. 또는 그 모양.

¶마침 목판에 엿을 가득 싣고 쩔겅쩔겅 가위질하
며 엿장수가 지나가고 있었다.≪최인호, 지구인≫

쩔그럭

의미 [+소리]v[+모양],[+쇠붙이],[+낙하]v
[+충돌]

제약 {쇠붙이}-{떨어지다, 부딪치다}

얇은 쇠붙이 따위가 떨어지거나 맞부딪치는 소
리. 또는 그 모양. '절그럭'보다 센 느낌을 준다.

쩔그럭-쩔그럭

의미 [+소리]v[+모양],[+쇠붙이],[+낙하]v
[+충돌],[+연속]

제약 {쇠붙이}-{떨어지다, 부딪치다}

얇은 쇠붙이 따위가 잇따라 떨어지거나 맞부딪

치는 소리. 또는 그 모양. '절그럭절그럭'보다 센 느낌을 준다.

쩔그렁

의미 [+소리],[+쇠붙이],[+낙하]v[+충돌],[+공명]

제약 {쇠붙이}-{떨어지다, 부딪치다, 울리다}

작고 얇은 쇠붙이 따위가 떨어지거나 맞부딪쳐 울리는 소리. '절그렁'보다 센 느낌을 준다.

¶철문에 걸어 둔 쇠사슬이 부딪힐 때마다 쩔그렁 소리가 났다.

쩔그렁-쩔그렁

의미 [+소리]v[+모양],[+쇠붙이],[+낙하]v[+충돌],[+공명],[+반복]

제약 {쇠붙이}-{떨어지다, 부딪치다, 울리다}

작고 얇은 쇠붙이 따위가 자꾸 떨어지거나 맞부딪쳐 울리는 소리. 또는 그 모양. '절그렁절그렁'보다 센 느낌을 준다.

¶먼 곳에서 쩔그렁쩔그렁 소리가 났다.

쩔꺼덕

의미 [+소리]v[+모양],[+물체],[+충돌]

제약 {물체}-{부딪치다}

① 크고 단단한 물체가 맞부딪치는 소리. 또는 그 모양. '절거덕①'보다 아주 센 느낌을 준다.

의미 [+소리]v[+모양],[+물건],[+밀착],[+정도]

제약 {물건}-{붙다}

② 끈기 있는 물건이 세차게 들러붙는 소리. 또는 그 모양. '절거덕②'보다 아주 센 느낌을 준다.

의미 [+소리]v[+모양],[+자물쇠],[±개폐]

제약 {자물쇠}-{잠기다, 열리다}

③ 큰 자물쇠 따위가 잠기거나 열리는 소리. 또는 그 모양. '절거덕③'보다 아주 센 느낌을 준다.

의미 [+소리]v[+모양],[+물건],[+충돌]

제약 {물건}-{부딪치다}

④ 서로 닿으면 걸리어 붙는 단단한 물건끼리 맞부딪치는 소리. 또는 그 모양. '절거덕④'보다 아주 센 느낌을 준다.

쩔꺼덕-쩔꺼덕

의미 [+소리]v[+모양],[+물체],[+충돌],[+반복]

제약 {물체}-{부딪치다}

① 크고 단단한 물체가 자꾸 맞부딪치는 소리. 또는 그 모양. '절거덕절거덕①'보다 아주 센 느낌을 준다.

의미 [+소리]v[+모양],[+물건],[+밀착],[+정도],[+반복]

제약 {물건}-{붙다}

② 끈기 있는 물건이 자꾸 세차게 들러붙는 소리. 또는 그 모양. '절거덕절거덕②'보다 아주 센 느낌을 준다.

의미 [+소리]v[+모양],[+자물쇠],[±개폐],[+반복]

제약 {자물쇠}-{잠기다, 열리다}

③ 큰 자물쇠 따위가 자꾸 잠기거나 열리는 소리. 또는 그 모양. '절거덕절거덕③'보다 아주 센 느낌을 준다.

의미 [+소리]v[+모양],[+물건],[+충돌],[+반복]

제약 {물건}-{부딪치다}

④ 서로 닿으면 걸리어 붙는 단단한 물건끼리 자꾸 맞부딪치는 소리. 또는 그 모양. '절거덕절거덕④'보다 아주 센 느낌을 준다.

쩔꺼덩

의미 [+소리]v[+모양],[+쇠붙이],[+충돌],[+공명]

제약 {쇠붙이}-{부딪치다, 울리다}

크고 단단한 쇠붙이 따위가 맞부딪쳐 울리는 소리. 또는 그 모양. '절거덩'보다 아주 센 느낌을 준다.

¶서너 개의 철판이 겹쳐지면서 쩔꺼덩 소리를 낸다.

쩔꺼덩-쩔꺼덩

의미 [+소리]v[+모양],[+쇠붙이],[+충돌],[+공명],[+반복]

제약 {쇠붙이}-{부딪치다, 울리다}

크고 단단한 쇠붙이 따위가 자꾸 맞부딪쳐 울리는 소리. 또는 그 모양. '절거덩절거덩'보다 아주 센 느낌을 준다.

쩔꺽

의미 [+소리]v[+모양],[+물체],[+충돌]

제약 {물체}-{부딪치다}

① '쩔꺼덕①'의 준말. 크고 단단한 물체가 맞부딪치는 소리. 또는 그 모양.

의미 [+소리]v[+모양],[+물건],[+밀착],[+정도]

제약 {물건}-{붙다}

② '쩔꺼덕②'의 준말. 끈기 있는 물건이 세차게 들러붙는 소리. 또는 그 모양.

의미 [+소리]v[+모양],[+자물쇠],[±개폐]

제약 {자물쇠}-{잠기다, 열리다}

③ '쩔꺼덕③'의 준말. 큰 자물쇠 따위가 잠기거나 열리는 소리. 또는 그 모양.

¶그는 쌀가마니를 창고에 넣은 후 열쇠를 쩔꺽 채웠다.

의미 [+소리]v[+모양],[+물건],[+충돌]

제약 {물건}-{부딪치다}

④ '쩔꺼덕④'의 준말. 서로 닿으면 걸리어 붙는 단단한 물건끼리 맞부딪치는 소리. 또는 그 모양.

쩔꺽-쩔꺽

의미 [+소리]v[+모양],[+물체],[+충돌],[+반복]

제약 {물체}-{부딪치다}

① '쩔꺼덕쩔꺼덕①'의 준말. 크고 단단한 물체가 자꾸 맞부딪치는 소리. 또는 그 모양.

¶쩔꺽쩔꺽 소리를 내며 지하철이 선로 위를 내닫는다.

의미 [+소리]v[+모양],[+물건],[+밀착],[+정도],[+반복]

제약 {물건}-{붙다}

② '쩔꺼덕쩔꺼덕②'의 준말. 끈기 있는 물건이 자꾸 세차게 들러붙는 소리. 또는 그 모양.

의미 [+소리]v[+모양],[+자물쇠],[±개폐],[+반복]

제약 {자물쇠}-{잠기다, 열리다}

③ '쩔꺼덕쩔꺼덕③'의 준말. 큰 자물쇠 따위가 자꾸 잠기거나 열리는 소리. 또는 그 모양.

의미 [+소리]v[+모양],[+물건],[+충돌],[+반복]

복]

제약 {물건}-{부딪치다}

④ '쩔꺼덕쩔꺼덕④'의 준말. 서로 닿으면 걸리어 붙는 단단한 물건끼리 자꾸 맞부딪치는 소리. 또는 그 모양.

쩔껑

의미 [+소리]v[+모양],[+쇠붙이],[+충돌],[+공명]

제약 {쇠붙이}-{부딪치다, 울리다}

'쩔꺼덩'의 준말. 크고 단단한 쇠붙이 따위가 맞부딪쳐 울리는 소리. 또는 그 모양.

¶큰 창고 문이 쩔껑 소리를 내며 닫혀 버렸다.

쩔껑-쩔껑

의미 [+소리]v[+모양],[+쇠붙이],[+충돌],[+공명],[+반복]

제약 {쇠붙이}-{부딪치다, 울리다}

'쩔꺼덩쩔꺼덩'의 준말. 크고 단단한 쇠붙이 따위가 자꾸 맞부딪쳐 울리는 소리. 또는 그 모양.

쩔뚝-쩔뚝

의미 [+모양],[+다리],[-대칭]v[+장애],[+걸음],[-균형],[+반복]

제약 {사람, 동물}-{거리다, 절다}

한쪽 다리가 짧거나 탈이 나서 자꾸 뒤뚝뒤뚝 저는 모양. '절뚝절뚝'보다 센 느낌을 준다.

¶동생은 약간 쩔뚝쩔뚝 걸음을 걷지만 건강은 많이 호전되었다./문득 반대쪽 입구에서 누군가가 목발을 짚고 통로를 따라 쩔뚝쩔뚝 이리로 다가온다.《홍성원, 육이오》/상여는 슬픔에 겨워 비틀거리고 망자의 두 아들은 매 맞은 다리를 쩔뚝쩔뚝 절며 뒤따르고 있었다.《현기영, 변방에 우짖는 새》

쩔렁

의미 [+소리],[+방울]v[+쇠붙이],[+요동]v[+충돌],[+공명]

제약 {방울, 쇠붙이}-{흔들리다, 부딪치다, 울리다}

큰 방울이나 얇은 쇠붙이 따위가 흔들리거나 부딪쳐 울리는 소리. '절렁'보다 센 느낌을 준다.

¶암소 한 마리가 쩔렁 방울 소리를 내며 다가왔다.

쩔렁-쩔렁

의미 [+소리],[+방울]v[+쇠붙이],[+요동]v
[+충돌],[+공명],[+반복]

제약 {방울, 쇠붙이}-{흔들리다, 부딪치다, 울리
다}

큰 방울이나 얇은 쇠붙이 따위가 자꾸 흔들리거
나 부딪쳐 울리는 소리. '절렁절렁'보다 센 느낌
을 준다.

¶그의 집에는 언제 찾아가도 집 안에서 **쩔렁쩔
렁** 방울 소리가 요란하게 들렸다./장승처럼 꾸부
정한 허리에 목판을 메고 마을의 골목골목을 다
니면서 가위 소리를 **쩔렁쩔렁** 울리던 엿장수 아
저씨다.≪이동하, 우울한 귀향≫

쩔레-쩔레

의미 [+모양],[+사람],[+머리],[±좌우],[+요
동],[+반복]

제약 {머리}-{흔들다}

머리를 좌우로 자꾸 흔드는 모양. '절레절레'보
다 센 느낌을 준다. 늑쩔쩔01①.

¶그녀는 고개를 **쩔레쩔레** 흔들며 고집을 피웠
다./유종은 혼자 방 안을 왔다 갔다 하며 정말
무서운 듯이 고개를 **쩔레쩔레** 흔들고 중얼거릴
제 문득 등 뒤에서 말소리가 났다.≪현진건, 무영
탑≫

쩔룩-쩔룩

의미 [+모양],[+걸음],[+요동],[+정도],[+반
복]

제약 { }-{절다}

걸을 때에 자꾸 다리를 몹시 저는 모양. '절룩절
룩'보다 센 느낌을 준다,

¶다리를 다쳐 **쩔룩쩔룩** 걷는다.

쩔름-쩔름

의미 [+모양],[+다리],[-대칭]v[+장애],[+걸
음],[-균형],[+반복]

제약 {사람, 동물}-{거리다, 절다}

한쪽 다리가 짧거나 다치거나 하여 걷거나 뛸
때 몸이 한쪽으로 자꾸 거볍게 기우뚱하는 모양.
'절름절름'보다 센 느낌을 준다.

¶그는 **쩔름쩔름** 걸으면서도 열심히 작업을 도왔
다.

쩔쑥-쩔쑥

의미 [+모양],[+걸음],[-균형]

제약 {사람, 동물}-{거리다, 절다}

걸을 때 약간 절뚝거리는 모양. '절쑥절쑥'보다
센 느낌을 준다,

¶지팡이를 짚고 **쩔쑥쩔쑥** 걸어가는 모양이 애처
롭다.

쩔쩔01

의미 [+모양],[+사람],[+머리],[±좌우],[+요
동],[+반복]

제약 {머리}-{흔들다}

①=쩔레쩔레. 머리를 좌우로 자꾸 흔드는 모양.
'절레절레'보다 센 느낌을 준다)

¶그는 그 일만 생각하면 몸서리가 나서 그저 고
개만 **쩔쩔** 내흔든다는 것이었다.

의미 [+모양],[+손],[+물건],[+요동]

제약 {물건}-{흔들다}

② 물건을 손에 들고 거볍게 흔드는 모양. '절절
01②'보다 센 느낌을 준다,

¶그는 그녀에 대해서 말도 말라는 듯이 손을 **쩔
쩔** 내저었다.

쩔쩔02

의미 [+모양],[+액체],[+비등],[+고열],[+정
도]

제약 {액체}-{끓다}

① 액체 따위가 매우 높은 열로 끓는 모양. '절
절02①'보다 센 느낌을 준다.

¶주막에서는 오광대놀음 끝판에 한몫 보자고 **쩔
쩔** 끓는 순댓국에 막걸리도 몇 동이씩 준비를
해 놓고….≪박경리, 토지≫

의미 [+모양],[+더위],[+온도],[+높음],[+정
도]

제약 {온도}-{끓는다, 높다}

② 온도가 매우 높아 몹시 더운 모양. '절절02
②'보다 센 느낌을 준다.

¶여름에도 쇠죽을 쑤느라고 장작불을 많이 지펴
방이 **쩔쩔** 끓었다./**쩔쩔** 끓는 아랫목에 누워 등
을 한번 지져 봤으면 소원이 없겠다./**쩔쩔** 끓는
방에서 진땀을 뺀 사람인지도 모를 일이었다.≪마
해송, 아름다운 새벽≫

쩔쩔03

의미 [+모양],[+배회],[+분주],[−주관],[+반복]

제약 {사람, 동물}−{거리다, 대다, 다니다}

주책없이 자꾸 이리저리 바삐 쏘다니는 모양. '절절03'보다 센 느낌을 준다.

쩔쩔04

의미 [+소리]v[+모양],[+물],[+흐름],[−중단]

제약 {물}−{흐르다}

① 물이 끊임없이 흐르는 소리. 또는 그 모양. '절절04①'보다 센 느낌을 준다.

¶비가 온 뒤라 계곡에 물이 쩔쩔 흘러내린다.

의미 [+모양],[+오줌]v[+물],[+배설]v[+흘림]

제약

② 오줌이나 물 따위를 조금씩 갈기거나 흘리는 모양. '절절04②'보다 센 느낌을 준다.

쩔커덕

의미 [+소리]v[+모양],[+물체],[+충돌]

제약 {물체}−{부딪치다}

① 크고 단단한 물체가 맞부딪치는 소리. 또는 그 모양. '절거덕①'보다 세고 거센 느낌을 준다.

의미 [+소리]v[+모양],[+물건],[+밀착],[+정도]

제약 {물건}−{붙다}

② 끈기 있는 물건이 세차게 들러붙는 소리. 또는 그 모양. '절거덕②'보다 세고 거센 느낌을 준다.

의미 [+소리]v[+모양],[+자물쇠],[±개폐]

제약 {자물쇠}−{잠기다, 열리다}

③ 큰 자물쇠 따위가 잠기거나 열리는 소리. 또는 그 모양. '절거덕③'보다 세고 거센 느낌을 준다.

의미 [+소리]v[+모양],[+물건],[+충돌]

제약 {물건}−{부딪치다}

④ 서로 닿으면 걸리어 붙는 단단한 물건끼리 맞부딪치는 소리. 또는 그 모양. '절거덕④'보다 세고 거센 느낌을 준다.

쩔커덕-쩔커덕

의미 [+소리]v[+모양],[+물체],[+충돌],[+반복]

제약 {물체}−{부딪치다}

① 크고 단단한 물체가 자꾸 맞부딪치는 소리. 또는 그 모양. '절거덕절거덕①'보다 세고 거센 느낌을 준다.

의미 [+소리]v[+모양],[+물건],[+밀착],[+정도],[+반복]

제약 {물건}−{붙다}

② 끈기 있는 물건이 자꾸 세차게 들러붙는 소리. 또는 그 모양. '절거덕절거덕②'보다 세고 거센 느낌을 준다.

의미 [+소리]v[+모양],[+자물쇠],[±개폐],[+반복]

제약 {자물쇠}−{잠기다, 열리다}

③ 큰 자물쇠 따위가 자꾸 잠기거나 열리는 소리. 또는 그 모양. '절거덕절거덕③'보다 세고 거센 느낌을 준다.

의미 [+소리]v[+모양],[+물건],[+충돌],[+반복]

제약 {물건}−{부딪치다}

④ 서로 닿으면 걸리어 붙는 단단한 물건끼리 자꾸 맞부딪치는 소리. 또는 그 모양. '절거덕절거덕④'보다 세고 거센 느낌을 준다.

쩔커덩

의미 [+소리]v[+모양],[+쇠붙이],[+충돌],[+공명]

제약 {쇠붙이}−{부딪치다, 울리다}

크고 단단한 쇠붙이 따위가 맞부딪쳐 울리는 소리. 또는 그 모양. '절거덩'보다 세고 거센 느낌을 준다.

¶잘 올라가던 엘리베이터가 쩔커덩 소리를 내며 멈추었다.

쩔커덩-쩔커덩

의미 [+소리]v[+모양],[+쇠붙이],[+충돌],[+공명],[+반복]

제약 {쇠붙이}−{부딪치다, 울리다}

크고 단단한 쇠붙이 따위가 자꾸 맞부딪쳐 울리는 소리. 또는 그 모양. '절거덩절거덩'보다 세고 거센 느낌을 준다.

쩔컥

의미 [+소리]v[+모양],[+물체],[+충돌]

제약 {물체}-{부딪치다}

① '쩔커덕①'의 준말. 크고 단단한 물체가 맞부딪치는 소리. 또는 그 모양.

¶범인의 발목에 쇠고랑을 쩔컥 채웠다.

의미 [+소리]v[+모양],[+물건],[+밀착],[+정도]

제약 {물건}-{붙다}

② '쩔커덕②'의 준말. 끈기 있는 물건이 세차게 들러붙는 소리. 또는 그 모양.

의미 [+소리]v[+모양],[+자물쇠],[±개폐]

제약 {자물쇠}-{잠기다, 열리다}

③ '쩔커덕③'의 준말. 큰 자물쇠 따위가 잠기거나 열리는 소리. 또는 그 모양.

의미 [+소리]v[+모양],[+물건],[+충돌]

제약 {물건}-{부딪치다}

④ '쩔커덕④'의 준말. 서로 닿으면 걸리어 붙는 단단한 물건끼리 맞부딪치는 소리. 또는 그 모양.

쩔컥-쩔컥

의미 [+소리]v[+모양],[+물체],[+충돌],[+반복]

제약 {물체}-{부딪치다}

① '쩔커덕쩔커덕①'의 준말. 크고 단단한 물체가 자꾸 맞부딪치는 소리. 또는 그 모양.

¶창고 같은 음침한 공장에는 쩔컥쩔컥 무딘 소리를 내며 돌아가는 기계와 지친 얼굴의 여공들이 있었다.

의미 [+소리]v[+모양],[+물건],[+밀착],[+정도],[+반복]

제약 {물건}-{붙다}

② '쩔커덕쩔커덕②'의 준말. 끈기 있는 물건이 자꾸 세차게 들러붙는 소리. 또는 그 모양.

의미 [+소리]v[+모양],[+자물쇠],[±개폐],[+반복]

제약 {자물쇠}-{잠기다, 열리다}

③ '쩔커덕쩔커덕③'의 준말. 큰 자물쇠 따위가 자꾸 잠기거나 열리는 소리. 또는 그 모양.

의미 [+소리]v[+모양],[+물건],[+충돌],[+반복]

제약 {물건}-{부딪치다}

④ '쩔커덕쩔커덕④'의 준말. 서로 닿으면 걸리어 붙는 단단한 물건끼리 자꾸 맞부딪치는 소리. 또는 그 모양.

쩔컹

의미 [+소리]v[+모양],[+쇠붙이],[+충돌],[+공명]

제약 {쇠붙이}-{부딪치다, 울리다}

'쩔커덩'의 준말. 크고 단단한 쇠붙이 따위가 맞부딪쳐 울리는 소리. 또는 그 모양.

쩔컹-쩔컹

의미 [+소리]v[+모양],[+쇠붙이],[+충돌],[+공명],[+반복]

제약 {쇠붙이}-{부딪치다, 울리다}

'쩔커덩쩔커덩'의 준말. 크고 단단한 쇠붙이 따위가 자꾸 맞부딪쳐 울리는 소리. 또는 그 모양.

쩝

의미 [+소리]v[+모양],[+입맛]

제약 {입맛}-{다시다}

입맛을 다시는 소리. 또는 그 모양.

¶선임 하사는 대수롭지 않게 또 입맛을 쩝 다셨다.≪오상원, 현실≫/방은 내 얼굴을 쳐다보고서는 그의 본성대로 상찬으로 치고는 너무 무미한 입맛을 쩝 다시었다.≪허준, 잔등≫

쩝쩝

의미 [+소리]v[+모양],[+일],[+불만],[+입맛]

제약 {입맛}-{다시다}

① 어떤 대상이나 일이 못마땅할 때 몹시 씁쓰레하게 입맛을 다시는 소리. 또는 그 모양.

¶월순 어미는 사뭇 딱해서 연방 쓴 입맛만 쩝쩝 다셔 대다가는 슬그머니 자리를 뜨고 만다.≪천승세, 낙월도≫/민지욱은 그런 설월 스님의 태도가 심히 못마땅했음인지 입맛을 쩝쩝 다시면서 얼굴을 찡그렸다.≪문순태, 피아골≫

의미 [+소리],[+음식],[+입맛],[+호감]

제약 {입}-{다시다}

② 어떤 음식의 맛을 보거나 감칠맛이 있을 때 크게 입맛을 다시는 소리.

¶그녀는 요리를 하면서 입을 **쩝쩝** 다시며 맛을 보았다.

의미 [+소리],[+음식],[+섭취],[−주의]

제약

③ 음식을 아무렇게나 마구 먹을 때 나는 소리.

¶밥을 먹을 때마다 그의 요란한 **쩝쩝** 소리가 너무 귀에 거슬린다.

쩟

의미 [+소리],[+혀],[+불만]v[+애처],[+정도]

제약 {혀}-{차다}

몹시 못마땅하거나 안타까워 혀를 차는 소리.

¶걱정이는 혀를 한 번 **쩟** 차고 "할 수 있소 가 봐야지."….≪홍명희, 임꺽정≫/공배는 **쩟** 혀를 차며 곰방대를 당겼다.≪최명희, 혼불≫

쩟-쩟

의미 [+소리],[+혀],[+불만]v[+애처],[+정도],[+반복]

제약 {혀}-{차다}

몹시 못마땅하거나 안타까워 자꾸 혀를 차는 소리.

¶구경꾼들 중에는 눈살을 찌푸리고 혀를 **쩟쩟** 차는 사람도 많고….≪홍명희, 임꺽정≫/현의 말을 건성으로 들어 넘기며 이성신 교장은 **쩟쩟** 혀만 찼다.≪전상국, 음지의 눈≫

쩟쩟-이

의미 [+성미],[+퉁명],[+거침]

제약

① 성미가 뚝뚝하고 껄껄하게.

의미 [+나무][+결]v[+피륙][+바탕],[+거침],[+견고]

제약

② 나무의 결이나 피륙의 바탕 따위가 껄껄하고 뻣뻣하게.

의미 [+빛깔],[+청결]

제약

③ 빛깔이 맑고 깨끗하게.

쩡

의미 [+소리]v[+모양],[+얼음장]v[+물질],[+균열],[+순간]

제약

① 얼음장이나 굳은 물질 따위가 급자기 갈라질 때 나는 소리. 또는 그 모양.

¶집 재목이 **쩡** 말라 가는 소리처럼, 단단한 벽에 금이 가는 낌새를 눈치채고 있다.≪최인훈, 광장≫

의미 [+소리]v[+모양],[+공명],[+크기],[+정도]

제약

② 세차고 옹골차게 울리는 소리. 또는 그 모양.

¶약간 고개를 숙인 그의 귀에, 별안간 등 뒤로부터 방 안이 **쩡** 울리는 세찬 고함이 터져 나왔다.≪홍성원, 육이오≫

의미 [+모양],[+자극],[+정도]

제약

③ 정신이 번쩍 들 정도로 자극이 심한 모양.

쩡-쩡

의미 [+소리]v[+모양],[+얼음장]v[+물질],[+균열],[+순간]

제약

① 얼음장이나 굳은 물질 따위가 급자기 갈라질 때 크게 나는 소리. 또는 그 모양.

의미 [+소리]v[+모양],[+공명],[+크기],[+정도]

제약 { }-{울리다}

② 매우 세차고 옹골차게 울리는 소리. 또는 그 모양.

¶쇠 말뚝 박는 소리가 먼 곳에서 **쩡쩡** 울려왔다.

의미 [+모양],[+기세]v[+권세],[+높이],[+정도]

제약

③ 기세나 권세 따위가 아주 드높은 모양.

¶그의 집안은 마을 안에서 **쩡쩡** 울리는 가문이다./예로부터 사람이 세상에 나서 행세를 하려면 국록을 먹어야 하는 법이지. 숭록대부니 가선대부니 해야만 **쩡쩡** 울렸거든….≪박용구, 점잖은 신 선생≫

쪼록–쪼록[01]

의미 [+모양],[+일],[+해결],[+만족],[+속도],[+정도]

제약 { }-{해치우다, 처리하다}
어떤 일을 아주 시원스럽게 빨리 해치우는 모양.
'제꺼덕01'보다 센 느낌을 준다.
¶그는 일을 시키자마자 쩨꺼덕 해치웠다.

쩨꺼덕02
의미 [+소리]v[+모양],[+물건],[+충돌]v[+절단],[+속도]
제약 {물건}-{부딪치다, 부러지다}
크고 단단한 물건이 가볍게 빨리 맞부딪치거나 부러지는 소리. 또는 그 모양. '제꺼덕02'보다 센 느낌을 준다.

쩨꺼덕-쩨꺼덕01
의미 [+모양],[+일],[+해결],[+만족],[+속도],[+정도],[+연속]
제약 { }-{해치우다, 처리하다}
어떤 일을 잇따라 아주 시원스럽게 빨리 해치우는 모양. '제꺼덕제꺼덕01'보다 센 느낌을 준다.

쩨꺼덕-쩨꺼덕02
의미 [+소리]v[+모양],[+물건],[+충돌]v[+절단],[+속도],[+반복]
제약 {물건}-{부딪치다, 부러지다}
크고 단단한 물건이 가볍게 빨리 자꾸 맞부딪치거나 부러지는 소리. 또는 그 모양. '제꺼덕제꺼덕02'보다 센 느낌을 준다.

쩨꺽01
의미 [+모양],[+일],[+해결],[+만족],[+속도],[+정도]
제약 { }-{해치우다, 처리하다}
'쩨꺼덕01'의 준말. 어떤 일을 아주 시원스럽게 빨리 해치우는 모양.

쩨꺽02
의미 [+소리]v[+모양],[+물건],[+충돌]v[+절단],[+속도]
제약 {물건}-{부딪치다, 부러지다}
① '쩨꺼덕02'의 준말. 크고 단단한 물건이 가볍게 빨리 맞부딪치거나 부러지는 소리. 또는 그 모양.
의미 [+소리],[+시계],[+톱니바퀴],[+회전],[+한번]
제약 {시계}-{돌아가다}

② 시계 따위의 톱니바퀴가 한 번 돌아가는 소리. '제꺽02②'보다 센 느낌을 준다.
¶시계가 쩨꺽 한 번 움직이더니 다시 멈추었다.

쩨꺽-쩨꺽01
의미 [+모양],[+일],[+해결],[+만족],[+속도],[+정도],[+연속]
제약 { }-{해치우다, 처리하다}
'쩨꺼덕쩨꺼덕01'의 준말. 어떤 일을 잇따라 아주 시원스럽게 빨리 해치우는 모양.

쩨꺽-쩨꺽02
의미 [+소리]v[+모양],[+물건],[+충돌]v[+절단],[+속도],[+반복]
제약 {물건}-{부딪치다, 부러지다}
① '쩨꺼덕쩨꺼덕02'의 준말. 크고 단단한 물건이 가볍게 빨리 자꾸 맞부딪치거나 부러지는 소리. 또는 그 모양.
의미 [+소리],[+시계],[+톱니바퀴],[+회전],[+반복]
제약 {시계}-{돌아가다}
② 시계 따위의 톱니바퀴가 자꾸 돌아가는 소리. '제꺽제꺽02②'보다 센 느낌을 준다.
¶바닥에 떨어진 시계는 쩨꺽쩨꺽 잘도 돌아간다.

쩽겅
의미 [+소리],[+쇠붙이]v[+유리],[+낙하]v[+충돌],[+공명]
제약 {쇠붙이, 유리}-{떨어지다, 부딪치다, 울리다}
얇고 조금 무거운 쇠붙이나 유리 따위가 떨어지거나 부딪쳐 맑게 울리는 소리. '젱겅'보다 센 느낌을 준다.

쩽겅-쩽겅
의미 [+소리],[+쇠붙이]v[+유리],[+낙하]v[+충돌],[+공명],[+반복]
제약 {쇠붙이, 유리}-{떨어지다, 부딪치다, 울리다}
얇고 조금 무거운 쇠붙이나 유리 따위가 자꾸 떨어지거나 부딪쳐 맑게 울리는 소리. '젱겅젱겅'보다 센 느낌을 준다.

쩽그렁
의미 [+소리],[+쇠붙이]v[+유리],[+낙하]v

[+충돌],[+공명]

제약 {쇠붙이, 유리}-{떨어지다, 부딪치다, 울리다}

얇은 쇠붙이나 유리 따위가 떨어지거나 부딪쳐 울리는 소리. '젱그렁'보다 센 느낌을 준다.

쩽그렁-쩽그렁

의미 [+소리],[+쇠붙이]v[+유리],[+낙하]v[+충돌],[+공명],[+반복]

제약 {쇠붙이, 유리}-{떨어지다, 부딪치다, 울리다}

얇은 쇠붙이나 유리 따위가 자꾸 떨어지거나 부딪쳐 울리는 소리. '젱그렁젱그렁'보다 센 느낌을 준다.

쪼글-쪼글

의미 [+모양],[+주름],[-균일],[+다수]

제약

쪼그라지거나 구겨져서 고르지 아니하게 주름이 많이 잡힌 모양.

¶바지가 쪼글쪼글 구겨지다./얼굴이 쪼글쪼글 늙은 안노인네가 내 얼굴을 딱하다는 그런 눈빛으로 쳐다보고 있었소.≪전상국, 아베의 가족≫

쪼금

의미 [+정도]v[+분량],[+빈약]

제약

① 정도나 분량이 적게. '조금①'보다 센 느낌을 준다.

¶밥을 그렇게 쪼금 먹어서 어떻게 기운을 내겠니. 더 먹어 봐.

의미 [+시간],[-길이]

제약

② 시간적으로 짧게. '조금②'보다 센 느낌을 준다.

¶아이는 쪼금 더 놀고 가겠다며 엄마에게 보채고 있다.

쪼금-쪼금

의미 [+모양],[+전부],[+조금]

제약

① 여럿이 다 조금인 모양. '조금조금①'보다 센 느낌을 준다.

의미 [+모양],[+조금],[+빈도],[+연속]

제약

② 조금씩 여러 번 잇따라 하는 모양. '조금조금②'보다 센 느낌을 준다.

쪼끔

의미 [+정도]v[+분량],[+빈약]

제약

① 정도나 분량이 적게. '조금①'보다 아주 센 느낌을 준다,

¶액자를 쪼끔 올려서 걸어라.

의미 [+시간],[-길이]

제약

② 시간적으로 짧게. '조금②'보다 아주 센 느낌을 준다.

¶오후에 낮잠을 쪼끔 잤더니 개운하다.

쪼끔-쪼끔

의미 [+모양],[+전부],[+조금]

제약

① 여럿이 다 조금인 모양. '조금조금①'보다 아주 센 느낌을 준다.

의미 [+모양],[+조금],[+빈도],[+연속]

제약

② 조금씩 여러 번 잇따라 하는 모양. '조금조금②'보다 아주 센 느낌을 준다.

쪼로니

의미 [+모양],[-크기],[+정렬]

제약

비교적 작은 것들이 가지런하게 줄지어 있는 모양.

¶유치원 아이들이 쪼로니 선생님을 따라간다./화단에 채송화를 쪼로니 심어 두었다.

쪼록

의미 [+소리]v[+모양],[+물줄기]v[+빗물],[+흐름],[+속도],[+정지]

제약 {물줄기, 빗물}-{그치다}

가는 물줄기나 빗물 따위가 빠르게 잠깐 흐르다가 그치는 소리. 또는 그 모양. '조록'보다 센 느낌을 준다.

¶물이 쪼록 흐르다.

쪼록-쪼록

의미 [+소리]v[+모양],[+물줄기]v[+빗물],

[+흐름]v[+낙하],[+속도],[+반복]

제약 {물줄기, 빗물}-{흐르다, 내리다}

① 가는 물줄기나 빗물 따위가 빠르게 자꾸 흐르거나 내리는 소리. 또는 그 모양. '조록조록①'보다 센 느낌을 준다.

¶그 중턱을 얽어 나간 칡 잎에서는 물이 **쪼록쪼록** 흘러내린다.≪김유정, 만무방≫

의미 [+모양],[+주름],[+다수],[+균일]

제약

② 잔주름이 고르게 많이 잡힌 모양. '조록조록②'보다 센 느낌을 준다.

쪼르르01

의미 [+소리]v[+모양],[+물줄기],[+흐름],[+속도]

제약 {물줄기}-{흘러내리다}

① 가는 물줄기 따위가 빠르게 흘러내리는 소리. 또는 그 모양. '조르르①'보다 센 느낌을 준다.

¶빗물이 홈통을 타고 **쪼르르** 흘러내렸다./주황빛의 말간 약주가 **쪼르르** 주전자 주둥아리에서 흘러나왔다.≪최일남, 거룩한 응달≫

의미 [+모양],[+물건],[+경사],[+활주],[+속도]

제약 {물건}-{미끄러지다}

② 작은 물건 따위가 비탈진 곳에서 빠르게 미끄러져 내리는 모양. '조르르②'보다 센 느낌을 준다.

¶미끄럼틀을 타고 아이들이 **쪼르르** 내려온다.

의미 [+모양],[+걸음]v[+추종],[+속도]

제약 {사람, 동물}-{따라가다}

③ 작은 발걸음을 재게 움직여 걷거나 따라다니는 모양. '조르르③'보다 센 느낌을 준다.

¶병아리들이 어미 닭의 뒤를 **쪼르르** 쫓아다닌다./간호부가 산모의 눈에서 아기를 찾는 눈치를 알고는 저편으로 **쪼르르** 가더니 융 기저귀에 싼 아기를 안고 온다.≪채만식, 탁류≫

의미 [+모양],[-크기],[+정돈],[+한줄],[+연결]

제약

④ 작은 것들이 한 줄로 고르게 잇따라 있는 모

양. '조르르④'보다 센 느낌을 준다.

¶당신 뒤로 아들을 **쪼르르** 몇이나 낳았소?≪송기숙, 녹두 장군≫/페치카로부터 **쪼르르** 누운 고참 순위의 머리들이 침상 1선에 정연하게 열을 짓고 있었다.≪신상웅, 히포크라테스의 흉상≫

쪼르르02

의미 [+모양],[+말],[+속도],[+정도],[+연속]

제약

말을 아주 재빠르게 잇대어 하는 모양.

쪼르륵

의미 [+소리]v[+모양],[+물줄기],[+흐름],[+속도],[+정지]

제약 {물줄기}-{그치다}

① 가는 물줄기 따위가 빠르게 잠깐 흐르다가 그치는 소리. 또는 그 모양. '조르륵①'보다 센 느낌을 준다.

¶누나가 우유를 컵에 **쪼르륵** 따랐다./오줌이 몇 방울 **쪼르륵** 소리를 내고 떨어졌다.

의미 [+모양],[+물건],[+활주],[+속도],[+정지]

제약

② 작은 물건 따위가 비탈진 곳에서 빠르게 잠깐 미끄러져 내리다가 멎는 모양. '조르륵②'보다 센 느낌을 준다.

¶꼬마가 미끄럼틀에서 **쪼르륵** 미끄러져 내렸다.

의미 [+소리],[+배],[+허기]

제약

③ 배가 고플 때 배 속에서 나는 소리.

¶십여 시간이나 냉수 한 모금 마시지 못한 창자는 바싹 마른 채로 등에 붙은 듯 이제는 **쪼르륵** 소리도 나지 않는다.≪심훈, 영원의 미소≫

쪼르륵-쪼르륵

의미 [+소리]v[+모양],[+물줄기],[+흐름],[+속도],[±정지],[+반복]

제약

① 가는 물줄기 따위가 빠르게 자꾸 흘렀다 그쳤다 하는 소리. 또는 그 모양. '조르륵조르륵①'보다 센 느낌을 준다.

¶**쪼르륵쪼르륵** 흐르는 물소리.

의미 [+모양],[+물건],[+활주],[+속도],[+정

지],[+반복]

제약

② 작은 물건 따위가 비탈진 곳에서 빠르게 자꾸 미끄러져 내렸다 멎었다 하는 모양. '조르륵 조르륵②'보다 센 느낌을 준다.

¶책상이 약간 기울어 펜이 **쪼르륵쪼르륵** 자꾸 굴러떨어졌다.

의미 [+소리],[+배],[+허기],[+연속],[+반복]

제약

③ 배가 고플 때 배 속에서 자꾸 나는 소리.

¶하루 종일 굶었더니 배 속에서 **쪼르륵쪼르륵** 소리가 났다.

쪼물-쪼물

의미 [+모양],[+행동]v[+언사],[-속도],[+반복]

제약

행동이나 말을 선뜻 하지 못하고 자꾸 꼬물거리는 모양.

¶시킨 일은 하지 않고 **쪼물쪼물** 어정대기만 한다.

쪼뼛

의미 [+모양],[+물건],[+선단],[+예리],[+돌출]

제약

① 물건의 끝이 차차 가늘어지면서 뾰족하게 솟은 모양. '조뼛①'보다 센 느낌을 준다. ≒쪼뼛이①.

¶저기 **쪼뼛** 솟은 건물이 교회다.

의미 [+느낌],[+공포]v[+경악],[+머리카락],[+기립]

제약

② 무섭거나 놀라서 머리카락이 조금 꼿꼿하게 일어서는 듯한 느낌. '조뼛②'보다 센 느낌을 준다. ≒쪼뼛이②.

¶밤중에 바스락 소리만 나도 머리끝이 **쪼뼛** 일어서는 것 같았다.

의미 [+모양],[-자연]v[+무안],[+주저]

제약

③ 어줍거나 부끄러워서 조금 머뭇거리거나 주저하는 모양. '조뼛③'보다 센 느낌을 준다. ≒쪼

뼛이③.

의미 [+모양],[+입술],[+돌출]

제약 {입술}-{내밀다}

④ 입술 끝을 배죽 내미는 모양. '조뼛④'보다 센 느낌을 준다. ≒쪼뼛이④.

¶계집애가 토라져 입술을 **쪼뼛** 내밀었다.

쪼뼛-이

의미 [+모양],[+물건],[+선단],[+예리],[+돌출]

제약

①=쪼뼛①. 물건의 끝이 차차 가늘어지면서 뾰족하게 솟은 모양.

¶**쪼뼛이** 솟아난 크고 작은 산봉우리./새싹이 쪼뼛이 돋았다.

의미 [+느낌],[+공포]v[+경악],[+머리카락],[+기립]

제약

②=쪼뼛②. 무섭거나 놀라서 머리카락이 조금 꼿꼿하게 일어서는 듯한 느낌. '조뼛②'보다 센 느낌을 준다.

의미 [+모양],[-자연]v[+무안],[+주저]

제약

③=쪼뼛③. 어줍거나 부끄러워서 조금 머뭇거리거나 주저하는 모양. '조뼛③'보다 센 느낌을 준다.

의미 [+모양],[+입술],[+돌출]

제약 {입술}-{내밀다}

④=쪼뼛④. 입술 끝을 배죽 내미는 모양.

쪼뼛-쪼뼛

의미 [+모양],[+물건],[+선단],[+예리],[+돌출]

제약

① 물건의 끝이 다 차차 가늘어지면서 뾰족뾰족하게 솟은 모양. '조뼛조뼛①'보다 센 느낌을 준다.

¶함석집의 지붕 끝은 모두 **쪼뼛쪼뼛** 솟아나 있었다.

의미 [+느낌],[+공포]v[+경악],[+머리카락],[+기립],[+반복]

제약

② 무섭거나 놀라서 머리카락이 조금 꼿꼿하게 자꾸 일어서는 듯한 느낌. '조뼛조뼛②'보다 센 느낌을 준다.

¶공동묘지 앞을 지날 때마다 머리카락이 **쪼뼛쪼뼛** 선다.

의미 [+모양],[-자연]v[+무안],[+주저]

제약

③ 어줍거나 부끄러워서 조금 머뭇거리거나 주저주저하는 모양. '조뼛조뼛③'보다 센 느낌을 준다.

¶무엇이 뜻대로 되지 않는지 몸만 **쪼뼛쪼뼛** 움직인다./아이는 갑자기 많은 사람들 앞에 섰기 때문인지 **쪼뼛쪼뼛** 대답을 못하고 있었다.

의미 [+모양],[+입술],[+돌출],[+반복]

제약 {입술}-{내밀다}

④ 입술 끝을 자꾸 배죽 내미는 모양. '조뼛조뼛④'보다 센 느낌을 준다.

¶한 여자는 입술을 **쪼뼛쪼뼛** 내밀며 돌아가 버렸습니다.

쪼작

의미 [+모양],[+어린이],[+걸음],[-속도]

제약 {어린아이}-{걷다}

① 느리게 아장아장 걷는 모양.

의미 [+모양],[+부리],[+헤침],[+다양]

제약 {　}-{헤치다}

② 부리로 쪼듯이 이리저리 헤치는 모양.

쪼작-쪼작

의미 [+모양],[+어린이],[+걸음],[-속도],[+반복]

제약 {어린아이}-{걷다}

① 느리게 자꾸 아장아장 걷는 모양.

¶조씨 부인이 까치걸음으로 **쪼작쪼작** 앞서 나가고….≪박경리, 토지≫

의미 [+모양],[+부리],[+헤침],[+다양],[+반복]

제약 {　}-{헤치다}

② 부리로 쪼듯이 자꾸 이리저리 헤치는 모양.

쪼잘-쪼잘

의미 [+모양],[+말],[+목소리],[-높이],[+속도],[+계속]

제약

① 조금 낮은 목소리로 말을 빠르게 계속 하는 모양. '조잘조잘01①'보다 센 느낌을 준다.

¶쓸데없이 모여서 **쪼잘쪼잘** 시끄럽게 굴지 말고 이리 와서 일이나 도와라.

의미 [+모양],[+새],[+울음],[+연속]

제약 {새}-{지저귀다, 울다}

② 잇따라 참새 따위의 작은 새가 지저귀는 모양. '조잘조잘01②'보다 센 느낌을 준다.

쪽

의미 [+모양],[+줄]v[+금],[+직선],[+그림]

제약 {줄, 금}-{긋다}

① 작은 줄이나 금 따위를 곧게 내긋는 모양. '족①'보다 센 느낌을 준다.

¶자로 줄을 **쪽** 긋다.

의미 [+모양],[-크기],[+정렬]v[+나열],[+연속]

제약

② 작은 것들이 고르게 늘어서거나 가지런히 벌여 있는 모양. '족②'보다 센 느낌을 준다.

¶계단에 아이들의 신이 **쪽** 놓여 있다./발아래로부터 멀리 아기능 위 언덕까지는 흰 눈이 **쪽** 깔려 있었다.≪주요섭, 미완성≫

의미 [+모양],[+한줄],[+연결],[-분리]

제약

③ 한 줄로 끊어지지 아니하고 이어지는 모양. '족③'보다 센 느낌을 준다.

¶이 길을 **쪽** 따라가면 됩니다./길가로 전봇대가 **쪽** 서 있다.

의미 [+모양],[+종이]v[+천],[+가닥],[+분리],[+순간]

제약 {종이, 천}-{찢다, 훑다}

④ 작은 종이나 천 따위를 한 가닥으로 단번에 찢거나 훑는 모양. '족④'보다 센 느낌을 준다.

¶종이를 **쪽** 찢다.

의미 [+모양],[+액체],[+흡입],[+순간]

제약 {액체}-{마시다}

⑤ 적은 양의 액체를 단숨에 들이마시는 모양. '족⑤'보다 센 느낌을 준다.

¶냉수를 병째 **쪽** 들이켜다.

의미 [+소리]v[+모양],[+입],[+기운],[+흡
입]

제약 {입}-{빨다}

⑥ 입으로 힘차게 빠는 소리. 또는 그 모양. '족
⑥'보다 센 느낌을 준다.

¶우유를 쪽 빨아 마시다.

의미 [+모양],[+독서]v[+암기]v[+말],[+능
통]

제약 {사람}-{읽다, 외우다, 말하다}

⑦ 거침없이 내리읽거나 외거나 말하는 모양.
'족⑦'보다 센 느낌을 준다.

¶단숨에 시 한 편을 쪽 내리외었다.

의미 [+모양],[-크기],[+폄]v[+벌림]

제약 { }-{펴다, 벌리다}

⑧ 작은 것을 곧게 펴거나 벌리는 모양. '족⑧'
보다 센 느낌을 준다.

¶다려 입은 바지 금이 행여나 펴지고 구길까 어
느 때 어느 좌석에서나 발 위에 발을 고이고 두
다리를 쪽 뻗고 있었다.≪변영로, 명정 40년≫

의미 [+모양],[+소름]v[+땀],[+발생]

제약 {소름, 땀}-{ }

⑨ 소름이나 땀이 돋는 모양. '족⑨'보다 센 느
낌을 준다.

¶소름이 쪽 끼치다./땀이 쪽 솟다.

의미 [+모양],[+관찰],[+순간]

제약 { }-{훑어보다}

⑩ 좁은 범위로 눈길을 보내어 한눈에 훑어보는
모양. '족⑩'보다 센 느낌을 준다,

¶주변을 쪽 둘러보다.

의미 [+모양],[-크기],[+분리]v[+박리],[+순
간]

제약 { }-{갈라지다, 벗겨지다}

⑪ 작은 것이 단번에 갈라지거나 벗겨지는 모
양.

¶버드나무 가지 껍질을 쪽 벗기다./칼을 대자마
자 수박이 쪽 갈라졌다.

의미 [+모양],[+액체],[+전부],[+배수]

제약 { }-{빠지다}

⑫ 속에 들어 있는 액체가 모조리 빠지는 모양.

¶욕조에 담긴 물을 쪽 빼다./걸어 놓은 빨래가

물이 쪽 빠졌다.

의미 [+모양],[+물기]v[+살]v[+기운],[+감
소],[+동시]

제약 { }-{빠지다}

⑬ 물기나 살, 기운 따위가 한꺼번에 빠지는 모
양.

¶물기를 쪽 빼다./우리 집 통닭은 기름기를 쪽
빼 느끼하지 않습니다./탈락 소식을 듣자 두 다
리에서 힘이 쪽 빠지면서 바닥에 주저앉았다./몸
살을 앓고 났더니 얼굴에 살이 쪽 빠졌다.

의미 [+소리],[+입맞춤]

제약 {입}-{맞추다}

⑭ 입맞춤하는 소리.

¶볼에 입을 쪽 맞추다.

의미 [+모양],[+윤곽],[+연결],[-결점]

제약

⑮ 윤곽이 매끈하게 이어지는 모양.

¶하관이 쪽 빠진 갸름한 얼굴./앙상하지마는 않
은 무릎과 쪽 빠진 종아리는 보기 좋았다.≪박영
한, 인간의 새벽≫

의미 [+모양],[+착용],[+선명]

제약

⑯ 산뜻하게 차려입은 모양.

¶파르스름한 새 양복을, 산뜻이 쪽 빼고….≪염
상섭, 화관≫

쪽잘-쪽잘

의미 [+모양],[+음식],[+섭취],[+소량],[+불
결],[-호감]

제약 { }-{먹다}

음식을 시원스럽게 먹지 아니하고 께지럭대며
다랍게 조금씩 먹는 모양.

¶음식을 쪽잘쪽잘 먹으면 오던 복도 달아난단다.

쪽-쪽01

의미 [+모양],[+줄]v[+금],[+직선],[+그림],
[+연속]

제약 {줄, 금}-{긋다}

① 작은 줄이나 금을 잇따라 곧게 내긋는 모양.
'족족①'보다 센 느낌을 준다,

¶아이가 공책에 줄을 쪽쪽 긋고 있다.

의미 [+모양],[-크기],[+정렬]v[+나열],[+연

속]

제약

② 작은 것이 잇따라 고르게 늘어서거나 가지런히 벌여 있는 모양. '족족02②'보다 센 느낌을 준다.

의미 [+모양],[+한줄],[+연결],[-분리]

제약

③ 여럿이 한 줄로 끊어지지 아니하고 이어지는 모양. '족족③'보다 센 느낌을 준다.

의미 [+모양],[+종이]v[+천],[+가닥],[+분리],[+순간],[+연속]

제약 {종이, 천}-{찢다, 훑다}

④ 작은 종이나 천 따위를 여러 가닥으로 잇따라 찢거나 훑는 모양. '족족④'보다 센 느낌을 준다.

¶종이를 쪽쪽 찢어 버렸다.

의미 [+모양],[+액체],[+흡입],[+순간],[+연속]

제약 {액체}-{마시다}

⑤ 적은 양의 액체를 잇따라 단숨에 들이마시는 모양. '족족⑤'보다 센 느낌을 준다.

¶친구와 함께 권커니 잡거니 술을 쪽쪽 들이마셨다.

의미 [+소리]v[+모양],[+입],[+기운],[+흡입],[+연속]

제약 {입}-{빨다}

⑥ 잇따라 입으로 힘차게 빠는 소리. 또는 그 모양. '족족⑥'보다 센 느낌을 준다.

¶아이가 젖을 쪽쪽 빨다./손가락을 쪽쪽 빨다.

의미 [+모양],[+독서]v[+암기]v[+말],[+능통],[+연속]

제약 {사람}-{읽다, 외우다, 말하다}

⑦ 거침없이 잇따라 내리읽거나 외거나 말하는 모양. '족족⑦'보다 센 느낌을 준다.

의미 [+모양],[-크기],[+폄]v[+벌림],[+연속]

제약 { }-{펴다, 벌리다}

⑧ 작은 것을 잇따라 곧게 펴거나 벌리는 모양. '족족⑧'보다 센 느낌을 준다.

¶기지개가 쪽쪽 켜지고 발끝에서 머리끝까지 바

르르 경련이 일곤 했다.《최정희, 인간사》

의미 [+모양],[+소름]v[+땀],[+발생],[+연속]

제약 {소름, 땀}-{ }

⑨ 소름이나 땀이 잇따라 돋거나 나는 모양. '족족⑨'보다 센 느낌을 준다.

¶오한이 쪽쪽 끼치다./감기에 걸렸는지 식은땀을 쪽쪽 흘린다./비명 소리에 그는 소름이 쪽쪽 끼쳤다.

의미 [+모양],[-크기],[+분리]v[+박리],[+순간],[+연속]

제약 { }-{갈라지다, 벗겨지다}

⑩ 작은 것이 잇따라 갈라지거나 벗겨지는 모양.

의미 [+모양],[+액체],[+전부],[+배수],[+연속]

제약 { }-{빠지다}

⑪ 속에 들어 있는 액체가 모조리 잇따라 자꾸 빠지는 모양.

¶논에서 물이 쪽쪽 빠지고 있다.

의미 [+모양],[+살],[+감소],[+연속]

제약 { }-{빠지다}

⑫ 살이 잇따라 홀쭉하게 빠지는 모양.

의미 [+소리],[+입맞춤],[+연속]

제약 {입}-{맞추다}

⑬ 입맞춤을 잇따라 하는 소리.

¶아이는 출근하는 아빠의 볼에 입을 쪽쪽 맞춘다.

쪽쪽02

의미 [+모양],[+울음],[+요망],[+반복]

제약 { }-{울다}

요망스럽게 자꾸 우는 모양.

¶누가 쥐어질렸단 말인가, 울기는 왜 쪽쪽 운단 말인고.《현진건, 무영탑》/시집 잘못 가서 이 고생을 한다고 또 쪽쪽 울다가 갔답니다.《염상섭, 해방의 아들》/울기는 왜 쪽쪽 울어, 재수 없게, 응! 쯧쯧.《나도향, 뽕》

쪽쪽-이

의미 [+조각],[+다수],[+분리]

제약

여러 쪽이 되게.

¶마늘을 **쪽쪽이** 쪼개어 씨 마늘을 마련하였다./ 그의 모든 벗은 다 **쪽쪽이** 헤어졌다.≪김동인, 약한 자의 슬픔≫

쫀득-쫀득

의미 [+느낌],[+씹음],[+질김],[+점성],[+정도]

제약 { }-{씹히다}

① 음식물 따위가 검질겨서 매우 끈기 있고 쫄깃쫄깃하게 씹히는 느낌. '존득존득①'보다 센 느낌을 준다.

의미 [+느낌],[+점성],[-분리],[+정도]

제약

② 매우 차져서 잘 끊어지지 아니하는 느낌. '존득존득②'보다 센 느낌을 준다.

쫀쫀-히

의미 [+피륙],[+발],[-크기],[+고움]

제약

① 피륙의 발 따위가 잘고 곱게. '존존히'보다 센 느낌을 준다.

¶**쫀쫀히** 짠 편물.

의미 [+심지],[+편협],[+인색],[+치사]

제약

② 소갈머리가 좁고, 인색하며 치사하게.

¶**쫀쫀히** 굴다./며느리 늙은 것이 시어미라던가, 아내는 어느새 집주인 행세를 **쫀쫀히** 하려 들었다.≪윤흥길, 아홉 켤레의 구두로 남은 사내≫

의미 [+행동],[-크기],[-실수]

제약

③ 행동 따위가 잘고 빈틈이 없이.

¶**쫀쫀히** 따지다./어른한테서 **쫀쫀히** 야단맞은 건 어느새 잊고….≪윤흥길, 완장≫

쫄깃-쫄깃

의미 [+느낌],[+씹음],[+점성],[+질김],[+정도]

제약 { }-{씹히다}

씹히는 맛이 매우 차지고 질긴 듯한 느낌. '졸깃졸깃'보다 센 느낌을 준다.

¶낙지를 푹 삶았더니 **쫄깃쫄깃** 씹히는 맛이 없다.

쫄끔

의미 [+모양],[+눈물],[+누출],[+중지]

제약 {눈물}-{나오다}

① 눈물 따위의 액체가 조금 나오다가 그치는 모양. '졸금①'보다 센 느낌을 준다,

¶냉수를 **쫄끔** 마셨다.

의미 [+비],[+낙하],[+중지]

제약 {비}-{오다}

② 비가 조금 내리다가 멎는 모양. '졸금②'보다 센 느낌을 준다.

쫄끔-쫄끔

의미 [+모양],[+눈물],[±누출],[+중지],[+반복]

제약 {눈물}-{나오다}

① 눈물 따위의 액체가 자꾸 조금씩 나왔다 그쳤다 하는 모양. '졸금졸금①'보다 센 느낌을 준다.

의미 [+모양],[+비],[±낙하],[+중지],[+반복]

제약 {비}-{오다}

② 비가 자꾸 조금씩 내렸다 멎었다 하는 모양. '졸금졸금②'보다 센 느낌을 준다.

쫄딱

의미 [+정도],[+최대]

제약

더할 나위 없이 아주.

¶**쫄딱** 반하다./사업을 하다가 **쫄딱** 망하다./그는 우산을 잃어버려서 비를 **쫄딱** 맞고 들어갔다./우리 일행은 선달바우산 자락과 물이 붇기 시작하는 수로를 양쪽에 끼고, 소낙비에 겉옷이 **쫄딱** 젖은 채 그대로 내처 걸어갔다.≪김원일, 노을≫/이듬해엔 소만(小滿)이 지나도록 비 한 방울 내리지 않아 모를 내기는커녕 못자리마저 **쫄딱** 말라붙었다.≪문순태, 타오르는 강≫

쫄딱-쫄딱

의미 [+모양],[+분량]v[+규모],[-크기],[+협소],[+정도]

제약

① 분량이나 규모 따위가 매우 작고 옹졸한 모양. '졸딱졸딱①'보다 센 느낌을 준다.

의미 [+모양],[+일],[+처리],[-한번],[+분할]

제약

② 어떤 일을 한 번에 하지 못하고 조금씩 여러 차례에 나누어 하는 모양. '졸딱졸딱②'보다 센 느낌을 준다.

쫄랑-쫄랑

의미 [+소리]v[+모양],[+물],[+물결],[+요동],[+반복]

제약 {물}-{흔들리다}

① 물 따위가 잔물결을 이루며 자꾸 흔들리는 소리. 또는 그 모양. '졸랑졸랑①'보다 센 느낌을 준다.

¶그릇에 물이 **쫄랑쫄랑** 넘친다.

의미 [+모양],[+행동],[+경박],[+경망],[+반복]

제약

② 가볍고 경망스럽게 자꾸 까부는 모양. '졸랑졸랑②'보다 센 느낌을 준다.

¶강아지가 **쫄랑쫄랑** 내 뒤를 계속 따라온다./뒤돌아보니 귀순이가 느티나무 밑을 막 지나 **쫄랑쫄랑** 걸어오고 있었다.≪김원일, 노을≫

쫄래-쫄래

의미 [+모양],[+행동],[+경망]

제약

① 까불거리며 경망스럽게 행동하는 모양. '졸래졸래①'보다 센 느낌을 준다.

¶다섯 살배기 여자아이가 아버지 뒤를 **쫄래쫄래** 따라다니며 시장 구경을 하고 있다.

의미 [+모양],[+다수],[+추종],[-질서]

제약 { }-{따라다니다}

② 여럿이 무질서하게 졸졸 뒤따르는 모양. '졸래졸래②'보다 센 느낌을 준다.

¶애들이 그 소년 병사의 뒤를 **쫄래쫄래** 따라다녔다.≪윤흥길, 양≫

쫄망-쫄망

의미 [+모양],[+물건],[-균일],[+다수],[-크기],[+혼합],[+호감]

제약

① 고르지 아니한 여러 개의 작은 물건이 뒤섞여 있어 보기에 사랑스러운 모양. '졸망졸망①'보다 센 느낌을 준다.

¶시장에 가니 감자 파는 할머니가 조그만 감자를 **쫄망쫄망** 늘어놓고 팔고 있더라./난간에 기대어 **쫄망쫄망** 떠 있는 작은 배들을 내려다보았다.

의미 [+모양],[+가죽],[+표면],[-균일]

제약

② 가죽이나 표면 따위가 울퉁불퉁하게 생긴 모양. '졸망졸망②'보다 센 느낌을 준다.

쫄쫄01

의미 [+모양],[-식사],[-섭취]

제약

끼니를 굶어 아무것도 먹지 못한 모양.

¶배를 **쫄쫄** 곯다./하루 종일 **쫄쫄** 굶다./결혼하자면서 날 무얼로 먹여 살릴 텐고?……**쫄쫄** 가난하게 사는 거 나 싫어!≪채만식, 탁류≫

쫄쫄02

의미 [+소리]v[+모양],[+물줄기],[+흐름],[+유연],[+연속]

제약 {물줄기}-{흐르다}

① 가는 물줄기가 잇따라 부드럽게 흐르는 소리. 또는 그 모양. '졸졸①'보다 센 느낌을 준다.

¶수돗물이 **쫄쫄** 흐르는 소리./비를 **쫄쫄** 맞다./객지에서 맞는 첫 밤에 **쫄쫄** 눈물을 짤 만큼 감상에 젖을 나이도 아니었다.≪윤흥길, 묵시의 바다≫/샘물이 **쫄쫄** 흐르는 소리가 들렸다.≪김동인, 젊은 그들≫

의미 [+모양],[+사람]v[+동물],[+추종],[+반복]

제약 { }-{따라다니다}

② 작은 동물이나 사람이 자꾸 뒤를 따라다니는 모양. '졸졸②'보다 센 느낌을 준다.

¶강아지가 자꾸 내 뒤만 **쫄쫄** 따라다닌다./언제나 노마님의 곁에 **쫄쫄** 붙어 다니며 손발 노릇을 해 왔다.≪송기숙, 자랏골의 비가≫

의미 [+모양],[+줄]v[+천],[+바닥],[+마찰],[+끌림],[+반복]

제약 {줄, 천}-{끌리다}

③ 가는 줄이나 천 따위가 바닥에 자꾸 끌리는 모양. '졸졸③'보다 센 느낌을 준다.

¶치마가 길어선지 바닥에 **쫄쫄** 끌린다.

의미 [+모양],[+물건],[+흘림],[+도처],[+반

복]

제약 {물건}-{흘리다}

④ 작은 물건을 여기저기 자꾸 흘리는 모양. '졸
졸④'보다 센 느낌을 준다.

¶그렇게 자꾸만 **쫄쫄** 흘리고 다니면 어떡하니?

쫄쫄03

의미 [+모양],[+물건],[+선단],[+입],[+흡
입],[+반복]

제약 { }-{빨다}

물건의 끝을 입에 대고 좀 힘 있게 자꾸 빠는
모양.

¶아기가 엄마의 젖을 **쫄쫄** 빨아 먹고 있다./아이
들이 사탕을 **쫄쫄** 빨며 텔레비전을 보고 있다.

쫑긋

의미 [+모양],[+입술]v[+귀],[+세움]v[+돌
출]

제약

① 입술이나 귀 따위를 빳빳하게 세우거나 뾰족
이 내미는 모양. 늑쫑긋이①.

¶토끼가 귀를 **쫑긋** 세운다./입술이 **쫑긋** 나온 족
제비 상은 별난 소릴 다 듣는다는 듯….≪박경리,
토지≫/코끝이 **쫑긋** 들린 이 여자에게 윤 의사는
아까부터 관심이 갔었으나…≪황순원, 신들의 주
사위≫

의미 [+모양],[+입],[+운동],[+말],[+시작]

제약

② 말을 하려고 입을 달싹이는 모양. 늑쫑긋이
②.

쫑긋-이

의미 [+모양],[+입술]v[+귀],[+세움]v[+돌
출]

제약

①=쫑긋①. 입술이나 귀 따위를 빳빳하게 세우
거나 뾰족이 내미는 모양.

¶그는 생전 처음 듣는 말이라 선생님의 말씀에
귀를 **쫑긋**이 세웠다./애원하는 표정을 짓고는 키
스를 기다리는 것같이 입을 **쫑긋**이 내어 민 채
사내의 목청을 내어 가면서 아까 말을 중얼거린
다.≪현진건, B 사감과 러브레터≫

의미 [+모양],[+입],[+운동],[+말],[+시작]

제약

②=쫑긋②. 말을 하려고 입을 달싹이는 모양.

쫑긋-쫑긋

의미 [+모양],[+입술]v[+귀],[+세움]v[+돌
출],[+반복]

제약

① 입술이나 귀 따위를 자꾸 빳빳하게 세우거나
뾰족이 내미는 모양. 늑쫑긋쫑긋이①.

의미 [+모양],[+입],[+운동],[+말],[+시작],
[+반복]

제약

② 말을 하려고 입을 자꾸 달싹이는 모양. 늑쫑
긋쫑긋이②.

쫑긋쫑긋-이

의미 [+모양],[+입술]v[+귀],[+세움]v[+돌
출],[+반복]

제약

①=쫑긋쫑긋①. 입술이나 귀 따위를 자꾸 빳빳
하게 세우거나 뾰족이 내미는 모양.

의미 [+모양],[+입],[+운동],[+말],[+시작],
[+반복]

제약

②=쫑긋쫑긋②. 말을 하려고 입을 자꾸 달싹이
는 모양.

쫑달-쫑달

의미 [+소리]v[+모양],[+태도],[+불만],[+불
평],[+반복]

제약

불만스러운 태도로 자꾸 종알거리는 소리. 또는
그 모양. '종달종달'보다 센 느낌을 준다.

¶심부름 가기 싫다고 **쫑달쫑달** 지껄이지 말고
부엌에 가서 어머니 일이나 도와라.

쫑알-쫑알

의미 [+소리]v[+모양],[+여자]v[+아이],[+혼
잣말],[+소리],[-크기],[+반복]

제약

주로 여자나 아이들이 남이 잘 알아듣지 못할
정도의 작은 목소리로 혼잣말을 자꾸 하는 소리.
또는 그 모양. '종알종알'보다 센 느낌을 준다.

¶**쫑알쫑알** 일러바치다./이것이 순영이의 그동안

두고두고 형 대신으로 이 김 씨 집에 대해서 쫑알쫑알 불평이던 결론이었다.≪염상섭, 동서≫

쫑잘-쫑잘

의미 [+소리]v[+모양],[+수다],[+불평]

제약

수다스럽게 종알거리는 소리. 또는 그 모양. '종잘종잘'보다 센 느낌을 준다.

¶무슨 재미있는 얘기가 그렇게 많은지 계속 쫑잘쫑잘 떠들어 댄다.

쫑쫑01

의미 [+모양],[+걸음],[-보폭],[+속도]

제약 { }-{걷다}

좁은 발걸음을 자주 떼며 빨리 걷는 모양. '종종01'보다 센 느낌을 준다.

¶어린아이가 제 어머니를 따라 쫑쫑 걸어간다./아이는 쫑쫑 뛰어다니며 놀고 있다.

쫑쫑02

의미 [+모양],[+군소리],[+불평],[+원망],[+정도]

제약

남이 알아들을 수 없게 불평조의 군소리를 작게 하거나 몹시 원망하듯 종알거리는 모양.

¶철이는 숨이 턱에 닿으면서도 쫑쫑 말대답을 잊지를 않는다.≪현진건, 무영탑≫

쫑쫑03

의미 [+모양],[+바늘땀],[+조밀]

제약

① 바늘땀 따위가 촘촘한 모양.

¶뭣하려고 저렇게 쫑쫑 꿰매, 그러게.≪최명희, 혼불≫

의미 [+모양],[+머리],[+정성],[+머리털],[+가닥]

제약

② 머리를 다잡아 땋은 모양.

¶새앙머리를 쫑쫑 땋고 생쥐 꼬리만 한 머리끝에 분꽃색 댕기를 물린 것이 갑사인가 보았다.≪최명희, 혼불≫

의미 [+모양],[+일],[+처리],[-실수]

제약

③ 일의 처리가 빈틈없는 모양.

짜르르

의미 [+소리]v[+모양],[+물줄기],[+낙하],[+맹렬],[+연속]

제약 {물줄기}-{쏟아지다}

① 물줄기 따위가 잇따라 세차게 쏟아지는 소리. 또는 그 모양. '좌르르①'보다 센 느낌을 준다.

¶그녀의 눈에서 금세 눈물이 짜르르 흘러내렸다.

의미 [+소리]v[+모양],[+물체],[+다수],[+낙하],[+연속]

제약 {물체}-{쏟아지다}

② 여러 개의 작은 물체들이 잇따라 쏟아지는 소리. 또는 그 모양. '좌르르②'보다 센 느낌을 준다.

¶쌓아 놓았던 상자들이 갑자기 짜르르 무너졌다.

의미 [+모양],[+얼굴]v[+밥],[+윤기]

제약 { }-{흐르다}

③ 얼굴이나 밥 따위에 윤기가 흐르는 모양. '좌르르③'보다 센 느낌을 준다.

¶새로 지은 밥은 윤기가 짜르르 흘러 먹음직스러워 보였다.

의미 [+소리]v[+모양],[+미닫이],[±개폐],[+활주]

제약 {미닫이}-{열리다, 닫히다}

④ 미닫이문이 미끄러지듯 가볍게 열리거나 닫히는 소리. 또는 그 모양. '좌르르④'보다 센 느낌을 준다.

짜르륵

의미 [+소리]v[+모양],[+물줄기]v[+물체],[+낙하],[+맹렬],[+한번]

제약 {물줄기, 물체}-{쏟아지다}

① 물줄기나 작은 물체 따위가 한 번 세차게 쏟아지는 소리. 또는 그 모양. '좌르륵①'보다 센 느낌을 준다.

¶빗물이 짜르륵 쏟아졌다.

의미 [+소리]v[+모양],[+물건],[+산개]v[+확산],[+넓이]

제약 {물건}-{흩어지다, 퍼지다}

② 물건들이 넓은 범위로 흩어지거나 퍼지는 소리. 또는 그 모양. '좌르륵②'보다 센 느낌을 준

다.

¶시장에 가니 새로 나온 물건들이 **짜르륵** 깔렸더라.

짜르륵-짜르륵

의미 [+소리]v[+모양],[+물줄기]v[+물체],[+낙하],[+맹렬],[+반복]

제약 {물줄기, 물체}-{쏟아지다}

① 물줄기나 작은 물체 따위가 자꾸 세차게 쏟아지는 소리. 또는 그 모양. '좌르륵좌르륵①'보다 센 느낌을 준다.

의미 [+소리]v[+모양],[+물건],[+산개]v[+확산],[+넓이],[+반복]

제약 {물건}-{흩어지다, 퍼지다}

② 물건이 자꾸 넓게 흩어지거나 퍼지는 소리. 또는 그 모양. '좌르륵좌르륵②'보다 센 느낌을 준다.

¶마룻바닥에 콩이 **짜르륵짜르륵** 구르고 있다.

쫙

의미 [+모양],[+범위]v[+갈래],[+산개],[+확산]

제약 { }-{퍼지다}

① 넓은 범위나 여러 갈래로 흩어져 퍼지는 모양. '좍①'보다 센 느낌을 준다.

¶시내에 경찰들이 **쫙** 깔렸다./소름이 **쫙** 끼쳤다./소문은 그 온 동리에 **쫙** 퍼졌다./일본 공사가 광화문의 왼쪽 협문으로 사라져 들어갔을 때, 다시 새로운 뉴스가 구경꾼들 사이에 **쫙** 번져 나가기 시작했다.≪유주현, 대한 제국≫

의미 [+소리]v[+모양],[+비]v[+물],[+낙하],[+순간]

제약 {비, 물}-{쏟아지다, 흐르다}

② 비나 물 따위가 갑자기 쏟아지거나 흘러내리는 소리. 또는 그 모양. '좍②'보다 센 느낌을 준다.

¶소나기가 갑자기 **쫙** 쏟아졌다./별안간 누가 면상에다가 물이라도 **쫙** 끼얹은 것처럼 소스라치게 놀라….≪채만식, 탁류≫

의미 [+모양],[+일]v[+행동],[+성취],[+동시]

제약

③ 어떤 일이나 행동 따위가 한꺼번에 이루어지는 모양. '확③'보다 센 느낌을 준다.

¶잔을 단숨에 **쫙** 비웠다./원장은…온몸에서 힘이 **쫙** 빠져 나갔다.≪이청준, 당신들의 천국≫/나는 지녔던 시름을 일순에 **쫙** 씻어 버리고….≪정비석, 비석과 금강산의 대화≫/통통이 꾸짖자 그 패가 일시에 **쫙** 일어나서….≪홍명희, 임꺽정≫

의미 [+모양],[+퍼짐]v[+분리],[+정도]

제약

④ 활짝 퍼지거나 찢어지는 모양.

¶큰 악어가 입을 **쫙** 벌리고 달려들었다./가슴을 **쫙** 펴고 다녀라./깃발을 잡아당겨 **쫙** 찢어서 땅에 동댕이치고 거기다 탁 침을 뱉었다.≪선우휘, 깃발 없는 기수≫

쫙-쫙

의미 [+모양],[+범위]v[+갈래],[+산개],[+확산],[+반복]

제약 { }-{퍼지다}

① 넓은 범위나 여러 갈래로 자꾸 흩어져 퍼지는 모양. '좍좍①'보다 센 느낌을 준다.

¶태양은 굽힐 줄 모르는 햇빛을 **쫙쫙** 쏘아 내고 있었다.≪최상규, 대춘≫

의미 [+소리]v[+모양],[+비]v[+물],[+낙하],[+순간],[+반복]

제약 {비, 물}-{쏟아지다, 흐르다}

② 비나 물 따위가 자꾸 쏟아지는 소리. 또는 그 모양. '좍좍②'보다 센 느낌을 준다.

¶영식이는 물을 풍풍 퍼서 어깨에서부터 소리를 **쫙쫙** 내며 끼얹어 비누를 씻어 내렸다.≪염상섭, 취우≫

의미 [+모양],[+독서]v[+말],[+능통],[+지속]

제약 {사람}-{읽다, 말하다}

③ 거침없이 계속 읽거나 말하는 모양. '좍좍③'보다 센 느낌을 준다.

¶그는 책을 **쫙쫙** 읽어 나갔다./그 노인은 주는 잔을 **쫙쫙** 받아 마시더니 술에 취해 버렸다.

의미 [+모양],[+퍼짐]v[+분리],[+정도],[+연속]

제약

④ 잇따라 활짝 퍼지거나 찢어지는 모양.

¶부채를 쫙쫙 펴다./편지를 쫙쫙 찢다./제비 새끼들은 어미가 물어다 주는 먹이를 먹기 위해 입을 쫙쫙 벌렸다.

쫠-쫠

의미 [+소리]v[+모양],[+액체],[+흐름],[+맹렬]

제약 {액체}-{흐르다}

① 많은 양의 액체가 세차게 흐르는 소리. 또는 그 모양. '촬촬①'보다 센 느낌을 준다,

¶쫠쫠 흐르는 계곡물에 발을 담그고 놀았다.

의미 [+모양],[+독서]v[+암기]v[+말],[+능통]

제약 {사람}-{읽다, 외우다, 말하다}

② 거침없이 읽거나 외거나 말하는 모양. '촬촬②'보다 센 느낌을 준다,

¶다섯 살밖에 안 된 아이가 동화책을 쫠쫠 읽는다. '촬촬'의 센말.

쭈글-쭈글

의미 [+모양],[+압력]v[+구김],[+주름],[+정도]

제약

쭈그러지거나 구겨져서 고르지 않게 주름이 많이 잡힌 모양.

¶쭈글쭈글 구겨진 바지./주름이 쭈글쭈글 많이도 잡힌 중늙은이./홑이불처럼 얇은 이불을 이건 언제 펴 두고 한 번도 개지 않았는지 걸레처럼 쭈글쭈글 깔아 놓고….≪김승옥, 환상 수첩≫

쭈루니

의미 [+모양],[+다수],[+정렬]

제약

많은 것들이 가지런하게 줄지어 있는 모양.

¶꽃 화분이 쭈루니 얹히어진, 높직이 층계가 진 선반 옆에 선 채 무경이는 어머니 방을 향하여 불러 보는 것이다.≪김남천, 경영≫

쭈룩

의미 [+소리]v[+모양],[+물줄기]v[+빗물],[+흐름],[+속도],[+정지]

제약 {물줄기, 빗물}-{그치다}

굵은 물줄기나 빗물 따위가 빠르게 잠깐 흐르다

가 그치는 소리. 또는 그 모양. '주룩'보다 센 느낌을 준다,

¶수돗물이 잠깐 쭈룩 흐르다가는 금방 멎어 버렸다.

쭈룩-쭈룩

의미 [+소리]v[+모양],[+물줄기]v[+빗물],[+흐름]v[+낙하],[+속도],[+반복]

제약 {물줄기, 빗물}-{흐르다, 내리다}

① 굵은 물줄기나 빗물 따위가 빠르게 자꾸 흐르거나 내리는 소리. 또는 그 모양. '주룩주룩①'보다 센 느낌을 준다.

의미 [+모양],[+주름],[+균일],[+다수]

제약

② 주름이 고르게 많이 잡힌 모양. '주룩주룩②'보다 센 느낌을 준다.

쭈르르

의미 [+소리]v[+모양],[+물줄기],[+흐름],[+속도]

제약 {물줄기}-{흘러내리다}

① 굵은 물줄기 따위가 빠르게 흘러내리는 소리. 또는 그 모양. '주르르①'보다 센 느낌을 준다,

¶눈물이 쭈르르 흐르다./운동을 하니 땀이 쭈르르 흘렀다.

의미 [+모양],[+물건],[+경사],[+활주],[+속도]

제약 {물건}-{미끄러지다}

② 물건 따위가 비탈진 곳에서 빠르게 미끄러져 내리는 모양. '주르르②'보다 센 느낌을 준다,

¶이도무의 뚱뚱한 몸은 쭈르르 담벼락을 흘러내리면서 땅에 꾸겨졌습니다.≪장용학, 원형의 전설≫

의미 [+모양],[+걸음]v[+추종],[+속도]

제약 {사람, 동물}-{걷다, 따라가다}

③ 발걸음을 재게 움직여 걷거나 따라다니는 모양. '주르르③'보다 센 느낌을 준다,

¶옆길에서 쭈르르 따라 나오던 허연 두루마기 입은 자가 굽실한다.≪염상섭, 무화과≫/모화란 년이 장옷을 벗어부치고 쭈르르 달려와서 오두방정을 떠는데….≪김주영, 객주≫

의미 [+모양],[+다수],[+정돈],[+한줄],[+연

결]

제약

④ 여럿이 한 줄로 고르게 잇따라 있는 모양. '주르르④'보다 센 느낌을 준다.

¶영화관 앞에는 사람들이 **쭈르르** 줄을 서 있었다./벽에는 풀기 없는 무색옷들이 **쭈르르** 걸렸다.≪오영수, 화산댁이≫

쭈르륵

의미 [＋소리]v[＋모양],[＋물줄기],[＋흐름], [＋속도],[＋정지]

제약 {물줄기}-{그치다}

① 굵은 물줄기 따위가 빠르게 잠깐 흐르다가 그치는 소리. 또는 그 모양. '주르륵①'보다 센 느낌을 준다.

¶유리창 위로 빗물이 **쭈르륵** 흘러내렸다.

의미 [＋모양],[＋물건],[＋경사],[＋활주],[＋속도],[＋정지]

제약

② 물건 따위가 비탈진 곳에서 빠르게 잠깐 미끄러져 내리다가 멎는 모양. '주르륵②'보다 센 느낌을 준다.

¶나무에서 원숭이 한 마리가 **쭈르륵** 미끄러져 내려왔다.

쭈르륵-쭈르륵

의미 [＋소리]v[＋모양],[＋물줄기],[＋흐름], [＋속도],[＋정지],[＋반복]

제약

① 굵은 물줄기 따위가 빠르게 자꾸 흘렀다 그쳤다 하는 소리. 또는 그 모양. '주르륵주르륵①'보다 센 느낌을 준다.

의미 [＋모양],[＋물건],[＋경사],[＋활주],[＋속도],[＋정지],[＋반복]

제약

② 물건 따위가 비탈진 곳에서 빠르게 자꾸 미끄러져 내렸다 멎었다 하는 모양. '주르륵주르륵②'보다 센 느낌을 준다.

쭈물-쭈물

의미 [＋모양],[＋언사]v[＋행동],[－속도],[＋반복]

제약

행동이나 말을 선뜻 하지 못하고 자꾸 꾸물거리는 모양.

¶동생은 말을 할까 말까 **쭈물쭈물** 망설이고 있다.

쭈뼛

의미 [＋모양],[＋물건],[＋선단],[＋예리],[＋돌출]

제약

① 물건의 끝이 차차 가늘어지면서 뾰죽하게 솟은 모양. '주뼛①'보다 센 느낌을 준다. 늑쭈뼛이①.

¶발자국 소리에 놀란 토끼는 귀를 **쭈뼛** 세웠다.

의미 [＋느낌],[＋공포]v[＋경악],[＋머리카락], [＋기립]

제약

② 무섭거나 놀라서 머리카락이 꼿꼿하게 일어서는 듯한 느낌. '주뼛②'보다 센 느낌을 준다. 늑쭈뼛이②.

¶밤중에 바스락 소리만 나도 나는 머리카락이 **쭈뼛** 섰다./남자의 이야기를 통하여 머리끝이 **쭈뼛** 곤두서는 긴장마저 맛볼 수가 있었다.≪윤흥길, 완장≫

의미 [＋모양],[－자연]v[＋무안],[＋주저],[＋반복]

제약

③ 어줍거나 부끄러워서 자꾸 머뭇거리거나 주저하는 모양. '주뼛③'보다 센 느낌을 준다. 늑쭈뼛이③.

¶딸은 손님이 계신 방으로 들어가려다가 **쭈뼛** 멈추었다.

의미 [＋모양],[＋입술],[＋돌출]

제약 {입술}-{내밀다}

④ 입술 끝을 비죽 내미는 모양. '주뼛④'보다 센 느낌을 준다. 늑쭈뼛이④.

¶큰딸이 입술을 **쭈뼛** 내밀고 제 방으로 들어갔다.

쭈뼛-이

의미 [＋모양],[＋물건],[＋선단],[＋예리],[＋돌출]

제약

①=쭈뼛①. 물건의 끝이 차차 가늘어지면서 삐
죽하게 솟은 모양.

의미 [+느낌],[+공포]v[+경악],[+머리카락],
[+기립]

제약

②=쭈뼛②. 무섭거나 놀라서 머리카락이 꼿꼿하
게 일어서는 듯한 느낌.

¶뒷머리가 쭈뼛이 서며 등골이 오싹했다.

의미 [+모양],[-자연]v[+무안],[+주저],[+반
복]

제약

③=쭈뼛③. 어줍거나 부끄러워서 자꾸 머뭇거리
거나 주저주저하는 모양.

의미 [+모양],[+입술],[+돌출]

제약 {입술}-{내밀다}

④=쭈뼛④. 입술 끝을 비죽 내미는 모양.

쭈뼛-쭈뼛

의미 [+모양],[+물건],[+전부],[+선단],[+예
리],[+돌출]

제약

① 물건의 끝이 다 차차 가늘어지면서 삐죽삐죽
하게 솟은 모양. '주뼛주뼛①'보다 센 느낌을 준
다.

¶공사장에 깔린 널빤지에 못이 쭈뼛쭈뼛 튀어나
와 있다./그는 쭈뼛쭈뼛 솟아 있는 돌부리와 돌
을 피해 조심스럽게 걸었다.

의미 [+느낌],[+공포]v[+경악],[+머리카락],
[+기립],[+반복]

제약

② 무섭거나 놀라서 머리카락이 자꾸 꼿꼿하게
일어서는 듯한 느낌. '주뼛주뼛②'보다 센 느낌
을 준다.

¶으슥한 산기슭을 돌 때 머리끝이 쭈뼛쭈뼛 솟
는 것 같았다.

의미 [+모양],[-자연]v[+무안],[+주저],[+반
복]

제약

③ 어줍거나 부끄러워서 자꾸 머뭇거리거나 주
저주저하는 모양. '주뼛주뼛③'보다 센 느낌을
준다.

¶서로들 눈치만 살피던 아이들 중에서 한 아이
가 겁먹은 얼굴로 쭈뼛쭈뼛 나서더구먼.《유재용,
성역》

의미 [+모양],[+입술],[+돌출],[+반복]

제약 {입술}-{내밀다}

④ 입술 끝을 자꾸 비죽 내미는 모양. '주뼛주뼛
④'보다 센 느낌을 준다.

¶아내는 입술만 쭈뼛쭈뼛 내밀고 아무 말도 하
지 않았다.

쭈절-쭈절

의미 [+모양],[+말],[+목소리],[-높이],[+계
속]

제약

말을 낮은 목소리로 계속하는 모양. '주절주절01'
보다 센 느낌을 준다.

쭉

의미 [+모양],[+줄]v[+금],[+직선],[+그림]

제약 {줄, 금}-{긋다}

① 줄이나 금 따위를 곧게 내긋는 모양. '죽①'
보다 센 느낌을 준다.

¶붓으로 쭉 긋다./종이 위에 한 줄을 쭉 그어라.

의미 [+모양],[+다수],[+정렬]v[+나열]

제약

② 여럿이 고르게 늘어서거나 가지런히 벌여 있
는 모양. '죽②'보다 센 느낌을 준다.

¶쭉 고른 이빨./얼굴 전체에는 지저분한 반찬 가
시 같은 수염이 쭉 깔렸다.《김남천, 맥》/일자로
쭉 걸린 여자 망토와 조바위와 목도리들이 찬란
히 마주 비치는 중에도….《염상섭, 삼대》

의미 [+모양],[+한줄],[+연결],[-분리]

제약

③ 한 줄로 끊어지지 않고 이어지는 모양. '죽
③'보다 센 느낌을 준다.

¶아무도 없는 뒷거리, 벽돌담이 쭉 계속된다.
《박경리, 시장과 전장》/냇둑으로 쭉 가다가 거기
서 고개 하나를 넘으면 이냅죠.《박경수, 동토》

의미 [+모양],[+종이]v[+천],[+가닥],[+분
리],[+순간]

제약 {종이, 천}-{찢다, 훑다}

④ 종이나 천 따위를 한 가닥으로 단번에 찢거

나 훑는 모양. '죽④'보다 센 느낌을 준다.

¶종이를 쭉 찢다./벼를 쭉 훑다./땀 난 손으로 라이터를 억지로 꺼내려다 바지 주머니 폭이 쭉 나가 버렸다.≪송기숙, 자랏골의 비가≫/윤은 형윤이 시키는 대로 배갈을 마시고 파를 깨물었다. 가슴을 쭉 긁어내리며 확 불이 댕기는 듯했다. ≪선우휘, 깃발 없는 기수≫

의미 [+모양],[+액체],[+흡입],[+순간]

제약 {액체}-{마시다}

⑤ 물 따위를 단숨에 들이마시는 모양. '죽⑤'보다 센 느낌을 준다.

¶물을 쭉 마시다./막걸리 한 사발을 쭉 들이켰다.

의미 [+소리]v[+모양],[+입],[+기운],[+흡입]

제약 {입}-{빨다}

⑥ 입으로 아주 힘차게 빠는 소리. 또는 그 모양. '죽⑥'보다 센 느낌을 준다.

¶빨대로 우유를 쭉 빨아 마시다.

의미 [+모양],[+독서]v[+암기]v[+말],[+능통]

제약 {사람}-{읽다, 외우다, 말하다}

⑦ 거침없이 내리 읽거나 외거나 말하는 모양. '죽⑦'보다 센 느낌을 준다.

¶자초지종을 쭉 말하다./구체적인 예를 쭉 열거해 봐라.

의미 [+모양],[+폄]v[+벌림]

제약 { }-{펴다, 벌리다}

⑧ 곧게 펴거나 벌리는 모양. '죽⑧'보다 센 느낌을 준다.

¶네 활개를 쭉 펴다./허리를 쭉 펴다.

의미 [+모양],[+소름]v[+땀],[+발생]

제약 {소름, 땀}-{ }

⑨ 소름이나 땀이 많이 돋는 모양. '죽⑨'보다 센 느낌을 준다.

¶등골에 진땀이 쭉 솟다./소름이 쭉 끼치다.

의미 [+모양],[+관찰],[+순간]

제약 { }-{훑어보다}

⑩ 넓은 범위로 눈길을 보내어 한눈에 훑어보는 모양. '죽⑩'보다 센 느낌을 준다.

¶책을 쭉 훑어보다./주변을 쭉 둘러보다.

의미 [+모양],[+상태],[+유지],[+지속]

제약

⑪ 같은 상태로 계속되는 모양. '죽⑪'보다 센 느낌을 준다.

¶오늘은 쭉 집에 있었다./그는 십 년 동안 약을 쭉 먹어 왔다.

의미 [+모양],[+물기]v[+살]v[+기운],[+감소],[+순간],[+정도]

제약 { }-{빠지다}

⑫ 물기나 살, 기운 따위가 한꺼번에 많이 빠진 모양.

¶며칠을 심하게 앓았더니 살이 쭉 빠졌다.

의미 [+모양],[+윤곽],[+연결],[-결점],[+정도]

제약

⑬ 윤곽이 몹시 매끈하게 이어지는 모양.

¶그 여자 몸매가 쭉 빠진 게 참 늘씬하더라.

의미 [+모양],[+착의],[+신선],[+정도]

제약

⑭ 매우 산뜻하게 차려입은 모양.

¶이렇게 쭉 빼입고 어디 가는 거야?

쭉-쭉

의미 [+모양],[+줄]v[+금],[+직선],[+그림],[+연속]

제약 {줄, 금}-{긋다}

① 줄이나 금 따위를 잇따라 곧게 긋는 모양. '죽죽①'보다 센 느낌을 준다.

¶자로 쭉쭉 선을 긋다.

의미 [+모양],[+다수],[+정렬]v[+나열],[+연속]

제약

② 여럿이 잇따라 고르게 늘어서거나 가지런히 벌여 있는 모양. '죽죽②'보다 센 느낌을 준다.

¶가는 곳마다 2, 30층 현대식 건물이 쭉쭉 늘어서서….≪정비석, 비석과 금강산의 대화≫/쇠창살이 쭉쭉 선 감방 속에서 머리를 파발을 하고….≪염상섭, 신정≫

의미 [+모양],[+다수],[+한줄],[+연결],[-분리]

제약

③ 여럿이 한 줄로 끊어지지 않고 이어지는 모양. '죽죽③'보다 센 느낌을 준다.

¶누구에게나 굽히지 않고 앞으로 **쭉쭉** 뻗어 나가는 기질을 사랑하였다.≪심훈, 영원의 미소≫

의미 [+모양],[+종이]v[+천],[+가닥],[+분리],[+순간],[+연속]

제약 {종이, 천}-{찢다}

④ 종이나 천 따위를 여러 가닥으로 잇따라 찢는 모양. '죽죽④'보다 센 느낌을 준다,

¶서랍에서 편지지를 꺼내 놓고 몇 줄 휙휙 쓰다 말고, **쭉쭉** 찢어 휴지통에 넣고 버리고는 다시 쓴다.≪염상섭, 대를 물려서≫

의미 [+모양],[+액체],[+흡입],[+순간],[+연속]

제약 {액체}-{마시다}

⑤ 물 따위를 잇따라 단숨에 들이마시는 모양. '죽죽⑤'보다 센 느낌을 준다.

¶그는 맥주를 **쭉쭉** 들이켜고는 오징어를 집어 들었다.

의미 [+소리]v[+모양],[+입],[+기운],[+흡입],[+연속]

제약 {입}-{빨다}

⑥ 잇따라 입으로 아주 힘차게 빠는 소리. 또는 그 모양. '죽죽⑥'보다 센 느낌을 준다.

¶아이가 우유병을 **쭉쭉** 빨다가 잠이 들었다.

의미 [+모양],[+독서]v[+암기]v[+말],[+능통],[+연속]

제약 {사람}-{읽다, 외우다, 말하다}

⑦ 거침없이 잇따라 내리읽거나 외거나 말하는 모양. '죽죽⑦'보다 센 느낌을 준다,

¶책을 **쭉쭉** 읽어 내려가다./시장에서 사야 할 것들을 **쭉쭉** 말해 보아라.

의미 [+모양],[+다수],[+펌]v[+벌림],[+연속]

제약 { }-{펴다, 벌리다}

⑧ 여럿이 잇따라 펴거나 벌리는 모양. '죽죽⑧'보다 센 느낌을 준다.

¶아기의 다리가 곧아지게 **쭉쭉** 펴 주어라.

의미 [+모양],[+소름]v[+땀],[+발생],[+연속]

속]

제약 {소름, 땀}-{ }

⑨ 소름이나 땀이 잇따라 돋거나 나는 모양. '죽죽⑨'보다 센 느낌을 준다.

¶매를 맞으면서 이를 북북 갈던 생각을 하면 자다가도 소름이 **쭉쭉** 끼친다.≪이무영, 농민≫

의미 [+모양],[+관찰],[+순간],[+연속]

제약 { }-{훑어보다}

⑩ 넓은 범위로 눈길을 보내어 잇따라 훑어보는 모양. '죽죽⑩'보다 센 느낌을 준다.

의미 [+모양],[+밀림],[+연속]

제약

⑪ 미끄러운 곳에서 잇따라 밀려 나가는 모양. '죽죽⑪'보다 센 느낌을 준다.

¶눈이 내린 비탈길을 오르자니 여기저기서 사람들이 **쭉쭉** 미끄러졌다.

쭌득-쭌득

의미 [+느낌],[+씹음],[+질김],[+점성],[+정도]

제약 { }-{씹히다}

① 음식물 따위가 매우 검질겨서 끈기 있고 쭐깃쭐깃하게 씹히는 느낌. '준득준득①'보다 센 느낌을 준다.

의미 [+느낌],[+점성],[-분리],[+정도]

제약

② 매우 차져서 잘 끊어지지 아니하는 느낌. '준득준득②'보다 센 느낌을 준다.

쭐깃-쭐깃

의미 [+느낌],[+씹힘],[+점성],[+질김],[+정도]

제약 { }-{씹히다}

씹히는 맛이 몹시 차지고 질긴 듯한 느낌. '줄깃줄깃'보다 센 느낌을 준다.

¶삶은 문어는 **쭐깃쭐깃** 씹히는 맛이 있다.

쭐렁-쭐렁

의미 [+소리]v[+모양],[+물],[+물결],[+요동],[+반복]

제약

물 따위가 자꾸 큰 물결을 이루며 흔들리는 소리. 또는 그 모양. '줄렁줄렁①'보다 센 느낌을

준다.

쫄래-쫄래

의미 [+모양],[+행동],[+경망]

제약

① 꺼불거리며 경망스럽게 행동하는 모양. '줄레줄레01①'보다 센 느낌을 준다.

¶아이는 아버지를 **쫄래쫄래** 따라나선다.

의미 [+모양],[+다수],[+추종],[-질서]

제약

② 여럿이 무질서하게 줄줄 뒤따르는 모양. '줄레줄레01②'보다 센 느낌을 준다.

쫄록-쫄록

의미 [+모양],[+물체],[+길이],[+부분],[+손상]

제약

기다란 물체가 드문드문 깊이 패어 홀쭉하게 들어간 모양. '줄록줄록'보다 센 느낌을 준다.

쫄멍-쫄멍

의미 [+모양],[+물건],[+다수],[-균일],[+혼합]

제약

① 고르지 아니한 여러 개의 큰 물건이 뒤섞여 있는 모양. '줄멍줄멍①'보다 센 느낌을 준다.

¶과수원 한 모퉁이에는 따 놓은 굵은 사과들이 **쫄멍쫄멍** 놓여 있다.

의미 [+모양],[+거죽]v[+표면],[+요철]

제약

② 거죽이나 표면 따위가 울퉁불퉁하게 생긴 모양. '줄멍줄멍②'보다 센 느낌을 준다.

쫄쫄01

의미 [+소리]v[+모양],[+물줄기],[+흐름],[+유연],[+연속]

제약 {물줄기}-{흐르다}

① 굵은 물줄기 따위가 잇따라 부드럽게 흐르는 소리. 또는 그 모양. '줄줄①'보다 센 느낌을 준다.

¶도랑물이 **쫄쫄** 흐르다./눈물을 **쫄쫄** 짜다.

의미 [+모양],[+사람]v[+동물],[+추종],[+반복]

제약 { }-{따라다니다}

② 동물이나 사람이 자꾸 뒤를 따라다니는 모양. '줄줄②'보다 센 느낌을 준다.

¶네 형만 **쫄쫄** 따라다니지 말고 네 또래 동무들과 놀아라.

의미 [+모양],[+줄]v[+천],[+바닥],[+마찰],[+끌림],[+반복]

제약 {줄, 천}-{끌리다}

③ 굵은 줄이나 천 따위가 바닥에 자꾸 끌리는 모양. '줄줄③'보다 센 느낌을 준다.

¶**쫄쫄** 끌고 간다. 문지방을 넘어갈 때 저고리가 찢기고, 동그란 어깨가 한쪽 드러났다.≪강신재, 파도≫

의미 [+모양],[+물건],[+흘림],[+도처],[+반복]

제약 {물건}-{흘리다}

④ 물건을 여기저기 자꾸 흘리는 모양. '줄줄④'보다 센 느낌을 준다.

¶낟알을 길바닥에 **쫄쫄** 흘리다.

의미 [+모양],[+독서]v[+필기]v[+말],[+능통]

제약 {사람}-{읽다, 쓰다, 말하다}

⑤ 조금도 막힘이 없이 시원시원하게 글을 읽거나 쓰거나 말하는 모양. '줄줄⑤'보다 센 느낌을 준다.

¶선생은 해석도 명쾌하거니와, 문법을 **쫄쫄** 내리외어….≪유진오, 구름 위의 만상≫

쫄-쫄02

의미 [+모양],[+물건],[+선단],[+입],[+흡입],[+반복]

제약 { }-{빨다}

물건의 끝을 입에 대고 힘 있게 자꾸 빠는 모양.

¶염소 새끼가 젖을 **쫄쫄** 빨다.

쭝긋

의미 [+모양],[+입술]v[+귀],[+세움]v[+돌출]

제약

① 입술이나 귀 따위를 빳빳하게 세우거나 뾰죽이 내미는 모양. 늑쭝긋이①.

¶말이 귀를 **쭝긋** 세우고 달아난다./정 기자는 입을 **쭝긋** 내밀고 원숭이 같은 묘한 상판을 지은

채 여자들을 부추겼다.≪김인배, 방울뱀≫

의미 [+모양],[+입],[+운동],[+말],[+시작]

제약

② 말을 하려고 입을 들썩이는 모양. 늑쭝긋이
②.

¶그는 무슨 말을 하려는지 갑자기 입을 **쭝긋** 움
직였다.

쭝긋-이

의미 [+모양],[+입술]v[+귀],[+세움]v[+돌
출]

제약

①=쭝긋①. 입술이나 귀 따위를 뻣뻣하게 세우
거나 뾰죽이 내미는 모양.

의미 [+모양],[+입],[+운동],[+말],[+시작]

제약

②=쭝긋②. 말을 하려고 입을 들썩이는 모양.

쭝긋-쭝긋

의미 [+모양],[+입술]v[+귀],[+세움]v[+돌
출],[+반복]

제약

① 입술이나 귀 따위를 자꾸 뻣뻣하게 세우거나
뾰죽이 내미는 모양. 늑쭝긋쭝긋이①.

¶입을 **쭝긋쭝긋** 내밀며 중얼거리다./개가 귀를
쭝긋쭝긋 세우며 낯선 사람을 보고 짖는다.

의미 [+모양],[+입],[+운동],[+말],[+시작],
[+반복]

제약

② 말을 하려고 입을 자꾸 들썩이는 모양. 늑쭝
긋쭝긋이②.

쭝긋쭝긋-이

의미 [+모양],[+입술]v[+귀],[+세움]v[+돌
출],[+반복]

제약

①=쭝긋쭝긋①. 입술이나 귀 따위를 자꾸 뻣뻣
하게 세우거나 뾰죽이 내미는 모양.

¶입을 **쭝긋쭝긋** 내밀며 중얼거리다./개가 귀를
쭝긋쭝긋 세우며 낯선 사람을 보고 짖는다.

의미 [+모양],[+입],[+운동],[+말],[+시작],
[+반복]

제약

②=쭝긋쭝긋②. 말을 하려고 입을 자꾸 들썩이
는 모양.

쭝덜-쭝덜

의미 [+소리]v[+모양],[+태도],[+불만],[+혼
잣말],[+반복]

제약

불만스러운 태도로 자꾸 중얼거리는 소리. 또는
그 모양. '중덜중덜'보다 센 느낌을 준다.

¶끝난 뒤에 **쭝덜쭝덜** 떠들어 봐야 소용없다.

쭝얼-쭝얼

의미 [+소리]v[+모양],[+혼잣말],[+소리],
[−크기],[+반복]

제약

남이 알아듣지 못할 정도의 작고 낮은 목소리로
혼잣말을 자꾸 하는 소리. 또는 그 모양. '중얼
중얼'보다 센 느낌을 준다.

¶그 아이는 아까부터 혼자 뭔가를 **쭝얼쭝얼** 외
우고 있다.

쭝절-쭝절

의미 [+소리]v[+모양],[+혼잣말],[+수다],
[+연속]

제약

수다스럽게 중얼거리는 소리. 또는 그 모양. '중
절중절'보다 센 느낌을 준다.

쯧

의미 [+소리],[+혀],[+연민]v[+불만]

제약 {혀}-{차다}

연민을 느끼거나 마음에 못마땅하여 가볍게 혀
를 차는 소리.

¶옆 사람들이 하는 이야기조차 알아듣지 못하는
진예를 물끄러미 바라보던 오류골댁이 **쯧** 혀를
찼다.≪최명희, 혼불≫/입맛을 **쯧** 다시며 말하였
다.≪오상원, 현실≫

쯧-쯧

의미 [+소리],[+혀],[+연민]v[+불만],[+반
복]

제약 {혀}-{차다}

연민을 느끼거나 마음에 못마땅하여 자꾸 가볍
게 혀를 차는 소리.

¶어머니는 말끝마다 그저 혀만 **쯧쯧** 차고 있었

다.≪윤흥길, 황혼의 집≫/노인이 **쯧쯧** 혀를 차며 혼잣말을 했다.≪송기원, 월행≫

찌걱

의미 [+소리],[+나무틀]v[+짐짝],[−견고], [+부실],[+쏠림]

제약

느슨하여진 나무틀이나 엉성하게 묶인 짐짝 따위가 쏠리는 소리.

¶대문이 **찌걱** 열린다./문소리가 **찌걱** 나자, 방문을 열며, "이제 오시우?"≪나도향, 어머니≫

찌걱-찌걱

의미 [+소리],[+나무틀]v[+짐짝],[−견고], [+부실],[+쏠림],[+반복]

제약

느슨하여진 나무틀이나 엉성하게 묶인 짐짝 따위가 자꾸 쏠리는 소리.

¶한밤중에 누군가가 대문을 **찌걱찌걱** 흔들었다.

찌그동

의미 [+모양],[+감소],[−정도]

제약

좀 찌그러질 듯한 모양.

찌그럭-찌그럭

의미 [+모양],[+사건],[−중요],[+분쟁]

제약 {사람}-{다투다}

① 대수롭지 않은 일로 옥신각신하며 다투는 모양. '지그럭지그럭①'보다 센 느낌을 준다.

¶아이들은 서로 자기가 옳다고 **찌그럭찌그럭** 다툰다.

의미 [+모양],[+불평],[−호감],[+반복]

제약

② 남이 듣기 싫도록 자꾸 불평하는 모양. '지그럭지그럭②'보다 센 느낌을 준다.

찌그르르

의미 [+소리]v[+모양],[+액체]v[+기름],[+점성],[+비등],[+순간],[+정도]

제약 {액체, 기름}-{끓다}

적은 양의 걸쭉한 액체나 기름 따위가 갑자기 세게 끓어오르는 소리. 또는 그 모양. '지그르르'보다 센 느낌을 준다.

찌근덕-찌근덕

의미 [+모양],[+불만],[+끈기],[+반복]

제약 { }-{대다, 거리다}

성가실 정도로 끈덕지게 자꾸 귀찮게 구는 모양. '지근덕지근덕'보다 센 느낌을 준다.

찌근-찌근

의미 [+모양],[+불만],[+은근],[+정도],[+반복]

제약 { }-{대다, 거리다}

성가실 정도로 은근히 자꾸 귀찮게 구는 모양. '지근지근01①'보다 센 느낌을 준다.

찌글-찌글[01]

의미 [+소리]v[+모양],[+액체]v[+기름],[+점성],[+건조],[+비등],[+반복]

제약 {액체, 기름}-{끓다}

① 적은 양의 액체나 기름 따위가 걸쭉하게 잦아들면서 자꾸 세게 끓는 소리. 또는 그 모양. '지글지글①'보다 센 느낌을 준다.

¶불이 싸서 된장국이 **찌글찌글** 끓는다.

의미 [+모양],[+마음],[+근심],[+걱정]v[+안달]v[−만족]

제약

② 걱정스럽거나 조바심이 나거나 못마땅하여 마음을 졸이는 모양. '지글지글②'보다 센 느낌을 준다.

의미 [+모양],[+통증],[+열],[+반복]

제약 {사람}-{끓다}

③ 아파서 열이 자꾸 나며 몸이 달아오르는 모양. '지글지글③'보다 센 느낌을 준다.

의미 [+모양],[+햇볕],[+열기],[+정도]

제약 {햇빛}-{끓다, 태우다}

④ 햇볕이 지질 듯이 뜨겁게 내리쪼이는 모양.

찌글-찌글[02]

의미 [+모양],[+물체],[+축소],[+주름],[+다수]

제약

물체가 찌그러져 주름이 많은 모양.

찌긋

의미 [+모양],[+눈],[+감음]

제약

① 눈 따위를 슬쩍 찌그리는 모양. 늑찌긋이①.

¶내 순서가 되자 그는 나를 향해 눈을 **찌긋** 감았다 뜬다.

의미 [+모양],[+타인],[+옷자락],[+당김]

제약

② 남의 옷자락을 슬며시 잡아당기는 모양. 늑찌긋이②.

¶나는 그런 이야기는 하지 말라고 그의 옷을 찌긋 잡아당겼다.

찌긋-이

의미 [+모양],[+눈],[+감음]

제약

①=찌긋①. 눈 따위를 슬쩍 찌그리는 모양.

¶윤순이는 편지를 가만히 내놓고 한 눈을 찌긋이 감는다.《이기영, 신개지》

의미 [+모양],[+타인],[+옷자락],[+당김]

제약

②=찌긋②. 남의 옷자락을 슬며시 잡아당기는 모양.

찌긋-찌긋

의미 [+모양],[+눈],[+감음],[+반복]

제약

① 눈 따위를 슬쩍슬쩍 자꾸 찌그리는 모양.

의미 [+모양],[+타인],[+옷자락],[+당김],[+반복]

제약

② 자꾸 남의 옷자락을 슬며시 잡아당기는 모양.

찌꺽

의미 [+소리],[+나무틀]v[+짐짝],[−견고],[+부실],[+쏠림]

제약

느슨하여진 나무틀이나 엉성하게 묶인 짐짝 따위가 쏠리는 소리. '찌걱'보다 센 느낌을 준다.

¶덕호는 이제야 큰 대문 소리를 찌꺽 내며 쿵쿵하고 중대문을 들어선다.《강경애, 인간 문제》

찌꺽-찌꺽

의미 [+소리],[+나무틀]v[+짐짝],[−견고],[+부실],[+쏠림],[+반복]

제약

느슨하여진 나무틀이나 엉성하게 묶인 짐짝 따위가 자꾸 쏠리는 소리. '찌걱찌걱'보다 센 느낌을 준다.

¶돌쩌귀가 하나 빠진 대문은 여닫을 때마다 찌꺽찌꺽 소리가 난다.

찌덕-찌덕

의미 [+소리]v[+모양],[+입맛],[+혀],[+소리],[+반복]

제약 {입맛}-{다시다}

자꾸 혀를 차며 크게 입맛을 다시는 소리.

¶안방에서는 큰 상에 둘러앉아서 찌덕찌덕 후루룩후루룩하고 저녁들을 먹기에 부산하였다.《염상섭, 절곡》

찌드럭-찌드럭

의미 [+모양],[+타인],[+불만],[+반복]

제약

자꾸 남이 몹시 귀찮아하도록 성가시게 구는 모양. '지드럭지드럭'보다 센 느낌을 준다.

찌득-찌득

의미 [+모양],[+물건],[+질김],[−분리],[+정도]

제약

물건이 잘 끊어지지 않을 정도로 매우 검질긴 모양.

찌들름-찌들름

의미 [+모양],[+물건]v[+돈],[+사용]v[+지급],[+분할]

제약 {물건, 돈}-{나누다, 쓰다, 주다}

물건이나 돈 따위를 아주 자주 조금씩 쓰거나 여러 번 나누어 주는 모양.

찌뜰름-찌뜰름

의미 [+모양],[+물건]v[+돈],[+사용]v[+지급],[+분할]

제약 {물건, 돈}-{나누다, 쓰다, 주다}

물건이나 돈 따위를 아주 자주 조금씩 쓰거나 여러 번 나누어 주는 모양. '찌들름찌들름'보다 센 느낌을 준다.

찌르르[01]

의미 [+모양],[+물기]v[+기름기]v[+윤기],[+광택]

제약 {물기, 기름기, 윤기}-{흐르다}

물기나 기름기, 윤기 따위가 많이 흘러서 번지르르한 모양. '지르르⁰¹'보다 센 느낌을 준다.
¶온몸에 땀이 **찌르르** 흘러내린다./살이 쪄서 얼굴에 기름기가 **찌르르** 돈다.

찌르르⁰²
의미 [＋느낌],[＋뼈마디]v[＋신체],[＋부분],[＋마비]
제약 {뼈마디, 몸}-{저리다}
① 뼈마디나 몸의 일부가 조금 저린 느낌. '지르르⁰²①'보다 센 느낌을 준다,
¶슬픈 소식에 가슴이 **찌르르** 저려 왔다./배 속은 얼음냉수를 들어붓는 듯이 **찌르르** 저리면서….≪염상섭, 이심≫/머리에 밥그릇 보자기를 이고 힘없이 걸어오고 있는 모습이 어쩐지 영칠이의 가슴을 **찌르르** 아프게 했다.≪하근찬, 야호≫
의미 [＋모양],[＋움직임]v[＋열]v[＋전기],[＋확산],[＋속도]
제약
② 움직임이나 열, 전기 따위가 한 지점에서 주위로 빠르게 퍼져 나가는 모양. '지르르⁰²②'보다 센 느낌을 준다.
¶젖은 손으로 콘센트를 만졌더니 **찌르르** 전기가 올랐다.

찌르륵⁰¹
의미 [＋소리],[＋생나무][＋연소],[＋나뭇진][＋누출]
제약
① 생나무가 타면서 나뭇진이 빠져나오는 소리.
의미 [＋소리],[＋대롱],[＋액체],[＋누출],[＋거침]
제약
② 가는 대롱 따위로 액체가 거칠게 빨려 나오는 소리.

찌르륵⁰²
의미 [＋소리],[＋찌르레기]v[＋곤충]
제약 {찌르레기, 곤충}-{울다}
찌르레기나 곤충 따위가 우는 소리.
¶거기서 말매미가 찾아온 가을을 원망하듯 **찌르륵**…힘없이 목청을 짜 보다가 말곤 했다.≪유주현, 대한 제국≫

찌르륵-찌르륵⁰¹
의미 [＋소리],[＋생나무][＋연소],[＋나뭇진][＋누출],[＋반복]
제약
① 생나무가 타면서 나뭇진이 자꾸 빠져나오는 소리.
의미 [＋소리],[＋대롱],[＋액체],[＋누출],[＋거침],[＋연속]
제약
② 가는 대롱 따위로 액체가 잇따라 거칠게 빨려 나오는 소리.

찌르륵-찌르륵⁰²
의미 [＋소리],[＋찌르레기]v[＋곤충],[＋연속]
제약 {찌르레기, 곤충}-{울다}
찌르레기나 곤충 따위가 잇따라 우는 소리.
¶두 사람이 걸어가는 주위에는 풀벌레 소리만이 **찌르륵찌르륵** 처량하게 들려왔다.≪홍성원, 육이오≫

찌르릉
의미 [＋소리],[＋초인종]v[＋전화벨]
제약 {초인종, 전화벨}-{울리다}
초인종이나 전화벨 따위가 울리는 소리,
¶탁상시계가 **찌르릉** 울렸다./자전거가 **찌르릉** 울리면서 달린다./밤늦게 전화벨이 **찌르릉** 울렸다.

찌르릉-찌르릉
의미 [＋소리],[＋초인종]v[＋전화벨],[＋반복]
제약 {초인종, 전화벨}-{울리다}
초인종이나 전화벨 따위가 자꾸 울리는 소리.
¶인력거꾼은 채 끝에 달린 벨을 울렸다. **찌르릉찌르릉** 울리면서 앞에 가로걸리는 사람도 없는데 괜히 호기를 부렸다.≪유주현, 대한 제국≫

찌르퉁-히
의미 [－말],[＋불만],[＋분노],[＋정도]
제약
못마땅하여 잔뜩 성이 나서 말없이. '지르퉁히'보다 센 느낌을 준다.

찌릿-찌릿
의미 [＋느낌],[＋뼈마디]v[＋신체],[＋부분],[＋마비],[＋반복]
제약 {뼈마디, 몸}-{저리다}
① 뼈마디나 몸의 일부가 매우 또는 자꾸 저린

느낌.

¶벌을 받느라 무릎을 꿇고 오래 앉아 있었더니 다리가 **찌릿찌릿** 저리다./다친 곳이 **찌릿찌릿** 아파서 못 견디겠다.

의미 [+느낌],[+가슴]v[+마음],[+마비],[+정도]

제약 {가슴, 몸}-{저리다}

② 가슴이나 마음이 매우 저린 느낌.

¶내 실수로 아이들이 고생을 하게 되다니 가슴이 **찌릿찌릿** 아프다.

찌무룩-이

의미 [+마음],[+불만],[-유쾌]

제약

마음이 시무룩하여 유쾌하지 아니하게.

찌뻑-찌뻑

의미 [+모양],[+길][-관찰]v[+다리][-기운],[+걸음],[-균형],[+미숙]

제약 {사람}-{걷다}

길이 어둡거나 험하여 잘 보이지 아니하거나, 또는 다리에 힘이 없어서 휘청거리며 서투르게 걷는 모양. '지벅지벅'보다 센 느낌을 준다.

찌뿌드드

의미 [+모양],[+몸살]v[+감기],[+신체],[+무게],[+불편]

제약

① 몸살이나 감기 따위로 몸이 무겁고 거북한 모양.

¶이러한 생각 때문에 **찌뿌드드** 곤기가 드는 이 아침도 유쾌한 아침일 수 있었다.≪한설야, 황혼≫

의미 [+모양],[+표정]v[+기분],[-명랑],[+불쾌],[+정도]

제약

② 표정이나 기분이 밝지 못하고 매우 언짢은 모양.

¶그는 부장이 혐의를 씌우자 줄창 기분이 **찌뿌드드** 언짢았다.

의미 [+모양],[+비]v[+눈],[+예상],[+날씨],[+흐림],[+정도]

제약 { }-{흐리다}

③ 비나 눈이 올 것같이 날씨가 매우 흐린 모양.

¶집회장 밖으로 나섰을 때 낮은 하늘은 **찌뿌드드** 흐려 있었다.≪선우휘, 깃발 없는 기수≫

찌뿌듯-이

의미 [+몸살]v[+감기],[+신체],[+무게],[+거북],[-정도]

제약

① 몸살이나 감기 따위로 몸이 조금 무겁고 거북하게.

¶감기 몸살이 들었는지 몸이 **찌뿌듯이** 저리고 아프다.

의미 [+표정]v[+기분],[-명랑],[+불쾌],[-정도]

제약

② 표정이나 기분이 밝지 못하고 조금 언짢게.

¶이모는 조카가 **찌뿌듯이** 말없이 앉았는 것을 보고 사과를 하는 것이다.≪염상섭, 무화과≫

의미 [+모양],[+비]v[+눈],[+예상],[+날씨],[+흐림],[-정도]

제약 { }-{흐리다}

③ 비나 눈이 올 것같이 날씨가 조금 흐리게.

¶뿌뚜리가 시집으로 떠나는 날은 아침부터 하늘이 **찌뿌듯이** 흐려 있었다. 곧 무엇이 내릴 것만 같은 날씨였다.≪하근찬, 야호≫

찍01

의미 [+소리]v[+모양],[+줄]v[+획],[+한번],[+정도]

제약 {줄, 획}-{긋다}

① 줄이나 획을 세게 한 번 긋는 소리. 또는 그 모양. '직01①'보다 센 느낌을 준다.

¶동생은 도화지에 선 하나를 **찍** 그어 놓고는 그것을 미술 작품이라고 한다.

의미 [+소리]v[+모양],[+종이]v[+천],[+분리],[+정도]

제약 {종이, 천}-{찢다}

② 종이나 천 따위를 세게 찢는 소리. 또는 그 모양. '직01②'보다 센 느낌을 준다.

¶바지가 책상 모서리에 걸려 **찍** 찢어졌다.

찍02

의미 [+소리]v[+모양],[+액체],[+줄기],[+뻗침],[+정도]

제약 { }-{뻗치다}

① 액체가 가는 줄기로 세게 뻗치는 소리. 또는 그 모양. '직02①'보다 센 느낌을 준다.

¶길에 침을 찍 뱉다./그는 코를 찍 풀고는 손등으로 코를 닦았다./아이가 물총으로 상대편을 찍 쏘고 도망을 갔다./막사의 대들보를 타고 다니며 위에서 똥을 찍 뿌리기도 했었지.≪박영한, 머나먼 송바 강≫

의미 [+소리]v[+모양],[+물체],[+마찰],[+활주],[+정도]

제약 {물체}-{미끄러지다}

② 물체가 세게 문질리면서 미끄러지는 소리. 또는 그 모양. '직02②'보다 센 느낌을 준다.

¶마룻바닥에 찍 미끄러지다./찍 미끄러지며 쿵 땅바닥에 엉덩방아를 찧는다.≪현덕, 남생이≫

찍03

의미 [+소리],[+쥐]v[+새]

제약 {쥐, 새}-{울다}

쥐나 새 따위가 우는 소리.

찍-찍01

의미 [+소리]v[+모양],[+줄]v[+획],[-주의],[+정도]

제약 {줄, 획}-{긋다}

① 줄이나 획을 함부로 세게 긋는 소리. 또는 그 모양. '직직01①'보다 센 느낌을 준다.

¶글씨를 찍찍 갈겨 쓰다./서류에 줄을 찍찍 긋다.

의미 [+소리]v[+모양],[+종이]v[+천],[+분리],[-주의],[+정도]

제약 {종이, 천}-{찢다}

② 종이나 천 따위를 세게 마구 찢는 소리. 또는 그 모양. '직직01②'보다 센 느낌을 준다.

¶종이를 찍찍 찢다./천을 찍찍 찢다.

의미 [+소리]v[+모양],[+걸음],[+신],[+마찰]

제약 {신발}-{끌다}

③ 신 따위를 끌며 걷는 소리. 또는 그 모양. '직직01③'보다 센 느낌을 준다.

¶사무실 안에서는 슬리퍼를 찍찍 끌고 다니지 마라.

찍-찍02

의미 [+소리]v[+모양],[+액체],[+줄기],[+뻗침],[+정도],[+반복]

제약 { }-{뻗치다}

① 액체가 가는 줄기로 자꾸 세게 뻗치는 소리. 또는 그 모양. '직직02①'보다 센 느낌을 준다.

¶비둘기가 물똥을 찍찍 갈기면서 날아간다./앞서 가는 칠성이는 이빨 사이로 침을 찍찍 뱉으면서 소리 질렀다.≪최인호, 지구인≫

의미 [+소리]v[+모양],[+물체],[+마찰],[+활주],[+정도],[+반복]

제약 {물체}-{미끄러지다}

② 물체가 세게 문질리면서 자꾸 미끄러지는 소리. 또는 그 모양.

의미 [+소리]v[+모양],[+말],[-주의],[+반복]

제약 {말}-{하다, 내뱉다}

③ 말을 자꾸 툭툭 내뱉는 소리. 또는 그 모양.

¶내 나이가 몇인데 툭하면 규오야 규오야 하고 말을 찍찍 놓는 거요.≪한수산, 부초≫/땅딸보가 팔짱을 끼고 찍찍 말을 갈겨 댔다.≪박영한, 머나먼 송바 강≫

찍-찍03

의미 [+소리],[+쥐]v[+새],[+반복]

제약 {쥐, 새}-{울다}

쥐나 새 따위가 자꾸 우는 소리.

¶밤이 되면 천장에서 쥐가 찍찍 운다.

찐득-이

의미 [+성질]v[+행동],[+질김],[+끈기]

제약

① 성질이나 행동이 검질기게 끈기가 있게. '진득이①'보다 센 느낌을 준다.

의미 [+성질],[-절단],[+점성]

제약

② 잘 끊어지지 아니할 정도로 녹진하고 차지게. '진득이②'보다 센 느낌을 준다.

¶그의 이마에는 땀이 찐득이 배어 있었다.≪김원일, 불의 제전≫

찐득-찐득

의미 [+모양],[+습기],[+점성],[+밀착],[+반

복]

제약 { }-{달라붙다}

① 눅진하고 차져 끈적끈적하게 자꾸 달라붙는 모양. '진득진득①'보다 센 느낌을 준다.

¶습기 찬 여름에는 옷이 찐득찐득 달라붙는다.

의미 [+모양],[+질김],[-절단],[+반복]

제약

② 검질겨서 자꾸 끊으려 해도 잘 끊어지지 않는 모양. '진득진득②'보다 센 느낌을 준다.

의미 [+모양],[+성질]v[+행동],[+질김],[+끈기],[+정도]

제약

③ 성질이나 행동이 매우 검질기게 끈기가 있는 모양. '진득진득③'보다 센 느낌을 준다.

찔긋

의미 [+모양],[+신체],[+일부],[+수축]v[+신장],[+정도]

제약

몸의 일부를 세게 움츠리거나 펴는 모양.

¶좀 편히 계시라는 이 말에는 하 어이가 없어서도 그만 찔긋 못한다.≪김유정, 따라지≫

찔깃-찔깃

의미 [+느낌],[+질김],[+정도]

제약

① 몹시 질긴 듯한 느낌. '질깃질깃①'보다 센 느낌을 준다.

의미 [+모양],[+성질]v[+행동],[+질김],[+끈기],[+정도]

제약

② 성질이나 행동이 몹시 검질긴 모양. '질깃질깃②'보다 센 느낌을 준다.

찔꺽-찔꺽

의미 [+소리]v[+모양],[+물질],[+점성],[+밟음]v[+접착],[+반복]

제약

차지고 끈끈한 물질이 자꾸 밟히거나 들러붙는 소리. 또는 그 모양.

¶진흙투성이가 된 골목길을 찔꺽찔꺽 소리를 내며 걷는다.

찔끔[01]

의미 [+모양],[+액체],[+흐름]v[+누출],[+정지]

제약

① 액체 따위가 조금 새어 흐르거나 나왔다 그치는 모양. '질금①'보다 센 느낌을 준다.

¶등에서 땀이 찔끔 나다./눈물을 찔끔 흘리다./잠깐 샛강께로 생각을 굴리는 바람에 뜨거운 국물이 찔끔 땅에 쏟아진 것이다.≪이정환, 샛강≫

의미 [+모양],[+비],[+낙하],[+정지]

제약 {비}-{오다, 내리다, 그치다}

② 비가 아주 조금 내렸다 그치는 모양. '질금②'보다 센 느낌을 준다.

¶봄비가 찔끔 내리다.

의미 [+모양],[+물건],[+흘림]

제약 {물건}-{흘리다}

③ 물건 따위를 조금씩 흘리는 모양. '질금③'보다 센 느낌을 준다.

¶자루에서 쌀이 찔끔 흘러나왔다.

의미 [+모양],[+물건]v[+돈],[+사용]v[+지급],[+분할]

제약 {물건, 돈}-{쓰다, 나누다, 주다}

④ 물건이나 돈 따위를 조금씩 쓰거나 나누어서 주는 모양. '질금④'보다 센 느낌을 준다.

¶어릴 적에 받아 본 용돈이라고는 할아버지께서 어쩌다 한 번 찔끔 주는 게 고작이었다.

찔끔[02]

의미 [+모양],[+공포]v[+경악],[+신체],[+퇴섭],[+속도]

제약

겁이 나거나 놀라서 몸을 갑자기 뒤로 물리듯 움츠리는 모양.

¶운암댁은 안으로 찔끔 기어드는 표정이 되었다.≪윤흥길, 완장≫/떡과 고구마를 차려 놓고 앉은 두 여자는 염상구가 자신들에게로 오고 있는 것을 눈치채고는 찔끔 긴장했다.≪조정래, 태백산맥≫

찔끔-찔끔

의미 [+모양],[+액체],[+흐름]v[+누출],[±정지],[+반복]

제약

① 액체 따위가 조금씩 자꾸 새어 흐르거나 나

왔다 그쳤다 하는 모양. '질금질금①'보다 센 느낌을 준다.

¶동생은 혼이 난 후 방 안에서 혼자 눈물을 찔끔찔끔 짜고 있다./현은 묘 앞에 소주를 찔끔찔끔 붓고 나서 오징어를 북 찢으며 중얼댔다.≪박완서, 오만과 몽상≫/눈물을 찔끔찔끔 짜면서 겨우 불을 살라 놓고 초조하게 초당 앞으로 나간다.≪박경리, 토지≫

의미 [+모양],[+비],[+낙하],[+정지],[+반복]

제약 {비}-{오다, 내리다, 그치다}

② 비가 아주 조금씩 자꾸 내렸다 그쳤다 하는 모양. '질금질금②'보다 센 느낌을 준다.

¶끊겼던 비가 다시 찔끔찔끔 내리기 시작했다.≪최인호, 지구인≫

의미 [+모양],[+물건],[+흐름],[+반복]

제약 {물건}-{흘리다}

③ 물건 따위를 조금씩 자꾸 흘리는 모양. '질금질금③'보다 센 느낌을 준다.

¶손에 가득 쥔 과자 부스러기가 찔끔찔끔 흘러내렸다.

의미 [+모양],[+물건]v[+돈],[+사용]v[+지급],[+반복]v[+분할]

제약 {물건, 돈}-{나누다, 쓰다, 주다}

④ 물건이나 돈 따위를 조금씩 자꾸 쓰거나 여러 번 나누어서 주는 모양. '질금질금④'보다 센 느낌을 준다.

¶찔끔찔끔 받는 용돈으로는 저금을 할 수가 없었다.

찔뚝-이

의미 [+물건],[+부분],[+오목],[+깊이]

제약

기다란 물건의 한 부분이 깊게 패어 우묵하게. '질뚝이'보다 센 느낌을 준다.

찔뚝-찔뚝01

의미 [+모양],[+다리],[-대칭]v[+장애],[+걸음],[-균형],[+반복]

제약 {사람, 동물}-{거리다, 절다}

한쪽 다리가 짧거나 탈이 나서 자꾸 몹시 거북스럽게 뒤뚝뒤뚝 저는 모양. '질뚝질뚝01'보다 센 느낌을 준다.

¶아버지가 고무다리를 질질 끌면서 찔뚝찔뚝 대문 밖으로 나가면….≪조선작, 모범 작문≫

찔뚝-찔뚝02

의미 [+모양],[+물건],[+도처],[+오목],[+깊이]

제약

기다란 물건이 군데군데 깊게 패어 우묵한 모양. '질뚝질뚝02'보다 센 느낌을 준다.

찔룩

의미 [+모양],[+물건],[+부분],[+오목]

제약

기다란 물건의 한 군데가 얕게 패어 들어가 우묵한 모양. '질룩'보다 센 느낌을 준다. 늑찔룩이.

찔룩-이

의미 [+모양],[+물건],[+부분],[+오목]

제약

=찔룩. 기다란 물건의 한 군데가 얕게 패어 들어가 우묵한 모양.

찔룩-찔룩

의미 [+모양],[+물건],[+도처],[+오목]

제약

기다란 물건의 여러 군데가 얕게 패어 우묵하게 들어간 모양. '질룩질룩'보다 센 느낌을 준다.

찔름-찔름01

의미 [+모양],[+액체],[+요동],[+범람],[+반복]

제약 {액체}-{넘치다}

가득 찬 액체가 흔들려서 조금씩 자꾸 넘치는 모양. '질름질름01'보다 센 느낌을 준다.

¶양동이에 가득 고인 물이 바람에 흔들릴 때마다 찔름찔름 넘쳐흐른다.

찔름-찔름02

의미 [+모양],[+분배],[-동시],[+분할]

제약 { }-{나누다, 주다}

한꺼번에 주지 않고 여러 번에 걸쳐 조금씩 주는 모양. '질름질름02'보다 센 느낌을 준다.

찔쑥-이

의미 [+상태],[+물건],[+부분],[+오목]

제약

긴 물건의 한 부분이 우묵하게 쑥 들어가 있는 상태로. '질쑥이'보다 센 느낌을 준다.

찔쑥-찔쑥

의미 [+모양],[+물건],[+도처],[+오목]

제약

긴 물건의 여러 군데가 우묵하게 들어가 질룩한 모양. '질쑥질쑥'보다 센 느낌을 준다.

찔찔⁰¹

의미 [+소리]v[+모양],[+바닥],[+접촉],[+끌림],[-속도]

제약 { }-{끌다}

① 바닥에 늘어지거나 닿아서 느리게 끌리는 모양. '질질⁰¹①'보다 센 느낌을 준다.

¶신을 찔찔 끌며 걷다.

의미 [+모양],[+견인],[-의욕],[-기운]

제약 { }-{끌리다}

② 이끄는 대로 힘없이 끌려가는 모양. '질질⁰¹②'보다 센 느낌을 준다.

¶멱살을 잡힌 채 찔찔 끌려가다.

의미 [+모양],[+날짜]v[+기한],[+연기],[+반복]

제약 {날짜, 기한}-{미루다}

③ 정한 날짜나 기한 따위를 자꾸 뒤로 미루는 모양. '질질⁰¹③'보다 센 느낌을 준다.

¶그렇게 시간만 자꾸 찔찔 끌지 말고 결론을 내려라.

의미 [+모양],[+이야기],[+길이],[-흥미],[+반복]

제약 {이야기}-{끌다}

④ 이야기 따위를 지루하게 자꾸 늘이는 모양. '질질⁰¹④'보다 센 느낌을 준다.

찔찔⁰²

의미 [+모양],[+물건],[-분수],[+분실]v[+누락],[+반복]

제약 {물건}-{흘리다, 빠뜨리다}

① 몸에 지닌 물건들을 주책없이 여기저기 자꾸 흘리거나 빠뜨리는 모양. '질질⁰²①'보다 센 느낌을 준다.

의미 [+모양],[+물]v[+침]v[+땀]v[+콧물],[+흐름],[+연속]

제약 {물, 침, 땀, 콧물}-{흐르다}

② 물이나 침, 땀, 콧물 따위가 잇따라 흐르는 모양. '질질⁰²②'보다 센 느낌을 준다.

¶땀을 찔찔 흘리며 진통을 오래 겪은 과부새였다.≪이정환, 샛강≫

의미 [+모양],[+울음],[+눈물]v[+콧물],[+흐름],[+연속]

제약 {사람}-{울다}

③ 눈물이나 콧물을 조금씩 흘리면서 잇따라 우는 모양. '질질⁰²③'보다 센 느낌을 준다.

¶턱에 수염이 새카만 놈이 찔찔 울긴…… 창피하지도 않니?≪김승옥, 동두천≫

찔찔⁰³

의미 [+모양],[+기름]v[+윤기],[+흐름]

제약 {기름, 윤기}-{흐르다}

기름이나 윤기가 번드르르 흐르는 모양. '질질⁰³'보다 센 느낌을 준다.

찔찔⁰⁴

의미 [+모양],[+행동],[-주관],[+경박],[+반복]

제약

주책없이 자꾸 가볍게 행동하는 모양. '질질⁰⁴'보다 센 느낌을 준다.

찜없-이

의미 [-흔적],[+접촉]

제약

① 맞붙은 틈에 흔적이 전혀 없이.

의미 [+일],[+조화],[-간격]

제약

② 일이 잘 어울려서 아무 틈이 생기지 아니하게.

찜쩍-찜쩍

의미 [+모양],[+일][-상관],[+관계]v[+관여],[+반복]

제약

① 자꾸 아무 일에나 함부로 손대거나 참견하는 모양. '집적집적①'보다 센 느낌을 준다.

의미 [+모양],[+언사]v[+행동],[+타인],[+도발],[+불만],[+반복]

제약 { }-{건드리다}

② 말이나 행동으로 남을 건드려 자꾸 성가시게 하는 모양. '집적집적②'보다 센 느낌을 준다.
¶그는 지나가는 여학생들을 **찝쩍찝쩍** 건드렸다.

찡

의미 [+소리]v[+모양],[+얼음장]v[+물질], [+균열],[+순간]

제약

① 얼음장이나 굳은 물질 따위가 좀 급자기 갈라질 때 나는 소리. 또는 그 모양.
¶유리가 **찡** 갈라지다.

의미 [+느낌],[+감동],[+가슴],[+거북]

제약

② 감동을 받아 가슴 따위가 뻐근해지는 느낌.
¶갑례는 눈시울이 뜨거워지며 가슴이 **찡** 아프기도 했다.≪하근찬, 야호≫/나는 야릇하게 **찡** 아려 오는 콧날을 쓱 훔치고는 걸음을 재촉했다.≪천승세, 황구의 비명≫/나는 감격해서 눈물이 **찡** 돌았다.≪김용성, 도둑 일기≫

찡검-찡검

의미 [+모양],[+바느질],[+간격]

제약

띄엄띄엄 징거서 꿰매는 모양. '징검징검①'보다 센 느낌을 준다.

찡긋

의미 [+모양],[+눈]v[+코],[+찡그림]

제약

눈이나 코를 약간 찡그리는 모양.
¶**찡긋** 윙크를 하다./신부는 농담을 하려는 듯이 한쪽 눈썹을 **찡긋** 추켜올렸다.≪김용성, 도둑 일기≫

찡긋-찡긋

의미 [+모양],[+눈]v[+코],[+찡그림],[+반복]

제약

눈이나 코를 자꾸 약간씩 찡그리는 모양.
¶실은 저기서 내 친구 놈들이 아까부터 **찡긋찡긋** 쑥덕쑥덕 야단이로구먼.≪박완서, 지렁이 울음소리≫

찡끗

의미 [+모양],[+눈]v[+코],[+찡그림]

제약

눈이나 코를 약간 찡그리는 모양. '찡긋'보다 센 느낌을 준다.
¶젊은 부장은 아무런 대답이 없이 **찡끗** 웃는다.≪박종화, 임진왜란≫

찡끗-찡끗

의미 [+모양],[+눈]v[+코],[+찡그림],[+반복]

제약

눈이나 코를 자꾸 약간씩 찡그리는 모양. '찡긋찡긋'보다 센 느낌을 준다.

찡얼-찡얼

의미 [+소리]v[+모양],[+신체][+불편]v[+마음][+불만],[+역정]v[+불평],[+반복]

제약

몸이 불편하거나 마음에 못마땅하여 짜증을 내며 자꾸 중얼거리거나 보채는 소리. 또는 그 모양. '징얼징얼'보다 센 느낌을 준다.
¶아이가 밥도 안 먹고 하루 종일 **찡얼찡얼** 보채기만 한다.

찡찡

의미 [+모양],[+불쾌]v[+불만],[+불평]v[+역정],[+반복]

제약

언짢거나 못마땅하여 자꾸 보채거나 짜증을 내는 모양. '징징'보다 센 느낌을 준다.

ㅊ

차곡-차곡

의미 [+모양],[+정리],[+누적]

제약 { }-{쌓다, 포개다}

① 물건을 가지런히 겹쳐 쌓거나 포개는 모양.
늑차곡차곡히.

¶속옷을 **차곡차곡** 개키다./돈을 **차곡차곡** 모으다./손수건을 **차곡차곡** 접다./그녀는 시들어 버린 꽃대들을 헌 자루 속에 **차곡차곡** 넣어 두는 버릇이 있었다.≪문순태, 피아골≫

의미 [+모양],[+언사v[+행동],[+순서],[+침착],[+조리],[+정도]

제약

②=차근차근02. 말이나 행동 따위를 아주 찬찬하게 순서에 따라 조리 있게 하는 모양.

¶생각을 **차곡차곡** 정리하다./순서를 **차곡차곡** 밟다./태영은 **차곡차곡** 노인의 사정을 물었다.≪이병주, 지리산≫/첫머리에는 서투른 글씨로 두서없이 썼으나 상도는 한 자 한 구를 배지 않고 **차곡차곡** 읽어 내려갔다.≪한설야, 탑≫/아무개 하면 화류계 판에서는 인제 모를 사람이 없더라는 그 이야기를 **차곡차곡** 해 가는데….≪이기영, 봄≫

차곡차곡-히

의미 [+모양],[+정리],[+누적]

제약 { }-{쌓다, 포개다}

=차곡차곡①. 물건을 가지런히 겹쳐 쌓거나 포개는 모양.

¶숯가마 속에 장작을 **차곡차곡히** 쌓았다.

차곡-히

의미 [+물건],[+누적],[+정리],[-차이]

제약

어떤 물건이 층이 나지 않고 가지런하게 포개어져 가득하게.

차근-히

의미 [+말]v[+성격]v[+행동],[+차분],[+조리]

제약

말이나 성격, 행동 따위가 찬찬하고 조리 있게.

¶마음이 **차근** 가라앉다./**차근히** 실패의 원인을 따지다./그는 **차근히** 말을 이어 나갔다./학생들은 문제를 **차근히** 풀어 나갔다.

차근덕-차근덕

의미 [+모양],[+불만],[+끈기],[+연속]

제약 { }-{대다, 거리다}

조금 성가실 정도로 끈덕지게 잇따라 귀찮게 구는 모양. '자근덕자근덕'보다 거센 느낌을 준다.

¶그는 우리 누나를 **차근덕차근덕** 쫓아다녔다.

차근-차근01

의미 [+모양],[+불만],[+은근],[+반복]

제약 { }-{대다, 거리다}

조금 성가실 정도로 자꾸 은근히 귀찮게 구는 모양. '자근자근01①'보다 거센 느낌을 준다.

¶술집 골목에 들어서니 호객꾼들이 **차근차근** 사람들을 붙잡는다.

차근-차근02

의미 [+모양],[+언사v[+행동],[+순서],[+침착],[+조리],[+정도]

제약

말이나 행동 따위를 아주 찬찬하게 순서에 따라 조리 있게 하는 모양. 늑차곡차곡②·차근차근히.

¶**차근차근** 따지다./문제를 **차근차근** 풀다./빚을 **차근차근** 갚다./어머니는 나에게 된장 담그는 법

을 **차근차근** 가르쳐 주었다.

차근차근-히

의미 [+모양],[+언사]v[+행동],[+순서],[+침착],[+조리],[+정도]

제약

=차근차근02. 말이나 행동 따위를 아주 찬찬하게 순서에 따라 조리 있게 하는 모양.

¶이야기를 **차근차근히** 들어 주다./일의 과정을 **차근차근히** 묻다./일을 **차근차근히** 하다./그는 어쩐 일인지 아까처럼 호통을 치지 않고 **차근차근히** 달래는 말투로 나왔다.≪유주현, 대한 제국≫

차닥-차닥

의미 [+소리]v[+모습],[+세탁물],[+방망이],[+타격],[+정도],[+반복]

제약 {세탁물}-{두드리다}

① 빨랫방망이로 자꾸 빨래를 가볍게 두드리는 소리. 또는 그 모양.

¶빨래질 소리가 **차닥차닥** 나다.

의미 [+소리]v[+모양],[+물건],[+물기]v[+점성],[+타격],[+반복]

제약 { }-{두드리다}

② 물기가 있거나 차진 물건을 자꾸 가볍게 두드리는 소리. 또는 그 모양.

¶방아에 **차닥차닥** 떡을 치는 소리를 들은 아이들은 흥이 났다.

의미 [+모양],[+종이],[+부착],[+중복],[-주의],[+연속]

제약 {종이}-{붙이다}

③ 얇은 종이 따위를 마구 잇따라 바르거나 덧붙이는 모양.

차라리

의미 [+선택],[+사실],[+비교],[+우위]

제약

여러 가지 사실을 말할 때에, 저리하는 것보다 이리하는 것이 나음을 이르는 말. 대비되는 두 가지 사실이 모두 마땅치 않을 때 상대적으로 나음을 나타낸다.

¶**차라리** 자결할망정 항복하지는 않겠다./그놈한테 더러운 꼴을 당하느니 **차라리** 죽는 게 낫겠다./이런 음식을 먹을 바에야 **차라리** 안 먹는 게

낫다./그에게 그 일을 시키느니 **차라리** 네가 하지 그랬니?/금세 그는 후회했다. **차라리** 마지막 순간까지 덮어 두느니만 못했다고 생각되었다.≪이동하, 도시의 늪≫/채영신만 한 여자를 두 번 다시 만나지 못할진댄, **차라리** 한평생 독신으로 지내리라.≪심훈, 상록수≫

차락-차락

의미 [+소리],[+빗방울],[+충돌],[+반복]

제약 {빗방울}-{부딪치다}

자꾸 빗방울이 가볍게 부딪칠 때 나는 소리.

차란-차란

의미 [+모양],[+액체],[+충만],[±범람]

제약

① 액체가 그릇에 가득 차 가장자리에서 넘칠 듯 말 듯 한 모양. '자란자란①'보다 거센 느낌을 준다.

¶잔에 물이 **차란차란** 찼다.

의미 [+모양],[+물건],[+선단],[±접촉],[-정도]

제약

② 물건의 한쪽 끝이 다른 물건에 가볍게 스칠 듯 말 듯 한 모양. '자란자란②'보다 거센 느낌을 준다.

¶처녀의 치맛자락이 **차란차란** 방바닥을 스친다.

차랑

의미 [+소리],[+쇠붙이],[+충돌],[+공명],[-길이]

제약 {쇠붙이}-{부딪치다, 울리다}

얇은 쇠붙이 따위가 서로 가볍게 부딪쳐 짧게 울리는 소리. '자랑①'보다 거센 느낌을 준다.

차랑-차랑01

의미 [+소리],[+쇠붙이],[+충돌],[+공명],[-길이],[+반복]

제약 {쇠붙이}-{부딪치다, 울리다}

얇은 쇠붙이 따위가 자꾸 서로 가볍게 부딪쳐 짧게 울리는 소리. '자랑자랑①'보다 거센 느낌을 준다.

¶고양이 목에서 방울이 **차랑차랑** 울린다.

차랑-차랑02

의미 [+모양],[+물건],[+요동],[+반복]

제약 {발}-{흔들리다}

조금 길게 드리운 물건이 자꾸 이리저리 부드럽
게 흔들리는 모양.

¶주렴이 바람에 **차랑차랑** 흔들린다.

차례-차례

의미 [+차례],[+순서]

제약

차례를 따라서 순서 있게.

¶**차례차례** 버스에 타다./벽에는 나의 어렸을 때
부터 지금까지의 사진이 **차례차례** 붙어 있었다./
맨 앞에 선 사람부터 **차례차례** 따라 들어오세
요./아이들은 벌거벗은 채 방파제에 일렬로 늘
어서 바다를 향해 **차례차례** 뛰어내리고 있었다.
≪황석영, 무기의 그늘≫

차르랑

의미 [+소리],[+쇠붙이],[+충돌],[+공명]

제약 {쇠붙이}-{부딪치다, 울리다}

얇은 쇠붙이 따위가 서로 가볍게 부딪쳐 울리는
소리. '자르랑'보다 거센 느낌을 준다.

차르랑-차르랑

의미 [+소리],[+쇠붙이],[+충돌],[+공명],[+반
복]

제약 {쇠붙이}-{부딪치다, 울리다}

얇은 쇠붙이 따위가 자꾸 서로 가볍게 부딪쳐
울리는 소리. '자르랑자르랑'보다 거센 느낌을
준다.

¶**차르랑차르랑** 울리는 쇠사슬./바람 한 줄기가
잠든 숲을 깨우고 지나갔다. **차르랑차르랑** 쇳소
리가 났다.≪한승원, 해일≫

차마

의미 [+수치]v[+애처],[-주제]

제약

(뒤에 오는 동사를 부정하는 문맥에 쓰여) 부끄
럽거나 안타까워서 감히.

¶**차마** 거절할 수 없다./그는 부끄러워 **차마** 얼굴
을 들 수가 없었다./양심이 있는 사람이라면 차
마 그런 짓은 못 할 거야./연산은 **차마** 거사를
멀리할 수 없었다.≪박종화, 금삼의 피≫

차분-히

의미 [+마음],[+차분],[+조용]

제약

마음이 가라앉아 조용하게.

¶그 노래를 들으면 마음이 **차분히** 가라앉는다./
두 사람은 **차분히** 이야기를 나누었다./**차분히** 앉
아 공부 좀 해라.

차분-차분⁰¹

의미 [+모양],[+성질]v[+태도],[+유연],[+조
용],[+차분]

제약

성질이나 태도가 부드럽고 조용하며 찬찬한 모
양. '자분자분⁰³'보다 거센 느낌을 준다. 늑차분
차분히.

¶**차분차분** 계산하다./무조건 화부터 내지 말고
차분차분 생각해 보세요./조용히 그리고 **차분차
분** 얘기들 하게.

차분-차분⁰²

의미 [+모양],[+물건],[+점성],[+밀착],[+반
복]

제약

① 찰기가 있는 물건이 자꾸 차지게 달라붙는
모양.

¶밀가루에 물을 알맞춤하게 두어야 **차분차분** 반
죽이 잘된다.≪선대≫

의미 [+모양],[+사람],[+밀착],[+집요],[+반
복]

제약 { }-{달라붙다}

② 사람이 자꾸 끈질기게 달라붙는 모양.

¶**차분차분** 달라붙는 검질긴 사람.≪선대≫

차분차분-히

의미 [+모양],[+성질]v[+태도],[+유연],[+조
용],[+차분]

제약

=차분차분⁰¹. 성질이나 태도가 부드럽고 조용하
며 찬찬한 모양.

¶**차분차분히** 운전하다./**차분차분히** 생각하다.

차석-히

의미 [+애처],[+서운]

제약

애달프고 아깝게.

차설

의미 [+글],[+화제],[+전환]

제약

=각설. 주로 글 따위에서, 화제를 돌려 다른 이야기를 꺼낼 때, 앞서 이야기하던 내용을 그만둔다는 뜻으로 다음 이야기의 첫머리에 쓰는 말.

차-소위

의미 [+사실],[+강조]

제약

=이야말로. 바로 앞에서 이야기한 사실을 강조할 때 쓰는 말.

차악-히

의미 [+상태],[+경악],[+정도]

제약

슬픈 일을 당하여 몹시 놀란 상태로.

차역

의미 [+예상],[+동일]

제약

=차역시. 이것도 역시.

차-역시

의미 [+예상],[+동일]

제약

이것도 역시. 늑차역.

차월-피월

의미 [+모양],[+기한],[+연기],[+반복]

제약 { }-{미루다}

이 달 저 달 하고 자꾸 기한을 미루는 모양.

¶연구를 차월피월 미루다 아직도 못 끝냈다./그 일은 계획은 거창했으나 차월피월 시간만 보내고 성과는 없었다.

차일-피일

의미 [+모양],[+기한],[+연기],[+반복]

제약 { }-{미루다}

이 날 저 날 하고 자꾸 기한을 미루는 모양.

¶일을 차일피일 미루다./그는 빚을 갚겠다고 얘기만 하고 차일피일 끌기만 한다./차일피일 지내다 보니 어느새 마감일이 다가왔다./그동안의 중간보고도 대충만 했을 뿐 자세한 보고서 작성을 차일피일 미뤄 온 것도 문제의 이 땅 때문이 아니었던가.≪황순원, 신들의 주사위≫

차즘

의미 [+모양],[+사물],[+상태]v[+정도],[+변화],[+일정]

제약 { }-{변하다}

어떤 사물의 상태나 정도가 시간의 흐름에 따라 일정한 방향으로 조금씩 변화하는 모양. '차츰'보다 여린 느낌을 준다.

¶흥분되었던 마음이 차즘 가라앉았다./집이 차즘 가까워진다./바람이 차즘 거세졌다./그는 차즘 졸리기 시작하였다./꽃봉오리가 차즘 열리는 것 같더니 어느덧 활짝 피었다.

차즘차즘

의미 [+모양],[+사물],[+상태]v[+정도],[+변화],[+일정],[+반복]

제약 { }-{변하다}

어떤 사물의 상태나 정도가 시간의 흐름에 따라 일정한 방향으로 조금씩 자꾸 변화하는 모양. '차츰차츰'보다 여린 느낌을 준다.

¶성적이 차즘차즘 오른다./수평선에 차즘차즘 떠오르는 태양이 어느새 온 세상을 환하게 비추었다./아기가 기어 다니기 시작하면서 차즘차즘 말썽을 부리기 시작했다./계집의 얼굴엔 가만한 웃음이 나타나며 차즘차즘 격 있는 빛이 허물어지기 시작한다.≪박종화, 전야≫

차차

의미 [+모양],[+사물],[+상태],[+변화],[+일정],[+진행]

제약

① 어떤 사물의 상태가 시간의 흐름에 따라 일정한 방향으로 조금씩 진행하는 모양. 늑차차로①·차츰.

¶날씨가 차차 좋아지다./나이가 들면 성질도 차차 나아지겠지./그와 이야기하는 동안에 기분이 차차 좋아졌다./흥분이 차차 가라앉기 시작했다./물소리가 차차 가깝게 들려왔다./어두컴컴한 등잔 아래 이른 봄의 밤은 차차 깊어 간다.≪김동인, 운현궁의 봄≫

의미 [-속도]

제약

② 서두르지 않고 뒤에 천천히. 늑차차로②.

¶그 문제는 차차 의논하기로 했다./그 일에 대해

서는 **차차** 생각해 봅시다./꾼 돈은 **차차** 갚아도 된다./우선 밥부터 먹고 **차차** 말씀드리겠습니다.

차차-로

의미 [+모양],[+사물],[+상태],[+변화],[+일정],[+진행]

제약

①=차차①. 어떤 사물의 상태가 시간의 흐름에 따라 일정한 방향으로 조금씩 진행하는 모양.

¶걱정이 **차차로** 사라지다./**차차로** 불안해지다./살림이 **차차로** 줄어들다./동네 사람들과 **차차로** 정이 들었다./그의 재주가 **차차로** 세상에 알려졌다./빗소리가 **차차로** 고비에 이르더니 뒤란 장독대 쪽에서 양철이 떨어져 곤두박질하는 소리가 났다.≪윤흥길, 장마≫

의미 [-속도]

제약

②=차차②. 서두르지 않고 뒤에 천천히.

¶**차차로** 일 처리를 하다./잠깐 쉬고 **차차로** 말씀드리겠습니다./그는 **차차로** 생각한 후에 결정을 내리기로 했다.

차차-차차

의미 [+모양],[+사물],[+상태],[+변화],[+일정],[+진행],[+반복]

제약

어떤 사물의 상태가 시간의 흐름에 따라 일정한 방향으로 조금씩 자꾸 진행하는 모양.

¶주만과 털이의 걸음은 **차차차차** 재빨라지며 가까이 가까이 아사달의 뒤를 따르며 매암을 돈다. ≪현진건, 무영탑≫

차츰

의미 [+모양],[+사물],[+상태]v[+정도],[+변화],[+일정]

제약 { }-{변하다}

=차차①. 어떤 사물의 상태가 시간의 흐름에 따라 일정한 방향으로 조금씩 진행하는 모양.

¶분노가 **차츰** 가라앉았다./날이 **차츰** 어두워지고 있다./선거 풍토가 **차츰** 개선되었다./병이 **차츰** 호전되고 있다./반 대항 달리기 시합이 계속되자 학교 안의 분위기가 **차츰** 고조되었다./빗발은 **차츰** 가늘어졌다.

차츰-차츰

의미 [+모양],[+사물],[+상태]v[+정도],[+변화],[+일정],[+진행],[+반복]

제약

어떤 사물의 상태나 정도가 시간의 흐름에 따라 일정한 방향으로 조금씩 자꾸 변화하는 모양.

¶빗방울이 **차츰차츰** 굵어지기 시작했다./그들의 사이가 **차츰차츰** 가까워졌다./해가 **차츰차츰** 지고 있다./병실로 떠메어 들어온 뒤에야, 영신은 **차츰차츰** 의식을 회복하였다.≪심훈, 상록수≫

착[01]

의미 [+모양],[+물체],[+접근]v[+밀착]

제약 { }-{달라붙다}

① 물체가 바싹 다가붙거나 끈기 있게 달라붙는 모양. '짝[04]①'보다 거센 느낌을 준다.

¶**착** 달라붙는 바지./비에 젖어 머리가 **착** 붙었다./아이가 엄마 품에 **착** 달라붙어 떨어질 줄을 모른다./청년은 좀처럼 벽에 **착** 달라붙어서 몸을 움직이려 하지 않았다.≪오상원, 백지의 기록≫

의미 [+모양],[+입맛],[+적합]

제약

② 입맛에 딱 맞는 모양. '짝[04]②'보다 거센 느낌을 준다.

¶입에 **착** 달라붙는 갈비.

착[02]

의미 [+모양],[+몸가짐]v[+태도],[+차분],[+태연]

제약

① 몸가짐이나 태도가 얌전하고 태연한 모양.

¶그는 의자에 **착** 걸터앉아 앞을 주시하였다./어머니는 아무렇지도 않다는 듯이 **착** 앉아 책을 읽고 계셨다.

의미 [+모양],[+굴곡]v[+연장]

제약 { }-{휘어지다, 늘어지다}

② 나슨하게 휘어지거나 늘어진 모양.

¶대나무가 **착** 굽어서 쓸모가 없구나./강철판이 저렇게 **착** 휘어지다니 정말 뜨겁겠는걸./수양버들이 **착** 늘어져 있다.

의미 [+모양],[+신체],[-기운],[+피곤]

제약

③ 몸에 힘이 빠져 늘어진 모양.

¶독감을 앓고 나니 몸이 **착** 까부라졌다./마라톤을 완주하여 몸이 **착** 늘어졌다./침대에 누워 있는 그녀는 팔을 **착** 늘어뜨리고 있었다.

의미 [+모양],[+분위기]v[+감정],[+차분]

제약 {마음}-{가라앉다}

④ 분위기나 감정 따위가 가라앉는 모양.

¶마음이 **착** 가라앉다./그의 말은 들뜬 분위기를 순식간에 **착** 가라앉혔다./저 깊은 바다 밑처럼 주위의 모든 것들이 **착** 가라앉아 보이는 분위기였네.≪이동하, 우울한 귀향≫

의미 [+모양],[+시선][+아래]v[+목소리][+차분]

제약 {눈, 목소리}-{깔다, 내리다}

⑤ 짐짓 눈을 내리깔거나 목소리를 나직하게 하는 모양.

¶그는 눈을 **착** 내리깔고 나를 쳐다봤다./동생은 목소리를 **착** 깔고 거만하게 말을 하였다.

착⁰³

의미 [+모양],[+행동],[-주저],[+속도]

제약

서슴지 않고 선뜻 행동하는 모양.

¶회장은 운영비로 거금을 **착** 내놓았다./그는 무릎을 **착** 꿇어 잘못을 빌기 시작했다./삼석이 홍의 팔을 **착** 뿌리치고 앞으로 나선다.≪박경리, 토지≫

착살스레

의미 [+행동]v[+언사],[+옹졸],[-청결]

제약

하는 짓이나 말 따위가 잘고 다라운 데가 있게.

착실-히

의미 [+사람],[+차분],[+성실]

제약

① 사람이 허튼 데가 없이 찬찬하며 실하게.

¶그는 **착실히** 공부하여 대학에 들어갔다./그는 **착실히** 가산을 늘려 왔다./작은아들은 소학교를 졸업시키자마자 옆구리에 끼고 장사나 **착실히** 가르칠 심산이었다.≪조정래, 태백산맥≫

의미 [+기준]v[+정도],[+여유]

제약

② 일정한 기준이나 정도에 모자람이 없이 넉넉하게.

¶그녀가 그동안 저축한 돈이 **착실히** 천만 원은 된다./혼자 먹은 것이 벌써 대여섯 병이 **착실히** 되건만….≪박태원, 천변 풍경≫

착잡-히

의미 [-판단],[+혼란]

제약

갈피를 잡을 수 없이 뒤섞여 어수선하게.

¶그의 가슴에서는 여러 가지 문제가 **착잡히** 꼬리를 물고 맴을 돈다.≪한설야, 황혼≫

착착⁰¹

의미 [+모양],[+물체],[+접근]v[+밀착],[+반복]

제약 { }-{달라붙다}

① 물체가 자꾸 바싹 다가붙거나 끈기 있게 달라붙는 모양. '짝짝⁰³①'보다 거센 느낌을 준다.

¶비가 오니 옷이 몸에 **착착** 감기어 빨리 뛸 수가 없다./진흙이 신발에 **착착** 달라붙는다./인절미가 서로 **착착** 붙어 떨어지지 않는다.

의미 [+모양],[+입맛],[+적합],[+정도]

제약

② 입맛에 아주 딱 맞는 모양. '짝짝⁰³②'보다 거센 느낌을 준다.

¶장모님이 담근 동동주는 입에 **착착** 달라붙는다./어머님이 해 주신 음식은 언제나 내 입에 **착착** 감긴다./전처만네 술맛이 한결같이 혀에 **착착** 붙게 잘 익은 것은 우물물 맛 때문이라는 소문은….≪박완서, 미망≫

의미 [+모양],[+친근]v[+순종],[+정도]

제약

③ 매우 친근하게 대하거나 고분고분하게 구는 모양.

¶정이 **착착** 붙는다./별로 뽀롱뽀롱하지도 않거니와 픽픽 웃어 가며 도리어 영준이한테 정이 붙게 **착착** 달라붙었다.≪이기영, 봄≫/연락이 있던 밤이면 유난히 친절하게 **착착** 부니는 아내 인후였다.≪유주현, 대한 제국≫

착착⁰²

의미 [+모양],[+전부],[+몸가짐]v[+태도],

제약

[＋차분],[＋태연]

제약

① 여럿이 다 몸가짐이나 태도가 얌전하고 태연한 모양.

의미 [＋모양],[＋전부],[＋굴곡]v[＋연장]

제약 { }-{휘어지다, 늘어지다}

② 여럿이 다 나슨하게 휘어지거나 늘어진 모양.

¶고개를 **착착** 숙인 벼 이삭./엿가락이 **착착** 늘어지다./수양버들이 **착착** 늘어지는 한여름이다./워낙 몸이 날렵하지마는 허리가 **착착** 휜다. 그가 광대놀음을 할 때는 참으로 볼 만하였다.≪이기영, 봄≫

의미 [＋모양],[＋신체],[－기운],[＋피곤],[＋반복]

제약

③ 몸에 힘이 빠져 자꾸 축축 늘어지는 모양.

착착03

의미 [＋모양],[＋중첩]v[＋누적],[＋정리],[＋반복]

제약 {천, 접음}-{접다, 개키다}

가지런히 여러 번 접거나 개키는 모양.

¶마른빨래를 **착착** 잘 개켜서 장에 넣어라./그는 아버지가 일어나시면 이부자리를 **착착** 개켜서 넣고 청소를 하였다./김옥균은 후쿠자와의 편지를 **착착** 접으면서 얼굴에 가벼운 우수의 빛을 띠었다.≪유주현, 대한 제국≫

착착04

의미 [＋모양],[＋행동],[－주저],[＋속도]

제약

① 서슴지 않고 선뜻선뜻 행동하는 모양.

¶그는 어떤 질문에도 **착착** 잘 대답한다.

의미 [＋모양],[＋일],[－장애],[＋용이],[＋정도]

제약

② 일이 거침없이 아주 잘되어 가는 모양.

¶일이 **착착** 진행된다./기초를 **착착** 이루어 가다./행사가 **착착** 준비되고 있다./뜻이 맞으니까 일이 계획대로 **착착** 진행되는구면.≪조정래, 태백산맥≫

의미 [＋모양],[＋행동],[＋질서],[＋조화]

제약

③ 질서가 정연하게 조화를 이루어 행동하는 모양.

¶손발이 **착착** 맞다./군인들이 발을 **착착** 맞추며 행진한다.

착-히

의미 [＋언행]v[＋마음],[＋미려],[＋정직],[＋온화]

제약

언행이나 마음씨가 곱고 바르며 상냥하게.

¶상이 내려다보시고 **착히** 여기시나 종일 종야 근로하사 옥체 불안하신 고로 괴로이 여기사….≪이태준, 문장 강화≫

찬란-히

의미 [＋상태],[＋빛],[＋정도]

제약 { }-{빛나다}

① 빛이 번쩍거리거나 수많은 불빛이 빛나는 상태로. 또는 그 빛이 매우 밝고 강렬하게.

¶해가 **찬란히** 떠오른다./황금빛 햇살이 이랑지는 파도 위에 **찬란히** 부서지고 있었다.≪유주현, 대한 제국≫/북두칠성은 금강석을 바수어서 끼얹은 듯이, **찬란히** 빛나고 있다.≪심훈, 상록수≫

의미 [＋빛깔]v[＋모양],[＋화려],[＋미려],[＋정도]

제약

② 빛깔이나 모양 따위가 매우 화려하고 아름답게.

¶수선화가 **찬란히** 피어 있다./남산엔 노을이 더 **찬란히** 펼쳐져 있었다.≪최정희, 인간사≫

의미 [＋일]v[＋이상],[＋칭찬],[＋정도]

제약

③ 일이나 이상(理想) 따위가 매우 훌륭하게.

¶문화가 **찬란히** 꽃피었던 시대.

찬연-히01

의미 [＋선명],[＋아담]

제약

산뜻하고 조촐하게.

찬연-히02

의미 [＋빛],[＋밝음],[＋정도]

제약

① 빛 따위가 눈부실 정도로 밝게.

¶밤거리에 네온사인이 **찬연히** 빛난다.

의미 [+일]v[+사물],[+영광],[+칭찬]

제약

② 어떤 일이나 사물이 영광스럽고 훌륭하게.

¶**찬연히** 빛나는 문화유산./뒷날의 영광을 더욱 **찬연히** 만들기 위해 대강만은 말하기로 하자. ≪이문열, 황제를 위하여≫

찬연스레

의미 [+시각],[+빛],[+밝음]

제약 { }-{빛나다}

① 보기에 빛 따위가 눈부시게 밝은 정도로.

¶**찬연스레** 비치는 가을 햇살./거리에는 네온사인이 **찬연스레** 빛나고 있었다.

의미 [+일]v[+사물],[+영광],[+칭찬]

제약

② 보기에 어떤 일이나 사물이 영광스럽고 훌륭하게.

찬찬

의미 [+모양],[+감음]v[+묶음],[+견고],[+반복]

제약 { }-{감다, 매다}

단단하게 자꾸 감거나 동여매는 모양.

¶신발 끈을 **찬찬** 동여매다./**찬찬** 감아 두었던 명주 수건을 풀자 시퍼런 칼날이 전등 아래에서 번적하고 찬 기운을 발한다.≪김말봉, 찔레꽃≫

찬찬-히[01]

의미 [+성질]v[+솜씨]v[+행동],[+철저],[+자상]

제약

성질이나 솜씨, 행동 따위가 꼼꼼하고 자상하게.

¶환부를 **찬찬히** 살펴보다./얼굴을 **찬찬히** 뜯어보니 그는 아버지를 많이 닮은 것 같았다./만석이는 개동이를 발견하자 자기도 모르게 걸음을 멈추고는 **찬찬히** 개동이를 보았다.≪문순태, 타오르는 강≫

찬찬-히[02]

의미 [+동작]v[+태도],[+여유],[-속도]

제약

동작이나 태도가 급하지 않고 느릿하게.

¶**찬찬히** 먹다./시간이 넉넉하고 날씨가 좋으니 두 남녀는 마음 놓고 힘 안 들이고 **찬찬히** 걸었다.≪염상섭, 지평선≫

찬찬-히[03]

의미 [+빛],[+미려]

제약

번쩍번쩍 빛이 나며 아름답게.

¶**찬찬히** 빛을 발하는 웨딩드레스 속에서 그녀가 환하게 웃고 있었다.

찰가닥

의미 [+소리]v[+모양],[+물체],[+충돌],[-정도]

제약 {물체}-{부딪치다}

① 작고 단단한 물체가 조금 가볍게 맞부딪치는 소리. 또는 그 모양. '잘가닥①'보다 거센 느낌을 준다.

의미 [+소리]v[+모양],[+물건],[+밀착],[+정도]

제약 {물건}-{붙다}

② 끈기 있는 물건이 세차게 달라붙는 소리. 또는 그 모양. '잘가닥②'보다 거센 느낌을 준다.

¶쇠 구슬이 자석에 **찰가닥** 달라붙었다.

의미 [+소리]v[+모양],[+자물쇠],[±개폐]

제약 {자물쇠}-{잠기다, 열리다}

③ 작은 자물쇠 따위가 잠기거나 열리는 소리. 또는 그 모양. '잘가닥③'보다 거센 느낌을 준다.

¶뒤에서 자물쇠가 **찰가닥** 잠기는 소리에 화들짝 놀랐다.

의미 [+소리]v[+모양],[+물건],[+충돌],[-정도]

제약 {물건}-{부딪치다}

④ 서로 닿으면 걸리어 붙는 단단한 물건끼리 조금 가볍게 맞부딪치는 소리. 또는 그 모양. '잘가닥④'보다 거센 느낌을 준다.

찰가닥-찰가닥

의미 [+소리]v[+모양],[+물체],[+충돌],[-정도],[+반복]

제약 {물체}-{부딪치다}

① 작고 단단한 물체가 조금 가볍게 자꾸 맞부딪치는 소리. 또는 그 모양. '잘가닥잘가닥①'보

다 거센 느낌을 준다.

의미 [+소리]v[+모양],[+물건],[+밀착],[+정도],[+반복]

제약 {물건}-{붙다}

② 끈기 있는 물건이 자꾸 세차게 달라붙는 소리. 또는 그 모양. '잘가닥잘가닥②'보다 거센 느낌을 준다.

의미 [+소리]v[+모양],[+자물쇠],[±개폐],[+반복]

제약 {자물쇠}-{잠기다, 열리다}

③ 작은 자물쇠 따위가 자꾸 잠기거나 열리는 소리. 또는 그 모양. '잘가닥잘가닥③'보다 거센 느낌을 준다.

의미 [+소리]v[+모양],[+물건],[+충돌],[-정도],[+반복]

제약 {물건}-{부딪치다}

④ 서로 닿으면 걸리어 붙는 단단한 물건끼리 조금 가볍게 자꾸 맞부딪치는 소리. 또는 그 모양. '잘가닥잘가닥④'보다 거센 느낌을 준다.

찰가당

의미 [+소리]v[+모양],[+쇠붙이],[+충돌],[+공명],[+반복]

제약 {쇠붙이}-{부딪치다, 울리다}

작고 단단한 쇠붙이 따위가 조금 가볍게 맞부딪쳐 울리는 소리. 또는 그 모양. '잘가당'보다 거센 느낌을 준다.

¶대문을 열자 자물쇠가 **찰가당** 소리를 낸다.

찰가당-찰가당

의미 [+소리]v[+모양],[+쇠붙이],[+충돌],[+공명],[+반복]

제약 {쇠붙이}-{부딪치다, 울리다}

작고 단단한 쇠붙이 따위가 조금 가볍게 자꾸 맞부딪쳐 울리는 소리. 또는 그 모양. '잘가당잘가당'보다 거센 느낌을 준다.

¶바람이 불 때마다 마루 벽에 걸어 놓은 쇠 장식물들이 **찰가당찰가당** 소리를 낸다.

찰각

의미 [+소리]v[+모양],[+물체],[+충돌],[-정도]

제약 {물체}-{부딪치다}

① '찰가닥①'의 준말. 작고 단단한 물체가 조금 가볍게 맞부딪치는 소리. 또는 그 모양.

의미 [+소리]v[+모양],[+물건],[+밀착],[+정도]

제약 {물건}-{붙다}

② '찰가닥②'의 준말. 끈기 있는 물건이 세차게 달라붙는 소리. 또는 그 모양.

의미 [+소리]v[+모양],[+자물쇠],[±개폐]

제약 {자물쇠}-{잠기다, 열리다}

③ '찰가닥③'의 준말. 작은 자물쇠 따위가 잠기거나 열리는 소리. 또는 그 모양.

¶수갑을 **찰각** 채우다.

찰각-찰각

의미 [+소리]v[+모양],[+물체],[+충돌],[-정도],[+반복]

제약 {물체}-{부딪치다}

① '찰가닥찰가닥①'의 준말. 작고 단단한 물체가 조금 가볍게 자꾸 맞부딪치는 소리. 또는 그 모양.

¶방앗간에서는 크고 작은 여러 기계가 **찰각찰각** 소리를 내면서 돌아가고 있었다./**찰각찰각** 이어지는 타자 소리만 들어도 그녀가 열심히 일하는 모습이 눈앞에 보인다.

의미 [+소리]v[+모양],[+물건],[+밀착],[+정도],[+반복]

제약 {물건}-{붙다}

② '찰가닥찰가닥②'의 준말. 끈기 있는 물건이 자꾸 세차게 달라붙는 소리. 또는 그 모양.

의미 [+소리]v[+모양],[+자물쇠],[±개폐],[+반복]

제약 {자물쇠}-{잠기다, 열리다}

③ '찰가닥찰가닥③'의 준말. 작은 자물쇠 따위가 자꾸 잠기거나 열리는 소리. 또는 그 모양.

의미 [+소리]v[+모양],[+물건],[+충돌],[-정도],[+반복]

제약 {물건}-{부딪치다}

④ '찰가닥찰가닥④'의 준말. 서로 닿으면 걸리어 붙는 단단한 물건끼리 조금 가볍게 자꾸 맞부딪치는 소리. 또는 그 모양.

찰강

의미 [＋소리]v[＋모양],[＋쇠붙이],[＋충돌],[＋공명]

제약 {쇠붙이}-{부딪치다, 울리다}

'찰가당'의 준말. 작고 단단한 쇠붙이 따위가 조금 가볍게 맞부딪쳐 울리는 소리. 또는 그 모양.

¶자물쇠가 대문에 **찰강** 부딪힌다.

찰강-찰강

의미 [＋소리]v[＋모양],[＋쇠붙이],[＋충돌],[＋공명],[＋반복]

제약 {쇠붙이}-{부딪치다, 울리다}

'찰가당찰가당'의 준말. 작고 단단한 쇠붙이 따위가 조금 가볍게 자꾸 맞부딪쳐 울리는 소리. 또는 그 모양.

¶어디선가 **찰강찰강** 철판 두드리는 소리가 들린다.

찰그랑

의미 [＋소리]v[＋모양],[＋쇠붙이],[＋낙하]v[＋충돌],[＋공명]

제약 {쇠붙이}-{떨어지다, 부딪치다, 울리다}

작고 얇은 쇠붙이 따위가 조금 가볍게 떨어지거나 맞부딪쳐 울리는 소리. 또는 그 모양. '잘그랑'보다 거센 느낌을 준다.

¶쇠사슬 소리가 **찰그랑** 나는 쪽을 돌아보았다.

찰그랑-찰그랑

의미 [＋소리]v[＋모양],[＋쇠붙이],[＋낙하]v[＋충돌],[＋공명],[＋반복]

제약 {쇠붙이}-{떨어지다, 부딪치다, 울리다}

작고 얇은 쇠붙이 따위가 조금 가볍게 자꾸 떨어지거나 맞부딪쳐 울리는 소리. 또는 그 모양. '잘그랑잘그랑'보다 거센 느낌을 준다.

¶**찰그랑찰그랑** 울리는 열쇠 꾸러미.

찰까닥

의미 [＋소리]v[＋모양],[＋물체],[＋충돌],[－정도]

제약 {물체}-{부딪치다}

① 작고 단단한 물체가 조금 가볍게 맞부딪치는 소리. 또는 그 모양. '잘가닥①'보다 세고 거센 느낌을 준다.

¶카메라의 셔터를 **찰까닥** 눌렀다.

의미 [＋소리]v[＋모양],[＋물건],[＋밀착],[＋정도]

제약 {물건}-{붙다}

② 끈기 있는 물건이 세차게 달라붙는 소리. 또는 그 모양. '잘가닥②'보다 세고 거센 느낌을 준다.

의미 [＋소리]v[＋모양],[＋자물쇠],[±개폐]

제약 {자물쇠}-{잠기다, 열리다}

③ 작은 자물쇠 따위가 잠기거나 열리는 소리. 또는 그 모양. '잘가닥③'보다 세고 거센 느낌을 준다.

의미 [＋소리]v[＋모양],[＋물건],[＋충돌],[－정도]

제약 {물건}-{부딪치다}

④ 서로 닿으면 걸리어 붙는 단단한 물건끼리 조금 가볍게 맞부딪치는 소리. 또는 그 모양. '잘가닥④'보다 세고 거센 느낌을 준다.

찰까닥-찰까닥

의미 [＋소리]v[＋모양],[＋물체],[＋충돌],[－정도],[＋반복]

제약 {물체}-{부딪치다}

① 작고 단단한 물체가 조금 가볍게 자꾸 맞부딪치는 소리. 또는 그 모양. '잘가닥잘가닥①'보다 세고 거센 느낌을 준다.

¶낡은 인쇄기가 **찰까닥찰까닥** 힘겹게 돌아간다.

의미 [＋소리]v[＋모양],[＋물건],[＋밀착],[＋정도],[＋반복]

제약 {물건}-{붙다}

② 끈기 있는 물건이 자꾸 세차게 달라붙는 소리. 또는 그 모양. '잘가닥잘가닥②'보다 세고 거센 느낌을 준다.

의미 [＋소리]v[＋모양],[＋자물쇠],[±개폐],[＋반복]

제약 {자물쇠}-{잠기다, 열리다}

③ 작은 자물쇠 따위가 자꾸 잠기거나 열리는 소리. 또는 그 모양. '잘가닥잘가닥③'보다 세고 거센 느낌을 준다.

의미 [＋소리],[＋물건],[＋충돌],[－정도],[＋반복]

제약 {물건}-{부딪치다}

④ 서로 닿으면 걸리어 붙는 단단한 물건끼리

조금 가볍게 자꾸 맞부딪치는 소리. '잘가닥잘가
닥④'보다 세고 거센 느낌을 준다.

찰까당

의미 [＋소리]v[＋모양],[＋쇠붙이],[＋충돌],
[＋공명],[＋반복]

제약 {쇠붙이}-{부딪치다, 울리다}

작고 단단한 쇠붙이 따위가 조금 가볍게 맞부딪
쳐 울리는 소리. 또는 그 모양. '잘가당'보다 세
고 거센 느낌을 준다.

¶페인트 통이 **찰까당** 선반에서 떨어졌다.

찰까당-찰까당

의미 [＋소리]v[＋모양],[＋쇠붙이],[＋충돌],
[＋공명],[＋반복]

제약 {쇠붙이}-{부딪치다, 울리다}

작고 단단한 쇠붙이 따위가 조금 가볍게 자꾸
맞부딪쳐 울리는 소리. 또는 그 모양. '잘가당잘
가당'보다 세고 거센 느낌을 준다.

¶방앗간에서는 기계들이 쉴 새 없이 **찰까당찰까
당** 돌고 있었다.

찰깍

의미 [＋소리]v[＋모양],[＋물체],[＋충돌],[－정
도]

제약 {물체}-{부딪치다}

① '찰까닥①'의 준말. 작고 단단한 물체가 조금
가볍게 맞부딪치는 소리. 또는 그 모양.

¶영구는 엽차가 반이나 남은 유리컵을 들어서
찰깍 소리가 나게 테이블 위에 놓으며….≪김동
리, 실존무≫

의미 [＋소리]v[＋모양],[＋물건],[＋밀착],[＋정
도]

제약 {물건}-{붙다}

② '찰까닥②'의 준말. 끈기 있는 물건이 세차게
달라붙는 소리. 또는 그 모양.

의미 [＋소리]v[＋모양],[＋자물쇠],[±개폐],
[＋반복]

제약 {자물쇠}-{잠기다, 열리다}

③ '찰까닥③'의 준말. 작은 자물쇠 따위가 잠기
거나 열리는 소리. 또는 그 모양.

¶후딱 방으로 들어가 문고리를 **찰깍** 걸어 버렸
다.≪이정환, 샛강≫

의미 [＋소리],[＋물건],[＋충돌],[－정도]

제약 {물건}-{부딪치다}

④ '찰까닥④'의 준말. 서로 닿으면 걸리어 붙는
단단한 물건끼리 조금 가볍게 맞부딪치는 소리.

¶또 한 놈이 성큼 다가서며 태영의 팔목에 수갑
을 **찰깍** 채웠다.≪이병주, 지리산≫

찰깍-찰깍

의미 [＋소리]v[＋모양],[＋물체],[＋충돌],[－정
도],[＋반복]

제약 {물체}-{부딪치다}

① '찰까닥찰까닥①'의 준말. 작고 단단한 물체
가 조금 가볍게 자꾸 맞부딪치는 소리. 또는 그
모양.

¶화창한 봄날이면, 고궁이나 공원은 카메라 셔
터를 **찰깍찰깍** 누르며 사진을 찍는 사람들로 붐
빈다.

의미 [＋소리]v[＋모양],[＋물건],[＋밀착],[＋정
도],[＋반복]

제약 {물건}-{붙다}

② '찰까닥찰까닥②'의 준말. 끈기 있는 물건이
자꾸 세차게 달라붙는 소리. 또는 그 모양.

의미 [＋소리]v[＋모양],[＋자물쇠],[±개폐],[＋반
복]

제약 {자물쇠}-{잠기다, 열리다}

③ '찰까닥찰까닥③'의 준말. 작은 자물쇠 따위
가 자꾸 잠기거나 열리는 소리. 또는 그 모양.

의미 [＋소리]v[＋모양],[＋물건],[＋충돌],[－정
도],[＋반복]

제약 {물건}-{부딪치다}

④ '찰까닥찰까닥④'의 준말. 서로 닿으면 걸리
어 붙는 단단한 물건끼리 조금 가볍게 자꾸 맞
부딪치는 소리. 또는 그 모양.

찰깡

의미 [＋소리]v[＋모양],[＋쇠붙이],[＋충돌],
[＋공명]

제약 {쇠붙이}-{부딪치다, 울리다}

'찰까당'의 준말. 작고 단단한 쇠붙이 따위가 조
금 가볍게 맞부딪쳐 울리는 소리. 또는 그 모양.

찰깡-찰깡

의미 [＋소리]v[＋모양],[＋쇠붙이],[＋충돌],

[+공명],[+반복]

제약 {쇠붙이}-{부딪치다, 울리다}

'찰까당찰까당'의 준말. 작고 단단한 쇠붙이 따위가 조금 가볍게 자꾸 맞부딪쳐 울리는 소리. 또는 그 모양.

찰딱

의미 [+소리]v[+모양],[+물건],[+수분]v[+점성],[+밀착],[+정도]

제약 { }-{붙다}

젖었거나 차진 물건이 다른 것에 세차게 달라붙는 소리. 또는 그 모양.

¶길바닥에 껌이 **찰딱** 붙어 좀처럼 떨어지지 않는다./비에 젖어 번들거리는 아스팔트에 여기저기 떨어진 플라타너스의 잎이 **찰딱** 달라붙어 있었다.≪황순원, 일월≫

찰딱-찰딱

의미 [+소리]v[+모양],[+물건],[+수분]v[+점성],[±밀착],[+정도],[+반복]

제약 { }-{붙다}

젖었거나 차진 물건이 다른 것에 세차게 자꾸 달라붙었다 떨어질 때 나는 소리. 또는 그 모양.

¶**찰딱찰딱** 껌 씹는 소리에 정신이 산만하다.

찰떡같-이

의미 [+정]v[+믿음]v[+관계],[+긴밀],[+확실],[+정도]

제약

정(情), 믿음, 관계 따위가 매우 긴밀하고 확실하게.

¶**찰떡같이** 약속하다./**찰떡같이** 믿다./그 친구들은 평생을 **찰떡같이** 살았다./**찰떡같이** 매달려서 사정을 하니 안 들어 줄 수도 없다./눈에 들어서 다 된 혼인이라고 **찰떡같이** 믿고 있는데….≪염상섭, 취우≫

찰락

의미 [+소리]v[+모양],[+물],[+범람]v[+충돌]

제약 {물}-{넘치다, 부딪치다}

① 적은 양의 물 따위가 흘러넘치거나 가볍게 부딪치는 소리. 또는 그 모양.

¶호수의 물결이 바위에 **찰락** 부딪친다.

의미 [+소리]v[+모양],[+쇠붙이],[+충돌],[+공명]

제약 {쇠붙이}-{부딪치다, 울리다}

② 작은 쇠붙이 따위가 가볍게 서로 부딪치는 소리. 또는 그 모양.

¶그녀가 고개를 돌리자 귀고리가 **찰락** 움직였다.

찰락-찰락

의미 [+소리]v[+모양],[+물],[+범람]v[+충돌],[+반복]

제약 {물}-{넘치다, 부딪치다}

① 적은 양의 물 따위가 자꾸 흘러넘치거나 가볍게 부딪치는 소리. 또는 그 모양.

¶파란 바닷물이 **찰락찰락** 넘나드는 해변.

의미 [+소리]v[+모양],[+쇠붙이],[+충돌],[+공명],[+반복]

제약 {쇠붙이}-{부딪치다, 울리다}

② 작은 쇠붙이 따위가 자꾸 가볍게 서로 부딪치는 소리. 또는 그 모양.

¶부엌에서 어머니가 **찰락찰락** 놋쇠 그릇을 챙기고 계신다./귀밑에 달린 귀고리가 **찰락찰락** 뺨을 스치는 것도 인식하였다.≪주요섭, 아네모네의 마담≫

찰람

의미 [+모양],[+액체],[+요동],[±범람]

제약

작은 그릇 따위에 가득 찬 액체가 넘칠 듯이 흔들리는 모양. 또는 흔들려 조금 넘쳐흐르는 모양.

¶그가 막걸리 한 사발을 **찰람** 따라 주었다.

찰람-찰람

의미 [+모양],[+액체],[+요동],[±범람],[+반복]

제약

작은 그릇 따위에 가득 찬 액체가 자꾸 넘칠 듯이 흔들리는 모양. 또는 자꾸 흔들리면서 조금씩 넘쳐흐르는 모양.

¶아주머니는 물이 **찰람찰람** 넘치는 양동이를 지고 위태위태하게 걸어갔다./국이 너무 많아서 숟가락질을 할 때마다 **찰람찰람** 넘치려고 한다.

찰랑[01]

의미 [+소리]v[+모양],[+물],[+물결],[±범람

람],[＋요동]

제약

① 가득 찬 물 따위가 잔물결을 이루며 넘칠 듯 흔들리는 소리. 또는 그 모양. 늑찰랑히①.

¶바람이 불자 강물에 물비늘이 **찰랑** 일었다.

의미 [＋소리]v[＋모양],[＋물체],[＋요동],[＋유연],[＋한번]

제약 {　}-{흔들리다}

② 물체 따위가 물결치는 것처럼 부드럽게 한 번 흔들리는 모양. 늑찰랑히②.

¶그녀가 고개를 돌리자 단발머리가 **찰랑** 흔들리며 빛났다.

찰랑02

의미 [＋소리],[＋방울]v[＋쇠붙이],[＋요동]v[＋충돌],[＋공명]

제약 {방울, 쇠붙이}-{흔들리다, 부딪치다, 울리다}

작은 방울이나 얇은 쇠붙이 따위가 흔들리거나 부딪쳐 울리는 소리. '잘랑'보다 거센 느낌을 준다.

¶고양이가 지붕에서 뛰어내리자 방울 소리가 **찰랑** 울렸다.

찰랑-찰랑01

의미 [＋소리]v[＋모양],[＋물],[＋물결],[±범람],[＋요동],[＋반복]

제약

① 가득 찬 물 따위가 잔물결을 이루며 자꾸 넘칠 듯 흔들리는 소리. 또는 그 모양.

¶봇도랑에는 맑은 물이 **찰랑찰랑** 넘치게 흐르고, 누런 물이 그득히 괴어 있는 못자리엔 퍼런 모가 듬성듬성 꽂혀 있었다.≪이동하, 우울한 귀향≫/ 물은 이제 거의 욕조를 가득 채우고 **찰랑찰랑** 넘쳐흐르려고 했다.≪조해일, 왕십리≫

의미 [＋소리]v[＋모양],[＋물체],[＋요동],[＋유연],[＋반복]

제약 {　}-{흔들리다}

② 물체 따위가 물결치는 것처럼 자꾸 부드럽게 흔들리는 모양.

¶멀리 호숫가로 햇빛이 **찰랑찰랑** 부서지고 있었고 인파가 가득 넘치고 있었다.≪최인호, 돌의 초

상≫

찰랑-찰랑02

의미 [＋소리],[＋방울]v[＋쇠붙이],[＋요동]v[＋충돌],[＋공명],[＋반복]

제약 {방울, 쇠붙이}-{흔들리다, 부딪치다, 울리다}

작은 방울이나 얇은 쇠붙이 따위가 자꾸 흔들리거나 부딪쳐 울리는 소리. '잘랑잘랑'보다 거센 느낌을 준다.

¶어둠 속에서 나귀들이 **찰랑찰랑** 방울 소리를 내며 밤길을 가고 있었다.

찰랑-히

의미 [＋소리]v[＋모양],[＋물],[＋물결],[±범람],[＋요동]

제약

①=찰랑01①. 가득 찬 물 따위가 잔물결을 이루며 넘칠 듯 흔들리는 소리. 또는 그 모양.

의미 [＋소리]v[＋모양],[＋물체],[＋요동],[＋유연],[＋한번]

제약 {　}-{흔들리다}

②=찰랑01②. 물체 따위가 물결치는 것처럼 부드럽게 한 번 흔들리는 모양.

찰래-찰래

의미 [＋모양],[＋걸음],[＋신체],[＋요동],[＋경망]

제약 {사람}-{걷다}

몸을 흔들며 경망스럽게 걷는 모양.

찰바닥

의미 [＋소리]v[＋모양],[＋물]v[＋진창],[＋밟음]v[＋타격],[＋정도]

제약 {물, 진창}-{밟다, 치다}

얕은 물이나 진창을 거칠게 밟거나 치는 소리. 또는 그 모양. '잘바닥'보다 거센 느낌을 준다.

¶아이들은 진창에서 **찰바닥** 소리를 내며 신 나게 놀고 있다.

찰바닥-찰바닥

의미 [＋소리]v[＋모양],[＋물]v[＋진창],[＋밟음]v[＋타격],[＋정도],[＋반복]

제약 {물, 진창}-{밟다, 치다}

얕은 물이나 진창을 자꾸 거칠게 밟거나 치는

소리. 또는 그 모양. '잘바닥잘바닥01'보다 거센
느낌을 준다.

¶누군가 **찰바닥찰바닥** 소리를 내며 진창을 걷는
다./아이들이 개울에서 **찰바닥찰바닥** 놀고 있다.

찰바당

의미 [+소리]v[+모양],[+물체],[+물],[+충
돌],[+정도]

제약 {물체}-{부딪치다}

조금 묵직한 물체가 물에 거칠게 부딪치는 소리.
또는 그 모양. '잘바당'보다 거센 느낌을 준다.

¶돌이 호수에 **찰바당** 떨어졌다.

찰바당-찰바당

의미 [+소리]v[+모양],[+물체],[+물],[+충
돌],[+정도],[+반복]

제약 {물체}-{부딪치다}

조금 묵직한 물체가 물에 자꾸 거칠게 부딪치는
소리. 또는 그 모양. '잘바당잘바당'보다 거센 느
낌을 준다.

¶그는 **찰바당찰바당** 소리를 내며 강을 건너왔다.

찰박

의미 [+소리]v[+모양],[+물]v[+진창],[+밟
음]v[+타격],[+정도]

제약 {물, 진창}-{밟다, 치다}

'찰바닥'의 준말. 얕은 물이나 진창을 거칠게 밟
거나 치는 소리. 또는 그 모양.

¶아이가 개울에 **찰박** 빠졌다.

찰박-찰박

의미 [+소리]v[+모양],[+물]v[+진창],[+밟
음]v[+타격],[+정도],[+반복]

제약 {물, 진창}-{밟다, 치다}

'찰바닥찰바닥'의 준말. 얕은 물이나 진창을 자
꾸 거칠게 밟거나 치는 소리. 또는 그 모양.

¶어린아이가 손바닥으로 물을 **찰박찰박** 친다./그
는 **찰박찰박** 소리를 내며 개울을 건너갔다./귓전
에 **찰박찰박** 물소리가 들리는 것으로 보아 분명
히 물 위를 걷는 것인데.≪최명희, 혼불≫

찰방

의미 [+소리]v[+모양],[+물체],[+물],[+충
돌],[+정도]

제약 {물체}-{부딪치다}

'찰바당'의 준말. 조금 묵직한 물체가 물에 거칠
게 부딪치는 소리. 또는 그 모양.

¶돌이 **찰방** 강물에 떨어졌다./개구리가 **찰방** 개
울에 뛰어들었다.

찰방-찰방

의미 [+소리]v[+모양],[+물체],[+물],[+충
돌],[+정도],[+반복]

제약 {물체}-{부딪치다}

'찰바당찰바당'의 준말. 조금 묵직한 물체가 물
에 자꾸 거칠게 부딪치는 소리. 또는 그 모양.

¶분수가 시원하게 **찰방찰방** 떨어진다./그는 호수
에 돌을 **찰방찰방** 던진다.

찰싸닥

의미 [+소리]v[+모양],[+액체],[+물체],[+충
돌],[+정도]

제약 { }-{부딪치다}

① 액체가 단단한 물체에 마구 부딪치는 소리.
또는 그 모양. '잘싸닥①'보다 거센 느낌을 준다.

¶뱃사공은 노로 강물을 **찰싸닥** 내리쳤다.

의미 [+소리]v[+모양],[+물체],[+충돌]v[+밀
착],[+끈기]

제약 {물체}-{부딪치다, 달라붙다}

② 작은 물체가 매우 끈지게 부딪치거나 달라붙
는 소리. 또는 그 모양. '잘싸닥②'보다 거센 느
낌을 준다.

¶간호사가 주사를 놓기 전에 환자의 엉덩이를
찰싸닥 때렸다./아이가 어머니 품에 **찰싸닥** 달라
붙어 떨어질 줄 모른다.

찰싸닥-찰싸닥

의미 [+소리]v[+모양],[+액체],[+물체],[+충
돌],[+정도],[+반복]

제약 { }-{부딪치다}

① 액체가 자꾸 단단한 물체에 마구 부딪치는
소리. 또는 그 모양. '잘싸닥잘싸닥①'보다 거센
느낌을 준다.

¶모래톱을 **찰싸닥찰싸닥** 부딪치는 파도.

의미 [+소리]v[+모양],[+물체],[+충돌]v[+밀
착],[+끈기],[+반복]

제약 {물체}-{부딪치다, 달라붙다}

② 작은 물체가 매우 끈지게 자꾸 부딪치거나

달라붙는 소리. 또는 그 모양. '잘싸닥잘싸닥②'
보다 거센 느낌을 준다.

¶밀가루 반죽이 손에 **찰싸닥찰싸닥** 붙는다./선생
님은 학생의 손바닥을 **찰싸닥찰싸닥** 때리셨다./
그는 상대편의 뺨을 **찰싸닥찰싸닥** 때렸다.

찰싹

의미 [＋소리]v[＋모양],[＋액체],[＋물체],[＋충
돌],[＋정도]

제약 { }-{부딪치다}

① '찰싸닥①'의 준말. 액체가 단단한 물체에 마
구 부딪치는 소리. 또는 그 모양.

¶바닷물이 **찰싹** 바위를 때리더니 물보라가 일었
다.

의미 [＋소리]v[＋모양],[＋물체],[＋충돌]v[＋밀
착],[＋끈기]

제약 {물체}-{부딪치다, 달라붙다}

② '찰싸닥②'의 준말. 작은 물체가 매우 끈지게
부딪치거나 달라붙는 소리. 또는 그 모양.

¶뺨을 **찰싹** 갈기다./우표를 **찰싹** 붙이다./아기가
어머니의 팔에 **찰싹** 달라붙었다./마부가 말 엉덩
이를 채찍으로 **찰싹** 때리자 말이 뛰기 시작했
다./옷이 물에 흠씬 젖어 앙상한 몸뚱이에 **찰싹**
달라붙어 있었다.≪이동하, 우울한 귀향≫

의미 [＋모양],[＋관계],[＋긴밀],[－분리]

제약

③ 사람 사이의 관계가 뗄 수 없을 정도로 긴밀
하게 맺어진 모양.

¶그들 둘은 언제나 **찰싹** 붙어 다닌다.

찰싹-찰싹

의미 [＋소리]v[＋모양],[＋액체],[＋물체],[＋충
돌],[＋정도],[＋반복]

제약 { }-{부딪치다}

① '찰싸닥찰싸닥①'의 준말. 액체가 자꾸 단단
한 물체에 마구 부딪치는 소리. 또는 그 모양.

¶이물 쪽에서 물결이 갈라서는 **찰싹찰싹** 소리가
났다.≪박기동, 아버지의 바다에 은빛 고기 떼≫/가끔
가다 바람이 쏴 하고 불어와서 지나가는 소리와
바닷물이 **찰싹찰싹** 하고 깃을 치는 소리밖에는
아무 소리도 들려 오지 않았습니다…≪마해송, 창
작과비평사≫

의미 [＋소리]v[＋모양],[＋물체],[＋충돌]v[＋밀
착],[＋끈기],[＋반복]

제약 {물체}-{부딪치다, 달라붙다}

② '찰싸닥찰싸닥②'의 준말. 작은 물체가 매우
끈지게 자꾸 부딪치거나 달라붙는 소리. 또는
그 모양.

¶뺨을 **찰싹찰싹** 때리다./그들은 서로 무서움을
달래며 **찰싹찰싹** 붙어 앉았다./달주는 복면한 수
건에 콧김이 서려 물에 젖은 빨래처럼 코에 **찰
싹찰싹** 달라붙었다.≪송기숙, 녹두 장군≫

의미 [＋모양],[＋관계],[＋긴밀],[－분리]

제약

③ 사람 사이의 관계가 뗄 수 없을 정도로 아주
긴밀하게 맺어진 모양.

¶그들은 **찰싹찰싹** 붙어 다닌다.

찰찰

의미 [＋모양],[＋액체],[＋범람],[－정도]

제약 { }-{넘쳐흐르다}

① 적은 액체가 조금씩 넘쳐흐르는 모양.

¶피를 **찰찰** 흘리다./시간이 이른지 욕조 속에는
새로 끓인 깨끗한 물이 연기 같은 김에 서리면
서 **찰찰** 넘쳐흐른다.≪심훈, 영원의 미소≫/정자나
무 앞으로는 귀가 뚫리는 시원한 소리로 맑은
개울물이 **찰찰** 흘러내리고 있었다.≪김원일, 불의
제전≫

의미 [＋모양],[＋생기],[＋충만]

제약

② 생생한 기운이 가득 찬 모양.

¶인정이 **찰찰** 넘치다.

찰찰-히

의미 [＋철저],[＋자세],[＋과도]

제약

지나치게 꼼꼼하고 자세하게.

¶형의 술작이 이미 십수 종을 넘지마는, 형은
항상 부족과 불만을 **찰찰히** 느끼어….≪이희승,
벙어리 냉가슴≫

찰카닥

의미 [＋소리]v[＋모양],[＋물체],[＋충돌],[－정
도]

제약 {물체}-{부딪치다}

① 작고 단단한 물체가 조금 가볍게 맞부딪치는 소리. 또는 그 모양. '잘가닥①'보다 아주 거센 느낌을 준다.

¶찰카닥 노리쇠를 튕겨 총탄을 장전했다.≪송기숙, 암태도≫/찰카닥 수화기를 놓기가 바쁘게 아주머니는 이제야 자기 차례가 왔다는 듯이….≪최일남, 너무 큰 나무≫

의미 [+소리]v[+모양],[+물건],[+밀착],[+정도]

제약 {물건}-{붙다}

② 끈기 있는 물건이 세차게 달라붙는 소리. 또는 그 모양. '잘가닥②'보다 아주 거센 느낌을 준다.

의미 [+소리]v[+모양],[+자물쇠],[±개폐]

제약 {자물쇠}-{잠기다, 열리다}

③ 작은 자물쇠 따위가 잠기거나 열리는 소리. 또는 그 모양. '잘가닥③'보다 아주 거센 느낌을 준다.

의미 [+소리]v[+모양],[+물건],[+충돌],[−정도]

제약 {물건}-{부딪치다}

④ 서로 닿으면 걸리어 붙는 단단한 물건끼리 조금 가볍게 맞부딪치는 소리. 또는 그 모양. '잘가닥④'보다 아주 거센 느낌을 준다.

찰카닥-찰카닥

의미 [+소리]v[+모양],[+물체],[+충돌],[−정도],[+반복]

제약 {물체}-{부딪치다}

① 작고 단단한 물체가 조금 가볍게 자꾸 맞부딪치는 소리. 또는 그 모양. '잘가닥잘가닥①'보다 아주 거센 느낌을 준다.

¶따끈하게 데운 정종 잔과 핏빛 포도주 잔이, 찰카닥찰카닥 부딪치기도 하고 가까이 다가가다 말기도 하면서 제각기 한마디씩 했다.≪박완서, 도시의 흉년≫

의미 [+소리]v[+모양],[+물건],[+밀착],[+정도],[+반복]

제약 {물건}-{붙다}

② 끈기 있는 물건이 자꾸 세차게 달라붙는 소리. 또는 그 모양. '잘가닥잘가닥②'보다 아주 거

센 느낌을 준다.

의미 [+소리]v[+모양],[+자물쇠],[±개폐],[+반복]

제약 {자물쇠}-{잠기다, 열리다}

③ 작은 자물쇠 따위가 자꾸 잠기거나 열리는 소리. 또는 그 모양. '잘가닥잘가닥③'보다 아주 거센 느낌을 준다.

의미 [+소리]v[+모양],[+물건],[+충돌],[−정도],[+반복]

제약 {물건}-{부딪치다}

④ 서로 닿으면 걸리어 붙는 단단한 물건끼리 조금 가볍게 자꾸 맞부딪치는 소리. 또는 그 모양. '잘가닥잘가닥④'보다 아주 거센 느낌을 준다.

찰카당

의미 [+소리]v[+모양],[+쇠붙이],[+충돌],[+공명]

제약 {쇠붙이}-{부딪치다, 울리다}

작고 단단한 쇠붙이 따위가 조금 가볍게 맞부딪쳐 울리는 소리. 또는 그 모양. '잘가당'보다 아주 거센 느낌을 준다.

¶유리창에 쇠사슬이 찰카당 부딪친다.

찰카당-찰카당

의미 [+소리]v[+모양],[+쇠붙이],[+충돌],[+공명],[+반복]

제약 {쇠붙이}-{부딪치다, 울리다}

작고 단단한 쇠붙이 따위가 조금 가볍게 자꾸 맞부딪쳐 울리는 소리. 또는 그 모양. '잘가당잘가당'보다 아주 거센 느낌을 준다.

¶산사는 고요했고 찰카당찰카당 풍경 소리만 은은히 들려왔다.

찰칵

의미 [+소리]v[+모양],[+물체],[+충돌],[−정도]

제약 {물체}-{부딪치다}

① '찰카닥①'의 준말. 작고 단단한 물체가 조금 가볍게 맞부딪치는 소리. 또는 그 모양.

¶찰칵 동전이 떨어지는 소리가 나면서 신호 음이 들렸다./망원 렌즈를 조절하여 두 소녀의 모습을 바짝 잡아당겨 클로즈업시켜서는 찰칵 셔

터를 눌렀다.≪홍성암, 큰물로 가는 큰 고기≫/상대방의 말이 채 끝나지도 않은 것 같은데 정숙 아주머니는 일방적으로 **찰칵** 전화를 끊고는….≪최일남, 춘자의 사계≫/그는 재빨리 호주머니에서 라이터를 꺼내 **찰칵** 불을 켜서 내 코앞으로 내밀었다.≪김승옥, 다산성≫/여인은 그 말에는 대답 없이 갑자기 몸을 일으켜 전등 스위치를 **찰칵** 꺼 버렸다.≪홍성원, 육이오≫

의미 [＋소리]v[＋모양],[＋물건],[＋밀착],[＋정도]

제약 {물건}-{붙다}

② '찰카닥②'의 준말. 끈기 있는 물건이 세차게 달라붙는 소리. 또는 그 모양.

의미 [＋소리]v[＋모양],[＋자물쇠],[±개폐]

제약 {자물쇠}-{잠기다, 열리다}

③ '찰카닥③'의 준말. 작은 자물쇠 따위가 잠기거나 열리는 소리. 또는 그 모양.

¶열쇠 구멍에서 겉돌기만 했던 열쇠가 **찰칵** 쇠를 물고 넘어가는 기분이었다.≪송기숙, 자랏골의 비가≫

의미 [＋소리]v[＋모양],[＋물건],[＋충돌],[－정도]

제약 {물건}-{부딪치다}

④ '찰카닥④'의 준말. 서로 닿으면 걸리어 붙는 단단한 물건끼리 조금 가볍게 맞부딪치는 소리. 또는 그 모양.

찰칵-찰칵

의미 [＋소리]v[＋모양],[＋물건],[＋충돌],[－정도],[＋반복]

제약 {물건}-{부딪치다}

① '찰카닥찰카닥①'의 준말. 작고 단단한 물체가 조금 가볍게 자꾸 맞부딪치는 소리. 또는 그 모양.

¶사진기를 메고 기회만 있으면 **찰칵찰칵** 셔터를 눌러 대는 어른들./고물 장수는 리어카를 끌고 느릿느릿 걸으며 다시 **찰칵찰칵** 가위를 쳐 댔다. ≪유재용, 성역≫

의미 [＋소리]v[＋모양],[＋물건],[＋밀착],[＋정도],[＋반복]

제약 {물건}-{붙다}

② '찰카닥찰카닥②'의 준말. 끈기 있는 물건이 자꾸 세차게 달라붙는 소리. 또는 그 모양.

의미 [＋소리]v[＋모양],[＋자물쇠],[±개폐],[＋반복]

제약 {자물쇠}-{잠기다, 열리다}

③ '찰카닥찰카닥③'의 준말. 작은 자물쇠 따위가 자꾸 잠기거나 열리는 소리. 또는 그 모양.

의미 [＋소리]v[＋모양],[＋물건],[＋충돌],[－정도],[＋반복]

제약 {물건}-{부딪치다}

④ '찰카닥찰카닥④'의 준말. 서로 닿으면 걸리어 붙는 단단한 물건끼리 조금 가볍게 자꾸 맞부딪치는 소리. 또는 그 모양.

찰캉

의미 [＋소리]v[＋모양],[＋쇠붙이],[＋충돌],[＋공명]

제약 {쇠붙이}-{부딪치다, 울리다}

'찰카당'의 준말. 작고 단단한 쇠붙이 따위가 조금 가볍게 맞부딪쳐 울리는 소리. 또는 그 모양.

찰캉-찰캉

의미 [＋소리]v[＋모양],[＋쇠붙이],[＋충돌],[＋공명],[＋반복]

제약 {쇠붙이}-{부딪치다, 울리다}

'찰카당찰카당'의 준말. 작고 단단한 쇠붙이 따위가 조금 가볍게 자꾸 맞부딪쳐 울리는 소리. 또는 그 모양.

찰파닥

의미 [＋소리]v[＋모양],[＋물]v[＋진창],[＋밟음]v[＋타격],[＋정도]

제약 {물, 진창}-{밟다, 치다}

① 얕은 물이나 진창을 거칠게 밟거나 치는 소리. 또는 그 모양. '잘바닥'보다 아주 거센 느낌을 준다.

의미 [＋소리]v[＋모양],[－기운],[＋도괴]v[＋준좌]

제약 { }-{넘어지다, 주저앉다}

② 조금 힘없이 넘어지거나 주저앉는 소리. 또는 그 모양. '잘파닥②'보다 거센 느낌을 준다.

찰파닥-찰파닥

의미 [＋소리]v[＋모양],[＋물]v[＋진창],[＋밟

음]v[＋타격],[＋정도],[＋반복]

제약 {물, 진창}-{밟다, 치다}

① 얕은 물이나 진창을 자꾸 거칠게 밟거나 치는 소리. 또는 그 모양. '잘바닥잘바닥01'보다 아주 거센 느낌을 준다.

의미 [＋소리]v[＋모양],[＋전부],[－기운],[＋도괴]v[＋준좌]

제약 { }-{넘어지다, 주저앉다}

② 여럿이 다 조금 힘없이 넘어지거나 주저앉는 소리. 또는 그 모양. '잘파닥잘파닥01②'보다 거센 느낌을 준다.

찰팍

의미 [＋소리]v[＋모양],[＋물]v[＋진창],[＋밟음]v[＋타격],[＋정도]

제약 {물, 진창}-{밟다, 치다}

① '찰파닥①'의 준말. 얕은 물이나 진창을 거칠게 밟거나 치는 소리. 또는 그 모양.

의미 [＋소리]v[＋모양],[－기운],[＋도괴]v[＋준좌]

제약 { }-{넘어지다, 주저앉다}

② '찰파닥②'의 준말. 조금 힘없이 넘어지거나 주저앉는 소리. 또는 그 모양.

찰팍-찰팍

의미 [＋소리]v[＋모양],[＋물]v[＋진창],[＋밟음]v[＋타격],[＋정도],[＋반복]

제약 {물, 진창}-{밟다, 치다}

① '찰파닥찰파닥①'의 준말. 얕은 물이나 진창을 자꾸 거칠게 밟거나 치는 소리. 또는 그 모양.

의미 [＋소리]v[＋모양],[＋전부],[－기운],[＋도괴]v[＋준좌]

제약 { }-{넘어지다, 주저앉다}

② '찰파닥찰파닥②'의 준말. 여럿이 다 조금 힘없이 넘어지거나 주저앉는 소리. 또는 그 모양.

참

의미 [＋사실]v[＋이치],[＋부합]

제약

＝참으로. 사실이나 이치에 조금도 어긋남이 없이 과연.

¶참 경치가 좋다./바쁘신데 이렇게 많이 모여 주

셔서 참 감사합니다./바다 한가운데로 배를 타고 나간다는 건 참 근사한 일이라고 생각했다.≪박기동, 아버지의 바다에 은빛 고기 떼≫

참담-히

의미 [＋참혹],[＋절망]

제약

① 끔찍하고 절망적으로.

¶참담히 부서진 집에서는 숙생들의 거처에 대한 단서를 얻을 길이 없을 것이었다.≪김동인, 젊은 그들≫

의미 [＋애처],[＋고통],[＋정도]

제약

② 몹시 슬프고 괴롭게.

참독-히

의미 [＋참혹],[＋지독]

제약

참혹하고 지독하게.

참되-이

의미 [＋진실],[＋바름]

제약

진실하고 올바르게.

¶거짓 없이 참되이 살다.

참람-히

의미 [＋분수],[＋과도]

제약

분수에 넘쳐 너무 지나치게.

¶종묘에 고제하여 참람히 배향 공신으로 있는 위패를 묘정에서 내쫓고….≪박종화, 금삼의 피≫

참렬-히

의미 [＋비참],[＋참혹]

제약

차마 볼 수 없을 만큼 비참하고 끔찍하게.

참률-히

의미 [＋신체],[＋요동],[＋경외],[＋참혹]

제약

두려워서 몸이 벌벌 떨릴 만큼 끔찍하게.

참-말

의미 [＋사실],[＋일치]

제약

＝참말로. 사실과 조금도 다름이 없이 과연.

¶두말하지 않고 그들에게 선뜻 결혼을 허락하여 준 것은 **참말** 뜻밖의 일이었다.≪박태원, 천변 풍경≫/도현은 그들이 **참말** 믿을 만한 사람이냐고 물었다.≪손창섭, 낙서족≫

참말-로

의미 [+사실],[+일치]

제약

사실과 조금도 다름이 없이 과연. 늑참말.

¶네가 **참말로** 거기를 갔었니?

참방

의미 [+소리]v[+모양],[+물체],[+물],[+충돌]v[+침수]

제약 {물체}-{부딪치다, 잠기다}

작은 물체가 물에 부딪치거나 잠기는 소리. 또는 그 모양. '잠방'보다 거센 느낌을 준다.

참방-참방

의미 [+소리]v[+모양],[+물체],[+물],[+충돌]v[+침수],[+반복]

제약 {물체}-{부딪치다, 잠기다}

작은 물체가 물에 자꾸 부딪치거나 잠기는 소리. 또는 그 모양. '잠방잠방'보다 거센 느낌을 준다.

¶아이가 강물에 돌을 **참방참방** 던지며 놀고 있다.

참연-히01

의미 [+수준],[+높이]

제약

한층 높이 뛰어나 우뚝하게.

참연-히02

의미 [+애처],[+참혹]

제약

슬프고 참혹하게.

참-으로

의미 [+사실]v[+이치],[+부합]

제약

사실이나 이치에 조금도 어긋남이 없이 과연. 늑실로·성시(誠是)·참.

¶어머니가 없는 그해 여름은 **참으로** 무덥고 길었었다.≪박경리, 토지≫/턱을 쳐들고 입을 딱 벌린 채 그는 껄껄 웃었다. **참으로** 공허한 웃음이었다.≪이동하, 우울한 귀향≫

참참-이

의미 [+동안],[+간격]

제약

일정한 동안을 두고 이따금.

¶청석골로 돌아오는데 길에서 **참참이** 술집에 들어가서 늑장들을 부린 까닭에….≪홍명희, 임꺽정≫

참척-히

의미 [+정신],[+집중],[-분산]

제약

한 가지 일에만 정신을 골똘하게 쏟아 다른 생각이 없이.

¶나그네는 귀를 기울여 **참척히** 듣고 있더니 아무 말 없이 일어섰다.

참혹-히

의미 [+비참],[+참혹]

제약

① 비참하고 끔찍하게.

¶비록 비명에 **참혹히** 죽기는 했을망정 저렇게 장사를 잘 지내 주었으니….≪이기영, 봄≫

의미 [+한심],[+과도]

제약

② 지나칠 정도로 한심하게.

찹찹-히

의미 [+상태],[+물건],[+누적],[+정리]

제약

① 포개어 쌓은 물건이 엉성하지 아니하고 차곡차곡 가지런하게 가라앉아 있는 상태로.

¶종이 상자들을 평평하게 펴서 **찹찹히** 쌓다.

의미 [+마음],[-흥분],[+차분]

제약

② 마음이 들뜨지 아니하고 차분하게.

창결-히

의미 [+서운],[+애석],[+정도]

제약

몹시 서운하고 섭섭하게.

창대-히

의미 [+세력],[+번창],[+왕성]

제약

세력이 번창하고 왕성하게.

창망-히⁰¹

의미 [+근심],[+걱정],[−여유]

제약

근심과 걱정으로 경황이 없이.

창망-히⁰²

의미 [+넓이],[+거리],[+정도]

제약

넓고 멀어서 아득하게.

¶몇 날을 떠가도 **창망히** 바다만 보일 뿐이다.

창명-히

의미 [+빛],[+환함],[+정도]

제약

빛이 환하게 밝은 정도로.

창백-히

의미 [+얼굴빛]v[+살빛],[−혈색],[+창백]

제약

① 얼굴빛이나 살빛이 핏기가 없고 푸른 기가
돌 만큼 해쓱하게.

¶얼굴빛이 놀랍도록 **창백히** 되었을 뿐 대답이
없었다./어머니는 **창백히** 질려 넋을 잃은 채 파
들파들 떨고 있었다.≪오상원, 백지의 기록≫

의미 [+달빛],[+청정],[+청결]

제약

② 달빛이 맑고 깨끗하게.

¶구름 사이로 나온 달빛이 **창백히** 비친다.

의미 [+불빛],[−환함],[−분명]

제약

③ 불빛 따위가 환하지 아니하고 흐릿하게.

창알-창알

의미 [+소리]v[+모양],[+신체][+불편]v[+마
음][+불만],[+역정]v[+불평],[+반복]

제약

몸이 불편하거나 마음에 못마땅하여 자꾸 짜증
을 내며 종알거리거나 보채는 소리. 또는 그런
모양. '장알장알'보다 거센 느낌을 준다.

창연-히⁰¹

의미 [+서운],[+애석],[+정도]

제약

몹시 서운하고 섭섭하게.

¶어머니는 동구 밖까지 나와 멀어져 가는 아들

의 뒷모습을 **창연히** 바라본다.

창연-히⁰²

의미 [+높이],[+시원]

제약

드높아 시원스럽게.

¶여인은 목청을 돋우어 **창연히** 시조를 읊어 나
간다.

창연-히⁰³

의미 [+빛깔],[+파랑],[+정도]

제약

① 빛깔이 몹시 푸르게.

¶맑은 하늘이 **창연히** 펼쳐져 있다.

의미 [+일몰],[+어두움]

제약

② 날이 저물어 어둑어둑하게.

¶저녁 빛이 **창연히** 대지를 뒤덮어 온다.

의미 [+물건],[+과거],[+느낌],[+은근]

제약

③ 물건 따위가 오래되어 예스러운 느낌이 은근
하게.

¶오랜 풍상을 겪어 온 석탑이 **창연히** 솟아 있
다./몇 그루 전나무 노목이 **창연히** 서 있다.

창졸-에

의미 [+시간],[−여유],[+급박],[+정도]

제약

미처 어찌할 사이 없이 매우 급작스럽게.

¶**창졸**에 닥친 일이라 뾰족한 수가 나질 않았다./
너무나 **창졸**에 생긴 일이어서 두서를 차릴 경황
이 없었다./사회상 교제라 하는 것은 범위가 넓
어서 **창졸**에 다 말할 수 없으나….≪이인직, 모란
봉≫

창졸-히

의미 [+시간],[−여유],[+급박],[+정도]

제약

미처 어찌할 사이 없이 매우 급작스럽게. 늑창
황히⁰¹.

¶**창졸히** 길을 떠나는 바람에 송별도 하지 못했
다./촌에서도 앞을 다투어…사가(私家)를 빌려
창졸히 더부살이 학교들을 개설하였다.≪한설야,
탑≫

창창

의미 [＋모양],[＋색깔],[＋농후],[＋화려]

제약

색깔이 진하고 화려한 모양.

창창-히⁰¹

의미 [＋길][－발견],[＋마음][＋막연]

제약

갈 길을 잃어 갈팡질팡하고 마음이 아득하게.

¶그 급작스러운 비보를 전해 듣고는 **창창히** 허둥대기만 한다.

창창-히⁰²

의미 [＋바다]v[＋하늘]v[＋호수],[＋파랑],[＋정도]

제약

① 바다, 하늘, 호수 따위가 매우 푸르게.

¶가을 하늘이 **창창히** 맑다.

의미 [＋나무]v[＋숲],[＋파랑],[＋무성]

제약

② 나무나 숲이 짙푸르게 무성하게.

¶**창창히** 우거진 수풀.

의미 [＋미래],[＋거리],[－분명]

제약

③ 앞길이 멀어서 아득하게.

¶**창창히** 펼쳐져 있는 미래.

의미 [＋빛],[＋어두움]

제약

④ 빛이 어둑하게.

창피스레

의미 [＋느낌],[－체면]v[＋불쾌],[＋수치]

제약

체면이 깎이는 일이나 아니꼬운 일을 당한 데 대한 부끄러운 느낌이 있게.

¶이거 **창피스레** 웬 추태요!

창황-히⁰¹

의미 [＋시간],[－여유],[＋급박],[＋정도]

제약

＝창졸히. 미처 어찌할 사이 없이 매우 급작스럽게.

¶왜적의 수군들은 **창황히** 물을 박차 달아나다가 배들을 버리고 뭍으로 기어오른다.≪박종화, 임진왜란≫

창황-히⁰²

의미 [＋경악]v[＋급박],[－대책]

제약

＝당황히. 놀라거나 다급하여 어찌할 바를 모르게.

¶허둥지둥 짐을 수습하여 가방을 창밖으로 내주고 내려왔다. 뒤미쳐서 양복쟁이 하나도 **창황히** 따라 내리었다.≪염상섭, 만세전≫

채

의미 [＋상태]v[＋동작],[－완성],[－도달]

제약

어떤 상태나 동작이 다 되거나 이루어졌다고 할 만한 정도에 아직 이르지 못한 상태를 이르는 말.

¶말이 **채** 끝나기도 전에 그가 소리를 질렀다./열다섯이 **채** 될까 말까 한 소녀였다./황제의 손에는 먹물도 **채** 마르지 않은 종이 한 장이 들려 있었다.≪이문열, 황제를 위하여≫

채신머리없-이

의미 [＋언사]v[＋행동],[＋경솔],[－위엄]v[－신망]

제약

'채신없이'를 속되게 이르는 말. 말이나 행동이 경솔하여 위엄이나 신망이 없이.

¶제 편벽된 생각이, 아이들처럼 **채신머리없이** 보여서 눈을 딴 데로 팔려고 하나, 시선은 다시 형걸이에게로 옮아간다.≪김남천, 대하≫

채신없-이

의미 [＋언사]v[＋행동],[＋경솔],[－위엄]v[－신망]

제약

말이나 행동이 경솔하여 위엄이나 신망이 없이. 늑처신없이·치신없이.

¶**채신없이** 하인을 상대하여 또 신경질을 부리는 모양이다.≪박경리, 토지≫

채전-에

의미 [＋과거],[＋정도]

제약

어떻게 되기 훨씬 전에.

¶네가 오기 채전에 그는 떠났다.

책책

의미 [+소리],[+고함]v[+소란]

제약

크게 외치거나 떠드는 소리.

책책-히

의미 [+말소리],[+소란],[+크기]

제약

① 부르거나 주고받는 말소리가 시끄러울 정도
로 크게.

의미 [+칭찬],[+소란],[+크기]

제약

② 칭찬하는 것이 떠들썩할 정도로 크게.

챙챙

의미 [+모양],[+감음]v[+묶음],[+견고],[+반
복]

제약 { }-{감다, 매다}

단단하게 여러 번 감거나 동여매는 모양.

¶붕대를 **챙챙** 감다.

처근-처근

의미 [+모양],[+물건],[+밀착],[+점성]

제약

물기 있는 물건이 약간 끈기 있게 달라붙는 모
양.

¶배 안에 촛불이 벌렁거릴 때마다 군사들의
사향하는 눈물은 **처근처근** 옷깃을 적시어 준
다.≪박종화, 임진왜란≫

처덕-처덕

의미 [+소리]v[+모습],[+세탁물],[+방망이],
[+타격],[+정도],[+반복]

제약 {세탁물}-{두드리다}

① 빨랫방망이로 빨래를 자꾸 세게 두드리는 소
리. 또는 그 모양.

의미 [+소리]v[+모양],[+물건],[+물기]v[+점
성],[+타격],[+정도],[+반복]

제약 { }-{두드리다}

② 물기가 많거나 차진 물건을 힘 있게 자꾸 두
드리는 소리. 또는 그 모양.

의미 [+모양],[+종이],[+부착],[+중복],[+연
속]

제약 {종이}-{붙이다}

③ 종이 따위를 잇따라 바르거나 덧붙이는 모
양.

¶시멘트로 벽을 **처덕처덕** 바르다.

처량-히

의미 [+마음],[+고독],[+처량]

제약

① 마음이 구슬퍼질 정도로 외롭거나 쓸쓸하게.

¶**처량히** 울다./가을비가 **처량히** 내리다.

의미 [+초라],[+불쌍]

제약

② 초라하고 가엾게.

¶내 처지가 이토록 **처량히** 변할 줄이야.

처렁

의미 [+소리],[+쇠붙이],[+충돌],[+공명],[-길
이]

제약 {쇠붙이}-{부딪치다, 울리다}

얇은 쇠붙이 따위가 서로 부딪쳐 짧게 울리는
소리. '저렁①'보다 거센 느낌을 준다.

처렁-처렁

의미 [+소리],[+쇠붙이],[+충돌],[+공명],[-길
이],[+반복]

제약 {쇠붙이}-{부딪치다, 울리다}

얇은 쇠붙이 따위가 자꾸 서로 부딪쳐 짧게 울
리는 소리. '저렁저렁①'보다 거센 느낌을 준다.

처르렁

의미 [+소리],[+쇠붙이],[+충돌],[+공명]

제약 {쇠붙이}-{부딪치다, 울리다}

넓고 얇은 쇠붙이 따위가 서로 부딪쳐 울리는
소리. '저르렁①'보다 거센 느낌을 준다.

처르렁-처르렁

의미 [+소리],[+쇠붙이],[+충돌],[+공명],[+반
복]

제약 {쇠붙이}-{부딪치다, 울리다}

얇은 쇠붙이 따위가 자꾸 서로 부딪쳐 울리는
소리. '저르렁저르렁①'보다 거센 느낌을 준다.

처신없-이

의미 [+언사]v[+행동],[+경솔],[-위엄]v[-신
망]

제약

=채신없이. 말이나 행동이 경솔하여 위엄이나
신망이 없이.

처연-히[01]

의미 [+기운],[+냉기],[+고독]

제약

기운이 차고 쓸쓸하게.

처연-히[02]

의미 [+애처],[+처량]

제약

애달프고 구슬프게.

¶밤이 이슥해질수록 잇따라 밀려오는 잔파도들
은 번듯이 드러누운 적객의 가슴 복판 위에서
처연히 허물어지는 것이었다.≪현기영, 변방에 우짖
는 새≫

처절-히[01]

의미 [+처량],[+정도]

제약

몹시 처량하게.

¶누구 한 사람 들릴 리 없는 외딴집에서 **처절히**
외쳤다.≪오유권, 대지의 학대≫

처절-히[02]

의미 [+처참],[+정도]

제약

몹시 처참하게.

처참-히

의미 [+슬픔],[+참혹],[+정도]

제약

몸서리칠 정도로 슬프고 끔찍하게.

¶경기에서 **처참히** 참패하다./죽어도 이렇게 **처참**
히 죽을 수가 있단 말인가.

처창-히

의미 [+처량],[+애처],[+정도]

제약

몹시 구슬프고 애달프게.

처처-히[01]

의미 [+기운],[+냉기],[+고독]

제약

찬 기운이 있고 쓸쓸하게.

처처-히[02]

의미 [+마음],[+처량],[+정도]

제약

마음이 매우 구슬프게.

처처-히[03]

의미 [+초목],[+무성]

제약

초목이 무성하게.

처초-히

의미 [+마음],[+고통],[+애처]

제약

아프고 슬픈 마음으로.

척[01]

의미 [+모양],[+물체],[+접근]v[+밀착]

제약 {   }-{붙다}

① 물체가 바싹 다가붙거나 끈기 있게 들러붙는
모양. '쩍[02]①'보다 거센 느낌을 준다.

¶꼬마가 색종이에 풀을 발라 도화지에 **척** 붙였
다./앙상한 팔다리에 **척** 붙은 옷은 그녀의 뼈를
감싼 가죽처럼 쭈글쭈글하다.≪최인훈, 구운몽≫

의미 [+모양],[+입맛],[+적합]

제약

② 입맛에 떡 맞는 모양. '쩍[02]②'보다 거센 느
낌을 준다.

¶혀끝에 **척** 달라붙는 음식.

의미 [+모양],[+시험][+통과]v[+예상][+적
중]

제약

③ 시험 따위에 어김없이 붙거나 예상이 그대로
맞아 떨어진 모양.

¶사법 고시에 **척** 붙다./작전이 **척** 맞아 떨어지
다.

척[02]

의미 [+모양],[+몸가짐]v[+태도],[+자연],
[+태연]

제약

① 몸가짐이나 태도가 천연덕스럽고 태연한 모
양.

¶**척** 버티고 앉다./다리를 책상 위에 **척** 걸치다./
차가 내 앞에서 **척** 멈추었다./마당에 **척** 들어서
니 집 안은 쥐 죽은 듯이 조용하였다.

의미 [+모양],[+굴곡]v[+연장]

제약 { }-{휘어지다, 늘어지다}

② 느슨하게 휘어지거나 늘어진 모양.

¶귀가 척 늘어지다./그는 어깨를 척 늘어뜨린 채 걸어가고 있다./더위에 지친 그의 몸은 엿가래처럼 척 늘어졌다.

척⁰³

의미 [+모양],[+행동],[−주저]

제약

① 전혀 서슴지 않고 선뜻 행동하는 모양.

¶돈을 지갑에서 척 내놓다./한 학생이 여러 사람 앞에서 담배를 척 꺼내 물었다./그는 어려운 질문에도 망설임 없이 척 받아넘겼다.

의미 [+모양],[+시선],[+순간]

제약

② 한눈에 얼른 보는 모양.

¶척 보면 안다./나는 한 번 척 보기만 해도 저 여자의 입에서 어떤 목소리가 나올지 안다.

척연-히⁰¹

의미 [+근심],[+걱정]

제약

근심스럽고 두렵게.

척연-히⁰²

의미 [+근심],[+슬픔]

제약

근심스럽고 슬프게.

척척⁰¹

의미 [+모양],[+물체],[+접근]v[+밀착],[+반복]

제약

① 물체가 자꾸 바싹 다가붙거나 끈기 있게 들러붙는 모양. '쩍쩍⁰²①'보다 거센 느낌을 준다.

¶옷이 척척 들러붙게 더운 날인데도 할머니는 부엌문을 닫아걸고 흘러드는 땀에 눈을 슴벅이며 닭 털을 뽑았다.≪오정희, 유년의 뜰≫

의미 [+모양],[+입맛],[+적합],[+정도]

제약

② 입맛에 아주 떡 맞는 모양. '쩍쩍⁰²②'보다 거센 느낌을 준다.

의미 [+모양],[+시험][+통과]v[+예상][+적중]

제약

③ 시험 따위에 잇따라 어김없이 붙거나 예상이 그대로 맞아떨어진 모양.

¶그는 아무리 어려운 시험이라도 척척 붙는다./그 점쟁이가 미래를 척척 알아맞힌다는 소문은 거짓으로 판명되었다.

척척⁰²

의미 [+모양],[+전부],[+몸가짐]v[+태도],[+자연],[+태연]

제약

① 여럿이 다 몸가짐이나 태도가 천연덕스럽고 태연한 모양.

의미 [+모양],[+전부],[+굴곡]v[+연장]

제약 { }-{휘어지다, 늘어지다}

② 여럿이 다 느슨하게 휘어지거나 늘어진 모양.

¶옆집 담장에는 노란 개나리가 척척 늘어져 있다./수양버들의 고목나무 가지가 척척 늘어졌다.
≪이기영, 봄≫

척척⁰³

의미 [+모양],[+행동],[−주저]

제약

① 전혀 서슴지 않고 선뜻선뜻 행동하는 모양.

¶돈을 척척 내놓다./묻는 말에 척척 대답하다.

의미 [+모양],[+일],[−장애],[+용이],[+정도]

제약

② 일이 거침없이 아주 잘되어 가는 모양.

¶모든 일이 척척 해결되다.

의미 [+모양],[+행동],[+질서],[+조화]

제약

③ 질서 정연하게 조화를 이루어 행동하는 모양.

¶장단이 척척 맞아떨어지다./그들은 서로 말 한마디 건네지 않고도 손발이 척척 들어맞았다.

척척-히

의미 [+느낌],[+냉기],[+피부],[+접촉]

제약

젖은 것이 살에 닿아서 차가운 느낌으로.

¶담장 밑으로 뛰어내렸을 때 나는 등줄기가 땀으로 척척히 젖어 있는 것을 느낄 수 있었

다.《김용성, 도둑 일기》

척-하면
의미 [＋한마디]v[＋암시]
제약
(구어적으로) 한마디만 하면. 또는 약간의 암시만 주면.
¶우리 사이에 척하면 알아들어야지.

천-히
의미 [＋지체]v[＋지위],[－높이]
제약
① 지체, 지위 따위가 낮게.
의미 [＋풍부],[－귀중]
제약
② 너무 흔하여 귀하지 아니하게.
의미 [＋행동]v[＋모양],[－고상],[＋비천]
제약
③ 하는 짓이나 생긴 꼴이 고상한 맛이 없이 상되게.

천격스레
의미 [－품격],[＋비천]
제약
품격이 낮고 천한 느낌이 있게.

천덕스레
의미 [＋느낌],[－품격],[＋비천],[＋야비]
제약
품격이 낮고 야비한 느낌이 있게.
¶아저씨는 다리를 절단하여 목발을 짚고 다니면서 끈질긴 목숨을 천덕스레 이어 가기보다는 차라리 절름발이로 지내다가 짧은 생을 끝내는 편이 마음 편한 모양이었다.《김인배, 방울뱀》

천덩-천덩
의미 [＋모양],[＋액체],[＋점성],[＋하강]v[＋낙하]
제약
끈기 있는 액체가 길게 처져 내리거나 뚝뚝 떨어지는 모양.

천만
의미 [＋부정],[＋정도]
제약
'아주', '전혀'의 뜻을 나타내는 말.

¶앞으로는 그런 일이 천만 없도록 유의하게./그저 죽을 때라 잘못하였습니다. 천만 용서하옵기 바랍니다.《현진건, 무영탑》

천방-지방
의미 [＋모양],[＋행동],[＋조급],[－주의],[－목표]
제약 { }-{날뛰다}
＝천방지축②. 너무 급하여 허둥지둥 함부로 날뛰는 모양.
¶그는 천방지방 내리뛰었다. 독살이 잔뜩 올라서 불빛에 번쩍이는 그의 눈에는…아무것도 보이지 않았다.《최서해, 홍염》

천방-지축
의미 [＋모양],[＋사람],[－짐작],[＋경망]
제약
① 못난 사람이 종작없이 덤벙이는 모양.
¶그전에는 천방지축 어린 나이였고 이제는 한창 감수성이 피어날 열다섯 소녀였다.《박완서, 그 많던 싱아는 누가 다 먹었을까》
의미 [＋모양],[＋행동],[＋조급],[－주의],[－목표]
제약 { }-{날뛰다}
② 너무 급하여 허둥지둥 함부로 날뛰는 모양. ≒천방지방.
¶고갯길을 천방지축 달려 올라가자니 마음이 아픈 것은 말할 것도 없거니와, 발인들 아프지 않았으랴.《정비석, 비석과 금강산의 대화》

천산-지산
의미 [＋모양],[＋말],[＋다양],[＋변명]
제약
① 이런 말 저런 말로 많은 핑계를 늘어놓는 모양.
의미 [＋모양],[＋혼란],[－판단]
제약
② 갖가지로 엇갈리고 뒤섞이어 갈피를 잡을 수 없는 모양

천생
의미 [＋선천],[＋정도]
제약
① 타고난 것처럼 아주.

¶**천생** 여자처럼 생겼다./학생의 이름과 특징을 하나하나 다 기억하고 있는 걸 보면 그는 **천생** 선생님이다./계집이라고 **천생** 말상을 해 가지고 소박 안 맞으면 거짓말이지.≪이무영, 농민≫

의미 [＋결정],[－회피]

제약

② 이미 정하여진 것처럼 어쩔 수 없이.

¶차가 없으니 **천생** 걸어갈 수밖에 없다./아무도 갈 사람이 없다면 **천생** 내가 가야겠구나.

천세-후

의미 [＋어른],[＋사망]

제약

＝천추만세후. 오래도록 별고 없이 살다가 돌아가신 뒤라는 뜻으로, 어른이 죽은 뒤를 높여서 이르는 말.

천야만야

의미 [＋모양],[＋산]v[＋벼랑],[＋높이]v[＋깊이],[＋정도]

제약

가파른 산이나 벼랑 같은 것이 천길만길이나 되는 듯 까마득하게 높거나 깊은 모양.

¶**천야만야** 깎아지른 낭떠러지./**천야만야** 굴러떨어지는 폭포 소리./우리가 오르기로 한 산은 **천야만야** 높은 산이다.

천연01

의미 [＋유사],[＋정도]

제약

아주 비슷하게.

¶말씨가 **천연** 제 아버지를 닮았다./저 소리를 들어 보십시오. **천연** 아사달님이 돌을 쪼으시던 소리 같군요.≪현진건, 무영탑≫

천연02

의미 [＋모양],[＋웃음],[＋소리],[＋정도]

제약 {사람}-{웃다}

소리를 내어 크게 웃는 모양.

천연덕스레

의미 [＋느낌],[＋모습],[－거짓]v[－장식],[＋자연]

제약

① 생긴 그대로 조금도 거짓이나 꾸밈이 없고

자연스러운 느낌이 있게. ≒천연스레①.

의미 [＋태도],[＋시치미]

제약

② 시치미를 뚝 떼어 겉으로는 아무렇지 않은 체하는 태도가 있게. ≒천연스레②.

¶**천연덕스레** 먼 산만 바라보다./어떤 때는 지폐를 한 줌 쥐고 세다가 들켜도 거지 동냥 주듯 몇 푼 갚은 뒤 나머지는 남의 돈이라며 **천연덕스레** 전대에 집어넣는 것이었다.≪이문열, 영웅시대≫

천연스레

의미 [＋느낌],[＋모습],[－거짓]v[－장식],[＋자연]

제약

①＝천연덕스레①. 생긴 그대로 조금도 거짓이나 꾸밈이 없고 자연스러운 느낌이 있게.

의미 [＋태도],[＋시치미]

제약

②＝천연덕스레②. 시치미를 뚝 떼어 겉으로는 아무렇지 않은 체하는 태도가 있게.

¶**천연스레** 음담패설을 늘어놓다./그토록 **천연스레** 엿들을 먹고 있는 사람들의 여유와 참을성이 차라리 끔찍스러운 느낌마저 들어 왔다.≪이청준, 살아 있는 늪≫

천연-히

의미 [＋모습],[－장식]

제약

① 생긴 그대로 조금도 꾸밈이 없이.

의미 [＋태도],[＋시치미]

제약

② 시치미를 뚝 떼어 겉으로는 아무렇지 아니한 듯이.

¶**천연히** 웃다./**천연히** 대답하다./숙경 여사는 눈이 휘둥그레졌으나, 자기의 놀란 빛을 감추느라고 또 그저 **천연히** 웃어만 보였다.≪염상섭, 대를 물려서≫

의미 [＋복수],[＋모양],[＋유사],[＋정도]

제약

③ 두 물체의 생김새가 매우 비슷하게.

천열-히

의미 [+인품],[+비열],[+용렬]

제약

인품이 낮고 용렬하게.

천진스레

의미 [−장식]v[−거짓],[+자연],[+청결],[+순진]

제약

꾸밈이나 거짓이 없이 자연 그대로 깨끗하고 순진하게.

천착스레

의미 [+모습]v[+행동],[−비천],[+불결]

제약

생김새나 행동이 상스럽고 더러운 데가 있게.

천천-히

의미 [+동작]v[+태도],[−속도]

제약

동작이나 태도가 급하지 아니하고 느리게. 늑서서히.

¶천천히 걷다./천천히 구경하다./차를 천천히 몰다./묵묵히 듣고 앉았던 어머니가 천천히 말을 꺼냈다.

천추만세-후

의미 [+어른],[+사망]

제약

오래도록 별고 없이 살다가 돌아가신 뒤라는 뜻으로, 어른이 죽은 뒤를 높여서 이르는 말. 늑천세후.

천하-없어도

의미 [+필연]

제약

=세상없어도. 무슨 일이 있더라도 꼭.

¶천하없어도 너의 부탁은 들어주겠다.

철거덕

의미 [+소리]v[+모양],[+물체],[+충돌]

제약 {물체}-{부딪치다}

① 크고 단단한 물체가 맞부딪치는 소리. 또는 그 모양. '절거덕①'보다 거센 느낌을 준다.

¶윤 일병은 갑자기 허리춤에서 대검을 뽑아 총구에다 철거덕 꼽더니 후옹의 가슴팍에다 콱 들이대었다.≪안정효, 하얀 전쟁≫

의미 [+소리]v[+모양],[+물건],[+밀착],[+정도]

제약 {물건}-{붙다}

② 끈기 있는 물건이 세차게 들러붙는 소리. 또는 그 모양. '절거덕②'보다 거센 느낌을 준다.

¶수험생들은 합격을 기원하며 학교 문에 철거덕 엿을 붙였다.

의미 [+소리]v[+모양],[+자물쇠],[±개폐]

제약 {자물쇠}-{잠기다, 열리다}

③ 큰 자물쇠 따위가 잠기거나 열리는 소리. 또는 그 모양. '절거덕③'보다 거센 느낌을 준다.

¶간수는 철거덕 소리를 내며 감방 문의 자물쇠를 열었다.

의미 [+소리]v[+모양],[+물건],[+충돌]

제약 {물건}-{부딪치다}

④ 서로 닿으면 걸리어 붙는 단단한 물건끼리 맞부딪치는 소리. 또는 그 모양. '절거덕④'보다 거센 느낌을 준다.

¶자석이 쇳조각에 철거덕 붙었다.

철거덕-철거덕

의미 [+소리]v[+모양],[+물체],[+충돌],[+반복]

제약 {물체}-{부딪치다}

① 크고 단단한 물체가 자꾸 맞부딪치는 소리. 또는 그 모양. '절거덕절거덕①'보다 거센 느낌을 준다.

¶말 탄 군사들의 옆구리에서는 긴 칼이 철거덕철거덕 소리를 내고 있다.

의미 [+소리]v[+모양],[+물건],[+밀착],[+정도],[+반복]

제약 {물건}-{붙다}

② 끈기 있는 물건이 자꾸 세차게 들러붙는 소리. 또는 그 모양. '절거덕절거덕②'보다 거센 느낌을 준다.

¶진흙이 신발에 철거덕철거덕 들러붙는다.

의미 [+소리]v[+모양],[+자물쇠],[±개폐],[+반복]

제약 {자물쇠}-{잠기다, 열리다}

③ 큰 자물쇠 따위가 자꾸 잠기거나 열리는 소리. 또는 그 모양. '절거덕절거덕③'보다 거센 느

낌을 준다.

의미 [+소리]v[+모양],[+물건],[+충돌],[+반복]

제약 {물건}-{부딪치다}

④ 서로 닿으면 걸리어 붙는 단단한 물건끼리 자꾸 맞부딪치는 소리. 또는 그 모양. '절거덕절거덕④'보다 거센 느낌을 준다.

철거덩

의미 [+소리]v[+모양],[+쇠붙이],[+충돌],[+공명]

제약 {쇠붙이}-{부딪치다, 울리다}

크고 단단한 쇠붙이 따위가 맞부딪쳐 울리는 소리. 또는 그 모양. '절거덩'보다 거센 느낌을 준다.

¶쇠사슬이 철문에 부딪치면서 **철거덩** 소리를 냈다.

철거덩-철거덩

의미 [+소리]v[+모양],[+쇠붙이],[+충돌],[+공명],[+반복]

제약 {쇠붙이}-{부딪치다, 울리다}

크고 단단한 쇠붙이 따위가 자꾸 맞부딪쳐 울리는 소리. 또는 그 모양. '절거덩절거덩'보다 거센 느낌을 준다.

¶쇳덩이를 실은 화물차가 **철거덩철거덩** 소리를 내며 지나간다.

철걱

의미 [+소리]v[+모양],[+물체],[+충돌],[+반복]

제약 {물체}-{부딪치다}

① '철거덕①'의 준말. 크고 단단한 물체가 자꾸 맞부딪치는 소리. 또는 그 모양.

의미 [+소리]v[+모양],[+물건],[+밀착],[+정도]

제약 {물건}-{붙다}

② '철거덕②'의 준말. 끈기 있는 물건이 세차게 들러붙는 소리. 또는 그 모양.

의미 [+소리]v[+모양],[+자물쇠],[±개폐]

제약 {자물쇠}-{잠기다, 열리다}

③ '철거덕③'의 준말. 큰 자물쇠 따위가 잠기거나 열리는 소리. 또는 그 모양.

의미 [+소리]v[+모양],[+물건],[+충돌]

제약 {물건}-{부딪치다}

④ '철거덕④'의 준말. 서로 닿으면 걸리어 붙는 단단한 물건끼리 맞부딪치는 소리.

철걱-철걱

의미 [+소리]v[+모양],[+물체],[+충돌],[+반복]

제약 {물체}-{부딪치다}

① '철거덕철거덕①'의 준말. 크고 단단한 물체가 자꾸 맞부딪치는 소리. 또는 그 모양.

의미 [+소리]v[+모양],[+물건],[+밀착],[+정도],[+반복]

제약 {물건}-{붙다}

② '철거덕철거덕②'의 준말. 끈기 있는 물건이 자꾸 세차게 들러붙는 소리. 또는 그 모양.

의미 [+소리]v[+모양],[+자물쇠],[±개폐],[+반복]

제약 {자물쇠}-{잠기다, 열리다}

③ '철거덕철거덕③'의 준말. 큰 자물쇠 따위가 자꾸 잠기거나 열리는 소리. 또는 그 모양.

의미 [+소리]v[+모양],[+물건],[+충돌],[+반복]

제약 {물체}-{부딪치다}

④ '철거덕철거덕④'의 준말. 서로 닿으면 걸리어 붙는 단단한 물건끼리 자꾸 맞부딪치는 소리. 또는 그 모양.

철겅

의미 [+소리]v[+모양],[+쇠붙이],[+충돌],[+공명]

제약 {쇠붙이}-{부딪치다, 울리다}

'철거덩'의 준말. 크고 단단한 쇠붙이 따위가 맞부딪쳐 울리는 소리. 또는 그 모양.

철겅-철겅

의미 [+소리]v[+모양],[+쇠붙이],[+충돌],[+공명],[+반복]

제약 {쇠붙이}-{부딪치다, 울리다}

'철거덩철거덩'의 준말. 크고 단단한 쇠붙이 따위가 자꾸 맞부딪쳐 울리는 소리. 또는 그 모양.

¶거센 바람에 철제문이 **철겅철겅** 소리를 냈다.

철그렁

의미 [+소리]v[+모양],[+쇠붙이],[+낙하]v
[+충돌],[+공명]

제약 {쇠붙이}-{떨어지다, 부딪치다, 울리다}

크고 얇은 쇠붙이 따위가 떨어지거나 맞부딪쳐
울리는 소리. 또는 그 모양. '절그렁'보다 거센
느낌을 준다.

¶철그렁 소리에 들어가 보니 빈 철제 책장이 넘
어져 있었다.

철그렁-철그렁

의미 [+소리],[+쇠붙이],[+낙하]v[+충돌],
[+공명],[+반복]

제약 {쇠붙이}-{떨어지다, 부딪치다, 울리다}

크고 얇은 쇠붙이 따위가 자꾸 떨어지거나 맞부
딪쳐 울리는 소리. '절그렁절그렁'보다 거센 느
낌을 준다.

철꺼덕

의미 [+소리]v[+모양],[+물체],[+충돌]

제약 {물체}-{부딪치다}

① 크고 단단한 물체가 맞부딪치는 소리. 또는
그 모양. '절거덕①'보다 세고 거센 느낌을 준다.

¶성경 책을 집어 들려는 순간 가슴이 뜨끔했다.
그러나 기어이 그것을 집어 든 그는, 그것을 솥
뚜껑 위에 철꺼덕 놓아 버리고 말았다.≪김동리,
을화≫

의미 [+소리]v[+모양],[+물건],[+밀착],[+정
도]

제약 {물건}-{붙다}

② 끈기 있는 물건이 세차게 들러붙는 소리. 또
는 그 모양. '절거덕②'보다 세고 거센 느낌을
준다.

의미 [+소리]v[+모양],[+자물쇠],[±개폐]

제약 {자물쇠}-{잠기다, 열리다}

③ 큰 자물쇠 따위가 잠기거나 열리는 소리. 또
는 그 모양. '절거덕③'보다 세고 거센 느낌을
준다.

¶육중한 대문이 철꺼덕 잠겼다.

의미 [+소리]v[+모양],[+물건],[+충돌]

제약 {물건}-{부딪치다}

④ 서로 닿으면 걸리어 붙는 단단한 물건끼리
맞부딪치는 소리. 또는 그 모양. '절거덕④'보다

세고 거센 느낌을 준다.

¶화물 열차의 두 차량이 철꺼덕 소리를 내며 연
결되었다.

철꺼덕-철꺼덕

의미 [+소리]v[+모양],[+물체],[+충돌],[+반
복]

제약 {물체}-{부딪치다}

① 크고 단단한 물체가 자꾸 맞부딪치는 소리.
또는 그 모양. '절거덕절거덕①'보다 세고 거센
느낌을 준다.

의미 [+소리]v[+모양],[+물건],[+밀착],[+정
도],[+반복]

제약 {물건}-{붙다}

② 끈기 있는 물건이 자꾸 세차게 들러붙는 소
리. 또는 그 모양. '절거덕절거덕②'보다 세고 거
센 느낌을 준다.

¶자석이 아주 강해서 커다란 쇠뭉치도 철꺼덕철
꺼덕 잘 붙는다.

의미 [+소리]v[+모양],[+자물쇠],[±개폐],[+반
복]

제약 {자물쇠}-{잠기다, 열리다}

③ 큰 자물쇠 따위가 자꾸 잠기거나 열리는 소
리. 또는 그 모양. '절거덕절거덕③'보다 세고 거
센 느낌을 준다.

의미 [+소리]v[+모양],[+물건],[+충돌],[+반
복]

제약 {물건}-{부딪치다}

④ 서로 닿으면 걸리어 붙는 단단한 물건끼리
자꾸 맞부딪치는 소리. 또는 그 모양. '절거덕절
거덕④'보다 세고 거센 느낌을 준다.

철꺼덩

의미 [+소리]v[+모양],[+쇠붙이],[+충돌],
[+공명]

제약 {쇠붙이}-{부딪치다, 울리다}

크고 단단한 쇠붙이 따위가 맞부딪쳐 울리는 소
리. 또는 그 모양. '절거덩'보다 세고 거센 느낌
을 준다.

¶육중한 철문이 철꺼덩 닫혔다.

철꺼덩-철꺼덩

의미 [+소리]v[+모양],[+쇠붙이],[+충돌],[+공

명],[+반복]

제약 {쇠붙이}-{부딪치다, 울리다}

크고 단단한 쇠붙이 따위가 자꾸 맞부딪쳐 울리는 소리. 또는 그 모양. '절거덩절거덩'보다 세고 거센 느낌을 준다.

¶기차가 **철꺼덩철꺼덩** 소리를 내면서 철교를 지나고 있다.

철꺽

의미 [+소리]v[+모양],[+물체],[+충돌]

제약 {물체}-{부딪치다}

① '철꺼덕①'의 준말. 크고 단단한 물체가 맞부딪치는 소리. 또는 그 모양.

의미 [+소리]v[+모양],[+물건],[+밀착],[+정도]

제약 {물건}-{붙다}

② '철꺼덕②'의 준말. 끈기 있는 물건이 세차게 들러붙는 소리. 또는 그 모양.

¶풍선껌이 발에 **철꺽** 붙어 버렸다.

의미 [+소리]v[+모양],[+자물쇠],[±개폐]

제약 {자물쇠}-{잠기다, 열리다}

③ '철꺼덕③'의 준말. 큰 자물쇠 따위가 잠기거나 열리는 소리. 또는 그 모양.

의미 [+소리]v[+모양],[+물건],[+충돌],

제약 {물건}-{부딪치다}

④ '철꺼덕④'의 준말. 서로 닿으면 걸리어 붙는 단단한 물건끼리 맞부딪치는 소리. 또는 그 모양.

철꺽-철꺽

의미 [+소리]v[+모양],[+물체],[+충돌],[+반복]

제약 {물체}-{부딪치다}

① '철꺼덕철꺼덕①'의 준말. 크고 단단한 물체가 자꾸 맞부딪치는 소리. 또는 그 모양.

의미 [+소리]v[+모양],[+물건],[+밀착],[+정도],[+반복]

제약 {물건}-{붙다}

② '철꺼덕철꺼덕②'의 준말. 끈기 있는 물건이 자꾸 세차게 들러붙는 소리. 또는 그 모양.

의미 [+소리]v[+모양],[+자물쇠],[±개폐],[+반복]

제약 {자물쇠}-{잠기다, 열리다}

③ '철꺼덕철꺼덕③'의 준말. 큰 자물쇠 따위가 자꾸 잠기거나 열리는 소리. 또는 그 모양.

의미 [+소리]v[+모양],[+물건],[+충돌],[+반복]

제약 {물건}-{부딪치다}

④ '철꺼덕철꺼덕④'의 준말. 서로 닿으면 걸리어 붙는 단단한 물건끼리 자꾸 맞부딪치는 소리. 또는 그 모양.

철껑

의미 [+소리]v[+모양],[+쇠붙이],[+충돌],[+공명]

제약 {쇠붙이}-{부딪치다, 울리다}

'철꺼덩'의 준말. 크고 단단한 쇠붙이 따위가 맞부딪쳐 울리는 소리. 또는 그 모양.

철껑-철껑

의미 [+소리]v[+모양],[+쇠붙이],[+충돌],[+공명],[+반복]

제약 {쇠붙이}-{부딪치다, 울리다}

'철꺼덩철꺼덩'의 준말. 크고 단단한 쇠붙이 따위가 자꾸 맞부딪쳐 울리는 소리. 또는 그 모양.

철두-철미

의미 [+과정],[+전부],[+철저]

제약

처음부터 끝까지 철저하게. ≒철상철하.

¶철두철미 진상을 밝히다./이들은 이리하여 어머니의 영향을 **철두철미** 물리치고 드디어 이로부터 벗어나려고 애를 쓰는 것입니다.≪김진섭, 인생예찬≫/그는 **철두철미** 조선의 여자이며 독립운동에 몸 바쳤고…옥고까지 치렀다.≪박경리, 토지≫

철떡

의미 [+소리]v[+모양],[+물건],[+수분]v[+점성],[+밀착],[+정도]

제약 { }-{붙다}

젖었거나 차진 물건이 다른 것에 매우 세차게 들러붙는 소리. 또는 그 모양.

¶젖은 옷이 살에 **철떡** 붙다.

철떡-철떡

의미 [+소리]v[+모양],[+물건],[+수분]v[+점성],[±밀착],[+정도],[+반복]

제약 { }-{붙다}

① 젖었거나 차진 물건이 다른 것에 매우 세차게 자꾸 들러붙었다 떨어질 때 나는 소리. 또는 그 모양.

¶떡메로 떡을 **철떡철떡** 치다./풀숲의 이슬로 말미암아 고의는 축축이 젖었다. 다리를 옮겨 놓을 적마다 **철떡철떡** 살에 붙으며 찬 기운이 쭉 끼친다.≪김유정, 노다지≫

의미 [+소리]v[+모양],[+물],[+범람],[+충돌],[+연속]

제약

② 물 따위가 철철 넘쳐 잇따라 부딪칠 때 나는 소리. 또는 그 모양.

¶**철떡철떡** 처마 끝을 떠나는 빗물 소리.≪최인훈, 회색인≫

철럭

의미 [+소리]v[+모양],[+물],[+범람]v[+충돌]

제약 {물}-{넘치다, 부딪치다}

① 많은 양의 물 따위가 흘러넘치거나 가볍게 부딪치는 소리. 또는 그 모양.

의미 [+소리]v[+모양],[+쇠붙이],[+충돌],[+공명]

제약 {쇠붙이}-{부딪치다, 울리다}

② 큰 쇠붙이 따위가 가볍게 서로 부딪치는 소리. 또는 그 모양.

철럭-철럭

의미 [+소리]v[+모양],[+물],[+범람]v[+충돌],[+반복]

제약 {물}-{넘치다, 부딪치다}

① 많은 양의 물 따위가 자꾸 흘러넘치거나 가볍게 부딪치는 소리. 또는 그 모양.

¶파도가 **철럭철럭** 뱃전을 때린다.

의미 [+소리]v[+모양],[+쇠붙이],[+충돌],[+공명],[+반복]

제약 {쇠붙이}-{부딪치다, 울리다}

② 큰 쇠붙이 따위가 자꾸 가볍게 서로 부딪치는 소리. 또는 그 모양.

¶달려가는 소년의 호주머니에서 **철럭철럭** 동전 부딪치는 소리가 났다.

철럼

의미 [+모양],[+액체],[+요동],[±범람]

제약

그릇에 담긴 액체가 넘칠 듯 흔들리는 모양. 또는 흔들려 넘쳐흐르는 모양.

철럼-철럼

의미 [+모양],[+액체],[+요동],[±범람],[+반복]

제약

그릇에 담긴 액체가 자꾸 넘칠 듯이 흔들리는 모양. 또는 자꾸 흔들리면서 넘쳐흐르는 모양.

철렁01

의미 [+소리]v[+모양],[+물],[+물결],[±범람],[+요동]

제약

① 그득 찬 물 따위가 큰 물결을 이루며 넘칠 듯 흔들리는 소리. 또는 그 모양. 늑철렁히①.

¶욕조의 물을 손으로 휘저으니 **철렁** 넘친다.

의미 [+모양],[+일][+경악],[+마음][+불안]

제약

② 어떤 일에 놀라서 가슴이 설레는 모양. 늑철렁히②.

¶가슴이 **철렁** 내려앉다./아이들이 장난으로 팡팡 쏘아 대는 화약총 소리에도 매번 가슴이 **철렁** 내려앉는 그들이었다.≪현기영, 순이 삼촌≫

철렁02

의미 [+소리],[+방울]v[+쇠붙이],[+요동]v[+충돌],[+공명]

제약 {방울, 쇠붙이}-{흔들리다, 부딪치다, 울리다}

큰 방울이나 얇은 쇠붙이 따위가 흔들리거나 부딪쳐 울리는 소리. '절렁'보다 거센 느낌을 준다.

¶감방의 자물쇠가 **철렁** 소리를 내며 잠겼다.

철렁-철렁01

의미 [+소리]v[+모양],[+물],[+물결],[±범람],[+요동],[+반복]

제약

① 그득 찬 물 따위가 큰 물결을 이루며 넘칠 듯 자꾸 흔들리는 소리. 또는 그 모양.

¶큰 물 항아리에 맑은 물이 **철렁철렁** 넘친다./불

어난 강물이 **철렁철렁** 요동을 친다.

의미 [+모양],[+일][+경악],[+마음][+불안],
[+반복]

제약

② 어떤 일에 놀라서 가슴이 자꾸 설레는 모양.
¶아우성과 구토, 울음과 비명, 칠흑 같은 어둠,
검고 사나운 파도, **철렁철렁** 내려앉는 가슴, 공
포…… 다음 날 새벽에 도착한 세부 섬 부둣가
의…

철렁-철렁[02]

의미 [+소리],[+방울]v[+쇠붙이],[+요동]v
[+충돌],[+공명],[+반복]

제약 {방울, 쇠붙이}-{흔들리다, 부딪치다, 울리
다}

큰 방울이나 얇은 쇠붙이 따위가 자꾸 흔들리거
나 부딪쳐 울리는 소리. '절렁절렁'보다 거센 느
낌을 준다.

¶방울이 **철렁철렁** 흔들리다./그는 엿가위 소리를
철렁철렁 내며 동네를 돌아다녔다.

철렁-히

의미 [+소리]v[+모양],[+물],[+물결],[±범
람],[+요동]

제약

①=철렁01①. 그득 찬 물 따위가 큰 물결을 이
루며 넘칠 듯 흔들리는 소리. 또는 그 모양.
¶그는 항아리에 **철렁히** 담겨 있는 물을 휘저어
보았다.

의미 [+모양],[+일][+경악],[+마음][+불안]

제약

②=철렁01②. 어떤 일에 놀라서 가슴이 설레는
모양.

철버덕

의미 [+소리]v[+모양],[+물]v[+진창],[+밟
음]v[+타격],[+정도]

제약 {물, 진창}-{밟다, 치다}

옅은 물이나 진창을 거칠게 밟거나 치는 소리.
또는 그 모양. '절버덕'보다 거센 느낌을 준다.

철버덕-철버덕

의미 [+소리]v[+모양],[+물]v[+진창],[+밟
음]v[+타격],[+정도],[+반복]

제약 {물, 진창}-{밟다, 치다}

옅은 물이나 진창을 자꾸 거칠게 밟거나 치는
소리. 또는 그 모양. '절버덕절버덕'보다 거센 느
낌을 준다.

철버덩

의미 [+소리]v[+모양],[+물체],[+물],[+충
돌],[+정도]

제약 {물체}-{부딪치다}

묵직한 물체가 물에 거칠게 부딪치는 소리. 또
는 그 모양. '절버덩'보다 거센 느낌을 준다.

¶그는 강물 속으로 **철버덩** 뛰어들었다./돌고래
가 물 위로 높이 솟았다가 **철버덩** 떨어졌다./마
당 한쪽의 우물에서 **철버덩** 소리가 났다.

철버덩-철버덩

의미 [+소리]v[+모양],[+물체],[+물],[+충
돌],[+정도],[+반복]

제약 {물체}-{부딪치다}

묵직한 물체가 물에 자꾸 거칠게 부딪치는 소리.
또는 그 모양. '절버덩절버덩'보다 거센 느낌을
준다.

¶아이들이 웅덩이로 **철버덩철버덩** 뛰어내렸다./
그들은 개울물을 **철버덩철버덩** 휘젓고 건넜다./
그는 나무토막들을 강물로 **철버덩철버덩** 집어
던졌다.

철벅

의미 [+소리]v[+모양],[+물]v[+진창],[+밟
음]v[+타격],[+정도]

제약 {물, 진창}-{밟다, 치다}

'철버덕'의 준말. 옅은 물이나 진창을 거칠게 밟
거나 치는 소리. 또는 그 모양.

¶동생은 억지를 쓰며 진창에 **철벅** 주저앉았다./
그는 한눈을 팔다가 진창에 **철벅** 빠졌다.

철벅-철벅

의미 [+소리]v[+모양],[+물]v[+진창],[+밟
음]v[+타격],[+정도],[+반복]

제약 {물, 진창}-{밟다, 치다}

'철버덕철버덕'의 준말. 옅은 물이나 진창을 자
꾸 거칠게 밟거나 치는 소리. 또는 그 모양.

¶그들은 개울을 **철벅철벅** 건너갔다./아이들이 재
잘대는 소리와 **철벅철벅** 물장구치는 소리가 들

려왔다.

철벙

의미 [+소리]v[+모양],[+물체],[+물],[+충
돌],[+정도]

제약 {물체}-{부딪치다}

'철버덩'의 준말. 묵직한 물체가 물에 거칠게 부
딪치는 소리. 또는 그 모양.

¶그는 언덕에서 굴러 물이 가득 찬 논에 **철벙**
떨어졌다./우물에 무엇이 떨어지는지 **철벙** 소리
가 나서 달려가 보았다.

철벙-철벙

의미 [+소리]v[+모양],[+물체],[+물],[+충
돌],[+정도],[+반복]

제약 {물체}-{부딪치다}

'철버덩철버덩'의 준말. 묵직한 물체가 물에 자
꾸 거칠게 부딪치는 소리. 또는 그 모양.

¶그가 투박한 군화로 물을 **철벙철벙** 튀기면서
마당을 가로질러 방문 앞에까지 다가왔을 때….
≪이동하, 우울한 귀향≫

철벽같-이

의미 [+방비],[+견고],[+정도]

제약

방비가 매우 튼튼하게.

¶수비를 **철벽같이** 하니 골을 넣을 수가 없었다./
철벽같이 그 여자의 신변을 보호하는 것이 그의
임무다.

철상철하

의미 [+과정],[+전부],[+철저]

제약

=철두철미. 처음부터 끝까지 철저하게.

철석같-이

의미 [+마음]v[+의지]v[+약속],[+견고],[+정
도]

제약

마음이나 의지, 약속 따위가 매우 굳고 단단하
게.

¶아이는 거짓말을 다시는 안 하겠다고 엄마와
철석같이 약속을 하였다./어머니는 그의 정직성
을 **철석같이** 믿고 있었다./갖은 방법을 다 썼지
만 우리는 그의 **철석같이** 굳은 결심을 꺾을 수

가 없었다.

철써덕

의미 [+소리]v[+모양],[+액체],[+물체],[+충
돌],[+정도]

제약 { }-{부딪치다}

① 아주 많은 양의 액체가 단단한 물체에 마구
부딪치는 소리. 또는 그 모양. '절써덕①'보다 거
센 느낌을 준다.

의미 [+소리]v[+모양],[+물체],[+충돌]v[+밀
착],[+끈기]

제약 {물체}-{부딪치다, 달라붙다}

② 큰 물체가 매우 끈지게 부딪치거나 달라붙는
소리. 또는 그 모양. '절써덕②'보다 거센 느낌을
준다.

철써덕-철써덕

의미 [+소리]v[+모양],[+액체],[+물체],[+충
돌],[+정도],[+반복]

제약 { }-{부딪치다}

① 아주 많은 양의 액체가 자꾸 단단한 물체에
마구 부딪치는 소리. 또는 그 모양. '절써덕절써
덕①'보다 거센 느낌을 준다.

의미 [+소리]v[+모양],[+물체],[+충돌]v[+밀
착],[+끈기],[+반복]

제약 {물체}-{부딪치다, 달라붙다}

② 큰 물체가 매우 끈지게 자꾸 부딪치거나 달
라붙는 소리. 또는 그 모양. '절써덕절써덕②'보
다 거센 느낌을 준다.

철썩

의미 [+소리]v[+모양],[+액체],[+물체],[+충
돌],[+정도]

제약 { }-{부딪치다}

① '철써덕①'의 준말. 아주 많은 양의 액체가
단단한 물체에 마구 부딪치는 소리. 또는 그 모
양.

¶파도가 바위를 **철썩** 친다.

의미 [+소리]v[+모양],[+물체],[+충돌]v[+밀
착],[+끈기]

제약 {물체}-{부딪치다, 달라붙다}

② '철써덕②'의 준말. 큰 물체가 매우 끈지게
부딪치거나 달라붙는 소리. 또는 그 모양.

¶최만석은 채찍이 아니라 손바닥으로 나귀의 엉덩이를 **철썩** 때렸다.《유주현, 대한 제국》/순경이 내 따귀를 **철썩** 때렸다.《김승옥, 염소는 힘이 세다》

철썩-철썩

의미 [+소리]v[+모양],[+액체],[+물체],[+충돌],[+정도],[+반복]

제약 { }-{부딪치다}

① '철써덕철써덕①'의 준말. 아주 많은 양의 액체가 자꾸 단단한 물체에 마구 부딪치는 소리. 또는 그 모양.

¶바다 위에는 저녁 바람이 일어 성낸 물결은 바윗돌에 **철썩철썩** 부딪친다.《심훈, 칠월의 바다》

의미 [+소리]v[+모양],[+물체],[+충돌]v[+밀착],[+끈기],[+반복]

제약 {물체}-{부딪치다, 달라붙다}

② '철써덕철써덕②'의 준말. 큰 물체가 매우 끈지게 자꾸 부딪치거나 달라붙는 소리. 또는 그 모양.

¶나는 화닥닥 일어서서 그의 몸을 뒤에서 움켜잡고는 한 손으로 그의 등을 **철썩철썩** 쳤다.《이호철, 소시민》/목침을 베고 누워서 다리에 와 닿는 모기를 **철썩철썩** 손바닥으로 치고 있던 장 영감이….《하근찬, 야호》

철없-이

의미 [+사리],[-분별],[-주의]

제약

사리를 분별하지 못하고 함부로.

¶그간 제가 너무 **철없이** 굴었다는 것을 얼마 전부터 깨닫기 시작했어요.《한승원, 해일》

철저-히

의미 [+전부],[+인지],[-빈틈]v[-부족]

제약

속속들이 꿰뚫어 미치어 밑바닥까지 빈틈이나 부족함이 없이.

¶경찰은 법규 위반 차량을 **철저히** 단속하기로 하였다./대대장은 부대원들에게 민가를 **철저히** 수색하도록 명령하였다.

철철

의미 [+모양],[+액체],[+범람]

제약 { }-{넘치다}

① 많은 액체가 넘쳐 흐르는 모양.

¶칼에 찔린 곳에서 피가 **철철** 흐르다./한 잔 한 잔 교태를 부리며 **철철** 넘쳐 따르는 논개의 술은 여러 왜적들을 골고루 취하게 했다.《박종화, 임진왜란》

의미 [+모양],[+생기],[+충만]

제약

② 생생한 기운이 그득 찬 모양.

¶우리는 인정이 **철철** 넘치는 사회를 만들어야 한다./아버지의 엄살에 소년 같은 천진스러움과 익살이 **철철** 넘쳐 흘러서, 생각만 해도 웃음이 절로 나온다.

철철-이

의미 [+계절],[+개별],[+전부]

제약

돌아오는 철마다.

¶그녀는 **철철이** 갈아입을 옷을 한꺼번에 준비해 놓았다./그의 장롱에는 **철철이** 깔 수 있는 이불이 네 채가 있었다.

철커덕

의미 [+소리]v[+모양],[+물체],[+충돌]

제약 {물체}-{부딪치다}

① 크고 단단한 물체가 맞부딪치는 소리. 또는 그 모양. '절거덕①'보다 아주 거센 느낌을 준다.

의미 [+소리]v[+모양],[+물건],[+밀착],[+정도]

제약 {물건}-{붙다}

② 끈기 있는 물건이 세차게 들러붙는 소리. 또는 그 모양. '절거덕②'보다 아주 거센 느낌을 준다.

의미 [+소리]v[+모양],[+자물쇠],[±개폐]

제약 {자물쇠}-{잠기다, 열리다}

③ 큰 자물쇠 따위가 잠기거나 열리는 소리. 또는 그 모양. '절거덕③'보다 아주 거센 느낌을 준다.

¶열쇠로 문을 **철커덕** 열다./자물쇠를 **철커덕** 채우다.

의미 [+소리]v[+모양],[+물건],[+충돌]

제약 {물건}-{부딪치다}

④ 서로 닿으면 걸리어 붙는 단단한 물건끼리 맞부딪치는 소리. 또는 그 모양. '절거덕④'보다 아주 거센 느낌을 준다.

¶총에 탄환이 **철커덕** 장전되다./미터 요금기가 **철커덕** 오르다.

철커덕-철커덕

의미 [+소리]v[+모양],[+물체],[+충돌],[+반복]

제약 {물체}-{부딪치다}

① 크고 단단한 물체가 자꾸 맞부딪치는 소리. 또는 그 모양. '절거덕절거덕①'보다 아주 거센 느낌을 준다.

의미 [+소리]v[+모양],[+물건],[+밀착],[+정도],[+반복]

제약 {물건}-{붙다}

② 끈기 있는 물건이 자꾸 세차게 들러붙는 소리. 또는 그 모양. '절거덕절거덕②'보다 아주 거센 느낌을 준다.

의미 [+소리]v[+모양],[+자물쇠],[±개폐],[+반복]

제약 {자물쇠}-{잠기다, 열리다}

③ 큰 자물쇠 따위가 자꾸 잠기거나 열리는 소리. 또는 그 모양. '절거덕절거덕③'보다 아주 거센 느낌을 준다.

의미 [+소리]v[+모양],[+물건],[+충돌],[+반복]

제약 {물건}-{부딪치다}

④ 서로 닿으면 걸리어 붙는 단단한 물건끼리 자꾸 맞부딪치는 소리. 또는 그 모양. '절거덕절거덕④'보다 아주 거센 느낌을 준다.

철커덩

의미 [+소리]v[+모양],[+쇠붙이],[+충돌],[+공명]

제약 {쇠붙이}-{부딪치다, 울리다}

크고 단단한 쇠붙이 따위가 맞부딪쳐 울리는 소리. 또는 그 모양. '절거덩'보다 아주 거센 느낌을 준다.

철커덩-철커덩

의미 [+소리]v[+모양],[+쇠붙이],[+충돌],[+공명],[+반복]

제약 {쇠붙이}-{부딪치다, 울리다}

크고 단단한 쇠붙이 따위가 자꾸 맞부딪쳐 울리는 소리. 또는 그 모양. '절거덩절거덩'보다 아주 거센 느낌을 준다.

철컥

의미 [+소리]v[+모양],[+물체],[+충돌]

제약 {물체}-{부딪치다}

① '철커덕①'의 준말. 크고 단단한 물체가 맞부딪치는 소리. 또는 그 모양.

의미 [+소리]v[+모양],[+물건],[+밀착],[+정도]

제약 {물건}-{붙다}

② '철커덕②'의 준말. 끈기 있는 물건이 세차게 들러붙는 소리. 또는 그 모양.

의미 [+소리]v[+모양],[+자물쇠],[±개폐]

제약 {자물쇠}-{잠기다, 열리다}

③ '철커덕③'의 준말. 큰 자물쇠 따위가 잠기거나 열리는 소리. 또는 그 모양.

의미 [+소리]v[+모양],[+물건],[+충돌]

제약 {물건}-{부딪치다}

④ '철커덕④'의 준말. 서로 닿으면 걸리어 붙는 단단한 물건끼리 맞부딪치는 소리. 또는 그 모양.

¶거센 바람에 대문이 **철컥** 닫혔다.

철컥-철컥

의미 [+소리]v[+모양],[+물체],[+충돌],[+반복]

제약 {물체}-{부딪치다}

① '철커덕철커덕①'의 준말. 크고 단단한 물체가 자꾸 맞부딪치는 소리. 또는 그 모양.

의미 [+소리]v[+모양],[+물건],[+밀착],[+정도],[+반복]

제약 {물건}-{붙다}

② '철커덕철커덕②'의 준말. 끈기 있는 물건이 자꾸 세차게 들러붙는 소리. 또는 그 모양.

¶떡판 위에다 찹쌀 반죽을 **철컥철컥** 치다.

의미 [+소리]v[+모양],[+자물쇠],[±개폐],[+반복]

제약 {자물쇠}-{잠기다, 열리다}

③ '철커덕철커덕③'의 준말. 큰 자물쇠 따위가

자꾸 잠기거나 열리는 소리. 또는 그 모양.

의미 [+소리]v[+모양],[+물건],[+충돌],[+반복]

제약 {물건}-{부딪치다}

④ '철커덕철커덕④'의 준말. 서로 닿으면 걸리어 붙는 단단한 물건끼리 자꾸 맞부딪치는 소리. 또는 그 모양.

철컹

의미 [+소리]v[+모양],[+쇠붙이],[+충돌],[+공명]

제약 {쇠붙이}-{부딪치다, 울리다}

'철커덩'의 준말. 크고 단단한 쇠붙이 따위가 맞부딪쳐 울리는 소리. 또는 그 모양.

철컹-철컹

의미 [+소리]v[+모양],[+쇠붙이],[+충돌],[+공명],[+반복]

제약 {쇠붙이}-{부딪치다, 울리다}

'철커덩철커덩'의 준말. 크고 단단한 쇠붙이 따위가 자꾸 맞부딪쳐 울리는 소리. 또는 그 모양.

철통같-이

의미 [+준비]v[+대책],[+견고],[+치밀],[-허점]

제약

준비나 대책이 튼튼하고 치밀하여 조금도 허점이 없이.

¶우리가 **철통같이** 뭉쳐 있는 한 누구도 우리를 가벼이 볼 수 없을 것이다./군인들은 죄수가 도망간 산을 **철통같이** 포위했다.

철퍼덕

의미 [+소리]v[+모양],[+물]v[+진창],[+밟음]v[+타격],[+정도]

제약 {물, 진창}-{밟다, 치다}

① 옅은 물이나 진창을 거칠게 밟거나 치는 소리. 또는 그 모양. '절버덕'보다 아주 거센 느낌을 준다.

¶개울에서 송사리를 잡고 있는데 옆에서 동생이 **철퍼덕** 물탕을 튀겼다./형이 **철퍼덕** 소리를 내며 개울로 뛰어들었다.

의미 [+소리]v[+모양],[-기운],[+도괴]v[+준좌]

제약 { }-{넘어지다, 주저앉다}

② 힘없이 넘어지거나 주저앉는 소리. 또는 그 모양. '절퍼덕②'보다 거센 느낌을 준다.

¶바닥에 **철퍼덕** 주저앉고 말았다.

철퍼덕-철퍼덕

의미 [+소리]v[+모양],[+물]v[+진창],[+밟음]v[+타격],[+정도],[+반복]

제약 {물, 진창}-{밟다, 치다}

① 옅은 물이나 진창을 자꾸 거칠게 밟거나 치는 소리. 또는 그 모양. '절버덕절버덕'보다 아주 거센 느낌을 준다.

¶장난꾸러기 철이가 지나다니는 아이들에게 훼방을 놓느라고 **철퍼덕철퍼덕** 흙탕물 치는 소리가 들려 왔다.

의미 [+소리]v[+모양],[+전부],[-기운],[+도괴]v[+준좌]

제약 { }-{넘어지다, 주저앉다}

② 여럿이 다 힘없이 넘어지거나 주저앉는 소리. 또는 그 모양. '절퍼덕절퍼덕②'보다 거센 느낌을 준다.

¶경기에 진 선수들은 운동장 바닥에 **철퍼덕철퍼덕** 주저앉아 버렸다.

철퍽

의미 [+소리]v[+모양],[+물]v[+진창],[+밟음]v[+타격],[+정도]

제약 {물, 진창}-{밟다, 치다}

① '철퍼덕①'의 준말. 옅은 물이나 진창을 거칠게 밟거나 치는 소리. 또는 그 모양.

의미 [+소리]v[+모양],[-기운],[+도괴]v[+준좌]

제약 { }-{넘어지다, 주저앉다}

② '철퍼덕②'의 준말. 힘없이 넘어지거나 주저앉는 소리. 또는 그 모양.

철퍽-철퍽

의미 [+소리]v[+모양],[+물]v[+진창],[+밟음]v[+타격],[+정도],[+반복]

제약 {물, 진창}-{밟다, 치다}

① '철퍼덕철퍼덕①'의 준말. 옅은 물이나 진창을 자꾸 거칠게 밟거나 치는 소리. 또는 그 모양.

의미 [+소리]v[+모양],[+전부],[-기운],[+도괴]v[+준좌]

제약 { }-{넘어지다, 주저앉다}

② '철퍼덕철퍼덕②'의 준말. 여럿이 다 힘없이 넘어지거나 주저앉는 소리. 또는 그 모양.

철화같-이

의미 [+의지]v[+정열],[+견고],[+열렬]

제약

의지나 정열 따위가 굳세고 열렬하게.

첨벙

의미 [+소리]v[+모양],[+물체],[+물],[+충돌]v[+침수]

제약 {물체}-{부딪치다, 잠기다}

큰 물체가 물에 부딪치거나 잠기는 소리. 또는 그 모양. '점벙'보다 거센 느낌을 준다.

¶할아버지는 오늘도 바다로 나가 거울같이 맑은 바닷물 위에 첨벙 그물을 던졌습니다.≪이동하, 장난감 도시≫/박 포수가 천천히 몸을 일으키며 물속으로 첨벙 돌 하나를 던져 넣었다.≪홍성원, 육이오≫

첨벙-첨벙

의미 [+소리]v[+모양],[+물체],[+물],[+충돌]v[+침수],[+반복]

제약 {물체}-{부딪치다, 잠기다}

큰 물체가 물에 자꾸 부딪치거나 잠기는 소리. 또는 그 모양. '점벙점벙'보다 거센 느낌을 준다.

¶둥금이는 광나루에 당도하자 팽나무 밑동에 매어 놓은 나룻배를 끌러, 첨벙첨벙 강물 속으로 들어가더니….≪문순태, 타오르는 강≫/차가 기울어지자 상자들이 첨벙첨벙 물속으로 떨어졌다.≪홍성원, 육이오≫

첨첨

의미 [+모양],[+첨가],[+연속]

제약

계속하여 보태는 모양.

¶첨첨 쌓아 올리다./첨첨 포개서 놓다.

첨경

의미 [+빈도]v[+용이],[+분명]

제약

틀림없이 흔하거나 쉽게.

¶금전판이란 데는 첨경 사람 버리기 쉬운 데다.≪이기영, 신개지≫/앞집 불이 제 집으로 번지기 첨경 쉬운 난감한 판이었다.≪한설야, 탑≫

첨급-히

의미 [+민첩],[+속도]

제약

민첩하고 재빠르게.

첨연-히

의미 [+마음],[+편안],[+침착]

제약

마음이 편안하고 침착하게.

첨첩[01]

의미 [+소리]v[+모양],[+말],[+능통],[+수다]

제약

말을 거침없이 잘하여 수다스러울 때 나는 소리. 또는 그 모양. 늑첨첩히[02].

첨첩[02]

의미 [+모양],[+누적],[+다수]

제약

① 여러 겹으로 겹쳐 있는 모양. 늑중중첩첩·중중첩첩히·첩첩이①.

¶그는 산마루에 올라 첩첩 쌓인 먼 산을 바라보았다./장군의 거느린 군사와 말이 오 리쯤 쫓겼을 때 산은 첩첩 병풍을 둘렀고 시냇물은 구불거려 띠같이 얼부푸는 계곡이었다.≪박종화, 임진왜란≫

의미 [+모양],[+근심]v[+걱정],[+누적],[+정도]

제약

② 근심, 걱정 따위가 많이 쌓여 있는 모양. 늑첩첩이②.

의미 [+모양],[+어두움],[+정도]

제약

③ 어둠이 짙게 내리덮은 모양. 늑첩첩이③.

첨첩-이

의미 [+모양],[+누적],[+다수]

제약

①=첩첩[02]①. 여러 겹으로 겹쳐 있는 모양.

¶성긴 빗발만 흩뿌리다 말 뿐 두꺼운 구름장들

로 **첩첩**이 가라앉아만 있던 하늘이 모처럼 트이는가 싶던 날 대낮….≪이동하, 장난감 도시≫

의미 [+모양],[+근심]v[+걱정],[+누적],[+정도]

제약

②=첩첩02②. 근심, 걱정 따위가 많이 쌓여 있는 모양.

¶그에겐 어려운 난관이 **첩첩**이 쌓여 있었다./갈수록 앞길이 트이고 뭐가 보이는 게 아니라 갈수록 **첩첩**이 암담한 게 이 일이다.≪박완서, 오만과 몽상≫

의미 [+모양],[+어두움],[+정도]

제약

③=첩첩02③. 어둠이 짙게 내리덮은 모양.

¶그믐달이 솟아올랐으나 주위는 **첩첩**이 어둠에 싸여 적막했다.

첩첩-히01

의미 [+눈],[-분명],[+불결]

제약

눈 같은 것이 흐리멍덩하고 구지레하게.

첩첩-히02

의미 [+소리]v[+모양],[+말],[+능통],[+수다]

제약

=첩첩01. 말을 거침없이 잘하여 수다스러울 때 나는 소리. 또는 그 모양.

첫대

의미 [+처음]v[+우선]

제약

첫째로. 또는 무엇보다 먼저.

¶성례를 독촉하니 어른의 승낙도 승낙이려니와 **첫대** 돈이 없으매 형님은 몸이 달았다.≪김유정, 형≫

청결-히

의미 [+청정],[+청결]

제약

맑고 깨끗이.

¶주위를 **청결히** 하다.

청담-히

의미 [+빛깔],[+선명],[-농도]

제약

① 빛깔이 맑고 엷게.

의미 [+맛],[+시원],[+개운]

제약

② 맛이 산뜻하고 개운하게.

의미 [-욕심],[+마음],[+정결]

제약

③ 욕심이 없고 마음이 깨끗하게.

청량-히01

의미 [+소리],[+청아]

제약

소리가 맑고 깨끗하게.

청량-히02

의미 [+신선],[+냉기]

제약

맑고 서늘하게.

청백-히

의미 [+재물],[-욕심],[+순수]

제약

재물에 대한 욕심이 없이 곧고 깨끗하게.

청빈-히

의미 [+성품][+정결],[+재물][-욕심],[+가난]

제약

성품이 깨끗하고 재물에 대한 욕심이 없어 가난하게.

청승스레

의미 [+초라],[+처량],[+불쾌]

제약

궁상스럽고 처량하여 보기에 언짢은 데가 있게.

¶**청승스레** 하소연을 늘어놓다./장대비를 맞으면서도 바가지를 들고 **청승스레** 노래를 읊으며 이 집 저 집 구걸을 다닌다는 소식도….≪김원일, 노을≫

청정-히

의미 [+청정],[+청결]

제약

맑고 깨끗하게.

¶몸과 마음을 **청정히** 하다.

청청-히01

ㅊ

의미 [+생기],[+파랑]

제약

① 싱싱하게 푸르게.

¶봄이 되자, 물가의 버드나무는 더 **청청히** 푸른 잎을 드리웠다.

의미 [+맑음],[+파랑]

제약

② 맑고 푸르게.

청청-히02

의미 [+소리],[+청아]

제약

소리가 맑고 깨끗하게.

청초-히

의미 [−장식],[+청정],[+청결],[+미려]

제약

화려하지 않으면서 맑고 깨끗한 아름다움을 지니고.

¶황혼 속에 **청초히** 핀 옥잠화 두어 분이 집 안 가득히 그윽한 향기를 채우고 있다.

초간-히

의미 [+시간],[+사이],[+간격]

제약

① 시간적으로 사이가 조금 뜨게.

의미 [+거리],[+정도]

제약

② 한참 걸어가야 할 정도로 거리가 조금 멀게.

¶학교는 마을 어귀에서 **초간히** 떨어진 곳에 자리 잡고 있었다.

초군-초군

의미 [+모양],[+치밀],[−속도]

제약

아주 꼼꼼하고 느릿느릿한 모양.

¶그는 조금이 사흘씩 한 달에 두 번 돌아온다고 **초군초군** 설명해 나갔다.

초근-초근

의미 [+모양],[+성질]v[+태도],[+인내]

제약

성질이나 태도가 검질기고 끈덕진 모양.

¶초근초근 졸라 대다.

초급-히01

의미 [+성미],[+예리],[+조급],[+정도]

제약

성미가 날카롭고 몹시 급하게.

초급-히02

의미 [+시간],[−여유],[+조급],[+정도]

제약

① 시간 여유가 없이 매우 급하게.

¶그는 신을 벗는 둥 마는 둥 방 안으로 급히 뛰어들어 오더니 사방을 **초급히** 둘러보면서 무언가를 찾았다.

의미 [+초조],[+불안]

제약

② 초조하고 불안하게.

초라-히

의미 [+모양]v[+옷차림],[+피곤],[+궁상]

제약

① 겉모양이나 옷차림이 호졸근하고 궁상스럽게.

¶나의 향리 충무시 남망산에는 공의 존상이 **초라히** 세워져 계신다.≪유치환, 나는 고독하지 않다≫

의미 [−가치],[+초라]

제약

② 보잘것없고 변변하지 못하게.

¶그는 관직에서 쫓겨난 후 시골에서 여생을 **초라히** 보내고 있다.

초롱-초롱

의미 [+모양],[+눈],[+정기],[+분명]

제약

① 눈이 정기가 있고 맑은 모양. ≒초롱초롱히①.

¶아이의 눈은 **초롱초롱** 빛났다.≪박경리, 시장과 전장≫

의미 [+모양],[+별빛]v[+불빛],[+밝음],[+분명]

제약

② 별빛이나 불빛 따위가 밝고 또렷한 모양. ≒초롱초롱히②.

¶그와 윤애는, 그 바닷가 분지에서, **초롱초롱** 별이 보이기 시작할 때까지 앉아 있곤 했었다.≪최인훈, 광장≫

의미 [＋모양],[＋정신],[＋맑음],[＋분명]

제약

③ 정신이 맑고 또렷한 모양. 늑초롱초롱히③.

¶내일도 바쁠 것 같아 잠깐이라도 눈을 붙이고 싶었으나 머릿속은 더더욱 **초롱초롱** 맑아 왔다. ≪이호철, 문≫

의미 [＋모양],[＋목소리],[＋맑음],[＋분명]

제약

④ 목소리가 맑고 또렷한 모양. 늑초롱초롱히④.

초롱초롱-히

의미 [＋모양],[＋눈],[＋정기],[＋분명]

제약

①=초롱초롱①. 눈이 정기가 있고 맑은 모양.

의미 [＋모양],[＋별빛]v[＋불빛],[＋밝음],[＋분명]

제약

②=초롱초롱②. 별빛이나 불빛 따위가 밝고 또렷한 모양.

의미 [＋모양],[＋정신],[＋맑음],[＋분명]

제약

③=초롱초롱③. 정신이 맑고 또렷한 모양.

¶육체는 솜처럼 피로해도 정신은 여전히 **초롱초롱히** 맑아만 질 뿐이다.≪홍성원, 육이오≫

의미 [＋모양],[＋목소리],[＋맑음],[＋분명]

제약

④=초롱초롱④. 목소리가 맑고 또렷한 모양.

초름-히

의미 [－여유],[＋부족]

제약

① 넉넉하지 못하고 조금 모자라게.

의미 [＋마음],[－만족],[－호감]

제약

② 마음에 차지 않아 내키지 아니하게.

초싹-초싹

의미 [＋모양],[＋물건],[＋올림]v[＋요동],[＋반복]

제약 {물건}-{추켜올리다, 흔들다}

① 입거나 업거나 지거나 한 물건을 조금 가볍게 자꾸 추켜올리거나 흔드는 모양.

의미 [＋모양],[＋어깨],[＋운동],[±상하],[＋반복]

복]

제약

② 어깨를 조금 가볍게 자꾸 추켜올렸다 내렸다 하는 모양.

의미 [＋모양],[＋타인],[＋고의],[＋유혹],[＋반복]

제약

③ 일부러 남을 자꾸 살살 부추기는 모양.

초연-히[01]

의미 [－의기],[－기운]

제약

의기(意氣)가 떨어져서 기운이 없이.

¶기운 없이 **초연히** 돌아서는 아랑의 뒤태도에는 만 가지 수심이 안개 끼듯 어리었다.≪박종화, 아랑의 정조≫/나는 그날 주소・성명을 써 두고 집에 가서 기다리라는 말을 듣고 **초연히** 집으로 돌아왔다.≪조지훈, 돌의 미학≫

초연-히[02]

의미 [＋표정],[＋근심]

제약 {얼굴}-{ }

① 얼굴에 근심스러운 빛이 있게.

의미 [＋표정],[＋엄정]

제약

② 정색을 하여 얼굴에 엄정(嚴正)한 빛이 있게.

초연-히[03]

의미 [＋현실],[＋탈출],[－간섭],[＋당당]

제약

① 어떤 현실 속에서 벗어나 그 현실에 아랑곳하지 않고 의젓하게.

¶그는 자신에 대해 좋지 못한 소문이 떠돌았을 때도 **초연히** 자기 일만을 하며 거기에 휩쓸리지 않았다./아름답고도 싸느랗게 기품이 드러나는 공주의 태깔은 그대로 관음보살이 **초연히** 앉은 듯하다.≪박종화, 다정불심≫

의미 [＋수준],[＋우수],[＋정도]

제약

② 보통 수준보다 훨씬 뛰어나게.

초조로이

의미 [＋마음],[＋근심],[＋정도]

제약

애가 타서 몹시 마음을 졸이는 듯이.

¶독수리도 그들의 심중을 모르지 않는 눈치였으나, 누구를 기다리는지 **초조로이** 또 시계만 들여다본다.≪이문희, 흑맥≫

초조스레

의미 [+마음],[+근심],[+정도]

제약

애가 타서 몹시 마음을 졸이는 데가 있게.

초조-히

의미 [+마음],[+근심],[+위태]

제약

애가 타서 조마조마한 마음으로.

¶**초조히** 최후통첩을 기다리다./김 선생을 기다리며 그녀는 **초조히** 창밖을 내다보고 있었다.

초창-히

의미 [+마음],[+근심],[+슬픔]

제약

마음이 근심스럽고 슬프게.

초초

의미 [+모양],[+추가]v[+감소],[−정도]

제약

=점점. 조금씩 더하거나 덜하여지는 모양.

초초-히[01]

의미 [+근심],[+걱정]

제약

근심과 걱정으로 시름없이.

초초-히[02]

의미 [+간략],[+정도]

제약

① 몹시 간략하게.

¶소생의 장인 예판 어른이 궐내에서 별안간 인사불성이 되시어 이내 세상을 떠나시는 통에 어가를 따라 호종을 못 하고 **초초히** 장사를 지낸 뒤에 서울을 떠났다가….≪박종화, 임진왜란≫

의미 [−구비],[+초라]

제약

② 갖출 것을 다 갖추지 못하여 초라하게.

의미 [+분주],[+급박]

제약

③ 바쁘고 급하게.

¶양만석은 뒤 한 번 돌아보지 않고 **초초히** 수구막 쪽으로 사라졌다.≪문순태, 타오르는 강≫

초초-히[03]

의미 [+차림]v[+모양],[+단정],[+청결]

제약

차림새나 모양이 말쑥하고 깨끗하게.

초초분분

의미 [+시간],[−거리],[+정도]

제약

매우 가까운 시간으로.

¶**초초분분** 불어 가는 물은 콸콸 소리를 치면서 방축을 넘었다.≪최서해, 큰물 진 뒤≫

초췌-히

의미 [+병]v[+근심]v[+고생],[+얼굴]v[+신체],[+수척],[+창백]

제약

병, 근심, 고생 따위로 얼굴이나 몸이 여위고 파리하게.

촉

의미 [+모양],[+물체],[+처짐]

제약 { }-{늘어지다, 처지다}

작은 물건 따위가 아래로 늘어지거나 처진 모양.

¶귓불이 **촉** 처지다./**촉** 처진 조그마한 어깨들이 볼수록 측은했다.≪하근찬, 흰 종이 수염≫

촉급-히

의미 [+촉박],[+급박],[+정도]

제약

촉박하여 매우 급하게.

촉-촉

의미 [+모양],[+물건],[+처짐],[+반복]

제약 { }-{늘어지다, 처지다}

작은 물건 따위가 아래로 자꾸 늘어지거나 처진 모양.

촉촉-이[01]

의미 [+습기],[+침수],[−정도]

제약

물기가 있어 조금 젖은 듯이.

¶일어나 마당에 나가니 땅이 **촉촉이** 젖어 있었다./날이 궂을 징조라면서 그런 궂은 짓거리 끝에 만일 비라도 **촉촉이** 내려만 준다면 종술이를

업어 주겠노라고 사람들은 헐거운 우스개를 주고받기도 했다.≪윤흥길, 완장≫

촘촘-이[02]

의미 [+높이],[+예리]

제약

높이 솟아 삐죽삐죽하게.

촌스레

의미 [-조화],[-세련],[+매매]

제약

어울린 맛과 세련됨이 없이 어수룩하게.

¶괜히 촌스레 굴지 말고 잘해, 알았지?

촌촌-이[01]

의미 [+개별],[+전부],[+한치]v[+갈기]

제약

한 치 한 치마다. 또는 갈기갈기.

¶슬픔 때문에 간장이 촌촌이 잘리는 것 같다./네 아비를 위로 한마디 할 생각은 아니하고 도리어 네 아비 심사를 저리 도와주니 네 아비 구곡간장이 촌촌이 끊어지는구나.≪김교제, 모란화≫

촌촌-이[02]

의미 [+마을],[+전부]

제약

마을마다.

¶정문부는 창졸간에 변란을 당하니, 급히 몸을 거지로 변장해 가지고 촌촌이 구걸을 해서 걸식을 해 가면서 부녕으로 올라가서….≪박종화, 임진왜란≫

촐랑-촐랑

의미 [+소리]v[+모양],[+물],[+물결],[+요동],[+반복]

제약 {물}-{흔들리다}

① 물 따위가 잔물결을 이루며 자꾸 흔들리는 소리. 또는 그 모양. '졸랑졸랑①'보다 거센 느낌을 준다.

¶쌀쌀한 밤바람이 강물을 뒤집는 소리가 촐랑촐랑 들려왔다.≪문순태, 타오르는 강≫

의미 [+모양],[+행동],[+경박],[+경망],[+반복]

제약

② 가볍고 경망스럽게 자꾸 까부는 모양. '졸랑

졸랑②'보다 거센 느낌을 준다.

¶촐랑촐랑 돌아다니다./갇힌 쥐처럼 눈동자만 두리번거리며 나와 아내 사이로 촐랑촐랑 따라왔다.≪김원일, 노을≫/상노에게 등불을 들리고 촐랑촐랑 나귀를 몰아가는데 별안간 어둠 속에서 순라가 나타났다.≪박종화, 임진왜란≫

촐싹-촐싹

의미 [+모양],[+이동],[-주관],[-침착],[+반복]

제약 { }-{돌아다니다}

① 주책없이 달랑거리며 자꾸 돌아다니는 모양.

¶만날 그렇게 촐싹촐싹 어디를 돌아다니느냐?

의미 [+모양],[+타인][+유혹],[+마음][+요동]

제약

② 남을 부추기어 마음이 달막거리게 하는 모양.

¶네 녀석이 자꾸 촐싹촐싹 우리 철수를 꾄 것이지?

촐촐

의미 [+모양],[+물],[+범람],[-정도]

제약 {물}-{넘치다}

물 따위가 조금씩 넘치는 모양.

¶양동이의 물이 드디어 촐촐 넘치기 시작했다.

촐촐-히

의미 [+허기],[-정도]

제약 {배}-{고프다}

배가 조금 고플 정도로.

¶맹세를 위해 나는 온종일 촐촐히 굶었다.≪박완서, 도시의 흉년≫

촘촘-히

의미 [+틈]v[+간격],[-크기],[+정도]

제약

틈이나 간격이 매우 좁거나 작게.

¶머리칼은 억새풀같이 헝클어졌고, 살을 가린 옷은 촘촘히 기워 입었으나 여기저기 해어져 누더기 중에 상누더기였다.≪김원일, 불의 제전≫/찬찬히 보니 병사들이 어깨를 맞대듯이 촘촘히 늘어서서 총을 겨누고 있었다.≪송기숙, 녹두 장군≫/억센 가시를 가지마다 촘촘히 달고 있는 탱자나

무는 그 생김과는 다른 전설을 가지고 있었다.
≪조정래, 태백산맥≫

총급-히
의미 [+급박],[+정도]
제약
몹시 급하게.
¶갈 때에 **총급히** 가느라고 미처 말씀도 못하고
갔습니다.≪한용운, 흑풍≫

총망-히
의미 [+급박],[+분주],[+정도]
제약
매우 급하고 바쁘게.
¶그는 갈 길이 바빠 **총망히** 떠나느라고 할아버
님께 인사도 못 드리고 왔다.

총총[01]
의미 [+모양],[+별빛],[+조밀],[+분명]
제약
촘촘하고 많은 별빛이 또렷또렷한 모양. 늑총총
히[02].
¶하늘에 별이 **총총** 떠 있다.

총총[02]
의미 [+모양],[+걸음],[+급박],[+정도]
제약 {사람}-{걷다}
발걸음을 매우 재게 떼며 바삐 걷는 모양. '종종
[01]'보다 거센 느낌을 준다.
¶말을 마치자 그는 발을 돌려 골목길을 향해 총
총 걸어갔다.≪한승원, 해일≫

총총[03]
의미 [+모양],[+급박],[+분주],[+정도]
제약
몹시 급하고 바쁜 모양. 늑총총히[03].
¶그는 누군가에게 쫓기듯이 **총총** 사라졌다.

총총[04]
의미 [+편지글],[+종료]
제약
편지글에서, 끝맺음의 뜻을 나타내는 말.
¶이만 **총총** 붓을 놓겠습니다./그럼 그동안의 이
야기는 만나서 하기로 하고 이만 **총총**.

총총[05]
의미 [+모양],[+조밀]

제약
들어선 모양이 빽빽한 모양. 늑총총히[04].
¶방금 전기가 들어온 헌등(軒燈)이 일자로 **총총**
들어박힌 사이로……≪염상섭, 표본실의 청개구리≫

총총-들이
의미 [+누적],[-간격],[+조밀]
제약
틈이 없을 만큼 겹겹이 들어서게.
¶그는 경계 표시로 말뚝을 **총총들이** 박았다./하
늘에 별이 **총총들이** 박혀 쏟아질 것 같다.

총총-히[01]
의미 [+나무],[-간격],[+무성]
제약
나무 따위가 배게 들어서서 무성하게.
¶폭격에 부서져 철길 옆에 넘어진 기차 화통의
은밀한 구석에 잡초가 물풀처럼 **총총히** 얽혀서
자라고 있었잖아.≪황석영, 아우를 위하여≫

총총-히[02]
의미 [+모양],[+별빛],[+조밀],[+분명]
제약
=총총[01]. 촘촘하고 많은 별빛이 또렷또렷한 모
양.
¶하늘에는 별이 **총총히** 빛나고 있었다.

총총-히[03]
의미 [+모양],[+급박],[+분주],[+정도]
제약
=총총[03]. 몹시 급하고 바쁜 모양.
¶일이 끝나거든 선운사로 오라는 말을 남기고
혼자 **총총히** 길을 떠났다.≪송기숙, 녹두 장군≫/말
을 마치자 박도선은 안골댁에게 인사를 하곤 총
총히 큰길 쪽으로 내려갔다.≪김원일, 불의 제전≫

총총-히[04]
의미 [+모양],[+조밀]
제약
=총총[05]. 들어선 모양이 빽빽한 모양.
¶담장 위에는 날카로운 송곳들이 **총총히** 박혀
있는 것이어서 보는 자로 하여금 심한 위압감을
느끼게 했다.≪김성동, 만다라≫/뜨뜻하게 쉬어 갈
수 있는 향군초소가 그 지방에는 **총총히** 박혀
있었다.≪이문열, 그해 겨울≫

총-히

의미 [+전부],[+취합]

제약

전부 한데 모아서. 또는 모두 합하여.

¶계류(溪流)를 총히 요나한 처녀라 하면, 여기 이것은 분명 늠름한 장부이며….≪최남선, 금강 예찬≫

최대-히

의미 [+수]v[+양]v[+정도],[+최대]

제약

수나 양, 정도 따위가 가장 크게.

추근-추근

의미 [+모양],[+성질]v[+태도],[+인내]

제약

성질이나 태도가 검질기고 끈덕진 모양. 늑추근추근히02.

¶추근추근 굴다./이 비장은 추근추근 논개의 뒤를 따라가면서 지껄인다.≪박종화, 임진왜란≫/"식복은 아무 걱정 없으시군." 하고 구미를 돋우면서 관상 보기를 추근추근 조른다.≪이숭녕, 대학가의 파수병≫/젊은이가 귀를 기울이거나 말거나 사내는 마치 독백을 하듯이 추근추근 혼잣말을 이어 가고 있었다.≪이청준, 잔인한 도시≫

추근추근-히01

의미 [+습기],[+정도]

제약

매우 축축하다.

추근추근-히02

의미 [+모양],[+성질]v[+태도],[+인내]

제약

=추근추근. 성질이나 태도가 검질기고 끈덕진 모양.

¶사나이는 무엇을 추근추근히 졸라 대는 눈치요, 여자는 마지못해서 서너 마디에 한 마디쯤 대꾸를 하는 것만은 짐작할 수 있다.≪심훈, 영원의 미소≫

추루-히01

의미 [+불결]

제약

지저분하고 더럽게.

추루-히02

의미 [+거침],[-세련]

제약

거칠고 촌스럽게.

추상같-이

의미 [+호령],[+위엄],[+기세]

제약

호령 따위가 위엄이 있고 서슬이 푸르게.

¶추상같이 호령하다./추상같이 영을 내리다./사또의 호령이 추상같이 떨어졌다./처녀의 몸으로 아랫것들을 추상같이 거느리며 몇 년을 홀로 지키던 동해랑 집이었다.≪박완서, 미망≫

추솔-히

의미 [+거침],[-차분]

제약

거칠고 차분하지 못하게.

추썩-추썩

의미 [+모양],[+물건],[+올림]v[+요동],[+반복]

제약 {물건}-{추켜올리다, 흔들다}

① 입거나 업거나 지거나 한 물건을 가볍게 자꾸 추켜올리거나 흔드는 모양.

의미 [+모양],[+어깨],[+운동],[±상하],[+반복]

제약

② 어깨를 가볍게 자꾸 추켜올렸다 내렸다 하는 모양.

의미 [+모양],[+타인],[+고의],[+유혹],[+반복]

제약

③ 일부러 남을 자꾸 슬슬 부추기는 모양.

추악-히

의미 [+야비],[+흉악]

제약

더럽고 흉악하게.

추연-히

의미 [+처량],[+슬픔]

제약

처량하고 슬프게.

¶송강 정철은 우계 성혼을 보자 추연히 눈물을

흘린다.≪박종화, 임진왜란≫/춘추 장군은 검은 구름 속으로 들어가는 달을 보면서 **추연히** 온군해의 명복을 빌었다.≪홍효민, 신라 통일≫

추잡스레[01]

의미 [+언사]v[+행동],[+추잡],[+비천]

제약

말이나 행동 따위가 지저분하고 잡스러운 데가 있게.

추잡스레[02]

의미 [+거침],[−예의],[−아담]

제약

거칠고 막되어 조촐한 맛이 없는 데가 있게.

추잡-히

의미 [+언사]v[+행동],[+불결],[−순수]

제약

말이나 행동 따위가 지저분하고 잡스럽게.

¶제 아버지와 소실이 하던 꼴대로 **추잡히** 노는 것은 더러운 일이지만, 비밀히 하는 것은 대소변쯤으로밖에는 보이지 않았다.≪김동인, 김연실전≫

추저분-히

의미 [+불결],[+추잡]

제약

더럽고 지저분하게.

추적-추적

의미 [+모양],[+비]v[+진눈깨비],[+낙하],[+습기],[+반복]

제약 {비, 진눈깨비}-{내리다}

① 비나 진눈깨비가 자꾸 축축하게 내리는 모양.

¶창밖에는 가을비가 **추적추적** 내렸다.

의미 [+모양],[+습기],[+침수],[+반복]

제약 { }-{젖다}

② 자꾸 물기가 축축하게 젖어 드는 모양.

¶눈물은 **추적추적** 끝없이 베갯잇을 적셨다.≪하근찬, 야호≫/막음례는 갑자기 **추적추적** 울음 섞인 목소리로 푸념을 털어놓았다.≪문순태, 타오르는 강≫

추접스레

의미 [+거침],[−예의],[−아담]

제약

거칠고 막되어 조촐한 맛이 없는 데가 있게.

추접지근-히

의미 [+불결],[+추잡]

제약

깨끗하지 못하고 좀 더럽고 지저분한 듯하게.

추추-히

의미 [+소리],[+벌레]v[+새]v[+말]v[+귀신],[+울음],[+슬픔]

제약

① 벌레, 새, 말, 귀신 따위의 우는 소리가 구슬프게.

¶해골 위에 별과 달이 비쳤네. 살아서 맵도록 열렬한 넋이 죽어서 어찌 귀곡새가 되어 **추추히** 울까 보냐.≪박종화, 임진왜란≫

의미 [+소리],[+이야기],[−굵기],[−크기]

제약

② 두런거리는 소리가 가늘고 작게.

축

의미 [+모양],[+물건],[+처짐]

제약 { }-{늘어지다, 처지다}

물건 따위가 아래로 늘어지거나 처진 모양.

¶**축** 처진 어깨./**축** 늘어진 양쪽 볼./아이는 주머니가 **축** 처지도록 주머니에 구슬을 잔뜩 집어넣었다./납작한 사립문 옆에는 수양버들 한 그루가 무성한 가지를 **축** 늘어뜨리고 있는 제법 운치 있는 객줏집이었다.≪유주현, 대한 제국≫

축삭

의미 [+매달],[+전부]

제약

한 달도 거르지 않고 달마다.

축야

의미 [+매일],[+밤],[+전부]

제약

하룻밤도 거르지 않고 밤마다.

축연-히

의미 [+조심],[+불안]

제약

삼가는 듯하게. 또는 불안한 듯하게.

축일[01]

의미 [−예외],[+개별],[+전부]

제약

빼지 않고 하나씩 하나씩.

축일02

의미 [+매일],[+전부]

제약

하루도 거르지 않고 날마다.

¶계향이에게 **축일** 놀러 오던 젊은 한량도 운수 좋아서 사흘에 한 번, 나흘에 한 번 얼굴을 대하게 되었으니….≪홍명희, 임꺽정≫

축차

의미 [+순서]

제약

차례차례로.

축-축

의미 [+모양],[+물건],[+처짐],[+반복]

제약 { }-{늘어지다, 처지다}

물건 따위가 아래로 자꾸 늘어지거나 처진 모양.

¶밀가루 반죽이 묽어서 **축축** 처진다./자두가 많이 열려 가지가 **축축** 늘어져 있다./길옆 옥수수 이파리는 흙먼지를 보얗게 뒤집어쓴 채 **축축** 늘어지고 터질 듯 여물게 알을 실은 옥수수수염이 노랗게 바래지고 있었다.≪오정희, 유년의 뜰≫

축축-이

의미 [+물기],[+침수]

제약 { }-{젖다}

물기가 있어 젖은 듯하게.

¶온몸에 식은땀이 **축축이** 배었다./봄비에 **축축이** 젖은 대지에서 새싹이 돋아나고 있다./덧문을 열자 습기를 **축축이** 머금은 바람이 방 안으로 들어왔다./목과 가슴은 땀으로 **축축이** 젖어 있었고 허리와 다리는 쇠뭉치라도 단 듯 무거웠다. ≪김원일, 불의 제전≫

출렁

의미 [+소리]v[+모양],[+물],[+물결],[+요동],[+한번]

제약

① 물 따위가 큰 물결을 이루며 한 번 흔들리는 소리. 또는 그 모양.

¶물을 긷기 위해 두레박을 우물에 떨어뜨리니 **출렁** 소리가 났다.

의미 [+모양],[+마음],[+불안]

제약 {가슴}-{설레다}

② 가슴이 설레는 모양.

출렁-출렁

의미 [+소리]v[+모양],[+물],[+물결],[+요동],[+반복]

제약

① 물 따위가 큰 물결을 이루며 자꾸 흔들리는 소리. 또는 그 모양. '줄렁줄렁①'보다 거센 느낌을 준다.

¶눈 녹은 물이 **출렁출렁** 소리를 내며 계곡을 넘쳐흐른다./**출렁출렁** 물결치는 듯한 수없는 전등 빛에 눈 익은 건물들이 어른어른하며 지나친다. ≪현진건, 적도≫

의미 [+모양],[+마음],[+불안],[+정도]

제약 {가슴}-{설레다}

② 가슴이 몹시 설레는 모양.

¶어머니 자애에 굶주린 시름이 또다시 동궁의 가슴을 **출렁출렁** 설레게 한다.≪박종화, 금삼의 피≫

의미 [+모양],[+풍부],[+번화],[+정도]

제약

③ 몹시 번화하게 넘쳐 나는 모양.

출썩-출썩

의미 [+모양],[+이동],[−주관],[−침착],[+반복]

제약 { }-{돌아다니다}

① 자꾸 주책없이 덜렁거리며 돌아다니는 모양.

의미 [+모양],[+타인][+유혹],[+마음][+요동],[+반복]

제약

② 자꾸 남을 부추기어 마음이 들먹거리게 하는 모양.

출중-히

의미 [+특별],[+출중]

제약

여러 사람 가운데서 특별히 두드러지게.

¶학업 성적이 **출중히** 좋다.

출출

의미 [+모양],[+물],[+범람],[+정도]

제약 {물}-{넘치다}

물 따위가 많이 넘치는 모양.

¶수돗물이 **출출** 넘치다./담배쌈지 속에 골통대를 밀어 넣고 담배를 재는데 담배 가루가 방바닥에 **출출** 떨어진다.≪박경리, 토지≫

출출-히

의미 [+느낌],[+허기]

제약

배가 고픈 느낌이 있게.

충만-히

의미 [+충만]

제약

한껏 차서 가득히.

충분-히

의미 [−결핍],[+충분]

제약

모자람이 없이 넉넉하게.

¶실력을 **충분히** 발휘하다./**충분히** 생각하고 결정하다./그는 사업가로 성공할 가능성이 **충분히** 있다./그들이 어떻게 나올지는 **충분히** 짐작할 수 있다.

충성스레

의미 [+정성],[+진심],[+임금]v[+국가]

제약

임금이나 국가에 대하여 진정에서 우러나오는 정성이 있게.

¶그는 병이 들어 물러날 때까지 **충성스레** 임금을 섬겼다.

충순-히⁰¹

의미 [+충성],[+진실]

제약

충직하고 참되게.

충순-히⁰²

의미 [+충성],[+양순]

제약

충직하고 양순하게.

충실-히⁰¹

의미 [+내용],[+실속],[+견고]

제약

① 내용이 알차고 단단하게.

¶내용을 **충실히** 기록하다./원칙을 **충실히** 따르다.

의미 [+아이],[+신체],[+건강],[+견고]

제약

② 주로 아이들의 몸이 건강하여 튼튼하게.

¶**충실히** 자란 아이./아씨가 염병보다 더 지독한 신열로 입술이 타고 정신이 혼미한 동안도 배 속의 것은 **충실히** 자라고 있었다.≪박완서, 미망≫

충실-히⁰²

의미 [+충성],[+성실]

제약

충직하고 성실하게.

¶임무를 **충실히** 수행하다./명령을 **충실히** 이행하다./상관의 말에 **충실히** 복종하다.

충연-히

의미 [+높이],[+정도]

제약

높이 솟아 우뚝하게.

충족-히

의미 [+풍부],[−결핍]

제약

넉넉하여 모자람이 없이.

¶계속되는 가뭄에 단비가 **충족히** 내렸다./아기는 어머니 젖을 **충족히** 먹고 자랐다.

충직-히

의미 [+충성],[+정직]

제약

충성스럽고 정직하게.

충충

의미 [+모양],[+걸음],[+급박],[+정도]

제약 {사람}-{걷다}

발걸음을 크게 매우 재게 떼며 급히 걷는 모양.

¶무슨 바쁜 일이 있는 듯이 **충충** 걸어가다.

충충-히

의미 [+물]v[+빛깔],[−선명],[−분명]

제약

물이나 빛깔 따위가 맑거나 산뜻하지 못하고 흐리고 침침하게.

¶물이 논에 **충충히** 고이다.

취중

의미 [+특별]

제약

그 가운데서도 특히.

¶지난 5년간, 취중 후반 2년 동안은 열심히 공부했다.

측달-히

의미 [+측은],[+슬픔]

제약

불쌍히 여겨 슬프게.

측량없-이

의미 [−한계],[−한도]

제약

한이나 끝이 없이.

¶부모님의 사랑은 **측량없이** 크다.

측연-히

의미 [+시각],[+측은]

제약

보기에 가엾고 불쌍하게.

측은스레

의미 [+시각],[+측은]

제약

보기에 가엾고 불쌍하게.

¶비에 홀딱 젖어 처마 밑에서 떨고 있는 강아지가 왠지 **측은스레** 보였다.

측은-히

의미 [+시각],[+측은]

제약 { }-{여기다}

가엾고 불쌍하게.

¶측은히 여기다.

층층-이

의미 [+모양],[+누적],[+다수]

제약

① 여러 층으로 겹겹이 쌓인 모양.

¶창고에는 물건이 **층층이** 가득하다./냄비들을 크기대로 **층층이** 쌓았다./찌푸린 하늘엔 구름만 **층층이** 깔려 있었다.≪이동하, 우울한 귀향≫/그 옆에는…순금과 보석으로 장식한 궤가 놓였는데, 그 위에는 각색의 비단 이불이 **층층이** 얹혀 있었다.≪한용운, 흑풍≫

의미 [+모양],[+누적],[+다수]

제약

② 낱낱의 층이 거듭된 모양.

¶그 건물에는 **층층이** 예쁜 화분이 놓여 있었다./높고 낮은 아파트들이 **층층이** 불을 켜고 있다.

치근덕-치근덕

의미 [+모양],[+불만],[+끈기],[+반복]

제약 { }-{대다, 거리다}

성가실 정도로 끈덕지게 자꾸 귀찮게 구는 모양. '지근덕지근덕'보다 거센 느낌을 준다.

치근-치근

의미 [+모양],[+불만],[+은근],[+정도],[+반복]

제약 { }-{대다, 거리다}

성가실 정도로 자꾸 은근히 귀찮게 구는 모양. '지근지근01①'보다 거센 느낌을 준다.

¶아이는 장난감을 사 달라고 매일 **치근치근** 조른다.

치근치근-히

의미 [+느낌],[+물건],[+접촉],[−불쾌]

제약

끈기 있는 물건 따위가 맞닿아서 불쾌한 느낌이 있게.

¶석양 받은 단풍잎에 비쳐 얼굴은 한층 더 붉어 오나, 밉도록 **치근치근히** 썩어 빠진 버섯만 보살피고 있다.≪김정한, 사하촌≫

치기스레

의미 [+연소],[+유치]

제약

어리고 유치한 데가 있게.

치덕-치덕

의미 [+모양],[+습기]v[+점성],[+밀착],[−주의],[+도처]

제약

① 축축하거나 끈적끈적한 것이 마구 여기저기 들러붙는 모양.

¶푹푹 찌는 날씨였다. 흐르는 땀도 땀이지만 습기 찬 공기가 **치덕치덕** 몸을 휘감았다.≪박경리, 토지≫

의미 [+모양],[+가루]v[+페인트],[+부착]v[+도포],[+도처],[+반복]

제약 {가루, 페인트}-{바르다, 칠하다}

② 가루나 페인트 따위를 자꾸 여기저기 바르거나 칠하는 모양.

¶분을 좀 바르고 싶지 않은 것은 아니었으나, 엊그저께 죽겠다던 년이, 일어나는 길로 분을 **치덕치덕** 바른다는 것이, 남의 눈에도 우습게 보일까 봐 그만두어 버리고….≪염상섭, 이심≫

치런-치런

의미 [+모양],[+액체],[+충만],[±범람]

제약

① 액체가 그릇에 그득 차 가장자리에서 넘칠 듯 말 듯 한 모양. '지런지런①'보다 거센 느낌을 준다.

¶항아리에 물이 **치런치런** 차 있었다.

의미 [+모양],[+물건],[+선단],[±접촉],[-정도]

제약

② 물건의 한쪽 끝이 다른 물건에 거볍게 스칠 듯 말 듯 한 모양. '지런지런②'보다 거센 느낌을 준다.

¶누이는 댕기머리를 **치런치런** 흔들면서 집으로 들어갔다.

치렁-치렁

의미 [+모양],[+물건],[+요동],[+유연],[+반복]

제약 { }-{흔들리다}

① 길게 드리운 물건이 자꾸 이리저리 부드럽게 흔들리는 모양.

¶우러러보는 단풍이 새색시 머리의 칠보단장 같다면, 굽어보는 단풍은 **치렁치렁** 늘어진 규수의 붉은 치마폭 같다고나 할까.≪정비석, 비석과 금강산의 대화≫/그 옆으로 아들네들의 상복이 **치렁치렁** 걸려 있고 자기 상건 하나가 외따로 놓여 있었다.≪오유권, 대지의 학대≫

의미 [+모양],[+일],[+시일],[+지체],[+반복]

제약

② 자꾸 어떤 일을 할 시일이 늦어지는 모양.

치르르

의미 [+모양],[+물기]v[+기름기]v[+윤기],[+광택]

제약 {물기, 기름기, 윤기}-{흐르다}

물기나 기름기, 윤기 따위가 많이 흘러서 번지르르한 모양. '지르르01'보다 거센 느낌을 준다.

¶윤이 **치르르** 흐르는 모시 진솔 치마를 질질 끌면서….≪채만식, 탁류≫

치밀-히

의미 [+자세],[+치밀]

제약

자세하고 꼼꼼하게.

¶이 장르의 문학성에 대해서는 다시 한번 **치밀히** 검토해 보아야 한다./'조오센같이 생긴….'이란 한마디는 무심코 쓴 듯이 보이면서 그 실은 독자 대중의 구미를 **치밀히** 계산한 양념이다. ≪김소운, 일본의 두 얼굴≫

치사-스레

의미 [+행동]v[+언사],[+인색],[+수치]

제약

보기에 행동이나 말 따위가 쩨쩨하고 남부끄럽게.

¶친구끼리 얼마 안 되는 돈 가지고 **치사스레** 굴기야.

치신머리없-이

의미 [+언사]v[+행동],[+경솔],[-위엄]v[-신망]

제약

'치신없이'를 속되게 이르는 말. 말이나 행동이 경솔하여 위엄이나 신망이 없이.

¶말을 마치기도 전에 나는 **치신머리없이** 거푸 낄낄거렸다.≪윤흥길, 무지개는 언제 뜨는가≫

치신없-이

의미 [+언사]v[+행동],[+경솔],[-위엄]v[-신망]

제약

=채신없이. 말이나 행동이 경솔하여 위엄이나 신망이 없이.

¶아무리 배가 고파도 **치신없이** 허겁지겁 먹어서는 안 된다.

치열-히01

의미 [+기세]v[+세력],[+맹렬]

제약

기세나 세력 따위가 불길같이 맹렬하게.

치열-히⁰²

의미 [+열도],[+높이],[+정도]

제약

열도가 매우 높게.

치욕스레

의미 [−면목],[+수치]

제약

욕되고 수치스러운 데가 있게.

¶한때나마 군용 반합을 들고 문전을 순례했던 나의 구걸 행각이 그 순간처럼 **치욕스레** 회상되는 때는 다시 없었다.≪이동하, 장난감 도시≫

칙살스레

의미 [+행동]v[+언사],[+인색],[−야비]

제약

하는 짓이나 말 따위가 잘고 더러운 데가 있게.

칙칙

의미 [+소리],[+김],[+구멍]v[+틈],[+누출],[+연속]

제약

김 따위가 좁은 구멍이나 틈으로 잇따라 거칠게 새어 나오는 소리.

¶주모는 금순네의 시선이 하얀 김을 **칙칙** 뿜어 내는 솥에 머물고 있음을 알자 측은한 눈을 했다.≪윤흥길, 묵시의 바다≫

칙칙-폭폭

의미 [+소리],[+기관차],[+연기],[+배출],[+질주]

제약 {기차}-{달리다}

증기 기관차가 연기를 뿜으면서 달리는 소리.

¶아이가 **칙칙폭폭** 소리를 내면서 기차놀이를 하고 있었다./기차가 **칙칙폭폭** 마을을 지나가자 사람들이 나와서 손을 흔들어 댔다.

친근-히

의미 [+관계],[+친밀],[+정도]

제약

① 사귀어 지내는 사이가 아주 가깝게.

¶노부코는 장지문 밖에서부터 무릎걸음으로 방 안에 들어오자 일본에서부터 **친근히** 지내던 이 김옥균의 동지들에게 일일이 정중한 인사를 했

다.≪유주현, 대한 제국≫/학명은 입원할 때부터 봉숙에게 좋은 인상을 가져서 아무쪼록 **친근히** 하려 하였다.≪한용운, 흑풍≫

의미 [+친밀],[+익숙],[−과실]

제약

②=친숙히. 친하여 익숙하고 허물이 없이.

¶그의 수더분한 외모는 나에게 **친근히** 느껴졌다.

친밀-히

의미 [+관계],[+친밀],[+정도]

제약

지내는 사이가 매우 친하고 가깝게.

¶그때는 단지 동정의 염으로써 교제를 계속하였지만, 이제부터는 장래의 안전을 도모하기 위하여 더욱 **친밀히** 홍선과 지내야겠다.≪김동인, 운현궁의 봄≫/그는 후덕한 사람이요, 내게는 깊은 동정을 준 이다. 아버지와는 동갑이라 해서 매우 **친밀히** 지냈다고 한다.≪김구, 백범일지≫

친숙-히

의미 [+친밀],[+익숙],[−과실]

제약

친하여 익숙하고 허물이 없이. 늑친근히②.

¶그들은 낯을 가려 주뼛주뼛하는 나를 **친숙히** 맞아 주었다./병화는 반갑지 않은 게 아니요, 더욱이 전일보다 더 **친숙히** 말을 거는 어조나 태도가 기쁘기는 하나 일부러 핀잔주듯이 맛대가리 없이 대꾸를 하였다.≪염상섭, 삼대≫

친절스레

의미 [+태도],[+다정],[+공손],[+정도]

제약

대하는 태도가 매우 정겹고 고분고분하게.

¶그는 나에게 기계의 사용법을 **친절스레** 가르쳐 주었다.

친절-히

의미 [+태도],[+다정],[+공손],[+정도]

제약

대하는 태도가 매우 정겹고 고분고분하게.

¶안내원이 손님들을 **친절히** 안내한다./그는 한 손을 내밀어서 어서 드시라고 음식을 **친절히** 권하였다.

친친

의미 [＋모양],[＋감음]v[＋묶음],[＋견고],[＋반
복]

제약 {　}-{감다, 매다}

든든하게 자꾸 감거나 동여매는 모양. 늑칭칭.

¶소나무를 **친친** 감고 올라간 칡넝쿨./팔목에 붕
대를 **친친** 돌려 감다./낙지는 한 마리가 아니었
다. 두 마리가 서로의 몸을 **친친** 감아 안고 있었
다.≪한승원, 해일≫

친-히

의미 [＋본인],[＋직접]

제약

=몸소①. 직접 제 몸으로.

¶새 수사는 아침 공사를 마치자 **친히** 굴감 바닷
가에 나가서 모든 배를 점검해 보았다.≪박종화,
임진왜란≫/그건 누구누구 할 것 없이 이 두령께
서 **친히** 가시는 게 제일이오.≪홍명희, 임꺽정≫

칠떡-칠떡

의미 [＋모양],[＋물건],[＋연장],[＋바닥],[±접
촉],[＋끌림],[＋반복]

제약 {　}-{끌다}

물건이 길게 늘어져 자꾸 바닥에 닿았다 들렸다
하며 끌리는 모양.

¶발이 반밖에 안 차는 커다란 운동화를 **칠떡칠
떡** 끌며….≪김유정, 봄과 따라지≫

칠럼

의미 [＋모양],[＋액체],[＋그릇],[＋요동],[±범
람]

제약

큰 그릇 따위에 그득 찬 액체가 넘칠 듯 흔들리
는 모양. 또는 흔들려 넘쳐흐르는 모양.

칠럼-칠럼

의미 [＋모양],[＋액체],[＋그릇],[＋요동],[±범
람],[＋반복]

제약

큰 그릇 따위에 그득 찬 액체가 넘칠 듯이 자꾸
흔들리는 모양. 또는 흔들리면서 자꾸 넘쳐흐르
는 모양.

칠렁-칠렁

의미 [＋소리]v[＋모양],[＋물],[＋물결],[±범
람],[＋요동],[＋반복]

제약

많이 괸 물 따위가 물결을 이루며 넘칠 듯 자꾸
흔들리는 소리. 또는 그 모양.

칠칠-히

의미 [＋나무]v[＋풀]v[＋머리털],[＋성장],[＋실
속],[＋길이]

제약

① 나무, 풀, 머리털 따위가 잘 자라서 알차고
길게.

의미 [＋청결],[＋단정]

제약

② 주접이 들지 아니하고 깨끗하고 단정하게.

의미 [＋성질]v[＋일],[＋해결],[＋바름],[＋견
고]

제약

③ 성질이나 일 처리가 반듯하고 야무지게.

의미 [＋터울],[－빈도]

제약

④ 터울이 잦지 아니하게.

침울-히

의미 [＋걱정]v[＋근심],[＋우울]

제약

① 걱정이나 근심에 잠겨서 마음이 우울하게.

¶내가 아버지의 증세를 묻자 그녀는 **침울히** 대
답하였다.

의미 [＋날씨]v[＋분위기],[＋음산]

제약

② 날씨나 분위기가 을씨년스럽고 음산하게.

¶날씨가 아침부터 **침울히** 흐려 있다.

침정-히[01]

의미 [＋침착],[＋정직]

제약

침착하고 정직하게.

침정-히[02]

의미 [＋마음],[＋침착],[＋조용]

제약

마음이 차분히 가라앉을 수 있을 만큼 조용하게.

침착-히

의미 [＋행동],[－흥분],[＋침착]

제약

행동이 들뜨지 아니하고 차분하게.

¶여인이 다시 억양 없는 음성으로 앞을 향한 채 **침착히** 말했다.≪홍성원, 육이오≫/나뭇가지 맨 끝에는 한 마리의 까마귀가 방울 소리에도 놀라지 않고 **침착히** 앉아 있다.≪정비석, 비석과 금강산의 대화≫

침침-히⁰¹

의미 [＋나무]v[＋풀],[＋무성]

제약

나무나 풀 따위가 무성하게.

침침-히⁰²

의미 [＋빛],[－분명],[＋어두움]

제약

① 빛이 약하여 어두컴컴하게.

의미 [＋시각],[＋어두움],[＋물건],[－분명]

제약

② 눈이 어두워 물건이 똑똑히 보이지 아니하고 흐릿하게.

침침-히⁰³

의미 [＋속도],[＋정도]

제약

속력이 매우 빠르게.

침통스레

의미 [＋슬픔]v[＋걱정],[＋고통]v[＋슬픔],[＋정도]

제약

보기에 슬픔이나 걱정 따위로 마음이 몹시 괴롭거나 슬픈 데가 있게.

침통-히

의미 [＋슬픔]v[＋걱정],[＋고통]v[＋슬픔],[＋정도]

제약

슬픔이나 걱정 따위로 몹시 괴롭거나 슬픈 마음으로.

¶**침통히** 묻다./불안과 초조를 지그시 누르면서 속으로 벌벌 떨던 김학수 영감의 입에서는 안간힘을 쓰는 무거운 소리가 **침통히** 흘러나왔다. ≪염상섭, 취우≫

칭얼-칭얼

의미 [＋소리]v[＋모양],[＋신체][＋불편]v[＋마음][＋불만],[＋역정]v[＋불평],[＋반복]

제약

몸이 불편하거나 마음에 못마땅하여 짜증을 내며 자꾸 중얼거리거나 보채는 소리. 또는 그런 모양. '징얼징얼'보다 거센 느낌을 준다.

¶동생이 **칭얼칭얼** 운다./아랫목 방구석에는 젖먹이 용순이가 포대기에 싸인 채 오도카니 앉아 배가 고픈지 **칭얼칭얼** 짜고 있었다.≪김원일, 불의 제전≫

칭칭

의미 [＋모양],[＋감음]v[＋묶음],[＋견고],[＋반복]

제약 { }-{감다, 매다}

=친친⁰¹. 든든하게 자꾸 감거나 동여매는 모양.

¶밧줄로 **칭칭** 묶다./새끼줄로 허리를 **칭칭** 동여매다./다친 손에 붕대를 **칭칭** 감았다./행군하는 선두에는 김덕령이 손수 잡은 산 호랑이 두 마리를 동아줄로 **칭칭** 묶어 앞을 세워 나가니 충용군의 인기는 더한층 절정에 올랐다.≪박종화, 임진왜란≫

ㅋ

카
의미 [+숨소리],[+수면],[+깊이]
제약
곤하게 잘 때에 내쉬는 숨소리.

카랑-카랑⁰¹

의미 [+모양],[+액체],[+수용]v[+잔류],[+충만],[+정도]
제약 { }-{고이다, 거리다, 대다}
① 액체가 많이 담기거나 괴여서 가장자리까지 찰 듯한 모양. '가랑가랑⁰¹①'보다 거센 느낌을 준다.
의미 [+모양],[+눈물],[+충만]
제약 {눈물}-{고이다, 맺히다, 거리다, 대다}
② 눈에 눈물이 넘칠 듯이 가득 괸 모양. '가랑가랑⁰¹②'보다 거센 느낌을 준다.
의미 [+모양],[-건더기],[+국물]
제약
③ 건더기는 적고 국물이 많은 모양. '가랑가랑⁰¹③'보다 거센 느낌을 준다.
의미 [+느낌],[+배],[+물],[+포만]
제약
④ 물을 많이 마셔서 배 속이 가득 찬 듯한 느낌. '가랑가랑⁰¹④'보다 거센 느낌을 준다.

카랑-카랑⁰²

의미 [+소리],[+목소리],[+청아],[+높이],[+정도]
제약
① 목소리가 쇳소리처럼 매우 맑고 높은 모양.
¶그는 목소리를 높이면 카랑카랑 쇳소리가 났다./칠순이 넘은 여자였으나 목소리가 카랑카랑 대꼬챙이 같았다.≪송기숙, 암태도≫

의미 [+모양],[+하늘],[+청명],[+양명],[+날씨],[+한랭],[+정도]
제약
② 하늘이 맑고 밝으며 날씨가 몹시 찬 모양.

카악
의미 [+소리],[+가래],[+배출],[+목청],[+힘]
제약 {가래}-{ }
가래 따위를 뱉어 내려고 목청에 힘을 주며 내는 소리.
¶그는 불쾌한 듯 가래침을 바닥에 카악 뱉었다.

칵
의미 [+소리],[+목구멍],[+장애],[+배출],[+기운]
제약 { }-{뱉다}
목구멍에 걸린 것을 힘 있게 내뱉는 소리.
¶낙종은 대답을 않고 있다가 고개를 돌려 칵 가래침을 뱉었다.≪한무숙, 만남≫

칵-칵
의미 [+소리],[+목구멍],[+장애],[+배출],[+기운],[+반복]
제약 { }-{뱉다}
목구멍에 걸린 것을 힘 있게 자꾸 내뱉는 소리.
¶입 안에 괴어 있는 거품을 몇 번이나 칵칵 뱉어 내고 나서 머리를 뒤로 젖히고 소리를 내어 웃었다.≪이동하, 우울한 귀향≫

칸칸-이
의미 [+칸],[+개별],[+전부]
제약
각 칸마다.
¶큰 창고를 칸칸이 막았다./칸칸이 질러진 시렁과 진열장에는 본보기로 내놓은 온갖 물건들이

질서정연하게 늘어놓여 있다.≪홍성원, 흔들리는
땅≫

칼락

의미 [+소리],[+기침],[-기운],[+거침],[+진
동]

제약

가슴 속 얕은 곳에서 힘없이 거칠게 울려 나오
는 기침 소리.

칼락-칼락

의미 [+소리],[+기침],[-기운],[+거침],[+진
동],[+연속]

제약

가슴 속 얕은 곳에서 힘없이 거칠게 잇따라 울
려 나오는 기침 소리.

캄캄

의미 [+모양],[+암흑],[+정도]

제약

① 아주 까맣게 어두운 모양. '깜깜①'보다 거센
느낌을 준다. 늑캄캄히①.

¶가슴을 두근거리며 그녀를 기다리고 있노라면
하늘은 **캄캄** 어두워 오고 나는 몇 번씩이나 절
망하곤 했다.≪홍성암, 큰물로 가는 큰 고기≫

의미 [+모양],[+사실],[-인식],[+망각]

제약

② 어떤 사실을 전혀 모르거나 잊은 모양. '깜깜
②'보다 거센 느낌을 준다. 늑캄캄히②.

¶그동안 **캄캄** 소식이 없더니 정말로 그가 돌아
온 사실을 모르고 있었단 말이야?

캄캄-히

의미 [+모양],[+암흑],[+정도]

제약

①=캄캄①. 아주 까맣게 어두운 모양.

¶더위로 찌는 듯한 빈방에 **캄캄히** 불을 끄고 누
워서 을생은 그 소리를 들었다.≪한수산, 유민≫

의미 [+모양],[+사실],[-인식],[+망각]

제약

②=캄캄②. 어떤 사실을 전혀 모르거나 잊은 모
양.

캉

의미 [+소리],[+물체],[+낙하]v[+충돌],[+공

명]

제약 {물체}-{떨어지다, 부딪치다}

가볍고 단단한 물체가 바닥에 떨어지거나 다른
물체와 부딪쳐 울리는 소리.

¶검과 검이 **캉** 부딪쳤다.

캉캉⁰¹

의미 [+소리],[+개],[-크기]

제약 {개}-{짖다}

작은 개가 짖는 소리.

캉-캉⁰²

의미 [+소리],[+물체],[+낙하]v[+충돌],[+공
명],[+연속]

제약 {물체}-{떨어지다, 부딪치다}

가볍고 단단한 물체가 잇따라 바닥에 떨어지거
나 다른 물체와 부딪쳐 울리는 소리.

¶**캉캉** 돌을 쪼다./**캉캉**, 망치 소리가 권총 소리
보다 요란하다.≪이정환, 샛강≫/발을 **캉캉** 굴러
보고 싶은 신경질적 객기가 몸속에서 피를 거슬
러 올라오는 듯싶다.≪염상섭, 백구≫

캐드득

의미 [+소리]v[+모양],[+웃음],[-인내],[+높
이],[+예리]

제약 {사람}-{웃다}

참다못하여 조금 높고 날카롭게 새어 나오는 웃
음소리. 또는 그 모양.

캐드득-캐드득

의미 [+소리]v[+모양],[+웃음],[-인내],[+높
이],[+예리],[+반복]

제약 {사람}-{웃다}

참다못하여 조금 높고 날카롭게 자꾸 새어 나오
는 웃음소리. 또는 그 모양.

캐득-캐득

의미 [+소리]v[+모양],[+웃음],[-인내],[+높
이],[+예리],[+반복]

제약 {사람}-{웃다}

'캐드득캐드득'의 준말. 참다못하여 조금 높고
날카롭게 자꾸 새어 나오는 웃음소리. 또는 그
모양.

¶소년은 **캐득캐득** 웃으며 달음질쳤다.

캐들-캐들

의미 [+소리]v[+모양],[+웃음],[−억제],[+높이],[+예리],[+반복]

제약 {사람}-{웃다}

웃음을 걷잡지 못하여 입속으로 조금 높고 날카롭게 자꾸 웃는 소리. 또는 그 모양.

¶어머니와 같이 외출을 하던 옥기가 그 모양을 보고 **캐들캐들** 자지러지게 웃어 대었다.≪김사량, 낙조≫

캑

의미 [+소리],[+목구멍],[+장애],[+배출]/[+목청],[+무리]

제약 { }-{기침하다, 뱉다}

목구멍에 걸린 것을 뱉어 내거나, 목이 막혔을 때 목청에서 간신히 짜내는 소리.

¶방석코는 이미 버둥거릴 힘마저 잃고 **캑** 캐액 숨이 막혀 오는지 여유 기침 소리를 내고만 있었다.≪문순태, 타오르는 강≫

캑-캑

의미 [+소리],[+목청],[+무리],[+빈도],[+연속]

제약 { }-{기침하다, 뱉다}

숨이 막히는 듯이 여러 번 잇따라 목청에서 간신히 짜내는 소리.

¶그녀는 **캑캑** 가래를 추스르며 눈물을 짠다./그 찢긴 구멍으로 새어 드는 독가스에 사람들의 숨통이 **캑캑** 막혀 죽어 갔을지도 모릅니다.≪전상국, 달평 씨의 두 번째 죽음≫

캘캘

의미 [+소리]v[+모양],[+웃음],[+인내],[+예리]

제약 {사람}-{웃다, 거리다}

웃음을 억지로 참으면서 입속으로 조금 새되게 웃는 소리. 또는 그 모양.

캥

의미 [+소리],[+강아지],[+경악]v[+고통],[+애처]

제약 {강아지}-{짖다}

① 강아지 따위가 놀라거나 아파서 애달프게 짖는 소리.

¶걷어챈 강아지는 **캥** 소리를 내며 골목으로 달

아났다.

의미 [+소리],[+여우],[+울음],[+포악]

제약 {여우}-{짖다}

② 여우 따위가 사납게 우는 소리.

¶덫에 걸린 여우가 날카롭게 **캥** 소리를 냈다.

캥-캥

의미 [+소리],[+강아지],[+경악]v[+고통],[+애처],[+반복]

제약 {강아지}-{짖다}

① 강아지 따위가 놀라거나 아파서 애달프게 자꾸 짖는 소리.

¶열심히 구완해 준 탓으로 강아지는 한 달 만에 토실토실 살이 찌고 **캥캥** 짖기까지 하였다.≪문순태, 타오르는 강≫

의미 [+소리],[+여우],[+울음],[+포악],[+반복]

제약 {여우}-{짖다}

② 여우 따위가 사납게 자꾸 우는 소리.

¶숲에서 들려오는 여우의 **캥캥** 소리에 잠을 이룰 수가 없었다.

캭

의미 [+소리],[+목구멍],[+배출],[+장애],[+힘]

제약 { }-{뱉다}

목구멍에 깊이 걸린 것을 목구멍을 바짝 좁혀서 힘 있게 내뱉는 소리.

¶가래침을 **캭** 뱉다./가시가 목에 걸렸는지 고양이는 연방 **캭** 소리를 내면서 괴로워하고 있었다.

캭-캭

의미 [+소리],[+목구멍],[+배출],[+장애],[+힘],[+반복]

제약 { }-{뱉다}

목구멍에 깊이 걸린 것을 목구멍을 바짝 좁혀서 힘 있게 자꾸 내뱉는 소리.

¶할아버지께서는 목에 걸린 생선 가시를 뱉어 내려고 **캭캭** 기침을 했지만 허사였다.

캴캴

의미 [+소리],[+웃음],[−인내],[+예리]

제약 {사람}-{웃다}

새된 목소리로 못 참을 듯이 웃는 소리.

¶칼칼. 세상에 제 자식보고 중이 되라는 사람도 다 있구나, 글쎄.《김성동, 풍적》

컁

의미 [+소리],[+여우],[+울음],[+요사]

제약 {여우}-{울다}

여우 따위의 짐승이 요사스럽게 우는 소리.

컁-컁

의미 [+소리],[+여우],[+울음],[+요사],[+반복]

제약 {여우}-{울다}

여우 따위의 짐승이 요사스럽게 자꾸 우는 소리.

커

의미 [+소리],[+호흡],[+수면],[+깊이],[+혀뿌리],[+파열]

제약

곤히 잠잘 때 목젖에 붙은 혀뿌리를 터뜨리며 숨을 쉬는 소리.

¶동생은 누운 지 얼마 안 돼서 **커** 소리를 내며 곤히 잠들었다.

컥⁰¹

의미 [+소리],[+목구멍],[+장애],[+배출],[+기운]

제약 { }-{뱉다}

목구멍에 깊이 걸린 것을 힘 있게 내뱉는 소리.

¶할아버지께서는 **컥** 소리와 함께 가래를 뱉어 내셨다.

컥⁰²

의미 [+모양],[+호흡],[+곤란],[+폐쇄]

제약

숨이 답답하게 막히는 모양.

¶그는 목이 다 **컥** 메이는 것 같았다./이어 순간적으로 숨길을 콱 막는 산통으로 그네는 **컥** 숨을 모두어 뱉고는 깜박 혼절하였다가 이어 깨어났다.《김원일, 불의 제전》

컥-컥⁰¹

의미 [+소리],[+목구멍],[+장애],[+배출],[+기운],[+반복]

제약 { }-{뱉다}

목구멍에 깊이 걸린 것을 힘 있게 자꾸 내뱉는 소리.

컥-컥⁰²

의미 [+모양],[+호흡],[+폐쇄],[+반복]

제약

자꾸 숨이 답답하게 막히는 모양.

¶목욕탕에 들어서니 숨이 **컥컥** 막혔다./환자가 갑자기 숨이 막힌 듯 **컥컥** 소리를 내질렀다.《홍성원, 육이오》

컬럭

의미 [+소리],[+기침],[+가슴],[-기운],[+거침],[+공명]

제약 { }-{기침하다}

가슴 속 얕은 곳에서 조금 힘없이 거칠게 울려 나오는 기침 소리.

¶그는 찬물을 급히 들이켜더니 **컬럭** 기침을 한다.

컬럭-컬럭

의미 [+소리],[+기침],[+가슴],[-기운],[+거침],[+공명],[+연속]

제약 { }-{기침하다}

가슴 속 얕은 곳에서 조금 힘없이 거칠게 잇따라 울려 나오는 기침 소리.

¶하원이는 어둠 속에서 다시 힐끔 건너다보고는 **컬럭컬럭** 헛기침을 했다.《이호철, 탈향》

컹컹

의미 [+소리],[+개],[+크기]

제약 {개}-{짖다}

개가 크게 짖는 소리.

¶우리가 마을 입구에 들어서자 개들이 **컹컹** 소리 내어 짖기 시작했다.

켜켜-로

의미 [+층],[+다수],[+형성]

제약

여러 켜를 이루어.

¶찹쌀 풀을 쑤어 양념한 것을 **켜켜로** 발라 도톰하게 만들어 말린 김자반과….《한무숙, 만남》/정성을 다해서 소나무와 학을 수놓아 건 수틀이, 뻐딱하게 넘어간 채, 먼지가 **켜켜로** 앉도록 내버려 두었다.《심훈, 상록수》

켜켜-이

의미 [+층],[+개별],[+전부]

제약

여러 켜마다.

¶어머니는 **켜켜이** 팥고물을 넣으면서 시루에 떡을 안치고 계셨다./창고 속에는 **켜켜이** 먼지가 쌓인 책이 가득 놓여 있었다./전봉준은 그때 옷보따리를 풀어 **켜켜이** 곱게 접힌 옷을 하나하나 들춰 보며 입이 함지박으로 벌어졌다.≪송기숙, 녹두 장군≫

코랑-코랑

의미 [＋모양],[＋자루]v[＋봉지],[＋물건],[－충만],[＋요동]

제약

자루나 봉지 따위에 작은 물건이 꽉 들어차지 않아 들썩거리는 모양.

콕

의미 [＋모양],[＋자극]v[＋타격]v[＋충격],[－크기]v[－부족]

제약 { }-{찌르다, 박다, 찍다}

작게 또는 야무지게 찌르거나 박거나 찍는 모양.

¶바늘로 **콕** 찌르다./알밤을 **콕** 쥐어박다./이야기가 끝날 때면 언제든 성냥개비를 들고 있다가 상대의 손등을 **콕** 찌르는 것도 잊지 않았다.≪이영치, 흐린 날 황야에서≫/나무토막을 못질해 놓은 벽에 매가 한 마리 머리를 **콕** 박고 앉아 있었다.≪이청준, 매잡이≫

콕-콕

의미 [＋모양],[＋자극]v[＋타격]v[＋충격],[－크기]v[－부족],[＋연속]

제약 { }-{찌르다, 박다, 찍다}

작게 또는 야무지게 잇따라 찌르거나 박거나 찍는 모양.

¶닭이 모이를 **콕콕** 쪼아 먹는다./아픈 다리가 **콕콕** 쑤셔서 밤새 잠을 이루지 못하였다./깨소금 냄새가 코를 **콕콕** 찌른다./작은 주먹으로 아버지의 등을 안마하듯이 **콕콕** 쳤다./녀석은 이윽고 그 움직임이 전혀 없는 사내라 안심이 되어 버리기라도 한 듯 작은 부리로 손바닥을 **콕콕** 쪼아 대는 시늉을 하고 있었다.≪이청준, 잔인한 도시≫/윤은 볼펜 촉으로 앞에 놓인 종이를 **콕콕** 찧다가 말했다.≪김원일, 노을≫

콜랑

의미 [＋소리],[＋병]v[＋통],[＋액체],[－충만],[＋요동]

제약 {액체}-{거리다}

① 작은 병이나 통 속에 다 차지 아니한 액체가 흔들리는 소리.

¶**콜랑** 소리가 나지 않도록 우리는 물병에 물을 꽉 채웠다.

의미 [＋모양],[－밀착],[＋간격],[＋팽창]

제약

② 착 달라붙지 아니하고 들떠서 부푼 모양.

¶가방은 밖에서 보기에도 **콜랑**, 여유 있는 모양이었다.

콜랑-콜랑

의미 [＋소리],[＋병]v[＋통],[＋액체],[－충만],[＋요동],[＋반복]

제약 {액체}-{거리다}

① 작은 병이나 통 속에 다 차지 아니한 액체가 자꾸 흔들리는 소리.

의미 [＋모양],[－밀착],[＋간격],[＋팽창],[＋반복]

제약

② 착 달라붙지 아니하고 들떠서 부풀어 자꾸 달싹거리는 모양.

콜록

의미 [＋소리],[＋감기]v[＋천식],[＋기침],[＋가슴],[＋공명]

제약

감기나 천식 따위로 가슴 속에서 울려 나오는 기침 소리.

¶감기에 걸린 어린아이가 **콜록** 기침을 한다./당신이 강의한 철학 개론은, **콜록**, 잘, **콜록**, 들었소….≪이문열, 그해 겨울≫

콜록-콜록

의미 [＋소리],[＋감기]v[＋천식],[＋기침],[＋가슴],[＋공명],[＋연속]

제약

감기나 천식 따위로 가슴 속에서 잇따라 울려 나오는 기침 소리.

¶그는 땅이 꺼지는 듯한 한숨을 쉬고는 **콜록콜**

록 기침을 자지러지게 해 댔다.≪하근찬, 야호≫/
범수는 토할 듯이 기침을 **콜록콜록** 해 댔다.

콜콜[01]

의미 [+소리],[+액체],[+흐름],[+줄기]

제약 {물}-{흐르다}

물 따위의 액체가 가는 줄기로 몰리어 흐르는
소리. '꼴꼴[01]'보다 거센 느낌을 준다.

¶**콜콜** 흐르는 도랑물 소리./**콜콜** 흘러나오는 수
돗물./피같이 붉은 포도주는 **콜콜** 병을 기울임에
따라서 유리잔에 가득 찬다.≪나도향, 환희≫

콜콜[02]

의미 [+소리]v[+모양],[+호흡],[+수면],[+깊
이]

제약 {사람}-{자다}

곤하게 깊이 자면서 숨을 쉬는 소리. 또는 그 모
양.

¶그는 세상모르고 **콜콜** 자고 있다./젖먹이 아이
는 색색, 유치원에 다니는 아이는 **콜콜**, 아버지
와 어머니는 **쿨쿨**, 잠이다.≪이어령, 흙 속에 저 바
람 속에≫

콜콜[03]

의미 [+모양],[+냄새],[-신선],[+산성]

제약 { }-{냄새나다}

고리타분하거나 시금털털한 냄새가 나는 모양.

¶그의 옷에서는 홀아비 냄새가 **콜콜** 났다./메주
에 코를 갖다 대자 곰팡이 냄새가 **콜콜** 났다.

콜콜-히

의미 [+모양],[+슬픔],[+정도]

제약

매우 슬퍼하는 모양.

¶왜 그리 **콜콜히** 앉아 있나.

콩

의미 [+소리],[+물건],[+낙하]v[+충돌],[+바
닥]v[+물체]

제약 { }-{떨어지다, 부딪치다}

작고 가벼운 물건이 바닥이나 물체 위에 떨어지
거나 부딪쳐 나는 소리.

¶알밤을 한 대 **콩** 쥐어박다.

콩다콩

의미 [+소리]v[+모양],[+방아확],[+공이],

[+충돌],[+한번]

제약 {방아}-{찧다}

방아확에 공이를 가볍게 한 번 내리칠 때 나는
소리. 또는 그 모양.

¶**콩다콩** 방아를 찧다.

콩다콩-콩다콩

의미 [+소리]v[+모양],[+방아확],[+공이],
[+충돌],[+연속]

제약 {방아}-{찧다}

방아확에 공이를 가볍게 잇따라 내리칠 때 나는
소리. 또는 그 모양.

¶설이 가까워 오면, 방앗간에서는 **콩다콩콩다콩**
떡방아 돌아가는 소리가 밤늦게까지 들려왔다.

콩닥

의미 [+소리]v[+모양],[+절구]v[+방아]

제약 {절구, 방아}-{찧다}

① 작은 절구나 방아를 찧을 때 나는 소리. 또
는 그 모양.

의미 [+모양],[+가슴],[+박동],[+크기],[+심
리],[+충격]

제약 {가슴, 심장}-{뛰다}

② 심리적인 충격을 받아 가슴이 세차게 뛰는
모양.

¶피를 본 순간 가슴이 **콩닥** 뛰었다.

콩닥닥

의미 [+소리],[+작은북],[+연주],[+장단]

제약 {북}-{내다, 연주하다, 치다}

작은북 따위로 장단을 맞추어 치는 소리.

콩닥닥-콩닥닥

의미 [+소리],[+작은북],[+연주],[+장단],[+연
속]

제약 {북}-{내다, 연주하다, 치다}

작은북 따위로 잇따라 장단을 맞추어 치는 소리.
또는 그 모양.

¶멀리서 북소리가 **콩닥닥콩닥닥** 들려왔다.

콩닥-콩닥

의미 [+소리]v[+모양],[+절구]v[+방아],[+연
속]

제약 {절구, 방아}-{찧다}

① 작은 절구나 방아를 잇따라 찧을 때 나는 소

리. 또는 그 모양.

¶명절이 되면 **콩닥콩닥** 방아를 찧는 소리가 이곳저곳에서 들린다.

의미 [＋모양],[＋가슴],[＋박동],[＋크기],[＋심리],[＋충격],[＋반복]

제약 {가슴, 심장}-{뛰다}

② 심리적인 충격을 받아 가슴이 자꾸 세차게 뛰는 모양.

¶가슴이 **콩닥콩닥** 뛰다./잠시 후면 어머니를 만날 수 있으리라는 기대감과 두려움으로 그녀의 가슴은 연방 **콩닥콩닥** 뛰고 있었다.

콩작

의미 [＋소리],[＋작은북],[＋막대기],[＋타격]

제약 {작은북}-{두드리다}

작은북 따위를 막대기로 가볍게 두드리는 소리.

콩작작

의미 [＋소리],[＋작은북],[＋막대기],[＋박자],[＋타격]

제약 {작은북}-{두드리다}

작은북 따위를 박자에 맞추어 막대기로 두드리는 소리.

콩작작-콩작작

의미 [＋소리],[＋작은북],[＋막대기],[＋박자],[＋타격],[＋연속]

제약 {작은북}-{두드리다}

작은북 따위를 박자에 맞추어 막대기로 잇따라 두드리는 소리.

콩작-콩

의미 [＋소리],[＋작은북],[＋장단],[＋신명],[＋타격]

제약 {작은북}-{두드리다}

작은북 따위를 장단에 맞추어 홍겹게 두드리는 소리.

콩작-콩작

의미 [＋소리],[＋작은북],[＋막대기],[＋타격],[＋연속]

제약 {작은북}-{두드리다}

작은북 따위를 막대기로 가볍게 잇따라 두드리는 소리.

콩작콩-콩작콩

의미 [＋소리],[＋작은북],[＋장단],[＋신명],[＋타격],[＋연속]

제약 {작은북}-{두드리다}

작은북 따위를 장단에 맞추어 잇따라 홍겹게 두드리는 소리.

콩-콩01

의미 [＋소리],[＋물건],[＋낙하v＋충돌],[＋바닥v＋물체],[＋연속]

제약 {물건}-{떨어지다, 부딪히다}

① 작고 가벼운 물건이 잇따라 바닥이나 물체 위에 떨어지거나 부딪쳐 나는 소리.

¶발을 **콩콩** 구르다./가슴을 **콩콩** 치며 답답해한다./국민학교 5학년쯤 됨직한 소녀가 마루를 **콩콩** 울리며 건넌방에서 뛰어나와….≪김원일, 어둠의 축제≫/윤애는 주먹을 쥐어 준태의 가슴을 두어 번 **콩콩** 때렸다.≪조해일, 왕십리≫

의미 [＋모양],[＋가슴],[＋박동],[＋크기],[＋심리],[＋충격],[＋반복]

제약 {가슴, 심장}-{뛰다}

② 심리적으로 충격을 받아서 가슴이 자꾸 조금 세게 뛰는 모양.

¶그녀는 얼굴이 확 달아오르고 가슴이 **콩콩** 뛰었다.

콩콩02

의미 [＋소리],[＋강아지]

제약 {강아지}-{짖다}

강아지가 짖는 소리. '꽁꽁02②'보다 거센 느낌을 준다.

¶심찬수의 발자국 소리에 이따금 개들이 개구멍 사이로 주둥이를 내밀고 **콩콩** 짖어 댔다.≪김원일, 불의 제전≫/고요한 으스름 달빛 속에 아직도 개가 남아 있는지 개 짖는 소리가 멀리서 **콩콩** 들린다.≪박종화, 임진왜란≫

콩팔-칠팔

의미 [＋모양],[＋수다],[－요점],[－주의]

제약 { }-{말하다, 지껄이다}

① 갈피를 잡을 수 없도록 마구 지껄이는 모양.

¶사람이란 우스운 것이어서 자기는 **콩팔칠팔** 아무렇게나 뇌까리고, 얼렁뚱땅 지내면서도….≪최인훈, 총독의 소리≫/하 감역 집에서 창피를 당했

다고 하상오가 **콩팥칠팔** 뛸 만도 할 것 같다.≪이기영, 신개지≫

의미 [+모양],[+질문],[+추궁],[−중요]

제약 { }−{따지다, 묻다}

② 하찮은 일을 가지고 시비조로 캐묻고 따지는 모양.

콰르르

의미 [+소리]v[+모양],[+목]v[+구멍],[+액체],[+배출],[+급박],[+맹렬]

제약 {액체}−{쏟아지다}

많은 양의 액체가 좁은 목이나 구멍에서 조금 급하고 세차게 쏟아지는 소리. 또는 그 모양.

¶갑자기 물이 불어 계곡 위쪽에서 **콰르르** 쏟아졌다.

콰르릉

의미 [+소리],[+폭발]v[+천둥],[+요란],[+공명]

제약

폭발물 따위가 터지거나 천둥이 치며 요란하게 울리는 소리.

¶실내의 유리창이 모두 쏟아져 내릴 듯이 **콰르릉** 흔들렸다.≪이영치, 흐린 날 황야에서≫

콰르릉-콰르릉

의미 [+소리],[+폭발]v[+천둥],[+요란],[+공명],[+연속]

제약

폭발물 따위가 터지거나 천둥이 치며 요란하게 잇따라 울리는 소리.

¶대포 소리가 **콰르릉콰르릉** 울려왔다.

콱

의미 [+모양],[+타격]v[+자극]v[+충돌],[+정도]

제약 { }−{부딪히다, 충돌하다, 찌르다}

① 세게 박거나 찌르거나 부딪치는 모양.

¶벽에 **콱** 부딪치다./머리를 **콱** 쥐어박다./간호부는 환자의 팔에다, 정맥에다, 단번에 주삿바늘을 **콱** 꽂고는….≪유주현, 하오의 연가≫/두 주먹으로 무엇이건 **콱** 때려 부수고 싶은 충동에 철호는 어금니를 바서져라 맞씹었다.≪이범선, 오발탄≫

의미 [+모양],[+폐쇄],[±의지],[+정도]

제약 { }−{막다, 막히다}

② 단단히 막거나 막히는 모양.

¶숨이 **콱** 막히다./말문이 **콱** 막히다./순간적으로 숨길을 **콱** 막는 산통(疝痛)으로 그네는 컥 숨을 모두어 뱉고는 깜박 혼절하였다가 이어 깨어났다.≪김원일, 불의 제전≫

의미 [+모양],[+배출],[±의지],[+정도]

제약 { }−{쏟다, 엎지르다}

③ 마구 쏟거나 엎지르는 모양.

¶물을 **콱** 쏟아 버리다./태연하자 침착하자 하면서도 억울하고 분한 생각에 눈물이 **콱** 쏟아지는 것을 어찌할 수 없었다.≪김말봉, 찔레꽃≫

콱-콱

의미 [+모양],[+타격]v[+자극]v[+충돌],[+정도],[+연속]

제약 { }−{박다, 찌르다, 부딪히다}

① 잇따라 세게 박거나 찌르거나 부딪치는 모양.

¶이마를 **콱콱** 쥐어박다./계모 윤 씨는 그녀의 등허리를 **콱콱** 밟아 대었다.≪홍성암, 큰물로 가는 큰 고기≫

의미 [+모양],[+폐쇄],[±의지],[+정도]

제약 { }−{막다, 막히다}

② 매우 단단히 막거나 막히는 모양.

¶숨이 **콱콱** 막히다./그간 기방이 성업한 것도 전후좌우, 사방팔방 **콱콱** 막혀 버린 때문이 아니겠나? 갈 곳이 없었던 거야.≪박경리, 토지≫

콸콸

의미 [+소리],[+액체],[+배출],[+급박],[+맹렬]

제약 {액체}−{쏟다, 흐르다}

많은 양의 액체가 급히 쏟아져 흐르는 소리.

¶물이 **콸콸** 쏟아지다./물이 **콸콸** 나오는 수도꼭지가 제일 신기하고 부러웠다.≪박완서, 그 많던 싱아는 누가 다 먹었을까≫

쾅

의미 [+소리],[+물체],[+낙하]v[+충돌],[+바닥]v[+물체]

제약 {물체}−{떨어지다, 부딪히다}

① 무겁고 단단한 물체가 바닥에 떨어지거나 다

른 물체와 부딪쳐 울리는 소리.

¶벽에 **쾅** 부딪치다./가방을 바닥에 **쾅** 내던지다./그 친구는 화가 나서 씩씩거리다가 문을 **쾅** 닫고 나갔다./소장이 마룻바닥을 **쾅** 구르며 그들에게 손가락질을 했다.≪황석영, 객지≫/그는 어디 한번 알아서 해 보라는 듯 창문을 **쾅** 닫아 버리고 다시 어디론가 사라져 가 버렸다.≪이청준, 살아 있는 늪≫

의미 [+소리],[+총]v[+대포]v[+폭발물],[+발사]v[+폭발],[+공명]

제약 {총, 대포}-{터지다}

② 총이나 대포를 쏘거나 폭발물이 터져서 울리는 소리.

¶대포 소리가 **쾅** 울렸다./폭탄 차량 경찰서 돌진 '**쾅**' 이라크 바그다드 북동부 시아파 이슬람교도 거주지역에 있는 경찰서에서≪동아일보≫

쾅-쾅

의미 [+소리],[+물체],[+낙하]v[+충돌],[+바닥]v[+물체],[+연속]

제약 {물체}-{떨어지다, 부딪히다}

① 무겁고 단단한 물체가 잇따라 바닥에 떨어지거나 다른 물체와 부딪쳐 울리는 소리.

¶발을 **쾅쾅** 구르다./대문을 **쾅쾅** 두드리다./탁자를 **쾅쾅** 내리치다./마룻장을 **쾅쾅** 구르면서, 만세, 또 만세.≪채만식, 소년은 자란다≫

의미 [+소리],[+총]v[+대포]v[+폭발물],[+발사]v[+폭발],[+공명],[+연속]

제약 {총, 대포}-{터지다}

② 잇따라 총이나 대포를 쏘거나 폭발물이 터져서 울리는 소리.

¶배를 깔고 요 위에 누웠자니 드디어 귀청을 쩔듯이 고사포의 폭음이 **쾅쾅** 울린다.≪홍성원, 육이오≫/이때 와르르 **쾅쾅**! 마른하늘에서 날벼락이 떨어지는 소리가 났다.≪박경리, 토지≫

쾌연-히

의미 [+성격]v[+행동],[+용감],[+상쾌]

제약

성격이나 행동 따위가 씩씩하고 시원스럽다.

¶어안이 벙벙해서 지릅뜬 눈으로 나를 쳐다보던 그는 **쾌연히** 대답하며, "그러지, 얼마나?"≪조명

희, 땅속으로≫

쾌쾌-히

의미 [+성격]v[+행동],[+용감],[+상쾌],[+정도]

제약

① 성격이나 행동이 굳세고 씩씩하여 아주 시원스럽다.

¶박옥주 여사가 찾아와, 그 여성 동지회라 하는 발기 준비회를 한다고 나오라는데 **쾌쾌히** 거절은 못하였다.≪염상섭, 대를 물려서≫/열쇠까지 내주니까 웃으면서 그만두라고 하며, 생색이나 내는 듯이 어서 나가라고 **쾌쾌히** 내쫓는다.

의미 [+기분],[+유쾌],[+정도]

제약

② 기분이 무척 즐겁다.

쾌활-히[01]

의미 [+명랑],[+활발]

제약

명랑하고 활발하다.

¶할 수만 있다면, 그 사람과 가슴을 풀어헤치고 마주 앉아서 **쾌활히** 담화하여 보고 싶은 생각이 지금도 불 일 듯하지 않나.≪김동인, 젊은 그들≫

쾌활-히[02]

의미 [+모양],[+성격][+시원],[+마음][+넓이]

제약

성격이 시원스럽고 마음이 넓다.

쾌-히

의미 [+마음],[+유쾌]

제약

① 마음이 유쾌하다.

의미 [+상태],[+병],[+소멸]

제약 {병}-{낫다}

② 병이 다 나은 상태에 있다.

¶신체가 **쾌히** 건강한지라 어서 바삐 서울로 돌아가서 그 모친을 뵙고….≪최찬식, 금강문≫

의미 [+행동],[+시원]

제약

③ 하는 짓이 시원스럽다.

¶종상이는 그 자리에서 **쾌히** 그것을 승낙했었다.

≪박완서, 미망≫/제4단계 최량관계는 가장 좋은 사이니까 어떤 부탁이든 말만 하면 쾌히 응해준다.

쿠당탕

의미 [+소리],[+물건],[+바닥],[+낙하]v[+충돌],[+요란],[+정도]

제약 {물건}-{떨어지다, 부딪치다}

잘 울리는 바닥에 단단하고 큰 물건이 몹시 요란하게 떨어지거나 부딪칠 때 나는 소리.

¶쿠당탕 쿵쿵, 마루 울리는 소리가 요란하게 들리면서 치고받는 싸움이 벌어진다.≪황석영, 어둠의 자식들≫

쿠렁-쿠렁

의미 [+모양],[+자루]v[+봉지],[+물건],[-충만],[+요동],[+정도]

제약

자루나 봉지 따위에 물건이 꽉 들어차지 아니하여 많이 들썩거리는 모양.

쿡

의미 [+모양],[+자극]v[+타격]v[+충돌],[+정도]

제약 { }-{찌르다, 박다, 찍다}

① 크게 또는 깊이 찌르거나 박거나 찍는 모양.

¶칼로 쿡 찌르다./주먹으로 머리를 쿡 쥐어박았다./삽은 적병의 턱 바로 밑에, 흙 속에 박히듯 소리 없이 쿡 박혔다.≪홍성원, 육이오≫

의미 [+소리]v[+모양],[+웃음]v[+기침],[+발생],[+순간]

제약 {사람}-{웃다, 기침하다}

② 웃음이나 기침 따위가 갑자기 나는 소리. 또는 그 모양.

¶그들은 서로 바라보다가 쿡 웃어 버렸다.

의미 [+모양],[+감정]v[+감각],[+자극],[+정도]

제약

③ 감정이나 감각을 세게 자극하는 모양.

¶식초 냄새가 코를 쿡 쏘았다./그녀의 변명을 들으니 울화가 쿡 치밀었다./바깥 뜰로 나오자 약 달이는 냄새가 쿡 코를 찌르는 것 같았다.≪이무영, 농민≫

쿡-쿡

의미 [+모양],[+자극]v[+타격]v[+충돌],[+정도],[+연속]

제약 { }-{찌르다, 박다, 찍다}

① 크게 또는 깊이 잇따라 찌르거나 박거나 찍는 모양.

¶머리를 쿡쿡 쥐어박다./옆구리를 쿡쿡 찌르다./여자들은 쿡쿡 서로의 허리를 찌르며 웃었다. ≪이병주, 행복어 사전≫

의미 [+소리]v[+모양],[+웃음]v[+기침],[+발생],[+순간],[+반복]

제약 {사람}-{웃다, 기침하다}

② 웃음이나 기침 따위가 갑자기 자꾸 나는 소리. 또는 그 모양.

¶목구멍으로 잦아들었던 웃음소리가 쿡쿡 괴성으로 변해 터지면 크게 또 파도처럼 새로 웃음을 몰고 왔다.≪송기숙, 자랏골의 비가≫/종세는 쿡쿡 소리 죽여 웃으며 중얼거렸다.≪최인호, 지구인≫

의미 [+모양],[+감정]v[+감각],[+자극],[+정도],[+반복]

제약

③ 감정이나 감각을 세게 자꾸 자극하는 모양.

¶세 시간 가까이 웅크리고 잠을 자서 모든 관절들이 쿡쿡 쑤시고 시큰거린다.≪홍성원, 육이오≫/손팔만은 주막에서 거나하게 술까지 퍼마시고 와서는 한바탕씩 속을 쿡쿡 쑤셔 댔다.≪문순태, 타오르는 강≫

쿨럭

의미 [+소리],[+기침],[+가슴],[+거침],[+배출],[+공명],[+정도]

제약

가슴 속 깊은 곳에서 몹시 거칠게 울려 나오는 기침 소리.

쿨럭-쿨럭

의미 [+소리],[+기침],[+가슴],[+거침],[+배출],[+공명],[+정도],[+연속]

제약

가슴 속 깊은 곳에서 몹시 거칠게 잇따라 울려 나오는 기침 소리.

¶**쿨럭쿨럭** 노인은 밭은 기침을 했다.≪최인호, 돌의 초상≫

쿨렁

의미 [+소리],[+병]v[+통],[+액체],[-충만],[+요동]

제약 {액체}-{거리다}

① 큰 병이나 통 속에 다 차지 않은 액체가 흔들리는 소리. '꿀렁①'보다 거센 느낌을 준다.

의미 [+모양],[-밀착],[+간격],[+팽창],[+정도]

제약

② 척 들러붙지 않고 들떠서 크게 부푼 모양. '꿀렁②'보다 거센 느낌을 준다.

쿨렁-쿨렁

의미 [+소리],[+병]v[+통],[+액체],[-충만],[+요동],[+반복]

제약 {액체}-{거리다}

① 큰 병이나 통 속에 다 차지 않은 액체가 자꾸 흔들리는 소리. 또는 그 모양. '꿀렁꿀렁①'보다 거센 느낌을 준다.

¶단지를 흔들어 보니 속에서 **쿨렁쿨렁** 소리가 난다.

의미 [+모양],[-밀착],[+간격],[+팽창],[+정도],[+반복]

제약

② 척 들러붙지 않고 들떠서 크게 자꾸 부풀어 들썩거리는 모양. '꿀렁꿀렁②'보다 거센 느낌을 준다.

¶그녀는 두 개의 손가락을 집게로 하여 블라우스 앞섶을 가볍게 쥐고는 **쿨렁쿨렁** 흔들어 대기 시작했다.≪윤흥길, 완장≫/방바닥은 틈새가 벌어져 **쿨렁쿨렁** 노는 널마루였다.≪현기영, 변방에 우짖는 새≫

쿨룩

의미 [+소리],[+감기]v[+천식],[+기침],[+가슴],[+배출],[+공명]

제약

감기나 천식 따위로 가슴 속에서 깊이 울려 나오는 기침 소리.

¶갑례가 들어오자 윤 생원은 공연히 **쿨룩** 기침

을 한 번 했다.≪하근찬, 야호≫

쿨룩-쿨룩

의미 [+소리],[+감기]v[+천식],[+기침],[+가슴],[+배출],[+공명],[+연속]

제약

감기나 천식 따위로 가슴 속에서 잇따라 깊이 울려 나오는 기침 소리.

¶냄비 하나에 사기그릇 몇 개를 엎어 놓은 가난한 부뚜막에 볕이 들고, 아무도 없는가 하면, **쿨룩쿨룩** 늙은 기침 소리가 난다.≪현덕, 남생이≫/그는 말을 간신히 마치자 먼지에 숨이 막혀 **쿨룩쿨룩** 기침을 토해 내었다.≪홍성원, 육이오≫

쿨쿨01

의미 [+소리],[+액체],[+줄기],[+밀집],[+흐름]

제약 { }-{흐르다}

물 따위의 액체가 굵은 줄기로 몰리어 흐르는 소리. '꿀꿀01'보다 거센 느낌을 준다.

¶물이 **쿨쿨** 쏟아지고 있다./매를 실컷 얻어맞고 콧등이 모두 터져서 코피를 **쿨쿨** 쏟으며…≪김동인, 운현궁의 봄≫/땅바닥에 쓰러진 두 사람 목에서는 피가 **쿨쿨** 쏟아졌다.≪송기숙, 녹두 장군≫

쿨쿨02

의미 [+소리]v[+모양],[+수면][+깊이],[+호흡][+크기]

제약 {사람}-{자다}

곤하게 깊이 자면서 숨을 크게 쉬는 소리. 또는 그 모양.

¶**쿨쿨** 코를 골며 자다./그는 방 안에서 세상모르고 **쿨쿨** 자고 있었다./그 친구 영화관에 가서도 구경은 안 하고 **쿨쿨** 잠만 자더라고.≪황순원, 나무들 비탈에 서다≫/나는 아버지가 방문을 때려 부수고 들어와서 할멈과 싸우는 것도 모르고 **쿨쿨** 곯아떨어져 버렸다.≪윤흥길, 황혼의 집≫

쿨쿨03

의미 [+모양],[+냄새],[-신선],[+산성],[+정도]

제약 { }-{냄새나다}

구리터분하거나 시큼털털한 냄새가 몹시 나는 모양.

쿵

의미 [+소리],[+물건],[+낙하]v[+충돌],[+바닥]v[+물체]

제약 {물건}-{떨어지다, 부딪히다}

① 크고 무거운 물건이 바닥이나 물체 위에 떨어지거나 부딪쳐 나는 소리. '꿍①'보다 거센 느낌을 준다.

¶바닥에 **쿵** 넘어졌다./벽에 머리를 **쿵** 박았다./마당에서 갑자기 **쿵** 하는 소리가 나서 나가 보니 자전거가 넘어져 있었다.

의미 [+소리],[+포탄],[+폭발],[+거리]

제약 { }-{터지다, 울리다}

② 멀리서 포탄 따위가 터지는 소리. '꿍②'보다 거센 느낌을 준다.

¶**쿵**! 하고 남쪽 멀리서 은은한 포 소리가 들려왔다.≪선우휘, 불꽃≫/멀리서 적을 가상한 훈련 포성이 **쿵**, **쿵**, 일정한 간격을 두고 울려왔다.≪김정한, 수라도≫

의미 [+소리],[+큰북]v[+장구],[+깊이],[+공명],[+정도]

제약 {북, 장구}-{울리다, 연주하다}

③ 큰북이나 장구 따위가 울리는 매우 깊은 소리. '꿍③'보다 거센 느낌을 준다.

¶북을 치자 **쿵** 소리가 났다.

의미 [+모양],[+가슴],[+박동],[+크기],[+심리],[+충격],[+순간]

제약 {가슴, 심장}-{뛰다}

④ 심리적으로 충격을 받아서 갑자기 가슴이 세게 뛰는 모양.

¶박 씨는 가슴이 **쿵** 내려앉아 떨리는 손으로 딸의 이마를 짚어 보았다.≪박완서, 미망≫/나는 우동규의 표정을 보고 가슴이 **쿵** 떨어지는 것을 느꼈다.≪이병주, 행복어 사전≫

쿵더쿵

의미 [+소리]v[+모양],[+방아],[+충돌],[+단수]

제약 {방아}-{찧다}

① 방아확에 공이를 한 번 내리칠 때 나는 소리. 또는 그 모양.

의미 [+소리],[+북],[+박자],[-속도],[+춤]

제약 {북}-{치다}

② 춤을 출 때 북으로 좀 느리게 장단을 맞추어 치는 소리.

쿵더쿵-쿵더쿵

의미 [+소리]v[+모양],[+방아],[+충돌],[+연속]

제약 {방아}-{찧다}

① 방아확에 공이를 잇따라 내리칠 때 나는 소리. 또는 그 모양.

¶**쿵더쿵쿵더쿵** 디딜방아를 찧다./**쿵더쿵쿵더쿵** 물레방아 소리가 들린다.

의미 [+소리],[+북],[+박자],[-속도],[+춤],[+연속]

제약 {북}-{치다}

② 춤을 출 때 북으로 좀 느리게 잇따라 장단을 맞추어 치는 소리.

쿵덕

의미 [+소리]v[+모양],[+방아],[+충돌]

제약 {절구, 방아}-{찧다}

절구나 방아를 찧을 때 나는 소리. 또는 그 모양.

¶온종일 물레방아가 삐거덕 **쿵덕** 삐거덕 **쿵덕** 쉬지 않고 돌았다.≪문순태, 타오르는 강≫

쿵덕덕

의미 [+소리],[+북]v[+장구],[+연주],[+박자]

제약 {북, 장구}-{치다}

북이나 장구 따위로 장단을 맞추어 치는 소리.

쿵덕덕-쿵덕덕

의미 [+소리]v[+모양],[+북]v[+장구],[+박자],[+연속]

제약 {북, 장구}-{치다}

북이나 장구 따위로 잇따라 장단을 맞추어 치는 소리. 또는 그 모양.

¶우리는 **쿵덕덕쿵덕덕** 북 치는 소리에 맞추어 춤을 추었다.

쿵덕-쿵덕

의미 [+소리]v[+모양],[+방아],[+충돌],[+연속]

제약 {절구, 방아}-{찧다}

절구나 방아를 잇따라 찧을 때 나는 소리. 또는

그 모양.

¶대불이의 입에서 마님의 이야기가 나오자 응보
는 자기도 모르게 **쿵덕쿵덕** 심장이 절굿공이질
을 해 댔다.≪문순태, 타오르는 강≫/1월에 왔을 때
에는 그래도 피대(皮帶)가 돌고 **쿵덕쿵덕** 기계
방아가 쌀을 찧고 있었는데

쿵작-쿵작

의미 [＋소리]v[＋모양],[＋합주],[＋흥취]

제약

흥겨운 곡을 합주하는 소리. 또는 그 모양.

¶바람을 타고 **쿵작쿵작** 녹슨 밴드 소리가 들려
오고 있었다.≪최인호, 지구인≫

쿵적

의미 [＋소리],[＋큰북],[＋막대기],[＋타격]

제약 {큰북}-{치다, 두드리다}

큰북 따위를 막대기로 가볍게 두드리는 소리.

쿵적적

의미 [＋소리],[＋큰북],[＋막대기],[＋타격],
[＋박자]

제약 {큰북}-{치다, 두드리다}

큰북 따위를 박자에 맞추어 막대기로 두드리는
소리.

¶북을 **쿵적적** 두드리자 행진이 시작되었다.

쿵적적-쿵적적

의미 [＋소리],[＋큰북],[＋막대기],[＋타격],[＋박
자],[＋연속]

제약 {큰북}-{치다, 두드리다}

큰북 따위를 박자에 맞추어 막대기로 잇따라 두
드리는 소리.

¶여기저기서 **쿵적적쿵적적** 북 치는 소리가 들린
다.

쿵적-쿵

의미 [＋소리],[＋큰북],[＋박자],[＋흥취]

제약 {큰북}-{치다, 두드리다}

큰북 따위를 장단에 맞추어 흥겹게 두드리는 소리.

쿵적-쿵적

의미 [＋소리],[＋큰북],[＋막대기],[＋타격],
[＋연속]

제약 {큰북}-{치다, 두드리다}

큰북 따위를 막대기로 가볍게 잇따라 두드리는

소리.

¶**쿵적쿵적** 북이 울리자 사람들이 시내로 뛰쳐나
왔다./소년이 **쿵적쿵적** 북을 두드리고 있다.

쿵적쿵-쿵적쿵

의미 [＋소리],[＋큰북],[＋박자],[＋연속]

제약 {큰북}-{치다, 두드리다}

큰북 따위를 장단에 맞추어 잇따라 두드리는 소리.

쿵쾅

의미 [＋소리],[＋폭발]v[＋북],[±크기],[－중
복],[＋연속],[＋소란]

제약 { }-{울리다, 치다, 터지다}

① 폭발물이나 북소리 따위가 크고 작게 엇바뀌
어 요란하게 울리어 나는 소리. '꿍꽝①'보다 거
센 느낌을 준다.

¶**쿵쾅** 포탄 터지는 소리가 크게 들려왔다./길을
가는데, **쿵쾅** 북을 치는 듯한 소리에 깜짝 놀랐다.

의미 [＋소리],[＋충돌],[＋물건]

제약 { }-{부딪히다}

② 단단하고 큰 물건이 서로 부딪칠 때 나는 소
리. '꿍꽝②'보다 거센 느낌을 준다.

¶위층에서 땅바닥으로 짐이 떨어지면서 **쿵쾅** 소
리를 내었다./침침한 취조실 복도를 지나는데
안에서 우당탕 **쿵쾅** 땅이 꺼지는 소리가 나며….
≪서기원, 마록 열전≫

의미 [＋소리],[＋발],[＋마룻바닥],[＋충격]

제약 { }-{뛰다, 구르다}

③ 발로 마룻바닥을 구를 때 나는 소리. '꿍꽝
③'보다 거센 느낌을 준다.

¶이층에서 **쿵쾅** 소리가 나서 시끄러워 공부를
할 수가 없었다./군인들이 뛰자 **쿵쾅** 소리가 났
다.

쿵쾅-쿵쾅

의미 [＋소리],[＋폭발]v[＋북],[±크기],[－중
복],[＋연속],[＋소란],[＋연속]

제약 { }-{울리다, 치다, 터지다}

① 폭발물이나 북소리 따위가 크고 작게 엇바뀌
어 잇따라 요란하게 울리어 나는 소리. '꿍꽝꿍
꽝①'보다 거센 느낌을 준다.

¶한 칸 높게 세운 무대 위에서 **쿵쾅쿵쾅** 못 박
는 소리와 고함 소리들이 시끌시끌한 관중석까

지 새어 나올 때면….≪최인호, 지구인≫

의미 [＋소리],[＋물건],[＋충돌],[＋연속]

제약 {　}-{부딪히다}

② 단단하고 큰 물건이 서로 잇따라 부딪쳐 나는 소리. '꿍꽝꿍꽝②'보다 거센 느낌을 준다.

¶나무토막들이 상자 안에서 **쿵꽝쿵꽝** 부딪치는 소리를 냈다./가까이에서 큰 대포가 발사되면서 **쿵꽝쿵꽝** 소리가 났다.

의미 [＋소리],[＋발],[＋마룻바닥],[＋충격],[＋연속]

제약 {　}-{뛰다, 구르다}

③ 발로 마룻바닥을 잇따라 굴러 나는 소리. '꿍꽝꿍꽝③'보다 거센 느낌을 준다.

¶송 군은 복도 바닥을 **쿵꽝쿵꽝** 울리면서 밖으로 나가 버렸다.≪윤흥길, 묵시의 바다≫

쿵-쿵

의미 [＋소리],[＋물건],[＋낙하]v[＋충돌],[＋바닥]v[＋물체],[＋연속]

제약 {　}-{떨어지다, 부딪치다}

① 크고 무거운 물건이 잇따라 바닥이나 물체 위에 떨어지거나 부딪쳐 나는 소리. '꿍꿍01①'보다 거센 느낌을 준다.

¶바닥을 발로 **쿵쿵** 구르다./우체부가 대문을 **쿵쿵** 두드렸다.

의미 [＋소리],[＋폭발],[＋거리],[＋연속]

제약 {　}-{터지다, 울리다}

② 멀리서 포탄 따위가 잇따라 터져 나는 소리. '꿍꿍01②'보다 거센 느낌을 준다.

¶밤 23시. 멀리서 **쿵쿵** 포 소리만 들려올 뿐 마을은 침울한 달빛 속에 죽은 듯이 고요하다.≪홍성원, 육이오≫

의미 [＋소리],[＋북]v[＋장구],[＋깊이],[＋정도],[＋공명],[＋연속]

제약 {북, 장구}-{울리다, 연주하다}

③ 큰북이나 장구 따위가 잇따라 울리는 매우 깊은 소리. '꿍꿍01③'보다 거센 느낌을 준다.

¶그 소년은 북을 **쿵쿵** 쳤다.

의미 [＋모양],[＋가슴],[＋박동],[＋크기],[＋심리],[＋충격],[＋반복]

제약 {가슴, 심장}-{뛰다}

④ 심리적으로 충격을 받아서 가슴이 자꾸 세차게 뛰는 모양.

¶**쿵쿵** 울리는 심장./그는 그의 놀란 심장이 **쿵쿵** 뛰는 소리를 들었다.≪윤후명, 파랑새≫

쿼르르

의미 [＋소리]v[＋모양],[＋액체],[＋목]v[＋구멍],[＋분출],[＋급박],[＋강력]

제약 {액체}-{쏟아지다}

많은 양의 액체가 좁은 목이나 구멍에서 급하고 세차게 쏟아지는 소리. 또는 그 모양. '꿔르르'보다 거센 느낌을 준다.

¶홍수로 불어난 물이 **쿼르르** 쏟아졌다.

퀄퀄

의미 [＋소리],[＋액체],[＋배출],[＋속도]

제약 {액체}-{흐르다}

많은 양의 액체가 급히 쏟아져 세차게 흐르는 소리. '꿜꿜'보다 거센 느낌을 준다.

¶수도꼭지에서 물이 **퀄퀄** 쏟아져 나왔다./그는 사발에다 술을 **퀄퀄** 부어서 단숨에 쭉 들이켰다.

쿵

의미 [＋소리],[＋물체],[＋낙하]v[＋충돌],[＋바닥]v[＋물체],[＋공명],[＋크기]

제약 {　}-{떨어지다, 부딪치다}

① 무겁고 단단한 물체가 바닥에 떨어지거나 다른 물체와 부딪쳐 크게 울리는 소리. '꿍①'보다 거센 느낌을 준다.

¶걸려 있던 액자가 떨어지면서 **쿵** 소리를 냈다./위층에서 무엇이 떨어져 **쿵** 소리가 났다.

의미 [＋소리],[＋총]v[＋대포]v[＋폭발물],[＋발사]v[＋폭발],[＋공명],[＋크기]

제약 {총, 대포}-{터지다}

② 총이나 대포를 쏘거나 폭발물이 터져서 크게 울리는 소리. '꿍②'보다 거센 느낌을 준다.

¶**쿵** 소리를 내며 수류탄이 터졌다.

쿵-쿵

의미 [＋소리],[＋물체],[＋낙하]v[＋충돌],[＋바닥]v[＋물체],[＋공명],[＋크기],[＋연속]

제약 {　}-{떨어지다, 부딪치다}

① 무겁고 단단한 물체가 잇따라 바닥에 떨어지거나 다른 물체와 부딪쳐 크게 울리는 소리. '꿍

꿩①'보다 거센 느낌을 준다.

의미 [+소리],[+총]v[+대포]v[+폭발물],[+발사]v[+폭발],[+공명],[+크기],[+연속]

제약 {총, 대포}-{터지다}

② 잇따라 총이나 대포를 쏘거나 폭발물이 터져서 크게 울리는 소리. '꿩꿩②'보다 거센 느낌을 준다.

크렁-크렁

의미 [+모양],[+액체],[+수용]v[+잔류],[+충만],[+정도]

제약 { }-{고이다, 거리다, 대다}

① 액체가 많이 담기거나 괴어서 가장자리까지 거의 찰 듯한 모양. '그렁그렁01①'보다 거센 느낌을 준다.

¶인심 좋은 주모는 술동이에 **크렁크렁** 넘치게 술을 담아 왔다.

의미 [+모양],[+눈물],[+충만]

제약 {눈물}-{고이다, 맺히다, 거리다, 대다}

② 눈에 눈물이 넘칠 듯이 그득 괸 모양. '그렁그렁01②'보다 거센 느낌을 준다.

¶그녀의 눈에는 **크렁크렁** 눈물이 괴었다.

의미 [+모양],[-건더기],[+국물]

제약

③ 건더기는 적고 국물이 아주 많은 모양. '그렁그렁01③'보다 거센 느낌을 준다.

의미 [+느낌],[+복부],[+물],[+충만]

제약

④ 물을 많이 마셔 배 속이 그득 찬 듯한 느낌. '그렁그렁01④'보다 거센 느낌을 준다.

큼지막-이

의미 [+크기],[+정도]

제약

꽤 큼직하게.

¶부처님의 엉덩이 한 모서리가 **큼지막**이 살점이 떨어져 나간 자리에 양회를 아무렇게나 이겨 붙였다.≪최인훈, 회색인≫

큼직-이

의미 [+크기],[+정도]

제약

꽤 크게

¶와룡동 집으로 떠나왔을 때는 세간 속에 정우회라고 **큼직**이 쓴 현판이 끼여 왔기는 왔으나….≪염상섭, 김 의관 숙질≫

큼직-큼직

의미 [+모양],[+전부],[+크기],[+정도]

제약

여럿이 다 또는 매우 큼직한 모양.

¶마침 달이 있어서 벽에 **큼직큼직** 뚫린 커다란 창으로 쏟아져 들어오는 퍼런 달빛이 십분 그녀의 눈앞을 밝혀 주었다.≪최인훈, 회색인≫/그 여자는 우선 멀리서 구경하기엔 **큼직큼직** 시원스러워 보였다.≪박영한, 인간의 새벽≫

큼큼

의미 [+소리],[+목소리],[+균일],[+정리],[+기침],[+반복]

제약

① 목소리를 고르게 가다듬으려고 기침하듯이 자꾸 내는 소리.

¶**큼큼** 헛기침으로 목을 다듬고 나서 방아 타령한 대목을 뽑기 시작하였다.≪문순태, 타오르는 강≫

의미 [+소리]v[+모양],[+냄새],[+코],[+호흡],[+흡기]

제약

② 냄새를 맡으려고 코로 숨을 들이쉬는 소리. 또는 그 모양.

킁킁

의미 [+소리],[+호흡],[+콧구멍],[+흡출],[+정도],[+간격]

제약

콧구멍으로 숨을 세차게 띄엄띄엄 내쉬는 소리.

¶팔기는 뭔가 낭패한 듯한 표정으로 **킁킁** 애매한 콧소리를 냈다.≪이청준, 조율사≫/장쇠는 논바닥의 흙을 한 움큼 집어 들고 **킁킁** 코를 벌름거리며 냄새를 맡아 본다.≪문순태, 타오르는 강≫

키드득

의미 [+소리]v[+모양],[+웃음],[+배출],[-인내]

제약 {사람}-{웃다}

참다못하여 입속에서 새어 나오는 웃음소리. 또는 그 모양.

¶나는 평소와 달리 얌전한 척 앉아 있는 친구의

모습에 그만 **키드득** 웃고 말았다.

키드득-키드득

의미 [＋소리]v[＋모양],[＋웃음],[＋배출],[－인내],[＋반복]

제약 {사람}-{웃다}

참다못하여 입속에서 자꾸 새어 나오는 웃음소리. 또는 그 모양.

¶한밤중에 누나 방에서 **키드득키드득** 웃는 소리가 들려왔다.

키득-키득

의미 [＋소리]v[＋모양],[＋웃음],[＋배출],[－인내],[＋반복]

제약 {사람}-{웃다}

'키드득키드득'의 준말. 참다못하여 입속에서 자꾸 새어 나오는 웃음소리. 또는 그 모양.

¶종대는 계속 약장수의 넉살 좋은 구변에 도취된 듯 머리를 끄덕이면서 **키득키득** 웃고 서 있었다.≪최인호, 지구인≫/아내는 그에게 어제저녁의 일을 일러 놓고 나서 소리를 죽여서 **키득키득** 웃었다.≪김승옥, 차나 한잔≫

키들-키들

의미 [＋소리]v[＋모양],[＋웃음],[＋배출],[－인내],[＋반복]

제약 {사람}-{웃다}

웃음을 걷잡지 못하여 입속으로 자꾸 웃는 소리. 또는 그 모양.

¶젊은 패들이 둘러앉은 쪽에서 **키들키들** 웃음이 퍼졌다.≪한수산, 유민≫

킥

의미 [＋소리],[＋웃음],[＋배출],[＋인내]

제약 {사람}-{웃다}

나오려는 웃음을 참을 수 없어 터뜨리는 웃음소리.

¶그는 **킥** 솟구치는 웃음을 참지 못하는 것 같았다./길상이는 며칠 전에 개똥이로 하여 싸움이 붙었던 김 서방 내외의 우스꽝스러운 모습을 생각하며 **킥** 웃는다.≪박경리, 토지≫

킥-킥

의미 [＋소리],[＋웃음],[＋배출],[－인내],[＋반복]

제약 {사람}-{웃다}

나오려는 웃음을 참을 수 없어 잇따라 터뜨리는 웃음소리.

¶목책으로 얼기설기 담을 쌓아 놓은 집 안에서 칫솔을 물고 있던 소녀는 나를 보더니, 천진스럽게 **킥킥** 웃었다.≪최인호, 미개인≫

킬킬

의미 [＋소리]v[＋모양],[＋웃음],[＋인내],[＋입속]

제약 {사람}-{웃다}

웃음을 억지로 참으면서 입 속으로 웃는 소리. 또는 그 모양. '낄낄'보다 거센 느낌을 준다.

¶내가 놀라는 눈치를 보이자 형은 손가락으로 내 배를 쿡 찌르며 **킬킬** 소리를 죽이며 웃었다.≪김용성, 도둑 일기≫/모두들 약장수 주위에 빙 둘러서서 원숭이 입에 불붙인 담뱃불을 댕겨 주는 모습을 보면서 **킬킬** 웃고 있었다.≪최인호, 지구인≫

킹

의미 [＋소리],[＋고통],[＋인내],[＋정도]

제약 { }-{앓다, 거리다}

몹시 아프거나 힘에 겨워 매우 괴롭게 내는 소리. '낑'보다 거센 느낌을 준다.

¶그는 독감이 들어 **킹** 소리를 내며 신음하고 있다.

킹-킹

의미 [＋소리],[＋고통],[＋인내],[＋정도],[＋반복]

제약 { }-{앓다, 거리다}

① 몹시 아프거나 힘에 겨워 매우 괴롭게 자꾸 내는 소리. '낑낑①'보다 거센 느낌을 준다.

¶강아지는 어디가 아픈지 **킹킹** 소리를 내며 밥도 잘 먹지 않았다.

의미 [＋소리],[＋아이],[＋응석],[＋요구]v[＋억지]

제약 { }-{거리다}

② 어린아이가 어리광 부리며 자꾸 몹시 조르거나 보채는 소리. '낑낑②'보다 거센 느낌을 준다.

¶대열이는 울상이 되어 **킹킹** 칭얼거리다가 그만 엄마의 등짝을 마구 때려 준다.≪하근찬, 나룻배 이야기≫

ㅌ

타끈스레

　의미 [+치사],[+인색],[+욕심]

　제약 { }-{굴다}

　치사하고 인색하며 욕심이 많은 데가 있다.

타끈-히

　의미 [+치사],[+인색],[+욕심]

　제약 { }-{굴다}

　치사하고 인색하며 욕심이 많다.

타다닥

　의미 [+소리],[+바퀴살],[+회전],[+접촉]

　제약 {바퀴살}-{ }

　구르는 바퀴의 살 따위에 무엇인가가 닿는 소리.
　'다다닥'보다 거센 느낌을 준다.

　¶운동화가 자전거 뒷바퀴에 걸리자 **타다닥** 소리
　를 내며 벗겨졌다.

타다닥-타다닥

　의미 [+소리],[+바퀴살],[+회전],[+접촉],[+연
　속]

　제약 {바퀴살}-{ }

　구르는 바퀴의 살 따위에 무엇인가가 잇따라 닿
　는 소리. '다다닥다다닥'보다 거센 느낌을 준다.

　¶내 동생은 내가 탄 자전거 뒤를 따라다니며 꼬
　챙이로 자전거 바퀴살을 건드려 **타다닥타다닥**
　소리를 내고는 했다

타닥-타닥

　의미 [+모양],[+걸음],[-기운],[-속도],[+연
　속]

　제약 {사람}-{걷다}

　① 몹시 지치거나 나른하여 힘없이 발을 떼어
　놓으며 느리게 계속 걷는 모양.

　¶일당도 못 받은 그는 힘없이 **타닥타닥** 집으로

돌아왔다.

　의미 [+모양],[+생활],[+가난],[+궁색]

　제약 { }-{살다, 연명하다}

　② 가난하여 어렵게 살아가는 모양.

　의미 [+모양],[+일],[+과중],[+신체],[+운
　동],[+측은]

　제약 { }-{움직이다}

　③ 일이 힘에 겨워 애처롭게 겨우 몸을 움직이
　는 모양.

　의미 [+소리]v[+모양],[+콩깍지]v[+장작],
　[+연소],[+확산],[+반복]

　제약 {콩깍지, 장작}-{튀다, 터지다}

　④ 콩깍지나 장작 따위가 타면서 가볍게 자꾸
　튀는 소리. 또는 그 모양.

　¶약한 불 속에서 **타닥타닥** 콩이 튀는 소리가 들
　렸다./난로는 벌겋게 달아 있었고 솔방울이 **타닥
　타닥** 터지는 소리가 났다.《김원일, 불의 제전》

　의미 [+소리]v[+모양],[+타격],[-정도],[+반
　복]

　제약 { }-{두드리다, 털다, 치다}

　⑤ 가볍게 자꾸 두드리는 소리. 또는 그 모양.

　¶책의 먼지를 **타닥타닥** 떨어냈다./최 부자는 제
　주인 주제에 아무리 제는 끝났더라도 차마 목청
　은 뽑을 수 없었던지 손가락으로 **타닥타닥** 무릎
　장단을 치면서 히죽거렸다.《천승세, 낙월도》

타달-타달

　의미 [+모양],[+걸음],[-기운],[-속도],[+지
　속]

　제약 {사람}-{걷다}

　① 지치거나 나른하여 무거운 발걸음으로 힘없
　이 계속 걷는 소리. 또는 그 모양.

¶너희 아빠가 **타달타달** 걸어오시는 것을 보니 오늘 벌이도 신통치가 않은 모양이구나./내리쬐는 땡볕 속을 땀을 흘리며 **타달타달** 산길을 오르면서….≪김주영, 익는 산머루≫

의미 [+소리],[+수레],[+길],[+이동],[+소음],[−정도]

제약 {　}−{지나가다, 움직이다}

② 빈 수레 따위가 험한 길 위를 조금 요란하게 지나가는 소리.

¶경운기가 비포장도로를 **타달타달** 소리를 내며 요란하게 지나간다.

의미 [+소리],[+질그릇],[+충돌],[+둔탁],[+연속]

제약 {　}−{부딪치다, 거리다}

③ 깨어진 질그릇 따위가 잇따라 둔탁하게 부딪치는 소리.

¶깨진 저금통을 걷어찰 때마다 **타달타달** 소리가 난다.

타드락-타드락

의미 [+소리]v[+모양],[+타격],[+먼지],[+발생],[+반복]

제약 {　}−{두드리다, 털다, 치다}

먼지가 조금 날 정도로 가만히 자꾸 두드리는 소리. 또는 그 모양.

타드랑

의미 [+소리],[+쇠그릇],[+충돌]v[+낙하],[+공명]

제약 {　}−{부딪치다, 떨어지다}

깨어진 쇠 그릇 따위가 부딪치거나 떨어져 울리는 소리.

¶선반에 올려놓았던 쇠로 된 국자가 떨어지면서 **타드랑** 소리가 나서 모두 깜짝 놀랐다./탁자 아래 내려놓은 빈 병 몇 개가 넘어지면서 놋그릇을 건드려 **타드랑** 소리를 냈다.

타드랑-타드랑

의미 [+소리],[+쇠그릇],[+충돌]v[+낙하],[+공명],[+연속]

제약 {　}−{부딪치다, 떨어지다}

깨어진 쇠 그릇 따위가 잇따라 부딪치거나 떨어져 울리는 소리.

¶빈 병과 놋그릇을 가득 실은 트럭에서 **타드랑타드랑** 소리가 난다.

타래-타래

의미 [+모양],[+노끈]v[+실],[+감음],[+원형]

제약 {노끈, 실}−{　}

노끈이나 실 따위가 동글게 뱅뱅 틀어진 모양.

타박-타박

의미 [+모양],[+걸음],[−기운],[−속도]

제약 {사람}−{걷다}

힘없는 걸음으로 조금 느릿느릿 걸어가는 모양.

¶제정신이 돌아온 아치골댁은 손등으로 눈물을 훔치며 대문께로 **타박타박** 걸어 나갔다.≪김원일, 불의 제전≫/기품이 있고 정숙해 보이는 여자가 피로한 걸음으로 **타박타박** 길을 걷고 있다가 길 아래 개천으로 내려섰다.≪유주현, 대한 제국≫/낯설고 긴 길을 두려워서 울지도 못하고 한없이 **타박타박** 걷던 기억이 난다.≪조해일, 아메리카≫

타발-타발

의미 [+모양],[+걸음],[−기운],[−속도]

제약 {사람}−{걷다}

천천히 조금 힘없는 걸음으로 걷는 모양.

¶맥이 탁 풀어진 그 사람은 **타발타발** 걸음을 옮겼다.

타시락-타시락

의미 [+모양],[+분쟁]v[+고집],[−중요],[+반복]

제약 {　}−{다투다, 우기다}

조그만 일로 옥신각신하며 자꾸 다투거나 우기는 모양.

타울-타울

의미 [+모양],[+일],[+완성],[+노력],[+반복]

제약

어떤 일을 이루려고 바득바득 애를 쓰는 모양.

탁

의미 [+소리]v[+모양],[+타격]v[+충돌]v[+도괴],[+순간]

제약 {　}−{치다, 부딪치다, 넘어지다}

① 갑자기 세게 치거나 부딪거나 차거나 넘어지는 소리. 또는 그 모양.

¶좋은 생각이 난 듯 무릎을 **탁** 쳤다./잘 가라는 인사도 없이 시권이는 방 안으로 들어가서 문을 **탁** 닫아 버렸다.≪윤흥길, 완장≫

의미 [＋소리]v[＋모양],[＋조임]v[＋긴장],[＋풀림]v[＋절단],[＋순간]

제약 { }-{풀리다, 끊어지다}

② 조여 있던 것이나 긴장 따위가 갑자기 풀리거나 끊어지는 소리. 또는 그 모양.

¶맥이 **탁** 풀리다./잡았던 손을 **탁** 놓았다./**탁** 하는 소리와 함께 줄이 끊어졌다./순간 대불이는 정강마루에 힘이 **탁** 풀리면서 다리가 후들후들 떨렸다.≪문순태, 타오르는 강≫

의미 [＋모양],[－폐쇄],[＋시원]

제약 { }-{트이다}

③ 막힌 것이 없이 시원스러운 모양.

¶고갯마루에 올라서자 **탁** 트인 벌판이 보였다./영훈에게도 한강변의 **탁** 트인 바람은 한층 시원하지요.≪곽재구, 국민서관≫

의미 [＋모양],[＋폐쇄],[＋순간],[＋정도]

제약 { }-{막히다}

④ 갑자기 몹시 막히는 모양.

¶숨이 **탁** 막히는 순간이었다./계월향은 문으로 나가려는 나리를 **탁** 가로막아 섰다.≪박종화, 임진왜란≫

의미 [＋소리]v[＋모양],[＋침],[＋배출],[＋강력]

제약 {침}-{뱉다}

⑤ 침을 세게 뱉는 소리. 또는 그 모양.

¶팔기는 손바닥에 가래침을 **탁** 뱉으며 발채 위에 얹힌 삽자루를 힘껏 잡는다.≪김춘복, 쌈짓골≫

탁란-히

의미 [＋분위기],[＋사회]v[＋정치],[＋혼탁],[＋혼란]

제약

사회나 정치의 분위기가 흐리고 어지럽게.

탁연-히

의미 [＋출중],[＋진중]

제약

여럿 가운데 빼어나게 뛰어나 의젓하다.

탁-탁

의미 [＋모양],[＋일],[＋처리],[＋진중]v[＋태연]

제약 { }-{처리하다}

① 일을 의젓하거나 태연스럽게 처리하는 모양.

¶그는 시키는 일을 **탁탁** 잘 해낸다.

의미 [＋모양],[＋사람]v[＋물건],[＋도괴],[＋연속]

제약 { }-{쓰러지다, 넘어지다}

② 사람이나 물건이 잇따라 쓰러지는 모양.

¶애써 세워 놓은 볏단들은 동생이 건드리자 **탁탁** 쓰러지기 시작했다.

의미 [＋모양],[＋호흡],[＋폐쇄],[＋연속]

제약 { }-{막히다}

③ 숨 따위가 잇따라 막히는 모양.

¶숨이 **탁탁** 막히다.

의미 [＋소리]v[＋모양],[＋침],[＋배출],[＋연속]

제약 {침}-{뱉다}

④ 침을 잇따라 뱉는 소리. 또는 그 모양.

¶가래침을 **탁탁** 내뱉다.

의미 [＋소리]v[＋모양],[＋물건],[＋타격][＋반복]v[＋먼지][＋분리]

제약 { }-{두드리다, 털다}

⑤ 단단한 물건을 자꾸 두드리거나 먼지 따위를 떠는 소리. 또는 그 모양.

¶그녀는 머릿수건을 벗어 **탁탁** 털고 얼굴에 내솟는 땀을 닦았다.≪오정희, 적요≫

의미 [＋소리]v[＋모양],[＋물건],[＋파열],[＋순간],[＋연속]

제약 { }-{튀다, 터지다}

⑥ 단단한 물건이 갑자기 터져 잇따라 나는 소리. 또는 그 모양.

¶난로 안에서 마른 장작이 **탁탁** 튀기 시작한다./**탁탁** 불꽃이 튀며 솔가지에 불이 핀다.≪박경리, 토지≫

의미 [＋소리]v[＋모양],[＋절단],[＋순간],[＋연속]

제약 { }-{잘리다, 끊다}

⑦ 갑자기 아주 힘없이 잘리거나 끊어져 잇따라 나는 소리. 또는 그 모양.

¶절단기로 철판을 **탁탁** 끊다./마른 나뭇가지를 **탁탁** 꺾다.

탄명스레
의미 [−선명],[−분명]
제약
똑똑하지 못하고 흐리멍덩하게.

탄탄-히[01]
의미 [−유연]v[+긴장],[+강건],[+견고],[+정도]
제약
① 무르거나 느슨하지 않고 아주 야무지고 굳세다.
¶집을 **탄탄히** 짓다.
의미 [+상태],[+조직]v[+기구],[−붕괴]v[−요동]
제약
② 조직이나 기구 따위가 쉽게 무너지거나 흔들리지 않는 상태에 있다.
¶기초를 **탄탄히** 다지다./약속을 **탄탄히** 해 두어라.

탄탄-히[02]
의미 [+길],[+평평],[+넓이]
제약
① 길이 험하거나 가파른 곳이 없이 평평하고 넓다.
¶널따란 길이 **탄탄히** 펼쳐져 있다.
의미 [+장래],[−곤란],[+순탄]
제약
② 장래가 아무 어려움 없이 순탄하다.

탄평-히
의미 [+땅],[+넓이],[+평평]
제약
① 땅이 넓고 평평하게.
의미 [−근심],[+편안]
제약
② 근심이 없이 마음이 편하게.

탈가닥
의미 [+소리],[+물건],[+충돌]
제약 { }-{부딪치다, 거리다, 대다}
작고 단단한 물건이 맞부딪치는 소리. '달가닥'보다 거센 느낌을 준다.

탈가닥-탈가닥
의미 [+소리],[+물건],[+충돌],[+반복]
제약 { }-{부딪치다, 거리다, 대다}
작고 단단한 물건이 자꾸 맞부딪치는 소리. '달가닥달가닥'보다 거센 느낌을 준다.

탈가당
의미 [+소리],[+물건],[+충돌],[+공명]
제약 { }-{울리다, 거리다, 대다}
작고 단단한 물건이 부딪쳐 울리는 소리. '달가당'보다 거센 느낌을 준다.

탈가당-탈가당
의미 [+소리],[+물건],[+충돌],[+공명],[+반복]
제약 { }-{울리다, 거리다, 대다}
작고 단단한 물건이 자꾸 부딪쳐 울리는 소리. '달가당달가당'보다 거센 느낌을 준다.
¶빈 깡통을 잔뜩 실은 수레가 **탈가당탈가당** 소리를 내며 지나간다.

탈각-탈각
의미 [+소리],[+물건],[+충돌],[+반복]
제약 { }-{부딪치다, 거리다, 대다}
'탈가닥탈가닥'의 준말. 작고 단단한 물건이 자꾸 맞부딪치는 소리.
¶또다시 저편에서 **탈각탈각** 전화기를 흔드는 소리가 난다.≪김말봉, 찔레꽃≫

탈락
의미 [+소리]v[+모양],[+물건],[+부착],[+요동]
제약 { }-{흔들리다, 움직이다}
매달리거나 한쪽이 늘어진 물건이 흔들리는 소리. 또는 그 모양.
¶바람결에 넥타이가 **탈락** 움직였다.

탈락-탈락
의미 [+소리]v[+모양],[+물건],[+부착],[+요동],[+반복]
제약 { }-{흔들리다, 움직이다}
매달리거나 한쪽이 늘어진 물건이 자꾸 흔들리는 소리. 또는 그 모양.
¶바람에 달력이 **탈락탈락** 흔들렸다.

탈랑

의미 [+소리]v[+모양],[+방울]v[+물체],[+요동]

제약 { }-{흔들리다, 움직이다}

① 작은 방울이나 매달린 물체 따위가 한 번 흔들리는 소리. '달랑01①'보다 거센 느낌을 준다.

¶대문에 달린 종이 **탈랑** 울리다.

의미 [+모양],[+행동],[-침착],[+경솔]

제약 { }-{행동하다, 거리다, 대다}

② 침착하지 못하고 가볍게 행동하는 모양. '달랑01②'보다 거센 느낌을 준다.

의미 [+모양],[+마음],[+경악]v[+공포],[+순간]

제약

③ 갑자기 놀라거나 겁이 나서 가슴이 따끔하게 울리는 모양. '달랑01③'보다 거센 느낌을 준다.

탈랑-탈랑

의미 [+소리]v[+모양],[+방울]v[+물체],[+요동],[+반복]

제약 { }-{흔들리다, 움직이다}

① 작은 방울이나 매달린 물체 따위가 자꾸 흔들리는 소리. '달랑달랑01①'보다 거센 느낌을 준다.

¶꼬마의 신발에 달린 방울이 걸음을 옮길 때마다 **탈랑탈랑** 소리를 낸다.

의미 [+모양],[+행동],[-침착],[+경솔],[+반복]

제약 { }-{행동하다, 거리다, 대다}

② 침착하지 못하고 잇따라 가볍게 행동하는 모양. '달랑달랑01②'보다 거센 느낌을 준다.

의미 [+모양],[+마음],[+경악]v[+공포],[+순간],[+반복]

제약

③ 갑자기 놀라거나 겁이 나서 가슴이 자꾸 따끔하게 울리는 모양. '달랑달랑01③'보다 거센 느낌을 준다.

탈래-탈래

의미 [+모양],[+행동]v[+걸음],[+간편],[+요동]

제약 {사람}-{걷다}

단출한 몸으로 간들간들 걷거나 행동하는 모양. '달래달래'보다 거센 느낌을 준다.

¶아이들이 흙먼지를 풀썩거리며 **탈래탈래** 걸어오고 있다.

탈바닥

의미 [+소리],[+손]v[+물건],[+물],[+타격]

제약 { }-{치다}

① 손이나 물건 따위의 납작한 면으로 얕은 물 따위를 가볍게 치는 소리.

¶흥건히 젖은 길 위에 수첩이 **탈바닥** 떨어져 버렸다.

의미 [+소리]v[+모양],[+착석],[-주의]

제약 {사람}-{앉다}

② 아무렇게나 바닥에 주저앉는 소리. 또는 그 모양.

¶꼬마가 땅바닥에 **탈바닥** 주저앉는다.

탈바닥-탈바닥

의미 [+소리],[+손]v[+물건],[+물],[+타격],[+반복]

제약 { }-{치다}

손이나 물건 따위의 납작한 면으로 얕은 물 따위를 가볍게 자꾸 치는 소리.

탈바당

의미 [+소리],[+물건],[+낙하],[+물],[-깊이]

제약 { }-{떨어지다}

납작한 물건 따위가 얕은 물 위에 떨어질 때 울리어 나는 소리.

탈바당-탈바당

의미 [+소리],[+물건],[+낙하],[+물],[-깊이],[+연속]

제약 { }-{떨어지다}

납작한 물건 따위가 잇따라 얕은 물 위에 떨어질 때 울리어 나는 소리.

탈싹

의미 [+소리]v[+모양],[+신체],[+착석]v[+도괴],[+순간]

제약 { }-{주저앉다, 쓰러지다}

① 작은 몸집이 갑자기 힘없이 주저앉거나 쓰러지는 소리. 또는 그 모양.

¶바닥에 **탈싹** 주저앉았다.

의미 [+소리]v[+모양],[+물건],[+낙하],[+순간]

제약 {물건}-{떨어지다}

② 작고 도톰한 물건이 갑자기 바닥에 떨어지는 소리. 또는 그 모양.

¶공책이 바닥에 **탈싹** 떨어지다.

의미 [+모양],[+마음],[+충격],[+경악],[+순간]

제약 {가슴}-{내려앉다}

③ 갑자기 심리적인 충격을 받아 놀라는 모양.

¶그 말 한마디에 가슴이 **탈싹** 내려앉았다.

의미 [+소리]v[+모양],[+물건],[+운동]v[+요동]

제약 {물건}-{움직이다, 흔들리다}

④ 작고 도톰한 물건이 세게 움직이거나 흔들리는 소리. 또는 그 모양.

탈싹-탈싹

의미 [+소리]v[+모양],[+신체],[+전부],[+착석]v[+도괴],[+순간]

제약 { }-{주저앉다, 쓰러지다}

① 작은 몸집이 여럿이 다 갑자기 힘없이 주저앉거나 쓰러지는 소리. 또는 그 모양.

의미 [+소리]v[+모양],[+물건],[+낙하],[+순간],[+반복]

제약 {물건}-{떨어지다}

② 작고 도톰한 물건이 갑자기 바닥에 자꾸 떨어지는 소리. 또는 그 모양.

의미 [+모양],[+마음],[+충격],[+경악],[+순간],[+반복]

제약 {가슴}-{내려앉다}

③ 갑자기 심리적인 충격을 받아 자꾸 놀라는 모양.

의미 [+소리]v[+모양],[+물건],[+운동]v[+요동],[+반복]

제약 {물건}-{움직이다, 흔들리다}

④ 작고 도톰한 물건이 자꾸 세게 움직이거나 흔들리는 소리. 또는 그 모양.

탈카닥

의미 [+소리],[+물건],[+충돌]

제약 { }-{부딪치다, 거리다, 대다}

작고 단단한 물건이 맞부딪치는 소리. '달가닥'보다 아주 거센 느낌을 준다.

¶서류 가방을 **탈카닥** 열었다.

탈카닥-탈카닥

의미 [+소리],[+물건],[+충돌],[+반복]

제약 { }-{부딪치다, 거리다, 대다}

작고 단단한 물건이 자꾸 맞부딪치는 소리. '달가닥달가닥'보다 아주 거센 느낌을 준다.

탈카당

의미 [+소리],[+물건],[+충돌],[+공명]

제약 { }-{울리다, 거리다, 대다}

작고 단단한 물건이 맞부딪쳐 울리는 소리. '달가당'보다 아주 거센 느낌을 준다.

¶여행용 가방이 **탈카당** 열렸다.

탈카당-탈카당

의미 [+소리],[+물건],[+충돌],[+공명],[+반복]

제약 { }-{울리다, 거리다, 대다}

작고 단단한 물건이 자꾸 부딪쳐 울리는 소리. '달가당달가당'보다 아주 거센 느낌을 준다.

탈칵

의미 [+소리],[+물건],[+충돌]

제약 { }-{부딪치다, 거리다, 대다}

'탈카닥'의 준말. 작고 단단한 물건이 맞부딪치는 소리.

¶차 트렁크가 **탈칵** 소리를 내며 열렸다.

탈탈

의미 [+소리]v[+모양],[+먼지],[+분리],[+타격],[+연속]

제약 { }-{두드리다, 털다, 치다}

① 먼지 따위를 털기 위하여 잇따라 가볍게 두드리는 소리. 또는 그 모양.

¶먼지를 **탈탈** 털어 내다./옷에 묻은 흙먼지를 **탈탈** 털다.

의미 [+모양],[-잔류],[+분리],[+타격]

제약 { }-{털다}

② 아무것도 남지 않게 털어 내는 모양.

¶지갑을 **탈탈** 털다./쌀통을 **탈탈** 털다./주머니를 **탈탈** 털어 봐야 동전 한 푼 나오지 않았다./김운선이는 그래도 제 밑천만 잃은 것뿐이었는데,

배가는 남의 돈까지 **탈탈** 털어서 죄다 잃었다.
《이기영, 봄》

의미 [+소리],[+질그릇],[+충돌]

제약 { }-{부딪치다}

③ 깨어지거나 금이 간 얄팍한 질그릇 따위가 부딪칠 때 나는 소리.

¶어딘가 금이 갔는지 단지를 옮길 때마다 **탈탈** 소리가 났다.

의미 [+모양],[+걸음],[+피곤]

제약 {사람}-{걷다}

④ 나른한 걸음걸이로 걷는 모양.

¶맥없이 **탈탈** 걸어오는 걸 보니 돈을 빌리지 못한 모양이었다.

의미 [+모양],[+공허]

제약

⑤ 속이 텅 비어 있는 모양.

¶속이 **탈탈** 비어 이젠 쓰리기까지 하다./배를 탈탈 곯고 구조대만을 기다리고 있던 사람들은 모두 기진맥진했다.

의미 [+소리]v[+모양],[+자동차],[+질주],[+요동],[-속도]

제약 {자동차}-{달리다, 거리다}

⑥ 자동차 따위가 흔들리면서 느리게 달리는 소리. 또는 그 모양.

¶자동차가 **탈탈** 소리를 내면서 간다.

탈파닥

의미 [+소리],[+손]v[+물건],[+물],[+타격]

제약 { }-{치다}

① 손이나 물건 따위의 납작한 면으로 얕은 물 따위를 가볍게 치는 소리. '탈바닥①'보다 거센 느낌을 준다.

¶수면을 **탈파닥** 내려치다.

의미 [+소리]v[+모양],[+착석],[-주의]

제약 {사람}-{앉다}

② 아무렇게나 바닥에 주저앉는 소리. 또는 그 모양. '탈바닥②'보다 거센 느낌을 준다.

¶그 아가씨는 전보를 받고서는 **탈파닥** 주저앉으며 울음을 터뜨렸다.

탈파닥-탈파닥

의미 [+소리],[+손]v[+물건],[+물],[+타격],

[+반복]

제약 { }-{치다}

손이나 물건 따위의 납작한 면으로 얕은 물 따위를 가볍게 자꾸 치는 소리. '탈바닥탈바닥'보다 거센 느낌을 준다.

탐바당

의미 [+소리],[+물건],[+물],[+낙하],[+침수]

제약 { }-{빠지다}

'탐방'의 본말. 작고 가벼운 물건이 물에 떨어져 잠기는 소리.

¶두레박을 우물 속으로 **탐바당** 던지다.

탐방

의미 [+소리],[+물건],[+물],[+낙하],[+침수]

제약 { }-{빠지다}

작고 가벼운 물건이 물에 떨어져 잠기는 소리. '담방01①'보다 거센 느낌을 준다.

¶돌멩이가 물속으로 **탐방** 떨어진다.

탐방-탐방

의미 [+소리],[+물건],[+물],[+낙하],[+침수]

제약 { }-{빠지다}

작고 가벼운 물건이 잇따라 물에 떨어져 잠기는 소리. '담방담방01①'보다 거센 느낌을 준다.

¶아이가 개울에서 **탐방탐방** 놀고 있다.

탐스레

의미 [+모습],[+마음],[+견인],[+소담]

제약 { }-{생기다, 보이다}

마음이 몹시 끌리도록 보기에 소담스러운 데가 있다.

탐욕스레

의미 [+사물],[+탐욕],[+과도]

제약

사물을 지나치게 탐하는 욕심이 있다.

¶**탐욕스레** 먹다./**탐욕스레** 바라보다./그들은 서로 아낌없이 주고 동시에 **탐욕스레** 빼앗았으며, 학대하고 학대당하였다.

탐탁스레

의미 [+모양]v[+태도]v[+일],[+만족]

제약 { }-{보다, 여기다}

모양이나 태도, 또는 어떤 일 따위가 마음에 들어 만족스러운 듯하다.

¶탐탁스레 보이다./탐탁스레 여기다.

탐탁-히

의미 [+모양]v[+태도]v[+일],[+만족]

제약 { }-{보다, 여기다}

모양이나 태도, 또는 어떤 일 따위가 마음에 들어 만족하다.

탐탐

의미 [+모양],[+위엄],[+주시]

제약

① 위엄 있게 주시하고 있는 모양.

의미 [+모양],[+깊이],[+고요]

제약

② 깊고 으슥한 모양.

탐탐-히

의미 [+모양],[+위엄],[+주시]

제약 { }-{보다}

① 위엄 있게 주시하고 있는 모양.

의미 [+모양],[+깊이],[+고요]

제약

② 깊고 으슥한 모양.

탑삭

의미 [+모양],[+묾]v[+장악],[+순간]

제약 { }-{물다, 잡다}

왈칵 달려들어 냉큼 물거나 움켜잡는 모양. '답삭'보다 거센 느낌을 준다.

탑삭-탑삭

의미 [+모양],[+묾]v[+장악],[+순간],[+반복]

제약 { }-{물다, 잡다}

자꾸 왈칵 달려들어 냉큼 물거나 움켜잡는 모양. '답삭답삭'보다 거센 느낌을 준다.

탑소록-이

의미 [+수염]v[+머리털],[+조밀],[+혼란],[+수북]

제약 {수염, 머리털}-{ }

수염이나 머리털이 배게 나 어수선하거나 다보록하다.

탑연

의미 [+모양],[-생각],[-정신]

제약

아무 생각 없이 우두커니 있는 모양. ≒탑언·탑연히.

탕[01]

의미 [+소리],[+쇠붙이]v[+물건],[+충돌],[+공명],[+정도]

제약 { }-{부딪히다, 울리다}

① 작은 쇠붙이나 단단한 물건이 세게 부딪쳐 울리는 소리. '땅①'보다 거센 느낌을 준다.

¶철문을 탕 닫다./용수철이 탕 튀다./공이 골대를 맞고 탕 튀어 나갔다./그는 성난 듯 술잔을 상 위에 탕 놓았다./그는 손으로 책상을 탕 치고 벌떡 일어섰다.

의미 [+소리],[+총]

제약 {총}-{쏘다}

② 총을 쏘는 소리. '땅②'보다 거센 느낌을 준다.

¶총소리가 탕 나다.

탕[02]

의미 [+모양],[-크기],[-내용]

제약 { }-{비다}

작은 것이 속이 비어 아무것도 없는 모양.

¶그릇 속이 모두 탕 비어 있었다./백성과 아전들은 왜적이 평양까지 왔다는 소식을 듣고 혼비백산이 되어 도망쳐 달아난 바람에 고을은 탕 비어 버렸다.≪박종화, 임진왜란≫

탕양-히

의미 [+물결],[+운동],[+굽이]

제약

물결이 넘실거리며 움직이는 데가 있게.

탕연

의미 [+모양],[+공허]

제약

① 공허한 모양. ≒탕연히①.

의미 [+모양],[+방자]

제약

② 방자한 모양. ≒탕연히②.

탕-탕[01]

의미 [+모양],[+전부],[-크기],[-내용]

제약 { }-{비다}

작은 것 여럿이 다 속이 비어서 아무것도 없는

모양.

¶호두가 모두 속이 **탕탕** 비어 있다.

탕-탕⁰²

의미 [＋소리],[＋쇠붙이]v[＋물건],[＋충돌],[＋공명],[＋정도],[＋연속]

제약 { }-{부딪히다, 울리다}

① 작은 쇠붙이나 단단한 물건이 잇따라 세게 부딪쳐 울리는 소리. '땅땅⁰²①'보다 거센 느낌을 준다.

¶문을 **탕탕** 치다./공이 바닥에서 **탕탕** 튕기다가 저만큼 굴러갔다./할아버지께서는 담뱃대를 재떨이에 **탕탕** 터셨다.

의미 [＋소리],[＋총],[＋연속]

제약 {총}-{쏘다}

② 총을 잇따라 쏘는 소리. '땅땅⁰²②'보다 거센 느낌을 준다.

¶총을 **탕탕** 쏘다./총소리가 **탕탕** 났다.

탕탕-히

의미 [＋크기],[＋넓이],[＋정도]

제약

① 썩 크고 넓게.

의미 [＋물],[＋흐름],[＋거침]

제약

② 물의 흐름 따위가 거세게.

의미 [＋일],[＋예상],[＋순조]

제약

③ 다가올 일 따위가 순조롭게.

탕평-히

의미 [＋싸움]v[＋시비]v[＋논쟁],[－편파],[＋공평]

제약

싸움, 시비, 논쟁 따위에서 어느 쪽에도 치우침이 없이 공평하게.

태고연-히

의미 [＋모습],[＋옛날],[＋유지]

제약

아득한 옛 모습 그대로인 듯하게.

태과-히

의미 [＋과도],[＋정도]

제약

매우 지나치게.

¶올 같은 대한발로 모 한 포기 이앙하지를 못했는데도 서원은 간평도 하지 않고, 거년과 같이 결세를 **태과히** 부과하였사옵니다.≪문순태, 타오르는 강≫

태급-히

의미 [＋급박],[＋정도]

제약

아주 급하게.

태깔스레

의미 [＋태도],[＋교만]

제약

교만한 태도가 있다.

태만-히

의미 [＋나태]

제약 { }-{굴다}

열심히 하려는 마음이 없고 게으르게. 늑태홀히.

¶직무를 **태만히** 하다./칸트는 "정직이라는 소질의 수양을 **태만히** 한다면 인류는 자기 자신의 눈에 커다란 경멸의 대상이 될 것"이라고≪한겨레신문≫

태안-히

의미 [＋태평],[＋안락]

제약

태평하여 안락하게.

태없-이

의미 [＋겸손]

제약

① 사람이 뽐내거나 잘난 체하는 빛이 없다.

¶**태없이** 겸손한 모습.

의미 [－맵시]

제약

② 맵시가 없다.

¶그는 옷을 **태없이** 입었다.

태연스레

의미 [＋태도]v[＋기색],[＋예사],[＋상황],[＋주저]v[＋염려]

제약 { }-{굴다}

마땅히 머뭇거리거나 두려워할 상황에서 태도나 기색이 아무렇지도 않은 듯이 예사로운 데가 있다.

¶그는 속으로는 죄책감을 느꼈지만 **태연스레** 거짓말을 했다./그녀는 **태연스레** 아무 일도 없었던 것처럼 행동했다.

태연-히

의미 [+태도]v[+기색],[+예사],[+상황],[+주저]v[+염려]

제약 { }-{굴다}

마땅히 머뭇거리거나 두려워할 상황에서 태도나 기색이 아무렇지도 않은 듯이 예사롭게. 늑혼연히[01]

¶그는 **태연히** 자신이 저지른 범행을 하나하나 자백하였다./종상이는 승재의 부릅뜬 시선을 **태연히** 받아넘기며 말했다.《박완서, 미망》

태평스레

의미 [-근심],[-걱정],[+평안]

제약 { }-{살다, 말하다, 굴다}

아무 근심 걱정이 없고 평안한 데가 있다.

¶**태평스레** 살다./**태평스레** 말하다./농사철이라 눈코 뜰 새 없이 바쁜데 그는 **태평스레** 낚시만 즐긴다.

태평-히

의미 [+마음],[-근심],[-걱정]

제약

마음에 아무 근심 걱정이 없이.

¶**태평히** 지내다./마음을 **태평히** 먹다./아버지가 남긴 재산으로 한참 동안은 **태평히** 살 것 같다.

태홀-히

의미 [-근면],[+나태]

제약 { }-{굴다}

=태만히. 열심히 하려는 마음이 없고 게으르게.

¶무성의하고 **태홀히** 한 일이 제대로 될 리가 있나.

탱글-탱글

의미 [+모양],[+탱탱],[+원형]

제약

탱탱하고 둥글둥글한 모양.

¶포도가 **탱글탱글** 익어 있다.

탱탱

의미 [+모양],[+살],[+팽팽],[+비만]v[+팽창]

제약 {사람}-{붓다}

① 살이 몹시 찌거나 붓거나 하여 팽팽한 모양. '댕댕[02]①'보다 거센 느낌을 준다.

¶그리고 뚜껑의 생김새라니. **탱탱** 불은 젖무덤 모양에다 꼭 젖꼭지를 닮은 꼭지까지 달려 있다. 《박완서, 도시의 흉년》

의미 [+모양],[+견고],[-압박]

제약 { }-{얼다, 굳다}

② 누를 수 없을 정도로 굳고 단단한 모양. '댕댕[02]②'보다 거센 느낌을 준다.

¶밖은 때리면 소리가 날 듯이 **탱탱** 얼어붙고 있었다.《한수산, 유민》

터덕-터덕

의미 [+모양],[+걸음],[+피곤],[-속도],[+정도],[+지속]

제약 {사람}-{걷다}

① 몹시 지치거나 느른하여 힘없이 발을 떼어 놓으며 매우 느리게 계속 걷는 모양.

¶그들은 땅거미가 질 무렵에야 들일을 끝내고 **터덕터덕** 집으로 돌아왔다./내가 보리밭 샛길을 거의 실신한 사람처럼 **터덕터덕** 걷고 있을 때, 문득 뒤에서 사람의 발자국 소리 같은 것이 들려왔다.《김동리, 까치 소리》

의미 [+모양],[+살림],[+가난],[+고난]

제약 { }-{살다, 연명하다}

② 가난하여 어렵게 겨우겨우 살아가는 모양.

¶그는 하루하루를 닥치는 대로 일하며 **터덕터덕** 살아간다.

의미 [+모양],[+일],[-감당],[+신체],[+운동],[+근근]

제약 { }-{움직이다}

③ 일이 힘에 벅차 애처롭게 겨우겨우 몸을 움직이는 모양.

¶아내가 병약한 몸으로 **터덕터덕** 일하는 모습이 보기에 안쓰럽다./거기서 이틀 먹을 뇌신 네 갑을 사 가지고 **터덕터덕** 돌개로 향했다.

의미 [+소리]v[+모양],[+나뭇가지],[+연소],[+확산]

제약 { }-{튀다, 터지다}

④ 나뭇가지 따위가 타면서 가볍게 튀는 소리. 또는 그 모양.

¶소나무 가지가 연기를 내뿜더니 불길이 일면서 **터덕터덕** 타들어 가기 시작한다.

의미 [+소리]v[+모양],[+먼지],[+분리],[+타격],[+반복]

제약 { }-{두드리다, 털다, 치다}

⑤ 먼지만 날 정도로 가만가만 자꾸 두드리는 소리. 또는 그 모양.

¶담요를 **터덕터덕** 털다.

터덜-터덜

의미 [+소리]v[+모양],[+걸음],[+피곤],[-속도],[+정도],[+지속]

제약 {사람}-{걷다}

① 지치거나 느른하여 무거운 발걸음으로 힘없이 계속 걷는 소리. 또는 그 모양.

¶**터덜터덜** 걸어가는 그의 뒷모습이 몹시 측은해 보였다./그녀는 언덕을 실의에 빠져 **터덜터덜** 힘없이 걸어 내려간다.

의미 [+소리],[+수레],[+길],[+이동],[+소음],[-정도]

제약 { }-{지나가다, 움직이다}

② 빈 수레 따위가 험한 길 위를 요란하게 지나가는 소리.

¶달구지 하나가 먼지를 일으키며 **터덜터덜** 굴러가고 있다.

의미 [+소리],[+질그릇],[+충돌],[+둔탁],[+연속]

제약 { }-{부딪치다, 거리다}

③ 깨어진 질그릇 따위가 잇따라 둔탁하게 부딪치는 소리.

¶접시가 깨졌는지 짐칸에서 **터덜터덜** 소리가 난다.

터드럭-터드럭

의미 [+소리]v[+모양],[+먼지],[+분리],[+타격],[+반복]

제약 { }-{두드리다, 털다, 치다}

먼지가 날 정도로 가만히 자꾸 두드리는 소리. 또는 그 모양.

¶어머니는 아침부터 돗자리를 **터드럭터드럭** 털고 계신다.

터드렁

의미 [+소리],[+쇠그릇],[+충돌]v[+낙하],[+공명],[+둔탁]

제약 { }-{부딪치다, 떨어지다}

깨어진 쇠 그릇 따위가 부딪치거나 떨어져 둔하게 울리는 소리.

¶놋그릇이 **터드렁** 울리며 부엌 바닥에 떨어졌다.

터드렁-터드렁

의미 [+소리],[+쇠그릇],[+충돌]v[+낙하],[+공명],[+둔탁],[+연속]

제약 { }-{부딪치다, 떨어지다}

깨어진 쇠 그릇 따위가 잇따라 부딪치거나 떨어져 둔하게 울리는 소리.

¶깨진 냄비가 바람이 부는 대로 **터드렁터드렁** 이리저리 쏠린다.

터렁

의미 [+소리],[+쇠그릇],[+충돌]v[+낙하],[+공명],[+둔탁]

제약 { }-{부딪치다, 떨어지다}

'터드렁'의 준말. 깨어진 쇠 그릇 따위가 부딪치거나 떨어져 둔하게 울리는 소리.

¶못걸이에 걸어 두었던 냄비가 **터렁** 떨어졌다.

터렁-터렁

의미 [+소리],[+쇠그릇],[+충돌]v[+낙하],[+공명],[+둔탁],[+연속]

제약 { }-{부딪치다, 떨어지다}

'터드렁터드렁'의 준말. 깨어진 쇠 그릇 따위가 잇따라 부딪치거나 떨어져 둔하게 울리는 소리.

¶그릇 닦는 소리가 **터렁터렁** 요란하다.

터무니없-이

의미 [+허황],[-근거]

제약

허황하여 전혀 근거가 없이. 늑건으로①.

¶물가가 **터무니없이** 올랐다./옷값이 **터무니없이** 비싸다.

터벅-터벅

의미 [+모양],[+걸음],[-기운],[-속도]

제약 {사람}-{걷다}

힘없는 걸음으로 느릿느릿 걸어가는 모양.

¶걸을 때는 **터벅터벅** 걷지 말고 빨리빨리 걸어라./나는 취직 시험에서 떨어지고 나서 **터벅터벅** 먼 길을 걸어서 자취방으로 돌아왔다.

터벌-터벌

의미 [+모양],[+걸음],[−기운],[−속도]

제약 {사람}-{걷다}

천천히 힘없는 걸음으로 걷는 모양.

¶엄마가 갖고 싶은 걸 사 주지 않자 아이는 입을 내밀고 **터벌터벌** 따라왔다./먼지가 풀풀 이는 언덕길을 **터벌터벌** 올라왔을 터인데도 그의 구두는 놀랄 만큼 반짝거렸다.《윤흥길, 아홉 켤레의 구두로 남은 사내》/마음 한편에는 어린 시절 닭 세 마리를 들고 **터벌터벌** 하암리로 내려가던 그때의 심정이기도 했다.《전상국, 하늘 아래 그 자리》

터부룩-이

의미 [+상태],[+풀]v[+나무],[+거침],[+수북]

제약 {풀, 나무}-{ }

① 풀이나 나무 따위가 거칠게 수북한 상태로. '더부룩이01①'보다 거센 느낌을 준다.

의미 [+상태],[+수염]v[+머리털],[+길이],[+조밀],[+혼란]

제약 {수염, 머리털}-{ }

② 수염이나 머리털 따위가 좀 길고 촘촘하게 많이 나서 어지러운 상태로. '더부룩이01②'보다 거센 느낌을 준다.

터부룩-터부룩

의미 [+모양],[+풀]v[+나무],[+전부],[+수북],[+거침]

제약

① 풀이나 나무 따위가 여럿이 다 거칠게 수북한 모양. '더부룩더부룩01①'보다 거센 느낌을 준다.

의미 [+모양],[+수염]v[+머리털],[+길이],[+조밀],[+혼란]

제약 {수염, 머리털}-{ }

② 수염이나 머리털 따위가 좀 길고 촘촘하게 많이 나서 어지러운 모양. '더부룩더부룩01②'보다 거센 느낌을 준다.

터실-터실

의미 [+모양],[+바탕]v[+모서리],[+거침]v[+보풀]

제약

바탕이나 가장자리가 매끈하지 아니하고 매우 거칠거나 큰 보풀이 일어난 모양.

¶건조한 봄바람에 아이의 어린 볼이 **터실터실**텄다.

터울-터울

의미 [+모양],[+일],[+성취],[+노력],[+정도]

제약

어떤 일을 이루려고 애를 몹시 쓰는 모양.

턱

의미 [+모양],[+긴장],[+해제],[+순간]

제약 { }-{풀리다}

① 긴장 따위가 갑자기 풀리는 모양.

¶나는 마음이 **턱** 놓였다./불행 중 다행으로 자기가 이 고장 수령이 되었으니 마음을 **턱** 놓고 있으라는 소리는 못해 줄망정 이건 너무 야박스럽다 싶었던 것이다.《서기원, 조선백자 마리아상》/금일의 방 안에 들어앉으니 온몸이 맥이 **턱** 풀린다.《홍효민, 신라 통일》

의미 [+모양],[+행동],[+진중]v[+태연],[+정도]

제약

② 무슨 행동을 아주 의젓하거나 태연스럽게 하는 모양.

¶의자에 **턱** 걸터앉다./몇 년 동안 소식이 없던 친구가 10년 만에 사장이 되어 내 앞에 **턱** 나타났다.

의미 [+모양],[+어깨]v[+손],[+의지]v[+장악],[+순간],[+정도]

제약 { }-{짚다, 붙잡다}

③ 어깨나 손 따위를 갑자기 세게 짚거나 붙잡는 모양.

¶덜미를 **턱** 잡다./부인이 그 말을 듣더니 회색이 만면하여 숙자의 손목을 **턱** 붙들며….《이인직, 모란봉》

의미 [+모양],[+폐쇄],[+순간],[+정도]

제약 { }-{막히다}

④ 갑자기 몹시 막히는 모양.

¶무덥고 바람기 한 점 없는 날이라 밖에 나서면 숨이 **턱** 막혔다./낯선 이의 책에서 같은 욕망을 읽을 때면 숨이 **턱** 막히고 삶이 신비롭기까지 하다.

의미 [+모양],[+도괴],[−기운],[+순간]

제약 { }−{쓰러지다}

⑤ 갑자기 힘없이 쓰러지는 모양.

¶아버님이 혈압으로 **턱** 쓰러지셨다./몸이 실실이 풀리는 듯 피곤해서, **턱** 쓰러지기만 하면 금방 잠이 들 것 같건만….≪심훈, 상록수≫

의미 [+모양],[+어깨]v[+가슴],[+넓이],[+정도]

제약 { }−{벌어지다}

⑥ 어깨나 가슴 따위가 매우 훨쩍 벌어진 모양.

¶**턱** 벌어진 가슴./**턱** 벌어진 아들의 어깨가 믿음직스러웠다.

의미 [+소리]v[+모양],[+물건],[+파열],[+순간],[+정도]

제약 { }−{터지다, 갈라지다}

⑦ 든든한 물건이 갑자기 세게 터지는 소리. 또는 그 모양.

의미 [+소리]v[+모양],[+침],[+배출],[+정도]

제약 { }−{뱉다}

⑧ 침을 매우 세게 뱉는 소리. 또는 그 모양.

¶목수는 손에 침을 **턱** 뱉고 망치를 잡았다.

의미 [+소리]v[+모양],[+충돌]v[+부상],[+정도]

제약 { }−{부딪히다, 다치다}

⑨ 세게 부딪치거나 다치는 소리. 또는 그 모양.

¶앙칼스러운 광자의 고함 소리가 몇 번 울리더니 이내 **턱 터억** 매질 소리가 수선스럽다.≪천승세, 낙월도≫/**턱** 소리가 퍽 소리로 죽으면서 바위 한쪽이 사람 몸뚱이 반만큼 떨어져 내려갔다.≪송기숙, 자랏골의 비가≫/그만한 얘기에도 뭔가 **턱** 심장에 와서 쩽그랑하고 부딪치는 게 있다는 것이었다.≪윤흥길, 제식 훈련 변천 약사≫

의미 [+모양],[+정지]v[+장애],[+순간]

제약 { }−{멎다, 걸리다}

⑩ 갑자기 멎어 버리거나 무엇에 걸리는 모양.

¶엔진 소리가 이상하더니 자동차가 사거리에서 **턱** 멎었다./그의 몸은 무엇에 **턱** 걸려들었다. 무슨 힘이 그의 몸을 붙잡은 것이다.≪장용학, 비인 탄생≫/소리판 한 면이 다 끝나고 스르르 **턱** 하고 멎자 그 학생은 눈을 번쩍 떴다.≪주요섭, 아네모네의 마담≫

턱없-이

의미 [−이치]v[−근거]

제약

① 이치에 닿지 아니하거나, 그럴 만한 근거가 전혀 없다.

¶**턱없이** 미워하다./그는 **턱없이** 사람을 못살게 군다./나는 아이가 **턱없이** 울어 대는 바람에 어쩔 줄 몰랐다.

의미 [+수준]v[+분수],[−적합]

제약

② 수준이나 분수에 맞지 아니하다.

¶돈이 **턱없이** 모자란다./점원이 값을 **턱없이** 많이 올린다./돈 한 푼 없는 사람이 외제 차만 **턱없이** 고집한다.

턱-턱

의미 [+모양],[+일],[+처리],[+진중]v[+태연],[+정도]

제약

① 일을 매우 의젓하거나 태연스럽게 처리하는 모양.

¶일을 **턱턱** 해내다./말을 **턱턱** 받아넘기다.

의미 [+모양],[+호흡],[+장애],[+정도],[+연속]

제약 {숨}−{막히다}

② 숨 따위가 잇따라 몹시 막히는 모양.

¶숨이 **턱턱** 막힌다./눈보라가 **턱턱** 숨을 막아서 고개를 제대로 들 수가 없다.≪홍성원, 육이오≫

의미 [+소리]v[+모양],[+침],[+배출],[+정도],[+연속]

제약 {침}−{뱉다}

③ 침을 잇따라 세게 뱉는 소리. 또는 그 모양.

¶녀석은 거만을 떨면서 아무 데나 침을 **턱턱** 뱉었다.

의미 [+모양],[+도괴],[+정도],[+연속]

제약 { }-{쓰러지다, 거꾸러지다}

④ 잇따라 세게 쓰러지거나 거꾸러지는 모양.

¶몰려오던 적군이 아군의 기관총 세례를 받고 **턱턱** 쓰러진다./그들은 뒷걸음질을 치다가 문지방에 걸려 **턱턱** 넘어졌다.

의미 [+모양]v[+소리],[+정지]v[+장애],[+순간],[+연속]

제약 { }-{멎다, 걸리다}

⑤ 갑자기 잇따라 멎어 버리거나 무엇에 걸리는 모양. 또는 그 소리.

¶잘 돌아가던 기계가 **턱턱** 소리를 내며 멈추었다.

의미 [+소리]v[+모양],[+물건],[+타격]v[+분리],[+정도]

제약 { }-{두드리다, 털다}

⑥ 든든한 물건을 자꾸 세게 두드리거나 터는 소리. 또는 그 모양.

¶일꾼들이 손바닥을 **턱턱** 털고 일어났다./그는 막대기로 멍석을 **턱턱** 턴다.

의미 [+소리]v[+모양],[+물건],[+파열],[+순간],[+연속]

제약 { }-{터지다, 갈라지다}

⑦ 든든한 물건이 갑자기 세게 터져 잇따라 나는 소리. 또는 그 모양.

¶가뭄으로 논바닥이 **턱턱** 갈라진다.

의미 [+소리]v[+모양],[+절단]v[+분리],[+순간],[+연속]

제약 { }-{끊다}

⑧ 갑자기 아주 힘없이 잘리거나 끊어져 잇따라 나는 소리. 또는 그 모양.

¶썩은 동아줄이 **턱턱** 끊어진다.

털거덕

의미 [+소리],[+물건],[+충돌]

제약 { }-{거리다, 대다}

크고 단단한 물건이 부딪치는 소리. '덜거덕'보다 거센 느낌을 준다.

¶어디선가 기관총이 **털거덕** 떨어지는 소리가 났다./방문이 안에서 **털거덕** 열렸다.

털거덕-털거덕

의미 [+소리],[+물건],[+충돌],[+반복]

제약 { }-{부딪치다, 거리다, 대다}

크고 단단한 물건이 자꾸 맞부딪치는 소리. '덜거덕덜거덕'보다 거센 느낌을 준다.

¶가방 속에서 양철 도시락 통과 젓가락이 **털거덕털거덕** 시끄러운 소리를 낸다./낡은 택시는 **털거덕털거덕** 소리를 내며 느리게 달렸다.≪김용성, 도둑 일기≫

털거덩

의미 [+소리],[+물건],[+충돌],[+공명]

제약 { }-{울리다, 거리다, 대다}

크고 단단한 물건이 맞부딪쳐 울리는 소리. '덜거덩'보다 거센 느낌을 준다.

¶교도소의 철문이 **털거덩** 닫혔다./열차가 **털거덩** 소리를 내며 출발했다.

털거덩-털거덩

의미 [+소리],[+물건],[+충돌],[+공명],[+반복]

제약 { }-{울리다, 거리다, 대다}

크고 단단한 물건이 자꾸 부딪쳐 울리는 소리. '덜거덩덜거덩'보다 거센 느낌을 준다.

¶태풍으로 바닥까지 떨어져 내려온 간판 한쪽이 **털거덩털거덩** 바람에 흔들린다.

털걱

의미 [+소리],[+물건],[+충돌]

제약 { }-{거리다, 대다}

'털거덕'의 준말. 크고 단단한 물건이 부딪치는 소리.

¶들려 있던 고리짝 문이 **털걱** 닫힌다./삐로통해진 아이가 제 방문을 **털걱** 닫고 들어갔다.

털걱-털걱

의미 [+소리],[+물건],[+충돌],[+반복]

제약 { }-{부딪치다, 거리다, 대다}

'털거덕털거덕'의 준말. 크고 단단한 물건이 자꾸 맞부딪치는 소리.

¶남동생은 노크도 없이 내 방문을 **털걱털걱** 열어젖힌다.

털겅

의미 [+소리],[+물건],[+충돌],[+공명]

제약 { }-{울리다, 거리다, 대다}

'털거덩'의 준말. 크고 단단한 물건이 맞부딪쳐

울리는 소리.

¶누나는 가마솥 뚜껑을 **털겅** 닫았다.

털겅-털겅

의미 [＋소리],[＋물건],[＋충돌],[＋공명],[＋반복]

제약 { }-{울리다, 거리다, 대다}

'털거덩털거덩'의 준말. 크고 단단한 물건이 자꾸 부딪쳐 울리는 소리.

¶빈 드럼통을 실은 트럭이 **털겅털겅** 지나갔다.

털럭

의미 [＋소리]v[＋모양],[＋물건],[＋부착],[＋요동],[＋정도]

제약 { }-{흔들리다}

매달리거나 한쪽이 늘어진 물건이 세차게 흔들리는 소리. 또는 그 모양.

¶우리는 배낭을 **털럭** 추슬러 메고 산행을 재촉했다.

털럭-털럭

의미 [＋소리]v[＋모양],[＋물건],[＋부착],[＋요동],[＋정도],[＋반복]

제약 { }-{흔들리다}

매달리거나 한쪽이 늘어진 물건이 세차게 자꾸 흔들리는 소리. 또는 그 모양.

¶부랑인이 바닥이 반쯤 떨어진 군화를 신고 털럭털럭 걸어간다.

털렁

의미 [＋소리]v[＋모양],[＋방울]v[＋물체],[＋요동]

제약 { }-{흔들리다, 움직이다}

① 큰 방울이나 매달린 물체 따위가 한 번 흔들리는 소리. 또는 그 모양. '덜렁01①'보다 거센 느낌을 준다.

¶황소 목에 걸린 방울이 **털렁** 울린다.

의미 [＋모양],[＋행동],[－침착],[＋경솔]

제약 { }-{행동하다, 거리다, 대다}

② 침착하지 못하고 거볍게 행동하는 모양. '덜렁01②'보다 거센 느낌을 준다.

¶조카가 어른들 대화에 **털렁** 끼어들었다가 혼이 났다.

의미 [＋모양],[＋경악]v[＋공포],[＋순간],[＋가

슴],[＋진동]

제약

③ 갑자기 놀라거나 겁이 나서 가슴이 뜨끔하게 울리는 모양. '덜렁01③'보다 거센 느낌을 준다.

¶심장이 **털렁** 내려앉다.

털렁-털렁

의미 [＋소리]v[＋모양],[＋방울]v[＋물체],[＋요동],[＋반복]

제약 { }-{흔들리다, 움직이다}

① 큰 방울이나 매달린 물체 따위가 자꾸 흔들리는 소리. 또는 그 모양. '덜렁덜렁①'보다 거센 느낌을 준다.

¶황소가 목에 걸린 방울을 **털렁털렁** 울리며 간다./그저 커다란 두 손을 **털렁털렁** 흔들어 손에 묻은 진흙을 떨어뜨릴 따름이었다.≪하근찬, 야호≫

의미 [＋모양],[＋행동],[－침착],[＋경솔],[＋연속]

제약 { }-{행동하다, 거리다, 대다}

② 침착하지 못하고 잇따라 거볍게 행동하는 모양. '덜렁덜렁②'보다 거센 느낌을 준다.

¶그리고 얼씨구 **털렁털렁** 춤을 추는 것이다.≪이정환, 샛강≫

의미 [＋모양],[＋경악]v[＋공포],[＋순간],[＋가슴],[＋진동],[＋반복]

제약

③ 갑자기 놀라거나 겁이 나서 가슴이 자꾸 뜨끔하게 울리는 모양. '덜렁덜렁③'보다 거센 느낌을 준다.

털레-털레

의미 [＋모양],[＋걸음]v[＋행동],[＋간편]

제약 {사람}-{걷다}

단출한 몸으로 건들건들 걷거나 행동하는 모양. '덜레덜레'보다 거센 느낌을 준다.

¶**털레털레** 걸어오다./애당초의 뜻대로 평양 쪽으로 불려 올라가는 듯싶었으나, 그날 저녁 조승규 씨는 혼자서만 **털레털레** 되돌아왔다.≪이호철, 남에서 온 사람들≫

털버덕

의미 [＋소리],[＋손]v[＋물건],[＋물],[＋타격],[＋거침]

제약 { }-{치다}

① 손이나 물건 따위의 넓적한 면으로 옅은 물 따위를 거칠게 치는 소리.

¶널빤지가 강물에 **털버덕** 떨어진다.

의미 [+소리]v[+모양],[+착석],[-주의]

제약 { }-{앉다}

② 아무렇게나 주저앉는 소리. 또는 그 모양.

¶**털버덕** 주저앉다./그는 저 멀리서부터 뛰어오더니 숨을 헐떡이며 나무 그늘에 **털버덕** 앉았다.

털버덕-털버덕

의미 [+소리],[+손]v[+물건],[+물],[+타격],[+거침],[+반복]

제약 { }-{치다}

① 손이나 물건 따위의 넓적한 면으로 옅은 물 따위를 거칠게 자꾸 치는 소리. 또는 그 모양.

¶동네 청년들이 개울물을 판자로 **털버덕털버덕** 쳐서 고기를 몰아간다.

의미 [+소리]v[+모양],[+착석],[-주의],[+연속]

제약 { }-{앉다}

② 잇따라 아무렇게나 주저앉는 소리. 또는 그 모양.

¶군인들이 행군에 지쳐서 길가에 **털버덕털버덕** 주저앉는다.

털버덩

의미 [+소리],[+물건],[+낙하],[+물],[+공명]

제약 { }-{치다}

넓적한 물건 따위가 옅은 물 위에 떨어질 때 울리어 나는 소리.

¶그는 실수로 책을 물에 **털버덩** 떨어뜨렸다./우물에 빨래판이 **털버덩** 빠졌다.

털버덩-털버덩

의미 [+소리],[+물건],[+낙하],[+물],[+공명],[+반복]

제약 { }-{떨어지다, 빠지다}

넓적한 물건 따위가 잇따라 옅은 물 위에 떨어질 때 울리어 나는 소리.

¶아이들은 크고 넓적한 돌멩이를 강물에 **털버덩 털버덩** 떨어뜨린다.

털벅

의미 [+소리],[+손]v[+물건],[+물],[+타격],[+거침]

제약 { }-{치다}

'털버덕①'의 준말. 손이나 물건 따위의 넓적한 면으로 옅은 물 따위를 거칠게 치는 소리.

¶그는 판자로 **털벅** 쳐서 물뱀을 쫓아 버렸다.

털벅-털벅

의미 [+소리],[+손]v[+물건],[+물],[+타격],[+거침],[+반복]

제약 { }-{치다}

'털버덕털버덕①'의 준말. 손이나 물건 따위의 넓적한 면으로 옅은 물 따위를 거칠게 자꾸 치는 소리. 또는 그 모양.

¶동생은 심심한지 삽으로 진창을 **털벅털벅** 치며 놀고 있다.

털벙

의미 [+소리],[+물건],[+낙하],[+물],[+공명]

제약 { }-{떨어지다, 빠지다}

'털버덩'의 준말. 넓적한 물건 따위가 옅은 물 위에 떨어질 때 울리어 나는 소리.

¶아이는 심심한지 납작한 돌멩이를 **털벙** 빠뜨렸다./그는 실수로 연못에 도구 상자를 **털벙** 빠뜨렸다.

털벙-털벙

의미 [+소리],[+물건],[+낙하],[+물],[+공명],[+반복]

제약 { }-{떨어지다, 빠지다}

'털버덩털버덩'의 준말. 넓적한 물건 따위가 잇따라 옅은 물 위에 떨어질 때 울리어 나는 소리.

¶인기척에 놀란 개구리들이 무논으로 **털벙털벙** 뛰어든다.

털썩

의미 [+소리]v[+모양],[+착석]v[+도괴],[-기운],[+순간]

제약 {사람}-{앉다, 쓰러지다}

① 갑자기 힘없이 주저앉거나 쓰러지는 소리. 또는 그 모양.

¶**털썩** 무릎을 꿇다./그는 술에 취해 비틀거리다 문 앞의 대소쿠리 위에 **털썩** 엉덩방아를 찧고 말았다./나는 피곤해져서 **털썩** 개울가에 주저앉

았다.《이청준, 조율사》/얼굴과 몸에서는 땀이 비오듯 흘러내렸다. 나는 잡풀 위에 **털썩** 주저앉았다.《김용성, 도둑 일기》

의미 [+소리]v[+모양],[+물건],[+낙하],[+순간]

제약 {물건}-{떨어지다}

② 크고 두툼한 물건이 갑자기 바닥에 떨어지는 소리. 또는 그 모양.

¶담장이 **털썩** 무너지다./그는 서류 뭉치를 책상 위에 **털썩** 내려놓았다./검은 고양이는 **털썩** 둔탁한 소리를 내며 땅바닥에 떨어졌다.《오정희, 중국인 거리》/**털썩** 눈 떨어지는 소리만이 가끔씩 들리는 송림 사이를 지나는데….《황석영, 삼포 가는 길》

의미 [+모양],[+경악],[+마음],[+충격],[+순간]

제약 {가슴}-{내려앉다}

③ 갑자기 심리적인 충격을 받아 놀라는 모양.

¶그는 그녀를 보는 순간 간이 **털썩** 내려앉았다./반가우면서도 가슴이 **털썩** 내려앉는 것 같았는데 아니나 다를까 돌아가셨다고 하잖아!《이병주, 지리산》

의미 [+소리]v[+모양],[+물건],[+운동]v[+요동],[+정도]

제약 {물건}-{움직이다, 흔들리다}

④ 크고 두툼한 물건이 세게 움직이거나 흔들리는 소리. 또는 그 모양.

털썩-털썩

의미 [+소리]v[+모양],[+전부],[+착석]v[+도괴],[-기운],[+순간]

제약 {사람}-{앉다, 쓰러지다}

① 여럿이 다 갑자기 힘없이 주저앉거나 쓰러지는 소리. 또는 그 모양.

¶아이들이 아무 데나 **털썩털썩** 주저앉았다.

의미 [+소리]v[+모양],[+물건],[+낙하],[+순간],[+반복]

제약 {물건}-{떨어지다}

② 크고 두툼한 물건이 갑자기 바닥에 자꾸 떨어지는 소리. 또는 그 모양.

¶벽에 발랐던 시멘트 반죽이 **털썩털썩** 떨어져

내린다.

의미 [+모양],[+경악],[+마음],[+충격],[+순간],[+반복]

제약 {가슴}-{내려앉다}

③ 갑자기 심리적인 충격을 받아 자꾸 놀라는 모양.

¶탈주범은 경찰만 봐도 가슴이 **털썩털썩** 내려앉았다.

의미 [+소리]v[+모양],[+물건],[+운동]v[+요동],[+정도],[+반복]

제약 {물건}-{움직이다, 흔들리다}

④ 크고 두툼한 물건이 자꾸 세게 움직이거나 흔들리는 소리. 또는 그 모양.

¶마차가 움직일 때마다 짐짝들이 **털썩털썩** 요동친다.

털커덕

의미 [+소리],[+물건],[+충돌]

제약 { }-{거리다, 대다}

크고 단단한 물건이 부딪치는 소리. '덜거덕'보다 아주 거센 느낌을 준다.

¶문을 **털커덕** 열다./큰 자물쇠가 **털커덕** 떨어졌다./기차가 갑자기 멈추자 객차의 연결 쇠가 부딪치며 **털커덕** 소리를 낸다.

털커덕-털커덕

의미 [+소리],[+물건],[+충돌],[+반복]

제약 { }-{부딪치다, 거리다, 대다}

크고 단단한 물건이 자꾸 맞부딪치는 소리. '덜거덕덜거덕'보다 아주 거센 느낌을 준다.

¶기차 바퀴가 철로의 이음매를 지날 때마다 **털커덕털커덕** 소리를 낸다.

털커덩

의미 [+소리],[+물건],[+충돌],[+공명]

제약 { }-{울리다, 거리다, 대다}

크고 단단한 물건이 맞부딪쳐 울리는 소리. '덜거덩'보다 아주 거센 느낌을 준다.

¶가마솥의 뚜껑이 **털커덩** 소리를 내며 솥 위에 떨어졌다.

털커덩-털커덩

의미 [+소리],[+물건],[+충돌],[+공명],[+반복]

제약 { }-{울리다, 거리다, 대다}

크고 단단한 물건이 자꾸 부딪쳐 울리는 소리.
'덜거덩덜거덩'보다 아주 거센 느낌을 준다.

¶기차가 기적을 울리며 **털커덩털커덩** 움직이기
시작한다.

털컥⁰¹

의미 [＋모양],[＋경악]v[＋공포],[＋가슴],[＋붕
괴],[＋순간]

제약

① 갑자기 놀라거나 겁에 질려 가슴이 몹시 내
려앉는 모양. '덜컥⁰¹①'보다 거센 느낌을 준다.

¶아버님이 쓰러지셨다는 소식을 듣고 가슴이 **털
컥** 내려앉았다.

의미 [＋모양],[＋사건],[＋진행],[＋순간],[＋정
도]

제약

② 어떤 일이 매우 갑작스럽게 진행되는 모양.
'덜컥⁰¹②'보다 거센 느낌을 준다.

¶**털컥** 회사를 그만두다./**털컥** 병석에 눕다.

털컥⁰²

의미 [＋소리],[＋물건],[＋충돌]

제약 { }-{거리다, 대다}

'털커덕'의 준말. 크고 단단한 물건이 부딪치는
소리.

¶밥상을 **털컥** 내려놓다./비스듬히 올라가던 총
이 갑자기 조 상사의 손을 떠나 포탄 구덩이로
털컥 떨어진다.≪홍성원, 육이오≫

털컥-털컥⁰¹

의미 [＋모양],[＋경악]v[＋공포],[＋가슴],[＋붕
괴],[＋순간],[＋맥박],[＋반복]

제약

① 갑자기 놀라거나 겁에 질려 가슴이 내려앉듯
이 몹시 두근거리는 모양. '덜컥덜컥⁰¹①'보다
거센 느낌을 준다.

의미 [＋모양],[＋전부],[＋진행],[＋순간],[＋정
도]

제약

② 여럿이 다 갑작스럽게 진행되는 모양. '덜컥
덜컥⁰¹②'보다 거센 느낌을 준다.

털컥-털컥⁰²

의미 [＋소리],[＋물건],[＋충돌],[＋반복]

제약 { }-{부딪치다, 거리다, 대다}

'털커덕털커덕'의 준말. 크고 단단한 물건이 자
꾸 맞부딪치는 소리.

¶주만은 어려서부터 말을 타 본 솜씨라…**털컥털
컥** 등자를 구르는 양이 조금도 서툴지 않았다.
≪현진건, 무영탑≫

털컹

의미 [＋소리],[＋물건],[＋충돌],[＋공명]

제약 { }-{울리다, 거리다, 대다}

'털커덩'의 준말. 크고 단단한 물건이 맞부딪쳐
울리는 소리.

¶그는 열쇠로 **털컹**, 철문을 열었다.

털컹-털컹

의미 [＋소리],[＋물건],[＋충돌],[＋공명],[＋반
복]

제약 { }-{울리다, 거리다, 대다}

'털커덩털커덩'의 준말. 크고 단단한 물건이 자
꾸 부딪쳐 울리는 소리.

¶기차가 **털컹털컹** 철교 위를 지난다.

털털

의미 [＋소리]v[＋모양],[＋먼지],[＋분리],[＋타
격],[＋연속]

제약 { }-{두드리다, 털다, 치다}

① 먼지 따위를 털기 위하여 잇따라 거볍게 두
드리는 소리. 또는 그 모양.

¶그녀는 옥상에서 담요를 **털털** 털고 있다./그는
손수건으로 머리 꼭대기부터 발끝까지 **털털** 먼
지를 털었다.

의미 [＋모양],[＋전부],[＋타격],[－내용]

제약 { }-{털다}

② 아무것도 남지 아니하게 죄다 털어 내는 모
양.

¶주머니를 **털털** 털다.

의미 [＋소리],[＋질그릇],[＋두께],[＋충돌]

제약 { }-{부딪치다}

③ 깨어지거나 금이 간 두툼한 질그릇 따위가
부딪칠 때 나는 소리.

¶항아리가 깨졌는지 짐칸에서 **털털** 소리가 난다.

의미 [＋모양],[＋걸음],[－기운],[－속도]

제약 {사람}-{걷다}

④ 느른한 걸음걸이로 겨우 걷는 모양.

¶그는 지쳤는지 맥없이 **털털** 걸어간다.

의미 [+모양],[-내용]

제약 { }-{비다}

⑤ 속이 텅 비어 있는 모양.

¶호주머니가 **털털** 비다.

의미 [+소리]v[+모양],[+자동차],[+이동],[+요동],[-속도],[+정도]

제약 {자동차}-{달리다, 거리다}

⑥ 낡은 자동차 따위가 흔들리면서 느리게 겨우 달리는 소리. 또는 그 모양.

¶**털털** 흔들리면서 달리는 고물 자전거.

털털스레

의미 [+성격]v[+행위],[-복잡],[+소탈]

제약

보기에 성격이나 하는 짓 따위가 까다롭지 아니하고 소탈한 데가 있게.

¶그는 낡을 대로 낡은 운동화를 꿰신고 **털털스레** 나타났다.

털털-히

의미 [+성격]v[+행동],[-복잡],[+소탈]

제약

사람의 성격이나 하는 짓 따위가 까다롭지 아니하고 소탈하다.

¶아가씨가 청바지에 운동화 차림으로 **털털히** 다닌다.

털퍼덕

의미 [+소리],[+손]v[+물건],[+물],[+타격],[+거침]

제약 { }-{치다}

① 손이나 물건 따위의 넓적한 면으로 옅은 물 따위를 거칠게 치는 소리. '털버덕①'보다 거센 느낌을 준다.

의미 [+소리]v[+모양],[+착석],[-주의]

제약 { }-{앉다}

② 아무렇게나 주저앉는 소리. 또는 그 모양. '털버덕②'보다 거센 느낌을 준다.

¶길바닥에 **털퍼덕** 주저앉다./그 장사치는 허락도 없이 남의 집에 들어와서 **털퍼덕** 앉더니 일

장 연설을 하기 시작했다.

털퍼덕-털퍼덕

의미 [+소리],[+손]v[+물건],[+물],[+타격],[+거침],[+반복]

제약 { }-{치다}

① 손이나 물건 따위의 넓적한 면으로 옅은 물 따위를 거칠게 자꾸 치는 소리. '털버덕털버덕①'보다 거센 느낌을 준다.

의미 [+소리]v[+모양],[+착석],[-주의],[+연속]

제약 { }-{앉다}

② 잇따라 아무렇게나 주저앉는 소리. 또는 그 모양. '털버덕털버덕②'보다 거센 느낌을 준다.

텀버덩

의미 [+소리],[+물건],[+물],[+낙하],[+침수]

제약 { }-{빠지다}

'텀벙'의 본말. 크고 무거운 물건이 물에 떨어져 잠기는 소리.

¶그가 옷을 훨훨 벗고 **텀버덩** 물속으로 뛰어들었다.

텀버덩-텀버덩

의미 [+소리],[+물건],[+물],[+낙하],[+침수],[+연속]

제약 { }-{빠지다}

'텀벙텀벙'의 본말. 크고 무거운 물건이 잇따라 물에 떨어져 잠기는 소리.

¶다이빙을 하는 사람들이 차례로 물속으로 떨어지면서 **텀버덩텀버덩** 소리를 낸다.

텀벙

의미 [+소리],[+물건],[+물],[+낙하],[+침수]

제약 { }-{빠지다}

크고 무거운 물건이 물에 떨어져 잠기는 소리. '덤벙01'보다 거센 느낌을 준다.

¶그는 수영장으로 **텀벙** 뛰어들었다./일을 마친 청년들은 물통에다 머리를 **텀벙** 담갔다.

텀벙-텀벙

의미 [+소리],[+물건],[+물],[+낙하],[+침수],[+연속]

제약 { }-{빠지다}

크고 무거운 물건이 잇따라 물에 떨어져 잠기는

소리. '덤벙덤벙⁰¹'보다 거센 느낌을 준다.

¶돌고래가 **텀벙텀벙** 시원하게 떨어진다./갑례는 김치 국물에 젖은 벌건 손을 물에 두어 번 **텀벙텀벙** 집어넣고는 사립 밖으로 뛰어나갔다.≪하근찬, 야호≫

텁석

의미 [+모양],[+붊]v[+장악],[+순간]

제약 { }-{물다, 잡다}

왈칵 달려들어 넝큼 물거나 움켜잡는 모양. '덥석'보다 거센 느낌을 준다.

¶책가방을 **텁석** 받아 들다./아이는 빵을 뺏길까 봐 **텁석** 가져가 물었다.

텁석-텁석

의미 [+모양],[+붊]v[+장악],[+순간],[+반복]

제약 { }-{물다, 잡다}

자꾸 왈칵 달려들어 넝큼 물거나 움켜잡는 모양. '덥석덥석'보다 거센 느낌을 준다.

¶강아지는 먹성이 좋아 고깃덩이를 **텁석텁석** 잘도 물어 갔다.

텁수룩-이

의미 [+수염]v[+머리털],[+조밀],[+혼란],[+수북]

제약 {수염, 머리털}-{ }

수염이나 머리털이 배게 나 어수선하거나 더부룩하게.

¶그는 수염을 **텁수룩이** 기르고 있었다.

텅⁰¹

의미 [+모양],[+크기],[-내용]

제약 { }-{비다}

큰 것이 속이 비어 아무것도 없는 모양.

¶그 마을은 **텅** 비어 있었다./가을걷이가 끝난 들판은 **텅** 비어 있었다./이런 생각에 잠길 때마다, 신봉이는 갑자기 가슴속에 **텅** 빈 것 같은 허전함을 깨닫곤 했다.≪서기원, 조선백자 마리아상≫

텅⁰²

의미 [+소리],[+쇠붙이]v[+물건],[+충돌],[+공명],[+정도]

제약 { }-{부딪치다, 울리다}

① 큰 쇠붙이나 단단한 물건이 세게 부딪쳐 울

리는 소리. '떵①'보다 거센 느낌을 준다.

¶그가 던진 목침은 벽을 **텅** 맞고 떨어졌다./일꾼은 쇠망치를 땅에 **텅** 내려놓았다.

의미 [+소리],[+총]v[+대포]

제약 {총, 대포}-{쏘다, 터지다}

② 총이나 대포 따위를 쏘는 소리. '떵②'보다 거센 느낌을 준다.

텅-텅⁰¹

의미 [+모양],[+전부],[+크기],[-내용]

제약 { }-{비다}

큰 것 여럿이 다 속이 비어서 아무것도 없는 모양.

¶주민들이 모두 동원되었는지 집집마다 **텅텅** 비어 있다./일요일 아침이었으므로 길거리가 온통 **텅텅** 비어 있었다./구토로 속이 **텅텅** 비었다./국고가 **텅텅** 비게 되었다./웬일일까? 그와 함께 마음 한구석이 **텅텅** 비워져 가는, 무엇으로도 메울 수 없는 허전함을 어쩔 수 없다.≪오영수, 비오리≫

텅-텅⁰²

의미 [+소리],[+쇠붙이]v[+물건],[+충돌],[+정도],[+공명],[+연속]

제약 { }-{부딪치다, 울리다}

① 큰 쇠붙이나 단단한 물건이 잇따라 세게 부딪쳐 울리는 소리. '떵떵⁰²①'보다 거센 느낌을 준다.

¶총대로 땅을 **텅텅** 찍다./그는 주먹으로 철문을 **텅텅** 두드렸다./아침부터 공사장은 **텅텅** 울리는 망치 소리로 시끄러웠다.

의미 [+소리],[+총]v[+대포],[+연속]

제약 {총, 대포}-{쏘다, 터지다}

② 총이나 대포 따위를 잇따라 쏘는 소리. '떵떵⁰²②'보다 거센 느낌을 준다.

¶아기는 멀리서 **텅텅** 울려오는 대포 소리에 깜짝깜짝 놀란다.

태석-태석

의미 [+모양],[+표면],[+거침],[-윤택]

제약

거죽이나 면이 매우 거칠게 일어나 반지랍지 못한 모양.

토닥-토닥

의미 [+소리]v[+모양],[+물체],[+타격],[+연속]

제약 { }-{두드리다}

잘 울리지 아니하는 물체를 잇따라 가볍게 두드리는 소리. 또는 그 모양. '도닥도닥'보다 거센 느낌을 준다.

¶아기를 **토닥토닥** 달래다./소녀는 바닷가에서 두두룩하게 쌓아 올린 모래를 **토닥토닥** 두드린다./선생님께서 어깨를 **토닥토닥** 두드려 주셨다.

토도독

의미 [+소리],[+빗방울],[+낙하],[+바닥]v[+나뭇잎],[+정도]

제약 {빗방울}-{떨어지다}

빗방울 따위가 바닥이나 나뭇잎 위에 세게 떨어지는 소리.

¶먹구름이 하늘을 뒤덮는가 싶더니 빗방울이 토도독 떨어지기 시작한다.

토도독-토도독

의미 [+소리],[+빗방울],[+낙하],[+바닥]v[+나뭇잎],[+정도],[+연속]

제약 {빗방울}-{떨어지다}

빗방울 따위가 바닥이나 나뭇잎 위에 잇따라 세게 떨어지는 소리.

¶빗방울이 뽕잎에 **토도독토도독** 떨어지기 시작한다./밤사이 비가 왔는지 처마에서 **토도독토도독** 물 떨어지는 소리가 들렸다.

토동통

의미 [+소리],[+작은북]v[+장구]

제약 {작은북, 장구}-{치다}

작은북이나 장구 따위를 치는 소리.

¶**토동통** 흥겨운 북소리.

토드락-토드락

의미 [+소리]v[+모양],[+물건],[+타격],[+박자],[+반복]

제약 { }-{두드리다}

작고 단단한 물건을 가락에 맞추어 가볍게 자꾸 두드리는 소리. 또는 그 모양. '또드락또드락'보다 거센 느낌을 준다.

¶합격 발표를 기다리던 그는 불안하여 책상을 손가락으로 **토드락토드락** 두드렸다.

토막-토막

의미 [+모양],[+다수],[+토막],[+절단]

제약 { }-{썰다, 끊다, 자르다}

① 여러 토막으로 끊어지거나 잘린 모양.

¶호박을 **토막토막** 썰다./닭고기를 **토막토막** 자르다./어린 시절의 추억이 **토막토막** 떠오른다./통나무가 **토막토막** 잘려 차곡히 쌓여 있다./머리도 없고 끝도 없는 **토막토막** 끊어져 나오는 과거의 생각이 눈앞으로 지나갔다 닥쳐왔다 한다.≪나도향, 어머니≫/복도 너머 유리문도 열려진 채였고, 모기향은 모두 재가 되어 **토막토막** 접시에 떨어져 있었다.≪박경리, 토지≫

의미 [+토막],[+개별],[+전부]

제약

② 토막마다.

¶닭고기는 **토막토막** 칼집을 내어서 튀겨야 속까지 잘 익는다.

토실-토실

의미 [+모양],[+살],[+비만],[+호감]

제약 { }-{살찌다}

보기 좋을 정도로 살이 통통하게 찐 모양.

¶사 온 돼지가 **토실토실** 살이 오르면서….≪한수산, 유민≫/굶어 죽기는커녕 임이네는 살이 **토실토실** 오르고 얼굴이 희부옇게 윤이 나면서부터 차츰 기를 펴기 시작했으니.≪박경리, 토지≫

토심스레

의미 [+느낌],[+타인],[+태도],[+불쾌]

제약

남이 좋지 아니한 태도로 대하여 불쾌하고 아니꼬운 느낌이 있다.

톡

의미 [+소리]v[+모양],[-크기],[+확산]v[+파열],[+불시]

제약 { }-{튀다, 터지다}

① 작은 것이 갑자기 튀거나 터지는 소리. 또는 그 모양.

¶**톡** 터질 듯 익은 포도알.

의미 [+소리]v[+모양],[+크기],[+낙하],[+불시]

제약 { }-{떨어지다}

② 작은 것이 갑자기 떨어지는 소리. 또는 그 모양.

¶윤은 식구들 사이에 끼여 앉아 잠자코 밥을 먹기 시작했는데, 웬일인지 눈물이 한 방울 상 위에 톡 떨어졌다.≪이동하, 우울한 귀향≫

의미 [+모양],[+말],[+공격],[+냉정]

제약 { }-{쏘다, 뱉다}

③ 말을 야멸치게 쏘아붙이는 모양.

¶봉추댁이 독 오른 고추처럼 톡 쏘고는 빈 물동이를 들고…대문께로 걸었다.≪김원일, 불의 제전≫ /옛날같이 톡 쏘는 말투는 아니었다.≪박경리, 토지≫

의미 [+소리]v[+모양],[-크기],[+걸림]v[+차임],[+불시]

제약 { }-{걸리다, 차이다}

④ 작은 것이 갑자기 발에 걸리거나 차이는 소리. 또는 그 모양.

¶돌부리에 톡 차이다.

의미 [+소리]v[+모양],[+타격]v[+접촉],[-정도]

제약 { }-{치다, 건드리다}

⑤ 가볍게 살짝 치거나 건드리는 소리. 또는 그 모양.

¶어깨를 톡 치다./톡, 톡, 톡! 하루도 빠지 않고 새벽마다 털어 대는 시아버지의 담뱃대 소리에 옥심이는 깜짝 잠이 깨었다.≪김정한, 옥심이≫

의미 [+소리]v[+모양],[+분리]v[+튀김],[-정도]

제약 { }-{털다, 튀기다}

⑥ 아주 가볍게 털거나 튀기는 소리. 또는 그 모양.

의미 [+소리]v[+모양],[+새],[+부리],[+쪼기]

제약 {새}-{쪼다}

⑦ 새 따위가 부리로 가볍게 쪼는 소리. 또는 그 모양.

의미 [+소리]v[+모양],[+절단],[-정도],[+순간]

제약 { }-{부러지다, 끊어지다}

⑧ 갑자기 가볍게 부러지거나 끊어지는 소리.

또는 그 모양.

¶빠져나갈 사람은 다 빠져나가면서 다리를 톡 끊어 놨으니, 옴치고 뛸 수 없는 독 안에 든 쥔데!≪염상섭, 취우≫

의미 [+모양],[+부분],[+돌출],[+정도]

제약

⑨ 어느 한 부분이 쏙 볼가져 나온 모양.

¶아이는 아비를 닮아서인지 이마만 톡 튀어나왔다./배가 앞으로만 톡 불거진 게 또 딸이다 싶어….≪박완서, 도시의 흉년≫

의미 [+느낌],[+혀끝]v[+코],[+자극],[+순간]

제약 {혀, 코}-{쏘다}

⑩ 갑자기 혀끝이나 코 따위에 자극을 받는 느낌.

¶톡 쏘는 청량음료.

톡탁

의미 [+소리],[+물건],[+타격]

제약 { }-{두드리다, 치다}

① 단단한 물건을 가볍게 두드리는 소리. '똑딱'보다 거센 느낌을 준다.

의미 [+소리]v[+모양],[+상호],[+타격]

제약 { }-{치다, 거리다}

② 서로 가볍게 치는 소리. 또는 그 모양.

¶처음에는 장난삼아 톡탁 치던 것이 꼭 싸움으로 이어진다.

톡탁-톡탁

의미 [+소리],[+물건],[+타격],[+연속]

제약 { }-{두드리다, 치다}

① 단단한 물건을 잇따라 가볍게 두드리는 소리. '똑딱똑딱①'보다 거센 느낌을 준다.

의미 [+소리]v[+모양],[+상호],[+타격],[+반복]

제약 { }-{치다, 거리다}

② 서로 가볍게 자꾸 치는 소리. 또는 그 모양.

톡-톡

의미 [+소리]v[+모양],[+확산]v[+파열],[+반복]

제약 { }-{튀다, 터지다}

① 작은 것이 자꾸 튀거나 터지는 소리. 또는

그 모양.

¶살짝만 건드려도 **톡톡** 터지는 열매.

의미 [＋소리]v[＋모양],[－크기],[＋낙하],[＋순간],[＋반복]

제약 {   }-{떨어지다}

② 작은 것이 갑자기 자꾸 떨어지는 소리. 또는 그 모양.

의미 [＋모양],[＋말],[＋공격],[＋냉정],[＋반복]

제약 {   }-{쏘다, 뱉다}

③ 말을 야멸치게 자꾸 쏘아붙이는 모양.

¶쐐기벌레처럼 **톡톡** 쏘기만 하던 과거의 부월이가 아니었다.≪윤흥길, 완장≫

의미 [＋소리]v[＋모양],[－크기],[＋걸림]v[＋차임],[＋발],[＋반복]

제약 {   }-{걸리다, 차이다}

④ 작은 것이 자꾸 발에 걸리거나 차이는 소리. 또는 그 모양.

¶오늘도 현호는 제물에 시무룩해져서 발길에 걸리는 돌을 **톡톡** 차며 학교에서 돌아오는 길이었다.≪최일남, 거룩한 응달≫

의미 [＋소리]v[＋모양],[＋타격]v[＋접촉],[＋반복]

제약 {   }-{치다, 건드리다, 만지다}

⑤ 자꾸 가볍게 살짝살짝 치거나 건드리는 소리. 또는 그 모양.

¶물고기들이, 주둥이 끝으로 **톡톡** 건드려 보다가는 슬쩍 달아난다.≪최인훈, 구운몽≫/누군가 골목에서 걸어 나와 근식의 어깨를 **톡톡** 건드렸다.≪최인호, 지구인≫/날렵한 동작으로 안주머니에서 계산기를 꺼내어 **톡톡** 치면서 흥얼댔다.≪이영치, 흐린 날 황야에서≫

의미 [＋소리]v[＋모양],[＋분리]v[＋튀김],[＋반복]

제약 {   }-{털다, 튀기다}

⑥ 자꾸 아주 가볍게 털거나 튀기는 소리. 또는 그 모양.

¶그는 담배 한 대를 꺼내어 한쪽 끝을 탁자 위에 **톡톡** 두드리면서 궁리하기 시작했다.≪김승옥, 차나 한잔≫/엄마가 팔을 뻗칠 겨를도 없이 공은 **톡톡** 튀더니 도르르, 굴러간다.

의미 [＋소리]v[＋모양],[＋새],[＋부리],[＋쪼기],[＋반복]

제약 {새}-{쪼다}

⑦ 새 따위가 부리로 가볍게 자꾸 쪼는 소리. 또는 그 모양.

¶새끼손가락만 한 피라미들이 거뭇거뭇 몰려와 몸을 **톡톡** 쪼았다.≪전상국, 하늘 아래 그 자리≫

의미 [＋소리]v[＋모양],[＋절단],[＋순간],[＋반복]

제약 {   }-{부러지다, 끊어지다}

⑧ 갑자기 가볍게 자꾸 부러지거나 끊어지는 소리. 또는 그 모양.

¶쏘시갯감인 솔가지 분지르는 소리가 **톡톡** 들려온다.≪박경리, 토지≫

의미 [＋모양],[＋다수],[＋돌출],[＋정도]

제약 {   }-{불거지다}

⑨ 여기저기 쏙쏙 불거져 나온 모양.

¶**톡톡** 불거진 여드름.

의미 [＋모양],[＋혀끝]v[＋코],[＋자극],[＋순간],[＋반복]

제약 {혀, 코}-{쏘다}

⑩ 갑자기 혀끝이나 코 따위에 자꾸 자극을 받는 느낌.

¶투명하고 맑고 애수가 어리면서 담백하고 때때로 **톡톡** 쏘는 것 같은 독특한 음이다.≪한무숙, 어둠에 갇힌 불꽃들≫/샴페인의 매력은 입 안을 **톡톡** 쏘는 탄산가스의 자극적인 맛과 마시는 동안 계속 올라오는 거품에 있다.

톡톡-히

의미 [＋피륙],[＋견고],[＋두께],[＋균일],[－간격]

제약 {   }-{짜다, 만들다}

① 피륙 따위가 단단한 올로 고르고 촘촘하게 짜여 조금 두껍다.

¶겨울이 되자 어머니는 털실로 옷을 **톡톡히** 짜서 나에게 입히셨다.

의미 [＋모양],[＋옷],[＋솜],[＋두께],[＋정도]

제약 {의류}-{만들다}

② 옷에 솜을 많이 넣어 조금 두껍다.

의미 [＋모양],[＋국물],[＋농도]

제약

③ 국물이 바특하여 묽지 아니하다.

의미 [+재산]v[+살림살이],[+실속],[+여유],

제약

④ 재산이나 살림살이 따위가 실속 있고 넉넉하
다.

¶사례를 **톡톡히** 하다./부모 덕을 **톡톡히** 보다./
숙이 시집보낼 때는 한밑천 **톡톡히** 해 주어야겠
소.≪박경리, 토지≫

의미 [+비판]v[+망신]v[+꾸중],[+극심]

제약

⑤ 비판이나 망신, 꾸중 따위의 정도가 심하다.
¶타향살이의 쓴맛을 **톡톡히** 보다./집안 망신을
톡톡히 시키다./시선이 집중되는 가운데 계숙은
정면으로 호령을 **톡톡히** 하였다.≪심훈, 영원의 미
소≫

의미 [+구실]v[+역할],[+충분]

제약

⑥ 구실이나 역할 따위가 제대로 되어 충분하
다.

¶이름값을 **톡톡히** 하다./시누이 노릇을 **톡톡히**
하다.

톰방

의미 [+소리]v[+모양],[+물건],[+물],[+낙
하],[+침수]

제약 { }-{빠지다}

작고 갸름한 물건이 깊은 물에 떨어져 잠기는
소리. 또는 그 모양.

¶돌멩이가 우물에 **톰방** 떨어졌다.

톰방-톰방

의미 [+소리]v[+모양],[+물건],[+물],[+낙
하],[+침수],[+반복]

제약 { }-{빠지다}

작고 갸름한 물건이 깊은 물에 자꾸 떨어져 잠
기는 소리. 또는 그 모양.

¶한 쌍의 물총새들이 물속에 **톰방톰방** 뛰어들며
물고기를 잡아먹고 있었다.

톱톱-히

의미 [+국물],[+농도]

제약

국물이 묽지 아니하고 바특하게.

통01

의미 [+부정],[+정도]

제약 { }-{않다, 못하다, 없다, 모르다}

① (주로 '않다', '못하다', '없다', '모르다' 따위
의 부정하는 말과 어울려 쓰거나 반문하는 문장
에 쓰여) '전혀', '도무지'의 뜻을 나타내는 말.
¶**통** 관심이 없다./그는 **통** 말이 없다./**통** 기억이
나지 않는다./그 사람 말은 무슨 뜻인지 **통** 모르
겠다./그 사람이 요새는 **통** 보이지를 않는다./그
자의 꿍꿍이속을 **통** 알 수가 있어야지요./박사님
소식은 요즘도 **통** 캄캄합니까?≪홍성원, 육이오≫/
김가의 원수를 어떻게 하면 갚느냐 하는데 골몰
해서 아버지의 말이 **통** 귀에도 들어오지 않는
것이다.≪이무영, 농민≫

의미 [+전부],[+긍정]

제약

② (긍정의 뜻을 가진 문맥에서) '온통'의 뜻을
나타내는 말.

¶칠태는 보름 동안이나 낮밤을 무릅쓰고 산을
뒤졌습니다. 산이란 산은 샅샅이 **통** 뒤져 본 폭
입니다.≪김유정, 두포전≫

통02

의미 [+소리],[+작은북]v[+나무통],[+타격],
[+공명]

제약 { }-{치다, 두드리다}

① 작은북이나 속이 빈 작은 나무통 따위를 두
드려 울리는 소리.

의미 [+소리],[+발],[+압력],[+공명]

제약 { }-{구르다}

② 발로 탄탄한 곳을 굴러 울리는 소리.
¶순실이는 주름 잡힌 입아귀가 뒤틀리며 발을
통 구르고….≪염상섭, 위협≫

의미 [+소리],[+물방울]v[+덩이],[+낙하]

제약 { }-{떨어지다}

③ 작은 물방울이나 덩이 따위가 떨어지는 소
리.

의미 [+소리],[+줄],[+탄력],[+튕김]

제약 { }-{치다, 당기다, 튕기다}

④ 팽팽한 줄 따위를 튕기는 소리.

통극-히

　의미 [+열렬]v[+맹렬],[+정도]

　제약

　몹시 열렬하거나 맹렬하게.

통동

　의미 [+사물],[+전체],[+수효]v[+양],[+단번],[+계산]

　제약

　사물 전체의 수효나 양을 모두 한목 쳐서.

통렬-히

　의미 [+예리],[+매정],[+정도]

　제약

　몹시 날카롭고 매섭게.

　¶정부의 실책을 **통렬**히 비판하다./국권 아닌 왕권의 연장을 위해 외세를 끌어들인 위정자의 우졸(愚拙)을 **통렬**히 비난했다.≪박경리, 토지≫

통-밀어

　의미 [+전부],[−분별],[+평균]

　제약

　이것저것 가릴 것 없이 전부 평균으로 쳐서. 늑밀어.

통분-히

　의미 [+원통],[+억울]

　제약

　원통하고 분하게.

　¶그는 완고한 부부의 강제 밑에서 오히려 이와 같은 불합리한 혼인이 거행되는 것을 **통분**히 생각하였다.≪이기영, 신개지≫

통상

　의미 [+항상]v[+보통]

　제약

　일상적으로. 또는 일상적인 경우에는.

　¶우리 가족은 **통상** 아침 7시에 기상한다./신생리 마을 뒤 해안 쪽에 돌부리라는 돌출구가 있는데 그곳이 **통상** 녀석들의 탈출 지점으로 이용되고 있습니다.≪이청준, 당신들의 천국≫

통연-히

　의미 [−장애],[+양명]

　제약

　막힘이 없이 트여 밝고 환하다.

통-으로

　의미 [+대상],[+전부]

　제약

　어떤 대상을 통째로. 또는 어떤 대상을 전부 다.

　¶닭 한 마리를 **통으로** 튀기다./놀이는 샐쭉하며 텁석부리를 흘겨보고 들어가더니 재빠르게 오지 소주병을 **통으로** 들고 나왔다.≪현진건, 무영탑≫/한 칸의 자리를 **통으로** 차지하고 누워 자는 사람까지 더러 있었다.≪이기영, 신개지≫

통-이

　의미 [+전부],[+완전]

　제약

　전부 다 완전히.

　¶비가 오고 아니 오는 것을 **통이** 잊어버리고 있는 게 상책이다.≪현진건, 지새는 안개≫/원가 놈의 집을 **통이** 도륙 내 주시거나 그러지 못하면 그 집 딸년 하나만이라도 죽여 주십시오.≪홍명희, 임꺽정≫/줄을 찾는다고 콩밭을 **통이** 뒤집어 놓았다.≪김유정, 금 따는 콩밭≫

통절-히

　의미 [+절실]

　제약 { }-{느끼다}

　① 뼈에 사무치게 절실하다.

　¶태공은 자기의 늙음을 **통절**히 느꼈다.≪김동인, 젊은 그들≫

　의미 [+적합],[+정도]

　제약

　② 매우 적절하다.

통쾌-히

　의미 [+유쾌],[+정도]

　제약 {사람}-{웃다}

　아주 즐겁고 시원하여 유쾌하게.

　¶그는 아주 시원하다는 듯이 **통쾌**히 웃어 댔다.

통-탕

　의미 [+소리],[+물건],[+타격],[−주의],[+요란]

　제약 { }-{두드리다, 구르다}

　단단한 물건을 함부로 조금 요란하게 두드리거나 발로 구르는 소리.

통탕-통탕

의미 [＋소리],[＋물건],[＋타격],[－주의],[＋요란],[＋반복]

제약 { }-{두드리다, 구르다}

단단한 물건을 함부로 조금 요란하게 자꾸 두드리거나 발로 구르는 소리.

통통[01]

의미 [＋모양],[＋단신],[＋비만],[＋가로]

제약

① 키가 작고 살이 쪄 몸이 옆으로 퍼진 모양. ‘똥똥①’보다 거센 느낌을 준다. ≒통통히[01]①.

¶**통통** 살이 올라, 연방 오리 새끼처럼 졸졸 동네 마을을 도는 꼴이란 훔쳐만 봐도 배가 부를 지경이었다.≪천승세, 낙월도≫

의미 [＋모양],[＋물체],[＋부분],[＋팽창]v[＋돌출]

제약 { }-{붓다, 부풀다}

② 물체의 한 부분이 붓거나 부풀어서 있는 모양. ‘똥똥②’보다 거센 느낌을 준다. ≒통통히[01]②.

¶매를 맞아서 종아리가 **통통** 부었다./영희는 무안한 낯빛으로 어린애를 받아서 서투른 솜씨로 **통통** 불은 젖을 꺼내 물렸다.≪염상섭, 후더침≫

통-통[02]

의미 [＋소리],[＋작은북]v[＋나무통],[＋타격],[＋공명],[＋연속]

제약 { }-{치다, 두드리다}

① 작은북이나 속이 빈 작은 나무통 따위를 잇따라 두드려 울리는 소리.

¶물통을 **통통** 두드리다.

의미 [＋소리],[＋견고],[＋발],[＋압력],[＋공명],[＋반복]

제약 { }-{차다}

② 발로 탄탄한 곳을 자꾸 굴러 울리는 소리.

¶땅딸보인 바깥주인이 삐거덕거리는 층계를 **통통** 구르며 올라와선….≪최정희, 인간사≫

의미 [＋소리],[＋줄],[＋탄력],[＋튕김],[＋연속]

제약 { }-{튕기다, 잡아당기다}

③ 팽팽한 줄 따위를 잇따라 튕기는 소리.

의미 [＋소리],[＋물방울]v[＋덩이],[＋낙하],[＋연속]

제약 { }-{떨어지다}

④ 작은 물방울이나 덩이 따위가 잇따라 떨어지는 소리.

의미 [＋소리],[＋발동기],[＋공명]

제약 {발동기}-{거리다}

⑤ 작은 발동기 따위가 울리는 소리.

¶곧 배는 **통통** 소리를 내며 선착장을 떠나 바다로 헤엄쳐 나가기 시작했다.≪최인호, 지구인≫

통통-히[01]

의미 [＋모양],[＋단신],[＋비만],[＋가로]

제약

①=통통[01]①. 키가 작고 살이 쪄 몸이 옆으로 퍼진 모양.

¶아기의 뺨에 살이 **통통히** 올랐다./밀러도 역시 다른 지아이(GI)들과 마찬가지로 어깨와 목덜미에 뿌연 비곗살이 **통통히** 올라 있었다.≪홍성원, 육이오≫

의미 [＋모양],[＋물체],[＋부분],[＋팽창]v[＋돌출]

제약 { }-{붓다, 부풀다}

②=통통[01]②. 물체의 한 부분이 붓거나 부풀어서 도드라져 있는 모양.

¶눈이 **통통히** 붓도록 눈물을 짜내는 수원집이나….≪염상섭, 삼대≫

통통-히[02]

의미 [＋호기],[＋엄중]

제약

아주 호기 있고 엄하게.

¶꺽정이가 호령질을 **통통히** 하는데 향나무 위에 있는 여러 사람은 꿀꺽 소리도 못하였다.≪홍명희, 임꺽정≫

통투-히

의미 [＋사리],[＋통달],[＋분명]

제약

사리를 꿰뚫어 환하게.

¶정치가라 하는 것은 제일 시세를 **통투히** 알아야 할 터이니….≪독립신문≫

통틀-어

의미 [＋전부],[＋취합]

제약

있는 대로 모두 합하여.

¶내가 가진 돈은 **통틀어** 오백 원뿐이다./우릴 **통틀어** 경멸하는 소리는 삼가 줘.≪박완서, 도시의 흉년≫

통-히

의미 [-예측],[-기대]

제약

도무지①. (주로 부정을 나타내는 말과 함께 쓰여) 아무리 해도.

¶금순네는 항상 혼자였다. 다른 사람들과 **통히** 어울릴 줄 몰랐다./그러나 그곳으로 옮겨지고 나서는 **통히** 그런 것을 들어 볼 수가 없었다.

퇴연-히⁰¹

의미 [+겸허],[+조용]

제약

겸허하고 조용하게.

퇴연-히⁰²

의미 [-기력],[+피곤]

제약

① 기력이 없어 느른하게.

의미 [+감취],[+도괴]

제약

② 취하여 쓰러질 듯하게.

투깔스레

의미 [+일]v[+물건],[+견고],[+거침]

제약

일이나 물건 따위의 모양새가 투박스럽고 거친 데가 있다.

투덕-투덕⁰¹

의미 [+소리]v[+모양],[+물체],[+타격],[+정도],[+연속]

제약 { }-{두드리다}

잘 울리지 아니하는 물체를 조금 세게 잇따라 두드리는 소리. 또는 그 모양. '두덕두덕⁰¹'보다 거센 느낌을 준다.

¶고갯길을 **투덕투덕** 내려오면서 나는 몸을 가누기 어려울 정도의 피로를 느꼈다.≪전상국, 하늘 아래 그 자리≫/덕칠이는 **투덕투덕** 옹구바지 가랑이의 흙을 털고 있었다.≪문순태, 타오르는 강≫

투덕-투덕⁰²

의미 [+모양],[+얼굴],[+살],[+복]

제약 {얼굴}-{살찌다, 두툼하다}

얼굴이 살지고 두툼하여 복스러운 모양.

¶그 **투덕투덕** 살진 검붉은 얼굴에 신들신들한 웃음까지 흘린다.≪현진건, 적도≫

투덜-투덜

의미 [+모양],[+목소리],[-크기],[+불평],[+반복]

제약 { }-{거리다, 대다}

남이 알아듣기 어려운 정도의 낮은 목소리로 자꾸 불평을 하는 모양. '두덜두덜'보다 거센 느낌을 준다.

¶심부름하는 애 녀석이 심드렁한 낯빛으로 내 아래위를 몇 번 더 훑어보고 나서 **투덜투덜** 볼멘소리를 내며 돈을 받아 갔다.≪유재용, 성역≫/나는 이런 복잡스러운 북새통에 끼어들면서 혼잣말처럼 **투덜투덜** 엄마에게 귀띔을 했다.≪박완서, 도시의 흉년≫

투두둑

의미 [+소리],[+우박],[+낙하],[+바닥]v[+나뭇잎],[+정도]

제약 {우박}-{떨어지다}

우박 따위가 바닥이나 나뭇잎 위에 세게 떨어지는 소리.

¶갑자기 우박이 **투두둑** 쏟아졌다./양철 지붕 위로 **투두둑** 빗방울 떨어지는 소리가 경쾌했다.

투두둑-투두둑

의미 [+소리],[+우박],[+낙하],[+바닥]v[+나뭇잎],[+정도],[+연속]

제약 {우박}-{떨어지다}

우박 따위가 바닥이나 나뭇잎 위에 잇따라 세게 떨어지는 소리.

투둑-투둑

의미 [+소리],[+빗방울]v[+열매],[+낙하],[+반복]

제약 {빗방울, 열매}-{떨어지다}

빗방울이나 나무 열매 따위가 자꾸 떨어지는 소리.

¶왜냐하면 양철 지붕 위에서 **투둑투둑**, 그때까지도 빗방울 떨어지는 소리가 들려오고 있었기

때문이었다.≪김용성, 도둑 일기≫/처녀는 **투둑투둑**
눈물이 치마폭 위로 떨어져 흥건히 젖도록 울었
다.≪최명희, 혼불≫

투드럭-투드럭
　의미　[＋소리],[＋물체],[＋타격],[＋공명],[＋연
속]
　제약　{　}-{두드리다, 울리다}
　큰 물체를 둔하게 울릴 정도로 잇따라 두드리는
소리. '뚜드럭뚜드럭'보다 거센 느낌을 준다.
　¶마을에서 도리깨질 소리가 **투드럭투드럭** 들려
왔다.

투루루
　의미　[＋소리],[＋젖먹이],[＋입술],[＋요동]
　제약
　① 젖먹이가 두 입술을 떨며 투레질하는 소리.
　의미　[＋소리],[＋말]v[＋당나귀],[＋코],[＋호
흡]
　제약
　② 말이나 당나귀가 코로 숨을 급히 내쉬며 투
레질하는 소리.

투박스레
　의미　[＋모양],[＋외관],[＋초라],[＋둔감],[＋견
고]
　제약　{　}-{생기다}
　① 생김새가 볼품없이 둔하고 튼튼하기만 한 데
가 있다.
　의미　[＋말]v[＋행동],[＋거침],[－세련]
　제약　{　}-{굴다}
　② 말이나 행동 따위가 거칠고 세련되지 못한
데가 있다.

투실-투실
　의미　[＋모양],[＋살],[＋비만],[＋호감]
　제약　{　}-{살찌다}
　보기 좋을 정도로 살이 통통하게 찐 모양.
　¶살이 **투실투실** 찌다./더러 커다란 찌짝이 **투실
투실** 살진 엉덩이를 아기작거리며 기어가는 걸
보면 「아기공룡 둘리」의 엉덩이가 생각나.

투철-히
　의미　[＋사리],[＋정확]
　제약　{　}-{굴다}

　① 사리에 밝고 정확하다.
　¶경서(經書)를 **투철히** 통달하다.
　의미　[＋개별],[＋전부],[＋분명],[＋완벽]
　제약
　② 속속들이 뚜렷하고 철저하다.
　¶그는 국가관을 **투철히** 갖춘 사람이다.

투투
　의미　[＋소리],[＋짐승],[＋호흡],[＋곤란]
　제약
　소 따위의 짐승이 힘겹게 숨을 내쉬는 소리.

툭[01]
　의미　[＋소리]v[＋모양],[＋확산]v[＋파열],[＋순
간]
　제약　{　}-{튀다, 터지다}
　① 갑자기 튀거나 터지는 소리. 또는 그 모양.
　¶주머니가 **툭** 터지다./답답하고 우울해서 견딜
수 없던 가슴속이 봇물 터지듯 **툭** 터지고 있었
다.≪하근찬, 야호≫
　의미　[＋소리]v[＋모양],[＋낙하],[＋순간]
　제약　{　}-{떨어지다}
　② 갑자기 떨어지는 소리. 또는 그 모양.
　¶장대를 갖다대자마자 감이 **툭** 떨어졌다./맥이
풀려 손에 들었던 낫이 발등 아래로 **툭** 떨어졌
다.≪박종화, 전야≫
　의미　[＋모양],[＋말],[＋공격],[＋예리]
　제약　{　}-{쏘다, 말하다}
　③ 말을 퉁명스럽게 쏘아붙이는 모양.
　¶**툭** 쏘아 대다./김확실이는 지루해서 미치겠는
지 **툭** 내쏘며 밖으로 나갔다.≪송기숙, 녹두 장군≫
　의미　[＋소리]v[＋모양],[＋발],[＋걸림]v[＋차
임],[＋순간]
　제약　{　}-{걸리다, 차이다}
　④ 갑자기 발에 걸리거나 차이는 소리. 또는 그
모양.
　¶돌부리에 **툭** 걸려 넘어지다.
　의미　[＋소리]v[＋모양],[＋타격]v[＋접촉]
　제약　{　}-{치다, 건드리다}
　⑤ 가볍게 슬쩍 치거나 건드리는 소리. 또는 그
모양.
　¶어깨를 **툭** 치다./윤 여사가 열렬하게 박수를 치

면서 팔꿈치로 현을 툭 건드렸다.《박완서, 오만과 몽상》/홍선은 오른손을 들어서 무릎을 한 번 툭 치며 그가 즐겨서 부르는 시조 한마디를 읊기 시작하였다.《김동인, 운현궁의 봄》

의미 [+소리]v[+모양],[+분리]v[+튀김]

제약 { }-{털다, 튀기다, 치다}

⑥ 가볍게 털거나 튀기는 소리. 또는 그 모양.

¶아이는 길바닥에 넘어졌지만 금방 툭 털고 일어났다.

의미 [+소리]v[+모양],[+절단]v[+분리],[+순간]

제약 { }-{부러지다, 끊어지다}

⑦ 갑자기 부러지거나 끊어지는 소리. 또는 그 모양.

¶막대기가 툭 부러지다./고무줄 끈이 툭 끊어지는가 싶더니 얇은 천이 찢어지는 소리가 났다.《홍성암, 큰물로 가는 큰 고기》

의미 [+모양],[+부분],[+돌출]

제약 { }-{불거지다, 튀어나오다}

⑧ 어느 한 부분이 쑥 불거져 나온 모양.

¶이마가 툭 불거지다./광대뼈가 툭 불거지다.

의미 [+모양],[-은폐],[+공개]

제약

⑨ 환하게 트이거나 숨김없이 터놓는 모양.

¶툭 트인 공간./툭 터놓고 이야기하다./에라 모르겠다 하고 익삼 씨는 찾아온 용건을 툭 털어놓기로 작정했다.《윤흥길, 완장》

툭-탁01

의미 [+소리],[+물건],[+타격]

제약 { }-{두드리다}

단단한 물건을 가볍게 두드리는 소리. '뚝딱01'보다 거센 느낌을 준다.

¶작대기로 나무를 툭탁 치다.

툭탁02

의미 [+모양],[+일],[+처리],[+용이]

제약 { }-{해치우다}

일을 거침없이 손쉽게 해치우는 모양. '뚝딱02'보다 거센 느낌을 준다.

¶그는 상에 차린 음식을 순식간에 툭탁 먹어 치웠다./어머니는 집 안 청소를 금세 툭탁 끝냈다.

툭탁-툭탁01

의미 [+소리],[+물건],[+타격],[+연속]

제약 { }-{두드리다}

단단한 물건을 잇따라 조금 가볍게 두드리는 소리. '뚝딱뚝딱01②'보다 거센 느낌을 준다.

¶그 말을 하면서 그는 가톨릭 신자들처럼 주먹으로 자기 가슴을 툭탁툭탁 치는 것이었다.《김승옥, 환상 수첩》

툭탁-툭탁02

의미 [+모양],[+일],[+해결],[-장애],[+용이],[+연속]

제약 { }-{해치우다}

일을 잇따라 거침없이 손쉽게 해치우는 모양. '뚝딱뚝딱02'보다 거센 느낌을 준다.

툭-툭01

의미 [+소리]v[+모양],[+확산]v[+파열],[+반복]

제약 { }-{튀다, 터지다}

① 자꾸 튀거나 터지는 소리. 또는 그 모양.

¶홍시가 툭툭 터지다./불꽃이 툭툭 튀면서 불길은 점점 더 세어졌다.《박화성, 한귀》/물기 한 점 없이 툭툭 터진 논바닥을 보니 입 안까지 메말라 와 목마름을 부채질했다.《김원일, 노을》

의미 [+소리]v[+모양],[+낙하],[+순간],[+반복]

제약 { }-{떨어지다}

② 갑자기 자꾸 떨어지는 소리. 또는 그 모양.

¶밤나무를 발로 힘껏 차자 밤이 툭툭 떨어졌다./가을비가 추적추적 내리고 집 앞 감나무에서 감잎이 툭툭 떨어지는 걸 보며 저는 눈물을 참 많이 흘렸던 것 같습니다.

의미 [+모양],[+말],[+공격],[+예리],[+반복]

제약 { }-{쏘다, 말하다}

③ 말을 퉁명스럽게 자꾸 쏘아붙이는 모양.

¶툭툭 쏘아붙이다./나는 아이의 입에서 나이에 어울리지 않는 그런 말들이 툭툭 튀어나올 때마다 한편 놀랍고 한편으론 정나미가 떨어졌다./툭툭 내던지듯 하는 그 억양도 참으로 사람을 미치게 만들었다.《이호철, 문》

의미 [+소리]v[+모양],[+발],[+걸림]v[+차

임],[+반복]

제약 { }-{걸리다, 차이다}

④ 자꾸 발에 걸리거나 차이는 소리. 또는 그 모양.

¶그는 생각에 잠겨 행인들과 예사로 **툭툭** 부대끼며 걸어갔다.≪박영한, 인간의 새벽≫/인적이 닿지 않는 한갓진 길이어서 눈에 익은 비탈이건만 발끝에 무언가가 **툭툭** 채이고 밟힌다.

의미 [+소리]v[+모양],[+타격]v[+접촉],[+반복]

제약 { }-{치다, 건드리다}

⑤ 자꾸 가볍게 슬쩍슬쩍 치거나 건드리는 소리. 또는 그 모양.

¶발로 땅을 **툭툭** 차다./먼지를 **툭툭** 털다./어깨를 **툭툭** 치다./누가 내 등을 **툭툭** 건드렸다./얼마 안 가서 우리는 곧 그 오솔길을 따라 부질없이 나뭇잎들을 **툭툭** 쳐서 떨어뜨리며 걸어 내려오는 소년과 마주쳤다.≪오상원, 백지의 기록≫

의미 [+소리]v[+모양],[+분리]v[+튀김],[+반복]

제약 { }-{털다, 튀기다, 두드리다}

⑥ 자꾸 가볍게 털거나 튀기는 소리. 또는 그 모양.

¶옷에 붙은 눈송이를 **툭툭** 털었다./아버지는 작업복에 묻은 먼지를 수건으로 **툭툭** 털어 냈다./그는 옷에서 검불들을 **툭툭** 턴 뒤 총을 집어 든 채 저벅저벅 사립문 쪽으로 걸어갔다.≪홍성원, 육이오≫

의미 [+소리]v[+모양],[+절단]v[+분리],[+순간],[+반복]

제약 { }-{부러지다, 끊어지다}

⑦ 갑자기 자꾸 부러지거나 끊어지는 소리. 또는 그 모양.

¶줄이 **툭툭** 끊어지다./아이가 고춧대를 **툭툭** 분질러 놓았다.

의미 [+모양],[+다수],[+돌출]

제약 { }-{불거지다, 튀어나오다}

⑧ 여기저기 불거져 나온 모양.

¶이마에 혹이 **툭툭** 불거지다./가마꾼 두 사람도…물속으로 들어서서 힘줄이 **툭툭** 불거지고

기둥같이 실팍한 종아리에다 물을 끼얹었다.≪유주현, 대한 제국≫

툭툭-히

의미 [+피륙],[+견고],[+두께],[+균일],[-간격]

제약 { }-{짜다, 만들다}

① 피륙 따위가 단단한 올로 고르고 촘촘하게 짜여 꽤 두껍게.

의미 [+모양],[+옷],[+솜],[+두께],[+정도]

제약 {의류}-{만들다}

② 옷에 솜을 많이 넣어 꽤 두껍게.

의미 [+모양],[+국물],[+농도]

제약

③ 국물이 매우 적어 묽지 아니하게.

의미 [+재산]v[+살림살이],[+실속],[+여유],

제약

④ 재산이나 살림살이 따위가 실속 있고 넉넉하게.

의미 [+목소리],[+투박],[+거침]

제약

⑤ 목소리가 투박하고 거세게.

툭-하면

의미 [+행동],[+습관],[+반복]

제약

조금이라도 일이 있기만 하면 버릇처럼 곧.

¶**툭하면** 화를 내다./어머니와 아버지는 **툭하면** 싸웠다./대체 자네가 무얼 안다고 **툭하면** 나서나.≪홍명희, 임꺽정≫/그는 **툭하면** 아이들이 튀기같은 놈이라고 놀려 대는 것이 싫었다.≪이상문, 황색인≫/며느리는 신여성이지만 구식의 부덕도 겸비하고 있어 김경호가 매우 아끼고 **툭하면** 자랑하고 싶어 하는 며느리였다.≪박완서, 미망≫

툴툴

의미 [+모양],[+말],[-만족],[+불평],[+정도]

제약 { }-{대다, 거리다}

① 마음에 차지 아니하여서 몹시 투덜거리는 모양.

¶**툴툴** 불평을 늘어놓다.

의미 [+모양],[+옷],[+털기],[+정도]

제약 {이불, 옷}-{털다}

② 옷 따위를 힘 있게 터는 모양.

¶가방을 거꾸로 들고 **툴툴** 털다./워낙 대군(大群)의 이가 버글거려서 사병들은 일일이 손톱으로 눌러 죽일 여가가 없다. 신문지를 깔아 놓고 **툴툴** 털면 마치 좁쌀알처럼 우수수 쏟아지는 것이다.≪홍성원, 육이오≫

의미 [+모양],[+생각],[+포기]

제약 { }-{버리다}

③ 마음에 품은 생각 따위를 떨쳐 버리는 모양.

¶불행했던 기억은 **툴툴** 털어 버리고 우리 이제 새 출발을 해 봅시다./까짓 지난 일일랑 **툴툴** 털고 야무지게 살아야 안 되겠소.≪김원일, 불의 제전≫

툼벙

의미 [+소리]v[+모양],[+물건],[+물],[+낙하],[+침수],[+깊이]

제약 { }-{빠지다}

크고 묵직한 물건이 깊은 물에 떨어져 잠기는 소리. 또는 그 모양.

¶물에 **툼벙** 빠지다./대불이가 먼저 훌훌 옷을 벗고 물속으로 **툼벙** 뛰어들었다.≪문순태, 타오르는 강≫

툼벙-툼벙

의미 [+소리]v[+모양],[+물건],[+물],[+낙하],[+침수],[+깊이],[+반복]

제약 { }-{빠지다}

크고 묵직한 물건이 깊은 물에 자꾸 떨어져 잠기는 소리. 또는 그 모양.

¶**툼벙툼벙** 물장구를 치다./물속으로 **툼벙툼벙** 돌을 던지다.

툽상스레

의미 [+말]v[+행동],[+투박],[+비속]

제약 { }-{굴다}

말이나 행동 따위가 투박하고 상스러운 데가 있다. 늑투상스레

툽툽-히

의미 [+국물],[+농도],[+정도]

제약

국물이 묽지 아니하고 매우 바특하게.

퉁

의미 [+소리],[+큰북]v[+나무통],[+타격],[+공명]

제약 {큰북, 나무통}-{두드리다, 치다}

① 큰북이나 속이 빈 나무통 따위를 두드려 울리는 소리.

¶**퉁**, 황소의 이맛전을 내리치는 메 소리가 나의 귀에까지 들려왔다.≪김원일, 노을≫

의미 [+소리],[+발],[+압력],[+공명],[+정도]

제약 { }-{구르다}

② 발로 탄탄한 곳을 세게 굴러 울리는 소리.

¶그는 화가 몹시 나는지 자동차 옆구리를 **퉁** 발로 찼다.

의미 [+소리],[+물방울]v[+덩이],[+낙하]

제약 { }-{떨어지다}

③ 물방울이나 덩이 따위가 떨어지는 소리.

¶**퉁**, 통이 땅에 떨어지는 소리에 눈을 떴다./마루에 병을 **퉁** 놓는 소리가 난다.≪염상섭, 취우≫

의미 [+소리],[+대포]

제약 {대포}-{쏘다, 울리다}

④ 대포 따위를 쏘아 울리는 소리.

¶뒷산에서 **퉁** 대포 쏘는 소리가 들렸다.

의미 [+모양],[+물건],[+탄력],[+상승],[+무게]

제약 {물건}-{튀다, 솟다}

⑤ 탄력이 있는 물건이 좀 무겁게 튀는 모양.

¶공을 바닥에 **퉁** 튕기다./축구공이 **퉁** 솟아올랐다.

퉁명스레

의미 [+모양],[+말]v[+태도],[−만족],v[+불쾌],[−인정]

제약 { }-{쏘다, 말하다}

못마땅하거나 시답지 아니하여 불쑥 하는 말이나 태도에 무뚝뚝한 기색이 있다.

¶주인은 귀찮은 듯 **퉁명스레** 말을 내뱉었다./낮에 무슨 일이라도 있었는지 그는 **퉁명스레** 심술만 부렸다./도현이 **퉁명스레** 쏘아 줬더니, 행준은 잠자코 옷을 갈아입고 나가 버렸다.≪손창섭, 낙서족≫/처음부터 주는 것 없이 꼴 보기 싫던 잠바가 안경한테 **퉁명스레** 불평을 하자 일만이도 한 다리 부축했다.≪이문구, 장한몽≫

통-탕

의미 [+소리],[+물건],[+타격],[-주의]

제약 { }-{두드리다, 구르다}

① 단단한 물건을 함부로 요란하게 두드리거나 발로 구르는 소리.

¶아이들이 대청마루에서 우당탕 **통탕** 정신없이 이리저리 뛰어다니며 놀고 있다.

의미 [+소리],[+총],[+한번]

제약 {총}-{쏘다, 발사하다}

② 총을 한 번 쏘는 소리.

통탕-통탕

의미 [+소리],[+물건],[+타격],[-주의],[+반복]

제약 { }-{두드리다, 구르다}

① 단단한 물건을 함부로 요란하게 자꾸 두드리거나 발로 구르는 소리.

¶대문을 아무리 **통탕통탕** 두드려도 안에서는 아무런 인기척이 없었다./위층에서 **통탕통탕** 아이들의 발구르는 소리가 들렸다.

의미 [+소리],[+총],[-주의]

제약 {총}-{쏘다, 발사하다}

② 총을 마구 쏘는 소리.

¶전투가 벌어졌는지 산 너머에서 **통탕통탕** 총소리가 들려왔다.

통통01

의미 [+모양],[+단신],[+비만],[+가로]

제약

① 살이 쪄서 몸이 옆으로 퍼진 모양. '뚱뚱01①'보다 거센 느낌을 준다. ≒통통히①.

¶너 요새 갑자기 살이 **통통** 찌는 이유가 뭐야?/회사를 그만두고 집에 들어앉으니 살이 **통통** 올랐다.

의미 [+모양],[+신체]v[+물체],[+부분],[+팽창]v[+돌출]

제약 { }-{붓다, 튀어나오다}

② 신체나 물체의 한 부분이 붓거나 부풀어서 도드라져 있는 모양. '뚱뚱01②'보다 거센 느낌을 준다. ≒통통히②.

¶얼마나 울었는지 눈이 **통통** 부었다./맞은 자리가 **통통** 부어올랐다./물집이 잡혀 **통통** 부은 발

은 이제 한 발짝도 내디딜 수 없을 것 같았다. ≪홍성원, 육이오≫/머리칼도 옷도 몸뚱이도 신발도 물에 **통통** 불어 있었다.≪유재용, 성역≫/산모의 **통통** 불은 젖에선 아기가 먹고 남은 젖이 넘쳐 치마허리를 적셨다.≪박완서, 도시의 흉년≫

통-통02

의미 [+소리],[+큰북]v[+나무통],[+타격],[+공명],[+연속]

제약 {큰북, 나무통}-{치다, 두드리다}

① 큰북이나 속이 빈 나무통 따위를 잇따라 두드려 울리는 소리.

¶그는 이미 양껏 먹었다는 듯 자기 배를 **통통** 두들겨 보였다./아이들은 큰 젓가락 같은 막대기로 **통통** 치는 북은 안중에도 없는지 바이올린만 넋 놓아 보고 있었다.≪김원일, 노을≫

의미 [+소리],[+발],[+압력],[+공명],[+반복]

제약 { }-{구르다}

② 발로 탄탄한 곳을 자꾸 세게 굴러 울리는 소리.

¶마룻바닥을 **통통** 울려 대다.

의미 [+소리],[+대포],[+연속]

제약 {대포}-{쏘다, 울리다}

③ 대포 따위를 잇따라 쏘아 울리는 소리.

¶멀리서 **통통** 포 쏘는 소리가 들린다.

의미 [+소리],[+물방울]v[+덩이],[+낙하],[+연속]

제약 {물방울, 덩이}-{떨어지다}

④ 큰 물방울이나 덩이 따위가 잇따라 떨어지는 소리.

¶빗방울이 얼마나 굵은지 **통통** 떨어진다.

의미 [+모양],[+물건],[+탄력],[+상승],[+무게],[+연속]

제약 {물건}-{튀다, 솟다}

⑤ 탄력 있는 물건이 잇따라 조금 무겁게 튀는 소리. 또는 그 모양.

¶공을 **통통** 튀기다.

의미 [+소리],[+발동기],[+공명]

제약 {발동기}-{거리다}

⑥ 큰 발동기 따위가 울리는 소리.

¶건물 안에서는 **통통** 소리를 내며 발동기가 돌

아가고 있었다.

퉁퉁-히

의미 [+모양],[+살],[+비만],[+가로]

제약

①=퉁퉁01①. 살이 쪄서 몸이 옆으로 퍼진 모양.

¶살이 제법 퉁퉁히 찐 아이.

의미 [+모양],[+신체]v[+물체],[+부분],[+팽창]v[+돌출]

제약 { }-{붓다, 튀어나오다}

②=퉁퉁01②. 신체나 물체의 한 부분이 붓거나 부풀어서 도드라져 있는 모양.

¶그는 눈이 퉁퉁히 붓도록 울었다.

퉤

의미 [+소리]v[+모양],[+침]v[+물체],[+배출]

제약 { }-{뱉다}

침이나 입 안에 든 것을 뱉는 소리. 또는 그 모양.

¶침을 퉤 뱉다./김 비서관이 말리려 들자 최 의원은 팔을 뿌리치며 카악 퉤, 길가에 가래침을 내뱉었다.≪유기성, 삼신각≫

퉤-퉤

의미 [+소리]v[+모양],[+침]v[+물체],[+배출],[+연속]

제약 { }-{뱉다}

침이나 입 안에 든 것을 잇따라 뱉는 소리. 또는 그 모양.

¶침을 퉤퉤 뱉다./송 군은 힐끗 뒤를 돌아본 다음 다시 퉤퉤 가래를 뱉어 가며 금방 휘파람이라도 나올 것 같은 걸음걸이로 유유히 멀어졌다.≪윤흥길, 묵시의 바다≫/귀덕이는 손바닥에다 퉤퉤 마른침을 뱉어 대고는 이내 얼굴을 쓱쓱 문질러 대며 부스스 일어섰다.≪천승세, 낙월도≫

트레-트레

의미 [+모양],[+노끈]v[+실],[+감음],[+원형]

제약

노끈이나 실 따위가 둥글게 빙빙 틀어진 모양.

¶머리를 트레트레 감아 얹다.

특별-히

의미 [-보통],[+구별]

제약

보통과 구별되게 다르게.

¶특별히 눈길을 끄는 옷차림./특별히 어디가 아픈 건 아니지만 기운이 없다./그는 특별히 부자도 아니고 특별히 가난뱅이도 아닌 그저 평범한 회사원에 지나지 않는다./특별히 저녁을 산다고 하기에 중서는 순희가 안내하는 식당으로 따라 들어갔다.≪오상원, 백지의 기록≫

특-히

의미 [-보통],[+상이]

제약

보통과 다르게.

¶특히 퇴근 시간에는 다른 때보다 차가 많이 밀린다./이 문제는 특히 해결하기가 어렵다./나는 과일 중에서도 특히 사과를 좋아한다./그는 더덕구이가 특히 감칠맛 있어서 그것만 해서 밥 한 사발을 비웠다.≪박완서, 오만과 몽상≫/제주 삼읍 중 특히 가뭄이 심한 대정 고을은 아예 보리농사를 파장 보고 말았다는 소문이었다.≪현기영, 변방에 우짖는 새≫

튼튼-히

의미 [-간격],[+견고],[+정도]

제약

① 무르거나 느슨하지 아니하고 몹시 야무지고 굳세다.

¶성곽을 튼튼히 쌓다./그 건물은 튼튼히 지어서 100년이 넘었는데도 끄떡없다.

의미 [+몸]v[+뼈]v[+이],[+견고],[+면역]

제약

② 사람의 몸이나 뼈, 이 따위가 단단하고 굳세거나, 병에 잘 걸리지 아니하는 힘을 가지고 있다.

¶튼튼히 자라다./정신 수양을 통해 몸과 마음을 튼튼히 하다.

의미 [+상태],[+조직]v[+기구],[-붕괴]v[-요동]

제약

③ 조직이나 기구 따위가 무너지거나 흔들리지 아니하는 상태에 있다.

¶경비를 튼튼히 하다./기초를 튼튼히 다지다./경제 기반을 튼튼히 구축하다./나주 목사는 성내의 백성들을 모아 방비를 튼튼히 하고 있었다.≪문

며 **틈틈**이 메뚜기를 잡는다.≪이기영, 봄≫

티격-태격

의미 [+모양],[+시비],[+결정]

제약 {사람}-{싸우다, 말하다, 따지다}

서로 뜻이 맞지 아니하여 시비를 따지며 가리는 모양.

¶**티격태격** 싸우다./서로 자기가 옳다고 **티격태격** 시비가 붙었다./술청 쪽에서 왁자지껄 떠드는 소리와 함께 **티격태격** 말다툼하는 소리가 들렸다.≪문순태, 타오르는 강≫

티석-티석

의미 [+모양],[+거죽]v[+면],[+거침],[-윤기]

제약

거죽이나 면이 매우 거칠게 일어나 번지럽지 못한 모양.

티적-티적

의미 [+모양],[+불쾌],[+타인],[+결점],[+지적],[+반복]

제약

남의 흠이나 트집을 잡으면서 자꾸 비위를 거스르는 모양.

팅팅

의미 [+모양],[+살],[+비만]v[+팽창],[+탄력],[+정도]

제약 { }-{붓다}

① 살이 몹시 찌거나 붓거나 하여 아주 팽팽한 모양. '딩딩①'보다 거센 느낌을 준다.

¶**팅팅** 부은 입술./동회 서기의 얼굴은 알아볼 수 없을 만큼 피투성이로 **팅팅** 부어올라 있었다.≪이호철, 소시민≫/웅보는 며칠간 눈이 **팅팅** 붓게 울었다.≪문순태, 타오르는 강≫

의미 [+모양],[-압박],[+견고],[+정도]

제약

② 누를 수 없을 정도로 몹시 굳고 단단한 모양. '딩딩②'보다 거센 느낌을 준다.

의미 [+소리],[+줄],[+탄력],[+공명]

제약 { }-{울리다, 거리다, 대다}

③ 가늘고 팽팽한 줄 따위를 퉁겨 울리는 소리. '딩딩⑤'보다 거센 느낌을 준다.

의미 [+상태],[+사상]v[+정신],[+확실],[+견고]

제약

④ 사상이나 정신이 흔들리지 아니할 정도로 확실하고 굳은 상태에 있다.

¶모든 생활인들이 자기를 가꾸고 살리는 글쓰기로 참된 문학의 바탕을 **튼튼**히 닦아 나가야 우리 사회 전체가 살아나고 문학도 더 이상 병들지…

틀림없-이

의미 [+기준],[-상충]

제약

조금도 어긋나는 일이 없다.

¶약속한 7시까지는 **틀림없**이 와야 한다./이번엔 우리 팀이 **틀림없**이 이길 것이다./좋아졌다 싶어 치료를 끊으면 그놈의 병은 **틀림없**이 재발한다. ≪홍성원, 육이오≫/주말마다 외출을 나가서 이발소를 들렀기 때문에 이발사는 내가 일 년이나 보이지를 않았으니 **틀림없**이 궁금해할 거예요. ≪안정효, 하얀 전쟁≫

틀스레

의미 [+모양],[+진중],[+권위]

제약

겉모양이 듬직하고 위엄이 있다.

틈틈-이

의미 [+틈],[+개별],[+전부]

제약

① 틈이 난 곳마다.

¶문풍지를 **틈틈**이 붙이다./**틈틈**이 비어 있던 좌석들이 어느 틈에 신병들로 통로까지 가득 찼다. ≪홍성원, 육이오≫

의미 [+시간],[+여유],[+전부]

제약

② 겨를이 있을 때마다.

¶**틈틈**이 공부하다./**틈틈**이 사들인 책이 어느새 삼천 권을 헤아리게 되었다./나는 그녀와 만나는 **틈틈**이 걸레 같은 떨거지들과 어울려 다니며 고래고래 마셔 댔는데 그건 또 왜 그랬는지 모르겠다.≪이문열, 그해 겨울≫/새를 보는 늙은이와 어린애들은 쉴 새 없이 날아오는 새 떼를 쫓으

ㅍ

파근-히
　의미 [+다리],[−기운],[+무게]
　제약
　다리 힘이 없어 내딛는 것이 무겁게.

파니
　의미 [+모양],[−노동],[+유희]
　제약 {사람}−{놀다}
　아무 하는 일 없이 노는 모양.
　¶온종일 빈둥거리며 **파니** 논다.

파다-히01
　의미 [+다량],[+정도]
　제약 { }−{많다}
　아주 많다.

파다-히02
　의미 [+소문],[+확산],[+정도]
　제약 {소문}−{퍼지다, 떠돌다, 나다}
　소문 따위가 널리 퍼져 있다.
　¶괴상한 소문이 장안에 **파다히** 떠돌았다.

파닥
　의미 [+소리]v[+모양],[+새],[+날개],[+속
　도]
　제약 {날개}−{치다}
　① 작은 새가 가볍고 빠르게 날개를 치는 소리.
　또는 그 모양.
　의미 [+소리]v[+모양],[+물고기],[+꼬리],
　[+속도]
　제약 {물고기}−{뛰다, 치다}
　② 작은 물고기가 가볍고 빠르게 꼬리를 치는
　소리. 또는 그 모양.
　의미 [+소리]v[+모양],[+깃발]v[+빨래],[+바
　람],[+요감],[+정도]

　제약 {깃발, 빨래}−{날리다}
　③ 작은 깃발이나 빨래 따위가 바람에 거칠게
　날리는 소리. 또는 그 모양.

파닥-파닥
　의미 [+소리]v[+모양],[+새],[+날개],[+속
　도],[+연속]
　제약 {날개}−{치다}
　① 작은 새가 잇따라 가볍고 빠르게 날개를 치
　는 소리. 또는 그 모양.
　¶한 마리는 가만히 앉아 있는데, 한 마리는 그
　주위를 **파닥파닥** 날개를 치며 돌아 쌓다가 그 새
　의 등 위로 살짝 내려앉으며….≪하근찬, 산울림≫
　의미 [+소리]v[+모양],[+물고기],[+꼬리],
　[+속도],[+연속]
　제약 {물고기}−{뛰다, 치다}
　② 작은 물고기가 잇따라 가볍고 빠르게 꼬리를
　치는 소리. 또는 그 모양.
　¶낚시꾼은 **파닥파닥** 뛰는 모쟁이를 잡아 초장에
　찍어 먹었다./둥그렇게 부풀어 오른 모기장 안
　에 갇힌 멸치들이 **파닥파닥** 날뛰고 있었다.
　의미 [+소리]v[+모양],[+깃발]v[+빨래],[+바
　람],[+요감],[+정도],[+연속]
　제약 {깃발, 빨래}−{날리다}
　③ 작은 깃발이나 빨래 따위가 잇따라 바람에
　거칠게 날리는 소리. 또는 그 모양.

파드닥
　의미 [+소리]v[+모양],[+새],[+날개],[+정
　도]
　제약 {날개}−{치다}
　① 작은 새가 힘차게 날개를 치는 소리. 또는
　그 모양.

¶인기척에 놀란 새가 **파드닥** 날개를 친다.

의미 [+소리]v[+모양],[+물고기],[+꼬리], [+정도]

제약 {물고기}-{뛰다, 치다}}

② 작은 물고기가 힘차게 꼬리를 치는 소리. 또는 그 모양.

¶강을 거슬러 올라가던 물고기가 **파드닥** 뛰어오른다.

파드닥-파드닥

의미 [+소리]v[+모양],[+새],[+날개],[+정도],[+연속]

제약 {날개}-{치다}

① 작은 새가 잇따라 힘차게 날개를 치는 소리. 또는 그 모양.

¶새 떼가 여기저기서 **파드닥파드닥** 솟구친다.

의미 [+소리]v[+모양],[+물고기],[+꼬리], [+정도],[+연속]

제약 {물고기}-{뛰다, 치다}

② 작은 물고기가 잇따라 힘차게 꼬리를 치는 소리. 또는 그 모양.

파드득

의미 [+소리],[+물건],[+마찰],[-예의]

제약 { }-{문지르다}

① 단단하고 질기거나 반드러운 물건을 거세게 문지를 때 되바라지게 나는 소리. '바드득①'보다 거센 느낌을 준다.

의미 [+소리],[+배설],[-견고],[-예의]

제약 {똥}-{누다}

② 무른 똥을 눌 때 되바라지게 나는 소리. '바드득②'보다 거센 느낌을 준다.

파드득-파드득

의미 [+소리]v[+모양],[+물건],[+마찰],[-예의],[+반복]

제약 { }-{문지르다}

① 단단하고 질기거나 반드러운 물건을 자꾸 거세게 문지를 때 되바라지게 나는 소리. 또는 그 모양. '바드득바드득①'보다 거센 느낌을 준다.

의미 [+소리]v[+모양],[+배설],[-견고],[+노력],[-예의],[+연속]

제약 {똥}-{누다}

② 무른 똥을 힘들여 자꾸 눌 때 잇따라 되바라지게 나는 소리. 또는 그 모양. '바드득바드득②'보다 거센 느낌을 준다. '바드득바드득②'보다 거센 느낌을 준다.

파득

의미 [+소리],[+물건],[+마찰],[+예의],[+정도]

제약 { }-{문지르다}

① '파드득①'의 준말. 단단하고 질기거나 반드러운 물건을 거세게 문지를 때 되바라지게 나는 소리.

의미 [+소리],[+배설],[-견고],[-예의]

제약 {똥}-{누다}

② '파드득②'의 준말. 무른 똥을 눌 때 되바라지게 나는 소리.

파득-파득

의미 [+소리],[+물건],[+마찰],[+예의],[+정도],[+반복]

제약 { }-{문지르다}

① '파드득파드득①'의 준말. 단단하고 질기거나 반드러운 물건을 자꾸 거세게 문지를 때 되바라지게 나는 소리. 또는 그 모양.

의미 [+소리]v[+모양],[+배설],[-견고],[+노력],[-예의],[+연속]

제약 {똥}-{누다}

② '파드득파드득②'의 준말. 무른 똥을 힘들여 자꾸 눌 때 잇따라 되바라지게 나는 소리. 또는 그 모양.

파들짝

의미 [+소리]v[+모양],[+신체],[+운동],[+탄력],[+순간]

제약

갑자기 몸을 탄력 있게 움직일 때 나는 소리. 또는 그 모양.

¶곱게 잠들었던 아기가 무엇에 놀라기라도 한 듯 별안간 그 작은 손발을 **파들짝** 흔드는가 싶더니 금시에 얼굴이 새파랗게 질리기 시작하는 것이었습니다.≪조해일, 이상한 도시의 명명이≫

파들-파들

의미 [+모양],[+신체],[+요동],[-정도],[+반

복]

제약 {몸}-{떨다}

자꾸 몸을 작게 바르르 떠는 모양. '바들바들'보다 거센 느낌을 준다.

¶공포로 온몸을 **파들파들** 떨다./종천이는 천천히 고개를 떨어뜨리며 굳게 다문 입술을 **파들파들** 떨었다.≪천승세, 낙월도≫/미나리가 파란 줄기를 한 뼘 넘게 내밀어 골짜기에서 내리 부는 바람에 **파들파들** 떨고 있었다.≪김원일, 불의 제전≫

파딱

의미 [+소리]v[+모양],[+새],[+날개],[+속도]

제약 {날개}-{치다}

① 작은 새가 가볍고 빠르게 날개를 치는 소리. 또는 그 모양. '파닥①'보다 센 느낌을 준다.

의미 [+소리]v[+모양],[+물고기],[+꼬리],[+속도]

제약 {물고기}-{뛰다, 치다}

② 작은 물고기가 가볍고 빠르게 꼬리를 치는 소리. 또는 그 모양. '파닥②'보다 센 느낌을 준다.

파딱-파딱

의미 [+소리]v[+모양],[+새],[+날개],[+속도],[+연속]

제약 {날개}-{치다}

① 작은 새가 잇따라 가볍고 빠르게 날개를 치는 소리. 또는 그 모양. '파닥파닥①'보다 센 느낌을 준다.

의미 [+소리]v[+모양],[+물고기],[+꼬리],[+속도],[+연속]

제약 {물고기}-{뛰다, 치다}

② 작은 물고기가 잇따라 가볍고 빠르게 꼬리를 치는 소리. 또는 그 모양. '파닥파닥②'보다 센 느낌을 준다.

파뜩

의미 [+모양],[+생각],[+발생],[+순간]

제약 { }-{떠오르다}

① 어떤 생각이 갑자기 순간적으로 떠오르는 모양.

¶**파뜩** 생각이 나다./별안간 몸 숨길 묘안이 하나

머리에 **파뜩** 솟아난 것이었다.≪염상섭, 취우≫

의미 [+모양],[+물체]v[+빛],[+발생],[+순간]

제약 { }-{나타나다}

② 어떤 물체나 빛 따위가 갑자기 순간적으로 나타나는 모양.

¶건물 뒤에서 **파뜩** 무언가가 나타났다가 사라졌다.

의미 [+모양],[+정신],[+회복],[+순간]

제약

③ 갑자기 정신이 드는 모양.

¶졸다가 **파뜩** 정신을 차렸지만 이미 내릴 곳이 지난 뒤였다.

파뜩-파뜩

의미 [+모양],[+생각],[+발생],[+순간],[+연속]

제약 { }-{떠오르다}

① 어떤 생각이 갑자기 순간적으로 잇따라 떠오르는 모양.

¶위기를 넘길 만한 묘안이 머리에 **파뜩파뜩** 솟아났다.

의미 [+모양],[+물체]v[+빛],[+출현],[+순간],[+연속]

제약 { }-{나타나다}

② 어떤 물체나 빛 따위가 갑자기 순간적으로 잇따라 나타나는 모양.

파르라니

의미 [+파랑]

제약

파란빛이 돌도록.

¶**파르라니** 깎은 머리가 아침 햇살에 엷게 빛난다.

파르르

의미 [+소리]v[+모양],[+액체],[+비등],[-정도]

제약 {액체}-{끓다}

① 적은 양의 액체가 가볍게 끓어오를 때 나는 소리. 또는 그 모양. '바르르①'보다 거센 느낌을 준다.

¶냄비에서 물이 **파르르** 끓는다.

의미 [+모양],[+분노],[−중요],[+순간]

제약 {성}−{내다}

② 대수롭지 아니한 일에 발칵 성을 내는 모양. '바르르②'보다 거센 느낌을 준다.

¶그는 파르르 성을 내고 밖으로 나갔다./그의 손이 흥분에 못 이겨 파르르 떨렸다.

의미 [+모양],[+나뭇잎]v[+종이],[+연소],[−정도]

제약 {종이, 나뭇잎}−{타다}

③ 마른 나뭇잎이나 얇은 종이 따위에 불이 붙어 가볍게 타오르는 모양. '바르르③'보다 거센 느낌을 준다.

¶말라 있던 나뭇가지가 불을 붙이자 파르르 버린다.

의미 [+소리]v[+모양],[+요동],[−정도]

제약 { }−{떨다}

④ 가볍게 조금 떠는 소리. 또는 그 모양. '바르르④'보다 거센 느낌을 준다.

¶문풍지가 바람에 파르르 떨린다./발밑에서 파르르 소리를 내며 태극기가 나풀거렸다.≪송기숙, 자랏골의 비가≫

파름-파름

의미 [+모양],[+파랑],[±출현],[+다수]

제약

군데군데 보일 듯 말 듯 하게 파란 모양.

¶이마에 비스듬히 걸린 말씬말씬한 손목엔 살 속 깊이 파묻힌 깁 오리 같은 힘줄이 파름파름 떠 보인다.≪현진건, 지새는 안개≫

파름-히

의미 [±시야],[+파랑]

제약

보일 듯 말 듯 하게 파랗게.

파릇-이

의미 [+파랑],[−정도]

제약

조금 파랗게.

¶봄이 되어 온갖 풀이 파릇이 돋아났다./양지바른 앞마당에 파릇이 풀이 돋기 시작할 때도 우리가 살고 있는 북향의 사랑채 뒷문 밖은 두꺼운 얼음에 덮여 있었다.≪오정희, 유년의 뜰≫

파릇-파릇

의미 [+모양],[+파랑],[+다수]

제약

① 군데군데 파르스름한 모양. 늑파릇파릇이①.

¶새싹이 파릇파릇 돋아난다./수양버들의 가느다란 검은 가지가지에 파릇파릇 잎이 돋아나 있었다.≪이병주, 행복어 사전≫/양지 곁엔 파릇파릇 새순이 돋아 오르기 시작했지만 땅은 그대로 얼어 있었다.≪정한숙, 고가≫

의미 [+모양],[+파랑],[+정도]

제약

② 매우 파르스름한 모양. 늑파릇파릇이②.

파릇파릇-이

의미 [+모양],[+파랑],[+다수]

제약

①=파릇파릇①. 군데군데 파르스름한 모양.

¶구름과 구름의 벌어진 틈에 맑은 하늘이 파릇파릇이 엿보이며 한 개 두 개 조그마한 별들이 졸음 오는 듯이 깜박거리고 있었다.≪현진건, 지새는 안개≫

의미 [+모양],[+파랑],[+정도]

제약

②=파릇파릇②. 매우 파르스름한 모양.

파릿-파릿

의미 [+모양],[+파랑],[+다수],[+정도]

제약

군데군데 조금 짙게 파란 모양.

파사삭

의미 [+소리]v[+모양],[+가랑잎]v[+검불],[+건조],[+밟음],[−정도]

제약 {가랑잎, 검불}−{밟다}

① '파삭①'의 본말. 가랑잎이나 마른 검불 따위의 잘 마른 물건을 가볍게 밟는 소리. 또는 그 모양.

¶잎은 마를 대로 말라 만지기만 해도 파사삭 부서졌다.

의미 [+소리]v[+모양],[+물건],[+파손],[−정도]

제약 { }−{바스러지다, 깨지다}

② '파삭②'의 본말. 보송보송한 물건이 가볍게

바스러지거나 깨지는 소리. 또는 그 모양.

의미 [+소리]v[+모양],[+물건],[+깨묾]

제약 { }-{깨물다}

③ '파삭③'의 본말. 단단하고 부스러지기 쉬운 물건을 깨무는 소리. 또는 그 모양.

파사삭-파사삭

의미 [+소리]v[+모양],[+가랑잎]v[+검불],[+밟음],[-정도],[+연속]

제약 {가랑잎, 검불}-{밟다}

① '파삭파삭①'의 본말. 가랑잎이나 마른 검불 따위의 잘 마른 물건을 잇따라 가볍게 밟는 소리. 또는 그 모양.

¶발걸음을 옮길 때마다 발밑에서는 낙엽이 부스러지는 소리가 **파사삭파사삭** 났다.

의미 [+소리]v[+모양],[+물건],[+파손],[-정도],[+연속]

제약 { }-{바스러지다, 깨지다}

② '파삭파삭②'의 본말. 보송보송한 물건이 잇따라 가볍게 바스러지거나 깨지는 소리. 또는 그 모양.

의미 [+소리]v[+모양],[+물건],[+깨묾],[+연속]

제약 { }-{깨물다}

③ '파삭파삭③'의 본말. 단단하고 부스러지기 쉬운 물건을 잇따라 깨무는 소리. 또는 그 모양.

파삭

의미 [+소리]v[+모양],[+가랑잎]v[+검불],[+건조],[+밟음],[-정도]

제약 {가랑잎, 검불}-{밟다}

① 가랑잎이나 마른 검불 따위의 잘 마른 물건을 가볍게 밟는 소리. 또는 그 모양. '바삭①'보다 거센 느낌을 준다.

¶숲 저쪽에서 **파삭** 마른 잎 밟는 소리가 나더니 사슴 한 마리가 나타났다.

의미 [+소리]v[+모양],[+물건],[+파손],[-정도]

제약 { }-{바스러지다, 깨지다}

② 보송보송한 물건이 가볍게 바스러지거나 깨지는 소리. 또는 그 모양. '바삭②'보다 거센 느낌을 준다.

¶예닐곱 대를 갈기자 대창이 **파삭** 깨지고 말았다.≪송기숙, 녹두 장군≫

의미 [+소리]v[+모양],[+물건],[+깨묾]

제약 { }-{깨물다}

③ 단단하고 부스러지기 쉬운 물건을 깨무는 소리. 또는 그 모양. '바삭③'보다 거센 느낌을 준다.

파삭-파삭

의미 [+소리]v[+모양],[+가랑잎]v[+검불],[+건조],[+밟음],[-정도],[+연속]

제약 {가랑잎, 검불}-{밟다}

① 가랑잎이나 마른 검불 따위의 잘 마른 물건을 잇따라 가볍게 밟는 소리. 또는 그 모양. '바삭바삭①'보다 거센 느낌을 준다.

¶시가지 전체는 커다란 비스킷 덩이처럼 **파삭파삭** 메말라 보였고, 건물들도 무말랭이를 널어놓은 것 같은 인상을 주었다.≪박영한, 머나먼 송바강≫

의미 [+소리]v[+모양],[+물건],[+파손],[-정도],[+연속]

제약 { }-{바스러지다, 깨지다}

② 보송보송한 물건이 잇따라 가볍게 바스러지거나 깨지는 소리. 또는 그 모양. '바삭바삭②'보다 거센 느낌을 준다.

의미 [+소리]v[+모양],[+물건],[+깨묾],[+연속]

제약 { }-{깨물다}

③ 단단하고 부스러지기 쉬운 물건을 잇따라 깨무는 소리. 또는 그 모양. '바삭바삭③'보다 거센 느낌을 준다.

¶그 삼색 물들인 **파삭파삭**한 다과의 고운 살 위에 머무른다.

파슬-파슬

의미 [+모양],[+덩이],[+가루],[-물기],[+파손],[+용이]

제약 { }-{바스러지다}

덩이진 가루 따위가 물기가 말라 쉽게 바스러지는 모양. '바슬바슬'보다 거센 느낌을 준다.

¶대강 설거지를 끝낸 쌀분이가 참빗으로 머리를 빗고, 궁상맞은 장롱 속에서 **파슬파슬** 풀을 먹인

치마저고리를 꺼내며 서운해하는 얼굴로 웅보를 돌아다보았다.≪문순태, 타오르는 강≫

파파-이

의미 [+전부],[+분파]

제약

파마다 모두.

파파-히

의미 [+상태],[+머리털],[+하양]

제약

머리털이 하얗게 센 상태로.

팍

의미 [+소리]v[+모양],[+배출],[+기운],[+순간]

제약

① 갑자기 힘차게 내지르는 소리. 또는 그 모양.

¶팍 집어 던지다./골대를 향해 공을 팍 차다./사냥꾼은 창으로 사냥감을 팍 찔렀다.

의미 [+소리]v[+모양],[+도괴],[-기운],[+순간]

제약 {사람}-{쓰러지다}

② 갑자기 힘없이 거꾸러지는 소리. 또는 그 모양.

¶기가 팍 질리다./팍 주저앉다./그녀는 고개를 무릎 사이로 팍 묻더니 흐느껴 울기 시작했다./이번에 옆집 처녀의 콧대를 팍 꺾어서 고분고분하게 만들겠다./종술이는 처음부터 풀기가 팍 꺾여 있었던 듯했다.≪윤흥길, 완장≫

의미 [+소리]v[+모양],[+진흙],[+밟음],[+빠짐]

제약

③ 진흙 따위를 밟을 때 빠지는 소리. 또는 그 모양.

팍삭

의미 [+소리]v[+모양],[+착석],[-기운]

제약 { }-{앉다}

① 힘없이 가볍게 주저앉는 소리. 또는 그 모양.

¶꼬마는 갑자기 날아온 야구공에 맞고 팍삭 주저앉으며 넋을 잃었다.

의미 [+소리]v[+모양],[+물건],[+침강]v[+파손]

제약 { }-{가라앉다, 바스러지다}

② 메마르고 엉성한 물건이 보드랍고 가볍게 가라앉거나 쉽게 바스러지는 소리. 또는 그 모양.

¶지붕이 팍삭 내려앉았다.

팍삭-팍삭

의미 [+소리]v[+모양],[+착석],[-기운],[+연속]

제약 { }-{앉다}

① 잇따라 힘없이 가볍게 주저앉는 소리. 또는 그 모양.

¶계속된 강행군에 힘들었는지 휴식 시간이 주어지자 대원들은 있던 자리에 그냥 팍삭팍삭 주저앉았다.

의미 [+소리]v[+모양],[+물건],[+침강]v[+파손],[+연속]

제약 { }-{가라앉다, 바스러지다}

② 메마르고 엉성한 물건이 잇따라 보드랍고 가볍게 가라앉거나 쉽게 바스러지는 소리. 또는 그 모양.

팍신-팍신

의미 [+느낌],[+유연],[+탄력],[+편안],[+정도]

제약

매우 보드랍고 탄력이 있으며 포근한 느낌.

팍팍[01]

의미 [+소리]v[+모양],[+배출],[+기운],[+연속]

제약

① 잇따라 힘 있게 내지르는 소리. 또는 그 모양.

¶한숨을 팍팍 쉬다./화살이 과녁의 정중앙에 팍팍 꽂혔다.

의미 [+소리]v[+모양],[+도괴],[-기운],[+연속]

제약 { }-{쓰러지다}

② 잇따라 힘없이 거꾸러지는 소리. 또는 그 모양.

¶어둠 속에서 쏘는 화살에 오랑캐들은 맥없이 팍팍 쓰러졌다./언덕이 무너지며 집들도 함께 헐어지고 떠내려가지 못하는 집들은 팍팍 찌그러

졌다.≪박화성, 홍수 전후≫

의미 [+모양],[+진흙],[+밞음],[+빠짐],[+반복]

제약

③ 진흙 따위를 밞을 때 몹시 또는 자꾸 발이 빠지는 모양.

¶아낙들이 **팍팍** 빠지는 갯벌을 요령 있게 걸어 다니며 낙지를 잡고 있다.

의미 [+모양],[+숟가락]v[+삽],[+퍼냄],[+다량],[+연속]

제약 { }-{떠내다, 푸다}

④ 숟가락이나 삽 따위로 물건을 잇따라 많이 퍼내는 모양.

¶밥 좀 **팍팍** 떠먹어라.

의미 [+모양],[+물건]v[+현상],[+발생]v[+소멸],[+연속]

제약 { }-{생기다, 줄어들다, 없어지다}

⑤ 어떤 물건이나 현상 따위가 잇따라 많이 생기거나 없어지는 모양.

¶이익이 **팍팍** 나다./쌀독의 쌀이 **팍팍** 줄어든다.

의미 [+모양],[+가루]v[+연기],[+분출],[+연속]

제약 {가루, 연기}-{뿜다, 뱉다, 피우다}

⑥ 가루나 연기 따위를 잇따라 뿜는 모양.

¶담배를 **팍팍** 피우다.

팍팍[02]

의미 [+모양],[+냄새],[+정도]

제약

냄새 따위가 몹시 심하게 나는 모양.

¶술 냄새를 **팍팍** 풍기며 들어오다.

팍팍-이

의미 [+음식],[-물기]v[-끈기],[+건조],[-유연]

제약

① 음식이 물기나 끈기가 적어 목이 멜 정도로 메마르고 부드럽지 못하게.

의미 [+삶],[-여유],[-감당]

제약

② 삶의 여유가 없고 힘겹게.

의미 [-융통],[+우직],[+정도]

제약

③ 융통성이 없고 꽤 고지식하게.

판달리

의미 [+상이],[+정도]

제약

아주 다르게.

¶쌍둥이가 **판달리** 생겼다.

판둥-판둥

의미 [+모양],[-노동],[+유희],[-수치],[+지속]

제약 {사람}-{놀다}

아무 일도 하지 아니하고 자꾸 빤빤스럽게 놀기만 하는 모양. '반둥반둥'보다 거센 느낌을 준다.

판들-판들

의미 [+모양],[-노동],[+나태],[+유희],[-수치]

제약 {사람}-{놀다}

별로 하는 일 없이 게으름을 피우며 얄밉고 빤빤스럽게 놀기만 하는 모양. '반들반들02'보다 거센 느낌을 준다.

¶그는 늘 **판들판들** 놀고 지낸다.

판연

의미 [+모양],[+분명],[+정도]

제약

아주 명백하게 드러나 있는 모양. 늑판연히·판히02.

¶동회 서기 같은 교관들과는 **판연** 달랐다. 그들은 정말 군인 같았다.≪최인호, 무서운 복수≫

판연-히

의미 [+모양],[+분명],[+정도]

제약

아주 명백하게 드러나 있는 모양.

¶어제의 나와 오늘의 나와는 **판연히** 다르다.≪이문희, 흑맥≫/삼칠일을 지난 아기는 **판연히** 모습을 판단할 수 있었다.≪박종화, 다정불심≫

판판

의미 [+상이],[+정도]

제약

전혀. 또는 아주 완전히.

¶그 여인은 옛날과 **판판** 다르게 아름다웠다./제

법 신 나게 어깻바람을 일으키며 달려가기는 했으나 정작 원내(院內)에 들어가 보고 나는 판판 실망하였다.≪정비석, 비석과 금강산의 대화≫

판판-이

의미 [+매번]

제약

① 판마다 번번이.

¶판판이 이기다./전부터 큰소리만 탕탕 치더니 이게 무슨 꼴이냐? 황토재 싸움, 황룡강 싸움 판판이 지고 이번에는 전주성까지 내주지 않았느냐?≪송기숙, 녹두 장군≫

의미 [+항상]

제약

② 언제나 항상.

¶판판이 놀고먹다./내가 어릴 때는 판판이 굶으며 학교에 다니는 아이가 많았다.

판판-히

의미 [+모양],[+표면],[+평평],[+넓이]

제약

물건의 표면이 높낮이가 없이 평평하고 너르다.

¶못자리판을 판판히 고르다./할머니는 용돈이나 쓰다 남은 돈을 판판히 펴서 그 버선 속에 숨겼다.≪박완서, 도시의 흉년≫

판-히01

의미 [-한계],[+평평],[+넓이]

제약

끝없이 판판하고 너르게.

판-히02

의미 [+모양],[+분명],[+정도]

제약

=판연. 아주 명백하게 드러나 있는 모양.

팔결

의미 [+모양],[+상이],[+정도]

제약 { }-{다르다}

=팔팔결. 엄청나게 다른 모양.

¶신세대들의 가치 기준은 기성세대와 팔결 다르다.

팔딱

의미 [+모양],[+도약],[+탄력]

제약 { }-{뛰다}

① 작고 탄력 있게 뛰는 모양.

¶개구리가 팔딱 뛰다.

의미 [+모양],[+심장]v[+맥],[+박동],[-크기]

제약 {심장, 맥박}-{뛰다}

② 심장이나 맥이 작게 뛰는 모양.

팔딱-팔딱

의미 [+모양],[+도약],[+탄력],[+반복]

제약 { }-{뛰다}

① 작고 탄력 있게 자꾸 뛰는 모양.

¶멸치들이 뱃전에서 팔딱팔딱 뛰었다./습기 찬 바위틈에서는 간혹 개구리가 팔딱팔딱 뛰어나오기도 하고 채마밭에 장다리꽃이 만발할 시기엔 벌 나비들도 모여들었다.≪김인배, 방울뱀≫

의미 [+모양],[+심장]v[+맥],[+박동],[-크기],[+반복]

제약 {심장, 맥박}-{뛰다}

② 심장이나 맥이 작게 자꾸 뛰는 모양.

¶그의 하얀 낯에는 도홧빛이 돌고 갈쭉한 귀 밑의 동맥은 팔딱팔딱 띕니다.≪최서해, 매월≫/세상에! 난 너무 놀라 심장이 팔딱팔딱 뛰었다.

의미 [+모양],[+기운],[+분노],[-인내],[+정도]

제약 { }-{뛰다, 화내다}

③ 성이 나서 참지 못하고 팔팔 뛰는 모양.

의미 [+모양],[+사람],[±출입],[+반복]

제약 { }-{다니다, 드나들다}

④ 몸집이 작은 사람이 문을 여닫으며 자꾸 드나드는 모양.

팔라닥

의미 [+소리]v[+모양],[+바람],[+요감],[+속도]

제약 { }-{나부끼다}

'팔락'의 본말. 바람에 가볍고 빠르게 나부끼는 소리. 또는 그 모양.

팔라닥-팔라닥

의미 [+소리]v[+모양],[+바람],[+요감],[+속도],[+연속]

제약 { }-{나부끼다}

'팔락팔락'의 본말. 바람에 가볍고 빠르게 잇따

라 나부끼는 소리. 또는 그 모양.

팔라당

의미 [＋소리]v[＋모양],[＋바람],[＋요감],[＋기운]

제약 { }-{나부끼다}

'팔랑①'의 본말. 바람에 가볍고 힘차게 나부끼는 모양.

¶바람에 옷고름이 팔라당 날린다.

팔라당-팔라당

의미 [＋소리]v[＋모양],[＋바람],[＋요감],[＋기운],[＋계속]

제약 { }-{나부끼다}

'팔랑팔랑01①'의 본말. 바람에 가볍고 힘차게 계속 나부끼는 모양.

¶바람에 나뭇잎이 팔라당팔라당 날린다.

팔락

의미 [＋소리]v[＋모양],[＋바람],[＋요감],[＋속도]

제약 { }-{나부끼다}

바람에 가볍고 빠르게 나부끼는 소리. 또는 그 모양.

¶바람에 책장이 팔락 넘어갔다.

팔락-팔락

의미 [＋소리]v[＋모양],[＋바람],[＋요감],[＋속도],[＋연속]

제약 { }-{나부끼다}}

바람에 가볍고 빠르게 잇따라 나부끼는 소리. 또는 그 모양.

¶붉은 댕기가 팔락팔락 휘날리고 있다./운동장에는 올림픽기가 바람에 팔락팔락 날린다.

팔랑

의미 [＋소리]v[＋모양],[＋바람],[＋요감],[＋기운]

제약 { }-{나부끼다}

① 바람에 가볍고 힘차게 나부끼는 모양.

¶높게 걸린 깃발이 팔랑 나부끼다.

의미 [＋모양],[＋나비]v[＋나뭇잎],[＋비상]

제약 {나비, 나뭇잎}-{날아다니다}

② 나비나 나뭇잎 따위가 가볍게 날아다니는 모양.

¶꽃잎에 앉았던 나비가 팔랑 날아간다.

팔랑-팔랑01

의미 [＋소리]v[＋모양],[＋바람],[＋요감],[＋기운],[＋반복]

제약 { }-{나부끼다}

① 바람에 가볍고 힘차게 계속 나부끼는 모양.

¶조그만 손수건이라도 팔랑팔랑 날려야 할 것 같다.《박완서, 부끄러움을 가르칩니다.》

의미 [＋모양],[＋나비]v[＋나뭇잎],[＋비상],[＋반복]

제약 {나비, 나뭇잎}-{날아다니다}

② 나비나 나뭇잎 따위가 가볍게 계속 날아다니는 모양.

¶이따금 나비들이 팔랑팔랑 날아들어 차일 위를 맴돌기도 했다.《하근찬, 야호》

팔랑-팔랑02

의미 [＋모양],[＋행동],[＋경쾌],[＋속도],[＋반복]

제약

아주 가볍고도 재빠르게 자꾸 행동하는 모양. '발랑발랑02①'보다 거센 느낌을 준다.

¶강쇠네는 겁먹은 눈으로 고개를 꾸벅하고 나서 팔랑팔랑 저쪽으로 사라져 버렸다.《송기숙, 녹두장군》

팔싹

의미 [＋모양],[＋연기]v[＋먼지],[＋덩이],[＋발생],[＋한번]

제약 {연기, 먼지}-{날리다, 일어나다}

① 연기나 먼지 따위가 뭉치어 한 번 가볍게 일어나는 모양.

¶흙먼지가 팔싹 일어나다.

의미 [＋모양],[＋착석],[－기운]

제약 {사람}-{앉다}

② 맥없이 가볍게 내려앉거나 주저앉는 모양.

¶힘없이 팔싹 앉다.

팔싹-팔싹

의미 [＋모양],[＋연기]v[＋먼지],[＋덩이],[＋발생],[＋연속]

제약 {연기, 먼지}-{날리다, 일어나다}}

① 연기나 먼지 따위가 뭉치어 잇따라 가볍게

일어나는 모양.

¶오랫동안 비워 둔 집이었는지 움직일 때마다 여기저기 쌓인 먼지가 팔싹팔싹 일었다.

의미 [+모양],[+전부],[+착석],[-기운]

제약 {사람}-{앉다}

② 여럿이 다 맥없이 가볍게 내려앉거나 주저앉는 모양.

¶벽에 걸어 놓은 사진이 접착이 잘 안되는지 붙이기만 하면 팔싹팔싹 내려앉았다./먼 길을 쉬지 않고 걸어왔는지 나그네들은 나무 그늘 아래 팔싹팔싹 주저앉았다.

팔짝

의미 [+모양],[+도약]v[+비상],[+기운],[+순간]

제약 { }-{뛰다, 날다}

① 갑자기 가볍고 힘 있게 뛰어오르거나 날아오르는 모양.

¶무엇에 놀랐는지 숲 속에서 꿩 한 마리가 팔짝 난다./개머루 잎 위에 앉아 있던 청개구리가 오줌 줄기에 놀라 팔짝 뛰어오르더니 호박 넝쿨 아래로 숨어 버렸다.≪김원일, 노을≫/돌팔매질에 놀란 참새같이 애들은 화들짝 놀라 팔짝 흩어져 달아났다.≪홍성암, 큰물로 가는 큰 고기≫

의미 [+모양],[+문]v[+뚜껑],[+개방],[+순간]

제약 {문, 뚜껑}-{열다}

② 문이나 뚜껑 따위를 갑작스럽게 여는 모양.

¶그는 음식 냄새가 난다며 부엌문을 팔짝 열었다./아이들이 미닫이를 팔짝 열고 뛰어들었다.

팔짝-팔짝

의미 [+모양],[+도약]v[+비상],[+기운],[+순간],[+반복]

제약 { }-{뛰다, 날다}

① 갑자기 가볍고 힘 있게 자꾸 뛰어오르거나 날아오르는 모양.

¶그는 사람들 앞에서 대여섯 번 팔짝팔짝 재주를 넘었다.≪최인호, 지구인≫/팔짝팔짝 날갯짓 치면서 비둘기들은 모이를 향하여 우르르 몰려들었다.≪홍성암, 큰물로 가는 큰 고기≫

의미 [+모양],[+문]v[+뚜껑],[+개방],[+순간],[+반복]

제약 {문, 뚜껑}-{열다}

② 문이나 뚜껑 따위를 갑작스럽게 자꾸 여는 모양.

¶사내애들은 남의 집 대문을 팔짝팔짝 열고는 달음박질한다.

팔팔

의미 [+모양],[+물]v[+기름],[+비등],[+분출],[+정도]

제약 {물, 기름}-{끓다}

① 적은 양의 물이나 기름 따위가 용솟음치며 몹시 끓는 모양.

¶팔팔 끓는 기름에 튀기다./여름에는 물을 팔팔 끓여 마셔야 한다.

의미 [+모양],[+신체]v[+온돌방],[+더위],[+정도]

제약 {몸, 온돌방}-{끓다}

② 몸이나 온돌방이 높은 열로 매우 뜨거운 모양.

¶얼마나 불을 지폈던지 방바닥이 팔팔 끓는다./겨울에는 팔팔 끓는 온돌방에 허리를 대고 있는 것이 최고다./아이가 독감으로 온몸이 팔팔 끓는다.

의미 [+모양],[-크기],[+비상]v[+도약],[+기운]

제약 { }-{날다, 뛰다}

③ 작은 것이 힘차게 날거나 뛰는 모양.

¶팔팔 나는 나비./뭍으로 끌어 올려진 고기가 팔팔 뛴다.

의미 [+모양],[+먼지]v[+눈]v[+가루],[+비상],[+정도]

제약 {먼지, 눈, 가루}-{날리다}

④ 먼지나 눈, 가루 따위가 바람에 힘 있게 날리는 모양.

¶팔팔 날리는 눈을 맞으며 걷다./바람에 흙먼지가 팔팔 날린다.

의미 [+모양],[+불길],[+발생],[-크기]

제약

⑤ 불길이 좀 작게 일어나는 모양.

팔팔-결

의미 [+모양],[+상이],[+정도]

제약

엄청나게 다른 모양. 늑팔결.

¶그 점이 다른 곳의 상놈들과는 **팔팔결** 다르다.
≪이기영, 봄≫

팡⁰¹

의미 [+소리],[+풍선v[+폭탄[+폭발],[+순간]

제약 {풍선, 폭탄}-{터지다}

① 풍선이나 폭탄 따위가 갑자기 터지는 소리. '**빵**①'보다 거센 느낌을 준다.

¶풍선이 **팡** 터지다./권총을 **팡** 쏘다./갑자기 폭탄이 **팡** 터졌다.

의미 [+소리]v[+모양],[+구멍],[+천공]

제약 {구멍}-{뚫리다}

② 작은 구멍이 뚫리는 소리. 또는 그 모양. '**빵**②'보다 거센 느낌을 준다.

¶담장에 구멍이 **팡** 뚫렸다./막힌 하수구가 **팡** 뚫렸다.

의미 [+소리]v[+모양],[+공],[+타격],[+정도]

제약 {공}-{차다}

③ 공 따위를 세게 차는 소리. 또는 그 모양. '**빵**③'보다 거센 느낌을 준다.

의미 [+소리]v[+모양],[+물건],[+상승],[+순간]

제약 { }-{튀다}

④ 물건이 갑자기 튀는 소리. 또는 그 모양.

팡⁰²

의미 [+소리],[+물건],[+낙하],[+물]

제약 {물건}-{떨어지다}

작은 물건이 얕은 물에 떨어지는 소리.

팡당

의미 [+소리],[+물건],[+낙하],[+물],[+한번]

제약 {물건}-{떨어지다}

작고 무거운 물건이 얕은 물에 떨어질 때 한 번 나는 소리.

¶개울물에 돌이 **팡당** 떨어지다.

팡당-팡당

의미 [+소리],[+물건],[+낙하],[+물],[+연속]

제약 {물건}-{떨어지다}

작고 무거운 물건이 얕은 물에 잇따라 떨어질 때 나는 소리.

¶학생들은 옷을 입은 채로 물속에 **팡당팡당** 뛰어들었다.

팡파짐-히

의미 [+모양],[+원형],[+넓이],[+평평]

제약

옆으로 퍼진 모양이 동그스름하게 꽤 넓적하거나 평평하게 꽤 널찍한 모양으로.

팡-팡⁰¹

의미 [+소리],[+풍선v[+폭탄[+폭발],[+순간],[+연속]

제약 {풍선, 폭탄}-{터지다}

① 풍선이나 폭탄 따위가 갑자기 잇따라 터지는 소리. '**빵빵**①'보다 거센 느낌을 준다.

¶풍선을 **팡팡** 터뜨리다./아이들이 장난으로 **팡팡** 쏘아 대는 화약 소리에도 매번 가슴이 철렁 내려앉는 그들이었다.≪현기영, 순이 삼촌≫

의미 [+소리]v[+모양],[+구멍],[+천공],[+연속]

제약 {구멍}-{뚫리다}

② 작은 구멍이 잇따라 뚫리는 소리. 또는 그 모양. '**빵빵**②'보다 거센 느낌을 준다.

¶막힌 하수구를 **팡팡** 뚫다./종이에 구멍을 **팡팡** 뚫었다.

의미 [+소리]v[+모양],[+공],[+타격],[+정도],[+연속]

제약 {공}-{차다}

③ 공 따위를 잇따라 세게 차는 소리. 또는 그 모양. '**빵빵**③'보다 거센 느낌을 준다.

¶공을 **팡팡** 차다.

의미 [+소리]v[+모양],[+물건],[+타격],[+연속]

제약 { }-{두드리다}

④ 탄력 있는 물건을 잇따라 두드리는 소리. 또는 그 모양.

의미 [+소리]v[+모양],[+물건],[+상승],[+순간],[+연속]

제약 { }-{튀다}

⑤ 물건이 갑자기 잇따라 튀는 소리. 또는 그 모양.

팡-팡02

의미 [+소리],[+물건],[+낙하],[+물],[+연속]

제약 {물건}-{떨어지다}

작은 물건이 얕은 물에 잇따라 떨어지는 소리.

팡-팡03

의미 [+소리]v[+모양],[+액체],[+구멍],[+유출],[+정도]

제약 { }-{쏟아지다}

① 액체 따위가 좁은 구멍으로 세차게 쏟아져 나오는 소리. 또는 그 모양.

¶팡팡 쏟아지는 물줄기는 한낮의 더위를 식혀 준다.

의미 [+모양],[+눈]v[+물],[+하강]v[+상승],[+정도]

제약 {눈, 물}-{ }

② 눈이나 물 따위가 세차게 쏟아져 내리거나 솟는 모양.

¶팡팡 내리는 함박눈을 맞다.

의미 [+모양],[+돈]v[+물],[+낭비]

제약 {돈, 물}-{쓰다}

③ (주로 '쓰다'와 함께 쓰여) 돈이나 물 따위를 헤프게 쓰는 모양.

¶돈을 팡팡 쓰다.

팡팡04

의미 [+모양],[-노동],[+나태]

제약 {사람}-{놀다}

① (주로 '놀다'와 함께 쓰여) 아무 일도 하지 않고 빈둥거리는 모양.

¶집이 부자인 그들은 팡팡 놀기만 한다.

의미 [+모양],[+밥],[+결식],[-대책]

제약 {밥}-{굶다}

② (주로 '굶다'와 함께 쓰여) 밥 따위를 하릴없이 굶는 모양.

¶가세가 갑자기 기울어 밥 세 끼 팡팡 굶기 일쑤다.

패둥-패둥

의미 [+모양],[+비만],[+통통],[+불쾌]

제약

볼썽사나울 정도로 살쪄서 꽤 통통한 모양.

¶돼지처럼 살만 패둥패둥 쪄 가지고…….

패연-히

의미 [+모양],[+비]v[+폭포],[+낙하],[+정도]

제약 {비, 폭포}-{쏟아지다}

비나 폭포 따위가 쏟아지는 모양이 매우 세차게.

¶패연히 쏟아지는 빗줄기./백성들은 마치 칠 년 큰 가물에 패연히 쏟아지는 단비를 바라듯…≪박종화, 임진왜란≫

패패-이

의미 [+무리],[+다수],[+개별]

제약

여러 패가 다 각각.

¶패패이 모여 대책을 논의하다./늙은 년 젊은 년들이 첫새벽부터 패패이 꼬여 들어서 저자를 벌이는 그 꼴이야…≪염상섭, 삼대≫

팩01

의미 [+소리]v[+모양],[+피로],[+도괴],[-기운]

제약 { }-{쓰러지다}

① 지쳐서 맥없이 쓰러질 때 나는 소리. 또는 그 모양.

¶운동장을 열 바퀴쯤 돌자 한 아이가 팩 쓰러졌다.

의미 [+소리]v[+모양],[+실]v[+새끼],[+절단]

제약 {실, 새끼}-{끊어지다, 자르다}

② 실, 새끼 따위가 힘없이 끊어질 때 나는 소리. 또는 그 모양.

¶솜이불을 널자 빨랫줄이 팩 끊어졌다.

팩02

의미 [+모양],[+신체],[+대항],[+고집]

제약 { }-{대들다}

① 작은 몸집으로 지지 아니하려고 강팍하게 대드는 모양.

의미 [+모양],[+분노],[+순간]

제약 {성}-{내다}

② 갑자기 성을 내는 모양.

¶고함을 팩 치다./문지기가 듣다못해 팩 골을 내

며 퉁방울눈을 굴렸다.≪현기영, 변방에 우짖는 새≫

의미 [+모양],[+방향],[+전환],[+순간]

제약 { }-{돌다, 바꾸다}

③ 갑자기 방향을 돌리는 모양.

¶팩 돌아눕다./모퉁이를 팩 돌다./자동차가 팩 방향을 바꾸었다.

의미 [+모양],[+지혜]v[+생각],[+발생],[+순간],[+용이]

제약 { }-{떠오르다}

④ 순간적으로 머리를 기지 있게 쓰거나 생각이 잘 떠오르는 모양.

¶머리를 팩 돌려 묘안을 떠올렸다.

팩-팩⁰¹

의미 [+소리]v[+모양],[+피로],[+도괴],[-기운],[+반복]

제약 { }-{쓰러지다}

① 지쳐서 맥없이 자꾸 쓰러질 때 나는 소리. 또는 그 모양.

¶산에서 내려오자 너나 할 것 없이 모두 **팩팩** 쓰러졌다.

의미 [+소리]v[+모양],[+실]v[+새끼],[+절단],[+반복]

제약 {실, 새끼}-{끊어지다, 자르다}

② 실, 새끼 따위가 힘없이 자꾸 끊어질 때 나는 소리. 또는 그 모양.

팩-팩⁰²

의미 [+모양],[+신체],[+대항],[+고집],[+반복]

제약 { }-{대들다}

① 작은 몸집으로 지지 아니하려고 강퍅하게 자꾸 대드는 모양.

¶**팩팩** 우기다./어린놈이 어른한테 끝까지 **팩팩** 대드는 것은 또 무슨 경우냐?

의미 [+모양],[+분노],[+순간],[+반복]

제약 {성}-{내다}

② 갑자기 자꾸 성을 내는 모양.

¶그녀는 조그마한 일에도 화를 **팩팩** 낸다.

의미 [+모양],[+방향],[+전환],[+순간],[+연속]

제약 { }-{돌다, 바꾸다}

③ 잇따라 갑자기 방향을 돌리는 모양.

¶손으로 따귀를 때리자 고개가 **팩팩** 돌아갔다.

의미 [+모양],[+지혜]v[+생각],[+발생],[+순간],[+용이]

제약 { }-{돌리다, 떠오르다}

④ 순간적으로 머리를 기지 있게 잘 쓰거나 생각이 매우 잘 떠오르는 모양.

¶머리가 **팩팩** 잘 돌아간다.

팬둥-팬둥

의미 [+모양],[-노동],[+나태],[+유희]

제약 {사람}-{놀다}

게으름을 피우며 아무 일도 하지 않고 놀기만 하는 모양. '밴둥밴둥'보다 거센 느낌을 준다.

팬들-팬들

의미 [+모양],[-노동],[+나태],[+유희],[-수치]

제약 {사람}-{놀다}

게으름을 피우며 부끄러운 줄 모르고 빤빤스럽게 놀기만 하는 모양. '밴들밴들'보다 거센 느낌을 준다.

팽⁰¹

의미 [+모양],[+범위],[+확정],[+순회],[+한번]

제약 { }-{돌다}

① 일정한 좁은 범위를 한 바퀴 도는 모양. '뱅①'보다 거센 느낌을 준다.

¶**팽** 돌아서다./몸을 **팽** 돌리다./집 안팎을 **팽** 둘러보다.

의미 [+모양],[+정신],[+혼미],[+순간]

제약 {정신}-{돌다}

② 갑자기 정신이 아찔하여지는 모양. '뱅②'보다 거센 느낌을 준다.

¶현기증이 일면서 머리가 **팽** 돈다./불길한 생각에 가슴이 덜컥 내려앉고 정신이 **팽** 돌았다.

의미 [+모양],[+눈물],[+충만],[+순간]

제약 {눈물}-{돌다}

③ 갑자기 눈에 눈물이 크게 글썽해지는 모양.

¶눈가에 눈물이 **팽** 돌았다.

팽⁰²

의미 [+소리]v[+모양],[+총알],[+공기],[+분

할],[+통과],[+속도]

제약 { }-{지나가다}

① 총알 따위가 빠르게 공기를 가르며 지나가는 소리. 또는 그 모양.

¶탄환이 **팽** 귓전을 스치고 지나갔다.

의미 [+소리]v[+모양],[+코],[+배출],[+정도]

제약 {코}-{풀다}

② 코를 힘 있게 푸는 소리. 또는 그 모양.

¶아이는 **팽** 소리가 나게 힘껏 코를 풀었다.

팽그르르

의미 [+모양],[+몸]v[+물건],[+회전]

제약 {사람, 물건}-{돌다}

① 몸이나 물건 따위가 좁게 도는 모양. '뱅그르르①'보다 거센 느낌을 준다.

¶팽이가 **팽그르르** 돌다./연필을 손에 들고 **팽그르르** 돌리다.

의미 [+모양],[+눈물],[+발생],[+순간]

제약 {눈물}-{맺히다}

② 갑자기 눈가에 눈물이 맺히는 모양. '뱅그르르②'보다 거센 느낌을 준다.

¶어머니를 생각하면 늘 **팽그르르** 눈물이 돈다.

의미 [+모양],[+정신],[+혼미],[+순간]

제약 {정신}-{돌다}

③ 갑자기 정신이 아찔해지는 모양.

¶불합격했다는 말을 듣는 순간 머리가 **팽그르르** 도는 것 같았다.

팽글-팽글

의미 [+모양],[-크기],[+회전],[+윤활],[+연속]

제약 { }-{돌다}

작은 것이 잇따라 매끄럽게 도는 모양. '뱅글뱅글02'보다 거센 느낌을 준다.

¶팽이가 **팽글팽글** 돌다.

팽패로이

의미 [+성질],[+복잡],[+유별]

제약

성질이 까다롭고 별난 데가 있다.

팽-팽01

의미 [+모양],[+범위],[+확정],[+회전],[+반

복]

제약 { }-{돌다}

① 일정한 좁은 범위를 자꾸 도는 모양. '뱅뱅①'보다 거센 느낌을 준다.

¶팽이가 **팽팽** 돈다.

의미 [+모양],[+정신],[+혼미],[+반복]

제약 {정신}-{돌다}

② 정신이 자꾸 아찔하여지는 모양. '뱅뱅③'보다 거센 느낌을 준다.

¶눈앞이 **팽팽** 돌다./사흘을 굶어 머리가 **팽팽** 돌고 기운이 없다.

의미 [+모양],[+두뇌],[+작동],[+만족]

제약 {머리}-{돌아간다}

③ 두뇌가 잘 돌아가는 모양.

¶머리가 **팽팽** 잘 돌아간다.

팽-팽02

의미 [+소리]v[+모양],[+총알],[+공기],[+분할],[+통과],[+속도],[+연속]

제약

① 총알 따위가 빠르게 공기를 가르며 잇따라 지나가는 소리. 또는 그 모양.

¶총알이 **팽팽** 날아가다./적의 탄환이 **팽팽** 소리를 내면서 비 퍼붓듯 쏟아졌다./**팽팽** 소리가 나도록 돌팔매를 쳤다.

의미 [+소리]v[+모양],[+코],[+배출],[+정도],[+연속]

제약 {코}-{풀다}

② 코를 힘 있게 잇따라 풀 때 나는 소리. 또는 그 모양.

¶코를 **팽팽** 풀다.

팽팽-히01

의미 [+모양],[+줄],[+곧음],[+탄력]

제약

① 줄 따위가 늘어지지 않고 힘 있게 곧게 펴져서 튀기는 힘이 있다.

¶밧줄이 **팽팽히** 당겨진다./기타 줄을 **팽팽히** 죄었다.

의미 [+모양],[+복수],[+기운],[+유사]

제약

② 둘의 힘이 서로 엇비슷하다.

¶양측이 팽팽히 대립하다./의견이 **팽팽히** 맞서
다.

의미 [-여유],[-부족]

제약

③ 남거나 모자람이 없이 빠듯하다.

¶사람당 하나씩이다. **팽팽히** 가져왔으니 더 가
져가면 안 된다.

의미 [+성질],[-관대],[+복잡]

제약

④ 성질이 너그럽지 못하고 까다롭다.

¶사람을 **팽팽히** 대하다.

의미 [+정세]v[+정황]v[+분위기],[+경직],
[+정도]

제약

⑤ 정세, 정황, 분위기 따위가 매우 경직되어 있
다.

¶방 안에는 숨쉬기도 거북한 긴장이 **팽팽히** 이
어졌다.

팽팽-히02

의미 [+분위기],[+흥분],[+정도]

제약

① 분위기 따위가 한껏 부풀어 있다.

의미 [+모양],[+피부],[+팽창],[+탄력]

제약

② 피부 따위가 한껏 부풀어서 탱탱하다.

퍅01

의미 [+모양],[+신체],[+도괴],[-기운]

제약 { }-{쓰러지다}

가냘픈 몸이 갑자기 힘없이 쓰러지는 모양.

퍅02

의미 [+모양],[+분노],[+순간]

제약 {성}-{내다}

갑자기 성을 내는 모양.

¶**퍅** 신경질을 내다.

퍅-퍅01

의미 [+모양],[+도괴],[-기운],[+반복]

제약 { }-{쓰러지다}

힘없이 자꾸 쓰러지는 모양.

¶더위에 지친 닭들이 **퍅퍅** 쓰러졌다.

퍅-퍅02

의미 [+모양],[+분노],[+반복]

제약 {성}-{내다}

① 자꾸 성을 내는 모양.

¶**퍅퍅** 화를 내다.

의미 [+모양],[+대항],[+고집],[+반복]

제약 { }-{대들다}

② 지지 아니하려고 강퍅하게 자꾸 대드는 모
양.

¶**퍅퍅** 대들다.

퍼니

의미 [-노동]

제약

아무 하는 일 없이.

¶**퍼니** 세월만 보내다./젊은 놈이 아무런 의욕도
없이 **퍼니** 놀기만 해서야 되겠니?

퍼덕

의미 [+소리]v[+모양],[+새],[+날개]

제약 {날개}-{치다}

① 큰 새가 가볍고 크게 날개를 치는 소리. 또
는 그 모양.

¶독수리 한 마리가 **퍼덕** 날갯짓을 하며 하늘로
날아올랐다.

의미 [+소리]v[+모양],[+물고기],[+꼬리]

제약 {물고기}-{뛰다, 치다}

② 큰 물고기가 가볍고 크게 꼬리를 치는 소리.
또는 그 모양.

¶잉어가 **퍼덕** 소리를 내며 수면 위로 뛰어올랐
다.

의미 [+소리]v[+모양],[+깃발]v[+빨래],[+바
람],[+요감]

제약 {깃발, 빨래}-{날리다}

③ 큰 깃발이나 빨래 따위가 바람에 거칠게 날
리는 소리. 또는 그 모양.

퍼덕-퍼덕

의미 [+소리]v[+모양],[+새],[+날개],[+연
속]

제약 {날개}-{치다}

① 큰 새가 잇따라 가볍고 크게 날개를 치는 소
리. 또는 그 모양.

의미 [+소리]v[+모양],[+물고기],[+꼬리],

[＋물]v[＋바닥],[＋타격],[＋반복]

제약 {물고기}-{뛰다, 치다}

② 큰 물고기가 꼬리로 물이나 바닥을 자꾸 칠 때 나는 소리. 또는 그 모양.

의미 [＋소리]v[＋모양],[＋깃발]v[＋빨래],[＋바람],[＋요감],[＋연속]

제약 {깃발, 빨래}-{날리다}

③ 큰 깃발이나 빨래 따위가 잇따라 바람에 거칠게 날리는 소리. 또는 그 모양.

퍼드덕

의미 [＋소리]v[＋모양],[＋새],[＋날개],[＋정도]

제약 {날개}-{치다}

① 큰 새가 매우 힘차게 날개를 치는 소리. 또는 그 모양.

¶거위가 인기척에 놀라 퍼드덕 달아났다.

의미 [＋소리]v[＋모양],[＋물고기],[＋꼬리],[＋정도]

제약 {물고기}-{뛰다, 치다}

② 큰 물고기가 매우 힘차게 꼬리를 치는 소리. 또는 그 모양.

퍼드덕-퍼드덕

의미 [＋소리]v[＋모양],[＋새],[＋날개],[＋정도],[＋연속]

제약 {날개}-{치다}

① 큰 새가 잇따라 매우 힘차게 날개를 치는 소리. 또는 그 모양.

의미 [＋소리]v[＋모양],[＋물고기],[＋꼬리],[＋정도],[＋연속]

제약 {물고기}-{뛰다, 치다}

② 큰 물고기가 잇따라 매우 힘차게 꼬리를 치는 소리. 또는 그 모양.

퍼들-퍼들

의미 [＋모양],[＋신체],[＋요동],[＋정도],[＋반복]

제약 {몸}-{떨다}

자꾸 몸을 크게 퍼르르 떠는 모양. ‘버들버들’보다 거센 느낌을 준다.

¶추워서 몸을 퍼들퍼들 떨다./김 부장은 배신감으로 온몸을 퍼들퍼들 떨었다.

퍼떡

의미 [＋소리]v[＋모양],[＋새],[＋날개]

제약 {날개}-{치다}

① 큰 새가 가볍고 크게 날개를 치는 소리. 또는 그 모양. ‘퍼덕①’보다 센 느낌을 준다.

¶독수리 한 마리가 퍼떡 날갯짓을 하며 하늘로 날아올랐다.

의미 [＋소리]v[＋모양],[＋물고기],[＋꼬리]

제약 {물고기}-{뛰다, 치다}

② 큰 물고기가 가볍고 크게 꼬리를 치는 소리. 또는 그 모양. ‘퍼덕②’보다 센 느낌을 준다.

¶잉어가 퍼떡 소리를 내며 수면 위로 뛰어올랐다.

퍼떡-퍼떡

의미 [＋소리]v[＋모양],[＋새],[＋날개],[＋연속]

제약 {날개}-{치다}

① 큰 새가 가볍고 크게 잇따라 날개를 치는 소리. 또는 그 모양. ‘퍼덕퍼덕①’보다 센 느낌을 준다.

의미 [＋소리]v[＋모양],[＋물고기],[＋꼬리],[＋물]v[＋바닥],[＋타격],[＋반복]

제약 {물고기}-{뛰다, 치다}

② 큰 물고기가 꼬리로 물이나 바닥을 자꾸 치는 소리. 또는 그 모양. ‘퍼덕퍼덕②’보다

퍼뜩

의미 [＋모양],[＋생각],[＋발생],[＋순간]

제약 { }-{떠오르다}

① 어떤 생각이 갑자기 아주 순간적으로 떠오르는 모양.

¶오랜만에 만난 친구 이름이 퍼뜩 떠오르지 않았다./피난 시절의 배고팠던 때가 퍼뜩 떠올랐다.

의미 [＋모양],[＋물체]v[＋빛],[＋출현],[＋순간]

제약

② 어떤 물체나 빛 따위가 갑자기 아주 순간적으로 나타나는 모양.

¶골목 안 한구석에 웅크리고 있는 개 한 마리가 퍼뜩 눈에 띄었다.

의미 [+모양],[+정신],[+회복],[+순간]

제약 {정신}-{차리다, 들다}

③ 갑자기 정신이 드는 모양.

¶찬물로 세수를 하고 나니 정신이 **퍼뜩** 들었다./ 잠에서 **퍼뜩** 깨어나 정신을 차렸다.

퍼뜩-퍼뜩

의미 [+모양],[+생각],[+발생],[+순간],[+연속]

제약 { }-{떠오르다}

① 어떤 생각이 갑자기 아주 순간적으로 잇따라 떠오르는 모양.

의미 [+모양],[+물체]v[+빛],[+출현],[+순간],[+연속]

제약

② 어떤 물체나 빛 따위가 갑자기 아주 순간적으로 잇따라 나타나는 모양.

¶그는 머리가 센 노인들만 보면 **퍼뜩퍼뜩** 아버지의 얼굴이 떠올랐다./길가의 가로수가 차창에서 **퍼뜩퍼뜩** 내 곁을 스쳐 갔다.

퍼르르

의미 [+소리]v[+모양],[+액체],[+비등],[−정도]

제약 {액체}-{끓다}

① 많은 양의 액체가 거볍게 끓어오를 때 나는 소리. 또는 그 모양. '버르르①'보다 거센 느낌을 준다.

¶주전자의 물이 **퍼르르** 끓어 오르다.

의미 [+모양],[+분노],[+순간],[−중요]

제약 {성}-{내다}

② 대수롭지 아니한 일에 벌컥 성을 내는 모양. '버르르②'보다 거센 느낌을 준다.

¶그는 대수롭지 않은 일에도 화를 **퍼르르** 냈다.

의미 [+모양],[+나뭇잎]v[+종이],[+연소],[−정도]

제약 {나뭇잎, 종이}-{타다}

③ 마른 나뭇잎이나 얇은 종이 따위에 불이 붙어 거볍게 타오르는 모양. '버르르③'보다 거센 느낌을 준다.

¶창호지가 **퍼르르** 타올랐다.

의미 [+모양],[+요동],[−정도]

제약 { }-{떨다}

④ 거볍게 조금 떠는 모양. '버르르④'보다 거센 느낌을 준다.

¶바람이 불자 나뭇잎이 **퍼르르** 날렸다.

퍼서석

의미 [+소리]v[+모양],[+가랑잎]v[+검불],[+건조],[+밟음]

제약 {가랑잎, 검불}-{밟다}

① '퍼석①'의 본말. 가랑잎이나 마른 검불 따위의 잘 마른 물건을 밟는 소리. 또는 그 모양.

¶낙엽 밟는 소리가 **퍼서석** 나다.

의미 [+소리]v[+모양],[+물건],[+건조],[+파손],[−정도]

제약 { }-{부스러지다, 깨지다}

② '퍼석②'의 본말. 부숭부숭한 물건이 가볍게 부스러지거나 깨지는 소리. 또는 그 모양.

¶과자가 **퍼서석** 부서지다.

퍼서석-퍼서석

의미 [+소리]v[+모양],[+가랑잎]v[+검불],[+건조],[+밟음],[+연속]

제약 {가랑잎, 검불}-{밟다}

① '퍼석퍼석①'의 본말. 가랑잎이나 마른 검불 따위의 잘 마른 물건을 잇따라 밟는 소리. 또는 그 모양.

의미 [+소리]v[+모양],[+물건],[+건조],[+파손],[−정도],[+연속]

제약 { }-{부스러지다, 깨지다}

② '퍼석퍼석②'의 본말. 부숭부숭한 물건이 잇따라 가볍게 부스러지거나 깨지는 소리. 또는 그 모양.

퍼석01

의미 [+소리]v[+모양],[+가랑잎]v[+검불],[+건조],[+밟음]

제약 {가랑잎, 검불}-{밟다}

① 가랑잎이나 마른 검불 따위의 잘 마른 물건을 밟는 소리. 또는 그 모양. '버석①'보다 거센 느낌을 준다.

¶마른 나뭇잎이 **퍼석** 밟히는 소리가 났다.

퍼석02

의미 [+소리]v[+모양],[+물건],[+건조],[+파

손],[－정도],

제약 {　}-{부스러지다, 깨지다}

② 부숭부숭한 물건이 가볍게 부스러지거나 깨지는 소리. 또는 그 모양. '버석②'보다 거센 느낌을 준다.

¶보리밭은 퍼석 말라 김매는 호미 끝에 흙먼지가 풀썩풀썩 피어올랐다.≪현기영, 변방에 우짖는 새≫

퍼석-퍼석

의미 [＋소리]v[＋모양],[＋가랑잎]v[＋검불],[＋건조],[＋밟음],[＋연속]

제약 {가랑잎, 검불}-{밟다}

① 가랑잎이나 마른 검불 따위의 잘 마른 물건을 잇따라 밟는 소리. 또는 그 모양. '버석버석①'보다 거센 느낌을 준다.

의미 [＋소리]v[＋모양],[＋물건],[＋건조],[＋파손],[－정도],[＋연속]

제약 {　}-{부스러지다, 깨지다}

② 부숭부숭한 물건이 잇따라 가볍게 부스러지거나 깨지는 소리. 또는 그 모양. '버석버석②'보다 거센 느낌을 준다.

¶흙덩이가 퍼석퍼석 부서진다.

퍼슬-퍼슬

의미 [＋모양],[＋덩이],[＋가루],[－물기],[＋건조],[＋파손],[＋용이]

제약 {　}-{부스러지다}

덩이진 가루 따위가 물기가 말라 쉽게 부스러지는 모양. '버슬버슬'보다 거센 느낌을 준다.

퍽01

의미 [＋소리]v[＋모양],[＋배출],[＋순간],[＋정도]

제약 {　}-{차다, 던지다, 지르다}

① 갑자기 매우 힘차게 내지르는 소리. 또는 그 모양.

¶옆구리를 퍽 내지르다./사내는 쓰러져 있는 사람의 가슴팍을 퍽 걷어찼다./그는 갑자기 부르쥔 주먹을 높이 들어 올리더니 퍽 소리가 나도록 시멘트 바닥을 힘껏 두드렸다.≪송영, 선생과 황태자≫

의미 [＋소리]v[＋모양],[＋도괴],[－기운],[＋순

간]

제약 {사람}-{쓰러지다}

② 갑자기 아주 힘없이 거꾸러지는 소리. 또는 그 모양.

¶퍽 거꾸러지다./총에 맞은 병사가 그 자리에 퍽 등치처럼 쓰러졌다.

의미 [＋소리]v[＋모양],[＋진흙],[＋밟음],[＋빠짐]

제약

③ 진흙 따위를 밟을 때 깊숙이 빠지는 소리. 또는 그 모양.

¶진흙밭에 발이 퍽 빠져서 뺄 수가 없었다.

퍽02

의미 [＋보통],[＋초과],[＋정도]

제약

보통 정도를 훨씬 넘게.

¶퍽 가깝다./퍽 궁금하다./퍽 기쁘다./퍽 다행이다./퍽 어렵다./올해는 눈이 퍽 많이 내렸다.

퍽석

의미 [＋소리]v[＋모양],[＋착석],[－기운]

제약 {　}-{앉다}

① 힘없이 거볍게 주저앉는 소리. 또는 그 모양.

¶나그네는 아주 낙담하는 표정을 지으며 외딴집 토담에 등을 기대고 퍽석 주저앉았다.

의미 [＋소리]v[＋모양],[＋물건],[＋침강]v[＋파손]

제약 {　}-{가라앉다, 부서지다}

② 메마르고 엉성한 물건이 부드럽고 거볍게 가라앉거나 맥없이 부서지는 소리. 또는 그 모양.

¶간밤의 폭우로 담이 퍽석 무너졌다./눈사람이 따뜻한 봄기운에 퍽석 무너졌다.

퍽석-퍽석

의미 [＋소리]v[＋모양],[－기운],[＋착석],[＋연속]

제약 {　}-{주저앉다}

① 잇따라 힘없이 거볍게 주저앉는 소리. 또는 그 모양.

¶구보를 마친 병사들은 모두 풀밭에 아무렇게나 퍽석퍽석 주저앉았다.

의미 [＋소리]v[＋모양],[＋물건],[＋침강]v[＋파

손],[+연속]

제약 { }-{가라앉았다, 부서지다}

② 메마르고 엉성한 물건이 잇따라 부드럽고 거볍게 가라앉았거나 맥없이 부서지는 소리. 또는 그 모양.

¶소나무에 쌓여 있던 눈이 햇볕을 받아 녹으면서 퍽석퍽석 떨어졌다.

퍽신-퍽신

의미 [+느낌],[+유연],[+탄력],[+편안],[+정도]

제약

매우 부드럽고 탄력이 있으며 푸근한 느낌.

퍽-퍽

의미 [+소리]v[+모양],[+배출],[+정도],[+연속]

제약 { }-{차다, 던지다, 지르다}

① 잇따라 매우 힘차게 내지르는 소리. 또는 그 모양.

¶퍽퍽 걷어차다./가슴팍을 주먹으로 퍽퍽 두들기다./발로 옆구리를 퍽퍽 질러대다./탄환이 표적에 퍽퍽 꽂히다.

의미 [+소리]v[+모양],[+도괴],[-기운],[+정도],[+연속]

제약 { }-{쓰러지다}

② 잇따라 아주 힘없이 거꾸러지는 소리. 또는 그 모양.

¶난민들과 함께 사병들 몇 명이 다리목에서 별안간 짚단처럼 퍽퍽 쓰러졌다.≪홍성원, 육이오≫

의미 [+소리],[+모양],[+진흙],[+밟음],[+빠짐],[+정도]v[+깊이],[+반복]

제약

③ 진흙 따위를 밟을 때 몹시 또는 자꾸 깊숙이 빠지는 소리. 또는 그 모양.

¶비를 맞으며 논두렁 길을 퍽퍽 소리를 내며 걸었다./땅이 질어서 발목이 진흙 속에 퍽퍽 빠졌다.

의미 [+모양],[+숟가락]v[+삽],[+퍼냄],[+다량],[+정도],[+연속]

제약 { }-{떠내다, 푸다}

④ 숟가락이나 삽 따위로 물건을 잇따라 아주

많이 퍼내는 모양.

¶밥을 숟가락으로 퍽퍽 떠먹다./남에게 쌀을 퍽퍽 퍼 주다.

의미 [+모양],[+물건]v[+현상],[+발생]v[+소멸],[+정도],[+연속]

제약 { }-{생기다, 줄어들다, 없어지다}

⑤ 어떤 물건이나 현상 따위가 잇따라 아주 많이 생기거나 없어지는 모양.

¶이익이 퍽퍽 나는 사업./식구 하나가 늘었는데도 쌀이 눈에 띄게 퍽퍽 줄었다.

의미 [+모양],[+가루]v[+연기],[+배출],[+정도],[+연속]

제약 {가루, 연기}-{뿜다, 뱉다, 피우다}

⑥ 가루나 연기 따위를 잇따라 세차게 뿜는 모양.

¶담배를 퍽퍽 피우다./담배만 퍽퍽 더 빨아대었다.

의미 [+모양],[+장작],[+분할],[+정도]

제약 { }-{쪼개지다, 갈라지다}

⑦ 장작 따위가 잘 쪼개어지는 모양.

¶밋밋한 적송(赤松) 줄기가 한 도끼에 퍽퍽 갈라지는 것도 시원스럽지만….≪이문열, 그해 겨울≫

의미 [+모양],[+빗줄기]v[+함박눈],[+낙하],[+정도]

제약 {빗줄기, 함박눈}-{내리다, 쏟아지다}

⑧ 굵은 빗줄기나 함박눈 따위가 몹시 퍼붓는 모양.

¶밤새 장대비가 퍽퍽 쏟아졌다.

퍽퍽-이

의미 [+음식],[-물기]v[-끈기],[+건조],[-유연]

제약

① 음식이 물기나 끈기가 매우 적어 목이 멜 정도로 몹시 메마르고 부드럽지 못하게.

의미 [+삶],[-여유],[-능력]

제약

② 삶에 매우 여유가 없고 힘겹게.

펀둥-펀둥

의미 [+모양],[+노동],[+유희],[-수치],[+반복]

제약 {사람}-{놀다}

아무 일도 하지 않고 자꾸 뻔뻔스럽게 놀기만 하는 모양. '번둥번둥'보다 거센 느낌을 준다.

¶턱없는 오라범 집 식구를 그대로 두고 나오기는 박정한 노릇이나 **펀둥펀둥** 노는 맏조카 자식더러 벌어먹으라 하고 나오기로 한 것이다.《염상섭, 상대》

펀들-펀들

의미 [+모양],[-노동],[+나태],[+유희],[-수치],[+지속]

제약 {사람}-{놀다}

별로 하는 일 없이 게으름을 피우며 얄밉고 뻔뻔스럽게 놀기만 하는 모양. '번들번들02'보다 거센 느낌을 준다.

¶계집은 바에 나가고 사내놈은 **펀들펀들** 놀면서 기생 장구에 한량 춤이나 추고 지낸단 말이냐?《최명희, 혼불》

펀쩍01

의미 [+모양],[+빛],[±출현],[+순간]

제약

① 큰 빛이 잠깐 나타났다가 사라지는 모양. '번쩍01①'보다 거센 느낌을 준다.

의미 [+모양],[+정신],[+선명],[+순간],[+정도]

제약

② 정신이 갑자기 맑아지는 모양. '번쩍01②'보다 거센 느낌을 준다.

의미 [+모양],[+생각],[+발생],[+순간]

제약 { }-{떠오르다}

③ 어떤 생각이 갑자기 머리에 떠오르는 모양. '번쩍01③'보다 거센 느낌을 준다.

의미 [+모양],[+물건]v[+일],[+소멸]v[+종료],[+순간]

제약

④ 물건이나 일이 매우 빨리 없어지거나 끝나는 모양. '번쩍01④'보다 거센 느낌을 준다.

의미 [+모양],[+호감],[+청취],[+순간]

제약

⑤ 마음이 몹시 끌려 귀가 갑자기 뜨이는 모양. '번쩍01⑤'보다 거센 느낌을 준다.

의미 [+모양],[+시야],[+분명],[+순간]

제약

⑥ 무엇이 순간적으로 분명하게 보이는 모양. '번쩍01⑥'보다 거센 느낌을 준다.

펀쩍02

의미 [+모양],[+물건],[+상승],[+용이]

제약 { }-{들다, 올리다}

① 물건을 매우 가볍게 들어 올리는 모양. '번쩍02①'보다 거센 느낌을 준다.

의미 [+모양],[+물건],[+선단],[+상승],[+높이],[+순간]

제약

② 물건의 끝이 갑자기 아주 높이 들리는 모양. '번쩍02②'보다 거센 느낌을 준다.

의미 [+모양],[+신체],[+부분],[+상승],[+높이],[+순간]

제약 { }-{들다, 올리다}

③ 몸의 한 부분을 갑자기 위로 높이 들어 올리는 모양. '번쩍02③'보다 거센 느낌을 준다.

의미 [+모양],[+개안],[+크기],[+순간],[+정도]

제약 {눈}-{뜨다}

④ 눈을 갑자기 아주 크게 뜨는 모양. '번쩍02④'보다 거센 느낌을 준다.

펀펀

의미 [+모양],[-노동],[+나태],[+유희]

제약 {사람}-{놀다}

아무 일도 하지 아니하고 빈둥거리며 노는 모양. ≒펀펀히02.

¶집에서 **펀펀** 먹고 놀다.

펀펀-히01

의미 [+모양],[+물건],[+표면],[+평평],[+넓이],[+정도]

제약

① 물건의 표면이 높낮이가 없이 매우 평평하고 너르다.

의미 [+모양],[+얼굴]v[+몸],[+살],[+증가],[+정도]

제약

② 얼굴이나 몸이 살이 올라 부하다.

편편-히[02]

의미 [+모양],[-노동],[+나태],[+유희]

제약 {사람}-{놀다}

=편편. 아무 일도 하지 아니하고 빈둥거리며 노는 모양.

¶대학을 나온 아들이 일할 생각은 하지 않고 편편히 놀면서 밥만 축내고 있다./일이 이렇게 밀릴 적은 오히려 낫지만 장마철이나 엄동에 들어서면 편편히 놀고 있어야 한다.≪조풍연, 청사 수필≫

편-히

의미 [+넓이],[+거리],[+정도]

제약

끝이 아득할 정도로 넓게.

¶편히 펼쳐진 평야.

펄떡

의미 [+모양],[+도약],[+크기],[+탄력]

제약 { }-{뛰다}

① 크고 탄력 있게 뛰는 모양.

¶개구리가 펄떡 뛰어오르다.

의미 [+모양],[+심장]v[+맥],[+박동],[+정도]

제약 {심장, 맥박}-{뛰다}

② 심장이나 맥이 크게 뛰는 모양.

펄떡-펄떡

의미 [+모양],[+도약],[+크기],[+탄력],[+연속]

제약 { }-{뛰다}

① 크고 탄력 있게 자꾸 뛰는 모양.

¶재주를 펄떡펄떡 넘다./잉어가 펄떡펄떡 솟구쳐 뛴다.

의미 [+모양],[+심장]v[+맥],[+박동],[+정도],[+반복]

제약 {심장, 맥박}-{뛰다}

② 심장이나 맥이 크게 자꾸 뛰는 모양.

¶심장이 펄떡펄떡 뛰다.

의미 [+모양],[+분노],[-인내],[+정도],[+반복]

제약

③ 매우 성이 나서 참지 못하고 자꾸 펄펄 뛰는 모양.

의미 [+모양],[+문],[±개폐],[±출입],[+반복]

제약 { }-{열다, 닫다, 들다, 나다}

④ 문을 여닫으며 자꾸 드나드는 모양.

¶막 자리에 누웠던 가족들이 펄떡펄떡 문을 열며 뛰어나왔다.≪홍성암, 큰물로 가는 큰 고기≫

펄러덕

의미 [+소리]v[+모양],[+바람],[+요감],[+속도],[+정도]

제약 { }-{나부끼다}

'펄럭①'의 본말. 바람에 빠르고 힘차게 나부끼는 소리. 또는 그 모양.

¶태극기가 바람에 펄러덕 나부낀다.

펄러덕-펄러덕

의미 [+소리]v[+모양],[+바람],[+요감],[+속도],[+정도],[+연속]

제약 { }-{나부끼다}

'펄럭펄럭'의 본말. 바람에 빠르고 힘차게 잇따라 나부끼는 소리. 또는 그 모양.

펄러덩

의미 [+모양],[+바람],[+요감],[+크기],[+정도]

제약 { }-{나부끼다}

'펄렁'의 본말. 바람에 크고 힘차게 나부끼는 모양.

¶제일 먼저 문을 닫는 포목상들은 핏발 선 눈으로 주판알을 퉁기고 나서 매운 냄새 나는 포목들을 펄러덩 챙겼다.≪박완서, 도시의 흉년≫

펄러덩-펄러덩

의미 [+모양],[+바람],[+요감],[+크기],[+정도],[+반복]

제약 { }-{나부끼다}

'펄렁펄렁[01]'의 본말. 바람에 크고 힘차게 계속 나부끼는 모양.

펄럭

의미 [+소리]v[+모양],[+바람],[+요감],[+속도],[+정도]

제약 { }-{나부끼다}

① 바람에 빠르고 힘차게 나부끼는 소리. 또는 그 모양.

¶휘장이 바람에 펄럭 흔들리다./아세아극장의

낡은 의자에 쭈그리고 앉아 펄럭, 하고 붉은 천
이 나부끼며 타이틀이 오르던 (천녀유혼)은 내
기억 속에 《한겨레신문》

의미 [+소리]v[+모양],[+가스],[+불]

제약

② 가스 따위에 불이 가볍게 옮겨 붙는 소리.
또는 그 모양.

펄럭-펄럭

의미 [+소리]v[+모양],[+바람],[+요감],[+속
도],[+정도],[+연속]

제약 { }-{나부끼다}

바람에 빠르고 힘차게 잇따라 나부끼는 소리.
또는 그 모양.

¶깃발이 펄럭펄럭 나부끼다./책장을 펄럭펄럭 넘
기다./부채로 펄럭펄럭 부채질을 하다./연이 펄
럭펄럭 날고 있다./포스터가 바람이 불어 펄럭펄
럭 나부끼자 나는 더욱 기분이 좋아졌다.

펄렁

의미 [+모양],[+바람],[+요감],[+크기],[+정
도]

제약 { }-{나부끼다}

바람에 크고 힘차게 나부끼는 모양.

¶빨래가 펄렁 바람에 날린다.

펄렁-펄렁01

의미 [+모양],[+바람],[+요감],[+크기],[+정
도],[+반복]

제약 { }-{나부끼다}

바람에 크고 힘차게 계속 나부끼는 모양.

¶책장을 펄렁펄렁 넘기다./급한 걸음에 치마가
펄렁펄렁 나부낀다.

펄렁-펄렁02

의미 [+모양],[+행동],[+속도],[+크기],[+정
도],[+반복]

제약

아주 가볍고도 재빠르고 크게 자꾸 행동하는 모
양.

펄썩

의미 [+모양],[+연기]v[+먼지],[+덩이],[+발
생],[+한번]

제약 {연기, 먼지}-{날리다, 일어나다}

① 연기나 먼지 따위가 뭉쳐 한 번 거볍게 일어
나는 모양.

¶흙먼지가 펄썩 일다.

의미 [+모양],[+착석],[-기운]

제약 {사람}-{앉다}

② 맥없이 내려앉거나 주저앉는 모양.

¶땅바닥에 펄썩 주저앉다./모래밭에 펄썩 주저앉
았다.

펄썩-펄썩

의미 [+모양],[+연기]v[+먼지],[+덩이],[+발
생],[+연속]

제약 {연기, 먼지}-{날리다, 일어나다}

① 연기나 먼지 따위가 뭉쳐 거볍게 잇따라 일
어나는 모양.

¶여기저기서 검은 연기가 펄썩펄썩 일었다.

의미 [+모양],[+전부],[+착석],[-기운]

제약 {사람}-{앉다}

② 여럿이 다 맥없이 주저앉거나 내려앉는 모
양.

¶지친 병사들은 볏짚 위에 펄썩펄썩 주저앉았다.

펄쩍

의미 [+모양],[+문]v[+뚜껑],[+개방],[+순
간]

제약 {문, 뚜껑}-{열다}

① 문이나 뚜껑 따위를 급작스럽게 여는 모양.

¶문을 펄쩍 열다.

의미 [+모양],[+도약]v[+비상],[+순간],[+정
도]

제약 { }-{뛰다, 날다}

② 급자기 거볍고 힘 있게 뛰어오르거나 날아오
르는 모양.

¶뒤로 펄쩍 물러서다./펄쩍 일어서다./용수철처
럼 펄쩍 뛰어오르다.

의미 [+모양],[+정신],[+회복]v[+경악],[+순
간]

제약 { }-{들다, 나다}

③ 갑자기 정신이 들거나 놀라는 모양.

¶겁이 펄쩍 나다./정신이 펄쩍 나다./자다가 펄
쩍 깨다./펄쩍 놀라다.

펄쩍-펄쩍

의미 [+모양],[+문]v[+뚜껑],[+개방],[+순간],[+반복]

제약 {문, 뚜껑}-{열다}

① 문이나 뚜껑 따위를 급작스럽게 자꾸 여는 모양.

¶창문과 방문을 모조리 **펄쩍펄쩍** 열었다.

의미 [+모양],[+도약]v[+비상],[+순간],[+정도],[+반복]

제약 { }-{날다, 뛰다}

② 급자기 거볍고 힘 있게 자꾸 날아오르거나 뛰어오르는 모양.

¶숭어가 **펄쩍펄쩍** 뛰어올랐다.

펄펄

의미 [+모양],[+물]v[+기름],[+다량],[+비등],[+정도],[+연속]

제약 {물, 기름}-{끓다}

① 많은 양의 물이나 기름 따위가 계속해서 몹시 끓는 모양.

¶물이 **펄펄** 끓다./가마솥에 기름이 **펄펄** 끓다.

의미 [+모양],[+몸]v[+온돌방],[+더위],[+정도]

제약 {몸, 온돌방}-{끓다}

② 몸이나 온돌방이 높은 열로 몹시 뜨거운 모양.

¶몸이 **펄펄** 끓고 헛소리까지 한다./방구들이 **펄펄** 끓어 앉아 있기가 어렵다.

의미 [+모양],[+비상]v[+도약],[+크기],[+기운]

제약 { }-{날다, 뛰다}

③ 크고 힘차게 날거나 뛰는 모양.

¶나비들이 **펄펄** 날아든다./낚아 올린 고기들이 **펄펄** 날뛰었다.

의미 [+모양],[+먼지]v[+눈]v[+가루],[+바람],[+요감],[+정도]

제약 {먼지, 눈, 가루}-{날리다}

④ 먼지나 눈, 가루 따위가 바람에 세차게 날리는 모양.

¶흰 눈이 **펄펄** 내리다./머리카락이 **펄펄** 날리다./깃발이 **펄펄** 나부낀다./거리에는 길 먼지가 **펄펄** 날린다.

의미 [+모양],[+불길],[+발생],[+정도]

제약

⑤ 불길이 세게 일어나는 모양.

¶불이 **펄펄** 붙어 오르다./쇠가죽이 오그라들면서 나무 궤짝에 **펄펄** 불이 붙었다.《박종화, 임진왜란》

펑⁰¹

의미 [+소리],[+풍선]v[+폭탄],[+폭발],[+소란],[+순간]

제약 {풍선, 폭탄}-{터지다}

① 풍선이나 폭탄 따위가 갑자기 요란스럽게 터지는 소리. '뻥①'보다 거센 느낌을 준다.

¶풍선이 **펑** 터지다./폭죽이 **펑** 터지다.

의미 [+소리]v[+모양],[+구멍],[+크기],[+천공]

제약 {구멍}-{뚫리다}

② 큰 구멍이 뚫리는 소리. 또는 그 모양. '뻥②'보다 거센 느낌을 준다.

¶창문에 구멍이 **펑** 뚫렸다./폭격으로 **펑** 구멍이 뚫린 지붕 위에 차도록 맑은 달이 비껴 있었다.《한무숙, 돌》

의미 [+소리]v[+모양],[+물건],[+상승],[+순간],[+정도]

제약 { }-{튀다}

③ 물건이 갑자기 크게 튀는 소리. 또는 그 모양.

펑⁰²

의미 [+소리],[+물건],[+물],[+낙하]

제약 {물건}-{떨어지다}

조금 크고 무거운 물건이 깊은 물에 떨어지는 소리.

펑⁰³

의미 [+모양],[+침수],[+정도]

제약 { }-{젖다}

아주 심하게 젖은 모양.

¶얼굴에 댄 손수건이 **펑** 젖도록 실컷 울었다.《염상섭, 수절내기》/혼몽한 의식 속에서도 무언가 끊임없이 자꾸만 쫓아오는 것 같고, 잠이 깨어 보면 이부자리가 식은땀으로 **펑** 젖어 있기가 일쑤예요.《안정효, 하얀 전쟁》

평덩

의미 [+소리],[+물건],[+물],[+낙하],[+한번]

제약 {물건}-{떨어지다}

크고 무거운 물건이 깊은 물에 떨어질 때 한 번
나는 소리.

¶물속으로 평덩 뛰어들다.

평덩-평덩

의미 [+소리],[+물건],[+물],[+낙하],[+연속]

제약 {물건}-{떨어지다}

크고 무거운 물건이 깊은 물에 잇따라 떨어질
때 나는 소리.

평퍼짐-히

의미 [+상태],[+원형],[+평평],[+넓이]

제약

둥그스름하고 편편하게 옆으로 퍼져 있는 상태
로.

평-평01

의미 [+소리],[+풍선]v[+폭탄],[+폭발],[+소
란],[+순간],[+연속]

제약 {풍선, 폭탄}-{터지다}

① 풍선이나 폭탄 따위가 갑자기 잇따라 요란스
럽게 터지는 소리. '뺑뺑①'보다 거센 느낌을 준
다.

¶고무풍선이 평평 터지다./폭죽을 평평 터뜨리
다./여기저기서 평평 샴페인 터트리는 소리가 난
다./전투는 눈이 짙게 쌓이자 양측에서 산발적
으로 포만 평평 쏘아 대고 있다.≪홍성원, 육이오≫

의미 [+소리]v[+모양],[+구멍],[+크기],[+천
공],[+연속]

제약 {구멍}-{뚫리다}

② 큰 구멍이 잇따라 뚫리는 소리. 또는 그 모
양. '뺑뺑②'보다 거센 느낌을 준다.

¶구멍을 평평 뚫다./막힌 하수구가 평평 뚫리다.

의미 [+소리]v[+모양],[+물건],[+타격],[+연
속]

제약 { }-{두드리다}

③ 크고 탄력 있는 물건을 잇따라 두드리는 소
리. 또는 그 모양.

의미 [+소리]v[+모양],[+물건],[+상승],[+순
간],[+정도],[+연속]

제약 { }-{뛰다}

④ 물건이 갑자기 잇따라 크게 뛰는 소리. 또는
그 모양.

¶아이들은 조그만 쌀 알갱이들이 그 기계에만
들어갔다 나오면 평평 커져 나오는 것이 신기한
모양이었다./팝콘 튀기는 소리가 평평 요란하다.

평-평02

의미 [+소리],[+물건],[+물],[+낙하],[+연속]

제약 {물건}-{떨어지다}

조금 크고 무거운 물건이 깊은 물에 잇따라 떨
어지는 소리.

평-평03

의미 [+소리]v[+모양],[+액체],[+유출],[+구
멍],[+정도]

제약

① 액체 따위가 약간 넓은 구멍으로 세차게 쏟
아져 나오는 소리. 또는 그 모양.

¶눈물을 평평 쏟다./코피를 평평 흘리다./수도꼭
지에서 수돗물이 평평 나온다.

의미 [+모양],[+눈]v[+물],[+낙하]v[+용
출],[+맹렬]

제약 {눈, 물}-{ }

② 눈이나 물 따위가 세차게 많이 쏟아져 내리
거나 솟는 모양.

¶눈이 평평 내리다.

의미 [+모양],[+돈]v[+물],[+낭비]

제약 {돈, 물}-{쓰다}

③ (주로 '쓰다'와 함께 쓰여) 돈이나 물 따위를
헤프게 마구 쓰는 모양.

¶돈을 물 쓰듯 평평 쓰다.

의미 [+모양],[+거짓말]v[+흰소리],[-예의]

제약 {거짓말, 흰소리}-{ }

④ 거짓말이나 흰소리를 함부로 하는 모양.

¶흰소리만 평평 늘어놓다.

편근-히

의미 [-거리],[+편리]

제약

가깝고 편리하게.

평평-히

의미 [+소견],[+편협],[+성질],[-조급]

제약 { }-{행동하다}

소견이 좁고 성질이 급하다.

편벽-되이

의미 [+편파],[-공평]

제약

한쪽으로 치우쳐 공평하지 못하다.

¶깊은 은혜와 많은 애정을 편벽되이 입음을 치사나 하고 가려고 하던 마음은….≪이상협, 재봉춘≫/지공무사하신 하늘 이치는 별로 편벽되이 사랑하고 편벽되이 미워하는 일이 없건마는 이놈의 신세는 어찌하여 이다지 기박하고….≪최찬식, 금강문≫

편시

의미 [+시간],[-길이]

제약

=잠시. 짧은 시간에.

편시-간

의미 [+시간],[-길이]

제약

=잠시간. 짧은 시간 동안에.

편안-히

의미 [+상태],[+편안],[-걱정],[+만족]

제약

편하고 걱정 없이 좋은 상태로.

¶의자에 편안히 기대다./마음을 편안히 가지다./할머니는 자손들이 보는 앞에서 편안히 돌아가셨다./부모 덕택으로 낮에 편안히 공부할 수 있는 아이들과는 그 의식의 바탕이 다를 것이란 짐작도 들었다.≪이병주, 지리산≫/가뜩이나 몸이 괴로워서 편안히 누워 있으리라 하고서 집에 돌아온 것이….≪나도향, 어머니≫

편편-이[01]

의미 [+조각],[+개별],[+전부]

제약

낱낱의 조각마다. 또는 낱낱의 조각으로.

¶깨어진 접시 조각이 편편이 흩어졌다.

편편-이[02]

의미 [+경우],[+사람],[+왕래],[+전부]

제약

인편(人便)이 있을 때마다.

편편-히[01]

의미 [-불편],[+편안]

제약

① 아무 불편 없이 편안하다.

의미 [+모양],[+물건],[-퉁퉁],[+바름]

제약

② 물건의 배가 부르지 않고 번듯하다.

편편-히[02]

의미 [+모양],[+비상],[+경쾌],[+민첩]

제약

① 나는 모양이 가볍고 날쌔다.

¶기다란 머리채가 건공에 나부끼며 울긋불긋한 처녀들이 나비같이 편편히 오르고 내리는 것이 아름답다.≪한설야, 탑≫

의미 [+풍채],[+멋],[+적당]

제약

② 풍채가 멋스럽고 좋다.

편평-히

의미 [+넓이],[+평평]

제약

넓고 평평하게.

편-히

의미 [+신체]v[+마음],[-불편],[-고통],[+만족]

제약

몸이나 마음이 거북하거나 괴롭지 아니하여 좋게.

¶편히 자다./편히 앉다./편히 살다./편히 모시다./침착하게 엄마에게 신경 안정제와 고혈압 치료제를 같이 먹이고 베개를 꺼내 편히 눕혔다.≪박완서, 도시의 흉년≫/생명의 위협을 느끼며 입원 십일 개월을 지내는 동안 제 몸을 태우면서까지 나를 편히 쉬게 해 준 그 여자들이야 얼마나 고마운 임들이냐.≪마해송, 아름다운 새벽≫

평범-히

의미 [-특출]v[-특이],[+보통]

제약

뛰어나거나 색다른 점이 없이 보통이다.

¶지금 그 하전을 잃은 대비의 분노를 생각할 때에 이 자리에서 나오는 한 사람의 왕족의 이야

기는 결코 **평범히** 간주할 것이 아니라는 점을 성하는 직감하였다.≪김동인, 운현궁의 봄≫/딸자식만은 자기의 밟은 길을 밟히지 않고 그대로 **평범히** 길러서 시집가기 전까지는 아들 겸 앞에 두고 벌어먹다가 몇 해 후에 시집이나 잘 보내자는 작정이다.≪염상섭, 삼대≫

평생-토록
의미 [＋기간],[＋생명],[＋동안]

제약

살아서 목숨이 다할 때까지. ≒일생토록·종신토록.

¶선생님의 은혜는 **평생토록** 잊을 수가 없을 것이다./그녀한테서 머리칼이 들어 있는 꽃주머니를 받는 그 순간부터 웅보는 이미 쌀분이와 더불어 **평생토록** 기쁨과 슬픔을 함께 나누며 한이불 덮고 살 것을 결심하였었다.≪문순태, 타오르는 강≫

평석
의미 [＋과거]v[＋이전],[＋정도]

제약

① 아주 먼 과거부터. 또는 이전부터.

의미 [＋시간],[＋전부],[－변화],[＋계속]

제약

② 모든 시간에 걸쳐 계속하여 달라짐이 없이.

평순-히
의미 [＋성질],[＋온순]

제약

① 성질이 온순하게.

¶그는 늘 **평순히** 행동한다.

의미 [＋신체],[－질병]

제약

② 몸에 병이 없이.

¶그 노부부는 **평순히** 지낸다.

평안-히
의미 [＋상태],[－걱정]v[－질병],[＋무사]

제약

걱정이나 탈이 없이. 또는 무사히 잘 있는 상태로.

¶**평안히** 지내다./**평안히** 잠들다./국왕의 일신과 마음만 **평안히** 해 드리고자 하는 건 참된 보좌

가 아니라오.≪김동인, 대수양≫

평연-히
의미 [＋평범],[＋자연]

제약

평범하고 자연스럽다.

평온-히
의미 [＋조용],[＋평안]

제약

조용하고 평안하게.

¶마음을 **평온히** 가지다./부유한 가정에서 태어나 할아버지는 일생을 **평온히** 지내다 돌아가셨다./어머니는 어느 때고 그 꿈속에서 지내다가 그 꿈속에서 **평온히** 잠들게 되기를 바랐다.≪이청준, 조율사≫

평정-히
의미 [＋태도],[＋공평],[＋올바름]

제약

공평하고 올바름. 또는 그런 태도.

¶이 재판은 **평정히** 이루어진 재판이라고 볼 수 없다.

평탄-히
의미 [＋바닥],[＋평평]

제약

① 바닥이 평평하게.

¶길이 **평탄히** 나 있지 않아 운전하는 데 고생을 많이 했다.

의미 [＋마음],[＋편안],[＋고요]

제약

② 마음이 편하고 고요하게.

¶그 소란 중에 마음을 **평탄히** 가지기란 어려운 일이다./순제는 **평탄히** 웃어 보이면서도 영식이와 함께 다닌데서 이러는 것이나 아닌가 하는 자곡지심도 없지 않아서….≪염상섭, 취우≫

의미 [＋일],[＋진행],[＋순조]

제약

③ 일이 순조롭게 되어 나가는 데가 있게.

¶세상일이란 것이 마음먹은 대로 **평탄히** 되지를 않는다.

평평-히
의미 [＋바닥],[＋균일],[＋평평]

제약

① 바닥이 고르고 판판하다.

¶땅을 평평히 다지다.

의미 [+보통],[+평범]

제약

② 예사롭고 평범하다.

평화로이

의미 [+평온],[+화목]

제약

평온하고 화목한 듯하다. 늑평화스레.

¶논에서는 농부들이 **평화로이** 김을 매고 있다./ 들판엔 고추잠자리가 **평화로이** 날고, 시냇가 미 루나무에선 쓰르라미가 자지러지게 울고….≪박 완서, 그 많던 싱아는 누가 다 먹었을까≫

평화스레

의미 [+평온],[+화목]

제약

=평화로이. 평온하고 화목한 듯하다.

¶자고 있는 어린애의 얼굴이 아주 **평화스레** 보 였다./숙적인 두 사람은 한동안 **평화스레** 지냈 다.

폐로이

의미 [+번잡]

제약

① 성가시고 귀찮다.

의미 [+신세]

제약

② 폐가 되는 듯하다.

의미 [+성질],[+복잡]

제약

③ 성질이 까다롭다.

폐스레

의미 [+신세]

제약

폐가 되는 면이 있게.

포갬-포갬

의미 [+모양],[+물건],[+누적]

제약

물건 따위를 겹쳐 놓는 모양. 또는 그렇게 되어 있는 모양.

¶내가 쓰던 잔세간과 이부자리를 **포갬포갬** 싸 놓았다.≪김유정, 연기≫/생각하면 두 사람의 사이 에는 십 년의 연륜이 **포갬포갬** 자랐다고 할 수 있다.≪염상섭, 취우≫

포근-포근

의미 [+느낌],[+물건]v[+자리],[+유연],[+온 화],[+정도]

제약

① 도톰한 물건이나 자리 따위가 매우 보드랍고 따뜻한 느낌. 늑포근포근히①.

의미 [+느낌],[+감정]v[+분위기],[+유연], [+온화],[+편안],[+정도]

제약

② 감정이나 분위기 따위가 매우 보드랍고 따뜻 하여 편안한 느낌. 늑포근포근히②.

¶시영도 **포근포근** 마음속까지 따뜻해지는 것이 었다.≪유진오, 화상보≫

의미 [+느낌],[+날씨],[+겨울],[-바람],[+온 화]

제약

③ 겨울 날씨가 바람이 없고 따뜻한 느낌. 늑포 근포근히③.

¶그 후 이틀 동안 현류의 병세도 훨씬 감하고 날도 **포근포근** 따뜻하고 해서 우리들의 마음은 또 얼마쯤 풀어졌다.≪유진오, 봄≫

포근포근-히

의미 [+느낌],[+물건]v[+자리],[+유연],[+온 화],[+정도]

제약

①=포근포근①. 도톰한 물건이나 자리 따위가 매우 보드랍고 따뜻한 느낌.

의미 [+느낌],[+감정]v[+분위기],[+유연], [+온화],[+편안],[+정도]

제약

②=포근포근②. 감정이나 분위기 따위가 매우 보드랍고 따뜻하여 편안한 느낌.

의미 [+느낌],[+날씨],[+겨울],[-바람],[+온 화]

제약

③=포근포근③. 겨울 날씨가 바람이 없고 따뜻

한 느낌.

포근-히

의미 [+물건]v[+자리],[+유연],[+온화],[+정도]

제약

① 도톰한 물건이나 자리 따위가 보드랍고 따뜻하다.

¶나는 눈을 감고 의자에다가 **포근히** 몸을 묻었다.≪서정인, 물결이 높던 날≫

의미 [+느낌],[+감정]v[+분위기],[+유연],[+온화],[+편안],[+정도]

제약

② 감정이나 분위기 따위가 보드랍고 따뜻하여 편안한 느낌이 있다.

¶만주에 오면서부터 **포근히** 감싸 주는 심정으로 아내를 대하였고 보연도 남편을 태산같이 믿고 의지했다.≪박경리, 토지≫

의미 [+느낌],[+날씨],[+겨울],[-바람],[+온화]

제약

③ 겨울 날씨가 바람이 없고 따뜻하다.

¶대낮이면 **포근히** 따뜻한 햇살이 벌써 머지않아 찾아올 봄소식을 전하는 듯하였다.≪유진오, 화상보≫

포닥

의미 [+소리]v[+모양],[+새],[+날개],[+속도]

제약 {날개}-{치다}

① 작은 새가 가볍고 재빠르게 날개를 치는 소리. 또는 그 모양.

¶창틀에 앉은 참새가 발자국 소리에 놀랐는지 **포닥** 움직였다.

의미 [+소리]v[+모양],[+물고기],[+꼬리],[+속도]

제약 {물고기}-{뛰다, 치다}

② 작은 물고기가 가볍고 재빠르게 꼬리를 치는 소리. 또는 그 모양.

포닥-포닥

의미 [+소리]v[+모양],[+새],[+날개],[+속도],[+연속]

제약 {날개}-{치다}

① 작은 새가 잇따라 가볍고 재빠르게 날개를 치는 소리. 또는 그 모양.

의미 [+소리]v[+모양],[+물고기],[+꼬리],[+속도],[+연속]

제약 {물고기}-{뛰다, 치다}

② 작은 물고기가 잇따라 가볍고 재빠르게 꼬리를 치는 소리. 또는 그 모양.

포달스레

의미 [+모양],[+욕],[+질투],[+발악],[-예의],[+대항]

제약 { }-{달려들다, 굴다}

보기에 암상이 나서 악을 쓰고 함부로 욕을 하며 대들 듯하다.

포도독

의미 [+소리],[+배설],[-견고],[+노력]

제약 {똥}-{누다}

무른 똥을 조금 힘들여 누는 소리. '보도독②'보다 거센 느낌을 준다.

포도독-포도독

의미 [+소리],[+배설],[-견고],[+노력],[+반복]

제약 {똥}-{누다}

무른 똥을 조금 힘들여 자꾸 누는 소리. '보도독 보도독②'보다 거센 느낌을 준다.

포도동

의미 [+소리]v[+모양],[+새],[+날개],[+순간]

제약 {새}-{날다}

작은 새가 갑자기 날개를 치며 나는 소리. 또는 그 모양.

포도동-포도동

의미 [+소리]v[+모양],[+새],[+날개],[+순간],[+연속]

제약 {새}-{날다}

작은 새가 갑자기 날개를 치며 날 때 잇따라 나는 소리. 또는 그 모양.

포동-포동

의미 [+모양],[+살],[+유연],[+정도]

제약 {사람, 동물}-{살찌다}

통통하게 살이 찌고 보드라운 모양. '보동보동'
보다 거센 느낌을 준다.

¶얼굴이 **포동포동** 보얗게 피고 몸이 나는 것을
보면, 일에 재미도 보고 돈푼 붙든 모양 같기도
하다.≪염상섭, 순정의 저변≫

포드닥

의미 [+소리]v[+모양],[+새],[+날개],[+속
도],[+정도]

제약 {날개}-{치다}

① 작은 새가 조금 가볍고 빠르게 날개를 치는
소리. 또는 그 모양.

¶메추리가 **포드닥** 날아오른다.

의미 [+소리]v[+모양],[+물고기],[+꼬리],
[+속도],[+정도]

제약 {물고기}-{뛰다, 치다}

② 작은 물고기가 조금 가볍고 빠르게 꼬리를
치는 소리. 또는 그 모양.

포드닥-포드닥

의미 [+소리]v[+모양],[+새],[+날개],[+속
도],[+정도],[+연속]

제약 {날개}-{치다}

① 작은 새가 조금 가볍고 빠르게 잇따라 날개
를 치는 소리. 또는 그 모양.

¶참새들이 **포드닥포드닥** 날갯짓을 하고 있다.

의미 [+소리]v[+모양],[+물고기],[+꼬리],
[+속도],[+정도],[+연속]

제약 {물고기}-{뛰다, 치다}

② 작은 물고기가 조금 가볍고 빠르게 잇따라
꼬리를 치는 소리. 또는 그 모양.

포드득

의미 [+소리],[+물건],[+견고]v[+질김]v[+윤
기],[+마찰]

제약 { }-{문지르다, 비비다}

① 단단하고 질기거나 반드러운 물건을 야무지
게 문지르거나 비빌 때 나는 소리. '보드득①'보
다 거센 느낌을 준다.

의미 [+소리],[+배설],[-견고],[+노력]

제약 {똥}-{누다}

② 무른 똥을 조금 힘들여 눌 때 나는 소리. '보
드득②'보다 거센 느낌을 준다.

포드득-포드득

의미 [+소리]v[+모양],[+물건],[+견고]v[+질
김]v[+윤기],[+마찰],[+반복]

제약 { }-{문지르다, 비비다}

① 단단하고 질기거나 반드러운 물건을 자꾸 야
무지게 문지르거나 비빌 때 잇따라 나는 소리.
또는 그 모양. '보드득보드득①'보다 거센 느낌
을 준다.

의미 [+소리]v[+모양],[+배설],[-견고],[+노
력],[+반복]

제약 {똥}-{누다}

② 자꾸 무른 똥을 조금 힘들여 눌 때 나는 소
리. 또는 그 모양. '보드득보드득②'보다 거센 느
낌을 준다.

포득

의미 [+소리],[+물건],[+견고]v[+질김]v
[+윤기],[+마찰]

제약 { }-{문지르다, 비비다}

① '포드득①'의 준말. 단단하고 질기거나 반드
러운 물건을 야무지게 문지르거나 비빌 때 나는
소리.

의미 [+소리],[+배설],[-견고],[+노력]

제약 {똥}-{누다}

② '포드득②'의 준말. 무른 똥을 조금 힘들여
눌 때 나는 소리.

포득-포득

의미 [+소리]v[+모양],[+물건],[+견고]v[+질
김]v[+윤기],[+마찰],[+반복]

제약 { }-{문지르다, 비비다}

① '포드득포드득①'의 준말. 단단하고 질기거나
반드러운 물건을 자꾸 야무지게 문지르거나 비
빌 때 잇따라 나는 소리. 또는 그 모양.

의미 [+소리]v[+모양],[+배설],[-견고],[+노
력],[+반복]

제약 {똥}-{누다}

② '포득득포득득②'의 준말. 자꾸 무른 똥을 조
금 힘들여 눌 때 나는 소리. 또는 그 모양.

포딱

의미 [+소리]v[+모양],[+새],[+날개],[+속
도]

제약 {날개}-{치다}

① 작은 새가 가볍고 재빠르게 날개를 치는 소리. 또는 그 모양. '포닥①'보다 센 느낌을 준다.

의미 [+소리]v[+모양],[+물고기],[+꼬리], [+속도]

제약 {물고기}-{뛰다, 치다}

② 작은 물고기가 가볍고 재빠르게 꼬리를 치는 소리. 또는 그 모양. '포닥②'보다 센 느낌을 준다.

포딱-포딱

의미 [+소리]v[+모양],[+새],[+날개],[+속도],[+연속]

제약 {날개}-{치다}

① 작은 새가 가볍고 재빠르게 잇따라 날개를 치는 소리. 또는 그 모양. '포닥포닥①'보다 센 느낌을 준다.

의미 [+소리]v[+모양],[+물고기],[+꼬리], [+속도],[+연속]

제약 {물고기}-{뛰다, 치다}

② 작은 물고기가 가볍고 재빠르게 잇따라 꼬리를 치는 소리. 또는 그 모양. '포닥포닥②'보다 센 느낌을 준다.

포르르

의미 [+모양],[+요동],[-크기],[-정도]

제약 { }-{떨다}

① 작고 가볍게 떠는 모양. '보르르①'보다 거센 느낌을 준다.

¶사방침에 의지하고 있는 왕의 손가락은 **포르르** 끊임없이 떨린다.≪김동인, 대수양≫

의미 [+모양],[+종이]v[+털],[+연소],[-정도]

제약 {종이, 털}-{타다}

② 얇은 종이나 털 따위에 불이 붙어 가볍게 타오르는 모양. '보르르②'보다 거센 느낌을 준다.

¶파란 연기가 **포르르** 향을 뿜으며 일어난다.≪박종화, 전야≫

의미 [+소리]v[+모양],[+액체],[+비등],[-정도]

제약 {액체}-{끓다}

③ 적은 양의 액체가 가볍게 끓을 때 나는 소리.

또는 그 모양. '보르르③'보다 거센 느낌을 준다.

¶불 위에 올려놓은 주전자의 물이 **포르르** 끓기 시작한다.

의미 [+모양],[+분노],[+순간],[-정도]

제약 {성}-{내다}

④ 갑자기 가볍게 성을 내는 모양. '보르르④'보다 거센 느낌을 준다.

¶그녀는 **포르르** 성이 나서 눈을 흘겼다.

의미 [+소리]v[+모양],[+새],[+비상],[+순간]

제약 {새}-{날다}

⑤ 작은 새 따위가 갑자기 날아갈 때 나는 소리. 또는 그 모양.

¶몇 마리의 비둘기들이 **포르르** 날아갔다.≪홍성암, 큰물로 가는 큰 고기≫

포르릉

의미 [+소리]v[+모양],[+새],[+비상],[+순간],[+경쾌],[+정도]

제약 {새}-{날다}

작은 새가 갑자기 매우 가볍게 나는 소리. 또는 그 모양.

포르릉-포르릉

의미 [+소리]v[+모양],[+새],[+비상],[+순간],[+경쾌],[+정도],[+연속]

제약 {새}-{날다}

작은 새들이 잇따라 갑자기 매우 가볍게 나는 소리. 또는 그 모양.

포삭

의미 [+소리]v[+모양],[+물건],[+파손]

제약 { }-{바스러지다}

부피만 있고 바탕이 거친 물건 따위가 쉽게 바스러지는 소리. 또는 그 모양.

포삭-포삭

의미 [+소리]v[+모양],[+물건],[+파손],[+연속]

제약 { }-{바스러지다}

부피만 있고 바탕이 거친 물건 따위가 잇따라 쉽게 바스러지는 소리. 또는 그 모양.

포슬-포슬

의미 [+모양],[+덩이],[+가루],[-물기],[-응

결],[+파손],[+용이]

제약 { }-{바스러지다}

덩이진 가루 따위가 물기가 적어 엉기지 못하고 바스러지기 쉬운 모양. '보슬보슬01'보다 거센 느낌을 준다.

포실-히

의미 [+살림]v[+물건],[+풍족],[+여유]

제약

① 살림이나 물건 따위가 넉넉하고 오붓하게.

의미 [+몸],[+살],[+통통],[+유연]

제약

② 몸에 살이 적당히 올라 통통하고 부드럽게.

의미 [+감정]v[+마음],[+인자],[+편안]

제약

③ 감정이나 마음이 너그럽고 편안하게.

¶안심을 얻게 되고 그렇게 생각하게 되면서부터 내처 더 선심이 나서 하늘에 대고 비대발괄로 또 한 번 더 포실히 빌고….≪한설야, 탑≫

의미 [+눈]v[+비]v[+연기]v[+안개],[+빛],[+다량]

제약 {눈, 비, 연기, 안개, 빛}-{ }

④ 눈이나 비, 연기, 안개, 빛 따위의 양이 많게.

¶가뭄을 해소하는 비가 포실히 내리고 있다.

포악스레

의미 [+포악]

제약 { }-{굴다}

보기에 사납고 악한 데가 있다.

¶포악스레 굴다./억세 보이는 술집 주인은 돈을 내라고 포악스레 소리를 지르며 삿대질을 하였다.

폭

의미 [+모양],[+수면][+깊이]v[+신체][+휴식],[+정도]

제약 {잠}-{들다, 쏟아지다}/{신체}-{쉬다}

① 잠이 포근하게 깊이 들거나 곤한 몸을 흡족하게 쉬는 모양.

¶단잠이 폭 들다./잠이 폭 쏟아지다./세 번 네 번 불러야 불을 깜깜히 끈 위아래 방에서는 첫잠이 폭 들었는지 누구 하나 대꾸가 없다.≪염상섭, 흑백≫

의미 [+모양],[+찌름]v[+쑤심],[+기운]

제약 { }-{찌르다, 쑤시다}

② 힘 있게 찌르거나 쑤시는 모양.

¶바늘로 폭 찌르다./주사기로 엉덩이를 폭 찔렀다.

의미 [+모양],[+덮음]v[+포장],[-빈틈]

제약 { }-{덮다, 싸다, 쓰다}

③ 안의 것이 드러나지 않도록 빈틈없이 잘 덮거나 싸는 모양.

¶새벽안개 속에 폭 덮인 계룡산./보자기로 머리를 폭 쌌다./치마를 폭 뒤집어쓰고 내려가는 여자 뒷모습을 좇아가듯 부엉이 우는 울음이 잇닿는다.≪박경리, 토지≫/그는 천장을 쳐다본 채 한참 누웠다가 모로 돌아누우면서 다시 이불을 폭 뒤집어썼다.≪최인훈, 가면고≫

의미 [+모양],[+요리],[+삶음]v[+비등],[+정도]

제약 {음식}-{끓이다, 삶다, 고다}

④ 잘 익도록 삶거나 고거나 끓이는 모양.

¶곰국을 폭 끓이다./올케는 보약을 달여 오기도 하고 영계를 폭 고아 오기도 하고, 시어머니와는 따로 아씨를 기운 차리게 하려고 극진하게 애썼다.≪박완서, 미망≫

의미 [+모양],[+부패]v[+삭음]v[+침수],[+정도]

제약 {음식}-{썩다, 삭다, 쉬다, 곯다, 젖다}

⑤ 아주 심하게 썩거나 삭거나 젖은 모양.

¶밥이 폭 쉬다./달걀이 폭 곯다./폭 삭히다.

의미 [+모양],[+함몰],[+깊이],[+분명]

제약 { }-{파이다, 꺼지다}

⑥ 깊고 또렷이 팬 모양.

¶보조개가 폭 패다./진종일 굶은 민은 눈이 폭 꺼지고 울 기력조차 잃고 있었다.≪최정희, 인간사≫

의미 [+모양],[+빠짐]v[+잠김],[+깊이]

제약 { }-{빠지다, 잠기다}

⑦ 깊이 빠지거나 잠기는 모양.

¶일에 폭 빠져 있는 사람./도랑에 폭 빠지다./그는 사무실 여자 동료에게 폭 빠져 있었다.

의미 [+모양],[-크기],[+도괴],[-기운],[+순간]

제약 {　}-{쓰러지다}

⑧ 작은 것이 힘없이 단번에 쓰러지는 모양.

¶힘이 없어 폭 고꾸라졌다.

의미 [+모양],[+삽]v[+숟가락],[+물건],[+퍼냄],[+다량],[+정도]

제약 {삽, 숟가락}-{푸다, 파다, 뜨다}

⑨ 삽이나 숟가락 따위로 물건을 많이 떠내는 모양.

¶쌀을 폭 퍼서 사람들에게 나누어 주었다.

의미 [+모양],[+고개],[+숙임],[+정도]

제약 {고개}-{숙이다}

⑩ 고개를 깊이 숙이는 모양.

¶벼 이삭이 고개를 폭 숙였다./여자는 얼굴을 붉히면서 고개를 폭 숙였다./그럴 때면 덕이가 미처 무슨 말을 찾기도 전에 폭 고개를 수그리고 인사는커녕 쳐다도 안 보고 획 비켜 지나가 버리는 것이었다.≪이범선, 학마을 사람들≫

의미 [+소리]v[+모양],[+연기]v[+가루],[+배출],[+구멍],[+정도]

제약 {연기, 가루}-{쏟아지다}

⑪ 연기나 가루 따위가 작은 구멍으로 세게 쏟아져 나오는 소리. 또는 그 모양.

¶쌀을 폭 엎지르다.

폭삭

의미 [+모양],[+물건],[+침몰]v[+파손],[+용이]]

제약 {　}-{가라앉다, 부서지다}

① 부피만 있고 매우 엉성한 물건이 보드랍게 가라앉거나 쉽게 부서지는 모양.

¶쌓인 낙엽이 폭삭 가라앉다./유리잔이 폭삭 깨어지다.

의미 [+모양],[+착석],[-기운]

제약 {　}-{앉다}

② 맥없이 주저앉는 모양.

¶그는 힘이 다 빠져 그만 폭삭 주저앉고 말았다./부상병을 부축하던 적 한 명은 버섯이 무너지듯 폭삭 그 자리에 주저앉았다.≪홍성원, 육이오≫

의미 [+모양],[+먼지],[+발생],[+순간]

제약 {먼지}-{날리다}

③ 쌓였던 먼지 따위가 갑자기 가볍게 일어나는 모양.

의미 [+모양],[+발효]v[+부패],[+정도]

제약 {　}-{삭다, 썩다, 곯다}

④ 심하게 삭거나 썩은 모양.

¶폭삭 곯은 달걀./폭삭 삭은 고기./사과가 궤짝째 폭삭 곯다.

의미 [+모양],[-기력],[+노화]

제약 {　}-{늙었다}

⑤ 기력이 쇠하고 늙어 버린 모양.

¶얼굴이 폭삭 늙었다./배 서방댁은 몇 년 동안에 폭삭 늙은 영감을 물끄러미 바라보면서 한숨을 안으로 들이마셨다.≪박완서, 미망≫/그는 어제도 밤을 꼬박 새운 뒤 폭삭 늙은 얼굴로 새벽에야 돌아왔다.≪오정희, 불의 강≫

의미 [+모양],[-기운],[+소멸]

제약 {　}-{사그라지다, 시들다, 없어지다}

⑥ 기운이 아주 꺼져 들어가는 모양.

¶불이 폭삭 사그라지다./해가 지자 꽃이 폭삭 시들어 버렸다.

의미 [+모양],[+물건],[+전부],[+배출]

제약 {　}-{쏟다, 엎다}

⑦ 담겼던 물건이 한꺼번에 쏟아지는 모양.

¶떡을 시루에 폭삭 엎어 놓다.

의미 [+모양],[+집안],[+몰락],[+정도]

제약 {집}-{망하다}

⑧ 집안 따위가 완전히 망해 버린 모양.

¶집안이 폭삭 망하다.

폭삭-폭삭

의미 [+모양],[+물건],[+침몰]v[+파손],[+용이]],[+반복]

제약 {　}-{가라앉다, 부서지다}

① 부피만 있고 매우 엉성한 물건이 자꾸 보드랍게 가라앉거나 쉽게 부서지는 모양.

¶눈이 녹았으나 많이 쌓인 곳이고 비탈이 되어 속으로 물이 흘러내려서 밟으면 폭삭폭삭 발자국이 나며 땅바닥이 보였다.≪안회남, 농민의 비애≫

의미 [+모양],[+착석],[-기운],[+연속]

제약 {　}-{앉다}

② 맥없이 잇따라 주저앉는 모양.

의미 [+모양],[+먼지],[+발생],[+반복]

제약 {먼지}-{날리다}

③ 쌓였던 먼지 따위가 자꾸 가볍게 일어나는 모양.

¶먼지가 **폭삭폭삭** 나다.

폭신-폭신

의미 [+느낌],[+전부],[+편안],[+유연],[+탄력],[+정도]

제약

여럿이 다 또는 매우 포근하게 보드랍고 탄력이 있는 느낌.

¶사람들은 **폭신폭신** 밟히는 부드러운 모래밭을 걸어갔다.

폭신-히

의미 [+편안],[+유연],[+탄력],[-정도]

제약

조금 포근하게 보드랍고 탄력이 있다.

¶아이를 이불로 **폭신히** 싸 주다.

폭-폭

의미 [+모양],[+익음],[+비등]v[+삶음],[+정도]

제약 { }-{끓이다, 삶다}

① 함씬 익을 정도로 몹시 끓이거나 삶는 모양.

¶빨래를 **폭폭** 삶다.

의미 [+모양],[+부패]v[+삭음],[+정도],[+반복]

제약 {음식, 마음}-{익다, 썩다, 곯다, 쉬다}

② 심하게 자꾸 썩거나 삭는 모양.

¶속을 **폭폭** 썩이다./입에서 **폭폭** 썩는 술 냄새가 난다./만나기로 한 사람이 안 나타나니 내 맘이 **폭폭** 썩는다.

의미 [+모양],[+물건],[+찌름]v[+쑤심],[+정도],[+반복]

제약 { }-{찌르다, 쑤시다}

③ 작은 물건으로 자꾸 세게 찌르거나 쑤시는 모양.

¶꼬챙이로 구멍을 **폭폭** 쑤시다./바늘로 **폭폭** 찌르다.

의미 [+모양],[+날씨],[+더위],[+정도]

제약 { }-{덥다, 찌다}

④ 날이 찌는 듯이 몹시 무더운 모양.

¶**폭폭** 찌는 감방에 사십여 명씩 수용하고 있으니 숫제 상의는 벗고 자는 것이다.≪이정환, 샛강≫

의미 [+모양],[-크기],[+도괴],[-기운],[+반복]

제약 { }-{쓰러지다}

⑤ 작은 것이 힘없이 자꾸 쓰러지는 모양.

¶폭풍으로 나무들이 **폭폭** 쓰러지다.

의미 [+모양],[-크기],[+빠짐]v[+함몰],[+깊이],[+정도],[+반복]

제약 { }-{빠지다, 들어가다}

⑥ 작은 것이 조금 깊이 자꾸 빠지거나 들어가는 모양.

¶눈구덩이에 발이 **폭폭** 빠지다./웃을 때마다 두 뺨에 보조개가 **폭폭** 패다./피를 뱉는 두견새의 소린 듯한 강하고 아리따운 목소리는 장수의 귓속으로 **폭폭** 들어갔다.≪박종화, 임진왜란≫

의미 [+모양],[+삽]v[+숟가락],[+퍼냄],[+다량],[+정도],[+반복]

제약 {삽, 숟가락}-{뜨다, 파다}

⑦ 작은 숟가락이나 삽 따위로 물건을 많이씩 자꾸 퍼내는 모양.

¶숟가락으로 밥을 **폭폭** 떠먹다.

의미 [+모양],[+눈],[+낙하],[+누적],[+정도]

제약 { }-{쌓이다, 쏟아지다, 내리다}

⑧ 눈 따위가 많이 내려 소복소복 쌓이는 모양.

¶함박눈이 **폭폭** 쏟아지다./**폭폭** 쏟아지는 눈 속에서도 미간 하나 찡그리는 일 없이 가슴을…내밀고 당당히 있었다.≪최정희, 인간사≫

의미 [+모양],[+가루]v[+연기],[+배출],[+구멍],[+정도],[+반복]

제약 {가루, 연기}-{쏟아지다}

⑨ 작은 구멍 따위로 가루나 연기 따위가 세게 자꾸 쏟아져 나오는 모양.

¶밀가루가 자루에서 **폭폭** 쏟아져 나오다./차는 연기를 **폭폭** 토해 내면서 달려왔다.≪이동하, 우울한 귀향≫

의미 [+모양],[+말씨],[+반항],[-분별],[-장애],[-예의]

제약 { }-{대들다, 덤비다, 말하다}

⑩ 앞뒤를 가리지 않는 말씨로 거침없이 대들어

따지는 모양.

¶앙살을 **폭폭** 떨며 대들다.

의미 [+모양],[+호흡],[+크기]

제약 {숨}-{쉬다}

⑪ 숨을 크게 내쉬는 모양.

¶송 씨는 헉헉거리는 가슴을 아직도 쓸어내리지 못하는 양 한숨을 **폭폭** 쉬었다.≪최일남, 거룩한 응답≫

폭폭-이

의미 [+종이]v[+천],[+조각],[+전부],[+연결]

제약

하나로 연결하려고 같은 길이로 나누어 놓은 종이나 천 따위의 조각마다.

¶폭폭이 잘게 누비다./누나는 치마를 **폭폭이** 다 뜯었다.

폴딱

의미 [+모양],[+도약],[+기운],[+한번]

제약 { }-{뛰다, 넘다}

힘을 모아 가볍게 한 번 뛰는 모양.

¶도랑을 **폴딱** 뛰어넘다.

폴딱-폴딱

의미 [+모양],[+도약],[+기운],[+반복]

제약 { }-{뛰다, 넘다}

힘을 모아 가볍게 자꾸 뛰는 모양.

¶폴딱폴딱 뛰는 잉어랑 술이랑 내가 다 준비해 났다가 회를 쳐서 초장에다 듬뿍 찍어서 안주로 하고….≪윤흥길, 완장≫

폴락

의미 [+모양],[+바람],[+요감],[+속도]

제약 { }-{나부끼다}

바람에 날리어 가볍고 빠르게 한 번 나부끼는 모양.

폴락-폴락

의미 [+모양],[+바람],[+요감],[+속도],[+반복]

제약 { }-{나부끼다}

바람에 날리어 가볍고 빠르게 자꾸 나부끼는 모양.

폴랑

의미 [+모양],[+바람],[+요감],[+속도],[+한번]

제약 { }-{나부끼다}

바람에 날리어 가볍고도 조금 세차게 한 번 나부끼는 모양.

폴랑-폴랑

의미 [+모양],[+바람],[+요감],[+속도],[+반복]

제약 { }-{나부끼다}

바람에 날리어 가볍고도 조금 세차게 자꾸 나부끼는 모양.

폴싹

의미 [+모양],[+연기]v[+먼지],[+덩이],[+발생],[+순간]

제약 {연기, 먼지}-{날리다, 일어나다}

① 연기나 먼지 따위가 조금씩 몽키어 갑자기 한 번 일어나는 모양.

의미 [+모양],[-크기],[+착석],[-기운]

제약 {사람}-{앉다}

② 작은 것이 맥없이 마구 주저앉거나 내려앉는 모양.

¶갑자기 기력을 잃어버린 사람처럼 그 자리에 **폴싹** 주저앉았다.≪이동하, 도시의 늪≫

의미 [+모양],[-살],[-기력],[+노화]

제약 { }-{늙다}

③ 살이 빠지고 기력이 줄어 빨리 늙어 버린 모양.

¶아버지는 며칠 동안 **폴싹** 더 늙으신 것 같다.

폴싹-폴싹

의미 [+모양],[+연기]v[+먼지],[+덩이],[+발생],[+반복]

제약 {먼지, 연기}-{날리다, 일어나다}

① 연기나 먼지 따위가 조금씩 몽키어 자꾸 일어나는 모양.

의미 [+모양],[+전부],[-크기],[+착석],[-기운]

제약 { }-{앉다}

② 작은 것이 여럿이 다 맥없이 마구 주저앉거나 내려앉는 모양.

폴짝

의미 [+모양],[+문],[±개폐],[+순간],[+한번]

제약 {문, 창문}-{열다, 닫다}

① 작은 문 따위를 갑작스레 한 번 열거나 닫는 모양.

¶문을 **폴짝** 열다.

의미 [+모양],[-크기],[+도약],[+기운],[+한번]

제약 { }-{뛰다}

② 작은 것이 세차고 가볍게 한 번 뛰어오르는 모양.

¶아버지는 물기 맑은 풀잎에서 **폴짝** 뛰어오르는 한 마리의 청개구리를 손바닥에 올려놓았다.≪김원일, 어둠의 혼≫

폴짝-폴짝

의미 [+모양],[+문],[±개폐],[+순간],[+반복]

제약 {문, 창문}-{열다, 닫다}

① 작은 문 따위를 갑작스레 자꾸 열거나 닫는 모양.

의미 [+모양],[-크기],[+도약],[+기운],[+반복]

제약 { }-{뛰다}

② 작은 것이 세차고 가볍게 자꾸 뛰어오르는 모양.

¶어쩌다 팔다리가 풀숲에 닿으면 작은 새끼 새우들이 **폴짝폴짝** 달아났다.≪홍성암, 큰물로 가는 큰 고기≫/아이가 땅바닥에 양팔을 짚고 개구리처럼 **폴짝폴짝** 뛰기 시작했다.≪윤흥길, 아홉 켤레의 구두로 남은 사내≫

폴폴

의미 [+모양],[+눈]v[+먼지]v[+연기],[+난비]

제약 {먼지, 연기}-{나다, 날다}

① 눈이나 먼지, 연기 따위가 흩날리는 모양.

¶먼지가 **폴폴** 날리는 길을 걷다./연탄 화덕에서 연기가 **폴폴** 새어 나온다./서숙자의 수중에서 지폐가 **폴폴** 날아 나온다.≪이인직, 모란봉≫

의미 [+모양],[+도약]v[+비상],[+민첩],[+기운],[+반복]

제약 { }-{뛰다, 날다}

② 날쌔고 기운차게 자꾸 뛰거나 나는 모양.

¶저번에 왔을 때는 눈에 띄지 않던 산새들이 이 나무 저 나무에서 **폴폴** 날아다니는 게 보였다. ≪황순원, 카인의 후예≫

의미 [+모양],[+물],[+비등],[+반복]

제약 {물}-{끓다}

③ 적은 물이 자꾸 끓어오르는 모양.

¶**폴폴** 끓는 물에 채소를 넣다./밥물이 **폴폴** 넘치다.

의미 [+모양],[+냄새],[+반복]

제약 {냄새}-{나다}

④ 냄새 따위가 자꾸 나는 모양.

¶그의 입에서 막걸리 냄새가 **폴폴** 난다.

퐁[01]

의미 [+소리]v[+모양],[+문풍지],[+파손]

제약 {문풍지}-{뚫리다}

① 문풍지 따위가 뚫어질 때 나는 가벼운 소리. 또는 그 모양. '봉①'보다 거센 느낌을 준다.

¶구멍이 **퐁** 나다./창호지 문이 **퐁** 뚫리다./다이아몬드형의 오밀조밀한 쇠창살을 닫고 **퐁** 뚫린 작은 창문으로부터 눈이 시린 햇살이 뻗치고 있었다.≪천승세, 황구의 비명≫

의미 [+소리],[+공기]v[+가스],[+누출],[+구멍]

제약 {공기, 가스}-{빠지다}

② 막혀 있던 공기나 가스가 좁은 구멍으로 터져 빠질 때 나는 소리. '봉③'보다 거센 느낌을 준다.

¶술병의 코르크 마개가 **퐁** 하고 빠졌다.

퐁[02]

의미 [+소리],[+물건],[+낙하],[+물]

제약 {물건}-{떨어지다}

① 작고 무거운 물건이 얕은 물에 떨어지는 소리.

¶연못에 돌이 **퐁** 떨어지다.

의미 [+소리]v[+모양],[+물건],[+분리]

제약 { }-{빠지다}

② 어떤 물건이 고정된 곳에서 빠지는 소리. 또는 그 모양.

¶상투를 잡고 뒤흔들자 상투가 **퐁** 빠져 버렸다./문고리가 **퐁** 빠져 엉덩방아를 찧고 말았다.

퐁당

의미 [+소리],[+물건],[+낙하]v[+침수],[+물],
[+한번]

제약 {물건}-{떨어지다, 빠지다}

작고 단단한 물건이 물에 떨어지거나 빠질 때
가볍게 한 번 나는 소리.

¶잠자리가 다시 날개를 크게 펄럭이는 바람에
저만큼 날려 가 웅덩이에 **퐁당** 빠지고 말았습니
다. 웅덩이에서 기어 나와 겨우 몸을 말린…

퐁당-퐁당

의미 [+소리],[+물건],[+낙하]v[+침수],[+물],
[+연속]

제약 {물건}-{떨어지다, 빠지다}

작고 단단한 물건이 잇따라 물에 떨어지거나 빠
질 때 가볍게 나는 소리.

¶연못 속에 **퐁당퐁당** 돌을 던지다./물에서 **퐁당
퐁당** 멱을 감는 아이들이 차츰 드물어지자 햇볕
이 엷어지고….≪하근찬, 나룻배 이야기≫

퐁-퐁⁰¹

의미 [+소리]v[+모양],[+문풍지],[+파손],[−정
도],[+연속]

제약 {문풍지}-{뚫리다}

① 문풍지 따위가 뚫어질 때 잇따라 나는 가벼
운 소리. 또는 그 모양. '봉봉①'보다 거센 느낌
을 준다.

¶꼭 공의 부피만 한 구멍이다. 그러한 구멍이
자꾸만 **퐁퐁** 뚫린다.≪황순원, 움직이는 성≫

의미 [+모양],[+말대꾸],[+반복]

제약 {사람}-{대꾸하다}

② 말대꾸 따위를 자꾸 내뱉는 모양.

¶필순이도 장난의 소리지마는, 이렇게 **퐁퐁** 말
대꾸를 하는 것은 처음 듣는 것이다.≪염상섭, 삼
대≫

의미 [+소리],[+공기]v[+가스],[+구멍],[+누
출],[+연속]

제약 {공기, 가스}-{빠지다}

③ 막혀 있던 공기나 가스가 좁은 구멍으로 터
져 빠질 때 잇따라 나는 소리. '봉봉③'보다 거
센 느낌을 준다.

¶연기가 **퐁퐁** 나다./연탄난로에서 수증기가 **퐁퐁**

솟아오르다./초석 자리를 깐 방바닥이라 먼지가
퐁퐁 새어 나왔다.≪이동하, 우울한 귀향≫

퐁-퐁⁰²

의미 [+소리],[+물건],[+낙하],[+물],[+연속]

제약 {물건}-{떨어지다}

작고 무거운 물건이 얕은 물에 잇따라 떨어지는
소리.

퐁-퐁⁰³

의미 [+소리]v[+모양],[+구멍],[+액체],[+배
출],[+정도]

제약 { }-{쏟아지다, 터지다}

액체 따위가 좁은 구멍으로 거세게 쏟아져 나오
는 소리. 또는 그 모양.

표급-히

의미 [+민첩],[+정도]

제약

몹시 재빠르게.

표독-스레

의미 [+포악],[+악독]

제약

사납고 독살스러운 데가 있다.

¶말을 **표독스레** 내뱉다.

표독-히

의미 [+포악],[+악독]

제약

사납고 독살스럽게.

표묘-히

의미 [+넓이]v[+거리],[+존재],[−분명]

제약

끝없이 넓거나 멀어서 있는지 없는지 알 수 없
을 만큼 어렴풋하게.

표연-히

의미 [+모양],[+바람],[+요감]

제약 { }-{나부끼다}

① 바람에 나부끼는 모양이 가볍다.

¶신선이라도 된다면 **표연히** 바람에 불려 하늘
끝까지 날고 싶다.

의미 [+모양],[±출현],[−장애]

제약 { }-{나타나다, 떠나다}

② 훌쩍 나타나거나 떠나는 모양이 거침없다.

¶**표연히** 사라지다./그는 **표연히** 종적을 감추었다./그렇게 한 보름 지난 뒤 그는 또 한 번 **표연히** 집을 나가고 말았다.≪김동리, 무녀도≫

표차로이

의미 [+유표],[+분명],[+외모],[−결점]

제약

여럿 가운데 두드러져 겉보기가 번듯하게.

표표-히⁰¹

의미 [+모양],[+생김새]v[+풍채]v[+옷차림],[+유표]

제약

사람의 생김새나 풍채, 옷차림 따위가 눈에 띄게 두드러지다.

표표-히⁰²

의미 [+상태],[+공중],[+부유],[+높이]

제약 { }-{뜨다}

① 공중에 높이 떠 있는 상태로.

의미 [+상태],[+수면],[+부유]

제약 { }-{뜨다}

② 물에 둥둥 떠 있는 상태로.

표표-히⁰³

의미 [+모양],[+요감]v[+비상],[+경쾌]

제약 { }-{나부끼다, 날다}

① 팔랑팔랑 나부끼거나 날아오르는 모양이 가볍다.

¶별빛밖에 없는 그믐밤일지라도 **표표히** 나부끼는 할아버지의 두루마기 자락은 너무도 새하얗고 당당해서 놓칠 염려가 없었다.≪박완서, 그 많던 싱아는 누가 다 먹었을까≫

의미 [+모양],[+방랑]

제약 { }-{다니다, 살다, 떠나다}

② 떠돌아다니는 것이 정처 없다.

¶세상을 **표표히** 소요하다./여편네의 호들갑스러운 울음에 치여 이리 비실 저리 비실 아들네의 어깨너머로 벙어리 한세상으로 **표표히** 살다 간 무언의 죽음을 넘겨다볼 뿐이었다.≪이정환, 샛강≫

표홀-히

의미 [+모양],[±출현],[+속도]

제약

홀연히 나타났다 사라지는 모양이 빠르다.

푸

의미 [+소리]v[+모양],[+입술],[+돌출],[+입김],[+배출],[+간격]

제약 { }-{내뱉다, 내쉬다, 내뿜다}

① 다물었던 입술을 내밀고 조금 벌리며 입김을 내뿜는 소리. 또는 그 모양.

¶한숨을 푸 내쉬다./비스듬히 벽에 기대어 앉은 영호는 벌겋게 열에 뜬 얼굴을 하고 담배 연기를 푸 내뿜었다.≪이범선, 오발탄≫

의미 [+소리],[+방귀],[+배출],[−기운]

제약 {방귀}-{뀌다}

② 방귀를 힘없이 뀌는 소리.

푸근-푸근

의미 [+느낌],[+물건]v[+자리],[+유연],[+온기],[+정도]

제약

① 두툼한 물건이나 자리 따위가 매우 부드럽고 따뜻한 느낌.

의미 [+느낌],[+감정]v[+분위기],[+편안],[+유연],[+온기],[+정도]

제약

② 감정이나 분위기 따위가 매우 부드럽고 따뜻하여 편안한 느낌.

푸근푸근-히

의미 [+느낌],[+물건]v[+자리],[+유연],[+온기],[+정도]

제약

①=푸근푸근①. 두툼한 물건이나 자리 따위가 매우 부드럽고 따뜻한 느낌.

의미 [+느낌],[+감정]v[+분위기],[+편안],[+유연],[+온기],[+정도]

제약

②=푸근푸근②. 감정이나 분위기 따위가 매우 부드럽고 따뜻하여 편안한 느낌.

푸근-히

의미 [+느낌],[+물건]v[+자리],[+유연],[+온기]

제약

① 두툼한 물건이나 자리 따위가 부드럽고 따뜻하다.

¶어머니는 아이에게 담요를 **푸근히** 덮어 주었다.

의미 [+느낌],[+감정]v[+분위기],[+편안],[+유연],[+온기]

제약

② 감정이나 분위기 따위가 부드럽고 따뜻하여 편안한 느낌이 있다.

¶그 사람은 늘 이웃을 **푸근히** 감싸 준다.

의미 [+날씨],[+겨울],[−바람],[+온난],[+정도]

제약 {날씨}-{따뜻하다}

③ 겨울 날씨가 바람이 없고 꽤 따뜻하다.

¶겨울 날씨지만 햇빛이 **푸근히** 느껴진다.

의미 [+실속],[+풍부]

제약

④ 실속 있게 넉넉하다.

푸냥-히

의미 [+생김새],[+두께]

제약

생김새가 좀 두툼하게.

푸다닥

의미 [+소리]v[+모양],[+새],[+날개],[+기운],[+속도]

제약 {날개}-{치다}

① 새가 힘 있게 빨리 날개를 치는 소리. 또는 그 모양.

¶닭이 **푸다닥** 소리를 내며 도망간다.

의미 [+소리]v[+모양],[+물고기],[+꼬리],[+기운],[+속도]

제약 {물고기}-{뛰다, 치다}

② 물고기가 힘 있게 빨리 꼬리를 치거나 뛰어오르는 소리. 또는 그 모양.

푸다닥-푸다닥

의미 [+소리]v[+모양],[+새],[+날개],[+기운],[+속도],[+연속]

제약 {날개}-{치다}

① 새가 힘 있게 빨리 잇따라 날개를 치는 소리. 또는 그 모양.

의미 [+소리]v[+모양],[+물고기],[+꼬리],[+기운],[+속도],[+연속]

제약 {물고기}-{뛰다, 치다}

② 물고기가 힘 있게 빨리 잇따라 꼬리를 치거나 뛰어오르는 소리. 또는 그 모양.

푸덕

의미 [+소리]v[+모양],[+새],[+날개],[+정도]

제약 {날개}-{치다}

① 큰 새가 세차게 날개를 치는 소리. 또는 그 모양.

¶비둘기 한 마리가 **푸덕** 날아올랐다.

의미 [+소리]v[+모양],[+물고기],[+꼬리],[+정도]

제약 {물고기}-{뛰다, 치다}

② 큰 물고기가 세차게 꼬리를 치는 소리. 또는 그 모양.

푸덕-푸덕

의미 [+소리]v[+모양],[+새],[+날개],[+정도],[+연속]

제약 {날개}-{치다}

① 큰 새가 잇따라 세차게 날개를 치는 소리. 또는 그 모양.

¶기러기가 **푸덕푸덕** 떼를 지어 날아간다.

의미 [+소리]v[+모양],[+물고기],[+꼬리],[+정도],[+연속]

제약 {물고기}-{뛰다, 치다}

② 큰 물고기가 잇따라 세차게 꼬리를 치는 소리. 또는 그 모양.

¶**푸덕푸덕** 꼬리를 치는 잉어 한 마리.

푸두둑

의미 [+소리],[+배설],[−견고],[+노력]

제약 {똥}-{누다}

무른 똥을 힘들여 누는 소리. '부두둑②'보다 거센 느낌을 준다.

푸두둑-푸두둑

의미 [+소리],[+배설],[−견고],[+노력],[+반복]

제약 {똥}-{누다}

무른 똥을 힘들여 자꾸 누는 소리. '부두둑부두둑②'보다 거센 느낌을 준다.

¶아이는 속이 안 좋은지 **푸두둑푸두둑** 소리를 내며 계속 묽은 똥을 쌌다.

푸두둥

의미 [+소리]v[+모양],[+새],[+날개],[+순간]

제약 {새}-{날다}

큰 새가 갑자기 날개를 치며 나는 소리. 또는 그 모양.

푸두둥-푸두둥

의미 [+소리]v[+모양],[+새],[+날개],[+순간],[+연속]

제약 {새}-{날다}

큰 새가 갑자기 날개를 치며 날 때 잇따라 나는 소리. 또는 그 모양.

푸둥-푸둥

의미 [+모양],[+살],[+증가],[+유연]

제약 {사람, 동물}-{살찌다}

퉁퉁하게 살이 찌고 부드러운 모양. '부둥부둥'보다 거센 느낌을 준다.

푸드덕

의미 [+소리]v[+모양],[+새],[+날개],[+기운]

제약 {날개}-{치다}

① 큰 새가 힘 있게 날개를 치는 소리. 또는 그 모양.

¶수탉이 **푸드덕** 홰를 치다./까마귀는 그다지 대단해하지 않아 하면서도 **푸드덕** 하늘로 날아오른다.≪장용학, 요한 시집≫

의미 [+소리]v[+모양],[+물고기],[+꼬리],[+기운]

제약 {물고기}-{뛰다, 치다}

② 큰 물고기가 힘 있게 꼬리를 치는 소리. 또는 그 모양.

푸드덕-푸드덕

의미 [+소리]v[+모양],[+새],[+날개],[+기운],[+연속]

제약 {날개}-{치다}

① 큰 새가 잇따라 힘 있게 날개를 치는 소리. 또는 그 모양.

의미 [+소리]v[+모양],[+물고기],[+꼬리],[+기운],[+연속]

제약 {물고기}-{뛰다, 치다}

② 큰 물고기가 잇따라 힘 있게 꼬리를 치는 소리. 또는 그 모양.

푸드득

의미 [+소리],[+물건],[+견고]v[+질김]v[+윤기],[+마찰]v[+연마]

제약 { }-{문지르다, 갈다}

① 든든하고 질기거나 번드러운 물건을 되게 문지르거나 마주 갈 때 나는 소리. '부드득①'보다 거센 느낌을 준다.

의미 [+소리],[+배설],[-견고],[+노력]

제약 {똥}-{누다}

② 무른 똥을 힘들여 눌 때 나는 소리. '부드득②'보다 거센 느낌을 준다.

푸드득-푸드득

의미 [+소리]v[+모양],[+물건],[+견고]v[+질김]v[+윤기],[+마찰]v[+연마],[+반복]

제약 { }-{문지르다, 갈다}

① 든든하고 질기거나 번드러운 물건을 자꾸 되게 문지르거나 마주 갈 때에 잇따라 나는 소리. 또는 그 모양. '부드득부드득①'보다 거센 느낌을 준다.

의미 [+소리]v[+모양],[+배설],[-견고],[+노력],[+연속]

제약 {똥}-{누다}

② 무른 똥을 힘들여 자꾸 눌 때 잇따라 나는 소리. 또는 그 모양. '부드득부드득②'보다 거센 느낌을 준다.

푸득

의미 [+소리],[+물건],[+견고]v[+질김]v[+윤기],[+마찰]v[+연마]

제약 { }-{문지르다, 갈다}

① '푸드득①'의 준말. 든든하고 질기거나 번드러운 물건을 되게 문지르거나 마주 갈 때 나는 소리.

의미 [+소리],[+배설],[-견고],[+노력]

제약 {똥}-{누다}

② '푸드득②'의 준말. 무른 똥을 힘들여 눌 때 나는 소리.

푸득-푸득

의미 [+소리]v[+모양],[+물건],[+견고]v[+질

김]v[＋윤기],[＋마찰]v[＋연마],[＋반복]

제약 ｛ ｝-｛문지르다, 갈다｝

① '푸드득푸드득①'의 준말. 든든하고 질기거나 번드러운 물건을 자꾸 되게 문지르거나 마주 갈 때에 잇따라 나는 소리. 또는 그 모양.

의미 [＋소리]v[＋모양],[＋배설],[－견고],[＋노력],[＋연속]

제약 ｛똥｝-｛누다｝

② '푸드득푸드득②'의 준말. 무른 똥을 힘들여 자꾸 눌 때 잇따라 나는 소리. 또는 그 모양.

푸들-푸들

의미 [＋상태],[＋신체],[＋요동],[＋정도],[＋반복]

제약 ｛몸｝-｛떨다｝

자꾸 몸을 크게 부르르 떠는 모양. '부들부들01'보다 거센 느낌을 준다.

¶손이 **푸들푸들** 떨린다./그 말을 듣자 그는 전신을 **푸들푸들** 떨면서 화를 냈다./커다란 도마 위에 올려진 산 고기들이 **푸들푸들** 경련을 일으키고 있었다.≪이동하, 장난감 도시≫

푸떡

의미 [＋소리]v[＋모양],[＋새],[＋날개],[＋정도]

제약 ｛날개｝-｛치다｝

① 큰 새가 세차게 날개를 치는 소리. 또는 그 모양. '푸덕①'보다 센 느낌을 준다.

의미 [＋소리]v[＋모양],[＋물고기],[＋꼬리],[＋정도]

제약 ｛물고기｝-｛뛰다, 치다｝

② 큰 물고기가 세차게 꼬리를 치는 소리. 또는 그 모양. '푸덕②'보다 센 느낌을 준다.

푸떡-푸떡

의미 [＋소리]v[＋모양],[＋새],[＋날개],[＋정도],[＋반복]

제약 ｛날개｝-｛치다｝

① 큰 새가 자꾸 세차게 날개를 치는 소리. 또는 그 모양. '푸덕푸덕①'보다 센 느낌을 준다.

의미 [＋소리]v[＋모양],[＋물고기],[＋꼬리],[＋정도],[＋반복]

제약 ｛물고기｝-｛뛰다, 치다｝

② 큰 물고기가 자꾸 세차게 꼬리를 치는 소리. 또는 그 모양. '푸덕푸덕②'보다 센 느낌을 준다.

푸르락-누르락

의미 [＋모양],[＋분노]v[＋흥분],[＋얼굴빛],[＋파랑]v[＋노랑]

제약

성이 나거나 흥분하여 얼굴빛이 푸르렀다 누르렀다 하는 모양.

¶그는 부아가 나는지 얼굴이 **푸르락누르락** 말이 아니었다.

푸르르

의미 [＋모양],[＋요동],[＋크기],[－정도]

제약 ｛ ｝-｛떨다｝

① 크고 거볍게 떠는 모양. '부르르①'보다 거센 느낌을 준다.

¶눈을 **푸르르** 떨다./논개는 급한 충격을 받아서 심장의 판막이 **푸르르** 울면서 이내 가슴이 출렁하고 뚝 떨어진다.≪박종화, 임진왜란≫

의미 [＋모양],[＋종이]v[＋털],[＋연소]

제약 ｛종이, 털｝-｛타다｝

② 얇은 종이나 털 따위에 불이 붙어 거볍게 타오르는 모양. '부르르②'보다 거센 느낌을 준다.

¶장작에 불이 **푸르르** 붙다.

의미 [＋소리]v[＋모양],[＋액체],[＋비등]

제약 ｛액체｝-｛끓다｝

③ 많은 양의 액체가 거볍게 끓을 때 나는 소리. 또는 그 모양. '부르르③'보다 거센 느낌을 준다.

¶끓는 물에 재료를 넣고 뚜껑을 덮어서 **푸르르** 끓이기 시작했다.

의미 [＋모양],[＋분노],[＋순간],[－정도]

제약 ｛성｝-｛내다｝

④ 갑자기 거볍게 성을 내는 모양. '부르르④'보다 거센 느낌을 준다.

¶갑자기 **푸르르** 성을 내다.

의미 [＋소리]v[＋모양],[＋새],[＋비상],[＋순간]

제약 ｛새｝-｛날다｝

⑤ 약간 큰 새 따위가 갑자기 날아갈 때 나는 소리. 또는 그 모양.

¶새가 **푸르르** 날아가다./우암이가 큰아버지 말

대로 집으로 들어가기 위해 벌떡 일어서자 매미가 울음을 멈추고 **푸르르** 날아갔다.≪문순태, 타오르는 강≫

푸르릉

의미 [＋소리]v[＋모양],[＋새],[＋비상],[＋순간]

제약 {새}-{날다}

새가 갑자기 매우 가볍게 날아가는 소리. 또는 그 모양.

¶비원 숲 속에서 무엇에 놀랐는지 참새 네댓 마리가 **푸르릉** 어둠 속으로 날아올랐다.≪홍성원, 육이오≫

푸르릉-푸르릉

의미 [＋소리]v[＋모양],[＋새],[＋다수],[＋비상],[＋순간]

제약 {새}-{날다}

새들이 갑자기 매우 가볍게 자꾸 날아가는 소리. 또는 그 모양.

푸름-푸름

의미 [＋모양],[＋파랑],[＋다수],[－분명]

제약

군데군데 보일 듯 말 듯 하게 푸른 모양.

¶벌써 날이 **푸름푸름** 밝아 오기 시작했다.

푸릇-푸릇

의미 [＋모양],[＋파랑],[＋다수]

제약

① 군데군데 푸르스름한 모양. 늑푸릇푸릇이①.

¶새싹이 **푸릇푸릇** 돋다./온몸이 **푸릇푸릇** 피멍투성이다./개천의 물이 하루하루 불어나면서 양지바른 둔덕에는 어느덧 버들강아지가 피고 냉이랑 쑥이 **푸릇푸릇** 돋았다.≪하근찬, 야호≫/돈을 치르고 고구마를 살펴보니 고구마에 **푸릇푸릇** 썩은 반점들이 박혀 있다.≪홍성원, 육이오≫

의미 [＋모양],[＋파랑],[＋정도]

제약

② 매우 푸르스름한 모양. 늑푸릇푸릇이②.

푸릇푸릇-이

의미 [＋모양],[＋파랑],[＋다수]

제약

①=푸릇푸릇①. 군데군데 푸르스름한 모양.

의미 [＋모양],[＋파랑],[＋정도]

제약

②=푸릇푸릇②. 매우 푸르스름한 모양.

푸석

의미 [＋소리],[＋물건],[＋파손],[＋용이]

제약 { }-{부스러지다}

부피만 크고 바탕이 거친 물건 따위가 쉽게 부스러지는 소리.

¶부 서방네도 그의 아이들도 썩은 짚둥우리처럼 **푸석** 쓰러졌다.≪최명희, 혼불≫

푸석-푸석[01]

의미 [＋소리]v[＋모양],[＋물건],[＋파손],[＋용이]

제약 { }-{부스러지다}

부피만 크고 바탕이 거친 물건 따위가 쉽게 부스러지는 소리. 또는 그 모양.

¶대님 없는 중의 가랑이가 발을 옮길 때마다 누런 먼지를 **푸석푸석** 날리며 옆으로 피어오르게 한다.≪유현종, 들불≫/얼어붙은 오솔길을 지나고 낙엽이 **푸석푸석** 소리 내는 겨울, 메마른 수림을 뚫고 한참을 나가자 희뜩희뜩한 눈이 발아래 밟힌다.≪박경리, 토지≫

푸석-푸석[02]

의미 [＋모양],[＋피부],[－생기],[＋팽창],[＋거침]

제약

살이 핏기가 없이 부어오른 듯하고 거친 모양.

¶갸름한 얼굴은 못 먹어 핏기 없이 **푸석푸석** 살껍질이 떠 보이고….≪송기숙, 자랏골의 비가≫

푸설-푸설

의미 [＋모양],[＋눈],[＋낙하],[＋난비]

제약 {눈}-{내리다}

눈 따위가 자꾸 조금씩 흩날리듯이 내리는 모양.

¶소담스럽게 **푸설푸설** 떨어져 내리는 눈발이 우리를 유혹했지만 누나와 나는 꼼짝도 하지 않았다.≪이동하, 장난감 도시≫

푸수수

의미 [＋모양],[－정리],[＋복잡],[－치밀]

제약

정돈이 되지 아니하여 어수선하고 엉성한 모양.

¶까치 이모는 만화네 집에 와서 하루 이틀씩 누워 있곤 하였는데, 이틀쯤 후에는 어김없이 **푸수수** 몸을 털고 일어나 주막으로 돌아갔다.≪문순태, 피아골≫/**푸수수** 곤두선 흰 머리칼하며 여자를 느끼기엔 한참 지난 나이란 게 몹시 쓸쓸하게 느껴졌다.≪박완서, 미망≫

푸슬-푸슬01

의미 [+모양],[+덩이],[+가루],[-물기],[-응결],[+파손],[+용이]

제약 { }-{부스러지다}

덩이진 가루 따위가 물기가 적어 잘 엉기지 못하고 부스러지기 쉬운 모양. '부슬부슬01'보다 거센 느낌을 준다.

¶무너져 가는 고가의 지붕과 묵은 흙냄새를 풍기며 **푸슬푸슬** 먼지를 날리던 행랑채, 덩그렇게 집채만 남았을 뿐….≪최명희, 혼불≫/엉기거나 끌어당기는 힘이 없이 **푸슬푸슬** 분해되고 삐거덕거리다가 무너지고 거꾸러졌다.≪한승원, 해일≫

푸슬-푸슬02

의미 [+모양],[+눈]v[+비],[+낙하],[+간격],[+조용]

제약 {눈, 비}-{오다, 내리다}

눈이나 비가 조용히 성기게 내리는 모양. '부슬부슬02'보다 거센 느낌을 준다.

¶그의 겉옷은 **푸슬푸슬** 내린 비로 어느새 흠뻑 젖어 있었다./그날은 **푸슬푸슬** 싸락눈이 내리고 있었다.≪최인호, 지구인≫

푸시시01

의미 [+소리],[+물건],[+불기],[+접촉],[+물]

제약

불기가 있는 물건이 물 따위에 닿을 때에 나는 소리.

¶타고 남은 모닥불에 물을 부으니 **푸시시** 소리를 내며 꺼졌다.

푸시시02

의미 [+모양],[+머리카락]v[+털],[+기립]v[-정리],[+정도]

제약 {머리털, 털}-{ }

①=부스스①. 머리카락이나 털 따위가 몹시 어지럽게 일어나거나 흐트러져 있는 모양.

¶머리털이 **푸시시** 일어나 있다.

의미 [+모양],[+기립],[-속도],[+은밀]

제약 {사람}-{일어나다}

②=부스스②. 누웠거나 앉았다가 느리게 슬그머니 일어나는 모양.

¶지루한 토론이 계속되자 그는 **푸시시** 일어나 밖으로 나갔다./젊은 사람이 한숨을 후유 쉬더니 **푸시시** 일어난다.≪이무영, 농민≫

의미 [+소리]v[+모양],[+부스러기],[+혼란],[+산개]

제약 {부스러기}-{ }

③=부스스③. 부스러기 따위가 어지럽게 흩어지는 소리. 또는 그 모양.

¶흙더미가 **푸시시** 무너져 내렸다.

의미 [+소리]v[+모양],[+미닫이]v[+장지문],[+개폐],[-속도],[+은밀]

제약

④=부스스④. 미닫이나 장지문 따위를 느리게 슬그머니 여닫는 소리. 또는 그 모양.

¶문을 **푸시시** 열고 나가서 감감소식이기도 했다.≪안회남, 농민의 비애≫

의미 [+모양],[+잠]v[+공상],[+상태],[+은밀]

제약

⑤ 잠이나 공상 따위에 슬그머니 빠지는 모양.

¶**푸시시** 잠이 들다./어느새엔가 **푸시시** 환상의 세계로 빠지는 것이었다.≪김사량, 낙조≫

의미 [+모양],[+웃음],[+은밀]

제약 {사람}-{웃다}

⑥ 슬그머니 웃는 모양.

¶약간 멋적은 듯 **푸시시** 웃는 얼굴을 하였다.≪송기숙, 자랏골의 비가≫/명훈은 자신도 모르게 **푸시시** 웃음이 나왔다.≪이문열, 변경≫

푸접스레

의미 [-사교],[+냉정]

제약

보기에 붙임성이 없이 쌀쌀한 데가 있게.

푸짐-히

의미 [+마음],[+만족],[+여유]

제약

마음이 흐뭇하도록 넉넉하다.

¶꿀물이나 얼음 띄워서 곱빼기로 **푸짐히** 내오렴. 《홍성원, 육이오》

푸푸

의미 [+소리]v[+모양],[+입술],[+돌출],[+간격],[+입김],[+배출],[+연속]

제약 { }-{내뱉다, 내쉬다, 내뿜다}

다물었던 입술을 내밀고 조금 벌리며 잇따라 입김을 내뿜는 소리. 또는 그 모양.

¶한숨을 **푸푸** 내쉬다./맨바닥에 한 사병이 피투성이 얼굴로 천장을 향해 누워 있었다. 그는 입이라고 생각되는 구멍으로 피거품을 **푸푸** 풀무처럼 내뿜고 있었다.《홍성원, 육이오》

푹

의미 [+모양],[+수면][+깊이]v[+신체][+휴식],[+정도]

제약 {잠}-{들다, 쏟아지다}/{신체}-{쉬다}

① 잠이 푸근하게 깊이 들거나 곤한 몸을 매우 흡족하게 쉬는 모양.

¶잠이 **푹** 들다./휴일에 **푹** 쉬었더니 몸이 개운하다.

의미 [+모양],[+찌름]v[+쑤심],[+기운]

제약 { }-{찌르다, 쑤시다}

② 힘 있게 깊이 찌르거나 쑤시는 모양.

¶칼로 **푹** 찌르다.

의미 [+모양],[+덮음]v[+포장],[-빈틈]

제약 { }-{덮다, 싸다, 쓰다}

③ 안의 것이 드러나지 아니하도록 빈틈없이 아주 잘 덮거나 싸는 모양.

¶아기를 이불로 **푹** 싸다.

의미 [+모양],[+익음],[+삶음]v[+비등],[+정도]

제약 {음식}-{끓이다, 삶다, 고다}

④ 흠씬 익도록 삶거나 고거나 끓이는 모양.

¶**푹** 삶은 고기./사골은 **푹** 고아야 제맛이 난다.

의미 [+모양],[+부패]v[+삭음]v[+침수],[+정도]

제약 {음식}-{썩다, 삭다, 쉬다, 곯다, 젖다}

⑤ 아주 심하게 썩거나 삭거나 젖은 모양.

¶과일이 **푹** 썩다./비에 옷이 **푹** 젖었다.

의미 [+모양],[+함몰],[+깊이],[+분명]

제약 { }-{파이다, 꺼지다}

⑥ 깊고 뚜렷이 팬 모양.

¶몸살을 앓고 눈이 **푹** 꺼졌다./밤새 내린 소나기에 구덩이가 **푹** 패었다.

의미 [+모양],[+빠짐]v[+잠김],[+깊이]

제약 { }-{빠지다}

⑦ 아주 깊이 빠지거나 잠기는 모양.

¶수박을 우물에 **푹** 담그다./나는 그 여자한테 **푹** 빠졌다./나는 요즈음 일에 **푹** 빠져 산다.

의미 [+모양],[+도괴],[-기운],[+순간]

제약 { }-{쓰러지다}

⑧ 힘없이 단번에 쓰러지는 모양.

¶장난으로 배를 한 번 친 것이 잘못 맞았는지, 친구는 **푹** 쓰러지고 말았다.

의미 [+모양],[+삽]v[+숟가락],[+물건],[+퍼냄],[+다량],[+정도]

제약 {삽, 숟가락}-{푸다, 파다, 뜨다}

⑨ 삽이나 숟가락 따위로 물건을 아주 많이 떠내는 모양.

¶숟가락으로 몇 번 **푹** 떠서 먹으니, 아이스크림 통이 금방 바닥을 보였다.

의미 [+모양],[+고개],[+숙임],[+정도]

제약 {고개}-{숙이다}

⑩ 고개를 아주 깊이 숙이는 모양.

¶고개를 **푹** 숙이고 걷다./겁에 질린 나는 고개를 **푹** 숙였다.

의미 [+소리]v[+모양],[+연기]v[+가루],[+배출],[+정도]

제약 {연기, 가루}-{엎지르다, 쏟아지다}

⑪ 연기나 가루 따위가 세게 쏟아져 나오는 소리. 또는 그 모양.

¶담배 연기를 **푹** 내뿜다./한숨을 **푹** 내쉬다./밀가루를 그릇에 **푹** 쏟았더니 하얀 가루가 날렸다.

의미 [+모양],[+힘]v[+능력]v[+분량],[+감소],[+순간]

제약 { }-{줄다, 없어지다, 떨어지다}

⑫ 힘, 능력, 분량 따위가 별안간 많이 줄어든 모양.

¶사기가 **푹** 떨어지다./식솔이 늘어서 남은 쌀이

푹 줄었다.

의미 [+모양],[+가루]v[+먼지],[+누적],[+다
량],[+정도]

제약 {가루, 먼지}-{쌓이다}

⑬ 가루나 먼지 따위가 꽤 많이 덮인 모양.

¶얼마나 청소를 안 했는지, 방에 먼지가 푹 쌓
여서 발자국이 날 정도이다.

푹석

의미 [+모양],[+물건],[+침몰]v[+파손]

제약 { }-{가라앉다, 부서지다}

① 부피만 있고 매우 엉성한 물건이 부드럽게
가라앉거나 쉽게 부서지는 모양.

¶나무 밑동을 가볍게 발로 차자 나뭇가지에 쌓
였던 눈이 **푹석** 떨어졌다.

의미 [+모양],[+착석],[-기운],[+정도]

제약 { }-{앉다}

② 아주 맥없이 주저앉는 모양.

¶김 병장은 갑자기 날아온 총알을 맞고 **푹석** 쓰
러졌다.

의미 [+모양],[+먼지],[+발생],[+순간],[+정
도]

제약 {먼지}-{날리다, 일어나다}

③ 쌓였던 먼지 따위가 갑자기 심하게 일어나는
모양.

¶이불을 한 번 털자 먼지가 **푹석** 일어났다.

의미 [+모양],[+발효]v[+부패],[+정도]

제약 { }-{삭다, 썩다, 곯다}

④ 몹시 심하게 삭거나 썩은 모양.

¶두엄이 **푹석** 썩다.

푹석-푹석

의미 [+모양],[+물건],[+침몰]v[+파손],[+반
복]

제약 { }-{가라앉다, 부서지다}

① 부피만 있고 매우 엉성한 물건이 자꾸 가라
앉거나 쉽게 부서지는 모양.

¶몸무게가 둥 뜨는 것 같은 부엽토의 더미, 인
적에 다져지질 못한 부엽토에 **푹석푹석** 발목이
묻히는데 모래밭과 달리 발바닥에 저항은 없다.
≪박경리, 토지≫

의미 [+모양],[+착석],[-기운],[+정도],[+연

속]

제약 { }-{앉다}

② 아주 맥없이 잇따라 주저앉는 모양.

¶총알을 맞은 병사들이 **푹석푹석** 고꾸라진다.

의미 [+모양],[+먼지],[+발생],[+정도],[+반
복]

제약 {먼지}-{날리다, 일어나다}

③ 쌓였던 먼지 따위가 자꾸 심하게 일어나는
모양.

¶먼지가 **푹석푹석** 일어나다.

푹신

의미 [+느낌],[+편안],[+유연],[+탄력]

제약

조금 푸근하게 부드럽고 탄력이 있는 느낌.

¶스펀지로 된 매트리스가 몸을 **푹신** 감싸 안았
다.≪신상웅, 히포크라테스의 흉상≫

푹신-푹신

의미 [+느낌],[+전부],[+편안],[+유연],[+탄
력],[+정도]

제약

여럿이 다 또는 매우 푸근하게 부드럽고 탄력이
있는 느낌.

¶화사한 화문 양탄자를 **푹신푹신** 깔아 놓은 골
방을 몇 굽이나 돌아가니, 갑창 사창 완자창을
겹겹이 닫아 놓은 조그마한 방이 있다.≪박종화,
금삼의 피≫

푹신-히

의미 [+편안],[+유연],[+탄력],[-정도]

제약

조금 푸근하게 부드럽고 탄력이 있게.

¶깜짝 놀라며 몸을 돌다가 될 대로 되어라 하고
다시 **푹신히** 기대앉아 버렸다.≪염상섭, 무화과≫

푹-푹

의미 [+모양],[+익음],[+삶음]v[+끓음],[+정
도]

제약 { }-{끓이다, 삶다}

① 속속들이 흠씬 익을 정도로 몹시 끓이거나
삶는 모양.

¶돼지고기를 **푹푹** 삶다

의미 [+모양],[+전부],[+부패]v[+발효],[+정

도]

제약 {음식물}-{썩다, 익다}

② 남김없이 심하게 썩거나 삭는 모양.

¶사과가 **푹푹** 썩다.

의미 [+모양],[+칼]v[+창],[+찌름]v[+쑤심],[+반복]

제약 { }-{찌르다, 쑤시다}

③ 칼이나 창 따위로 자꾸 세게 찌르거나 쑤시는 모양.

¶쌀가마를 꼬챙이로 **푹푹** 찔러 보다.

의미 [+모양],[+날씨],[+더위],[+정도]

제약 {날씨}-{찌다}

④ 날이 찌는 듯이 무더운 모양.

¶7월도 안 됐는데 벌써부터 날씨가 **푹푹** 찐다.

의미 [+모양],[+빠짐]v[+진입],[+깊이],[+반복]

제약 { }-{빠지다, 들어가다}

⑤ 자꾸 깊이 빠지거나 들어가는 모양.

¶진흙에 발이 **푹푹** 빠진다./발이 **푹푹** 빠지는 모래밭에서 PT 동작과 '선착순' 달리기를 반복하다 보니 숨이 턱에…≪조선일보≫

의미 [+모양],[+도괴]v[+전복],[-기운],[+반복]

제약 { }-{쓰러지다, 엎어지다}

⑥ 힘없이 자꾸 쓰러지거나 엎어지는 모양.

¶더위에 지친 병사들이 행군 도중에 **푹푹** 쓰러진다.

의미 [+모양],[+삽]v[+숟가락],[+물건],[+다량],[+퍼냄],[+반복]

제약 { }-{푸다, 뜨다}

⑦ 삽이나 숟가락 따위로 물건을 자꾸 많이씩 퍼내는 모양.

¶우리는 가마니에 소금을 **푹푹** 퍼서 담았다.

의미 [+모양],[+눈],[+낙하],[+다량],[+누적],[+정도]

제약 {눈}-{내리다, 쌓이다}

⑧ 눈 따위가 많이 내려 수북하게 쌓이는 모양.

¶함박눈이 **푹푹** 내린다.

의미 [+모양],[+돈],[-절약]

제약 {돈}-{쓰다}

⑨ 돈 따위를 아낌없이 쓰는 모양.

¶돈을 **푹푹** 쓰다.

의미 [+모양],[+분량],[+감소]v[+소멸],[+반복]

제약 { }-{줄다, 없어지다}

⑩ 분량이 자꾸 많이 줄어들거나 없어지는 모양.

¶요즈음은 생활비가 많이 들어서 은행 잔고가 **푹푹** 준다.

의미 [+모양],[+가루]v[+연기],[+구멍],[+배출],[+정도],[+반복]

제약 {가루, 연기}-{쏟아지다}

⑪ 구멍으로 가루나 연기 따위가 자꾸 세차게 쏟아져 나오는 모양.

의미 [+모양],[+입김]v[+숨],[+배출],[+정도]

제약 { }-{내쉬다, 뱉다}

⑫ 입김이나 숨을 매우 크게 내쉬는 모양.

¶아버지가 무슨 걱정이 있는 듯 한숨을 **푹푹** 내쉬고 있다.

푼더분-히

의미 [+생김새],[+두께],[+호감]

제약

① 생김새가 두툼하고 탐스럽다.

¶그 사람은 얼굴이 **푼더분히** 생겼다.

의미 [+여유],[+풍부]

제약

② 여유가 있고 넉넉하다.

푼푼-이

의미 [+한푼],[+누적]

제약 {돈}-{벌다, 모으다}

한 푼씩 한 푼씩.

¶**푼푼이** 번 돈./내가 이 세상에 있을 때에 먹고 입고 지내면 그만이지, 내가 그것을 **푼푼이** 모아 두었다가 죽을 때에 저승으로 가지고 가겠습니까?≪이인직, 모란봉≫/그 돈은 체계나 돈놀이로 모은 돈이 아니요, 품삯 받아 **푼푼이** 모으고 악의악식하면서 모은 돈이었다.≪채만식, 논 이야기≫

푼푼-히

의미 [-부족],[+풍부]

제약

모자람이 없이 넉넉하다. 늑푼히.

¶용돈을 푼푼히 주다./돈이 없어서 막걸리도 푼푼히 못 마셨다.

푼-히

의미 [-부족],[+풍부]

제약

=푼푼히. 모자람이 없이 넉넉하다.

풀떡

의미 [+모양],[+도약],[+기운],[+한번]

제약 { }-{뛰다}

힘을 모아 거볍게 한 번 뛰는 모양.

¶사슴이 풀떡 뛰어오르다.

풀떡-풀떡

의미 [+모양],[+도약],[+기운],[+반복]

제약 { }-{뛰다}

힘을 모아 거볍게 자꾸 뛰는 모양.

¶이 집 저 집에서 풀떡풀떡 널뛰는 소리가 들려왔다.

풀럭

의미 [+모양],[+바람],[+요감],[+속도]

제약 { }-{나부끼다}

바람에 날리어 거볍고 빠르게 한 번 나부끼는 모양.

¶바람에 대형 태극기가 풀럭 움직인다.

풀럭-풀럭

의미 [+모양],[+바람],[+요감],[+속도],[+반복]

제약 { }-{나부끼다}

바람에 날리어 거볍고 빠르게 자꾸 나부끼는 모양.

¶바람이 몰아치자 국기가 풀럭풀럭 흔들린다.

풀렁

의미 [+모양],[+바람],[+요감],[-속도],[+정도]

제약 { }-{나부끼다}

바람에 날리어 둔하고 세차게 나부끼는 모양.

¶바람에 깃발이 풀렁 움직인다.

풀렁-풀렁

의미 [+모양],[+바람],[+요감],[-속도],[+정

도],[+반복]

제약 { }-{나부끼다}

바람에 날리어 둔하고 세차게 자꾸 나부끼는 모양.

¶바람에 깃발이 풀렁풀렁 나부낀다.

풀썩

의미 [+모양],[+연기]v[+먼지],[+발생],[+순간],[+한번]

제약 {연기, 먼지}-{날리다, 일어나다}

① 연기나 먼지 따위가 조금씩 뭉키어 급자기 한 번 일어나는 모양.

¶모닥불에 물을 끼얹자 검은 연기가 풀썩 솟아올랐다./총성이 한 방 울렸어요. 발치에서 모래 먼지가 풀썩 일어나더군요.≪황석영, 무기의 그늘≫

의미 [+모양],[+착석],[-주의],[-기운],[+정도]

제약 { }-{앉다}

② 맥없이 마구 주저앉거나 내려앉는 모양.

¶딸의 사고 소식을 들은 어머니는 맨땅에 그대로 풀썩 주저앉고 말았다./광화문의 용마루가 풀썩 내려앉으면서, 대들보가 쾅 하고 부러지면서, 머리 위로 무너져 내렸다.≪유주현, 대한 제국≫

풀썩-풀썩

의미 [+모양],[+연기]v[+먼지],[+발생],[+순간],[+반복]

제약 {연기, 먼지}-{날리다, 일어나다}

① 연기나 먼지 따위가 조금씩 뭉키어 자꾸 일어나는 모양.

¶발길을 옮길 때마다 먼지가 풀썩풀썩 나는 산길 들길에 태양은 지글지글 타는 듯 쏟아지는데….≪박경리, 시장과 전장≫

의미 [+모양],[+전부],[+착석],[-주의],[-기운],[+정도]

제약 { }-{앉다}

② 여럿이 다 맥없이 마구 주저앉거나 내려앉는 모양.

¶아낙네들은 장성댁처럼 방성대곡을 쏟아 놓으며 풀썩풀썩 모래 위로 주저앉았고….≪천승세, 낙월도≫

풀쑥

의미 [+모양],[+돌출],[+순간]

제약 { }-{나오다, 내밀다}

① 갑자기 불룩하게 쑥 나오거나 내미는 모양. '불쑥①'보다 거센 느낌을 준다.

¶그는 갑자기 손을 **풀쑥** 내밀었다./벽에 부딪쳐 머리에 **풀쑥** 혹이 나왔다.

의미 [+모양],[+출현]v[+발생],[+순간]

제약 { }-{나타나다, 생기다, 솟다, 올라오다}

② 갑자기 쑥 나타나거나 생기거나 하는 모양. '불쑥②'보다 거센 느낌을 준다.

¶백치의 몸이 **풀쑥** 위로 솟았다.≪전상국. 침묵의 눈≫

의미 [+모양],[+마음]v[+생각],[+발생],[+순간]

제약 { }-{떠오르다}

③ 갑자기 마음이 생기거나 생각이 떠오르는 모양. '불쑥③'보다 거센 느낌을 준다.

¶나는 가슴속에서 뜨거운 덩어리가 **풀쑥** 치솟는 것을 느꼈다.

의미 [+모양],[+말],[-생각],[-예의]

제약 { }-{말하다}

④ 앞뒤 생각 없이 대뜸 말을 함부로 하는 모양. '불쑥④'보다 거센 느낌을 준다.

¶한결같이 수평선에만 눈을 쏜 채 경이는 **풀쑥** 이런 소릴 했다.≪오영수. 비오리≫

풀쑥-풀쑥

의미 [+모양],[+다수],[+돌출],[+순간],[+연속]

제약 { }-{나오다, 내밀다}

① 갑자기 여기저기 불룩하게 잇따라 쑥 나오거나 내미는 모양. '불쑥불쑥①'보다 거센 느낌을 준다.

¶핏줄이 **풀쑥풀쑥** 솟아오른 손등, 깡마른 모습에 비하여 손은 무척 크게 보였다.≪박경리. 토지≫

의미 [+모양],[+출현]v[+발생],[+순간],[+연속]

제약 { }-{나타나다, 생기다, 솟다, 올라오다}

② 갑자기 잇따라 쑥 나타나거나 생기거나 하는 모양. '불쑥불쑥②'보다 거센 느낌을 준다.

¶물속에 들어갔던 해녀들은 한참이 지나서야 물위로 **풀쑥풀쑥** 떠올랐다.

의미 [+모양],[+마음]v[+생각],[+발생],[+순간],[+연속]

제약 { }-{떠오르다}

③ 갑자기 잇따라 쑥 마음이 생기거나 생각이 떠오르는 모양. '불쑥불쑥③'보다 거센 느낌을 준다.

¶밤이 깊어지자 나는 집에 돌아가고픈 생각이 **풀쑥풀쑥** 들었다.

의미 [+모양],[+말],[-생각],[-예의],[+연속]

제약 { }-{말하다}

④ 앞뒤 생각 없이 잇따라 대뜸 말을 함부로 하는 모양. '불쑥불쑥④'보다 거센 느낌을 준다.

¶말을 **풀쑥풀쑥** 내뱉다.

풀쩍

의미 [+모양],[+문],[±개폐],[+순간],[+한번]

제약 {문, 창문}-{열다, 닫다}

① 문 따위를 급작스레 한 번 열거나 닫는 모양.

¶급하게 문을 **풀쩍** 열고 나갔다.

의미 [+모양],[+크기],[+무게],[+도약],[-속도],[+한번]

제약 { }-{뛰다, 넘다}

② 약간 크고 무거운 것이 세차고 둔하게 한 번 뛰어 오르는 모양.

¶도둑이 담을 **풀쩍** 뛰어넘는다.

풀쩍-풀쩍

의미 [+모양],[+문],[±개폐],[+순간],[+반복]

제약 {문, 창문}-{열다, 닫다}

① 문 따위를 자꾸 급작스레 열거나 닫는 모양.

¶할머니는 기척도 하지 않고 방문들을 **풀쩍풀쩍** 열어 보셨다.

의미 [+모양],[+크기],[+무게],[+도약],[-속도],[+반복]

제약 { }-{뛰다, 넘다}

② 약간 크고 무거운 것이 자꾸 세차고 둔하게 뛰어오르는 모양.

¶장애물을 **풀쩍풀쩍** 뛰어넘는다.

풀풀

의미 [+모양],[+눈]v[+먼지]v[+연기],[+난비],[+정도]

제약 {눈, 먼지, 연기}-{나다, 날다}

① 눈이나 먼지, 연기 따위가 몹시 흩날리는 모양.

¶눈이 **풀풀** 날린다./무섭게도 어두운 밤이었다. 그러나 다행히 눈발이 **풀풀** 내리는 덕분에 겨우 길만은 알아볼 수 있었다.≪이무영, 농민≫/먼지가 **풀풀** 이는 언덕길을 터벌터벌 올라왔을 터인데도 그의 구두는 놀랄 만큼 반짝거렸다.≪윤흥길, 아홉 켤레의 구두로 남은 사내≫

의미 [+모양],[+도약v[+비상],[+속도],[+기운],[+정도],[+반복]

제약 { }-{뛰다, 날다}

② 몹시 날쌔고 기운차게 자꾸 뛰거나 나는 모양.

¶몸이 가벼워서 **풀풀** 나는 것 같다.

의미 [+모양],[+물],[+비등],[+정도]

제약 {물}-{끓다}

③ 물이 심하게 끓어오르는 모양.

¶물이 **풀풀** 끓다.

의미 [+모양],[+냄새],[+정도],[+반복]

제약 {냄새}-{나다}

④ 냄새 따위가 심하게 자꾸 나는 모양.

¶불타 버린 집터에서는 매캐한 연기 냄새만 **풀풀** 났다.≪문순태, 피아골≫/아버지는 칼을 쓰는 사람은 아니었다. 그 멋진 007가방에다 기껏 비누 냄새 **풀풀** 풍기는 흰 속옷들이나 챙겨 넣고 다니는 사람이었다.≪박기동, 아버지의 바다에 은빛 고기 떼≫

풋

의미 [+소리],[+웃음],[-길이],[+순간]

제약 {사람}-{웃다}

갑자기 짧은 웃음을 터뜨리는 소리.

¶**풋!** 하고 웃음을 터뜨리다./**풋**, 내 그럴 줄 알았다고, 군바리 아냐?≪황석영, 낙타 눈깔≫

풍01

의미 [+소리]v[+모양],[+문풍지],[+파손],[+둔탁]

제약 {문풍지}-{뚫리다}

① 문풍지 따위가 뚫어질 때 나는 다소 둔탁한 소리. 또는 그 모양. '붕①'보다 거센 느낌

을 준다.

¶이 정도 힘이면 바위도 **풍** 뚫겠다

의미 [+소리],[+공기]v[+가스],[+구멍],[+누출]

제약 {공기, 가스}-{빠지다}

② 막혀 있던 공기나 가스가 약간 큰 구멍으로 터져 빠질 때 나는 소리. '붕③'보다 거센 느낌을 준다.

¶방귀를 **풍** 뀌다.

풍02

의미 [+소리],[+물건],[+낙하],[+물]

제약 {물건}-{떨어지다}

크고 무거운 물건이 깊은 물에 떨어지는 소리.

¶물에 **풍** 빠지다.

풍덩

의미 [+소리],[+물건]],[+낙하],[+물],[+둔중]

제약 {물건}-{떨어지다}

크고 무거운 물건이 깊은 물에 떨어지거나 빠질 때 무겁게 한 번 나는 소리.

¶동네 아이들은 점심을 먹자마자 동네 앞 개울물로 **풍덩** 들어가 자맥질을 하곤 했다./선창 끝에서 뛰놀던 놈 하나가 바다로 **풍덩** 빠져 버렸다.≪송기숙, 암태도≫/아이들의 맹꽁이처럼 부른 배 위로 참외 국물이 줄줄 흘러, 그 위로 파리가 성가시게 엉겨 붙으면 개울로 **풍덩** 뛰어들면 그만이었다.≪박완서, 그 많던 싱아는 누가 다 먹었을까≫

풍덩실

의미 [+소리],[+물체],[+낙하],[+물]

제약 {물체}-{떨어지다}

크고 무거운 물체가 깊은 물에 약간 가볍게 떨어질 때 나는 소리.

¶푸른 물결에 **풍덩실** 몸을 던지는 것은 다 같이 죽는 일이로되, 로맨틱한 공상까지 자아내었던 것이다.≪현진건, 적도≫/잉어를 어르고 벼르다가 고기가 **풍덩실** 물속으로 되들어가는 바람에 솔개는 어르던 것을 단념하고….≪박종화, 임진왜란≫

풍덩-풍덩

의미 [+소리],[+물건],[+낙하],[+물],[+둔

중],[+반복]

제약 {물건}-{떨어지다}

크고 무거운 물건이 깊은 물에 잇따라 떨어지거나 빠질 때 무겁게 나는 소리.

¶개구리 몇 마리가 물소리에 놀라 풀숲에서 풍덩풍덩 도랑물 속으로 뛰어들었다.≪홍성원, 육이오≫/아마 강가에서도 조무래기들이 개구리처럼 물속으로 풍덩풍덩 뛰어들며 개구리헤엄을 치고 있을 거다.≪박경리, 토지≫

풍부-히

의미 [+여유],[+풍부]

제약

넉넉하고 많다.

¶촬영 감독이 보았다면 탐을 낼 만큼 영화배우의 소질을 풍부히 가진….≪심훈, 영원의 미소≫/고기와 어물을 풍부히 쓰고 탕을 큰 가마솥으로 하나를 끓여 다음 날 온 동네 잔치를 했다.≪박완서, 미망≫

풍비-히

의미 [+풍부],[+구비]

제약

풍부하게 갖춘 데가 있게.

¶고사 때 주육과 떡을 풍비히 가지고 왔다.

풍성-풍성

의미 [+모양],[+여유],[+풍부],[+정도]

제약

① 매우 넉넉하고 많은 모양. 늑풍성풍성히①.

¶내마다 맑은 물이 풍성풍성 한가롭게 흐른다.≪이양하, 이양하 수필선≫

의미 [+모양],[+생활],[+여유],[+정도]

제약

② 생활이 매우 여유로운 모양. 늑풍성풍성히②.

¶온 마을 온 고을이 들떠서 풍성풍성 돌아가고 있는데….≪하근찬, 족제비≫/탁이 사위로 들어오고 억만이 색시를 얻어 딸 하나를 낳고 한 것은 모두 조 영감네가 풍성풍성 지낸 그 이삼 년 사이의 이야기들이었다.≪강신재, 그들의 행진≫

풍성풍성-히

의미 [+모양],[+여유],[+풍부],[+정도]

제약

① =풍성풍성①. 매우 넉넉하고 많은 모양.

¶물건을 풍성풍성히 사들이다./고기나 생선은 서울 바닥에서 구경도 못 할 귀물이건마는, 냉장고가 있는 덕에 이 집에서는 아직도 풍성풍성히 맛을 보는 것이었다.≪염상섭, 취우≫

의미 [+모양],[+생활],[+여유],[+정도]

제약

② =풍성풍성②. 생활이 매우 여유로운 모양.

풍성-히

의미 [+여유],[+풍부]

제약

넉넉하고 많이. 늑성풍히.

¶풍성히 차린 음식./그 근방에는 일본군이 수많이 주둔하고 있어 군수 물자도 풍성히 나돌았고….≪강신재, 그들의 행진≫

풍아로이

의미 [+풍치],[+아담]

제약

풍치가 있고 조촐한 맛이 있게.

풍아스레

의미 [+풍치],[+아담]

제약

풍치가 있고 조촐한 데가 있게.

풍염-히

의미 [+생김새],[+풍성],[+미려]

제약

생김새가 살지고 아름답게. 또는 풍성하고 아름답게.

풍영-히

의미 [+결과],[+풍성],[+충만]

제약

① 여문 것이 풍성하여 그득하게.

의미 [+생김새],[+풍만],[+풍부]

제약

② 생김새가 풍만하고 기름지게.

풍옥-히

의미 [+토지],[+비옥],[+정도]

제약

땅이 아주 기름지게.

풍요-히

의미 [＋풍부],[＋여유],[＋정도]

제약

흠뻑 많아서 넉넉함이 있다.

풍족-히

의미 [＋여유],[－부족],[＋정도]

제약

매우 넉넉하여 부족함이 없이.

¶풍족히 쓰다./우리의 부력은 우리의 생활을 풍족히 할 만하고 우리의 강력은 남의 침략을 막을 만하면 족하다.≪김구, 백범일지≫

풍-풍01

의미 [＋소리]v[＋모양],[＋문풍지],[＋파손],[＋둔탁],[＋연속]

제약 {문풍지}-{뚫리다}

① 문풍지 따위가 뚫어질 때 잇따라 나는 다소 둔탁한 소리. 또는 그 모양. '붕붕①'보다 거센 느낌을 준다.

¶구멍이 풍풍 뚫리면서 빛이 들어왔다./아이들이 문풍지를 풍풍 뚫으며 남의 집 방 안을 엿본다.

의미 [＋소리],[＋공기]v[＋가스],[＋구멍],[＋누출],[＋연속]

제약 {공기, 가스}-{빠지다}

② 막혀 있던 공기나 가스가 약간 큰 구멍으로 터져 빠질 때 잇따라 나는 소리. '붕붕③'보다 거센 느낌을 준다.

¶굴뚝에서 연기가 풍풍 나오고 있다./방귀를 풍풍 뀌고 앉아 있다.

풍-풍02

의미 [＋소리],[＋물건],[＋낙하],[＋물],[＋연속]

제약 {물건}-{떨어지다}

크고 무거운 물건이 깊은 물에 잇따라 떨어지는 소리.

¶깊은 우물에 돌덩이들이 풍풍 떨어지고 있다.

풍-풍03

의미 [＋소리]v[＋모양],[＋액체],[＋배출],[＋구멍],[＋크기],[＋정도]

제약 {　}-{쏟아지다, 터지다}

액체 따위가 넓은 구멍으로 거세게 쏟아져 나오는 소리. 또는 그 모양.

¶그는 눈물이 풍풍 솟구쳐 오르는 것을 참지도 않으면서….≪김남천, 대하≫

피

의미 [＋소리]v[＋모양],[＋태도],[＋조소],[＋입술],[＋간격],[＋입김],[＋배출]

제약

① 비웃는 태도로 입술을 비죽이 벌리며 입김을 내뿜을 때 나는 소리. 또는 그 모양.

¶피, 하기 싫으면 그만둬./피, 그런 답이 어디 있게, 나도 그런 답은 할 수 있어요.≪김원일, 어둠의 혼≫/끝심이는 옷보다도 구렁이 얘기만을 묻는데 금방 속이 상해 피 하고 입을 삐죽했다.≪송기숙, 자랏골의 비가≫

의미 [＋소리]v[＋모양],[＋기체]v[＋가스],[＋누출],[－기운]

제약 {기체, 가스}-{새다}

② 속에 차 있던 기체나 가스가 힘없이 새어 나오는 소리. 또는 그 모양.

¶피 하면서 풍선에 바람이 새는 소리가 났다.

피근-피근

의미 [＋모양],[＋고집],[＋완고],[＋후안],[＋정도]

제약

뻔뻔스러울 정도로 고집이 세고 완고한 모양.

피둥-피둥

의미 [＋모양],[＋살],[＋비만],[－볼품]

제약

① 볼썽사나울 정도로 살쪄서 꽤 퉁퉁한 모양.

¶피둥피둥 살이 찌다./무수한 이웃들이 겪고 있는 공통의 빈곤 속에서 오직 그들 두 사람만이 피둥피둥 살이 오른 채 오만하게 행복한 것이다.≪홍성원, 육이오≫/소만은 이 집에서 가장 행복하고 편안하고 살이 피둥피둥 쪄서 털 결이 곱고 기름이 흘렀다.≪박경리, 토지≫

의미 [＋모양],[＋살],[＋비만],[＋윤택],[＋탄력]

제약

② 퉁퉁한 살이 윤택하고 탄력이 있는 모양.

의미 [＋모양],[－청취],[＋상충]

제약

③ 남의 말을 잘 듣지 아니하고 엇나가는 모양.

¶그녀는 좀 도와 달라는 어머니의 말씀을 들은 척도 않고 **피둥피둥** 놀기만 했다.

피뜩

의미 [+모양],[+모습]v[+생각],[+출현],[+소멸],[+순간]

제약

① 어떤 모습이나 생각이 갑자기 나타났다 사라지는 모양.

¶머리에 이런 생각이 **피뜩** 떠오른 것은…. ≪이무영, 농민≫

의미 [+모양],[+눈길],[+전환],[+응시],[+순간]

제약

② 갑자기 눈길을 돌려 잠깐 바라보는 모양.

¶상을 받으면서 **피뜩** 내려다본즉 관자놀이께에 낀 파란 핏줄이 명확히 드러나 보였다. ≪최정희, 인간사≫

피뜩-피뜩

의미 [+모양],[+모습]v[+생각],[+출현],[+소멸],[+순간],[+반복]

제약

어떤 모습이나 생각이 자꾸 순간적으로 나타났다 사라지는 모양.

¶동학란 소문을 들을 때마다 **피뜩피뜩** 생각한 일이었던지라 장쇠가 자기에게 은혜를 갚기 위해서 미리 무슨 조치를 한 것이라 생각되었던 것이다. ≪이무영, 농민≫

피식

의미 [+소리]v[+모양],[+웃음],[+입술],[+파열],[−조화]

제약 {사람}-{웃다}

입술을 힘없이 터뜨리며 싱겁게 한 번 웃을 때 나는 소리. 또는 그 모양.

¶그는 한심스럽다는 듯이 **피식** 싱겁게 웃어 버린다./승재도 결코 그런 인간을 상대로 농을 할 사람이 아니건만 **피식** 실소하면서 한마디 했다. ≪박완서, 미망≫/김범우는 어이없어하는 웃음을 **피식** 흘렸다. ≪조정래, 태백산맥≫

피식-피식

의미 [+소리]v[+모양],[+웃음],[+입술],[+파열],[−조화],[+반복]

제약 {사람}-{웃다}

입술을 힘없이 터뜨리며 자꾸 싱겁게 웃을 때 나는 소리. 또는 그 모양.

¶기대에 찬 얼굴들로서 둘러선 마을 사람들은 **피식피식** 웃기 시작했다. ≪김승옥, 동두천≫/상호는 **피식피식** 웃기만 했고, 한 여사는 분을 참느라고 이를 악물었다. ≪황석영, 한 씨 연대기≫

피지직

의미 [+소리],[+불꽃][+연소]v[+물][+증발]

제약

마지막 불꽃이 타거나 물이 증발하면서 나는 소리.

¶가마솥 뚜껑 밑으로 밥물이 흘러내리다 **피지직** 말라붙었다./헐근헐근 뛰어가 보니 그들의 움막은 이미 잿불이 되어 있었고, 타다 남은 기둥과 서까래에서 불잉걸만이 피직 **피지직** 불똥을 튀기고 있을 뿐이었다. ≪문순태, 타오르는 강≫

피직

의미 [+소리],[+불꽃][+연소]v[+물][+증발]

제약

'피지직'의 준말. 마지막 불꽃이 타거나 물이 증발하면서 나는 소리.

피차없-이

의미 [+상호],[+유사]

제약

그쪽이나 이쪽이나 서로 나을 것도 못할 것도 없이.

픽

의미 [+소리]v[+모양],[+도괴],[−기운],[−생기]

제약 { }-{쓰러지다}

① 지쳐서 맥없이 가볍게 쓰러질 때 나는 소리. 또는 그 모양.

¶그 애는 대여섯 바퀴도 못 돌아 **픽** 고꾸라졌다. ≪윤흥길, 아홉 켤레의 구두로 남은 사내≫/현기가 나서 금시로 졸도할 듯하여 권하는 대로 올라가서 안방으로 들어가 **픽** 쓰러졌다. ≪염상섭, 표본실의 청개구리≫

의미 [+소리]v[+모양],[+웃음],[+입술],[+파

열],[－조화],[＋한번]

제약 {사람}-{웃다}

② 다물었던 입술을 터뜨리면서 싱겁게 한 번 웃을 때 나는 소리. 또는 그 모양.

¶시치미 떼고 말하는 바람에, 형사 두 사람은 픽 웃고 다른 데로 가고 말았다.≪이광수, 흙≫/아내는 이긴 척도 진 척도 안 하고 픽 웃기만 했다.≪박완서, 미망≫

의미 [＋소리]v[＋모양],[＋공기],[＋배출]

제약 {공기}-{빠지다, 새다}

③ 막혔던 공기가 힘없이 터져 나올 때 나는 소리. 또는 그 모양.

¶바람을 넣기 시작하자 어디선지 픽 바람 새는 소리가 났다.

의미 [＋소리]v[＋모양],[＋실]v[＋새끼],[＋절단]

제약 { }-{끊어지다, 자르다}

④ 실, 새끼 따위가 힘없이 쉽게 끊어질 때 나는 소리. 또는 그 모양.

¶줄이 픽 소리를 내며 끊어져 버렸다.

의미 [＋모양],[＋방향],[＋전환],[＋순간]

제약 { }-{돌다}

⑤ 갑자기 방향을 획 돌리는 모양.

¶우길이는 픽 돌아서서 채찍을 집어 들고 아버지가 더 쫓아오나 보다가….≪한설야, 탑≫

의미 [＋소리]v[＋모양],[＋물건],[＋투척],[＋순간]

제약 { }-{던지다}

⑥ 물건을 갑자기 획 던질 때 나는 소리. 또는 그 모양.

¶그 사람은 담배를 픽 던져 버리고 궁둥이를 털며 일어서는 것이었다.≪하근찬, 야호≫/영호는 얼굴을 번쩍 들며 반쯤 끌러 놓았던 넥타이를 마저 끌러서 방구석에 픽 던졌다.≪이범선, 오발탄≫

픽-픽

의미 [＋소리]v[＋모양],[＋도괴],[－기운],[－생기],[＋반복]

제약 { }-{쓰러지다}

① 지쳐서 맥없이 가볍게 자꾸 쓰러질 때 나는 소리. 또는 그 모양.

¶옆에서 동료가 픽픽 쓰러져 가는 것을 보며 죽음에 대한 공포가 본능적으로 되살아났다.≪김인배, 방울뱀≫/그는 굶어서 픽픽 쓰러지는 사람들을 볼 때마다 그것이 자기의 죄이거나 한 것처럼 미안했고 죄스러웠다.≪이무영, 농민≫

의미 [＋소리]v[＋모양],[＋웃음],[＋입술],[＋파열],[－조화],[＋반복]

제약 {사람}-{웃다}

② 다물었던 입술을 터뜨리면서 싱겁게 자꾸 웃을 때 나는 소리. 또는 그 모양.

¶동화는 무심결에 그런 말을 입 밖에 내놓고는, 말대답을 얼른 못하고 픽픽 웃기만 한다.≪심훈, 상록수≫/좌우로 늘어서서 픽픽 웃으면서 속살거리는 언석의 첩들은 영애를 조롱하는 듯하였다.≪한용운, 흑풍≫

의미 [＋소리]v[＋모양],[＋공기],[＋배출],[＋반복]

제약 {공기}-{빠지다, 새다}

③ 막혔던 공기가 힘없이 자꾸 터져 나올 때 나는 소리. 또는 그 모양.

¶공에서 픽픽 바람 빠지는 소리가 들렸다./아무리 바람을 넣어도 어디선지 픽픽 바람 새는 소리가 나는 데야 당할 재간 있나.≪박완서, 오만과 몽상≫

의미 [＋소리]v[＋모양],[＋실]v[＋새끼],[＋절단],[＋반복]

제약 { }-{끊어지다}

④ 실, 새끼 따위가 힘없이 자꾸 쉽게 끊어질 때 나는 소리. 또는 그 모양.

¶밧줄이 썩어 여기저기서 픽픽 끊어졌다.

의미 [＋소리]v[＋모양],[＋물건],[＋투척],[＋순간],[＋반복]

제약 { }-{던지다}

⑤ 물건을 자꾸 갑자기 획 던질 때 나는 소리. 또는 그 모양.

¶그는 옷가지를 방바닥에 아무렇게나 픽픽 던져 놓았다.

핀둥-핀둥

의미 [＋모양],[－노동],[＋나태],[＋유희]

제약 {사람}-{놀다}

자꾸 게으름을 피우며 아무 일도 하지 아니하고 놀기만 하는 모양. '빈둥빈둥'보다 거센 느낌을 준다.

¶아사달은 저렇게 일을 하느라고 곱이 끼었는데 저는 번듯이 누워서 **핀둥핀둥** 노는 것이 송구스러웠다.≪현진건, 무영탑≫/여보게 문보, 자네는 무얼 하느라고 이것들이 **핀둥핀둥** 놀고 있어도 말 한마디 아니하나?≪이광수, 흙≫

핀들-핀들

의미 [+모양],[-노동],[+나태],[+유희],[-수치],[+연속]

제약 {사람}-{놀다}

게으름을 피우며 부끄러운 줄 모르고 뻔뻔스럽게 놀기만 하는 모양. '빈들빈들'보다 거센 느낌을 준다.

핀잔스레

의미 [+태도],[+질책]

제약

보기에 핀잔하는 태도가 있게.

필경

의미 [+종료]

제약

끝장에 가서는.

¶그도 필경 구속되었으리라./이런 속사정을 잘 모르는 외부 사람은 필경 오해를 할 공산이 크다./땅을 뺏기고, 집을 뺏기고, 필경엔 외국으로 쫓겨나기까지 했습니다.≪채만식, 소년은 자란다≫

필시

의미 [+필연]

제약

아마도 틀림없이.

¶그에게 필시 무슨 일이 생긴 것 같아./그의 얼굴 표정을 보니 필시 시험을 망친 모양이다.

필야

의미 [+분명],[+확실]

제약

틀림없이 꼭.=필연

필연

의미 [+분명],[+확실]

제약

틀림없이 꼭. 늑필야

¶필연 무슨 곡절이 있는 것이 분명해./젊은 남자가 갈 곳도 많을 텐데 필연 감옥 생활도 불사하겠다는 그 용기는 부러웠습니다.≪이병주, 행복어 사전≫

필연-코

의미 [+분명],[+확실],[+강조]

제약 {상황}-{일이 생기다}

'필연'을 강조하여 이르는 말. 틀림없이 꼭.

¶출발한 지가 반나절이 넘었는데 아직 도착하지 않으니 필연코 무슨 일이 생겼을 것이다.

필위

의미 [+필연]

제약

=반드시. 틀림없이 꼭.

필필-이

의미 [+한필],[+개별]

제약

① 한 필 한 필마다.

¶필필이 표시를 해 두다.

의미 [+필],[+다수],[+연속]

제약

② 여러 필로 연이어.

¶필필이 짜 놓은 비단./시골에 다 가지고 가고 제일 못한 것만 남겨 놨다는데도 양단이 필필이 쌓여 있고 인조 나부랭이가 하나 없구나.≪박경리, 시장과 전장≫

필-히

의미 [+의무]

제약

무슨 일이 있어도 꼭.

¶필히 연락 바랍니다./구급약은 각자가 필히 지참하시오.

핍진-히

의미 [+실물],[+유사],[+정도]

제약

① 실물과 아주 비슷하게.

의미 [+사정]v[+표현],[+진실],[-거짓]

제약

② 사정이나 표현이 진실하여 거짓이 없이.

핑⁰¹

의미 [＋모양],[＋범위],[＋확정],[＋순회],[＋한 번]

제약 { }-{돌다}

① 일정한 약간 넓은 범위를 한 바퀴 도는 모양. '빙①'보다 거센 느낌을 준다.

¶동생을 찾아 동네를 한 바퀴 **핑** 돌았다.

의미 [＋모양],[＋둘레],[＋확정],[＋포위]

제약 { }-{에워싸다, 둘러싸다}

② 일정한 둘레를 넓게 둘러싸는 모양. '빙③'보다 거센 느낌을 준다.

¶서로 손을 잡고 **핑** 둘러 원을 그려 서 보세요.

의미 [＋모양],[＋정신],[＋현기],[＋순간]

제약

③ 갑자기 정신이 어찔해지는 모양. '빙②'보다 거센 느낌을 준다.

¶순간 머리가 **핑** 돌 것만 같았다./나는 주위가 **핑** 도는 것 같은 현기증을 느꼈다.≪이병주, 행복어 사전≫

의미 [＋모양],[＋눈물],[＋충만],[＋순간]

제약

④ 갑자기 눈물이 글썽해지는 모양. '빙④'보다 거센 느낌을 준다.

¶그녀는 갑자기 눈물이 **핑** 돌아서 고개를 돌리고 말았다.

핑⁰²

의미 [＋소리]v[＋모양],[＋총알],[＋공기],[＋분할],[＋통과],[＋속도]

제약

총알 따위가 매우 빠르게 공기를 가르며 지나가는 소리. 또는 그 모양.

¶적이 쏜 총알 하나가 머리 위를 **핑** 스쳐 지나갔다.

핑그르르

의미 [＋모양],[＋몸]v[＋물건],[＋회전]

제약 {사람, 물건}-{돌다}

① 몸이나 물건 따위가 넓게 한 바퀴 도는 모양. '빙그르르'보다 거센 느낌을 준다.

¶그녀는 한 바퀴 **핑그르르** 돌더니 갑자기 쓰러졌다./그 연기는 불길에 휘말리듯 **핑그르르** 돌면

서 밤하늘로 퍼져 나갔다.≪이동하, 우울한 귀향≫

의미 [＋모양],[＋눈물],[＋충만],[＋순간]

제약 {눈물}-{맺히다}

② 갑자기 눈가에 약간 많은 눈물이 맺히는 모양.

¶나는 갑자기 눈물이 **핑그르르** 돌고 코끝이 시큰해졌다.

의미 [＋모양],[＋정신],[＋현기],[＋순간]

제약

③ 갑자기 정신이 어찔해지는 모양.

¶일어서는 순간 머리가 **핑그르르** 돌았다.

핑글-핑글

의미 [＋모양],[＋크기],[＋회전],[＋윤활],[＋연속]

제약 { }-{돌다}

큰 것이 잇따라 미끄럽게 도는 모양. '빙글빙글⁰²'보다 거센 느낌을 준다.

¶색등이 **핑글핑글** 도는 아래서 누군가 소리쳤다.≪윤후명, 별보다 멀리≫

핑-핑⁰¹

의미 [＋모양],[＋범위],[＋확정],[＋순회],[＋반복]

제약 { }-{돌다}

① 일정한 약간 넓은 범위를 자꾸 도는 모양. '빙빙①'보다 거센 느낌을 준다.

¶팽이가 **핑핑** 잘도 돌아간다./넘어져 있는 자전거를 보았을 때, 사슬은 끊어져서 흙받기 옆에 붙어 있고, 고무 페달만 싱겁게 **핑핑** 돌다가 멎는다.≪김남천, 남매≫

의미 [＋모양],[＋정신],[＋현기],[＋순간],[＋반복]

제약

② 갑자기 정신이 자꾸 어찔해지는 모양. '빙빙③'보다 거센 느낌을 준다.

¶술에 취하자 그는 눈앞이 **핑핑** 돌았다./엽연초를 종이로 말아 피웠다. 너무 쓰고 매워 한 모금 빨아들일 때마다 머리가 **핑핑** 돌았다.≪최인호, 지구인≫

핑핑⁰²

의미 [＋소리]v[＋모양],[＋총알],[＋공기],[＋분

할],[+통과],[+속도],[+연속]

제약

총알 따위가 매우 빠르게 공기를 가르며 잇따라 지나가는 소리. 또는 그 모양.

¶바로 내 머리 위로 총알이 **핑핑** 날아다녔다./돌에 부딪친 총탄들이 엉뚱한 방향에서 **핑핑** 날아온다.《홍성원, 육이오》

핑핑04

의미 [+모양],[+살],[+비만],[+피부],[+탄력]

제약

살이 올라 뚱뚱하거나 피부 따위가 탄력 있는 모양.

¶살이 돼지처럼 **핑핑** 찐 여자가 어울리지 않는 양장에 술이 정도를 넘은 꼴이 구역질이 날 정도였다.《주요섭, 미완성》

핑핑-히

의미 [+모양],[+줄],[+팽팽],[+탄력]

제약

① 줄 따위가 잔뜩 켕기어 튀기는 힘이 있다.

¶팔뚝 같은 굵은 참바 줄을 **핑핑히** 켕겨 놓았는데….《심훈, 상록수》

의미 [-여유],[-부족]

제약

② 남거나 모자람이 없이 매우 빠듯하다.

의미 [+상호],[+기운],[+유사]

제약

③ 둘의 힘 따위가 서로 엇비슷하다.

ㅎ

하⁰¹

「의미」 [+기준],[+정도]

「제약」

(원인을 나타내는 경우나 의문문에 쓰여) 정도
가 매우 심하거나 큼을 강조하여 이르는 말. '아
주', '몹시'의 뜻을 나타낸다.

¶빛깔이 하 맘에 들어서 한 벌 장만했어요./하
많은 사람 중에서 왜 날 보고 그러시오?

하⁰²

「의미」 [+소리]v[+모양],[+개구],[+입김],[+배
출],[+한번]

「제약」

입을 크게 벌리고 입김을 한 번 내어 부는 소리.
또는 그 모양.

¶아이가 이를 닦고는 엄마 앞에서 자랑스러운
듯이 입김을 하 부니 향긋한 치약 냄새가 났다.

하기-는

「의미」 [+접속],[+긍정],[+완료]

「제약」

'실상 말하자면'의 뜻으로, 이미 된 일을 긍정할
때에 쓰는 접속 부사.

¶하기는 그래./햇살은 활짝 퍼졌으나 아직 뜨겁
지는 않았다. 하기는 이제 여름은 가고 있었으니
까.≪박경리, 토지≫/소식을 들었을 법도 한데 수
로 공사에 돈을 대었던 전주에게서는 아직 아무
연락이 없었다. 하기는 동업으로 일을 시작한 것
도 아니니 그쪽에서 애가 탈 리도 없다.≪한수산,
유민≫

하기-야

「의미」 [+접속],[+긍정],[+조건],[+완료]

「제약」

'실상 적당히 말하자면'의 뜻으로, 이미 있었던
일을 긍정하며 아래에 어떤 조건을 붙일 때에
쓰는 접속 부사.

¶그 아이가 합격을 했다고? 하기야 그 정도로
열심히 했으면 떨어지는 게 이상하지./나이가
들수록 대불이를 그리는 눈빛이었다. 난초의 눈
이 그렇게 말하고 있었다. 하기야 열네 살이면
남정네가 봉숭아꽃보다 더 좋아질 나이이기도
하다.≪문순태, 타오르는 강≫

하긴

「의미」 [+접속],[+긍정],[+완료]

「제약」

'하기는'의 준말. '실상 말하자면'의 뜻으로, 이미
된 일을 긍정할 때에 쓰는 접속 부사.

¶하긴 그만하면 빠질 데 없는 신랑감이지./하긴
사람에 따라서는 지레 늙는 사람도 있는 거니까.
≪홍성암, 큰물로 가는 큰 고기≫/서희는 나를 잘 모
르는 모양이군. 하긴 서로 만난 일이 없었으니
그럴 수도 있는 일이지.≪박경리, 토지≫

하나같-이

「의미」 [+전부],[−예외],[+동일]

「제약」

예외 없이 여럿이 모두 꼭 같이.

¶이 반 여학생들은 하나같이 예쁘게 생겼다./처
마로 폭포 같은 빗물을 흘리며 집들은 하나같이
짙은 어둠과 고요 속에 잠겨 있다.≪홍성원, 육이
오≫

하나-하나

「의미」 [+개별],[+전부]

「제약」

①=일일이⁰²①. 하나씩 하나씩.

¶틀린 문제를 하나하나 짚어 가면서 검토해 보자.

의미 [+사람],[+개별],[+전부]

제약

②=일일이02②. 한 사람씩 한 사람씩.

¶그동안 못 만났던 친구들을 하나하나 만나 볼 생각이다.

의미 [+개별],[+전부],[+상세]

제약

③=일일이02③. 이것저것 자세히. 또는 꼬박꼬박 세심한 정성을 들여.

¶일거수일투족을 하나하나 감시하다./웅보는 양 의원이 일러 주는 말을 하나하나 귀담아들으면서 미심쩍은 것은 서슴지 않고 되물었다.≪문순태, 타오르는 강≫

의미 [+조건],[+전부]

제약

④=일일이02④. 여러 가지 조건에 그때그때마다.

¶사람들의 요구 조건을 하나하나 들어주다.

하느작-하느작

의미 [+모양],[+나뭇가지]v[+천],[-두께],[+길이],[+요동],[+반복]

제약 {물체}-{흔들리다}

① 나뭇가지나 천 따위의 가늘고 긴 물체가 자꾸 가볍게 흔들리는 모양.

¶풀어 놓은 긴 머리카락이 고개를 끄덕일 때마다 하느작하느작 흔들린다. 옥색 도포 늘어진 고름이 하느작하느작 흔들린다.

의미 [+모양],[+운동],[+팔다리],[-기운],[-속도],[-정도],[+반복]

제약

② 팔다리 따위가 힘없이 조금 느리게 자꾸 움직이는 모양.

하늑-하늑

의미 [+모양],[+나뭇가지]v[+천],[-두께],[+길이],[+요동],[+반복]

제약 {물체}-{흔들리다}

① '하느작하느작①'의 준말. 나뭇가지나 천 따위의 가늘고 긴 물체가 가볍고 자꾸 흔들리는

모양.

의미 [+모양],[+물건],[-팽팽],[+반복]

제약

② 물건 따위가 자꾸 나슨하게 된 모양.

하늘-하늘

의미 [+모양],[+요동],[-기운],[+연장],[+연속]

제약

① 조금 힘없이 늘어져 가볍게 잇따라 흔들리는 모양.

¶흰 장다리꽃이 바람에 하늘하늘 흔들린다.

의미 [+모양],[+물체],[+붕괴]v[+요동],[+연속]

제약

② 물체가 꽤 무르거나 단단하지 못하여 잇따라 뭉크러지거나 흔들리는 모양.

¶어느 때는 앵두같이 하늘하늘 터질 듯한 앳된 뺨, 어느 때는 보얀 기름이 지르르 흐르는 듯한 목….≪현진건, 지새는 안개≫

의미 [+모양],[-구속],[+유희],[+한가],[+독단],[-노동]

제약

③ 어디에 매인 데 없이 한가하게 멋대로 놀고 지내는 모양.

의미 [+모양],[+김]v[+연기]v[+아지랑이],[+발생],[+연속]

제약 {김, 연기, 아지랑이}-{피어오르다}

④ 김, 연기, 아지랑이 따위가 조금씩 잇따라 피어오르는 모양.

¶그 위를 싸고 도는 푸른 하늘에는 벌써 하늘하늘 아지랑이가 걸렸다.≪현진건, 적도≫

하다-못해

의미 [+경우],[+최악]

제약

제일 나쁜 경우라고 하더라도.

¶올 수 없으면 하다못해 전화라도 한 통 해야 할 게 아니야./명색이 무당을 청해다 짤막한 굿이라도 한 자리 벌이려면 하다못해 명태 한 마리 실과 한두 접시는 차려야 하겠는데….≪김동리, 을화≫/이 멸시를 무릅쓰고 그 아래에서 머리

를 숙이고 항복할 수 있겠습니까. **하다못해** 노동을 해 먹는 한이 있더라도 그들의 발 아래에서 안락을 찾으려고는 하지 않습니다.≪한설야, 황혼≫

하도
의미 [＋기준],[＋정도]
제약
'하01'를 강조하여 이르는 말.
¶**하도** 기가 막혀서 말문이 막혔다./너희 대장의 정성이 **하도** 간곡하니 한번 만나 소원을 들어 볼 작정이다.≪박종화, 임진왜란≫

하동-지동
의미 [＋모양],[－정신],[－결정],[＋조급]
제약
정신을 차릴 수 없을 만큼 갈팡질팡하며 조금 다급하게 서두르는 모양.

하동-하동
의미 [＋모양],[－대책],[－결정],[＋조급]
제약
어찌할 줄을 몰라 갈팡질팡하며 조금 다급하게 서두르는 모양.

하들-하들
의미 [＋모양],[＋천],[＋유연]
제약
천 따위가 휘늘어질 정도로 연하고 보드라운 모양.

하롱-하롱01
의미 [＋모양],[＋언사]v[＋행동],[－결단],[＋흥분],[＋연속]
제약
말이나 행동을 다부지게 하지 못하고 실없이 잇따라 가볍고 달뜨게 하는 모양.

하롱-하롱02
의미 [＋모양],[＋물체],[＋낙하],[＋요동],[＋연속]
제약
작고 가벼운 물체가 떨어지면서 잇따라 흔들리는 모양.
¶꽃잎이 **하롱하롱** 떨어지다.

하루-건너
의미 [＋간격],[＋하루]

제약
＝하루걸러. 하루씩 건너서.
¶**하루건너** 한 번씩 가니까 일주일이면 세 번은 간다.

하루-걸러
의미 [＋간격],[＋하루]
제약
하루씩 건너서. 늑하루건너.
¶**하루걸러** 한 번씩 들르다.

하루-바삐
의미 [＋하루],[＋신속]
제약
하루라도 빨리.
¶**하루바삐** 서둘러서 병을 고치지 않으면 더 위험합니다.

하루-빨리
의미 [＋하루],[＋신속]
제약
하루라도 빠르게. 늑하루속히.
¶**하루빨리** 집으로 돌아가고 싶다./**하루빨리** 그녀를 만나고 싶다./그가 영자를 위해 할 수 있는 인간적인 일이 하나라도 남아 있다면 그건 **하루빨리** 영자로부터 도망하는 일이었다.≪박완서, 오만과 몽상≫

하루-속히
의미 [＋하루],[＋신속]
제약
＝하루빨리. 하루라도 빠르게.
¶**하루속히** 이곳을 떠나야 한다.

하루-하루
의미 [＋경과],[＋하루]
제약
하루가 지날 때마다. 늑매일매일②.
¶병세가 **하루하루** 호전되다./여름을 지나며 **하루하루** 달라지게 투명해진 하늘은 푸르고 투명하게 개어 있었다.≪한수산, 유민≫

하르르01
의미 [＋모양],[＋종이]v[＋피륙],[－두께],[＋간격],[－풀기],[＋유연],[＋정도]
제약 {종이, 피륙}-{   }

종이나 피륙 따위가 얇고 성기며 풀기가 없어 매우 보드라운 모양.

¶불쑥한 젖가슴이 잠자리 날개같이 **하르르** 얇은 적삼 밑에서 뛰는 것이 분명 보이는 듯하였다. ≪한설야, 탑≫

하르르02

의미 [＋모양],[＋한숨],[－기운],[＋동시]

제약

한숨 따위를 힘없이 몰아쉬는 모양.

하르르-하르르

의미 [＋모양],[＋종이]v[＋피륙],[－두께],[＋간격],[－풀기],[＋유연],[＋정도]

제약 {종이, 피륙}-{ }

종이나 피륙 따위가 아주 얇고 성기며 풀기가 없어 몹시 보드라운 모양.

하리망당-히

의미 [＋정신],[－분명],[＋혼탁]

제약

① 정신이 맑지 못하고 조금 흐리게.

의미 [＋구별]v[＋행위],[－분명]

제약

② 옳고 그름의 구별이나 하는 일 따위가 흐릿하여 분명하지 아니하게.

의미 [＋기억],[－분명],[＋혼탁]

제약

③ 기억이 분명하지 아니하고 흐릿하게.

의미 [＋청취],[－분명]

제약

④ 귀에 들리는 것이 조금 희미하게.

하리타분-히

의미 [＋사물]v[＋현상],[－분명]

제약

① 사물이나 현상 따위가 똑똑하지 못하고 조금 흐리게.

의미 [＋성질]v[＋행동],[＋답답],[－분명]

제약

② 성질이나 행동 따위가 조금 답답할 정도로 흐리고 분명하지 못하게.

하릴없-이

의미 [＋처리],[－도리]

제약

① 달리 어떻게 할 도리가 없이.

¶그러면 숫제 알거지가 되어 여덟 식구가 하릴없이 쪽박을 찰 수밖에 없었다.≪송기숙, 녹두 장군≫

의미 [－잘못]

제약

② 조금도 틀림이 없이.

¶몸뚱이는 네댓 살박이만큼도 발육이 안 되고 그렇게 가냘픈 몸 위에 가서 깜짝 놀라게 큰 머리가 올라앉은 게 **하릴없이** 콩나물 형국입니다. ≪채만식, 태평천하≫

하마

의미 [＋소원]v[＋행운]

제약

바라건대. 또는 행여나 어찌하면.

¶동이 노인은 얼른 일어났다. 쪼그려 앉아서도 신작로께가 잘 내다보였건만 **하마** 놓칠까 해서였다.≪황석영, 종노≫/뒤 교정의 테니스 코트로부터 끊었다 일었다 들려오는 고무공 맞는 소리의 연한 음향이, 그 한가로움을 한결 도와, **하마** 졸음이 올 듯만 하였다.≪채만식, 돼지≫

하마터면

의미 [＋가정],[＋말],[＋상황],[＋위험],[＋모면]

제약

조금만 잘못하였더라면. 위험한 상황을 겨우 벗어났을 때에 쓰는 말이다.

¶**하마터면** 큰일 날 뻔했다./그는 전차에서 내리면서 발을 헛딛고서 **하마터면** 넘어질 뻔했다. ≪이상문, 황색인≫/한참 경황없이 달리다가 앞에서 마주 오는 사람과 **하마터면** 충돌할 뻔했다. ≪윤흥길, 묵시의 바다≫

하마-하마

의미 [＋모양],[＋기회],[＋반복]

제약

① 어떤 기회가 자꾸 닥쳐오는 모양.

¶그 이혼 운동에 **하마하마** 쏠려 들어가게 되었다.≪이희승, 벙어리 냉가슴≫/**하마하마** 칼집으로 손이 가는 것을 그는 이를 악물고 참았던 것이다.≪현진건, 무영탑≫

의미 [+모양],[+기대],[+기회],[+반복]

제약

② 어떤 기회를 자꾸 기다리는 모양.

¶하마하마 기다려도 그녀는 오지 않았다.

하물며

의미 [+접속],[+사실],[+비교],[+긍정],[+정도]

제약

'더군다나'의 뜻을 가진 접속 부사. 앞의 사실과 비교하여 뒤의 사실에 더 강한 긍정을 나타낸다. ≒우황·하황·황차.

¶짐승도 제 새끼는 귀한 줄 아는데, 하물며 사람이야./천으로 만을 대항하기도 어려운 노릇인데, 하물며 만의 네 곱절인 사만 명이랴.≪박종화, 임진왜란≫

하물-하물

의미 [+모양],[+익음],[+유연]

제약

푹 익어서 무른 모양.

하뭇-이

의미 [+마음],[+흡족],[+만족]

제약

마음에 흡족하여 만족스럽게.

하박-하박

의미 [+모양],[+과일],[+익음]v[+오래],[-수분],[+파손]

제약

과일 따위가 너무 익었거나 딴 지 오래되어 물기가 적고 파삭파삭한 모양.

하분-하분

의미 [+모양],[+물건],[+수분],[+유연],[+정도]

제약

물기가 있는 물건이 조금 연하고 무른 모양.

하불하

의미 [+기준],[+최소],[+가정]

제약

=소불하. 적게 잡아도.

¶적어도 오륙십 원은 드려야 해 줄 터인데 집의 것하고 합하면 하불하 백 원이로군!≪염상섭,

전화≫

하비작-하비작

의미 [+모양],[+손톱]v[+물건],[+마찰],[+헤침],[+반복]

제약 { ,}-{헤치다}

손톱이나 날카로운 물건 따위로 자꾸 긁어 조금 헤치는 모양.

하빗-하빗

의미 [+모양],[+손톱]v[+물건],[+마찰],[+헤침],[+연속]

제약 { }-{헤치다}

손톱이나 날카로운 물건 따위로 계속 가볍게 긁어 조금 헤치는 모양.

하상

의미 [+가정],[+근본],[+조사]

제약

(의문문이나 부정을 나타내는 말과 호응하여) 근본부터 캐어 본다면.

¶하상 그것이 몇 푼이나 된다고 그렇게 호들갑이냐?/짚신 한 켤레가 하상 무어라고 아니 받으시오.≪박종화, 임진왜란≫/아무리 생각하여 보아도 다가서서 대문을 두드려 볼 용기가 나질 않는다. 이 편지가 하상 뭐기에 그가 탐탁히 받아 주랴 싶어서이다.≪김유정, 생의 반려≫

하야말끔-히

의미 [+하양],[+청결]

제약

하얗고 말끔하게.

하야말쑥-히

의미 [+살빛],[+하양],[+청결]

제약

살빛이 하얗고 말쑥하게.

하여

의미 [+방법]

제약

어떻게. 또는 어찌.

하여-간

의미 [+경우],[-조건],[+결론]

제약

어찌하든지 간에. ≒여하간·하여간에.

ㅎ

¶하여간 이번 일은 네가 알아서 처리해라./하도 괴팍한 사람이 돼 놔서 순순히 응해 줄지 모르겠네만 하여간 이 편지를 가지고 가 보게.≪이병주, 지리산≫

하여간-에

의미 [+경우],[−조건],[+결론]

제약

=하여간. 어찌하든지 간에.

¶하여간에 고맙소./모자라는 건지, 지나친 건지 알 수 없지만 하여간에 보통은 아닙니다.≪이병주, 행복어 사전≫/자네 크게 걸렸다는군. 무면허 개업에다, 면허증 위조, 하여간에 꼼짝없이 걸린 거야.≪황석영, 한 씨 연대기≫

하여-금

의미 [+타인],[+지시]

제약

(격 조사 '으로' 뒤에 쓰여) 누구를 시키어.

¶나로 하여금./그녀는 그로 하여금 재기에 성공하게 한 장본인이다./과도한 후회와 심통은 그로 하여금 눈물조차 못 흘리게 하였다.≪김동인, 젊은 그들≫/오택부로 하여금 '그 말'을 하게 하려면 이장이 그의 앞에 나타나야 했습니다.≪장용학, 원형의 전설≫

하여-튼

의미 [+무시],[+의견]v[+성질]v[+형편]v[+상태]

제약

=아무튼. 의견이나 일의 성질, 형편, 상태 따위가 어떻게 되어 있든.

¶성격이 어떤지는 모르겠지만 하여튼 인물 하나는 좋다./잠인지 혼수상태 속에선지 하여튼 내가 정신이 다시 들기 시작한 것은 기차가 거의 수원을 지나고 있을 때였다.≪이청준, 조율사≫

하여튼지

의미 [+무시],[+의견]v[+성질]v[+형편]v[+상태]

제약

=아무튼지. 의견이나 일의 성질, 형편, 상태 따위가 어떻게 되어 있든지.

¶잘됐는지 못됐는지 그거야 내가 보니 아오. 하여튼지 보긴 좋습디다.≪홍명희, 임꺽정≫

하염없-이

의미 [−생각],[+걱정]

제약

① 시름에 싸여 멍하니 이렇다 할 만한 아무 생각이 없이.

¶어머니는 아들 잃은 설움에 하염없이 먼 산만 바라보고 있다./이순신 장군은 하염없이 자기의 나이를 회상해 본다. 어느덧 자기는 쉰세 살이 되었다.≪박종화, 임진왜란≫

의미 [+상태],[+행동]v[+심리],[−의지],[+지속]

제약

② 어떤 행동이나 심리 상태 따위가 자신의 의지와는 상관없이 계속되는 상태로.

¶하염없이 흐르는 눈물./엄마를 갑자기 여읜 그는 큰길에서 보고 싶은 엄마를 하염없이 기다리는 눈치였다.≪홍성원, 육이오≫

하작-하작

의미 [+모양],[+물건],[+누적],[+헤침],[+연속]

제약 { }-{헤치다}

쌓인 물건을 조금씩 잇따라 들추어 헤치는 모양.

하잘것없-이

의미 [−중요],[+미미]

제약

시시하여 해 볼 만한 것이 없이. 또는 대수롭지 아니하게.

¶세상과 담을 쌓고 한 영감네 미곡전에서 마바리 호위꾼 노릇이나 하고 사는 것이 너무도 하잘것없이 생각되었다.≪문순태, 타오르는 강≫

하전-하전

의미 [+느낌],[+공허],[+정도]v[+지속]

제약

① 주위에 아무것도 없어서 아주 또는 계속 공허한 느낌.

의미 [+느낌],[+서운],[+정도]v[+지속]

제약

② 무엇을 잃거나 의지할 곳이 없어진 것같이 아주 또는 계속 서운한 느낌.

의미 [+느낌],[−안정],[+정도]v[+지속]

제약

③ 느즈러져 아주 또는 계속 안정감이 없는 느낌.

의미 [+느낌],[+다리],[−기운],[+도괴],[+반복]

제약

④ 다리에 힘이 없어 자꾸 쓰러질 것 같은 느낌.

하지만

의미 [+접속],[−일치]v[+상반],[+문장],[+연결]

제약

서로 일치하지 아니하거나 상반되는 사실을 나타내는 두 문장을 이어 줄 때 쓰는 접속 부사.

¶그의 행동에는 잘못된 점이 많다. 하지만 그럴 수밖에 없는 이유가 있다는 것도 인정해야 한다./아버지가 무엇을 묻고 있는가는 명백했다. 하지만 나는 얼른 대답하지 못했다.≪이동하, 장난감 도시≫/곽 형사는 당장 여관 구석구석을 뒤져보고 싶은 충동을 느꼈다. 하지만 성급하게 굴다가는 오히려 일을 망쳐 버릴 것이다.≪유재용, 성역≫

하찮-이

의미 [−칭찬]

제약

① 그다지 훌륭하지 아니하게.

의미 [−중요]

제약

② 대수롭지 아니하게.

하특

의미 [+특별]v[+유독]

제약

어찌 특별히. 또는 어찌 유독. 늑해특.

¶공부야 해야 하겠지만, 하특 동경 유학은 무언가?≪염상섭, 백구≫

하필

의미 [−방도],[+필연]

제약

다른 방도를 취하지 아니하고 어찌하여 꼭. 늑해필.

¶하필 오늘같이 더운 날 대청소를 할 게 뭐야./다른 사람도 많은데 왜 하필 제가 가야 합니까?/마을 사람들 모두가 나서서 편싸움을 벌인 이 사건이 하필 자기의 관할 안에서 일어났다고 하는 게 그는 유쾌하지가 않았다.≪한승원, 해일≫

하하

의미 [+소리]v[+모양],[+웃음],[+개구],[−주의],[+정도]

제약 {사람}-{웃다}

입을 벌리고 거리낌 없이 크게 웃는 소리. 또는 그 모양.

¶그의 재치 있는 농담에 모두 하하 웃었다.

하황

의미 [+접속],[+사실],[+언급],[−필요]

제약

=하물며. 그도 그러한데 더욱이. 앞의 사실이 그러하다면 뒤의 사실은 말할 것도 없다는 뜻의 접속 부사.

학

의미 [+소리]v[+모양],[+입],[+구토]v[+배출],[+순간]

제약 { }-{토하다, 뱉다}

급히 토하거나 뱉는 소리. 또는 그 모양.

¶'학!' 그는 침을 괴어서 탁 하고 창을 향하여 뱉었다.≪김동인, 젊은 그들≫

한-가득

의미 [+충만]

제약

꽉 차도록 가득. 늑한가득히.

¶큰 독에는 술이 한가득 담겨 있다./그들은 승리의 기쁨을 한가득 안고 돌아왔다./그는 서슴지 않고 입 안 한가득 술을 털어 넣었다.

한가득-히

의미 [+충만]

제약

=한가득. 꽉 차도록 가득.

¶이상한 기척에 놀라서 그를 보니 그는 얼굴 한가득히 눈물을 흘리고 있었다.≪최인호, 무서운 복수≫

한가로이

의미 [+느낌],[+한가]

제약

한가한 느낌이 있게.

¶지금 한가로이 책이나 읽고 있을 때가 아니다./하늘엔 무심한 구름만 한가로이 흘러가고 있다.

한가스레

의미 [+한가]

제약

보기에 한가한 데가 있게.

한가-히

의미 [+여가]

제약

겨를이 생겨 여유가 있게.

¶한가히 앉아서 쉬다./옛 절의 녹슨 풍경 소리만 오고 가는 바람에 한가히 울 뿐이다.≪나도향, 환희≫

한갓

의미 [+겨우],[-여분]

제약

다른 것 없이 겨우.

¶한갓 공상에 지나지 않는 생각./한갓 돈만을 위해서 사는 삶./나라가 망한 지금 이 나라의 화폐는 한갓 휴지 조각일 뿐이다./그는 이미 한갓 벌판을 헤매는 들개 취급을 받으며 자라 왔었다.≪최인호, 지구인≫

한갓되-이

의미 [+겨우],[-가치]

제약

① 겨우 하찮은 것밖에 안 되게.

의미 [-보람]v[-실속]

제약

②=헛되이. 아무 보람이나 실속이 없이.

¶한갓되이 오지 않는 사람을 기다리다.

한개

의미 [-중요],[+단지]

제약

=한낱. 기껏해야 대단한 것 없이 다만.

¶아버님께 말씀을 사뢰고 위에 아뢰어 나를 한개 백성, 고려의 백성으로 돌아가게 해 주시오.≪박종화, 다정불심≫

한건-히

의미 [-강우],[+지속],[+대지],[+건조]

제약

오랫동안 비가 오지 아니하여 땅이 메마르게.

한결

의미 [+과거],[+비교],[+긍정],[+정도]

제약 { }-{낫다}

전에 비하여서 한층 더.

¶산에 오니 몸이 한결 가뿐해진다./친구의 얼굴을 보니 마음이 한결 낫다./부서를 옮긴 뒤, 일이 한결 수월해졌다.

한결같-이

의미 [-변화],[+동일]

제약

① 처음부터 끝까지 변함없이 꼭 같이.

¶가랑비가 오전 내내 한결같이 내리고 있다./산길을 6년 동안 한결같이 걸어 다녔다./모두들 그에 대한 신뢰만은 한결같이 변함이 없었다.

의미 [+전부],[+동일]

제약

② 여럿이 모두 꼭 같이 하나와 같이.

¶그의 세 아들은 한결같이 놀기만 좋아하는 게으름뱅이다./어른, 아이 할 것 없이 사람들의 표정은 한결같이 굳어 있었다./모두들 이별을 아쉬워하며 한결같이 눈물을 흘렸다.

한-기신

의미 [+평생]

제약

=한종신. 죽을 때까지.

한꺼번-에

의미 [+다수],[+동시]

제약

몰아서 한 차례에. 또는 죄다 동시에.

¶피로가 한꺼번에 몰려들다./그는 밀린 외상값을 한꺼번에 갚았다./그는 전쟁으로 부모와 처자를 한꺼번에 잃었다./한순간에 언덕 아래 환호하는 수백 명의 모습이 한꺼번에 시야에 들어왔다.≪이원규, 훈장과 굴레≫/방문을 열자 방 안에 죽음의 검은 그림자들처럼 참담하게 앉아 있던 여러 사람들의 눈길이 한꺼번에 그에게로 쏠려 왔다.≪문

순태, 타오르는 강》

한껍-에

의미 [+다수],[+동시]

제약

'한꺼번에'의 준말. 몰아서 한 차례에. 또는 죄다 동시에.

¶그는 많은 짐을 **한껍**에 들려고 하다가 허리를 삐끗했다.

한-껏

의미 [+한도],[+도달]

제약

할 수 있는 데까지. 또는 한도에 이르는 데까지.

¶한껏 먹다./한껏 즐기다./멋을 한껏 부리다./한껏 꿈에 부풀다./오색찬란한 불꽃놀이는 축제 분위기를 한껏 높였다./쪽빛으로 한껏 갠 가을 하늘이 소년의 눈앞에서 맴을 돈다.《황순원, 소나기》/그의 조국은 젊은 시절의 그가 한껏 뛰놀며 능력을 발휘해 볼 수 있는 광활한 무대였다.《유주현, 대한 제국》

한낱

의미 [−중요],[+단지]

제약

기껏해야 대단한 것 없이 다만. 늑한개.

¶부도가 난 어음은 한낱 휴지 조각에 불과했다./무너져 버린 요새는 이제 한낱 돌무더기에 불과하게 되었다./이제는 고향에 돌아가 그리운 부모처자와 상봉하게 되리라 싶었던 것은 한낱 부질없는 꿈이었다.《하근찬, 야호》

한닥-한닥

의미 [+모양],[+물체],[+요동],[+둔탁],[+반복]

제약 { }-{흔들리다}

작은 물체 따위가 조금 둔하게 자꾸 흔들리는 모양.

한댕-한댕

의미 [+모양],[+물체],[+요동],[+부착],[+위험],[+반복]

제약 { }-{흔들리다}

작은 물체가 위태롭게 매달려 자꾸 흔들리는 모양.

¶원숭이가 나뭇가지에 꼬리를 걸고 **한댕한댕** 매달려 있다.

한데

의미 [+접속],[+인과],[+전환]

제약

'그런데'의 뜻을 나타내는 말. 화제를 앞의 내용과 관련시키면서 다른 방향으로 이끌어 나갈 때 쓰는 접속 부사.

¶한데 무슨 볼일이 있어서 오셨습니까?/내일 점심 회식을 하기로 하자. 한데 장소는 어디로 하지?/정말 기쁜 일이다. 한데 내 마음은 왜 이리 쓸쓸할까?

한드랑-한드랑

의미 [+모양],[+물체],[+부착],[+요동],[−너비],[+반복]

제약 { }-{흔들리다}

매달려 있는 작은 물체가 좁은 폭으로 가볍게 자꾸 흔들리는 모양.

¶몇 안 남은 나뭇잎이 나뭇가지에 간신히 매달려 **한드랑한드랑** 흔들리고 있다.

한드작-한드작

의미 [+모양],[+물체],[+부착],[+요동],[−속도],[+반복]

제약 { }-{흔들리다}

매달려 있는 작은 물체가 찬찬히 자꾸 흔들리는 모양.

¶여기저기 마른 잎이 하나씩 둘씩 **한드작한드작** 억지로 달려 있더이다.《전영택, 생명의 봄》

한들-한들

의미 [+모양],[+요동],[−일정],[−정도],[+반복]

제약 { }-{흔들리다}

가볍게 이리저리 자꾸 흔들리거나 흔들리게 하는 모양.

¶간간이 부는 가는 바람에도 나무 끝은 **한들한들** 흔들린다./단골손님들은 영숙이가 머리를 움직일 때마다 **한들한들** 춤을 추는 그 자줏빛 귀고리의 아름다움을 탄복하였다.《주요섭, 아네모네의 마담》

한-때

ㅎ

1261

의미 [+시기],[-길이],[+사이]

제약

=일시. 어느 한 시기의 짧은 동안에.

¶이 절에는 한때 도망쳐 온 종들이 중이 되어 그런 종들만 살 때가 있었다는 소리가 전해 오네.≪송기숙, 녹두 장군≫/진종만은 별촌동으로 들어와서 지난 봄철 한때 재미를 보았지만 정세 판단을 잘못한 결과 지금 와서 다시 무일푼이 되었다는….≪박태순, 무너지는 산≫

한랭-히

의미 [+날씨],[+추위]

제약

날씨 따위가 춥고 차게.

한량없-이

의미 [-종말]v[-한도]

제약

끝이나 한이 없이.

¶한량없이 슬프다./그의 마음은 한량없이 무겁기만 했다./왕기와 노국 공주의 꿈 같은 사랑은 바닥과 깊이를 모르게 한량없이 계속된다.≪박종화, 다정불심≫

한량-히

의미 [-원기],[+창백]

제약

원기가 없고 얼굴이 파리하게.

한려-히

의미 [+성질],[+고약],[+포악]

제약

성질이 고약하고 사납게.

한료-히

의미 [+한가],[-조용]

제약

한가롭고 조용하게.

한만스레

의미 [+한가],[+여유]

제약

한가하고 느긋한 데가 있게.

한만-히[01]

의미 [-주의],[-관심]

제약

되는대로 내버려 두고 등한하게.

¶돈에 대해 한만히 하다./얼굴빛 하나 말 한 마디라도 한만히 할 수는 없었다.≪염상섭, 삼대≫

한만-히[02]

의미 [-분명]

제약

뚜렷하지 아니하게.

한만-히[03]

의미 [+한가],[+여유]

제약

한가하고 느긋하게.

¶중책을 맡은 몸으로 한만히 사적인 일에 매달려서는 안 된다./대정 백성들이 주성을 향해 오고 있는 판국에 영문의 주사로서 이리 한만히 놀러 다니니.≪현기영, 변방에 우짖는 새≫

한미-히

의미 [+신분],[+가난],[+결점]

제약

가난하고 변변하지 못한 지체로.

한-바탕

의미 [+판],[+크기],[+한번]

제약

크게 한 판.

¶한바탕 웃다./한바탕 법석을 떨다./이웃집에서 삼대독자가 없어졌다고 한바탕 난리가 났다./잔뜩 흐린 날씨는 말일세, 한바탕 소나기를 퍼붓고 나야 후련하게 개는 법과 마찬가지로 말일세…….≪홍성암, 큰물로 가는 큰 고기≫

한-발

의미 [+동작]v[+행동],[+간격],[+발생]

제약

어떤 동작이나 행동이 다른 동작이나 행동보다 시간·위치상으로 약간의 간격을 두고 일어남을 나타내는 말.

¶한발 앞서다./한발 처지다./한발 양보하다./한발 비켜서다./선발대는 한발 앞서 떠났다./그는 나보다 한발 늦게 도착하였다.

한-번

의미 [+행동]v[+상태],[+강조]

제약

(명사 바로 뒤에 쓰여) 어떤 행동이나 상태를 강조하는 뜻을 나타내는 말.

¶춤 한번 잘 춘다./공 한번 잘 찬다./너, 말 한번 잘했다./고 녀석, 울음소리 한번 크구나./동네 인심 한번 고약하구나.

한사-코
의미 [+기운],[+최대],
제약
죽기로 기를 쓰고.
¶한사코 우기다./한사코 말리다./그는 한사코 자기가 점심을 사겠다고 우겼다./그는 우리의 도움을 한사코 거부하였다.

한산-히
의미 [−일],[+한가]
제약
① 일이 없어 한가하게.
의미 [+왕래],[−빈도],[+고요],[+고독]
제약
② 인적이 드물어 한적하고 쓸쓸하게.

한-생전
의미 [+평생]
제약
=한평생. 살아 있는 동안까지.

한-소끔
의미 [+모양],[+비등],[+한번]
제약 { }-{끓다}
① 한 번 끓어오르는 모양.
¶밥이 한소끔 끓다.
의미 [+모양],[+진행],[+정도]
제약
② 일정한 정도로 한 차례 진행되는 모양.
¶한소끔 자다./한소끔 되게 앓다./껄껄 웃는 소리가 한소끔 나다.

한소-히
의미 [+가난],[+검소]
제약
가난하고 검소하게.

한숙-히
의미 [+단련],[+익숙]
제약
단련되어 익숙하게.

한숨-에
의미 [+시간],[−길이],[+정도]
제약
숨 한 번 쉴 동안과 같이 짧은 시간에.
¶한숨에 달려가다./술을 한숨에 들이켜다./그는 한숨에 고갯마루까지 뛰어 올라왔다.

한시-바삐
의미 [+시간],[+신속]
제약
조금이라도 빨리.
¶한시바삐 고향으로 돌아가고 싶다./그녀는 한시바삐 아들을 만나고 싶다는 생각에 걸음을 재촉했다.

한심-스레
의미 [+기준],[+초과]v[+미달],[+곤란]v[+경악],[+정도]
제약
정도에 너무 지나치거나 모자라서 딱하거나 기막힌 데가 있게.

한아스레
의미 [+한가],[+아담]
제약
① 한가롭고 아담한 데가 있게.
의미 [+조용],[+품위]
제약
② 조용하고 품위가 있는 듯하게.

한아-히
의미 [+한가],[+아담]
제약
① 한가롭고 아담하게.
의미 [+조용],[+품위]
제약
② 조용하고 품위가 있게.

한악스레
의미 [+성질],[+포악]
제약
성질이 사납고 악한 데가 있게.

한악-히
의미 [+성질],[+포악]

ㅎ

제약

성질이 사납고 악하게.

한없-이

의미 [-제한]

제약

끝이 없이.

¶한없이 넓은 사막./눈물이 한없이 흐르다./떠나
버린 그가 한없이 미워졌다./눈 덮인 들판은 한
없이 적막하였다.

한용스레

의미 [+포악],[+용맹]

제약

사납고 용맹한 데가 있게.

한유-히

의미 [+한가],[+여유]

제약

한가롭고 여유가 있게.

한-일모

의미 [+종일]

제약

=한종일. 날이 저물 때까지.

한일-히

의미 [+조용],[+편안]

제약

조용하고 편안하게.

한적-히[01]

의미 [+한가],[+고요]

제약

한가하고 고요하게.

한적-히[02]

의미 [+한가],[-종속],[+적합]

제약

한가하고 매인 데가 없어 마음에 마땅하게.

한정-히

의미 [+한가],[+평안],[+오래]

제약

오래도록 한가하고 평안하게.

한-종신

의미 [+평생]

제약

죽을 때까지. 늑한기신

한-종일

의미 [+종일]

제약

날이 저물 때까지. 늑한일모.

¶한종일 비가 내린다./그는 오늘 한종일 밭에 나
가 일했다.

한즉

의미 [+결과]

제약

그렇게 하니까.

¶우길은 눈이 둥그래서 뒷방 쪽을 바라보았다.
한즉 응아응아, 하고 보채는 소리가 분명 갓난아
이 소리다.≪한설야, 탑≫

한창

의미 [+모양],[+일],[+활기],[+왕성],[+발생]

제약

어떤 일이 가장 활기 있고 왕성하게 일어나는
모양. 또는 어떤 상태가 가장 무르익은 모양.

¶벼가 한창 무성하게 자란다./다방 안은 날씨가
좋지 못한 탓인지 한창 붐빌 시각인데도 손님이
별로 없었다.≪황순원, 나무들 비탈에 서다≫

한-천명

의미 [+일출]

제약

날이 밝을 때까지.

한-층

의미 [+정도],[+단계],[+추가]

제약

일정한 정도에서 한 단계 더. 늑일층.

¶한층 높아진 질서 의식./한층 목소리를 낮추
다./날씨가 더워지자 시원한 맥주 생각이 한층
더 간절하다./주위가 너무 적막한 탓인지 새들
의 울음소리가 한층 크게 들리는 것 같다.≪홍성
원, 육이오≫

한탄스레

의미 [+한숨],[+탄식]

제약

한숨 쉬며 탄식할 만하게.

한-편

의미 [＋측면],[＋전환]

제약

어떤 일에 대하여, 앞에서 말한 측면과 다른 측면을 말할 때 쓰는 말.

¶아군의 실종자는 8만 8000명이었다. 한편 아군이 생포한 적의 포로는 무려 13만 2000명에 이르렀다.

한-평생

의미 [＋평생]

제약

살아 있는 동안까지. ≒한생전.

¶그 은혜는 한평생 잊지 않겠습니다.

한-풀

의미 [＋기운]v[＋끈기]v[＋의기]v[＋투지],[＋감소]

제약 { }-{꺾이다, 누그러지다}

기운, 끈기, 의기, 투지 따위가 눈에 띄게 줄어드는 것을 이르는 말.

¶한풀 꺾이다./한풀 죽다./기세가 한풀 수그러지다./더위가 한풀 누그러지다.

할가-이

의미 [＋크기],[－적합],[＋여유]

제약

낄 물건보다 낄 자리가 꼭 맞지 아니하고 조금 크게.

할근-할근

의미 [＋모양],[＋호흡],[＋고통],[＋소음],[＋반복]

제약

숨이 가빠 자꾸 할딱이며 가르랑거리는 모양.

할금

의미 [＋모양],[＋곁눈],[＋질시],[＋한번]

제약

곁눈으로 살그머니 한 번 할겨 보는 모양.

¶눈을 할금 돌리다./중사는 웃통을 벗어부치고 껌을 씹다가 눈알만 할금 돌렸다.≪박영한, 머나먼 송바 강≫

할금-할금

의미 [＋모양],[＋곁눈],[＋질시],[＋반복]

제약

곁눈으로 살그머니 자꾸 할겨 보는 모양.

¶강아지가 할금할금 내 눈치를 살핀다.

할긋

의미 [＋모양],[＋곁눈],[＋질시],[＋한번]

제약

① 곁눈으로 살짝 한 번 할겨 보는 모양.

¶할긋 흘겨보다./그가 내 얼굴을 할긋 쳐다보았다.

의미 [＋모양],[＋시각],[＋순간]

제약

② 눈에 얼씬 보이는 모양.

¶그림자가 할긋 보이는가 싶더니 어느새 사라지고 없다.

할긋-할긋

의미 [＋모양],[＋곁눈],[＋질시],[＋반복]

제약

① 곁눈으로 살짝 자꾸 할겨 보는 모양.

¶옆 사람을 할긋할긋 쳐다보다.

의미 [＋모양],[＋시각],[＋순간],[＋반복]

제약

② 눈에 자꾸 얼씬 보이는 모양.

할기시

의미 [＋모양],[＋질시],[＋한번]

제약

은근히 한 번 할겨 보는 모양.

¶할기시 노려보다./그는 아니꼬운 눈초리로 할기시 뒤를 돌아봤다.

할기족

의미 [＋모양],[＋질시],[＋통견]

제약 { }-{훑어보다}

눈을 할겨 족 훑어보는 모양.

할기-족족

의미 [＋모양],[＋질시],[＋불만]v[＋분노]

제약

할겨 보는 눈에 못마땅하거나 성난 빛이 드러나 있는 모양.

할기족-할기족

의미 [＋모양],[＋질시],[＋통견],[＋연속]

제약 { }-{훑어보다}

눈을 할겨 계속 족 훑어보는 모양.

할깃

의미 [+모양],[+질시],[+한번]

제약

가볍게 한 번 할겨 보는 모양.

¶아이는 싸운 친구를 **할깃** 노려본다.

할깃-할깃

의미 [+모양],[+질시],[+반복]

제약

가볍게 자꾸 할겨 보는 모양.

¶할깃할깃 뒤를 돌아본다./그녀는 옆 사람을 곁눈질로 **할깃할깃** 쳐다보았다.

할깃-흘깃

의미 [+모양],[+질시],[+반복]

제약

가볍게 자꾸 할겼다 흘겼다 하는 모양.

할끔

의미 [+모양],[+곁눈],[+질시],[+한번]

제약

곁눈으로 살그머니 한 번 할겨 보는 모양. '할금'보다 센 느낌을 준다.

¶그는 나를 **할끔** 보더니 부리나케 달아나 버렸다.

할끔-할끔

의미 [+모양],[+곁눈],[+질시],[+반복]

제약

곁눈으로 살그머니 자꾸 할겨 보는 모양. '할금할금'보다 센 느낌을 준다.

¶할끔할끔 뒤를 돌아보다./두 학생은 선생님의 눈치를 **할끔할끔** 살펴 가며 소곤거렸다.

할끗

의미 [+모양],[+곁눈],[+질시],[+한번]

제약

① 곁눈으로 살짝 한 번 할겨 보는 모양. '할긋①'보다 센 느낌을 준다.

¶옆 사람을 **할끗** 쳐다보다.

의미 [+모양],[+시각],[+순간]

제약

② 눈에 얼씬 보이는 모양. '할긋②'보다 센 느낌을 준다.

할끗-할끗

의미 [+모양],[+곁눈],[+질시],[+반복]

제약

① 곁눈으로 살짝 자꾸 할겨 보는 모양. '할긋할긋①'보다 센 느낌을 준다.

의미 [+모양],[+시각],[+순간],[+반복]

제약

② 눈에 자꾸 얼씬 보이는 모양. '할긋할긋②'보다 센 느낌을 준다.

할낏

의미 [+모양],[+질시],[+한번]

제약

가볍게 한 번 할겨 보는 모양. '할깃'보다 센 느낌을 준다.

할낏-할낏

의미 [+모양],[+질시],[+반복]

제약

가볍게 자꾸 할겨 보는 모양. '할깃할깃'보다 센 느낌을 준다.

¶할낏할낏 뒤를 돌아다보다.

할딱-할딱

의미 [+소리]v[+모양],[+호흡],[+곤란],[+급박],[+반복]

제약

① 숨을 자꾸 가쁘고 급하게 쉬는 소리. 또는 그 모양.

¶할딱할딱 가쁜 숨을 몰아쉬다./아이가 **할딱할딱** 숨이 넘어가는 듯이 급하게 뛰어왔다.

의미 [+모양],[+신],[+크기],[−적합],[+분리],[+반복]

제약

② 신 따위가 할가워서 자꾸 벗겨지는 모양.

할랑-할랑

의미 [+모양],[+크기],[−적합],[+운동],[+반복]

제약

① 할가워서 자꾸 이리저리 움직이는 모양.

의미 [+모양],[+행동],[−주의],[+경박],[+반복]

제약

② 자꾸 조심스럽지 아니하고 경박한 행동을 하

는 모양.

할랑-히

의미 [+느낌],[+크기],[−적합]

제약

① 할가운 듯한 느낌이 있게.

의미 [+행동],[−주의],[+경박]

제약

② 행동이 조심스럽지 아니하고 경박하게.

할래-발딱

의미 [+소리]v[+모양],[+호흡],[+곤란],[+거침]

제약

숨을 조금 가쁘고 거칠게 몰아쉬는 모양.

¶시간에 맞추려고 **할래발딱** 뛰어왔다.

할래발딱-할래발딱

의미 [+소리]v[+모양],[+호흡],[+곤란],[+거침],[+반복]

제약

숨을 잇따라 조금 가쁘고 거칠게 자꾸 몰아쉬는 모양.

할짝-할짝

의미 [+모양],[+혀],[+핥음],[+미량],[+연속]

제약 { }-{핥다}

혀끝으로 잇따라 조금씩 가볍게 핥는 모양.

할쭉-할쭉

의미 [+모양],[+혀],[+핥음],[+연속]

제약 { }-{핥다}

혀끝으로 잇따라 가볍게 핥는 모양.

할할

의미 [+모양],[+호흡],[+급박],[−규칙]

제약

숨이 차서 숨을 고르지 아니하게 쉬는 모양.

함께

의미 [+전부],[+동시]

제약

(주로 '…과 함께' 구성으로 쓰여) 한꺼번에 같이. 또는 서로 더불어.

¶온 가족이 **함께** 여행을 간다./형과 동생이 **함께** 놀고 **함께** 공부한다./어머니는 선생님과 **함께** 이야기를 나누었다./과자와 **함께** 음료수도 사 오너

라./봄과 **함께** 새싹이 돋고 꽃이 핀다./적장은 화살을 맞고 외마디 비명과 **함께** 말에서 굴러 떨어졌다.

함부로

의미 [−조심],[−생각],[+자의]

제약

조심하거나 깊이 생각하지 아니하고 마음 내키는 대로 마구.

¶**함부로** 행동하다./**함부로** 대하다./그는 직무상의 권한을 **함부로** 남용했다./남의 물건을 **함부로** 넘보면 안 된다./아무 데서나 **함부로** 까불다가는 큰코다친다./뉘 앞에서 **함부로** 입을 놀리는 거냐?/아무리 우리가 싫다고 해도 어떻게 그렇게도 매정한 말을 **함부로** 할 수 있을까.≪김용성, 도둑 일기≫

함부로-덤부로

의미 [+자의]v[+대충]

제약

마음 내키는 대로 마구. 또는 대충대충.

함빡

의미 [+분량],[+충만],[+여유]

제약

① 분량이 차고도 남도록 넉넉하게.

¶**함빡** 웃다./**함빡** 정이 들다./기대를 **함빡** 채우다./그녀는 웃음을 **함빡** 머금었다./산모퉁이를 돌아서자, 짙은 소나무 숲을 등진 오두막 하나가 달빛을 **함빡** 받으면서 엎드려 있었다.≪한승원, 해일≫

의미 [+모양],[+침수],[+액체],[+배출]

제약 { }-{젖다}

② 물이 쪽 내배도록 젖은 모양.

¶비를 **함빡** 맞다./옷이 **함빡** 젖었다./잠시 후 내가 고개를 들었을 때 그의 가슴팍은 눈물로 함빡 젖어 있었다.≪오상원, 백지의 기록≫

함빡-함빡

의미 [+전부],[+분량],[+충분],[+여유]

제약

① 여럿이 다 분량이 차고도 남도록 넉넉하게.

의미 [+모양],[+전부],[+침수],[+액체],[+배출]

제약 { }-{젖다}

② 여럿이 다 물이 쪽 내배도록 젖은 모양.

함실-함실

의미 [+모양],[+익음]v[+삶음],[+과도],[-원형],[+손상]

제약

너무 익거나 삶아져서 물크러질 정도로 무른 모양.

함씬

의미 [+상태],[+충분],[+여유]

제약

① 꽉 차고도 남을 만큼 넉넉한 상태.

의미 [+모양],[+침수],[+정도]

제약 { }-{젖다}

② 물에 폭 젖은 모양.

¶그는 **함씬** 비를 맞았다./강아지가 비에 **함씬** 젖은 모양이 애처롭다./두 사람은 아래옷이 **함씬** 젖은 것을 허벅다리까지 추켜올렸다.≪이기영, 봄≫

함씬-함씬

의미 [+상태],[+전부]v[+정도],[+충분],[+여유]

제약

① 여럿이 다 또는 매우 꽉 차고도 남을 만큼 넉넉한 상태.

의미 [+모양],[+전부]v[+정도],[+침수],[+정도]

제약 { }-{젖다}

② 여럿이 다 또는 매우 물에 폭 젖은 모양.

¶소나기에 온몸이 **함씬함씬** 젖어 옷이 축축 늘어졌다.

함초롬

의미 [+모양],[+모습],[+습기],[+정연],[+차분]

제약

젖거나 서려 있는 모습이 가지런하고 차분한 모양. 늑함초롬히.

¶두 눈에 **함초롬** 물기를 가득 머금고 있는 그녀.

함초롬-히

의미 [+모양],[+모습],[+습기],[+정연],[+차분]

제약

=함초롬. 젖거나 서려 있는 모습이 가지런하고 차분한 모양.

¶**함초롬히** 젖다./**함초롬히** 비를 맞다./비 갠 거리에는 가로수가 **함초롬히** 서 있다.

함치르르

의미 [+모양],[+청결],[+윤기]

제약

깨끗하고 반지르르 윤이 나는 모양.

¶**함치르르** 윤기가 흐르는 긴 생머리./그 집의 마루는 언제나 **함치르르** 광택이 난다.

함함-히01

의미 [+털],[+유연],[+윤기]

제약

① 털이 보드랍고 반지르르하게.

¶동백기름을 발라 **함함히** 빗긴 머리.

의미 [+소담]

제약

② 소담하고 탐스럽게.

함함-히02

의미 [+기근],[+부황],[+노랑]

제약

몹시 굶주려 부황이 나서 누르퉁퉁하게.

합당-히

의미 [+기준]v[+조건]v[+용도]v[+도리],[+적합]

제약

어떤 기준, 조건, 용도, 도리 따위에 꼭 알맞게.

합연-히

의미 [+죽음],[-의도],[+돌연]

제약

죽음이 뜻하지 않게 갑작스럽게.

합죽-합죽

의미 [+모양],[-치아],[+입],[+운동],[+연속]

제약

이가 빠져 입술과 볼이 오므라진 사람이 입을 잇따라 움직이는 모양.

항구-히

의미 [+변화],[+오래]

제약

변하지 아니하고 오래.

항상

　의미 [＋항상],[－변화]

　제약

　언제나 변함없이. 늘상상.

　¶그녀는 **항상** 웃는다./그는 **항상** 바쁘다./그는 **항상** 열심히 공부하는 학생이었다./그 집 부모는 **항상** 자식들에게 베풀고 싶어 한다.

항시

　의미 [＋항상],[－변화]

　제약

　똑같은 상태로 언제나.

　¶그는 **항시** 허풍을 떤다./그는 **항시** 지각이다./그녀는 **항시** 깔끔한 차림을 하고 있다.

항용

　의미 [＋항상],[＋자주]

　제약

　흔히 늘.

　¶**항용** 쓰는 말./그 사람은 책을 **항용** 가지고 다닌다./젊음에는 **항용** 따르기 쉬운 경망과 자만은 있을 수 있는 일이로되….≪박경리, 토지≫/그 끝이 너무 아득하여 진력이 났을 때 김 부장은 **항용** 그래 왔듯이 담배를 피워 물고 기지개를 켜면서 기분 전환을 위한 상대를 물색할 것이었다. ≪이동하, 도시의 늪≫

해

　의미 [＋소리]v[＋모양],[＋웃음],[＋개구],[－기운],[＋경박]

　제약 {사람}-{웃다}

　① 입을 조금 벌리고 힘없이 싱겁게 웃는 소리. 또는 그 모양.

　¶**해** 웃다./입을 **해** 벌리고 침을 흘릴 정도로 부러워하고 시기도 했지만….≪박완서, 그 많던 싱아는 누가 다 먹었을까≫

　의미 [＋소리]v[＋모양],[＋웃음],[＋개구],[＋경망]

　제약 {사람}-{웃다}

　② 입을 조금 벌리고 경망스럽게 웃는 소리. 또는 그 모양.

해괴망측-히

　의미 [＋괴상],[＋이상]

　제약

　말할 수 없이 괴상하고 야릇하게.

해괴-히

　의미 [＋경악],[＋이상],[＋정도]

　제약

　크게 놀랄 정도로 매우 괴이하고 야릇하게.

해-껏

　의미 [＋일몰]

　제약

　해가 질 때까지.

　¶그는 날마다 **해껏** 일한다./농부는 **해껏** 잡초를 뽑았다.

해끔-해끔

　의미 [＋모양],[＋도처],[＋하양],[＋청결],[－정도]

　제약

　군데군데 조금 하얗고 깨끗한 모양.

　¶청바지가 물이 빠져 여기저기가 **해끔해끔** 변했다.

해끔-히

　의미 [＋하양],[＋청결]

　제약

　조금 하얗고 깨끗하게.

해끗

　의미 [＋모양],[＋지점],[＋하양]

　제약

　한 군데에 얼핏 하얀 빛깔이 있는 모양.

해끗-해끗

　의미 [＋모양],[＋도처],[＋하양]

　제약

　군데군데 하얀 모양. 늘해끗해끗이.

　¶벚꽃이 **해끗해끗** 눈발처럼 내려온다./저기 지붕들이 끝난 곳에 아직 응달쪽으로 **해끗해끗** 눈 같은 게 남아 있는 대동강 건너편 강둑이 보였다.≪황순원, 별과 같이 살다≫

해끗해끗-이

　의미 [＋모양],[＋도처],[＋하양]

　제약

　=해끗해끗. 군데군데 하얀 모양.

해득-해득

의미 [+소리]v[+모양],[+웃음],[+경박],[+경망],[+반복]

제약 {사람}-{웃다}

자꾸 가볍고 경망스럽게 웃는 소리. 또는 그 모양.

해들-해들

의미 [+소리]v[+모양],[+웃음],[-인내],[+경박],[+반복]

제약 {사람}-{웃다}

걷잡지 못하는 웃음을 조금 싱겁게 자꾸 웃는 소리. 또는 그 모양.

¶금세 표정을 희극적으로 풀고 **해들해들** 웃으며 말했다.≪김원일, 노을≫

해뜩⁰¹

의미 [+모양],[+신체],[+도괴],[+순간]

제약

① 갑자기 몸을 뒤로 잦히며 자빠지는 모양.

의미 [+모양],[+얼굴],[+회전],[+관찰],[+순간]

제약

② 갑자기 얼굴을 돌리며 살짝 돌아보는 모양.

¶앞서 가던 춘심이가, 일껏 잘 가다가 말고 **해뜩** 돌아서더니….≪채만식, 태평천하≫

해뜩⁰²

의미 [+모양],[+하양],[+혼재],[+반사]

제약

다른 빛깔 속에 하얀 빛깔이 섞여 얼비치는 모양.

해뜩-발긋

의미 [+모양],[+하양],[+빨강],[-정도]

제약

조금 하얗고 발그스름한 모양.

해뜩-해뜩⁰¹

의미 [+모양],[+신체],[+도괴],[+순간],[+반복]

제약

① 갑자기 몸을 뒤로 잦히며 자꾸 자빠지는 모양.

의미 [+모양],[+얼굴],[+회전],[+관찰],[+순

간],[+반복]

제약

② 갑자기 얼굴을 돌리며 살짝살짝 자꾸 돌아보는 모양.

해뜩-해뜩⁰²

의미 [+모양],[+하양],[+혼재]

제약

다른 빛깔 속에 하얀 빛깔이 군데군데 뒤섞여 있는 모양. 늑해뜩해뜩이.

¶여인의 긴 치마 밑으로 하얀 버선코가 **해뜩해뜩** 보인다.

해뜩해뜩-이

의미 [+모양],[+하양],[+혼재]

제약

=해뜩해뜩⁰². 다른 빛깔 속에 하얀 빛깔이 군데군데 뒤섞여 있는 모양.

해로이

의미 [+손해]

제약

해가 되는 점이 있게.

해롱-해롱

의미 [+모양],[+경망],[-예의],[+경솔],[+반복]

제약

버릇없이 경솔하게 자꾸 까부는 모양.

¶**해롱해롱** 웃다./나는 앞서 걷는 아버지의 뒤를 **해롱해롱** 따라붙기 시작했다.≪김원일, 노을≫/계집애가 술이 곤죽이 되게 취해 가지고 **해롱해롱** 까분다.≪채만식, 레디메이드 인생≫

해-마다

의미 [+매년]

제약

그해 그해. 늑연부년.

¶**해마다** 풍년이 들다./도시로 이동하는 인구가 **해마다** 늘어 가는 추세다./그 지역은 비가 적어 **해마다** 기우제를 지냈다./옛날 학마을에는 **해마다** 봄이 되면 한 쌍의 학이 찾아오곤 하였었다. ≪이범선, 학마을 사람들≫

해말끔-히

의미 [+살빛],[+하양],[+청결]

제약

살빛이 희고 말끔하게.

해말쑥-이

의미 [+살빛],[+하양],[+청결]

제약

살빛이 희고 말쑥하게.

해망스레

의미 [+행동],[+괴상],[+요망]

제약

행동이 해괴하고 요망스러운 데가 있게.

해망-히

의미 [+행동],[+괴상],[+요망]

제약

행동이 해괴하고 요망스럽게.

해물-해물

의미 [+모양],[+입술],[+경사],[−소리],[+능청],[+반복]

제약 {사람}-{웃다}

입술을 조금 샐그러뜨리며 소리 없이 능청스럽게 자꾸 웃는 모양.

해박-히

의미 [+분야],[+다양],[+학식],[+넓이]]

제약

여러 방면으로 학식이 넓게.

해반닥-해반닥

의미 [+모양],[+눈],[+크기],[+흰자위],[+반사],[+연속]

제약

① 눈을 크게 뜨고 흰자위를 자꾸 반득이며 움직이는 모양.

의미 [+모양],[+물고기],[+젖힘],[+반사],[+반복]

제약

② 물고기 따위가 몸을 잦히며 자꾸 반득이는 모양.

해발쪽

의미 [+모양],[+입]v[+구멍],[+간격],[+정도]

제약

입이나 구멍 따위가 속이 들여다보일 정도로 조

금 넓게 바라진 모양. 늑해발쪽이.

¶해사한 얼굴에 해발쪽 웃는 아기의 귀여운 모습이 오래도록 잊히지 않았다.

해발쪽-이

의미 [+모양],[+입]v[+구멍],[+간격],[+정도]

제약

=해발쪽. 입이나 구멍 따위가 속이 들여다보일 정도로 조금 넓게 바라진 모양.

해발쪽-해발쪽

의미 [+모양],[+입]v[+구멍],[+전부],[+간격],[+정도]

제약

입이나 구멍 따위가 여럿이 다 속이 들여다보일 정도로 조금 넓게 바라진 모양.

해비-히

의미 [+준비],[+여유]

제약

갖추어진 것이 넉넉하게.

해연-히

의미 [+이상],[+정도],[+경악]

제약

몹시 이상스러워 놀랍게.

해읍스름-히

의미 [+모양],[−선명],[+하양],[−정도]

제약

산뜻하지 못하게 조금 하얗게.

해작-해작[01]

의미 [+모양],[+걸음],[+활개]

제약 { }-{걷다}

활개를 벌려 가벼이 저으며 걷는 모양.

해작-해작[02]

의미 [+모양],[+탐색],[+헤침],[+연속]

제약

① 무엇을 찾으려고 조금씩 잇따라 들추거나 파서 헤치는 모양.

의미 [+모양],[+모양],[−만족],[+헤침],[+연속]

제약

② 탐탁하지 아니한 태도로 무엇을 조금씩 잇따

라 깨작거리며 헤치는 모양.

¶서류를 해작해작 들추어 보다.

해족-이

의미 [+모양],[+웃음],[+흡족],[+사랑]

제약 {사람}-{웃다}

흐뭇한 태도로 귀엽게 살짝 한 번 웃는 모양.

¶해족이 웃다.

해족-해족

의미 [+모양],[+웃음],[+흡족],[+사랑],[+반복]

제약 {사람}-{웃다}

흐뭇한 태도로 자꾸 귀엽게 살짝 웃는 모양.

¶산월이도 한 사람과 닥뜨린 것만큼은 반갑지 않았지마는 아무튼 해족해족 웃어 보였다.≪이태준, 산월이≫/"이, 위원장님, 그건 무사히 끝내 났습니다." 심동호 씨 앞에 선 임칠병이 해족해족 웃으며 말했다.≪김원일, 불의 제전≫

해죽

의미 [+모양],[+웃음],[+만족],[+사랑],[+한번]

제약 {사람}-{웃다}

만족스러운 듯이 귀엽게 살짝 한 번 웃는 모양. ≒해죽이.

¶상훈이가 달려들어 들여다보려니까 경애가 해죽 웃으며 고개를 쏙 내민다.≪염상섭, 삼대≫/새끼손가락을 살짝 들어올리고는 해죽 웃고 부엌으로 쪼르르 달려 들어갔다.≪이호철, 소시민≫

해죽-이

의미 [+모양],[+웃음],[+만족],[+사랑],[+한번]

제약 {사람}-{웃다}

=해죽. 만족스러운 듯이 귀엽게 살짝 한 번 웃는 모양.

¶해죽이 웃다./그 사이에 겨울도 가고 목련 木蓮)이 벌써 하얀 웃음을 해죽이 내뿜고 있었습니다.≪최정희, 인맥≫/세 번째 찾아갔을 때는 원구를 보자 동옥은 해죽이 웃어 보인 것이었다. ≪손창섭, 비 오는 날≫

해죽-해죽[01]

의미 [+모양],[+웃음],[+만족],[+사랑],[+반복]

만족스러운 듯이 귀엽게 살짝 자꾸 웃는 모양.

¶까만 실장갑을 끼면서 모로 내 얼굴을 건너다보며 제법 도회지 여자답게 해죽해죽 웃었다.≪이호철, 소시민≫/모친이 살았을 적에는 그의 품 안에서 해죽해죽 웃으며 잘 놀던 석희가 석산이를 대신해서 울기 시작했다.≪이기영, 봄≫

해죽-해죽[02]

의미 [+모양],[+걸음],[+활개]

제약 { }-{걷다}

가볍게 활갯짓을 하며 걷는 모양.

해쭉

의미 [+모양],[+웃음],[+만족],[+사랑],[+한번]

제약 {사람}-{웃다}

만족스러운 듯이 귀엽게 살짝 한 번 웃는 모양. '해죽'보다 센 느낌을 준다. ≒해쭉이.

¶영감은 어처구니가 없어 멀끔히 바라보다가, 어리광 피우듯이 놀리며 해쭉 웃는데….≪염상섭, 취우≫

해쭉-이

의미 [+모양],[+웃음],[+만족],[+사랑],[+한번]

제약 {사람}-{웃다}

=해쭉. 만족스러운 듯이 귀엽게 살짝 한 번 웃는 모양.

¶부엌에서 교전비가 해쭉이 웃으며 말참견을 하고 내다본다.≪박종화, 전야≫

해쭉-해쭉

의미 [+모양],[+웃음],[+만족],[+사랑],[+반복]

제약 {사람}-{웃다}

만족스러운 듯이 귀엽게 살짝 자꾸 웃는 모양. '해죽해죽[01]'보다 센 느낌을 준다.

해찰스레

의미 [+물건],[-효용],[-목표],[+손상]

제약

① 보기에 마음에 썩 내키지 아니하여 물건을 부질없이 이것저것 집적거려 해치려는 데가 있

게.

의미 [＋일(事)],[－집중]

제약

② 보기에 일에는 마음을 두지 아니하고 쓸데없
는 다른 짓을 하려는 데가 있게.

해특

의미 [＋특별]v[＋유독]

제약

＝하특. 어찌 특별히. 또는 어찌 유독.

해필

의미 [－방도],[＋필연]

제약

＝하필. 다른 방도를 취하지 아니하고 어찌하여
꼭.

¶아버지는 왜 해필 우리가 모시러 왔을 때 심부
름을 가셨을까?≪문순태, 타오르는 강≫

해-해

의미 [＋소리]v[＋모양],[＋웃음],[＋개구],[－기
운],[＋경박],[＋반복]

제약 {사람}-{웃다}

① 입을 조금 벌리고 자꾸 힘없이 싱겁게 웃는
소리. 또는 그 모양.

의미 [＋소리]v[＋모양],[＋웃음],[＋개구],[＋경
망],[＋반복]

제약 {사람}-{웃다}

② 입을 조금 벌리고 자꾸 경망스럽게 웃는 소
리. 또는 그 모양.

¶그녀는 무슨 좋은 일이 있는지 연방 해해 웃었
다.

해해-연년

의미 [＋매년],[＋반복]

제약

해마다 거듭.

핼금

의미 [＋모양],[＋곁눈질],[＋한번]

제약

가볍게 곁눈질하여 살짝 한 번 쳐다보는 모양.

¶핼금 흘겨보다.

핼금-핼금

의미 [＋모양],[＋곁눈질],[＋반복]

제약

가볍게 곁눈질하여 자꾸 살짝살짝 쳐다보는 모
양.

핼긋

의미 [＋모양],[＋질시],[＋한번]

제약 {　}-{보다}

가볍게 살짝 한 번 할겨 보는 모양.

¶핼긋 쳐다보다.

핼긋-핼긋

의미 [＋모양],[＋질시],[＋반복]

제약 {　}-{보다}

가볍게 살짝살짝 자꾸 할겨 보는 모양.

핼끔

의미 [＋모양],[＋곁눈질],[＋한번]

제약

가볍게 곁눈질하여 살짝 한 번 쳐다보는 모양.
‘핼금’보다 조금 센 느낌을 준다.

¶눈을 핼끔 흘기다./고개를 돌려 핼끔 눈꼬리를
말아 올리다./또출이 할머니는 말끝마다 이죽거
리는 나를 핼끔 곁눈질하고는 자기 말을 계속했
다.≪김원일, 노을≫

핼끔-핼끔

의미 [＋모양],[＋곁눈질],[＋반복]

제약

가볍게 곁눈질하여 자꾸 살짝살짝 쳐다보는 모
양. ‘핼금핼금’보다 조금 센 느낌을 준다.

¶남의 눈치를 핼끔핼끔 보다./장날이 되어도 그
앞을 지나는 장꾼들은 자라 모양으로 목을 길게
뽑아 주막을 핼끔핼끔 올려다볼 뿐이었다.≪문순
태, 타오르는 강≫

핼끗

의미 [＋모양],[＋질시],[＋한번]

제약 {　}-{보다}

가볍게 살짝 한 번 할겨 보는 모양. ‘핼긋’보다
조금 센 느낌을 준다.

¶방문이 열리자, 어린 여자아이가 나를 핼끗 쳐
다보더니 아무 말도 하지 않고 도로 닫아 버리
는 것이었다.

핼끗-핼끗

의미 [＋모양],[＋질시],[＋반복]

제약 {   }-{보다}

가볍게 살짝살짝 자꾸 할겨 보는 모양. '핼긋핼긋'보다 조금 센 느낌을 준다.

¶핼끗핼끗 곁눈질을 하다.

행복스레

의미 [+생활],[+만족],[+기쁨],[+정도]

제약

생활에서 충분한 만족과 기쁨을 느끼는 데가 있게.

행여

의미 [+우연],[+가정]

제약

어쩌다가 혹시.

¶치료에 행여 도움이 될까 하여 이 약을 보냅니다./그는 집 나간 아들이 행여 돌아올까 하여 항상 문을 열어 놓았다./그녀는 추운 날씨에 행여 감기 들까 걱정했다./그는 행여 기회를 놓칠까 염려하고 있다./소년은 행여 남이 볼까 두려웠다./배가 닻을 거두고 서서히 머리를 돌려 황혼 속으로 침몰해 들어갈 때까지 종대는 행여 영숙이가 나타날까 지켜보았다.≪최인호, 지구인≫

행여-나

의미 [+우연],[+가정]

제약

'행여'를 강조하여 이르는 말. 어쩌다가 혹시.

¶그는 행여나 하고 요행을 바랐다./어머니는 행여나 좋은 소식이 있을까 하고 기다렸다./그들은 행여나 늦을세라 서둘러 출발했다./그는 행여나 비밀이 밖으로 새어 나갈세라 담당자들에게 단단히 주의를 시켰다./유 선달이 선선하게 대답하는 바람에 그들은 행여나 논을 얻을까 하여 제가끔 속마음으로 믿고 있었다.≪이기영, 봄≫

행행

의미 [+모양],[+분노],[+출발]

제약 {   }-{떠나다, 가다}

성이 발끈 나서 자리를 박차고 떠나는 모양. 늑행행히.

행행연-히

의미 [+분노],[+출발],[+태도],[+냉정]

제약

성이 발끈 나서 자리를 박차고 떠나는 태도가 쌀쌀하게.

행행-히

의미 [+모양],[+분노],[+출발]

제약 {   }-{떠나다, 가다}

=행행. 성이 발끈 나서 자리를 박차고 떠나는 모양.

¶이 시찰은 왜 그리 급한지 뒤도 돌아보지 아니하고 행행히 가더라.≪이해조, 화의 혈≫

향긋-이

의미 [+느낌],[+향기],[+은근]

제약

은근히 향기로운 느낌이 있게.

¶그녀에게서 비누 냄새가 향긋이 풍겼다./진회색 울 복지의 슈트를 입고 단정히 앉은 서경애의 몸 언저리에만 향긋이 세련된 도시풍의 공기가 서려 있는 느낌이었다.≪이병주, 관부 연락선≫

향기로이

의미 [+향기]

제약

향기가 있게.

허

의미 [+소리]v[+모양],[+개구],[+입김],[+배출],[+한번]

제약

입을 벌리고 입김을 한 번 내어 부는 소리. 또는 그 모양.

¶입김을 허 불다.

허겁스레

의미 [+행동],[-견고],[+소심]

제약

야무지거나 당차지 못하고 겁이 많은 데가 있게.

허겁-지겁

의미 [+모양],[+마음],[+조급],[-방향],[+정도]

제약

조급한 마음으로 몹시 허둥거리는 모양.

¶허겁지겁 달려오다./허겁지겁 도망치다./허겁지겁 뛰어들다./나그네는 배가 고픈 듯 시래깃국을 허겁지겁 퍼먹었다./나는 까맣게 잊고 있었던 일

을 방금 찾아낸 사람처럼 **허겁지겁** 바지 뒷주머니를 뒤적였고, 봉투를 끄집어냈다.≪김원우, 짐승의 시간≫

허다-반

의미 [+수효],[+풍부]

제약

흔히 볼 수 있을 만큼 수효가 많이.

허다-히

의미 [+수효],[+풍부]

제약

수효가 매우 많게.

¶착하게 살려고 노력하는 사람은 **허다히** 볼 수 있다./살아가면서 남의 신세를 져야 하는 경우가 **허다히** 있다.

허덕-지덕

의미 [+모양],[−기운],[−정신],[+고통],[+노력],[+반복]

제약

정신을 못 차릴 정도로 힘에 부쳐 자꾸 쩔쩔매거나 괴로워하며 애쓰는 모양.

¶**허덕지덕** 힘겹게 살아가다./그 많은 농사일에 **허덕지덕** 엎드려 있을 때 무신 벼슬을 한다구 책을 들고 앉았든 영감이⋯

허덕-허덕

의미 [+모양],[−기운],[+고통],[+노력],[+반복]

제약

① 힘에 부쳐 자꾸 쩔쩔매거나 괴로워하며 애쓰는 모양.

¶**허덕허덕** 모은 재산./몰아치는 찬 바람에 숨이 **허덕허덕** 막힌다./야산을 **허덕허덕** 타고 넘으면 거리가 단축될 것 같았지만 그냥 휘돌아 가기로 했다.≪박태순, 무너지는 산≫

의미 [+모양],[+아이],[+손발],[+운동],[+반복]

제약

② 어린아이가 손발을 자꾸 놀리는 모양.

허둥-지둥

의미 [+모양],[−정신],[−결정],[+조급]

제약

정신을 차릴 수 없을 만큼 갈팡질팡하며 다급하게 서두르는 모양. 늑허방지방.

¶**허둥지둥** 달아나다./시험 시간이 모자라 **허둥지둥** 아무 답에나 표시를 하고 나왔다./늦잠을 잔 철수는 밥도 먹지 않고 **허둥지둥** 책가방을 들고 학교로 뛰어간다.

허둥-허둥

의미 [+모양],[−대책],[−결정],[+조급]

제약

어찌할 줄을 몰라 갈팡질팡하며 다급하게 서두르는 모양.

¶다급한 마음에 **허둥허둥** 옷을 주워 입었다./대공을 이루리란 불같은 정열에 앞뒤를 헤아리지 않고 **허둥허둥** 길을 떠난 것이 몹시 후회되었다. ≪현진건, 무영탑≫

허든-허든

의미 [+모양],[+다리],[−기운],[−균형],[+잘못],[+반복]

제약

다리에 힘이 없어 중심을 잃고 이리저리 자꾸 헛디디는 모양.

허랑방탕스레

의미 [+언행],[−신뢰],[−진실],[+주색],[+행실],[+불결]

제약

언행이 허황하고 착실하지 못하며 주색에 빠져 행실이 추저분한 데가 있게.

허랑방탕-히

의미 [+언행],[−신뢰],[−진실],[+주색],[+행실],[+불결]

제약

언행이 허황하고 착실하지 못하며 주색에 빠져 행실이 추저분하게.

허랑-히

의미 [+언행]v[+상황],[−신뢰],[−진실]

제약

언행이나 상황 따위가 허황하고 착실하지 못하게.

허루-히

의미 [−충만],[+허술]v[+허전]

제약

=허소히. 얼마쯤 비어서 허술하거나 허전하게.

허룽-허룽

의미 [+모양],[+언사]v[+행동],[−결단],[+흥분],[+반복]

제약

말이나 행동을 다부지게 하지 못하고 실없이 자꾸 가볍고 들뜨게 하는 모양.

허름-히

의미 [+구식]

제약

① 좀 헌 듯하게.

¶옷을 허름히 걸치다.

의미 [+가격],[+저렴]

제약

② 값이 좀 싼 듯하게.

의미 [+사람]v[+물건],[+표준],[+미달]

제약

③ 사람이나 물건이 표준에 약간 미치지 못한 듯하게.

¶헌 외투에 허름히 생긴 사내가 들어섰다.

허리-질러

의미 [+중간]

제약

절반을 타서. 또는 절반 되는 곳에.

허망스레

의미 [+아연],[+허무]

제약

어이없고 허무한 데가 있게.

허무-히

의미 [+상태],[+공허]

제약

① 아무것도 없이 텅 빈 상태로.

의미 [−가치],[−의미],[+허전],[+고독]

제약

② 무가치하고 무의미하게 느껴져 매우 허전하고 쓸쓸하게.

의미 [−보람],[−가치]

제약

③ 헛되거나 보잘것없이.

의미 [+한심],[−예상]

제약

④ 한심하거나 어이가 없이.

허물없-이

의미 [+친밀],[−체면]v[−조심]

제약 { }−{지내다}

서로 매우 친하여, 체면을 돌보거나 조심할 필요가 없이.

¶이웃과 허물없이 지내다./허물없이 말을 주고받다./그와는 피차에 허물없이 터놓고 지낸다.

허방-지방

의미 [+모양],[−정신],[−결정],[+조급]

제약

=허둥지둥. 정신을 차릴 수 없을 만큼 갈팡질팡하며 다급하게 서두르는 모양.

¶아사녀는 사나운 짐승에게 쫓기는 사람 모양으로 한동안 허방지방 줄달음질을 쳤다.≪현진건, 무영탑≫/그는 머리를 움켜쥐고 돈, 돈 하고 부르짖더니 밖으로 뛰어나갔다. 허방지방 앞으로 내닫는 남상이를 이 층 여자가 뒤쫓았다.≪박완서, 오만과 몽상≫

허벅-허벅

의미 [+모양],[+과일],[+익음]v[+오래],[−수분],[+건조]

제약

과일 따위가 너무 익었거나 딴 지 오래되어 물기가 적고 퍼석퍼석한 모양.

허분-허분

의미 [+모양],[+물건],[+수분],[+유연],[+정도]

제약

물기가 조금 있는 물건이 연하고 무른 모양.

허비적-허비적

의미 [+모양],[+손톱]v[+물건],[+마찰],[+헤침],[+연속]

제약

손톱이나 날카로운 물건 따위로 자꾸 긁어 헤치는 모양.

허빗-허빗

의미 [+모양],[+손톱]v[+물건],[+마찰],[+헤

침],[＋연속]

제약

손톱이나 날카로운 물건 따위로 계속 가볍게 긁어 헤치는 모양.

허소-히

의미 [－충만],[＋허술]v[＋허전]

제약

얼마쯤 비어서 허술하거나 허전하게. 늑허루히.

허수-히

의미 [＋마음],[＋공허],[＋서운]

제약

① 마음이 허전하고 서운하게.

¶그녀는 나이가 들어가는 것을 **허수히** 느끼지는 않는다.

의미 [＋구조],[－단정],[－견고]

제약

② 짜임새나 단정함이 없이 느슨하게.

¶사람들은 그의 유언을 들을 때마다 망령된 노인네의 헛소리라고 **허수히** 들어 넘길 수가 없었다.≪전상국, 하늘 아래 그 자리≫/젊다는 것은 그 무한한 가능성 하나 때문에 함부로 **허수히** 할 수 없다.≪이동하, 우울한 귀향≫

허수로이

의미 [＋구조],[－단정],[－견고]

제약

짜임새나 단정함이 없이 느슨한 데가 있게.

¶**허수로이** 보다./홍선 대원군은 주상 전하의 생친이시매, **허수로이** 대접은 못할 것으로되….≪김동인, 운현궁의 봄≫

허술-히

의미 [＋구식],[＋진부],[－가치]

제약

① 낡고 헐어서 보잘것없이.

¶그는 옷을 **허술히** 입고 있었다.

의미 [－치밀],[＋부실],[＋헛점]

제약

② 치밀하지 못하고 엉성하여 빈틈이 있게.

¶그 회사는 경비를 **허술히** 세웠다.

의미 [－관심],[－주의]

제약

③ 무심하고 소홀하게.

¶공문서를 **허술히** 다루어서는 안 된다./나는 부모님 말씀을 **허술히** 듣고 함부로 행동했다./그 집은 손님을 **허술히** 대한다.

허심-히

의미 [＋마음],[－방해]

제약

마음에 거리낌이 없이.

허여멀끔-히

의미 [＋하양],[＋청결]

제약

허옇고 멀끔하게.

허여멀쑥-히

의미 [＋살빛],[＋하양],[＋청결]

제약

살빛이 허옇고 멀쑥하게.

허영-허영

의미 [＋모양],[＋걸음],[－기운],[－균형]

제약

① 앓고 난 뒤처럼 걸음걸이가 기운이 없어 쓰러질 듯 비틀거리는 모양.

의미 [＋느낌],[＋공허],[＋허전],[＋정도]

제약

② 속이 텅 빈 것처럼 매우 허전한 느낌.

허우적-허우적

의미 [＋모양],[＋손발],[＋운동],[－일정],[－주의],[＋반복]

제약

① 손발 따위를 이리저리 자꾸 마구 내두르는 모양.

¶그는 군중을 헤치며 **허우적허우적** 나아갔다./불길이 길길이 솟아오르며 이 속에서 적병들이 악머구리같이 고함을 치면서 물속에서 살려고 **허우적허우적** 까맣게 꿈틀거리는 모습이 보인다. ≪박종화, 임진왜란≫

의미 [＋모양],[＋노력],[＋정도],[＋반복]

제약

② 어려운 지경에서 벗어나려고 몹시 자꾸 애쓰는 모양.

허위-허위

의미 [+모양],[+손발],[+운동],[-일정]

제약

① 손발 따위를 이리저리 내두르는 모양.

¶금순네는 두 팔을 **허위허위** 내저어 가며 안타깝게 중얼거린다.≪윤흥길, 묵시의 바다≫

의미 [+모양],[-감당],[+곤란]

제약

② 힘에 겨워 힘들어하는 모양.

¶**허위허위** 산을 오르다./그 무렵 아들의 죽음에 정신을 잃고 까무러친 김치근의 어머니가 다시 정신이 들자 며느리를 앞세우고 **허위허위** 엎어지며 주막으로 달려왔다.≪문순태, 타오르는 강≫/오 노인이 월라산 기슭에 묻히던 날, 산길을 더위잡고 **허위허위** 올라가는 상여 뒤에는 흰 두루마기 행렬이 수백 명 장사진을 이루었다.≪현기영, 변방에 우짖는 새≫

허적-허적

의미 [+모양],[+물건],[+누적],[+헤침],[-주의],[+반복]

제약

쌓인 물건을 자꾸 함부로 들추어 헤치는 모양.

허전-허전

의미 [+느낌],[+공허],[+정도]v[+연속]

제약

① 주위에 아무것도 없어서 몹시 또는 계속 공허한 느낌.

¶그의 우렁찬 웃음소리 속에는 어딘가 **허전허전** 빈구석이 있는 듯하다.

의미 [+분실]v[-의지],[+서운],[+정도]v[+연속]

제약

② 무엇을 잃거나 의지할 곳이 없어진 것같이 몹시 또는 계속 서운한 느낌.

¶그가 떠나고 나니 **허전허전** 서운한 생각이 든다.

의미 [+느낌],[+이완],[-안정],[+정도]v[+연속]

제약

③ 몹시 또는 계속 느즈러져 안정감이 없는 느낌.

의미 [+모양],[+다리],[-기운],[+도괴],[+반복]

제약

④ 다리에 힘이 아주 없어 자꾸 쓰러질 것 같은 모양.

¶그는 가파른 언덕을 **허전허전** 올랐다./아사녀가 새로운 기운을 얻어 **허전허전** 몇 걸음 걸어가는 것을 보고 문지기가 무슨 생각이 또 났던지….≪현진건, 무영탑≫

허전-히

의미 [+느낌],[+주위],[+전무],[+공허]

제약

① 주위에 아무것도 없어서 공허한 느낌이 있게.

¶온 하늘엔 별들만 새파랗게 깔려 있고 초이레 달이 한복판에 **허전히** 걸려 있다.≪이호철, 나상≫

의미 [+느낌],[+유실]v[-의지],[+서운]

제약

② 무엇을 잃거나 의지할 곳이 없어진 것같이 서운한 느낌이 있게.

¶긴 팔이 막대기 모양 어둠 속을 휘젓다가 **허전히** 돌아오는 것이었다.≪최정희, 인간사≫

허정-허정

의미 [+모양],[+다리],[-기운],[+걸음],[-균형],[+반복]

제약

다리에 힘이 없어 잘 걷지 못하고 자꾸 비틀거리는 모양.

¶그는 미친 사람처럼 **허정허정** 골목길을 내려왔다./여해는 두 주먹을 불끈 쥐고 달음박질을 하다시피 빨리 걸었다. 다리는 **허정허정** 공중을 차고 나는 듯하다.≪현진건, 적도≫

허청-대고

의미 [-계획],[-분명],[-주의]

제약

확실한 계획이 없이 마구.

¶경험도 없이 **허청대고** 장사를 시작했다./앞에다 신부 혜비를 앉혀 놓고 보니 그대로 공주와 허청대고 이야기하던 때보다도 책임감은 열 곱절 백 곱절 컸다.≪박종화, 다정불심≫

허청-허청

의미 [+모양],[+다리],[-기운],[+걸음],[-균형]

제약

다리에 힘이 없어 잘 걷지 못하고 비틀거리는 모양. '허정허정'보다 거센 느낌을 준다.

¶그는 땅바닥이 흔들리는 것 같은 착각을 느끼며 **허청허청** 집으로 걸어 들어갔다./청람빛으로 터 오는 하늘 아래 눈 쌓인 비탈길을 털모자의 사내가 혼처럼 **허청허청** 걸어 내려가고 있는 것이 보였다.≪오정희, 미명≫/왁자지껄 떠드는 말소리들은 그저 건성으로 귀에 들려오고 내딛는 발걸음이 구름 위를 걷는 듯 **허청허청** 헛놀았다. ≪현기영, 변방에 우짖는 새≫

허투루

의미 [-주의],[-기준]

제약

아무렇게나 되는대로.

¶**허투루** 말하다./**허투루** 쓰다./손님을 **허투루** 대접하다./말을 **허투루** 듣다./할아버지 앞에서는 말을 한 마디도 **허투루** 할 수가 없었다.

허풍스레

의미 [+언사]v[+행동],[+과장],[-신뢰]

제약

말이나 행동이 실제보다 지나치게 과장되어 믿음성이 없는 데가 있게.

¶그는 작은 눈이 감기도록 **허풍스레** 웃고 지껄였다.

허허

의미 [+소리]v[+모양],[+웃음],[+개구],[-주의],[+정도]

제약 {사람}-{웃다}

입을 동글게 벌리고 거리낌 없이 크게 웃는 소리. 또는 그 모양.

¶모여 앉은 사람들은 아이들의 재롱에 **허허** 웃음을 터뜨렸다./그 집에서는 **허허** 웃는 유쾌한 소리가 그치지 않았다.

허허실실-로

의미 [-관심],[±성공]

제약

되면 좋고 안 되어도 그만인 식으로.

¶내 이런 꼴로는 산에 숨더라도 수사망에 걸릴 것 같으므로 **허허실실로** 차라리 대로변에 숨으리라 하고 길가 잔솔밭에 들어가서 솔포기 밑에 몸을 감추고 드러누웠다.≪김구, 백범일지≫

허황-히

의미 [+허황],[+황당],[-신뢰]

제약

헛되고 황당하며 미덥지 못하게.

¶큰아들 돈영은 효성스러웠으나 몸이 약해 벌이를 못하고 작은아들 수영은 아버지를 닮아 어려서부터 **허황히** 굴더니 어디론가 가 버려 형편이 말이 아니었다.≪한무숙, 어둠에 갇힌 불꽃들≫

헉

의미 [+소리]v[+모양],[+호흡],[+정지]v[+흡입],[+경악]v[+곤란],[+순간]

제약

① 몹시 놀라거나 숨이 차서 숨을 순간적으로 멈추거나 들이마시는 소리. 또는 그 모양.

의미 [+모양],[+욕심],[+조급],[+순간]

제약

② 마음에 끌리는 일이 있을 때 욕심이 나서 갑자기 덤비는 모양.

의미 [+모양],[+피로],[+후퇴]v[+착석]v[+도괴]

제약

③ 몹시 지쳐서 물러서거나 주저앉거나 자빠지는 모양.

헉-헉

의미 [+소리]v[+모양],[+호흡],[+동시],[+경악]v[+곤란],[+반복]

제약

① 몹시 놀라거나 숨이 차서 숨을 자꾸 몰아쉬는 소리. 또는 그 모양.

¶**헉헉** 숨을 몰아쉬다./달려왔더니 숨이 **헉헉** 막힌다./**헉헉** 흐느끼는 것 같고 쥐어짜는 것 같은 숨소리가 들려온다.≪박경리, 토지≫

의미 [+모양],[+욕심],[+조급],[+순간],[+반복]

제약

② 마음에 끌리는 일에 욕심이 나서 자꾸 덤비는 모양.

의미 [+모양],[+피로],[+후퇴]v[+착석]v[+도괴],[+반복]

제약

③ 몹시 지쳐서 자꾸 물러서거나 주저앉거나 자빠지는 모양.

헌거로이

의미 [+모양],[+풍채][+호감],[+의기][+당당]

제약

① 풍채가 좋고 의기가 당당한 데가 있게.

의미 [+관대],[-인색],[-복잡]

제약

② 인색하거나 까다롭지 아니하고 너그러운 데가 있게.

헌걸스레

의미 [+모양],[+풍채][+호감],[+의기][+당당]

제약

풍채가 좋고 의기가 당당하게.

헌연-히

의미 [+의기],[+당당]

제약

의기가 높고 당당하게.

헌칠-히

의미 [+키]v[+몸집],[+적합],[+크기]

제약

키나 몸집 따위가 보기 좋게 어울리도록 크게.

헌헌-히

의미 [+모양],[+풍채],[+당당],[+출중]

제약

풍채가 당당하고 빼어나게.

헐거-이

의미 [+크기],[-적합]

제약

낄 물건보다 낄 자리가 꼭 맞지 아니하고 크게.

헐근-할근

의미 [+모양],[+호흡],[+곤란],[+소음],[+반복]

제약

숨이 가빠 자꾸 헐떡이며 가르랑거리는 모양.

헐근-헐근

의미 [+모양],[+호흡],[+곤란],[+소음],[+반복]

제약

숨이 가빠 자꾸 헐떡이며 그르렁거리는 모양.

¶그는 언덕 쪽으로 헐근헐근 뛰어갔다./얼마 후에 새끼네 일터에 나가 있던 웅보와 대불이가 헐근헐근 가쁜 숨을 몰아쉬며 뛰어 들어왔다.≪문순태, 타오르는 강≫

헐금-씨금

의미 [+모양],[+호흡],[+곤란],[+거침],[+반복]

제약

몹시 숨이 차거나 하여 숨소리가 매우 가쁘고 거칠게 자꾸 나는 모양.

¶그녀는 가파른 언덕길을 헐금씨금 올라갔다.

헐떡-헐떡

의미 [+소리]v[+모양],[+호흡],[+곤란],[+거침],[+반복]

제약

① 숨을 자꾸 가쁘고 거칠게 쉬는 소리. 또는 그 모양.

¶이곳까지 급하게 달려오느라고 숨을 헐떡헐떡 쉬었다./강 목사와 김 주필도 가쁜 호흡만 헐떡헐떡 내뿜을 뿐 고개를 쳐들 힘조차도 없는 모양이었다.≪홍성원, 육이오≫

의미 [+모양],[+신],[+크기],[+분리],[+반복]

제약 {신}-{벗겨지다}

② 신 따위가 헐거워서 자꾸 벗겨지는 모양.

헐렁-헐렁

의미 [+모양],[+크기],[-적합],[+운동],[+반복]

제약

① 헐거워서 이리저리 자꾸 움직이는 모양.

¶수레가 너무 낡아서 울퉁불퉁한 자갈길이라도 지나가게 되면 두 바퀴가 헐렁헐렁 빠지기 일쑤였다.

의미 [+행동],[-주의],[-신뢰],[+반복]

제약

② 조심스럽지 아니하고 미덥지 못한 행동을 자꾸 하는 행동.

¶백수건달처럼 하루 종일 **헐렁헐렁** 거리를 기웃거렸다.

헐렁-히

의미 [+느낌],[+크기],[−적합]

제약

① 헐거운 듯한 느낌이 있게.

의미 [+행동],[−조심],[−신뢰]

제약

② 행동이 조심스럽지 아니하고 미덥지 못하게.

헐레-벌떡

의미 [+모양],[+호흡],[+곤란],[+거침]

제약

숨을 가쁘고 거칠게 몰아쉬는 모양.

¶동생은 집으로 **헐레벌떡** 뛰어갔다./그녀는 멀리서 누가 업혀 가기에 무슨 사고구나 싶어 **헐레벌떡** 달려온 듯 몹시 숨 가빠하고 있었다.≪이문구, 장한몽≫

헐레벌떡-헐레벌떡

의미 [+모양],[+호흡],[+곤란],[+거침],[+반복]

제약

숨을 자꾸 가쁘고 거칠게 자꾸 몰아쉬는 모양.

헐수할수없-이

의미 [−방법]

제약

① 어떻게 해 볼 도리가 없이.

¶사정이 그렇게 되자 그는 **헐수할수없이** 그 일을 포기하고 말았다./이 길에 발을 들여놓은 것도 결코 먹을 것이 없어 며칠을 굶다가 **헐수할수없이** 검둥이의 미끼가 됐다는 따위 고리타분한 동기에서 출발한 것은 아니다.≪김성한, 매체≫

의미 [+가난],[+미래],[−확실]

제약

② 매우 가난하여 살아갈 길이 막막하게.

헐씨근-헐씨근

의미 [+모양],[+분노],[+호흡],[+곤란],[+거침],[+반복]

제약

화가 나거나 숨이 차거나 하여 숨소리가 가쁘고 거칠게 자꾸 나는 모양.

헐헐

의미 [+모양],[+호흡],[+곤란],[−균일]

제약

숨이 몹시 차서 숨을 고르지 아니하게 쉬는 모양.

¶그는 꽤 멀리서부터 달려온 모양인지 나를 보자 말도 못하고 **헐헐** 가빠하면서 주저앉았다.

헐후-히

의미 [−중요]

제약

대수롭지 아니하게.

험상스레

의미 [+모양]v[+상태],[+거침],[+험함]

제약

모양이나 상태가 매우 거칠고 험하게.

¶이마의 흉터가 더욱 **험상스레** 움직였다.

험악스레

의미 [+모습]v[+분위기],[+험함],[+불량]

제약

생김새나 분위기 따위가 험하고 나쁜 데가 있게.

¶**험악스레** 노려보다.

험-히

의미 [+모습]v[+모양],[−호감],[+험악]

제약

① 생김새나 나타난 모양이 보기 싫을 정도로 험상스럽게.

¶그의 얼굴이 어찌나 **험히** 생겼는지 말 붙이기조차 꺼려진다.

의미 [+상태]v[+형세],[+위태]

제약

② 어떠한 상태나 움직이는 형세가 위태롭게.

의미 [+언사]v[+행동],[−버릇]

제약

③ 말이나 행동 따위가 막되게.

¶잠을 **험히** 자다./막봉이는 흩어지기 쉬운 서속밥에 숟가락질을 **험히** 하여 일변 흘리며 일변 주워 먹느라고 한 그릇 밥을 다 먹는데….≪홍명

희, 임꺽정》

의미 [+비참],[+정도]

제약

④ 매우 비참하게.

¶지금까지 험히 살아온 그들에겐 이 정도의 고생은 아무것도 아니다.

협수룩-히

의미 [+머리털]v[+수염],[+성장],[+혼란]

제약

① 머리털이나 수염이 자라서 텁수룩하게.

의미 [+의복],[+혼란],[+허름]

제약

② 옷차림이 어지럽고 허름하게.

협신-협신

의미 [+모양],[+수분],[+유연],[+부피],[+축소],[+정도]

제약

물기가 조금 있으면서 물렁물렁하여 건드리는 대로 쭈그러지는 모양.

협협-히

의미 [+활발],[+융통],[+대범]

제약

① 활발하고 융통성이 있으며 대범하게.

의미 [+상태],[+버릇],[-규모],[-인색],[+낭비]

제약

② 규모는 없으나 인색하지 아니하여 잘 쓰는 버릇이 있는 상태로.

헛되-이

의미 [-보람]v[-실속]

제약

아무 보람이나 실속이 없이. 늑한갓되이②.

¶방학을 헛되이 보내다./그는 애써 모은 재산을 헛되이 탕진했다.

헛헛

의미 [+소리]v[+모양],[+입],[+개구],[+정도]

제약 {사람}-{웃다}

입을 크게 벌리고 웃는 소리. 또는 그 모양.

¶잠깐 우리 참아 보세나그려, 어허허 헛헛, 왜적

을 다 무찌르고 난 뒤엔 버젓한 우리 수영이거든 아하하.《박종화, 임진왜란》/대부는 하늘에서 낸다 하였으니, 소인의 부 또한 하늘의 도움을 받았다고나 할까요. 헛헛.《김성동, 연꽃과 진흙》

헛헛-이

의미 [+느낌],[-충만],[+허전]

제약

채워지지 아니한 허전한 느낌이 있게.

¶큰 아파트 같은 데의 자그마한 한 칸 방을 빌려 죽이 되든 밥이 되든 들어박혀 헛헛이 살아가는….《허준, 속 습작실에서》

헝겁

의미 [+모양],[+유쾌],[-정신],[-방향]

제약

=헝겁지겁. 매우 좋아서 정신을 차리지 못하고 허둥거리는 모양.

헝겁-지겁

의미 [+모양],[+유쾌],[-정신],[-방향]

제약

매우 좋아서 정신을 차리지 못하고 허둥거리는 모양. 늑헝겁.

¶그는 부인이 아들을 낳았다는 소식에 헝겁지겁 병원으로 달려갔다./헝겁지겁 그 흙을 받아 들고 샅샅이 헤쳐 보니 딴은 재래에 보지 못하던 불그죽죽한 황토였다.《김유정, 금 따는 콩밭》

헝그레

의미 [+여유],[+마음],[+경쾌]

제약

① 여유가 생겨 마음이 가볍게.

의미 [+동작]v[+태도],[+여유]

제약

② 동작이나 태도가 여유가 있게.

헤

의미 [+소리]v[+모양],[+웃음],[+개구],[-생각]

제약 {사람}-{웃다}

① 입을 조금 벌리고 속없이 빙그레 웃는 소리. 또는 그 모양.

¶그는 나이가 스무 살이 넘었는데도 항상 침을 흘리고 헤 웃고만 다니는 반편이었다./재룡이 말

에 좀 안심이 된 듯 문이는 이젠 제법 총각티가
나는 얼굴을 묘하게 찡그리고 헤 웃었다.≪김승
옥, 동두천≫
의미 [+소리]v[+모양],[+개구],[−기운]
제약
② 입을 조금 벌리고 힘없이 내는 소리. 또는
그 모양.
¶낡은 모자를 삐딱하게 쓴 시골 사람이 입을 헤
벌리고 두리번거리며 걸어왔다.

헤근-헤근
의미 [+모양],[+구조],[+간격],[+요동],[+반
복]
제약
어떤 물건의 사개가 꼭 들어맞지 아니하고 벌어
져 자꾸 흔들리는 모양.

헤벌쭉
의미 [+모양],[+입]v[+구멍],[+간격],[+정
도]
제약
입이나 구멍 따위가 속이 들여다보일 정도로 넓
게 벌어진 모양. ≒헤벌쭉이.
¶옷소매가 헤벌쭉 늘어나서 더 못 입겠다./칭찬
을 듣자 그의 입은 헤벌쭉 벌어졌다./장군은 약
간 멋쩍은 듯 크고 삐죽 내민 입으로 헤벌쭉 웃
었다.≪김용성, 리빠똥 장군≫

헤벌쭉-이
의미 [+모양],[+입]v[+구멍],[+간격],[+정
도]
제약
=헤벌쭉. 입이나 구멍 따위가 속이 들여다보일
정도로 넓게 벌어진 모양.
¶주임은 수염에 갇힌 입을 열며 헤벌쭉이 웃음
을 짓는다.≪한설야, 황혼≫

헤벌쭉-헤벌쭉
의미 [+모양],[+입]v[+구멍],[+전부],[+간
격],[+정도]
제약
입이나 구멍 따위가 여럿이 다 속이 들여다보일
정도로 넓게 벌어진 모양.

헤실-바실
의미 [+모양],[+소멸],[−인식],[−분명]
제약
① 모르는 사이에 흐지부지 없어지는 모양. ≒헤
실바실히①.
의미 [+모양],[+일],[−만족],[−분명]
제약
② 일하는 것이 시원스럽지 못하고 흐지부지하
게 되는 모양. ≒헤실바실히②.

헤실바실-히
의미 [+모양],[+소멸],[−인식],[−분명]
제약
①=헤실바실①. 모르는 사이에 흐지부지 없어지
는 모양.
의미 [+모양],[+일],[−만족],[−분명]
제약
②=헤실바실②. 일하는 것이 시원스럽지 못하고
흐지부지하게 되는 모양.

헤실-헤실[01]
의미 [+모양],[+물체],[−견고],[+파손]v[+분
리],[+용이]
제약
① 어떤 물체가 단단하지 못하여 부스러지거나
헤지기 쉬운 모양.
¶도끼로 찍어도 깨어지지 않을 성싶던 그 두껍
고 튼튼하던 얼음장이 둥둥 떠서 헤실헤실 녹으
며 흘러간다.≪현진건, 무영탑≫
의미 [+모양],[+결단],[−확실],[+경박],[−실
속]
제약
② 사람이 맺고 끊는 것이 확실하지 않아 싱겁
고 실속이 없는 모양.

헤실-헤실[02]
의미 [+모양],[+웃음],[+경박],[+부족]
제약 {사람}-{웃다}
싱겁고 어설프게 웃는 모양.
¶아씨는 구들장이 울릴 만큼 요란한 코 고는 소
리에 느슨히 마음이 풀어지면서 뜻 모를 웃음을
헤실헤실 흘렸다.≪박완서, 미망≫

헤싱-헤싱
의미 [+모양],[+느낌],[−조밀],[+크기],[−적

합],[＋허전]

제약

촘촘하게 짜이지 아니하여서 헐겁고 허전한 느낌이 있는 모양.

헤적-헤적01

의미 [＋모양],[＋걸음],[＋활개]

제약 { }-{걷다}

활개를 벌려 거볍게 저으며 걷는 모양.

헤적-헤적02

의미 [＋모양],[＋탐색],[＋헤침],[＋연속]

제약

① 무엇을 찾으려고 자꾸 들추거나 파서 헤치는 모양.

의미 [＋모양],[＋태도],[－만족],[＋헤침],[＋반복]

제약

② 탐탁하지 아니한 태도로 무엇을 자꾸 께적거리며 헤치는 모양.

헤죽-헤죽

의미 [＋모양],[＋걸음],[＋활개]

제약 { }-{걷다}

활갯짓을 거볍게 하며 걷는 모양.

헤피

의미 [＋모양],[＋물건],[＋감소]v[＋소멸],[＋정도]

제약

① 쓰는 물건이 쉽게 닳거나 빨리 없어지는 듯하게.

¶신발이 헤피 닳는다.

의미 [＋모양],[＋물건]v[＋돈],[－절약],[－주의]

제약

② 물건이나 돈 따위를 아끼지 아니하고 함부로.

¶돈을 헤피 쓰다./그는 매사에 절약하는 사람이지만 담배만은 헤피 피운다.

의미 [＋언사]v[＋행동],[－소중],[－주의]

제약

③ 말이나 행동 따위를 아끼는 데가 없이 마구.

¶이때까지 장관이라는 문자를 헤피 함부로 객적

게 썼던 후회가 납니다.≪최남선, 금강 예찬≫/해양 정복, 우주 정복 등의 용어를, 요사이 흔히 쓰이는 인간 개조란 말처럼 헤피 쓰지 말았으면 한다.≪이희승, 먹추의 말참견≫/계집아이가 몸가짐을 그리 헤피 했을까 보냐고 아닌 속을 아실 것 같고 해서….≪채만식, 탁류≫

헤-헤

의미 [＋소리]v[＋모양],[＋웃음],[＋개구],[－생각],[＋반복]

제약 {사람}-{웃다}

① 입을 조금 벌리고 속없이 빙그레 자꾸 웃는 소리. 또는 그 모양.

¶아가리를 함지박으로 벌리고 헤헤 웃는 아이들을 잔뜩 싣고 힘겹게 돌아가는 철마들을 넋을 잃고 바라보고….≪김주영, 도둑 견습≫

의미 [＋모양]v[＋소리],[＋웃음],[＋개구],[－분수],[＋반복]

제약 {사람}-{웃다}

② 입을 조금 벌리고 주책없이 자꾸 웃는 소리. 또는 그 모양.

¶그가 그 깨끗지 못한 입술을 헤벌리며 헤헤 조급한 웃음질 하는 덴 골치가 아팠습니다.≪최정희, 인맥≫

헬렐레

의미 [＋모양],[＋감취]v[－정신],[＋신체][－조절]

제약

① 술이 몹시 취하거나 얼이 빠져 있거나 하여 몸을 가누지 못하는 모양.

¶그는 예쁜 여자만 보면 헬렐레 정신을 못 차린다./시골 학교에 부임해서 막걸리 타령 같은 분위기에 휩쓸려 갖고서 헬렐레 퍼지는 꼬락서니를 우린 얼마나 비웃고 경멸했었니.≪윤흥길, 묵시의 바다≫

의미 [＋모양],[＋정신],[－온전]v[＋바보]

제약

② 정신이 온전치 못하거나 맹한 모양.

¶김 씨의 짝이 되어 사는 여자도 헬렐레 반편이긴 하지만 김 씨에겐 잘 어울리는 착한 사람이었다.≪전상국, 지빠귀 둥지 속의 뻐꾸기≫/누구나

이런 질문을 받으면 약간 당황할 수밖에 없다. 나는 **헬렐레** 웃으려다가 말고….≪이병주, 행복어 사전≫

헹

의미 [+소리],[+콧물],[+배출]

제약 {코}-{풀다}

코를 야무지게 푸는 소리.

¶그녀는 훌쩍거리며 울더니 코를 헹 풀고는 씩 웃었다./그 소리를 듣자 어머니는 땅바닥에 코를 헹 풀며 일어난다.≪김원일, 어둠의 혼≫

헹글-헹글

의미 [+모양],[+착용]v[+삽입],[+크기],[-적합]

제약

입거나 끼우는 것이 커서 들어맞지 아니하고 헐거운 모양.

혁연-히

의미 [+분노],[+조급]v[+맹렬]

제약

① 성내는 것이 급작스럽거나 세차게.

¶우리 전하가 **혁연히** 성내면서 용서함이 없이 신을 명하여, 가서 그 죄를 묻게 하시니….≪번역 세종실록≫

의미 [+운동],[+경악]

제약

② 놀라 움직이게 하는 데가 있게.

의미 [+광채],[+번성]

제약

③ 빛나서 성하게.

혁혁-히01

의미 [+모습],[+크기],[+미려],[+번성]

제약

매우 크고 아름다워 성(盛)하게.

혁혁-히02

의미 [+공로]v[+업적],[+분명]

제약

① 공로나 업적 따위가 뚜렷하게.

의미 [+빛],[+찬란]

제약

② 빛 따위가 밝게 빛나게.

¶안개는 삽시간에 걷히고 **혁혁히** 붉은 해가 동천에 불끈 솟더니….≪최찬식, 금강문≫

현격-히

의미 [+상태],[+사이],[+정도]/[+차이],[+과도]

제약

사이가 많이 벌어져 있는 상태로. 또는 차이가 매우 심하게.

¶그가 지금 공부하는 태도로 보아 지난번 성적보다 **현격히** 나은 성적이 나오리라고는 생각지 않는다./그는 처음보다 일에 대한 열의가 **현격히** 떨어졌다.

현능-히

의미 [+현명],[+재간]

제약

현명하고도 재간이 있게.

현란-히

의미 [+찬란],[+정도]

제약

① 눈이 부시도록 찬란하게.

¶마루문을 통해 꽃불처럼 **현란히** 터지는 거리의 불빛들이 보였다.≪홍명희, 임꺽정≫

의미 [+시]v[+글],[+수식],[+다양],[+문체],[+화려]

제약

② 시나 글 따위에 아름다운 수식이 많아서 문체가 화려하게.

현량-히

의미 [+인자],[+양순]

제약

어질고 착하게.

현명-히

의미 [+인자],[+지혜],[+사리],[+분명]

제약

어질고 슬기로워 사리에 밝게.

¶사람은 나이가 먹을수록 모든 일에 **현명히** 대처하는 슬기로움을 지녀야 한다./부모 된 이는 자식이 이러한 위태로운 시기를 당할 때에 냉정히 또 주밀히 그리고 **현명히** 생각하여야 할 것이다.≪염상섭, 이심≫

현묘-히

의미 [＋경지],[＋이치]v[＋기예],[＋미묘],[－요량]

제약

이치나 기예의 경지가 헤아릴 수 없이 미묘하게.

현수-히

의미 [＋상이],[＋정도]

제약

① 현격하게 다르게.

¶점심에는 은투호 은가락지의 보람이 나서 반찬 가짓수가 아침보다 **현수히** 많았다.≪홍명희, 임꺽정≫

의미 [＋상태],[＋거리],[－관계]

제약

② 거리가 멀어서 동떨어져 있는 상태로.

현연-히⁰¹

의미 [＋상태],[＋울음],[＋눈물]

제약

눈물이 줄줄 흘러 있는 상태로. 또는 눈물을 흘리며 운 상태로.

현연-히⁰²

의미 [＋눈],[＋암흑]

제약

눈이 캄캄하게.

현요-히

의미 [＋찬란]

제약

눈부시고 찬란하게.

현재

의미 [＋지금]

제약

① 지금 이 시점에.

¶현재 우리 사회는 가치관의 혼란을 겪고 있다./이 구간은 **현재** 터널 굴착 공사가 진행 중이다./그는 계단에서 넘어져서 **현재** 병원에 입원 중이다./현재 우리가 백정이라 부르는 층은 이조에 들어와서 생긴 것이다.≪황순원, 일월≫

의미 [＋기준],[＋시간]

제약

② (때를 나타내는 말 다음에 쓰여) 기준으로

삼은 그 시점에.

¶그 회사는 지난해 말 **현재** 총자산액이 2억 달러에 이르렀다./이곳은 오후 네 시 **현재** 73%의 투표율을 보이고 있다.

현저-히

의미 [＋분명]

제약

뚜렷이 드러날 정도로.

¶인구가 **현저히** 증가하다./불과 일 년밖에 서커스에 몸을 담지 않은 종세라도 손님의 수가 조금씩 줄어들고 있다는 사실을 **현저히** 피부로 느낄 정도였었다.≪최인호, 지구인≫/탈탈거리며 경운기를 몰고 오던 사내는 완장하고의 거리가 좁혀지자 속력을 **현저히** 늦추었다.≪윤흥길, 완장≫

현철-히

의미 [＋인자],[＋사리]

제약

어질고 사리에 밝게.

현혁-히

의미 [＋명성],[＋높이],[＋찬란]

제약

이름이 높이 드러나 빛나게.

현현

의미 [＋모양],[＋눈물],[＋흐름],[＋연속]

제약 {눈물}-{흐르다}

① 눈물이 줄줄 흐르는 모양.

의미 [＋모양],[＋이슬],[＋부착]

제약 {이슬}-{매달리다}

② 이슬이 매달려 있는 모양.

현현-히⁰¹

의미 [＋눈물],[＋흐름],[＋연속]

제약 {눈물}-{흐르다}

눈물의 흐름이 쉴 사이가 없이.

현현-히⁰²

의미 [＋마음],[－장애]

제약

① 마음에 걸리는 바가 있을 정도로.

의미 [＋거리],[＋정도]

제약

② 아득하고 멀리.

현현-히[03]

의미 [+명백]

제약

환하고 명백하게.

현황-히

의미 [+정신],[+혼란],[+황홀]

제약

정신이 어지럽고 황홀하게.

¶갈피를 잡을 수 없는 몽타주가 **현황히** 떠오르는 캔버스 위에 애써 초점을 맞추어 한 붓 한 붓 붙여 가노라면….≪최명익, 심문≫

혈혈-히

의미 [+상태],[+높이],[+고독]

제약

① 우뚝하게 외로이 서 있는 상태로.

의미 [-의지],[+고독]

제약

② 의지할 곳이 없이 외롭게.

¶우연히도 왔다 우연히도 **혈혈히** 가 버림이 인간의 운명이기에….≪유치환, 나는 고독하지 않다≫

의미 [-크기],[+정도]

제약

③ 아주 작게.

혐오스레

의미 [+혐오],[+증오]

제약

싫어하고 미워할 만하게.

¶직장 동료의 능글맞은 태도가 **혐오스레** 느껴진다.

혐의스레

의미 [+회피],[+증오]

제약

① 꺼리고 미워할 만하게.

의미 [+의심],[+범죄]

제약

② 범죄를 저질렀을 것으로 의심할 만하게.

형연-히

의미 [+상태],[+찬란]

제약

① 밝게 빛나는 상태로.

의미 [+안광],[+예민]

제약

② 안광이 예민하게.

형철-히

의미 [+청명]

제약

① 환하게 내다보이도록 맑게.

의미 [+지혜]v[+사고],[+현명],[+투철]

제약

② 지혜나 사고력 따위가 밝고 투철하게.

형편없-이

의미 [+실망],[+정도]

제약

실망스러우리만큼 정도가 심하게.

¶내 추측은 **형편없이** 빗나갔다./키가 **형편없이** 작아 보인다./어머니의 얼굴이 **형편없이** 야위고 늙어 보였다./싸움에서 우리는 **형편없이** 지고 말았다./그의 말은 나의 감정을 **형편없이** 구겨 놓았다./집값이 **형편없이** 떨어졌다./회사를 옮기고 나자 수입도 **형편없이** 줄어들었다.

형형-히[01]

의미 [+광선]v[+광채],[+찬란],[+선명]

제약

광선이나 광채가 반짝반짝 빛나며 밝게.

¶그의 얼굴은 창백했지만 그 눈만은 **형형히** 빛나고 있었다./이홍장은 한껏 오만한 자세로 자기를 위한 성전에 오연히 군림하고 있었다. 이마가 훤했다. 안광은 **형형히** 빛났다.≪유주현, 대한 제국≫

형형-히[02]

의미 [+상태],[+빛],[+반복]

제약

작은 빛이 자꾸 반짝거리는 상태로.

¶밤하늘의 별이 **형형히** 빛나고 있다.

호

의미 [+소리]v[+모양],[+입김],[+배출]

제약

입을 오므려 내밀고 입김을 내뿜는 소리. 또는 그 모양.

¶언 손을 녹이려고 입김을 **호** 불었다.

호강스레

의미 [+생활],[+호화],[+편안]

제약

생활이 호화롭고 편안한 데가 있게.

¶너를 **호강스레** 키우지는 못했지만, 그렇다고 막 키우지도 않았다.

호걸스레

의미 [+지혜],[+용기],[+기개],[+용모]

제약

지혜와 용기가 뛰어나고 기개와 풍모가 있게.

호기로이

의미 [+기상],[+용감],[+기개]

제약

① 씩씩하고 호방한 기상으로.

의미 [+자랑],[−예의]

제약

② 꺼드럭거리며 뽐내는 면이 있게.

호기스레

의미 [+용감],[+기개]

제약

① 씩씩하고 호방한 듯하게.

의미 [+자랑],[−예의]

제약

② 꺼드럭거리며 뽐내는 듯하게.

호도깝스레

의미 [+언사]v[+행동],[+조급],[+경망]

제약

말이나 행동이 조급하고 경망스러운 데가 있게.

호드득

의미 [+소리],[+깨]v[+콩],[+볶음],[+상승]

제약 {깨, 콩}−{튀다}

① 깨나 콩 따위를 볶을 때 작게 튀는 소리.

¶주방에서 참깨를 볶는지 **호드득** 소리가 들려왔다.

의미 [+소리],[+총포]v[+딱총],[+폭발],[+소란],[+거리]

제약 {총포, 딱총}−{터지다}

② 멀리서 총포나 딱총 따위가 부산하게 터지는 소리.

¶앞산 산기슭에서 **호드득** 소리가 나더니 횃불이

오르고 전면적인 소탕 작전이 시작되었다.

의미 [+소리],[+나뭇가지]v[+검불],[+연소],[+기세]

제약 {나뭇가지, 검불}−{타다}

③ 작은 나뭇가지나 검불 따위가 불똥을 튀기며 기세 좋게 타들어 가는 소리.

¶아궁이에서 싸리나무가 **호드득** 소리를 내며 탄다.

호드득-호드득

의미 [+소리],[+깨]v[+콩],[+볶음],[+상승],[+연속]

제약 {깨, 콩}−{튀다}

① 깨나 콩 따위를 볶을 때 작게 잇따라 튀는 소리.

¶할머니는 가마솥의 참깨를 볶으면서 **호드득호드득** 튈 때마다 기다란 나무 주걱으로 저으셨다.

의미 [+소리],[+총포]v[+딱총],[+폭발],[+소란],[+거리],[+연속]

제약 {총포, 딱총}−{터지다}

② 멀리서 총포나 딱총 따위가 부산하게 잇따라 터지는 소리.

의미 [+소리],[+나뭇가지]v[+검불],[+연소],[+기세],[+연속]

제약 {나뭇가지, 검불}−{타다}

③ 작은 나뭇가지나 검불 따위가 불똥을 튀기며 기세 좋게 잇따라 타들어 가는 소리.

의미 [+모양],[+방정],[+경망],[+반복]

제약 {방정}−{떨다}

④ 자꾸 경망스럽게 방정을 떠는 모양.

호득

의미 [+소리],[+깨]v[+콩],[+볶음],[+상승]

제약 {깨, 콩}−{튀다}

① '호드득①'의 준말. 깨나 콩 따위를 볶을 때 작게 튀는 소리.

의미 [+소리],[+총포]v[+딱총],[+폭발],[+소란],[+거리]

제약 {총포, 딱총}−{터지다}

② '호드득②'의 준말. 멀리서 총포나 딱총 따위가 부산하게 터지는 소리.

의미 [+소리],[+나뭇가지]v[+검불],[+연소],

[+기세]

제약 {나뭇가지, 검불}-{타다}

③ '호드득③'의 준말. 작은 나뭇가지나 검불 따위가 불똥을 튀기며 기세 좋게 타들어 가는 소리.

호득-호득

의미 [+소리],[+깨]v[+콩],[+볶음],[+상승],[+연속]

제약 {깨, 콩}-{튀다}

① '호드득호드득①'의 준말. 깨나 콩 따위를 볶을 때 작게 잇따라 튀는 소리.

의미 [+소리],[+총포]v[+딱총],[+폭발],[+소란],[+거리],[+연속]

제약 {총포, 딱총}-{터지다}

② '호드득호드득②'의 준말. 멀리서 총포나 딱총 따위가 부산하게 잇따라 터지는 소리.

의미 [+소리],[+나뭇가지]v[+검불],[+연소],[+기세],[+연속]

제약 {나뭇가지, 검불}-{타다}

③ '호드득호드득③'의 준말. 작은 나뭇가지나 검불 따위가 불똥을 튀기며 기세 좋게 잇따라 타들어 가는 소리.

의미 [+모양],[+방정],[+경망],[+반복]

제약 {방정}-{떨다}

④ '호드득호드득④'의 준말. 자꾸 경망스럽게 방정을 떠는 모양.

호들갑스레

의미 [+언사]v[+행동],[+소란],[+경망]

제약

말이나 하는 짓이 야단스럽고 방정맞게.

¶가득히 달린 잎사귀들은 사이사이를 비집고 흘러드는 햇빛을 서로 되비치면서 바람이 불면 호들갑스레 몸을 흔들었다.≪최인훈, 회색인≫

호락-호락

의미 [+모양],[+일]v[+사람],[+처리],[+용이]

제약

일이나 사람이 만만하여 다루기 쉬운 모양.

¶결혼해 달라고 애걸복걸했지만 그녀는 호락호락 넘어가질 않는다./안 한 도둑질을 했다고 뒤집어씌우는 사람들이 그런 더럽고 못된 짓을 호락호락 당하고만 있을 리가 없었다.≪박완서, 오만과 몽상≫/몰아붙인다고 해서 좋은 집터 놓아두고 호락호락 쫓겨 갈 사람들이 어디 있겠는가?≪한승원, 해일≫

호로로

의미 [+소리],[+호루라기]v[+호각]

제약 {호루라기, 호각}-{불다}

호루라기나 호각 따위를 부는 소리.

¶순경들의 호루라기 소리가 호로로 삑삑 요란하였다.

호로록

의미 [+소리]v[+모양],[+새],[+날개],[+운동],[+비상],[+순간]

제약 {새}-{날다}

① 작은 새 따위가 날개를 가볍게 치며 갑자기 날아가는 소리. 또는 그 모양.

¶참새 한 마리가 호로록 날아가다.

의미 [+소리]v[+모양],[+액체]v[+국수],[+흡입],[+속도]

제약 {액체, 국수}-{마시다}

② 적은 양의 액체나 국수 따위를 가볍고 빠르게 들이마시는 소리. 또는 그 모양.

¶뜨거운 숭늉을 호로록 마신다./조금 남은 죽을 호로록 마셔 버렸다.

호로록-호로록

의미 [+소리]v[+모양],[+새],[+날개],[+운동],[+비상],[+연속]

제약 {새}-{날다}

① 작은 새 따위가 날개를 잇따라 가볍게 치며 날아가는 소리. 또는 그 모양.

의미 [+소리]v[+모양],[+액체]v[+국수],[+흡입],[+속도],[+연속]

제약 {액체, 국수}-{마시다}

② 적은 양의 액체나 국수 따위를 잇따라 가볍고 빠르게 들이마시는 소리. 또는 그 모양.

호록

의미 [+소리]v[+모양],[+새],[+날개],[+운동],[+비상],[+순간]

제약 {새}-{날다}

① '호로록①'의 준말. 작은 새 따위가 날개를 가볍게 치며 갑자기 날아가는 소리. 또는 그 모양.

의미 [+소리]v[+모양],[+액체]v[+국수],[+흡입],[+속도]

제약 {액체, 국수}-{마시다}

② '호로록②'의 준말. 적은 양의 액체나 국수 따위를 가볍고 빠르게 들이마시는 소리. 또는 그 모양.

호록-호록

의미 [+소리]v[+모양],[+새],[+날개],[+운동],[+비상],[+연속]

제약 {새}-{날다}

① '호로록호로록①'의 준말. 작은 새 따위가 날개를 잇따라 가볍게 치며 날아가는 소리. 또는 그 모양.

의미 [+소리]v[+모양],[+액체]v[+국수],[+흡입],[+속도],[+연속]

제약 {액체, 국수}-{마시다}

② '호로록호로록②'의 준말. 적은 양의 액체나 국수 따위를 잇따라 가볍고 빠르게 들이마시는 소리. 또는 그 모양.

¶국물을 **호록호록** 다 마셔 버렸다.

호르르

의미 [+소리]v[+모양],[+새],[+날개],[+운동],[+비상]

제약 {새}-{날다}

① 작은 새 따위가 날개를 가볍게 치며 날아가는 소리. 또는 그 모양.

¶새장 문이 열리자 금화조 한 마리가 **호르르** 날아가 버렸다.

의미 [+소리]v[+모양],[+종이]v[+검불],[+연소]

제약 {종이, 검불}-{타오르다}

② 얇은 종이나 바싹 마른 검불 따위가 타오르는 소리. 또는 그 모양.

¶지푸라기가 **호르르** 타고는 이내 사그라진다.

호르르-호르르

의미 [+소리]v[+모양],[+새],[+날개],[+운동],[+비상],[+연속]

제약 {새}-{날다}

① 작은 새 따위가 잇따라 날개를 가볍게 치며 날아가는 소리. 또는 그 모양.

의미 [+소리]v[+모양],[+종이]v[+검불],[+연소],[+연속]

제약 {종이, 검불}-{타오르다}

② 얇은 종이나 바싹 마른 검불 따위가 잇따라 타오르는 소리. 또는 그 모양.

호리-호리

의미 [+모양],[+신체],[−굵기],[+맵시]

제약

몸이 가늘고 날씬한 모양.

호물-호물

의미 [+모양],[−치아],[+음식],[+씹음],[+연속]

제약 {음식}-{씹다}

① 이가 빠진 입으로 음식을 가볍게 잇따라 씹는 모양.

¶치아가 없는 할머니는 숟가락으로 사과를 긁어서 입에 넣으시고는 몇 번 **호물호물** 씹다가 삼키신다.

의미 [+모양],[+음식],[+씹음],[+대충],[+연속]

제약 {음식}-{씹다}

② 음식물 따위를 꼭꼭 씹지 않고 대강 가볍게 잇따라 씹는 모양.

호방-히

의미 [+의기],[+일],[−장애]

제약

의기가 장하여 작은 일에 거리낌이 없이.

호비작-호비작

의미 [+모양],[+틈]v[+구멍],[+갉음]v[+파냄],[−주의],[+연속]

제약 {틈, 구멍}-{갉다, 파내다}

① 좁은 틈이나 구멍 속을 잇따라 함부로 갉거나 돌려 파내는 모양.

의미 [+모양],[+내막]v[+비밀],[+규명],[−주의],[+연속]

제약 {내막, 비밀}-{캐다}

② 일의 내막이나 비밀을 잇따라 함부로 캐는

모양.

호빗-호빗

의미 [+모양],[+틈]v[+구멍],[+갉음]v[+파
냄],[-주의],[+반복]

제약 {틈, 구멍}-{갉다, 파내다}

깊고 좁은 틈이나 구멍 속을 잇따라 조금씩 자
꾸 갉거나 돌려 파내는 모양.

호사스레

의미 [+태도],[+사치]

제약

호화롭게 사치하는 태도가 있게.

¶가게나 곳간은 장사를 위한 것이니 그렇다 치
고 서희가 살게 될 집만은 **호사스레** 지으려면
못 지을 것도 없었다.≪박경리, 토지≫

호연-히[01]

의미 [+넓이],[+크기]

제약

넓고 크게.

호연-히[02]

의미 [+하양],[+정도]

제약

① 아주 희게.

의미 [+명백],[+정도]

제약

② 아주 명백하게.

호위호

의미 [+이유]

제약

어찌하여서.

호장-히

의미 [+호화],[+통쾌]

제약

① 호화롭고 장쾌하게.

의미 [+세력],[+강력],[+왕성]

제약

② 세력이 강하고 왕성하게.

의미 [+호탕],[+용감]

제약

③ 호탕하고 씩씩하게.

호젓-이

의미 [+구석],[+고요],[+공포]

제약

① 후미져서 무서움을 느낄 만큼 고요하게.

¶깊은 산속에 **호젓**이 자리 잡은 산사./그녀의 집
은 길가에서 멀리 떨어진 곳에 **호젓**이 있다./그
는 그녀에게 조용한 곳에서 **호젓**이 만나자고 했
다.

의미 [+간단],[+고독],[+정도]

제약

② 매우 홀가분하여 쓸쓸하고 외롭게.

¶그 노인은 자식도 없이 **호젓**이 지낸다./그는 딸
하나만 **호젓**이 남기고 떠났다./가족이나 가까운
친구 한 사람 맞이하는 이 없이, 혼자 **호젓**이 마
을로 향하였다.≪채만식, 처자≫

호졸근-히

의미 [+상태],[+옷]v[+종이],[+습기]v[-풀
기],[+불길],[+연장]

제약 {옷, 종이}-{늘어지다}

① 옷이나 종이 따위가 약간 젖거나 풀기가 빠
져 보기 흉하게 축 늘어져 있는 상태로.

¶가랑비에 옷이 **호졸근히** 젖었다.

의미 [-기운],[+피로],[+피곤],[+정도]

제약

② 지치고 고단하여 몸이 축 늘어질 정도로 힘
이 없이.

¶과중한 업무에 몸이 **호졸근히** 되었다.

호쾌-히

의미 [+호탕],[+쾌활]

제약

호탕하고 쾌활하게.

호한-히[01]

의미 [+넓이],[+크기]

제약

① 넓고 커서 질펀하게.

의미 [+책],[+풍부],[+정도]

제약

② 책 따위가 아주 많이.

호한-히[02]

의미 [+기개],[+포악]

제약

호방하고 사납게.

호-호[01]

의미 [+소리]v[+모양],[+입김],[+배출],[+연속]

제약

입을 오므려 내밀고 입김을 잇따라 내뿜는 소리. 또는 그 모양.

¶입김을 **호호** 불다./언 손을 **호호** 불어 녹였다./금세 구워진 국화빵 하나를 집어 두 손으로 번갈아 급하게 옮겨 가면서 **호호** 불고는 냉큼 입 속에 던져 넣었다.≪이호철, 소시민≫

호-호[02]

의미 [+소리]v[+모양],[+웃음],[+미려],[+유연]

제약 {사람}-{웃다}

입을 동그랗고 작게 오므리고 간드러지게 웃는 소리. 또는 그 모양. 주로 여자의 웃음소리를 나타낸다.

¶**호호** 웃다./그쪽으로 돌아앉는 나를 보자 입을 오므리고 제법 수줍은 듯이 **호호** 웃었다.≪한무숙, 감정이 있는 심연≫

호호[03]

의미 [+집],[+개별],[+전부]

제약

모든 집마다.

호호-히[01]

의미 [+넓이],[+크기],[+무한]

제약

한없이 넓고 크게.

호호-히[02]

의미 [+청결],[+하양]

제약

① 깨끗하고 희게.

의미 [+윤기],[+청결]

제약

② 빛나고 맑게.

호호탕탕-히

의미 [+넓이],[+깊이],[-한계]

제약

① 끝없이 넓고 넓게.

의미 [+기세],[+강력]

제약

② 기세 있고 힘차게.

¶**호호탕탕히** 적진으로 쳐들어가다./왜병은 하늘 무서운 줄을 모르고 **호호탕탕히** 조선으로 덤볐다가 천하 명장 이순신을 만나 바다에서 지진두가 되어 버린다.≪박종화, 임진왜란≫

호화로이

의미 [+느낌],[+사치],[+화려]

제약

사치스럽고 화려한 느낌이 있게.

¶비싼 나무들과 자연석 따위로 **호화로이** 꾸민 정원.

호화스레

의미 [+사치],[+화려]

제약

보기에 사치스럽고 화려한 데가 있게.

호활-히

의미 [-폐쇄],[+넓이],[+만족]

제약

막힌 데 없이 넓고 시원시원하게.

혹[01]

의미 [+소리]v[+모양],[+액체],[+흡입],[+순간]

제약 {액체}-{들이마시다}

① 적은 양의 액체를 단숨에 들이마시는 소리. 또는 그 모양.

¶그는 날달걀의 양 끝을 톡톡 두드려 깨더니 단숨에 **혹** 들이마셔 버렸다.

의미 [+소리]v[+모양],[+입김],[+배출],[+순간],[+정도]

제약

② 입을 작게 오므리고 입김을 갑자기 조금 세게 부는 소리. 또는 그 모양.

¶등잔불을 **혹** 불어 끄다.

혹[02]

의미 [+가정],[-발생],[+부정]

제약

①=혹시[01]①. 그러할 리는 없지만 만일에.

¶**혹** 일이 잘 안되더라도 너무 실망하지 마라.

의미 [−의도],[＋우연]

제약

②=혹시01②. 어쩌다가 우연히

¶혹 그를 만나면 내 안부를 좀 전해 주세요.

의미 [＋추측]

제약

③=혹시01③. 짐작대로 어쩌면.

¶혹 그가 이 사실을 알고 그런 소릴 한 것이 아닐까?/혹 저 사람이 새로 오신 분이 아닙니까?

의미 [＋빈도],[＋간격]

제약

④=간혹. 어쩌다가 띄엄띄엄.

¶혹 그분이 직접 나서는 경우도 있지만 그런 경우는 아주 드물다.

혹간

의미 [＋빈도],[＋간격]

제약

=간혹. 어쩌다가 띄엄띄엄.

¶혹간 그런 생각을 할 수도 있으나 처음부터 잘못된 생각이니까 아예 생각하지도 마라./혹간 마음이 어지러워 집 생각이 날 때면 떨어진 구군복 자락을 쳐다보았다.≪박종화, 금삼의 피≫

혹독-히

의미 [＋정도],[＋과도]

제약

① 몹시 심하게.

¶바람이 혹독히 차서 눈을 뜰 수가 없었다.

의미 [＋성질]v[＋행동],[＋잔인],[＋흉악],[＋정도]

제약

② 성질이나 하는 짓이 몹시 모질고 악하게.

¶해방 전에 지하에서 민족 운동을 하던 내 친구가 있었는데, 한태출 그놈한테 잡혀 혹독히 당했답니다.≪김원일, 불의 제전≫/아무라도 잡아다가 형벌을 혹독히 하면 형벌을 견디지 못하여 아니한 혁명 운동을 하였다고 합니다.≪한용운, 흑풍≫

혹렬-히

의미 [＋잔인],[＋가혹],[＋정도]

제약

① 몹시 모질고 심하게.

의미 [＋냄새]v[＋기운],[＋지독]

제약

② 냄새나 기운 따위가 지독하게.

혹사-히

의미 [＋유사],[＋정도]

제약

아주 비슷하게.

혹시01

의미 [＋가정],[−발생],[＋부정]

제약

① 그러할 리는 없지만 만일에. 늑혹02①·혹야·혹여·혹자.

¶혹시 내일 죽게 된다면 무엇을 하고 싶니?/혹시 실패하더라도 용기를 잃지 마라.

의미 [−의도],[＋우연]

제약

② 어쩌다가 우연히. 늑혹02②·혹야·혹여·혹자.

¶혹시 그 사람을 만나거든, 내 말을 꼭 전해 주게./혹시 이쪽에 오게 되면 꼭 연락해라.

의미 [＋추측]

제약

③ 짐작대로 어쩌면. 늑혹02③·혹야·혹여·혹자.

¶혹시 편찮으신 것은 아닐까./혹시 내일 떠나게 될지도 모르겠습니다.

의미 [＋언사],[＋의심],[＋주저]

제약

④ (의문문에 쓰여) 그러리라 생각하지만 다소 미심쩍은 데가 있어 말하기를 주저할 때 쓰는 말.

¶혹시 절 모르시겠습니까?/혹시 우리 전에 본 적 있나요?/혹시 난리 전에 병원에 나가시던 의사 선생님 아니신가요?≪홍성원, 육이오≫

혹시02

의미 [＋우연]v[＋가끔]

제약

어쩌다가. 또는 어떠한 때에.

혹시-나

의미 [＋가정],[−발생],[＋부정]

제약

① 그러할 리는 없지만 만일에.

의미 [-의도],[+우연]

제약

② 어쩌다가 우연히.

의미 [+추측]

제약

③ 짐작대로 어쩌면.

의미 [+언사],[+의심],[+주저]

제약

④ (의문문에 쓰여) 그러리라 생각하지만 다소 미심쩍은 데가 있어 말하기를 주저할 때 쓰는 말.

¶혹시나 일이 잘못되면 곧 알려라./그래도 혹시나 그가 올까 기다렸지만 그는 끝내 나타나지 않았다./나의 무례함이 혹시나 그의 마음을 상하게 했는지도 모르겠다./혹시나 하고 기다렸지만 그는 끝내 오지 않았다./혹시나 해서 보내오니 경옥 아씨 시집 안 갔으면 전해 달라고 하십시오.≪송기숙, 녹두 장군≫

혹심-히

의미 [+과도]

제약

매우 심하게.

혹야

의미 [+가정],[-발생],[+부정]

제약

①=혹시01①. 그러할 리는 없지만 만일에.

의미 [-의도],[+우연]

제약

②=혹시01②. 어쩌다가 우연히.

의미 [+추측]

제약

③=혹시01③. 짐작대로 어쩌면.

혹여

의미 [+가정],[-발생],[+부정]

제약

①=혹시01①. 그러할 리는 없지만 만일에.

¶혹여 오해하실 분이 계실까 해서 드리는 말씀입니다./혹여 시험에 떨어져도 너무 상심하지 마

라./공 변호사는 드러내 놓고 옆 칸막이 쪽에다 신경을 썼다. 혹여 옆 칸막이 속에서 여느 변호사가 이런 소리를 듣기라도 할까 보아 낭패해하는 얼굴이 역력했다.≪이호철, 문≫

의미 [-의도],[+우연]

제약

②=혹시01②. 어쩌다가 우연히.

¶혹여 찾으면 꼭 연락을 주십시오.

의미 [+추측]

제약

③=혹시01③. 짐작대로 어쩌면.

¶혹여 네 생각이 맞을지도 모르나 그런 생각은 말하지 마라.

혹여-나

의미 [+가정],[-발생],[+부정]

제약

('-지 않을까'와 함께 쓰여) '혹여'를 강조하여 이르는 말.

¶혹여나 독자들 가운데서 시를 습작하는 사람들이 있지 않을까?/혹여나 오해하실 분이 계실까 해서 말씀드리는 겁니다.≪윤흥길, 묵시의 바다≫

혹-은

의미 [+가정],[-부정]

제약

① 그렇지 아니하면. 또는 그것이 아니라면.

¶아들 혹은 딸./나는 10년 혹은 20년 동안 외국에 나가 있을 생각이다./직접으로 혹은 간접으로, 숙생들은 민심을 어지럽게 하기에 온 힘을 썼다.≪김동인, 젊은 그들≫

의미 [+선택],[+부분]

제약

② ('혹은 …, 혹은 …' 구성으로 쓰여) 더러는.

¶방 안의 사람들은 혹은 앉기도 하고, 혹은 눕기도 하였다./재개발이 시작되자 혹은 친척 집으로 혹은 전세를 구해 이사를 떠났다.

혹자

의미 [+가정],[-발생],[+부정]

제약

①=혹시01①. 그러할 리는 없지만 만일에.

의미 [-의도],[+우연]

제약

②=혹시01②. 어쩌다가 우연히.

의미 [+추측]

제약

③=혹시01③. 짐작대로 어쩌면.

혹-혹01

의미 [+소리]v[+모양],[+액체],[+흡입],[+연속]

제약 {액체}-{들이마시다}

① 액체를 조금씩 잇따라 들이마시는 소리. 또는 그 모양.

의미 [+소리]v[+모양],[+입김],[+배출],[+정도],[+연속]

제약

② 입을 작게 오므리고 입김을 잇따라 조금 세게 부는 소리. 또는 그 모양.

¶아이는 빨갛게 언 손가락을 **혹혹** 불며 발을 동동 구른다./아낙네들이 손이 시린지 빨래터에서 손을 **혹혹** 불며 빨래를 한다.

혹-혹02

의미 [+느낌],[+바람],[+추위],[+피부],[+접촉],[+고통]

제약

찬 바람이 피부에 닿아 따끔거리는 느낌.

¶이월 중순까지도 날이 춥기가 여간이 아니다. 아침저녁은커녕 낮에도 **혹혹** 쏘는 바람이 나뭇등걸에서 노래하고 있었다.≪김동인, 운현궁의 봄≫

혼곤-히

의미 [+정신],[-분명],[+피곤]

제약

정신이 흐릿하고 고달프게.

¶그는 **혼곤히** 잠이 들었다./계월향은 마룻바닥에 쓰러져 누운 채 온몸이 풀솜같이 **혼곤히** 잠이 들어 버린다.≪박종화, 임진왜란≫/자꾸 권하는 바람에 시영은 술이 또 **혼곤히** 취했다.≪유진오, 화상보≫

혼란스레01

의미 [+시각],[+혼란],[-질서]

제약

보기에 뒤죽박죽이 되어 어지럽고 질서가 없는

데가 있게.

혼란스레02

의미 [+빛],[+찬란],[+미려]

제약

보기에 어른어른하는 빛이 눈부시게 아름다운데가 있게.

혼연

의미 [+모양],[+순수],[-혼합]

제약

① 다른 것이 조금도 섞이지 아니한 모양. 늑혼연히02①.

¶형제 서로 위로하고 살피는 정이 예전보다 배나 더 하도록, **혼연** 성심을 기울여야겠습니다. ≪최명희, 혼불≫

의미 [+모양],[-차별]v[-구별]

제약

② 차별이나 구별이 없는 모양. 늑혼연히02②.

의미 [+모양],[-결점],[+원만]

제약

③ 모나지도 아니하고 결점도 없는 원만한 모양. 늑혼연히02③.

혼연-히01

의미 [+태도]v[+기색],[+예사],[+상황],[+주저]v[+염려]

제약 { }-{굴다}

=태연히. 마땅히 머뭇거리거나 두려워할 상황에서 태도나 기색이 아무렇지도 않은 듯이 예사롭게.

¶조금도 안되었다는 말도 없고 미안하다는 빛도 없이 **혼연히** 저도 먹고 내게도 권하였다.≪김구, 백범일지≫/때는 장마 통이라 비는 주룩주룩 내렸건만 나는 **혼연히** 옷을 떼어 입고 집을 나서려니까….≪변영로, 명정 40년≫

혼연-히02

의미 [+모양],[+순수],[-혼합]

제약

①=혼연①. 다른 것이 조금도 섞이지 아니한 모양.

의미 [+모양],[-차별]v[-구별]

제약

②=혼연②. 차별이나 구별이 없는 모양.

¶그 사람의 인격 자체와 **혼연히** 융합되어서 나타나지 않는다면….≪김진섭, 인생 예찬≫

의미 [+모양],[-결점],[+원만]

제약

③=혼연③. 모나지도 아니하고 결점도 없는 원만한 모양.

¶장군은 얄밉지마는 **혼연히** 이 사람을 대면해 주었다.≪박종화, 임진왜란≫

혼자

의미 [+고립]

제약

다른 사람과 어울리거나 함께 있지 아니하고 동떨어져서.

¶**혼자** 내버려 두다./**혼자** 남겨 두다./집에 들어가 보니 동생이 **혼자** 밥을 먹고 있었다./도와주려고 했는데 그는 **혼자** 해 보겠다며 거절했다./화가 난 친구는 아무 말 없이 **혼자** 가 버렸다./한적한 시골 길을 **혼자** 걷는 그녀의 모습이 오래도록 눈앞에 어른거렸다.≪홍성암, 큰물로 가는 큰 고기≫

혼잡스레

의미 [+다수],[+혼합],[+혼란]

제약

여럿이 한데 뒤섞이어 어수선한 데가 있게.

혼혼

의미 [+모양],[+암흑]

제약

① 어두운 모양. 늑혼혼히①.

의미 [+모양],[-도리],[+마음],[+혼탁]

제약

② 도리에 어둡고 마음이 흐린 모양. 늑혼혼히②.

의미 [+모양],[+정신],[-분명]

제약

③ 정신이 가물가물하고 희미한 모양. 늑혼혼히③.

혼혼-히

의미 [+모양],[+암흑]

제약

①=혼혼①. 어두운 모양.

의미 [+모양],[-도리],[+마음],[+혼탁]

제약

②=혼혼②. 도리에 어둡고 마음이 흐린 모양.

의미 [+모양],[+정신],[-분명]

제약

③=혼혼③. 정신이 가물가물하고 희미한 모양.

¶마치 오늘 내가 동해가 한 낭떠러지 위 소나무 그늘에 누구 몰래 앉아 있듯이 그렇게 수월하게 **혼혼히** 졸며 낙명할 수 있지 않겠는가?≪유치환, 나는 고독하지 않다≫

혼후-히

의미 [+온화],[+인정],[+돈독]

제약

온화하고 인정이 두텁게.

홀가분-히

의미 [-거북],[+편안]

제약

① 거추장스럽지 아니하고 가볍고 편안하게.

¶그는 다니던 회사를 그만두고 **홀가분히** 서울을 떠났다./가족이 없던 그는 **홀가분히** 외국으로 떠날 수 있었다./1945년 봄 가족과 짐을 미리 소개(疏開)란 이유로 서울 근처로 보내고 해방이 되자 8월 18일 **홀가분히** 기차 편으로 상경한 것이다.≪이숭녕, 대학가의 파수병≫

의미 [+처리],[+용이],[-중요]

제약

② 다루기가 만만하여 대수롭지 아니하게.

홀까닥

의미 [+소리]v[+모양],[+액체]v[+음식],[+삼킴]

제약 {액체, 음식}-{삼키다}

적은 양의 액체나 음식 따위를 가볍게 삼키는 소리. 또는 그 모양.

¶그는 소주를 **홀까닥** 비웠다.

홀까닥-홀까닥

의미 [+소리]v[+모양],[+액체]v[+음식],[+삼킴],[+반복]

제약 {액체, 음식}-{삼키다}

적은 양의 액체나 음식 따위를 자꾸 조금씩 가

볍게 삼키는 소리. 또는 그 모양.

¶술을 홀까닥홀까닥 마셨다.

홀깍

의미 [+소리]v[+모양],[+액체]v[+음식],[+삼킴]

제약 {액체, 음식}-{삼키다}

'홀까닥'의 준말. 적은 양의 액체나 음식 따위를 가볍게 삼키는 소리. 또는 그 모양.

¶그는 조금 남아 있던 차를 홀깍 마셔 버리고 자리에서 일어났다.

홀깍-홀깍

의미 [+소리]v[+모양],[+액체]v[+음식],[+삼킴],[+반복]

제약 {액체, 음식}-{삼키다}

'홀까닥홀까닥'의 준말. 적은 양의 액체나 음식 따위를 자꾸 조금씩 가볍게 삼키는 소리. 또는 그 모양.

홀딱

의미 [+모양],[+탈의],[+전부],[±의지]

제약 { }-{벗다, 벗어지다}

① 남김없이 벗거나 벗어진 모양.

¶아이들이 옷을 홀딱 벗고 강에서 물장구를 치고 있다./그는 사냥한 짐승의 가죽을 홀딱 벗겼다.

의미 [+모양],[+전복],[±의지],[+속도]

제약 { }-{뒤집다, 뒤집히다}

② 조금 빠르게 뒤집거나 뒤집히는 모양.

¶음료수가 절반 아래로 내려가면 고개를 홀딱 뒤로 젖히고 마셔야 하거든. 그 여잔 그게 품위 없는 자세라고…

의미 [+모양],[+도약],[+기운],[+정도]

제약 { }-{뛰다, 뛰어넘다}

③ 조금 힘차게 뛰거나 뛰어넘는 모양.

¶울타리를 홀딱 뛰어넘다./개울을 단번에 홀딱 뛰어넘다./아이가 말 위로 홀딱 올라탔다.

의미 [+모양],[+소량],[+섭취],[-여분],[+속도]

제약 { }-{먹어치우다}

④ 적은 양을 남김없이 날쌔게 먹어 치우는 모양.

¶강아지가 눈 깜짝할 사이에 고깃덩이를 홀딱 삼켜 버렸다./잠시 자리를 비운 사이에 누가 내 주스를 홀딱 마셔 버렸다.

의미 [+모양],[+유혹]v[+속음],[+정도]

제약

⑤ 몹시 반하거나 여지없이 속아 넘어가는 모양.

¶그는 맞선 본 여자에게 홀딱 반했다./도박에 홀딱 빠져서 전 재산을 날렸다./남의 싸움 구경에 홀딱 정신이 팔린 나머지 누가 지갑을 빼 가는 것도 몰랐다./그는 컴퓨터에 홀딱 빠져 밥 먹는 것도 귀찮게 여긴다.

의미 [+모양],[+전부],[+소멸]

제약 { }-{날리다}

⑥ 가지고 있던 것이 모두 다 없어지는 모양.

¶그는 노름으로 가진 돈을 홀딱 날렸다./그까짓 이삼십 원의 돈쯤은 앉은자리에서 홀딱 날아가고 만다.≪박태원, 천변 풍경≫

의미 [+모양],[+전부],[+침수]

제약 { }-{젖다}

⑦ 남김없이 모두 젖은 모양.

¶갑자기 비가 퍼붓는 바람에 속옷까지 홀딱 젖었다.

의미 [+모양],[+철야]

제약 {밤}-{새다}

⑧ 밤을 고스란히 새우는 모양.

¶동짓달 기나긴 밤이 이야기 두어 마디에 홀딱 새어 버린 것 같다.≪염상섭, 무화과≫

홀딱-홀딱[01]

의미 [+모양],[+전부]v[+반복],[+탈의],[±의지]

제약 { }-{벗다, 벗어지다}

① 여럿이 다 또는 자꾸 남김없이 벗거나 벗어진 모양.

¶아이들은 옷을 홀딱홀딱 벗고 물속에 뛰어들었다.

의미 [+모양],[+전부]v[+반복],[+전복],[±의지],[+속도]

제약 { }-{뒤집다, 뒤집히다}

② 여럿이 다 또는 자꾸 조금 빠르게 뒤집거나

뒤집히는 모양.

¶선풍기 바람에 책상 위에 있던 종잇조각들이 **홀딱홀딱** 뒤집혔다.

의미 [+모양],[+전부]v[+반복],[+도약],[+기운],[+정도]

제약 { }-{뛰다, 뛰어넘다}

③ 여럿이 다 또는 자꾸 조금 힘있게 뛰거나 뛰어넘는 모양.

¶노루 떼가 울타리를 **홀딱홀딱** 뛰어 달아났다./정병태는 두 팔을 짚고 땅재주를 마당 이쪽에서 저쪽까지 **홀딱홀딱** 넘어간다.≪이기영, 봄≫

의미 [+모양],[+전부]v[+반복],[+소량],[+섭취],[-여분],[+속도]

제약 { }-{먹어치우다}

④ 여럿이 다 또는 자꾸 적은 양을 남김없이 날쌔게 먹어 치우는 모양.

¶연거푸 술을 **홀딱홀딱** 마셨다./안주를 **홀딱홀딱** 집어 먹는다.

의미 [+모양],[+전부],[+유혹]v[+속음],[+정도]

제약

⑤ 여럿이 다 몹시 반하거나 여지없이 속아 넘어가는 모양.

의미 [+모양],[+전부],[+소멸],[+반복]

제약 { }-{날리다}

⑥ 가지고 있던 것이 모두 다 자꾸 없어지는 모양.

홀딱-홀딱02

의미 [+모양],[+신],[+크기],[+분리]v[+전복],[+반복]

제약 {신}-{벗어지다, 뒤집히다}

신 따위가 헐거워서 자꾸 벗어지거나 뒤집히는 모양.

¶새로 산 신발이 너무 커서 걸을 때마다 **홀딱홀딱** 벗겨진다.

홀라당

의미 [+모양],[+전부],[+노출],[+탈의]v[+전복],[+동시]

제약 { }-{벗어지다, 뒤집히다}

① '홀랑①'의 본말. 속의 것이 한꺼번에 드러나

도록 완전히 벗어지거나 뒤집히는 모양.

¶그는 주머니를 **홀라당** 뒤집어 먼지 한 점까지 털어 내었다./아이들은 옷을 **홀라당** 벗고 물로 뛰어들었다./옷감이 첩첩이 쌓인 장으로 가 날렵한 손길로 그곳을 **홀라당** 뒤집기 시작했다.≪박완서, 도시의 흉년≫

의미 [+모양],[+돈]v[+재산],[+소멸]

제약 {돈, 재산}-{날리다}

② '홀랑②'의 본말. 조금 가지고 있던 돈이나 재산 따위가 완전히 다 없어지는 모양.

¶노름으로 재산을 **홀라당** 날려 버렸다./불이 나서 공장이 **홀라당** 타 버렸다./그의 삼촌이 집 장사로 떼돈을 벌다가 **홀라당** 까먹고….≪김원우, 짐승의 시간≫

의미 [+모양],[+구멍],[+크기],[+통과],[+용이]

제약

③ '홀랑④'의 본말. 구멍이 넓어서 헐겁게 빠지거나 들어가는 모양.

홀라당-홀라당

의미 [+모양],[+전부]v[+연속],[+노출],[+탈의]v[+전복],[+동시]

제약 { }-{벗어지다, 뒤집히다}

① '홀랑홀랑①'의 본말. 여럿이 다 또는 잇따라 속의 것이 한꺼번에 드러나도록 완전히 벗어지거나 뒤집히는 모양.

¶사내아이들은 옷을 **홀라당홀라당** 벗어 던지고 냇물로 뛰어들었다.

의미 [+모양],[+전부]v[+연속],[+돈]v[+재산],[+소멸]

제약 {돈, 재산}-{날리다}

② '홀랑홀랑②'의 본말. 여럿이 다 또는 잇따라 조금 가지고 있던 돈이나 재산 따위가 다 없어지는 모양.

¶그는 노름에 빠져 재산을 **홀라당홀라당** 다 까먹었다./많은 사람들이 사기를 당해 가지고 있던 돈을 **홀라당홀라당** 날렸다.

홀랑

의미 [+모양],[+노출],[+탈의]v[+전복],[+동시]

제약 { }-{벗어지다, 뒤집히다}

① 속의 것이 한꺼번에 드러나도록 완전히 벗어지거나 뒤집히는 모양.

¶아이들은 옷을 **홀랑** 벗고 물로 뛰어들었다./아이를 깨우려고 이불을 **홀랑** 걷어 버렸다./포로들은 조 중사의 큰소리와는 달리 윗도리만 **홀랑** 벗겨진 채 아래는 원래대로 두툼한 누비옷을 입고 있었다.≪홍성원, 육이오≫

의미 [+모양],[+돈]v[+재산],[+소멸]

제약 {돈, 재산}-{날리다}

② 조금 가지고 있던 돈이나 재산 따위가 완전히 다 없어지는 모양.

¶그 절은 6·25 전쟁 때 **홀랑** 타 버렸다./노름으로 전 재산을 **홀랑** 날려 버렸다./겨우 지팡이를 끌며 걷고 있는데 뒷모습을 보면 궁둥이의 살이 **홀랑** 빠져 두 다리의 해골이 뒤틀거리는 것 같았다.≪이병주, 지리산≫

의미 [+모양],[+구멍],[+크기],[+통과],[+용이]

제약

③ 구멍이 넓어서 헐겁게 빠지거나 들어가는 모양.

¶그렇게 짧은 치마를 입고 다닐 거면 아예 **홀랑** 벗어라.

의미 [+모양],[+도약]v[+상승],[+용이]

제약

④ 쉽게 뛰어넘거나 들어 올리는 모양.

홀랑-홀랑

의미 [+모양],[+전부]v[+연속],[+노출],[+탈의]v[+전복],[+동시]

제약 { }-{벗어지다, 뒤집히다}

① 여럿이 다 또는 잇따라 속의 것이 한꺼번에 드러나도록 완전히 벗어지거나 뒤집히는 모양.

¶옷을 **홀랑홀랑** 벗다.

의미 [+모양],[+전부]v[+연속],[+돈]v[+재산],[+소멸]

제약 {돈, 재산}-{날리다}

② 여럿이 다 또는 잇따라 조금 가지고 있던 돈이나 재산 따위가 다 없어지는 모양.

¶그는 아버지가 남긴 유산을 **홀랑홀랑** 써 버렸

다.

의미 [+모양],[+구멍],[+크기],[+통과],[+용이],[+반복]

제약

③ 구멍이 넓어서 자꾸 헐겁게 빠지거나 드나드는 모양.

홀략-히

의미 [+소홀],[+간략]

제약

소홀하고 간략하게.

홀로

의미 [+혼자]

제약

자기 혼자서만.

¶그는 사고로 가족을 잃고 **홀로** 살고 있다./**홀로** 지내기 쓸쓸하지 않소?/모두 집으로 떠나고 기숙사에는 나만 **홀로** 남았다./태고의 삼림 속과 같이 적막한 방 안에 **홀로** 깨어 있는 것은 영신의 영혼뿐.≪심훈, 상록수≫

홀로-이

의미 [+혼자]

제약

'홀로'를 강조하여 이르는 말. 자기 혼자서만.

¶외로움. 그것은 뭇사람들과 떨어져 **홀로이** 있는 외로움이 아니었다.≪선우휘, 불꽃≫/인화는 아무도 모르는 틈에 자기만은 그 자리에서 미끄러져 나가서 **홀로이** 뒤로 돌아가서 눈물을 흘리고 싶었다.≪김동인, 젊은 그들≫

홀언

의미 [-의도],[+순간]

제약

=홀연. 뜻하지 아니하게 갑자기.

홀여

의미 [-의도],[+순간]

제약

=홀연. 뜻하지 아니하게 갑자기.

홀연

의미 [-의도],[+순간]

제약

뜻하지 아니하게 갑자기. 늑홀언·홀여·홀연

히.

¶**홀연** 종적을 감추다./적진을 살피며 방아쇠를 더듬으니 **홀연** 무언가가 후다닥 왼쪽 숲으로 몸을 숨겼다.≪홍성원, 육이오≫/**홀연** 그의 눈이 침침해졌다가 이내 환해지면서 주위의 경물이 달라졌다.≪이문열, 황제를 위하여≫/적장이 기침을 하면서 누마루 위로 성큼 올라서자, 강물을 바라보아 등을 지고 섰던 미인이 **홀연** 고개를 돌린다.≪박종화, 임진왜란≫

홀연-히
의미 [- 의도],[+ 순간]
제약
=홀연. 뜻하지 아니하게 갑자기.
¶그는 온다 간다 인사도 없이 **홀연히** 떠났다./조금 좋지 못하던 일기는 **홀연히** 개어서 서창을 비추는 저녁 빛은 두 사람의 마음을 명랑하게 하였다.≪한용운, 흑풍≫

홀저-히
의미 [+ 급박],[+ 소홀]
제약
급작스럽고 소홀하게.

홀제
의미 [- 의도],[+ 순간]
제약
'홀지에'의 준말. 뜻하지 아니하게 갑작스럽게.
¶음산하던 들마루가 **홀제** 환하여지는 것 같았다. ≪홍명희, 임꺽정≫/**홀제** 잠이 깨어 있으려니 옆에 누운 김 귀인의 훌쩍훌쩍 느껴 우는 울음소리가 들린다.≪박종화, 임진왜란≫

홀지-에
의미 [- 의도],[+ 순간]
제약
뜻하지 아니하게 갑작스럽게.
¶평생에 남의 집 남자의 그림자만 보아도 피하여 달아나던 여편네가 **홀지에** 삼백여 명 신사 모인 곳에 와서 앉았으니, 환영받는 홍치는 조금도 없고 부끄러운 마음뿐이라.≪이인직, 모란봉≫/ 전에는 딸과 영감이 보고 싶고 궁금만 하더니 **홀지에** 그 딸의 슬퍼 우는 소리가 들리는 듯….
≪이해조, 고목화≫

홀짝
의미 [+ 소리]v[+ 모양],[+ 액체],[+ 흡입],[- 여분],[+ 순간]
제약 {액체}-{마시다}
① 적은 양의 액체 따위를 단숨에 남김없이 들이마시는 소리. 또는 그 모양.
¶술을 **홀짝** 마셔 버렸다./남은 잔을 **홀짝** 비웠다./녹수는 연산의 손에서 술잔을 받아 들고 **홀짝** 한 모금을 마신다.≪박종화, 금삼의 피≫/그는 병일이 주는 술잔을 받아 단숨에 **홀짝** 소리를 내고 마셔 버렸다.≪현진건, 적도≫
의미 [+ 소리]v[+ 모양],[+ 콧물],[+ 흡입]
제약 {콧물}-{들이마시다}
② 콧물을 조금 들이마시는 소리. 또는 그 모양.
¶그 꼬마는 계속 코를 **홀짝** 들이마시며 무어라고 이야기한다.
의미 [+ 모양],[+ 도약]v[+ 비상],[+ 순간]
제약
③ 단숨에 가볍게 뛰거나 날아오르는 모양.
¶도랑을 **홀짝** 뛰어 건넜다./그 조그만 부리로 사내의 손가락 끝을 조심스럽게 한두 번 콕콕 쪼아 대는 시늉이더니 나중에는 겁도 없이 **홀짝** 그 손가락 위로 몸을 날려 내려앉는 것이었다.≪이청준, 잔인한 도시≫

홀짝-홀짝
의미 [+ 소리]v[+ 모양],[+ 액체],[+ 흡입],[- 여분],[+ 반복]
제약 {액체}-{들이마시다}
① 적은 양의 액체 따위를 남김없이 자꾸 들이마시는 소리. 또는 그 모양.
¶**홀짝홀짝** 물을 마시다./경애는 싫다던 술을 심심풀이로 **홀짝홀짝** 마시고 앉았다.≪염상섭, 삼대≫
의미 [+ 소리]v[+ 모양],[+ 콧물],[+ 흡입],[+ 반복]
제약 {콧물}-{들이마시다}
② 콧물을 자꾸 조금씩 들이마시는 소리. 또는 그 모양.
¶코를 **홀짝홀짝** 들이켜다.
의미 [+ 소리]v[+ 모양],[+ 울음],[+ 콧물],[+ 흡입],[- 정도],[+ 반복]

제약 {사람}-{울다}

③ 콧물을 들이마시며 자꾸 조금씩 흐느껴 우는 소리. 또는 그 모양.

¶어머니의 젖을 억지로 떨어진 것처럼 눈이 빨개지도록 **훌짝훌짝** 울면서 또는 흑흑 흐느끼면서 쫓겨 나갔다.≪심훈, 상록수≫

의미 [+모양],[+도약]v[+비상],[+연속]

제약

④ 잇따라 가볍게 뛰거나 날아오르는 모양.

¶마차에 올라 자리를 잡고 앉으니 어제 저녁때 **훌짝훌짝** 뛰는 시늉을 하며 가던 새침이 뒷모습이 묘하게 마음에 걸려 들었던 일이 생각난다.≪박경리, 토지≫

홀쭉-홀쭉

의미 [+모양],[+전부],[+몸통],[-두께],[+길이]

제약

① 여럿이 다 길이에 비하여 몸통이 가늘고 긴 모양.

의미 [+모양],[+전부],[+내부],[+공허],[+함몰]

제약

② 여럿이 다 속이 비어서 안으로 오므라져 있는 모양.

의미 [+모양],[+전부],[+수척],[+투병]v[+피로]

제약

③ 여럿이 다 앓거나 지쳐서 몸이 야윈 모양.

의미 [+모양],[+전부],[+선단],[+예리],[+길이]

제약

④ 여럿이 다 끝이 뾰족하고 긴 모양.

홀쭉-히

의미 [+몸통],[-굵기],[+길이]

제약

① 길이에 비하여 몸통이 가늘고 길게.

의미 [+상태],[+내부],[+공허],[+함몰]

제약

② 속이 비어서 안으로 오므라져 있는 상태로.

의미 [+상태],[+수척],[+투병]v[+피로]

제약

③ 앓거나 지쳐서 몸이 야윈 상태로.

의미 [+선단],[+예리],[+길이]

제약

④ 끝이 뾰족하고 길게.

홀홀

의미 [+모양],[+조류],[+날개],[+운동],[+비상],[+연속]

제약 {새}-{날다}

① 작은 날짐승 따위가 잇따라 날개를 치며 가볍게 나는 모양.

¶나비들이 이 꽃 저 꽃 **홀홀** 날아다닌다./기러기들이 떼를 지어 하늘을 **홀홀** 날아간다./**홀홀** 나는 듯한 그 홀가분한 몸은 기름같이 여해의 품 속으로 뛰어들 것 같았다.≪현진건, 적도≫

의미 [+모양],[+눈]v[+종이]v[+털],[+비상]

제약 {눈, 종이, 털}-{날리다}

② 가는 눈, 종이, 털 따위가 가볍게 날리는 모양.

의미 [+모양],[+질주]v[+운동],[+경쾌]

제약 { }-{뛰다, 움직이다}

③ 가볍게 날듯이 뛰거나 움직이는 모양.

의미 [+모양],[+투척]v[+살포],[+물건],[+거리],[+반복]

제약 {물건}-{던지다, 뿌리다}

④ 작고 가벼운 물건을 자꾸 멀리 던지거나 뿌리는 모양.

¶농부가 씨를 밭에 **홀홀** 뿌리고 있다.

의미 [+모양],[+먼지]v[+조각],[+분리],[+연속]

제약 {먼지, 부스러기}-{떨다}

⑤ 먼지나 작은 부스러기 따위를 잇따라 가볍게 떠는 모양.

¶옷에 묻은 눈을 **홀홀** 떨어 버리고 집 안으로 들어갔다.

의미 [+모양],[+옷],[+탈의],[±의지]

제약 {옷}-{벗다, 벗기다}

⑥ 옷 따위를 가볍게 벗어 버리거나 벗기는 모양.

¶방에 들어서자마자 나는 대뜸 옷을 **홀홀** 벗어

젖히며 자초지종을 물었다.≪이청준, 소문의 벽≫

의미 [+모양],[+죽]v[+물],[+소량],[+흡입],
[+반복]

제약 {죽, 물}-{들이마시다}

⑦ 묽은 죽이나 더운물 따위를 조금씩 자꾸 들이마시는 모양.

¶그는 더운 차를 **홀홀** 들이마셨다.

의미 [+모양],[+불길],[+연소],[-속도]

제약 {불길}-{타오르다}

⑧ 불길이 조금씩 타오르는 모양.

¶불쏘시개를 집어넣자 꺼져 가던 불씨가 **홀홀**
불길을 날리기 시작했다.

의미 [+모양],[+입김],[+배출],[+반복]

제약

⑨ 입김을 자꾸 조금씩 불어 내는 모양.

¶뜨거운 국물을 **홀홀** 불며 마신다.

홀홀-히

의미 [-조심],[+행동],[+경박],[+정도]

제약

① 조심성이 없고 행동이 매우 가볍게.

¶평소 **홀홀히** 하는 행동 때문에 그는 주위 사람
들로부터 신임을 얻지 못한다.

의미 [-중요]

제약

② 별로 대수롭지 아니하게.

¶비록 야당 국회 의원까지는 못 되지만, 이쪽도
사회적으로 이름이 알려져 있는 만큼, **홀홀히** 다
루지는 못할 것이다.≪이호철, 문≫

의미 [+생각],[+발생],[+순간]

제약

③ 문득 갑작스럽게.

¶몇 푼의 돈과 옷가지 몇 점을 집에 놓고는 처
자식을 처갓집에 맡긴 채 남사당패를 따라 또
홀홀히 떠나 버렸던 것이다.≪김원일, 노을≫

의미 [+상태],[+근심],[+심란]

제약

④ 근심스러워 뒤숭숭한 상태로.

홈착-홈착

의미 [+모양],[+탐색],[+접촉],[-일정],[+반
복]

제약 { }-{뒤지다}

① 보이지 아니하는 데 있는 것을 찾으려고 자
꾸 요리조리 더듬어 뒤지는 모양.

의미 [+모양],[+눈물],[+제거],[-일정],[+반
복]

제약 {눈물}-{씻다}

② 눈물 따위를 자꾸 요리조리 훔쳐 씻는 모양.

¶옥단이가 치마끈 끝에 고춧가루 물을 들였다
가…치마끈으로 눈을 **홈착홈착** 씻으니 눈에서
불이 나는 듯하며….≪김교제, 치악산≫

의미 [+모양],[+장악],[+훼손],[+반복]

제약 { }-{갈작이다}

③ 옴켜잡듯이 자꾸 거칠게 갈작이는 모양.

홈치작-홈치작

의미 [+모양],[+탐색],[+접촉],[-일정],[-속
도],[+반복]

제약 { }-{뒤지다}

① 보이지 않는 데 있는 것을 찾으려고 요리조
리 굼뜨게 자꾸 더듬어 뒤지는 모양.

의미 [+모양],[+눈물],[+제거],[-일정],[-속
도],[+반복]

제약 {눈물}-{씻다}

② 눈물 따위를 요리조리 굼뜨게 자꾸 훔쳐 씻
는 모양.

의미 [+모양],[+장악],[+훼손],[-속도],[+반
복]

제약 { }-{갈작이다}

③ 옴켜잡듯이 굼뜨고 거칠게 자꾸 갈작이는 모
양.

훗훗-이

의미 [+단출],[+정도]

제약

딸린 사람이 적어서 매우 홀가분하게.

¶만반 준비를 다 차리고 건너올 것이지 무슨 까
닭에 **훗훗이** 배 한 척만을 가지고 건너오겠소이
까?≪박종화, 임진왜란≫

훙알-훙알

의미 [+소리]v[+모양],[+신명],[+수다],[+연
속]

제약

조금 흥에 겹게 계속해서 종알종알 재깔이는 소리. 또는 그 모양.

홍염-히
의미 [+빛깔],[+빨강],[+소담]
제약
빛깔이 붉고 탐스럽게.

홍원-히
의미 [+넓이],[+거리]
제약
넓고 멀게.

홍윤-히
의미 [+얼굴],[+빨강],[+유연]
제약
얼굴이 불그레하고 부드럽게.

홍홍
의미 [+소리],[+코찡찡이],[+언사],[+헛김], [+혼합]
제약
코찡찡이가 말할 때에, 헛김이 섞여 나오는 소리.

홀-으로
의미 [+수효],[+소량],[+계산],[+용이]
제약
세기 쉬운 적은 수효로.

화급-히
의미 [+급박],[+정도]
제약
걷잡을 수 없이 타는 불과 같이 매우 급하게.
¶동네 사람들은 화재가 난 곳으로 **화급히** 달려가 보았다./급한 일이라며 그를 **화급히** 불렀다.

화기로이
의미 [+기색]v[+분위기],[+혼화],[+화목]
제약
기색이나 분위기가 온화하고 화목하게.

화끈
의미 [+모양],[+몸]v[+쇠],[+열기],[+순간]
제약 {몸, 쇠}-{달아오르다}
① 몸이나 쇠 따위가 뜨거운 기운을 받아 갑자기 달아오르는 모양.
¶불꽃이 **화끈** 오르다./나는 부끄러움에 얼굴이

화끈 달아올랐다.
의미 [+모양],[+흥분]v[+긴장],[+상승]
제약
② 흥분이나 긴장 따위가 고조되는 모양.
¶대화 분위기가 **화끈** 달아오르다./요즈음 부동산 경기가 **화끈** 달아오르는 추세다.

화끈-화끈
의미 [+모양],[+몸]v[+쇠],[+열기],[+순간], [+반복]
제약 {몸, 쇠}-{달아오르다}
몸이나 쇠 따위가 뜨거운 기운을 받아 잇따라 갑자기 달아오르는 모양.
¶**화끈화끈** 내리쬐는 열기로 방 안은 한증막 같았다./뻔 팔목이 **화끈화끈** 부어올랐다./찬 바람을 쐬고 다니다가 난로 앞에 앉았더니 얼굴이 **화끈화끈** 달았다.≪심훈, 영원의 미소≫

화다닥
의미 [+모양],[+질주]v[+운동],[+속도],[+순간]
제약 { }-{뛰다, 움직이다}
① 갑자기 빨리 뛰거나 움직이는 모양.
¶"옛? 그 무슨 소리요?" 하고 마나님은 **화다닥** 마루로 뛰어 나온다.≪김동인, 운현궁의 봄≫
의미 [+모양],[+일],[+조급],[+처리]
제약 {일}-{해치우다}
② 일을 서둘러 해치우는 모양.
¶문밖에서 부르는 소리에 상현은 **화다닥** 책을 덮어버린다.≪박경리, 토지≫
의미 [+모양],[+경악]v[+당황],[+순간]
제약
③ 갑자기 놀라거나 당황해하는 모양.
¶명훈은 자신도 모르게 그렇게 물었다가 **화다닥** 놀라듯 말을 돌렸다. "아냐, 여기서 멀지 않아, 조금만 참아."≪이문열, 변경≫

화닥닥
의미 [+모양],[+질주]v[+기립],[+순간]
제약
① 갑자기 뛰거나 몸을 일으키는 모양.
¶**화닥닥** 뛰다./**화닥닥** 일어나는 바람에 의자가 뒤로 넘어져 버렸다./트럭의 굉음에 놀란 산새

들이 배때기를 번쩍이며 **화닥닥** 달을 향해 날아 올랐다.≪박영한, 인간의 새벽≫

의미 [＋모양],[＋일],[＋조급],[＋처리]

제약 {일}-{해치우다}

② 일을 급하게 서둘러 빨리 해치우는 모양.

¶청소를 **화닥닥** 해 버리다./길수는 숙제를 **화닥닥** 하고 나서 텔레비전을 보았다.

의미 [＋소리]v[＋모양],[＋문],[＋개방],[＋순간],[＋정도]

제약 {문}-{열다, 열어젖히다}

③ 문 따위를 갑자기 조금 세게 열어젖히는 소리. 또는 그 모양.

¶**화닥닥** 문을 열다./동생 몰래 군고구마를 먹던 영희는 **화닥닥** 문 열어젖히는 소리에 그만 놀라고 말았다./대원군은 그 소리를 듣자 어쩔 수 없이 미닫이를 **화닥닥** 열고는 소리쳤다.≪유주현, 대한 제국≫

화닥닥-화닥닥

의미 [＋모양],[＋전부]v[＋연속],[＋질주]v[＋기립],[＋순간]

제약

① 여럿이 다 또는 잇따라 갑자기 뛰거나 몸을 일으키는 모양.

¶교실로 들어서자 아이들은 **화닥닥화닥닥** 문밖으로 도망갔다.

의미 [＋모양],[＋전부]v[＋연속],[＋일],[＋조급],[＋처리]

제약 {일}-{해치우다}

② 여럿이 다 또는 잇따라 일을 급하게 서둘러 빨리 해치우는 모양.

¶우리는 밀린 서류를 **화닥닥화닥닥** 해치우고 퇴근했다.

의미 [＋소리]v[＋모양],[＋문],[＋개방],[＋순간],[＋정도]

제약 {문}-{열다, 열어젖히다}

③ 문 따위를 갑자기 조금 세게 열어젖히는 소리. 또는 그 모양.

화드득

의미 [＋소리]v[＋모양],[＋똥],[＋배출],[＋순간],[＋정도]

제약 {똥}-{싸다, 누다}

① 묽은 똥 따위가 갑작스레 세게 나오는 소리. 또는 그 모양.

¶배탈 난 아이가 **화드득** 똥을 쌌다./머리 위의 까치가 **화드득** 똥을 눈다.

의미 [＋소리]v[＋모양],[＋숯불]v[＋나뭇가지],[＋연소],[＋불똥],[＋상승]

제약 {숯불, 나뭇가지}-{타다}

② 숯불이나 나뭇가지 따위가 불똥을 튀기며 타들어 가는 소리. 또는 그 모양.

¶화로에서는 계속해서 **화드득** 소리가 난다./마른 나뭇가지는 빠른 시간 내에 **화드득** 탄다.

의미 [＋모양],[＋경망],[＋방정]

제약

③ 경망스럽게 방정을 떠는 모양.

¶**화드득** 떠들다./대구댁이 마루에서 **화드득** 지껄이고 있었다./장독가에서 삶은 빨래에 방망이질을 하고 있던 중년의 아낙이 방망이를 든 채 **화드득** 일어섰다.≪박경리, 토지≫

화드득-화드득

의미 [＋소리]v[＋모양],[＋똥],[＋배출],[＋순간],[＋정도],[＋연속]

제약 {똥}-{싸다, 누다}

① 묽은 똥 따위가 갑작스레 세게 잇따라 나오는 소리. 또는 그 모양.

¶녀석은 아이스크림을 많이 먹더니 결국 **화드득화드득** 설사를 해 댔다.

의미 [＋소리]v[＋모양],[＋숯불]v[＋나뭇가지],[＋연소],[＋불똥],[＋상승],[＋연속]

제약 {숯불, 나뭇가지}-{타다}

② 숯불이나 나뭇가지 따위가 불똥을 튀기며 잇따라 타들어 가는 소리. 또는 그 모양.

¶**화드득화드득** 소리와 함께 밤하늘의 불꽃놀이는 시작되었다./아이는 마른 삭정이가 **화드득화드득** 타는 모습이 신기하기만 하였다.

화들짝

의미 [＋모양],[＋경악],[＋소란],[＋순간],[＋정도]

제약 {사람}-{놀라다}

별안간 호들갑스럽게 펄쩍 뛸 듯이 놀라는 모양.

¶시어머니 인기척에 **화들짝** 놀라는 며느리./아이는 천둥소리에 **화들짝** 놀라 쓰러졌다./어머니는 아들이 합격했다는 소식을 듣자마자 **화들짝** 놀라며 눈시울을 붉혔다./나는 할아버지가 쓰는 뒷골방에 숨어 있다가 그만 **화들짝** 놀라서 뛰쳐나가 선생의 무릎에다 대고 꾸벅 인사를 했죠 뭐.≪박기동, 아버지의 바다에 은빛 고기 떼≫

화들-화들

의미 [+모양],[+팔다리]v[+몸],[+요동],[+정도],[+반복]

제약 {팔다리, 몸}-{떨다}

팔다리나 몸이 심하게 자꾸 떨리는 모양.

¶나는 술에 취한 아버지의 모습을 보고 **화들화들** 떨기만 했다./그는 조금만 겁이 나도 **화들화들** 떤다.

화려-히

의미 [+찬란],[+미려]

제약

① 환하게 빛나며 곱고 아름답게.

¶가지각색의 꽃이 봄에서 가을에 이르는 동안 그치지 않고 **화려히** 장식하는 화단이 있음으로써 현의 마음은 포근했다.≪선우휘, 불꽃≫

의미 [+일]v[+생활],[+출중]v[+사치]

제약

② 어떤 일이나 생활 따위가 보통 사람들이 누리기 어려울 만큼 대단하거나 사치스럽게.

¶결혼식을 **화려히** 치르다.

화르르

의미 [+모양],[+나뭇잎]v[+종이],[+연소],[+기세]

제약 {나뭇잎, 종이}-{타다}

① 마른 나뭇잎이나 종이 따위가 기세 좋게 타오르는 모양.

¶**화르르** 타 버린 편지./낙엽에 불이 붙자마자 순식간에 **화르르** 타오른다./모깃불에서 **화르르** 화염이 일어났다.

의미 [+소리]v[+모양],[+새],[+날개],[+요동],[+비상]

제약 {새}-{날아오르다}

② 새 떼가 날개를 마구 치며 날아오르는 소리.

또는 그 모양.

¶아이들의 함성에 놀란 새들이 **화르르** 하늘 높이 날아오른다./팽나무 가지에 앉아 있던 참새 떼들이 인기척과 개 짖는 소리에 놀라 장터거리 쪽으로 **화르르** 날아갔다.≪김원일, 불의 제전≫

화르르-화르르

의미 [+모양],[+나뭇잎]v[+종이],[+연소],[+기세],[+연속]

제약 {나뭇잎, 종이}-{타다}

① 마른 나뭇잎이나 종이 따위가 잇따라 기세 좋게 타오르는 모양.

¶**화르르화르르** 아궁이로 타들어 가는 보릿짚에 거센 불길이 일었다.

의미 [+소리]v[+모양],[+새],[+날개],[+요동],[+비상],[+연속]

제약 {새}-{날아오르다}

② 새 떼가 날개를 마구 치며 잇따라 날아오르는 소리. 또는 그 모양.

화설

의미 [+고대],[+소설],[+이야기],[+시작]

제약

고대 소설에서 이야기를 시작할 때 쓰는 말.

¶**화설**, 옛날 어느 고을에 한 선비가 살았습니다.

화속-히

의미 [+모양],[+속도],[+정도]

제약

걷잡을 수 없이 타는 불과 같이 매우 빠르게.

¶**화속히** 퍼지는 냄새./**화속히** 달아나다.

화연-히

의미 [+소리]v[+모양],[+다수],[+말],[+소란],[+정도]

제약

여러 사람이 지껄이는 소리나 모양이 매우 떠들썩하게.

화평-히

의미 [+화목],[+평온]

제약

① 화목하고 평온하게.

¶**화평히** 살다.

의미 [+나라],[+사이],[+화목],[+평화]

제약

② 나라 사이가 화목하고 평화스럽게.

확

의미 [＋모양],[＋바람]v[＋냄새]v[＋기운],[＋발생],[＋맹렬],[＋순간]

제약

① 바람, 냄새 또는 어떤 기운 따위가 갑자기 세게 끼치는 모양.

¶소름이 확 끼치다./더운 바람이 확 들어오다./화장실 문을 열자 독한 악취가 확 풍겼다./그의 얼굴에는 순간 성난 표정이 확 피어올랐다가 사라졌다.

의미 [＋모양],[＋불길],[＋발생],[＋맹렬],[＋순간]

제약 {불길}-{일어나다}

② 불길이 갑자기 세게 일어나는 모양.

¶불길이 확 타오르다./마른 낙엽 더미에 성냥불을 대자 불이 확 피어올랐다.

의미 [＋모양],[＋열기],[＋순간]

제약 { }-{달아오르다}

③ 갑자기 달아오르는 모양.

¶부끄러움에 귀밑이 확 달아오르다./술이 약한 나는 소주 한 잔에 얼굴이 확 달아올랐다.

의미 [＋모양],[＋일],[＋진행],[＋속도],[＋기운]

제약

④ 일이 빠르고 힘차게 진행되는 모양.

¶박쥐 떼가 확 달려들다./그는 성냥을 확 그었다./갑자기 형사들이 노름판을 확 덮쳤다.

의미 [＋모양],[＋해제]v[＋개방],[＋순간]

제약 { }-{풀리다, 열리다}

⑤ 매어 있거나 막혔던 것이 갑자기 풀리거나 시원스럽게 열리는 모양.

¶시야가 확 트이다./마을 옆으로 고속 도로가 확 뚫렸다./그의 따뜻한 말 한마디에 꽁했던 마음이 확 풀어졌다.

확고-히

의미 [＋태도]v[＋상황],[＋견고]

제약

태도나 상황 따위가 튼튼하고 굳게.

¶지지 기반을 확고히 다지다./이번 협상 타결로

노사는 상호 신뢰를 확고히 하게 되었다.

확실-히

의미 [＋확연]

제약

틀림없이 그러하게.

¶조사를 확실히 하다./병명이 무엇인지 확실히 말씀해 주십시오./엄마의 약속은 확실히 효과가 있었다.

확연-히01

의미 [＋상태],[＋넓이],[＋공허]

제약

넓게 텅 비어 있는 상태로.

확연-히02

의미 [＋사실],[＋분명]

제약

아주 확실하게.

¶확연히 구분되다./그가 거짓말을 했다는 것이 확연히 밝혀졌다.

확적-히

의미 [＋정확],[－잘못]

제약

=적확히. 정확하게 맞아 조금도 틀리지 아니하게.

¶그가 살고 있는 곳을 확적히 알 수는 없으나 한번 찾아보도록 노력하겠다./앞장선 허 생원의 이야기 소리는 꽁무니에 선 동이에게는 확적히는 안 들렸으나….≪이효석, 메밀꽃 필 무렵≫

확호-히

의미 [＋모양],[＋견고],[＋정도]

제약

아주 든든하고 굳세게.

확-확

의미 [＋모양],[＋바람]v[＋냄새]v[＋기운],[＋발생],[＋맹렬],[＋순간],[＋연속]

제약

① 바람, 냄새 또는 어떤 기운 따위가 갑자기 세게 잇따라 끼치는 모양.

¶거센 바람이 하루 종일 확확 불어 댄다./그의 입에서는 술 냄새가 확확 풍겨 나왔다./솥은 뜨거운 김을 확확 뿜어내고 있다.

의미 [＋모양],[＋불길],[＋발생],[＋맹렬],[＋순
간],[＋연속]

제약 {불길}-{일어나다}

② 불길이 갑자기 세게 잇따라 일어나는 모양.

¶확확 타오르는 불길./불길은 인근 산을 향해 확
확 번졌다.

의미 [＋모양],[＋열기],[＋순간],[＋연속]

제약 {　}-{달아오르다}

③ 갑자기 잇따라 달아오르는 모양.

¶당황한 그는 얼굴이 확확 달아올랐다./결국 그
의 강권으로 또 한 잔을 마신 나는 방 안이 빙
빙 도는 것 같고 얼굴이 확확 달아올라서….≪최
일남, 춘자의 사계≫

의미 [＋모양],[＋일],[＋진행],[＋속도],[＋기
운],[＋연속]

제약

④ 일이 잇따라 빠르고 힘차게 진행되는 모양.

¶그녀는 마당에 물을 확확 끼얹었다.

의미 [＋모양],[＋해제]v[＋개방],[＋순간],[＋연
속]

제약 {　}-{풀리다, 열리다}

⑤ 매어 있거나 막혔던 것이 갑자기 잇따라 풀
리거나 시원스럽게 열리는 모양.

¶호경기를 맞아 사업이 확확 풀려 나간다./그는
창문을 확확 열어젖혔다.

환연-히[01]

의미 [－의혹],[＋해결],[－흔적]

제약

의혹이 풀리어 가뭇없이.

환연-히[02]

의미 [＋마음],[＋기쁨]

제약

마음에 즐겁고 기쁘게.

¶신부 집에서 신랑을 환연히 맞이했다.

환-히

의미 [＋청명],[＋찬란]

제약

① 빛이 비치어 맑고 밝게.

¶둥근달이 산마루를 환히 비춘다./어느새 해는
환히 떠올랐고 시계를 보니 그가 현장으로 나갈

시간이 임박해 있었다.≪윤후명, 별보다 멀리≫

의미 [＋전방],[＋개방],[＋넓이],[＋시원]

제약

② 앞이 탁 트여 넓고 시원스럽게.

¶고모님 댁에서는 서대문 형무소가 환히 내려다
보였다.≪김용성, 도둑 일기≫

의미 [＋조리]v[＋속내],[＋분명]

제약

③ 무슨 일의 조리나 속내가 또렷하게.

¶선생님은 나의 속마음을 환히 알고 있다./노인
은 이미 그 사내의 생각까지도 환히 다 속을 꿰
뚫어 보고 있었다.≪이청준, 불을 머금은 항아리≫

의미 [＋얼굴],[＋청결],[＋칭찬],[＋시원]

제약

④ 얼굴이 말쑥하고 잘생겨 보기에 시원스럽게.

¶그 녀석 환히 잘도 생겼다.

의미 [＋표정]v[＋성격],[－구김],[＋명랑]

제약

⑤ 표정이나 성격이 구김살 없이 밝게.

¶그녀는 나를 보고 환히 웃었다.

활달-히

의미 [＋도량],[＋넓이],[＋크기]

제약

① 도량이 넓고 크게.

의미 [＋활발],[＋진중]

제약

② 활발하고 의젓하게.

¶활달히 걸어가다.

활딱

의미 [＋모양],[＋전부],[＋탈의],[±자의]

제약 {　}-{벗다, 벗어지다}

① 남김없이 시원스럽게 벗거나 벗어진 모양.

¶옷을 활딱 벗다./머리가 활딱 벗어지다./그도 결
국 애초의 농민 땟국까지 활딱 벗을 수는 없어,
통이 큰 위인은 못 되었고….≪이호철, 소시민≫

의미 [＋모양],[＋전복],[±의지],[＋정도]

제약 {　}-{뒤집다, 뒤집히다}

② 아주 뒤집거나 뒤집히는 모양.

¶그의 사고 소식은 온 집안을 활딱 뒤집어 놓았
다./속이 활딱 뒤집힐 것 같다.

의미 [+모양],[+물],[+비등],[+범람],[+동시],[+순간]

제약 {물}-{끓어 넘치다}

③ 물 따위가 갑자기 한꺼번에 끓어 넘치는 모양.

¶냄비의 물이 활딱 끓어 넘치다.

의미 [+모양],[+전부],[+변형]v[+변화],[+순간]

제약

④ 갑자기 온통 바뀌거나 변하는 모양.

¶그는 얼굴이 활딱 붉어졌다.

활딱-활딱

의미 [+모양],[+전부],[+탈의],[±자의],[+연속]

제약 { }-{벗다, 벗어지다}

① 남김없이 시원스럽게 잇따라 벗거나 벗어진 모양.

¶선수들은 탈의실에서 옷을 모두 활딱활딱 벗어 던졌다.

의미 [+모양],[+전복],[±의지],[+연속]

제약 { }-{뒤집다, 뒤집히다}

② 잇따라 완전히 뒤집거나 뒤집히는 모양.

¶그녀는 그 소리에 속이 활딱활딱 뒤집혀서 견딜 수가 없었다.

의미 [+모양],[+물],[+비등],[+범람],[+동시],[+순간],[+연속]

제약 {물}-{끓어 넘치다}

③ 물 따위가 잇따라 갑자기 한꺼번에 끓어 넘치는 모양.

의미 [+모양],[+전부],[+변형]v[+변화],[+순간],[+연속]

제약

④ 잇따라 갑자기 온통 바뀌거나 변하는 모양.

활발-히

의미 [+생기],[+기운],[+시원]

제약

생기있고 힘차며 시원스럽게.

¶물고기들이 떼를 지어 활발히 헤엄쳐 다닌다./그들은 제가끔 활발히 교섭을 시작했다.≪김민숙, 이민선≫/그날 저녁 그는 숙생들 틈에서 억지로

활발히 노는 자기를 발견하였다.≪김동인, 젊은 그들≫

활발스레

의미 [+생기],[+기운],[+시원]

제약

생기있고 힘차며 시원스러운 데가 있게.

활싹

의미 [+모양],[+간격]v[+개방],[+넓이],[+정도]

제약 { }-{벌어지다, 열리다}

썩 넓게 벌어지거나 열린 모양.

활씬

의미 [+차이],[+정도]

제약

① 정도 이상으로 조금 차이가 나게.

의미 [+모양],[+간격]v[+개방],[+넓이],[+정도]

제약 { }-{벌어지다, 열리다}

② 정도 이상으로 조금 넓게 벌어지거나 열린 모양.

¶옷을 활씬 벗다./왜 중 현소는 이렇게 또 지걸이고 나서 더 한 번 합장해서 절을 올린다. 계월향의 마음을 활씬 풀어 주자는 간휼한 계교다.≪박종화, 임진왜란≫

활연

의미 [+모양],[+개방],[+상쾌]

제약

① 환하게 터져 시원한 모양.

¶기관총의 탄환이 우박처럼 쏟아질 것 같은 전율이 등골에 스치기도 하고 활달한 천지가 활연 눈앞에 전개될 것 같은 황홀감으로 가슴이 설레기도 했다.≪이병주, 지리산≫

의미 [+모양],[+의문],[+각성]

제약

② 의문을 밝게 깨달은 모양.

활연히

의미 [+개방],[+상쾌]

제약

① 환하게 터져 시원하게.

¶구룡 폭포를 지나고 나면 운봉고원 지대가 활

연히 트인다.≪이병주, 지리산≫

의미 [+상태],[+의문],[+각성]

제약

② 의문을 밝게 깨달은 상태로.

¶적어도 그가 그의 외모에 대하여 극히 근시안적이었다는 사실을 활연히 깨달음에 이른 것이다.≪김진섭, 인생 예찬≫

활짝

의미 [+모양],[+문],[+개방],[+정도]

제약 { }-{열리다}

① 문 따위가 한껏 시원스럽게 열린 모양. ≒활찐①.

¶그녀는 창을 활짝 열어 놓았다./문이 밖으로 활짝 열리면서 소년의 머리 하나가 마중이라도 하듯 불쑥 나타났다.≪홍성원, 육이오≫

의미 [+모양],[+날개],[+펼침],[+크기]

제약 {날개}-{펼치다}

② 날개 따위를 시원스럽게 펼치는 모양.

¶독수리가 날개를 활짝 펼쳤다./그녀는 어깨를 활짝 펴고 걷는다./사내가 두 팔을 활짝 벌려 기지개를 켜면서 의자에 앉았다.≪김성동, 잔월≫

의미 [+모양],[+개방],[+넓이],[+거리],[+상쾌]

제약 { }-{트이다}

③ 넓고 멀리 시원스럽게 트인 모양. ≒활찐②.

¶눈에 걸리적거리는 장애물 하나 없이 시계는 전면에 활짝 만개되어 있었다.≪윤흥길, 묵시의 바다≫

의미 [+모양],[+개화],[+정도]

제약 {꽃}-{피다}

④ 꽃잎 따위가 한껏 핀 모양.

¶활짝 핀 진달래꽃/앞뜰 큰 목련 나무는 잎이 돋아나기 전부터 꽃이 활짝 피기 시작했다.≪문순태, 타오르는 강≫

의미 [+모양],[+밥],[+퍼짐],[+정도]

제약 {밥}-{퍼지다}

⑤ 밥 따위가 한껏 퍼진 모양.

의미 [+모양],[+날씨],[+청명]v[+화창],[+정도]

제약 {날씨}-{개다}

⑥ 날이 맑게 개거나 환히 밝은 모양.

¶활짝 갠 하늘./날씨가 활짝 개었다./보름 동안 계속된 장마가 활짝 개긴 했으나 아직 강물이 줄지 않아 서울 가는 배가 없다는 것이었다.≪서기원, 조선백자 마리아상≫

의미 [+모양],[+얼굴],[+명랑]v[+웃음],[+정도]

제약 {얼굴}-{웃다, 밝다}

⑦ 얼굴이 밝거나 가득히 웃음을 띤 모양.

¶활짝 웃는 소녀의 해맑은 얼굴/좋은 봄날의 따스한 햇살 속에 활짝 웃음을 담고 있었다.≪최인호, 돌의 초상≫/명옥의 그 얘기는 구원이었다. 내 얼굴이 활짝 밝아진 모양이었다.≪이병주, 행복어 사전≫

활찐

의미 [+모양],[+문],[+개방],[+정도]

제약 { }-{열리다}

①=활짝①. 문 따위가 한껏 시원스럽게 열린 모양.

¶문이 활찐 열리다.

의미 [+모양],[+개방],[+넓이],[+거리],[+상쾌]

제약 { }-{트이다}

②=활짝③. 넓고 멀리 시원스럽게 트인 모양.

¶활찐 트인 평야.

활활

의미 [+모양],[+조류],[+날개],[+운동],[+비상],[+높이],[-속도]

제약 {새}-{날다}

① 날짐승 따위가 높이 떠서 느릿느릿 날개를 치며 시원스럽게 나는 모양.

¶솔개가 활활 날다./나비는 활활 날아서 꽃 속에 파묻힌 삼천 궁녀 속으로 헤매어 춤을 추며 난다.≪박종화, 임진왜란≫

의미 [+모양],[+불길],[+연소],[+정도]

제약 {불길}-{타오르다}

② 불길이 세고 시원스럽게 타오르는 모양.

¶난로 속의 불꽃이 활활 타오르다./왜적의 배에선 불이 활활 붙기 시작한다.≪박종화, 임진왜란≫

의미 [+모양],[+부채],[-속도]

제약 {부채}-{흔들다, 부치다}

③ 부채 따위로 느릿느릿 시원스럽게 부치는 모양.

¶기다리다 못해 조바심이 난 고모부가 남방셔츠의 앞섶을 풀어 헤치고 부채를 **활활** 부쳐 대며 마당 안으로 들어왔다.≪김용성, 도둑 일기≫

의미 [+모양],[+옷],[+탈의],[±의지]

제약 {옷}-{벗다, 벗기다}

④ 옷 따위를 시원스럽게 벗어 버리거나 벗기는 모양.

¶그는 옷을 **활활** 벗고 목욕탕으로 들어갔다.

의미 [+모양],[+열기],[+정도]

제약 {열기}-{오르다}

⑤ 열기가 세게 오르는 모양.

¶얼굴이 **활활** 달아오르다./**활활** 달아오르는 방바닥.

의미 [+세척],[+상쾌]

제약 {　　}-{씻다}

⑥ 시원스럽게 씻는 모양.

¶시원하게 **활활** 얼굴을 씻고 나니, 골치 쏘는 것은 좀 낫고 취기도 좀 깨었다.≪김동인, 운현궁의 봄≫

횟횟

의미 [+모양],[+열기],[+발생]

제약

달듯이 뜨거운 기운이 이는 모양.

¶미순이는 얼굴이 **횟횟** 달아오르는 것을 두 손으로 비비며 대문간으로 나갔다.≪이문희, 흑맥≫/석유 냄새와 열기가 **횟횟** 치미는 횃불들 사이에 유령처럼 음산한 모습으로 서서 한 마디 말도 없이 그저 잠자코 구경만 하고….≪윤흥길, 묵시의 바다≫

황감-히

의미 [+감사],[+감격]

제약

황송하고 감격스럽게.

¶**황감히** 맞아들이다./**황감히** 여기다.

황겁-히

의미 [+소심],[+당황]

제약

겁이 나서 얼떨떨하게.

¶**황겁히** 달아나다./할머니가 뒤에서 **황겁히** 부르는 소리를 그는 통 듣지 못하였다.≪한설야, 탑≫

황공-히

의미 [+상태],[+위엄]v[+지위],[+염려]

제약

위엄이나 지위 따위에 눌리어 두려운 상태로. 늑황름히.

¶**황공히** 머리를 조아리다./툇마루에 꿇어앉은 내시는 **황공히** 아뢰었다.≪김동인, 운현궁의 봄≫

황급-히[01]

의미 [+모양],[+마음],[-여유],[+일],[+집중],[+조급]

제약

몹시 급하며 한 가지 일에만 몰두하여 마음의 여유가 없이.

황급-히[02]

의미 [+혼란],[+급박],[+정도]

제약

몹시 어수선하고 급박하게.

¶**황급히** 달아나다./**황급히** 뛰어가다./**황급히** 서두르다./급한 전화 연락을 받고는 그는 **황급히** 자리에서 일어섰다.

황당-히

의미 [+언사]v[+행동],[-진실],[-근거]

제약

말이나 행동 따위가 참되지 않고 터무니없이.

황료-히

의미 [+거침],[+고독]

제약

거칠고 쓸쓸하게.

황름-히

의미 [+상태],[+위엄]v[+지위],[+염려]

제약

=황공히. 위엄이나 지위 따위에 눌리어 두려운 상태로.

황망-히

의미 [+행동],[+마음],[+조급],[+당황],[-정신]

제약

마음이 몹시 급하여 당황하고 허둥지둥하는 면이 있게.

¶황망히 걸음을 재촉하다./그는 인사할 겨를도 없이 **황망히** 떠났다./그녀는 나쁜 짓이라도 하다가 들킨 아이처럼 **황망히** 방문을 닫아 버렸다.≪김원일, 불의 제전≫/그는 흠칫 어둠 속에서 고개를 돌리면서 **황망히** 자기 방으로 들어갔다.≪김말봉, 찔레꽃≫

황솔-히
의미 [＋성격]v[＋행동],[＋거침],[＋경솔]
제약
성격이나 행동이 거칠고 경솔하게.

황송스레
의미 [＋느낌],[＋감사],[＋송구]
제약
분에 넘쳐 고맙고도 송구한 느낌이 있게.

황연
의미 [＋모양],[＋찬란],[＋정도]
제약
① 환하게 밝은 모양. ≒황연히①.
의미 [＋모양],[＋이해],[＋분명]
제약 { }-{깨닫다}
② 환히 깨닫는 모양. ≒황연히②.

황연-히
의미 [＋모양],[＋찬란],[＋정도]
제약
①=황연①. 환하게 밝은 모양.
의미 [＋모양],[＋이해],[＋분명]
제약 { }-{깨닫다}
②=황연②. 환히 깨닫는 모양.
¶황연히 깨닫다./춘자는 상칠이의 꾐에 떨어진 것을 비로소 **황연히** 알 수 있었다.≪이기영, 신개지≫

황잡-히
의미 [＋거침],[－순수]
제약
거칠고 잡되게.

황차
의미 [＋접속],[＋사실],[＋비교],[＋긍정],[＋정도]

제약
=하물며. '더군다나'의 뜻을 가진 접속 부사. 앞의 사실과 비교하여 뒤의 사실에 더 강한 긍정을 나타낸다.
¶친구인 나도 슬픈데, **황차** 자식을 잃은 부모의 마음은 오죽하겠는가?/딸이 여럿 있거니만 했지 누구 몸에서 난 어떤 딸인지 분간키도 어려우니 **황차** 이름이고 나이를 알 턱이 없는 것이다.≪이무영, 농민≫/나는 절대로 타협은 싫다. 황차 협박에 못 이겨 행동하는 건 죽어도 싫다.≪이병주, 지리산≫

황탄-히
의미 [＋언사]v[＋행동],[＋허황]
제약
말이나 하는 짓이 허황하게.

황홀-히
의미 [＋찬란],[＋화려]
제약
① 눈이 부시어 어릿어릿할 정도로 찬란하거나 화려하게.
의미 [＋상태],[＋사물],[＋마음]v[＋시선],[＋매혹],[＋흥분]
제약
② 어떤 사물에 마음이나 시선이 혹하여 달뜬 상태로.
¶그 눈길은 홀린 듯하다. 그러나 어여쁘고 아름다운 것을 보고 **황홀히** 넋을 잃은 눈길은 아니다.≪현진건, 적도≫
의미 [＋상태],[＋미묘],[－인지]
제약
③ 미묘하여 헤아려 알기 어려운 상태로.
의미 [－분명]
제약
④ 흐릿하여 분명하지 아니하게.

황황-히[01]
의미 [＋미려],[＋번성]
제약
① 아름답고 성하게.
의미 [－대책],[－결정],[＋조급]
제약

②=황황히03. 갈팡질팡 어쩔 줄 모르게 급하다.

황황-히02

의미 [+찬란]

제약

번쩍번쩍 빛나서 밝게.

¶황황히 빛나는 별.

황황-히03

의미 [-대책],[-결정],[+조급]

제약

갈팡질팡 어쩔 줄 모를 정도로 급하게. 늑황황
히01②.

¶황황히 길을 재촉하다./황황히 옷을 벗어 던지
다./경찰이 따라오는 것을 알고 그는 **황황히** 달
아났다./아버지의 부음 소식을 들은 큰아들은 **황
황히** 고향으로 내려갔다./묻는 말에 짧게 마지못
한 대꾸를 할 뿐. 마치 무서운 사람을 대하듯 **황
황히** 돌아갔다.≪최인훈, 광장≫

황황급급-히

의미 [+급박],[+정도]

제약

매우 황급하게.

¶최 과부는 이해 없이 사시나무 떨듯 하고 안방
구석에 끼어 앉았는데 정숙이는 **황황급급히** 뒷
문으로 도망을 하였는데….≪김교제, 모란화≫

홰홰

의미 [+모양],[+휘두름],[+반복]

제약 { }-{휘두르다, 휘젓다}

① 가볍게 자꾸 휘두르거나 휘젓는 모양.

¶고개를 **홰홰** 젓다./손을 **홰홰** 내젓다./그는 혀
를 **홰홰** 내두르며 탄복을 하였다./어떻게 되겠느
냐고 관옥이 안타까이 물어도 그들은 귀찮다는
듯 고개만 **홰홰** 내저을 뿐이다.≪홍성원, 육이오≫

의미 [+모양],[+감음],[±의지],[+반복]

제약 { }-{감다, 감기다}

② 가볍게 자꾸 감거나 감기는 모양.

¶새끼줄을 **홰홰** 감다./바닷바람이 몰아칠 적마
다 머리에 둘러맨 스카프의 끝자락이 펄럭거리
고 유행에 맞춘 넓은 바지통이 가느다란 하체를
홰홰 감았다.≪윤흥길, 묵시의 바다≫

홱

의미 [+모양],[+행동],[-주저],[+속도]

제약

① 어떤 행동을 망설이지 아니하고 빠르고 시원
스럽게 해내는 모양.

¶몸을 **홱** 돌리다./문을 **홱** 닫다./형은 내가 보던
신문을 **홱** 빼어 갔다./소매치기가 할머니의 돈지
갑을 **홱** 낚아챘다./치맛자락을 **홱** 걷으며 바람같
이 여자는 나가 버린다.≪박경리, 토지≫

의미 [+모양],[+투척]v[+살포],[+속도],[+순
간]

제약 { }-{던지다, 뿌리다}

② 갑자기 날쌔게 던지거나 뿌리는 모양.

¶보따리를 **홱** 팽개치다./물을 **홱** 뿌리다./남희가
들고 있는 칼을 모델 스탠드 쪽으로 **홱** 던져 버
렸다.≪이영치, 흐린 날 황야에서≫

의미 [+모양],[+거절],[+기운],[+속도]

제약 { }-{뿌리치다}

③ 힘을 주어 날쌔게 뿌리치는 모양.

¶팔을 **홱** 뿌리치다./경희는 내 손을 벌레라도 되
는 것처럼 **홱** 뿌리쳤다. 나는 은근히 화가 치밀
었다.≪최인호, 돌의 초상≫

의미 [+모양],[+바람]v[+입김],[+맹렬],[+순
간]

제약

④ 바람이나 입김 따위가 갑자기 세게 불어닥치
는 모양.

¶바람이 **홱** 불어 촛불을 꺼트렸다.

의미 [+모양],[+회전],[+기운],[+속도],[+순
간]

제약 { }-{돌리다}

⑤ 무엇을 갑자기 힘 있게 빨리 돌리는 모양.

¶운전대를 **홱** 돌리다./그가 머리를 쳐들자 총 한
방이 철모에 맞아 철모를 **홱** 180도로 돌려놓았
다.≪홍성원, 육이오≫

의미 [+모양],[+개방]v[+해제],[+속도],[+순
간]

제약 { }-{열다, 풀다}

⑥ 무엇이 갑자기 빠르게 열리거나 풀리는 모
양.

¶맥이 **홱** 풀리다./미닫이가 **홱** 열리다./안방 문

이 홱 열리더니 두껍게 분칠한 중년 여자의 얼굴이 나타났다.≪이병주, 지리산≫

의미 [+모양],[+길],[+전환],[+급박]

제약 {길}-{꺾다, 휘다}

⑦ 길 따위가 급작스럽게 꺾인 모양.

¶도로가 홱 꺾여 있다./겨우 한 사람 지나다니리만큼 산복(山腹)으로 다가붙으며 휘어진 그 길이 홱 꼬부라지며 잘록 끊긴 모서리는 아슬아슬하게 위험하여서….≪강신재, 해방촌 가는 길≫

홱-홱

의미 [+모양],[+행동],[−주저],[+속도],[+연속]

제약

① 어떤 행동을 망설이지 아니하고 빠르고 시원스럽게 잇따라 해내는 모양.

¶소매를 홱홱 걷으며 달려 나가다./싸리비를 들어 문 앞에 천변 길을 홱홱 쓸면서 소년은….≪박태원, 속 천변 풍경≫

의미 [+모양],[+투척]v[+살포],[+속도],[+순간],[+연속]

제약 { }-{던지다, 뿌리다}

② 갑자기 잇따라 날쌔게 던지거나 뿌리는 모양.

¶컵 바닥에 깔린 거품을 발 아래다 홱홱 뿌리고는 남구에게로 불쑥 내밀었다.≪유주현, 하오의 연가≫

의미 [+모양],[+거절],[+기운],[+속도],[+연속]

제약 { }-{뿌리치다}

③ 힘을 주어 날쌔게 잇따라 뿌리치는 모양.

의미 [+모양],[+바람]v[+입김],[+맹렬],[+순간],[+연속]

제약

④ 바람이나 입김 따위가 갑자기 잇따라 세게 불어닥치는 모양.

¶채상철은 상매의 시원스러운 얼굴을 한동안 멀거니 바라보다가 말고 그녀의 손에서 태극선을 뺏어서 성급하게 홱홱 바람을 일궈 보다가 벌떡 일어나 앉았다.≪유주현, 대한 제국≫

의미 [+모양],[+회전],[+기운],[+속도],[+순간],[+연속]

제약 { }-{돌리다}

⑤ 무엇을 갑자기 잇따라 힘 있게 빨리 돌리는 모양.

¶운전대를 홱홱 돌리다.

의미 [+모양],[+개방]v[+해제],[+속도],[+순간],[+연속]

제약 { }-{열다, 풀다}

⑥ 무엇이 갑자기 잇따라 빠르게 열리거나 풀리는 모양.

¶갑자기 들이닥친 사내들은 무엇을 찾는지 방문이며 가구의 서랍들까지 홱홱 열어젖혔다.

의미 [+모양],[+길],[+도처],[+전환],[+급박]

제약 {길}-{꺾다, 휘다}

⑦ 길 따위가 여러 군데가 급작스럽게 꺾인 모양.

횡횡

의미 [+모양],[+휘두름]v[+회전],[+속도]

제약 { }-{내두르다, 돌리다}

무엇을 빠르게 내두르거나 돌리는 모양.

¶손을 횡횡 내젓다./횡횡 줄넘기를 돌리다.

회

의미 [+소리],[+바람],[+통과],[+마찰],[+정도]

제약 {바람}-{지나가다}

① 센 바람이 조금 거칠게 스쳐 지나가는 소리.

의미 [+소리],[+호흡],[+배출],[+동시],[+정도]

제약 {숨}-{내쉬다}

② 숨을 한꺼번에 조금 세게 내쉬는 소리.

회까닥

의미 [+모양],[+정신],[+이상],[+순간]

제약 { }-{돌다}

갑자기 정신이 이상해지는 모양을 속되게 이르는 말.

¶정신이 회까닥 돌다.

회동그스름-히

의미 [+경악]v[+공포],[+눈],[+크기],[+원형]

제약

놀라거나 두려워서 크게 뜬 눈이 동그스름하게.

회똑

의미 [+모양],[+경사v[+요동],[+돌연],[+일방]

제약 { }-{쏠리다, 흔들리다}

갑자기 넘어질 듯이 한쪽으로 조금 쏠리거나 흔들리는 모양.

회똑-회똑

의미 [+모양],[+경사v[+요동],[+반복]

제약

① 넘어질 듯이 자꾸 한쪽으로 조금 쏠리거나 이리저리로 흔들리는 모양.

¶그녀는 굽 높은 신을 처음 신었는지 회똑회똑 걸었다.

의미 [+모양],[+일],[+위태],[+마음],[+긴장]

제약

② 일이 위태위태하여 잠깐도 마음을 놓을 수 없게 된 모양.

¶처음 하는 일이라 회똑회똑 위태롭다.

회똘-회똘

의미 [+모양],[+길],[+전환],[-일정]

제약 {길}-{고부라지다}

길 따위가 이리저리 고부라져 있는 모양.

회매-히

의미 [+모양],[+매무새]v[+묶음],[+간편]

제약

입은 옷의 매무새나 무엇을 싸서 묶은 모양이 가뿐하게.

회창-회창

의미 [+모양],[-굵기],[+길이],[+탄력],[+굴곡],[+요동],[-정도],[+반복]

제약 { }-{휘어지다, 흔들리다}

① 가늘고 긴 것이 탄력 있게 휘어지며 가볍게 자꾸 흔들리는 모양.

¶버드나무의 가지가 봄바람에 회창회창 휘어진다.

의미 [+모양],[+걸음],[+다리],[-기운],[-균형],[+요동],[+반복]

제약

② 걸을 때 다리에 힘이 없어 똑바로 걷지 못하

고 조금 휘우듬하게 자꾸 흔들리는 모양.

회회

의미 [+모양],[+감음],[±자의],[+반복]

제약 { }-{휘감다, 휘감기다}

① 여러 번 작게 휘감거나 휘감기는 모양.

¶나무줄기에 넝쿨이 회회 감겨 있다./산 좋고 물 좋고 땅 좋은 고국을 그야말로 기름 자르르 흐르고, 입에 회회 감기는 입쌀밥과 함께 버리고서, 이 흉악한 만주 구석으로 밀려나, 강냉이, 서속밥 먹으면서….≪채만식, 소년은 자란다≫

의미 [+모양],[+휘두름],[-일정]

제약 { }-{휘두르다, 휘젓다}

② 이리저리 작게 휘두르거나 휘젓는 모양.

¶고개를 회회 젓다./팔을 회회 내젓다./귀성의 손에서 검둥이가 쭈르르 빠져나가더니 회회 내두르는 꼬리 뒤에는 윤성이가 따라 들어왔다.≪박화성, 홍수 전후≫/한 잔을 또 탁 털어 넣고, 양철 컵을 손가락 끝에 꿰어 들어 회회 돌린다.≪현진건, 적도≫

회회-찬찬

의미 [+모양],[+감음],[±의지],[+견고],[+반복]

제약 { }-{감다, 감기다}

여러 번 단단히 돌려 감거나 감기는 모양.

획

의미 [+모양],[+운동]v[+접촉],[+속도],[+순간]

제약 { }-{움직이다, 스치다}

① 갑자기 빨리 움직이거나 스치는 모양.

¶획 돌아서다./고개를 획 돌리다./획 나가 버리다./안색이 획 달라지면서 말소리까지 더듬는다.≪장용학, 위사가 보이는 풍경≫/여자가 몸을 획 돌려서 휘돌아 달리는 자동차들 속으로 뛰어들었다.≪한승원, 해일≫

의미 [+소리]v[+모양],[+바람],[+맹렬],[+순간]

제약 {바람}-{불다}

② 바람이 갑자기 세게 부는 소리. 또는 그 모양.

¶획 바람이 일다./순간 획 하고 공기를 찢는 채

찍 소리와 함께 도현의 등줄기가 비틀어지는 것 같았다.≪손창섭, 낙서족≫/종이 한 장이 바람에 획 날리어 거리의 저쪽에서 이쪽으로 날아오고 있었다.≪김승옥, 서울, 1964년 겨울≫

의미 [+모양],[+투척]v[+거절],[+순간],[+정도]

제약 { }-{던지다, 뿌리치다}

③ 갑자기 세게 던지거나 뿌리치는 모양.

¶획 집어 던지다./소매를 획 뿌리치다./중섭은 입술을 부르르 떨며 저주스레 가슴팍에 지금 막 달린 훈장을 획 떼어 팽개쳤다.≪오상원, 백지의 기록≫/배가 부르니 먹다가 남은 개 다리를 획 내던진다.≪박종화, 임진왜란≫

의미 [+소리]v[+모양],[+휘파람],[-길이],[+기운]

제약 {휘파람}-{불다}

④ 짧고 힘 있게 휘파람 따위를 부는 소리. 또는 그 모양.

¶정병태는 휘파람을 또 한 번 획 불고는 그 자리에서 깡충 뛰어 넘어간다.≪이기영, 봄≫

획연-히

의미 [+구별],[+명확]

제약 { }-{구별되다}

구별이 명확하게.

¶수평선을 경계로 하늘과 바다가 획연히 구별되어 보였다.

획획

의미 [+모양],[+운동]v[+접촉],[+속도],[+연속]

제약 { }-{움직이다, 스치다}

① 잇따라 빨리 움직이거나 스치는 모양.

¶바람개비가 획획 돌다./차창 밖으로 가로수가 획획 지나치고 있었다./어항 속에는 몇 종류의 열대어가 혹은 한곳에 머물러 잠잠히 입을 빠끔거리기도 하고, 혹은 획획 헤엄쳐 다니기도 하고 있다.≪황순원, 움직이는 성≫

의미 [+소리]v[+모양],[+바람],[+정도],[+연속]

제약 {바람}-{불다}

② 바람이 잇따라 세게 부는 소리. 또는 그 모양.

¶찬 바람이 획획 불어오다.

의미 [+모양],[+투척]v[+거절],[+정도],[+연속]

제약 { }-{던지다, 뿌리치다}

③ 잇따라 세게 던지거나 뿌리치는 모양.

¶돌멩이를 획획 던지다.

의미 [+소리]v[+모양],[+휘파람],[-길이],[+기운],[+연속]

제약 {휘파람}-{불다}

④ 짧고 힘 있게 휘파람 따위를 잇따라 부는 소리. 또는 그 모양.

¶어둠 속에서 획획 휘파람을 불어 대다./밖으로 나온 진 중사는 호루라기를 획획 불며 대원들이 숙소로 사용하고 있는…창고 나 동으로 들어갔다.≪김원일, 불의 제전≫

횡

의미 [+소리],[+바람],[+속도],[+순간]

제약 {바람}-{불다}

① 바람이 갑자기 빠르게 부는 소리.

의미 [+소리]v[+모양],[-크기],[+비상]v[+출발],[+속도]

제약 { }-{날아가다, 떠나가다}

② 작은 것이 바람을 일으키며 빠르게 날아가거나 떠나가 버리는 소리. 또는 그 모양.

¶돌이 횡 날아가다.

의미 [+소리]v{+모양],[+기계]v[+바퀴],[+회전],[+속도]

제약 {기계, 바퀴}-{돌아가다}

③ 기계나 바퀴 따위가 빠르게 돌아가는 소리. 또는 그 모양.

횡-횡

의미 [+소리]v[+모양],[-크기],[+비상]v[+출발],[+속도],[+연속]

제약 { }-{날아가다, 떠나가다}

① 작은 것이 바람을 일으키며 잇따라 빠르게 날아가거나 떠나가 버리는 소리. 또는 그 모양.

¶횡횡 날아가는 돌멩이.

의미 [+소리]v{+모양},[+기계]v[+바퀴],[+회전],[+속도],[+연속]

제약 {기계, 바퀴}-{돌아가다}

② 기계나 바퀴 따위가 잇따라 빠르게 돌아가는 소리. 또는 그 모양.

효성-스레

의미 [+태도],[+효도],[+진심]

제약

마음을 다하여 부모를 섬기는 태도가 있게.

효연-히

의미 [+분명],[+명백]

제약

=요연히01. 분명하고 명백하게.

후

의미 [+소리]v[+모양],[+입김],[+배출],[+다량]

제약

입을 동글게 오므려 내밀고 입김을 많이 내뿜는 소리. 또는 그 모양.

¶나는 하늘에 후 입김을 뿜어 보았다./그는 담배 연기를 들이마셨다가는 후 뿜어내곤 했다.

후끈

의미 [+모양],[+몸]v[+쇠],[+열기],[+순간],[+정도]

제약 {몸, 쇠}-{달아오르다}

① 몸이나 쇠 따위가 뜨거운 기운을 받아서 갑자기 몹시 달아오르는 모양.

¶얼굴이 후끈 달아오르다./말을 흐리며 그는 두 뺨부터 후끈 붉혔다./한참 뒤에 그건 땀이 아니고 눈물이라는 것을 알고서야 갑자기 목구멍에 후끈 불길이 치솟는 듯하였다.≪문순태, 타오르는 강≫

의미 [+모양],[+흥분]v[+긴장],[+상승],[+순간],[+정도]

제약

② 흥분이나 긴장 따위가 갑자기 아주 고조되는 모양.

¶토론장은 그가 한 말로 갑자기 후끈 달아올랐다.

후끈-후끈

의미 [+모양],[+몸]v[+쇠],[+열기],[+순간],[+정도],[+연속]

제약 {몸, 쇠}-{달아오르다}

몸이나 쇠 따위가 뜨거운 기운을 받아서 잇따라 갑자기 달아오르는 모양.

¶마침내 종세는 젖은 양말을 후끈후끈 달아오르는 난로 곁에 바짝 들이대어 발을 말리면서 중얼거렸다.≪최인호, 지구인≫/몸이 후끈후끈 달았다. 열꽃이라도 피려는 것인가?≪홍성암, 큰물로 가는 큰 고기≫

후다닥

의미 [+모양],[+질주]v[+운동],[+속도],[+순간]

제약 { }-{뛰다, 움직이다}

① 갑자기 빠른 동작으로 뛰거나 몸을 움직이는 모양.

¶한 무리의 새 떼가 놀라서 후다닥 날아올랐다./범인들은 경찰을 보자마자 후다닥 도망쳐 버렸다./양순이는 현호가 학교에 가기 위해 세수를 마치고 방 안에 들어오자, 무언가를 후다닥 감추었다.≪최일남, 거룩한 응달≫/비틀거리며 여자가 세든 방의 방문을 열었을 때 남폿불 아래서 바느질을 하고 있던 여자는 후다닥 놀라서 일어섰다.≪박경리, 토지≫

의미 [+모양],[+일],[+조급],[+처리]

제약 {일}-{해치우다}

② 일을 서둘러 빨리 해치우는 모양.

¶작업은 한 시간이면 후다닥 끝낼 수 있습니다./어머니가 자장면을 사 주신다는 말에 아이는 숙제를 후다닥 해치우고 따라나선다.

의미 [+모양],[+경악]v[+당황],[+순간]

제약 { }-{놀라다, 당황하다}

③ 갑자기 순간적으로 놀라거나 당황해하는 모양.

¶남편은 후다닥 놀라며 보고 있던 신문을 치운다.≪박완서, 지렁이 울음소리≫

후다닥-후다닥

의미 [+모양],[+전부]v[+연속],[+질주]v[+운동],[+속도],[+순간]

제약 { }-{뛰다, 움직이다}

① 여럿이 다 또는 잇따라 빠른 동작으로 뛰거나 몸을 움직이는 모양.

¶총소리에 나무 위의 새들이 **후다닥후다닥** 날아
가 버린다.

의미 [＋모양],[＋전부]v[＋연속],[＋일],[＋조
급],[＋처리]

제약 {일}-{해치우다}

② 여럿이 다 또는 잇따라 일을 서둘러 빨리 해
치우는 모양.

¶김 대리는 휴가 중인 직원들의 일을 **후다닥후
다닥** 잘도 해치웠다.

후닥닥

의미 [＋모양],[＋질주]v[＋기립],[－주의],[＋순
간]

제약

① 갑자기 마구 뛰거나 몸을 일으키는 모양.

¶**후닥닥** 달아나다./층계를 **후닥닥** 뛰어 내려가
다./사내 하나가 **후닥닥** 골목 어귀로 뛰어들더니
두말없이 나의 등덜미를 부여잡고는 애걸을 하
기 시작했다.≪이청준, 소문의 벽≫/멀리서 총소리
가 몇 방 울리더니 별안간 저쪽 솔숲에서 산돼
지가 **후닥닥** 튀어나왔습니다.≪홍성원, 육이오≫

의미 [＋모양],[＋일],[＋조급],[＋처리],[＋정도]

제약 {일}-{해치우다}

② 일을 급하게 서둘러 아주 빨리 해치우는 모
양.

¶일을 **후닥닥** 해치우다./중국집에 들러 **후닥닥**
자장면을 먹어 치우곤 이내 택시를 몰았다.≪최
일남, 서울 사람들≫

의미 [＋소리]v[＋모양],[＋문],[＋개방],[＋순
간],[＋정도]

제약 {문}-{열다, 열어젖히다}

③ 문 따위를 갑자기 세게 열어젖히는 소리. 또
는 그 모양.

¶**후닥닥** 방문을 밀치고 튀어 나가다./쿵 하고 뭐
가 떨어지는 소리가 들려왔어요. 그런데 그 쿵
소리는 다시 발소리가 되어 앞으로 돌아오더니
후닥닥 우리가 자고 있는 방문을 열고 다짜고짜
방 안으로 뛰어드는 것이었어요.≪이청준, 소문의
벽≫

의미 [＋모양],[＋경악]v[＋당황],[＋순간],[＋정
도]

제약 {   }-{놀라다, 당황하다}

④ 갑자기 몹시 놀라거나 당황해하는 모양.

¶나는 **후닥닥** 놀라 번쩍 눈을 떴다.≪김용성, 도둑
일기≫

후닥닥-후닥닥

의미 [＋모양],[＋전부]v[＋연속],[＋질주]v[＋기
립],[－주의],[＋순간]

제약

① 여럿이 다 또는 잇따라 갑자기 마구 뛰거나
몸을 일으키는 모양.

¶산새들이 사람 소리에 놀라 **후닥닥후닥닥** 날아
올랐다./오래간만에 경호가 식전 아침에 대드는
것을 보고 순경이는 웬일인지 몰라서 가슴이 **후
닥닥후닥닥** 뛰었다.≪이기영, 고향≫

의미 [＋모양],[＋전부]v[＋연속],[＋일],[＋조
급],[＋처리],[＋정도]

제약 {일}-{해치우다}

② 여럿이 다 또는 잇따라 일을 급하게 서둘러
아주 빨리 해치우는 모양.

¶그들은 **후닥닥후닥닥** 짐들을 싸기 시작했다.

의미 [＋소리]v[＋모양],[＋문],[＋개방],[＋순
간],[＋정도],[＋연속]

제약 {문}-{열다, 열어젖히다}

③ 문 따위를 갑자기 세게 잇따라 열어젖히는
소리. 또는 그 모양.

¶서둘러 청소를 하느라 **후닥닥후닥닥** 창문을 열
어젖혔다.

후더분-히

의미 [＋느낌],[＋열기],[＋더위],[－정도]

제약

열기가 차서 조금 더운 느낌이 있게.

후덕스레

의미 [＋덕망],[＋인심]

제약

보기에 덕이 후한 데가 있게.

후두두

의미 [＋소리]v[＋모양],[＋빗방울]v[＋돌],[＋낙
하],[＋순간]

제약 {빗방울, 돌}-{떨어지다}

빗방울이나 자잘한 돌 따위가 갑자기 떨어지는

소리. 또는 그 모양.

¶비가 온 후라 땅이 질어서 포탄은 먼지 대신 진흙을 새까맣게 하늘 위로 떠올렸다. 이 하사는 흙덩이가 **후두둑** 떨어지자 다시 머리를 들고 호 주위를 이리저리 둘러보았다.≪홍성원, 육이오≫/이내 **후두둑** 빗방울이 쏟아질 듯 음습한 바람이 상류로부터 물비린내를 몰고 왔다.≪문순태, 타오르는 강≫

후드득

의미 [＋소리],[＋깨]v[＋콩],[＋볶음],[＋상승],[＋정도]

제약 {깨, 콩}-{튀다}

① 깨나 콩 따위를 볶을 때 크게 튀는 소리.

¶불을 지피고 한참 뒤 솥 속에서 깨가 **후드득** 소리를 내며 튀기 시작했다.

의미 [＋소리],[＋총]v[＋포]v[＋딱총],[＋폭발],[＋소란],[＋정도]

제약 {총, 포, 딱총}-{터지다}

② 멀리서 총포나 딱총 따위가 매우 부산하게 터지는 소리.

¶여기저기서 장난감 화약 터지는 소리가 **후드득** 들려왔다.

의미 [＋소리],[＋나뭇가지]v[＋검불],[＋연소]

제약 {나뭇가지, 검불}-{타다, 튀다}

③ 나뭇가지나 검불 따위가 타들어 가는 소리.

¶장작불에서 **후드득** 불꽃이 튀어 올랐다./"**후드득 후드득**"거리며 부서지는 나뭇가지 타는 소리가, 아파트에서 짜증스럽게 들리던 난방기의 덜덜거리는…

의미 [＋소리],[＋빗방울],[＋크기],[＋낙하],[＋간격]

제약 {비}-{떨어지다, 내리다}

④ 굵은 빗방울 따위가 성기게 떨어지는 소리.

¶차창으로 **후드득** 소리와 함께 빗방울이 부딪기 시작했다./빗발이 **후드득** 다시 굵어지기 시작했다.≪김원일, 노을≫/나뭇잎에 맺혔던 빗물이 **후드득** 떨어져 내렸다.≪전상국, 바람난 마을≫

후드득-후드득

의미 [＋소리],[＋깨]v[＋콩],[＋볶음],[＋상승],[＋정도],[＋연속]

제약 {깨, 콩}-{튀다}

① 깨나 콩 따위를 볶을 때 크게 잇따라 튀는 소리.

¶냄비 속에서 **후드득후드득** 옥수수 알갱이 튀는 소리.

의미 [＋소리],[＋총]v[＋포]v[＋딱총],[＋폭발],[＋소란],[＋정도],[＋연속]

제약 {총, 포, 딱총}-{터지다}

② 멀리서 총포나 딱총 따위가 매우 부산하게 잇따라 터지는 소리.

¶**후드득후드득** 딱총 터지는 소리.

의미 [＋소리],[＋나뭇가지]v[＋검불],[＋연소],[＋기세],[＋연속]

제약 {나뭇가지, 검불}-{타다}

③ 나뭇가지나 검불 따위가 불똥을 튀기며 기세 좋게 잇따라 타들어 가는 소리.

¶**후드득후드득** 소리를 내며 타오르는 모닥불.

의미 [＋소리],[＋빗방울],[＋크기],[＋낙하],[＋간격],[＋연속]

제약 {비}-{떨어지다, 내리다}

④ 굵은 빗방울 따위가 성기게 잇따라 떨어지는 소리.

¶먹구름이 **후드득후드득** 굵은 빗방울을 뿌린다.

의미 [＋모양],[＋경망],[＋방정],[＋정도],[＋반복]

제약

⑤ 몹시 경망스럽게 자꾸 방정을 떠는 모양.

후들-후들

의미 [＋모양],[＋팔다리]v[＋몸],[＋전율],[＋정도],[＋반복]

제약 {팔다리, 몸}-{떨다}

팔다리나 몸이 자꾸 크게 떨리는 모양.

¶추운 날씨가 아님에도 **후들후들** 다리가 떨렸다./몸살인지 한기가 들면서 온몸이 **후들후들** 떨렸다./노마 아버지는 말로는 태연한 체하나 손은 **후들후들** 떨었다.≪이태준, 농토≫

후딱

의미 [＋모양],[＋행동],[＋속도],[＋정도]

제약

① 매우 날쌔게 행동하는 모양.

¶**후딱** 일어서다./**후딱** 해치우다./**후딱** 웅덩이를 뛰어넘다./갑자기 대문이 흔들려서 두 사람은 **후딱** 대문 쪽으로 고개를 돌렸다.≪홍성원, 육이오≫/버스가 두 번째 정거장에 멈춰 서자 놈이 **후딱** 뛰어내렸다.≪유재용, 성역≫

의미 [+모양],[+시간],[+경과],[+속도],[+정도]

제약 {시간}-{지나다}

② 시간이 매우 빠르게 지나가는 모양.

¶어느새 눈 깜짝할 동안에 2주일이 혹은 3주일이 **후딱** 지나 있곤 하였다.≪이호철, 문≫

후딱-후딱

의미 [+모양],[+행동],[-구분],[+속도],[+정도],[+연속]

제약

① 닥치는 대로 잇따라 매우 날쌔게 행동하는 모양.

¶일을 **후딱후딱** 해치우다./**후딱후딱** 일어들 나시오.

의미 [+모양],[+시간],[+경과],[+속도],[+정도],[+연속]

제약 {시간}-{지나다}

② 시간이 잇따라 매우 빠르게 지나가는 모양.

¶세월이 **후딱후딱** 지나 어느새 내 나이도 사십이다./한곳에 골몰하고 있으니까 시간이 **후딱후딱** 갔는 줄도 몰랐다.

후련-히

의미 [+속],[+해결]v[+결정],[+편안]

제약

① 좋지 아니하던 속이 풀리거나 내려서 시원하게.

의미 [+마음],[+만족],[+문제],[+해결]

제약

② 답답하거나 갑갑하여 언짢던 것이 풀려 마음이 시원하게.

¶속을 **후련히** 털어놓다./주먹 덩이 같은 것이 여러 해 동안 뭉쳤던 가슴이 단박에 **후련히** 씻겨 내려가는 것 같았다.≪채만식, 낙조≫

후루루

의미 [+소리],[+호루라기]v[+호각],[+정도]

제약 {호루라기, 호각}-{불다}

호루라기나 호각 (號角) 따위를 조금 세게 부는 소리.

¶아이는 소리도 잘 나지 않는 호루라기를 애써 **후루루** 불고 다닌다.

후루룩

의미 [+소리]v[+모양],[+새],[+날개],[+운동],[+비상],[+순간]

제약 {새}-{날다, 하다}

① 새 따위가 날개를 가볍게 치며 갑자기 날아가는 소리. 또는 그 모양.

¶산새가 한 마리 **후루룩** 날아올랐다.

의미 [+소리]v[+모양],[+액체]v[+국수],[+흡입],[+소란],[+속도]

제약 {액체, 국수}-{마시다}

② 적은 양의 액체나 국수 따위를 야단스럽게 빨리 들이마시는 소리. 또는 그 모양.

¶뜨거운 국물을 **후루룩** 잘도 마신다./수영은 뜨끈한 술국이라도 한 뚝배기 **후루룩** 마셨으면 몸이 한결 풀릴 것 같았다.≪심훈, 영원의 미소≫

후루룩-후루룩

의미 [+소리]v[+모양],[+새],[+날개],[+운동],[+비상],[+순간],[+연속]

제약 {새}-{날아오르다}

① 새 따위가 날개를 잇따라 가볍게 치며 갑자기 날아가는 소리. 또는 그 모양.

¶산새들이 **후루룩후루룩** 날아오르다.

의미 [+소리]v[+모양],[+액체]v[+국수],[+흡입],[+소란],[+속도],[+연속]

제약 {액체, 국수}-{마시다}

② 적은 양의 액체나 국수 따위를 잇따라 야단스럽고 빠르게 들이마시는 소리. 또는 그 모양.

¶뜨거운 물을 **후루룩후루룩** 불어 가며 마셨다.

후룩

의미 [+소리]v[+모양],[+새],[+날개],[+운동],[+비상],[+순간]

제약 {새}-{날다, 하다}

① '후루룩①'의 준말. 새 따위가 날개를 가볍게 치며 갑자기 날아가는 소리. 또는 그 모양.

¶새가 바위 위로 **후룩** 날아오르다.

의미 [＋소리]v[＋모양],[＋액체]v[＋국수],[＋흡입],[＋소란],[＋속도]

제약 {액체, 국수}-{마시다}

② ‘후루룩②’의 준말. 적은 양의 액체나 국수 따위를 야단스럽게 빨리 들이마시는 소리. 또는 그 모양.

¶후룩후룩 차를 들이켜다.

후룩-후룩

의미 [＋소리]v[＋모양],[＋새],[＋날개],[＋운동],[＋비상],[＋순간],[＋연속]

제약 {새}-{날다}

① ‘후루룩후루룩①’의 준말. 새 따위가 날개를 잇따라 가볍게 치며 갑자기 날아가는 소리. 또는 그 모양.

의미 [＋소리]v[＋모양],[＋액체]v[＋국수],[＋흡입],[＋소란],[＋속도],[＋연속]

제약 {액체, 국수}-{마시다}

② ‘후루룩후루룩②’의 준말. 적은 양의 액체나 국수 따위를 잇따라 야단스럽고 빠르게 들이마시는 소리. 또는 그 모양.

¶후룩후룩 차를 들이켜다.

후르르

의미 [＋소리]v[＋모양],[＋새],[＋날개],[＋운동],[＋비상]

제약 {새}-{날다}

① 새 따위가 날개를 가볍게 치며 날아가는 소리. 또는 그 모양.

¶새들이 후르르 날아가다.

의미 [＋소리]v[＋모양],[＋종이]v[＋검불],[＋연소]

제약 {종이, 검불}-{타오르다}

② 얇은 종이나 버썩 마른 검불 따위가 타오르는 소리. 또는 그 모양.

¶아궁이 속으로 종이를 집어 던지니 후르르 타 버린다.

후르르-후르르

의미 [＋소리]v[＋모양],[＋새],[＋날개],[＋운동],[＋비상],[＋연속]

제약 {새}-{날다}

① 새 따위가 날개를 잇따라 가볍게 치며 날아

가는 소리. 또는 그 모양.

의미 [＋소리]v[＋모양],[＋종이]v[＋검불],[＋연소],[＋연속]

제약 {종이, 검불}-{타다}

② 얇은 종이나 버썩 마른 검불 따위가 잇따라 타오르는 소리. 또는 그 모양.

후리-후리

의미 [＋모양],[＋키],[＋크기],[＋맵시]

제약 {키}-{하다}

키가 크고 늘씬한 모양.

¶그는 후리후리 큰 키에 건강해 보였다.

후물-후물

의미 [＋모양],[＋음식],[＋씹음],[－분명],[＋연속]

제약 {음식}-{씹다}

① 이가 빠진 입으로 음식을 우물거리며 잇따라 씹는 모양.

의미 [＋모양],[＋음식],[＋씹음],[＋대충],[＋연속]

제약 {음식}-{씹다}

② 음식물 따위를 꼭꼭 씹지 않고 잇따라 대강 씹는 모양.

후비적-후비적

의미 [＋모양],[＋틈]v[＋구멍],[＋긁음]v[＋파냄],[－주의],[＋반복]

제약 {틈, 구멍}-{긁다, 파다}

① 틈이나 구멍 속을 자꾸 함부로 긁거나 돌려 파내는 모양.

¶뒷간 모퉁이건 남의 텃밭머리건 빈 땅만 보면 후비적후비적 파고⋯.≪박완서, 미망≫

의미 [＋모양],[＋물체],[＋표면],[＋구멍],[＋생성],[－주의],[＋반복]

제약 { }-{파다}

② 물체의 표면을 날이 있는 도구로 자꾸 함부로 구멍을 내거나 패게 하는 모양.

¶논두렁이고 밭두렁이고 노는 땅만 보면 후비적후비적 파고 씨 뿌리고, 영근 콩꼬투리나 팥꼬투리가 있으면 제때제때 거두기도 하고⋯

의미 [＋모양],[＋내막]v[＋비밀],[＋규명],[－주의],[＋반복]

제약 {내막, 비밀}-{캐다}

③ 일의 내막이나 비밀을 자꾸 함부로 깊이 캐는 모양.

후빗-후빗

의미 [+모양],[+틈]v[+구멍],[+긁음]v[+파냄],[+반복]

제약 {틈, 구멍}-{긁다, 파다}

깊고 넓은 틈이나 구멍 속을 자꾸 조금씩 긁거나 돌려 파내는 모양.

후줄근-히

의미 [+상태],[+옷]v[+종이],[+습기]v[-풀기],[+불길],[+연장]

제약 {옷, 종이}-{늘어지다}

① 옷이나 종이 따위가 약간 젖거나 풀기가 빠져 아주 보기 흉하게 축 늘어져 있는 상태로.

¶온몸이 땀에 **후줄근히** 젖었다./차가운 겨울비에 **후줄근히** 젖고 있을망정 그 허수아비는 아주 태연해 보였다.≪이동하, 우울한 귀향≫

의미 [+모양],[+신체],[-기운],[+피로],[+피곤],[+정도]

제약 { }-{늘어지다}

② 몹시 지치고 고단하여 몸이 축 늘어질 정도로 아주 힘이 없이.

¶더위에 **후줄근히** 늘어진 상인들은 간간이 신경질적으로 부채질만 할 뿐이다.≪홍성원, 육이오≫

후터분-히

의미 [+기운],[+더위],[+불쾌]

제약

불쾌할 정도로 무더운 기운이 있게.

후텁지근-히

의미 [+기운],[+더위],[+불쾌]

제약

조금 불쾌할 정도로 끈끈하고 무더운 기운이 있게.

¶하늘은 납빛의 구름으로 짙게 흐려 있고 기류는 **후텁지근히** 휘감아 흘렀다.≪박상륭, 열명길≫

후-후[01]

의미 [+소리]v[+모양],[+입김],[+다량],[+배출],[+반복]

제약

입을 동글게 오므려 내밀고 입김을 많이 자꾸 내뿜는 소리. 또는 그 모양.

¶아이의 상처 자리에 **후후** 입김을 불어 주었다./우리는 뜨거운 엽차를 **후후** 불면서 마셨다.≪최인호, 무서운 복수≫

후-후[02]

의미 [+모양],[+온정],[+시혜]

제약 {온정}-{베풀다}

① 온정을 베푸는 모양.

의미 [+모양],[+웃음],[+아첨]

제약 {사람}-{웃다}

② 아첨하여 웃는 모양.

의미 [+모양],[+선웃음]

제약 {선웃음}-{치다}

③ 선웃음을 치는 모양.

¶그때까지도 잠들지 않고 있었던 듯 어머니는 술내를 풍기며 **후후** 웃고….≪오정희, 유년의 뜰≫

훅

의미 [+소리]v[+모양],[+액체],[+흡입],[+순간]

제약 {액체}-{들이마시다}

① 액체를 단숨에 들이마시는 소리. 또는 그 모양.

¶국물을 **훅** 들이켜다./중절모를 쓴 친구는 술을 **훅** 들이켜고 잔을 내려놓으며 세모진 얼굴을 마주 보았다.≪오상원, 모반≫

의미 [+소리]v[+모양],[+입김],[+배출],[+순간],[+정도]

제약

② 입을 오므리고 입김을 갑자기 세게 부는 소리. 또는 그 모양.

¶담배 연기를 **훅** 내뿜다./촛불을 **훅** 불어 끄다./상혁이 **훅** 호롱불을 불어 꺼서 부엌 안은 갑자기 칠흑처럼 캄캄해졌다.≪홍성원, 육이오≫

의미 [+모양],[+냄새]v[+바람]v[+열기],[+쇄도],[+순간]

제약 {냄새, 바람, 열기}-{밀려들다}

③ 냄새나 바람, 열기 따위의 기운이 갑자기 밀려드는 모양.

¶방문을 열자 찬 바람이 **훅** 불어왔다./장마철에

창고에 들어갔더니 곰팡이 냄새가 **훅** 코를 찔렀다./바람이 먼지를 **훅** 날리며 지나간다.

의미 [+모양],[+동작]v[+행동],[+민첩],[+돌연],[+정도]

제약

④ 동작이나 행동이 몹시 날쌔고 갑작스러운 모양.

¶말도 없이 **훅** 가 버렸다./제발 제 말대로 모든 것 훌훌 털어 버리고 **훅** 떠나가 버립시다.≪한승원, 해일≫/물비늘은 뱃전을 **훅** 치받고는 조금씩 기세가 사나웠다.≪천승세, 낙월도≫

의미 [+모양],[+높이]v[+넓이],[+비월],[+용이]

제약 { }-{뛰어넘다}

⑤ 높은 데나 넓은 데를 가볍게 뛰어넘는 모양.

의미 [+모양],[+불길],[+맹렬],[+순간],[+정도]

제약 {불길}-{타오르다}

⑥ 불길이 갑자기 아주 세게 타오르는 모양.

훅-훅

의미 [+소리]v[+모양],[+액체],[+흡입],[+연속]

제약 {액체}-{들이마시다}

① 액체를 잇따라 들이마시는 소리. 또는 그 모양.

¶뜨거운 국을 **훅훅** 조금씩 먹었다./필순이는 덕기가 국물을 **훅훅** 마셔 가며 달게 먹는 것을 보고….≪염상섭, 삼대≫

의미 [+소리]v[+모양],[+입김],[+배출],[+정도],[+연속]

제약

② 입을 오므리고 입김을 잇따라 세게 부는 소리. 또는 그 모양.

¶담배 연기를 **훅훅** 내뿜다./곰방대의 물부리를 **훅훅** 불어 보고 몇 번 빨아 보고 하더니 허리춤에 찌른다.≪박경리, 토지≫

의미 [+모양],[+냄새]v[+바람]v[+열기],[+쇄도],[+연속]

제약 {냄새, 바람, 열기}-{밀려들다}

③ 냄새나 바람, 열기 따위의 기운이 잇따라 밀

려드는 모양.

¶햇볕도 없는 이 길은 땅에서 더위가 **훅훅** 솟아올라오는 것 같아 땀이 전신에서 솟는다.≪이숭녕, 대학가의 파수병≫/옆으로 퍼져 나간 불길은 기름걸레질을 하는 무대 마루 위를 타 넘어 **훅훅** 불붙고 있었다.≪한수산, 부초≫

의미 [+모양],[+전부]v[+연속],[+동작]v[+행동],[+민첩],[+돌연],[+정도]

제약

④ 여럿이 다 또는 잇따라 동작이나 행동이 몹시 날쌔고 갑작스러운 모양.

의미 [+모양],[+높이]v[+넓이],[+비월],[+용이],[+연속]

제약 { }-{뛰어넘다}

⑤ 높은 데나 넓은 데를 잇따라 가볍게 뛰어넘는 모양.

의미 [+모양],[+불길],[+맹렬],[+정도],[+연속]

제약 {불길}-{타오르다}

⑥ 불길이 잇따라 아주 세게 타오르는 모양.

훈훈-히[01]

의미 [+날씨]v[+온도],[+더위],[+인내],[+만족]

제약

① 날씨나 온도가 견디기 좋을 만큼 덥게.

¶난로를 **훈훈히** 피워 두다./몸에서는 더운 김이 **훈훈히** 나고 등과 겨드랑 밑에는 땀이 찐득하게 흘렀다.≪김남천, 남매≫

의미 [+마음],[+온화]

제약

② 마음을 부드럽게 녹여 주는 따스함이 있게.

¶사랑의 미소가 **훈훈히** 감돌다.

의미 [+상태],[+냄새],[+응결]

제약 { }-{나다, 풍기다}

③ 냄새가 서려 있는 상태로.

¶두엄 더미 따위에서 묘한 악취들이 마을 전체로 **훈훈히** 내풍겼다.≪홍성원, 육이오≫

훈훈-히[02]

의미 [+감취],[-정신],[-분명]

제약 { }-{달아오르다, 취하다}

술 취한 기운이 얼근하게.

¶술에 젖은 몸이 **훈훈히** 달아오르고 신경의 줄이 늦추어지면서 일상적인 시름이 저 먼 곳으로 차차 멀어져 갔다.≪선우휘, 화재≫

흘근-번쩍

의미 [+모양],[+질시],[+눈빛],[-주의]

제약

눈을 함부로 흘기며 번쩍이는 모양.

흘근번쩍-흘근번쩍

의미 [+모양],[+전부]v[+반복],[+질시],[+눈빛],[-주의]

제약

여럿이 다 또는 자꾸 눈을 함부로 흘기며 번쩍이는 모양.

훌꺼덕

의미 [+소리]v[+모양],[+액체]v[+음식],[+삼킴]

제약 {액체, 음식}-{삼키다}

액체나 음식 따위를 가볍게 삼키는 소리. 또는 그 모양.

훌꺼덕-훌꺼덕

의미 [+소리]v[+모양],[+액체]v[+음식],[+삼킴],[+반복]

제약 {액체, 음식}-{삼키다}

액체나 음식 따위를 자꾸 가볍게 삼키는 소리. 또는 그 모양.

훌꺽

의미 [+소리]v[+모양],[+액체]v[+음식],[+삼킴]

제약 {액체, 음식}-{삼키다}

'훌꺼덕'의 준말. 액체나 음식 따위를 가볍게 삼키는 소리. 또는 그 모양.

¶사탕을 **훌꺽** 삼켜 버렸다.

훌꺽-훌꺽

의미 [+소리]v[+모양],[+액체]v[+음식],[+삼킴],[+반복]

제약 {액체, 음식}-{삼키다}

'훌꺼덕훌꺼덕'의 준말. 액체나 음식 따위를 자꾸 가볍게 삼키는 소리. 또는 그 모양.

훌떡

의미 [+모양],[+전부],[+탈의],[±의지]

제약 { }-{벗다, 벗어지다}

① 아주 남김없이 벗거나 벗어진 모양.

¶**훌떡** 벗어진 이마./계월향은 물을 펑펑 퍼서 대야에 가득히 담은 뒤에 깨끼적삼을 **훌떡** 벗고 목물을 하기 시작한다.≪박종화, 임진왜란≫

의미 [+모양],[+전복],[±의지],[+속도]

제약 { }-{뒤집다, 뒤집히다}

② 빠르게 뒤집거나 뒤집히는 모양.

의미 [+모양],[+도약],[+기운],[+정도]

제약 { }-{뛰다, 뛰어넘다}

③ 힘차게 뛰거나 뛰어넘는 모양.

¶뒷담 쪽에서 뭔가 쿵 하고 떨어지는 소리가 났다. 영칠이가 **훌떡** 담을 뛰어넘은 모양이었다.≪하근찬, 야호≫

의미 [+모양],[+섭취],[-여분],[+속도]

제약 { }-{먹어치우다}

④ 남김없이 날쌔게 먹어 치우는 모양.

¶그는 호떡 하나를 목구멍으로 **훌떡** 삼켰다.

훌떡-훌떡⁰¹

의미 [+모양],[+전부]v[+반복],[+탈의],[±의지]

제약 { }-{벗다, 벗어지다}

① 여럿이 다 또는 자꾸 아주 남김없이 벗거나 벗어진 모양.

¶괴물은 **훌떡훌떡** 거미 껍질을 벗더니 엉금엉금 경수 앞으로 기어 나오는데…≪계용묵, 인두지주≫

의미 [+모양],[+전부]v[+반복],[+전복],[±의지],[+속도]

제약 { }-{뒤집다, 뒤집히다}

② 여럿이 다 또는 자꾸 빠르게 뒤집거나 뒤집히는 모양.

¶광대는 줄에서 뛰어내려, 땅재주를 **훌떡훌떡** 넘다가…≪심훈, 상록수≫

의미 [+모양],[+전부]v[+반복],[+도약],[+기운],[+정도]

제약 { }-{뛰다, 뛰어넘다}

③ 여럿이 다 또는 자꾸 힘차게 뛰거나 뛰어넘는 모양.

의미 [+모양],[+전부]v[+반복],[+섭취],[-여

분],[＋속도]

제약 {　}-{먹어치우다}

④ 여럿이 다 또는 자꾸 남김없이 날쌔게 먹어
치우는 모양.

훌떡-훌떡02

의미 [＋모양],[＋신],[＋크기],[＋분리]v[＋전
복],[＋반복]

제약 {신}-{벗어지다, 뒤집히다}

신 따위가 아주 헐거워서 자꾸 벗어지거나 뒤집
히는 모양.

¶펄에 빠지면 누가 일부러 붙잡아 빼는 것같이
훌떡훌떡 벗겨지는 고무신을 당해 낼 재주가 없
다.≪윤흥길, 묵시의 바다≫

훌러덩

의미 [＋모양],[＋전부],[＋노출],[＋탈의]v[＋전
복]

제약 {　}-{벗어지다, 뒤집히다}

① '훌렁①'의 본말. 속의 것이 시원스럽게 드러
나도록 완전히 벗어지거나 뒤집히는 모양.

¶옷을 **훌러덩** 벗고 물속으로 들어갔다./눈썹과
앞 머리칼이 타고 이마와 콧등이 삶은 감자처럼
껍질이 **훌러덩** 벗겨져 있었다.≪현기영, 변방에 우
짖는 새≫

의미 [＋모양],[＋돈]v[＋재산],[＋소멸]

제약 {돈, 재산}-{날리다}

② '훌렁②'의 본말. 가지고 있던 돈이나 재산
따위를 다 날려 버리는 모양.

의미 [＋모양],[＋도약]v[＋상승],[＋용이]

제약

③ '훌렁④'의 본말. 아주 쉽게 뛰어넘거나 들어
올리는 모양.

훌러덩-훌러덩

의미 [＋모양],[＋전부]v[＋연속],[＋노출],[＋탈
의]v[＋전복]

제약 {　}-{벗어지다, 뒤집히다}

① '훌렁훌렁①'의 본말. 여럿이 다 또는 잇따라
속의 것이 시원스럽게 드나들도록 완전히 벗어
지거나 뒤집히는 모양.

의미 [＋모양],[＋전부]v[＋연속],[＋돈]v[＋재
산],[＋소멸]

제약 {돈, 재산}-{날리다}

② '훌렁훌렁②'의 본말. 여럿이 다 또는 잇따라
가지고 있던 돈이나 재산 따위가 다 없어지는
모양.

훌렁

의미 [＋모양],[＋전부],[＋노출],[＋탈의]v[＋전
복]

제약 {　}-{벗어지다, 뒤집히다}

① 속의 것이 시원스럽게 드러나도록 완전히 벗
어지거나 뒤집히는 모양.

¶바람에 우산이 **훌렁** 뒤집혔다./쓰러진 사내는
머리가 **훌렁** 벗어진 초로 初老)의 신사였다.≪이
동하, 장난감 도시≫/창빈이가 제법 기세 좋게 옷
을 **훌렁** 벗어 들더니 한 씨에 앞장서서 여울을
건너가는 것이었다.≪황석영, 한 씨 연대기≫

의미 [＋모양],[＋돈]v[＋재산],[＋소멸]

제약 {돈, 재산}-{날리다}

② 가지고 있던 돈이나 재산 따위를 다 날려 버
리는 모양.

¶그는 노름으로 집 한 채를 **훌렁** 날렸다.

의미 [＋모양],[＋구멍],[＋크기],[＋통과],[＋용
이]

제약 {　}-{빠지다, 들어가다}

③ 구멍이 넓어서 아주 헐겁게 빠지거나 들어가
는 모양.

¶살이 빠져 반지가 손가락에 **훌렁** 들어간다.

의미 [＋모양],[＋도약]v[＋상승],[＋용이]

제약

④ 아주 쉽게 뛰어넘거나 들어 올리는 모양.

¶서광호가 악을 쓰며 책상을 **훌렁** 들어 그대로
계장한테 냅다 뒤집어엎어 버렸다.≪송기숙, 암태
도≫

훌렁-훌렁

의미 [＋모양],[＋전부]v[＋연속],[＋노출],[＋탈
의]v[＋전복]

제약 {　}-{벗어지다, 뒤집히다}

① 여럿이 다 또는 잇따라 속의 것이 시원스럽
게 드나들도록 완전히 벗어지거나 뒤집히는 모
양.

¶옷을 **훌렁훌렁** 벗어 던지고 물속에 뛰어들었다.

의미 [＋모양],[＋전부]v[＋연속],[＋돈]v[＋재산],[＋소멸]

제약 {돈, 재산}-{날리다}

② 여럿이 다 또는 잇따라 가지고 있던 돈이나 재산 따위가 다 없어지는 모양.

의미 [＋모양],[＋구멍],[＋크기],[＋통과],[＋용이],[＋반복]

제약

③ 구멍이 넓어서 자꾸 헐겁게 빠지거나 드나드는 모양.

훌륭-히

의미 [＋칭찬],[－질책],[＋정도]

제약

썩 좋아서 나무랄 곳이 없이.

¶자식을 훌륭히 기르다./일을 훌륭히 끝내다./직무를 훌륭히 수행하다./그는 시련을 훌륭히 이겨 냈다./비록 연약한 아낙네들의 힘이지만 그들은 훌륭히 넓은 개천에 다리를 놓은 것이다.≪홍성원, 육이오≫

훌연

의미 [＋모양],[＋발생],[－생각],[－여유],[＋순간]

제약

어떤 일이 생각할 겨를도 없이 급히 일어나는 모양.

훌쩍

의미 [＋소리]v[＋모양],[＋액체],[＋흡입],[＋순간],[－여분]

제약 {액체}-{들이마시다}

① 액체 따위를 단숨에 남김없이 들이마시는 소리. 또는 그 모양.

¶술을 훌쩍 들이켜고 잔을 돌렸다./응칠이는 사발 바닥에 남은 국물을 훌쩍 마시고 손바닥으로 입가를 훔치며 숟가락을 놓는다.≪박경리, 토지≫

의미 [＋소리]v[＋모양],[＋콧물],[＋흡입],[－정도]

제약 {콧물}-{들이마시다}

② 콧물을 들이마시는 소리. 또는 그 모양.

¶콧물을 훌쩍 들이마시다.

의미 [＋모양],[＋도약]v[＋비상],[＋순간]

제약

③ 단숨에 거볍게 뛰거나 날아오르는 모양.

¶차에서 훌쩍 뛰어내렸다./곡예사가 달리는 말 위에 훌쩍 올라탔다./종혁은 뒤 담벼락을 훌쩍 뛰어넘어 산으로 올랐다.≪이정환, 샛강≫

의미 [＋모양],[＋출발],[－장애],[＋정도]

제약 { }-{떠나다}

④ 거침없이 가볍게 길을 떠나는 모양.

¶어디론가 훌쩍 떠나고 싶다./사내는 우산을 그녀의 손에 쥐어 주고는 훌쩍 돌아섰다.≪홍성암, 큰물로 가는 큰 고기≫

의미 [＋모양],[＋기준],[＋이상],[＋크기],[＋정도]

제약 { }-{크다, 커지다}

⑤ 보통의 경우보다 훨씬 더 크거나 커진 모양.

¶못 보는 사이에 훌쩍 자랐구나./구미의 여성들은 우리네보다 우선 키가 훌쩍 큽니다.≪조풍연, 청사 수필≫

훌쩍-훌쩍

의미 [＋소리]v[＋모양],[＋액체],[＋흡입],[－여분],[＋반복]

제약 {액체}-{들이마시다}

① 액체 따위를 남김없이 자꾸 들이마시는 소리. 또는 그 모양.

¶그는 식은 홍차를 훌쩍훌쩍 마셨다./술을 훌쩍훌쩍 마셔 댔다.

의미 [＋소리]v[＋모양],[＋콧물],[＋흡입],[＋반복]

제약 {콧물}-{들이마시다}

② 콧물을 자꾸 들이마시는 소리. 또는 그 모양.

의미 [＋소리]v[＋모양],[＋울음],[＋콧물],[＋흡입],[＋반복]

제약 {사람}-{울다}

③ 콧물을 들이마시며 자꾸 흐느껴 우는 소리. 또는 그 모양.

¶엄마와 떨어진 아이가 훌쩍훌쩍 울기 시작한다./철부지처럼 훌쩍훌쩍 울고 싶은 심정을 외면하듯 서희는 평사리를 외면하는 것이다.≪박경리, 토지≫

의미 [＋모양],[＋전부]v[＋연속],[＋도약]v[＋비

ㅎ

상]

제약

④ 여럿이 다 또는 잇따라 거볍게 뛰거나 날아 오르는 모양.

¶자객들이 높은 담장을 **훌쩍훌쩍** 뛰어넘는다./그는 날렵하고 건강한 두 다리로 산의 골짜기 이곳저곳을 **훌쩍훌쩍** 넘어다녔다.

의미 [+모양],[+전부],[+기준],[+이상],[+크기],[+정도]

제약 { }-{크다, 커지다}

⑤ 여럿이 다 보통의 경우보다 훨씬 더 크거나 커진 모양.

¶앞에 선 장정들 모두 키가 **훌쩍훌쩍** 커서 나는 앞을 제대로 볼 수가 없었다.

훌쭉-훌쭉

의미 [+모양],[+전부],[-굵기],[+길이],[+정도]

제약

① 여럿이 다 길이에 비하여 몸통이 아주 가늘고 긴 모양.

¶**훌쭉훌쭉** 키가 큰 농구 선수.

의미 [+모양],[+전부],[+내부],[+공허],[+함몰]

제약

② 여럿이 다 속이 비어서 안으로 우므러져 있는 모양.

의미 [+모양],[+전부],[+수척],[+투병]v[+피로]

제약

③ 여럿이 다 앓거나 지쳐서 몸이 야윈 모양.

의미 [+모양],[+전부],[+선단],[+길이],[+예리]

제약

④ 여럿이 다 끝이 뾰죽하고 긴 모양.

훌쭉-히

의미 [+몸통],[-굵기],[+길이],[+정도]

제약

① 길이에 비하여 몸통이 아주 가늘고 길게.

¶공중에 늘어진 형의 **훌쭉히** 키 큰 몸이 약간 흔들거리고 있다.≪황순원, 신들의 주사위≫

의미 [+상태],[+내부],[+공허],[+함몰]

제약

② 속이 비어서 안으로 우므러져 있는 상태로.

의미 [+상태],[+수척],[+투병]v[+피로]

제약

③ 앓거나 지쳐서 몸이 여윈 상태로.

의미 [+선단],[+길이],[+예리]

제약

④ 끝이 뾰죽하고 길게.

훌훌

의미 [+모양],[+조류],[+날개],[+운동],[+비상],[+연속]

제약 {새}-{날다}

① 날짐승 따위가 잇따라 날개를 치며 가볍게 나는 모양.

¶새가 하늘을 **훌훌** 날아가다.

의미 [+모양],[+눈]v[+종이]v[+털],[+비상]

제약 {눈, 종이, 털}-{날리다}

② 눈, 종이, 털 따위가 가볍게 날리는 모양.

¶꽃잎이 **훌훌** 날리다./바람에 재가 **훌훌** 날려서 화독내가 끼쳤다.≪심훈, 영원의 미소≫

의미 [+모양],[+질주]v[+운동],[+경쾌]

제약 { }-{뛰다, 움직이다}

③ 가볍게 날듯이 뛰거나 움직이는 모양.

¶그는 장애물을 **훌훌** 뛰어넘었다./대문은 열리지 않았다.…그들은 담장을 타고 **훌훌** 넘어갔다. ≪유주현, 대한 제국≫

의미 [+모양],[+물건],[+투척]v[+산포],[+거리],[+반복]

제약 { }-{던지다, 뿌리다}

④ 가벼운 물건을 자꾸 멀리 던지거나 뿌리는 모양.

¶온몸에 소름이 쫙 돋은 허 상사가 계속 헌병들에게 머리를 조아리며 사정을 하고 있다. 헌병들은 그러나 들은 척도 하지 않고 방 안에서 허 상사의 피복을 **훌훌** 마당으로 내던진다.≪홍성원, 육이오≫/뼈를 발라 낸 뱀장어에다 굵은소금만 **훌훌** 뿌려서 구워도 그렇게 맛있을 수가 없었다. ≪박완서, 그 많던 싱아는 누가 다 먹었을까≫

의미 [+모양],[+먼지]v[+조각],[+분리],[+연

속]

제약 {먼지, 부스러기}-{떨다}

⑤ 먼지나 부스러기 따위를 잇따라 가볍게 떠는 모양.

¶먼지를 훌훌 떨다.

의미 [+모양],[+옷],[+탈의],[±의지]

제약 {옷}-{벗다, 벗기다}

⑥ 옷 따위를 시원스럽게 벗어 버리거나 벗기는 모양.

¶옷을 훌훌 벗고 물속에 뛰어들었다./다가온 동칠이 빈 지게를 자갈 위에 벗어 놓고 훌훌 웃통을 벗어부쳤다.≪한수산, 유민≫

의미 [+모양],[+죽v[+국],[+흡입],[+반복]

제약 {죽, 국}-{들이마시다}

⑦ 묽은 죽이나 국 따위를 시원스럽게 자꾸 들이마시는 모양.

¶그녀는 물에 밥을 말아 훌훌 들이켰다./손에 묻은 기름을 바지에 쓰윽 문대고 훌훌 국밥을 마시다시피 먹는다.≪조풍연, 청사 수필≫

의미 [+모양],[+불길],[+연소],[+정도]

제약 {불길}-{타오르다}

⑧ 불길이 시원스럽게 타오르는 모양.

¶전후좌우로 훌훌 훌훌 번져 나가는 불길은 이 집을 뒤덮는가 하면 눈 깜작할 새에 벌써 저 집 지붕을 날름하고….≪염상섭, 부부≫

의미 [+모양],[+부채],[-정도]

제약 {부채}-{흔들다, 부치다}

⑨ 가볍게 부채질을 하는 모양.

¶부채를 펴서 훌훌 부치다.

의미 [+모양],[+입김],[+배출],[+반복]

제약

⑩ 입김을 자꾸 불어 내는 모양.

¶부뚜막에 앉은 하얀 먼지를 입으로 훌훌 불어 보다가 방으로 들어왔다.≪이문희, 흑맥≫

의미 [+모양],[+미련],[+포기]

제약 { }-{떨치다, 털다}

⑪ 미련 따위를 모두 털어 버리는 모양. 늑훌훌히.

¶"내 심정은 그냥 훌훌 떨쳐 버리고 산으로 들어가 버리고 싶소이다."≪황석영, 장길산≫/"서두

르서야 합니다. 날이 밝아지면은 이 섬을 빠져나갈 수가 없어요. 제발 제 말대로 모든 것을 훌훌 털어 버리고 혹 떠나가 버립시다."≪한승원, 해일≫

훌훌-히

의미 [+속도],[-장악]/[+순간],[-억제]

제약

재빨라서 붙잡을 수가 없이. 또는 걷잡을 사이 없이 갑작스럽게.

훌훌-히

의미 [+모양],[+미련],[+포기]

제약 { }-{떨치다, 털다}

=훌훌⑪. 미련 따위를 모두 털어 버리는 모양.

¶그는 미련 없이 훌훌히 떠나 버렸다. 제석산의 긴 등성이에서 햇살이 곧게 뻗어 내리기 시작하면 어디론지 훌훌히 자취를 감추고는 했다.≪조정래, 태백산맥≫

훔척-훔척

의미 [+모양],[+탐색],[+접촉],[-일정],[+반복]

제약 { }-{뒤지다}

① 보이지 아니하는 데 있는 것을 찾으려고 이리저리 자꾸 더듬어 뒤지는 모양.

¶심 씨는 뒷주머니를 훔척훔척 무엇인가 꺼내고 있었다.≪전상국, 외등≫

의미 [+모양],[+눈물],[+제거],[-일정],[+반복]

제약 {눈물}-{씻다}

② 눈물 따위를 이리저리 자꾸 훔쳐 씻는 모양.

의미 [+모양],[+마찰],[+거침],[+반복]

제약

③ 움켜잡듯이 거칠게 자꾸 긁적이는 모양.

훔치적-훔치적

의미 [+모양],[+탐색],[+접촉],[-일정],[+반복]

제약 { }-{뒤지다}

① 보이지 아니하는 데 있는 것을 찾으려고 자꾸 이리저리 굼뜨게 더듬어 뒤지는 모양.

의미 [+모양],[+눈물],[+제거],[-일정],[-속도],[+반복]

제약 {눈물}-{씻다}

② 눈물 따위를 자꾸 이리저리 굼뜨게 훔쳐 씻는 모양.

의미 [+모양],[+마찰],[+거침],[-속도],[+반복]

제약

③ 움켜잡듯이 굼뜨고 자꾸 거칠게 긁적이는 모양.

훗훗

의미 [+모양],[+바람]v[+입김],[+포옹],[+온기],[+반복]/[+열기],[+포옹],[+반복]

제약

바람이나 입김 따위가 훈훈하게 거듭 안겨 오는 모양. 또는 열기 따위가 후끈하게 거듭 안겨 오는 모양.

¶봄바람이 훗훗 불어오니 몸이 나른해진다./내 가슴은 자꾸 뛰나이다, 머리가 훗훗 다나이다, 숨이 차지나이다.≪이광수, 어린 벗에게≫

훗훗-이

의미 [+더위],[+답답]

제약

① 약간 갑갑할 정도로 훈훈하고 덥게.

¶어두운 지 한참 되는 초여름 밤인데 저녁때부터 날이 흐릿해 오더니 밤중 안에 비가 오려는지 공기가 제법 훗훗이 물큰다.≪김남천, 대하≫

의미 [+기운],[+마음],[+온기]

제약

② 마음을 부드럽게 녹여 주는 듯한 훈훈한 기운이 있게.

훤칠-히

의미 [+길이],[-결점]

제약

① 길고 미끈하게.

¶남은 잘도 훤칠히들 크건만 이건 위아래가 몽톡한 것이….≪김유정, 봄봄≫

의미 [-장애],[+정결],[+상쾌]

제약

② 막힘없이 깨끗하고 시원스럽게.

¶훤칠히 트인 벌판 너머로 마주 선 언덕, 흰 눈이다. 가슴이 탁 트이는 것 같다.≪오상원, 유예≫

훤혁-히

의미 [+업적]v[+공로],[+찬란]

제약 {업적, 공로}-{ }

업적이나 공로 따위가 빛나고 밝게.

훤-히

의미 [+밝음],[-분명]

제약

① 조금 흐릿할 정도로 밝게.

¶잠시 눈을 붙인 사이 어느 틈에 훤히 동이 트려 하고 있었다.

의미 [-장애],[+넓이],[+상쾌],[+정도]

제약

② 앞이 탁 트여 매우 넓고 시원스럽게.

¶고갯마루에서는 물 건너 녹동항의 낭자한 전기 불빛과 저녁 어둠에 싸인 오마도 앞바다가 한눈에 훤히 내려다보였다.≪이청준, 당신들의 천국≫

의미 [+조리]v[+속내],[+분명]

제약 {조리, 속내}-{ }

③ 무슨 일의 조리나 속내가 뚜렷하게.

¶말하고자 하는 요지는 처음부터 훤히 내다보일 뿐만 아니라….≪서기원, 전야제≫/은돌이는 이 역관의 심중을 훤히 들여다보는 모양이었다.≪서기원, 조선백자 마리아상≫

의미 [+얼굴],[+청결],[+신선],[+정도]

제약

④ 얼굴이 말쑥하고 잘생겨 보기에 매우 시원스럽게.

¶그는 인물이 훤히 잘생긴 총각이다.

의미 [+상태],[+일]v[+대상],[+인지]

제약

⑤ 어떤 일이나 대상에 대하여 잘 알고 있는 상태로.

¶벌써 반년 이상이나 이 중대에 근무한 그들이라 이곳 일대의 지리에 관해서는 자기 손금처럼 훤히 알고 있는 것이었다.≪홍성원, 육이오≫/손바닥만 한 읍내다 보니 장터거리에 사는 여자들은 벌써 소문을 훤히 꿰뚫고 있었다.≪김원일, 불의 제전≫

훨떡

의미 [+모양],[+탈의],[+전부],[±의지]

제약 { }-{벗다, 벗어지다}

① 아주 남김없이 시원스럽게 벗거나 벗어진 모양.

¶옷을 **훨떡** 벗다./구름 한 점 없이 **훨떡** 벗겨진 하늘에….≪박화성, 한귀≫

모양) [+모양],[+전복],[±의지]

제약 { }-{뒤집다, 뒤집히다}

② 시원스럽게 뒤집거나 뒤집히는 모양.

의미 [+모양],[+물],[+비등],[+범람],[+동시],[+순간]

제약 {물}-{끓어 넘치다}

③ 물 따위가 갑자기 한꺼번에 끓어 넘치는 모양.

훨떡-훨떡

의미 [+모양],[+탈의],[+전부],[±의지],[+연속]

제약 { }-{벗다, 벗어지다}

① 아주 남김없이 잇따라 시원스럽게 벗거나 벗어진 모양.

모양) [+모양],[+전복],[±의지],[+연속]

제약 { }-{뒤집다, 뒤집히다}

② 시원스럽게 잇따라 뒤집거나 뒤집히는 모양.

의미 [+모양],[+물],[+비등],[+범람],[+동시],[+순간],[+연속]

제약 {물}-{끓어 넘치다}

③ 물 따위가 잇따라 갑자기 한꺼번에 끓어 넘치는 모양.

훨썩

의미 [+모양],[+간격]v[+개방],[+넓이],[+정도]

제약 { }-{벌어지다, 열리다}

몹시 넓게 벌어지거나 열린 모양.

¶이마가 **훨썩** 넓다.

훨씬

의미 [+차이],[+기준],[+정도]

제약

① 정도 이상으로 차이가 나게.

¶**훨씬** 많다./**훨씬** 적다./사전을 꺼냈더니 가방이 **훨씬** 가벼웠다./상대 팀은 예상보다 **훨씬** 강했다./교통 시설의 발달로 여행이 옛날보다 **훨씬**

편리해졌다./몸집이 크고 뼈대가 굵은 짝쇠댁네는 휘의 어미보다 **훨씬** 나이가 처지는데도 거의 같은 또래로 늙어 보였다.≪박경리, 토지≫

의미 [+모양],[+간격]v[+개방],[+넓이],[+정도]

제약 { }-{벌어지다, 열리다}

② 정도 이상으로 넓게 벌어지거나 열린 모양.

¶문은 어서 들어오라고 손짓이나 하는 듯이 **훨씬** 열리었고….≪현진건, 무영탑≫/세간을 나르느라고 중문 대문을 **훨씬** 열어젖혀 놓은 것을 지치려고….≪염상섭, 표본실의 청개구리≫

훨쩍

의미 [+모양],[+문],[+개방],[+정도]

제약 { }-{열리다}

① 문 따위가 한껏 매우 시원스럽게 열린 모양. 늑훨찐①.

¶**훨쩍** 방문을 열다./박봉필 영감은 헛기침을 두어 번 토하며 대문이 **훨쩍** 열려 있는 요릿집 안으로 들어섰다.≪문순태, 타오르는 강≫

의미 [+모양],[+개방],[+넓이],[+거리],[+상쾌]

제약 { }-{트이다}

② 넓고 멀리 아주 시원스럽게 트인 모양. 늑훨찐②.

¶앞으론 광활한 평야가 **훨쩍** 열리어, 눈길 가는 곳 막힐 데 없으니 명찰에 절승까지 겸하였다 함은 이를 두고 이름이리라.≪현진건, 무영탑≫

의미 [+모양],[+밥],[+퍼짐],[+정도]

제약 {밥}-{퍼지다}

③ 밥 따위가 한껏 무르녹게 퍼진 모양.

의미 [+모양],[+유표],[+정도]

제약

④ 정도가 한껏 두드러진 모양.

¶눈이 쭉 째지고 윗수염이 제비초리처럼 뾰족하게 갈라진 데다가 기다란 얼굴하며 장승처럼 키가 **훨쩍** 크다.≪이기영, 봄≫/장마 뒤에 **훨쩍** 더워진 날씨라 냉커피가 선뜻선뜻해서 좋았다.≪염상섭, 젊은 세대≫

훨찐

의미 [+모양],[+문],[+개방],[+정도]

제약 { }-{열리다}

①=휠쩍①. 문 따위가 한껏 매우 시원스럽게 열린 모양.

의미 [+모양],[+개방],[+넓이],[+거리],[+상쾌]

제약 { }-{트이다}

②=휠쩍② 넓고 멀리 아주 시원스럽게 트인 모양.

휠휠

의미 [+모양],[+조류],[+날개],[+운동],[+비상],[+높이],[-속도]

제약 {새}-{날다}

① 날짐승 따위가 높이 떠서 느릿느릿 날개를 치며 매우 시원스럽게 나는 모양.

¶나비가 휠휠 날아가다./학이 휠휠 날갯짓을 하며 하늘로 날아올랐다./한 서린 벽을 하늘의 새들은 휠휠 넘나들고….≪이정환, 샛강≫

의미 [+모양],[+불길],[+연소],[+정도]

제약 {불길}-{타오르다}

② 불길이 세차고 매우 시원스럽게 타오르는 모양.

¶마른 나뭇가지에 불이 휠휠 붙는다./고래 속에서 솔가지 불이 휠휠 소리를 내며 탄다.≪박경리, 토지≫

의미 [+모양],[+부채],[+크기],[-속도],[+정도]

제약 {부채}-{흔들다, 부치다}

③ 큰 부채 따위로 느릿느릿 매우 시원스럽게 부치는 모양.

¶부채로 연기를 휠휠 쫓다./한익은 효진 앞에 자전거를 세우고 땀투성이 얼굴에 맥고모자로 휠휠 부채질을 시작했다.≪홍성원, 육이오≫

의미 [+모양],[+옷],[+탈의],[±의지]

제약 {옷}-{벗다, 벗기다}

④ 옷 따위를 매우 시원스럽게 벗어 버리거나 벗기는 모양.

¶옷을 휠휠 벗어 꼭 쥐어짜면, 물에 행궈 낸 빨래처럼 진주홍 물이 주르르 흘러내릴 것만 같다. ≪정비석, 비석과 금강산의 대화≫

의미 [+모양],[+출발],[+상쾌]

제약

⑤ 길 따위를 시원스럽게 홀가분한 기분으로 떠나는 모양.

¶나는 하루라도 빨리 고향을 휠휠 떠날 수 있기만을 바라며 지내 왔다./어디론가 휠휠 돌아다니고 싶다고 하는 것을 대불이가 가까스로 붙잡아 놓았다.≪문순태, 타오르는 강≫

의미 [+모양],[+물건],[+살포],[-속도]

제약 {물건}-{뿌리다}

⑥ 가벼운 물건을 느릿느릿 시원스럽게 뿌리는 모양.

¶그런데 그 건장한 미국인은 웬일인지 고아들을 향해, 연거푸 과자 따위를 닭 모이라도 주듯 휠휠 땅으로 뿌려 주고 있었다.≪홍성원, 육이오≫

휘

의미 [+소리],[+바람],[+통과],[+접촉],[+거침],[+정도]

제약 {바람}-{불다}

① 센 바람이 거칠게 스쳐 지나가는 소리.

¶강 건너편에는 까마귀 떼가 휘 바람을 일으키며 날아올랐다./사람의 발길이 끊긴 지 오래된 빈집에는 휘 찬 바람만 돌고 있었다.

의미 [+소리],[+호흡],[+배출],[+동시],[+정도]

제약 {숨}-{내쉬다}

② 숨을 한꺼번에 세게 내쉬는 소리.

¶털이는 손을 들어 그 어깨를 흔들려다가 말고 한숨을 휘 내쉬었다.≪현진건, 무영탑≫

의미 [+소리],[+휘파람]

제약 {휘파람}-{불다}

③ 휘파람을 부는 소리.

¶그는 휘파람을 휘 불고는 어디론가 사라졌다.

의미 [+모양],[+관찰],[+대충],[+한번]

제약 { }-{둘러보다}

④ 대충 한 번 살피거나 둘러보는 모양.

¶그 노인은 산등성이에서 주위를 휘 한 번 돌아보고는 가장 좋은 명당자리를 가리켰다./그는 휘 공항을 한 번 둘러보고는 혼자서 성큼성큼 대합실 쪽으로 걸어가고 있었다.≪이청준, 별을 보여 드립니다≫

휘끈

의미 [+모양],[+회전]v[+붕괴],[+순간]

제약 { }-{돌다, 넘어가다}

갑자기 돌거나 넘어가는 모양.

¶배의 꼬리를 맞추자 배는 빙글빙글 돌다가 바다 위로 **휘끈** 쓰러져 버린다.≪박종화, 임진왜란≫/이렇게 어쩌어찌하다 보면 일 년이 **휘끈** 넘어가고….≪이희승, 소경의 잠꼬대≫/순이는 **휘끈** 뒤로 자빠지려던 다리에 힘을 주어 떡 버티고 서며….≪정비석, 성황당≫

휘둥그스름-히

의미 [+경악]v[+공포],[+눈],[+크기],[+원형]

제약

놀라거나 두려워서 크게 뜬 눈이 둥그스름하게.

휘딱

의미 [+모양],[+전복],[±의지],[+돌연]

제약 { }-{뒤집다, 뒤집히다}

갑작스럽게 거꾸로 뒤집거나 뒤집히는 모양.

¶파도에 배가 **휘딱** 뒤집어졌다./이렇게 소리를 지르며 손으로 소년의 이마를 힘껏 떠밀어 버렸다. **휘딱** 자빠진 소년은 방바닥에 쿵 소리가 나도록 뒤통수를 찧고….≪김동리, 불화≫

휘딱-휘딱

의미 [+모양],[+전복],[±의지],[+돌연],[+연속]

제약 { }-{뒤집다, 뒤집히다}

잇따라 갑작스럽게 거꾸로 뒤집거나 뒤집히는 모양.

¶연속 사격에 표적 판이 **휘딱휘딱** 넘어갔다.

휘뚜루

의미 [+대충],[+자의]

제약

닥치는 대로 대충대충.

¶'성남댁 할머니'는…이 집 식구는 물론 고모들, 파출부나 드나드는 손님에게까지 **휘뚜루** 통용되는 성남댁의 호칭이었다.≪박완서, 그 가을의 사흘 동안≫/청진기의 꼭지가 처녀의 가슴과 등을 **휘뚜루** 더듬었다.≪김정한, 제3병동≫/그는 천하의 권모술수를 **휘뚜루** 제 한 손에 거머쥐고….≪한

설야, 황혼≫

휘뚜루-마뚜루

의미 [+모양],[+해결],[−구별],[−주의]

제약

이것저것 가리지 아니하고 닥치는 대로 마구 해치우는 모양.

¶무계획적으로 **휘뚜루마뚜루** 돌아다니고 싶다.≪이희승, 먹추의 말참견≫

휘뚝

의미 [+모양],[+경사]v[+요동],[+돌연],[+일방]

제약 { }-{쏠리다, 흔들리다}

갑자기 넘어질 듯이 한쪽으로 쏠리거나 흔들리는 모양.

¶**휘뚝** 넘어지다.

휘뚝-휘뚝

의미 [+모양],[+경사]v[+요동],[+반복]

제약

① 넘어질 듯이 자꾸 한쪽으로 쏠리거나 이리저리 흔들리는 모양.

¶익삼 씨가 콧숨을 푸푸거리며 이곡리를 바라보고 **휘뚝휘뚝** 달려가는 모습을 종술은 한참이나 지켜보았다.≪윤흥길, 완장≫

의미 [+모양],[+일],[+위태],[+마음],[+긴장]

제약

② 일이 위태위태하여 마음을 놓을 수 없게 된 모양.

휘뚤-휘뚤

의미 [+모양],[+길],[+굴곡],[−일정]

제약

길 따위가 이리저리 구부려져 있는 모양.

휘영청

의미 [+모양],[+달빛],[+밝음],[+정도]

제약 {달}-{밝다}

① 달빛 따위가 몹시 밝은 모양. 늑휘영청이①.

¶달이 **휘영청** 밝다./보름달이 늦가을 밤하늘 위에 **휘영청** 밝게 떠 있었다.≪최인호, 지구인≫

의미 [+모양],[+높이],[−장애]

제약

② 시원스럽게 솟아 있는 모양. 늑휘영청이②.

¶봉덕사의 범종(梵鐘), 첨성대의 허리, **휘영청** 굽은 한옥의 그 용마루….≪이어령, 흙 속에 저 바람 속에≫

휘영청-이

의미 [+모양],[+달빛],[+밝음],[+정도]

제약 {달}-{밝다}

①=휘영청①. 달빛 따위가 몹시 밝은 모양.

¶달빛은 노국 공주의 집 넓은 대청에도 **휘영청** 이 비쳤다.≪박종화, 다정불심≫

의미 [+모양],[+높이],[-장애]

제약

②=휘영청②. 시원스럽게 솟아 있는 모양.

휘영-휘영

의미 [+느낌],[+마음],[+허전],[+정도]

제약

마음이 텅 비어 몹시 허전한 느낌.

휘우듬-히

의미 [+굴절],[+경사]

제약

조금 휘어져 뒤로 자빠질 듯 비스듬하게.

¶**휘우듬히** 뻗친 양쪽 둑길하고 길동무를 하는 미루나무의 행렬에 시선을 못 박은 채….≪윤흥길, 완장≫

휘우뚱

의미 [+모양],[+사람]v[+물체],[-균형],[+경사]v[+도괴]

제약 { }-{기울어지다, 쓰러지다}

사람이나 물체가 중심을 잃고 한쪽으로 기울어지거나 쓰러질 듯한 모양.

¶돌부리에 걸려 **휘우뚱** 기울어졌다./여자는 심한 충격을 받은 모양으로 **휘우뚱** 상체가 무너지는 듯하더니 바닥에 거꾸러지고 말았다.≪이병주, 행복어 사전≫

휘우뚱-휘우뚱

의미 [+모양],[+사람]v[+물체],[-균형],[+경사],[-일정],[+반복]

제약 { }-{기울어지다}

사람이나 물체가 중심을 잃고 이리저리 자꾸 기울어지는 모양.

휘우청-휘우청

의미 [+모양],[+물체],[+탄력],[+굴곡],[+요동],[-속도],[+반복]

제약 {물체}-{흔들리다}

긴 물체가 탄력 있게 휘어지며 자꾸 느릿느릿 흔들리는 모양.

¶아래쪽에서 어떤 양복 입은 신사가 하나 **휘우청휘우청** 올라오고 있었다.≪김남천, 경영≫

휘움-히

의미 [+상태],[+굴곡],[정도]

제약

조금 휘어져 있는 상태로.

휘적

의미 [+모양],[+걸음],[+팔],[+휘두름],[+정도]

제약 {사람}-{걷다}

걸을 때에 두 팔을 몹시 휘젓는 모양.

¶홀연 시선에 떠오르는 것은 웬 낚시질꾼이 이편 원둑길로 **휘적** 오는 것뿐이었다.≪이기영, 신개지≫

휘적-휘적

의미 [+모양],[+걸음],[+팔],[+휘두름],[+정도],[+반복]

제약 {사람}-{걷다}

걸을 때에 두 팔을 자꾸 몹시 휘젓는 모양.

¶그는 고의춤을 여미며 일어서더니 다른 데로 **휘적휘적** 가 버렸다.≪이동하, 우울한 귀향≫/다시 정에 휩쓸려서는 아니될 것을 깨닫자, 혀끝을 지그시 앞니로 누른다. 그리고 소매를 무정하게 뿌리쳐 **휘적휘적** 걸어간다.≪박종화, 임진왜란≫

휘정-휘정

의미 [+모양],[+물],[+혼합],[+혼탁],[-주의],[+반복]

제약

물 따위를 함부로 자꾸 젓거나 하여 흐리게 하는 모양.

휘주근-히

의미 [+상태],[-풀기],[-견고],[+정도]

제약

① 풀기가 빠져서 축 늘어진 상태로.

¶산비탈의 칡덩굴마저 **휘주근히** 늘어져 한창 윤

기가 나야 할 초목들은 제빛이 아니었다.≪전상국, 지빠귀 둥지 속의 뻐꾸기≫

의미 [＋피로],[－기운]

제약

② 몹시 지쳐서 기운이 없이.

휘청

의미 [＋모양],[－굵기],[＋길이],[＋탄력],[＋굴곡],[＋요동],[－속도]

제약 { }-{휘어지다, 흔들리다}

① 가늘고 긴 것이 탄력 있게 휘어지며 느리게 한 번 흔들리는 모양.

¶낚싯대가 **휘청** 휘었다. 어둡고 칙칙한 수면에 가벼운 물살이 일었다.≪홍성암, 큰물로 가는 큰 고기≫

의미 [＋모양],[＋걸음],[＋다리],[－기운],[－균형],[＋요동]

제약

② 걸을 때 다리에 힘이 없어 똑바로 걷지 못하고 휘우듬하게 흔들리는 모양.

¶돌부리에 걸려 **휘청** 쓰러질 뻔했다./층계를 오르느라 힘을 뺀 탓인지 목발을 몰아 쥐는 순간 경민은 **휘청** 몸이 기운다.≪홍성원, 육이오≫

의미 [＋모양],[＋곤란],[－진행],[＋주저]

제약

③ 어려운 일에 부딪혀 앞으로 나아가지 못하고 주춤하는 모양.

휘청-휘청

의미 [＋모양],[－굵기],[＋길이],[＋탄력],[＋굴곡],[＋요동],[－속도],[＋반복]

제약 { }-{휘어지다, 흔들리다}

① 가늘고 긴 것이 탄력 있게 휘어지며 느리게 자꾸 흔들리는 모양.

¶열매가 가지 끝에 **휘청휘청** 매달렸다./노인이 걸음을 옮길 때마다 기다란 장대 끝이 **휘청휘청** 춤을 춘다.≪홍성원, 무사와 악사≫

의미 [＋모양],[＋걸음],[＋다리],[－기운],[－균형],[＋요동],[＋반복]

제약 { }-{걷다}

② 걸을 때 다리에 힘이 없어 똑바로 걷지 못하고 휘우듬하게 자꾸 흔들리는 모양.

¶쓰러지지 아니하고 **휘청휘청** 걸어간다./하준규는 경찰대가 완전히 철수한 것을 확인하자 들길을 **휘청휘청** 걸어 의탄 뒷산 어귀에 이르렀다.≪이병주, 지리산≫

의미 [＋모양],[＋곤란],[－진행],[＋주저],[＋반복]

제약

③ 어려운 일에 부딪혀 앞으로 나아가지 못하고 자꾸 주춤거리는 모양.

휘황-히

의미 [＋상태],[＋광채],[＋찬란]

제약

① 광채가 나서 눈부시게 번쩍이는 상태로.

¶**휘황히** 밝은 불빛/횃불을 **휘황히** 밝히고 모든 장령들이 시립한 중에….≪박종화, 임진왜란≫

의미 [＋행동],[－온당],[＋계략],[＋소란],[－신뢰]

제약

② 행동이 온당하지 못하고 못된 꾀가 많아서 야단스럽기만 하고 믿을 수 없이.

휘-휘⁰¹

의미 [＋모양],[＋감음],[±의지],[＋반복]

제약 { }-{휘감다, 휘감기다}

① 여러 번 휘감거나 휘감기는 모양.

¶목도리를 꺼내 목에 **휘휘** 둘렀다./풀섶의 아침 이슬이 바짓가랑이에 스며 **휘휘** 감겨들었다.≪전상국, 하늘 아래 그 자리≫

의미 [＋모양],[＋휘두름],[－일정]

제약 { }-{휘두르다, 휘젓다}

② 이리저리 휘두르거나 휘젓는 모양.

¶단장을 **휘휘** 내두르다./그는 음식을 사양하며 두 팔을 **휘휘** 내저었다./봉룡이 한 손으론 술잔을 입으로 가져가고 한 손으론 앞 허공을 **휘휘** 내젓는다.≪황순원, 신들의 주사위≫/판술네는 냇물에 빨래를 **휘휘** 저으며 헹군다.≪박경리, 토지≫

휘-휘⁰²

의미 [＋소리],[＋바람],[＋통과],[＋접촉],[＋거침],[＋정도],[＋연속]

제약 {바람}-{불다}

① 센 바람이 거칠게 잇따라 스쳐 지나가는 소

리.

¶산들바람이 **휘휘** 버들가지를 휘저었다./**휘휘** 바람이 잡목 가지를 흔드는 소리에도 온몸의 개털들이 빳빳하게 곤두서고 심장이 쿵쾅거리는 듯싶었다.≪문순태, 타오르는 강≫

의미 [+소리],[+휘파람],[+반복]

제약 {휘파람}-{불다}

② 휘파람을 자꾸 부는 소리.

의미 [+모양],[+관찰],[-일정],[+반복]

제약 { }-{살피다, 둘러보다}

③ 자꾸 이리저리 살피거나 둘러보는 모양.

¶우리 아저씨 양반은 혹시 그 여편네가 오지 않았나 하고 사방을 **휘휘** 둘러보던데요.≪채만식, 치숙≫/**휘휘** 고개를 내둘러 봤지만 사람 기척이라고는 통히 없다.≪천승세, 낙월도≫

휘휘-친친

의미 [+모양],[+감음],[±의지],[+견고],[+반복]

제약 { }-{감다, 감기다}

여러 번 단단히 둘러 감거나 감기는 모양.

¶머리채를 얼레에 실 감듯 손에다 **휘휘친친** 감아 픽 잡아채더니….≪김교제, 모란화≫

획

의미 [+모양],[+운동]v[+접촉],[+속도],[+순간]

제약 { }-{움직이다, 스치다}

① 갑자기 재빨리 움직이거나 스치는 모양.

¶앞서 걷던 동생은 자신을 부르는 소리에 **획** 고개를 돌렸다./박용태 선장은 **획** 몸을 돌렸다. 그리고 선실로 뛰어갔다.≪홍성암, 큰물로 가는 큰 고기≫/뭔가 시키면 것이 **획** 스치는가 하더니 영규에게 달려들었다.≪황석영, 무기의 그늘≫/이전 운현궁에서 인호를 처음 잡을 때의 광경이 **획** 머리에 지나갔다.≪김동인, 젊은 그들≫

의미 [+소리]v[+모양],[+바람],[+순간],[+정도]

제약 {바람}-{불다}

② 바람이 갑자기 아주 세게 부는 소리. 또는 그 모양.

¶찬 바람이 **획** 불다./광선 한 줄기 들어오지 않는 속에서는 쌀쌀한 바람이 **획** 끼칠 뿐이요, 아무것도 보이지 않았다.≪염상섭, 표본실의 청개구리≫

의미 [+모양],[+투척]v[+거절],[+순간],[+정도]

제약 { }-{던지다, 뿌리치다}

③ 갑자기 아주 세게 던지거나 뿌리치는 모양.

¶키 큰 사내는 길바닥에 담배꽁초를 **획** 던진다.≪박경리, 토지≫/오 대위의 바른손이 **획** 날아서 포대장의 얼굴을 정통으로 후려쳤다.≪홍성원, 육이오≫

의미 [+모양],[+일],[+해결],[+속도]

제약 { }-{해치우다}

④ 일을 빨리 해치우는 모양.

¶청소를 **획** 해치우다.

의미 [+소리]v[+모양],[+휘파람],[+길이],[+기운],[+정도]

제약 {휘파람}-{불다}

⑤ 조금 길고 힘 있게 휘파람 따위를 부는 소리. 또는 그 모양.

¶파랗게 언 입술에 손가락을 넣고 **획** 휘파람을 불었다.≪이문희, 흑맥≫

획-획

의미 [+모양],[+운동]v[+접촉],[+속도],[+연속]

제약 { }-{움직이다, 스치다}

① 잇따라 재빨리 움직이거나 스치는 모양.

¶방학을 맞은 아이는 신이 나는지 책가방을 **획획** 돌리며 뛰어온다./더욱더 신이 오른 그는 사이 담을 **획획** 거침없이 뛰어넘어 뒤란 굴뚝 모퉁이를 뒤지기 시작했다.≪박완서, 미망≫/많은 사람들의 얼굴이 영화의 필름처럼 **획획** 지나가고 있었다.≪김성동, 먼 산≫

의미 [+소리]v[+모양],[+바람],[+순간],[+정도],[+연속]

제약 {바람}-{불다}

② 바람이 잇따라 아주 세게 부는 소리. 또는 그 모양.

¶눈이 자꾸만 펑펑 쏟아지지, 바람은 매섭게도 **획획** 몰아치지, 아, 정말 숨이라도 막힐 것만 같았어.≪이동하, 우울한 귀향≫

의미 [모양],[＋투척]v[＋거절],[＋정도],[＋연속]

제약 { }-{던지다, 뿌리치다}

③ 잇따라 아주 세게 던지거나 뿌리치는 모양.

¶김 중사는 옷을 벗어서 출입문께로 **휙휙** 던졌다.≪이상문, 황색인≫

의미 [＋모양],[＋일],[＋해결],[＋속도],[＋연속]

제약

④ 일을 잇따라 빨리 해치우는 모양.

¶제각기 일을 **휙휙** 맡아 가는데 은영이는 김택회한테 붙들려서 산등성이에를 올라갔다가….≪염상섭, 입하의 절≫

의미 [＋소리]v[＋모양],[＋휘파람],[＋길이],[＋기운],[＋정도],[＋연속]

제약 {휘파람}-{불다}

⑤ 조금 길고 힘 있게 휘파람 따위를 잇따라 부는 소리. 또는 그 모양.

¶지나가는 사람들을 살피던 조무래기 주먹들은 영희와 형배를 보자 야비한 휘파람을 **휙휙** 불어 댔다.≪이문열, 변경≫

휭

의미 [＋소리],[＋바람],[＋속도],[＋순간],[＋정도]

제약 {바람}-{불다}

① 바람이 갑자기 빠르고 세게 부는 소리.

¶사람이 사는 것 같지 않게 집 안에서 찬 바람이 **휭** 돌았다.≪문순태, 타오르는 강≫

의미 [＋소리]v[＋모양],[＋비상]v[＋출발],[＋속도]

제약 { }-{날아가다, 떠나가다}

② 바람을 일으키며 빠르게 날아가거나 떠나가 버리는 소리. 또는 그 모양.

¶그 아이는 일이 끝나기 무섭게 밖으로 **휭** 나가 버리곤 했다.≪한승원, 해일≫

의미 [＋소리]v[＋모양],[＋기계]v[＋바퀴],[＋회전],[＋속도],[＋정도]

제약 {기계, 바퀴}-{돌아가다}

③ 기계나 바퀴 따위가 빠르고 세게 돌아가는 소리. 또는 그 모양.

¶전원을 올리자 모터가 **휭** 소리를 내며 돌아가기 시작한다.

휭-하니

의미 [＋모양],[＋진행],[－지체],[＋속도]

제약 { }-{가다}

중도에서 지체하지 아니하고 곧장 빠르게 가는 모양.

¶**휭하니** 밖으로 나가다./어쩐지 냉바람이 **휭하니** 부는 것 같아서 말이야.≪박경리, 토지≫

휭-휭

의미 [＋소리]v[＋모양],[＋비상]v[＋출발],[＋속도],[＋연속]

제약 { }-{날아가다, 떠나가다}

① 바람을 일으키며 잇따라 빠르게 날아가거나 떠나가 버리는 소리. 또는 그 모양.

¶경사가 급한 북향의 산비탈에 바람이 **휭휭** 소리를 내며 지나간다.≪박경리, 토지≫

의미 [＋소리]v[＋모양],[＋기계]v[＋바퀴],[＋회전],[＋속도],[＋정도],[＋연속]

제약 {기계, 바퀴}-{돌아가다}

② 기계나 바퀴 따위가 잇따라 빠르고 세게 돌아가는 소리. 또는 그 모양.

¶선풍기가 **휭휭** 돌아간다.

흉물-스레

의미 [＋성질],[＋흉악]

제약

① 성질이 음흉한 데가 있게.

¶**흉물스레** 웃다.

의미 [＋모양],[＋불길],[＋이상]

제약

② 모양이 흉하고 괴상한 데가 있게.

¶갑자기 폐가처럼 **흉물스레** 변한 숙소 뒤쪽에서 학명이 걸어 나왔다.≪한수산, 유민≫

흉스레

의미 [＋불길]

제약

흉한 데가 있게.

흉악망측스레

의미 [＋흉악],[＋정도]

제약

몹시 흉악한 데가 있게. 늑흉측스레

흉악-히

의미 [+성질],[+사악],[+잔인]

제약

① 성질이 악하고 모질게.

의미 [+모습],[+고약]

제약

② 모습이 보기에 언짢을 만큼 고약하게.

의미 [+일],[+불량]v[+불길],[+정도]

제약

③ 일 따위가 아주 나쁘거나 궂게.

¶나를 불쌍히 여기소서, 내 딸이 **흉악히** 귀신 들렸나이다.≪김동리, 사반의 십자가≫

흉증스레

의미 [+성질]v[+버릇],[+흉악],[+험악]

제약

성질이나 버릇이 음흉하고 험상궂은 데가 있게.

흉참-히

의미 [+흉악],[+참혹]

제약

흉악하고 참혹하게.

흉측스레

의미 [+성질]v[+버릇],[+흉악],[+험악]

제약

=흉악망측스레. 성질이나 버릇이 음흉하고 험상궂은 데가 있게.

흉측-히

의미 [+흉악],[+정도]

제약

몹시 흉악하게.

흉포-히

의미 [+성질],[+흉악],[+포악]

제약

성질이 흉악하고 포악하게.

흉학-히

의미 [+성질],[+잔인],[+포악],[+정도]

제약

성질이 매우 모질고 사납게.

흉흉-히

의미 [+물결],[+맹렬],[+물소리],[+소란],[+정도]

제약

① 물결이 세차고 물소리가 매우 시끄럽게.

의미 [+분위기],[+혼란],[+정도]

제약

② 분위기가 술렁술렁하여 매우 어수선하게.

¶그도 몸이 매우 허약한 편이었다. 그래서 '혹시나……'하고 **흉흉히** 생각하고 있는 터이다.≪한설야, 황혼≫

흉-히

의미 [+운],[−순탄],[+불길]

제약

① 운이 사납거나 불길하게.

의미 [+생김새]v[+태도],[+불쾌]v[+흉칙]

제약

② 생김새나 태도가 보기에 언짢거나 징그럽게.

의미 [+일],[+불량]v[+불길],[+정도]

제약

③ 일이 나쁘거나 궂게.

의미 [+성질],[+내숭],[+거침]

제약

④ 성질이 내숭스럽고 거칠게.

흐느적-흐느적

의미 [+모양],[+나뭇가지]v[+천],[−두께],[+길이],[+요동],[+반복]

제약 {물체}-{흔들리다}

① 나뭇가지나 천 따위의 가늘고 긴 물체가 자꾸 느리게 흔들리는 모양.

¶우리 여덟 사람은 밧줄에 매달려 문어처럼 **흐느적흐느적** 흔들리며 밑으로 내려갔다.≪안정효, 하얀 전쟁≫

의미 [+모양],[+운동],[+팔다리],[−기운],[−속도],[+반복]

제약

② 팔다리 따위가 힘없이 느리게 자꾸 움직이는 모양. 또는 그렇게 하는 모양.

¶몽유병 환자와도 같이 **흐느적흐느적** 들어가는 찰나였다.

의미 [+모양],[+생활]v[+마음],[−목표],[+방황],[+반복]

제약

③ 생활이나 마음을 다잡지 못하고 자꾸 헤매는

모양.

¶안일과 풍요의 수렁에서 **흐느적흐느적** 무디어진 자신의 정신의 서슬을 문득 돌이켜 보았기 때문이다.≪박완서, 미망≫

흐늑-흐늑[01]

의미 [+모양],[+나뭇가지]v[+천],[-두께],[+길이],[+요동],[+반복]

제약 {물체}-{흔들리다}

① '흐느적흐느적①'의 준말. 나뭇가지나 천 따위의 가늘고 긴 물체가 자꾸 느리게 흔들리는 모양.

의미 [+모양],[+물건],[-적합],[+반복]

제약

② 물건 따위가 자꾸 느슨하게 된 모양.

흐늑-흐늑[02]

의미 [+모양],[+울음],[+연속]

제약 {사람}-{울다}

계속 흐느끼는 모양.

¶경호는 실룩실룩하며 경련을 일으키더니 별안간 옥희의 발밑으로 폭 엎드러지며 **흐늑흐늑** 느끼어 운다.≪이기영, 고향≫

흐늘쩍-흐늘쩍

의미 [+모양],[+요동]v[+운동],[+둔탁],[-속도],[+정도],[+반복]

제약 { }-{흔들리다, 움직이다}

매우 둔하고 느리게 자꾸 흔들리거나 움직이는 모양.

¶저녁때가 되자 일꾼들은 모두 일을 멈추고 **흐늘쩍흐늘쩍** 식당으로 걸어갔다.

흐늘-흐늘

의미 [+모양],[+요동],[-기운],[+연장],[+반복]

제약

① 힘없이 늘어져 느리게 자꾸 흔들리는 모양.

¶빈터를 둘러서 있는 나뭇가지와 잎사귀가 **흐늘흐늘** 움직이는 탓으로 사람의 온몸을 볼 수는 없었다.≪최인훈, 웃음소리≫

의미 [+모양],[+물체],[+붕괴]v[+요동],[+반복]

제약

② 물체가 몹시 무르거나 단단하지 못하여 자꾸 뭉크러지거나 흔들리는 모양.

¶만화는 한참 후에야 정신을 차리는가 싶더니 뼈 없는 해파리처럼 **흐늘흐늘** 주저앉아 버렸다.≪문순태, 피아골≫

의미 [+모양],[-구속],[+유희],[+독단]

제약

③ 어디에 매인 데 없이 멋대로 놀고 지내는 모양.

¶걸레쪽처럼 너저분하고 삶아 놓은 시금치처럼 **흐늘흐늘** 살아온 그 자신은 아무것도 아니었다.≪박태순, 어느 사학도의 젊은 시절≫

의미 [+모양],[+행동],[-속도],[+반복]

제약

④ 행동이 빠르지 못하고 자꾸 느리게 움직이는 모양.

흐둥-하둥

의미 [+모양],[+언사]v[+행동],[-실속],[-성의]

제약

말이나 행동이 실없고 성의가 없는 모양.

흐들갑스레

의미 [+모양],[+누설],[+경망]

제약

경망스럽게 떠벌리는 데가 있게.

흐르르

의미 [+모양],[+종이]v[+피륙],[-두께],[+간격],[-풀기],[+유연],[+정도]

제약 {종이, 피륙}-{ }

종이나 피륙 따위가 얇고 성기며 풀기가 없어 매우 부드러운 모양.

흐르르-흐르르

의미 [+모양],[+종이]v[+피륙],[-두께],[+간격],[-풀기],[+유연],[+정도]

제약 {종이, 피륙}-{ }

종이나 피륙 따위가 아주 얇고 성기며 풀기가 없어 몹시 부드러운 모양.

흐리-마리

의미 [+모양],[+생각]v[+기억]v[+일],[-분명]

제약 {생각, 일, 기억}-{ }

생각이나 기억, 일 따위가 분명하지 아니한 모양.

¶한바탕 자지러지게 불타오르던 놀빛도 나문재의 붉음도 이젠 **흐리마리** 그 때깔을 잃었고···.《윤흥길, 묵시의 바다》/소문은 확인되지 않은 채 **흐리마리** 꼬리를 감추고 말았다.《윤흥길, 빙청과 심홍》

흐리멍덩-히

의미 [+정신],[−분명]

제약

① 정신이 맑지 못하고 흐리게.

¶**흐리멍덩히** 좌우로 헤매던 하인의 눈은, 이 불의의 타격에 처음으로 정신을 차린 모양이었다.《김동인, 젊은 그들》

의미 [+구별]v[+행위],[−분명],[+정도]

제약

② 옳고 그름의 구별이나 하는 일 따위가 아주 흐릿하여 분명하지 아니하게.

의미 [+기억],[−분명]

제약

③ 기억이 또렷하지 아니하고 흐릿하게.

의미 [+청각],[−분명]

제약

④ 귀에 들리는 것이 희미하게.

흐리터분-히

의미 [+사물]v[+현상],[−분명]

제약

① 사물이나 현상 따위가 똑똑하지 못하고 흐리게.

의미 [+성질]v[+행동],[−분명],[+정도]

제약

② 성질이나 행동 따위가 답답할 정도로 흐리고 분명하지 못하게.

흐릿-흐릿

의미 [+모양],[+전부],[−분명]

제약

여럿이 다 흐린 듯한 모양.

흐무뭇-이

의미 [+흡족],[+정도]

제약

매우 흐뭇하게.

흐물-흐물

의미 [+모양],[+익음],[−견고],[+정도]

제약

① 푹 익어서 매우 무른 모양.

¶닭을 푹 고았더니 뼈까지 **흐물흐물** 익었다.

의미 [+모양],[−기운],[+붕괴]v[+연장]

제약

② 힘이 없어 뭉그러지거나 늘어지는 모양.

¶장마가 지자 물을 먹은 토담이 **흐물흐물** 무너져 내렸다./그 생각을 하는 순간 온몸의 기력이 우뭇가사리처럼 **흐물흐물** 녹아내리는 듯하였다.《문순태, 타오르는 강》/질이 좋은 칡을 한여름에 베어서 썩히면 껍질이 **흐물흐물** 벗겨졌다.《한수산, 부초》

흐뭇-이

의미 [+마음],[+흡족],[+만족],[+정도]

제약

마음에 흡족하여 매우 만족스럽게.

¶할아버지는 재롱을 떠는 손자를 **흐뭇이** 바라보셨다./명련이의 머릿속에서는 자기 몸속에서 움터 나오는 새 생명에 대한 기쁨과 축복을 **흐뭇이** 느끼기도 하였다.《염상섭, 늙는 것도 서러운데》

흐뭇-흐뭇

의미 [+모양],[+전부],[+마음],[+흡족],[+만족],[+정도]

제약

① 여럿이 다 마음에 흡족하여 매우 만족스러운 모양.

의미 [+모양],[+마음],[+흡족],[+만족],[+정도]

제약

② 마음에 흡족하여 몹시 만족스러운 모양.

흐슬-부슬

의미 [+모양],[−점성],[+조각],[+분산]

제약

차진 기가 없고 부스러져 헤어질 듯한 모양.

¶마른 흙벽에서 모래가 **흐슬부슬** 흘러내렸다./몸이 **흐슬부슬** 흐무러지는 것 같으면서 사지의 기

력이 탁 풀렸다.≪문순태, 타오르는 강≫

흐지-부지

의미 [+모양],[+모면],[±의지],[−분명]

제약 { }−{넘어가다, 넘기다}

확실하게 하지 못하고 흐리멍덩하게 넘어가거나 넘기는 모양.

¶다행히 때마침 시에서 높은 손님이 와 주었기 때문에 그 논쟁은 **흐지부지** 끝났다.≪장용학, 비인 탄생≫/그날의 회의는 아무 결론도 얻지 못하고 **흐지부지** 산회를 하게 되었다.≪김동인, 운현궁의 봄≫/해 지기 전에 비가 **흐지부지** 그쳤다.≪이기 영, 고향≫/사병들도 더 이상 길목을 막고 있을 수가 없어 **흐지부지** 길을 터 주고 말았다.≪김원 일, 불의 제전≫

흐흐

의미 [+소리]v[+모양],[+웃음],[+소탈],[+거 침]

제약 {사람}−{웃다}

① 털털하고 걸걸하게 웃는 소리. 또는 그 모양.

¶효중이 갑자기 **흐흐** 웃으며 코라도 맞댈 듯이 사나이에게 바싹 얼굴을 들이댄다.≪홍성원, 육이 오≫

의미 [+소리]v[+모양],[+웃음],[+흡족],[+개 구],[+은근]

제약 {사람}−{웃다}

② 흐뭇함을 참지 못하여 입을 조금 벌리고 은 근히 웃는 소리. 또는 그 모양.

¶나는 젊고 예뻐 보이는 어떤 여자의 사진을 짚 었다. 그러자 할멈이 자기 가슴을 주먹으로 툭 치며 **흐흐** 웃었다. “그게 바로 나란다.”≪윤흥길, 황혼의 집≫

흑

의미 [+소리],[+울음],[+설움],[+호흡],[+거 침]

제약 { }−{울다}

① 설움이 북받쳐 갑자기 숨을 거칠게 쉬며 우 는 소리.

¶중섭은 확 터져 나오려는 감정을 억제하면서 간신히 입을 열었다. 그 순간 어머니는 중섭의 베갯머리에 얼굴을 묻고 **흑** 느꼈다.≪오상원, 백지

의 기록≫

의미 [+소리],[+충격]v[+냉기],[+호흡],[+거 침],[+순간]

제약 {숨}−{쉬다}

② 큰 충격이나 몹시 찬 기운 따위를 받아 갑자 기 숨을 거칠게 쉬는 소리.

¶어떤 대답이 나올 것인지 나는 숨을 **흑** 들이쉬 며 기다렸다.≪전상국, 외딴길≫

흑죽-학죽

의미 [+모양],[+일],[−정성],[+모면],[−분명]

제약

일을 정성껏 하지 아니하고 되는대로 어름어름 넘기는 모양.

흑-흑

의미 [+소리],[+울음],[+설움],[+호흡],[+거 침],[+반복]

제약 { }−{울다}

① 설움이 북받쳐 자꾸 숨을 거칠게 쉬며 우는 소리. 늑흘흘①.

¶**흑흑** 흐느끼다./**흑흑** 소리를 내며 울다.

의미 [+소리],[+냉기],[+호흡],[+거침],[+반 복]

제약 {숨}−{쉬다}

② 몹시 찬 기운을 받아 자꾸 숨을 거칠게 쉬는 소리.

흔감-스레

의미 [+태도],[+기쁨],[+감동]

제약

기쁘게 여기어 감동하는 태도로.

흔덕-흔덕

의미 [+모양],[+물체],[+요동],[+둔탁],[+반 복]

제약 {물체}−{흔들리다}

큰 물체 따위가 둔하게 자꾸 흔들리는 모양.

흔뎅-흔뎅

의미 [+모양],[+물체],[+요동],[+부착],[+위 험],[+반복]

제약 { }−{흔들리다}

큰 물체가 위태롭게 매달려 자꾸 흔들리는 모양.

흔드렁-흔드렁

의미 [+모양],[+물체],[+부착],[+요동],[−너비],[−정도],[+반복]

제약 { }-{흔들리다}

매달려 있는 큰 물체가 좁은 폭으로 가볍게 자꾸 흔들리는 모양.

흔드적-흔드적

의미 [+모양],[+물체],[+부착],[+요동],[−속도],[+반복]

제약 { }-{흔들리다}

매달려 있는 큰 물체가 천천히 자꾸 흔들리는 모양.

흔들-흔들

의미 [+모양],[+요동],[−일정],[+반복]

제약 { }-{흔들리다}

① 이리저리 자꾸 흔들리거나 흔들리게 하는 모양.

¶그는 술에 취해 몸을 흔들흔들 가누지 못하고 있다./바람이 불 때마다 나뭇잎이 흔들흔들 춤을 춘다.

의미 [+모양],[+마음]v[+생각],[−견고],[+주저],[+반복]

제약

② 마음이나 생각 따위가 굳지 못하여 이리저리 자꾸 망설이는 모양.

흔연스레

의미 [+기쁨],[+유쾌]

제약

기쁘거나 반가워 기분이 좋은 듯하게.

¶어려운 부탁을 흔연스레 승낙하다.

흔연-히

의미 [+기쁨],[+유쾌]

제약

기쁘거나 반가워 기분이 좋게.

¶손님을 흔연히 맞다./귀찮은 부탁을 흔연히 승낙하다./선생님은 바쁘신 중에도 흔연히 도와주셨다.

흔전-만전

의미 [+모양],[+여유],[+풍부],[+정도]

제약

① 매우 넉넉하고 흔한 모양.

¶먹을 것이 흔전만전이다./감나무엔 빨간 감이 흔전만전 열려 있다./평생 다는 못 비울 엄청난 독 안에 흔전만전 채워져 있는 것이 물이었다. ≪윤흥길, 완장≫

의미 [+모양],[+돈]v[+물건],[+낭비],[−주의],

제약 {돈, 물건}-{쓰다, 낭비하다}

② 돈이나 물건 따위를 조금도 아끼지 아니하고 함부로 쓰는 듯한 모양.

¶돈을 흔전만전 쓰다./수돗물을 흔전만전 낭비하다.

흔전-흔전

의미 [+모양],[+생활],[+여유],[+돈],[+사용],[+만족]

제약

생활이 넉넉하여 아쉬움이 없이 돈을 잘 쓰며 지내는 모양.

흔쾌-히

의미 [+기쁨],[+유쾌]

제약 { }-{허락하다, 받아들이다}

기쁘고 유쾌하게.

¶흔쾌히 승낙하다./그는 오갈 데 없는 신세가 된 동생을 다시 흔쾌히 받아들였다.≪윤흥길, 비늘≫

흔흔-히

의미 [+기쁨],[+만족],[+정도]

제약

매우 기쁘고 만족스럽게.

¶느긋한 감정에 흔흔히 잠기다./여유 있는 분위기에 흔흔히 취해 있다.

흔-히

의미 [+접촉],[+빈도]

제약

보통보다 더 자주 있거나 일어나서 쉽게 접할 수 있게.

¶흔히 일어나는 사건./흔히 하는 말./그런 사람은 길거리에서 흔히 볼 수 있다./자기 확신에 차 있는 사람들이 흔히 그렇듯이 배 선생은 여간해서 목소리에 억양을 넣거나 톤을 높이는 법이 없었다.≪윤흥길, 묵시의 바다≫

흘근-번쩍

의미 [＋모양],[＋질시],[＋눈빛]

제약

눈을 흘기며 번쩍이는 모양.

흘근번쩍-흘근번쩍

의미 [＋모양],[＋전부]v[＋반복],[＋질시],[＋눈빛]

제약

여럿이 다 또는 자꾸 눈을 흘기며 번쩍이는 모양.

흘근-흘근

의미 [＋모양],[＋걸음]v[＋행동],[－속도]

제약

굼뜨게 느릿느릿 걷거나 행동하는 모양.

흘금01

의미 [＋모양],[＋곁눈],[＋질시],[＋한번]

제약

곁눈으로 슬그머니 한 번 흘겨보는 모양.

¶흘금 눈치를 살피다./노파는 윤태를 흘금 돌아보고는 대수롭지 않게 대꾸를 한다.≪유주현, 하오의 연가≫

흘금02

의미 [＋기간],[＋과거],[＋현재]

제약

지금에 이르기까지.

흘금-흘금

의미 [＋모양],[＋곁눈],[＋질시],[＋반복]

제약

곁눈으로 슬그머니 자꾸 흘겨보는 모양.

¶흘금흘금 곁눈질하다./그녀는 어딘가 겸연쩍고 서먹한 눈빛으로 흘금흘금 서초머리의 눈치를 살피는 것 같았다.≪문순태, 피아골≫

흘긋

의미 [＋모양],[＋곁눈],[＋질시],[＋한번]

제약

① 곁눈으로 슬쩍 한 번 흘겨보는 모양.

¶흘긋 눈을 흘기다./종종걸음을 치다가 흘긋 돌아보면 영감님은 저만큼 일정한 거리를 두고 따라오고 있었다.≪박완서, 미망≫

의미 [＋모양],[＋시각],[＋순간]

제약

② 눈에 얼씬 보이는 모양.

흘긋-흘긋

의미 [＋모양],[＋곁눈],[＋질시],[＋반복]

제약

① 곁눈으로 슬쩍 자꾸 흘겨보는 모양.

¶동네 사람들은 낯선 사람들을 흘긋흘긋 쳐다보았다.

의미 [＋모양],[＋시각],[＋순간],[＋반복]

제약

② 눈에 자꾸 얼씬 보이는 모양.

흘기죽

의미 [＋모양],[＋질시],[＋통견]

제약

눈을 흘기어 죽 훑어보는 모양.

흘기-죽죽

의미 [＋모양],[＋질시],[＋불만]v[＋분노]

제약

흘겨보는 눈에 못마땅하거나 성난 빛이 드러나 있는 모양.

흘기죽-흘기죽

의미 [＋모양],[＋질시],[＋통견],[＋연속]

제약

눈을 흘기어 계속 죽 훑어보는 모양.

흘깃

의미 [＋모양],[＋질시],[＋한번]

제약

가볍게 한 번 흘겨보는 모양.

¶그는 나를 흘깃 쳐다보고는 고개를 돌렸다.

흘깃-흘깃

의미 [＋모양],[＋질시],[＋반복]

제약

가볍게 자꾸 흘겨보는 모양.

¶흘깃흘깃 쳐다보다.

흘끔

의미 [＋모양],[＋곁눈],[＋질시],[＋한번]

제약

곁눈으로 슬그머니 한 번 흘겨보는 모양. '흘금01'보다 센 느낌을 준다.

¶흘끔 돌아보다./눈치를 흘끔 살피다.

흘끔-흘끔

의미 [+모양],[+곁눈],[+질시],[+반복]
제약
곁눈으로 슬그머니 자꾸 흘겨보는 모양. '흘금흘금'보다 센 느낌을 준다.
¶**흘끔흘끔** 곁눈질하다./서로 **흘끔흘끔** 눈치들을 살핀다./무슨 할 말이 있는지 아이는 엄마를 흘끔흘끔 쳐다보았다.

흘끗

의미 [+모양],[+곁눈],[+질시],[+한번]
제약
① 곁눈으로 슬쩍 한 번 흘겨보는 모양. '흘긋①'보다 센 느낌을 준다.
¶그는 남몰래 어머니의 얼굴을 **흘끗** 쳐다보았다.
의미 [+모양],[+시각],[+순간]
제약
② 눈에 얼씬 보이는 모양. '흘긋②'보다 센 느낌을 준다.
¶먹구름 사이로 파란 하늘이 **흘끗** 보였다./거리에는 사람들이 이따금씩 이 골목에서 불쑥 나오고 저 골목으로 **흘끗** 사라지고 그런 정도였다.≪최인훈, 회색인≫

흘끗-흘끗

의미 [+모양],[+곁눈],[+질시],[+반복]
제약
① 곁눈으로 슬쩍 자꾸 흘겨보는 모양. '흘긋흘긋①'보다 센 느낌을 준다.
¶**흘끗흘끗** 뒤돌아보며 가다.
의미 [+모양],[+시각],[+순간],[+반복]
제약
② 눈에 자꾸 얼씬 보이는 모양. '흘긋흘긋②'보다 센 느낌을 준다.

흘낏

의미 [+모양],[+질시],[+한번]
제약
가볍게 한 번 흘겨보는 모양. '흘긋'보다 센 느낌을 준다.
¶여자는 그를 **흘낏** 노려보았다./그는 문틈으로 방 안을 **흘낏** 들여다보았다.

흘낏-흘낏

의미 [+모양],[+질시],[+반복]

제약
가볍게 자꾸 흘겨보는 모양. '흘깃흘깃'보다 센 느낌을 준다.
¶그는 아버지의 얼굴을 **흘낏흘낏** 건너다보며 눈치를 살폈다.

흘림-흘림

의미 [+모양],[+돈]v[+물건],[+수여]v[+수령],[+횟수],[+소량]
제약
① 돈이나 물건 따위를 조금씩 여러 번에 걸쳐 나누어 주거나 받는 모양.
의미 [+모양],[+소멸],[+소량],[+반복]
제약
② 조금씩 자꾸 사라지거나 없어지는 모양.

흘미죽죽

의미 [+모양],[+일],[-해결],[-분명],[+지체]
제약
일을 야무지게 끝맺지 못하고 흐리멍덩하게 질질 끄는 모양. 늑흘미죽죽이.
¶껄정이는 무슨 일이든지 작정해 놓고 **흘미죽죽** 오래 두지 못하는 성미라 이튿날 식전 조사에 전날 밤 작정한 두 가지 일을 다 명령으로 내리어….≪홍명희, 임꺽정≫

흘미죽죽-이

의미 [+모양],[+일],[-해결],[-분명],[+지체]
제약
=흘미죽죽. 일을 야무지게 끝맺지 못하고 흐리멍덩하게 질질 끄는 모양.

흘연

의미 [+모양],[+높이],[+정도],
제약
높게 우뚝 솟은 모양. 늑흘연히.

흘연-히

의미 [+모양],[+높이],[+정도],
제약
=흘연. 높게 우뚝 솟은 모양.

흘쩍-흘쩍

의미 [+모양],[+일],[-해결],[-분명],[+지체],[+고의],[+반복]
제약

① 일을 다잡아 하지 아니하고 일부러 자꾸 질질 끄는 모양.

의미 [+모양],[+걸음],[−속도],[+고의],[+반복]

제약 { }-{걷다}

② 일부러 걸음을 자꾸 느릿느릿 걷는 모양.

흘쭉-흘쭉

의미 [+모양],[+일],[−해결],[−분명],[+지체],[+고의],[+반복]

제약

① 일을 다잡아 하지 아니하고 일부러 자꾸 검질기게 질질 끄는 모양.

의미 [+모양],[+걸음],[−속도],[+고의],[+반복]

제약 { }-{걷다}

② 일부러 걸음을 자꾸 매우 느릿느릿 걷는 모양.

흘호

의미 [+모양],[+높이],[+정도]

제약

우뚝하게 높이 솟은 모양.

흘흘

의미 [+소리],[+울음],[+설움],[+호흡],[+거침],[+반복]

제약 { }-{울다}

①=흑흑①. 설움이 북받쳐 자꾸 숨을 거칠게 쉬며 우는 소리.

¶오십이 넘은 그의 고모는 건넌방에 영희를 끼고 누워서 밤이 이슥하도록 훌쩍거렸다. 영희의 **흘흘** 느끼는 소리도 간간이 안방에까지 들렸다. ≪염상섭, 표본실의 청개구리≫

의미 [+모양],[+호흡],[+거침]

제약 {숨}-{쉬다}

② 숨이 차서 숨을 거칠게 쉬는 모양.

흠

의미 [+소리]v[+모양],[+냄새],[+콧숨],[+흡입]

제약 {콧숨}-{들이쉬다}

냄새를 맡으려고 콧숨을 들이쉬는 소리. 또는 그 모양.

¶아버지는 흙 가까이 코를 대고 **흠** 냄새를 맡아 보셨다.

흠뻑

의미 [+모양],[+분량],[+충분],[+여유],[+정도]

제약

① 분량이 차고도 남도록 아주 넉넉하게.

¶정이 **흠뻑** 들다./잠에 **흠뻑** 빠지다./고국의 향취를 **흠뻑** 느끼고 싶다./나는 무엇보다도 그가 시골 지주의 아들이어서 집에서 돈을 **흠뻑** 가져다가는 읽고 싶은 책을 한꺼번에 십여 권씩 사다가 쌓아 놓고 읽을 수 있는 것이 부러웠다. ≪유진오, 구름 위의 만상≫

의미 [+모양],[+침수],[+액체],[+배출],[+정도]

제약 { }-{젖다}

② 물이 쭉 내배도록 몹시 젖은 모양.

¶비를 **흠뻑** 맞다./메마른 땅에 물이 **흠뻑** 고였다./그의 몸은 **흠뻑** 땀에 젖었다./붓에 먹물을 **흠뻑** 묻혔다.

흠뻑-흠뻑

의미 [+전부],[+분량],[+충분],[+여유],[+정도]

제약

① 여럿이 다 분량이 차고도 남도록 아주 넉넉하게.

¶정원의 화초에 **흠뻑흠뻑** 물을 주었다.

의미 [+모양],[+침수],[+액체],[+배출],[+정도]

제약 { }-{젖다}

② 여럿이 다 물이 쭉 내배도록 몹시 젖은 모양.

¶수건 여러 장을 찬물에 **흠뻑흠뻑** 적셨다.

흠실-흠실

의미 [+모양],[+익음]v[+삶음],[+과도],[−원형],[+손상]

제약

너무 익거나 삶아져서 물크러질 정도로 몹시 무른 모양. 늑흠실흠실히.

흠실흠실-히

의미 [+모양],[+익음]v[+삶음],[+과도],[−원

ㅎ

형],[+손상]

제약

=흠실흠실. 너무 익거나 삶아져서 물크러질 정
도로 몹시 무른 모양.

흠씬

의미 [+상태],[+분량],[+충분],[+여유],[+정
도]

제약

① 아주 꽉 차고도 남을 만큼 넉넉한 상태.

¶맑은 공기를 **흠씬** 들이마셨다./바닷바람에는 소
금 냄새가 **흠씬** 풍겼다.

의미 [+모양],[+침수],[+정도]

제약 { }-{젖다}

② 물에 푹 젖은 모양.

¶옷이 물에 **흠씬** 젖다./밤이슬이 신발을 **흠씬** 적
시었다.

의미 [+모양],[+구타],[+정도]

제약 { }-{맞다}

③ 매 따위를 심하게 맞는 모양.

¶**흠씬** 두들겨 맞다.

흠씬-흠씬

의미 [+상태],[+전부]v[+정도],[+분량],[+충
분],[+여유]

제약

① 여럿이 다 또는 몹시 꽉 차고도 남을 만큼
넉넉한 상태.

의미 [+모양],[+전부]v[+정도],[+침수],[+정
도]

제약 { }-{젖다}

② 여럿이 다 또는 매우 물에 푹 젖은 모양.

의미 [+모양],[+전부]v[+정도],[+구타],[+정
도]

제약 { }-{맞다}

③ 매 따위를 여럿이 다 또는 매우 심하게 맞는
모양.

흠치르르

의미 [+모양],[+청결],[+윤기]

제약

깨끗하고 번지르르 윤이 나는 모양.

¶머리에 윤이 **흠치르르** 흐르다.

흠칫

의미 [+모양],[+경악],[+신체],[+수축],[+순
간]

제약 {사람}-{놀라다}

몸을 움츠리며 갑작스럽게 놀라는 모양.

¶**흠칫** 놀라다./**흠칫** 몸이 움츠러들다./누가 자기
를 보고 있는 것 같아 그는 **흠칫** 뒤를 돌아보았
다.

흠칫-흠칫

의미 [+모양],[+경악],[+신체],[+수축],[+순
간],[+반복]

제약 {사람}-{놀라다}

몸을 움츠리며 자꾸 갑작스럽게 놀라는 모양.

¶영순이는 수면 부족과 신경과민으로 조그만 일
에도 **흠칫흠칫** 놀라고 가끔 헛소리까지 혼자 중
얼거리게 되었다.≪주요섭, 미완성≫

흠-흠

의미 [+소리]v[+모양],[+냄새],[+콧숨],[+흡
입],[+연속]

제약 {콧숨}-{들이쉬다}

냄새를 맡으려고 잇따라 콧숨을 들이쉬는 소리.
또는 그 모양.

¶언니는 자기 코를 아저씨 입언저리 가까이 대
고, **흠흠** 냄새를 맡아 봅니다.≪최일남, 춘자의 사
계≫

흡사

의미 [+모양],[+유사]

제약 { }-{같이, 처럼, 듯이}

(주로 '같이', '처럼', '듯이' 따위와 함께 쓰여)
거의 같을 정도로 비슷한 모양. 늑흡사히.

¶그의 낯빛은 **흡사** 가면을 쓴 것같이 하얗게 변
했다./논에서 개구리들이 요란하게 울어 댈 뿐
주위는 **흡사** 공동묘지처럼 조용했다.≪홍성원, 육
이오≫/탱크들은 위장용 나무 가지들을 둘러 써
서 **흡사** 거대한 무덤이 움직이는 듯이 느껴졌다.
전선은 그들이 오후 두 시에 철수한 후 ….≪홍
성원, 육이오≫

흡사-히

의미 [+모양],[+유사]

제약 { }-{처럼, 같이}

=흡사 (주로 '처럼', '같이' 따위와 함께 쓰여)
거의 같을 정도로 비슷한 모양.

¶많이 쌓였던 눈이 녹을 때에는 **흡사히** 장마 때
처럼 물이 굉장히 흘렀다.≪안회남, 농민의 비애≫/
그것은 **흡사히** 무슨 커다란 물줄기가 어디로 흘
러가는 것 같은 그러한 느낌이다.≪안회남, 탁류를
헤치고≫/철퇴는 사정없이 적의 머리를 두들겨
부수니, 적병의 머리들은 **흡사히** 참외가 뻐개지
는 듯했다.≪박종화, 임진왜란≫

흡연-히[01]
의미 [＋흡족],[＋정도]
제약
매우 흡족한 듯하게.

¶병인년 가을에 성상이 즉위하시고, 뽑혀 궁에
들어가 숙의(淑儀)가 되었는데 공경하고 유순하
며, 대궐 안의 일을 잘 거행하니 궁중이 **흡연히**
칭송하였다.≪번역 중종실록≫

흡연-히[02]
의미 [＋의견],[＋집중],[＋정도]
제약
대중의 뜻이 하나로 쏠리는 정도가 대단하게.

¶온 나라 백성들의 마음도 **흡연히** 편조에게로
돌아가고 말았다.≪박종화, 다정불심≫

흡족-히
의미 [－부족],[＋여유],[＋만족]
제약
조금도 모자람이 없을 정도로 넉넉하여 만족하
게.

¶**흡족히** 여기다./용돈을 **흡족히** 받다./하루를 **흡**
족히 즐기다./마음에 **흡족히** 드는 것이 하나도
없었다./엊그제 비가 **흡족히** 와서 모심을 물이
넉넉하였다.≪이기영, 고향≫

흡흡
의미 [＋모양],[＋구름],[＋운동]
제약
구름이 움직이는 모양.

흥
의미 [＋소리],[＋코]v[＋콧김],[＋배출],[＋정
도]
제약

① 코를 세게 풀거나 콧김을 부는 소리.
¶코를 **흥** 풀다.
의미 [＋소리],[＋웃음],[＋불만],[＋한번]
제약 {사람}-{웃다}
② 시들하게 한 번 웃는 소리.

흥감스레
의미 [＋태도],[＋언사],[＋재주],[＋과장]
제약
넌덕스러운 말로 실지보다 지나치게 떠벌리는
태도가 있게.

흥건-히
의미 [＋모양],[＋물],[＋풍부],[＋침수]v[＋집
합]
제약 { }-{잠기다, 젖다, 고이다}
물 따위가 푹 잠기거나 고일 정도로 많게. 늑건
히[01]③.

¶겉옷이 빗물에 **흥건히** 젖다./호롱불을 정면으
로 받은 여인은 이미 큰 눈에 눈물이 **흥건히** 괴
어 있었다.≪홍성원, 육이오≫/체온 때문에 눈이
녹아 발싸개는 물론이고 바짓가랑이까지 **흥건히**
물에 젖어 버리는데….≪이병주, 지리산≫

흥겨이
의미 [＋신명],[＋유쾌],[＋정도]
제약
매우 흥이 나서 즐겁게.

¶**흥겨이** 노래하다./**흥겨이** 춤추다.

흥덩-흥덩
의미 [＋모양],[＋물],[＋풍부],[＋범람],[＋정도]
제약 {액체}-{넘치다}
① 물 따위가 넘칠 만큼 매우 많은 모양.
¶양동이에 빗물이 고여 **흥덩흥덩** 넘칠 것만 같
았다.
의미 [＋모양],[＋국물][＋다량],[＋건더기][＋소
량]
제약
② 국물은 많고 건더기는 적은 모양.

흥뚱-항뚱
의미 [＋모양],[＋행동],[＋술책]v[＋흥분],[＋정
신],[－집중]
제약

어떤 일에 정신을 온전히 쓰지 아니하고 꾀를 부리거나 마음이 들떠 행동하는 모양.

¶봄·여름·가을철엔 낚시질, 겨울엔 짐승 덫 놓기, 그리고 하릴없이 복덕방에나 가 앉았는 걸로 **흥뚱항뚱** 세월을 보내건만 태평하다는 웃음인 것이다.≪황순원, 신들의 주사위≫

흥성-흥성

의미 [+모양],[+활기],[+번창]
제약
① 활기차게 번창하는 모양.
의미 [+모양],[+분위기],[+다수],[+활기],[+신명],[+번성]
제약
② 여러 사람이 계속 활기차게 떠들며 흥겹고 번성한 분위기를 이루는 모양.

흥야-항야

의미 [+모양],[+간섭],[+타인],[-관계]
제약
'흥이야항이야'의 준말. 관계도 없는 남의 일에 쓸데없이 참견하여 이래라저래라 하는 모양.

흥얼-흥얼

의미 [+소리]v[+모양],[+노래],[+신명],[+반복]
제약 {사람}-{부르다}
① 흥에 겨워 계속 입속으로 노래를 부르는 소리. 또는 그 모양.
¶유행가를 **흥얼흥얼** 따라 부르다./손질을 마친 배를 둘러보고 종을 달기 위해 배 터로 내려가면서 달평은 **흥얼흥얼** 콧노래를 불렀다.≪한수산, 유민≫
의미 [+소리]v[+모양],[+언사],[-분명],[+반복]
제약 { }-{지껄이다}
② 남이 알아듣지 못할 말을 자꾸 입속으로 지껄이는 소리. 또는 그 모양.
¶시를 **흥얼흥얼** 읊다.

흥이야-항이야

의미 [+모양],[+간섭],[+타인],[-관계]
제약
관계도 없는 남의 일에 쓸데없이 참견하여 이래

라저래라 하는 모양.

흥청-망청

의미 [+모양],[+향락],[+만족],[+신명]
제약 { }-{쓰다, 즐기다}
① 흥에 겨워 마음대로 즐기는 모양.
¶**흥청망청** 먹고 마시며 놀다./젊음을 **흥청망청** 보내다.
의미 [+모양],[+돈]v[+물건],[+소비],[-주의]
제약 {돈, 물건}-{쓰다}
② 돈이나 물건 따위를 마구 쓰는 모양.
¶돈을 **흥청망청** 쓰다.

흥청-흥청

의미 [+모양],[+거만],[+만족],[+신명]
제약 { }-{즐기다}
① 흥에 겨워서 마음껏 거드럭거리는 모양.
¶**흥청흥청** 잔치를 즐기다.
의미 [+모양],[+돈]v[+물건],[+낭비],[-주의]
제약 {돈, 물건}-{쓰다, 낭비하다}
② 재산이 넉넉하여 돈이나 물건 따위를 아끼지 아니하고 함부로 쓰는 모양.
의미 [+모양],[+막대기]v[+줄],[+요동],[+탄성],[+반복]
제약 {막대기, 줄}-{흔들리다}
③ 막대기나 줄 따위가 탄력 있게 자꾸 흔들리는 모양.

흥흥

의미 [+소리],[+코]v[+콧김],[+배출],[+정도],[+연속]
제약
① 코를 잇따라 세게 풀거나 콧김을 부는 소리.
¶미친 사람처럼 혼자 **흥흥** 콧소리를 내며 걷다가….≪염상섭, 암야≫
의미 [+소리],[+웃음],[+불만],[+연속]
제약 {사람}-{웃다}
② 시들하게 잇따라 웃는 소리.
의미 [+소리]v[+모양],[+콧노래],[+신명],[+연속]
제약

③ 흥겨워서 계속 콧노래를 부르는 소리. 또는 그 모양.

희귀-히

의미 [+희소],[+진귀],[+정도]

제약

드물어서 매우 진귀하게.

희끈-희끈

의미 [+모양],[+기절],[+현기증],[+반복]

제약

현기증이 나서 자꾸 어지럽고 까무러칠 듯하게 되는 모양.

희끔-희끔

의미 [+모양],[+도처],[+하양],[+청결]

제약

군데군데 조금 희고 깨끗한 모양.

희끔-히

의미 [+하양],[+청결],[−정도]

제약

조금 희고 깨끗하게.

희끗

의미 [+모양],[+하나],[+하양],[+순간]

제약

① 한 군데에 얼핏 흰 빛깔이 있는 모양.

¶지질펀펀하게 퍼진 굵은 가지 위에 무엇이 **희끗** 걸려 있는 것 같았다.≪박종화, 임진왜란≫

의미 [+모양],[+시야],[+속도],[+순간]

제약 { }-{보이다}

② 어떤 것이 빠르게 잠깐 보이는 모양.

¶치수는 **희끗** 움직이는 사람의 그림자를 보았다고 생각했다.≪이무영, 농민≫

희끗-희끗[01]

의미 [+모양],[+도처],[+하양]

제약

① 군데군데 흰 모양. ≒희끗희끗이①.

¶겨울바람에 싸락눈이 **희끗희끗** 날리다./짧게 깎은 백발과 아래로 처진 듬성한 눈썹에도 **희끗희끗** 흰 털이 섞여서 더욱 품위 있어 보인다.≪최인훈, 회색인≫

의미 [+모양],[+시야],[+속도],[+순간],[+반복]

제약 { }-{보이다}

② 어떤 것이 빠르게 잠깐잠깐 자꾸 보이는 모양. ≒희끗희끗이②.

¶큰길 쪽에 **희끗희끗** 나졸들 대여섯 명이 나루 쪽으로 오고 있었다.≪문순태, 타오르는 강≫

희끗-희끗[02]

의미 [+모양],[+기절],[+현기증],[+정도]

제약

현기증이 나서 매우 어지러우며 까무러칠 듯한 모양.

희끗희끗-이

의미 [+모양],[+도처],[+하양]

제약

①=희끗희끗[01]①. 군데군데 흰 모양.

의미 [+모양],[+시야],[+속도],[+순간],[+반복]

제약 { }-{보이다}

②=희끗희끗[01]②. 어떤 것이 빠르게 잠깐잠깐 자꾸 보이는 모양.

희뜩[01]

의미 [+모양],[+신체],[+도괴],[+순간]

제약 {몸}-{자빠지다}

① 갑자기 몸을 뒤로 젖히며 자빠지는 모양.

¶그는 사고 소식을 듣자 갑자기 눈을 뒤집으며 뒤로 **희뜩** 나가자빠졌다.

의미 [+모양],[+얼굴],[+회전],[+관찰],[+은밀],[+순간]

제약 { }-{돌아보다}

② 갑자기 얼굴을 돌리며 슬쩍 돌아보는 모양.

¶멍한 얼굴로 앉아 있는 을생을 원갑은 **희뜩** 들여다보고는 바가지로 냉수를 퍼 벌컥벌컥 마셨다.≪한수산, 유민≫

희뜩[02]

의미 [+모양],[+하양],[+혼재],[+반사]

제약

다른 빛깔 속에 흰 빛깔이 섞이어 얼비치는 모양.

¶암흑 속에 가려졌던 모습을 **희뜩** 나타내 보여 주었다.≪유재용, 성역≫

희뜩-번뜩

ㅎ

의미 [+모양],[+빛],[+반사],[+화려],[+찬란]

제약

빛이 이리저리 반사되어 화려하게 빛나는 모양.

희뜩-희뜩⁰¹

의미 [+모양],[+신체],[+도괴],[+순간],[+반복]

제약 {몸}-{자빠지다}

① 갑자기 몸을 뒤로 젖히며 자꾸 자빠지는 모양.

의미 [+모양],[+얼굴],[+회전],[+관찰],[+은밀],[+순간],[+반복]

제약 { }-{돌아보다}

② 갑자기 얼굴을 돌리며 슬쩍슬쩍 자꾸 돌아보는 모양.

의미 [+모양],[+기절],[+현기증],[+정도]

제약

③ 현기증이 나서 기절할 듯이 매우 심하게 어지러워지는 모양.

희뜩-희뜩⁰²

의미 [+모양],[+도처],[+하양],[+혼재]

제약

다른 빛깔 속에 흰 빛깔이 군데군데 뒤섞이어 있는 모양. ≒희뜩희뜩이.

¶바깥 불빛에도 **희뜩희뜩** 눈발이 비치고 있었다.
≪오정희, 미명≫

희뜩희뜩-이

의미 [+모양],[+도처],[+하양],[+혼재]

제약

=희뜩희뜩02. 다른 빛깔 속에 흰 빛깔이 군데군데 뒤섞이어 있는 모양.

희룽-해룽

의미 [+모양],[+경망],[-실속],[+경솔],[+반복]

제약

실없이 경솔하게 자꾸 까부는 모양.

희룽-희룽

의미 [+모양],[+경망],[-예의],[+반복]

제약

자꾸 버릇없이 까부는 모양.

희멀끔-히

의미 [+살빛],[+하양],[+청결]

제약

살빛이 희고 멀끔하게.

희멀쑥-이

의미 [+살빛],[+하양],[+단정]

제약

살빛이 희고 멀쑥하게.

희번덕-희번덕

의미 [+모양],[+눈],[+크기],[+흰자위],[+반사],[+연속]

제약

① 눈을 크게 뜨고 흰자위를 잇따라 번득이며 움직이는 모양.

의미 [+모양],[+물고기],[+젖힘],[+반사],[+반복]

제약

② 물고기 따위가 몸을 젖히며 잇따라 번득이는 모양.

희붐-히

의미 [+빛],[-분명],[+밝음],[-정도]

제약

날이 새려고 빛이 희미하게 돌아 약간 밝은 듯하게. ≒붐히.

¶**희붐히** 날이 밝아 오다.

희읍스름-히

의미 [+하양],[-선명]

제약

산뜻하지 못할 정도로 조금 희게.

¶비는 잠시 걷히고, 동녘이 **희읍스름히** 밝아 오고 있었다.≪하근찬, 야호≫

희치-희치

의미 [+모양],[+피륙]v[+종이],[+도처],[+덩이]v[+구멍]

제약

① 피륙이나 종이 따위가 군데군데 치이거나 미어진 모양.

¶**희치희치** 닳다./**희치희치** 낡다./마룻장 위의 희치희치 닳은 종 문서가 한갓 종이로 된 문서가 아니라, 살아 있는 생명체같이 느껴졌다.≪문순태, 타오르는 강≫

의미 [＋모양],[＋물건],[＋표면],[＋마찰],[＋부분],[＋손상]

제약 {물건, 표면}-{벗겨지다}

② 물건의 반드러운 면이 무엇에 스쳐서 드문드문 벗어진 모양.

¶마루의 칠이 **희치희치** 벗겨지다.

희한-히

의미 [＋희소]v[＋신기],[＋정도]

제약

매우 드물거나 신기하게.

¶신성이는 왜 그런지, 익수의 시치미 떼고 어수룩한 이런 소리를 하는 것이 **희한히** 들리고 우습기도 하였다.≪염상섭, 대를 물려서≫/코 삐뚤이 삼복의 이 눈부신 발신은, 그러나 백 주사가 희한히 여기는 것처럼 무슨 명당바람이 났다거나 조화를 지녔다거나 그런 신기한 곡절이 있는 바가 아니요….≪채만식, 미스터 방≫

희한스레

의미 [＋희소]v[＋신기],[＋정도]

제약

매우 드물거나 신기한 데가 있게.

¶**희한스레** 생긴 얼굴./그는 매우 **희한스레** 걷는다.

희행-히

의미 [＋기쁨],[＋다행]

제약

기쁘고 다행스럽게.

희활-히

의미 [＋소식],[－빈도]

제약

① 소식이 드문드문하게.

의미 [＋공간],[＋사이],[＋간격]

제약

② 공간의 사이나 틈이 성기게.

의미 [＋시간],[＋사이],[＋간격]

제약

③ 시간의 사이가 멀게.

희희01

의미 [＋소리]v[＋모양],[＋웃음],[＋바보]

제약 {사람}-{웃다}

바보같이 웃는 소리. 또는 그 모양.

¶그는 무어라 하여도 **희희** 웃기만 한다./중대가리는 **희희** 웃고 치삼을 보며 문의하는 듯이 눈짓을 하였다.≪현진건, 운수 좋은 날≫

희희02

의미 [＋소리]v[＋모양],[＋웃음],[＋기쁨]

제약 {사람}-{웃다}

즐겁게 웃는 소리. 또는 그 모양.

희희03

의미 [＋모양],[＋웃음],[＋기쁨]

제약 {사람}-{웃다}

기뻐서 웃는 모양.

힁-허케

의미 [＋모양],[＋진행],[－지체],[＋속도]

제약 { }-{가다}

‘힁허케’를 예스럽게 이르는 말. 중도에서 지체하지 아니하고 곧장 빠르게 가는 모양.

¶한눈팔지 말고 **힁허케** 다녀오너라./쭈뼛쭈뼛 변명을 하고는 가던 길을 다시 **힁허케** 내걸었다. ≪김유정, 봄봄≫

히

의미 [＋소리]v[＋모양],[＋웃음],[＋만족],[－멋],[－적합]

제약 {사람}-{웃다}

① 마음에 흐뭇하여 멋없이 싱겁게 웃는 소리. 또는 그 모양.

¶그 꼬마는 칭찬만 해 주면 **히** 웃으며 좋아한다./히, 이거 방바닥에 자 보는 게 얼마 만인가. 잠이나 실컷 자 보자.≪이병주, 지리산≫

의미 [＋소리]v[＋모양],[＋웃음],[＋만족],[＋어색],[＋장난]

제약 {사람}-{웃다}

② 마음에 흐뭇하거나 멋쩍어 장난스럽게 웃는 소리. 또는 그 모양.

¶그는 **히** 웃으며 멋쩍은 표정을 지었다./그들은 서로 쳐다보며 **히** 웃을 뿐 말 한마디 꺼내지를 못했다.

의미 [＋소리]v[＋모양],[＋웃음],[＋조소],[＋은근]

제약 {사람}-{웃다}

③ 비웃는 태도로 은근히 웃는 소리. 또는 그 모양.

히득-히득

의미 [+소리]v[+모양],[+웃음],[+경박],[-실속],[+반복]

제약 {사람}-{웃다}

자꾸 거볍고 실없이 웃는 소리. 또는 그 모양.

¶제 말이 우스운지 종알거리다가 거푸 **히득히득** 웃는다.

히들-히들

의미 [+소리]v[+모양],[+웃음],[+개구],[-인내],[-실속],[+반복]

제약 {사람}-{웃다}

입을 볼썽사납게 벌리며 웃음을 참지 못하고 자꾸 싱겁게 웃는 소리. 또는 그 모양.

¶행준은 잠깐 얼굴이 굳어졌다가 곧 **히들히들** 웃어 버리고 말았다.≪손창섭, 낙서족≫/형부는 히들히들 웃으며 나를 그곳에 있는 사람들에게 소개했다.≪박완서, 도시의 흉년≫

히뜩

의미 [+모양],[+관찰],[+순간]

제약 { }-{보다}

① 언뜻 휘돌아보는 모양.

¶나는 그의 뒤를 따라 들어오는 한 청년을 **히뜩** 쳐다보았다./초향은 **히뜩** 논개의 얼굴을 쳐다본다.≪박종화, 임진왜란≫

의미 [+모양],[+도괴]v[+회전],[-기운]

제약 { }-{넘어지다, 동그라지다}

② 맥없이 넘어지거나 동그라지는 모양.

¶**히뜩** 나자빠지다./**히뜩** 뒤로 젖혀 쓴 깜장색 교도관 모자….≪이호철, 문≫

히뜩-히뜩

의미 [+모양],[+관찰],[+순간],[+반복]

제약 { }-{보다}

① 언뜻 자꾸 휘돌아보는 모양.

¶미쳐 버린 이웃집 똥개가 제 새끼들을 물어 죽여서 입에 물고 질질 끌고 다니며 자기를 쫓는 사람들을 **히뜩히뜩** 훔쳐보던 그 눈빛이 있었을 뿐이었다.≪김승옥, 동두천≫

의미 [+모양],[+도괴]v[+회전],[-기운],[+반

복]

제약 { }-{넘어지다, 동그라지다}

② 맥없이 자꾸 넘어지거나 동그라지는 모양.

히물

의미 [+모양],[+웃음],[+입술],[+경사],[-소리],[+능청],[+한번]

제약 {사람}-{웃다}

① 입술을 조금 실그러뜨리며 소리 없이 능청스럽게 한 번 웃는 모양.

¶김바우가 **히물** 웃으며 말했다.≪김원일, 불의 제전≫/갑득이가 **히물** 웃으며 양양하게 물었다.≪김원일, 노을≫

의미 [+모양],[+근육]v[+뼈],[+경사],[+요동]

제약

② 근육이나 뼈 따위가 조금 실그러지며 떨리는 모양.

히물쩍

의미 [+모양],[+웃음],[+입술],[+경사],[-소리],[+능청],[+한번]

제약 {사람}-{웃다}

입술을 크게 실그러뜨리며 소리 없이 능청스럽게 한 번 웃는 모양.

¶김바우가 누런 대문니를 내보이며 **히물쩍** 웃었다.≪김원일, 불의 제전≫

히물-히물

의미 [+모양],[+웃음],[+입술],[+경사],[-소리],[+능청],[+반복]

제약 {사람}-{웃다}

① 입술을 조금 실그러뜨리며 자꾸 소리 없이 능청스럽게 웃는 모양.

¶문득 강형일의 **히물히물** 웃는 얼굴이 그녀의 그늘 짙은 얼굴 뒤에 숨어 있는 듯 느껴졌다.≪이동하, 도시의 늪≫/경희가 까르르 웃었다. 노인도 **히물히물** 따라 웃었다.≪최인호, 돌의 초상≫

의미 [+모양],[+근육]v[+뼈],[+경사],[+요동],[+반복]

제약

② 근육이나 뼈 따위가 약간 실그러지며 자꾸 떨리는 모양.

¶히물히물 새끼손가락과 오른편 뺨에는 또 경련
이 일어났다.≪김동인, 젊은 그들≫

히죽

의미 [+모양],[+웃음],[+만족],[+은밀],[+한
번]

제약 {사람}-{웃다}

만족스러운 듯이 슬쩍 한 번 웃는 모양. 늑히죽
이.

¶그는 성적표를 받아 보고는 히죽 웃었다./품삯
을 받으면 새 고무신을 한 켤레 사야지 하고 히
죽 웃기도 했다.≪하근찬, 야호≫

히죽-이

의미 [+모양],[+웃음],[+만족],[+은밀],[+한
번]

제약 {사람}-{웃다}

=히죽. 만족스러운 듯이 슬쩍 한 번 웃는 모양.

¶술이나 한잔하면 꽤 들음직한 얘기가 나올 것
이라고 생각되어 나는 히죽이 웃으면서 또 물었
다.≪이호철, 소시민≫

히죽-해죽

의미 [+모양],[+웃음],[+만족],[+은밀],[+반
복]

제약 {사람}-{웃다}

흐뭇한 듯이 슬쩍슬쩍 자꾸 웃는 모양.

히죽-히죽

의미 [+모양],[+웃음],[+만족],[+은밀],[+반
복]

제약 {사람}-{웃다}

만족스러운 듯이 슬쩍 자꾸 웃는 모양.

¶형사는 이 괴이한 인연의 줄에 얽힌 세 사람을
바라보며 짓궂게 히죽히죽 웃었다.≪손창섭, 낙서
족≫

히쭉

의미 [+모양],[+웃음],[+만족],[+은밀],[+한
번]

제약 {사람}-{웃다}

만족스러운 듯이 슬쩍 한 번 웃는 모양. '히죽'
보다 센 느낌을 준다. 늑히쭉이.

¶히쭉 웃다./김 씨는 일방 앞 한길에 다시 자전
거를 세우곤, 문을 드르르 열고 내 눈길과 마주

치자 묘하게 히쭉 한 번 웃고, 이마의 땀을 닦아
냈다.≪이호철, 소시민≫

히쭉-벌쭉

의미 [+모양],[+웃음],[+기쁨],[+개구],[−소
리],[+은밀],[+반복]

제약 {사람}-{웃다}

몹시 기뻐서 어쩔 줄 몰라 입을 벌리고 자꾸 소
리 없이 슬쩍 웃는 모양.

히쭉-이

의미 [+모양],[+웃음],[+만족],[+은밀],[+한
번]

제약 {사람}-{웃다}

=히쭉. 만족스러운 듯이 슬쩍 한 번 웃는 모양.

¶시선이 마주치자 녀석은 히쭉이 웃었다.≪이동
하, 우울한 귀향≫

히쭉-해쭉

의미 [+모양],[+웃음],[+만족],[+은밀],[+반
복]

제약 {사람}-{웃다}

흐뭇한 듯이 슬쩍슬쩍 자꾸 웃는 모양. '히죽해
죽'보다 센 느낌을 준다.

히쭉-히쭉

의미 [+모양],[+웃음],[+만족],[+은밀],[+반
복]

제약 {사람}-{웃다}

만족스러운 듯이 자꾸 슬쩍 웃는 모양. '히죽히
죽'보다 센 느낌을 준다.

¶남희는 웃음을 택했다. 백치처럼 소리 없이 히
쭉히쭉 웃었다.≪유주현, 하오의 연가≫

히히

의미 [+소리]v[+모양],[+웃음],[+만족],[−멋],
[−적합],[+반복]

제약 {사람}-{웃다}

① 마음에 흐뭇하여 멋없이 싱겁게 자꾸 웃는
소리. 또는 그 모양.

¶배 서방은 벼르고 벼르던 걸 묻고 나서 괜히
히히 웃었다.≪박완서, 미망≫

의미 [+소리]v[+모양],[+웃음],[+만족],[+장
난],[+반복]

제약 {사람}-{웃다}

② 마음에 흐뭇하거나 멋쩍어 장난스럽게 자꾸 웃는 소리. 또는 그 모양.

¶강연의 서론을 꺼낸 그가 득의만면하여 **히히** 웃는데 따라서 둘러섰던 사람들도 웃었다.≪염상섭, 표본실의 청개구리≫

히힝

의미 [+소리],[+말]

제약 {말}-{울다}

말이 우는 소리.

¶해가 벌건 대낮에 느닷없이 천둥소리가 나더니 저 백마가 **히힝** 울며 달려와 전봉준이 앞에 멈췄다는 식이었다.≪송기숙, 녹두 장군≫

힐금

의미 [+모양],[+곁눈질],[+은밀],[+한번]

제약 { }-{쳐다보다}

거볍게 곁눈질하여 슬쩍 한 번 쳐다보는 모양.

¶얼굴을 힐금 쳐다보다.

힐금-힐금

의미 [+모양],[+곁눈질],[+은밀],[+반복]

제약 { }-{쳐다보다}

거볍게 곁눈질하여 자꾸 슬쩍슬쩍 쳐다보는 모양.

¶떡장수가 **힐금힐금** 눈치를 살피면서도 야무지게 말하고 있었다.≪조정래, 태백산맥≫/귀에다가 대고 소곤거리며 눈은 익수에게로 **힐금힐금** 두 번이나 갔다.≪염상섭, 대를 물려서≫

힐긋

의미 [+모양],[+질시],[+한번]

제약

① 거볍게 슬쩍 한 번 흘겨보는 모양.

¶형사라는 호칭에 곽 형사는 찔끔하여 김선이 씨를 **힐긋** 쳐다보았다.≪유재용, 성역≫

의미 [+모양],[+시야],[+순간]

제약

② 눈에 언뜻 띄는 모양.

¶과연 주인집 마누라 하던 말과 외양이 같은 놈이 서너 놈을 데리고 박 부장 앞으로 **힐긋** 지나드니….≪이해조, 고목화≫

힐긋-힐긋

의미 [+모양],[+질시],[+반복]

제약

① 거볍게 슬쩍슬쩍 자꾸 흘겨보는 모양.

¶"안녕히 주무셨어요?"라고 말하면서 번번이 그냥 지나가 버렸으므로, 그들은 조금 무안하여, 그를 **힐긋힐긋** 돌아보면서 제 갈 길들을 갔다.≪서정인, 벌판≫

의미 [+모양],[+시야],[+순간],[+반복]

제약

② 눈에 언뜻언뜻 자꾸 띄는 모양.

¶무궁화나무께에서 근수는 옷자락이며 기애의 팔다리가 **힐긋힐긋** 나타나는 방문 쪽을 여전히 옴짝도 안 하고 응시하고 있었다.≪강신재, 해방촌 가는 길≫/무엇인가가 눈앞에 **힐긋힐긋** 떠오르고 있었다.≪오상원, 백지의 기록≫

힐끔

의미 [+모양],[+곁눈질],[+은밀],[+한번]

제약

거볍게 곁눈질하여 슬쩍 한 번 쳐다보는 모양. '힐금'보다 센 느낌을 준다.

¶눈치를 **힐끔** 살피다./**힐끔** 곁눈질하다./**힐끔** 돌아보다./발을 내려놓은 사랑 대청에서 바둑을 두던 치수도 발을 통하여 아른거리는 귀녀 모습을 **힐끔** 쳐다본다.≪박경리, 토지≫

힐끔-힐끔

의미 [+모양],[+곁눈질],[+은밀],[+반복]

제약 { }-{쳐다보다}

거볍게 곁눈질하여 자꾸 슬쩍슬쩍 쳐다보는 모양. '힐금힐금'보다 센 느낌을 준다.

¶**힐끔힐끔** 쳐다보다./**힐끔힐끔** 눈치를 살피다./경자와 정신은 발가락으로 서로 꽁무니를 꼭꼭 찔러 가면서 두 사람의 눈치만 **힐끔힐끔** 보고 앉아 있다.≪심훈, 영원의 미소≫

힐끗

의미 [+모양],[+질시],[+한번]

제약

① 거볍게 슬쩍 한 번 흘겨보는 모양. '힐긋①'보다 센 느낌을 준다.

¶**힐끗** 돌아보다./눈치를 **힐끗** 살피다./뒷간에 갔다 나오며 **힐끗** 담 너머로 저쪽 감나무 숲께를 한 번 바라보았더니….≪하근찬, 야호≫

의미 [+모양],[+시야],[+순간]

제약

② 눈에 언뜻 띄는 모양. '힐긋②'보다 센 느낌을 준다.

¶잔설이 남은 산정이 힐끗 눈에 띄었다.≪이영치, 흐린 날 황야에서≫

힐끗-힐끗

의미 [+모양],[+질시],[+반복]

제약

① 거볍게 자꾸 슬쩍슬쩍 흘겨보는 모양. '힐긋힐긋①'보다 센 느낌을 준다.

¶힐끗힐끗 훔쳐보다./힐끗힐끗 눈치를 살피다./해를 묵어 꾀죄죄해진 갈진이지만 분홍, 연두, 남색 등 구색은 갖추어진 전을 힐끗힐끗 쳐다보며 물감 장수 늙은이가 중얼거렸다.≪박경리, 토지≫

의미 [+모양],[+시야],[+순간],[+반복]

제약

② 자꾸 눈에 언뜻언뜻 띄는 모양. '힐긋힐긋②'보다 센 느낌을 준다.

¶창밖으로 그의 모습이 힐끗힐끗 보인다.

힘-껏

의미 [+노력],[+정도]

제약

있는 힘을 다하여. 또는 힘이 닿는 데까지.

¶힘껏 때리다./방아쇠를 힘껏 당기다./빈 깡통을 힘껏 걷어차다./돌멩이를 주워서 강물을 향해 힘껏 던졌다.

힘없-이

의미 [-기운]v[-의욕]

제약

① 기운이나 의욕 따위가 없이.

¶그녀는 너무나 큰 충격에 힘없이 쓰러져 버렸다./후반전에 한 골을 더 뺏기자 우리 팀은 힘없이 무너지기 시작했다.

의미 [-힘]v[-권세]v[-위력]

제약

② 힘이나 권세, 위력 따위가 없이.

힝

의미 [+소리],[+코]v[+콧김],[+배출],[+정도]

제약

코를 아주 세게 풀거나 콧김을 부는 소리.

¶사나이는 반대편 콧구멍을 누르고 강을 향해 나머지 코를 힝 하고 푼다.≪박경리, 토지≫

힝뚱-힝뚱

의미 [+모양],[-정성]v[+흥분],[+나태]

제약

일에 정성이 없거나 마음이 들떠 건들건들 지냄. 또는 그런 모양.

¶윤수는 그 이튿날부터 힝뚱힝뚱 놀고 있었다. ≪이기영, 신개지≫

힝-힝

의미 [+소리],[+코]v[+콧김],[+배출],[+정도],[+연속]

제약

① 코를 잇따라 아주 세게 풀거나 콧김을 부는 소리.

의미 [+소리],[+말],[+콧소리]

제약 {말}-{울다}

② 말이 콧소리를 내며 우는 소리.

¶조랑말들은 제 몫의 일을 다한 흔쾌함인지 힝힝 울음을 울며 주인 쪽을 연방 돌아보았다.≪김원일, 불의 제전≫

손남익

1961년 서울에서 태어남
영동고등학교 졸업
고려대학교 사범대학 국어교육학과 졸업
고려대학교 대학원 석사·박사
박사학위논문 「국어 부사 연구」
강릉원주대학교 국어국문학과 교수
London University SOAS Visiting Scholar

부사사전

초판 인쇄 2014년 11월 21일
초판 발행 2014년 11월 28일

지은이 손남익
펴낸이 이대현
펴낸곳 도서출판 역락

주　소 서울시 서초구 동광로 46길 6-6 문창빌딩 2층
전　화 02-3409-2058, 2060
팩　스 02-3409-2059
등　록 1999년 4월 19일 제303-2002-000014호
이메일 youkrack@hanmail.net

값 70,000원

ISBN 979-11-5686-129-4 91710

이 도서의 국립중앙도서관 출판예정도서목록(CIP)은 서지정보유통지원시스템 홈페이지(http://seoji.nl.go.kr)와 국가자료공동목록시스템(http://www.nl.go.kr/kolisnet)에서 이용하실 수 있습니다.(CIP제어번호: CIP2014033285)